D1670616

NomosKommentar

Dr. Jörn Heinemann
Dr. Christoph Trautrims [Hrsg.]

Notarrecht

Berufsrecht | Verfahrensrecht Gebührenrecht | Materielles Recht

Handkommentar

Andreas Bosch, Notar a.D., Nürnberg | **Dr. Björn Centner**, LL.M. (Chicago), Notarassessor, Heilbronn | **Dr. Markus Oliver Clot**, Rechtsanwalt, Frankfurt a.M. | **Dr. Jan Delphendahl**, Rechtsanwalt und Notar, Kiel | **Dr. Raoul Dittmar**, LL.B. (London), Rechtsanwalt und Notar, Hannover | **Josef Dörndorfer**, Rechtspflegedirektor a.D., Hochschule für den öffentlichen Dienst in Bayern, Starnberg | **Dr. Daniel Doetsch**, MJur (Oxford), Notarassessor, Wuppertal | **Dr. Maximilian Johannes Eble**, LL.M. (Cambridge), Notarassessor, Aachen | **Dr. Martin Fach**, Rechtsanwalt und Notar, Dieburg | **Dr. Jörn Heinemann**, LL.M., Notar, Neumarkt i.d. OPf. | **Dr. Andreas Hitzel**, LL.M. (Cambridge), Rechtsanwalt, Frankfurt a.M. | **Dr. Tobias Kobitzsch**, LL.M. (Cambridge), Notar, Ebersbach an der Fils | **Dr. Thomas Lang**, LL.M. (NYU), Rechtsanwalt und Notar, Frankfurt a.M. | **Dr. Frank-Holger Lange**, Rechtsanwalt und Notar, Hannover | **Dr. Claudia Mair-Trinkgeld**, Notarin, Bad Griesbach i. Rottal | **Prof. Dr. Stefan Reinhart**, Rechtsanwalt, Solicitor (England & Wales), Frankfurt a.M. | **Dr. Jan Schapp**, Rechtsanwalt und Notar, Aurich | **Florian Schlosser**, Notar, Nürnberg | **Felix Schmitt**, LL.M. (Columbia), Notarassessor, Berlin | **Dr. Jan-Christoph F. Stephan**, LL.M. (King's College London), Notarassessor, Ludwigsburg | **Michael Storch**, Amtsrat i.N., München | **Dr. Benedikt Strauß**, Notarassessor, Berlin | **Dr. Christoph Trautrims**, LL.M. (Cambridge), Rechtsanwalt und Notar, Frankfurt a.M. | **Anja Uhl**, Notarin, Naumburg (Saale) | **Harald Wilsch**, Diplom-Rechtspfleger, Bezirksrevisor, München | **Dr. Maximilian Wosgien**, LL.M. (Virginia), Notarassessor, Brüssel | **Dr. Klaas Ziervogel**, LL.M. (London), Rechtsanwalt und Notar, Kiel

Nomos

Hinweis zur Onlinenutzung: Das Zugangsrecht zu diesem Werk ist eine zeitlich begrenzte Serviceleistung des Verlages, die automatisch mit Erscheinen der nächsten Auflage endet.

Zitiervorschlag: HK-NotarR/Bearbeiter [Gesetz] § ... Rn. ...

Die Deutsche Nationalbibliothek verzeichnet diese Publikation in der Deutschen Nationalbibliografie; detaillierte bibliografische Daten sind im Internet über http://dnb.d-nb.de abrufbar.

ISBN 978-3-8487-5789-3

1. Auflage 2022
© Nomos Verlagsgesellschaft, Baden-Baden 2022. Gesamtverantwortung für Druck und Herstellung bei der Nomos Verlagsgesellschaft mbH & Co. KG. Alle Rechte, auch die des Nachdrucks von Auszügen, der fotomechanischen Wiedergabe und der Übersetzung, vorbehalten.

Vorwort

Das Notariat als bedeutende Säule der Justiz sowie die Notarinnen und Notare als Organe der vorsorgenden Rechtspflege stehen in den kommenden Monaten und Jahren vor großen Herausforderungen. Zum 1.1.2022 ist ein Großteil der Vorschriften des Gesetzes zur Neuordnung der Aufbewahrung von Notariatsunterlagen und zur Einrichtung des Elektronischen Urkundenarchivs bei der Bundesnotarkammer sowie zur Änderung weiterer Gesetze (BGBl. 2017 I 1396) in Kraft getreten, die eine umfassende Digitalisierung des notariellen Verfahrensrechts einleiten: die Bücher und Akten der Notarinnen und Notare werden künftig in elektronischer Form als Verzeichnisse und digitale Akten geführt, alle notariellen Urkunden werden in einer der Urschrift gleichstehenden elektronischen Fassung errichtet und im Elektronischen Urkundenverzeichnis zentral archiviert. In einem nächsten Schritt wird durch das Gesetz zur Umsetzung der Digitalisierungsrichtlinie (DiRuG, BGBl. 2021 I 3338) zum 1.8.2022 zunächst für einen kleinen Teilbereich (für die Bargründung einer GmbH und für Registeranmeldungen) die digitale Beurkundungsverhandlung ermöglicht. Erweiterungen der digitalen Beurkundung sind bereits in Planung. Umfassend modernisiert wurde auch das notarielle Berufsrecht, die Änderungen sind bzw. werden sukzessive in Kraft getreten, teilweise zum 1.1.2022, teilweise zum 1.8.2022 (BGBl. 2021 I 2154). Mit der Verordnung über die Führung notarieller Akten und Verzeichnisse (NotAktVV, BGBl. 2020 I 2246) sind ab Januar 2022 neue Vorgaben für die praktische Behandlung der Akten und Verzeichnisse zu beachten, eine Neufassung der Dienstordnung für Notarinnen und Notare (DONot), beschränkt auf den Bereich der Amtsführung und die Behandlung der Urkunden, ergänzt das notarielle Dienstrecht. Neben diesen Änderungen des Berufs- und Verfahrensrechts sind zahlreiche Vorschriften des für die notarielle Tätigkeit maßgeblichen materiellen Rechts zum Ende der letzten Bundestagsperiode umfassend neu verabschiedet worden, deren Inkrafttreten bereits erfolgt ist (zB das Wohnungseigentumsrecht zum 1.12.2020, BGBl. 2021 I 34), oder unmittelbar bevorsteht, zB die Reform des Vormundschafts- und Betreuungsrechts zum 1.1.2023 (BGBl. 2021 I 882) oder das Gesetz zur Modernisierung des Personengesellschaftsrechts zum 1.1.2024 (BGBl. 2021 I 3436).

Die Umsetzung der vorgenannten beruflichen Änderungen unter gleichzeitiger Berücksichtigung und Anwendung der neuen Vorschriften des materiellen Rechts verlangt den Berufsträgern ein hohes Maß an Anstrengung und Einsatz ab. Ihnen bleibt wenig Zeit, sich in die neuen Verfahrensabläufe einzufinden, zugleich wird erwartet, dass die Notarinnen und Notare das neue Recht kennen und berücksichtigen, dabei den hohen Standard wahrend, den die notarielle Rechtsbetreuung zu Recht für sich beansprucht und den die rechtsuchende Bevölkerung erwartet.

Das vorliegende Buch will dabei eine Hilfestellungen leisten, indem es kompakt die wichtigsten Vorschriften des notariellen Berufsrechts, des notariellen Verfahrensrechts und des notariellen Kostenrechts kommentiert. Damit werden erstmals die drei Säulen des formellen Notarrechts übersichtlich in einem Band erläutert. Die Heranziehung von mehreren Nachschlagewerken erübrigt sich somit, um einen ersten Einstieg in eine für den Berufsträger unklare Rechtsfrage zu bieten. Einen besonderen Mehrwert bedeutet es dabei, dass sich der Kommentar nicht auf das formelle Notarrecht beschränkt, sondern erstmals eine Kurzkommentierung der Vorschriften des materiellen Rechts zu Verfügung stellt, die das notarielle Verfahrensrecht determinieren. Oftmals legen erst die Vorschriften des BGB, des WEG, des ErbbauRG, des HGB, des GmbHG, des

AktG, des UmwG die notarielle Zuständigkeit fest und bestimmen das zu beachtende Verfahren. Damit erweist sich das Buch als umfassendes Nachschlagewerk zu allen Rechtsfragen des Notarrechts, das sowohl im Büroalltag, aber auch bei Auswärtsterminen zum Einsatz kommen kann.
Höchste Aktualität gleich zu Beginn des Jahres 2022 zu erzielen, war der ausdrückliche Vorsatz der Herausgeber. Die verabschiedete Gesetzgebung ist daher bis Ende September berücksichtigt, soweit Normen noch nicht in Kraft getreten sind, wird hierauf in den Kommentierungen ausdrücklich hingewiesen, Rechtsprechung und Literatur konnten ebenfalls bis Ende September eingearbeitet werden.
Die Umsetzung eines solchen Mammutprojektes war nur durch das Vertrauen und den Einsatz der Mitarbeiterinnen und Mitarbeiter des Nomos-Verlags zu erreichen; stellvertretend sei aus dem Lektorat Frau Petra Buchdunger und Herrn Frank Michel für ihr unermüdliches Engagement und ihre beharrliche Unterstützung gedankt. Die einzelnen Autorinnen und Autoren, die einen langen Entstehungsprozess mitbegleitet haben, verdienen ein besonderes Lob, da sie sich neben ihrer beruflichen Tätigkeit selbstlos dazu bereit erklärt haben, durch ihre fundierten Beiträge alle Kolleginnen und Kollegen bei der Umsetzung des neuen Rechts zu unterstützen und so an einer Fortentwicklung des Notarrechts mitzuwirken, die hoffentlich dazu beitragen wird, das Notariat als unentbehrliche Institution des modernen demokratischen Rechtsstaats zu festigen.
Nicht jede Erwartung wird das Werk in seiner Erstauflage erfüllen können, Verlag und Herausgeber sind sich dessen bewusst. Sie verbinden die Hoffnung damit, dass durch Anregungen aus dem praktischen Alltag der Notarinnen und Notare eine stetige Verbesserung des Kommentars erreicht werden kann. Die Herausgeber stehen insoweit persönlich für Fragen und Hinweise zur Verfügung.

Neumarkt i.d.OPf./Frankfurt am Main, *Dr. Jörn Heinemann*
im Januar 2022 *Dr. Christoph Trautrims*

Inhaltsverzeichnis

3. Prüfungs- und Belehrungspflichten

4. Beteiligung behinderter Personen

5. Besonderheiten für Verfügungen von Todes wegen

Dritter Abschnitt Sonstige Beurkundungen

1. Niederschriften

2. Vermerke

Abschnitt 7 Allgemeine Vorschriften für das Verwaltungsverfahren

Teil 2 Notarkammern und Bundesnotarkammer

Abschnitt 1 Notarkammern

Abschnitt 2 Bundesnotarkammer

Bundesrechtsanwaltsordnung (BRAO)

Verordnung über die Führung notarieller Akten und Verzeichnisse (NotAktVV)

Abschnitt 1 Allgemeine Bestimmungen

Abschnitt 2 Urkundenverzeichnis

Abschnitt 3 Verwahrungsverzeichnis

Abschnitt 4 Urkundensammlung, Erbvertragssammlung

Verordnung zur Errichtung und Führung des Zentralen Testamentsregisters (Testamentsregister-Verordnung – ZTRV)

Verordnung über das Notarverzeichnis und die besonderen elektronischen Notarpostfächer (Notarverzeichnis- und -postfachverordnung – NotVPV)

Teil 1 Notarverzeichnis

Teil 2 Besonderes elektronisches Notarpostfach

Handelsgesetzbuch

Gesetz über das Verfahren in Familiensachen und in den Angelegenheiten der freiwilligen Gerichtsbarkeit (FamFG)

Buch 4
Verfahren in Nachlass- und Teilungssachen

Abschnitt 1 Begriffsbestimmung; örtliche Zuständigkeit

Abschnitt 2 Verfahren in Nachlasssachen

Unterabschnitt 1 Allgemeine Bestimmungen

Unterabschnitt 2 Verwahrung von Verfügungen von Todes wegen

Unterabschnitt 3 Eröffnung von Verfügungen von Todes wegen

Unterabschnitt 4 Erbscheinsverfahren; Testamentsvollstreckung

Unterabschnitt 5 Sonstige verfahrensrechtliche Regelungen

Bürgerliches Gesetzbuch (BGB)

Buch 1
Allgemeiner Teil

Abschnitt 3 Rechtsgeschäfte

Titel 2 Willenserklärung

Titel 5 Vertretung und Vollmacht

Buch 2
Recht der Schuldverhältnisse

Abschnitt 3 Schuldverhältnisse aus Verträgen

Titel 1 Begründung, Inhalt und Beendigung

Untertitel 1 Begründung

Buch 3
Sachenrecht

Abschnitt 3 Eigentum

Titel 2 Erwerb und Verlust des Eigentums an Grundstücken

Buch 4
Familienrecht

Abschnitt 1 Bürgerliche Ehe

Titel 6 Eheliches Güterrecht

Untertitel 2 Vertragliches Güterrecht

Kapitel 1
Allgemeine Vorschriften

Abschnitt 2 Verwandtschaft

Titel 7 Annahme als Kind

Untertitel 1 Annahme Minderjähriger

Buch 5
Erbrecht

Abschnitt 2 Rechtliche Stellung des Erben

Titel 4 Mehrheit von Erben

Untertitel 1 Rechtsverhältnis der Erben untereinander

Abschnitt 4 Erbvertrag

Abschnitt 7 Erbverzicht

Gesetz über das Wohnungseigentum und das Dauerwohnrecht
(Wohnungseigentumsgesetz – WEG)

Gesetz über das Erbbaurecht (Erbbaurechtsgesetz – ErbbauRG)

Gesetz betreffend die Gesellschaften mit beschränkter Haftung (GmbHG)

Aktiengesetz

Umwandlungsgesetz (UmwG)

Gesetz über Kosten der freiwilligen Gerichtsbarkeit für Gerichte und Notare (Gerichts- und Notarkostengesetz – GNotKG)

Kapitel 1
Vorschriften für Gerichte und Notare

Abschnitt 1 Allgemeine Vorschriften

Abschnitt 2 Fälligkeit

Abschnitt 1. Verträge, bestimmte Erklärungen sowie Beschlüsse von Organen einer Vereinigung oder Stiftung

Abschnitt 2. Sonstige Erklärungen, Tatsachen und Vorgänge

Abschnitt 3. Vorzeitige Beendigung des Beurkundungsverfahrens

Hauptabschnitt 2. Vollzug eines Geschäfts und Betreuungstätigkeiten

Abschnitt 1. Vollzug

Unterabschnitt 1. Vollzug eines Geschäfts

Unterabschnitt 2. Vollzug in besonderen Fällen

Abschnitt 2. Betreuungstätigkeiten

Hauptabschnitt 3. Sonstige notarielle Verfahren

Abschnitt 9. Teilungssachen

Hauptabschnitt 4. Entwurf und Beratung

Abschnitt 1. Entwurf

Abschnitt 2. Beratung

Hauptabschnitt 5. Sonstige Geschäfte

Abschnitt 1. Beglaubigungen und sonstige Zeugnisse (§§ 39, 39a des Beurkundungsgesetzes)

Abschnitt 2. Andere Bescheinigungen und sonstige Geschäfte

Abschnitt 3. Verwahrung von Geld, Wertpapieren und Kostbarkeiten

Hauptabschnitt 6. Zusatzgebühren

Teil 3
Auslagen

Hauptabschnitt 2. Auslagen der Notare

Bearbeiterverzeichnis

Andreas Bosch, Notar a.D., Nürnberg
(§§ 18a–18d BNotO; § 12 HGB; § 378 FamFG; §§ 15, 133a GBO)

Dr. Björn Centner, LL.M. (Chicago), Notarassessor, Heilbronn
(§§ 6, 7, 17 BeurkG)

Dr. Markus Oliver Clot, Rechtsanwalt, Frankfurt a.M.
(§ 19a BNotO)

Dr. Jan Delphendahl, Rechtsanwalt und Notar, Kiel
(§§ 13–14, 16 BeurkG [zusammen mit *Ziervogel*])

Dr. Raoul Dittmar, LL.B. (London), Rechtsanwalt und Notar, Hannover
(§§ 14–18, §§ 78a–78o BNotO)

Josef Dörndorfer, Rechtspflegedirektor a.D., Hochschule für den öffentlichen Dienst in Bayern, Starnberg
(§§ 363–373 FamFG)

Dr. Daniel Doetsch, MJur (Oxford), Notarassessor, Wuppertal
(§§ 44–45a, 46–56 BeurkG)

Dr. Maximilian Johannes Eble, LL.M. (Cambridge), Notarassessor, Aachen
(§§ 27–35 BeurkG)

Dr. Martin Fach, Rechtsanwalt und Notar, Dieburg
(§§ 164–181 BGB)

Dr. Jörn Heinemann, LL.M., Notar, Neumarkt i.d.OPf.
(§§ 20–24 BNotO; § 45 BRAO)

Dr. Andreas Hitzel, LL.M. (Cambridge), Rechtsanwalt, Frankfurt a.M.
(Einführung, §§ 1–5 BeurkG)

Dr. Tobias Kobitzsch, LL.M. (Cambridge), Notar, Ebersbach an der Fils
(§§ 1–13, 25–36 BNotO)

Dr. Thomas Lang, LL.M. (NYU), Rechtsanwalt und Notar, Frankfurt a.M.
(§§ 2, 5a, 15, 40, 53, 55 GmbHG [zusammen mit *Trautrims*]; §§ 23, 130, 179a AktG [zusammen mit *Trautrims*]; §§ 6, 13 UmwG [zusammen mit *Trautrims*])

Dr. Frank-Holger Lange, Rechtsanwalt und Notar, Hannover
(§§ 57–62 BeurkG; §§ 38–46 BNotO)

Dr. Claudia Mair-Trinkgeld, Notarin, Bad Griesbach i. Rottal
(§§ 18–26 BeurkG; §§ 1410, 1750, 1752, 1762, 2033, 2371, 2276, 2282, 2296, 2348 BGB; §§ 127–131 GNotKG)

Prof. Dr. Stefan Reinhart, Rechtsanwalt, Solicitor (England & Wales), Frankfurt a.M.
(§ 19 BNotO)

Dr. Jan Schapp, Rechtsanwalt und Notar, Aurich
(§§ 4, 7, 12 WEG; §§ 11, 15 ErbbauRG)

Florian Schlosser, Notar, Nürnberg
(KV Nr. 21100–21304, 22110–22201, 23100–23903, 24100–24203, 25100–26003, 32000–32015 GNotKG)

Felix Schmitt, LL.M. (Columbia), Notarassessor, Berlin
(§§ 16a–16e, 40a BeurkG; §§ 78p, 78q BNotO)

Dr. Jan-Christoph F. Stephan, LL.M. (King's College London), Notarassessor, Ludwigsburg
(§§ 11, 15–17, 19, 21, 29–31, 95–111, 113–126 GNotKG)

Michael Storch, Amtsrat i.N., München
(§§ 46–54, 85–94 GNotKG)

Dr. Benedikt Strauß, Notarassessor, Berlin
(DONot; NotAktVV)

Dr. Christoph Trautrims, LL.M. (Cambridge), Rechtsanwalt und Notar, Frankfurt a.M.
(§§ 15, 36–40, 41–43 BeurkG; §§ 47–64 BNotO; §§ 2, 5a, 15, 40, 53, 55 GmbHG [zusammen mit *Lang*]; §§ 23, 130, 179a AktG [zusammen mit *Lang*]; §§ 6, 13 UmwG [zusammen mit *Lang*])

Anja Uhl, Notarin, Naumburg (Saale)
(§§ 794, 796b–797 ZPO; §§ 125, 128, 129, 311b, 925 BGB; §§ 1, 2, 4–7a, 10 GNotKG)

Harald Wilsch, Diplom-Rechtspfleger, Bezirksrevisor, München
(§§ 342–362 FamFG; §§ 3, 32, 34–39, 42–45, 112 GNotKG)

Dr. Maximilian Wosgien, LL.M. (Virginia), Notarassessor, Brüssel
(§§ 8–12 BeurkG; § 10 Abs. 9 GwG)

Dr. Klaas Ziervogel, LL.M. (London), Rechtsanwalt und Notar, Kiel
(§§ 13–14, 16 BeurkG [zusammen mit *Delphendahl*])

Literaturverzeichnis

Altmeppen, GmbHG, Kommentar, 10. Aufl. 2021

Armbrüster/Preuß/Renner, BeurkG DONot, Kommentar, 8. Aufl. 2020

Arndt/Lerch/Sandkühler, Bundesnotarordnung (BNotO), Kommentar, 8. Aufl. 2015

Bärmann, Wohnungseigentumsgesetz, Kommentar, 14. Aufl. 2018

Bärmann/Seuß, Praxis des Wohnungseigentums, Handbuch, 7. Aufl. 2017

Bahrenfuss, FamFG: Gesetz über das Verfahren in Familiensachen und in den Angelegenheiten der freiwilligen Gerichtsbarkeit, Kommentar, 3. Aufl. 2017

Basty, Der Bauträgervertrag, Handbuch, 10. Aufl. 2020

Bauer/Schaub, GBO, Kommentar, 4. Aufl. 2018

Baumbach/Hopt, Handelsgesetzbuch: HGB, Kommentar, 40. Aufl. 2021

Baumbach/Hueck, GmbHG, Kommentar, 22. Aufl. 2019

Bayerischer Notarverein e.V (Hrsg.), Kostentabelle für Notare, 34. Auflage 2020 (Bäuerle Tabelle)

Blaeschke, Praxishandbuch Notarprüfung – Anforderungen und Grenzen der notariellen Amtsprüfung, Handbuch, 3. Aufl. 2021

Böhm/Burmeister, Münchener Vertragshandbuch, Band 1: Gesellschaftsrecht, Handbuch, 8. Aufl. 2018 (zit. MVHdB I GesR)

Böttcher, Praktische Fragen des Erbbaurechts, Handbuch, 7. Aufl. 2014

Böttcher/Habighorst/Schulte, Umwandlungsrecht, Kommentar, 2. Aufl. 2019 (zit. NK-UmwR)

Bohrer, Das Berufsrecht der Notare, Handbuch, 1991

Bork/Jacoby/Schwab, FamFG, Kommentar, 3. Aufl. 2018

Bormann/Diehn/Sommerfeldt, GNotKG, Kommentar, 4. Aufl. 2021

Bremkamp/Kindler/Winnen, BeckOK BeurkG, Kommentar, 5. Aufl. 2021 (zit. BeckOK BeurkG)

Bumiller/Harders/Schwamb, FamFG, Kommentar, 12. Aufl. 2019

Burandt/Rojahn, Erbrecht, Kommentar, 3. Aufl. 2019

Büttner/Frohn/Seebach, Elektronischer Rechtsverkehr und Informationstechnologie im Notariat, Monografie, 2019

Dauner-Lieb/Langen, Bürgerliches Gesetzbuch: BGB, Band 2: Schuldrecht, Kommentar, 4. Aufl. 2021 (zit. NK-BGB)

Diehn, Berechnungen zum neuen Notarkostenrecht, Monografie, 2. Aufl. 2013

Diehn, Notarkostenberechnungen, Monografie, 7. Aufl. 2021

Diehn, BNotO – Bundesnotarordnung, Kommentar, 2. Aufl. 2019

Diehn/Sikora/Tiedtke, Das neue Notarkostenrecht, Monografie, 2013

Diehn/Volpert, Praxis des Notarkostenrechts, Handbuch, 2. Aufl. 2017

Diller, Berufshaftpflichtversicherung der Rechtsanwälte, Kommentar, 2. Aufl. 2017

Dörndorfer/Wendtland/Gerlach/Diehn, BeckOK Kostenrecht, Kommentar, 33. Aufl. 2021 (zit. BeckOK KostR)

Ebenroth/Boujong/Joost/Strohn, Handelsgesetzbuch (HGB), Kommentar, Band 1, 2, 4. Aufl. 2020

Eckhardt/Hermanns, Kölner Handbuch Gesellschaftsrecht, Handbuch, 3. Aufl. 2016

Erman, BGB, Kommentar, 16. Aufl. 2020

Fackelmann/Heinemann, GNotKG Gerichts- und Notarkostengesetz, Kommentar, 2013 (zit. HK-GNotKG)

Firsching/Graf, Nachlassrecht, Handbuch, 11. Aufl. 2019

Frenz/Miermeister, BNotO – Bundesnotarordnung, Kommentar, 5. Aufl. 2020

Ganter/Hertel/Wöstmann, Handbuch der Notarhaftung, Handbuch, 4. Aufl. 2018

Gerhardt/von Heintschel-Heinegg/Klein, Handbuch des Fachanwalts Familienrecht, Handbuch, 11. Aufl. 2018 (zit. FA-FamR)

Gierl/Köhler/Kroiß/Wilsch, Internationales Erbrecht, Handbuch, 3. Aufl. 2020

Görk, BeckOK BNotO, Kommentar, 4. Aufl. 2021 (zit. BeckOK BNotO)

Grigoleit, AktG – Aktiengesetz, Kommentar, 2. Aufl. 2020

Groll/Steiner, Praxis-Handbuch Erbrechtsberatung, Handbuch, 5. Aufl. 2019

Grziwotz/Heinemann, BeurkG – Beurkundungsgesetz, Kommentar, 3. Aufl. 2018

Gräfe/Brügge, Vermögensschaden-Haftpflichtversicherung, Handbuch, 2. Aufl. 2012

Gsell/Krüger/Lorenz/Reymann, beck-online Großkommentar, Kommentar, Band BGB, 32. Aufl. 2020 (zit. BeckOGK)

Gustavus, Handelsregister-Anmeldungen, 10. Aufl. 2020

Habersack/Casper/Löbbe, GmbHG Großkommentar, Kommentar, Band 1, 2, 3. Aufl. 2019 ff.

Hahne/Schlögel/Schlünder, BeckOK FamFG, Kommentar, 38. Aufl. 2021 (zit. BeckOK FamFG)

Hartung/Scharmer, Berufs- und Fachanwaltsordnung, Kommentar, 7. Aufl. 2020

Hau/Poseck, BeckOK BGB, Kommentar, 58. Aufl. 2021(zit. BeckOK BGB)

Haug/Zimmermann, Die Amtshaftung des Notars, Handbuch, 4. Aufl. 2018

Hauschild/Kallrath/Wachter, Notarhandbuch Gesellschafts- und Unternehmensrecht, Handbuch, 2. Aufl. 2017

Heckschen/Heidinger, Die GmbH in der Gestaltungs- und Beratungspraxis, Handbuch, 4. Aufl. 2018

Heckschen/Herrler/Münch, Beck´sches Notar-Handbuch, Handbuch, 7. Aufl. 2019 (zit. BeckNotar-HdB)

Heidel/Hüßtege/Mansel/Noack, Bürgerliches Gesetzbuch: Allgemeiner Teil – EGBGB Band 1, Kommentar, 4. Aufl. 2021 (zit. NK-BGB)

Heinemann, FamFG für Notare – mit Erläuterungen und Musterformulierungen, Handbuch, 2009

Henssler/Prütting, Bundesrechtsanwaltsordnung: BRAO, Kommentar, 5. Aufl. 2019

Henssler/Strohn, Gesellschaftsrecht: GesR, Kommentar, 5. Aufl. 2021

Herzog, Geldwäschegesetz, Kommentar, 4. Aufl. 2020

Hirte/Mülbert/Roth, AktG, Kommentar, Band 1, 2/1, 2/2, 4/1, 4/2, 5, 7/1, 7/2, 5. Aufl. 2015 ff. (zit. GroßkommAktG)

Horndasch/Viefhues, FamFG, Kommentar, 3. Aufl. 2013

Hüffer/Koch, Aktiengesetz, Kommentar, 15. Aufl. 2021

Hügel, BeckOK GBO, Kommentar, 42. Aufl. 2021 (zit. BeckOK GBO)

Hügel, Grundbuchordnung: GBO, Kommentar, 4. Aufl. 2020

Hügel/Scheel, Rechtshandbuch Wohnungseigentum, Handbuch, 4. Aufl. 2018

Ingenstau/Hustedt, ErbbauRG – Gesetz über das Erbbaurecht, Kommentar, 11. Aufl. 2018

Jansen, Beurkundungsgesetz, Kommentar, 1971

Jennißen, Wohnungseigentumsgesetz: WEG, Kommentar, 6. Aufl. 2019

Jochum/Pohl, Nachlasspflegschaft, Handbuch, 5. Aufl. 2014

Jurgeleit, Betreuungsrecht, Kommentar, 4. Aufl. 2018 (zit. HK-BetreuungsR)

Keller/Munzig, Grundbuchrecht, Kommentar, 8. Aufl. 2019 (zit. KEHE)

Keidel, FamFG, Kommentar, 20. Aufl. 2020

Keim/Lehmann, Beck'sches Formularbuch Erbrecht, Formularbuch, 4. Aufl. 2019 (zit. BeckFormB ErbR)

Kersten/Bühling, Formularbuch und Praxis der freiwilligen Gerichtsbarkeit, Formularbuch, 26. Aufl. 2018

Kleine-Cosack, Bundesrechtsanwaltsordnung: BRAO, Kommentar, 8. Aufl. 2020

Klinger, Münchener Prozessformularbuch, Band 4: Erbrecht, Formularbuch, 4. Aufl. 2018 (zit. MPFormB ErbR)

Koller/Kindler/Roth/Drüen, HGB, Kommentar, 9. Aufl. 2019

Korintenberg, Gerichts- und Notarkostengesetz: GNotKG, Kommentar, 21. Aufl. 2020

Krafka, Registerrecht, Handbuch, 11. Aufl. 2019

Krauß, Immobilienkaufverträge in der Praxis, Handbuch, 9. Aufl. 2020

Kroiß/Ann/Mayer, Bürgerliches Gesetzbuch: Erbrecht, Kommentar, 5. Aufl. 2018 (zit. NK-BGB)

Kroiß/Horn/Solomon, Nachfolgerecht, Kommentar, 2. Aufl. 2019 (zit. NK-NachfolgeR)

Kroiß/Siede, FamFG, Formularbuch, 2. Aufl. 2018 (zit. GForm-FamFG)

Langenbucher/Bliesener/Spindler, Bankrechts-Kommentar, Kommentar, 3. Aufl. 2020

Langhein/Naumann, NotarFormulare Wohnungseigentumsrecht, Formularbuch, 2. Aufl. 2018

Lemke, Immobilienrecht, Kommentar, 2. Aufl. 2015

Lerch, Beurkundungsgesetz – Dienstordnung Richtlinienempfehlungen BNotK, Kommentar, 5. Aufl. 2016

Limmer, Handbuch der Unternehmensumwandlung, 6. Aufl. 2019

Limmer/Hertel/Frenz/Mayer, Würzburger Notarhandbuch, Handbuch, 5. Aufl. 2018 (zit. WürzNotar-HdB)

Lutter/Hommelhoff, GmbH-Gesetz, Kommentar, 20. Aufl. 2019

Michalski/Heidinger/Leible/Schmidt, Kommentar zum Gesetz betreffend die Gesellschaften mit beschränkter Haftung (GmbH-Gesetz), Kommentar, Band 1, 2, 3. Aufl. 2017

Müller, Praktische Fragen des Wohnungseigentums, Monografie, 6. Aufl. 2015

Münchener Kommentar zum Aktiengesetz: AktG, Kommentar, hrsg. von Goette/Habersack/Kalss, Band 1, 2, 4, 5, 7, 5. Aufl. 2019 ff. (zit. MüKo-AktG)

Münchener Kommentar zum Gesetz betreffend die Gesellschaften mit beschränkter Haftung: GmbHG, Kommentar, hrsg. von Fleischer/Goette, Band 1, 2, 3, 3. Aufl. 2018 ff. (zit. MüKoGmbHG)

Münchener Kommentar zum FamFG, Kommentar, hrsg. von Rauscher, Band 1, 2, 3. Aufl. 2018 ff. (zit. MüKoFamFG)

Musielak/Voit, Zivilprozessordnung: ZPO, Kommentar, 18. Aufl. 2021

Nieder/Kössinger, Handbuch der Testamentsgestaltung, Handbuch, 6. Aufl. 2020

Notarkasse München, Streifzug durch das GNotKG, Monografie, 12. Aufl. 2017

Oetker, Handelsgesetzbuch (HGB), Kommentar, 7. Aufl. 2021

Palandt, Bürgerliches Gesetzbuch, Kommentar, 80. Aufl. 2021

Prinz/Kahle, Beck'sches Handbuch der Personengesellschaften, Handbuch, 5. Aufl. 2020 (zit. BeckHdB PersGes)

Prölss/Martin, Versicherungsvertragsgesetz, Kommentar, 31. Aufl. 2021

Prütting/Helms, FamFG, Kommentar, 5. Aufl. 2020

Prütting/Wegen/Weinreich, BGB Kommentar, Kommentar, 15. Aufl. 2020

Pöhlmann/Fandrich/Bloehs, GenG, Kommentar, 4. Aufl. 2012

Reimann/Bengel/Dietz, Testament und Erbvertrag, Handbuch, 7. Aufl. 2019

Reithmann/Martiny, Internationales Vertragsrecht, Handbuch, 8. Aufl. 2015

Renner/Otto/Heinze, Leipziger Gerichts- & Notarkosten-Kommentar, Kommentar, 3. Aufl. 2021

Riedel, Immobilien in der Erbrechtspraxis, 2018

Rohs/Wedewer, GNotKG – Gerichts- und Notarkostengesetz, Kommentar, 132. Aufl. 2021

Roth/Hannes/Mielke, Vor- und Nacherbschaft, Handbuch, 2010

Rowedder/Schmidt-Leithoff, Gesetz betreffend die Gesellschaften mit beschränkter Haftung: GmbHG, Kommentar, 6. Aufl. 2017

Scherer, Münchener Anwaltshandbuch Erbrecht, Handbuch, 5. Aufl. 2018 (zit. MAH ErbR)

Schimansky/Bunte/Lwowski, Bankrechts-Handbuch, Handbuch, Band I, II, 5. Aufl. 2017

Schippel/Bracker, Bundesnotarordnung: BNotO, Kommentar, 9. Aufl. 2011

Schippel/Görk, Bundesnotarordnung: BNotO, Kommentar, 10. Aufl. 2021

Schmidt K./Lutter, AktG, Kommentar, 4. Aufl. 2019

Schmitt/Hörtnagl, Umwandlungsgesetz, Umwandlungssteuergesetz, Kommentar, 9. Aufl. 2020

Schneider/Volpert/Fölsch, Gesamtes Kostenrecht, Kommentar, 2. Aufl. 2017 (zit. NK-GK)

Scholz, GmbH-Gesetz, Kommentar, Band 1, 2, 3, 12. Aufl. 2018 ff.

Schulte-Bunert/Weinreich, FamFG, Kommentar, 6. Aufl. 2019

Schulze/Dörner/Ebert/Hoeren/Kemper/Saenger/Scheuch/Schreiber/Schulte-Nölke/Staudinger/Wiese, BGB, Kommentar, 10. Aufl. 2019 (zit. HK-BGB)

Schöner/Stöber, Grundbuchrecht, Handbuch, 16. Aufl. 2020

Semler/Stengel/Leonard, Umwandlungsgesetz, Kommentar, 5. Aufl. 2021

Soergel, Bürgerliches Gesetzbuch mit Einführungsgesetz und Nebengesetzen (BGB), Kommentar, Band 1, 2, 2a, 3/2, 4, 5/1a, 5/2, 5/3, 6/1, 6/2, 7, 8, 10, 11/1, 11/2, 11/3, 12, 13, 14, 15/1, 15/2, 16, 17/1, 17/2, 18, 18a, 19/1, 19/2, 20, 21, 22, 23, 27/1, 13. Aufl. 1999 ff.

Spindler/Stilz, AktG, Kommentar, Band 1, 2, 4. Aufl. 2019

Steinert/Theede/Knop, Zwangsvollstreckung in das bewegliche Vermögen, Handbuch, 9. Aufl. 2013

Süß/Wachter, Handbuch des internationalen GmbH-Rechts, 3. Auflage 2016

Toussaint, Kostenrecht, Kommentar, 51. Aufl. 2021

Uricher, Erbrecht, Formularbuch, 4. Aufl. 2020 (zit. FormB-ErbR)

von Oefele/Winkler/Schlögel, Handbuch Erbbaurechts, Handbuch, 6. Aufl. 2016

Veranneman, Schuldverschreibungsgesetz: SchVG, Kommentar, 2. Aufl. 2016

Vorwerk/Wolf, BeckOK ZPO, Kommentar, 40. Aufl. 2021 (zit. BeckOK ZPO)

Wachter, AktG, Kommentar, 3. Aufl. 2018

Weingärtner/Gassen/Sommerfeldt, Dienstordnung für Notarinnen und Notare (DONot), Kommentar, 13. Aufl. 2016

Weyland, Bundesrechtsanwaltsordnung: BRAO, Kommentar, 10. Aufl. 2019

Wicke, GmbHG, Kommentar, 4. Aufl. 2020

Widmann/Mayer, Umwandlungsrecht, Kommentar, 191. Aufl. 2021

Wilsch, NotarFormulare Erbbaurecht, Formularbuch, 2. Aufl. 2021

Winkler, Beurkundungsgesetz: BeurkG, Kommentar, 19. Aufl. 2019

Zimmermann, Erbschein – Erbscheinsverfahren – Europäisches Nachlasszeugnis, Handbuch, 3. Aufl. 2015

Zöllner/Noack, Kölner Kommentar zum Aktiengesetz, Kommentar, Band II/1, II/2, III/1, III/2, III/3, III/4, III/5, III/7, V/1, V/2, V/3, V/5, VII/1, VII/2, VIII/1, VIII/2, I, VI, IX, 3. Aufl. 2004 ff. (zit. Kölner Komm AktG)

Allgemeines Abkürzungsverzeichnis

aA	anderer Ansicht/Auffassung
aaO	am angegebenen Ort
Abb.	Abbildung
abgedr.	abgedruckt
Abh.	Abhandlungen
Abk.	Abkommen
ABl.	Amtsblatt
abl.	ablehnend
Abs.	Absatz
abschl.	abschließend
Abschn.	Abschnitt
Abt.	Abteilung
abw.	abweichend
abzgl.	abzüglich
AdR	Ausschuss der Regionen
aE	am Ende
aF	alte Fassung
AktR	Aktienrecht
allg.	allgemein
allgA	allgemeine Ansicht
allgM	allgemeine Meinung
Alt.	Alternative
aM	andere Meinung
amtl.	amtlich
Änd.	Änderung
ÄndG	Änderungsgesetz
Anh.	Anhang
Anl.	Anlage
Anm.	Anmerkung
ArbR	Arbeitsrecht
Arch.	Archiv
Arg.	Argumentation
Art.	Artikel
AsylR	Asylrecht
AT	Allgemeiner Teil
Auff.	Auffassung
aufgeh.	aufgehoben
Aufl.	Auflage
Aufs.	Aufsatz
ausdr.	ausdrücklich
ausf.	ausführlich
ausl.	ausländisch
AuslR	Ausländerrecht
ausschl.	ausschließlich
Az.	Aktenzeichen

BAnz.	Bundesanzeiger
Bad.	Baden
bad.	badisch
BArbBl.	Bundesarbeitsblatt
BankR	Bankrecht
BauR	Baurecht
Bay.	Bayern
bay.	bayerisch
Bbg.	Brandenburg
bbg.	brandenburgisch
Bd.	Band
Bde.	Bände
Bearb.	Bearbeiter
bearb.	bearbeitet
Begr.	Begründung
begr.	begründet
Beil.	Beilage
Bek.	Bekanntmachung
Bem.	Bemerkung
Ber.	Berichtigung
ber.	berichtigt
BerufsR	Berufsrecht
bes.	besonders
Beschl.	Beschluss
beschr.	beschränkt
Bespr.	Besprechung
bespr.	besprochen
bestr.	bestritten
Betr.	Betreff
betr.	betrifft, betreffend
BGBl.	Bundesgesetzblatt
Bl.	Blatt
Bln.	Berlin
bln.	berlinerisch
BilanzR	Bilanzrecht
BR	Bundesrat
BR-Drs.	Bundesrats-Drucksache
BR-Prot.	Bundesrats-Protokoll
BRD	Bundesrepublik Deutschland
Brem.	Bremen
brem.	bremisch
brit.	britisch
Bsp.	Beispiel
bspw.	beispielsweise
BStBl.	Bundessteuerblatt
BT	Bundestag; Besonderer Teil

BT-Drs.	Bundestags-Drucksache
BT-Prot.	Bundestags-Protokoll
Buchst.	Buchstabe
BürgerlR	Bürgerliches Recht
BW	Baden-Württemberg
bw.	baden-württembergisch
bzgl.	bezüglich
bzw.	beziehungsweise
ca.	circa
d.	**der, des, durch**
Darst.	Darstellung
DDR	Deutsche Demokratische Republik
ders.	derselbe
dgl.	dergleichen, desgleichen
dh	das heißt
dies.	dieselbe
diesbzgl.	diesbezüglich
diff.	differenziert, differenzierend
Dig.	Digesten
Diss.	Dissertation
div.	diverse
Dok.	Dokument
Drs.	Drucksache
dt.	deutsch
E	**Entwurf**
ebd.	ebenda
Ed.	Edition
ehem.	ehemalig
Einf.	Einführung
einf.	einführend
eing.	eingehend
Einl.	Einleitung
einschl.	einschließlich
EL	Ergänzungslieferung
Empf.	Empfehlung
endg.	endgültig
engl.	englisch
Entsch.	Entscheidung
Entschl.	Entschluss
entspr.	entspricht, entsprechend
EP	Europäisches Parlament
ER	Europäischer Rat
ErbR	Erbrecht
Erg.	Ergebnis, Ergänzung
erg.	ergänzend
Ergbd.	Ergänzungsband
Erkl.	Erklärung
Erl.	Erlass, Erläuterung
EStR	Einkommensteuerrecht, Einkommensteuerrichtlinie
etc	et cetera (und so weiter)
europ.	europäisch
EuropaR	Europarecht
ev.	evangelisch
eV	eingetragener Verein
evtl.	eventuell
EZB	Europäische Zentralbank
f., ff.	**folgende Seite bzw. Seiten**
FamR	Familienrecht
Fn.	Fußnote
FG	Festgabe; Finanzgericht
frz.	französisch
FS	Festschrift
G	**Gesetz**
GBl.	Gesetzblatt
GE	Gesetzesentwurf
geänd.	geändert
geb.	geboren
gem.	gemäß
ges.	gesetzlich
GesR	Gesellschaftsrecht
GesundhR	Gesundheitsrecht
gewöhnl.	gewöhnlich
GewR	Gewerberecht
GewRS	Gewerblicher Rechtsschutz
ggf.	gegebenenfalls
ggü.	gegenüber
glA	gleicher Ansicht
GLE	Gleichlautendende Ländererlasse
GMBl.	Gemeinsames Ministerialblatt
Grdl.	Grundlage
grdl.	grundlegend
grds.	grundsätzlich
GS	Gedenkschrift, Gedächtnisschrift
GVBl.	Gesetz- und Verordnungsblatt
GVOBl.	Gesetz- und Verordnungsblatt

hA	**herrschende Ansicht/Auffassung**
Halbbd.	Halbband
HandelsR	Handelsrecht
Hmb.	Hamburg
hmb.	hamburgisch
HdB	Handbuch
Hess.	Hessen
hess.	hessisch
hins.	hinsichtlich
hL	herrschende Lehre
hM	herrschende Meinung
Hrsg.	Herausgeber
hrsg.	herausgegeben
Hs.	Halbsatz
ic	**in concreto/in casu**
idF	in der Fassung
idR	in der Regel
idS	in diesem Sinne
iE	im Einzelnen
iErg	im Ergebnis
ieS	im engeren Sinne
iHd	in Höhe des/der
iHv	in Höhe von
iJ	im Jahre
Inf.	Information
insbes.	insbesondere
InsR	Insolvenzrecht
int.	international
IPR	Internationales Privatrecht
iRd	im Rahmen des/der
iS	im Sinne
iSd	im Sinne des/der
iSv	im Sinne von
it.	italienisch
iÜ	im Übrigen
iVm	in Verbindung mit
iW	im Wesentlichen
iwS	im weiteren Sinne
iZw	Im Zweifel
Jg.	**Jahrgang**
Jge.	Jahrgänge
Jh.	Jahrhundert
JMBl.	Justizministerialblatt
jur.	juristisch
Kap.	**Kapitel**
KapMarktR	Kapitalmarktrecht
KapMarktStrafR	Kapitalmarktstrafrecht
KartellR	Kartellrecht
kath.	katholisch
Kfz	Kraftfahrzeug
Kj.	Kalenderjahr
Kl.	Kläger
kl.	klagend
Kom.	Komitee, Kommission
Komm.	Kommentar
KommunalR	Kommunalrecht
KonzernR	Konzernrecht
krit.	kritisch
Ld.	**Land**
LebensmittelR	Lebensmittelrecht
lfd.	laufend
Lfg.	Lieferung
Lit.	Literatur
lit.	litera
Lkw	Lastkraftwagen
Ls.	Leitsatz
LSA	Sachsen-Anhalt
LStR	Lohnsteuerrecht
lt.	laut
LT-Drs.	Landtags-Drucksache
mÄnd	**mit Änderungen**
mAnm	mit Anmerkung
MarkenR	Markenrecht
maW	mit anderen Worten
Mat.	Materialien
max.	maximal
MBl.	Ministerialblatt
mE	meines Erachtens
MedienR	Medienrecht
MedR	Medizinrecht
MietR	Mietrecht
mind.	mindestens
Mio.	Million(en)
Mitt.	Mitteilung(en)
mN	mit Nachweisen
Mot.	Motive
Mrd.	Milliarde(n)
mspätÄnd	mit späteren Änderungen

mtl.	monatlich
MultimediaR	Multimediarecht
MV	Mecklenburg-Vorpommern
mv.	mecklenburg-vorpommerisch
mwH	mit weiteren Hinweisen
mwN	mit weiteren Nachweisen
mWv	mit Wirkung vom
nachf.	**nachfolgend**
Nachw.	Nachweise
Nds.	Niedersachsen
nds.	niedersächsisch
nF	neue Fassung
Nr.	Nummer
nrkr	nicht rechtskräftig
NRW	Nordrhein-Westfalen
nrw.	nordrhein-westfälisch
nv	nicht veröffentlicht
o.	**oben, oder**
oÄ	oder Ähnliche/s
OEuR	Osteuroparecht
ÖffBauR	Öffentliches Baurecht
öffentl.	öffentlich
ÖffR	Öffentliches Recht
ÖffTarifR	Öffentliches Tarifrecht
Öst.	Österreich
öst.	österreichisch
og	oben genannte(r, s)
oV	ohne Verfasser
PatentR	**Patentrecht**
PersGesR	Personengesellschaftsrecht
PharmaR	Pharmarecht
Pkw	Personenkraftwagen
POR	Polizei- und Ordnungsrecht
Preuß.	Preußen
preuß.	preußisch
PrivBauR	Privates Baurecht
PrivVersR	Privatversicherungsrecht
Prot.	Protokoll
RAnz.	**Reichsanzeiger**
rd.	rund
RdErl.	Runderlass
RdSchr.	Rundschreiben
RegE	Regierungsentwurf
RGBl.	Reichsgesetzblatt
RhPf.	Rheinland-Pfalz
rhpf.	rheinland-pfälzisch
rkr.	rechtskräftig
RL	Richtlinie
Rn.	Randnummer
Rs.	Rechtssache
Rspr.	Rechtsprechung
RVO	Rechtsverordnung; Reichsversicherungsordnung (SozR)
S.	**Seite(n), Satz**
s.	siehe
s.a.	siehe auch
Saarl.	Saarland
saarl.	saarländisch
SachenR	Sachenrecht
Sachs.	Sachsen
sächs.	sächsisch
sachsanh.	sachsen-anhaltinisch
SchlH	Schleswig-Holstein
schlh.	schleswig-holsteinisch
Schr.	Schrifttum, Schreiben
SchuldR	Schuldrecht
schweiz.	schweizerisch
Sen.	Senat
Slg.	Sammlung
s. o.	siehe oben
sog	so genannt
SozR	Sozialrecht
Sp.	Spalte
st.	ständig
StaatsR	Staatsrecht
Stellungn.	Stellungnahme
SteuerR	Steuerrecht
Stichw.	Stichwort
str.	streitig, strittig
StrafProzR	Strafprozessrecht
StrafR	Strafrecht
StrafVerfR	Strafverfahrensrecht
stRspr	ständige Rechtsprechung
StVR	Straßenverkehrsrecht
s. u.	siehe unten
Suppl.	Supplement
teilw.	**teilweise**
Thür.	Thüringen
thür.	thüringisch
Tz.	Textziffer

u.	**und**
ua	und andere, unter anderem
uÄ	und Ähnliches
uÄm	und Ähnliches mehr
UAbs.	Unterabsatz
UAbschn.	Unterabschnitt
uam	und anderes mehr
überarb.	überarbeitet
Überbl.	Überblick
überw.	überwiegend
Übk.	Übereinkommen
uE	unseres Erachtens
Umf.	Umfang
umfangr.	umfangreich
umstr.	umstritten
UmwR	Umweltrecht
unstr.	unstreitig
unv.	unverändert, unveränderte Auflage
unveröff.	unveröffentlicht
unzutr.	unzutreffend
UrhR	Urheberrecht
Urt.	Urteil
usw	und so weiter
uU	unter Umständen
uvam	und vieles anderes mehr
uvm	und viele mehr
v.	**vom, von**
va	vor allem
vAw	von Amts wegen
Var.	Variante
Verf.	Verfasser, Verfassung
VerfassungsR	Verfassungsrecht
VergR	Vergaberecht
Verh.	Verhandlung
VerkehrsR	Verkehrsrecht
Veröff.	Veröffentlichung
Vers.	Versicherung
VersR	Versicherungsrecht
VertrR	Vertragsrecht
Verw.	Verwaltung
VerwProzR	Verwaltungsprozessrecht
VerwR	Verwaltungsrecht
VerwVerfR	Verwaltungsverfahrensrecht
Vfg.	Verfügung
vgl.	vergleiche
vH	von Hundert
VO	Verordnung
VölkerR	Völkerrecht
Vol., vol.	volume (Band)
Voraufl.	Vorauflage
Vorb.	Vorbemerkung
vorl.	vorläufig
Vorschr.	Vorschrift
VorstandsR	Vorstandsrecht
vs.	versus
WEigR	**Wohnungseigentumsrecht**
WettbR	Wettbewerbsrecht
WirtschaftsR	Wirtschaftsrecht
Wiss.	Wissenschaft
wiss.	wissenschaftlich
Wj.	Wirtschaftsjahr
Württ.	Württemberg
württ.	württembergisch
zahlr.	**zahlreich**
zB	zum Beispiel
Ziff.	Ziffer
zit.	zitiert
ZivilProzR	Zivilprozessrecht
ZivilR	Zivilrecht
zT	zum Teil
zul.	zuletzt
zusf.	zusammenfassend
zust.	zustimmend
zutr.	zutreffend
zVb	zur Veröffentlichung bestimmt
ZVR	Zwangsvollstreckungsrecht
zw.	zweifelhaft
zzgl.	zuzüglich
zzt.	zurzeit

Beurkundungsgesetz (BeurkG)

Vom 28. August 1969 (BGBl. I S. 1513)
(FNA 303-13)
zuletzt geändert durch Art. 2 G zum Vorschlag für eine Verordnung des Rates zur Änd. der VO (EG) Nr. 168/2007 zur Errichtung einer Agentur der Europäischen Union für Grundrechte und zur Inbetriebnahme der elektronischen Urkundensammlung vom 21.12.2021 (BGBl. II S. 1282)

Vorbemerkung zum Beurkundungsgesetz

I. Gesetzeshistorie und Systematik des BeurkG

Das BeurkG trat am 1.1.1970 in Kraft.[1] Ziel dieses Gesetzgebungsvorhabens war es, die zuvor auf eine Vielzahl von Rechtsquellen verstreuen Vorschriften über Beurkundungen übersichtlich in einem Gesetz zusammenfassen.[2] Dennoch kann das BeurkG nicht als Kodifizierung des Beurkundungswesens verstanden werden. Ein Beurkundungsgesetzbuch ist das BeurkG nicht. Wichtige Vorschriften über die Beurkundung finden sich nach wie vor auch in anderen Rechtsquellen, so etwa in den §§ 2231 ff., 2276 BGB, §§ 20 ff. BNotO, § 130 AktG oder in landesrechtlichen Vorschriften, die aufgrund der konkurrierenden Kompetenz des Bundes nach Art. 74 Abs. 1 Nr. 1 GG über die Vorbehalte der §§ 66–68 BeurkG fortgelten. 1

Das BeurkG gliedert sich in 7 Abschnitte. Der 1. Abschnitt (§§ 1–5) stellt einen Allgemeinen Teil dar, der für alle Beurkundungsformen gilt. In dem 2. Abschnitt (§§ 6–35) finden sich die Vorschriften für die Beurkundung von Willenserklärungen. Der 3. Abschnitt (§§ 36–43) dagegen enthält Regelungen über sonstige Beurkundungen, insbesondere die Beurkundung von Tatsachen. In dem 4. Abschnitt sind Regelungen über den Umgang mit bereits errichteten Urkunden einschließlich Vorschriften über Nachtragsbeurkundungen enthalten. Der in neuer Fassung ab dem 1.1.2022 geltende 5. Abschnitt (§§ 55–56) normiert die Verwahrung von Urkunden, insbesondere das die Urkundenrolle ablösende elektronische Urkundenverzeichnis sowie die elektronische Urkundensammlung, während die Verwahrung sonstiger Gegenstände wie Geld, Wertpapiere und Kostbarkeiten nunmehr in einem 6. Abschnitt geregelt sind (§§ 57–62). Der 7. Abschnitt enthält Schlussvorschriften, insbesondere Übergangsvorschriften und Zuständigkeitsabgrenzungen zu landesrechtlichen Bestimmungen. 2

Weil die Vorschriften des 1. Abschnittes einen Allgemeinen Teil bilden, sind sie systematisch grundsätzlich auch auf die Vorschriften der Abschnitte 2–7 anzuwenden, woraus sich im konkreten Fall erhebliche Schwierigkeiten ergeben können. Dass eine schematische Anwendung dieser allgemeinen Vorschriften im Einzelfall nicht immer passend und interessengerecht, vor dem Hintergrund 3

1 BGBl. 1969 I 1513 (1531).
2 Bericht der Kommission zur Vorbereitung einer Reform der Zivilgerichtsbarkeit, Bonn 1961, 408 ff.

des auch für die notarielle Tätigkeit geltenden Schutzbereiches des Art. 12 GG[3] mitunter sogar nicht immer verfassungskonform wäre, liegt gerade aufgrund ihres allgemeinen Charakters auf der Hand. Daher kann eine Anwendung der Regelungen des 1. Abschnittes auf die Bestimmungen der übrigen Abschnitte des BeurkG immer nur mit kasuistischem Augenmaß, dh unter Rücksichtnahme auf die Besonderheiten des Einzelfalls erfolgen.

4 Zwar bildet die Regelung der notariellen Beurkundung (§ 20 BNotO) den „Regelungsschwerpunkt" des BeurkG;[4] es bestimmt darüber hinaus aber auch Vorschriften für eine ganze Reihe weiterer Amtstätigkeiten des Notars (§§ 21–24 BNotO), so ua für die Beglaubigung (§§ 39 ff.), die Behandlung von Urkunden (§§ 44 ff.) sowie – eher kontraintuitiv – die Verwahrung (§§ 57 ff.).

II. Sinn und Zweck des BeurkG

5 Das BeurkG ist jenes Gesetz, das die für die Wahrung des Beurkundungserfordernisses iSd § 128 BGB zu beachtenden Förmlichkeiten konkretisiert.[5] Es soll die Mitwirkung des Notars bei der Rechtsgestaltung sicherstellen[6] und insoweit die Privatautonomie einschränken, um eine informierte Entscheidung der Beteiligten zu gewährleisten:[7] Das Beurkundungserfordernis ist eine Einschränkung der Privatautonomie, die aufgrund der Wichtigkeit der in Frage stehenden Entscheidungen zur Sicherung derselben erforderlich ist, und der Notar fungiert in diesem Kontext als ihr „Wächter".[8] Die beratende und damit automatisch auch wertende Mitwirkung des Notars soll gewährleisten, dass die Rechtsuchenden eine überlegte, möglicherweise sogar eine „richtige" Entscheidung[9] treffen und diese in einer Urkunde „vollkommen" und rechtssicher dokumentiert wird.[10]

6 Das BeurkG hat dabei zum Ziel, ein gewisses Minimum an Förmlichkeiten zu regeln, das zur Wahrung der Rechtssicherheit und insbesondere der Integrität des Rechtsverkehrs unerlässlich ist und deshalb zwingend eingehalten werden muss, wenn nicht die Beurkundung selbst unwirksam sein soll.[11] Zwar enthält das Beurkundungsgesetz neben diesen sog. „Muss"-Vorschriften auch eine Reihe sog. „Soll"-Vorschriften, deren Missachtung die Wirksamkeit der Beurkundung selbst nicht berührt.[12] Hinzu kommt seit dem 1.8.2002 als gewissermaßen „dritte Kategorie" die verbraucherschützende „Hinwirkungspflicht" des § 17 Abs. 2a S. 2 BeurkG, die unzweifelhaft keine „Muss-Vorschrift" darstellt, zugleich aber anders als die Soll-Vorschrift noch mehr auf ein frühzeitiges Tä-

---

3 BVerfG NJW 1964, 1516; NJW 1964, 1515; NJW 1978, 1475; BVerfG NJW 1987, 887; BVerfG NJW 1998, 2269; BGH NJW 1973, 53; NJW-RR 2006, 297; neuerdings noch weitreichender im Hinblick auf den Grundrechtsschutz BVerfG NJW 2000, 3574; 2003, 419; 2004, 1935.

4 *Armbrüster/Preuß/Renner* BeurkG Einl. Rn. 7.

5 Zu diesem elementaren Zusammenhang zwischen Anforderungen des Beurkundungsverfahrens und dem durch die notarielle Beurkundung beabsichtigten Formzweck vgl. *Kanzleiter* DNotZ 1999, 292 (293).

6 Staudinger/*Hertel* (2017) BeurkG Rn. 14.

7 *Reithmann*, Vorsorgende Rechtspflege durch Notare und Gerichte, 1989, S. 124 ff.; *Knauer/Wolf* NJW 2004, 2857 (2858 f.).

8 *Crzelius* NJW 2008, 2097 (2098).

9 *Weber* NJW 1955, 1784 (1785); *Kanzleiter* DNotZ-Sonderheft 2001, 69.

10 *Weber* NJW 1955, 1784 (1785); *Peters-Lange* DNotZ 1997, 595 (597).

11 *Winkler* BeurkG Einl. Rn. 10 f. Die Unwirksamkeit der Beurkundung hat die Nichteinhaltung der Formvorschrift, nicht jedoch die Unwirksamkeit der beurkundeten Willenserklärung oder des beurkundeten Vorganges selbst zur Folge, vgl. *Winkler* BeurkG Einl. Rn. 18.

12 Zur Unterscheidung vgl. *Winkler* BeurkG Einl. Rn. 13; *Armbrüster/Preuß/Renner* BeurkG Einl. Rn. 22 ff.

tigwerden des Notars abzielt.[13] Diese Unterscheidungen bedeuten indes nicht, dass das Beurkundungsgesetz gleichsam auch als Ordnungsrecht für die inhaltliche Gestaltung des Beurkundungsverfahrens zu verstehen ist. Das BeurkG bestimmt nur den äußeren, formalen Rahmen des Beurkundungsverfahrens, wohingegen es sich mit Regelungen über die inhaltliche Ausgestaltung zurückhält,[14] da diese gerade Kernbestandteil der Unabhängigkeit der notariellen Amtsführung ist und bewusst Gestaltungsspielräume eröffnet, die der Notar im Sinne einer bestmöglichen Betreuung seiner Mandanten individuell und eigenverantwortlich ausfüllen soll.

Hieraus ergibt sich, dass die Vorschriften des BeurkG zwar zunächst nur eine „formelle Richtigkeitsgewähr" bieten sollen, damit im Kern jedoch auf eine materielle Richtigkeit abzielen: Das BeurkG ist kein für sich selbst stehender Formalismus, sondern hat zum Zweck, durch förmliche Anforderungen an das Beurkundungsverfahren, insbesondere durch die Willenserforschung und Belehrung des Notars (§ 17) sowie das Vorlesen, Genehmigen und Unterschreiben (§ 13) sicherzustellen, dass die von den Beteiligten abgegebenen Erklärungen nicht nur das Ergebnis einer informierten Entscheidung sind, sondern sich auch in den richtigen rechtlichen Bahnen und Kategorien bewegen. 7

Freilich darf diese durch das BeurkG mittelbar bezweckte „materielle Richtigkeitsgewähr" auch nicht überspannt werden. Sie beschränkt sich vielmehr auf die „rechtliche Richtigkeit". Zu einer Prüfung oder Belehrung über die wirtschaftlichen Aspekte des Rechtsgeschäfts oder über seine steuerlichen Auswirkungen ist der Notar dagegen nicht verpflichtet,[15] weshalb diese Aspekte auch nicht zu den verfolgten Zielen des BeurkG gehören. 8

Das BeurkG konkretisiert insofern die Funktion des Notars als „Organ der vorsorgenden Rechtspflege"[16] und markiert zugleich den entscheidenden Unterschied des freiberuflich geprägten Notaramtes zu den anderen öffentlichen Ämtern in der Rechtspflege wie dem Amt des Richters oder Staatsanwaltes. Zwar ist auch das Beurkundungsverfahren öffentlich-rechtlich geprägt und das Beurkundungsgesetz selbst Teil des öffentlichen Rechts.[17] Ein an einen Notar gerichtetes Ersuchen ist daher niemals als privatrechtliches Angebot, sondern als öffentlich-rechtliches Gesuch zur Vornahme einer Amtshandlung zu qualifizieren.[18] Anders als andere öffentlich-rechtliche Verfahren – insbesondere auch solche der freiwilligen Gerichtsbarkeit[19] – läuft das Beurkundungsverfahren jedoch auf keine Entscheidung oder auf die Ausübung von Zwang hinaus. 9

Das Beurkundungsverfahren dient nicht dazu, für die Beteiligten eine Entscheidung zu treffen oder sie zu einem bestimmten Verhalten zu bewegen, sondern ihnen zu helfen, im Rahmen der für alle geltenden Gesetze selbst eine Entschei- 10

---

13 *Sorge* DNotZ 2002, 593 (594).

14 *Armbrüster/Preuß/Renner* BeurkG Einl. Rn. 20.

15 *Armbrüster/Preuß/Renner* BeurkG Einl. Rn. 35 f.

16 Dieser Begriff wird für gewöhnlich aus § 1 BNotO abgeleitet, vgl. BeckOK BNotO/*Sander*, 3. Ed. 1.8.2020, BNotO § 14 Rn. 19.

17 *Winkler* BeurkG Einl. Rn. 29; *Armbrüster/Preuß/Renner* BeurkG Einl. Rn. 2 spricht insoweit von einem „Zivilverfahren".

18 *Armbrüster/Preuß/Renner* BeurkG Einl. Rn. 27; *Winkler* BeurkG Einl. Rn. 29, vgl. iÜ auch § 126 GNotKG.

19 Anders als von *Armbrüster/Preuß/Renner* BeurkG Einl. Rn. 27 behauptet münden Verfahren der freiwilligen Gerichtsbarkeit nicht in der Errichtung einer öffentlichen Urkunde, sondern in Entscheidungen, wie etwa Registereintragungen (oder deren Ablehnung).

dung zu finden. Der Notar ist – von wenigen Ausnahmen abgesehen[20] – nicht Entscheider, sondern amtlicher Geburtshelfer von Entscheidungen, die ihre Grundlage gerade nicht in der öffentlichen Gewalt, sondern in der Privatautonomie der Beteiligten haben – und zwar selbst dann, wenn sie in der Ausübung öffentlicher Gewalt münden, wie dies mitunter etwa bei einer Vollstreckungsunterwerfung der Fall ist. Insoweit ist der Notar in seiner Funktion und Stellung anderen nicht-staatlichen Rechtspflegeorganen wie dem des Rechtsanwalts oder Steuerberaters vergleichbar:[21] Seine Tätigkeit dient zuallererst nicht dem Staat, sondern dem privaten Interesse des Bürgers.[22]

11 Der Notar übt bei einer Beurkundung somit keine öffentliche Gewalt im Sinne von Entscheidungs- und Zwangsbefugnissen und damit auch keine Staatsgewalt im engeren Sinne aus.[23] Zwar ist die Rechtspflege eine originäre Staatsaufgabe.[24] Aus der Verantwortung des Staates für die Rechtspflege ergibt sich jedoch nicht das Bedürfnis, sie zu verstaatlichen, wie etwa der Blick auf andere Rechtspflegeorgane wie den Rechtsanwalt zeigt, dessen Beruf zur Wahrung seiner erforderlichen Unabhängigkeit sogar von einer dezidierten Staatsferne geprägt ist.[25]

12 Das Beurkundungsgesetz hat folglich nicht zum Ziel, ein Über- und Unterordnungsverhältnis zwischen Bürger und Staat zu regeln, sondern enthält vielmehr Vorschriften zur Ordnung eines Verfahrens unter Gleichen und ist nur deshalb im Sinne der modifizierten Subjekttheorie als öffentlich-rechtlich anzusehen, weil sie einen dem Bürger gleichgeordnet gegenübergestellten Amtsträger – den Notar – berechtigt und verpflichtet. Vor diesem Hintergrund ist verständlich, dass das gesamte Beurkundungsverfahren auf Konsens ausgelegt ist und schon dann ergebnislos gescheitert ist, wenn auch nur ein Beteiligter vor Abschluss seine weitere Mitwirkung willkürlich verweigert.[26] Als Kehrseite dieses Gleichordnungsverhältnisses aller Verfahrensbeteiligten ergibt sich ferner, dass dem Notar im Falle der Nichtbefolgung seiner Empfehlungen kein anderes Sanktionsmittel außer der Verweigerung seiner weiteren Mitwirkung zusteht, die für die Beteiligten nur insofern einem staatlichen Zwang gleichkommt, als sie das beabsichtigte Rechtsgeschäft nicht vornehmen können.

III. Die Stellung des Notars im Beurkundungsverfahren

13 Aus seiner Stellung als Amtsträger sowie den damit verbundenen Wirkungen seiner Handlungen folgt, dass der Notar anders als andere freiberufliche Rechtspflegeorgane noch mehr die Rechtsordnung als Ganze und damit die Interessen Dritter zu berücksichtigen hat. Zwar dient das Beurkundungsverfahren

20 Vgl. etwa §§ 796c, 797 Abs. 2, 3 S. 2 ZPO; 133a Abs. 1, 12 GBO; 4 BeurkG, 14 Abs. 2 BNotO.

21 Nicht nachvollziehbar insofern *Limmer* DNotZ 2004, 334 (335 f.), der den Notarberuf mit dem des Richters für vergleichbar hält. Im Ansatz richtig hingegen, *Winkler* BeurkG Einl. Rn. 26, auch wenn der Vergleich mit den verfahrensleitenden Verfügungen des Richters (Rn. 30) freilich nicht zu überzeugen vermag, weil der Notar nicht einfach einseitig entscheiden darf.

22 *Armbrüster/Preuß/Renner* BeurkG Einl. Rn. 29.

23 Vgl. dazu auch EuGH NJW 2011, 2941 (Kommission/Deutschland), Rn. 87, 93, der keine spezifische Verbindung des Notarberufes mit der Ausübung öffentlicher Gewalt sieht, da die notarielle Tätigkeit weder ein Gericht oder eine Behörde binde noch die „Ausübung von Entscheidungsbefugnissen", Zwangsbefugnissen", oder „den Einsatz von Zwangsmitteln" zum Gegenstand habe.

24 Im Kern zutreffend *Winkler* BeurkG Einl. Rn. 40.

25 *Jaeger* NJW 2004, 1 (6); vgl. auch § 1 BORA.

26 *Bohrer* DNotZ 2002, 579 (581).

zuallererst den Individualinteressen der Beteiligten.[27] Sind diese jedoch unerlaubt oder auch nur unredlich, muss der Notar sie hiervon durch Rat und Belehrung abhalten und, wenn ihm dies nicht gelingt, seine weitere Mitwirkung versagen (§ 4 BeurkG, § 14 Abs. 2 BNotO). Wie bereits hieran deutlich wird, ist das Spannungsverhältnis zwischen öffentlichem Amt und Freiberuf der deutschen Notariatsverfassung nicht nur institutionell, sondern auch funktional inne: Die notarielle Tätigkeit steht konzeptionell ständig in einer komplexen, nicht selten geradezu diametral auseinanderstrebenden Gemengelage aus privaten und öffentlichen Interessen, die eine im deutschen Rechtssystem geradezu einmalige strukturelle Überforderung eines beruflichen Rollenbildes bewirkt und von dem Notar ein hohes Maß an Standhaftigkeit und Durchsetzungskraft, zugleich aber auch an Kompromissbereitschaft und Fingerspitzengefühl abverlangen.

Zwar steht an oberster Stelle der notariellen Pflichten die Pflicht zur Beratung 14
und Belehrung der Beteiligten.[28] Der Notar muss stets darauf bedacht sein, die privaten Interessen der Beteiligten im Rahmen der Gesetze wahrzunehmen und ihnen effektiv zu rechtlichem Erfolg zu verhelfen. Denn aus dieser Amtspflicht heraus begründet sich nicht nur das zivilrechtliche Formerfordernis der notariellen Beurkundung. Sie ist – ebenso wie die Berufsverschwiegenheit – vielmehr auch notwendige Voraussetzung für das schon funktional unerlässliche Vertrauensverhältnis zwischen Notar und Mandant und damit für die Effektivität und Geradlinigkeit der notariellen Tätigkeit überhaupt. Allerdings erschöpft sich die notarielle Tätigkeit – anders als etwa die anwaltliche Tätigkeit – nicht in der Wahrnehmung privater Interessen. Denn neben dieser wichtigen Sicherung der Privatautonomie der Beteiligten durch Belehrung, Betreuung und Warnung dient die notarielle Beurkundung schließlich auch den Interessen des Rechtsverkehrs, insbesondere der materiellen Richtigkeit der öffentlichen Register, für die der Notar eine öffentlich-rechtliche Filterfunktion wahrnimmt.[29]

Anders als bei anderen freiberuflichen Rechtspflegeorganen ist damit die Tätig- 15
keit des Notars nicht nur an sich schon im öffentlichen Interesse. Vielmehr ist der Notar als Amtsträger auch verpflichtet, neben den Interessen seiner Mandanten auch noch öffentliche Interessen in den Blickwinkel zu nehmen, ja diese sogar aktiv zu schützen,[30] selbst wenn diese den Interessen der Beteiligten direkt zuwiderlaufen, etwa in Gestalt von Anzeige- und Mitteilungspflichten.[31] Hieraus ergibt sich ein systemischer Loyalitätskonflikt der notariellen Tätigkeit, die jedoch gewollt ist[32] und die der Notar im Einzelfall unter Abwägung und Gewichtung seiner Amtspflichten in seiner praktische Tätigkeit in einen den gesetzlichen Anforderungen entsprechenden Ausgleich zu bringen hat.

Diese Abwägung wird im zweifelhaften Konfliktfall indes zugunsten der priva- 16
ten Interessen der Beteiligten ausfallen: Da der Notar nicht nur Träger eines öffentlichen Amtes, sondern seinem gesetzlichen Auftrag nach unparteiischer Betreuer der Beteiligten und hierfür in seiner Amtsführung gerade unabhängig und zur Verschwiegenheit verpflichtet ist (§§ 1, 14 Abs. 1 S. 2, 18 BNotO), ist er – ähnlich einem Rechtsanwalt – zuallererst dem wohlverstandenen Interesse

27 *Armbrüster/Preuß/Renner* BeurkG Einl. Rn. 27 ff.
28 *Winkler* BeurkG Einl. Rn. 24.
29 Vgl. nur etwa §§ 378 Abs. 3 FamFG, 15 Abs. 2 GBO.
30 *Heinze* DNotZ 2017, 804.
31 Vgl. etwa §§ 18 GrEstG, 54 EStDV, 34 ErbStG.
32 *Lichtenberger*, in: Festschrift 125 Jahre bayerisches Notariat, München 1987, 113, 123; *Odersky* DNotZ 1994, 7 (9).

seiner Mandanten verpflichtet.[33] Seine Tätigkeit ist nach dem Wortlaut des § 14 Abs. 1 S. 2 BNotO nicht gegenüber jedermann unparteiisch, sondern gerade nur in Bezug auf die Beteiligten[34] und damit nicht unparteiisch, sondern allparteilich. Die Unparteilichkeit des Notars dient in erster Linie nicht der Rechtsordnung oder gar einer allgemeinen Gerechtigkeit,[35] sondern den privaten Interessen der Bürger.[36] Der Notar ist der Eigenart seiner Tätigkeit nach gerade kein Beamter, der im Allgemeininteresse einen öffentlichen Dienst versieht, sondern ein aus funktionalen Gründen mit gewissen öffentlich-rechtlichen Befugnissen und Pflichten ausgestatteter freiberuflicher Rechtsdienstleister.[37]

17 Weil der Notar aber in erster Linie nicht dem öffentlichen Interesse, sondern dem seiner Mandanten verpflichtet ist, ist er zur Wahrnehmung anderer Interessen als derjenigen seiner Mandanten überhaupt nur verpflichtet, wenn das Gesetz dies bestimmt.[38] Die Domäne des Notars ist nicht die allgemeine, sondern die individuelle Gerechtigkeit.[39] Die Verfolgung anderer Interessen als jene der Beteiligten ist damit für den Notar nicht die Regel, sondern die Ausnahme,[40] die einer ausdrücklichen rechtlichen Grundlage bedarf.

18 Daher ist der Notar trotz Amtsträgereigenschaft nicht gehalten, neben der Wahrung der Vorschriften des BeurkG auch noch auf die tatsächliche Einhaltung des mit dem jeweiligen Formerfordernis verbundenen Zwecks hinzuwirken. Ergibt sich die Verwirklichung dieses Zwecks nicht bereits aus den Regelungen des BeurkG oder den sonstigen einschlägigen Normen, muss der Notar trotz seiner Amtsträgereigenschaft einen ihm eröffneten Gestaltungsspielraum bei der Gestaltung des Beurkundungsverfahrens hierfür nicht nutzen. So ist der Notar etwa nicht verpflichtet, bei der Beurkundung von GmbH-Anteilskaufverträgen Termine nur mit großer Vorlaufzeit zu vergeben, um Spekulationsgeschäfte zu verhindern oder ein gewisses Minimum an Beständigkeit in der Mitgliederstruktur herbeizuführen, obwohl diese Anliegen zu den Zielen des § 15 Abs. 4 S. 1 GmbH gehören.[41]

19 Die mit dem Beurkundungserfordernis verbundenen Formzwecke sind mit anderen Worten aus Sicht des Beurkundungsgesetzes, erst recht aber aus Sicht des Notars lediglich Rechtsreflexe,[42] die für die konkrete Gestaltung des Beurkundungsverfahrens keine unmittelbare Bedeutung haben. Zwar setzt eine solcher Ansatz das Beurkundungserfordernis dem Verdacht einer sinn- und zweckbefreiten Formalie aus.[43] Dieser Verdacht ist jedoch unbegründet, weil sie den Hauptzweck des Beurkundungsverfahrens – die Beratung und Belehrung der Beteiligten durch den Notar als ihren unabhängigen und unparteiischen

33 In diese Richtung auch *Albrecht* MittBayNot 2001, 346 (349); *Wagner* DNotZ-Sonderheft 1998, 34 (39).
34 *Litzenburger* NotBZ 2005, 239 (242 f.).
35 *Odersky* DNotZ 1994, 7 (9).
36 *Armbrüster/Preuß/Renner* BeurkG Einl. Rn. 29.
37 *Litzenburger* NotBZ 2005, 239 (243 f.); *Albrecht* MittBayNot 2001, 346 (349).
38 *Armbrüster/Preuß/Renner* BeurkG Einl. Rn. 29.
39 *Odersky* DNotZ 1994, 7 (9); zweifelhaft dagegen *Lerch* BeurkG Einl. Rn. 19, der die Gerechtigkeit dem Richter vorbehalten will, da die Aufgabe des Notars sich auf die Niederlegung von Willenserklärungen beschränke, was allein schon im Hinblick auf § 17 BeurkG unzutreffend ist.
40 Aus dieser Betrachtung als Regel-/Ausnahmeverhältnisses löst sich mE auch der dem Notarberuf immanente Gegensatz zwischen Freiberuf und Amtsträgerschaft, vgl. dazu die instruktive Auseinandersetzung zwischen *Kleine-Cosack* DNotZ 2004, 327 (329 f.) und *Limmer* DNotZ 2004, 334 (335).
41 *Armbrüster* DNotZ 1997, 762 (767 ff.).
42 So auch *Armbrüster/Preuß/Renner* BeurkG Einl. Rn. 12.
43 *Armbrüster/Preuß/Renner* BeurkG Einl. Rn. 13.

Betreuer – verkennt. Wenn diese Pflichten wahrgenommen werden, ist das Beurkundungserfordernis niemals eine bloße Formalie.

Im Gegenteil ergibt sich aus dem gesetzlichen Auftrag zur allparteilichen Interessenverfolgung die Befugnis und mitunter sogar die Pflicht des Notars, im Einzelfall von Soll-Vorschriften des BeurkG abzuweichen[44] oder auf die Einhaltung weiterer, nicht gesetzlich geregelter Förmlichkeiten hinzuwirken, wenn dies zur Wahrung der privaten Interessen der Beteiligten dienlich ist. Die strenge rechtliche Regulierung der Notare, zu der vor allem auch das Beurkundungsgesetz gehört, ist daher Kehrseite der aus der Amtsträgerschaft folgenden öffentlich-rechtlichen Befugnisse und Wirkungen, nicht jedoch berufsprägendes Merkmal oder gar Selbstzweck der notariellen Tätigkeit. 20

IV. Auslandsberührungen

Weil Tätigkeit des Notars nach herrschender Meinung stets öffentlich-rechtlicher Natur ist, ist sie von der Hoheitsgewalt der Bundesrepublik Deutschland abgeleitet und folglich außerhalb ihres Geltungsbereiches nicht nur unzulässig, sondern auch unwirksam.[45] Der Notar kann dort, wo die Hoheitsgewalt der Bundesrepublik Deutschland endet,[46] nicht wirksam tätig werden, insbesondere nicht wirksam beurkunden. Eine durch einen deutschen Notar im Ausland errichtete öffentliche Urkunde ist nach herrschender Meinung daher auch innerhalb des deutschen Rechtskreises als unwirksam zu erachten und allenfalls als Privaturkunde anzusehen.[47] 21

Diese Ansicht sollte im Hinblick auf die Entwicklung der Rechtsprechung und insbesondere der Europäisierung des Notariatswesens differenzierter betrachtet werden. Zwar mag es sein, dass die Tätigkeit eines deutschen Notars im Ausland häufig berufsrechtlich unzulässig[48] und mitunter sogar völkerrechtswidrig ist, da der Notar als deutscher Amtsträger im Ausland nicht wirken darf. Hiervon strikt zu unterscheiden ist jedoch die Frage der Wirksamkeit des vorgenommenen Aktes *aus Sicht der deutschen Rechtsordnung*. Denn die herrschender Meinung erkennt an, dass Beurkundungen deutscher Rechtsgeschäfte in vielen Fällen auch durch ausländische Notare wirksam vorgenommen werden können, sofern diese nach ihrer Vorbildung und Stellung im Rechtsleben einem deutschen Notar vergleichbar und daher einen dem deutschen Recht äquivalenten Beurkundungsvorgang zu gewährleisten in der Lage sind[49] – und zwar selbst dann, wenn sich das Formerfordernis aus Sicht des deutschen IPR nicht nach dem jeweiligen Ortsstatut (Art. 11 Abs. 1 Hs. 2 EGBGB), sondern nach dem Wirkungsstatut (Art. 11 Abs. 1 Hs. 1 EGBGB) und damit nach deutschem 22

44 Differenzierend *Kanzleiter* DNotZ 1993, 434 (437 ff.); ablehnend *Lerch* NotBZ 2006, 6 (8) Fn. 17.
45 BGH NJW 1998, 2830 (2831).
46 Instruktive Übersicht unter Berücksichtigung zahlreicher Sonderfälle wie etwa Seeschiffe, diplomatische Vertretungen und Flugzeuge bei *Winkler* BeurkG Einl. Rn. 40 ff.; *Lerch* BeurkG Einl. 24 ff.
47 BGH NJW 1998, 2830 (2831); *Schoettensack* DNotZ 1952, 265 (271).
48 Vgl. aber § 11a BNotO.
49 Grundlegend BGH NJW 1981, 1160: „Gleichwertigkeit ist gegeben, wenn die ausländische Urkundsperson nach Vorbildung und Stellung im Rechtsleben eine der Tätigkeit des deutschen Notars entsprechende Funktion ausübt und für die Errichtung der Urkunde ein Verfahrensrecht zu beachten hat, das den tragenden Grundsätzen des deutschen Beurkundungsrechts entspricht“; bestätigt durch BGH NZG 2014, 219 (221) Rn. 14, 222 Rn. 21; vgl. iÜ auch die Ausführungen bei *Hüren* DNotZ 2015, 207 (213).

Recht richtet,[50] wie dies etwa bei rechtlichen Vorgängen im Hinblick auf Gesellschaften mit Verwaltungssitz in Deutschland grundsätzlich der Fall ist.[51]

23 Wenn aber schon die Beurkundung eines deutschen Rechtsgeschäftes durch einen ausländischen Notar im Ausland aus Sicht der deutschen Rechtsordnung wirksam ist, muss dies auch für eine durch einen deutschen Notar im Ausland vorgenommene Beurkundung gelten – jedenfalls insoweit, wie die notarielle Beurkundung der Erfüllung eines materiellrechtlichen Formerfordernisses dient. Denn wie schon anhand der Möglichkeit der Erfüllung des Formerfordernisses bei einer Beurkundung durch einen ausländischen Notar deutlich wird, setzt die Erfüllung des materiellrechtlichen Formerfordernisses grundsätzlich keinen Hoheitsakt in Gestalt der Durchführung eines wirksamen öffentlich-rechtlichen Verfahrens, sondern nur eine dem Sinn und Zweck des Formerfordernisses entsprechende Mitwirkung durch einen Notar voraus, die abstrakt betrachtet einem deutschen Notar *funktional* äquivalent ist.[52]

24 Wenn aus Sicht des materiellen Rechts aber eine bloß *funktionale* Betrachtung des Beurkundungsverfahrens anzustellen ist, bedeutet dies, dass Grundlage der Wahrung des Formerfordernisses gerade nicht die Hoheitsgewalt der Bundesrepublik Deutschland oder eines sonstigen Staates, sondern letztlich nur die Privatautonomie der Beteiligten ist, an deren Sicherstellung und Vervollkommnung ein Notar nur mitzuwirken hat. Daher besteht andersherum kein Grund, einer Auslandsbeurkundung durch einen deutschen Notar aus materiellrechtlicher Sicht die Anerkennung zu versagen.[53] Denn anerkennungsfähige privatautonome Entscheidungen können auch wirksam im Ausland getroffen werden, und der deutsche Notar kann an ihnen auch im Ausland durch Belehrung, Warnung und Beweissicherung funktional genauso mitwirken wie im Inland oder wie ein ausländischer Notar. Im Gegenteil kann der deutsche Notar, der im Ausland wirkt, im Gegensatz zum ausländischen Notar auch noch die materielle Richtigkeitsgewähr übernehmen, die im Übrigen dann einer Beurkundung durch einen ausländischen Notar entgegensteht, wenn sie zum Zweck der jeweiligen Formvorschrift gehört.[54] Rechtsgeschäfte, die durch einen deutschen Notar im Ausland beurkundet wurden, sind folglich aus Sicht der deutschen Rechtsordnung nicht allein deswegen formnichtig.

25 Hoheitlich sind jedoch stets die an die notarielle Urkunde als solche geknüpften Wirkungen wie etwa die besondere Beweiskraft (§ 418 ZPO) oder die Möglichkeit der sofortigen Vollstreckbarkeit (§ 794 Abs. 1 Nr. 5 ZPO). Anders als die Erfüllung des materiellrechtlichen Formerfordernisses, das schon mit der Schließung der Urkunde erfüllt ist,[55] sind diese Wirkungen jedoch der Beurkundung selbst nicht immanent, sondern wirken nur in bestimmten Konstellationen im Außenverhältnis, etwa bei Vorlage einer formell ordnungsgemäßen vollstreckbaren Ausfertigung bei einem Vollstreckungsgericht. Hoheitliche Wirkung entfaltet die notarielle Urkunde mit anderen Worten also erst, wenn sie die Sphäre des Notars und der Beteiligten verlässt und nach außen gelangt – ebenso wie

50 Instruktiv hierzu MüKoBGB/*Spellenberg* EGBGB Art. 11 Rn. 95 ff.
51 Str., Übersicht bei MüKoBGB/*Spellenberg* EGBGB Art. 11 Rn. 190 ff.; im Ansatz zustimmend, dennoch aber ausdrücklich offenlassend BGH NJW 1981, 1160.
52 AG Berlin-Charlottenburg RNotZ 2016, 119 (120); BGH NJW 1981, 1160; *Müller* NJW 2014, 1994 (1996, 1999).
53 Vgl. dazu auch *Schmidt/Pinkel*, Grundfreiheitskonforme Reformierung der nationalen Notariatsverfassung NJW 2011, 2928 (2930); ablehnend *Blumenwitz* DNotZ 1968, 712 (716).
54 *Goette* MittRhNotK 1997, 1 (5); *Goette* DStR 1996, 709 (713); BGH NJW 1989, 295 (298); *Heckschen* MittRhNotK, 14, 17 f.
55 BeckOK BGB/*Litzenburger*, 56. Ed. 1.11.2020, BeurkG § 13 Rn. 22.

etwa ein Zivilurteil nicht bereits durch die Unterschrift des Richters, sondern erst mit seiner Verkündung hoheitliche Wirkungen zu entfalten vermag (§ 310 ZPO). Folglich sind Ausfertigungen und beglaubigte Abschriften notarieller Urschriften nur dann wirksam, wenn sie innerhalb des Geltungsbereiches der Hoheitsgewalt der Bundesrepublik Deutschland erteilt wurden.

Richtigerweise kann ein deutscher Notar daher auch Tatsachen beurkunden, die er im Ausland wahrgenommen hat, insbesondere also auch die Anerkennung oder den Vollzug von Unterschriften. Zwar zerfällt hier das Beurkundungsverfahren in wenigstens zwei Teile: Die Wahrnehmung des Notars einerseits und die sodann erfolgende Niederschrift derselben in einer öffentlichen Urkunde andererseits. Hoheitliche Wirkungen entfaltet auch in diesen Fällen jedoch nicht schon die Wahrnehmung als solche, sondern erst ihre Entäußerung in eine Niederschrift, weshalb man die Wirksamkeit eines solchen Beurkundungsvorganges jedenfalls dann bejahen muss, wenn die Errichtung der Niederschrift innerhalb des Geltungsbereiches der Hoheitsgewalt der Bundesrepublik Deutschland erfolgt.[56] Das dieser Vorgehensweise entgegengehaltene Argument, dass ein einheitliches öffentlich-rechtliches Verfahren nicht willkürlich in amtliche- und nicht-amtliche Teile aufgespalten werden dürfe,[57] überzeugt jedenfalls bei Tatsachenbeurkundungen insofern nicht, als auch von dem Notar in nicht-amtlicher Eigenschaft wahrgenommene Tatsachen Sinneswahrnehmungen und damit taugliche Realakte für die Errichtung einer notariellen Urkunde bleiben.[58] 26

Für dieses Ergebnis spricht im Übrigen auch die unausweichliche Tendenz zur Digitalisierung des Beurkundungsverfahrens, die die Durchführung von Online-Beurkundungen langfristig unvermeidlich machen dürfte,[59] zumal die Möglichkeit zur Beurkundung digital vermittelter Tatsachen sogar schon nach geltender Rechtslage eröffnet ist.[60] Denn bei digitalisierten Beurkundungsverfahren verschwimmen die Grenzen zwischen dem Beurkundungsorten – alleine schon deshalb, weil der Notar und die anderen Beteiligten nicht sicher wissen können, an welchem Ort sich ein digital zugeschalteter Beteiligter oder ein digital vermittelter Vorgang wirklich befinden. Daher kann einzig der Ort der Errichtung der Urkunde noch effektiv regulierbar und Anknüpfungspunkt für die Wirksamkeit einer notariellen Amtshandlung sein. 27

Derartige Auslandstätigkeiten des Notars stellen ferner aus Sicht der deutschen Rechtsordnung dann kein Dienstvergehen dar, wenn sie sich innerhalb des Anwendungsbereiches des § 11a BNotO bewegen.[61] 28

In jedem Fall gilt eine Beschränkung der Zuständigkeit des Notars stets nur in räumlich-territorialer Hinsicht. Ein Verbot, Rechtsgeschäfte mit Auslandsberührung oder ausländische Rechtsgeschäfte selbst zu beurkunden, besteht nicht. Ist ein deutscher Notar örtlich zuständig, ist auch seine internationale Zuständigkeit gegeben.[62] Dies bedeutet, dass ein deutscher Notar auch Rechtsgeschäf- 29

56 RG DNotZ 1927, 526 (527 f.); *Winkler* DNotZ 1971, 140 (146); die Wirksamkeit, zugleich aber auch das Vorliegen einer Amtspflichtverletzung deutlich hervorhebend *Regler* MittBayNot 2008, 198 (199); ablehnend *Blumenwitz* DNotZ 1968, 712 (719 ff.).
57 *Blumenwitz* DNotZ 1968, 712 (719 ff.).
58 RG DNotZ 1927, 526 (527 f.).
59 *Albrecht* MittBayNot 2001, 346 (347 ff.); kritisch *Kirchner* DNotZ Sdh. 2016, 115 (117 f.).
60 *Hitzel* NZG 2020, 1174.
61 BeckOK BNotO/*Görk*, 3. Ed. 1.8.2020, § 11a Rn. 11.
62 *Schütze* DNotZ 1992, 66 (69).

te beurkunden darf, die ausländische Staatsangehörige, im Ausland belegene Gegenstände oder ausländische Rechtsgeschäfte betreffen, selbst wenn diese im deutschen Recht kein Äquivalent haben.[63] Freilich besteht diese Befugnis des Notars nur aus dem Blickwinkel der deutschen Rechtsordnung. Ob die jeweiligen Beurkundungen auch aus Sicht der betroffenen ausländischen Rechtsordnung anzuerkennen sind, ist hiermit nicht gesagt. Diese Frage ist vielmehr einzig aus Sicht der ausländischen Rechtsordnung zu beurteilen, worauf der Notar wenigstens pauschal hinzuweisen hat, auch wenn er nicht verpflichtet ist, im ausländischen Recht zu beraten.[64]

30 In jedem Fall ergibt sich aus § 1 Abs. 1 BeurkG, dass der Notar auch für solche Amtshandlungen mit Auslandsbezug die Vorschriften des BeurkG einzuhalten hat – auch wenn dies nicht ausschließt, dass er darüber hinaus noch weitere, den Anforderungen ausländischer Rechtsordnungen genügende Förmlichkeiten einhält, soweit diese mit seinen Berufspflichten zu vereinbaren sind und insbesondere nicht zu „Muss"-Vorschriften des BeurkG in Widerspruch stehen,[65] etwa die Zuziehung zweier Zeugen bei einem Erblasser aus dem angelsächsischen Rechtskreis.[66]

31 Innerhalb der Europäischen Union (mit Ausnahme Dänemarks)[67] ist die Vollstreckbarkeit der Urkunden deutscher Notare jedenfalls dann anerkannt, wenn sie nicht vor dem 21.1.2015 aufgenommen wurden.[68] Die hierfür erforderliche Bestätigung kann der Notar selbst erteilen, sofern die erforderlichen Voraussetzungen erfüllt sind.[69] Im Hinblick auf das außereuropäische Ausland sind Regeln für die Anerkennung der Vollstreckbarkeit von Urkunden deutscher Notare indes spärlich gesät. Daher hängt die Vollstreckung deutscher Notarurkunden im Ausland meistens vom Bestehen entsprechender Staatsverträge ab.[70]

V. Das BeurkG als Instrument zur Freiheitssicherung

32 Das deutsche Beurkundungsrecht ist ein Erfolgsmodell. Es entlastet die Gerichte und ist integraler Bestandteil der deutschen freiwilligen Gerichtsbarkeit, deren Beitrag zur Sicherheit und Effizienz des deutschen Rechtsverkehrs außer Frage steht. Obwohl mit dem Beurkundungsverfahren auf dem ersten Blick Nachteile wie Zeitverzögerungen und Kosten verbunden sind, überwiegen die zahlreichen Vorteile selbst in ökonomischer Hinsicht deutlich.[71] Vorsorgende Rechtspflege ist deutlich günstiger und auch gesellschaftlich friedensstiftender als repressive Entscheidung in streitigen Verfahren. So verwundert es nicht, dass Staaten mit lateinischem Notariat und einer freiwilligen Gerichtsbarkeit

63 *Bardy* MittRhNotK 1993, 305 (305 ff.).
64 § 17 Abs. 3 BeurkG.
65 *Schoetensack* DNotZ 1952, 265 (275).
66 Das Common Law erfordert für die materiellrechtliche Wirksamkeit eines Testamentes in der Regel die Zuziehung von mindestens zwei Zeugen, vgl. etwa BGH NJW 3558, 360; zur Zulässigkeit *Schoetensack* DNotZ 1952, 265 (275).
67 Vgl. Erwägungsgrund 41 der Verordnung (EG) Nr. 805/2004 v. 21.4.2004 zur Einführung eines europäischen Vollstreckungstitels für unbestrittene Forderungen (EuVTVO), ABl. 2004 L 143, 15.
68 Art. 25 Abs. 2, 3 Abs. 1 S. 2 lit. d, 4 Nr. 3 lit. a EuVTVO, vgl. dazu auch *Franzmann* MittBayNot 2005, 470.
69 §§ 1079, 797 Abs. 2 S. 1 ZPO iVm Anhang III EuVTVO, vgl. zu den Voraussetzungen im Einzelnen *Winkler* BeurkG Einl. Rn. 108 ff.
70 Vgl. hierzu *Winkler* BeurkG Einl. Rn. 104 ff.
71 *Jerschke* ZNotP 2001, 89 (94); *Schwachtgen* DNotZ 1999, 268 (268 ff.); *Baumann* MittRhNotK 2000, 1 (6).

deutlich geringere Anteile ihres Bruttosozialprodukts für die Rechtspflege aufzuwenden haben als Staaten, denen diese Institutionen fehlen.[72]

Noch viel wichtiger aber ist: Die Beurkundung sichert die Privatautonomie jedes Einzelnen und damit vor allem die Rechte der Schwachen[73] – die eigentliche Kernaufgabe jeder notariellen Tätigkeit.[74] Für den geschäftserfahrenen *Global Player* mag die Beurkundung daher vor allem lästig sein. Für den normalen Bürger hingegen ist sie nicht selten unverzichtbar und existenzsichernd. 33

Erster Abschnitt Allgemeine Vorschriften

§ 1 Geltungsbereich

(1) Dieses Gesetz gilt für öffentliche Beurkundungen und Verwahrungen durch den Notar.

(2) Soweit für öffentliche Beurkundungen neben dem Notar auch andere Urkundspersonen oder sonstige Stellen zuständig sind, gelten die Vorschriften dieses Gesetzes, ausgenommen § 5 Abs. 2 und des Fünften Abschnittes, entsprechend.

[§ 1 ab 1.8.2022:]

(1) Dieses Gesetz gilt für öffentliche Beurkundungen und Verwahrungen durch den Notar.

(2) Soweit für öffentliche Beurkundungen neben dem Notar auch andere Urkundspersonen oder sonstige Stellen zuständig sind, gelten die Vorschriften dieses Gesetzes, ausgenommen § 5 Abs. 2 und des Abschnitts 5, entsprechend.

Abs. 1 regelt den Anwendungsbereich des BeurkG, nicht jedoch eine Beurkundungszuständigkeit.[1] Das BeurkG bestimmt nur die Anforderungen an *öffentliche Beurkundungen* und *Verwahrungen*, die in seinen durch §§ 8 ff., 36 ff. und 57 ff. definierten Anwendungsbereich fallen, enthält darüber hinaus jedoch keine allgemeingültigen Vorschriften für öffentliche Beurkundungen und Verwahrungen schlechthin. Erst recht sind die Vorschriften des BeurkG nicht abschließend. Sie werden vielmehr durch eine Vielzahl an Sondervorschriften ergänzt, bei der Beurkundung durch Notare etwa durch das notarielle Berufsrecht (→ Vorbem. Rn. 1). 1

Dass die Beurkundungszuständigkeit und der Anwendungsbereich des BeurkG nicht deckungsgleich sind, lässt bereits die in § 20 Abs. 1 S. 1 BNotO geregelte Allzuständigkeit des Notars für Beurkundungen erahnen. So ist der Notar etwa aufgrund dieser Vorschrift auch für die Errichtung von Eigenurkunden zuständig, ohne dass diese in den Anwendungsbereich des BeurkG fallen;[2] ihre formellen Anforderungen sind vielmehr vom Notar eigenverantwortlich unter Beachtung der allgemeinen Gesetze und insbesondere der einschlägigen berufs- 2

---

72 Vgl. *Schwachtgen* DNotZ 1999, 268 (270 f.).

73 Insbesondere der Verbraucher, vgl. dazu *Terner* NJW 2013, 1404; *Baumann* MittRhNotK 1996, 1 (23).

74 *Krafka* DNotZ 2002, 677 (693).

1 Die Beurkundungszuständigkeit ist vielmehr in besonderen Vorschriften wie etwa dem § 20 BNotO (für den Notar), den §§ 87e, 59 SGB VIII (für die Urkundsperson bei dem Jugendamt) oder in § 33 PostG, § 182 ZPO (für die Errichtung von Postzustellungsurkunden) geregelt.

2 *Lerch* NotBZ 2014, 373 (374 f.).

rechtlichen Vorschriften zu bestimmen. Die Vorschriften des BeurkG können für solche Beurkundungsvorgänge allenfalls mittelbare Wirkungen als Ausdruck gesetzgeberischer Wertungen entfalten.

3 Eine *öffentliche* Beurkundung iSd Abs. 1 liegt nur dann vor, wenn die Beurkundung zum einen ihrer Eigenart nach in den Anwendungsbereich der §§ 8 ff., 36 ff. fällt, zum anderen auf einer Beurkundungszuständigkeit beruht, die eine besondere Beweiskraft gegenüber jedermann, insbesondere gegenüber Gerichten (§ 418 ZPO), zu begründen vermag. Dass eine Beurkundung aufgrund einer rechtlichen Vorschrift durch eine hierzu befugte öffentliche Stelle oder zur Verwendung bei einer solchen Stelle erfolgt, genügt daher allein noch nicht, um ihr auch die Rechtswirkungen einer *öffentlichen* Beurkundung zu verleihen. Daher handelt es sich etwa bei *amtlichen* Beglaubigungen von Unterschriften oder Abschriften durch Behörden nicht um *öffentliche* Beurkundungen iSd Abs. 1,[3] ebenso wie bei dem durch einen Rechtsanwalt erstellten Beglaubigungsvermerk (§ 169 Abs. 2 S. 2 ZPO) oder dem Empfangsbekenntnis (§ 174 ZPO). Denn diese Beurkundungsvorgänge beruhen zwar jeweils auf einer gesetzlichen Grundlage und fallen ihrer Eigenart nach in den Anwendungsbereich der §§ 36 ff. Ihnen fehlt jedoch die öffentliche Wirkung.

4 Eine Ausnahme gilt wiederum für Beurkundungstätigkeiten, die im Zusammenhang mit behördlichen oder gerichtlichen Verfahren errichtet werden und mit diesen in einem inneren Zusammenhang stehen. In solchen Fällen wäre der Anwendungsbereich des BeurkG zwar über den Wortlaut des Abs. 1 häufig eröffnet. So handelt es sich bei einem gerichtlichen Vergleichsprotokoll etwa um eine öffentliche Urkunde, die ihrer Eigenart nach zu einen in den Anwendungsbereich der §§ 8 ff. fällt und auf einer Beurkundungszuständigkeit beruht, die eine besondere Beweiskraft gegenüber jedermann, insbesondere gegenüber Gerichten zu entfalten vermag (§§ 127a BGB, 159 ff., § 418 ZPO). Durch den inneren Zusammenhang dieser öffentlichen Beurkundungen mit spezifischen Verfahrensvorgängen einschließlich ihrer Einbettung in ein gesondertes Regelungsregime ist das BeurkG auf diese Vorgänge dennoch nicht anwendbar,[4] weil sein Anwendungsbereich durch speziellere Regelungen verdrängt wird. Die Vorschriften der ZPO über den gerichtlichen Vergleichsschluss und das gerichtliche Protokoll etwa gehen den allgemeinen Vorschriften des BeurkG als abschließende Spezialvorschriften vor.[5]

5 Handelt es sich jedoch um eine öffentliche Beurkundung iSd Abs. 1, so gelten die Vorschriften des BeurkG nicht nur für den Notar, sondern auch für die jeweils anderen Urkundspersonen „entsprechend“ (Abs. 2). Wie sich bereits aus diesem Wortlaut ergibt, ist das BeurkG zuallererst auf den Notar zugeschnitten. Ist es auch auf andere Urkundspersonen anwendbar, so ist dies die Ausnahme[6] und kann nur eine „entsprechende“, dh eine an die Besonderheiten der jeweiligen öffentlichen Beurkundung individuell angepasste Anwendbarkeit nach sich ziehen.

3 Amtliche Beglaubigungen sind nur dann zulässig, wenn sie entweder ein Behördendokument betreffen oder für den Gebrauch ggü. Behörden bestimmt sind (vgl. §§ 33 f. VwVfG), weshalb es sich nicht um *öffentliche*, dh gegenüber jedermann verbindliche Beurkundungen handelt, *Mecke* DNotZ 1968, 584 (596).

4 Dazu vgl. umfassend *Winkler* BeurkG § 3 Rn. 30 ff. mwN.

5 BGH DNotZ 2012, 202 (206); BGH NJW 1999, 2806 (2807); *Knauer/Wolf* NJW 2004, 2857 (2859).

6 Überblick bei *Winkler* BeurkG § 3 Rn. 38 ff.

§ 2 Überschreiten des Amtsbezirks

Eine Beurkundung ist nicht deshalb unwirksam, weil der Notar sie außerhalb seines Amtsbezirks oder außerhalb des Landes vorgenommen hat, in dem er zum Notar bestellt ist.

Die Regelung des § 2 bestimmt die Wirksamkeit öffentlicher Beurkundungen aus der Sicht der deutschen Rechtsordnung. Sie wird im Hinblick auf notarielle Beurkundungen von dem weitreichenderen, auf jede notarielle Amtshandlung anzuwendenden[1] § 11 Abs. 3 BNotO verdrängt, weshalb sie nur für andere Urkundspersonen iSd § 1 Abs. 2 von Bedeutung ist.[2] 1

Da die öffentlich-rechtliche Beurkundungszuständigkeit von der Staatsgewalt der Bundesrepublik Deutschland abgeleitet ist, gilt sie für den Geltungsbereich ihrer Gesetze. Ein bloßes Überschreiten eines zugewiesenen Amtsbezirkes lässt daher die Wirksamkeit einer Beurkundung unberührt und ist allenfalls von disziplinarrechtlicher Relevanz, solange sie nur innerhalb des deutschen Hoheitsbereiches erfolgt (→ Vorbem. Rn. 21 ff.).[3] Das innereuropäische Ausland zählt nicht zum deutschen Hoheitsgebiet.[4] 2

§ 3 Verbot der Mitwirkung als Notar

(1) [1]Ein Notar soll an einer Beurkundung nicht mitwirken, wenn es sich handelt um

1. eigene Angelegenheiten, auch wenn der Notar nur mitberechtigt oder mitverpflichtet ist,
2. Angelegenheiten seines Ehegatten, früheren Ehegatten oder seines Verlobten,
2a. Angelegenheiten seines Lebenspartners oder früheren Lebenspartners,
3. Angelegenheiten einer Person, die mit dem Notar in gerader Linie verwandt oder verschwägert oder in der Seitenlinie bis zum dritten Grade verwandt oder bis zum zweiten Grade verschwägert ist oder war,
4. Angelegenheiten einer Person, mit der sich der Notar zur gemeinsamen Berufsausübung verbunden oder mit der er gemeinsame Geschäftsräume hat,
5. Angelegenheiten einer Person, deren gesetzlicher Vertreter der Notar oder eine Person im Sinne der Nummer 4 ist,
6. Angelegenheiten einer Person, deren vertretungsberechtigtem Organ der Notar oder eine Person im Sinne der Nummer 4 angehört,
7. Angelegenheiten einer Person, für die der Notar, eine Person im Sinn der Nummer 4 oder eine mit dieser im Sinn der Nummer 4 oder in einem verbundenen Unternehmen (§ 15 des Aktiengesetzes) verbundene Person außerhalb einer Amtstätigkeit in derselben Angelegenheit bereits tätig war oder ist, es sei denn, diese Tätigkeit wurde im Auftrag aller Personen ausgeübt, die an der Beurkundung beteiligt sein sollen,

1 *Winkler* BeurkG § 1 Rn. 5.
2 Armbrüster/Preuß/Renner/*Preuß* BeurkG § 2 Rn. 20; *Lerch* BeurkG § 2 Rn. 2; *Winkler* BeurkG § 2 Rn. 1.
3 Zum Umfang des deutschen Hoheitsgebietes vgl. auch *Winkler* BeurkG Einl. Rn. 40 ff.
4 Armbrüster/Preuß/Renner/*Preuß* BeurkG § 2 Rn. 19; *Winkler* BeurkG § 2 Rn. 2.

8. Angelegenheiten einer Person, die den Notar in derselben Angelegenheit bevollmächtigt hat oder zu der der Notar oder eine Person im Sinne der Nummer 4 in einem ständigen Dienst- oder ähnlichen ständigen Geschäftsverhältnis steht, oder
9. Angelegenheiten einer Gesellschaft, an der der Notar mit mehr als fünf vom Hundert der Stimmrechte oder mit einem anteiligen Betrag des Haftkapitals von mehr als 2 500 Euro beteiligt ist.

[2]Der Notar hat vor der Beurkundung nach einer Vorbefassung im Sinne des Satzes 1 Nummer 7 zu fragen und in der Urkunde die Antwort zu vermerken.

(2) [1]Handelt es sich um eine Angelegenheit mehrerer Personen und ist der Notar früher in dieser Angelegenheit als gesetzlicher Vertreter oder Bevollmächtigter tätig gewesen oder ist er für eine dieser Personen in anderer Sache als Bevollmächtigter tätig, so soll er vor der Beurkundung darauf hinweisen und fragen, ob er die Beurkundung gleichwohl vornehmen soll. [2]In der Urkunde soll er vermerken, daß dies geschehen ist.

(3) [1]Absatz 2 gilt entsprechend, wenn es sich handelt um
1. Angelegenheiten einer Person, deren nicht zur Vertretung berechtigtem Organ der Notar angehört,
2. Angelegenheiten einer Gemeinde oder eines Kreises, deren Organ der Notar angehört,
3. Angelegenheiten einer als Körperschaft des öffentlichen Rechts anerkannten Religions- oder Weltanschauungsgemeinschaft oder einer als Körperschaft des öffentlichen Rechts anerkannten Teilorganisation einer solchen Gemeinschaft, deren Organ der Notar angehört.

[2]In den Fällen des Satzes 1 Nummer 2 und 3 ist Absatz 1 Satz 1 Nummer 6 nicht anwendbar.

I. Normzweck und Auslegungsmaßstab

1 Die Vorschrift des § 3 normiert Fälle, in denen ein Notar aufgrund der erforderlichen Unparteilichkeit und Unabhängigkeit seiner Amtsführung (§ 14 Abs. 1 S. 2, Abs. 3 S. 2 BNotO) von der Mitwirkung an Amtshandlungen ausgeschlossen ist (Abs. 1) oder aber die Beteiligten über bestimmte Umstände aufklären und sie aktiv fragen muss, ob er gleichwohl die Beurkundung vornehmen soll (Abs. 2 und 3). Während das Ablehnungsrecht der Abs. 2 und 3 in der Praxis von nur untergeordneter Bedeutung ist, kann die Bedeutung der Mitwirkungs-

verbote nach Abs. 1 – gerade auch im Bereich des Anwaltsnotariates – wiederum nicht unterschätzt werden, zumal sie nicht disponibel sind.

Verstößt ein Notar gegen ein Verbot nach § 3, so hat dies – anders als bei einem Verstoß gegen §§ 6 f. – zwar nicht die Unwirksamkeit der Amtshandlung zur Folge. § 3 enthält nur sog. „Soll"-Vorschriften, nicht aber „Muss"-Vorschriften.[1] Dem gegen ein Mitwirkungsverbot verstoßenden Notar drohen jedoch mitunter Disziplinarmaßnahmen, die bis zur Amtsenthebung reichen können (§ 50 Abs. 1 Nr. 9 BNotO). Wie sich hieraus ergibt, handelt es sich bei den Mitwirkungsverboten ausschließlich um Pflichten des Notars. Sie haben ihre Grundlage im notariellen Berufsrecht,[2] weshalb sie systematisch eigentlich nicht in das BeurkG, sondern in die BNotO gehören, durch deren Vorschriften sie ohnehin ergänzt werden: Besteht kein Mitwirkungsverbot des Notars nach § 3, so kann sich ein solches als Konsequenz der fehlenden Abgeschlossenheit des BeurkG (→ Vorbem. Rn. 1) dennoch aus den Vorschriften der §§ 14 Abs. 1, 3 S. 2, 16 Abs. 2 BNotO ergeben. 2

§ 3 trägt die Spannung zwischen öffentlichem Amt und unabhängigem Freiberuf, die dem Notarberuf immanent ist (→ Vorbem. Rn. 13), in besonderem Maße in sich: Zwar versteht die Norm sich als Konkretisierung der in §§ 1, 14 Abs. 1 S. 2 BNotO normierten Pflicht des Notars zur Unabhängigkeit und Unparteilichkeit, die als die Kernpflicht notarieller Tätigkeit nicht nur tatsächlich, sondern schon dem äußeren Anschein nach stets gewahrt sein muss (§ 14 Abs. 3 S. 2 BNotO). Zugleich bedeutet sie aber auch einen drastischen Eingriff in die durch Art. 12 GG geschützte Berufsausübungsfreit, die aufgrund der Nähe des Notarberufes zum öffentlichen Dienst zwar nicht uneingeschränkt gilt und im Lichte von Sonderregeln zu betrachten ist, wie sie insbesondere in Art. 33 GG zum Ausdruck kommen,[3] gleichwohl aber auch nicht zu geringgeschätzt werden darf.[4] 3

Aus diesem Spannungsverhältnis ergibt sich jedenfalls das rechtliche Gebot, die Mitwirkungsverbote des Abs. 1 verfassungskonform und damit eng auszulegen. Zwar knüpfen die Mitwirkungsverbote im Einklang mit der schon auf den bloßen Anschein abstellenden Vorschrift des § 14 Abs. 3 S. 2 BNotO an *abstrakte* Gefahrensituationen an[5] und können daher ohne Weiteres nicht schon dann teleologisch reduziert werden, wenn eine *konkrete* Gefahr für die notarielle Unabhängigkeit und Unparteilichkeit im Einzelfall nicht besteht. Auf der anderen Seite ergibt aber schon der systematische Vergleich der „Soll"-Vorschriften des § 3 mit den „Muss"-Vorschriften der §§ 6 f., dass die in § 3 normierten Mitwirkungsverbote den Charakter von Ausnahmetatbeständen haben, die eine enge Auslegung gebieten. § 3 ist damit nicht nur aus verfassungsrechtlichen, sondern auch aus systematischen Gründen eng auszulegen und nicht analogiefähig. Die Norm muss ferner wenigstens in jenen Fällen zwingend teleologisch reduziert werden, in denen trotz tatbestandlicher Verwirklichung und damit einhergehender abstrakter Gefährdung der notariellen Unabhängigkeit und Unparteilichkeit 4

1 BayObLG DNotZ 1996, 167 (169).
2 *Armbrüster/Leske* ZNotP 2001, 450 (450), 452.
3 BVerfG NJW 1964, 1516 (1517).
4 *Starke* DNotZ 2002, 831 (832); *Jaeger* ZNotP 2001, 2 ff.; vgl. iÜ vor allem BVerfG NJW 2000, 3574; 2003, 419; 2004, 1935.
5 *Limmer* DNotZ 2004, 334 (337); *Litzenburger* NotBZ 2005, 239 (240).

aufgrund der Umstände des Einzelfalls selbst der Anschein einer Parteilichkeit oder Abhängigkeit des Notars tatsächlich nicht besteht.[6]

5 Hierin liegt ein wesentlicher Unterschied zwischen den notariellen Mitwirkungsverboten und den Vorschriften zur Richterablehnung, (§§ 22 f. StPO, §§ 41 f. ZPO).[7] Zwar darf der Notar ebenso wie der Richter noch nicht einmal den Anschein eines Mangels an Unabhängigkeit und Unparteilichkeit setzen. Aus der fehlenden Vergleichbarkeit des Notarberufes zum Amt des Richters (→ Vorbem. Rn. 10) ergibt sich indes, dass der Maßstab hierfür bei dem auf Konsens angewiesenen Notars grundlegend anders als bei dem mit hoheitlicher Entscheidungsbefugnis ausgestatteten Richter sein muss. Denn beim Richter ist bereits ein böser Schein für sich geeignet, einen rechtsstaatlichen Makel zu setzen und die Akzeptanz der Entscheidung insgesamt zu schmälern. Eine einmalige unbedachte oder flapsige Bemerkung ist in der Lage, den legitimierenden Anschein der Rechtsstaatlichkeit eines Verfahrens zu zerstören, selbst wenn man nicht wird annehmen können, dass sie oder die sich in ihr spiegelnde Gesinnung des Richters die Entscheidung in irgendeiner Weise sachfremd zu beeinflussen in der Lage war, ja die Entscheidung trotzdem richtig und gerecht ist: „Justice must not only be done, it must also be seen to be done".[8]

6 Da die prägende Grundlage der notariellen Amtstätigkeit hingegen gerade nicht die staatliche Hoheitsgewalt, sondern die Privatautonomie der Beteiligten ist (→ Vorbem. Rn. 10), ja die notarielle Tätigkeit in den allermeisten Fällen ohnehin das Einverständnis aller Beteiligten voraussetzt, ist der Anschein der Abhängigkeit oder Parteilichkeit für die notarielle Amtsausübung nicht schlechthin, sondern vor allem dann problematisch, wenn sie geeignet ist, sich auf die privatautonomen Entscheidungen der Beteiligten niederzuschlagen. Sie ist daher anders als beim Richter nicht im Hinblick auf eine zu erwartende Entscheidung,[9] sondern im Hinblick auf die konkrete privatautonome Entscheidungsbefugnis der Beteiligten zu beurteilen. Der Anschein einer Parteilichkeit oder Abhängigkeit eines Notars besteht daher nur dann, wenn aus dem Blickwinkel eines ruhig und vernünftig denkenden Beteiligten die Befürchtung besteht, der Notar könnte nach den konkreten Umstände des Einzelfalls seine Pflicht als unabhängiger und unparteiischer Betreuer der Beteiligten nicht ordnungsgemäß erfüllen und damit seine privatautonome Entscheidung entweder in für ihn unvorteilhafter Weise beeinflussen oder deren ordnungsgemäßen Vollzug vereiteln, etwa durch eine unsachgemäße oder einseitige Beratung oder die Nichtbeachtung von Treuhandauflagen.

7 Aufgrund dieses milderen Maßstabes genügen daher beim Notar im Gegensatz zum Richter etwa persönliche oder gar freundschaftliche Beziehungen zu einzelnen Beteiligten für sich genommen grundsätzlich noch nicht, den Anschein einer Abhängigkeit oder Parteilichkeit zu begründen,[10] allein schon, weil es jedem Beteiligten freisteht, einen anderen Notar zu wählen. Entscheidend ist vielmehr, ob ein solches Verhältnis sich auch auf die Privatautonomie eines konkreten Beteiligten auswirken kann, was wiederum nach den Umständen des Einzelfalles zu beurteilen ist. Daher ist es schon im Ansatz verfehlt, ein Mitwirkungs-

6 Dahin gehend OLG Köln NJW 2005, 2092 (2093 f.); *Harder/Schmidt* DNotZ 1999, 949 (957); *Brücher* NJW 1999, 2168; allgemein zurückhaltend jedoch *Armbrüster/Leske* ZNotP 2001, 450 (453); 2002, 46, 47.
7 Dazu vgl. *Mihm* DNotZ 1999, 8 (9); *Armbrüster/Greis* DNotZ 2016, 818 (825).
8 EGMR (Hauschildt/Dänemark) EuGRZ 1993, 122.
9 Vgl. etwa Musielak/Voit/*Heinrich* ZPO § 42 Rn. 5 f. mwN.
10 Vgl. in diesem Kontext auch BeckOK BNotO/*Sander*, 3. Ed. 1.8.2020, § 14 Rn. 39, 39a.

verbot beim Notar schon deshalb begründen zu wollen, weil ein im Nachhinein mit dem Rechtsgeschäft unzufriedener Beteiligter aufgrund eines solchen Umstandes zu Unrecht einwenden könnte, dem Notar habe es möglicherweise an Unparteilichkeit gemangelt.[11] Denn die Gefahr eines im Nachhinein zu Unrecht erhobenen Vorwurfes kann nicht ernstlich Gegenstand einer Einschränkung der Berufsfreiheit sein, zumal ein unzufriedener Beteiligter immer einen Vorwurf finden wird, mit dem er seiner Unzufriedenheit Ausdruck verleihen kann. Im Gegenteil erklärt sich nur aus der Unbeachtlichkeit solcher Erwägungen, dass bereits nach dem in Abs. 2 und 3 angelegten Willen des Gesetzgebers Gegebenheiten, die für sich genommen geeignet sind, den Anschein einer Parteilichkeit oder Abhängigkeit des Notars zu setzten, dann zu keinem Mitwirkungsverbot führen, wenn die Beteiligten dem Notar dennoch im Vorhinein das erforderliche Vertrauen entgegenbringen.

II. Sachlicher Anwendungsbereich

Der genaue sachliche Anwendungsbereich des § 3 ist trotz der Vorschrift des § 16 Abs. 1 BNotO, die ihrem Wortlaut nach scheinbar eine universelle und damit unzweifelhaft überbordende[12] Geltung der Mitwirkungsverbote für alle notariellen Amtstätigkeiten anordnet, nicht unumstritten. Ob § 3 tatsächlich für jede Amtstätigkeit des Notars iSd §§ 20 ff. BNotO gilt, also nicht nur für die Beurkundung von Willenserklärungen (§§ 8 ff.), sondern etwa auch für sonstige Beurkundungen (§§ 36 ff.), insbesondere für Unterschriftsbeglaubigungen (§ 40) und die Beglaubigung von Abschriften (§ 42), erscheint vor dem Hintergrund des vorstehend dargelegten Sinn und Zwecks der Norm fraglich. 8

Von der wohl herrschenden Meinung wird ein solcher breiter Anwendungsbereich des § 3 zwar bejaht.[13] Diese Ansicht verkennt jedoch nicht nur schon die Bedeutung des Art. 12 GG für die Auslegung von Mitwirkungsverboten, sondern vor allem auch den gerade auf die Privatautonomie der konkreten Beteiligten bezogenen Maßstab des § 14 Abs. 1 S. 2 BNotO: Der Notar soll nicht deshalb unabhängig und unparteiisch sein, um eine unsachgemäße Ausübung staatlicher Hoheitsgewalt zu vermeiden, wie dies beim Richter der Fall ist, sondern um die privatautonomen Entscheidungen der Beteiligten nicht unsachgemäß oder einseitig zu beeinflussen. Daher wird man jedenfalls bei Amtstätigkeiten, bei denen dem Notar kein nennenswertes Ermessen und auch kein großer Gestaltungsspielraum zukommt, schon den Anschein einer Parteilichkeit oder Abhängigkeit verneinen und damit die Anwendbarkeit des § 3 richtigerweise von vornherein ablehnen müssen,[14] was im Übrigen auch schon anhand des erstaunlich engen Wortlautes des § 16 Abs. 2 BNotO deutlich wird: Ist ein Notar befangen, so muss er sich der Ausübung des Amtes nicht enthalten. Vielmehr liegt die Enthaltung in seinem Ermessen („kann"). 9

Wie hieraus erneut deutlich wird, genügt anders als für den Richter eine *Besorgnis* der Befangenheit grundsätzlich nicht, um den Notar von seiner Amtstätigkeit auszuschließen. Vielmehr bedarf es auch einer konkreten Gefahr für die Privatautonomie eines Beteiligten, um einen relevanten Anschein einer Parteilichkeit oder Abhängigkeit im Einzelfall und damit eine Versagung der Amts- 10

11 So aber ausdrücklich BT/Drs. 13/4184, 36.

12 Dies wird insbes. bei einer Anwendung auf bloße Abschriftsbeglaubigungen deutlich, vgl. *Lerch* ZNotP 2004, 54 (56); *Brambring* NJW 2000, 3769.

13 Statt vieler *Winkler*, BeurkG § 3 Rn. 16.

14 In diese Richtung auch *Armbrüster/Leske* ZNotP 2001, 450 (451), 453; *Brambring* NJW 2000, 3769; krit. Armbrüster/Preuß/Renner/*Armbrüster* § 3 BeurkG Rn. 11 ff.

ausübung des Notars zu begründen. Daher wird man eine Anwendung des § 3 auf jene Fälle ausschließen müssen, in denen eine solche Gefahr typischerweise nicht besteht, weil sie dem Notar von vornherein keinen nennenswerten Gestaltungsspielraum eröffnen,[15] namentlich etwa bei der Erteilung von Registerbescheinigungen, Grundbuchauszügen, Ausfertigungen oder einfachen Beglaubigungsvermerken. Denn bei derartigen Amtstätigkeiten besteht nicht die Gefahr einer einseitigen Ausübung von Ermessen- und Gestaltungsspielräumen, sondern allenfalls die einer vorsätzlichen Missachtung notarieller Amtspflichten, vor der die Mitwirkungsverbote jedoch weder zu schützen beabsichtigen noch in der Lage sind: § 3 schützt die Beteiligten nur vor einer einseitigen, nicht aber auch vor einer kriminellen Amtsführung; für diese gelten vielmehr die Vorschriften des Straf- und Disziplinarrechts, zumal ein vorsätzlich pflichtwidrig handelnder Notar sich durch ein einfaches Mitwirkungsverbot ohnehin nicht von seiner Pflichtverletzung abhalten lassen wird.

11 Auch sind dem Notar erteilte Vollmachten zum Vollzug oder zur Abwicklung oder Durchführung eines Rechtsgeschäfts für sich genommen vom Anwendungsbereich des § 3 ausgenommen,[16] ebenso wie aufgrund solcher Vollmachten entfaltete Amtstätigkeit des Notars wie etwa die Vornahme von Handelsregisteranmeldungen oder die Antragstellung bei Behörden oder Gerichten. Denn derartige Vollzugstätigkeiten betreffen die Wahrnehmung von Amtsgeschäften des Notars, die aus dem zugrundeliegenden Rechtsgeschäft selbst folgen und daher rechtlich stets möglich sein müssen, sofern in Bezug auf dieses selbst kein Mitwirkungsverbot bestand.

12 § 3 regelt die den Notar treffenden Mitwirkungsverbote nicht abschließend. Mitwirkungsverbote können sich für den Notar vielmehr auch aus den allgemeinen berufsrechtlichen Vorschriften der §§ 14 Abs. 1, 3 S. 1, 16 Abs. 2 BNotO ergeben. Fällt ein Sachverhalt jedoch erkennbar unter den Anwendungsbereich des § 3, ohne zugleich einen seiner Tatbestände zu verwirklichen, so scheidet auch ein Mitwirkungsverbot des Notars über die allgemeinen berufsrechtlichen Vorschriften aus. Handelt es sich bei einer Person also etwa nicht um einen Ehegatten, früheren Ehegatten, Lebenspartner oder früheren Lebenspartner, sondern um einen nichtehelichen Lebensgefährten des Notars, so folgt im Umkehrschluss aus Abs. 1 S. 1 Nr. 2, 2a, dass ein Mitwirkungsverbot des Notars nach dem Willen des Gesetzgebers grundsätzlich nicht besteht und folglich auch nicht aus den allgemeinen Vorschriften hergeleitet werden darf. Dies bedeutet freilich nicht, dass im Einzelfall dennoch ein Mitwirkungsverbot des Notars im Hinblick auf seinen nichtehelichen Lebenspartner nach den allgemeinen Vorschriften bestehen kann. Anknüpfungspunkt kann dann jedoch nicht die enge quasi-familiäre Bindung des Notars als solche, sondern andere aus ihr folgende Umstände wie etwa gemeinsame finanzielle Verflechtungen oder gleichlaufende Interessen sein.

III. Der Begriff der „Angelegenheit"

13 Im Zentrum des § 3 steht der Begriff der „Angelegenheit". § 3 stellt nicht auf den sonst im Beurkundungsrecht vorherrschenden Beteiligtenbegriff ab, dh weder auf die formelle Beteiligung an der Urkunde (§ 6 Abs. 2) noch auf eine materielle Beteiligung im Sinne einer Gestaltung Rechten, Pflichten oder Verbind-

15 Dazu *Armbrüster/Leske* ZNotP 2002, 46 (47); *Harder/Schmidt* DNotZ 1999, 949 (957 f.).

16 OLG Köln NJW 2005, 2092 (2093).

lichkeiten durch die betroffene Amtshandlung,[17] sondern verwendet vielmehr den deutlich unbestimmteren Begriff der „Angelegenheit".[18] Was unter einer „Angelegenheit" im Sinne des § 3 zu verstehen ist, ist im Einzelnen weitgehend umstritten und Gegenstand einer weitreichenden Kasuistik.[19] Die wohl herrschende Meinung jedenfalls versteht unter einer „Angelegenheit" iSd § 3 den Lebenssachverhalt, auf den sich die notarielle Amtstätigkeit bezieht.[20]

Wie hieran deutlich wird, ist § 3 eine mandatsbezogene, nicht aber eine mandantenbezogene Vorschrift.[21] Im Sinne der gebotenen engen Auslegung der Norm ist daher der Begriff des Lebenssachverhaltes nicht abstrakt, sondern nur in Bezug auf die jeweils in Aussicht genommene Amtshandlung zu verstehen: Derselbe Lebenssachverhalt und damit dieselbe Angelegenheit im Sinne des § 3 liegt nur dann vor, soweit jeweils auch derselbe zu ihm gehörende *rechtliche Aspekt* durch die Amtshandlung betroffen ist und hierdurch gerade im konkreten Einzelfall die abstrakte Gefahr einer mit der notariellen Unabhängigkeit und Unparteilichkeit nicht vereinbaren Interessenskollision besteht. Der beachtliche Lebenssachverhalt ist damit durch die rechtliche Reichweite der konkret beauftragten Amtshandlung begrenzt.[22] 14

Eine Angelegenheit *einer Person* wiederum ist durch ein notarielles Amtsgeschäft betroffen, wenn die Angelegenheit ihre Rechte oder Pflichten unmittelbar betrifft.[23] Maßgeblich ist nach der herrschenden Meinung folglich nicht die intendierte, sondern schon die faktische Betroffenheit, sofern diese nur unmittelbar erfolgt[24] – oder anders gewendet: Die inhaltliche, sachliche Beteiligung an der Amtshandlung. Damit beziehen sich die Mitwirkungsverbote in der Regel auf die materiell Beteiligten, dh die Personen, deren Rechte, Pflichten oder Verbindlichkeiten durch die Amtshandlung unmittelbar gestaltet werden,[25] auch wenn der Begriff der Angelegenheit mit dem der materiellen Beteiligung nicht deckungsgleich ist. Eine lediglich mittelbare Betroffenheit durch die Amtshandlung, insbesondere das bloße Bestehen eines wirtschaftlichen oder rechtlichen Interesses genügt dagegen nicht.[26] Dies bedeutet im Lichte der verfassungsrechtlich gebotenen engen Auslegung der Norm insbesondere, dass Personen, die von der Amtshandlung nur mittelbar betroffen sind oder bloß ein berechtigtes Interesse an ihr haben – etwa Gesellschafter im Hinblick auf Rechtsgeschäfte der Gesellschaft selbst[27] –, grundsätzlich kein Mitwirkungsverbot des Notars zu begründen vermögen.[28] 15

In Abweichung von diesem Grundsatz sind jedoch Beurkundungen von Willenserklärungen nach der herrschenden Meinung immer auch die Angelegenheit 16

17 Zu den Begriffen der formellen und materiellen Beteiligung vgl. OLG Celle DNotZ 2004, 716 (717).
18 Dazu vgl. *Mecke* DNotZ 1968, 584 (599); *Weber* DRiZ 1970, 45 (47).
19 Vgl. die sehr gute Übersicht bei Armbrüster/Preuß/Renner/*Armbrüster* § 3 BeurkG Rn. 17 ff.
20 OLG Schleswig RNotZ 2010, 666 (668); DNotZ 2007, 745 (746).
21 OLG Schleswig RNotZ 2010, 666 (668); DNotZ 2007, 745 (746).
22 *Armbrüster/Leske* ZNotP 2001, 450 (453).
23 *Armbrüster/Leske* ZNotP 2001, 450 (453); *Harborth/Lau* DNotZ 2002, 412 (414).
24 *Winkler* BeurkG § 3 Rn. 24; *Armbrüster/Leske* ZNotP 2001, 450 (453).
25 OLG Celle DNotZ 2004, 716 (717).
26 BGH NJW 1985, 2027.
27 *Winkler* MittBayNot 1999, 2 (4); anders wohl dann, wenn der Gesellschafter wirtschaftlicher betrachtet der *Inhaber* der Gesellschaft ist, vgl. *Harborth*/Lau DNotZ 2002, 412 (414).
28 BGH NJW 1985, 2027.

der die Willenserklärung abgebenden Person, so dass insoweit der Begriff der „Angelegenheit einer Person" mit dem Begriff der formellen Beteiligung iSd § 6 Abs. 2 stets zusammenfalle.[29] So sei etwa bei Beurkundungen mit Vertretern die Amtshandlung nicht nur eine Angelegenheit des Vertretenen, sondern auch des Vertreters.[30] Entsprechendes gelte für Parteien kraft Amtes wie etwa Insolvenzverwalter oder Testamentsvollstrecker im Hinblick auf die von ihnen verwaltete Vermögensmasse,[31] nicht aber im Hinblick auf deren jeweiligen Inhaber, die sie aufgrund ihrer eigenberechtigten Parteistellung ja gerade nicht vertreten.[32]

17 Diese Durchbrechung des rechtlichen Grundsatzes ist freilich dogmatisch nicht restlos überzeugend,[33] weil sie zu einer Gleichsetzung von eigen- und fremdnütziger Tätigkeit führt, die nicht nur bereits im gedanklichen Ansatz weder interessengerecht noch wortlautgetreu, sondern vor dem Hintergrund der Auffangfunktion der §§ 14 Abs. 1, 3 S. 2, 16 Abs. 2 BNotO auch nicht erforderlich ist. Dies wird bereits anhand der aus diesem Grundsatz folgenden, i.E. wenig überzeugenden Differenzierung deutlich, wonach die Notarfachangestellten als Vertreter an Beurkundungen beteiligt sein dürfen, mit dem Notar iSd Abs. 1 S. 1 Nr. 4 verbundene Berufsträger hingegen nicht, weil Letztere als Vertreter stets auch eigene Angelegenheiten wahrnehmen und damit unter das Mitwirkungsverbot des Abs. 1 S. 1 Nr. 4 fallen sollen.[34] Liegt etwa ein Fall des Abs. 1 S. 1 Nr. 7 Hs. 1 vor, so ist es nicht verständlich, wieso Notarfachangestellte, nicht aber Sozien des Notars als Vertreter an der Beurkundung beteiligt sein dürfen, obwohl Letztere aufgrund ihrer größeren Sachnähe hierzu in der Regel deutlich besser geeignet wären.

18 Ferner wird vertreten, dass selbst Empfänger von notariell beurkundeten Willenserklärungen in den Anwendungsbereich des § 3 eingeschlossen werden müssen, weil diese durch das beurkundete Geschäft betroffen und dieses somit auch ihre Angelegenheit sei.[35] Eine Zwangsvollstreckungsunterwerfung oder eine Bestellung eines Grundpfandrechts durch einen Eigentümer sei etwa auch die Angelegenheit des Gläubigers, ebenso wie andersherum die Löschungsbewilligung durch einen Gläubiger zugleich auch eine Angelegenheit des Eigentümers sei.[36] Auch die Erteilung einer Vollmacht sei nicht nur eine Angelegenheit des Vollmachtgebers, sondern auch des Bevollmächtigten als Adressat der einseitigen Willenserklärung.[37] Selbst eine einseitige Verfügung von Todes wegen sei nicht nur eine Angelegenheit des Erblassers, sondern auch der Erben,[38] ebenso wie der Erbscheinsantrag nicht nur die Angelegenheit des Antragstellers, sondern auch der Erbprätendenten einschließlich des Nachlasspflegers sei.[39]

19 Auch diese Ansicht wird man vor dem Hintergrund einer verfassungskonformen Auslegung des § 3 ablehnen müssen, zumal sie nicht interessengerecht ist. Da der Notar gem. § 14 Abs. 1 S. 2 BNotO nur die Beteiligten, nicht aber auch

29 *Harborth/Lau* DNotZ 2002, 412 (414).
30 OLG Köln NJW 2005, 2092 (2093); OLG Celle DNotZ 2004, 716 (717); *Harborth/Lau* DNotZ 2002, 412 (414).
31 OLG Düsseldorf DNotZ 1989, 638 (639); *Harborth/Lau* DNotZ 2002, 412 (414).
32 *Winkler* BeurkG § 3 Rn. 31.
33 Kritisch auch *Armbrüster/Leske* ZNotP 2001, 450 (456).
34 OLG Celle DNotZ 2004, 716 (717).
35 *Harborth/Lau* DNotZ 2002, 412 (414).
36 *Winkler*, BeurkG § 3 Rn. 28 f.; Übersicht ähnlicher Konstellationen bei *Lerch* § 3 BeurkG Rn. 14.
37 Armbrüster/Preuß/Renner/*Armbrüster* BeurkG § 3 Rn. 22.
38 *Winkler* BeurkG § 3 Rn. 29; ablehnend *Thiel* ZNotP 2003, 244 (246); *Brücher* NJW 1999, 2168.
39 LG Berlin 21.9.1990 – 84 T 54/90.

Dritte zu betreuen hat, wird man nur schwerlich begründen können, dass er sich wegen solcher Interessen grundsätzlich einer Amtstätigkeit enthalten muss. Denn die Interessen Dritter, die an der Urkunde weder formell oder materiell beteiligt sind noch sonst an dem Beurkundungsverfahren teilnehmen, etwa in Gestalt eines auf das Verfahren bezogenen Treuhandauftrages, darf der Notar nicht wahrnehmen, soweit sie mit den Interessen der Beteiligten nicht in Einklang stehen. Dies gilt insofern erst recht, als der Notar die Interessen Dritter mangels hinreichender Sachkenntnis ohnehin schon rein faktisch nicht adäquat zu berücksichtigen in der Lage ist:[40] Der Notar kann vom Verfahren betroffene Dritte weder beiladen noch diesen irgendein rechtliches Gehör gewähren, allein schon, weil er gegenüber den Beteiligten zur Verschwiegenheit verpflichtet ist (§ 18 BNotO). Wenn der Notar aber die Interessen von zu ihm in keinem rechtlichen Verhältnis stehender Dritter weder erforschen noch berücksichtigen darf, können diese bei der Frage des Bestehens eines Mitwirkungsverbotes nach § 3 auch keine Rolle spielen; es fehlt insoweit bereits am Anschein einer Abhängigkeit oder Parteilichkeit.

Freilich sind Fälle denkbar, in denen der sich Notar aufgrund von Interessen Dritter seiner Amtstätigkeit enthalten muss, weil sie Misstrauen gegen eine uneingeschränkte Wahrnehmung der Interessen der Beteiligten durch den Notar und damit den Anschein einer Parteilichkeit oder Abhängigkeit zu rechtfertigen vermögen, etwa weil der Gläubiger eines von ihm beurkundeten Schuldanerkenntnisses eine mit ihm zur gemeinsamen Berufsausübung verbundene Person ist oder die Beurkundung den Maklerlohn seines Vaters präjudiziert.[41] Dieses Problem geht aber schon im gedanklichen Ansatz über den Anwendungsbereich des § 3 hinaus, da es die Geradlinigkeit der notariellen Tätigkeit überhaupt betrifft und daher auch vorliegen kann, wenn der die Interessenkollision auslösende Sachverhalt unter keine der in Abs. 1 geregelten Tatbestände fällt. Hieran wird deutlich, dass dieses Problem der Betroffenheit von Interessen Dritter durch die notarielle Amtstätigkeit sowie eines sich hieraus ergebenden Anscheins der Parteilichkeit oder Abhängigkeit des Notars nicht über den § 3, sondern über die allgemeineren berufsrechtlichen Vorschriften der §§ 16 Abs. 2, 14 Abs. 1 S. 1 BNotO zu lösen ist: Wenn ein Grund vorliegt, der geeignet ist, eine Interessenskollision bei einer notariellen Amtshandlung zu begründen und Zweifel an einer uneingeschränkten Wahrnehmung der Mandanteninteressen durch den Notar zu rechtfertigen, muss sich der Notar aufgrund der allgemeinen berufsrechtlichen Vorschriften der §§ 14 Abs. 1, 3 S. 2, 16 Abs. 2 BNotO der Amtsausübung enthalten. Daher darf etwa auch ein Notar keine sich gegenseitig ausschließende Erbscheinsanträge verschiedener Erbprätendenten beurkunden, obwohl es sich bei ihnen im Verhältnis zueinander jeweils um eine amtliche Vorbefassung handeln würde, die nach Abs. 1 S. 1 Nr. 7 grundsätzlich zulässig wäre; vielmehr muss er zur Wahrung der Geradlinigkeit seiner Tätigkeit den Auftrag des konkurrierenden Antragstellers gem. §§ 14 Abs. 1, 3 S. 2, 16 Abs. 2 BNotO zurückweisen.[42] 20

40 *Strunz* ZNotP 2002, 133 (134) unter zutreffendem Hinweis auf den Anwendungsbereich des § 17 BeurkG.

41 OLG Celle 1.3.2004 – Not 3/04; dahin gehend auch *Armbrüster/Leske* ZNotP 2001, 450 (455), der einen solchen Fall der Präjudizierung indes unter den Begriff der „Angelegenheit“ subsumieren will.

42 BGH 20.1.1969 – NotZ 1/68 – Rn. 51; *Litzenburger* NotBZ 2005, 239 (243 f.).

IV. Die Mitwirkungsverbote des Abs. 1 S. 1 im Einzelnen

21 **1. Abs. 1 S. 1 Nr. 1.** Der offensichtlichste Fall eines Verstoßes gegen das Gebot der notariellen Unparteilichkeit ist gegeben, wenn durch die Amtshandlung eine eigene Angelegenheit des Notars betroffen ist. Dies wird insbesondere dann der Fall sein, wenn der Notar durch die Amtshandlung in irgendeiner Art und Weise mitverpflichtet oder mitberechtigt wird: So wie niemand Richtiger in eigener Sache sein kann, kann auch der Notar aufgrund des Erfordernisses der Unparteilichkeit nicht in eigener Sache als Notar amtieren. Notarielle Amtshandlungen sind daher nach Abs. 1 S. 1 Nr. 1 unzulässig, soweit sie Rechte oder rechtliche Interessen des amtierenden Notars selbst unmittelbar betreffen.

22 Aus dem Sinn und Zweck des Abs. 1 S. 1 Nr. 1 ergibt sich jedoch, dass nur Rechte oder rechtliche Interessen des Notars von dem Vorbefassungsverbot erfasst sind, die außerhalb seiner Amtstätigkeit liegen. Angelegenheiten, die seine Amtstätigkeit betreffen oder mit ihr in Beziehung stehen, sind aufgrund ihres öffentlich-rechtlichen Charakters keine „eigenen" des Notars. Denn die Tätigkeit erfolgt hier gerade nicht im Eigeninteresse des Notars, sondern aufgrund eines hoheitlichen Auftrages. Frühere amtliche Verrichtungen des Notars einschließlich hieraus erwachsender Folgemaßnahmen wie die Eintragung von Hypotheken zur Sicherung seines Gebührenanspruches stellen damit keine eigene Angelegenheit des Notars iSd Abs. 1 S. 1 Nr. 1 dar.[43]

23 Auch die bloße mittelbare Betroffenheit des Notars durch die Amtshandlung macht die Angelegenheit noch nicht zu seiner eigenen. So genügt etwa der Verkauf eines Miteigentumsanteils an einem Grundstück, an dem auch der Notar einen Miteigentumsanteil hält, nicht, um ein Mitwirkungsverbot des Notars nach Abs. 1 S. 1 Nr. 1 zu begründen.[44]

24 **2. Abs. 1 S. 1 Nr. 2, 2a und 3.** Nicht nur wenn eigene Angelegenheiten des Notars, sondern auch ihm nahestehender Personen betroffen sind, gilt ein Mitwirkungsverbot. Die inhaltlich einander nahestehenden Nr. 2, 2a und 3 ziehen in diesen Kreis der dem Notar nahestehenden Personen den Ehegatten, früheren Ehegatten, Verlobten (nicht auch: früheren Verlobten), Lebenspartner, früheren Lebenspartner sowie Verwandte in gerader Linie oder in der Seitenlinie bis zum dritten Grad sowie Verschwägerte bis zum zweiten Grad. Die jeweiligen Begriffe sind dem Familienrecht entnommen, mit denen sie übereinstimmen. Insoweit kann auf die einschlägigen familienrechtlichen Definitionen, insbesondere die §§ 1589 f. BGB verwiesen werden.

25 Wie sich im Umkehrschluss aus Abs. 1 S. 1 Nr. 2, 2a und 3 ergibt, begründet eine nichteheliche Lebensgemeinschaft kein Mitwirkungsverbot nach § 3 (→ Rn. 12). Ob sich ein Mitwirkungsverbot möglicherweise aus §§ 14 Abs. 3 S. 2, 16 Abs. 2 BNotO ergibt, ist umstritten,[45] aufgrund der gebotenen engen Auslegung sämtlicher die Berufsausübungsfreiheit des Notars einschränkender Normen aber wenigstens jedenfalls nicht generell, sondern im Einzelfall, nach der Betroffenheit gleichgelagerter Interessen zwischen dem nichtehelichen Partner und dem Notar sowie dem Ausmaß des notariellen Gestaltungsspielraumes zu entscheiden. Bei einfachen Amtshandlungen, die dem Notar kein oder kein nennenswertes Ermessen einräumen, wird man ein Mitwirkungsverbot aufgrund einer nichtehelichen Lebensgemeinschaft daher stets verneinen müssen, namentlich etwa bei der Beglaubigung von Abschriften oder Unterschriften.

43 *Baumann/Limmer* RNotZ 2005, 356 (359 f.).
44 *Winkler* BeurkG § 3 Rn. 64.
45 *Winkler* BeurkG § 3 Rn. 65 f.

Auch wenn die Mitwirkungsverbote nach Abs. 1 S. 1 Nr. 2, 2a und 3 anders als jenes nach Abs. 1 S. 1 Nr. 1 die bloße Mitberechtigung oder Mitverpflichtung der jeweiligen nahestehenden Personen nicht ausdrücklich nennen, gelten diese Tatbestandsmerkmale auch hier entsprechend, weil sie in Wirklichkeit bereits Teil der Definition des Begriffs der „Angelegenheit" sind: Wird eine Person durch eine notarielle Amtshandlung mitberechtigt oder mitverpflichtet, so ist nicht nur derselbe Lebenssachverhalt betroffen, sondern zugleich auch ein mit diesem Lebenssachverhalt verbundener rechtlicher Aspekt – die Mitberechtigung oder Mitverpflichtung – berührt, aus dem wiederum die Gefahr einer mit der notariellen Unabhängigkeit und Unparteilichkeit nicht vereinbaren Interessenskollision resultiert. Daher darf etwa ein Notar nicht einen Grundstückskaufvertrag beurkunden, den sein Vater als Maker vermittelt hat.[46] 26

3. Abs. 1 S. 1 Nr. 4. Auf einer institutionalisierten Nähebeziehung beruht auch das Mitwirkungsverbot nach Abs. 1 S. 1 Nr. 4. Anknüpfungspunkt ist hier jedoch nicht eine persönliche, sondern eine berufliche Beziehung des amtierenden Notars, weshalb Abs. 1 S. 1 Nr. 4 Ähnlichkeiten zu dem Mitwirkungsverbot nach Nr. 7 aufweist. Wie auch bei den Abs. 1 S. 1 Nr. 1–3 genügt die bloße Mitberechtigung oder Mitverpflichtung, um eine Angelegenheit einer Person zu begründen und so den Anwendungsbereich der Norm zu eröffnen, etwa bei der Einsetzung eines Sozius des Notars zum Testamentsvollstrecker.[47] 27

Der sachliche Anwendungsbereich der Norm erfasst jede Verbindung zur gemeinsamen Berufsausübung oder auch nur das Bestehen gemeinsamer Geschäftsräume und ist somit schon ihrem Wortlaut nach weit zu verstehen, was im Übrigen auch interessengerecht ist. Denn es kommt allein schon vor dem Hintergrund der Verhinderung von Umgehungsgestaltungen nicht darauf an, in welcher Rechtsform die beruflich institutionalisierte Zusammenarbeit bzw. die hieraus folgende Nähebeziehung zu dem amtierenden Notar besteht. Entscheidend ist vielmehr, ob sich aus der konkreten Form der Zusammenarbeit der Anschein einer Abhängigkeit Parteilichkeit ergeben kann. Daher kommt es nach richtiger Ansicht auch nicht darauf an, ob es sich bei den Personen, zu denen eine berufliche Verbindung besteht, um Volljuristen handelt.[48] Denn auch gegenüber nicht volljuristischen Personen kann der Notar derart beruflich verbunden sein, dass seine Unparteilichkeit gefährdet ist. 28

Daher sind auch schon bloße Bürogemeinschaften, erst recht aber Anstellungsverhältnisse berufliche Verbindungen, die unter das Mitwirkungsverbot des Abs. 1 S. 1 Nr. 4 fallen.[49] Das Bestehen eines Untermietverhältnisses dagegen unterfällt der Norm jedenfalls dann nicht, wenn dem Obermieter kein Betretungsrecht hinsichtlich der vermieteten Räume zusteht.[50] Auch sonst wird man schon durch das Recht oder gar schon die bloße Möglichkeit zur Betretung der Geschäftsräume des Notars einen Mitwirkungsverbot nach Abs. 1 S. 1 Nr. 4 bejahen müssen, sofern es sich nicht nur um funktional untergeordnete Personen wie etwa Reinigungskräfte handelt. 29

Dieser weite Anwendungsbereich der Abs. 1 S. 1 Nr. 4 gebietet indes eine einzelfallbezogene, den Anforderungen des Art. 12 GG genügenden teleologische Reduktion in Fällen, in denen sich aus der beruflichen Verbindung im konkreten Fall kein relevanter Anschein einer Abhängigkeit oder Parteilichkeit ergibt. So ist die Anwendbarkeit des Abs. 1 S. 1 Nr. 4 etwa bei einseitigen letztwilligen 30

46 OLG Celle 1.3.2004 – Not 3/04.
47 Anders BGH DNotZ 2018, 550 (553), der diesen Fall über § 14 BNotO löst.
48 So aber *Winkler* BeurkG § 3 Rn. 78.
49 OLG Celle DNotZ 2004, 196 (197).
50 *Winkler* BeurkG § 3 Rn. 76.

Verfügungen sowie Unterschriftsbeglaubigungen nach richtiger Ansicht abzulehnen.[51] Ferner ist aufgrund der Ähnlichkeit des Tatbestandes des Nr. 4 zu jenem nach Nr. 7 ein Mitwirkungsverbot dann nicht geboten, wenn ein Fall des Abs. 1 S. 1 Nr. 7 Hs. 1 vorliegt, dh die unter den Anwendungsbereich des Nr. 4 fallende Person für alle materiell Beteiligten handelt und die Gefahr einer Interessenkollision mithin erst gar nicht besteht.[52]

31 Auch eine – ohnehin vom Wortlaut nicht gedeckte – Anwendung auf Verwandte der nach Abs. 1 S. 1 Nr. 4 verbundenen Person ist abzulehnen.[53] Schließlich besteht das Mitwirkungsverbot nach Abs. 1 S. 1 Nr. 4 schon dem Wortlaut nach nicht, wenn die berufliche Verbindung entweder noch nicht oder nicht mehr[54] besteht.

32 **4. Abs. 1 S. 1 Nr. 5, 6.** Der Begriff der gesetzlichen Vertretung erfasst sowohl privatrechtliche als auch öffentlich-rechtliche Vertretungsverhältnisse, sofern diese nur auf einer gesetzlichen Anordnung beruhen. Erfasst sind damit also nicht nur die Tätigkeit als Geschäftsführer einer GmbH (§ 35 GmbHG) oder (alleiniger) Vereinsvorstand (§ 26 Abs. 2 GmbHG), sondern auch als vertretungsbefugter Amtsträger, etwa als Bürgermeister oder Behördenleiter. Umfasst ist ebenfalls die organschaftliche Vertretung von Personengesellschaften. Denn die von einer Gegenmeinung vertretene Ansicht, diesen Fall unter die Abs. 1 S. 1 Nr. 1 zu fassen,[55] stammt noch aus Zeiten, in denen Personengesellschaften nicht durchgängig als rechtsfähig erachtet wurden. Ebenfalls nicht unter Abs. 1 S. 1 Nr. 1, jedoch auch nicht unter die Abs. 1 S. 1 Nr. 5 zu fassen sind Tätigkeiten als Partei kraft Amtes wie etwa als Insolvenzverwalter oder Testamentsvollstrecker;[56] diese Fälle sind vielmehr unter die Abs. 1 S. 1 Nr. 7 zu subsumieren (→ Rn. 39).

33 Eng verwandt mit dem Mitwirkungsverbot nach Abs. 1 S. 1 Nr. 5 ist jenes nach Abs. 1 S. 1 Nr. 6. Auch hier wird auf eine gesetzliche Vertretungsmacht des Notars abgestellt. Jedoch trifft im Falle des Abs. 1 S. 1 Nr. 6 diese den Notar nicht persönlich, sondern vielmehr das – in Abgrenzung zu Abs. 1 S. 1 Nr. 5 mehrgliedrige – Organ, dem er angehört. Klassischer Anwendungsfall des Nr. 6 ist damit der Vorstand eines Vereins oder einer AG, sofern dieser aus mehreren Personen besteht. Kein Vertretungsorgan dagegen ist der Aufsichtsrat, weshalb (auch im Umkehrschluss zu Abs. 3 S. 1 Nr. 1) eine Aufsichtsratstätigkeit eines Notars grundsätzlich kein Mitwirkungsverbot zu begründen vermag.[57] Ausnahmen gelten entgegen einer vor allem auch in der Rechtsprechung vertretenen Ansicht[58] aufgrund der gebotenen engen Auslegung der Mitwirkungsverbote auch dann nicht, wenn der Aufsichtsrat im Einzelfall ausnahmsweise zur Vertretung der Gesellschaft berufen oder seine Zustimmung zu dem konkreten Ge-

---

51 Vgl. *Harder/Schmidt* DNotZ 1999, 949 (958); OLG Köln NJW 2005, 2092 (2093); Brücher NJW 1999, 2168; aA *Vaasen/Starke* DNotZ 1998, 661 (669).

52 OLG Köln NJW 2005, 2092 (2093).

53 Armbrüster/Preuß/Renner/*Preuß* BeurkG § 3 Rn. 69 unter zutreffendem Verweis auf Art. 12 GG.

54 Im Gesetzgebungsvorhaben wurden mit entsprechenden Formulierungsvorschlägen sowohl eine unbefristete als auch eine auf 5 Jahre begrenzte Nachwirkung des Mitwirkungsverbotes nach Abs. 1 S. 1 Nr. 4 diskutiert (BT-Drs. 13/11034, 13, 47, 51). Beide Vorschläge haben sich jedoch nicht durchgesetzt, so dass es zu dem gegenwärtigen Wortlaut kam, der vergangene Berufsverbindungen überhaupt nicht umfasst (BGBl. 1998 I 2594).

55 *Winkler* BeurkG § 3 Rn. 89.

56 Vgl. *Harborth/Lau* DNotZ 2002, 412 (414), 415.

57 Harborth/Lau DNotZ 2002, 412 (418).

58 OLG Stuttgart Beschl. v. 12.5.2006 – Not 2/06 – Rn. 19.

schäft erforderlich ist. Denn eine überhaupt nur ausnahmsweise gegebene Vertretungsbefugnis, erst recht aber ein bloßes Zustimmungserfordernis vermögen ein Organ noch nicht per se zu einem vertretungsberechtigten Organ im Sinne der Norm zu machen. Der Aufsichtsrat bleibt vielmehr auch in diesen Fällen seinem Wesen nach Kontroll- und nicht Vertretungsorgan (§ 111 Abs. 4 S. 1 AktG). Ein Mitwirkungsverbot kann sich in solchen Fällen vielmehr nur nach den Umständen des Einzelfalls aus den allgemeinen Vorschriften der §§ 16 Abs. 2, 14 Abs. 2 S. 2 BNotO folgen.

Dem Wortlaut nach sind Abs. 1 S. 1 Nr. 5 und 6 auch dann anwendbar, wenn 34
nicht der Notar selbst, sondern eine mit ihm iSd Abs. 1 S. 1 Nr. 4 beruflich verbundene Person der gesetzliche Vertreter oder Mitglied des vertretungsberechtigten Organs ist. Im Umkehrschluss folgt hieraus, dass eine familiäre Verbindung nach Abs. 1 S. 1 Nr. 2, 2a oder 3 nicht genügt, um in den Fällen der Abs. 1 S. 1 Nr. 5 oder 6 ein Mitwirkungsverbot auszulösen.

Stets zu beachtende Sondervorschriften zu Abs. 1 S. 1 Nr. 5 und 6 stellen ferner 35
die Ablehnungsrechte nach Abs. 2 und 3 dar. Sind diese spezielleren Vorschriften einschlägig, so ist ein Mitwirkungsverbot nach Abs. 1 S. 1 Nr. 5 oder 6 ausgeschlossen. Denn ein Ablehnungsrecht kann denklogisch überhaupt nur in den Fällen bestehen, in denen der Notar grundsätzlich nicht an der Mitwirkung gehindert ist, ein Mitwirkungsverbot also tatbestandlich nicht erfüllt ist. Daher ist die Mitgliedschaft des Notares in einem vertretungsberechtigten Organ nicht geeignet, ein Mitwirkungsverbot zu begründen, wenn es sich bei der vertretenen Person um eine Gemeinde, einen Kreis oder um eine als Körperschaft des öffentlichen Rechts anerkannte Religions- oder Weltanschauungsgemeinschaft oder einer als Körperschaft des öffentlichen Rechts anerkannte Teilorganisation einer solchen Gemeinschaft handelt. Dies ergibt sich ausdrücklich auch aus dem Wortlaut des Abs. 3 S. 2.

5. Abs. 1 S. 1 Nr. 7. Das in der Praxis wohl wichtigste Mitwirkungsverbot fin- 36
det sich in Abs. 1 S. 1 Nr. 7. Es ist von seiner gesetzgeberischen Intention her besonders auf das Anwaltsnotariat zugeschnitten,[59] in seinem Anwendungsbereich jedoch nicht auf dieses beschränkt: Nach dem (etwas sperrigen) Wortlaut des Abs. 1 S. 1 Nr. 7 ist ein Notar dann an der Mitwirkung gehindert, wenn entweder er selbst, eine mit ihm nach Abs. 1 S. 1 Nr. 4 verbundene Person oder eine mit dieser im Sinne der Nr. 4 oder in einem verbundenen Unternehmen (§ 15 AktG) verbundene Person „außerhalb einer Amtstätigkeit" – gemeint ist: außerhalb einer notariellen Amtstätigkeit[60] – tätig war, und zwar unabhängig davon, ob die Tätigkeit noch andauert oder bereits abgeschlossen ist.[61]

a) **Persönlicher Anwendungsbereich.** Sind die ersten beiden Varianten der 37
Norm aus ihrem Wortlaut heraus noch gut verständlich, so ist die Verständlichkeit der dritten, auf § 15 AktG verweisenden Variante aus sich heraus kaum möglich. Allerdings erschließt sich ihr Sinn zweifelsfrei aus der Gesetzeshistorie. Die Norm wurde zeitgleich mit der Aufhebung des Verbots der sog. „Sternsozietät" eingeführt, die früher Rechtsanwälten verbot, mehreren Sozietäten anzugehören.[62] Ein Mitwirkungsverbot wird durch die dritte Alternative des Abs. 1 S. 1 Nr. 7 daher auch dann begründet, wenn die vorbefasste Person nicht mit dem Notar selbst, sondern nur mit der nach Abs. 1 S. 1 Nr. 4 mit dem Notar verbundenen Person wiederum iSd Nr. 4 beruflich verbunden ist.[63] Die drit-

59 Vgl. *Eylmann* NJW 1998, 2929.
60 BGH DNotZ 2013, 310 (311).
61 BT-Drs. 13/4184, 36; *Mihm* DNotZ 1999, 8 (17); BGH DNotZ 2013, 310 (311).
62 BT-Drs. 16/6634, 54; *Harders* DNotZ 2008, 957 (958).
63 BT-Drs. 16/6634, 54 spricht insoweit von „Anwaltskonzernen".

te Alternative des Abs. 1 S. 1 Nr. 7 umfasst mit anderen Worten auch die Vorbefassung über eine bloß mittelbare berufliche Verbindung, aufgrund der gebotenen verfassungskonformen Auslegung des Mitwirkungsverbotes allerdings nur bis zur 1. Stufe: Ist der noch einer 2. Sozietät angehörende Sozius des Notars über einen Sozius der 2. Sozietät wiederum mit einer 3. Sozietät beruflich verbunden, so besteht zu den Sozien dieser 3. Sozietät wiederum kein derart großes Näheverhältnis, dass hieraus eine Gefahr für die notarielle Unabhängigkeit und Unparteilichkeit und damit ein Mitwirkungsverbot nach Abs. 1 S. 1 Nr. 7 zu bejahen sein könnte.[64]

38 Wie sich darüber hinaus schon aus dem Wortlaut der Norm ergibt, vermag nur die Vorbefassung des Notars selbst oder einer mit ihm nach Abs. 1 S. 1 Nr. 4 beruflich verbundenen Person ein Mitwirkungsverbot nach Abs. 1 S. 1 Nr. 7 zu begründen. Eine Vorbefassung einer mit dem Notar nach Abs. 1 S. 1 Nr. 2, 2a oder 3 familiär verbundenen Person dagegen ist im Umkehrschluss kein Grund für ein Mitwirkungsverbot nach Abs. 1 S. 1 Nr. 7.

39 Eine Vorbefassung nach Abs. 1 S. 1 Nr. 7 liegt ferner in den Fällen vor, in denen der Notar oder eine mit ihm nach Nr. 4 beruflich verbundene Person bereits als Partei kraft Amtes tätig war, etwa als Testamentsvollstrecker oder Insolvenzverwalter. Denn bei solchen Tätigkeiten handelt es sich aufgrund der ihnen innewohnenden Fremdnützigkeit zum einen schon dem Wortlaut nach nicht um eigene Angelegenheiten des Notars iSd Abs. 1 S. 1 Nr. 1.[65] Zum anderen handelt es bei einer Partei kraft Amtes auch nicht um einen Vertreter, mithin auch nicht um einen gesetzlichen Vertreter iSd Nr. 5, so dass nur das Mitwirkungsverbot des Nr. 7 einschlägig sein kann. Allein schon deshalb ist das Vorbefassungsverbot nach Nr. 7 entgegen einer weit verbreiteten Ansicht[66] auch für den Bereich des Nur-Notariates von hoher Bedeutung. Hierfür spricht im Übrigen auch der Wortlaut des Abs. 1 S. 2, der gerade nicht nach der Notariatsform iSd § 3 BNotO differenziert.

40 **b) Sachlicher Anwendungsbereich. aa) Der Begriff der „Tätigkeit“.** Erfasst ist von dem Vorbefassungsverbot nach Abs. 1 S. 1 Nr. 7 nicht jede Tätigkeit der genannten Personen außerhalb der notariellen Amtstätigkeit, sondern nur jede Tätigkeit „für einen anderen“, dh eine Tätigkeit, die in Wahrnehmung fremder Interesse erfolgt. Aufgrund der verfassungskonformen engen Auslegung der Norm wird dabei wiederum nicht jede Tätigkeit schlechthin in Betracht kommen. Erforderlich ist vielmehr, dass die Tätigkeit nicht nur im fremden Interesse wahrgenommen wird, sondern auch schon ihrem Wesen nach geeignet ist, den Anschein einer Parteilichkeit oder Abhängigkeit des Notars zu begründen. Daher vermag etwa eine außerberufliche, rein private oder ehrenamtliche Tätigkeit eine Vorbefassung nach Abs. 1 S. 1 Nr. 7 nicht zu begründen,[67] da die insoweit bestehenden Bindungen in der Regel nicht stark genug sind, um auch in relevanter Weise auf die berufliche Sphäre durchzuschlagen. Auch eine bloße Bevollmächtigung des Notars stellt schon begrifflich keine Tätigkeit iSd Abs. 1 S. 1 Nr. 7 dar, wie sich im Übrigen auch im Umkehrschluss zu Abs. 1 S. 1 Nr. 8 ergibt.

41 Der Begriff der Tätigkeit setzt jedoch nicht voraus, dass eine Tätigkeit nach außen entfaltet wurde. Denn das Vorbefassungsverbot will nicht nur den An-

64 So auch *Winkler* BeurkG § 3 Rn. 101a.
65 OLG Düsseldorf DNotZ 1989, 638 (639); *Harborth/Lau* DNotZ 2002, 412 (414).
66 Vgl. statt vieler *Heller/Vollrath* MittBayNot 1998, 322 (325); *Hermanns* MittRhNotK 1998, 359 (361).
67 Dahin gehend auch Mihm DNotZ 1999, 8 (17); aA Eylmann NJW 1998, 2929 (2931).

schein der Parteilichkeit oder Abhängigkeit schützen, sondern – wie jedes der Mitwirkungsverbote – auch tatsächlich gewährleisten. Daher fallen etwa auch rein kanzleiinterne Vorgänge unter den Begriff der Tätigkeit iSd Abs. 1 S. 1 Nr. 7.[68]

Ferner sind die Fälle, in denen der Notar amtlich vorbefasst ist, von dem Mitwirkungsverbot des Abs. 1 S. 1 Nr. 7 stets ausgenommen.[69] Der in Abs. 1 S. 1 Nr. 7 verwandte Begriff der Amtstätigkeit ist dabei weit, dh iSd §§ 20 ff. BNotO zu verstehen. Insbesondere durch den breit gefassten § 24 BNotO unterfallen damit auch Tätigkeiten des Notars als Mediator oder Schlichter nicht dem Vorbefassungsverbot, wie im Übrigen auch aus der Vorschrift des § 126 Abs. 1 GNotKG deutlich wird, die diese Tätigkeiten zu den öffentlich-rechtlichen Amtstätigkeiten des Notars zählt. Daher darf ein Notar etwa auch einen von ihm vermittelten Vergleich notariell beurkunden, ohne hierbei einem Mitwirkungsverbot nach Abs. 1 S. 1 Nr. 7 zu unterliegen.[70] Dasselbe gilt für die Vollstreckbarkeitserklärung eines von dem Notar getroffenen Schiedsspruchs.[71] Vor dem Hintergrund der Vermutungsregel des § 24 Abs. 2 S. 2 BNotO wird jedoch gerade der Anwaltsnotar guttun, bei diesen Tätigkeiten von Anfang an gegenüber allen Beteiligten klarzustellen, dass er als Notar und nicht als Rechtsanwalt tätig wird.[72] 42

bb) „dieselbe" Angelegenheit. Im Zentrum des Vorbefassungsverbotes nach Abs. 1 S. 1 Nr. 7 steht – wie auch bei den anderen Mitwirkungsverboten nach Abs. 1 S. 1 Nr. 1–9 – der Begriff der „Angelegenheit", hinsichtlich dem daher auf die vorstehenden allgemeinen Ausführungen verwiesen werden kann. Nr. 7 jedoch modifiziert den Begriff der Angelegenheit allerdings noch dahin gehend, dass es sich um eine Befassung mit „derselben" Angelegenheit handeln muss, wegen der auch die relevante Vorbefassung besteht. Was „dieselbe" Angelegenheit bedeutet, ist wiederum im Einzelfall anhand des Maßes der Betroffenheit der notariellen Unparteilichkeit oder Unabhängigkeit zu bestimmen. 43

Eine Vorbefassung durch „dieselbe" Angelegenheit liegt daher dann vor, wenn durch die notarielle Amtshandlung dieselben „Rechte, Pflichten oder Verbindlichkeiten einer Person" betroffen werden, die bereits Gegenstand einer Vorbefassung waren.[73] Daher genügt es für das Vorliegen einer relevanten Angelegenheit iSd Abs. 1 S. 1 Nr. 7 nicht, dass einfach nur rechtliche Aspekte betroffen sind, die auf demselben Lebenssachverhalt beruhen oder gar nur derselbe Gegenstand betroffen ist, wie etwa bei dem Erwerb eines Grundstückes und dem darauffolgenden Verkauf an einen Dritten.[74] Vielmehr ist auch erforderlich, dass der Lebenssachverhalt auch gerade denselben rechtlichen Aspekt im engeren Sinne betrifft, der auch Gegenstand der Vorbefassung war. Daher darf etwa ein Anwaltsnotar, der die Ehefrau in einem Scheidungsverfahren vertreten hat, das nur die Mieteinnahmen aus einer gemeinsamen Immobilie der Eheleute betraf, später den Verkauf derselben Immobilie beurkunden.[75] Denn die Mieteinnahmen und der Verkauf des Gegenstandes bilden aufgrund ihres unterschiedli- 44

68 *Winkler* BeurkG § 3 Rn. 113.
69 BGH DNotZ 2013, 310 (311).
70 *Meyer/Schmitz-Vornmoor* DNotZ 2012, 895 (904, 910).
71 *Armbrüster/Greis* DNotZ 2016, 818 (818 ff., 831).
72 Vgl. hierzu iÜ auch I.3. der Rechtlinienempfehlung der BNotK DNotZ 1999, 258 (259).
73 *Winkler* BeurkG § 3 Rn. 114.
74 *Armrbüster/Leske* DNotZ 2013, 314 (316 f.); dahin gehend auch OLG Celle 8.2.2011 – Not 23/10 – BeckRS 2013, 1126; tendenziell strenger jedoch BGH DNotZ 2013, 310 (311 f.); *Armbrüster/Leske* ZNotP 2002, 450 (455).
75 OLG Schleswig NJW 2007, 3651 (3652).

chen rechtlichen Charakters nicht „dieselbe" Angelegenheit iSd Abs. 1 S. 1 Nr. 7.

45 Nach richtiger Auffassung darf daher auch ein Notar grundsätzlich die Hauptversammlung einer Gesellschaft beurkunden, die von einem seiner Sozien steuerlich beraten wird.[76] Auch das Bestehen von Dauermandaten der Sozietät zu einem Beteiligten stellt für sich genommen noch keine relevante Vorbefassung dar.[77] Denn entscheidend ist nicht der Umfang oder die Intensität der Vorbefassung, sondern der Umstand, ob das Mandat sich gerade auch auf einen rechtlichen Aspekt bezieht, der Gegenstand der notariellen Amtshandlung ist. Berät daher etwa ein Sozius einen Beteiligten nur steuerlich, so ist eine notarielle Amtshandlung, die keine steuerlichen Implikationen hat und damit auch keiner steuerlichen Beratung bedarf, von dem Mitwirkungsverbot nach Abs. 1 S. 1 Nr. 7 nicht betroffen.[78] Dasselbe gilt, wenn die Beratung im Vorfeld nur allgemein gehalten wurde und sich gerade nicht auf das konkrete Geschäft bezog, das sodann den Gegenstand der notariellen Amtshandlung bildet.[79]

46 Ebenso ist „dieselbe" Angelegenheit dann nicht betroffen, wenn die Tätigkeit, die Gegenstand der Vorbefassung war, eine völlig andere Zielrichtung als die notarielle Amtshandlung hatte. Daher darf etwa ein Notar, dessen Sozius eine GmbH bei der Anstellung und Bestellung eines Geschäftsführers beraten hat, ohne Weiteres die Belehrung des Geschäftsführers nach § 8 Abs. 3 GmbHG vornehmen. Denn die Bestellung des Geschäftsführers durch die GmbH und dessen Belehrung über seine unbeschränkte Auskunftspflicht haben allein schon deswegen nicht dieselbe Zielrichtung, weil die notarielle Belehrung nicht der Wahrnehmung privater Interessen, sondern dem öffentlichen Interesse der Vermeidung von unwirksamen Eintragungen dient. Hieran ändert nichts, dass die Belehrung den Geschäftsführer ggf. vor einer Strafbarkeit nach § 82 Abs. 1 Nr. 5 GmbHG zu schützen in der Lage ist. Weil Anmeldender der Bestellung gerade nicht der Geschäftsführer persönlich, sondern die Gesellschaft ist, die durch den Geschäftsführer lediglich vertreten wird (§ 78 GmbHG), handelt es sich bei dieser Schutzwirkung lediglich um einen Rechtsreflex, der die unterschiedlichen Zielrichtungen von Bestellung und Belehrung nicht einzuebnen vermag.

47 **6. Der letzte Halbsatz des Abs. 1 S. 1 Nr. 7 („im Auftrag aller Personen").** Entscheidend eingeschränkt wird der Anwendungsbereich des Nr. 7 durch ihren letzten Halbsatz, dessen Anwendungsbereich in der Praxis ebenfalls kaum zu unterschätzen ist. Hätte der Gesetzgeber diesen letzten Halbsatz indes nicht eingefügt, wäre er aufgrund der Bedeutung des Art. 12 GG für die Auslegung der Mitwirkungsverbote in der Sache dennoch zwingend zu berücksichtigen, etwa über eine teleologische Reduktion. Daher kommt in dem letzten Halbsatz des Abs. 1 S. 1 Nr. 7 ein Rechtsprinzip zum Ausdruck, das verallgemeinerungsfähig ist und daher nicht nur für das Mitwirkungsverbot nach Nr. 7 gilt, sondern auch in alle anderen Mitwirkungsverbote hineinzulesen ist (→ Rn. 4):[80] Ein Mitwirkungsverbot kann dann nicht vorliegen, wenn im konkreten Fall selbst der Anschein einer Parteilichkeit oder Abhängigkeit nicht besteht.

48 Ein solcher Anschein besteht in den Fällen nicht, in denen die Vorbefassung im Auftrag aller Personen erfolgt ist, die an der notariellen Amtshandlung beteiligt sein sollen. Dies umfasst nicht nur die Fälle, in denen überhaupt nur eine Per-

76 AA *Eylmann* NJW 1998, 2929 (2932).
77 AA *Vaasen/Starke* DNotZ 1998, 661 (671); *Mihm* DNotZ 1999, 8 (19); *Eylmann* NJW 1998, 2929 (2931).
78 In diese Richtung auch *Eylmann* NJW 1998, 2929 (2931).
79 *Armbrüster/Leske* DNotZ 2013, 314 (316).
80 In der Sache ebenso OLG Köln NJW 2005, 2092 (2093).

son beteiligt ist und damit das Fehlen einer Gefahr für notarielle Unabhängigkeit oder Unparteilichkeit trivial ist, etwa wenn der in einem zu beurkundenden Einzeltestament letztwillig verfügende Erblasser zuvor durch einen Sozius des Notars steuerlich beraten wurde oder alle beteiligten Gesellschaften zu demselben Konzern gehören und daher als einheitlicher Organismus, dh von ihren Interessen wie eine einzige Person zu betrachten sind. Umfasst sein können vielmehr auch Fälle, in denen mehrere Personen mit jeweils unterschiedlichen Interessen beteiligt sind.

Die dabei entscheidende Beurteilung, ob die Vorbefassung „im Auftrage aller Personen" erfolgte, ist daher nicht formell, etwa im Sinne des tatsächlichen Vorliegens einer formellen Auftragserteilung durch alle Beteiligten,[81] sondern selbst wiederum interessengerecht, nach dem Sinn und Zweck der Vorschrift zu beurteilen: Entscheidend ist, dass zwischen den Beteiligten kein Interessensgegensatz, sondern ein Interessensgleichlauf besteht, der auch schon im Rahmen der Vorbefassung zu Tage getreten und im Sinne eines allparteilichen Tätigwerdens gepflegt wurde.[82] Ein Tätigkwerden „im Auftrag aller Personen" liegt aufgrund der gleichgerichteten Interessen daher etwa auch vor, wenn die Vorbefassung nicht den Beteiligten, sondern seinen Rechtsvorgänger betraf und sodann nicht beim Rechtsnachfolger fortgesetzt wurde.[83] 49

Nicht erforderlich ist dagegen, dass die Interessen der Beteiligten im Rahmen der vorbefassenden Tätigkeit deckungsgleich waren. Denn eine solche Deckungsgleichheit wird auch für die notarielle Amtstätigkeit selbst nicht gefordert. Der Sinn und Zweck des letzten Halbsatzes besteht nicht darin, höhere Hürden für die Vorbefassung als für die notarielle Amtstätigkeit selbst zu setzen. Erforderlich ist vielmehr nur, dass die die Vorbefassung begründende Tätigkeit „im Auftrag aller Personen" und damit allparteilich, dh in ihrer Eigenart selbst „quasi-notariell" erfolgt ist. Eine klare Richtschnur für das Vorliegen eines solchen allparteilichen, quasi-notariellen Tätigwerdens im Rahmen einer Vorbefassung bieten dabei die Vorschriften der §§ 43a Abs. 4 BRAO, 3 BORA, 356 StGB, die insoweit auch auf nicht-anwaltliche Tätigkeiten sinngemäß herangezogen werden können: Sind diese Normen in Fällen der Beratung oder Betreuung mehrerer Personen tatbestandlich nicht verwirklicht, so erfolgte die Vorbefassung „im Auftrag aller Personen". 50

Aus dieser interessengerechten Auslegung der Norm ergibt sich ferner, dass nicht die formelle, sondern die materielle Beteiligung an der notariellen Amtshandlung ausschlagegebend ist, wie es im Übrigen auch bereits der für den § 3 prägenden Begriff der „Angelegenheit" erfordert (→ Rn. 90):[84] Beteiligt ist daher jene Person, deren Rechte oder Pflichten sowohl durch die Vorbefassungstätigkeit als auch durch die jeweilige notarielle Amtshandlung unmittelbar betroffen sind.[85] Die bloß formelle Beteiligung dagegen ist unerheblich, allein schon, weil sie durch die willkürliche Einschaltung von Vertretern der missbräuchlichen Umgehung Tür und Tor öffnen würde. Daher darf etwa ein Anwalt, der mit der Verhandlung über Verbindlichkeiten seines Mandanten betraut ist, nicht sodann als Notar ein Schuldanerkenntnis oder die Bestellung eines Grundpfandrechtes seines Mandanten beurkunden, da diese Rechtsgeschäfte zwar vordergründig nur die Pflichten seines Mandanten, als Kehrseite aber 51

81 *Harborth/Lau* DNotZ 2002, 412 (421 f.).
82 Dazu vgl. *Vaasen/Starke* DNotZ 1998, 661 (670 f.).
83 AA *Harborth/Lau* DNotZ 2002, 412 (421).
84 So iÜ auch *Armbrüster/Leske* ZNotP 2002, 46 (49); aA *Strunz* ZNotP 2002, 133 (134).
85 *Armbrüster/Leske* ZNotP 2002, 46 (49).

materiellrechtlich auch die Rechte des Gläubigers betreffen.[86] Etwas anderes gilt allerdings dann, wenn der Gläubiger an dem Beurkundungsverfahren rechtlich in keiner Weise beteiligt und insofern nur Empfänger einer beurkundeten Angebotserklärung des Schuldners ist. Denn in einem solchen Falle muss dem Gläubiger klar sein, dass der Notar wegen seines gesetzlichen Auftrages nach § 14 Abs. 1 S. 2 BNotO nur zur Wahrnehmung der Interessen seines Mandanten berufen ist (→ Rn. 18 ff.).

52 **7. Die Frage- und Vermerkpflicht nach Abs. 1 S. 2.** Nach Abs. 2 S. 2 hat der Notar vor einer Beurkundung die Frage nach eine Vorbefassung im Sinne der Abs. 1 S. 1 Nr. 7 sowie die Antwort der Beteiligten hierauf zu vermerken. Diese Fragepflicht gilt ausweislich ihres Wortlautes nur für Beurkundungen.[87] Auf andere Amtshandlungen als Beurkundungen iSd BeurkG ist sie nicht übertragbar, auch nicht über die in § 16 Abs. 1 BNotO angeordnete „entsprechende" Anwendung des § 3: Da auch § 16 Abs. 1 BNotO verfassungskonform und damit einschränkend auszulegen ist, kann eine Anwendung bloßer Formalien über die Norm nicht begründet werden (→ Rn. 4).[88]

53 Die Frage- und Vermerkspflicht gilt nur hinsichtlich der Anwesenden,[89] was sich allein schon daraus ergibt, dass auch die Antwort auf die Frage zu vermerken, dh als Teil der mit der Urkunde bezeugten Erklärungen in die Niederschrift aufzunehmen ist. Ausgenommen sind indes Anwesende, die zwar an der Beurkundung, nicht aber am Beurkundungsauftrag beteiligt sind. Daher trifft den Notar, der ein Tatsachenprotokoll über eine Hauptversammlung beurkundet, die Frage- und Vermerkpflicht nur im Hinblick auf das ihn beauftragende Gesellschaftsorgan, nicht aber auch gegenüber den anwesenden Gesellschaftern.[90] Dieses Ergebnis ist auch interessengerecht, weil die Beurkundung einer Gesellschafterversammlung keine persönliche Angelegenheit der Gesellschafter, sondern der Gesellschaft ist, ebenso wie eine Handelsregisteranmeldung nicht eine Angelegenheit des Anmeldenden, sondern der betroffenen Gesellschaft darstellt (→ Rn. 45).[91]

54 Die Vorbefassungsfrage ist zwar vor der Beurkundung zu stellen. Dies bedeutet jedoch nicht, dass sie auch im Urkundeneingang zu vermerken ist,[92] auch wenn dies im Regelfall zweckmäßig sein wird. Vielmehr genügt ein Vermerk an irgendeiner Stelle in der Urkunde.

55 Abs. 2 S. 2 ordnet ferner an, dass der Notar die Antwort der Beteiligten in der Urkunde zu vermerken hat. Hierbei ist keine ausführliche Dokumentation der vollständigen Antwort der Beteiligten erforderlich.[93] Weil der Notar die Mitwirkungsverbote gem. § 28 BNotO ohnehin in eigener Verantwortung zu prüfen hat und sich folglich allein durch die Antwort der Beteiligten auch nicht entlasten kann, wäre eine vollständige oder gar wortgetreue Dokumentation der Antwort eine sinnlose Formalie. Daher genügt die bloße Wiedergabe des Ergebnisses der Befragung. Liegt etwa ein Fall des letzten Halbsatzes des Abs. 1

86 Vgl. *Eylmann* NJW 1998, 2929 (2931).
87 Dh für Amtshandlungen nach §§ 8 ff., 36 ff. BeurkG.
88 *Bramring* NJW 2000, 3769; aA *Heller* MittBayNot 1998, 322 (325); *Eylmann* NJW 1998, 2929 (2931).
89 *Hermanns* MittRhNotK 1998, 359; *Armrüster/Leske* ZNotP 2001, 46 (50).
90 *Armbrüster/Leske* ZNotP 2002, 46 (50); aA *Harborth*/Lau DNotZ 2002, 412 (423).
91 AA *Harborth/Lau* DNotZ 2002, 412 (423).
92 AA *Winkler* BeurkG § 3 Rn. 141.
93 Dahin gehend aber *Winkler* BeurkG § 3 Rn. 139; aA *Wagner* DnotI-Rep. 1998, 184.

S. 1 Nr. 7 vor, so muss die zulässige Vorbefassung nicht dargelegt werden; es genügt vielmehr auch hier die Wiedergabe des bloßen Ergebnisses der Befragung in Gestalt einer einfachen Verneinung der Vorbefassungsfrage.

Weil das Vorbefassungsverbot nach Abs. 1 S. 1 Nr. 7 auch im Bereich des Nur-Notariats anwendbar ist (→ Rn. 39), gilt die Frage- und Vermerkpflicht nach Abs. 1 S. 2 ohne jede Differenzierung nach der Notariatsform iSd § 3 BNotO,[94] wie im Übrigen auch schon anhand des Wortlautes deutlich wird. Auch der Nur-Notar ist daher verpflichtet, vor jeder Beurkundung nach einer Vorbefassung iSd Abs. 1 S. 1 Nr. 7 zu fragen und die Antwort hierauf in seiner Urkunde zu vermerken. Allerdings berührt eine Verletzung der Frage- und Vermerkpflicht – wie auch schon ein Verstoß gegen ein Mitwirkungsverbot nach § 3 selbst – die Wirksamkeit der Amtshandlung nicht.[95] 56

8. Abs. 1 S. 1 Nr. 8. Das Mitwirkungsverbot nach Abs. 1 S. 1 Nr. 8 ist mit jenem nach Abs. 1 S. 1 Nr. 7 eng verwandt. Während Abs. 1 S. 1 Nr. 7 auf eine außernotarielle „Tätigkeit“ des Notars oder einer mit ihm iSd Abs. 1 S. 1 Nr. 4 beruflich verbundenen Person abstellt, genügt für das Mitwirkungsverbot nach Abs. 1 S. 1 Nr. 8 schon das bloße Bestehen einer Bevollmächtigung oder eines ständigen Dienst- oder ähnlichen ständigen Geschäftsverhältnisses zu der Person, deren Angelegenheit durch die notarielle Amtshandlung betroffen ist. Abs. 1 S. 1 Nr. 8 enthält damit zwei verschiedene Tatbestände, die jeweils geeignet sind, ein Mitwirkungsverbot zu begründen: Die Bevollmächtigung in derselben Angelegenheit oder das Bestehen eines ständigen Dienst- oder ähnlichen ständigen Geschäftsverhältnisses. 57

Der Begriff der Bevollmächtigung iSd Abs. 1 S. 1 Nr. 8 umfasst nur die gewillkürte Vertretung, dh die rechtsgeschäftliche Bevollmächtigung. Gesetzliche Vertretungen dagegen unterfallen nur dem Abs. 1 S. 1 Nr. 5. Das Mitwirkungsverbot nach Abs. 1 S. 1 Nr. 8 Alt. 1 besteht ferner nur insoweit, wie auch der amtierende Notar selbst bevollmächtigt ist, da Abs. 1 S. 1 Nr. 8 Alt. 1 anders als die Alt. 2 die mit dem Notar iSd Abs. 1 S. 1 Nr. 4 beruflich verbundenen Personen nicht nennt. Eine Bevollmächtigung einer anderen Person als den amtierenden Notar, insbesondere also eine Bevollmächtigung eines Sozius oder einer Sozietät, vermag daher ein Mitwirkungsverbot nach Nr. 8 nicht zu begründen.[96] Eine Bevollmächtigung iSd Abs. 1 S. 1 Nr. 8 liegt ferner nicht vor, soweit die Vollmacht in Ausübung der notariellen Amtstätigkeit erfolgt ist, etwa in Gestalt von Vollzugs-, Abwicklungs- oder Durchführungsvollmachten (→ Rn. 11). 58

Ein ständiges Dienst- oder ähnlichen ständiges Geschäftsverhältnis iSd Abs. 1 S. 1 Nr. 8 Alt. 2 wiederum liegt vor, wenn eine derart enge rechtliche oder wirtschaftliche Bindung des Notars oder eine mit ihm iSd Abs. 1 S. 1 Nr. 4 beruflich verbundenen Person besteht, dass der Anschein der Abhängigkeit oder Parteilichkeit aufkommt. Dies ist nicht nur erst beim Vorliegen eines zivilrechtlichen Dienstvertrages mit finanzieller Vergütung, sondern auch schon bei ähnlichen faktischen Abhängigkeitsverhältnissen der Fall, die auf das Bestehen eines „Hausnotariates“ hindeuten.[97] Die Mitgliedschaft des Notars in einem Auf- 59

94 So auch *Maaß* ZNotP 1999, 178 (179); unentschieden *Armbrüster/Leske* ZNotP 2002, 46 (50); aA *Heller/Vollrath* MittBayNot 1998, 322 (326); *Hermanns* MittRhNotK 1998, 359 (361).

95 Ausführlich *Winkler* BeurkG § 3 Rn. 144 f.

96 Dahinghend auch BGH NJW 1985, 2027; aA (jedoch gegen den Wortlaut) Grziwotz/Heinemann/*Grziwotz* BeurkG § 3 Rn. 60.

97 *Winkler* BeurkG § 3 Rn. 157; Armbrüster/Preuß/Renner/*Armbrüster* BeurkG § 3 Rn. 103.

sichtsrat oder anderer nach Abs. 3 privilegierter Organe dagegen genügt für die Begründung eines Mitwirkungsverbotes nach Abs. 1 S. 1 Nr. 8 nicht.

60 Die Mitwirkungsverbote des Abs. 1 S. 1 Nr. 8 stellen damit anders jenes nach Abs. 1 S. 1 Nr. 7 nicht auf ein konkretes Tätigwerden, sondern schon auf das bloß Bestehen eines potenziellen Abhängigkeits- oder Parteilichkeitsverhältnis ab: Besteht eine Bevollmächtigung, wird man typischerweise davon ausgehen dürfen, dass jedenfalls in derselben Angelegenheit eine Parteilichkeit des Bevollmächtigten zugunsten des Vollmachtgebers besteht. Noch weitreichender besteht eine Gefahr in Fällen ständiger Dienst- oder ähnlicher ständiger Geschäftsverhältnisse, weshalb für diese Variante des Abs. 1 S. 1 Nr. 8 es auch im Gegensatz zu der Variante der Bevollmächtigung nicht darauf ankommt, ob das Verhältnis „dieselbe Angelegenheit" betrifft. Dies deckt sich im Übrigen auch systematisch mit den Fällen gesetzlicher Vertretungen nach Abs. 1 S. 1 Nr. 4, in denen das Näheverhältnis typischerweise näher als in Fällen gewillkürter Vertretungen ausfällt und die daher auch dann ein Mitwirkungsverbot begründen, wenn sich das Vertretungsverhältnis nicht auf dieselbe Angelegenheit bezieht.

61 Besteht die Bevollmächtigung oder das ständige Dienst- oder ähnliche ständige Geschäftsverhältnis noch nicht oder nicht mehr, scheidet ein Mitwirkungsverbot nach Abs. 1 S. 1 Nr. 8 aus, wie sich nicht nur aus dem Wortlaut, sondern auch aus einem Umkehrschluss zu Abs. 2 S. 1 ergibt. Damit kann insbesondere durch eine Ersatzbevollmächtigung des Notars oder einer mit ihm iSd Abs. 1 S. 1 Nr. 4 beruflich verbundenen Person der Anwendungsbereich des Mitwirkungsverbotes ausgeschlossen werden.[98]

62 Aus der engen Verwandtschaft des Abs. 1 S. 1 Nr. 8 zu dem Mitwirkungsverbot nach Abs. 1 S. 1 Nr. 7 ergibt sich, dass der letzte Halbsatz des Abs. 1 S. 1 Nr. 7 auch auf das Mitwirkungsverbot nach Nr. 8 entsprechend anzuwenden ist (→ Rn. 47). Besteht die Bevollmächtigung oder das ständige Dienst- oder ähnliche ständige Geschäftsverhältnis gleichermaßen zu allen Personen, die an der Beurkundung beteiligt sein sollen, ist eine Mitwirkung des Notars möglich.

63 **9. Abs. 1 S. 1 Nr. 9.** Einen besonderen Fall der Betroffenheit eigener Interessen des Notars regelt Abs. 1 S. 1 Nr. 9, weshalb die Norm systematisch besser als Nr. 1a hätte eingefügt werden sollen. Nach Abs. 1 S. 1 Nr. 9 ist der Notar an der Mitwirkung gehindert bei Angelegenheiten einer Gesellschaft, an der er mit mehr als fünf vom Hundert der Stimmrechte oder mit einem anteiligen Betrag des Haftkapitals von mehr als 2.500 EUR beteiligt ist. Anknüpfungspunkt des Mitwirkungsverbotes ist somit die – mittelbare – Betroffenheit eigener Rechte und Interessen des Notars, aus der der Anschein einer Parteilichkeit oder Abhängigkeit zu resultieren vermag.

64 Der Wortlaut des Abs. 1 S. 1 Nr. 9 differenziert nicht nach der Form der Gesellschaft. Daher ist die Norm nach richtiger Auffassung auf jede Gesellschaftsform, insbesondere also nicht nur auf Kapitalgesellschaften, sondern auch auf Personengesellschaften anzuwenden: Abs. 1 S. 1 Nr. 9 geht dem Mitwirkungsverbot nach Abs. 1 S. 1 Nr. 1 insoweit als Spezialvorschrift vor,[99] weshalb auch Beteiligungen eines Notars an Personengesellschaften nur unter den zusätzlichen Voraussetzungen des Abs. 1 S. 1 Nr. 9, dh bei Erreichen einer gewissen Erheblichkeitsschwelle ein Mitwirkungsverbot zu begründen vermögen. Dieses

98 *Keidel* DNotZ 1956, 105 (106 f.).

99 AA *Winkler* BeurkG § 3 Rn. 164 unter Verweis auf die Gesetzesbegründung (die allerdings noch vor der allgemeinen Anerkennung der umfassenden Rechtsfähigkeit von Personengesellschaften erfolgte und daher unter Vorbehalt betrachtet werden sollte).

Ergebnis ist interessengerecht, weil unabhängig von der Gesellschaftsform bei kleineren Beteiligungen des Notars das bestehende Eigeninteresse nicht hinreichend stark ausgeprägt ist: Es kann schon dem Anschein nach nicht davon ausgegangen werden, dass ein Notar in seiner Amtsausübung parteilich oder abhängig agiert, nur weil er an einer Gesellschaft, deren Angelegenheit betroffen ist, in kleinem Umfang selbst beteiligt ist. Dass der Gesetzgeber hingegen bei Erlass des Abs. 1 S. 1 Nr. 9 davon ausgegangen war, dass jede Beteiligung an Personengesellschaften unabhängig von ihrem Umfang stets unter Abs. 1 S. 1 Nr. 1 fällt,[100] ist unerheblich, weil nur der Gesetzestext, nicht aber der gesetzgeberische Wille verbindlich ist.

Abs. 1 S. 1 Nr. 9 erfasst zunächst die Beteiligung durch das Bestehen von Stimmrechten. Die Bestimmung, ob und in welchem Umfang Stimmrechte des Notars bestehen, mag auf den ersten Blick einfach sein, kann jedoch im Einzelfall auch erhebliche Schwierigkeiten bereiten, etwa beim Bestehen von Stimmbindungsvereinbarungen. Da dieser ein Mitwirkungsverbot auslösende Tatbestand jedoch anders als der Tatbestand der Beteiligung am Haftkapital erkennbar nicht auf ein finanzielles Interesse, sondern auf eine Einflussmöglichkeit des Notars auf die Willensbildung der Gesellschaft abstellt, ist es gerade auch in Anbetracht der gebotenen engen Auslegung der Norm interessengerecht, ein „Bestehen" von Stimmrechten nur dann anzunehmen, wenn der Notar diese auch tatsächlich selbst frei ausüben kann. 65

Unklar hingegen ist, was der Gesetzgeber mit einer Beteiligung am „anteiligen Betrag des Haftkapitals" gemeint hat. Denn der Begriff des „Haftkapitals" wird im Gesetz nur im Hinblick auf die Kommanditgesellschaft sowie die Genossenschaft gebraucht und ist damit unzweifelhaft zu eng, um als präzise definierter juristischer Begriff verstanden zu werden.[101] Auch eine Beschränkung des Begriffes auf den Nominalwert der Beteiligung ist nicht interessengerecht, weil Nominalwert und Verkehrswert von Gesellschaftsbeteiligungen häufig eklatant auseinanderfallen, was der Gesetzgeber bei der Schaffung des Abs. 1 S. 1 Nr. 9 gerade berücksichtigen wollte.[102] Im Gegenteil wird man bei einer Auslegung des Begriffs des „Haftkapitals" mit dem Nominalbetrag einer Gesellschaftsbeteiligung zu dem Ergebnis kommen müssen, dass ein Notar selbst dann nicht von der Mitwirkung ausgeschlossen wäre, wenn die Gesellschaftsbeteiligung einen äußerst hohen Wert haben würde, mitunter nahezu sein ganzes Vermögen darstellt.[103] 66

Daher ist nach vorzugswürdiger Auffassung der Begriff des Haftkapitals interessensgerecht mit dem Wert der Einlage gleichzusetzen, der auf den gehaltenen Gesellschaftsanteil geleistet wurde: Das Haftkapital im Sinne des Abs. 1 S. 1 Nr. 9 ist jener Betrag, der der Gesellschaft als „haftendes" Kapital zur Verfügung steht, mithin der Wert der Einlage zum Zeitpunkt ihrer Erbringung. In die Betrachtung einzustellen ist damit nicht nur der Nennwert des Gesellschaftsanteiles, sondern insbesondere auch ein gezahltes Agio. Folglich sind auch nicht nur gesellschaftsrechtliche Beteiligungen im engeren Sinne, sondern auch Einlageleistungen in die Kapitalrücklage (§ 272 Abs. 2 HGB) mitwirkungsrelevante Beteiligungen am Haftkapital einer Gesellschaft. 67

Umfasst sind ebenso (allein schon zur Vermeidung von Umgehungen) mehrstufige Beteiligungsstrukturen, Beteiligungen über Unternehmensverträge sowie je- 68

100 BT-Drs. 13/11034, 39.
101 *Winkler* BeurkG § 3 Rn. 166.
102 BT-Drs. 13/10589, 39.
103 So aber i.E. *Winkler* BeurkG § 3 Rn. 166 f.; Grziwotz/Heinemann/*Grziwotz* BeurkG § 3 Rn. 62.

de sonstige Gestaltung, durch die wirtschaftlich eine Beteiligung an einer Gesellschaft oder deren Stimmrechte vermittelt werden.[104] In solchen Fällen ist der Wert des Haftkapitals für die Zwecke des Abs. 1 S. 1 Nr. 9 von unten nach oben zu kumulieren, jedoch nicht bis zur Konzernspitze, sondern nur bis zur Stufe der iSd Nr. 9 betroffenen Gesellschaft. Das Haftkapital, welches in der Hierarchie über der nach Abs. 1 S. 1 Nr. 9 betroffenen Gesellschaft steht, ist für die Wertbestimmung nicht heranzuziehen, da es von der Angelegenheit nicht betroffen ist.

V. Die Ablehnungsrechte nach Abs. 2 und 3

69 Anders als das allgemeine Ablehnungsrecht nach § 16 Abs. 2 BNotO, das nur dem Notar selbst zusteht und systematisch zuallererst als Durchbrechung des Urkundsgewähranspruchs nach § 15 Abs. 1 BNotO zu verstehen ist, enthalten die Abs. 2 und 3 nach der herrschenden Lesart Ablehnungsrechte,[105] die nur den Anwesenden, dh den formell Beteiligten selbst zustehen (→ Rn. 53). Dieses Ablehnungsrecht erscheint auf den ersten Blick verwunderlich, da es jedem Beteiligten ohnehin freisteht, bis zum Abschluss des Beurkundungsverfahrens den Notar jederzeit abzulehnen und die Beurkundung abzubrechen – und zwar auch ohne Vorliegen eines Grundes. Selbst wenn in Abs. 2 und 3 kein Recht der Beteiligten enthalten wäre, die Beurkundung bei dem Notar aus den dort genannten Gründen abzulehnen, stünden ihnen diese Rechte zu.

70 Wie sich hieraus ergibt, ist das Verständnis von den Abs. 2 und 3 als Ablehnungsrecht der Beteiligten verfehlt. Bei den „Ablehnungsrechten" nach Abs. 2 und 3 handelt es sich in Wirklichkeit nicht um eigenständige Rechtspositionen der Beteiligten. Vielmehr ist das dort erwähnte Ablehnungsrecht Teil der dort ebenfalls geregelten qualifizierten Belehrungspflicht des Notars.[106] Der Notar hat die Beteiligten nicht nur über die dort normierten Umstände aufzuklären. Er hat vielmehr – um die „Appellfunktion"[107] seiner Belehrung noch zu steigern und ihre Wichtigkeit zu verdeutlichen – die Beteiligten auch ausdrücklich zu fragen, ob er trotz der vorgetragenen Umstände die Amtshandlung vornehmen soll

71 Die Abs. 2 und 3 regeln mithin keine subjektiven Rechte der Beteiligten, sondern ausschließlich Belehrungs- und Vermerkpflichten des Notars. Abs. 2 S. 2 erfordert entsprechend auch ein Vermerk des Notars in der Urkunde nur darüber, dass die Belehrung sowie die Frage über sein weiteres Tätigwerden an die formell Beteiligten gerichtet wurde. Die Antwort der Beteiligten auf diese Frage dagegen muss nicht vermerkt werden, weil sie sich konkludent aus dem erkennbaren Fortgang der notariellen Amtshandlung ergibt.

72 Die einzelnen Tatbestände nach Abs. 2 und 3 sind mit den Mitwirkungsverboten nach Abs. 1, insbesondere den Nr. 5, 6, 8 in ihrer Begrifflichkeit eng verbunden, stehen zu diesen jedoch in einem wechselseitigen Ausschließlichkeitsverhältnis, wie schon der Abs. 3 S. 2 erkennen lässt: Ist tatbestandlich ein Mitwirkungsverbot nach Abs. 1 gegeben, kann keine Belehrungs- und Vermerkpflicht nach Abs. 2 und 3 vorliegen und umgekehrt.

---

104 *Winkler* BeurkG § 3 Rn. 168.

105 So etwa *Winkler* BeurkG § 3 Rn. 169 ff.; Armbrüster/Preuß/Renner/*Armbrüster* BeurkG § 3 Rn. 108 ff.; *Lerch* BeurkG § 3 Rn. 75 ff.

106 So auch Armbrüster/Preuß/Renner/*Armbrüster* BeurkG § 3 Rn. 110.

107 Zur Appell- und Kontrollfunktion der notariellen Frage- und Vermerkpflicht (allerdings im Hinblick auf Abs. 1 S. 2) vgl. *Hermanns* MittRhNotK 1998, 359 (360).

Hieraus ergibt sich insbesondere, dass die in Abs. 2 S. 1 normierte „Tätigkeit“ als Bevollmächtigter nur dann einschlägig sein kann, wenn der Anwendungsbereich des Abs. 1 Nr. 7 nicht eröffnet ist. Dies kann indes nur dann der Fall sein, wenn es sich bei der betroffenen Amtstätigkeit einerseits und der von der Bevollmächtigung umfassten Tätigkeit andererseits um verschiedene Angelegenheiten handelt. Ein Anwaltsnotar etwa muss daher vor einer Beurkundung darüber belehren, wenn er für einen der Beteiligten in einer anderen Sache einen Rechtsstreit führt, dh gegenwärtig aufgrund einer Prozessvollmacht tätig ist.[108] Wie sich jedoch aus dem Wortlaut des Abs. 2 S. 1 Var. 3 ergibt, besteht die Belehrungs- und Vermerkpflicht nur, wenn der Notar persönlich bevollmächtigt ist und auch nur solange die Bevollmächtigung noch besteht, dh das jeweilige Mandat noch nicht beendet ist. Ist dagegen nur ein Sozius des Notars oder die Sozietät insgesamt bevollmächtigt, ist die Belehrungs- und Vermerkpflicht nach Abs. 2 S. 1 nicht einschlägig. 73

§ 4 Ablehnung der Beurkundung

Der Notar soll die Beurkundung ablehnen, wenn sie mit seinen Amtspflichten nicht vereinbar wäre, insbesondere wenn seine Mitwirkung bei Handlungen verlangt wird, mit denen erkennbar unerlaubte oder unredliche Zwecke verfolgt werden.

Die Regelung des § 4 ist mit jener des § 14 Abs. 2 BNotO nahezu identisch: Während § 14 Abs. 2 BNotO bestimmt, dass der Notar *jede Amtstätigkeit* zu versagen „hat“, wenn sie mit seinen Amtspflichten nicht vereinbar wäre, insbesondere weil seine Mitwirkung an Handlungen verlangt wird, die erkennbar unerlaubte oder unredliche Zwecke verfolgen, regelt § 4 nur, dass der Notar unter diesen Voraussetzungen eine *Beurkundung* ablehnen „soll“. § 4 ist damit dem Wortlaut nach in seinem Anwendungsbereich enger als die Vorschrift des § 14 Abs. 2 BNotO, die nicht nur jede Amtstätigkeit und nicht nur Beurkundungen umfasst, sondern darüber hinaus dem Notar auch unzweifelhaft keinerlei Ermessensspielraum eröffnet: Ist eine notarielle Tätigkeit, einschließlich einer Beurkundung, amtspflichtwidrig, so „soll“ der Notar seine Mitwirkung nicht nur verweigern; er ist hierzu auf Grundlage des § 14 Abs. 2 BNotO vielmehr zwingend verpflichet. 1

Wie sich bereits aus diesem weitreichenderen Wortlaut des § 14 Abs. 2 BNotO ergibt, spielt die Vorschrift des § 4 (ähnlich wie schon jene des § 2; → § 2 Rn. 1) für den Notar praktisch keine Rolle und ist nur für die anderen Urkundspersonen iSd § 1 Abs. 2 von Bedeutung. Für ihre Auslegung kann auf die Kommentierung zu § 14 Abs. 2 BNotO verwiesen werden. 2

Dass § 4 seinem Wortlaut nach eine „Soll“-Vorschrift ist, zielt zuallererst auf die in „Soll“- und „Muss“-Vorschriften unterteilte Systematik des BeurkG ab: Wird eine Beurkundung vorgenommen, obwohl dies gegen § 4 verstößt, so wird die Wirksamkeit der Beurkundung sowie die Gültigkeit der Urkunde hierdurch nicht berührt (→ Vorbem. Rn. 13 ff.). Vielmehr resultieren aus einem Verstoß gegen § 4 allenfalls disziplinar- und haftungsrechtliche Folgen,[1] sofern der Verstoß nicht zugleich auch einen materiellrechtlichen Mangel darstellt, der die Nichtigkeit des Rechtsgeschäfts selbst bewirkt. Eine solche Nichtigkeitsfol- 3

108 *Lerch* BeurkG § 3 Rn. 77.
1 *Winkler* BeurkG § 4 Rn. 42.

ge ist daher mit anderen Worten kein Fall einer Formnichtigkeit, sondern betrifft allenfalls eine Fehleridentität. § 4 jedenfalls ist nicht nur schon für die Beurteilung der Wahrung des Beurkundungserfordernisses unerheblich, sondern auch kein Verbotsgesetz iSd § 134 BGB.

4 § 4 entfaltet damit keinerlei Bedeutung für die Beteiligten. Die Norm adressiert vielmehr ausschließlich den Pflichtenkreis der Urkundsperson und ist damit eigentlich keine Vorschrift des Verfahrensrechts, sondern des Berufs- und Dienstrechts. Daher gebietet nicht nur schon der Wortlaut, sondern auch die Systematik, dass jedenfalls für den Bereich der notariellen Beurkundung die Vorschrift des § 14 Abs. 2 BNotO der Regelung des § 4 vorgehen muss.

5 Ob die in § 4 nur als „Soll"-Vorschrift ausgestaltete Pflicht gegen ihren ausdrücklichen Wortlaut als ermessensfreie, abweichungsfeste Amtspflicht auszulegen ist,[2] erscheint bereits vor dem Hintergrund des Wortlautes des § 1 Abs. 2 fraglich. § 4 wird gem. § 1 Abs. 2 ohnehin immer nur „entsprechend" angewandt, was jeder Starrheit in der Auslegung der Norm schon prinzipiell entgegensteht. Im Gegenteil ist es grundsätzlich denkbar, dass etwa ein deutscher Konsularbeamter[3] an einer Beurkundung zur Begründung eines Rechtsgeschäfts mitwirken soll, das zwar nach deutschem Recht sitten- oder verbotsgesetzwidrig, aus Sicht der Rechtsordnung des Empfangsstaates jedoch rechtlich zulässig, ja darüber hinaus im Sinne einer Zusammenarbeit zwischen der Bundesrepublik Deutschland und dem Empfangsstaat mitunter sogar geboten ist. Daher ist in atypischen Ausnahmefällen eine Abweichung von § 4 durch andere Urkundspersonen als Notare grundsätzlich denkbar.

§ 5 Urkundensprache

(1) Urkunden werden in deutscher Sprache errichtet.

(2) [1]Der Notar kann auf Verlangen Urkunden auch in einer anderen Sprache errichten. [2]Er soll dem Verlangen nur entsprechen, wenn er der fremden Sprache hinreichend kundig ist.

I. Deutsch als Urkundensprache

1 Abs. 1 bestimmt, dass im Rahmen öffentlicher Beurkundungen iSd § 1 Abs. 1 errichtete Urkunden grundsätzlich in deutscher Sprache verfasst werden müssen. Die Norm bestätigt insofern, dass es sich bei öffentlichen Urkunden um Hoheitsakte der Bundesrepublik Deutschland handelt, die deshalb in ihrer Amtssprache erstellt werden müssen und steht somit im systematischen Zusammenhang mit den Vorschriften der § 184 S. 1 GVG, § 23 Abs. 1 VwVfG, die für die Ausübung der deutschen Hoheitsgewalt den zwingenden Gebrauch der deutschen Sprache vorsehen: So wie Gerichts- und Amtssprache deutsch ist, ist auch die Urkundssprache der Bundesrepublik Deutschland die deutsche Sprache.

2 Dies bedeutet jedoch nicht, dass auch das Beurkundungsverfahren in deutscher Sprache abgehalten werden muss. Anders als Gerichtsverfahren, die (jedenfalls außerhalb der Geltung der Dispositionsmaxime)[1] allein schon zur Wahrung des Öffentlichkeitsgrundsatzes gem. §§ 184 S. 1, 185 Abs. 1 S. 1 GVG zwingend in

2 So (jedoch im Hinblick auf den Notar, für den ohnehin der abweichungsfeste § 14 Abs. 2 BNotO gilt) *Reithmann* DNotZ 1970, 5 (19).

3 Vgl. § 10 Abs. 3 KonsG.

1 Vgl. *Ewer* NJW 2010, 1323.

deutscher Sprache abgehalten werden müssen, kann das Beurkundungsverfahren grundsätzlich in jeder beliebigen Sprache abgehalten werden, sofern diese nur von allen formell Beteiligten verstanden wird; lediglich die Niederschrift soll gem. Abs. 1 in deutscher Sprache erfolgen.[2] Ist ein formell Beteiligter der deutschen Sprache nicht hinreichend mächtig, so muss während der Niederschrift ein Dolmetscher hinzugezogen werden (§ 16).

II. Fremdsprachige Urkunden

In Ausnahme hiervon regelt Abs. 2 die Befugnis des Notars, nicht nur das Beurkundungsverfahren, sondern auch den Urkundstext selbst in einer fremden Sprache zu erreichten, sofern er dieser Fremdsprache hinreichend kundig ist und alle formell Beteiligten dies übereinstimmend verlangen. Ein sachlicher Grund oder ein funktionales Bedürfnis ist für die Wahl der fremden Urkundssprache indes nicht erforderlich; das bloße Verlangen der Beteiligten genügt.[3] 3

Ausweislich des Wortlautes des § 1 Abs. 2 ist diese Regelung nur für den Notar, nicht aber auch für andere Urkundspersonen anwendbar.[4] Gleichwohl regelt Abs. 2 nur eine Befugnis, nicht aber eine Pflicht des Notars: Errichtet der Notar eine Urkunde in einer anderen Sprache als der deutschen, so tut er dies stets freiwillig (§ 15 Abs. 1 S. 2 BNotO). 4

Wann ein Notar einer fremden Sprache hinreichend kundig, ist anhand des Maßstabes des § 17 Abs. 1 S. 1 zu beurteilen: Ein Notar ist dann einer fremden Sprache hinreichend kundig, wenn sein schriftlicher Ausdruck genügt, um die von den Beteiligten im Beurkundungsverfahren getätigten Erklärungen klar und unzweideutig wiederzugeben. Dies zu beurteilen ist vor allem Sache des Notars. Errichtet der Notar eine Urkunde in einer fremden Sprache, obwohl er dieser Sprache in Wirklichkeit nicht hinreichend kundig ist, berührt dies die Wirksamkeit der Urkunde nicht und zieht allenfalls berufs- und haftungsrechtliche Konsequenzen nach sich.[5] 5

Ist der Notar, nicht jedoch ein formell Beteiligter der fremden Urkundssprache hinreichend mächtig, so muss (sofern es sich um eine Beurkundung von Willenserklärungen nach §§ 8 ff. handelt) dem jeweiligen Beteiligten die Niederschrift anstelle des Vorlesens übersetzt, auf Verlangen sogar eine schriftliche Übersetzung angefertigt, zur Durchsicht vorgelegt und der Niederschrift beigefügt werden (§ 16 Abs. 2). Dies gilt selbst dann, wenn das Beurkundungsverfahren, dh die der Urkunde zugrundeliegenden Erklärungen der Beteiligten in einer anderen Sprache als die Urkundssprache abgehalten wurde und diese Sprache von allen Verfahrensbeteiligten verstanden wurde.[6] Etwas anderes gilt indes für Beurkundungen, die keine Verlesung (§ 13) erfordern, insbesondere also für Tatsachenprotokolle (§§ 36 ff.). Daher kann ein Notar das Protokoll einer in deutscher Sprache gehaltenen Hauptversammlung in englischer Sprache führen und umgekehrt.[7] 6

Dem Notar ist es gem. § 5 Abs. 2 ferner gestattet, die Urkunde in verschiedenen Sprachen zu errichten. Dies wird sich insbesondere dann anbieten, wenn die Urkunde verschiedene Erklärungen unterschiedlicher Beteiligter enthalten soll. Denn in einem solchen Fall kann die Erklärung jedes formell Beteiligten in einer 7

2 BeckOK BGB/*Litzenburger*, 56. Ed. 1.11.2020, BeurkG § 5 Rn. 1 f.
3 BT-Drs. V/3282, 28.
4 Vgl. jedoch § 10 Abs. 3 Nr. 1 KonsG.
5 BT-Drs. V/3282, 28.
6 BT-Drs. V/3282, 28.
7 Vgl. dazu DNotI-Report 2003, 81 (82).

ihm hinreichend vertrauten Sprache beurkundet werden.[8] Im Anwendungsbereich des § 13 ist in diesen Fällen allerdings zu beachten, dass die muss hinsichtlich jedes einzelnen Sprachteils inhaltlich geschlossen und abtrennbar sein muss, um jedem Erklärenden jeweils isoliert vorgelesen, von ihm genehmigt und unterschrieben werden zu können (§ 13). Ist dies nicht der Fall, etwa weil die Erklärungen sich inhaltlich aufeinander beziehen, muss trotz Vorliegens mehrerer fremdsprachiger Erklärungen in der Urkunde ein Dolmetscher hinzugezogen werden (§ 16).

8 Andere Sprachen iSd Abs. 2 sind nur fremde, dh tatsächlich existierende und zur Kommunikation zwischen Menschen bestimmte Sprachen, unabhängig davon, ob diese noch gesprochen werden oder bereits ausgestorben sind. Nicht unter den Anwendungsbereich des Abs. 2 fallen damit Phantasiesprachen oder sonstige Kommunikationsformen wie etwa Programmiersprachen. Da Sprache und Schrift zusammenhängen, umfasst Abs. 2 jedoch auch die Befugnis zur Verwendung anderer Schriftzeichen als der lateinischen,[9] sofern auch insoweit eine hinreichende Kundigkeit des Notars besteht.

9 Abs. 2 wird ergänzt durch die in § 50 geregelte Befugnis zur Erstellung beglaubigter Übersetzungen von Urkunden, die der Notar selbst errichtet hat. Hat der Notar daher in Übereinstimmung mit seiner Befugnis nach Abs. 2 eine fremdsprachige Urkunde errichtet, kann er für diese eine deutsche Übersetzung anfertigen, die volle Beweiskraft im Hinblick auf ihre Richtigkeit und Vollständigkeit entfaltet.[10]

Zweiter Abschnitt Beurkundung von Willenserklärungen

1. Ausschließung des Notars

§ 6 Ausschließungsgründe

(1) Die Beurkundung von Willenserklärungen ist unwirksam, wenn

1. der Notar selbst,

2. sein Ehegatte,

2a. sein Lebenspartner,

3. eine Person, die mit ihm in gerader Linie verwandt ist oder war,

oder

4. ein Vertreter, der für eine der in den Nummern 1 bis 3 bezeichneten Personen handelt,

an der Beurkundung beteiligt ist.

(2) An der Beurkundung beteiligt sind die Erschienenen, deren im eigenen oder fremden Namen abgegebene Erklärungen beurkundet werden sollen.

I. Grundlegung

1 Die Vorschrift steht an der Spitze des Abschnitts „Beurkundung von Willenserklärungen“ und regelt die Gründe für die Ausschließung des Notars. Der normative Kern der Vorschrift ist eine Selbstverständlichkeit: Der Notar, als unabhängiger Träger eines öffentlichen Amtes, darf nicht in eigener Sache beurkunden. Darin liegt das notarielle Korrelat der Regel *aliquis non debet esse iudex*

8 BT-Drs. V/3282, 28; *Wachter* NotBZ 2004, 41 (47).
9 *Winkler* DNotZ 1971, 140 (147).
10 LG Düsseldorf GmbHR 1990, 609 (610).

in propria causa, wie sie für den Zivilrichter in § 41 ZPO niedergelegt ist. Ein Verstoß gegen § 6 ist derart unverzeihlich, dass er die Unwirksamkeit der beurkundeten Willenserklärungen nach sich zieht. Im Übrigen ist die Beurkundung in eigener Sache ein gravierender Verstoß gegen notarielle Berufspflichten. In Übereinstimmung mit dem allgemeinen Gedanken, die Unwirksamkeitsgründe möglichst einzuschränken, ist die Vorschrift eng auszulegen.[1] Liegt ein Ausschließungsgrund nach § 6 vor, ist immer auch ein Mitwirkungsverbot nach § 3 gegeben; umgekehrt gilt das freilich nicht (→ § 3 Rn. 2).

II. Formeller Beteiligungsbegriff (Abs. 2)

2 Die Legaldefinition des Beteiligtenbegriffs in Abs. 2 der Vorschrift ist für das gesamte Beurkundungsgesetz von Bedeutung. Der Gesetzgeber schreibt eine formale Betrachtungsweise vor. Beteiligter ist danach nicht zwingend derjenige, den die Folgen der abgegebenen Erklärung treffen. Vielmehr ist entscheidend, wer die Erklärung tatsächlich abgibt. Dies kann nur derjenige sein, der in der Beurkundung erscheint, die notarielle Beratung erfährt, die Verlesung erlebt, die Urkunde unterschreibt und daher insgesamt „Erschienener" ist.

3 Hinter dieser Regelung steht einerseits der Gedanke der Rechtssicherheit: Der Kundige soll aus der Urkunde selbst entnehmen können, ob ein Ausschließungsgrund vorliegt oder nicht.[2] Andererseits geht es bei dem Beteiligtenbegriff um die effektive Wahrung der Formzwecke. Die Beurkundung ist eine soziale Zeremonie, die Legitimation durch Verfahren schafft. Die Rolle des Notars verwirklicht sich in der Belehrung der Erschienenen, wodurch diesen eine aufgeklärte Entscheidung ermöglicht und sie vor uninformierten, unüberlegten oder übereilten Entscheidungen geschützt werden.

III. Fallgruppen (Abs. 1 Nr. 1–4)

4 Abs. 1 Nr. 1 ordnet an, dass der Notar keine eigenen Willenserklärungen beurkunden kann. Begriffsjuristisch versteht sich das von selbst, weil es sich zwischen Notarfunktion und Beteiligung um eine Entweder-Oder-Beziehung handelt. Obschon der Notar an der Beurkundung teilnimmt, ist er nicht Beteiligter. Der Notar gibt selbst keine Erklärung ab, die beurkundet wird, sondern beurkundet die Erklärungen der Beteiligten. Die Eigenurkunde durchbricht diese Regel nicht, sondern bestätigt sie.[3] Schließlich berichtigt oder ergänzt der Notar hier lediglich eine von ihm selbst beurkundete Erklärung aufgrund Vollmacht im Namen eines Beteiligten.[4]

5 Der Interessenkonflikt bei der Beurkundung einer Willenserklärung des Ehegatten oder Lebenspartners ist so ausgeprägt, dass der Gesetzgeber in Abs. 1 Nr. 2 und Nr. 2a die Unwirksamkeit anordnet. Erforderlich ist, dass die Ehe bzw. Lebenspartnerschaft im Zeitpunkt der Beurkundung besteht. Eine noch nicht geschlossene Ehe ist ebenso unschädlich wie eine bereits geschiedene Ehe.[5] Dies ergibt sich aus einem Umkehrschluss zu § 6 Abs. 1 Nr. 3 sowie aus einem Vergleich mit § 7 Nr. 2, 2a. Die Regelung lässt sich auf unverheiratete Paare trotz

1 Zur Entwicklung s. BT-Drs. 5/3282, 29.
2 Ausdrücklich BT-Drs. 5/3282, 29. Der Gesetzgeber stellt jedoch selbst fest, dass die Ausschließungsgründe aus der Urkunde oft nicht ersichtlich sind, zum Beispiel weil die genannten Personen einen anderen Nachnamen als der Notar tragen.
3 *Lerch* BeurkG § 6 Rn. 6 hält die Eigenurkunde „streng genommen" für einen Fall des Abs. 1 Nr. 1; weiterführend Grziwotz/Heinemann/*Grziwotz* BeurkG § 6 Rn. 8.
4 BGHZ 78, 36.
5 BT-Drs. 5/3282, 29.

des ähnlich gelagerten Interessenkonflikts wegen des klaren Wortlauts sowie der einschneidenden Rechtsfolge nicht analog anwenden. Umgekehrt scheidet eine teleologische Reduktion für den Fall, dass die Voraussetzungen für die Scheidung der Ehe gegeben waren und der Erblasser die Scheidung beantragt oder ihr zugestimmt hatte, ebenfalls aus; es kommt insoweit allein auf § 1564 Abs. 1 S. 2 BGB an.

6 Der Begriff der Verwandtschaft ist zivilrechtsakzessorisch ausgestaltet und richtet sich nach § 1589 Abs. 1 S. 1 BGB. Im Unterschied zu Nr. 2 greift Nr. 3 auch dann, wenn die Verwandschaft im Zeitpunkt der Beurkundung nicht mehr besteht.

7 Während die vorstehenden Nummern sich auf die formell Beteiligten beschränken, erweitert die Regelung in Abs. 1 Nr. 4 den Personenkreis um Vertreter, die für eine der in Nr. 1–3 bezeichneten Personen handeln. Die Einschaltung eines Vertreters soll es nicht ermöglichen, die Unwirksamkeitsfolge zu umgehen. Schließlich kommt es für den Interessenkonflikt nicht darauf an, wer an der Beurkundung teilnimmt, sondern wen die Wirkungen der Erklärung treffen. Aus diesem Grund sind sämtliche Formen der Stellvertretung erfasst, das heißt auch Untervertretung, Anscheins- oder Duldungsvollmacht oder gar als Vertreter ohne Vertretungsmacht mit nachträglicher Genehmigung.[6] Auf Verwalter kraft Amtes, insbesondere Testamentsvollstrecker, ist die Vorschrift ebenso anwendbar.[7] Die „mittelbare Stellvertretung“ ist hingegen nicht erfasst.

§ 7 Beurkundungen zugunsten des Notars oder seiner Angehörigen

Die Beurkundung von Willenserklärungen ist insoweit unwirksam, als diese darauf gerichtet sind,

1. **dem Notar,**
2. **seinem Ehegatten oder früheren Ehegatten,**
2a. **seinem Lebenspartner oder früheren Lebenspartner oder**
3. **einer Person, die mit ihm in gerader Linie verwandt oder verschwägert oder in der Seitenlinie bis zum dritten Grade verwandt oder bis zum zweiten Grade verschwägert ist oder war,**

einen rechtlichen Vorteil zu verschaffen.

I. Grundlegung

1 Sinn und Zweck der Regelung ist es, das Ansehen des Notarstandes zu wahren und eine Übervorteilung Beteiligter zu verhindern.[1] Während § 6 als Rechtsfolge die Unwirksamkeit des gesamten Rechtsgeschäfts begründet, ist die Beurkundung von Willenserklärungen nach § 7 nur „insoweit“ unwirksam, als sie dem Notar oder einem nahen Angehörigen einen rechtlichen Vorteil verschafft. Der erfasste Personenkreis ist weiter als derjenige in § 6. So sind etwa ausdrücklich auch frühere Ehegatten oder Lebenspartner umfasst und die Gruppe der Verwandten ist größer. Für die Bestimmung der Verwandtschaft greift § 1589 Abs. 1 BGB, für die der Schwägerschaft § 1590 BGB ein.

---

6 Ebenso Grziwotz/Heinemann/*Grziwotz* BeurkG § 6 Rn. 8; *Winkler* BeurkG § 6 Rn. 21; anders aber *Lerch* BeurkG § 6 Rn. 12 sowie Armbrüster/Preuß/Renner/*Armbrüster* BeurkG § 6 Rn. 14.

7 *Winkler* BeurkG § 6 Rn. 31; *Lerch* BeurkG § 6 Rn. 12; Grziwotz/Heinemann/*Grziwotz* BeurkG § 6 Rn. 8.

1 BT-Drs. 5/3282, 29.

II. Vermeidung von Interessenkonflikten

Der Zweck der Vorschrift wird erreicht, wenn Interessenkonflikte umfassend vermieden werden. Erfasst werden daher sämtliche Rechtsgeschäfte, die ihrem Inhalt nach darauf gerichtet sind, einen rechtlichen Vorteil zu verschaffen. Neben der Beurkundung von Willenserklärungen ist die Vorschrift auch auf die Abnahme von Eiden und die Aufnahme von eidesstattlichen Versicherungen anwendbar.[2] 2

Ein rechtlicher Vorteil ist jede Verbesserung der Rechtsposition durch die Einräumung vorher nicht bestehender Rechte oder die Verminderung bestehender Verpflichtungen.[3] Der rechtliche Vorteil muss sich unmittelbar aus der in der Urkunde niedergelegten Willenserklärung ergeben und nicht erst als deren Folge eintreten.[4] Es kommt nicht darauf an, ob der rechtliche Vorteil für den Notar mit einer wirtschaftlichen Besserstellung verbunden ist oder keine Auswirkungen auf sein Vermögen hat.[5] Ob eine Erklärung darauf gerichtet ist, einen Vorteil zu verschaffen, ist eine objektive Frage; eine subjektive Vorteilsverschaffungsabsicht ist nicht erforderlich.[6] 3

Die Auslegungsmaßstäbe der Rechtsprechung sind streng.[7] Insbesondere sollte ein Notar kein Testament beurkunden, in dem er selbst zum Testamentsvollstrecker benannt wird. Dies ergibt sich aus § 27, der auf § 7 verweist (→ § 27 Rn. 11 ff.). Diese Regelungssystematik sollte nicht über ein separates handschriftliches Testament ausgehebelt werden, welches die Einsetzung des Notars zum Testamentsvollstrecker vorsieht.[8] Ebenfalls gefährlich ist es, einen Sozius des Notars zum Testamentsvollstrecker einzusetzen.[9] Auch darf das Testament keine Regelung enthalten, wonach der Notar die Person des Testamentsvollstreckers bestimmen soll.[10] Schließlich liegt ein rechtlicher Vorteil sogar dann vor, wenn mit der Einräumung der Rechtsposition zugleich eine Verpflichtung des Notars verbunden ist.[11] 4

Der sicherste Weg der Urkundsgestaltung ist es, auf Beurkundungen mit den in § 7 genannten Personen nach Möglichkeit vollständig zu verzichten.[12] 5

---

2 Ebenso Grziwotz/Heinemann/*Grziwotz* BeurkG § 7 Rn. 2.

3 BGH NJW 2013, 52.

4 So ausdrücklich BGHZ 134, 230 (237).

5 BGH NJW 2013, 52.

6 BGH NJW 2013, 52; *Winkler* BeurkG § 7 Rn. 4; Grziwotz/Heinemann/*Grziwotz* BeurkG § 7 Rn. 10.

7 Exemplarisch s. BGH NJW 2013, 52. Dies ist nicht zuletzt auf die Gesetzesbegründung zurückzuführen, s. dort BT-Drs. 5/3282, 29.

8 Dazu OLG Bremen NJW-RR 2016, 76. Großzügiger OLG Köln NJW-RR 2018, 457 sowie OLG Düsseldorf ZEV 2021, 512. Differenzierend Grziwotz/Heinemann/*Grziwotz* BeurkG § 7 Rn. 11.

9 Grundlegend BGHZ 134, 230 (237). Obschon § 7 nach der Rechtsprechung nicht greift, bleibt es jedenfalls bei § 3 Abs. 1 Nr. 4. Weiterführend Grziwotz/Heinemann/*Grziwotz* BeurkG § 7 Rn. 12.

10 BGH NJW 2013, 52.

11 BGH NJW 2013, 52. Auch die Variante in OLG Düsseldorf ZEV 2021, 512 ist nicht zielführend.

12 Zu einzelnen praxisrelevanten Beispielen s. insbesondere Grziwotz/Heinemann/*Grziwotz* BeurkG § 7 Rn. 11.

2. Niederschrift

§ 8 Grundsatz

Bei der Beurkundung von Willenserklärungen muß eine Niederschrift über die Verhandlung aufgenommen werden.

Literatur:
Nordholtz/Hupka, Die Beurkundung von Änderungen eines GmbH-Gesellschaftsvertrages – Tatsachenprotokoll vs. Niederschrift von Willenserklärungen, DNotZ 2018, 404; *Reithmann*, Die „Verhandlung" (§ 8 BeurkG) als Kernstück der Beurkundung, DNotZ 2003, 603.

I. Allgemeines

1 Das BeurkG kennt die folgenden Beurkundungsverfahren:

- Die Beurkundung von Willenserklärungen erfolgt nach § 8 durch Aufnahme einer „Niederschrift über die Verhandlung". Diese Grundregel wird durch die Einzelheiten des Verfahrens in den §§ 6, 7, 9 ff. ergänzt; die §§ 27 ff. enthalten die Besonderheiten für Verfügungen von Todes wegen.
- Andere Erklärungen als Willenserklärungen sowie sonstige Tatsachen oder Vorgänge werden nach §§ 36 ff. grundsätzlich in der Form der Niederschrift beurkundet (§ 36), wenn nicht ein Vermerk ausreicht (§ 39). Eine „Verhandlung" im Sinne der §§ 9–35 ist hier nicht vorgesehen.
- Für die Abnahme von Eiden und die Aufnahme eidesstattlicher Versicherungen erklärt § 38 wiederum das Verfahren für die Beurkundung von Willenserklärungen für anwendbar.

2 Für die Beurkundung von Willenserklärungen sieht das BeurkG mit den Vorschriften der §§ 9 ff. das relativ strengste Verfahren vor. Dieses ist insbesondere durch die Verlesung der in Schriftform niedergelegten Erklärungen der Beteiligten gekennzeichnet sowie durch deren Belehrung durch den Notar. Nach den §§ 9 ff. beurkundete Willenserklärungen gelten als mit der Beweiskraft des § 415 Abs. 1 ZPO so wie in der Niederschrift formuliert abgegeben; lediglich der Gegenbeweis, dass der Vorgang unrichtig beurkundet sei, ist nach § 415 Abs. 2 ZPO zulässig.[1] Als strengeres Verfahren kann es für sonstige Beurkundungen verwendet werden.[2] Dies gilt etwa für die Niederschrift einer Hauptversammlung nach § 130 Abs. 1 AktG.[3] Das Beurkundungsverfahren nach §§ 8 ff. bietet den Beteiligten mit der Identifizierungspflicht nach § 10, der Prüfung der Vertretungsbefugnis nach §§ 12, 17 Abs. 2, dem Vorlesen und der Unterschrift der Beteiligten unter die Urkunde (§ 13) gegenüber der Tatsachenbeurkundung nach §§ 36 ff. Vorteile, was etwa für die Beurkundung eines satzungsändernden GmbH-Gesellschafterbeschlusses nach den §§ 8 ff. sprechen kann.[4]

1 *Reithmann* DNotZ 2003, 603 (607).
2 Frenz/Miermeister/*Limmer* § 8 Rn. 3; Grziwotz/Heinemann/*Heinemann* § 8 Rn. 2; Armbrüster/Preuß/Renner/*Piegsa* § 8 Rn. 1.
3 DNotI-Report 2019, 81. Empfohlen wird in dem Fall, die Vorgaben nach § 130 Abs. 2 S. 1 AktG zu beachten.
4 *Nordholtz/Hupka* DNotZ 2018, 404.

Bei sog. „gemischten" Beurkundungen werden Tatsachen und Willenserklärungen in einer einheitlichen Urkunde nach den Vorschriften der §§ 8 ff. beurkundet, zum Beispiel Verzichtserklärungen nach § 8 Abs. 3 UmwG und Verschmelzungsbeschlüsse. Es handelt sich um eine einheitliche Beurkundung, die insgesamt nach den strengeren Vorschriften der §§ 8 ff. vorzunehmen ist.[5] Eine Beurkundung als reines Tatsachenprotokoll scheidet aus; denkbar ist eine Aufspaltung der Beurkundung in zwei separate Urkunden oder auch das Beifügen der Urkunde mit den beurkundeten Willenserklärungen als Anlage zum Tatsachenprotokoll.[6] 3

II. Willenserklärung

Maßgeblich ist im Ausgangspunkt der bürgerlich-rechtliche Begriff der Willenserklärung, weshalb die §§ 8 ff. immer dann Anwendung finden, wenn die beurkundungsbedürftige Erklärung auf die Begründung, inhaltliche Änderung oder Beendigung eines Rechtsverhältnisses gerichtet ist.[7] Erfasst sind alle ein-, zwei- oder mehrseitigen Erklärungen und solche unter Lebenden oder von Todes wegen, wobei für letztere zusätzlich die §§ 27 ff. gelten.[8] Erfasst sind öffentlich-rechtliche Willenserklärungen, etwa ein beurkundungsbedürftiger verwaltungsrechtlicher Vertrag.[9] Entsprechend anwendbar sind die §§ 8 ff. auf die Beurkundung von Verfahrens- und Prozesserklärungen, wie die Zwangsvollstreckungsunterwerfung.[10] Die Anwendung der §§ 8 ff. auf geschäftsähnliche Handlungen ist umstritten; hier sollte vorsorglich die Beurkundung nach §§ 8 ff. gewählt werden.[11] Bei Wissenserklärungen reicht die Tatsachenbeurkundung, wobei hier das strengere Verfahren gewählt werden kann.[12] In diesem Fall erstreckt sich die Vermutung der Vollständigkeit und Richtigkeit notarieller Urkunden nicht auf die beurkundete Wissenserklärung.[13] 4

III. Verhandlung

Der Begriff der „Verhandlung" ist im BeurkG nicht definiert. Er ist nicht im Sinne eines „Aushandelns" (miss-) zu verstehen.[14] Gemeint ist das für die Beurkundung von Willenserklärungen nach den §§ 9 ff. zu beachtende Verfahren, das geprägt ist vor allem durch das Vorlesen der Niederschrift und die Erklärung des Vorgelesenen durch den Notar.[15] Die Verhandlung kennzeichnet das Hauptverfahren der Beurkundung und ist abzugrenzen von dem Vorverfahren zur Erstellung eines Urkundenentwurfs und dem Nachverfahren zum Vollzug der Urkunde.[16] Die Verhandlung umfasst keine vorbereitende Tätigkeiten, etwa vorbereitende Sachverhaltsaufklärung, Vorbesprechung mit Beteiligten oder 5

5 S. hierzu *Nordholtz/Hupka* DNotZ 2018, 404 (411).
6 *Nordholtz/Hupka* DNotZ 2018, 404 (411 f.); vgl. auch Hauschild/Kallrath/Wachter/*Haupt*, Notar-HdB Gesellschafts- und Unternehmensrecht, § 17 Rn. 495, der Letzteres für Hauptversammlungen von Aktiengesellschaften empfiehlt.
7 Vgl. BGH NJW 2001, 289 (290); s. BeckOK BeurkG/*Bremkamp* § 8 Rn. 10.
8 Armbrüster/Preuß/Renner/*Piegsa* § 8 Rn. 17.
9 BeckOK BeurkG/*Bremkamp* § 8 Rn. 10 mwN.
10 S. BeckOK BeurkG/*Bremkamp* § 8 Rn. 12 mwN.
11 Vgl. Armbrüster/Preuß/Renner/*Piegsa* § 8 Rn. 18.
12 Armbrüster/Preuß/Renner/*Piegsa* § 8 Rn. 18.
13 BGH DNotZ 2003, 696 (697 f.).
14 Armbrüster/Preuß/Renner/*Piegsa* § 8 Rn. 4.
15 Armbrüster/Preuß/Renner/*Piegsa* § 8 Rn. 5.
16 BeckOK BeurkG/*Bremkamp* § 8 Rn. 17 mwN.

Entwurfsfertigung.[17] Zuverlässige Mitarbeiter des Notars können daher Vorgespräche und Urkundsvorbereitung übernehmen.[18]

6 Unterbrechungen der Verhandlungen sind zulässig, selbst von längerer Dauer, etwa wenn die Verhandlung nicht mehr am selben Tag aufgenommen werden soll.[19] Bei lediglich unterbrochener Verhandlung muss das bisher Vorgelesene nicht noch einmal verlesen werden; es kann die Verhandlung an bisheriger Stelle fortgesetzt werden. Anders ist es bei einem Abbruch der Verhandlung, bei dem eine Aufnahme der bisherigen Verhandlung nicht möglich ist, sondern das Rechtsgeschäft vollständig neu beurkundet werden muss.[20] Ob eine bloße Unterbrechung oder ein Abbruch der Verhandlung vorliegt, entscheidet sich nach der inneren Willensrichtung der Beteiligten: (i) Bei einem Abbruch halten die Beteiligten den Abschluss des Rechtsgeschäfts für gescheitert; (ii) bei einer Unterbrechung gehen sie davon aus, dass dem Abschluss des Rechtsgeschäfts lediglich ein ohne Weiteres zu klärendes Hindernis entgegensteht.[21] Es empfiehlt sich, die Beteiligten ausführlich zu befragen, ob eine Unterbrechung oder ein Abbruch vorliegt und – im Falle einer Unterbrechung – die Gründe und die Angaben der Beteiligten hierzu in der Niederschrift aus Beweisgründen festzuhalten, denn die Folge einer Fortsetzung der Verhandlung bei einem an sich gegebenen Abbruch wäre die Unwirksamkeit der Beurkundung des während der abgebrochenen Verhandlung Verlesenen.[22] Folglich sollte bei Unsicherheit, ob ein Abbruch oder eine Unterbrechung gegeben ist, mit der Verhandlung neu begonnen werden. Alternativ können die bereits vorgelesenen Teile durch Genehmigung und Unterschreiben als eigene Niederschrift abgeschlossen werden.[23] Für die Maximaldauer einer (noch) zulässigen Unterbrechung gibt es keine feste Zeitgrenze. Die Dauer einer Unterbrechung unterliegt der Verfahrensleitung durch den Notar.[24] Allerdings wird der Notar, je länger die Unterbrechung dauert, auf eine vollständige Neubeurkundung hinwirken.[25] Zu lange Unterbrechungen führen nicht zur Unwirksamkeit der Beurkundung, können aber Amtshaftungsansprüche und dienstrechtliche Konsequenzen zur Folge haben.[26] Nach § 9 Abs. 2 sollten alle Verhandlungstage in der Niederschrift angegeben werden.[27] Kurze Unterbrechungen, etwa bei zwischengeschobener Beurkundung, müssen in der Niederschrift nicht vermerkt werden.[28]

17 *Reithmann* DNotZ 2003, 603 (608).
18 *Winkler* § 8 Rn. 5.
19 Armbrüster/Preuß/Renner/*Piegsa* § 8 Rn. 7; Frenz/Miermeister/*Limmer* § 8 Rn. 12; Staudinger/*Hertel* vor § 127a, § 128 (BeurkG) Rn. 376; Grziwotz/Heinemann/*Heinemann* § 8 Rn. 12; *Winkler* § 8 Rn. 6.
20 Grziwotz/Heinemann/*Heinemann* § 8 Rn. 15.
21 Armbrüster/Preuß/Renner/*Piegsa* § 8 Rn. 7.
22 Grziwotz/Heinemann/*Heinemann* § 8 Rn. 15; Armbrüster/Preuß/Renner/*Piegsa* § 8 Rn. 7.
23 So Armbrüster/Preuß/Renner/*Piegsa* § 8 Rn. 7.
24 Armbrüster/Preuß/Renner/*Piegsa* § 8 Rn. 8.
25 Armbrüster/Preuß/Renner/*Piegsa* § 8 Rn. 8 meint, bei Unterbrechungen von mehr als einer Woche sollte regelmäßig eine Neubeurkundung vorgenommen werden.
26 Armbrüster/Preuß/Renner/*Piegsa* § 8 Rn. 8.
27 Staudinger/*Hertel* vor § 127a, § 128 (BeurkG) Rn. 354, 376; *Lerch* § 9 Rn. 25; Frenz/Miermeister/*Limmer* § 8 Rn. 12; Armbrüster/Preuß/Renner/*Piegsa* § 8 Rn. 9; wohl auch BeckOK BGB/*Litzenburger* § 9 BeurkG Rn. 3 und *Winkler* § 9 Rn. 89; aA Grziwotz/Heinemann/*Heinemann* § 8 Rn. 14, § 9 Rn. 43: nur der letzte Tag.
28 Grziwotz/Heinemann/*Heinemann* § 8 Rn. 14.

IV. Niederschrift

Die Verhandlung ist schriftlich zu verkörpern, dh unter Verwendung von geeignetem Urkundspapier in haltbarer Schriftform. Für die äußere Gestaltung der Niederschrift schreibt das BeurkG in § 44 lediglich vor, dass eine Verbindung einer aus mehreren Blättern bestehenden Urkunde durch Schnur und Siegel zu erfolgen hat. Dies entspricht § 30 DONot. Die Vorschriften über die Herstellung notarieller Urkunden finden sich in den §§ 28–31 DONot. So soll nach § 29 Abs. 2 S. 1 DONot festes holzfreies weißes oder gelbliches Papier im DIN-Format verwendet werden. § 29 Abs. 2 S. 2 DONot enthält weitere Einzelheiten für Herstellung der Urkunde. Die Nichteinhaltung dieser Ordnungsvorschriften macht die Urkunde nicht unwirksam. Digitale und akustische Speichermedien sind zur Verkörperung der Niederschrift ungeeignet.[29] 7

V. Inhalt der Niederschrift

Der Inhalt der Niederschrift ist in § 8 nicht geregelt, sondern jeweils in den folgenden Bestimmungen des BeurkG. Es ist zu unterscheiden zwischen zwingendem Mindestinhalt der Niederschrift, bei dessen Fehlen die Beurkundung unwirksam ist, und Sollinhalt, dessen Fehlen die Wirksamkeit der Beurkundung unberührt lässt, deren Beachtung aber Amtspflicht des Notars ist. Die meisten Bestimmungen des zweiten Abschnitts des Beurkundungsgesetzes enthalten Sollbestimmungen betreffend den Inhalt der Niederschrift.[30] 8

VI. Änderungen der Niederschrift

Änderungen der Niederschriften haben nach § 44a zu erfolgen. Änderungen vor Abschluss der Niederschrift sind in jedem Fall zulässig. Allerdings müssen § 44a Abs. 1 und § 28 DONot beachtet werden. Anderenfalls verliert die Urkunde aufgrund eines äußeren Mangels im Sinne von § 419 ZPO ihre Beweiskraft nach § 415 Abs. 1 ZPO und es hat insoweit die freie Beweiswürdigung nach § 419 ZPO zu erfolgen.[31] Änderungen nach Abschluss der Niederschrift sind grundsätzlich verboten und sonst nur nach § 44a Abs. 2 möglich. 9

§ 9 Inhalt der Niederschrift

(1) [1]Die Niederschrift muß enthalten
1. die Bezeichnung des Notars und der Beteiligten
sowie
2. die Erklärungen der Beteiligten.
[2]Erklärungen in einem Schriftstück, auf das in der Niederschrift verwiesen und das dieser beigefügt wird, gelten als in der Niederschrift selbst enthalten. [3]Satz 2 gilt entsprechend, wenn die Beteiligten unter Verwendung von Karten, Zeichnungen oder Abbildungen Erklärungen abgeben.

(2) Die Niederschrift soll Ort und Tag der Verhandlung enthalten.

---

29 Armbrüster/Preuß/Renner/*Piegsa* § 8 Rn. 11.
30 Übersichten über Muss- und Sollbestimmungen finden sich bei BeckOK BeurkG/*Bremkamp* § 8 Rn. 53 ff.
31 BGH DNotZ 1995, 28 ff.

Literatur:

Hermanns, Beurkundungspflichten, Beurkundungsverfahren und Beurkundungsmängel unter besonderer Berücksichtigung des Unternehmenskaufvertrages, DNotZ 2013, 9; *Stauf*, Umfang und Grenzen der Verweisungsmöglichkeiten nach § 13a BeurkG und der eingeschränkten Vorlesungspflicht nach § 14 BeurkG, RNotZ 2001, 129.

I. Allgemeines

1 § 9 dient der Umsetzung der Beweisfunktion der notariellen Urkunde[1] und beinhaltet zu diesem Zweck die folgenden Regelungen: (i) Nach Abs. 1 S. 1 sind die Bezeichnung des Notars und der Beteiligten sowie deren Erklärungen zwingender Inhalt der Niederschrift. (ii) Abs. 1 S. 2 und 3 enthält die Grundregel, dass Erklärungen der Beteiligten nicht in der Niederschrift selbst sondern auch als Anlage beigefügt sein können, entweder in einem Schriftstück oder in Karten, Zeichnungen oder Abbildungen. (iii) Als Sollinhalt der Niederschrift bestimmt Abs. 2 den Ort und den Tag der Verhandlung.

II. Bezeichnung des Notars

2 Nach Abs. 1 S. 1 Nr. 1 muss die Niederschrift zwingend „die Bezeichnung des Notars" enthalten. Dem tritt nach § 13 Abs. 3 S. 1 notwendig die eigenhändige Unterschrift des Notars zu, der nach § 13 Abs. 3 S. 2 die Amtsbezeichnung beigefügt werden soll. Zweck der Bezeichnung des Notars ist die Sicherstellung der Zuverlässigkeit des Beurkundeten durch Zuordnung zu einem bestimmten Notar, so dass dessen Amtsbefugnisse im Nachhinein überprüft werden können.[2] Entscheidend ist die eindeutige Kennzeichnung der Person des Beurkundenden und seine Funktion, die sich aus der Zusammenschau von Text und Unterschrift ergeben kann.[3] Zur Identifizierung der Urkundsperson können zudem Umstände außerhalb der Niederschrift herangezogen werden.[4]

3 Üblicherweise werden in der Niederschrift angegeben: (i) Vor- und Familienname, (ii) Amtsbezeichnung, (iii) Amtssitz, (iv) ggf. Geschäftsanschrift und OLG-Bezirk. Der Notar ist bereits ausreichend bezeichnet, wenn die Niederschrift zumindest seinen Namen[5] und seine Amtsbezeichnung bzw. Funktion enthält. Die Amtsbezeichnung ist ausreichend dokumentiert, wenn diese entsprechend § 13 Abs. 3 S. 2 der Unterschrift des Notars beigefügt wurde; die Amtsbezeichnung ist kein zwingender Bestandteil des Urkundeneingangs.[6] Anders ist es, wenn der im Urkundeneingang genannte Notar und die tatsächliche Urkundsperson personenverschieden waren, also ein Widerspruch gegeben ist.[7] Lässt sich dieser Widerspruch nicht verlässlich unter Heranziehung des Texts auflösen, ist die Urkunde unwirksam.[8]

1 BeckOK BGB/*Litzenburger* § 9 BeurkG Rn. 1.
2 OLG Hamm DNotZ 1988, 565 (566); BeckOK BeurkG/*Bremkamp* § 9 Rn. 1.
3 DNotI-Report 2006, 9 ff. mwN.
4 So auch Grziwotz/Heinemann/*Heinemann* § 9 Rn. 4 mwN.
5 Hier soll der Familienname ausreichen Armbrüster/Preuß/Renner/*Piegsa* § 9 Rn. 5.
6 S. DNotI-Report 2019, 15 f. mwN.
7 Vgl. hierzu DNotI-Report 2019, 15 f.
8 OLG Hamm DNotZ 1988, 565 ff. mit abl. Anm. *Reithmann*; Armbrüster/Preuß/Renner/*Piegsa* § 9 Rn. 8.

Anwaltsnotare sind in notariellen Angelegenheiten nur als Notar bzw. Notarin zu bezeichnen; Verstöße sind dienstrechtlich zu ahnden, führen jedoch nicht zur Unwirksamkeit der Urkunde.[9] Auch bei Notarvertretern muss sich deren Person als Beurkundender eindeutig aus Text und Unterschrift ergeben.[10] Nach § 41 Abs. 1 S. 2 BNotO ist der Unterschrift des Notarvertreters ein ihn als Vertreter kennzeichnender Zusatz beizufügen; dies ist allerdings eine berufsrechtliche Pflicht ohne Auswirkungen auf die Wirksamkeit der Urkunde.[11] Der Notarvertreter ist in seiner Funktion Notar; es sollte daher im gesamten Urkundstext nicht die Bezeichnung „Notar" durch „Notarvertreter" ersetzt werden.[12] Ist anstelle des beurkundenden Notarvertreters der vertretene Notar genannt, ist die Urkunde gleichwohl wirksam, wenn sich aus dem Text der Urkunde, jedenfalls aber aus Unterschrift und kennzeichnendem Zusatz[13] zweifelsfrei ergibt, welche Person als Notar gehandelt hat.[14] Der Notariatsverwalter ist kein Vertreter, sondern handelt aufgrund eigener Amtsbefugnis. Er ist im Urkundseingang mit seinem Amt zu bezeichnen. Bei Widersprüchen in der Niederschrift, etwa zwischen Urkundseingang und Unterschrift mit kennzeichnendem Zusatz, kommt es wiederum darauf an, ob sich aus der Niederschrift insgesamt zweifelsfrei ergibt, welche Person beurkundet hat.[15] 4

III. Bezeichnung der Beteiligten

Beteiligt im Sinne von Abs. 1 S. 1 Nr. 1 sind die nach § 6 Abs. 2 Erschienenen, egal ob sie im eigenen oder fremden Namen handeln. Die Angabe, in wessen Namen die Beteiligten ihre Erklärungen abgeben, gehört zum Erklärungsinhalt nach Abs. 1 S. 1 Nr. 2, was sich auch aus den Umständen ergeben kann.[16] Die Mussvorschrift des Abs. 1 S. 1 Nr. 1 wird ergänzt durch die strengeren Sollbestimmungen des § 10 sowie die Ordnungsvorschrift des § 26 DONot. Zur ausreichenden Bezeichnung der Beteiligten und damit zur Wirksamkeit der Urkunde im Sinne von Abs. 1 S. 1 Nr. 1 genügt jede Bezeichnung, die auf eine bestimmte Person als erschienen hinweist.[17] Richtigerweise kann bereits die Unterschrift des Beteiligten zu dessen Bezeichnung im Sinne ausreichen, wenn ihr der Name unzweifelhaft entnommen werden kann[18] oder weitere Angaben in der Urkunde auf eine bestimmte Person als erschienen schließen lassen. 5

Eine nicht ausreichende Bezeichnung der Beteiligten kann nach § 44a Abs. 2 berichtigt werden.[19] Die Berichtigung soll sogar durch eine andere Person als den Urkundsnotar erfolgen können, etwa einen Amtsnachfolger, wenn die Identifizierung durch den Urkundsnotar ordnungsgemäß erfolgt ist und der Fehler bei 6

---

9 BeckOK BeurkG/*Bremkamp* § 9 Rn. 15; Grziwotz/Heinemann/*Heinemann* § 9 Rn. 4; Armbrüster/Preuß/Renner/*Piegsa* § 9 Rn. 9.
10 Ausführlich zum Notarvertreter etwa *Peterßen* RNotZ 2008, 181 ff.
11 BeckOK BeurkG/*Bremkamp* § 9 Rn. 18 mwN.
12 So auch Armbrüster/Preuß/Renner/*Piegsa* § 9 Rn. 10: „mühselig" und „sachlich durch nichts geboten". Klarstellend kann hinzugefügt werden, dass die Bezeichnung „Notar" den „Notarvertreter" miteinschließt und umgekehrt.
13 So Grziwotz/Heinemann/*Heinemann* § 9 Rn. 5.
14 Armbrüster/Preuß/Renner/*Piegsa* § 9 Rn. 11 mwN; dagegen OLG Hamm DNotZ 1988, 565 ff.
15 Vgl. hierzu DNotI-Report 2019, 15.
16 BGH DNotZ 2005, 845 f.
17 BGH DNotZ 2005, 845 f.
18 Überzeugend BeckOK BeurkG/*Bremkamp* § 9 Rn. 27; aA etwa Armbrüster/Preuß/Renner/*Piegsa* § 9 Rn. 17 mwN.
19 Armbrüster/Preuß/Renner/*Piegsa* § 9 Rn. 17; vgl. DNotI-Report 2014, 9.

der Bezeichnung der Beteiligten nur bei der Übertragung des Ergebnisses dieser Identifizierung erfolgt ist.[20]

IV. Erklärungen der Beteiligten

7 Die in die Niederschrift über die Verhandlung nach Abs. 1 S. 1 Nr. 2 aufzunehmenden „Erklärungen" sind diejenigen iSv § 8, dh die Willenserklärungen der Beteiligten (→ § 8 Rn. 4). Hiermit ist keine wörtliche Wiedergabe gemeint, sondern die „Übersetzung" des Willens der Beteiligten entsprechend § 17 Abs. 1 S. 1 in die (möglichst) klare und unzweideutige korrekte rechtliche Form. Der Notar formuliert die Erklärungen der Beteiligten; er ist nicht ihr Protokollführer.[21] Wie der Notar seine Formulierungspflicht erfüllt, steht in seinem pflichtgemäßen Ermessen.[22] Danach besteht grundsätzlich keine Pflicht des Notars, einen Entwurf der Beteiligten zu verwenden. Würde er dies tun und dadurch die Erklärungen der Beteiligten unvollständig, unklar, unzutreffend oder rechtlich unwirksam wiedergeben, würde er seine Amtspflicht zur Formulierung der Erklärungen nach § 17 Abs. 1 S. 1, S. 2 verletzen. Ein Entwurf der Beteiligten kann nur dann ausnahmsweise zu verwenden sein, wenn dieser klar und unzweideutig ist und das Gewollte vollständig wiedergibt.[23] Welche Erklärungen zu beurkunden sind, bestimmt das materielle Recht. Nach dem BeurkG wird entschieden, wie beurkundet wird.

8 Nach Abs. 1 S. 1 Nr. 2 muss die Niederschrift die Erklärungen der Beteiligten enthalten. Regelfall ist die Aufnahme der Erklärungen in die Niederschrift selbst, die sog. Haupturkunde. Diese wird vorgelesen, genehmigt und unterschrieben. Als in der Haupturkunde enthalten gelten nach Abs. 1 S. 2 ferner Erklärungen, die in Schriftstücken enthalten sind, wenn auf diese verwiesen und sie der Niederschrift beigefügt wurden. Ein solches Schriftstück besteht aus Papier; elektronische Datenträger sind keine taugliche Anlage.[24] Eine gesonderte Unterzeichnung ist nicht erforderlich. Die Erklärungen sind zu verlesen.[25] Verweis (gedankliche Verbindung) und Beifügung (äußerliche Verbindung) sind zwingende Voraussetzungen einer wirksamen Beurkundung. Eine ausdrückliche Verweisungserklärung ist nicht erforderlich; das Ergebnis der Verweisung kann sich aus der Auslegung der Urkunde ergeben.[26] Beifügen bedeutet, dass die Anlage während der Verlesung der Niederschrift, spätestens zum Zeitpunkt der Genehmigung und Unterzeichnung durch die Beteiligten körperlich vorliegt und – wenn auch lose – mit der Haupturkunde äußerlich verbunden ist.[27] Das anschließende Verbinden mit Schnur und Siegel (§ 44) ist Sollbestimmung. Aus dem Verweis in einer unterschriebenen Urkunde auf eine Anlage folgt die Vermutung, dass die Anlage bereits bei Beurkundung vorhanden war und vorlag.[28] Erklärungen können schließlich gemäß Abs. 1 S. 3 unter Verwendung[29] von

---

20 DNotI-Report 2014, 9 (10 f.); vgl. auch LG Gera NotBZ 2004, 112.
21 Vgl nur *Lerch* § 9 Rn. 7.
22 Ganter/Hertel/Wöstmann/*Ganter* Notarhaftungs-HdB Rn. 1301.
23 Ganter/Hertel/Wöstmann/*Ganter* Notarhaftungs-HdB Rn. 1311.
24 Armbrüster/Preuß/Renner/*Piegsa* § 9 Rn. 26. Anders ist es bei der Bezugnahme, s. *Müller* NJW 2015, 3271.
25 Dies muss im Schlussvermerk nicht gesondert festgestellt werden, OLG Köln FGPrax 2014, 12 (13).
26 Vgl. Grziwotz/Heinemann/*Heinemann* § 9 Rn. 27 mwN, unter der Rn. 30 mit Formulierungsbeispielen.
27 BGH NJW 1994, 1288 (1289); *Winkler* § 9 Rn. 63 f.
28 BGH NJW 1993, 1288 (1289).
29 Der Verweis auf eine solche Anlage muss der Verdeutlichung, Ergänzung oder Ersetzung der Erklärung dienen.

Karten, Zeichnungen, oder Abbildungen in einer beizufügenden Anlage beurkundet werden, indem auf sie in der Niederschrift verwiesen und sie – anstelle des Vorlesens – den Beteiligten zur Durchsicht vorgelegt werden. Letzteres soll nach § 13 Abs. 1 S. 2 in der Niederschrift vermerkt werden. Aus Beweisgründen ratsam ist die gesonderte Unterzeichnung der Anlage. Enthält eine Anlage nach Abs. 1 S. 3 auch Text, ist dieser nach Abs. 1 S. 2 vorzulesen.[30]

Eine andere notarielle Niederschrift oder Karten und Zeichnungen einer öffentlichen Behörde können über das vereinfachte Verfahren nach § 13a zum Inhalt der Niederschrift gemacht werden, und zwar ohne Verlesung bzw. Vorlage zur Durchsicht und Beifügen zur Niederschrift (→ § 13a Rn. 6). Eine eingeschränkte Vorlesungspflicht folgt aus § 14 unter den dort genannten Voraussetzungen für bestimmte Schriftstücke wie Bilanzen (→ § 14 Rn. 4 ff.). 9

Abzugrenzen von der echten Verweisung[31] auf zu beurkundende Erklärungen ist die sog. bloße Bezugnahme auf eine beigefügte Anlage bzw. Beilage, die lediglich zur Verdeutlichung und Erläuterung des Beurkundeten erfolgt.[32] Diese wird nicht Inhalt der Niederschrift und nicht vorgelesen bzw. zur Durchsicht vorgelegt. Für sie gilt die Beweiswirkung des § 415 ZPO nicht. Ob eine echte Verweisung nötig oder eine bloße Bezugnahme ausreichend ist, richtet sich allein nach dem materiellen Recht.[33] Bei Grundstücksgeschäften sind alle Vereinbarungen zu beurkunden, aus denen sich nach dem Willen der Vertragspartner das schuldrechtliche Veräußerungsgeschäft zusammensetzt.[34] Die Abgrenzung ist im Einzelfall schwierig. Orientierung bieten konkrete Anwendungsbeispiele.[35] Bei Zweifeln sollte vorsorglich die echte Verweisung gewählt werden, wenngleich der Notar gehalten ist, sich zur Entlastung des Beurkundungsverfahrens mit der Bezugnahme zu begnügen, wenn diese ausreicht.[36] 10

Werden Erklärungen iSv § 8 nicht vorgelesen, fehlt es an der Verweisung auf eine Anlage oder wird diese nicht beigefügt, ist der entsprechende Teil der Urkunde nicht wirksam beurkundet. Ob damit die Erklärungen in der (wirksam errichteten) Resturkunde unwirksam sind, bestimmt das materielle Recht.[37] Im Zweifel ist das gesamte Rechtsgeschäft nichtig, § 139 BGB. Nach materiellem Recht kann ein Formverstoß geheilt werden, vgl. § 311 Abs. 1 S. 2 BGB. Bei der bloßen Bezugnahme auf nicht beurkundungsbedürftige Erklärungen stellt sich die Frage der wirksamen Verweisung nach den §§ 8 ff. nicht. 11

V. Angabe von Ort und Tag der Verhandlung

Die Niederschrift soll nach Abs. 2 Ort und Tag der Verhandlung enthalten. Bestimmbarkeit reicht aus.[38] Mit Ort gemeint ist die Gemeinde. Straße und Hausnummer müssen nicht angegeben werden. Zweckmäßig ist bei Auswärtsbeurkundungen die genaue Angabe des Ortes mit Straße und Hausnummer.[39] Er- 12

30 *Winkler* § 9 Rn. 43.
31 So etwa Armbrüster/Preuß/Renner/*Piegsa* § 9 Rn. 33 ff.
32 BT-Drs. 8/3594/4, 4.
33 BGH NJW 1979, 1496 (1497).
34 BGH NJW 1979, 1496 f.; hierzu jüngst BGH DNotZ 2021, 764 mAnm *Schreindorfer*, sowie BGH NJW-RR 2021, 1244.
35 Übersichten bei BeckOK BeurkG/*Bremkamp* § 9 Rn. 41 ff.; Grziwotz/Heinemann/*Heinemann* § 9 Rn. 41 ff.; Armbrüster/Preuß/Renner/*Piegsa* § 9 Rn. 37 ff.; *Stauf* RNotZ 2001, 129 (130 ff.).
36 Armbrüster/Preuß/Renner/*Piegsa* § 9 Rn. 35.
37 Hierzu etwa BeckOK BeurkG/*Bremkamp* § 9 Rn. 30 f.
38 BeckOK BGB/*Litzenburger* § 9 BeurkG Rn. 3.
39 Armbrüster/Preuß/Renner/*Piegsa* § 9 Rn. 58; Grziwotz/Heinemann/*Heinemann* § 9 Rn. 44 mwN.

streckte sich die Verhandlung über mehrere Orte, sollten alle Orte angegeben werden.[40] Zudem ist der Verhandlungstag nach Tag, Monat und Jahr zu bezeichnen. Es sollten alle Verhandlungstage angegeben werden.

§ 10 Feststellung der Beteiligten

(1) Der Notar soll sich Gewissheit über die Person der Beteiligten verschaffen.

(2) In der Niederschrift soll die Person der Beteiligten so genau bezeichnet werden, daß Zweifel und Verwechslungen ausgeschlossen sind.

(3) [1]Aus der Niederschrift soll sich ergeben, ob der Notar die Beteiligten kennt oder wie er sich Gewißheit über ihre Person verschafft hat. [2]Kann sich der Notar diese Gewißheit nicht verschaffen, wird aber gleichwohl die Aufnahme der Niederschrift verlangt, so soll der Notar dies in der Niederschrift unter Anführung des Sachverhalts angeben.

Literatur:

Bohrer, Identität und Identifikation, MittBayNot 2005, 460; *Klein*, Das neue GwG (2017) aus notarieller Perspektive, BWNotZ 2018, 35; *Schubert*, Das neue Geldwäschegesetz, NJOZ 2018, 41 (Teil 1) und NJOZ 2018, 81 (Teil 2); *Sommer*, Das GwG 2017 aus notarieller Sicht, MittBayNot 2019, 107 (Teil 1: Anwendungsbereich und Risikomanagement) und MittBayNot 2019, 226 (Teil 2: Sorgfaltspflichten und sonstige notarrelevante Neuerungen); *Thelen*, Geldwäscherecht in der notariellen Praxis, 2021; *Thelen*, Das Transparenzregister- und Finanzinformationsgesetz aus notarieller Sicht, notar 2021, 333.

I. Identifizierung nach dem BeurkG

1 **1. Überblick; Anwendungsbereich.** Die Pflichten zur Identitätsfeststellung, denen der Notar mit „äußerster Sorgfalt" nachzukommen hat, sind der außerordentlichen Bedeutung der notariellen Amtshandlungen für das Rechtsleben, dem öffentlichen Glauben notarieller Urkunden und der Sicherheit des Rechtsverkehrs geschuldet.[1] Die Vorschriften zur Bezeichnung und Feststellung der Beteiligten finden sich in §§ 9 Abs. 1 Nr. 1 und 10. Sie werden konkretisiert

40 Armbrüster/Preuß/Renner/*Piegsa* § 9 Rn. 58; aA Grziwotz/Heinemann/*Heinemann* § 9 Rn. 44: Angabe des letzten Ortes ausreichend.

1 Vgl. BGH BeckRS 1956, 31203636.

durch § 5 DONot. Der jetzige Abs. 1 ist 2017 mit dem Gesetz zur Errichtung des Elektronischen Urkundenarchivs eingefügt worden. Damit ist im BeurkG ausdrücklich eine Ermächtigung des Notars enthalten, von den Beteiligten personenbezogene Daten ohne deren Einwilligung zu erheben.[2] Im Anwendungsbereich des GwG bestehen weitere umfangreiche Identifizierungs- und Dokumentationspflichten. Der Notar übernimmt insoweit eine wichtige Rolle in der Geldwäschebekämpfung.[3] Die verlässliche Identifizierung der Beteiligten muss bei der Einführung von Onlinebeurkundungs- und Beglaubigungsverfahren wie im Präsenzverfahren gewährleistet sein.[4] Hierzu hat der Gesetzgeber mit § 16c ein spezielles zweistufiges Identifizierungsverfahren für die Onlinebeurkundung eingeführt.[5]

§ 10 gilt nicht nur für den Notar, sondern für alle anderen Urkundspersonen, die nach § 1 Abs. 2 neben diesem für öffentliche Beurkundungen zuständig sind. Über § 40 Abs. 4 findet Abs. 1, 2 und 3 S. 1 entsprechende Anwendung auf Unterschriftsbeglaubigungen. § 10 ist insgesamt Sollvorschrift, so dass Verstöße die Wirksamkeit der Urkunde unberührt lassen.[6] 2

2. Beurkundungsrechtliche Pflichten zur Feststellung der Beteiligten. a) Die Bezeichnung der Beteiligten. Nach § 9 Abs. 1 Nr. 1 muss die Niederschrift die Beteiligten bezeichnen, sonst ist sie unwirksam. Für die Wirksamkeit der Urkunde ausreichend ist jede Bezeichnung, die hinreichend auf eine bestimmte Person hinweist (→ § 9 Rn. 5 f.).[7] Ergänzt werden diese Anforderungen zur Bezeichnung der Beteiligten durch Abs. 2. Die Niederschrift soll die Beteiligten so genau bezeichnen, dass Verwechslungen ausgeschlossen sind; insoweit stellt § 10 höhere Anforderungen an die Bezeichnung der Beteiligten auf als § 9 Abs. 1 Nr. 1, deren Nichtbeachtung jedoch die Wirksamkeit der Urkunde unberührt lassen. Konkretisiert wird Abs. 2 durch § 5 Abs. 1 S. 1 DONot. Hiernach sind in der Niederschrift anzugeben: Name, Geburtsdatum, Wohnort und Wohnung sowie der Geburtsname[8] bei abweichendem Familiennamen. Abs. 3 S. 1 verlangt die Angabe, ob der Notar die Beteiligten kennt oder wie er sich Gewissheit über die Person der Beteiligten verschafft hat. 3

Beteiligte gem. § 10 sind nur die formell Beteiligten iSv § 6 Abs. 2 und nicht die materiell Beteiligten, in deren Namen Erklärungen abgegeben werden.[9] Das gilt für Identifizierungs- und Dokumentationspflicht. Die Bezeichnung des materiell Beteiligten gehört nach § 9 Abs. 1 Nr. 2 jedoch zur Erklärung des formell beteiligten Vertreters, etwa im Hinblick auf vertretene juristische Personen.[10] Dabei 4

2 BT-Drs. 18/10607, 83; BeckOK BGB/*Bremkamp* § 10 Rn. 14. S. zur Feststellung personenbezogener Daten durch den Notar und den Anforderungen des Datenschutzes BeckOK BGB/*Litzenburger* § 10 BeurkG Rn. 1 f.

3 Dies ist insbesondere im Bereich des Gesellschaftsrechts wichtig. Ohne eindeutig identifizierte Gesellschafter und Geschäftsführer können Gesellschaften ein ideales Vehikel zur Begehung von Straftaten wie Betrug und Geldwäsche sein, s. Reg-Begr. DiRUG, BT-Drs. 19/28177, 120; hierzu *Stelmaszczyk/Kienzle* GmbHR 2021, 849 Rn. 48.

4 Vgl. *Stelmaszczyk/Kienzle* GmbHR 2021, 849 Rn. 48 ff.; *Kienzle* DNotZ 2021, 590 (597).

5 Hierzu *Stelmaszczyk/Kienzle* GmbHR 2021, 849 Rn. 48 ff.; *Kienzle* DNotZ 2021, 590 (597).

6 OLG Celle NJW-RR 2006, 448 (450).

7 BGH DNotZ 2005, 845 f.

8 Die Angabe des Geburtsnamens ist nicht erforderlich für das Grundbuchverfahren DNotI-Report 2016, 72.

9 BeckOK BeurkG/*Bremkamp* § 10 Rn. 17; Grziwotz/Heinemann/*Heinemann* § 10 Rn. 6, 16.

10 BGH DNotZ 2005, 845 (846).

sollte sich der Notar an den Vorgaben zur Bezeichnung des formell Beteiligten aus § 5 Abs. 1 DONot orientieren.[11] Bei juristischen Personen oder Personengesamtheiten sind anzugeben: Firma bzw. der Name sowie der Sitz bzw. die Niederlassung. Registergericht und Registernummer sollten angegeben werden; fehlt es an einer Registrierung, so muss auf andere Mittel, die eine genaue Bezeichnung ermöglichen, zB Name, Sitz, Personen der Gesellschafter zurückgegriffen werden.[12] Für sonstige Beteiligte wie Schreibzeugen gilt § 10 nicht. Für diese gilt jedoch § 5 Abs. 1 DONot unmittelbar.[13]

5 Ausnahmen von der Dokumentationspflicht sind zum einen in § 5 Abs. 1 S. 4 DONot enthalten. Hiernach kann der Notar anstelle von Wohnort und Wohnung des Vertreters die Dienst- oder Geschäftsanschrift der vertretenen juristischen Person angeben. Bei eigenen Notariatsmitarbeitern kann statt deren privater Anschrift die der notariellen Geschäftsstelle angegeben werden. Die Vorschrift ist entsprechend auf Personenhandelsgesellschaften anzuwenden sowie auf Personen, die in Ausübung ihrer beruflichen Tätigkeit ausschließlich Erklärungen für Dritte abgeben.[14] Nach § 5 Abs. 1 S. 3 DONot kann der Notar zum anderen nach eigenem Ermessen in besonders gelagerten Ausnahmefällen zum Schutz gefährdeter Beteiligter von der Angabe von Straße und Hausnummer absehen.[15]

6 **b) Die Pflicht zur und die Art und Weise der Identifizierung der Beteiligten.** Die Pflicht zur Identifizierung der Beteiligten folgt aus Abs. 1 und erfordert gem. § 5 Abs. 1 S. 3 DONot „äußerste Sorgfalt".[16] Nach Abs. 2 S. 1 hat der Notar entweder Gewissheit über die Beteiligten, weil sie ihm bekannt sind, oder er verschafft sich diese Gewissheit auf andere Weise. Wie der Notar sich diese Gewissheit verschafft, ist im BeurkG und in der DONot nicht näher geregelt.[17] Die Identifizierung hat durch den Notar höchstpersönlich und nach pflichtgemäßem Ermessen zu erfolgen.[18] Folgende Identifizierungsmittel sind anerkannt:

- Vorlage eines amtlichen[19] **Ausweises mit Lichtbild und Unterschrift**, zB Personalausweis, Reisepass, Führerschein;[20] tauglich zur Identifizierung ist ein solches Ausweisdokument trotz Gültigkeitsablaufs, sofern es früher einmal geeignet war, die Identität des Beteiligten nachzuweisen;[21] grundsätzlich

11 Grziwotz/Heinemann/*Heinemann* § 10 Rn. 7.
12 Grziwotz/Heinemann/*Heinemann* § 10 Rn. 13 f. dort unter Rn. 14 auch zur Bezeichnung der GbR; s. ferner BeckOK BGB/*Litzenburger* § 10 BeurkG Rn. 5.
13 Grziwotz/Heinemann/*Heinemann* § 10 Rn. 8.
14 BeckOK BeurkG/*Bremkamp* § 10 Rn. 100 und 102.
15 Hierzu näher BeckOK BeurkG/*Bremkamp* § 10 Rn. 103 ff. Zur Nichtangabe des aktuellen Familiennamens in besonderen Gefährdungssituationen s. DNotI-Report 2013, 30 (31 f.).
16 Dies entspricht der „äußersten Sorgfalt" nach BGH BeckRS 1956, 31203636.
17 Anders unter der Geltung des § 25 DONot 1985. Hierzu WürzNotar-HdB/*Limmer* Teil 1, Kap. 2, D Rn. 60.
18 S. nur OLG Celle DNotZ 2006, 297.
19 Zur Erfüllungstauglichkeit hinsichtlich der Identifizierung einer Person bei ausländischer Staatsangehörigkeit durch Personalausweise und Pässe ausgestellt durch ausländische Staaten oder andere Dokumente wie Ausweisersatzpapiere und Bescheinigungen über Aufenthaltsgestattungen s. BeckOK BeurkG/*Bremkamp* § 10 Rn. 49 ff. Zur Identifizierung bei Befreiung von der Ausweispflicht *Grziwotz* MittBayNot 2019, 207.
20 BGH NStZ-RR 2020, 106 (107); DNotZ 1956, 502; BeckOK BGB/*Litzenburger* § 10 BeurkG Rn. 7.
21 OLG Frankfurt DNotZ 1989, 640 (642).

nicht ausreichend sind nicht von einer Behörde ausgestellte Dokumente, zB eine Kreditkarte;[22]
- **Identifizierung anhand Erkennungszeugen:** geeignet sind nur solche Personen, die der Notar selbst als zuverlässig kennt; der Zeuge darf weder an der Beurkundungsangelegenheit beteiligt noch mit einem materiell Beteiligten verheiratet, verwandt oder verschwägert oder auf sonstige Weise eng verbunden sein; Unterschreiben muss der Erkennungszeuge die Niederschrift nicht;[23]
- **besondere Sachkunde** als Identifizierungsmittel scheidet praktisch aus;[24]
- für die **Kenntnis** iSv Abs. 2 S. 1 kommt es auf den Notar selbst an, der den Beteiligten persönlich kennen muss oder diesen bei einer früheren Beurkundung oder Besprechung entsprechend den Anforderungen des § 10 identifiziert hat.

Die Nachholung der Identifizierung ist beurkundungsverfahrensrechtlich zulässig. Bei Beurkundung wird der Zweifelsvermerk nach Abs. 3 S. 2 aufgenommen und später kann die Identitätsfeststellung über einen Vermerk nach § 39 erfolgen; möglich ist auch die Errichtung einer Niederschrift nach § 36. Der Vermerk kann entweder in die Ursprungsurkunde selbst aufgenommen oder beigefügt werden. Voraussetzungen für die Nachholung sind: unverzügliche Vorlage des Ausweises im Original durch den nachträglich identifizierten Beteiligten selbst sowie Identifizierung durch die Urkundsperson; ist letzteres nicht möglich, kommt eine Nachgenehmigung in Betracht.[25] 7

Nach Abs. 2 S. 1 vermerkt der Notar, wie er sich Gewissheit über die Person des Beteiligten verschafft hat. Der Grund des Bekanntseins muss nicht angegeben werden, auch nicht, dass eine Person „persönlich" bekannt ist. Im Übrigen genügt die allgemeine Umschreibung des Beweismittels, dh es ist etwa nicht erforderlich, ein Ausweispapier nach Art, Ausstellungsdatum, Ausweisnummer und ausstellender Behörde zu bezeichnen, was auch für ausländische amtliche Lichtbildausweise gilt.[26] 8

Die Identitätsfeststellung des Notars nimmt an der Beweiskraft der öffentlichen Urkunde iSv § 415 ZPO teil; aus diesem Grund müssen Gerichte und Grundbuchämter von der bezeugten Identität des Erklärenden ausgehen und sind hieran gebunden. Etwas anderes gilt, wenn entweder positive Kenntnis oder konkrete Anhaltspunkte für die Unrichtigkeit der Urkunde sprechen. Dies kann sich aus einem Zweifelsvermerk nach Abs. 3 S. 2 ergeben. Ein bloß formeller Verstoß gegen § 5 DONot genügt nicht. Die Ausgestaltung des § 10 als reine Sollvorschrift enthält die Wertentscheidung, dass ein Verstoß die Beweiskraft der Urkunde grundsätzlich unberührt lässt.[27] Die Beweiswirkung bezieht sich nicht auf die Feststellung, wie sich der Notar über die Person der Beteiligten Gewissheit verschafft hat, so dass bei einer insoweit unrichtigen Feststellung keine Falschbeurkundung gegeben ist.[28] Die notarielle Urkunde erbringt ferner keinen Beweis über: (i) Angaben des Testierenden zur Person von Begünstigten 9

22 Zur Identifizierung anhand „sonstiger Dokumente" BeckOK BeurkG/*Bremkamp* § 10 Rn. 68 f., wobei die Identität zur *Gewissheit* feststehen und der Notar besondere Sorgfalt bei der Identifizierung walten lassen muss.
23 BeckOK BGB/*Litzenburger* § 10 BeurkG Rn. 10. Kritisch dazu: *Lerch* § 10 Rn. 11.
24 Zutreffend BeckOK BeurkG/*Bremkamp* § 10 Rn. 70.
25 Näher hierzu Grziwotz/Heinemann/*Heinemann* § 10 Rn. 26 f. mwN.
26 OLG Frankfurt DNotZ 1989, 640 (641) („keine besondere Protokollierung des Prüfungsvorgangs"); Grziwotz/Heinemann/*Heinemann* § 10 Rn. 30 mwN.
27 Zum Ganzen OLG Celle DNotZ 2006, 297 (299 f.) mwN.
28 BGH DNotZ 2005, 213 (214).

oder Beschwerten in einem notariellen Testament;[29] (ii) den Familienstand von Beteiligten; sind Angaben zum Güterstand enthalten, beweist die Urkunde lediglich dass die in ihr angegebene Person eine Erklärung des wiedergegebenen Inhalts abgegeben hat.[30]

II. Identifizierung nach dem GwG

10 **1. Einleitung; Überblick.** Im Anwendungsbereich des GwG[31] bestehen für Notare weitreichende Identifizierungs- und Dokumentationspflichten, die § 10 ergänzen. Verstöße gegen das GwG lassen die Wirksamkeit der Beurkundung unberührt, sind aber nach § 56 GwG weitgehend sanktionsbewehrt. Insbesondere bestehen zwingende Melde- und Anhaltepflichten sowie Beurkundungsverbote (→ GwG § 10 Abs. 9 → Rn. 1 ff.). Zur aktuellen Fassung des GwG hat die BNotK Auslegungs- und Anwendungshinweise aufgestellt (AnwEmpfGwG/BNotK), die mit dem Stand vom Oktober 2021 berücksichtigt sind.[32] Soweit diese durch den Landgerichtspräsidenten im jeweiligen Amtsbereich als Aufsichtsbehörde (§ 50 Nr. 5 GwG) genehmigt werden, sind sie für Notare zwar nicht formal, aber faktisch verbindlich, vgl. § 51 Abs. 8 GwG. Verlässt sich der Notar als Verpflichteter auf die genehmigten Auslegungs- und Anwendungshinweise und stellt sich heraus, dass diese rechtlich unzutreffend waren, kann insbesondere eine Ahndung als Ordnungswidrigkeit wegen unvermeidbaren Verbotsirrtums nach § 11 Abs. 2 OWiG ausscheiden. Entsprechendes gilt für die Auskünfte des Bundesverwaltungsamts im Rahmen der sog. FAQ[33] zum Transparenzregister, die für den Notar zur Identifizierung des wirtschaftlich Berechtigten (wB) wichtige Erkenntnisquelle sind.

11 Im Anwendungsbereich des GwG trifft den Notar die Pflicht, den formell Beteiligten sowie, soweit vorhanden, den wB zu identifizieren. Es ergibt sich zusammengefasst folgende Prüfungsreihenfolge: (i) Zunächst prüft der Notar, ob der Anwendungsbereich des GwG eröffnet ist. Nur dann gelten über § 10 hinausgehende Identifizierungspflichten. (ii) Sodann stellt der Notar das konkrete Geldwäscherisiko fest, von dem der Umfang der geldwäscherechtlichen Pflichten abhängt. (iii) In jedem Fall ist die Identität der formell Beteiligten festzustellen und zu überprüfen. (iv) Handelt ein formell Beteiligter auf Veranlassung von wB, ist ebenfalls deren Identität festzustellen und zu überprüfen. Besonderheiten gelten in Abhängigkeit von (x) der Veranlassungskonstellation, (y) der Person des wB und (z) der Art des konkreten Rechtsgeschäfts. (v) Als Resultat der vorhergehenden geldwäscherechtlichen Identifizierungsprüfung können den Notar Melde- und Anhaltepflichten treffen, ggf. bestehen Beurkundungsverbote. (vi) Schließlich dokumentiert der Notar die erhobenen Angaben und von ihm getroffenen Maßnahmen.

29 OLG Düsseldorf FGPrax 2017, 35 (36).
30 KG FGPrax 2014, 194 (195) m. krit. Anm. *Heinemann*.
31 Zuletzt geändert mWv 1.8.2021 durch Gesetz zur europäischen Vernetzung der Transparenzregister und zur Umsetzung der Richtlinie 2019/1153 des Europäischen Parlaments und des Rates vom 20.6.2019 zur Nutzung von Finanzinformationen für die Bekämpfung von Geldwäsche, Terrorismusfinanzierung und sonstigen schweren Straftaten vom 25.6.2021, BGBl. I 2021, 2083; hierzu *Thelen* notar 2021, 333.
32 Hilfreich für die Praxis sind zudem die von der BNotK mit Stand Oktober 2021 veröffentlichten FAQs (GwGFAQ/BNotK).
33 Abrufbar unter https://www.bva.bund.de/SharedDocs/Downloads/DE/Aufgaben/ZMV/Transparenzregister/Transparenzregister_FAQ.pdf.

2. Anwendungsbereich. Der Anwendungsbereich[34] des GwG ist eröffnet, insoweit der Notar nach § 2 Abs. 1 Nr. 10 GwG „Verpflichteter" ist. Zusammengefasst ist das der Fall bei (i) Immobilienkäufen, einschließlich Sondereigentum und Erbbaurecht; (ii) grundsätzlich allen gesellschaftsrechtlichen Vorgängen, einschließlich Handelsregisteranmeldungen;[35] und (iii) bei Verwahrungstätigkeiten. Dabei gilt das GwG bei Spezialvollmachten im Zusammenhang mit den vorbenannten Geschäften. Nicht in den Anwendungsbereich des GwG fallen: (i) Schenkungen sowie Übergabe- und Überlassungsverträge, auch bezüglich Immobilien und Gesellschaftsanteilen; (ii) sämtliche Vorgänge, die auf die Begründung sonstiger Rechte an einem Grundstück oder die Verfügung über solche Rechte gerichtet sind; (iii) familienrechtliche Angelegenheiten; (iv) erbrechtliche Angelegenheiten; (v) General- und Vorsorgevollmachten.[36] Bei reinen Unterschriftsbeglaubigungen und Spezialvollmachten beschränken sich die geldwäscherechtlichen Pflichten des Notars auf die Identifizierung des Erschienenen.[37] Eine Pflicht zur Identifizierung der wB besteht auch bei der Unterschriftsbeglaubigung mit Entwurf, die ein Geschäft im Anwendungsbereich des GwG betrifft. Der Wortlaut des GwG enthält keinen gegenteiligen Anhaltspunkt; der Anwendungsbereich des GwG ist für den Notar bereits bei der „Mitwirkung" an den in § 2 Abs. 1 Nr. 10 lit. a GwG aufgeführten Geschäften eröffnet. Es ist im Übrigen kein Grund ersichtlich, nur in einer Beurkundung die Begründung einer Geschäftsbeziehung (§ 10 Abs. 3 Nr. 1 GwG) zu sehen. 12

3. Vorgangsbezogene[38] Risikobewertung. Bei jedem Geschäft im Anwendungsbereich des GwG muss der Vorgang anhand einer Gesamtschau sämtlicher Umstände des Einzelfalls nach dem Geldwäscherisiko in (i) geringes, (ii) übliches oder (iii) höheres Risiko eingestuft werden. Gesetzgeberischer Normalfall ist die Annahme des üblichen Geldwäscherisikos, so dass bei entsprechender Einstufung keine Abwägungsgesichtspunkte dokumentiert werden müssen. Nur Abweichungen hin zu geringem oder höherem Geldwäscherisiko müssen begründet werden. Bei üblichem Geldwäscherisiko sind die allgemeinen geldwäscherechtlichen Pflichten einzuhalten. Das konkrete geldwäscherelevante Geschäft ist anhand der in den Anlagen 1 und 2 zum GwG genannten Risikofaktoren, die für ein geringes bzw. höheres Geldwäscherisiko sprechen (Generalklauseln in den §§ 14 Abs. 1, 15 Abs. 2 GwG), einzustufen. Ein höheres Risiko liegt zwingend vor in den Fällen des § 15 Abs. 3 GwG (gesetzliche Regelbeispiele). Zu Letzterem gehören Vorgänge (i) unter Beteiligung politisch exponierter Personen und deren Familienmitgliedern bzw. ihnen bekanntermaßen nahestehender Person, § 15 Abs. 3 Nr. 1 GwG, sowie (ii) Vorgänge, bei denen ein Beteiligter bzw. ein wB in einem Risikoland ansässig ist, § 15 Abs. 3 Nr. 2 GwG. Für ein höheres Risiko kann ein meldepflichtiger Sachverhalt nach der GwGMeldV-Immobilien sprechen. 13

4. Identifizierung der formell Beteiligten. Die Pflicht zur Identifizierung des „Vertragspartners" und der gegebenenfalls „für ihn auftretenden Person" nach 14

34 Zu Einzelheiten zum Anwendungsbereich s. AnwEmpfGwG/BNotK S. 13 ff. sowie die GwGFAQ/BNotK, Nr. 1 ff. und BeckOK BeurkG/*Bremkamp* § 10 Rn. 3 ff. mwN.

35 Im Bereich gesellschaftsrechtlicher Tätigkeit der Notare wird angesichts des breiten Wortlauts des § 10 Abs. 1 Nr. 10 lit. a ee GwG zu Recht empfohlen, vorsorglich die geldwäscherechtlichen Pflichten stets zu beachten.

36 AnwEmpfGwG/BNotK S. 13 ff.

37 So auch *Sommer* MittBayNot 2019, 107 (108). S. zu Identifizierungspflichten bei vollmachtloser Vertretung GwGFAQ/BNotK, Nr. 10.

38 Zur Analyse des Geldwäscherisikos der eigenen Notarstelle nach § 5 GwG AnwEmpfGwG/BNotK, S. 16 ff.

§ 10 Abs. 1 Nr. 1 GwG bezieht sich immer nur auf die formell Beteiligten, also die Erschienenen. Damit ist die nach dem GwG zu identifizierende Person identisch mit dem Beteiligten iSv § 6 Abs. 2. In Vertretungsfällen ist somit nur der Vertreter nach §§ 10 Abs. 1 Nr. 1, 11 Abs. 4 Nr. 1, 12 Abs. 1, 13 Abs. 1 GwG zu identifizieren. Dies gilt auch bei Vertretung ohne Vertretungsmacht.[39] Im Hinblick auf den Vertretenen ist der wB nach §§ 10 Abs. 1 Nr. 2, 11 Abs. 5 GwG zu identifizieren. Bei Gesellschaften muss ebenfalls nur die als Vertreter auftretende natürliche Person identifiziert werden. Die §§ 11 Abs. 4 Nr. 2, 12 Abs. 2 GwG finden für Notare keine Anwendung.[40] Bei Unterschriftsbeglaubigungen ohne Entwurf sind stets nur diejenigen Personen zu identifizieren, die die Unterschrift vollziehen oder anerkennen. Bei Unterschriftsbeglaubigungen mit Entwurf dürften hingegen die vollen geldwäscherechtlichen Identifizierungspflichten greifen (→ Rn. 12).

15 Die Identifizierung sollte nach § 11 Abs. 1 GwG spätestens im Beurkundungstermin durchgeführt werden. Richtigerweise wird die Geschäftsbeziehung iSv § 1 Abs. 4 GwG im notariellen Bereich nur mit bzw. unmittelbar vor Durchführung des notariellen Amtsgeschäfts begründet.[41] Die Identifizierung erfolgt gem. § 1 Abs. 3 GwG in zwei Schritten: (i) Erhebung der erforderlichen Angaben und (ii) deren Überprüfung.[42] Gem. § 11 Abs. 4 Nr. 1 GwG[43] muss der formell Beteiligte anhand Vor- und Nachnamen, Geburtsort, Geburtsdatum, Staatsangehörigkeit und Wohnanschrift identifiziert werden.[44] Bei höherem Geldwäscherisiko aufgrund Bezugs zu einem Risikostaat sind gem. § 15 Abs. 5 Nr. 1 lit. a GwG zusätzliche Daten zu erheben; denkbar wäre etwa zusätzlich die Erhebung des Berufs. Die Identität darf bei üblichem Geldwäscherisiko nur anhand des Originals[45] eines gültigen amtlichen Lichtbildausweises überprüft werden, der nach inländischen oder ausländerrechtlichen Bestimmungen der Ausweispflicht in Deutschland genügt (§§ 12 Abs. 1, 13 Abs. 1 Nr. 1 GwG). Mit sonstigen Verfahren iSv § 13 Abs. 1 Nr. 2 GwG sind vorwiegend solche gemeint, die einen elektronischen Identitätsnachweis einer physisch nicht anwesenden Person ermöglichen, dabei aber einen Sicherheitsstandard aufweisen, der dem Verfahren nach § 13 Abs. 1 Nr. 1 GwG gleichwertig ist; weitere Verfahren zur Überprüfung der Identität können durch Rechtsverordnung gemäß § 13 Abs. 2 GwG bestimmt werden.[46] Ein sonstiges Verfahren zur Identitätsüberprüfung ist das von der BNotK betriebene Videokommunikationsverfahren, an das § 16c BeurkG besondere Anforderungen stellt.[47] Zusammengefasst gilt: Bei Deutschen und EU-Bürgern sowie Bürgern des Europäischen Wirtschaftsraumes sind gültiger Personalausweis oder Reisepass ausreichend; die Identifizierung von Drittstaatlern erfolgt nur durch gültigen und anerkannten/

39 BT-Drs. 18/7204, S. 99; AnwEmpfGwG/BNotK, S. 25.
40 AnwEmpfGwG/BNotK, S. 25.
41 *Sommer* MittBayNot 2019, 226 (227).
42 Anschaulich BGH ZEV 2021, 438 mAnm *Litzenburger*.
43 § 11 Abs. 4 Nr. 2 GwG (Identifizierung juristischer Personen und Personenhandelsgesellschaften) hat für den Notar keine Bedeutung, da der Notar nur formell Beteiligte identifizieren muss (AnwEmpfGwG/BNotK, S. 25).
44 Staatsangehörigkeit und Geburtsort müssen nach § 5 Abs. 1 S. 1 DONot nicht erhoben werden.
45 BGH ZEV 2021, 438 Rn. 22 f. mAnm *Litzenburger*.
46 Vgl. auch BGH ZEV 2021, 438 Rn. 24 ff. mAnm *Litzenburger*.
47 Eingeführt durch Art. 4 Nr. 3 des Gesetzes zur Umsetzung der Digitalisierungsrichtlinie.

zugelassenen Reisepass.[48] Bei geringem Geldwäscherisiko genügt gem. § 14 Abs. 2 Nr. 2 GwG eine Identifizierung anhand sonstiger Dokumente, Daten oder Informationen, die von einer glaubwürdigen und unabhängigen Quelle stammen und für die Überprüfung geeignet sind. Dies können abgelaufene Ausweisdokumente, die eine Identifizierung noch ermöglichen, oder auch Erkennungszeugen sein. Ferner kommen der Führerschein oder sogar eine Stromrechnung, aus der der Name der zu identifizierenden Person hervorgeht, in Betracht.[49] Ausreichen dürften folglich auch die Bestallungsurkunde eines Nachlasspflegers oder die beglaubigte Abschrift eines Ausweisdokuments.[50] Eine Identifizierung alleine aufgrund Bekanntheit (vgl. Abs. 3 S. 1) ist angesichts des Wortlauts des § 14 Abs. 2 Nr. 2 GwG, der von einer glaubwürdigen und unabhängigen Quelle spricht, nicht zulässig. Eine unabhängige Quelle wird der Notar als durch das GwG Verpflichteter selbst nicht sein. Es muss mindestens einmal nach dem GwG identifiziert worden sein, wobei es aber kein „Ablaufdatum" für die Identifizierung gibt (vgl. § 11 Abs. 3 GwG). Wenn der Notar nicht die Richtigkeit der zuvor erhobenen Angaben anzweifelt, bleibt die frühere Identifizierung ausreichend und es kann in der Urkunde vermerkt werden, dass der betreffende Beteiligte bereits bekannt ist.[51]

5. Identifizierung der wirtschaftlich Berechtigten. Nach § 10 Abs. 1 Nr. 2 GwG 16 muss der Notar abklären, ob ein Beteiligter für einen wB handelt und diesen nach §§ 11 Abs. 5, 12 Abs. 3 und 4 GwG identifizieren. Als wB ist diejenige natürliche Person anzusehen, (i) in deren Eigentum oder unter deren Kontrolle eine juristische Person, sonstige Gesellschaft oder eine Rechtsgestaltung steht (§ 3 Abs. 1 Nr. 1 GwG) oder (ii) auf deren Veranlassung eine notarielle Amtstätigkeit durchgeführt oder begründet wird (§ 3 Abs. 1 S. 1 Nr. 2 GwG). Die Identifizierungspflicht hinsichtlich des wB soll Strohmanngeschäften entgegenwirken und denjenigen sichtbar machen, in dessen wirtschaftlichen oder rechtlichen Interesse eine Transaktion erfolgt.[52] Für den Notar gibt es drei Veranlassungskonstellationen, in denen er den wB zu identifizieren hat: (i) die Vertretung einer natürlichen Person; (ii) die Vertretung von juristischen Personen oder Personengesellschaften; und (iii) Treuhandverhältnisse.[53] Die Beteiligten haben gegenüber dem Notar offenzulegen, ob sie für einen wB handeln und wer dies ist. Zudem müssen sie gem. § 11 Abs. 6 GwG die zur Prüfung erforderlichen Dokumente und Informationen zur Verfügung stellen. In Vertretungsfällen ist das Handeln für einen wB offenbar, in Treuhandkonstellationen nicht. Zu empfehlen ist es daher, in die Urkunde standardmäßig eine Erklärung der Beteiligten aufzunehmen, wonach sie bzw. die von ihnen Vertretenen auf eigene Rechnung handeln.

Der Notar erhebt gem. § 11 Abs. 5 S. 1 GwG in einem ersten Prüfungsschritt 17 den Vor- und Nachnamen des wB sowie weitere Merkmale, wenn dies angesichts eines höheren Geldwäscherisikos angezeigt ist: Geburtsdatum, Geburtsort und Anschrift, ggf. zudem Staatsangehörigkeit und Beruf. Anschließend überprüft der Notar diese Angaben auf ihre Richtigkeit (§ 1 Abs. 3 GwG). Die

48 S. AnwEmpfGwG/BNotK, S. 24 sowie die Aufzählung bei GwGFAQ/BNotK, Nr. 20.
49 So die Auslegungs- und Anwendungshinweise der BaFin (Stand: Mai 2020), S. 60.
50 Ausdrücklich offengelassen mangels geringeren Geldwäscherisikos in BGH ZEV 2021, 438 Rn. 31 mAnm *Litzenburger*.
51 GwGFAQ/BNotK, Nr. 21.
52 BT-Drs. 16/9038, S. 30; hierzu Herzog/*Figura*, GwG, § 3 Rn. 1.
53 Vgl. AnwEmpfGwG/BNotK S. 28, dort auch ein Schaubild zu den Veranlassungskonstellationen, den jeweiligen wB und den durchzuführenden Identifizierungsmaßnahmen.

Art und Weise der Überprüfung der erhobenen Angaben hängt von der Veranlassungskonstellation ab. Der Notar hat auf Schlüssigkeit zu prüfen, darf sich bei üblichem Geldwäscherisiko aber grundsätzlich auf die Angaben der Beteiligten verlassen.[54] Nur wenn konkrete Anhaltspunkte für die Unrichtigkeit vorhanden sind oder ein höheres Geldwäscherisiko besteht, ist eine Überprüfung der Angaben erforderlich. Zur Prüfung der erhobenen Angaben kann sich der Notar vor allem eine Kopie des Lichtbildausweises vorlegen lassen und/oder eine Internetrecherche durchführen.[55]

18 Bei natürlichen Personen erfolgt die Prüfung primär anhand vorgelegter Vollmachtsurkunden, -bestätigungen oder Genehmigungen.

19 In Fällen der Vertretung juristischer Personen und Personenhandelsgesellschaften zählt zu den wB die natürliche Person, die unmittelbar oder mittelbar mehr als 25 % der Kapital- oder Stimmrechte hält oder auf vergleichbare Art und Weise Kontrolle ausübt; kann kein wB ermittelt werden, sind wB die gesetzlichen Vertreter, geschäftsführende Gesellschafter oder Partner der Gesellschaft (§ 3 Abs. 2 GwG). Der Notar geht wie folgt vor: (i) Zunächst sieht der Notar bei Gesellschaften (nicht: GbR[56]), Trusts und vergleichbaren Rechtsgestaltungen das Transparenzregister gem. § 12 Abs. 3 S. 2 GwG ein.[57] Ab dem 1.1.2023 wird der Notar ein automatisiertes Einsichtnahmerecht haben (§§ 23 Abs. 3, 59 Abs. 3 GwG). Die Einsichtnahme ist entbehrlich, wenn (x) ein Altmandant[58] betroffen ist; oder (y) bereits eine frühere Identifizierung entsprechend den Vorschriften des GwG erfolgt ist und der Notar keine Anhaltspunkte für die Unrichtigkeit der erhobenen Angaben hat, § 11 Abs. 3 GwG.[59] Das Transparenzregister ist nur für die an der Urkunde beteiligte Gesellschaft einzusehen. Bei ausländischen, unmittelbar Immobilien erwerbenden Rechtseinheiten sowie solchen ausländischen Rechtseinheiten, die Geschäftsanteile erwerben und in der Folge unmittelbar oder mittelbar mindestens 90% der Anteile an einer immobilienhaltenden Gesellschaft innehaben, ist die Erfüllung der Mitteilungspflicht gegenüber dem Transparenzregister vor Beurkundung zwingend, sonst besteht gem. § 10 Abs. 9 S. 4 GwG ein Beurkundungsverbot.[60] (ii) Sodann erfolgt die Überprüfung der erhobenen Angaben anhand risikoangemessener Maßnahmen. Dies kann und sollte[61] aufgrund einer Prüfung der vorgelegten Dokumentation

54 *Sommer* MittBayNot 2019, 226 (231); AnwEmpfGwG/BNotK, S. 32.

55 *Klein* BWNotZ 2018, 35 (46).

56 Sollte eine GbR infolge des zum 1.1.2024 in Kraft tretenden Gesetzes zur Modernisierung des Personengesellschaftsrechts in dem neuen Gesellschaftsregister eingetragen sein, muss auch für sie Einsicht in das Transparenzregister genommen werden.

57 Die (bußgeldbewehrte) Pflicht zur Registrierung der wB im Transparenzregister besteht nach § 20 Abs. 1 GwG unabhängig von den geldwäscherechtlichen Identifizierungspflichten. Nicht zwingend, aber empfehlenswert ist der Hinweis auf die Mitteilungspflicht, die auch der Notar für die Beteiligten vornehmen kann. Näher hierzu *Thelen* notar 2021, 333 (334 f.).

58 Nach den AnwEmpfGwG/BNotK, S. 35 sind Altmandanten solche, die bereits vor dem 1.1.2020 die Notarstelle wegen einer notariellen Amtstätigkeit aufgesucht haben.

59 Für Vorgänge ab dem 1.8.2021 greift die sog. Mitteilungsfiktion nach § 20 Abs. 2 GwG aF nicht mehr. Vgl. AnwEmpfGwG/BNotK, S. 36.

60 Ausreichend ist gem. § 20 Abs. 1 S. 3 GwG, dass die Gesellschaft bereits in einem Transparenzregister eines anderen EU-Mitgliedstaats eingetragen ist.

61 Außerhalb des Anwendungsbereichs des § 1 GrEStG ist die Vorlage einer EKS nicht zwingend, da § 10 Abs. 1 Nr. 2 Hs. 2 GwG für den Notar nicht relevant ist; Vertragspartner des Notars ist nur eine natürliche Person, vgl. AnwEmpfGwG/BNotK, S. 34 und Fn. 51.

der Eigentums- und Kontrollstruktur (EKS; → GwG § 10 Abs. 9 Rn. 2 ff.) oder Einsichtnahme in Angaben und Dokumente im Register und/oder Gesellschaftsdokumente wie Gesellschaftsvertrag oder Beschlüsse erfolgen. Die EKS kann mittels Übersendung des von der BNotK zur Verfügung gestellten Fragebogens zum wB abgefragt werden. Auch die Einsicht in das Transparenzregister dient der Überprüfung der erhobenen Angaben. Gem. § 12 Abs. 3 S. 3 GwG (Regelvermutung für die Erfüllung der Sorgfaltspflicht) reicht die Einsichtnahme in das Transparenzregister zur Identitätsüberprüfung sogar aus, wenn (i) die dem Notar mitgeteilten Angaben zu den wB mit denen im Transparenzregister übereinstimmen, (ii) keine Anhaltspunkte für Zweifel an der Richtigkeit der Angaben bestehen und (iii) kein höheres Geldwäscherisiko besteht. Gem. § 12 Abs. 4 GwG zwingend ist die Vorlage einer schlüssigen EKS in Textform vor Beurkundung bei in- und ausländischen Gesellschaften nur bei Erwerbsvorgängen nach § 1 GrEStG (→ GwG § 10 Abs. 9 Rn. 2 ff.).[62] Nur wenn konkrete Anhaltspunkte für die Unrichtigkeit vorhanden sind oder ein höheres Geldwäscherisiko besteht, müssen die erhobenen Angaben und die EKS überprüft werden, etwa anhand Registereinsicht oder Prüfung der Gesellschaftsdokumente.[63] Liegt ein meldepflichtiger Sachverhalt vor und weicht der vom Notar ermittelte wB von den Angaben im Transparenzregister ab bzw. liegt ein Negativattest vor, obwohl eine Eintragung zu erfolgen hat, muss der Notar gem. § 23a GwG eine Unstimmigkeitsmeldung abgeben.[64] Durch die Aufhebung der früheren Mitteilungsfiktion liegt stets eine Unstimmigkeit vor, wenn im Transparenzregister einer mitteilungspflichtigen Rechtseinheit (§§ 20, 21 GwG) keine Angaben zu den wB eingetragen sind.[65]

In Treuhandfällen kann der Notar die Richtigkeit der erhobenen Angaben anhand des Treuhandvertrags überprüfen, soweit vorhanden. 20

6. Meldepflichten im Zusammenhang mit der Identifizierung. Neben der Unstimmigkeitsmeldung sieht das GwG weitere Meldepflichten vor. Im Rahmen der notariellen Identifizierungspflichten relevant ist insbesondere § 43 Abs. 6 GwG iVm der am 1.10.2020 in Kraft getretenen GwGMeldV-Immobilien. Liegt hiernach ein meldepflichtiger Sachverhalt vor (sog. Sachverhaltsmeldung), ist der Notar vorbehaltlich einer Ausnahme nach § 7 GWGMeldV-Immobilien zur Meldung verpflichtet. Insbesondere §§ 4 und 5 GwGMeldV-Immobilien enthalten eine Reihe meldepflichtiger Sachverhalte im Zusammenhang mit der Identifizierung der Beteiligten und wB.[66] Im Übrigen ist der Notar nach § 43 Abs. 2 GwG nur zur Meldung verpflichtet, wenn er positive Kenntnis davon hat, dass seine Amtstätigkeit für Zwecke der Geldwäsche oder einer anderen Straftat genutzt wurde oder wird. Im Falle der Meldung ist die sog. Anhaltepflicht nach § 46 GwG zu beachten, so dass das Geschäft erst beurkundet bzw. weiter vollzogen werden darf, wenn die Zentralstelle für Finanztransaktionsuntersuchungen (FIU) oder die Staatsanwaltschaft der Fortsetzung zugestimmt hat oder der dritte Werktag nach dem Abgangstag der Meldung verstrichen ist, ohne dass 21

62 Gleichwohl empfiehlt sich die vorsorgliche Einholung der EKS auch bei allen anderen Geschäften unter Beteiligung von Gesellschaften zur Überprüfung der erhobenen Angaben.
63 AnwEmpfGwG/BNotK S. 31.
64 Näher hierzu AnwEmpfGwG/BNotK, S. 37 ff.
65 *Thelen* notar 2021, 333 (336).
66 S. zu den einzelnen meldepflichtigen Sachverhalten etwa die AnwEmpfGwG/BNotK, S. 47 ff.; *Thelen* Rn. 445; BeckOK-GwG/*Pelz*, 4. Ed., Stand 1.12.2020, GwGMeldV-Immobilien.

diese die Fortsetzung untersagt haben.[67] Lediglich vorbereitende Tätigkeiten wie die Entwurfserstellung sind von der Anhaltepflicht nicht umfasst. Zudem ist das Verbot der Informationsweitergabe nach § 47 GwG zu beachten, so dass der Notar die Beteiligten nicht über eine beabsichtigte oder erstatte Meldung, ein eingeleitetes Ermittlungsverfahren oder ein Auskunftsverlangen der FIU informieren darf.

22 **7. Aufzeichnungs- und Aufbewahrungspflichten.** Die vorgangsbezogenen Aufzeichnungs- und Aufbewahrungspflichten des Notars im Zusammenhang mit der Identifizierung sowie der hierzu getroffenen Maßnahmen und eingeholten Informationen sind in § 8 GwG detailliert geregelt. Vorgangsbezogen sind aufzubewahren: (i) die zur Identifizierung erhobenen Daten der Beteiligten (insbesondere Ausweiskopien); (ii) eingeholte Information zur wirtschaftlichen Berechtigung (insbesondere die EKS und Gesellschaftsdokumente wie auch Transparenzregister- und andere Registerauszüge); (iii) konkrete Risikobewertung und Begründung, wenn Abweichung vom üblichen Geldwäscherisiko; (iv) die aufgrund des festgestellten Risikos veranlassten weiteren Maßnahmen und Ermittlungen sowie deren Ergebnisse, insbesondere im Rahmen verstärkter Sorgfaltspflichten; (v) bei genauerer Prüfung einer möglichen Meldepflicht die Erwägungsgründe sowie eine nachvollziehbare Begründung des Ergebnisses.[68] Die Angaben und Informationen können in der Nebenakte oder einem Sammelordner aufbewahrt oder gem. § 8 Abs. 3 GwG digital auf einem Datenträger gespeichert werden.

III. Identifizierung und Urkundsgewährungsanspruch

23 Kann der Notar sich nicht Gewissheit über die Identität verschaffen, ist er beurkundungsverfahrensrechtlich zur Beurkundung verpflichtet, wenn alle[69] Beteiligten auf der Beurkundung bestehen (vgl. Abs. 2 S. 2), muss dann aber gem. Abs. 3 S. 2 einen Zweifelsvermerk aufnehmen.[70] Im Zweifelsvermerk sind nach Abs. 3 S. 2 anzugeben: (i) der Grund der Unmöglichkeit der Identitätsfeststellung, (ii) die Belehrung durch den Notar über die beeinträchtigte Verwertbarkeit der Urkunde und (iii) das gleichwohl gegebene Beurkundungsverlangen der Beteiligten. Bei einer Unterschriftsbeglaubigung ist ein Zweifelsvermerk nicht möglich; die Beurkundung ist in einem solchen Fall von vornherein abzulehnen, vgl. § 40 Abs. 4.

24 Geldwäscheverfahrensrechtlich gilt: Nach § 10 Abs. 9 S. 3 GwG darf der Notar die Beurkundung grundsätzlich nicht deswegen ablehnen, weil er seine Identifizierungspflichten nicht erfüllen kann. Es besteht folglich bei unzureichender geldwäscherechtlicher Identifizierung kein Beurkundungs*verbot*. Aus diesem Grund soll der Notar aufgrund des Urkundsgewährungsanspruchs gem. § 15 Abs. 1 S. 1 BNotO in solchen Fällen auch kein Ablehnungs*recht* haben.[71] § 10 Abs. 9 S. 3 GwG besagt jedoch nur, dass kein Beurkundungsverbot besteht, dh § 10 Abs. 9 S. 3 GwG schließt ein Ablehnungsrecht nicht aus. Soweit die geld-

---

67 Für die Fristberechnung gelten die §§ 187 ff. BGB entsprechend; gem. § 46 Abs. 1 S. 2 GwG gilt der Samstag nicht als Werktag.
68 So AnwEmpfGwG/BNotK, S. 18 ff.
69 *Lerch* § 10 Rn. 16.
70 Allg. Meinung: BeckOK BeurkG/*Bremkamp* § 10 Rn. 84; *Lerch* § 10 Rn. 15; Armbrüster/Preuß/Renner/*Piegsa* § 10 Rn. 15; *Winkler* § 10 Rn. 27; aA LG Dessau-Roßlau DNotZ 2020, 665 m. abl. Anm. *Bremkamp*.
71 *Thelen* Rn. 402 ff.; BeckOK BGB/*Litzenburger* § 10 BeurkG Rn. 12; *Bremkamp* DNotZ 2020, 668 ff.

wäscherechtlichen Identifizierungspflichten über jene des § 10 hinausgehen,[72] etwa im Hinblick auf die Vorlage eines gültigen amtlichen Lichtbildausweises[73] oder hinsichtlich der Identifizierung des wB, steht dem Notar richtigerweise ein Ablehnungsrecht zu, dies insbesondere bei nachhaltiger und ohne Grund oder nicht nachvollziehbar begründeter Verweigerung der Erfüllung der geldwäscherechtlichen Pflichten.[74] § 15 Abs. 1 S. 1 BNotO steht dem nicht entgegen, da in der nicht hinreichenden Identifizierung ein ausreichender Grund zu sehen ist.[75] Beurkundet der Notar gleichwohl, muss die Identifizierung nach der Beurkundung nachgeholt werden. Verweigert ein Beteiligter die Vorlage der hierfür erforderlichen Dokumente, besteht eine Meldepflicht nach § 4 Abs. 1 Var. 1 GwGMeldV-Immobilien im Anwendungsbereich dieser Verordnung. Im Übrigen sind die Beurkundungsverbote nach § 10 Abs. 9 S. 4 GwG zu beachten.

§ 11 Feststellungen über die Geschäftsfähigkeit

(1) [1]Fehlt einem Beteiligten nach der Überzeugung des Notars die erforderliche Geschäftsfähigkeit, so soll die Beurkundung abgelehnt werden. [2]Zweifel an der erforderlichen Geschäftsfähigkeit eines Beteiligten soll der Notar in der Niederschrift feststellen.
(2) Ist ein Beteiligter schwer krank, so soll dies in der Niederschrift vermerkt und angegeben werden, welche Feststellungen der Notar über die Geschäftsfähigkeit getroffen hat.

Literatur:
Grziwotz, Notarielle Feststellungen zur Geschäftsfähigkeit von betagten Erblassern, DNotZ 2020, 389; *Litzenburger*, Sind die notariellen Vermerkpflichten zur Geschäftsfähigkeit mit dem Grundrecht auf Schutz der Privatsphäre vereinbar?, ZEV 2016, 1; *Schmoeckel*, Die Geschäfts- und Testierfähigkeit von Demenzerkrankten, NJW 2016, 433; *Zimmermann*, Juristische und psychiatrische Aspekte der Geschäfts- und Testierfähigkeit, BWNotZ 2000, 97.

I. Allgemeines

Nach Abs. 1 soll ein Notar die Beurkundung ablehnen, wenn einem Beteiligten nach Überzeugung des Notars die erforderliche Geschäftsfähigkeit fehlt. Gemäß Abs. 1 S. 2 soll der Notar Zweifel an der erforderlichen Geschäftsfähigkeit eines Beteiligten in der Niederschrift feststellen. Ist ein Beteiligter schwer krank, soll dies in der Niederschrift vermerkt und angegeben werden, welche Feststellungen der Notar über die Geschäftsfähigkeit getroffen hat (Abs. 2). Nur bei Verfügungen von Todes wegen muss der Notar nach § 28 seine positive Überzeugung von der Geschäftsfähigkeit in der Niederschrift vermerken; diese Vor- 1

72 Denn für das Beurkundungsrecht folgt aus § 10 Abs. 2 S. 2 BeurkG der Vorrang des Urkundsgewährungsanspruchs.
73 Hierzu LG Dessau-Roßlau DNotZ 2020, 665.
74 So *Sommer* MittBayNot 2019, 226 (234).
75 BeckOK-BNotO/*Sander* § 15 Rn. 80; für ein Ablehnungsrecht bei nachhaltiger und nicht nachvollziehbarer Verweigerung der Mitwirkungspflichten nach § 11 Abs. 6 GwG und zusätzlich höherem Geldwäscherisiko AnwEmpfGwG/BNotK, S. 42.

schrift stellt eine Ergänzung von § 11 dar und lässt dessen Anwendungsbereich im Übrigen unberührt. Ansonsten besteht keine Pflicht des Notars, sich stets von der Geschäftsfähigkeit jedes (formell) Beteiligten zu überzeugen.[1] § 11 ist insgesamt eine Ordnungsvorschrift, ein Verstoß lässt die Wirksamkeit der Urkunde unberührt.

2 § 11 gilt für die Beurkundung von Willenserklärungen nach §§ 8 ff. Auf die Beurkundung von Gesellschafterbeschlüssen nach §§ 36 ff. ist § 11 analog anwendbar.[2] Für Eide und eidesstattliche Versicherungen kommt es auf die Eidesfähigkeit nach §§ 393, 455 Abs. 2 ZPO an. Bei Unterschriftsbeglaubigungen muss der Notar die Geschäftsfähigkeit der Unterzeichner grundsätzlich nicht prüfen. Abzulehnen ist die Unterschriftsbeglaubigung nach §§ 40 Abs. 4, 4 nur, wenn der Notar von der fehlenden Geschäftsfähigkeit überzeugt ist.[3] Anders ist es, wenn der Notar den zu unterzeichnenden Text selbst entworfen hat; dann gelten die Grundsätze für die Beurkundung von Willenserklärungen.[4] Einen Zweifelsvermerk darf der Notar aufnehmen, ist dazu aber nicht verpflichtet.[5]

II. Die erforderliche Geschäftsfähigkeit

3 § 11 setzt die zur Beurkundung der jeweiligen Willenserklärung erforderliche Geschäftsfähigkeit voraus.[6] Diese stellt formale und materielle Anforderungen. Formal muss das für das jeweilige Rechtsgeschäft erforderliche Mindestalter erfüllt sein. Dies richtet sich nach den §§ 2, 104 Nr. 1, 106–113 BGB. Die formale Testierfähigkeit bestimmen die §§ 2229 Abs. 1, 2233 Abs. 1, 2247 Abs. 4 und 2275 BGB. In materieller Hinsicht sind die §§ 104 Nr. 2, 105 Abs. 2 BGB und § 2229 Abs. 4 BGB zu beachten. An die Geschäfts- und die Testierfähigkeit sind dieselben Anforderungen zu stellen.[7] Geschäftsfähigkeit[8] erfordert das Folgende: Der Beteiligte muss in der Lage sein, den Sachverhalt zu erfassen, die Gründe der Entscheidung abzuwägen und dabei frei von Einflüssen Dritter vorzugehen. Auf die intellektuelle Leistungsfähigkeit kommt es nicht an. Die maßgeblichen Informationen und Zusammenhänge müssen also aufgenommen werden können, die beteiligten Personen sind zu erkennen und die Gründe müssen abgewogen werden.[9] Es gibt keine auf die Schwierigkeit des Geschäfts abstellende relative Geschäftsfähigkeit; entweder ist Geschäftsfähigkeit gegeben oder nicht.[10] Die Beurteilung der Geschäftsfähigkeit ist Rechtsfrage, die in der Beurkundungssituation der Notar beurteilt und nicht von anderen (Mediziner, Sachverständige) für ihn getroffen wird.[11]

1 BeckOK BGB/*Litzenburger* § 11 BeurkG Rn. 1.
2 BeckOK BGB/*Litzenburger* § 11 BeurkG Rn. 1.
3 S. nur DNotI-Report 2015, 153 (154) mwN.
4 Armbrüster/Preuß/Renner/*Piegsa* § 11 Rn. 5.
5 Armbrüster/Preuß/Renner/*Piegsa* § 11 Rn. 5.
6 Die Rechts- und Geschäftsfähigkeit eines Ausländers unterliegt nach Art. 7 Abs. 1 EGBGB dem Recht des Staates, dem die Person angehört, näher Armbrüster/Preuß/Renner/*Piegsa* § 11 Rn. 12.
7 BGH ZEV 2017, 278 (280), Rn. 12. Im Folgenden wird daher nur noch von der „Geschäftsfähigkeit" gesprochen.
8 Eine ausführliche Übersicht über Umstände, bei denen Geschäftsunfähigkeit in Betracht kommt, findet sich bei *Müller/Renner*, Betreuungsrecht und Vorsorgeverfügungen, 5. Aufl. 2018, Rn. 85 ff., dort jeweils mwN.
9 *Schmoeckel* NJW 2016, 433 (434); vgl. BGH DNotZ 2019, 293 f.; OLG München DNotZ 2008, 296; 2013, 504.
10 Vgl. BGH NJW 1989, 1878; 1992, 2100; OLG München DNotZ 2008, 296 (297).
11 Vgl. zB *Schmoeckel* NJW 2016, 433 (436).

III. Prüfungspflicht

4 Der Notar ist nach §§ 11, 17 verpflichtet, die Geschäftsfähigkeit der Parteien festzustellen.[12] Allerdings darf der Notar im Grundsatz davon ausgehen, dass ein Beteiligter geschäftsfähig ist; das Gesetz sieht die Geschäftsunfähigkeit als Ausnahmefall an.[13] Die tatsächliche Vermutung der Geschäftsfähigkeit folgt aus Abs. 1.[14] Das gilt auch für die Beachtlichkeit des Widerrufs einer Vorsorgevollmacht durch den Vollmachtgeber bei der Entscheidung über die Erteilung einer Vollmachtsausfertigung an den Vollmachtnehmer.[15] Bei Volljährigen besteht grundsätzlich keine Pflicht, weitere Nachforschungen hinsichtlich der Geschäftsfähigkeit anzustellen.[16] Erst wenn es Anhaltspunkte für ihr Fehlen gibt, ist der Notar zu näheren Nachforschungen verpflichtet.[17] Solche Anhaltspunkte können sich aus dem äußeren Erscheinungsbild und dem Verhalten des Beteiligten, aber auch aus sonstigen Umständen wie etwa fehlender zeitlicher und/oder örtlicher Orientierung, fehlender Einsicht in die Auswirkungen der Entscheidung und nicht gegebener intellektueller Aufnahmefähigkeit ergeben. Auch die Umstände des Rechtsgeschäfts können Anlass für Nachforschungen sein.[18] Kann die Geschäftsunfähigkeit nicht positiv festgestellt werden, ist von Geschäftsfähigkeit auszugehen.[19] Auch für Betreute gilt die Vermutung der Testierfähigkeit.[20] Nur aufgrund hohen Alters findet keine Beweislastumkehr statt.

5 Trotz Abs. 2 besteht keine Pflicht des Notars, einen Beteiligten nach möglichen schweren Krankheiten zu fragen. Nachforschungspflichten in Form einer Nachfrage bei den Beteiligten bestehen nur bei konkreten Anhaltspunkten. Eine (auch nur ungefähre) Definition der schweren Krankheit fehlt.[21] Es werden nur solche (schweren) Krankheiten erfasst, die die Geschäftsfähigkeit beeinträchtigen können.[22] Von vornherein ist Abs. 2 entgegen seinem Wortlaut mit der herrschenden Meinung daher teleologisch dahin zu reduzieren, dass solche körperlichen Krankheiten nicht erfasst sind, die regelmäßig ohne Auswirkungen auf die geistige Gesundheit sind.[23] Gemeint sind folglich schwere Krankheiten im Sinne einer Störung der Geistestätigkeit.

6 Grundsätzlich liegen die Art und der Umfang der Prüfung im pflichtgemäßen Ermessen des Notars unter Berücksichtigung des Einzelfalls. Regelmäßig wird das vom Notar anlässlich der Beurkundung geführte Gespräch ausreichen. Bei Anhaltspunkten für fehlende Geschäftsfähigkeit wird ein ausführlicheres Gespräch mit dem Beteiligten erforderlich, bei dem vom Notar sinnvollerweise auch außerhalb des Beurkundungsgegenstandes liegende Themen angesprochen

---

12 BGH BeckRS 2016, 1735 Rn. 12.

13 So BGH BeckRS 2016, 1735 Ls. 4; BGHZ 198, 381 Rn. 24; OLG Celle MittBayNot 2008, 492.

14 OLG Hamm RNotZ 2016, 60 (63); BayObLG DNotZ 1993, 471 (472 f.); BeckOK BGB/*Litzenburger* § 11 BeurkG Rn. 2; *Winkler* § 11 Rn. 3.

15 Hierzu LG Wuppertal BWNotZ 2021, 22.

16 OLG Hamm RNotZ 2016, 60 (63).

17 OLG Hamm RNotZ 2016, 60 (63).

18 Vgl. OLG Celle MittBayNot 2009, 492: Testierende hohen Alters, Geschäft von erheblicher wirtschaftlicher Tragweite, Begünstigter ist externe Pflegekraft.

19 Vgl. BGH FamRZ 2016, 701 (702) mAnm *Fröschle*.

20 OLG Frankfurt FamRZ 1996, 635; BeckOK BGB/*Litzenburger* § 11 BeurkG Rn. 2. Allerdings ist in der Betreuung ein Indiz für die Geschäftsunfähigkeit zu sehen, das Anlass sein kann für Nachforschungen des Notars.

21 Zum Begriff und möglichen Formen schwerer Krankheiten *Grziwotz* DNotZ 2020, 389 (393 f.) mwN, der darauf hinweist, dass es eine Definition selbst in der Medizin nicht gibt.

22 OLG Hamm RNotZ 2016, 60 (65).

23 BeckOK-BeurkG/*Bremkamp* § 11 Rn. 51; BeckOK BGB/*Litzenburger* § 11 Rn. 7.

oder unverfängliche Fragen gestellt werden könnten, mit denen die örtliche und zeitliche Orientierung und Merkfähigkeit des Betroffenen getestet wird.[24] Im Ergebnis wird die „Prüfung" der Geschäftsfähigkeit durch den Notar auf eine bloße Zweifelskontrolle hinauslaufen, denn er ist medizinischer Laie.[25] Die Durchführung psychiatrischer Tests durch den Notar kann nicht verlangt werden und ist nicht sinnvoll.[26] Stattdessen kann bei den Beteiligten in Grenzfällen eine Begutachtung durch einen Facharzt (Neurologe, Psychiater) angeregt werden.[27] Mit dem Einverständnis des Betroffenen kann der Notar bei Zweifeln über die Geschäftsfähigkeit Erkundigungen bei Pflegekräften und behandelnden Ärzten einholen.

IV. Beurkundungspflicht

7 Die Prüfung der Geschäftsfähigkeit kann zu drei möglichen Ergebnissen führen:[28] (i) Überzeugung von fehlender Geschäftsfähigkeit; (ii) Überzeugung von der erforderlichen Geschäftsfähigkeit; (iii) verbleibende Zweifel an der Geschäftsfähigkeit. Die Ablehnung der Beurkundung ist nur bei positiver Überzeugung von der Geschäftsunfähigkeit zulässig.[29] Bei bloßen Zweifeln muss der Notar beurkunden, wenn die Beteiligten dies verlangen; dann stellt er nach Abs. 1 S. 2 seine Zweifel in der Niederschrift fest. Besondere haftungsrechtliche Risiken bestehen bei der Ablehnung der Beurkundung eines Testaments oder Erbvertrags wegen Zweifeln an der Geschäftsfähigkeit.[30]

V. Vermerk des Notars

8 Im Ausgangspunkt ist der Notar nicht verpflichtet, Angaben zur Geschäftsfähigkeit in die Niederschrift aufzunehmen, auch nicht bei Personen höheren Alters (vgl. § 11). Es bestehen die folgenden Ausnahmen: (i) Bei Zweifeln an der Geschäftsfähigkeit soll der Notar diese in der Niederschrift feststellen, Abs. 1 S. 2. (ii) Bei Verfügungen von Todes wegen sind gem. § 28 die Wahrnehmungen des Notars zur erforderlichen Geschäftsfähigkeit stets in die Niederschrift aufzunehmen. (iii) Bei „schwerer Krankheit" vermerkt der Notar gem. Abs. 2 in der Niederschrift, welche Feststellungen er über die Geschäftsfähigkeit getroffen hat. Für den Vermerk nach Abs. 1 S. 2 sind jedenfalls die bestehenden Zweifel in der Niederschrift zu vermerken.[31] Für den Vermerk nach Abs. 2 gilt eine doppelte Vermerkpflicht: Es ist die Art der Erkrankung und zudem das Ergebnis des Notars aus der Prüfung der Geschäftsfähigkeit anzugeben. Nach zutreffender Auffassung sollen bei bestehenden Zweifeln aufgrund der Beweissicherungsfunktion der Vermerkpflicht jeweils noch die Ermittlungsmaßnahmen und tatsächlichen Ergebnisse detailliert in den Vermerk aufgenommen werden, um

24 OLG Hamm RNotZ 2016, 60 (64).
25 Zutreffend BeckOK-BeurkG/*Bremkamp* § 11 Rn. 36.
26 BeckOK-BeurkG/*Bremkamp* § 11 Rn. 39.
27 Grziwotz/Heinemann/*Heinemann* § 11 Rn. 14 mwN.
28 S. Armbrüster/Preuß/Renner/*Piegsa* § 11 Rn. 32.
29 Armbrüster/Preuß/Renner/*Piegsa* § 11 Rn. 32: „kein vernünftiger Zweifel".
30 „Verdoppelung des Nachlasses": S. *Renner* in DAI-Tagungsunterlage „Ältere Menschen als Urkundsbeteiligte", 25.9.2020, S. 70 f. Bei anderen Rechtsgeschäften bestehen diese Risiken nicht; hier ist die Urkunde aufgrund des Zweifelsvermerks allerdings faktisch unbrauchbar.
31 Grziwotz/Heinemann/*Heinemann* § 11 Rn. 24.

einem Gericht Anknüpfungstatsachen an die Hand zu geben.[32] Der Vermerk soll grundsätzlich „in der Niederschrift" selbst enthalten sein (Abs. 1 S. 2, Abs. 2). Anerkanntermaßen darf der Vermerk entgegen dem Wortlaut des § 11 in ein Tatsachenprotokoll nach §§ 36 f. aufgenommen werden.[33] Dies ist sinnvoll, wenn der Betroffene durch das Verlesen des Vermerks „in seinem Selbstwertgefühl ernsthaft verletzt oder seelisch belastet" werden könnte.[34] Der Vermerk allein in der Nebenakte ist nicht zulässig. Das schließt nicht aus, dass der Notar seine Ermittlungsmaßnahmen und Schlussfolgerungen zusätzlich in einem internen Aktenvermerk niederlegt, als Gedächtnisstütze für eine mögliche spätere Zeugenvernehmung.[35] Zur Zeugenaussage muss der Notar gemäß § 18 Abs. 2 BNotO von der Verschwiegenheitspflicht befreit werden. Der Vermerk dient einerseits der Beweissicherung, andererseits hat er eine Warnfunktion für den Rechtsverkehr.[36] Die Beweiskraft des § 418 ZPO umfasst im Hinblick auf die Geschäftsfähigkeit nur die zugrunde liegenden tatsächlichen Feststellungen, nicht die Bewertung der Geschäftsfähigkeit. Die Feststellungen des Notars binden die Gerichte nicht.[37] Allerdings kann dem Vermerk erhebliches Gewicht für die spätere Bewertung der Geschäftsfähigkeit in einem Gerichtsprozess zukommen.[38]

§ 12 Nachweise für die Vertretungsberechtigung

[1]Vorgelegte Vollmachten und Ausweise über die Berechtigung eines gesetzlichen Vertreters sollen der Niederschrift in Urschrift oder in beglaubigter Abschrift beigefügt werden. [2]Ergibt sich die Vertretungsberechtigung aus einer Eintragung im Handelsregister oder in einem ähnlichen Register, so genügt die Bescheinigung eines Notars nach § 21 der Bundesnotarordnung.

[§ 12 ab 1.8.2022:]

(1) [1]Vorgelegte Vollmachten und Ausweise über die Berechtigung eines gesetzlichen Vertreters sollen der Niederschrift in Urschrift oder in beglaubigter Abschrift beigefügt werden. [2]Ergibt sich die Vertretungsberechtigung aus einer Eintragung im Handelsregister oder in einem ähnlichen Register, so genügt die Bescheinigung eines Notars nach § 21 der Bundesnotarordnung.

(2) Wird eine Willenserklärung als von einem Bevollmächtigten abgegeben beurkundet, so gilt die Vorlage der Vollmachtsurkunde gegenüber dem Notar auch als Vorlage gegenüber demjenigen, gegenüber dem die beurkundete Willenserklärung abgegeben wird.

---

32 Bejahend: OLG Frankfurt BeckRS 2014, 16741 Ls. 2; BeckOK-BeurkG/*Bremkamp* § 11 Rn. 48; Armbrüster/Preuß/Renner/*Piegsa* § 11 Rn. 38 ff. Dagegen: Grziwotz/Heinemann/*Heinemann* § 11 Rn. 24, 26; *Lerch* § 11 Rn. 15 f. Die Ermittlungsergebnisse sollten dann als beweiskräftige Feststellungen gleichwohl etwa in der Nebenakte, aufbewahrt werden.

33 BeckOK-BeurkG/*Bremkamp* § 11 Rn. 53 ff. mwN.

34 Armbrüster/Preuß/Renner/*Piegsa* § 11 Rn. 44.

35 Vgl. nur Grziwotz/Heinemann/*Heinemann* § 11 Rn. 29 ff.

36 Armbrüster/Preuß/Renner/*Piegsa* § 11 Rn. 35 f.

37 OLG Düsseldorf FGPrax 2018, 252; OLG Düsseldorf NJW-RR 2013, 620.

38 OLG Düsseldorf FGPrax 2018, 252: „gewichtige indizielle Bedeutung"; OLG Düsseldorf NJW-RR 2012, 1100 (1101): „einiges Gewicht"; OLG München FGPrax 2009, 221 (224 f.): „Vertrauensvorsprung"; BayObLG FamRZ 2005, 658 (660): „Indiz"; anders OLG Hamm FD-ErbR 2021, 441924 mAnm *Litzenburger*: „allenfalls gewisse Berufserfahrung", „geringer Beweiswert".

Literatur:
Thelen/Hermanns, Die Vorlage der Vollmachtsurkunde bei der Beurkundung, DNotZ 2019, 725.

I. Überblick; Anwendungsbereich

1 § 12 regelt lediglich in formeller Hinsicht, wie vorgelegte Vollmachten und Berechtigungsnachweise zu dokumentieren sind.[1] Handelt ein Beteiligter als Bevollmächtigter, organschaftlicher oder gesetzlicher Vertreter, sollen vorgelegte Vollmachten und Berechtigungsnachweise nach S. 1 der Niederschrift in Urschrift oder beglaubigter Abschrift beigefügt werden. S. 2 enthält eine Ausnahme von der Dokumentationspflicht nach S. 1, wenn sich die Vertretungsbefugnis aus einem Registereintrag ergibt und der Notar eine Registerbescheinigung nach § 21 Abs. 1 Nr. 1 BNotO ausstellt. Die Prüfungspflichten des Notars hinsichtlich der Vertretungsmacht und Verfügungsbefugnis folgen heute aus § 17 Abs. 1.[2] § 12 ist insgesamt eine Sollvorschrift; ein Verstoß berührt nicht die Wirksamkeit der Urkunde, hat aber womöglich dienstrechtliche Konsequenzen.[3] Hat der Notar seine Prüfungspflichten nach § 17 Abs. 1 verletzt, kann dem Geschädigten ein Amtshaftungsanspruch zustehen.[4]

2 § 12 gilt nicht für Tatsachenbeurkundung nach §§ 36 ff., etwa bei der Niederschrift über eine Hauptversammlung. Der Notar ist nicht verpflichtet, Vollmachten als Anlagen zu einer solchen Niederschrift zu nehmen. Es ist Sache des Versammlungsleiters, die Vollmachten zu überprüfen.[5] § 12 ist hingegen nach § 38 Abs. 1 entsprechend anwendbar bei der Beurkundung von Eiden und eidesstattlichen Versicherungen.[6] Bei Unterschriftsbeglaubigungen mit Entwurf gilt § 12 entsprechend, nicht aber bei Unterschriftsbeglaubigungen ohne Entwurf.[7] Im Übrigen gilt § 12 nicht nur für den Notar, sondern für alle Urkundspersonen, für die nach § 1 Abs. 2 das BeurkG gilt.

II. Dokumentationspflicht, S. 1

3 § 12 gilt seinem Wortlaut nach für „vorgelegte" Vollmachten und Vertretungsnachweise. Vorgelegt im Sinne von S. 1 sind solche Vollmachten, die unmittelbar „bei der Verhandlung" vorgelegt werden.[8] Anerkannt ist jedoch die analoge Anwendung des S. 1 auf nachträgliche Genehmigungen und Vollmachtsbestätigungen.[9]

1 BGH NJW-RR 2012, 649 Rn. 9.
2 Anders unter der bis zum 1.1.1970 geltenden Vorgängervorschrift des § 29 BNotO, vgl. Armbrüster/Preuß/Renner/*Piegsa* § 12 Rn. 1 f.
3 S. nur OLG München NZG 2000, 892 (893).
4 Grziwotz/Heinemann/*Heinemann* § 12 Rn. 25.
5 BeckNotar-HdB/*Kindler* § 31 Rn. 124.
6 *Lerch* BeurkG § 12 Rn. 1 mwN.
7 Grziwotz/Heinemann/*Heinemann* § 12 Rn. 4.
8 *Thelen/Hermanns* DNotZ 2019, 725 (734). Dies entspricht der Vorgängervorschrift des § 29 Abs. 3 BNotO aF.
9 Frenz/Miermeister/*Limmer* § 12 Rn. 13; Armbrüster/Preuß/Renner/*Piegsa* § 12 Rn. 4.

Vorgelegte Vollmachten sind keine Anlagen nach § 9 Abs. 1 Satz 2; sie sind insbesondere nicht vorzulesen.[10] Sie werden dadurch, dass sie der Niederschrift beigefügt werden, nicht ihrerseits zu öffentlichen oder öffentlich beglaubigten Urkunden; ihnen kommt daher keine entsprechende Beweiskraft zu, so dass die Vertretungsmacht nachgewiesen wäre.[11] Da die Vollmachtsurkunde keine Anlage im Sinne von § 9 Abs. 1 S. 2 ist, findet § 44 keine Anwendung. Maßgeblich ist dienstrechtlich § 31 Abs. 3 NotAktVV. Danach sind Nachweise über die Vertretungsberechtigung, die gemäß § 12 einer Niederschrift beigefügt werden, der Urschrift beizufügen und mit ihr in der Urkundensammlung zu verwahren. 4

Analog ist S. 1 zudem auf nachgereichte Vollmachten anzuwenden, die bei Beurkundung nicht oder nicht im Original oder in Ausfertigung vorlagen.[12] Es kann in der Niederschrift vermerkt werden, dass die Vollmacht bei Beurkundung nicht oder nicht im Original bzw. in Ausfertigung vorlag. Zudem sollte bei Eingang der nachgereichten Vollmacht ein Vermerk angefertigt werden, in dem der Zeitpunkt des Eingangs und ggf. die wörtliche Übereinstimmung, mit der bei der Beurkundung in Abschrift vorgelegten Vollmacht festgehalten werden. Der unterschriebene und mit Siegel angefertigte Vermerk kann zusammen mit der Vollmacht (in Urschrift oder beglaubigter Abschrift) der Niederschrift beigefügt werden.[13] Nachgenehmigungen, Vollmachtsbestätigungen und nachgereichte Vollmachten sind ebenfalls nach S. 1 beizufügen. 5

Verwahrt der Notar die Urschrift einer Vollmachtsurkunde und hat der Bevollmächtigte oder der Geschäftsgegner einen Anspruch auf Erteilung einer Ausfertigung nach § 51 Abs. 1 Nr. 1, wäre es „übertriebene Förmelei", das Vorlegen und Beifügen der Vollmachtsurkunde zu verlangen.[14] Dies betrifft etwa die Beurkundung von Grundschulden oder Auflassungen aufgrund entsprechender in einem Kaufvertrag enthaltener Vollmachten. Bei Finanzierungsgrundschulden mit Zwangsvollstreckungsunterwerfung ist das (auszugsweise) Beifügen der Kaufvertragsurkunde gleichwohl sinnvoll, um dem Grundschuldgläubiger die Zwangsvollstreckung auch noch gegen den Verkäufer zu ermöglichen, ohne nach § 792 ZPO vorgehen zu müssen, sofern jenem keine beglaubigte Abschrift des Kaufvertrags erteilt wurde.[15] Wird gegen den Käufer aufgrund der von diesem im eigenen Namen erklärten Zwangsvollstreckungsunterwerfung vollstreckt, bedarf es der Zustellung nicht.[16] 6

III. Ausnahme von der Dokumentationspflicht nach S. 2

S. 2 enthält eine Ausnahme von der Beifügungspflicht, wenn sich die Vertretungsbefugnis aus einem Registereintrag ergibt und der Notar eine Registerbescheinigung gem. § 21 Abs. 1 S. 1 Nr. 1 BNotO ausstellt.[17] Dem Wortlaut nach gilt S. 2 nicht für die Vollmachtsbescheinigung gem. § 21 Abs. 3 BNotO. Zutreffender, aber umstrittener Ansicht nach ist die Vorschrift analog anzuwen- 7

10 BayObLGZ 1980, 180 (182); Frenz/Miermeister/*Limmer* § 12 Rn. 13.
11 BGH NJW-RR 2012, 649 Rn. 9; WM 1978, 1279, Rn. 11.
12 *Thelen/Hermanns* DNotZ 2019, 725 (734).
13 *Thelen/Hermanns* DNotZ 2019, 725 (734).
14 BGH NJW 1980, 698 (699).
15 Armbrüster/Preuß/Renner/*Piegsa* § 12 Rn. 64.
16 Grziwotz/Heinemann/*Heinemann* § 12 Rn. 20.
17 Richtigerweise hat § 12 S. 2 BeurkG nur Bedeutung, wenn ein amtlicher Registerausdruck aus dem Handelsregister oder eine Registerbescheinigung aus dem Vereins- oder Genossenschaftsregister vorgelegt wird, denn dem Einsicht nehmenden Notar wird nichts „vorgelegt", BeckOK BeurkG/*Bremkamp* § 12 Rn. 142.

den.[18] Angesichts der unsicheren Rechtslage sollten Vollmachten trotz Bescheinigung nach § 21 Abs. 3 BNotO weiterhin beigefügt werden.

8 Die notarielle Vertretungsbescheinigung erbringt Beweis für die bezeugte Vertretungsmacht. Sie darf vom Grundbuchamt nach § 34 GBO nur zurückgewiesen werden, wenn es selbst sichere Kenntnis vom Mangel der Vertretungsmacht hat; bloße Zweifel genügen nicht.[19] Entsprechendes gilt nach § 12 Abs. 1 S. 3 HGB für das Handelsregisterverfahren.[20] Dadurch soll die inhaltliche Prüfung der Vertretungsmacht auf den Notar verlagert und die Justiz entlastet werden.[21] Daher müssen dem Grundbuchamt nicht alle Urkunden, aus denen sich die Vertretungsmacht herleitet, in der Form des § 29 GBO vorgelegt werden.[22] Allerdings müssen – wenn sich die Vertretungsmacht auf mehrere Urkunden stützt – die Einzelschritte der Prüfung der Vertretungsmacht durch den Notar offengelegt werden.[23] Nicht erforderlich ist hingegen die Wiedergabe der abstrakten Grenzen der Vertretungsberechtigung, wie etwa eine Befreiung von § 181 BGB; es reicht die Wiedergabe des Ergebnisses der Subsumtion durch den Notar.[24] § 21 Abs. 3 BNotO ist hinsichtlich der Beweiswirkung auf den Verkehr mit den Registergerichten ausgerichtet und gilt grundsätzlich nicht für den Privatrechtsverkehr.[25]

IV. Prüfungspflicht, § 17 Abs. 1[26]

9 Nach § 17 Abs. 1 ist der Notar bei der Vornahme von Beurkundungen, an denen Vertreter beteiligt sind, verpflichtet, die Existenz des Vertretenen und die Vertretungsmacht (Zulässigkeit der Stellvertretung, Form, Wirksamkeit und Umfang der Vollmacht) zu prüfen.[27] Gleiches gilt beim Vollzug einer von einem Vertreter abgegebenen Erklärung iSd § 53.[28] Das gilt unabhängig davon, ob es sich um rechtsgeschäftliche, organschaftliche oder gesetzliche Vertretungsmacht handelt. Aus dem GwG folgen keine weitergehenden Pflichten hinsichtlich der Prüfung der Vertretungsberechtigung.[29] Allein auf die Angaben der Beteiligten darf sich der Notar nicht verlassen, auch nicht bei juristischen Personen ausländischen Rechts.[30] Ergeben sich Zweifel an der Vertretungsmacht bzw. Existenz des Vertretenen, hat der Notar die sich daraus ergebenden Bedenken mit den

18 Die Anwendbarkeit bejahend BeckOK BeurkG/*Bremkamp* § 12 BeurkG Rn. 143 („redaktionelles Versehen“); aA DNotI-Report 2016, 135 (136); Grziwotz/Heinemann/*Heinemann* § 12 Rn. 31; Armbrüster/Preuß/Renner/*Piegsa* § 12 Rn. 38; *Winkler* § 12 Rn. 33, 50; Rundschreiben der BNotK Nr. 23/2013 vom 5.9.2013.

19 DNotI-Report 2016, 135 (136); *Zimmer* NJW 2014, 337 (341).

20 OLG Düsseldorf NZG 2016, 665.

21 Gem. § 32 Abs. 2 GBO kann allerdings bei elektronischer Registerführung auf eine notarielle Bescheinigung nach § 21 Abs. 1 BNotO verzichtet werden, wenn Bezug genommen wird auf das Registergericht und das Registerblatt. Vgl. hierzu OLG Düsseldorf NZG 2016, 304.

22 OLG Hamm MittBayNot 2017, 93 mit zust. Anm. *Kilian*.

23 BGH DNotZ 2017, 303.

24 OLG Nürnberg NJW 2017, 2481.

25 Ausführlich BeckOK BNotO/*Sander*, Stand 1.10.2019, § 21 Rn. 74 f.

26 Eine umfassende Darstellung der Prüfung und des Nachweises der Vertretungsmacht für die verschiedenen Fallkonstellationen kann an dieser Stelle nicht erfolgen. S. dazu etwa BeckOK BeurkG/*Bremkamp*, 4. Edition, Stand 1.11.2020, § 12 Rn. 21 ff.

27 BGH DNotZ 2020, 604 Rn. 15; NJW-RR-2018, 443 Rn. 8 mwN; s. auch BT-Drs. V/3282, 32.

28 BGH DNotZ 2020, 604 Rn. 15.

29 AnwEmpfGwG/BNotK, S. 25.

30 BGH NJW-RR-2018, 443.

Beteiligten zu erörtern (§ 17 Abs. 2 S. 1) und, sofern die Beteiligten auf Beurkundung bestehen, einen Vorbehalt in die Niederschrift aufzunehmen (§ 17 Abs. 2 S. 2). Steht der Mangel der Vertretungsmacht fest und erscheint eine Genehmigung durch den Vertretenen ausgeschlossen, hat der Notar die Beurkundung abzulehnen. Die Nichtprüfung der Vertretungsmacht kann laut dem BGH angesichts der gefestigten Rechtsprechung zur in § 17 Abs. 1 enthaltenen Prüfungspflicht sogar eine schwere Schuldform begründen.[31] Aus § 17 Abs. 1 S. 1 folgt ferner die Pflicht zur Prüfung der Verfügungsbefugnis der Beteiligten bei Anhaltspunkten für das Fehlen der Verfügungsbefugnis.[32]

Nicht ausreichend zur gebotenen Prüfung der Vertretungsmacht ist die Vorlage 10
beglaubigter Abschriften von Vollmachten, da sonst nicht sicher wäre, ob die Vollmacht noch gültig ist (vgl. § 172 BGB). Eine beglaubigte Abschrift reicht aus, wenn der Notar in dem Beglaubigungsvermerk bestätigt, dass ihm die Vollmachtsurkunde im Original oder in Ausfertigung zu einem bestimmten Zeitpunkt vorgelegen hat.[33] Da § 172 BGB auf den Besitz der Vollmachtsurkunde abstellt, muss das Original oder die Ausfertigung[34] von dem Bevollmächtigten, bei mehreren von jedem von ihnen, vorgelegt sein und dies in dem Beglaubigungsvermerk zum Ausdruck kommen.[35] Ein Vermerk darüber, ob und in welcher Form der Vertretungsnachweis erbracht wurde, ist jedenfalls sinnvoll, um Grundbuchamt, Registergericht und Vollstreckungsgericht das Vorliegen der Vertretungsmacht im Zeitpunkt der Vornahme des Rechtsgeschäfts nachweisen zu können.

Kann bei Beurkundung die Vollmacht nicht (formgerecht) nachgewiesen wer- 11
den, bestehen drei Möglichkeiten, sofern für den Notar der Mangel der Vertretungsmacht nicht feststeht und eine Genehmigung durch den Vertretenen ausgeschlossen erscheint: (i) Vollmachtsbestätigung; (ii) Nachgenehmigung; (iii) Nachreichen der Vollmacht. Erstere lösen die Vollzugsgebühr nach KV Vorbem. 2.2.1.1 Abs. 1 Ziff. 5 Nr. 22110 GNotKG aus und sind mit zusätzlichem Zeitaufwand verbunden, sind aber im Vergleich zu (iii) die rechtssicherere Lösung. Die Vollmacht muss jedenfalls nachgereicht werden, wenn das beurkundete Geschäft eines registerlichen Vollzugs bedarf.[36] Allerdings hat der Notar bei der Beurkundung gemäß § 17 Abs. 2 S. 2 seine Belehrung über die Zweifel an der Vertretungsmacht in der Niederschrift zu vermerken und festzustellen, dass die Beteiligten gleichwohl auf Beurkundung bestanden.[37]

§ 13 Vorlesen, Genehmigen, Unterschreiben

(1) [1]Die Niederschrift muß in Gegenwart des Notars den Beteiligten vorgelesen, von ihnen genehmigt und eigenhändig unterschrieben werden; soweit die Niederschrift auf Karten, Zeichnungen oder Abbildungen verweist, müssen diese den Beteiligten anstelle des Vorlesens zur Durchsicht vorgelegt werden. [2]In der Niederschrift soll festgestellt werden, daß dies geschehen ist. [3]Haben die Betei-

31 BGH BeckRS 2017, 443 Rn. 14.
32 Ausführlich BeckOK BeurkG/*Bremkamp*, 4. Ed. Stand 1.11.2020, § 12 Rn. 18 ff.
33 Beachte aber OLG München DNotZ 2020, 105 mkritAnm. *Aigner* zum Zurückweisungsrecht eines Mieters nach § 174 BGB.
34 Die vorgelegte Ausfertigung muss im Ausfertigungsvermerk den konkreten Bevollmächtigten bezeichnen, OLG München NJW-RR 2016, 1611 Rn. 3 f.
35 BayObLG NJOZ 2002, 819.
36 Zum Ganzen ausführlich *Thelen/Hermanns* DNotZ 2019, 725 (741 f.).
37 Hierzu BeckOK BeurkG/*Bremkamp* § 12 Rn. 35 ff.

ligten die Niederschrift eigenhändig unterschrieben, so wird vermutet, daß sie in Gegenwart des Notars vorgelesen oder, soweit nach Satz 1 erforderlich, zur Durchsicht vorgelegt und von den Beteiligten genehmigt ist. [4]Die Niederschrift soll den Beteiligten auf Verlangen vor der Genehmigung auch zur Durchsicht vorgelegt werden.

(2) [1]Werden mehrere Niederschriften aufgenommen, die ganz oder teilweise übereinstimmen, so genügt es, wenn der übereinstimmende Inhalt den Beteiligten einmal nach Absatz 1 Satz 1 vorgelesen oder anstelle des Vorlesens zur Durchsicht vorgelegt wird. [2]§ 18 der Bundesnotarordnung bleibt unberührt.

(3) [1]Die Niederschrift muß von dem Notar eigenhändig unterschrieben werden. [2]Der Notar soll der Unterschrift seine Amtsbezeichnung beifügen.

Literatur:

Bormann/Stelmaszczyk, Digitalisierung des Gesellschaftsrecht nach dem EU-Company Law Package, NZG 2019, 601; *Heinemann*, Nochmals: Zu den Anforderungen an die Unterschrift der Beteiligten in der notariellen Niederschrift, DNotZ 2003, 243; *Kanzleiter*, Das Vorlesen der Niederschrift, DNotZ 1997, 261; *Keidel*, Zur Nachholung der fehlenden Unterschrift des Notars unter das notarielle Protokoll, DNotZ 1975, 583; *Kirchner*, Schreiben analog, Schreiben digital – Wandel und Konstanz im Notarberuf durch IT, MittBayNot 2015, 294; *Limmer*, Beurkundungsrecht im digitalen Zeitalter, DNotZ 2020, 419; *Lischka*, Die Nachholung einer vergessenen Unterschrift unter einer notariellen Urkunde, NotBZ 1999, 8; *Schemmann*, Die offene Urkunde und ihre Feinde, DNotZ 2018, 816.

I. Anwendungsbereich/Bedeutung

1 **1. Sachlicher Anwendungsbereich.** § 13 gilt für notarielle Niederschriften im Sinne von § 8, also die Beurkundung von Willenserklärungen, insbesondere auch für Verfügungen von Todes wegen, sowie für die Abnahme von Eiden und die Aufnahme von eidesstattlichen Versicherungen. Dies ergibt sich aus der sys-

tematischen Stellung im zweiten Abschnitt des Beurkundungsgesetztes, beziehungsweise aus der Verweisung in § 38 Abs. 1.

2. Persönlicher Anwendungsbereich. Nach seinem Wortlaut ist § 13 zunächst nur bei notarieller Beurkundung zu beachten („in Gegenwart des Notars", siehe auch § 1 Abs. 1). Erst über die Verweisung in § 1 Abs. 2 erstreckt sich der subjektive Anwendungsbereich auch auf andere Urkundspersonen oder sonstige Stellen.[1] Bei der Errichtung eines Nottestaments kann der Bürgermeister ebenfalls an die Stelle des Notars treten (vgl. § 2249 Abs. 1 S. 4 BGB). 2

3. Bedeutung/Zweck. Die Niederschrift muss den Beteiligten vorgelesen, von diesen genehmigt und unterschrieben werden. Hierbei handelt es sich um zwingende Wirksamkeitsvoraussetzungen des Beurkundungsverfahrens, die unterschiedliche Zwecke verfolgen.[2] Soll-Vorschriften sind dagegen die Feststellungen des Verlesens, der Genehmigung und der Unterschrift durch den Notar, die Vorlage der Niederschrift zur Durchsicht durch die Beteiligten vor der Genehmigung auf deren Verlangen sowie die Beifügung der Amtsbezeichnung zur Unterschrift des Notars. 3

Das Vorlesen ist ein zentrales Formerfordernis der notariellen Beurkundung und führt dazu, dass der Notar seinen Urkundstext während des Vorlesens auf inhaltliche, sprachliche sowie formelle Fehler überprüfen und hierbei zugleich seine Belehrungs- und Beratungspflichten wahrnehmen kann.[3] Neben dieser notariellen Selbst- bzw. Endkontrolle ist das Vorlesen notwendig, um die Beteiligten abschließend über den Inhalt zu unterrichten, die Übereinstimmung mit deren rechtsgeschäftlichen Willen zu prüfen und deren Zustimmung herbeizuführen. Nachdem die Beteiligten den Urkundsinhalt genehmigt, dh ihr Einverständnis erklärt haben, wird ihre Verantwortlichkeit mittels einer eigenhändigen Unterschrift dokumentiert.[4] 4

II. Vorlesen, Genehmigen und Unterschreiben (Abs. 1)

1. Vorlesen der Niederschrift (Abs. 1 S. 1). a) Begriff des Verlesens. Gemäß Abs. 1 S. 1 ist die Urkunde „vorzulesen". Das Vorlesen kann als prägendes Element eines jeden Beurkundungsvorgangs bezeichnet werden. 5

Erforderlich ist, dass der in der Niederschrift verkörperte Text wahrgenommen, sprachlich laut wiedergegeben und damit zu Gehör gebracht wird. Das Abspielen eines Tonbandes oder lautes Diktieren ist daher unzulässig.[5] Gleiches gilt für die Verwendung sonstiger Audiorekorder.[6] Nach bislang herrschender Meinung ist auch das „Vorlesen" durch einen Sprachcomputer nicht von der Vorschrift gedeckt, da es den beurkundungsrechtlichen Anforderungen nicht gerecht werde.[7] Zwischen menschlichem und maschinellem Vorlesen bestehen derzeit nicht hinnehmbare Qualitätsunterschiede, so dass der Wortlaut des Abs. 1 S. 1 durch den Sinn und Zweck des Vorleseerfordernisses begrenzt 6

1 Ausführliche Darstellung in *Winkler* BeurkG § 1 Rn. 39 ff.
2 *Kanzleiter* DNotZ 1997, 262 ff.
3 Armbrüster/Preuß/Renner/*Piegsa* BeurkG § 14 Rn. 2.
4 *Kanzleiter* DNotZ 1997, 262 f.; BeckOGK/*Seebach*/*Rachlitz* BeurkG § 13 Rn. 4–6.
5 OLG Hamm NJW 1978, 2604 ff.; *Kanzleiter* DNotZ 1997, 262 (265).
6 OLG Hamm NJW 1978, 2604 (2605); *Winkler* BeurkG §13 Rn. 9, 12a; ausführlich auch zur Historie BeckOGK/*Seebach*/*Rachlitz* BeurkG § 13 Rn. 46 ff.
7 Siehe bspw. *Winkler* BeurkG § 13 Rn. 12a; AA *Limmer* DNotZ 2020, 419 (423), der Texterkennungssysteme bereits jetzt für zulässig hält.

wird.[8] Angesichts dieser Wertung ist ein menschliches Vorleseorgan („eine Person") als ungeschriebenes Tatbestandsmerkmal in § 13 hineinzulesen.

7 **b) Gegenstand des Vorlesens.** Vorzulesen ist die gesamte Niederschrift einschließlich aller beigefügten Schriftstücke im Sinne des § 9 Abs. 1 S. 2; nicht aber Vollmachten und Legitimationsurkunden, es sei denn, diese enthalten ausnahmsweise (inhaltliche) Erklärungen der Beteiligten. Der vorlesepflichtige Urkundeninhalt erschöpft sich also nicht in den Erklärungen der Beteiligten, sondern erstreckt sich – richtigerweise – auf die Bezeichnung des Notars und der Beteiligten sowie auf Verhandlungsort, Datum etc.[9] Der Schlussvermerk nach Abs. 1 S. 2 braucht hingegen nicht vorgelesen zu werden.[10] Ebenfalls nicht vorgelesen werden müssen, die Nummer der Urkunde und die Jahreszahl nebst etwaiger Zusätze, Seitenzahlen, Aufzählungszeichen.[11]

8 Eine Durchbrechung der Vorlesepflicht ist nur in engen Grenzen vorgesehen (s. Abs. 2, § 13a, § 14; → Rn. 24).

9 Darüber hinaus lässt sich aus dem Wortlaut des Abs. 1 S. 1 ableiten, dass diejenige Niederschrift vorgelesen werden muss, die später auch unterschrieben wird. Folglich kommt das Ablesen vom Bildschirm eines Computers (zB Notebook oder Tablet-PC) de lege lata nicht in Betracht.[12] Vorgenannte Geräte können aber ohne Weiteres für digitale Leseexemplare der Beteiligten herangezogen werden.[13]

10 Nimmt der Notar während der Beurkundung Änderungen am Urkundstext vor, sind die geänderten Teile/Ergänzungen selbstverständlich vollständig zu verlesen, da insoweit die Niederschrift erstmalig verlesen wird. Werden die vorgenommenen handschriftlichen Änderungen vor Unterzeichnung der Urkunde bereits eingearbeitet und die geänderten Passagen oder der Urkundstext insgesamt neu ausgedruckt, sog. Neuausdruck oder Seitenaustausch, führt dies nach herrschender Ansicht in analoger Anwendung von § 13 Abs. 2 nicht dazu, dass die neu ausgedruckten Seiten erneut verlesen werden müssten, auch wenn dann formal nicht die Niederschrift im Sinne von § 13 Abs. 1 verlesen worden ist.[14]

11 **c) Gegenwart des Notars.** Das Gesetz knüpft an die Person des Vorlesenden keine Anforderungen, so dass die Niederschrift nicht vom Notar selbst vorgelesen werden muss. In der Praxis wird sich der Notar allerdings nur bei gesundheitlicher Einschränkung einer Hilfsperson bedienen. Denkbar sind eigene Mitarbeiter oder ein Dolmetscher.[15] Umstritten ist, ob sogar ein Urkundsbeteiligter

---

8 OLG Hamm NJW 1978, 2604 ff.; *Winkler* BeurkG § 13 Rn. 9, 12a; Armbrüster/Preuß/Renner/*Piegsa* BeurkG § 13 Rn. 6; Grziwotz/Heinemann/*Heinemann* BeurkG § 16 Rn. 7.

9 Es besteht Einigkeit darüber, dass der Notar im Rahmen seiner Amtspflicht die Niederschrift vollständig zu verlesen hat. Hiervon abzugrenzen ist die Frage, ob das Nichtvorlesen bestimmter Angaben zur Unwirksamkeit führt. Feststellungen, die aufgrund von Soll-Bestimmungen zu treffen sind, zB Ort und Tag (§ 9 Abs. 2), berühren die Wirksamkeit nicht, vgl. *Winkler* BeurkG § 13 Rn. 25; Armbrüster/Preuß/Renner/*Piegsa* BeurkG § 13 Rn. 15.

10 Allgemein anerkannt, anstelle aller *Winkler* BeurkG § 13 Rn. 22.

11 BeckOGK/*Seebach/Rachlitz* BeurkG § 13 Rn. 28 ff.

12 AA *Limmer* DNotZ 2020, 419 (422 f.), der das Verlesen von Bildschirmen als zulässig erachtet.

13 OLG Frankfurt DNotZ 2000, 513 (513 f.); Zum Beamer als zulässiges Leseexemplar, siehe Grziwotz/Heinemann/*Heinemann* BeurkG § 16 Rn. 7.

14 *Winkler* BeurkG § 13 Rn. 13 ff.; BeckOGK/*Seebach/Rachlitz* BeurkG § 13 Rn. 55 ff.; siehe auch Rundschreiben Nr. 19/97 der BNotK (v. 3.7.1997).

15 BeckOGK/*Seebach/Rachlitz* BeurkG § 13 Rn. 38, 40.

als Vorleseorgan erwählt werden kann.[16] Das Selbstlesen eines Beteiligten ist problematisch, da es zum einen mit dem Wortlaut („den Beteiligten vorgelesen") und zum anderen mit dem Sinn und Zweck des § 13 schwer vereinbar ist.[17] Hinzu kommen Bedenken hinsichtlich des Benachteiligungsverbots und der Neutralitätspflicht (§ 17 Abs. 1 S. 2 und § 14 BNotO).[18] In der Praxis empfiehlt es sich daher den rechtssicheren Weg zu wählen und auf die Notariatsmitarbeiter zurückzugreifen.

In jedem Fall muss der Notar während des gesamten Vorlesens anwesend sein. 12
Dadurch wird gewährleistet, dass er die Verhandlung leitet und bei Bedarf belehren sowie erläutern kann, vgl. § 17. Im Übrigen müssen Notar und Beteiligte sich optisch und akustisch wahrnehmen können.[19] Eine räumliche Trennung ist nur im Ausnahmefall geboten.[20] Eine Verhandlung mittels Videokonferenz wird grundsätzlich noch abgelehnt, da virtuelle und persönliche Teilnahme sich qualitativ erheblich unterscheiden.[21] Gleichwohl wirkt sich der digitale Wandel auch auf die Präsenzbeurkundung aus. So hat der europäische Gesetzgeber eine Richtlinie zur Digitalisierung des Gesellschaftsrechts erlassen, welche es nunmehr ins deutsche Recht zu transformieren gilt.[22] Demnach soll zum August 2022 Gründungen von GmbHs und UGs – inklusive Beurkundungsverhandlung – sowie einige Handelsregisteranmeldungen online erfolgen können.[23]

d) Rechtsfolgen eines Verstoßes. Unterlässt der Notar das Vorlesen, ist die Be- 13
urkundung unwirksam („Muss-Bestimmung"). Allerdings gilt die Urkunde bis zum Beweis des Gegenteils als ordnungsgemäß vorgelesen, vgl. Abs. 1 S. 2 und 3 (→ Rn. 20).

2. Vorlesungssurrogat (ersetzende Vorlage, Abs. 1 S. 1 Hs. 2). Das BeurkG be- 14
stimmt in § 13 Abs. 1 S. 1 Hs. 2 ein Vorlesesurrogat. Soweit die Niederschrift auf Karten, Zeichnungen oder Abbildungen verweist, sind diese den Beteiligten zur Durchsicht vorzulegen, da sie faktisch nicht vorgelesen werden können. Gemäß § 9 Abs. 1 S. 3 gelten die Erklärungen als in der Niederschrift selbst enthalten. Wird die Urkunde unterzeichnet, müssen die bildlichen Darstellungen (i) beigefügt sowie (ii) mit den vorgelegten identisch sein.[24] Die formell Beteiligten können nicht auf die Vorlage verzichten, sie steht nicht zur Disposition. Das gilt selbst dann, wenn die Darstellungen ausschließlich Erklärungen der anderen Urkundspartei enthalten.[25] Indes entscheiden die Beteiligten selbst, wie ausführlich und kritisch sie die Anlagen durchsehen.[26] Im Übrigen soll der Notar in der Niederschrift vermerken, dass er die Darstellungen nicht vorgelesen, son-

---

16 Die hM bejaht dies, obschon davon abgeraten wird, siehe *Winkler* BeurkG § 13 Rn. 8; BeckOGK/*Seebach*/*Rachlitz* BeurkG § 13 Rn. 40; aA BeckOK BGB/*Litzenburger* BeurkG § 13 Rn. 1.
17 BeckOK BGB/*Litzenburger* BeurkG § 13 Rn. 1; Grziwotz/Heinemann/*Heinemann* BeurkG § 16 Rn. 5.
18 BeckOGK/*Seebach*/*Rachlitz* BeurkG § 13 Rn. 40, 40.1.
19 BGH DNotZ 1975, 365 (367); BeckOK BGB/*Litzenburger* BeurkG § 13 Rn. 4. Die Beteiligten können aber ohne Bedenken eine Mund-Nasen-Bedeckung tragen und transparente Trennwände aufstellen.
20 RGZ 1961, 96 (99); BeckOK BGB/*Litzenburger* BeurkG § 13 Rn. 4.
21 *Kirchner* MittBayNot 105, 294 (298); *Winkler* BeurkG § 13 Rn. 7.
22 Richtlinie (EU) 2019/1151 zur Änderung der Richtlinie (EU) 2017/1132, siehe insbesondere Art. 13g.
23 *Limmer* DNotZ 2020, 419 (423 f.); ausführlich *Bormann*/*Stelmaszczyk* NZG 2019, 601 ff.
24 BGH NJW 1994, 1288 (1289); BeckOK BGB/*Litzenburger* BeurkG § 13 Rn. 4.
25 BeckOGK/*Seebach*/*Rachlitz* BeurkG § 13 Rn. 77, 79.
26 BeckOGK/*Seebach*/*Rachlitz* BeurkG § 13 Rn. 79.1.

dern vorgelegt hat, Abs. 1 S. 2. Fehlt der Vermerk, nimmt dies der Beurkundung nicht die Wirksamkeit, solange die Vorlage tatsächlich geschehen ist.

15 **3. Genehmigung der Niederschrift (Abs. 1 S. 1).** § 13 Abs. 1 S. 1 regelt weiter, dass die Niederschrift von den Beteiligten genehmigt werden muss. Eine spezielle Form ist nicht vorgesehen, so dass die Genehmigung ausdrücklich oder durch schlüssiges Verhalten (zB Kopfnicken) erklärt werden kann.[27] Sie muss zeitlich nach dem Vorlesen erfolgen. Dies ergibt sich zum einen aus der Systematik des Abs. 1 S. 1, der von (a) vorlesen, (b) genehmigen und (c) unterschreiben spricht. Zum anderen handelt es sich bei der Genehmigung – im Gegensatz zur Einwilligung – um eine nachträgliche Zustimmung (vgl. Legaldefinition des § 184 Abs. 1 BGB). Spätestens dann, wenn die Beteiligten die Urkunde unterschreiben, erklären sie konkludent ihr Einverständnis, so dass Genehmigungs- und Unterzeichnungsakt zusammenfallen können. Bis zur Unterschriftsleistung des Notars kann die Genehmigung zurückgenommen/widerrufen werden.[28] Eines Widerrufsgrundes bedarf es nicht. Die fehlende Genehmigung „sperrt" die Pflicht des Abs. 3 S. 1, so dass der Notar dann nicht unterschreiben darf.[29]

16 **4. Unterschrift der Beteiligten (Abs. 1 S. 1). a) Anforderungen.** Die Niederschrift muss von den formell Beteiligten „unterschrieben" werden. Über kaum eine Thematik des Beurkundungsrechts wird in der Literatur so diskutiert wie über die Unterschriftsanforderungen.[30]

17 Richtigerweise dokumentiert die Unterschrift, dass sich die Beteiligten mit dem Urkundsinhalt identifizieren und hierfür die Verantwortung übernehmen. Anders als bei privatrechtlichen Verträgen hat sie dagegen keine Identitätsfeststellungsfunktion.[31] Ausreichend ist mithin jeder Schriftzug, der nach dem Willen des Beteiligten seine Unterschrift darstellen soll und für den Notar Unterschriftscharakter erkennen lässt. Ein Haken, Kreis oder Strich genügt allerdings nicht, da diese Zeichen einer endgültigen Verantwortungsübernahme nicht gerecht werden und sich jeder Individualität entziehen.[32] Übereinstimmung mit der Signatur im Ausweisdokument ist zwar nicht erforderlich, kombiniert mit einem lesbaren Vor- und Familiennamen aber der rechtssicherste Weg.[33] In der Praxis wird der Notar regelmäßig darauf hinwirken, dass die Parteien so unterschreiben, wie sie es immer tun. Hat er dennoch Bedenken, dass möglicherweise eine unzulässige Paraphe vorliegt, empfiehlt es sich, zusätzlich noch den Familiennamen in Druckbuchstaben zu verlangen.[34]

18 Die Unterschriften folgen zeitlich dem Vorlesen und Genehmigen. Ob sie zentral oder weiter am Rand gesetzt werden, spielt keine Rolle, solange sie unmittelbar an den Urkundstext anschließen und nicht isoliert auf einer neuen Seite stehen.[35] Idealerweise unterschreiben die Beteiligten räumlich in derselben Reihenfolge, wie sie im Urkundseingang aufgeführt sind, damit die Notariatsmitarbeiter die Unterschriften leichter zuordnen und in der Reinschrift durch „gez." gefolgt vom Namen ersetzen können. Diese maschinenschriftliche Übertragung

27 *Lischka* NotBZ 1999, 8 ff.
28 Grziwotz/Heinemann/*Heinemann* BeurkG § 13 Rn. 21.
29 So auch Grziwotz/Heinemann/*Heinemann* BeurkG § 13 Rn. 21; aA Armbrüster/Preuß/Renner/*Piegsa* BeurkG § 13 Rn. 33.
30 Ausgangspunkt sind oftmals die rigiden Anforderungen der Rechtsprechung.
31 BGH NJW 2003, 1120 ff.; OLG Stuttgart DNotZ 2002, 543 f.; *Winkler* BeurkG § 13 Rn. 5.
32 OLG Stuttgart DNotZ 2002, 543 f.; BeckOK BGB/*Litzenburger* BeurkG § 13 Rn. 14.
33 *Winkler* BeurkG § 13 Rn. 51a.
34 Mit dieser Empfehlung auch Armbrüster/Preuß/Renner/*Piegsa* BeurkG § 13 Rn. 48.
35 OLG Hamm DNotZ 2001, 129 ff.

hat auch zur Folge, dass keine Kopien der Unterschriften in den Rechtsverkehr gelangen, so dass die Beteiligten nachträglich nicht ihre formelle Unwirksamkeit behaupten können.[36]

b) Eigenhändigkeit. Weiter muss die Unterzeichnung eigenhändig erfolgen. 19
Dies ist der Fall, wenn der Unterschreibende aktiver Urheber des Schriftzugs ist.[37] So kann ihm zulässigerweise die Hand gestützt, nicht aber geführt werden.[38] Gescannte Unterschriften oder Stempel kommen nicht in Betracht. Der Schreibzeuge unterzeichnet anstelle des Schreibunfähigen, § 25 S. 3.

c) Vermutungswirkung des Abs. 1 S. 3. Die eigenhändige Unterschrift begrün- 20
det die Vermutung, dass den Beteiligten die Niederschrift in Gegenwart des Notars vorgelesen/vorgelegt wurde und von ihnen genehmigt ist.[39] Die Vermutung kann durch Gegenbeweis widerlegt werden.[40]

d) Nachholung einer Unterschrift. Eine vergessene Unterschrift kann durch 21
Nachtragsverhandlung nachgeholt werden, ohne dass die übrigen Beteiligten mitwirken müssen. In der Nachtragsniederschrift ist auszuführen, dass die ursprüngliche Niederschrift dem Beteiligten zwar in Gegenwart des Notars und der anderen Vertragsparteien vorgelesen und von ihm genehmigt wurde, aber seine Unterschrift versehentlich vergessen worden ist. Lehnt der Beteiligte es jedoch ab, die Unterschrift nachzuholen, bleibt die Beurkundung unwirksam.[41]

5. Vorlagepflicht (Abs. 1 S. 4). Jeder Beteiligten hat das Recht, dass ihm die 22
Niederschrift zur Durchsicht vorgelegt wird, bevor er diese genehmigt, Abs. 1 S. 4. Gemeint ist kein Leseexemplar, sondern die tatsächlich zu unterschreibende Urkunde. Unabhängig davon, ob die Parteien die Niederschrift bereits genehmigt haben, können sie die spätere Urschrift auch vor dem Unterschreiben noch durchsehen. Die informatorische Vorlage braucht nicht vermerkt zu werden.[42] Da die Vorlagepflicht als Sollerfordernis ausgestaltet ist, führt ein Verstoß auch nicht zur Unwirksamkeit.[43]

Darüber hinaus sieht das Gesetz in § 13 Abs. 1 S. 1 Hs. 2, § 13a Abs. 1 S. 4, 23
§ 16 Abs. 2 S. 2 und § 23 S. 1 weitere Fälle vor, in denen die Niederschrift zu Durchsicht vorgelegt werden soll/muss.

III. Sammelbeurkundung (Abs. 2)

1. Aufnahme übereinstimmender Niederschriften (Abs. 2 S. 1). § 13 Abs. 2 S. 1 24
eröffnet dem Notar ein erleichtertes Verfahren für sogenannte Sammelbeurkundungen.[44] So brauchen Niederschriften, die ganz oder teilweise übereinstimmen nicht jedes Mal vollständig vorgelesen zu werden. Vielmehr genügt es den Beteiligten die wortgleichen Stellen einmal, differierenden Teile dagegen gesondert vorzutragen. Denkbar sind zwei Anwendungsbereiche: 1. mehrere Niederschriften derselben Beteiligten (Personenidentität) und 2. mehrere Niederschriften über dieselben Erklärungen derselben oder verschiedener Beteiligter (Textiden-

36 *Heinemann* DNotZ 2003, 243 (251); Grziwotz/Heinemann/*Heinemann* BeurkG § 13 Rn. 30.
37 BGH NJW 1958, 1398 f.; BeckOK BGB/*Litzenburger* BeurkG § 13 Rn. 16.
38 Grziwotz/Heinemann/*Heinemann* BeurkG § 13 Rn. 24.
39 BT-Drs. 5/3282, 30.
40 BeckOK BGB/*Litzenburger* BeurkG § 13 Rn. 18.
41 OLG Düsseldorf DNotZ 200, 299 (301 f.); Armbrüster/Preuß/Renner/*Piegsa* BeurkG § 13 Rn. 64.
42 BeckOGK/*Seebach*/*Rachlitz* BeurkG § 13 Rn. 84.
43 Grziwotz/Heinemann/*Heinemann* BeurkG § 13 Rn. 22.
44 Nach der Richtlinienempfehlung der BNotK (v. 29.1.1999 II 1e) sollen maximal fünf Niederschriften gleichzeitig beurkundet werden.

tität).[45] Durch den Zusatz „oder teilweise" wird klargestellt, dass selbst kürzere inhaltsgleiche Teile erfasst sein können, zB wortgleicher Urkundseingang. Relevant wird Abs. 2 aber vor allem dann, wenn mehrere Niederschriften mit wortgleichem Urkundsinhalt verschiedene Personen betreffen, also zB mehrere Kaufverträge über Wohnungseigentumsrechte am selben Grundstück.

25 Als subjektive Voraussetzung der Sammelbeurkundung wird verlangt, dass den Beteiligten bereits bei der ersten Verlesung bewusst ist, dass der deckungsgleiche Inhalt nur einmal verlesen wird. Damit einher geht die Kenntnis, dass sich der verlesene Text (auch) auf den eigenen Vertrag, dh die eigenen Erklärungen bezieht.[46] Ausnahmen sind nicht zulässig, andernfalls ginge der Beteiligtenschutz ins Leere.

26 **2. Verschwiegenheitspflicht (Abs. 2 S. 2).** Der Notar darf sich des Verfahrens jedoch nicht bedienen, wenn er dadurch seine Verschwiegenheitspflicht verletzen würde. Auf die Pflicht zur Verschwiegenheit wird daher in Abs. 2 S. 2 noch einmal ausdrücklich hingewiesen. In der Praxis müssen mithin alle Beteiligten dem Verfahren zustimmen. Ist eine Partei nicht einverstanden, sind die sie betreffenden Urkundsteile (zB Kaufpreis, Belastungen etc) isoliert zu beurkunden.[47] Hierzu wird der Notar die anderen Beteiligten bitten müssen, den Beurkundungsraum kurz zu verlassen. Um solchen Situationen entgegenzuwirken, sollte das Verfahren grundsätzlich nur eingeschlagen werden, wenn Personenidentität besteht oder kein Widerspruch zu erwarten ist (zB bei Verwandten).

27 In der Niederschrift muss nicht festgestellt werden, dass der Notar eine Sammelbeurkundung durchgeführt hat, die Beteiligten einverstanden waren und welcher übereinstimmende Wortlaut nur einmal vorgelesen wurde. Zumindest ein allgemeiner Vermerk, dass nach § 13 Abs. 2 S. 1 verfahren wurde, ist jedoch naheliegend.[48]

IV. Unterzeichnung durch den Notar (Abs. 3)

28 **1. Eigenhändige Unterschrift.** Den Schlusspunkt der Verhandlung setzt der Notar. Seine eigenhändige Unterschrift führt die Wirksamkeit der Urkunde ex nunc herbei.[49] Zwar muss er nicht in Gegenwart der Beteiligten unterschreiben, jedoch ist der bewusste Einsatz einer sog. „offenen Urkunde" unzulässig. Im Regelfall ist der Notar mithin zur sofortigen Unterschrift verpflichtet.[50] Räumlich sollte seine Unterzeichnung den Unterschriften der Beteiligten nachfolgen.

29 Für die Anforderungen an die Unterschrift gilt das zu den Beteiligten Gesagte, mit dem Zusatz, dass der Notar seine Amtsbezeichnung beifügen soll, Abs. 3 S. 2 sowie § 1 S. 3 DONot. Gemäß § 1 S. 2 DONot kann der Vorname dafür weggelassen werden. Üblicherweise wird ergänzend das Siegel beigedrückt, wobei das BeurkG dies nicht verlangt.

30 **2. Nachholung der Unterschrift.** Sollte der Notar versehentlich nicht unterschreiben, drängen sich Fragen auf, über die insbesondere im Schrifttum gestritten wird. Zunächst besteht Einigkeit darüber, dass eine nachträgliche Unterschriftsleistung grundsätzlich möglich ist, wenn diese durch den beurkunden-

45 BT-Drs. 5/3282, 30; BeckOGK/*Seebach/Rachlitz* BeurkG § 13 Rn. 86.
46 BGH DNotZ 2000, 512 (512).
47 *Winkler* BeurkG § 13 Rn. 36; aA Armbrüster/Preuß/Renner/*Piegsa* BeurkG § 13 Rn. 23.
48 OLG Frankfurt DNotI-Report 1999, 113 (114).
49 *Winkler* BeurkG § 13 Rn. 91.
50 *Schemmann* DNotZ 2018, 816 ff.

den Notar höchstpersönlich erfolgt.[51] Ein Notar a.D. kann daher ebenso wenig die Unterschrift nachholen wie sein Amtsnachfolger.[52]

a) **Zeitpunkt.** Derweil ist umstritten, bis zu welchem Zeitpunkt unterschrieben werden kann. Einige Stimmen sind der Ansicht, dass die Unterschrift nicht mehr nachgeholt werden kann, sobald Ausfertigungen erteilt worden sind.[53] Die zutreffende herrschende Meinung wiederrum lehnt eine solche zeitliche Beschränkung ab.[54] So dient die Unterschrift als Nachweis, dass die Beurkundungsverhandlung ordnungsgemäß stattgefunden hat. Diese Feststellung ist jederzeit nachholbar.[55] Auch ein Vergleich zur gesetzlich nicht befristeten Richtigstellung offensichtlicher Unrichtigkeiten, vgl. § 44a Abs. 2, streitet für dieses Ergebnis.[56] Nur für Verfügungen von Todes wegen gilt aus Rechtssicherheitsgründen etwas anderes. Hier kann die Unterschrift nach dem Tod des Erblassers nicht nachgeholt werden.[57] 31

b) **Form.** Uneinigkeit besteht auch hinsichtlich der Form der Nachholung. Teilweise wird vertreten, dass eine Nachtragsverhandlung – unter Mitwirkung aller Beteiligten – erforderlich sei.[58] Dem ist nicht zuzustimmen. Richtigerweise kann der Notar bis zum Ablauf des Verhandlungstages die Urschrift einfach unterschreiben, ohne weitere Formen zu beachten. Danach hat er unter Angabe des Datums zu vermerken, dass er die Unterschrift zu einem späteren Zeitpunkt vollzogen hat.[59] Nicht erforderlich, aber sinnvoll, ist es, dem Vermerk das Dienstsiegel beizudrücken. Eines Mitwirkens der Beteiligten bedarf es unterdessen nicht.[60] 32

§ 13a Eingeschränkte Beifügungs- und Vorlesungspflicht

(1) [1]Wird in der Niederschrift auf eine andere notarielle Niederschrift verwiesen, die nach den Vorschriften über die Beurkundung von Willenserklärungen errichtet worden ist, so braucht diese nicht vorgelesen zu werden, wenn die Beteiligten erklären, daß ihnen der Inhalt der anderen Niederschrift bekannt ist, und sie auf das Vorlesen verzichten. [2]Dies soll in der Niederschrift festgestellt werden. [3]Der Notar soll nur beurkunden, wenn den Beteiligten die andere Niederschrift zumindest in beglaubigter Abschrift bei der Beurkundung vorliegt. [4]Für die Vorlage zur Durchsicht anstelle des Vorlesens von Karten, Zeichnungen oder Abbildungen gelten die Sätze 1 bis 3 entsprechend.

(2) [1]Die andere Niederschrift braucht der Niederschrift nicht beigefügt zu werden, wenn die Beteiligten darauf verzichten. [2]In der Niederschrift soll festgestellt werden, daß die Beteiligten auf das Beifügen verzichtet haben.

51 *Winkler* BeurkG § 13 Rn. 91; Armbrüster/Preuß/Renner/*Piegsa* BeurkG § 14 Rn. 72, 75.
52 BeckOK BGB/*Litzenburger* BeurkG § 13 Rn. 25.
53 OLG Naumburg DNotI-Report 2000, 129 ff.
54 LG Aachen DNotZ 1976, 428 (431); BGH DNotZ 2009, 688 (691); *Winkler* BeurkG § 13 Rn. 88; Grziwotz/Heinemann/*Heinemann* BeurkG § 13 Rn. 36; BeckOGK/*Seebach*/*Rachlitz* BeurkG § 13 Rn. 177.
55 BeckOK BGB/*Litzenburger* BeurkG § 13 Rn. 23.
56 BeckOGK/*Seebach*/*Rachlitz* BeurkG § 13 Rn. 177.1.
57 *Winkler* BeurkG § 13 Rn. 91.
58 *Keidel* DNotZ 1975, 583 (589); LG Aachen DNotZ 1976, 428 (431).
59 Armbrüster/Preuß/Renner/*Piegsa* BeurkG § 14 Rn. 74.
60 Das Dienstsiegel stets fordernd BeckOK BGB/*Litzenburger* BeurkG § 13 Rn. 23; aA BeckOGK/*Seebach*/*Rachlitz* BeurkG § 13 Rn. 183.

(3) [1]Kann die andere Niederschrift bei dem Notar oder einer anderen Stelle rechtzeitig vor der Beurkundung eingesehen werden, so soll der Notar dies den Beteiligten vor der Verhandlung mitteilen; befindet sich die andere Niederschrift bei dem Notar, so soll er diese dem Beteiligten auf Verlangen übermitteln. [2]Unbeschadet des § 17 soll der Notar die Beteiligten auch über die Bedeutung des Verweisens auf die andere Niederschrift belehren.

(4) Wird in der Niederschrift auf Karten oder Zeichnungen verwiesen, die von einer öffentlichen Behörde innerhalb der Grenzen ihrer Amtsbefugnisse oder von einer mit öffentlichem Glauben versehenen Person innerhalb des ihr zugewiesenen Geschäftskreises mit Unterschrift und Siegel oder Stempel versehen worden sind, so gelten die Absätze 1 bis 3 entsprechend.

Literatur:

Arnold, Die Änderungen des Beurkundungsverfahrens durch das Gesetz vom 20.2.1980, DNotZ 1980, 262; *Bambring*, Das Gesetz zur Änderung und Ergänzung beurkundungsrechtlicher Vorschriften in der notariellen Praxis, DNotZ 1980, 281; *Bracker*, Beurkundungsgesetz und Dienstordnung für Notare, MittBayNot 2004, 349; *Fischer*, Die Zulässigkeit der Verweisung auf eine eine Willenserklärung nicht enthaltende Mutterurkunde, DNotZ 1982, 153; *Lichtenberger*, Das Gesetz zur Änderung und Ergänzung beurkundungsrechtlicher Vorschriften, NJW 1980, 864; *Ressler*, Sollvorschriften des Beurkundungsgesetzes und Strafbarkeit nach § 348 StGB, NotBZ 1999, 13; *Stauf*, Umfang und Grenzen der Verweisungsmöglichkeit nach § 13a BeurkG und der eingeschränkten Vorlesungspflicht nach § 14 BeurkG, RNotZ 2001, 129; *Tiedtke*, Die Form des Verlängerungsvertrages, DNotZ 1991, 348.

I. Sinn und Zweck

1 § 13a dient insbesondere der Entlastung des Beurkundungsverfahrens in komplexeren Angelegenheiten. Die Norm ermöglicht es, Teile eines zu beurkundenden Vorgangs in andere notarielle Urkunden auszulagern. Sie soll die Beteiligten davor schützen, dass der Umfang der zu beurkundenden Absprachen ihre Aufnahmefähigkeit übersteigt und die Beurkundung ihrer Schutzfunktion nicht gerecht wird, da die Beteiligten den Belehrungen des Notars nicht mehr die erforderliche Aufmerksamkeit schenken können.[1]

II. Eingeschränkte Vorlesungs- und Vorlagepflicht (Abs. 1, Abs. 4)

2 Abs. 1 S. 1 regelt die Voraussetzungen, unter denen das nach § 13 Abs. 1 S. 1 Hs. 1 grundsätzlich erforderliche Vorlesen einer anderen notariellen Nieder-

1 BT-Drs. 5/3594, 4.

schrift, auf die in einer Urkunde verwiesen wird, unterbleiben kann. Daneben regelt Abs. 4 die Voraussetzungen, unter denen das nach § 9 Abs. S. 3, § 13 Abs. 1 S. 1 Hs. 2 grundsätzlich erforderliche Vorlegen zur Durchsicht und Beifügen zur Urkunde von Karten oder Zeichnungen, auf die in einer Urkunde verwiesen wird, verzichtet werden kann.

1. Tauglicher Verweisungsgegenstand. Gegenstand der erleichterten Bezugnahme nach § 13a sind notarielle Niederschriften (Abs. 1), ferner behördliche Karten oder Zeichnungen, die ihre amtliche Herkunft durch bestimme Förmlichkeiten erkennen lassen (Abs. 4). 3

a) **Andere notarielle Niederschrift (Abs. 1).** Das Verlesen einer anderen notariellen Niederschrift, auf die in einer Urkunde verwiesen wird, kann nur unterbleiben, wenn es sich bei der Bezugsurkunde um eine notarielle Niederschrift handelt, die nach den Vorschriften über die Beurkundung von Willenserklärungen, dh nach den §§ 8 ff. errichtet wurde (= zulässiger Verweisungsgegenstand). Entscheidend für die Abgrenzung von zulässigen und unzulässigen Verweisungsgegenständen ist dementsprechend allein die Errichtungsform der Bezugsurkunde. 4

Hieraus folgt für die Anwendbarkeit der Verfahrenserleichterung des Abs. 1 S. 1: 5

(i) dass sie nicht anwendbar ist auf andere öffentliche Urkunden als solche iSd §§ 8 ff., dh insbesondere nicht auf sonstige notarielle Urkunden iSd §§ 36 ff. bzw. §§ 39 ff. sowie auf notarielle Eigenurkunden gemäß oder entsprechend § 24 Abs. 3 BNotO;

(ii) dass sie nicht auf Urkunden anwendbar ist, die vor einer anderen Urkundsperson als einem deutschen Notar aufgenommen wurden, mit Ausnahme von Urkunden deutscher Konsularbeamte, die gemäß § 10 Abs. 2 KonsG den Urkunden deutscher Notare gleichstehen. Bei einer Urkunde, die von einem ausländischen Notar errichtet wurde, handelt es sich nicht um eine Urkunde iSd §§ 8 ff. und somit nicht um einen zulässigen Verweisungsgegenstand.[2]

(iii) dass der Inhalt der Bezugsurkunde irrelevant ist, dh die Bezugsurkunde zwar nach den Vorschriften über die Beurkundung von Willenserklärung in §§ 8 ff. errichtet worden sein, aber nicht zwingend Willenserklärungen enthalten muss. So wird die Verfahrenserleichterung des Abs. 1 S. 1 in der Praxis vielfach dazu genutzt, Tatsachenerklärungen, zu beurkunden, auf die im Rahmen von Regelungen in einer anderen Urkunde Bezug genommen wird (wie zB im Rahmen von Unternehmenskäufen, bei denen die Anlagen, die zur Konkretisierung der Reichweite der in dem Unternehmenskaufvertrag enthaltenen Garantien dienen, in eine vorgelagerte Bezugsurkunde ausgelagert werden).[3]

(iv) dass die Bezugsurkunde zwar formell wirksam errichtet sein muss; die materiellrechtliche Wirksamkeit der Bezugsurkunde, die Tauglichkeit der Bezugsurkunde als Verweisungsgegenstand jedoch nicht beeinträchtigt. Wird auf eine formell unwirksame Urkunde verwiesen, werden die in ihr enthaltenen Erklärungen nicht Inhalt der Haupturkunde, und zwar unabhängig davon, ob die formelle Unwirksamkeit der Bezugsurkunde für den die Haupturkunde beurkundenden Notar überhaupt erkennbar war.[4] Die

2 Grziwotz/Heinemann/*Heinemann* BeurkG § 13a Rn. 3; Armbrüster/Preuß/Renner/*Piegsa* BeurkG § 13a Rn. 10 f.
3 Frenz/Miermeister/*Limmer* BeurkG § 13a Rn. 6; *Fischer* DNotZ 1982, 153 ff.
4 BeckOGK/*Seebach*/*Rachlitz* BeurkG § 13a Rn. 29.1. mwN.

Auswirkungen der Verweisung auf eine aus materiellrechtlichen Gründen unwirksame Bezugsurkunde (zB eine nichtige oder anfechtbare Urkunde) für die Hauptürkunde ergeben sich aus dem materiellen Recht.

(v) dass die Bezugsurkunde weder in deutscher Sprache noch in derselben Sprache, wie die Haupturkunde errichtet sein muss. Die Errichtung von Urkunden in einer anderen Sprache ist gemäß § 5 Abs. 2 allgemein zulässig.[5] Auch Teile einer Urkunde können demnach in einer anderen Sprache errichtet werden. Ein Abweichen zwischen den Urkundssprachen von Haupt- und Bezugsurkunde muss daher rechtlich möglich sein. Der Notar muss lediglich sicherstellen, dass die Beteiligten den unterschiedlichen Sprachen kundig sind.

(vi) dass keine Identität zwischen den Beteiligten von Haupt- und Bezugsurkunde bestehen muss. Der Notar kann die Bezugsurkunde auch mit nur einer Person beurkunden, was in der Praxis die Regel ist.[6] Die erforderliche Kenntnis der Beteiligten vom Inhalt der Bezugsurkunde kann auch auf anderem Wege als durch formelle oder materielle Beteiligung an der Bezugsurkunde sichergestellt werden, zB durch rechtzeitige Ermöglichung der Einsichtnahme oder Übersendung einer Abschrift (→ Rn. 23 ff.).

(vii) dass die Bezugsurkunde von einem inländischen Notar oder einem deutschen Konsularbeamten errichtet worden sein muss. Nur ein inländischer Notar kann Niederschriften nach den Vorschriften über die Beurkundung von Willenserklärungen iSd § 13a Abs. 1 S. 1 errichten. Die von deutschen Konsularbeamten nach § 10 Abs. 1 KonsG errichteten Niederschriften stehen Urkunden inländischer Notare gleich. Urkunden ausländischer Notare sind stellen keinen tauglichen Verweisungsgegenstand dar.[7]

(viii) dass die Bezugsurkunde ihrerseits auf eine weitere Niederschrift verweisen kann (sog. Kettenverweisung).[8] Für die Dritturkunde gelten die vorgenannten Verfahrensgrundsätze gleichermaßen, dh jedes „Glied in der Verweisungskette" muss auf eine formwirksame notarielle Niederschrift Bezug nehmen.[9]

(ix) dass auf eine Bezugsurkunde nicht vollständig verwiesen werden muss. Vielmehr können auch nur einzelne Abschnitte oder beigefügte Anlagen derselben einbezogen werden (sog. Teilverweisung).[10]

6 b) **Amtliche Karten oder Zeichnungen (Abs. 4).** Auf das Vorlegen von Karten oder Zeichnungen zur Durchsicht und Beifügen zur Urkunde kann nur verzichtet werden, wenn es sich um Karten oder Zeichnungen handelt, die von einer öffentlichen Behörde innerhalb der Grenzen ihrer Amtsbefugnisse oder von einer mit öffentlichem Glauben versehenen Person innerhalb des ihr zugewiesenen Geschäftskreises mit Unterschrift und Siegel oder Stempel versehen worden sind.

7 Die Karten und Zeichnungen können von einer qualifizierten Stellen iSd § 415 ZPO selbst angefertigt sein (zB Vermessungsurkunde, Veränderungsnachweis) oder sie wurden eingereicht und von ihr übernommen/genehmigt (zB Aufteilungspläne, amtlich genehmigte Baupläne).[11] Auf Private Karten und Zeichnun-

5 *Winkler* BeurkG § 13a Rn. 35; Armbrüster/Preuß/Renner/*Piegsa* BeurkG § 5 Rn. 8.
6 *Winkler* BeurkG § 13a Rn. 37; *Arnold* DNotZ 1980, 262 (275); *Tiedtke* DNotZ 1991, 348 (359).
7 Grziwotz/Heinemann/*Heinemann* BeurkG § 13a Rn. 3.
8 *Bambring* DNotZ 1980, 281 (298).
9 BeckOGK/*Seebach*/*Rachlitz* BeurkG § 13a Rn. 35.
10 Frenz/Miermeister/*Limmer* BeurkG § 13a Rn. 6.
11 BT-Drs. 5/3594, 5.

gen kann nicht verwiesen werden, es sei denn, sie sind Teil einer notariellen Niederschrift.[12] Sie sind aber keinesfalls tauglicher Verweisungsgegenstand iSd Abs. 4. Noch nicht bestandskräftige Flächennutzungspläne und Bebauungspläne sind nicht verweisungsfähig, da sie nur Entwürfe sind.[13]

2. Verweisungserklärung. Auf die Bezugsurkunde muss in der Niederschrift verwiesen werden. Hierbei handelt es sich um ein für die Wirksamkeit der Beurkundung notwendiges Erfordernis. Nach dem eindeutigen Wortlaut des Abs. 1 S. 1 genügt es nicht, wenn umgekehrt aus der Bezugsurkunde auf die Niederschrift verwiesen wird. Eine wechselseitige Verweisung ist allerdings unschädlich. 8

Der Notar hat dafür zu sorgen, dass in der nach § 13 zu verlesenden Verweisungserklärung eindeutig der Wille der Beteiligten zum Ausdruck kommt, die andere Niederschrift in die Hauptурkunde einzubeziehen. Die Wörter „verweisen" oder „Bezug nehmen" sind zwar nicht vorgeschrieben, aber üblich.[14] In der Praxis werden zudem beurkundende Stelle, Urkundennummer und Errichtungsdatum in der Verweisungserklärung ausdrücklich genannt.[15] 9

Der Verweis auf einzelne Abschnitte ist zulässig, wobei in diesen Fällen die Gliederungsziffer und Seitenzahl in den Verweis aufgenommen werden sollte, um den Verweis hinreichend zu konkretisieren. Häufig wird die Teilverweisung auch dazu genutzt, um mitbeurkundete Anlagen einer anderen Niederschrift einzubeziehen (zB Baubeschreibung einer Wohnungseigentumsanlage).[16] Praxisrelevant ist die Teilverweisung außerdem um bestehende Verschwiegenheitspflichten, die sich beispielsweise auf den Namen der Beteiligten einer Bezugsurkunde oder den dort vereinbarten Kaufpreis erstrecken kann, zu wahren. In der Verhandlung vorzulegendes Verweisungsobjekt ist dann nur eine auszugsweise Abschrift.[17] 10

Im Rahmen der Kettenverweisung muss die Haupturkunde nicht unmittelbar auf die Dritturkunde verweisen. Es genügt, wenn auf diese in der Verweisungsurkunde Bezug genommen wird (= mittelbare Verweisung).[18] 11

3. Beteiligtenerklärungen. Eine andere Niederschrift iSd § 13a braucht gem. § 13a Abs. 1 S. 1 2. Hs. nicht verlesen zu werden, wenn die Beteiligten (a) darauf verzichten und (b) erklären, dass ihnen der Inhalt der anderen Niederschrift bekannt ist. 12

a) Verzichtserklärung und -vermerk. Die Verzichtserklärung ist unabdingbare Tatbestandsvoraussetzung, fehlt sie, ist die Verweisung unwirksam. Wie genau der Verzicht zu erklären ist, schreibt das Gesetz nicht vor. Im Gegensatz zur Verweisungserklärung (→ Rn. 8 ff.) muss er nicht in die Niederschrift aufgenommen werden. Ausreichend ist es, dass alle formell Beteiligten (§ 6 Abs. 2) den Verzicht tatsächlich erklärt haben, sei es ausdrücklich oder konkludent.[19] 13

12 Frenz/Miermeister/*Limmer* BeurkG § 13a Rn. 11.
13 Armbrüster/Preuß/Renner/*Piegsa* BeurkG § 13a Rn. 20; OLG Karlsruhe DNotZ 1990, 422 (424); *Winkler* BeurkG § 13a Rn. 45; aA Grziwotz/Heinemann/*Heinemann* BeurkG § 13a Rn. 8.
14 Armbrüster/Preuß/Renner/*Piegsa* BeurkG § 13a Rn. 6.
15 OLG Hamm MittBayNot 2000, 59 (62); Grziwotz/Heinemann/*Heinemann* BeurkG § 13a Rn. 9.
16 BeckOGK/*Seebach/Rachlitz* BeurkG § 13a Rn. 66.1; Armbrüster/Preuß/Renner/*Piegsa* BeurkG § 13a Rn. 16.
17 *Lichtenberger* NJW 1980, 864 (867); Armbrüster/Preuß/Renner/*Piegsa* BeurkG § 13a Rn. 17.
18 Armbrüster/Preuß/Renner/*Piegsa* BeurkG § 13a Rn. 17; Grziwotz/Heinemann/*Heinemann* BeurkG § 13a Rn. 10; aA BeckOK BGB/*Litzenburger* BeurkG § 13a Rn. 1.
19 *Stauf* RNotZ 2001, 129 (142); BeckOGK/*Seebach/Rachlitz* BeurkG § 13a Rn. 71.

14 Gleichwohl soll die Niederschrift nach Abs. 1 S. 2 einen Verzichtsvermerk enthalten. Das Fehlen eines Verzichtsvermerks macht die Verweisung nur nicht unwirksam, da es sich bei Abs. 1 S. 2 um eine Sollbestimmung handelt.

15 Die abschließende Unterschrift des Notars begründet keine Vermutung dahin gehend, dass von den formell Beteiligten auf das Verlesen der Bezugsurkunde verzichtet wurde. Insoweit fehlt es an einer § 13 Abs. 1 S. 3 entsprechenden Regelung.[20] Falls nötig, kann der Notar die Niederschrift im vereinfachten Verfahren ergänzen, § 44a Abs. 2.

16 b) **Bekanntheitserklärung und -vermerk.** Weiter müssen die Beteiligten erklären, dass ihnen der Verweisungsgegenstand bekannt ist. Für die Frage, ob ein Beteiligter den Inhalt kennt, ist allein seine Erklärung maßgeblich. Auf die tatsächlich vorhandene Kenntnis kommt es nicht an. Den Notar trifft auch keine Nachforschungspflicht, da die Erklärung der Verantwortungssphäre der Beteiligten entspringt.[21] Bejaht ein Beteiligter fälschlicherweise seine Kenntnis ist eine Irrtumsanfechtung denkbar.[22] Die Bekanntheitserklärung muss nicht in der Urkunde enthalten sein, soll nach Abs. 1 S. 2 aber ebenfalls festgestellt werden. Auch insoweit führt die abschließende Unterschrift des Notars – mangels einer § 13 Abs. 1 S. 3 entsprechenden Regelung – nicht zu einer Vermutung dahin gehend, dass von den formell Beteiligten eine Bekanntheitserklärung abgegeben wurde.

17 4. **Vorliegen der Bezugsurkunde.** Gemäß Abs. 1 S. 3 soll der Notar nur beurkunden, wenn den Beteiligten die andere Niederschrift zumindest in beglaubigter Abschrift vorliegt; andernfalls ist eine vereinfachte Bezugnahme nach § 13a abzulehnen. Der Wortlaut „zumindest" stellt klar, dass die Urkunde erst recht in Urschrift oder Ausfertigung beschafft werden kann. In begründeten Eilfällen kann ausnahmsweise auch eine einfache Abschrift genügen.[23]

18 Durch dieses Erfordernis wird ein angemessener Ersatz für das an sich erforderliche Vorlesen bzw. Durchsehen von Karten, Zeichnungen oder Abbildungen geschaffen.[24] Die Beteiligten erhalten so die Gelegenheit, den Urkundstext oder die betreffenden Karte jederzeit einzusehen und zu kontrollieren.[25] Nach herrschender Lehre kann auf das Vorliegen der Bezugsurkunde nicht verzichtet werden.[26] Der Gesetzgeber hat die Möglichkeit einer Ausnahmeregelung, wie sie in § 21 Abs. 1 S. 2 für die Beurkundung ohne Grundbucheinsicht existiert, erkannt, sich aber bewusst dagegen entschieden, da dies mit dem Schutzcharakter des § 13a Abs. 1 nicht vereinbar wäre.[27] Mithin steht Abs. 1 S. 3 nicht zur Disposition der Beteiligten.

19 Bestehen die Beteiligten auf die Beurkundung, obwohl die Verweisungsurkunde nicht vorliegt, ist der Notar nicht gezwungen dem nachzukommen. In der Praxis bleibt ihm dann oftmals nur die Möglichkeit, den Beurkundungstermin zu verschieben. Beurkundet er trotzdem, liegt eine Amtspflichtverletzung vor, der

---

20 BGH DNotZ 1993, 614 (615); Grziwotz/Heinemann/*Heinemann* BeurkG § 13a Rn. 29.
21 BeckOK BGB/*Litzenburger* BeurkG § 13a Rn. 2.
22 Grziwotz/Heinemann/*Heinemann* BeurkG § 13a Rn. 11.
23 *Winkler* BeurkG § 13a Rn. 85; *Lichtenberger* NJW 1980, 864 (868); *Bambring* DNotZ 1980, 281 (300); aA Grziwotz/Heinemann/*Heinemann* BeurkG § 13a Rn. 16.
24 BT-Drs. 5/3594, 4.
25 Frenz/Miermeister/*Limmer* BeurkG § 13a Rn. 8.
26 *Winkler* BeurkG § 13a Rn. 81 ff.; Armbrüster/Preuß/Renner/*Piegsa* BeurkG § 13a Rn. 26; Grziwotz/Heinemann/*Heinemann* BeurkG § 13a Rn. 16; BT-Drs. 5/3594, 5; *Bracker* MittBayNot 2004, 349 (350).
27 BT-Drs. 5/3594, 5.

Verweis bleibt allerdings wirksam, weil Abs. 1 S. 3 als Soll-Bestimmung ausgestaltet ist.[28]

III. Eingeschränkte Beifügungspflicht (Abs. 2)

1. Verzicht auf Beifügung. Die Bezugsurkunde braucht der Niederschrift nicht beigefügt zu werden, wenn die Beteiligten darauf verzichten, Abs. 2 S. 1. Erforderlich ist, dass alle formell Beteiligten zustimmen. Bereits eine fehlende Erklärung sperrt die Verfahrenserleichterung und die Bezugsurkunde ist beizufügen. Hierfür bietet sich das nach Abs. 1 S. 3 erforderliche Einsichtsexemplar an, es sei denn, es handelte sich um die Originalurkunde.[29] Ausreichend ist zunächst eine lose Verbindung, die aber in einer festen Verbindung mit Schnur und Prägesiegel gemäß § 44 S. 2 münden soll. Fügt der Notar die Bezugsurkunde nicht bei, obwohl die Beteiligten darauf nicht verzichtet haben, so ist der Verweis unwirksam. Ein nachträgliches Beifügen kommt nicht in Betracht.[30] 20

2. Feststellung des Verzichts. Darüber hinaus soll der Notar in der Niederschrift feststellen, dass die Beteiligten auf das Beifügen verzichtet haben, Abs. 2 S. 2. Fehlt der Vermerk, nimmt dies der Verweisung nicht ihre Wirksamkeit, da es sich um eine Soll-Vorschrift handelt. Für den Fall, dass es der Notar versäumt den Verzicht festzustellen, kann er im vereinfachten Verfahren gemäß § 44a Abs. 2 die Niederschrift ergänzen. § 13 Abs. 1 S. 3 ist als Sonderregelung nicht analogiefähig, so dass seine Vermutungswirkung nicht auf die Abgabe des Verzichts übertragen werden kann.[31] 21

IV. Pflichten des Notars (Abs. 3)

Für den Fall, dass nach den Absätzen 1 und/oder 2 verfahren werden soll, statuiert Abs. 3 S. 1 zwei Informationspflichten des Notars, die dem Beteiligtenschutz dienen und zur Entlastung des Beurkundungsvorganges beitragen können. 22

1. Mitteilungspflicht. Nach Halbsatz 1 soll der Notar die Beteiligten vor der Verhandlung unterrichten, wenn die Bezugsurkunde bei ihm oder einer anderen Stelle rechtzeitig vor der Beurkundung eingesehen werden kann. Dadurch wird bewirkt, dass sich die Beteiligten frühzeitig über den Inhalt der Bezugsurkunde informieren und sachkundig machen können.[32] Die dadurch erlangte Kenntnis bildet regelmäßig die Grundlage für eine spätere Bekanntheitserklärung (→ Rn. 16) und trägt somit zur vereinfachte Bezugnahme nach § 13a bei. 23

Die Mitteilungspflicht entfällt, wenn die Beteiligten die Bezugsurkunde bereits besitzen, eine rechtzeitige Einsichtnahme nicht möglich ist oder die fremde Verwahrstelle höchstwahrscheinlich keine Auskunft erteilen wird.[33] 24

2. Übermittlungspflicht. Halbsatz 2 legt dem Notar, der die Haupturkunde errichten soll, eine weitere Verpflichtung auf. Befindet sich die Bezugsurkunde bei ihm, so soll er diese den Beteiligten auf Verlangen übermitteln. Im Umkehrschluss muss der Notar eine Abschrift der Urkunde weder unaufgefordert übersenden noch muss er auf das gewährte Übermittlungsrecht hinweisen. Nach zu- 25

---

28 *Winkler* BeurkG § 13a Rn. 84; OLG Zweibrücken NJW 2004, 2912 ff.
29 *Winkler* BeurkG § 13a Rn. 100; Armbrüster/Preuß/Renner/*Piegsa* BeurkG § 13a Rn. 28.
30 BeckOK BGB/*Litzenburger* BeurkG § 13a Rn. 4.
31 *Winkler* BeurkG § 13a Rn. 99; *Ressler* NotBZ 1999, 13 (15).
32 BT-Drs. 5/3594, 5.
33 BeckOGK/*Seebach*/*Rachlitz* BeurkG § 13a Rn. 108–110; *Winkler* BeurkG § 13a Rn. 105.

treffender Ansicht setzt Halbsatz 2 voraus, dass der Notar die Urschrift der Bezugsurkunde verwahrt.[34] Über die Form der zu übermittelnden Urkunde entscheidet der Notar – mangels gesetzlicher Regelung – nach seinem Ermessen, wobei die Übermittlung der Urschrift grundsätzlich ausscheidet, vgl. § 45.[35] Die wohl herrschende Lehre lässt eine einfache Abschrift genügen.[36] Die Kosten der Übersendung trägt der Antragssteller.

26 **3. Prüfungs- und Belehrungspflichten.** Liegen die Voraussetzungen einer Verfahrenserleichterung nach § 13a vor, entbindet dies den Notar nicht von seinen allgemeinen Pflichten. Der Hinweis auf § 17 stellt klar, dass die Prüfungs- und Belehrungspflichten unberührt bleiben, sich also auch auf die Bezugsurkunde selbst erstrecken. Aus diesem Grund muss der Notar alle relevanten Urkunden kennen.[37] In der Praxis wird er den Beteiligten dann nur die wesentlichen Inhalte erläutern.[38]

27 Nach § 13a Abs. 3 S. 2 ist insbesondere über die Bedeutung der Verweisung zu belehren. So hat der Notar aufzuklären, dass die Erklärungen in der Bezugsurkunde vollwertiger Bestandteil der Niederschrift werden, dh sie gelten als in der Niederschrift selbst enthalten, und an dessen Beweiskraft teilnehmen (siehe § 415 ZPO). Da sich eine solche Belehrungspflicht bereits aus § 17 selbst ergeben würde, besteht Einigkeit darüber, dass Abs. 3 S. 2 nur eine klarstellende Funktion beizumessen ist.[39]

§ 14 Eingeschränkte Vorlesungspflicht

(1) [1]Werden Bilanzen, Inventare, Nachlaßverzeichnisse oder sonstige Bestandsverzeichnisse über Sachen, Rechte und Rechtsverhältnisse in ein Schriftstück aufgenommen, auf das in der Niederschrift verwiesen und das dieser beigefügt wird, so braucht es nicht vorgelesen zu werden, wenn die Beteiligten auf das Vorlesen verzichten. [2]Das gleiche gilt für Erklärungen, die bei der Bestellung einer Hypothek, Grundschuld, Rentenschuld, Schiffshypothek oder eines Registerpfandrechts an Luftfahrzeugen aufgenommen werden und nicht im Grundbuch, Schiffsregister, Schiffsbauregister oder im Register für Pfandrechte an Luftfahrzeugen selbst angegeben zu werden brauchen. [3]Eine Erklärung, sich der sofortigen Zwangsvollstreckung zu unterwerfen, muß in die Niederschrift selbst aufgenommen werden.

(2) [1]Wird nach Absatz 1 das beigefügte Schriftstück nicht vorgelesen, so soll es den Beteiligten zur Kenntnisnahme vorgelegt und von ihnen unterschrieben werden; besteht das Schriftstück aus mehreren Seiten, soll jede Seite von ihnen unterzeichnet werden. [2]§ 17 bleibt unberührt.

34 BeckOGK/*Seebach/Rachlitz* BeurkG § 13a Rn. 113; Armbrüster/Preuß/Renner/*Piegsa* BeurkG § 13a Rn. 33; *Stauf* RNotZ 2001, 129 (143); aA Grziwotz/Heinemann/*Heinemann* BeurkG § 13a Rn. 21.

35 BeckOGK/*Seebach/Rachlitz* BeurkG § 13a Rn. 113; *Winkler* BeurkG § 13a Rn. 107.

36 So BeckOGK/*Seebach/Rachlitz* BeurkG § 13a Rn. 113; Armbrüster/Preuß/Renner/*Piegsa* BeurkG § 13a Rn. 33; Grziwotz/Heinemann/*Heinemann* BeurkG § 13a Rn. 21.

37 *Stauf* RNotZ 2001, 129 (142).

38 BeckOGK/*Seebach/Rachlitz* BeurkG § 13a Rn. 121.

39 *Arnold* DNotZ 1980, 262 (278); *Winkler* BeurkG § 13a Rn. 109; Armbrüster/Preuß/Renner/*Piegsa* BeurkG § 13a Rn. 36.

(3) In der Niederschrift muß festgestellt werden, daß die Beteiligten auf das Vorlesen verzichtet haben; es soll festgestellt werden, daß ihnen das beigefügte Schriftstück zur Kenntnisnahme vorgelegt worden ist.

Literatur:

Kanzleiter, Formzwecke, Beurkundungsverfahren und Berufsrecht – Die Änderungen des Beurkundungsverfahrensrecht durch die BNotO-Novelle v. 31.8.1998, DNotZ 1999, 292; *Reithmann*, Anlagen und Beilagen zur Niederschrift, DNotZ 1972, 71; *Stauf*, Umfang und Grenzen der Verweisungsmöglichkeiten nach § 13a BeurkG und der eingeschränkten Vorlesungspflicht nach § 14 BeurkG, RNotZ 2001, 129; *Vaasen/Starke*, Zur Reform des notariellen Berufsrechts, DNotZ 1998, 661.

I. Allgemeines

1 Grundsätzlich ist gemäß § 13 jede Niederschrift, die bei der Beurkundung von Willenserklärungen aufgenommen wird, den formell Beteiligten in ihrer Gesamtheit, dh einschließlich etwaiger Anlagen zu verlesen. Von diesem Grundsatz statuiert § 14 bestimmte Ausnahmen. Diese Ausnahmen dienen dazu, das Beurkundungsverfahren, das insbesondere bei umfangreichen Anlagen erschwert werden könnte, zu entlasten.[1]

II. Anwendungsbereich

2 § 14 gilt für die Beurkundung von Willenserklärungen. Dies ergibt sich aus der systematischen Stellung im zweiten Abschnitt des Beurkundungsgesetzes (§§ 6 ff.). Ungeachtet der Verweisung in § 38 Abs. 1 auf die Vorschriften des zweiten Abschnitts findet er nach überwiegender Meinung keine Anwendung auf eidesstattliche Versicherungen. Dies gilt insbesondere für die Aufnahme von

1 *Stauf* RNotZ 2001, 129 (144).

eidesstattlichen Versicherungen über die Richtigkeit und Vollständigkeit von Bestandsverzeichnissen.[2]

3 Bei Inventaren und Nachlassverzeichnissen, die nach §§ 36, 37 beurkundet werden, bedarf es keines erleichterten Verfahrens iSd § 14, da mangels einer Beurkundung von Willenserklärungen ohnehin keine Vorlesepflicht besteht.[3] Etwas anderes gilt dann, wenn die Niederschrift in der Form der §§ 6 ff. aufgenommen wird. In diesem Fall können Inventar und Nachlassverzeichnis von der Vorlesepflicht ausgeklammert werden.[4] Dieses Ergebnis wird durch den Wortlaut des § 14 Abs. 1 S. 1 noch einmal bestätigt.[5]

III. Tatbestandsmerkmale, Verweisungs- und Verzichtserklärung (Abs. 1)

4 Ein Schriftstück, auf das in der Niederschrift verwiesen und das dieser beigefügt wird, braucht unter den nachstehenden Voraussetzungen nicht vorgelesen zu werden, wenn die Beteiligten darauf verzichten. Nicht nur für die formell Beteiligten, sondern auch für den Notar bedeutet diese Möglichkeit eine erhebliche Erleichterung und ist daher von großer praktischer Bedeutung. Gleichwohl ist eine Ausnahme von der Vorlesepflicht, die bekanntermaßen das Kernstück der Beurkundungsverhandlung markiert, nur in engen Grenzen vorgesehen.[6] Wie sich aus § 14 Abs. 1 ableiten lässt, ist ein erleichtertes Verfahren in zwei Fällen möglich. Nach Abs. 1 S. 1 können Schriftstücke verlesungslos mitbeurkundet werden, wenn sie ein Bestandsverzeichnis über Sachen, Rechte oder Rechtsverhältnisse beinhalten. Gleiches gilt nach S. 2 für Grundpfandrechte und sonstige Registerpfandrechte.

5 **1. Bestandsverzeichnisse (Abs. 1 S. 1).** Seit 1998 gehören zu den tauglichen Verweisungsgegenständen die an erster Stelle genannten Bestandsverzeichnisse.[7] Der Gesetzgeber verwendet diesen Begriff als Oberbegriff für alle Schriftstücke, die Zahlenwerke und sonstige Aufzählungen von rein tatsächlicher Bedeutung enthalten und sich auf einen real existierenden Bestand beziehen.[8] Inventare, Bilanzen und Nachlassverbindlichkeiten erfüllen als Regelbeispiele des § 14 stets die Anforderungen an ein Bestandsverzeichnis. Wie der Wortlaut „oder sonstige Bestandsverzeichnisse" klarstellt, handelt es sich dabei nicht um eine abschließende Aufzählung. Tatsächlich sind in der notariellen Praxis viele weitere Erscheinungsformen anzutreffen.

6 Praktische Bedeutung haben die Bestandsverzeichnisse insbesondere bei Unternehmenskaufverträgen, Grundstückskaufverträgen, Eheverträgen sowie bei Erbauseinandersetzungsvereinbarungen. In Betracht kommen hier Verzeichnisse über Mitarbeiter, Lieferanten, Kunden, Bilanzen, Inventare, Schutzrechte, Forderungen, Mieter, Grundstücke, Zubehör, Vermögen, Nachlassbestände oder die Verteilung des Hausrates.[9]

---

2 BeckOGK/*Seebach/Rachlitz* BeurkG § 14 Rn. 5 f. und *Winkler* BeurkG § 14 Rn. 22, die primär auf den Sinn und Zweck des Beurkundungsverfahrens bzw. der eidesstattlichen Versicherung abstellen; aA Grziwotz/Heinemann/*Heinemann* BeurkG § 14 Rn. 4, der auf den Wortlaut des § 260 Abs. 1 und 2 BGB verweist.

3 *Winkler* BeurkG § 14 Rn. 22; *Stauf* RNotZ 2001, 129 (145).

4 Armbrüster/Preuß/Renner/*Piegsa* BeurkG § 14 Rn. 9; BeckOGK/*Seebach/Rachlitz* BeurkG § 14 Rn. 7 f.; Staudinger/*Hertel* vor §§ 127a, 128 BeurkG Rn. 439.

5 BeckOGK/*Seebach/Rachlitz* BeurkG § 14 Rn. 8.

6 Armbrüster/Preuß/Renner/*Piegsa* BeurkG § 14 Rn. 1 f.; *Vaasen/Starke* DNotZ 1998, 661 (675).

7 BT-Drs. 13/11034, 40.

8 BT-Drs. 13/11034, 40; BeckOGK/*Seebach/Rachlitz* BeurkG § 14 Rn. 27.

9 BeckOGK/*Seebach/Rachlitz* BeurkG § 14 Rn. 44 ff.; Armbrüster/Preuß/Renner/*Piegsa* BeurkG § 14 Rn. 12 ff.

7 Wie sich der vorstehenden Aufzählung entnehmen lässt, können von der Vorlesepflicht nur solche Bestandsverzeichnisse ausgenommen werden, die Sachen, Rechte oder Rechtsverhältnisse beinhalten. Trotz der in Abs. 1 S. 1 gewählten Formulierung „Sachen, Rechte *und* Rechtsverhältnisse" ist nicht erforderlich, dass ein Verzeichnis alle Tatbestandsmerkmale aufweist. Es genügt, wenn eine der drei Varianten vorliegt.[10]

8 **2. Grundpfandrechte (Abs. 1 S. 2).** Nach Abs. 1 S. 2 können Anlagen auch bei bestimmten Pfandrechtsbestellungen vorlesungslos mitbeurkundet werden. Das Gesetz nennt hier (Schiffs-)Hypotheken, Grundschulden, Rentenschulden sowie Registerpfandrechte an Luftfahrzeugen.

9 Die Vorlesepflicht gemäß § 13 beschränkt sich auf solche Erklärungen, die in das Grundbuch oder Register selbst eingetragen werden müssen (Umkehrschluss aus § 14 Abs. 2 S. 2). In die „eigentliche" Niederschrift („Haupturkunde") aufzunehmen und daher vorzulesen sind beispielsweise folgende Punkte hinsichtlich der Hypothek: Gläubiger, Geldbetrag der Forderung und Zinssatz (§ 1115 Abs. 1 Hs. 1 BGB), Ausschluss der Erteilung des Briefes (§ 1116 Abs. 2 S. 3 BGB) sowie der Höchstbetrag (§ 1190 Abs. 1 S. 2 BGB).[11]

10 Erklärungen, die nicht selbst im Grundbuch oder Register eingetragen werden, sondern bei denen eine Bezugnahme auf die Eintragungsbewilligung ausreicht (vgl. § 874 BGB), können in ein separates Schriftstück aufgenommen und dadurch von der Vorlesepflicht befreit werden. Bei der Hypothekenbestellung sind dies beispielsweise Angaben über die Einzelheiten der gesicherten Forderung (§ 1115 Abs. 1 Hs. 2 BGB).[12] Ebenfalls nicht eintragungspflichtig – und damit verweisungsfähig – sind rein schuldrechtliche Nebenbestimmungen, die das Sicherungsgeschäft betreffen, wie zB Zahlungsbestimmungen.[13]

11 Im Gegensatz zum Bestandsverzeichnis nach Abs. 1 S. 1 existiert in S. 2 weder ein Oberbegriff, wie zB „Pfandrechtsbestellungen" noch existieren Regelbeispiele. Grundsätzlich sind die dort genannten Grundpfandrechte und Registerpfandrechte daher abschließend.[14] In keinem Fall ist das Verfahren des § 14 analog bei der Bestellung von Pfandrechten an beweglichen Sachen anzuwenden.[15]

12 **3. Zwangsvollstreckungsunterwerfung (Abs. 1 S. 3).** Nicht verweisungsfähig sind Schriftstücke, die eine Erklärung sich der sofortigen Zwangsvollstreckung zu unterwerfen enthalten (vgl. § 794 Abs. 1 Nr. 5 ZPO). Eine solche Unterwerfungsklausel muss in die Niederschrift selbst aufgenommen und gemäß § 13 verlesen werden. Nach dem eindeutigen Wortlaut („muss") darf die Erklärung nicht in eine Anlage „ausgelagert" werden.[16] Angesichts ihres bedeutenden Inhalts ist es sinnvoll, dass die Zwangsvollstreckungsunterwerfung nicht vorlesungsfrei mitbeurkundet werden kann. Im Übrigen werden neben dem Verlesen regelmäßig flankierende Erklärungen durch den Notar erforderlich sein.[17]

---

10 BeckOGK/*Seebach/Rachlitz* BeurkG § 14 Rn. 36.
11 Armbrüster/Preuß/Renner/*Piegsa* BeurkG § 14 Rn. 12 ff.; BT-Drs. 5/3282, 31.
12 BeckOGK/*Seebach/Rachlitz* BeurkG § 14 Rn. 53.
13 BayObLGZ 1974, 30 (32); Armbrüster/Preuß/Renner/*Piegsa* BeurkG § 14 Rn. 22; Grziwotz/Heinemann/*Heinemann* BeurkG § 14 Rn. 6; BeckOGK/*Seebach/Rachlitz* BeurkG § 14 Rn. 55.
14 Entsprechende Anwendung für die Hypothek an Hochseekabeln, *Stauf* RNotZ 2001, 129 (146 f.).
15 Grziwotz/Heinemann/*Heinemann* BeurkG § 14 Rn. 6.
16 Zum Begriff des „Auslagerungsverbots" s. BeckOGK/*Seebach/Rachlitz* BeurkG § 14 Rn. 62.
17 BeckOGK/*Seebach/Rachlitz* BeurkG § 14 Rn. 62.

13 **4. Verweisungserklärung (Abs. 1 S. 1).** Das Verfahren nach § 14 setzt weiter voraus, dass in der Niederschrift auf das beigefügte Schriftstück verwiesen wird. Hierbei handelt es sich um ein für die Wirksamkeit der Beurkundung notwendiges Erfordernis, ein Verzicht der Beteiligten hierauf ist ausgeschlossen.[18] Nach dem eindeutigen Wortlaut des Abs. 1 S. 1 genügt es nicht, wenn umgekehrt aus der Anlage auf die Niederschrift verwiesen wird.[19] Eine wechselseitige Verweisung ist indes unschädlich.

14 Der Notar hat dafür zu sorgen, dass die nach § 13 zu verlesene Verweisungserklärung den Willen der Beteiligten hinreichend klar ausdrückt, die Anlage in die Niederschrift einzubeziehen.[20] Eine Verwendung des Wortes „Verweis" ist nicht vorgeschrieben, jedoch sinnvoll.[21] Im Übrigen soll der Notar die Beteiligten über die Wirkung der Verweisung belehren (→ Rn. 30).

15 In der Praxis bietet es sich an den Verweisungsgegenstand als „Anlage" zu benennen, dh entsprechend zu beschriften; bei mehreren Anlagen empfiehlt sich zudem eine logische, fortlaufende Nummerierung, zB Anlage 1, 2 usw.[22]

16 **5. Verzichtserklärung (Abs. 1 S. 1).** Eine Anlage iSd § 14 braucht nicht vorgelesen zu werden, wenn die Beteiligten hierauf verzichten. Die Verzichtserklärung ist daher unabdingbare Tatbestandsvoraussetzung, fehlt sie, ist die Beurkundung der Anlage unwirksam. Wie genau der Verzicht zu erklären ist, schreibt das Gesetz nicht vor. Im Gegensatz zur Verweisungserklärung muss er nicht in der Niederschrift aufgenommen werden. Ausreichend ist es, dass die Beteiligten den Verzicht tatsächlich erklärt haben, sei es ausdrücklich oder durch schlüssiges Verhalten.[23] In jedem Fall muss die Niederschrift nach Abs. 3 Hs. 1 einen Verzichtsvermerk enthalten (→ Rn. 32). Mit abschließender Unterschrift des Notars wird dann vermutet, dass der Verzicht tatsächlich erklärt wurde.[24]

17 Demgegenüber muss der Notar sämtliche Anlagen gemäß § 13 verlesen, wenn ein Beteiligter – und sei es nur ein vollmachtloser Vertreter – keinen Verzicht erklärt.[25] Insoweit hängt die eingeschränkte Vorlesungspflicht von der Zustimmung jedes einzelnen formell Beteiligten ab.

18 Insgesamt ist zu beachten, dass § 14 nur den Rechtskreis des Notars erweitert. Er bleibt Herr des Beurkundungsverfahrens und kann nach pflichtgemäßem Ermessen entscheiden, ob es trotz Verzichts der Beteiligten zweckmäßig ist, die Anlage zu verlesen.[26] Dies wird freilich nur selten der Fall sein, da der Notar das „Weniger" an Vorlesen üblicherweise durch ein „Mehr" an Erklären ersetzt.[27]

---

18 BeckOGK/*Seebach*/*Rachlitz* BeurkG § 14 Rn. 71.
19 OLG Köln NJW-RR 1993, 223; Grziwotz/Heinemann/*Heinemann* BeurkG § 14 Rn. 11.
20 BeckOGK/*Seebach*/*Rachlitz* BeurkG § 14 Rn. 71.
21 BeckOGK/*Seebach*/*Rachlitz* BeurkG § 14 Rn. 73; Grziwotz/Heinemann/*Heinemann* BeurkG § 14 Rn. 11.
22 BeckOGK/*Seebach*/*Rachlitz* BeurkG § 14 Rn. 74.
23 *Winkler* BeurkG § 14 Rn. 38.
24 So BeckOGK/*Seebach*/*Rachlitz* BeurkG § 14 Rn. 84 und Grziwotz/Heinemann/*Heinemann* BeurkG § 14 Rn. 26, die auf den Rechtsgedanken des § 13 Abs. 1 S. 3 abstellen.
25 BeckOGK/*Seebach*/*Rachlitz* BeurkG § 14 Rn. 80; dann aber kein Unterschriftserfordernis nach Abs. 2 (→ Rn. 25 ff.).
26 Armbrüster/Preuß/Renner/*Piegsa* BeurkG § 14 Rn. 4 und *Winkler* BeurkG § 14 Rn. 38, die allerdings den formell Beteiligten als „Herrn des Beurkundungsverfahrens" bezeichnen.
27 *Vaasen*/*Starke* DNotZ 1998, 661 (675).

6. Beifügungserfordernis (Abs. 1 S. 1). Dem Wortlaut des Abs. 1 S. 1 zufolge, nach dem das Schriftstück der Niederschrift „beigefügt" wird, ging der Gesetzgeber von separaten, körperlichen Dokumenten aus. Das Tatbestandmerkmal ist daher erfüllt, wenn die Anlagen im Sinne des § 14 „lose" zur eigentlichen Niederschrift genommen werden.[28] Eine feste Verbindung mit Schnur und Prägesiegel gemäß § 44 S. 2 erfolgt erst später.[29] 19

Die herrschende Meinung lässt es im Übrigen genügen, dass der vorlesungspflichtige Teil der Niederschrift und die Anlage räumlich getrennt sind.[30] Es wird dementsprechend auch als zulässig erachten, die Anlage unmittelbar im Anschluss an die Haupturkunde, unterhalb der Unterschriften, beginnen zu lassen.[31] 20

Das Beifügen der Anlage ist eine Muss-Voraussetzung und als solche für die wirksame Einbeziehung des Anlageninhalts zwingend. 21

IV. Kenntnisnahme, Unterzeichnung, Prüfungs- und Belehrungspflicht (Abs. 2)

1. Vorlage zur Durchsicht (Abs. 2 S. 1). Wird das beigefügte Schriftstück nicht vorgelesen, soll es den Beteiligten zur Kenntnisnahme vorgelegt werden. Hierdurch erhalten sie die Möglichkeit, sich mit dem Inhalt der Anlagen vertraut zu machen.[32] Im Gegensatz zu § 13a Abs. 1 S. 1 müssen die Beteiligten aber nicht erklären, dass ihnen der Inhalt der „anderen Niederschrift" bzw. des beigefügten Schriftstücks bekannt ist (→ Rn. 16).[33] 22

Die Art und Weise des „Vorlegens" bestimmt das Gesetz nicht, so dass der Notar hierüber nach pflichtgemäßem Ermessen entscheidet. In der Praxis wird der Notar zeigen, wo sich die Anlage befindet, damit die Beteiligten sich diese näher ansehen und/oder durchlesen können oder die Anlage unter den formell Beteiligten zur Kenntnisnahme rumreichen lassen. Der Notar handelt mithin ermessensfehlerfrei, wenn er den Beteiligten die Gelegenheit zur Durchsicht/Kenntnisnahme einräumt. Ob diese sich dann tatsächlich mit dem Inhalt vertraut machen, ist unbeachtlich. 23

In der Praxis geht der Notar in der Regel beim Verlesen der Niederschrift an den jeweiligen Stellen auf die entsprechende Anlage ein. Bei umfangreichen Anlagen kann es sich jedoch anbieten, den formell Beteiligten vor oder nach dem Verlesen der Niederschrift die Möglichkeit einer gebündelten Durchsicht zu ermöglichen. In jedem Fall muss die Möglichkeit zur Kenntnisnahme der Anlagen gewährt werden, bevor die Niederschrift unterschrieben wird.[34] Die Vorlage zur Kenntnisnahme vermerkt der Notar in der Niederschrift, vgl. Abs. 3 Hs. 2 (→ Rn. 33). 24

2. Unterschrift/Unterzeichnung der Beteiligten (Abs. 2 S. 1). Abs. 2 S. 1 verlangt, dass die Beteiligten das beigefügte, nicht vorgelesene Schriftstück unterschreiben; besteht dieses aus mehreren Seiten, soll jede Seite unterzeichnet werden. Hierdurch wird eine Vollständigkeitskontrolle ermöglicht und zugleich do- 25

28 Grziwotz/Heinemann/*Heinemann* BeurkG § 14 Rn. 20.
29 Ebenfalls auf den Wortlaut abstellend, BeckOGK/*Seebach*/*Rachlitz* BeurkG § 14 Rn. 114.
30 BayObLG DNotZ 1974, 49 (51 f.); BeckOGK/*Seebach*/*Rachlitz* BeurkG § 14 Rn. 116; Grziwotz/Heinemann/*Heinemann* BeurkG § 14 Rn. 9; BT-Drs. 5/3282, 31.
31 Grziwotz/Heinemann/*Heinemann* BeurkG § 14 Rn. 9; *Winkler* BeurkG § 14 Rn. 7.
32 BT-Drs. 5/3282, 31.
33 BeckOGK/*Seebach*/*Rachlitz* BeurkG § 14 Rn. 86.
34 BeckOGK/*Seebach*/*Rachlitz* BeurkG § 14 Rn. 88.

kumentiert, dass die Beteiligten für die im Schriftstück enthaltenen Erklärungen verantwortlich sind.[35]

26 Das Gesetz bestimmt nicht, welche Anforderungen an die Unterschrift zu stellen sind. Ob im Rahmen des Abs. 2 ein Handzeichen oder eine Paraphe ausreicht, ist umstritten. Im Wesentlichen werden hierzu drei Ansätze diskutiert.[36] Nach der strengsten Auffassung seien nicht nur einseitige (Hs. 1), sondern auch mehrseitige Anlagen (Hs. 2) stets mit vollständiger Namensunterschrift zu unterschreiben, wobei an die Unterschrift keine erhöhten Anforderungen gestellt werden.[37] Weitere Stimmen in der Literatur lassen generell eine Paraphe ausreichen, sowohl in Fällen des ersten als auch in denen des zweiten Halbsatzes.[38] Die herrschende Lehre differenziert zwischen den beiden Halbsätzen und kommt zu einem vermittelnden Ergebnis. Ausgehend vom Wortlaut ist das Ende der Anlage stets mit vollständiger Namenunterschrift zu „unterschreiben". Bei einem mehrseitigen Schriftstück können die restlichen Seiten hingegen mit einer Paraphe „unterzeichnet" werden.[39]

27 Bei doppelseitig bedruckten Schriftstücken ist von dem Notar der rechtssichere Weg zu wählen und zur Unterzeichnung jeder Seite anzuhalten.[40]

28 Die beigefügten Schriftstücke müssen von allen formell Beteiligten unterschrieben werden.[41] Nach zutreffender Ansicht steht es ihnen frei, ob sie oberhalb, unterhalb oder neben dem Text ihre Namensunterschrift bzw. Handzeichen platzieren. In der Praxis hat es sich bewährt, die Unterschriften an einer Stelle, normalerweise am unteren rechten Rand jeder Seite platzieren zu lassen, um so dem Notar die erforderliche Überprüfung zu erleichtern, dass sämtliche Seiten tatsächlich von allen formell Beteiligten unterzeichnet wurden.[42]

29 Nicht zwingend, aber üblich ist die Unterzeichnung während der Beurkundungsverhandlung, wobei die Anlagen vor der Hauptkunde zu unterschreiben sind. Mangels entgegenstehender Regelung können die Beteiligten die Anlagen sogar vor dem Beurkundungstermin unterschreiben.[43] Eine vergessene Unterschrift führt nicht zur Unwirksamkeit der Beurkundung und kann ohne Nachtragsverhandlung nachgeholt werden.[44]

30 **3. Prüfungs- und Belehrungspflicht des Notars (Abs. 2 S. 2).** Liegen die Voraussetzungen des § 14 vor und ersetzt der Notar das Vorlesen durch ein Vorlesesurrogat, entbindet ihn dies nicht von seinen notariellen Pflichten. Der Hinweis auf § 17 stellt klar, dass die allgemeinen Prüfungs- und Belehrungspflichten unberührt bleiben, sich also auch auf die beigefügten Anlagen und ihre Erklärun-

35 BeckOGK/*Seebach*/*Rachlitz* BeurkG § 14 Rn. 95; BT-Drs. 5/3282, 31.
36 S. Streitdarstellung in BeckOGK/*Seebach*/*Rachlitz* BeurkG § 14 Rn. 98 f.
37 Grziwotz/Heinemann/*Heinemann* BeurkG § 14 Rn. 15, wonach die Unterzeichnung nach § 14 Abs. 2 und § 13 Abs. 1 einheitlich auszulegen ist.
38 So BeckOGK/*Seebach*/*Rachlitz* BeurkG § 14 Rn. 99, die mit dem speziellen Zweck des Unterzeichnungserfordernisses in Abs. 2 argumentieren.
39 Armbrüster/Preuß/Renner/*Piegsa* BeurkG § 14 Rn. 32; *Winkler* BeurkG § 14 Rn. 43; *Kanzleiter* DNotZ 1999, 292 (299 f.); *Stauf* RNotZ 2001, 129, (150).
40 Armbrüster/Preuß/Renner/*Piegsa* BeurkG § 14 Rn. 32; *Winkler* BeurkG § 14 Rn. 42; Grziwotz/Heinemann/*Heinemann* BeurkG § 14 Rn. 14; aA BeckOGK/*Seebach*/*Rachlitz* BeurkG § 14 Rn. 102, für die der Zweck der Unterschrift bereits mit der Unterzeichnung jedes Blattes – anstelle jeder Seite – verwirklicht ist.
41 S. nur *Winkler* BeurkG § 14 Rn. 41a.
42 *Winkler* BeurkG § 14 Rn. 42; BeckOGK/*Seebach*/*Rachlitz* BeurkG § 14 Rn. 105.
43 *Winkler* BeurkG § 14 Rn. 42.
44 BeckOGK/*Seebach*/*Rachlitz* BeurkG § 14 Rn. 105; Grziwotz/Heinemann/*Heinemann* BeurkG § 14 Rn. 23.

gen erstrecken.[45] Unabhängig von der Formulierung in § 13a Abs. 3 S. 2, soll der Notar auch in Verfahren des § 14 über die Bedeutung der Verweisung belehren.[46] So hat er darüber aufzuklären, dass die Erklärungen in der Anlage vollwertiger Bestandteil der Niederschrift werden und an dessen Beweiskraft teilnehmen (vgl. § 415 ZPO).[47] Die eingeschränkte Vorlesepflicht führt damit zu einer punktuellen Erweiterung der Belehrungspflichten.

V. Feststellungen in der Niederschrift (Abs. 3)

Spiegelbildlich zur Verzichtserklärung (Abs. 1 S. 1) und der Vorlage zur Kenntnisnahme (Abs. 2 S. 1), muss/soll der Notar zwei Umstände in der Niederschrift feststellen. 31

1. Vermerk über die Verzichtserklärung (Abs. 3 Hs. 1). Zunächst muss der Notar in der Niederschrift vermerken, dass die Beteiligten auf das Vorlesen verzichtet haben. Hierbei handelt es sich – ebenso wie bei der Verzichtserklärung selbst – um eine „Muss"-Voraussetzung.[48] Anders als bei § 13a Abs. 1 S. 2 ist der Verzichtsvermerk daher ebenfalls Wirksamkeitsvoraussetzung. Für den Fall, dass es der Notar versäumt den Verzicht festzustellen, kann er im vereinfachten Verfahren gemäß § 44a Abs. 2 die Niederschrift ergänzen und hierdurch nachträglich Wirksamkeit herbeiführen.[49] 32

2. Vermerk über die Vorlage zur Kenntnisnahme (Abs. 3 Hs. 2). Darüber hinaus soll der Notar in der Niederschrift vermerken, dass den Beteiligten das beigefügte Schriftstück zur Kenntnisnahme vorgelegt worden ist. Die Bestimmung des Abs. 3 Hs. 2 knüpft also an die Vorlagepflicht des Abs. 2 S. 1 an. Zwar sind Vorlage und Vermerk als „Soll-Vorschrift" nicht für die Wirksamkeit der Beurkundung erforderlich, allerdings handelt es sich um notarielle Amtspflichten.[50] Versäumt es der Notar die Vorlage festzustellen, kann er den entsprechenden Vermerk der Niederschrift nachträglich hinzufügen, vgl. § 44a Abs. 2. 33

§ 15 Versteigerungen

[1]Bei der Beurkundung von Versteigerungen gelten nur solche Bieter als beteiligt, die an ihr Gebot gebunden bleiben. [2]Entfernt sich ein solcher Bieter vor dem Schluß der Verhandlung, so gilt § 13 Abs. 1 insoweit nicht; in der Niederschrift muß festgestellt werden, daß sich der Bieter vor dem Schluß der Verhandlung entfernt hat.

Literatur:

Bürger, Notar als Auktionator: Die Versteigerung von Geschäftsanteilen, NotBZ 2011, 8; *BNotK*, Freiwillige Grundstücksversteigerung (Ein Leitfaden der Bundesnotarkammer vom 20.1.2005), DNotZ 2005, 161; *Dietsch*, Freiwillige Grundstücksversteigerungen – materiellrechtliche und beurkundungsverfahrensrechtliche Aspekte, NotBZ 2000, 322.

---

45 BT-Drs. 5/3282, 31.
46 Zum einen dient der Wortlaut des § 13a Abs. 3 S. 2 nur der Klarstellung, zum anderen erwachsen die Belehrungspflichten insgesamt aus § 17, vgl. BeckOGK/*Seebach/Rachlitz* BeurkG § 14 Rn. 121.
47 BeckOGK/*Seebach/Rachlitz* BeurkG § 14 Rn. 122.
48 Armbrüster/Preuß/Renner/*Piegsa* BeurkG § 14 Rn. 30.
49 Grziwotz/Heinemann/*Heinemann* BeurkG § 14 Rn. 25.
50 BeckOGK/*Seebach/Rachlitz* BeurkG § 14 Rn. 85.

I. Allgemeines

1 § 15 stellt besondere Verfahrensvorschriften für die Beurkundung von Versteigerungen auf. Nach S. 1 gelten nur solche Bieter als beteiligt, die an ihr Gebot gebunden bleiben. Vorbehaltlich anderweitiger Bestimmungen bleibt in der Regel nur der Höchstbietende durch Zuschlagserteilung an sein Gebot gebunden,[1] damit grenzt die Norm den am Beurkundungsverfahren beteiligten Personenkreis im Sinne von § 6 Abs. 2 ein.[2] Sofern sich ein Beteiligter nach Abgabe seines Gebotes und vor Abschluss der Versteigerung entfernt, befreit S. 2 von den Erfordernissen des § 13 Abs. 1 S. 1 („vorlesen, genehmigen und unterschreiben"). In diesem Fall muss die Urkunde zwingend einen entsprechenden Vermerk enthalten, anderenfalls ist sie unwirksam.[3] Im Übrigen gelten die allgemeinen Vorschriften.[4]

II. Anwendungsbereich

2 Der Anwendungsbereich der Norm ist auf echte freiwillige Versteigerungen im Sinne von § 156 BGB, bei denen der Vertragsschluss durch Gebot und Zuschlag zustande kommt, beschränkt.[5] Vom Anwendungsbereich ausgenommen sind insbesondere die Zwangsversteigerung (sog. „unfreiwillige Versteigerung") und bloße Käufer- und Preisfindungsverfahren (sog. „unechte Versteigerung").[6] Hinsichtlich des Versteigerungsgegenstandes sieht § 15 keine Einschränkungen vor: tauglich sind sowohl Mobilien und Immobilien als auch Forderungen und Rechte.[7] Zu beachten ist, dass die Regelung ausschließlich die Beurkundung des Verpflichtungsgeschäfts in Form des Kaufvertrags erfasst – dingliche und grundbuchrechtliche Erklärungen bleiben davon unberührt.[8]

III. Zuständigkeit

3 Die Zuständigkeit der Notare für die Beurkundung echter freiwilliger Versteigerungen ergibt sich aus § 20 Abs. 1 BNotO. Mit Ausnahme der Beurkundung von Versteigerungen von Grundstücken und grundstücksgleichen Rechten kann der Landesgesetzgeber nach § 66 Abs. 1 Nr. 1 aber auch abweichende Zuständigkeiten regeln.[9]

4 Gemäß § 20 Abs. 3 S. 1 BNotO sind die Notare darüber hinaus auch für die Durchführung (echter) freiwilliger Versteigerungen zuständig. Eine Ausnahme hierzu ergibt sich aus § 20 Abs. 3 S. 2 BNotO, wonach bewegliche Sachen von

1 BeckOGK/*Seebach/Rachlitz* § 15 Rn. 21, 41.
2 Armbrüster/Preuß/Renner/*Piegsa* BeurkG § 15 Rn. 23; Grziwotz/Heinemann/*Heinemann* BeurkG § 15 Rn. 1.
3 *Lerch* BeurkG § 15 Rn. 11; Grziwotz/Heinemann/*Heinemann* BeurkG § 15 Rn. 27; *Dietsch* NotBZ 2000, 322 (327).
4 Armbrüster/Preuß/Renner/*Piegsa* BeurkG § 15 Rn. 30; BeckOGK/*Seebach/Rachlitz* BeurkG § 15 Rn. 8.
5 BeckOGK/*Seebach/Rachlitz* BeurkG § 15 Rn. 2 ff.
6 Armbrüster/Preuß/Renner/*Piegsa* BeurkG § 15 Rn. 3; BeckOGK/*Seebach/Rachlitz* BeurkG § 15 Rn. 3, 66.
7 BeckOGK/*Seebach/Rachlitz* § 15 Rn. 7; Grziwotz/Heinemann/*Heinemann* BeurkG § 15 Rn. 3.
8 BeckOGK/*Seebach/Rachlitz* BeurkG § 15 Rn. 6 f.; *Lerch* BeurkG § 15 Rn. 8.
9 Armbrüster/Preuß/Renner/*Piegsa* BeurkG § 15 Rn. 7; Grziwotz/Heinemann/*Heinemann* BeurkG § 15 Rn. 2.

einem Notar nur versteigert werden sollen, wenn die Versteigerung durch eine Versteigerung unbeweglicher Sachen oder durch eine vom Notar beurkundete oder vermittelte Vermögensauseinandersetzung veranlasst ist.

Daraus ergeben sich drei mögliche Konstellationen, in denen der Notar an einer Versteigerung wie folgt beteiligt sein kann: (i) Der Notar kann eine fremde Versteigerung beurkunden, (ii) eine Versteigerung selbst als Auktionator durchführen bzw. (iii) selbst sowohl als Auktionator als auch als Notar fungieren und damit ausnahmsweise seine eigene Versteigerung beurkunden.[10] Letzterem steht weder das Mitwirkungsverbot des § 3 Abs. 1 Nr. 8 noch ein Ausschließungsgrund nach § 6 Abs. 1 Nr. 1, Abs. 2 entgegen, da der Notar in seiner Funktion als Amtsträger, und nicht als Vertreter des Einlieferers tätig wird.[11] 5

IV. Verfahren

Da es sich bei den zu beurkundenden Erklärungen (Gebot und Zuschlag) um Willenserklärungen handelt, richtet sich das Beurkundungsverfahren nach den Vorschriften über die Beurkundung von Willenserklärungen nach §§ 6 ff.[12] Neben den maßgeblichen Erklärungen der Beteiligten kann die Urkunde auch Tatsachenfeststellungen wie die Terminbekanntmachung oder die Versteigerungsbedingungen beinhalten.[13] Der Übersichtlichkeit halber ist es gemäß § 13a auch möglich die Versteigerungsbedingungen in eine Bezugsurkunde auszulagern.[14] 6

Beteiligt am Beurkundungsverfahren sind gemäß § 6 Abs. 2 die Erschienenen, deren im eigenen oder fremden Namen abgegebenen Erklärungen beurkundet werden sollen. Das sind zum einen die beteiligten Bieter und zum anderen entweder (i) der Auktionator (ii) der Einlieferer, sofern er die Versteigerung selbst durchführt oder (iii) der die Versteigerung durchführende Notar.[15] S. 1 modifiziert den Kreis der formell Beteiligten nach § 6 Abs. 2 insofern, als dass nur derjenige Bieter als beteiligt gilt, der an sein Gebot gebunden bleibt. Sofern in den Versteigerungsbedingungen keine von § 156 BGB abweichenden Bestimmungen getroffen wurden, ist allein der Höchstbietende an sein Gebot gebunden, da er den Zuschlag erhält.[16] Das hat zur Folge, dass alle Bieter, deren Gebote im Verlaufe der Versteigerung überboten wurden bzw. nicht bindend geworden sind, nicht am Beurkundungsverfahren zu beteiligen sind.[17] Ausweislich der Gesetzesbegründung bedeutet das für die vom Notar anzufertigende Niederschrift, dass erloschene Gebote nicht aufgenommen werden müssen.[18] Das entspricht auch dem Sinn und Zweck des § 15, der die Zahl der am Beurkundungsverfahren Beteiligten zur Vereinfachung des Verfahrens begrenzt. 7

Eine Stellvertretung kommt für den Erwerber grundsätzlich nur in Betracht, wenn er sich sowohl im Versteigerungstermin als auch bei der sich anschließen- 8

10 Vgl. BGH NJW 1998, 2350 (2351); *Bürger* NotBZ 2011, 8 (13).
11 Armbrüster/Preuß/Renner/*Piegsa* BeurkG § 15 Rn. 12; *Becker* notar 2014, 359 (361); *Dietsch* NotBZ 2000, 322 (325).
12 BeckOGK/*Seebach*/*Rachlitz* BeurkG § 15 Rn. 23; vgl. BGH NJW 1998, 2350; *Dietsch* NotBZ 2000, 322 (327).
13 BeckOGK/*Seebach*/*Rachlitz* BeurkG § 15 Rn. 47; *Dietsch* NotBZ 2000, 322 (327 f.); nach hM finden hierauf einheitlich die strengeren Vorschriften der §§ 6 ff. BeurkG Anwendung, da solche Tatsachen in der Regel mit den Willenserklärungen verbunden sind; aA Staudinger/*Bork* BGB § 156 Rn. 7.
14 BeckOGK/*Seebach*/*Rachlitz* BeurkG § 15 Rn. 48 f.
15 Frenz/Miermeister/*Limmer* BeurkG § 15 Rn. 4; Grziwotz/Heinemann/*Heinemann* BeurkG § 15 Rn. 19 ff.
16 BeckOGK/*Seebach*/*Rachlitz* § 15 Rn. 21, 41.
17 BT-Drs. V/3282, 31; *Winkler* BeurkG § 15 Rn. 6.
18 BT-Drs. V/3282, 31.

den Beurkundung vertreten lässt. Sie ist ausgeschlossen, wenn ein Beteiligter im Rahmen der Versteigerung bereits eine maßgebliche Erklärung abgegeben hat (der Höchstbietende sein Gebot bzw. der Auktionator den Zuschlag) und beabsichtigt, sich bei der Beurkundung dieser Erklärung durch einen Dritten vertreten zu lassen.[19]

9 Die Besonderheit der Versteigerungsbeurkundung besteht darin, dass die zu beurkundenden, den Vertragsinhalt festlegenden Willenserklärungen bereits vorher (im Rahmen der Versteigerung) und nicht erst bei der Beurkundung abgegeben werden.[20] Nichtsdestotrotz kommt bei einer Grundstücksversteigerung oder einer Versteigerung von GmbH-Geschäftsanteilen ein wirksamer Vertrag erst mit der Beurkundung selbst zustande, da die Versteigerung lediglich eine Verkaufsmodalität darstellt,[21] die nicht von materiellrechtlichen Formerfordernissen wie § 311b Abs. 1 S. 1 BGB bzw. § 15 Abs. 4 S. 1 GmbHG entbinden kann.[22] Die Aufgabe des Notars, den von speziellen Formvorschriften intendierten Schutz durch eine umfassende Beratung und Belehrung zu gewährleisten, besteht demnach uneingeschränkt.[23] Zwingende Wirksamkeitsvoraussetzung ist deshalb auch seine Anwesenheit im Versteigerungstermin.[24]

10 Gemäß § 13 Abs. 1 S. 1 muss die Niederschrift grundsätzlich in Gegenwart des Notars den Beteiligten vorgelesen, von ihnen genehmigt und eigenhändig unterschrieben werden. Diese Bedingungen sind nach S. 2 ausnahmsweise entbehrlich, wenn sich ein beteiligter Bieter nach Abgabe seines Gebotes und vor dem Abschluss der Versteigerung entfernt. Seine Unterschrift wird durch den Vermerk des Notars über sein Entfernen vor dem Schluss der Verhandlung ersetzt.[25] Umstritten ist, ob das auch für Fälle gilt, in denen der Bieter die Versteigerung frühzeitig verlässt und zum Ausdruck bringt, dass er seine Unterschrift verweigert, weil er sich an den Vertrag nicht gebunden fühlt. Teilweise wird vertreten, dass die Verweigerung des Bieters durch einen entsprechenden Vermerk des Notars überwunden und seine Unterschrift dadurch ersetzt werden könne.[26] Dem widerspricht aber schon der Sinn und Zweck des S. 2, der lediglich der Verfahrensvereinfachung und nicht der Ermöglichung einer Beurkundung gegen den ausdrücklichen Willen der Beteiligten dient.[27] Sofern der Beteiligte also zum Ausdruck bringt, die Urkunde nicht unterschreiben zu wollen, kann seine Unterschrift nach ganz herrschender Meinung nicht durch eine Feststellung des Notars im Sinne von S. 2 ersetzt werden.[28]

---

19 BGH NJW 1998, 2350 (2351); BeckOGK/*Seebach/Rachlitz* BeurkG § 15 Rn. 44 f.

20 Armbrüster/Preuß/Renner/*Piegsa* BeurkG § 15 Rn. 13 ff.

21 BGH NJW 1998, 2350; Grziwotz/Heinemann/*Heinemann* BeurkG § 15 Rn. 5 f.

22 Leitfaden der BNotK DNotZ 2005, 161 (163 f.); *Bürger* NotBZ 2011, 8 (12); *Winkler* BeurkG § 15 Rn. 4.

23 Armbrüster/Preuß/Renner/*Piegsa* BeurkG § 15 Rn. 44; Leitfaden der BNotK DNotZ 2005, 161 (166).

24 BeckOGK/*Seebach/Rachlitz* BeurkG § 15 Rn. 34; DNotI-Report 2000, 181 (182); Darüber hinausgehend hält *Lerch* BeurkG § 15 Rn. 11 auch einen Vermerk des Notars über seine Anwesenheit während der gesamten Versteigerung für zwingend erforderlich.

25 BeckOGK/*Seebach/Rachlitz* BeurkG § 15 Rn. 54; Grziwotz/Heinemann/*Heinemann* BeurkG § 15 Rn. 27; *Bürger* NotBZ 2011, 8 (12 f.).

26 Vgl. *Röll* MittbayNot 1981, 64 (66), der mit der Eröffnung potenzieller Missbrauchsmöglichkeiten argumentiert.

27 BT-Drs. V/3282, 31; BeckOGK/*Seebach/Rachlitz* BeurkG § 15 Rn. 56.

28 Armbrüster/Preuß/Renner/*Piegsa* BeurkG § 15 Rn. 29; Leitfaden der BNotK DnotZ 2005, 161 (166); Grziwotz/Heinemann/*Heinemann* BeurkG § 15 Rn. 24; *Lerch* BeurkG § 15 Rn. 11; *Winkler* BeurkG § 15 Rn. 10 f.

In zeitlicher Hinsicht kann die Zuschlagsbeurkundung grundsätzlich sowohl unmittelbar nach der Versteigerung als auch zu einem späteren Zeitpunkt erfolgen. Handelt es sich um eine Grundstücksversteigerung unter Beteiligung eines Verbrauchers ist jedoch die Zweiwochenfrist des § 17 Abs. 2a S. 2 Nr. 2 zu beachten, wonach dem Verbraucher der beabsichtigte Text des Rechtsgeschäfts zwei Wochen vor der Beurkundung zur Verfügung gestellt werden soll.[29] Da zwei Wochen vor der Durchführung der Versteigerung allerdings noch nicht feststeht, mit wem der Vertrag zustande kommt, besteht eine Ausnahme von den Erfordernissen des § 17 Abs. 2a S. 2 Nr. 2, wenn der Notar seine Belehrungspflicht im Rahmen des Versteigerungstermins erfüllt.[30] 11

§ 16 Übersetzung der Niederschrift

(1) Ist ein Beteiligter nach seinen Angaben oder nach der Überzeugung des Notars der deutschen Sprache oder, wenn die Niederschrift in einer anderen als der deutschen Sprache aufgenommen wird, dieser Sprache nicht hinreichend kundig, so soll dies in der Niederschrift festgestellt werden.

(2) [1]Eine Niederschrift, die eine derartige Feststellung enthält, muß dem Beteiligten anstelle des Vorlesens übersetzt werden. [2]Wenn der Beteiligte es verlangt, soll die Übersetzung außerdem schriftlich angefertigt und ihm zur Durchsicht vorgelegt werden; die Übersetzung soll der Niederschrift beigefügt werden. [3]Der Notar soll den Beteiligten darauf hinweisen, daß dieser eine schriftliche Übersetzung verlangen kann. [4]Diese Tatsachen sollen in der Niederschrift festgestellt werden.

(3) [1]Für die Übersetzung muß, falls der Notar nicht selbst übersetzt, ein Dolmetscher zugezogen werden. [2]Für den Dolmetscher gelten die §§ 6, 7 entsprechend. [3]Ist der Dolmetscher nicht allgemein vereidigt, so soll ihn der Notar vereidigen, es sei denn, daß alle Beteiligten darauf verzichten. [4]Diese Tatsachen sollen in der Niederschrift festgestellt werden. [5]Die Niederschrift soll auch von dem Dolmetscher unterschrieben werden.

Literatur:

Becker, Beurkundungsrechtliche Ausschließungsgründe und IPR im Fall der Übersetzung der Niederschrift nach § 16 BeurkG, NotBZ 2017, 161; *Eckhardt*, Nochmals: Der Dolmetscher im Beurkundungsverfahren, ZNotP 2005, 221; *Kanzleiter*, Das Vorlesen der Niederschrift, DNotZ 1997, 261; *Kaufhold*, Verbraucherschutz durch europäisches Vertragsrecht – materielle und institutionelle Bezüge zur notariellen Praxis, DNotZ 1998, 254; *Ott*, Die Errichtung von (zweispaltig-)zweisprachigen Niederschriften und die damit im Zusammenhang stehenden Verfahrensfragen, RNotZ 2015, 189.

29 Grziwotz/Heinemann/*Heinemann* BeurkG § 15 Rn. 11.
30 BGH MittBayNot 2015, 514 (516); Armbrüster/Preuß/Renner/*Piegsa* BeurkG § 15 Rn. 46 f.

I. Anwendungsbereich

1 **1. Sachlicher Anwendungsbereich.** § 16 gilt für die Beurkundung von Willenserklärungen sowie die Abnahme von Eiden und die Aufnahme von eidesstattlichen Versicherungen. Dies ergibt sich zum einen aus der systematischen Stellung im zweiten Abschnitt des Beurkundungsgesetztes sowie zum anderen aus der Verweisung in § 38 Abs. 1.

2 Für Verfügungen von Todes wegen gilt die Sonderregelung in § 32. Hiernach muss abweichend von Abs. 2 S. 2 grundsätzlich eine schriftliche Übersetzung angefertigt werden. Einzig bei Verzicht des Erblassers kann diese unterbleiben. Da der Verzicht ein notwendiges Erfordernis ersetzt, ist die Beurkundung nur wirksam, wenn er in der Niederschrift festgestellt wurde (vgl. § 32 S. 2 aE).[1] Eine weitere Sonderreglung ist in § 483 Abs. 2 BGB für den Fall der Beurkundung eines Teilzeit-Wohnrechtevertrages enthalten, wenn bei einem solchen Vertrag die Vertragssprache nach § 483 Abs. 1 BGB und die Beurkundungssprache auseinanderfallen.

3 **2. Persönlicher Anwendungsbereich.** § 16 gilt uneingeschränkt nur für Notare. Bei der Errichtung einer Urkunde in einer anderen als der deutschen Sprache durch einen Konsularbeamten braucht ein hinzugezogener Dolmetscher abweichend von Abs. 3 S. 3 nicht vereidigt zu werden (vgl. § 10 Abs. 3 Nr. 1, 2 KonsG). Andere Urkundspersonen (zB Rechtspfleger, Vermessungsbeamte, Jugendämter)[2] dürfen Urkunden nur in deutscher Sprache errichten, vgl. § 1 Abs. 2, der die Anwendbarkeit von § 5 Abs. 2 ausschließt. Im Falle der Beteiligung eines der Beurkundungssprache nicht hinreichend Kundigen folgt aus § 16 in diesen Fällen daher, dass eine Übersetzung in eine Sprache zu erfolgen hat, der der betreffende Beteiligte hinreichend kundig ist.

II. Keine hinreichende Sprachkunde eines Beteiligten (Abs. 1)

4 **1. Beteiligter.** Beteiligter ist gemäß § 6 Abs. 2 jeder zu einer Beurkundung Erschienene, dessen im eigenen oder fremden Namen abgegebene Erklärungen beurkundet werden sollen (formell Beteiligte). Auf die Sprachkunde Dritter, die bei der Beurkundung nicht anwesend sind und die sich durch einen bei der Beurkundung Erschienenen vertreten lassen (materiell Beteiligte), kommt es nicht an.[3]

5 In der Praxis wird der Weg über die Stellvertretung teilweise dazu genutzt die Regelungen des § 16 zu umgehen; insbesondere wenn der Notar keiner Sprache hinreichend mächtig ist, die sämtliche materiell Beteiligten einer Urkunde verstehen und ein Dolmetscher in dem gegebenen Zeitrahmen nicht beschafft werden kann.[4] Vor allem bei Verbraucherverträgen ist im Falle einer entsprechen-

1 BT-Drs. 5/3282, 36.
2 Ausführliche Darstellung in *Winkler* BeurkG § 1 Rn. 39 ff.
3 BeckOGK/*Seebach*/*Rachlitz* BeurkG § 16 Rn. 7 f.
4 Grziwotz/Heinemann/*Heinemann* BeurkG § 16 Rn. 7; Armbrüster/Preuß/Renner/*Piegsa* BeurkG § 16 Rn. 40; *Winkler* BeurkG § 16 Rn. 4.

den „Umgehung" der Regelungen des § 16 allerdings § 17 Abs. 2a S. 2 Nr. 1 zu beachten, nach dem der Notar bei Verbraucherverträgen darauf hinwirken soll, dass die rechtsgeschäftlichen Erklärungen des Verbrauchers von diesem persönlich oder durch eine Vertrauensperson vor dem Notar abgegeben werden. Eine solche Umgehung bzw. unzulässige Ausgestaltung des Beurkundungsverfahrens liegt aber nicht vor, wenn sich ein sprachunkundiger Ehepartner von seinem der Urkundssprache mächtigen Ehepartner (vollmachtslos) vertreten lässt.[5]

2. Beurkundungssprache. Beurkundungssprache ist gemäß § 5 Abs. 1 im Regelfall deutsch. Der Notar kann gemäß § 5 Abs. 2 auf Verlangen Urkunden auch in einer anderen Sprache errichten. Er soll dem Verlangen dabei jedoch nur entsprechen, wenn er die fremde Sprache hinreichend kennt, dh grundsätzlich über aktive Sprachkompetenz verfügt. Nur in diesem Fall ist gewährleistet, dass der Notar ohne fremde Bemühungen, beispielsweise eines Übersetzers, den Urkundentext erstellen und dessen Richtigkeit garantieren kann.[6] Unabhängig von der individuellen Sprachbeherrschung gilt § 5 Abs. 2 nicht für andere Urkundspersonen (→ Rn. 3). Die fehlende Sprachkunde im Sinne des § 16 eines Beteiligten kann sich abhängig von der Beurkundungssprache sowohl auf die deutsche Sprache beziehen als auch auf eine fremde Sprache. 6

3. Keine hinreichende Sprachkunde bezogen auf die Beurkundungssprache. Ein Beteiligter ist der Beurkundungssprache nicht hinreichend kundig, wenn er die Beurkundungssprache nicht wenigstens so versteht, dass er dem Vorlesen der Niederschrift folgen und eindeutig zum Ausdruck bringen kann, dass er sie genehmigt.[7] Nach herrschender Meinung kommt es daher nur auf die passiven Sprachkenntnisse des betreffenden Beteiligten an. Unerheblich ist hingegen, ob er auch im Stande ist, sich in der Urkundssprache auszudrücken, dh über hinreichende aktive Sprachkenntnisse verfügt.[8] Durch den Zusatz „hinreichend" wird klargestellt, dass an die Sprachkenntnisse Mindestanforderungen zu stellen sind und diese vom Einzelfall abhängen.[9] Im Grundsatz gilt daher: Je komplexer und bedeutungsschwerer die Niederschrift, desto höher sind die Ansprüche an die Sprachbeherrschung. So wird das Erfassen eines Unternehmenskaufvertrages in der Regel mehr Sprachkenntnisse abfordern als eine Prozessvollmacht.[10] 7

Die Sprachkunde der Beteiligten muss sich auf den Inhalt der gesamten Niederschrift beziehen. Es kann nicht zwischen Passagen, zB von unterschiedlicher sprachlicher Komplexität, differenziert werden, bezüglich derer einem Beteiligten einerseits die hinreichende Sprachkunde zugestanden und andererseits abgesprochen wird (= partielle Sprachkunde). Fehlt einem Beteiligten die Sprachkunde auch nur hinsichtlich von Teilen der Niederschrift, ist die Niederschrift dem betreffenden Beteiligten insgesamt und nicht nur „bei Bedarf" zu übersetzen.[11] 8

---

5 *Winkler* BeurkG § 1 Rn. 4 aE.
6 BT-Drs. 5/3282, 28.
7 BayObLG NJW-RR 2000, 1175 (1176); *Winkler* BeurkG § 16 Rn. 7.
8 BayObLG NJW-RR 2000, 1175 (1176); *Winkler* BeurkG § 16 Rn. 7; Grziwotz/Heinemann/*Heinemann* BeurkG § 16 Rn. 9; BeckOK BGB/*Litzenburger* BeurkG § 16 Rn. 1; differenzierend BeckOGK/*Seebach*/*Rachlitz* BeurkG § 16 Rn. 15; Armbrüster/Preuß/Renner/*Piegsa* BeurkG § 16 Rn. 10.
9 BT-Drs. 5/3282, 31.
10 Armbrüster/Preuß/Renner/*Piegsa* BeurkG § 16 Rn. 11; *Winkler* BeurkG § 16 Rn. 4.
11 LG Bonn NJOZ 2015, 907 (908); Grziwotz/Heinemann/*Heinemann* BeurkG § 16 Rn. 11; BeckOGK/*Seebach*/*Rachlitz* BeurkG § 16 Rn. 22; *Winkler* BeurkG § 16 Rn. 7a.

9 **4. Erklärung des Beteiligten oder Überzeugung des Notars.** Für die Frage, ob ein Beteiligter nicht über eine hinreichende Sprachkunde in der Urkundssprache verfügt, sind die Angaben des Beteiligten oder die Überzeugung des Notars maßgeblich (vgl. Abs. 1). Behauptet ein Beteiligter über hinreichende Sprachkunde in der Urkundssprache zu verfügen, hat der Notar diese Angabe mit pflichtgemäßem Ermessen zu überprüfen und sich eine eigene Überzeugung zu bilden.[12]

10 Anders als noch in § 179 FGG vorgesehen, ist er folglich nicht per se an die Erklärung des Beteiligten hinsichtlich angeblich vorhandener Sprachkenntnisse gebunden.[13] Darüber hinaus verlangt Abs. 1 keine Kongruenz zwischen der Angabe des Beteiligten und der Überzeugung des Notars; anderenfalls hätte der Gesetzgeber die Formulierung „und", nicht „oder" gewählt. Mithin genügt eine der beiden Alternativen des Abs. 1, wobei die Beteiligtenerklärung Indizwirkung entfaltet.[14]

11 Die Angaben des Beteiligten sind für den Notar nur bindend, sofern der Beteiligte eine hinreichende Sprachkunde verneint, da in diesen Fällen keine Umgehung der Schutzfunktion droht.[15] Gleichwohl ist eine abweichende Überzeugung des Notars ausschlaggebend, wenn die hinreichende Sprachkompetenz evident ist, dh sich jedermann ohne Weiteres aufdrängt.[16] In der Praxis wird der Notar in Zweifelsfällen den rechtssicheren Weg wählen und dem betreffenden Beteiligten die Urkunde selbst übersetzen oder einen Dolmetscher hinzuziehen.

12 Eine Beurteilung ex post, inwieweit die hinreichende Sprachkunde zu Recht bejaht oder verneint wurde, findet zum Schutze des Rechtsverkehrs nicht statt. Selbst dann, wenn die Sprachkunde fälschlicherweise angenommen wird und eine Übersetzung infolgedessen ausbleibt, ist die Beurkundung wirksam. Dieses Ergebnis stützt sich auf der Systematik des § 16, wonach die „Muss-Bestimmung" des Abs. 2 S. 1 erst ausgelöst wird, nachdem die „Soll-Bestimmung" des Abs. 1 erfüllt wurde.[17] Das bedeutet, dass nur in den Fällen einer Feststellung nach Abs. 1 aE die Niederschrift unwirksam sein kann. Mit anderen Worten: Die Unwirksamkeit muss sich aus der Urkunde selbst ergeben. Im Übrigen macht sich der Notar keiner Falschbeurkundung im Amt (§ 348 StGB) strafbar.[18]

13 Hiervon unberührt bleibt die Möglichkeit des sprachunkundigen Beteiligten die Anfechtung zu erklären (§ 119 BGB).[19]

14 **5. Vermerkpflicht.** Ist ein Beteiligter der Urkundssprache nicht hinreichend kundig, hat der beurkundende Notar nach Abs. 1 aE diesen Umstand in der Niederschrift festzustellen. In der Praxis wird dabei in der Regel auch angege-

---

12 BGH NJW 1963, 1777 (1778); BayObLG NJW-RR 2000, 1175 (1176); *Winkler* BeurkG § 16 Rn. 9.

13 BT-Drs. 5/3282, 31.

14 BeckOGK/*Seebach/Rachlitz* BeurkG § 16 Rn. 24.

15 Armbrüster/Preuß/Renner/*Piegsa* BeurkG § 16 Rn. 13; Grziwotz/Heinemann/*Heinemann* BeurkG § 16 Rn. 12.

16 Armbrüster/Preuß/Renner/*Piegsa* BeurkG § 16 Rn. 13; *Winkler* BeurkG § 16 Rn. 8; aA Grziwotz/Heinemann/*Heinemann* BeurkG § 16 Rn. 12.

17 BGH DNotZ 2002, 536 (538); BGH NJW 2001, 3135 (3137); *Winkler* BeurkG § 16 Rn. 11, 32; BT-Drs. 5/3282, 31.

18 BGH DNotZ 2002, 536; Armbrüster/Preuß/Renner/*Piegsa* BeurkG § 16 Rn. 5, 16; Grziwotz/Heinemann/*Heinemann* BeurkG § 16 Rn. 15.

19 Grziwotz/Heinemann/*Heinemann* BeurkG § 16 Rn. 67; Armbrüster/Preuß/Renner/*Piegsa* BeurkG § 16 Rn. 5; *Winkler* BeurkG § 16 Rn. 1; BeckOK BGB/*Litzenburger* BeurkG § 16 Rn. 7.

ben, ob die Feststellung der fehlenden hinreichenden Sprachkunde auf den Angaben des betreffenden Beteiligten und/oder der Überzeugung des beurkundenden Notars basiert.

Bei der Formulierung von positiven Feststellungen des beurkundenden Notars zur Sprachkunde von Beteiligten bezüglich der Beurkundungssprache ist Sorgfalt geboten. Diese positiven Feststellungen sollten eindeutig formuliert sein. Die Formulierung, ein Beteiligter sei der Urkundssprache „weitestgehend mächtig", ist vom LG Dortmund als Beleg für die fehlende hinreichende Sprachkunde des betreffenden Beteiligten gewertet worden.[20] 15

Eindeutig formuliert, können positive Feststellungen der Sprachkunde von Beteiligten dokumentieren, dass sich der Notar mit der Frage der Sprachkunde auseinandergesetzt hat und insoweit seinen notariellen Pflichten nachgekommen ist.[21] 16

III. Übersetzung der Niederschrift (Abs. 2)

Enthält eine Niederschrift die Feststellung nach Abs. 1, dass ein Beteiligter der Beurkundungssprache nicht hinreichend kundig ist, muss eine Übersetzung der Niederschrift in eine Sprache erfolgen, die der betreffende Beteiligte versteht. 17

1. Mündlichkeit der Übersetzung. Das Gesetz schreibt vor, dass die Übersetzung der Niederschrift mündlich zu erfolgen hat. Nur zusätzlich ist die Niederschrift auf Verlangen des betreffenden Beteiligten schriftlich zu übersetzen. Dies ergibt sich aus dem Wortlaut von Abs. 2 S. 2, nach dem die Übersetzung *außerdem* schriftlich anzufertigen ist, wenn der Beteiligte es verlangt.[22] 18

Die mündliche Übersetzung ersetzt für den der Beurkundungssprache nicht hinreichend kundigen Beteiligten das Vorlesen. Das Vorlesen ist für den betreffenden Beteiligten überflüssig, da er die Sprache der Niederschrift nicht versteht.[23] Ist der sprachunkundige Beteiligte der einzige Beteiligte, muss die Niederschrift daher neben der mündlichen Übersetzung nicht zusätzlich in der Beurkundungssprache verlesen werden. Sofern neben dem sprachunkundigen Beteiligten weitere Beteiligte existieren, bleibt die Pflicht des Notars nach § 13 Abs. 1, die Niederschrift in der Beurkundungssprache zu verlesen, bezüglich dieser weiteren Beteiligten jedoch unberührt, dh in diesem Fall ist die Niederschrift sowohl zu verlesen als auch zu übersetzen.[24] 19

Da die Übersetzung das Vorlesen ersetzt, hat sie in gleichem Umfang zu erfolgen, wie das Vorlesen. Sie hat sich damit auf sämtliche Teile und Anlagen der Niederschrift zu erstrecken, die auch in der Beurkundungssprache gemäß § 13 vorzulesen sind. Soweit die Vorlesungspflicht nach § 13a und § 14 für die Niederschrift eingeschränkt ist, entfällt auch die das Vorlesen ersetzende Pflicht zur Übersetzung der Urkunde für einen sprachunkundigen Beteiligten. Eine Pflicht zur schriftlichen Übersetzung der Schriftstücke bzw. Urkunden, auf die nach § 13a oder § 14 verwiesen wird, besteht nach zutreffender Ansicht – entgegen der wohl herrschenden Lehre – nicht.[25] 20

---

20 LG Dortmund NJW-RR 2006, 196 (197).

21 BeckOGK/*Seebach/Rachlitz* BeurkG § 16 Rn. 28; aA Armbrüster/Preuß/Renner/*Piegsa* BeurkG § 16 Rn. 15.

22 *Winkler* BeurkG § 16 Rn. 12.

23 BT-Drs. 5/3282, 31.

24 BeckOGK/*Seebach/Rachlitz* BeurkG § 16 Rn. 39.

25 So auch BeckOGK/*Seebach/Rachlitz* BeurkG § 16 Rn. 39 ff. (mit überzeugender Begründung); aA Grziwotz/Heinemann/*Heinemann* BeurkG § 16 Rn. 18; Armbrüster/Preuß/Renner/*Piegsa* BeurkG § 16 Rn. 18; *Winkler* BeurkG § 16 Rn. 13.

21 Die Übersetzung darf sich nicht auf eine sinngemäße Zusammenfassung des Inhalts beschränken, sondern muss möglichst wortgetreu erfolgen. Eine wortwörtliche Übersetzung ist jedoch nicht erforderlich und vielfach auch nicht möglich, da zwischen verschiedenen Sprachen mannigfaltige Unterschiede in Bezug auf Satzbau und Wortbedeutungen bestehen; insbesondere Fachtermini bedürfen teilweise im Rahmen einer Übersetzung erläuternder Umschreibungen. Maßgeblich ist, dass der sprachunkundige Beteiligte den Inhalt der Niederschrift vollständig erfasst.[26]

22 Das Verlesen einer vorbereiteten schriftlichen Übersetzung genügt grundsätzlich, um der mündlichen Übersetzungspflicht nachzukommen. Allerdings darf die schriftliche Übersetzung nicht dazu dienen, über eine nicht hinreichende Sprachkunde der Übersetzungsperson hinweg zu helfen. Die Übersetzungsperson muss selbstverständlich sowohl der Beurkundungssprache als auch der Übersetzungssprache mächtig sein, damit auch gegebenenfalls auftretende Fragen der Beteiligten zu der Niederschrift und etwaige Erläuterungen des Notars zu der Urkunde übersetzt werden können.[27]

23 In welcher Reihenfolge das Vorlesen der Niederschrift in der Beurkundungssprache und die Übersetzung in eine andere Sprache erfolgt, ist dem Notar freigestellt; es kann sowohl satz- oder abschnittsweise vorgegangen werden als auch vollständig gestaffelt.[28]

24 Ein Verstoß gegen die Übersetzungspflicht nach § 16 Abs. 2 S. 1 führt zur Unwirksamkeit der Beurkundung, wenn die Sprachunkundigkeit in der Niederschrift vermerkt war.[29] In der Regel wird dieser Formmangel auch zur Nichtigkeit des beurkundeten Rechtsgeschäfts führen. Letztlich ergeben sich die Rechtsfolgen der formell unwirksamen Beurkundung für das beurkundete Rechtsgeschäft jedoch aus dem materiellen Recht. Eine fehlerhafte Übersetzung der Niederschrift lässt die Wirksamkeit der Beurkundung unberührt, führt ggf. jedoch zur Anfechtbarkeit der beurkundeten Willenserklärungen des sprachunkundigen Beteiligten (→ Rn. 4 ff.).[30]

25 **2. Schriftliche Übersetzung.** Gemäß Abs. 2 S. 2 hat der Beteiligte, der der Beurkundungssprache nicht hinreichend kundig ist, das Recht zusätzlich zu der mündlichen Übersetzung eine schriftliche Übersetzung zu verlangen. Mit der schriftlichen Übersetzung erhält der Beteiligte die Möglichkeit, sich einen Beweis für den Fall zu sichern, dass die Niederschrift nicht richtig übersetzt wurde. Damit er sich mit dem Inhalt der schriftlichen Übersetzung einverstanden erklären kann, soll ihm diese auch zur Durchsicht vorgelegt werden.[31]

26 Die Form der schriftlichen Übersetzung ist nicht geregelt. Dem Wortlaut von Abs. 2 S. 2 Hs. 2 zufolge, nach dem die Übersetzung der Niederschrift „beigefügt" werden soll, ging der Gesetzgeber von einem separaten Dokument aus.[32]

---

26 *Winkler* BeurkG § 16 Rn. 14; Grziwotz/Heinemann/*Heinemann* BeurkG § 16 Rn. 19; aA BeckOK BGB/*Litzenburger* BeurkG § 16 Rn. 6, der eine wortgetreue Übersetzung fordert.

27 BGH NJW 2019, 2020 (2022); BeckOGK/*Seebach/Rachlitz* BeurkG § 16 Rn. 37; *Kanzleiter* DNotZ 1997, 261; *Ott* RNotZ 2015, 189 (190); aA wohl BeckOK BGB/*Litzenburger* BeurkG § 16 Rn. 6.

28 *Winkler* BeurkG § 16 Rn. 16a; Grziwotz/Heinemann/*Heinemann* BeurkG § 16 Rn. 19.

29 LG Bonn NJOZ 2015, 907 (908); BeckOGK/*Seebach/Rachlitz* BeurkG § 16 Rn. 66.

30 BeckOGK/*Seebach/Rachlitz* BeurkG § 16 Rn. 66; Armbrüster/Preuß/Renner/*Piegsa* BeurkG § 16 Rn. 21.

31 BT-Drs. 5/3282, 31.

32 BeckOGK/*Seebach/Rachlitz* BeurkG § 16 Rn. 53.

In der Praxis wird teilweise auch eine zweispaltige Gestaltung gewählt, bei der die Niederschrift in der Beurkundungssprache und deren Übersetzung nebeneinanderstehen. Mit dem vollständigen Verlesen dieser parallel mehrsprachigen Urkunde genügt der Notar inzident dem Grundsatz der mündlichen Übersetzung (→ Rn. 18 ff.). Eine gesonderte verbale Übersetzung würde keinen Mehrwert erzielen, sondern sich in *unnötiger Förmelei* erschöpfen.[33]

Erfolgt die schriftliche Übersetzung in einem separaten Dokument, soll sie der Niederschrift gemäß Abs. 2 S. 2 Hs. 2 beigefügt werden. Eine Verbindung mit Schnur und Prägesiegel gemäß § 44 ist nicht vorgeschrieben, jedoch sinnvoll.[34] 27

Dem Notar obliegt die Pflicht, den sprachunkundigen Beteiligten auf das Recht hinzuweisen, dass er eine schriftliche Übersetzung verlangen kann. Er hat zudem zu vermerken, dass er (a) dem sprachunkundigen Beteiligten die Niederschrift anstelle des Vorlesens übersetzt hat, (b) den sprachunkundigen Beteiligten darauf hingewiesen hat, dass dieser eine schriftliche Übersetzung verlangen kann, sowie (c) entweder (i), dass er auf Verlangen des sprachunkundigen Beteiligten eine schriftliche Übersetzung angefertigt und ihm zur Durchsicht vorgelegt hat oder (ii) dass der sprachunkundige Beteiligte kein Verlangen nach einer schriftlichen Übersetzung gestellt hat (vgl. Abs. 2 S. 4). 28

IV. Übersetzungsperson (Abs. 3)

Abs. 3 bestimmt, welche Personen die Übersetzungen vornehmen können. Dies ist zum einen der beurkundende Notar selbst sowie ein Dolmetscher. So wie der beurkundende Notar gemäß § 5 Abs. 2 eine Urkunde in einer anderen Sprache nur errichten darf, wenn er der fremden Sprache hinreichend kundig ist, soll er selbstverständlich auch nur selbst übersetzen, wenn er über hinreichende Sprachkunde in der Beurkundungssprache und der Übersetzungssprache verfügt. Auch wenn der Notar über hinreichende Sprachkunde verfügt, steht es ihm frei, einen Dolmetscher hinzuziehen.[35] 29

1. Zuziehung eines Dolmetschers. Falls der Notar nicht selbst übersetzt, muss ein Dolmetscher hinzugezogen werden. An die Person des Dolmetschers knüpft das Gesetz keine weiterführenden Bestimmungen. Als Dolmetscher kommt daher grundsätzlich jede Person in Betracht, die hinreichende Sprachkunde in der Beurkundungssprache und der Übersetzungssprache hat. Eine besondere berufliche Qualifikation oder eine öffentliche Bestellung als Dolmetscher ist nicht erforderlich.[36] In jedem Fall hat sich der Notar jedoch von der erforderlichen Sprachkunde des Dolmetschers zu überzeugen.[37] Da ihm die Auswahl obliegt, kann er auf die Zuziehung eines anderen, als von den Beteiligten gewünschten Dolmetschers bestehen.[38] 30

33 Armbrüster/Preuß/Renner/*Piegsa* BeurkG § 16 Rn. 3; aA wohl BeckOK BGB/*Litzenburger* BeurkG § 16 Rn. 6.

34 BeckOGK/*Seebach*/*Rachlitz* BeurkG § 16 Rn. 53.

35 *Winkler* BeurkG § 16 Rn. 21.

36 *Becker* NotBZ 2017, 161; Zuziehung eines allgemein beeidigten, öffentlich bestellten Dolmetschers als „sicherster Weg" und mit Blick auf § 17 Abs. 1 auch ratsam, vgl. BeckOGK/*Seebach*/*Rachlitz* BeurkG § 16 Rn. 74.

37 Bei einem allgemein beeidigten, öffentlich bestellten Dolmetscher ist grundsätzlich davon auszugehen, dass er den Urkundstext übersetzen kann, siehe *Becker* NotBZ 2017, 161; BeckOGK/*Seebach*/*Rachlitz* BeurkG § 16 Rn. 75.

38 Armbrüster/Preuß/Renner/*Piegsa* BeurkG § 16 Rn. 27; Grziwotz/Heinemann/*Heinemann* BeurkG § 16 Rn. 34; BeckOGK/*Seebach*/*Rachlitz* BeurkG § 16 Rn. 74; *Eckhardt* ZNotP 2005, 221 (223).

31 Darüber hinaus unterliegt ein Dolmetscher nach Abs. 3 S. 2 denselben in § 6 und § 7 enthaltenen Ausschlussgründen, wie ein Notar. Der Dolmetscher ist Hilfsperson des Notars.[39] Nur durch ihn kann der Beteiligte den Inhalt der Niederschrift erfahren. Aus diesem Grund sollen keine Personen als Dolmetscher tätig sein, die selbst oder deren nahe Angehörige an der Beurkundung beteiligt sind (§ 6) oder durch das zu beurkundende Geschäft einen rechtlichen Vorteil erlangen (§ 7).[40] Die Nichtbeachtung dieser Ausschlussgründe für Dolmetscher führt in den Fällen des § 6 zur Unwirksamkeit der Beurkundung sowie in Fällen des § 7 zur Unwirksamkeit der Beurkundung der Willenserklärungen, die darauf gerichtet sind dem Dolmetscher oder einem seiner nahen Angehörigen einen rechtlichen Vorteil zu verschaffen.[41]

32 **2. Vereidigung.** Der Dolmetscher soll gemäß Abs. 3 S. 3 vereidigt werden, sofern er nicht allgemein iSd § 189 Abs. 2 GVG vereidigt ist. Der Notar kann die Vereidigung für den Einzelfall selbst vornehmen. Die Vereidigung durch den Notar erfolgt nach den Vorgaben des § 189 Abs. 1 S. 1 GVG, nach dem der Dolmetscher zu beeidigen hat, dass er treu und gewissenhaft übertragen werde. Dem Wortlaut der Eidesformel ist zu entnehmen, dass der Eid vor der Übersetzung zu leisten ist.

33 Eine Vereidigung ist entbehrlich, wenn alle Beteiligten darauf verzichten. Der Verzicht des sprachunkundigen Beteiligten ist nicht ausreichend, da auch die übrigen Beteiligten ein Interesse an einer gewissenhaften Übersetzung haben, um eine Anfechtbarkeit der beurkundeten Willenserklärungen aufgrund von Übersetzungsfehlern zu vermeiden.[42] Eine fehlerhafte oder unterbliebene Vereidigung nimmt der Beurkundung jedoch nicht die Wirksamkeit. Wird der Eid erst während oder nach der Übersetzung geleistet, ist die Beurkundung daher *erst recht* nicht unwirksam (= Nacheid).[43]

34 **3. Unterschrift des Dolmetschers.** Der Dolmetscher hat die Niederschrift mitzuunterzeichnen, Abs. 3 S. 5. Der Dolmetscher bestätigt mit seiner Unterschrift nur, dass er an der Beurkundung mitgewirkt hat. Er gibt keine Willenserklärung ab. Daher ist seine Unterschrift auch nicht für die Wirksamkeit der Beurkundung erforderlich.[44]

[UAbschn. 3 (§§ 16a–16e) ab 1.8.2022:]

Unterabschnitt 3 Beurkundung mittels Videokommunikation; Elektronische Niederschrift

§ 16a Zulässigkeit

(1) Die Beurkundung von Willenserklärungen kann mittels des von der Bundesnotarkammer nach § 78p der Bundesnotarordnung betriebenen Videokommunikationssystems nach den folgenden Vorschriften erfolgen, soweit dies nach § 2 Absatz 3 des Gesetzes betreffend die Gesellschaften mit beschränkter Haftung zugelassen ist.

(2) Der Notar soll die Beurkundung mittels Videokommunikation ablehnen, wenn er die Erfüllung seiner Amtspflichten auf diese Weise nicht gewährleisten

39 *Becker* NotBZ 2017, 161.
40 BT-Drs. 5/3282, 32.
41 Grziwotz/Heinemann/*Heinemann* BeurkG § 16 Rn. 38, 39.
42 BT-Drs. 5/3282, 32.
43 BeckOGK/*Seebach*/*Rachlitz* BeurkG § 16 Rn. 85, 87.
44 BT-Drs. 5/3282, 32; Armbrüster/Preuß/Renner/*Piegsa* BeurkG § 16 Rn. 38.

kann, insbesondere wenn er sich auf diese Weise keine Gewissheit über die Person eines Beteiligten verschaffen kann oder er Zweifel an der erforderlichen Rechtsfähigkeit oder Geschäftsfähigkeit eines Beteiligten hat.

Literatur:
Blunk/Monden, Online-Beurkundungen im Gesellschaftsrecht, ZdiW 2021, 74; *Bock,* Online-Gründung und Digitalisierung im Gesellschaftsrecht – Der Richtlinienvorschlag der Europäischen Kommission, DNotZ 2018, 543; *Bormann/Stelmaszczyk,* Digitalisierung des Gesellschaftsrechts nach dem EU-Company Law Package, NZG 2019, 601; *Heckschen/Strnad,* Aktuelle Entwicklungstendenzen des Gesellschaftsrechts (Teil 2), GWR 2021, 195; *Kienzle,* Die Videobeurkundung nach dem DiRUG, DNotZ 2021, 590; *ders.* in: Herrler, Gesellschaftsrecht in der Notar- und Gestaltungspraxis, 2. Aufl. 2021, § 18a; *Knaier,* Die Digitalisierung des deutschen Gesellschaftsrechts durch den Referentenentwurf eines Gesetzes zur Umsetzung der Digitalisierungs-RL im Gesellschaftsrecht und Handelsregisterrecht (RefE-DiRUG), GmbHR 2021, 169; *Lieder,* Die Bedeutung des Vertrauensschutzes für die Digitalisierung des Gesellschaftsrechts, NZG 2020, 81; *Limmer,* Beurkundungsrecht im digitalen Zeitalter, DNotZ 2020, 419; *Linke,* Gesetz zur Umsetzung der Digitalisierungsrichtlinie (DiRUG), NZG 2021, 309; *Omlor,* Digitalisierung im EU-Gesellschaftsrechtspaket: Online-Gründung und Registerführung im Fokus, DStR 2019, 2544; *J. Schmidt,* DiRUG-RefE: Ein Digitalisierungs-Ruck für das deutsche Gesellschafts- und Registerrecht; *Stelmaszczyk/Kienzle,* GmbH digital – Online-Gründung und Online-Verfahren für Registeranmeldungen nach dem Gesetzesentwurf der Bundesregierung zum DiRUG, ZIP 2021, 765; *Stelmaszczyk/Kienzle,* Die Onlinegründung der GmbH nach dem DiRUG, GmbHR 2021, 849; *Vilgertshofer,* Gesellschaftsrecht im digitalen Wandel, MittBayNot 2019, 529.

I. Überblick

Mit dem Gesetz zur Umsetzung der Digitalisierungsrichtlinie wurde erstmals in der deutschen Rechtsgeschichte eine **notarielle Distanzbeurkundung von Willenserklärungen** eingeführt. Die §§ 16a–16e führen diese Verfahrensgestaltung in das Beurkundungsgesetz ein und gestalten sie aus. § 16a regelt den sachlichen Anwendungsbereich, innerhalb dessen die Videobeurkundung zulässig ist. § 16b regelt die Aufnahme der elektronischen Niederschrift, die erstmals als originär elektronisch errichtetes Dokument niedergelegt werden kann, und die sich daraus ergebenden grundlegenden Änderungen beim Umgang mit diesen Urkunden.[1] § 16c betrifft die Feststellung der Beteiligten, § 16d den Nachweis der Vertretungsberechtigung. § 16e ermöglicht die sogenannte gemischte Beurkundung, bei der ein Teil der Beteiligten wie üblich in Präsenz bei der Beurkun- 1

1 Bei Vermerkurkunden war die originär elektronische Urkunde nach § 39a Abs. 1 hingegen bereits seit 1.4.2005 etabliert, Gesetz über die Verwendung elektronischer Kommunikationsformen in der Justiz vom 22.3.2005, BGBl. 2005 I 837.

dungsverhandlung anwesend ist und der andere Teil der Beteiligten mittels des Videokommunikationssystems teilnimmt.

II. Unionsrechtlicher Hintergrund

2 Die Richtlinie (EU) 2019/151 des Europäischen Parlaments und des Rats vom 20.6.2019 zur Änderung der Richtlinie (EU) 2017/1132 im Hinblick auf den Einsatz digitaler Werkzeuge und Verfahren im Gesellschaftsrecht („Digitalisierungsrichtlinie")[2] ergänzt die bereits bestehenden und in deutsches Recht umgesetzten Vorhaben der Richtlinie (EU) 2017/1132 des Europäischen Parlaments und des Rates vom 14.6.2017 über bestimmte Aspekte des Gesellschaftsrechts („Gesellschaftsrechtsrichtlinie").[3] Die so neugefasste Richtlinie verpflichtete den nationalen Gesetzgeber, die **Online-Gründung von GmbHs** und die **Online-Anmeldung zum Handelsregister** für Kapitalgesellschaften und für die Eintragung von Zweigniederlassungen zu ermöglichen.[4] Durch die SDG-VO[5] besteht außerdem die Verpflichtung, ab dem 12.12.2023 bestimmte **Handelsregisteranmeldungen von Einzelkaufleuten** online zu ermöglichen.[6]

3 Indem die DigiRL[7] Mindestanforderungen an die Identifizierung und die Prüfung von Rechtsfähigkeit, Geschäftsfähigkeit und Vertretungsbefugnis der Beteiligten enthält, wird insoweit im Ergebnis erstmals ein **europäischer Mindeststandard** etabliert.[8] Darüber hinaus verfolgt die Richtlinie das Ziel, die **gewachsenen Strukturen** des jeweiligen nationalen Handels- und Gesellschaftsrechts **unberührt** zu lassen. Diese sollen grundsätzlich erhalten bleiben und von den nationalen Gesetzgebern in ein digitales Verfahren überführt werden.[9] Durch diese Entscheidung gegen einen disruptiven Ansatz werden Transaktionskosten vermieden und eine robuste und leistungsfähige digitale Verwaltung garantiert.[10] Diese Grundentscheidung des europäischen Gesetzgebers ist bei der richtlinienkonformen Auslegung der nationalen Regelungen zu berücksichtigen.

4 Um den Mitgliedstaaten eine behutsame Überführung und eine Erprobung des digitalen Verfahrens zu ermöglichen, sieht die Richtlinie verschiedene **opt-out-**

2 Richtlinie (EU) 2019/151 v. 20.6.2019 zur Änderung der Richtlinie (EU) 2017/1132 im Hinblick auf den Einsatz digitaler Werkzeuge und Verfahren im Gesellschaftsrecht, ABl. 2019 L 186, 80.

3 Richtlinie (EU) 2017/1132 v. 14.6.2017 über bestimmte Aspekte des Gesellschaftsrechts, ABl. 2017 L 169, 46.

4 RegBegr. DiRUG, BT-Drs. 19/28177, 62.

5 Verordnung (EU) 2018/1724 vom 2.10.2018 über die Einrichtung eines einheitlichen digitalen Zugangstors zu Informationen, Verfahren, Hilfs- und Problemlösungsdiensten und zur Änderung der Verordnung (EU) Nr. 1024/2012, ABl. 2018 L 299, 1.

6 Herrler GesR-NotPG/*Kienzle* § 18a Rn. 1.

7 Richtlinie (EU) 2019/151 v. 20.6.2019 zur Änderung der Richtlinie (EU) 2017/1132 im Hinblick auf den Einsatz digitaler Werkzeuge und Verfahren im Gesellschaftsrecht, ABl. 2019 L 186, 80.

8 *Bormann/Stelmaszczyk* NZG 2019, 601 (607); Herrler GesR-NotGP/*Kienzle* § 18a Rn. 2.

9 Insbesondere die in den Mitgliedstaaten etablierte Rolle von Notarinnen und Notaren im Rahmen der vorsorgenden Rechtspflege soll dabei unberührt bleiben, so dass die Mitgliedstaaten zur Erfüllung der Anforderungen der Richtlinie nach Art. 13c Abs. 1, 13g Abs. 4 lit. c, Erwägungsgrund 19 DigiRL gemäß ihren Rechtsordnungen und Rechtstraditionen diese in das digitale Verfahren überführen können. Zustimmend auch *Bormann/Stelmaszczyk* NZG 2019, 601 (609); *Lieder* NZG 2018, 1081 (1087); *Teichmann* ZIP 2018, 2541 (2543); *ders.* GmbHR 2018, 1 (11).

10 *Stelmaszczyk/Kienzle* ZIP 2021, 765 (765).

Optionen vor. Insbesondere wurde dem deutschen Gesetzgeber ermöglicht, die Online-Gründung von Kapitalgesellschaften auf GmbHs (einschließlich der UG (haftungsbeschränkt)) und auf Bargründungen zu beschränken, Art. 13g, 13h GesRRL.[11] Der nationale Gesetzgeber hat von den opt-out-Optionen sämtlich Gebrauch gemacht und sich für eine **Mindestumsetzung** entschieden. Diese nachvollziehbare Entscheidung des nationalen Gesetzgebers, die insbesondere dazu dient, das digitalisierte Gesellschaftsrecht in einem engen Anwendungsbereich zu erproben, muss bei der Auslegung der einzelnen Normen berücksichtigt werden.

III. Sachlicher Anwendungsbereich

Abs. 1 regelt den sachlichen Anwendungsbereich, innerhalb dessen die Beurkundung von Willenserklärungen mittels des von der Bundesnotarkammer nach § 78p BNotO betriebenen Videokommunikationssystems zulässig ist. Danach ist die Beurkundung von Willenserklärungen mittels des Videokommunikationssystems **nur in den nach § 2 Abs. 3 GmbHG genannten Fällen** zulässig. Das papiergebundene Präsenzverfahren bleibt daneben unverändert bestehen.[12] Es bildet weiterhin den gesetzlichen Regelfall, der allen beurkundungsrechtlichen Verfahren zugrunde liegt. 5

1. Bargründung von GmbHs und UGs (haftungsbeschränkt). Nach § 2 Abs. 3 GmbHG können demnach künftig **bei reiner Bargründung** die Willenserklärungen betreffend den Gesellschaftsvertrag einer GmbH oder einer UG (haftungsbeschränkt) mittels Videokommunikation notariell beurkundet werden. 6

Die **Vereinbarung von Sacheinlagen** ist damit weiterhin **nur im Präsenzverfahren** zulässig. Auch insoweit hat der deutsche Gesetzgeber von einer opt-out-Klausel Gebrauch gemacht. Art. 13g Abs. 1 lit. d GesRRL erlaubt den Mitgliedstaaten, die Online-Gründung auszuschließen, wenn das Gesellschaftskapital der Gesellschaft in Sachleistungen zu erbringen ist. Der Entscheidung des deutschen Gesetzgebers ist zuzustimmen.[13] Generell weisen Sachgründungen eine höhere Komplexität auf als Bargründungen und gehen mit einem erhöhten Beratungsbedarf der Beteiligten einher. Sie sind für ein unerprobtes Online-Verfahren daher ungeeignet. Die besonders praxisrelevanten Fälle, in denen der als Sachleistung zu erbringende Vermögensgegenstand seinerseits eine notarielle Beurkundung im Präsenzverfahren erforderlich macht – gemeint sind die Einbringung von Grundstücken oder GmbH-Anteilen – wären im deutschen Recht als Online-Gründung nicht durchführbar. Der europäische Gesetzgeber hat sich gerade dafür ausgesprochen, solche Formvorschriften unberührt zu lassen.[14] 7

2. Gründung unter Nutzung der Musterprotokolle. Auch im Online-Verfahren ist die Videobeurkundung unter Nutzung von Musterprotokollen möglich. Dies kann nach § 2 Abs. 3 S. 3 GmbHG entweder unter Nutzung der bestehenden Musterprotokolle (Anlage 1 zum GmbHG) erfolgen. Daneben wurden mit dem Gesetz zur Umsetzung der Digitalisierungsrichtlinie in Anlage 2 zum GmbHG 8

11 Richtlinie (EU) 2019/151 vom 20.6.2019 zur Änderung der Richtlinie (EU) 2017/1132 im Hinblick auf den Einsatz digitaler Werkzeuge und Verfahren im Gesellschaftsrecht, ABl. 2019 L 186, 80.

12 *Bormann/Stelmaszczyk* NZG 2019, 601 (602).

13 So auch *Bormann/Stelmaszczyk* NZG 2019, 601 (606); *Knaier* GmbHR 2018, 560 (565); *Kienzle* in Herrler, Gesellschaftsrecht in der Notar- und Gestaltungspraxis, § 18a Rn. 16; *Lieder* NZG 2018, 1081 (1085); *Teichmann* ZIP 2018, 2541 (2543).

14 *Knaier* GmbHR 2018, 560 (565); *Bormann/Stelmaszczyk* NZG 2019, 601 (606).

zwei weitere Musterprotokolle eingeführt,[15] die zur Gründung bei der Distanzbeurkundung herangezogen werden können.

9 Die Einführung der weiteren Musterprotokolle war notwendig, weil die DigiRL[16] zum einen die Beurkundung mittels Musterprotokollen in Art. 13h Abs. 1 GesRRL vorschreibt, zum anderen aber – anders als die in Anlage 1 zum GmbHG bislang enthaltenen Musterprotokolle – **keine Begrenzung der Zahl der Gesellschafter** vorsieht. Die neu eingeführten Musterprotokolle orientieren sich deshalb inhaltlich an den bestehenden Musterprotokollen, sind aber nicht auf maximal drei Gesellschafter und einen Geschäftsführer beschränkt.[17]

10 § 2 Abs. 3 S. 3 GmbHG unterscheidet sprachlich zwischen dem herkömmlichen vereinfachten Verfahren, in dem lediglich das Musterprotokoll aus Anlage 1 zum GmbHG verwendet werden darf, und dem Verfahren unter Verwendung der Musterprotokolle aus Anlage 2 zum GmbHG. Insoweit sind nach § 2 Abs. 3 S. 5 GmbHG die § 2 Abs. 1a S. 3–5 GmbHG entsprechend anzuwenden. Daher dürfen auch in den Musterprotokollen aus Anlage 2 zum GmbHG grundsätzlich **keine Änderungen** vorgenommen werden (§ 2 Abs. 1a S. 3 GmbHG) und das Musterprotokoll **dient als Gesellschafterliste** (§ 2 Abs. 1a S. 4 GmbHG). Das **Kostenprivileg** aus § 105 Abs. 6 S. 1 Nr. 1 GNotKG gilt im Verfahren der Online-Gründung einzig bei Verwendung der herkömmlichen Muster der Anlage 1 zum GmbHG.

11 Da in der Praxis bereits die Verwendung der Muster der Anlage 1 für GmbHs mit mehreren Gesellschaftern anstelle einer „maßgeschneiderten" individuellen Satzung häufig zu erheblichen Nachteilen führt, dürfte der Notarin bzw. dem Notar bei der gewünschten Verwendung der Muster der Anlage 2 für eine GmbH mit noch mehr Gesellschaftern erst recht die Funktion zukommen, auf die **Vorteile einer individualisierten Satzung** hinzuweisen und ggf. von der Nutzung der Musterprotokolle abzuraten.[18]

12 **3. Verbot der Distanzbeurkundung von sonstigen Rechtsgeschäften.** Für die Zulässigkeit der Distanzbeurkundung gilt ein **numerus clausus**. Sie ist als Ausnahme von dem bei allen Beurkundungsverfahren maßgeblichen Präsenzverfahren nur insoweit zulässig, als dies ausdrücklich vom Gesetzgeber angeordnet wurde. Wird eine Willenserklärung, die nicht in den Anwendungsbereich des § 16a fällt, per Videokommunikationssystem beurkundet, liegt insoweit keine wirksame Urkunde vor; dies gilt auch für den Fall, dass das materielle Recht kein Formerfordernis vorsieht.[19] Das papiergebundene Präsenzverfahren erlaubt keine Beurkundung mittels Videokommunikation. Weder wird die Niederschrift dann in Gegenwart des Notars verlesen,[20] noch genügt das Ablesen

15 Hintergründe und praktische Bedenken übersichtlich dargestellt bei *Stelmaszczyk/Kienzle* ZIP 2021, 765 (774).

16 Richtlinie (EU) 2019/151 v. 20.6.2019 zur Änderung der Richtlinie (EU) 2017/1132 im Hinblick auf den Einsatz digitaler Werkzeuge und Verfahren im Gesellschaftsrecht, ABl. 2019 L 186, 80.

17 RegBegr. DiRUG, BT-Drs. 19/28177, 162; eine Übersicht über die Unterschiede zwischen Referentenentwurf und Regierungsentwurf liefert *J. Schmidt* ZIP 2021, 112 (116).

18 BeckOK KostR/*Neie* GNotKG § 105 Rn. 51; *Bormann/Stelmaszczyk* NZG 2019, 601 (603); *Blunk/Monden* ZdiW 2021, 74 (77); *Freier* NotBZ 2021, 161 (163); Herrler GesR-NotGP/*Kienzle* § 18a Rn. 59; *Knaier* GmbHR 2021, 168 (178); *Stelmaszczyk/Kienzle* ZIP 2021, 765 (774).

19 *Stelmaszczyk/Kienzle* GmbHR 2021, 849 (851).

20 BeckOGK/*Seebach/Rachlitz* BeurkG § 13 Rn. 194; Grziwotz/Heinemann/*Heinemann* BeurkG § 13 Rn. 6.

eines Textes vom Bildschirm der Verlesungspflicht,[21] so dass dem § 8 nicht genügt ist. Eine Ausnahme nach § 16a, § 2 Abs. 3 GmbHG liegt in diesen Fällen gerade ebenfalls nicht vor, selbst wenn die Willenserklärung in einem sachlichen Zusammenhang mit einem per Videokommunikation zulässigen Beurkundungsgegenstand steht.

13 Der Gesetzgeber hat die Aufgabe, alle wesentlichen Entscheidungen selbst zu treffen. Sie können nicht der Exekutive oder – durch Auslegung oder Analogie – der Judikative überlassen werden (Wesentlichkeitstheorie).[22] Mit der Ermöglichung einer virtuellen Beurkundung werden maßgebliche Aspekte des hoheitlichen Beurkundungsverfahrens berührt und in veränderter Weise betroffen – das virtuelle Verfahren kann naturgemäß kein vollwertiges Funktionsäquivalent darstellen. Die Zulässigkeit einer Distanzbeurkundung bedarf daher einer eindeutigen und ausdrücklichen Entscheidung des Gesetzgebers, in der sowohl die grundsätzliche Zulässigkeit des digitalen Verfahrens (das „Ob") als auch die wesentlichen einzuhaltenden Verfahrensvorschriften (das „Wie") auf Ebene des formellen Gesetzes entschieden werden.[23] Entsprechend wird in § 2 Abs. 3 S. 1 GmbHG, § 12 Abs. 1 S. 2 HGB einerseits der Anwendungsbereich der Beurkundung mittels Videokommunikationssystem (das „Ob") klar und eindeutig bestimmt. Andererseits wird auch das einzuhaltende Verfahren – die §§ 16a–16e, 40a BeurkG – vom Gesetzgeber im Einzelnen vorgeschrieben (→ § 78p BNotO Rn. 14). Diese Rolle des Wesentlichkeitsgrundsatzes im Beurkundungsrecht wurde zuletzt in der von raschen Entscheidungen geprägten COVID-Gesetzgebung illustriert. Um eine Abweichung von dem in § 130 AktG vorgesehenen Präsenzverfahren zu ermöglichen, das einerseits das grundlegende Kernstück des hoheitlichen Beurkundungsverfahrens darstellt und andererseits der Gewährleistung grundrechtlich (Art. 14 Abs. 1 GG) geschützter Rechte der Gesellschafter dient, musste der Gesetzgeber die wesentlichen Entscheidungen eines virtuellen Verfahrens in § 1 Abs. 2 GesRuaCOVBekG[24] selbst regeln. Eine extensive Auslegung oder Analogie der beurkundungsrechtlichen Normen zum virtuellen Verfahren ist daher nicht möglich.[25]

14 Der Beschränkung der Distanzbeurkundung auf die Gründung von Gesellschaften mit beschränkter Haftung liegt die Einschätzung des deutschen Gesetzgebers zugrunde, dass das Online-Verfahren aufgrund der **Formzwecke des § 2 Abs. 1 S. 1 GmbHG** besonders geeignet ist.[26] Rechtshistorisch wird bei dem Formerfordernis des Gesellschaftsvertrages nach § 2 Abs. 1 S. 1 GmbHG der Schutz des Rechtsverkehrs stärker betont als der ebenfalls bezweckte Individualschutz der Gründerinnen und Gründer.[27] Bei Beurkundungsgegenständen, bei denen die individualschützenden Formzwecke – insbesondere Warnfunktion, Aufklärungsfunktion und Übereilungsschutz – stärker im Vordergrund stehen, ist die Distanzbeurkundung hingegen nicht geeignet, den notwendigen Schutz der Bürgerinnen und Bürger zu erreichen.[28]

21 BeckOGK/*Seebach/Rachlitz* BeurkG§ 13 Rn. 44.
22 BVerfGE 49, 89; von Münch/Kunig/*Kotzur* GG Art. 20 Rn. 156.
23 Vgl. etwa *Staupe*, Parlamentsvorbehalt und Delegationsbefugnis, 1986, S. 239; Dreier/*Schulze-Fielitz* GG Art. 20 Rn. 113.
24 BGBl. 2020 I 570.
25 Vgl. etwa BVerfGE 34, 165 (192); 49, 89 (127); 57, 295 (327); 83, 130 (142); 101, 1 (34).
26 RegBegr. DiRUG, BT-Drs. 19/28177, 115.
27 MüKoGmbHG/*Heinze*, § 2 Rn. 22f.
28 RegBegr. DiRUG, BT-Drs. 19/28177, 115.

15 § 2 Abs. 3 S. 1 GmbHG erlaubt neben den Willenserklärungen zum Gesellschaftsvertrag auch die notarielle Beurkundung mittels Videokommunikationssystem der „**im Rahmen der Gründung der Gesellschaft gefassten Beschlüsse der Gesellschafter**", wobei diese Regelung eng auszulegen ist und nur Beschlüsse erfasst sind, die mit der Gründung in engem Zusammenhang stehen und für diese erforderlich sind.[29] Der Gesetzgeber wollte mit dem Zusatz ermöglichen, dass die gegenwärtige Praxis zulässig bleibt, in der der Gesellschaftsvertrag gemeinsam mit ersten Beschlüssen der Gesellschafter beurkundet wird, in denen etwa Geschäftsführer bestellt, deren Vertretungsbefugnis geregelt und eine Befreiung von den Beschränkungen des § 181 BGB erteilt wird.[30] Auch die Befreiung eines Gesellschafters vom Wettbewerbsverbot dürfte nach § 2 Abs. 3 S. 1 GmbHG, Abs. 1 zulässigerweise im Rahmen der Onlinebeurkundung mitbeurkundet werden.[31] Als nicht mehr in engem Zusammenhang mit der Gründung stehend nennt der Gesetzgeber beispielhaft Kapitalmaßnahmen oder Umwandlungsvorgänge. Generell scheiden damit *jedenfalls* solche Beschlüsse aus, die statt auf die eigentliche Gründung bereits auf eine Veränderung der vereinbarten Satzung abzielen.[32]

16 Aus Sicht der notariellen Praxis ist zu beachten, dass auch typische Erklärungen wie **Vollzugs- oder Mitarbeitervollmachten** im Online-Verfahren unzulässig sein dürften.[33] Hierbei handelt es sich nicht um Willenserklärungen, die auf den Abschluss des Gesellschaftsvertrages gerichtet sind und die daher unter § 2 Abs. 3 GmbHG fallen würden. Stattdessen handelt es sich um Willenserklärungen, die den davon unabhängigen Vollzug des Gesellschaftsvertrages betreffen. Es handelt sich auch (noch) nicht um Beschlüsse der Gesellschafter. Auch **Gründungsvollmachten** im Sinne des § 2 Abs. 2 GmbHG können im Videokommunikationsverfahren nicht notariell beurkundet werden.[34]

17 Die verbreitete Beurkundungspraxis, den Gesellschaftsvertrag als Anlage zu einer **Mantelurkunde** (die von den Gesellschaftern dann nach § 16b Abs. 4 zu signieren ist) zu nehmen, soll nach dem Willen des Gesetzgebers auch im Online-Verfahren möglich sein.[35]

18 **4. Verbot der Nutzung sonstiger Videosysteme.** Die notarielle Beurkundung mittels Videobeurkundungssystem ist, wie sich aus Abs. 1 eindeutig ergibt, **einzig über das von der Bundesnotarkammer nach § 78p BNotO betriebene Videobeurkundungssystem zulässig.**[36] Die Nutzung eines anderen Systems kann keine wirksame Urkunde zur Folge haben und stellt eine Amtspflichtverletzung der Urkundsperson dar.[37] Das papiergebundene Präsenzverfahren erlaubt keine Beurkundung mittels Videokommunikation. Weder wird die Niederschrift dann

29 *Kienzle* DNotZ 2021, 590 (593 f.); RegBegr. DiRUG, BT-Drs. 19/28177, 161.
30 RegBegr. DiRUG, BT-Drs. 19/28177, 161.
31 *Kienzle* DNotZ 2021, 590 (594); Herrler GesR-NotGP/*Kienzle* § 18a Rn. 17.
32 RegBegr. DiRUG, BT-Drs. 19/28177, 161.
33 Herrler GesR-NotGP/*Kienzle* § 18a, Rn. 23.
34 Herrler GesR-NotGP/*Kienzle* § 18a Rn. 16.
35 RegBegr. DiRUG, BT-Drs. 19/28177, 162.; Herrler GesR-NotGP/*Kienzle* § 18a Rn. 29; *Kienzle* DNotZ 2021, 590, (594).
36 BR-Drs. 144/21, 118, 120; *Blunk/Monden* ZdiW 2021, 74 (75); Herrler GesR-NotGP/*Kienzle* § 18a Rn. 7; *Knaier* GmbHR 2021, 169 (174); *Stelmaszczyk/Kienzle* ZIP 2021, 765 (769).
37 So wohl auch RegBegr. DiRUG, BT-Drs. 19/28177, 129; *J. Schmidt* ZIP 2021, 112 (113); *Stelmaszczyk/Kienzle* ZIP 2021, 765 (769); Herrler GesR-NotGP/*Kienzle* § 18a Rn. 7.

in Gegenwart des Notars verlesen[38] noch genügt das Ablesen eines Textes vom Bildschirm der Verlesungspflicht,[39] so dass bereits § 8 nicht erfüllt ist. Die Nutzung anderer Videokommunikationssysteme erfüllt weder den Ausnahmetatbestand des Abs. 1 noch können andere Systeme mangels der technischen Ausstattung nach § 16c, § 78p Abs. 2 BNotO in der Lage sein, die Funktion des Präsenzverfahrens äquivalent abzubilden.

Auch hier ist der Grundsatz der Wesentlichkeit zu beachten (→ Rn. 13). Der Gesetzgeber muss, will er die virtuelle Beurkundung ermöglichen, die wesentlichen Entscheidungen des einzuhaltenden Verfahrens eindeutig und ausdrücklich durch formelles Gesetz regeln. Entsprechend hat er in den §§ 16a–16e BeurkG die bei der Vornahme von Distanzbeurkundungen maßgeblichen Verfahrensvorschriften abschließend geregelt. Zu diesen wesentlichen Eckpunkten gehört die gesetzgeberische Grundentscheidung, Online-Beurkundungen nur mittels des nach § 78p BNotO betriebenen staatlichen Videokommunikationssystems zuzulassen. Selbst wenn eine andere Videokommunikationsplattform den technischen Anforderungen nach § 16c, § 78p Abs. 2 BNotO entsprechen würde – dies ist allerdings bei keiner der verfügbaren Anbieter der Fall –, wäre eine wirksame Beurkundung über diese also nicht möglich. Der Gesetzgeber hat in § 16a Abs. 1 BeurkG die nachvollziehbare (→ Rn. 20), bewusste und eindeutige Entscheidung getroffen, die vielfachen vom virtuellen Beurkundungsverfahren betroffenen staatlichen und grundrechtlich geschützten Interessen derart miteinander in Einklang zu erbringen, den technischen Vollzug des hoheitlichen Verfahrens nur über das in § 16a Abs. 1 BeurkG genannte, hoheitlich betriebene System zuzulassen.[40] Diese grundlegende Entscheidung ist ernst zu nehmen und kann nicht durch extensive Auslegung oder Analogie umgangen werden. 19

Der Entscheidung des Gesetzgebers, die Videobeurkundung einzig über ein Videokommunikationssystem zuzulassen, das von der Bundesnotarkammer und damit von einer **unter staatlicher Aufsicht stehenden Körperschaft** des öffentlichen Rechts betrieben wird, ist zuzustimmen. Notarinnen und Notare nehmen Staatsaufgaben im Bereich der vorsorgenden Rechtspflege wahr und handeln damit hoheitlich.[41] Gerade die Errichtung von Niederschriften über konstitutive gesellschaftsrechtliche Vorgänge gewährleistet eine staatliche Kernfunktion.[42] Um diese Eigenschaften auch bei einer Distanzbeurkundung zu gewährleisten, müssen hohe Anforderungen einerseits an die Zuverlässigkeit und Verfügbarkeit, andererseits an Manipulationsresistenz, Integrität und Sicherheit des Videokommunikationssystems gestellt werden, das zudem höchsten Anforderungen hinsichtlich Datensicherheit und Datenschutz genügen muss. Die grundgesetzliche Wertung des Art. 33 Abs. 4 GG gebietet deshalb, die Organisation des notwendigen Videokommunikationssystems nicht einem privaten Dritten zu überlassen, sondern sie als Teil der Staatsverwaltung auszugestalten.[43] Die Bundesnotarkammer untersteht als Körperschaft des öffentlichen Rechts der Rechtsaufsicht des Bundesministeriums der Justiz und für Verbrau- 20

38 BeckOGK/*Seebach/Rachlitz* BeurkG§ 13 Rn. 194; Grziwotz/Heinemann/*Heinemann* BeurkG § 13 Rn. 6.

39 BeckOGK/*Seebach/Rachlitz* BeurkG § 13 Rn. 44; *Piegsa* in Armbrüster/Preuß/Renner BeurkG § 13 Rn. 7; OLG Brandenburg BeckRS 2012, 11393; OLG Frankfurt/M. DNotZ 2000, 513.

40 So ausdrücklich auch der Wille des Gesetzgebers, RegBegr. DiRUG, BT-Drs. 19/28177, 116.

41 RegBegr. DiRUG, BT-Drs. 19/28177, 115f.; BVerfG NJW 1964, 1516; BVerfG NJW 1987, 887; BVerfG NJW 2012, 2639.

42 RegBegr. DiRUG, BT-Drs. 19/28177, 110.

43 Vgl. ausführlicher die Kommentierung zu § 78p BNotO.

cherschutz, § 77 Abs. 2 S. 1 BNotO, und ist damit Teil der mittelbaren Staatsverwaltung, was die staatliche Kontrolle über den Betrieb des Videokommunikationssystems jederzeit und lückenlos gewährleistet.[44]

21 **5. Minimalumsetzung.** Der Anwendungsbereich der DigiRL[45] bezieht sich für Deutschland grundsätzlich auf die AG, die KGaA und die GmbH samt UG (haftungsbeschränkt).[46] Der europäische Gesetzgeber hat in Art. 13f Abs. 1 S. 2 GesRRL für die Mitgliedstaaten insoweit eine **Opt-out-Klausel** vorgesehen und es ihnen freigestellt, für einige der genannten Kapitalgesellschaften keine Online-Gründung zu ermöglichen. Für den deutschen Gesetzgeber blieb damit einzig die Ermöglichung der Online-Gründung der GmbH einschließlich der UG (haftungsbeschränkt) verpflichtend.

22 Der deutsche Gesetzgeber hat sich mit dem Anwendungsbereich des § 16a, § 2 Abs. 3 GmbHG damit für eine **Minimalumsetzung** entschieden. Dieser Entscheidung ist zuzustimmen. AG und KGaA weisen eine komplexe Organisationsstruktur und eine hohe Regelungsintensität auf und sind daher für ein unerprobtes Online-Verfahren ungeeignet.[47]

IV. Verhältnis zum papiergebundenen Präsenzverfahren

23 Im Anwendungsbereich der Beurkundung mittels des Videokommunikationssystems **steht es den Beteiligten frei**, ihre Willenserklärungen im etablierten Präsenzverfahren, im Videobeurkundungsverfahren oder im hybriden Verfahren (§ 16e) notariell beurkunden zu lassen, wobei für das Videobeurkundungsverfahren und das hybride Verfahren nach § 10a Abs. 3 BNotO zusätzliche Vorschriften hinsichtlich der örtlichen Zuständigkeit der Notarin bzw. des Notars gelten.

24 Der Notarin bzw. dem Notar steht es hingegen grundsätzlich nicht frei, welches Verfahren angeboten wird. Das Distanzbeurkundungsverfahren wie auch das hybride Verfahren steht einzig unter dem Vorbehalt des § 15 Abs. 1 S. 1 BNotO und darf daher nur mit ausreichendem Grund verweigert werden. Aus der Urkundsgewährungspflicht des § 15 Abs. 1 S. 1 BNotO folgt ein korrespondierender **Urkundsgewähranspruch** der Beteiligten, der künftig auch das Angebot der Möglichkeit der Onlinebeurkundung umfasst.[48]

25 Hiervon zu unterscheiden ist die Amtspflicht der Notarin bzw. des Notars, nach Abs. 2 die Beurkundung mittels Videokommunikation im Einzelfall abzulehnen, wenn die bei der Beurkundung einzuhaltenden notariellen Amtspflichten auf diese Weise nicht gewährleistet werden können.

V. Ablehnung der Beurkundung mittels Videokommunikation (Abs. 2)

26 Nach Abs. 2 soll die Notarin oder der Notar die Beurkundung mittels Videokommunikation ablehnen, wenn sie oder er die **Erfüllung ihrer oder seiner Amtspflichten nicht gewährleisten** kann. Es handelt sich bei Abs. 2 um eine spezialgesetzliche Ausformung des Ablehnungsrechts und der korrespondierenden Ablehnungspflicht aus § 4 bzw. des § 14 Abs. 2, § 15 Abs. 1 S. 1 BNotO. Aus

---

44 *Stelmaszczyk/Kienzle* ZIP 2021, 765 (769).
45 Richtlinie (EU) 2019/151 vom 20.6.2019 zur Änderung der Richtlinie (EU) 2017/1132 im Hinblick auf den Einsatz digitaler Werkzeuge und Verfahren im Gesellschaftsrecht, ABl. 2019 L 186, 80.
46 Art. 13, 13g Abs. 1 S. 1, Anhang 2 DigiRL.
47 *Bormann/Stelmaszczyk* NZG 2019, 601 (602); so auch Erwägungsgrund 15 der DigiRL.
48 Herrler GesR-NotGP/*Kienzle* § 18a Rn. 20.

dem Redlichkeitsgebot folgt grundsätzlich, dass die Notarin bzw. der Notar als öffentliches Organ jede Amtstätigkeit zu unterlassen hat, die pflichtwidrig wäre. Abs. 2 erfasst dabei den Fall, dass die Erfüllung der Amtspflichten gerade durch die besondere Situation der Distanzbeurkundung mittels Videokommunikation verhindert wird. Das Gesetz nennt ausdrücklich, aber **nicht abschließend** Schwierigkeiten bei der Feststellung der Person der Beteiligten oder Zweifel an deren Rechts- oder Geschäftsfähigkeit. Erfasst ist darüber hinaus die Gewährleistung sämtlicher Amtspflichten, so dass Abs. 2 bspw. auch einschlägig sein kann, wenn die Prüfungs- und Belehrungspflichten mittels Videokommunikation etwa aufgrund einer **instabilen Internetverbindung** nicht gewährleistet werden kann.[49]

1. Unionsrechtlicher Hintergrund. Die Pflicht der Mitgliedstaaten, eine Online-Gründung von Gesellschaften zu ermöglichen, ohne dass die Antragsteller persönlich vor der öffentlichen Stelle erscheinen müssen, die mit der Erstellung des Errichtungsaktes betraut ist, ist in Art. 13g Abs. 1 S. 1 der GesRRL[50] enthalten. Sie steht dabei unter dem ausdrücklichen Vorbehalt des Art. 13b Abs. 4 der Richtlinie (physische Anwesenheit zur Feststellung der Identität der Beteiligten) und des Art. 13g Abs. 8 der Richtlinie (physische Anwesenheit zur Sicherstellung der Rechts- und Geschäftsfähigkeit sowie der Vertretungsbefugnis der Beteiligten). Nach Art. 13c Abs. 2 der Richtlinie lässt sie außerdem die nationalen Rechtsvorschriften unberührt, die das Verfahren und die Anforderungen bei Gründung der Gesellschaft betreffen, sofern die Online-Gründung einer Gesellschaft grundsätzlich ermöglicht wird. Art. 13c Abs. 3 GesRRL äußert denselben Vorrang nationalen Rechts hinsichtlich der nationalen Anforderungen an die Echtheit, Korrektheit und Zuverlässigkeit eingereichter Urkunden. In Erwägungsgrund 19 äußert der Richtliniengeber zudem ausdrücklich den Willen, den Mitgliedstaaten Flexibilität in der Art und Weise der Umsetzung zu lassen, damit diese ihre gesellschaftsrechtlichen Traditionen, insbesondere hinsichtlich der Rolle der Notarinnen und Notare, weiterhin umsetzen können. 27

2. Nationale Umsetzung. Abs. 2 erwähnt als Ablehnungsgrund zunächst die in Art. 13g Abs. 1 S. 1 der Richtlinie ausdrücklich genannten Anwendungsfälle, in denen die physische Anwesenheit der Beteiligten notwendig ist, um deren Identität festzustellen, oder um deren Rechtsfähigkeit, Geschäftsfähigkeit oder Vertretungsbefugnis sicherzustellen. 28

Daneben bleibt die Notarin bzw. der Notar auch weiterhin verpflichtet, als Herrin oder Herr des Verfahrens die **Einhaltung sämtlicher auferlegten Amtspflichten zu gewährleisten.** Diese unterscheiden sich bei der Beurkundung via Videokommunikation *grundsätzlich* nicht von den Amtspflichten, die bei der Beurkundung in Präsenz einzuhalten sind, § 16b. Im Einzelfall ist die Notarin bzw. der Notar aus Abs. 2 daher auch verpflichtet, die Beurkundung im Online-Verfahren abzulehnen, wenn sonstige Amtspflichten mittels Videokommunikation nicht eingehalten werden können. 29

3. Bewertung. Die nationale Umsetzung ist von den **Vorgaben der Richtline (EU) 2019/151** gedeckt.[51] Die Versagung der Beurkundung mittels Videokom- 30

---

49 Herrler GesR-NotGP/*Kienzle* § 18a Rn. 21; RegBegr. DiRUG, BT-Drs. 19/28177, 116.

50 Richtlinie (EU) 2019/151 v. 20.6.2019 zur Änderung der Richtlinie (EU) 2017/1132 im Hinblick auf den Einsatz digitaler Werkzeuge und Verfahren im Gesellschaftsrecht, ABl. 2019 L 186, 80.

51 So auch *Bormann/Stelmaszczyk* NZG 2019, 601 (608); Herrler GesR-NotGP/*Kienzle* § 18a Rn. 22; *Kindler* DB 2021, M4; *Linke* NZG 2021, 309 (311); *Stelmaszczyk/Kienzle* ZIP 2021, 765 (770).

munikation zur Ermöglichung der zweifelsfreien Identifizierung der Beteiligten und zur Sicherstellung von deren Rechtsfähigkeit, Geschäftsfähigkeit und Vertretungsbefugnis werden in Art. 13g Abs. 1 S. 1 GesRRL explizit genannt.

31 Auch die Ablehnung der Videobeurkundung zur **Erfüllung sämtlicher sonstigen Amtspflichten** ist von den Vorgaben der Richtlinie gedeckt. In Erwägungsgrund 19 äußert der Richtliniengeber den Wunsch, den Mitgliedstaaten die Freiheit zu überlassen, die Art und Weise der verfahrensrechtlichen Umsetzung in nationales Recht nach den jeweiligen Rechtstraditionen zu regeln. Da Erwägungsgrund 20 dann noch einmal explizit auf die Ausnahmen für die Identifizierung und die Rechtsfähigkeit, Geschäftsfähigkeit und Vertretungsbefugnis hinweist, wird systematisch bestätigt, dass in Erwägungsgrund 19 gerade die sonstigen verfahrensrechtlichen Pflichten der nationalen Rechtsordnungen gemeint sind. Auch die Aufzählung in Art. 13g Abs. 1 S. 1 der Richtlinie ist damit lediglich exemplarisch. Nach Art. 13c Abs. 2, 3 GesRRL bleiben von der Richtlinie unberührt nationale Rechtsvorschriften, die das Verfahren und die Anforderung bei Gründung der Gesellschaft und die nationalen Anforderungen an die Echtheit, Korrektheit und Zuverlässigkeit eingereichter Urkunden betreffen. Hierunter sind insbesondere die notariellen Amtspflichte nach deutschem Recht zu fassen, die zum einen das Verfahren betreffen, das bei Gründung der Gesellschaft zu beachten ist, zum anderen für die Echtheit, Korrektheit und Zuverlässigkeit der in notarieller Form errichteten Urkunde sorgen.

32 Die hiergegen vereinzelt eingewandte Kritik, wonach unionsrechtskonform eine Videobeurkundung nur zur Feststellung der Identität der Beteiligten und zur Sicherstellung von Rechtsfähigkeit, Geschäftsfähigkeit und Vertretungsbefugnis abgelehnt werden könne,[52] überzeugt nicht. Der Wille des europäischen Gesetzgebers war eindeutig nicht darauf gerichtet, eine abschließende Aufzählung sämtlicher Fälle vorzunehmen, in denen die Ablehnung der Videobeurkundung zulässig sein soll. Im Gegenteil würde ein solches Verständnis die effektive Umsetzung der europäischen Richtlinie sogar verhindern, da das Onlineverfahren dann qualitativ hinter dem regelmäßigen Präsenzverfahren als **Beurkundungsverfahren zweiter Klasse** zurückbliebe und in Onlinebeurkundung erstellte Urkunden die gewohnte und vom Rechtsverkehr erwartete Qualität hinsichtlich Echtheit, Korrektheit und Zuverlässigkeit gerade nicht erreichen würden.[53]

33 **Praktische Hinweise.** Lässt sich *irgend*eine notarielle Amtspflicht im Distanzbeurkundungsverfahren im Einzelfall nicht gewährleisten, hat die Notarin bzw. der Notar die Onlinebeurkundung nach Abs. 2 abzulehnen und die Beteiligten **auf das gängige Präsenzverfahren zu verweisen.** Ist ersichtlich, dass sich die Amtspflicht auch im Präsenzverfahren nicht gewährleisten lässt, liegt kein Fall von Abs. 2 vor, sondern es sind § 4 bzw. § 14 Abs. 2 BNotO einschlägig und die Amtstätigkeit ist vollends zu versagen. **Technische Störungen** gestatten es der Notarin bzw. dem Notar in der Regel nicht, das Online-Verfahren sofort abzubrechen und in das Präsenzverfahren zu wechseln.[54] Insoweit wirkt der *effet utile* der Digitalisierungsrichtlinie[55] auf die Verfahrensgestaltung ein und verlangt von der Notarin bzw. dem Notar zunächst, sich um die **Beseitigung der technischen Störung** zu bemühen. In der Regel wird man zumindest einen einmaligen Neustart der Videokonferenz verlangen können. Erst wenn die Behe-

52 *J. Schmidt* ZIP 2021, 112 (114).
53 Im Ergebnis ebenso Herrler GesR-NotGP/*Kienzle* § 18a Rn. 22; *Kindler* DB 2021, M4; *Linke* NZG 2021, 309 (311); *Stelmaszczyk/Kienzle* ZIP 2021, 765 (770).
54 Herrler GesR-NotGP/*Kienzle* § 18a Rn. 21.
55 Herrler GesR-NotGP/*Kienzle* § 18a Rn. 21.

bung mit angemessenem Aufwand nicht möglich ist, kann die Notarin bzw. der Notar nach Abs. 2 in das Präsenzverfahren wechseln.[56]

Bei **Zweifeln an der Identität der Beteiligten oder an deren Geschäftsfähigkeit** kann die Notarin oder der Notar alternativ zur Verweisung auf das Präsenzverfahren nach § 16a auch nach §§ 10 Abs. 3 S. 2, 16b Abs. 1 S. 2 bzw. nach §§ 11 Abs. 1 S. 2, 16b Abs. 1 S. 2 vorgehen und die bestehenden Zweifel an Identität oder Geschäftsfähigkeit in der elektronischen Niederschrift dokumentieren. 34

Im Präsenzverfahren ist die Notarin bzw. der Notar nach der Urkundsgewährungspflicht grundsätzlich verpflichtet, eine Beurkundung samt Zweifelsvermerk vorzunehmen, wenn alle Beteiligten dies verlangen und keine sonstigen Ablehnungsgründe vorliegen.[57] Hingegen kann die Notarin bzw. der Notar die Beteiligten nach Abs. 2 grundsätzlich **auch dann auf das Präsenzverfahren verweisen**, wenn alle Beteiligten die **Beurkundung samt Zweifelsvermerk im Onlineverfahren verlangen**. Sprachlich ergibt sich dies daraus, dass Abs. 2 anders als § 10 Abs. 3 S. 2 oder § 11 Abs. 1 S. 2 keine Ausnahme für den Fall des Verlangens der Onlinebeurkundung enthält. Systematisch ging auch der europäische Richtliniengeber ersichtlich nicht davon aus, dass die Beteiligten eigenmächtig die Beurkundung im Onlineverfahren verlangen können, obwohl Zweifel an der Identität oder der Geschäftsfähigkeit eines Beteiligten bestehen. Der nationale Gesetzgeber stellt die Wahl zwischen den beiden Vorgehensweisen ausdrücklich in das Ermessen der Notarin oder des Notars und geht davon aus, dass eine Online-Beurkundung samt Zweifelsvermerk nur „ausnahmsweise dann in Betracht kommen [kann], wenn die Notarin oder der Notar zu der Überzeugung gelangt, dass sich bestehende Zweifel auch im Rahmen des Präsenzverfahrens nicht werden ausräumen lassen".[58] 35

§ 16b Aufnahme einer elektronischen Niederschrift

(1) [1]Bei der Beurkundung von Willenserklärungen mittels Videokommunikation muss eine elektronische Niederschrift über die Verhandlung aufgenommen werden. [2]Auf die elektronische Niederschrift sind die Vorschriften über die Niederschrift entsprechend anzuwenden, soweit in den Absätzen 2 bis 5 sowie den §§ 16c bis 16e nichts anderes bestimmt ist.

(2) Die elektronische Niederschrift wird als elektronisches Dokument errichtet.

(3) [1]Ort der Verhandlung ist der Ort, an dem die elektronische Niederschrift aufgenommen wird. [2]In der elektronischen Niederschrift soll festgestellt werden, dass die Verhandlung mittels Videokommunikation durchgeführt worden ist. [3]Am Schluss der elektronischen Niederschrift sollen die Namen der Personen wiedergegeben werden, die diese nach Absatz 4 signieren; dem Namen des Notars soll seine Amtsbezeichnung beigefügt werden.

(4) [1]Die elektronische Niederschrift ist mit qualifizierten elektronischen Signaturen zu versehen, die an die Stelle der nach diesem Gesetz vorgesehenen Unterschriften treten. [2]Diese sollen auf einem Zertifikat beruhen, das auf Dauer prüfbar ist. [3]Die Beteiligten sollen die qualifizierten elektronischen Signaturen selbst

56 *Stelmaszczyk/Kienzle* ZIP 2021, 765 (770); Herrler GesR-NotGP/*Kienzle* § 18a Rn. 21.

57 BeckOGK/*Bord* BeurkG § 10 Rn. 42; Frenz/Miermeister/*Limmer* BeurkG § 10 Rn. 14.

58 RegBegr. DiRUG, BT-Drs. 19/28177, 117.

erzeugen. [4]Der Notar muss die qualifizierte elektronische Signatur selbst erzeugen; § 33 Absatz 3 der Bundesnotarordnung gilt entsprechend.

(5) Die elektronische Niederschrift soll den Beteiligten auf Verlangen vor der Genehmigung auch zur Durchsicht elektronisch übermittelt werden.

Literatur:

Blunk/Monden, Online-Beurkundungen im Gesellschaftsrecht, ZdiW 2021, 74; *Bock,* Online-Gründung und Digitalisierung im Gesellschaftsrecht – Der Richtlinienvorschlag der Europäischen Kommission, DNotZ 2018, 543; *Bormann/Stelmaszczyk*, Digitalisierung des Gesellschaftsrechts nach dem EU-Company Law Package, NZG 2019, 601; *Heckschen/Strnad,* Aktuelle Entwicklungstendenzen des Gesellschaftsrechts (Teil 2), GWR 2021, 195; *Kienzle,* Die Videobeurkundung nach dem DiRUG, DNotZ 2021, 590; *ders*., in: Herrler, Gesellschaftsrecht in der Notar- und Gestaltungspraxis, 2. Aufl. 2021, § 18a; *Knaier,* Die Digitalisierung des deutschen Gesellschaftsrechts durch den Referentenentwurf eines Gesetzes zur Umsetzung der Digitalisierungs-RL im Gesellschaftsrecht und Handelsregisterrecht (RefE-DiRUG), GmbHR 2021, 169; *Lieder,* Die Bedeutung des Vertrauensschutzes für die Digitalisierung des Gesellschaftsrechts, NZG 2020, 81; *Limmer,* Beurkundungsrecht im digitalen Zeitalter, DNotZ 2020, 419; *Linke,* Gesetz zur Umsetzung der Digitalisierungsrichtlinie (DiRUG), NZG 2021, 309; *Omlor*, Digitalisierung im EU-Gesellschaftsrechtspaket: Online-Gründung und Registerführung im Fokus, DStR 2019, 2544; *J. Schmidt*, DiRUG-RefE: Ein Digitalisierungs-Ruck für das deutsche Gesellschafts- und Registerrecht; *Stelmaszczyk/Kienzle*, GmbH digital – Online-Gründung und Online-Verfahren für Registeranmeldungen nach dem Gesetzesentwurf der Bundesregierung zum DiRUG, ZIP 2021, 765; *Vilgertshofer*, Gesellschaftsrecht im digitalen Wandel, MittBayNot 2019, 529.

I. Überblick

1 § 16b führt erstmals die elektronische Errichtung einer Niederschrift ein – für Vermerkurkunden war dies nach § 39a schon seit einiger Zeit zulässig. Bei der Beurkundung von Willenserklärungen mittels Videokommunikation ist die Niederschrift nach Abs. 1 S. 1, Abs. 2 zwingend als *originär* elektronisches Dokument zu erstellen. Nach Abs. 1 S. 2 sind die Vorschriften über die Niederschrift auf die elektronische Niederschrift entsprechend anzuwenden – das papiergebundene Präsenzverfahren bleibt damit regelungstechnisch der beurkundungsrechtliche Regelfall. In den §§ 16b–16e sind abweichende spezialgesetzliche Vorschriften nur geregelt, wenn die technischen Besonderheiten des elektronischen Verfahrens eine besondere Regelung erfordern.

2 Die Notarin bzw. den Notar treffen damit grundsätzlich **dieselben Pflichten wie im Präsenzverfahren**, insbesondere die Pflicht zur Verfahrensleitung und zur Feststellung der Beteiligten und deren Geschäftsfähigkeit. Ebenso gelten die Prüfungs- und Belehrungspflichten der §§ 17 ff. und die besonderen Regelungen zur Beteiligung behinderter Personen, §§ 22 ff. Nach § 13 Abs. 1 S. 1 muss die Niederschrift weiterhin in Gegenwart der Notarin bzw. des Notars vorgelesen werden, wobei die Regelung insoweit entsprechend anzuwenden ist, als „in Ge-

genwart“ die Zuschaltung über das Videokommunikationssystem der Bundesnotarkammer meint.[1]

Die ganz überwiegende Ansicht in Schrifttum und Rechtsprechung lehnt im papiergebundenen Präsenzverfahren die **automatisierte Verlesung mittels technischer Hilfsmittel** als unzulässig ab.[2] Mit dieser Auffassung ist auch die Verwendung von Texterkennungs- und Sprachausgabesoftware auch im Online-Verfahren abzulehnen.[3] Ein Verstoß führt zur Unwirksamkeit des Beurkundungsakts und zur formellen Nichtigkeit der Urkunde.[4] 3

Während im papiergebundenen Präsenzverfahren ein **Verlesen vom Bildschirm** unzulässig ist,[5] *muss* im Online-Beurkundungsverfahren die elektronische Niederschrift vom Bildschirm verlesen werden.[6] Eine papiergebundene Niederschrift existiert dort gerade nicht und die elektronische Niederschrift ist das beurkundungsrechtlich maßgebliche Dokument. Im gemischten Verfahren nach § 16e kann die Notarin bzw. der Notar wahlweise die papierne oder die elektronische Niederschrift vorlesen. 4

Spezialgesetzliche Vorschriften für das Online-Verfahren sind vorgesehen für die Feststellung der Beteiligten (§ 16c), den Nachweis der Vertretungsberechtigung (§ 16d), den Charakter der Niederschrift als elektronisches Dokument (Abs. 2), den Ort der Verhandlung (Abs. 3 S. 1), die Wiedergabe der signierenden Personen am Schluss der Niederschrift (Abs. 3 S. 3) und für die Signatur der elektronischen Niederschrift (Abs. 4). Für das gemischte Verfahren, in dem ein Teil der Beteiligten in Präsenz erscheint, der andere Teil per Videokommunikationssystem, sieht § 16e wiederum speziellere Vorschriften vor. 5

II. Originär elektronische Urkunde (Abs. 2)

Abs. 2 stellt klar, dass die elektronische Niederschrift nicht etwa EDV-gestützt als Papierdokument errichtet wird, sondern als **originär elektronisches Dokument.**[7] Das Beurkundungsrecht sieht damit bei Beurkundungsverhandlungen, an denen sämtliche Beteiligte mittels Videokommunikationssystem teilnehmen, erstmals überhaupt kein papiergebundenes Dokument vor. 6

Durch die erstmalige Einführung originär elektronischer Niederschriften ergeben sich für diese Urkunden einige **grundlegende Änderungen** im Bezug auf ihre Behandlung und ihren Gebrauch im Rechtsverkehr. Hierfür sehen die §§ 45 Abs. 3, 45b Abs. 1, 2 spezielle Vorschriften vor. 7

1. Fingierte elektronische Urschrift. Im Präsenzverfahren ist die Urschrift durch die eigenhändige Unterzeichnung eindeutig als solche gekennzeichnet. Sie ist in 8

1 Herrler GesR-NotGP/*Kienzle* § 18a Rn. 25.

2 Armbrüster/Preuß/Renner/*Piegsa* BeurkG § 13 Rn. 7; BeckOK BeurkG /*Bremkamp* § 13 Rn. 46; *Winkler* BeurkG § 13 Rn. 12a; Grziwotz/Heinemann/*Heinemann* BeurkG § 13 Rn. 9; BeckOGK/*Seebach*/*Rachlitz* BeurkG § 13 Rn. 47; für das Abspielen von Tonbändern Grziwotz/Heinemann/*Heinemann* BeurkG § 13 Rn. 7; OLG Hamm DNotZ 1978, 54.

3 *Blunk*/*Monden* ZdiW 2021, 74 (77); Herrler GesR-NotGP/*Kienzle* § 18a Rn. 26; BeckOGK/*Seebach*/*Rachlitz* BeurkG § 13 Rn. 46.2; RegBegr. DiRUG, BT-Drs. 19/28177, 117: „einschließlich des Vorlesens der elektronischen Niederschrift“; aA *Limmer* DNotZ 2020, 419 (423).

4 BeckOGK/*Seebach*/*Rachlitz* BeurkG§ 13 Rn. 64; BeckOK BeurkG/*Bremkamp* § 13 Rn. 64.

5 BeckOGK/*Seebach*/*Rachlitz* BeurkG§ 13 Rn. 44; Grziwotz/Heinemann/*Heinemann* BeurkG § 13 Rn. 7; Armbrüster/Preuß/Renner/Piegsa BeurkG § 13 Rn. 7; OLG Brandenburg BeckRS 2012, 11393; OLG Frankfurt/Main DNotZ 2000, 513.

6 Herrler GesR-NotGP/*Kienzle* § 18a Rn. 26.

7 RegBegr. DiRUG, BT-Drs. 19/28177, 117.

dieser Form ein Unikat. Bei elektronischen Dokumenten ist hingegen eine Unterscheidung des ursprünglich signierten Dokuments von späteren Reproduktionen nicht möglich.[8] Der Gesetzgeber fingiert daher in §§ 45b Abs. 1 S. 1, 45 Abs. 3 das nach § 16b erstellte und in der elektronischen Urkundensammlung gespeicherte elektronische Dokument als Urschrift. Diese Fiktion der Urschrift dient dem anhaltenden Schutz der Verfügbarkeit, Integrität. Authentizität und Vertraulichkeit der elektronischen notariellen Urkunden, auch bei technischen Neuerungen.[9]

9 **2. Verwendung der elektronischen Urkunde im Rechtsverkehr.** Elektronische Urkunden sind nach § 45b Abs. 1 S. 1 von der beurkundenden Notarin oder dem beurkundenden Notar zu verwahren. Zur Verwendung im Rechtsverkehr stellt das Beurkundungsgesetz nach § 47 die Ausfertigung, nach § 39 die beglaubigte Abschrift oder nach § 39a die elektronische beglaubigte Abschrift zur Verfügung. Eine elektronische Ausfertigung existiert derzeit noch nicht.[10]

10 **Elektronische Kopien** des Dokuments samt aller **qualifizierter elektronischer Signaturen** dürfen hingegen nicht ausgehändigt werden, § 45b Abs. 1 S. 1.[11] Da die notarielle Signatur an der elektronischen Urkunde keine Bestätigung der Notareigenschaft durch die zuständige Stelle erfordert, kann nur so sichergestellt werden, dass für den Rechtsverkehr immer klar ersichtlich bleibt, ob eine öffentliche Urkunde von einer amtierenden Urkundsperson erstellt wurde.[12] Einfache (elektronische[13] oder papiergebundene) Abschriften ohne Signaturen dürfen selbstverständlich weiterhin ausgehändigt werden.

III. Ort der Verhandlung (Abs. 3 S. 1)

11 Da im Präsenzverfahren alle Beteiligten und die Notarin bzw. der Notar sich am selben Ort befinden, steht der Ort der Verhandlung (§ 9 Abs. 2) fest. Bei der Beurkundung von Willenserklärungen im Wege der Videokommunikation befinden sich die Beteiligten und die Notarin bzw. der Notar jedoch an unterschiedlichen Orten, so dass eine gesetzliche Klarstellung notwendig ist.

12 In diesen Fällen stellt Abs. 3 S. 1 klar, dass der **Ort** maßgeblich ist, an dem die **Notarin oder der Notar die elektronische Niederschrift aufnimmt.** Dies ist der Ort, dem sich die Notarin bzw. der Notar körperlich befindet. Der Ort, an dem sich die Beteiligten befinden, ist daher nicht maßgeblich.

13 Für den **Ort, an dem sich die Notarin oder der Notar** bei Aufnahme der elektronischen Niederschrift **befindet**, gelten die allgemeinen berufsrechtlichen Beschränkungen, insbesondere §§ 10, 10a, 11 BNotO. Nach § 10a BNotO darf die Notarin bzw. der Notar Beurkundungen mittels des Videokommunikationssystems regelmäßig nur von ihrem bzw. seinem Amtsbereich aus vornehmen. Aus § 10 Abs. 2 S. 1, Abs. 4 S. 1 Hs. 2 BNotO ergibt sich weiterhin die Amtspflicht, Beurkundungen mittels des Videokommunikationssystems in der Regel **von der Geschäftsstelle aus** vorzunehmen. Denn nach § 10 Abs. 4 S. 1 Hs. 2 BNotO darf die Notarin bzw. der Notar mehrere Geschäftsstellen nicht ohne ausnahmsweise erteilte Genehmigung unterhalten. Würde die Notarin oder der Notar Beurkundungen mittels des Videokommunikationssystems regelmäßig

8 *Kienzle* DNotZ 2021, 590 (603); Authentizität und Integrität der Reproduktionen sind durch die qualifizierten elektronischen Signaturen jedoch gewahrt.
9 *Kienzle* DNotZ 2021, 509 (604).
10 Herrler GesR-NotGP/*Kienzle* § 18a Rn. 38.
11 So ausdrücklich BT-Drs. 19/30523, 111; *Kienzle* DNotZ 2021, 590 (605).
12 BT-Drs. 19/30523, 112.
13 Vgl. § 45b Abs. 2, § 39a BeurkG.

von einem außerhalb der Geschäftsstelle befindlichen Ort aus vornehmen – etwa dem eigenen Home Office –, so würde in der rechtsuchenden Bevölkerung der Eindruck einer weiteren Geschäftsstelle entstehen.[14]

IV. Feststellung der Verhandlung mittels Videokommunikation (Abs. 3 S. 2)

Nach Abs. 3 S. 2 soll in der elektronischen Niederschrift festgestellt werden, dass die Beurkundungsverhandlung mittels Videokommunikation durchgeführt worden ist. Dies hat zur Folge, dass sich die Beweiskraft der Urkunde (§ 415 ZPO) auch auf den gewählten Verfahrenstyp erstreckt. 14

V. Wiedergabe der Namen der signierenden Personen (Abs. 3 S. 3)

Nach Abs. 3 S. 3 sollen am Schluss der elektronischen Niederschrift die Namen der signierenden Personen wiedergegeben werden. Dies gilt für sämtliche an der Beurkundung mitwirkenden Personen, deren Unterschrift das Beurkundungsgesetz im papiergebundenen Präsenzverfahren vorsieht. Neben den Beteiligten und der Notarin bzw. dem Notar sind daher auch die Namen etwaiger Dolmetscher, Verständigungspersonen, Zeugen oder einer zugezogenen zweiten Notarin bzw. eines zugezogenen zweiten Notars wiederzugeben. 15

Bei der Verwendung von Ausfertigungen, einfachen oder beglaubigten Abschriften werden die qualifizierten elektronischen Signaturen nicht wiedergegeben. Durch die Wiedergabe der Namen der signierenden Personen wird also sichergestellt, dass auch aus diesen Dokumenten für den Rechtsverkehr ersichtlich bleibt, wer die elektronische Niederschrift letztlich signiert hat. 16

VI. Signatur der elektronischen Niederschrift (Abs. 4)

Da ein physisches Unterzeichnen der elektronischen Niederschrift nicht möglich ist, enthält Abs. 4 spezialgesetzliche Vorschriften zu §§ 13 Abs. 1 S. 1, Abs. 3 S. 1, 16 Abs. 3 S. 5, 22 Abs. 2, 24 Abs. 1 S. 4, 25 S. 3. Die vom Beurkundungsgesetz im Präsenzverfahren vorgeschriebenen Unterschriften werden jeweils durch eine qualifizierte elektronische Signatur im Sinne des Art. 3 Nr. 12 eIDAS-VO[15] ersetzt. Neben den Beteiligten und der Notarin bzw. dem Notar haben auch sonstige an der Beurkundung mitwirkende Personen, etwa Dolmetscher, Verständigungspersonen, Zeugen oder eine zugezogene zweite Notarin bzw. ein zugezogener zweiter Notar die elektronische Niederschrift zu signieren. 17

Nach § 33 Abs. 1 BNotO muss die Notarin bzw. der Notar über ein auf Dauer prüfbares qualifiziertes Zertifikat eines qualifizierten Vertrauensdiensteanbieters und über die technischen Mittel zur Erzeugung und Validierung qualifizierter elektronischer Signaturen verfügen. Die Notarin bzw. der Notar hat diese elektronische Signatur dann auch im Verfahren nach § 16a zu nutzen. 18

14 Klar dürfte ferner auch sein, dass – unabhängig von der ohnehin nicht gegebenen örtlichen Zuständigkeit nach § 10a Abs. 3 BNotO – ein im Ausland ansässiger Notar die Formzwecke der sachkundigen Beratung und der materiellen Richtigkeitsgewähr aufgrund fehlender Ausbildung im deutschen Recht nicht erfüllen kann und Ort der Verhandlung somit *jedenfalls* nicht im Ausland liegen kann, *Bormann/Stelmaszczyk* NZG 2019, 601 (610); *Lieder* ZIP 2018, 805 (811) mwN.

15 Verordnung (EU) 910/2014 vom 23.7.2014 über elektronische Identifizierung und Vertrauensdienste für elektronische Transaktionen im Binnenmarkt und zur Aufhebung der Richtlinie 1999/93/EG, ABl. 2014 L 257, 73.

19 Die **Beteiligten** (und etwaige **Dolmetscher, Verständigungspersonen oder Zeugen**) benötigen hingegen weder eine physische Signaturkarte noch die zum Auslesen einer solchen Karte erforderliche Soft- oder Hardware.[16] Nach § 78p Abs. 2 Nr. 4 BNotO umfasst der Betrieb des Videokommunikationssystems durch die Bundesnotarkammer auch das Erstellen von qualifizierten elektronischen Signaturen und das Versehen elektronischer Urkunden mit diesen. Die Erstellung der qualifizierten Signaturzertifikate wird daher für die Beteiligten von der Zertifizierungsstelle der Bundesnotarkammer übernommen (sog. **Fernsignatur**).[17] Die Beteiligten können dann während der Beurkundungsverhandlung eine qualifizierte elektronische Signatur erzeugen und diese an die elektronische Niederschrift anbringen lassen. Die jeweilige qualifizierte elektronische Signatur wird erst an die elektronische Urkunde angebracht, wenn der jeweilige Beteiligte dies technisch veranlasst. Somit können die qualifizierten elektronischen Signaturen wie die analogen Unterschriften im papiergebundenen Präsenzverfahren die Autorisierungsfunktion übernehmen und dokumentieren, dass sich die Beteiligten ihre jeweilige Erklärung zurechnen lassen und die Urkunde genehmigen.

20 Hinsichtlich möglicher **Fehlerfolgen** ist zu unterscheiden. **Fehlt eine der qualifizierten elektronischen Signaturen**, ist wie bei einer fehlenden Unterschrift zu verfahren – wie § 13 Abs. 1 S. 1 ist auch Abs. 4 S. 1 als Muss-Vorschrift formuliert. Anders ist die Erzeugung und Anbringung der qualifizierten elektronischen Signaturen *durch* die Beteiligten. Die Notarin bzw. der Notar trifft zwar die Amtspflicht, auf ein persönliches Erzeugen und Anbringen hinzuwirken; Abs. 4 S. 3 ist allerdings als Soll-Vorschrift ausgestaltet, so dass ein Verstoß nicht die Unwirksamkeit der Urkunde zur Folge hat. Anders als bei eigenhändigen Unterschriften kann die Notarin oder der Notar im Online-Verfahren nicht wahrnehmen, ob eine beteiligte Person die Erzeugung und die Anbringung der Signatur selbst veranlasst. Wenn die **Erzeugung und Anbringung der Signatur durch eine andere, ggf. im Videobild nicht erkennbare Person** die Unwirksamkeit der Urkunde zur Folge hätte, hätte es jeder der Beteiligten selbst in der Hand, die Wirksamkeit der Urkunde zu verhindern, weshalb der hier gewählten Ausgestaltung grundsätzlich zuzustimmen ist.[18]

VII. Elektronische Übermittlung zur Durchsicht (Abs. 5)

21 Nach Abs. 5 soll den Beteiligten auf Verlangen vor der Genehmigung die elektronische Niederschrift **zur Durchsicht elektronisch übermittelt** werden. Abs. 5 entspricht damit § 13 Abs. 1 S. 4 im digitalen Verfahren. Die Art und Weise der technischen Übermittlung wird in der nach § 78p Abs. 3 vom Bundesministerium der Justiz und für Verbraucherschutz zu erlassenden Verordnung zu regeln sein.[19]

16 *Kienzle* DNotZ 2021, 590 (601); Herrler GesR-NotPG/*Kienzle* § 18a Rn. 33.
17 Vgl. Erwägungsgrund 52 der Verordnung (EU) 910/2014 vom 23.7.2014 über elektronische Identifizierung und Vertrauensdienste für elektronische Transaktionen im Binnenmarkt und zur Aufhebung der Richtlinie 1999/93/EG, ABl. EU 2014 L 257, 73.
18 RegBegr. DiRUG, BT-Drs. 19/28177, 119; Herrler GesR-NotGP/*Kienzle* § 18a Rn. 34. Aus ähnlichen Gründen ist die Beglaubigung einer qualifizierten elektronischen Signatur nach § 40a Abs. 1 S. 1 einzig in der Form der Anerkennung, nicht des Vollzuges möglich; vgl. dort.
19 RegBegr. DiRUG, BT-Drs. 19/28177, 119.

§ 16c Feststellung der Beteiligten mittels Videokommunikation

[1]Erfolgt die Beurkundung mittels Videokommunikation, soll sich der Notar Gewissheit über die Person der Beteiligten anhand eines ihm elektronisch übermittelten Lichtbildes sowie eines der folgenden Nachweise oder Mittel verschaffen:

1. **eines elektronischen Identitätsnachweises nach § 18 des Personalausweisgesetzes, nach § 12 des eID-Karte-Gesetzes oder nach § 78 Absatz 5 des Aufenthaltsgesetzes oder**
2. **eines elektronischen Identifizierungsmittels, das von einem anderen Mitgliedstaat der Europäischen Union ausgestellt wurde und das**
   a) **für die Zwecke der grenzüberschreitenden Authentifizierung nach Artikel 6 der Verordnung (EU) Nr. 910/2014 des Europäischen Parlaments und des Rates vom 23. Juli 2014 über elektronische Identifizierung und Vertrauensdienste für elektronische Transaktionen im Binnenmarkt und zur Aufhebung der Richtlinie 1999/93/EG (ABl. L 257 vom 28.8.2014, S. 73; L 23 vom 29.1.2015, S. 19; L 155 vom 14.6.2016, S. 44) anerkannt wird und**
   b) **dem Sicherheitsniveau „hoch" im Sinne des Artikels 8 Absatz 2 Buchstabe c der Verordnung (EU) Nr. 910/2014 entspricht.**

[2]Das dem Notar nach Satz 1 zu übermittelnde Lichtbild ist mit Zustimmung des Inhabers nebst Vornamen, Familiennamen und Tag der Geburt aus dem elektronischen Speicher- und Verarbeitungsmedium eines Personalausweises, Passes oder elektronischen Aufenthaltstitels oder eines amtlichen Ausweises oder Passes eines anderen Staates, mit dem die Pass- und Ausweispflicht im Inland erfüllt wird, auszulesen. [3]Sofern ein Beteiligter dem Notar bekannt ist, ist die elektronische Übermittlung eines Lichtbildes nicht erforderlich.

Literatur:

Blunk/Monden, Online-Beurkundungen im Gesellschaftsrecht, ZdiW 2021, 74; *Bock,* Online-Gründung und Digitalisierung im Gesellschaftsrecht – Der Richtlinienvorschlag der Europäischen Kommission, DNotZ 2018, 543; *Bormann/Stelmaszczyk,* Digitalisierung des Gesellschaftsrechts nach dem EU-Company Law Package, NZG 2019, 601; *Heckschen/Strnad,* Aktuelle Entwicklungstendenzen des Gesellschaftsrechts (Teil 2), GWR 2021, 195; *Kienzle,* Die Videobeurkundung nach dem DiRUG, DNotZ 2021, 590; *ders.*, in: *Herrler*, Gesellschaftsrecht in der Notar- und Gestaltungspraxis, 2. Aufl. 2021, § 18a; *Knaier,* Die Digitalisierung des deutschen Gesellschaftsrechts durch den Referentenentwurf eines Gesetzes zur Umsetzung der Digitalisierungs-RL im Gesellschaftsrecht und Handelsregisterrecht (RefE-DiRUG), GmbHR 2021, 169; *Lieder,* Die Bedeutung des Vertrauensschutzes für die Digitalisierung des Gesellschaftsrechts, NZG 2020, 81; *Limmer,* Beurkundungsrecht im digitalen Zeitalter, DNotZ 2020, 419; *Linke,* Gesetz zur Umsetzung der Digitalisierungsrichtlinie (DiRUG), NZG 2021, 309; *Omlor*, Digitalisierung im EU-Gesellschaftsrechtspaket: Online-Gründung und Registerführung im Fokus, DStR 2019, 2544; *J. Schmidt*, DiRUG-RefE: Ein Digitalisierungs-Ruck für das deutsche Gesellschafts- und Registerrecht; *Stelmaszczyk/Kienzle*, GmbH digital – Online-Gründung und Online-Verfahren für Registeranmeldungen nach dem Gesetzesentwurf der Bundesregierung zum DiRUG, ZIP 2021, 765; *Vilgertshofer*, Gesellschaftsrecht im digitalen Wandel, MittBayNot 2019, 529.

I. Überblick

1 Die Notarin bzw. der Notar ist nach § 10 Abs. 1 verpflichtet, sich Gewissheit über die Person der Beteiligten zu verschaffen und diese in der Niederschrift genau zu bezeichnen, wobei „besondere",[1] sogar „äußerste"[2] Sorgfalt anzuwenden ist. Das *Wie* der Identitätsfeststellung belässt das Beurkundungsrecht dabei grundsätzlich in der Hand der Notarin oder des Notars als Herrin oder Herr des Verfahrens.[3]

2 Für die beurkundungsrechtliche Identitätsfeststellung im Onlineverfahren schreibt § 16c als lex specialis zu § 10 Abs. 1 nun ein bestimmtes technisches Vorgehen vor. Dabei werden zwei verschiedene Identifizierungsmöglichkeiten kombiniert. § 16c sieht zum einen die Identifizierung der Beteiligten mittels eines elektronischen Identifizierungsmittels voraus. Zum anderen verpflichtet die Regelung die Notarin oder den Notar, das Erscheinungsbild jeder oder jedes Beteiligten mit deren oder dessen elektronisch übermittelten Lichtbild abzugleichen.

II. Bedeutung der notariellen Identifizierung

3 Die notarielle Feststellung der Person der Beteiligten ist für den Rechtsverkehr von erheblicher Bedeutung. Die Feststellung der Personen ist Teil der Urkunde, so dass die notarielle Urkunde nach § 415 Abs. 1 ZPO auch den vollen Beweis für die Identität der beteiligten Personen erbringt. Registergerichte, denen die Urkunde z.B. im Rahmen von Anmeldungen vorgelegt wird, übernehmen die Daten zur Person der Beteiligten ohne weitere Prüfung in die öffentlichen Register (etwa nach § 12 HGB), wo sie dann öffentlichen Glauben genießen (etwa nach § 15 HGB) und im Rechtsverkehr als richtig gelten.

4 Da die Gründung und Verwaltung einer Gesellschaft nach § 2 Abs. 1 Nr. 10 lit. a ee GwG in den Anwendungsbereich des Geldwäschegesetzes fällt, dient die notarielle Beurkundung im sachlichen Anwendungsbereich des § 16a auch der Erfüllung des gesamtgesellschaftlichen Formzweckes der Verhütung von Geldwäsche, Terrorismusfinanzierung und Steuerhinterziehung.

1 So der Wortlaut des § 26 Abs. 1 DONot.
2 BGH BeckRS 1956, 31203636.
3 Im Anwendungsbereich des Geldwäschegesetzes können für das „Wie" der geldwäscherechtlichen Identitätsüberprüfung hingegen Vorgaben nach § 12 Abs. 1 GWG bestehen.

III. Funktionsäquivalente Übertragung der Identifizierung in ein digitales Verfahren

Anders als im Präsenzverfahren kann die Notarin bzw. der Notar ein Ausweisdokument bei der Online-Beurkundung **nur mittelbar in Augenschein** nehmen. Die Überprüfung der Haptik, die das Aufspüren einer Manipulation ggf. ermöglicht, entfällt genauso wie die Möglichkeit einer Prüfung mit UV-Licht oder der Einsatz eines Dokumentenprüfers. **Reine eID-Verfahren** sind dabei **nicht geeignet**, die Identifizierung der Beteiligten rechtssicher zu gewährleisten. Diese Verfahren haben sich in der Praxis als sehr missbrauchsanfällig erwiesen und erlauben etwa die Verwendung fremder, also gestohlener oder bewusst zu missbräuchlichen Zwecken weitergegebener eIDs.[4] Um dieser Schwäche des eID-Verfahrens zu begegnen, sind **Video-Ident-Verfahren**, bei denen das Lichtbild des Ausweisdokumentes lediglich in die Kamera gehalten wird, **nicht geeignet**. Diese Verfahren ermöglichen nicht die Überprüfbarkeit der Echtheit, weil bereits einfache Manipulationen verschleiert werden können, die in Präsenz etwa durch die Haptik oder den Einsatz von UV-Licht oder Dokumentenprüfern auffällig wären. Stattdessen wird auf zweiter Stufe das Lichtbild direkt aus dem Speicher eines entsprechenden Speichermediums ausgelesen, was dessen Authentizität garantiert. Dieses Lichtbild gleicht die Notarin bzw. der Notar dann wie in einem Präsenzverfahren mit dem Erscheinungsbild der jeweiligen Person ab. Durch **Kombination beider Vorgehensweisen** wird eine mit dem Präsenzverfahren vergleichbare Sicherheit hinsichtlich der Feststellung der Beteiligten gewährleistet.[5] 5

1. Erste Stufe: Elektronisches Identifizierungsmittel. Auf einer ersten Stufe sind die Beteiligten **mittels eines elektronischen Identifizierungsmittels** (sog. eID) zu identifizieren. Das von der Bundesnotarkammer betriebene Videokommunikationssystem muss nach § 78p Abs. 2 Nr. 2 BNotO insbesondere die technische Durchführung eines elektronischen Identitätsnachweises umfassen. Auf Seiten der Beteiligten muss ein Elektronisches Identifizierungsmittel und ein Lesegerät (in der Regel ein marktübliches Smartphone) vorhanden sein.[6] 6

a) Deutsche Elektronische Identifizierungsmittel. S. 1 Nr. 1 nennt sämtliche deutschen eIDs, namentlich den deutschen **Personalausweis** (§ 18 PAuswG), die **eID-Karte für Staatsangehörige anderer EU/EWR-Mitgliedstaaten** (§ 12 eID-Karte-Gesetz) und den **elektronischen Aufenthaltstitel** gem. § 78 Abs. 5 AufenthG für Drittstaatsangehörige.[7] 7

b) Elektronische Identifizierungsmittel anderer EU-Mitgliedstaaten. S. 1 Nr. 2 erlaubt die Nutzung der **eID** anderer **EU-Mitgliedstaaten**, sofern diese gem. 8

4 *Bormann/Stelmaszczyk* NZG 2019, 601 (609). Zu den Schwächen reiner eID-Verfahren siehe auch *Bormann* ZGR 2017, 621 (642); *Noack* DB 2018, 1324 (1325); *Wachter* GmbH-StB 2018, 263 (264).

5 So auch *Bormann* ZGR 2017, 621 (642); *Teichmann* ZIP 2018, 2451 (2455). Der Vorteil der Kombination beider Verfahren besteht darin, die Schwächen des jeweils anderen Verfahrens abzumildern. *Bormann/Stelmaszczyk* NZG 2019, 601 (609).

6 *Beimowski/Gawron*, Passgesetz Personalausweisgesetz, § 18 PAuswG Rn. 2.

7 Der Deutsche Bundestag hat am 5.7.2021 das „Gesetz zur Einführung eines elektronischen Identitätsnachweises mit einem mobilen Endgerät" (Smart-eID-Gesetz BGBl. 2021 I 2281) verkündet, das zum 1.9.2021 die Einführung einer weiteren, Smartphone-basierten eID vorsieht, vgl. *Kienzle* DNotZ 2021, 590 Fn. 46; Herrler GesR-NotGP/*Kienzle* § 18a Rn. 42.

Art. 6 eIDAS-VO[8] anerkannt sind und dem Sicherheitsniveau „hoch“ im Sinne des Art. 8 Abs. 2 lit. c eIDAS-VO[9] entsprechen.

9 Der europäische Gesetzgeber hat in Art. 13b Abs. 2 der GesRRL[10] den Mitgliedstaaten ausdrücklich die Möglichkeiten eingeräumt, die Anerkennung elektronischer Identifizierungsmittel abzulehnen, wenn es nicht wenigstens dem Sicherheitsniveau „hoch“ nach Art. 6 Abs. 1 lit. b, Art. 8 Abs. 2 lit. c eIDAS-VO[11] entspricht. Hiervon hat der deutsche Gesetzgeber mit S. 1 Nr. 2 Gebrauch gemacht.

10 Der Entscheidung ist zuzustimmen. Sie wird der hohen Bedeutung einer verlässlichen Identifizierung gerecht und verhindert eine Umgehung der hohen Sicherheitsstandards der nach deutschem Recht verfügbaren Identifizierungsmittel.[12]

11 **c) Elektronische Identifizierungsmittel von Drittstaaten.** Etwaige elektronische Identifizierungsmittel von Drittstaaten können nicht verwendet werden.[13]

12 **2. Zweite Stufe: Abgleich mit dem übermittelten Lichtbild.** Des Weiteren muss die Notarin bzw. der Notar das elektronisch übermittelte Lichtbild der Beteiligten mit deren tatsächlichem Erscheinungsbild **abgleichen**, S. 1 Hs. 1.

13 **a) Technischer Ablauf.** Zu diesem Zweck muss das von der Bundesnotarkammer zu betreibende Videokommunikationssystem nach § 78p Abs. 2 Nr. 3 BNotO auch das **Auslesen eines elektronischen Speicher- und Verarbeitungsmediums** nach S. 2 umfassen. Das Lichtbild ist mit Zustimmung des Inhabers nach S. 2 aus dem elektronischen Speicher- und Verarbeitungsmedium eines Personalausweises, Passes oder elektronischen Aufenthaltstitels oder eines amtlichen Ausweises oder Passes eines anderen Staats, mit dem die Pass- und Ausweispflicht im Inland erfüllt wird, auszulesen. Durch diese Auslesepflicht wird sichergestellt, dass es sich um ein authentisches Lichtbild handelt.[14]

14 **b) Technische Anforderungen auf Seiten der Beteiligten.** Seitens der Beteiligten kann für diesen Vorgang ein **marktübliches Smartphone** mit der von der Bundesnotarkammer für das Verfahren bereitgestellten App als Auslesegerät verwendet werden.[15] Für die beiden separaten Auslesevorgänge sind zudem gegebenenfalls zwei verschieden Ausweisdokumente vorzuhalten.[16] Für das Auslesen des Lichtbildes ist die Eingabe der Zugangsnummer (*Card Access Number*) erforderlich. Während Reisepässe diesem Standard schon seit 2014

8 Verordnung (EU) 910/2014 v. 23.7.2014 über elektronische Identifizierung und Vertrauensdienste für elektronische Transaktionen im Binnenmarkt und zur Aufhebung der Richtlinie 1999/93/EG, ABl. 2014 L 257, 73.

9 Verordnung (EU) 910/2014 v. 23.7.2014 über elektronische Identifizierung und Vertrauensdienste für elektronische Transaktionen im Binnenmarkt und zur Aufhebung der Richtlinie 1999/93/EG, ABl. 2014 L 257, 73.

10 Richtlinie (EU) 2019/151 v. 20.6.2019 zur Änderung der Richtlinie (EU) 2017/1132 im Hinblick auf den Einsatz digitaler Werkzeuge und Verfahren im Gesellschaftsrecht, ABl. 2019 L 186, 80.

11 Verordnung (EU) 910/2014 v. 23.7.2014 über elektronische Identifizierung und Vertrauensdienste für elektronische Transaktionen im Binnenmarkt und zur Aufhebung der Richtlinie 1999/93/EG, ABl. 2014 L 257, 73.

12 RegBegr. DiRUG, BT-Drs. 19/28177, 120.

13 *Bormann/Stelmaszczyk* NZG 2019, 601 (607).

14 RegBegr. DiRUG, BT-Drs. 19/28177, 121.

15 *Kienzle* DNotZ 2021, 590 (598); Herrler GesR-NotGP/*Kienzle* § 18a Rn. 43.

16 *Stelmaszczyk/Kienzle* ZIP 2021, 765 (770).

genügen müssen,[17] besteht eine entsprechende unionsrechtliche Verpflichtung für **Personalausweise** erst ab dem 2.8.2021.[18]

Personalausweise, die diesen technischen Voraussetzungen noch nicht genügen, können für die Übermittlung des Lichtbildes nach S. 2 daher nicht genutzt werden. Inhaber solcher Personalausweise benötigen daher in der Regel einen Reisepass. Da dieser wiederum keinen elektronischen Identitätsnachweis nach Nr. 1 darstellt, müssen solche Beteiligte für das Online-Beurkundungsverfahren also **zwei Dokumente** vorhalten. 15

Aus Sicht der Beteiligten wäre – auch im Sinne des europarechtlichen *effet utile* – eine **technische Optimierung wünschenswert.** Im Referentenentwurf des Gesetzes zur Umsetzung der Digitalisierungsrichtlinie waren noch Änderungen von § 18 PAuswG und § 78 Abs. 5 AufenthG vorgesehen, die es den Inhabern von Personalausweisen und Aufenthaltstiteln ermöglicht hätten, ihre persönlichen Daten und das Lichtbild in nur einem Auslesevorgang an die Notarin bzw. den Notar zu übermitteln. Aus Sicht der Beteiligten wäre eine solche Ausgestaltung nutzerfreundlicher als das nun gewählte Verfahren; eine Erweiterung des elektronischen Identitätsnachweises um die Möglichkeit zum Auslesen des Lichtbildes wäre für eine künftige gesetzgeberische Nachbesserung grundsätzlich wünschenswert.[19] Da Personalausweise, die ab dem 2.8.2021 ausgestellt werden, aber ohnehin für beide Auslesevorgänge geeignet sein werden, wird sich diese Schwäche der derzeitigen Ausgestaltung durch Selbstablauf ohnehin selbst heilen. 16

c) Folge mangelnder Mitwirkung der Beteiligten. **Verweigert einer der Beteiligten das Auslesen des Lichtbildes** oder ist er nicht in der Lage, die hierfür notwendigen technischen Voraussetzungen (insbesondere hinsichtlich des erforderlichen, auslesefähigen Dokuments) zu erfüllen, liegt mangels ausreichender Identifizierungsmöglichkeit ein Fall des § 16a Abs. 2 vor und die Notarin bzw. der Notar muss in das Präsenzverfahren wechseln.[20] Verweigert nur ein Teil der Beteiligten das Auslesen des Lichtbildes oder ist nur ein Teil der Beteiligten nicht in der Lage, die notwendigen technischen Voraussetzungen zu erfüllen, muss die Notarin bzw. der Notar in richtlinienkonformer Auslegung in das gemischte Verfahren nach § 16e wechseln. 17

d) Persönliche Bekanntheit. Nach S. 3 ist die elektronische Übermittlung eines Lichtbildes nicht erforderlich, wenn ein Beteiligter der Notarin oder dem Notar **persönlich bekannt** ist. Insoweit ergeben sich keine Unterschiede zum Präsenzverfahren.[21] 18

Allerdings **entbindet die persönliche Bekanntheit** eines der Beteiligten die Notarin oder den Notar **nicht davon**, diese Person mittels eines elektronischen Identifizierungsmittels zu identifizieren.[22] Die persönliche Bekanntheit lässt einzig die weitere Notwendigkeit entfallen, ein Lichtbild auszulesen und mit dem Erscheinungsbild des Erschienenen abzugleichen. Da das Auslesen der eID in der Beurkundung ohnehin notwendig ist, um später eine qualifiziert elektroni- 19

17 *Stelmaszczyk/Kienzle* ZIP 2021, 765 (770).
18 BR-Drs. 144/21, 136; Art. 3 Abs. 6 der Verordnung (EU) 2019/1157 vom 20.6.2019 zur Erhöhung der Sicherheit der Personalausweise von Unionsbürgern und der Aufenthaltsdokumente, die Unionsbürgern und deren Familienangehörigen ausgestellt werden, die ihr Recht auf Freizügigkeit ausüben.
19 So auch *Stelmaszczyk/Kienzle* ZIP 2021, 765 (770).
20 Herrler GesR-NotGP/*Kienzle* § 18a Rn. 43.
21 RegBegr. DiRUG, BT-Drs. 19/28177, 122.
22 Herrler GesR-NotGP/*Kienzle* § 18a Rn. 43.

sche Signatur zu erstellen und anzubringen, entsteht hierdurch kein relevanter Mehraufwand.

§ 16d Nachweise für die Vertretungsberechtigung bei elektronischen Niederschriften

Vorgelegte Vollmachten und Ausweise über die Berechtigung eines gesetzlichen Vertreters sollen der elektronischen Niederschrift in elektronisch beglaubigter Abschrift beigefügt werden.

Literatur:

Blunk/Monden, Online-Beurkundungen im Gesellschaftsrecht, ZdiW 2021, 74; *Bock,* Online-Gründung und Digitalisierung im Gesellschaftsrecht – Der Richtlinienvorschlag der Europäischen Kommission, DNotZ 2018, 543; *Bormann/Stelmaszczyk,* Digitalisierung des Gesellschaftsrechts nach dem EU-Company Law Package, NZG 2019, 601; *Heckschen/Strnad,* Aktuelle Entwicklungstendenzen des Gesellschaftsrechts (Teil 2), GWR 2021, 195; *Kienzle,* Die Videobeurkundung nach dem DiRUG, DNotZ 2021, 590; *ders.*, in: Herrler, Gesellschaftsrecht in der Notar- und Gestaltungspraxis, 2. Aufl. 2021, § 18a; *Knaier,* Die Digitalisierung des deutschen Gesellschaftsrechts durch den Referentenentwurf eines Gesetzes zur Umsetzung der Digitalisierungs-RL im Gesellschaftsrecht und Handelsregisterrecht (RefE-DiRUG), GmbHR 2021, 169; *Lieder,* Die Bedeutung des Vertrauensschutzes für die Digitalisierung des Gesellschaftsrechts, NZG 2020, 81; *Limmer,* Beurkundungsrecht im digitalen Zeitalter, DNotZ 2020, 419; *Linke,* Gesetz zur Umsetzung der Digitalisierungsrichtlinie (DiRUG), NZG 2021, 309; *Omlor,* Digitalisierung im EU-Gesellschaftsrechtspaket: Online-Gründung und Registerführung im Fokus, DStR 2019, 2544; *J. Schmidt*, DiRUG-RefE: Ein Digitalisierungs-Ruck für das deutsche Gesellschafts- und Registerrecht; *Stelmaszczyk/Kienzle*, GmbH digital – Online-Gründung und Online-Verfahren für Registeranmeldungen nach dem Gesetzesentwurf der Bundesregierung zum DiRUG, ZIP 2021, 765; *Vilgertshofer*, Gesellschaftsrecht im digitalen Wandel, MittBayNot 2019, 529.

I. Überblick

1 § 16d enthält lediglich eine **verfahrensrechtliche Vorgabe** und ist eine spezialgesetzliche Anpassung von § 12 Abs. 1 S. 1 an das elektronische Beurkundungsverfahren. Danach sollen vorgelegte Vollmachten und Ausweise über die Berechtigung eines gesetzlichen Vertreters der elektronischen Niederschrift in elektronisch beglaubigter Abschrift beigefügt werden.

2 Davon zu trennen ist die Frage, welcher Form der Nachweis der Vertretungsberechtigung genügen muss. Um materiellrechtlich in den Anwendungsbereich von § 172 BGB, § 12 Abs. 2 zu gelangen, ist der Notarin oder dem Notar außerhalb des Anwendungsbereichs des § 21 Abs. 1 S. 1 BNotO ein **Vollmachtsnachweis in Urschrift oder in Ausfertigung vorzulegen.** Da sich nach aktuellem Stand der Technik weder Urschriften noch Ausfertigungen technisch abbilden

lassen, erfordert dies jedenfalls bis auf Weiteres das **Vorlegen einer Papierurkunde.** Auch bei Gesellschaften aus Staaten, die kein Register mit Eingangskontrolle und öffentlichem Glauben kennen, ist also weiterhin wie gewohnt die Vorlage von legalisierten oder mit einer Apostille versehenen Papierurkunden zu verlangen.[1] Insbesondere die in einigen Staaten verwendete elektronische Apostille begegnet erheblichen, berechtigten Bedenken und wird daher im deutschen Rechtsverkehr nicht anerkannt.[2]

II. Unionsrechtlicher Hintergrund und Kritik

1. Unionsrechtlicher Hintergrund. Nach Art. 13c Abs. 3 der GesRRL[3] bleiben 3
die Anforderungen des nationalen Rechts in Bezug auf die Echtheit, Korrektheit, Zuverlässigkeit, Vertrauenswürdigkeit und die vorgeschriebene rechtliche Form eingereichter Urkunden und Informationen von der Richtlinie grundsätzlich unberührt. In Erwägungsgrund 15 äußert der europäische Gesetzgeber den ausdrücklichen Willen, dass die Vorlage von Urkunden in Papierform verlangt werden kann, wenn die Beschaffung elektronischer Kopien technisch nicht möglich ist, die den Formanforderungen des Mitgliedstaates nicht entsprechen.

Der nationale Gesetzgeber bewegt sich mit § 16d daher genau in dem rechtli- 4
chen Rahmen, den die europäische Richtlinie unberührt lassen soll. Darüber hinaus kann angezweifelt werden, ob die Richtlinie die Mitgliedstaaten überhaupt zur Einführung der Online-Gründung durch rechtsgeschäftlich Bevollmächtigte verpflichtet.[4] Verneint man dies, bewegt sich der nationale Gesetzgeber insoweit ohnehin frei von europarechtlichen Vorgaben.

2. Kritik. Vertretungsbescheinigung nach § 16d werden benötigt, wenn an der 5
Beurkundung rechtsgeschäftlich oder gesetzlich Bevollmächtigte teilnehmen.

Im Rahmen des Richtliniengebungsverfahrens hatten sich Teile des Europä- 6
ischen Parlaments dafür ausgesprochen, die **Onlinegründung auf natürliche Personen** als Beteiligte **zu beschränken.**[5] Auch eine Vielzahl an Stimmen in der Literatur hatte sich für eine Beschränkung des Onlinegründungsverfahren – wenigstens während eines Erprobungszeitraumes – auf natürliche Personen eingesetzt.[6] Grund dafür waren die praktischen Probleme, die sich beim grenzüberschreitenden Nachweis der Existenz juristischer Personen sowie deren Vertretungsberechtigungen ergeben. Außerdem wurde bei der Onlinegründung durch juristische Personen aufgrund der möglichen Verschleierung von Berechtigungsstrukturen ein erhöhtes Missbrauchspotential gesehen. Selbst Estland, das – trotz geringerer Sicherheitsstandards – gemeinhin als Vorreiter der Digitalisierung im Gesellschaftsrecht gilt, hatte sein elektronisches Gründungsverfahren vor Umsetzung der EU-Richtlinie aus diesen Gründen alleine natürlichen Personen angeboten.[7]

---

1 *Bormann/Stelmaszczyk* NZG 2019, 601 (603); *Kienzle* DNotZ 2021, 590 (599); *Stelmaszczyk/Kienzle* ZIP 2021, 765.

2 *Forschner/Kienzle* DNotZ 2020, 724 (726).

3 Richtlinie (EU) 2019/151 v. 20.6.2019 zur Änderung der Richtlinie (EU) 2017/1132 im Hinblick auf den Einsatz digitaler Werkzeuge und Verfahren im Gesellschaftsrecht, ABl. 2019 L 186, 80.

4 *Bormann/Stelmaszczyk* NZG 2019, 601 (606); *Kindler/Jobst* DB 2019, 1550 (1554).

5 *Bormann/Stelmaszczyk* NZG 2019, 601 (603); *Stelmaszczyk/Kienzle* ZIP 2021, 765 (771).

6 *Knaier* GmbHR 2018, 560 (563); *Lieder* NZG 2018, 1081 (1083); *Lieder* NZG 2020, 81 (85); *Teichmann* ZIP 2018, 2451 (2457); *Teichmann* GmbHR 2018, 1 (11).

7 *Stelmaszczyk/Kienzle* ZIP 2021, 765 (772).

7 Zwar wurde die Online-Gründung in Art. 13g GesRRL[8] dennoch auch für juristische Personen und Personengesellschaften ermöglicht. In Reaktion auf die vorstehend beschriebene Kritik wurde allerdings in Art. 13c Abs. 3 und Erwägungsgrund 15 GesRRL Sorge dafür getragen, dass die nationalen Regelungen zur notwendigen Form des Nachweises der Existenz und der Vertretungsberechtigung der Gesellschaft von der Richtlinie unberührt bleiben.

III. Praktische Hinweise[9]

8 Für die Praxis ergeben sich bei der Beteiligung von juristischen Personen oder Personengesellschaften und bei rechtsgeschäftlicher Stellvertretung folgende Vorgehensweisen:

9 **1. Gründung durch eine juristische Person, eine Personengesellschaft oder einen rechtsgeschäftlichen Stellvertreter im innerstaatlichen Kontext.** **§ 21 Abs. 1 BNotO bleibt auch im Online-Beurkundungsverfahren anwendbar.**[10] Bei der Beteiligung inländischer Gesellschaften an der Online-Beurkundung ergeben sich das Bestehen der Gesellschaft und die Vertretungsberechtigung aus der Eintragung im jeweiligen Justizregister, so dass für den Nachweis eine Notarbescheinigung genügt.

10 Eine **Vollmacht** für die **rechtsgeschäftliche Vertretung** bei Gründung einer GmbH muss nach § 2 Abs. 2 GmbHG notariell errichtet oder beglaubigt sein. Diese muss bei der Online-Beurkundung der Notarin oder dem Notar in Urschrift oder als Ausfertigung vorliegen. Dies erfordert indes nicht die Anwesenheit der Beteiligten; das Übersenden der Urschrift oder der Ausfertigung **kann postalisch erfolgen.**

11 **2. Auslandsbezug.** Bei Beteiligung einer **ausländischen juristischen Person oder Personengesellschaft** kann in den seltenen einschlägigen Fällen wie gewohnt auf § 21 Abs. 1 BNotO zurückgegriffen werden, um den Bestand der Gesellschaft und die Vertretungsberechtigung mittels Notarbescheinigung nachzuweisen.[11]

12 In der überwiegenden Zahl der Fälle ist zum Nachweis der Existenz der ausländischen Gesellschaft und der Vertretungsberechtigung der für sie handelnden Person die **Übersendung einer übersetzten ausländischen Notarbescheinigung,** die in den meisten Fällen gem. **§ 438 ZPO legalisiert** werden muss. Im Anwendungsbereich des Haager Übereinkommens[12] ist statt der Legalisation eine **Apostille** ausreichend. Zwischenstaatliche Abkommen, die sowohl eine Legalisation als auch eine Apostille überflüssig machen, bestehen mit Österreich, der Schweiz, Luxemburg, Frankreich, Dänemark, Italien und Griechenland.[13] Die ggf. legalisierten oder mit einer Apostille versehenen Urkunden müssen der Notarin oder dem Notar in Urschrift oder Ausfertigung in Papierform vorliegen.

8 Richtlinie (EU) 2019/151 v. 20.6.2019 zur Änderung der Richtlinie (EU) 2017/1132 im Hinblick auf den Einsatz digitaler Werkzeuge und Verfahren im Gesellschaftsrecht, ABl. 2019 L 186, 80.

9 Eine instruktive Übersicht liefern *Bormann/Stelmaszczyk* NZG 2019, 601 (603).

10 *Bormann/Stelmaszczyk* NZG 2019, 601 (604); *Kienzle* DNotZ 2021, 590 (599); *Stelmaszczyk/Kienzle* ZIP 2021, 765 (771); RegBegr. DiRUG, BT-Drs. 19/28177, 124.

11 Mit dem deutschen Handelsregister für vergleichbar gehalten wurde etwa das schwedische Handelsregister oder das italienische Unternehmensregister, vgl. die Übersicht bei BeckOK BNotO/*Sander* § 21 Rn. 12.

12 Haager Übereinkommen zur Befreiung ausländischer öffentlicher Urkunden von der Legislation v. 5.10.1961, BGBl. 1965 II 875.

13 *Kienzle* DNotZ 2021, 590 (Fn. 50).

Für im Ausland ausgestellte Vollmachten gilt der vorstehende Absatz entsprechend.[14] 13

3. **Notarielle Signatur.** § 39a Abs. 1 S. 2 erfordert für das Erstellen einer elektronischen beglaubigten Abschrift grundsätzlich das Versehen der Abschrift mit einer qualifiziert elektronischen Signatur. Technisch ist von der qualifizierten elektronischen Signatur der Notarin bzw. des Notars nach § 16b Abs. 4 S. 1 das gesamte Dokument einschließlich etwaiger beigefügter Vermerke erfasst. Den Erfordernissen des § 39a Abs. 1 S. 2 dürfte damit genügt sein, wenn dem beigefügten Scan der Nachweisurkunde ein Vermerk im Sinne des § 39 (ohne weitere qualifizierte elektronische Signatur) beigefügt wird und die Notarin bzw. der Notar die gesamte elektronische Niederschrift samt beigefügten Vermerk insgesamt lediglich einmal signiert.[15] 14

§ 16e Gemischte Beurkundung

(1) [1]Erfolgt die Beurkundung mit einem Teil der Beteiligten, die bei dem Notar körperlich anwesend sind, und mit dem anderen Teil der Beteiligten mittels Videokommunikation, so ist zusätzlich zu der elektronischen Niederschrift mit den bei dem Notar körperlich anwesenden Beteiligten eine inhaltsgleiche Niederschrift nach § 8 aufzunehmen. [2]Dies soll in der Niederschrift und der elektronischen Niederschrift vermerkt werden.

(2) Beide Niederschriften sind zusammen zu verwahren.

Literatur:

Blunk/Monden, Online-Beurkundungen im Gesellschaftsrecht, ZdiW 2021, 74; *Bock,* Online-Gründung und Digitalisierung im Gesellschaftsrecht – Der Richtlinienvorschlag der Europäischen Kommission, DNotZ 2018, 543; *Bormann/Stelmaszczyk,* Digitalisierung des Gesellschaftsrechts nach dem EU-Company Law Package, NZG 2019, 601; *Heckschen/Strnad,* Aktuelle Entwicklungstendenzen des Gesellschaftsrechts (Teil 2), GWR 2021, 195; *Kienzle,* Die Videobeurkundung nach dem DiRUG, DNotZ 2021, 590; ders., in: Herrler, Gesellschaftsrecht in der Notar- und Gestaltungspraxis, 2. Aufl. 2021, § 18a; Knaier, Die Digitalisierung des deutschen Gesellschaftsrechts durch den Referentenentwurf eines Gesetzes zur Umsetzung der Digitalisierungs-RL im Gesellschaftsrecht und Handelsregisterrecht (RefE-DiRUG), GmbHR 2021, 169; *Lieder,* Die Bedeutung des Vertrauensschutzes für die Digitalisierung des Gesellschaftsrechts, NZG 2020, 81; *Limmer,* Beurkundungsrecht im digitalen Zeitalter, DNotZ 2020, 419; *Linke,* Gesetz zur Umsetzung der Digitalisierungsrichtlinie (DiRUG), NZG 2021, 309; *Omlor*, Digitalisierung im EU-Gesellschaftsrechtspaket: Online-Gründung und Registerführung im Fokus, DStR 2019, 2544; *J. Schmidt*, DiRUG-RefE: Ein Digitalisierungs-Ruck für das deutsche Gesellschafts- und Registerrecht; *Stelmaszczyk/Kienzle*, GmbH digital – Online-Gründung und Online-Verfahren für Registeranmeldungen nach dem Gesetzesentwurf der Bundesregierung zum DiRUG, ZIP 2021, 765; *Vilgertshofer*, Gesellschaftsrecht im digitalen Wandel, MittBayNot 2019, 529.

Im Anwendungsbereich des § 16a ist es künftig auch zulässig, wenn ein Teil der Beteiligten in Präsenz vor der Notarin oder dem Notar erscheint, der andere Teil der Beteiligten hingegen mittels des Videobeurkundungssystems an der Beurkundungsverhandlung teilnimmt. Besonderheiten ergeben sich im Fall der gemischten Beurkundung vor allem hinsichtlich der Niederschrift. 1

14 *Stelmaszczyk/Kienzle* ZIP 2021, 765 (773).
15 Herrler GesR-NotGP/*Kienzle* § 18a Rn. 51.

2 Neben der elektronischen Niederschrift ist nach S. 1 eine inhaltsgleiche papiergebundene Niederschrift aufzunehmen. Die Niederschriften unterscheiden sich dann einzig in den unterzeichnenden bzw. signierenden Personen, da nur die mittels Videobeurkundungssystem teilnehmenden Beteiligten (inklusive der Notarin bzw. dem Notar) die elektronische Niederschrift nach § 16b Abs. 4 mit einer qualifizierten elektronischen Niederschrift versehen und nur die im Präsenzverfahren anwesenden Beteiligten (wiederum inklusive der Notarin bzw. dem Notar) die papiergebundene Niederschrift nach § 13 Abs. 1 S. 1, Abs. 3 S. 1 unterschreiben. Da die Niederschriften inhaltsgleich sein müssen, ist davon auszugehen, dass auch am Schluss der papiergebundenen Niederschrift nach § 16b Abs. 3 S. 2 die Namen der Personen wiedergegebenen werden sollen, die die elektronische Niederschrift qualifiziert elektronisch signieren. Nur so ist für den Rechtsverkehr erkennbar, wer sich die in der Urkunde enthaltenen Willenserklärungen zurechnen lässt und die Urkunde genehmigt.

3 Der Umstand, dass eine elektronische und eine papiergebundene Niederschrift angefertigt wird, soll nach Abs. 1 S. 2 **in beiden Niederschriften vermerkt** werden.

4 Da die Niederschriften inhaltsgleich sind, muss entsprechend § 13 Abs. 2 **nur eine von ihnen vorgelesen werden**. Die Notarin bzw. der Notar kann also wahlweise die papiergebundene Niederschrift vom Papier oder die elektronische Niederschrift vom Bildschirm vorlesen.[1] Um praktikabel die Inhaltsgleichheit beider Niederschriften zu garantieren, empfiehlt *Kienzle*[2] praxisnah, **zunächst nur die elektronische Niederschrift zu verlesen** und etwaige Änderungen direkt in diese aufzunehmen. Nach der Beurkundungsverhandlung wird die elektronische Niederschrift von den Beteiligten, die per Videokommunikationssystem zugeschalten sind, und der Notarin bzw. dem Notar qualifiziert elektronisch signiert. Das Dokument wird anschließend ausgedruckt und von den persönlich anwesenden Beteiligten und von der Notarin bzw. dem Notar eigenhändig unterschrieben.

5 Nach Abs. 2 sind beide Niederschriften zusammen zu verwahren. Beide Niederschriften erhalten dieselbe Urkundenverzeichnisnummer und sind im Elektronischen Urkundenarchiv nach § 78h Abs. 3 S. 1 technisch zu verknüpfen. Die Einzelheiten der Verwahrung bleiben der Verordnung über die Führung notarieller Akten und Verzeichnisse (NotAktVV) vorbehalten, die nach § 36 Abs. 1 S. 1 BNotO erlassen wurde.[3]

3. Prüfungs- und Belehrungspflichten

§ 17 Grundsatz

(1) [1]Der Notar soll den Willen der Beteiligten erforschen, den Sachverhalt klären, die Beteiligten über die rechtliche Tragweite des Geschäfts belehren und ihre Erklärungen klar und unzweideutig in der Niederschrift wiedergeben. [2]Dabei soll er darauf achten, daß Irrtümer und Zweifel vermieden sowie unerfahrene und ungewandte Beteiligte nicht benachteiligt werden.

(2) [1]Bestehen Zweifel, ob das Geschäft dem Gesetz oder dem wahren Willen der Beteiligten entspricht, so sollen die Bedenken mit den Beteiligten erörtert werden. [2]Zweifelt der Notar an der Wirksamkeit des Geschäfts und bestehen

1 *Kienzle* DNotZ 2021, 590 (602).
2 Herrler GesR-NotGP/*Kienzle* § 18a Rn. 63.
3 RegBegr. DiRUG, BT-Drs. 19/28177, 125.

die Beteiligten auf der Beurkundung, so soll er die Belehrung und die dazu abgegebenen Erklärungen der Beteiligten in der Niederschrift vermerken.

(2a) [1]Der Notar soll das Beurkundungsverfahren so gestalten, daß die Einhaltung der Amtspflichten nach den Absätzen 1 und 2 gewährleistet ist. [2]Bei Verbraucherverträgen soll der Notar darauf hinwirken, dass

1. die rechtsgeschäftlichen Erklärungen des Verbrauchers von diesem persönlich oder durch eine Vertrauensperson vor dem Notar abgegeben werden und
2. der Verbraucher ausreichend Gelegenheit erhält, sich vorab mit dem Gegenstand der Beurkundung auseinanderzusetzen; bei Verbraucherverträgen, die der Beurkundungspflicht nach § 311b Absatz 1 Satz 1 und Absatz 3 des Bürgerlichen Gesetzbuchs unterliegen, soll dem Verbraucher der beabsichtigte Text des Rechtsgeschäfts vom beurkundenden Notar oder einem Notar, mit dem sich der beurkundende Notar zur gemeinsamen Berufsausübung verbunden hat, zur Verfügung gestellt werden. Dies soll im Regelfall zwei Wochen vor der Beurkundung erfolgen. Wird diese Frist unterschritten, sollen die Gründe hierfür in der Niederschrift angegeben werden.

[3]Weitere Amtspflichten des Notars bleiben unberührt.

(3) [1]Kommt ausländisches Recht zur Anwendung oder bestehen darüber Zweifel, so soll der Notar die Beteiligten darauf hinweisen und dies in der Niederschrift vermerken. [2]Zur Belehrung über den Inhalt ausländischer Rechtsordnungen ist er nicht verpflichtet.

I. Grundlegung

1 Die Vorschrift gehört zu den Grundfesten der deutschen Notariatsverfassung. Nicht umsonst steht sie daher an der Spitze des Unterabschnitts über die Prüfungs- und Belehrungspflichten des Beurkundungsgesetzes. Die gewissenhafte Erfüllung dieser Pflichten dient nicht nur dem Schutz der am Beurkundungsverfahren Beteiligten, sondern stärkt das System der freiwilligen Gerichtsbarkeit insgesamt. Schließlich unterscheidet die kautelarjuristische Prüfung des Einzelfalles das notarielle Verfahren gerade von dem Einsatz eines bloßen Vertragsgenerators.[1] In Zeiten einer immer weiter fortschreitenden Digitalisierung materialisiert sich in § 17 BeurkG letztlich die moderne Existenzberechtigung des Notarberufs selbst.[2]

2 **1. Sinn und Zweck.** § 17 soll gewährleisten, dass der Notar eine rechtswirksame Urkunde über den wahren Willen der Beteiligten errichtet.[3] Daher gilt die Vorschrift grundsätzlich nur bei der Erklärung des Willens, also der Beurkundung von Willenserklärungen. Inhaltlich besteht ein Wechselwirkungsverhältnis zwischen der verfahrensrechtlichen Belehrungspflicht und der materiellrechtlichen Vorschrift, über deren Gehalt zu belehren ist. Die Brücke wird von dem jeweiligen Formzweck geschlagen. Schließlich ist die Formvorschrift der Grund dafür, warum die Beurkundung überhaupt zum Wirksamkeitserfordernis erhoben wird.[4] Die Existenz, der Inhalt und die Reichweite der Belehrungspflicht

1 Zur Zulässigkeit eines Vertragsgenerators s. BGH NJW 2021, 3125.
2 Vertiefend *Regler* MittBayNot 2017, 115 ff.
3 BGH NJW 1987, 1266 (1267).
4 BT-Drs. 5/3282, 22.

müssen daher in jedem Einzelfall sorgfältig in Ansehung der einschlägigen Formvorschrift ermittelt werden.[5]

2. Rechtsentwicklung. Ihrem Kern nach handelt es sich bei § 17 um eine alte Regelung mit einer bewegten Entwicklungsgeschichte. Die Reichsnotarordnung aus dem Jahre 1937 enthielt noch keine notariellen Prüfungs- und Belehrungspflichten.[6] Vielmehr waren diese zunächst in der Dienstordnung für Notare in Form einer Verwaltungsvorschrift niedergelegt.[7] Der Bundesgesetzgeber übernahm diese Verwaltungsvorschrift nahezu wortlautidentisch in die Bundesnotarordnung aus dem Jahre 1961.[8] Mit der Schaffung des Beurkundungsgesetzes erfolgte 1970 eine Verlegung der Prüfungs- und Belehrungspflichten in dieses damals neue Spezialgesetz. § 17 bildete dabei die Vorgängerregelungen der §§ 26, 31 BNotO inhaltsgleich ab.[9] Neu eingeführt wurde zu diesem Zeitpunkt lediglich Abs. 3. Die nächste Änderung erfolgte im Jahre 1998 mit Ergänzung des Abs. 2a S. 1. Kurz nach der Jahrtausendwende fügte der Gesetzgeber in Reaktion auf verschiedene Fehlentwicklungen schließlich Abs. 2a S. 2 und 3 hinzu, deren Inhalt er mit einer weiteren Reform aus dem Jahre 2013 nachschärfte. 3

Gesetzgebung und Rechtsprechung haben die Anforderungen an die notarielle Belehrung in den letzten Jahrzehnten immer weiter intensiviert. Für die Beratungspraxis ist diese Entwicklung eine Herausforderung, weil ein Verstoß gegen die in § 17 niedergelegten Amtspflichten nicht nur eine zivilrechtliche Haftung begründen, sondern auch diszeplinarrechtliche Konsequenzen bis hin zu einer Entfernung aus dem Amt nach sich ziehen kann.[10] Aus prozessualer Sicht trägt der Kläger zwar grundsätzlich die Beweislast für die unterbliebene Belehrung.[11] Von dieser Regel hat die Rechtsprechung aber zahlreiche Ausnahmen zugelassen und außerdem verschiedene Beweiserleichterungen anerkannt (→ BNotO § 19 Rn. 8 ff.). Die notarielle Praxis hat darauf reagiert und den Inhalt der Urkunden um ausführliche Belehrungen ergänzt. Manche Urkunden lesen sich daher heute abschnittsweise wie Beipackzettel von Medikamenten. 4

3. Persönlichkeitsgrundsatz und Delegation. Der Notar hat die Prüfungs- und Belehrungspflichten persönlich zu erfüllen.[12] Dies bedeutet insbesondere, dass er in der Beurkundungssituation sämtliche erforderlichen Belehrungen selbst vornimmt.[13] Dafür genügt es nicht, die schriftlich in der Urkunde vorformulierten Hinweise schlicht zu verlesen. Gleichfalls darf der Notar sich nicht darauf verlassen, dass die Beteiligten den Urkundsentwurf bereits vor der Beurkundung studiert, geprüft und sich mit den Risiken auseinandergesetzt haben. Vielmehr sollte in der Beurkundungssituation in verständlicher Sprache erläutert werden, wo die Risiken für die Beteiligten im konkreten Fall liegen und wie diese gegebenenfalls beherrschbar gemacht werden können. 5

5 Eine umfassende Übersicht findet sich bei Grziwotz/Heinemann/*Grziwotz* BeurkG § 17 Rn. 98 ff.

6 Zu den Zusammenhängen s. Schriftlicher Bericht des Rechtsausschusses zu BT-Drs. 3/2128, 5.

7 Dienstordnung für Notare vom 5.6.1937, veröffentlicht in Deutsche Justiz 1937, 874.

8 BT-Drs. 5/3282, 22.

9 BT-Drs. 5/3282, 32.

10 Eindrücklich BGH NotBZ 2021, 304. Anders als das OLG Celle sah der BGH in der Formulierung „hat dafür Sorge zu tragen“ keine zu ahndende Amtspflichtverletzung. Zur Möglichkeit der Amtsenthebung s. § 97 Abs. 1 S. 1 BNotO.

11 BGH NJW 1996, 2037.

12 BGH NJW 1989, 586.

13 Zu einer Bereichsausnahme s. Grziwotz/Heinemann/*Grziwotz* BeurkG § 17 Rn. 6.

6 Freilich wäre es mit den Anforderungen eines Notarbüros nicht vereinbar, wenn sämtliche Tätigkeiten von dem Notar selbst erledigt werden müssten und dieser die Urkunde von der Wiege bis zur Bahre ausschließlich selbst zu begleiten hätte. Es ist einem Notar daher gestattet, Sachbearbeiter in den Prozess der Urkundsvorbereitung sowie des Urkundsvollzugs einzubinden. Die Angestellten dürfen den Sachverhalt aufklären, die Mandantschaft betreuen sowie rechtliche Hilfestellungen geben. Die vom KG vertretene Auffassung, allein der Notar sei zur Erteilung von Rechtsauskünften berechtigt, ist als lebensfremd abzulehnen.[14] Richtigerweise muss nach der Qualifikation des Mitarbeiters unterschieden werden, weil einer ungelernten Empfangskraft andere Tätigkeiten als einem erfahrenen Notarfachwirt oder einem Oberinspektor im Notardienst anvertraut werden dürfen. Entscheidend ist, dass im kompletten Prozess ein ständiger und enger Austausch zwischen Notar und Angestellten besteht.[15] Letztendlich sollte einem Notar bei jeder Delegation bewusst sein, dass das Vertrauen der Beteiligten nicht dem Sachbearbeiter, sondern dem Notar persönlich entgegengebracht wird.[16] Der Notar muss seine Angestellten daher sorgfältig auswählen, gewissenhaft fortbilden und deren Tätigkeit umfassend überwachen. Für das Verschulden von Angestellten haftet der Notar nach der Rechtsprechung nämlich in gleichem Umfang wie für eigenes Verschulden, § 278 BGB.[17] Dies gilt sogar dann, wenn es sich bei dem Angestellten um einen Volljuristen handelt.[18] In anderen Worten: Wenn Angestellte rechtliche Auskünfte erteilen, dann sollten diese richtig sein.

7 **4. Betreuende Belehrung.** In der Literatur und in der früheren Rechtsprechung finden sich vielfach Versuche, zwischen der Belehrungspflicht aus der Urkundstätigkeit und einer betreuenden Belehrung zu trennen.[19] Historisch hat sich die betreuende Belehrungspflicht aus § 14 Abs. 1 BNotO entwickelt.[20] Ein Anlass für eine betreuende Belehrung liegt vor, wenn der Notar befürchten muss, dass einem Beteiligten wegen der Besonderheiten des konkreten Geschäfts aus Unkenntnis ein Schaden droht.[21] Diese Formel hat sich in der Rechtsprechungspraxis jedoch als schwierig handhabbar erwiesen.[22] Wo die Trennlinie zwischen § 14 BNotO und § 17 genau verläuft, erscheint dogmatisch letztlich als ungeklärt. Wohl deshalb wird in neueren Gerichtsentscheidungen als Quelle der betreuenden Belehrungspflicht neben § 14 Abs. 1 BNotO auch § 17 zitiert.[23]

8 **5. Disponibilität.** Die notariellen Prüfungs- und Belehrungspflichten unterliegen allgemein nicht der Disposition der Beteiligten.[24] Der Notar muss sie daher auch gegenüber geschäftserfahrenen Kaufleuten erfüllen.[25] Die Pflichten bleiben

14 KG NJOZ 2021, 254 (255). Ähnlich bereits BGH NJW 1989, 586.
15 BGH DNotZ 1989, 452 (453) mwN.
16 So ausdrücklich BGH NJW 1996, 464 (465).
17 Zu den Einzelheiten s. BGH NJW 1996, 464 (465).
18 BGH NJW 1996, 464 (465).
19 S. etwa Frenz/Miermeister/*Frenz* BNotO § 17 BeurkG Rn. 8; *Lerch* BeurkG § 17 Rn. 19.
20 BGH DNotZ 1954, 329.
21 BGH NJW 1995, 330 (331).
22 Anders *Lerch* BeurkG § 17 Rn. 19.
23 S. etwa BGH NJW 2016, 1324 (1327 f.). Bisweilen wird sogar § 17 BeurkG allein zitiert, s. etwa BGH NJW 1989, 102.
24 Ebenso Grziwotz/Heinemann/*Grziwotz* BeurkG § 17 Rn. 5; Frenz/Miermeister/*Frenz* BNotO § 17 BeurkG Rn. 16. Anders allerdings BGH DNotZ 2014, 457 (460). Hierbei ist zu beachten, dass der II. Zivilsenat für Notarsachen grundsätzlich nicht zuständig ist.
25 BGH NJW 1993, 2741 (2742 f.).

ferner unberührt, wenn die Beteiligten von Rechtsanwälten vertreten werden.[26] Unter Umständen darf der Notar sich gegenüber Rechtskundigen oder rechtskundig Beratenen aber kürzer fassen.[27] Lediglich dann, wenn die Beteiligten sich über die Tragweite ihrer Erklärungen vollständig im Klaren sind und sie die konkrete Vertragsgestaltung ernsthaft wollen, muss der Notar sie nicht belehren.[28] In der Praxis sollte der Notar sich auf diese Ausnahme jedoch im Regelfall nicht verlassen, zumal er in einem Haftungsprozess die Beweislast für deren Vorliegen trägt.[29]

Die Belehrungspflichten gelten grundsätzlich auch zwischen nahen Familienangehörigen. Ohne besondere Umstände darf der Notar nicht davon ausgehen, Angehörige wollten einen Vertrag allein wegen ihrer Verwandtschaft unter Abweichung von den normalen Sicherungsvorkehrungen beurkunden lassen.[30] Wenn es um die Regelung finanzieller Fragen sowie die Verteilung des Familienvermögens geht, kann dies in den besten Familien zu Streitigkeiten führen. 9

II. Kernregelung (Abs. 1)

Die Erstellung einer notariellen Urkunde ist ein Prozess, der vom Gesetz in vier gedankliche Schritte untergliedert wird. Getrennt wird zwischen der Erforschung des Willens der Beteiligten, der Klärung des Sachverhalts, der Belehrung über die rechtliche Tragweite des Geschäfts sowie schließlich der Wiedergabe der Erklärungen. Im Unterschied zu der Perspektive des Richters, dessen Blick zwischen Sachverhalt und Gesetz hin- und herwandert, kreist der Blick des Kautelarjuristen zwischen dem Willen der Beteiligten, dem Sachverhalt und dem Gesetz.[31] Hierbei ist die Perspektive zukunftsorientiert; der Wille der Beteiligten ist formbar, der Sachverhalt der Gestaltung zugänglich und die Rechtslage entwicklungsoffen. 10

1. Erforschung des Willens der Beteiligten. Die Beteiligten wissen im Normalfall lediglich, welches wirtschaftliche Ziel mit einem Rechtsgeschäft erreicht werden soll, den juristisch sicheren Weg oder das passende Gestaltungsmittel dorthin kennen sie indes nicht. Bei einem Grundstückskauf ist etwa allgemein bekannt, dass der Vertrag, durch den sich der eine Teil verpflichtet, das Eigentum an einem Grundstück zu übertragen, der notariellen Beurkundung bedarf. Unbekannt ist aber, welchen Inhalt ein solcher Vertrag haben sollte und wie die Übertragung des Eigentums juristisch im Einzelnen abläuft.[32] Es ist die Aufgabe des Notars, das genaue Gestaltungsziel der Beteiligten zu erfassen und über mögliche Wege dorthin aufzuklären. Eine wesentliche Weichenstellung liegt hierbei darin, ob es einen oder mehrere Beteiligte gibt, weil bei mehreren Beteiligten das Problem widerstreitender Interessen besteht.[33] 11

Der Notar sollte bei der Erforschung des Willens insbesondere bedenken, dass die Beteiligten möglicherweise entscheidende Gesichtspunkte übersehen, auf die es für das Rechtsgeschäft ankommt.[34] Zwar muss der Notar nicht ins Blaue hinein nachfragen.[35] Gibt es jedoch Hinweise, dass bestimmte Punkte nach dem 12

26 BGH NJW 1990, 2882 (2884).
27 BGH NJW 1990, 2882 (2884).
28 BGH NJW 1995, 330 (331).
29 BGH NJW 1995, 330 (331).
30 BGH NJW 1996, 3009 (3010).
31 Lesenswert *Moes*, Vertragsgestaltung (2020), S. 1 ff.
32 Treffend *Wolfsteiner* DNotZ 2020, 455.
33 Ausführlich *Moes*, Vertragsgestaltung (2020), S. 85 ff.
34 BGH NJW 1996, 524 (525).
35 BGH NJW 1995, 330 (331).

Willen der Beteiligten regelungsbedürftig sein könnten, müssen Fragen gestellt werden.[36] Dies ist insbesondere der Fall, wenn das beabsichtigte Rechtsgeschäft einen Aspekt aufwirft, der üblicherweise zum Gegenstand von vertraglichen Abreden gemacht wird.[37] Erst recht besteht eine Fragepflicht, wenn der Notar konkrete Anhaltspunkte dafür hat, dass eine Partei ein rechtliches Ergebnis herbeiführen möchte, das in dem vorbereiteten Vertragsentwurf noch keine Berücksichtigung gefunden hat.[38]

13 Regelungswünsche der Beteiligten hat der Notar nach ihrem Sinn und Zweck auszulegen. Die Rechtsprechung ist hier durchaus streng. Verlangt beispielsweise der Käufer eines Baugrundstücks ein Rücktrittsrecht für den Fall, dass dieses nicht an einen öffentlichen Kanal angeschlossen werden kann, muss der Notar nachfragen, ob nicht eigentlich ein Rücktrittsrecht für den Fall der Unbebaubarkeit gewünscht wird; ansonsten setzt er sich unter Umständen einer Haftung aus.[39]

14 Besondere Probleme werfen Fremdentwürfe auf. Stammt der Entwurf aus der Laienfeder der Beteiligten, so ist er meist fehlerbehaftet und sollte grundständig überarbeitet werden. Aber auch dann, wenn ein Rechtsanwalt oder Steuerberater einen Entwurf gefertigt hat, muss der Notar den Willen der Beteiligten eigenständig ermitteln und den Entwurf sorgfältig durchsehen.[40] Vorsicht ist dabei insbesondere geboten, wenn nur einer von mehreren Beteiligten beraten wurde und der von ihm bezahlte Berater den Entwurf erstellt hat. Verfügt hingegen jeder Beteiligte über einen spezialisierten und fachkundigen Berater und haben jene den Entwurf langwierig ausverhandelt, so sollte der Notar sich mit Eingriffen in das verhandelte Ergebnis im Normalfall zurückhalten. In jedem Fall sollten etwaige Änderungsvorschläge nach Möglichkeit mit den weiteren Beratern vor der Beurkundung abgestimmt werden.[41]

15 **2. Klärung des Sachverhalts.** Der Willen der Beteiligten kann ohne eine Feststellung des Sachverhalts nicht erforscht werden. Es ist daher die Aufgabe des Notars, den Tatsachenkern des zu beurkundenden Geschäfts zu klären.[42] Die gesetzliche Verwendung des Verbes „klären" statt „ermitteln" unterstreicht aber, dass das BeurkG im Unterschied zu § 26 FamFG keine Amtsermittlungspflicht vorsieht. Bei jeder Auslegung des § 17 muss berücksichtigt werden, dass dem Notar nur beschränkte Mittel zur Sachverhaltsaufklärung gegeben sind und er weder Zeugen laden noch eine Dokumentenvorlage anordnen kann.

16 **a) Sachverhaltsmitteilung seitens der Beteiligten.** Dogmatischer Ausgangspunkt für die Feststellung des kautelarjuristischen Sachverhalts ist die Sachverhaltsmitteilung seitens der Beteiligten. Zu Beginn der Beratung fassen diese den Sachverhalt für den Notar zusammen. Dies geschieht in der Praxis regelmäßig über das Ausfüllen eines Datenblattes oder im Rahmen eines vorbereitenden Beratungsgesprächs mit einem Sachbearbeiter an der Notarstelle. Gerade in unproblematischen Standardfällen genügt dies vielfach, um einen sachgerechten ersten Entwurf für die Beteiligten zu erstellen.

17 Stellen die Beteiligten dem Notar Dokumente zur Verfügung, etwa Vorurkunden, Auszüge aus dem Baulastenverzeichnis, die Teilungserklärung oder die Bewilligung von Dienstbarkeiten, sollte der Notar diese sichten, prüfen und die

36 BGH NJW 2011, 1355 (1357).
37 BGH DNotZ 1958, 23 (24).
38 BGH NJW 2011, 1355 (1357).
39 BGH BeckRS 1990, 31063688.
40 Ebenso Frenz/Miermeister/*Frenz* BNotO § 17 BeurkG Rn. 4.
41 Frenz/Miermeister/*Frenz* BNotO § 17 BeurkG Rn. 4.
42 BGH DNotZ 2018, 74 (75).

Beteiligten entsprechend aufklären.[43] Freilich ist der Notar zu einer Prüfung von vorgelegten Unterlagen nur dann verpflichtet, wenn diese inhaltlich relevant, nicht offensichtlich unvollständig oder ungeordnet sind.[44] Übergibt ein Beteiligter etwa im Notariat zwei Aktenordner mit „Unterlagen zur Wohnung", so muss der Notar diese nicht auf gut Glück durchsehen, sortieren und die für relevant gehaltenen Dokumente inhaltlich prüfen, sondern kann dem Beteiligte die Ordner zurückgeben und um Vorlage der einschlägigen Dokumente in geordneter Form bitten.

b) Sachverhaltsklärung von Notaramts wegen. Weil die Beteiligten die einschlägigen Vorschriften nicht kennen und daher nicht wissen, worauf es rechtlich ankommt, können die mitgeteilten Informationen im Einzelfall unvollständig oder sogar widersprüchlich sein. Nach der ersten Sachverhaltsmitteilung ist es daher die Aufgabe des Notars, die richtigen Fragen an die Beteiligten zu richten.[45] Sein Blick wandert hierfür zwischen Gesetz, Sachverhalt und Willen der Beteiligten hin und her. 18

Die Aufklärungspflicht des Notars ist naturgemäß schon dadurch begrenzt, dass er sich im Grundsatz auf das von den Beteiligten Mitgeteilte verlassen muss, weil er nicht über die Beweiserhebungsmöglichkeiten eines Richters verfügt.[46] Eine eigene Nachprüfung von vorgetragenen Tatsachen in Form einer Beweiswürdigung schuldet der Notar daher regelmäßig nicht.[47] Eine Ausnahme von dieser Regel besteht bei offenkundig falschen Angaben; diese begründen Zweifel und der Notar ist daher gehalten, den Sachverhalt weiter aufzuklären.[48] Nachfragen ins Blaue muss der Notar aber in keinem Fall stellen.[49] 19

In Übereinstimmung mit dem Rechtsgedanken des § 291 ZPO sollte der Notar Tatsachen, die für ihn offenkundig sind, seiner Belehrung zugrunde legen. Es gehört zu seiner sachgemäßen Amtstätigkeit, relevante Register einzusehen. Dies gilt für das Grundbuch (§ 21 Abs. 1 S. 1), das Handelsregister sowie das Zentrale Testamentsregister. Über Belastungen,[50] ein eingetragenes Vorkaufsrecht[51] oder einen Zwangsversteigerungsvermerk[52] muss belehrt werden. Die Grundakte oder das Baulastenverzeichnis müssen ohne besondere Anhaltspunkte hingegen nicht eingesehen werden.[53] Wo die Grenze zwischen von Amts wegen einzusehenden und nicht einzusehenden Registern verläuft, ist im Einzelnen nicht abschließend geklärt. Neben öffentlichen Registern darf der Notar auf sonstige Erkenntnisquellen zurückgreifen. Insbesondere gilt dies für Fachbücher oder eine Internetrecherche. Er muss dies aber im Regelfall nicht. Es würde zu weit gehen, wenn der Notar die im Internet frei verfügbaren Satellitenkarten einsehen und prüfen müsste, ob sich auf dem Dach des zu verkaufenden Hauses eine Photovoltaikanlage befindet oder nicht. 20

43 Vgl. etwa BGH NJW 1996, 520 (521).
44 Grziwotz/Heinemann/*Grziwotz* BeurkG § 17 Rn. 15 ff. Anders wohl *Lerch* BeurkG § 17 Rn. 113.
45 BGH NJW 1996, 520 (521).
46 BGH NJW 2009, 516 (517). Weitere Nachweise bei Grziwotz/Heinemann/*Grziwotz* BeurkG § 17 Rn. 15 ff.
47 BGH DNotZ 2018, 74 (75).
48 BGH NJW-RR 1992, 393 (395). Zu Manipulationsversuchen seitens der Beteiligten s. *Schön* notar 2019, 95 f.
49 BGH NJW 1995, 330 (331).
50 BGH DNotZ 2004, 849 (851).
51 BGH DNotZ 1984, 636.
52 BGH NJW 2010, 3243 (3244 f.).
53 Zur Grundakte s. BGH NJW 2009, 516. Für Baulasten s. Armbrüster/Preuß/Renner/*Armbrüster* BeurkG § 17 Rn. 81.

21 Hat ein Notar im Einzelfall positive Kenntnis von einem Sachverhaltsteil aus einer Vortransaktion, muss er diese Kenntnis nach Auffassung der Rechtsprechung unter Umständen in einer Folgetransaktion fruchtbar machen.[54] So sollen erhebliche Differenzen zwischen An- und Verkaufspreisen bei sogenannten Kettenkaufverträgen ein für den Notar erkennbarer Anhaltspunkt für einen unerlaubten oder unredlichen Zweck sein.[55] Die Unredlichkeit liegt hier umso näher, je massiver die Kaufpreissteigerungen sind und je kurzfristiger An- und Verkauf aufeinander folgen.[56] An dieser Stelle verschwimmt die Grenze zwischen positiver Kenntnis und fahrlässiger Unkenntnis jedoch zunehmend. Die Zurechnungsgrundsätze, die für aktenkundige Informationen in Unternehmen gelten, sind für Notare nicht entsprechend anwendbar. Die Aufklärungsanforderungen an den Notar dürfen nicht überspannt werden. Von ihm kann nicht verlangt werden, dass er bei jeder Transaktion auf eigenen Antrieb sein Urkundenverzeichnis bis zum Anfang aller Aufzeichnungen hin durchsieht.[57] Allerdings: In Zeiten einer fortschreitenden Digitalisierung mit leistungsfähigeren Notarprogrammen sowie der Einführung des Elektronischen Urkundenarchivs dürften die Anforderungen an Notare in diesem Bereich in Zukunft jedenfalls nicht sinken.

22 Weiter kann eine notarielle Sachverhaltsaufklärungspflicht bestehen, wenn der Notar um Beurkundung eines Verbrauchervertrages im Sinne des Abs. 2a ersucht wird. Ob die Voraussetzungen eines Verbrauchervertrages vorliegen, muss der Notar hierbei grundsätzlich von Amts wegen feststellen.[58] Insbesondere soll er verpflichtet sein, den „Zweck des Vertragsschlusses" zu erkunden.[59] Kann er das Vorliegen eines Verbrauchervertrages nicht ausschließen, hat er als sichersten Weg die verbraucherschützenden Vorschriften, wie insbesondere Abs. 2a, zu beachten.[60] Die Reichweite dieser durchaus zweifelhaften Pflicht hat die Rechtsprechung bislang nicht weiter konkretisiert. Es dürfte aber zu weit führen, wenn der Notar im Zweifel auch materiellrechtliche Vorschriften des Verbraucherschutzes anwenden müsste.

23 Die Kontrollfunktion der Beurkundung, wonach der Notar eine hoheitliche Überwachung von bestimmten Transaktionen gewährleistet, hat in den letzten Jahrzehnten stetig an Bedeutung gewonnen. Dies zeigt sich besonders deutlich im Bereich der Geldwäschebekämpfung. Hier sind Notare zwischenzeitlich verpflichtet, das Geldwäscherisiko nachvollziehbar einzuschätzen. Aus dieser Einschätzung können sich umfassende Dokumentations-, Aufklärungs- und Meldepflichten ergeben. Insbesondere kann der Notar verpflichtet sein, den wirtschaftlich Berechtigten zu ermitteln oder die Mittelherkunft von Geldern genauer zu bestimmen. Es spricht viel dafür, dass der Notar auf die von ihm in diesem Zusammenhang ermittelten Informationen im Rahmen seiner allgemeinen Belehrung unter Beachtung der vorgenannten Grundsätze zurückgreifen sollte, da sie ihm positiv bekannt sind.

24 **3. Belehrung über die rechtliche Tragweite des Geschäfts.** Ob die Beteiligten ein Geschäft durchführen wollen, entscheiden sie selbst. Der Notar belehrt aber über die rechtliche Tragweite, damit die Beteiligten wissen, worauf sie sich

54 Kritisch Grziwotz/Heinemann/*Grziwotz* BeurkG § 17 Rn. 17; Frenz/Miermeister/*Frenz* BNotO § 17 BeurkG Rn. 6.
55 BGH DNotZ 2020, 330.
56 BGH DNotZ 2014, 301 (302 f.); BGH DNotZ 2020, 330 (331 f.).
57 So auch Grziwotz/Heinemann/*Grziwotz* BeurkG § 17 Rn. 17.
58 Grundlegend BGH NJW 2020, 3786.
59 BGH NJW 2020, 3786 (3787).
60 BGH NJW 2020, 3786 (3787).

einlassen. Der Begriff der „rechtlichen Tragweite“ ist dabei denkbar weit zu verstehen. Es geht nicht nur um die Rechtsfolgen oder die formaljuristische Seite, sondern um eine umfassende Betrachtung der Risiken eines Geschäfts. Zur rechtlichen Tragweite gehören die formellen und materiellen Wirksamkeitsvoraussetzungen, die außerhalb der Beurkundung erforderlichen weiteren Voraussetzungen zur Erreichung der mit dem Rechtsgeschäft beabsichtigten Wirkungen, die unmittelbaren Rechtsfolgen sowie etwaige Hindernisse beim Vollzug des beurkundeten Rechtsgeschäfts.[61] Der Notar ist jedoch nicht verpflichtet, eine schematische Belehrung vorzunehmen und ohne Rücksicht auf die schutzwürdigen Interessen der Beteiligten sämtliche in dem Vertrag enthaltenen Klauseln eingehend zu erläutern.[62] Dies würde die Beteiligten nicht nur überfordern, sondern die Beurkundung auch übermäßig in die Länge ziehen.

Grundsätzlich obliegt die Pflicht zur Rechtsbelehrung dem Notar gegenüber 25
den formell Beteiligten.[63] Ausnahmsweise können Belehrungspflichten allerdings auch gegenüber nur mittelbar Beteiligten bestehen.[64] Mittelbar Beteiligter ist insbesondere derjenige, dessen Interesse durch das Amtsgeschäft nach dessen besonderer Natur berührt wird und in dessen Rechtskreis eingegriffen werden kann; bei der Beurkundung muss er nicht zugegen sein.[65]

a) **Sorgfaltsmaßstab.** Die Rechtsprechung stellt überaus strenge Anforderungen 26
an die Rechtskenntnisse des Notars.[66] Frei nach der nicht existierenden Parömie *iura novit notarius* muss der pflichtbewusste und gewissenhafte Notar das deutsche Recht kennen, sich über die Rechtsprechung der obersten Gerichte unverzüglich unterrichten sowie die üblichen Erläuterungsbücher auswerten.[67] Vereinzelte Stimmen der Literatur zu einem Thema, das mehr am Rande notarieller Amtstätigkeit liegt und nicht Gegenstand breiterer Erörterungen war, muss der Notar jedoch nicht berücksichtigen.[68] Ihn trifft weiter keine Pflicht, die künftige Entwicklung der höchstrichterlichen Rechtsprechung vorauszuahnen.[69] Erkennbare Tendenzen der Rechtsprechung darf er allerdings nicht übersehen.[70] Er kann sich nicht darauf berufen, ein in seiner Praxis bisher nicht behandeltes Rechtsgebiet nicht hinreichend zu kennen; vielmehr muss er sich in das Rechtsgebiet einarbeiten und sich die erforderlichen Rechtskenntnisse eigenverantwortlich aneignen.[71]

Lässt sich die Rechtslage nicht klären, darf der Notar das Rechtsgeschäft erst 27
beurkunden, wenn die Vertragsparteien auf der Beurkundung bestehen, obwohl er sie über die offene Rechtsfrage und das mit ihr verbundene Risiko belehrt hat.[72] Der Notar hat in solchen Fällen selbst ohne jegliche Vorgaben seine Belehrungspflichten zu erkennen und kann sich nicht darauf berufen, Rechtsprechung und Literatur seien zu einem Problemkreis nicht vorhanden.[73] Diese

61 BGH NJW 2005, 3495.
62 BGH NJW 2005, 3495. Anschaulich die Beispiele bei Grziwotz/Heinemann/*Grziwotz* BeurkG § 17 Rn. 24.
63 BGH NJW 1993, 2617 (2618).
64 BGH NJW 1981, 2705; BGH NJW-RR 1992, 393 (395).
65 BGH DNotZ 2010, 710 (712). Für weitere Fallgruppen s. BGH NJW 2004, 1865.
66 Exemplarisch BGH NJW 2016, 1324 (1325).
67 BGH NJW 1992, 3237 (3239).
68 BGH NJW-RR 1994, 1021.
69 BGH NJW 2016, 1324 (1325 f.). Zur Rechtsprechung im Bereich des Ehevertragsrechts s. BGH NJW-RR 2014, 1399.
70 BGH NJW 2016, 1324 (1325).
71 BGH NJW 1992, 3237 (3239).
72 BGH NJW-RR 1991, 143 (144).
73 BGH NJW 2016, 1324 (1326).

insgesamt recht strikten Vorgaben der Rechtsprechung gehen weit; sogar für Notare gilt die alte Rechtsregel *impossibilium nulla obligatio est.*[74]

28 b) **Sicherster Weg und Kosten.** Der Notar hat in allen Phasen seiner Tätigkeit den sichersten Weg zu gehen, das heißt den Beteiligten zur sichersten Gestaltung zu raten und dafür zu sorgen, dass ihr Wille diejenige Rechtsform erhält, die für die Zukunft Zweifel ausschließt.[75] Unter Auswertung seiner kautelarjuristischen Erfahrungen muss er alle regelungsbedürftigen Fragen ansprechen, die hierzu nötigen Belehrungen erteilen und über die Vor- und Nachteile der Gestaltungsmöglichkeiten aufklären.[76]

29 Bei der Auswahl des sichersten Weges kommt dem Notar ein Ermessen zu.[77] Nur wenn zur Erreichung des angestrebten Erfolgs mehrere in jeder Hinsicht gleich sichere und zweckmäßige Wege zur Verfügung stehen, hat er die Pflicht, unter diesen Wegen den kostengünstigsten zu wählen.[78] Die Entscheidung, ob ein Weg gleich sicher und zweckmäßig ist, obliegt dem Notar.[79] Er darf daher beispielsweise selbst entscheiden, ob er den Kaufvertrag und die Auflassung zusammen oder getrennt beurkundet; eine unrichtige Sachbehandlung liegt in keiner der beiden Varianten vor.[80] Verursacht der als Folge der notariellen Ermessensausübung gewählte Weg höhere Kosten, muss der Notar über diesen Umstand nicht von sich aus belehren.[81] Dem liegt der Gedanke der kautelarjuristischen Risikovermeidung zugrunde: Würde der Notar die Kosten offenlegen, könnte sich eine Sicherheitsspirale nach unten entwickeln. Schließlich würden die Beteiligten aus Leichtfertigkeit vielfach nicht den sichersten, sondern den günstigsten Weg wählen.

30 c) **Reichweite der Rechtsaufklärung.** Die Beteiligten wünschen sich Rechtssicherheit; ihr Ziel soll möglichst wirkungsvoll und störungsfrei erreicht werden. Freilich bewegt sich die Rechtsaufklärung immer in einem Spannungsfeld zwischen Erforderlichkeit, Praktikabilität und Vorhersehbarkeit. Es liegt auf der Hand, dass ein Notar nicht über alle unmittelbaren und mittelbaren Folgen eines Rechtsgeschäfts aufklären kann.[82] Umgekehrt darf er seinen Blick aber auch nicht ausschließlich auf die Wirksamkeit des Rechtsgeschäfts verengen. Wo die Grenze genau liegt, muss im Einzelfall unter Berücksichtigung der einschlägigen Spezialliteratur bestimmt werden. Es kann daher an dieser Stelle nur darum gehen, die Leitlinien der Rechtsprechung nachzuzeichnen.[83]

31 Der Hinweis auf Rechtsvorschriften kann mit der notariellen Neutralitätspflicht schon deshalb in Einklang gebracht werden, weil das Recht für alle Bürger gleich anwendbar ist.[84] Ein Hinweis auf die Rechtslage dient gerade der Vermeidung von Rechtsirrtümern und ist damit Ausdruck der notariellen Neutralität. Die Beteiligten sollen ihre Entscheidungen selbst treffen, und zwar auf informierter Grundlage. Insoweit lässt sich eine Parallele zur richterlichen Hinweispflicht nach § 139 ZPO ziehen.

74 Digesten, Buch L, Nr. 17.185 (Celsus).
75 BGH NJW 2016, 1324 (1325).
76 BGH NJW 1994, 2283.
77 BGH FGPrax 2021, 38.
78 BGH FGPrax 2021, 38.
79 Vgl. OLG Celle BeckRS 2021, 20386.
80 BGH FGPrax 2021, 38.
81 BGH FGPrax 2021, 38.
82 Ebenso *Lerch* BeurkG § 17 Rn. 114; Grziwotz/Heinemann/*Grziwotz* BeurkG § 17 Rn. 24.
83 Für eine Darstellung nach Vertragstypen s. *Lerch* BeurkG § 17 Rn. 41 bis 98.
84 S. dazu Frenz/Miermeister/*Frenz* BNotO § 17 BeurkG Rn. 17 mwN.

aa) **Rechtliche Begriffe.** Der Notar muss grundsätzlich damit rechnen, dass rechtliche Begriffe von den Beteiligten falsch verstanden werden.[85] Äußerungen rechtsunkundiger Personen über rechtliche Begriffe und Verhältnisse, die als Tatsachen dargestellt werden oder mit tatsächlichen Angaben verbunden sind, haftet stets das Stigma der Unzuverlässigkeit an.[86] Vor diesem Hintergrund muss der Notar etwa darüber belehren, was unter „unmittelbarem bzw. mittelbarem Besitz"[87] oder einem „eigenkapitalersetzenden Darlehen" zu verstehen und ab wann eine Gesellschafterforderung „vollwertig"[88] ist. 32

Vor diesem Hintergrund ist die Praxis bedenklich, die Beteiligten standardmäßig in der Urkunde Aussagen über schwierige Rechtsbegriffe treffen zu lassen. Erklären die Beteiligten etwa, auf dem Grundbesitz befinde sich kein „Naturdenkmal" oder kein „Gewässerrandstreifen", so muss der Notar im Einzelfall nachprüfen, ob der Inhalt dieser Begriffe den Beteiligten tatsächlich bekannt ist. Dies gilt auch für Formulierungen, wonach keiner der Beteiligten eine „PeP i.S.d. § 1 Abs. 12 GwG" ist oder die „Freigrenze nach dem Grundstücksverkehrsgesetz eingehalten" wurde. 33

bb) **Wirksamkeit des Geschäfts.** Aus der gesetzlichen Verpflichtung des Notars zu redlicher Amtsführung folgt, dass er von dem Vollzug einer Urkunde absehen muss, wenn er weiß, dass sie nichtig ist (§ 4; § 14 BNotO).[89] Entsprechendes gilt, wenn aufgrund des konkreten Sachverhalts die Unwirksamkeit oder Anfechtbarkeit des Rechtsgeschäfts naheliegt.[90] Insbesondere ist in erbrechtlichen Angelegenheiten auf die Regelung des § 14 HeimG bzw. ihre landesrechtlichen Parallelvorschriften hinzuweisen.[91] 34

Bestehen Zweifel an der Wirksamkeit der notariellen Urkunde, ist ferner die Vorschrift des Abs. 2 zu beachten. Jedenfalls sind einschlägige Einwendungen Teil der rechtlichen Tragweite des Geschäfts. Ihre Anwendbarkeit ist von dem Notar zu prüfen und mit den Beteiligten zu erörtern. Je größer die Zweifel des Notars sind, desto umfassender sollte er belehren. 35

Der erhebliche Preisanstieg von Immobilien in den letzten Jahren führt dazu, dass die Einwendung der Sittenwidrigkeit in der Praxis vermehrt in den Vordergrund rückt. Zwar muss der Notar grundsätzlich die Angemessenheit von Leistung und Gegenleistung nicht beurteilen. Wenn die Gegenleistung jedoch erheblich von dem tatsächlichen Verkehrswert des Geschäftsgegenstandes abweicht, muss der Notar dies grundsätzlich nach § 43 Abs. 6 GWG iVm § 6 Abs. 1 Nr. 2 GwGMeldV-Immobilien melden. Über die Hintertür der Geldwäscheermittlung erlangt er so im Einzelfall unter Umständen die positive Kenntnis, die für die Beurteilung der Sittenwidrigkeit relevant sein kann. 36

cc) **Wirksamkeit einzelner Klauseln.** Ein Notar darf eine Vertragsbestimmung nicht beurkunden, wenn ihre Unwirksamkeit für ihn ohne jeden vernünftigen Zweifel erkennbar ist.[92] Sämtliche in Betracht kommende Unwirksamkeitsgründe sind von dem Notar in den Blick zu nehmen. Praxisrelevant sind neben der Wirksamkeitskontrolle von Allgemeinen Geschäftsbedingungen insbesondere die §§ 134, 138 und 242 BGB. Beispielsweise ist beim Erwerb neu errichteter 37

85 BGH NJW 1996, 524 (525).
86 BGH NJW 1993, 2744 (2745).
87 BGH NJW 1987, 1266 (1267).
88 BGH NJW 2007, 3566 (3567).
89 BGH NJW 2020, 610 (613).
90 BGH NJW 2020, 610 (613).
91 In verschiedenen Bundesländern gilt anstelle des HeimG eine landesrechtliche Regelung, s. etwa § 16 WTPG für Baden-Württemberg.
92 BGH NJW 2020, 610 (615).

Häuser ein Haftungsausschluss in einem notariellen Individualvertrag gemäß § 242 BGB unwirksam, wenn die Freizeichnung nicht mit dem Erwerber unter ausführlicher Belehrung über die einschneidenden Rechtsfolgen eingehend erörtert worden ist.[93] Gesteigerte Belehrungsanforderungen bestehen überdies zur Wirksamkeits- und Ausübungskontrolle der Rechtsprechung bei Eheverträgen.[94]

38 Eine Belehrungspflicht greift auch dann, wenn die Wirksamkeit einer Klausel zum Zeitpunkt der Beurkundung nicht höchstrichterlich geklärt ist, aber ein „breites Meinungsspektrum" in der Literatur besteht.[95] Hierfür können wenige zweifelnde Stimmen genügen; bejaht hat die Rechtsprechung eine Belehrungspflicht etwa für die Wirksamkeit von unbefristeten Fortgeltungsklauseln, nicht aber für die Wirksamkeit von befristeten Fortgeltungsklauseln.[96] Bestehen Zweifel an der Wirksamkeit von Klauseln, hat der Notar hierüber grundsätzlich zu belehren und die Zweifel in der Niederschrift festzuhalten (Abs. 2 S. 1). Freilich führen die uferlosen Anforderungen der Rechtsprechung dazu, dass Notare selbst bei geringsten Zweifeln einen Zweifelsvermerk aufnehmen werden; ob der rechtsuchenden Bevölkerung damit gedient ist, steht auf einem anderen Blatt.

39 **dd) Vertretung und Existenz des Vertreters.** Sowohl bei der Errichtung als auch bei der Vollziehung der Urkunde hat der Notar nach der Formel der Rechtsprechung zu prüfen, ob eine Vertretung überhaupt zulässig ist, ob eine nach dem Gesetz vorgeschriebene Form eingehalten wurde, ob die Vollmacht das vorzunehmende Rechtsgeschäft abdeckt und, wenn der Vertreter ein Insichgeschäft vornehmen will, ob dieser von den Beschränkungen des § 181 BGB befreit ist.[97] Neben der Vertretung selbst ist ferner die Existenz des Vertreters zu prüfen.[98] Verfügt jemand im eigenen Namen über ein fremdes Recht, gelten diese Grundsätze entsprechend.[99]

40 Die notarielle Erfüllung dieser Prüfungspflichten soll für den Notar nach der Rechtsprechung auch dann zumutbar sein, wenn juristische Personen ausländischen Rechts auftreten.[100] Die Frage, ob eine ausländische Gesellschaft existiert und in welchem Umfang deren Organe Vertretungsmacht haben, richtet sich allerdings gerade nicht nach deutschem, sondern nach ausländischem Recht.[101] Die Erfüllung der notariellen Prüfungspflichten ist daher eine Durchbrechung von Abs. 3. Um die notarielle Unkenntnis ausländischen Rechts zu überwinden, haben sich im Rechtsverkehr verschiedene Nachweisformen als Behelfslösung etabliert. Diese unterscheiden sich von Rechtsordnung zu Rechtsordnung. Der Notar muss diese Nachweise nicht von Amts wegen ermitteln und insbesondere ausländische Register nicht einsehen; vielmehr steht es ihm offen, einen Zweifelsvermerk nach Abs. 2 aufzunehmen und zusätzlich einen Hinweis auf die Unaufklärbarkeit ausländischen Rechts vorzusehen.

93 BGH NJW-RR 2007, 895 (896).
94 Vgl. dazu grundlegend BVerfGE 103, 89.
95 BGH DNotZ 2020, 617 zur Unwirksamkeit einer unbefristeten Fortgeltungsklausel.
96 Zu unbefristeten Fortgeltungsklauseln s. BGH DNotZ 2020, 617, für befristete s. BGH NJW 2017, 3161.
97 BGH NJW 2020, 610 (612).
98 BGH NJW-RR 2018, 443 (444).
99 BGH NJW-RR 1998, 133 (134).
100 BGH NJW-RR 2018, 443 (444); BGH NJW 1993, 2744 (2745).
101 Treffend BGH NJW 1993, 2744 (2745).

ee) Ungesicherte Vorleistung. Erbringt bei einem gegenseitigen Vertrag ein Beteiligter eine ungesicherte Vorleistung, hat der Notar ihn in zweifacher Hinsicht zu belehren („doppelte Belehrungspflicht").[102] Einerseits muss der Notar über die Folgen aufklären, die im Fall der Leistungsunfähigkeit des durch die Vorleistung Begünstigten eintreten, und andererseits Wege aufzeigen, wie diese Risiken vermieden werden können.[103] Aus Dokumentationsgründen ist es empfehlenswert, in der Urkunde nicht nur das Risiko der ungesicherten Vorleistung konkret zu benennen, sondern auch die vorgeschlagenen Sicherungsmöglichkeiten zu protokollieren. Der in der Praxis immer wieder anzutreffende pauschale Hinweis, dass „über die Risiken der Vorleistung belehrt wurde", hält diesen Anforderungen nicht stand. 41

Zur Erfüllung der zweiten Stufe der doppelten Belehrungspflicht genügt es, wenn der Notar die realistisch in Betracht kommenden Sicherungsmöglichkeiten nennt.[104] Lehnen die Beteiligten die vorgestellten Sicherungsmöglichkeiten ab, muss er allerdings unter Umständen weitere Vorschläge unterbreiten oder jedenfalls darauf hinweisen, dass er selbst im Moment keine weiteren Sicherungsmöglichkeiten sieht.[105] Um einen infiniten Regress zu verhindern, darf der Notar den Beteiligten freilich anbieten, die Beurkundung entweder aufzuschieben oder unter Inkaufnahme des ungesicherten Risiko sofort vorzunehmen.[106] Bestehen die Beteiligten unter Inkaufnahme des Risikos auf sofortiger Beurkundung, sollte ein entsprechender Vermerk in der Niederschrift aufgenommen werden. 42

Gegenstand der doppelten Belehrungspflicht sind typischerweise Austauschgeschäfte, in denen Leistung und Gegenleistung unmittelbar miteinander verknüpft sind.[107] Insbesondere bei dem Erwerb von Grundbesitz ist das Risiko ungesicherter Vorleistungen ausgeprägt, weil hier ein Leistungsaustausch Zug um Zug ausgeschlossen ist. Der Notar muss zur Risikoverhütung daher beispielsweise die Aufnahme einer Erwerbsvormerkung vorschlagen.[108] Ferner kann eine ungesicherte Vorleistung vorliegen, wenn der Besitz an der Kaufsache vorzeitig überlassen wird; dies gilt sogar dann, wenn in dem Kaufvertrag ein Nutzungsvertrag vereinbart wird.[109] Wenn die Beteiligten eine vorzeitige Schlüsselübergabe wünschen, sind hierzu besondere Regelungen sowie Warnhinweise in der Urkunde vorzusehen. 43

Die doppelte Belehrungspflicht beschränkt sich allerdings nicht auf Austauschgeschäfte, sondern wird von der Rechtsprechung umfassend angewandt. Bei der Beurkundung eines Darlehensvertrags kann beispielsweise die Bestellung einer Grundschuld eine doppelte Belehrungspflicht auslösen, obschon es sich lediglich um eine Sicherheit für den Rückzahlungsanspruch handelt.[110] Ähnlich liegt es, wenn nach Beurkundung eines Kaufvertrages eine Eigentümergrundschuld ohne Gegenleistung abgetreten wird; auch hier kann sich eine Pflicht ergeben, über eine ungesicherte Vorleistung zu belehren.[111] 44

102 BGH NJW-RR 2012, 300 (301).
103 BGH NJW 2008, 1319 (1320).
104 BGH NJW-RR 2004, 1071 (1072).
105 BGH DNotZ 1998, 637 (639).
106 BGH DNotZ 1998, 637 (639).
107 BGH NJW 2006, 3065 (3066).
108 BGH NJW 1989, 102 (103).
109 BGH NJW 2008, 1319 (1320).
110 BGH NJW 2006, 3065 (3066).
111 BGH NJW-RR 2012, 300 (301).

45 ff) **Mittelbare Folgen und sonstige Haftungsrisiken.** Der Notar muss die Beteiligten nicht über sämtliche mittelbaren Folgen ihrer Rechtsgeschäfte aufklären. Wie *Grziwotz* es prägnant sagt: „Der Notar ist bspw. nicht verpflichtet, über das gesamte Leistungsstörungsrecht und möglicherweise auch über das Recht der unerlaubten Handlungen bei arglistigem Verhalten einer Partei zu belehren."[112] Es gibt allerdings Rechtsgeschäfte, aus deren Durchführung gesetzliche Folgeansprüche erwachsen können, über die der Notar belehren sollte. Dies gilt zum Beispiel im Erbrecht bei der Enterbung; hier ist über Pflichtteilsansprüche aufzuklären. Weiter sind die Beteiligten darüber zu informieren, dass durch einen Grundstücksverkauf Miet- und Pachtverhältnisse nicht erlöschen. Der Notar muss zudem abklären, ob noch Regelungsbedarf im Zusammenhang mit dem Übergang der Rechte und Pflichten aus dem Mietvertrag besteht.[113] Auch über die haftungsrechtlichen Risiken einer Firmenübernahme gem. § 25 Abs. 1 HGB ist zu belehren.[114]

46 gg) **Aufspaltung in Angebot und Annahme.** Soll alleine die Annahme eines Vertragsangebots beurkundet werden, beschränkt sich die Rechtsbelehrung grundsätzlich auf die Bedeutung der Annahme.[115] Der Inhalt des Vertragsangebotes gehört nicht zur rechtlichen Tragweite dieses Urkundsgeschäfts.[116] Dieser Grundsatz wird durchbrochen, wenn der die Annahme beurkundende Notar eine „betreuende Belehrung" schuldet, weil er bei gebotener Sorgfalt erkennen kann, dass der mit der Annahme bewirkte Vertragsschluss die Vermögensinteressen des Annehmenden gefährdet.[117] Schließlich trägt eine Aufspaltung eines Vertragsschlusses in Angebot und Annahme von vornherein die Gefahr in sich, dass zwischenzeitlichen Änderungen der Sachlage nicht hinreichend Rechnung getragen wird.[118] Dementsprechend kann der die Annahme beurkundende Notar etwa verpflichtet sein, den Anbietenden auf eine zwischenzeitlich eingetragene Belastung hinzuweisen.[119]

47 hh) **Eheliches Güterrecht, insbes. § 1365 BGB.** Bei verheirateten Ehegatten muss der Notar darauf achten, ob dem zu beurkundenden Geschäft güterrechtliche Beschränkungen entgegenstehen. Insbesondere ist die Vorschrift des § 1365 Abs. 1 BGB in den Blick zu nehmen.[120] Eine Haftung des Notars kommt nicht nur in Betracht, wenn das Geschäft der Zustimmung des Ehegatten tatsächlich bedurfte, sondern unter Umständen sogar dann, wenn Zweifel an der Wirksamkeit ohne eine Zustimmung bestehen.[121] In jedem Fall sollte der Notar die Beteiligten über die Existenz der Vorschrift aufklären. Zu der Frage, ob die Vorschrift im Einzelfall eingreift, muss er dagegen nur bei Vorliegen weiterer Anhaltspunkte, insbesondere zu den Vermögensverhältnissen des Veräußerers, Stellung beziehen.[122] Zu eigenen Nachforschungen zum Vermögen des Veräußerers ist der Notar nur verpflichtet, wenn er konkrete Anhaltspunkte dafür hat, dass der Gegenstand des Geschäfts das gesamte Vermögen des Veräuße-

---

112 Grziwotz/Heinemann/*Grziwotz* BeurkG § 17 Rn. 24.
113 BGH BeckRS 2008, 20801.
114 BGH MittBayNot 2005, 168.
115 Frenz/Miermeister/*Frenz* BNotO § 17 BeurkG Rn. 13.
116 BGH NJW 1993, 2747 (2750).
117 BGH NJW 2004, 1865 (1866).
118 Zu einem Amtspflichtenverstoß durch systematische Aufspaltung von Kaufverträgen s. BGH NJW-RR 2020, 557.
119 BGH NJW 2004, 1865 (1866).
120 BGHZ 35, 135 (140).
121 BGH NJW 1975, 1270 (1271).
122 BGH NJW 1975, 1270 (1271).

rers ausmacht.[123] Die alte Formel der Rechtsprechung, wonach der Notar durch Offenlegung der wirtschaftlichen Verhältnisse die subjektiven Voraussetzungen für das Eingreifen von § 1365 BGB schafft und sich dadurch schadensersatzpflichtig machen kann, überzeugt heute nicht mehr. Schließlich ist es gerade seine Aufgabe als Organ der Rechtspflege, auch der Vorschrift des § 1365 BGB zur Wirksamkeit zu verhelfen. Ein Notar, der den Güterstand der Beteiligten bei der Sachverhaltsklärung ganz grundsätzlich nicht abfragt, macht es sich ersichtlich zu einfach.

ii) **Steuerrecht.** Der Notar ist regelmäßig nicht verpflichtet, auf steuerrechtliche Folgen des beurkundeten Geschäfts hinzuweisen.[124] Er muss auch nicht von sich aus ermitteln, ob besondere Umstände vorliegen, die ausnahmsweise eine Belehrungspflicht begründen.[125] Im Einzelfall kann jedoch eine Belehrungspflicht bestehen, wenn der Notar den Beteiligten nicht bewusste steuerliche Gefahren erkennt oder zumindest erkennen kann.[126] Er sollte den Beteiligten dann empfehlen, die steuerliche Seite von einem Fachmann überprüfen zu lassen, um ungewollte steuerliche Auswirkungen zu vermeiden.[127] 48

Auf die Grunderwerbsteuerpflicht muss der Notar im Regelfall nicht hinweisen, weil grundsätzlich jeder, der ein Grundstück zu Eigentum erwirbt, diese Steuerpflicht auslöst.[128] Praxisrelevant ist vielmehr eine Aufklärung über die Erforderlichkeit der Unbedenklichkeitsbescheinigung nach § 22 GrEStG, ein Hinweis auf die Pflicht zur Zahlung von Erbschafts- oder Schenkungssteuer nach § 8 ErbStDV, sowie unter Umständen ein Hinweis auf Anfallen der Spekulationssteuer bei der Veräußerung von Grundbesitz.[129] 49

Berät ein Notar freiwillig zu steuerrechtlichen Fragen des beurkundeten Rechtsgeschäfts und erteilt er dabei keine zuverlässige Auskunft, kann er sich freilich schadensersatzpflichtig machen.[130] Erklärt ein Notar zum Beispiel spontan bei der Verlesung der Passagen zu den steuerlichen Folgen der Urkunde, der „Veräußerer sei von der Spekulationsteuer nicht betroffen", so sollte diese Auskunft richtig sein, weil unrichtige, unklare oder nicht erkennbar unvollständige Belehrungen zum Steuerrecht eine Haftung nach sich ziehen können.[131] 50

d) **Wirtschaftliche Tragweite.** Nach einer seit jeher gebrauchten Formel ist der Notar grundsätzlich nicht verpflichtet, die Beteiligten über die Wirtschaftlichkeit oder die wirtschaftlichen Folgen eines Rechtsgeschäftszu zu belehren.[132] Insbesondere muss der Notar nicht über die Werthaltigkeit des Kaufobjekts oder die Angemessenheit des Kaufpreises aufklären.[133] Dies ist auch angemessen, weil der Notar die wirtschaftlichen Folgen nicht überblicken kann. Insoweit verhält es sich grundsätzlich wie mit dem Steuerrecht: Wozu der Notar im Regelfall keine sachkundige Aussage treffen kann, sollte er dies auch nicht tun. 51

123 BGH NJW 1975, 1270 (1271).
124 BGH NJW 1995, 2794.
125 BGH NJW 1985, 1225.
126 BGH NJW 1995, 2794. Zum ggf. erforderlichen Hinweis auf die Grunderwerbsteuerbefreiung s. BGH NJW 1980, 2472.
127 BGH NJW-RR 2003, 1498.
128 BGH DNotZ 1979, 228.
129 Zur Spekulationssteuer s. BGH DNotZ 1989, 452 (453) sowie BGH DNotZ 1981, 775. Kritisch zum Ganzen *Lerch* BeurkG § 17 Rn. 36.
130 LG Köln BWNotZ 2021, 34; Grziwotz/Heinemann/*Grziwotz* BeurkG § 17 Rn. 41.
131 LG Köln BWNotZ 2021, 34.
132 BGH DNotZ 1965, 115.
133 BGH MittBayNot 2009, 394.

Im Übrigen besteht bei Aussagen zur wirtschaftlichen Tragweite ein Konflikt zur notariellen Neutralitätspflicht.

52 Trotz der vorstehenden Formel hat der BGH in verschiedenen Entscheidungen klargestellt, dass sich die Belehrungspflicht im Einzelfall ausnahmsweise auf die wirtschaftlichen Folgen erstrecken kann.[134] Insbesondere soll dies der Fall sein, wenn einem Beteiligten ein Schaden droht, weil er sich infolge mangelnder Kenntnis der Rechtslage der Gefahr wirtschaftlich nachteiliger Folgen des zu beurkundenden Geschäftes nicht bewusst ist.[135] Es bleibt zu hoffen, dass die Rechtsprechung diese Ausnahme in Zukunft mit großer Zurückhaltung anwenden wird.

53 **4. Wiedergabe der Erklärungen.** Anders als das Wort „Wiedergabe" auf den ersten Blick suggeriert, handelt es sich bei der Verschriftlichung der Beteiligtenerklärungen um einen anspruchsvollen kautelarjuristischen Prozess. Nachdem der Notar den Willen der Beteiligten erforscht, den Sachverhalt aufgeklärt und über die rechtliche Tragweite belehrt hat, wird er einen ersten Entwurf erstellen und den Beteiligten zwecks Durchsicht und Prüfung zur Verfügung stellen. Mögliche Änderungswünsche der Beteiligten werden eingearbeitet und offene Fragen beantwortet. Erst dann kommt es zur Beurkundung, in der die Erklärungen verlesen werden.

54 **a) Objektive Klarheit als Herausforderung und Ziel.** Die klare und unzweideutige Wiedergabe von Erklärungen in der Niederschrift ist eine Kunst. Sprache ist stets interpretierbar und kontextabhängig. Es gibt kaum einen Begriff mit nur einer Bedeutung. Schon in der Formulierung des Gesetzes selbst ist unklar, ob die Formulierung „klar" und „unzweideutig" eine Tautologie ist, oder ob jedem Adjektiv eine eigene Bedeutung zukommt.[136] Es kann daher nur Aufgabe des Notars sein, die Erklärungen so verständlich wie möglich zu fassen.

55 **b) Juristischer Sprachgebrauch als Maßstab.** Der Maßstab für die Klarheit einer Erklärung ist nicht der Sprachgebrauch der Beteiligten, sondern der Bedeutungsgehalt, welcher der Erklärung im Rechtsverkehr von einem sachkundigen Dritten beigemessen wird. Die Sätze sollten einfach, kurz und verständlich sein. Nach Möglichkeit sind juristische Fachbegriffe zu verwenden. Bei Kaufverträgen ist der Kaufgegenstand genau zu bezeichnen.[137] Pflichten sind eindeutig als solche zu benennen.[138] Die Formulierung, wonach ein Geschäftsführer von „der Beschränkung" des § 181 BGB befreit ist, genügt den Anforderungen nicht. Es muss genau gesagt werden, von welcher der beiden Varianten des § 181 BGB Befreiung erteilt werden soll.[139]

56 **c) Subjektive Klarheit für die Beteiligten.** Es liegt auf der Hand, dass eine Erklärung für einen Juristen klar, für einen Laien aber unklar sein kann. Die Übersetzungsarbeit zwischen Fachsprache und Beteiligtenverständnis hat der Notar zu leisten. Die Beteiligten müssen verstehen, was sie unterschreiben und worauf sie sich einlassen. Es wird sich jedoch in der Praxis nur selten erreichen lassen, dass die Beteiligten tatsächlich den Inhalt jeder Vertragsklausel

134 Vgl. beispielsweise die lange Kette an Entscheidungen im Leitsatz von BGH MittBayNot 2009, 394.
135 Exemplarisch etwa BGH DNotZ 1992, 813 (815).
136 Das Wort „eindeutig" bedeutet nach dem *Duden*: völlig klar, unmissverständlich. Nicht ganz klar ist aber, ob man das Adjektiv „klar" mit „völlig klar" tatsächlich steigern kann.
137 BGH NJW 2004, 69 (70).
138 Problematisch ist etwa die gerade noch ausreichende Formulierung „hat dafür Sorge zu tragen", vgl. BGH NotBZ 2021, 304.
139 OLG Nürnberg NZG 2015, 886.

erfassen. Daher ist nicht von dem Notar zu erwarten, in einem ausführlichen Kaufvertrag sämtliche Formulierungen zu erklären. Stattdessen genügt es, die im Einzelfall inhaltlich wichtigen Regelungen und Abwicklungsmechanismen sinngemäß mit den Beteiligten zu erörtern und bei weniger bedeutsamen Regelungen die Gelegenheit zur Frage zu eröffnen. Hier ist der Notar auf die Mitwirkung der Beteiligten angewiesen, die bei für sie unklaren Formulierungen nachfragen sollten.

5. Vermeidung von Irrtümern und Zweifeln. Die Pflicht zur Vermeidung von Irrtümern und Zweifeln in Abs. 1 S. 2 kann auf allen vorbeschriebenen Stufen erwachsen. Eine eigenständige, über die vorstehenden Ausführungen hinausgehende Bedeutung kommt ihr daher in der Rechtsprechung regelmäßig nicht zu. Entscheidend kommt es mit *Frenz* darauf an, dass „der Wille und der objektive Erklärungswert nicht auseinanderfallen sollen, um Anfechtungsgründe zu vermeiden".[140] Letztlich fasst Abs. 1 S. 2 damit das Ziel des kautelarjuristischen Verfahrens insgesamt zusammen, nämlich die Herstellung von Rechtssicherheit bei gleichzeitiger Vermeidung späterer Streitfälle. Bei aller Sorgfalt sollte sich der Notar – und auch die ihn kontrollierende Aufsicht und Rechtsprechung – jedoch stets bewusst machen, dass es Zweifel vor, in und sogar nach der Beurkundung immer geben wird. Sie lassen sich nie gänzlich ausräumen. 57

6. Benachteiligungsschutz von unerfahrenen und ungewandten Beteiligten. Der Notar ist unabhängiger Träger eines öffentlichen Amtes (§ 1 BNotO). Er ist nicht Vertreter einer Partei, sondern unparteiischer Betreuer der Beteiligten (§ 14 BNotO). Es ist eine notarielle Kernpflicht, die Beteiligten neutral zu behandeln. Von diesem Grundsatz ist der Benachteiligungsschutz nur auf den ersten Blick eine Ausnahme. Bei genauer Betrachtung geht es primär darum, gleiche Ausgangspositionen zwischen den Beteiligten herzustellen und Informationsasymmetrien abzubauen. Insoweit lässt sich die Abgrenzung zu dem in Abs. 2a geregelten Verbraucherschutz so ziehen, dass der Benachteilungsschutz begrifflich weiter als der Verbraucherschutz ist, weil eine Benachteiligungsgefahr nicht nur zwischen Unternehmer und Verbraucher vorkommen kann. 58

Der Unerfahrene bedarf gerade wegen seiner Unerfahrenheit der Aufklärung. Das Aufklärungsbedürfnis ist Ausfluss der Informationsasymmetrie, die typisiert aus der unterschiedlichen Häufigkeit an bereits durchgeführten Transaktionen in einem Bereich erwächst. Schließlich ist der Erfahrene im Normalfall deshalb erfahren, weil er Erfahrung sammeln konnte und in der Vergangenheit bereits aufgeklärt wurde. Ausgleichen wird also das fehlende Vorwissen des Unerfahrenen. 59

Weniger sinnfällig ist der Begriff des ungewandten Beteiligten. Ungewandt ist der unsichere und ungeschickte Beteiligte. Oftmals wird der ungewandte Beteiligte zugleich unerfahren sein, gewissermaßen ist die Ungewandtheit Ausfluss der Unerfahrenheit. Dennoch verbleibt für die Ungewandtheit ein eigener Anwendungsbereich. Die Ursachen für Ungewandtheit können vielgestaltig sein. Da der Unerfahrene nicht ungewandt und der Ungewandte nicht unerfahren sein muss, ist darauf hinzuweisen, dass nicht beide Tatbestandsmerkmale kumulativ vorliegen müssen; das „und" ist wie ein „oder" zu lesen. 60

Freilich begegnen sich Neutralität und Benachteiligungsschutz in einem gewissen Spannungsfeld, sofern es nicht lediglich um rechtliche Belehrungen geht.[141] In Zeiten einer zunehmenden Materialisierung der Rechtsordnung schwingt das Pendel in Beurkundungsverfahren in den letzten Jahrzehnten jedoch zu- 61

140 Frenz/Miermeister/*Frenz* BNotO § 17 BeurkG Rn. 13.
141 Frenz/Miermeister/*Frenz* BNotO § 17 BeurkG Rn. 17.

nehmend in Richtung Benachteiligungsschutz. Dennoch ist der Notar gut beraten, sich nicht zum einseitigen Berater des vermeintlich Benachteiligten aufzuschwingen, insbesondere nicht in wirtschaftlicher Hinsicht. Im Vordergrund steht der Ausgleich der rechtlich relevanten Benachteiligung, damit die Beteiligten fair verhandeln und jede Seite für sich unter Berücksichtigung der einschlägigen Risiken frei und selbstbestimmt entscheiden kann. Der Notar sollte diese Entscheidung nicht mehr als nötig beeinflussen. Letztlich wird man in der Praxis in Kauf nehmen müssen, dass sich ein vollständiger Ausgleich der Benachteiligung gerade bei ungewandten Beteiligten nicht immer erreichen lässt.

III. Belehrung über Zweifel (Abs. 2)

62 In Abgrenzung zu Abs. 1 S. 2 wird in Abs. 2 ein Perspektivwechsel eingenommen, weil es nun um Zweifel des Notars geht. An der Vorschrift zeigt sich der doppelte Charakter der Urkunde: Einerseits soll der Inhalt im Einklang mit dem Gesetz stehen und andererseits dem Willen der Beteiligten entsprechen. Nicht direkt ausgesprochene Kehrseite der Regelung ist, dass den Notar eine Pflicht trifft, die Gesetzeskonformität ebenso wie die Übereinstimmung mit dem wahren Willen der Beteiligten zu prüfen. Er kann sich nicht darauf zurückziehen, dass er keine Zweifel hatte, wenn er eine Prüfung unterlassen hat.

63 **1. Gesetzeskonformität.** Nicht nur der Richter, sondern auch der Notar muss das Gesetz kennen. Es ist die Aufgabe des Notars, das gewollte Geschäft unter das Gesetz zu subsumieren und zu prüfen, ob sich Zweifel an der Wirksamkeit ergeben. Je größer die Zweifel sind, desto sorgfältiger muss der Notar nachfragen und die Beteiligten über die Risiken belehren. Oft werden sich anfängliche Zweifel aber bereits durch eine erste Nachfrage zerstreuen lassen.

64 **2. Willen der Beteiligten.** Der Notar hat im Rahmen seiner Möglichkeiten festzustellen, ob das Geschäft dem wahren Willen der Beteiligten entspricht. Dies bedarf im Grundsatz nicht der eigenständigen Regelung, weil von dem Begriff der Gesetzeskonformität auch die Fälle des Scheingeschäfts gemäß § 117 BGB sowie des Dissens gemäß §§ 154, 155 BGB erfasst sind. Die Betonung des „wahren" Willens adressiert aber den praktisch immer wieder vorkommenden Fall, dass die Beteiligten einen zu niedrigen Kaufpreis protokollieren lassen möchten, um die Grunderwerbsteuer zu verkürzen. Die Beteiligten sind bei Kaufverträgen daher stets auf die rechtliche Behandlung von Scheingeschäften und Nebenabreden ausdrücklich hinzuweisen. Die notarielle Belehrungspflicht bezieht sich freilich nicht auf ein verdecktes Geschäft, welches der Notar nicht kennt und das für ihn nicht erkennbar ist.[142]

65 **3. Zweifelsvermerk.** Ein unwirksames Geschäft ist für die Beteiligten umsonst, aber nicht kostenlos. Der Notar sollte deshalb die Beteiligten in jedem Fall auf Zweifel an der Wirksamkeit hinweisen. Es mag nun sein, dass trotz Kenntnis der notariellen Wirksamkeitszweifel eine Protokollierung gewünscht wird. In diesem Fall setzt sich der Urkundsgewährungsanspruch durch. Da diese Situation für die Beteiligten mit Risiken und für den Notar haftungsträchtig ist, sollte jener zu Nachweiszwecken einen Zweifelsvermerk aufnehmen. Mögliche Unwirksamkeitsgründe sind darin so konkret wie möglich zu benennen. Ferner sollte nach Möglichkeit aufgenommen werden, wie die Beteiligten die Erforderlichkeit der Beurkundung begründet haben. Hier genügt eine kurze Angabe des Grundes. In Wahrheit werden die Beteiligten die Zweifel des Notars regelmäßig nicht teilen und Eilbedürftigkeit vorschieben. Nach dem eindeutigen Wortlaut

142 BGH NJW 2019, 1748 (1750).

des Gesetzes muss der Notar seine Zweifel in der Niederschrift selbst vermerken und sollte sie nicht in die Nebenakte auslagern.

IV. Gestaltung des Verfahrens (Abs. 2a)

1. Allgemeines (Abs. 2a S. 1). Wenn die in Abs. 1 und 2 statuierten Pflichten ernst genommen werden, dann ist es eine Selbstverständlichkeit, das Beurkundungsverfahren auch entsprechend zu gestalten. Der erst später eingefügte Abs. 2a S. 1 ist daher eine gesetzgeberische Mahnung und Klarstellung, die erforderlich wurde, weil es um die Jahrtausendwende verstärkt zu Beurkundungen unter Beteiligung vollmachtloser Vertreter kam.[143] Mit der Ergänzung von Abs. 2a S. 1 sollte unmissverständlich deutlich gemacht werden, dass die erforderliche Belehrung der Beteiligten nicht durch eine planmäßige und missbräuchliche Gestaltung des Beurkundungsverfahren unterlaufen werden darf.[144] In diesem Zusammenhang ist auf die Richtlinien der Notarkammern zu § 14 Abs. 3 BNotO zu verweisen.[145] 66

Seit ihrer Einführung hat die Vorschrift eine erhebliche Bedeutung in der Rechtsprechung entfaltet. Faktisch handelt es sich mittlerweile um ein Reurecht, mit dessen Hilfe die Beteiligten sich noch Jahre später auf Kosten des Notars erholen können.[146] Der Notar, der selbst wirtschaftlich nicht berät, haftet durch die Hintertür nunmehr für wirtschaftliche Fehler der enttäuschten Beteiligten.[147] Schon in Ansehung des missglückten Wortlauts der Vorschrift gibt es gute Gründe, diese eiserne Rechtsprechung zu kritisieren. Für die notarielle Praxis bleibt aber letztlich nur, die ausjudizierten Grundsätze zur Kenntnis zu nehmen und das Verfahren dementsprechend zu gestalten. 67

2. Verbraucherverträge (Abs. 2a S. 2). Der in Abs. 2a S. 2 kodifizierte Verbraucherschutz ist eine besondere Ausprägung des allgemeinen Benachteiligungschutzes. Es handelt sich um eine missglückte Vorschrift, deren Gehalt erst nach einer Vielzahl gerichtlicher Entscheidungen fassbar geworden ist. Dieser Prozess ist noch nicht abgeschlossen, weshalb im Umgang mit Verbraucherverträgen aus notarieller Sicht aus Haftungsgründen höchste Vorsicht geboten ist. 68

a) Anwendungsbereich. Ein Verbrauchervertrag ist ein Vertrag zwischen einem Unternehmer und einem Verbraucher (§ 310 Abs. 3 BGB). Die Begriffe „Unternehmer" und „Verbraucher" werden in den §§ 13, 14 BGB definiert. In der Unternehmer-Verbraucher-Konstellation ist nach der gesetzgeberischen Wertung typisiert davon auszugehen, dass der Verbraucher unerfahren oder ungewandt und deshalb schutzbedüftig ist. 69

Aus Gründen des Verbraucherschutzes muss der Notar nach der Rechtsprechung von Amts wegen aufklären, ob es sich um einen Verbrauchervertrag im Sinne des Abs. 2a handelt oder nicht.[148] Dabei bleibt geheimnisvoll, wie dies im Einzelfall gelingen soll, wenn ein Beteiligter den Notar über seine Unternehmer- oder Verbrauchereigenschaft vorsätzlich täuscht.[149] Verbleiben Zweifel an der Verbrauchereigenschaft, muss der Notar nach der Rechtsprechung aber jedenfalls den sichersten Weg wählen und den Beteiligten wie einen Verbraucher be- 70

143 BT-Drs. 13/4184, 47.
144 BT-Drs. 13/4184, 47.
145 Vgl. Richtlinienempfehlungen der BNotK, abgedruckt in DNotZ 2006, 561.
146 Exemplarisch BGH MDR 2021, 1095 zur „nolens volens geübten Vertragstreue". Bemerkenswert auch BGH NJW 2020, 3786.
147 Vertiefend Frenz/Miermeister/*Frenz* BNotO § 17 BeurkG Rn. 41.
148 BGH NJW 2020, 3786.
149 In dem Fall BGH NJW 2020, 3786 hat der Verbraucher sich etwa als Unternehmer geriert.

handeln.[150] Den umgekehrten Fall, dass es sich bei einem Beteiligten sicher um einen Verbraucher und bei dem anderen vielleicht um einen Unternehmer handelt, hatte die Rechtsprechung bislang noch nicht zu entscheiden. Es lässt sich aber vermuten, dass auch in dieser Konstellation im Zweifel ein Verbrauchervertrag anzunehmen sein wird.

71 Die weiteren Einzelfragen zum Anwendungsbereich der Vorschrift sind mittlerweile kaum noch überschaubar. In Ansehung der Vielzahl praxisrelevanter Konstellationen hat das DNotI ein zusammenfassendes Gutachten erstellt, das im notariellen Alltag als gelungene Hilfestellung fungiert.[151] Besondere Schwierigkeiten ergeben sich insbesondere in Fällen der Nachlass- und Insolvenzverwaltung, Testamentsvollstreckung, Nachlasspflegschaft, Betreuung sowie bei Beteiligung von Gesellschaften bürgerlichen Rechts, Erbengemeinschaften und Wohnungseigentümergemeinschaften.[152] Zahlreiche Einzelheiten sind in der Literatur umstritten und es gibt noch keine gefestigte Rechtsprechung. Sofern es auch nur wenige Stimmen gibt, die in einer bestimmten Konstellation zur Anwendung der Grundsätze des Verbrauchervertrages tendieren, oder die Frage unter verschiedenen Obergerichten streitig ist, sollte der Notar die verfahrensrechtlichen Besonderheiten für Verbraucherverträge vorsichtshalber einhalten.

72 In der Praxis dürften diese Zusammenhänge dazu führen, dass die Zwei-Wochen-Frist über den Wortlaut hinaus zunehmend zur Regelfrist erstarkt. Das hat umgekehrt zur Folge, dass die Urkundsgewährungspflicht in bestimmten Fällen, in denen eine zeitnahe Beurkundung gewünscht oder aus Sicht der Beteiligten zweckmäßig ist, zugunsten des Verbraucherschutzes geschwächt wird.[153]

73 **b) Herstellung einer Belehrungsmöglichkeit (Abs. 2a S. 2 Nr. 1).** Die notarielle Beurkundung ist für den Verbraucher etwas Besonderes. Gleichzeitig ist er in dieser Situation besonders unerfahren. Der Erklärende muss vor möglichen Risiken des Geschäfts gewarnt und sachkundig beraten und belehrt werden. Warn- und Beratungsfunktion des Formerfordernisses materialisieren sich in der Beurkundungssituation selbst.

74 **aa) Persönliches Erscheinen als Grundsatz.** Nach der Regelvorstellung des Gesetzgebers hat der Verbraucher persönlich zu der Beurkundung zu erscheinen. Da ihn die Vor- und Nachteile des Geschäfts treffen, soll er auch selbst unter dem Eindruck der Beurkundungssituation stehen. Ansonsten droht die Warn- und Belehrungsfunktion nicht die gewünschte Wirkungskraft zu entfalten.

75 **bb) Vertrauensperson.** Eine Vertrauensperson ist derjenige, der aus der Perspektive eines objektiven Dritten das besondere Vertrauen des Verbrauchers genießt. Dieses besondere Vertrauen ist darauf gerichtet, dass die Vertrauensperson einseitig die Interessen des Verbrauchers vertritt.[154] Es muss sich also um eine Person aus dem Lager des Verbrauchers handeln.[155]

76 Im privaten Bereich kann sich ein solches besonderes Vertrauensverhältnis aus familiärer Verbundenheit oder enger freundschaftlicher Bindung ergeben. So sind etwa Verwandte oder Ehegatten regelmäßig Vertrauenspersonen; für Lebensgefährten gilt dies gleichermaßen. Auch langjährige Freunde kommen als Vertrauenspersonen in Betracht. Ein besonderes Vertrauensverhältnis kann ferner aus einer geschäftlichen Beziehung erwachsen. Dies wird normalerweise bei

150 BGH NJW 2020, 3786.
151 DNotI Gutachten v. 20.9.2016, Nr. 141470.
152 Zu Wohnungseigentümergemeinschaften s. etwa *Drasdo* BWNotZ 2021, 184.
153 Kritisch Frenz/Miermeister/*Frenz* BNotO § 17 BeurkG Rn. 44.
154 BT-Drs. 14/9266, 50 f.
155 BGH NJW-RR 2016, 442 (443) sowie *Winkler* BeurkG § 17 Rn. 116.

einem vom Verbraucher mandatierten Rechtsanwalt oder Steuerberater der Fall sein. Zudem wird derjenige, der Inhaber einer umfassenden Vorsorgevollmacht ist, eine Vertrauensperson sein. Ansonsten hätte der Vollmachtgeber diese nicht erteilt.

Umgekehrt besteht kein besonderes Vertrauensverhältnis, wenn die Person dem Lager des anderen Beteiligten zuzurechnen ist. Dies ist insbesondere in Bauträgerkonstellationen sorgfältig zu prüfen. Ein neutraler Dritter, wie zum Beispiel ein Angestellter des Notars, ist ebenfalls keine Vertrauensperson des Verbrauchers.[156] Die Neutralität schließt schon begrifflich eine einseitige Interessenvertretung aus, die ihrerseits konstitutives Merkmal für ein besonderes Vertrauensverhältnis im Sinne der Vorschrift ist. 77

cc) Verhältnis zum materiellen Recht. Die Vorstellung, der Verbraucher müsse persönlich oder durch eine Vertrauensperson zu der Beurkundung erscheinen, bewegt sich in einem Spannungsverhältnis zum materiellen Recht. Schließlich steht nicht nur dem Unternehmer, sondern auch dem Verbraucher das Institut der Stellvertretung zur Verfügung. Belehrt und gewarnt wird primär der Vertreter und nicht der Vertretene; der Vertretene muss sich dies zurechnen lassen (§ 166 Abs. 1 BGB). Auch ein Verbraucher kann seinen Stellvertreter grundsätzlich frei wählen. 78

Offenbar traut der Gesetzgeber dem Verbraucher die verantwortungsvolle Auswahl eines Stellvertreters aber nicht zu. Der Gesetzgeber verpflichtet daher den Notar, auf eine Vertretung durch eine Vertrauensperson des Verbrauchers „hinzuwirken". Hierzu sollte der Notar den Verbraucher beraten und entsprechende Warnhinweise erteilen. Es darf sich nicht nur um reine Formalhinweise handeln, sondern der Notar muss angemessene Anstrengungen unternehmen, um eine Erfüllung des gesetzlich angeordneten Verfahrenserfordernisses sicherzustellen. 79

Das Vorliegen eines besonderen Vertrauens ist freilich eine subjektive Frage. Der Notar weiß nicht, zu wem der Verbraucher besonderes Vertrauen hegt. Er kann lediglich eine typisierende Betrachtung anstellen und sich mit der Überlegung behelfen, ob eine Person im Lager des Verbrauchers steht. Der Notar muss nicht nachfragen, woraus sich dieses besondere Vertrauen ergibt. Allerdings darf er auch die Augen nicht davor verschließen, wenn es an diesem Vertrauen erkennbar fehlt. Weiß der Notar etwa aus einer anderen Sache, dass sich ein Verbraucher mit seinem Nachbarn im erbitterten Streit befindet und soll nun ausgerechnet dieser Nachbar als Vertrauensperson auserkoren werden, so sollte der Notar auf Einbeziehung einer anderen Vertrauensperson hinwirken. 80

Trotz notarieller Hinwirkung kann der Verbraucher sich weigern, persönlich oder durch eine Vertrauensperson vor dem Notar zu erscheinen. Der Notar darf die Beurkundung im Regelfall dann nicht ablehnen, weil ansonsten das Verfahrensrecht zu einer Aushöhlung des materiellen Rechts führen würde. Er ist aber verpflichtet, den anwesenden Vertreter so zu belehren, wie wenn der Verbraucher selbst anwesend wäre. Zudem sollte der Notar nicht zuletzt im eigenen Interesse in der Urkunde dokumentieren, wie die Hinwirkungspflicht erfüllt wurde. Nach Möglichkeit ist der Grund aufzunehmen, warum der Verbraucher keine Vertrauensperson entsandt hat. 81

Eine Ausnahme von dem Vorgesagten ist anzuerkennen, wenn für den Notar eine strukturelle Umgehung der Verfahrenserfordernisse erkennbar ist. In der Vergangenheit sind in diesem Kontext insbesonder Fälle von bundesweit tätigen 82

---

156 BGH NJW-RR 2016, 442 (443).

Bauträgern zu trauriger Berühmtheit gelangt. Gerade bei einer systematischen Aufspaltung in Angebot und Annahme ist Vorsicht geboten; der Notar sollte in diesem Fall von einer Beurkundung Abstand nehmen.[157]

83 **c) Übereilungsschutz (Abs. 2a S. 2 Nr. 2).** Im Normalfall sind Rechtsgeschäfte beurkundungsbedürftig, weil sie für den Einzelnen erhebliche Auswirkungen haben. Diese Auswirkungen vermag der Einzelne im Normalfall nicht ohne Weiteres selbst einzuschätzen. Der Übereilungsschutz ist deshalb ganz allgemein ein anerkannter Formzweck. Besondere Bedeutung erlangt er bei Verbraucherverträgen, weil der Verbraucher bereits vor der Beurkundung ausreichend Gelegenheit erhalten soll, sich mit dem Gegenstand der Beurkundung auseinanderzusetzen.

84 **aa) Gelegenheit zur Auseinandersetzung (Abs. 2a S. 2 Nr. 2 S. 1 Hs. 1).** In Abs. 2a S. 2 Nr. 2 S. 1 Hs. 1 ist grundsätzlich weder eine umfassende Pflicht zur Bereitstellung eines schriftlichen Entwurfs noch eine allgemeine Bedenkfrist niedergelegt. Dies folgt aus einem Umkehrschluss zu dem zweiten Halbsatz der Vorschrift. Pauschale Amtspflichten bestehen in dieser Hinsicht also nicht. Es empfiehlt sich aber in Übereinstimmung mit der allgemeinen Praxis, sämtlichen Beteiligten vor der Beurkundung nach Möglichkeit einen schriftlichen Entwurf zur Verfügung zu stellen. Eine ausreichende Gelegenheit zur Kenntnisnahme ist im Regelfall jedenfalls dann zu bejahen, wenn der beabsichtigte Text des Rechtsgeschäfts dem Verbraucher zwei Wochen vor der Beurkundung zur Verfügung gestellt wurde.

85 **bb) Bereitstellung eines Entwurfs (Abs. 2a S. 2 Nr. 2 S. 1 Hs. 2).** Zur Gewährleistung des Übereilungsschutzes muss der Verbraucher jedenfalls im Rahmen von § 311b Abs. 1 S. 1 und Abs. 3 BGB wissen, wie der beabsichtigte Text des Rechtsgeschäfts lauten soll. Auf dieser Grundlage kann er sich mit den Regelungsvorschlägen in Ruhe beschäftigen. Es steht ihm frei, sich den Inhalt des Entwurfs von dem Notar erläutern zu lassen. Daneben kann er den Inhalt des Entwurfs mit einem Rechtsanwalt, Steuerberater oder einem anderen Berater besprechen.

86 **(1) Bereitstellungspflicht.** Entscheidend ist, dass der Entwurf dem Verbraucher zur Verfügung gestellt wird. Hierzu genügt es, dem Verbraucher den Entwurf per Brief, Fax oder E-Mail zu senden. Ein Versand per Fax oder E-Mail ist jedoch nur dann geeignet, wenn der Notar Anhaltspunkte dafür hat, dass der Verbraucher von dem Entwurf auf diesem Kommunikationswege tatsächlich Kenntnis nimmt. Dies ist regelmäßig zu vermuten, wenn der Verbraucher die Faxnummer oder die E-Mailadresse gegenüber dem Notar selbst angegeben hat oder die Kontaktaufnahme per Fax oder E-Mail erfolgte. Andernfalls sollte der Verbraucher gefragt werden, ob er einen Entwurfsversand per Fax oder E-Mail wünscht. Ob weitere Kommunikationsmittel, etwa ein Versand per Messenger oder über ein soziales Netzwerk, ebenfalls geeignet sind, ist zweifelhaft. Sicherheitshalber sollte auf etablierte Kommunikationswege zurückgegriffen werden.

87 **(2) Keine Weitergabe durch Dritte.** Zwecks Amtspflichterfüllung genügt es nicht, wenn der Notar sich auf eine Weitergabe des Entwurfs durch einen anderen Beteiligten oder gar einen Dritten verlässt. Erfolgt der Auftrag zur Entwurfserstellung etwa seitens des Unternehmers und teilt dieser die Kontaktdaten des Verbrauchers nicht mit, so hat der Notar diese ausdrücklich zu erfragen. Ein Versand nur an den Unternehmer ist nur dann fristwahrend, wenn der Unternehmer den Entwurf an den Verbraucher per E-Mail weiterleitet und den Notar bei dieser E-Mail an Kopie setzt. Für Makler gilt dies gleichermaßen.

157 S. etwa BGH NJW-RR 2020, 557.

cc) Bereitstellungsfrist (Abs. 2a S. 2 Nr. 2 S. 2). Für die Berechnung der Frist greifen die allgemeinen Regeln. Die Frist beginnt mit Zugang des Entwurfs bei dem Verbraucher. 88

(1) Verkürzung der Frist. Bei der Zwei-Wochen-Frist handelt es sich um eine Regelfrist, weshalb der Notar nur im Ausnahmefall eine Verkürzung akzeptieren sollte. Eine Verkürzung darf dann erfolgen, wenn ein sachlicher Grund vorliegt und der gesetzlich bezweckte Übereilungsschutz des Verbrauchers auf andere Weise gewährleistet wird.[158] Diese Merkmale müssen nicht kumulativ vorliegen; wertungstechnisch entscheidend ist, dass der Übereilungsschutz in ausreichendem Maße garantiert ist.[159] Dies kann etwa der Fall sein, wenn der Verbraucher berufsbedingt geschäftserfahren ist, er sich nach Entwurfsversand umfassend mit dem Entwurf auseinandergesetzt hat und die Frist nur um einen Tag verkürzt wurde.[160] 89

Im praktischen Regelfall ist der Notar gut beraten, bei einer Verkürzung der Frist große Vorsicht walten zu lassen. Ein sachlicher Grund liegt nicht vor, wenn der Verbraucher zur Erzielung von steuerlichen Vorteilen auf eine kurzfristige Beurkundung vor Ablauf des Jahres besteht oder eine einmalige Spontankaufgelegenheit behauptet. Schließlich sollen Verkäufer gerade keinen Druck dadurch aufbauen können, dass sie die Überlegungsfrist für den Verbraucher verkürzen, indem sie den Grundbesitz an den schnellsten Verbraucher veräußern. 90

Wird die Frist nicht eingehalten und liegt keine Ausnahme vor, muss der Notar die Beurkundung ablehnen.[161] Die Vorschrift ist nicht disponibel. Ein Verzicht des Verbrauchers scheidet daher aus.[162] Die Einräumung eines Rücktrittsrechts im Vertrag genügt ebenfalls nicht, um den Notar von der Einhaltung der Regelfrist freizustellen.[163] 91

(2) Verlängerung der Frist. Selbstredend ist neben einer Verkürzung im Ausnahmefall auch eine Verlängerung der Frist vorstellbar.[164] Die Voraussetzungen hierfür sind bislang ungeklärt.[165] Im Grundsatz dürfte gelten, dass die Rechtsprechung eine Verlängerung der Frist aus Gründen der Rechtsklarheit nur im Ausnahmefall annehmen sollte. Selbst ein komplizierter Entwurf kann in zwei Wochen von einem Verbraucher in zumutbarer Weise geprüft werden. Unterbleibt eine solche Prüfung, würde auch eine längere Frist daran typischerweise nichts ändern. Der Verbraucher kann zudem selbst darauf hinwirken, dass der Beurkundungstermin nicht bereits in zwei Wochen nach dem Entwurfsversand stattfindet, sondern erst später. Bei besonders komplexen und außergewöhnlichen Verträgen, wie etwa Teilkaufverträgen, könnte es sich allerdings unter Umständen anbieten, eine längere Frist einzuräumen. 92

(3) Änderungen des Texts. Zu der Frage, wann die Frist nach einer Änderung des beabsichtigten Texts erneut zu laufen beginnt, finden sich im Schrifttum 93

158 BGH NJW 2019, 1953 (1954).
159 BGH NJW-RR 2018, 1531 (1532).
160 BGH NJW-RR 2018, 1531 (1532).
161 BGH NJW 2013, 1451.
162 BGH NJW 2019, 1953 (1954); BGH NJW 2013, 1451. Zu weit noch *Lerch* BeurkG § 17 Rn. 140.
163 BGH NJW 2015, 2646.
164 BT-Drs. 14/9266, 51 sowie bestätigend BGH NJW 2013, 1451 (1452).
165 Vertiefend Grziwotz notar 2013, 343; DNotI Gutachten v. 20.9.2016, Nr. 141470.

zahlreiche unterschiedliche Ansätze.[166] Entscheidend muss es darauf ankommen, ob der Übereilungsschutz nach Wertungsgesichtspunkten in ausreichendem Maße trotz der Änderung garantiert ist. Aus diesem Grund beginnt die Frist nicht erneut zu laufen, wenn die Änderung des beabsichtigten Vertragstextes vom Verbraucher selbst ausgeht.[167] Umgekehrt ist bei jeder Änderung, die von dem Unternehmer verlangt wird, höchste Wachsamkeit geboten. Sofern es sich nicht um Geringfügigkeiten handelt, sollte der umsichtige Notar im Zweifelsfall die Frist erneut beginnen lassen, um das Risiko von Regressverfahren von vornherein auszuschließen. Dies mag im Einzelfall lästig für die Beteiligten sein und sogar Unverständnis hervorrufen, dient aber letztlich dem Verbraucherschutz, der nicht zur Disposition der Beteiligten steht.

94 **dd) Verkürzungsvermerk (Abs. 2a S. 2 Nr. 2 S. 3).** Der Notar ist verpflichtet, die Gründe für eine Verkürzung der Frist in der Urkunde zu dokumentieren. Dies hat substantiiert und unter Berücksichtigung des Einzelfalles zu erfolgen. Eine lediglich floskelhafte Begründung genügt dem Erfordernis nicht. Umgekehrt dürfen die Anforderungen aber auch nicht überstrapaziert werden. Den Notar trifft keine Prüfpflicht, sondern er kann sich auf die Wiedergabe der Angaben des Verbrauchers verlassen.

95 **3. Verhältnis zu weiteren Amtspflichten (Abs. 2a S. 3).** Abs. 2a S. 3 der Vorschrift ist in doppelter Hinsicht eine Klarstellung. Einerseits wird zum Ausdruck gebracht, dass im Kontext des Verbrauchervertrages selbstverständlich neben den zusätzlich in Abs. 2a niedergelegten Amtspflichten auch alle anderen Amtspflichten unverändert anwendbar sind. Andererseits macht der Gesetzgeber deutlich, dass die verbraucherschützenden Amtspflichten in einem Spannungsverhältnis zu weiteren Amtspflichten stehen können. Mit Abs. 2a S. 3 ist vor diesem Hintergrund die Erinnerung verbunden, nicht einseitig verbraucherschützend zu agieren, sondern sämtliche Amtspflichten zu erfüllen.

V. Ausländisches Recht (Abs. 3)

96 Der Gesetzgeber erwartet nicht, dass der Notar ausländisches Recht kennt.[168] Anders als der Zivilrichter kann der Notar über dessen Inhalt keinen Beweis erheben (§ 293 ZPO). Insbesondere steht es ihm nicht frei, von Amts wegen ein Sachverständigengutachten auf Kosten der Beteiligten einzuholen. Außerdem könnten Feststellungen über ausländisches Recht ein ernstliches Hemmnis für die zügige Behandlung von Beurkundungsvorgängen sein.[169]

97 **1. Sachrechtsvermerk (Abs. 3 S. 1).** Die Kehrseite der begrenzten Kenntnis und Erkenntnismöglichkeiten ist, dass der Notar im ausländischen Recht nicht belastbar beraten und belehren muss und dies im Regelfall auch nicht kann. Findet ausländisches Sachrecht Anwendung, handeln die Beteiligten folglich ohne notarielle Beratung und Belehrung und damit auf eigenes Risiko. Der Notar klärt lediglich darüber auf, weshalb er nicht berät und legt die Anwendbarkeit ausländischen Rechts offen. Wünschen die Beteiligten dennoch eine Beurkundung, sind sie über die Möglichkeit der Einholung eines Gutachtens zum ausländischen Recht oder die Einschaltung entsprechend qualifizierter Rechtsberater zu informieren.

166 Zur Vertiefung s. DNotI Gutachten v. 20.9.2016, Nr. 141470 sowie Frenz/Miermeister/*Frenz* BNotO § 17 BeurkG Rn. 52 ff.
167 BGH NJW-RR 2018, 1531 (1532).
168 BT-Drs. 5/3282, 32.
169 BT-Drs. 5/3282, 32.

In Übereinstimmung mit den allgemeinen Grundprinzipien muss der Notar das Internationale Privatrecht als Volljurist kennen. Hierbei handelt es sich um in Deutschland unmittelbar geltendes Recht. Der Gesetzgeber erkennt aber an, dass es gerade im notariellen Bereich Konstellationen gibt, in denen bereits die Ermittlung des anwendbaren Rechts überaus komplex und mit Zweifeln behaftet ist (Abs. 3 S. 1 Alt. 2). Schließlich ist bei notariellen Urkunden nicht zwingend vorhersehbar, in welchem Staat später über ihre Auslegung entschieden und welches Internationale Privatrecht damit in der Sache überhaupt anwendbar sein wird. Ferner behelfen sich deutsche Zivilrichter in der Praxis damit, Fragen zum Internationalen Privatrecht – systemwidrig – von Sachverständigen begutachten zu lassen. Dieser Weg steht dem Notar aber nicht offen. Umfassende Rechtssicherheit ist aus diesen Gründen für ihn in grenzüberschreitenden Konstellationen praktisch nicht zu erreichen. Hierüber hat er die Beteiligten aufzuklären und einen entsprechenden Vermerk aufzunehmen. 98

2. Belehrungsrecht, aber keine Belehrungspflicht (Abs. 3 S. 2). Zur Belehrung über ausländisches Recht ist der Notar nicht verpflichtet, aber berechtigt. Er darf eigene Recherchen vornehmen und sämtliche Erkenntnisquellen in Anspruch nehmen. In der Praxis dienen insbesondere Handbücher als erste Anlaufstelle, um sich einen Überblick über die Regelungen des ausländischen Rechts zu verschaffen. Die Existenz dieser Handbücher zeigt, wie ausgeprägt der Beratungsbedarf aufgrund der stets internationaler werdenden Lebensumstände der Beteiligten ist. 99

Obschon eine Beratung zu ausländischem Recht in der Praxis vielfach erfolgt, lautet der gängige Ratschlag weiterhin, davon abzusehen. Schließlich besteht ein erhebliches Haftungsrisiko, wenn ein Notar zu fremdem Recht berät. Die Sorgfaltspflichten bei einer solchen Beratung sind erheblich. Wenn beraten wird, muss man sich seiner Sache sehr sicher sein. Hierfür ist Einsicht in ausländische Originalquellen aktuellen Datums zu nehmen; ein Studium deutscher Handbücher genügt nicht. 100

§ 18 Genehmigungserfordernisse

Auf die erforderlichen gerichtlichen oder behördlichen Genehmigungen oder Bestätigungen oder etwa darüber bestehende Zweifel soll der Notar die Beteiligten hinweisen und dies in der Niederschrift vermerken.

Literatur:

Mannel, Notar und Flurbereinigung, MittBayNot 2004, 397 ff.

I. Anwendungsbereich

Die §§ 18–20 konkretisieren die in § 17 Abs. 1 statuierte allgemeine Belehrungspflicht des Notars. Dieser hat auf die, für die Wirksamkeit oder den Voll- 1 zug des Vertrags erforderlichen, gerichtlichen und behördlichen Genehmigungen sowie Bestätigungen oder etwa darüber bestehende Zweifel hinzuweisen.[1]

2 Wegen der systematischen Stellung der Vorschrift im BeurkG gilt die Hinweispflicht nach § 18 nur **bei Beurkundungen von Willenserklärungen,** nicht hingegen bei zu beglaubigenden Dokumenten, selbst wenn sie vom Notar entworfen wurden.[2] Eine Pflicht zur Belehrung über das Erfordernis einer Genehmigung kann sich hier jedoch aus der allgemeinen Hinweispflicht nach § 17 Abs. 1 ergeben,[3] sofern der Notar auch die zu beglaubigende Erklärung entworfen hat. Bei der Beglaubigung eines Fremdentwurfs besteht diese Hinweispflicht dagegen auch nicht über § 17 Abs. 1.[4]

II. Bestätigungen und Genehmigungen

3 Für die Wirksamkeit eines Vertrags notwendige Bestätigungen existieren in der Praxis heute nicht mehr.[5]

4 Relevant ist jedoch der Hinweis auf erforderliche gerichtliche und behördliche Genehmigungen, wobei nach dem Wortlaut der Vorschrift **privatrechtliche Genehmigungen** von der Hinweispflicht (zB der Hinweis auf die schwebende Unwirksamkeit bis zur Nachgenehmigung einer Vertragspartei bei deren vollmachtlosen Vertretung,[6] die Notwendigkeit einer Verwaltergenehmigung oder das Erfordernis der Zustimmung eines Erbbauberechtigten)[7] ausgenommen sind.[8] Aus der allgemeinen Belehrungspflicht nach § 17 Abs. 1 kann jedoch auch für diese Fälle eine Hinweispflicht resultieren,[9] allerdings gilt dann die Vermerkpflicht des § 18 nicht.[10]

5 Auf Genehmigungen, die das Rechtsgeschäft **nicht unmittelbar** berühren – so zB auf das Erfordernis der Einholung einer Baugenehmigung oder einer gewerbe- oder berufsrechtlichen Genehmigung[11] – muss im Rahmen des § 18 ebenfalls nicht hingewiesen werden.[12]

III. Beispiele praxisrelevanter Genehmigungen

6 **1. Gerichtliche Genehmigungen.** Praxisrelevante gerichtliche Genehmigungen sind **familien- sowie betreuungsgerichtliche Genehmigungen.** Diese sind vor allem bei Rechtshandlungen der Eltern, des Vormunds, des Ergänzungspflegers sowie des Betreuers in den Betätigungsbereichen der §§ 1634, 1821, 1822 BGB (insbes. Rechtsgeschäfte über Grundstücke, den Abschluss von Gesellschaftsverträgen sowie die Ausschlagung von Erbschaften) anzufordern.[13]

---

1 Armbrüster/Preuß/Renner/*Rezori* § 18 Rn. 1; Frenz/Miermeister/*Frenz* § 18 Rn. 1.
2 Grziwotz/Heinemann/*Heinemann* § 18 Rn. 2.
3 S. zB BGH NJW 2005, 3495; Frenz/Miermeister/*Frenz* § 17 Rn. 10.
4 Grziwotz/Heinemann/*Grziwotz* § 17 Rn. 7.
5 Armbrüster/Preuß/Renner/*Rezori* § 18 Rn. 5; Grziwotz/Heinemann/*Heinemann* § 18 Rn. 2.
6 OLG Schleswig NJOZ 2004, 1688 verlangte hier einen Hinweis des Notars auf der Grundlage des § 17 Abs. 1, ebenso BGH DNotZ 1997, 62 ff.
7 OLG Hamm BeckRS 2012, 18125 verlangte auch hier eine Hinweispflicht des Notars nach § 17 Abs. 1 BGB.
8 BeckOK BeurkG/*Raude* § 18 Rn. 3.
9 S. u.a. OLG Schleswig NJOZ 2004, 1688; BGH DNotZ 1997, 62 ff.; OLG Hamm BeckRS 2012, 18125.
10 Frenz/Miermeister/*Frenz* § 17 Rn. 1a mwN.
11 *Weigl* DNotZ 2011, 169 (170).
12 Grziwotz/Heinemann/*Heinemann* 18 Rn. 2; BeckOK BeurkG/*Raude* § 18 Rn. 4.
13 *Winkler* § 18 Rn. 24 mwN.

2. Behördliche Genehmigungen. Bei schuldrechtlichen und dinglichen Rechtsgeschäften über **land- und forstwirtschaftliche Grundstücke** ist gemäß § 2 Abs. 1 GrdstVG eine Genehmigung der zuständigen Behörde (§ 3 Abs. 1 GrdstVG) erforderlich. Dabei ist nicht die tatsächliche Nutzung der Grundstücke, sondern die objektive Eignung zur land- und forstwirtschaftlichen Nutzung ausschlaggebend.[14] Zu den relevanten Rechtsgeschäften zählen gemäß § 2 Abs. 2 GrdstVG auch die Einräumung und Veräußerung eines Miteigentumsanteils an einem derartigen Grundstück, die Erbteilsübertragung an einen anderen als an einen Miterben, wenn der Nachlass überwiegend aus einem land- oder forstwirtschaftlichem Grundstück besteht und die Bestellung eines Nießbrauchs. Für Grundstücke bis zu einer bestimmten Größe kann über § 2 Abs. 3 Nr. 2 GrdstVG durch landesrechtliche Vorschriften eine Befreiung von der Genehmigungspflicht statuiert werden, wovon alle Bundesländer Gebrauch gemacht haben (die Freigrenzen liegen zwischen 0,25 und 2 ha).[15] § 4 GrdstVG legt weitere genehmigungsfreie Vorgänge fest.[16] 7

In einem förmlich festgelegten **Sanierungs- oder städtebaulichen Entwicklungsgebiet** bedürfen Maßnahmen nach § 144 Abs. 1 und 2 BauGB und § 169 Abs. 1 Nr. 3 BauGB wie die rechtsgeschäftliche Veräußerung von Grundstücken, die Bestellung von Erbbaurechten oder die Bestellung von das Grundstück belastenden Rechten der gemeindlichen Genehmigung.[17] Für den Notar ist dies aus dem Sanierungs-[18] oder Entwicklungsvermerk im Grundbuch ersichtlich (§ 143 Abs. 2 bzw. § 165 Abs. 9 BauGB). Diesen Vermerken kommt jedoch nur deklaratorischer Charakter zu, weshalb die entsprechende Verfügungsbeschränkung auch ohne Aufführung im Grundbuch Wirksamkeit entfaltet.[19] 8

Bei Vorliegen einer **Erhaltungssatzung** nach § 172 Abs. 1 S. 1 BauGB zur Erhaltung der Eigenart von Gebieten, der Zusammensetzung der Wohnbevölkerung oder zur städtebaulichen Umstrukturierung[20] ist die Errichtung, der Rückbau, die Änderung oder Nutzungsänderung einer baulichen Anlage an eine gemeindliche Genehmigung gebunden. Zudem können die Landesregierungen nach § 172 Abs. 1 S. 4 BauGB per Rechtsverordnung bestimmen, dass die Begründung von Wohnungs- und Teileigentum an Gebäuden, die ganz oder teilweise zu Wohnzwecken dienen, zum Erhalt der Zusammensetzung der Wohnbevölkerung ebenfalls einer Genehmigungspflicht unterliegt.[21] 9

In **Fremdenverkehrsgebieten** können Gemeinden nach § 22 Abs. 1 BauGB im Bebauungsplan oder einer sonstigen Satzung bei der Begründung oder Teilung von Wohnungs-/Teileigentum sowie Wohnungs- und Teilerbbaurechten eine Genehmigungspflicht verankern.[22] 10

Zur Erschließung oder Neugestaltung von Gebieten sind Gemeinden nach § 45 BauGB zur Umlegung berechtigt. Verfügungen aller Art über ein sich im **Umlegungsgebiet** befindliches Grundstück bedürfen der Genehmigung der Umle- 11

14 BGH DNotZ 1981, 769.

15 Eine Auflistung der Freigrenzen in jedem Bundesland findet sich unter: https://www.dnoti.de/fileadmin/user_upload/Arbeitshilfen/Immobilienrecht/GrdStVG_Freigrenzen_-Stand_2020_07_01.pdf (letzter Zugriff 16.11.2020).

16 Armbrüster/Preuß/Renner/*Rezori* § 18 Rn. 26 ff.; *Winkler* § 18 Rn. 13.

17 Aufzählung von genehmigungsbedürftigen und nicht genehmigungsbedürftigen Rechtsvorgängen in *Zimmermann* MittRhNotK 1990, 185 (190).

18 Zum Sanierungsvermerk *Mödl* MittBayNot 2013, 275 ff.

19 Ua *Zimmermann* MittRhNotK 1990, 185 (189 ff.); Grziwotz/Heinemann/*Heinemann* § 18 Rn. 17.

20 Zur Thematik interessant BVerwG NVwZ 2015, 901.

21 Grziwotz/Heinemann/*Heinemann* § 18 Rn. 19.

22 Armbrüster/Preuß/Renner/*Rezori* § 18 Rn. 22 f.

gungsstelle (§ 51 Abs. 1 Nr. 1 BauGB). Für den Notar ist dies aus dem Umlegungsvermerk im Grundbuch ersichtlich (§ 54 BauGB).[23]

12 **Flurbereinigungsverfahren** haben die Vereinigung ländlichen Grundbesitzes zur Verbesserung von dessen Benutzbarkeit zum Ziel. Sämtliche Eigentümer der einbezogenen Grundstücke bilden die Teilnehmergemeinschaft als eine Körperschaft des öffentlichen Rechts. Diese bedarf für Veräußerungs- und Erwerbsgeschäfte der Zustimmung durch die Flurbereinigungsbehörde (§ 17 Abs. 2 FlurbG). Der einzelne Eigentümer der betroffenen Grundstücke wird in seiner Möglichkeit zur Veräußerung hingegen grds. nicht beschränkt, er bedarf hierfür auch keiner Genehmigung. Ist ein Teilnehmer für ein Grundstück jedoch in Geld abgefunden worden, ist eine Veräußerung oder Belastung unzulässig.[24]

13 Bei Verfügungen von Todes wegen, die die Erbfolge kraft **Höferecht** beschränken, bedarf es in Hamburg, Niedersachsen, Nordrhein-Westfalen und Schleswig-Holstein zudem nach § 16 Abs. 1 Höfeordnung (HöfeO) der Zustimmung des Landwirtschaftsgerichts.[25]

14 Im Rahmen von **Grundstücksenteignungen** nach Art. 74 Nr. 14 GG existieren in den Enteignungsgesetzen des Bundes und der Länder Genehmigungsvorbehalte (zB in § 109 Abs. 1 BauGB) bei Verfügungen über die Grundstücke, für die ein Enteignungsverfahren eingeleitet ist.[26]

15 Nach § 2 Abs. 1 GVO muss in den **neuen Bundesländern** die Auflassung eines Grundstücks sowie die Übertragung eines Erbbaurechts und der jeweilige schuldrechtliche Vertrag durch das zuständige Landratsamt/die zuständige kreisfreie Stadt genehmigt werden.[27]

16 Juristische Personen des öffentlichen Rechts bedürfen regelmäßig, insbes. bei unentgeltlichen Veräußerungen, der **Genehmigung durch die Aufsichtsbehörde**.[28] Die Nachgenehmigung eines Vertrags durch den Gemeinderat stellt keine derartige behördliche Genehmigung dar, es handelt sich vielmehr um eine materiellrechtliche, organschaftliche Genehmigung, auf die nicht gemäß § 18, wohl aber wegen § 17 Abs. 1 hinzuweisen ist.

17 Häufig verlangen die verschiedenen **Kirchenordnungen** für den Erwerb, die Belastung sowie die Veräußerung von Grundstücken oder grundstücksgleichen Rechten eine kirchenrechtliche Genehmigung durch die Kirchenaufsicht.[29]

18 Der Erwerb von inländischen Unternehmen oder Anteile hiervon durch unionsfremde Erwerber unterliegt ebenfalls Genehmigungspflichten (§ 5 Abs. 2, 3 AWG).[30]

IV. Umfang der Hinweispflicht

19 Der Notar muss bei Beurkundung alle erforderlichen Genehmigungen **einzeln** erwähnen, ein pauschaler Verweis (wie: „der Notar hat auf die zur Durchführung des Vertrags erforderlichen Genehmigungen hingewiesen") ist nicht ausreichend.[31] Ob der Notar darüber aufzuklären hat, inwieweit die Erteilung der Genehmigung zum Vollzug des Rechtsgeschäfts von Bedeutung ist, welches Ri-

23 *Winkler* § 18 Rn. 6 f.
24 *Mannel* MittBayNot 2004, 397 ff.; *Winkler* § 18 Rn. 40.
25 Armbrüster/Preuß/Renner/*Rezori* § 18 Rn. 40 ff.; *Winkler* § 18 Rn. 38.
26 Armbrüster/Preuß/Renner/*Rezori* § 18 Rn. 15.
27 Grziwotz/Heinemann/*Heinemann* § 18 Rn. 22; *Winkler* § 18 Rn. 17 ff.
28 *Winkler* § 18 Rn. 32 mwN.
29 Armbrüster/Preuß/Renner/*Rezori* § 18 Rn. 47.
30 Armbrüster/Preuß/Renner/*Rezori* § 18 Rn. 9 ff.
31 BGH NJW 1993, 648 ff.

siko durch die schwebende Unwirksamkeit des Vertrags entsteht und welche Folgen eine Versagung hätte, besteht Uneinigkeit (wird aber überwiegend bejaht).[32] Erkennt der Notar, dass sich die Beteiligten über einen dieser Punkte im Unklaren sind, so hat eine Erläuterung jedenfalls wegen § 17 Abs. 1 zu erfolgen.

Die einzelnen **Voraussetzungen** für die Erteilung der erforderlichen Genehmigungen müssen hingegen unstrittig weder geprüft noch erläutert werden. Insbesondere hat nicht bereits bei Entwurfserstellung abgeklärt zu werden, ob das Rechtsgeschäft genehmigungsfähig ist. Dies obliegt der Genehmigungsbehörde und nicht dem Notar.[33] Bestehen nach Auffassung des Notars jedoch **Zweifel** am Vorliegen der Genehmigungsvoraussetzungen oder an der Pflicht zur Einholung einer Genehmigung, so hat er hierauf hinzuweisen. Dies sollte bereits vor der Beurkundung erfolgen, um den Beteiligten die Möglichkeit einer Klärung mit der zuständigen Stelle zu geben.[34] In derartigen Fällen empfiehlt sich – nach Beauftragung durch die Beteiligten – die Einholung eines Negativzeugnisses (zB nach § 5 GrdstVG). Eine Pflicht zur Überprüfung bereits vorliegender Genehmigungen besteht zudem eindeutig nicht.[35] 20

Die Belehrungsverpflichtung entfällt auch dann nicht, wenn die Beteiligten die Genehmigungserfordernisse möglicherweise kennen. Ein entsprechender Hinweis ist schon deshalb sinnvoll, weil nur so sichergestellt wird, dass die weitere Vorgehensweise zur **Einholung der Genehmigung** und eine hierzu notwendige Bevollmächtigung des Notars geklärt wird.[36] 21

V. Urkundenvermerk

In der Niederschrift ist der erfolgte Hinweis auf die erforderlichen Genehmigungen und eventuell bestehende Zweifel **zu vermerken**, ein rein pauschaler Hinweis reicht nicht aus. Zulässig ist die Benennung der Rechtsgrundlage, der zuständigen Behörde oder eine Beschreibung des Genehmigungserfordernisses.[37] Der Vermerk könnte wie folgt lauten: 22

▶ Der Notar hat darauf hingewiesen, dass zur Wirksamkeit des Vertrags die Genehmigung nach dem Grundstücksverkehrsgesetz sowie eine betreuungsgerichtliche Genehmigung erforderlich sind.[38] ◀

VI. Folgen eines Verstoßes

Aus einem unterbliebenen Hinweis und/oder einem fehlenden entsprechenden Vermerk in der Urkunde resultiert nicht die Unwirksamkeit des Vertrags. 23

Die fehlende Belehrung stellt jedoch eine **Amtspflichtverletzung** dar, welche disziplinarrechtlich geahndet werden kann. Unter Umständen führt sie auch zu Schadensersatzansprüchen der Beteiligten.[39] 24

32 Bejahend ua Frenz/Miermeister/*Frenz* BNotO § 18 Rn. 3; Armbrüster/Preuß/Renner/*Rezori* § 18 Rn. 3; LG Mainz MittRhNotK 2000, 394 (395); verneinend ua Grziwotz/Heinemann/*Heinemann* § 18 Rn. 3.

33 *Ganter* DNotZ 2007, 246 (253 f.); *Winkler* § 18 Rn. 44 mwN; aA LG Leipzig BeckRS 2007, 1652.

34 Grziwotz/Heinemann/*Heinemann* § 18 Rn. 4; *Winkler* § 18 Rn. 45.

35 Grziwotz/Heinemann/*Heinemann* § 18 Rn. 3.

36 OLG Frankfurt/M. BeckRS 2013, 19571.

37 *Winkler* § 18 Rn. 46.

38 Grziwotz/Heinemann/*Heinemann* § 18 Rn. 37 ff.

39 Grziwotz/Heinemann/*Heinemann* § 18 Rn. 41 f.

25 Der Hinweis dient ausschließlich Beweiszwecken. Fehlt er, ist nicht automatisch von dem Unterbleiben des Hinweises auszugehen, allerdings muss der Notar in diesen Fällen dessen Erteilung nachweisen.[40]

§ 19 Unbedenklichkeitsbescheinigung

Darf nach dem Grunderwerbsteuerrecht eine Eintragung im Grundbuch erst vorgenommen werden, wenn die Unbedenklichkeitsbescheinigung des Finanzamts vorliegt, so soll der Notar die Beteiligten darauf hinweisen und dies in der Niederschrift vermerken.

Literatur:

Böhringer, Die Grundbuchsperre des § 22 GrEStG und ihre Ausnahmen, Rpfleger 2000, 99; *Ganter*, Zweifelsfragen im Notarhaftungsrecht, DNotZ 1998, 851; *Schwerin*, Grunderwerbssteuer bei Umwandlungen, RNotZ 2003, 480.

I. Allgemeines

1 Der Notar hat nach § 19 darauf hinzuweisen, wenn der Vollzug des zu beurkundenden Grundstücksrechtsgeschäfts gemäß § 22 GrEStG erst nach Erteilung der Unbedenklichkeitsbescheinigung erfolgen darf. Mit dem Hinweis soll verdeutlicht werden, dass sich die Eigentumsumschreibung selbst dann, wenn der Käufer alles seinerseits Erforderliche getan hat, wegen der Mitwirkung des Finanzamtes verzögern kann. Faktisch führt die Vorschrift zu einer Grundbuchsperre und sichert die Begleichung der Grunderwerbsteuer durch den Käufer ab.[1]

2 Auf die Umsatzsteuer ist § 19 nicht analog anwendbar.[2] Eine parallele gesetzliche Hinweispflicht findet sich hingegen in § 8 Abs. 1 S. 4 ErbStDV, nach welcher der Notar bei der Beurkundung von Schenkungen auf eine mögliche Schenkungsteuerpflicht hinzuweisen hat.

II. Unbedenklichkeitsbescheinigung

3 Bei der Unbedenklichkeitsbescheinigung handelt es sich um eine Bescheinigung des für die Besteuerung zuständigen Finanzamts, die dokumentiert, dass der Eintragung keine grunderwerbsteuerlichen Bedenken entgegenstehen (§ 22 Abs. 1 S. 1 GrEStG). Der beurkundende Notar zeigt das grunderwerbssteuerpflichtige Rechtsgeschäft dem zuständigen Finanzamt (§ 17 GrEstG) an, welches darauf die Grunderwerbsteuer ermittelt und dem Notar nach Begleichung

40 Armbrüster/Preuß/Renner/*Rezori* § 18 Rn. 4; Grziwotz/Heinemann/*Heinemann* § 18 Rn. 37.

1 *Böhringer* Rpfleger 2000, 99; Grziwotz/Heinemann/*Heinemann* § 19 Rn. 2; *Winkler* § 19 Rn. 2.

2 BGH VersR 1971, 740 ff.; *Ganter* DNotZ 1998, 851 (857).

durch den Steuerschuldner die Unbedenklichkeitsbescheinigung übersendet. Das Finanzamt hat die Bescheinigung zu erteilen, wenn die Grunderwerbsteuer entrichtet, sichergestellt oder gestundet worden oder wenn Steuerfreiheit nach §§ 3, 4 GrEStG gegeben ist (§ 22 Abs. 2 S. 1 GrEStG).

Die Eigentumsumschreibung im Grundbuch erfolgt bei Anwendbarkeit des § 22 GrEstG nur mit Vorlage der Unbedenklichkeitsbescheinigung, wobei die Übersendung einer beglaubigten Abschrift ausreicht.[3] Die Unbedenklichkeitsbescheinigung ist keine Wirksamkeitsvoraussetzung der dinglichen Rechtsänderung, sondern lediglich eine die Steuer sichernde förmliche Eintragungsvoraussetzung. Fehlt sie, ist hierdurch das Grundbuch nicht unrichtig geworden; ein Amtswiderspruch darf nicht eingetragen werden.[4] 4

Das Grundbuchamt prüft von Amts wegen, ob der Erwerbsvorgang seiner Art nach einer Steuerpflicht iSd § 1 GrEstG unterliegt und damit eine Unbedenklichkeitsbescheinigung erforderlich ist. Eine konkrete steuerliche Prüfung, insbes. das Vorliegen eines Befreiungstatbestandes, erfolgt durch das Grundbuchamt nicht.[5] Liegt trotz Notwendigkeit keine Unbedenklichkeitsbescheinigung vor, darf das Grundbuchamt eine Zwischenverfügung erlassen, nicht hingegen den Eintragungsantrag sofort zurückweisen.[6] 5

III. Rechtsgeschäfte mit Notwendigkeit einer Unbedenklichkeitsbescheinigung/Ausnahmen

Grundsätzlich unterliegen alle Änderungen der Eigentümerstellung sowie die Begründung und Änderung einer Position als Erbbauberechtigter an inländischen Grundstücken der Grunderwerbsteuerpflicht (§§ 1, 2 GrEStG).[7] §§ 3 und 4 GrEStG statuieren Ausnahmen von dieser Steuerpflicht. Allerdings muss eine Unbedenklichkeitsbescheinigung grds. auch bei Vorliegen eines Ausnahmetatbestandes vorgelegt werden, wie § 22 GrEStG verdeutlicht.[8] Keiner Unbedenklichkeitsbescheinigung bedarf es hingegen in den Fällen, in denen die obersten Finanzbehörden der Länder auf Grundlage des § 22 Abs. 1 S. 2 GrEStG explizit Ausnahmen vorgesehen haben. 6

Eine Unbedenklichkeitsbescheinigung wird neben der klassischen Übereignung von Grundstücken und dem zugrunde liegenden schuldrechtlichen Verpflichtungsgeschäft insbes. auch gefordert bei Änderungen des Gesellschafterbestands von grundstückshaltenden Gesellschaften,[9] ferner bei der Anwachsung des Vermögens einer Personengesellschaft auf den letzten Gesellschafter,[10] der Begründung von Wohnungseigentum nach § 3 WEG[11] sowie der Einräumung und Veräußerung von Sondernutzungsrechten (§ 2 Abs. 2 Nr. 3 GrEStG),[12] der Erbaus- 7

3 KG DNotZ 2012, 299.
4 BeckOK GBO/*Hügel* § 20 Rn. 79.
5 OLG Celle FGPrax 2011, 218.
6 Grziwotz/Heinemann/*Heinemann* § 19 Rn. 12.
7 *Winkler* § 19 Rn. 6 mwN; Auflistung von Einzelfällen, bei denen eine Unbedenklichkeitsbescheinigung erforderlich ist NJW 2000, 1169, Arbeitshilfen.
8 Armbrüster/Preuß/Renner/*Rezori* § 19 Rn. 4.
9 Ua *Schwerin* RNotZ 2003, 480 (483 ff.). Hier wird wohl in naher Zukunft eine Gesetzesänderung zur Erschwerung des Share-Deals bei grundbesitzhaltenden Gesellschaften beschlossen werden.
10 Auflistung von Einzelfällen, bei denen eine Unbedenklichkeitsbescheinigung erforderlich ist, NJW 2000, 1169, Arbeitshilfen.
11 *Schöner/Stöber* GrundbuchR Rn. 2859.
12 MüKoBGB/*Commichau* WEG § 10 Rn. 34.

einandersetzung (auch wenn diese nach § 3 GrEStG steuerbefreit ist),[13] bei Rückerwerbsvorgängen (mit der Konkretisierung des § 16 GrEStG), im Umlegungsverfahren soweit Mehrzuteilungen erfolgen (§ 1 Abs. 1 Nr. 3 lit. b GrEStG), bei Umwandlungen nach dem UmwG (§ 1 Abs. 1 Nr. 3 GrEStG) mit Ausnahme von Formwechseln[14] und bei Vermessungskäufen.[15]

8 Keiner Vorlage einer Unbedenklichkeitsbescheinigung bedarf die Begründung von Wohnungseigentum nach § 8 WEG,[16] die Einräumung von Vorkaufsrechten, die Abgabe eines Vertragsangebots sowie das Erlöschen eines Erbbaurechts durch Zeitablauf.[17] Auf Grundlage der Geschäftsanweisung für die Behandlung von Grundbuchsachen kann in Bayern für den Grundbuchvollzug ferner in folgenden Fällen auf eine Unbedenklichkeitsbescheinigung verzichtet werden: Erwerb durch den Ehegatten des Veräußerers, Rechtsgeschäfte zwischen Personen, die miteinander in gerader Linie verwandt sind, Grunderwerb durch den Bund, Länder oder Gemeinden, Erwerb unterhalb der Bagatellgrenze von 2.500 EUR und Erwerb von Todes wegen.[18]

IV. Umfang der Hinweispflicht

9 Der Notar muss auf das Erfordernis einer Unbedenklichkeitsbescheinigung hinweisen, **nicht** hingegen darauf, ob **Grunderwerbsteuer** überhaupt anfällt.[19] Auch zur konkreten Höhe des Grunderwerbsteuersatzes oder darauf, wie man die Steuer vermeiden könnte, braucht nicht eingegangen zu werden.[20] Steuerliche Beratungspflichten werden über § 19 nicht begründet.[21] Die Voraussetzungen einer Steuerfreistellung muss der Notar ebenfalls nicht prüfen, selbst dann nicht, wenn er den Antrag der Beteiligten auf Steuerfreiheit beurkundet hat.[22]

10 Nur wenn die steuerliche Folge das Rechtsgeschäft unmittelbar berührt, muss ausnahmsweise eine entsprechende Belehrung des Notars erfolgen, um die Beteiligten vor Rechtsfolgen zu bewahren, die sie gerade vermeiden wollten (zB der Hinweis auf Steuerschuldenhaftung nach §§ 75 ff. AO, wenn die Parteien mit einem vereinbarten Haftungsausschluss nach § 25 Abs. 2 HGB eine Haftung für Altverbindlichkeiten gerade vermeiden wollten).[23] Ist dem Notar zudem erkennbar, dass einem Beteiligten ein steuerlicher Schaden droht, den dieser nicht absehen kann, ist er über § 17 Abs. 1 angehalten, darüber selbst zu belehren oder die Beteiligten an einen **Steuerberater zu verweisen**.[24]

---

13 Auflistung von Einzelfällen, bei denen eine Unbedenklichkeitsbescheinigung erforderlich ist, NJW 2000, 1169, Arbeitshilfen.

14 BFH MittBayNot 1997, 124.

15 Grziwotz/Heinemann/*Heinemann* § 19 Rn. 9 Auflistung von Einzelfällen, bei denen eine Unbedenklichkeitsbescheinigung erforderlich ist NJW 2000, 1169 (1170) Arbeitshilfen; *Winkler* § 19 Rn. 8.

16 *Schöner/Stöber* GrundbuchR Rn. 2858.

17 Auflistung von Einzelfällen, bei denen eine Unbedenklichkeitsbescheinigung erforderlich ist NJW 2000, 1169, Arbeitshilfen.

18 Tabellarische Übersicht über die Verwaltungsanweisungen der verschiedenen Bundesländer zum Verzicht auf die Vorlage einer Unbedenklichkeitsbescheinigung findet sich unter, DNotI; Arbeitshilfen; Steuerrecht.

19 Frenz/Miermeister/*Frenz* § 19 Rn. 1; *Winkler* § 19 Rn. 5.

20 BGH DNotZ 1992, 813 (815).

21 Grziwotz/Heinemann/*Heinemann* § 19 Rn. 3.

22 BGH DNotZ 2008, 370 (373); Grziwotz/Heinemann/*Heinemann* § 19 Rn. 7.

23 BGH DNotZ 2008, 370.

24 Grziwotz/Heinemann/*Heinemann* § 19 Rn. 3, 7; BGH DNotZ 2008, 370 (373).

V. Urkundenvermerk

In der Urkunde ist der Hinweis auf das Erfordernis der Unbedenklichkeitsbescheinigung zu vermerken. Die Vermerkpflicht dient **Beweiszwecken**. Ein Vermerk könnte wie folgt lauten: 11

▶ Der Notar hat darauf hingewiesen, dass eine Eigentumsumschreibung im Grundbuch erst bei Vorliegen der Unbedenklichkeitsbescheinigung des Finanzamts erfolgen kann. ◀

VI. Folgen eines Verstoßes

Während der unrichtige Hinweis auf das Erfordernis einer Unbedenklichkeitsbescheinigung keine **Amtspflichtverletzung** darstellt, verletzt der Notar seine Amtspflichten, wenn er einen entsprechenden Hinweis unterlässt. Ein überflüssiger Hinweis ist unschädlich, weil über das Erfordernis einer Unbedenklichkeitsbescheinigung letztverbindlich das Finanzamt und nicht der Notar zu entscheiden hat. Allerdings sollte man den Vermerk nicht pauschal in jede Niederschrift einfügen; dies widerspräche dem Verständnis einer im Einzelfall inhaltlich richtigen Urkunde. 12

Der fehlende Vermerk führt nicht zur Unwirksamkeit des Vertrages, stellt aber ebenfalls ein Dienstvergehen dar und erschwert die Beweisführung des Notars.[25] 13

VII. Mitteilungspflicht

Der Notar hat alle Rechtsgeschäfte über inländische Grundstücke und Erbbaurechte gemäß § 18 GrEStG dem zuständigen **Finanzamt mitzuteilen**. Die Anzeige muss unter Verwendung der dafür seit dem 1.1.2018 neu ausgearbeiteten Vordrucke erfolgen. Eine Abschrift der Urkunde über den betreffenden Vorgang ist beizufügen und die Absendung der Anzeige auf der Urkunde zu vermerken (§ 18 Abs. 4 GrEStG). Die Mitteilung muss innerhalb von **zwei Wochen nach der Beurkundung** vollständig an das Finanzamt übermittelt werden, auch wenn das Rechtsgeschäft noch nicht wirksam oder von einer Besteuerung ausgenommen ist (§ 18 Abs. 3 GrEStG). Dem Notar unbekannte Angaben hat er jedoch nicht extra zu ermitteln.[26] Ausfertigungen dürfen erst nach Absendung der vollständig ausgefüllten Anzeige ausgehändigt werden (§ 21 GrEStG). Die Verletzung dieser Pflichten kann negative Konsequenzen bei der Rückgängigmachung eines Grundstücksgeschäfts zur Folge haben, wie § 16 Abs. 5 GrEStG verdeutlicht.[27] 14

§ 20 Gesetzliches Vorkaufsrecht

Beurkundet der Notar die Veräußerung eines Grundstücks, so soll er, wenn ein gesetzliches Vorkaufsrecht in Betracht kommen könnte, darauf hinweisen und dies in der Niederschrift vermerken.

Literatur:

Böhringer, Das neue hochwasser- und küstenschutzrechtliche Vorkaufsrecht nach § 99a WHG, DNotZ 2017, 887; *Falkner,* Vorkaufsrechte im Grundstücksverkehr,

25 *Winkler* § 19 Rn. 15 f.
26 Grziwotz/Heinemann/*Heinemann* § 19 Rn. 11 mwN.
27 Armbrüster/Preuß/Renner/*Rezori* § 19 Rn. 8 ff.

MittBayNot 2016, 378; *Grauel*, Landesrechtliche Vorkaufsrechte, RNotZ 2002, 210; *Hecht*, Das neue bundesrechtliche Naturschutzvorkaufsrecht (§ 66 BNatSchG) und seine Auswirkungen auf die notarielle Praxis, DNotZ 2010, 323; *Soester*, Öffentlichrechtliche Vorkaufsrechte aus der notariellen Perspektive, RNotZ 2018, 1 (13).

I. Anwendungsbereich

1 Als weitere Konkretisierung der Belehrungspflicht aus § 17 Abs. 1 verlangt § 20 den Hinweis auf eventuell bestehende **gesetzliche Vorkaufsrechte**, die als solche ganz überwiegend nicht im Grundbuch eingetragen sind.[1] Auf **rechtsgeschäftlich vereinbarte Vorkaufsrechte** muss nach § 20 nicht hingewiesen werden, gegebenenfalls jedoch wegen § 17 Abs. 1.[2]

2 Zudem muss es sich um ein gesetzliches Vorkaufsrecht bei der **Veräußerung eines Grundstücks** handeln. Bei einem Tausch, einer Schenkung oder Übergabe, einer Erbauseinandersetzung, der Grundstückseinbringung in eine Gesellschaft oder der Veräußerung eines Miteigentumbruchteils an einen Miteigentümer besteht ein Vorkaufsrecht nicht, wohl aber bei der Veräußerung eines Miteigentumbruchteils an einen Dritten.[3] Auch das gesetzliche Vorkaufsrecht von Miterben nach § 2034 BGB fällt nicht in den Anwendungsbereich des § 20, eine Hinweispflicht hierauf ergibt sich jedoch wiederum aus der allgemeinen Belehrungspflicht des Notars. Anders als § 20 begründet § 17 Abs. 1 allerdings keine Vermerkpflicht.[4]

3 Gesetzliche Vorkaufsrechte begründen zumeist keine Grundbuchsperre, vor Eigentumsumschreibung (und als sicherster Weg bereits vor Kaufpreisfälligkeit) sollte aber dennoch geklärt werden, ob ein Vorkaufsrecht ausgeübt wird, weil dies den Vollzug des Vertrags deutlich erleichtert.

II. Einzelne Vorkaufsrechte

4 Das praxisrelevanteste Vorkaufsrecht ist das **gemeindliche Vorkaufsrecht** nach §§ 24, 25 BauGB. Dieses steht den Gemeinden zum Wohl der Allgemeinheit beim Kauf von Grundstücken, insbes. bei Flächen zu öffentlichen Zwecken im Geltungsbereich eines Bebauungsplans, in förmlich festgelegten Sanierungsgebieten, städtebaulichen Entwicklungsbereichen, bei Vorliegen einer Erhaltungssatzung, bei unbebauten Grundstücken im Innenbereich, die überwiegend mit Wohngebäuden bebaut werden könnten sowie bei unbebauten Flächen im Außenbereich im Geltungsbereich eines Flächennutzungsplans mit möglicher Wohnbebauung, zu.[5] Kein gemeindliches Vorkaufsrecht besteht hingegen bei dem Erwerb von Rechten nach dem WEG sowie bei Erbbaurechten (§ 24 Abs. 2 BauGB). § 26 BauGB statuiert Ausnahmen vom Vorkaufsrecht, so insbes. der Erwerb eines Grundstücks durch den Ehegatten des Veräußerers, durch eine Person, die mit dem Veräußerer in gerader Linie verwandt oder verschwä-

---

1 Frenz/Miermeister/*Frenz* BeurkG § 20 Rn. 2. Ausnahme § 24 Abs. 1 Nr. 2 und 3 BauGB, bei Grundstücken in einem Sanierungs-, städtebaulichen Entwicklungs- oder Umlegungsgebiet wird ein entsprechender Vermerk im Grundbuch eingetragen.
2 *Falkner* MittBayNot 2016, 378; *Winkler* § 20 Rn. 1.
3 *Winkler* § 20 Rn. 3 mwN.
4 Grziwotz/Heinemann/*Heinemann* § 20 Rn. 3; *Winkler* § 20 Rn. 47.
5 *Falkner* MittBayNot 2016, 378.

gert ist sowie durch Personen, die mit dem Veräußerer in der Seitenlinie bis zum dritten Grad verwandt sind (Schwester, Bruder, Tante, Onkel, Nichte, Neffe). Da der Notar oftmals nicht abschließend abschätzen kann, ob ein Grundstück dem Vorkaufsrecht unterliegt, sollte außer bei Verkäufen in den vorgenannten Fällen immer ein Negativzeugnis der Gemeinde beantragt werden (§ 28 Abs. 1 S. 2 BauGB).[6]

Gemäß § 4 RSiedlG kann bei einem Verkauf von **landwirtschaftlichen Grundstücken**, Moor- und Ödland mit einer Fläche von über zwei Hektar ein Vorkaufsrecht durch das Siedlungsunternehmen ausgeübt werden.[7] 5

Das **naturschutzrechtliche Vorkaufsrecht** des Bundes wird durch landesrechtliche Vorkaufsrechte verdrängt. Nach Art. 39 BayNaturSchG bspw. steht dem Staat ein Vorkaufsrecht beim Verkauf von Grundstücken zu, auf denen sich oberirdische Gewässer befinden oder angrenzen, die in Naturschutzgebieten liegen oder auf denen sich Naturdenkmäler befinden.[8] 6

Auch weitere **Landesgesetze enthalten Vorkaufsrechte** wie zB das denkmalschutzrechtliche Vorkaufsrecht oder das forstrechtliche Vorkaufsrecht.[9] § 99a WHG statuiert ein wasserrechtliches Vorkaufsrecht für die Länder an Grundstücken, die für den Hochwasser- sowie Küstenschutz dienlich sein können. Abweichende Ländergesetze sind zulässig, so bspw. Art. 57a BayWG.[10] 7

Nach § 577 Abs. 1 BGB hat zudem der **Mieter einer Wohnung** ein Vorkaufsrecht für den ersten Verkaufsfall[11] an dieser, wenn nach der Überlassung an ihn Wohnungseigentum begründet wurde oder werden soll.[12] Auf den Verkauf nach Realteilung eines Wohnungsgrundstücks findet das Mietervorkaufsrecht ebenfalls analog Anwendung.[13] Auf dieses Vorkaufsrecht muss der Notar allerdings nicht bereits dann hinweisen, wenn ihm die Vermietung des Objekts bekannt ist. Vielmehr muss er weiter Kenntnis von einer (geplanten) Teilung und dem Vorliegen des ersten Verkaufsfalls haben.[14] 8

Den Planungsträgern stehen in **Planfeststellungs- oder Plangenehmigungsverfahren** ebenfalls Vorkaufsrechte, bspw. nach § 19 Abs. 3 Allgemeines Eisenbahngesetz (AEG), § 9a Abs. 6 Bundesfernstraßengesetz (FStrG), § 15 Abs. 3 Bundeswasserstraßengesetz (WaStrG), zu.[15] 9

III. Umfang der Hinweis- und Vermerkpflicht

Falls nach der **abstrakten Einschätzung** des Notars Vorkaufsrechte in Betracht kommen, hat er hierauf hinzuweisen. Während bei § 18 auf jede erforderliche Genehmigung im Einzelnen hinzuweisen ist, stellt ein allgemeiner Hinweis auf eventuell bestehende gesetzliche Vorkaufsrechte keine Unzulänglichkeit dar. Es 10

6 *Winkler* § 20 Rn. 4 ff.; Grziwotz/Heinemann/*Heinemann* § 20 Rn. 10.
7 Armbrüster/Preuß/Renner/*Rezori* § 20 Rn. 19 ff.; *Falkner* MittBayNot 2016, 378 (379).
8 Grziwotz/Heinemann/*Heinemann* § 20 Rn. 11; *Falkner* MittBayNot 2016, 378 (379); *Hecht* DNotZ 2010, 323.
9 Armbrüster/Preuß/Renner/*Rezori* § 20 Rn. 22; *Grauel* RNotZ 2002, 210.
10 *Böhringer* DNotZ 2017, 887; Auflistung landesrechtlicher Vorkaufsrechte an Grundstücken sowie Informationen zur Ausübung des hochwasserschutzrechtlichen Vorkaufsrechts in den einzelnen Bundesländern findet sich auf der Seite des DNotI unter Arbeitshilfen, Immobilienrecht.
11 BGH DNotZ 2008, 116.
12 Armbrüster/Preuß/Renner/*Rezori* § 20 Rn. 23 ff.; *Falkner* MittBayNot 2016, 378 (380 ff.).
13 BGH NJW 2008, 2257.
14 Grziwotz/Heinemann/*Heinemann* § 20 Rn. 16.
15 *Winkler* § 20 Rn. 26 ff.

besteht auch keine Pflicht, sämtliche theoretisch denkbare Vorkaufsrechte zu ermitteln.[16] Diese weniger strenge Sichtweise resultiert zum einen aus der Fülle der Vorkaufsrechte, zum anderen aber auch daraus, dass der Vollzug des Grundstücksgeschäfts von der Erteilung der notwendigen behördlichen und gerichtlichen Genehmigungen abhängt, während die Vorkaufsrechte in den meisten Fällen (Ausnahme § 28 BauGB) keine unmittelbare, zwangsläufige Auswirkung auf den Vertrag haben. Der Notar braucht darüber hinaus nicht prüfen, ob die Voraussetzungen für die Ausübung des Vorkaufrechts tatsächlich vorliegen und ob dieses ausgeübt wird.[17]

11 Auch eine umfassende Erläuterung der Voraussetzungen, Bedeutung und Folgen dieser Vorkaufsrechte muss (anders als bei § 18)[18] nicht erfolgen; den Beteiligten hat jedoch bereits wegen § 17 Abs. 1 die Wirkung eines Vorkaufsrechts generell bekannt zu sein.[19] In diesem Rahmen ist auch darauf hinzuweisen, dass das Vorkaufsrecht weder durch Rücktrittsrechte noch durch auflösende Bedingungen umgangen werden kann. Bei realistischer Gefahr der Ausübung eines Vorkaufsrechts, sollte der Notar entsprechende vertragliche Regelungen vorschlagen.[20]

12 Der Notar sollte eventuell in Betracht kommende Vorkaufsrechte in der Niederschrift **vermerken.** Ein allgemeiner Hinweis auf das Bestehen gesetzlicher Vorkaufsrechte wird zwar als ausreichend erachtet, allerdings ist die konkrete Nennung der in Betracht kommenden Vorkaufsrechte vorzugswürdig. Die Vermerkpflicht dient Beweiszwecken.[21] Ein entsprechender Vermerk könnte wie folgt lauten:

▶ Der Notar hat darauf hingewiesen, dass ein gesetzliches Vorkaufsrecht nach dem BauGB in Betracht kommen könnte. ◀

IV. Verstoß

13 Ein Verstoß gegen die Belehrungs- und Vermerkpflicht führt nicht zur Unwirksamkeit des Vertrags, stellt jedoch eine **Amtspflichtverletzung** dar. Ein unterlassener Hinweis kann zudem **Schadensersatzpflichten** des Notars auslösen.[22]

V. Vollzug

14 Die Einholung der erforderlichen Bescheinigungen über das Nichtbestehen oder die Nichtausübung der Vorkaufsrechte kann durch den Notar nur dann erfolgen, wenn ihm durch die Beteiligten eine entsprechende **Vollzugsvollmacht** erteilt wird. Diese Vollmacht sollte jedoch nicht zur Entgegennahme einer Vorkaufsrechtserklärung ermächtigen, denn mit Zugang des Bescheids beim Notar beginnen die Rechtsmittelfristen zu laufen und verkürzen sich entsprechend für die Beteiligten.[23]

15 Den vorkaufsberechtigten Behörden muss zunächst **keine Abschrift** übermittelt werden. Falls hingegen Anhaltspunkte dafür bestehen, dass ein Vorkaufsrecht

---

16 Grziwotz/Heinemann/*Heinemann* § 20 Rn. 4; Armbrüster/Preuß/Renner/*Rezori* § 20 Rn. 1.
17 *Winkler* § 20 Rn. 50.
18 Dies wird mit der Vorgängervorschrift von § 20 begründet, welche noch die Aufklärung über die Bedeutung des Vorkaufsrechts enthielt, s.a. Frenz/Miermeister/*Frenz* § 20 Rn. 1.
19 Grziwotz/Heinemann/*Heinemann* § 20 Rn. 5; *Soester* RNotZ 2018, 1 (11).
20 *Winkler* § 20 Rn. 49.
21 Grziwotz/Heinemann/*Heinemann* § 20 Rn. 22.
22 *Winkler* § 20 Rn. 53; Grziwotz/Heinemann/*Heinemann* § 20 Rn. 26 f.
23 *Soester* RNotZ 2018, 1 (13).

ausgeübt wird, ist vor allem zur Auslösung der gemeindlichen Frist des § 28 Abs. 2 BauGB eine Ausfertigung zu übermitteln.[24]

§ 20a Vorsorgevollmacht

Beurkundet der Notar eine Vorsorgevollmacht, so soll er auf die Möglichkeit der Registrierung bei dem Zentralen Vorsorgeregister hinweisen.

Literatur:

Görk, Das zentrale Vorsorgeregister der Bundesnotarkammer – ein zentraler Baustein bei der Durchsetzung des Selbstbestimmungsrechts, FÜR 2007, 82.

I. Registrierungsmöglichkeiten beim Zentralen Vorsorgeregister

Sowohl privatschriftliche, als auch öffentlich beglaubigte und notariell beurkundete Vorsorgevollmachten[1] können beim Zentralen Vorsorgeregister der Bundesnotarkammer registriert werden (www.vorsorgeregister.de). Die Rechtsgrundlage hierzu findet sich in § 78a BNotO. 1

Registrierungsfähig sind neben Vorsorgevollmachten auch Betreuungsverfügungen (§ 10 VRegV) und Patientenverfügungen im Zusammenhang mit einer Vorsorgevollmacht oder einer gesonderten Betreuungsverfügung (§§ 1 Abs. 1 Nr. 6 lit. c, 10 VRegV). Die Eintragung einer isolierten Patientenverfügung ist hingegen momentan nicht möglich,[2] auch wenn gegenwärtig geprüft wird, ob Ärzten und Krankenhäusern die Einsicht in das Register eröffnet werden könnte.[3] 2

Anders als Verfügungen von Todes wegen können Vorsorgevollmachten neben der Registrierung nicht bei Gericht hinterlegt werden.[4] Ein weiterer Unterschied zu erbfolgerelevanten Verfügungen ist der Umstand, dass die Weitergabe der Informationen durch den Notar an das Zentrale Testamentsregister verpflichtend ist, während die Übermittlung der Informationen an das Zentrale Vorsorgeregister nicht obligatorisch ist.[5] Lediglich die Hinweispflicht auf die Möglichkeit der Registrierung wurde mit § 20a statuiert. 3

II. Vorsorgevollmachten

Registriert werden können lediglich Vorsorgevollmachten. General- oder Spezialvollmachten, die nicht zum Zwecke der eigenen Fürsorge erteilt wurden, können hingegen nicht in das Zentrale Vorsorgeregister aufgenommen werden.[6] 4

24 Armbrüster/Preuß/Renner/*Rezori* § 20 Rn. 16; *Soester* RNotZ 2018, 1 (12); BGH NVwZ 1995, 101 (102).
1 BeckOK BGB/*Müller-Engels* BGB § 1901c Rn. 9.
2 Schippel/Bracker/*Görk* BNotO § 78a Rn. 15; BeckOK BGB/*Müller-Engels* BGB § 1901c Rn. 9.
3 BeckOK BGB/*Müller-Engels* BGB § 1901c Rn. 9.
4 S. hierzu BeckOK BGB/*Müller-Engels* BGB § 1901c Rn. 8.
5 Schippel/Bracker/*Görk* BNotO § 78a Rn. 17.
6 *Winkler* § 20a Rn. 4.

5 Der Begriff der Vorsorgevollmacht ist weder in § 20a noch in § 78a BNotO definiert. Es handelt sich um eine rechtsgeschäftlich erteilte Vollmacht, welche die **Selbstbestimmung des Vollmachtgebers** für den Fall **sichern** soll, dass ein eigenständiges Agieren nicht mehr möglich ist. Vorsorgevollmachten liegen also immer dann vor, wenn sie ein Fürsorgebedürfnis abdecken und geeignet sind, eine Betreuung entbehrlich zu machen.[7]

III. Zweck des Hinweises

6 Durch den notariellen Hinweis auf die Möglichkeit der Registrierung soll erreicht werden, dass möglichst viele Vorsorgevollmachten registriert und damit die **Anzahl von Betreuungsverfahren reduziert** wird (s. § 6 VRegV),[8] weshalb den Beteiligten eine Weitergabe der Informationen an das Vorsorgeregister durchaus zu empfehlen ist. Zur sinnvollen Nutzung des Registers durch das Betreuungsgericht sollten auch die Daten des Bevollmächtigten übermittelt werden. Den Notar trifft jedoch keine Pflicht, auf die Übermittlung der Angaben des Bevollmächtigten hinzuwirken, wie auch § 2 Abs. 1 S. 2 VRegV verdeutlicht.[9]

IV. Umfang und Inhalt des notariellen Hinweises

7 Der Notar hat im Rahmen der Beurkundung einer Vorsorgevollmacht auf die Möglichkeit der Registrierung im Zentralen Vorsorgeregister und die Gefahren bei einer **Nichtregistrierung** hinzuweisen.[10]

8 Über die **Einzelheiten** des Registrierungsverfahrens, die Höhe der Registrierungskosten und den Umfang der hinterlegten Daten hat der Notar ungefragt hingegen nicht zu belehren.[11]

9 Die Hinweispflicht wird nach dem Wortlaut des § 20a nur für **beurkundete** Vorsorgevollmachten statuiert. **Beglaubigt** der Notar lediglich die Unterschrift unter einer privat gefassten oder **fremden notariell entworfenen** Vorsorgevollmacht, sollte ein entsprechender Hinweis erfolgen, der Notar ist hierzu jedoch nicht verpflichtet.[12] Hat der Notar hingegen auch den zu beglaubigenden **Vollmachtstext entworfen**, trifft ihn trotz des Wortlauts des § 20a eine Hinweispflicht, da Entwurfsanfertigungs- mit Beglaubigungstätigkeit als Einheit die gleichen Amtspflichten auslösen wie die Erstellung eines Entwurfs und dessen Beurkundung.[13] Wird gegen die Hinweispflicht verstoßen, stellt dies ein Dienstvergehen dar und kann zur Amtshaftung des Notars führen. Die Wirksamkeit der Vollmacht bleibt hiervon jedoch unberührt.[14]

7 Armbrüster/Preuß/Renner/*Rezori* § 20a Rn. 3 ff.; Grziwotz/Heinemann/*Heinemann* § 20a Rn. 3.

8 Armbrüster/Preuß/Renner/*Rezori* § 20a Rn. 1; *Görk* FPR 2007, 82 ff.

9 Grziwotz/Heinemann/*Heinemann* § 20a Rn. 10; stärkere Verpflichtung laut *Winkler* § 20a Rn. 11 und *Görk* FPR 2007, 82 (83), wobei sich alle einig sind, dass es dringend anzuraten ist, zumindest die Person des Bevollmächtigten zu registrieren.

10 Kurze VorsorgeR/*Elsing* BNotO § 78a Rn. 7; Grziwotz/Heinemann/*Heinemann* § 20a Rn. 8; Armbrüster/Preuß/Renner/*Rezori* § 20a Rn. 11 laut dem sich die Hinweispflicht über die Folgen einer Nichtregistrierung nicht aus § 20a ergibt, aber dennoch erfolgen sollte.

11 Armbrüster/Preuß/Renner/*Rezori* § 20a Rn. 11; BeckOK BeurkG/*von Schwander* § 20a Rn. 8.

12 Frenz/Miermeister/*Frenz* § 20a Rn. 11; Grziwotz/Heinemann/*Heinemann* § 20a Rn. 7 mwN.

13 Armbrüster/Preuß/Renner/*Rezori* § 20a Rn. 12; *Winkler* § 20a Rn. 1; BeckOK BeurkG/*von Schwander* § 20a Rn. 5.

14 BeckOGK/Regler § 20a Rn. 17.

V. Urkundenvermerk

Ein erfolgter Hinweis hat nicht zwangsläufig in der Urkunde vermerkt zu werden,[15] zu Beweiszwecken erscheint eine kurze Erwähnung jedoch sinnvoll, insbes. wegen der damit einhergehenden Zustimmung zur Datenübermittlung bei einer gewünschten Registrierung. Ein entsprechender Vermerk könnte wie folgt lauten: 10

▶ Die Beteiligten wünschen die Erfassung der Urkunde und der Bevollmächtigten im Zentralen Vorsorgeregister der Bundesnotarkammer. *Alternativ*: Der Notar hat auf die Möglichkeit der Erfassung dieser Urkunde im Zentralen Vorsorgeregister der Bundesnotarkammer hingewiesen, die Beteiligten verzichten hierauf jedoch vorerst. ◀

VI. Registrierung und Ablieferungspflicht

Die Registrierung der Vorsorgevollmachten erfolgt gemäß § 2 VRegV durch schriftlichen Antrag des Vollmachtgebers. In der Regel wird der Notar beauftragt, als Bote oder Vertreter des Beteiligten für diesen einen entsprechenden Antrag zu stellen, was unmittelbar nach der Beurkundung zu erfolgen hat. Hierfür wird ein Zeitraum von drei bis fünf Arbeitstagen noch als angemessen erachtet.[16] 11

Die Daten des Bevollmächtigten dürfen ohne dessen Zustimmung übermittelt werden. Der Bevollmächtigte wird vom Vorsorgeregister gemäß § 4 VRegV über die Speicherung seiner Daten informiert und kann dieser widersprechen, was als ausreichender Schutz angesehen wird.[17] 12

Das Vorsorgeregister prüft Inhalt, Umfang und Wirksamkeit der Vorsorgevollmacht nicht. Es obliegt vielmehr dem Betreuungsgericht zu beurteilen, ob die Vollmacht eine Betreuung entbehrlich macht.[18] 13

Betreuungsverfügungen sind ab Kenntniserlangung des Besitzers von der Einleitung eines Betreuungsverfahrens unverzüglich an das Betreuungsgericht abzuliefern (§ 1901c S. 1 BGB). Über Vorsorgevollmachten ist das Betreuungsgericht im Falle der Einleitung eines Betreuungsverfahrens lediglich zu informieren und nach Aufforderung eine Abschrift an das Gericht zu übermitteln (§ 1901c S. 2 und 3 BGB). Die Urschriften der Vorsorgevollmachten sind damit durch den Notar nicht an das Gericht abzuliefern, bei Kenntniserlangung eines Betreuungsverfahrens ist aber auch der Notar zur Informationsweitergabe verpflichtet.[19] 14

§ 21 Grundbucheinsicht, Briefvorlage

(1) [1]Bei Geschäften, die im Grundbuch eingetragene oder einzutragende Rechte zum Gegenstand haben, soll sich der Notar über den Grundbuchinhalt unterrichten. [2]Sonst soll er nur beurkunden, wenn die Beteiligten trotz Belehrung über die damit verbundenen Gefahren auf einer sofortigen Beurkundung bestehen; dies soll er in der Niederschrift vermerken.

---

15 BeckOK BeurkG/*von Schwander* § 20a Rn. 7;; Grziwotz/Heinemann/*Heinemann* § 20a Rn. 11.
16 Armbrüster/Preuß/Renner/*Rezori* § 20a Rn. 14; Grziwotz/Heinemann/*Heinemann* § 20a Rn. 9.
17 Grziwotz/Heinemann/*Heinemann* § 20a Rn. 10.
18 Armbrüster/Preuß/Renner/*Rezori* § 20a Rn. 8.
19 BeckOK BGB/*Müller-Engels* BGB § 1901c Rn. 6.

(2) Bei der Abtretung oder Belastung eines Briefpfandrechts soll der Notar in der Niederschrift vermerken, ob der Brief vorgelegen hat.

Literatur:

Schmidt, Keine allgemeine Pflicht des Notars zur Einsicht in die Grundakten beim Verkauf von Eigentumswohnungen – BGH, Urteil vom 4.12.2008 – III ZR 51/08, ZWE 2009, 76.

I. Zweck der Einsichtsnahmepflicht

1 Die Norm enthält mit der Verpflichtung zur Grundbucheinsicht und dem Vermerk über die Vorlage des Grundschuldbriefs zwei voneinander unabhängige Regelungen.

2 Bei Rechtsgeschäften, die im Grundbuch eingetragene oder einzutragende Rechte zum Gegenstand haben, soll der Notar – obwohl er grds. auf die Angaben der Beteiligten vertrauen darf und den Sachverhalt nicht selbst ermitteln muss – den Grundbuchinhalt einsehen. Diese Vorschrift dient dem **reibungslosen Vollzug** der beurkundeten Rechtsgeschäfte. Der Notar kann so auf bestehende dingliche Belastungen frühzeitig hinweisen, auf eine Klärung hinwirken und damit letztlich das Grundbuchamt entlasten.[1]

II. Anwendungsbereich (Einsichtsnahmepflicht)

3 Die Einsicht muss bei der **Beurkundung** von Willenserklärungen sowie bei Beglaubigungen von grundbuchrelevanten Rechtsgeschäften erfolgen, dessen Entwurf der Notar selbst erstellt hat. Nicht erforderlich ist eine Unterrichtung über den Grundbuchinhalt bei **Unterschriftsbeglaubigungen** auf fremden Entwürfen. Bei Tatsachenbeurkundungen und Vollzugstätigkeiten ergibt sich eine Einsichtsnahmepflicht ebenfalls nicht aus § 21, eventuell jedoch aus § 17 Abs. 1.[2]

4 Die Pflicht zur Unterrichtung über den Grundbuchinhalt besteht nur bei Rechtsgeschäften, die **unmittelbar** im Grundbuch eingetragene oder einzutragende Rechte zum Gegenstand haben, mithin insbes. bei Rechtsgeschäften über das Eigentum an Grundstücken, Erbbaurechte, Grunddienstbarkeiten, Nießbrauch, beschränkte persönliche Dienstbarkeiten, Vorkaufsrechte und Vormerkungen. Dabei kann es sich sowohl um Erfüllungsgeschäfte, als auch um das zugrundeliegende Verpflichtungsgeschäft handeln.[3] Rechtsgeschäftliche Handlungen, die lediglich mittelbar mit einer Veräußerung oder dem Erwerb eines Grundstücks zusammenhängen, wie eine Erwerbsvollmacht, lösen die Einsichtnahmepflicht hingegen nicht aus.[4]

1 Frenz/Miermeister/*Frenz* § 21 Rn. 1b; Grziwotz/Heinemann/*Heinemann* § 21 Rn. 1.
2 Grziwotz/Heinemann/*Heinemann* § 21 Rn. 3; Armbrüster/Preuß/Renner/*Rezori* § 21 Rn. 2.
3 *Winkler* § 21 Rn. 6; BGH NJW 1992, 3237 (3240).
4 Grziwotz/Heinemann/*Heinemann* § 21 Rn. 4 mwN; BGH NJW 1992, 3237 (3240); aA OLG Düsseldorf VersR 1987, 1096.

III. Umfang der Einsichtnahmepflicht

Einzusehen nach § 21 ist das Grundbuch, das Wohnungs- und Teileigentumsgrundbuch sowie das Erbbaugrundbuch und Grundbücher des vertragsgegenständlichen Rechts, die aufgrund landesrechtlicher Vorschriften existieren, nicht hingegen das Handels-, Genossenschafts-, Vereins-, Güterrechts- oder Schiffsregister, wie sich auch aus dem Wortlaut der Norm eindeutig ergibt.[5] 5

Eine Verpflichtung zur Kenntnisverschaffung des Grundbuchinhalts von Nachbar-grundstücken besteht idR nicht. Auch eine Verpflichtung auf Einsichtnahme der Grundakten ergibt sich unmittelbar aus § 21 nicht.[6] Allerdings ist eine Einsichtnahme in die Grundakten durchaus sinnvoll, weil noch unerledigte Eintragungsanträge beim Grundbuchamt vorliegen können. Wenn dem Notar bekannt ist oder er sicher damit zu rechnen hat, dass dem Vollzug des Rechtsgeschäfts unerledigte Eintragungsanträge entgegenstehen, ist er nach § 17 Abs. 1 jedenfalls verpflichtet, die Grundakten einzusehen.[7] 6

Es müssen sämtliche Abteilungen des Grundbuchs eingesehen werden, allerdings besteht keine Pflicht, alle Belastungen in der Niederschrift aufzulisten. Zudem darf der Notar von der Richtigkeit des Grundbuchs ausgehen. 7

IV. Art der Einsichtnahme und Urkundenvermerk

Über die konkrete Art und Weise der Unterrichtung trifft § 21 keine Aussage, solange dem Notar das eingesetzte Mittel als zuverlässig erscheint. Ein Vermerk über die Einsichtnahme in der Urkunde ist nicht zwingend erforderlich, jedoch ratsam. Hinreichend sachkundiges und zuverlässiges Personal darf die Grundbucheinsicht für den Notar durchführen. Handelt die Hilfsperson sorgfaltswidrig, so haftet der Notar hierfür nach dem Rechtsgedanken des § 278 BGB.[8] 8

Zuverlässige Möglichkeiten der Kenntnisnahme vom Inhalt des Grundbuchs sind einfache oder beglaubigte Abschriften und amtliche Ausdrucke, eine rein mündliche oder telefonische Auskunft durch das Grundbuchamt dürfte dieser Anforderung grundsätzlich mangels ausreichender Richtigkeitsgewähr hingegen nicht genügen.[9] 9

V. Zeitpunkt der Einsicht

§ 21 trifft keine Aussage zum Zeitpunkt der Einsichtnahme und liegt damit im Ermessen des Notars. Eine möglichst zeitnahe Einsicht ist dennoch ratsam.[10] Als ausreichend wird in Grenzfällen eine Einsichtnahme innerhalb der letzten sechs Wochen vor Beurkundung erachtet, wenn keine Anhaltspunkte für eine Änderung vorliegen; iÜ eine Einsichtnahme innerhalb der letzten zwei Wochen.[11] Mit Einführung der elektronischen Einsicht besteht jedoch idR kein Grund, die Aktualität des Grundbuchs nicht am Tag der Beurkundung zu kontrollieren. 10

---

5 *Winkler* § 21 Rn. 2.
6 *Schmidt* ZWE 2009, 76; Grziwotz/Heinemann/*Heinemann* § 21 Rn. 10; BGH DNotZ 2009, 444 (445); aA Armbrüster/Preuß/Renner/*Rezori* § 21 Rn. 8; BGH MittBayNot 2005, 245 (247).
7 Grziwotz/Heinemann/*Heinemann* § 21 Rn. 10; BGH DNotZ 2009, 444 (445).
8 Armbrüster/Preuß/Renner/*Rezori* § 21 Rn. 13; BGH DNotZ 1996, 581 (583 ff.).
9 Grziwotz/Heinemann/*Heinemann* § 21 Rn. 13 mwN; differenzierter *Winkler* § 21 Rn. 14 zur telefonischen Auskunft.
10 *Winkler* § 21 Rn. 16.
11 OLG Frankfurt DNotZ 1985, 245 f. (sechs Wochen); LG München MittBayNot 1978, 237 (14 Tage).

11 Eine Pflicht zur Unterrichtung über den Inhalt des Grundbuchs **nach der Beurkundung** resultiert nicht aus § 21, wohl aber aus den konkreten, sich aus der Urkunde ergebenden Verpflichtungen (Löschung der Vormerkung, wenn keine Zwischeneintragung erfolgte).[12]

VI. Verzicht auf Grundbucheinsicht

12 Kann eine Grundbucheinsicht nicht rechtzeitig oder nicht vollständig erfolgen, ist der Notar berechtigt, die Beurkundung **vorläufig abzulehnen.** Er hat sie jedoch dann vorzunehmen, wenn alle Beteiligten ihn von der Pflicht zur Einsichtnahme in das Grundbuch entbinden. In diesem Fall hat der Notar über die damit einhergehenden Risiken so konkret wie möglich zu **belehren.** Es ist insbes. darauf hinzuweisen, dass möglicherweise weitere – aktuell nicht bekannte – Belastungen bestehen. In der Niederschrift soll ein Vermerk über die konkret durchgeführte Belehrung gefasst und festgehalten werden, dass alle Beteiligten eine Beurkundung trotz der damit einhergehenden Risiken wünschten.[13] Eine unverzügliche Nachholung der Unterrichtung über den Grundbuchinhalt ist geboten.[14] Ein Vermerk könnte wie folgt lauten:

▶ Der Notar konnte sich über den Grundbuchinhalt nicht unterrichten. Er belehrte die Beteiligten über die Gefahren, die mit einer Beurkundung ohne aktuelle Grundbucheinsicht verbunden sind: Der verkaufte Grundbesitz kann insbesondere zwischenzeitlich einem anderen Eigentümer zustehen, anders bezeichnet sein oder mit Rechten Dritter belastet sein. Alle Beteiligten bestanden dennoch auf eine Beurkundung am heutigen Tage. ◀

VII. Briefvorlage

13 Briefgrundpfandrechte können nach §§ 1154 Abs. 1 S. 1, 1192 Abs. 1, 1069, 1080, 1274, 1291 BGB **außerhalb des Grundbuchs** übertragen oder belastet werden, weshalb der Notar durch Vorlage des Briefs die Verfügungsberechtigung des Zedenten festzustellen hat. Eine Abtretung kann jedoch auch ohne Brief wirksam sein (§§ 1154 Abs. 1 S. 1 Hs. 2, 1117 BGB), weshalb der Notar die Beurkundung nicht aus diesem Grund ablehnen darf.[15]

14 Auch wenn § 21 Abs. 2 nur eine Vermerkpflicht statuiert, hat der Notar beruhend auf der allgemeinen Belehrungspflicht des § 17 Abs. 1 auf das **Erfordernis der Briefübergabe**, die Bedeutung des Briefs und die Notwendigkeit einer lückenlosen Kette von öffentlich beglaubigten Abtretungserklärungen hinzuweisen. Ob der Abtretende wirklich verfügungsberechtigt ist, braucht hingegen nicht geprüft zu werden.[16]

15 Das Vorliegen bzw. Nichtvorliegen des Briefs ist in der Urkunde zu **vermerken.** Der vorgelegte Brief ist dabei möglichst genau zu bezeichnen.[17] Ein entsprechender **Vermerk** könnte wie folgt lauten:

▶ Der Grundschuldbrief mit der Briefnummer ... vom ... der ... lag bei der Beurkundung (nicht) vor. Er ist dieser Niederschrift in einfacher Abschrift beigefügt. ◀

16 Bei der **Beglaubigung** einer Abtretungs- oder Belastungserklärung hat der Notar wegen der allgemeinen Belehrungspflicht ebenfalls darauf hinzuweisen, dass

---

12 Grziwotz/Heinemann/*Heinemann* § 21 Rn. 15; BGH DNotZ 1991, 757.
13 BayObLG DNotZ 1990, 667 f.
14 *Winkler* § 21 Rn. 25; Grziwotz/Heinemann/*Heinemann* § 21 Rn. 17.
15 Grziwotz/Heinemann/*Heinemann* § 21 Rn. 33, 40.
16 *Winkler* § 21 Rn. 26; Grziwotz/Heinemann/*Heinemann* § 21 Rn. 38.
17 *Winkler* § 21 Rn. 27; aA Grziwotz/Heinemann/*Heinemann* § 21 Rn. 37 (eine genaue Bezeichnung des vorgelegten Briefs ist nicht erforderlich).

die wirksame Abtretung eine Briefübergabe verlangt. Eine Vermerkpflicht besteht hier mangels Anwendung des § 21 Abs. 2 jedoch nicht.[18]

VIII. Verstoß

Ein Verstoß gegen die Einsichtnahme in das Grundbuch, die Belehrung über die Gefahr einer Beurkundung ohne Kenntniserlangung des Inhalts des Grundbuchs und die Vermerkpflicht über das Vorliegen des Grundpfandrechtsbriefs lässt die Wirksamkeit der Erklärungen unberührt. Es handelt sich jedoch jeweils um Amtspflichtverletzungen des Notars, die zu Schadensersatzpflichten führen können.[19] 17

4. Beteiligung behinderter Personen

§ 22 Hörbehinderte, sprachbehinderte und sehbehinderte Beteiligte

(1) [1]Vermag ein Beteiligter nach seinen Angaben oder nach der Überzeugung des Notars nicht hinreichend zu hören, zu sprechen oder zu sehen, so soll zu der Beurkundung ein Zeuge oder ein zweiter Notar zugezogen werden, es sei denn, daß alle Beteiligten darauf verzichten. [2]Auf Verlangen eines hör- oder sprachbehinderten Beteiligten soll der Notar einen Gebärdensprachdolmetscher hinzuziehen. [3]Diese Tatsachen sollen in der Niederschrift festgestellt werden.

(2) Die Niederschrift soll auch von dem Zeugen oder dem zweiten Notar unterschrieben werden.

Literatur:

Rossak, Neue Vorschriften zum materiellen Recht der Testamentserrichtung und zum Beurkundungsrecht bei Beteiligung von behinderten Erblassern, ZEV 2002, 435; *Zimmermann*, Ausgewählte Fragen zum Beurkundungsverfahren insbesondere die Beteiligung behinderter Personen, BWNotZ 2001, 151.

I. Normzweck

§ 22 stellt Grundsätze für die Beurkundung mit körperlich beeinträchtigten Verfahrensbeteiligten auf, welche von den §§ 23–25 für verschiedene Behinderungen konkretisiert werden. Die verfahrensrechtlichen Besonderheiten dienen der Unterstützung der beeinträchtigten Person sowie der klaren Wiedergabe des Willens des Betroffenen. Zugleich sollen sie den Nachweis eines – der Situation angemessenen – Beurkundungsverfahrens ermöglichen. Der zugunsten des behinderten Beteiligten beigezogene Zeuge oder zweite Notar ist jedoch kein In- 1

18 Armbrüster/Preuß/Renner/*Rezori* § 21 Rn. 23.
19 Armbrüster/Preuß/Renner/*Rezori* § 21 Rn. 24.

teressenvertreter des Beteiligten, sondern hat lediglich verfahrensunterstützende Funktion.[1]

II. Anwendungsbereich und Ermittlung der Behinderung

2 Die Norm gilt bei der **Beurkundung** von **Willenserklärungen** und entsprechend bei der Abnahme von Eiden sowie der Aufnahme von **eidesstattlichen Versicherungen** (s. § 38 Abs. 1). Bei anderen Amtsgeschäften hat der Notar nach freiem Ermessen zu entscheiden, wie dem Betroffenen die Bedeutung des Geschäfts nähergebracht und dessen Willen ermittelt wird.[2]

3 Die Regelung findet bei Beteiligten Anwendung, die **nach eigenen Angaben** nicht hinreichend hören, sprechen oder sehen können und zwar losgelöst davon, ob es sich um ein **dauerhaftes** oder lediglich ein **vorübergehendes Unvermögen** handelt. Die Vorschrift ist auch bei Beteiligten zu beachten, die nicht vollständig taub, stumm oder blind sind, der Beurkundung jedoch aufgrund ihrer Beeinträchtigung nur eingeschränkt folgen können.[3]

4 Ausschlaggebend für die Anwendbarkeit der §§ 22 ff. ist vor allem die eigene **Beurteilung** der betroffenen Person, die vom Notar nicht zu überprüfen ist. Treffen die Beteiligten selbst keine Aussagen zu einer Behinderung oder bezweifelt der **Notar** die Einschätzung der Beteiligten, hat er sich **selbst** eine **Überzeugung** zu bilden. Erachtet sich ein Beteiligter trotz evidenter Zweifel des Notars als taub, stumm oder blind, ist zur Wahrung der Beteiligtenrechte die Zuziehung eines Zeugen oder zweiten Notars ratsam.[4] Hält sich der betroffene Beteiligte – anders als der Notar – nicht für stumm, blind oder taub, kann ein Konflikt vermieden und darauf hingewiesen werden, dass die Zuziehung eines Zeugen oder eines zweiten Notars bei Einverständnis aller Beteiligten unterbleiben darf. Liegt dieses Einverständnis nicht vor, so müssen die Vorgaben des § 22 ggf. auch gegen den Willen des Betroffenen beachtet oder die Beurkundung abgelehnt werden.[5]

5 Bei **Irrtum des Notars** über das Vorliegen oder Fehlen einer Behinderung bleibt die Urkunde wirksam,[6] denn die Beteiligten hätten ja auch wirksam auf die Beiziehung eines Zeugen oder zweiten Notars verzichten können. Selbst wenn sich weder der Notar noch die Beteiligten über die Behinderung eines Beteiligten Gedanken gemacht haben, führt dies demnach nicht zur Unwirksamkeit der Urkunde.[7]

III. Zuziehung eines Zeugen oder zweiten Notars und Verzicht

6 Bei der Beteiligung eines blinden, tauben oder sprachbehinderten Beteiligten am Beurkundungsverfahren ist **nach dessen Wahl** ein Zeuge oder zweiter Notar

1 Frenz/Miermeister/*Baumann* § 22 Rn. 1; Armbrüster/Preuß/Renner/*Seger* Vorb. §§ 22–26 Rn. 1 f.; *Zimmermann* BWNotZ 2001, 151 (152).
2 Armbrüster/Preuß/Renner/*Seger* § 22 Rn. 1; *Zimmermann* BWNotZ 2001, 151 (152).
3 Grziwotz/Heinemann/*Heinemann* § 22 Rn. 3, 6; Armbrüster/Preuß/Renner/*Seger* § 22 Rn. 4, 5; *Winkler* § 22 Rn. 4; genauere Darstellung des Vorliegens einer Hör-, Sprach- oder Sehbehinderung bei *Zimmermann* BWNotZ 2001, 151 (152).
4 BeckOK BGB/*Litzenburger* § 22 Rn. 4 *Winkler* § 22 Rn. 13.
5 BeckOK BGB/*Litzenburger* § 22 Rn. 4.
6 Armbrüster/Preuß/Renner/*Seger* § 22 Rn. 4; Grziwotz/Heinemann/*Heinemann* § 22 Rn. 14.
7 Miermeister/Frenz/*Baumann* BNotO mit § 22 Rn. 16.

hinzuzuziehen.[8] Die Person des Zeugen bzw. zweiten Notars hat der Notar nach pflichtgemäßem Ermessen auszuwählen, wobei auf Vorschläge der betroffenen Beteiligten Rücksicht zu nehmen ist. Der Notar sollte den gewünschten Zeugen nur in begründeten Fällen ablehnen, insbes. wenn ein Mitwirkungsverbot nach § 26 greift.[9] Während ein zweiter Notar seine Mitwirkung an der Beurkundung lediglich wegen eines Ausschließungsgrundes nach § 26 ablehnen darf, ist eine Privatperson zur Mitwirkung als Zeuge nicht verpflichtet.[10]

Auch wenn mehrere Personen behindert sind, reicht die Zuziehung eines Zeugen oder eines zweiten Notars, weil dieser keine einseitigen Interessen der Beteiligten zu vertreten hat.[11] Ist ein Beteiligter hingegen mehrfach behindert, kann unter Heranziehung der §§ 23–25 die Mitwirkung eines weiteren Zeugen erforderlich sein. 7

Auf die Hinzuziehung eines Zeugen oder eines zweiten Notars kann durch sämtliche Beteiligte verzichtet werden. Allein der Verzicht des behinderten Beteiligten reicht nicht aus, denn auch die übrigen Verfahrensbeteiligten können ein Interesse am Nachweis der ordnungsgemäßen Beurkundung durch die Anwesenheit eines Zeugen haben. Der Verzicht kann ausdrücklich oder stillschweigend erfolgen und ist vom Notar zu beachten. 8

IV. Aufgaben und Funktion des Zeugen/zweiten Notars

Zuziehung bedeutet bewusstes und gewolltes Mitwirken durch den Zeugen/zweiten Notar in Kenntnis seiner Kontrollfunktion. Er muss sicherstellen, dass der beeinträchtigte Beteiligte dem Verlesen folgen kann, den Inhalt der Urkunde genehmigt und diese eigenhändig unterschreibt.[12] 9

Der Zeuge oder zweite Notar muss der gesamten Beurkundung beiwohnen. Ob er seine förmliche Funktion erst nach Verlesung und Genehmigung übernehmen kann, ist umstritten, sollte jedoch abgelehnt werden, weil der Zeuge/zweite Notar in diesem Fall seiner Kontrollfunktion nicht hinreichend nachkommen kann.[13] 10

Nach § 22 Abs. 2 soll die Niederschrift auch vom Zeugen oder dem zweiten Notar unterzeichnet werden. Der Abschlussvermerk könnte damit lauten: 11

► Vorgelesen vom Notar, von den Beteiligten genehmigt und eigenhändig von den Beteiligten und dem Zeugen (zweiten Notar) unterschrieben. ◄

Die Unterzeichnung kann auch bei Abwesenheit der Beteiligten nachgeholt werden, einer Nachtragsurkunde bedarf es nicht. Fehlt die Unterschrift komplett, ist die Beurkundung nichtsdestotrotz wirksam, weil auch bei Verzicht auf Zeugen eine wirksame Urkunde zustande gekommen wäre.[14]

8 BeckOGK/*Schuller* § 22 Rn. 29; Grziwotz/Heinemann/*Heinemann* § 22 Rn. 16; aA BeckOK BGB/*Litzenburger* § 22 Rn. 6, Entscheidung des Notars unabhängig von Vorschlägen des Beteiligten.

9 Grziwotz/Heinemann/*Heinemann* § 22 Rn. 16 und § 26 Rn. 5; aA Armbrüster/Preuß/Renner/*Seger* § 22 Rn. 6; BeckOK BGB/*Litzenburger* § 22 Rn. 6 der eine Pflicht auf Berücksichtigung der Vorschläge des Betroffenen verneint.

10 *Winkler* § 22 Rn. 17.

11 Grziwotz/Heinemann/*Heinemann* § 22 Rn. 18; Armbrüster/Preuß/Renner/*Seger* § 22 Rn. 6; einschränkend BeckOK BGB/*Litzenburger* § 22 Rn. 6, keine Mehrfachvertretung, falls Interessenkollision zu befürchten ist.

12 BeckOK BGB/*Litzenburger* § 22 Rn. 11.

13 BayObLG DNotZ 1985, 217; *Winkler* § 22 Rn. 19; aA Grziwotz/Heinemann/*Heinemann* § 22 Rn. 19.

14 Grziwotz/Heinemann/*Heinemann* § 22 Rn. 46; *Winkler* § 22 Rn. 29.

V. Hinzuziehung eines Gebärdendolmetschers

12 Nach § 22 Abs. 1 S. 2 kann auf Verlangen eines hör- oder sprachbehinderten Beteiligten ein Gebärdendolmetscher hinzugezogen werden. Dieser ersetzt nicht den Zeugen oder zweiten Notar, sondern wirkt vielmehr zusätzlich am Beurkundungsverfahren mit.[15] Er ist ausschließlich auf Verlangen des behinderten Beteiligten heranzuziehen, allerdings darf der Notar jederzeit auf die Möglichkeit der Mitwirkung eines Gebärdendolmetschers hinweisen.[16] Lehnt der Notar das Verlangen des behinderten Beteiligten auf Zuziehung eines Dolmetschers ab, kann Beschwerde nach § 15 Abs. 2 BNotO erhoben werden. Anders als bei der Hinzuziehung eines Zeugen oder zweiten Notars haben die weiteren Beteiligten hier kein Antragsrecht, weil diese Zuziehung allein dem besseren Verständnis des beeinträchtigten Beteiligten und nicht zu Beweiszwecken über die Einhaltung eines ordnungsgemäßen Verfahrensablaufs dient.

13 Hinzuziehung bedeutet auch hier bewusstes Mitwirken als Dolmetscher während der gesamten Beurkundungsverhandlung.[17]

14 Der Notar hat einen Gebärdendolmetscher nach seinem freien Ermessen zu beauftragen, wobei auf Vorschläge des Betroffenen Rücksicht zu nehmen ist. Da dieser Beruf als solcher nicht existiert, kann der Notar eine beliebige, geeignete Person auswählen, die sich mit dem Betroffenen zu verständigen vermag. Die beurkundungsrechtlichen Mitwirkungsverbote gelten hier nicht, auch nicht analog.[18] Keinesfalls darf der Gebärdendolmetscher daneben als Dolmetscher (§ 16), Zeuge (§ 22), Verständigungsperson (§ 24) oder Schreibzeuge (§ 25) fungieren.[19]

15 Laut § 22 Abs. 2 ist eine Unterzeichnung durch den Gebärdendolmetscher nicht erforderlich, eine solche jedoch nichtsdestotrotz ratsam und jedenfalls nicht schädlich.[20]

VI. Urkundenvermerk

16 Die Tatsache, dass ein Beteiligter nicht hinreichend zu hören, sehen oder sprechen vermag, ist in der Urkunde zu vermerken, ebenso ob die entsprechende Feststellung auf der Überzeugung des Notars oder der Angabe des Beteiligten beruht. Wie der Notar seine Überzeugung erlangt hat, ist hingegen nicht festzuhalten. Schriftlich vermerkt werden soll außerdem, ob ein Zeuge, zweiter Notar und/oder Gebärdendolmetscher hinzugezogen wurde sowie die persönlichen Angaben zu dieser Person. Falls der hör- oder sprachbehinderte Beteiligte keinen Antrag auf Mitwirkung eines Gebärdendolmetschers gestellt hat, muss dies nicht vermerkt werden, kann aber unter Umständen aus Hinweisgründen sinnvoll sein. Vermerkt werden sollte auch, wenn auf die Zuziehung eines Zeugen oder zweiten Notars durch die Beteiligten verzichtet wurde.[21]

---

15 *Rossak* ZEV 2002, 435.
16 Frenz/Miermeister/*Baumann* § 22 Rn. 10.
17 *Winkler* § 22 Rn. 26.
18 Grziwotz/Heinemann/*Heinemann* § 22 Rn. 34; v.a. Litzenburger in BeckOK BGB/*Litzenburger* § 22 Rn. 9 plädiert dafür, die Mitwirkungsverbote aber dennoch einzuhalten.
19 Armbrüster/Preuß/Renner/*Seger* § 22 Rn. 9.
20 *Winkler* § 22 Rn. 29.
21 Grziwotz/Heinemann/*Heinemann* § 22 Rn. 36 ff.; *Winkler* § 22 Rn. 27 f.; Armbrüster/Preuß/Renner/*Seger* § 22 Rn. 11.

Im Urkundeneingang könnten folgende Formulierungen verwendet werden: 17

▶ Der Beteiligte xy vermag nach seinen Angaben und nach meiner Überzeugung nicht hinreichend zu hören/zu sehen/zu sprechen. Als Zeugen/als zweiten Notar habe ich hinzugezogen: Frau/Herrn xy, Geburtsdatum, Wohnort.◀

Am Urkundsende wäre folgende Abschlussformel möglich:

▶ Vorgelesen vom Notar, von den Beteiligten genehmigt und eigenhändig von dem Beteiligten und dem Zeugen/zweiten Notar/Gebärdendolmetscher unterschrieben.◀

Bei der Mitwirkung eines Gebärdendolmetschers kann zudem Folgendes angefügt werden:

▶ Auf Verlangen des/der Beteiligten xy habe ich folgende Person als Gebärdendolmetscher hinzugezogen: Frau/Herrn xy. ◀

Falls sämtliche Beteiligte auf die Zuziehung eines Zeugen oder zweiten Notars verzichtet haben, ist dies ebenfalls zu vermerken:

▶ Auf die Zuziehung eines Zeugen oder zweiten Notars haben alle Beteiligten verzichtet.◀

VII. Folgen eines Verstoßes

Ein Fehlverhalten des Notars bei der Anwendung des § 22 berührt die Wirksamkeit des Vertrages nicht, unabhängig davon, ob sich der Notar keine Gedanken über eine Hinzuziehung gemacht, fälschlicherweise einen Zeugen, zweiten Notar oder Gebärdendolmetscher hinzugezogen oder dies unterlassen hat. Auch ein fehlender Vermerk oder eine fehlende Unterschrift des Zeugen oder zweiten Notars führt nicht zur Unwirksamkeit der Urkunde. Der Notar verletzt jedoch seine Dienstpflichten und muss unter Umständen mit haftungsrechtlichen Konsequenzen rechnen.[22] 18

§ 23 Besonderheiten für hörbehinderte Beteiligte

[1]Eine Niederschrift, in der nach § 22 Abs. 1 festgestellt ist, daß ein Beteiligter nicht hinreichend zu hören vermag, muß diesem Beteiligten anstelle des Vorlesens zur Durchsicht vorgelegt werden; in der Niederschrift soll festgestellt werden, daß dies geschehen ist. [2]Hat der Beteiligte die Niederschrift eigenhändig unterschrieben, so wird vermutet, daß sie ihm zur Durchsicht vorgelegt und von ihm genehmigt worden ist.

[§ 23 Überschrift ab 1.8.2022:]

§ 23 Besonderheiten bei hörbehinderten Beteiligten

Literatur:

Kanzleiter, Das Vorlesen der Niederschrift, DNotZ 1997, 261.

22 BeckOK BGB/*Litzenburger* § 22 Rn. 13; zum Verstoß gegen Sollvorschriften BGH DNotZ 2019, 830 (834).

I. Vorlage zur Durchsicht

1 § 23 konkretisiert die verfahrensrechtlichen Pflichten des Notars bei Beteiligung einer hörgeschädigten Person. Da ein tauber Beteiligter einer Verlesung der Urkunde nicht folgen kann, ist diesem die Niederschrift von Amts wegen zur Durchsicht vorzulegen, gegebenenfalls bereits in eine andere Sprache übersetzt.[1] Lagepläne und sonstige Abbildungen sind daneben nach den allgemeinen Verfahrensvorschriften vorlagepflichtig.[2]

2 Die Norm knüpft an die Feststellung in der Urkunde über die Beteiligung einer tauben Person nach § 22 an, weshalb eine Vorlage zur Durchsicht zu erfolgen hat, wenn eine entsprechende Feststellung getroffen wurde; dies selbst dann, wenn der Beteiligte objektiv nicht taub ist.[3] Falls demgegenüber ein Feststellungsvermerk fehlt, muss dem betroffenen Beteiligten die Urkunde auch dann nicht zur Durchsicht vorgelegt werden, wenn er tatsächlich taub ist.

3 Die Vorlage zur Durchsicht ersetzt die Verlesung nach § 13 Abs. 1, allerdings kann auf eine solche nur verzichtet werden, wenn sämtliche Beteiligte taub sind. Allein für die zugezogenen Zeugen oder eine Verständigungsperson bedarf es verpflichtend keiner Verlesung, auch wenn ein Verlesen insbes. bei Beteiligung einer Verständigungsperson empfehlenswert ist.[4] Auf das Vorlegen der Urkunde zur Durchsicht kann ebenso wenig wie auf ein Verlesen der Niederschrift verzichtet werden.[5] Dies gilt auch dann, wenn ein Gebärdendolmetscher hinzugezogen wird. Die Durchsicht hat in Gegenwart des Notars und richtigerweise auch der weiteren Urkundenbeteiligten zu erfolgen.[6]

4 Es besteht Uneinigkeit darüber, ob die zu unterzeichnende Niederschrift zur Durchsicht vorzulegen ist, oder ob die Vorlage eines Leseexemplars ausreicht. Da die Durchsicht die Verlesung der zu unterzeichnenden Urkunde ersetzt, ist Ersteres vorzugswürdig.[7] Die Vorschrift verlangt hingegen eindeutig kein vollständiges Durchlesen der zu unterzeichnenden Niederschrift durch den tauben Beteiligten. Zum Mitlesen kann eine Leseabschrift zur Verfügung gestellt werden, vor der Genehmigung und Unterzeichnung ist dann die Originalurkunde zur Durchsicht vorzulegen.

5 Die Vorlage zur Durchsicht gilt neben den Vorgaben des § 22.

II. Unterzeichnung

6 Die Vorlage zur Durchsicht ersetzt weder die Genehmigung noch die Unterschrift des tauben Beteiligten.

7 Nach § 23 S. 2 wird bei eigenhändiger Unterzeichnung vermutet, dass dem hörbehinderten Beteiligten die Urkunde zur Durchsicht vorgelegt und von diesem genehmigt wurde.

---

1 Frenz/Miermeister/*Baumann* § 23 Rn. 5.
2 Grziwotz/Heinemann/*Heinemann* § 23 Rn. 3, 5.
3 BeckOK BGB/*Litzenburger* § 23 Rn. 1.
4 *Winkler* § 23 Rn. 4.
5 BeckOGK/*Schuller* § 23 Rn. 7; Grziwotz/*Heinemann* § 23 Rn. 5.
6 Grziwotz/Heinemann/*Heinemann* § 23 Rn. 8; Armbrüster/Preuß/Renner/*Seger* § 23 Rn. 2, dort wird die Auffassung vertreten, die anderen Urkundsbeteiligten müssten bei der Durchsicht nicht anwesend sein.
7 Zust. Grziwotz/Heinemann/*Heinemann* § 23 Rn. 5; aA *Kanzleiter* DNotZ 1997, 261; Armbrüster/Preuß/Renner/*Seger* § 23 Rn. 2; *Winkler* § 23 Rn. 2.

III. Urkundenvermerk

In der Urkunde ist zu vermerken, dass sie der hörgeschädigten Person zur Durchsicht vorgelegt wurde. Ein derartiger Vermerk könnte wie folgt lauten: 8

▶ Der Beteiligte xy vermag nach seinen Angaben und meiner Überzeugung nicht hinreichend zu hören. (Auf die Zuziehung eines Zeugen oder zweiten Notars haben sämtliche Beteiligten verzichtet.) Die Niederschrift wurde dem Beteiligten xy in Gegenwart des Notars und der weiteren Beteiligten zur Durchsicht vorgelegt. ◀

IV. Folgen eines Verstoßes

Wurde festgestellt, dass eine hörbehinderte Person am Beurkundungsverfahren beteiligt ist und unterbleibt die Vorlage zur Durchsicht, hat dies – gleich einer unterlassenen Verlesung der Niederschrift – die Unwirksamkeit der Urkunde zur Folge.[8] Diese Folge tritt selbst dann ein, wenn die betreffende Person tatsächlich dem Gang der Verhandlung folgen konnte.[9] Fehlt hingegen der Feststellungsvermerk nach § 22, so muss auch keine Vorlage zur Durchsicht erfolgen. 9

Bestandteile der Urkunde, die nur nicht taube Beteiligte betreffen, sind weiterhin wirksam, allerdings kann es über §§ 139, 2270 BGB materiellrechtlich zur Gesamtnichtigkeit der Vereinbarung kommen.[10] 10

Fehlt lediglich der Vermerk über die durchgeführte Vorlage zur Durchsicht, hat dies keine Auswirkungen auf die Wirksamkeit des Vertrags.[11] 11

§ 24 Besonderheiten für hör- und sprachbehinderte Beteiligte, mit denen eine schriftliche Verständigung nicht möglich ist

(1) [1]Vermag ein Beteiligter nach seinen Angaben oder nach der Überzeugung des Notars nicht hinreichend zu hören oder zu sprechen und sich auch nicht schriftlich zu verständigen, so soll der Notar dies in der Niederschrift feststellen. [2]Wird in der Niederschrift eine solche Feststellung getroffen, so muss zu der Beurkundung eine Person zugezogen werden, die sich mit dem behinderten Beteiligten zu verständigen vermag und mit deren Zuziehung er nach der Überzeugung des Notars einverstanden ist; in der Niederschrift soll festgestellt werden, dass dies geschehen ist. [3]Zweifelt der Notar an der Möglichkeit der Verständigung zwischen der zugezogenen Person und dem Beteiligten, so soll er dies in der Niederschrift feststellen. [4]Die Niederschrift soll auch von der zugezogenen Person unterschrieben werden.

(2) Die Beurkundung von Willenserklärungen ist insoweit unwirksam, als diese darauf gerichtet sind, der nach Absatz 1 zugezogenen Person einen rechtlichen Vorteil zu verschaffen.

(3) Das Erfordernis, nach § 22 einen Zeugen oder zweiten Notar zuzuziehen, bleibt unberührt.

---

8 *Winkler* § 23 Rn. 7; MüKoBGB/*Hagena* BGB § 2232 Rn. 104.
9 Grziwotz/Heinemann/*Heinemann* § 23 Rn. 14.
10 Armbrüster/Preuß/Renner/*Seger* § 23 Rn. 6.
11 *Winkler* § 23 Rn. 8.

[§ 24 Überschrift ab 1.8.2022:]

§ 24 Besonderheiten bei hör- und sprachbehinderten Beteiligten, mit denen eine schriftliche Verständigung nicht möglich ist

Literatur:

Rossak, Neue Vorschriften zum materiellen Recht der Testamentserrichtung und zum Beurkundungsrecht bei Beteiligung von behinderten Erblassern, ZEV 2002, 435.

I. Anwendungsbereich und Verhältnis zu den weiteren Schutzvorschriften

1 Bei Personen, die nicht hinreichend zu hören oder zu sprechen vermögen und sich zudem auch nicht schriftlich verständigen können, greift § 24 als weitere Schutzvorschrift neben § 22. Die Regelung findet Anwendung bei der Beurkundung von Willenserklärungen, der Abnahme von Eiden und der Aufnahme von eidesstattlichen Versicherungen, nicht hingegen bei Beglaubigungen.[1] Bei diesen sonstigen Handlungen muss der Notar nach seinem Ermessen entscheiden, wie zum Schutz des Beteiligten zu verfahren ist.[2]

2 Wegen der fehlenden schriftlichen Kommunikationsmöglichkeit muss zusätzlich zum Zeugen oder zweiten Notar (s. §§ 24 Abs. 3, 22) eine Verständigungsperson hinzugezogen werden. Beteiligten, die nicht hinreichend hören können, muss daneben die Urkunde nach § 23 zur Durchsicht vorgelegt werden. Ist es dem Beteiligten nicht möglich zu unterschreiben, hat der Notar zusätzlich einen Schreibzeugen gemäß § 25 heranzuziehen.[3]

II. Fehlende schriftliche Verständigungsmöglichkeit

3 Auch wenn ein Beteiligter nicht zu sprechen oder zu hören vermag, ist eine schriftliche Verständigung und damit eine Belehrungsmöglichkeit durch den Notar häufig möglich. In diesen Fällen ist § 24 nicht anzuwenden. Kann sich der beeinträchtigte Beteiligte jedoch zudem nicht schriftlich äußern, weil eine hörbehinderte Person nicht lesen, eine sprachbehinderte Person nicht schreiben kann (was oftmals nach einem Schlaganfall wegen Lähmung der Fall ist) oder eine taubstumme Person Lese- oder Schreibprobleme hat, ist eine Kommunikation nicht ausreichend gesichert und § 24 anzuwenden. Auch bei denjenigen, die das Geschriebene inhaltlich nicht erfassen können, greift die Vorschrift.[4]

4 Die Ermittlung der Unfähigkeit einer schriftlichen Verständigung beruht in erster Linie auf den Angaben des betroffenen Beteiligten. Bildet sich der Notar

1 Frenz/Miermeister/*Baumann* § 24 Rn. 2 mwN.
2 BeckOK BeurkG/*Hüren* § 24 Rn. 4.
3 Grziwotz/Heinemann/*Heinemann* § 24 Rn. 5; *Winkler* § 24 Rn. 2; Armbrüster/Preuß/Renner/*Seger* § 24 Rn. 1.
4 Grziwotz/Heinemann/*Heinemann* § 24 Rn. 7; *Winkler* § 24 Rn. 3 f.; BayObLG NJW-RR 1997, 1438 (zu § 2233 Abs. 2 BGB).

nach freiem Ermessen die Überzeugung, dass sich die hör- oder sprachbehinderte Person nicht hinreichend verständigen kann, ist ebenfalls § 24 zu beachten.[5]

Ist **keinerlei Verständigung** mit dem Beteiligten möglich, so kann dieser keine Willenserklärung abgeben, mit der Folge, dass ein Betreuer oder Pfleger bestellt werden muss.[6] 5

III. Verständigungsperson

Als Verständigungsperson kann **jede Person** herangezogen werden, die sich mit dem hör- und/oder sprachbehinderten Beteiligten zu verständigen vermag und mit deren Zuziehung der Betroffene einverstanden ist. Dabei kann, **muss** es sich jedoch **nicht** zwingend um eine **Vertrauensperson** handeln.[7] 6

Auch eine minderjährige Person, ein anderer Urkundenbeteiligter, ein Angehöriger oder Mitarbeiter des Notariats kann herangezogen werden, solange nicht der Ausschlussgrund nach Abs. 2 greift.[8] Dolmetscher nach § 16 oder Gebärdendolmetscher nach § 22 Abs. 1 S. 2 dürfen ebenfalls als Verständigungsperson fungieren,[9] nicht hingegen Zeugen, ein zweiter Notar nach § 22, ein Schreibzeuge nach § 25[10] und auch nicht der beurkundende Notar.[11] 7

Dem Behinderten soll eine Verständigung mit dem Notar ermöglicht werden, allerdings dürfen bei der Verständigungsperson **keine zu hohen Maßstäbe** angesetzt werden. Keinesfalls benötigt sie eine spezielle Ausbildung und es kann sich gegebenenfalls auch um eine fremde Person handeln, soweit eine Verständigung gewährleistet[12] und sichergestellt ist, dass der Wille des beeinträchtigten Beteiligten ermittelt werden kann.[13] 8

Irrelevant ist, wie eine **Verständigung** erfolgt, sei es durch Zeichen, Gebärdensprache oder Blindenschrift.[14] Falls der Notar an der Möglichkeit der Verständigung zwischen der hinzugezogenen Person und dem behinderten Beteiligten **zweifelt**, darf er beurkunden, hat die Zweifel jedoch schriftlich zu vermerken (§ 24 Abs. 1 S. 3). Ist er davon überzeugt, dass sich die beiden nicht verständigen können, hat er die Beurkundung abzulehnen.[15] 9

Die **Auswahl der Verständigungsperson** trifft der Notar mit Einverständnis des Betroffenen. Da eine Verständigung zumindest mit einem Sprach- und Hörbehinderten auch insoweit schwierig sein wird, reicht es aus, wenn der Beteiligte nach Überzeugung des Notars mit der Zuziehung der Verständigungsperson einverstanden ist.[16] 10

IV. Mitwirkungsverbote

§ 24 Abs. 2 statuiert einen **speziellen Ausschlusstatbestand** für Verständigungspersonen, §§ 6, 7 oder 26 findet daneben keine Anwendung.[17] Demnach dürfen solche Personen nicht herangezogen werden, die durch die abzugebende Wil- 11

5 OLG Hamm NJW 2002, 3410; BeckOK BGB/*Litzenburger* § 24 Rn. 2.
6 *Winkler* § 24 Rn. 1.
7 *Rossak* ZEV 2002, 435; Grziwotz/Heinemann/*Heinemann* § 24 Rn. 12.
8 *Winkler* § 24 Rn. 11 f.; Grziwotz/Heinemann/*Heinemann* § 24 Rn. 16.
9 BeckOK BGB/*Litzenburger* § 24 Rn. 5; *Rossak* ZEV 2002, 435.
10 *Winkler* § 24 Rn. 12.
11 *Winkler* § 24 Rn. 12, OLG Hamm NJW 2002, 3410.
12 Frenz/Miermeister/*Baumann* § 24 Rn. 7.
13 *Keim* MittBayNot 2020, 511 (518).
14 Armbrüster/Preuß/Renner/*Seger* § 24 Rn. 5.
15 Grziwotz/Heinemann/*Heinemann* § 24 Rn. 14.
16 BeckOK BGB/*Litzenburger* § 24 Rn. 5; *Winkler* § 24 Rn. 10.
17 *Winkler* § 24 Rn. 13.

lenserklärung des beeinträchtigten Beteiligten einen rechtlichen Vorteil erlangen. Ausgeschlossen sind jedoch nur solche Personen, die einen unmittelbaren Vorteil erlangen, mittelbare Vorteile für die Verständigungsperson (zB für von mit ihr verwandten Personen) führen nicht zur Unwirksamkeit der Beurkundung. Unwirksam ist dem Wortlaut nach zudem nicht die gesamte Urkunde, sondern nur der Teil, aus dem sich der rechtliche Vorteil für die Verständigungsperson ergibt.[18]

V. Hinzuziehen der Verständigungsperson

12 Die Hinzuziehungspflicht beruht auf formalen Kriterien: Wurde in der Urkunde festgestellt, dass eine schriftliche Verständigung mit dem Beteiligten nicht möglich ist, muss eine Verständigungsperson herangezogen werden. Fehlt es an einer derartigen Feststellung, bedarf es keiner Hinzuziehung, selbst wenn es an einer schriftlichen Verständigungsmöglichkeit mangelt.[19]

13 Auf die Hinzuziehung einer Verständigungsperson kann anders als auf die Hinzuziehung eines Zeugen oder eines zweiten Notars bei § 22 nicht verzichtet werden. Auch die Mitwirkung eines Gebärdendolmetschers nach § 22 Abs. 1 S. 2 macht die Hinzuziehung einer Verständigungsperson nicht entbehrlich.[20] Dies bedeutet, dass die Beiziehung einer Verständigungsperson auch dann nicht unterbleiben darf, wenn der Notar der Auffassung ist, sich selbst mit der beeinträchtigten Beteiligten verständigen zu können.[21]

14 Die Hinzuziehung verlangt eine Mitwirkung der Verständigungsperson am Beurkundungsvorgang in Kenntnis der ihr übertragenen Funktion und persönlichen Mitverantwortung.[22] Eine rein zufällige Anwesenheit ist nicht ausreichend. Die Hinzuziehung vor der Beurkundungsverhandlung ist nicht zwingend erforderlich, idR zur Sicherstellung der Kommunikation aber sinnvoll.

15 Die Verständigungsperson hat zwingend während der gesamten Beurkundung anwesend zu sein. Wird sie erst nachträglich hinzugezogen, so muss die Beurkundung wiederholt werden.[23] Nimmt eine Person zunächst als Zeuge an einer Beurkundungsverhandlung teil und wird während dieser als Verständigungsperson herangezogen, so ist die Beurkundung ebenfalls zu wiederholen, um sicherzustellen, dass der Hinzugezogene in Kenntnis seiner Funktion agiert. Außerdem ist ein neuer Zeuge beizuziehen, denn ein Verzicht auf Zeugen widerspräche wohl dem ursprünglichen Willen der Beteiligten.[24]

VI. Aufgaben der Verständigungsperson

16 Die Verständigungsperson muss den Willen des Beteiligten ermitteln und diesen gegenüber dem Notar kommunizieren. Wie eine Ermittlung erfolgt, ist von Gesetzes wegen nicht näher beschrieben. Eine weitergehende rechtliche Stellung ähnlich eines Betreuers oder Beistands des Behinderten kommt der Verständigungsperson nicht zu.[25]

18 Grziwotz/Heinemann/*Heinemann* § 24 Rn. 15.
19 BeckOK BGB/*Litzenburger* § 24 Rn. 4.
20 Frenz/Miermeister/*Baumann* § 24 Rn. 6.
21 *Keim* MittBayNot 2020, 511 (518).
22 OLG Hamm NJW 2002, 3410 (3412).
23 BeckOK BGB/*Litzenburger* § 24 Rn. 6.
24 BeckOGK/*Schuller* § 24 Rn. 22.1; aA Grziwotz/Heinemann/*Heinemann* § 24 Rn. 18 zum Wechsel vom Zeugen zur Verständigungsperson.
25 Grziwotz/Heinemann/*Heinemann* § 24 Rn. 21; *Winkler* § 24 Rn. 15.

Die hinzugezogene Person hat die Urkunde zu unterzeichnen (§ 24 Abs. 1 S. 4). Ein Fehlen der Unterschrift führt jedoch nicht zur Unwirksamkeit der Urkunde.[26] 17

VII. Urkundenvermerke

Liegt eine schriftliche Verständigungsproblematik vor, soll der Notar dies aus Gründen der Rechtssicherheit und zu Beweiszwecken in der Niederschrift feststellen. Eine derartige Feststellung könnte wie folgt lauten: 18

▶ Der Beteiligte vermag nach seinen Angaben und nach Überzeugung des Notars nicht hinreichend zu hören/sprechen und sich auch nicht schriftlich zu verständigen. ◀

Daneben soll auch die Hinzuziehung der Verständigungsperson, die Tatsache, dass der behinderte Beteiligte mit der Verständigungsperson kommunizieren kann und dass er mit ihrer Zuziehung einverstanden ist, in der Urkunde vermerkt werden,[27] bspw.: 19

▶ Zur Verständigung mit dem Beteiligten xy habe ich folgende Person hinzugezogen: Frau/Herrn xy. Frau/Herr xy vermag sich mit dem Beteiligten xy zu verständigen. Der Beteiligte xy war nach meiner Überzeugung mit der Zuziehung einverstanden. ◀

Fehlt der Vermerk über die Zuziehung einer Verständigungsperson und hat diese die Urkunde auch nicht unterschrieben, wird unwiderleglich vermutet, dass eine Beiziehung nicht stattgefunden hat. Hat die Verständigungsperson hingegen unterschrieben, kann davon ausgegangen werden, dass sie während der Verhandlung anwesend war und förmlich zugezogen wurde.[28] 20

Im Fall bestehender Zweifel über eine Verständigungsmöglichkeit könnte folgender Vermerk aufgenommen werden: 21

▶ Von der Möglichkeit einer Verständigung zwischen dem Beteiligten xy und Frau/Herrn xy konnte sich der Notar nicht abschließend überzeugen. ◀

VIII. Folgen eines Verstoßes

Wird trotz des Vermerks keine Verständigungsperson herangezogen, ist die Urkunde – unabhängig von der Richtigkeit des Vermerks – unwirksam.[29] Unterbleibt ein derartiger Vermerk hingegen irrtümlich, besteht keine Pflicht zur Hinzuziehung, selbst wenn sich der behinderte Beteiligte nicht hinreichend schriftlich verständigen kann. Die Urkunde wird durch den unterbliebenen Vermerk und die daraus resultierende unterbliebene Hinzuziehung nicht unwirksam.[30] 22

Wird eine nach Abs. 2 ausgeschlossene Person hinzugezogen, so führt dies ebenfalls zur Unwirksamkeit des Vertrags.[31] Sonstige Verstöße gegen § 24 ziehen hingegen nicht die Unwirksamkeit der Urkunde nach sich.[32] Die Frage, ob die spätere Erkenntnis, dass sich die Verständigungsperson nicht mit der beein- 23

26 *Winkler* § 24 Rn. 18.
27 Grziwotz/Heinemann/*Heinemann* § 24 Rn. 24.
28 Grziwotz/Heinemann/*Heinemann* § 24 Rn. 24.
29 BeckOK BGB/*Litzenburger* § 24 Rn. 8; OLG Karlsruhe BeckRS 2019, 32811 Rn. 19.
30 *Winkler* § 24 Rn. 5; Armbrüster/Preuß/Renner/*Seger* § 24 Rn. 4.
31 BeckOK BGB/*Litzenburger* § 24 Rn. 8.
32 Armbrüster/Preuß/Renner/*Seger* § 24 Rn. 12.

trächtigten Person verständigen konnte zur Unwirksamkeit der Urkunde führt ist umstritten, wird aber überwiegend verneint.[33]

§ 25 Schreibunfähige

[1]Vermag ein Beteiligter nach seinen Angaben oder nach der Überzeugung des Notars seinen Namen nicht zu schreiben, so muß bei dem Vorlesen und der Genehmigung ein Zeuge oder ein zweiter Notar zugezogen werden, wenn nicht bereits nach § 22 ein Zeuge oder ein zweiter Notar zugezogen worden ist. [2]Diese Tatsachen sollen in der Niederschrift festgestellt werden. [3]Die Niederschrift muß von dem Zeugen oder dem zweiten Notar unterschrieben werden.

I. Anwendungsbereich

1 Die eigenhändige Unterzeichnung der Niederschrift ist nach § 13 Abs. 1 zwingende Voraussetzung für die Wirksamkeit der Urkunde. § 25 legt ein Vorgehen für den Fall fest, dass ein Beteiligter die Niederschrift nicht eigenhändig zu unterschreiben vermag. Die Vorschrift gilt bei der Beurkundung von Willenserklärungen sowie der Abnahme von Eiden und der Aufnahme von eidesstattlichen Versicherungen, nicht hingegen bei Tatsachenbeurkundungen oder der Errichtung von Vermerkurkunden. Bei Beglaubigungen ist kein Schreibzeuge notwendig, weil auch Handzeichen beglaubigt werden können (s. § 40 Abs. 6).[1]

II. Schreibunfähigkeit

2 Schreibunfähigkeit bedeutet, nicht in der Lage zu sein, aus eigener Kraft die erforderliche Namensunterschrift zu leisten. Dies kann aus körperlicher Schwäche, aber auch aus einer allgemeinen Schreibunkenntnis resultieren.[2] Eine Unterzeichnung mit Unterstützung einer dritten Person ist noch nicht als Schreibunfähigkeit zu werten, eine Führung der Hand darf jedoch nicht erfolgen.[3] Wegen dieser schwierigen Abgrenzung ist in derartigen Fällen die Anwendung von § 25 vorzugswürdig.

3 Der Beteiligte muss nicht insgesamt schreiben, sondern lediglich die Urkunde unterzeichnen können. Dazu sind unter Umständen auch Analphabeten oder Blinde imstande, wobei ein unleserliches Zeichen nicht als Unterschrift gilt.[4] Auch wenn es auf die Lesbarkeit der Unterschrift nicht ankommt, muss man diese als Unterschrift des Beteiligten entziffern können.[5] Ausreichend ist ein die Identität des Unterschreibenden hinreichend verifizierbarer, individueller Schriftzug, der entsprechend charakteristische Merkmale aufweist und sich als

33 BeckOK BGB/*Litzenburger* § 24 Rn. 5; BeckOGK/*Schuller* § 24 Rn. 37; aA *Kuhn* ZErb 2020, 96; Keim MittBayNot 2020, 511 (518).
1 Grziwotz/Heinemann/*Heinemann* § 25 Rn. 2.
2 Frenz/Miermeister/*Baumann* § 25 Rn. 4.
3 Grziwotz/Heinemann/*Heinemann* § 25 Rn. 8.
4 Frenz/Miermeister/*Baumann* § 25 Rn. 3; *Winkler* § 25 Rn. 3; Frenz ZNotP 1998, 373.
5 S. ua MüKoBGB/*Einsele* BGB § 126 Rn. 17.

Unterschrift eines Namens und nicht nur als Abzeichnung mit einer Abkürzung des Namens darstellt.[6] Dabei können auch ausländische Schriftzeichen oder ungewöhnliche Körperteile (zB Unterzeichnung mit dem Mund) für die Unterzeichnung verwendet werden.[7]

III. Feststellung der Schreibunfähigkeit und Folgen fehlerhafter Feststellung

Für die Feststellung der fehlenden Schreibfähigkeit ist in erster Linie auf die **Angaben der Beteiligten** abzustellen, auf die sich der Notar verlassen darf.[8] Darüber hinaus kann er sich nach pflichtgemäßem Ermessen auch eine eigene Meinung bilden. Letztendlich kommt es darauf an, ob die Unterzeichnung durch den Beteiligten tatsächlich gelingt.[9] 4

Irrt sich der Notar über die Schreibunfähigkeit, so ist die von einem Schreibzeugen unterzeichnete Urkunde auch dann wirksam, wenn der Beteiligte in Wirklichkeit doch schreibfähig ist. Irrt er sich hingegen über die Schreibfähigkeit, so hat dies die Unwirksamkeit der Urkunde zur Folge, wenn die Verhandlung nicht unter Zuziehung eines Schreibzeugens wiederholt wird.[10] 5

IV. Hinzuziehung eines Zeugen/zweiten Notars

Anders als bei §§ 22–24 ist die Hinzuziehung eines Schreibzeugens bei Schreibunfähigkeit eines Beteiligten **zwingend erforderlich**, weshalb sie auch dann erfolgen muss, wenn die Schreibunfähigkeit nicht in der Urkunde vermerkt wurde.[11] 6

Auf die Hinzuziehung eines Schreibzeugens können die Beteiligten **nur verzichten**, wenn bereits ein Zeuge oder zweiter Notar nach § 22 herangezogen wurde (§ 25 S. 1). Die beigezogene Person (zur Auswahl des Schreibzeugens → § 22 Rn. 6) kann demnach **Zeuge und Schreibzeuge** sein, wobei sich die Verfahrensvorschriften dann ausschließlich nach § 25 richten.[12] Ein Gebärdendolmetscher, eine Verständigungsperson oder der zu beurkundende Notar dürfen hingegen nicht zugleich als Schreibzeuge fungieren.[13] Für den Schreibzeugen gelten die Mitwirkungsverbote der §§ 26 und 27.[14] Bei mehreren schreibunfähigen Personen ist die Zuziehung eines Schreibzeugen ausreichend.[15] 7

Der Schreibzeuge hat bei der **Verlesung der Niederschrift** und deren Genehmigung durch den schreibunfähigen Beteiligten **anwesend** zu sein. Stellt sich die Schreibunfähigkeit erst bei der Unterzeichnung der Urkunde heraus, so ist dem Verfahren ein Schreibzeuge hinzuzuziehen und die Urkunde in dessen Gegenwart erneut zu verlesen.[16] 8

Zudem gilt der Schreibzeuge nur dann als hinzugezogen, wenn er sich während der Verlesung der Urkunde **bewusst** ist oder er zumindest damit rechnet, dass 9

6 St. Rspr., so zB BGH NJW 1997, 3380 (3381); OLG Köln NJW-RR 2005, 1252.
7 *Winkler* § 25 Rn. 4.
8 OLG Hamm FGPrax 2013, 70.
9 Grziwotz/Heinemann/*Heinemann* § 25 Rn. 11 f.
10 OLG Hamm FGPrax 2013, 70; Grziwotz/Heinemann/*Heinemann* § 25 Rn. 13 f.
11 *Winkler* § 25 Rn. 10.
12 Armbrüster/Preuß/Renner/*Seger* § 25 Rn. 8.
13 Armbrüster/Preuß/Renner/*Seger* § 25 Rn. 8; BeckOK BGB/*Litzenburger* § 25 Rn. 2.
14 BeckOGK/*Schuller* § 25 Rn. 16; Grziwotz/Heinemann/*Heinemann* § 25 Rn. 18; OLG Hamm DNotZ 2013, 233; aA Frenz/Miermeister/*Baumann* § 25 Rn. 7.
15 Grziwotz/Heinemann/*Heinemann* § 25 Rn. 18.
16 BeckOK BGB/*Litzenburger* § 25 Rn. 2; Frenz/Miermeister/*Baumann* § 25 Rn. 7.

er bei der Errichtung der Urkunde mitzuwirken hat.[17] Ist eine Person zufällig anwesend, stellt sich jedoch erst nach der Verlesung und Genehmigung der Urkunde heraus, dass ein Beteiligter schreibunfähig ist, so muss der Anwesende als Schreibzeuge hinzugezogen und die Verlesung wiederholt werden.[18] Die Zuziehung besteht darin, dass der Notar den Anwesenden um Mitwirkung an der Urkunde bittet und dieser damit einverstanden ist.

V. Unterzeichnung durch den Schreibzeugen

10 Die Urkunde ist nach § 25 S. 3 zwingend vom Schreibzeugen zu unterzeichnen, weil die Unterzeichnung durch diesen die Unterschrift des Beteiligten ersetzt. Ohne die Unterschrift des beigezogenen Schreibzeugen ist die Urkunde unwirksam. Mit der Unterschrift bestätigt der Schreibzeuge, dass eine Verlesung der Urkunde stattgefunden hat und der Inhalt der Niederschrift durch die behinderte Person genehmigt wurde.[19]

VI. Urkundenvermerk

11 Die Tatsache, dass einer der Beteiligten schreibunfähig ist und dass ein Schreibzeuge zugezogen wird, ist in der Urkunde zu vermerken. Fehlt der Vermerk, ist dies für die Wirksamkeit des Vertrags jedoch ohne Bedeutung.[20] Im Urkundeneingang könnte Folgendes vermerkt werden:

▶ Der Beteiligte xy vermag nach seinen Angaben und nach meiner Überzeugung seinen Namen nicht zu schreiben. Als Zeugen/zweiten Notar habe ich folgende Person hinzugezogen: ... ◀

Als Schlussvermerk kommt folgender Passus in Betracht:

▶ Vorgelesen vom Notar, von den Beteiligten genehmigt und eigenhändig von den Beteiligten und dem Zeugen/zweiten Notar unterschrieben. ◀

§ 26 Verbot der Mitwirkung als Zeuge oder zweiter Notar

(1) Als Zeuge oder zweiter Notar soll bei der Beurkundung nicht zugezogen werden, wer
1. selbst beteiligt ist oder durch einen Beteiligten vertreten wird,
2. aus einer zu beurkundenden Willenserklärung einen rechtlichen Vorteil erlangt,
3. mit dem Notar verheiratet ist,
3a. mit ihm eine Lebenspartnerschaft führt oder
4. mit ihm in gerader Linie verwandt ist oder war.

(2) Als Zeuge soll bei der Beurkundung ferner nicht zugezogen werden, wer
1. zu dem Notar in einem ständigen Dienstverhältnis steht,
2. minderjährig ist,
3. geisteskrank oder geistesschwach ist,
4. nicht hinreichend zu hören, zu sprechen oder zu sehen vermag,
5. nicht schreiben kann oder

17 BayObLG DNotZ 1985, 217.
18 *Winkler* § 25 Rn. 11; aA Grziwotz/Heinemann/*Heinemann* § 25 Rn. 19.
19 BeckOK BeurkG/*Hüren* § 25 Rn. 32.
20 BeckOK BGB/*Litzenburger* § 25 Rn. 3.

6. **der deutschen Sprache nicht hinreichend kundig ist; dies gilt nicht im Falle des § 5 Abs. 2, wenn der Zeuge der Sprache der Niederschrift hinreichend kundig ist.**

I. Anwendungsbereich

Bestimmte Personen dürfen wegen einer **eventuellen Parteilichkeit** nicht als Zeugen oder zweiter Notar herangezogen werden. 1

§ 26 gilt nicht für den **Gebärdendolmetscher** nach § 22 Abs. 1 S. 2, da dieser weder Zeuge noch zweiter Notar ist. Auch die Mitwirkungsverbote nach §§ 6 und 7 kommen hier nicht analog zur Anwendung, was als problematisch erachtet wird.[1] Für den **Dolmetscher** gelten ebenfalls nicht die Mitwirkungsverbote nach § 26, sondern vielmehr über § 16 Abs. 3 S. 2 die der §§ 6 und 7.[2] Für **Verständigungspersonen** kommt allein § 24 Abs. 2 zur Anwendung. 2

Die Person des Zeugen oder zweiten Notars wird vom **Notar** festgelegt, der die **Mitwirkungsverbote beachten muss** und darüber hinaus nach Möglichkeit auf die Wünsche des behinderten Beteiligten eingehen soll. Stellt sich ein Mitwirkungsverbot erst während der Beurkundung heraus, so muss eine andere Person als Zeuge hinzugezogen und die Beurkundung wiederholt werden.[3] Die Tatsache, dass kein Mitwirkungsverbot vorliegt, muss nicht zwingend in der Urkunde vermerkt werden. 3

II. Einzelne Mitwirkungsverbote

Die einzelnen Mitwirkungsverbote in § 26 decken sich teilweise mit den Verboten aus den §§ 3, 6, 7, wobei die Mitwirkungsverbote aus Abs. 1 sowohl für den Zeugen, als auch für den zweiten Notar gelten, während die Mitwirkungsverbote in Abs. 2 lediglich bei der Auswahl des Zeugens zu beachten sind. 4

Als Zeuge oder zweiter Notar soll gemäß § 26 Abs. 1 Nr. 1 nicht mitwirken, wer selbst **formell beteiligt** ist oder **vertreten wird**, wobei diesbezüglich auf die Ausführungen zu § 6 Abs. 1 Nr. 1 und 4 verwiesen werden kann (→ § 6 Rn. 4, 7). 5

Nach § 26 Abs. 1 Nr. 2 soll zudem niemand als Zeuge oder zweiter Notar mitwirken, der durch die Willenserklärung selbst einen **rechtlichen Vorteil** erlangt; rein wirtschaftliche Vorteile sind von dem Mitwirkungsverbot nicht erfasst. Das Mitwirkungsverbot gilt zudem nur bei **unmittelbarer Vorteilserlangung**, eine mittelbare Begünstigung führt zu keinem Mitwirkungsverbot. Damit ist eine Mitwirkung als Zeuge bei Beurkundungen zugunsten des eigenen Ehegattens oder eines Verwandten nicht unzulässig. Nichtsdestotrotz sollte der Notar hiervon abraten.[4] 6

Nach § 26 Abs. 1 Nr. 3 und 3a sollen Personen, die **mit dem Notar verheiratet** sind oder mit ihm eine Lebenspartnerschaft führen, nicht als Zeuge oder zweiter Notar herangezogen werden, um die Unparteilichkeit des Notars sicherzustellen. Verlobte sowie geschiedene Ehepartner des Notars sind vom Verbot nicht umfasst. Auch eine, mit dem Notar in **gerader Linie verwandte Person** soll zur Wahrung der Neutralität nicht als Zeuge oder zweiter Notar fungieren, wie § 26 Abs. 1 Nr. 4 klarstellt. Diese Regelungen entspricht § 6 Abs. 1 Nr. 2, 2a und 3 (→ § 6 Rn. 5 ff.). 7

---

1 *Winkler* § 22 Rn. 23; Grziwotz/Heinemann/*Heinemann* § 22 Rn. 34.
2 Grziwotz/Heinemann/*Heinemann* § 26 Rn. 3.
3 *Winkler* § 26 Rn. 3.
4 Armbrüster/Preuß/Renner/*Seger* § 26 Rn. 5.

8 § 26 Abs. 2 statuiert weitere Mitwirkungsverbote für Zeuge. Demnach soll nach Abs. 2 Nr. 1 nicht als Zeuge mitwirkten, wer zu dem Notar in einem ständigen Dienstverhältnis steht. In einem ständigen Dienstverhältnis stehen alle Angestellten des Notariats, nicht hingegen neben dem Notar bestellte oder ihm zur Ausbildung zugeordnete Personen wie Assessoren oder Referendare. Auch Kassenangestellte in Bayern und Notariatsbeamte stehen nicht in einem ständigen Dienstverhältnis zum Notar.[5] Daneben sollen nach § 26 Abs. 2 Nr. 2 und 3 auch minderjährige Personen nicht als Zeugen herangezogen werden, ebenso wenig geisteskranke oder geistesschwache Personen, da bei diesen Personen die Gefahr besteht, dass sie ihren Aufgaben nicht hinreichend nachkommen können. Allerdings ist nicht jede Person, die unter Betreuung steht, automatisch geistesschwach.[6] Wer selbst taub, blind oder stumm (s. hierzu Ausführungen zu § 22) ist, kann nach § 26 Abs. 2 Nr. 4 zudem ebenso wenig als Zeuge fungieren wie eine Person, die nicht schreiben kann (s. hierzu Ausführungen in § 25) (§ 26 Abs. 2 Nr. 5). Zuletzt darf auch eine Person, die der deutschen Sprache nicht hinreichend mächtig ist, nicht als Zeuge herangezogen werden, außer die Urkunde wird gemäß § 5 Abs. 2 in einer anderen Sprache errichtet und der Zeuge ist dieser Sprache kundig (§ 26 Abs. 2 Nr. 6).[7]

III. Folgen von Verstößen

9 Verstößt der Notar gegen ein Mitwirkungsverbot, wird die Urkunde nicht unwirksam. Dies gilt aus Gründen der Rechtssicherheit an die Wirksamkeit notarieller Urkunden sogar bei der Mitwirkung von nach § 26 ausgeschlossenen Personen als zwingend hinzuzuziehende Schreibzeugen. Es handelt sich jedoch um ein Dienstvergehen, das disziplinarrechtlich sanktioniert werden kann.[8]

5. Besonderheiten für Verfügungen von Todes wegen

§ 27 Begünstigte Personen

Die §§ 7, 16 Abs. 3 Satz 2, § 24 Abs. 2, § 26 Abs. 1 Nr. 2 gelten entsprechend für Personen, die in einer Verfügung von Todes wegen bedacht oder zum Testamentsvollstrecker ernannt werden.

Literatur:

Genske, Die Bremer Trilogie, notar 2017, 188; *Reimann*, Notare als Testamentsvollstrecker, DNotZ 1994, 659.

5 BeckOK BGB/*Litzenburger* § 26 Rn. 3.
6 Grziwotz/Heinemann/*Heinemann* § 26 Rn. 15.
7 Armbrüster/Preuß/Renner/*Seger* § 26 Rn. 8 ff.
8 Grziwotz/Heinemann/*Heinemann* § 26 Rn. 20 f.; *Winkler* § 26 Rn. 14.

I. Allgemeines; Systematik; Sinn und Zweck

Die Vorschrift ergänzt als besonderes Mitwirkungsverbot für Verfügungen von Todes wegen die allgemeinen Vorschriften.[1] Diese sehen für Notare sowie bestimmte zugezogene Personen ein Mitwirkungsverbot (nur) insoweit vor, als die beurkundete Willenserklärung ihnen (oder zum Teil bestimmten Angehörigen) einen „rechtlichen Vorteil" verschafft. Nach § 27 besteht ein Mitwirkungsverbot hingegen (schon), wenn diese Personen in einer Verfügung von Todes wegen bedacht oder zum Testamentsvollstrecker ernannt (zusammenfassend: „begünstigt") werden. 1

Viele – vermutlich auch der Gesetzgeber[2] – sehen in der Regelung (allein) eine Klarstellung.[3] Ob die Erbeinsetzung, die nur eine künftige Erwerbsaussicht begründet und regelmäßig lebzeitig nicht bindet, oder die Ernennung zum Testamentsvollstrecker einen rechtlichen Vorteil darstellen, wäre sonst aber (mehr als) zweifelhaft.[4] Für die Praxis hat die Frage nach dem Verhältnis der Vorschriften aber keine größere Bewandtnis,[5] zumal die allgemeinen Vorschriften von § 27 nicht verdrängt werden.[6] 2

Zweck des Mitwirkungsverbots ist es, eine Beeinflussung des Erblassers zu verhindern, die Unparteilichkeit der mitwirkenden Personen zu sichern und Interessenkonflikten vorzubeugen.[7] 3

II. Verfügung von Todes wegen

§ 27 findet Anwendung bei „Verfügungen von Todes wegen", soweit diese in öffentlicher Form nach den Vorgaben des Beurkundungsgesetzes errichtet werden,[8] sei es durch Erklärung zur Niederschrift oder durch Übergabe einer offenen oder verschlossenen Schrift.[9] Bei Übergabe einer verschlossenen Schrift kommt es nicht darauf an, ob die begünstigte Person wusste oder hätte wissen können, dass sie in der Verfügung begünstigt wird.[10] Bei konkreten Anhaltspunkten sollte der Notar daher auf die Mitwirkungsverbote hinweisen.[11] 4

---

1 OLG Frankfurt OLGZ 1971, 308 (311); vgl. Frenz/Miermeister/*Baumann* Rn. 3 („erweitert"); BeckOGK/*Grziwotz* Rn. 1 („konkretisiert"); Erman/*Kappler/Kappler* Rn. 1 („mussten für entspr. anwendbar erklärt werden"); BeckOK BeurkG/*Seebach* Rn. 31.2 („präzisiert"); Armbrüster/Preuß/Renner/*Seger* Rn. 3 („ergänzt").

2 BT-Drs. V/3282, 34 („stellt klar").

3 Burandt/Rojahn/*Egerland* Rn. 1; Grziwotz/Heinemann/*Heinemann* Rn. 1; *Lerch* Rn. 1; Soergel/*Mayer* Rn. 3; MüKoBGB/*Sticherling* Rn. 3; *Winkler* BeurkG Rn. 2.

4 Vgl. OLG Frankfurt OLGZ 1971, 308 (311); BeckOGK/*Grziwotz* Rn. 1; BeckOK BeurkG/*Seebach* Rn. 31.2; auch MüKoBGB/*Sticherling* Rn. 3 (gleichwohl nur Klarstellung); vgl. auch BGH NJW 1997, 946 (947); NJW-RR 1987, 1090: Anordnung entsprechender Geltung, unabhängig davon, ob rechtlicher Vorteil vorliege.

5 BeckOK BeurkG/*Seebach* Rn. 31.4.

6 Burandt/Rojahn/*Egerland* Rn. 1; BeckOGK/*Schaller* § 7 Rn. 2; BeckOK BeurkG/*Eble* § 7 Rn. 1.

7 Frenz/Miermeister/*Baumann* Rn. 1; BeckOGK/*Grziwotz* Rn. 1.

8 Vgl. Grziwotz/Heinemann/*Heinemann* Rn. 2; BeckOK BeurkG/*Seebach* Rn. 2.

9 BeckOGK/*Grziwotz* Rn. 3; BeckOK BeurkG/*Seebach* Rn. 6; MüKoBGB/*Sticherling* Rn. 4.

10 OLG Bremen BeckRS 2014, 15184; RNotZ 2016, 107 (109); Burandt/Rojahn/*Egerland* Rn. 3; BeckOGK/*Grziwotz* Rn. 20; BeckOK BeurkG/*Seebach* Rn. 36; Armbrüster/Preuß/Renner/*Seger* Rn. 1; *Reimann* DNotZ 1994, 659 (662).

11 Vgl. Grziwotz/Heinemann/*Heinemann* Rn. 26; *Lerch* Rn. 6; BeckOK BeurkG/*Seebach* Rn. 56; Armbrüster/Preuß/Renner/*Seger* Rn. 8; wohl weitergehend Erman/*Kappler/Kappler* Rn. 5.

5 Wie im bürgerlich-rechtlichen Sinne[12] ist „Verfügung von Todes wegen" in § 27 vor allem der Oberbegriff für Testament (auch gemeinschaftliches) und Erbvertrag.[13]

6 Weiter werden die jeweiligen (rechtsgeschäftlichen) Widerrufs- und Aufhebungsakte erfasst, also Widerrufs- oder widersprechendes Testament, Aufhebung eines Erbvertrags durch Vertrag oder zustimmungsbedürftiges oder gemeinschaftliches Testament sowie Rücktritt durch Testament.[14]

7 Auch die Vormundbenennung nach § 1777 Abs. 3 BGB (und die Benennung eines Pflegers nach § 1917 Abs. 1 BGB) ist Verfügung von Todes wegen,[15] aus dem ausdrücklichen Mitwirkungsverbot bei Ernennung zum Testamentsvollstrecker und dem Umstand, dass noch die Bestellung durch das Familiengericht erforderlich ist, ist jedoch zu schließen, dass kein Mitwirkungsverbot nach § 27 folgt.[16]

8 Obwohl das (nicht vollzogene) Schenkungsversprechen von Todes wegen keine letztwillige Verfügung ist und § 2301 Abs. 1 BGB allein die Anwendung der entsprechenden (Form-)Vorschriften anordnet,[17] wird § 27 überwiegend darauf, gleichsam als „Verfügung von Todes wegen im formellen Sinne", angewandt.[18]

9 Nicht erfasst werden Erb-, Pflichtteils- und Zuwendungsverzicht,[19] die Anfechtung eines Erbvertrags sowie der Rücktritt davon und der Widerruf eines gemeinschaftlichen Testaments.[20] Bei Ehe- und Erbverträgen gilt § 27 für die darin enthaltenen Verfügungen von Todes wegen.[21]

III. Personenkreis

10 **1. Notar und Angehörige.** Nicht begünstigt werden darf nach §§ 27, 7 Nr. 1 zunächst der beurkundende Notar, Notariatsverwalter (§ 57 Abs. 1 BNotO) oder Notarvertreter (§ 39 Abs. 4 BNotO).[22] Beurkundet ein Notarvertreter eine letztwillige Verfügung, in welcher der vertretene Notar begünstigt wird, handelt

12 MüKoBGB/*Leipold* § 1937 Rn. 4; Grüneberg/*Weidlich* § 1937 Rn. 2.

13 Vgl. BeckOK BeurkG/*Seebach* Rn. 3; MüKoBGB/*Sticherling* Rn. 4; *Winkler* BeurkG Rn. 2.

14 Vgl. Grziwotz/Heinemann/*Heinemann* Rn. 3; MüKoBGB/*Sticherling* Rn. 4.

15 BeckOK BeurkG/*Seebach* Rn. 7; allg.: MüKoBGB/*Spickhoff* § 1777 Rn. 9.

16 So BeckOGK/*Grziwotz* Rn. 17; Soergel/*Mayer* Rn. 4; BeckOK BeurkG/*Seebach* Rn. 46 ff.; MüKoBGB/*Sticherling* Rn. 23; s. ferner Frenz/Miermeister/*Baumann* Rn. 7: Notar sollte von Gestaltung abraten; aA Grziwotz/Heinemann/*Heinemann* Rn. 22.

17 Hierzu bspw. Burandt/Rojahn/*Burandt* § 2301 Rn. 1, 15; MüKoBGB/*Musielak* § 2301 Rn. 1 ff., 13.

18 Vgl. Grziwotz/Heinemann/*Heinemann* Rn. 3; Soergel/*Mayer* Rn. 2; BeckOK BeurkG/*Seebach* Rn. 9; MüKoBGB/*Sticherling* Rn. 4.

19 OLG Düsseldorf MittBayNot 2014, 281 (282); BeckOGK/*Grziwotz* Rn. 2; BeckOK BeurkG/*Seebach* Rn. 10; Armbrüster/Preuß/Renner/*Seger* Vor §§ 27–35 Rn. 5; *Winkler* BeurkG Vor §§ 27 ff. Rn. 3.

20 OLG Frankfurt aM ZEV 2012, 542 (545) (zur Anfechtung); Burandt/Rojahn/*Egerland* Vor §§ 27 ff. Rn. 1; BeckOGK/*Grziwotz* Rn. 2; Grziwotz/Heinemann/*Heinemann* Rn. 4; BeckOK BeurkG/*Seebach* Rn. 10; Armbrüster/Preuß/Renner/*Seger* Vor §§ 27–35 Rn. 5.

21 Grziwotz/Heinemann/*Heinemann* Rn. 3; BeckOK BeurkG/*Seebach* Rn. 8; *Winkler* BeurkG Vor §§ 27 ff. Rn. 3.

22 Grziwotz/Heinemann/*Heinemann* Rn. 7; BeckOK BGB/*Litzenburger* Rn. 3; BeckOK BeurkG/*Seebach* Rn. 16; MüKoBGB/*Sticherling* Rn. 9.

er zwar dienstpflichtwidrig (§ 41 Abs. 2 BNotO),[23] die Beurkundung wäre aber nur unwirksam, wenn man darin eine Umgehung sehen und § 27 entsprechend heranziehen würde.[24]

Ferner erfasst sind (frühere) Ehegatten oder Lebenspartner des beurkundenden Amtsträgers sowie bestimmte mit ihm verwandte und verschwägerte Personen (§ 7 Nr. 2, 2a, 3). Entscheidend ist, ob bei Beurkundung ein solches Verhältnis besteht oder zuvor bestanden hat; nachträglich eintretende Umstände sind unbeachtlich.[25] 11

Entsprechend gilt § 27 für Konsularbeamte (§ 10 Abs. 3 KonsularG), für Bürgermeister (§ 2249 Abs. 1 S. 4 BGB) und Zeugen (§§ 2251, 2250 Abs. 3 S. 2 BGB) bei Nottestamenten sowie für Richter bei der Protokollierung im Rahmen eines Vergleichs.[26] 12

2. Dolmetscher und Angehörige. Nach §§ 27, 16 Abs. 3 S. 2, 7 ist eine Begünstigung des zugezogenen Dolmetschers sowie seiner Angehörigen (§ 7 Nr. 2, 2a, 3) untersagt. 13

3. Verständigungsperson. Für Verständigungspersonen besteht mit § 24 Abs. 2 ein § 7 nachempfundenes Mitwirkungsverbot, auf das § 27 verweist. Angehörige einer Verständigungsperson werden jedoch nicht erfasst.[27] 14

4. Zeuge und zweiter Notar. Für Zeugen und zweiten Notar findet sich in § 26 Abs. 1 Nr. 2 ein an § 7 angelehntes Mitwirkungsverbot, auf das in § 27 verwiesen wird. Es handelt sich um eine Sollvorschrift, die Angehörige der zugezogenen Person nicht erfasst,[28] und unabhängig davon gilt, auf welcher Grundlage (§§ 22, 25 oder 29) eine Zuziehung erfolgt.[29] 15

Für Zeugen bei einem Bürgermeistertestament findet sich in § 2249 Abs. 1 S. 3 BGB ein eigenständiger Ausschlussgrund und zugleich ein Verweis auf §§ 27, 7.[30] Bei dem Dreizeugentestament gelten für die Zeugen, funktionell als Urkundspersonen,[31] die §§ 7, 27 über den Verweis in § 2250 Abs. 3 S. 2 BGB.[32] 16

5. Gebärdendolmetscher. Umstritten ist, ob für den Gebärdensprachendolmetscher ein Mitwirkungsverbot analog §§ 27, 26 Abs. 1 Nr. 2 besteht oder ob allein das Auswahlermessen des Notars gelenkt wird, auf die Zuziehung einer neutralen Person hinzuwirken.[33] 17

---

23 Vgl. Arndt/Lerch/Sandkühler/*Lerch* BNotO § 41 Rn. 11; Frenz/Miermeister/*Wilke* BNotO § 41 Rn. 16.

24 Gegen Unwirksamkeit: MüKoBGB/*Sticherling* Rn. 9; entspr. Heranziehung: Grziwotz/Heinemann/*Heinemann* Rn. 18; *Winkler* BeurkG Rn. 9; *Reimann* DNotZ 1994, 659 (662 f.).

25 BeckOGK/*Grziwotz* Rn. 5; BeckOK BeurkG/*Seebach* Rn. 18; MüKoBGB/*Sticherling* Rn. 12.

26 Grziwotz/Heinemann/*Heinemann* Rn. 2; BeckOK BeurkG/*Seebach* Rn. 19 ff.; zum konsularischen Notariat Burandt/Rojahn/*Egerland* Vor §§ 27 ff. Rn. 2 ff.; Armbrüster/Preuß/Renner/*Seger* Vor §§ 27–35 Rn. 17 ff.

27 Grziwotz/Heinemann/*Heinemann* Rn. 9; BeckOK BeurkG/*Seebach* Rn. 26; MüKoBGB/*Sticherling* Rn. 15 (auch zum Hintergrund).

28 Vgl. BT-Drs. V/3282, 34; OLG Hamm DNotZ 2013, 233 (234); MüKoBGB/*Sticherling* Rn. 17.

29 Vgl. Grziwotz/Heinemann/*Heinemann* Rn. 10; BeckOK BeurkG/*Seebach* Rn. 27.

30 Bedeutung str., s. MüKoBGB/*Sticherling* § 2249 Rn. 23, 24 mwN auch zur Gegenansicht.

31 Soergel/*Mayer* § 2250 Rn. 8.

32 Vgl. Grziwotz/Heinemann/*Heinemann* Rn. 12; MüKoBGB/*Sticherling* Rn. 19.

33 Analogie: BeckOGK/*Grziwotz* Rn. 10; MüKoBGB/*Sticherling* Rn. 20; wohl auch *Winkler* BeurkG Rn. 5; Auswahlermessen: Frenz/Miermeister/*Baumann* BeurkG § 22 Rn. 11a; Grziwotz/Heinemann/*Heinemann* Rn. 13; BeckOK BeurkG/*Hüren* § 22 Rn. 37; BeckOK BGB/*Litzenburger* BeurkG § 22 Rn. 9.

IV. Begünstigung

18 **1. Zuwendung.** Wie im materiellen Erbrecht (vgl. § 1941 Abs. 2 BGB oder §§ 2066 ff. BGB)[34] werden auch im beurkundungsverfahrensrechtlichen Kontext Personen vor allem durch sämtliche Formen der Erbeinsetzung (Allein-, Mit-, Vor-, Nach- und Ersatzerbe) sowie der Vermächtnisanordnung (auch Vor-, Nach- und Ersatzvermächtnisse) „bedacht".[35] Uneinheitlich beurteilt wird, ob die Anordnung einer Auflage zugunsten einer Person ein Bedenken darstellt.[36] Umstritten ist auch, ob eine Person durch die Erteilung einer postmortalen Vollmacht zur Verwaltung und Abwicklung des Nachlasses „bedacht" sein kann.[37]

19 Unerheblich ist, ob mit der erbrechtlichen Stellung wirtschaftliche Vorteile verbunden sind[38] oder ob der Erblasser Begünstigungswillen hatte.[39] Allein wirtschaftliche, ideelle oder mittelbare Vorteile genügen nicht.[40] Gleiches gilt, wenn eine Person nur Gesellschafter oder organschaftlicher Vertreter einer bedachten juristischen Person oder Personengesellschaft ist oder als Partei kraft Amtes für diese handelt;[41] jedoch ist § 3 zu beachten.[42]

20 **2. Ernennung zum Testamentsvollstrecker.** Auch die Ernennung zum Testamentsvollstrecker stellt einen Ausschlussgrund dar; unabhängig davon, ob eine Vergütung zu gewähren ist.[43]

21 § 27 gilt im Ausgangspunkt jedoch nicht, wenn der Notar in einer unabhängig errichteten privatschriftlichen oder vor einem anderen Notar beurkundeten Verfügung ernannt wird.[44] Das *OLG Bremen* hatte jedoch dreimal Fälle zu entscheiden, in denen privatschriftliche Verfügungen in notarieller Urkunde angekündigt waren und sodann weisungsgemäß mit dieser in den Verwahrumschlag

---

34 Vgl. dazu MüKoBGB/*Leipold* § 2069 Rn. 3; Soergel/*Loritz* § 2069 Rn. 3; Staudinger/*Otte* § 2066 Rn. 2.

35 Burandt/Rojahn/*Egerland* Rn. 1; BeckOGK/*Grziwotz* Rn. 13; Soergel/*Mayer* Rn. 4; BeckOK BeurkG/*Seebach* Rn. 37; MüKoBGB/*Sticherling* Rn. 23.

36 Dafür: Frenz/Miermeister/*Baumann* Rn. 4; BeckOK BGB/*Litzenburger* Rn. 3; Soergel/*Mayer* Rn. 4; BeckOK BeurkG/*Seebach* Rn. 38 ff.; Armbrüster/Preuß/Renner/*Seger* Rn. 4; wenn sie deren Vollziehung verlangen kann: BeckOGK/*Grziwotz* Rn. 13; Grziwotz/Heinemann/*Heinemann* Rn. 16; dagegen: Burandt/Rojahn/*Egerland* Rn. 1; Erman/*Kappler*/*Kappler* Rn. 3; *Lerch* Rn. 3; MüKoBGB/*Sticherling* Rn. 23; *Winkler* BeurkG Rn. 7.

37 Dazu bspw. Frenz/Miermeister/*Baumann* Rn. 10; BeckOK BeurkG/*Seebach* Rn. 39 ff.; MüKoBGB/*Sticherling* Rn. 24; *Winkler* BeurkG Rn. 8.

38 Vgl. BeckOGK/*Grziwotz* Rn. 13; BeckOK BeurkG/*Seebach* Rn. 33.

39 Grziwotz/Heinemann/*Heinemann* Rn. 14; MüKoBGB/*Sticherling* Rn. 22.

40 BeckOK BeurkG/*Seebach* Rn. 33 f.; MüKoBGB/*Sticherling* Rn. 23.

41 Grziwotz/Heinemann/*Heinemann* Rn. 17; MüKoBGB/*Sticherling* Rn. 23.

42 BeckOGK/*Grziwotz* Rn. 14; Grziwotz/Heinemann/*Heinemann* Rn. 17.

43 Frenz/Miermeister/*Baumann* Rn. 6; BeckOGK/*Grziwotz* Rn. 15; BeckOK BeurkG/*Seebach* Rn. 42.

44 OLG Köln RNotZ 2018, 336 (338) (auch kein Umgehungstatbestand); vgl. Grziwotz/Heinemann/*Heinemann* Rn. 19; *Lerch* Rn. 4; Armbrüster/Preuß/Renner/*Seger* Rn. 6; *Winkler* BeurkG Rn. 9; DNotI-Report 2012, 143 (144); *Reimann* DNotZ 1994, 659 (663); DNotZ 1990, 433.

genommen wurden.[45] Davon sollte Abstand genommen werden.[46] Vorschlagen sollte der Notar dieses Vorgehen ohnehin nicht.[47]

Gegen § 7 Nr. 1 verstößt es, wenn dem Notar ein Bestimmungsrecht nach § 2198 Abs. 1 S. 1 BGB eingeräumt wird.[48] Zulässig soll es hingegen sein, dem Nachlassgericht oder einem Dritten die Benennung zu überlassen und den (unverbindlichen) Wunsch nach Ernennung des Notars zu äußern,[49] solange nicht durch verbindliche Beschränkungen der Auswahl faktisch eine bestimmte Person bestimmt wird.[50] 22

Wenn der Sozius des ernannten Notars die Verfügung beurkundet, ist § 27 nicht verletzt,[51] es liegt aber (inzwischen) ein Verstoß gegen § 3 Abs. 1 S. 1 Nr. 4 vor.[52] Wenn eine in einem Dienstverhältnis zum Notar stehende Person ernannt wird, ist dies berufsrechtlich bedenklich, verstößt aber nicht gegen § 27.[53] 23

V. Rechtsfolgen

Ein Verstoß gegen §§ 27, 7, 16 Abs. 3 S. 2, 24 Abs. 2 führt zur Unwirksamkeit der betroffenen Verfügung („insoweit");[54] die Auswirkungen auf die übrigen Verfügungen bestimmen sich nach § 2085 BGB (bzw. §§ 2270 Abs. 1, 2298 Abs. 1 BGB).[55] 24

Ein Verstoß gegen §§ 27, 26 Abs. 1 Nr. 2 berührt die Wirksamkeit hingegen nicht, da es sich um eine Sollvorschrift handelt.[56] 25

45 OLG Bremen BeckRS 2014, 15184 und RNotZ 2016, 107 (109 f.) (öffentliches Testament durch Übergabe einer Schrift, jedenfalls aber Umgehung); abw. dann MittBayNot 2016, 344 (346) (keine Errichtung, nur Ankündigung; unerheblich, dass mit in Verwahrumschlag genommen). Dazu bspw. *Genske* notar 2017, 188; *Litzenburger* ZEV 2016, 275.

46 Burandt/Rojahn/*Egerland* Rn. 6; MüKoBGB/*Sticherling* Rn. 27; *Genske* notar 2017, 188 (190); so bereits *Reimann* DNotZ 1994, 659 (663); 1990, 433.

47 BeckOGK/*Grziwotz* Rn. 16; Grziwotz/Heinemann/*Heinemann* Rn. 19; *Armbrüster/Leske* ZNotP 2002, 46 (47).

48 BGH DNotZ 2013, 149; OLG Stuttgart RNotZ 2012, 393; Burandt/Rojahn/*Egerland* Rn. 5; BeckOGK/*Grziwotz* Rn. 16; *Reimann* DNotZ 1994, 659 (665).

49 OLG Stuttgart DNotZ 1990, 430; DNotI-Report 2012, 143 (144); BeckOK BeurkG/*Seebach* Rn. 45.6; Armbrüster/Preuß/Renner/*Seger* Rn. 6; *Winkler* BeurkG Rn. 9; *Reimann* DNotZ 1994, 659 (664); 1990, 433 (435); aA Frenz/Miermeister/*Baumann* Rn. 6; wohl ebenso Staudinger/*Hertel* BeurkG Rn. 574.

50 BeckOGK/*Grziwotz* Rn. 16; Grziwotz/Heinemann/*Heinemann* Rn. 19; MüKoBGB/*Sticherling* Rn. 27; *Reimann* DNotZ 1994, 659 (663); 1990, 433 (435).

51 BGH NJW 1997, 946 (947); NJW-RR 1987, 1090; Burandt/Rojahn/*Egerland* Rn. 5; BeckOK BeurkG/*Seebach* Rn. 45.8; *Winkler* BeurkG Rn. 10; *Reimann* DNotZ 1994, 659 (665 ff.); aA OLG Oldenburg DNotZ 1990, 431 (wg. Teilhabe an Vergütung über Sozietät).

52 BGH MittBayNot 2019, 189 (191); Frenz/Miermeister/*Baumann* Rn. 8; Soergel/*Mayer* Rn. 5; Armbrüster/Preuß/Renner/*Seger* Rn. 6; DNotI-Report 2012, 143 (144); *Armbrüster/Leske* ZNotP 2002, 46 (47); *Reimann* MittBayNot 2016, 347.

53 BGH MittBayNot 2019, 189; vgl. Frenz/Miermeister/*Baumann* Rn. 9; BeckOGK/*Grziwotz* Rn. 16; MüKoBGB/*Sticherling* Rn. 30.

54 BeckOGK/*Grziwotz* Rn. 21; Soergel/*Mayer* Rn. 6; MüKoBGB/*Sticherling* Rn. 32.

55 Burandt/Rojahn/*Egerland* Rn. 4; BeckOK BeurkG/*Seebach* Rn. 51; MüKoBGB/*Sticherling* Rn. 36; zur Umdeutung (§ 140 BGB) bei Übergabe einer eigenhändigen Schrift vgl. Armbrüster/Preuß/Renner/*Seger* Rn. 8; *Winkler* BeurkG Rn. 13.

56 OLG Hamm DNotZ 2013, 233 (234); Soergel/*Mayer* Rn. 6; BeckOK BeurkG/*Seebach* Rn. 54; Armbrüster/Preuß/Renner/*Seger* Rn. 7.

§ 28 Feststellungen über die Geschäftsfähigkeit

Der Notar soll seine Wahrnehmungen über die erforderliche Geschäftsfähigkeit des Erblassers in der Niederschrift vermerken.

Literatur:

Cording, Kriterien zur Feststellung der Testier(un)fähigkeit, ZEV 2010, 115; *Grziwotz*, Notarielle Feststellungen zur Geschäftsfähigkeit von betagten Erblassern, DNotZ 2020, 389; *Heinemann*, Mehr Sollen als Sein – zur Feststellung der Geschäfts- und Testierfähigkeit, ZNotP 2016, 170; *Kanzleiter*, Feststellungen über die Geschäftsfähigkeit inner- oder außerhalb der Niederschrift? Bemerkungen zum Beschluß des BayObLG 2.7.1992 – 3Z BR 58/92, DNotZ 1993, 434; *Lichtenwimmer*, Die Feststellung der Geschäfts- und Testierfähigkeit durch den Notar, MittBayNot 2002, 240; *Litzenburger*, Sind die notariellen Vermerkpflichten zur Geschäftsfähigkeit mit dem Grundrecht auf Schutz der Privatsphäre vereinbar?, ZEV 2016, 1; *Müller*, Erwiderung zum Beitrag von Stoppe/Lichtenwimmer, Die Feststellung der Geschäfts- und Testierfähigkeit beim alten Menschen durch den Notar – ein interdisziplinärer Vorschlag, DNotZ 2005, 806ff., DNotZ 2006, 325; *Schmoeckel*, Die Geschäfts- und Testierfähigkeit von Demenzerkrankten, NJW 2016, 433; *Stoppe/Lichtenwimmer*, Die Feststellung der Geschäfts- und Testierfähigkeit beim alten Menschen durch den Notar – ein interdisziplinärer Vorschlag, DNotZ 2005, 806; *Wetterling*, Mehr Schein als Sein – zum sogenannten Fassadenphänomen, ZNotP 2016, 60; *Zimmermann*, Juristische und psychiatrische Aspekte der Geschäfts- und Testierfähigkeit, BWNotZ 2000, 97.

I. Allgemeines; Sinn und Zweck

1 Die Vorschrift ergänzt und erweitert die Vermerkpflichten des § 11: Wo der Notar dort Feststellungen über die Geschäftsfähigkeit in die Niederschrift nur bei Zweifeln oder schwerer Krankheit aufzunehmen hat, trifft ihn nach § 28 die Pflicht, seine Wahrnehmungen über die erforderliche Geschäftsfähigkeit immer und unabhängig von den konkreten Umständen niederzulegen, wodurch sie bei der Beurkundung von letztwilligen Verfügungen zum Regelbestandteil der Niederschrift erhoben werden.[1] Dadurch sollen vor allem Beweise gesichert werden mit Blick auf mögliche Streitigkeiten um die Testierfähigkeit nach dem Tod des Erblassers.[2]

2 § 28 verdrängt die allgemeinen Vorschriften nicht, die Vermerkpflichten und vor allem die Ablehnungspflicht aus § 11 bleiben daneben bestehen.[3] Bei einem

---

1 Vgl. BT-Drs. V/3282, 34; OLG Celle MittBayNot 2008, 492 (493); Burandt/Rojahn/*Egerland* Rn. 1; BeckOK BeurkG/*Seebach* Rn. 1 ff.; Armbrüster/Preuß/Renner/*Seger* Rn. 1; MüKoBGB/*Sticherling* Rn. 8; *Winkler* BeurkG Rn. 1; krit. zur Vermerkpflicht: BeckOGK/*Grziwotz* Rn. 9; Grziwotz/Heinemann/*Heinemann* Rn. 1; *Grziwotz* DNotZ 2020, 389 (394) (diskriminierende Feststellungen nicht ohne Einwilligung); *Litzenburger* ZEV 2016, 1 ff. („verfassungswidrig").

2 BT-Drs. V/3282, 34; Grziwotz/Heinemann/*Heinemann* Rn. 1; Soergel/*Mayer* Rn. 1; BeckOK BeurkG/*Seebach* Rn. 3, 3.1 ff.; *Winkler* BeurkG Rn. 1; *Zimmermann* BWNotZ 2000, 97 (100); vgl. OLG Frankfurt/M. ZEV 2012, 542 (545); LG Köln RNotZ 2005, 244 (245).

3 OLG Celle MittBayNot 2008, 492 (493); BeckOGK/*Grziwotz* Rn. 1; BeckOK BeurkG/*Seebach* Rn. 2.3, 2.5.

(einseitigen) Erbvertrag gilt hinsichtlich nichttestierender Beteiligter ausschließlich § 11 (auch kein Verweis in § 33).[4]

II. Anwendungsbereich

§ 28 gilt bei der Beurkundung von Verfügungen von Todes wegen (→ § 27 Rn. 4 ff.) durch notarielle Urkundspersonen und Konsularbeamte (→ § 27 Rn. 10, 12) sowie bei sämtlichen Nottestamenten (§§ 2249 Abs. 1 S. 4, 2250 Abs. 3 S. 2, 2251 BGB).[5] Umstritten ist wegen § 2276 Abs. 2 BGB, ob er bei der Beurkundung von Ehe- und Erbverträgen gilt oder allein die allgemeinen Vorschriften anwendbar sind.[6] 3

III. Feststellungen

1. Wahrnehmungen zur erforderlichen Geschäftsfähigkeit. Festhalten muss der Notar seine Wahrnehmungen über die Geschäftsfähigkeit. Trotz des Gesetzeswortlauts allerdings nur deren Ergebnis,[7] gewonnen aus dem Verlauf der Beurkundungsverhandlung, nicht hingegen vorherigen Besprechungen oder Gesprächen.[8] Neben der Verlesung und Erörterung der letztwilligen Verfügung selbst sollte aber auch die gesamte begleitende Interaktion mit dem Erblasser zu berücksichtigen sein.[9] 4

Verlangt werden Feststellungen zur „erforderlichen Geschäftsfähigkeit" und nicht explizit zur Testierfähigkeit (§ 2229 Abs. 1, 4 BGB), weil der Erbvertrag Geschäftsfähigkeit des Erblassers voraussetzt (§ 2275 Abs. 1 BGB)[10] und die Testierfähigkeit ohnehin allein besondere Ausprägung der Geschäftsfähigkeit ist.[11] 5

Bei konkreten Anhaltspunkten für einen Auslandsbezug ist das maßgebliche Errichtungsstatut zu ermitteln, da sich danach die Anforderungen an die Testierfähigkeit richten (Art. 26 Abs. 1 lit. a EuErbVO).[12] 6

Das Gesetz sieht die Geschäfts- und Testierfähigkeit als Regel an, ihr Fehlen hingegen als Ausnahme,[13] die nur gegeben ist, wenn eine der in §§ 104 Nr. 2, 105 Abs. 2, 2229 Abs. 4 BGB genannten psychischen Beeinträchtigungen vor- 7

---

4 Soergel/*Mayer* Rn. 2; BeckOK BeurkG/*Seebach* Rn. 12.

5 Frenz/Miermeister/*Baumann* Rn. 2; BeckOGK/*Grziwotz* Rn. 2; MüKoBGB/*Sticherling* Rn. 2.

6 So Grziwotz/Heinemann/*Heinemann* Rn. 3; Soergel/*Mayer* Rn. 2; MüKoBGB/*Sticherling* Rn. 10 ff.; aA BeckOGK/*Grziwotz* Rn. 3.

7 Vgl. BeckOGK/*Grziwotz* Rn. 12; Grziwotz/Heinemann/*Heinemann* Rn. 15; BeckOK BGB/*Litzenburger* Rn. 2; Soergel/*Mayer* Rn. 4; BeckOK BeurkG/*Seebach* Rn. 2.6, 31; MüKoBGB/*Sticherling* Rn. 8; weitergehend wohl *Zimmermann* BWNotZ 2000, 97 (100).

8 Frenz/Miermeister/*Baumann* Rn. 4; BeckOGK/*Grziwotz* Rn. 11; BeckOK BeurkG/*Seebach* Rn. 24.

9 BeckOGK/*Grziwotz* Rn. 11; BeckOK BeurkG/*Seebach* Rn. 26; strenger OLG Celle MittBayNot 2008, 492 (493).

10 BT-Drs. V/3282, 34; BeckOGK/*Grziwotz* Rn. 3; BeckOK BeurkG/*Seebach* Rn. 9; Armbrüster/Preuß/Renner/*Seger* Rn. 2.

11 BGH ZEV 2017, 278 (280); OLG München ZEV 2008, 37 (38); BayObLGZ 1982, 309 (312); RNotZ 2001, 524; Staudinger/*Baumann* § 2229 Rn. 12; MüKoBGB/*Sticherling* § 2229 Rn. 1.

12 Vgl. Armbrüster/Preuß/Renner/*Seger* Rn. 9; Grziwotz/Heinemann/*Heinemann* Rn. 25; MüKoBGB/*Sticherling* Rn. 24.

13 Vgl. BayObLGZ 1956, 377 (380); 1982, 309 (312); RNotZ 2001, 524 (525); OLG München ZEV 2017, 148; Staudinger/*Baumann* § 2229 Rn. 11; MüKoBGB/*Sticherling* § 2229 Rn. 3, 4.

liegt und deswegen der Entschluss des Erblassers nicht mehr frei ist;[14] wenn er nicht mehr erkennt, dass er eine letztwillige Verfügung errichtet oder welchen Inhalt sie hat, oder keine Vorstellung von den persönlichen und wirtschaftlichen Auswirkungen hat oder die Gründe, die dafür und dagegen sprechen, nicht mehr abwägen kann; vor allem nicht frei von den Einflüssen etwaiger interessierter Dritter.[15]

8 Den Notar trifft ohne besondere Anhaltspunkte keine Pflicht zu Nachfragen oder Ermittlungen; er kann im Grundsatz von der Geschäfts- und Testierfähigkeit ausgehen.[16] Liegen Umstände vor, die Zweifel hervorrufen (beispielsweise fehlende zeitliche oder örtliche Orientierung, Aufmerksamkeits-, Gedächtnis- oder Affektstörungen oder gar Wahn),[17] muss der Notar diesen anhand „zugänglicher und zumutbarer Erkenntnismöglichkeiten"[18] nachgehen, wobei die Art und Weise der Ermittlungen in seinem Ermessen steht.[19] Eigene medizinisch-psychiatrische Untersuchungen, insbesondere (Schnell-)Tests, können von ihm als Laien aber nicht erwartet werden.[20] Die Befragung von Ärzten und Pflegern (Entbindung von der Schweigepflicht vorausgesetzt) sowie Angehörigen kann sich anbieten;[21] ebenso die Einsicht in ärztliche Gutachten aus einem Betreuungsverfahren.[22] Der Notar kann dem Erblasser auch raten (ohne dies letztlich durchsetzen zu können), vorab ein (am besten: fachärztliches) Gutach-

---

14 Dazu bspw. Staudinger/*Baumann* § 2229 Rn. 26 ff.; BeckOGK/*Grziwotz* § 2229 Rn. 11 ff.; *Zimmermann* BWNotZ 2000, 97; *Lichtenwimmer* MittBayNot 2002, 240; zur Demenz *Schmoeckel* NJW 2016, 433; *Losch* ZErb 2017, 188; zu medizinisch-psychiatrischen Aspekten *Cording* ZEV 2010, 23; 2010, 115; *Wetterling* ZNotP 2016, 7.

15 Vgl. BGH FamRZ 1958, 127; BayObLGZ 1959, 260 (364); 2004, 237 (240 f.); OLG München ZEV 2008, 37 (39); 2017, 148 (149); OLG Bamberg RNotZ 2015, 655 (657).

16 LG Köln RNotZ 2005, 244 (245); BeckOGK/*Grziwotz* Rn. 5; Grziwotz/Heinemann/*Heinemann* Rn. 9; Armbrüster/Preuß/Renner/*Seger* Rn. 8; *Heinemann* ZNotP 2016, 170; missverständlich OLG Frankfurt/M. ZEV 2012, 542 (545): „Pflicht zur positiven Feststellung".

17 Vgl. *Cording* ZEV 2010, 117 ff.; OLG Hamm RNotZ 2016, 60 (63); OLG Celle MittBayNot 2008, 492 (493); BeckOK BeurkG/*Seebach* Rn. 22 ff.; *Zimmermann* BWNotZ 2000, 97 (102 ff.); zum „Fassadenphänomen" s. *Wetterling* ZNotP 2016, 60.

18 Grziwotz/Heinemann/*Heinemann* Rn. 10.

19 OLG Hamm RNotZ 2016, 60 (63); OLG Celle MittBayNot 2008, 492 (493); Soergel/*Mayer* Rn. 3; BeckOK BeurkG/*Seebach* Rn. 13; krit. zu Ermittlungspflichten des Notars *Heinemann* ZNotP 2016, 170 (171).

20 Frenz/Miermeister/*Baumann* Rn. 4; BeckOGK/*Grziwotz* Rn. 7; Grziwotz/Heinemann/*Heinemann* Rn. 11; Erman/*Kappler/Kappler* Rn. 1; *Lerch* Rn. 7; BeckOK BeurkG/*Seebach* Rn. 14; MüKoBGB/*Sticherling* Rn. 17; *Winkler* BeurkG Rn. 10; *Cording/Foerster* DNotZ 2006, 329; *Grziwotz* DNotZ 2020, 389 (391 f.); *Müller* DNotZ 2006, 325 (326); s. aber Armbrüster/Preuß/Renner/*Seger* Rn. 8: ggf. Beitrag zur Haftungsvermeidung; für die Verwendung *Stoppe/Lichtenwimmer* DNotZ 2005, 806; *Lichtenwimmer* MittBayNot 2002, 240 (243).

21 Vgl. LG Köln RNotZ 2005, 244 (246); BeckOGK/*Grziwotz* Rn. 7; *Lerch* Rn. 7; BeckOK BeurkG/*Seebach* Rn. 15; MüKoBGB/*Sticherling* Rn. 17; *Winkler* BeurkG Rn. 9; *Müller* DNotZ 2006, 325 (328).

22 Grziwotz/Heinemann/*Heinemann* Rn. 10; BeckOK BeurkG/*Seebach* Rn. 22.3; *Müller* DNotZ 2006, 325 (328).

ten einzuholen.[23] Gebunden ist der Notar an die einzelnen Bewertungen zwar nicht; er wird aber auf ärztliche Einschätzungen vertrauen können.[24]

Nicht immer klar ist, wann die besondere Aufmerksamkeit des Notars gefordert ist: insbesondere mit Blick auf hohes Alter,[25] rein körperliche Gebrechen,[26] infauste Krankheitsprognosen,[27] ungewöhnliches, drängendes Verhalten Dritter[28] oder Auswärtsbeurkundungen.[29] Die Anordnung der Betreuung hat zwar, anders als die Entmündigung (§ 2229 Abs. 3 BGB aF), keine unmittelbaren Auswirkungen auf Geschäfts- und Testierfähigkeit,[30] gibt aber Anlass zu genaueren Nachforschungen.[31] 9

Ist der Notar von der fehlenden Testierfähigkeit überzeugt, dh hat er keinen vernünftigen Zweifel an der Testierunfähigkeit, muss er die Beurkundung ablehnen; zweifelt er hingegen (nur), muss er beurkunden und seine Zweifel vermerken (§ 11 Abs. 1 S. 1, 2).[32] 10

Feststellungen zu etwaigen Beschränkungen der Testierfreiheit, insbesondere aufgrund der Bindungswirkung früherer Verfügungen, sind nach § 28 nicht gefordert, wohl aber ist ihr (Nicht-)Vorhandensein Gegenstand der Belehrungspflicht nach § 17.[33] 11

2. Vermerk. Das Gesetz sieht vor, dass der Vermerk zur Geschäftsfähigkeit in die Niederschrift aufzunehmen ist.[34] Insbesondere aus Rücksicht auf das Persönlichkeitsrecht des Erblassers sollen die Feststellungen aber auch (jedenfalls 12

---

23 Frenz/Miermeister/*Baumann* Rn. 5; Burandt/Rojahn/*Egerland* Rn. 4; BeckOGK/*Grziwotz* Rn. 7; Grziwotz/Heinemann/*Heinemann* Rn. 10; *Winkler* BeurkG Rn. 9; *Müller* DNotZ 2006, 325 (328).

24 Grziwotz/Heinemann/*Heinemann* Rn. 10; vgl. auch OLG München ZEV 2012, 109 (110); OLG Brandenburg RNotZ 2014, 321 (323).

25 So OLG Hamm RNotZ 2016, 60 (63 f.) (jedoch „normale Unterredung" ausreichend); LG Köln RNotZ 2005, 244 (245); MüKoBGB/*Sticherling* Rn. 17; Armbrüster/Preuß/Renner/*Seger* Rn. 8; *Zimmermann* BWNotZ 2000, 97 (100); krit.: Frenz/Miermeister/*Baumann* Rn. 6; BeckOGK/*Grziwotz* Rn. 5; *Grziwotz* DNotZ 2020, 389 (390 f.); *Heinemann* ZNotP 2016, 170.

26 So wohl OLG Hamm RNotZ 2016, 60 (63 f.) (jedoch „gebotene Sensibilität" bei Nachforschungen); MüKoBGB/*Sticherling* Rn. 17; krit. Frenz/Miermeister/*Baumann* Rn. 6; Grziwotz/Heinemann/*Heinemann* Rn. 9; BeckOK BeurkG/*Seebach* Rn. 22.5; *Winkler* BeurkG Rn. 8.

27 Vgl. OLG Brandenburg RNotZ 2014, 321 (323), und OLG Bamberg NJW-RR 2012, 1289: Gesetz sieht Nottestament in „naher Todesgefahr" gerade vor; BeckOGK/*Grziwotz* Rn. 5, 6; *Winkler* BeurkG Rn. 8.

28 *Heinemann* ZNotP 2016, 170 (171); BeckOK BeurkG/*Seebach* Rn. 22.8; weitergehend OLG Celle MittBayNot 2008, 492 (493) (schon bei „atypischen Personenkonstellationen"). Zum Schutz der Selbstbestimmungsfreiheit im Alter s. *Christandl* notar 2017, 339.

29 Vgl. BeckOK BeurkG/*Seebach* Rn. 22.9; wohl aA Burandt/Rojahn/*Egerland* Rn. 4.

30 Staudinger/*Baumann* § 2229 Rn. 50; BeckOGK/*Grziwotz* § 2229 Rn. 31; MüKoBGB/*Sticherling* § 2229 Rn. 16, 17; vgl. OLG München NJW-RR 2015, 138 (139).

31 Vgl. Burandt/Rojahn/*Egerland* Rn. 3; BeckOGK/*Grziwotz* Rn. 6; BeckOK BeurkG/*Seebach* Rn. 22.3.

32 Vgl. OLG München ZEV 2012, 109 (110) (strenge Anforderungen an Überzeugung); Frenz/Miermeister/*Baumann* Rn. 5; BeckOGK/*Grziwotz* Rn. 8; Grziwotz/Heinemann/*Heinemann* Rn. 13; Soergel/*Mayer* Rn. 5; MüKoBGB/*Sticherling* Rn. 20, 22; *Zimmermann* BWNotZ 2000, 97 (100); *Lichtenwimmer* MittBayNot 2002, 240 (244).

33 Dazu BeckOGK/*Grziwotz* Rn. 4 f.; Grziwotz/Heinemann/*Heinemann* Rn. 24; BeckOK BeurkG/*Seebach* Rn. 11; Armbrüster/Preuß/Renner/*Seger* Rn. 7; *Winkler* BeurkG Rn. 15.

34 Vgl. Burandt/Rojahn/*Egerland* Rn. 5; BeckOGK/*Grziwotz* Rn. 15; BeckOK BeurkG/*Seebach* Rn. 34; BayObLGZ 1992, 220 (222).

teilweise) in einem gesonderten Vermerk (Tatsachenprotokoll nach § 36) getroffen werden können.[35] Damit diese Vorgehensweise einem in die Niederschrift aufgenommenen Vermerk gleichwertig und die Vermerkurkunde als Beweismittel entsprechend verfügbar ist, muss den Beteiligten der Haupturkunde ein Ausfertigungsanspruch zustehen und Beteiligte des Eröffnungsverfahrens müssen auf den Vermerk aufmerksam werden und Kenntnis von seinem Inhalt nehmen können.[36] Daher sollte in die Haupturkunde aufgenommen werden: das Ergebnis der Feststellungen des Notars[37] samt Hinweis auf die ergänzende Vermerkurkunde, das Einverständnis der Beteiligten mit dem Verfahren (zugleich Antrag auf Aufnahme der Vermerkurkunde und Befreiung von der Verschwiegenheit) und die Anweisung, den Beteiligten Ausfertigungen der Vermerkurkunde zu erteilen und dem für die Eröffnung der Verfügung zuständigen Nachlassgericht eine Ausfertigung zu übersenden.[38] Die Vermerkurkunde kann der Haupturkunde beigeheftet werden,[39] alternativ wäre sie separat (mit Querverweis) in der Urschriftensammlung aufzubewahren. Man mag erwägen, eine Ausfertigung der Vermerkurkunde (die Urschrift bleibt in der Verwahrung des Notars) mit der Verfügung verschlossen in die amtliche Verwahrung zu geben.[40]

13 Der Vermerk erbringt Beweis über die bezeugten Tatsachen (§ 418 Abs. 1 ZPO); die rechtliche Schlussfolgerung bindet eine spätere gerichtliche Entscheidung hingegen nicht (freie Beweiswürdigung nach § 286 ZPO).[41]

IV. Rechtsfolgen bei Verstoß

14 Ein Verstoß gegen § 28 als bloße Ordnungsvorschrift berührt die Wirksamkeit der Beurkundung nicht.[42]

35 Vgl. BeckOK BeurkG/*Seebach* Rn. 35 f.; *Kanzleiter* DNotZ 1993, 434 (436 ff.); Armbrüster/Preuß/Renner/*Piegsa* § 11 Rn. 44; *Winkler* BeurkG § 11 Rn. 16; *ders.* MittBayNot 2008, 492 (497); einschränkend (Ergebnis zwingend in Niederschrift aufzunehmen): BeckOGK/*Grziwotz* Rn. 15; Grziwotz/Heinemann/*Heinemann* Rn. 19; MüKoBGB/*Sticherling* Rn. 27 („Zusatzvermerk"); *Lichtenwimmer* MittBayNot 2002, 240 (244); wohl gänzlich ablehnend *Zimmermann* BWNotZ 2000, 97 (100).

36 Vgl. BeckOK BeurkG/*Bremkamp* § 11 Rn. 56 ff.

37 BeckOK BeurkG/*Bremkamp* § 11 Rn. 58a; BeckOK BeurkG/*Seebach* Rn. 35.1; unabdingbar für diejenigen, die einer Auslagerung im Ganzen kritisch gegenüberstehen: vgl. MüKoBGB/*Sticherling* Rn. 27; BeckOGK/*Grziwotz* Rn. 15; Grziwotz/Heinemann/*Heinemann* Rn. 19.

38 BeckOK BeurkG/*Bremkamp* § 11 Rn. 58; vgl. auch Armbrüster/Preuß/Renner/*Piegsa* § 11 Rn. 44; zum Einsichtsrecht in den Vermerk ohne derartige Vorkehrungen: BayObLGZ 1992, 220 (223).

39 Dafür BeckOGK/*Grziwotz* Rn. 15; Burandt/Rojahn/*Egerland* Rn. 5; BeckOK BeurkG/*Seebach* Rn. 36.2; *Kanzleiter* DNotZ 1993, 434 (441); *Lichtenwimmer* MittBayNot 2002, 240 (244); *Winkler* MittBayNot 2008, 492 (497).

40 Dafür *Kanzleiter* DNotZ 1993, 434 (441); Burandt/Rojahn/*Egerland* Rn. 5; *Lichtenwimmer* MittBayNot 2002, 240 (244); vgl. Armbrüster/Preuß/Renner/*Piegsa* § 11 Rn. 44.

41 Vgl. OLG Düsseldorf MittBayNot 2019, 596 (598); OLG München MittBayNot 2015, 221 (222); BayObLGZ 2004, 237 (242 f.); Grziwotz/Heinemann/*Heinemann* Rn. 20; BeckOK BeurkG/*Seebach* Rn. 37 f.; *Lichtenwimmer* MittBayNot 2002, 240 (242); *Zimmermann* BWNotZ 2000, 97 (100).

42 BeckOGK/*Grziwotz* Rn. 18; Armbrüster/Preuß/Renner/*Seger* Rn. 10; *Winkler* BeurkG Rn. 16; Burandt/Rojahn/*Egerland* Rn. 6.

§ 29 Zeugen, zweiter Notar

[1]Auf Verlangen der Beteiligten soll der Notar bei der Beurkundung bis zu zwei Zeugen oder einen zweiten Notar zuziehen und dies in der Niederschrift vermerken. [2]Die Niederschrift soll auch von diesen Personen unterschrieben werden.

I. Allgemeines; Normzweck

1 Aus § 29 ergibt sich das Recht der Beteiligten, die Zuziehung eines zweiten Notars oder von bis zu zwei Zeugen zu verlangen.[1] Der Notar selbst hingegen kann nicht von sich aus Personen hinzuziehen; er kann es den Beteiligten allenfalls empfehlen.[2]

2 Die Zuziehung soll die Beweismöglichkeiten für den Fall einer Auseinandersetzung um die Wirksamkeit der letztwilligen Verfügung erweitern und zugleich den Erblasser vor unlauterer Beeinflussung schützen.[3] Praktische Bedeutung hat die Vorschrift, wenn dadurch die Akzeptanz im Ausland sichergestellt werden soll.[4]

II. Anwendungsbereich

3 § 29 gilt bei der Beurkundung von Verfügungen von Todes wegen (→ § 27 Rn. 4 ff.) für Notare, Notarvertreter und Notariatsverwalter; weiter über § 10 Abs. 3 KonsularG auch im konsularischen Notariat.[5] Bei den Nottestamenten wird § 29 durch Sonderregelungen verdrängt:[6] Vor dem Bürgermeister sind zwei Zeugen zuzuziehen (§ 2249 Abs. 1 S. 2 BGB)[7] und bei dem Dreizeugentestament (§§ 2250, 2251 BGB) ist die Mitwirkung der Zeugen als Urkundspersonen zwingendes Erfordernis des Errichtungsakts.[8]

1 *Winkler* BeurkG Rn. 4; vgl. Burandt/Rojahn/*Egerland* Rn. 1; Grziwotz/Heinemann/*Heinemann* Rn. 4, 7; Soergel/*Mayer* Rn. 1; BeckOK BeurkG/*Seebach* Rn. 20; bei Ablehnung Beschwerde nach § 15 Abs. 2 BNotO eröffnet.

2 Vgl. BT-Drs. V/3282, 35; BeckOGK/*Grziwotz* Rn. 7; BeckOK BeurkG/*Seebach* Rn. 19.

3 Vgl. Soergel/*Mayer* Rn. 1; Armbrüster/Preuß/Renner/*Seger* Rn. 1, BeckOK BeurkG/*Seebach* Rn. 1; MüKoBGB/*Sticherling* Rn. 1; *Winkler* BeurkG Rn. 3.

4 Burandt/Rojahn/*Egerland* Rn. 1; Grziwotz/Heinemann/*Heinemann* Rn. 6; BeckOK BeurkG/*Seebach* Rn. 2; Armbrüster/Preuß/Renner/*Seger* Rn. 4; bspw. das Zwei- oder Dreizeugentestament in dem Recht vieler Bundesstaaten der USA.

5 BeckOGK/*Grziwotz* Rn. 4; Armbrüster/Preuß/Renner/*Seger* Rn. 2; *Winkler* BeurkG Rn. 2.

6 Vgl. BeckOGK/*Grziwotz* Rn. 5; BeckOK BeurkG/*Seebach* Rn. 4.

7 Materielles Errichtungserfordernis, vgl. BGH NJW 1962, 1149 (1151); Staudinger/*Baumann* § 2249 Rn. 45; Soergel/*Mayer* § 2249 Rn. 15, 17.

8 Vgl. BGH NJW 1970, 1601 (1602); Staudinger/*Baumann* § 2250 Rn. 30; MüKoBGB/*Sticherling* § 2250 Rn. 11, 19.

III. Zuziehungsverlangen; zuzuziehende Personen

4 Die Zuziehung setzt das – nicht zu begründende,[9] formlose, auch konkludente[10] – Verlangen der Beteiligten (§ 6 Abs. 2)[11] voraus, und zwar bei mehreren Beteiligten (Erbvertrag, gemeinschaftliches Testament) das Verlangen aller (auch nichttestierender) Beteiligter.[12]

5 Zuzuziehen ist ein zweiter Notar oder bis zu zwei Zeugen. Die Möglichkeiten stehen in einem Alternativverhältnis („oder"), es kann nicht die Zuziehung eines zweiten Notars und von Zeugen verlangt werden.[13] Sind bereits Personen nach §§ 22, 25 zugezogen, reduziert sich die Zahl der Personen, deren Zuziehung nach § 29 verlangt werden kann, entsprechend.[14] Soweit danach bereits ein Zeuge zugezogen ist, ist umstritten, ob nach § 29 nur noch die Zuziehung eines weiteren Zeugen oder auch zusätzlich eines zweiten Notars verlangt werden kann.[15] Keine Reduktion bewirkt die Zuziehung von Dolmetscher, Gebärdensprachendolmetscher oder Verständigungsperson, die nicht zugleich Zeuge sein können.[16] Der Notar hat dem Verlangen der Beteiligten, was Zahl und Art der zuzuziehenden Personen anbelangt, im Übrigen zu folgen.[17] Die Auswahl der zuzuziehenden Personen obliegt dem Notar nach pflichtgemäßem Ermessen, wobei er von Anregungen der Beteiligten nicht ohne sachlichen Grund abweichen soll.[18] Mehr Personen, als in § 29 vorgesehen, können mit Einverständnis aller Beteiligten und des Notars zugezogen werden; umstritten ist jedoch, ob ein sachlicher Grund vorliegen muss.[19]

6 Für die zuzuziehenden Personen gelten die Mitwirkungsverbote der §§ 27, 26 entsprechend.[20]

---

9 Burandt/Rojahn/*Egerland* Rn. 2; BeckOGK/*Grziwotz* Rn. 9; MüKoBGB/*Sticherling* Rn. 3.

10 Soergel/*Mayer* Rn. 2; BeckOK BeurkG/*Seebach* Rn. 11; Armbrüster/Preuß/Renner/*Seger* Rn. 4.

11 BeckOGK/*Grziwotz* Rn. 9; BeckOK BeurkG/*Seebach* Rn. 10; MüKoBGB/*Sticherling* Rn. 4.

12 Grziwotz/Heinemann/*Heinemann* Rn. 8; Armbrüster/Preuß/Renner/*Seger* Rn. 5; *Winkler* Rn. 5.

13 BeckOGK/*Grziwotz* Rn. 12; BeckOK BeurkG/*Seebach* Rn. 16; *Winkler* BeurkG Rn. 6.

14 Burandt/Rojahn/*Egerland* Rn. 3; BeckOGK/*Grziwotz* Rn. 10; Grziwotz/Heinemann/*Heinemann* Rn. 9; BeckOK BeurkG/*Seebach* Rn. 7; Armbrüster/Preuß/Renner/*Seger* Rn. 1.

15 Nur noch weiterer Zeuge: BeckOGK/*Grziwotz* Rn. 12; BeckOK BGB/*Litzenburger* Rn. 1; BeckOK BeurkG/*Seebach* Rn. 7.3; auch weiterer Notar: MüKoBGB/*Sticherling* Rn. 6.

16 Burandt/Rojahn/*Egerland* Rn. 3; BeckOGK/*Grziwotz* Rn. 11; Soergel/*Mayer* Rn. 1; BeckOK BeurkG/*Seebach* Rn. 8; *Winkler* BeurkG Rn. 7.

17 Burandt/Rojahn/*Egerland* Rn. 4; BeckOGK/*Grziwotz* Rn. 13; Grziwotz/Heinemann/*Heinemann* Rn. 11; BeckOK BGB/*Litzenburger* Rn. 2; BeckOK BeurkG/*Seebach* Rn. 14, 15; MüKoBGB/*Sticherling* Rn. 5; aA Armbrüster/Preuß/Renner/*Seger* Rn. 6: Zuziehung eines zweiten Notars statt verlangter Zeugen sei zulässig; umgekehrt jedoch nicht, da Zuziehung des zweiten Notars Vorteil der Amtsverschwiegenheit biete.

18 Grziwotz/Heinemann/*Heinemann* Rn. 12; *Lerch* Rn. 3; Armbrüster/Preuß/Renner/*Seger* Rn. 6; BeckOK BeurkG/*Seebach* Rn. 21, 22; *Winkler* BeurkG Rn. 6; für weitgehende Bindung BeckOGK/*Grziwotz* Rn. 14.

19 Dafür: Burandt/Rojahn/*Egerland* Rn. 3; Grziwotz/Heinemann/*Heinemann* Rn. 9; MüKoBGB/*Sticherling* Rn. 7; dagegen BeckOGK/*Grziwotz* Rn. 10; BeckOK BeurkG/*Seebach* Rn. 9: bei sachlichem Grund, bspw. Verwendung im Ausland, Anspruch auf Zuziehung; wohl auch Staudinger/*Hertel* BeurkG Rn. 578.

20 Soergel/*Mayer* Rn. 3; BeckOK BeurkG/*Seebach* Rn. 28; *Winkler* BeurkG Rn. 8.

IV. Anwesenheit

Die zugezogene Person muss während der gesamten Beurkundung zugegen sein.[21] Sie muss die Beteiligten wahrnehmen können, nicht aber der Verhandlung tatsächlich (aufmerksam) folgen.[22] Ob es genügt, wenn eine bei der Verhandlung anwesende Person erst nach dem Verlesen förmlich zugezogen[23] wird, ist umstritten.[24] Bei erst nachträglich hinzugekommenen Personen (und ggf. bzw. vorsichtshalber auch bei zwar anwesenden, aber erst nachträglich förmlich zugezogenen Personen) muss die gesamte Verhandlung wiederholt werden.[25] 7

V. Vermerk

Der Notar soll in der Niederschrift vermerken, wenn auf Verlangen eines Beteiligten Zeugen oder ein zweiter Notar zugezogen wurden. Die zugezogenen Personen sind entsprechend § 10 Abs. 2 zu bezeichnen.[26] Nicht erforderlich ist es festzustellen, dass die Beteiligten auf die Möglichkeit der Zuziehung hingewiesen wurden und diese nicht wünschten; es mag sich aber anbieten.[27] Umstritten ist, ob die Ablehnung eines Zuziehungsverlangens zu vermerken ist.[28] 8

VI. Unterschrift

S. 2 schreibt vor, dass die Niederschrift auch von den zugezogenen Personen zu unterschreiben ist – dies folgt mangels Beteiligteneigenschaft (§ 6 Abs. 2) nicht bereits aus § 13 Abs. 1 S. 1.[29] Eine entgegen der Sollvorschrift fehlende Unterschrift berührt die Wirksamkeit der Urkunde grundsätzlich nicht.[30] Im Einzelnen umstritten ist allerdings, ob der Notar die Niederschrift ohne Verletzung seiner Amtspflichten abschließen darf, wenn die zugezogene Person die Unterschrift verweigert.[31] 9

---

21 Vgl. Burandt/Rojahn/*Egerland* Rn. 5; BeckOGK/*Grziwotz* Rn. 17; MüKoBGB/*Sticherling* Rn. 13, 14; so noch ausdrücklich § 2239 BGB aF.

22 BGH NJW 1964, 2055(„sehen und hören"), ausreichend, wenn aus anderem Raum; BeckOGK/*Grziwotz* Rn. 18; Grziwotz/Heinemann/*Heinemann* Rn. 14; MüKoBGB/*Sticherling* Rn. 15; krit. *Winkler* BeurkG Rn. 9.

23 Zu den Anforderungen an ein „Zuziehen", vgl. BayObLGZ 1984, 141 (145).

24 Dagegen: BayObLGZ 1984, 141 (143 ff.) (zum Schreibzeugen); Burandt/Rojahn/*Egerland* Rn. 5; BeckOK BeurkG/*Seebach* Rn. 30; MüKoBGB/*Sticherling* Rn. 15; wohl auch *Winkler* BeurkG Rn. 9; dafür: BeckOGK/*Grziwotz* Rn. 17; Grziwotz/Heinemann/*Heinemann* Rn. 14.

25 BeckOGK/*Grziwotz* Rn. 17; MüKoBGB/*Sticherling* Rn. 13.

26 Burandt/Rojahn/*Egerland* Rn. 5; BeckOK BeurkG/*Seebach* Rn. 31.

27 Grziwotz/Heinemann/*Heinemann* Rn. 19; BeckOK BGB/*Litzenburger* Rn. 1; MüKoBGB/*Sticherling* Rn. 16; aA Burandt/Rojahn/*Egerland* Rn. 6; *Lerch* Rn. 4.

28 Dafür: Grziwotz/Heinemann/*Heinemann* Rn. 17; MüKoBGB/*Sticherling* Rn. 16; dagegen: BeckOGK/*Grziwotz* Rn. 23; BeckOK BeurkG/*Seebach* Rn. 32.

29 BT-Drs. V/3282, 35; Frenz/Miermeister/*Baumann* Rn. 5; BeckOK BeurkG/*Seebach* Rn. 35.

30 BT-Drs. V/3282, 35; BeckOGK/*Grziwotz* Rn. 25; Armbrüster/Preuß/Renner/*Seger* Rn. 8.

31 Dafür BeckOGK/*Grziwotz* Rn. 20 (sofern Niederschrift verlesen und Zeuge durchgängig anwesend); Grziwotz/Heinemann/*Heinemann* Rn. 21 (sofern kein Ersatzzeuge vorhanden); BeckOK BeurkG/*Seebach* Rn. 36; dagegen wohl Burandt/Rojahn/*Egerland* Rn. 5; in diese Richtung auch MüKoBGB/*Sticherling* Rn. 17 (dagegen jedenfalls *Hagena* in der Voraufl.).

VII. Rechtsfolgen bei Verstoß

10 Ein Verstoß gegen die Sollvorschrift, sei es, dass der Notar Personen ohne Verlangen zuzieht oder trotz Verlangens nicht zuzieht, eine Person trotz Mitwirkungsverbots zugezogen wird oder der Zuziehungsvermerk oder die Unterschrift einer zugezogenen Person fehlen, lässt die Wirksamkeit der Beurkundung unberührt.[32]

VIII. Gebühren

11 Die Gebühr für die Tätigkeit als zweiter Notar richtet sich nach KV Nr. 25205 GNotKG.[33]

§ 30 Übergabe einer Schrift

[1]Wird eine Verfügung von Todes wegen durch Übergabe einer Schrift errichtet, so muß die Niederschrift auch die Feststellung enthalten, daß die Schrift übergeben worden ist. [2]Die Schrift soll derart gekennzeichnet werden, daß eine Verwechslung ausgeschlossen ist. [3]In der Niederschrift soll vermerkt werden, ob die Schrift offen oder verschlossen übergeben worden ist. [4]Von dem Inhalt einer offen übergebenen Schrift soll der Notar Kenntnis nehmen, sofern er der Sprache, in der die Schrift verfaßt ist, hinreichend kundig ist; § 17 ist anzuwenden. [5]Die Schrift soll der Niederschrift beigefügt werden; einer Verlesung der Schrift bedarf es nicht.

I. Allgemeines

1 § 30 regelt das besondere Beurkundungsverfahren bei Errichtung letztwilliger Verfügungen durch Übergabe einer Schrift.[1] § 33 erstreckt es auf die Annahmeerklärung des nichttestierenden Erbvertragschließenden in dieser Form (→ § 33 Rn. 2).

2 Die Verfahrensvorgaben richten sich an notarielle Urkundspersonen (→ § 27 Rn. 10), Konsularbeamte (§ 10 Abs. 3 KonsularG) sowie den Bürgermeister bei einem Nottestament (§ 2249 Abs. 1 S. 4 BGB);[2] die übrigen Nottestamente hingegen können nur durch mündliche Erklärung errichtet werden.[3]

II. Materielles Recht

3 Nach § 2232 S. 1 Alt. 2 BGB kann der Erblasser ein Testament errichten, indem er eine Schrift übergibt und erklärt, dass diese seinen letzten Willen enthalte; § 2276 Abs. 1 S. 2 BGB eröffnet diese Form auch dem nichttestierenden Vertragschließenden bei einem Erbvertrag. Die Schrift kann offen oder verschlos-

32 Frenz/Miermeister/*Baumann* Rn. 6, 7; BeckOGK/*Grziwotz* Rn. 24, 25; Soergel/*Mayer* Rn. 4; *Winkler* Rn. 12.
33 Dazu BeckOGK/*Grziwotz* Rn. 16.
1 BT-Drs. V/3282, 35; Burandt/Rojahn/*Egerland* Rn. 1; BeckOK BeurkG/*Seebach* Rn. 2; MüKoBGB/*Sticherling* Rn. 1.
2 Grziwotz/Heinemann/*Heinemann* Rn. 2 f.; Soergel/*Mayer* Rn. 2; BeckOK BeurkG/*Seebach* Rn. 3.
3 Burandt/Rojahn/*Egerland* Rn. 17; BeckOGK BGB/*Grziwotz* Rn. 2; Armbrüster/Preuß/Renner/*Seger* Rn. 6.

sen übergeben werden und braucht nicht eigenhändig geschrieben zu sein (§ 2232 S. 2 BGB). Testierfähige Minderjährige (§ 2229 Abs. 1 BGB) können jedoch nur durch Übergabe einer offenen Schrift testieren (§ 2233 S. 1 BGB), was aufgrund der nur dann möglichen Belehrung durch den Notar (S. 4) ihrem Schutz dienen soll.[4] Leseunfähige[5] können sich der Errichtungsform gar nicht bedienen (§ 2233 S. 2 BGB).

Der Erblasser ist in der Gestaltung der Schrift (zB was Sprache, Schriftzeichen, Material oder Schreibmittel anbelangt) weitgehend frei, sofern er sie nur selbst lesen und verstehen und sein letzter Wille später ermittelt werden kann.[6] Er muss sie nicht einmal selbst verfasst haben.[7] Orts- und Datumsangaben oder eine Unterschrift des Erblassers sind nicht erforderlich.[8] Zwingend muss das Erfordernis der Schriftlichkeit gewahrt bleiben, so dass zB Video- und Tonaufnahmen nicht die Form wahren.[9] Ob der Erblasser selbst den Inhalt der Schrift kennen muss, ist umstritten.[10] Mehrere gleichzeitig übergebene Schriften gelten als einheitlich errichtet – auf erkennbare inhaltliche Widersprüche sollte der Notar bei offenen Schriften hinweisen.[11] 4

Die Schrift muss dem Notar übergeben werden, wobei aber kein enges Verständnis im Sinne eines Überreichens von Hand zu Hand zugrunde zu legen ist: Ausreichend ist, wenn die Schrift bei der Beurkundung vorliegt und mit Willen des Erblassers und in dessen Gegenwart in den Verfügungsbereich des Notars gelangt.[12] 5

Der Erblasser muss ferner (auch nonverbal)[13] erklären, dass die übergebene Schrift seinen letzten Willen enthalte (sog. Testiererklärung).[14] 6

III. Beurkundungsverfahren

Der Notar hat eine Niederschrift nach den §§ 8 ff. zu errichten, in der er einerseits nach S. 1 die Tatsache festzustellen hat, dass die Schrift übergeben worden 7

4 Staudinger/*Baumann* § 2233 Rn. 8; Soergel/*Mayer* § 2233 Rn. 2; MüKoBGB/*Sticherling* § 2233 Rn. 4.
5 Vgl. dazu Burandt/Rojahn/*Lauck* § 2233 Rn. 4; Grüneberg/*Weidlich* § 2233 Rn. 2.
6 Vgl. MüKoBGB/*Sticherling* § 2232 Rn. 19 ff.; Staudinger/*Baumann* § 2232 Rn. 44; BeckOK BGB/*Litzenburger* § 2232 Rn. 13.
7 Staudinger/*Baumann* § 2232 Rn. 44; Prütting/Wegen/Weinreich/*Avenarius* § 2232 Rn. 3.
8 Soergel/*Mayer* § 2232 Rn. 16; Reimann/Bengel/Dietz/*Voit* Testament-HdB § 2232 Rn. 17.
9 Erman/*Kappler/Kappler* § 2232 Rn. 4; BeckOK BGB/*Litzenburger* § 2232 Rn. 13.
10 Dafür bspw. Staudinger/*Baumann* § 2232 Rn. 44; Prütting/Wegen/Weinreich/*Avenarius* § 2232 Rn. 3; Grüneberg/*Weidlich* § 2232 Rn. 3; dagegen zB RGZ 76, 94 f.; Soergel/*Mayer* § 2232 Rn. 17; BeckOK BGB/*Litzenburger* § 2232 Rn. 13; Reimann/Bengel/Dietz/*Voit* Testament-HdB § 2232 Rn. 17, 18.
11 Staudinger/*Baumann* § 2232 Rn. 45; MüKoBGB/*Sticherling* § 2232 Rn. 21.
12 Vgl. RGZ 150, 189 (191); Staudinger/*Baumann* § 2232 Rn. 43; Soergel/*Mayer* § 2232 Rn. 19; Reimann/Bengel/Dietz/*Voit* Testament-HdB § 2232 Rn. 20.
13 Früher war wegen § 31 BeurkG aF eine mündliche oder handschriftliche Testiererklärung erforderlich (vgl. zB *Rossak* MittBayNot 1991, 193 ff.), was BVerfG DNotZ 1999, 409, für verfassungswidrig erklärte – Änderungen durch OLG-Vertretungsänderungsgesetz v. 23.7.2002 (BGBl. 2002 I 2850).
14 Staudinger/*Baumann* § 2232 Rn. 47; MüKoBGB/*Sticherling* § 2232 Rn. 22; Reimann/Bengel/Dietz/*Voit* Testament-HdB § 2232 Rn. 21.

ist, und die andererseits nach § 9 Abs. 1 S. 1 Nr. 2 die Testiererklärung des Erblassers enthalten muss.[15]

8 Nach S. 2 hat der Notar die Schrift – nach pflichtgemäßem Ermessen[16] – unverwechselbar zu kennzeichnen; etwa durch genaue Beschreibung der Schrift in der Niederschrift oder Anbringung eines Zeichens auf der Schrift (zB „*Zu UR-Nr. … am … übergebene Schrift*"), das in der Niederschrift angegeben wird.[17] Im Einzelnen ist allerdings umstritten, ob allein eine genaue Beschreibung, ohne Anbringung eines weiteren Merkmals durch den Notar (zB Stempel) oder wenigstens den Erblasser auf der Schrift selbst, ausreicht.[18] Durch die Kennzeichnung sollen Fehler bei der späteren Beifügung (S. 5) und Verschließung (§ 34 Abs. 1 S. 2) vermieden werden.[19] Sie sollte daher während der Verhandlung erfolgen.[20]

9 In der Niederschrift soll ferner vermerkt werden, ob die Schrift offen oder verschlossen übergeben worden ist (S. 3). Dies erleichtert die Kontrolle, ob § 2233 Abs. 1 BGB eingehalten ist, und weist auf die Pflicht des Notars hin, den Inhalt der Schrift zur Kenntnis zu nehmen und darüber zu belehren:[21] Denn bei Übergabe einer offenen Schrift erstreckt S. 4 die allgemeinen Prüfungs- und Belehrungspflichten, mit Ausnahme der Formulierungspflicht,[22] auch auf den (nicht nach §§ 8 ff. beurkundeten) Inhalt der übergebenen Schrift;[23] jedoch nur soweit der Notar Kenntnis davon nehmen kann, er also der verwendeten Sprache und Zeichen kundig ist und die Schrift nicht unleserlich abgefasst ist.[24] In letzterem Fall sollte er zur Nachbesserung raten und, falls erfolglos, seinen Hinweis vermerken.[25] Nach dem Inhalt einer fremdsprachigen Schrift kann, muss er sich aber nicht erkundigen.[26] Der Erblasser soll die Kenntnisnahme durch den Notar ausschließen können.[27] Die Kenntnisnahme (oder deren Unmöglichkeit)

15 Vgl. Burandt/Rojahn/*Egerland* Rn. 4; BeckOGK BGB/*Grziwotz* Rn. 4; Grziwotz/Heinemann/*Heinemann* Rn. 6; Soergel/*Mayer* Rn. 3; Armbrüster/Preuß/Renner/*Seger* Rn. 8; *Winkler* BeurkG Rn. 12; DNotI-Report 7/2020, 51.

16 Burandt/Rojahn/*Egerland* Rn. 9; Soergel/*Mayer* Rn. 4; BeckOK BeurkG/*Seebach* Rn. 22.

17 Vgl. BT-Drs. V/3282, 35; BeckOK BeurkG/*Seebach* Rn. 22.1; Grziwotz/Heinemann/*Heinemann* Rn. 24.

18 Dafür Burandt/Rojahn/*Egerland* Rn. 9; BeckOK BeurkG/*Seebach* Rn. 22.1 ff.; Grziwotz/Heinemann/*Heinemann* Rn. 24; MüKoBGB/*Sticherling* Rn. 14; DNotI-Report 7/2020, 51; dagegen BeckOGK BGB/*Grziwotz* Rn. 16.

19 Vgl. BeckOGK BGB/*Grziwotz* Rn. 15; MüKoBGB/*Sticherling* Rn. 14; vor Inkrafttreten des BeurkG (§ 2246 BGB aF) hatte die Verschließung hingegen zwingend noch in Gegenwart des Erblassers zu erfolgen, vgl. BT-Drs. V/3282, 35.

20 Burandt/Rojahn/*Egerland* Rn. 9; Grziwotz/Heinemann/*Heinemann* Rn. 24; *Winkler* BeurkG Rn. 7; vgl. ferner BeckOK BeurkG/*Seebach* Rn. 22 („pflichtgemäßes Ermessen"); Armbrüster/Preuß/Renner/*Seger* Rn. 11 („empfiehlt sich"); DNotI-Report 7/2020, 51 („am besten").

21 Burandt/Rojahn/*Egerland* Rn. 10; BeckOK BeurkG/*Seebach* Rn. 18.1 f.

22 BeckOGK BGB/*Grziwotz* Rn. 6, 10; Grziwotz/Heinemann/*Heinemann* Rn. 14; *Lerch* Rn. 15.

23 Soergel/*Mayer* Rn. 6; BeckOK BeurkG/*Seebach* Rn. 34; MüKoBGB/*Sticherling* Rn. 9; *Winkler* Rn. 8.

24 BeckOGK BGB/*Grziwotz* Rn. 6 f.; Soergel/*Mayer* Rn. 6 f.; BeckOK BeurkG/*Seebach* Rn. 23 ff.; vgl. BT-Drs. V/3282, 35.

25 Burandt/Rojahn/*Egerland* Rn. 12; Grziwotz/Heinemann/*Heinemann* Rn. 11; MüKoBGB/*Sticherling* Rn. 10; *Winkler* Rn. 9.

26 Burandt/Rojahn/*Egerland* Rn. 12; BeckOK BeurkG/*Seebach* Rn. 25 f.; MüKoBGB/*Sticherling* Rn. 10; Armbrüster/Preuß/Renner/*Seger* Rn. 15; strenger Frenz/Miermeister/*Baumann* Rn. 5 („soll").

27 BeckOGK BGB/*Grziwotz* Rn. 8; Grziwotz/Heinemann/*Heinemann* Rn. 12; BeckOK BeurkG/*Seebach* Rn. 31; Armbrüster/Preuß/Renner/*Seger* Rn. 12.

muss der Notar nicht vermerken; es kann sich aber empfehlen, schon um den Erblasser darauf aufmerksam zu machen.[28]

Bei Übergabe einer verschlossenen Schrift besteht im Grundsatz keine Pflicht zur Prüfung und Belehrung, wie schon der Umkehrschluss aus S. 4 zeigt.[29] Darauf hinweisen (oder gar deswegen von dieser Errichtungsform ganz abraten) muss der Notar nicht.[30] Er ist gleichwohl zu Nachfragen zum Inhalt berechtigt, insbesondere um Mitwirkungsverbote erkennen zu können.[31] Der Notar kann ausnahmsweise zur Belehrung verpflichtet sein, wenn (aber auch nur soweit und in der Präzision wie) der Erblasser von sich aus den Inhalt offenbart und vermittelt.[32] 10

Die Schrift ist der Niederschrift beizufügen (Verbindung nach § 44 nicht erforderlich, aber zweckmäßig)[33] und, soweit die Verfügung zu verschließen und abzuliefern ist, mit ihr in den Verwahrumschlag zu nehmen (§ 34 Abs. 1 S. 2).[34] Die Schrift muss, selbst wenn offen übergeben, nicht verlesen werden (S. 5), worin zum Ausdruck kommt, dass sie nicht Teil (etwa Anlage, § 9 Abs. 1 S. 2) der Niederschrift ist.[35] Dessen ungeachtet ist sie aber Bestandteil der öffentlichen Urkunde[36] und kann tauglicher Erbnachweis (§ 35 Abs. 1 S. 2 GBO, § 12 Abs. 1 S. 4 HGB) sein.[37] 11

IV. Rechtsfolgen bei Verstößen

Fehlt die Feststellung, dass die Schrift übergeben worden ist (S. 1), ist die Beurkundung unwirksam.[38] Im Übrigen (S. 2–5) handelt es sich allein um Ordnungsvorschriften und Verstöße hiergegen berühren die Wirksamkeit nicht.[39] 12

§ 31 (weggefallen)

§ 32 Sprachunkundige

[1]Ist ein Erblasser, der dem Notar seinen letzten Willen mündlich erklärt, der Sprache, in der die Niederschrift aufgenommen wird, nicht hinreichend kun-

28 Grziwotz/Heinemann/*Heinemann* Rn. 13; Armbrüster/Preuß/Renner/*Seger* Rn. 16.
29 Vgl. Soergel/*Mayer* Rn. 7; BeckOK BeurkG/*Seebach* Rn. 38; MüKoBGB/*Sticherling* Rn. 11; *Winkler* BeurkG Rn. 10.
30 Vgl. MüKoBGB/*Sticherling* Rn. 11, 12; Grziwotz/Heinemann/*Heinemann* Rn. 17; aA Burandt/Rojahn/*Egerland* Rn. 14 (hinweisen, auch auf verbundene Risiken); BeckOK BGB/*Litzenburger* Rn. 4 (hinweisen); Armbrüster/Preuß/Renner/*Seger* Rn. 13, 14 (hinweisen und uU abraten); vgl. ferner Soergel/*Mayer* Rn. 7.
31 *Lerch* Rn. 15; Soergel/*Mayer* Rn. 7; *Winkler* BeurkG Rn. 10; Staudinger/*Baumann* § 2232 Rn. 50.
32 Vgl. BeckOK BeurkG/*Seebach* Rn. 29 ff.; BeckOGK BGB/*Grziwotz* Rn. 11; MüKoBGB/*Sticherling* Rn. 12.
33 Grziwotz/Heinemann/*Heinemann* Rn. 25; Armbrüster/Preuß/Renner/*Seger* Rn. 18; *Winkler* BeurkG Rn. 18.
34 BeckOK BeurkG/*Seebach* Rn. 43; Armbrüster/Preuß/Renner/*Seger* Rn. 18.
35 Vgl. RGZ 84, 163 (165); Burandt/Rojahn/*Egerland* Rn. 6; Soergel/*Mayer* Rn. 8; BeckOK BeurkG/*Seebach* Rn. 7; *Winkler* BeurkG Rn. 16.
36 Vgl. RGZ 84, 163 (166); Reimann/Bengel/Dietz/*Voit* Testament-HdB § 2232 Rn. 22.
37 OLG München ZEV 2018, 268 (269); KG ZEV 2007, 497; BeckOK BeurkG/*Seebach* Rn. 7.1; Staudinger/*Baumann* § 2232 Rn. 48.
38 Burandt/Rojahn/*Egerland* Rn. 16; BeckOGK BGB/*Grziwotz* Rn. 18; Armbrüster/Preuß/Renner/*Seger* Rn. 8.
39 BeckOK BeurkG/*Seebach* Rn. 52; MüKoBGB/*Sticherling* Rn. 18; *Winkler* BeurkG Rn. 21.

dig und ist dies in der Niederschrift festgestellt, so muß eine schriftliche Übersetzung angefertigt werden, die der Niederschrift beigefügt werden soll. [2]Der Erblasser kann hierauf verzichten; der Verzicht muß in der Niederschrift festgestellt werden.

I. Allgemeines; Normzweck; Verhältnis zu § 16

1 S. 1 verkehrt das Verhältnis von Regel und Ausnahme aus § 16 Abs. 2 S. 2: Wo dort eine schriftliche Übersetzung nur auf Verlangen des sprachunkundigen Beteiligten angefertigt wird, ist sie bei letztwilligen Verfügungen die Regel und hat nur auf Verzicht des Erblassers zu unterbleiben.[1]

2 Dadurch soll den Besonderheiten von letztwilligen Verfügungen (insbesondere deren weitreichenden Auswirkungen und dem Umstand, dass der Erklärende nach seinem Tod zu ihrem Inhalt nicht mehr befragt werden kann) Rechnung getragen und eine zusätzliche Gewähr dafür geschaffen werden, dass die Erklärungen, wie sie in der Urkunde niedergelegt sind, dem wahren Willen des Erblassers entsprechen.[2]

3 Die Vorschrift ergänzt die allgemeinen Bestimmungen nur punktuell und es bleibt im Übrigen bei § 16:[3] Feststellung der fehlenden Sprachkunde[4] (Abs. 1), mündliche Übersetzung (Abs. 2 S. 1; zusätzlich zur schriftlichen Übersetzung (Abs. 2 S. 2 „außerdem"), soweit nicht die schriftliche Übersetzung verlesen wird),[5] auf Verlangen Vorlage der schriftlichen Übersetzung zur Durchsicht (Abs. 2 S. 2), Zuziehung eines Dolmetschers, sofern nicht der Notar selbst übersetzt (Abs. 3)[6] sowie Feststellung der entsprechenden Tatsachen in der Niederschrift (Abs. 2 S. 4, Abs. 3 S. 4).

II. Anwendungsbereich

4 § 32 gilt bei der Beurkundung von „Verfügungen von Todes wegen" (→ § 27 Rn. 4 ff.) durch notarielle Urkundspersonen oder Konsularbeamte (→ § 27 Rn. 10, 12); ferner bei Bürgermeistertestamenten (Verweis in § 2249 Abs. 1 S. 4 BGB),[7] nicht aber bei Dreizeugentestamenten, bei denen allerdings eine Sonderregelung für fremdsprachige Niederschriften existiert (Abs. 2 S. 3).[8]

1 Vgl. BT-Drs. V/3282, 35; Frenz/Miermeister/*Baumann* Rn. 1; Burandt/Rojahn/*Egerland* Rn. 1; Soergel/*Mayer* Rn. 1.
2 BT-Drs. V/3282, 35; BeckOK BeurkG/*Seebach* Rn. 4; MüKoBGB/*Sticherling* Rn. 1; *Winkler* BeurkG Rn. 1.
3 Vgl. Grziwotz/Heinemann/*Heinemann* Rn. 5, 11; *Lerch* Rn. 5; BeckOK BeurkG/*Seebach* Rn. 3 ff.; MüKoBGB/*Sticherling* Rn. 10, 12; *Winkler* BeurkG Rn. 3.
4 Zu den (umstr.) Anforderungen vgl. zB BeckOGK/*Grziwotz* Rn. 10; Grziwotz/Heinemann/*Heinemann* Rn. 9; Armbrüster/Preuß/Renner/*Seger* Rn. 6.
5 Vgl. Frenz/Miermeister/*Baumann* Rn. 5; Soergel/*Mayer* Rn. 4; Armbrüster/Preuß/Renner/*Seger* Rn. 2; MüKoBGB/*Sticherling* Rn. 15.
6 Vgl. zB BeckOK BeurkG/*Seebach* Rn. 20; MüKoBGB/*Sticherling* Rn. 16.
7 BeckOGK/*Grziwotz* Rn. 6; Armbrüster/Preuß/Renner/*Seger* Rn. 3.
8 Vgl. Burandt/Rojahn/*Egerland* Rn. 11; BeckOGK/*Grziwotz* Rn. 7; BeckOK BeurkG/*Seebach* Rn. 7: bei „naher Todesgefahr" käme eine schriftliche Übersetzung ohnehin zu spät.

Dem Wortlaut nach gilt § 32 zunächst für den *mündlich* erklärten letzten Willen.[9] Entsprechend heranzuziehen (Redaktionsversehen) ist die Vorschrift aber auch bei der (nunmehr nach § 2232 S. 1 Alt. 1 BGB zulässigen)[10] Erklärung auf anderem, nonverbalem Weg.[11] Nicht anzuwenden ist sie hingegen auf die Erklärung des letzten Willens durch Übergabe einer Schrift (§ 2232 S. 1 Alt. 2 BGB); hier gilt allein § 16.[12] 5

Nach § 33 gilt § 32 auch für die Erklärung des nichttestierenden Vertragschließenden (§ 2276 Abs. 1 S. 2 BGB) bei einseitigen Erbverträgen;[13] unabhängig davon, ob der Erblasser selbst die Urkundssprache beherrscht.[14] Bei Ehe- und Erbverträgen ist umstritten, ob § 32 (bezogen auf die enthaltenen Verfügungen von Todes wegen) zur Anwendung gelangt oder durch § 2276 Abs. 2 BGB gänzlich ausgeschlossen wird.[15] 6

Streng formal knüpfen sämtliche Pflichten aus § 33 an die Feststellung der fehlenden Sprachkunde in der Niederschrift an; unterbleibt diese zu Unrecht, ist eine schriftliche Übersetzung nicht zu fertigen, wird sie fälschlicherweise trotz Sprachkunde getroffen, ist die Anfertigung Wirksamkeitsvoraussetzung.[16] Umstritten ist, ob die Berichtigung eines offensichtlich unrichtigen Vermerks nach § 44a Abs. 2 möglich ist.[17] 7

III. Schriftliche Übersetzung; Verzicht (S. 2)

Bei festgestellter fehlender Sprachkunde ist eine schriftliche –vollständige, nicht nur zusammenfassende oder sinngemäße[18] – Übersetzung anzufertigen, die der Niederschrift beigefügt werden soll. Eine Verbindung mit Schnur und Prägesiegel (§ 44) ist nicht erforderlich, mag sich aber anbieten.[19] Bei letztwilligen Verfügungen, die in die besondere amtliche Verwahrung abzuliefern sind, ist die Übersetzung gemäß § 34 Abs. 1 S. 2, Abs. 2 mit in dem Verwahrumschlag zu verschließen (→ § 34 Rn. 5). 8

9 Vgl. BeckOGK/*Grziwotz* Rn. 2; Soergel/*Mayer* Rn. 3; *Lerch* Rn. 1; *Winkler* BeurkG Rn. 6.

10 Streichung des Mündlichkeitserfordernisses im Anschluss an BVerfG DNotZ 1999, 409, durch das OLG-Vertretungsänderungsgesetz v. 23.7.2002 (BGBl. 2002 I 2850).

11 AllgM, s. nur Burandt/Rojahn/*Egerland* Rn. 2; BeckOK BGB/*Litzenburger* Rn. 1; Soergel/*Mayer* Rn. 3; BeckOK BeurkG/*Seebach* Rn. 9; MüKoBGB/*Sticherling* Rn. 4; *Winkler* BeurkG Rn. 6.

12 BT-Drs. V/3282, 36; BeckOGK/*Grziwotz* Rn. 2; BeckOK BeurkG/*Seebach* Rn. 8; *Winkler* BeurkG Rn. 7.

13 BeckOK BeurkG/*Seebach* Rn. 11; MüKoBGB/*Sticherling* Rn. 19; *Winkler* BeurkG Rn. 2.

14 Grziwotz/Heinemann/*Heinemann* Rn. 4; BeckOK BeurkG/*Seebach* Rn. 12; krit. BeckOGK/*Grziwotz* Rn. 2 (widerspricht Zweck).

15 Anwendbar: BeckOGK/*Grziwotz* Rn. 5; ausgeschlossen: Grziwotz/Heinemann/*Heinemann* Rn. 4.

16 BeckOGK/*Grziwotz* Rn. 11; Soergel/*Mayer* Rn. 6; MüKoBGB/*Sticherling* Rn. 10.

17 Dafür: Burandt/Rojahn/*Egerland* Rn. 5; MüKoBGB/*Sticherling* Rn. 10; dagegen: Grziwotz/Heinemann/*Heinemann* Rn. 10.

18 Vgl. BeckOGK/*Grziwotz* Rn. 13; Grziwotz/Heinemann/*Heinemann* Rn. 12.

19 Grziwotz/Heinemann/*Heinemann* Rn. 13; Soergel/*Mayer* Rn. 4; BeckOK BeurkG/*Seebach* Rn. 28; *Winkler* BeurkG Rn. 11; teilw. aA Armbrüster/Preuß/Renner/*Seger* Rn. 9: zu verbinden, wenn statt mündlicher Übersetzung verlesen wurde; vgl. ferner Burandt/Rojahn/*Egerland* Rn. 7 und MüKoBGB/*Sticherling* Rn. 14: Kennzeichnung der Übersetzung (entspr. § 30 S. 2 BeurkG).

9 Nicht erforderlich ist die schriftliche Übersetzung nur, wenn der Sprachunkundige (aber auch nur er)[20] darauf verzichtet (S. 2).[21] Eine Belehrung über die damit möglicherweise verbundenen (Anfechtungs-)Risiken ist nicht notwendig,[22] mag sich aber anbieten.[23] Der Verzicht muss nicht ausdrücklich erklärt werden, sondern kann auch konkludent (ausreichend deutlich) erfolgen.[24] Er ist zwingend in der Niederschrift zu vermerken.[25] Nicht verzichtbar ist die mündliche Übersetzung.[26]

IV. Rechtsfolgen bei Verstoß

10 Ist die fehlende Sprachkunde in der Niederschrift festgestellt, führt das Fehlen einer schriftlichen Übersetzung (ohne dass auf sie verzichtet worden wäre) zur Unwirksamkeit der Beurkundung.[27] Gleiches gilt für das Fehlen eines Vermerks nach S. 2; unabhängig davon, ob ein Verzicht tatsächlich vorlag.[28] Ein Verstoß gegen die Pflicht zur Beifügung berührt die Wirksamkeit hingegen nicht.[29]

§ 33 Besonderheiten beim Erbvertrag

Bei einem Erbvertrag gelten die §§ 30 und 32 entsprechend auch für die Erklärung des anderen Vertragschließenden.

I. Allgemeines; Sinn und Zweck; Inhalt

1 § 33 vollzieht beurkundungsverfahrensrechtlich die Besonderheiten bei der Errichtung eines einseitigen[1] Erbvertrags nach.[2] Nach § 2276 Abs. 1 S. 2 BGB bedarf die Annahmeerklärung des nichttestierenden anderen Vertragsschließenden nämlich der Form der §§ 2232 f. BGB.[3]

2 Daher erstreckt § 33 die Bestimmungen des Beurkundungsgesetzes, welche die Formvorschriften ergänzen, originär aber nur für den „Erblasser" (§ 32) bzw. die „Errichtung einer Verfügung von Todes wegen" (§ 30) gelten, auf die An-

20 Burandt/Rojahn/*Egerland* Rn. 8; BeckOGK/*Grziwotz* Rn. 16.
21 Bspw. zur Beschleunigung, zB bei unheilbar kranken Erblassern, BT-Drs. V/3282, 35; ggf. auch aus Kostengründen, vgl. Grziwotz/Heinemann/*Heinemann* Rn. 14; BeckOK BeurkG/*Seebach* Rn. 32.
22 Vgl. BeckOGK/*Grziwotz* Rn. 17; BeckOK BeurkG/*Seebach* Rn. 37.1; eindringlich aber BeckOK BGB/*Litzenburger* Rn. 2; MüKoBGB/*Sticherling* Rn. 18.
23 Grziwotz/Heinemann/*Heinemann* Rn. 15.
24 BeckOGK/*Grziwotz* Rn. 17; BeckOK BeurkG/*Seebach* Rn. 33; Armbrüster/Preuß/Renner/*Seger* Rn. 10.
25 MüKoBGB/*Sticherling* Rn. 17; *Winkler* BeurkG Rn. 14.
26 Frenz/Miermeister/*Baumann* Rn. 7; Soergel/*Mayer* Rn. 5; BeckOK BeurkG/*Seebach* Rn. 37; Armbrüster/Preuß/Renner/*Seger* Rn. 2.
27 BeckOGK/*Grziwotz* Rn. 19; Grziwotz/Heinemann/*Heinemann* Rn. 18; MüKoBGB/*Sticherling* Rn. 22.
28 Frenz/Miermeister/*Baumann* Rn. 8; Grziwotz/Heinemann/*Heinemann* Rn. 19; BeckOK BeurkG/*Seebach* Rn. 36.
29 Burandt/Rojahn/*Egerland* Rn. 10; Grziwotz/Heinemann/*Heinemann* Rn. 21; *Lerch* Rn. 7; BeckOK BeurkG/*Seebach* Rn. 40.
1 Zum Begriff Staudinger/*Kanzleiter* Einl. §§ 2274 Rn. 20; MüKoBGB/*Musielak* Vor § 2274 Rn. 21.
2 BT-Drs. V/3282, 36; BeckOGK/*Grziwotz* Rn. 1, 2; Soergel/*Mayer* Rn. 1; BeckOK BeurkG/*Seebach* Rn. 3; *Winkler* Rn. 5.
3 Vgl. Staudinger/*Kanzleiter* § 2276 Rn. 5 f.; Grüneberg/*Weidlich* § 2276 Rn. 1.

nahmeerklärung des (oder der)[4] nichttestierenden Vertragschließenden.[5] Für die Erblasser bei zweiseitigen Erbverträgen verbleibt es bei der jeweils direkten Anwendung.[6]

§ 33 sorgt damit dafür, dass § 30 auch heranzuziehen ist, wenn der nichttestierende Vertragschließende seine Erklärung gemäß § 2276 Abs. 1 S. 2 BGB[7] durch Übergabe einer Schrift abgibt.[8] Ferner wird der besondere Schutz des § 32 auf ihn erstreckt, wenn er sprachunkundig ist;[9] unabhängig von der Sprachkunde des Erblassers.[10] Lässt er sich (zulässigerweise)[11] vertreten, kommt es auf die Sprachkunde des Vertreters an.[12] Zu übersetzen ist der gesamte Erbvertrag, nicht nur die Annahmeerklärung.[13] 3

Eines Verweises auf die §§ 27, 29 bedurfte es nicht, da sie schon dann für den einseitigen Erbvertrag insgesamt gelten, wenn die Niederschrift auch nur eine Verfügung von Todes wegen beinhaltet, und zwar – im Gegensatz zu den §§ 30, 32 – nicht beschränkt auf einen bestimmten Beteiligten („Erblasser") oder einen bestimmten Erklärungsinhalt („Errichtung einer Verfügung von Todes wegen").[14] Umstritten ist in diesem Zusammenhang, ob der nichttestierende Vertragschließende allein durch seine Beteiligung am Erbvertrag „bedacht" (§ 27) ist.[15] In Bezug auf die Person des nichttestierenden Vertragschließenden gilt hingegen § 28 nicht: Die Feststellungen zu seiner Geschäftsfähigkeit richten sich allein nach § 11.[16] 4

II. Verbundene Verträge; Ehe- und Erbvertrag

Erbverträge können mit Rechtsgeschäften unter Lebenden urkundlich verbunden werden (vgl. § 34 Abs. 2 Hs. 2).[17] Die Formvorschriften des Erbvertrags sind jedoch auf die mit ihm im Zusammenhang stehenden Rechtsgeschäfte nur in Ausnahmefällen zu erstrecken; im Übrigen muss für jeden Teil die jeweils gel- 5

---

4 Vgl. BeckOK BeurkG/*Seebach* Rn. 13; Armbrüster/Preuß/Renner/*Seger* Rn. 4.
5 BT-Drs. V/3282, 36; Grziwotz/Heinemann/*Heinemann* Rn. 1; BeckOK BeurkG/*Seebach* Rn. 3; MüKoBGB/*Sticherling* Rn. 1.
6 BT-Drs. V/3282, 36; Burandt/Rojahn/*Egerland* Rn. 1; BeckOGK/*Grziwotz* Rn. 1, 3; Soergel/*Mayer* Rn. 1; *Winkler* BeurkG Rn. 3.
7 Zulässig auch, wenn der Erblasser selbst seinen letzten Willen dem Notar erklärt (Identität der Erklärungsform nicht erforderlich), vgl. Burandt/Rojahn/*Burandt* § 2276 Rn. 3; MüKoBGB/*Musielak* § 2276 Rn. 3.
8 BeckOGK/*Grziwotz* Rn. 7; Grziwotz/Heinemann/*Heinemann* Rn. 6; *Winkler* BeurkG Rn. 9.
9 Burandt/Rojahn/*Egerland* Rn. 3; Soergel/*Mayer* Rn. 3; BeckOK BeurkG/*Seebach* Rn. 4.
10 Grziwotz/Heinemann/*Heinemann* Rn. 9; BeckOK BeurkG/*Seebach* Rn. 12.2; MüKoBGB/*Sticherling* Rn. 17.
11 § 2274 BGB, vgl. Burandt/Rojahn/*Burandt* § 2274 Rn. 10; Grüneberg/*Weidlich* § 2274 Rn. 3.
12 Burandt/Rojahn/*Egerland* Rn. 3; *Lerch* Rn. 11; Soergel/*Mayer* Rn. 2; BeckOK BeurkG/*Seebach* Rn. 14; *Winkler* BeurkG Rn. 8.
13 BeckOGK/*Grziwotz* Rn. 10; Grziwotz/Heinemann/*Heinemann* Rn. 9.
14 Vgl. Burandt/Rojahn/*Egerland* Rn. 4 f.; BeckOGK/*Grziwotz* Rn. 14; Grziwotz/Heinemann/*Heinemann* Rn. 11; MüKoBGB/*Sticherling* Rn. 13, 15.
15 Dagegen: Burandt/Rojahn/*Egerland* Rn. 5; Grziwotz/Heinemann/*Heinemann* Rn. 11: vielmehr §§ 6, 16 Abs. 3 S. 2, 26 Abs. 1 Nr. 1 BeurkG; dafür: BeckOK BeurkG/*Seebach* Rn. 15; dagegen inzw. wohl auch MüKoBGB/*Sticherling* Rn. 13, aA noch *Hagena* in der 7. Aufl.
16 Burandt/Rojahn/*Egerland* Rn. 4; BeckOGK/*Grziwotz* Rn. 14; Soergel/*Mayer* Rn. 2; BeckOK BeurkG/*Seebach* Rn. 15.
17 Vgl. bspw. BGH NJW 1962, 249 (250); Frenz/Miermeister/*Baumann* Rn. 4; *Lerch* Rn. 5; BeckOK BeurkG/*Seebach* Rn. 6; *Winkler* BeurkG Rn. 2.

tende Form gewahrt werden.[18] Daraus ergibt sich zugleich, dass für diese Rechtsgeschäfte, wenn sie mitbeurkundet werden, die Übergabe einer Schrift (§ 2232 S. 1 Alt. 2 BGB, § 30) nicht ausreicht und das allgemeine Verfahren nach §§ 8 ff. einzuhalten ist.[19]

6 Die Formerleichterung für Ehe- und Erbverträge in § 2276 Abs. 2 BGB erleichtert zwar heute die (materielle) Form nicht mehr,[20] befreit aber immer noch bei durchgängiger[21] Beurkundung in Ehevertragsform von der Einhaltung der erbvertraglichen Verfahrensvorschriften, also insbesondere auch von der Beachtung des § 33.[22] Augenscheinlich war dies, als § 2276 Abs. 1 BGB, von dessen Einhaltung § 2276 Abs. 2 BGB befreit, noch unmittelbar auf das damals in §§ 2233 ff. BGB aF verortete Beurkundungsverfahren verwies. Umgekehrt ersetzt die Erbvertrags- jedoch nicht die Ehevertragsform.[23]

III. Rechtsfolgen

7 Die Rechtsfolgen eines Verstoßes entsprechen denjenigen eines Verstoßes gegen die §§ 30, 32 (→ § 30 Rn. 12, → § 32 Rn. 10).[24] Bleiben sie auf die Erklärung des nichttestierenden Vertragschließenden beschränkt, kann die Erklärung des Erblassers unter Umständen als letztwillige Verfügung aufrechterhalten werden.[25]

§ 34 Verschließung, Verwahrung

(1) [1]Die Niederschrift über die Errichtung eines Testaments soll der Notar in einen Umschlag nehmen und diesen mit dem Prägesiegel verschließen. [2]In den Umschlag sollen auch die nach den §§ 30 und 32 beigefügten Schriften genommen werden. [3]Auf dem Umschlag soll der Notar den Erblasser seiner Person nach näher bezeichnen und angeben, wann das Testament errichtet worden ist; diese Aufschrift soll der Notar unterschreiben. [4]Der Notar soll veranlassen, daß das Testament unverzüglich in besondere amtliche Verwahrung gebracht wird.

(2) Beim Abschluß eines Erbvertrages gilt Absatz 1 entsprechend, sofern nicht die Vertragschließenden die besondere amtliche Verwahrung ausschließen; dies ist im Zweifel anzunehmen, wenn der Erbvertrag mit einem anderen Vertrag in derselben Urkunde verbunden wird.

(3) Haben die Beteiligten bei einem Erbvertrag die besondere amtliche Verwahrung ausgeschlossen, so bleibt die Urkunde in der Verwahrung des Notars.

---

18 Vgl. BGH NJW 1962, 249 (250) (Formerstreckung nur bei „rechtlicher Einheit"); MüKoBGB/*Musielak* Vor § 2274 Rn. 18; Grüneberg/*Weidlich* § 2276 Rn. 9; abw. *Kanzleiter* DNotZ 1994, 275 (279), DNotZ 1997, 217; strenger Reimann/Bengel/Dietz/*Mayer/Dietz* Testament-HdB § 2276 Rn. 41 f. mwN.

19 BeckOGK/*Grziwotz* Rn. 4; Grziwotz/Heinemann/*Heinemann* Rn. 3; BeckOK BeurkG/*Seebach* Rn. 6.

20 Vgl. Staudinger/*Kanzleiter* § 2276 Rn. 5; BeckOK BGB/*Litzenburger* § 2276 Rn. 9.

21 Zur gemischten Beurkundung vgl. BeckOGK/*Grziwotz* Rn. 4; BeckOK BeurkG/*Seebach* Rn. 8.2.

22 BeckOGK/*Grziwotz* Rn. 4; Grziwotz/Heinemann/*Heinemann* Rn. 3; BeckOK BeurkG/*Seebach* Rn. 8.1; MüKoBGB/*Sticherling* Rn. 25; *Winkler* Rn. 2.

23 Burandt/Rojahn/*Burandt* § 2276 Rn. 8; MüKoBGB/*Musielak* § 2276 Rn. 8.

24 BeckOGK/*Grziwotz* Rn. 15; Grziwotz/Heinemann/*Heinemann* Rn. 12; BeckOK BeurkG/*Seebach* Rn. 16.

25 Vgl. Frenz/Miermeister/*Baumann* Rn. 5; BeckOGK/*Grziwotz* Rn. 15; BeckOK BeurkG/*Seebach* Rn. 17; *Winkler* BeurkG Rn. 11.

(4) Die Urschrift einer Verfügung von Todes wegen darf nicht nach § 56 in die elektronische Form übertragen werden.

I. Allgemeines; Sinn und Zweck; Anwendungsbereich

1 Die Vorschrift enthält Bestimmungen zur Behandlung von Verfügungen von Todes wegen nach der Beurkundung: Verschließung, Ablieferung und Verwahrung[1] sollen dem Geheimhaltungsinteresse des Erblassers Rechnung tragen und die letztwillige Verfügung vor nachträglichen Veränderungen oder gar Zerstörung schützen.[2]

2 Die Vorschrift gilt für sämtliche Erklärungen in Testaments- oder Erbvertragsform, unabhängig von ihrem konkreten Inhalt (→ § 27 Rn. 5 ff.; zur Vormundbenennung → § 27 Rn. 7).[3] Erfasst sind auch alle Widerrufs- und Aufhebungsakte in dieser Form (→ § 27 Rn. 6),[4] ausgenommen der Aufhebungsvertrag (§ 2290 BGB).[5] § 34 gilt hingegen nicht für zwar erbfolgerelevante, nicht aber in Testaments- oder Erbvertragsform erklärte Rechtsgeschäfte (beispielsweise den Rücktritt vom Erbvertrag oder den Erbverzicht → § 27 Rn. 9),[6] so dass nicht alle registrierungspflichtigen Urkunden (§ 34a, § 78d BNotO) zugleich ablieferungspflichtig sind.[7] Ablieferungspflichtig sind auch Urkunden, die sowohl Verfügungen von Todes wegen als auch Rechtsgeschäfte unter Lebenden enthalten (vgl. Abs. 2 Hs. 2).[8]

3 § 34 richtet sich als Dienstpflicht vor allem an notarielle Urkundspersonen (→ § 27 Rn. 10),[9] gilt aber auch im konsularischen Notariat (§ 10 Abs. 3 KonsularG) mit den sich aus § 11 Abs. 2, 3 KonsularG ergebenden Besonderhei-

1 Zur Rücknahme aus der Verwahrung (§§ 2256, 2272, 2300 Abs. 2 BGB) s. bspw. BeckOGK/*Grziwotz* Rn. 53 ff.; Grziwotz/Heinemann/*Heinemann* Rn. 35 ff.; BeckOK BeurkG/*Seebach* Rn. 119 ff.; *v. Dickhuth-Harrach* RNotZ 2002, 384.
2 Frenz/Miermeister/*Baumann* Rn. 1; Burandt/Rojahn/*Egerland* Rn. 7; BeckOGK/*Grziwotz* Rn. 1; Soergel/*Mayer* Rn. 2; BeckOK BeurkG/*Seebach* Rn. 23 ff.
3 BeckOGK/*Grziwotz* Rn. 2; Grziwotz/Heinemann/*Heinemann* Rn. 5; BeckOK BeurkG/*Seebach* Rn. 1 f.; MüKoBGB/*Sticherling* Rn. 3.
4 BeckOGK/*Grziwotz* Rn. 2; BeckOK BeurkG/*Seebach* Rn. 4.
5 OLG Brandenburg RNotZ 2021, 301; Burandt/Rojahn/*Egerland* Rn. 1; BeckOGK/*Grziwotz* Rn. 6; Grziwotz/Heinemann/*Heinemann* Rn. 6; *Lerch* Rn. 14; Soergel/*Mayer* Rn. 6; BeckOK BeurkG/*Seebach* Rn. 5; MüKoBGB/*Sticherling* Rn. 3; *Winkler* BeurkG Rn. 14; aA Frenz/Miermeister/*Baumann* Rn. 3; *Commichau* MittBayNot 1998, 235.
6 Grziwotz/Heinemann/*Heinemann* Rn. 6; BeckOK BeurkG/*Seebach* Rn. 6; MüKoBGB/*Sticherling* Rn. 3.
7 BeckOGK/*Grziwotz* Rn. 2; BeckOK BeurkG/*Seebach* Rn. 7.
8 BeckOGK/*Grziwotz* Rn. 2; BeckOK BeurkG/*Seebach* Rn. 3.
9 BeckOGK/*Grziwotz* Rn. 3; Grziwotz/Heinemann/*Heinemann* Rn. 3; BeckOK BeurkG/*Seebach* Rn. 9.

ten.[10] Die Vorschrift gilt ferner für den Bürgermeister (§ 2249 Abs. 1 S. 4 BGB, § 344 Abs. 1 S. 1 Nr. 2 FamFG), nicht aber im Rahmen des Dreizeugentestaments (Umkehrschluss aus § 2250 Abs. 3 S. 2 BGB).[11]

II. Testamente (Abs. 1)

4 **1. Verschließung.** Nach Beurkundung sind Testamente in einen Umschlag[12] zu nehmen und mit dem Prägesiegel zu verschließen (Abs. 1 S. 1).

5 Zu verschließen ist die Urschrift (nebst etwaigen Anlagen),[13] wobei zuvor § 44 zu beachten ist.[14] Daneben sind nach Abs. 1 S. 2 auch eine übergebene Schrift (§ 30) und eine schriftliche Übersetzung (§ 32) zu verschließen.[15] Die Verschließung weiterer, ergänzender Schriftstücke steht im Ermessen des Notars,[16] wobei außerhalb von Abs. 1 S. 2 eine Pflicht dazu (wohl) nicht besteht.[17] Infrage kommen beispielsweise erläuternde Dokumente, die nicht förmlicher Bestandteil der Urkunde sind,[18] ärztliche Atteste,[19] ausgelagerte notarielle Vermerke über die Geschäftsfähigkeit (→ § 28 Rn. 12) oder Leseabschriften bei unleserlichen Dokumenten.[20]

6 Zur Verschließung ist ein Umschlag je Niederschrift zu verwenden, und zwar auch bei gemeinschaftlichen Testamenten.[21] Der Umschlag ist mit dem Prägesiegel (§ 2 Abs. 1 DONot) zu verschließen, so dass eine Öffnung nicht ohne Verletzung des Siegels möglich ist.[22] Die Verschließung muss – anders als nach § 2246 BGB aF – nicht in Gegenwart des Erblassers oder unmittelbar im Anschluss an die Beurkundungsverhandlung erfolgen;[23] wodurch auch eine noch-

---

10 Dazu bspw. Grziwotz/Heinemann/*Heinemann* Rn. 3; BeckOK BeurkG/*Seebach* Rn. 10 ff.; Armbrüster/Preuß/Renner/*Seger* Rn. 23 ff.; MüKoBGB/*Sticherling* Rn. 66 ff.

11 Frenz/Miermeister/*Baumann* Rn. 2; Grziwotz/Heinemann/*Heinemann* Rn. 3; Armbrüster/Preuß/Renner/*Seger* Rn. 3; MüKoBGB/*Sticherling* Rn. 5 f.

12 Zu Größe und Beschaffenheit: BeckOGK/*Grziwotz* Rn. 9 f.; BeckOK BeurkG/*Seebach* Rn. 37.

13 BeckOGK/*Grziwotz* Rn. 14; BeckOK BGB/*Litzenburger* Rn. 1; MüKoBGB/*Sticherling* Rn. 11.

14 Burandt/Rojahn/*Egerland* Rn. 2; *Lerch* Rn. 4; BeckOK BeurkG/*Seebach* Rn. 31.

15 Frenz/Miermeister/*Baumann* Rn. 5; Grziwotz/Heinemann/*Heinemann* Rn. 7; *Winkler* Rn. 3.

16 So BeckOK BeurkG/*Seebach* Rn. 34.1; BeckOGK/*Grziwotz* Rn. 15 (gesetzliche Regelung keine abschließende Regelung des Verschließungsgegenstandes).

17 So BeckOK BeurkG/*Seebach* Rn. 34.1; teilweise aA BeckOGK/*Grziwotz* Rn. 15.

18 BeckOGK/*Grziwotz* Rn. 15; BeckOK BGB/*Litzenburger* Rn. 1; BeckOK BeurkG/*Seebach* Rn. 34.2.

19 Frenz/Miermeister/*Baumann* Rn. 5; Grziwotz/Heinemann/*Heinemann* Rn. 7; BeckOGK/*Grziwotz* Rn. 15 (Pflicht).

20 BeckOK BeurkG/*Seebach* Rn. 34.4; Armbrüster/Preuß/Renner/*Seger* Rn. 5; MüKoBGB/*Sticherling* Rn. 11; BeckOGK/*Grziwotz* Rn. 15 (Pflicht).

21 Ein Umschlag bei gemeinschaftlichem Testament: BeckOGK/*Grziwotz* Rn. 16; Grziwotz/Heinemann/*Heinemann* Rn. 10; BeckOK BeurkG/*Seebach* Rn. 39; Armbrüster/Preuß/Renner/*Seger* Rn. 4; MüKoBGB/*Sticherling* Rn. 15; entweder ein oder zwei Umschläge: Frenz/Miermeister/*Baumann* Rn. 10; Soergel/*Mayer* Rn. 3; *Winkler* BeurkG Rn. 7.

22 Frenz/Miermeister/*Baumann* Rn. 5; BeckOGK/*Grziwotz* Rn. 18; Grziwotz/Heinemann/*Heinemann* Rn. 11; *Lerch* Rn. 6; BeckOK BeurkG/*Seebach* Rn. 40 f.; MüKoBGB/*Sticherling* Rn. 23.

23 BT-Drs. V/3282, 36; Burandt/Rojahn/*Egerland* Rn. 2; BeckOGK/*Grziwotz* Rn. 20; BeckOK BGB/*Litzenburger* Rn. 1; Armbrüster/Preuß/Renner/*Seger* Rn. 7; MüKoBGB/*Sticherling* Rn. 19; *Winkler* BeurkG Rn. 5.

malige Fehlerkontrolle durch den Notar ermöglicht werden soll.[24] Um der Pflicht aus Abs. 1 S. 4 („unverzügliche" Ablieferung) zu genügen, ist eine zügige Verschließung geboten.[25] Eine (versehentlich) unterbliebene Verschließung kann nachgeholt werden.[26] Auch bei zwischenzeitlichem Versterben des Erblassers ist die Verfügung zu verschließen.[27] Die Verschließung muss der Notar nicht höchstpersönlich vornehmen.[28]

Der Erblasser kann auf die Verschließung nicht verzichten oder diese ausschließen;[29] allenfalls bei Vorliegen eines sachlichen Grundes ist ein Zuwarten denkbar.[30] Ändert der Erblasser jedoch noch vor Verschließung seine Meinung und will an der letztwilligen Verfügung nicht mehr festhalten, kann die Verschließung unterbleiben und der Notar kann ihm das Testament aushändigen, damit dieser es vernichtet und so dessen Widerruf nach § 2255 BGB bewirkt.[31] Eine Verschließung und Ablieferung, nur um den Erblasser auf die Rücknahme aus der amtlichen Verwahrung oder die Errichtung eines Widerrufstestaments zu verweisen, wäre bloße Förmelei.[32] Bei einem solchen Widerruf vor Registrierung im Zentralen Testamentsregister ist ab dem 1.7.2022 (vgl. § 39a NotAktVV) die Bestimmung des § 33 Abs. 5 NotAktVV zu beachten.[33] 7

Nach Verschließung ist der Umschlag nach Abs. 1 S. 3 mit einer Aufschrift zu versehen, welche die Person des Erblassers näher bezeichnen und das Datum der Errichtung angeben soll. Präzisiert werden die erforderlichen Angaben durch die Bekanntmachungen über die Benachrichtigung in Nachlasssachen (AVBenachNachlass), die in Anlage 1 ein Muster enthalten;[34] wobei Verwendungszwang aber nicht besteht.[35] Die Aufschrift kann aufgedruckt oder anders unauflöslich verbunden (Aufkleben, Anheften) werden.[36] 8

24 BT-Drs. V/3282, 36; Grziwotz/Heinemann/*Heinemann* Rn. 12; Soergel/*Mayer* Rn. 2; BeckOK BeurkG/*Seebach* Rn. 43; Armbrüster/Preuß/Renner/*Seger* Rn. 7; MüKoBGB/*Sticherling* Rn. 19.

25 BT-Drs. V/3282, 36 („alsbald"); vgl. Burandt/Rojahn/*Egerland* Rn. 5; BeckOGK/*Grziwotz* Rn. 21 f.; Grziwotz/Heinemann/*Heinemann* Rn. 12 f.; BeckOK BeurkG/*Seebach* Rn. 44; Armbrüster/Preuß/Renner/*Seger* Rn. 7; *Winkler* BeurkG Rn. 5.

26 BeckOK BeurkG/*Seebach* Rn. 45; MüKoBGB/*Sticherling* Rn. 19.

27 BeckOGK/*Grziwotz* Rn. 23; Grziwotz/Heinemann/*Heinemann* Rn. 13; BeckOK BeurkG/*Seebach* Rn. 46; MüKoBGB/*Sticherling* Rn. 22; *Winkler* BeurkG Rn. 5.

28 Burandt/Rojahn/*Egerland* Rn. 5; BeckOGK/*Grziwotz* Rn. 17; BeckOK BGB/*Litzenburger* Rn. 1; BeckOK BeurkG/*Seebach* Rn. 47; *Winkler* BeurkG Rn. 4.

29 Vgl. BGH DNotZ 1990, 436; Frenz/Miermeister/*Baumann* Rn. 7; Grziwotz/Heinemann/*Heinemann* Rn. 14; Armbrüster/Preuß/Renner/*Seger* Rn. 4; MüKoBGB/*Sticherling* Rn. 21.

30 Frenz/Miermeister/*Baumann* Rn. 7 (bis zu 8 Wochen); BeckOGK/*Grziwotz* Rn. 24 (bis zu 2 Wochen); BeckOK BeurkG/*Seebach* Rn. 49.

31 Vgl. Frenz/Miermeister/*Baumann* Rn. 7; Burandt/Rojahn/*Egerland* Rn. 9; Grziwotz/Heinemann/*Heinemann* Rn. 14; *Lerch* Rn. 2; BeckOK BeurkG/*Seebach* Rn. 50; MüKoBGB/*Sticherling* Rn. 22; s. insbes. auch BGH NJW 1959, 2113 (2114); bei der Vernichtung im Auftrag des Erblassers (vgl. Burandt/Rojahn/*Lauck* § 2255 Rn. 5; MüKoBGB/*Sticherling* § 2255 Rn. 13 mwN; ferner bspw. OLG Düsseldorf RNotZ 2014, 445 (448); OLG München NJW-RR 2011, 945; OLG Hamm NJW-RR 2002, 222 (223); BayObLG FamRZ 1992, 1350) sollte man Vorsicht walten lassen, da umstr. ist, ob die Vernichtung durch einen Dritten in Gegenwart des Erblassers erfolgen muss, vgl. Staudinger/*Baumann* § 2255 Rn. 22 f.

32 BeckOGK/*Grziwotz* Rn. 25; BeckOK BeurkG/*Seebach* Rn. 50; Armbrüster/Preuß/Renner/*Seger* Rn. 12; vgl. Soergel/*Mayer* Rn. 4.

33 Vgl. BR-Drs. 420/20 (neu), 54.

34 Burandt/Rojahn/*Egerland* Rn. 4; BeckOK BeurkG/*Seebach* Rn. 53 ff.; Armbrüster/Preuß/Renner/*Seger* Rn. 4; MüKoBGB/*Sticherling* Rn. 14.

35 Vgl. Grziwotz/Heinemann/*Heinemann* Rn. 8; BeckOK BeurkG/*Seebach* Rn. 56.

36 BeckOK BeurkG/*Seebach* Rn. 57.

9 Die Aufschrift ist zu unterschreiben, und zwar von demjenigen, der die Verschließung vornimmt (ggf. also auch einem Vertreter oder Amtsnachfolger des beurkundenden Notars).[37] Besondere Bedeutung kann die Unterschrift im Rahmen des § 35 erlangen (→ § 35 Rn. 1).[38] Die Beifügung des Siegels oder Angabe des Datums ist nicht zwingend.[39]

10 **2. Ablieferung.** Nach Verschließung des Testaments soll der Notar unverzüglich (§ 121 BGB)[40] dessen Ablieferung in die besondere amtliche Verwahrung veranlassen (Abs. 1 S. 4). Auch auf die Ablieferung kann der Erblasser nicht verzichten oder diese ausschließen, allenfalls ist ein Zuwarten möglich oder ausnahmsweise ein Unterlassen, sofern der Erblasser das Testament noch vor Ablieferung beseitigen möchte.[41]

11 Das für die Verwahrung örtlich zuständige Gericht bestimmt sich nach § 344 Abs. 1 S. 1 FamFG (vorbehaltlich eines abweichenden Verlangens des Erblassers, § 344 Abs. 1 S. 2 FamFG).[42] Bei einem abweichenden Verlangen kann der Notar das Testament nicht bei dem für seinen Amtssitz örtlich zuständigen Gericht zur Weiterleitung einreichen.[43]

12 Nach Ablieferung des Testaments in die besondere amtliche Verwahrung hat der Notar derzeit[44] die dienstrechtlichen Vorgaben des § 20 DONot aF zu beachten. Ab dem 1.7.2022 gelten dann die Bestimmungen der NotAktVV: Der Notar hat die Bestätigung über die Registrierung im Zentralen Testamentsregister und auf Wunsch der Beteiligten eine (offene) beglaubigte Abschrift der Verfügung in der Urkundensammlung zu verwahren (§ 31 Abs. 1 Nr. 1 lit. a, b NotAktVV).[45] Das Datum der Verbringung in die besondere amtliche Verwahrung hat er nach § 16 Abs. 1 NotAktVV im Urkundenverzeichnis zu vermerken.[46] Hingegen ist die Fertigung eines Vermerkblatts (§ 20 Abs. 1 S. 1 DONot aF) künftig nicht mehr erforderlich.[47] Die verwahrte beglaubigte Abschrift ist den Beteiligten auf allseitiges Verlangen wieder herauszugeben (§ 33 Abs. 4 NotAktVV).[48]

---

37 BeckOGK/*Grziwotz* Rn. 12; BeckOK BeurkG/*Seebach* Rn. 59; MüKoBGB/*Sticherling* Rn. 16.

38 Frenz/Miermeister/*Baumann* Rn. 9; Burandt/Rojahn/*Egerland* Rn. 6; Soergel/*Mayer* Rn. 3; MüKoBGB/*Sticherling* Rn. 17.

39 BeckOK BeurkG/*Seebach* Rn. 61 f.; Armbrüster/Preuß/Renner/*Seger* Rn. 4.

40 Zu den Anforderungen bspw. Burandt/Rojahn/*Egerland* Rn. 11; BeckOGK/*Grziwotz* Rn. 31; Grziwotz/Heinemann/*Heinemann* Rn. 18; Soergel/*Mayer* Rn. 4; BeckOK BeurkG/*Seebach* Rn. 67; MüKoBGB/*Sticherling* Rn. 27; s. auch *Lerch* Rn. 8 und BeckOK BGB/*Litzenburger* Rn. 2 mit Regel- und Höchstfristen.

41 Vgl. BeckOGK/*Grziwotz* Rn. 29, 32; Grziwotz/Heinemann/*Heinemann* Rn. 17 f.; Soergel/*Mayer* Rn. 4; BeckOK BeurkG/*Seebach* Rn. 71 ff.; Armbrüster/Preuß/Renner/*Seger* Rn. 10, 12; MüKoBGB/*Sticherling* Rn. 24 f.; *Winkler* BeurkG Rn. 9.

42 Vgl. Frenz/Miermeister/*Baumann* Rn. 8; BeckOK BeurkG/*Seebach* Rn. 69 ff.; MüKoBGB/*Sticherling* Rn. 29; *Winkler* Rn. 10 f.

43 OLG Brandenburg DNotZ 2008, 295 (296); BeckOGK/*Grziwotz* Rn. 27; Grziwotz/Heinemann/*Heinemann* Rn. 15; *Winkler* BeurkG Rn. 11.

44 Aufgrund der Verschiebung der Einführung der elektronischen Urkundensammlung noch bis zum 30.6.2022; vgl. § 76 Abs. 5 S. 2, Abs. 2, § 39a NotAktVV.

45 Vgl. dazu BR-Drs. 420/20 (neu), 51; BeckOK BeurkG/*Seebach* Rn. 80b.

46 Vgl. BeckOK BeurkG/*Seebach* Rn. 80c.

47 BeckOK BeurkG/*Seebach* Rn. 80b.

48 Vgl. BR-Drs. 420/20 (neu), 54.

III. Erbverträge

Bei Erbverträgen gilt regelmäßig Abs. 1 entsprechend, sofern nicht die Vertragschließenden die besondere amtliche Verwahrung ausschließen (Abs. 2).[49] 13

1. Besondere amtliche Verwahrung. Soll der Erbvertrag in die besondere amtliche Verwahrung gegeben werden, ist Abs. 1 unter Beachtung einiger Besonderheiten anzuwenden: Insbesondere können bei mehreren Vertragschließenden mehrere Umschläge verwendet und entsprechend Ziff. I.1.4 AVBenachNachlass miteinander verbunden werden;[50] bei nur zwei Vertragschließenden wird unterschiedlich beurteilt, wie viele Umschläge zu verwenden sind.[51] 14

Das zuständige Gericht bestimmt sich nach § 344 Abs. 3, 1 FamFG, wobei ein Verlangen nach § 344 Abs. 1 S. 2 FamFG durch alle Vertragschließenden gestellt werden muss.[52] Bei abzuliefernden Erbverträgen sind die Vorgaben aus § 20 DONot aF bzw. künftig §§ 31 Abs. 1 Nr. 1 lit. a, b; 16 Abs. 1 NotAktVV (→ Rn. 12) entsprechend zu beachten.[53] 15

2. Eigenverwahrung. a) Ausschluss der besonderen amtlichen Verwahrung. Schließen alle, auch die nichttestierenden[54] Vertragschließenden, die besondere amtliche Verwahrung aus, verbleibt die Urkunde nach Abs. 3 in der Verwahrung des Notars. Ist der Erbvertrag mit einem Rechtsgeschäft unter Lebenden in einer Urkunde verbunden (dh in einer Niederschrift enthalten, ohne dass es auf einen inneren Zusammenhang ankäme),[55] wird der Ausschlusswille der Vertragschließenden vermutet (Abs. 2 Hs. 2);[56] was jedoch widerlegt ist, sofern auch nur ein Beteiligter die besondere amtliche Verwahrung fordert.[57] 16

Die Entscheidung für die Verwahrart wird in der Regel bei Beurkundung gefallen sein; sie kann aber auch später erfolgen, sogar nach Ablieferung in die besondere amtliche Verwahrung,[58] bis zum Tode des ersten testierenden Vertragschließenden.[59] Bei Ausschluss nach Ablieferung erfolgt die Rückgabe an den beurkundenden Notar, worin keine Aufhebung des Erbvertrags gemäß §§ 2300 Abs. 2 S. 3, 2256 Abs. 1 BGB liegt, wird die Urkunde doch schon gar nicht „den Vertragschließenden zurückgegeben“.[60] 17

---

49 Burandt/Rojahn/*Egerland* Rn. 12; BeckOGK/*Grziwotz* Rn. 44; BeckOK BeurkG/*Seebach* Rn. 81 f.

50 BeckOGK/*Grziwotz* Rn. 16; Grziwotz/Heinemann/*Heinemann* Rn. 33; BeckOK BeurkG/*Seebach* Rn. 87; MüKoBGB/*Sticherling* Rn. 45.

51 Ein Umschlag: BeckOK BeurkG/*Seebach* Rn. 87; MüKoBGB/*Sticherling* Rn. 45; entweder ein oder zwei Umschläge: Frenz/Miermeister/*Baumann* Rn. 10.

52 Vgl. BeckOK BeurkG/*Seebach* Rn. 90.

53 BeckOK BeurkG/*Seebach* Rn. 92, 92a.

54 Burandt/Rojahn/*Egerland* Rn. 13; BeckOGK/*Grziwotz* Rn. 44; BeckOK BeurkG/*Seebach* Rn. 94 f.

55 BeckOGK/*Grziwotz* Rn. 46; Soergel/*Mayer* Rn. 7; BeckOK BeurkG/*Seebach* Rn. 106; Armbrüster/Preuß/Renner/*Seger* Rn. 16; MüKoBGB/*Sticherling* Rn. 43; *Winkler* BeurkG Rn. 16.

56 BeckOK BeurkG/*Seebach* Rn. 104; Armbrüster/Preuß/Renner/*Seger* Rn. 16; MüKoBGB/*Sticherling* Rn. 42.

57 Grziwotz/Heinemann/*Heinemann* Rn. 29; *Lerch* Rn. 12; BeckOK BGB/*Litzenburger* Rn. 3; MüKoBGB/*Sticherling* Rn. 42; vgl. auch BeckOGK/*Grziwotz* Rn. 46 und BeckOK BeurkG/*Seebach* Rn. 105: unerheblich sei der Wille eines nur am verbundenen Vertrag Beteiligten.

58 Burandt/Rojahn/*Egerland* Rn. 13; BeckOGK/*Grziwotz* Rn. 45; BeckOK BeurkG/*Seebach* Rn. 98; Armbrüster/Preuß/Renner/*Seger* Rn. 15; *Winkler* BeurkG Rn. 15.

59 Frenz/Miermeister/*Baumann* Rn. 11; BeckOGK/*Grziwotz* Rn. 45; Grziwotz/Heinemann/*Heinemann* Rn. 26; BeckOK BeurkG/*Seebach* Rn. 98.

60 Vgl. Burandt/Rojahn/*Egerland* Rn. 13; BeckOK BeurkG/*Seebach* Rn. 98.2; Armbrüster/Preuß/Renner/*Seger* Rn. 18; MüKoBGB/*Sticherling* Rn. 40.

18 Die Ausschlusserklärung ist formlos möglich und bedarf keiner Begründung.[61] Sie kann jederzeit widerrufen werden und der Erbvertrag ist dann (auch bei Widerruf durch nur einen Vertragschließenden) nachträglich in die besondere amtliche Verwahrung abzuliefern.[62]

19 **b) Verwahrung durch Notar.** Ist die besondere amtliche Verwahrung ausgeschlossen, erfolgt die Verwahrung nach Abs. 3 durch den Notar (Eigenverwahrung oder einfache amtliche Verwahrung).[63] Sie erfolgt derzeit (§ 76 Abs. 5 S. 2, Abs. 2) entweder in der Urkundensammlung oder in einer getrennten Erbvertragssammlung (§ 18 Abs. 1, 4 DONot aF).[64] Ab dem 1.7.2022 (§ 76 Abs. 5 S. 1, § 39a NotAktVV) erfolgt sie nach § 55 Abs. 3 nF und § 32 NotAktVV zwingend in der Erbvertragssammlung.[65] In der Urkundensammlung ist dann eine Bestätigung der Registrierung im Zentralen Testamentsregister und auf Wunsch der Beteiligten auch eine offene beglaubigte Abschrift der Verfügung zu verwahren (§ 31 Abs. 1 Nr. 1 lit. a, b NotAktVV).[66] Der Umstand der Eigenverwahrung durch den Notar ist auch im Urkundenverzeichnis zu vermerken (§ 16 Abs. 2 NotAktVV).[67] Die Urschrift war schon unter Geltung der DONot nicht zu verschließen[68] und die NotAktVV bringt insoweit keine Änderung.[69] Umstritten ist jedoch, ob man sie auf übereinstimmendes Verlangen der Vertragschließenden in einem Umschlag entsprechend Abs. 1 S. 1, mit insbesondere der Wirkung des § 35, verschließen darf.[70]

20 Bei eigenverwahrten Erbverträgen ist die Ermittlungspflicht aus § 351 FamFG, § 8 DONot nF zu beachten.[71]

21 Die Beteiligten (und ihre Rechtsnachfolger)[72] können jederzeit Einsicht in den notariell verwahrten Erbvertrag nehmen und (einfache oder beglaubigte) Abschriften verlangen,[73] ohne dass das Einverständnis der übrigen Beteiligten erforderlich wäre.[74]

22 § 34 verdrängt im Grundsatz § 45 Abs. 1, wobei jedoch umstritten ist, ob dies auch für § 45 Abs. 2 (Aushändigung bei Verwendung im Ausland) gilt.[75]

---

61 BeckOGK/*Grziwotz* Rn. 45; BeckOK BeurkG/*Seebach* Rn. 100 f.

62 Frenz/Miermeister/*Baumann* Rn. 11; Grziwotz/Heinemann/*Heinemann* Rn. 27; BeckOK BGB/*Litzenburger* Rn. 3; BeckOK BeurkG/*Seebach* Rn. 108.2; *Winkler* BeurkG Rn. 15.

63 BeckOK BeurkG/*Seebach* Rn. 111; MüKoBGB/*Sticherling* Rn. 49.

64 BeckOGK/*Grziwotz* Rn. 47; Grziwotz/Heinemann/*Heinemann* Rn. 29; BeckOK BeurkG/*Seebach* Rn. 112; MüKoBGB/*Sticherling* Rn. 50.

65 Vgl. dazu BR-Drs. 420/20 (neu), 53; BeckOGK/*Grziwotz* Rn. 47; BeckOK BeurkG/*Seebach* Rn. 112.1 ff.

66 Vgl. dazu BR-Drs. 420/20 (neu), 51; BeckOK BeurkG/*Seebach* Rn. 113.1.

67 BeckOGK/*Grziwotz* Rn. 48.

68 Vgl. BeckOGK/*Grziwotz* Rn. 47; Grziwotz/Heinemann/*Heinemann* Rn. 29; BeckOK BeurkG/*Seebach* Rn. 114; zur generellen (einfachen) Verschließung rät aber MüKoBGB/*Sticherling* Rn. 41, krit. Burandt/Rojahn/*Egerland* Rn. 15.

69 BeckOK BeurkG/*Seebach* Rn. 114 f.

70 Dafür BeckOGK/*Grziwotz* Rn. 51; Grziwotz/Heinemann/*Heinemann* Rn. 32; BeckOK BeurkG/*Seebach* Rn. 115; MüKoBGB/*Sticherling* Rn. 48; *Winkler* BeurkG Rn. 15; dagegen Burandt/Rojahn/*Egerland* Rn. 15.

71 Armbrüster/Preuß/Renner/*Seger* Rn. 20; MüKoBGB/*Sticherling* Rn. 61; *Winkler* BeurkG Rn. 19.

72 Vgl. OLG Karlsruhe ZEV 2007, 590 (591).

73 Grziwotz/Heinemann/*Heinemann* Rn. 34; BeckOK BeurkG/*Seebach* Rn. 116.

74 OLG Karlsruhe ZEV 2007, 590 (591); BeckOGK/*Grziwotz* Rn. 52; MüKoBGB/*Sticherling* Rn. 57.

75 Dafür BeckOGK/*Grziwotz* Rn. 55; Grziwotz/Heinemann/*Heinemann* Rn. 45; BeckOK BeurkG/*Seebach* Rn. 15; dagegen wohl MüKoBGB/*Sticherling* Rn. 36.

IV. Rechtsfolgen

Aus § 34 ergeben sich unbedingt zu befolgende Dienstpflichten; ihre Verletzung hat jedoch keine Auswirkungen auf die Wirksamkeit der Beurkundung.[76] 23

V. Ausblick

Nach Abs. 4 nF[77] dürfen Urschriften von Verfügungen von Todes wegen nicht in die elektronische Form übertragen werden.[78] 24

§ 34a Mitteilungs- und Ablieferungspflichten

(1) [1]Der Notar übermittelt nach Errichtung einer erbfolgerelevanten Urkunde im Sinne von § 78d Absatz 2 Satz 1 der Bundesnotarordnung die Verwahrangaben im Sinne von § 78d Absatz 2 Satz 2 der Bundesnotarordnung unverzüglich elektronisch an die das Zentrale Testamentsregister führende Registerbehörde. [2]Die Mitteilungspflicht nach Satz 1 besteht auch bei jeder Beurkundung von Änderungen erbfolgerelevanter Urkunden.

(2) Wird ein in die notarielle Verwahrung genommener Erbvertrag gemäß § 2300 Absatz 2, § 2256 Absatz 1 des Bürgerlichen Gesetzbuchs zurückgegeben, teilt der Notar dies der Registerbehörde mit.

(3) [1]Befindet sich ein Erbvertrag in der Verwahrung des Notars, liefert der Notar ihn nach Eintritt des Erbfalls an das Nachlassgericht ab, in dessen Verwahrung er danach verbleibt. [2]Enthält eine sonstige Urkunde Erklärungen, nach deren Inhalt die Erbfolge geändert werden kann, so teilt der Notar diese Erklärungen dem Nachlassgericht nach dem Eintritt des Erbfalls in beglaubigter Abschrift mit.

Literatur:
Bormann, Das Zentrale Testamentsregister in der Praxis, ZEV 2011, 628; *Diehn*, Das Zentrale Testamentsregister, NJW 2011, 481; *Diehn*, Das Zentrale Testamentsregister in der notariellen Praxis, DNotZ 2011, 676; *Seebach*, Aktuelle Entwicklungen beim Zentralen Testamentsregister der Bundesnotarkammer, notar 2015, 373.

76 Frenz/Miermeister/*Baumann* Rn. 13; BeckOGK/*Grziwotz* Rn. 56; Soergel/*Mayer* Rn. 9; MüKoBGB/*Sticherling* Rn. 70.

77 Geändert durch Gesetz zur Neuordnung der Aufbewahrung von Notariatsunterlagen und zur Einrichtung des Elektronischen Urkundenarchivs bei der Bundesnotarkammer sowie zur Änderung weiterer Gesetze v. 1.6.2017, BGBl. 2017 I 1396.

78 Dazu BT-Drs. 18/10607, 84; BeckOGK/*Grziwotz* Rn. 57; Grziwotz/Heinemann/*Heinemann* Rn. 2; MüKoBGB/*Sticherling* Rn. 71.

I. Allgemeines; Sinn und Zweck

1 Die – mit Einführung des Zentralen Testamentsregisters[1] grundlegend neu gefassten[2] – Mitteilungs- und Ablieferungspflichten des § 34a sollen sicherstellen, dass dem Nachlassgericht nach dem Erbfall – im Interesse einer geordneten Nachlassabwicklung und einer zeitnahen Umsetzung des Willens des Erblassers[3] – erbfolgerelevante Urkunden durch ihre Registrierung zügig und zuverlässig zur Verfügung stehen.[4] Insbesondere um eine frühzeitige Erfassung sicherzustellen und die Gerichte zu entlasten, hat der Gesetzgeber den Notaren und nicht den bei Testamenten für die besondere amtliche Verwahrung zuständigen Gerichten die Mitteilungspflicht auferlegt.[5] Aus den Mitteilungs- und Ablieferungspflichten ergeben sich gesetzliche Ausnahmen von der Verschwiegenheitspflicht aus § 18 BNotO.[6] Auf die Registrierung erbfolgerelevanter Urkunden kann nicht verzichtet werden.[7] Das Register kann auch zu Lebzeiten des Erblassers mit dessen Einwilligung eingesehen werden (§ 78f Abs. 1 S. 3 BNotO), etwa um Beschränkungen der Testierfreiheit feststellen zu können.[8]

II. Mitteilungspflicht bei Errichtung und Änderung

2 **1. Mitteilung.** Nach Abs. 1 hat der Notar nach Errichtung erbfolgerelevanter Urkunden (§ 78d Abs. 2 S. 1 BNotO) unverzüglich (§ 121 BGB),[9] auf elektronischem Wege (§ 9 Abs. 1 ZTRV; nur ausnahmsweise, insbesondere bei technischen Störungen (§ 9 Abs. 3 Nr. 3 ZTRV), auch schriftlich),[10] gesichert verbunden (§ 12 ZTRV)[11] die Verwahrangaben an die Registerbehörde (also die Bundesnotarkammer, § 78 Abs. 2 S. 1 Nr. 2 BNotO) zu übermitteln. Die Registerbehörde bestätigt die Registrierung (§ 3 Abs. 2 ZTRV); ein Ausdruck der Bestäti-

---

1 Dazu zB BeckOK BeurkG/*Seebach* Rn. 10 ff.

2 Gesetz zur Modernisierung des Benachrichtigungswesens in Nachlasssachen durch Schaffung des Zentralen Testamentsregisters bei der Bundesnotarkammer und zur Fristverlängerung nach der Hofraumverordnung vom 22.12.2010, BGBl. 2010 I 2255; vgl. Burandt/Rojahn/*Egerland* Rn. 1; Grziwotz/Heinemann/*Heinemann* Rn. 2; Armbrüster/Preuß/Renner/*Seger* Rn. 1.

3 Vgl. *Diehn* NJW 2011, 481; Grziwotz/Heinemann/*Heinemann* Rn. 2; BeckOK BeurkG/*Seebach* Rn. 7 f.; MüKoBGB/*Sticherling* Rn. 1.

4 Vgl. Frenz/Miermeister/*Baumann* Rn. 1; Burandt/Rojahn/*Egerland* Rn. 1; BeckOGK/*Grziwotz* Rn. 1; BeckOK BGB/*Litzenburger* Rn. 1; BeckOK BeurkG/*Seebach* Rn. 7, 13.1.

5 Vgl. BT-Drs. 17/2583, 22; Armbrüster/Preuß/Renner/*Seger* Rn. 2; MüKoBGB/*Sticherling* Rn. 2; *Diehn* NJW 2011, 481 (482).

6 Frenz/Miermeister/*Baumann* Rn. 4; BeckOGK/*Grziwotz* Rn. 11; BeckOK BGB/*Litzenburger* Rn. 1; Armbrüster/Preuß/Renner/*Seger* Rn. 3; MüKoBGB/*Sticherling* Rn. 21.

7 Grziwotz/Heinemann/*Heinemann* Rn. 9; BeckOK BeurkG/*Seebach* Rn. 21; *Seebach* notar 2015, 373 (373 f.) *Winkler* BeurkG Rn. 6; *Bormann* ZEV 2011, 628; *Diehn* DNotZ 2011, 676.

8 *Diehn* NJW 2011, 481 (483 f.); DNotZ 2011, 676 (686); *Seebach* notar 2015, 373 (376).

9 Vgl. BeckOGK/*Grziwotz* Rn. 17 (Regelfrist 3–14 Tage); BeckOK BGB/*Litzenburger* Rn. 3 (keinesfalls länger als zwei Wochen); BeckOK BeurkG/*Seebach* Rn. 55 ff.; Frenz/Miermeister/*Baumann* Rn. 7 und Armbrüster/Preuß/Renner/*Seger* Rn. 4 (5 Tage); MüKoBGB/*Sticherling* Rn. 18 (idR 3 Tage, aber auch länger); Grziwotz/Heinemann/*Heinemann* Rn. 13 und *Winkler* BeurkG Rn. 7 (Regelfall 3–10 Tage).

10 Vgl. Burandt/Rojahn/*Egerland* Rn. 6; BeckOK BeurkG/*Seebach* Rn. 53; *Diehn* NJW 2011, 481 (482); DNotZ 2011, 676 (681 f.).

11 Vgl. *Bormann* ZEV 2011, 628 (630); *Diehn* DNotZ 2011, 676 (682).

gung ist dem Erblasser zu übergeben[12] und ein weiterer ist nach §§ 76 Abs. 5 S. 2, Abs. 2, 20 Abs. 2 DONot aF in der Urkundensammlung aufzubewahren.[13] Ab dem 1.7.2022 (§ 39a NotAktVV) ergibt sich die Pflicht zur Verwahrung in der Urkundensammlung aus § 31 Abs. 1 Nr. 1 lit. b NotAktVV (→ § 34 Rn. 12).[14]

2. Verwahrangaben. Die „zum Auffinden erforderlichen Angaben“ (vgl. § 78d Abs. 2 S. 2 BNotO), die der Notar zu übermitteln hat, finden sich in § 1 ZTRV;[15] sie sind bei mehreren für jeden Erblasser gesondert anzugeben (§ 2 Abs. 1 S. 2 ZTRV; „erblasserbezogene“ Registrierung).[16] Geburtsstandesamt und Geburtenregisternummer (§ 1 Nr. 1 lit. c ZTRV)[17] sind nur bei Beurkundung der Geburt im Inland – dh dem heutigen Staatsgebiet der Bundesrepublik Deutschland,[18] mit Besonderheiten für Gebiete des ehemaligen Deutschen Reichs[19] – anzugeben. Eine Beurkundung im Ausland kann jedoch angegeben werden (vgl. § 1 S. 2 ZTRV).[20] Die Daten sind (mit Ausnahme der Geburtenregisternummer,[21] die nachgereicht werden kann und deren Fehlen keine verspätete Mitteilung rechtfertigt)[22] vollständig zu übermitteln (§ 2 Abs. 2 S. 1 ZTRV), und zwar so, wie der Erblasser sie angibt (§ 2 Abs. 3 ZTRV), so dass der Notar im Grundsatz weder Angaben zu ermitteln noch die Angaben des Erblassers zu prüfen hat.[23] Zum Teil wird aber davon ausgegangen, dass eine Einsicht in Geburtsurkunden (oder vergleichbare Standesurkunden) erfolgen sollte.[24] 3

3. Erbfolgerelevante Urkunde. Nach § 78d Abs. 1 S. 1 BNotO sind Testamente und Erbverträge stets erbfolgerelevant, unabhängig von ihrem Inhalt – vor al- 4

12 BeckOK BeurkG/*Seebach* Rn. 78; *Bormann* ZEV 2011, 628 (630).
13 Burandt/Rojahn/*Egerland* Rn. 6; Grziwotz/Heinemann/*Heinemann* Rn. 15; BeckOK BeurkG/*Seebach* Rn. 78; *Winkler* BeurkG Rn. 32.
14 Vgl. BR-Drs. 420/20 (neu), 51.
15 Dazu BR-Drs. 349/11, 9 ff.; Burandt/Rojahn/*Egerland* Rn. 5; Grziwotz/Heinemann/*Heinemann* Rn. 10; BeckOK BeurkG/*Seebach* Rn. 35 ff.; *Seebach* notar 2015, 373 (374); MüKoBGB/*Sticherling* Rn. 14.
16 Vgl. BR-Drs. 349/11, 10 f.; BeckOGK/*Grziwotz* Rn. 12; BeckOK BeurkG/*Seebach* Rn. 41 ff.; *Seebach* notar 2015, 373 (374); *Winkler* BeurkG Rn. 19; *Bormann* ZEV 2011, 628; *Diehn* DNotZ 2011, 676 (677).
17 Zur besonderen Bedeutung dieser Angaben vgl. BeckOK BeurkG/*Seebach* Rn. 38.1; *Seebach* notar 2015, 373 (374); MüKoBGB/*Sticherling* Rn. 16; *Diehn* NJW 2011, 481 (482); DNotZ 2011, 676 (680).
18 Vgl. Burandt/Rojahn/*Egerland* Rn. 5; BeckOK BeurkG/*Seebach* Rn. 36; *Seebach* notar 2015, 373 (374).
19 Dazu im Einzelnen *Seebach* notar 2015, 373 (374).
20 Burandt/Rojahn/*Egerland* Rn. 5; *Seebach* notar 2015, 373 (374).
21 Gleiches dürfte auch für das Geburtsstandesamt gelten, vgl. MüKoBGB/*Sticherling* Rn. 15.
22 Vgl. Frenz/Miermeister/*Baumann* Rn. 7; Grziwotz/Heinemann/*Heinemann* Rn. 14; BeckOK BeurkG/*Seebach* Rn. 58.1; *Seebach* notar 2015, 373 (376) Armbrüster/Preuß/Renner/*Seger* Rn. 4; *Diehn* NJW 2011, 481 (482); vgl. aber BeckOGK/*Grziwotz* Rn. 16 (kurzfristig abwarten).
23 BR-Drs. 349/11, 11; vgl. Frenz/Miermeister/*Baumann* Rn. 7; BeckOGK/*Grziwotz* Rn. 15; BeckOK BeurkG/*Seebach* Rn. 40 f.; *Seebach* notar 2015, 373 (377); Armbrüster/Preuß/Renner/*Seger* Rn. 4; *Diehn* DNotZ 2011, 676 (680).
24 MüKoBGB/*Sticherling* Rn. 15 (Pflicht); *Winkler* BeurkG Rn. 23 (Einsicht erforderlich); *Bormann* ZEV 2011, 628 (629) und *Diehn* DNotZ 2011, 676 (680) (idR erforderlich); dagegen: Grziwotz/Heinemann/*Heinemann* Rn. 11.

lem auch ohne Rücksicht darauf, ob sie die Erbfolge überhaupt beeinflussen können (etwa bloße Vermächtnisanordnung oder Vormundbenennung).[25]

5 Im Übrigen sind erbfolgerelevant nur solche Urkunden, welche die Erbfolge beeinflussen können, dh Auswirkungen auf Erbeinsetzung, Erbquote oder Verfügungsbeschränkungen, die im Erbschein zu vermerken wären (vgl. § 352b FamFG), haben;[26] wobei eine abstrakte Eignung genügt (dh dass eine Beeinflussung der künftigen Erbfolge nicht ausgeschlossen ist)[27] und keine konkrete Prognose erforderlich ist, ob die Urkunde sich im Zeitpunkt des Todes tatsächlich auf die Erbfolge auswirken wird.[28] Die Vorschrift enthält eine beispielhafte, nicht abschließende[29] Aufzählung solcher Urkunden.[30] In Zweifelsfällen soll ein großzügiger Maßstab anzulegen sein.[31]

6 Überwiegend für nicht erbfolgerelevant in diesem Sinne gehalten werden Urkunden, die statusrechtliche Erklärungen enthalten, die zu Änderungen der Verwandtschaftsverhältnisse führen und sich damit indirekt auf die gesetzliche Erbfolge auswirken, zB Vaterschaftsanerkennungen (§ 1592 Nr. 2 BGB) oder Erklärungen zur Annahme als Kind, da diese entweder personenstandsrechtlich erfasst werden (§ 1597 Abs. 2 BGB, § 27 Abs. 1 PStG) oder die Änderungen erst durch Beschluss des Familiengerichts eintreten (§ 1752 Abs. 1 BGB).[32]

7 Nicht erfasst sind ausschließlich pflichtteilsrelevante Urkunden, vor allem Pflichtteilsverzichte,[33] aber auch Anrechnungsbestimmungen nach § 2315 BGB,[34] wobei jedoch umstritten ist, ob Pflichtteilsverzichte freiwillig registriert werden können.[35] Auch andere für die Abwicklung des Nachlasses relevante Urkunden (etwa Anordnung der Ausgleichung nach §§ 2050 ff. BGB)[36]

25 Vgl. BT-Drs. 17/2583, 17; Burandt/Rojahn/*Egerland* Rn. 2; MüKoBGB/*Sticherling* Rn. 9; *Winkler* BeurkG Rn. 9; *Bormann* ZEV 2011, 628; *Diehn* NJW 2011, 481; DNotZ 2011, 676 (677).

26 Vgl. BT-Drs. 17/2583, 17; BeckOK BeurkG/*Seebach* Rn. 18.

27 *Bormann* ZEV 2011, 628 (629); *Diehn* NJW 2011, 481; DNotZ 2011, 676 (677 f.).

28 BT-Drs. 17/2583, 17; Burandt/Rojahn/*Egerland* Rn. 2; Grziwotz/Heinemann/*Heinemann* Rn. 6; BeckOK BeurkG/*Seebach* Rn. 18; *Seebach* notar 2015, 373; MüKoBGB/*Sticherling* Rn. 10.

29 BT-Drs. 17/2583, 17; BeckOGK/*Grziwotz* Rn. 6; Armbrüster/Preuß/Renner/*Seger* Rn. 2; MüKoBGB/*Sticherling* Rn. 10; *Bormann* ZEV 2011, 628 (629); *Diehn* NJW 2011, 481.

30 Zu dem Katalog (insbes. zu sog. Güterstandsschaukeln (Behandlung str.) und Modifikationen der Zugewinngemeinschaft) zB Grziwotz/Heinemann/*Heinemann* Rn. 6; BeckOK BeurkG/*Seebach* Rn. 19 ff.; *Bormann* ZEV 2011, 628 (629); *Diehn* DNotZ 2011, 676 (678).

31 Burandt/Rojahn/*Egerland* Rn. 2; BeckOK BeurkG/*Seebach* Rn. 19; *Winkler* BeurkG Rn. 11.

32 Vgl. Diehn/*Diehn* § 78d Rn. 25; BeckOK BeurkG/*Seebach* Rn. 20.1; *Seebach* notar 2015, 373; aA für Vaterschaftsanerkennungen Burandt/Rojahn/*Egerland* Rn. 2; Grziwotz/Heinemann/*Heinemann* Rn. 6.

33 BT-Drs. 17/2583, 17; Frenz/Miermeister/*Baumann* Rn. 5; BeckOK BGB/*Litzenburger* Rn. 2; BeckOK BeurkG/*Seebach* Rn. 19.2; *Winkler* BeurkG Rn. 13; *Bormann* ZEV 2011, 628 (629); *Diehn* NJW 2011, 481; DNotZ 2011, 676 (678).

34 Vgl. BeckOGK/*Grziwotz* Rn. 6; Grziwotz/Heinemann/*Heinemann* Rn. 8; MüKoBGB/*Sticherling* Rn. 11.

35 Dafür: *Diehn* DNotZ 2011, 676 (678 Fn. 9); *Winkler* BeurkG Rn. 13 (wg. Verschwiegenheitspflicht nur bei ausdrücklicher Anweisung); dagegen: Burandt/Rojahn/*Egerland* Rn. 3.

36 Vgl. BeckOGK/*Grziwotz* Rn. 6; Grziwotz/Heinemann/*Heinemann* Rn. 8; MüKoBGB/*Sticherling* Rn. 11.

und erbfolgeändernde Urkunden nach dem Erbfall (insbesondere Ausschlagung)[37] sind nicht zu registrieren.

4. Registrierungsgebühr. Für die Registrierung schuldet der Erblasser eine Gebühr nach der Testamentsregister-Gebührensatzung (ZTR-GebS) (vgl. § 78g BNotO), die der Notar für die Registerbehörde entgegennimmt und die sodann durch die Registerbehörde bei ihm eingezogen wird (§ 3 ZTR-GebS).[38] Der Notar berechnet die Gebühr nach KV Nr. 32015 GNotKG weiter; eine eigene Notargebühr fällt für die Registrierung aber nicht an (KV Vorbem. 2.1 Abs. 2 Nr. 1 GNotKG).[39] 8

5. Änderungen erbfolgerelevanter Urkunden. Nach Abs. 1 S. 2 sind auch Änderungen (auch die Aufhebung)[40] erbfolgerelevanter Urkunden mitzuteilen. Änderungen von Testamenten und Erbverträgen sind wiederum stets mitzuteilen.[41] Im Übrigen ist unklar, ob Änderungen sonstiger erbfolgerelevanter Urkunden immer mitzuteilen sind (Wortlaut: „Änderungen erbfolgerelevanter Urkunden", also ohne Rücksicht darauf, welcher Bestandteil der Urkunde von der Änderung betroffen ist?) oder nur dann, wenn auch die Änderung selbst wiederum Erbfolgerelevanz besitzt (Sinn und Zweck: nur erbfolgerelevante Änderungen sind für das nachlassgerichtliche Verfahren bedeutsam).[42] Berichtigungen (§ 44a Abs. 2) stellen keine Änderung in diesem Sinne dar, können aber, soweit Verwahrangaben betroffen sind, Anlass zur Berichtigung nach § 5 Nr. 2 ZTRV geben.[43] 9

III. Mitteilungspflicht bei Rückgabe

Wird ein durch den Notar verwahrter Erbvertrag den Vertragschließenden zurückgegeben (§§ 2300 Abs. 2, 2256 Abs. 1 BGB), trifft den Notar nach Abs. 2 die Pflicht, die Rückgabe der Registerbehörde (unter Angabe des Datums, § 4 Abs. 2 S. 1 ZTRV) mitzuteilen.[44] Damit wird verfahrensrechtlich die Rückgabe als bloßer Realakt, bei dem die Aufhebung des Erbvertrags fingiert wird,[45] der rechtsgeschäftlichen Aufhebung (Mitteilungspflicht nach Abs. 1 S. 2) gleichgestellt.[46] Die Registerbehörde vermerkt die Rückgabe in den Verwahrdatensätzen (§ 4 Abs. 2 S. 1 ZTRV) und bestätigt die Registrierung (§§ 4 Abs. 2 S. 2, 3 Abs. 2 S. 1 ZTRV). Die Rückgabe aus der notariellen Verwahrung ist nach § 16 Abs. 3 Nr. 2 NotAktVV auch im Urkundenverzeichnis zu vermerken. 10

37 BT-Drs. 17/2583, 17; BeckOGK/*Grziwotz* Rn. 7; Grziwotz/Heinemann/*Heinemann* Rn. 8; *Bormann* ZEV 2011, 628 (629); *Diehn* DNotZ 2011, 676 (678).

38 Vgl. BeckOGK/*Grziwotz* Rn. 20; BeckOK BeurkG/*Seebach* Rn. 61 ff.; *Winkler* BeurkG Rn. 31.

39 Grziwotz/Heinemann/*Heinemann* Rn. 16; BeckOK BeurkG/*Seebach* Rn. 69 ff.; MüKoBGB/*Sticherling* Rn. 20.

40 BeckOGK/*Grziwotz* Rn. 10; BeckOK BeurkG/*Seebach* Rn. 24.

41 Burandt/Rojahn/*Egerland* Rn. 4; *Winkler* BeurkG Rn. 10; *Bormann* ZEV 2011, 628; *Diehn* DNotZ 2011, 676 (677).

42 Nur erbfolgerelevante Änderung: BeckOGK/*Grziwotz* Rn. 10; Grziwotz/Heinemann/*Heinemann* Rn. 6; BeckOK BeurkG/*Seebach* Rn. 26; jede Änderung: Burandt/Rojahn/*Egerland* Rn. 4.

43 Frenz/Miermeister/*Baumann* Rn. 3 Fn. 9; BeckOK BeurkG/*Seebach* Rn. 27; *Winkler* BeurkG Rn. 10; *Bormann* ZEV 2011, 628 (629); *Diehn* DNotZ 2011, 676 (677).

44 Dazu BeckOK BeurkG/*Seebach* Rn. 29 ff., 49 ff.

45 Vgl. zB Soergel/*Mayer* § 2256 Rn. 7; MüKoBGB/*Sticherling* § 2256 Rn. 11.

46 Vgl. Burandt/Rojahn/*Egerland* Rn. 7; Grziwotz/Heinemann/*Heinemann* Rn. 7; BeckOK BeurkG/*Seebach* Rn. 28.

IV. Ablieferungs- und Mitteilungspflicht

11 Auf die Sterbefallmitteilung des zuständigen Standesamts hin prüft die Registerbehörde, ob Verwahrangaben zu erbfolgerelevanten Urkunden vorliegen, und benachrichtigt die verwahrende Stelle unverzüglich elektronisch über den Sterbefall (§ 78e S. 1 bis 4 BNotO).[47] Verwahrt der Notar erbfolgerelevante Urkunden (also eigenverwahrte Erbverträge oder sonstige erbfolgerelevante Urkunden), treffen ihn auf die Mitteilung der Registerbehörde hin (bzw. sonst sichere Kenntnis vom Erbfall, jedenfalls entgegen dem Wortlaut nicht bereits ab dem bloßen Eintritt des Erbfalls)[48] die Pflichten aus Abs. 3:[49]

12 Erbverträge hat der Notar in Urschrift[50] an das zuständige Nachlassgericht (§ 343 Abs. 1 FamFG)[51] abzuliefern; unabhängig davon, ob die Urkunde auch Rechtsgeschäfte unter Lebenden enthält[52] oder ob der Erbvertrag bereits aufgehoben ist (solange er nicht zurückgegeben ist).[53] Auch bei zweiseitigen Erbverträgen ist die Urschrift abzuliefern, die dann zur Eröffnung nach dem weiteren Erblasser durch das Nachlassgericht verwahrt wird (§ 349 Abs. 2, 4 FamFG).[54] Die Ablieferung ist nach § 16 Abs. 3 Nr. 3 NotAktVV im Urkundenverzeichnis zu vermerken. In Altfällen (§§ 76 Abs. 2, Abs. 5 S. 2) nimmt der verwahrende Notar nach § 20 Abs. 4 DONot aF eine beglaubigte Abschrift anstelle der abgelieferten Urschrift zur Urkundensammlung.[55] Eine vergleichbare Bestimmung enthält die NotAktVV nicht; insoweit bleibt eine beglaubigte Abschrift nur zurück, wenn die Beteiligten die Anfertigung für die Urkundensammlung gewünscht haben (§ 31 Abs. 1 Nr. 1 lit. a NotAktVV).

13 Sonstige erbfolgerelevante Urkunden hat der Notar dem zuständigen Nachlassgericht in beglaubigter Abschrift mitzuteilen, wobei der Gesetzgeber mit der von § 78d Abs. 2 S. 1 BNotO abweichenden Umschreibung dieser Urkunden in Abs. 3 S. 2 (Urkunde, die „Erklärungen, nach deren Inhalt die Erbfolge geändert werden kann," enthält) offenbar keine inhaltlichen Unterschiede verbindet, sondern sich nur – redaktionell angepasst – an den zuvor geltenden Wortlaut des Abs. 2 aF anlehnt.[56] Ausgehend von dem Wortlaut (Mitteilung (nur) der „Erklärungen") wird überwiegend vertreten, dass die zu übersendende beglaubigte Abschrift auszugsweise auf die erbfolgerelevanten Inhalte beschränkt werden kann und nicht stets eine vollständige beglaubigte Abschrift der Urkunde an das Nachlassgericht zu übersenden ist.[57]

---

47 BeckOK BeurkG/*Seebach* Rn. 82.1; *Seebach* notar 2015, 373 (375); *Bormann* ZEV 2011, 628 (630); *Diehn* NJW 2011, 481 (482 f.); DNotZ 2011, 676 (684 f.).

48 Vgl. Frenz/Miermeister/*Baumann* Rn. 10; BeckOGK/*Grziwotz* Rn. 27; BeckOK BGB/*Litzenburger* Rn. 6; BeckOK BeurkG/*Seebach* Rn. 82.4, 93.

49 Vgl. Burandt/Rojahn/*Egerland* Rn. 8; BeckOK BeurkG/*Seebach* Rn. 81.

50 Frenz/Miermeister/*Baumann* Rn. 10; Grziwotz/Heinemann/*Heinemann* Rn. 17; BeckOK BeurkG/*Seebach* Rn. 86; MüKoBGB/*Sticherling* Rn. 22.

51 Burandt/Rojahn/*Egerland* Rn. 9; BeckOK BeurkG/*Seebach* Rn. 83.

52 BeckOGK/*Grziwotz* Rn. 22; BeckOK BGB/*Litzenburger* Rn. 6; BeckOK BeurkG/*Seebach* Rn. 86; MüKoBGB/*Sticherling* Rn. 22; *Winkler* BeurkG Rn. 33.

53 BeckOGK/*Grziwotz* Rn. 23; Grziwotz/Heinemann/*Heinemann* Rn. 17; MüKoBGB/*Sticherling* Rn. 22.

54 Vgl. BeckOK BeurkG/*Seebach* Rn. 89; *Winkler* BeurkG Rn. 33.

55 Burandt/Rojahn/*Egerland* Rn. 9; Grziwotz/Heinemann/*Heinemann* Rn. 18; BeckOK BeurkG/*Seebach* Rn. 87.

56 Vgl. BT-Drs. 17/2583, 23; BeckOK BeurkG/*Seebach* Rn. 90.

57 Vgl. BeckOGK/*Grziwotz* Rn. 25; Grziwotz/Heinemann/*Heinemann* Rn. 19; BeckOK BGB/*Litzenburger* Rn. 7 (bei Trennbarkeit); BeckOK BeurkG/*Seebach* Rn. 91; MüKoBGB/*Sticherling* Rn. 24; *Winkler* BeurkG Rn. 34; *Diehn* NJW 2011, 481 (483); DNotZ 2011, 676 (685); aA Burandt/Rojahn/*Egerland* Rn. 10.

14 Anders als in §§ 34 Abs. 1, 34a Abs. 1 sieht das Gesetz nicht ausdrücklich eine Frist für die Erfüllung der Ablieferungspflicht vor. Da der Notar aber die Erfüllung seiner Amtspflicht nicht schuldhaft verzögern darf (vgl. § 121 Abs. 1 BGB), wird man (wohl) auch hier ein „unverzügliches" Handeln verlangen müssen.[58]

V. Konsularisches Notariat

15 Über § 10 Abs. 3 KonsularG gilt § 34a auch im konsularischen Notariat;[59] wobei eine Registrierung bei Urkunden, die den Beteiligten ausgehändigt werden (§ 10 Abs. 3 Nr. 4 S. 1 KonsularG), ausgeschlossen ist.[60]

VI. Verstöße

16 Verstöße gegen die Pflichten aus § 34a stellen Dienstpflichtverletzungen dar und können Amtshaftungsansprüche auslösen, wenn eine erbfolgerelevante Urkunde nicht oder nur verzögert gefunden wird.[61] Bei unzulässiger Mitteilung oder Ablieferung kann eine Verletzung der Verschwiegenheitspflicht vorliegen.[62]

§ 35 Niederschrift ohne Unterschrift des Notars

Hat der Notar die Niederschrift über die Errichtung einer Verfügung von Todes wegen nicht unterschrieben, so ist die Beurkundung aus diesem Grunde nicht unwirksam, wenn er die Aufschrift auf dem verschlossenen Umschlag unterschrieben hat.

I. Allgemeines; Sinn und Zweck

1 § 35 schwächt für Verfügungen von Todes wegen (→ § 27 Rn. 4 ff.) die Anforderungen des § 13 Abs. 3 an die Unterschrift des beurkundenden Notars ab: Eine fehlende Unterschrift auf der Niederschrift führt nicht zur Unwirksamkeit der Beurkundung, wenn die Aufschrift auf dem verschlossenen Verwahrumschlag von dem Notar unterschrieben ist;[1] sie hat insoweit Ersetzungs- und Substitutionswirkung,[2] heilt den Verstoß gegen § 13 Abs. 3 (allerdings auch nur

58 Vgl. Grziwotz/Heinemann/*Heinemann* Rn. 20; *Lerch* Rn. 9; BeckOK BeurkG/*Seebach* Rn. 94; MüKoBGB/*Sticherling* Rn. 25; abw. Burandt/Rojahn/*Egerland* Rn. 8.
59 BT-Drs. 17/2583, 22; zu den Einzelheiten zB Burandt/Rojahn/*Egerland* Rn. 11 f.
60 Burandt/Rojahn/*Egerland* Rn. 11; *Lerch* Rn. 6; BeckOK BeurkG/*Seebach* Rn. 2; Armbrüster/Preuß/Renner/*Seger* Rn. 8; *Diehn* DNotZ 2011, 676 (679).
61 Grziwotz/Heinemann/*Heinemann* Rn. 22; BeckOK BeurkG/*Seebach* Rn. 100.1; MüKoBGB/*Sticherling* Rn. 28.
62 BeckOGK/*Grziwotz* Rn. 29; BeckOK BeurkG/*Seebach* Rn. 100.2; *Winkler* BeurkG Rn. 35.
1 Vgl. Burandt/Rojahn/*Egerland* Rn. 1; Soergel/*Mayer* Rn. 3; BeckOK BeurkG/*Seebach* Einl.; Armbrüster/Preuß/Renner/*Seger* Rn. 3.
2 Soergel/*Mayer* Rn. 1; vgl. BeckOK BeurkG/*Seebach* Rn. 32; BeckOGK BGB/*Grziwotz* Rn. 11.

diesen!)[3] und sorgt dafür, dass es sich um eine beweiskräftige öffentliche Urkunde (§ 415 ZPO) handelt.[4] Darin liegt eine Änderung gegenüber der Rechtslage vor Inkrafttreten des BeurkG (§ 2242 Abs. 4 BGB aF);[5] durch § 35 sollen aber auch vor seinem Inkrafttreten errichtete Verfügungen privilegiert sein.[6]

2 In der Gesetzesbegründung findet sich der Vergleich mit dem eigenhändigen Testament,[7] bei dem die Unterschrift des Erblassers auf einem Umschlag genügen kann, wenn sie äußerlich Fortsetzung und Abschluss der Erklärung des Erblassers ist.[8] Der Gedanke von Fortsetzung und Abschluss wird mit § 35 in das Beurkundungsrecht übertragen.[9]

3 Die Vorschrift soll eine Fehlerquelle beseitigen,[10] die sich insbesondere aus der verschlossenen Verwahrung ergibt[11] und „zufällig" und überraschend aus der Sphäre des Notars käme.[12]

4 Sie gilt bei der Beurkundung durch notarielle Urkundspersonen (→ § 27 Rn. 10), Konsularbeamte (§ 10 Abs. 3 KonsularG) sowie den Bürgermeister (§ 2249 Abs. 1 S. 4 BGB), nicht hingegen bei den übrigen Nottestamenten.[13]

II. Norminhalt; Anforderungen

5 **1. Umschlag.** § 35 setzt den Verschluss in einem Umschlag, gemeint ist der Verwahrumschlag nach § 34 Abs. 1 S. 1,[14] voraus.

6 Dies wird bei sämtlichen öffentlichen Testamenten der Fall sein, da diese nach § 34 Abs. 1 stets in einem Verwahrumschlag zu verschließen sind.[15]

7 Erbverträge sind nur zu verschließen, sofern sie nach § 34 Abs. 2 in die besondere amtliche Verwahrung zu bringen sind.[16] § 35 soll aber auch gelten, wenn der Verschluss im Verwahrumschlag ohne verfahrensrechtliche Grundlage,[17] auch gegen den Willen der Beteiligten,[18] erfolgt.

8 Ist die besondere amtliche Verwahrung ausgeschlossen und bleibt der Vertrag offen in der Verwahrung des Notars (§ 34 Abs. 3), kommt die Vorschrift nicht

3 Grziwotz/Heinemann/*Heinemann* Rn. 7; *Lerch* Rn. 2; BeckOK BeurkG/*Seebach* Rn. 17 f.; MüKoBGB/*Sticherling* Rn. 6; Armbrüster/Preuß/Renner/*Seger* Rn. 5: fehlende Bezeichnung des Notars (§ 9 Abs. 1 S. 1 Nr. 1 BeurkG) wird nicht ersetzt, aA BeckOGK BGB/*Grziwotz* Rn. 10.
4 AllgM, vgl. nur BeckOGK BGB/*Grziwotz* Rn. 18 mwN.
5 Vgl. BT-Drs. V/3282, 36; BGHZ 17, 69; OLG Hamm DNotZ 1952, 80.
6 Vgl. Frenz/Miermeister/*Baumann* Rn. 4; Grziwotz/Heinemann/*Heinemann* Rn. 6; Soergel/*Mayer* Rn. 1.
7 BT-Drs. V/3282, 36.
8 Vgl. bspw. RGZ 110, 166 (168 f.); BayObLG NJW-RR 1989, 9; Prütting/Wegen/Weinreich/*Avenarius* § 2247 Rn. 14; Reimann/Bengel/Dietz/*Voit* Testament-HdB § 2247 Rn. 23.
9 BeckOK BeurkG/*Seebach* Rn. 11.
10 BT-Drs. V/3282, 36.
11 Grziwotz/Heinemann/*Heinemann* Rn. 1; BeckOK BeurkG/*Seebach* Rn. 12; Armbrüster/Preuß/Renner/*Seger* Rn. 3.
12 Armbrüster/Preuß/Renner/*Seger* Rn. 3; MüKoBGB/*Sticherling* Rn. 1.
13 Vgl. Armbrüster/Preuß/Renner/*Seger* Rn. 11, 12; MüKoBGB/*Sticherling* Rn. 3, 4; *Winkler* BeurkG Rn. 1, 2.
14 MüKoBGB/*Sticherling* Rn. 7.
15 Vgl. Grziwotz/Heinemann/*Heinemann* Rn. 8; BeckOK BeurkG/*Seebach* Rn. 1.
16 BeckOGK BGB/*Grziwotz* Rn. 4; BeckOK BeurkG/*Seebach* Rn. 1; Armbrüster/Preuß/Renner/*Seger* Rn. 8.
17 BeckOK BeurkG/*Seebach* Rn. 15; MüKoBGB/*Sticherling* Rn. 11.
18 Burandt/Rojahn/*Egerland* Rn. 2; BeckOGK BGB/*Grziwotz* Rn. 4; Grziwotz/Heinemann/*Heinemann* Rn. 10; *Winkler* BeurkG Rn. 5.

zur Anwendung.[19] Auch eine Verwahrung der Urschrift oder einer beglaubigten Abschrift in einem Umschlag nach bzw. entsprechend dem Gedanken der §§ 18 Abs. 4 S. 2, 20 Abs. 1 S. 4 DONot aF[20] genügt nicht.[21] Eine Ausnahme wird teilweise gemacht, wenn die Beteiligten ausdrücklich die Verschließung durch den Notar entsprechend § 34 Abs. 1 wünschen.[22]

Bei verbundenen Verträgen, insbesondere Ehe- und Erbverträgen, gilt § 35, sofern sie (entgegen § 34 Abs. 2 Hs. 2) im Verwahrumschlag verschlossen werden;[23] es ist allerdings umstritten, ob auch für den Ehevertrag ein Verstoß gegen § 13 Abs. 3 durch die Unterschrift auf dem Umschlag geheilt wird.[24] 9

Unerheblich ist für die Ersetzungswirkung, ob die Verfügung verspätet oder letztlich überhaupt in die amtliche Verwahrung gelangt[25] oder ob die Verpflichtung nach § 34 Abs. 1 S. 2 erfüllt ist.[26] 10

2. Unterschrift. Die fehlende Unterschrift auf der Niederschrift wird dadurch ersetzt, dass der Notar die Aufschrift auf dem Verwahrumschlag (§ 34 Abs. 1 S. 3) unterschreibt.[27] Beifügung von Amtsbezeichnung oder -siegel oder des Datums ist nicht erforderlich.[28] Die Unterschrift muss, trotz des insoweit strengen Wortlauts („auf dem verschlossenen Umschlag"), nicht zwingend nach Verschluss erfolgen;[29] sollte jedoch nicht blanko erfolgt sein,[30] da sie dann nicht Fortsetzung und Abschluss der Niederschrift sein kann. Ob die unterschriebene Aufschrift alle Angaben des § 34 Abs. 1 S. 3 enthalten muss, ist umstritten.[31] Die Unterschrift muss von der Person stammen, die beurkundet hat (Personenidentität); die Unterschrift des Vertreters bei einer durch den Notar beurkunde- 11

19 Grziwotz/Heinemann/*Heinemann* Rn. 9; BeckOK BeurkG/*Seebach* Rn. 1, 14; *Winkler* BeurkG Rn. 5.

20 Nach der DONot war nur die beglaubigte Abschrift verschlossen zu verwahren, vgl. Armbrüster/Preuß/Renner/*Eickelberg* § 18 DONot Rn. 29; BeckOK BNotO/*Bracker* § 18 DONot Rn. 8. Nach § 31 Abs. 1 Nr. 1 lit. a NotAktVV ist eine verschlossene Verwahrung überhaupt nicht mehr vorgesehen, vgl. BR-Drs. 420/20 (neu), 51.

21 BeckOGK BGB/*Grziwotz* Rn. 4; BeckOK BeurkG/*Seebach* Rn. 2; MüKoBGB/*Sticherling* Rn. 7; vgl. BayObLGZ 1976, 275 zur unterschriebenen auf die Urkunde gesetzten Kostenberechnung.

22 So BeckOGK BGB/*Grziwotz* Rn. 4; Grziwotz/Heinemann/*Heinemann* Rn. 9; BeckOK BeurkG/*Seebach* Rn. 3.

23 Grziwotz/Heinemann/*Heinemann* Rn. 12; BeckOK BeurkG/*Seebach* Rn. 4; *Winkler* Rn. 6.

24 Dafür Burandt/Rojahn/*Egerland* Rn. 8; BeckOGK BGB/*Grziwotz* Rn. 16; Grziwotz/Heinemann/*Heinemann* Rn. 11; BeckOK BeurkG/*Seebach* Rn. 34.3; Armbrüster/Preuß/Renner/*Seger* Rn. 9; *Winkler* BeurkG Rn. 6; Frenz/Miermeister/*Baumann* Rn. 3 (nur bei Geschäftseinheit); dagegen: *Lerch* Rn. 3; BeckOK BGB/*Litzenburger* Rn. 3; Soergel/*Mayer* Rn. 4; MüKoBGB/*Sticherling* Rn. 19 (Auswirkungen auf Erbvertrag nach § 139 BGB zu prüfen).

25 AllgM, bspw. BeckOK BeurkG/*Seebach* Rn. 29 f.; BeckOGK BGB/*Grziwotz* Rn. 4 mwN.

26 AllgM, s. nur MüKoBGB/*Sticherling* Rn. 8; BeckOK BGB/*Litzenburger* Rn. 2.

27 Vgl. Burandt/Rojahn/*Egerland* Rn. 6; Grziwotz/Heinemann/*Heinemann* Rn. 16; BeckOK BeurkG/*Seebach* Rn. 17.

28 AllgM, zB Burandt/Rojahn/*Egerland* Rn. 3; BeckOGK BGB/*Grziwotz* Rn. 17 mwN.

29 BeckOK BeurkG/*Seebach* Rn. 3; BeckOGK BGB/*Grziwotz* Rn. 14; Frenz/Miermeister/*Baumann* Rn. 6; MüKoBGB/*Sticherling* Rn. 9.

30 BeckOK BeurkG/*Seebach* Rn. 25; Armbrüster/Preuß/Renner/*Seger* Rn. 7; MüKoBGB/*Sticherling* Rn. 9, 15; aA Grziwotz/Heinemann/*Heinemann* Rn. 19; BeckOGK BGB/*Grziwotz* Rn. 14.

31 Dafür MüKoBGB/*Sticherling* Rn. 12; dagegen: BeckOGK BGB/*Grziwotz* Rn. 17; Grziwotz/Heinemann/*Heinemann* Rn. 17; BeckOK BeurkG/*Seebach* Rn. 19.

ten Verfügung (oder umgekehrt)[32] genügt nicht.[33] Auch eine Unterschrift nach Ende des Amtes bzw. der Amtsbefugnisse soll nicht ausreichen.[34]

12 Die Unterschrift auf dem Umschlag kann nachgeholt werden; sogar noch, wenn die Verfügung bereits in die amtliche Verwahrung gegeben ist.[35] Umstritten ist, ob sie nur bis zum Tode des Erblassers (bzw. des ersten von mehreren Erblassern) oder noch bis zur Eröffnung der Verfügung von Todes wegen nachgeholt werden kann.[36]

Dritter Abschnitt Sonstige Beurkundungen

1. Niederschriften

§ 36 Grundsatz

Bei der Beurkundung anderer Erklärungen als Willenserklärungen sowie sonstiger Tatsachen oder Vorgänge muß eine Niederschrift aufgenommen werden, soweit in § 39 nichts anderes bestimmt ist.

Literatur:

Röll, Die Beurkundung von GmbH-Gesellschafterbeschlüssen, DNotZ 1979, 644.

I. Allgemeines

1 Gemäß § 1 BNotO sind die Notare für (i) die Beurkundung von Rechtsvorgängen und (ii) andere Aufgaben auf dem Gebiet der vorsorgenden Rechtspflege zuständig. Unter einer notariellen Beurkundung von Rechtsvorgängen wird dabei die Errichtung einer Zeugnisurkunde durch einen Notar verstanden.[1] Das BeurkG enthält die verfahrensrechtlichen Regelungen, die der Notar bei der Errichtung solcher Zeugnisurkunden zu beachten hat.

2 Danach finden bei sämtlichen notariellen Beurkundungen die §§ 1–5 sowie die §§ 44–54 uneingeschränkte Anwendung, so dass insbesondere die Mitwirkungsverbote des § 3 zu beachten sind und erkennbar unerlaubte oder unredliche Zwecke den Notar zur Ablehnung der Beurkundung verpflichten (§ 4).

3 Im Übrigen unterscheidet das BeurkG zwischen der Beurkundung von Willenserklärungen einerseits und der Beurkundung sonstiger Vorgänge andererseits.

---

32 Insoweit aA Grziwotz/Heinemann/*Heinemann* Rn. 14; BeckOGK BGB/*Grziwotz* Rn. 12; zweifelnd MüKoBGB/*Sticherling* Rn. 6, 14.

33 Frenz/Miermeister/*Baumann* Rn. 5; Burandt/Rojahn/*Egerland* Rn. 5; BeckOK BeurkG/*Seebach* Rn. 20 f.

34 BeckOGK BGB/*Grziwotz* Rn. 9, 11; BeckOK BeurkG/*Seebach* Rn. 20.3; aA Grziwotz/Heinemann/*Heinemann* Rn. 22.

35 Grziwotz/Heinemann/*Heinemann* Rn. 22; BeckOGK BGB/*Grziwotz* Rn. 9, 15; Soergel/*Mayer* Rn. 5; BeckOK BeurkG/*Seebach* Rn. 26.

36 Bis zum Tode: Burandt/Rojahn/*Egerland* Rn. 4; *Lerch* Rn. 4 (nur, soweit Umschlag bereits verschlossen); BeckOK BGB/*Litzenburger* Rn. 2; Soergel/*Mayer* Rn. 5; BeckOK BeurkG/*Seebach* Rn. 5 f.; bis zur Eröffnung: Armbrüster/Preuß/Renner/*Seger* Rn. 43; Grziwotz/Heinemann/*Heinemann* Rn. 22; BeckOGK BGB/*Grziwotz* Rn. 9.

1 Schippel/Bracker/*Reithmann* BNotO Vor § 20–24 Rn. 15.

Während für die Beurkundung von Willenserklärungen die §§ 6–35 gelten, regeln die §§ 36–45 die Beurkundung von Vorgängen, die keine Willenserklärungen sind (sog. Tatsachenbeurkundungen bzw. nichtrechtsgeschäftliche Beurkundungen). § 36 stellt dabei den Grundsatz auf, dass auch bei Tatsachenbeurkundungen die Errichtung einer notariellen Niederschrift erfolgt. Anders als bei der Beurkundung von Willenserklärungen gestattet das Gesetz bei der Tatsachenbeurkundung alternativ zur notariellen Niederschrift die Erstellung eines notariellen Vermerks, sofern ein Fall des § 39 vorliegt.

II. Form der Beurkundung

Zugelassen ist für die Tatsachenbeurkundung nach § 36 grundsätzlich sowohl die Niederschrift als auch die Vermerkform. Letztere ist jedoch als Ausnahme auf einfache Zeugnisse iSd § 39 beschränkt (→ § 39 Rn. 1); den Regelfall stellt die Niederschrift dar.[2] 4

Der Vermerk unterscheidet sich von einer Niederschrift vorrangig in drei Punkten:[3] Die Bezeichnung des Notars ergibt sich nicht aus dem Urkundstext, sondern lediglich aus Unterschrift und Siegel. Ferner ist die Beifügung des Notarsiegels beim Vermerk anders als bei der Niederschrift Wirksamkeitsvoraussetzung.[4] Schließlich enthält der Vermerk lediglich ein notarielles Zeugnis über das Ergebnis der Beurkundung. Dagegen verlangt die Niederschrift einen Bericht des Notars, der die beurkundeten Wahrnehmungen im Einzelnen schildert und damit den Beurkundungsvorgang selbst festhält.[5] Zu betonen ist allerdings, dass auch der Vermerk eine Tatsachenbeurkundung ist, dh ebenfalls eine Zeugnisurkunde mit entsprechendem Beweiswert darstellt.[6] Während bei der Niederschrift aber die gesamte Urkunde öffentliche Urkunde iSd § 415 Abs. 1 ZPO ist, ist bei der Vermerkform nur der Vermerk öffentliche Urkunde iSd § 415 Abs. 1 ZPO, nicht aber beispielsweise der Inhalt der Erklärung bei einer Unterschriftsbeglaubigung.[7] 5

Es ist der Beurteilung des Notars überlassen, ob eine Beurkundung so einfach ist, dass ein Vermerk ausreicht.[8] Da sich diese Ermessensausübung des Notars einer Nachprüfung entzieht, dürfte die Wahl der Niederschrift- oder Vermerkform für die Frage der Wirksamkeit der Urkunde unerheblich sein.[9] 6

Wählt der Notar die Niederschrift, muss diese den Anforderungen des § 37 genügen (→ § 37 Rn. 1 ff.). Bei der Vermerkform sind die Vorgaben des § 39 zu befolgen (→ § 39 Rn. 9 ff.). Die Vorschriften der §§ 6 ff. gelten demgegenüber nur für Beurkundungen über Willenserklärungen (§ 6) sowie bei Eiden und eidesstattlichen Versicherungen (§ 38). Dem Notar steht es jedoch frei, die §§ 6 ff. auch im Rahmen von Tatsachenbeurkundungen zu beachten oder eine Beurkundung von Tatsachen vollständig nach Maßgabe der strengeren Vorgaben der §§ 6 ff. durchzuführen.[10] 7

Für bestimmte Tatsachenbeurkundungen, insbesondere für Unterschrifts- und Abschriftsbeglaubigungen, sieht das BeurkG in den §§ 40–43 zusätzliche ver- 8

2 *Lerch* BeurkG § 36 Rn. 10.
3 Vgl. *Lerch* BeurkG § 36 Rn. 12.
4 Frenz/Miermeister/*Limmer* BeurkG § 39 Rn. 5.
5 *Winkler* BeurkG § 37 Rn. 4 ff.
6 *Winkler* BeurkG§ 39 Rn. 6.
7 Vgl. OLG Brandenburg FGPrax 2010, 210.
8 *Lerch* BeurkG § 36 Rn. 11; Grziwotz/Heinemann/*Grziwotz* BeurkG § 36 Rn. 7.
9 Wie hier Frenz/Miermeister/*Limmer* BeurkG § 39 Rn. 2; aA Grziwotz/Heinemann/*Grziwotz* BeurkG § 36 Rn. 7.
10 Armbrüster/Preuß/Renner/*Preuß* BeurkG § 36 Rn. 3.

fahrensrechtliche Anforderungen vor. Zudem können sich weitere Verfahrensvorschriften aus anderen Gesetzen ergeben, etwa aus § 130 AktG bei der Beurkundung von Hauptversammlungsbeschlüssen (→ AktG § 130 Rn. 1 ff.) oder aus § 16 Abs. 3 SchVG bei der Beurkundung von Gläubigerversammlungen (→ AktG § 130 Rn. 44 ff.).

9 Zu beachten ist, dass eine Niederschrift nach §§ 36 ff. anders als eine Niederschrift nach §§ 6 ff. nicht einem Schriftformerfordernis genügt, da die Erschienenen selbst die Urkunde nicht unterschreiben müssen.[11]

III. Tatsachenbeurkundungen

10 Bezeugt werden können nur von dem Notar mit eigenen Sinnen wahrgenommene Tatsachen; ausgeschlossen ist damit die Bezeugung von Schlussfolgerungen tatsächlicher und rechtlicher Natur.[12] Dies gilt auch für einfache Rechtstatsachen.[13] Register- und Vertretungsbescheinigungen gemäß § 21 BNotO sind keine Tatsachenbeurkundungen, da sie eine rechtliche Schlussfolgerung enthalten, und somit konsequent nicht im BeurkG, sondern in der BNotO geregelt.

11 Der Notar darf nur amtlich wahrgenommene Tatsachen bezeugen (§ 20 Abs. 1 S. 2 BNotO). Beurkundet werden dürfen damit nur solche Tatsachen, die der Notar als Amtsperson persönlich wahrgenommen hat, nachdem er von den Parteien hierzu ersucht wurde.[14]

12 Tatsachenbeurkundungen sind insbesondere die folgenden praxisrelevanten Beispiele:[15]

- Versammlungsbeschlüsse,
- Unterschrifts- und Abschriftsbeglaubigungen,
- Zeugnisse über den Inhalt eines öffentlichen Registers (Handelsregister, Grundbuch),[16]
- Aufnahme von Vermögensverzeichnissen.

IV. Gemischte Beurkundungen

13 Es ist nach allgemeiner Auffassung zulässig, die Beurkundung von Willenserklärungen und Tatsachen in eine Urkunde aufzunehmen.[17] Dies kann beispielsweise bei einer Gesellschafterversammlung mit einer Vielzahl von Gesellschaftern zweckmäßig sein, bei der einerseits unter praktischen Gesichtspunkten nur eine Beurkundung nach §§ 36 ff. in Betracht kommt, andererseits zugleich Willenserklärungen abgegeben werden, die zwingend nach §§ 6 ff. zu protokollieren sind, etwa ein Anfechtungsverzicht (→ GmbHG § 53 Rn. 2 ff.). Hierbei bietet es sich an, die Beurkundung der Willenserklärungen einerseits und die Beurkundung der Tatsachen andererseits in separaten Teilen der Urkunde aufzunehmen, so dass klar dokumentiert ist, dass mit Blick auf die rechtsgeschäftliche

11 OLG Düsseldorf NJW 1977, 2216. §§ 126 Abs. 4, 128 BGB beziehen sich als Vorschriften im Abschnitt „Willenserklärung" nur auf Beurkundungen nach §§ 6 ff. BeurkG.
12 *Lerch* BeurkG § 36 Rn. 7; Armbrüster/Preuß/Renner/*Preuß* BeurkG § 36 Rn. 11.
13 OLG Hamm NJW 1987, 263 (264).
14 Armbrüster/Preuß/Renner/*Preuß* BeurkG § 36 Rn. 10.
15 Hierzu im Einzelnen WürzNotar-HdB/*Limmer* Teil 1 Kap. 2 Rn. 171 ff.
16 Diese sind von Notarbestätigungen, insbesondere Register- und Vertretungsbescheinigungen nach § 21 BNotO, zu unterscheiden, bei denen der Notar eine rechtliche Schlussfolgerung vollzieht, so dass keine Tatsachenbeurkundung iSd §§ 36 ff. BeurkG vorliegt; ausführlich DNotI-Report 2014, 81 (82 f.).
17 *Lerch* BeurkG § 36 Rn. 3 ff.; Armbrüster/Preuß/Renner/*Preuß* BeurkG § 36 Rn. 7 f.; *Röll* DNotZ 1979, 644 (646).

Beurkundung die Vorgaben der §§ 6 ff. und mit Blick auf die Tatsachenbeurkundung die Vorgaben der §§ 36 ff. beachtet wurden.[18] Allerdings entfällt bei einer derartigen Gestaltung die Möglichkeit, die Urkunde über den Anwendungsbereich des § 44a hinaus nachträglich zu ändern (→ § 37 Rn. 9 ff.). Alternativ kann bei einer Kombination von Willenserklärungs- und Tatsachenbeurkundung auch eine vollständige Beurkundung unter Beachtung der §§ 6 ff.[19] oder eine getrennte Beurkundung in separaten Niederschriften erfolgen.

V. Belehrungspflichten / Haftung

Dem Notar obliegen im Rahmen der §§ 36 ff. keine Prüfungs- und Belehrungspflichten, da §§ 17 ff. nur auf die Beurkundung von Willenserklärungen Anwendung finden. Daher braucht der Notar etwa bei der Protokollierung von Versammlungsbeschlüssen keine Bedenken gegen die Gültigkeit der Beschlüsse zu äußern.[20] Anderes gilt jedoch dann, wenn er von den Beteiligten gesondert beauftragt wurde, auch eine Beratung vorzunehmen. Dann übernimmt der Notar eine selbstständige Beratungs- und Betreuungstätigkeit nach § 24 BNotO.[21] 14

Der Notar ist verpflichtet, die Tatsachen wahr zu bezeugen und jeden falschen Anschein zu vermeiden.[22] Insbesondere muss die Tatsachenbeurkundung so gefasst sein, dass ein unrichtiges, aber nicht fernliegendes Verständnis der Person, der die Urkunde vorgelegt wird, ausgeschlossen ist.[23] Bezüglich der Beurkundung haftet der Notar gegenüber jedem, dem die Tatsachenbescheinigung vorgelegt wird, für die Richtigkeit der Bescheinigung.[24] 15

§ 37 Inhalt der Niederschrift

(1) [1]Die Niederschrift muß enthalten

1. die Bezeichnung des Notars sowie

2. den Bericht über seine Wahrnehmungen.

[2]Der Bericht des Notars in einem Schriftstück, auf das in der Niederschrift verwiesen und das dieser beigefügt wird, gilt als in der Niederschrift selbst enthalten. [3]Satz 2 gilt entsprechend, wenn der Notar unter Verwendung von Karten, Zeichnungen oder Abbildungen seinen Bericht erstellt.

(2) In der Niederschrift sollen Ort und Tag der Wahrnehmungen des Notars sowie Ort und Tag der Errichtung der Urkunde angegeben werden.

(3) § 13 Abs. 3 gilt entsprechend.

18 Vgl. *Röll* DNotZ 1979, 644 (646).

19 Armbrüster/Preuß/Renner/*Preuß* BeurkG § 36 Rn. 7; vgl. aber *Lerch* BeurkG § 36 Rn. 5, der eine kumulative Anwendung von §§ 6 ff. BeurkG und §§ 36 ff. BeurkG befürwortet, wobei sich jeweils die strengere Vorschrift durchsetzt.

20 BGH NJW 2015, 336. Einschränkend Armbrüster/Preuß/Renner/*Preuß* BeurkG § 36 Rn. 14, die nach dem Sinn und Zweck des Beurkundungsverfahrens fordert, dass der Notar Zweifel an Ernsthaftigkeit oder Eindeutigkeit einer Erklärung oder der Geschäftsfähigkeit der Beteiligten in der Niederschrift festhält.

21 Armbrüster/Preuß/Renner/*Preuß* BeurkG § 36 Rn. 14; *Lerch* BeurkG § 36 Rn. 14.

22 Armbrüster/Preuß/Renner/*Preuß* BeurkG § 36 Rn. 15.

23 BGH DNotZ 1973, 245 (246 f.).

24 BGH DNotZ 1973, 245.

Literatur:

Hitzel, Die Beurkundung satzungsändernder Beschlüsse bei der GmbH – Zulässigkeit, Voraussetzungen und Anforderungen an die notarielle Beurkundung von außerhalb von Präsenzversammlungen gefassten Gesellschafterbeschlüssen, NZG 2020, 1174.

I. Zwingender Inhalt

1 Die Niederschrift muss neben der Bezeichnung des Notars und über den Verweis in Absatz 3 auf § 13 Abs. 3 dessen eigenhändige Unterschrift[1] nebst Amtsbezeichnung (→ § 9 Rn. 2) einen Bericht über die Wahrnehmungen des Notars enthalten.

2 Der Bericht des Notars muss die im Einzelfall rechtserheblichen Tatsachen darstellen (zum Tatsachenbegriff → § 36 Rn. 10 ff.), dh jene, die die Erschienenen beurkundet wissen wollen.[2] Liegt der Bericht ganz oder teilweise als separates Schriftstück vor, kann dieses durch Verweis in der Niederschrift und Verbindung mit dieser mittels Schnur und Siegel nach § 44 S. 2 gemäß Abs. 1 S. 2 zum Teil der Niederschrift gemacht werden. Die Praxis nimmt regelmäßig den Bericht in die Niederschrift auf und fügt sonstige Unterlagen als Anlagen bei.[3]

3 Dies gilt nach Abs. 1 S. 3 auch für sonstige Unterlagen, etwa Karten, Abbildungen oder Verzeichnisse. Stets muss jedoch auf eine auf Papier verkörperte Unterlage verwiesen werden; elektronische Daten kommen nicht in Betracht.[4] Sollen sonstige Unterlagen der Niederschrift beigefügt werden, so ist zu beachten, dass der Notar Zeugnis nicht über deren Inhalt, sondern lediglich über deren Gegenstand abgegeben kann, ob also eine von den Erschienenen verwendete Unterlage der beigefügten entspricht.[5]

II. Soll-Inhalt

4 Die Niederschrift soll gemäß Abs. 2 Ort und Tag der Wahrnehmungen des Notars sowie Ort und Tag der Errichtung der Urkunde angeben. Mit Ort ist wie bei § 9 Abs. 2 (→ § 9 Rn. 12) die politische Gemeinde gemeint, nicht die Postanschrift. Wie bei § 9 Abs. 2 ist der Tag kalendermäßig anzugeben, bei mehreren Tagen der entsprechende Zeitraum (zB „26. bis 29.9.2019", → § 9 Rn. 12). Anders als bei der Beurkundung von Willenserklärungen, bei denen die Niederschrift den Beteiligten vorgelesen und von ihnen genehmigt sowie unterschrieben wird, Wahrnehmung und Beurkundung also zusammenfallen, macht der Notar seine Wahrnehmungen sonstiger Tatsachen regelmäßig bereits vor der Fertigstellung der Urkunde.[6]

5 Durch Aufnahme beider Orte und Daten wird für den Rechtsverkehr erkennbar, ob der Notar seine Wahrnehmung unmittelbar festgehalten hat oder aus

1 Zu beachten ist, dass eine Niederschrift nach §§ 36 ff. BeurkG anders als eine Niederschrift nach §§ 6 ff. BeurkG nicht dem Schriftformerfordernis genügt, da die Erschienenen selbst die Urkunde nicht unterschreiben müssen, OLG Düsseldorf NJW 1977, 2216.
2 *Lerch* BeurkG § 37 Rn. 2; *Winkler* BeurkG § 37 Rn. 4.
3 Grziwotz/Heinemann/*Grziwotz* BeurkG § 37 Rn. 7.
4 Armbrüster/Preuß/Renner/*Preuß* BeurkG § 37 Rn. 5.
5 *Lerch* BeurkG § 37 Rn. 4 f.
6 *Winkler* BeurkG§ 37 Rn. 7; *Lerch* BeurkG § 37 Rn. 6; vgl. BGH NJW 2009, 2207 (2209).

seiner Erinnerung berichtet. Eine längere Zeitspanne zwischen Wahrnehmung und Beurkundung kann den Beweiswert der Urkunde verringern.[7]

III. Sondervorschriften

Bei der Niederschrift der Hauptversammlung einer AG[8] sind die Vorgaben in § 130 AktG ergänzend zu §§ 6 ff. oder §§ 36 ff. zu beachten (→ AktG § 130 Rn. 8 ff.).[9] Während der Hauptversammlung abgegebene rechtsgeschäftliche Erklärungen müssen aber zwingend nach Maßgabe der §§ 6 ff. beurkundet werden (→ § 36 Rn. 8 ff. und → AktG § 130 Rn. 8 ff.). 6

Entsprechende Anwendung findet § 130 AktG auf die Beurkundung von Beschlüssen einer Gläubigerversammlung nach dem SchVG durch Verweis in § 16 Abs. 3 S. 3 SchVG (→ AktG § 130 Rn. 44 ff.). 7

Wie die Niederschrift der Hauptversammlung kann die Niederschrift der Gesellschafterversammlung einer GmbH im Grundsatz ebenso alternativ nach Maßgabe der §§ 6 ff. oder §§ 36 ff. beurkundet werden, wobei jeweils die Anforderungen des § 53 GmbHG zu beachten sind (→ GmbHG § 53 Rn. 1 ff.). Neben Präsenzbeschlüssen ist grundsätzlich auch die notarielle Beurkundung gemäß §§ 36 ff. BeurkG von Satzungsänderungsbeschlüssen, die in einer fernmündlichen oder audiovisuellen Gesellschafterversammlung beschlossen wurden, zulässig. Es handelt sich bei den über Bildschirme oder Lautsprecher wahrgenommenen Eindrücken des Notars insoweit um Tatsachen und Vorgänge iSd § 36 BeurkG.[10] 8

IV. Änderung der Niederschrift

Offensichtliche Unrichtigkeiten darf der Notar nach § 44a Abs. 2 S. 1 in einem Nachtragsvermerk ohne Mitwirkung Dritter berichtigen. Sofern notwendig kann der Notar sonstige Änderungen oder Berichtigungen durch besondere Niederschrift ohne Mitwirkung Dritter aufnehmen, § 44a Abs. 2 S. 3: Der Anwendungsbereich von § 44a wird vom BGH[11] bei Tatsachenprotokollen unter Hinweis auf Rechtssicherheit und das Interesse des Rechtsverkehrs an richtige Urkunden weit ausgelegt (→ § 44a Rn. 15 ff.). 9

Darüber hinaus ist nach der herrschenden Meinung eine Änderung der Niederschrift nach §§ 36 ff. einfacher möglich als die Änderung einer Niederschrift von Willenserklärungen nach §§ 6 ff., da weder ein Verlesen noch eine Genehmigung oder Unterzeichnung durch die Erschienenen stattfinden, diese an der Beurkundung selbst also nicht mitwirken.[12] Bis zur Entäußerung der Urkunde in den Verkehr durch Erteilung einer Ausfertigung oder Abschrift kann der Notar nach ganz herrschender Meinung daher Ergänzungen und Berichtigungen 10

7 BT-Drs. V/3282, 37; *Winkler* BeurkG § 37 Rn. 7 mwN.

8 Ebenso gilt dies für die KGaA (§ 278 Abs. 3 AktG) und den Versicherungsverein aG (§ 191 VAG).

9 Vgl. BGH NJW 2009, 2007 (2208), der § 37 Abs. 2 BeurkG auch auf ein Tatsachenprotokoll über eine Hauptversammlung anwendet; ebenso K. Schmidt/Lutter/*Ziemons* AktG § 130 Rn. 2; Grigoleit/*Herrler* AktG § 130 Rn. 15; aA *Hüffer/Koch* AktG § 130 Rn. 11.

10 *Hitzel* NZG 2020, 1174 (1178).

11 BGH NJW 2018, 52.

12 BGH NJW 2009, 2207; *Winkler* BeurkG § 36 Rn. 13, § 37 Rn. 32; Grziwotz/Heinemann/*Grziwotz* BeurkG § 36 Rn. 10.

sowie eine gänzliche Neufassung vornehmen.[13] Vor diesem Hintergrund wird ein erster Entwurf der Niederschrift vom Notar häufig im unmittelbaren Anschluss an seine Wahrnehmung unterschrieben und später in der Geschäftsstelle endgültig fertiggestellt und unterzeichnet.[14] Im Fall einer gemischten Beurkundung (→ § 36 Rn. 13 ff.) entfällt diese Möglichkeit, weil die Urkunde wegen des (auch nur teilweisen) Mitwirkens der Erschienenen insgesamt nicht mehr lediglich ein Internum darstellt.[15] Der Notar kann die Urkunde jedoch durch einen Nachtragsvermerk oder besondere Niederschrift gemäß § 44a Abs. 2 korrigieren (→ § 44a Rn. 19 f.); sofern er sich bei gemischten Niederschriften insoweit auf den Tatsachenbericht beschränkt, dürfte dies in Anlehnung an die vorgenannte Rechtsprechung des BGH[16] ohne Mitwirkung Dritter möglich sein.

V. Formverstöße

11 Ein Verstoß gegen den Soll-Inhalt lässt die Wirksamkeit der Urkunde unberührt.[17] Eine Missachtung des Muss-Inhalts macht die Beurkundung dagegen unwirksam.[18] Ist der Bericht des Notars über seine Wahrnehmungen grundsätzlich vorhanden, wenngleich teilweise lückenhaft oder unrichtig, ist die Urkunde wirksam, jedoch in ihrem Beweiswert beeinträchtigt.[19]

§ 38 Eide, eidesstattliche Versicherungen

(1) Bei der Abnahme von Eiden und bei der Aufnahme eidesstattlicher Versicherungen gelten die Vorschriften über die Beurkundung von Willenserklärungen entsprechend.
(2) Der Notar soll über die Bedeutung des Eides oder der eidesstattlichen Versicherung belehren und dies in der Niederschrift vermerken.

Literatur:
Bosch/Strauß, Identitätsfeststellung bei ausländischen Beteiligten ohne Ausweispapiere, DNotZ 2020, 4; *Klinsch/von Stralendorff*, Eidesstattliche Versicherungen und Eide in der notariellen Praxis, notar 2017, 3.

13 So BGH NJW 2009, 2207; *Lerch* BeurkG § 37 Rn. 10 mwN; A.A. noch OLG Frankfurt NJW 2007, 1221, das eine Urkunde ab Unterzeichnung durch den Notar als entstanden ansah und eine spätere Ersetzung als Urkundenvernichtung (§ 274 Abs. 1 Nr. 1 StGB) sowie Falschbeurkundung im Amt (§ 348 Abs. 1 StGB) bewertete.
14 Wachter/*Wachter* AktG § 130 Rn. 21.
15 Vgl. BGH NJW 2009, 2207 (2208).
16 BGH NJW 2018, 52.
17 Vgl. BGH NJW 2009, 2207 (2209); Grziwotz/Heinemann/*Grziwotz* BeurkG § 37 Rn. 17; *Winkler* BeurkG § 37 Rn. 37.
18 Grziwotz/Heinemann/*Grziwotz* BeurkG § 37 Rn. 18; *Winkler* BeurkG § 37 Rn. 37.
19 Grziwotz/Heinemann/*Grziwotz* BeurkG § 37 Rn. 19.

I. Allgemeines

§ 38 enthält keine Kompetenzzuteilung für den Notar, sondern lediglich Vorgaben für das formelle Beurkundungsverfahren bei der Abnahme von Eiden und der Aufnahme eidesstattlicher Versicherungen.[1] Obwohl es sich dabei nicht um Willenserklärungen handelt, gelten nach Abs. 1 die Vorschriften über die Beurkundung von Willenserklärungen (§§ 6 ff.) entsprechend. Insbesondere ist eine Niederschrift anzufertigen und zu verlesen sowie von dem Erschienenen zu genehmigen und zu unterschreiben.[2] Abs. 2 statuiert Belehrungspflichten des Notars – er soll über die Bedeutung des Eides oder der eidesstattlichen Versicherung belehren und dies in der Niederschrift vermerken. 1

II. Zuständigkeit

Die Zuständigkeit des Notars für die Abnahme von Eiden und die Aufnahme eidesstattlicher Versicherungen richtet sich nach § 22 BNotO. 2

1. Eide und eidliche Vernehmungen. Gemäß § 22 Abs. 1 BNotO ist der Notar für die Abnahme von Eiden sowie eidliche Vernehmungen nur zuständig, wenn der Eid oder die eidliche Vernehmung nach dem Recht eines ausländischen Staates oder nach den Bestimmungen einer ausländischen Behörde oder sonst zur Wahrnehmung von Rechten im Ausland erforderlich ist. Eine Zuständigkeit des Notars zur Abnahme von Eiden in inländischen Angelegenheiten besteht danach grundsätzlich nicht.[3] Ausnahmen gelten ausschließlich in besonders geregelten Fällen wie beispielsweise die Vereidigung von Dolmetschern nach § 16 Abs. 3 sowie die Vereidigung von Sachverständigen und Zeugen bei der förmlichen Vermittlung einer Nachlass- oder Gesamtgutsauseinandersetzung nach § 20 Abs. 1 BNotO.[4] 3

Ist der Notar zur Abnahme zuständig, ist er nicht nur zur Beurkundung der Erklärung ermächtigt, vielmehr darf er die Vereidigung, dh die strafrechtsrelevante Entgegennahme des Eides, selbst vornehmen.[5] 4

Eine Vereidigung oder eine eidliche Vernehmung darf der Notar nur auf Antrag der Beteiligten durchführen, nicht hingegen auf Ersuchen eines ausländischen Gerichts oder einer ausländischen Behörde.[6] Den Notar trifft hinsichtlich des Zwecks der Rechtsverfolgung im Ausland keine Überprüfungspflicht, er darf sich auf eine glaubhafte Versicherung der Beteiligten verlassen. 5

2. Eidesstattliche Versicherungen. Zur Aufnahme eidesstattlicher Versicherungen ist der Notar gemäß § 22 Abs. 2 BNotO in allen Fällen zuständig, in denen einer Behörde oder sonstigen Dienststelle eine tatsächliche Behauptung oder Aussage glaubhaft gemacht werden soll. Aufnahme bedeutet in diesem Zusammenhang lediglich die Beurkundung der abgegebenen Erklärung. Hiervon zu unterscheiden ist die Abnahme einer eidesstattlichen Versicherung iSv § 156 StGB[8] – für sie ist der Notar nur ausnahmsweise in speziellen gesetzlich geregelten Fällen wie beispielsweise § 352 Abs. 3 FamFG (Nachweis der Richtigkeit von Angaben im Antrag auf Erteilung eines Erbscheins), § 1507 BGB (Zeugnis 6

1 *Klinsch/von Stralendorff* notar 2017, 3 (4); *Winkler* BeurkG § 38 Rn. 1.
2 Frenz/Miermeister/*Limmer* BeurkG § 38 Rn. 2.
3 *Winkler* BeurkG § 38 Rn. 3; Eylmann/Vaasen/*Limmer* BerukG § 38 Rn. 3.
4 Grziwotz/Heinemann/*Grziwotz* BeurkG § 38 Rn. 2; Frenz/Miermeister/*Limmer* BeurkG § 38 Rn. 4.
5 Frenz/Miermeister/*Limmer* BeurkG § 38 Rn. 1, 4.
6 Armbrüster/Preuß/Renner/*Preuß* BeurkG § 38 Rn. 10; *Winkler* BeurkG § 38 Rn. 12.
7 Armbrüster/Preuß/Renner/*Preuß* BeurkG § 38 Rn. 4.
8 DNotI-Report 2012, 9 (10).

über die Fortsetzung der Gütergemeinschaft) oder §§ 142 Abs. 2, 258 Abs. 2 AktG (Bestellung von Sonderprüfern für eine AG) zuständig.[9]

7 Zur Begriffsbestimmung der Behörde kann auf die Definition des § 1 Abs. 4 VwVfG zurückgegriffen werden, wonach Behörde jede Stelle ist, die Aufgaben der öffentlichen Verwaltung wahrnimmt.[10] Dabei muss es sich nicht zwingend um eine deutsche Behörde handeln – der Notar ist nach herrschender Ansicht auch dann zuständig, wenn die eidesstattliche Versicherung der Glaubhaftmachung gegenüber einer ausländischen Behörde dient.[11] Sonstige Dienststellen sind Einrichtungen, deren Eigenschaft als Behörde zwar nicht eindeutig feststellbar ist, die aber dennoch zur Entgegennahme eidesstattlicher Versicherungen befugt sind.[12]

8 Seine Zuständigkeit zur Abnahme eidesstattlicher Versicherungen hat der Notar zu überprüfen. Ist er zur Aufnahme der eidesstattlichen Versicherung zuständig (was der Notar ebenfalls zu überprüfen hat), besteht hinsichtlich der Zuständigkeit der zur Abnahme zuständigen Stelle keine Überprüfungspflicht – hat der Notar jedoch Kenntnis von deren Unzuständigkeit, kann er die Beurkundung ablehnen.[13]

9 **3. Affidavit.** Bei dem aus dem angelsächsischen Rechtskreis bekannten Affidavit handelt es sich nach herrschender Auffassung[14] weder um einen Eid noch um eine eidesstattliche Versicherung iSd deutschen Rechts, sondern vielmehr um eine den Beweiswert einer Erklärung erhöhende Bekräftigung eigener Art.[15] Es handelt sich nach herrschender Meinung somit regelmäßig um keine Niederschrift gemäß § 38, sondern um eine Unterschriftsbeglaubigung gemäß § 39 (→ Rn. 10). Die Zuständigkeit des Notars für die Beurkundung von Affidavits ergibt sich daher regelmäßig bereits aus § 20 BNotO.[16]

III. Verfahren

10 Das Beurkundungsverfahren bei der Abnahme von Eiden und der Aufnahme eidesstattlicher Versicherungen richtet sich gemäß Abs. 1 nach den Vorschriften über die Beurkundung von Willenserklärungen (§§ 6 ff.). Zu beachten sind insbesondere die Verfahrensvorschriften der §§ 8 f., wonach vom Notar eine Niederschrift anzufertigen, in seiner Gegenwart zu verlesen und anschließend von den Erschienen zu genehmigen und zu unterschreiben ist.[17] Dadurch soll garantiert werden, dass die Erklärung genau und dem Willen des Erklärenden entsprechend beurkundet wird.[18]

11 Ist ein Beteiligter der deutschen Sprache nicht kundig, soll ein Dolmetscher hinzugezogen und vom Notar vereidigt werden, sofern der Notar nicht selbst übersetzt (vgl. § 16).[19] Soll die Urkunde in einer anderen als der deutschen Sprache

9 Frenz/Miermeister/*Limmer* BeurkG § 38 Rn. 5; *Winkler* BeurkG § 38 Rn. 11.
10 *Winkler* BeurkG § 38 Rn. 5.
11 Armbrüster/Preuß/Renner/*Preuß* BeurkG § 38 Rn. 11; DNotI-Report 2012, 9 (10); *Klinsch/von Stralendorff* notar 2017, 3 (5).
12 *Klinsch/von Stralendorff* notar 2017, 3 (5).
13 BeckOGK/*Thelig* BeurkG § 38 Rn. 7 ff.; Frenz/Miermeister/*Limmer* BeurkG § 38 Rn. 13.
14 DNotI-Report 2012, 9 (10); *Winkler* BeurkG § 38 Rn. 7.
15 *Winkler* BeurkG § 38 Rn. 13; aA die das Affidavit einem Eid/einer eidesstattlichen Erklärung gleichstellen.
16 DNotI-Report 2012, 9 (10); *Bosch/Strauß* DNotZ 2020, 4 (5).
17 Frenz/Miermeister/*Limmer* BeurkG § 38 Rn. 6.
18 BT-Drs. V/3282, 37; Frenz/Miermeister/*Limmer* BeurkG § 38 Rn. 2.
19 *Winkler* BeurkG § 38 Rn. 16.

errichtet werden, darf der Notar diesem Verlangen entsprechen, wenn er der fremden Sprache hinreichend kundig ist (vgl. § 5).

Da es sich sowohl bei Eiden als auch bei Versicherungen an Eides statt um höchstpersönliche Erklärungen handelt, ist eine Stellvertretung ausgeschlossen.[20] 12

Bei der Beurkundung von Affidavits bestehen Zweifel hinsichtlich des zu beachtenden beurkundungsrechtlichen Verfahrens. Welche Normen anzuwenden sind, hängt nach herrschender Meinung davon ab, welche Bedeutung dem Affidavit nach der jeweiligen Rechtsordnung im Ausland zukommt. In der Regel handelt es sich dabei nicht um eine Eidesleistung, sondern um eine Bescheinigung der Echtheit einer Unterschrift durch den notary public, der selbst keine Prüfung und Belehrung vornimmt, so dass ein einfacher Vermerk in der Form des § 39 genügt.[21] Auf die Voraussetzungen des § 38 kommt es dann nicht an.[22] 13

Steht jedoch fest, dass dem Affidavit nach der fremden Rechtsordnung eine weitergehende Rechtswirkung beigemessen wird oder bestehen Zweifel hierüber, empfiehlt es sich, in der Form des § 38 zu verfahren.[23] 14

IV. Belehrung

Gemäß Abs. 2 soll der Notar über die Bedeutung des Eides oder der eidesstattlichen Versicherung belehren und dies in der Niederschrift vermerken. Dem Erklärenden soll dadurch die Tragweite seiner Erklärung vor Augen geführt werden – insbesondere soll er über drohende strafrechtliche Konsequenzen bei unwahren Angaben aufgeklärt werden.[24] Sofern der Notar ausnahmsweise auch zur Abnahme der eidesstattlichen Versicherung zuständig ist, soll er den Erklärenden auch darüber informieren, dass eine ihm gegenüber abgegebene falsche Erklärung bereits den Straftatbestand der falschen Versicherung an Eides statt nach § 156 StGB erfüllt.[25] Bestehen Zweifel an der Zuständigkeit der Stelle, die die Erklärung abnehmen soll, muss der Notar darüber aufklären und dies ebenfalls vermerken.[26] Die allgemeinen Prüfungs- und Belehrungspflichten der §§ 17 ff. finden keine Anwendung, da es in den Fällen des § 38 nicht um einen gewollten Rechtserfolg geht.[27] 15

V. Verstöße

Ein Verstoß des Notars gegen die Belehrungspflicht nach Abs. 2 stellt zwar eine Amtspflichtverletzung des Notars dar, führt jedoch nicht zur Unwirksamkeit der Beurkundung.[28] Da das Verfahren sich nach den Vorschriften über die Beurkundung von Willenserklärungen richtet, hängt die Rechtsfolge eines etwaigen Verstoßes von der jeweiligen Norm ab, die verletzt wurde.[29] 16

20 Frenz/Miermeister/*Limmer* BeurkG § 38 Rn. 6; *Winkler* BeurkG § 38 Rn. 17.
21 BeckNotar-HdB/*Kindler* § 31 Rn. 366; DNotI 1996, 4 (5); aA *Lerch*, der das Verfahren nach § 38 BeurkG als zwingend erforderlich erachtet.
22 Armbrüster/Preuß/Renner/*Preuß* BeurkG § 38 Rn. 7.
23 *Bosch/Strauß* DNotZ 2020, 4 (5).
24 Frenz/Miermeister/*Limmer* BeurkG § 38 Rn. 15; *Lerch* BeurkG § 38 Rn. 15.
25 Armbrüster/Preuß/Renner/*Preuß* BeurkG § 38 Rn. 15; BeckOGK/*Thelig* BeurkG § 38 Rn. 18; *Klinsch/von Stralendorff* notar 2017, 3.
26 Armbrüster/Preuß/Renner/*Preuß* BeurkG § 38 Rn. 19.
27 *Winkler* BeurkG § 38 Rn. 18.
28 BeckOGK/*Thelig* BeurkG § 38 Rn. 21; *Winkler* BeurkG § 38 Rn. 23.
29 BeckOGK/*Thelig* BeurkG § 38 Rn. 21; *Winkler* BeurkG § 38 Rn. 23.

2. Vermerke

§ 39 Einfache Zeugnisse

Bei der Beglaubigung einer Unterschrift oder eines Handzeichens oder der Zeichnung einer Namensunterschrift, bei der Feststellung des Zeitpunktes, zu dem eine Privaturkunde vorgelegt worden ist, bei Bescheinigungen über Eintragungen in öffentlichen Registern, bei der Beglaubigung von Abschriften, Abdrucken, Ablichtungen und dergleichen (Abschriften) und bei sonstigen einfachen Zeugnissen genügt anstelle einer Niederschrift eine Urkunde, die das Zeugnis, die Unterschrift und das Präge- oder Farbdrucksiegel (Siegel) des Notars enthalten muß und Ort und Tag der Ausstellung angeben soll (Vermerk).

I. Allgemeines

1 Gemäß § 36 können „andere Erklärungen als Willenserklärungen sowie sonstige Tatsachen oder Vorgänge" in der Form der Niederschrift oder in der Form eines Vermerks beurkundet werden.[1] Grundsätzlich ist die Anfertigung einer Niederschrift (§ 37) erforderlich, soweit nicht die Vermerkform (§ 39) ausreichend ist.[2] Diese Fälle sowie die Anforderungen an die Form des Vermerks regelt § 39.[3] Danach genügt bei der Herstellung einfacher Zeugnisse anstelle einer Niederschrift die Form des Vermerks. Darunter versteht man eine Urkunde, die das Zeugnis, die Unterschrift und das Präge- oder Farbdrucksiegel des Notars enthalten muss und Ort und Tag der Ausstellung angeben soll. Die Norm enthält eine beispielhafte Aufzählung der wichtigsten Fälle einfacher Zeugnisse und wird durch die §§ 39a–43 ergänzt, die besondere Regelungen für unterschiedliche Vermerkformen enthalten.[4] Der Vermerk ist öffentliche Urkunde iSd §§ 415 ff. ZPO und begründet vollen Beweis der bezeugten Tatsachen.[5] Das gilt allerdings nur für den Vermerk selbst und nicht für privatschriftliche Erklärungen, auf die er gesetzt wird.[6]

1 *Lerch* BeurkG § 39 Rn. 1.
2 BeckOGK/*Thelig* BeurkG § 39 Rn. 1; Grziwotz/Heinemann/*Grziwotz* BeurkG § 39 Rn. 1.
3 BT-Drs. V/3282, 37; *Winkler* BeurkG § 39 Rn. 1.
4 BeckOGK/*Thelig* BeurkG § 39 Rn. 1.
5 *Lerch* BeurkG § 39 Rn. 2; *Winkler* BeurkG § 39 Rn. 2.
6 Frenz/Miermeister/*Limmer* BeurkG § 39 Rn. 2; Grziwotz/Heinemann/*Grziwotz* BeurkG § 39 Rn. 3.

II. Anwendungsbereich

§ 39 erlaubt die Beurkundung in der Vermerkform nur für einfache Zeugnisse. Die Norm selbst enthält einen nicht abschließenden Beispielkatalog für Anwendungsfälle: 2

- die Beglaubigung einer Unterschrift oder eines Handzeichens (§ 40),
- die Beglaubigung der Zeichnung einer Namensunterschrift (§ 41),
- die Feststellung des Zeitpunkts der Vorlegung einer privaten Urkunde (§ 43),
- die Bescheinigung über Eintragungen in öffentlichen Registern und
- die Beglaubigung von Abschriften (§ 42).

1. Beglaubigung einer Unterschrift oder eines Handzeichens (§ 40). Als erstes Beispiel nennt § 39 die Beglaubigung einer Unterschrift oder eines Handzeichens. Dabei handelt es sich um die öffentliche Beurkundung der Tatsache, dass die Unterschrift von einer bestimmten Person herrührt und dass der Unterzeichnende persönlich seine Unterschrift oder sein Handzeichen vor dem Notar vollzogen oder anerkannt hat[7] (zu den Einzelheiten → § 40 Rn. 1 ff.). 3

2. Zeichnung einer Namensunterschrift (§ 41). Zur Zeichnung von Namensunterschriften, die zur Aufbewahrung bei Gericht bestimmt sind, → § 41 Rn. 1 ff. 4

3. Feststellung des Zeitpunkts der Vorlegung einer privaten Urkunde (§ 43). Die Feststellung des Notars, dass ihm eine private Urkunde zu einem bestimmten Zeitpunkt vorgelegen hat, kann in der Vermerkform erfolgen[8] (zu den Einzelheiten → § 43 Rn. 1 ff.). 5

4. Bescheinigung über Eintragungen in öffentlichen Registern. Die Bescheinigung über Eintragungen in öffentlichen Registern (insbesondere das Handels-, Vereins-, Genossenschafts-, Partnerschafts-, Güterrechts- und Musterregister) ist ein Zeugnis über bereits vorhandene Eintragungen, dh der Notar darf nur den Inhalt eines Registers bezeugen, aber keine eigene Beurteilung des Wahrgenommenen äußern.[9] Davon zu unterscheiden ist die Registerbescheinigung nach § 21 BNotO, die auch eine rechtliche Beurteilung des Notars enthält.[10] Beide Bescheinigungen können miteinander verbunden werden.[11] 6

5. Beglaubigung von Abschriften (§ 42). Schließlich lässt § 39 die Vermerkform auch für die Beglaubigung von Abschriften zu. § 39 definiert Abschriften als „Abschriften, Abdrucke, Ablichtungen und dergleichen". Umfasst werden davon sämtliche Vervielfältigungen, deren Übereinstimmung mit dem vervielfältigten Dokument vom Notar beglaubigt werden soll[12] (im Einzelnen → § 42 Rn. 1 ff.). 7

6. Sonstige einfache Zeugnisse. Die von § 39 erfassten Beispiele für einfache Zeugnisse sind nicht abschließend. Als „sonstige einfache Zeugnisse" kommen insbesondere auch in Betracht: (i) Zeugnisse über tatsächliche Vorgänge (zB die Übergabe von Gegenständen oder die Zahlung einer Geldsumme), (ii) die Hinterlegung von Aktien, (iii) Schuldverschreibungen zur Teilnahme an einer Versammlung oder zur Stimmrechtsausübung, (iv) Lebensbescheinigungen, (v) Zustellungsbescheinigungen über Urkunden, Vergleiche und sonstige Schriftstücke, die der Notar zwischen Privatpersonen vornimmt sowie (vi) Bescheinigun- 8

---

7 Kersten/Bühling/*Terner* FormB FGG § 15 Rn. 12.
8 BeckOGK/*Thelig* BeurkG § 39 Rn. 9.
9 Armbrüster/Preuß/Renner/*Preuß* BeurkG § 39 Rn. 3.
10 BeckOGK/*Thelig* BeurkG § 39 Rn. 10; Grziwotz/Heinemann/*Grziwotz* BeurkG § 39 Rn. 5; ausführlich DNotI-Report 2014, 81 (82 f.).
11 BeckOGK/*Thelig* BeurkG § 39 Rn. 14.
12 BeckOGK/*Thelig* BeurkG § 39 Rn. 15; *Lerch* BeurkG § 39 Rn. 13.

gen über die Vollständigkeit des Wortlauts einer Satzung oder eines Gesellschaftsvertrags, der zum Handelsregister eingereicht wird, § 181 Abs. 1 S. 2 AktG, § 54 Abs. 1 S. 2 GmbHG.[13]

9 Schwierigkeiten können sich bei der Abgrenzung des „sonstigen einfachen Zeugnisses", für das die Vermerkform genügt und dem Zeugnis iSv § 37, für das eine Niederschrift erforderlich ist, ergeben. Inhaltlich handelt es sich in beiden Fällen um die Beurkundung einer anderen Erklärung, sonstigen Tatsache oder eines Vorgangs. Es kommt daher vor allem darauf an, ob der Inhalt des Zeugnisses komprimiert in einem Vermerk zusammengefasst werden kann, oder umfassende Ausführungen zu den Wahrnehmungen des Notars für die Beweiskraft der Urkunde erforderlich sind.[14] Diese Beurteilung liegt im Ermessen des Notars. Die Beispiele in § 39 haben insoweit Vorbildcharakter und verschaffen dem Notar einen Eindruck, wann die zu beurkundenden Tatsachen, Vorgänge oder andere Erklärungen als Willenserklärungen als „einfaches Zeugnis" iSv § 39 einzuordnen sind.[15] Da es sich hierbei um eine Ermessenentscheidung des Notars handelt, die einer Nachprüfung entzogen ist, dürfte die Wahl der Niederschrift- oder Vermerkform keine Auswirkungen auf die Wirksamkeit der Urkunde haben.[16]

III. Form des Vermerks

10 Die Beurkundung eines einfachen Zeugnisses erfolgt in der Regel in Form eines Vermerks. Diese Form bringt eine Reihe von Erleichterungen für den Notar mit sich, da ein Vermerk im Vergleich zur Niederschrift nach § 37 einen geringeren Umfang erfordert und dadurch deutlich schneller hergestellt werden kann.[17] Dem Notar bleibt es jedoch unbenommen, auch in den von § 39 geregelten Fällen die strengere Form zu wählen und überobligatorisch eine Niederschrift anzufertigen.[18]

11 **1. Zwingender Inhalt.** Nach der Legaldefinition des § 39 handelt es sich bei einem Vermerk um eine Urkunde, die das Zeugnis, die Unterschrift und das Präge- oder Farbdrucksiegel des Notars enthalten muss und Tag und Ort der Ausstellung angeben soll. Zwingend sind nach diesem Wortlaut nur das Zeugnis selbst, die Unterschrift sowie das Siegel des Notars. Den Inhalt des Zeugnisses gibt § 39 nicht vor – er ergibt sich vielmehr aus der vom Notar wahrgenommenen Tatsache und dem Zweck der Urkunde.[19] Den Vermerk muss der Notar eigenhändig unterschreiben. Das Aufdrücken des Siegels ist – abweichend von den Vorgaben für die Niederschrift – Wirksamkeitsvoraussetzung, da es die für die Niederschrift zwingend erforderliche Bezeichnung des Notars ersetzt.[20] Sowohl die Unterschrift als auch das Siegel können im Falle des Vergessens nachgeholt werden. Da die Urkunde aber erst in dem Zeitpunkt wirksam wird, in

13 Frenz/Miermeister/*Limmer* BeurkG § 39 Rn. 4; Grziwotz/Heinemann/*Grziwotz* BeurkG § 39 Rn. 10 ff.; *Lerch* BeurkG § 39 Rn. 4 f.; *Winkler* BeurkG § 39 Rn. 14 f.
14 Frenz/Miermeister/*Limmer* BeurkG § 39 Rn. 2.
15 BeckOGK/*Thelig* BeurkG § 39 Rn. 6.
16 Frenz/Miermeister/*Limmer* BeurkG § 39 Rn. 2; aA Grziwotz/Heinemann/*Grziwotz* BeurkG § 36 Rn. 7.
17 BeckOGK/*Thelig* BeurkG § 39 Rn. 2.
18 BeckOGK/*Thelig* BeurkG § 39 Rn. 4; Grziwotz/Heinemann/*Grziwotz* BeurkG § 39 Rn. 1.
19 Armbrüster/Preuß/Renner/*Preuß* BeurkG § 39 Rn. 21; Grziwotz/Heinemann/*Grziwotz* BeurkG § 39 Rn. 12.
20 Armbrüster/Preuß/Renner/*Preuß* BeurkG § 39 Rn. 21; *Winkler* BeurkG § 39 Rn. 21.

dem alle zwingenden Voraussetzungen vorliegen, sollten Ort und Zeit der nachträglichen Ergänzung vermerkt werden.[21]

Siegel sind nach der Legaldefinition des § 39 sowohl das Präge- als auch das Farbdrucksiegel. Prägesiegel ist das Lack- oder Wachssiegel sowie das mit der metallenen Siegelpresse geprägte Oblatensiegel. Das Prägesiegel ist zu verwenden, wenn das Gesetz diese Form der Siegelung ausdrücklich verlangt (zB § 34 und § 44). Farbdrucksiegel meint einen farbigen Ausdruck des wie ein Stempel gestochenen Siegelstocks auf die Urkunde ohne Verwendung eines Siegelstoffes und ohne Hinterlassung eines Eindrucks.[22] Das Farbdrucksiegel kann an Ausfertigungen angebracht werden, die nicht aus mehreren Blättern bestehen, da diese wiederum durch Schnur und Siegel zu verbinden und mit dem Prägesiegel zu versehen wären.[23] 12

2. Soll-Inhalt. Als Soll-Angaben sieht § 39 darüber hinaus Ort und Tag der Ausstellung vor. Die Angaben beziehen sich auf die Ausstellung des Vermerks, nicht auf die Wahrnehmung durch den Notar.[24] Ein Zurückbleiben hinter diesen Voraussetzungen hat keinen Einfluss auf die beurkundungsrechtliche Wirksamkeit der Urkunde. Das Fehlen der Angabe von Ort und Tag der Ausstellung kann sich jedoch negativ auf die Beweiskraft des Vermerks auswirken.[25] 13

Beurkundungsrechtlich zwar nicht vorgeschrieben, aus dienstrechtlicher Sicht aber durchaus empfehlenswert ist die Beifügung der Amtsbezeichnung des Notars (§ 1 S. 3 DONot).[26] 14

3. Sonstiges. Gemäß § 45 Abs. 3 ist die Urschrift der Vermerkurkunde dem Beteiligten auszuhändigen, sofern er nicht die notarielle Verwahrung der Urkunde verlangt hat. Abgesehen von Beglaubigungen von Abschriften werden Urkunden in Vermerkform in die Urkundenrolle eingetragen.[27] In diesem Fall schreibt § 19 Abs. 2 DONot vor, dass eine Abschrift der Urkunde oder ein Vermerkblatt zur Urkundensammlung zu bringen ist. Das Vermerkblatt muss die Nummer der Urkundenrolle und die Angaben nach § 8 Abs. 5 und 6 DONot enthalten und ist vom Notar zu unterschreiben. 15

§ 39a Einfache elektronische Zeugnisse

(1) [1]Beglaubigungen und sonstige Zeugnisse im Sinne des § 39 können elektronisch errichtet werden. [2]Das hierzu erstellte Dokument muss mit einer qualifizierten elektronischen Signatur versehen werden. [3]Diese soll auf einem Zertifikat beruhen, das auf Dauer prüfbar ist. [4]Der Notar muss die qualifizierte elektronische Signatur selbst erzeugen. [5]§ 33 Absatz 3 der Bundesnotarordnung gilt entsprechend.

(2) [1]Mit dem Zeugnis muss eine Bestätigung der Notareigenschaft durch die zuständige Stelle verbunden werden. [2]Das Zeugnis soll Ort und Tag der Ausstellung angeben.

21 Grziwotz/Heinemann/*Grziwotz* BeurkG § 39 Rn. 12.
22 Armbrüster/Preuß/Renner/*Preuß* BeurkG § 39 Rn. 24.
23 Armbrüster/Preuß/Renner/*Preuß* BeurkG § 39 Rn. 25; *Winkler* BeurkG § 39 Rn. 22.
24 Grziwotz/Heinemann/*Grziwotz* BeurkG § 39 Rn. 13.
25 Grziwotz/Heinemann/*Grziwotz* BeurkG § 39 Rn. 15; *Winkler* BeurkG § 39 Rn. 23.
26 BeckOGK/*Thelig* BeurkG § 39 Rn. 30.
27 Armbrüster/Preuß/Renner/*Preuß* BeurkG § 39 Rn. 25.

(3) Bei der Beglaubigung eines elektronischen Dokuments, das mit einer qualifizierten elektronischen Signatur versehen ist, soll das Ergebnis der Signaturprüfung dokumentiert werden.

[§ 39a ab 1.8.2022:]

§ 39a Einfache elektronische Zeugnisse

(1) [1]Beglaubigungen und sonstige Zeugnisse im Sinne des § 39 können elektronisch errichtet werden; Beglaubigungen qualifizierter elektronischer Signaturen sind elektronisch zu errichten. [2]Das hierzu erstellte Dokument muss mit einer qualifizierten elektronischen Signatur versehen werden. [3]§ 16b Absatz 4 Satz 2 und 4 gilt entsprechend.

(2) [1]Mit dem Zeugnis muss eine Bestätigung der Notareigenschaft durch die zuständige Stelle verbunden werden. [2]Das Zeugnis soll Ort und Tag der Ausstellung angeben.

(3) [1]Bei der Beglaubigung eines elektronischen Dokuments, das mit einer qualifizierten elektronischen Signatur versehen ist, soll das Ergebnis der Signaturprüfung dokumentiert werden. [2]Ist das elektronische Dokument mit der qualifizierten elektronischen Signatur eines Notars versehen, so genügt die Dokumentation der Prüfung seiner qualifizierten elektronischen Signatur.

(4) Bei der Beglaubigung einer qualifizierten elektronischen Signatur ist der Bezug zwischen dem Zeugnis und dem mit der zu beglaubigenden qualifizierten elektronischen Signatur versehenden elektronischen Dokument durch kryptografische Verfahren nach dem Stand der Technik herzustellen, wenn das Zeugnis nicht in dem mit der zu beglaubigenden qualifizierten elektronischen Signatur versehenen elektronischen Dokument enthalten ist.

Literatur:

Apfelbaum/Bettendorf, Die elektronisch beglaubigte Abschrift im Handelsregisterverkehr, RNotZ 2007, 89; *Bettendorf*, Elektronische Dokumente und Formqualität, RNotZ 2005, 277; *Bohrer*, Notarielle Form, Beurkundung und elektronischer Rechtsverkehr, DNotZ 2008, 39; *Bormann/Stelmaszczyk*, Digitalisierung des Gesellschaftsrechts nach dem EU-Company Law Package, NZG 2019, 601; *Damm*, Die Digitalisierung des Notariats, DNotZ 2017, 426.

I. Allgemeines

1 Gemäß § 39a können Beglaubigungen und sonstige Zeugnisse im Sinne des § 39 elektronisch errichtet werden. Das hierzu erstellte Dokument muss mit einer qualifizierten elektronischen Signatur versehen werden. Diese soll auf einem Zertifikat beruhen, das auf Dauer prüfbar ist. Der Notar muss die Signa-

tur selbst erzeugen (Abs. 1). Mit dem Zeugnis muss eine Bestätigung der Notareigenschaft durch die zuständige Stelle verbunden werden (Abs. 2). Das Zeugnis soll Ort und Tag der Ausstellung angeben. Bei der Beglaubigung eines elektronischen Dokuments, das mit einer qualifizierten elektronischen Signatur versehen ist, soll das Ergebnis der Signaturprüfung dokumentiert werden (Abs. 3).

2 Die Norm wurde durch das am 1.4.2005 in Kraft getretene Justizkommunikationsgesetz in das BeurkG implementiert und im Zuge des Urkundenarchivgesetzes im Juni 2017 – insbesondere durch Gliederung in Absätze, Anpassung an das neue Signaturrecht (sog. eIDAS-Verordnung[1] und das zu ihrer Durchsetzung erlassene Vertrauensdienstegesetz) sowie Einfügung des Abs. 1 S. 4 novelliert.[2] Die Zentralnorm des § 39a wird flankiert von § 42 Abs. 4 und § 15 Abs. 3 BNotO.[3]

3 Die Vorschrift enthält beurkundungsrechtliche Vorgaben für die elektronische Signatur – stellt aber keine Anforderungen an ihre technische Umsetzung. Die Vorgaben des Gesetzgebers an die Errichtung elektronischer Zeugnisse sind angelehnt an die Voraussetzungen für die Erstellung von Vermerken in Papierform: die elektronische Signatur stellt das Äquivalent zur eigenhändigen Unterschrift bei § 39 dar und die Bestätigung der Notareigenschaft durch die Zuständige Stelle (berufsbezogenes Attribut) dasjenige des Dienstsiegels.[4]

4 Den umgekehrten Fall zu § 39a regelt § 42 Abs. 4, wonach der Notar beglaubigte Papierdokumente aus einer mit elektronischer Signatur versehenen elektronischen Datei erstellen kann, indem er das elektronische Dokument ausdruckt und Übereinstimmung dieses Ausdrucks mit dem elektronischen Dokument sowie die erfolgreiche Prüfung der elektronischen Signatur bestätigt.[5]

II. Anwendungsbereich

5 § 39a ermöglicht die Erstellung einfacher Vermerkurkunden im Sinne von § 39 in elektronischer Form.[6] In der Praxis stellt die elektronische Abschriftsbeglaubigung den Hauptanwendungsfall des § 39a dar.[7] Beglaubigt wird hier die inhaltliche Übereinstimmung der elektronischen Aufzeichnung mit der Hauptschrift in Form einer Urschrift, einer Ausfertigung, einer beglaubigten Abschrift oder auch eines elektronischen Dokuments. Daneben können durch den Verweis auf § 39 grundsätzlich alle Zeugnisse iSd Norm elektronisch errichtet wer-

1 VO (EU) Nr. 910/2014 des Europäischen Parlaments und des Rates vom 23.7.2014 über elektronische Identifizierung und Vertrauensdienste für elektronische Transaktionen im Binnenmarkt und zur Aufhebung der Richtlinie 1999/93/EG.

2 Armbrüster/Preuß/Renner/*Kruse* BeurkG §39a Rn. 1; *Damm* DNotZ 2017, 426 (441); Frenz/Miermeister/*Limmer* BeurkG § 39a Rn. 1a; Grziwotz/Heinemann/*Heinemann* BeurkG § 39a Rn. 1; *Lerch* BeurkG § 39a Rn. 1.

3 Frenz/Miermeister/*Limmer* BeurkG § 39a Rn. 1a f.

4 *Apfelbaum/Bettendorf* RNotZ 2007, 89 (90 f.); Armbrüster/Preuß/Renner/*Kruse* BeurkG § 39a Rn. 7 f.; *Damm* RNotZ 2017, 426 (441); Frenz/Miermeister/*Limmer* BeurkG § 39a Rn. 1b; Grziwotz/Heinemann/*Heinemann* BeurkG § 39a Rn. 3.

5 Armbrüster/Preuß/Renner/*Kruse* BeurkG § 39a Rn. 2; Frenz/Miermeister/*Limmer* BeurkG § 39a Rn. 1c.

6 BT-Drs. 15/4067, 54; Armbrüster/Preuß/Renner/*Kruse* § 39a Rn. 19.

7 Armbrüster/Preuß/Renner/*Kruse* BeurkG §39a Rn. 21; BeckOGK/*Thelig* BeurkG § 39a Rn. 9; Frenz/Miermeister/*Limmer* BeurkG § 39a Rn. 9; *Winkler* BeurkG § 39a Rn. 9 ff.

den, sofern sie nicht zwingend papiergebunden sind (wie zB die Unterschriftsbeglaubigung nach § 40).[8]

6 Praktische Bedeutung kam der Norm zunächst insbesondere durch Zulassung der elektronischen Form für Handelsregisteranmeldungen (§ 12 HGB), für Vereinsregisteranmeldungen (§ 55a BGB, § 387 Abs. 1 FamFG) sowie der sukzessiven Einführung eines elektronischen Grundbuchverkehrs zu.[9] Die Anmeldung einer Eintragung in das Handelsregister ist elektronisch in öffentlich beglaubigter Form einzureichen. Zwingend erforderlich ist bei der Übermittlung der Anmeldung die Bestätigung durch einen Notar, die Übermittlung durch den Antragssteller unter Verwendung seiner qualifizierten elektronischen Signatur reicht nicht aus.[10]

7 Die elektronische Errichtung von Niederschriften über Willenserklärungen nach den §§ 6 ff. oder über sonstige Vorgänge und Tatsachen nach den §§ 36, 37 ist nach aktueller Rechtslage ausgeschlossen, da § 37 die Errichtung einer Urkunde in Papierform voraussetzt.[11] Das gilt zumindest für ihre originäre Errichtung – die Anfertigung einer elektronisch beglaubigten Abschrift einer in Papierform errichteten Niederschrift ist hingegen möglich.

III. Formelle Anforderungen

8 Die allgemeinen Vorgaben des § 39 für einfache Zeugnisse gelten grundsätzlich auch für elektronische Urkunden iSv § 39a. Um der besonderen Form der Errichtung und den damit einhergehenden Unterschieden zur Errichtung eines Papierdokuments Rechnung zu tragen, enthält § 39a eine Reihe besonderer formeller Anforderungen an die Erfüllung der Vermerkform bei elektronischen Zeugnissen.[12] Inhaltlich unterscheiden sich Papierform und elektronische Form dagegen nicht – sie sind gleichwertig.[13]

9 **1. Muss-Vorschriften. a) Qualifizierte elektronische Signatur.** Abs. 1 bestimmt zunächst, dass das elektronisch errichtete Dokument mit einer qualifizierten elektronischen Signatur versehen werden muss. Den rechtlichen Rahmen für die Anforderungen an qualifizierte elektronische Signaturen iSd § 39a bildet die eIDAS-Verordnung. Art. 3 Nr. 10 der eIDAS-Verordnung definiert die „elektronische Signatur" als Daten in elektronischer Form, die anderen elektronischen Daten beigefügt oder logisch mit ihnen verbunden werden und die der Unterzeichner zum Unterzeichnen verwendet. Eine „qualifizierte elektronische Signatur" ist nach Art. 3 Nr. 12 eine fortgeschrittene elektronische Signatur, die von einer qualifizierten elektronischen Signaturerstellungseinheit erstellt wurde und auf einem qualifizierten Zertifikat für elektronische Signaturen beruht. Eine fortgeschrittene elektronische Signatur setzt ihrerseits eine elektronische Signatur voraus, die die Anforderungen des Artikel 26 erfüllt, dh: (i) sie ist eindeutig dem Unterzeichner zugeordnet, (ii) sie ermöglicht die Identifizierung des Unterzeichners, (iii) sie wird unter Verwendung elektronischer Signaturerstellungsdaten erstellt, die der Unterzeichner mit einem hohen Maß an Vertrauen unter sei-

8 Armbrüster/Preuß/Renner/*Kruse* BeurkG § 39a Rn. 19 ff.; Frenz/Miermeister/*Limmer* BeurkG § 39a Rn. 6.
9 Armbrüster/Preuß/Renner/*Kruse* BeurkG § 39a Rn. 3, 20.
10 BGH DNotI-Report 2021, 118.
11 Armbrüster/Preuß/Renner/*Kruse* BeurkG § 39a Rn. 2; Frenz/Miermeister/Limmer BeurkG § 39a Rn. 1; Grziwotz/Heinemann/*Heinemann* BeurkG § 39a Rn. 2; *Winkler* BeurkG § 39a Rn. 7.
12 Armbrüster/Preuß/Renner/*Kruse* BeurkG § 39a Rn. 7 f.; Frenz/Miermeister/*Limmer* BeurkG § 39a Rn. 6; Grziwotz/Heinemann/*Heinemann* BeurkG § 39a Rn. 1 f.
13 Grziwotz/Heinemann/*Heinemann* BeurkG § 39a Rn. 1 f.

ner alleinigen Kontrolle verwenden kann und (iv) sie ist so mit den auf diese Weise unterzeichneten Daten verbunden, dass eine nachträgliche Veränderung der Daten erkannt werden kann. Eine qualifizierte elektronische Signaturerstellungseinheit ist gemäß Art. 3 Nr. 23 eine elektronische Signaturerstellungseinheit, die den Anforderungen des Anhangs II erfüllt. Bei einer elektronischen Signaturerstellungseinheit handelt es sich nach Art. 3 Nr. 22 um eine konfigurierte Software oder Hardware, die zum Erstellen einer elektronischen Signatur verwendet wird. In der notariellen Praxis wird regelmäßig das Programm SigNotar der NotarNet GmbH zur Erzeugung der elektronischen Signatur verwendet.[14] Ein qualifiziertes Zertifikat für elektronische Signaturen ist nach Art. 3 Nr. 15 ein von einem qualifizierten Vertrauensdiensteanbieter ausgestelltes Zertifikat für elektronische Signaturen, das die Anforderungen des Anhangs I erfüllt. Anforderungen an qualifizierte Zertifikate für elektronische Signaturen sind danach u.a. (i) die Angabe, dass das Zertifikat als Zertifikat für elektronische Signaturen erstellt wurde; (ii) einen Datensatz, der den qualifizierten Vertrauensdiensteanbieter, der die qualifizierten Zertifikate ausstellt, eindeutig repräsentiert und zumindest die Angaben des Mitgliedstaats enthält, in dem der Anbieter niedergelassen ist; (iii) mindestens den Namen des Unterzeichners oder ein Pseudonym; (iv) elektronische Signaturvalidierungsdaten, die den elektronischen Signaturerstellungsdaten entsprechen; (v) Angaben zu Beginn und Ende der Gültigkeitsdauer des Zertifikats etc). Sinn und Zweck der Beifügung einer qualifizierten elektronischen Signatur ist es, dem Empfänger Kenntnis darüber zu verschaffen, wer das Dokument signiert hat und ob es nachträglich verändert wurde.[15]

b) Signatur selbst erzeugen/Verwaltung der Signaturerstellungsdaten. Lange war unklar, ob die Erzeugung der elektronischen Signatur als Äquivalent zur Unterschrift zu den höchstpersönlich wahrzunehmenden Amtshandlungen des Notars gehört, und ob die höchstpersönliche Erzeugung der Signatur Wirksamkeitsvoraussetzung zur Errichtung einfacher elektronischer Zeugnisse nach § 39a ist.[16] Mit Inkrafttreten des Urkundenarchivgesetzes und Einfügung von § 33 Abs. 3 BNotO aF und § 39a Abs. 1 S, 4 BeurkG aF hat der Gesetzgeber diese Frage beantwortet. Danach muss der Notar die elektronische Signatur zwingend selbst erzeugen und die Signaturerstellungsdaten selbst verwalten. An Mitarbeiter oder Dritte darf er sie nicht weitergeben.[17] Eine Zuwiderhandlung stellt nach der Gesetzesbegründung eine empfindliche Amtspflichtverletzung und ein Dienstvergehen dar, die unter Umständen mit der Entfernung aus dem Amt sanktioniert werden kann.[18] Außerdem hat ein Verstoß gegen Abs. 1 S. 4 nach herrschender Meinung die Unwirksamkeit der Urkunde zur Folge.[19] 10

14 WürzNotar-HdB/*Limmer* Teil 1 Kapitel 2 Rn. 274.
15 Armbrüster/Preuß/Renner/*Kruse* BeurkG § 39a Rn. 8 f.; *Bettendorf* RNotZ 2005, 277 (280).
16 Armbrüster/Preuß/Renner/*Kruse* BeurkG § 39a Rn. 16; Frenz/Miermeister/Limmer BeurkG § 39a Rn. 4a f.; Grziwotz/Heinemann/*Heinemann* BeurkG § 39a Rn. 6; dagegen insbesondere: *Bohrer* DNotZ 2008, 39 (50); *Maass* ZNotP 2008, 198 (200).
17 Armbrüster/Preuß/Renner/*Kruse* BeurkG § 39a Rn. 16; BeckOGK/*Thelig* § 39a Rn. 19; *Damm* DNotZ 2017, 426 (441); Frenz/Miermeister/*Limmer* BeurkG § 39a Rn. 4; Grziwotz/Heinemann/*Heinemann* BeurkG § 39a Rn. 6; *Winkler* BeurkG § 39a Rn. 38.
18 BT-Drs. 18/10607, 52.
19 *Apfelbaum/Bettendorf* RNotZ 2007, 89 (90); Frenz/Miermeister/*Limmer* BeurkG § 39a Rn. 5; *Winkler* BeurkG § 39a Rn. 37a ff.; aA *Bohrer* DNotZ 2008, 39 (50); *Maass* ZNotP 2008, 198 (200).

11 Die Norm wurde im Zuge des Gesetzes zur Modernisierung des notariellen Berufsrechts und zur Änderung weiterer Vorschriften durch folgende Sätze ersetzt: „Der Notar muss die qualifizierte elektronische Signatur selbst erzeugen. § 33 Abs. 3 der Bundesnotarordnung gilt entsprechend". Es handelt sich dabei um eine Folgeänderung zur Änderung des § 33 Abs. 3 BNotO. Dieser wurde durch folgenden neuen Abs. 3 ersetzt: „Die zur Erzeugung qualifizierter elektronischer Signaturen erforderlichen elektronischen Signaturerstellungsdaten sind vom Notar auf einer qualifizierten elektronischen Signaturerstellungseinheit zu verwalten. Abweichend davon können sie auch von der Notarkammer oder der Bundesnotarkammer verwaltet werden, wenn sichergestellt ist, dass die qualifizierte elektronische Signatur nur mittels eines kryptografischen Schlüssels erzeugt werden kann, der auf einer kryptografischen Hardwarekomponente gespeichert ist." Ausweislich der Gesetzesbegründung sollen die Erwägungen zur Höchstpersönlichkeit der notariellen Signatur im Grundsatz weiterhin zutreffen. Eine Anpassung des § 33 Abs. 3 BNotO sei aber aufgrund der Entwicklungen im Bereich der Signaturverfahren erforderlich gewesen. Durch Einführung der eIDAS-Verordnung sei die Möglichkeit eröffnet worden, Signaturerstellungsdaten nicht mehr lokal auf der Signaturkarte zu speichern, sondern diese von der Zertifizierungsstelle verwalten zu lassen. Der Signierende kann die Signatur aus der Ferne auslösen. Weil es zunächst keine anerkannten technischen Standards für diese Fernsignatur gegeben habe, sei sie durch § 33 Abs. 3 aF BNotO ausgeschlossen gewesen. Mittlerweile gebe es aber anerkannte technische Standards, so dass der Weg zum Fernsignaturverfahren durch Änderung des § 33 Abs. 3 BNotO eröffnet werden könne. Der neue § 33 Abs. 3 BNotO erlaubt die Verwaltung der Signaturerstellungsdaten aber nur der Notarkammer oder der Bundesnotarkammer, um weiterhin auszuschließen, dass notarielle Signaturerstellungsdaten an Dritte gelangen.[20]

12 c) **Bestätigung der Notareigenschaft.** Schließlich fordert Abs. 2, dass mit dem Zeugnis eine Bestätigung der Notareigenschaft durch die zuständige Stelle verbunden wird. Zeugnis und Bestätigung müssen zwingend miteinander verbunden sein – ein Hinweis auf die Abrufbarkeit der Bestätigung genügt nicht.[21] Wie diese Bestätigung aussehen muss regelt Abs. 2 nicht, in der Praxis erfolgt sie in der Regel durch Ausstellung eines Attributzertifikats, welches den Inhaber als Notar ausweist und seinen Amtssitz, das Land und die Notarkammer enthält, in deren Bezirk der Notar seinen Amtssitz hat.[22] Dieses Zertifikat darf nur von Vertrauensdiensteanbietern ausgestellt werden, die garantieren, dass das Zertifikat nach Eintragung des Erlöschens des Amtes oder einer vorläufigen Amtsenthebung im Notarverzeichnis unverzüglich gesperrt wird.[23]

13 **2. Soll-Vorschriften. a) Auf Dauer prüfbares Zertifikat.** Nach Abs. 1 S. 3 soll das Zertifikat, auf dem die qualifizierte elektronische Signatur beruht, auf Dauer prüfbar sein. Der Begründung zum Regierungsentwurf zum Vertrauensdienstegesetz ist zu entnehmen, dass solche Signaturen auf Dauer prüfbar sind, die auf Zertifikaten beruhen, deren Herausgeber die Voraussetzungen des § 16 VDG erfüllen.[24] In der Praxis hat die Zertifizierungsstelle der Bundesnotarkammer es sich zur Aufgabe gemacht, die dauerhafte Überprüfbarkeit der Signatur-

20 BT-Drucks. 19/26828 S. 214.
21 Grziwotz/Heinemann/*Heinemann* BeurkG § 39a Rn. 9 f.
22 *Damm* RNotZ 2017, 426 (440); Grziwotz/Heinemann/*Heinemann* BeurkG § 39a Rn. 9 f.
23 *Damm* RNotZ 2017, 426 (440).
24 BT-Drs. 18/12494, 43.

zertifikate von Notaren sicherzustellen.[25] Nach der Formulierung als Soll-Vorschrift handelt es sich hierbei nicht um eine Wirksamkeitsvoraussetzung für die Errichtung einfacher elektronischer Zeugnisse nach § 39a.[26]

b) Tag und Ort der Ausstellung. Das Zeugnis soll nach Abs. 2 darüber hinaus Tag und Ort der Ausstellung angeben. Der Tag der Ausstellung entspricht nicht dem Tag der Wahrnehmung (insoweit → § 39 Rn. 1 ff.). Ausreichend ist es, wenn der elektronische Beglaubigungsvermerk auf das Datum der Signatur verweist.[27] 14

c) Ergebnis der Signaturprüfung dokumentieren. Abs. 3 betrifft Fälle, in denen es sich bei dem Ausgangsdokument um ein elektronisches Dokument handelt, welches bereits mit einer elektronischen Signatur versehen ist. Signierte elektronische Dokumente lassen sich zwar beliebig oft vervielfältigen, zu denken ist hier aber insbesondere an die Erteilung einer auszugsweise beglaubigten Abschrift bzw. an den Wechsel des Dateiformates.[28] In diesem Fall soll der Notar eine Signaturprüfung durchführen und das Ergebnis der Signaturprüfung dokumentieren.[29] Dafür muss er prüfen, ob die verwendete elektronische Signatur gültig ist, ob sie von der zuständigen Stelle ausgestellt wurde und für wen sie ausgestellt wurde. Diese Informationen können bei der Zertifizierungsstelle abgerufen werden.[30] Verlangt wird allerdings nur die Dokumentation des Ergebnisses der Signaturprüfung, nicht deren komplette Wiedergabe. 15

3. Verstöße. Ein Zurückbleiben hinter den Voraussetzungen der Muss-Vorschriften führt zur Unwirksamkeit des elektronischen Zeugnisses. Verstöße gegen die Soll-Vorschriften beeinflussen die Wirksamkeit der Urkunde hingegen nicht.[31] 16

IV. Fassung des § 39a ab 1.8.2022

Mit der Neufassung des § 39a Abs. 1 S. 1 Hs. 2 stellt der Gesetzgeber klar, dass auch die Beglaubigung qualifizierter elektronischer Signaturen vom Anwendungsbereich der Norm erfasst wird und daher der Errichtung eines einfachen elektronischen Zeugnisses bedarf.[32] Die Errichtung eines einfachen, papiergebundenen Zeugnisses kommt insofern nicht in Betracht, da qualifizierte elektronische Signaturen denklogisch ausschließlich mit elektronischen Dokumenten verbunden werden können.[33] Aus der Verweisung in Abs. 1 S. 3 auf § 16b Abs. 4 S. 2 und 4 ergeben sich keine inhaltlichen Änderungen, die bisherigen Grundsätze für die Signatur des Notars zur Errichtung eines einfachen elektronischen Zeugnisses gelten weiterhin.[34] Nach Abs. 3 S. 2 genügt bei elektronischen Dokumenten, die mit der Signatur eines Notars verbunden sind, allein die Dokumentation der Prüfung der Signatur des Notars. Eine darüber hinausgehende Dokumentation der Prüfung weiterer am Dokument angebrachter Signaturen ist hingegen nicht erforderlich.[35] Der neu eingeführte Abs. 4 enthält 17

25 BeckOGK/*Thelig* BeurkG § 39a Rn. 24.
26 Armbrüster/Preuß/Renner/*Kruse* BeurkG § 39a Rn. 12.
27 Armbrüster/Preuß/Renner/*Kruse* BeurkG § 39a Rn. 14; BeckOGK/*Thelig* BeurkG § 39a Rn. 25.
28 *Damm* RNotZ 2017, 426 (442).
29 Grziwotz/Heinemann/*Heinemann* BeurkG § 39a Rn. 15.
30 Grziwotz/Heinemann/*Heinemann* BeurkG § 39a Rn. 33.
31 Grziwotz/Heinemann/*Heinemann* BeurkG § 39a Rn. 14.
32 BT-Drs. 19/28177, 125.
33 BT-Drs. 19/28177, 125.
34 BT-Drs. 19/28177, 125.
35 BT-Drs. 19/28177, 125 f.

Regelungen zur Herstellung des Bezugs zwischen dem einfachen elektronischen Zeugnis und dem mit der zu beglaubigenden Signatur versehenen elektronischen Dokument. Grundsätzlich wird danach der erforderliche Bezug hergestellt, wenn das einheitliche elektronische Dokument mit der zu beglaubigenden Signatur und zum Schluss mit der Signatur des Notars verbunden wird. Nur, wenn das Zeugnis nicht in dem mit der zu beglaubigenden Signatur versehenen elektronischen Dokument enthalten ist, ist der Bezug durch kryptografische Verfahren nach dem Stand der Technik herzustellen.[36]

§ 40 Beglaubigung einer Unterschrift

(1) Eine Unterschrift soll nur beglaubigt werden, wenn sie in Gegenwart des Notars vollzogen oder anerkannt wird.

(2) Der Notar braucht die Urkunde nur darauf zu prüfen, ob Gründe bestehen, seine Amtstätigkeit zu versagen.

(3) [1]Der Beglaubigungsvermerk muß auch die Person bezeichnen, welche die Unterschrift vollzogen oder anerkannt hat. [2]In dem Vermerk soll angegeben werden, ob die Unterschrift vor dem Notar vollzogen oder anerkannt worden ist.

(4) § 10 Absatz 1, 2 und 3 Satz 1 gilt entsprechend.

(5) [1]Unterschriften ohne zugehörigen Text soll der Notar nur beglaubigen, wenn dargelegt wird, daß die Beglaubigung vor der Festlegung des Urkundeninhalts benötigt wird. [2]In dem Beglaubigungsvermerk soll angegeben werden, daß bei der Beglaubigung ein durch die Unterschrift gedeckter Text nicht vorhanden war.

(6) Die Absätze 1 bis 5 gelten für die Beglaubigung von Handzeichen entsprechend.

Literatur:

Zimmer, Maximilian, Neue Prüfungspflichten des Notars – oder alles beim Alten?, NJW 2017, 1909.

I. Allgemeines

1 § 40 enthält Vorgaben für das Verfahren bei der Beglaubigung von Unterschriften. Bei der Unterschriftsbeglaubigung handelt es sich nach herrschender Meinung um eine reine Tatsachenbeurkundung, bei der die Tatsache beurkundet wird, dass eine Unterschrift von einer bestimmten Person herrührt und dass der Aussteller die Unterschrift persönlich vor dem Notar vollzogen oder anerkannt hat.[1] Die Beglaubigung kann in der einfachen Form des Vermerks nach § 39 erfolgen. Der Vermerk ist eine öffentliche Urkunde iSd § 415 Abs. 1 ZPO, die

36 BT-Drs. 19/28177, 126 f.

1 BGH NJW 1962, 1149; BeckOGK/*Thelig* BeurkG § 40 Rn. 7; BeckOK BeurkG/*Boor* BeurkG § 40 Rn. 1 Frenz/Miermeister/*Limmer* BeurkG § 40 Rn. 2; Grziwotz/Heinemann/*Grziwotz* BeurkG § 40 Rn. 1; *Lerch* BeurkG § 40 Rn. 1.

vollen Beweis hinsichtlich der darin beurkundeten Tatsache begründet.[2] Der unterschriebene Urkundentext hingegen ist Privaturkunde iSv § 416 ZPO und begründet vollen Beweis für die Tatsache, dass die Erklärung vom Aussteller stammt.[3]

2 Gesetzlich vorgesehen ist an vielen Stellen, dass Unterschriften öffentlich beglaubigt werden müssen (zB in § 12 HGB, § 29 GBO, § 77 BGB, § 371 BGB, § 403 BGB, § 411 BGB, § 1560 BGB).[4] Maßgebliche Formvorschrift ist in diesem Zusammenhang § 129 Abs. 1 BGB. Danach muss die Erklärung bei einer öffentlichen Beglaubigung schriftlich abgefasst und die Unterschrift des Erklärenden von einem Notar beglaubigt werden. Vor allem im Zusammenhang mit Register- und Grundbucheintragungen kommt der öffentlichen Beglaubigung durch den Notar eine wichtige Filterfunktion zu, die dem Verkehrsschutz dient.[5] Abzugrenzen von der öffentlichen Beglaubigung iSv § 129 Abs. 1 BGB ist die amtliche Beglaubigung nach § 34 VwVfG, die zur Vorlage bei Behörden bestimmt und auf diesen Verwendungszweck begrenzt ist.[6] Die amtliche Beglaubigung entspricht nicht der öffentlichen Beglaubigung und wahrt damit nicht die nach § 129 Abs. 1 BGB erforderliche Form.[7]

3 Zuständig für die Beglaubigung von Unterschriften sind nach § 20 Abs. 1 S. 1 BNotO grundsätzlich die Notare. § 68 eröffnet den Ländern allerdings die Möglichkeit, die Zuständigkeit für die öffentliche Beglaubigung von Unterschriften (und Abschriften) auch auf andere Personen oder Stellen zu übertragen. Daneben enthalten § 6 Abs. 2 BtBG sowie § 10 Abs. 1 Nr. 2 KonsG weitere Zuständigkeitsregelungen.[8]

II. Beglaubigungsverfahren (Abs. 1)

4 An die zu beglaubigende Unterschrift selbst dürfen keine überhöhten Anforderungen gestellt werden.[9] Erforderlich aber auch ausreichend ist ein aus Schriftzeichen bestehender individueller und handschriftlich gefertigter Namenszug, der dem Aussteller zweifelsfrei zuordenbar ist.[10] Eine mechanisch durch Unterschriftsstempel oder Computerausdruck hergestellte Unterschrift genügt hingegen nicht.[11] Mit der Beglaubigung einer Unterschrift bestätigt der Notar ihre

2 Armbrüster/Preuß/Renner/*Preuß* BeurkG § 40 Rn. 35; BeckOGK/*Thelig* BeurkG § 40 Rn. 8 f.; Frenz/Miermeister/*Limmer* BeurkG § 40 Rn. 3 ff.; Grziwotz/Heinemann/*Grziwotz* BeurkG § 40 Rn. 2.

3 Armbrüster/Preuß/Renner/*Preuß* BeurkG § 40 Rn. 35; BeckOK BeurkG/*Boor* BeurkG § 40 Rn. 1; Frenz/Miermeister/*Limmer* BeurkG § 40 Rn. 3 ff.; Grziwotz/Heinemann/*Grziwotz* BeurkG § 40 Rn. 2; *Lerch* BeurkG § 40 Rn. 29.

4 Armbrüster/Preuß/Renner/*Preuß* BeurkG § 40 Rn. 1; BeckOGK/*Thelig* BeurkG § 40 Rn. 2; Frenz/Miermeister/*Limmer* BeurkG § 40 Rn. 1; Grziwotz/Heinemann/*Grziwotz* BeurkG § 40 Rn. 3.

5 Armbrüster/Preuß/Renner/*Preuß* BeurkG § 40 Rn. 5; Frenz/Miermeister/*Limmer* BeurkG § 40 Rn. 1 f.

6 Armbrüster/Preuß/Renner/*Preuß* BeurkG § 40 Rn. 2; BeckOGK/*Thelig* BeurkG § 40 Rn. 2; BeckOK BeurkG/*Boor* BeurkG § 40 Rn. 5.

7 BeckOGK/*Thelig* BeurkG § 40 Rn. 2; BeckOK BeurkG/*Boor* BeurkG § 40 Rn. 5.

8 Armbrüster7Preuß/Renner/*Preuß* BeurkG § 40 Rn. 10 f.

9 BGH NJW-RR 2017, 445; Frenz/Miermeister/*Limmer* BeurkG § 40 Rn. 7b.

10 Armbrüster/Preuß/Renner/*Preuß* BeurkG § 40 Rn. 12 ff.; BeckOGK/*Thelig* BeurkG § 40 Rn. 17 ff.; Frenz/Miermeister/*Limmer* BeurkG § 40 Rn. 7 ff.; Grziwotz/Heinemann/*Grziwotz* BeurkG § 40 Rn. 10 f.; *Lerch* BeurkG § 40 Rn. 4 ff.

11 Armbrüster/Preuß/Renner/*Preuß* BeurkG § 40 Rn. 14; BeckOK BeurkG/*Boor* BeurkG § 40 Rn. 10; Frenz/Miermeister/Limmer BeurkG § 40 Rn. 7c; *Lerch* BeurkG § 40 Rn. 4 f.; Grziwotz/Heinemann/*Grziwotz* BeurkG § 40 Rn. 12; *Winkler* BeurkG § 40 Rn. 26.

Echtheit.[12] Erforderlich ist deshalb, dass der Notar sich durch Vollziehung der Unterschrift in seiner Gegenwart oder durch Anerkennung einer bereits vorliegenden Unterschrift in seiner Gegenwart durch den angeblichen Aussteller von der Echtheit der Unterschrift überzeugt.[13] In Gegenwart des Notars bedeutet, dass Notar und (angeblicher) Aussteller sich bei Vollziehung bzw. Anerkennung der Unterschrift am gleichen Ort befinden müssen. Eine telefonische oder schriftliche Anerkennung der Unterschrift genügt diesem Erfordernis nicht.[14] Der Ort der Wahrnehmung durch den Notar und der Ort, an dem der Notar den Beglaubigungsvermerk anfertigt, können hingegen auseinanderfallen.[15] Hieraus ergibt sich ein Verbot von Fernbeglaubigungen, dh die Beglaubigung einer Unterschrift, die nicht vor dem Notar vollzogen oder anerkannt worden ist. Eine Zuwiderhandlung stellt ein Dienstvergehen dar und erfüllt den Straftatbestand der Falschbeurkundung im Amt nach § 348b StGB.[16] Eine nach ausländischem Recht zulässige und im Ausland vorgenommene Fernbeglaubigung ist nicht gleichwertig zur einer Unterschriftsbeglaubigung nach § 40 und kann dementsprechend zurückgewiesen werden.[17]

III. Beglaubigungsvermerk (Abs. 3 und 4)

5 Zu beachten sind zunächst die allgemeinen Vorgaben des § 39. Darüber hinausgehend enthalten § 40 Abs. 3 und Abs. 4 weitere Anforderungen an den Inhalt des Beglaubigungsvermerks. Danach muss der Beglaubigungsvermerk (i) die Person bezeichnen, welche die Unterschrift vollzogen oder anerkannt hat. Außerdem soll in dem Vermerk (ii) angegeben werden, ob die Unterschrift vor dem Notar vollzogen oder anerkannt worden ist. Schließlich gelten die Vorgaben des § 10 Abs. 1, Abs. 2 und Abs. 3 S. 1 entsprechend. Danach muss sich der Notar (iii) Gewissheit über die Person der Beteiligten verschaffen und (iv) die Person der Beteiligten so genau bezeichnen, dass Zweifel und Verwechslungen ausgeschlossen sind. Weiterhin soll sich aus dem Vermerk ergeben, (v) ob der Notar die Beteiligten kennt oder wie er sich Gewissheit über ihre Person verschafft hat.

IV. Prüfungspflichten des Notars (Abs. 2)

6 Im Regelfall obliegen dem Notar nach § 40 Abs. 2 lediglich eingeschränkte Prüfungspflichten. Die ihm vorgelegte Urkunde muss er im Rahmen einer Evidenzkontrolle einzig dahin gehend untersuchen, ob Gründe nach § 3 oder § 4 bestehen, seine Amtstätigkeit zu versagen.[18] Dies wäre insbesondere dann der Fall, wenn die Mitwirkung des Notars bei Handlungen verlangt wird, mit denen erkennbar unredliche oder unerlaubte Zwecke verfolgt werden.[19] Die §§ 17 ff.

12 Armbrüster/Preuß/Renner/*Preuß* BeurkG § 40 Rn. 22.
13 *Lerch* BeurkG § 40 Rn. 8.
14 BGH DNotZ 1975, 365; Armbrüster/Preuß/Renner/*Preuß* BeurkG § 40 Rn. 19; BeckOGK/*Thelig* BeurkG § 40 Rn. 22; Frenz/Miermeister/*Limmer* BeurkG § 40 Rn. 10 ff.; Grziwotz/Heinemann/Grziwotz BeurkG § 40 Rn. 16.
15 BeckOGK/*Thelig* BeurkG § 40 Rn. 25; Frenz/Miermeister/*Limmer* BeurkG § 40 Rn. 13.
16 BeckOK BeurkG/*Boor* BeurkG § 40 Rn. 7; Grziwotz/Heinemann/*Grziwotz* BeurkG § 40 Rn. 60; *Lerch* BeurkG § 40 Rn. 21.
17 DNotI-Report 16/2020, 121 (123).
18 Armbrüster/Preuß/Renner/*Preuß* BeurkG § 40 Rn. 26 f.; BeckOGK/*Thelig* BeurkG § 40 Rn. 26 ff.; BeckOK BeurkG/*Boor* BeurkG § 40 Rn. 28; Grziwotz/Heinemann/*Grziwotz* BeurkG § 40 Rn. 26; *Lerch* BeurkG § 40 Rn. 13 f.; *Winkler* BeurkG § 40 Rn. 41 f.; *Zimmer* NJW 2017, 1909 (1910).
19 Frenz/Miermeister/*Limmer* BeurkG § 40 Rn. 20.

finden grundsätzlich keine Anwendung.[20] Etwas anderes gilt nur, wenn der Notar neben der Unterschriftsbeglaubigung an sich beispielsweise auch den Entwurf des Urkundentextes oder die Prüfung des Inhalts des Urkundentextes übernommen hat.[21]

V. Blanko-Unterschrift (Abs. 5)

Die Beglaubigung einer sogenannten Blanko-Unterschrift iSv § 40 Abs. 5 ist zulässig, wenn die Beteiligten dem Notar darlegen können, warum sie die Beglaubigung bereits vor Abfassung des Urkundentextes benötigen. In diesem Fall soll im Beglaubigungsvermerk angegeben werden, dass bei der Beglaubigung ein durch die Unterschrift gedeckter Text nicht vorhanden war. Die Angabe der Gründe, warum die Unterschrift ohne dazugehörigen Text beglaubigt werden sollte ist hingegen nicht erforderlich, kann aber vorteilhaft sein.[22] Bezweifelt der Notar das Vorbringen der Beteiligten, weil er beispielsweise den Eindruck gewinnt, dass der Inhalt des Urkundentextes vor ihm verborgen werden soll, weil unredliche Zwecke verfolgt werden, hat er die Beglaubigung zu versagen.[23] § 40 Abs. 5 findet entsprechend Anwendung, wenn der Urkundentext Lücken enthält, die nach der Einschätzung des Notars umfangreich oder bedeutend sind.[24] Aus der Möglichkeit der Beglaubigung von Blanko-Unterschriften folgt schließlich, dass auch die nachträgliche Änderung des Textes einer privaten Urkunde, deren Unterschrift bereits nach § 40 beglaubigt wurde, nicht grundsätzlich ausgeschlossen ist. Hintergrund dafür ist, dass die Beglaubigung sich allein auf die Unterschrift unter der Urkunde, nicht auf den Urkundentext selbst bezieht.[25] 7

VI. Handzeichen (Abs. 6)

Für die Beglaubigung von Handzeichen gelten die Vorschriften über die Beglaubigung von Unterschiften (Abs. 1 bis 5) entsprechend. Unter einem Handzeichen ist jedes beliebige Namenszeichen zu verstehen, das anstelle einer Unterschrift gebraucht wird (zB Kreuze, Fingerabdrücke, Paraphen etc).[26] Das Gleiche gilt auch für nicht mehr als solche zu erkennende Unterschriften.[27] Ob es sich bei den vorgelegten Zeichen um eine Unterschrift oder Handzeichen han- 8

20 Frenz/Miermeister/*Limmer* BeurkG § 40 Rn. 15 ff.

21 BGH DNotZ 1994, 764; BeckOGK/*Thelig* BeurkG § 40 Rn. 27; Grziwotz/Heinemann/*Grziwotz* BeurkG § 40 Rn. 8; *Winkler* BeurkG § 40 Rn. 48; *Zimmer* NJW 2017, 1909 (1910).

22 Armbrüster/Preuß/Renner/*Preuß* BeurkG § 40 Rn. 17; BeckOGK/*Thelig* BeurkG § 40 Rn. 47; Grziwotz/Heinemann/*Grziwotz* BeurkG § 40 Rn. 36; *Lerch* BeurkG § 40 Rn. 27; *Winkler* BeurkG § 40 Rn. 69.

23 Armbrüster/Preuß/Renner/*Preuß* BeurkG § 40 Rn. 17; BeckOK BeurkG/*Boor* BeurkG § 40 Rn. 19; Grziwotz/Heinemann/*Grziwotz* BeurkG § 40 Rn. 33; *Winkler* BeurkG § 40 Rn. 66.

24 Armbrüster/Preuß/Renner/*Preuß* BeurkG §40 Rn. 18; BeckOGK/*Thelig* BeurkG § 40 Rn. 48; Frenz/Miermeister/*Limmer* BeurkG § 40 Rn. 27.

25 Ausf. DNotI-Report 16/2021, 121 (122).

26 Armbrüster/Preuß/Renner/*Preuß* BeurkG § 40 Rn. 41; BeckOGK/*Thelig* BeurkG § 40 Rn. 49; Frenz/Miermeister/*Limmer* BeurkG § 40 Rn. 8; Grziwotz/Heinemann/*Grziwotz* BeurkG § 40 Rn. 13; *Lerch* BeurkG § 40 Rn. 31; *Winkler* BeurkG § 40 Rn. 72.

27 Grziwotz/Heinemann/*Grziwotz* BeurkG § 40 Rn. 13; *Lerch* BeurkG § 40 Rn. 32.

delt, beurteilt sich nach dem äußeren Erscheinungsbild, wobei diese Beurteilung im Ermessen des Notars liegt.[28]

VII. Verstöße

9 Verstöße gegen die Vorgaben des § 40 haben zwar keine Auswirkungen auf die Wirksamkeit der Beglaubigung, da es sich fast ausschließlich um Soll-Vorschriften handelt, sie können aber den Beweiswert der Urkunde beschränken.[29] Lediglich das Zeugnis des Notars sowie die Bezeichnung der Person, die die Unterschrift vollzogen oder anerkannt hat müssen im Beglaubigungsvermerk enthalten sein. Das Fehlen dieser Angaben hat die Unwirksamkeit der Beglaubigung zur Folge.[30] Zu Verstößen gegen die Vorgaben des § 39 vergleiche die Kommentierung zu § 39.

§ 40a Beglaubigung einer qualifizierten elektronischen Signatur

(1) [1]Eine qualifizierte elektronische Signatur soll nur beglaubigt werden, wenn sie in Gegenwart des Notars oder mittels des von der Bundesnotarkammer nach § 78p der Bundesnotarordnung betriebenen Videokommunikationssystems anerkannt worden ist. [2]Die Beglaubigung kann mittels Videokommunikation nur erfolgen, soweit dies nach § 12 des Handelsgesetzbuchs zugelassen ist.

(2) [1]Der Beglaubigungsvermerk muss die Person bezeichnen, welche die qualifizierte elektronische Signatur anerkannt hat. [2]In dem Vermerk soll angegeben werden, ob die qualifizierte elektronische Signatur in Gegenwart des Notars oder mittels Videokommunikation anerkannt worden ist.

(3) Bei der Beglaubigung einer qualifizierten elektronischen Signatur mittels Videokommunikation ist eine Signaturprüfung nach § 39a Absatz 3 nicht erforderlich.

(4) [1]§ 10 Absatz 1, 2 und 3 Satz 1 und § 40 Absatz 2 und 5 gelten entsprechend. [2]Im Falle der Beglaubigung mittels Videokommunikation gilt § 16c entsprechend.

(5) Der Notar soll die Beglaubigung einer mittels Videokommunikation anerkannten qualifizierten elektronischen Signatur ablehnen, wenn er die Erfüllung seiner Amtspflichten auf diese Weise nicht gewährleisten kann, insbesondere wenn er sich auf diese Weise keine Gewissheit über die Person verschaffen kann, welche die qualifizierte elektronische Signatur anerkannt hat.

Literatur:

Blunk/Monden, Online-Beurkundungen im Gesellschaftsrecht, ZdiW 2021, 74; *Bock,* Online-Gründung und Digitalisierung im Gesellschaftsrecht – Der Richtlinienvorschlag der Europäischen Kommission, DNotZ 2018, 543; *Bormann/Stelmaszczyk,* Digitalisierung des Gesellschaftsrechts nach dem EU-Company Law Package, NZG 2019, 601; *Heckschen/Strnad,* Aktuelle Entwicklungstendenzen des Gesellschaftsrechts (Teil 2), GWR 2021, 195; *Kienzle,* Die Videobeurkundung nach dem DiRUG, DNotZ 2021,

28 Armbrüster/Preuß/Renner/*Preuß* BeurkG § 40 Rn. 41; BeckOGK/*Thelig* BeurkG § 40 Rn. 49 f.; Frenz/Miermeister/*Limmer* BeurkG § 40 Rn. 8; Grziwotz/Heinemann/*Grziwotz* BeurkG § 40 Rn. 10 ff.; *Winkler* BeurkG § 40 Rn. 72.

29 Frenz/Miermeister/*Limmer* BeurkG § 40 Rn. 9; BeckOGK/*Thelig* BeurkG § 40 Rn. 22; Grziwotz/Heinemann/*Grziwotz* BeurkG § 40 Rn. 47 ff.; *Lerch* BeurkG § 40 Rn. 12; *Winkler* BeurkG § 40 Rn. 86.

30 BeckOGK/*Thelig* BeurkG § 40 Rn. 44; Grziwotz/Heinemann/*Grziwotz* BeurkG § 40 Rn. 44 f.; *Lerch* BeurkG § 40 Rn. 23.

590, ders. in: *Herrler*, Gesellschaftsrecht in der Notar- und Gestaltungspraxis, 2. Aufl. 2021, § 18a; *Knaier*, Die Digitalisierung des deutschen Gesellschaftsrechts durch den Referentenentwurf eines Gesetzes zur Umsetzung der Digitalisierungs-RL im Gesellschaftsrecht und Handelsregisterrecht (RefE-DiRUG), GmbHR 2021, 169; *Lieder*, Die Bedeutung des Vertrauensschutzes für die Digitalisierung des Gesellschaftsrechts, NZG 2020, 81; *Limmer*, Beurkundungsrecht im digitalen Zeitalter, DNotZ 2020, 419; *Linke*, Gesetz zur Umsetzung der Digitalisierungsrichtlinie (DiRUG), NZG 2021, 309; *Omlor*, Digitalisierung im EU-Gesellschaftsrechtspaket: Online-Gründung und Registerführung im Fokus, DStR 2019, 2544; *J. Schmidt*, DiRUG-RefE: Ein Digitalisierungs-Ruck für das deutsche Gesellschafts- und Registerrecht; *Stelmaszczyk/Kienzle*, GmbH digital – Online-Gründung und Online-Verfahren für Registeranmeldungen nach dem Gesetzesentwurf der Bundesregierung zum DiRUG, ZIP 2021, 765; *Vilgertshofer*, Gesellschaftsrecht im digitalen Wandel, MittBayNot 2019, 529.

I. Überblick

§ 40a regelt erstmals das Verfahren der Beglaubigung einer qualifizierten elektronischen Signatur und dient damit neben der Umsetzung der Digitalisierungsrichtlinie auch dem Vollzug der SDG-VO.[1][2] 1

II. Anwendungsbereich

Für die Zulässigkeit der Beglaubigung qualifiziert elektronischer Signaturen gilt ein numerus clausus. Sie ist nur in den Fällen zulässig, in denen § 12 HGB dies anordnet. Den Gesetzgeber trifft die Pflicht, die wesentlichen Vorschriften des beurkundungsrechtlichen Verfahrens auf Ebene des formellen Gesetzes selbst zu treffen (Wesentlichkeitstheorie). Auch die Entscheidung, ob eine vom Präsenzverfahren abweichende Beglaubigung mittels Videokommunikationssystem überhaupt zulässig sein soll, kann nur aufgrund eindeutiger gesetzgeberischer Entscheidung auf Ebene des formellen Gesetzes getroffen werden (→ § 16a Rn. 13, 19). Da im Handels- und im Genossenschaftsregister die Anmeldungen ohnehin elektronisch erfolgt, sind die Anmeldungen zu diesen Justizregistern für die Erprobung der Beglaubigung qualifiziert elektronischer Signaturen besonders geeignet. 2

1 RegBegr. DiRUG, BT-Drs. 19/28177, 127.
2 Verordnung (EU) 2018/1724 vom 2.10.2018 über die Einrichtung eines einheitlichen digitalen Zugangstors zu Informationen, Verfahren, Hilfs- und Problemlösungsdiensten und zur Änderung der Verordnung (EU) Nr. 1024/2012, ABl. 2018 L 299, 1.

III. Verfahren der Beglaubigung

3 Die Beglaubigung der qualifizierten elektronischen Signatur kann entweder im Präsenzverfahren oder mittels des von der Bundesnotarkammer betriebenen Videokommunikationssystems erfolgen.

4 **1. Präsenzverfahren.** Die Beglaubigung kann im Präsenzverfahren derart vorgenommen werden, dass das zu beglaubigende Dokument bereits mit einer qualifizierten elektronischen Signatur versehen ist oder vor Ort versehen wird und die qualifizierte elektronische Signatur dann in Gegenwart der Notarin bzw. des Notars anerkannt wird.[3]

5 **2. Verfahren mittels des von der Bundesnotarkammer zu betreibenden Videokommunikationssystems.** Die Beglaubigung kann alternativ in der Weise erfolgen, dass sich die beglaubigende Person mittels des von der Bundesnotarkammer zu betreibenden Videokommunikationssystem ohne körperliche Anwesenheit zuschaltet und die qualifizierte elektronische Signatur dann anerkennt. Die Beglaubigung mittels eines anderen Videokommunikationssystems ist nicht wirksam möglich. Der Gesetzgeber hat in § 40a BeurkG die wesentlichen beurkundungsrechtlichen Verfahrensvorschriften eindeutig und ausdrücklich geregelt und dabei die bewusste sowie nachvollziehbare (→ § 16a Rn. 20) Entscheidung getroffen, die technische Durchführung des hoheitlichen Verfahrens nur über das in § 40a Abs. 1 BeurkG genannte, hoheitlich betriebene System zuzulassen (→ § 16a Rn. 13, 19).

6 **3. Vollzug der qualifiziert elektronischen Signatur.** Anders als bei § 40 Abs. 1 ist bei der Beglaubigung qualifiziert elektronischer Signaturen nur die Beglaubigung mittels Anerkennung möglich. Die Beglaubigung mittels Vollzugs in Gegenwart der Notarin bzw. des Notars ist bereits aus technischen Gründen nicht möglich.[4] Denn zur Beglaubigung ist erforderlich, dass diese dem Anerkennenden durch den Akt zugeordnet wird, auf den sich die Beglaubigung bezieht.[5] Dies ist beim Vollzug der qualifiziert elektronischen Signatur nicht möglich. Bei deren Erzeugung handelt es sich um einen rein elektronischen Vorgang, so dass die Notarin bzw. der Notar selbst dann nicht von der eigenen Wahrnehmung auf die Urheberschaft des Anerkennenden schließen könnte, wenn die anerkennende Person vor der Notarin bzw. dem Notar die zur Erzeugung der Signatur notwendige PIN eingeben würde.

IV. Beglaubigungsvermerk

7 Der Beglaubigungsvermerk muss nach Abs. 2 die Person bezeichnen, die die qualifiziert elektronische Signatur anerkannt hat und Auskunft darüber geben, ob die Anerkennung in Gegenwart der Notarin bzw. des Notars im Präsenzverfahren erfolgte oder mittels des von der Bundesnotarkammer betriebenen Videobeurkundungssystems.

V. Dokumentation der Signaturprüfung nach § 39a Abs. 3 S. 1

8 Wird die qualifiziert elektronische Signatur im Präsenzverfahren anerkannt, ist nach § 39a Abs. 3 S. 1 grundsätzlich das Ergebnis der Signaturprüfung im einfachen elektronischen Zeugnis zu vermerken. Dies ist nach Abs. 3 bei Anerkennungen im Videokommunikationsverfahren nicht erforderlich.

---

3 RegBegr. DiRUG, BT-Drs. 19/28177, 127.
4 Herrler GesR-NotGP/*Kienzle* in Herrler, Gesellschaftsrecht in der Notar- und Gestaltungspraxis, § 18a Rn. 73.
5 RegBegr. DiRUG, BT-Drs. 19/28177, 127.

In diesen Fällen wird die Signatur auf Grundlage der verwendeten eID unmittelbar durch die Zertifizierungsstelle der Bundesnotarkammer erzeugt. Da also ein Vertrauensdiensteanbieter im Sinne der eIDAS-Verordnung[6] unmittelbar an der Erzeugung der Signatur mitwirkt, bestehen keine Zweifel an der Integrität des signierten Dokuments oder an der Zuordnung der qualifizierten elektronischen Signatur zu der anerkennenden Person, so dass die Notwendigkeit einer Signaturprüfung entfällt.[7] 9

VI. Prüfungspflichten der Notarin bzw. des Notars

1. Allgemeines. Der Umfang der notariellen Prüfungspflichten bei der Beglaubigung einer qualifiziert elektronischen Signatur entspricht den Pflichten bei der Beglaubigung einer Unterschrift. Der Notar soll sich Gewissheit über die Person verschaffen und diese so genau bezeichnen, dass Zweifel und Verwechslungen ausgeschlossen sind (Abs. 4, § 10 Abs. 1, 2). Die Art, auf der die Notarin bzw. der Notar sich diese Gewissheit verschafft hat, ist im Beglaubigungsvermerk festzuhalten (Abs. 4, § 10 Abs. 3 S. 1). Die Notarin bzw. der Notar braucht die Urkunde, auf die sich die qualifiziert elektronische Signatur bezieht, nur darauf zu prüfen, ob Gründe bestehen, die Amtstätigkeit zu versagen (Abs. 4, § 40 Abs. 2). Qualifiziert elektronische Signaturen, die sich auf keinen Inhalt beziehen, soll die Notarin bzw. der Notar nur beglaubigen, wenn dargelegt wird, dass die Beglaubigung vor der Festlegung des Urkundsinhalts benötigt wird (Abs. 4, § 40 Abs. 3 S. 1). 10

2. Feststellung der Person des Beteiligten. Erfolgt die Anerkennung über das von der Bundesnotarkammer betriebene Videokommunikationssystem, verweist Abs. 4 S. 2 auf § 16c. Die Identifizierung der Person der Beteiligten muss also auch in diesen Fällen zweistufig erfolgen, wobei zunächst eine eID ausgelesen wird und im Anschluss ein Abgleich des elektronisch ausgelesenen Lichtbildes mit dem Erscheinungsbild des Beteiligten erfolgt.[8] 11

VII. Ablehnung der Beglaubigung im Videokommunikationsverfahren

Nach Abs. 5 kann die Notarin bzw. der Notar die Signaturbeglaubigung im Online-Verfahren ablehnen und den Beteiligten auf die Beglaubigung im Präsenzverfahren verweisen, wenn die Notarin bzw. der Notar die Erfüllung ihrer bzw. seiner Amtspflichten im Online-Verfahren im Einzelverfahren nicht gewährleisten kann.[9] 12

Die Norm entspricht im Wesentlichen § 16a Abs. 2, so dass die Notarin bzw. der Notar auch hier wegen der möglichen Nichterfüllung jeglicher Amtspflicht berechtigt bzw. verpflichtet ist, auf das Präsenzverfahren zu verweisen. Dass in Abs. 5 anders als in § 16a Abs. 2 ausdrücklich nur die fehlende Gewissheit über die Person genannt wird, hängt lediglich mit dem bei der Beglaubigung eingeschränkten Prüfungspflicht (§ 40 Abs. 2) zusammen und schränkt nicht etwa den Tatbestand der Amtspflichten ein, die einen Verweis auf das Präsenzverfahren erlauben. 13

---

6 Verordnung (EU) 910/2014 vom 23.7.2014 über elektronische Identifizierung und Vertrauensdienste für elektronische Transaktionen im Binnenmarkt und zur Aufhebung der Richtlinie 1999/93/EG, ABl. 2014 L 257, 73.

7 RegBegr. DiRUG, BT-Drs. 19/28177, 128.

8 Zu dem durch die Kombination beider Verfahren gewährleisteten, hohen Sicherheitsstandard, vgl. § 16c.

9 RegBegr. DiRUG, BT-Drs. 19/28177, 129.

§ 41 Beglaubigung der Zeichnung einer Firma oder[1] Namensunterschrift

[1]Bei der Beglaubigung der Zeichnung einer Namensunterschrift, die zur Aufbewahrung beim Gericht bestimmt ist, muß die Zeichnung in Gegenwart des Notars vollzogen werden; dies soll in dem Beglaubigungsvermerk festgestellt werden. [2]Der Beglaubigungsvermerk muß auch die Person angeben, welche gezeichnet hat. [3]§ 10 Absatz 1, 2 und 3 Satz 1 gilt entsprechend.

[§ 41 Überschrift ab 1.8.2022:]

§ 41 Beglaubigung der Zeichnung einer Namensunterschrift

I. Allgemeines

1 § 41 regelt den Fall der Beglaubigung der Zeichnung einer Namensunterschrift, die zur Aufbewahrung beim Gericht bestimmt ist. Die Norm[2] wurde durch Art. 17 des Handelsrechtsreformgesetzes (HRefG) vom 22.6.1998 dahin gehend geändert, dass die Variante der Beglaubigung einer Firmenzeichnung aus ihrem Wortlaut gestrichen wurde.[3] Eine amtliche Anpassung der Überschrift erfolgt mit Wirkung zum 1.8.2022. Der Zeichnung einer Namensunterschrift kam insbesondere im Handels- und Gesellschaftsrecht Bedeutung zu. Zum Schutz des Rechtsverkehrs sahen verschiedene Normen die Pflicht zur Hinterlegung einer Namensunterschrift beim Handelsregister beispielsweise für Vorstandsmitglieder und Abwickler einer AG (§ 37 Abs. 5 AktG aF; § 81 Abs. 4 AktG aF; § 266 Abs. 5 AktG aF), Geschäftsführer und Liquidatoren einer GmbH (§ 8 Abs. 5 GmbHG aF; 39 Abs. 4 GmbHG aF; § 67 Abs. 5 GmbHG aF), Einzelkaufleute (§ 29 HGB aF), Prokuristen (§ 53 HGB aF) sowie vertretungsberechtigte Gesellschafter und Liquidatoren einer OHG oder KG (§ 108 HGB aF; § 148 Abs. 3 HGB aF) vor.[4] Im Handelsverkehr sollte dadurch die Überprüfung der Echtheit einer Unterschrift durch Abgleich mit dem aufbewahrten Schriftbild erleichtert werden.[5] Seit der Einführung des am 1.1.2007 in Kraft getretenen Gesetzes über elektronische Handelsregister und Genossenschaftsregister sowie das Unternehmensregister (EHUG),[6] welches die Pflicht zur Hinterlegung notariell beglaubigter Namensunterschriften entfallen ließ, ist der maßgebliche Anwendungsbereich für das Verfahren nach § 41 entfallen.[7] Abgesehen von freiwilligen Namenszeichnungen sowie teilweise im Auslands-

---

1 Die Überschrift wird amtlich mit Wirkung zum 1.8.2022 an die Änderung des Satzes 1 durch G v. 22.6.1998 (BGBl. 1998 I 1474) angepasst.
2 Entsprechendes gilt auch für § 39.
3 Gesetz zur Neuregelung des Kaufmanns- und Firmenrechts und zur Änderung anderer handels- und gesellschaftsrechtlicher Vorschriften (Handelsrechtsreformgesetz – HRefG) vom 22.6.1998 (BGBl. 1998 I 1474).
4 Armbrüster/Preuß/Renner/*Preuß* BeurkG § 41 Rn. 1; *Winkler* BeurkG § 41 Rn. 2 ff.
5 OLG Hamm DNotZ 2001, 956 (958); Armbrüster/Preuß/Renner/*Preuß* BeurkG § 41 Rn. 1.
6 Gesetz über elektronische Handelsregister und Genossenschaftsregister sowie das Unternehmensregister (EHUG) vom 10.11.2006 (BGBl. 2006 I 2553 ff.).
7 Armbrüster/Preuß/Renner/*Preuß* BeurkG § 41 Rn. 1; BeckOGK/*Thelig* BeurkG § 41 Rn. 1 f.

verkehr[8] (zB für Zwecke der Musterfirmazeichnung in Österreich) ist die Vorschrift damit praktisch bedeutungslos geworden.[9]

II. Verfahren

Die Beglaubigung der Zeichnung einer Namensunterschrift kann gemäß § 39 in Form eines Vermerks erfolgen. § 41 enthält besondere Vorgaben für das Beurkundungsverfahren. Die Unterschrift muss danach zwingend in Gegenwart des Notars vollzogen werden. Dieser Umstand soll im Beglaubigungsvermerk festgestellt werden. Außerdem muss der Vermerk zwingend die Echtheit der Zeichnung bezeugen[10] und Angaben zur Identität der Person enthalten, die die Unterschrift gezeichnet hat. § 10 Abs. 1, 2 und 3 S. 1 gelten insoweit entsprechend, dh der Notar soll sich Gewissheit über die Person der Beteiligten verschaffen (§ 10 Abs. 1), diese so genau bezeichnen, dass Zweifel und Verwechslungen ausgeschlossen sind (§ 10 Abs. 2) und angeben, ob der Notar die Beteiligten kennt oder wie er sich Gewissheit über ihre Person verschafft hat (§ 10 Abs. 3). Von der Echtheit der Unterschrift kann sich der Notar allein durch Wahrnehmung der Vollziehung der Unterschrift und nicht auch auf andere Weise überzeugen.[11] Abweichend von der Unterschriftsbeglaubigung nach § 40 reicht die Anerkennung einer bereits vollzogenen Unterschrift vor dem Notar damit nicht aus.[12] Im Übrigen gelten die Anforderungen der §§ 39 und 40, so dass der Vermerk unter anderem auch die Unterschrift und das Siegel des Notars enthalten muss und Ort und Tag der Ausstellung des Vermerks enthalten soll (zu den Einzelheiten → § 39 Rn. 1 ff. sowie → § 40 Rn. 1 ff.).[13] 2

§ 42 Beglaubigung einer Abschrift

(1) Bei der Beglaubigung der Abschrift einer Urkunde soll festgestellt werden, ob die Urkunde eine Urschrift, eine Ausfertigung, eine beglaubigte oder einfache Abschrift ist.

(2) Finden sich in einer dem Notar vorgelegten Urkunde Lücken, Durchstreichungen, Einschaltungen, Änderungen oder unleserliche Worte, zeigen sich Spuren der Beseitigung von Schriftzeichen, insbesondere Radierungen, ist der Zusammenhang einer aus mehreren Blättern bestehenden Urkunde aufgehoben oder sprechen andere Umstände dafür, daß der ursprüngliche Inhalt der Urkunde geändert worden ist, so soll dies in dem Beglaubigungsvermerk festgestellt werden, sofern es sich nicht schon aus der Abschrift ergibt.

(3) Enthält die Abschrift nur den Auszug aus einer Urkunde, so soll in dem Beglaubigungsvermerk der Gegenstand des Auszugs angegeben und bezeugt werden, daß die Urkunde über diesen Gegenstand keine weiteren Bestimmungen enthält.

8 Grziwotz/Heinemann/*Heinemann* BeurkG § 41 Rn. 3.
9 Frenz/Miermeister/*Limmer* BeurkG § 41 Rn. 1; *Lerch* BeurkG § 41 Rn. 2; *Winkler* BeurkG § 41 Rn. 2.
10 Grziwotz/Heinemann/*Heinemann* BeurkG § 41 Rn. 8; *Winkler* BeurkG § 41 Rn. 17.
11 *Lerch* BeurkG § 41 Rn. 3.
12 Frenz/Miermeister/*Limmer* BeurkG § 41 Rn. 2; Grziwotz/Heinemann/*Heinemann* BeurkG § 41 Rn. 6.
13 Frenz/Miermeister/*Limmer* BeurkG § 41 Rn. 2; *Winkler* BeurkG § 41 Rn. 2.

(4) Bei der Beglaubigung eines Ausdrucks oder einer Abschrift eines elektronischen Dokuments, das mit einer qualifizierten elektronischen Signatur versehen ist, soll das Ergebnis der Signaturprüfung dokumentiert werden.

[§ 42 Abs. 4 ab 1.8.2022:]

(4) Bei der Beglaubigung eines Ausdrucks oder einer Abschrift eines elektronischen Dokuments, das mit einer qualifizierten elektronischen Signatur versehen ist, soll das Ergebnis der Signaturprüfung dokumentiert werden. § 39a Absatz 3 Satz 2 gilt entsprechend.

I. Allgemeines

1 § 42 enthält Sonderregelungen für die Beglaubigung von Abschriften und tritt damit ergänzend neben die allgemeinen Vorgaben von § 39. Mit der Beglaubigung einer Abschrift bestätigt der Notar deren inhaltliche Übereinstimmung mit der ihm vorgelegten Hauptschrift.[1] Als Hauptschrift in Betracht kommen formal insbesondere die Urschrift einer privaten oder öffentlichen Urkunde, eine Ausfertigung, eine beglaubigte oder sogar eine einfache Abschrift. Abschriften werden in § 39 definiert als „Abschriften, Abdrucke, Ablichtungen und dergleichen".

II. Zuständigkeit

2 Die Zuständigkeit der Notare für die Beglaubigung von Abschriften ergibt sich aus § 20 Abs. 1 S. 1 BNotO. Daneben enthält § 68 eine Öffnungsklausel für den Landesgesetzgeber zur Übertragung dieser Befugnis auf andere Stellen. Davon Gebrauch gemacht hat derzeit nur Hessen (Ortsgerichte).[2] Auf die Zuständigkeit zur Ausstellung oder Verwahrung der Hauptschrift kommt es nicht an.[3] Der Notar ist beispielsweise auch für die Beglaubigung von Abschriften von Personenstandsurkunden, deren Ausstellung gemäß § 55 Abs. 1 PStG in den Zuständigkeitsbereich der Standesämter fällt, zuständig.[4] Zu beachten ist jedoch, dass eine vom Notar beglaubigte Abschrift in diesem Fall nicht die Qualität und damit auch nicht die Beweiskraft einer Personenstandsurkunde nach § 54 Abs. 1 PStG hat.[5] Von der öffentlichen Abschriftsbeglaubigung durch den Notar ist die amtliche Abschriftsbeglaubigung nach § 33 VwVfG zu unterscheiden. Es handelt sich dabei um die Beglaubigung von Dokumenten, die entweder

---

1 BeckOGK/*Thelig* BeurkG § 42 Rn. 2; Frenz/Miermeister/*Limmer* BeurkG § 42 Rn. 5 f.

2 Armbrüster/Preuß/Renner/*Preuß* BeurkG § 42 Rn. 3; Grziwotz/Heinemann/*Heinemann* BeurkG § 42 Rn. 4; Lerch BeurkG § 42 Rn. 2; *Winkler* BeurkG § 42 Rn. 4.

3 BeckOK BeurkG/*Boor* BeurkG § 42 Rn. 1; Grziwotz/Heinemann/*Heinemann* BeurkG § 42 Rn. 8.

4 BeckOGK/*Thelig* BeurkG § 42 Rn. 11; BeckOK BeurkG/*Boor* BeurkG § 42 Rn. 1; DNotI-Report 2000, 109 (110); Grziwotz/Heinemann/*Heinemann* BeurkG § 42 Rn. 9.

5 DNotI-Report 2000, 109 (109 f.); Armbrüster/Preuß/Renner/*Preuß* BeurkG § 42 Rn. 4.

von einer Behörde erstellt wurden oder deren Abschrift zur Vorlage bei einer Behörde benötigt wird.[6]

III. Gegenstand der Abschriftsbeglaubigung

3 Gegenstand einer Beglaubigung nach § 42 ist die Abschrift einer Urkunde. Urkunde im Sinne dieser Vorschrift ist die sogenannte Hauptschrift, von der die Abschrift genommen und deren inhaltliche Übereinstimmung bescheinigt werden soll.[7] Nach Abs. 1 kann die Hauptschrift sowohl eine Urschrift, eine Ausfertigung, eine beglaubigte oder auch eine einfache Abschrift sein. In Betracht kommen sowohl private als auch öffentliche Urkunden.[8] Die Hauptschrift muss nicht zwingend schriftlich niedergelegt sein, auch die Beglaubigung von Abschriften von Plänen, Karten, Zeichnungen und Skizzen ist zulässig.[9] Elektronische Datenträger wie beispielsweise USB-Sticks, CD-ROM, Disketten fallen mangels Urkundenqualität hingegen nicht in den Anwendungsbereich von § 42 (zur Möglichkeit der Beglaubigung elektronischer Dokumente → Rn. 11).[10] Nach herrschender Meinung können auch fremdsprachige Urkunden, die der Notar nicht versteht, Gegenstand einer Abschriftsbeglaubigung sein – die inhaltliche Übereinstimmung von Abschrift und Hauptschrift kann in diesem Fall durch Vergleich der Zeichen überprüft oder durch die eigenständige Erstellung einer Fotokopie gewährleistet werden.[11]

4 Den Begriff der Abschrift definiert § 39 als „Abschriften, Abdrucke, Ablichtungen und dergleichen". Gemeint ist damit jede körperliche Vervielfältigung eines Originals, die inhaltlich mit ihm übereinstimmt.[12] Den in der Praxis gängigsten Fall der Vervielfältigung stellt die klassische Fotokopie dar. Da § 42 allerdings keine Vorgaben hinsichtlich der Art und Weise der Vervielfältigung enthält und auch keine optische Identität voraussetzt, ist der Notar in der Wahl seiner Mittel grundsätzlich frei.[13] Es genügen unter anderem auch Abschriften im wörtlichen Sinne, Durchschriften, erneute Ausdrucke gespeicherter Texte sowie vergleichbare Verfahren.[14] Der Notar kann die Abschrift selbst herstellen, er kann aber auch Abschriften beglaubigen, die von den Beteiligten mitgebracht werden.[15] Zu beachten sind in jedem Fall die dienstrechtlichen Vorgaben des § 12 DONot.[16]

---

6 BeckOK VwVfG/*U. Müller* VwVfG § 33 Rn. 1 ff.

7 Armbrüster/Preuß/Renner/*Preuß* BeurkG § 42 Rn. 1; BeckOGK/*Thelig* BeurkG § 42 Rn. 11; BeckOK BeurkG/*Boor* BeurkG § 42 Rn. 6.

8 BeckOGK/*Thelig* BeurkG § 42 Rn. 11; Frenz/Miermeister/*Limmer* BeurkG § 42 Rn. 2.

9 BT-Drs. V/3282, 37; Armbrüster/Preuß/Renner/*Preuß* BeurkG § 42 Rn. 4; BeckOGK/*Thelig* BeurkG § 42 Rn. 11; Frenz/Miermeister/*Limmer* BeurkG § 42 Rn. 5; *Lerch* BeurkG § 42 Rn. 5 f.

10 BeckOK BeurkG/*Boor* BeurkG § 42 Rn. 7; Frenz/Miermeister/*Limmer* BeurkG § 42 Rn. 2; Grziwotz/Heinemann/*Heinemann* BeurkG § 42 Rn. 7.

11 Armbrüster/Preuß/Renner/Preuß BeurkG § 42 Rn. 7 f.; BeckOGK/Thelig BeurkG § 42 Rn. 15; Grziwotz/Heinemann/*Heinemann* BeurkG § 42 Rn. 23; *Winkler* BeurkG § 42 Rn. 17 ff.

12 BeckOGK/*Thelig* BeurkG § 42 Rn. 10; *Lerch* BeurkG § 42 Rn. 4.

13 BeckOK BeurkG/*Boor* BeurkG § 42 Rn. 8 f.; Grziwotz/Heinemann/*Heinemann* BeurkG § 42 Rn. 16; *Winkler* BeurkG § 42 Rn. 8a.

14 BeckOGK/Thelig BeurkG § 42 Rn. 10; Frenz/Miermeister/*Limmer* BeurkG § 42 Rn. 6; Grziwotz/Heinemann/*Heinemann* BeurkG § 42 Rn. 14.

15 Armbrüster/Preuß/Renner/*Preuß* BeurkG § 42 Rn. 6; BeckOK BeurkG/*Boor* BeurkG § 42 Rn. 11; Frenz/Miermeister/*Limmer* BeurkG § 42 Rn. 7.

16 Frenz/Miermeister/*Limmer* BeurkG § 42 Rn. 6a; Grziwotz/Heinemann/*Heinemann* BeurkG § 42 Rn. 15; *Lerch* BeurkG § 42 Rn. 4.

IV. Beglaubigungsvermerk

5 Die Abschriftsbeglaubigung stellt eine „sonstige Beurkundung“ in Form einer Tatsachenbeurkundung dar.[17] Sie kann gemäß § 39 als einfaches Zeugnis in der Vermerkform erfolgen, was in der Praxis dem Regelfall entspricht.[18] Bei der Herstellung des Vermerks sind die allgemeinen Vorschriften vom Notar zu beachten, insbesondere muss er den Vermerk unterschreiben (§ 13) und der Unterschrift sein Siegel beifügen (§ 39).[19] Weiterhin soll der Vermerk gemäß § 39 Ort und Tag der Ausstellung angeben.

6 Abs. 1 sieht ergänzend vor, dass der Vermerk Angaben darüber enthalten soll, ob die Urkunde eine Urschrift, eine Ausfertigung, eine beglaubigte oder eine einfache Abschrift ist. Diese Angaben über die rechtliche Qualität der Hauptschrift dienen dem Schutz des Rechtsverkehrs vor Täuschungen. Da den von Abs. 1 zugelassenen Urkundenformen unterschiedliche Beweis- und Legitimationswerte zukommen, soll so der falsche Anschein verhindert werden, die beglaubigte Abschrift habe einen höheren Beweiswert als die zugrunde liegende Hauptschrift.[20]

7 Bedenken ergeben sich vor allem im Zusammenhang mit der Abschriftsbeglaubigung von einfachen Abschriften, da der Notar hier nicht das der einfachen Abschrift zugrunde liegende Original kennt. Die Mitwirkung des Notars kann unter Umständen den Eindruck entstehen lassen, das Dokument habe eine höhere Rechtsqualität, als ihm tatsächlich zukommt. Einige Stimmen fordern die Notare daher dazu auf, von der Beglaubigung einfacher Abschriften abzusehen.[21] In einem Rundschreiben hat die Bundesnotarkammer über Handlungsempfehlungen des Auswärtigen Amtes informiert, die unter anderem vorsehen, dass vor der Beglaubigung einfacher Abschriften stets der Verwendungszweck der zu erstellenden beglaubigten Abschrift sowie die insoweit bestehenden rechtlichen Anforderungen kritisch zu prüfen seien.[22] Dieser Empfehlung ist jedoch entgegenzuhalten, dass es trotz nachvollziehbarer Bedenken nach aktueller Rechtslage keine Grundlage für eine erhöhte Prüfpflicht oder gar eine pauschale Ablehnung der Beglaubigung gibt. Der Wortlaut des § 42 lässt sie vielmehr ausdrücklich zu und fordert, dass die rechtliche Qualität der Haupturkunde im Vermerk angegeben werden soll, so dass der Rechtsverkehr erkennen kann, dass es sich bei der Hauptschrift um eine einfache Abschrift handelt und dementsprechend gewarnt ist. Hätte der Gesetzgeber eine andere Wertung intendiert, hätte er eine Anpassung des § 42 im Zuge des Gesetzes zur Modernisierung des notariellen Berufsrechts ohne Weiteres vornehmen können. Insbesondere vor dem Hintergrund der sich aus § 15 Abs. 1 BNotO ergebenden Urkundengewährungspflicht wäre eine Gesetzesänderung für eine derart restriktive Handhabung geboten und zu begrüßen. Da eine Änderung des § 42 jedoch bislang nicht vorgesehen ist, kann der Notar nach aktueller Rechtslage auch weiterhin Abschriften von einfachen Abschriften beglaubigen. Er unterliegt dabei auch keiner erhöhten Hinweispflicht.

17 Armbrüster/Preuß/Renner/*Preuß* BeurkG § 42 Rn. 1; BeckOGK/*Thelig* BeurkG § 42 Rn. 4; Grziwotz/Heinemann/*Heinemann* BeurkG § 42 Rn. 2.
18 Armbrüster/Preuß/Renner/*Preuß* BeurkG § 42 Rn. 12; Frenz/Miermeister/*Limmer* BeurkG § 42 Rn. 14.
19 BeckOGK/*Thelig* BeurkG § 42 Rn. 19.
20 BeckOGK/*Thelig* BeurkG § 42 Rn. 12; BeckOK BeurkG/*Boor* BeurkG § 42 Rn. 17; Grziwotz/Heinemann/*Heinemann* BeurkG § 42 Rn. 13.
21 BeckOGK/*Thelig* BeurkG § 42 Rn. 12.
22 Rundschreiben Nr. 2/2019 der Bundesnotarkammer (Verwendung notariell beglaubigter Dokumente im Ausland).

Abs. 2 gibt vor, wie zu verfahren ist, wenn die Hauptschrift bestimmte Mängel enthält. Finden sich in der dem Notar vorgelegten Urkunde Lücken, Durchstreichungen, Einschaltungen, Änderungen oder unleserliche Worte, zeigen sich Spuren der Beseitigung von Schriftzeichen, insbesondere Radierungen, ist der Zusammenhang einer aus mehreren Blättern bestehenden Urkunde aufgehoben oder sprechen andere Umstände dafür, dass der ursprüngliche Inhalt der Urkunde geändert worden ist, so soll dies in dem Beglaubigungsvermerk festgestellt werden, sofern es sich nicht schon aus der Abschrift ergibt. Bereits aus der Abschrift ergeben sich Mängel insbesondere, wenn es sich bei der Abschrift um eine Fotokopie handelt.[23] Da besagte Mängel den Beweiswert einer Urkunde einschränken können, soll durch ihre Aufzeichnung im Vermerk sichergestellt werden, dass sie durch die Abschriftsbeglaubigung nicht untergehen.[24] 8

Enthält die Abschrift nur einen Auszug aus einer vollständigen Urkunde, so soll gemäß Abs. 3 in dem Beglaubigungsvermerk (i) der Gegenstand des Auszugs angegeben werden und (ii) bezeugt werden, dass die Urkunde über diesen Gegenstand keine weiteren Bestimmungen enthält. Handelt es sich bei der Urkunde selbst bereits nur um einen Auszug, gilt Abs. 3 nicht, sondern das normale Verfahren nach Abs. 1 und 2.[25] Die Bestätigung, dass die Urkunde über den Gegenstand des Auszugs keine weiteren Bestimmungen enthält, setzt eine vollständige inhaltliche Überprüfung der Urkunde durch den Notar voraus.[26] 9

Der Beglaubigungsvermerk ist eine öffentliche Urkunde im Sinne der §§ 418 ff. ZPO und begründet Tatsachenbeweis hinsichtlich der inhaltlichen Übereinstimmung der Abschrift mit der Hauptschrift.[27] Anders als die Ausfertigung tritt die Abschriftsbeglaubigung jedoch nicht an die Stelle der Urschrift.[28] Im Prozess genügt die Vorlage einer beglaubigten Abschrift in den Grenzen des § 435 ZPO.[29] 10

§ 42 enthält ausschließlich Soll-Vorschriften. Verstöße gegen diese Vorgaben stellen eine Amtspflichtverletzung des Notars dar, führen jedoch nicht zur Unwirksamkeit der Beurkundung.[30] Etwas anderes gilt für die zwingend zu beachtenden Vorgaben des § 39. 11

V. Prüfungspflichten des Notars

Da die Abschriftsbeglaubigung in der Vermerkform nach § 39 erfolgt, gelten zunächst die allgemeinen Prüfungspflichten. Zu beachten ist insbesondere das Mitwirkungsverbot des § 4, wonach der Notar die Beurkundung ablehnen soll, wenn seine Mitwirkung erkennbar unerlaubten oder unredlichen Zwecken dient oder sonst mit seinen Amtspflichten nicht vereinbar ist.[31] Daneben ent- 12

23 Armbrüster/Preuß/Renner/Preuß BeurkG § 42 Rn. 13; BeckOGK/*Thelig* BeurkG § 42 Rn. 21; Grziwotz/Heinemann/Heinemann BeurkG § 42 Rn. 24; *Lerch* BeurkG § 42 Rn. 6.

24 Frenz/Miermeister/*Limmer* BeurkG § 42 Rn. 12; Grziwotz/Heinemann/*Heinemann* BeurkG § 42 Rn. 24.

25 Frenz/Miermeister/*Limmer* BeurkG § 42 Rn. 13; Grziwotz/Heinemann/*Heinemann* BeurkG § 42 Rn. 28.

26 BeckOK BeurkG/*Boor* BeurkG § 42 Rn. 22.

27 OLG Frankfurt DNotZ 1993, 757 (758); BeckOGK/*Thelig* BeurkG § 42 Rn. 6; Grziwotz/Heinemann/*Heinemann* BeurkG § 42 Rn. 48.

28 Armbrüster/Preuß/Renner/*Preuß* BeurkG § 42 Rn. 19.

29 *Lerch* BeurkG § 42 Rn. 16; Grziwotz/Heinemann/*Heinemann* BeurkG § 42 Rn. 49.

30 BeckOGK/*Thelig* BeurkG § 42 Rn. 28; Grziwotz/Heinemann/*Heinemann* BeurkG § 42 Rn. 54 f.

31 BeckOGK/*Thelig* BeurkG § 42 Rn. 15; Frenz/Miermeister/*Limmer* BeurkG § 42 Rn. 10.

hält § 42 eine Reihe besonderer Prüfungspflichten für den Notar, die dem Schutz des Rechtsverkehrs vor Täuschungen dienen.[32] Die zentrale Prüfungspflicht bei der Abschriftsbeglaubigung stellt die Prüfung der inhaltlichen Übereinstimmung der Abschrift mit der Hauptschrift dar.[33] Die entsprechenden Dokumente muss sich der Notar vorlegen lassen und die Durchsicht selbst vornehmen. Eine Fernbeglaubigung genügt nicht.[34] Wie der Notar diese Prüfung vornimmt, ist ihm grundsätzlich selbst überlassen. Aus Praktikabilitätsgründen empfiehlt es sich aber die Abschrift selbst durch Anfertigung einer Fotokopie herzustellen oder durch zuverlässige Mitarbeiter herstellen zu lassen, da die Übereinstimmung so schon aufgrund des Herstellungsvorgangs gewährleistet ist.[35] Anderenfalls ist der Wortlaut der Abschrift genau auf Übereinstimmung mit der Hauptschrift zu prüfen. Erhöhte Prüfungspflichten treffen den Notar dann, wenn er eine Abschrift beglaubigt, die von den Beteiligten mitgebracht und ihm vorgelegt wird.[36] Zur Überprüfung der Echtheit der Hauptschrift ist der Notar grundsätzlich nicht verpflichtet. Bestehen Zweifel an der Echtheit der Urkunde, kann der Notar diesen Umstand in den Vermerk aufnehmen.[37] Zur Ablehnung der Beurkundung ist er lediglich verpflichtet, wenn eine Täuschung für ihn offensichtlich ist.[38]

VI. Elektronische Abschriftsbeglaubigung

13 Voraussetzung für die Anwendbarkeit von § 42 ist grundsätzlich, dass sowohl die Haupturkunde als auch deren Abschrift in Papierform existieren und dem Notar vorgelegt werden.[39] Davon abweichend ermöglicht Abs. 4 die Beglaubigung von Ausdrucken elektronischer Dokumente und betrifft damit den Medientransfer eines elektronischen in ein Papierdokument. Den umgekehrten Fall, also den Transfer von einem Papierdokument in ein elektronisches Dokument erfasst § 39a, der die Errichtung elektronischer Beglaubigungsvermerke regelt.[40] Verfahrensrechtlich sieht Abs. 4 vor, dass der Notar bei der Beglaubigung eines Ausdrucks eines elektronischen Dokuments, das mit einer qualifizierten elektronischen Signatur versehen ist, das Ergebnis der Signaturprüfung dokumentieren soll. Dafür muss er prüfen, ob die verwendete elektronische Signatur gültig ist, ob sie von der zuständigen Stelle ausgestellt wurde und für wen sie ausgestellt wurde. Diese Informationen können bei der Zertifizierungsstelle abgerufen werden.[41] Abs. 4 verlangt allerdings nur die Dokumentation des Ergebnisses der Signaturprüfung, nicht deren komplette Wiedergabe.

VII. Fassung des § 42 ab 1.8.2022

14 Durch Einfügung des Verweises auf § 39a Abs. 3 S. 2, in der am 1.8.2022 in Kraft tretenden Fassung des § 42 Abs. 4 S. 2, wird die Dokumentationspflicht

32 Frenz/Miermeister/*Limmer* BeurkG § 42 Rn. 1.
33 Frenz/Miermeister/*Limmer* BeurkG § 42 Rn. 9; Grziwotz/Heinemann/*Heinemann* BeurkG § 42 Rn. 22.
34 Grziwotz/Heinemann/*Heinemann* BeurkG § 42 Rn. 11.
35 BeckOK BeurkG/*Boor* BeurkG § 42 Rn. 12; Grziwotz/Heinemann/*Heinemann* BeurkG § 42 Rn. 22.
36 BeckOGK/*Thelig* BeurkG § 42 Rn. 13; *Winkler* BeurkG § 42 Rn. 14.
37 BeckOK BeurkG/*Boor* BeurkG § 42 Rn. 13.
38 BeckOGK/Thelig BeurkG § 42 Rn. 14; Grziwotz/Heinemann/*Heinemann* BeurkG § 42 Rn. 22; *Lerch* BeurkG § 42 Rn. 8.
39 BeckOGK/*Thelig* BeurkG § 42 Rn. 2.
40 Frenz/Miermeister/*Limmer* BeurkG § 42 Rn. 15; Grziwotz/Heinemann/*Heinemann* BeurkG § 42 Rn. 31.
41 Grziwotz/Heinemann/*Heinemann* BeurkG § 42 Rn. 33.

des Notars auch bei der Erteilung einer in Papierform erfolgenden Beglaubigung eines Ausdrucks oder einer Abschrift eines elektronischen Dokuments, das mit einer qualifizierten elektronischen Signatur versehen ist, auf die Prüfung der Signatur des Notars beschränkt[42] (zu den Einzelheiten § 39a).

§ 43 Feststellung des Zeitpunktes der Vorlegung einer privaten Urkunde

Bei der Feststellung des Zeitpunktes, zu dem eine private Urkunde vorgelegt worden ist, gilt § 42 Abs. 2 entsprechend.

I. Allgemeines

§ 43 erfasst den Fall der Feststellung des Zeitpunktes zu dem eine private Urkunde vorgelegt wird. Es handelt sich dabei um ein einfaches Zeugnis iSd § 39, so dass dessen Bestimmungen auch hier gelten (vgl. dazu § 39). Ergänzend dazu erklärt § 43 bei der Errichtung eines Vermerks über die Feststellung des Zeitpunktes der Vorlegung einer privaten Urkunde § 42 Abs. 2 für entsprechend anwendbar. § 42 Abs. 2 enthält Vorgaben für das Beglaubigungsverfahren bei Mängeln der vorgelegten Urkunde, die auf Veränderungen ihres ursprünglichen Inhalts schließen lassen (vgl. § 42 Abs. 2). Die Bescheinigung ist öffentliche Urkunde iSd §§ 145 ff. ZPO, die vorlegte private Urkunde hingegen bleibt privat.[1] Inhaltlich bescheinigt das Tatsachenzeugnis des Notars allein den Zeitpunkt, zu dem eine private Urkunde vorgelegen hat, nicht wann sie ausgestellt wurde.[2] Da private Urkunden grundsätzlich keinen Beweis hinsichtlich des Zeitpunktes ihrer Ausstellung erbringen, wird durch § 43 die Möglichkeit eröffnet, im Prozess zumindest Beweis über den Zeitpunkt zu führen, zu dem die Urkunde vorlag und damit bereits sicher existierte.[3] 1

II. Verfahren

Die Feststellung des Zeitpunktes der Vorlegung einer privaten Urkunde wird von § 39 explizit als Beispiel für einfache Zeugnisse benannt. Dementsprechend kann die Bescheinigung in der Form des Vermerks nach § 39 erfolgen. Dabei muss der Notar den Zeitpunkt, zu dem die Urkunde vorgelegt wird, feststellen und vermerken. Abgestellt wird in der Regel auf den Tag der Vorlegung, auf Wunsch der Beteiligten kann der Zeitpunkt aber auch genauer erfasst und die Uhrzeit in Stunden oder auch Minuten angegeben werden.[4] Vorgelegt ist die Urkunde, wenn sie in den Besitz des Notars in seiner amtlichen Eigenschaft ge- 2

42 BT-Drs. 19/28177, 129.
1 Frenz/Miermeister/*Limmer* BeurkG § 43 Rn. 1; *Lerch* BeurkG § 43 Rn. 1; *Winkler* BeurkG § 43 Rn. 1.
2 Armbrüster/Preuß/Renner/*Preuß* BeurkG § 43 Rn. 4; Frenz/Miermeister/*Limmer* BeurkG § 43 Rn. 1.
3 BeckOGK/*Thelig* BeurkG § 43 Rn. 2; *Lerch* BeurkG § 43 Rn. 1; *Winkler* BeurkG § 43 Rn. 1.
4 BeckOGK/*Thelig* BeurkG § 43 Rn. 7; Frenz/Miermeister/*Limmer* BeurkG § 43 Rn. 3; Grziwotz/Heinemann/*Heinemann* BeurkG § 43 Rn. 8; *Winkler* BeurkG § 43 Rn. 15.

langt. Erforderlich ist demnach nur die körperliche Inbesitznahme, auf eine tatsächliche Kenntnisnahme des Inhalts oder die Erstellung des Vermerks kommt es hingegen nicht an.[5] Ergänzend dazu soll der Notar – über die Verweisung in § 43 auf § 42 Abs. 2 – im Beglaubigungsvermerk Umstände feststellen, die darauf hinweisen, dass der ursprüngliche Inhalt der vorgelegten Urkunde verändert wurde.[6] Gemäß § 39 muss der Vermerk die Unterschrift sowie das Siegel des Notars enthalten und soll Ort und Tag der Ausstellung angeben (vgl. § 39).

III. Verstöße

3 Zwingend enthalten muss der Vermerk die Feststellung des Notars, seine Unterschrift und sein Siegel sowie das Datum, zu dem die private Urkunde vorgelegt wurde. Fehlt eine dieser Voraussetzungen, ist der Vermerk unwirksam. Ein Zurückbleiben hinter den Soll-Vorgaben, also die Angabe von Ort und Datum der Ausstellung des Vermerks sowie die Feststellung etwaiger Mängel, führt hingegen nicht zur Unwirksamkeit des Vermerks.[7]

IV. Praktische Bedeutung

4 Der Beurkundung nach § 43 kommt in der notariellen Praxis nur eine untergeordnete Rolle zu.[8] In der Regel wünschen die Beteiligten eine Unterschriftsbeglaubigung nach § 40. Da der Notar diese gemäß § 39 zu datieren hat, genügt diese Form dem Beweisinteresse der Beteiligten.[9] Relevanz hat die Beglaubigung nach § 43 lediglich bei Prioritätsfeststellungen zur Beweisführung im Urheberrecht und bei der Vorlage privatschriftlicher Vollmachten.[10]

Vierter Abschnitt Behandlung der Urkunden

§ 44 Verbindung mit Schnur und Prägesiegel

[1]Besteht eine Urkunde aus mehreren Blättern, so sollen diese mit Schnur und Prägesiegel verbunden werden. [2]Das gleiche gilt für Schriftstücke sowie für Karten, Zeichnungen oder Abbildungen, die nach § 9 Abs. 1 Satz 2, 3, §§ 14, 37 Abs. 1 Satz 2, 3 der Niederschrift beigefügt worden sind.

I. Allgemeines

1 Zweck der Vorschrift ist es, dass weder Seiten der Urkunde verloren gehen noch, dass nachträglich Seiten beigefügt oder ausgetauscht werden.[1]

5 BeckOGK/*Thelig* BeurkG § 43 Rn. 6.
6 BeckOGK/*Thelig* BeurkG § 43 Rn. 1.
7 *Winkler* BeurkG § 43 Rn. 17.
8 Armbrüster/Preuß/Renner/*Preuß* BeurkG § 43 Rn. 1.
9 Armbrüster/Preuß/Renner/*Preuß* BeurkG § 43 Rn. 1; BeckOGK/*Thelig* BeurkG § 43 Rn. 2; BeckOK BeurkG/*Boor* BeurkG § 43 Rn. 3; Grziwotz/Heinemann/*Heinemann* BeurkG § 43 Rn. 2.
10 Armbrüster/Preuß/Renner/*Preuß* BeurkG § 43 Rn. 2f.; BeckOGK/*Thelig* BeurkG § 43 Rn. 11.
1 BGH MittBayNot 2011, 167.

Die Vorschrift findet Anwendung auf die **Beurkundung von Willenserklärungen** (§§ 6 ff.) sowie auf **sonstige Beurkundungen** (§§ 36 ff.). Sie regelt, dass jede Urkunde und damit gem. § 3 NotAktVV jede Urschrift, Ausfertigung und beglaubigte (nicht aber einfache)[2] Abschrift mit Schnur und Prägesiegel zu verbinden ist, wenn sie mehr als ein Blatt umfasst. Ebenso sind auch Anlagen zu der Urkunde anzusiegeln. § 30 DONot aF bzw. ab 1.7.2022 § 14 nF und seine ergänzenden Bestimmungen konkretisieren dies dienstrechtlich. 2

II. Einzelfragen zum Anwendungsbereich

Es wird in der Vorschrift aufgezählt, welche der Urkunde beizufügenden Schriftstücke mit verbunden werden müssen. Sie wird erweitert durch § 18 Abs. 2 DONot aF bzw. ab 1.7.2011 § 31 Abs. 3 und 4 NotAktVV, wonach zB Nachweise über die Vertretungsberechtigung gem. § 12 der Niederschrift beizufügen sind. 3

§ 44 enthält keine Pflicht, die nachfolgend genannten Dokumente anzusiegeln, obwohl dies regelmäßig sinnvoll sein kann: 4

- **Bezugsurkunden** oder behördliche Karten oder Zeichnungen nach § 13a Abs. 1 bzw. 4, auch wenn auf ihre Verlesung und/oder Beifügung nicht gem. § 13a Abs. 2 verzichtet wurde[3]
- Anlagen, auf die lediglich eine unechte Verweisung stattfindet[4]
- Verfügungen von Todes wegen aufgrund übergebener Schriften (§§ 30, 31)[5]
- Übersetzungen in den Fällen der § 16 Abs. 2 oder § 32.[6]

Wird eine **einseitige Privaturkunde** mit einem Beglaubigungsvermerk auf einem weiteren Blatt verbunden oder besteht eine Privaturkunde aus mehreren Blättern, so gilt § 44 entsprechend.[7] 5

III. Praktische Handhabung

Das **Prägesiegel** muss nicht neben oder unter der Unterschrift angebracht werden; es kann vielmehr an jeder freien Stelle der ersten oder der letzten Seite oder auch auf einem gesonderten Blatt, welches als letztes Blatt der Urkunde hinzugefügt wird, Platz finden.[8] 6

Mit Schnur und Prägesiegel verbundene Urkunden sind meist von Natur aus nur schwer zu fotokopieren. Eine **Kopierfähigkeit** der Urkunde ist rechtlich jedoch nicht geboten,[9] sollte aber möglichst angestrebt werden. 7

Wurde eine Urkunde falsch geheftet, so ist dieser Mangel vom Notar, wenn möglich, zu beheben.[10] Wurde die **Heftung nach Übergabe einer Ausfertigung** gelöst, so kann der Notar auf Wunsch die Urkunde erneut nach § 44 mit Schnur und Prägesiegel verbinden, wobei er die Übereinstimmung mit der Ur- 8

2 Grziwotz/Heinemann/*Heinemann* BeurkG § 44 Rn. 2, 4.
3 OLG Zweibrücken Beschl. v. 9.9.1983 – 3 W 84/83; *Winkler* BeurkG § 44 Rn. 6.
4 BayObLG NJW-RR 2003, 446; OLG Düsseldorf FGPrax 2011, 8; *Winkler* BeurkG § 44 Rn. 6.
5 Armbrüster/Preuß/Renner/*Preuß* BeurkG § 44 Rn. 3; *Winkler* BeurkG § 44 Rn. 6.
6 Armbrüster/Preuß/Renner/*Preuß* BeurkG § 44 Rn. 3; *Winkler* BeurkG § 44 Rn. 6.
7 Frenz/Miermeister/*Limmer* BNotO § 44 Rn. 2; Grziwotz/Heinemann/*Heinemann* BeurkG § 44 Rn. 2.
8 BayObLG MittBayNot 1973, 224 (226); Grziwotz/Heinemann/*Heinemann* BeurkG § 46 Rn. 9; *Winkler* BeurkG § 44 Rn. 9.
9 BGH DNotZ 2011, 543 (544 f.).
10 Armbrüster/Preuß/Renner/*Preuß* BeurkG § 44 Rn. 6; *Winkler* BeurkG § 44 Rn. 14.

schrift prüfen muss.[11] Die Neuheftung kann in einem besonderen Vermerk dokumentiert werden.[12] Alternativ kann bei Ausfertigungen auch eine neue Ausfertigung erteilt und die alte Ausfertigung eingezogen werden.[13]

IV. Verstöße

9 Es handelt sich um eine Soll-Vorschrift, deren Verletzung nicht zur Unwirksamkeit der Urkunde führt.[14] Nach umstrittener Auffassung wird auch die Eigenschaft als öffentliche Urkunde iSv § 415 ZPO nicht beeinträchtigt.[15] Allerdings wird regelmäßig – abhängig von den Umständen des Einzelfalls – der Beweiswert der Urkunde beeinträchtigt sein.[16] Verstößt der Notar gegen die Vorschrift, so begeht er damit eine Amtspflichtverletzung.[17]

§ 44a Änderungen in den Urkunden

(1) [1]Zusätze und sonstige, nicht nur geringfügige Änderungen sollen am Schluß vor den Unterschriften oder am Rande vermerkt und im letzteren Falle von dem Notar besonders unterzeichnet werden. [2]Ist der Niederschrift ein Schriftstück nach § 9 Abs. 1 Satz 2, den §§ 14, 37 Abs. 1 Satz 2 beigefügt, so brauchen Änderungen in dem beigefügten Schriftstück nicht unterzeichnet zu werden, wenn aus der Niederschrift hervorgeht, daß sie genehmigt worden sind.

(2) [1]Offensichtliche Unrichtigkeiten kann der Notar auch nach Abschluß der Niederschrift durch einen von ihm zu unterschreibenden Nachtragsvermerk richtigstellen. [2]Der Nachtragsvermerk ist mit dem Datum der Richtigstellung zu versehen. [3]Der Nachtragsvermerk ist am Schluß nach den Unterschriften oder auf einem besonderen, mit der Urkunde zu verbindenden Blatt niederzulegen. [4]Wird die elektronische Fassung der Urschrift zum Zeitpunkt der Richtigstellung bereits in der elektronischen Urkundensammlung verwahrt, darf der Nachtragsvermerk nur noch auf einem gesonderten, mit der Urkunde zu verbindenden Blatt niedergelegt werden.

(3) Ergibt sich im übrigen nach Abschluß der Niederschrift die Notwendigkeit einer Änderung oder Berichtigung, so hat der Notar hierüber eine besondere Niederschrift aufzunehmen.

[§ 44a Abs. 2 ab 1.8.2022:]

(2) [1]Offensichtliche Unrichtigkeiten kann der Notar auch nach Abschluß der Niederschrift durch einen von ihm zu unterschreibenden Nachtragsvermerk richtigstellen. [2]Der Nachtragsvermerk ist mit dem Datum der Richtigstellung zu versehen.

---

11 Armbrüster/Preuß/Renner/*Preuß* BeurkG § 44 Rn. 6; *Winkler* BeurkG § 44 Rn. 14; DNotI-Report 2014, 27 f.

12 Armbrüster/Preuß/Renner/*Preuß* BeurkG § 44 Rn. 6; *Winkler* BeurkG § 44 Rn. 14.

13 Armbrüster/Preuß/Renner/*Preuß* BeurkG § 44 Rn. 6; DNotI-Report 2018, 140 (141).

14 BGH DNotZ 2011, 543 (544); Grziwotz/Heinemann/*Heinemann* BeurkG § 44 Rn. 1, 14.

15 Grziwotz/Heinemann/*Heinemann* BeurkG § 46 Rn. 14; Armbrüster/Preuß/Renner/*Preuß* BeurkG § 44 Rn. 6; *Böhringer* BWNotZ 2017, 30 (35); aA: OLG Schleswig DNotZ 1972, 556 (zu § 29 DONot aF); Musielak/Voit/*Huber*, ZPO, 16. Aufl. 2019, § 415 Rn. 11.

16 BGH DNotZ 2011, 543 (544); Grziwotz/Heinemann/*Heinemann* BeurkG § 46 Rn. 14.

17 Frenz/Miermeister/*Limmer* BNotO § 44 Rn. 1.

[3]Der Nachtragsvermerk ist am Schluß nach den Unterschriften oder auf einem besonderen, mit der Urkunde zu verbindenden Blatt niederzulegen. [4]Wird die elektronische Fassung der Urschrift zum Zeitpunkt der Richtigstellung bereits in der elektronischen Urkundensammlung verwahrt, darf der Nachtragsvermerk nur noch auf einem gesonderten, mit der Urkunde zu verbindenden Blatt niedergelegt werden. [5]Bei elektronischen Niederschriften ist der Nachtragsvermerk in einem gesonderten elektronischen Dokument niederzulegen, das vom Notar mit einer qualifizierten elektronischen Signatur zu versehen und zusammen mit der elektronischen Urschrift in der elektronischen Urkundensammlung zu verwahren ist; § 16b Absatz 4 Satz 2 und 4 und § 39a Absatz 2 Satz 1 gelten entsprechend.

I. Allgemeines

§ 44a regelt die Änderung von Urkunden. Dabei wird zwischen **Änderungen vor Abschluss** der Niederschrift (Abs. 1) und **Änderungen nach Abschluss der Niederschrift** (Abs. 2 und Abs. 3) unterschieden. Obwohl der Wortlaut der Vorschrift auf die Beurkundung von Willenserklärungen nach den §§ 6 ff. zugeschnitten ist, ist sie auch auf die Niederschrift von Tatsachenbeurkundungen anwendbar.[1] 1

Die Neufassung des § 44a hatte neben rein redaktionellen Änderungen allein den Zweck, das Gesetz an die Neuerungen der elektronischen Urkundensammlung anzupassen.[2] 2

Textberichtigungen bei einer **Unterschriftsbeglaubigung** werden allerdings nicht von der Vorschrift geregelt. Den Inhalt des Textes kann der Notar nur ändern, wenn der Unterzeichner dem zustimmt.[3] Es ist durch Auslegung zu ermitteln, ob der Notar, der den Text des Dokuments selbst erstellt hat, jedenfalls konkludent als zur Änderung bevollmächtigt gilt.[4] Der Beglaubigungsvermerk kann hingegen als sog. Feststellungsinhalt einer Niederschrift (→ Rn. 21) ohne Mitwirkung der Beteiligten durch den Notar abgeändert werden.[5] 3

---

1 Armbrüster/Preuß/Renner/*Preuß* BeurkG § 44a Rn. 2; Frenz/Miermeister/*Limmer* BNotO § 44a Rn. 2, 12; *Heinze* NZG 2016, 1089; gegen eine unmittelbare Anwendbarkeit: *Winkler* BeurkG § 44a Rn. 3.

2 BT-Drs. 18/10607, 85.

3 Armbrüster/Preuß/Renner/*Preuß* BeurkG § 44a Rn. 3; Frenz/Miermeister/*Limmer* BNotO § 44a Rn. 2; *Winkler* BeurkG § 44a Rn. 4; *Reithmann* DNotZ 1999, 27 (36 f.).

4 Armbrüster/Preuß/Renner/*Preuß* BeurkG § 44a Rn. 3; *Reithmann* DNotZ 1999, 27 (36 f.).

5 *Winkler* BeurkG § 44a Rn. 4; Grziwotz/Heinemann/*Heinemann* BeurkG § 44a Rn. 4; *Reithmann* DNotZ 1999, 27 (36).

4 Es handelt sich um eine Sollvorschrift, so dass ein Zuwiderhandeln nicht die Wirksamkeit der Urkunde als solche berührt.[6] Wird das Verfahren nach Abs. 1 nicht eingehalten und die Änderung nicht gesondert unterzeichnet, so kann die Beweiskraft der Urkunde nach § 415 Abs. 1 ZPO dadurch beeinträchtigt werden; sie kann ihre volle Beweiskraft verlieren und unterliegt dann der freien Beweiswürdigung nach § 419 ZPO.[7] Damit können Nachlässigkeiten des Notars bei der gesonderten Unterzeichnung im schlechtesten Fall zu einer Amtshaftung führen. Jedenfalls im Grundbuchverkehr kann ein Verstoß gegen Abs. 1 nur dann Grund zur Beanstandung sein, wenn begründete Zweifel für eine Änderung der Urkunde nach Abschluss des Beurkundungsverfahrens vorliegen.[8]

II. Niederschriften von Willenserklärungen

5 Maßgeblich für die Frage der Anwendung des Abs. 1 oder 2 der Vorschrift ist, wann das Beurkundungsverfahren bei Niederschriften von Willenserklärungen abgeschlossen ist. Dies ist der **Zeitpunkt der Unterschriftsleistung durch den Notar**, als dem letzten Unterzeichnenden.[9] Auf die Erteilung von Ausfertigungen kommt es nicht an.[10]

6 **1. Änderungen vor Abschluss des Beurkundungsverfahrens.** Änderungen können auf unterschiedliche Weise erfolgen, nämlich durch **neues Ausdrucken** der gesamten Niederschrift oder des geänderten Blattes (wobei auch hier nur der geänderte Teil zu verlesen ist), sowie durch Zusatz in Form eines **Rand- oder Schlussvermerks.**[11] Statt eines Randvermerks kann die Änderung auch direkt im Text erfolgen, wobei die Änderung dann wie beim Randvermerk am Rand abgezeichnet wird.[12] Abs. 1 regelt nur den Fall der Anbringung eines Vermerks.

7 Vor Abschluss der Niederschrift können **jegliche Änderungen und Zusätze** mit in die Urkunde aufgenommen werden. Die Vorschrift entkräftet den Vorwurf einer nachträglichen Manipulation[13] und verhilft dazu, dass die formelle Beweiskraft nicht leidet und der Anwendungsbereich des § 419 ZPO nicht eröffnet ist.[14] Das Verfahren des Abs. 1 findet lediglich Anwendung, wenn es sich um Zusätze oder um nicht nur geringfügige Änderungen handelt. Die Frage der Geringfügigkeit beantwortet sich danach, ob die Änderung im konkreten Fall von Bedeutung ist, ob sie also Auswirkungen auf den Inhalt der beurkundeten Erklärungen haben kann.[15] Dies ist jedenfalls dann nicht der Fall, wenn nur Schreibfehler verbessert, geringfügige Zusätze gemacht oder offensichtlich nicht einschlägige Formulierungen, die gerade weil sie nicht einschlägig sind, keine Auswirkungen auf den Inhalt haben, gestrichen werden.[16] Einer Unterzeich-

---

6 BGH DNotZ 1995, 28 (29) (zur Vorgängervorschrift § 30 DONot); Frenz/Miermeister /*Limmer* BNotO § 44a Rn. 2.
7 BGH DNotZ 1995, 28 (29); Frenz/Miermeister/*Limmer* BNotO § 44a Rn. 8.
8 Frenz/Miermeister/*Limmer* BNotO § 44a Rn. 9; DNotI-Report 1997, 28.
9 Frenz/Miermeister/*Limmer* BNotO § 44a Rn. 13; Grziwotz/Heinemann/*Heinemann* BeurkG § 46 Rn. 6.
10 Frenz/Miermeister/*Limmer* BNotO § 44a Rn. 13.
11 Frenz/Miermeister/*Limmer* BNotO § 44a Rn. 3; *Winkler* BeurkG § 44a Rn. 5.
12 *Winkler* BeurkG § 44a Rn. 11.
13 Frenz/Miermeister/*Limmer* BNotO § 44a Rn. 3; *Winkler* BeurkG § 44a Rn. 5 (mit dem Hinweis, für „ein klares und sauberes Protokoll" zu sorgen).
14 BGH DNotZ 1995, 28 (29); DNotZ 1956, 643 (644 f.); Armbrüster/Preuß/Renner/*Preuß* BeurkG § 44a Rn. 4.
15 Armbrüster/Preuß/Renner/*Preuß* BeurkG § 44a Rn. 6; *Winkler* BeurkG § 44a Rn. 5, 8; Frenz/Miermeister/*Limmer* BNotO § 44a Rn. 4.
16 Armbrüster/Preuß/Renner/*Preuß* BeurkG § 44a Rn. 6; Frenz/Miermeister/*Limmer* BNotO § 44a Rn. 4; *Winkler* BeurkG § 44a Rn. 8.

nung bedarf es dann nicht. Kein Fall des Abs. 1 und damit ebenfalls nicht unterzeichnungsbedürftig ist es, wenn absichtlich im Entwurf eine ausfüllungsbedürftige Lücke im Text gelassen wurde, die dann während der Beurkundung ausgefüllt wird.[17]

Nur der Randvermerk ist besonders zu unterzeichnen, während der Schlussvermerk bereits von den Unterschriften unter der Urkunde mit umfasst ist.[18] Randvermerk ist alles, was nicht ein Schlussvermerk ist. Es kommt also nicht darauf an, ob der Vermerk tatsächlich am Rand oder etwa auf dem Kopf des Blattes angebracht ist.[19] Der Begriff „unterzeichnen" ist nicht gleichbedeutend mit „unterschreiben". Deshalb genügt beim Randvermerk eine **bloße Paraphe** ohne Beifügung des Amtszusatzes.[20] 8

Der Inhalt von **Anlagen** kann wahlweise in dem Verfahren nach Abs. 1 S. 1 wie bei der Niederschrift mit Randvermerk und Paraphe geändert werden oder ohne dieses Verfahren nach § 44 Abs. 1 S. 2, wenn aus der Niederschrift hervorgeht, dass die Änderung genehmigt wurde.[21] 9

2. Änderungen nach Abschluss des Beurkundungsverfahrens. Das Gesetz unterscheidet zwischen offensichtlichen Unrichtigkeiten und sonstigen Unrichtigkeiten. Im ersteren Fall genügt ein einfacher Nachtragsvermerk zur Änderung der Urkunde, im letzteren Fall bedarf es hierzu einer besonderen Niederschrift. 10

Damit ist es von erheblicher praktischer Bedeutung, wann eine **offensichtliche Unrichtigkeit** anzunehmen ist. In der Literatur wird eine weite Auslegung befürwortet.[22] Die Unrichtigkeit muss sich nicht aus der Urkunde selbst ergeben, sondern es können auch außerhalb der Urkunde liegende Umstände berücksichtigt werden.[23] Bei der Offensichtlichkeit ist darauf abzustellen, ob die Unrichtigkeit für den beurkundenden Notar, nicht aber notwendigerweise für andere Personen offensichtlich ist.[24] Beispiele für offensichtliche Unrichtigkeiten sind Schreib- und Rechenfehler, Falschbezeichnungen, wie etwa falsche Grundbuchnummern,[25] oder auch Unvollständigkeiten.[26] Ebenfalls erfasst sind Fälle der falsa demonstratio.[27] 11

Liegt nach dem Vorgesagten eine offensichtliche Unrichtigkeit vor, so ist es ausreichend, einen **Nachtragsvermerk** entsprechend der Vorgaben der Vorschrift zu fertigen. Der Nachtragsvermerk kann auch durch einen Vertreter oder Amtsnachfolger gefertigt werden, so denn dessen Wahrnehmung (zB aus der Urkunde oder den Nebenakten) hinreichend für die Richtigstellung ist.[28] 12

Gemäß § 44 Abs. 2 S. 4 darf ein Nachtragsvermerk nur noch auf einem gesonderten Blatt und nicht etwa auf dem Blatt der Unterschriften erfolgen, wenn die 13

17 *Winkler* BeurkG § 44a Rn. 12.
18 Frenz/Miermeister/*Limmer* BNotO § 44a Rn. 5.
19 BGH DNotZ 1995, 28.
20 *Winkler* BeurkG § 44a Rn. 12; Grziwotz/Heinemann/*Heinemann* BeurkG § 44a Rn. 15.
21 Frenz/Miermeister/*Limmer* BNotO § 44a Rn. 7.
22 Siehe nur: DNotI-Report 2000, 73, (74).
23 Frenz/Miermeister/*Limmer* BNotO § 44a Rn. 14.
24 Frenz/Miermeister/*Limmer* BNotO § 44a Rn. 14a; *Kanzleiter* DNotZ 1999, 292 (305); *Winkler* BeurkG § 44a Rn. 18 ff.; DNotI-Report 2000, 73, (74).
25 Frenz/Miermeister/*Limmer* BNotO § 44a Rn. 14; *Kanzleiter* DNotZ 1999, 292 (305).
26 Frenz/Miermeister/*Limmer* BNotO § 44a Rn. 14; *Winkler* BeurkG § 44a Rn. 17 f.
27 *Winkler* BeurkG § 44a Rn. 19 f.
28 Frenz/Miermeister/*Limmer* BNotO § 44a Rn. 15; Grziwotz/Heinemann/*Heinemann* BeurkG § 44a Rn. 34; *Winkler* BeurkG § 44a Rn. 42; DNotI-Report 2014, 9 ff.

elektronische Fassung bereits zum Zeitpunkt der Richtigstellung in der elektronischen Urkundensammlung verwahrt wird. Auf diese Weise kann die Richtigstellung auch in der elektronischen Urkundensammlung nachvollzogen werden.[29]

14 Handelt es sich um keine **offensichtliche Unrichtigkeit**, so ist gem. Abs. 2 S. 3 eine besondere Niederschrift aufzunehmen. Mit dieser Aussage stellt das Gesetz nur eine Selbstverständlichkeit fest: Eine Änderung der Urkunde ist grundsätzlich nur unter Anwesenheit aller Beteiligter und unter Einhaltung sämtlicher Anforderungen an eine Niederschrift von Willenserklärungen möglich.

15 Änderungen können unabhängig davon erfolgen, ob Ausfertigungen oder beglaubigte Abschriften bereits erteilt wurden.[30] Wurden sie bereits erteilt, so ist jede erteilte Urkunde von dem Notar durch eine korrigierte zu ersetzen; die unrichtige Urkunde ist dem Notar herauszugeben.[31]

III. Tatsachenbeurkundungen

16 Die Vorschrift ist auch auf die Änderung von Tatsachenbeurkundungen anwendbar, auch wenn ihr Wortlaut dies nur eingeschränkt vermuten lässt. Denn die Vorschrift hat das Beurkundungsverfahren von Willenserklärungen vor Augen, bei dem die Niederschriften vorgelesen und genehmigt werden. Bei Tatsachenbeurkundungen ist es jedoch anders. Hier ist das Beurkundungsverfahren nicht mit der Unterzeichnung durch den Notar beendet. Vielmehr kann der Notar beim Bezeugungsverfahren mehrere Fassungen und auch vollkommen neue Fassungen seiner Niederschrift anfertigen, wobei es auch nicht entscheidend ist, wie viel Zeit verstrichen ist (zur Änderung von Hauptversammlungsprotokollen → § 37 Rn. 6 ff.).[32]

17 Für die Differenzierung nach § 44a ist es maßgeblich, wann das **Beurkundungsverfahren bei Tatsachenbeurkundungen abgeschlossen** ist, denn erst nach Abschluss ist Abs. 2 einschlägig. Ein Abschluss liegt jedenfalls dann vor, wenn der Notar sein **Zeugnis nach außen gegeben** hat.[33] Hingegen ist es umstritten, ob das Beurkundungsverfahren auch schon dann abgeschlossen ist, wenn der Notar die Niederschrift bereits unterschrieben, aber noch nicht nach außen gegeben hat.[34] Relevanz hat dieser Streit insbesondere für den Fall der unerwarteten Handlungsunfähigkeit des Notars.

18 **1. Änderungen vor Abschluss des Beurkundungsverfahrens.** Vor Abschluss des Beurkundungsverfahrens kann der Notar sein Zeugnis noch **in jeder Hinsicht ändern**, ohne dass ihn § 44a dabei einschränkt.[35] Diese Freiheit dient dem Ziel, dass der Notar die Niederschrift in der Weise errichten kann, dass die von ihm wahrgenommenen Tatsachen richtig wiedergegeben werden.[36]

19 Es gibt unterschiedliche Möglichkeiten, eine Änderung von Tatsachenurkunden vorzunehmen. Dies kann durch einen Berichtigungsvermerk oder durch eine

29 BT-Drs. 18/10607, 85.
30 Frenz/Miermeister/*Limmer* BNotO § 44a Rn. 13.
31 Frenz/Miermeister/*Limmer* BNotO § 44a Rn. 13; *Bergermann* RNotZ 2002, 557 (568).
32 BGH NJW 2018, 52 (54); Armbrüster/Preuß/Renner/*Preuß* BeurkG § 44a Rn. 22.
33 BGH NJW 2018, 52 (54); NJW 2009, 2207 (2208).
34 Dagegen: BGH NJW 2009, 2207 (2208); *Bohrer* NJW 2007, 2019 (2020); dafür: OLG Frankfurt/M. NJW 2007, 1221 (1222); Armbrüster/Preuß/Renner/*Preuß* BeurkG § 44a Rn. 26, *Kanzleiter* DNotZ 2007, 804 (809).
35 BGH NJW 2018, 52 (54); Armbrüster/Preuß/Renner/*Preuß* BeurkG § 44a Rn. 23.
36 BGH NJW 2018, 52 (54); Armbrüster/Preuß/Renner/*Preuß* BeurkG § 44a Rn. 23.

berichtigende, ergänzende oder auch ersetzende Niederschrift erfolgen.[37] Von welcher Änderungsmöglichkeit Gebrauch gemacht wird, hängt von Art und Umfang der Änderungen ab und steht im Belieben des Notars.

2. Änderungen nach Abschluss des Beurkundungsverfahrens. Hat der Notar die Urkunde nach außen gegeben, so ist das Beurkundungsverfahren abgeschlossen. Für Änderungen, die danach erforderlich sind, findet das Verfahren nach Abs. 2 Anwendung.[38] Es gilt das zu der Beurkundung von Willenserklärungen Gesagte (→ Rn. 9 ff.). Offensichtliche Unrichtigkeiten können also unproblematisch korrigiert werden. Weitergehende Änderungen sind etwa in der Form einer Nachtragsniederschrift möglich.[39] 20

Ist die Urkunde bereits in den Rechtsverkehr gelangt, lässt sich ihre Wirkung teilweise nicht mehr rückwirkend beseitigen. Dies ist etwa der Fall, wenn eine korrigierte Gesellschafterliste zum Handelsregister eingereicht wird. Wirkung hat die korrigierte Liste erst mit Eintragung.[40] 21

IV. Feststellungsinhalt bei Niederschriften von Willenserklärungen

Niederschriften nach §§ 6 ff. haben auch einen feststellenden Inhalt. Berichtigungen an diesem Inhalt können – entsprechend den Regelungen zu Änderungen nach dem Abschluss von Tatsachenbeurkundungen – ohne Mitwirkung der an der Urkunde Beteiligten erfolgen, wenn der Notar den Inhalt seiner Wahrnehmung unrichtig wiedergegeben hat.[41] Dies ist auch der Fall, wenn der Notar vergessen hat, eine ereignete Tatsache mit aufzunehmen.[42] 22

V. Rechtsmittel

Die Beteiligten können nicht verlangen, dass eine Berichtigung der Niederschrift gegen den Willen des Notars erfolgt; zur Begründung wird der Rechtsgedanke des § 319 Abs. 3 ZPO entsprechend herangezogen.[43] Ebenso wenig kann gegen eine erfolgte Berichtigung vorgegangen werden.[44] Dies entspricht der Rechtslage bei der Berichtigung eines gerichtlichen Protokolls.[45] 23

§ 44b Nachtragsbeurkundung

(1) [1]Wird der Inhalt einer Niederschrift in einer anderen Niederschrift berichtigt, geändert, ergänzt oder aufgehoben, soll der Notar durch einen mit dem

37 Armbrüster/Preuß/Renner/*Preuß* BeurkG § 44a Rn. 24; *Kanzleiter* DNotZ 2007, 804 (810).

38 Armbrüster/Preuß/Renner/*Preuß* BeurkG § 44a Rn. 27.

39 BGH NJW 2018, 52 (54).

40 OLG Nürnberg NZG 2018, 312 (314).

41 Armbrüster/Preuß/Renner/*Preuß* BeurkG § 44a Rn. 29; *Winkler* BeurkG § 44a Rn. 4; Grizwotz/Heinemann/*Heinemann* BeurkG § 44a Rn. 27 ff.; DNotI-Report 2011, 35 (36 f.) (zur falschen Amtsbezeichnung des beurkundenden Notars); aA OLG Hamm DNotZ 1988, 565 (566 f.) (falsche Kennzeichnung der Urkundsperson).

42 Armbrüster/Preuß/Renner/*Preuß* BeurkG § 44a Rn. 29; *Winkler* BeurkG § 44a Rn. 26 ff.; DNotI Report, 2006, 9 (11 f.).

43 OLG Frankfurt/M. DNotZ 1997, 79 (80 f.); OLG München FGPrax 2007, 239 (240); Armbrüster/Preuß/Renner/*Preuß* BeurkG § 44a Rn. 1; Frenz/Miermeister/*Limmer* BNotO § 44a Rn. 18.

44 OLG Frankfurt/M. DNotZ 2011, 48 (49); Armbrüster/Preuß/Renner/*Preuß* BeurkG § 44a Rn. 1; Grziwotz/Heinemann/*Heinemann* BeurkG § 44a Rn. 39.

45 S. nur BGH NJW-RR 2005, 214.

Datum zu versehenden und von ihm zu unterschreibenden Nachtragsvermerk auf die andere Niederschrift verweisen. [2] § 44a Absatz 2 Satz 3 und 4 gilt entsprechend. [3]Anstelle eines Nachtragsvermerks kann der Notar die andere Niederschrift zusammen mit der Niederschrift verwahren.

(2) Nachtragsvermerke sowie die zusammen mit der Niederschrift verwahrten anderen Niederschriften nach Absatz 1 soll der Notar in Ausfertigungen und Abschriften der Urschrift übernehmen.

[§ 44b Abs. 1 ab 1.8.2022:]

(1) [1]Wird der Inhalt einer Niederschrift in einer anderen Niederschrift berichtigt, geändert, ergänzt oder aufgehoben, soll der Notar durch einen mit dem Datum zu versehenden und von ihm zu unterschreibenden Nachtragsvermerk auf die andere Niederschrift verweisen. [2]§ 44a Absatz 2 Satz 3 bis 5 gilt entsprechend. [3]Anstelle eines Nachtragsvermerks kann der Notar die andere Niederschrift zusammen mit der Niederschrift verwahren.

I. Allgemeines

1 Zweck der Vorschrift ist es, dass die geänderte Urkunde nicht übersehen wird.[1] Verstöße gegen § 44b führen zu einer Amtspflichtverletzung des Notars, lassen aber die Wirksamkeit der Urkunde unberührt.[2]

II. Nachtragsbeurkundung

2 Die Vorschrift betrifft Nachtragsbeurkundungen, also solche Beurkundungen, die nach den Vorgaben des § 44a Abs. 3 erfolgen. Die Änderung muss also nach Abschluss des Beurkundungsverfahrens erfolgen und nicht nur offensichtliche Unrichtigkeiten betreffen. Wie auch bei § 44a kann eine Nachtragsbeurkundung die Änderung einer Niederschrift über Willenserklärungen wie auch eine Änderung von Tatsachenurkunden betreffen.[3] Aufgrund der Anlehnung an § 44a gilt die Vorschrift folgerichtig weder für beglaubigte Schriftstücke noch für Änderungen von Vermerken oder Bescheinigungen nach § 21 BNotO.[4]

III. Verbindung mit der geänderten Niederschrift (Abs. 1)

3 Inhaltlich findet eine Verbindung der Änderungsurkunde mit der geänderten Urkunde auf die Weise statt, dass die geänderte Urkunde einen **Verweis** auf die **Änderungsurkunde** enthält (Abs. 1 S. 1). Ebenso bietet es sich der Übersichtlichkeit halber an, auf der Änderungsurkunde ebenfalls einen Verweis mit aufzunehmen.[5] Die gegenständliche Verbindung der geänderten Niederschrift mit der

1 Grziwotz/Heinemann/*Heinemann* BeurkG § 44b Rn. 4.
2 Armbrüster/Preuß/Renner/*Preuß* BeurkG § 44b Rn. 1; Grziwotz/Heinemann/*Heinemann* BeurkG § 44b Rn. 11; *Winkler* BeurkG § 44b Rn. 10.
3 Armbrüster/Preuß/Renner/*Preuß* BeurkG § 44b Rn. 2; Grziwotz/Heinemann/*Heinemann* BeurkG § 44b Rn. 2; eine Anwendbarkeit für Tatsachenbeurkundungen verneinend: Frenz/Miermeister/*Limmer* BnotO § 44b Rn. 3.
4 Armbrüster/Preuß/Renner/*Preuß* BeurkG § 44b Rn. 2; Grziwotz/Heinemann/*Heinemann* BeurkG § 44b Rn. 3.
5 *Winkler* BeurkG § 44b Rn. 3.

Änderungsniederschrift kann gem. Abs. 1 auf zwei unterschiedliche Weisen geschehen: entweder in Form eines Nachtragsvermerks (Abs. 1 S. 1 und 2) oder in Form einer gemeinsamen Verwahrung (Abs. 1 S. 3).

Der **Nachtragsvermerk** ist mit dem Datum zu versehen und zu unterschreiben. Wird die geänderte Urkunde zum Zeitpunkt der Änderung bereits in der elektronischen Urkundensammlung verwahrt, so darf der Nachtragsvermerk nur noch auf einem gesonderten, mit der Urkunde zu verbindenden Blatt niedergelegt werden (Abs. 1 S. 2 iVm § 44a Abs. 2 S. 4). Das gesonderte Blatt muss dann auch in die elektronische Urkundensammlung gem. § 56 (der gem. § 76 Abs. 5 erst ab dem 1.7.2022 gilt) überführt und dann zusammen mit der geänderten Niederschrift verwahrt werden.[6] Wird die Urkunde noch nicht in der elektronischen Urkundensammlung verwahrt, so kann der Nachtragsvermerk auch auf der geänderten Urkunde nach den Unterschriften oder auf einem besonderen, mit der geänderten Urkunde zu verbindenden Blatt niedergelegt werden (Abs. 1 S. 2 iVm § 44a Abs. 2 S. 3). 4

Alternativ zum Nachtragsvermerk bietet das Gesetz die **gemeinsame Verwahrung** der Änderungsniederschrift und der geänderten Niederschrift nach Abs. 1 S. 3 an. Für die gemeinsame Verwahrung ist es lediglich gem. § 18 Abs. 2 S. 1 DONot erforderlich, dass eine feste Verbindung hergestellt wird.[7] In der elektronischen Urkundensammlung erfolgt die gemeinsame Verwahrung entsprechend den Vorgaben des § 78h Abs. 3 S. 1 BNotO. 5

IV. Ausfertigungen und Abschriften (Abs. 2)

Nach der Änderung erteilte Ausfertigungen und Abschriften der geänderten Urkunde müssen erkennen lassen, dass eine Änderung erfolgte. Deshalb ordnet Abs. 2 der Vorschrift an, dass Nachtragsvermerke sowie Änderungsniederschriften in Ausfertigungen und Abschriften der geänderten Urkunde zu übernehmen sind. 6

§ 45 Urschrift

(1) Die Urschrift der notariellen Urkunde bleibt, wenn sie nicht auszuhändigen ist, in der Verwahrung des Notars.

(2) Wird die Urschrift der notariellen Urkunde nach § 56 in ein elektronisches Dokument übertragen und in der elektronischen Urkundensammlung verwahrt, steht die elektronische Fassung der Urschrift derjenigen in Papierform gleich.

[§ 45 Abs. 3 ab 1.8.2022:]

(3) Das nach § 16b oder § 39a erstellte elektronische Dokument (elektronische Urkunde), das in der elektronischen Urkundensammlung verwahrt wird, gilt als Urschrift im Sinne dieses Gesetzes (elektronische Urschrift).

6 Armbrüster/Preuß/Renner/*Preuß* BeurkG § 44b Rn. 4.

7 Armbrüster/Preuß/Renner/*Preuß* BeurkG § 44b Rn. 5; Grziwotz/Heinemann/*Heinemann* BeurkG § 44b Rn. 9; *Winkler* BeurkG § 44b Rn. 6.

§ 45a Aushändigung der Urschrift

(1) [1]Die Urschrift einer Niederschrift soll nur ausgehändigt werden, wenn dargelegt wird, dass sie im Ausland verwendet werden soll, und sämtliche Personen zustimmen, die eine Ausfertigung verlangen können. [2]In diesem Fall soll die Urschrift mit dem Siegel versehen werden; ferner soll eine Ausfertigung zurückbehalten und auf ihr vermerkt werden, an wen und weshalb die Urschrift ausgehändigt worden ist. [3]Die Ausfertigung tritt an die Stelle der Urschrift.

(2) Die Urschrift einer Urkunde, die in der Form eines Vermerks verfasst ist, ist auszuhändigen, wenn nicht die Verwahrung verlangt wird.

I. Allgemeines

1 Der bisherige § 45 wurde zum 1.1.2022 aufgespalten in einen § 45 und einen § 45a. Inhaltlich bringt die Änderung nur eine echte Neuerung mit sich: § 45 Abs. 2 wurde neu eingeführt, um die **rechtliche Gleichstellung** der in der elektronischen Urkundensammlung aufbewahrten Fassung der Urschrift mit der Urschrift in Papierform zu bewirken. Die weiteren Vorschriften bleiben inhaltlich unverändert: § 45a entspricht § 45 Abs. 2 und 3 aF und § 45 Abs. 1 aF ist identisch mit § 45 Abs. 1 nF.

II. Verwahrung der Urschrift

2 Die Urschrift ist grundsätzlich **vom Notar zu verwahren**, um die Existenz der Urkunde sicherzustellen.[1] Sie tritt nicht nach außen, sondern wird für den Rechtsverkehr durch ihre Ausfertigung vertreten (§ 47). Ausnahmefälle von der Verwahrung durch den Notar und wie mit ihnen zu verfahren ist, regeln insbesondere die §§ 45, 51, 55 und 58 BNotO.

3 Die Vorschriften über die Verwahrung gelten für Niederschriften von Willenserklärungen, Niederschriften über Tatsachenbeurkundungen, Eide und eidesstattliche Versicherungen. Wie sich aus § 45a Abs. 2 ergibt, sind Urkunden in Vermerkform (§§ 39 ff.) grundsätzlich auszuhändigen und nicht vom Notar zu verwahren. Sie können allerdings auf Antrag verwahrt werden. In diesem Fall können beglaubigte Abschriften von der Urkunde erteilt werden, nicht aber Ausfertigungen.[2] Muss die Vermerkurkunde selbst – und nicht nur eine beglaubigte Abschrift – im Rechtsverkehr verwendet werden, so muss die Urschrift der Vermerkurkunde von dem diese verwahrenden Notar herausgegeben werden.[3]

4 Eine Besonderheit ergibt sich bei der Verwahrung von **Verfügungen von Todes wegen**. Diese sind gem. § 34 Abs. 1 und 2 in die amtliche Verwahrung des Amtsgerichts zu bringen. Die amtliche Verwahrung von Erbverträgen wird in der notariellen Praxis jedoch häufig nach § 34 Abs. 2 und 3 ausgeschlossen, so dass die Urschrift des Erbvertrags damit in der Verwahrung des Notars verbleibt (§ 34).

---

1 Armbrüster/Preuß/Renner/*Preuß* BeurkG § 45a Rn. 2; Frenz/Miermeister/*Limmer* BNotO § 45 Rn. 2.
2 Armbrüster/Preuß/Renner/*Preuß* BeurkG § 45a Rn. 5.
3 Armbrüster/Preuß/Renner/*Preuß* BeurkG § 45a Rn. 5.

Soll ein Notar einen Anwaltsvergleich nach § 796a ZPO für vollstreckbar erklären, so nimmt er die Urkunde, in der der Vergleich enthalten ist, mit in Verwahrung (§ 796c Abs. 1 S. 1 ZPO; § 18 Abs. 1 DONot (nunmehr: § 31 Abs. 1 Nr. 5 NotAktVV). Hier sind die §§ 45 und 45a entsprechend anwendbar.[4] 5

III. Gleichstellung von Papierform und elektronischer Fassung § 45 Abs. 2

Die elektronische Fassung der Urschrift soll in ihrer rechtlichen Wirkung gleichgestellt neben die Urschrift in Papierform treten. Dies wird in § 45 Abs. 2 geregelt, der im Grunde nur speziell für die Urschrift die allgemeine Regelung des § 56 Abs. 3 wiederholt. In die elektronische Form können sämtliche Urkunden überführt werden, unabhängig davon, ob sie unter Geltung des BeurkG errichtet wurden oder davor. § 73 gilt auch hier.[5] 6

Der **Beweiswert** der elektronischen Fassung steht dem der Urschrift in Papierform gleich. Sollte hingegen der Inhalt der elektronischen Fassung von dem Inhalt der Urschrift in Papierform abweichen, so ist dieser Widerspruch, wenn er sich nicht anderweitig beheben lässt, in einem gerichtlichen Verfahren zu klären und über den „richtigen" Inhalt im Rahmen der freien richterlichen Beweiswürdigung zu entscheiden.[6] Künftig wird in § 45 Abs. 3 geregelt, dass auch bei nach § 16b kF oder § 39a kF erstellten Dokumenten die Eigenschaft als Vorschrift fingiert wird. 7

IV. Aushändigung der Urschrift

Die **Urschrift verbleibt beim Notar.** Er darf sie grundsätzlich nicht aushändigen, auch nicht nur vorübergehend (zur Aushändigung elektronischer Dokumente s. § 45b). Dies gilt nach überwiegender Auffassung selbst dann, wenn dies von Gerichten, Behörden oder anderen Urkundspersonen verlangt wird.[7] Auch dem Verlangen der an der Urkunde Beteiligten zur Aushändigung der Urschrift, darf der Notar nicht nachkommen.[8] Nur Vermerkurkunden werden üblicherweise ausgehändigt (→ Rn. 3). 8

Eine Ausnahme zu diesem Grundsatz enthält § 45a Abs. 1 S. 1. Danach darf die Urschrift bei kumulativem Vorliegen der folgenden Voraussetzungen ausgehändigt werden: 9

- Urschrift soll im **Ausland** verwendet werden
- **Darlegung**, nicht Glaubhaftmachung, der Verwendungsabsicht[9]
- formlose **Zustimmung** der Personen, die eine Ausfertigung verlangen können (§ 51)

Grund für die Herausgabe wird es regelmäßig sein, dass die ausländische Rechtsordnung das Vorliegen der Urschrift erfordert und nicht deren Ersatz durch eine Ausfertigung genügen lässt. Der Notar muss auch insoweit die Vorschriften der ausländischen Rechtsordnung nicht kennen (§ 17 Abs. 3). Verwei- 10

4 Armbrüster/Preuß/Renner/*Preuß* BeurkG § 45a Rn. 5; Musielak/Voit/*Voit* ZPO § 796c Rn. 3.
5 Armbrüster/Preuß/Renner/*Preuß* BeurkG § 45a Rn. 3; *Winkler* BeurkG § 45 nF Rn. 4.
6 BT-Drs. 18/10607, 86; *Winkler* BeurkG § 45 nF Rn. 5.
7 Armbrüster/Preuß/Renner/*Preuß* BeurkG § 45a Rn. 7; Grziwotz/Heinemann/*Heinemann* BeurkG § 45a Rn. 3; Frenz/Miermeister/*Limmer* BNotO § 45 Rn. 6; *Winkler* BeurkG § 45 Rn. 8a.
8 Armbrüster/Preuß/Renner/*Preuß* BeurkG § 45a Rn. 7; *Winkler* BeurkG § 45 Rn. 8.
9 Frenz/Miermeister/*Limmer* BNotO § 45 Rn. 7.

gert der Notar die Aushändigung, so steht gem. § 54 Abs. 1 die Beschwerde als Rechtsmittel zur Verfügung.

11 Soll eine Aushändigung erfolgen, so regelt die Vorschrift, wie weiter zu verfahren ist. Die Urschrift ist mit dem Siegel zu versehen, und zwar selbst dann, wenn es sich bei der Urschrift nur um ein einzelnes Blatt handelt. Zum Ersatz der Urschrift in der Urkundensammlung ist eine Ausfertigung zu erstellen, die fortan vom Notar aufzubewahren ist. Von dieser die Urschrift ersetzenden Ausfertigung können weitere Ausfertigungen erteilt werden. Zu Dokumentationszwecken ist auf der ersetzenden Ausfertigung zu vermerken, an wen und weshalb die Urschrift ausgehändigt wurde. Wird die Urschrift ausgehändigt und ist sie noch nicht in die elektronische Urkundensammlung übertragen worden, so ist entweder die Urschrift vor der Aushändigung oder danach die diese ersetzende Ausfertigung in die elektronische Form zu übertragen.[10]

12 Spezielle Regelungen sind für die **Herausgabe von Erbverträgen** zu beachten, wenn diese vom Notar verwahrt werden (→ Rn. 4). Nach § 2300 Abs. 2 S. 3 iVm § 2256 Abs. 1 BGB führt die Rücknahme aus der amtlichen Verwahrung zur Aufhebung des Erbvertrags. § 45 Abs. 2 findet in diesem Fall gerade keine Anwendung.[11] Über diese Rechtsfolge sind die Beteiligten zu belehren. Es ist auf der Urkunde zu vermerken und aktenkundig zu machen, dass die Rückgabe und die Belehrung über ihre Rechtsfolgen geschehen sind (§ 2300 Abs. 2 S. 3 iVm § 2256 Abs. 1 S. 2 BGB). Die Rückgabe darf nur an die an dem Erbvertrag Beteiligten gemeinschaftlich vor dem Notar erfolgen (§ 2300 Abs. 2 S. 2 BGB). Der Versand des Erbvertrags per Post erfüllt diese Anforderungen nicht.[12]

[§ 45b ab 1.8.2022:]

§ 45b Verwahrung und Aushändigung elektronischer Urkunden

(1) [1]Das nach § 16b erstellte elektronische Dokument bleibt in der Verwahrung des Notars. [2]Elektronische Vervielfältigungen dieses elektronischen Dokuments sollen nicht ausgehändigt werden.

(2) [1]Das nach § 39a erstellte elektronische Dokument bleibt nur dann in der Verwahrung des Notars, wenn die Verwahrung verlangt wird. [2]Die Verwahrung kann nur verlangt werden, wenn das Dokument den nach § 35 Absatz 4 der Verordnung über die Führung notarieller Akten und Verzeichnisse zu beachtenden Vorgaben für die Einstellung elektronischer Dokumente in die elektronische Urkundensammlung entspricht. [3]Elektronische Vervielfältigungen dieses elektronischen Dokuments können ausgehändigt werden. [4]Wird die Verwahrung nicht verlangt, ist das nach § 39a erstellte elektronische Dokument auszuhändigen.

I. Allgemeines

1 § 45b tritt mit Wirkung zum 1.8.2022 in Kraft und enthält Regelungen zum Umgang mit nach § 16b und § 39a erstellten elektronischen Dokumenten.

10 BT-Drs. 18/10607, 86 f.
11 *Winkler* BeurkG § 45 Rn. 15.
12 Armbrüster/Preuß/Renner/*Preuß* BeurkG § 45a Rn. 12; Frenz/Miermeister/*Limmer* BNotO § 45 Rn. 11.

II. Verwahrung und Aushändigung elektronischer Niederschriften iSd § 16b

§ 45b Abs. 1 bezieht sich auf die Aufnahme elektronischer Niederschriften iSv § 16b und regelt in Satz 1, dass das hierzu erstellte elektronische Dokument in der Verwahrung des Notars bleibt. Ausweislich der Gesetzesbegründung dient die Vorschrift – wie auch bei Niederschriften, die in Papierform errichtet werden – dem Schutz der Urkundenexistenz.[1] Von einer § 45a Abs. 1 entsprechenden Ausnahmeregelung, die die Aushändigung zur Verwendung im Ausland erlaubt, hat der Gesetzgeber aber abgesehen und auf die Möglichkeit der Errichtung von Niederschriften in Papierform nach den §§ 8 ff. verwiesen, die dann wiederum zur Verwendung im Ausland ausgehändigt werden können.[2] Gemäß Satz 2 sollen elektronische Vervielfältigungen des nach § 16b errichteten elektronischen Dokuments nicht ausgehändigt werden. Ausgehändigt werden können dagegen Ausfertigungen, beglaubigte oder einfache Ausdrucke und Abschriften in Papierform der elektronischen Urschrift einer elektronischen Niederschrift iSv § 16b.[3] Ebenfalls möglich ist die Erteilung einfacher und beglaubigter Abschriften der elektronischen Niederschrift in elektronischer Form.[4] 2

III. Verwahrung und Aushändigung einfacher elektronischer Zeugnisse iSd § 39a

Abs. 2 bezieht sich auf die Errichtung einfacher elektronischer Zeugnisse iSv § 39a und bestimmt in Satz 1, dass das hierzu erstellte elektronische Dokument nur dann in der Verwahrung des Notars bleibt, wenn die Verwahrung verlangt wird. Voraussetzung für die Verwahrung ist nach Satz 2, dass das zu verwahrende Dokument den Vorgaben für die Einstellung elektronischer Dokumente in die elektronische Urkundensammlung nach § 35 Abs. 4 NotAktVV (→ NotAktVV § 35 Rn. 6) entspricht. Durch diese Vorgaben wird einerseits gewährleistet, dass die Dokumente für die Langzeitarchivierung in der elektronischen Urkundensammlung geeignet sind, sie stellen andererseits aber auch die Leistungsfähigkeit und Sicherheit der elektronischen Urkundensammlung selbst sicher.[5] Satz 3 erlaubt die Aushändigung elektronischer Vervielfältigungen eines nach § 39a elektronisch errichteten Dokuments. Grund hierfür ist, dass einfache elektronische Zeugnisse iSv § 39a – anders als elektronische Niederschriften iSv § 16b – stets mit der Bestätigung der Notareigenschaft durch die zuständige Stelle verbunden sind (§ 39a Abs. 2 S. 1).[6] Auch möglich ist daneben die Errichtung einfacher und beglaubigter Ausdrucke und Abschriften auch in elektronischer Form. Für den Fall, dass die Verwahrung nicht verlangt wird, sieht Satz 4 vor, dass das nach § 39a erstellte elektronische Dokument auszuhändigen ist. 3

§ 46 Ersetzung der Urschrift

(1) [1]Ist die Urschrift einer Niederschrift ganz oder teilweise zerstört worden oder abhanden gekommen und besteht Anlaß, sie zu ersetzen, so kann auf einer noch vorhandenen Ausfertigung oder beglaubigten Abschrift oder einer davon

1 BT-Drs. 19/30523, 102.
2 BT-Drs. 19/30523, 102 f.
3 BT-Drs. 19/30523, 103.
4 BT-Drs. 19/30523, 103.
5 BT-Drs. 19/30523, 103.
6 BT-Drs. 19/30523, 103.

gefertigten beglaubigten Abschrift vermerkt werden, daß sie an die Stelle der Urschrift tritt. [2]Der Vermerk kann mit dem Beglaubigungsvermerk verbunden werden. [3]Er soll Ort und Zeit der Ausstellung angeben und muß unterschrieben werden.

(2) [1]Ist die elektronische Fassung der Urschrift ganz oder teilweise zerstört worden, soll die Urschrift erneut nach § 56 in die elektronische Form übertragen und in der elektronischen Urkundensammlung verwahrt werden. [2]Ist die Urschrift nicht mehr vorhanden, gilt Absatz 1 entsprechend oder die Wiederherstellung erfolgt aus einer im Elektronischen Urkundenarchiv gespeicherten früheren elektronischen Fassung der Urschrift. [3]Für die Wiederherstellung aus einer früheren elektronischen Fassung gilt § 56 Absatz 1 entsprechend; in dem Vermerk soll zusätzlich die Tatsache der sicheren Speicherung im Elektronischen Urkundenarchiv angegeben werden.

(3) [1]Die Ersetzung erfolgt durch die Stelle, die für die Erteilung einer Ausfertigung zuständig ist.

(4) [1]Vor der Ersetzung der Urschrift soll der Schuldner gehört werden, wenn er sich in der Urkunde der sofortigen Zwangsvollstreckung unterworfen hat. [2]Von der Ersetzung der Urschrift sollen die Personen, die eine Ausfertigung verlangen können, verständigt werden, soweit sie sich ohne erhebliche Schwierigkeiten ermitteln lassen.

[§ 46 Abs. 3–5 ab 1.8.2022:]

(3) Ist die elektronische Urschrift ganz oder teilweise zerstört worden, so gilt Absatz 2 Satz 2 und 3 entsprechend.

(4) Die Ersetzung erfolgt durch die Stelle, die für die Erteilung einer Ausfertigung zuständig ist.

(5)[1]Vor der Ersetzung der Urschrift soll der Schuldner gehört werden, wenn er sich in der Urkunde der sofortigen Zwangsvollstreckung unterworfen hat. [2]Von der Ersetzung der Urschrift sollen die Personen, die eine Ausfertigung verlangen können, verständigt werden, soweit sie sich ohne erhebliche Schwierigkeiten ermitteln lassen.

I. Allgemeines

1 Der Verlust einer Urschrift ändert nichts an der Wirksamkeit des Rechtsgeschäfts. Die Vorschrift dient lediglich dazu, durch den Verlust entstehende Nachweisprobleme zu vermeiden.[1] Anwendbar ist die Vorschrift auch für Urkunden, die vor dem Inkrafttreten des BeurkG errichtet wurden (§ 73 Abs. 1).

II. Ersetzungsverfahren

2 Für die Zuständigkeit der Ersetzung verweist § 46 Abs. 3 auf § 48. Die Urkunde muss zerstört oder abhandengekommen sein und es muss Anlass bestehen, sie zu ersetzen. Letzteres ist nur dann der Fall, wenn ein Rechtsschutzinteresse für die Ersetzung besteht,[2] also dann, wenn eine Ausfertigung und nicht bloß eine beglaubigte Abschrift für einen Beteiligten notwendig ist. Genügt eine beglaubigte Abschrift, so kann diese auch von einer Ausfertigung oder einer anderen beglaubigten Abschrift erstellt werden.[3] Ein Rechtsschutzbedürfnis ist regel-

1 Frenz/Miermeister/*Limmer* BNotO § 46 Rn. 1.
2 Frenz/Miermeister/*Limmer* BNoto § 46 Rn. 3; Grziwotz/Heinemann/*Heinemann* BeurkG § 46 Rn. 18 ff.
3 *Winkler* BeurkG § 46 Rn. 13.

mäßig zu verneinen, wenn es um die Ersetzung von Verfügungen von Todes wegen geht. Denn in einem solchen Fall kann im Erbscheinsverfahren der Beweis auch durch andere Beweismittel geführt werden, u.a. durch eine beglaubigte Abschrift.[4]

Für die Ersetzung der Urkunde ist es erforderlich, dass eine **Ausfertigung oder eine beglaubigte Abschrift der Urschrift** (nicht jedoch eine beglaubigte Abschrift der Ausfertigung oder eine beglaubigte Abschrift einer weiteren beglaubigten Abschrift)[5] noch vorhanden ist, Abs. 1. Ist eine solche nicht vorhanden, so steht nur der Rechtsstreit zur Klärung offen.[6] Eine einfache Abschrift ist in keinem Fall ausreichend.[7] Gibt es hingegen eine elektronische Fassung der Urkunde nach § 56, so kann zunächst auf dieser Grundlage eine Ausfertigung erteilt und diese dann zum Ersatz der Urkunde genutzt werden.[8] 3

Nunmehr regelt Abs. 2 die **Ersetzung der elektronischen Fassung** der Urschrift bei Verlust derselben. Ist die Urschrift oder eine nach Abs. 1 diese ersetzende Urkunde noch vorhanden, ist diese erneut in die elektronische Form zu übertragen. Die in Abs. 2 S. 2 Alt. 2. genannte „gespeicherte frühere elektronische Fassung der Urschrift" meint insbesondere solche elektronischen Urschriften, die nach einem veralteten Signaturalgorithmus erstellt wurden und wo keine neue Übersignatur erfolgte.[9] 4

Hat sich der Schuldner in der Urkunde der **sofortigen Zwangsvollstreckung** unterworfen, so ist dieser vor Ersetzung der Urschrift zu hören (Abs. 4 S. 1). Der Grund dafür ist, dass auf der zu ersetzenden Urschrift vermerkt wird, ob eine vollstreckbare Ausfertigung erteilt worden ist (§§ 734, 795 ZPO, § 49 Abs. 4) und sich dies bei Verlust der Urschrift nicht mehr nachprüfen lässt. Auf diese Weise wird verhindert, dass eine zweite vollstreckbare Ausfertigung ohne Einhaltung der dazu erforderlichen Verfahrensvoraussetzungen erteilt wird.[10] Damit der Schuldner auch Einwendungen vortragen kann, muss die Anhörungsfrist angemessen lang sein.[11] Ausnahmsweise ist eine Anhörung aber dann nicht erforderlich, wenn der Aufenthalt des Schuldners nicht ermittelt werden kann.[12] Bestehen Zweifel darüber, ob bereits eine vollstreckbare Ausfertigung in der Vergangenheit erteilt wurde, so bietet es sich an, keine erste, sondern eine weitere Ausfertigung gem. § 733 Abs. 1 ZPO zu erteilen, bei der es einer Anhörung bedarf.[13] 5

Die Anforderungen an den **Ersetzungsvermerk** sind in Abs. 1 und Abs. 2 geregelt. Auf der noch vorhandenen Ausfertigung oder beglaubigten Abschrift wird vermerkt, dass diese an die Stelle der Urschrift tritt. Zudem wird nach umstrittener Auffassung ein Siegel angebracht.[14] Da der zusätzliche Aufwand begrenzt ist, sollte man in der Praxis in jedem Fall ein Siegel anbringen. Wird die elek- 6

4 Armbrüster/Preuß/Renner/*Preuß* BeurkG § 46 Rn. 5; Frenz/Miermeister/*Limmer* BNotO § 46 Rn. 3; *Winkler* BeurkG § 46 Rn. 13.
5 *Winkler* BeurkG § 46 Rn. 10.
6 BT-Drs. V/3282, 39 li. Sp.
7 Armbrüster/Preuß/Renner/*Preuß* BeurkG § 46 Rn. 7.
8 Armbrüster/Preuß/Renner/*Preuß* BeurkG § 46 Rn. 7; Grziwotz/Heinemann/*Heinemann* BeurkG § 46 Rn. 17.
9 BT-Drs. 18/10607, 87.
10 BT-Drs. V/3282, 48 li. Sp.
11 Armbrüster/Preuß/Renner/*Preuß* BeurkG § 46 Rn. 11.
12 Armbrüster/Preuß/Renner/*Preuß* BeurkG § 46 Rn. 12; *Winkler* BeurkG § 46 Rn. 18; Frenz/Miermeister/*Limmer* BNotO § 46 Rn. 4.
13 Armbrüster/Preuß/Renner/*Preuß* BeurkG § 46 Rn. 12.
14 Grziwotz/Heinemann/*Heinemann* BeurkG § 46 Rn. 33; aA: Armbrüster/Preuß/Renner/*Preuß* BeurkG § 46 Rn. 13; *Winkler* BeurkG § 46 Rn. 20.

tronische Fassung nach Abs. 2 S. 1 oder S. 2 Alt. 1. ersetzt, so bedarf es keines Ersetzungsvermerks, sondern schlicht der Übertragung der Urschrift bzw. der diese ersetzenden Urkunde. In dem Fall des Abs. 2 S. 2 Alt. 2 und S. 3 müssen ein Übereinstimmungsvermerk und die Bestätigung der sicheren Speicherung durch die BNotK übermittelt werden.

III. Wirkung der Ersetzung

7 Die Ersatzurkunde ist wie eine Urschrift zu behandeln. Urschriftsqualität erlangt sie mit Anbringung des Vermerks; die Verständigung der anderen Personen gem. Abs. 4 S. 2 (Abs. 5 S. 2 kF) ist keine Wirksamkeitsvoraussetzung.[15] Wird die Urschrift nach Ersetzung wiedergefunden, so stehen zwei Verfahrensweisen offen, die beide vermeiden, dass zwei Urschriften nebeneinander existieren: Der Ersetzungsvermerk wird aufgehoben oder aber die Urschrift wird eingezogen.[16]

§ 47 Ausfertigung

Die Ausfertigung der Niederschrift vertritt die Urschrift im Rechtsverkehr.

[§ 47 ab 1.8.2022:]
§ 47 Ausfertigung
Die Ausfertigung der Niederschrift oder der elektronischen Niederschrift vertritt die Urschrift im Rechtsverkehr.

1 Da die Urschrift – unabhängig davon, ob sie als Niederschrift oder (künftig) als elektronische Niederschrift (iSd § 16b) existiert – grundsätzlich in der Verwahrung des Notars bleibt (§ 45 Abs. 1), wird sie im Rechtsverkehr durch Ausfertigungen vertreten. Grundlage einer Ausfertigung sind nur Niederschriften, nicht aber Vermerkurkunden (Ausnahme: § 50 Abs. 3).[1] Die Ausfertigung steht im Eigentum desjenigen, dem sie erteilt wird.[2]

2 Grundsätzlich genügt im Rechtsverkehr die Vorlage einer beglaubigten Abschrift. Die beglaubigte Abschrift bezeugt, dass die Abschrift mit der Urschrift übereinstimmt, so dass durch sie auch der Inhalt der Urschrift im Rechtsverkehr bewiesen werden kann.[3] Teilweise bedarf es jedoch der Urschrift bzw. der sie vertretenden Ausfertigung. Der wohl häufigste Fall, in dem eine Ausfertigung benötigt wird, ist der Nachweis der Vollmacht gem. § 172 BGB. Weitere Fälle, in denen eine Ausfertigung benötigt wird, sind der Nachweis einer Bestallung (§§ 1791, 1893 Abs. 2, 1897, 1915 BGB) oder einer Testamentsvollstreckung (§ 2368 BGB).

---

15 Armbrüster/Preuß/Renner/*Preuß* BeurkG § 46 Rn. 16.
16 Armbrüster/Preuß/Renner/*Preuß* BeurkG § 46 Rn. 17.
1 Armbrüster/Preuß/Renner/*Preuß* BeurkG § 47 Rn. 1; *Winkler* BeurkG § 47 Rn. 7.
2 OLG Frankfurt DNotZ 2009, 111 (111 f.); Grziwotz/Heinemann/*Heinemann* BeurkG § 47 Rn. 8.
3 Frenz/Miermeister/*Limmer* BNotO § 47 Rn. 2; *Winkler* BeurkG § 47 Rn. 7.

§ 48 Zuständigkeit für die Erteilung der Ausfertigung

[1]Die Ausfertigung erteilt, soweit bundes- oder landesrechtlich nichts anderes bestimmt ist, die Stelle, welche die Urschrift verwahrt. [2]Wird die Urschrift bei einem Gericht verwahrt, so erteilt der Urkundsbeamte der Geschäftsstelle die Ausfertigung.

Die Erteilung von Ausfertigungen erfolgt durch den Notar, der die Urschrift verwahrt (§ 45 Abs. 1). Auch wenn dies nicht ausdrücklich in der Vorschrift geregelt ist, erteilt der die Urschrift verwahrende Notar auch einfache und beglaubigte Abschriften und gewährt die Einsicht in die Urschrift.[1] Sonderfälle der Zuständigkeit sind in der BNotO, insbesondere in den §§ 45 Abs. 2 (der in seiner künftigen Fassung auch die Notarkammer an Stelle des Amtsgerichts nennt), 51 Abs. 1 und 55 Abs. 1 S. 2 BNotO geregelt. 1

Für vollstreckbare Ausfertigungen gilt die spezielle Regelung des § 52. 2

§ 49 Form der Ausfertigung

(1) [1]Die Ausfertigung besteht jeweils mit einem Ausfertigungsvermerk versehen, in

1. einer Abschrift der Urschrift oder der elektronischen Fassung der Urschrift oder

2. einem Ausdruck der elektronischen Fassung der Urschrift.

(2) [1]Der Ausfertigungsvermerk soll den Tag und den Ort der Erteilung angeben, die Person bezeichnen, der die Ausfertigung erteilt wird, und die Übereinstimmung der Ausfertigung mit der Urschrift oder der elektronischen Fassung der Urschrift bestätigen. [2]Er muß unterschrieben und mit dem Siegel der erteilenden Stelle versehen sein. [3]Besteht die Ausfertigung in einer Abschrift oder einem Ausdruck der elektronischen Fassung der Urschrift, soll das Ergebnis der Signaturprüfung dokumentiert werden.

(3) Werden Abschriften von Urkunden mit der Ausfertigung durch Schnur und Prägesiegel verbunden oder befinden sie sich mit dieser auf demselben Blatt, so genügt für die Beglaubigung dieser Abschriften der Ausfertigungsvermerk; dabei soll entsprechend § 42 Abs. 3 und, wenn die Urkunden, von denen die Abschriften hergestellt sind, nicht zusammen mit der Urschrift der ausgefertigten Urkunde verwahrt werden, auch entsprechend § 42 Abs. 1, 2 verfahren werden.

(4) Im Urkundenverzeichnis soll vermerkt werden, wem und an welchem Tage eine Ausfertigung erteilt worden ist.

(5) [1]Die Ausfertigung kann auf Antrag auch auszugsweise erteilt werden. [2]§ 42 Abs. 3 ist entsprechend anzuwenden.

[§ 49 Abs. 1 und 2 ab 1.8.2022:]

(1) Die Ausfertigung besteht, jeweils mit einem Ausfertigungsvermerk versehen, in

1. einer Abschrift der Urschrift, der elektronischen Urschrift oder der elektronischen Fassung der Urschrift oder

2. einem Ausdruck der elektronischen Urschrift oder der elektronischen Fassung der Urschrift.

1 Armbrüster/Preuß/Renner/*Preuß* BeurkG § 48 Rn. 1; Frenz/Miermeister/*Limmer* BNotO § 48 Rn. 2.

(2) [1]Der Ausfertigungsvermerk soll den Tag und den Ort der Erteilung angeben, die Person bezeichnen, der die Ausfertigung erteilt wird, und die Übereinstimmung der Ausfertigung mit der Urschrift oder der elektronischen Fassung der Urschrift bestätigen. [2]Er muß unterschrieben und mit dem Siegel der erteilenden Stelle versehen sein. [3]Besteht die Ausfertigung in einer Abschrift oder einem Ausdruck der elektronischen Urschrift oder der elektronischen Fassung der Urschrift, soll das Ergebnis der Signaturprüfung dokumentiert werden. [4]§ 39a Absatz 3 Satz 2 gilt entsprechend.

I. Erstellen der Ausfertigung

1 Es muss sich bei der Urschrift im Sinne dieser Vorschrift um eine Niederschrift nach den §§ 6 ff. bzw. 36 ff. handeln; eine Vermerkurkunde nach §§ 39 ff. ist nicht ausreichend.[1] Grundlage der Abschrift ist die Urschrift der Abschrift der elektronischen Fassung der Urschrift oder der Ausdruck der elektronischen Urschrift (vgl. die Legaldefinition in § 45 Abs. 3). Anlagen, die Teil der Niederschrift sind (§§ 9 Abs. 1 S. 2, 14, 37 Abs. 1 S. 2), sind mitauszufertigen.[2] Es kann auch die elektronische Reinschrift der Urschrift als Grundlage für die Ausfertigung verwendet werden.[3] Dann sind dort die Unterschriften mit „gez." und dem Namen des Unterschreibenden wiederzugeben; das Siegel kann durch die Begriffe „Siegel" oder „L.s." ersetzt werden.[4] Änderungen, die während der Beurkundung gem. § 44a Abs. 1 vorgenommen wurden, müssen ebenso wenig aus der Ausfertigung ersichtlich sein, wie nachträgliche Berichtigungen von offensichtlichen Unrichtigkeiten gem. § 44a Abs. 2 S. 1.[5] Ist eine bereits erteilte Ausfertigung aufgrund nachträglicher Berichtigung gem. § 44a Abs. 2 S. 2 und 3 falsch, so genügt es, den Beteiligten eine beglaubigte Abschrift des Berichtigungsvermerks zu erteilen.[6]

2 Abs. 1 S. 2 aF ordnete an, dass die Ausfertigung in der Überschrift als **Ausfertigung zu bezeichnen** ist. Auch wenn dieses Erfordernis aus dem Gesetz gestrichen wurde, bietet es sich allein schon aus praktischen Gründen an, daran weiter festzuhalten. In der Praxis werden die erteilten Ausfertigungen teilweise noch zusätzlich (freiwillig) durchnummeriert.[7]

3 Die neu eingefügte Formulierung in Abs. 2 S. 3, nach der das Ergebnis der **Signaturprüfung dokumentiert** werden muss, lehnt sich an der Regelung in § 42 Abs. 4 an (→ § 42 Rn. 13).[8]

4 Abs. 3 sieht eine Erleichterung für den Fall vor, dass mit der Ausfertigung weitere **beglaubigte Abschriften verbunden** werden, zB Vollmachten, Vertretungsnachweise, Genehmigungserklärungen etc. Bei Verbindung mit der Ausfertigung müssen diese nicht besonders beglaubigt werden.

1 Armbrüster/Preuß/Renner/*Preuß* BeurkG § 49 Rn. 3; *Winkler* BeurkG § 49 Rn. 4.
2 Armbrüster/Preuß/Renner/*Preuß* BeurkG § 49 Rn. 9; *Winkler* BeurkG § 49 Rn. 8.
3 Armbrüster/Preuß/Renner/*Preuß* BeurkG § 49 Rn. 4; Frenz/Miermeister/*Limmer* BNotO § 49 Rn. 3, 6.
4 Armbrüster/Preuß/Renner/*Preuß* BeurkG § 49 Rn. 1; Frenz/Miermeister/*Limmer* BNotO § 49 Rn. 4; *Winkler* BeurkG § 49 Rn. 5.
5 Armbrüster/Preuß/Renner/*Preuß* BeurkG § 49 Rn. 4; Frenz/Miermeister/*Limmer* BNotO § 49 Rn. 5 ff.; *Winkler* BeurkG § 49 Rn. 7.
6 Armbrüster/Preuß/Renner/*Preuß* BeurkG § 49 Rn. 5; Grziwotz/Heinemann/*Heinemann* BeurkG § 49 Rn. 9.
7 Armbrüster/Preuß/Renner/*Preuß* BeurkG § 49 Rn. 6; *Winkler* BeurkG § 49 Rn. 13.
8 BT-Drs. 18/10607, 88.

Eine Ausfertigung kann auch auszugsweise erteilt werden (Abs. 5).[9] Dann ist im Ausfertigungsvermerk zum einen anzugeben, welchen Gegenstand der Auszug hat bzw. welcher Gegenstand gerade fehlt (bspw. die Auflassung) und dass die Urschrift keine weiteren Ausführungen zu dem auszugsweise enthaltenen Inhalt an nicht übernommener Stelle enthält.[10] Für den grundbuchmäßigen Vollzug einer Eigentumsumschreibung genügt es, dass dem Grundbuchamt ein Auszug eingereicht wird, der den Vertragsgegenstand hinreichend bezeichnet und die Auflassung enthält.[11] Die Entscheidung über die Erteilung einer auszugsweisen Ausfertigung trifft der Notar nach pflichtgemäßen Ermessen.[12] 5

Nach Abs. 4 war bisher ein Vermerk auf der Urschrift des Inhalts erforderlich, wem und an welchem Tage eine Ausfertigung erteilt worden ist. Einer Unterschrift dieses Vermerks durch den Notar bedurfte es nicht.[13] Anders ist es nunmehr, wenn der Vermerk im Urkundenverzeichnis erfolgt. Hier ordnet § 20 Abs. 1 Nr. 2 NotAktVV an, dass es einer persönlichen Bestätigung durch den Notar bedarf. Die Kenntnis der in Umlauf befindlichen Ausfertigungen kann etwa dann relevant sein, wenn die darin enthaltene Vollmacht widerrufen wurde und die Ausfertigungen deshalb zurückverlangt werden müssen (§§ 172 Abs. 2, 175 BGB). Künftig wird es so sein, dass der Vermerk nicht mehr auf der Urschrift, sondern allein im Urkundenverzeichnis aufgenommen wird (Abs. 4). Auch hier ist es nicht erforderlich, dass der Notar den Vermerk elektronisch signiert.[14] 6

II. Verstöße

Die Vorschrift unterscheidet sprachlich zwischen Muss- und Sollvorschriften. Ein Verstoß gegen die Mussvorschrift, die Ausfertigung zu unterschreiben und ein Siegel anzubringen führt zur Unwirksamkeit der Ausfertigung; Verstöße gegen die Sollvorschriften berühren die Wirksamkeit nicht.[15] 7

§ 50 Übersetzungen

(1) [1]Ein Notar kann die deutsche Übersetzung einer Urkunde mit der Bescheinigung der Richtigkeit und Vollständigkeit versehen, wenn er die Urkunde selbst in fremder Sprache errichtet hat oder für die Erteilung einer Ausfertigung der Niederschrift zuständig ist. [2]Für die Bescheinigung gilt § 39 entsprechend. [3]Der Notar soll die Bescheinigung nur erteilen, wenn er der fremden Sprache hinreichend kundig ist.

(2) [1]Eine Übersetzung, die mit einer Bescheinigung nach Absatz 1 versehen ist, gilt als richtig und vollständig. [2]Der Gegenbeweis ist zulässig.

---

9 Die Bestimmungen zur auszugsweisen Beglaubigung finden in diesem Fall Anwendung (§ 49 Abs. 5 S. 2 iVm § 42 Abs. 3 BeurkG).

10 Armbrüster/Preuß/Renner/*Preuß* BeurkG § 49 Rn. 13; *Winkler* BeurkG § 49 Rn. 18.

11 BGH DNotZ 1981, 570.

12 Armbrüster/Preuß/Renner/*Preuß* BeurkG § 49 Rn. 14; Grziwotz/Heinemann/*Heinemann* BeurkG § 49 Rn. 27; *Winkler* BeurkG § 49 Rn. 18.

13 Armbrüster/Preuß/Renner/*Preuß* BeurkG § 49 Rn. 15; Grziwotz/Heinemann/*Heinemann* BeurkG § 49 Rn. 29; *Winkler* BeurkG § 49 Rn. 21.

14 Armbrüster/Preuß/Renner/*Preuß* BeurkG § 49 Rn. 16; Grziwotz/Heinemann/*Heinemann* BeurkG § 49 Rn. 29.

15 Grziwotz/Heinemann/*Heinemann* BeurkG § 49 Rn. 31; *Winkler* BeurkG § 49 Rn. 23.

(3) [1]Von einer derartigen Übersetzung können Ausfertigungen und Abschriften erteilt werden. [2]Die Übersetzung soll in diesem Fall zusammen mit der Urschrift verwahrt werden.

1 Die Vorschrift gilt für Niederschriften und Vermerke (§ 39).[1] Sie hat die Wirkung, dass die fremdsprachige Urkunde in Deutschland verwendbar gemacht wird. Dies geschieht einerseits durch die Bestätigung der Richtigkeit und Vollständigkeit der Übersetzung sowie andererseits durch die Möglichkeit, von der Übersetzung Ausfertigungen und Abschriften zu erteilen (Abs. 3).

2 Die Übersetzung kann auch von einem Dritten angefertigt werden.[2] Der Notar muss sie dann aber prüfen, weshalb die Vorschrift auch verlangt, dass er der fremden Sprache hinreichend kundig ist. Die Urkundsgewährungspflicht nach § 15 Abs. 1 S. 1 BNotO gilt wegen dessen S. 2 nicht für die Erteilung des Übersetzungsvermerks.[3]

3 Aufgrund der Bescheinigung wird vermutet, dass die Übersetzung vollständig und richtig ist. War der Notar der fremden Sprache nicht hinreichend kundig, so besteht die Vermutung trotzdem.[4] Im Grundbuch und Handelsregisterverfahren kann die Übersetzung mit Übersetzungsbescheinigung genutzt werden.[5]

§ 51 Recht auf Ausfertigungen, Abschriften und Einsicht

(1) Ausfertigungen können verlangen
1. **bei Niederschriften über Willenserklärungen jeder, der eine Erklärung im eigenen Namen abgegeben hat oder in dessen Namen eine Erklärung abgegeben worden ist,**
2. **bei anderen Niederschriften jeder, der die Aufnahme der Urkunde beantragt hat,**

sowie die Rechtsnachfolger dieser Personen.

(2) Die in Absatz 1 genannten Personen können gemeinsam in der Niederschrift oder durch besondere Erklärung gegenüber der zuständigen Stelle etwas anderes bestimmen.

(3) Wer Ausfertigungen verlangen kann, ist auch berechtigt, einfache oder beglaubigte Abschriften zu verlangen und die Urschrift einzusehen.

(4) Mitteilungspflichten, die auf Grund von Rechtsvorschriften gegenüber Gerichten oder Behörden bestehen, sowie das Recht auf Zugang zu Forschungszwecken nach § 18a der Bundesnotarordnung bleiben unberührt.

1 Armbrüster/Preuß/Renner/*Preuß* BeurkG § 50 Rn. 3; Frenz/Miermeister/*Limmer* BNotO § 50 Rn. 2.
2 Armbrüster/Preuß/Renner/*Preuß* BeurkG § 50 Rn. 4; *Winkler* BeurkG § 50 Rn. 6.
3 Grziwotz/Heinemann/*Heinemann* BeurkG § 50 Rn. 11; *Winkler* BeurkG § 50 Rn. 7.
4 Armbrüster/Preuß/Renner/*Preuß* BeurkG § 50 Rn. 6; Grziwotz/Heinemann/*Heinemann* BeurkG § 50 Rn. 15.
5 Armbrüster/Preuß/Renner/*Preuß* BeurkG § 50 Rn. 6; *Ott* RNotZ 2015, 189 (191).

I. Allgemeines

Die Vorschrift regelt, wer Ausfertigungen bzw. Abschriften verlangen kann und wer die Urschrift einsehen darf. Sie räumt dem Notar kein Ermessen ein; liegen die Tatbestandsvoraussetzungen vor, so muss die Ausfertigung bzw. Abschrift erteilt bzw. Einsicht gewährt werden.[1] Die Erteilung von vollstreckbaren Ausfertigungen richtet sich nach § 52 iVm §§ 724 ff., 795 ZPO. Vereinzelt existieren Sondervorschriften, die den Kreis der Berechtigten erweitern, so zB die §§ 792, 896 ZPO, wonach der Gläubiger anstelle des Schuldners eine Ausfertigung verlangen kann. Wird eine Ausfertigung oder Abschrift unberechtigterweise erteilt, so liegt darin auch ein Verstoß gegen die Verschwiegenheitspflicht des § 18 BNotO und uU auch ein Verstoß gegen § 203 StGB.[2] Für bestehende Mitteilungspflichten nach Abs. 4 → BNotO § 18 Rn. 16. 1

Den Notar trifft grundsätzlich **keine sachlich rechtliche Prüfungspflicht** dergestalt, dass er die Wirksamkeit des beurkundeten Rechtsgeschäfts (etwa aufgrund fehlender oder versagter Genehmigung, Widerruf, Rücktritt etc) vor der Erteilung prüfen müsste.[3] Auch reicht es nicht aus, dass einer der Berechtigten den Notar anweist, einem anderen Berechtigten keine Ausfertigung zu erteilen.[4] Ist das beurkundete Rechtsgeschäft aber offensichtlich nichtig oder hätte dessen Beurkundung nach § 4 oder § 14 Abs. 2 BNotO von vornherein abgelehnt werden müssen, so kann die Erteilung einer Ausfertigung bzw. Abschrift verweigert werden.[5] 2

II. Anspruchsberechtigung

Abs. 1 differenziert bei der Anspruchsberechtigung zwischen Niederschriften über Willenserklärungen (Abs. 1 Nr. 1) und anderen Niederschriften (Abs. 1 Nr. 2). 3

1. Niederschriften über Willenserklärungen, Abs. 1 Nr. 1. Die erste Alternative stellt darauf ab, dass eine **Erklärung im eigenen Namen** abgegeben wurde. War jemand lediglich bei der Beurkundung anwesend, so genügt dies nicht, auch wenn er den Inhalt der Urkunde aus diesem Grunde kennt.[6] Beim **Erbvertrag** ist es so, dass der Gesamtrechtsnachfolger des einen Vertragsteils, selbst bei Widerspruch des noch lebenden anderen Vertragsteils, eine Ausfertigung verlangen kann.[7] 4

Die zweite Alternative nennt den Fall der **Stellvertretung** und berechtigt nur den Vertretenen, nicht aber den Vertreter. Ob der Vertreter bevollmächtigt ist, auch für sich eine Ausfertigung zu verlangen, ist im Einzelfall anhand der Vollmacht und des tatsächlichen oder hypothetischen Willens des Vollmachtgebers zu prü- 5

1 OLG Karlsruhe DNotZ 2008, 139; Armbrüster/Preuß/Renner/*Preuß* BeurkG § 51 Rn. 2; Frenz/Miermeister/*Limmer* BNotO § 51 Rn. 1; Grziwotz/Heinemann/*Heinemann* BeurkG § 51 Rn. 8 ff.
2 OLG Karlsruhe DNotZ 2008, 139; KG DNotZ 1998, 200 (201); Armbrüster/Preuß/Renner/*Preuß* BeurkG § 51 Rn. 2; Frenz/Miermeister/*Limmer* BNotO § 51 Rn. 1.
3 KG DNotZ 1998, 200; Frenz/Miermeister/*Limmer* BNotO § 51 Rn. 7; *Winkler* BeurkG § 51 Rn. 7.
4 Frenz/Miermeister/*Limmer* BeurkG § 51 Rn. 8.
5 Armbrüster/Preuß/Renner/*Preuß* BeurkG § 51 Rn. 1; Frenz/Miermeister/*Limmer* BNotO § 51 Rn. 8; *Winkler* BeurkG § 51 Rn. 7, 45 ff.
6 Armbrüster/Preuß/Renner/*Preuß* BeurkG § 51 Rn. 10.
7 OLG Karlsruhe DNotZ 2008, 139 (139 f.); Frenz/Miermeister/*Limmer* BNotO § 51 Rn. 3.

fen.[8] **Parteien kraft Amtes** (zB Testamentsvollstrecker oder Insolvenzverwalter) handeln in eigener Angelegenheit und sind damit auch Berechtigte.[9] Zugleich ist dann auch der jeweils betroffene Rechtsinhaber berechtigt.[10]

6 **2. Andere Niederschriften, Abs. 1 Nr. 2.** Bei anderen Niederschriften ist nur maßgeblich, wer die **Aufnahme der Urkunde beantragt** hat. Bei Gesellschafterversammlungen bzw. Hauptversammlungen ist dies grundsätzlich nur die Gesellschaft. Berechtigter ist auch dann nicht der einzelne Gesellschafter bzw. Aktionär, wenn er einen bloßen Widerspruch (und keinen Redebeitrag) zur Niederschrift des Notars erklärt hat.[11] Gesellschafter bzw. Aktionäre können in diesem Fall lediglich eine (auszugsweise) Abschrift über den ihnen zustehenden Auskunftsanspruch gegen die Gesellschaft, nicht aber gegen den Notar, geltend machen.[12]

7 **3. Rechtsnachfolger.** Rechtsnachfolger iSd Vorschrift sind **Gesamtrechtsnachfolger** und **Sonderrechtsnachfolger.**[13] Sie sind Berechtigte, wenn und soweit die Urkunde Rechte und Pflichten betrifft, die auf den Rechtsnachfolger übergegangen sind und noch gegenwärtig Rechtswirkung entfalten; ggf. ist eine auszugsweise Ausfertigung/Abschrift zu erteilen.[14] Der Rechtsnachfolger muss die erforderlichen Nachweise dem Notar vorlegen und seine Rechtsnachfolge nicht bloß glaubhaft machen.[15]

8 **4. Abweichende Bestimmungen der Berechtigten.** Nach Abs. 2 können die Berechtigten gemeinsam den Kreis der Berechtigten **erweitern und einschränken** und ebenso andere Voraussetzungen für die Erteilung festlegen, etwa die Anzahl möglicher Ausfertigungen bzw. Abschriften.[16]

III. Anspruchsinhalt

9 Abgesehen von dem Sonderfall der vollstreckbaren Ausfertigung kann von jedem Berechtigten grundsätzlich eine **beliebige Anzahl** von Ausfertigungen bzw. Abschriften verlangt werden.[17]

10 Die Berechtigten dürfen die Urschrift persönlich oder vertreten durch einen **Bevollmächtigten einsehen.**[18] Ein Anspruch auf Einsicht der **Nebenakten** des

8 Im Zweifel grundsätzlich die Vertretungsmacht bejahend: Armbrüster/Preuß/Renner/*Preuß* BeurkG § 51 Rn. 9; Frenz/Miermeister/*Limmer* BNotO § 51 Rn. 5; *Winkler* BeurkG § 51 Rn. 9.

9 Armbrüster/Preuß/Renner/*Preuß* BeurkG § 51 Rn. 10; Frenz/Miermeister/*Limmer* BNotO § 51 Rn. 6; *Winkler* BeurkG § 51 Rn. 10.

10 Frenz/Miermeister/*Limmer* BNotO § 51 Rn. 6.

11 Armbrüster/Preuß/Renner/*Preuß* BeurkG § 51 Rn. 12; Frenz/Miermeister/*Limmer* BNotO § 51 Rn. 10; Grziwotz/Heinemann/*Heinemann* BeurkG § 51 Rn. 23; *Winkler* BeurkG § 51 Rn. 11.

12 Armbrüster/Preuß/Renner/*Preuß* BeurkG § 51 Rn. 13; Frenz/Miermeister/*Limmer* BNotO § 51 Rn. 10.

13 KG DNotZ 1998, 200 (202); Armbrüster/Preuß/Renner/*Preuß* BeurkG § 51 Rn. 14; Frenz/Miermeister/*Limmer* BNotO § 51 Rn. 11; Grziwotz/Heinemann/*Heinemann* BeurkG § 51 Rn. 24 ff.; *Winkler* BeurkG § 51 Rn. 14 ff.

14 KG DNotZ 1998, 200 (202); Armbrüster/Preuß/Renner/*Preuß* BeurkG § 51 Rn. 16; Frenz/Miermeister/*Limmer* BNotO § 51 Rn. 11.

15 KG DNotZ 1998, 200 (201); Armbrüster/Preuß/Renner/*Preuß* BeurkG § 51 Rn. 2; Frenz/Miermeister/*Limmer* BNotO § 51 Rn. 11; *Winkler* BeurkG § 51 Rn. 6.

16 Armbrüster/Preuß/Renner/*Preuß* BeurkG § 51 Rn. 4, 20; *Winkler* BeurkG § 51 Rn. 22.

17 Frenz/Miermeister/*Limmer* BNotO § 51 Rn. 13; *Winkler* BeurkG § 51 Rn. 4.

18 Armbrüster/Preuß/Renner/*Preuß* BeurkG § 51 Rn. 7; Frenz/Miermeister/*Limmer* BNotO § 51 Rn. 15; *Winkler* BeurkG § 51 Rn. 35.

Notars besteht lediglich dann, wenn alle Beteiligten sich damit einverstanden erklärt haben.[19]

Eine generelle Auskunftspflicht des Notars existiert nicht, so dass kein Berechtigter (insbes. keine Partei kraft Amtes wie etwa ein Insolvenzverwalter oder Testamentsvollstrecker) Auskunft darüber verlangen kann, bei welchen Urkunden er der Berechtigte ist.[20] 11

§ 52 Vollstreckbare Ausfertigungen

Vollstreckbare Ausfertigungen werden nach den dafür bestehenden Vorschriften erteilt.

I. Allgemeines

Die Vorschrift ist eine reine Verweisnorm. Mit dem Verweis auf die „dafür bestehenden Vorschriften“ sind nach herrschende Meinung die §§ 724 ff. iVm §§ 794 Abs. 1 Nr. 5, 795, 797 ZPO gemeint.[1] Durch die Anbringung der Vollstreckungsklausel (vgl. § 725 ZPO) wird die einfache Ausfertigung des Notars zur vollstreckbaren Ausfertigung.[2] 1

II. Verfahren

1. Zuständigkeit. Nach § 797 Abs. 2 ZPO ist der Notar für die Erteilung der vollstreckbaren Ausfertigung zuständig, der sie verwahrt. 2

2. Voraussetzungen für die Erteilung einer Vollstreckungsklausel. Eine Vollstreckungsklausel darf nur erteilt werden, wenn (1) ein Antrag gestellt wurde, (2) ein Vollstreckungstitel mit vollstreckbarem Inhalt und (3) die Vollstreckungsreife vorliegen.[3] 3

---

19 BGH NJW 1990, 510 (513) (iE offengelassen); ausführlich: *Winkler* BeurkG § 51 Rn. 37 ff.

20 BGH RNotZ 2021, 614; DNotZ 2013, 711 (712); Armbrüster/Preuß/Renner/*Preuß* BeurkG § 51 Rn. 4.

1 Armbrüster/Preuß/Renner/*Preuß* BeurkG § 52 Rn. 2; Frenz/Miermeister/*Limmer* BNotO § 52 Rn. 1a; *Winkler* BeurkG § 52 Rn. 3; aA Grziwotz/Heinemann/*Heinemann* BeurkG § 52 Rn. 2.

2 OLG Düsseldorf FGPrax 2001, 166; *Winkler* BeurkG § 52 Rn. 1.

3 Armbrüster/Preuß/Renner/*Preuß* BeurkG § 52 Rn. 59; Frenz/Miermeister/*Limmer* BNotO § 52 Rn. 3.

4 a) **Antrag.** Der Antrag auf Erteilung der vollstreckbaren Ausfertigung kann formlos gestellt werden, auch mündlich.[4] **Antragsberechtigt** sind nach herrschender Meinung diejenigen, die auch eine Ausfertigung nach § 51 verlangen können, sowie diejenigen, die im Besitz einer Ausfertigung sind.[5]

5 b) **Vollstreckungstitel mit vollstreckbarem Inhalt.** Notarielle Urkunden sind taugliche Vollstreckungstitel, wenn die in **§ 794 Abs. 1 Nr. 5 ZPO** genannten Voraussetzungen erfüllt sind. Die Zwangsvollstreckungsunterwerfung ist für jeden Anspruch möglich, der nicht auf Abgabe einer Willenserklärung gerichtet ist und nicht den Bestand eines Mietverhältnisses über Wohnraum (nicht aber die Zahlung der Miete)[6] betrifft. Erfasst sind also insbesondere Zahlungsansprüche, Herausgabeansprüche (auch in der Gestalt von Räumungsansprüchen), die Vornahme vertretbarer und unvertretbarer Handlungen sowie Duldungen und Unterlassungen. Das Erfordernis des § 794 Abs. 1 Nr. 5 ZPO, wonach der Anspruch einer vergleichsweisen Regelung zugänglich sein muss, verlangt u.a., dass der Schuldner über den Anspruch tatsächlich verfügen kann und dass nicht unverzichtbare gesetzliche Ansprüche Gegenstand sind.[7]

6 Streng genommen ist nur die Unterwerfung unter die sofortige Zwangsvollstreckung zu beurkunden, nicht aber der gesamte Vertrag, außer andere Vorschriften sehen ein **Beurkundungserfordernis** für den Vertrag vor. Bei der Unterwerfungserklärung handelt es sich um eine einseitige prozessuale Willenserklärung, die keine materiell-rechtlichen Auswirkungen hat.[8] Die Beweislast wird durch die Unterwerfungserklärung nicht geändert.[9] Aufgrund ihrer Natur als einseitige prozessuale Willenserklärung muss bei getrennter Beurkundung von Angebot und Annahme die Unterwerfungserklärung in der Urkunde des sich unterwerfenden Teils ausdrücklich enthalten oder durch Inbezugnahme der anderen Urkunde nach § 13a mit aufgenommen sein.[10] Ebenso ergibt sich aus ihrer Natur, dass sich eine Stellvertretung nach den Regeln der §§ 80 ff. ZPO beurteilt und nicht nach den §§ 164 ff. BGB.[11] Wurde die Vollmacht bei Beurkundung nicht vorgelegt, so muss dies jedenfalls vor Erteilung der Vollstreckungsklausel in der Form des § 726 ZPO geschehen und die Vollmacht auch dem Schuldner gem. § 750 Abs. 2 ZPO zugestellt werden.[12] Ein Nichtberechtigter kann die Unterwerfungserklärung abgeben und diese dann entsprechend § 185 BGB genehmigen lassen (umstr.).[13]

4 Frenz/Miermeister/*Limmer* BNotO § 52 Rn. 4.

5 BayObLG RNotZ 2003, 586 (587); OLG Düsseldorf FGPrax 2001, 166; OLG Hamm DNotZ 1988, 241 (242); Armbrüster/Preuß/Renner/*Preuß* BeurkG § 52 Rn. 4; Frenz/Miermeister/*Limmer* BNotO § 52 Rn. 1b; Grziwotz/Heinemann/*Heinemann* BeurkG § 52 Rn. 3; aA *Winkler* BeurkG § 52 Rn. 49 ff.

6 Frenz/Miermeister/*Limmer* BNotO § 52 Rn. 5.

7 Armbrüster/Preuß/Renner/*Preuß* BeurkG § 52 Rn. 18; Frenz/Miermeister/*Limmer* BNotO § 52 Rn. 5b; Grziwotz/Heinemann/*Heinemann* BeurkG § 52 Rn. 9 f.; *Müller* RNotZ 2010, 167 (169).

8 BGH NJW 2001, 2096 (2098).

9 BGH NJW 2001, 2096 (2098 f.).

10 Armbrüster/Preuß/Renner/*Preuß* BeurkG § 52 Rn. 11; Frenz/Miermeister/*Limmer* BNotO § 52 Rn. 6a.

11 BGH NJW 2004, 844.

12 BGH NJW 2008, 2266.

13 Dafür: OLG Braunschweig BeckRS 2013, 05405; Frenz/Miermeister/*Limmer* BNotO § 52 Rn. 6a; MüKoBGB/*Bayreuther* § 185 Rn. 16; dagegen: Armbrüster/Preuß/Renner/*Preuß* BeurkG § 52 Rn. 17; Musielak/Voit/*Lackmann* ZPO § 800 Rn. 4; *Schöner/Stöber* GrundbuchR Rn. 2041.

Der **Bestimmtheitsgrundsatz** stellt für die Vollstreckung von notariellen Urkunden zwei Erfordernisse auf:[14] 7

1. Der Vollstreckungstitel muss den vollstreckbaren Anspruch hinreichend bestimmt benennen, so dass sein Inhalt für einen Dritten aus sich heraus verständlich ist.
2. Die Vollstreckungsunterwerfung muss eindeutig bestimmen, welcher in der Urkunde enthaltene Anspruch vollstreckbar sein soll.

Es reicht dafür nicht aus, dass pauschal etwa auf die Vollstreckbarkeit aller in der Urkunde eingegangener Zahlungsverpflichtungen verwiesen wird. Möglich ist es aber, auf die jeweilige Passage aus der Urkunde zu verweisen.

c) **Vollstreckungsreife.** Der Notar muss auch die Vollstreckungsreife prüfen, insbesondere also, ob nach § 726 iVm § 795 ZPO die Leistung von anderen Tatsachen abhängt. Das Vorliegen der anderen Tatsache ist dann durch öffentliche oder öffentlich beglaubigte Urkunden **nachzuweisen.** Damit bedarf es grundsätzlich auch des Nachweises der Fälligkeit eines Zahlungsanspruchs. Es kann allerdings bereits in der Urkunde eine **Nachweiserleichterung** (zB Nachweis durch Privaturkunde)[15] oder ein **Nachweisverzicht**[16] vereinbart werden. Ein Nachweisverzicht in Bauträgerverträgen ist jedoch regelmäßig unwirksam.[17] 8

Für **Sicherungsgrundschulden** (Buch- oder Briefgrundschulden), die nach dem 19.8.2008 bestellt wurden oder für Buchgrundschulden, die zwar vorher bestellt wurden, deren erste Abtretung ausweislich des Grundbuchs aber erst nach diesem Stichtag stattfand, gilt § 1192 Abs. 1a BGB: Der Eigentümer kann dem Erwerber der Grundschuld die ihm gegen den bisherigen Gläubiger aus dem Sicherungsvertrag zustehenden Einreden geltend machen. Für die Zeit davor hat der BGH in seinem Urteil vom 30.3.2010[18] festgestellt, dass im Rahmen des Klauselerteilungsverfahrens nach § 727 Abs. 1 ZPO der Eintritt des neuen Grundschuldgläubigers in den Sicherungsvertrag zu prüfen ist, wenn die Unterwerfungserklärung einschränkend so auszulegen ist, dass der Zessionar in den Sicherungsvertrag eingetreten sein muss, um die Zwangsvollstreckung betreiben zu können. Damit der Notar im Klauselerteilungsverfahren zur Prüfung dieses Umstands verpflichtet ist, muss diese Bedingung aber in der Unterwerfungserklärung zumindest angelegt sein. Der BGH führt dazu aus: „*Ist eine Vollstreckungsbedingung iSd § 726 I ZPO im Wortlaut der notariellen Urkunde nicht angelegt, verbietet sich für den Notar die Annahme einer solchen Bedingung. Er kann sie nicht allein aus einer Interessenabwägung herleiten.*“[19] 9

d) **Materielle Prüfungspflicht.** Vom Notar, wie auch vom Urkundsbeamten der Geschäftsstelle, sind eigentlich nur die soeben dargestellten Voraussetzungen (1. Antrag, 2. wirksamer Vollstreckungstitel und 3. Vollstreckungsreife) zu prüfen. Aufgrund seiner Legalitätspflicht darf der Notar aber **ausnahmsweise** dann keine Vollstreckungsklausel erteilen, wenn er erkennt, dass er gegen § 4 BeurkG bzw. § 14 BNotO verstoßen hat oder verstoßen würde oder dass für ihn das Nichtbestehen des materiell-rechtlichen Anspruchs offenkundig oder durch öf- 10

14 Grundlegend: BGH DNotZ 2015, 417.
15 Frenz/Miermeister/*Limmer* BNotO § 52 Rn. 11.
16 BGH NJW 1981, 2756.
17 BGH DNotZ 1999, 53.
18 BGH DNotZ 2010, 542.
19 BGH NJW 2011, 2803 (2805).

fentliche oder öffentlich beglaubigte Urkunde nachgewiesen ist.[20] Bestehen bloße Zweifel an der materiell-rechtlichen Wirksamkeit, so muss dies nicht vom Notar, sondern im Rahmen einer Vollstreckungsabwehrklage nach § 767 ZPO geklärt werden.[21]

11 **3. Erteilung einer vollstreckbaren Ausfertigung.** Der Inhalt und die Ausfertigungsmodalitäten der Vollstreckungsklausel ergeben sich aus § 725 iVm § 795 ZPO. Es ist auch möglich, dass nur wegen eines Teils der Urkunde die Vollstreckungsklausel erteilt wird (Teilklausel); dann muss dies aus der Vollstreckungsklausel selbst hervorgehen.[22]

12 Grundsätzlich soll zum Schutz des Schuldners **nur eine vollstreckbare Ausfertigung** erteilt werden (§ 733 iVm § 795 ZPO). Dies gilt auch bei Rechtsnachfolge des Gläubigers, so dass die alte Klausel dann umgeschrieben oder die vollstreckbare Ausfertigung eingezogen und eine neue erteilt wird. Bei Gesamtschuldnerschaft kann eine Ausfertigung für jeden Gesamtschuldner erteilt werden (umstr.).[23] **Weitere vollstreckbare Ausfertigungen** werden beim Notar unter Beachtung des Verfahrens nach § 733 iVm §§ 795, 797 Abs. 3 S. 2 ZPO beantragt.

13 Auf der Urschrift ist ein **Vermerk** über die Erteilung der vollstreckbaren Ausfertigung anzubringen, § 734 iVm § 795 ZPO.

III. Weitere Vollstreckbarerklärungen durch den Notar

14 **1. Anwaltsvergleich.** Der Notar kann gem. § 796c Abs. 1 ZPO auch einen Anwaltsvergleich gem. § 796a ZPO für vollstreckbar erklären. Bei **Verwahrung** des Anwaltsvergleichs durch den Notar, wie sie in § 796c Abs. 1 ZPO vorgesehen ist, sollte wie mit der Urschrift einer eigenen Urkunde des Notars vorgegangen werden, wobei es nicht zwingend einer Eintragung in die Urkundenrolle bedarf.[24]

15 Dies setzt voraus, dass die Parteien der Verwahrung und Vollstreckbarerklärung durch den Notar (bei Abschluss des Vergleichs oder auch erst im Nachhinein) zugestimmt haben.[25] Tätig wird der Notar dann auf einen **formlosen Antrag** einer Partei.

16 Der Notar hat zum einen das Vorliegen der **formellen Voraussetzungen** zu prüfen, die in den Vorschriften §§ 796a, 796c ZPO geregelt sind. Zum anderen verlangt § 796a Abs. 3 ZPO ausdrücklich auch die Prüfung der **materiellen Wirksamkeit**. Damit hat der Notar insbesondere sämtliche in Betracht kommenden Unwirksamkeitsgründe zu prüfen.[26] In dieser Hinsicht geht die Prü-

---

20 BayObLG MittBayNot 2005, 63; OLG Frankfurt aM MittRhNotK 1997, 269 (269 f.); Armbrüster/Preuß/Renner/*Preuß* BeurkG § 52 Rn. 60 f.; Frenz/Miermeister/*Limmer* BNotO § 52 Rn. 13; Grziwotz/Heinemann/*Heinemann* BeurkG § 52 Rn. 22; *Winkler* BeurkG § 52 Rn. 25.

21 BayObLG MittBayNot 2005, 63; OLG Frankfurt aM MittRhNotK 1997, 269 (269 f.); Armbrüster/Preuß/Renner/*Preuß* BeurkG § 52 Rn. 60; Frenz/Miermeister/*Limmer* BNotO § 52 Rn. 13.

22 Frenz/Miermeister/*Limmer* BNotO § 52 Rn. 15.

23 Frenz/Miermeister/*Limmer* BNotO § 52 Rn. 16a; Grziwotz/Heinemann/*Heinemann* BeurkG § 52 Rn. 28; Musielak/Voit/*Lackmann* ZPO § 724 Rn. 8, § 733 Rn. 4; aA: *Winkler* BeurkG § 52 Rn. 59.

24 Frenz/Miermeister/*Limmer* BNotO § 52 Rn. 25; *Ersfeld* MittRhNotK 1992, 229 (234 f.); *Geimer* DNotZ 1991, 266 (271).

25 Frenz/Miermeister/*Limmer* BNotO § 52 Rn. 21.

26 Frenz/Miermeister/*Limmer* BNotO § 52 Rn. 26; *Winkler* BeurkG § 52 Rn. 81; *Geimer* DNotZ 1991, 266 (282); aA: *Ersfeld* MittRhNotK 1992, 229 (233).

fungspflicht des Notars deutlich weiter als bei Vollstreckbarerklärung seiner eigenen Urkunden.

Für die Vollstreckbarerklärung des Anwaltsvergleichs gelten ferner die weiteren Voraussetzungen der §§ 724 ff. ZPO. 17

Das Rechtsmittel gegen die Ablehnung der Vollstreckbarerklärung ist in § 796c Abs. 2 ZPO geregelt. Aus der dortigen Formulierung wird geschlossen, dass der Notar bei Vorliegen der erforderlichen Voraussetzungen zur Vollstreckbarerklärung des Anwaltsvergleichs verpflichtet ist.[27] 18

2. Schiedsspruch mit vereinbartem Wortlaut. Der Notar kann auch einen Schiedsspruch mit vereinbartem Wortlaut gem. § 1053 Abs. 4 ZPO für vollstreckbar erklären. Form und Inhalt des Schiedsspruchs richten sich nach § 1054 ZPO. Das Verfahren der Vollstreckbarerklärung ist weitgehend deckungsgleich mit dem Verfahren für Anwaltsvergleiche.[28] 19

3. Vollstreckbarerklärung ausländischer Urkunden nach EuGVVO. Art. 58 EuGVVO erklärt, dass öffentliche Urkunden, die im Ursprungsmitgliedstaat vollstreckbar sind, auch in den anderen Mitgliedstaaten (außer Dänemark) vollstreckbar sind, ohne dass es einer zusätzlichen Vollstreckbarerklärung bedarf. Der Antragsteller muss nur die Ausfertigung im Original und eine nach Art. 53, 60 EuGVVO ausgestellte Bescheinigung vorlegen, mit der die Vollstreckbarkeit bestätigt wird. Zuständig für die Erteilung der Bescheinigung für von einem deutschen Notar errichtete vollstreckbare Urkunden ist der Notar, der auch für die Erteilung der vollstreckbaren Ausfertigung zuständig wäre (§ 1110 ZPO). 20

4. Europäischer Vollstreckungstitel für unbestrittene Forderungen. Die Regelungen zum europäischen Vollstreckungstitel für unbestrittene Forderungen finden sich in den §§ 1079 ff. ZPO. Die Zuständigkeit des Notars ergibt sich dort aus § 1079 iVm § 797 Abs. 2 ZPO. Durch die Bestätigung des Notars wird die öffentliche Urkunde in den anderen EU-Mitgliedstaaten (außer Dänemark) vollstreckbar. Die Vollstreckbarkeit kann nicht angefochten werden. 21

§ 53 Einreichung beim Grundbuchamt oder Registergericht

Sind Willenserklärungen beurkundet worden, die beim Grundbuchamt oder Registergericht einzureichen sind, so soll der Notar dies veranlassen, sobald die Urkunde eingereicht werden kann, es sei denn, daß alle Beteiligten gemeinsam etwas anderes verlangen; auf die mit einer Verzögerung verbundenen Gefahren soll der Notar hinweisen.

27 Frenz/Miermeister/*Limmer* BNotO § 52 Rn. 28; aA *Winkler* BeurkG § 52 Rn. 45 ff.

28 BT-Drs. 13/5274, 55; Armbrüster/Preuß/Renner/*Preuß* BeurkG § 52 Rn. 80 ff.; Frenz/Miermeister/*Limmer* BNotO § 52 Rn. 29.

I. Gegenstand der Vollzugspflicht

1 Der Notar ist auch zum Vollzug der Urkunden in den Registern verpflichtet. § 53 gilt nur für den **Vollzug von beurkundeten Willenserklärungen** gem. §§ 6 ff. Geht es hingegen um beglaubigte Unterschriften oder Tatsachenbeurkundungen nach §§ 36 ff., so geschieht der Vollzug nur auf besonderes Verlangen iRd sonstigen Betreuung gem. § 24 Abs. 1 BNotO. Liegt eine Unterschriftsbeglaubigung mit Entwurf vor, so soll nach allgemeiner Meinung auch eine Vollzugspflicht des Notars nach § 53 gelten.[1] Die Pflicht des Notars besteht nur gegenüber den Personen, deren Erklärungen beurkundet wurden.[2]

2 Mit Vollzug der Urkunden ist allerdings **nur die Einreichung der Urkunde** gemeint, nicht aber die zusätzliche Stellung eines eigenen Antrags. Hierzu ist der Notar nach § 53 nicht verpflichtet. Es besteht aber immer die Möglichkeit, dass der Notar auch alle weiteren zum Vollzug erforderlichen Schritte aufgrund eines separaten Auftrags übernimmt und den Vollzug überwacht. Dies wird auch regelmäßig von den Beteiligten erwartet, die davon ausgehen, der Notar werde sich um alles weitere kümmern. Die weitere Betreuungstätigkeit wird damit häufig stillschweigend vom Notar übernommen.[3] Ein Handeln ist in vielen Fällen bereits aufgrund der Vollmachtsvermutung gem. § 15 Abs. 2 GBO, § 378 Abs. 2 FamFG möglich. Die sonstige Betreuungstätigkeit umfasst grundsätzlich auch, dass der Notar die Richtigkeit von **Eintragungsnachrichten überprüft.**[4] Möchte der Notar hingegen keine eigene Antragstellung und Vollzugsüberwachung übernehmen und damit bloß als Bote für die Beteiligten tätig werden, so muss er dies den Beteiligten ausdrücklich mitteilen und das Grundbuchamt bzw. das Register darüber informieren.[5]

3 Es muss sich um die **Einreichung bei einem Register** handeln; nicht ausreichend ist, dass ein bloß anderweitiger Vollzug, etwa eines Erbscheinsantrags oder eines Genehmigungsvertrags, erforderlich ist. Dann muss der Notar aber auf die Notwendigkeit des weiteren Vollzugs hinweisen und kann diese gem. § 24 Abs. 1 BNotO übernehmen.[6]

II. Vollzugsreife

4 Der Notar ist erst zur Einreichung verpflichtet, sobald die Urkunde eingereicht werden kann. Diese Vollzugsreife liegt grundsätzlich dann vor, wenn **alle formellen und materiellrechtlichen Voraussetzungen** für die Eintragung vorliegen. Dem Notar müssen dazu sämtliche erforderlichen Unterlagen in der notwendigen Form vorliegen. Die Einholung von darunterfallenden Genehmigungserklärungen, Vollmachten, Unbedenklichkeitsbescheinigungen, Negativattesten etc liegt grundsätzlich im Aufgabenkreis der Beteiligten, kann aber freiwillig vom

1 BGH NJW 1983, 1801 (1802); Armbrüster/Preuß/Renner/*Seger* BeurkG § 53 Rn. 16; Frenz/Miermeister/*Limmer* BNotO § 53 Rn. 3; *Winkler* BeurkG § 53 Rn. 2.
2 BGH DNotZ 1992, 813; Armbrüster/Preuß/Renner/*Seger* BeurkG § 53 Rn. 19; Frenz/Miermeister/*Limmer* BNotO § 53 Rn. 4.
3 S. dazu: Armbrüster/Preuß/Renner/*Seger* BeurkG § 53 Rn. 27 ff.
4 OLG Köln MittBayNot 2001, 319 (319 f.); Armbrüster/Preuß/Renner/*Seger* BeurkG § 53 Rn. 28; Grziwotz/Heinemann/*Heinemann* BeurkG § 53 Rn. 25.
5 Grziwotz/Heinemann/*Heinemann* BeurkG § 53 Rn. 26.
6 Armbrüster/Preuß/Renner/*Seger* BeurkG § 53 Rn. 17; Frenz/Miermeister/*Limmer* BNotO § 53 Rn. 4.

Notar übernommen werden.[7] Liegt Vollzugsreife vor, so muss der Notar innerhalb von acht bis zehn Tagen den Vollzug veranlassen.[8]

5 Die Vorschrift äußert sich nicht zu der Frage, ob der Vollzug von einzelnen in einer Urkunde abgegebenen vollzugsreifen Erklärungen verpflichtend ist. Eine Pflicht zum Teilvollzug soll nur dann existieren, wenn die Beteiligten dies zusammen verlangen oder wenn es sich bei den unterschiedlichen Willenserklärungen um solche handelt, die iSd § 139 BGB kein einheitliches Rechtsgeschäft darstellen.[9]

III. Aussetzung des Urkundenvollzugs nach Weisung

6 Die Vorschrift sieht ausdrücklich vor, dass die Beteiligten (iSd Ausfertigungsberechtigten nach § 51 Abs. 1)[10] einem sofortigen Vollzug der Urkunde widersprechen können. Dies geschieht häufig bei Grundstücksgeschäften, bei denen der Notar angewiesen wird, zunächst nicht die Auflassung dem Grundbuchamt vorzulegen.[11] Die Weisungsbefugnis liegt bei zweiseitigen Willenserklärungen bei beiden Parteien gemeinsam und bei einseitigen Erklärungen bei dem jeweils erklärenden Teil.[12]

7 Der einseitige Widerruf bei Vorliegen einer zweiseitigen Willenserklärung ist grundsätzlich unbeachtlich; der Notar muss die Urkunde trotzdem vollziehen.[13] In besonderen Ausnahmefällen muss der Notar allerdings den ihm zusammen mit der einseitigen Weisung bzw. dem einseitigen Widerruf mitgeteilten Sachverhalt bei seiner Entscheidung zur Aussetzung des Vollzugs von Amts wegen berücksichtigen (→ Rn. 8). Neuerdings verlangt der BGH, dass der Notar den beabsichtigten Vollzug regelmäßig in einem Vorbescheid ankündigen muss, wenn einer der Urkundsbeteiligten dem Vollzug widerspricht.[14]

IV. Aussetzung des Urkundenvollzugs von Amts wegen

8 Der Notar darf wegen § 4 BeurkG, § 14 Abs. 2 BNotO den Vollzug einer Urkunde dann nicht betreiben, „wenn er weiß, dass sie nichtig ist. Entsprechendes gilt, wenn aufgrund des ihm unterbreiteten konkreten Sachverhalts die Unwirksamkeit oder Anfechtbarkeit des Rechtsgeschäfts naheliegt oder offensichtlich ist, wenn das Grundbuch bei dem Vollzug der Urkunde mit hoher Wahrscheinlichkeit unrichtig würde oder wenn die Vollzugsreife (doch) nicht gegeben ist".[15] Der Notar darf sich auch nicht dazu ausnutzen lassen, ein formunwirksames Kausalgeschäft durch Vollzug zu heilen.[16] Hier ist der Erlass eines Vorbescheids ratsam (→ BNotO § 15 Rn. 9).[17]

---

7 Frenz/Miermeister/*Limmer* BNotO § 53 Rn. 7; Grziwotz/Heinemann/*Heinemann* BeurkG § 53 Rn. 10.

8 Armbrüster/Preuß/Renner/*Seger* BeurkG § 53 Rn. 23; Frenz/Miermeister/*Limmer* BNotO § 53 Rn. 7; Grziwotz/Heinemann/*Heinemann* BeurkG § 53 Rn. 11; *Winkler* BeurkG § 53 Rn. 17; *Grein* RNotZ 2004, 115 (117).

9 Frenz/Miermeister/*Limmer* BNotO § 53 Rn. 8; *Winkler* BeurkG § 53 Rn. 19a.

10 *Winkler* BeurkG § 53 Rn. 20.

11 Dazu: BGH NJW-RR 2006, 1431.

12 Frenz/Miermeister/*Limmer* BNotO § 53 Rn. 10; *Winkler* BeurkG § 53 Rn. 20 ff.

13 OLG München DNotZ 2008, 777; OLG Düsseldorf MittBayNot 2002, 206 f.

14 BGH RNotZ 2020, 237 (238).

15 BGH RNotZ 2020, 237 (241); so auch: OLG München DNotZ 2008, 777; OLG Düsseldorf MittBayNot 2002, 206 f.

16 BGH DNotZ 1987, 558 (558 f.); BayObLG DNotZ 1998, 645 (646); Armbrüster/Preuß/Renner/*Seger* BeurkG § 53 Rn. 35.

17 BGH RNotZ 2020, 237 (238).

9 § 11 S. 2 GNotKG stellt klar, dass das dort normierte Zurückbehaltungsrecht nicht für den Urkundenvollzug nach § 53 gilt.

§ 54 Rechtsmittel

(1) Gegen die Ablehnung der Erteilung der Vollstreckungsklausel oder einer Amtshandlung nach den §§ 45a, 46 und 51 sowie gegen die Ersetzung einer Urschrift ist die Beschwerde gegeben.

(2) [1]Für das Beschwerdeverfahren gelten die Vorschriften des Gesetzes über das Verfahren in Familiensachen und in den Angelegenheiten der freiwilligen Gerichtsbarkeit. [2]Über die Beschwerde entscheidet eine Zivilkammer des Landgerichts, in dessen Bezirk die Stelle, gegen die sich die Beschwerde richtet, ihren Sitz hat.

I. Allgemeines

1 Das allgemeine Rechtsmittel zur Überprüfung notarieller Tätigkeit ist grundsätzlich § 15 Abs. 2 BNotO. § 54 regelt die dort abschließend enumerativ benannten Sonderfälle im Beurkundungsnachverfahren als speziellere Rechtsnorm.[1] Wem Ausfertigungen und Abschriften gem. § 51 BeurkG zu erteilen sind, ist hingegen im Beschwerdeverfahren nach § 15 Abs. 2 BNotO zu klären, da es sich dabei um eine Frage der richtigen Betreuungstätigkeit handelt.[2]

II. Verfahren

2 Das Verfahren ähnelt stark dem Verfahren nach § 15 Abs. 2 BNotO, weshalb auf die dortige Kommentierung verwiesen wird (→ BNotO § 15 Rn. 1 ff.). Es gelten die §§ 58 ff. FamFG, wobei zu berücksichtigen ist, dass die Vorschriften des FamFG nicht speziell auf den Notar ausgerichtet sind.[3] Ebenso wie bei § 15 Abs. 2 BNotO ist der Notar erste Instanz des Beschwerdeverfahrens, so dass ihm konsequenterweise auch keine Kosten auferlegt werden dürfen.[4]

3 Für den Notar besteht bei Zweifeln hinsichtlich der richtigen Vorgehensweise auch die Möglichkeit, dass er einen Vorbescheid erlässt, mit dem ein beabsichtigtes Verhalten den Beteiligten bloß angekündigt wird (→ BNotO § 15 Rn. 9).[5] Damit wird eine Haftung des Notars vermieden, denn entweder wird Beschwerde eingelegt und der Notar ist an die Entscheidung des Gerichts gebunden,[6] oder es wird keine Beschwerde eingelegt und der Geschädigte kann wegen Rechtsmittelversäumung gem. § 19 Abs. 1 S. 3 BNotO iVm § 839 Abs. 3 BGB den Notar nicht haftbar machen.

1 Armbrüster/Preuß/Renner/*Seger* BeurkG § 54 Rn. 2, 5; *Winkler* BeurkG § 54 Rn. 4.
2 OLG Düsseldorf DNotZ 1999, 358 (mAnm *Reithmann*); Armbrüster/Preuß/Renner/*Seger* BeurkG § 54 Rn. 5.
3 Armbrüster/Preuß/Renner/*Seger* BeurkG § 54 Rn. 13; *Winkler* BeurkG § 54 Rn. 14.
4 OLG Düsseldorf DNotZ 1996, 539 (541); Armbrüster/Preuß/Renner/*Seger* BeurkG § 54 Rn. 10; Frenz/Miermeister/*Limmer* BNotO § 54 Rn. 4; *Winkler* BeurkG § 54 Rn. 10.
5 BayObLG DNotZ 2000, 372; OLG Zweibrücken RNotZ 2001, 121; Frenz/Miermeister/*Limmer* BNotO § 54 Rn. 4.
6 Das Gericht trägt dann die Verantwortung für die Entscheidung, siehe nur *Winkler* BeurkG § 54 Rn. 24 mwN.

Fünfter Abschnitt Verwahrung der Urkunden

§ 55 Verzeichnis und Verwahrung der Urkunden

(1) Der Notar führt ein elektronisches Verzeichnis über Beurkundungen und sonstige Amtshandlungen (Urkundenverzeichnis).

(2) Das Urkundenverzeichnis und die elektronische Urkundensammlung sind vom Notar im Elektronischen Urkundenarchiv (§ 78h der Bundesnotarordnung) zu führen.

(3) Die im Urkundenverzeichnis registrierten Urkunden verwahrt der Notar in einer Urkundensammlung, einer elektronischen Urkundensammlung und einer Erbvertragssammlung.

Abs. 1 der Vorschrift regelt, dass ein Urkundenverzeichnis nur noch in elektronischer Form geführt wird. Die Urkundenrolle wird damit komplett ersetzt, ebenso wie das Namensverzeichnis zur Urkundenrolle.[1] Ausdrucke daraus in Papierform sowie handschriftliche Änderungen in den Ausdrucken sind rechtlich unbeachtlich.[2] Vermerke, die bislang noch auf der Urschrift zu vermerken waren, wie zB der Ausfertigungsvermerk (§ 49 Abs. 4), werden im Urkundenverzeichnis eingetragen (§ 15 NotAktVV).[3] 1

Beachtenswert ist nunmehr Abs. 3, der u.a. bestimmt, dass eine separate Erbvertragssammlung zwingend erforderlich ist. Hintergrund ist § 34 Abs. 4, der die Übertragung von Verfügungen von Todes wegen in die elektronische Form untersagt. Daher sind Erbverträge für die gesamte Aufbewahrungsdauer in Papierform zu verwahren.[4] Detaillierte Regelungen zur Urkundensammlung, zur elektronischen Urkundensammlung und zur Erbvertragssammlung sind mittlerweile in der NotAktVV enthalten. 2

Nach der Übergangsvorschrift § 76 Abs. 5 sind § 55 Abs. 2 im Hinblick auf die elektronische Urkundensammlung und § 55 Abs. 3 insgesamt erst ab dem 1.7.2022 anzuwenden. 3

§ 56 Übertragung der Papierdokumente in die elektronische Form; Einstellung der elektronischen Dokumente in die elektronische Urkundensammlung

(1) [1]Bei der Übertragung der in Papierform vorliegenden Schriftstücke in die elektronische Form soll durch geeignete Vorkehrungen nach dem Stand der Technik sichergestellt werden, dass die elektronischen Dokumente mit den in Papierform vorhandenen Schriftstücken inhaltlich und bildlich übereinstimmen. [2]Diese Übereinstimmung ist vom Notar in einem Vermerk unter Angabe des Ortes und der Zeit seiner Ausstellung zu bestätigen. [3]Durchstreichungen, Änderungen, Einschaltungen, Radierungen oder andere Mängel des Schriftstücks sollen im Vermerk angegeben werden, soweit sie nicht aus dem elektronischen Dokument eindeutig ersichtlich sind. [4]Das elektronische Dokument und der Vermerk müssen mit einer qualifizierten elektronischen Signatur versehen werden. [5]§ 39a Absatz 1 Satz 3 und 4, Absatz 2 Satz 1 gilt entsprechend.

1 *Frohn* notar 2020, 3 (5).
2 Armbrüster/Preuß/Renner/*Piegsa* BeurkG § 55 Rn. 3.
3 Armbrüster/Preuß/Renner/*Piegsa* BeurkG § 55 Rn. 4; *Frohn* notar 2020, 3 (5).
4 BT-Drs. 18/10607, 88.

(2) Werden nach der Einstellung der elektronischen Fassung einer in der Urkundensammlung zu verwahrenden Urschrift oder Abschrift in die elektronische Urkundensammlung Nachtragsvermerke, weitere Unterlagen oder andere Urschriften der Urschrift oder Abschrift beigefügt, sind die Nachtragsvermerke, die weiteren Unterlagen und die anderen Urschriften nach Absatz 1 in elektronische Dokumente zu übertragen und zusammen mit der elektronischen Fassung der Urschrift in der elektronischen Urkundensammlung zu verwahren.

(3) Die von dem Notar in der elektronischen Urkundensammlung verwahrten elektronischen Dokumente stehen den Dokumenten gleich, aus denen sie nach den Absätzen 1 und 2 übertragen worden sind.

[§ 56 ab 1.8.2022:]

§ 56 Übertragung der Papierdokumente in die elektronische Form; Einstellung der elektronischen Dokumente in die elektronische Urkundensammlung

(1) [1]Bei der Übertragung der in Papierform vorliegenden Schriftstücke in die elektronische Form soll durch geeignete Vorkehrungen nach dem Stand der Technik sichergestellt werden, dass die elektronischen Dokumente mit den in Papierform vorhandenen Schriftstücken inhaltlich und bildlich übereinstimmen. [2]Diese Übereinstimmung ist vom Notar in einem Vermerk unter Angabe des Ortes und des Tages seiner Ausstellung zu bestätigen. [3]Durchstreichungen, Änderungen, Einschaltungen, Radierungen oder andere Mängel des Schriftstücks sollen im Vermerk angegeben werden, soweit sie nicht aus dem elektronischen Dokument eindeutig ersichtlich sind. [4]Das elektronische Dokument und der Vermerk müssen mit einer qualifizierten elektronischen Signatur versehen werden. [5]§ 16b Absatz 4 Satz 2 und 4 und § 39a Absatz 2 Satz 1 gelten entsprechend.

(2) Werden nach der Einstellung der elektronischen Fassung einer in der Urkundensammlung zu verwahrenden Urschrift oder Abschrift in die elektronische Urkundensammlung Nachtragsvermerke, weitere Unterlagen oder andere Urschriften der Urschrift oder Abschrift beigefügt, sind die Nachtragsvermerke, die weiteren Unterlagen und die anderen Urschriften nach Absatz 1 in elektronische Dokumente zu übertragen und zusammen mit der elektronischen Fassung der Urschrift oder Abschrift in der elektronischen Urkundensammlung zu verwahren.

(3) [1]Werden der elektronischen Urschrift Unterlagen oder andere Urschriften beigefügt, so gelten die Absätze 1 und 2 entsprechend. [2]§ 44a Absatz 2 Satz 5 und § 44b Absatz 1 Satz 2 bleiben unberührt.

(4) Die von dem Notar in der elektronischen Urkundensammlung verwahrten elektronischen Dokumente stehen den Dokumenten gleich, aus denen sie nach den Absätzen 1 bis 3 übertragen worden sind.

I. Übertragung in die elektronische Form, Abs. 1

1 Einzelheiten zur Übertragung der Papierdokumente in die elektronische Form gem. Abs. 1 S. 1 werden durch § 13 DONot kF dienstrechtlich konkretisiert. Abs. 1 S. 2 verpflichtet den Notar, die inhaltliche *und* bildliche Übereinstimmung bei dem elektronischen Dokument ausdrücklich zu vermerken und macht so den Notar für die Übereinstimmung verantwortlich.[1] Mängel der Urkunde sind nach Abs. 1 S. 3 zu vermerken, wenn diese nicht eindeutig aus dem elektronischen Dokument ersichtlich sind (→ § 42 Rn. 8, dessen Wortlaut in Abs. 2

1 BT-Drs. 18/10607, 89.

ähnlich ist). Diese Anordnung ist Grundlage dafür, dass das elektronische Dokument dem Papierdokument gleichgestellt werden kann.[2]

2 Fehlt ein Bestätigungsvermerk ganz, ist er nicht signiert oder ist die Signatur nicht persönlich von dem Notar aufgebracht worden (dazu § 56 Abs. 1 S. 5 iVm § 39a Abs. 1 S. 4 BeurkG bzw. ab 1.8.2022 § 39a Abs. 2 S. 1 und § 16b Abs. 4 S. 2 und 4), so führt der **Verstoß** zu der Unwirksamkeit der Gleichstellung der elektronischen Fassung.[3] Andere Mängel haben keinen Einfluss auf die Wirksamkeit der Gleichstellung, auch wenn der Beweiswert darunter leiden kann.[4]

II. Nachträgliches Beifügen, Abs. 2

3 Die Vorschrift regelt das **nachträgliche Hinzukommen von Dokumenten**, u.a. den Fall eines Nachtragsvermerks nach §§ 44a Abs. 2 und 44b. Es muss für die Übertragung nicht die gesamte Urkunde nebst den neu hinzugekommenen Dokumenten noch einmal neu digitalisiert werden; vielmehr genügt es, dass die neu hinzugekommenen Dokumente digitalisiert und dann mit den bisher bereits übertragenen Dokumenten im Elektronischen Urkundenarchiv verknüpft werden.[5]

III. Gleichstellung, Abs. 3

4 Abs. 3 bzw. (ab 1.8.2022) Abs. 4 ordnet die **rechtliche Gleichstellung** der in der elektronischen Urkundensammlung verwahrten elektronischen Dokumente mit den in Papierform vorliegenden Schriftstücken an.[6] Das elektronische Dokument entspricht in seiner Qualität seinem Gegenstück in Papierform: Ebenso wie § 45 Abs. 2 speziell für die Urschrift erklärt, dass die elektronische Fassung der Urschrift der Urschrift in Papierform gleichsteht, steht die einfache Abschrift einer notariellen Urkunde in ihrer Qualität dem elektronischen Dokument einer einfachen Abschrift einer notariellen Urkunde gleich.

5 Die Gleichstellung macht es dem Notar möglich, dass er zur Erstellung von Ausfertigungen und beglaubigten Abschriften auf die elektronische Fassung der Urschrift zurückgreifen kann.[7] Statt eine beglaubigte Abschrift beim Registergericht einzureichen, kann auch eine elektronische Kopie der elektronischen Fassung der Urschrift vorgelegt werden.[8] Diese genügt den registerrechtlichen Anforderungen des § 137 GBO und § 12 HGB.[9]

Sechster Abschnitt Verwahrung

§ 57 Antrag auf Verwahrung

(1) Der Notar darf Bargeld zur Aufbewahrung oder zur Ablieferung an Dritte nicht entgegennehmen.

2 BT-Drs. 18/10607, 89.
3 Armbrüster/Preuß/Renner/*Piegsa* BeurkG § 55 Rn. 10; Grziwotz/Heinemann/*Heinemann* BeurkG § 56 Rn. 23; *Frohn* notar 2020, 3 (6).
4 Armbrüster/Preuß/Renner/*Piegsa* BeurkG § 55 Rn. 10; Grziwotz/Heinemann/*Heinemann* BeurkG § 56 Rn. 23.
5 BT-Drs. 18/10607, 90.
6 BT-Drs. 18/10607, 90.
7 BT-Drs. 18/10607, 91.
8 BT-Drs. 18/10607, 91.
9 BT-Drs. 18/10607, 91.

(2) Der Notar darf Geld zur Verwahrung nur entgegennehmen, wenn
1. hierfür ein berechtigtes Sicherungsinteresse der am Verwahrungsgeschäft beteiligten Personen besteht,
2. ihm ein Antrag auf Verwahrung verbunden mit einer Verwahrungsanweisung vorliegt, in der hinsichtlich der Masse und ihrer Erträge der Anweisende, der Empfangsberechtigte sowie die zeitlichen und sachlichen Bedingungen der Verwahrung und die Auszahlungsvoraussetzungen bestimmt sind,
3. er den Verwahrungsantrag und die Verwahrungsanweisung angenommen hat.

(3) Der Notar darf den Verwahrungsantrag nur annehmen, wenn die Verwahrungsanweisung den Bedürfnissen einer ordnungsgemäßen Geschäftsabwicklung und eines ordnungsgemäßen Vollzugs der Verwahrung sowie dem Sicherungsinteresse aller am Verwahrungsgeschäft beteiligten Personen genügt.

(4) Die Verwahrungsanweisung sowie deren Änderung, Ergänzung oder Widerruf bedürfen der Schriftform.

(5) Auf der Verwahrungsanweisung hat der Notar die Annahme mit Datum und Unterschrift zu vermerken, sofern die Verwahrungsanweisung nicht Gegenstand einer Niederschrift (§§ 8, 36) ist, die er selbst oder seine Notarvertretung aufgenommen hat.

(6) Die Absätze 3 bis 5 gelten entsprechend für Treuhandaufträge, die dem Notar im Zusammenhang mit dem Vollzug des der Verwahrung zugrundeliegenden Geschäfts von Personen erteilt werden, die an diesem nicht beteiligt sind.

I. Überblick

1 Die bisherige Regelung des § 54a wurde inhaltlich unverändert mit Art. 2 des Gesetzes zur Neuordnung der Aufbewahrung von Notariatsunterlagen und zur Einrichtung des Elektronischen Urkundenarchivs bei der Bundesnotarkammer

sowie zur Änderung weiterer Gesetze[1] als neuer § 57 eingefügt. Geregelt sind die formellen (→ Rn. 30) und materiellen (→ Rn. 2) Voraussetzungen einer Verwahrung von Geld.

II. Materielle Verwahrungsvoraussetzungen

Materiell ist die Verwahrung nur hinsichtlich bestimmter Verwahrungsgegenstände und bei einem berechtigten Sicherungsinteresse zulässig. 2

1. Zulässiger Verwahrungsgegenstand. Lediglich hinsichtlich bestimmter Gegenstände darf der Notar überhaupt ein Verwahrungsverhältnis begründen. 3

a) Geld. Das Gesetz differenziert etwas unglücklich zwischen „Bargeld“ (Abs. 1) und „Geld“ (Abs. 2). Bargeld darf der Notar nicht zur Aufbewahrung oder zur Ablieferung an Dritte entgegennehmen (Abs. 1), (sonstiges) „Geld“ (konkret also Buchgeld) unter den weiteren Voraussetzungen einer Verwahrung sehr wohl. 4

Ob das Verbot der Entgegennahme von Bargeld umfassend gilt[2] oder – wie der Gesetzeswortlaut nahelegt – nur zwecks Aufbewahrung oder Ablieferung an Dritte, so dass die Entgegennahme von Bargeld zwecks unverzüglicher Einzahlung auf ein Notaranderkonto weiterhin zulässig bleibt,[3] ist umstritten. Richtigerweise spricht der Gesetzeswortlaut gegen ein generelles Verbot der Entgegennahme von Bargeld zur unverzüglichen Einzahlung auf ein Notaranderkonto. Wenn kein extrem atypisch gestalteter Sonderfall vorliegt, in welchem es plausibel erscheint, dass der Einzahlungsverpflichtete keine Überweisung auf das Anderkonto bewerkstelligen kann, begründet die Entgegennahme von Bargeld durch den Notar zwecks Verwahrung in aller Regel zumindest den Anschein der Verfolgung unredlicher Zwecke und ist deshalb zwar nicht nach Abs. 1, wohl aber nach § 14 Abs. 2 und Abs. 3 S. 2 BNotO unzulässig. 5

b) Wertpapiere und Kostbarkeiten. Nach § 62 Abs. 1 gelten die §§ 57, 60 und 61 entsprechend für die Verwahrung von Wertpapieren und Kostbarkeiten. 6

2. Berechtigtes Sicherungsinteresse. Ohne berechtigtes Sicherungsinteresse darf der Notar den Verwahrungsauftrag nicht annehmen. Allerdings steht dem Notar aufgrund der sachlichen Unabhängigkeit seiner Amtsführung (§ 1 BNotO) ein Beurteilungsspielraum zu,[4] der die Nachprüfbarkeit durch die Dienstaufsicht einschränkt.[5] 7

a) Kriterien. Ob ein berechtigtes Sicherungsinteresse vorliegt, ist objektiv zu bestimmen; der einvernehmliche Wunsch der Beteiligten genügt nicht.[6] Wenn das Geschäft ebenso gut ohne notarielle Verwahrung abgewickelt werden könnte, fehlt ein Sicherungsinteresse.[7] Der Notar ist nicht verpflichtet, die 8

---

1 BGBl. 2017 I 1396.

2 Armbrüster/Preuß/Renner/*Renner* § 54a Rn. 3; Frenz/Miermeister/*Hertel* § 57 Rn. 2.

3 Grziwotz/Heinemann/*Grziwotz* § 57 Rn. 3; *Lerch* § 54a Rn. 1; *Winkler* BeurkG § 54a Rn. 7.

4 Armbrüster/Preuß/Renner/*Renner* § 54a Rn. 10; Arndt/Lerch/Sandkühler/*Sandkühler* BNotO § 23 Rn. 52.

5 Armbrüster/Preuß/Renner/*Renner* § 54a Rn. 30; Frenz/Miermeister/*Hertel* § 57 Rn. 8; *Lerch* § 54a Rn. 4.

6 OLG Frankfurt NJW-RR 2003, 1646; OLG Celle NotBZ 2001, 214; Armbrüster/Preuß/Renner/*Renner* § 54a Rn. 9; Arndt/Lerch/Sandkühler/*Sandkühler* BNotO § 23 Rn. 50; Grziwotz/Heinemann/*Grziwotz* § 57 Rn. 5; *Winkler* BeurkG § 54a Rn. 10; aA *Weingärtner* DNotZ 1999, 393; *ders.*, Vermeidbare Fehler im Notariat Rn. 343; *Blaeschke* Notarprüfung-HdB Rn. 1711.

7 BT-Drs. 13/4184, 37; *Winkler* BeurkG § 54a Rn. 10; Armbrüster/Preuß/Renner/*Renner* § 54a Rn. 10; Frenz/Miermeister/*Hertel* § 57 Rn. 7.

Umstände zu dokumentieren, aus denen sich die Erfüllung der Kriterien für ein Sicherungsinteresse ergibt.[8]

9 Auch wenn es keinen abschließenden Positiv- oder Negativkatalog geben kann,[9] behilft sich die Praxis bei der Auslegung des unbestimmten Rechtsbegriffes „berechtigtes Sicherungsinteresse" mit der Bildung von Fallgruppen.

10 aa) **Einzelfälle (alphabetisch): Sicherungsinteresse zu bejahen.** Ist bei Erwerb durch eine **ausländische Gesellschaft** deren Rechtsfähigkeit oder Vertretung bis zur Beurkundung nicht eindeutig zu klären und in grundbuchmäßiger Form nachzuweisen, genügen vorsorgliche („außerordentliche") Löschungsbewilligung oder Löschungsvollmacht nicht, um die der Grundbucheintragung einer Vormerkung zugrunde liegende teilweise Vorleistung des Verkäufers abzusichern.[10]

11 Ist ein **Briefgrundpfandrecht** abzulösen und der **Brief unauffindbar,** besteht ein berechtigtes Sicherungsinteresse,[11] weil zunächst ein Aufgebotsverfahren durchgeführt werden muss und der Besitzübergang üblicherweise nicht bis zu dessen Abschluss hinausgezögert werden soll.

12 Bei einer **Finanzierung des Erwerbs über mehrere Banken** besteht ein Sicherungsinteresse, wenn Grundpfandgläubiger oder andere Drittberechtigte abzulösen sind.[12] Zwar könnten sich die Banken auch untereinander koordinieren, wer welche Treuhandaufträge erfüllt; die Übertragung der Aufgabe der Koordination auf den Notar ist aber ebenfalls zulässig.[13]

13 Ist ausnahmsweise bei Eintragung eines **Finanzierungsgrundpfandrechts** keine Einschränkung der Sicherungsabrede von der finanzierenden Bank zu erlangen, steht die Zahlungsfähigkeit des Gläubigers in Frage oder ist die Löschung des Grundpfandrechts im Fall der Nichtauszahlung des Darlehens nicht gesichert, besteht ein hinreichendes Sicherungsinteresse für die Abwicklung über ein Anderkonto.[14] Entsprechendes gilt, wenn eine Finanzierungsgrundschuld zugunsten eines privaten Sicherungsgebers zu bestellen ist.[15]

14 Im Falle des Erwerbs durch eine **Gesellschaft in Gründung** stellen sich dieselben Probleme wie bei Erwerb durch eine ausländische Gesellschaft.[16]

15 Bei Beurkundung von Grundstückskaufverträgen in den neuen Bundesländern unter Ausnutzung des Genehmigungsfreitatbestands in § 2 Abs. 1 S. 2 Nr. 6 **GVO** kann ein berechtigtes Sicherungsinteresse vorliegen, weil unsicher ist, wann ein Rechtsgeschäft genehmigungsfrei im Sinne der GVO ist.[17]

16 Ist der **Kaufpreis unzureichend zur Ablösung** von Grundpfandrechten, besteht ein Sicherungsinteresse,[18] zumindest für einen angemessenen Kaufpreisteil.[19]

---

8 Armbrüster/Preuß/Renner/*Renner* § 54a Rn. 30; Frenz/Miermeister/*Hertel* § 57 Rn. 8.
9 BeckNotar-HdB/*Tönnies* A I Rn. 755.
10 BGH DNotZ 1994, 485 (488).
11 BNotK-Rundschreiben Nr. 1/1996, III. 1.e) cc); Frenz/Miermeister/*Hertel* § 57 Rn. 12.
12 Armbrüster/Preuß/Renner/*Renner* § 54a Rn. 17; Arndt/Lerch/Sandkühler/*Sandkühler* BNotO § 23 Rn. 53; Grziwotz/Heinemann/*Grziwotz* § 57 Rn. 12; *Lerch* § 54a Rn. 6.
13 Frenz/Miermeister/*Hertel* § 57 Rn. 15; BNotK-Rundschreiben Nr. 1/1996, III.1.a).
14 BNotK-Rundschreiben Nr. 1/96, III. 1. a).
15 Armbrüster/Preuß/Renner/*Renner* § 54a Rn. 21; Frenz/Miermeister/*Hertel* § 57 Rn. 17.
16 *Winkler* BeurkG § 54a Rn. 19.
17 *Stavorinus* DNotZ 2014, 340 (354).
18 *Winkler* BeurkG § 54a Rn. 22; Frenz/Miermeister/*Hertel* § 57 Rn. 14.
19 Armbrüster/Preuß/Renner/*Renner* § 54a Rn. 21.

17 Ist der Verkäufer im Fall von **Kettenkaufverträgen** noch nicht Eigentümer des Kaufgegenstandes, darf über ein Notaranderkonto abgewickelt werden.[20]

18 Ob die auf die subjektive Einschätzung des Notars anhand eigener Erfahrungswerte gestützte höhere **Nichtabwicklungswahrscheinlichkeit** genügt, um ein objektives besonderes Sicherungsinteresse zu begründen,[21] erscheint zweifelhaft; richtig ist aber, dass in Fällen mit objektiven Anhaltspunkten für ein derartiges gesteigertes Risiko der Nichtabwicklung auch objektiv das besondere Sicherungsinteresse zu bejahen ist.

19 Soll ein Teil des Kaufpreises als **Sicherungseinbehalt** für den Käufer dienen (etwa bei Übernahme noch nicht abgerechneter Erschließungskosten durch den Verkäufer oder bestimmter Renovierungsarbeiten nach Kaufpreisfälligkeit), empfiehlt sich die Hinterlegung des Sicherungseinbehalts auf einem Anderkonto.[22]

20 Wird der Käufer vertreten und kann der Vertreter die **Vollmacht nicht nachweisen**, so ist die Eintragung einer Vormerkung mit Risiken verbunden, die nicht durch eine vorsorgliche („außerordentliche") Löschungsbewilligung oder Löschungsvollmacht beseitigt werden können; in diesem Falle empfiehlt es sich, zunächst die Hinterlegung des Kaufpreises vorzusehen, bevor die Eintragung der Vormerkung erfolgen kann.[23]

21 Die Übernahme einer **Vorleistungspflicht** durch eine Partei kann ein berechtigtes Sicherungsinteresse begründen, so etwa in folgenden Fällen:

- Räumung oder Besitzübergabe soll schon vor Kaufpreiszahlung erfolgen.[24] Auch wenn diese Fallgruppe anerkanntermaßen ein besonderes Sicherungsinteresse zu begründen geeignet ist, sollte erwogen werden, dass dem in der vorzeitigen Besitzübergabe innewohnenden Vorleistungsrisiko auch durch Regelung einer Anzahlungspflicht oder -option genügt werden kann, durch deren Leistung der Käufer schon vor Fälligkeit des Kaufpreises den Besitzübergang herbeiführen kann.[25]
- Der Verkäufer macht seinen Auszug aus dem selbstgenutzten Kaufobjekt davon abhängig, dass der Kaufpreis bezahlt ist; der Käufer ist aber zur Zahlung nur bereit, wenn ihm das Kaufobjekt geräumt übergeben worden ist.[26]

22 Bei freihändigem Verkauf eines Grundstücks während des **Zwangsversteigerungsverfahrens** erteilen Gläubiger Löschungsbewilligungen ohne volle Befriedigung ihrer Forderungen zumeist nur, wenn eine kurzfristige Befriedigung durch Hinterlegung des Kaufpreises sichergestellt ist.[27]

23 **bb) Einzelfälle (alphabetisch): Sicherungsinteresse zu verneinen.** Da bei einem **Bauträgervertrag** die Fälligkeit der einzelnen Kaufpreisraten allein vom Baufortschritt abhängt, bietet die Hinterlegung auf einem Anderkonto im Regelfall

---

20 *Blaeschke*, Praxishandbuch Notarprüfung Rn. 1700.
21 So Armbrüster/Preuß/Renner/*Renner* § 54a Rn. 18.
22 *Winkler* BeurkG § 54a Rn. 26.
23 *Lerch* § 54a Rn. 6.
24 BGH NJW 1994, 1403; DNotZ 2008, 925 ff.; Armbrüster/Preuß/Renner/*Renner* § 54a Rn. 20; Arndt/Lerch/Sandkühler/*Sandkühler* BNotO § 23 Rn. 53; Frenz/Miermeister/*Hertel* § 57 Rn. 11; Grziwotz/Heinemann/*Grziwotz* § 57 Rn. 8.
25 BeckNotar-HdB/*Tönnies* A I Rn. 770.
26 Armbrüster/Preuß/Renner/*Renner* § 54a Rn. 19; *Winkler* BeurkG § 54a Rn. 18.
27 Armbrüster/Preuß/Renner/*Renner* § 54a Rn. 21; Frenz/Miermeister/*Hertel* § 57 Rn. 14; Grziwotz/Heinemann/*Grziwotz* § 57 Rn. 13; *Lerch* § 54a Rn. 4; *Winkler* BeurkG § 54a Rn. 25.

keine zusätzliche Sicherheit.[28] Ob dies auch für die letzte Rate gilt, ist umstritten;[29] aber zu verneinen: Die Regelungen in § 3 MaBV stellen eine ausgewogene Verteilung des Vorleistungsrisikos zwischen den Parteien eines Bauträgervertrages dar, die ein berechtigtes Sicherungsinteresse ausschließen.[30]

24 Das Risiko der Inanspruchnahme des Verkäufers wegen der **Grunderwerbsteuer** begründet kein berechtigtes Sicherungsinteresse;[31] der Verkäufer kann die Haftung vermeiden, indem er vom Kaufvertrag zurücktritt, wenn der Käufer seine kaufvertragliche Verpflichtung zur Übernahme der Grunderwerbsteuer nicht erfüllt.[32]

25 Der Umstand allein, dass ein Kauf überwiegend kreditfinanziert wird, wobei der Kredit durch eine erstrangige Grundschuld besichert werden und gleichzeitig eine zugunsten eines anderen Kreditinstituts eingetragene erstrangige **Grundschuld abgelöst** werden muss, rechtfertigt keine Abwicklung der Kaufpreiszahlung durch ein Anderkonto.[33] Dies gilt auch, wenn mehrere Grundpfandgläubiger abzulösen sind; eine Kaufpreiszahlung ist auch hier durch Direktzahlung möglich, wenn der Notar dem Käufer bzw. der finanzierenden Bank mitteilt, welche Beträge an die einzelnen abzulösenden Gläubiger zur Erfüllung der ihm auferlegten Treuhandaufträge zu überweisen sind.[34]

26 Wenn das Kaufobjekt in Abteilung II und III des Grundbuchs **lastenfrei** ist oder lediglich Belastungen eingetragen sind, die vom Käufer übernommen oder auflagenfrei gelöscht werden können, besteht kein Sicherungsinteresse.[35]

27 Eine **Vormerkung** hindert den Verkäufer zwar in der wirtschaftlichen Verwertung des Objekts bei fehlender Kaufpreiszahlung und ausbleibender Löschung im Grundbuch; durch vorsorgliche („außerordentliche") Löschungsbewilligung kann diesem Risiko im Regelfall aber sachgerecht vorgebeugt werden.[36]

28 **b) Rechtsfolgen bei fehlendem Sicherungsinteresse.** Die Annahme einer Verwahrungsanweisung trotz fehlenden Sicherungsinteresses stellt eine Amtspflichtverletzung dar. Sie kann jedenfalls bei eindeutigen Verstößen disziplinarrechtlich geahndet werden und begründet Amtshaftungsansprüche nach § 19 Abs. 1 BNotO, wobei der ersatzfähige Schaden regelmäßig nur in den Nachteilen durch die Verzögerung gegenüber der Direktzahlung (zB Bereitstellungszinsen der finanzierenden Bank) liegen wird. Zudem stellt bei fehlendem Sicherungsinteresse die Verwahrung eine unrichtige Sachbehandlung im Sinne von § 21 Abs. 1 GNotKG dar, es sei denn, die Parteien hätten trotz Belehrung über die Möglichkeit einer gleichwertigen Absicherung bei Direktzahlung auf der Verwahrung bestanden.[37]

---

28 Armbrüster/Preuß/Renner/*Renner* § 54a Rn. 24; *Winkler* BeurkG § 54a Rn. 39.
29 Für eine Zulässigkeit der Verwahrung insoweit: *Brambring* DNotZ 1990, 615 (620); Arndt/Lerch/Sandkühler/*Sandkühler* BNotO § 23 Rn. 53.
30 Ähnlich *Basty* Bauträgervertrag Rn. 135; Armbrüster/Preuß/Renner/*Renner* § 54a Rn. 25.
31 OLG Schleswig notar 2015, 131.
32 Frenz/Miermeister/*Hertel* § 57 Rn. 22a.
33 OLG Celle NotBZ 2011, 214; OLG Schleswig notar 2010, 21 f.; Armbrüster/Preuß/Renner/*Renner* § 54a Rn. 15; Frenz/Miermeister/*Hertel* § 57 Rn. 19; *Lerch* § 54a Rn. 6.
34 OLG Bremen MittBayNot 2005, 428.
35 Armbrüster/Preuß/Renner/*Renner* § 54a Rn. 13; Frenz/Miermeister/*Hertel* § 57 Rn. 22; *Lerch* § 54a Rn. 6; *Winkler* BeurkG § 54a Rn. 30–32.
36 Armbrüster/Preuß/Renner/*Renner* § 54a Rn. 16; *Winkler* BeurkG § 54a Rn. 12; Frenz/Miermeister/*Hertel* § 57 Rn. 16; a.A.: OLG Köln NotBZ 2008, 160.
37 LG Dortmund NotBZ 2002, 187.

Unabhängig vom Bestehen eines Sicherungsinteresse hat der Notar eine gleichwohl von ihm angenommene Verwahrungsanweisung in jedem Falle zu beachten; eine unter Verstoß gegen § 57 angenommene Verwahrungsvereinbarung ist nicht etwa wegen dieses Verstoßes unwirksam.[38] 29

III. Formelle Verwahrungsvoraussetzungen

Die Verwahrung setzt neben einem zulässigen Verwahrungsgegenstand und einem berechtigten Sicherungsinteresse formell einen Antrag auf Verwahrung, eine schriftliche Verwahrungsanweisung und die Annahme der Verwahrungsanweisung durch den Notar voraus. 30

1. Antrag auf Verwahrung. Der Verwahrungsantrag kann formlos gestellt werden.[39] Der Notar ist zur Annahme nicht verpflichtet, auch nicht nach § 15 BNotO, weil es sich nicht um eine Urkundstätigkeit handelt. Dies gilt auch dann, wenn der Anlass für den Verwahrungsantrag ein vom Notar vorgenommenes Urkundsgeschäft ist.[40] Umgekehrt kann er zur Ablehnung verpflichtet sein, wenn ein Fall des § 14 Abs. 2 oder Abs. 3 BNotO vorliegt,[41] ferner wenn die materiellen Verwahrungsvoraussetzungen (→ Rn. 2) nicht erfüllt sind oder wenn der Antrag auf eine inhaltlich unzureichende oder unzulässige Verwahrungsanweisung (→ Rn. 32) gerichtet ist. 31

2. Verwahrungsanweisung. Weitere formelle Voraussetzung der Verwahrung ist das Bestehen einer Verwahrungsanweisung zwischen den Parteien und dem Notar. Sie ist öffentlich-rechtlicher Natur und von der zivilrechtlichen Verwahrungsvereinbarung zwischen den Urkundsbeteiligten zu unterscheiden;[42] diese regelt die Modalitäten des Zahlungsanspruchs. Die zivilrechtliche Verwahrungsvereinbarung und die öffentlich-rechtliche Verwahrungsanweisung an den Notar können zusammengefasst in derjenigen Urkunde niedergelegt werden, in welcher das Rechtsgeschäft selbst protokolliert wird; in diesem Fall hat der Notar die Annahme der Verwahrungsanweisung nicht mehr gesondert zu dokumentieren (Abs. 5). Ist dem Notar keine gesonderte Verwahrungsanweisung erteilt, richtet sich deren Inhalt daher nach der zwischen den Vertragsparteien vereinbarten Verwahrungsvereinbarung.[43] 32

Fehlt eine Verwahrungsanweisung, so hat der Notar die eingezahlten Gelder zurückzuzahlen.[44] 33

Hat der Notar selbst Einzahlungen vorgenommen, um vorherige treuwidrige Abbuchungen auszugleichen, gilt dies aber nicht.[45] 34

a) Schriftform. Die öffentlich-rechtliche Verwahrungsanweisung an den Notar bedarf der **Schriftform** (Abs. 4), während die zivilrechtliche Verwahrungsvereinbarung zwischen den Parteien im Hinblick auf den Vollständigkeitsgrundsatz[46] regelmäßig den Formerfordernissen des beurkundeten Hauptgeschäfts unterliegt (§ 311b Abs. 1 S. 1 BGB oder § 15 Abs. 4 GmbHG). Dies gilt auch bei nachträglicher Vereinbarung der Kaufpreisabwicklung über ein Notarander- 35

---

38 Armbrüster/Preuß/Renner/*Renner* Vor §§ 54a ff. Rn. 5; Arndt/Lerch/Sandkühler/*Sandkühler* BNotO § 23 Rn. 58; Frenz/Miermeister/*Hertel* § 57 Rn. 24.
39 BGH DNotZ 2018, 44 (46).
40 BGH DNotZ 1985, 50.
41 Grziwotz/Heinemann/*Grziwotz* § 57 Rn. 22.
42 BGH NJW 2000, 1644.
43 BGH DNotZ 2000, 365.
44 BGH Beck RS 2017, 120793 Tz. 14; FGPrax 2017, 136 (137).
45 BGH FGPrax 2017, 136 (137).
46 BGH NJW 2002, 142 (143); dazu *Lange* NJW 2017, 137 (138).

konto oder nachträglichen Änderungen in den Auszahlungsvoraussetzungen.[47] Da die öffentlich-rechtliche Verwahrungsanweisung an den Notar üblicherweise in der mitbeurkundeten zivilrechtlichen Verwahrungsanweisung zwischen den Parteien liegt, hat das Schriftformerfordernis vor allem für einseitige Treuhandaufträge Dritter (Finanzierungsgläubiger oder abzulösende dinglich Berechtigte) praktische Bedeutung (Abs. 6 → Rn. 59).[48]

36 Die **elektronische Form** ersetzt nach § 126 Abs. 3 BGB die Schriftform unter der Voraussetzung, dass der Aussteller der Erklärung dieser seinen Namen hinzufügt und das elektronische Dokument mit einer qualifizierten elektronischen Signatur nach dem Signaturgesetz versieht.[49]

37 Eine **mündlich** erteilte Verwahrungsanweisung erfüllt nicht die formellen Voraussetzungen des § 57 Abs. 4. Der Notar muss unverzüglich darauf hinweisen, dass er aus verfahrensrechtlichen Gründen eine mündliche Anweisung nicht befolgen darf, und auf Schriftlichkeit drängen; wird die Erteilung der Verwahrungsanweisung in Schriftform abgelehnt, muss er seinerseits in den Verwahrungsantrag ablehnen und etwa bereits eingezahlte Gelder zurücküberweisen.[50]

38 **b) Mindestinhalt.** Nach Abs. 2 Nr. 2 muss die Verwahrungsanweisung hinsichtlich der Masse und ihrer Erträge den Anweisenden, den Empfangsberechtigten sowie die zeitlichen und sachlichen Bedingungen der Verwahrung und die Auszahlungsvoraussetzungen bestimmen. Die Anweisungen müssen so klar formuliert sein, dass Auslegungsfragen gar nicht erst auftreten.[51]

39 **aa) Anweisender, Empfangsberechtigte. Anweisende** sind diejenigen Personen, in deren Interesse die Verwahrung liegt und die durch sie unabhängig dadurch geschützt werden sollen, wer als formell Beteiligter die Hinterlegung vorgenommen hat.[52] Dies sind regelmäßig die Urkundsbeteiligten, also bei einem Kaufvertrag Verkäufer und Käufer.[53]

40 **Empfangsberechtigte** sind diejenigen, an welche die hinterlegten Gelder ausgezahlt werden sollen – bei einem Kaufvertrag zumeist der Verkäufer und ggf. abzulösende Gläubiger, möglicherweise aber auch Zessionare.[54] Bei mehreren Empfangsberechtigten sind Angaben zur Berechtigung untereinander unabdingbar.

41 **bb) Zeitliche und sachliche Bedingungen der Verwahrung.** Zu regeln ist zunächst die **Anlageform**. Nach § 58 Abs. 1 S. 2 ist der Notar zu einer bestimmten Art der Anlage nur bei einer entsprechenden Anweisung der Beteiligten verpflichtet. Nur wenn mit einer längeren Verwahrungszeit als üblich zu rechnen ist und dem Notar bekannt ist, dass der von ihm zu verwahrende Betrag auf einem Anderkonto in der Weise als Festgeld angelegt werden kann, dass es trotzdem jederzeit verfügbar ist, bei vorzeitiger Freigabe für den unvollendeten Zeitraum lediglich die für Girokonten gewährten Zinsen gezahlt werden und darüber hinaus keine Nachteile entstehen, ist der Notar verpflichtet, auf die Möglichkeit einer Festgeldanlage hinzuweisen;[55] im Regelfall genügt dagegen

---

47 BGH DNotZ 2015, 224 (225).
48 Frenz/Miermeister/*Hertel* § 57 Rn. 33.
49 *Winkler* BeurkG § 54a Rn. 52.
50 BGH DNotZ 2018, 44 (47); *Winkler* BeurkG § 54a Rn. 52; Armbrüster/Preuß/Renner/*Renner* § 54a Rn. 84.
51 Armbrüster/Preuß/Renner/*Renner* § 54a Rn. 42 f.
52 OLG Hamm DNotZ 2000, 379 (380).
53 BGH DNotZ 2009, 789 (790).
54 Armbrüster/Preuß/Renner/*Renner* § 54a Rn. 47.
55 BGH NJW 1996, 1823.

die Verwahrung auf einem Anderkonto, auch wenn diese keine oder nur unwesentliche Zinserträge erwarten lässt.

Hinsichtlich der **Bankkosten** ist es regelmäßig sinnvoll, sie demjenigen aufzuerlegen, dem auch die Zinsen zustehen.[56] 42

Weiterhin muss die Verwahrungsanweisung regeln, wem die **Erträge** (Zinsen) zustehen sollen. Sachgerecht ist es, Zinsen im Zeitraum bis zum Besitzübergang des Grundstücks dem Käufer, für den anschließenden Zeitraum dem Verkäufer zuzugestehen.[57] Erfolgen – wie regelmäßig – Besitz- und Nutzungsübergang an den Käufer Zug um Zug mit der Hinterlegung, so folgt daraus, dass dem Verkäufer die Zinsen zuzuordnen sind.[58] 43

Die Hinterlegungsanweisung muss klare Angaben zu der zu hinterlegenden Masse enthalten, die in der Regel mit dem in der Urkunde ausgewiesenen Kaufpreis identisch ist,[59] wenn nicht die Hinterlegung – beispielsweise bei einem abhandengekommenen Grundschuldbrief mit im Verhältnis zum Kaufpreis geringem Grundschuldnennbetrag – auf einen Kaufpreisteil beschränkt bleiben soll. 44

Die zusätzlich entstehenden **Notarkosten** sollten derjenigen Partei auferlegt werden, welche die Verwahrung veranlasst hat.[60] 45

Da die auf dem Notaranderkonto anfallenden Guthabenzinsen dem Treugeber steuerlich zuzurechnen sind, der dementsprechend auch die **Zinsabschlagsteuer** zu tragen hat, fließen die Zinsen dem Treugeber im Zeitpunkt der Gutschrift im steuerrechtlichen Sinne zu; wer Treugeber ist, ergibt sich aus der Hinterlegungsvereinbarung der Vertragsparteien.[61] 46

cc) Einzahlungsvoraussetzungen. Auch wenn das Gesetz nur die Auszahlungs-, nicht aber die Einzahlungsvoraussetzungen nennt, wäre eine Verwahrungsanweisung ohne Definition der Einzahlungsvoraussetzungen unzureichend. Mindestvoraussetzung ist die Rechtswirksamkeit des Vertrages, ohne die keine wirksame Verwahrungsanweisung bestehen kann.[62] 47

dd) Auszahlungsvoraussetzungen. Die Voraussetzungen der Auszahlung hinterlegter Beträge müssen in der Verwahrungsanweisung bestimmt werden (Abs. 2 Nr. 2). Sie müssen klar und unzweideutig formuliert sein; dies ist etwa bei der Formulierung, dass die Eintragung eines Finanzierungsgrundpfandrechts oder der Auflassung „sichergestellt" oder „gewährleistet" sei, nicht der Fall.[63] 48

Zahlungsvoraussetzungen, die der Notar nicht überprüfen kann (zB die Räumung des Objekts), sind unzweckmäßig.[64] 49

Es empfiehlt sich eine Angleichung der Auszahlungsvoraussetzungen an die Fälligkeitsvoraussetzungen, wie sie bei Direktzahlungsmodellen vereinbart zu werden pflegen.[65] Umstritten ist, ob darüber hinaus Auszahlungen erst vorgenommen werden dürfen, wenn der gesamte Kaufpreis eingezahlt ist.[66] Dies 50

56 Armbrüster/Preuß/Renner/*Renner* § 54a Rn. 71; *Winkler* BeurkG § 54a Rn. 72; Frenz/Miermeister/*Hertel* § 57 Rn. 57.
57 *Winkler* BeurkG § 54a Rn. 69.
58 Armbrüster/Preuß/Renner/*Renner* § 54a Rn. 50.
59 Armbrüster/Preuß/Renner/*Renner* § 54a Rn. 53.
60 *Winkler* BeurkG § 54a Rn. 72.
61 BMF-Schreiben v. 6.6.1995.
62 Armbrüster/Preuß/Renner/*Renner* § 54a Rn. 54; *Winkler* BeurkG § 54a Rn. 73.
63 BGH DNotZ 2004, 218.
64 Armbrüster/Preuß/Renner/*Renner* § 54a Rn. 78; Frenz/Miermeister/*Hertel* § 57 Rn. 52.
65 *Winkler* BeurkG § 54a Rn. 76.
66 Dafür *Brambring* DNotZ 1990, 615 (629); Frenz/Miermeister/*Hertel* § 57 Rn. 53.

ist richtigerweise zu verneinen. Ebenso wie der Käufer, der im Direktzahlungsmodell nur einen Teilbetrag des Kaufpreises entrichtet, schafft der Käufer bei Hinterlegung durch Leistung von Teilbeträgen selbst das hierdurch begründete Risiko. Eine Auszahlung muss daher bereits dann zulässig sein, wenn der eingezahlte Betrag zur Befriedigung aller von den abzulösenden Grundpfandrechtsgläubigern geforderten Beträge ausreicht.[67]

51 Im Fall von Treuhandaufträgen Dritter (insbesondere abzulösenden Gläubiger, die ihre Löschungsbewilligung unter einer Treuhandauflage erteilen) ist es dem Notar nicht möglich, Grund und Höhe der von ihnen geforderten Ablösebeträge zu überprüfen; dies obliegt allein dem Verkäufer.[68]

52 **ee) Rückzahlungsvoraussetzungen.** Für eine den gesetzlichen Anforderungen entsprechende Verwahrungsanweisung unnötig ist eine Rückzahlungsregelung für den Fall, dass der Vertrag nicht vollzogen werden kann. Ob es zweckmäßig ist, Rückzahlungsvoraussetzungen zu regeln, wenn Anhaltspunkte dafür bestehen, dass der Vertrag nicht vollzogen werden kann,[69] erscheint zweifelhaft, weil die Umstände, die eine derartige Situation herbeiführen könnten, kaum erschöpfend sachgerecht im Voraus geregelt werden können. Anders liegt es auch dann nicht, wenn die Durchführung des Vertrages aus ganz konkreten, schon bei Beurkundung erkennbaren Gründen unsicher erscheint.[70] Scheitert in derartigen Fällen die Durchführung des Vertrages nämlich aus anderen Gründen, stellt sich die kaum lösbare Problematik, inwieweit die im Voraus geregelten Rückzahlungsvoraussetzungen auf diesen Sachverhalt anwendbar sein sollen.

ff) Formulierungsbeispiel

53 ▶ Die Vertragsparteien vereinbaren, dass ein Teilbetrag des Kaufpreises in Höhe von ... EUR beim Notar zu hinterlegen ist. Der Käufer ist daher verpflichtet, den vorgenannten Teilbetrag bis zum ... auf ein vom Notar einzurichtendes und ihm rechtzeitig schriftlich bekanntzugebendes Notaranderkonto einzuzahlen. Der Notar wird den Verkäufer in Textform über den Zahlungseingang informieren.

Der Notar ist zunächst Treuhänder für den Käufer, ab dem ... Treuhänder für alle Vertragsparteien.

Der Notar ist nicht verpflichtet, wohl aber berechtigt, den hinterlegten Betrag als Festgeld anzulegen.

Wird der vorstehende Kaufpreisteil nicht fristgerecht hinterlegt oder der gesamte Kaufpreis nicht fristgerecht gezahlt, berührt dies weder diese Hinterlegungsvereinbarung noch ihre Abwicklung; etwa hieraus resultierende Verzugszinsen kann der Verkäufer nur gesondert geltend machen.

Die Vertragsparteien erteilen dem Notar für den Zeitraum, ab dem er Treuhänder für sie ist, folgende gemeinsame Weisung, die nur gemeinsam abgeändert werden kann:

Der Notar darf über den hinterlegten Betrag nur verfügen, wenn [zu ergänzen: Auszahlungsvoraussetzungen].

Auszahlungen hat der Notar wie folgt vorzunehmen: [zu ergänzen: abzulösende Grundpfandgläubiger]

67 *Winkler* BeurkG § 54a Rn. 77.
68 *Winkler* BeurkG § 54a Rn. 67.
69 So Frenz/Miermeister/*Hertel* § 57 Rn. 55.
70 So aber Armbrüster/Preuß/Renner/*Renner* § 54a Rn. 81.

Der nach Ablösung der vorgenannten Zahlungen verbleibende Restkaufpreis ist wie folgt auszuzahlen: [zu ergänzen: Innenverhältnis bei mehreren Empfangsberechtigten]

Sämtliche notariellen Kosten der Hinterlegung gehen zulasten des Verkäufers; etwa im Rahmen der Verwahrung anfallende Zinsen stehen dem Verkäufer zu, der auch die hierauf entfallenden Steuern sowie die Bankkosten zu tragen hat.

Sofern nicht bis zum ... die nicht zu übernehmenden Grundpfandrechte gelöscht oder deren Löschung sichergestellt ist, kann der Notar die hinterlegten Beträge an den jeweils Einzahlenden zurücküberweisen. Wird der Kaufvertrag aus anderen Gründen nicht vollzogen, kann der Notar das Geld nur mit Zustimmung des Verkäufers vom Notaranderkonto zurückzahlen.

Der Notar hat die Erschienenen darüber belehrt, dass von dieser Hinterlegungsanweisung abweichende Weisungen nur einvernehmlich erteilt werden können. Er hat ferner darauf hingewiesen, dass Erfüllung des Kaufpreisanspruchs erst eintritt, wenn der Notar den hinterlegten Betrag an den Verkäufer ausgezahlt hat oder dem Notar nach Eintritt der Auszahlungsreife ein ausdrückliches schriftliches Verlangen des Verkäufers zugeht, wonach der Betrag zunächst auf Anderkonto verbleiben soll. Schließlich hat der Notar die Erschienenen darüber belehrt, dass etwaige Kreditgeber des Erwerbers möglicherweise für die Verwendung der von Ihnen eingezahlten Beträge Auflagen erteilen, die Vorrang vor den Weisungen der Vertragsparteien genießen. Es obliegt dem Käufer sicherzustellen, dass etwaige Weisungen seiner Kreditgeber zur Erfüllung dieses Vertrages geeignet sind. ◀

c) **Ausgestaltung und Prüfung.** Der Notar hat nach Abs. 3 die Verwahrungsanweisung inhaltlich zu prüfen, und zwar dahin, ob sie den gesetzlichen Anforderungen entspricht, also alle Mindestinhalte nach Abs. 2 Nr. 2 aufweist und den Bedürfnissen einer ordnungsgemäßen Geschäftsabwicklung und eines ordnungsgemäßen Vollzugs der Verwahrung sowie dem Sicherungsinteresse aller am Verwahrungsgeschäft beteiligten Personen genügt. 54

3. **Annahme.** Nach Abs. 5 hat der Notar auf der Verwahrungsanweisung die Annahme mit Datum und Unterschrift zu vermerken, sofern sie nicht Gegenstand einer Niederschrift (§§ 8, 36) ist, die er selbst oder seine Notarvertretung amtlich bestellter Vertreter aufgenommen hat. Da die Verwahrungsanweisung im Regelfall zusammen mit der zivilrechtlichen Verwahrungsvereinbarung im zu beurkundenden Rechtsgeschäft protokolliert wird, kommt Abs. 5 praktische Bedeutung regelmäßig nur bei den Treuhandaufträgen Dritter zu (→ Rn. 59). 55

▶ Formulierungsbeispiel: 56

„Den Treuhandauftrag habe ich angenommen.
Hannover, den ...
Notar" ◀

Eines Vermerks über die Antwort auf die Frage nach einer Vorbefassung iSd § 3 Abs. 1 S. 1 Nr. 7 in einer Eigenurkunde bedarf es nicht, weil die Verwahrungsanweisung keine „Urkunde" im Sinne des § 3 Abs. 1 S. 2 BeurkG ist; die Gegenmeinung[71] schweigt überdies zu der Frage, wem der Notar im Falle einer schriftlichen Verwahrungsanweisung die Frage nach einer Vorbefassung stellen soll. 57

Vor Annahme eines freien Auftrages bei dem Notar eingegangene Gelder muss der Notar unverzüglich zurücküberweisen, wenn er keinen Treuhandauftrag 58

71 AA *Winkler* BeurkG § 54a Rn. 62; Frenz/Miermeister/*Hertel* § 57 Rn. 61.

erhält, den er annehmen kann.[72] Auch bei Änderungen oder Ergänzungen des Verwahrungsauftrages ist eine Annahme nebst Annahmevermerk erforderlich.[73]

IV. Treuhandaufträge Dritter

59 Abs. 6 erklärt die Abs. 3–5 auch für Treuhandaufträge Dritter für anwendbar, jedoch ausdrücklich nur im Zusammenhang mit dem Vollzug von Verwahrungsgeschäften. Aufgrund dieser Einschränkung unterliegen deshalb Treuhandaufträge von Grundpfandgläubigern im Rahmen des Direktzahlungsmodells nicht den Bestimmungen der Abs. 3–5, weil es an einem mit dem Treuhandauftrag im Zusammenhang stehenden Verwahrungsgeschäft fehlt.

60 Inhaltlich gelten gegenüber dem Verwahrungsverhältnis der Urkundsbeteiligten keine Besonderheiten mit der Ausnahme, dass das Verwahrungsverhältnis zwischen den Urkundsbeteiligten gegenüber dem Treuhandverhältnis zu den Banken einen Vorrang einnimmt; der Notar muss deshalb auf einer Abänderung des Treuhandverhältnisses bestehen, wenn insoweit keine Übereinstimmung zum Verwahrungsverhältnis besteht.[74]

61 Anwendbar ist Abs. 3 vielmehr für den Treuhandauftrag des abzulösenden dinglich Berechtigten sowie für die Auflagen der finanzierenden Bank, wenn die Kaufpreiszahlung über ein Anderkonto erfolgt.

62 Zu beachten ist, dass Treuhandauflagen der finanzierenden Käuferbank einseitig und daher bis zu ihrer Erledigung einseitig frei abänderbar und widerruflich sind.[75] Bis zur Erledigung der einseitigen Treuhandauflagen der Bank verwahrt der Notar das Geld also nur für diese; anschließend geht es in eine mehrseitige Verwahrung für die Kaufvertragsparteien über.[76] Spätester Zeitpunkt für die Erteilung des Treuhandauftrages der finanzierenden Bank ist der Geldeingang auf dem Notaranderkonto.[77] Einen etwa später erteilten Treuhandauftrag darf der Notar nicht annehmen; darauf ist die Bank hinzuweisen.[78] Schwierigkeiten bereitet gelegentlich die Auslegung der Treuhandauflagen Dritter, insbesondere der finanzierenden Banken.

63 Die Formulierung „**Sicherstellung der Lastenfreistellung**“ wird in der notariellen Praxis einheitlich so verstanden (und sollte zweckmäßigerweise ausdrücklich so formuliert werden), dass dem Notar alle Unterlagen vorliegen müssen, um den verkauften Grundbesitz von Rechten freizustellen, die im Grundbuch bereits vor oder gleichzeitig mit der Vormerkung des Käufers eingetragen wurden und vom Käufer nicht übernommen wurden, sofern diese Unterlagen auflagenfrei vorliegen oder nur solche Auflagen erteilt sind, zu deren Erfüllung der Kaufpreis ausreicht.[79]

64 Die „**Sicherstellung der ranggerechten Eintragung des Finanzierungsgrundpfandrechts**“ setzt voraus, dass beim Grundbuchamt unter Vorlage der Bestellungsurkunde für das Grundpfandrecht auch im Namen der Grundpfandrechtsgläubigerin die Antragstellung erfolgt ist, alle zur Verschaffung erforderlichen Unterlagen vorliegen, deren Verwendung nach Zahlung von aus dem verwahrten Betrag erfüllbaren Ablösebeträgen gestattet sein muss und keine aus dem

72 *Winkler* BeurkG § 54a Rn. 59.
73 Grziwotz/Heinemann/*Grziwotz* § 57 Rn. 47.
74 *Lerch* § 54a Rn. 23.
75 BGH DNotZ 1987, 560 (561); NJW 1997, 2104; DNotZ 2002, 269.
76 Frenz/Miermeister/*Hertel* § 57 Rn. 64.
77 BGH DNotZ 2002, 269 (271).
78 BGH DNotZ 2002, 269 (274).
79 Armbrüster/Preuß/*Renner* § 54a Rn. 116; Frenz/Miermeister/*Hertel* § 57 Rn. 78.

Grundbuch oder den Grundakten erkennbaren Eintragungshindernisse bestehen.[80]

65 Die **„Sicherstellung der Eigentumsumschreibung"** umfasst die im Kaufvertrag zur Absicherung des Käufers üblicherweise geregelten Auszahlungsvoraussetzungen.[81] Soweit vereinzelt darüber hinaus verlangt wird, dass bereits Antrag auf Eigentumsumschreibung gestellt sei,[82] ist dies abzulehnen. Schon mit Eintragung der Auflassungsvormerkung und den weiteren üblichen Auszahlungsvoraussetzungen ist das Sicherungsinteresse der finanzierenden Bank bezogen auf die Eigentumsumschreibung erfüllt.

V. Richtlinien

66 Nach § 67 Abs. 2 S. 1 BNotO obliegt es den Notarkammern, in Richtlinien die Amtspflichten und sonstigen Pflichten ihrer Mitglieder im Rahmen der gesetzlichen Vorschriften und auf deren Grundlage erlassenen Verordnung durch Satzung näher zu bestimmen. Richtlinien können gemäß § 67 Abs. 2 S. 3 Nr. 3 BNotO auch Regelungen zur Wahrung fremder Vermögensinteressen enthalten. Solche Regelungen sind regelmäßig bei Verwahrungsgeschäften von Relevanz. Von der Ermächtigung haben alle Notarkammern Gebrauch gemacht. Die Richtlinien sind weitestgehend deckungsgleich, lediglich die westfälische Notarkammer und (in untergeordneten Umfang) die Notarkammern Hamburg und Bremen gehen teilweise eigene Wege.

67 Soweit sich die Richtlinien (auch) auf Verwahrungsgeschäfte beziehen, lauten sie:

1. Der Notar hat ihm anvertraute Vermögenswerte mit besonderer Sorgfalt zu behandeln und Treuhandaufträge sorgfältig auszuführen.[83]
   Treuhandaufträge hat er wortgetreu zu beachten; sie sind nicht auslegungsfähig.[84]
   Unklare, missverständlich formulierte oder undurchführbare Treuhandaufträge hat er zurückzuweisen.[85]
   Bei der Überwachung von Zug um Zug zu erfüllenden Leistungspflichten der Beteiligten darf der Notar eigene Verantwortlichkeit nicht scheuen und soll den Beteiligten den sichersten Weg vorschlagen.[86]
2. Der Notar darf nicht dulden, dass sein Amt zur Vortäuschung von Sicherheiten benutzt wird.[87]

---

80 BNotK-Rundschreiben Nr. 5/1999 v. 17.2.1999, II. (DNotZ 1999, 369 (370 f.)).
81 Frenz/Miermeister/*Hertel* § 57 Rn. 84.
82 OLG Celle Nds. RPfl. 1997, 73.
83 Notarkammern Baden-Württemberg, Bayern, Berlin, Brandenburg (1.1), Braunschweig, Bremen, Celle, Hamburg, Frankfurt, Kassel, Koblenz, Mecklenburg-Vorpommern, Oldenburg, Pfalz, Rheinische Notarkammer, Saarländische Notarkammer, Sachsen (1.1), Sachsen-Anhalt, Schleswig-Holstein, Thüringen (1.1), Westfälische Notarkammer.
84 Westfälische Notarkammer.
85 Westfälische Notarkammer.
86 Notarkammer Hamburg.
87 Notarkammern Baden-Württemberg, Bayern, Berlin, Brandenburg (1.2), Braunschweig, Bremen, Celle, Frankfurt, Hamburg, Kassel, Koblenz, Mecklenburg-Vorpommern, Oldenburg, Pfalz, Rheinische Notarkammer, Saarländische Notarkammer, Sachsen (1.2), Sachsen-Anhalt, Schleswig-Holstein, Thüringen (1.1), Westfälische Notarkammer.

Der Notar darf insbesondere Geld, Wertpapiere und Kostbarkeiten nicht zur Aufbewahrung oder zur Ablieferung an Dritte übernehmen, wenn der Eindruck von Sicherheiten entsteht, die durch die Verwahrung nicht gewährt werden.[88]

Anlass für eine entsprechende Prüfung besteht insbesondere, wenn die Verwahrung nicht im Zusammenhang mit einer Beurkundung erfolgt.[89]

3. Auszahlungsvoraussetzungen haben der Notar oder seine Notarvertreter persönlich zu überprüfen.[90]

§ 58 Durchführung der Verwahrung

(1) [1]Der Notar hat anvertraute Gelder unverzüglich einem Sonderkonto für fremde Gelder (Notaranderkonto) zuzuführen. [2]Der Notar ist zu einer bestimmten Art der Anlage nur bei einer entsprechenden Anweisung der Beteiligten verpflichtet. [3]Fremdgelder sowie deren Erträge dürfen auch nicht vorübergehend auf einem sonstigen Konto des Notars oder eines Dritten geführt werden.

(2) [1]Das Notaranderkonto muß bei einem im Inland zum Geschäftsbetrieb befugten Kreditinstitut oder der Deutschen Bundesbank eingerichtet sein. [2]Die Anderkonten sollen bei Kreditinstituten in dem Amtsbereich des Notars oder den unmittelbar angrenzenden Amtsgerichtsbezirken desselben Oberlandesgerichtsbezirks eingerichtet werden, sofern in der Anweisung nicht ausdrücklich etwas anderes vorgesehen wird oder eine andere Handhabung sachlich geboten ist. [3]Für jede Verwahrungsmasse muß ein gesondertes Anderkonto geführt werden, Sammelanderkonten sind nicht zulässig.

(3) [1]Über das Notaranderkonto dürfen nur der Notar persönlich, die Notarvertretung, der Notariatsverwalter oder der nach § 51 Absatz 1 Satz 2 der Bundesnotarordnung mit der Aktenverwahrung betraute Notar verfügen. [2]Die Landesregierungen oder die von ihnen bestimmten Stellen werden ermächtigt, durch Rechtsverordnung zu bestimmen, daß Verfügungen auch durch einen entsprechend bevollmächtigten anderen Notar oder im Land Baden-Württemberg durch Notariatsabwickler erfolgen dürfen. [3]Verfügungen sollen nur erfolgen, um Beträge unverzüglich dem Empfangsberechtigten oder einem von diesem schriftlich benannten Dritten zuzuführen. [4]Sie sind grundsätzlich im bargeldlosen Zahlungsverkehr durchzuführen, sofern nicht besondere berechtigte Interessen der Beteiligten die Auszahlung in bar oder mittels Bar- oder Verrechnungsscheck gebieten. [5]Die Gründe für eine Bar- oder Scheckauszahlung sind von dem Notar zu vermerken. [6]Die Bar- oder Scheckauszahlung ist durch den berechtigten Empfänger oder einen von ihm schriftlich Beauftragten nach Feststellung der Person zu quittieren. [7]Verfügungen zugunsten von Privat- oder Geschäftskonten des Notars sind lediglich zur Bezahlung von Kostenforderungen

88 Notarkammern Baden-Württemberg, Bayern, Berlin, Brandenburg (1.2), Braunschweig, Celle, Frankfurt, Hamburg, Kassel, Koblenz, Mecklenburg-Vorpommern, Oldenburg, Pfalz, Rheinische Notarkammer, Saarländische Notarkammer, Sachsen (1.2), Sachsen-Anhalt, Schleswig-Holstein, Thüringen (1.1), Westfälische Notarkammer.

89 Notarkammern Baden-Württemberg, Bayern, Berlin, Brandenburg (1.2), Braunschweig, Bremen, Celle, Frankfurt, Hamburg, Kassel, Koblenz, Mecklenburg-Vorpommern, Oldenburg, Pfalz, Rheinische Notarkammer, Saarländische Notarkammer, Sachsen (1.2), Sachsen-Anhalt, Schleswig-Holstein, Thüringen (1.1), Westfälische Notarkammer.

90 Notarkammer Bremen.

aus dem zugrundeliegenden Amtsgeschäft unter Angabe des Verwendungszwecks und nur dann zulässig, wenn hierfür eine notarielle Kostenrechnung erteilt und dem Kostenschuldner zugegangen ist und Auszahlungsreife des verwahrten Betrages zugunsten des Kostenschuldners gegeben ist.

(4) Eine Verwahrung soll nur dann über mehrere Anderkonten durchgeführt werden, wenn dies sachlich geboten ist und in der Anweisung ausdrücklich bestimmt ist.

(5) [1]Schecks sollen unverzüglich eingelöst oder verrechnet werden, soweit sich aus den Anweisungen nichts anderes ergibt. [2]Der Gegenwert ist nach den Absätzen 2 und 3 zu behandeln.

I. Überblick

Die bisherige Regelung des § 54b wurde inhaltlich unverändert mit Art. 2 des Gesetzes zur Neuordnung der Aufbewahrung von Notariatsunterlagen und zur Einrichtung des Elektronischen Urkundenarchivs bei der Bundesnotarkammer sowie zur Änderung weiterer Gesetze[1] als neuer § 58 eingefügt, nachdem zuvor durch Art. 2 des Gesetzes zur Abwicklung der staatlichen Notariate in Baden-Württemberg vom 23.11.2015 für das Land Baden-Württemberg mit Wirkung ab dem 1.1.2018 in Abs. 3 S. 3 eine Ergänzung zwecks Gleichstellung von Notariatsabwicklern mit dem Notar für das Land Baden-Württemberg eingefügt worden war. Geregelt sind die Einzelheiten zur Durchführung der Verwahrung von anvertrautem Geld. Daher ist die Vorschrift auf die in § 62 genannten Verwahrungsgegenstände nicht anwendbar.[2] 1

II. Anlage auf ein Anderkonto

Abs. 1, 2 und 4 regeln die Pflicht des Notars zur Anlage der anvertrauten Gelder auf ein Anderkonto. 2

1. Unverzügliche Zuführung auf ein Anderkonto. Der Notar muss „anvertraute Gelder" unverzüglich einem Notaranderkonto zuführen, Abs. 1 S. 1. Dies gilt insbesondere für Gelder, die auf dem Geschäftskonto des Notars eingehen; sie 3

1 BGBl. 2017 I 1396.
2 Grziwotz/Heinemann/*Grziwotz* § 58 Rn. 1.

sind unverzüglich auf ein Notaranderkonto umzubuchen.[3] Unter welchen Voraussetzungen der Notar Gelder zur Verwahrung entgegennehmen darf, regelt § 57.

4 Unzutreffend ist die Ansicht, auch ein dem Notar als Kostenvorschuss für das Registergericht übergebener Scheck (etwa im Rahmen von GmbH-Gründungen) falle in den Anwendungsbereich der Verwahrungsvorschriften, und aus diesem Grunde sei die Entgegennahme eines solchen Schecks mangels berechtigten objektiven Sicherungsinteresses regelmäßig unzulässig.[4] Bei einer derartigen Leistung handelt es sich nämlich nicht um zur Verwahrung anvertraute Gelder, sondern um die Entrichtung eines Vorschusses für die zu erwartenden Auslagen (KV 32015 GNotKG), zu dessen Erhebung der Notar nach § 15 GNotKG berechtigt ist.

5 a) **Notaranderkonto.** Das vom Notar unverzüglich einzurichtende Sonderkonto für fremde Gelder (Notaranderkonto) ist ein offenes Treuhandkonto,[5] das grundsätzlich als Girokonto geführt wird.[6] Kontoinhaber (und damit Treuhänder) ist allein der Notar; derjenige, für dessen Rechnung und in dessen Interesse das Treuhandkonto eingerichtet ist (regelmäßig die Parteien des Kaufvertrages, also Verkäufer und Käufer), ist Treugeber.

6 b) **Kreditinstitut.** Das Notaranderkonto muss nach Abs. 2 S. 1 bei einem im Inland zum Geschäftsbetrieb befugten Kreditinstitut oder der Deutschen Bundesbank eingerichtet sein. Damit darf die Anlage nicht bei einer ausländischen Filiale eines ausländischen oder deutschen Kreditinstitutes erfolgen,[7] wohl aber bei einer inländischen Filiale einer ausländischen Bank.[8] Die Anderkonten sollen bei Kreditinstituten in dem Amtsbereich des Notars oder den unmittelbar angrenzenden Amtsgerichtsbezirken desselben Oberlandesgerichtsbezirks eingerichtet werden, Abs. 2 S. 2; Abweichungen verlangen eine ausdrückliche Regelung in der Verwahrungsanweisung oder müssen sachlich geboten sein. Letzteres kann der Fall sein, wenn Käufer und Verkäufer über dieselbe Bank finanzieren und das Treuhandkonto dort eingerichtet werden soll, diese Bank aber weder im Amtsgerichtsbezirk des Notars noch in den angrenzenden Amtsgerichtsbezirken eine Zweigstelle unterhält.[9] Auch ist denkbar, dass ein Notar lange Zeit problemlos mit einer bestimmten Bank bei Einrichtung und Abwicklung von Notaranderkonten zusammenarbeitet und diese ihre einzige Filiale im Amtsbereich des Notars und in den angrenzenden Amtsgerichtsbezirken schließt. Im Übrigen trifft der Notar die Auswahl unter den örtlichen in Betracht kommenden Bankinstituten nach seinem Ermessen.[10] Dieses findet – abgesehen von übereinstimmenden Weisungen der Beteiligten – nur dort seine Grenze, wo eine Bank nicht einer die gesetzliche Mindestsicherung übersteigende Einlagensicherungseinrichtung angehört.[11] Bei der Annahme anvertrauter Gelder muss der Notar bei der Auswahl der Bank aufgrund allgemeiner Sorgfaltsanforderungen auch die Sicherung für den Insolvenzfall berücksichtigen.[12]

---

3 Frenz/Miermeister/*Hertel* § 58 Rn. 6; *Winkler* BeurkG § 54b Rn. 4.
4 So aber Grziwotz/Heinemann/*Grziwotz* § 58 Rn. 4; *Winkler* BeurkG § 54b Rn. 3a.
5 Frenz/Miermeister/*Hertel* § 58 Rn. 4.
6 Armbrüster/Preuß/Renner/*Renner* § 54b Rn. 4.
7 Armbrüster/Preuß/Renner/*Renner* § 54b Rn. 10.
8 Armbrüster/Preuß/Renner/*Renner* § 54b Rn. 5; Grziwotz/Heinemann/*Grziwotz* § 58 Rn. 7; *Lerch* § 54b Rn. 2.
9 Armbrüster/Preuß/Renner/*Renner* § 54b Rn. 7.
10 Frenz/Miermeister/*Hertel* § 58 Rn. 12.
11 Grziwotz/Heinemann/*Grziwotz* § 58 Rn. 8.
12 BGH DNotZ 2006, 358 (361 ff.).

c) **Trennung vom Eigenvermögen und von anderen Massen.** Aus Abs. 1 S. 3 folgt, dass Fremdgelder vom Eigenvermögen des Notars zu trennen sind;[13] anderenfalls würde mit der Vermischung die treuhänderische Bindung dinglich verloren gehen.[14] Das Fremdgeld ist zudem auch von anderen Massen zu trennen; Sammelanderkonten sind unzulässig, Abs. 2 S. 4. Kein Fall unzulässiger Sammelanderkonten liegt allerdings vor, wenn Banken für Notaranderkonten Stammnummern vergeben und jede Masse dann auf einem eigenen selbstständigen und separat abgerechneten Unterkonto geführt wird; diese Unterkonten sind dann nämlich selbstständige Konten.[15] Soweit von der Verwendung von Unterkonten wegen Verwechslungsgefahr abgeraten wird,[16] ist dem zu widersprechen: Begreift man richtigerweise die Unterkontonummer als Bestandteil der Kontonummer insgesamt, so ist die Verwechslungsgefahr nicht nennenswert größer als zwischen zwei gewöhnlichen Hauptkonten. Vergibt eine Bank nach Abschluss einer Masse dieselbe Kontonummer für ein späteres Verwahrungsgeschäft erneut, ist dies nur unproblematisch, wenn alle Quartalsabschlüsse und Steuerbescheinigungen vorliegen, so dass keine Verwirrung eintreten kann.[17] 7

2. Anlageart. Da das Sicherungsinteresse und die jederzeitige Verfügbarkeit unbestritten Vorrang vor einem mit dem Anderkonto zu erwirtschaftendem Zinsertrag haben,[18] kommt eine Anlage als Festgeld nur bei übereinstimmender Weisung der Beteiligten in Betracht (Abs. 1 S. 2). Eine generelle Verpflichtung des Notars, auf die Möglichkeit einer Festgeldanlage hinzuweisen, wird ersichtlich nirgendwo vertreten; soweit der BGH eine Pflicht zum Hinweis auf die Möglichkeit einer Festgeldanlage angenommen hat, wenn mit einer längeren Verwahrungszeit als üblich zu rechnen ist und dem Notar bekannt ist, dass Notaranderkonten als Festgeld angelegt werden können und trotzdem jederzeit verfügbar sind,[19] offenbart dies eine abzulehnende Tendenz, dem Notar auch die Wahrung der Wirtschaftsinteressen der Beteiligten aufzubürden.[20] 8

3. Zahl der Anderkonten. Die Verwahrung soll nach Abs. 4 nur dann über mehrere Anderkonten durchgeführt werden, wenn dies sachlich geboten ist und in der Anweisung ausdrücklich bestimmt ist. Es mag zB gewollt sein, einen später auszukehrenden Teil der Masse zunächst auf Festgeld anzulegen ist oder Teilbeträge in unterschiedlichen Währungen zu verwahren, weil sie an Empfänger in unterschiedlichen Ländern ausgezahlt werden sollen.[21] Auch kann die Einlagensicherung bei größeren Beträgen ein abzuwägender Aspekt sein.[22] Die bloße übereinstimmende Anweisung in der Verwahrungsanweisung genügt ebenso wenig wie die bloße sachliche Gebotenheit; beide Voraussetzungen müssen gleichzeitig vorliegen. 9

III. Verfügungen über das Anderkonto

Abs. 3 regelt die Einzelheiten zu Verfügungen über das Notaranderkonto. 10

13 BGH DNotZ 1972, 551 (553).
14 Näher *Lange* NJW 2007, 2513 (2514).
15 Armbrüster/Preuß/Renner/*Renner* § 54b Rn. 10.
16 Frenz/Miermeister/*Hertel* § 58 Rn. 13.
17 Armbrüster/Preuß/Renner/*Renner* § 54b Rn. 10.
18 BGH DNotZ 1997, 53 (54); Armbrüster/Preuß/Renner/*Renner* § 54b Rn. 65; Frenz/Miermeister/*Hertel* § 58 Rn. 7; *Winkler* BeurkG § 54b Rn. 13.
19 BGH DNotZ 1997, 53.
20 Kritisch auch Armbrüster/Preuß/Renner/*Renner* § 54a Rn. 66.
21 Frenz/Miermeister/*Hertel* § 58 Rn. 48.
22 Grziwotz/Heinemann/*Grziwotz* § 58 Rn. 9.

11 **1. Verfügungsbefugnis.** Über das Notaranderkonto dürfen nur der Notar persönlich, die Notarvertretung, der Notariatsverwalter oder der nach § 51 Abs. 1 S. 2 BNotO mit der Aktenverwahrung betraute Notar verfügen (Abs. 3 S. 1). Mit dem Gebot zur persönlichen Verfügung, mit der die Prüfung der Auszahlungsvoraussetzungen durch den Notar selbst sichergestellt werden soll, wäre es unvereinbar, wenn der Notar Dritten SEPA-Mandate erteilen[23] oder Überweisungsaufträge blanko unterschreiben würde; auch eine Vollmacht an Kollegen oder Mitarbeiter darf er nicht erteilen.[24] Der BGH sieht in der Vorgängervorschrift ein gesetzliches Verbot im Sinne von § 134 BGB, das zur Unwirksamkeit von verbotswidrig erteilten Überweisungsaufträgen führen soll.[25] Aus Sicht der Bank, die zB im guten Glauben an den Fortbestand des Notaramtes bei einem des Amtes enthobenen Notar einen Überweisungsauftrag ausgeführt hat, führt dies zur misslichen Konsequenz, sich mit in ihrer Durchsetzbarkeit fragwürdigen Ansprüchen gegen den ehemaligen Notar und mit dem Bereicherungseinwand unterliegenden bereicherungsrechtlichen Rückgewähransprüchen begnügen zu müssen. Ob diese Sichtweise der gebotenen rechtlichen Trennung zwischen dem Notar als Träger eines öffentlichen Amts und dem hiermit verbundenen dienstrechtlichen Pflichtengefüge einerseits und der letztlich rein zivilrechtlichen Ausgestaltung des Vertragsverhältnisses zwischen dem Notar als Kontoinhaber und der kontoführenden Bank andererseits gerecht wird, darf man getrost bezweifeln.[26] Jedenfalls setzt sich der BGH in Widerspruch zu seiner ständigen Rechtsprechung, wonach ein verbotswidrig vorgenommenes Rechtsgeschäft, das nur für einen Teil verboten ist, wirksam ist:[27] Abs. 3 S. 1 untersagt lediglich anderen Personen als dem Notar, über das Konto zu verfügen, nicht aber der Bank, eine verbotswidrige Verfügung auszuführen.

12 **2. Auszahlung.** Der Notar hat sich streng an die Auszahlungsvoraussetzungen zu halten und muss bei deren Vorliegen unverzüglich auszahlen.

13 **a) Beachtung der Verwahrungsanweisung.** Unter welchen Voraussetzungen und an wen Verfügungen zu erfolgen haben, hat der Notar unter genauester Beachtung der Verwahrungsanweisung zu ermitteln. Die Auszahlungsanweisungen darf der Notar nicht auslegen, auch wenn sie unklar sind.[28]

14 **b) Unverzügliche Auszahlung.** Abs. 3 S. 3 verlangt die „unverzügliche" Auszahlung der Masse an den Empfangsberechtigten mit Eintritt der Auszahlungsvoraussetzungen, wobei die Auszahlung dann ohne schuldhaftes Zögern erfolgt, wenn eine angemessene Prüfungsfrist eingehalten wird. Wann eine Prüfungsfrist als angemessen anzusehen ist, wird unterschiedlich beurteilt. Die meisten Autoren und – soweit ersichtlich – Gerichte gehen davon aus, dass eine Prüfungsfrist von fünf Werktagen angemessen ist.[29]

15 Im Regelfall mag dies auch zutreffen. Die starre Festsetzung einer bestimmten Obergrenze ist aber mit dem Gesetzeszweck nicht vereinbar. Bei der Bemessung der Frist ist neben dem Auszahlungsinteresse der Beteiligten auch zu berücksichtigen, dass oberstes Interesse der Beteiligten und oberste Pflicht des Notars eine sorgfältige Prüfung und richtige Auszahlung ist. Das OLG Frankfurt hat

23 Grziwotz/Heinemann/*Grziwotz* § 58 Rn. 16.
24 *Lerch* § 54b Rn. 6.
25 BGH NJW 2006, 294 (295).
26 Zustimmend aber Armbrüster/Preuß/Renner/*Renner* § 54a Rn. 20.
27 BGHZ 46, 26; 78, 271; 89, 373; NJW 2000, 1186.
28 BGH DNotZ 2015, 545 (548).
29 ZB Frenz/Miermeister/*Hertel* § 58 Rn. 34; *Winkler* BeurkG § 54b Rn. 22; LG Frankfurt/M. MittBayNot 1996, 231 (232).

daher eine Bearbeitungsfrist von bis zu zehn Arbeitstagen gebilligt;[30] *Lerch* hält eine Überlegungsfrist von „etwa einer Woche" für angemessen.[31] Je komplexer die zu prüfenden Auszahlungsvoraussetzungen sind und je weniger der – gerade bei Anwaltsnotaren häufig in weiten Teilen fremdbestimmte – Terminkalender eine gewissenhafte, „peinlich genaue" Prüfung der Auszahlungsvoraussetzungen erlaubt, desto mehr tritt das Beschleunigungsinteresse gegenüber dem Gründlichkeitsgebot in den Hintergrund.

c) Entnahme von Notargebühren. Nach Abs. 3 S. 7 sind Verfügungen zugunsten von Privat- oder Geschäftskonten des Notars lediglich zur Bezahlung von Kostenforderungen aus dem zugrunde liegenden Amtsgeschäft unter Angabe des Verwendungszwecks und nur dann zulässig, wenn hierfür eine notarielle Kostenrechnung erteilt und dem Kostenschuldner zugegangen ist und Auszahlungsreife des verwahrten Betrages zugunsten des Kostenschuldners gegeben ist. Andere als Kostenforderungen aus dem zugrunde liegenden Amtsgeschäfte dürfen demzufolge nicht aus hinterlegten Beträgen beglichen werden.[32] Anders verhält es sich lediglich bei ausdrücklicher schriftlicher Anweisung durch den Kostenschuldner.[33] 16

d) Verbot von Umbuchungen. Aus dem Umkehrschluss zu Abs. 3 S. 3 ergibt sich, dass andere Verfügungen als Auszahlungen an die Empfangsberechtigten grundsätzlich unzulässig sind, sofern nicht ein besonderer Rechtfertigungsgrund vorliegt.[34] 17

IV. Abtretung und Verpfändung von Auszahlungsansprüchen

Der Anspruch des Auszahlungsberechtigten gegen den Notar ist – formfrei – abtretbar[35] und rechtsgeschäftlich verpfändbar.[36] Allerdings kann der Auszahlungsanspruch, der öffentlich-rechtlicher Natur ist, nur zusammen mit der Kaufpreisforderung abgetreten werden, solange diese nicht erfüllt ist.[37] Wird nur der Kaufpreiszahlungsanspruch abgetreten, geht der Auszahlungsanspruch gegen den Notar als unselbstständiges Nebenrecht gemäß § 401 BGB automatisch ohne weitere Voraussetzungen auf den neuen Gläubiger mit über;[38] umgekehrt geht eine auf den Auszahlungsanspruch gegen den Notar beschränkte Abtretung, der sich nicht zumindest stillschweigend entnehmen lässt, dass auch der Kaufpreisanspruch mit abgetreten werden soll, ins Leere.[39] Mit Eintritt der Auszahlungsreife tritt allerdings im Verhältnis zwischen Käufer und Verkäufer Erfüllung ein, so dass dann die isolierte Abtretung des Auszahlungsanspruchs möglich ist.[40] 18

30 OLG Frankfurt/M. NJW-RR 1996, 507.
31 Lerch § 54b Rn. 11.
32 *Winkler* BeurkG § 54b Rn. 29.
33 Armbrüster/Preuß/Renner/*Renner* § 54b Rn. 51; Frenz/Miermeister/*Hertel* § 58 Rn. 41; *Winkler* BeurkG § 54b Rn. 29.
34 *Winkler* BeurkG § 54b Rn. 36.
35 BGH DNotZ 1999, 126.
36 Armbrüster/Preuß/Renner/*Renner* § 54b Rn. 91; *Winkler* BeurkG § 54b Rn. 40.
37 BGH DNotZ 1999, 126 (128).
38 BGH DNotZ 1999, 126 (128).
39 Armbrüster/Preuß/Renner/*Renner* § 54b Rn. 89; Grziwotz/Heinemann/*Grziwotz* § 58 Rn. 31.
40 DNotI-Report 1996, 93 (96).

V. Anderkonto in Zwangsvollstreckung und Insolvenz

19 Aus dem Umstand, dass der Notar als Kontoinhaber eine treuhänderische Funktion für den Auszahlungsberechtigten (und bis zum Eintritt der Auszahlungsreife zugleich auch für den Einzahlenden) innehat, ergeben sich in Zwangsvollstreckung und Insolvenz Besonderheiten, und zwar in Abhängigkeit davon, welche der im Dreiecksverhältnis beteiligten Parteien (Käufer, Verkäufer, Notar) Vollstreckungs- oder Insolvenzschuldner ist.

20 **1. Verkäufer als Vollstreckungs- oder Insolvenzschuldner**[41] Aus der Akzessorietät des Auszahlungsanspruchs folgt, dass eine wirksame **Pfändung** durch Gläubiger des Verkäufers nur möglich ist, wenn gleichzeitig auch der Kaufpreiszahlung des Verkäufers gepfändet wird („Doppelpfändung"),[42] es sei denn, zum Zeitpunkt der Pfändung ist die Kaufpreisforderung wegen Eintritts der Auszahlungsreife bereits erfüllt und damit erloschen.

21 In der **Insolvenz** des Verkäufers ist der Kaufpreisanspruch und damit auch der Auszahlungsanspruch (§ 401 BGB) Teil der Insolvenzmasse.[43]

22 **2. Käufer als Vollstreckungs- oder Insolvenzschuldner.** In der Praxis bilden **Pfändungsmaßnahmen** von Gläubigern des Käufers die Ausnahme; diese könnten immerhin dessen durch eine mögliche Rückabwicklung des Kaufvertrages entstehenden Rückzahlungsanspruch pfänden.[44] In diesem Fall genügt die isolierte Pfändung nur des Auszahlungsanspruchs (wie stets, wenn der Kaufvertrag in ein Rückabwicklungsstadium eingetreten ist).[45]

23 In der **Insolvenz** des Käufers fällt der hinterlegte Kaufpreis nicht in die Insolvenzmasse, da der Käufer weder rechtlicher Inhaber des Bankguthabens auf dem Treuhandkonto noch wirtschaftlich Berechtigter ist. Der Insolvenzverwalter hat das Wahlrecht nach § 103 InsO. Wählt er Erfüllung, wird der Vertrag normal abgewickelt. Lehnt er Erfüllung ab, gilt § 60 Abs. 3.[46]

24 **3. Notar als Vollstreckungs- oder Insolvenzschuldner.** Die **Pfändung** in hinterlegte Guthaben durch Gläubiger des Notars wird im Wege der Drittwiderspruchsklage nach § 771 ZPO durch den jeweiligen Treugeber abgewendet werden können.[47] Treugeber sind bis zum Eintritt der Auszahlungsreihe sowohl der Käufer als auch der Verkäufer, nach Eintritt der Auszahlungsreife nur noch der Verkäufer.

25 Bei Insolvenz des Notars ist die verwahrte Masse nicht Teil der Insolvenzmasse; die Beteiligten können als Treugeber ein Aussonderungsrecht nach § 47 InsO geltend machen.[48]

VI. Behandlung von Schecks

26 Aus Abs. 5 folgt zunächst, dass der Notar Schecks entgegennehmen kann; diese muss er jedoch unverzüglich einlösen und den Geldbetrag im Notaranderkonto zuführen. Die Aufbewahrung und Ablieferung des Schecks in natura setzt eine gemeinsame Anweisung der Beteiligten voraus und ist dann nach § 62 zu be-

---

41 Zur Vertragsabwicklung in typischen Fallsituationen vgl. Armbrüster/Preuß/Renner/*Renner* § 54b Rn. 71–75.
42 BGH DNotZ 1989, 234 (235); 1999, 126, 128.
43 Wegen der Abwicklung des Grundstückskaufvertrages vergleiche im Einzelnen Armbrüster/Preuß/Renner/*Renner* § 54b Rn. 97–100.
44 Frenz/Miermeister/*Hertel* BNotO § 23 Rn. 32.
45 Vgl. KG DNotI-Report 2002, 175.
46 Armbrüster/Preuß/Renner/*Renner* § 54b Rn. 102.
47 *Lange* NJW 2007, 2513 (2515).
48 *Lange* NJW 2007, 2513 (2514).

handeln.[49] Ggf. sind die Beteiligten allerdings darüber zu belehren, dass Leistungen, die im Vertrauen auf die Verwahrung des Schecks bereits vor dessen Einlösung erbracht werden, als ungesicherte Vorleistungen anzusehen sind.[50]

§ 59 Verordnungsermächtigung

[1]Das Bundesministerium der Justiz und für Verbraucherschutz hat durch Rechtsverordnung mit Zustimmung des Bundesrates die näheren Bestimmungen zu treffen über den Inhalt, den Aufbau und die Führung des Verwahrungsverzeichnisses einschließlich der Verweismöglichkeiten auf die im Urkundenverzeichnis zu der Urkunde gespeicherten Daten sowie über Einzelheiten der Datenübermittlung und -speicherung sowie der Datensicherheit. [2]Die Verordnung kann auch Ausnahmen von der Eintragungspflicht anordnen. [3]Die technischen und organisatorischen Maßnahmen zur Gewährleistung der Datensicherheit müssen denen zur Gewährleistung der Datensicherheit des Elektronischen Urkundenarchivs entsprechen.

§ 59 enthält eine Verordnungsermächtigung, von der bislang noch kein Gebrauch gemacht wurde. Durch Rechtsverordnung sind hiernach die Einzelheiten zu regeln über Inhalt, Aufbau und Führung des Verwahrungsverzeichnisses, das die Funktion des Massen- und Verwahrungsbuches übernehmen soll.[1] Ferner soll die Verordnung Einzelheiten zur Datensicherheit regeln, wobei die vorgesehenen Maßnahmen denen entsprechen müssen, die die Datensicherheit des Elektronischen Urkundenarchivs sicherstellen. 1

§ 59a Verwahrungsverzeichnis

(1) Der Notar führt ein elektronisches Verzeichnis über Verwahrungsmassen, die er nach § 23 der Bundesnotarordnung und nach den §§ 57 und 62 entgegennimmt (Verwahrungsverzeichnis).

(2) [1]Das Verwahrungsverzeichnis ist im Elektronischen Urkundenarchiv (§ 78h der Bundesnotarordnung) zu führen. [2]Erfolgt die Verwahrung in Vollzug eines vom Notar in das Urkundenverzeichnis einzutragenden Amtsgeschäfts, soll der Notar im Verwahrungsverzeichnis auf die im Urkundenverzeichnis zu der Urkunde gespeicherten Daten verweisen, soweit diese auch in das Verwahrungsverzeichnis einzutragen wären.

I. Allgemeines

Die Neuregelung wurde mit Art. 2 des Gesetzes zur Neuordnung der Aufbewahrung von Notariatsunterlagen und zur Einrichtung des Elektronischen Urkundenarchivs bei der Bundesnotarkammer sowie zur Änderung weiterer Gesetze[1] in der Fassung von Art. 13 des Gesetzes zur Änderung von Vorschriften über die außergerichtliche Streitbeilegung in Verbrauchersachen und zur Ände- 1

49 Frenz/Miermeister/*Hertel* § 58 Rn. 50.
50 Frenz/Miermeister/*Hertel* § 58 Rn. 50.
1 Grziwotz/Heinemann/*Grziwotz* § 59 Rn. 2.
1 BGBl. 2017 I 1396.

rung weiterer Gesetze[2] mit Wirkung vom 1.1.2022 eingefügt. Gegenstand ist das neu eingeführte Verwahrungsverzeichnis.

II. Gegenstand des Verwahrungsverzeichnisses

2 Im elektronisch einzurichtenden Verwahrungsverzeichnis sind die nach § 23 BNotO und nach §§ 67, 62 entgegengenommenen Verwahrungsmassen zu verzeichnen. Da diese davor nach § 5 Abs. 1 S. 1 Nr. 2, 3, 5 und 6 (1. Alt.) DONot aF in Verwahrungsbuch, Massenbuch, Anderkontenliste und Namensliste zum Massenbuch zu verzeichnen waren, tritt das Verwahrungsverzeichnis an die Stelle dieser Einzelverzeichnisse.[3] Dies dient nicht nur der rechtsaufsichtlichen Kontrolle,[4] sondern führt auch zur Vereinfachung in der Geschäftsstelle des Notars, zumal die bisherige Aufteilung in unterschiedliche Verzeichnisse bei der inzwischen allgemein üblichen Nutzung notarspezifischer Software fragwürdig geworden ist.

III. Urkundenarchiv und Urkundenverzeichnis

3 Nach Abs. 2 ist auch das Verwahrungsverzeichnis im Elektronischen Urkundenarchiv der Bundesnotarkammer nach § 78 BNotO nF zu führen, in dem auch das Urkundenverzeichnis nach § 55 Abs. 1 BeurkG nF geführt werden wird, was eine einheitliche Datenstruktur und Sicherheitsarchitektur ermöglicht.[5]

4 Der Gesetzgeber verspricht sich hiervon, dass das Verwahrungsverzeichnis vom hohen Sicherheitsstandard des Elektronischen Urkundenarchivs profitieren wird.[6]

5 Erfolgt die Verwahrung in Vollzug eines vom Notar in das Urkundenverzeichnis einzutragenden Amtsgeschäft, soll (Amtspflicht)[7] der Notar im Verwahrungsverzeichnis auf die im Urkundenverzeichnis zu der Urkunde gespeicherten Daten verweisen, soweit diese auch in das Verwahrungsverzeichnis einzutragen wären (Abs. 2 S. 2). Mit diesem Querverweis soll die Transparenz der Aktenführung erhöht, die Zuverlässigkeit und Effizienz der Abwicklung verbessert und die Aufsicht erleichtert werden.[8]

§ 60 Widerruf

(1) Den schriftlichen Widerruf einer Anweisung hat der Notar zu beachten, soweit er dadurch Dritten gegenüber bestehende Amtspflichten nicht verletzt.

(2) Ist die Verwahrungsanweisung von mehreren Anweisenden erteilt, so ist der Widerruf darüber hinaus nur zu beachten, wenn er durch alle Anweisenden erfolgt.

(3) [1]Erfolgt der Widerruf nach Absatz 2 nicht durch alle Anweisenden und wird er darauf gegründet, daß das mit der Verwahrung durchzuführende Rechtsverhältnis aufgehoben, unwirksam oder rückabzuwickeln sei, soll sich der Notar jeder Verfügung über das Verwahrungsgut enthalten. [2]Der Notar soll alle an

2 BGBl. 2019 I 1942.
3 BT-Drs. 18/10607, 92.
4 BT-Drs. 18/10607, 92.
5 *Damm* DNotZ 2017, 426.
6 BT-Drs. 18/10607, 92.
7 Grziwotz/Heinemann/*Grziwotz* § 59a Rn. 4.
8 BT-Drs. 18/10607, 92.

dem Verwahrungsgeschäft beteiligten Personen im Sinne des § 57 hiervon unterrichten. ³Der Widerruf wird jedoch unbeachtlich, wenn
1. **eine spätere übereinstimmende Anweisung vorliegt oder**
2. **der Widerrufende nicht innerhalb einer von dem Notar festzusetzenden angemessenen Frist dem Notar nachweist, daß ein gerichtliches Verfahren zur Herbeiführung einer übereinstimmenden Anweisung rechtshängig ist, oder**
3. **dem Notar nachgewiesen wird, daß die Rechtshängigkeit der nach Nummer 2 eingeleiteten Verfahren entfallen ist.**

(4) Die Verwahrungsanweisung kann von den Absätzen 2 und 3 abweichende oder ergänzende Regelungen enthalten.

(5) § 15 Abs. 2 der Bundesnotarordnung bleibt unberührt.

I. Überblick

1 Die bisherige Regelung des § 54c wurde inhaltlich unverändert mit Art. 2 des Gesetzes zur Neuordnung der Aufbewahrung von Notariatsunterlagen und zur Einrichtung des Elektronischen Urkundenarchivs bei der Bundesnotarkammer sowie zur Änderung weiterer Gesetze[1] zum neuen § 60. Geregelt sind die Einzelheiten zum Widerruf einer Verwahrungsanweisung.

II. Schriftform

2 In formeller Hinsicht ist für den Widerruf einer Verwahrungsanweisung zumindest Schriftform erforderlich, wobei dieselben Anforderungen zu erfüllen sind wie bei der Verwahrungsanweisung selbst nach § 57 Abs. 3 (→ § 57 Rn. 35).[2]

III. Ein- und mehrseitige Verwahrungsanweisung

3 Das Gesetz unterscheidet in Abs. 1 und 2 zwischen ein- und mehrseitigen Anweisungen, für deren Widerruf jeweils unterschiedliche Anforderungen gelten.

4 **1. Abgrenzung.** Ist entgegen dem Klarheitsgebot (→ § 57 Rn. 38) nicht in der Verwahrungsanweisung selbst klargestellt, welche Anweisungen einseitig und welche mehrseitig sind, muss die Verwahrungsanweisung insoweit anhand der gegenseitigen Sicherungsinteressen der Vertragsparteien ausgelegt werden.[3] Für den in der Praxis wichtigsten Fall der Verwahrung des Kaufpreises auf einem Notaranderkonto ist wie folgt zu differenzieren: Mit **Einzahlung** des Kaufpreises durch den Käufer auf dem Notaranderkonto dient der hinterlegte Betrag bis zum Eintritt der Fälligkeitsvoraussetzungen für die Einzahlung ausschließlich

1 BGBl. 2017 I 1396.
2 Grziwotz/Heinemann/*Grziwotz* § 60 Rn. 2.
3 Armbrüster/Preuß/Renner/*Renner* § 54c Rn. 7.

den Sicherungsinteressen des Käufers,[4] ab **Kaufpreisfälligkeit** den Sicherungsinteressen beider Kaufvertragsparteien bis zum Eintritt der **Auszahlungsreife**[5] und anschließend nur noch den Sicherungsinteressen des Verkäufers.[6] Ausnahmsweise kann schon vor Eintritt der Kaufpreisfälligkeit auch ein Sicherungsinteresse des Verkäufers und damit eine mehrseitige Verwahrungsanweisung vorliegen, etwa wenn der Verkäufer im Vertrauen auf die vorzeitige Einzahlung des Kaufpreises bereits den Besitz übergeben hat.[7]

5 Haben **finanzierende Banken**[8] oder **abzulösende Grundpfandgläubiger**[9] Verwahrungsanweisungen erteilt, so sind diese regelmäßig einseitig.

6 **2. Widerruf einseitiger Verwahrungsanweisungen.** Einseitige Verwahrungsanweisungen sind grundsätzlich frei widerruflich, sofern hierdurch keine **Dritten gegenüber bestehenden Amtspflichten** verletzt werden (Abs. 1). In Betracht sollen nach Ansicht des KG[10] insoweit nur Rechtsbelehrungspflichten (als regelmäßige Belehrungspflichten aus § 17, § 24 BNotO oder § 54a Abs. 3 – jetzt § 57 Abs. 3) oder auch eine erweiterte Belehrungspflicht aus § 14 Abs. 1 S. 2 BNotO analog kommen, dies allerdings nur gegenüber am zu vollziehenden Grundgeschäft oder am Verwahrungsverhältnis beteiligten Personen; Dritten gegenüber könne nur auf eine außerordentliche Schutzpflicht des Notars (§ 14 Abs. 2 BNotO) zurückgegriffen werden – insoweit enthielten die Vorschriften über das Verwahrungsgeschäft in § 54d jedoch eine ausdrückliche Sonderregelung.

7 Bspw. soll die Anweisung, aus dem hinterlegten Betrag die vom Käufer zu zahlende Maklerprovision auszuzahlen, auch Amtspflichten gegenüber dem Makler begründen, weshalb zum Widerruf dieser Anweisung auch dessen Zustimmung erforderlich sein soll.[11]

8 Da in der Rechtsprechung noch keine ausreichend trennscharfen und allgemein anerkannten Kriterien zur Prüfung der Frage entwickelt wurden, welche Amtspflichten im Rahmen von Abs. 1 beachtlich sind, empfiehlt es sich, in derartigen Fällen einen Vorbescheid mit Hinweis auf das Beschwerderecht gemäß § 15 Abs. 2 BNotO zu erlassen.[12]

9 **3. Widerruf mehrseitiger Verwahrungsanweisungen.** Im Falle einer mehrseitigen Verwahrungsanweisung ist der Widerruf **nur durch sämtliche Anweisenden** möglich, Abs. 2.

10 a) **Widerruf durch sämtliche Beteiligte.** Außerhalb des Anwendungsbereiches von § 61 ist der **übereinstimmende Widerruf** aller Beteiligten stets beachtlich. Umstritten ist, ob dies auch gilt, wenn die Kaufvertragsparteien den Kaufvertrag nach Erklärung der Auflassung und Eintragung einer Eigentumsverschaffungsvormerkung privatschriftlich **aufheben**. Es wird vertreten, dass in diesem Fall wegen der Beurkundungsbedürftigkeit des Aufhebungsvertrages[13] auch bei einvernehmlicher Anweisung an den Notar, den Kaufpreis zurückzuzahlen, kei-

4 Armbrüster/Preuß/Renner/*Renner* § 54c Rn. 9; *Winkler* BeurkG § 54c Rn. 11.
5 Frenz/Miermeister/*Hertel* § 60 Rn. 17; *Winkler* BeurkG § 54c Rn. 11.
6 Armbrüster/Preuß/Renner/*Renner* § 54c Rn. 10; Frenz/Miermeister/*Hertel* § 60 Rn. 17; *Winkler* BeurkG § 54c Rn. 11.
7 Armbrüster/Preuß/Renner/*Renner* § 54c Rn. 9.
8 BGH DNotZ 1991, 555 (556).
9 Frenz/Miermeister/*Hertel* § 60 Rn. 13; *Winkler* BeurkG § 54c Rn. 16.
10 KG RNotZ 2011, 372 (377).
11 Frenz/Miermeister/*Hertel* § 60 Rn. 7.
12 Frenz/Miermeister/*Hertel* § 60 Rn. 9; Armbrüster/Preuß/Renner/*Renner* § 54c Rn. 18.
13 BGH NJW 1994, 3346 (3347).

ne Rückzahlung erfolgen dürfe, weil in diesem Falle eine Amtspflichtverletzung gegenüber dem Käufer begangen würde.[14] Dem ist nicht zu folgen. Eine Amtspflichtverletzung des Notars scheidet jedenfalls dann aus, wenn er die Beteiligten auf die Beurkundungsbedürftigkeit des Aufhebungsvertrages hingewiesen hat sowie darauf, dass die Vormerkung gelöscht werden muss, diese aber dennoch einvernehmlich und in Kenntnis der Rechtslage die Verwahrungsanweisung widerrufen.[15] Entsprechend verhält es sich bei **Kaufvertragsänderungen**, soweit diese überhaupt beurkundungsbedürftig sind.[16]

11 b) **Einseitiger Widerruf.** Bei einer mehrseitigen Verwahrungsanweisung ist abgesehen von den Ausnahmefällen in Abs. 3 S. 1 oder § 61 der **einseitige Widerruf** der Anweisung **unbeachtlich.**[17] Das Vorliegen eines der vorgenannten Ausnahmefälle führt aber nicht etwa dazu, dass der Notar die hinterlegten Beträge zurückzuzahlen hätte; vielmehr hat er sich in diesen Fällen jeglicher Verfügung über das Verwahrungsgut zu enthalten und die Beteiligten zu unterrichten.

12 Nach Abs. 3 S. 1 ist der nicht durch alle Anweisenden erklärte Widerruf **ausnahmsweise beachtlich**, wenn er darauf gegründet wird, dass das mit der Verwahrung durchzuführende **Rechtsverhältnis aufgehoben, unwirksam oder rückabzuwickeln** sei. Die Aufhebung setzt einen Aufhebungsvertrag voraus, der formbedürftig ist, wenn nicht einer der anerkannten Ausnahmefälle vorliegt.[18] Die Unwirksamkeit kann sich aus der **Sittenwidrigkeit** (§ 138 BGB), der fehlenden **Geschäftsfähigkeit** eines Beteiligten (§ 105 Abs. 1 BGB), der **unterbliebenen Beurkundung** einzelner Parteiabreden (§§ 125 S. 1, 139 BGB),[19] einem **Scheingeschäft** (§ 117 Abs. 1 BGB) oder der wirksamen **Anfechtung** wegen Irrtums, arglistiger Täuschung oder Drohung (§ 142 Abs. 1 BGB) ergeben. Nicht genügend ist hingegen die schwebende Unwirksamkeit,[20] etwa bei vollmachtloser Vertretung oder Beteiligung beschränkt Geschäftsfähiger. Die Rückabwicklung ist insbesondere die Folge der wirksamen Ausübung eines gesetzlichen oder vertraglichen Rücktrittsrechts.

13 Umstritten ist der **Prüfungsumfang** des Notars hinsichtlich der vorgenannten Ausnahmefälle. Es wird vertreten, der Notar müsse keine Schlüssigkeits- oder gar Begründetheitsprüfung im prozessualen Sinne vornehmen, sondern lediglich eine **Plausibilitätsprüfung.**[21] Dem ist nicht zu folgen. Zwar trifft es zu, dass der Notar keine Sachverhaltsaufklärung betreiben muss; eine rechtliche Prüfung, ob der als wahr unterstellte Sachverhalt, den der Widerrufende darlegt, zur Aufhebung, Unwirksamkeit oder Rückabwicklung des Kaufvertrages führen würde, wird der Notar schon mit Rücksicht auf die übrigen Beteiligten vornehmen müssen.[22] Für die Praxis kann die Streitfrage letztlich dahingestellt bleiben: Mit Ausnahme derjenigen Fälle, in denen der Sachvortrag des Widerrufenden eindeutig unschlüssig ist, empfiehlt es sich stets, keine Verfügung über das Verwahrungsgut zu treffen und die Beteiligten auf den Rechtsweg zu verweisen.[23]

14 *Winkler* BeurkG § 54c Rn. 21.
15 Armbrüster/Preuß/Renner/*Renner* § 54c Rn. 22.
16 Dazu näher Palandt/*Grüneberg* BGB § 311b Rn. 42 ff. mwN.
17 BGH NJW 2000, 734.
18 Dazu näher Palandt/*Grüneberg* BGB § 311b Rn. 39 ff. mwN.
19 Vgl. BGH NJW 1981, 222.
20 Armbrüster/Preuß/Renner/*Renner* § 54c Rn. 36; *Lerch* § 54c Rn. 13.
21 Frenz/Miermeister/*Hertel* § 60 Rn. 21; Grziwotz/Heinemann/*Grziwotz* § 60 Rn. 16.
22 Ebenso im Ergebnis *Winkler* BeurkG § 54c Rn. 26.
23 Armbrüster/Preuß/Renner/*Renner* BeurkG § 54c Rn. 35; Grziwotz/Heinemann/*Grziwotz* § 60 Rn. 16.

IV. Vorrang der Verwahrungsanweisung

14 Von den gesetzlichen Bestimmungen über die materiellen (nicht auch die formellen!)[24] Voraussetzungen und Rechtsfolgen des Widerrufs einer Verwahrungsanweisung kann in der Verwahrungsanweisung selbst abgewichen werden. Lediglich die Regelung in Abs. 1, wonach der übereinstimmende Widerruf stets beachtet werden muss, ist indisponibel.[25] So ist denkbar, die Entscheidung über die Beachtlichkeit eines Widerrufs einem Schiedsgericht zu überlassen.[26] Der Notar selbst scheidet hierbei im Hinblick auf § 3 Abs. 1 S. 1 Nr. 1 als Schiedsrichter aus.[27]

V. Verweis auf § 15 Abs. 2 BNotO

15 Abs. 5 verweist ausdrücklich auf die Beschwerdemöglichkeit des § 15 Abs. 2 BNotO. Daraus ergibt sich, dass die Beteiligten die Wahl haben zwischen der Beschwerde gegen die vom Notar angekündigte Amtshandlung und der zivilrechtlichen Geltendmachung eines Anspruchs auf Erteilung einer gemeinschaftlichen Anweisung gegen die übrigen Verwahrungsbeteiligten.[28] Die Fristsetzung im notariellen Vorbescheid nach § 15 Abs. 2 BNotO wirkt nur dann zugleich als Fristsetzung im Sinne von Abs. 3 S. 3 Nr. 2, wenn der Notar dies bei Fristsetzung ausdrücklich erklärt.[29]

§ 61 Absehen von Auszahlungen

Der Notar hat von der Auszahlung abzusehen und alle an dem Verwahrungsgeschäft beteiligten Personen im Sinne des § 57 hiervon zu unterrichten, wenn

1. **hinreichende Anhaltspunkte dafür vorliegen, daß er bei Befolgung der unwiderruflichen Weisung an der Erreichung unerlaubter oder unredlicher Zwecke mitwirken würde, oder**
2. **einem Auftraggeber im Sinne des § 57 durch die Auszahlung des verwahrten Geldes ein unwiederbringlicher Schaden erkennbar droht.**

I. Allgemeines

1 Die bisherige Regelung des § 54d wurde inhaltlich unverändert mit Art. 2 des Gesetzes zur Neuordnung der Aufbewahrung von Notariatsunterlagen und zur Einrichtung des Elektronischen Urkundenarchivs bei der Bundesnotarkammer sowie zur Änderung weiterer Gesetze[1] zum neuen § 61. Gegenstand ist die Amtspflicht des Notars, in bestimmten Ausnahmefällen auch ohne wirksamen Widerruf und trotz Vorliegens der Auszahlungsvoraussetzungen von Auszahlungen abzusehen, nämlich bei Anhaltspunkten für unerlaubte oder unredliche Zwecke (Nr. 1) oder wenn ein unwiederbringlicher Schaden droht (Nr. 2).

---

24 Armbrüster/Preuß/Renner/*Renner* § 54c Rn. 54.
25 *Winkler* BeurkG § 54c Rn. 52.
26 Grziwotz/Heinemann/*Grziwotz* § 60 Rn. 24.
27 Frenz/Miermeister/*Hertel* § 60 Rn. 28.
28 Armbrüster/Preuß/Renner/*Renner* § 54c Rn. 60.
29 Frenz/Miermeister/*Hertel* § 60 Rn. 30.
1 BGBl. 2017 I 1396.

II. Unerlaubte oder unredliche Zwecke

Als verfahrensrechtliche Konkretisierung der allgemeinen **Redlichkeitspflicht** aus § 14 Abs. 2 BNotO untersagt § 61 Nr. 1 die Auszahlung, wenn **hinreichende Anhaltspunkte** dafür vorliegen, dass der Notar bei Befolgen der unwiderruflichen Anweisung **an der Erreichung unerlaubter oder unredliche Zwecke mitwirken** würde (→ § 4 Rn. 1).[2] Praxisrelevant ist beispielsweise die Vereinbarung überhöhter Kaufpreise, um der finanzierenden Bank einen höheren Beleihungswert vorzuspiegeln.[3] Regelmäßig wird es hier allerdings an der erforderlichen Kenntnis des Notars fehlen. Insbesondere kann eine solche Kenntnis nicht schon aus der Diskrepanz von Ankauf- und Verkaufspreis hergeleitet werden, wenn der Notar beide Verträge beurkundet hat; es besteht nach Ansicht des BGH keine Veranlassung, Kaufvertragsurkunde im Hinblick auf die Kaufpreishöhen zu vergleichen.[4] 2

Nicht ausreichend ist die bloße Möglichkeit, dass das Geschäft unerlaubten oder unredlichen Zwecken dient; umgekehrt ist der Notar aber auch nicht verpflichtet, von sich aus in Ermittlungen einzutreten[5] oder sich gar Gewissheit zu verschaffen.[6] Ergibt sich aber aus dem beruflichen oder privaten[7] Wissen des Notars eine konkrete Gefahr,[8] ist ihm die Auszahlung verboten. 3

III. Drohender unwiederbringlicher Schaden

Nach § 61 Nr. 2 ist die Auszahlung ferner unzulässig, wenn einem an der Anweisung Beteiligten durch die Auszahlung ein **unwiederbringlicher Schaden droht**, so etwa durch die drohende **Insolvenz** eines anderen Beteiligten,[9] eine **Vermögensverschlechterung** des Zahlungsempfängers im Sinne von § 321 BGB[10] oder den **Umzug des Zahlungsempfängers ins Ausland**, in welchem Rechtshilfe oder gar Vollstreckung nicht oder nur sehr erschwert möglich sind.[11] Nicht ausreichend ist dagegen, wenn sich der Einzahlende berühmt, gegenüber dem Zahlungsempfänger Ansprüche zu haben, deren Durchsetzung von Ansprüchen gegen den Zahlungsempfänger einen mühsamen und kostenträchtigen Zivilprozess erfordert.[12] 4

In allen diesen Fällen besteht das Auszahlungsverbot aber nur dann, wenn die Gefahr eines Schadens dem Gefährdeten **bei Erteilung der Verwahrungsanweisung noch nicht erkennbar war.**[13] Realisiert sich hingegen ein Risiko, das bei Erteilung der Verwahrungsanweisung erkennbar war und demzufolge in deren Ausgestaltung berücksichtigt werden musste, ändert § 61 an der vertraglichen Risikoverteilung nichts. Wird ein bei Erteilung der Verwahrungsanweisung erkennbares Risiko nicht sachgerecht berücksichtigt, mag in der nicht sachgerechten Erstellung des Entwurfs der Verwahrungsanweisung und/oder in der unzureichenden Belehrung über die mangelnde Eignung der Verwahrungsanweisung zur sachgerechten Risikoverteilung eine Amtspflichtverletzung liegen, 5

2 Vgl. Grziwotz/Heinemann/*Grziwotz* § 61 Rn. 3; *Winkler* BeurkG § 54d Rn. 5.
3 Armbrüster/Preuß/Renner/*Renner* § 54d Rn. 6 mit konkreten Fallschilderungen.
4 BGH DNotZ 2014, 837 (840 f.).
5 *Lerch* § 54 d Rn. 3.
6 *Winkler* BeurkG § 54d Rn. 5.
7 Grziwotz/Heinemann/*Grziwotz* § 61 Rn. 4.
8 Armbrüster/Preuß/Renner/*Renner* § 54d Rn. 9; *Winkler* BeurkG § 54d Rn. 6.
9 Grziwotz/Heinemann/*Grziwotz* § 61 Rn. 6.
10 Frenz/Miermeister/*Hertel* § 61 Rn. 6.
11 OLG Hamm DNotZ 2000, 379 (383).
12 OLG Hamm DNotZ 2000, 379 (383).
13 BGH DNotZ 1978, 373.

die zivilrechtliche Schadensersatzansprüche zur Folge hat; ein Auszahlungsverbot begründet dies hingegen nicht.

IV. Verfahren

6 § 61 begründet Amtspflichten des Notars, die auch zu beachten sind, wenn sich keiner der Beteiligten darauf beruft. Die in § 61 geregelten Auszahlungsverbote sind also stets von Amts wegen zu prüfen und zu beachten.[14] Der Notar hat die am Verwahrungsgeschäft Beteiligten zu unterrichten und ihnen rechtliches Gehör zu gewähren.[15] Soweit eine Unterrichtungspflicht besteht, ist die Verschwiegenheitspflicht nach § 18 BNotO eingeschränkt.[16]

7 Sachgerecht kann es sein, hinsichtlich der Auszahlungsverwaltung einen Vorbescheid zu erlassen, dem das Absehen von der Auszahlung angekündigt wird, wenn nicht fristgerecht Beschwerde eingelegt wird.[17]

§ 62 Verwahrung von Wertpapieren und Kostbarkeiten

(1) Die §§ 57, 60 und 61 gelten entsprechend für die Verwahrung von Wertpapieren und Kostbarkeiten.

(2) Der Notar ist berechtigt, Wertpapiere und Kostbarkeiten auch einer Bank im Sinne des § 58 Absatz 2 in Verwahrung zu geben, und ist nicht verpflichtet, von ihm verwahrte Wertpapiere zu verwalten, soweit in der Verwahrungsanweisung nichts anderes bestimmt ist.

I. Allgemeines

1 Die bisherige Regelung des § 54e wurde inhaltlich unverändert mit Art. 2 des Gesetzes zur Neuordnung der Aufbewahrung von Notariatsunterlagen und zur Einrichtung des Elektronischen Urkundenarchivs bei der Bundesnotarkammer sowie zur Änderung weiterer Gesetze[1] zum neuen § 62. Gegenstand ist die entsprechende Anwendung einzelner Vorschriften über das notarielle Verwahrungsgeschäft auf Wertpapiere und Kostbarkeiten. Die Praxisrelevanz der Vorschrift ist überaus gering.

II. Wertpapiere

2 Der Begriff des „Wertpapiers" ist weit auszulegen und umfasst nicht nur solche Papiere, die selbst Träger des verbrieften Rechts sind (Beispiel: Inhaberschuldverschreibungen), sondern alle Papiere von Wert, jedoch unter der Voraussetzung, dass der Notar diese zu Verwahrungszwecken erhält und nicht nur im Zusammenhang mit dem Vollzug einer Urkunde oder zu einer anderen Treuhandtätigkeit übernimmt.[2] Nicht per se, sondern abhängig vom vorgenannten

---

14 Armbrüster/Preuß/*Renner* § 54d Rn. 17.
15 Frenz/Miermeister/*Hertel* § 61 Rn. 12.
16 Armbrüster/Preuß/Renner/*Renner* § 54d Rn. 18.
17 Vgl. BGH NJW 1998, 2134 (2135); Grziwotz/Heinemann/*Grziwotz* § 61 Rn. 8.
1 BGBl. 2017 I 1396.
2 Armbrüster/Preuß/Renner/*Renner* § 54e Rn. 3; Frenz/Miermeister/*Hertel* § 62 Rn. 4.

Verwahrungszweck können danach auch „Wertpapier“ im Sinne des § 62 sein: Schecks, Grundpfandrechtsbriefe, Aktien;[3] keinesfalls als „Wertpapiere“ im Sinne des § 62 sind anzusehen: Geldscheine, Löschungsbewilligungen, Bescheinigungen über Zinsabgeltungssteuer, Bürgschaften nach MaBV.[4]

III. Kostbarkeiten

„Kostbarkeiten“ sind Sachen, deren Wert im Verhältnis zu ihrem Umfang besonders hoch ist und die auch nach allgemeiner Verkehrsanschauung als kostbar angesehen werden.[5] 3

IV. Entsprechend anzuwendende Vorschriften, Verwahrung

In den vorgenannten Fällen sind die Regelungen aus § 57 (Antrag auf Verwahrung), § 60 (Widerruf) und § 61 (abgesehen von Auszahlung) entsprechend anzuwenden, wobei § 61 naturgemäß nicht einer „Auszahlung“, sondern einer Aushändigung des verwahrten Gegenstandes entgegenstehen kann. 4

Die Verwahrung kann nach Abs. 2 einer Bank im Sinne des § 58 Abs. 2 überlassen oder vom Notar selbst vorgenommen werden; Letzteres kann wiederum erfolgen in einem Banksafe des Notars (dies wäre keine Verwahrung durch die Bank selbst) oder in einem Stahlschrank oder Safe im Büro des Notars (Feuer- und Diebstahlsicherheit sowie ausreichender Versicherungsschutz vorausgesetzt).[6] 5

Verwahrte Wertpapiere und Kostbarkeiten müssen nach § 10 Abs. 1 S. 1 DONot in das Verwahrung- und Massenbuch eingetragen werden, nicht aber Hypotheken-, Grundschuld- und Rentenschuldbriefe sowie Wechsel, die der Notar zur Protesterhebung erhält.[7] 6

Siebter Abschnitt Schlußvorschriften

[Nr. 1 Überschrift bis 31.7.2022:]
1. Verhältnis zu anderen Gesetzen

Unterabschnitt 1 Verhältnis zu anderen Gesetzen

[Nr. 1 lit. a Überschrift bis 31.7.2022:]
a) Bundesrecht

§ 63 Beseitigung von Doppelzuständigkeiten

(1), (2) *[nicht wiedergegebene Änderungsvorschriften]*

(3) *[aufgehoben]*

(4) Auch wenn andere Vorschriften des bisherigen Bundesrechts die gerichtliche oder notarielle Beurkundung oder Beglaubigung oder die Erklärung vor einem Gericht oder Notar vorsehen, ist nur der Notar zuständig.

3 Frenz/Miermeister/*Hertel* § 62 Rn. 5.
4 Armbrüster/Preuß/Renner/*Renner* § 54e Rn. 4 mwN.
5 *Winkler* BeurkG § 54e Rn. 3.
6 Grziwotz/Heinemann/*Grziwotz* § 62 Rn. 15.
7 Grziwotz/Heinemann/*Grziwotz* § 62 Rn. 15.

§ 64 Beurkundungen nach dem Personenstandsgesetz

Dieses Gesetz gilt nicht für Beurkundungen nach dem Personenstandsgesetz.

§ 65 Unberührt bleibendes Bundesrecht

Soweit in diesem Gesetz nichts anderes bestimmt ist, bleiben bundesrechtliche Vorschriften über Beurkundungen unberührt.

[Nr. 1 lit. b Überschrift bis 31.7.2022:]

b) Landesrecht

§ 66 Unberührt bleibendes Landesrecht

(1) Unbeschadet der Zuständigkeit des Notars bleiben folgende landesrechtliche Vorschriften unberührt:

1. **Vorschriften über die Beurkundung von freiwilligen Versteigerungen; dies gilt nicht für die freiwillige Versteigerung von Grundstücken und grundstücksgleichen Rechten;**
2. **Vorschriften über die Zuständigkeit zur Aufnahme von Inventaren, Bestandsverzeichnissen, Nachlaßverzeichnissen und anderen Vermögensverzeichnissen sowie zur Mitwirkung bei der Aufnahme solcher Vermögensverzeichnisse;**
3. **Vorschriften, nach denen die Gerichtsvollzieher zuständig sind, Wechsel- und Scheckproteste aufzunehmen sowie das tatsächliche Angebot einer Leistung zu beurkunden;**
4. **Vorschriften, nach denen die Amtsgerichte zuständig sind, außerhalb eines anhängigen Verfahrens die Aussagen von Zeugen und die Gutachten von Sachverständigen, die Vereidigung sowie eidesstattliche Versicherungen dieser Personen zu beurkunden;**
5. **Vorschriften, nach denen Beurkundungen in Fideikommißsachen, für die ein Kollegialgericht zuständig ist, durch einen beauftragten oder ersuchten Richter erfolgen können;**
6. **Vorschriften, nach denen die Vorstände der Vermessungsbehörden, die das amtliche Verzeichnis im Sinne des § 2 Abs. 2 der Grundbuchordnung führen, und die von den Vorständen beauftragten Beamten dieser Behörden zuständig sind, Anträge der Eigentümer auf Vereinigung oder Teilung von Grundstücken zu beurkunden oder zu beglaubigen;**
7. **Vorschriften über die Beurkundung der Errichtung fester Grenzzeichen (Abmarkung);**
8. **Vorschriften über die Beurkundung von Tatbeständen, die am Grund und Boden durch vermessungstechnische Ermittlungen festgestellt werden, durch Behörden, öffentlich bestellte Vermessungsingenieure oder Markscheider;**
9. **Vorschriften über Beurkundungen in Gemeinheitsteilungs- und agrarrechtlichen Ablösungsverfahren einschließlich der Rentenübernahme- und Rentengutsverfahren;**
10. **Vorschriften über Beurkundungen im Rückerstattungsverfahren;**
11. **Vorschriften über die Beglaubigung amtlicher Unterschriften zum Zwecke der Legalisation;**
12. **Vorschriften über Beurkundungen in Kirchenaustrittssachen.**

(2) Auf Grund dieser Vorbehalte können den Gerichten Beurkundungszuständigkeiten nicht neu übertragen werden.

(3) Auf Grund anderer bundesrechtlicher Vorbehalte kann
1. die Zuständigkeit der Notare für öffentliche Beurkundungen (§ 20 der Bundesnotarordnung) nicht eingeschränkt werden,
2. nicht bestimmt werden, daß für öffentliche Beurkundungen neben dem Notar andere Urkundspersonen oder sonstige Stellen zuständig sind, und
3. keine Regelung getroffen werden, die den Vorschriften des Ersten bis Vierten Abschnitts dieses Gesetzes entgegensteht.

[§ 66 Abs. 3 Nr. 3 ab 1.8.2022:]

3. keine Regelung getroffen werden, die den Vorschriften der Abschnitte 1 bis 4 dieses Gesetzes entgegensteht.

§ 67 Zuständigkeit der Amtsgerichte, Zustellung

(1) Unbeschadet der Zuständigkeit sonstiger Stellen sind die Amtsgerichte zuständig für die Beurkundung von
1. Erklärungen über die Anerkennung der Vaterschaft,
2. Verpflichtungen zur Erfüllung von Unterhaltsansprüchen eines Kindes,
3. Verpflichtungen zur Erfüllung von Unterhaltsansprüchen nach § 1615l des Bürgerlichen Gesetzbuchs.

(2) Die Zustellung von Urkunden, die eine Verpflichtung nach Absatz 1 Nr. 2 oder 3 zum Gegenstand haben, kann auch dadurch vollzogen werden, daß der Schuldner eine beglaubigte Abschrift der Urkunde ausgehändigt erhält; § 174 Satz 2 und 3 der Zivilprozeßordnung gilt entsprechend.

§ 68 Übertragung auf andere Stellen

Die Länder sind befugt, durch Gesetz die Zuständigkeit für die öffentliche Beglaubigung von Abschriften oder Unterschriften anderen Personen oder Stellen zu übertragen.

§ 69 (weggefallen)

[Nr. 1 lit. c Überschrift bis 31.7.2022:]

c) Amtliche Beglaubigungen

§ 70 Amtliche Beglaubigungen

[1]Dieses Gesetz gilt nicht für amtliche Beglaubigungen, mit denen eine Verwaltungsbehörde zum Zwecke der Verwendung in Verwaltungsverfahren oder für sonstige Zwecke, für die eine öffentliche Beglaubigung nicht vorgeschrieben ist, die Echtheit einer Unterschrift oder eines Handzeichens oder die Richtigkeit der Abschrift einer Urkunde bezeugt, die nicht von einer Verwaltungsbehörde ausgestellt ist. [2]Die Beweiskraft dieser amtlichen Beglaubigungen beschränkt sich auf den in dem Beglaubigungsvermerk genannten Verwendungszweck. [3]Die Befugnis der Verwaltungsbehörden, Abschriften ihrer eigenen Urkunden oder

von Urkunden anderer Verwaltungsbehörden in der dafür vorgeschriebenen Form mit uneingeschränkter Beweiskraft zu beglaubigen, bleibt unberührt.

[Nr. 1 lit. d Überschrift bis 31.7.2022:]
d) Eidesstattliche Versicherungen in Verwaltungsverfahren

§ 71 Eidesstattliche Versicherungen in Verwaltungsverfahren

Dieses Gesetz gilt nicht für die Aufnahme eidesstattlicher Versicherungen in Verwaltungsverfahren.

[Nr. 1 lit. e Überschrift bis 31.7.2022:]
e) Erklärungen juristischer Personen des öffentlichen Rechts

§ 72 Erklärungen juristischer Personen des öffentlichen Rechts

Die bundes- oder landesrechtlich vorgeschriebene Beidrückung des Dienstsiegels bei Erklärungen juristischer Personen des öffentlichen Rechts wird durch die öffentliche Beurkundung ersetzt.

[Nr. 1 lit. f Überschrift bis 31.7.2022:]
f) Bereits errichtete Urkunden

§ 73 Bereits errichtete Urkunden

(1) [1]§§ 45 bis 49, 51, 52, 54 dieses Gesetzes gelten auch für Urkunden, die vor dem Inkrafttreten dieses Gesetzes errichtet worden sind. [2]Dies gilt auch, wenn die Beurkundungszuständigkeit weggefallen ist.
(2) Eine vor dem Inkrafttreten dieses Gesetzes erteilte Ausfertigung einer Niederschrift ist auch dann als von Anfang an wirksam anzusehen, wenn sie den Vorschriften dieses Gesetzes genügt.
(3) § 2256 Abs. 1, 2 des Bürgerlichen Gesetzbuchs gilt auch für Testamente, die vor dem Inkrafttreten dieses Gesetzes vor einem Richter errichtet worden sind.

[Nr. 1 lit. g Überschrift bis 31.7.2022:]
g) Verweisungen

§ 74 Verweisungen

Soweit in Gesetzen oder Verordnungen auf die durch dieses Gesetz aufgehobenen oder abgeänderten Vorschriften verwiesen ist, treten die entsprechenden Vorschriften dieses Gesetzes an ihre Stelle.

[Nr. 2 und 3 bis 31.7.2022:]
2. Geltung in Berlin
§ 75 Geltung in Berlin
[gegenstandslos]
3. Inkrafttreten
§ 76 Inkrafttreten
Dieses Gesetz tritt am 1. Januar 1970 in Kraft.

[UAbschn. 2 (§§ 75–76) ab 1.8.2022:]

Unterabschnitt 2 Übergangsvorschrift

§ 75 Übergangsvorschrift zur Einführung des Elektronischen Urkundenarchivs

(1) [1]Für Beurkundungen und sonstige Amtshandlungen, die vor dem 1. Januar 2022 vorgenommen worden sind, sind die §§ 55 und 56 nicht anzuwenden. [2]Abweichend von § 49 Absatz 4 ist auf der Urschrift zu vermerken, wem und an welchem Tag eine Ausfertigung erteilt worden ist. [3]Zusätze und Änderungen sind nach den vor dem 1. Januar 2022 geltenden Bestimmungen vorzunehmen.

(2) [1]Die Urkundensammlung und die Erbvertragssammlung für Urkunden, die vor dem 1. Januar 2022 errichtet wurden, werden von dem Notar nach Maßgabe der vor dem 1. Januar 2022 geltenden Vorschriften geführt und verwahrt. [2]Zusätze und Änderungen sind nach den vor dem 1. Januar 2022 geltenden Bestimmungen vorzunehmen.

(3) [1]Für Verwahrungsmassen, die der Notar vor dem 1. Januar 2022 entgegengenommen hat, ist § 59a vorbehaltlich der Sätze 3 und 4 nicht anzuwenden. [2]Für diese Verwahrungsmassen werden die Verwahrungsbücher, die Massenbücher, die Namensverzeichnisse zum Massenbuch und die Anderkontenlisten nach den vor dem 1. Januar 2022 geltenden Bestimmungen geführt und verwahrt. [3]Der Notar kann jedoch zum Schluss eines Kalenderjahres alle Verwahrungsmassen im Sinne des Satzes 1 in das Verwahrungsverzeichnis übernehmen und insoweit die Verzeichnisführung nach den vor dem 1. Januar 2022 geltenden Bestimmungen abschließen. [4]Dazu sind für die zu übernehmenden Verwahrungsmassen die nach den Vorschriften des Abschnitts 3 der Verordnung über die Führung notarieller Akten und Verzeichnisse erforderlichen Angaben in das Verwahrungsverzeichnis einzutragen. [5]Dabei sind sämtliche in den Massenbüchern und Verwahrungsbüchern verzeichneten Eintragungen zu übernehmen.

(4) Die Urkundenrollen, die Erbvertragsverzeichnisse und die Namensverzeichnisse zur Urkundenrolle für Urkunden, die vor dem 1. Januar 2022 errichtet wurden, werden von dem Notar nach Maßgabe der vor dem 1. Januar 2022 geltenden Vorschriften geführt und verwahrt.

(5) [1]Für Beurkundungen und sonstige Amtshandlungen, die vom 1. Januar bis zum 30. Juni 2022 vorgenommen werden, gilt § 55 Absatz 2 nur im Hinblick auf das Urkundenverzeichnis und sind § 55 Absatz 3 sowie § 56 nicht anzuwenden. [2]Im Übrigen gelten für die vom 1. Januar bis zum 30. Juni 2022 vorgenommenen Beurkundungen und sonstigen Amtshandlungen Absatz 1 Satz 3 und Absatz 2 entsprechend.

Gesetz über das Aufspüren von Gewinnen aus schweren Straftaten (Geldwäschegesetz – GwG)

Vom 23. Juni 2017 (BGBl. I S. 1822)
FNA 7613-3
Zuletzt geändert durch Art. 92 PersonengesellschaftsrechtsmodernisierungsG (MoPeG) vom 10.8.2021 (BGBl. I S. 3436)

§ 10 Allgemeine Sorgfaltspflichten

(1) bis (8) (…)

(9) [1]Ist der Verpflichtete nicht in der Lage, die allgemeinen Sorgfaltspflichten nach Absatz 1 Nummer 1 bis 4 zu erfüllen, so darf die Geschäftsbeziehung nicht begründet oder nicht fortgesetzt werden und darf keine Transaktion durchgeführt werden. [2]Soweit eine Geschäftsbeziehung bereits besteht, ist sie vom Verpflichteten ungeachtet anderer gesetzlicher oder vertraglicher Bestimmungen durch Kündigung oder auf andere Weise zu beenden. [3]Die Sätze 1 und 2 gelten für Verpflichtete nach § 2 Absatz 1 Nummer 10 und 12 nicht, wenn Tätigkeiten der Rechtsberatung oder Prozessvertretung erbracht werden sollen, es sei denn, der Verpflichtete weiß, dass die Rechtsberatung oder Prozessvertretung bewusst für den Zweck der Geldwäsche oder der Terrorismusfinanzierung genutzt wurde oder wird. [4]Solange der Vertragspartner seiner Pflicht nach § 12 Absatz 4 Satz 1, eine Vereinigung mit Sitz im Ausland ihrer Mitteilungspflicht nach § 20 Absatz 1 Satz 2 und 3 oder ein Trustee, der außerhalb der Europäischen Union seinen Wohnsitz oder Sitz hat, seiner Mitteilungspflicht nach § 21 Absatz 1 Satz 2 Alternative 2 und Satz 3 nicht nachkommt, hat der Notar die Beurkundung abzulehnen; § 15 Absatz 2 der Bundesnotarordnung gilt insoweit entsprechend.

I. Einleitung und Überblick

1 § 10 Abs. 9 S. 4 BeurkG enthält zwei vom Notar zwingend zu beachtende Beurkundungsverbote, die durch das am 1.1.2020 in Kraft getretene Gesetz zur Umsetzung der Änderungsrichtlinie zur Vierten EU-Geldwäscherichtlinie vom 12.12.2019 in das GwG eingefügt und zuletzt mit Wirkung zum 1.8.2021 durch das Transparenzregister- und Finanzinformationsgesetz vom 20.6.2019 erweitert wurden. Diese Beurkundungsverbote sollen präventiv Geldwäscherisiken im Immobiliensektor entgegenwirken, da der Gesetzgeber dort besondere Geldwäscherisiken sieht.[1] Sie führen zu einer erheblichen Ausweitung der Ablehnungspflichten des Notars im Anwendungsbereich des GwG.[2] Ein Beurkundungsverbot besteht in zwei Fällen: (i) Eine inländische oder ausländische Gesellschaft kommt bei einem Erwerbsvorgang nach § 1 GrEStG ihrer Pflicht gem. § 12 Abs. 4 nicht nach, zwecks Identifizierbarkeit des wB vor der Beur-

1 BT-Drs. 19/15196, 46.
2 So auch BeckOK BNotO/*Sander* § 14 Rn. 30b.

kundung eine Dokumentation der EKS vorzulegen (Var. 1). (ii) Eine unmittelbar Immobilien erwerbende ausländische Gesellschaft kommt vor der Beurkundung ihrer Pflicht zur Mitteilung der Angaben zu ihren wB zum Transparenzregister nicht nach (Var. 2). Durch das Transparenzregister- und Finanzinformationsgesetz wurde die Var. 2 erweitert auf Fälle, in denen eine ausländische Rechtseinheit Geschäftsanteile erwirbt und in der Folge unmittelbar oder mittelbar mindestens 90 % der Anteile an einer immobilienhaltenden Gesellschaft innehat, also ein Erwerbsvorgang iSd § 1 Abs. 3 oder Abs. 3a vorliegt.[3] Das Beurkundungsverbot gilt auch für die Unterschriftsbeglaubigung mit Entwurfserstellung, da hier die wB ebenfalls zu identifizieren sind. Die beiden Beurkundungsverbote sichern in den von ihnen erfassten Konstellationen die Identifizierung der wB. Sie werden flankiert von einer Vielzahl von Meldepflichten des Notars nach der GwGMeldV-Immobilien insbesondere im Zusammenhang mit dessen Identifizierungspflichten. Im Falle der Meldung besteht eine Anhaltepflicht nach § 46, die ein zumindest zeitweiliges Beurkundungs- und Vollzugsverbot beinhaltet. Die Versagungspflichten nach § 10 Abs. 9 S. 1 und 2 haben demgegenüber für den Notar gem. S. 3 keine Bedeutung. Dieser nimmt Notare von der ansonsten bestehenden Beendigungspflicht nach den Sätzen 1 und 2 aus, wenn sie Rechtsberatung erbringen, was die gesamte notarielle Amtstätigkeit gem. §§ 20 bis 24 BNotO umfasst.[4] Ausnahmsweise besteht gem. § 10 Abs. 9 S. 3 ein Beurkundungsverbot, wenn der Notar weiß, dass die Rechtsberatung bewusst für den Zweck der Geldwäsche oder der Terrorismusfinanzierung genutzt wurde oder wird. Die §§ 4 BeurkG, 14 Abs. 2 BNotO bleiben im Übrigen von § 10 Abs. 9 S. 4 unberührt.

II. Fehlende Vorlage einer Einkommens- und Kontrollstruktur (Var. 1)

§ 10 Abs. 9 S. 4 Var. 1 knüpft an die Pflicht der Vertragspartner nach § 12 Abs. 4 an, bei einem Erwerbsvorgang iSv § 1 GrEStG für beteiligte Gesellschaften vor der Beurkundung eine schlüssige Dokumentation der EKS vorzulegen. Diese Pflicht besteht unabhängig vom vorgangsbezogenen Geldwäscherisiko und damit auch bei den vereinfachte Sorgfaltspflichten nach § 14.[5] Gleiches gilt für das Beurkundungsverbot nach Var. 2. 2

§ 10 Abs. 9 S. 4 Var. 1 erfasst Gesellschaften iSv § 3 Abs. 2 und 3, und zwar unabhängig davon, ob (i) sich deren Sitz im In- oder Ausland befindet oder (ii) die Gesellschaft auf Erwerber- oder Veräußererseite steht. Erfasst ist ebenfalls die GbR. Die Gesellschaft muss an der Urkunde beteiligt sein, dh für sie handelt ein formell Beteiligter. Erwerbsvorgang nach § 1 GrEStG ist ein solcher iSd § 1 Abs. 1 bis 3a GrEStG, der einen Erwerb eines inländischen Grundstücks bewirkt oder bezweckt. Unerheblich ist, ob der Vorgang steuerbar ist. Da insoweit ein Gleichlauf mit der steuerlichen Anzeigepflicht nach § 18 GrEStG besteht, kann für die Einstufung als Erwerbsvorgang auf die steuerlichen Anzeigepflichten zurückgegriffen werden.[6] 3

Die EKS dient der Ermittlung des wB. Sie soll ein Gesamtbild für jede beteiligte Gesellschaft vermitteln, das deren maßgebliche Anteilsinhaber erfasst, dh solche natürlichen Personen, die unmittelbar oder (bei einer mehrstufigen Beteiligungsstruktur) mehr als 25 % der Kapital- oder Stimmanteile innehaben oder auf vergleichbare Weise Kontrolle ausüben (§ 3 Abs. 2). Zu diesem Zweck sind 4

3 S. hierzu *Thelen* notar 2021, 333 (337).
4 Herzog/*Figura* § 11 Rn. 131.
5 BeckOK BNotO/*Sander* § 14 Rn. 30a.
6 AnwEmpfGwG/BNotK, S. 48 und Fn. 95.

die in § 3 genannten Schwellenwerte und sonstigen Vorgaben anzugeben. Die Art und Weise der Dokumentation ist gesetzlich nicht vorgeschrieben, ein Schaubild oder ein Konzerndiagramm muss nicht vorgelegt werden, auch wenn dies regelmäßig sinnvoll ist.[7] Ausreichend ist etwa die Vorlage der Gesellschafterliste einer GmbH verbunden mit der Erklärung, dass die darin aufgeführten natürlichen Personen die wB sind und keine abweichenden Regelungen des Stimmrechts oder Stimmbindungsverträge oder ähnliches bestehen. Da es sich bei der EKS um eine Wissenserklärung handelt, gilt für die vorgeschriebene Textform nicht § 126b BGB; lesbare Form auf dauerhaftem Datenträger ist ausreichend. Aufnahme in die Urkunde selbst ist zulässig. Mangels Schriftform ist eine Unterschrift nicht nötig.

5 Die EKS muss nach § 12 Abs. 4 vom Vertragspartner vor Beurkundung vorgelegt werden. Auch wenn „Vertragspartner" iSd GwG für den Notar nur die formell Beteiligten sind, reicht es richtigerweise aus, wenn die EKS aus der „Sphäre der Gesellschaft" kommt. Die vorlegende Person muss nicht Vertretungsmacht haben; Zurechenbarkeit ist entscheidend, etwa bei Vorlage durch Mitarbeiter der Rechtsabteilung oder den Steuerberater.[8] Der Notar darf die EKS nicht selbst erstellen und dokumentieren (und kann das mangels vollständiger Tatsachenkenntnis nicht); Hilfe bei der Erstellung durch den Notar schließt dies nicht aus. Entbehrlich ist die (erneute) Vorlage einer EKS gem. § 11 Abs. 3, wenn diese bereits früher vorgelegt und aufgezeichnet wurde und dem Notar keine Anhaltspunkte vorliegen, dass sich die EKS zwischenzeitlich geändert hat. Eine EKS muss selbst dann vorgelegt werden, wenn sich der wB zutreffend aus dem Transparenzregister ergibt.[9] § 12 Abs. 4 fordert eindeutig die Vorlage der schlüssigen EKS in Textform, die gem. S. 2 der FIU sowie den Strafverfolgungsbehörden auf Verlangen zur Verfügung gestellt werden soll. Nach § 11 Abs. 5 S. 3 Hs. 2 darf sich der Notar nicht allein auf das Transparenzregister verlassen. Die Dokumentation der EKS bezweckt, die Angabe im Transparenzregister auf ihre Richtigkeit hin prüfen zu können, so dass ggf. eine Unstimmigkeitsmeldung nach § 23a abzugeben ist.

6 Ein Beurkundungsverbot kommt nur in Betracht, wenn die vorgelegte EKS nicht schlüssig ist.[10] Kommt der Notar zum Ergebnis, die EKS beruhe lediglich auf falschen zugrunde liegenden Tatsachen, besteht kein Beurkundungsverbot. Das folgt aus dem Wortlaut des § 12 Abs. 4 und entspricht dem Zweck der Vorlage der EKS, dem Notar die Prüfung der Angaben zum wB erst zu ermöglichen. Es können dann Meldepflichten nach § 4 Abs. 1 und Abs. 2 GwGMeldV-Immobilien bestehen, insbesondere wenn die Mitwirkungspflicht der Beteiligten nach § 11 Abs. 6 in Reaktion auf weitere Nachfragen des Notars verletzt wird. Zudem kann in einem solchen Fall ein Ablehnungsrecht des Notars greifen bei höherem Geldwäscherisiko, was aus der falschen Tatsachenangabe folgen kann, und bei Verdacht der Geldwäsche.[11] Im Übrigen ändert ein höheres Geldwäscherisiko – unbeschadet weiterer Nachforschungs-, Prüfungs- und Meldepflichten – bei Schlüssigkeit der EKS nichts am Nichteingreifen des Beurkundungsverbots. Zu weitgehend ist es wegen der zu leichten Umgehbarkeit des

7 Die EKS kann durch den Notar durch den von der BNotK zur Verfügung gestellten Fragebogen zur Identifizierung der wirtschaftlich Berechtigten nach dem Geldwäschegesetz abgefragt werden.

8 So AnwEmpfGwG/BNotK, S. 33.

9 Anders wohl BeckOK BNotO/*Sander* § 14 Rn. 30c.

10 AnwEmpfGwG/BNotK, S. 31.

11 *Sommer* MittBayNot 2019, 226 (234). Ein Ablehnungsrecht beim Verdacht der Geldwäsche ebenfalls bejahend BeckOK BGB/*Litzenburger* § 4 BeurkG Rn. 6d.

Beurkundungsverbots, unter Berufung auf den Wortlaut der §§ 10 Abs. 9 S. 4 Var. 1, 12 Abs. 4, die lediglich an die Verletzung der Pflicht des Vertragspartners zur Vorlage einer EKS durch den Vertragspartner anknüpfen, bereits die Vorlage einer EKS ausreichen zu lassen, auch wenn sie nicht schlüssig ist.

III. Fehlende Mitteilung an Transparenzregister durch Vereinigungen mit Sitz im Ausland (Var. 2)

Es besteht jedoch keine Pflicht des Notars, zu ermitteln, ob ein solcher Erwerbsvorgang vorliegt; vielfach wird ihm ohnehin die Kenntnis dazu fehlen.[12] Das Beurkundungsverbot nach § 10 Abs. 9 S. 4 Var. 2 gilt nur bei Vereinigungen iSv § 20 Abs. 1 mit Sitz im Ausland, die selbst unmittelbar eine im Inland gelegene Immobilie oder Geschäftsanteile iSd § 1 Abs. 3 und Abs. 3a GrEStG erwirbt.[13] Es gilt daher nicht, wenn eine solche Vereinigung eine Inlandsimmobilie veräußert.[14] Das Beurkundungsverbot gilt ferner nicht, wenn eine deutsche Tochtergesellschaft die Immobilie erwirbt. Bei einer Zweigniederlassung greift § 10 Abs. 9 S. 4 Var. 2 wiederum, da die Zweigniederlassung selbst nicht rechtsfähig ist.[15] 7

Die Prüfung des Notars wird durch Vorlage eines Transparenzregisterauszugs oder durch eigene Einsichtnahme in das Transparenzregister erfolgen. Eine Registrierung im deutschen Transparenzregister ist nach § 20 Abs. 1 S. 3 nur entbehrlich, wenn die ausländische Vereinigung in einem entsprechenden Register eines anderen EU-Mitgliedstaates registriert ist. Hier kann der Notar selbst das ausländische Register einsehen oder er lässt sich einen Registrierungsnachweis vorlegen. Gibt es kein entsprechendes Transparenzregister, muss in Deutschland registriert werden. Ausreichend zur Erfüllung der Pflicht nach § 20 Abs. 1 S. 2 ist bereits die Übermittlung der nötigen Angaben durch die Vereinigung zu ihren wB an das Transparenzregister; es kommt nicht auf die erfolgte Registrierung an. Dem Notar kann dies durch Vorlage einer Auftragsbestätigung nachgewiesen werden, wobei dann der Registerauszug nachgereicht werden muss.[16] 8

Bei Altmandanten ist gem. § 11 Abs. 5 S. 2 mangels Begründung einer Geschäftsbeziehung an sich keine Transparenzregistereinsicht erforderlich. Gleichwohl dürfte im Fall des § 10 Abs. 9 S. 4 Var. 2 zu prüfen sein, ob die Vereinigung ihrer Mitteilungspflicht nachgekommen ist und, falls nicht, ein Beurkundungsverbot besteht. Der Wortlaut des § 10 Abs. 9 S. 4 knüpft allein an die Mitteilungspflicht der Vereinigung nach § 20 Abs. 1 S. 2 und S. 3 an. Soweit der Notar allerdings bereits bei einem früheren Geschäft einen Transparenzregisterauszug eingeholt hat, ist eine nochmalige Einholung nach § 11 Abs. 3 grundsätzlich entbehrlich. 9

IV. Rechtsfolgen

Greift ein Beurkundungsverbot, ist dieses zwingend zu beachten. Es besteht kein Ablehnungsermessen des Notars.[17] Das gilt grundsätzlich selbst bei geringem Geldwäscherisiko. Allerdings dürfte auch bei den Beurkundungsverboten 10

12 *Thelen* notar 2021, 333 (337).

13 Zwar sind Rechtsgestaltungen iSv § 21 Abs. 1 mitteilungspflichtig gegenüber dem Transparenzregister, uU auch solche mit Sitz im Ausland (§ 21 Abs. 1 S. 2). Für diese gilt das Beurkundungsverbot nach dem klaren Wortlaut des § 10 Abs. 9 S. 4 jedoch nicht.

14 Dann ist gleichwohl § 10 Abs. 9 S. 4 Var. 1 zu beachten.

15 GwGFAQ/BNotK, Nr. 77.

16 AnwEmpfGwG/BNotK, S. 36.

17 Vgl. Grziwotz/Heinemann/*Heinemann* § 4 Rn. 47.

nach § 10 Abs. 9 S. 4 der Verhältnismäßigkeitsgrundsatz zu beachten sein, wonach das Beurkundungsverbot in besonders gelagerten Ausnahmefällen entfällt.[18] Dies können jedoch allenfalls Einzelfälle sein, in denen das wirtschaftliche Interesse an der zeitnahen Beurkundung, insbesondere wegen drohender erheblicher Schäden, ein geringes Geldwäscherisiko deutlich überwiegt und das Beurkundungshindernis kurzfristig behoben werden kann.

11 Ein Verstoß gegen die Beurkundungsverbote führt – wie bei Verstößen gegen §§ 3, 4 BeurkG, § 14 Abs. 2 BNotO – nicht zur Unwirksamkeit der Urkunde.[19] Die Verletzung der Beurkundungsverbote ist nach § 56 Abs. 1 Nr. 25 bei Vorsatz oder Leichtfertigkeit als Ordnungswidrigkeit sanktioniert. Nach § 25 Abs. 1 S. 2 kann die Ordnungswidrigkeit bei Vorsatz mit bis 150.000 EUR und im Übrigen mit 100.000 EUR Bußgeld geahndet werden; in schwerwiegenden, wiederholten oder systematischen Verstößen droht gem. § 56 Abs. 3 eine Geldbuße bis zu einer Million Euro oder bis zum Zweifachen des aus dem Verstoß gezogenen wirtschaftlichen Vorteils. Nach § 57 sollen unanfechtbare Bußgeldentscheidungen gar im Internet veröffentlicht werden können. Der Verstoß gegen das Beurkundungsverbot ist überdies bei Verschulden Amtspflichtverletzung nach § 95 BNotO, die mit den Sanktionsmöglichkeiten der BNotO geahndet werden kann. Beruft sich der Notar zu Recht auf das Beurkundungsverbot, scheiden Schadensersatzansprüche der Beteiligten gegen den Notar aus.[20] Schadensersatzansprüche sind als Verletzung der Urkundsgewährungspflicht denkbar, wenn der Notar irrig von einem Beurkundungsverbot ausgeht. Eine Freistellungsregelung, wie sie § 48 für Meldungen vorsieht und die die zivilrechtliche, straf- und disziplinarrechtliche[21] Haftung umfasst, besteht für die Beurkundungsverbote nicht. Eine drittschützende Wirkung kommt den Beurkundungsverboten nach § 10 Abs. 9 S. 4 allerdings nicht zu.[22] Bei der Annahme einer schuldhaften Amtspflichtverletzung iSv § 19 Abs. 1 BNotO wird angesichts der bezweckten präventiven Geldwäschekontrolle durch den Notar Zurückhaltung geboten sein.

12 Gegen die Verweigerung der Amtstätigkeit durch den Notar findet nach § 10 Abs. 9 S. 4 Hs. 2 GwG iVm § 15 Abs. 2 BNotO die Beschwerde zum Landgericht statt.

18 Vgl. Herzog/*Figura* § 11 Rn. 133 ff. mwN.
19 BeckOK BNotO/*Sander* § 14 Rn. 30b; vgl. auch Grziwotz/Heinemann/*Heinemann* § 4 Rn. 47.
20 BT-Drs. 16/9038, 36.
21 *Thelen* notar 2021, 333 (338).
22 AnwEmpfGwG/BNotK, S. 42.

Bundesnotarordnung (BNotO)

In der Fassung der Bekanntmachung vom 24. Februar 1961 (BGBl. I S. 97)
(BGBl. III/FNA 303-1)
zuletzt geändert durch Art. 31 PersonengesellschaftsrechtsmodernisierungsG
(MoPeG) vom 10.8.2021 (BGBl. I S. 3436)

Teil 1
Das Amt des Notars

Abschnitt 1 Bestellung zum Notar

§ 1 Stellung und Aufgaben des Notars

Als unabhängige Träger eines öffentlichen Amtes werden für die Beurkundung von Rechtsvorgängen und andere Aufgaben auf dem Gebiete der vorsorgenden Rechtspflege in den Ländern Notare bestellt.

I. Grundlegendes

In diesem ersten Paragrafen gibt der Gesetzgeber nicht nur vor, dass es institutionell Notare geben soll, sondern beschreibt auch zahlreiche maßgebliche Eigenschaften, die in Deutschland und auch in Europa Notare kennzeichnen: Sie sind unabhängige (→ Rn. 3) Träger eines öffentlichen Amtes (→ Rn. 9) zur Beurkundung von Rechtsvorgängen (→ Rn. 10) sowie zur Wahrnehmung anderer Aufgaben auf dem Gebiet der vorsorgenden Rechtspflege (→ Rn. 11) und werden von den Ländern bestellt (→ Rn. 12; § 2 Rn. 1 f.). 1

II. Historischer Rahmen

Die BNotO kommt ohne eine Definition des Notars aus; das Amt als Notar wurde vom Gesetzgeber bei Erlass der BNotO selbst vorgefunden und folglich lediglich funktionell beschrieben. Auch die Väter und Mütter des Grundgesetzes setzten es institutionell in Art. 74 Abs. 1 Nr. 1 und Art. 138 GG von der ersten Stunde an als schützenswert voraus. Dies unterstreicht die große Bedeutung, die dem System der Notare für die deutsche Rechtsordnung zugeschrieben wird: Es gilt, anders als in einigen europäischen Ländern, als unverzichtbar für ein funktionierendes Rechtswesen. 2

III. Unabhängigkeit des Notars

3 Die Unabhängigkeit des Notars ist ein traditionsreiches und gleichzeitig überaus prägendes Merkmal des Notaramtes.[1] Sie ist Ausdruck der in Art. 20 Abs. 3 GG verfassten Rechtsstaatlichkeit, denn nur so kann der Notar die ihm vom Gesetzgeber zugedachte Aufgabe der vorsorgenden Rechtspflege wahrnehmen. Der BGH hat zurecht die Unparteilichkeit und Unabhängigkeit des Notars als von „fundamentaler Bedeutung für das Notaramt" bezeichnet, die „überhaupt erst das Vertrauen, das dem Notar entgegengebracht wird" rechtfertigen.[2]

IV. Gesetzesbindung des Notars

4 **Gebunden** ist der Notar an die **Gesetze**, die formal in Kraft sind. Er hat keine Prüfung vorzunehmen, ob einzelne Vorschriften mit dem GG oder sonstigen höherrangigen Normen, gleich welcher Provenienz, vereinbar sind. Bevorstehende, noch nicht in Kraft getretene Änderungen von Gesetzen sind grundsätzlich nicht zu berücksichtigen; gleichwohl kann es die vorschauende Amtsausübung gebieten, die zu beratenden Rechtsuchenden entsprechend aufzuklären, wenn der Sachverhalt aufgrund einer unmittelbar bevorstehenden Gesetzesänderung anders zu beurteilenden ist.

V. Unabhängigkeit von staatlichen Stellen

5 Der Notar hat darüber hinaus **unabhängig von sämtlichen staatlichen Stellen, den Beteiligten und berufsständigen Verbindungen** zu sein. Zahlreiche Vorschriften der BNotO dienen dem Schutz dieser Unabhängigkeit, etwa beispielsweise die §§ 8 Abs. 3, 9 Abs. 3, 14, 28, 67 Abs. 2 Nr. 1, indem sie nicht nur Pflichten statuieren, sondern auch mitunter sanktionsbewehrt bis zum Verlust des Notaramts einzelne Verhaltensweisen verbieten.

6 Die **Unabhängigkeit gegenüber dem Staat** besteht vor allem darin, als Notar keiner sachlichen oder persönlichen Weisung unterworfen zu sein. Die Aufsicht nach §§ 92 ff. überwacht allein die Einhaltung der Gesetze durch den Notar, nicht jedoch sachliche Entscheidungen im Einzelfall oder gar Zweckmäßigkeitserwägungen. Bei der Gestaltung der Verträge unterliegt der Notar daher keinen Weisungen oder gar einer Kontrolle. Ein weiteres fundamentales Prinzip der Unabhängigkeit ist die Bestellung des Notars auf Lebenszeit, § 3 Abs. 1, oder im Fall des Anwaltsnotars für den Zeitraum nach § 3 Abs. 2. Sein Amt endet zu seinem Schutz nur in den Fällen des § 47. Sein Amtssitz kann nur mit Zustimmung des Notars verlegt werden, § 10 Abs. 2; eine Ausnahme bildet allein eine Disziplinarmaßnahme gemäß § 97 Abs. 2. Akte des Staates gegen die notarielle Unabhängigkeit in Form des Verwaltungsakts sind anfechtbar; in diesen Verfahren ist der Notar auch berechtigt, sich auf Grundrechte, insbes. Art. 12 GG, zu berufen. Für Streitigkeiten in Kostenfragen gibt es die spezielle Kostenbeschwerde.

VI. Unabhängigkeit von den Parteien

7 Der Notar ist zwingend **nicht Vertreter einer Partei**, sondern **unparteiischer Betreuer der Beteiligten** (§ 14 Abs. 1 S. 2). Er hat eine Urkundsgewährungspflicht, muss also seiner Amtstätigkeit nachkommen, es sei denn, gesetzliche oder stan-

1 Dazu grundsätzlich *Rossak*, Die Unabhängigkeit und Unparteilichkeit des Notars, 1986; *Preuß*, Zivilrechtspflege durch externe Funktionsträger, 2005, 105 f. und insbes. 179 ff.

2 BGH NJW 2018, 1607 mwN.

desrechtliche Hinderungsgründe bestehen oder sonstige unerlaubte oder unredliche Zwecke sollen damit verfolgt werden. Nach § 17 hat er die gesetzlichen Gebühren von den Beteiligten zu erheben – ein Umstand, der ebenfalls seine Unabhängigkeit sichert. Ein Verstoß gegen die Erhebung der gesetzlichen Gebühren wurde jüngst vom BGH als Bestechlichkeit eingestuft[3] und hat auch disziplinarrechtlich Konsequenzen bis hin zur (temporären) Amtsenthebung.[4] Der Notar muss wirtschaftlich unabhängig von einzelnen Klienten (Makler, Bauträger, Steuerberater, Vermittler einzelner Gesellschaften) sein. So ist es beispielsweise unzulässig, einzelnen Personen bestimmte Beurkundungszeiten in der Woche einzuräumen (sog. Dauerreservierung).

VII. Unabhängigkeit von anderen Notaren

Darüber hinaus darf muss der Notar von anderen Notaren und freien Berufen unabhängig sein. Dieses Problem stellt sich insbesondere beim Anwaltsnotar und dessen Einbindung in überörtliche Sozietäten. Es muss stets sichergestellt werden, dass der Notar seine Unabhängigkeit wahrt, um im Parteiinteresse die Einhaltung der gesetzlichen Vorgaben bei der Vornahme der Amtsgeschäfte überwachen zu können. Umstritten sind hingegen Sozietätsverbote zwischen Notaren und anderen freien Berufen, auch wenn diese institutionell die Unabhängigkeit des Notaramts generell und des einzelnen Notars sichern.[5] 8

VIII. Öffentliches Amt

Das Amt des Notars ist ein öffentliches Amt, das den Notar berechtigt und beschränkt. Äußerliche Kennzeichen hierfür sind die zu führende Amtsbezeichnung und das Amtssiegel (§ 2), der Amtssitz (§ 10), der Amtsbereich (§ 10 a) und der Amtsbezirk (§ 11). Es handelt sich um eine Übertragung eines definierten Aufgabenbereichs von staatlicher Seite an eine bestimmte Person, die diese dann stets hoheitlich[6] ausübt und deshalb unter staatlicher Aufsicht steht. Notare sind in Deutschland stets Landesnotare, jedoch ist der Notar kein Beamter und steht daher nicht in einem öffentlich-rechtlichen Dienstverhältnis.[7] Er übt kein Gewerbe (vgl. § 2 S. 3; zum hieraus folgenden Werbeverbot → § 29 Rn. 4)[8] und keinen freien Beruf im engeren Sinne[9] aus, da ihn eine Beurkundungspflicht trifft. Weitere Ausprägungen des öffentlichen Amts sind etwa die Beweiskraft der notariellen Urkunde und ihre Verwendung als Titel zur Zwangs- 9

3 BGH DNotZ 2018, 708.
4 OLG Celle DNotZ 2018, 942 (mAnm *Böttcher*).
5 Frenz/Miermeister/*Frenz* BNotO § 2 Rn. 14 f. mit Darstellung des verfassungsgerichtlichen Entscheidungsverlaufs aus BVerfGE 73, 280 ff. (Wirtschaftsprüfer), 80, 269 (Steuerberater mit Anwaltsnotar), DNotZ 1998, 69 (Logo-Entscheidung), ZNotP 1998, 295 (Wirtschaftsprüfer).
6 Zur Frage, ob der Notar öffentliche Gewalt im Sine von Art. 51 AEUV ausübt, vgl. das Urteil des EuGH DNotZ 2011, 462. Danach setzt öffentliche Gewalt idS Zwangsgewalt voraus, also die unmittelbare Eingriffsverwaltung. Das BVerfG (DNotZ 2012, 945) hat dahin gehend Stellung genommen, dass die notarielle Tätigkeit dennoch im mitgliedschaftlichen Sinne hoheitlich sei und dass der Notar beispielsweise im Geltungsbereich von Art. 12 GG Beschränkungen hinzunehmen habe.
7 Einzig im württembergischen Landesteil (Bezirk des OLG Stuttgart) gab es bis 31.12.2017 noch das System der Bezirksnotare, bei dem notarielle Dienstleistungen von staatlichen Beamten angeboten wurden.
8 Dazu anders BVerfG DNotZ 2006, 226, siehe aber auch BGH NJW 2004, 2974.
9 Vgl. dazu die Merkmale nach BVerfGE 10, 364; BGH DB 1961, 639; zuletzt aber DNotZ 2017, 706; kritisch zum Ganzen Frenz/Miermeister/*Frenz* BNotO § 2 Rn. 10 f.

vollstreckung, die Bindung an die gesetzlichen Gebühren sowie die strengen Berufspflichten.

IX. Aufgaben des Notars

10 Zentrale Aufgabe des Notars ist die **Beurkundungstätigkeit.** Hierzu zählen die Beurkundung von Rechtsgeschäften samt Verfügungen von Todes wegen und von tatsächlichen Vorgängen sowie die Beglaubigung von Unterschriften und Handzeichen. Zur Urkundstätigkeit gehört das gesamte Verfahren von der Kontaktaufnahme des Rechtsuchenden zum Notar, der Ermittlung des Sachverhalts, der Sichtung der Unterlagen und Register, die Beratung über das Vorgehen im Einzelnen, die Erstellung des Urkundsentwurfs einschließlich des Führung der Vorgespräche mit den Beteiligten und anderen Stellen, sodann die Beurkundung im Verfahren nach den Regeln des BeurkG und schließlich der Vollzug der Urkunde durch Herbeiführen der von den Beteiligten gewünschten Rechtsfolgen durch den Notar.

11 Außerdem soll der Notar **andere Aufgaben der vorsorgenden Rechtspflege** als Rechtskundiger wahrnehmen. Hierbei handelt es sich aus staatlicher Sicht um eine zentrale, herausgehobene Aufgabe. Der Notar soll Vorprüfungen (etwa nach § 15 Abs. 3 GBO oder § 378 HGB) vornehmen, mithin Anträge filtern, mediatisieren (vgl. § 126 GNotKG) und Streitigkeiten vor Gerichten vermeiden und dadurch den staatlichen Stellen Entlastung bringen. Der Notar leistet gerade durch diese vorsorgenden Tätigkeiten einen unmittelbaren ökonomischen Entlastungsbeitrag und trägt gleichzeitig zur Funktionsfähigkeit des deutschen Rechtssystems bei.

X. Bestellung in einem Land

12 Die Organisation des Notarwesens ist Aufgabe der Länder. Diese haben sich – aus historisch gewachsenen Gründen – für unterschiedliche Formen des Notariats entschieden. Die Länder bestimmen insbesondere die Dichte an Notarstellen und – sofern vorhanden – den notariellen Anwärterdienstes. Die Aufsicht über die Notare ist demnach ebenfalls bei den Ländern angesiedelt und mit weitreichenden Abhörungs- und Mitwirkungsrechten der notariellen Standesvertretung (Notarkammer) ausgestaltet. Zu den einzelnen Notariatsformen vgl. die Ausführungen zu § 3.

§ 2 Beruf des Notars

[1]Die Notare unterstehen, soweit nichts anderes bestimmt ist, ausschließlich den Vorschriften dieses Gesetzes. [2]Sie führen ein Amtssiegel und tragen die Amtsbezeichnung Notarin oder Notar. [3]Ihr Beruf ist kein Gewerbe.

I. Gesetzesbindung (Satz 1)

1 § 2 spezifiziert einige der Grundsätze, die bereits in § 1 niedergelegt sind. S. 1 statuiert erneut die Bindung an die Gesetze, namentlich die BNotO. Der Gesetzgeber hat von der konkurrierenden Gesetzgebung nach Art. 74 Abs. 1 Nr. 1 GG Gebrauch gemacht, so dass die Länder nur noch insoweit tätig werden können, als die Bundesgesetzgebung nicht abschließend ist. Da die Regelungen der BNotO und die verfahrensrechtlichen Bestimmungen des BeurkG als abschließendes System anzusehen sind, sind Regelungen durch die Länder nur noch an den Stellen möglich, an denen die Bundesgesetze dies zulassen, etwa in § 20

Abs. 5 (→ § 20 Rn. 51) oder in den §§ 66, 68 BeurkG. Dabei regelt die BNotO die Statusrechte des Notars, während das Beurkundungsrecht das Verfahrensrecht seiner Tätigkeit bestimmt, so dass beide Gesetze parallel zueinander in keinem Konkurrenzverhältnis stehen.

Ergänzendes Bundes- und Landesrecht haben die Notare ebenfalls zu beachten. Gesetze des besonderen Verwaltungsrechts (BauGB, WaldG, NatSchG, WasserG) sowie Steuergesetze führen teils zu **Mitteilungspflichten**, teils zu **Pflichten im Vollzug der Urkunde**. Regelungen der GBO (zB § 15 Abs. 2) und des FamFG (§ 378 Abs. 2) berechtigen den Notar in Grundbuch- bzw. Registersachen, Vollzugsanträge im Namen der Beteiligten zu stellen. Nach den jeweiligen Abs. 3 hat er gleichzeitig auch die Eintragungsfähigkeit der Anmeldungen zu überprüfen. Erwähnt sei auch die Zustellungsmöglichkeit an den Notar nach § 174 ZPO. Jüngst sind insbesondere die Verpflichtung zur Einholung der Informationen nach dem Transparenzregister und dem Geldwäschegesetz sowie die Einhaltung der Bestimmungen zum Datenschutz von Bedeutung. Grenzen finden diese Pflichten jeweils dort, wo grundsätzliche Pflichten des Notars nach der BNotO verletzt würden, etwa die Pflicht zur Verschwiegenheit oder zur Unparteilichkeit – hier muss dann im Einzelfall ein Ausgleich durch ein Gericht oder letztlich durch den Gesetzgeber selbst gefunden werden. 2

II. Amtssiegel (S. 2)

Das **Amtssiegel** ist ein **äußerliches Zeichen des öffentlichen Amts** des Notars. Einzelheiten der Gestaltung und Form obliegen dem Landesrecht. Der Notar darf es in der Form des Prägesiegels und des Farbdrucksiegels bis zum Erlöschen seines Amtes verwenden; danach ist das Siegel beim örtlichen zuständigen Amtsgericht abzuliefern und von diesem zu vernichten, § 51 Abs. 2. Die Siegel sind mit der gebotenen Achtsamkeit zu behandeln und vor Verlust oder unbefugtem Gebrauch beispielsweise in einem Safe über Nacht zu schützen. Es handelt sich hierbei um eine **Amtspflicht des Notars**. Bereits jeglicher Verdacht Missbrauch, Manipulation oder Verlust eines Siegels ist gemäß § 34 (→ § 34 Rn. 2) an die Notarkammer und die Aufsichtsbehörde zu melden, um zum Schutz des Rechtsverkehrs einen weiteren Missbrauch auszuschließen. Die an ihre Stelle tretenden Siegel als Ersatz werden als solche speziell gekennzeichnet. 3

Der **Amtsinhaber** führt die **Bezeichnung „Notar"**, eine **Amtsinhaberin** die weibliche Form **„Notarin"** als Amtsbezeichnung. Der Name des Notars ist vollständig anzugeben, insbesondere bei Doppelnamen.[1] Die Amtsbezeichnung „Notar"/„Notarin" soll der Unterschrift des Amtsinhabers als Schlusspunkt der notariellen Niederschrift angefügt werden, § 13 Abs. 3 S. 2 BeurkG. Fehlt die Amtsbezeichnung, führt dies, anders als die fehlende Unterschrift des Notars, allerdings nicht zu Wirksamkeitshindernissen der Urkunde – diese kann unmittelbar vollzogen werden. Es bedarf keines Nachholens durch Wiederaufnahme des Beurkundungsverfahrens. Nach den näheren Bestimmungen der DONot (§ 3) darf jeder Notar ein Amtsschild mit dem Landeswappen sowie ein oder mehrere Namensschilder an der Geschäftsstelle (§ 10) anbringen. 4

III. Kein Gewerbe

Dass der **Notar kein Gewerbe** ausübt, folgt unmittelbar aus dem Amtsverständnis (→ § 1 Rn. 9). Darüber hinaus hat der Gesetzgeber dies in S. 3 ausdrücklich 5

1 KG DNotZ 2003, 794.

klargestellt. Es handelt sich vielmehr um einen freien Beruf eigener Art, der von dem hoheitlichen Amtscharakter maßgeblich geprägt ist.[2]

§ 3 Hauptberufliche Notare; Anwaltsnotare

(1) Die Notare werden zur hauptberuflichen Amtsausübung auf Lebenszeit bestellt (hauptberufliche Notare).

(2) In den Gerichtsbezirken, in denen am 1. April 1961 das Amt des Notars nur im Nebenberuf ausgeübt worden ist, werden weiterhin ausschließlich Rechtsanwälte für die Dauer ihrer Mitgliedschaft bei der für den Gerichtsbezirk zuständigen Rechtsanwaltskammer als Notare zu gleichzeitiger Amtsausübung neben dem Beruf des Rechtsanwalts bestellt (Anwaltsnotare).

I. Notariatssysteme in Deutschland

1 Historisch bedingt[1] fand der Bundesgesetzgeber mehrere Notariatssysteme vor, namentlich das Nurnotariat, das Anwaltsnotariat sowie die Sonderform des Behördennotariats in Württemberg, dem sich u.a. auch Art. 138 GG in seiner Bedeutung auch ausdrücklich annahm. Letztere Sonderform wurde zum 31.12.2017 beendet und ebenfalls in ein System hauptberuflicher Ausübung notarieller Tätigkeit überführt. Verfassungsrechtlich ist das Nebeneinander von Nurnotariat und Anwaltsnotariat kein Problem; es steht vielmehr im freien Ermessen des jeweiligen Landesgesetzgebers, wie er das Notariat organisieren will. Verstöße gegen Art. 3 Abs. 1 oder Art. 12 GG sind dadurch nicht gegeben.[2] Der Gesetzgeber kann die Wahrnehmung öffentlicher Aufgaben und als solches auch die Tätigkeiten des Notars als öffentlichem Amt beliebig ausgestalten und Aufgaben auf ihn oder Gerichte übertragen. Das Grundgesetz setzt lediglich die Existenz des Amts des Notars als solches Voraus (Art. 74 Abs. 1 Nr. 1, 138 GG). Selbst innerhalb eines Bundeslandes können unterschiedliche Notariatsformen bestehen, wenngleich dies nur noch in Nordrhein-Westfalen der Fall ist.[3]

---

2 Zur Problematik des freien Berufs *Frenz*, in: Frenz/Miermeister BNotO § 2 Rn. 14 f. mit Darstellung des verfassungsgerichtlichen Entscheidungsverlaufs aus BVerfGE 73, 280 ff. (Wirtschaftsprüfer), 80, 269 (Steuerberater mit Anwaltsnotar), DNotZ 1998, 69 (Logo-Entscheidung), ZNotP 1998, 295 (Wirtschaftsprüfer).

1 BeckOK BNotO/*Bracker*, 2. Ed. 1.4.2020, BNotO § 3 Rn. 1–13.

2 Dezidiert BVerfG DNotZ 2017, 706 zur Reform in Baden-Württemberg.

3 Das Nebeneinander von Amtsnotariat, Anwaltsnotariat und Nurnotariat in Baden-Württemberg wurde zum 31.12.2017 durch ein hauptberufliches Notariat abgelöst.

II. Nurnotariat in Deutschland

Aktuell findet sich räumlich ein hauptberufliches Nurnotariat in folgenden Bundesländern: 2

- Baden-Württemberg seit 31.12.2017; bestehende Anwaltsnotare bleiben im Amt, es gibt aber keine Neubestellungen von Anwaltsnotaren mehr. Bisherige Amtsnotare können sich derzeit zeitlich unbefristet auf freie Notarstellen zur hauptberuflichen Amtsausübung (→ Rn. 15) bewerben; die Einführung einer zeitlichen Befristung ist wegen Art. 12 GG (Berufswahlfreiheit) nur mit einer angemessenen Übergangsfrist möglich;
- Bayern;
- Brandenburg;
- Hamburg, für das § 116 Abs. 2 S. 1 anordnet, dass Abs. 2 der Norm nicht gilt und es somit keine Anwaltsnotare gibt;
- Nordrhein-Westfalen im Gebiet des früheren rheinischen Rechts, dh im Bezirk des OLG Düsseldorf mit Ausnahme des Bezirks des LG Duisburg und des Bezirks des AG Emmerich und im Bezirk des OLG Köln. Die im Zuge der Gebietsreform zu Duisburg geschlagenen linksrheinischen Gebiete haben das hauptberufliche Notariat behalten;
- Mecklenburg-Vorpommern;
- Rheinland-Pfalz, für das § 116 Abs. 2 S. 1 anordnet, dass Abs. 2 der Norm nicht gilt und es somit keine Anwaltsnotare gibt;
- Saarland;
- Sachsen;
- Sachsen-Anhalt;
- Thüringen.

III. Hauptberufliche Amtsausübung

Hauptberufliche Ausübung bedeutet, dass der Notar keinen weiteren Beruf ausüben, insbesondere nicht als Rechtsanwalt tätig sein darf, sog. **Grundsatz der Inkompatibilität**. Im Rahmen der gesetzgeberischen Freiheit der Ausgestaltung des Notarsamts ist diese Beschränkung auch im Hinblick auf Art. 3, 12 und 33 Abs. 2 und 5 GG vereinbar. Der Notar ist verpflichtet, seine Arbeitskraft vollständig dem Notarberuf zu widmen. Mögliche und zulässige Nebentätigkeiten müssen daher zusätzlich nach § 8 von der Aufsichtsbehörde genehmigt werden. Sozietäten mit anderen Berufen, namentlich auch freien Berufen wie Rechtsanwälten, Steuerberatern oder Wirtschaftsprüfern, sind unzulässig (vgl. § 9). Die Bestellung des Notars auf Lebenszeit ist ein wesentlicher Bestandteil der gewünschten Unabhängigkeit und Unparteilichkeit. Eine befristete oder bedingte Bestellung zum hauptberuflichen Notar ist damit ausgeschlossen. 3

Eine weitere Folge des Grundsatzes der Inkompatibilität des hauptberuflichen Notaramts ist, dass auch der Beruf des Notarassessors, der der Vorbereitung auf das Notaramt dient, nur hauptberuflich ausgeübt werden kann. Ein Rechtsanwalt kann daher nicht zum Notarassessor bestellt werden.[4] 4

IV. Ausscheiden aus dem Amt

Ist jemand zum Notar bestellt, kann er gegen seinen Willen **grundsätzlich nicht aus dem Amt entfernt** werden. Eine Ausnahme bildet allein die gesetzlich geregelten Gründe des endgültigen Amtsverlusts gemäß § 47 und die vorläufige Amtsenthebung nach § 54 als Teil einer disziplinarischen Maßnahme gegen den 5

4 BGHZ 38, 208 = DNotZ 1963, 242.

Amtsinhaber. Folglich scheidet auch eine zwangsweise Versetzung auf eine andere Notarstelle aus.

V. Erreichen der Altersgrenze

6 Der wichtigste Erlöschensgrund des Notaramts ist das Erreichen der Altersgrenze gemäß § 47 Nr. 1, dh mit Vollendung des 70. Lebensjahres, § 48 a.[5] Hierbei handelt es sich um eine auch in anderen Bereichen (zB dem Beamtenrecht) geläufige absolute, ohne den Einzelfall zu betrachtende Altershöchstgrenze, die mit Art. 12 GG vereinbar ist (im Einzelnen → § 48a Rn. 1).

VI. Anwaltsnotariat (Abs. 2)

7 Anwaltsnotare können nur in Gebieten bestellt werden, die die Voraussetzungen des Abs. 2 erfüllen: Die Bestellung von Anwaltsnotaren ist auf die Gerichtsbezirke beschränkt, in denen das Notaramt zum Stichtag 1.4.1961 nur von Rechtsanwälten ausgeübt wurde und dem Gebiet nach § 116 Abs. 3. Somit beschränkt sich der räumliche Geltungsbereich auf folgende Bundesländer und Stadtstaaten:

- Berlin,
- Bremen,
- Hessen,
- Niedersachsen,
- Nordrhein-Westfalen mit Ausnahme der Gebiete des rheinischen Rechts (→ Rn. 2)
- Schleswig-Holstein.

8 In diesen Gebieten werden ausschließlich Anwaltsnotare bestellt; eine Bestellung nach § 3 Abs. 1 scheidet aus. Nach § 116 Abs. 1 bleiben in Baden-Württemberg die zum 31.12.2017 bestellten Anwaltsnotare im Amt. Sie können zu hauptberuflichen Notaren iSv § 3 Abs. 1 bestellt werden. Ihre Anwaltszulassung endet dann.

9 Das Anwaltsnotariat ist die Ausnahme und keine Schaffung eines eigenen Berufs. Nach der Rechtsprechung des BVerfG ist an dieser Stelle durch die Rechtspraxis und den Gesetzgeber ermöglicht worden, dass zwei verschiedene Berufe, dh der des Rechtsanwalts einerseits und der des Notars andererseits mit ihren verschiedenen Aufgaben und Funktionen innerhalb der Rechtspflege in einer Person zur Ausübung verbunden werden.[6]

VII. Nebenberufliche Amtsausübung

10 Der Anwaltsnotar ist Notar im Nebenberuf seines Hauptberufs Rechtsanwalt. Dies muss sich nicht quantitativ in der täglichen Arbeit widerspiegeln, aber der Hauptberuf des Rechtsanwalts ist zwingend für die zusätzliche Qualifikation als Notar. Eine Zulassung zur örtlichen Rechtsanwaltschaft ist notwendig.

5 Die Übergangsfrist zur Einführung dieser starren Altersgrenze nach VONot 2010, Art. 13 Abs. 2 des Gesetzes v. 31.8.1998 (BGBl. 1998 I 2585) ist 2003 abgelaufen.

6 BVerfGE 17, 371 = DNotZ 1964, 424; dagegen aber BVerfG DNotZ 1998, 754, 766, das zwei verschiedene Berufe (Anwaltsnotar und hauptberuflicher Notar) festgestellt haben will. Diese Rechtsprechung ist vereinzelt geblieben und deckt sich auch nicht mit dem status quo: es gibt einheitliche Aufgaben und ein einheitliches Berufsrecht für Notare im Hauptberuf und Anwaltsnotare.

VIII. Voraussetzungen

Seit 1991 kann nur derjenige Rechtsanwalt zum Notar bestellt werden, wer mindestens fünf Jahre zur Rechtsanwaltschaft zugelassen und mindestens drei Jahre ununterbrochen im avisierten Amtsbereich tätig war (im Einzelnen → § 56 Rn. 6). Dass der Anwalt bislang beispielsweise rein beratend oder nur in Strafsachen tätig war, schadet diesem formalen Kriterium nach der Rechtsprechung nicht,[7] was zu kritisieren ist: Sinn dieser Regelung ist eine gewisse berufliche Erfahrenheit im Hauptberuf des Anwalts, bevor er über den Nebenberuf eines Notars ausüben kann. Wenn man aber das dreijährige Assessoriat beim hauptberuflichen Notar daneben sieht, wird man verlangen müssen, dass zumindest die dreijährige Tätigkeit vor Ort einen Bezug zur angestrebten notariellen Tätigkeit haben muss. Ansonsten verfügt der spätere Anwaltsnotar neben der theoretischen Fachprüfung über keinerlei praktische Erfahrung, wenn er das Amt antritt – ein Zustand, den es im Hinblick auf die gewünschte hohe Qualität und einheitliche bundesweiter Gewährleistung notarieller Standards unbedingt zu vermeiden gilt. 11

Anders als der hauptberufliche Notar wird der Anwaltsnotar für die **Dauer seiner Mitgliedschaft** in der betreffenden Rechtsanwaltskammer zum Notar bestellt. In Bezug auf das Amt als Notar handelt es sich folglich um eine **gesetzliche Befristung**, vgl. § 47 Nr. 4. 12

Der Verlust der Zulassung als Rechtsanwalt nach § 36 Abs. 2 BRAO – gleich, ob aus strafrechtlichen oder disziplinarischen Gründen oder aufgrund freiwilligen Verzichts – ist nicht nur der örtlich zuständigen Notarkammer mitzuteilen, sondern führt zwingend zu einem Verlust des Amts als Anwaltsnotar. Auch eine Mitgliedschaft in einer anderen Rechtsanwaltskammer (vgl. § 27 Abs. 3 BRAO) führt zu einem Amtsverlust. § 10 steht einer „Mitnahme" des Notaramts zur neuen Rechtsanwaltskammer entgegen. Diese Beschränkung der Berufsfreiheit ist mit Art. 12 GG vereinbar, da es sich um eine dem Gesetzgeber obliegende, grundlegende Ausgestaltung des Amts des Anwaltsnotars als Nebenamt zum Rechtsanwalt handelt. Freilich ist es möglich, sofern die Voraussetzungen der Wartezeit in der neuen Rechtsanwaltskammer vorliegen (→ Rn. 11), dass sich der wechselnde Rechtsanwalt auf eine dort offene Notarstelle bewirbt und neu bestellt wird. Ausgeschlossen ist auch, dass ein Anwaltsnotar seine Anwaltszulassung zurückgibt und das Notaramt behalten will. Ändert sich von Amts wegen hingegen der Gerichtsbezirk und wird dadurch beispielsweise die Zugehörigkeit zu einer Rechtsanwaltskammer verändert, so begründet dies kein Ende des Notaramtes – dieser amtliche Neuzuschnitt lässt die bestehende Bestellung eines Anwaltnotars unberührt. 13

Der Zusammenschluss eines Anwaltsnotars mit anderen Berufsträgern von freien Berufen richtet sich nach § 9 Abs. 2. Möglich sind Sozietäten zur gemeinsamen Berufsausübung mit 14

- anderen Rechtsanwälten
- Kammerrechtsbeiständen (§ 209 BRAO)
- Rechtsanwaltsgesellschaften (§ 59c BRAO)
- ausländischen Anwälten (§ 206 BRAO)
- Patentanwälten
- Steuerberatern und Steuerbevollmächtigten
- Wirtschaftsprüfern und vereidigten Buchprüfern.

7 BGHZ 38, 221 = DNotZ 1963, 189.

IX. Sonderfall Beamtennotariat

15 Das Beamtennotariat gab es bis zum 31.12.2017 nur noch in Baden-Württemberg und wurde ab dem 1.1.2018 durch ein hauptberufliches Notariat ersetzt. Der Zugang der bisherigen Bezirksnotare und Absolventen dieser Laufbahn vor dem 1.1.2018 zum hauptberuflichen Notariat ist nach § 114 gesichert.

§ 4 Bedürfnis für die Bestellung eines Notars

[1]Es werden so viele Notare bestellt, wie es den Erfordernissen einer geordneten Rechtspflege entspricht. [2]Dabei sind insbesondere das Bedürfnis nach einer angemessenen Versorgung der Rechtsuchenden mit notariellen Leistungen und die Wahrung einer geordneten Altersstruktur der Angehörigen des Berufs zu berücksichtigen.

I. Grundsätzliches

1 **Die Länder bestellen die Notare in ihrem Hoheitsbereich in eigener Organisationsgewalt durch die jeweiligen Landesjustizverwaltungen.**[1] Diesen obliegt in einem weiten Ermessen, die Zahl und die Auswahl der Notare und der zu besetzenden Stellen zu bestimmen und sich dabei entweder auf eine Verwaltungsanordnung, Richtlinien oder eine gefestigte Praxis zu stützen. Maßgeblich ist, dass dieser Prozess hinreichend plausibel und vorhersehbar für sämtliche Beteiligte im Sinne einer geordneten Rechtspflege ist. Gerichtlich ist in diesem Punkt lediglich überprüfbar, ob die Verwaltung ihr Ermessen ausgeübt und sich bei der Ausübung in den Grenzen des § 114 S. 1 VwGO bewegt hat.

II. Höchstrichterliche Anforderungen

2 Nach der Rechtsprechung des BGH ist in Konkretisierung von S. 2 der Norm **eine schnelle und ortsnahe Versorgung der Bevölkerung mit notarieller Dienstleistung**, die zudem für verschiedenste Rechtsgeschäfte gesetzlich zwingend ist, durch eine sachgerechte **Bedarfsprüfung – vor jeder Besetzung**[2] **– der Zahl der Notarstellen** sicherzustellen.[3] Die Zahl der Notarstellen orientiert sich dabei an der durchschnittlichen Leistungsfähigkeit und Gesundheit der Amtsträger. Hierfür ermittelt die Landesjustizverwaltung jährlich die Urkundstätigkeit der einzelnen Notare (vgl. § 7 DONot) und hat die Altersstruktur (S. 2) als weiteres Kriterium generell sowie in der konkreten Situation vor Ort im jeweiligen

1 BVerfG DNotZ 2002, 889; BGH DNotZ 1991, 91.
2 Hierzu teils konkretisierend *Ronellenfitsch* 1990, 75, 79.
3 BGH NJW-RR 2012, 1446; DNotZ 1983, 236 (Ls.); DNotZ 1980, 177; DNotZ 1979, 688.

Amtsbezirk (Erreichen der Altersgrenze, längere Krankheitszeiten) im Blick. Die Bedarfsprüfung ist auch im laufenden Verfahren noch abänderbar und an die tatsächlichen Bedürfnisse im Land und für den konkreten Amtsbereich iS der §§ 10, 10 a anpassbar.[4] Eine Grenze der Bedarfsprüfung ergibt sich aus der zwingenden Unabhängigkeit der Notare als übergeordneter Leitentscheidung des Gesetzgebers; mithin muss die wirtschaftliche Tragfähigkeit jeder einzelnen Notarstelle unter Berücksichtigung des erwartbaren durchschnittlichen Arbeitseinsatzes des jeweiligen Amtsträgers gesichert sein, so dass der Notar Entscheidungen ohne jeglichen wirtschaftlichen Druck treffen kann. Besteht kein Bedarf mehr für eine freiwerdende Stelle, so darf diese nicht neu besetzt werden. Die Landesjustizverwaltung hat dabei prognostische Veränderungen mitzuberücksichtigen, etwa der örtlichen Bevölkerungsentwicklung durch Zu- und Wegzug.

III. Urkundszahlen

Im Einzelnen legen die Landesjustizverwaltungen bereinigte Urkundszahlen (→ R. 4) von ca. 1.300 bis 1.800 Urkunden für eine Notarstelle zugrunde, wobei die Zahlen nach den Jahren und insbesondere auch in Krisenzeiten schwanken können. Aufgrund der höheren Anforderungen an die Notare hinsichtlich der technischen Ausstattung und den allgemein gestiegenen Personalkosten im Mitarbeiterbereich wird man eher den oberen Rand in Richtung von 2.000 Urkunden avisieren müssen, um eine wirtschaftliche Unabhängigkeit auch vor Konkurrenz durch Kollegen im Berufsstand zu bewahren.[5] Teils wird auch an die Einwohnerzahl angeknüpft (Bayern, Sachsen, jüngst auch Baden-Württemberg). Ein Korridor von ca. 22.000 bis 30.000 Einwohner ist dabei als Zielvorgabe angemessen.[6] Dennoch bleibt die Entscheidung im Einzelfall vor Ort dennoch eine Prognoseentscheidung, so dass die Verwaltung im Rahmen der von ihnen gesetzten Kriterien auch nach oben oder unten in den Anforderungen abweichen darf. 3

IV. Gewichtung der Urkundsgeschäfte

Die Urkundsgeschäfte werden unterschiedlich gewichtet und sind daher von den Amtsträgern auch entsprechend zu melden: Während Niederschriften mit 1,0 gewertet werden, setzt man für Unterschriftsbeglaubigungen mit Entwurf 0,5, bzw. 0,2 oder gar nur 0,1 an, falls kein Entwurf gefertigt wurde. Durch diesen „Bereinigungsvorgang" wird eine maßgebliche Urkundszahl ermittelt, die die tatsächliche Arbeitsbelastung widerspiegelt: Trotz einer hohen Urkundszahl kann beispielsweise wegen einer hohen Zahl von Unterschriftsbeglaubigungen durch Bankbeglaubigungen im Bezirk die maßgebliche Zahl von 1.300 bis 2.000 nicht überschritten sein. Ein nachhaltiges Überschreiten der Richtzahl durch die örtlichen Notare ist ein starkes Indiz für das Bedürfnis einer weiteren Notarstelle; ein formalistisches Vorgehen verbietet sich aber; vielmehr müssen weitere Faktoren (zB Altersstruktur, mögliche Sitzverlegungen in den Bezirk) in die Ermessensentscheidung für oder gegen eine weitere Notarstelle im Bezirk miteinbezogen werden und deren dauerhafte wirtschaftliche Tragfähigkeit für den neuen Amtsträger gesichert sein. 4

4 Etwa BGH DNotZ 1999, 251.
5 Zum Ganzen vgl. BGH DNotZ 1999, 251; ZNotP 2001, 440; DNotZ 2004, 887; ZNotP 2004, 410.
6 *Lischka* DNotZ 2002, 71 ff. Anm. zu BGH 16.7.2001, BNotZ 7/01.

V. Unterschreiten der Richtzahlen

5 Ein Unterschreiten der Richtzahlen indiziert umgekehrt die Einziehung der Notarstelle nicht ausschließlich; sie ist aber ein maßgeblicher Faktor im Rahmen der Ermessensentscheidung. Wenn sich aber eine Reduktion durch andere Ereignisse ergibt (beispielsweise durch Erreichen der Altersgrenze eines Kollegen), muss nicht zwingend eine Einziehung zur Lösung gewählt werden. Sie ist in jedem Fall ultima ratio und darf erst angewandt werden, wenn die Notarstelle auf keine andere Weise wirtschaftlich dauerhaft tragfähig ist.[7] Dabei sind Länder mit einem Kassensystem, das eine Mindestversorgung eines jeden Amtsträgers gewährleistet, anders zu beurteilen als kassenlose Systeme, bei denen jeder Notar auf sich gestellt ist. Zusätzlich ist bedeutsam, dass die Arbeit den einzelnen Amtsträger prognostisch so auslastet, dass er durch die Zahl der Fälle eine qualitativ, dem Berufsstand angemessene Praxiserfahrung erhält und er quantitativ im angemessenen Umfang beruflich beschäftigt wird.

VI. Beteiligung der Notarkammer, § 67 BNotO

6 Wegen der Pflichten und Aufgaben der Notarkammer nach § 67 ist diese bei Änderungen der Bedarfsplanung, der Festlegung oder Veränderung der Richtwerte als auch bei der Besetzung der einzelnen Notarstellen anzuhören.

VII. Notarassessoriat

7 Für die Zahl der Stellen für Notariatsassessoren gelten die Ausführungen für die Zahl der Notarstellen entsprechend. Im hauptberuflichen Notariat ist das Assessoriat zwingendes Erfordernis, um den Beruf des Notars zu ergreifen. Es ist daher im Rahmen der Prognoseentscheidung der Landesjustizverwaltung eine Stellenzahl zu ermitteln, die es den Assessoren ermöglicht, im Rahmen einer angemessenen Zeit von ca. drei bis fünf Jahren eine Notarstelle zu erlangen. Hintergrund dieser zeitlichen Begrenzung ist, dass die Berufszugangsvoraussetzung „Assessoriat" zu keinem anderen Beruf führt und der Assessor, der das Amt des Notars ergreifen möchte, keine andere Wahl hat, als das Assessoriat zu beginnen. Im Lichte von Art. 12 GG, der zwar keinen subjektiven Anspruch auf Schaffung einer Notarstelle gewährt,[8] muss aber im Rahmen des Assessoriats, das ja zwingend in eine Wartestellung hin zu einer Notarstelle mündet, gewährleistet sein, dass die Bedarfsplanung für die Notarstellen selbst ausreichend Stellen vorsieht, auf die sich die Assessoren bewerben können.

VIII. Anwaltsnotariat

8 Im Anwaltsnotariat erfolgt die Besetzung nach den gleichen Kriterien wie im hauptberuflichen Notariat, nämlich nach dem Erfordernis einer geordneten Rechtspflege. Allerdings sind die Richtzahlen, die neben den örtlichen Gegebenheiten und der Altersstruktur der Amtsträger maßgebliche Kriterien sind, gegenüber dem hauptberuflichen Notar erheblich reduziert, da die Amtsträger das Notaramt im Nebenberuf zum Anwaltsberuf ausüben (→ § 3 Rn. 10). Die Richtzahlen schwanken zwischen 350 und 450 und richten sich nach der jeweiligen AVNotO. Weiterhin muss vor Ort die Versorgung der Bevölkerung mit notariellen Dienstleistungen auch unter dem Gesichtspunkt des Verbots der anwaltlichen Vorbefassung gesichert sein – die Zahl der Notare in einem Gebiet muss daher weit höher sein als dies beim hauptberuflichen Notariat der Fall ist.

7 BGH ZNotP 2001, 440; dazu die Vorinstanz OLG Dresden ZNotP 2001, 283.
8 BGH DNotZ 2011, 391 mwN.

IX. Bedarfsprüfung als Grundrechtseingriff

Sämtliches Handeln der Landesjustizverwaltungen greifen in grundrechtlich geschützte Positionen, namentlich aus Art. 12 GG der Bewerber auf eine Notarstelle, aber auch der Bestandsnotare ein. Daher sind deren Entscheidungen wie beispielsweise Neueinrichtung, Besetzung oder Einziehung einer Notarstelle grundsätzlich dem Rechtsschutz zugänglich. 9

X. Kein subjektiver Anspruch auf Notarstelle durch Bewerber

Jedoch besteht nach ständiger Rechtsprechung kein subjektiver Anspruch des Einzelnen auf Einrichtung oder Neubesetzung einer bestimmten Notarstelle.[9] Ziel ist einzig die Versorgung der Bevölkerung im jeweiligen Amtsbereich nach § 10 mit notarieller Dienstleistung im Sinne einer geordneten vorsorgenden Rechtspflege. Die Rechte des einzelnen Interessenten nach Art. 12 GG richten sich allein darauf, im Rahmen der eines gesetzlich, den Anforderungen des Art. 33 Abs. 2 GG genügenden Auswahlprozesses der Justizverwaltung bei den staatlich eingerichteten Notarstellen berücksichtigt zu werden.[10] 10

XI. Konkurrierende Notare

Anders sieht es allerdings für die amtierenden Notare aus, für die eine Entscheidung über die Errichtung oder Neubesetzung einer Notarstelle in ihrem Amtsbezirk einen Eingriff in deren subjektiv-öffentliche Rechte bedeuten kann und damit vollumfänglich justiziabel sind. Die Rechtsschutzmöglichkeit muss freilich auf den eigenen Amtsbezirk begrenzt bleiben. Die Konkurrenz durch einen weiteren Notar im angrenzenden Bezirk muss der Notar hinnehmen, denn der Rechtsschutz kann sich immer nur auf die Kriterien beziehen, die die Verwaltung selbst in ihre Entscheidung miteinbezieht; dies ist vorliegend die Versorgung mit notarieller Dienstleistung im jeweiligen Amtsbezirk.[11] Der amtierende Notar kann – wie unter → Rn. 3 ff. dargelegt – verlangen, dass bei der Ermessensausübung ermittelt und mitberücksichtigt wird, dass zur Wahrung der Unabhängigkeit ein angemessenes Auskommen und ein angemessener Arbeitsanfall sichergestellt sein muss. 11

§ 4a Bewerbung

(1) Notarstellen sind auszuschreiben. Dies gilt nicht bei erneuten Bestellungen nach Amtsniederlegungen im Rahmen des § 48b Absatz 2 Satz 1 oder des § 48c Absatz 3 Satz 1.

(2) Bewerbungen sind innerhalb der in der Ausschreibung gesetzten oder der von der Landesjustizverwaltung allgemein bekanntgegebenen Frist einzureichen.

(3) War jemand ohne sein Verschulden verhindert, die Frist einzuhalten, so ist ihm auf Antrag Wiedereinsetzung in den vorigen Stand zu gewähren. Der Antrag ist innerhalb von zwei Wochen nach Wegfall des Hindernisses zu stellen.

---

9 Jüngst: BGH DNotZ 2011, 391; von Seiten des BVerfG etwa BVerfG DNotZ 1987, 121; selbst im Fall einer rechtswidrigen Besetzung einer Stelle durch einen Bewerber, besteht kein Anspruch auf die Schaffung einer weiteren Notarstelle für den zu Unrecht unterlegenen Mitbewerber, vgl. BGH ZNotP 2006, 112.

10 BVerfG DNotZ 1987, 121.

11 Hierzu auch OLG Dresden NotBZ 2002, 455; ZNotP 2003, 32.

Die Tatsachen zur Begründung des Antrags sind glaubhaft zu machen. Die Bewerbung ist innerhalb der Antragsfrist nachzuholen.

I. Grundsätzliches

1 Die Norm wurde mit der jüngsten Änderung der BNotO neu geschaffen und systematisch zugehörig nach § 4 gesetzt, so dass nun Zahl der Notarstellen und die Formalia der Ausschreibung unmittelbar nacheinander geregelt sind. Die Norm ersetzt § 6b aF. Neu ist auch die Orientierung am Begriff der „Notarstelle", anstelle der Fokussierung auf den Bewerber selbst.

2 Ziel der Norm ist es, den Anforderungen des BVerfG[1] an das Auswahlverfahren für eine ausgeschriebene Notarstelle zu genügen und es auf eine gesetzliche Grundlage zu stellen. So muss nun jeder **Besetzung einer Notarstelle eine Ausschreibung** vorausgehen, damit sich die nach § 5 iVm. § 5a und § 5b geeigneten Personen bewerben und die von Art. 33 Abs. 2 GG geforderte Bestenauslese durchgeführt werden kann. Hintergrund dieser Vorgabe ist, dass die Verwaltung durch die Verfahrensgestaltung unmittelbar Einfluss auf die Anzahl konkurrierender Bewerber (etwa durch Terminierung der Bewerbung, -gespräche und der späteren Besetzung) nimmt, weshalb dem Schutz der Grundrechte der Mitbewerber (insbes. Art. 12 und 3 Abs. 1 GG) durch eine entsprechende ausgewogene und faire Verfahrensgestaltung die formale **Chancengleichheit aller Bewerber** gewährleistet sein muss.[2] Eine Ausschreibung ist nach der Norm nun entbehrlich im Fall der vorrangegangenen Amtsniederlegung zur Betreuung und Pflege, § 48b BNotO, oder aus gesundheitlichen Gründen, § 48c BNotO. Voraussetzung ist allein die Erklärung des Notars bei der Amtsniederlegung, dass Amt am gleichen Amtssitz innerhalb von drei Jahren am gleichen Amtssitz wieder aufnehmen wolle, § 48 Abs. 2 S. 1; im Fall des § 48c beträgt die Frist jedoch ein Jahr.

II. Ausschreibung: Rechtsnatur, Klageweg bei Abbruch

3 Die **Ausschreibung** selbst ist trotz ihrer Bedeutung für die Grundrechte der beteiligten Bewerber kein Verwaltungsakt, sondern **ein verwaltungsinterner Vorgang**. Daher kann die jeweils zuständige Justizverwaltung eine **Ausschreibung jederzeit abbrechen**,[3] sofern sie einen sachlichen Grund anführen kann. Genügend sind beispielsweise, dass die Urkundszahl keine weitere Notarstelle rechtfertigt,[4] oder alle weiteren Bewerber die formalen Anforderungen nicht erfüllen.[5] Wird eine **Ausschreibung vorzeitig beendet**, greift die Justizverwaltung faktisch in die Grundrechte der Mitbewerber ein; dennoch handelt es sich bei diesem actus contrarius der Ausschreibung **nicht um einen Verwaltungsakt**.

1 BVerfG DNotZ 1987, 121.
2 BVerfG DNotZ 2002, 891; ausführlich dazu auch *Starke* DNotZ 2002, 831.
3 BGH ZNotP 2015, 113; BGH BWNotZ 2019, 171 für das Bewerbungsverfahren zum Vorbereitungsdienst (noch § 6b).
4 BGH DNotZ 1997, 889; s. aber auch BVerfG NJW-RR 2005, 998 (1001).
5 BGH DNotZ 2014, 307 (309) (noch § 6b).

Richtiges Vorgehen im Widerspruchs- und Klageweg ist daher der Verpflichtungsantrag, -widerspruch und die -klage auf Besetzung der Stelle.[6]

III. Ausschreibung mehrerer Stellen

Eine Ausschreibung bezieht sich stets auf eine bestimmte Notarstelle, die Verwaltung ist aber nicht daran gehindert, mehrere Stellen am gleichen Amtssitz zeitgleich auszuschreiben. 4

IV. Frist der Ausschreibung, Abs. 2 und 3

Es bleibt der Justizverwaltung im Einzelnen überlassen, wie sie die Ausschreibung ausgestaltet. Lediglich die Bewerbungsfrist nach Abs. 3 ist nun als Ausschlussfrist ausgestaltet, um die Chancengleichheit aller Bewerber zu gewährleisten. 5

V. Fehlerhafte Ausschreibung

Eine fehlerhafte Ausschreibung hindert eine spätere wirksame Bestellung nicht. Ein unterlegener Mitbewerber kann gegen die Besetzung gerichtlich vorgehen; sie ist nach erfolgter Ernennung nicht mehr reversibel.[7] 6

§ 5 Eignung für das notarielle Amt

(1) Zum Notar darf nur bestellt werden, wer persönlich und fachlich für das Amt geeignet ist.

(2) Persönlich nicht geeignet ist insbesondere, wer

1. sich eines Verhaltens schuldig gemacht hat, das ihn unwürdig erscheinen lässt, das notarielle Amt auszuüben,

2. aus gesundheitlichen Gründen nicht nur vorübergehend unfähig ist, das notarielle Amt ordnungsgemäß auszuüben, oder

3. sich im Vermögensverfall befindet; ein Vermögensverfall wird vermutet, wenn ein Insolvenzverfahren über das Vermögen der Person eröffnet oder die Person in das Schuldnerverzeichnis (§ 882b der Zivilprozessordnung) eingetragen ist.

(3) [1]Wenn dies zur Entscheidung über den Versagungsgrund nach Absatz 2 Nummer 2 erforderlich ist, hat die Landesjustizverwaltung der Person aufzugeben, ein ärztliches Gutachten über ihren Gesundheitszustand vorzulegen. [2]Die Landesjustizverwaltung hat eine angemessene Frist für die Vorlage des Gutachtens sowie den Arzt zu bestimmen, der das Gutachten erstatten soll. [3]Das Gutachten muss auf einer Untersuchung und, wenn dies amtsärztlich als notwendig erachtet wurde, auch auf einer klinischen Beobachtung der Person beruhen. [4]Die Kosten des Gutachtens hat die Person zu tragen. [5]Wird das Gutachten ohne zureichenden Grund nicht innerhalb der gesetzten Frist vorgelegt, so wird vermutet, dass der Versagungsgrund nach Absatz 2 Nummer 2 vorliegt. [6]Die Person ist bei der Fristsetzung auf diese Folgen hinzuweisen.

(4) Wer bei Ablauf der Bewerbungsfrist für die Notarstelle das 60. Lebensjahr vollendet hat, kann nicht erstmals zum Notar bestellt werden.

6 BGH DNotZ 2006, 384.
7 BGH DNotZ 2006, 313; in Abgrenzung zu BVerwGE 118, 370.

(5) [1]Die fachliche Eignung setzt voraus, dass die Befähigung zum Richteramt nach dem Deutschen Richtergesetz erworben wurde. [2]Das Berufsqualifikationsfeststellungsgesetz ist nicht anzuwenden.

I. Grundsätzliches

1 Die Neuschaffung der §§ 5, 5 a und 5 b ist regelungssystematisch die größte Änderung, die durch die jüngste Reform der BNotO umgesetzt wurde. § 5 lehnt sich an § 6 aF an und bestimmt die grundsätzlichen Voraussetzungen, die ein Bewerber für das Notaramt generell mitbringen muss, während § 5 a zusätzliche Anforderungen für die Bestellung zum hauptberuflichen Notar, § 5 b hingegen die weiteren Anforderungen für Bewerber zum Anwaltsnotar statuiert. Damit wurden erstmals bislang lediglich durch die Rechtsprechung festgelegte Grundsätze in Gesetzesform überführt, was angesichts der grundrechtlichen Dimension der Berufszugangsbeschränkung nach Art. 12 Abs. 1 GG dringend geboten war.

II. Voraussetzung der Bestellung: Persönliche und fachliche Eignung, Abs. 1

2 § 5 Abs. 1 übernimmt die Regelungen des bisherigen § 6 Abs. 1 aF und regelt, welche **Voraussetzungen der jeweilige Bewerber erfüllen muss**, um zum Notar bestellt werden zu können. Maßgeblich nach Abs. 1 der Norm ist die **persönliche und fachliche Eignung** (→ Rn. 4 ff. bzw. 14 ff.) sowie eine **Altersgrenze** bei der erstmaligen Bestellung von 60 Jahren, Abs. 4 (→ Rn. 13). Die Bestimmungen gelten gleichermaßen für das hauptberufliche Notariat wie auch für das Anwaltsnotariat. Die **Auswahl unter mehreren geeigneten Bewerbern** ist nun eigen im reformierten § 6 nF geregelt.

III. Abs. 1: Persönlichkeit und Leistungen

3 Bei den Begriffen der **Persönlichkeit** und der **Leistungen** in Abs. 1 S. 1 handelt es sich um vollumfänglich gerichtlich überprüfbare **unbestimmte Rechtsbegriffe**.[1]

1 BGH NJW 2012, 2972 Rn. 13 für die persönliche Eignung.

1. Persönlichkeit. Der Begriff der **Persönlichkeit** umfasst nach höchstrichterlicher Rechtsprechung „sämtliche inneren und äußeren Eigenschaften einer Person, wie sie sich insbesondere im äußeren Verhalten offenbaren".[2] Durch diese Prüfung soll vor Übertragung der Amtstätigkeit an eine Person sichergestellt werden, dass der **Bewerber charakterlich** für das gesellschaftlich bedeutende Amt des Notars **geeignet** ist.[3] Dabei werden die gleichen Maßstäbe wie für die Richterauswahl angelegt.[4] 4

Die Justizverwaltung hat eine **Gesamtwürdigung der Persönlichkeit** des Bewerbers vorzunehmen[5] und nach der Rechtsprechung wegen der Bedeutung des Notaramts als öffentliches Amt für die Rechtspflege und die hohen Anforderungen an die Integrität des Bewerbers einen hohen Maßstab an die Anforderungen anzulegen.[6] Die persönliche Eignung muss positiv festgestellt werden. **Falsche oder unvollständige Angaben im Auswahlprozess**[7] (beispielsweise über den Besuch von Fortbildungen[8] oder die Tätigkeit als Anwalt im Amtsbezirk) führen nach der Rechtsprechung zur **persönlichen Untauglichkeit des Bewerbers.**[9] Gerichtlich überprüfbar ist, ob ein ermitteltes Merkmal von Bedeutung ist, ob es in dieser Weise gewichtet werden durfte oder ob es durch zwischenzeitliches Wohlverhalten oder eine Tilgung aus den entsprechenden Registern (zB Bundeszentralregister) obsolet wurde. **Nicht gerichtlich überprüfbar** ist hingegen der Beurteilungsspielraum der Justizverwaltung nach der Ermittlung der persönlichen Eignung, ob der Bewerber im Einzelfall mit diesen Eigenschaften das Amt als Notar **prognostisch** wird ausfüllen können.[10] 5

2. Persönliche Ungeeignetheit, Abs. 2. Erstmals wurden nun in Abs. 2 Umstände formuliert, die in persönlicher Hinsicht einen Bewerber für das Amt des Notars ungeeignet erscheinen lassen. Der Gesetzgeber hat sich im Rahmen der BNotO für eine **Angleichung an die Gründe für eine Amtsenthebung nach § 50** entschieden und zeichnet damit die bisherige Rechtsprechung mit einem **nicht abgeschlossenen Katalog** („insbesondere") aus den Gründen Nr. 1 bis 3 nach.[11] Damit sind andere, nicht genannte Gründe der persönlichen Ungeeignetheit von der Justizverwaltung gegen einen Bewerber verwendbar. Die systematische Vorgehensweise ist damit anders als die typischen Zugangsbeschränkungen und spätere Widerrufsmöglichkeiten in anderen freien Berufen wie beispielsweise nach §§ 7, 14 BRAO.[12] 6

a) Unwürdiges Verhalten, Abs. 2 Nr. 1. Als ersten Grund hat der Gesetzgeber den Vorwurf des schuldhaften Vorverhaltens eingeführt, das den Bewerber für das notarielle Amt ungeeignet erscheinen lässt. Die Gesetzesmaterialien führen zunächst als Beispiel sämtliches strafrechtlich geahndetes Verhalten an, insbe- 7

2 BGHZ 38, 347 (356); 53, 95 (100); DNotZ 1994, 202; BGHZ 124, 327 (334), DNotZ 2004, 883.
3 BGH NJW-RR 2009, 1217.
4 BeckOK BNotO/*Görk*, 3. Ed. 1.8.2020, § 6 Rn. 6.
5 Frenz/Miermeister/*Frenz* § 6 Rn. 5.
6 BGH NJW 2012, 2972; ZNotP 2011, 36; DNotZ 2014, 311 (312).
7 BGH ZNotP 2009, 29; ZNotP 2012, 275 und 349, NJOZ 2012, 1985 sowie DNotZ 2014, 870 und 872.
8 BGH DNotZ 1996, 210.
9 Vgl. dazu die Einzelfälle: BGH DNotZ 1996, 185; auch die Gesetzesmaterialien führen den Fall der Falschangaben im Bewerbungsverfahren an, BR-Drs. 20/21, 125.
10 BGHZ 134, 137 (138 ff.) = NJW 1997, 1075; Frenz/Miermeister/*Frenz* § 6 Rn. 6.
11 BR-Drs. 20/21, 124.
12 BR-Drs. 20/21, 124.

sondere, wenn die Bekleidung öffentlicher Ämter aberkannt wurde.[13] Aber auch die Verwirkung von Grundrechten oder die Bekämpfung der freiheitlich demokratischen Grundordnung sind Fälle eines unwürdigen Verhaltens.

8 Mit der Einführung der Nr. 1 lässt der Gesetzgeber eine Tendenz in der bislang streitigen Frage erkennen, inwieweit früheres Fehlverhalten, das inzwischen entweder durch Zeitablauf oder durch einen anderen staatlichen Akt getilgt wurde, zu berücksichtigen ist. Richtigerweise bleibt es Teil der Frage, ob der Bewerber persönlich geeignet ist. Zwar ist auf den aktuellen Zeitpunkt abzustellen, bei dem das frühere, inzwischen erledigte Fehlverhalten grundsätzlich keine Rolle mehr spielen kann. Lassen sich daraus aber – was häufig der Fall sein dürfte – Rückschlüsse auf die persönliche Eignung ziehen, so ist nach der Rechtsprechung maßgeblich, ob sich eine Wandlung in der Person des Bewerbers eingestellt hat, die auf eine, dem Notaramt angemessene hinreichend gefestigte und integre Persönlichkeit schließen lässt.[14]

9 **b) Gesundheitliche Gründe, Abs. 2 Nr. 2 und Abs. 3.** Mit Abs. 2 Nr. 2 wird eine Parallele zur Möglichkeit der Amtsenthebung wegen gesundheitlicher Beeinträchtigungen nach § 50 Abs. 1 Nr. 7 gezogen. Mit der Verpflichtung zur Vorlage eines ärztlichen Gutachtens nach Abs. 3 gleicht der Gesetzgeber die Situation der Verweigerung der Bestellung zum Notar den anderen freien Berufen an, die in § 15 BRAO, § 22 PAO, § 40 Abs. 4 StBerG und § 16 a WPO bereits auch für die erstmalige Bestellung eine Verpflichtung zur Beibringung eines ärztlichen Gutachtens kennen. Gesundheitliche Gründe können physischen oder psychischen Ursprungs sein und müssen den Bewerber nicht nur vorrübergehend, also dauernd, und somit – im Fall der Bestellung – prognostisch länger als sechs Monate an der selbstständigen Amtsausübung hindern.

10 **c) Vermögensverfall, Abs. 2 Nr. 3.** Der Notar hat als kraft Amtes mitunter auch Gelder der Mandanten zu verwahren, so dass die Integrität des Bewerbers für ein Notaramt von höchster Priorität ist. Mit Nr. 3 wird mithin der Amtsenthebungsgrund nach § 50 Abs. 1 Nr. 8 auch auf der Ebene der Bewerbung prominent in den Vordergrund gerückt. An der bisherigen Praxis ändert sich dadurch nichts, da auch bisher die persönliche Geeignetheit bei Vorliegen einer finanziell instabilen Situation des Bewerbers nicht gegeben war. Eine Angleichung an die Amtsenthebung und eine gesetzgeberische Akzentuierung der Bedeutung wurden allerdings mit der jüngsten Änderung der BNotO an dieser Stelle vorgenommen.

IV. Weitere Einzelaspekte der persönlichen Eignung

11 Teil der persönlichen Eignung ist auch, dass der Bewerber auf dem Boden der freiheitlich demokratischen Grundordnung steht.[15] Dieses Kriterium wird zwar an keiner Stelle der BNotO ausdrücklich genannt ist, gilt aber als wesentlicher Bestandteil der persönlichen Eignung und wird aus der Ableistung der Eidesformel hergeleitet. Demnach kann nur derjenige ein hoheitliches Amt ausüben, der den Staat und dessen Grundwerte und -überzeugungen teilt, mithin Grundgesetz und jeweilige Landesverfassung achtet. Dem widersprechen insbesondere Mitgliedschaften in Parteien und Vereinigungen, die verboten sind oder vom Verfassungsschutz entsprechend eingestuft wurden. Dies gilt auch für Tätigkeiten außerhalb einer konkreten Mitgliedschaft im Umfeld einer problematischen

13 BR-Drs. 20/21, 125.
14 Dazu auch BGH DNotZ 2014, 311; BGH NJW-RR 2005, 861.
15 BGH DNotZ 1991, 89; mit Verweis auf BGHZ 73, 46 (47, 51) = DNotZ 1979, 362 (363, 365), und DNotZ 1983, 123.

Gruppierung oder Vereinigung und auch, wenn die Tätigkeit während des Notarassessoriats vorgenommen und dann beendet wurde.

Darüber hinaus **hindern** auch sämtliche Gründe, die nach **§ 50 zu einer Amtsenthebung berechtigten würden, eine Bestellung zum Notar.** Gleiches gilt für Gründe nach § 49 (**strafgerichtliche Verurteilung**) oder ein Verhalten, das als Notar **disziplinarisch zu ahnden** wäre (§ 97 Abs. 1 S. 1 Nr. 3 und Abs. 3).[16] 12

V. Altershöchstgrenze der Erstbestellung, Abs. 4

Die **Altershöchstgrenze von 60 Lebensjahren** für die erstmalige Bestellung ist verfassungsgemäß.[17] Sie steht nicht zur Disposition der Justizverwaltung.[18] Sofern ein Bewerber dennoch bestellt wurde, ist diese rechtswirksam; sie ist jedoch nach § 50 Abs. 1 Nr. 7 wieder rückgängig zu machen. Eine Vermutung, dass das Amt nicht mehr ausgeübt werden kann, besteht nach § 48 a erst mit dem Vollenden des 70. Lebensjahres. 13

VI. Fachliche Eignung; Befähigung zum Richteramt, Abs. 5

1. Vielzahl von Rechtsgebieten. Im Rahmen der **fachlichen Eignung** ist maßgeblich, dass der Notar mit einer Vielzahl von Rechtsgebieten, namentlich dem Grundstücks-, dem Familien- und Erbrecht, dem Gesellschafts- und Steuerrecht, dem Beurkundungs- und Kostenrecht sowie grenzüberschreitenden Sachverhalten, zu tun hat. Das Amt des Notars erfordert eine beständige genaue, gewissenhafte und von der Bereitschaft zur ständigen Fortbildung geprägte Amtsführung – eine Grundhaltung, die erst in der notariellen Praxis und somit im Regelfall des Anwärterdienstes nach § 7 erlernt und verinnerlicht werden kann. Im Einzelnen regeln die § 5 a für das Nurnotariat und § 5 b für das Anwaltsnotariat die weiteren Erfordernisse in fachlicher Hinsicht, so dass auf die dortigen Kommentierungen für Näheres verwiesen wird. 14

2. Befähigung zum Richteramt. Die **Befähigung zum Richteramt** ist eine **dynamische Verweisung auf das DRiG**, aktuell dessen **§ 5 DRiG.** Danach hat die Befähigung zum Richteramt, wer „ein rechtswissenschaftliches Studium an einer Universität mit der ersten Prüfung und einen anschließenden Vorbereitungsdienst mit der zweiten Staatsprüfung abschließt; die erste Prüfung besteht aus einer universitären Schwerpunktbereichsprüfung und einer staatlichen Pflichtfachprüfung." 15

VII. Sondersituation in Baden-Württemberg

Eine **Ausnahme** gilt nach § 114 Abs. 5 S. 2 für diejenigen, die zum 31.12.2017 in **Baden-Württemberg zum Notar im Landesdienst** bestellt waren oder die Voraussetzungen für die Ernennung zum Bezirksnotar erfüllten. Sie können dort nach § 3 Abs. 1 zum hauptberuflichen Notar bestellt werden. Im Fall der Erfüllung der Voraussetzungen zum „Bezirksnotar" muss allerdings der dreijährige Anwärterdienst absolviert werden, bevor eine Bestellung zum Notar möglich ist, § 114 Abs. 6 S. 3.[19] 16

---

16 Dazu BGH DNotZ 1997, 891; DNotZ 2001, 573; DNotZ 2014, 311.
17 BVerfG DNotZ 2008, 550.
18 Jüngst BGH DNotZ 2020, 71.
19 Die Frage der Bestellung der Notare aus dem Gebiet der ehemaligen DDR hat sich praktisch 30 Jahre nach dem Beitritt zur Bundesrepublik Deutschland erledigt; die Einzelheiten richten sich nach § 117b.

VIII. Späterer Entfall der Befähigung zum Richteramt

17 Fällt die Befähigung zum Richteramt nach Bestellung weg oder wurde sie zu Unrecht angenommen, ist die Bestellung zum Notar anders als im Beamtenrecht nicht nichtig; allerdings ist sie nach **§ 50 Abs. 1 Nr. 1 zwingend aufzuheben** (gebundene Entscheidung). Bis zur Amtsenthebung bleibt der Notar Inhaber sämtlicher mit seiner Amtsstellung verbundenen Rechte und Pflichten; sämtliche Amtshandlungen behalten seine Gültigkeit. Freilich wird er sich im Sinne einer verantwortungsvollen Amtsausübung einer Amtstätigkeit möglichst enthalten.

IX. Bedeutung des Staatsexamens

18 Als Abschluss der juristischen Ausbildung ist das Zweite juristische Staatsexamen von maßgeblicher Bedeutung, da durch dieses die Befähigung zum Richteramt erworben wird. Weichen die beiden Staatsexamina in besonderem Maße voneinander ab, spricht jedoch nichts dagegen, auch die Leistungen der Ersten juristischen Prüfung, darunter in besonderem Maße die Ergebnisse des sog. Staatsteils in die Gewichtung miteinzubeziehen. Denn auch bei diesem handelt es sich um eine Staatsprüfung, die nach den gleichen allgemeinen Kriterien und Standards abgenommen wurde, wie die Zweite Juristische Staatprüfung. Entgegen der höchstrichterlichen Rechtsprechung, die einzig auf das Zweite Staatsexamen abstellt, ist daher richtigerweise eine, bei der Einstellung in den höheren Verwaltungsdienst und die Rechtsprechung inzwischen übliche Einbeziehung des Ersten Juristen Staatsexamens geboten.[20] Mit zunehmender Berufserfahrung treten die Ergebnisse der Staatsexamina jedoch gegenüber den im Notarberuf erbrachten Leistungen zunehmend in den Hintergrund.[21]

X. Entscheidung über die Bestellung

19 Die Behörde darf einen Bewerber nur dann bestellen, wenn die **Eignung in persönlicher und fachlicher Hinsicht bis zum Ende des Bewerbungsverfahrens durch ihn nachgewiesen** ist.[22] Die Entscheidung der Justizverwaltung ist nur begrenzt gerichtlich überprüfbar; es obliegt ihr ein weiter Beurteilungsspielraum. Überprüfbar ist, ob alle Aspekte ermittelt wurden und ob bei mehreren Bewerbern das angewendete Bewertungssystem fair und ausgewogen ist, um die unterschiedlichen Leistungen der Bewerber hinreichend vergleichbar zu würdigen. Der Schluss, den die Behörde aus den zutreffend ermittelten und in ihr System eingestellten Aspekten zieht und anschließend prognostisch auf das Amt und die lebenslange Bestellung des Bewerbers prognostisch ausdehnt, ist einer gerichtlichen Nachprüfung jedoch entzogen.

§ 5a Weitere Voraussetzungen für hauptberufliche Notare

[1]Zum hauptberuflichen Notar soll nur bestellt werden, wer bei Ablauf der Bewerbungsfrist einen dreijährigen Anwärterdienst als Notarassessor geleistet hat und sich im Anwärterdienst des Landes befindet, in dem er sich um die Bestellung bewirbt. [2]Die Landesjustizverwaltung kann bestimmen, dass der

---

20 Für die zusätzliche Berücksichtigung auch BGH DNotZ 2018, 469.
21 BGH DNotZ 2018, 469 Rn. 27, DNotZ 2013, 224 Tz. 12; DNotZ 2010, 467 (472).
22 BGH DNotZ 1997, 908.

dreijährige Anwärterdienst erst zum Zeitpunkt der Bestellung geleistet sein muss.

I. Grundsätzliches

§ 5a bildet eine weitere Voraussetzung für die Bestellung zum hauptberuflichen Notar. Mit der Norm hat der Gesetzgeber nun bestimmt, dass Bewerber zum einen im Regelfall den Anwärterdienst als Notarassessor geleistet haben sollen und sich zum anderen im Anwärterdienst des Landes befinden sollen, in dem eine Bestellung zum Notar erfolgen soll.[1] Zudem kann die Landesjustizverwaltung nun entscheiden, ob der Anwärterdienst bereits bei Bewerbungsende oder erst kurz vor dem prognostischen Amtsantritt vollendet sein muss. 1

II. Beurteilung der fachlichen Leistung

Die Auswahl für eine Notarstelle zur hauptberuflichen Ausübung nach § 3 Abs. 1 richtet sich in fachlicher Hinsicht nach § 5 und § 5a nach der fachlichen Leistung unter besonderer Berücksichtigung des Zweiten juristischen Staatsexamens, der während des Vorbereitungsdienstes gezeigten Leistungen sowie des Ersten Juristischen Staatsexamens. In der Gewichtung der ermittelten Kriterien ist die Justizverwaltung frei, solange die Kriterien nicht in praxisferner schematischer Weise angewendet werden.[2] Während des Anwärterdiensts, dessen Dauer angemessen zu berücksichtigen ist, erbrachte Leistungen, die über die Tätigkeit bei einem Ausbildungsnotar hinausgehen, wie beispielsweise ein Engagement in berufsständischen Gremien, die Übernahme von freiwilligen Ämtern oder das Verfassen von Fachpublikationen, können Berücksichtigung finden. Darüber hinaus sind auch besondere Härten eines Bewerbers wie etwa eine Schwerbehinderung im Sinne des SGB IX zu berücksichtigen;[3] dies gilt insbesondere, wenn die Justizverwaltung dies in der Ausschreibung als Kriterium vorgibt. Die Haltung der bisherigen Rechtsprechung aus dem Jahr 2001, dass nur Schwerbehinderungen zu berücksichtigen sind, die den Weg zum Notar „erschwert" haben, wird nunmehr aus Inklusionsgründen aufzugeben sein. Die Rechtsprechung hat auch dem Ergebnis des Ersten Juristischen Staatsexamens inzwischen eine Bedeutung beigemessen, wenn es um die Differenzierung der Bewerber geht.[4] Im Umkehrschluss aus den Regelungen zur Gewichtung beim Anwaltsnotariat (§ 5 b) kann man zudem anführen, dass die Leistungen im Rahmen des Vorbereitungsdienstes als jüngste erbrachte Leistungen von besonderer Bedeutung sind. Dass im Fall der Bestellung nach § 3 Abs. 2 ein Punktesystem für die Auswahl unter mehreren Bewerbern eingeführt wurde, heißt im Umkehrschluss, dass die Justizverwaltung bei der Bestellung nach § 3 Abs. 1 freier in der Gewichtung der unterschiedlichen Leistungen ist, sich jedoch objektive Bewertungskriterien geben muss, die die Entscheidung im Einzelfall nachvollziehbar machen. 2

1 Vgl. dazu die Gesetzesmaterialien BR-Drs. 20/21, 126.
2 BGH DNotZ 2018, 469 ff.
3 BGH NJW-RR 2001, 207 (208); NJW-RR 1998, 1281.
4 BGH DNotZ 2018, 469 ff.

§ 5b Weitere Voraussetzungen für Anwaltsnotare

(1) Zum Anwaltsnotar soll nur bestellt werden, wer bei Ablauf der Bewerbungsfrist

1. mindestens fünf Jahre in nicht unerheblichem Umfang für verschiedene Auftraggeber rechtsanwaltlich tätig war,

2. die Tätigkeit nach Nummer 1 seit mindestens drei Jahren ohne Unterbrechung in dem vorgesehenen Amtsbereich ausübt,

3. die notarielle Fachprüfung nach § 7a bestanden hat und

4. ab dem auf das Bestehen der notariellen Fachprüfung folgenden Kalenderjahr im Umfang von jährlich mindestens 15 Zeitstunden an notarspezifischen Fortbildungsveranstaltungen der Notarkammern oder der Berufsorganisationen teilgenommen hat.

(2) [1]Bei der Tätigkeit nach Absatz 1 Nummer 1 und 2 bleiben Unterbrechungen auf Grund von Ereignissen des täglichen Lebens außer Betracht. [2]Auf Antrag werden auf die Tätigkeit nach Absatz 1 Nummer 1 Unterbrechungen oder Einschränkungen der Tätigkeit wegen einer Schwangerschaft oder wegen der Betreuung von Kindern oder pflegebedürftigen nahen Angehörigen (§ 7 Absatz 3 des Pflegezeitgesetzes) bis zu einer Gesamtdauer von einem Jahr angerechnet. [3]Für die Tätigkeit nach Absatz 1 Nummer 2 gelten die in Satz 2 genannten Zeiten für die Dauer von bis zu einem Jahr nicht als Unterbrechung.

(3) [1]Von der Voraussetzung nach Absatz 1 Nummer 2 kann insbesondere abgesehen werden, wenn keine Bewerbung dieser Voraussetzung genügt, jedoch eine sich bewerbende Person die Tätigkeit nach Absatz 1 Nummer 1 jeweils ohne Unterbrechung entweder seit mindestens zwei Jahren in dem vorgesehenen Amtsbereich oder seit mindestens drei Jahren in einem Amtsgerichtsbezirk ausübt, der innerhalb desselben Landes an den Amtsgerichtsbezirk angrenzt, in dem die ausgeschriebene Notarstelle gelegen ist. [2]Absatz 2 gilt entsprechend.

(4) [1]Die Bestellung zum Anwaltsnotar setzt zudem eine hinreichende Vertrautheit mit der notariellen Berufspraxis voraus. [2]Diese ist in der Regel gegeben, wenn nach Bestehen der notariellen Fachprüfung 160 Stunden Praxisausbildung bei einem Notar durchlaufen wurden, der von der für den vorgesehenen Amtsbereich zuständigen Notarkammer bestimmt wurde. [3]Die Praxisausbildung kann um bis zu 80 Stunden verkürzt werden, wenn vergleichbare Erfahrungen durch eine Tätigkeit als Notarvertretung oder als Notariatsverwalter oder durch die erfolgreiche Teilnahme an Praxislehrgängen der Notarkammern oder der Berufsorganisationen erworben wurden. [4]Die Einzelheiten zu den Sätzen 1 bis 3 regelt die Notarkammer in einer Ausbildungsordnung, die der Genehmigung der Landesjustizverwaltung bedarf.

I. Grundsätzliches

1 Die **Zulassung zum Anwaltsnotariat** unterliegt zahlreichen weiteren Voraussetzungen nach § 5b. Die Norm entspricht den bisherigen Regelungen nach § 6 Abs. 2 aF und wurde nun geringfügig modifiziert. Änderungen ergaben vor al-

lem im Hinblick auf das Urteil des BGH,[1] wonach die bisherigen Regelungen zur Anrechenbarkeit von Unterbrechungszeiten wegen Schwangerschaft, der Pflege von Kindern oder Angehörigen missbilligt wurden. Ausgangspunkt dieser detaillierten Regelung ist die Rechtsprechung des BVerfG, das die bisherige Praxis des Zugangs mit den Anforderungen des Art. 33 Abs. 2 GG für nicht vereinbar hielt.[2] Im Einzelnen bemängelte das Gericht, dass zwar die allgemeinen juristischen Kenntnisse durch das Zweite juristische Staatsexamen gut dokumentiert und auch bei mehreren Bewerbern gut vergleichbar sei, jedoch die spezifischen Kenntnisse auf dem Gebiet des Notariats nicht hinreichend vergleichbar seien. Aus diesen Gründen wurden in **Abs. 1 und 4 nun spezifische Regelungen** geschaffen, wie – gerade auch unter mehreren Bewerbern – eine faire und den Anforderungen des Art. 33 Abs. 2 GG genügende Auswahlentscheidung getroffen werden kann. Hinzu kommt seit einigen Jahren als zusätzliche Voraussetzung die Notarielle Fachprüfung (§§ 7a ff.).

II. Weitere Voraussetzungen

2 Zusätzlich zu den Anforderungen nach § 5 zum Anwaltsnotar nur bestellt werden soll, wer

1. **mindestens fünf Jahre in nicht unerheblichem Umfang für verschiedene Auftraggeber rechtsanwaltlich tätig war,**
2. **die Tätigkeit nach Nummer 1 seit mindestens drei Jahren ohne Unterbrechung in dem vorgesehenen Amtsbereich ausübt,**
3. **die notarielle Fachprüfung nach § 7a bestanden hat und**
4. **ab dem auf das Bestehen der notariellen Fachprüfung folgenden Kalenderjahr im Umfang von jährlich mindestens 15 Zeitstunden an notarspezifischen Fortbildungsveranstaltungen der Notarkammern oder der Berufsorganisationen teilgenommen hat.**

3 Außerdem ist nach Abs. 4 ein **Nachweis über eine hinreichende Praxiserfahrung** durch die Ableistung eines gewissen Stundenkontingents bei einem Notar zu erbringen. Für das Vorliegen der jeweiligen Voraussetzungen ist der einzelne Bewerber nachweispflichtig.

4 Im Einzelfall obliegt es der zuständigen Justizverwaltung **Ausnahmen von den Anforderungen** zu billigen, namentlich wenn die Umstände vor Ort eine abweichende Auswahl erfordern, um eine geordnete vorsorgende Rechtspflege zu gewährleisten. Stets muss jedoch eine Bestenauslese möglich sein, so dass insbesondere auf die notarielle Fachprüfung nicht verzichtet werden darf; vielmehr sind Ausnahmen von den Anforderungen Nr. 1, 2 und 4 denkbar, sofern die Gleichbehandlung aller Bewerber gewährleistet bleibt.

III. Ausübung des Berufs des Rechtsanwalts, Nr. 1

5 Anwaltsnotar sind Notare im Nebenamt, weshalb nach **Nr. 1** der **Hauptberuf des Rechtsanwalts** über eine Dauer von **fünf Jahren** ausgeübt worden sein muss. Dadurch ist sichergestellt, dass hinreichende Fachkenntnisse und Praxiserfahrung den Arbeitsalltag auch im Umgang mit Mandanten, Behörden und Gerichten kennzeichnen, bevor mit dem Notaramt ein weiterer Arbeitszweig und Betätigungsfeld mit eigenen Anforderungen hinzutritt.[3] Eine Tätigkeit als

1 BGHZ 208, 39 ff.
2 BVerfG DNotZ 2003, 375.
3 Dazu jüngst OLG Celle 24.10.2019 – Not 14/19, BeckRS 2019, 35957, Rn. 21 mit Verweis auf BGH 14.3.2016 – NotZ (Brfg) 5/15, DNotZ 2016, 879.

Syndikusanwalt in einem Unternehmen genügt als Berufserfahrung im Anwaltsberuf nicht, denn sie schließt den praktischen, für den Notarberuf wichtigen Kontakt mit Rechtsuchenden unterschiedlicher Herkunft gerade nicht mit ein;[4] die anwaltliche Tätigkeit muss aber nicht selbstständig ausgeübt worden sein. Nach den Regelungen des Abs. 2 können eine Wehr- oder Ersatzdienstleistung, ein Beschäftigungsverbot während des Mutterschutzes, Elternzeit, Kinderbetreuung oder eine Pflege bedürftiger naher Angehöriger von bis zu 12 Monaten auf die allgemeine Wartezeit angerechnet werden.[5]

IV. Örtliche anwaltliche Tätigkeit, Nr. 2

6 Nr. 2 bestimmt die sog. örtliche Wartezeit von drei Jahren. Sie dient zur Sicherung der persönlichen wirtschaftlichen Unabhängigkeit des Bewerbers im konkreten Amtsbereich (§ 10a): Seine anwaltliche Tätigkeit soll das Fundament seiner Einnahmen bilden und den Bewerber wirtschaftlich bereit für die Zusatzaufgabe „Notar" machen.[6] Durch die verpflichtende vorangegangene Tätigkeit vor Ort eröffnet sich dem Bewerber zudem die Möglichkeit, sich mit den wirtschaftlichen und tatsächlichen Verhältnissen vertraut zu machen und die Voraussetzungen für eine funktionierende Geschäftsstelle zu schaffen. Von diesem Kriterium kann durch die Justizverwaltung erleichtert abgewichen werden, wenn die Zielsetzung erreicht und übergeordnete Ziele, wie etwa die konkrete Versorgung der Bevölkerung im Amtsbezirk mit notarieller Dienstleistung, nicht anderweitig sichergestellt werden können. Die verfassungsrechtlich gebotene Bestenauslese muss gleichwohl gewahrt bleiben und durchgeführt werden. Modifikationen sind nun nach Abs. 3 möglich, so dass sich erleichtert Kandidaten aus angrenzenden Bezirken bewerben können. Unterbrechungen nach Abs. 2 hindern den Ablauf der Dreijahresfrist des Abs. 1 Nr. 2 nicht.[7]

V. Notarielle Fachprüfung, Nr. 3

7 Die Notarielle Fachprüfung nach Nr. 3 ist in ihrer Durchführung in den §§ 7a ff. geregelt und bildet einen Grundpfeiler des Auswahlprozesses im Bereich des Anwaltsnotariats.[8] Sie hat zweierlei Funktionen: Sie ist einerseits eine unverzichtbare Zugangsvoraussetzung und andererseits ein zentrales Auswahlkriterium bei mehreren Bewerbern für eine Notarstelle. Der Gesetzgeber schreibt keinen verbindlichen Fortbildungslehrgang zur Vorbereitung vor. Soweit nicht durch andere Bestimmungen Lehrgänge und Fortbildungsveranstaltungen verpflichtend sind (etwa neue Nr. 4 im Nachgang zur Notariellen Fachprüfung), ist es dem Kandidaten selbst überlassen, auf welchem Weg er sich für die Anforderungen der Prüfung selbst vorbereitet. Maßgeblich für die Bestellung zum Notar sind – neben den anderen Voraussetzungen – allein das Bestehen und die erreichte Punktzahl bei der Notariellen Fachprüfung. Für die Einzelheiten sei auf die Kommentierung zu den §§ 7a ff. verwiesen.

VI. Fortbildungsverpflichtung, Nr. 4

8 Die Fortbildungsverpflichtung nach Nr. 4 soll sicherstellen, dass das fachlich hohe und durch die Prüfung dokumentierte Niveau der Bewerber, von dem der

4 BGH DNotZ 2016, 231 (232); dazu krit. *Koch* DNotZ 2018, 84 ff.
5 BGH DNotZ 2016, 231.
6 BGH ZNotP 2013, 33; NJW 2012, 1888.
7 Vgl. BR-Drs. 20/21, 128.
8 BVerfG DNotZ 2003, 375.

Gesetzgeber beim Ablegen der Fachprüfung ausgeht, auch im Nachhinein bis zur Übernahme einer Notarstelle gewährleistet bleibt.[9]

VII. Praktische Ausbildung, Abs. 4

Neben den theoretischen Kenntnissen, die durch die Fachprüfung gewährleistet werden, und die persönliche wirtschaftliche Unabhängigkeit des Rechtsanwalts nicht nur durch eine fünfjährige Berufstätigkeit, sondern gerade auch für die Dauer von drei Jahren im Amtsbereich, tritt mit **Abs. 4** die **praktische Ausbildung durch einen Notar**. Dieser wird durch die Notarkammer bestimmt, wodurch sichergestellt wird, dass ein fachkundiger und erfahrener Kollege den Bewerber anleitet und gleiche Ausbildungsmöglichkeiten und -chancen für alle Interessenten bestehen. Sowohl Anwalts- als auch hauptberufliche Notare können als Ausbildungsnotare gewählt werden. Hierdurch entsteht nicht zuletzt ein Netzwerk über die Generationen und Systeme der Notare hinweg, das für den späteren Praxisaustausch nützlich sein kann. Jeder Bewerber hat **160 Zeitstunden** als praktische Ausbildung zu absolvieren. Eine **Verkürzung der Praxisausbildung auf 80 Stunden** ist möglich, wenn der Bewerber bereits praktische notarielle Erfahrungen als Notarvertreter oder Notariatsverwalter vorweisen kann. Die Entscheidung im Einzelfall obliegt der örtlich zuständigen Notarkammer. 9

§ 6 Auswahl bei mehreren geeigneten Personen; Verordnungsermächtigung

(1) [1]Bewerben sich mehrere geeignete Personen um ein Amt, richtet sich die Reihenfolge bei der Auswahl nach der persönlichen und fachlichen Eignung unter Berücksichtigung der die juristische Ausbildung abschließenden Staatsprüfung und der bei der Vorbereitung auf den Notarberuf gezeigten Leistungen. [2]Es sind nur solche Umstände zu berücksichtigen, die bei Ablauf der Bewerbungsfrist vorlagen. [3]Die Landesjustizverwaltung kann bei der Bestellung von hauptberuflichen Notaren einen von Satz 2 abweichenden Zeitpunkt bestimmen.

(2) [1]Bei der Bestellung von hauptberuflichen Notaren ist die Dauer des Anwärterdienstes angemessen zu berücksichtigen. [2]Die Landesregierungen werden ermächtigt, durch Rechtsverordnung Bestimmungen über die Berechnung der Dauer des Anwärterdienstes nach Satz 1 zu treffen. [3]Dies umfasst die Befugnis, Zeiten zu bestimmen, die in angemessenem Umfang auf den Anwärterdienst angerechnet werden können. [4]Die Landesregierungen können die Ermächtigung durch Rechtsverordnung auf die Landesjustizverwaltungen übertragen.

(3) [1]Bei der Bestellung von Anwaltsnotaren wird die fachliche Eignung nach Punkten bewertet. [2]Die Punktzahl bestimmt sich zu 60 Prozent nach dem Ergebnis der notariellen Fachprüfung und zu 40 Prozent nach dem Ergebnis der die juristische Ausbildung abschließenden Staatsprüfung, soweit nicht bei jemandem, der Notar ist oder war, im Einzelfall nach Anhörung der Notarkammer ausnahmsweise besondere, die fachliche Eignung vorrangig kennzeichnende Umstände zu berücksichtigen sind. [3]Bei gleicher Punktzahl ist im Regelfall auf das Ergebnis der notariellen Fachprüfung abzustellen.

9 BGH DNotZ 2016, 630.

I. Grundsätzliches

1 § 6 ist in seiner neuen Fassung die zentrale Norm, die sich mit mehreren Bewerbern auf eine ausgeschriebene Notarstelle beschäftigt. Dabei legt Abs. 1 allgemeine Regelungen fest, die auf den bisherigen § 6 Abs. 3 aF bzw. auf § 6 b Abs. 4 S. 1 und S. 2 beruhen.

2 Außer in den Fällen, in denen die Justizverwaltung die Bewerberrunde abbricht,[1] ist die Auswahl unter **mehreren potenziellen Bewerbern** der zentrale Streitpunkt bei der Besetzung einer freien Notarstelle, da es naturgemäß immer nur eine zu besetzende Stelle, meist aber mehrere Bewerber mit einer unterschiedlichen persönlichen und fachlichen Biografie gibt. Das BVerfG hat wegen der hohen grundrechtlichen Bedeutung bereits im Jahr 1987 verlangt, dass die Frage, nach welchen Kriterien unter mehreren Bewerbern auszuwählen ist, vom Gesetzgeber selbst zu entscheiden ist.[2] Mit **Abs. 1** besteht ein gesetzlicher Modus, wie in einem fairen Verfahren nach dem grundgesetzlich gebotenen Grundsatz der Bestenauslese der richtige Bewerber die ausgeschriebene Stelle bekommt.

3 **Abs. 1 S. 2 der Norm** entspricht dem bisherigen § 6 b Abs. 4 S. 1 aF und ist so zu verstehen, dass im Fall von mehreren Bewerbern **nur die Umstände für die Auswahl in persönlicher und fachlicher Hinsicht zählen, die beim Ende der Bewerbungsfrist** vorliegen. Nach Ablauf der Bewerbungsfrist können sämtliche Bewerber keine weiteren Unterlagen nachreichen bzw. Umstände vorbringen, die sich zu ihren Gunsten auswirken würden. Nach S. 2 kann die Justizverwaltung für das hauptberufliche „Nur-Notariat" einen abweichenden Zeitpunkt vom Ende der Bewerbungsfrist für das Vorliegen der Voraussetzungen festlegen. Dies kann in Einzelfällen einerseits zu einer Verlängerung der Mindestanwärterzeit führen, andererseits aber auch Bewerbern eine Chance auf eine Notarstelle eröffnen, deren Voraussetzungen erst nach Ende der Bewerbungsfrist vollständig vorliegen. Dadurch ist eine Besetzung mit „landeseigenen" Assessoren gewährleistet, die für etwaige freiwerdende oder neugeschaffene Stellen von Seiten der Justizverwaltung rein aus dem Grund, dass die Mindestdauer des Anwärterdienstes noch nicht verstrichen wäre, noch nicht in Frage kämen.

II. Auswahlentscheidung im Notariat zur hauptberuflichen Amtsausübung („Nurnotar")

4 Die **Auswahl für eine Notarstelle zur hauptberuflichen Ausübung nach § 3 Abs. 1** unter mehreren Bewerbern richtet sich nach Abs. 2 maßgeblich nach der nach Abs. 1 ermittelten persönlichen und fachlichen Leistung unter besonderer Berücksichtigung des Zweiten juristischen Staatsexamens sowie ergänzend der während des Vorbereitungsdienstes gezeigten Leistungen sowie des Ersten Juristischen Staatsexamens. In der Gewichtung der ermittelten Kriterien ist die Justizverwaltung frei, solange die Kriterien nicht in praxisferner schematischer Weise angewendet werden.[3] Während des Anwärterdienstes, dessen Dauer angemessen zu berücksichtigen ist (Abs. 2 S. 1), erbrachte Leistungen, die über die Tätigkeit bei einem Ausbildungsnotar hinausgehen, wie beispielsweise ein Engagement in berufsständischen Gremien, die Übernahme von freiwilligen Ämtern oder das Verfassen von Fachpublikationen, können Berücksichtigung finden. Darüber hinaus sind auch besondere Härten eines Bewerbers wie etwa

1 Zu den Möglichkeiten und Voraussetzungen nach dem BGH vgl. BGH BWNotZ 2019, 171 ff.; NJW-RR 2012, 1454 ff.
2 BVerfG DNotZ 1987, 121.
3 BGH DNotZ 2018, 469 ff.

eine Schwerbehinderung im Sinne des SGB IX zu berücksichtigen;[4] dies gilt insbesondere, wenn die Justizverwaltung dies in der Ausschreibung als Kriterium vorgibt. Die Haltung der bisherigen Rechtsprechung aus dem Jahr 2001, dass nur Schwerbehinderungen zu berücksichtigen sind, die den Weg zum Notar „erschwert" haben, wird nunmehr aus Inklusionsgründen aufzugeben sein. Die Rechtsprechung hat auch dem Ergebnis des Ersten Juristischen Staatsexamens inzwischen eine Bedeutung beigemessen, wenn es um die Differenzierung der Bewerber geht.[5] Im Umkehrschluss aus den Regelungen zur Gewichtung beim Anwaltsnotariat kann man zudem schließen, dass die Leistungen im Rahmen des Vorbereitungsdienstes als jüngste erbrachte Leistungen von besonderer Bedeutung sind. Dass im Fall der Bestellung nach § 3 Abs. 2 ein Punktesystem für die Auswahl unter mehreren Bewerbern eingeführt wurde, vgl. Abs. 3, heißt im Umkehrschluss, dass die Justizverwaltung bei der Bestellung nach § 3 Abs. 1 freier auch bei mehreren Bewerbern in der Gewichtung der unterschiedlichen Leistungen ist, sich jedoch objektive Bewertungskriterien geben muss, die die Entscheidung im Einzelfall nachvollziehbar machen.

Durch die Sätze 2 bis 4 sind die Landesregierungen in die Lage versetzt, flexibler auf verschiedene Unterbrechungsmöglichkeiten zu reagieren als dies bislang der Fall war. Berücksichtigungsfähig wären etwa Elternzeiten (nach dem Bundeselterngeld- und Elternzeitgesetz), Pflegezeiten nach dem PflegeZG oder Familienpflegezeiten nach dem Familienpflegezeitgesetz, aber auch Zeiten zur Anfertigung wissenschaftlicher Arbeiten oder Tätigkeiten mit notariellem Bezug im Landesdienst (etwa in Baden-Württemberg als Notarvertreter) können Anrechnung finden. Durch die Rechtsverordnung kann die Landesregierung schließlich abstrakte Regelungen festlegen, wie Krankheitszeiten oder Teilzeitbeschäftigungen.[6] 5

III. Punkteverfahren, Abs. 3 S. 3

Abs. 3 sieht im Fall der **Bestellung nach § 3 Abs. 2** vor, dass die fachliche Eignung in einem Punkteverfahren verglichen werden. Dabei ist der der Notariellen Fachprüfung nach §§ 7a ff. 60 % und der Zweiten Juristischen Staatsprüfung 40 % der Punkte beizumessen, wobei nach S. 4 bei einer gleichen Punktzahl von Bewerbern die Leistungen der Fachprüfung den Ausschlag geben sollen. Offen ist dabei für die jeweilige Justizverwaltung, wie die einzelne Leistung auf die jeweilige Prozentpunktzahl umgerechnet wird – der hierbei zu entwickelnde Maßstab muss nachvollziehbar und angemessen sein. Im Einzelfall können gemäß S. 3 bei Bewerbern aus dem Kreis vormaliger oder gegenwärtiger Notare nach Anhörung der Notarkammer die Leistungen im Bereich des Notariats besondere Berücksichtigung finden. Dieser Umstand ist aber ein Ausnahmefall und soll nicht dazu führen, dass das formalisierte System bei der Bestellung nach § 3 Abs. 2 unterlaufen wird. Die persönliche Eignung des Bewerbers ist von der Justizverwaltung im herkömmlichen Verfahren zu ermitteln (→ § 5 Rn. 4 ff.). 6

4 BGH NJW-RR 2001, 207 (208); NJW-RR 1998, 1281.
5 BGH DNotZ 2018, 469 ff.
6 Zum Ganzen BR-Drs. 20/21, 133.

§ 6a Versagung und Aussetzung der Bestellung

(1) Die Bestellung zum Notar ist zu versagen, wenn weder nachgewiesen wird, dass eine Berufshaftpflichtversicherung (§ 19a) besteht, noch eine vorläufige Deckungszusage vorgelegt wird.

(2) Die Bestellung kann ausgesetzt werden, wenn gegen die Person, deren Bestellung beabsichtigt ist, ein Verfahren wegen des Verdachts einer Straftat anhängig ist, in dem der Tatvorwurf eine Verurteilung erwarten lässt, die eine Versagung der Bestellung zur Folge haben würde.

I. Versagung bei Nichtvorliegen der Versicherung (Abs. 1)

1 Zum Schutz der Rechtsuchenden von den großen Schäden, die bei notarieller Tätigkeit entstehen können, muss jeder Notar eine Berufshaftpflichtversicherung mit ausreichender Deckung vorweisen können. Diese Versicherung muss bereits vor dem ersten Amtsgeschäft vorliegen, so dass bei Bestellung entweder bereits die Versicherung oder aber zumindest die Deckungszusage nachzuweisen ist. Die Einzelheiten der Versicherung und der Pflichten regelt § 19a (→ 19a Rn. 1 ff.).

Bei der Norm handelt es sich um eine zwingende Voraussetzung für die Bestellung zum Notar. Für den Fall ihres Nichtvorliegens ist der Notar seines Amtes zu entheben, § 50 Nr. 10. Sobald und sofern der Notar die Versicherungsdeckung nachweisen kann, ist der Mangel geheilt.

II. Möglichkeit der zeitweisen Aussetzung der Bestellung (Abs. 2)

2 Der neu eingeführte Abs. 2 entspricht inhaltlich den Normen in den anderen Ordnungen der freien Berufe: die geänderten § 10 BRAO, § 17 PAO, § 40a StBerG und § 16b WPO verfügen sämtlich über die Möglichkeit, im Fall von Straftaten, die eine Ausübung des jeweiligen freien Berufs verbieten, bereits die Bestellung zu diesem Beruf auszusetzen. Dieser Gleichlauf überzeigt, denn der Beruf des Notars als öffentlichem Amt verlangt in ganz besonders herausragender Weise in persönlicher Hinsicht, dass die Bewerber integer sind und in ihrem Verhalten und Lebenswandel mit der Rechtsordnung in Einklang stehen. Gleichzeitig werden regelmäßig nur solche Straftaten eine Aussetzung des Bestellverfahrens rechtfertigen, wenn eine Verurteilung dem Betroffenen das Bekleiden öffentlicher Ämter zeitweise verbietet. In allen anderen Fällen muss Art. 12 GG zu Gunsten des betroffenen Bewerbers im Rahmen der Ermessensentscheidung der zuständigen Justizverwaltung Berücksichtigung finden und im Zweifel – trotz des hohen Anspruchs an die persönliche Integrität der Bewerber – zugunsten eines Fortgangs des Bewerbungsverfahrens entschieden werden. Zumeist wird – strafrechtlich gesprochen – nur bei einem „dringenden Tatverdacht" ein Aussetzen der Bestellung gerechtfertigt sein.[1]

§ 6b (aufgehoben)

§ 7 Anwärterdienst; Verordnungsermächtigung

(1) [1]Zur Ableistung des Anwärterdienstes vorgesehene Stellen sind auszuschreiben; § 4a Absatz 2 und 3 gilt entsprechend. [2]Abweichend davon kann die Landesjustizverwaltung eine ständige Liste führen, in die sich Personen, die sich um

1 BR-Drs. 20/21, 226 s. zum gleichlautenden § 10 BRAO-E.

die Aufnahme in den Anwärterdienst bewerben wollen, für eine von ihr bestimmte Zeit eintragen können. [3]Die Führung einer solchen Liste ist allgemein bekanntzugeben.

(2) [1]Bewerben sich mehrere geeignete Personen um die Aufnahme in den Anwärterdienst, hat die Auswahl nach der persönlichen und fachlichen Eignung unter besonderer Berücksichtigung der Leistungen in der die juristische Ausbildung abschließenden Staatsprüfung zu erfolgen. [2]§ 6 Absatz 1 Satz 2 und 3 gilt entsprechend.

(3) [1]Der Notarassessor wird von der Landesjustizverwaltung nach Anhörung der Notarkammer ernannt. [2]Der Präsident der Notarkammer überweist den Notarassessor einem Notar. [3]Er verpflichtet den Notarassessor durch Handschlag auf gewissenhafte Pflichterfüllung.

(4) [1]Der Notarassessor steht während des Anwärterdienstes in einem öffentlich-rechtlichen Dienstverhältnis zum Staat. [2]Er hat mit Ausnahme des § 19a dieselben Amtspflichten wie der Notar. [3]Er erhält vom Zeitpunkt der Zuweisung an für die Dauer des Anwärterdienstes von der Notarkammer Bezüge, die denen eines Richters auf Probe anzugleichen sind. [4]Die Notarkammer erläßt hierzu Richtlinien und bestimmt allgemein oder im Einzelfall, ob und in welcher Höhe der Notar, dem der Notarassessor überwiesen ist, ihr zur Erstattung der Bezüge verpflichtet ist.

(5) [1]Der Notarassessor ist von dem Notar in einer dem Zweck des Anwärterdienstes entsprechenden Weise zu beschäftigen. [2]Die näheren Bestimmungen über die Ausbildung des Notarassessors trifft die Landesregierung oder die von ihr durch Rechtsverordnung bestimmte Stelle durch Rechtsverordnung.

(6) Der Anwärterdienst endet

1. mit der Bestellung zum Notar,
2. mit der Entlassung aus dem Dienst.

(7) [1]Der Notarassessor ist aus dem Dienst zu entlassen, wenn er seine Entlassung beantragt; § 48 Satz 2 und 3 gilt entsprechend. [2]Er kann entlassen werden, wenn er

1. sich zur Bestellung zum Notar als ungeeignet erweist,
2. ohne hinreichenden Grund binnen einer von der Landesjustizverwaltung zu bestimmenden Frist, die zwei Monate nicht übersteigen soll, den Anwärterdienst nicht antritt,
3. nach Ableistung des dreijährigen Anwärterdienstes sich ohne hinreichenden Grund um eine ihm von der Landesjustizverwaltung angebotene Notarstelle nicht bewirbt, die zuvor ausgeschrieben worden ist und die mangels geeigneter Bewerbungen nicht besetzt werden konnte.

I. Grundlegendes

1 Der Notarielle Anwärterdienst (auch „Notarassessoriat" genannt) ist seit Langem[1] der praktische Ausbildungsabschnitt der Anwärter für das Amt des hauptberuflichen Notariats. Ziel ist es, die interessierten Bewerber auf die vielfältigen täglichen Anforderungen des Notarberufs praktisch vorzubereiten. Dadurch soll das hohe fachliche Niveau der Notare gesichert werden, denn die späteren Amtsinhaber üben das Notaramt in der Regel nicht nur allein aus, sondern sind als neutrale Persönlichkeiten gerade auch kautelarjuristisch tätig – einem in der juristischen Ausbildung stiefmütterlich behandelten Gebiet. Außerdem gelingt es der zuständigen Justizverwaltung durch eine geregelte Aufnahme von Kandidaten in den Anwärterdienst die **Zahl der späteren Bewerber** für den Notarberuf **zu steuern,**[2] was angesichts der strikten Bedarfsprüfung und des dadurch beschränkten Zugangs zum Notaramt sinnvoll ist: Der Vorbereitungsdienst dient einzig dem Fernziel des Amts als Notar, weshalb es auch unter den Gesichtspunkten von Art. 12 Abs. 1 GG der potenziellen Bewerber geboten ist, keine Überkapazitäten im Vorbereitungsdienst aufzubauen, die dann nicht in das jeweilige Notarsystem „abfließen" können. Ferner sollen sich die späteren Notare bereits zu einem frühen Zeitpunkt mit den **landesrechtlichen Spezifika** vertraut machen (Landesgesetzgebung, Spezifika des Berufsstands der Notare im Land, eventuell Kassensystem, berufsständische Organisationen wie dem Versorgungswerk).[3]

II. Zahl der Assessoren, Regelvorrang

2 Die Landesjustizverwaltung kann durch ihre **Personalplanung,** die bei der Zahl der Assessorenstellen stets auch den etwaigen Bedarf an zukünftigen Notaren als leitendes Prinzip im Blick hat, auch den **Regelvorrang der landeseigenen Assessoren** bei einer späteren Bewerbung für eine Notarstelle begründen. Der Assessor, der sich auf den Vorbereitungsdienst in einem gewissen Bundesland einlässt, darf wegen Art. 12 Abs. 1 GG davon ausgehen, dass die Verwaltung trotz des staatlich begrenzten Zugangs zum Notaramt ihn in angemessener Zeit auf eine Notarstelle beruft.[4]

III. Bedeutung des Assessoriats für das hauptberufliche Notariat

3 Evident ist, dass das hauptberufliche Notariat in erheblichem Maße auf die Assessoren angewiesen ist und sie daher natürlich auch die **Funktionsfähigkeit des Systems** der Notare sicherstellen: der Ausbildungsnotar wird dauerhaft

---

1 Hierzu *Schippel*, FS 125 Jahre Bayerisches Notariat 1987, S. 75 (88). Als in der BRAO der Anwaltsassessor abschafft wurde, wurde zumindest im Rechtsausschuss auch die Abschaffung des Notarassessors diskutiert, vgl. zur Diskussion und der Beibehaltung im Ergebnis: RegE, BT-Drs. III/219, und den Bericht des Rechtsausschusses BT-Drs. III/2128).

2 BVerfG DNotZ 1987, 121; BGH DNotZ 1981, 633; DNotZ 1981, 59; DNotZ 1967, 705; DNotZ 1965, 186; DNotZ 1963, 242.

3 St. Rspr. zuletzt etwa BGH DNotZ 2018, 469.

4 BVerfG DNotZ 2005, 473 ff.; zur Problematik der Besetzung durch einen landesfremden Notar BGH NJW-RR 2012, 53; eine Klage auf Ausschreibung von Assessorenstellen ist unzulässig, BVerfG NJW-RR 2009, 555.

entlastet, (Urlaubs-)Vertretungen und Verwaltungen wahrgenommen sowie die Notarkammer und -kasse bei der Wahrnehmung ihrer jeweiligen Aufgaben unterstützt.

IV. Anwärterdienst in Baden-Württemberg

Jüngst wurde mit der Umstellung auf ein hauptberufliches Notariat im Sinne von § 3 Abs. 1 auch ein **Anwärterdienst in Baden-Württemberg** eingeführt. In § 114 Abs. 6 ist geregelt, dass diejenigen, die die Befähigung zum Bezirksnotar zum 31.12.2017 vorgewiesen haben, sich auch für den Anwärterdienst mit hauptberuflichem Notariat bewerben können. Faktisch wurde hierdurch eine landesfremde Bewerbung ohne Einzelfallprüfung, vor allem durch Abs. 6 S. 2, ermöglicht. Durch diese Ausnahmeregelung soll den grundrechtlich geschützten Positionen der bisherigen Absolventen der **Laufbahn zum Bezirksnotar** Rechnung getragen werden. Gleichwohl wird die Regel im Lauf der Zeit praktisch an Bedeutung verlieren, da keine Absolventen der Laufbahn zum Bezirksnotar mehr hinzukommen. Es ist mit folglich mit Art. 12 Abs. 1 GG vertretbar, wenn der Gesetzgeber nach einer Übergangsfrist die Möglichkeit nach § 114 Abs. 6 streicht, um eine vollständige Angleichung der Zugangssysteme ins hauptberufliche Notariat zu erreichen. 4

V. Anwärterdienst als Sonderausbildung

Der **Anwärterdienst** ist anders als der juristische Vorbereitungsdienst eine **Sonderausbildung**, die einzig auf den Notarberuf und nicht auf eine Vielzahl von Berufen vorbereitet[5]– der Assessor hat daher aus Art. 12 Abs. 1 GG den **Anspruch**, bei der Besetzung einer Notarstelle nicht ohne Grund übergangen zu werden und muss stets eine Perspektive erhalten, in welchem Zeitraum mit einer Bestellung zum Notar zu rechnen ist. Dies hat die Justizverwaltung bei der Zahl der Assessorenstellen stets pflichtgemäß im Blick zu behalten. Daher ist es auch durch die Justizverwaltung gerechtfertigt, Notarstellen nur für Anwärter aus dem eigenen Vorbereitungsdienst auszuschreiben, also auch Notare als Amtssitzverleger oder Anwärter aus anderen Ländern vom Bewerbungsverfahren auszuschließen und sogar bei der Besetzung entsprechend obiger Kriterien einen landeseigenen Anwärter, der den Anwärterdienst noch nicht vollendet hat, einem Mitbewerber aus einem anderen Bundesland vorzuziehen.[6] Werden für mehrere OLG-Bezirke eines Landes eigene Personalplanungen gemacht, gilt der Vorrang sogar gegenüber einem Bewerber aus einem anderen OLG-Bezirk.[7] Eine erfolgreiche Absolvierung der notariellen Fachprüfung ist kein Ersatz für den Anwärterdienst – sie ermöglicht nur den Zugang zum Anwaltsnotariat.[8] 5

VI. Einstellungsvoraussetzungen

Die **Einstellungsvoraussetzungen** in den Anwärterdienst gleichen denen für den hauptberuflichen Notarberuf, mit Ausnahme des Anwärterdienstes selbst. Folglich kann sich jeder Anwärter sicher sein, mit der Einstellung als Assessor auch für den Notarberuf grundsätzlich tauglich zu sein. Vorliegen müssen somit, außer im Fall des § 114 Abs. 6, die Befähigung zum Richteramt und die persönli- 6

5 So auch Frenz/Miermeister/*Baumann* BNotO § 7 Rn. 2.
6 BGH DNotZ 2010, 467 mwN und Anm. *v. Campe*, zuletzt BGH DNotZ 2018; vgl. dazu auch die Ausführungen von Frenz/Miermeister/*Baumann* BNotO § 7 Rn. 11 aE mit Fn. 44 zu abweichenden Ansichten.
7 BGH DNotZ 2001, 730.
8 *Jaeger* ZNotP 2003, 402.

che und fachliche Leistungsfähigkeit, wobei die Kriterien nach den Maßstäben von der Justizverwaltung zu ermitteln sind, die auch für die hauptberuflichen Notare nach § 5 gelten → § 5 Rn. 4 ff.).

7 Kurzgefasst muss im Einzelnen sich die Auswahl an der **Eignung, Befähigung und fachlichen Leistung** der Bewerber im Sinne einer Art. 33 Abs. 2 GG genügenden Bestenauslese auszurichten.[9] Maßgeblich ist dabei, wie bei der Bestellung zum Notar selbst, das Zweite juristische Staatsexamen, dass – gerade bei Differenzierungsschwierigkeiten unter mehreren geeigneten Bewerbern – auch um die Ergebnisse des Ersten Juristischen Staatsexamens ergänzt sowie sonstige nachweisliche, für den Notarberuf nützliche Berufserfahrungen (→ § 5a Rn. 2). Das Bewerbungsgespräch und der darin gewonnene Eindruck im Hinblick auf die Integrität, Unabhängigkeit und Fähigkeit, sich schnell auf unterschiedliche Personen einstellen zu können, sind Voraussetzungen für den späteren Notarberuf, die mangels notarspezifischer Beurteilungsbeiträge, bei der Frage, ob der Bewerber geeignet für den Notarberuf ist, eine bedeutende Rolle spielen. Ausdrücklich ist in Abs. 2 S. 1 klargestellt, dass bei mehreren Bewerbern nur die Kriterien bei der Auswahl des geeigneten Kandidaten eine Rolle spielen dürfen, die beim Ablauf der Bewerbungsfrist vorlagen. Die Gewichtung der einzelnen Aspekte der persönlichen und fachlichen Leistungsfähigkeit unterliegt dem pflichtgemäßen Ermessen der Justizverwaltung, ergänzt um eine – nicht justiziable – prognostische Perspektive auf den Notarberuf selbst. Die Bedeutung der Aufnahme in den Assessorendienst muss dabei aber stets bedacht werden: Ist ein Kandidat einmal in den Vorbereitungsdienst aufgenommen, so ist wegen der Sonderlaufbahn des Assessoriats der Regelfall die spätere Ernennung zum Notar. Mithin muss der leitendende Maßstab sein: Taugt der Bewerber persönlich und fachlich zum Notar und kann er im Sinne von § 1 das Amt würdig ausfüllen, wenn er die dreijährige Praxisphase durchläuft?

VII. Bewerbungsverfahren

8 Das **Bewerbungsverfahren** für den Vorbereitungsdienst und die Ermittlung der geeigneten Kandidaten steht im **freien, pflichtgemäßen Ermessen der Landesjustizverwaltung**. In der Regel beginnt es mit einer Ausschreibung, deren Ablauf häufig in einer Allgemeinverfügung näher geregelt ist. Teils ist vorgesehen, dass nur Personen innerhalb von einem kürzeren Zeitraum (etwa drei Jahre) nach Abschluss der juristischen Ausbildung sich bewerben können. Dies ist mit dem Charakter des notariellen Anwärterdienstes als spezielle praktische Zusatzausbildung mit dem Fernziel „Notar" und dessen Durchführung in einem Lebensalter vereinbar, in dem die Berufsausbildung noch nicht abgeschlossen ist und eine Offenheit für die besonderen praktischen Anforderungen des Notarberufs besteht. Geeignete Bewerber, die nicht sofort eingestellt werden, können in einer sog. **Vormerkliste** geführt und bei einem späteren Einstellungstermin berücksichtigt werden. Ihre Streichung nach geraumer Zeit unter Berücksichtigung von Eignung und Leistung späterer Bewerber ist ermessenfehlerfrei möglich. Die Notarkammer und in Kassensystemen die Notarkasse ist im Verfahren anzuhören (Abs. 3 S. 1 bzw. § 113 Abs. 5). Die Ernennung zum Anwärter unterliegt keiner bestimmten Form; teils ist durch Landesrecht bestimmt, dass der Assessor eine Urkunde erhält. Der Anwärterdienst beginnt zu dem von der Justizverwaltung bestimmten Zeitpunkt. Nach Abs. 3 S. 3 sind die Assessoren vor Dienstbeginn durch den Präsidenten der Notarkammer auf eine gewissenhafte Pflichterfüllung zu verpflichten. Der Akt der Verpflichtung hat nur formellen

9 BGH BWNotZ 2019, 171.

Hinweischarakter ohne materiellrechtliche Auswirkungen: ein Assessor ist dem Gesetz und dem Standesrecht ohnehin mit Aufnahme des Vorbereitungsdienstes verpflichtet.

VIII. Anwärterdienst als öffentlich-rechtliches Dienstverhältnis

Während der Zeit des Anwärterdienstes steht der Assessor in einem öffentlichrechtlichen Dienstverhältnis. Es handelt sich dabei um ein **Verhältnis sui generis**; der Notarassessor ist insbesondere **kein Beamter**, obwohl das Verhältnis in vielen Punkten dem Beamtenverhältnis angenähert ist. 9

Er hat den Anwärterdienst abgesehen von erlaubter Teilzeittätigkeit beispielsweise wegen Kinderbetreuung wie ein hauptberuflicher Notar **in Vollzeit** auszuüben; eine andere Tätigkeit, etwa als Rechtsanwalt, ist neben der Assessorentätigkeit ausgeschlossen. Das Dienstverhältnis führt zu Treuepflichten des Assessors; die Aufsichtsbehörden haben ihm gegenüber eine Fürsorgepflicht. 10

Die **Treuepflicht** schließt die Verpflichtung des Assessors ein, seinen Dienst sorgfältig, **pünktlich und gewissenhaft** auszuführen und die ihm übertragenen Aufgaben der Gesetze im Sinne der Anforderungen nach § 1 zu erledigen. Der Assessor hat auf dem Boden der Rechtsordnung zu stehen und muss die Bereitschaft aufbringen, sich nach Ende des Vorbereitungsdiensts zum Notar bestellen zu lassen. Die Amtspflichten des Assessors sind die des Notars mit Ausnahme der Pflicht zum Abschluss einer Berufshaftpflichtversicherung (so ausdrücklich **Abs. 4 S. 2**), der Pflichten in Bezug auf die Wohnung nach § 10 Abs. 2 sowie die Bezugspflicht nach § 32. Ebenso wenig treffen den Assessor naturgemäß die Pflichten nach den §§ 25 bis 28. 11

Die **Fürsorgepflicht der Justizverwaltung** und, soweit zuständig, der Notarkammer umfasst neben der **finanziellen Versorgung** in Form der Bezüge auch den **Schutz bei Dienstunfällen**. Daneben gehört die Pflicht zur Anhörung, Beratung, Schutz vor ungerechtfertigten Angriffen, Betreuung und Beurteilung. Im Fall der **Notarkammer** kommt neben der Besoldungspflicht auch die **Organisation der Fortbildungen** hinzu. 12

IX. Aufgaben der Notarkammer

Die **Notarkammer** ist zuständig dafür, die Ausbildung des Assessors zu organisieren, den **Ausbildungserfolg sicherzustellen** und ihn entsprechend zu beschäftigen. Sie hat vor allen Statusentscheidungen, die einen Assessor betreffen, ein **Anhörungsrecht, Abs. 2**. Vordringliches Recht des Präsidenten der Notarkammer ist es, den einzelnen Assessor einem Notar zur Ausbildung zuzuweisen. Einen Rechtsanspruch hierauf gibt es von Seiten des Notars nicht.[10] Die **Zuweisung** hat Regelungscharakter und ist daher **Verwaltungsakt**. Dem Präsidenten steht bei der Auswahl von Stelle und Assessor weitgehendes Ermessen zu. Leitende Kriterien können die Ausbildung im städtischen und ländlichen Kontext, die Verteilung der Assessoren im Bundesland, Unterstützung von Notaren in besonderen Anforderungen (Kinderbetreuung, Krankheit etc) und wenn sich Notare besonders für den Berufsstand engagieren. Besondere Härten in der Person des Assessors (bekannte familiäre Situation, Krankheiten, Schwerbehinderungen) sind jedoch bei einer Versetzung zu berücksichtigten. 13

10 BGH DNotZ 1975, 496.

X. Besoldung

14 Die **Besoldung**, die durch die Notarkammer, in Kassensystemen durch die Notarkasse erfolgt, hat nach **Abs. 4 S. 3** denen eines **Richters auf Probe** zu entsprechen. Sozialversicherungstechnisch sind die Assessoren in aller Regel Pflichtmitglieder des berufsständischen Versorgungswerks, im Übrigen besteht Versicherungspflicht in der gesetzlichen Rentenversicherung. Leistungsansprüche nach beamtenrechtlichen Grundsätzen, die dem Assessor regelmäßig zustehen, führen zur Versicherungsfreiheit in der gesetzlichen Arbeitslosen und -unfallversicherung.[11]

XI. Aufsicht

15 Der Notarassessor untersteht der **Aufsicht nach § 93 Abs. 1**. Begrenzt wird die Aufsicht über ihn durch die Unabhängigkeit seines Ausbildungsnotars. Gegenüber diesem ist der Assessor an Weisungen, insbesondere bei der Urkundengestaltung gebunden. Als Notarvertreter oder -verwalter obliegt ihm die vollständige Unabhängigkeit eines Notars. Der Notarassessor unterliegt wie der Notar dem Disziplinarverfahren. Leichten Pflichtverletzungen kann die Aufsichtsbehörde mit allgemeinen Hinweisen oder Belehrungen begegnen oder nach § 94 eine Missbilligung aussprechen. Verletzt der Notarassessor schuldhaft die ihm obliegenden Amtspflichten, so begeht er ein Dienstvergehen, die die Aufsicht nach den §§ 95 ff. zu ahnden hat.

XII. Dienstverhältnis zum Ausbildungsnotar

16 Zum **Ausbildungsnotar** steht der Assessor in einem **weiteren Dienstverhältnis**. Der Assessor ist dienstlich weisungsgebunden. Der Ausbildungsnotar hat den Assessor in einem „den Zweck des Anwärterdienstes entsprechenden Weise zu beschäftigen, Abs. 5 S. 1. Das Dienstverhältnis entsteht mit der Überweisung zum Notar, der zur Ausbildung des Assessors dienstlich verpflichtet ist.[12] Dieser Ausbildungsverpflichtung hat sich der Notar persönlich und gründlich anzunehmen. Beurkundungen darf der Notarassessor nur als Vertreter des Notars bei dessen Verhinderung übernehmen, denn die Vergabe des Amts erfolgt höchstpersönlich an den Notar. Betreuungstätigkeiten im Vorfeld der Beurkundung wie selbstständige Besprechungen mit den Mandanten, das Fertigen von Urkundsentwürfen oder die Erledigung von Verwahrgeschäften können und sollen dem Assessor in Vorbereitung auf das spätere eigene Amt zur selbstständigen Abarbeitung unter Aufsicht übertragen werden. Andere Volljuristen, die beim Notar arbeiten, sind keine Assessoren, sondern private Angestellte des Notars.

XIII. Ende des Anwärterdienstes

17 Der **Anwärterdienst endet nicht automatisch** mit Ablauf der drei Jahre nach Abs. 1, sondern ist in **Abs. 6 gesondert geregelt**. Eine Beendigung tritt daher im **Regelfall** mit der **Bestellung zum Notar** nach Abs. 6 Nr. 1 ein. Eine weitere Prüfung wie im Fall von § 3 Abs. 2 iVm § 5b Abs. 2 Nr. 3 (Notarielle Fachprüfung) ist nicht vorgesehen.

---

11 Im Einzelnen hierzu BeckOK BNotO/*Bracker*, 2. Ed. 1.4.2020, § 7 Rn. 83 ff.
12 BGH DNotZ 1975, 496.

XIV. Auswahl zwischen Assessor und Bestandsnotar

Bei der Auswahl des geeigneten Assessors in der **Konkurrenz mit einem Bestandsnotar** besteht Streit darüber, ob der **Bestandsnotar dem Assessor vorgeht oder nicht**. In diesem Punkt ist die Rechtsprechung uneinheitlich. Einerseits ist es das legitime organisatorische Ermessen der Justizverwaltung, eine freie Stelle nicht mit einer Neuausschreibung, dh mit einem Assessor, sondern durch eine Amtssitzverlegung gemäß § 10 Abs. 1 S. 3 zu besetzen. Der sich bewerbende Notar hat regelmäßig eine größere praktische Erfahrung (gerade schon durch die meist fünfjährige Verweilpflicht auf einer bestimmten Stelle) und hat auch seinerzeit die Voraussetzungen für die Bestellung zum Notar erfüllt.[13] Faktisch entsteht dadurch ein Rotationssystem hin zu den „begehrten Stellen". Dagegen ist zunächst nichts einzuwenden, da der Assessor keinen Anspruch auf eine bestimmte Notarstelle hat. Jedoch muss die Verwaltung andererseits im Blick behalten, dass die Assessoren nach Ablauf der drei Jahre auch einen Anspruch haben, ohne übermäßige Wartezeiten in das Notarsystem übernommen zu werden. Wenn man dies berücksichtigt, scheidet in vermittelnder Weise eine Amtssitzverlegung dann aus, wenn der grundrechtlich geschützte Berufszugang des Assessors die grundrechtliche Position der Berufsausübung des Bestandsnotars überwiegt.[14] Weitere Argumente für diese vermittelnde Position sind die Fürsorgepflicht der Justizverwaltung gegenüber dem Assessor und das Interesse an einer verteilten Altersstruktur. Häufig werden sich die Assessoren freilich auf die im Fall der Amtssitzverlegung freiwerdende Notarstelle bewerben können, so dass das Problem nur bei Bewerbungen von landesfremden Notaren entsteht. Die Rechtsprechung hat diesbezüglich ausdrücklich festgestellt, dass das Notarwesen als Ländersache der eigenen Justizverwaltung im Aufbau übertragen ist und dieses System nicht durch Seiteneinsteiger gefährdet werden darf.[15] 18

XV. Auswahlentscheidung unter mehreren Assessoren

Unter mehreren Assessoren des gleichen Bundeslandes entscheidet die Justizverwaltung nach Anhörung der Notarkammer nach **pflichtgemäßem Ermessen**. Wurden diese unter vergleichbaren Anforderungen eingestellt und haben diese ähnliche Leistungen während des Vorbereitungsdienstes erbracht, ist nichts gegen die Praxis einzuwenden, dass derjenige mit der längsten Anwärterzeit den Vorzug bekommt.[16] Sind mehrere mit gleicher Dienstzeit, dann sind die Leistungen im Vorbereitungsdienst ausschlaggebend. Im Übrigen sei auf die Ausführungen zu § 6 verwiesen. 19

XVI. Entlassung aus dem Anwärterdienst

Daneben endet der **Vorbereitungsdienst bei Entlassung aus dem Dienst, Abs. 6 Nr. 2** iVm Abs. 7. Eine Entlassung auf Antrag des Assessors ist selten. Nach Abs. 7 Nr. 1 ist der Assessor zu entlassen, wenn er trotz der Ausbildung im Vorbereitungsdienst persönlich oder fachlich den Anforderungen an das Amt des Notars nicht gewachsen ist. Dem steht es gleich, wenn die Voraussetzungen nach § 5 oder § 5a Abs. 1 nicht vorliegen oder der Assessor einen der Tatbestände erfüllt, für die er nach § 50 als Notar aus dem Dienst zu entfernen wäre oder er eine Straftat im Sinne von § 49 verwirklicht hat. Die Prüfung der Eig- 20

13 Vgl. dazu auch BVerfG DNotZ 2006, 69.
14 BGH DNotZ 2010, 467 mwN; DNotZ 2004, 230.
15 BGH RNotZ 2003, 140 mAnm *Baumann*, ebenso BVerfG DNotZ 2005, 473 mAnm *Görk*.
16 BGH DNotZ 2013, 224.

nung hat durch die Aufsichtsbehörden zu erfolgen; sie kann aber durch einen Hinweis der den Assessor und seine Fähigkeiten kennende Notarkammer initiiert werden. Formal wurde die Entlassung an § 48 durch die Verweisung auf § 48 S. 2 und 3 angeglichen. Bei **Nichtantritt trotz Fristsetzung** ist eine **Entlassung nach Nr. 2** denkbar; dies dürfte praktisch wenig relevant sein, zumal eine schwere Erkrankung eine hinreichende Entschuldigung darstellt. Schließlich ist nach **Nr. 3** eine Entlassung bei einer **Weigerung des Assessors, sich eine ansonsten nicht besetzbare Stelle zu bewerben.** Hintergrund dieser Regelung ist, dass dadurch die Besetzung abgelegener oder wenig attraktiver für die Justizverwaltung erleichtert werden soll. Obwohl diese Regelung stark in grundrechtlich geschützte Positionen des Assessors eingreift, wurde sie verfassungsrechtlich gebilligt: der Eintritt in den Vorbereitungsdienst schließt die Bereitschaft ein, Teil der vorsorgenden Rechtspflege zu sein und auch das Notaramt auszuüben, egal ob die Stelle örtlich oder wirtschaftlich unattraktiv ist. Eine Amtssitzverlegung ggf. nach Ablauf der Wartezeit ist – bei erfolgreicher Bewerbung – stets möglich.

XVII. Voraussetzungen des Abs. 7 Nr. 3

21 **Voraussetzung für ein Vorgehen nach Nr. 3** ist zum einen, dass der Assessor die dreijährige Assessorenzeit abgeleistet hat. Mit der Ausschreibung der betreffenden Notarstelle liegt das Angebot im Sinne der Vorschrift bereits vor. Nach der erfolglosen Ausschreibung hat die Justizverwaltung dem Assessor die Stelle zum anderen anzubieten und im gleichen Schreiben die Entlassung anzudrohen. Bewerber aus einem anderen Bundesland sind nur dann geeignet, wenn sie dem Leistungsstand des einstellenden Bundeslands entsprechen und dessen Personalplanung durch diesen Wechsel nicht durcheinanderkommt. Würden sich also die Wartezeiten bis zur Bestellung zum Notar der übrigen Assessoren durch diesen Wechsel deutlich verlängern, müssen sie durch Aufforderung zur Bewerbung ins Notaramt überführt werden – der auswärtige Bewerber bleibt hingegen unberücksichtigt. Eine einzige Ablehnung der Bewerbung nach Aufforderung genügt, vorbehaltlich der Hinderungsgründe, um aus dem Assessorendienst entlassen zu werden; es ist nicht ausreichend, sich um gleichzeitig ausgeschriebene Notarstellen beworben zu haben und bei diesen unterlegen zu sein.

22 **Unter mehreren gleich geeigneten Assessoren** ist derjenige mit der **längsten Dienstzeit** auszuwählen. Es ist stets ein **bestimmter Assessor** zur Bewerbung auf eine bestimmte Stelle aufzufordern, wenn man von **Abs. 7 Nr. 3** Gebrauch machen will. Solange die Aufforderung nicht aufgehoben oder zurückgenommen ist, muss der jeweilige Notarassessor als designierter Inhaber der Notarstelle angesehen werden. Alternativ wäre er als aus dem Anwärterdienst ausgeschieden anzusehen; jedenfalls kann er sich auf keine anderen ausgeschriebenen Notarstellen bewerben.

23 Ein **hinreichender Hinderungsgrund** ist, wenn dem Assessor die Übernahme der angebotenen Notarstelle an diesem Amtssitz unzumutbar ist. Wichtig ist, dass dies kein dauernder Grund sein darf, denn dieser würde den Assessor ungeeignet machen iSv Abs. 7 Nr. 1. Daher kommen etwa Anforderungen in örtlicher Hinsicht an die Kinderbetreuung in Betracht, eine vorrübergehende Krankheit oder eine Schwerbehinderung, die eine ortsgebundene Therapie fordert.

XVIII. Entlassung als Verwaltungsakt, Rechtsschutz

24 Eine **Entlassung durch die Verwaltung** ist ein Verwaltungsakt, der nach § 111 vor dem Oberlandesgericht anzugreifen ist. Die Notarkammer ist richtigerweise

nicht beschwerdebefugt, da sie nicht beschwert ist.[17] Umstritten ist, ob auch die Erlassandrohung nach Abs. 7 Nr. 3 Regelungscharakter hat oder ob der Assessor erst gegen die Erlassanordnung selbst vorgehen kann. Richtigerweise handelt es sich nicht nur um einen vorbereitenden Akt, sondern die Aufforderung mit Erlassandrohung hat selbst regelnden Charakter: der Assessor kann sich nur noch auf die angebotene Stelle bewerben und ist von allen anderen Stellen ausgeschlossen. Dies schränkt ihn in seinen Rechten als Assessor und in seiner nach Art. 12 Abs. 1 GG geschützten Bewerbungsfreiheit ein. Vom Ergebnis her gedacht würde dem Assessor auch der Weg den Notarberuf an einem nicht favorisierten Ort auszuüben versperrt, denn wenn erst der Erlassbescheid anzugreifen wäre, bestünde im Fall von dessen Rechtmäßigkeit keine Möglichkeit mehr, zur ausgewählten Stelle hin zu optieren und nach der Mindestverweildauer von regelmäßig fünf Jahren auf einen Wechsel zu hoffen.

§ 7a Notarielle Fachprüfung; Verordnungsermächtigung

(1) Zur notariellen Fachprüfung wird auf Antrag zugelassen, wer seit drei Jahren zur Rechtsanwaltschaft zugelassen ist und die Befähigung zum Richteramt nach dem Deutschen Richtergesetz besitzt.

(2) [1]Die notarielle Fachprüfung dient dem Nachweis, dass und in welchem Grad ein Rechtsanwalt für die Ausübung des notariellen Amtes als Anwaltsnotar fachlich geeignet ist. [2]Sie gliedert sich in einen schriftlichen und einen mündlichen Teil.

(3) [1]Die notarielle Fachprüfung dient der Bestenauslese. [2]Die Einheitlichkeit der Prüfungsanforderungen und der Leistungsbewertung ist zu gewährleisten. [3]Die Prüfung kann an verschiedenen Orten durchgeführt werden.

(4) [1]Der Prüfungsstoff der schriftlichen und der mündlichen Prüfung umfasst den gesamten Bereich der notariellen Amtstätigkeit. [2]Die Prüfungsgebiete regelt das Bundesministerium der Justiz und für Verbraucherschutz durch Rechtsverordnung, die der Zustimmung des Bundesrates bedarf.

(5) Für die von den einzelnen Prüfenden vorzunehmenden Bewertungen und die Bildung der Prüfungsgesamtnote gelten die §§ 1 und 2 der Verordnung über eine Noten- und Punkteskala für die erste und zweite juristische Staatsprüfung vom 3. Dezember 1981 (BGBl. I S. 1243) entsprechend.

(6) [1]Die schriftliche Prüfung ist mit einem Anteil von 75 Prozent, die mündliche Prüfung ist mit einem Anteil von 25 Prozent bei dem Ergebnis der notariellen Fachprüfung zu berücksichtigen. [2]Die notarielle Fachprüfung ist bestanden, wenn der Prüfling mindestens die Gesamtpunktzahl 4,00 erreicht hat.

(7) [1]Ist die Prüfung nicht bestanden oder für nicht bestanden erklärt worden, kann sie einmal wiederholt werden. [2]Eine bestandene Prüfung kann mit dem Ziel der Notenverbesserung einmal wiederholt werden.

I. Grundlegendes

1 Die notarielle Fachprüfung kann nach Abs. 1 nur derjenige ablegen, der die Voraussetzungen des § 5 erfüllt und außerdem seit mindestens drei Jahren zur

17 So auch der BGH BeckRS 2008, 24830.

Rechtsanwaltschaft im Sinne von § 4 S. 1 Nr. 2 BRAO zugelassen ist und die Befähigung zum Richteramt nach dem DRiG besitzt.[1] Die Frist unterscheidet sich von der nach § 5b Abs. 2 Nr. 1 (fünf Jahre allgemeine Wartezeit) und Nr. 2 (dreijährige Tätigkeit vor Ort). Sinn von Abs. 1 ist, dass zunächst der Hauptberuf des Anwalts ausgeübt und praktisch erlernt wird, bevor die Zusatzausbildung in Form der Notariellen Fachprüfung zum Notar in Angriff genommen wird.

II. Zulassung zur Fachprüfung

2 Die Zulassung zur Fachprüfung ist schriftlich zu beantragen und innerhalb von acht Wochen vor Beginn der schriftlichen Prüfung zu stellen, § 8 Abs. 1 und 2 NotFV. Über die Zulassung wird ein mit einer Rechtsmittelbelehrung versehener Bescheid erstellt, § 8 Abs. 3 S. 6 NotFV.

III. Zielsetzung

3 Ziel der Prüfung ist die **Qualitätssicherung** der Bewerber im Bereich des Anwaltsnotariats und eine **Bestenauslese der Bewerber** um spätere Notarstellen. Die NotFV regelt im Einzelnen die Prüfungsbedingungen (§§ 11–14 NotFV) und die Prüfungsgebiete (§ 5 NotFV). Dadurch kann die Chancengleichheit für alle Bewerber gewahrt werden. Die Möglichkeit eines Nachteilsausgleichs ist nach § 16 NotFV gegeben.

IV. Bewertung der Leistungen

4 Für das Ergebnis der Fachprüfung zählt nach **Abs. 6** die schriftliche Prüfung 75 % und die mündliche Prüfung 25 %. Bestanden ist die Prüfung ab einer Gesamtpunktzahl von 4,00 Punkten von 18 möglichen Punkten (Verweis nach Abs. 5 auf die Verordnung für das Erste und Zweite Staatsexamen). Eine Wiederholungsmöglichkeit ist nach Abs. 7 vorgesehen. Ebenso ist eine Notenverbesserung zur Dokumentation einer besseren Qualifikation und damit besserer Chancen auf eine Notarstelle möglich.

§ 7b Schriftliche Prüfung

(1) [1]Die schriftliche Prüfung umfasst vier fünfstündige Aufsichtsarbeiten. [2]Sie dient der Feststellung, ob der Prüfling die für die notarielle Tätigkeit notwendigen Fachkenntnisse erworben hat und ob er fähig ist, in begrenzter Zeit mit vorgegebenen Hilfsmitteln eine rechtlich einwandfreie und zweckmäßige Lösung für Aufgabenstellungen der notariellen Praxis zu erarbeiten. [3]Sie kann elektronisch durchgeführt werden.

(2) [1]Jede Aufsichtsarbeit wird von zwei Prüfenden nacheinander bewertet. [2]Die Namen der Prüflinge dürfen den Prüfenden vor Abschluss der Begutachtung der Aufsichtsarbeiten nicht bekannt werden. [3]An der Korrektur der Bearbeitungen jeder einzelnen Aufgabe soll mindestens ein Anwaltsnotar mitwirken. [4]Weichen die Bewertungen einer Aufsichtsarbeit um nicht mehr als drei Punkte voneinander ab, so gilt der Mittelwert. [5]Können sich die Prüfenden bei größeren Abweichungen nicht einigen oder bis auf drei Punkte annähern, so entscheidet

1 Diese Verweisung auf das DRiG wurde mit der Abschaffung des § 5 BNotO aF notwendig; inhaltlich ist aber keine Änderung damit verbunden: es ist der Abschluss des Zweiten Juristischen Staatsexamens notwendig.

ein weiterer Prüfender; er kann sich für eine der beiden Bewertungen entscheiden oder eine zwischen den Bewertungen liegende Punktzahl festsetzen.

(3) [1]Die Bewertungen der Aufsichtsarbeiten werden dem Prüfling mit der Ladung zur mündlichen Prüfung bekannt gegeben. [2]Wird mehr als eine Aufsichtsarbeit mit weniger als 4,00 Punkten bewertet oder liegt der Gesamtdurchschnitt aller Aufsichtsarbeiten unter 3,50 Punkten, so ist der Prüfling von der mündlichen Prüfung ausgeschlossen und hat die notarielle Fachprüfung nicht bestanden.

Abs. 1 definiert das Anforderungsprofil für die schriftlichen Arbeiten der Fachprüfung. Zentral ist dabei, dass es sich nicht um eine theoretische Abfrage von Wissen, sondern um eine Prüfung der praktischen Kenntnisse des Kandidaten in den maßgeblichen Gebieten notarieller Tätigkeit. 1

Dieser Praxisbezug setzt sich auch in den Prüfenden fort: Einer der beiden Prüfenden soll stets ein Anwaltsnotar sein, der damit den geforderten Blick aus der Praxis auf die Prüfungsleistungen der Kandidaten hat. Für die Bewertung selbst gelten die Bewertungsgrundsätze aus den juristischen Staatsprüfungen entsprechend. Der Kandidat erhält den Mittelwert der beiden Bewertungen, im Fall eines Abstands von mehr als drei Punkten, der zwischen den Prüfern unüberbrückbar ist, entscheidet ein weiterer Prüfender. Leitlinien sind, dass die Prüfenden weites Ermessen bei der Bewertung der Aufsichtsarbeiten haben, jedoch die Ermessensgrenzen, wie etwa das Verbot sachfremder Erwägungen und der Antwortspielraum des Kandidaten, einzuhalten sind: Richtiges oder zumindest Vertretbares darf nicht als Falsch eingestuft werden. Mit der Ladung zur mündlichen Prüfung werden die Ergebnisse der schriftlichen Prüfung bekannt gegeben. Sofern die Aufsichtsarbeiten insgesamt oder einzeln schlechter sind als Abs. 3 S. 2 es fordert, so ist der Kandidat von der mündlichen Prüfung ausgeschlossen und die notarielle Fachprüfung als „nicht bestanden" beendet. 2

§ 7c Mündliche Prüfung

(1) [1]Die mündliche Prüfung umfasst einen Vortrag zu einer notariellen Aufgabenstellung und ein Gruppenprüfungsgespräch, das unterschiedliche Prüfungsgebiete zum Gegenstand haben soll. [2]Das Prüfungsgespräch soll je Prüfling etwa 45 Minuten dauern. [3]In der Regel sollen nicht mehr als fünf Prüflinge gleichzeitig geprüft werden. [4]In der mündlichen Prüfung soll der Prüfling neben seinen Kenntnissen insbesondere auch unter Beweis stellen, dass er die einem Notar obliegenden Prüfungs- und Belehrungspflichten sach- und situationsgerecht auszuüben versteht.

(2) [1]Die mündliche Prüfung wird durch einen Prüfungsausschuss abgenommen, der aus drei Mitgliedern besteht. [2]Mindestens ein Mitglied muss von einer Landesjustizverwaltung vorgeschlagen und mindestens ein Mitglied Anwaltsnotar sein. [3]Das Prüfungsamt überträgt einem Mitglied des Prüfungsausschusses den Vorsitz. [4]Die Mitglieder des Prüfungsausschusses müssen während der gesamten Prüfung anwesend sein.

(3) [1]Bei der mündlichen Prüfung können Vertreter der Notarkammern, der Bundesnotarkammer, des Prüfungsamtes, des Bundesministeriums der Justiz und für Verbraucherschutz und der Landesjustizverwaltungen anwesend sein. [2]Das Prüfungsamt kann Personen, die zur notariellen Fachprüfung zugelassen

worden sind, das Zuhören gestatten. [3]An den Beratungen nehmen nur die Mitglieder des Prüfungsausschusses teil.

(4) [1]Im Anschluss an die mündliche Prüfung bewerten die Prüfenden den Vortrag und das Prüfungsgespräch gemäß § 7a Abs. 5. [2]Weichen die Bewertungen voneinander ab, so gilt der Mittelwert. [3]Sodann gibt der Prüfungsausschuss dem Prüfling die Bewertungen bekannt. [4]Eine nähere Erläuterung der Bewertungen kann nur sofort verlangt werden und erfolgt nur mündlich.

I. Zielsetzung

1 Zielsetzung der mündlichen Prüfung ist die Kandidaten auf die Praxistauglichkeit ihrer Kenntnisse hin zu überprüfen. Die Prüfung legt dabei einen besonderen Schwerpunkt auf die Belehrungs- und Prüfungspflichten, die der spätere Notar sachgerecht und der Situation angemessen ausüben muss (Abs. 1 S. 4). Insbesondere muss auch geprüft werden, wie der Kandidat sich auch auf kurzfristige, sich im Termin ergebende Änderungen einstellen kann. Die Prüfung besteht aus einem Vortrag und einem Prüfungsgespräch in der Gruppe, Abs. 1 S. 1.

II. Praxisbezug

2 Erneut kommt – wie bei der schriftlichen Prüfung, → § 7b Rn. 2 – der Praxisbezug in der Prüfungskommission zum Ausdruck, der nach Abs. 2 S. 3 zwingend ein Anwaltsnotar angehören muss.

III. Prüfende

3 Bei der Prüfung können Personen aus dem Kreis der in Abs. 3 genannten Institutionen (Vertreter der Notarkammern, der Bundesnotarkammer, des Prüfungsamtes, des Bundesministeriums der Justiz und für Verbraucherschutz und der Landesjustizverwaltungen) zugegen sein. Für die Bewertung der Prüfung können maximal 18 Punkte vergeben werden. Sind die Prüfenden sich nicht einig, gilt der Mittelwert. Eine Erläuterung der Bewertung ist nur im Anschluss an das Prüfungsgespräch und nur mündlich zu erlangen. Ein Widerspruch ist nur gegen das Ergebnis der notariellen Fachprüfung insgesamt, nicht isoliert gegen die schriftliche oder mündliche Prüfung oder einzelne Prüfungsleistungen möglich, vgl. § 7d Abs. 2 iVm § 20 NotFV.

§ 7d Bescheid; Zeugnis; Rechtsmittel

(1) [1]Der Bescheid über das Ergebnis der notariellen Fachprüfung ist dem Prüfling zuzustellen. [2]Über die bestandene notarielle Fachprüfung wird ein Zeugnis erteilt, aus dem die Prüfungsgesamtnote mit Notenbezeichnung und Punktwert ersichtlich ist. [3]Bei Wiederholung der notariellen Fachprüfung wird ein Zeugnis nur im Fall der Notenverbesserung erteilt.

(2) Über einen Widerspruch entscheidet die Leitung des Prüfungsamtes.

I. Prüfungsergebnis als Bescheid

1 Sobald das Prüfungsamt nach den Bestimmungen des § 7a Abs. 6 ermittelt hat, teilt es dem Kandidaten die Ergebnisse mit. **Inhalts des Bescheids ist, ob und wie die Fachprüfung bestanden wurde.** In Fällen, in denen die Prüfung wegen nicht leistungsbezogener Umstände (Täuschung, Abbruch oder Nichtaufgabe

einer Aufsichtsarbeit oder ein anderer Ordnungsverstoß iSv § 7 f.), ergeht ebenfalls ein – dann abschlägiger – Bescheid. Der Bescheid ist stets nach den Vorgaben des VwZG zuzustellen.

II. Bestandene Prüfung

Im Fall des **Bestehens der Prüfung** erhält der Prüfling ein Zeugnis über das Ergebnis der Fachprüfung. Eine einmal bestandene Fachprüfung bleibt gültig, jedoch muss die Fortbildungspflicht nach § 5b Abs. 2 Nr. 4 beachtet werden. Bei einem Wiederholungsversuch iSv § 7a Abs. 7 S. 2 wird nur dann ein neues Zeugnis erteilt, wenn eine Notenverbesserung eingetreten ist. 2

III. Widerspruchsmöglichkeit und Klageweg

Ein **Widerspruch nach § 111b iVm § 68 VwGO** ist gegen den Bescheid statthaft. Die Verfahrensweise ist dem der juristischen Staatsprüfung angepasst. Nach Abs. 2 entscheidet der Leiter des Prüfungsamts über den Widerspruch. Sofern – was meist der Fall sein wird – Prüfungsleistungen angegriffen werden, folgt zunächst ein sog. Überdenkungsverfahren, in dem die beteiligten Prüfer ihre Bewertungen revidieren oder bestätigen können, § 20 S. 1 NotFV. Ist der Widerspruch begründet, wird ihm nach § 73 VwGO abgeholfen. Ansonsten ergeht ein nach § 7h Abs. 1 S. 1 Var. 2 ein gebührenpflichtiger zurückweisender Bescheid. 3

Eine **Klage** ist zentral beim **Kammergericht in Berlin** einzureichen, da das Prüfungsamt bei der BNotK seinen Sitz in Berlin hat. Die Einzelheiten des Klageverfahrens richten sich nach den §§ 111a ff. Im Rahmen der Begründetheit der Klage ist zu beachten, dass den Prüfern stets das Prüfungen allgemein immanente Prüfungsermessen zukommt und stets kein Anspruch auf die Vergabe einer bestimmten Notenstufe oder Punktzahl besteht, sondern nur auf Neubewertung der betroffenen Arbeit. Ein Eilverfahren auf Anordnung einstweiligen Rechtschutzes ist ebenfalls denkbar, Verfahrensmängel sind aber vorrangig nach § 18 NotFV zu rügen. **Gegen die Entscheidung des Kammergerichts in der Hauptsache kann Berufung zum BGH** eingelegt werden. 4

§ 7e Rücktritt; Versäumnis

(1) Die Prüfung gilt als nicht bestanden, wenn der Prüfling ohne genügende Entschuldigung nach der Zulassung zur Prüfung zurücktritt, eine Aufsichtsarbeit nicht oder nicht rechtzeitig abgibt oder zum Termin für die mündliche Prüfung nicht oder nicht rechtzeitig erscheint.

(2) [1]Wer nachweist, dass er aus einem von ihm nicht zu vertretenden Grund verhindert war, eine oder mehrere Aufsichtsarbeiten anzufertigen oder rechtzeitig abzugeben, kann die fehlenden Aufsichtsarbeiten erneut anfertigen; die bereits erbrachten Prüfungsleistungen bleiben unberührt. [2]Wer nachweist, dass er aus einem von ihm nicht zu vertretenden Grund die mündliche Prüfung ganz oder teilweise versäumt hat, kann diese nachholen.

I. Grundsätzliches

1 Die notarielle Fachprüfung gilt nicht nur bei mangelhafter inhaltlicher Leistung als nicht bestanden, sondern auch, wenn der Prüfling nach der Zulassung zurücktritt (sog. Rücktritt) wenn eine Aufgabe nach Zulassung nicht oder nicht rechtzeitig abgegeben wird oder der Prüfling zur mündlichen Prüfung nicht erscheint (Säumnis).

II. Rücktritt

2 Ein **Rücktritt** ist die Entscheidung eines Kandidaten, an der Prüfung nach Zulassung nicht oder nicht mehr teilnehmen zu wollen und diese Entscheidung dem Prüfungsamt zumindest konkludent mitzuteilen. Ein solches Verhalten führt zwingend zu einem Nichtbestehen der notariellen Fachprüfung, sofern nicht ein **Entschuldigungsgrund nach Abs. 2** vorliegt. Dadurch ergibt sich für den Kandidaten folgende Situation: Bis zur **Zustellung** des Zulassungsbescheides kann ohne weitere Folgen von der Fachprüfung Abstand genommen und ohne weitere Nachteile zu einem späteren Termin ein neuer Prüfungsversuch unternommen werden. **Nach Zustellung des Zulassungsbescheides** führt ein Rücktritt, also ein eigenverantwortliches Abstandnehmen von der betreffenden Prüfungsleistung, zu einem Nichtbestehen der notariellen Fachprüfung, Abs. 1 S. 1. Dann ist nur noch eine Wiederholungsprüfung möglich, wenn es der erste Prüfungsversuch war.

III. Entschuldigungsgründe, Abs. 2

3 Diese Folge kann nur derjenige vermeiden, der nachweisen kann, nicht „ohne genügende Entschuldigung" von der (weiteren) Prüfung zurückgetreten ist, **Abs. 2**. Es muss sich dabei um erhebliche Gründe wie eine physische oder psychische Erkrankung handeln. Chronische Leiden und Behinderungen sind bei einer dauerhaften, nicht akuten Beeinträchtigung jedoch ein Fall der Nachteilsausgleichung nach § 16 NotFV und fallen nicht unter Abs. 2. Eine hohe, auch kurzfristige Arbeitsbelastung im Hauptberuf als Rechtsanwalt genügt ebenfalls als Rechtfertigung für einen Rücktritt nicht.

IV. Säumnis

4 Entsprechendes gilt für den Fall der **Säumnis**, wozu zählt, wenn eine Aufsichtsarbeit nicht oder nicht rechtzeitig abgegeben wird oder der Prüfling zur mündlichen Prüfung nicht oder zu spät erscheint. Im Fall einer **entschuldigten Säumnis iSv Abs. 2** ist der Kandidat berechtigt, die fehlende Leistung beim nächsten, unmittelbar folgenden Prüfungstermin **nachzuholen, § 9 Abs. 2 NotFV**. Dabei hat der Prüfling keinen Anspruch auf ein bestimmtes Fachgebiet, sondern nur auf Wiederholung der entsprechenden Klausur in der Abfolge.

V. Rechtsschutzmöglichkeiten

5 Über die **Folgen des Rücktritts oder der Säumnis** entscheidet das Prüfungsamt durch **Bescheid**, der dem Kandidaten zuzustellen ist, § 9 NotFV. Der Bescheid ist mit Widerspruch und Klage zum Kammergericht angreifbar, § 111b ff.

§ 7f Täuschungsversuche; Ordnungsverstöße

(1) [1]Versucht ein Prüfling, das Ergebnis der notariellen Fachprüfung durch Benutzung nicht zugelassener Hilfsmittel, unzulässige Hilfe Dritter oder sonstige Täuschung zu beeinflussen, so ist die betroffene Prüfungsleistung mit null Punkten zu bewerten. [2]Im Fall eines schweren oder wiederholten Täuschungsversuchs ist die gesamte notarielle Fachprüfung für nicht bestanden zu erklären.

(2) Wird ein schwerer Täuschungsversuch nach der Verkündung der Prüfungsgesamtnote bekannt, kann die betroffene notarielle Fachprüfung für nicht bestanden erklärt werden.

(3) [1]Ein Prüfling, der erheblich gegen die Ordnung verstößt, kann von der Fortsetzung der Anfertigung der Aufsichtsarbeit oder der mündlichen Prüfung ausgeschlossen werden. [2]Wird der Prüfling von der Fortsetzung der Anfertigung einer Aufsichtsarbeit ausgeschlossen, so gilt diese als mit null Punkten bewertet. [3]Im Fall eines wiederholten Ausschlusses von der Anfertigung einer Aufsichtsarbeit oder des Ausschlusses von der mündlichen Prüfung gilt die notarielle Fachprüfung als nicht bestanden.

I. Grundsätzliches

1 Da das Notaramt mit besonderen Anforderungen an die Integrität des Kandidaten verbunden ist (→ § 5 Rn. 3 f.), wiegen Täuschungsversuche bei der notariellen Fachprüfung noch schwerer als bei sonstigen Prüfungen. Die Justizverwaltung ist daher unabhängig von den Folgen des § 7f berechtigt, die persönlich Eignung des Kandidaten für das Notaramt in Frage zu stellen.

II. Täuschung

2 Der möglichen Täuschung begegnet das durchführende Prüfungsamt zunächst mit einer Identitätsfeststellung, § 11 Abs. 2 NotFV für die schriftliche bze nach § 14 Abs. 2 für die mündliche Prüfung. Beispiele für Täuschungshandlungen sind nach Abs. 1 etwa die Nutzung nicht zugelassener Hilfsmittel, die unzulässige Hilfe Dritter oder die Täuschung in sonstiger Weise. Unter letzteres fällt insbesondere die Nutzung mobiler technischer Hilfsmittel (Smartphone, Tablet) oder vorbereiteter Unterlagen. Eine Nutzung des Hilfsmittels ist für die Verwirklichung des Täuschungsversuchs nicht nötig, bereits das Beisichführen mit bedingtem Vorsatz genügt zur Verwirklichung des Tatbestands. Da aber über die zulässigen Hilfsmittel sowohl auf den jeweiligen Ladungen (§ 10 Abs. 1 S. 4 NotFV bzw. § 13 S. 3 NotFV) und stets auf der Homepage des Prüfungsamts informiert wird, darf standardmäßig von einem hinreichenden Kenntnisstand der Kandidaten ausgegangen werden.

III. Folgen eines Täuschungsversuchs

3 Die Folgen eines Täuschungsversuchs sind gesetzlich zwingend; wird der Täuschungsversuch als solcher erkannt, ist die Arbeit ohne Ermessen der Verwaltung mit 0 Punkten zu bewerten. Die BNotO kennt daneben noch den schweren und den wiederholten Täuschungsversuch nach Abs. 2. Folge eines solchen

Verstoßes ist die gesamte Fachprüfung für „nicht bestanden" zu erklären, so dass dem Prüfling allein der Wiederholungsversuch nach § 7a Abs. 7 bleibt.

IV. Beurteilung der Täuschungshandlung

4 In der Einschätzung, ob es sich um einen einfachen oder einen schweren Täuschungsversuch handelt, muss die Prüfungskommission nach dem Grad der Täuschungshandlung entscheiden und in ihrer Bewertung vor allem auch Art und Umfang des planmäßigen Vorgehens und eine zeitliche Dimension mitbeachten. Ist die Täuschung von der Prüfungsleitung eingestuft, ist die Folge zwingend – der Verwaltung steht dann kein Ermessen mehr zu. Wichtig ist, dass sich bei der Einstufung Vergleichsfälle herausbilden und dass die Verwaltung, bei aller Berücksichtigung des Einzelfalls, gleichgelagerte Fälle gleich einstuft.

V. Bekanntwerden der Täuschung bei bestandener Fachprüfung

5 Ist bei Bekanntwerden der Täuschungshandlung die Fachprüfung bereits bestanden, haben nur noch schwere Verstöße Relevanz. Das Prüfungsamt hat nun Ermessen, ob die Fachprüfung abzuerkennen ist. Ist der Täuschende bereits zum Notar bestellt, informiert das Prüfungsamt die zuständige Justizverwaltung, die dann ein Amtsenthebungsverfahren nach § 50 Abs. 1 Nr. 2 einleiten kann.

VI. Störung des Prüfungsablaufs

6 Wenn ein Prüfling den Prüfungsablauf durch sein Verhalten oder daran beteiligte Personen stört, hat das Prüfungsamt Ermessen, ob sie ihn von der weiteren Prüfung ausschließt. Entscheidet sich das Prüfungsamt für einen Ausschluss, so wird die Aufsichtsarbeit mit „0 Punkten" bewertet. Dringt das Prüfungsamt gar auf einen Ausschluss von weiteren Aufsichtsarbeiten oder der mündlichen Prüfung, so gilt die Fachprüfung insgesamt als nicht bestanden. Im Rahmen der Ermessensausübung ist als Ermessensgrenze insbesondere die Verhältnismäßigkeit zu wahren. Im Übrigen gelten die Ausführungen zum Täuschungsversuch entsprechend.

§ 7g Prüfungsamt; Verordnungsermächtigung

(1) Die Durchführung der Prüfung obliegt dem bei der Bundesnotarkammer errichteten „Prüfungsamt für die notarielle Fachprüfung bei der Bundesnotarkammer" (Prüfungsamt).

(2) [1]Das Prüfungsamt entscheidet über die Zulassung zur Prüfung, bestimmt die Prüfenden einschließlich des weiteren Prüfenden (§ 7b Abs. 2 Satz 5) sowie die Prüfungsausschüsse, setzt die Prüfungstermine fest, lädt die Prüflinge, stellt das Prüfungsergebnis fest, erteilt das Prüfungszeugnis, entscheidet über die Folgen eines Prüfungsverstoßes und über Widersprüche nach § 7d Abs. 2 Satz 1. [2]Die näheren Einzelheiten regelt das Bundesministerium der Justiz und für Verbraucherschutz durch Rechtsverordnung, die der Zustimmung des Bundesrates bedarf.

(3) [1]Die das Prüfungsamt leitende Person (Leitung) des Prüfungsamtes vertritt das Amt im Zusammenhang mit der notariellen Fachprüfung im Verwaltungsverfahren und im gerichtlichen Verfahren. [2]Die Leitung und ihre ständige Vertretung müssen die Befähigung zum Richteramt haben. [3]Sie werden im Einver-

nehmen mit den Landesjustizverwaltungen, in deren Bereich Anwaltsnotare bestellt werden, nach Anhörung der Bundesnotarkammer durch das Bundesministerium der Justiz und für Verbraucherschutz für die Dauer von fünf Jahren bestellt. [4]Erneute Bestellungen sind möglich. [5]Die Leitung und ihre ständige Vertretung können als Prüfende tätig werden.

(4) [1]Bei dem Prüfungsamt wird eine Aufgabenkommission eingerichtet. [2]Sie bestimmt die Aufgaben für die schriftliche Prüfung, entscheidet über die zugelassenen Hilfsmittel und erarbeitet Vorschläge für die mündlichen Prüfungen. [3]Die Mitglieder der Aufgabenkommission müssen über eine der in Absatz 6 Satz 1 aufgeführten Qualifikationen verfügen. [4]Sie werden von der Leitung des Prüfungsamtes im Einvernehmen mit dem Verwaltungsrat für die Dauer von fünf Jahren bestellt. [5]Erneute Bestellungen sind möglich. [6]Die Mitglieder der Aufgabenkommission sind ehrenamtlich tätig. [7]Sie erhalten jedoch eine angemessene Entschädigung für ihre Tätigkeit eine angemessene Vergütung sowie einen Ersatz ihrer notwendigen Auslagen.

(5) [1]Bei dem Prüfungsamt wird ein Verwaltungsrat eingerichtet. [2]Er übt die Fachaufsicht über die Leitung des Prüfungsamtes und die Aufgabenkommission aus. [3]Der Verwaltungsrat besteht aus einem vom Bundesministerium der Justiz und für Verbraucherschutz, einem von der Bundesnotarkammer und drei einvernehmlich von den Landesjustizverwaltungen, in deren Bereich Anwaltsnotare bestellt werden, benannten Mitgliedern. [4]Für die Mitglieder des Verwaltungsrats gilt Absatz 4 Satz 6 und 7 entsprechend.

(6) [1]Zu Prüfenden werden vom Prüfungsamt für die Dauer von fünf Jahren bestellt:

1. Richter und Beamte mit der Befähigung zum Richteramt, auch nach Eintritt in den Ruhestand, auf Vorschlag des Bundesministeriums der Justiz und für Verbraucherschutz oder einer Landesjustizverwaltung, in deren Bereich Anwaltsnotare bestellt werden,
2. Notare und Notare außer Dienst auf Vorschlag einer Notarkammer und
3. sonstige Personen, die eine den in den Nummern 1 und 2 genannten Personen gleichwertige Befähigung haben, im Einvernehmen mit dem Bundesministerium der Justiz und für Verbraucherschutz und den Landesjustizverwaltungen, in deren Bereich Anwaltsnotare bestellt werden.

[2]Erneute Bestellungen sind möglich. [3]Die Bestellung kann aus wichtigem Grund widerrufen werden. [4]Mit Vollendung des 70. Lebensjahres scheiden die Prüfenden aus; unberührt hiervon bleibt die Mitwirkung in einem Widerspruchsverfahren.

(7) [1]Die Prüfenden sind bei Prüfungsentscheidungen sachlich unabhängig und an Weisungen nicht gebunden. [2]Im Übrigen unterstehen sie in ihrer Eigenschaft als Prüfende der Aufsicht des Prüfungsamtes. [3]Für die Prüfenden gilt Absatz 4 Satz 6 und 7 entsprechend.

Organisatorisch sichert das nach § 7g zu errichtende Prüfungsamt die einheitliche Durchführung der notariellen Fachprüfung und ist daher Garant für die Chancengleichheit aller beteiligten Kandidaten. Nach dem Wortlaut der Norm handelt es sich um eine selbstständige Einrichtung der BNotK. Zentral ist aber, dass das Prüfungsamt unter vollständiger staatlicher Kontrolle steht und die BNotK keinen Einfluss auf die notarielle Fachprüfung und das Prüfungsamt nehmen kann. Das Bundesjustizministerium bestimmt die Leitung des Prüfungsamts, den Verwaltungsrat und bestimmt durch die NotFV die zentralen Prüfungsinhalte und den -ablauf. 1

§ 7h Gebühren

(1) [1]Für die Prüfung und für das erfolglose Widerspruchsverfahren sind Gebühren an die Bundesnotarkammer zu zahlen. [2]Die Zulassung zur Prüfung erfolgt erst, wenn die Prüfungsgebühren bei der Bundesnotarkammer eingegangen sind. [3]Tritt der Prüfling vor Antritt der Prüfung zurück, wird die Gebühr für die Prüfung zu drei Vierteln erstattet. [4]Tritt der Prüfling bis zum Ende der Bearbeitungszeit für die letzte Aufsichtsarbeit zurück, ist die Gebühr zur Hälfte zu erstatten. [5]Eine Erstattung von Gebühren im Fall des § 7f ist ausgeschlossen.

(2) Die Bundesnotarkammer bestimmt die Höhe der Gebühren nach Absatz 1, die Einzelheiten der Gebührenerhebung sowie die Vergütung der Leitung und der Bediensteten des Prüfungsamtes sowie die Entschädigung und den Auslagenersatz der Mitglieder der Aufgabenkommission, der Mitglieder des Verwaltungsrats und der Prüfenden durch Satzung, die der Genehmigung des Bundesministeriums der Justiz und für Verbraucherschutz bedarf.

1 Sowohl die Teilnahme an der notariellen Fachprüfung als auch die Durchführung eines erfolglosen Widerspruchsverfahrens sind nach § 7g gebührenpflichtig. Zielsetzung ist, ein für die beteiligten Institutionen kostendeckendes Verfahren zu ermöglichen. Um dem verschiedentlich erhobenen Vorwurf der zu hohen Kostenbelastung für die Kandidaten zu entgegnen, wurde daher beispielsweise die Hauptprüfungsgebühr um 10 % von 3.000 EUR auf 2.700 EUR mit der jüngsten Reform gesenkt.[1] Die Höhe der Gebühren wird von der BNotK als satzungsgebender Institution bestimmt, nicht vom Prüfungsamt, das lediglich Anwender der Gebührentatbestände der Satzung über die Gebühren in Angelegenheiten des Prüfungsamtes für die notarielle Fachprüfung bei der Bundesnotarkammer (NotFGebS)[2] ist. Kostenschuldner ist jeder Prüfling, der die Zahlungsverpflichtung auch angreifen kann.

2 Mit der Satzung über die Zahlung von Aufwandsentschädigung und Auslagenersatz für die Mitglieder des Verwaltungsrates bei dem Prüfungsamt für die notarielle Fachprüfung bei der Bundesnotarkammer (NotFVES) hat die BNotK von der Satzungsermächtigung nach Abs. 2 HS 2 Gebrauch gemacht.

§ 7i Verordnungsermächtigung zur notariellen Fachprüfung

Das Bundesministerium der Justiz und für Verbraucherschutz regelt durch Rechtsverordnung mit Zustimmung des Bundesrates nähere Einzelheiten der Organisation und des Geschäftsablaufs des Prüfungsamtes, der Auswahl und der Berufung der Prüfenden, des Prüfungsverfahrens sowie des Verfahrens zur Beschlussfassung im Verwaltungsrat.

1 Die BNotO erteilt an dieser Stelle dem BMJV eine Verordnungsermächtigung, durch die das Ministerium sämtliche Regelungen zur organisatorischen und inhaltlichen Steuerung der notariellen Fachprüfung erlassen kann. Davon hat

1 BeckOK BNotO/*Teschner*, 5. Ed. 31.7.2021, BNotO § 7h Rn. 8 ff.
2 Abdruck etwa bei BeckOK BNotO/*Teschner*, 5. Ed. 31.7.2021, BNotO § 7h Rn. 11.1.

das Ministerium mit der Verordnung über die notarielle Fachprüfung (NotFV) Gebrauch gemacht.[1]

§ 8 Nebentätigkeit

(1) [1]Der Notar darf nicht zugleich Inhaber eines besoldeten Amtes sein. [2]Die Landesjustizverwaltung kann im Einzelfall nach Anhörung der Notarkammer jederzeit widerrufliche Ausnahmen zulassen; der Notar darf in diesem Fall sein Amt nicht persönlich ausüben.

(2) [1]Der Notar darf keinen weiteren Beruf ausüben; § 3 Abs. 2 bleibt unberührt. [2]Der Anwaltsnotar darf zugleich den Beruf des Patentanwalts, Steuerberaters, Wirtschaftsprüfers und vereidigten Buchprüfers ausüben.

(3) [1]Der Notar bedarf der Genehmigung der Aufsichtsbehörde
1. **zur Übernahme einer Nebenbeschäftigung gegen Vergütung, insbesondere zu einer gewerblichen Tätigkeit,**
2. **zum Eintritt in den Vorstand, Aufsichtsrat, Verwaltungsrat oder in ein sonstiges Organ einer auf Erwerb gerichteten Gesellschaft, Genossenschaft oder eines in einer anderen Rechtsform betriebenen wirtschaftlichen Unternehmens.**

[2]Die Genehmigung ist zu versagen, wenn die Tätigkeit nach Satz 1 mit dem öffentlichen Amt des Notars nicht vereinbar ist oder das Vertrauen in seine Unabhängigkeit oder Unparteilichkeit gefährden kann. [3]Vor der Entscheidung über die Genehmigung ist die Notarkammer anzuhören. [4]Die Genehmigung kann mit Nebenbestimmungenverbunden werden.

(4) Nicht genehmigungspflichtig ist die Übernahme des Amtes als Testamentsvollstrecker, Insolvenzverwalter, Schiedsrichter oder Vormund oder einer ähnlichen auf behördlicher Anordnung beruhenden Stellung sowie eine wissenschaftliche, künstlerische oder Vortragstätigkeit.

I. Zweck der Norm

Die Unabhängigkeit und Unparteilichkeit des Notars sind zentrale Prinzipien des Notaramtes. Schutzzweck und Zielsetzung von § 8 ist daher, die die staatliche Kontrolle darüber zu ermöglichen, welche Tätigkeiten der Notar neben dem Notaramt ausüben darf. Der Notar hat sein Amt auch auszuüben, § 15 1

1 BGBl. 2010 I 576, zuletzt geändert durch Art. 138 Zehnte Zuständigkeitsänderungs-VO vom 31.8.2015 (BGBl. 2015 I 1474).

Abs. 1. Der Kompromiss des § 8 ist daher, dass die Justizverwaltung Nebentätigkeiten genehmigen muss.

2 § 8 ist **verfassungsrechtlich unbedenklich** und entspricht im Wesentlichen den Regelungen für Richter und Beamte. Es ist Teil des öffentlichen Amtes und eine zulässige Berufsausübungsbeschränkung, nämlich dass neben dem Amt des Notars im Fall von **§ 3 Abs. 1 kein weiteres besoldetes Amt** ausgeübt werden darf. Hintergrund ist, dass das Notaramt ein öffentliches Amt mit besonderen Bedingungen (Unabhängigkeit, Unparteilichkeit, Verpflichtung zur Amtsausübung) ist, die sich mit einer weiteren besoldeten Tätigkeit nicht vertragen. Im Gegenzug ist dem Notar ein lebenslanges Amt mit einem Gebietsschutz und gesetzlichen Gebühren verliehen, so dass die Einschränkung in der Abwägung der widerstreitenden Interessen auf Versorgung und abwechslungsreiche Tätigkeit des Notars einerseits und der unabhängigen Versorgung der Bevölkerung mit notarieller Dienstleistung im Rahmen der vorsorgenden Rechtspflege andererseits gerechtfertigt ist. Für den **Anwaltsnotar**, der das Notaramt lediglich im **Nebenamt ausübt**, ist mit Abs. 2 S. 2 dahin gehend Rechnung getragen, dass die genannten freien Berufe ausgeübt werden können und kein Hindernis für die Tätigkeit als Anwaltsnotar sind. Die Tätigkeitsverbote des § 8 werden durch die Bestimmungen von § 14 Abs. 4 und 5 ergänzt; im Übrigen sind die Regelungen des § 8 abschließend.

II. Persönlicher Anwendungsbereich der Norm

3 Persönlich gelten die Regelungen des § 8 für Notare, Notariatsverwalter und Notarassessoren.

III. Verbot der Ausübung eines besoldeten Amtes, Abs. 1

4 Nach **Abs. 1** darf der **Notar kein besoldetes Amt** ausüben. Hierunter fällt die Tätigkeit als Beamter (auch auf Probe oder Widerruf) in Voll- oder Teilzeit,[1] sofern es den Notar an der vollständigen Hingabe seiner Arbeitskraft an den Notarberuf hindert. Das mit der Unabhängigkeit des Notars konfligierende öffentlich-rechtliche Verhältnis zum Dienstherrn soll unbedingt vermieden werden. Gleiches gilt für Tätigkeiten auf Zeit als Bundes- oder Landesminister oder als Wahlbeamter wie etwa als (Ober-)Bürgermeister. Unvereinbar mit Abs. 1 sind auch besoldete Tätigkeiten für öffentlich-rechtliche Körperschaften wie Kirchen oder andere Religionsgemeinschaften – Abs. 1 ist vom **Schutzzweck** der Wahrung der notariellen Unabhängigkeit her **weit zu verstehen**.

IV. Ehrenämter, Abgeordnetentätigkeit

5 **Nicht unter Abs. 1** fallen Tätigkeiten als Ehrenbeamte, für ehrenamtliche Tätigkeiten oder die Übernahme eines Mandats (Europaparlament, Bundes- oder Landtag sowie Gemeinderat). Letztere Tätigkeiten sind bereits wegen Art. 48 Abs. 2 GG bzw. entsprechender Regelungen in den Landesverfassungen oder entsprechender Gesetze zwingend genehmigungsfrei.

V. Erlaubnis zum besoldeten Amt im Einzelfall, Abs. 1 S. 2

6 **Nach Abs. 1 S. 2** kann die Justizverwaltung dem Notar in begründeten Ausnahmefällen die Übernahme eines **besoldeten Amtes erlauben**. Nach der Formulierung der Norm muss es sich um Einzelfälle handeln, die regelmäßig nicht von den Interessen des Notars, sondern von überwiegenden öffentlichen Interessen

1 Zur Teilzeitbeschäftigung jüngst KG NJW-RR 2013, 432.

getragen werden. Schlechterdings muss das öffentliche Wohl die Übernahme des besoldeten Amts durch den Notar erfordern. Dies wird regelmäßig bei Ministerämtern oder die Ernennung zu einem hauptberuflichen (Ober-)Bürgermeister oder Landrat der Fall sein. Verschiedentlich wird vertreten, dass eine Übernahme einer Tätigkeit als **Hochschulprofessor** gleichgelagert sei – dies wird man aber richtigerweise anders sehen müssen:[2] Hierbei handelt es sich gänzlich um einen anderen Beruf, der mit einer anderen Laufbahn versehen, typischerweise durch hauptberuflich Lehrerende und Forschende ausgeübt wird. Weshalb es in diesem Fall dem Notar nicht zumutbar sein soll, das Notaramt aufzugeben und sich ganz dem Beruf des Hochschullehrers zu widmen, ist mE nicht begründbar. Anders als die vorstehenden Ausnahmen ist das öffentliche Interesse nicht mit der eines politischen Amtes vergleichbar, das zudem stets an eine Wahlperiode geknüpft und damit zeitlich begrenzt ist. Die **ausnahmsweise Genehmigung** kann mit **Bedingungen und Nebenbestimmungen** verbunden und – vor allem – jederzeit aus **sachlichen Gründen**[3] **widerrufen** werden.

VI. Folge der Genehmigung

Im Fall der **Genehmigung** darf – im Gegensatz zu Nebentätigkeiten nach Abs. 3 – der Notar sein Amt **nicht weiter persönlich ausüben**. Es ist nach § 56 ein **Notariatsverwalter** zu bestellen. Die Verwaltung kann davon nur absehen, wenn die Stelle faktisch nicht benötigt wird und sichergestellt ist, dass die Aktenverwahrung und die Abwicklung der noch offenen und zu vollziehenden Fälle gesichert sind. Die Bestellung eines Notarvertreters ist für einen hauptamtlichen Notar daher stets unzulässig, weil es sich nicht um eine vorrübergehende Verhinderung handelt. 7

Gleiches gilt für den **Anwaltsnotar**: trotz der Ausübung des Notaramts als Nebentätigkeit ist kein Vertreter, sondern auch in diesem Fall eine **Notariatsverwaltung** zu bestellen, denn die Verhinderung ist im Fall des § 8 nicht vorrübergehend, sondern dauerhaft, so dass eine Vertretung nach § 39 nicht passend ist. Übernimmt der **Notar ohne Genehmigung** ein besoldetes Amt, ist er nach **§ 50 Abs. 1 Nr. 4** des Amtes zu entheben. 8

VII. Anwaltsnotar, Abs. 2

Nach **Abs. 2** sind für **Anwaltsnotare sämtliche Tätigkeiten als Rechtsanwalt** und sämtliche Tätigkeiten, die damit typischerweise im Zusammenhang stehen einschließlich Gutachten, **genehmigungsfrei**. Als Steuerberater, die hauptsächlich ebenfalls Rechtsberatung ist, kann der Anwaltsnotar beispielsweise als Fachanwalt für Steuerrecht tätig sein. Als ebenfalls vereinbar werden nunmehr die Berufe des Wirtschaftsprüfers oder des Patentanwalts angesehen; gleichwohl darf es, insbesondere im Angestelltenverhältnis, nicht dazu kommen, dass die Unabhängigkeit des Anwaltsnotars in Frage gestellt wird (→ Rn. 14). 9

VIII. Nebentätigkeiten nach Abs. 3

Vom hauptberuflichen – grundsätzlich verbotenen – besoldeten Amt ist das **Nebenamt nach Abs. 3** zu unterscheiden. Hierunter fällt **jede Tätigkeit**, gleich ob einmalig oder von Dauer, die nach Zeit und Umfang dem Hauptberuf des Notars **deutlich untergeordnet** ist, wenn man von einzelnen zeitlichen Spitzen absieht. Nebentätigkeiten sind denklogisch nur solche Tätigkeiten, die nicht zu 10

2 BeckOK BNotO/*Frisch*, 5. Ed. 31.7.2021, BNotO § 8 Rn. 17.
3 BGH DNotZ 1964, 728.

den Aufgaben des Notaramts selbst gehören. Hierunter fallen etwa Vermögensverwaltungen oder Treuhandstellungen, die Mitarbeit in Berufsorganisationen (etwa Gremienarbeit bei der Notar- oder Rechtsanwaltskammer, Notarkasse oder -versorgungswerk) oder Berufsverbänden wie etwa dem Notarverein.

IX. Entgeltliche Nebentätigkeit, Abs. 3 Nr. 1

11 Eine Nebentätigkeit ist nur dann genehmigungspflichtig, wenn sie entgeltlich ist. Entgeltlich ist eine Nebentätigkeit immer dann, wenn die Bezahlung über eine bloße Aufwandsentschädigung hinausgeht; dies schließt die getätigten Aufwendungen für Anfahrt und Unterkunft, aber den entgangenen Gewinn durch die investierte Zeit (Verdienstausfall) in beruflicher Hinsicht mit ein. Eine Vergütung kann auch durch andere Geschäfte, beispielsweise die Gewährung tatsächlicher Vorteile durch Nutzungen von Einrichtungen der Institution oder der Gewährung eines zinsverbilligten Darlehens, gewährt werden. Ohne eine Genehmigung der Nebenbeschäftigung wäre die Annahme solcher Vorteile standeswidrig.

X. Gewerbliche Tätigkeit, Abs. 3 Nr. 1

12 Eine gewerbliche Tätigkeit iSv Abs. 3 Nr. 1 meint sämtliche Nebenbeschäftigungen in Handwerk, Landwirtschaft oder Industrie, die auf eine tatsächliche Investition der Arbeitskraft des Notars abzielen und nicht nur die Übernahme einer Organfunktion beinhalten, da diese von Nr. 2 abschließend erfasst werden. Der Anwendungsbereich von Nr. 1 ist daher gering.

XI. Übernahme einer „organschaftlichen" Tätigkeit, Abs. 3 Nr. 2

13 Unabhängig vom Umfang oder der Vergütung der Tätigkeit bedarf nach Nr. 2 der Eintritt in den Vorstand, Aufsichtsrat, Verwaltungsrat oder in ein sonstiges Organ einer Gesellschaft oder Genossenschaft oder sonstigen wirtschaftlichen Unternehmens gleich welcher Rechtsform der Genehmigung durch die Justizverwaltung. Hintergrund ist erneut, dass die Zielsetzung der unabhängigen, vollumfänglichen und unparteilichen Amtsausübung des Notars unbedingt erhalten und gewahrt werden soll und dies durch eine Kontrolle vor Übernahme der Tätigkeit am besten gelingt. Generell gilt, dass unabhängig von der Rechtsform sämtliche wirtschaftliche Unternehmen erfasst werden sollen, gleich ob der Gewinn wirtschaftlich oder gemeinnützig verwendet wird. Die Rechtsprechung vertraut dabei den Notaren und der Seriosität ihrer Amtsführung und sieht daher inzwischen die Mehrheit der Tätigkeiten, sogar im Immobiliensektor, als genehmigungsfähig an.[4] Im Interesse des Standes der Notare ist insgesamt bei der Betätigung in diesem Feld Zurückhaltung geboten. Unter der Verwendung von Nebenbestimmungen ist aber auch von Seiten der Justizverwaltung ein auf den Einzelfall abgestimmtes Vorgehen denkbar. Leitlinien dürften damit sein, dass im Rahmen des Immobiliensektors größere Zurückhaltung geboten ist, als dies bei anderen Wirtschaftsunternehmen der Fall ist und dass die Übernahme eines Vorstandsamtes oder die Übernahme der Geschäftsführerstellung auch einer Tochtergesellschaft als typischerweise in Vollzeit auszuübende Aufgaben denklogisch mit § 8 Abs. 3 als Eröffnung von Nebentätigkeiten unvereinbar sind. Bedacht werden sollte in diesem Bereich von allen Beteiligten, dass niemand gezwungen ist, das Notaramt auszuüben und sofern sich andere Tätigkeitsfelder als wirtschaftlich lukrativer oder inhaltlich spannender erwei-

4 BVerfG DNotZ 2003, 65; zu beachten ist aber BGH DNotZ 2005, 941 ff., der nach BGH NJW-RR 2013, 1396 ein nicht zu verallgemeinernder Einzelfall sei.

sen, stets die Möglichkeit zur Amtsniederlegung und ggf. Wiederaufnahme zu einem späteren Zeitpunkt besteht.

XII. Maßstab der Genehmigung, Abs. 3 S. 2

14 **Eine Genehmigung nach Abs. 3 unterliegt dem pflichtgemäßen Ermessen der Verwaltung.** Maßgeblich ist die Grenze des Satzes 2, wonach die Genehmigung zu versagen ist (gebundene Entscheidung der Verwaltung), wenn die fragliche Tätigkeit mit dem öffentlichen Amt des Notars oder sie das Vertrauen in seine Unabhängigkeit oder Unparteilichkeit gefährden würde. Anders gewendet können all diejenigen Tätigkeiten nicht genehmigt werden, die bereits den Anschein einer Unvereinbarkeit mit den Grundfesten des Notaramts aufweisen. Beispielsweise sind Tätigkeiten für eine Bauträger- oder Grundstücksgesellschaft ausgeschossen, ebenso Mitgliedschaften in einem Umlegungs- oder Gutachterausschuss.[5] Auch eine Tätigkeit als Syndikusanwalt, der typischerweise in einem weisungsgebundenen Angestelltenverhältnis eines Unternehmens steht, ist mit einer Tätigkeit als Anwaltsnotar unvereinbar. Eine Genehmigung der Tätigkeit ist jedoch dann möglich, wenn die Tätigkeit als Syndikus einen kleinen, unbedeutenden Anteil der Arbeitszeit einnimmt und ansonsten keine arbeitsrechtliche Weisungsgebundenheit, die einer notariellen Unabhängigkeit entgegensteht, gegeben ist. Freilich wird dies praktisch nur selten der Fall sein. Bei einem angestellten Anwalt gelten ähnliche Grundsätze.

15 Ist ein **Anwaltsnotar gleichzeitig Geschäftsführer einer Rechtsanwalts-GmbH** ist eine Genehmigung dieser Tätigkeit nur dann möglich, wenn er gleichzeitig alleiniger Gesellschafter der GmbH ist oder zumindest durch gesellschaftsvertragliche Regelungen stets alleine sämtliche Entscheidungen treffen kann.

16 Im Übrigen muss über die Genehmigung **ermessensgerecht** im Einzelfall anhand der Grenzen der Genehmigungsfähigkeit im Licht der Prinzipien des Notaramts und der Berufsausübungsfreiheit des antragsstellenden Notars nach Art. 12 Abs. 1 GG befunden werden. Im Zweifel können als milderes Mittel auch Nebenbestimmungen oder Bedingungen zum Einsatz kommen, anstatt die Genehmigung von vornherein zu versagen. Denkbar sind bei Verstößen gegen notarielle Pflichten auch disziplinarische Schritte nach §§ 95 ff.; gleichwohl hat die Verwaltung im Vorhinein eine Einschätzungsprärogative um Amt und Stellung des Notars auch vor negativen Begleiterscheinungen wie etwa unzulässiger Werbung oÄ zu bewahren.

XIII. Antrag auf Genehmigung, Anhörung der Notarkammer

17 Der **Antrag auf Genehmigung ist vor ihrer Aufnahme** zu stellen. Über den Antrag befindet der Präsident des Oberlandesgerichts als Aufsichtsbehörde nach Anhörung der zuständigen Notarkammer (**Abs. 3 S. 3**). Der Widerruf oder die Rücknahme der Genehmigung sind **belastende Verwaltungsakte**, gegen die nach **§ 111** vorgegangen werden kann.

XIV. Genehmigungsfreie Nebentätigkeiten

18 Genehmigungsfrei sind abgesehen von „Organstellungen" nach **Abs. 3 Nr. 2** sämtliche **unentgeltliche Tätigkeiten**, insbesondere sämtliche Ehrenämter. Weiterhin genehmigungsfrei ist die **Verwaltung eigenen Vermögens** des Notars, vorbehaltlich der vorstehenden Ausnahmen. Ebenso ist die Übernahme operativer

5 DNotZ 1963, 642 und 707.

Tätigkeiten wie die Betriebsführung des eigenen Betriebs gleich welcher Rechtsform genehmigungsbedürftig.

XV. Nebentätigkeiten aufgrund behördlicher Anordnung, Abs. 4

19 Nach Abs. 4 sind Tätigkeiten aufgrund behördlicher Anordnung wie Testamentsvollstrecker, Insolvenzverwalter oder Vormund nicht genehmigungspflichtig. Gehört zum Nachlass jedoch etwa ein Handelsgeschäft, das der Notar weiterbetreibt, so liegt eine genehmigungspflichtige Tätigkeit vor. Künstlerische oder wissenschaftliche Tätigkeiten, die eine Nebenbeschäftigung darstellen, wie etwa Lehrbeauftragter an einer Hochschule oder eine Dozententätigkeit, sind ebenfalls genehmigungsfrei. Nach der Rechtsprechung des BGH kommt es entscheidend auf den Umfang der Tätigkeit an, ob diese noch genehmigungsfrei ist; jüngst hielt das Gericht neun Unterrichtsstunden an sechs Tagen im Jahr für genehmigungsbedürftig.[6] Schließlich sind Tätigkeiten als Schiedsrichter, zu denen der Notar von den Parteien anstelle eines staatlichen Gerichts angerufen wird, genehmigungsfrei.[7]

§ 9 Verbindung zur gemeinsamen Berufsausübung; Verordnungsermächtigung

(1) [1]Notare dürfen sich nur mit am selben Amtssitz bestellten Notaren zur gemeinsamen Berufsausübung verbinden oder mit ihnen gemeinsame Geschäftsräume haben. [2]Die Landesregierungen oder die von ihnen durch Rechtsverordnung bestimmten Stellen werden ermächtigt, um den Erfordernissen einer geordneten Rechtspflege insbesondere im Hinblick auf die örtlichen Bedürfnisse und Gewohnheiten Rechnung zu tragen, durch Rechtsverordnung zu bestimmen, dass eine Verbindung zur gemeinsamen Berufsausübung oder eine Nutzung gemeinsamer Geschäftsräume nach Satz 1

1. nur mit Genehmigung der Aufsichtsbehörde zulässig ist, der eine Anhörung der Notarkammer vorauszugehen hat und die mit Ausnahme eines Widerrufsvorbehalts mit Nebenbestimmungen verbunden werden kann, und;

2. bestimmten Anforderungen an die Begründung, Führung, Fortführung und Beendigung unterliegt, insbesondere in Bezug auf die Höchstzahl der beteiligten Berufsangehörigen.

(2) Anwaltsnotare dürfen sich nur miteinander, mit anderen Mitgliedern einer Rechtsanwaltskammer, Patentanwälten, Steuerberatern, Steuerbevollmächtigten, Wirtschaftsprüfern und vereidigten Buchprüfern zur gemeinsamen Berufsausübung verbinden oder mit ihnen gemeinsame Geschäftsräume haben.

(3) Die Verbindung zur gemeinsamen Berufsausübung oder die gemeinsame Nutzung der Geschäftsräume ist nur zulässig, soweit hierdurch die persönliche und eigenverantwortliche Amtsführung, Unabhängigkeit und Unparteilichkeit des Notars nicht beeinträchtigt wird.

[§ 9 Abs. 1 und 2 ab 1.8.2022:]

(1) [1]Hauptberufliche Notare dürfen sich nur mit am selben Amtssitz bestellten Notaren zur gemeinsamen Berufsausübung verbinden oder mit ihnen gemeinsame Geschäftsräume haben. [2]Die Landesregierungen oder die von ihnen durch Rechtsver-

6 BGH DNotZ 2014, 867.
7 Vgl. hierzu auch die Güteordnung der BNotK.

ordnung bestimmten Stellen werden ermächtigt, um den Erfordernissen einer geordneten Rechtspflege insbesondere im Hinblick auf die örtlichen Bedürfnisse und Gewohnheiten Rechnung zu tragen, durch Rechtsverordnung zu bestimmen, dass eine Verbindung zur gemeinsamen Berufsausübung oder eine Nutzung gemeinsamer Geschäftsräume nach Satz 1

1. nur mit Genehmigung der Aufsichtsbehörde zulässig ist, der eine Anhörung der Notarkammer vorauszugehen hat und die mit Ausnahme eines Widerrufsvorbehalts mit Nebenbestimmungen verbunden werden kann, und;
2. bestimmten Anforderungen an die Begründung, Führung, Fortführung und Beendigung unterliegt, insbesondere in Bezug auf die Höchstzahl der beteiligten Berufsangehörigen.

(2) [1]Anwaltsnotare dürfen sich über Absatz 1 hinaus nur miteinander und mit anderen Mitgliedern einer Rechtsanwaltskammer, Patentanwälten, Steuerberatern, Steuerbevollmächtigten, Wirtschaftsprüfern sowie vereidigten Buchprüfern zur gemeinsamen Berufsausübung verbinden oder mit ihnen gemeinsame Geschäftsräume haben. [2]Weitergehende Möglichkeiten der Verbindung, die sich aus dem Berufsrecht dieser Berufsgruppen ergeben, sind ausgeschlossen. [3]Verbindungen nach Satz 1 dürfen sich nicht auf die notarielle Tätigkeit beziehen und sind von einer Verbindung nach Absatz 1 zu trennen.

I. Grundsätzliches

§ 9 regelt abschließend, wie sich Notare zur gemeinsamen Berufsausübung verbinden können. Dabei setzt sich die Norm in Abs. 1 mit den hauptberuflichen Notaren nach § 3 Abs. 1, in Abs. 2 mit den Anwaltsnotaren nach § 3 Abs. 2 und nennt in Abs. 3 generelle Rahmenbedingungen, die bei einer gemeinsamen Berufsausübung stets eingehalten werden müssen. 1

II. Terminologie, Arten des Zusammenschlusses

Schließen sich mehrere Notare zu einer gemeinsamen Berufsausübung zusammen, so spricht man von einer **Sozietät** oder einer **Bürogemeinschaft**. In beiden Formen sind die Notare Teil einer **Gesellschaft bürgerlichen Rechts**. Während sie aber bei einer Sozietät sämtlichen Gewinn und Verlust teilen und nach außen gemeinschaftlich als eine Einheit auftreten, handelt es sich bei einer Bürogemeinschaft um einen reinen Zweckzusammenschluss, um beispielsweise die EDV, Büroräume und -möbel sowie ggf. das Personal gemeinsam zu nutzen, nach außen tritt jeder Notar eigenständig auf und steht für seine Ein- und Ausgaben selbst gerade. Im Fall der Bürogemeinschaft ist die Gesellschaft mithin auf die zu teilenden Bereiche begrenzt. 2

Die **Vorteile** einer gemeinsamen Berufsausübung in Sozietät liegen auf der Hand: Personal, Räumlichkeiten und Arbeitsmittel lassen sich kostenoptimiert nutzen, Kollegen auf Führungsebene stehen zum fachlichen Austausch bereit, eine beständige Vertretungsmöglichkeit erleichtert Urlaub und krankheitsbedingten Ausfall und hilft, Engpässe des einen Kollegen durch die Arbeitskraft 3 des anderen Notars auszugleichen. Zudem wird die örtliche Konkurrenz vermieden und die Unabhängigkeit des einzelnen Notars gestärkt.

III. Grenzen der Verbindung zur gemeinsamen Berufsausübung

4 Die Grenzen der partnerschaftlichen Ausübung der Berufstätigkeit der Notare liegen trotz der grundrechtlich verbürgten Freiheit, sich mit anderen zur gemeinsamen Berufsausübung zusammenzuschließen,[1] immer in der Höchstpersönlichkeit des Notaramts (vgl. Abs. 3).[2] Die einzelnen Tätigkeiten als Notar werden immer durch eine bestimmte Person, der das Notaramt verliehen wurde, ausgeübt, nie durch eine Personenmehrheit. Folglich muss jeder Sozietätsvertrag, den die einzelnen Notare zur internen Regelung ihrer beruflichen Tätigkeit schließen, die persönliche Amtsausübung und Alleinverantwortlichkeit gewährleisten. Daraus folgt auch, dass keiner der beteiligten Notare in die Rolle eines untergeordneten Notars oder gar eines Angestellten degradiert werden darf; insbesondere ist eine unbillige Benachteiligung bei der Gewinnverteilung berufsrechtlich unzulässig. Einzige Ausnahme hiervon ist in der Praxis, dass nach Ausscheiden eines Sozius ein neuer Notar zur Sozietät hinzustößt und den Kundenstamm des ausgeschiedenen Kollegen übernimmt. Für eine gewisse Zeit (ca. 1–2 Jahre) wird in einer solchen Konstellation eine abweichende Gewinnverteilung zulasten des Neueintretenden gebilligt. Jegliche Form der Gebührenbeteiligung von Dritten, die nicht Notare sind, ist stets ausgeschlossen.

IV. Mögliche Rechtsformen

5 Eine Sozietät und Bürogemeinschaft ist nur in der Form der **Gesellschaft bürgerlichen Rechts** möglich. Eine Partnerschaft iSd PartGG ist für Notare nicht möglich, da sie in § 1 Abs. 2 PartGG nicht vorgesehen sind. Eine Kapitalgesellschaft ist mit der höchstpersönlichen Amtsführung und der zwingenden persönlichen Haftung der Notare nicht vereinbar und scheidet daher ebenfalls aus. Eine EWIV nach der EWIV-VO darf die Tätigkeiten der Mitglieder nicht selbst durchführen, sondern nur fördern – mithin passt auch diese Rechtsform nicht.

V. Genehmigungspflicht

6 Jede Form der Zusammenarbeit zwischen Notaren ist nach § 27 vor ihrer Aufnahme zur Prüfung und Genehmigung der **Aufsichtsbehörde vorzulegen.**

VI. Verbot des Zusammenschlusses, Abs. 1

7 **Abs. 1 verbietet die Verbindung von hauptberuflichen Notaren** nach § 3 Abs. 1 **mit anderen Rechtsanwälten oder anderen (freien) Berufen.** Nach der Systematik zu Abs. 2 sind Ausnahmen nicht vorgesehen. Hintergrund dieser Regelung ist, dass die Unabhängigkeit und Unparteilichkeit des Notars nicht durch eine Verbindung mit anderen Berufsgruppen in Zweifel gezogen und bereits ein solcher Anschein vermieden werden soll.

VII. Verordnungsermächtigung, Abs. 1 S. 2

8 Von der **Verordnungsermächtigung** nach S. 2 haben zahlreiche Länder Gebrauch gemacht: In Bayern, Nordrhein-Westphalen, Rheinland-Pfalz und Sachsen sind Sozietäten nach der jeweiligen Verordnung mit maximal zwei Notaren möglich, während Baden-Württemberg und Hamburg Sozietäten von bis zu

1 BVerfG DNotZ 2009, 702 (704).
2 Frenz/Miermeister/*Baumann* BNotO § 9 Rn. 2 mwN.

drei Notaren erlauben (vgl. Nr. 2).[3] Außerdem ist zumeist die Gründung von Sozietäten und der Sozietätsvertrag selbst von der Genehmigung der Aufsichtsbehörde nach Anhörung der Notarkammer abhängig (Nr. 1).

VIII. Verbindung zur gemeinsamen Berufsausübung bei Anwaltsnotaren, Abs. 2

Abs. 2 ermöglicht es Anwaltsnotaren, sich mit verschiedenen anderen Personen- 9
gruppen der freien Berufe zur gemeinsamen Berufsausübung unter Einhaltung der Bestimmungen nach Abs. 3 zu verbinden. Sozietäten oder Bürogemeinschaften sind denkbar mit anderen Anwaltsnotaren, weiteren Rechtsanwälten, Patentanwälten, Steuerberatern und -gehilfen sowie Vereidigten Buchprüfern.

§ 10 Amtssitz

(1) [1]Dem Notar wird ein bestimmter Ort als Amtssitz zugewiesen. [2]In Städten von mehr als hunderttausend Einwohnern kann dem Notar ein bestimmter Stadtteil oder Amtsgerichtsbezirk als Amtssitz zugewiesen werden. [3]Der Amtssitz darf unter Beachtung der Belange einer geordneten Rechtspflege nach Anhörung der Notarkammer mit Zustimmung des Notars verlegt werden. [4]Für die Zuweisung eines anderen Amtssitzes auf Grund disziplinargerichtlichen Urteils bedarf es der Zustimmung des Notars nicht.

(2) [1]Der Notar hat an dem Amtssitz seine Geschäftsstelle zu halten. [2]Er hat seine Wohnung so zu nehmen, daß er in der ordnungsgemäßen Wahrnehmung seiner Amtsgeschäfte nicht beeinträchtigt wird; die Aufsichtsbehörde kann ihn anweisen, seine Wohnung innerhalb einer bestimmten Entfernung zum Amtssitz zu nehmen, wenn dies im Interesse der Rechtspflege geboten ist. [3]Beim Anwaltsnotar müssen die Geschäftsstelle und eine Kanzlei nach § 27 Absatz 1 oder 2 der Bundesrechtsanwaltsordnung örtlich übereinstimmen.

(3) Der Notar soll seine Geschäftsstelle während der üblichen Geschäftsstunden offen halten.

(4) [1]Dem Notar kann zur Pflicht gemacht werden, mehrere Geschäftsstellen zu unterhalten; ohne Genehmigung der Aufsichtsbehörde ist er hierzu nicht befugt. [2]Das gleiche gilt für die Abhaltung auswärtiger Sprechtage. [3]Die Genehmigung kann mit Nebenbestimmungen verbunden werden. [4]Vor der Erteilung oder der Aufhebung der Genehmigung ist die Notarkammer zu hören.

3 Zum durchaus konflikthaften Verhältnis zwischen Sozietätsgröße einerseits und Personalhoheit der Justizbehörden andererseits vgl. BVerfG DNotZ 2009, 702.

I. Grundsätzliches

1 Im Gegensatz zum Rechtsuchenden, der in der Wahl des Notars grundsätzlich frei ist, ist die **Ausübung des Notaramts** stets an einen **bestimmten Amtssitz** gebunden. Der Notar hat grundsätzlich in dieser bürgerlichen Gemeinde seine Amtsgeschäfte vorzunehmen. Durch diese Regelung ist eine flächendeckende Versorgung der Bevölkerung mit notarieller Dienstleistung iS einer geordneten Rechtspflege gewährleistet.[1] Gleichzeitig ist der Notar auch Inhaber eines öffentlichen Amts, das stets mit einer Ortsbindung einhergeht, wenn es sich um ein Amt in der Fläche handelt. Die Zuweisung des Notars an einen bestimmten Amtssitz in einer politischen Gemeinde steht allein in der Organisationshoheit der Landesjustizverwaltung; es gibt **keinen Anspruch des Notars** auf einen **bestimmten Amtssitz**. Am **Amtssitz** hat der Notar eine **Geschäftsstelle** zu unterhalten (→ Rn. 9), die der Dreh- und Angelpunkt seiner notariellen Amtstätigkeit darstellen soll. Eine **weitere Geschäftsstelle** darf der Notar nur unterhalten, wenn sie ihm **ausdrücklich genehmigt** wurde (→ Rn. 12).

II. Amtssitz, Amtsbezirk, Amtsbereich

2 Ausgehend auf den jeweiligen Amtssitz nach § 10 leiten sich für den jeweiligen Notar der Amtsbezirk, in dem nach § 11 Abs. 2 außer bei Gefahr im Verzug nur nach Genehmigung durch die Aufsichtsbehörde beurkunden darf, und der Amtsbereich nach § 10a ab, außerhalb dem der Notar zu einer Geschäftstätigkeit nicht berechtigt, aber auch nicht verpflichtet ist, § 15.

3 Nach dem Amtssitz richten sich **weitere Zuständigkeiten**, nämlich die der **Aufsicht**, der **Disziplinargerichte** des ersten Rechtszugs, von Verwaltungsbehörden für den Notar, Verwahrstellen und die Zugehörigkeit zu einer bestimmten **Notarkammer**.

III. Amtssitz: Zuweisung einer Gemeinde, Abs. 1, Amtssitzverlegung

4 Dem Notar wird der Amtssitz eine **bestimmte politische Gemeinde** zugewiesen.[2] In Großstädten mit mehr als 100.000 Einwohnern kann nach Abs. 1 S. 2 ein bestimmter Stadtbezirk oder Amtsgerichtsbezirk als Amtssitz zugewiesen werden. Eine **Verlegung** des **Amtssitzes** ist gegen den Willen des Notars nur nach Abs. 1 S. 4 aus disziplinarischen Gründen möglich, ansonsten ist unter Beachtung der Belange einer geordneten Rechtspflege und der Anhörung der Notarkammer eine Amtssitzverlegung **mit Zustimmung des Notars** denkbar. Eine Amtssitzverlegung über die Grenze eines Bundeslandes scheidet aus; vielmehr wird der Notar gemäß der §§ 47 Nr. 2, 48 entlassen und im anderen Bundesland neu bestellt (§ 12).[3]

IV. Amtssitzverlegung mehrerer Notare

5 **Wünschen mehrere Notare** ihren **Amtssitz** zu **verlegen**, so steht der Justizverwaltung ein weites Ermessen zu und die Kriterien, die bei einer Konkurrenzsituation im Rahmen von mehreren Erstbewerbern sind nicht vollständig übertragbar. Die Ermittlung des Leistungsstands ist nach allgemeinen Grundsätzen durchzuführen; jedoch ist im Rahmen der Auswahlentscheidung der Ermessensspielraum weiter als bei der Entscheidung nach § 6 Abs. 1. Die vorgelagerte Entscheidung ist nämlich die Klärung der Frage im konkreten Fall, ob die Stelle

1 BGH DNotZ 2005, 151.
2 Dazu Diehn/*Bormann* BNotO § 10 Rn. 2; *Bohrer* Berufsrecht Rn. 283.
3 *Bohrer* DNotZ 1991, 3 (13).

durch eine Amtssitzverlegung oder durch eine Neubestellung eines Notarassessors oder eines weiteren Anwaltsnotars erfolgen soll. Gerade bei Bestehen eines Assessorensystems ist die Fürsorgepflicht der Justizverwaltung, die Assessoren in angemessener Zeit auf eine Notarstelle zu bestellen, ein gewichtiger Faktor im vorgelagerten Abwägungsprozess. Die Entscheidung ist somit stets zweischrittig:[4] Auf der ersten Stufe wird entschieden, ob bestimmte Berufsgruppen – in der Regel Assessoren – sogleich ohne Vergleich hinsichtlich Eignung, Befähigung und Leistung ausgeschlossen werden sollen. Bei der Abwägung für eine Neubestellung gegenüber einer Amtssitzverlegung sind die Grundrechtspositionen der beteiligten Bewerber sowie die Erfordernisse der geordneten vorsorgenden Rechtspflege zu berücksichtigen. In den meisten Bundesländern hat sich ein sog. „Vorrücksystem" etabliert: Notarassessoren werden für die ersten Stellen zu Bewerbungen auf die Notarstellen angehalten, die entweder aus örtlichen oder strukturellen Gründen weniger attraktiv sind. Notaren als Amtssitzverlegern wird deshalb bei Besetzungen stets ein Vorrang gegenüber sich bewerbenden Assessoren eingeräumt.[5] Zahlreiche Bundesländer sehen aus Gründen der Stabilität und Kontinuität der Amtsführung eine Mindestverweildauer von meist fünf Jahren vor einer möglichen Amtssitzverlegung vor.[6]

V. Auswahlentscheidung unter mehreren potenziellen Bewerbern

Zwischen den einzelnen Amtssitzverlegern ist auf der zweiten Stufe der Auswahlentscheidung eine Bestenauslese im Sinne von Eignung, Befähigung und Leistung durchzuführen. Sie ist als ultimative Grenze des personalwirtschaftlichen und organisatorischen Ermessens der Justizverwaltung zu verstehen.[7] 6

Sofern sich ausschließlich Notarassessoren beworben haben,[8] so haben das Zweite juristische Staatsexamen mit einer Gewichtung von etwa 40 % und die fachlichen Leistungen während des Vorbereitungsdienstes mit 60 % in die Bewertung miteinzufließen. Weitere Kriterien, sofern sich aus diesen maßgeblichen, vorgenannten Punkten kein eindeutiges Rangverhältnis unter den Bewerbern ergibt, können die Ergebnisse des Ersten juristischen Staatsexamens, das Dienstalter sowie die Dauer des Anwärterdienstes sein (im Einzelnen → § 6 Rn. 9 ff.). Leistungen während des Vorbereitungsdienstes sind hingegen bei Assessoren in den Zeugnissen bereits berücksichtigt. 7

Ist die Entscheidung allein unter Bestandsnotaren zu treffen, so tritt die Bedeutung des Zweiten Staatsexamens mit zunehmender Dienstzeit hinter die Leistungen in der notariellen Amtsführung zurück.[9] Sofern die notariellen Leistungen annähernd als gleichwertig einzustufen sind, insbesondere, weil es bei den konkurrierenden Notaren bislang keine Beanstandungen in der Amtsführung gab, entscheidet letztlich das höhere Dienstalter.[10] 8

VI. Geschäftsstelle, Abs. 2 und 3

Der Notar hat am Amtssitz eine Geschäftsstelle zu führen, in der er die Amtsgeschäfte vornimmt. Er hat die Geschäftsstelle zu den üblichen Öffnungszeiten 9

4 Dazu Frenz/Miermeister/*Bremkamp* § 10 Rn. 28 ff.
5 Frenz/Miermeister/*Bremkamp* § 10 Rn. 30 bis 32.
6 Zur Übersicht der Bundesländer Frenz/Miermeister/*Bremkamp* § 10 Rn. 33.
7 Zum Ganzen BVerfG DNotZ 2006, 69 und zuvor BGH NJW-RR 2004, 1701.
8 Dies nur als Exkurs an dieser Stelle.
9 Dazu BGH DNotZ 1996, 906.
10 BGH DNotZ 1996, 906.

(ca. 8 bis 17 Uhr an Werktagen als grundsätzlicher Standard) offen zu halten. In der Geschäftsstelle hat der Notar seine Amtsgeschäfte vorzunehmen.

10 Die Geschäftsstelle muss räumlich und technisch so ausgestattet sein, dass die Geschäfte des Notars in zu erwartender Qualität erledigt werden und die Erfordernisse der Amtsführung es verlangen. Insbesondere müssen die Amtsverschwiegenheit, Ausbewahrungspflichten, die Erreichbarkeit durch Rechtsuchende und der elektronische Rechtsverkehr gesichert möglich sein.

VII. Tätigkeit außerhalb der Geschäftsstelle

11 Der Notar soll seine Amtsgeschäfte grundsätzlich in der Geschäftsstelle vornehmen. Außerhalb soll er nur dann tätig werden, wenn sachliche Gründe hierfür vorliegen (Abschnitt IX Nr. 2 RLEmBNotK). Die Tätigkeit außerhalb der Geschäftsstelle soll sich auf die notwendigen Fälle beschränken, wenn nicht Art und Weise des Amtsgeschäfts eine Tätigkeit außerhalb der Geschäftsgeschäftsstelle zwingend erfordert (etwa Verlosungen, Hauptversammlungen von Aktiengesellschaften) oder wenn sachliche Gründe es für den Rechtsuchenden notwendig machen. Eine auswärtige Beurkundung ist aber immer dann zu vermeiden, wenn dadurch der Anschein der Parteilichkeit entstehen könnte. Weitere Gründe für eine Amtstätigkeit außerhalb der Geschäftsstelle sind insbesondere Krankheit, Gebrechlichkeit, Unabkömmlichkeit der Beteiligten und große Zahl der Beteiligten, gerade auch in der aktuellen pandemischen Situation.[11]

VIII. Mehrere Geschäftsstellen, Abs. 4

12 Mehrere Geschäftsstellen sind grundsätzlich unzulässig. Ausnahmen von diesem Grundsatz sind jedoch nach Abs. 4 möglich, wenn sie durch die zuständige Justizverwaltung genehmigt wird. Dann ist das Unterhalten einer weiteren Geschäftsstelle für den Notar verpflichtend. Die Entscheidung über die Verpflichtung zu einer weiteren Geschäftsstelle liegt im Ermessen der Justizverwaltung. Kriterien sind insbesondere, wie die „Hauptgeschäftsstelle" verkehrstechnisch angebunden ist und ob in zumutbarer Entfernung für die Rechtsuchenden unter dem Gesichtspunkt einer geordneten Rechtpflege sowie die (wirtschaftlichen) Belange der betroffenen umliegenden Notare.[12] Auch die Räumlichkeiten der zweiten Geschäftsstelle müssen baulich und technisch den Anforderungen an die Hauptgeschäftsstelle genügen und ein für eine Amtsführung taugliches Umfeld bieten.

IX. Auswärtige Sprechtage

13 Auswärtige Sprechtage und eine zweite Geschäftsstelle liegen allein im Ermessen der Justizverwaltung und vermitteln bei einer Einrichtung kein subjektives Recht des Notars auf Fortbestand bei geänderter Sachlage. Jedoch hat der Notar das Recht, dass insbesondere bei der Einrichtung einer weiteren Geschäftsstelle seine wirtschaftlichen Belange für Einrichtung und Ausstattung der Räumlichkeiten, die er im Vertrauen auf die genehmigte Verpflichtung zur Einrichtung derselben gemacht hat, im Rahmen der Ermessensentscheidung angemessen berücksichtigt werden.

14 Kostenrechtlich gilt die zweite Geschäftsstelle als Amtssitz, so dass sämtliche Zusatzgebühren für Auswärtstätigkeiten nach KV Nr. 26002, 26003 GNotKG und Fahrtauslagen gemäß KV Nr. 23006 und 23007 GNotKG entfallen.

---

11 *Wöstmann* ZNotP 2003, 133 (138).

12 OLG Dresden NotBZ 2002, 455 und BGH DNotZ 1997, 824.

X. Wohnung am Amtssitz

Der Notar hat nach Abs. 2 S. 2 seine Wohnung so zu nehmen, dass seine Amtstätigkeit am Amtssitz nicht beeinträchtigt ist. Durch die jüngste Änderung der BNotO wurde die Norm dahin gehend abgeändert, dass keine Wohnung „am" Amtssitz gefordert wird, sondern von einer Wohnung „innerhalb einer bestimmten Entfernung zum Amtssitz" die Rede ist. Die Wohnung muss mithin auch die kurzfristige Erreichbarkeit der Geschäftsstelle ermöglichen – angesichts moderner Transportmittel verlangt die Norm lediglich, dass die Belegenheit der Wohnung die ordnungsgemäße Wahrnehmung der Amtstätigkeit auch in zeitlicher Hinsicht nicht beeinträchtigt oder vereitelt. Der Notar darf sich zudem vom Amtssitz nicht uneingeschränkt entfernen (§§ 38, 54 Abs. 1 Nr. 3). 15

§ 10a Amtsbereich

(1) [1]Der Amtsbereich des Notars ist der Bezirk des Amtsgerichts, in dem er seinen Amtssitz hat. [2]Die Landesjustizverwaltung kann nach den Erfordernissen einer geordneten Rechtspflege die Grenzen des Amtsbereichs allgemein oder im Einzelfall mit der Zuweisung des Amtssitzes abweichend festlegen und solche Festlegungen, insbesondere zur Anpassung an eine Änderung von Gerichtsbezirken, ändern.

(2) Der Notar soll seine Urkundstätigkeit (§§ 20 bis 22) nur innerhalb seines Amtsbereichs ausüben, sofern nicht besondere berechtigte Interessen der Rechtsuchenden ein Tätigwerden außerhalb des Amtsbereichs gebieten.

(3) Urkundstätigkeiten außerhalb des Amtsbereichs hat der Notar der Aufsichtsbehörde oder nach deren Bestimmung der Notarkammer, der er angehört, unverzüglich und unter Angabe der Gründe mitzuteilen.

[§ 10a Abs. 3 ab 1.8.2022:]

(3) [1]Urkundstätigkeiten, die nach den §§ 16a bis 16e und 40a des Beurkundungsgesetzes mittels Videokommunikation vorgenommen werden, gelten nur dann als im Amtsbereich ausgeübt, wenn sich in diesem einer der folgenden Orte befindet:

1. der Sitz der betroffenen Gesellschaft oder die Hauptniederlassung oder der Wohnsitz des betroffenen Einzelkaufmanns,

2. bei einer Gesellschaft mit Sitz im Ausland oder einem Einzelkaufmann mit Hauptniederlassung im Ausland der Sitz oder die Geschäftsanschrift der betroffenen Zweigniederlassung oder

3. der Wohnsitz oder Sitz eines Gesellschafters der betroffenen Gesellschaft.

[2]Absatz 1 Satz 2 gilt entsprechend.

(4) Urkundstätigkeiten außerhalb des Amtsbereichs hat der Notar der Aufsichtsbehörde oder nach deren Bestimmung der Notarkammer, der er angehört, unverzüglich und unter Angabe der Gründe mitzuteilen.

I. Definition und Abgrenzung

Der Amtsbereich nach § 10a schließt räumlich den Amtsbezirk (vgl. § 10) mit ein. In der Regel handelt es sich nach Abs. 1 S. 1 um den Amtsgerichtsbezirk, in 1 dem der Notar seinen zugewiesenen Amtssitz hat. Teilweise haben die Landesjustizverwaltungen dies auch auf den Landgerichtsbezirk erweitert.[1]

II. Änderungen am Amtsbereich, Abs. 1 S. 2

2 Änderungen kann die Justizverwaltung nach S. 2 nach pflichtgemäßem Ermessen vornehmen, wenn es die geordnete vorsorgende Rechtspflege es erfordert, wobei es dabei maßgeblich auf die Interessen der Rechtsuchenden ankommt. Interessen der betroffenen Notare können jedoch in die Abwägungsentscheidung miteinfließen; dies hat der BGH für den Fall entschieden, als sich durch eine Änderung des Gerichtsbezirks auch der Amtsbezirk änderte[2] – entsprechende Übergangsfristen können die Folgen für den betroffenen Notar abmildern.

III. Zweck der Norm

3 Hintergrund der Regelung des § 10a ist, dass eine flächendeckende räumliche Versorgung des Bundeslandes mit notarieller Dienstleistung gesichert, gleichzeitig aber jede Notarstelle wirtschaftlich auskömmlich sein soll. Der Amtsbereich begrenzt Rechte und Pflichten der notariellen Amtsausübung: Außerhalb der Grenzen des Amtsbereichs soll der Notar seine Amtstätigkeit grundsätzlich verweigern, sofern nicht auf Seiten der Rechtsuchenden besondere berechtigte Interessen vorliegen, die eine Amtstätigkeit außerhalb des ihm zugewiesenen Amtsbereichs rechtsfertigen, Abs. 2 (→ Rn. 5).

IV. Überschreitung des Amtsbereichs, Abs. 3

4 Die maßgeblichen Fragen spielen sich allerdings in dem Bereich der Überschreitung des Amtsbereichs ab. Sofern der Notar den Amtsbereich überschreitet, muss er sich aber stets innerhalb des Amtsbezirks im Sinne von § 11 bewegen (idR der jeweilige Bezirk des Oberlandesgerichts), bzw. ihn nur unter den Voraussetzungen des § 11 überschreiten.

5 Eine Urkundstätigkeit gemäß der §§ 20 bis 22 muss außerhalb des Amtsbezirks durch die Interessen des Rechtsuchenden geboten sein. Interessen Dritter oder des Notars sind hingegen unbeachtlich. Andere Tätigkeiten, etwa Beratungen, vorbereitende Tätigkeiten, Gutachten oÄ iSv § 24 kann der Notar auch außerhalb des Bereichs nach § 10a vornehmen, er hat dabei allerdings in eigener Verantwortlichkeit zu überprüfen, ob berechtigte Interessen der Beteiligten vorliegen. Der Zustimmung örtlicher Notarkollegen bedarf es in keinem Fall.

6 Gerechtfertigte Interessen der Beteiligten liegen vor, wenn einer der in Abschnitt IX Ziffer 1.1 lit. a bis d RLEMBNotK genannten Gründe gegeben ist. Diese sind neben Gefahr im Verzug für einer der Beteiligten, die Beurkundung nach Fertigung eines Entwurfs, wobei die Gründe für eine Beurkundung außerhalb des Amtsbereich aus zwingenden Gründen nach Entwurfserstellung eingetreten sein müssen und das Kosteninteresse der Beteiligten ein Tätigwerden des Notars rechtfertigt, zudem wenn der Notar einen Fehler korrigieren muss, der ein kostenfreies Beurkunden nach § 21 GNotKG rechtfertigt sowie schließlich, wenn eine besondere Vertrauensbeziehung zwischen Notar und den Beteiligten eine Beurkundung außerhalb des Amtsbereichs rechtfertigt. Letzteres ist etwa dann der Fall, wenn das gewachsene Verhältnis der Beteiligten zum Notar sich

1 ZB 3.2 VwV Notarwesen Baden-Württemberg zu § 10 a BNotO.
2 BGH DNotZ 2006, 393 mit Verweis auf BGH DNotZ 2000, 945; NJW-RR 2000, 491.

gerade in dem vorzunehmenden Rechtsgeschäft niederschlägt. Dies scheidet regelmäßig bei notariellen Standardvorgängen wie etwa einer Unterschriftsbeglaubigung oder einer Grundschuld aus. Gegeben können die Voraussetzungen sein bei Verfügungen von Todes wegen oder bei komplexen gesellschaftsrechtlichen oder sonstigen langjährigen Vorgängen, zu denen etwa nach einem Wegzug der Beteiligten ein Nachtrag oder eine Veränderung vorgenommen werden soll.

Ab 1.8.2022 ermöglicht der Gesetzgeber die Gründung einer GmbH in der Weise, dass keiner oder nicht alle Gründer persönlich beim Notar anwesend sind. Abs. 3 nF nimmt die Problematik auf, dass theoretisch Großnotariate entstehen könnten, die deutschlandweit sog. „Online-Gründungen" von GmbHs anbieten, wodurch der Bereich für die örtlich niedergelassen Notare faktisch entfiele.[3] Mit den Nr. 1 bis 3 trägt Abs. 3 dem Problem Rechnung und verlangt einen örtlichen Bezug zum Amtsbereich durch den Sitz der Gesellschaft (Nr. 1) oder ihrer deutschen Zweigniederlassung (Nr. 2) oder durch den Wohnsitz oder Sitz des betroffenen Gesellschafters (Nr. 3). Dadurch ist eine vermittelnde Lösung Gesetz geworden, die die Videobeurkundung einerseits ermöglicht, andererseits aber den örtlichen Bezug der Rechtsuchenden zu ihrem Notar trotz freier Notarwahl sicherstellt. 7

§ 11 Amtsbezirk

(1) Der Amtsbezirk des Notars ist der Oberlandesgerichtsbezirk, in dem er seinen Amtssitz hat.

(2) Der Notar darf Urkundstätigkeiten außerhalb seines Amtsbezirks nur vornehmen, wenn Gefahr im Verzuge ist oder die Aufsichtsbehörde es genehmigt hat.

(3) Ein Verstoß berührt die Gültigkeit der Urkundstätigkeit nicht, auch wenn der Notar die Urkundstätigkeit außerhalb des Landes vornimmt, in dem er zum Notar bestellt ist.

[§ 11 Abs. 3 ab 1.8.2022:]

(3) Urkundstätigkeiten, die nach den §§ 16a bis 16e und 40a des Beurkundungsgesetzes mittels Videokommunikation vorgenommen werden, gelten in entsprechender Anwendung der Voraussetzungen des § 10a Absatz 3 Satz 1 als im Amtsbezirk ausgeübt.

[§ 11 Abs. 4 ab 1.8.2022:]

(4) Ein Verstoß berührt die Gültigkeit der Urkundstätigkeit nicht, auch wenn der Notar die Urkundstätigkeit außerhalb des Landes vornimmt, in dem er zum Notar bestellt ist.

3 Reg. Entw. zum Gesetz zur Umsetzung der Digitalisierungsrichtlinie, S. 123.

I. Amtsbezirk, Abs. 1

1 **Amtsbezirk** des Notars ist der **Bezirk des Oberlandesgerichts**, in dem er seinen Amtssitz hat. Ändert sich der Zuschnitt eines OLG-Bezirks, so ändert sich automatisch auch der Amtsbezirk des Notars. In diesen Fällen ist eine befristete Ausnahmegenehmigung nach Abs. 2 aus wirtschaftlichen Gründen für den betroffenen Notar denkbar.

II. Normzweck

2 Die Bindung an den Amtsbezirk ist im Zusammenhang mit Amtssitz und -bereich zu sehen; der Gesetzgeber wollte durch dieses **System der Ortsgebundenheit** und durch die örtliche Aufteilung des Notarsystems eine **flächendeckende Versorgung der Bevölkerung** mit notarieller Dienstleistung sicherstellen.[1] Dieses Allgemeinwohlinteresse und gleichzeitig die Sicherung der wirtschaftlichen Auskömmlichkeit sämtlicher Notarstellen rechtfertigen die Einschränkung für die Notare in örtlicher Hinsicht. Gleichzeitig erleichtert das Prinzip der örtlichen Justizverwaltung die Planbarkeit bei der Zahl möglicher Notarstellen in einem Gebiet, denn die erhobenen Urkundszahlen spiegeln den örtlichen Bedarf an notarieller Dienstleistung wider.[2]

III. Amtstätigkeit, Abs. 2

3 Unter einer **Amtstätigkeit** sind – wie generell für das System der notariellen Ortsgebundenheit (vgl. in § 10a den Verweis auf die §§ 20 bis 22) – **nur Urkundsgeschäfte zu verstehen**. Andere Tätigkeiten des Notars wie etwa Beratungen oder gutachterliche Tätigkeiten sind hiervon nicht betroffen. Nach der Rechtsprechung des BGH sind aber anschließende Urkundstätigkeiten aufgrund einer Tätigkeit außerhalb des Amtsbezirks ebenfalls vom Verbot nach Abs. 2 erfasst (Bsp.: Beurkundung von tatsächlichen Vorgängen nach § 36 BeurkG außerhalb, einschließlich der Unterschrift; Fertigung des Beglaubigungsvermerks in der Geschäftsstelle).[3] Regelmäßig wird nur selten die Notwendigkeit bestehen, außerhalb des Amtsbezirks tätig zu werden. Einzig für Notare, die an der Grenze zwischen zwei OLG-Bezirken ihren Amtssitz haben, ist bei der täglichen Arbeit bei Auswärtsterminen auf die Einhaltung der Vorschrift besonders zu achten.

IV. Tätigkeit außerhalb des Amtsbezirks, Abs. 2

4 Nach **Abs. 2** ist eine **Tätigkeit außerhalb des Amtsbezirks** ist nur im Fall von **Gefahr im Verzug** möglich oder wenn die **Aufsichtsbehörde die Amtstätigkeit genehmigt**. Eine solche Genehmigung ist nach den AVNot in allen Bundesländern nur in besonderen Ausnahmefällen zu erteilen. Zuständige Aufsichtsbehörde ist der Präsident des OLG des eigenen Amtsbezirks, der sich nach Anhörung der Notarkammer mit dem OLG-Präsidenten des Amtsbezirks, in dem die Amtshandlung vorgenommen werden soll, ins Benehmen setzt. Beurkundungen, die ab 1.8.2022 im Einklang mit den § 10 a Abs. 3 nF vorgenommen wurden, gelten als im Amtsbezirk vorgenommen. Dabei handelt es sich um sog. Videobeurkundungen, die derzeit auf die Gründung von GmbHs beschränkt sind. Im Einzelnen zu den Voraussetzungen → § 10 a Rn. 7.

---

1 BGH NJW-RR 2016, 182; DNotZ 2013, 630; Diehn/*Bormann* § 10 a Rn. 1.
2 Zur Vereinbarkeit der Begrenzung auf den Amtsbezirk mit EU-Recht BGH NJW-RR 2017, 829 (830).
3 BGH DNotZ 1973, 174.

V. Gründe für eine Beurkundung außerhalb des Amtsbezirks

Gründe für eine Rechtfertigung müssen allein auf Seiten der Beteiligten liegen; Interessen des Notars sind unbeachtlich. Als gerechtfertigt wurden beispielsweise komplizierte, durch den Notar entworfene größere und spezielle Vertragsentwürfe gesehen, die aus unvorhergesehenen Gründen nicht in der Geschäftsstelle beurkundet werden können. Nicht ausreichend ist hingegen die reine „Gewöhnung" der Beteiligten an den Notar, der beispielsweise schon mehrfach die Niederschrift für die typischerweise auswärts stattfindende Versammlung angefertigt hat. Handelt es sich dabei um einen Standardvorgang ohne größere Spezifika, hat dies ein örtlicher Kollege vorzunehmen. Dies gilt auch für in der Praxis selten vorkommende Rechtsformen (zB Versicherungsverein auf Gegenseitigkeit). 5

VI. Sanktionen gegen Verstöße

Verstöße gegen § 11 können disziplinarisch oder im Wege der Dienstaufsicht geahndet werden, §§ 94, 95. Strafrechtlich, etwa nach § 132 StGB (Amtsanmaßung) oder § 348 StGB (Falschbeurkundung im Amt), liegt hingegen kein vorwerfbares Verhalten vor.[4] Auch mittelbares, an sich zulässiges Verhalten ist unzulässig, wenn dadurch gegen § 11 verstoßen werden kann. Beispielsweise darf zulässige Werbung (vgl. § 29) nicht so gestaltet sein, dass sie gezielt Mandanten außerhalb des eigenen Amtsbezirks anzieht. 6

VII. Folge eines Verstoßes für die Amtstätigkeit

Sämtliche Amtstätigkeiten, die im Verstoß gegen § 11 entstanden sind, behalten jedoch ihre Gültigkeit. 7

§ 11a Zusammenarbeit mit einem im Ausland bestellten Notar

[1]Der Notar ist befugt, einen im Ausland bestellten Notar auf dessen Ersuchen bei seinen Amtsgeschäften zu unterstützen und sich zu diesem Zweck ins Ausland zu begeben, soweit nicht die Vorschriften des betreffenden Staates entgegenstehen. [2]Er hat hierbei die ihm nach deutschem Recht obliegenden Amtspflichten zu beachten. [3]Ein im Ausland bestellter Notar darf nur auf Ersuchen eines inländischen Notars im Geltungsbereich dieses Gesetzes kollegiale Hilfe leisten; Satz 1 gilt entsprechend. [4]Er hat hierbei die für einen deutschen Notar geltenden Amtspflichten zu beachten.

I. Grundlegendes

Ein deutscher Notar kann außerhalb des Staatsgebiets der Bundesrepublik Deutschland keine wirksamen Beurkundungstätigkeiten vornehmen. Diese Beschränkung ergibt sich aus der Ableitung der Befugnis des Notars aus der 1

4 BGH DNotZ 1999, 811 mAnm *Zimmermann*.

deutschen Staatsgewalt, die sich nur auf das deutsche Staatsgebiet erstreckt (territoriale Beschränkung der Urkundsgewalt). Urkundsakte deutscher Notare im Ausland sind daher unwirksam; ob hingegen auch das beurkundete Rechtsgeschäft unwirksam ist, entscheidet sich nach IPR.[1]

II. Wirksame Amtshandlungen im Ausland

2 Wirksame Urkundsakte im Ausland können deutsche Konsularbeamte nach dem KonsularG errichten, die mit Zustimmung des ausländischen Staates bestellt wurden. Auch in den Räumen der deutschen Auslandsvertretung kann der deutsche Notar keine wirksamen Urkundsakte vornehmen.[2]

III. Problemfall tatsächliche Vorgänge

3 Umstritten war seither, ob die vorstehenden Beschränkungen auch bei der Vornahme von tatsächlichen Vorgängen gelten, wozu insbesondere Unterschriftsbeglaubigungen und die Beurkundung von (Haupt-)Versammlungen zählen. Für diesen Bereich gilt, dass auch die tatsächlichen Handlungen, die lediglich vorbereitend für die dann im Inland stattfindende Urkundstätigkeit sind, unzulässig sind. Diese Theorie von der Unzulässigkeit vorbereitender Handlungen im Ausland bei Beurkundungstätigkeit im Inland hat sich durchgesetzt.[3] Sie gilt auch für elektronische vorgenommene Urkundstätigkeiten. Ebenso wenig kann ein Notar Hauptversammlungen einer deutschen Gesellschaft im Ausland nicht protokollieren.

IV. Amtstätigkeit auf Schiffen

4 Urkundstätigkeiten auf Schiffen sind durch einen deutschen Notar möglich, wenn sich das Schiff, gleich welcher Nationalität, in **deutschem Hoheitsgebiet** befindet. Hierzu zählen etwa Häfen oder das Küstenmeer innerhalb der Drei-Meilen-Zone; § 11 Abs. 2 ist aber für den Notar zu beachten. Seeschiffe besitzen die Staatsangehörigkeit des Staates, dessen Flagge sie berechtigt führen. Auf **deutschen Seeschiffen** sind Urkundsakte darüber hinaus wirksam, wenn sich das Schiff auf hoher See befindet – dort ist **jeder Notar zuständig**; die örtliche Begrenzung der Amtstätigkeit besteht dort nicht.

V. Amtstätigkeit in Flugzeugen

5 Parallel ist die Regelung für **Flugzeuge**, wobei Flugzeuge neben einer nationalen Kennzeichnung auch ein besonderes gemeinsames Kennzeichen haben können, sofern dieses vorab vom Rat der ICAO genehmigt wurde. Im deutschen Luftraum ist daher der deutsche Notar ohne die Beschränkung von § 11 Abs. 2 zuständig, auch in ausländischen Flugzeugen. Außerhalb des deutschen Luftraums ist der deutsche Notar nur in deutschen Flugzeugen zuständig.

VI. Grenzüberschreitende Zusammenarbeit

6 Neben diesen Implikationen für die (Un-)Zuständigkeit deutscher Notare im Ausland bildet § 11a die **Grundlage für eine grenzüberschreitende Zusammenarbeit**, insbesondere im Bereich des lateinischen Notariats. Im Europäischen Kodex für das Notarielle Standesrecht hat die Konferenz der Europäischen Notare Übereinstimmungen des Berufsrechts in der Europäischen Union niederge-

1 Miermeister/*Bremkamp* § 11 Rn. 2.
2 Zum Ganzen im Überblick BeckOK BNotO/*Görk* § 11 a Rn. 2.
3 BeckOK BNotO/*Görk* § 11a Rn. 3 bis 6 mwN.

schrieben.[4] Die Grundzüge dieses Kodex wurden vom Gesetzgeber mit § 11a in nationales Recht überführt: Sofern die ausländischen Bestimmungen dem nicht entgegenstehen, ist der deutsche Notar befugt, einen im Ausland bestellten Notar auf dessen Ersuchen bei der Erfüllung von dessen Amtsgeschäften zu unterstützen und sich hierfür ins Ausland zu begeben. Er kann den ausländischen Kollegen insbesondere durch die Belehrung und Fachexpertise zum deutschen Recht unterstützen sowie Übersetzungen vornehmen. Die Regelungen in S. 2 sind hierbei zu beachten.

VII. Tätigkeit ausländischer Notare in Deutschland, S. 3 und 4

S. 3 und 4 regeln den umgekehrten Fall eines Tätigwerdens eines ausländischen Kollegen in Deutschlands auf Ersuchen eines deutschen Notars. Die Urkundsbeteiligten haben hierbei kein Mitspracherecht; eine Kostenüberleitung kann bei fehlender Zustimmung aber nicht stattfinden. Weder KV Nr. 32010 GNotKG sieht eine Kostentragung vor, noch gilt die Entschädigung als Auslage gemäß KV Nr. 32000 ff. GNotKG. 7

§ 12 Bestellungsurkunde

(1) [1]Die Notare werden von der Landesjustizverwaltung nach Anhörung der Notarkammer durch Aushändigung einer Bestellungsurkunde bestellt. [2]Die Urkunde soll den Amtsbezirk und den Amtssitz des Notars bezeichnen und die Dauer der Bestellung (§ 3 Abs. 1 und 2) angeben.

(2) [1]Abweichend von § 44 des Verwaltungsverfahrensgesetzes ist eine Bestellung nur dann nichtig, wenn keine Bestellungsurkunde ausgehändigt wurde und sich auch aus dem Akteninhalt nicht ergibt, dass eine Bestellung erfolgen sollte. [2]Liegt keine Nichtigkeit vor, ist jedoch die Anhörung der Notarkammer oder die Aushändigung der Bestellungsurkunde unterblieben, so ist dies unverzüglich nachzuholen.

I. Grundsätzliches

Der Notar wird durch die Landesjustizverwaltung des Bundeslandes bestellt, in dem er seinen späteren Amtssitz haben wird. Die einzelnen Bestimmungen, wie das Verfahren zur Bestellung abzulaufen hat, haben die einzelnen Länder in Ausführungsverordnungen (AVNot) festgelegt. Während die BNotO die Voraussetzungen und die Kriterien der Auswahl des einzelnen Bewerbers abschließend bestimmt, obliegt die Verfahrensorganisation den Ländern in eigener Zuständigkeit (Art. 84 f. GG). Regelmäßig beginnt das Verfahren durch einen Antrag des Bewerbers und die Einreichung der geforderten Bewerbungsunterlagen in der entsprechenden Form. Die Notarkammer ist im Bewerbungsprozess nach den Vorgaben der jeweiligen AVNot anzuhören. Bei der Prüfung der eingegangenen Bewerbungen sind die §§ 6 und 6a zu berücksichtigen. Zur Bestellung 1

4 Abdruck des Kodex: DNotZ 2003, 721.

zum Notar bedarf es stets der Zustimmung des vorgesehenen Kandidaten; selbst in den Fällen des § 7 Abs. 7 Nr. 3 kann der betroffene Ausgewählte nicht gegen seinen Willen zum Notar ernannt werden, lediglich die Entlassung ist ohne seine Zustimmung möglich.

II. Anhörung der Notarkammer

2 Die Anhörung der Notarkammer dient dazu, genauere Informationen über die persönliche und fachliche Eignung der Bewerber zu erhalten, um sie im Interesse einer funktionierenden vorsorgenden Rechtspflege in den Auswahlprozess miteinzubeziehen. Die Justizverwaltung trifft die Auswahlentscheidung aber in eigener Verantwortlichkeit.

III. Aushändigung der Bestellungsurkunde

3 Die Bestellung erfolgt durch die **Aushändigung der Bestellungsurkunde**, wobei der Akt der Aushändigung **rechtsbegründende Wirkung** hat:[1] Erst mit Aushändigung der Urkunde erlangt der Kandidat die Befugnisse als Notar an dem betreffenden Amtssitz. Über die Aushändigung ist eine Niederschrift nach landesrechtlichen Vorgaben anzufertigen. Bereits vorgenommene Urkundsakte des Kandidaten sind unwirksam; gleichzeitig ist die Aushändigung das einzige Gültigkeitserfordernis: sonstige fehlende Voraussetzungen, etwa nach den §§ 5, 5a und 5b führen nur zur Amtsenthebung für die Zukunft.

IV. Inhalt der Bestellungsurkunde

4 **Inhalt der Urkunde** ist nach S. 2 zudem Amtsbezirk und -sitz des Notars sowie die Dauer (Lebenszeit nach § 3 Abs. 1 oder für die Dauer der Zugehörigkeit zur entsprechenden Rechtsanwaltskammer nach § 3 Abs. 2). Zur anschließenden Eidesleistung siehe § 13.

V. Nichtigkeit der Bestellung, Abs. 2

5 Durch die jüngste Änderung der BNotO wurde für den Fall, dass keine Bestellungsurkunde ausgehändigt wurde und sich eine Bestellung auch nicht aus der Aktenlage der Justizverwaltung ergibt, eine Nichtigkeit der Bestellung mit ex tunc-Wirkung angeordnet. Damit wurde für diese Konstellation eine Abkehr vom bisherigen § 50 Abs. 1 Nr. 2 vorgenommen, der lediglich eine Amtsenthebung mit ex nunc-Wirkung vorsieht. Parallel zu § 11 BeamtStG ist damit der Rechtssicherheit und -klarheit für die betroffenen Rechtsuchenden zu Recht der Vorrang eingeräumt worden: in dieser besonderen Konstellation sämtliche Amtsgeschäfte des Notars nichtig. Praktisch relevant dürfte die Norm freilich nicht bei der Notarbestellung, sondern bei der Bestellung zum Notarvertreter werden, da ein versehentliches Vergessen der Bestellung aus Eilbedürftigkeit dort praktisch vorkommt.[2] Gleichzeitig regelt der neue Abs. 2 auch, dass eine unterbliebene Anhörung der Notarkammer nicht zur Nichtigkeit führt, sondern lediglich zum nächstmöglichen Zeitpunkt nachgeholt werden muss.

VI. Bestellung von Notariatsverwaltern

6 **Notariatsverwalter** werden nach § 57 Abs. 2 S. 1 wie die Notare von der Justizverwaltung bestellt, wobei die Bestellung auch gemäß § 112 auf nachgeordnete Behörden übertragen werden kann. Die Bestellung erfolgt durch die Aushändi-

1 Vgl. nun auch Abs. 2.
2 BR-Drs. 20/21, 137.

gung der Bestellungsurkunde. In der Regel wird die Notarkammer vor der Bestellung angehört. Zur Verpflichtung von Notarassessoren zur Übernahme der Notariatsverwaltung vgl. § 56 Abs. 6.

VII. Bestellung der Notarvertretung

Einzelheiten zur Notarvertretung sind in der Kommentierung zu § 40 zu finden (→ § 40 Rn. 2 ff.). Zu beachten ist aber die Neuregelung nach Abs. 2 (→ Rn. 5), wonach im Fall des kumulativen Fehlens der ausgehändigten Bestellungsurkunde und des Fehlens der Bestellung nach Aktenlage der Justizverwaltung, nun ausdrücklich sämtliche Amtsgeschäfte von Anfang an nichtig sind (sog. ex tunc-Wirkung). In der alltäglichen Eile einer Vertreterbestellung beispielsweise im Krankheitsfall des Notars sollte daher dennoch höchste Sorgfalt auf die Absendung der Anfrage an die zuständige Justizverwaltung und der Übersendung der Bestellungsurkunde geachtet werden. Auch die Notarvertreter selbst sind hier praktisch in die Pflicht zu nehmen: Sie sollten mit der Vertretertätigkeit erst beginnen, wenn ihnen die Bestellungsurkunde ggf. auch vorab per Fax vorliegt. 7

§ 13 Vereidigung

(1) [1]Nach Aushändigung der Bestallungsurkunde hat der Notar folgenden Eid zu leisten: „Ich schwöre bei Gott, dem Allmächtigen und Allwissenden, die verfassungsmäßige Ordnung zu wahren und die Pflichten eines Notars gewissenhaft und unparteiisch zu erfüllen, so wahr mir Gott helfe!“ [2]Wird der Eid von einer Notarin geleistet, so treten an die Stelle der Wörter „eines Notars“ die Wörter „einer Notarin“.

(2) [1]Gestattet ein Gesetz den Mitgliedern einer Religionsgesellschaft, an Stelle der Worte „Ich schwöre“ andere Beteuerungsformeln zu gebrauchen, so kann der Notar, der Mitglied einer solchen Religionsgesellschaft ist, diese Beteuerungsformel sprechen. [2]Der Eid kann auch ohne religiöse Beteuerung geleistet werden.

(3) [1]Der Notar leistet den Eid vor dem Präsidenten des Landgerichts, in dessen Bezirk er seinen Amtssitz hat. [2]Vor der Eidesleistung soll er keine Amtshandlung vornehmen.

(4) Ist der Notar schon einmal als Notar vereidigt worden, so genügt es in der Regel, wenn er auf den früheren Eid hingewiesen wird.

I. Grundsätzliches

Jeder Notar hat die **Pflicht**, einen **Amtseid** zu leisten. Im Eid nach Abs. 1 kommen die Grundprinzipien des Notars zum Ausdruck: Er wird unabhängiger Träger eines öffentlichen Amtes und ist damit – anders als Beamte – nicht in ein besonderes Treue- oder Dienstverhältnis zum Staat, sondern erhält Aufgaben und Befugnisse auf dem Gebiet der vorsorgenden Rechtspflege zur Ausübung in eigener Verantwortung nach der Verfassung und den Gesetzen für die Recht- 1 suchenden in seiner örtlichen Zuständigkeit übertragen. Deshalb folgt der Amtseid auch der Vorlage nach § 26 Abs. 1 BRAO für den Beruf des Rechtsanwalts, ist aber um den zentralen Unterschied der Unparteilichkeit ergänzt.[1]

II. Geschlechterspezifische Form

2 1998 wurde **Abs. 1 S. 2** hinzugefügt, um die Eidesleistung für weibliche Kandidaten geschlechterspezifisch zu ermöglichen.

III. Religiöse Beteuerung

3 Abs. 2 verwirklicht die Vorgaben aus Art. 140 GG iVm § 136 Abs. 4 WRV, wonach niemand zu einer religiösen Eidesleistung gezwungen werden darf. Somit müssen andere religiöse Eidesformelbestandteile oder auch eine Eidesleistung ohne religiöse Beteuerung möglich sein.

IV. Verpflichtung zur Eidesleistung

4 Der Notar ist nach Aushändigung der Bestallungsurkunde nach § 13 **verpflichtet, den Eid zu leisten**. Der Eid ist damit keine Voraussetzung einer wirksamen Bestellung zum Notar. Amtshandlungen, die der Notar vor der Eidesleistung vornimmt, bleiben wirksam; nach Abs. 3 S. 2 soll der Notar jedoch keine Amtshandlungen vorab vornehmen. Sämtliche Amtspflichten und Haftungen für Verfehlungen im Amt treffen den Notar jedoch bereits vollumfänglich.

V. Folgen einer Verweigerung der Eidesleistung

5 **Verweigert** der Notar den **Amtseid**, so liegt ein **zwingender Grund für eine Amtsenthebung** nach § 50 Abs. 1 Nr. 3 vor. Eine Eidesleistung ist auch dann erneut erforderlich, wenn bereits eine Vereidigung als Beamter oder Richter erfolgt ist. Jedoch muss ein Notar, der bereits einmal den Eid geleistet hat und dessen Amt erloschen ist, den Amtseid nach dem jüngst geschaffenen **Abs. 4** erneut leisten; ein Hinweis auf einen früher geleisteten Eid genügt nun wie beim Notariatsverwalter nach § 57 Abs. 2 S. 3 und beim Notarvertreter nach § 40 Abs. 1 S. 3. Somit ist nun etwa im Bereich des Anwaltsnotariats keine erneute Eidesleistung mehr erforderlich, wenn ein Mitglied die Rechtsanwaltskammer wechselt und in der neuen Kammer nach § 3 Abs. 2 für die Dauer der Zugehörigkeit erneut zum Notar bestellt wird. Ein weiterer Fall wäre § 97 Abs. 3 bei einer zeitweisen Entfernung des Anwaltsnotars aus dem Amt. Dies soll der Vereinfachung der Verfahrensabläufe und zur Entlastung der Justiz dienen.[2] Bereits nach alter Rechtslage war eine erneute Eidesleistung bei einer Amtssitzverlegung nach § 10 Abs. 1 S. 2 entbehrlich. Ausdrücklich sieht die Gesetzesbegründung aber dann eine erneute Eidesleistung vor, wenn die bisherige Eidesleistung nach Niederlegung und Aufgabe des Notaramtes außerordentlich lange zurücklag oder diese aus Gründen erfolgte, die Zweifel an der persönlichen Eignung des Kandidaten begründen.[3]

1 Vgl. amtl. Begründung zum RegE, BT-Drs. III/219 zu Nr. 6 und schriftl. Bericht des Rechtsausschusses zu BT-Drs. III/2128, 4 zu Nr. 6. Zum Amtseid grundsätzlich *Saage* DNotZ 1956, 6.
2 BR-Drs. 20/21, 139.
3 BR-Drs. 20/21, 139.

VI. Notariatsverwalter und Notarvertreter

Notarvertreter und Notariatsverwalter haben ebenfalls den Amtseid des Notars zu leisten, § 40 Abs. 1 S. 2 und 3 und § 57 Abs. 2 S. 2 und 3. 6

Abschnitt 2 Ausübung des Amtes

§ 14 Allgemeine Berufspflichten

(1) [1]Der Notar hat sein Amt getreu seinem Eide zu verwalten. [2]Er hat nicht eine Partei zu vertreten, sondern die Beteiligten unabhängig und unparteiisch zu betreuen.

(2) Er hat seine Amtstätigkeit zu versagen, wenn sie mit seinen Amtspflichten nicht vereinbar wäre, insbesondere wenn seine Mitwirkung bei Handlungen verlangt wird, mit denen erkennbar unerlaubte oder unredliche Zwecke verfolgt werden.

(3) [1]Der Notar hat sich durch sein Verhalten innerhalb und außerhalb seines Amtes der Achtung und des Vertrauens, die dem notariellen Amt entgegengebracht werden, würdig zu zeigen. [2]Er hat jedes Verhalten zu vermeiden, das den Anschein eines Verstoßes gegen seine Amtspflichten erzeugt, insbesondere den Anschein der Abhängigkeit oder Parteilichkeit.

(4) [1]Dem Notar ist es abgesehen von den ihm durch Gesetz zugewiesenen Vermittlungstätigkeiten verboten, Darlehen sowie Grundstücksgeschäfte zu vermitteln, sich an jeder Art der Vermittlung von Urkundsgeschäften zu beteiligen oder im Zusammenhang mit einer Amtshandlung eine Bürgschaft oder eine sonstige Gewährleistung zu übernehmen. [2]Er hat dafür zu sorgen, daß sich auch die bei ihm beschäftigten Personen nicht mit derartigen Geschäften befassen.

(5) [1]Der Notar darf keine mit seinem Amt unvereinbare Gesellschaftsbeteiligung eingehen. [2]Es ist ihm insbesondere verboten, sich an einer Gesellschaft, die eine Tätigkeit im Sinne des § 34c Abs. 1 der Gewerbeordnung ausübt, zu beteiligen, wenn er alleine oder zusammen mit den Personen, mit denen er sich nach § 9 verbunden oder mit denen er gemeinsame Geschäftsräume hat, mittelbar oder unmittelbar einen beherrschenden Einfluß ausübt.

(6) Der Notar hat sich in dem für seine Amtstätigkeit erforderlichen Umfang fortzubilden.

[§ 14 Abs. 6 ab 1.1.2023:]

(6) [1]Der Notar hat sich in dem für seine Amtstätigkeit erforderlichen Umfang fortzubilden. [2]Dies umfasst die Pflicht, sich über Rechtsänderungen zu informieren.

I. Allgemeines/Normzweck

1 Anknüpfend an § 1 fasst § 14[1] als Kernvorschrift der BNotO die Pflichten des Notars zusammen, die er im Rahmen seiner Amtsausübung zu beachten hat: Der Notar hat sein Amt unabhängig, unparteiisch, redlich sowie achtungs- und vertrauenswürdig auszuüben. Die Vorschrift ist Ausgangspunkt und Grundlage der Amtspflichten, die in der BNotO sowie weiteren Regelungswerken (BeurkG, DONot, Richtlinien der Notarkammern) ausführlich behandelt werden.[2] Das führt dazu, dass eine Abgrenzung zu den Spezialvorschriften häufig schwierig und der eigenständige Regelungsgehalt des § 14 nicht einfach zu ermitteln ist.[3] § 14 dient der Literatur aufgrund seiner generalklauselartigen Ausgestaltung als Anknüpfungspunkt einer Vielzahl von Amtspflichten des Notars.[4] Die in § 14 enthaltenen Amtspflichten sind drittschützend und können bei einem Verstoß einen Amtshaftungsanspruch zur Folge haben.[5]

II. Verwaltung des Amtes (Abs. 1 S. 1)

2 Der Notar ist verpflichtet, einerseits sein Amt zu verwalten und andererseits dabei getreu seinem Amtseid zu handeln.

3 Verwaltung des Amtes bedeutet, dass der Notar sein Amt auch tatsächlich auszuüben hat. Die Urkundsgewährungspflicht (→ § 15 Rn. 1) ist Ausfluss dieser Tätigkeitspflicht. Der Notar hat seine Tätigkeit der Öffentlichkeit ab dem Zeitpunkt seiner Bestellung tatsächlich anzubieten und muss zu diesem Zweck eine Geschäftsstelle unterhalten und offen halten (→ § 10 Rn. 9 ff.). Allerdings ist der Notar nicht etwa zu einer „Mindest"-Tätigkeit (oder einer Mindestanzahl von Urkunden) verpflichtet. Das gilt insbesondere für die Anwaltsnotare, die ihr Amt im Nebenberuf ausüben (§ 3 Abs. 2). Die Anwaltsnotare sind frei zu wählen, in welchem Umfang sie anwaltlich oder notariell tätig sein möchten. In der Praxis besteht daher zwischen den Anwaltsnotaren eines (größeren) Amtsbereichs eine nicht unerhebliche Diskrepanz bei dem Umfang, der auf die notarielle Tätigkeit entfällt. Aber auch für sie wie für die hauptberuflichen Notare (die dies allerdings aufgrund ihrer vollständigen Konzentration auf diese Tätigkeit praktisch nicht betrifft) gilt, dass sie ihre Tätigkeit nicht vollständig einstellen dürfen, wollen sie das Amt eines Notars weiter ausüben.[6] Disziplinarmaßnahmen oder gar eine Amtsenthebung mangels Tätigkeit sind dennoch unwahrscheinlich. Unabhängig davon sollte der Anwaltsnotar aber schon deswegen seine notarielle Tätigkeit in einem nicht geringen Umfang ausüben, um den Anforderungen der Amtstätigkeit gewachsen zu sein. Eine regelmäßige und andauernde Tätigkeit gewährleistet eine ständige Auseinandersetzung mit den Anforderungen an die Urkundstätigkeit und stellt so sicher, dass der Notar seinen Pflichten gewissenhaft nachkommen kann.

---

1 § 14 ist mit Wirkung zum 1.8.2021 teilweise geändert worden (Gesetz zur Modernisierung der notariellen Berufsrechts und zur Änderung weiterer Vorschriften, BGBl. 2021 I 2154). Die Änderungen sind iW sprachlicher Natur; vgl. BT-Drs. 19/26828, 123.
2 Vgl. Schippel/Görk/*Sander* BNotO § 14 Rn. 8.
3 Vgl. Diehn/*Seger* BNotO § 14 Rn. 2.
4 Vgl. etwa die Subsumtion unter § 14 Abs. 3 bei Arndt/Lerch/Sandkühler/*Sandkühler* BNotO § 14 Rn. 123 ff.
5 Zu Recht Arndt/Lerch/Sandkühler/*Sandkühler* BNotO § 14 Rn. 126; Schippel/Görk/*Sander* BNotO § 14 Rn. 112.
6 Vgl. Arndt/Lerch/Sandkühler/*Sandkühler* BNotO § 14 Rn. 6.

Tatsächliche Amtsausübung bedeutet höchstpersönliche Amtsausübung. Dem Notar ist das Amt persönlich anvertraut.[7] Er ist – auch wenn der Trend in der Arbeitswelt in eine andere Richtung geht – nicht berechtigt, seine Tätigkeit durch Dritte ausüben zu lassen und sich allein auf die Beurkundung an sich zu konzentrieren. Der Notar ist Herr über das gesamte Beurkundungsverfahren. Das schließt nicht aus, dass der Notar „vorbereitende, begleitende und vollziehende Tätigkeiten“ an seine Mitarbeiter delegieren kann, er bleibt aber hierfür verantwortlich (Richtlinienempfehlungen der Bundesnotarkammer, Ziff. IV. Abs. 3; vgl. auch die Beschränkungen durch § 25). 4

Der Notar hat sein Amt in Übereinstimmung mit dem von ihm geleisteten Eid (§ 13 Abs. 1) auszuüben. Der Eid verpflichtet den Notar, die verfassungsmäßige Ordnung zu wahren und die Pflichten eines Notars gewissenhaft und unparteiisch zu erfüllen (→ § 13 Rn. 1 ff.). An erkennbar verfassungswidrigen Handlungen darf er nicht mitwirken und hat sich jeder verfassungsfeindlichen Tätigkeit – auch im privaten Bereich – zu enthalten.[8] 5

III. Unabhängige und unparteiische Betreuung (Abs. 1 S. 2)

Kern der Amtspflichten ist – auch in der öffentlichen Wahrnehmung – die Unabhängigkeit und Unparteilichkeit des Notars.[9] Ziel des Gesetzgebers ist es, die Unabhängigkeit des Notaramtes soweit wie irgend möglich zu sichern und jeder Beeinflussung der Unparteilichkeit durch wirtschaftliche Interessen entgegenzutreten.[10] 6

Der Notar ist unabhängig in einem doppelten Sinne. Zum einen ist er unabhängig ggü. den Aufsichtsbehörden (so schon § 1). Der Notar unterliegt lediglich einer Dienstaufsicht (vgl. §§ 92 ff.), ist jedoch keiner Fachaufsicht unterworfen und insofern im Rahmen seiner Amtstätigkeit weisungsunabhängig (vgl. § 93). Zum anderen ist er ggü. den Urkundsbeteiligten und sonstigen Dritten unabhängig. Das gilt etwa für die Unabhängigkeit in der Sache. Der Notar muss aber darüber hinaus auch jeden Anschein vermeiden, aufgrund einer besonderen Nähe zu einem Beteiligten von diesem (wirtschaftlich) abhängig zu sein („Hausnotar“).[11] Gerade wenn der Notar – was in der Praxis regelmäßig vorkommt und auch nicht unzulässig ist – mit einzelnen Auftraggebern (vgl. § 4 GNotKG) häufiger zusammenarbeitet, hat er penibel auf seine Unabhängigkeit diesem Beteiligten gegenüber zu achten (insbes. im Verhältnis zu den übrigen Beteiligten).[12] Eine Beurkundung in den Räumen des Auftraggebers kommt in diesen Fällen daher regelmäßig nicht in Betracht (vgl. Richtlinienempfehlungen der Bundesnotarkammer, Ziff. IX. Abs. 3).[13] Unabhängigkeit bedeutet allerdings nicht vollständige Weisungsfreiheit gegenüber den Beteiligten. So ist der Notar berechtigt (aber eben auch darauf beschränkt), iRd Vollzugs einer Urkunde Weisungen der Beteiligten entgegenzunehmen. 7

---

7 Vgl. Schippel/Görk/*Sander* BNotO § 14 Rn. 55.

8 Vgl. Schippel/Görk/*Sander* BNotO § 14 Rn. 18.

9 Vgl. auch BGH DNotZ 2013, 310 (313); DNotZ 2016, 311 (315): „Fundament des Notarberufs“; das gilt sowohl für den hauptberuflichen Notar wie auch für den Anwaltsnotar (BGH DNotZ 2018, 550 (553); „statusbeschreibend“, so *Bohrer* NotarBerufsR Rn. 141.

10 S. BVerfG DNotZ 1989, 627 (628).

11 Vgl. Diehn/*Seger* BNotO § 14 Rn. 39; *Bohrer* NotarBerufsR Rn. 152.

12 Vgl. Schippel/Görk/*Sander* BNotO § 14 Rn. 60.

13 Der Notar verstößt gegen seine Amtspflicht zur Vermeidung des Anscheins der Abhängigkeit oder Parteilichkeit, wenn er wiederholt Beurkundungen in den Räumen einer Vertragspartei vornimmt, ohne dafür sachliche Gründe vorweisen zu können: BGH NJW-RR 2021, 782 (783).

8 Besonderen Herausforderungen sieht sich der Anwaltsnotar gegenüber, der sich mit weiteren Rechtsanwälten beruflich verbunden hat (s. § 9 Abs. 2). Er hat seine Unabhängigkeit trotz dieser Einbindung sicherzustellen. In den meisten Fällen verhindert allerdings bereits das Mitwirkungsverbot aus § 3 Abs. 1 S. Nr. 7 BeurkG, dass die Unabhängigkeit des Anwaltsnotars gefährdet wird. Da angestellte Rechtsanwälte und Syndikusanwälte idR weisungsgebunden sind, ist eine Amtstätigkeit als Notar zumeist ausgeschlossen.[14]

9 Die unabhängige Betreuung ist nicht immer ganz leicht von der unparteiischen Betreuung der Beteiligten zu unterscheiden (auch wenn die Abgrenzung in der Praxis nicht allzu bedeutend ist): Der gegenüber den Beteiligten unabhängig handelnde Notar wahrt dadurch zugleich seine Unparteilichkeit. Abs. 1 S. 2 stellt ausdrücklich klar, dass der Notar eine Partei nicht zu vertreten hat. Damit grenzt er sich gegenüber dem Rechtsanwalt ab, der seinen Mandanten vertritt und im Parteiinteresse handelt (vgl. § 1 Abs. 3 BORA). Unparteilichkeit bedeutet allerdings nicht, dass der Notar im Beurkundungsverfahren eine bloß beobachtende Rolle einnimmt. Er ist berechtigt (und verpflichtet), die Beteiligten zu belehren und auf rechtliche Risiken hinzuweisen (vgl. § 17 Abs. 1 BeurkG) sowie auf eine ausgewogene Risikoverteilung zu achten,[15] ohne dass er allerdings insbes. eine wirtschaftlich ausgewogene Regelung herbeiführen muss. Nur in Ausnahmefällen muss der Notar auf die wirtschaftlichen Folgen eines Vertrages hinweisen. Das hat der BGH etwa im Fall eines Bauträgervertrages mit einem Verbraucher angenommen und diese Pflicht direkt aus § 14 hergeleitet (sog. erweiterte Belehrungspflicht).[16] Untersagt sind dem Notar dagegen Parteinahme und Interessenvertretung. Belehrungspflicht und Unparteilichkeit widersprechen sich demnach nicht,[17] der Notar muss allerdings die Grenzen beachten, die ihm das Gebot zur Unparteilichkeit setzt.[18]

10 Seine Unabhängigkeit und Unparteilichkeit stellt der Notar insbes. dadurch sicher, dass er bestimmte Verhaltensregeln befolgt, die in den Richtlinienempfehlungen der Bundesnotarkammer enthalten sind. Das betrifft etwa weitere berufliche Tätigkeiten des Notars sowie genehmigungsfreie oder genehmigte Nebentätigkeiten (Richtlinienempfehlungen der Bundesnotarkammer, Ziff. I. Abs. 2), die Verbindung zur gemeinsamen Berufsausübung, sonstige Formen beruflicher Zusammenarbeit sowie die Nutzung gemeinsamer Geschäftsräume (Richtlinienempfehlungen der Bundesnotarkammer, Ziff. V. Abs. 1), die Werbung (Richtlinienempfehlungen der Bundesnotarkammer, Ziff. VII. Abs. 1.2) oder auch die Beziehungen zu seinen Mitarbeitern (Richtlinienempfehlungen der Bundesnotarkammer, Ziff. VIII. Abs. 1).

11 Der Notar hat nicht nur unabhängig und unparteiisch zu handeln, sondern darüber hinaus schon jeden Anschein eines solchen Handels zu vermeiden (Abs. 3 S. 2 aE).[19] Die Richtlinienempfehlungen der Bundesnotarkammer konkretisieren dieses Gebot in Ziff. II und leiten hieraus konkrete Handlungspflichten des Notars ab (zB Verbot systematischer Beurkundungen mit vollmachtlosen Vertretern oder mit Mitarbeitern des Notars als Vertreter, sofern nicht Vollzugsgeschäfte betroffen sind).

14 Vgl. Arndt/Lerch/Sandkühler/*Sandkühler* BNotO § 14 Rn. 46; Schippel/Görk/*Sander* BNotO § 14 Rn. 58 mwN; in der Praxis wechseln die angestellten Rechtsanwälte häufig in die Stellung eines sog. Of Counsel.
15 Vgl. Schippel/Görk/*Sander* BNotO § 14 Rn. 65.
16 Vgl. BGH DNotZ 2011, 192 (195).
17 Vgl. näher Diehn/*Seger* BNotO § 14 Rn. 19.
18 Vgl. die Bsp. bei Haug/Zimmermann/*Eggenstein* Amtshaftung Rn. 577.
19 Instruktiv BGH NJW-RR 2021, 782.

IV. Versagung der Amtstätigkeit (Abs. 2)

Der Notar ist nicht uneingeschränkt zur Amtsausübung verpflichtet. Er hat (und kann nicht nur) seine Amtstätigkeit zu versagen, wenn sie mit seinen Amtspflichten nicht vereinbar wäre. Das Gesetz nennt regelbeispielhaft die Mitwirkung an Handlungen, mit denen erkennbar unerlaubte oder unredliche Zwecke verfolgt werden. Die Vorschrift geht über den ähnlich lautenden § 4 BeurkG hinaus, da sie nicht allein auf Beurkundungen beschränkt ist. Abs. 2 ist insofern Kehrseite der Pflicht des Notars, auf die Errichtung einer wirksamen Urkunde hinzuwirken. 12

Dass der Notar seine Amtstätigkeit im Falle unerlaubter (insbes. gesetzeswidriger) Zwecke versagen muss, versteht sich von selbst. Nichtige Erklärungen muss der Notar nicht beurkunden.[20] Zweifelt der Notar lediglich an der Wirksamkeit einer beurkundungspflichtigen Willenserklärung und bestehen die Beteiligten dennoch auf Beurkundung, gilt § 17 Abs. 2 S. 2 BeurkG (→ BeurkG § 17 Rn. 67). Unredlich ist ein Zweck, der zwar nicht ausdrücklich verboten, aber mit der Rechts- und Sittenordnung nicht zu vereinbaren ist.[21] Hierzu zählen Scheingeschäfte (wenn sie nicht schon nichtig sind gemäß § 117 Abs. 1 BGB), so etwa, wenn die Einbindung eines Notars dem Geschäft eine besondere Seriosität verleihen soll.[22] Der Notar hat seine Amtsausübung in diesen Fällen allerdings nur dann zu versagen, wenn er den unerlaubten oder unredlichen Zweck kennt (und dieser nicht bloß erkennbar ist).[23] Das bedeutet jedoch nicht, dass er vor dem Offensichtlichen die Augen verschließen darf (vgl. etwa die Beispielsfälle in den Auslegungs- und Anwendungshinweisen für Notarinnen und Notare der Bundesnotarkammer zum Geldwäschegesetz 2020, Stand Juli 2021). Zwar trifft ihn keine Ermittlungspflicht und er darf den Angaben der Beteiligten vertrauen. Wovon er allerdings – sei es beruflich oder auch privat – Kenntnis erlangt hat, muss er bei der Beurteilung seiner Amtsausübung berücksichtigen.[24] Erkennt der Notar nach erfolgter Beurkundung, aber noch vor Vollzug der Urkunde den unerlaubten oder unredlichen Zweck, hat er den Vollzug zu unterlassen.[25] Schließlich hat der Notar auch dann seine Amtstätigkeit zu versagen, wenn sie gegen andere Amtspflichten verstoßen würde. Das gilt bspw., wenn ein Mitwirkungsverbot nach § 3 BeurkG vorliegt oder im Fall eines drohenden Verstoßes gegen § 17 Abs. 2a BeurkG. 13

V. Achtungs- und Vertrauenswürdigkeit (Abs. 3 S. 1), Integritäts- und Redlichkeitsgebot

Der Notar hat sich innerhalb und außerhalb seines Amtes achtungs- und vertrauenswürdig zu verhalten.[26] Abs. 3 S. 1 hält damit einerseits das Selbstverständliche fest, das für jedes hoheitliche Amt (und nicht nur für dieses!) gilt. Ob 14

20 Vgl. die Bsp. bei Frenz/Miermeister/*Frenz* BNotO § 14 Rn. 30; zu weiteren Fallgruppen vgl. Schippel/Görk/*Sander* BNotO § 14 Rn. 25 ff.
21 S. Grziwotz/Heinemann/*Grziwotz* BeurkG § 4 Rn. 34; vgl. auch die Definition bei Diehn/*Seger* BNotO § 14 Rn. 21. Vgl. die Bsp. Schippel/Görk/*Sander* BNotO § 14 Rn. 33 f. (auch zum Umgang mit sog. Reichsbürgern).
22 Vgl. Grziwotz/Heinemann/*Grziwotz* BeurkG § 4 Rn. 34.
23 So – trotz des Wortlauts – zu Recht Schippel/Görk/*Sander* BNotO § 14 Rn. 36 f. Vgl. auch BGH DNotZ 2020, 330 (332) mAnm *Ott*.
24 Vgl. näher Schippel/Görk/*Sander* BNotO § 14 Rn. 37 mwN.
25 Vgl. BGH DNotZ 1987, 558.
26 Vgl. die ähnlich lautenden Vorschriften für Rechtsanwälte in § 43 S. 2 BRAO, für Steuerberater in § 57 Abs. 2 StBerG sowie für Wirtschaftsprüfer in § 43 Abs. 2 WPO.

ein Verhalten würdig ist, stellt allerdings andererseits vor allem ein subjektives Urteil dar und ist nur begrenzt objektivierbar. Es ist daher nicht überraschend, dass die Literatur Reichweite und Pflichteninhalt dieses Gebots unterschiedlich behandelt. Die überwiegende Auffassung sieht in Abs. 3 S. 1 das Integritäts- und Redlichkeitsgebot verankert.[27] Dem Wortlaut von Abs. 3 S. 1 lässt sich eine derartige Pflicht nicht entnehmen.[28] Dennoch ist unbestritten, dass der Notar einem Integritäts- und Redlichkeitsgebot unterliegt. Wichtiger als die Frage, woran das Integritäts- und Redlichkeitsgebot anzuknüpfen ist, erscheint die Entscheidung, welche Folgen sich für den Notar hieraus ergeben. Stellt das Integritäts- und Redlichkeitsgebot lediglich einen Auslegungsmaßstab dar oder ergeben sich hieraus konkrete Handlungspflichten?[29] Richtigerweise sollte das Integritäts- und Redlichkeitsgebot lediglich als Anknüpfungspunkt für eine Vielzahl von konkreten Pflichten des Notars dienen, die in Einzelvorschriften enthalten sind.[30] Eines Rückgriffs auf das Integritäts- und Redlichkeitsgebot bedarf es dann nur, soweit einer Einzelvorschrift keine Amtspflicht entnommen werden kann.[31]

15 Auch wenn die Reichweite des Integritäts- und Redlichkeitsgebots iE unklar ist, so lassen sich doch die folgenden Amtspflichten des Notars hieran anknüpfen: Zu den konkreten Amtspflichten, die aus dem Integritäts- und Redlichkeitsgebot hergeleitet werden, zählen insbes. §§ 29, 31 BNotO, § 17 Abs. 1 S. 1 BeurkG und § 17 Abs. 2a BeurkG. Allg. Amtspflichten sind etwa die Pflicht, die Wahrheit zu bezeugen,[32] die Vermeidung von Risiken und die zügige Erledigung der angetragenen Tätigkeiten (und damit einhergehend die vorrangige Bearbeitung eilbedürftiger Angelegenheiten).[33]

16 Abs. 3 S. 2 konkretisiert das Integritäts- und Redlichkeitsgebot hin zu einem Anscheinsverbot.[34] Die Bundesnotarkammer nennt in Ziff. II ihrer Richtlinienempfehlungen Verfahrensweisen, die die Schutz- und Belehrungsfunktion der Beurkundung wahren und sicherstellen sollen, dass der Anschein der Abhängigkeit oder Parteilichkeit vermieden wird.

VI. Vermittlungstätigkeiten und Gewährleistungen (Abs. 4)

17 Abs. 4 ist direkte Folge der Pflicht, unabhängig zu handeln und auch jeden Anschein insofern zu vermeiden (vgl. Abs. 1 S. 2, Abs. 3 S. 2). Dem würden Ver-

---

27 Vgl. *Bohrer* NotarBerufsR Rn. 101; Arndt/Lerch/Sandkühler/*Sandkühler* BNotO § 14 Rn. 123 und 79, der das Integritätsgebot zugleich in § 14 Abs. 2 verwirklicht sieht; Schippel/Görk/*Görk* BNotO RLE/BNotK II. Rn. 1; vgl. auch Diehn/*Seger* BNotO § 14 Rn. 39; krit. Frenz/Miermeister/*Frenz* BNotO § 14 Rn. 16.

28 Vgl. Frenz/Miermeister/*Frenz* BNotO § 14 Rn. 16.

29 Vgl. *Bohrer* NotarBerufsR Rn. 87, 92, wonach nicht immer klar danach unterschieden werde, ob die in § 14 enthaltenen allg. Grundsätze lediglich Auslegungshilfen oder konkrete Verhaltensanforderungen darstellen. Dem Integritätsgebot, das in § 14 Abs. 3 S. 1 enthalten sei, weist *Bohrer* allerdings konkrete Verhaltenspflichten zu, vgl. *ders.*, Rn. 101.

30 Sehr weitgehend Arndt/Lerch/Sandkühler/*Sandkühler* BNotO § 14 Rn. 123 ff., der u.a. die Grundbucheinsicht nach § 21 Abs. 1 BeurkG aus § 14 Abs. 3 S. 1 herleitet, vgl. dort Rn. 141 ff.; zurückhaltender Diehn/*Seger* BNotO § 14 Rn. 26 ff.

31 Vgl. Arndt/Lerch/Sandkühler/*Sandkühler* BNotO § 14 Rn. 126; ähnlich Diehn/*Seger* BNotO § 14 Rn. 25.

32 Vgl. hierzu BGH DNotZ 2001, 486 (488).

33 Vgl. weitergehend Schippel/Görk/*Sander* BNotO § 14 Rn. 82 ff. mit Ausprägungen des Integritäts- und Redlichkeitsgebots.

34 Kritsch *Bohrer* NotarBerufsR Rn. 101, der das Anscheinsverbot als konturlos bezeichnet. Zustimmend Frenz/Miermeister/*Frenz* BNotO § 14 Rn. 17.

mittlungstätigkeiten sowie Gewährleistungen im Zusammenhang mit einer Amtshandlung widersprechen.

Die Vermittlung von Darlehen und Grundstücksgeschäften sowie die Beteiligung an jeder Art der Vermittlung von Urkundsgeschäften ist dem Notar ausnahmslos verboten, um zu verhindern, dass der Notar ein eigenes persönliches oder wirtschaftliches Interesse an dem Zustandekommen des Geschäfts besitzt.[35] Der Anwaltsnotar ist nicht allein in seiner Eigenschaft als Notar, sondern auch als Rechtsanwalt von dem Verbot betroffen. Das Verbot erstreckt sich darüber hinaus auf die mit dem Anwaltsnotar beruflich verbundenen Rechtsanwälte.[36] 18

Der Gesetzeszweck erfordert, das Verbot weit auszulegen. So ist es nicht erforderlich, dass die Vermittlung erfolgreich ist. Sie muss auch nicht in einem gewerbsmäßigen Umfang betrieben werden.[37] Verboten ist die Vermittlung von Krediten jeder Art, nicht bloß von Darlehen iSv § 655a BGB.[38] Zu den verbotenen Grundstücksgeschäften zählen sowohl Verfügungsgeschäfte über Grundstücke und grundstücksgleiche Rechte als auch diesbezüglich schuldrechtliche Geschäfte. Ebenfalls weit ausgelegt wird das Verbot, sich an der Vermittlung von Urkundsgeschäften beteiligen (die Nähe zu dem in § 29 enthaltenen Werbeverbot ist offensichtlich). Schon nach dem Wortlaut ist dem Notar jedes Mitwirken an einer solchen Tätigkeit untersagt. Er reicht also aus, dass er durch Vermittlungsleistungen eines Dritten ein Urkundsgeschäft erhält. Gelegentliche Gefälligkeitshinweise sind allerdings ebenso erlaubt wie die Empfehlung eines Kollegen, wenn der Notar zB aufgrund eines Mitwirkungsverbots an seiner Amtsausübung gehindert ist.[39] 19

Zulässig sind die dem Notar durch Gesetz zugewiesenen Vermittlungstätigkeiten wie etwa das notarielle Vermittlungsverfahren nach §§ 87 ff. SachenRBerG oder Vermittlungsverfahren in Teilungs- und Nachlasssachen. 20

Eine unabhängige und unparteiische Amtsführung widerspricht auch der Übernahme einer Bürgschaft oder einer sonstigen Gewährleistung. Der Gesetzeszweck gebietet es, auch den Begriff der Gewährleistung weit auszulegen. Erfasst ist jedes rechtsgeschäftliche Einstehen für Verpflichtungen der Geschäftsparteien untereinander,[40] also etwa selbstständige Garantieversprechen und Schuld(mit)übernahmen.[41] Das Verbot gilt nur, wenn der Notar im Zusammenhang mit einer Amtshandlung handelt. Insofern ist es allerdings ausreichend, wenn das Rechtsgeschäft durch die Amtshandlung veranlasst ist. Zulässig wäre dagegen zB die private Übernahme einer Bürgschaft, da ein solches Rechtsgeschäft das Vertrauen der Öffentlichkeit in die Unabhängigkeit und Unparteilichkeit des Notars nicht erschüttert. Diskutiert wird in diesem Zusammenhang die Abgabe von Rangbestätigungen durch den Notar.[42] Der Notar ist gehalten, insofern keine Garantie abzugeben und hat deshalb insbes. bei der Verwendung von Formularen von Kreditinstituten besondere Vorsicht walten zu lassen.[43] 21

---

35 Vgl. BGH DNotZ 2001, 574 (575).
36 Vgl. BGH DNotZ 2001, 574 (575).
37 Vgl. Diehn/*Seger* BNotO § 14 Rn. 45.
38 Vgl. Arndt/Lerch/Sandkühler/*Sandkühler* BNotO § 14 Rn. 311.
39 Vgl. auch Frenz/Miermeister/*Frenz* BNotO § 14 Rn. 44.
40 Vgl. Schippel/Görk/*Sander* BNotO § 14 Rn. 103, auch zur Abgrenzung ggü. erlaubten Haftungsübernahmen.
41 Vgl. Diehn/*Seger* BNotO § 14 Rn. 55.
42 Vgl. hierzu etwa BeckNotar-HdB/*Hagemann* A I Rn. 591.
43 Vgl. Diehn/*Seger* BNotO § 14 Rn. 57; Schippel/Görk/*Sander* BNotO § 14 Rn. 104.

22 Um das in Abs. 4 S. 1 enthaltene Verbot umfassend abzusichern, hat der Notar gemäß S. 2 dafür zu sorgen, dass sich auch die bei ihm beschäftigten Personen nicht mit derartigen Geschäften befassen. Im Falle des Anwaltsnotars gilt dies auch für diejenigen Mitarbeiter, die ausschließlich im anwaltlichen Bereich tätig sind (für den Anwaltsnotar selbst oder auch mit ihm beruflich verbundene Rechtsanwälte).

23 Abs. 4 S. 1 stellt eine Verbotsnorm iSv § 134 Abs. 1 BGB dar.[44] Rechtsfolge ist daher, dass die untersagte Vermittlungstätigkeit oder Gewährleistung nichtig ist.

VII. Verbotene Beteiligungen (Abs. 5)

24 Auch Abs. 5 ist Ausfluss des Gebots der Unabhängigkeit und Unparteilichkeit. Daneben soll die Vorschrift verhindern, dass sich der Notar anstelle seines Amtes überwiegend erwerbswirtschaftlich betätigt.[45]

25 Verboten sind nicht Gesellschaftsbeteiligungen als solche, sondern nur, sofern sie mit dem Amt des Notars unvereinbar sind. Der Gesetzgeber sieht dies bei Gesellschaften verwirklicht, die Makler-, Vermittler- und Bauträgertätigkeiten iSv § 34c Abs. 1 GewO ausüben.[46] Voraussetzung ist des Weiteren, dass der Notar alleine oder zusammen mit den mit ihm nach § 9 verbundenen Personen oder solchen, mit denen er gemeinsame Geschäftsräume hat, mittelbar oder unmittelbar einen beherrschenden Einfluss ausübt. Nicht erfasst – jedenfalls von den Regelbeispielen – sind Rechtsanwalts-GmbHs, die stattdessen nach den allg. Grundsätzen zu beurteilen sind.[47]

26 Über die Regelbeispiele hinaus sind nur solche Beteiligungen untersagt, die mit dem Amt des Notars unvereinbar sind. Das ist der Fall, wenn sie seine Amtsbereitschaft dadurch berühren, dass sie die Konzentration auf die Tätigkeit als Notar beeinträchtigen, oder wenn die Unabhängigkeit und Unparteilichkeit des Notars gefährdet ist.[48] Zu Recht lehnt *Seger* eine Bezugnahme auch auf Abs. 3 ab, da das Verbot sonst konturlos wird.[49] Der bloße Vermögensaufbau und die Vermögensverwaltung sind dem Notar dagegen – wie jedem anderen Amtsträger – erlaubt.

VIII. Fortbildung (Abs. 6)

27 Abs. 6 statuiert eine Fortbildungspflicht des Notars (vgl. auch Richtlinienempfehlungen der Bundesnotarkammer, Ziff. X). Die Pflicht ist begrenzt auf den für die Amtstätigkeit erforderlichen Umfang. Der Notar ist berechtigt, bei seiner Fortbildung fachliche Schwerpunkte zu setzen und die Art seiner Fortbildung zu wählen (zB Besuch von Vortragsveranstaltungen oder Eigenstudium).[50] Ab

---

44 Vgl. BGH NJW 2001, 1569 (1570).

45 Vgl. Arndt/Lerch/Sandkühler/*Sandkühler* BNotO § 14 Rn. 332.

46 Gestrichen ist aufgrund des Gesetzes zur Modernisierung des notariellen Berufsrechts und zur Änderung weiterer Vorschriften (BGBl. 2021 I 2154) die Beteiligung an Steuerberatungs- oder Wirtschaftsprüfungsgesellschaften.

47 Krit. im Hinblick auf die Beteiligung an großen überörtlichen Sozietäten Diehn/*Seger* BNotO § 14 Rn. 67; Arndt/Lerch/Sandkühler/*Sandkühler* BNotO § 14 Rn. 341; Schippel/Görk/*Sander* BNotO § 14 Rn. 107.

48 Vgl. Arndt/Lerch/Sandkühler/*Sandkühler* BNotO § 14 Rn. 337 f.

49 Vgl. Diehn/*Seger* BNotO § 14 Rn. 65.

50 Krit. wegen des weitgehenden Fehlens näherer Vorgaben zur Erfüllung der Fortbildungspflicht Schippel/Görk/*Sander* BNotO § 14 Rn. 109; Frenz/Miermeister/*Frenz* BNotO § 14 Rn. 53.

dem 1.1.2023 ist der Notar zusätzlich verpflichtet, sich über Rechtsänderungen zu informieren.[51]

§ 15 Verweigerung der Amtstätigkeit

(1) [1]Der Notar darf seine Urkundstätigkeit nicht ohne ausreichenden Grund verweigern. [2]Zu einer Beurkundung in einer anderen als der deutschen Sprache ist er nicht verpflichtet.

(2) [1]Gegen die Verweigerung der Urkunds- oder sonstigen Tätigkeit des Notars findet die Beschwerde statt. [2]Beschwerdegericht ist eine Zivilkammer des Landgerichts, in dessen Bezirk der Notar seinen Amtssitz hat. [3]Für das Verfahren gelten die Vorschriften des Gesetzes über das Verfahren in Familiensachen und in den Angelegenheiten der freiwilligen Gerichtsbarkeit.

Literatur:
Heinemann, Die Reform der freiwilligen Gerichtsbarkeit durch das FamFG und ihre Auswirkungen auf die notarielle Praxis, DNotZ 2009, 6; *Panz*, Die Auswirkungen von SARS-CoV-2 auf die notarielle Tätigkeit, BWNotZ 2020, 2; *Preuß*, Das neue Beschwerdeverfahren der freiwilligen Gerichtsbarkeit unter Berücksichtigung der Besonderheiten der Notarbeschwerde, DNotZ 2010, 265; *Sandkühler*, Zur Zulässigkeit notarieller Vorbescheide unter der Geltung des FamFG, DNotZ 2009, 595.

I. Allgemeines/Normzweck

1 Abs. 1 legt negativ fest, unter welchen Voraussetzungen der Notar berechtigt ist, seine Urkundstätigkeit zu verweigern. Positiv verstanden, enthält Abs. 1 die sog. Urkundsgewährungspflicht (genauer, wenn auch sprachlich nicht überzeugend: Beurkundungsverfahrensgewährungspflicht)[1] und damit einen zentralen Aspekt der Amtspflichten des Notars. Es ist dem Notar gerade nicht überlassen, frei zu entscheiden, ob er ein ihm angetragenes Rechtsgeschäft annimmt oder nicht. Die gesetzliche Anordnung, dass manche Rechtsgeschäfte einer besonderen Form bedürfen, sowie die Übertragung des öffentlichen Amts haben stattdessen zur Folge, dass der Notar grds. verpflichtet ist, ein Beurkundungsverfahren durchzuführen und dies nur in Ausnahmefällen verweigern darf. Ist Letzteres der Fall oder verweigert der Notar eine sonstige Tätigkeit, kann der Rechtsuchende diese Entscheidung gerichtlich prüfen lassen (Abs. 2).

II. Urkundsgewährungspflicht (Abs. 1)

2 **1. Pflicht zur Urkundstätigkeit.** Die Pflicht, ein Beurkundungsverfahren zu gewähren, bezieht sich allein auf eine Urkundstätigkeit und ist insoweit abzugren-

51 Vgl. Gesetz zur Modernisierung des notariellen Berufsrechts und zur Änderung weiterer Vorschriften, BGBl. 2021 I 2154.

1 Vgl. Frenz/Miermeister/*Frenz* BNotO § 15 Rn. 6.

zen von der Amtsbereitschaft des Notars;[2] die Vorschriften zur Amtsbereitschaft des Notars sichern die Urkundsgewährungspflicht allerdings ab.[3] Bei der Urkundstätigkeit handelt es sich gemäß Verweis in § 10a Abs. 2 um die in §§ 20–22 enthaltenen Amtstätigkeiten, also Beurkundungen, Beglaubigungen, Bescheinigungen sowie Abnahme von Eiden und Aufnahme eidesstattlicher Versicherungen einschließl. der damit zusammenhängenden Hilfstätigkeiten. Die Urkundsgewährungspflicht bezieht sich dagegen nicht auf sonstige Tätigkeiten, zu deren Übernahme der Notar nicht gesetzlich verpflichtet ist. Hierunter fallen insbes. die Betreuungstätigkeiten gemäß §§ 23, 24. Auch wenn in diesen Fällen keine Pflicht zum Tätigwerden besteht, ist der Notar dennoch nicht völlig frei in seiner Entscheidung. Er darf die angefragte Betreuungstätigkeit nicht willkürlich ablehnen, sondern muss eine pflichtgemäße Ermessensentscheidung treffen.[4] Das Ermessen kann sich dabei auf Null reduzieren, wenn eine Beurkundung ohne Betreuungstätigkeit ins Leere ginge.[5] Hat der Notar allerdings erst einmal eine Betreuungstätigkeit übernommen, kann er diese anschließend nur in den Grenzen des Abs. 1 verweigern.[6]

3 Die Abgrenzung zwischen einer Urkundstätigkeit und einer selbstständigen Betreuungstätigkeit ist im Hinblick auf Abs. 1 S. 1 demnach von zentraler Bedeutung, im Einzelfall aber schwierig. Ein vergleichbares Problem stellt sich bei kosten- und haftungsrechtlichen Regelungen: Zu den Urkundstätigkeiten zählen die keine gesonderte Gebühr auslösenden unselbständigen Hilfs- und Nebentätigkeiten, während solche Tätigkeiten, die gemäß KV Nr. 22110, 22200 GNotKG abzurechnen sind, hiervon nicht erfasst und als selbstständige Betreuungstätigkeiten aufzufassen sind. Haftungsrechtlich erfolgt die Unterscheidung anhand von § 19 Abs. 1 S. 2. Privilegiert sind demnach die Urkundstätigkeiten und die zugehörigen Hilfs- und Nebentätigkeiten, nicht aber die selbstständigen Betreuungstätigkeiten. Die Literatur empfiehlt u.a., die im Kostenrecht genutzten Abgrenzungsmerkmale auch für Abs. 1 S. 1 heranzuziehen.[7]

4 Zu Recht kritisiert *Frenz* allerdings, dass die Regelungen des GNotKG nicht entscheidend dafür sein können, ob eine Urkundstätigkeit vorliegt oder nicht.[8] Dies wird vielmehr durch die Regelungen im BeurkG und in der BNotO bestimmt, das GNotKG hat eine andere Zielrichtung. Anknüpfungspunkt für die Abgrenzung sollten demnach diejenigen Handlungen sein, zu denen der Notar verfahrensrechtlich verpflichtet ist (dann: Urkundstätigkeit iSv Abs. 1 S. 1).[9]

---

2 Vgl. Frenz/Miermeister/*Frenz* BNotO § 15 Rn. 4. Gegenstand der Pflicht zur Amtsbereitschaft sind etwa die Pflicht zur Unterhaltung einer Geschäftsstelle oder die Bestellung eines Vertreters bei Amtsverhinderung.

3 Vgl. Diehn/*Seger* BNotO § 15 Rn. 4; Schippel/Görk/*Sander* BNotO § 15 Rn. 2.

4 Vgl. *Bohrer* NotarBerufsR Rn. 205; Arndt/Lerch/Sandkühler/*Sandkühler* BNotO § 15 Rn. 7; weiterführend Frenz/Miermeister/*Frenz* BNotO § 15 Rn. 27 ff.

5 Vgl. LG Köln RNotZ 2006, 295 (296).

6 Vgl. Frenz/Miermeister/*Frenz* BNotO § 15 Rn. 29.

7 Vgl. Arndt/Lerch/Sandkühler/*Sandkühler* BNotO § 15 Rn. 16.

8 Vgl. Frenz/Miermeister/*Frenz* BNotO § 15 Rn. 10.

9 Vgl. Arndt/Lerch/Sandkühler/*Sandkühler* BNotO § 15 Rn. 17; Diehn/*Seger* BNotO § 15 Rn. 9; Schippel/Görk/*Sander* BNotO § 15 Rn. 12; ähnlich Frenz/Miermeister/*Frenz* BNotO § 15 Rn. 14: Tätigkeiten iRd „Pflichtvollzugs“. Nach Auffasung von *Sander* hat ein Rechtsuchender auch dann einen Anspruch auf Vornahme der in §§ 20–22 genannten Tätigkeiten, wenn die Mitwirkung des Notars weder erforderlich noch gesetzlich vorgesehen ist, von den Beteiligten aber dennoch gewünscht wird. In diesen Fällen gelten allerdings andere Maßstäbe für die Verweigerung der Amtstätigkeit; vgl. Schippel/Görk/*Sander* BNotO § 15 Rn. 8.

Daran anknüpfend zählen ua die folgenden Tätigkeiten des Notars zur Urkundstätigkeit:[10] Die Urkundstätigkeit umfasst die Sachverhaltsermittlung (§ 17 Abs. 1 S. 1 BeurkG). Der Notar ist zwar nicht zur Amtsermittlung verpflichtet, muss aber von sich aus den wahren Willen der – häufig rechtsunkundigen – Beteiligten erforschen. Das gilt auch dann, wenn die Beteiligten anwaltlich vertreten sind und bereits ein Urkundsentwurf vorliegt. Der Notar darf sich nicht „blind" auf das ihm Vorgetragene und Vorgelegte verlassen, sondern muss sich im Dialog mit den Beteiligten ein eigenes Bild machen. Dabei muss er die Beteiligten über die rechtliche Tragweite des Geschäfts belehren (§ 17 Abs. 1 S. 1 BeurkG); auch dies ist ein wesentlicher Teil der Urkundstätigkeit, den die Rechtsprechung in den letzten Jahren erheblich aufgewertet hat (→ BeurkG § 17 Rn. 24 ff.). Diese vorbereitenden Handlungen münden in den Entwurf der Urkunde, in der der Notar das beabsichtigte Rechtsgeschäft der Beteiligten umsetzt. Stellt sich heraus, dass sich die Beteiligten uneinig sind, ist es jedoch nicht Amtspflicht des Notars, eine Einigung herbeizuführen. Er kann (und sollte) als selbstständige Betreuungstätigkeit[11] Lösungsmöglichkeiten aufzeigen, muss dabei aber immer die Interessen sämtlicher Beteiligten im Blick haben. Die Pflicht, unparteiisch zu handeln, steht in solchen Fällen im Vordergrund und muss Leitlinie des Handelns des Notars sein. 5

Die Errichtung der Urkunde bildet – insbes. aus Sicht der Beteiligten – den Kern des Beurkundungsverfahrens. Zu der Urkundstätigkeit zählt auch der Vollzug der Urkunde, soweit insofern eine gesetzliche Pflicht besteht (zB gemäß § 53 BeurkG). Der Notar ist demgegenüber nicht verpflichtet, die Vollzugsreife herzustellen. Übernimmt er – wie in der Praxis üblich – derartige Tätigkeiten, handelt es sich um selbstständige Betreuungstätigkeiten, nicht um eine Urkundstätigkeit nach Abs. 1. Zu den selbstständigen Betreuungstätigkeiten zählen demnach etwa die Fälligkeitsmitteilung des Notars oder die Einholung von Löschungsunterlagen und Genehmigungen.[12] 6

2. Verweigerung der Urkundstätigkeit. Eine Verweigerung der Urkundstätigkeit kommt in jedem Stadium des Urkundsverfahrens in Betracht und kann aktiv oder auch durch Unterlassen erfolgen. Die Ablehnung bedarf keiner besonderen Form, kann also mündlich, telefonisch oder auch konkludent erfolgen. Vor dem Hintergrund des Abs. 2 ist dem Notar aber zu raten, aus Beweisgründen die Verweigerung schriftlich zu erteilen oder zumindest einen Aktenvermerk anzufertigen (insbes. wenn er bereits bei der Verweigerung Grund zu der Annahme hat, dass sich der Betroffene beschweren wird).[13] Ratsam ist außerdem, der Verweigerung eine Rechtsbehelfsbelehrung über die mögliche Beschwerde (→ Rn. 13) beizufügen.[14] 7

Schwieriger zu beurteilen ist, wann der Notar seine Urkundstätigkeit durch Unterlassen verweigert. Denn der Notar unterliegt bei seiner Tätigkeit keinen (gesetzlichen) Fristvorgaben. Der Notar ist dann untätig, wenn er das Urkundsverfahren aus eigenem Antrieb nicht aktiv betreibt. Nach allgemeiner Ansicht ist hierbei auf die Erwartung des Betroffenen abzustellen, wann er objektiv 8

10 Vgl. zum Folgenden näher Arndt/Lerch/Sandkühler/*Sandkühler* BNotO § 15 Rn. 18 ff.; Diehn/*Seger* BNotO § 15 Rn. 10 ff.; Schippel/Görk/*Sander* BNotO § 15 Rn. 13 ff.

11 Vgl. Diehn/*Seger* BNotO § 15 Rn. 13.

12 Weitere Beispiele bei Frenz/Miermeister/*Frenz* BNotO § 15 Rn. 14.

13 Vgl. Schippel/Görk/*Sander* BNotO § 15 Rn. 48.

14 Vgl. Haug/Zimmermann/*Eggenstein* Amtshaftung Rn. 750; *Heinemann* DNotZ 2009, 6 (36 f.); Formulierungsbeispiel für eine Verweigerung mit Rechtsbehelfsbelehrung bei Grziwotz/Heinemann/*Heinemann* BeurkG § 54 Rn. 47.

mit einer Verfahrenshandlung des Notars im Einzelfall hätte rechnen dürfen.[15] Dagegen ist der Notar nicht untätig, wenn das Urkundsverfahren zB deswegen stockt, weil ihm Informationen, die er bei den Betroffenen oder Dritten angefragt hat, fehlen.

9 Ist absehbar, dass die Verweigerung erhebliche, insbes. nicht wiedergutzumachende Folgen haben wird, ist dem Notar ein Vorbescheid zu empfehlen, um Rechtssicherheit herzustellen.[16] Der Vorbescheid ist gesetzlich nicht geregelt, aber allgemein anerkannt (das gilt auch nach Inkrafttreten des FamFG).[17] Mit dem Vorbescheid teilt der Notar den Beteiligten sein beabsichtigtes Vorgehen mit (in diesem Fall: eine bestimmte Amtshandlung nicht vorzunehmen). Der Notar kann insbes. dann auf einen Vorbescheid zurückgreifen, wenn mehrere Beteiligte sich widersprechende Amtshandlungen von dem Notar fordern.[18] Dagegen ist der Vorbescheid nicht zulässig, wenn der Notar seine Amtstätigkeit verweigern (dann: Verweigerung gemäß Abs. 1)[19] oder vornehmen (dann: Vornahme der Amtshandlung) will. Gegen den Vorbescheid können die Beteiligten binnen einer von dem Notar zu bestimmenden Frist (zwei Wochen sind ausreichend,[20] zur Frist auch → Rn. 10, 14) Beschwerde einlegen gemäß Abs. 2.

10 **3. Ausreichender Grund.** Der Notar darf seine Urkundstätigkeit nur mit ausreichendem Grund verweigern. Ein ausreichender Grund liegt jedenfalls immer dann vor, wenn der Notar gesetzlich verpflichtet ist, eine bestimmte Tätigkeit nicht vorzunehmen. Das ist etwa bei § 14 Abs. 2 oder den Muss- und Soll-Vorschriften des BeurkG der Fall. Praktisch relevant ist die Zwei-Wochen-Frist des § 17 Abs. 2a BeurkG: Der Notar muss die Beurkundung zwingend ablehnen, wenn die Frist unterschritten ist, es sei denn, es liegen ausschl. in der Person des Verbrauchers rührende Umstände vor.[21] Neben solchen zwingenden Gründen kann es auch Gründe geben, bei denen dem Notar ein Ermessen zusteht, seine Amtstätigkeit zu verweigern. Bei der Ermessensausübung muss der Notar die besondere Bedeutung der Urkundsgewährungspflicht berücksichtigen. Abs. 1 S. 2 nennt einen ausreichenden Grund ausdrücklich, nämlich die Beurkundung in fremder Sprache. Die Bestimmung gilt für Beurkundungen jeder Art, also nicht nur für Beurkundungen von Willenserklärungen (§§ 6 ff. BeurkG), sondern auch für sonstige Beurkundungen (§§ 36 ff. BeurkG). Unterschriftsbeglaubigungen unter einer fremdsprachigen Urkunde darf der Notar dagegen nicht verweigern.[22]

15 Vgl. Frenz/Miermeister/*Frenz* BNotO § 15 Rn. 21; Diehn/*Seger* BNotO § 15 Rn. 23; Arndt/Lerch/Sandkühler/*Sandkühler* BNotO § 15 Rn. 45.

16 Formulierungsbeispiel bei Grziwotz/Heinemann/*Heinemann* BeurkG § 54 Rn. 54. Der beabsichtigte Vollzug einer Urkunde iSd § 53 BeurkG ist zwingend in einem Vorbescheid ankündigen, wenn einer der Urkundsbeteiligten dem Vollzug widerspricht; vgl. BGH DNotZ 2020, 604 (616).

17 Vgl. BGH DNotZ 2020, 604 (616); BeckRS 2010, 29183 Rn. 12; *Sandkühler* DNotZ 2009, 595; *Preuß* DNotZ 2010, 265 (271).

18 Vgl. Arndt/Lerch/Sandkühler/*Sandkühler* BNotO § 15 Rn. 48: Auszahlung eines hinterlegten Geldbetrages.

19 Vgl. Diehn/*Seger* BNotO § 15 Rn. 26; Arndt/Lerch/Sandkühler/*Sandkühler* BNotO § 15 Rn. 49; aA Schippel/Görk/*Sander* BNotO § 15 Rn. 109; Frenz/Miermeister/*Frenz* BNotO § 15 Rn. 20.

20 Vgl. WürzNotar-HdB/*Hertel* II 2. Rn. 787.

21 Vgl. BGH DNotZ 2013, 552 (555); DNotZ 2015, 792 (794); iE Grziwotz/Heinemann/*Grziwotz* BeurkG § 17 Rn. 79 ff.

22 Zu Recht Arndt/Lerch/Sandkühler/*Sandkühler* BNotO § 15 Rn. 83, § 20 Rn. 35 mwN.

Zu den anerkannten Verweigerungsgründen zählen außerdem Befangenheit (§ 16 Abs. 2),[23] Unzumutbarkeit zB aus Gewissensgründen,[24] die Anwendbarkeit ausländischen Rechts (aber Pflicht zur Belehrung, vgl. § 17 Abs. 3 BeurkG),„ Urkundstätigkeit außerhalb der Geschäftsstelle und Abwesenheit[25] oder Verdacht auf Geldwäsche oder Terrorismusfinanzierung (§ 10 Abs. 9 S. 3 GwG), nicht aber etwa Zweifel an der Wirksamkeit[26] (aber Pflicht zur Belehrung, vgl. § 17 Abs. 2 BeurkG) oder mangelnde Fachkompetenz[27]. Nach Auffassung des BGH kann auch die Überlastung des Notars ein ausreichender Grund sein, jedenfalls wenn ein Notar an demselben Amtssitz das Rechtsgeschäft vornehmen kann.[28] Von einer solchen Ausnahme sollte der Notar allerdings nur sehr zurückhaltend Gebrauch machen und sie insbes. nicht als Vorwand nutzen, etwa eine nicht lukrative Tätigkeit[29] aus diesem Grund zu verweigern. Letzteres ist nie ein zulässiger Grund. Erkennt der Notar rechtliche oder tatsächliche Risiken, hat er die Beteiligten zu belehren. Seine Tätigkeit deswegen verweigern darf er nicht. 11

Vor dem Hintergrund der Corona-Pandemie stellt sich die Frage, ob der Notar unter Hinweis hierauf seine Amtstätigkeit verweigern darf. Grds. kommt eine Ablehnung der Urkundstätigkeit nur als ultima ratio in Betracht, so wenn etwa eine hochgradig ansteckende Krankheit ohne Schutzmöglichkeiten vorliegt.[30] Eine Schließung der Geschäftsstelle ist allerdings denkbar im Falle eines behördlichen Tätigkeitsverbots (zB wenn die Behörde Quarantäne anordnet) oder wenn der Notar und/oder seine Mitarbeiter infiziert sind und der ordnungsgemäße und gefahrlose Betrieb mit den verbleibenden Mitarbeitern nicht mehr aufrechtzuerhalten ist. Die Bundesnotarkammer hat ein Merkblatt herausgegeben,[31] das verschiedene Schutzmaßnahmen vorstellt, um die Amtstätigkeit zu gewährleisten. Nach Auffassung der Bundesnotarkammer darf der Notar seine Amtstätigkeit verweigern, wenn das Infektionsrisiko aufgrund einer hohen Inzidenz erhöht ist und sich ein Beteiligter dennoch weigert, während der Beurkundung eine Maske zu tragen. 12

III. Beschwerde (Abs. 2)

Verweigert der Notar seine Urkundstätigkeit gemäß Abs. 1, kann der Betroffene hiergegen vorgehen. Gemäß Abs. 2 ist dies auch möglich, wenn der Notar eine sonstige Tätigkeit, also insbes. eine selbstständige Betreuungstätigkeit nach 13

23 Vgl. Haug/Zimmermann/*Eggenstein* Amtshaftung Rn. 749.
24 Vgl. Diehn/*Seger* BNotO § 15 Rn. 34; aA Schippel/Görk/*Sander* BNotO § 15 Rn. 81 f.
25 Vgl. Schippel/Görk/*Sander* BNotO § 15 Rn. 61.
26 Vgl. Diehn/*Seger* BNotO § 15 Rn. 35.
27 Vgl. Schippel/Görk/*Sander* BNotO § 15 Rn. 62.
28 Vgl. BGH Beschl. v. 27.6.1966 – BeckRS 2014, 23094: „…Notar ist so mit Amtsgeschäften überhäuft, dass er ohne sein Verschulden diese Geschäfte auch unter Zuhilfenahme der ihm zur Verfügung stehenden Hilfskräfte bei dem ihm zumutbaren Einsatz seiner körperlichen und geistigen Kraft nicht ordnungsgemäß bewältigen kann“. Zust. Diehn/*Seger* BNotO § 15 Rn. 40.
29 Vgl. hierzu Schippel/Görk/*Sander* BNotO § 15 Rn. 85 f.
30 Vgl. Schippel/Görk/*Sander* BNotO § 15 Rn. 84; Diehn/*Seger* BNotO § 15 Rn. 38. Vgl. auch *Panz* BWNotZ 2020, 2, 3.
31 Häufige Fragen (FAQ) zur Corona-Virus-Pandemie – Berufs- und beurkundungsrechtliche Zulässigkeit bestimmter Maßnahmen (Stand 22.11.2021; abzurufen unter www.bnotk.de).

§§ 23, 24 verweigert.[32] Rechtsmittel ist die Beschwerde, für die die Regelungen des FamFG gelten (Abs. 2 S. 3).

14 Die Beschwerde ist bei dem Notar einzulegen (§ 64 Abs. 1 S. 1 FamFG), der als erste Instanz nicht Verfahrensbeteiligter ist.[33] Die Beschwerde ist nicht fristgebunden und auch nicht von einem Beschwerdewert abhängig; §§ 63 und 61 FamFG gelten nicht.[34] Zu Recht weist *Seger* darauf hin, dass der Notar im Falle eines Vorbescheids dadurch einem Dilemma ausgesetzt ist: Denn um dem Vorbescheid einen Sinn zu geben, muss er darin eine Frist setzen, binnen der Beschwerde einzulegen ist. Der Ablauf der selbst gesetzten Frist führt dann allerdings dazu, dass der Notar nicht haftet, wenn er anschließend die angekündigte Tätigkeit vornimmt.[35] Der Notar kann der Beschwerde abhelfen. Tut er dies nicht, gibt er sie an das Beschwerdegericht ab (§ 68 Abs. 1 S. 1 FamFG). Beschwerdegericht ist eine Zivilkammer des Landgerichts, in dessen Bezirk der Notar seinen Amtssitz hat (Abs. 2 S. 2).

15 Beschwerdeberechtigt ist jeder, der durch die Verweigerung des Notars in seinen Rechten beeinträchtigt ist (§ 59 Abs. 1 FamFG). Das ist in jedem Fall der Antragsteller. Beschwerdeberechtigt sind auch die Beteiligten, deren Weisung der Notar nicht befolgen will,[36] dazu zählt insbes. der Adressat eines Vorbescheids.[37] Bei mehreren Beteiligten ist jeder für sich beschwerdeberechtigt. Beschwerdegegenstand ist das begehrte Recht des Antragstellers auf Vornahme der notariellen Handlung. Der Beschwerdeberechtigte kann sich also gegen die ausdrückliche Verweigerung des Notars, eine begehrte Tätigkeit vorzunehmen, wehren. Aber auch das Unterlassen ist beschwerdefähig,[38] ebenso eine konkludente oder stillschweigende Amtsverweigerung.[39] Möglich ist auch eine Beschwerde gegen eine nur angedrohte Tätigkeit, da diese ggf. irreversible Folgen hat (relevant insbes. bei einer streitigen Auszahlung von einem Anderkonto).[40]

16 Der Gegenstand der Beschwerde gibt den Prüfungsumfang des Beschwerdegerichts vor. Verweigert der Notar seine Urkundstätigkeit aus ausreichendem Grund, ist das Beschwerdegericht idR zur vollumfänglichen Prüfung dieses unbestimmten Rechtsbegriffs berechtigt.[41] Hat der Notar bei seiner Verweigerung ein Ermessen (→ Rn. 10), beschränkt sich die Prüfung darauf, ob der Notar sein Ermessen fehlerfrei ausgeübt hat.[42]

---

32 Weitere Beispiele bei Grziwotz/Heinemann/*Heinemann* BeurkG § 54 Rn. 42.

33 AA und insofern über § 64 Abs. 1 S. 1 FamFG hinausgehend Frenz/Miermeister/*Frenz* BNotO § 15 Rn. 36 und Haug/Zimmermann/*Eggenstein* Amtshaftung Rn. 756, wonach die Beschwerde auch beim zuständigen Landgericht oder zu Protokoll der Geschäftsstelle eingelegt werden kann.

34 Vgl. BGH DNotZ 2016, 220 (221); zur Diskussion der zuvor umstr. Frage in der Lit. vgl. Arndt/Lerch/Sandkühler/*Sandkühler* BNotO § 15 Rn. 106 ff. mwN.

35 Vgl. Diehn/*Seger* BNotO § 15 Rn. 47.

36 Vgl. Frenz/Miermeister/*Frenz* BNotO § 15 Rn. 42; wohl auch Schippel/Görk/*Sander* BNotO § 15 Rn. 132; aA Haug/Zimmermann/*Eggenstein* Amtshaftung Rn. 758 mwN.

37 Vgl. Grziwotz/Heinemann/*Heinemann* BeurkG § 54 Rn. 44.

38 Vgl. OLG Düsseldorf DNotZ 1998, 747 (748).

39 Vgl. Haug/Zimmermann/*Eggenstein* Amtshaftung Rn. 753.

40 Vgl. Diehn/*Seger* BNotO § 15 Rn. 44; aA Ganter/Hertel/Wöstmann/*Ganter* Notarhaftungs-HdB Rn. 783.

41 Vgl. Schippel/Görk/*Sander* BNotO § 15 Rn. 137 f.; Diehn/*Seger* BNotO § 15 Rn. 49; Arndt/Lerch/Sandkühler/*Sandkühler* BNotO § 15 Rn. 112 f.

42 Vgl. Diehn/*Seger* BNotO § 15 Rn. 49; Arndt/Lerch/Sandkühler/*Sandkühler* BNotO § 15 Rn. 114; aA Schippel/Görk/*Sander* BNotO § 15 Rn. 138; Frenz/Miermeister/*Frenz* BNotO § 15 Rn. 47.

Ist die Beschwerde begründet, weist das Beschwerdegericht den Notar an, die begehrte Tätigkeit vorzunehmen oder zu unterlassen (und entbindet ihn insoweit von einer möglichen Haftung).[43] Da der Notar nicht Partei ist, kann er gegen die Entscheidung des Beschwerdegerichts nicht vorgehen; aus demselben Grund muss der Notar allerdings auch keine Kosten tragen. Dem unterliegenden Beschwerdeführer steht dagegen unter den Voraussetzungen des § 70 FamFG die Rechtsbeschwerde offen. 17

Handelt es sich bei der verweigerten Amtstätigkeit um die Erteilung der Vollstreckungsklausel, eine Amtshandlung nach den §§ 45, 46, 51 BeurkG oder die Ersetzung einer Urschrift, geht der Beschwerde nach Abs. 2 die Beschwerde nach § 54 Abs. 1 BeurkG vor. 18

§ 16 Verbot der Mitwirkung als Notar; Selbstablehnung

(1) Soweit es sich bei Amtstätigkeiten des Notars nicht um Beurkundungen nach dem Beurkundungsgesetz handelt, gilt § 3 des Beurkundungsgesetzes entsprechend.

(2) Der Notar kann sich der Ausübung des Amtes wegen Befangenheit enthalten.

I. Allgemeines/Normzweck

§ 16 sichert einen zentralen Aspekt der notariellen Tätigkeit ab, nämlich die Unabhängigkeit und Unparteilichkeit des Notars (iE → § 14 Rn. 6 ff.). Um jeglichen Zweifel hieran gar nicht erst aufkommen zu lassen, enthält § 3 BeurkG Mitwirkungsverbote bei Beurkundungstätigkeiten des Notars. Abs. 1 greift dies auf und erweitert den Anwendungsbereich der Mitwirkungsverbote. Abs. 2 folgt demselben Zweck und ermöglicht dem Notar, sich für befangen zu erklären. 1

II. Mitwirkungsverbot (Abs. 1)

1. Umfang des Mitwirkungsverbots. § 3 BeurkG gilt unmittelbar nur für Beurkundungen, also die Beurkundung von Willenserklärungen gemäß §§ 6 ff. BeurkG sowie die Beurkundung sonstiger tatsächlicher Vorgänge gemäß §§ 36 ff. BeurkG. Abs. 1 schließt die Lücke, indem auch Amtstätigkeiten, die keine Beurkundungen nach dem BeurkG darstellen, von dem Mitwirkungsverbot des § 3 BeurkG erfasst werden.[1] Dazu zählen selbstständige Betreuungstätigkeiten, Vertretungs- und Gesellschaftsbescheinigungen gemäß § 21, Verwahrungsgeschäfte gemäß § 23, Eigenurkunden, die Erteilung von vollstreckbaren Ausfertigungen, Auseinandersetzung von Nachlasssachen gemäß §§ 363 ff. 2

43 Vgl. OLG Hamm DNotZ 1952, 444 (445); OLG Frankfurt am Main DNotZ 1967, 584 (586); KG DNotZ 1971, 494 (496).

1 Zu der – iErg praktisch nicht relevanten – Frage, ob Beglaubigungen gem. §§ 39 ff. BeurkG von § 3 BeurkG und/oder § 16 erfasst werden, vgl. Schippel/Görk/*Sander* BNotO § 16 Rn. 2.

FamFG sowie Vollstreckbarkeitserklärungen gemäß § 796c ZPO und § 1053 Abs. 4 ZPO.[2]

3 Das Mitwirkungsverbot des Abs. 1 richtet sich an Notare und damit auch an Notariatsverwalter (§ 57 Abs. 1) und Notarvertreter (§ 39 Abs. 4). Letztere müssen die Mitwirkungsverbote in zweierlei Hinsicht beachten: Der Notarvertreter ist nicht nur gehindert zu handeln, wenn er selbst einem Mitwirkungsverbot unterliegt, sondern auch dann, wenn das Mitwirkungsverbot den von ihm vertretenen Notar erfasst.[3] Dem Notarvertreter obliegt also eine sorgfältige Prüfung über seine Person hinaus.

4 Die in § 3 Abs. 1 BeurkG enthaltenen Mitwirkungsverbote sowie die Ablehnungsrechte gemäß § 3 Abs. 2 und 3 BeurkG sind dort iE kommentiert (→ BeurkG § 3 Rn. 21 ff., 69 ff.).

5 Die Rechtsfolge eines Verstoßes gegen Abs. 1 ergibt sich aus § 3 Abs. 1 BeurkG. Bei § 3 Abs. 1 BeurkG handelt es sich um eine „Soll-Vorschrift". Ein Verstoß hiergegen führt also – anders als in den Fällen der §§ 6, 7 BeurkG – nicht zur Nichtigkeit der Amtshandlung (→ BeurkG § 3 Rn. 2). Die Urkunde bleibt wirksam, die Urkundsbeteiligten werden für den Verstoß des Notars nicht „mitbestraft".[4] Das bedeutet allerdings nicht, dass sich der Notar deshalb leichtfertig darüber hinwegsetzen kann. Ein Verstoß gegen Abs. 1 iVm § 3 Abs. 1 BeurkG stellt eine Amtspflichtverletzung dar, die disziplinarrechtlich geahndet werden kann.[5] Zur Einhaltung des Mitwirkungsverbots (→ § 28) hat der Notar verschiedene Vorgaben zu beachten wie etwa den Vermerk gem. § 3 Abs. 1 S. 2 BeurkG.[6]

6 **2. Besonderheiten beim Anwaltsnotar.** Der Anwaltsnotar hat neben den Mitwirkungsverboten des § 3 BeurkG auch die ihn in seiner Eigenschaft als Rechtsanwalt betreffenden standesrechtlichen Tätigkeitsverbote der § 45 Abs. 1 Nr. 1 und 2 BRAO zu beachten.[7] Die Verbote gelten – insofern spiegelbildlich zu § 3 Abs. 1 S. 1 Nr. 7 BeurkG – für den Fall, dass der Anwaltsnotar in derselben Rechtssache *zuvor* als Notar, Notarvertreter oder Notariatsverwalter tätig war oder in dieser Eigenschaft eine Urkunde aufgenommen hat und deren Rechtsbestand oder Auslegung streitig ist oder die Vollstreckung aus ihr betrieben wird. Auch hier gilt: Um jeden Zweifel an der Unabhängigkeit und Unparteilichkeit des Notars auszuschließen, sind die Tatbestände weit auszulegen. Dieselbe Rechtssache iSv § 45 Abs. 1 Nr. 1 BRAO umfasst alle Rechtsangelegenheiten, in denen mehrere, zumindest möglicherweise, ein entgegengesetztes rechtliches Interesse verfolgende Beteiligte vorkommen können[8] § 45 Abs. 1 Nr. 2 BRAO ist lex specialis gegenüber. Abs. 1 Nr. 1, der bei Verstoß gegen Abs. 1 Nr. 2 ebenfalls erfüllt ist.[9]

7 § 45 Abs. 3 BRAO erweitert die Tätigkeitsverbote auf die mit dem Anwaltsnotar in einer Sozietät oder in sonstiger Weise zur gemeinschaftlichen Berufsausübung verbundenen oder verbunden gewesenen Rechtsanwälte. Letzteres führt bei großen, seit langem bestehenden Sozietäten zu einer sorgfältigen Dokumentationspflicht, um mögliche Tätigkeitsverbote rechtzeitig erkennen zu kön-

2 S. iE zu diesen Amtsgeschäften Schippel/Görk/*Sander* BNotO § 16 Rn. 23 ff.
3 Vgl. etwa Grziwotz/Heinemann/*Grziwotz* BeurkG § 3 Rn. 5.
4 So anschaulich Diehn/*Seger* BNotO § 16 Rn. 3.
5 Lehrreich etwa BGH DNotZ 2013, 310.
6 Vgl. auch Ziff. VI. der Richtlinienempfehlungen der Bundesnotarkammer und § 15 DONot, Schippel/Görk/*Sander* BNotO § 16 Rn. 52.
7 Vgl. hierzu iE Schippel/Görk/*Sander* BNotO § 16 Rn. 58 ff.
8 Vgl. BGH NJW 2011, 373.
9 Vgl. Weyland/*Träger* BRAO § 45 Rn. 12.

nen.[10] Die Rechtsfolgen eines Verstoßes sind erheblich: Da es sich bei § 45 Abs. 1 Nr. 1 und 2 BRAO um gesetzliche Verbote handelt, ist die der Tätigkeit zugrunde liegende anwaltliche Mandatsvereinbarung nichtig gemäß § 134 BGB, so dass ein Vergütungsanspruch nicht besteht. Denkbar sind lediglich Bereicherungsansprüche.[11]

Ist der Anwaltsnotar in einer Angelegenheit zunächst als Notar tätig gewesen, 8
hat er neben den § 45 Abs. 1 Nr. 1 und 2 BRAO auch § 14 zu beachten.[12] Seine Pflicht, unabhängig und unparteiisch zu handeln, gilt auch für die anwaltliche Tätigkeit des Notars im Nebenberuf. Selbst wenn also § 45 Abs. 1 Nr. 1 und 2 BRAO nicht einschlägig sind, kann dem Anwaltsnotar das Handeln untersagt sein, um jeden Anschein eines Verstoßes gegen seine Unabhängigkeit oder Unparteilichkeit zu vermeiden (§ 14 Abs. 3 S. 2).

III. Selbstablehnung wegen Befangenheit (Abs. 2)

Abs. 2 räumt dem Notar ein Selbstablehnungsrecht ein, wenn er sich für befan- 9
gen hält (die Befangenheit stellt einen ausreichenden Grund iSd § 15 Abs. 1 S. 1 dar). Maßstab ist auch hier, jeden Anschein eines Zweifels an seiner Unabhängigkeit und Unparteilichkeit zu vermeiden. Der Notar kann (und sollte!) sich demnach zB für befangen erklären, wenn er mit einem Urkundsbeteiligten in einer eheähnlichen Lebensgemeinschaft lebt (die herrschende Meinung lehnt in diesen Fällen eine Analogie zu § 3 Abs. 2, 2a BeurkG ab).[13]

Der Notar trifft in den Fällen des Abs. 2 eine Ermessensentscheidung[14] und hat 10
dabei das Interesse der Urkundsbeteiligten an seiner Amtstätigkeit mit seiner Pflicht, unabhängig und unparteiisch zu handeln, abzuwägen (in dem eben genannten Beispiel dürfte das Ermessen auf Null reduziert sein). Lehnt er die Amtstätigkeit wegen Befangenheit ab, können die Urkundsbeteiligten hiergegen Beschwerde einlegen (§ 15 Abs. 2).

§ 17 Gebühren

(1) [1]Der Notar ist verpflichtet, für seine Tätigkeit die gesetzlich vorgeschriebenen Gebühren zu erheben. [2]Soweit nicht gesetzliche Vorschriften eine Gebührenbefreiung, eine Gebührenermäßigung oder eine Nichterhebung von Kosten wegen unrichtiger Sachbehandlung vorsehen, sind ein Gebührenerlass oder eine Gebührenermäßigung nur zulässig, soweit die Gebührenerhebung aufgrund außergewöhnlicher Umstände des Falls unbillig wäre und die Notarkammer dem Gebührenerlass oder der Gebührenermäßigung zugestimmt hat. [3]In den Tätigkeitsbereichen der Notarkasse und der Ländernotarkasse treten diese an die Stelle der Notarkammern. [4]Das Versprechen und Gewähren von Vorteilen im Zusammenhang mit einem Amtsgeschäft sowie jede Beteiligung Dritter an den Gebühren ist unzulässig.

(2) Beteiligten, denen nach den Vorschriften der Zivilprozeßordnung die Prozeßkostenhilfe zu bewilligen wäre, hat der Notar seine Urkundstätigkeit in

10 Vgl. BGH DNotZ 1992, 455 (457).
11 Zu den Voraussetzungen vgl. BGH NJW 2011, 373.
12 Vgl. OLG Hamm NJW 1992, 1174 (1175).
13 Vgl. Armbrüster/Preuß/Renner/*Armbrüster* BeurkG § 3 Rn. 56 mwN.
14 Vgl. zur Frage, ob der Notar zur Selbstablehnung nicht nur berechtigt, sondern auch verpflichtet ist, Schippel/Görk/*Sander* BNotO § 16 Rn. 80 ff.

sinngemäßer Anwendung der Vorschriften der Zivilprozeßordnung vorläufig gebührenfrei oder gegen Zahlung der Gebühren in Monatsraten zu gewähren.

I. Allgemeines/Normzweck

1 Der Notar ist Träger eines öffentlichen Amtes (§ 1). Eine staatliche Besoldung erhält er deswegen aber nicht.[1] Stattdessen hat er Anspruch auf gesetzliche Gebühren und Auslagen. Die Gebühren sollen seine wirtschaftliche Lebensgrundlage und seine Unabhängigkeit sichern[2] und ihm ermöglichen, seine Geschäftsstelle angemessen auszustatten.[3] Da der Notar die Höhe der Gebühren nicht selbst bestimmen kann, ist er auf die Fürsorgepflicht des Gesetzgebers angewiesen.[4] Dieser muss durch eine regelmäßige Gebührenanpassung die Leistungsfähigkeit und wirtschaftliche Unabhängigkeit der Notare sicherstellen und ein angemessenes Einkommen gewährleisten.[5] Nach den Worten des BVerfG soll die Verpflichtung zur Erhebung der gesetzlich vorgeschriebenen Gebühren verhindern, dass es zu einem Verdrängungswettbewerb unter den Notaren kommt. Abs. 1 bezwecke die Sicherung einer funktionsfähigen Rechtspflege, indem leistungsfähige Notariate und die Versorgung der Bevölkerung mit notariellen Dienstleistungen gesichert werden sollen und diene damit einem wichtigen Gemeinwohlbelang.[6]

II. Pflicht zur Gebührenerhebung (Abs. 1 S. 1)

2 Abs. 1 S. 1 verpflichtet den Notar, für seine Tätigkeit die gesetzlich vorgeschriebenen Gebühren zu erheben. Die von dem Notar zu erhebenden Gebühren und Auslagen sind abschließend im GNotKG geregelt. Dem Notar ist es grds. untersagt, die Höhe seiner Notarkosten individuell zu vereinbaren (§ 125 GNotKG; zu den Ausnahmen s. § 126 GNotKG).[7] Zulässig ist ein Prozessvergleich über die Notarkosten, wenn er unter qualifizierter Mitwirkung des Gerichts zustande kommt.[8] Außergerichtliche Vergleiche sind dagegen unwirksam.[9] Erfasst ist die gesamte Amtstätigkeit des Notars, neben den Urkundstätigkeiten gemäß §§ 20–22 also auch die selbstständigen Betreuungstätigkeiten gemäß §§ 23, 24 (zur Abgrenzung → § 15 Rn. 2 ff.). Der Notar ist gemäß § 15 GNotKG berechtigt, einen Kostenvorschuss zu verlangen (→ GNotKG §§ 11–17 Rn. 15 ff.). Zu viel empfangene Beträge hat der Notar zu erstatten (§ 91 Abs. 1 S. 1 GNotKG).

---

1 Vgl. Schippel/Görk/*Sander* BNotO § 17 Vorb.
2 Vgl. Arndt/Lerch/Sandkühler/*Sandkühler* BNotO § 17 Rn. 3, 5.
3 Vgl. Frenz/Miermeister/*Frenz* BNotO § 17 Rn. 4.
4 Vgl. Schippel/Görk/*Sander* BNotO § 17 Rn. 2.
5 Vgl. Diehn/*Diehn* BNotO § 17 Rn. 8 f.; vgl. zur – niedrigen – Höhe der deutschen Notarkosten im intern. Vergleich *ders.*, Rn. 14 f.
6 S. BVerfG NJW-RR 2011, 855 (856).
7 Vgl. auch BGH DNotZ 2018, 708 (710).
8 Vgl. hierzu näher BGH DNotZ 1988, 448 (449 f.).
9 Vgl. Frenz/Miermeister/*Frenz* BNotO § 17 Rn. 10.

Als Folge des Verbots, eine Gebührenvereinbarung zu treffen, dürfen Anwaltsnotare ihre notarielle Tätigkeit nicht als Anwaltstätigkeit abrechnen.[10] 3

Die Pflicht zur Gebührenerhebung hat zur Folge, dass der Notar die fälligen (§ 10 GNotKG) Gebühren in angemessener Frist einzufordern und bei Nichtzahlung beizutreiben hat (vgl. Richtlinienempfehlungen der Bundesnotarkammer, Ziff. VI. Abs. 3.1). Die Pflicht zur Beitreibung der Gebühren kann ausnahmsweise dann entfallen, wenn sie im Einzelfall offensichtlich sinnlos ist oder die damit verbundenen Kosten außer Verhältnis zur Kostenforderung stehen.[11] Der Notar sollte aber zumindest einen Vollstreckungsversuch unternehmen, bevor er die Beitreibung einstellt, weil sie offensichtlich sinnlos ist. Ist die Beitreibung bei einem Kostenschuldner erfolglos, muss sich der Notar – wenn vorhanden – an den weiteren Kostenschuldner halten. 4

Kostengläubiger ist allein der die Amtstätigkeit ausübende Notar, auch wenn sich hauptberufliche Notare oder Anwaltsnotare zulässig mit Dritten zur gemeinsamen Berufsausübung verbinden (§ 9). Dem Notar steht es allerdings frei, die erhobenen Kosten in eine gemeinsame Kasse der Sozietät einzubringen, wenn durch die Gewinnverteilung sichergestellt ist, dass er hieran angemessen beteiligt ist, um seinen Amtspflichten nach § 14 nachzukommen.[12] 5

Der Notarvertreter erhebt keine eigenen Gebühren, sondern die des vertretenden Notars (§ 41 Abs. 1 S. 1); ihm steht deswegen aber ein Vergütungsanspruch gegen den Notar zu (§ 43). Anderes gilt für den Notariatsverwalter, dem die Kosten für diejenigen Tätigkeiten zustehen, die nach Übernahme der Geschäfte durch ihn fällig werden (§ 58 Abs. 2 S. 2). 6

Der Notar soll unnötige Kosten vermeiden und hat bei mehreren gleichsicheren (!) Möglichkeiten die kostengünstigste Variante zu wählen.[13] Über die Höhe der anfallenden Kosten muss der Notar nicht belehren,[14] wenn ihn die Beteiligten nicht danach fragen. Im Falle eines Testaments muss der Notar die Beteiligten nach Auffassung der Rechtsprechung allerdings darüber aufklären, dass sie das Testament entweder durch eine kostenpflichtige notarielle Beurkundung oder auch ohne Mitwirkung des Notars eigenhändig aufsetzen können.[15] 7

Verschiedene Rechtsgeschäfte, die einen inneren Zusammenhang aufweisen, sind grds. in einer Urkunde zusammenzufassen. Praktisch relevant ist die Frage, ob im Fall eines Grundstückskaufvertrags sowohl das schuldrechtliche Geschäft als auch die Auflassung in derselben Urkunde enthalten sein müssen, da bei getrennter Beurkundung eine erhöhte Gebühr fällig wird. Manche Obergerichte sehen in einer getrennten Beurkundung von Kaufvertrag und Auflassung (sog. 8

10 Vgl. OLG Hamm DNotZ 1956, 154 (158).

11 Vgl. Frenz/Miermeister/*Frenz* BNotO § 17 Rn. 7.

12 Vgl. OLG Celle MDR 2010, 475 (476); anders noch OLG Celle NJW 2007, 2929 (2930 f.); Arndt/Lerch/Sandkühler/*Sandkühler* BNotO § 17 Rn. 15; Diehn/*Diehn* BNotO § 17 Rn. 30; krit. vor diesem Hintergrund, dass gem. § 19 Abs. 1 S. 1 GNotKG nur der Notar und nicht ein Sozius die Rechnung unterschreiben darf, *ders.*, BNotO § 17 Rn. 36. Insgesamt krit. zur Rspr. des OLG Celle Schippel/Görk/*Sander* BNotO § 17 Rn. 65 f., der den Anwaltsnotaren generell eine potentielle Gefährdung der persönlichen und eigenverantwortlichen Amtsführung unterstellt, der die Landesjustizverwaltung durch individuelle Prüfung der Sozietätsverträge entgegenwirken müsse.

13 Vgl. etwa BGH RNotZ 2021, 51 (55); Grziwotz/Heinemann/*Grziwotz* BeurkG § 17 Rn. 43 mwN; Schippel/Görk/*Sander* BNotO § 17 Rn. 19.

14 Vgl. etwa OLG München RNotZ 2002, 344 (346); OLG Brandenburg RNotZ 2021, 220 (221).

15 Vgl. OLG Naumburg DNotZ 2012, 512 (513 f.); ähnlich KG FamRZ 2016, 732 (733); zu Recht krit. *Fackelmann* DNotZ 2012, 515.

materiellrechtliche Lösung) eine unrichtige Sachbehandlung.[16] Notare, die in diesen Amtsbezirken tätig sind, sind daher – losgelöst davon, ob der Auffassung dieser Rechtsprechung zu folgen ist – gehalten, die sog. beurkundungsrechtliche oder verfahrensrechtliche Lösung zu wählen,[17] wollen sie nicht das Risiko auf sich nehmen, die Kosten nicht geltend machen zu können.

III. Ausnahmen (Abs. 1 S. 2)

9 Eine Gebührenbefreiung oder -ermäßigung ist nicht nur grds. unzulässig, sondern strafbewehrt.[18]

10 Ausnahmsweise zulässig ist eine Gebührenbefreiung oder -ermäßigung sowie die Nichterhebung von Kosten wegen unrichtiger Sachbehandlung, soweit dies gesetzlich geregelt ist. Eine gesetzlich angeordnete Gebührenfreiheit, die auch ohne ausdrückliche Regelung in Abs. 1 S. 2 zu beachten wäre,[19] findet sich etwa in KV Vorb. 2 Abs. 2 und 3 GNotKG, die auf § 64 Abs. 2 S. 3 Nr. 2 SGB X und § 67 Abs. 1 BeurkG verweisen. Zu den Vorschriften, die eine Gebührenermäßigung vorsehen, zählt insbes. § 91 GNotKG.[20] Kosten, die aufgrund unrichtiger Sachbehandlung des Notars entstanden sind, darf der Notar gemäß § 21 Abs. 1 S. 1, 2 GNotKG nicht, auch nicht teilweise, erheben (näher → GNotGK § 21 Rn. 19 ff.).

11 Daneben kommen ein Gebührenerlass und eine Gebührenermäßigung nur in Betracht, soweit die Gebührenerhebung aufgrund außergewöhnlicher Umstände des Falls unbillig wäre und die Notarkammer zugestimmt hat.[21]

12 Die bis zum 31.7.2021 geltende Fassung berechtigte zu einem Gebührenerlass oder einer -ermäßigung, wenn sie durch eine sittliche Pflicht oder durch eine auf den Anstand zu nehmende Rücksicht geboten waren. Wann das der Fall, war schon aufgrund des Wortlauts schwierig zu bestimmen.[22] Praktisch relevant waren vor allem die Richtlinien und Vorstandsbeschlüsse der Notarkammern, die eine Gebührenfreiheit für bestimmte Personengruppen vorsahen. Demnach durfte der Notar bei Beurkundungen für andere (auch ausgeschiedene) Notare, Rechtsanwälte sowie andere Mitglieder einer Rechtsanwaltskammer, deren Ehegatten/eingetragene Lebenspartner und deren wirtschaftlich abhängige Kinder sowie Kanzleiangestellte des beurkundenden Anwaltsnotars auf die Erhebung von Gebühren ganz oder teilweise verzichten, sofern diese die Kosten zu tragen haben.[23] Der Gesetzgeber hielt diese Befreiungen für nicht

16 Vgl. OLG Köln MittRhNot 1997, 328 (329); OLG Düsseldorf DNotZ 1996, 324 (325); OLG Celle DNotZ 2004, 196 (198), das sogar disziplinarische Maßnahmen für zulässig hält; aA OLG Hamm MittBayNot 1998, 275; BayObLG MittBayNot 2000, 575 (576).

17 Vgl. hierzu iE etwa BeckNotar-HdB/*Krauß* A I Rn. 447 ff.

18 Vgl. BGH DNotZ 2018, 708 (710).

19 Vgl. Frenz/Miermeister/*Frenz* BNotO § 17 Rn. 9; Diehn/*Diehn* BNotO § 17 Rn. 40.

20 Zur Verfassungswidrigkeit der Vorgängervorschrift vgl. BVerfG DNotZ 1978, 412.

21 Neu gefasst durch das Gesetz zur Modernisierung des notariellen Berufsrechts und zur Änd. weiterer Vorschriften, BGBl. 2021 I 2154.

22 Vgl. den Versuch einer Subsumtion trotz des „kaum subsumtionsfähigen" Wortlauts v. Diehn/*Diehn* BNotO § 17 Rn. 52. Krit. auch Schippel/Görk/*Sander* BNotO § 17 Rn. 46.

23 Vgl. etwa den Vorstandsbeschluss der Notarkammer Celle v. 22.3.2017.

länger angemessen, da sie zum einen zu weitgehend und zum anderen nicht mit dem öffentlichen Amt eines Notars vereinbar seien.[24]

Die Neufassung stellt nun klar, dass besondere Näheverhältnisse künftig nicht mehr geeignet sind, einen Gebührenerlass oder eine Gebührenermäßigung zu rechtfertigen. Ein Gebührenerlass oder -ermäßigung kommt nun nur noch in sehr eng begrenzten Ausnahmefällen (Naturkatastrophen!) in Betracht, die in der Praxis nur eine sehr untergeordnete Rolle spielen dürften. Außergewöhnliche Umstände können zukünftig nur noch dann angenommen werden, wenn dem Vorgang ein besonderer Sachverhalt zugrunde liegt, wie dies zB bei Naturkatastrophen der Fall sein kann. Für die Auslegung des Begriffs der Unbilligkeit verweist der Gesetzgeber auf § 227 AO.[25] Erforderlich ist in jedem Fall die Zustimmung der Notarkammer (bzw. der Notarkasse und der Ländernotarkasse, Abs. 1 S. 3). In aller Regel ist eine Einzelfallprüfung notwendig, nur für bestimmte Kategorien (wie etwa bei Naturkatastrophen) kommt eine allgemeine Zustimmung in Betracht.[26] Nach Auffassung des OLG Celle muss die Zustimmung im Vorhinein erteilt werden, eine nachträgliche Genehmigung komme nicht in Betracht.[27] Auch wenn man diese Ansicht anzweifeln kann,[28] ist dem Notar unabhängig davon zu raten, die Zustimmung der Notarkammer zuvor einzuholen, schon um sich nicht amtspflichtwidrig zu verhalten. 13

IV. Verbot der Vorteilsgewährung (Abs. 1 S. 4)

Abs. 1 S. 4 enthält ein Verbot der Vorteilsgewährung. Der Notar darf Vorteile im Zusammenhang mit einem Amtsgeschäft weder versprechen noch gewähren und Dritte nicht an den Gebühren beteiligen. Auch dieses Verbot geht zurück auf die Amtspflicht des Notars, schon jeden Anschein von Zweifeln an seiner Unabhängigkeit und Unparteilichkeit zu vermeiden.[29] Die Richtlinien der Bundesnotarkammer nennen beispielhaft Tätigkeiten, die dem Verbot unterfallen. Danach ist es dem Notar insbes. untersagt, ihm zustehende Gebühren zurückzuerstatten, Vermittlungsentgelte für Urkundsgeschäfte oder Entgelte für Urkundsentwürfe zu leisten sowie zur Kompensation von Notargebühren Entgelte für Gutachten oder sonstige Leistungen Dritter zu gewähren[30] oder auf ihm aus anderer Tätigkeit zustehende Gebühren zu verzichten (vgl. Richtlinienempfehlungen der Bundesnotarkammer, Ziff. VI. Abs. 3.2). Ist der Notar mit anderen Notaren oder Rechtsanwälten beruflich verbunden, hat er sicherzustellen, dass nicht seine Sozien an seiner Stelle verbotene Vorteile gewähren (vgl. Richtlinienempfehlungen der Bundesnotarkammer, Ziff. VI. Abs. 3.3). Zu den in der Praxis wichtigsten Fällen zählt das Verbot von Kick-back-Zahlungen. Im Wissen, dass die Notargebühren nicht verhandelbar sind, entwickeln manche Rechtsuchende eine große Phantasie, dieses Verbot zu umgehen und sind dabei auch nicht scheu, dem Notar verschiedene Umgehungsmöglichkeiten vorzuschlagen. Jeglicher Versuch ist von vornherein in aller Deutlichkeit zurückzuweisen, und das nicht nur deswegen, weil ein Verstoß gegen Abs. 1 S. 4 ein schwere Amtspflichtverletzung darstellt. 14

24 Vgl. BT-Drs. 19/26828, 123. Eine Änderung der bisherigen Praxis der Notarkammern wollte der Gesetzgeber nicht abzuwarten, da eine solche voraussichtlich längere Zeit benötigen und wenig einheitlich ausfallen würde.
25 Vgl. BT-Drs. 19/26828, 124.
26 Vgl. BT-Drs. 19/26828, 124.
27 Vgl. OLG Celle RNotZ 2011, 505 (506).
28 Vgl. Diehn/*Diehn* BNotO § 17 Rn. 55.
29 Vgl. Arndt/Lerch/Sandkühler/*Sandkühler* BNotO § 17 Rn. 58.
30 Vgl. hierzu OLG Celle BeckRS 2017, 128471 Rn. 84.

15 Der Notar darf Dritte nicht an den Gebühren beteiligen, also nicht etwa einen Teil der Gebühren dem Steuerberater oder Rechtsanwalt, der dem Rechtsuchenden den Notar empfohlen hat, weiterleiten. Zulässig ist dagegen die Beteiligung von Sozien (→ Rn. 5).[31]

V. Vorläufige Gebührenbefreiung und Ratenzahlung (Abs. 2)

16 Urkundsbeteiligte, die nach den Vorschriften der ZPO prozesskostenhilfeberechtigt sind (vgl. §§ 114 ff. ZPO), haben einen öffentlich-rechtlichen Anspruch[32] auf vorläufige Gebührenbefreiung oder monatliche Ratenzahlung. Die Vorschrift stellt sicher, dass der Anspruch auf Urkundsgewähr unabhängig von den materiellen Verhältnissen des Rechtsuchende gewährt wird.[33]

17 Betroffen sind nur Urkundstätigkeiten gemäß §§ 20–22 (vgl. § 10a Abs. 2), da auch nur insoweit ein Anspruch auf Urkundsgewähr besteht (→ § 15 Rn. 2). Betreuungstätigkeiten gemäß §§ 23, 24 sind demnach nicht erfasst, ein Anspruch auf vorläufige Gebührenfreiheit oder monatliche Ratenzahlung besteht also nicht. Nach Auffassung des BGH sei es in diesen Fällen allerdings anerkannt, dass der Notar für seine sonstige Tätigkeit, die er für unbemittelte Beteiligte als *nobile officium* übernommen hat, vorläufig keine Gebühren erhebt. Ein Verstoß gegen seine Pflicht zur Gebührenerhebung liege nicht vor.[34]

18 Voraussetzung für die Gebührenhilfe ist ein Antrag des Kostenschuldners, dem er eine Erklärung über seine persönlichen und wirtschaftlichen Verhältnisse beizufügen hat (§ 117 Abs. 2 ZPO). Prozesskostenhilfeberechtigt ist gemäß § 114 Abs. 1 S. 1 ZPO nur, wer nach seinen persönlichen und wirtschaftlichen Verhältnissen die Kosten der Urkundstätigkeit nicht, nur zum Teil oder nur in Raten aufbringen kann. Da der Kostenschuldner Einkommen und Vermögen einsetzen muss, spielt die Gebührenhilfe in der Praxis eine untergeordnete Rolle.[35] Liegen die Voraussetzung zur Leistung der Prozesskostenhilfe vor, kann der Notar von der Gebührenerhebung ganz absehen. Die Gebührenfreiheit ist nur vorläufig: Ändern sich die Vermögensverhältnisse nachträglich, muss der Kostenschuldner die Gebühren nachträglich leisten. Neben der Gebührenbefreiung kommt auch eine monatliche Ratenzahlung in Betracht, die den Zeitraum von 48 Monaten nicht überschreiten darf (§ 115 Abs. 2 S. 4 ZPO). Die Höhe der Raten bestimmt sich nach § 120 ZPO.

§ 18 Pflicht zur Verschwiegenheit

(1) [1]Der Notar ist zur Verschwiegenheit verpflichtet. [2]Diese Pflicht bezieht sich auf alles, was ihm bei Ausübung seines Amtes bekannt geworden ist. [3]Dies gilt nicht für Tatsachen, die offenkundig sind oder ihrer Bedeutung nach keiner Geheimhaltung bedürfen.

31 Vgl. OLG Celle MDR 2010, 475 (476); zur Behandlung v. Mitarbeitern vgl. Diehn/*Diehn* BNotO § 17 Rn. 66 ff.
32 Vgl. Frenz/Miermeister/*Frenz* BNotO § 17 Rn. 14.
33 Vgl. Diehn/*Diehn* BNotO § 17 Rn. 69.
34 Vgl. BGH NJW 1975, 1559 (1562); Arndt/Lerch/Sandkühler/*Sandkühler* BNotO § 17 Rn. 110; Schippel/Görk/*Sander* BNotO § 17 Rn. 54; aA Diehn/*Diehn* BNotO § 17 Rn. 71, der lediglich Betreuungstätigkeiten erfasst sieht, die in unmittelbarem Zusammenhang mit der Urkundstätigkeit stehen, also vor allem Vollzugs- und Betreuungsgeschäfte.
35 Vgl. Diehn/*Diehn* BNotO § 17 Rn. 69, 74.

(2) Die Pflicht zur Verschwiegenheit entfällt, wenn die Beteiligten Befreiung hiervon erteilen; sind Beteiligte verstorben oder ist eine Äußerung von ihnen nicht oder nur mit unverhältnismäßigen Schwierigkeiten zu erlangen, so kann an ihrer Stelle die Aufsichtsbehörde die Befreiung erteilen.

(3) [1]Bestehen im Einzelfall Zweifel über die Pflicht zur Verschwiegenheit, so kann der Notar die Entscheidung der Aufsichtsbehörde nachsuchen. [2]Soweit diese die Pflicht verneint, können daraus, daß sich der Notar geäußert hat, Ansprüche gegen ihn nicht hergeleitet werden.

(4) Die Pflicht zur Verschwiegenheit bleibt auch nach dem Erlöschen des Amtes bestehen.

Literatur:

Klingler, Datenschutz im Notariat, RNotZ 2013, 57.

I. Allgemeines/Normzweck

1 Im Umgang mit einem Notar gehen die Betroffenen wie selbstverständlich davon aus, dass der Notar alles, was sie mit ihm besprechen oder ihm mitteilen, vertraulich behandelt.[1] Die Pflicht zur Verschwiegenheit gehört zu den berufsrechtlichen Kernpflichten des Notars. Abs. 1 (und Abs. 4) normiert dieses „ungeschriebene Gesetz"[2] und enthält Ausnahmen, während es Abs. 2 dem Betroffenen ermöglicht, den Notar von der Verschwiegenheitspflicht zu befreien. Gemäß Abs. 3 kann sich der Notar in Zweifelsfällen an die Aufsichtsbehörde wenden.

2 Die Verschwiegenheitspflicht gründet im Recht auf informationelle Selbstbestimmung (Art. 2 Abs. 1 iVm Art. 1 GG) und ist daher individualschützend.[3] Daneben ist die Verschwiegenheitspflicht aber auch allgemeinschützend, da sie das Allgemeininteresse an einer funktionsfähigen vorsorgenden Rechtspflege schützt.[4] Die berufsrechtliche Pflicht zur Verschwiegenheit ist strafrechtlich bewehrt. Notare, die ein ihnen anvertrautes oder sonst bekannt gewordenes fremdes Geheimnis offenbaren, werden mit Freiheitsstrafe bis zu einem Jahr oder mit Geldstrafe bestraft (§ 203 Abs. 1 Nr. 3, Abs. 2 S. 1 Nr. 1 iVm § 11 Abs. 1 Nr. 2 lit. b StGB).[5]

1 Vgl. *Klingler* RNotZ 2013, 57 f.: Notare als „geborene Datenschützer".
2 Vgl. Schippel/Görk/*Sander* BNotO § 18 Rn. 1.
3 Vgl. BGH DNotZ 2014, 837 (839); Diehn/*Schwipps* BNotO § 18 Rn. 3; Frenz/Miermeister/*Bremkamp* BNotO § 18 Rn. 2; Schippel/Görk/*Sander* BNotO § 18 Rn. 2; Arndt/Lerch/Sandkühler/*Sandkühler* BNotO § 18 Rn. 2.
4 Vgl. Frenz/Miermeister/*Bremkamp* BNotO § 18 Rn. 2; Diehn/*Schwipps* BNotO § 18 Rn. 5; Schippel/Görk/*Sander* BNotO § 18 Rn. 4.
5 Vgl. hierzu Schippel/Görk/*Sander* BNotO § 18 Rn. 6 f.

3 Die Verschwiegenheitspflicht wird flankiert durch den Datenschutz.[6] Die dem Notar anvertrauten Informationen unterfallen nicht nur seiner Pflicht zur Verschwiegenheit; will er diese personenbezogenen Daten verarbeiten (vgl. Art. 4 Nr. 1, 2 DS-GVO), muss er die Bestimmungen der DS-GVO und das Datenschutzgesetz seines jeweiligen Bundeslandes beachten. Denn Notare sind zum einen Verantwortliche iSd Art. 4 Nr. 7 DS-GVO und zum anderen öffentliche Stellen der Länder.[7] Die DS-GVO hat die datenschutzrechtlichen Pflichten weiter verschärft.[8] So ist nun jeder Notar verpflichtet, einen Datenschutzbeauftragten zu benennen (Art. 37 DS-GVO) – anders als ein Rechtsanwalt, für den die Pflicht erst gilt, soweit er idR mindestens zehn Personen ständig mit der automatisierten Verarbeitung personenbezogener Daten beschäftigt, vgl. § 38 Abs. 1 S. 1 BDSG.

4 Gegenständlich anwendbar sind grds. auch die Informationsfreiheitsgesetze, die insoweit mit der Verschwiegenheitspflicht kollidieren könnten. Allerdings erfassen die meisten Informationsfreiheitsgesetze der Bundesländer die Amtstätigkeit von Notaren entweder von vornherein nicht oder werden durch § 18 verdrängt.[9]

II. Inhalt und Adressaten der Pflicht zur Verschwiegenheit (Abs. 1 S. 1 und 2, Abs. 4)

5 **1. Inhalt.** Entsprechend ihrem Normzweck ist die Verschwiegenheitspflicht umfassend und weit auszulegen. Sie bezieht sich gemäß Abs. 1 S. 2 auf alles, was dem Notar bei Ausübung seines Amtes bekannt geworden ist. Anknüpfungspunkt ist demnach die Amtsausübung des Notars, die in einem inneren Zusammenhang mit der übermittelten Information stehen muss.[10] Es ist ausreichend, dass der Notar die Information in seiner amtlichen Eigenschaft erhält, ein Tätigwerden des Notars ist nicht erforderlich.[11] Unerheblich ist auch, ob dem Notar die Tatsachen bewusst offenbart wurden oder ob er nur gelegentlich der Amtsausübung von ihnen Kenntnis erlangt hat.[12] Die Verschwiegenheitspflicht beginnt mit dem Aufsuchen des Notars. Erfasst sind Urkunds- und selbstständige Betreuungstätigkeiten und alle damit zusammenhängende Tätigkeiten wie Beratungsgespräche, Telefonate, E-Mails[13] oder Entwürfe. Ob die Beratung in eine Beurkundung oder Beglaubigung mündet, ist unerheblich. Auch Informationen, die der Notar im Rahmen seiner Amtsausübung über Dritte erhält, fallen unter die Verschwiegenheitspflicht. Das gilt etwa für Makler oder sonstige Begleiter, die gemeinsam mit den formell Beteiligten an einer Beurkundung teilnehmen.[14] Denn die Schweigepflicht des Notars besteht im In-

6 Vgl. iE *Klingler* RNotZ 2013, 57 (noch vor Inkrafttreten der DS-GVO). § 18 verdrängt das allg. Datenschutzrecht nicht, sondern wird hierdurch ergänzt, vgl. *Klingler* RNotZ 2013, 57 (61).

7 Vgl. BGH NJW 1991, 568; BNotK-Rundschreiben Nr. 5/2018.

8 Vgl. näher BNotK-Rundschreiben Nr. 5/2018.

9 Vgl. näher Frenz/Miermeister/*Bremkamp* BNotO § 18 Rn. 166 ff.

10 Vgl. Frenz/Miermeister/*Bremkamp* BNotO § 18 Rn. 16.

11 Vgl. Arndt/Lerch/Sandkühler/*Sandkühler* BNotO § 18 Rn. 16.

12 Vgl. Schippel/Görk/*Sander* BNotO § 18 Rn. 32.

13 Vgl. Arndt/Lerch/Sandkühler/*Sandkühler* BNotO § 18 Rn. 19, der dem Notar empfiehlt, E-Mails nur verschlüsselt zu versenden. Erfahrungsgemäß wird dies in der Praxis von vielen Beteiligten nicht oder nur zögerlich angenommen.

14 Vgl. BGH DNotZ 2005, 288 (290); Frenz/Miermeister/*Bremkamp* BNotO § 18 Rn. 18, 35; Arndt/Lerch/Sandkühler/*Sandkühler* BNotO § 18 Rn. 17; 39. Enger *Bohrer* NotarBerufsR Rn. 115: Schutzpflicht ggü. dem Auftraggeber.

teresse derjenigen, deren persönliche oder wirtschaftliche Verhältnisse er bei seiner Amtstätigkeit erfahren hat.[15]

Gegenstand der Verschwiegenheitspflicht ist „alles“, was dem Notar bekannt wird. Der Wortlaut gibt den weitreichenden Umfang der Verschwiegenheitspflicht damit vor. Erfasst ist nicht nur der Inhalt der beanspruchten Tätigkeit, sondern zB schon, dass der Notar beauftragt wird und von wem und auch die eigenen Erklärungen und Handlungen des Notars.[16] Es ist unerheblich, ob es sich um unwichtige oder gleichgültig erscheinende Umstände handelt.[17] Im Gegensatz zu § 203 Abs. 1 Nr. 3 StGB muss es sich nicht um ein Geheimnis handeln. Der Geschützte braucht auch nicht etwa deutlich zu machen, dass der Notar die ihm mitgeteilte Information vertraulich behandeln soll. 6

Die Verschwiegenheitspflicht gilt gegenüber jedermann. Das sind grds. all diejenigen, die an der konkreten Angelegenheit nicht beteiligt sind.[18] Aber auch gegenüber Beteiligten kann eine Pflicht zur Verschwiegenheit bestehen, etwa wenn einer von mehreren Beteiligten dem Notar etwas anvertraut, das die anderen Beteiligten nicht wissen.[19] Ist ein Beteiligter verstorben, gilt Abs. 2 (→ Rn. 19). Die Verschwiegenheitspflicht gilt nicht gegenüber Mitarbeitern, da diese in die Geheimnissphäre des Notars einbezogen sind.[20] 7

Mit der Verschwiegenheitspflicht korrespondiert ein Recht zu schweigen, da die Verschwiegenheitspflicht andernfalls leerlaufen würde.[21] Dem Notar steht daher ein Zeugnis- und Auskunftsverweigerungsrecht zu. Das gilt etwa für den Zivilprozess (§ 383 Abs. 1 Nr. 6 ZPO), das Strafverfahren (§ 53 Abs. 1 S. 1 Nr. 3 StPO) und über entsprechende Verweisungen auch für andere Verfahren.[22] Auch gegenüber den Finanzbehörden besteht ein Auskunftsverweigerungsrecht (§ 102 Abs. 1 Nr. 3 lit. b AO), das auch für das finanzgerichtliche Verfahren gilt (§ 84 Abs. 1 FGO). Die Zeugnis- und Auskunftsverweigerungsrechte erstrecken sich auch auf die Mitarbeiter (→ Rn. 12). Besteht ein Zeugnis- und Auskunftsverweigerungsrecht, ist der Notar wegen § 18 verpflichtet, sich hierauf zu berufen, wenn er nicht von den Beteiligten von der Pflicht zur Verschwiegenheit entbunden wurde.[23] Die Zeugnis- und Auskunftsverweigerungsrechte werden flankiert von Beschlagnahme- und Durchsuchungsverboten (§ 97 Abs. 1, 102, 103 StPO).[24] Der BGH nimmt allerdings an, dass öffentliche Urkunden beschlagnahmt werden können, da sie selbst keiner besonderen Geheimhaltung unterliegen.[25] Amtsräume eines Notars dürfen nur dann durchsucht werden, wenn dies verhältnismäßig ist, also insbes. kein milderes Mittel zur Verfügung steht. Das ist etwa dann nicht der Fall, wenn der Notar dem Fi- 8

15 S. BGH DNotZ 1990, 392.
16 Vgl. BGH DNotZ 2005, 288 (289 f.).
17 Vgl. Schippel/Görk/*Sander* BNotO § 18 Rn. 37.
18 Vgl. Arndt/Lerch/Sandkühler/*Sandkühler* BNotO § 18 Rn. 22.
19 Vgl. Schippel/Görk/*Sander* BNotO § 18 Rn. 40.
20 Vgl. Schippel/Görk/*Sander* BNotO § 18 Rn. 44 f.
21 So zu Recht Diehn/*Schwipps* BNotO § 18 Rn. 43.
22 Vgl. § 65 Abs. 1 S. 2 VwVfG, § 98 VwGO, § 46 Abs. 2 ArbGG, § 118 Abs. 1 SGG. Vgl. iE Schippel/Görk/*Sander* BNotO § 18 Rn. 162 ff.
23 Vgl. Arndt/Lerch/Sandkühler/*Sandkühler* BNotO § 18 Rn. 25 f.
24 Vgl. hierzu ausf. Arndt/Lerch/Sandkühler/*Sandkühler* BNotO § 18 Rn. 24 ff.; Frenz/Miermeister/*Bremkamp* BNotO § 18 Rn. 111 ff.
25 Vgl. BGH NJW 1987, 2441 (2442); zu Recht abl. Schippel/Görk/*Sander* BNotO § 18 Rn. 175; Diehn/*Schwipps* BNotO § 18 Rn. 50; Arndt/Lerch/Sandkühler/*Sandkühler* BNotO § 18 Rn. 31; Frenz/Miermeister/*Bremkamp* BNotO § 18 Rn. 116.

nanzamt gemäß § 54 Abs. 1 EStDV eine beglaubigte Abschrift der Urkunde übermittelt hat.[26]

9 **2. Adressaten.** Die Pflicht zur Verschwiegenheit trifft den Notar, seinen amtlich bestellten Vertreter (§ 39 Abs. 4), den Notariatsverwalter (§ 57 Abs. 1) sowie den Notarassessor (§ 7 Abs. 4 S. 2). Auch der hinzugezogene Notar (§§ 22, 25, 29 BeurkG) und der einen ausländischen Notar unterstützende Notar (§ 11a S. 2) haben die Pflicht zu beachten. Die Pflicht besteht auch nach dem Ausscheiden aus dem Amt fort (vgl. Abs. 4).

10 Handelt der Anwaltsnotar nicht als Notar, sondern als Rechtsanwalt, gilt § 18 nicht, da er dann nicht sein Amt als Notar ausübt (ebenso im Falle von Nebentätigkeiten gemäß § 8). Selbstverständlich muss der Anwaltsnotar dann aber die entsprechenden berufsrechtlichen Verschwiegenheitspflichten nach § 43a Abs. 2 BRAO beachten, die im Wortlaut vergleichbar sind.

11 Nicht erfasst von § 18 sind zB hinzugezogene Zeugen und Vertrauenspersonen, Dolmetscher und sonstige hinzugezogene Dritte, auch wenn dies unbefriedigend erscheint.[27]

12 Auch die Mitarbeiter des Notars unterliegen im Ergebnis der Pflicht zur Verschwiegenheit. Das folgt aus § 26, nach dem der Notar seine Mitarbeiter förmlich zu verpflichten und dabei auf § 18 besonders hinzuweisen hat. Ob Abs. 1 die Mitarbeiter auch unmittelbar erfasst, ist strittig, im Ergebnis aber ohne Relevanz (jedenfalls wenn der Notar seine Pflicht zur vertraglichen Verpflichtung seiner Mitarbeiter umsetzt). Während manche den Kreis der von Abs. 1 erfassten Personen aufgrund von § 203 Abs. 4 S. 1 Nr. 1 StGB erweitert sehen,[28] lehnen andere dies mangels Berufsträgereigenschaft der Mitarbeiter ab.[29] Auch externe Dienstleister hat der Notar gemäß § 26a zur Verschwiegenheit zu verpflichten.

13 **3. Ausnahmen von der Pflicht zur Verschwiegenheit (Abs. 1 S. 3).** Ausgenommen von der Verschwiegenheitspflicht sind lediglich Tatsachen, die offenkundig oder bedeutungslos sind (Abs. 1 S. 3). Ersteres ist selbstverständlich: Was offenkundig ist, muss nicht vor einer Veröffentlichung geschützt werden. Offenkundig sind Tatsachen, von denen verständige und erfahrene Menschen ohne Weiteres Kenntnis haben oder von denen sie sich jederzeit durch Benutzung allgemein zugänglicher, zuverlässiger Quellen unschwer überzeugen können.[30] Dazu zählen etwa öffentlich einsehbare Register wie das Handelsregister, nicht aber – wegen § 12 Abs. 1 S. 1 GBO – das Grundbuch.

14 Schwieriger zu beurteilen und in der Praxis kaum zu handhaben ist die bedeutungslose Tatsache. Ob eine Tatsache bedeutungslos oder erheblich ist, hängt von der Einschätzung des Betroffenen ab. Da es aber angesichts des individualschützenden Charakters der Verschwiegenheitspflicht nicht darauf ankommen

26 Vgl. BVerfG DNotZ 2012, 597 (600).

27 Vgl. Frenz/Miermeister/*Bremkamp* BNotO § 18 Rn. 13 mit Fn. 27; zust. Schippel/Görk/*Sander* BNotO § 18 Rn. 23.

28 Vgl. Arndt/Lerch/Sandkühler/*Sandkühler* BNotO § 18 Rn. 7; Diehn/*Schwipps* BNotO § 18 Rn. 16; Schippel/Görk/*Sander* BNotO § 18 Rn. 19.

29 Vgl. Frenz/Miermeister/*Bremkamp* BNotO § 18 Rn. 13; diese Auff. ist vorzuziehen, da d. – trotz gleicher Zielrichtung – v. § 18 unabhängige Straftatbestand d. § 203 StGB nicht den Adressatenkreis d. § 18 bestimmen kann. Im Falle eines Verstoßes machen sich die Mitarbeiter allerdings ebenfalls strafbar gem. § 203 StGB, vgl. Frenz/Miermeister/*Bremkamp* BNotO § 18 Rn. 140.

30 S. BGH NJW 2003, 226 (227) zu § 203 StGB; ähnlich auch Frenz/Miermeister/*Bremkamp* BNotO § 18 Rn. 20; Diehn/*Schwipps* BNotO § 18 Rn. 12.

kann, ob der Notar die Tatsache für bedeutungslos hält, wird der Notar sich kaum einmal auf diesen Ausnahmetatbestand berufen.[31]

4. Weitere Ausnahmen von der Pflicht zur Verschwiegenheit. Neben den in der BNotO normierten Ausnahmen von der Verschwiegenheitspflicht sind weitere Ausnahmen anerkannt. Eine Güterabwägung kann ergeben, dass der Notar berechtigt (oder gar verpflichtet) ist, Auskunft über Angelegenheiten zu geben, die Gegenstand seiner Amtsausübung sind. Das ist der Fall, wenn der Notar eigene Interessen wahrnimmt,[32] er also beispielsweise Partei eines gerichtlichen Verfahrens ist (sei es im Streit um eigene Gebühren oder in einem Haftpflichtprozess).[33] Auch wenn sich der Notar einer Pflichtenkollision ausgesetzt sieht, kann die Pflicht zur Verschwiegenheit eingeschränkt sein. Das gilt etwa, wenn sich der Notar durch sein Schweigen selbst strafbar machen würde.[34] 15

In einer Vielzahl von Fällen ist der Notar gesetzlich zur Offenbarung von Tatsachen verpflichtet; die Verschwiegenheitspflicht wird dadurch verdrängt. Hierzu zählen insbes. die Mitteilungspflichten des Notars gegenüber Behörden (zB § 34a Abs. 1 S. 1 BeurkG – erbfolgerelevante Urkunden, § 28 Abs. 1 S. 1 BauGB – gemeindliches Vorkaufsrecht, 195 BauGB – Gutachterausschuss, § 40 Abs. 2 GmbHG – Gesellschafterliste, § 1597a Abs. 2 S. 1 BGB – missbräuchliche Anerkennung der Vaterschaft, § 43 GwG – Geldwäscheverdacht).[35] Auch das Steuerrecht kennt verschiedene, in der Praxis bedeutsame Anzeigepflichten wie etwa bei grunderwerbsteuerpflichtigen (§ 18 GrEStG) oder erbschaft- und schenkungsteuerlichen (§ 34 Abs. 1 ErbStG, §§ 7 f. ErbStDV) Vorgängen sowie bei der Gründung von Kapitalgesellschaften (§ 54 EStDV).[36] Gegenüber der Aufsichtsbehörde ist der Notar gemäß § 93 Abs. 4 zur Auskunft und Einsichtnahme verpflichtet (§ 93). Auch die Notarkammer kann verlangen, dass der Notar ihr Auskünfte erteilt und Unterlagen vorlegt (§ 74). Auf die Verschwiegenheitspflicht kann sich der Notar schließlich nicht berufen, wenn ein Recht auf Ausfertigungen, Abschriften und Einsicht gemäß § 51 BeurkG besteht (→ BeurkG § 51 Rn. 1 ff.). Im Umkehrschluss folgt daraus, dass denjenigen, die nicht von § 51 BeurkG erfasst sind, kein derartiges Recht zusteht. 16

III. Befreiung von der Verschwiegenheitspflicht (Abs. 2)

Der Notar ist nicht länger zur Verschwiegenheit verpflichtet, wenn ihn die Beteiligten hiervon befreien. Beteiligt iSv Abs. 2 sind diejenigen, zu deren Schutz die Verschwiegenheitspflicht besteht. Das sind nicht nur die formell Beteiligten (§ 6 Abs. 2 BeurkG), sondern auch die materiell Beteiligten und alle sonstigen Personen, die sich auf die Verschwiegenheitspflicht berufen können.[37] Sämtliche Beteiligte müssen den Notar befreien. Möglich ist, die Befreiung sachlich 17

31 Vgl. Frenz/Miermeister/*Bremkamp* BNotO § 18 Rn. 22; Diehn/*Schwipps* BNotO § 18 Rn. 14; Schippel/Görk/*Sander* BNotO § 18 Rn. 53; wohl weniger krit. Arndt/Lerch/Sandkühler/*Sandkühler* BNotO § 18 Rn. 58.

32 AllgA, vgl. statt aller Arndt/Lerch/Sandkühler/*Sandkühler* BNotO § 18 Rn. 60 ff.

33 Vgl. hierzu Haug/Zimmermann/*Mayer* Amtshaftung Rn. 901 ff.

34 Vgl. Schippel/Görk/*Sander* BNotO § 18 Rn. 133.

35 Weitere Bsp. bei Arndt/Lerch/Sandkühler/*Sandkühler* BNotO § 18 Rn. 78 ff.; ausf. hierzu und zum Folgenden Frenz/Miermeister/*Bremkamp* BNotO § 18 Rn. 65 ff.; Schippel/Görk/*Sander* BNotO § 18 Rn. 88 ff.

36 S. hierzu näher Schippel/Görk/*Sander* BNotO § 18 Rn. 73 ff.

37 Vgl. Diehn/*Schwipps* BNotO § 18 Rn. 24; Schippel/Görk/*Sander* BNotO § 18 Rn. 138; iE ähnlich auch Frenz/Miermeister/*Bremkamp* BNotO § 18 Rn. 34, der auf einen verschwiegenheitsrechtlichen Beteiligtenbegriff abstellt.

oder persönlich zu beschränken.[38] Die Befreiung ist eine geschäftsähnliche Handlung, keine Willenserklärung.[39] Erforderlich (und ausreichend) ist die natürliche Einsichts- und Urteilsfähigkeit.[40] Umstritten ist, inwiefern sich der Beteiligte bei der Befreiungserklärung vertreten lassen kann. Da es sich bei der Befreiung um ein höchstpersönliches Recht handelt, ist eine rechtsgeschäftliche oder gesetzliche Vertretung nicht möglich.[41] Dennoch wird teilweise angenommen, dass eine Vertretung zulässig sei, wenn es sich um rein vermögensrechtliche, nicht um höchstpersönliche Angelegenheiten handele.[42] Zu weit geht dagegen die Auffassung, auch eine Befreiung durch eine Partei kraft Amtes wie etwa durch einen Insolvenzverwalter sei ausgeschlossen.[43] Denn die Partei kraft Amtes handelt nicht als rechtsgeschäftlicher oder gesetzlicher Vertreter, sondern übt die Verwaltungs- und Verfügungsbefugnis des Vermögensinhabers in eigenem Namen und aus eigenem Recht aus.[44]

18 Abs. 2 sieht keine besondere Form vor.[45] Der Notar sollte jedoch aus Beweisgründen dafür sorgen, dass die Beteiligten ihn zumindest in Textform befreien. Ist dies nicht möglich oder tunlich, sollte der Notar die Befreiung intern dokumentieren.[46] Nicht ausreichend für eine Befreiung ist dagegen der mutmaßliche Wille eines Beteiligten (in der Praxis insbes. der mutmaßliche Wille des Erblassers).[47] In diesen Fällen hat der Notar die Aufsichtsbehörde einzuschalten (→ Rn. 20).

19 Ist der Beteiligte verstorben oder nur unter unverhältnismäßigen Schwierigkeiten erreichbar, kann sich der Notar an die Aufsichtsbehörde wenden, die an Stelle des Beteiligten die Befreiung erteilt (Abs. 2 Hs. 2). Im Falle des Todes ist die Befreiung durch die Aufsichtsbehörde der einzig zulässige Weg; eine Befreiung durch die Erben kommt daneben nicht in Betracht.[48] Die Erben (und auch jeder sonstige Dritter, der ein schutzwürdiges Interesse an der Befreiung hat) sind allerdings neben dem Notar antragsberechtigt.[49] Die Aufsichtsbehörde entscheidet nach pflichtgemäßem Ermessen, ob der verstorbene Beteiligte, wenn er noch lebte, bei verständiger Würdigung der Sachlage die Befreiung erteilen würde oder ob unabhängig hiervon durch den Todesfall das Interesse an einer wei-

---

38 Vgl. Arndt/Lerch/Sandkühler/*Sandkühler* BNotO § 18 Rn. 96; Schippel/Görk/*Sander* BNotO § 18 Rn. 141.

39 Vgl. etwa Diehn/*Schwipps* BNotO § 18 Rn. 27; Schippel/Görk/*Sander* BNotO § 18 Rn. 141.

40 Vgl. Frenz/Miermeister/*Bremkamp* BNotO § 18 Rn. 27; Arndt/Lerch/Sandkühler/*Sandkühler* BNotO § 18 Rn. 98.

41 Vgl. BGH DNotZ 2009, 876.

42 Vgl. Diehn/*Schwipps* BNotO § 18 Rn. 27; aA zu Recht Frenz/Miermeister /*Bremkamp* BNotO § 18 Rn. 43; Schippel/Görk/*Sander* BNotO § 18 Rn. 144.

43 Vgl. Frenz/Miermeister/*Bremkamp* BNotO § 18 Rn. 45; Schippel/Görk/*Sander* BNotO § 18 Rn. 146.

44 Vgl. BGH NJW 1984, 739 für den Insolvenzverwalter; iE ebenso Schippel/Bracker/*Kanzleiter*, 9. Aufl., BNotO § 18 Rn. 51; Diehn/*Schwipps* BNotO § 18 Rn. 27.

45 Vgl. zur konkludenten Befreiungserklärung Schippel/Görk/*Sander* BNotO § 18 Rn. 140.

46 Vgl. Diehn/*Schwipps* BNotO § 18 Rn. 26.

47 Vgl. Frenz/Miermeister/*Bremkamp* BNotO § 18 Rn. 30; Schippel/Görk/*Sander* BNotO § 18 Rn. 148.

48 Vgl. BGH DNotZ 2003, 780 (781).

49 Vgl. Arndt/Lerch/Sandkühler/*Sandkühler* BNotO § 18 Rn. 103; Schippel/Görk/*Sander* BNotO § 18 Rn. 152; aA Frenz/Miermeister/*Bremkamp* BNotO § 18 Rn. 50, wonach jedermann ein Antragsrecht habe. Das Antragsrecht muss nicht höchstpersönlich ausgeübt werden, vgl. BGH 15.11.2021 – NotZ (Brfg.) 3/21.

teren Geheimhaltung entfallen ist.[50] Die ablehnende, nicht aber die zustimmende Entscheidung der Aufsichtsbehörde ist anfechtbar.[51]

IV. Entscheidung durch die Aufsichtsbehörde bei Zweifeln (Abs. 3)

Angesichts der häufig schwierigen Abgrenzungsfragen über Inhalt und Reichweite der Verschwiegenheitspflicht ermöglicht Abs. 3 dem Notar, sich in Zweifelsfällen an die Aufsichtsbehörde zu wenden. Die Aufsichtsbehörde entscheidet zwar nicht an Stelle des Notars; er muss also dennoch eine eigene Entscheidung darüber treffen, ob seine Pflicht zur Verschwiegenheit besteht oder nicht. Die Entscheidung der Aufsichtsbehörde entfaltet keine Bindungswirkung für den Notar. Folgt der Notar der Rechtsauffassung der Aufsichtsbehörde, wonach die Pflicht nicht besteht, ist er allerdings gemäß Abs. 3 S. 2 von einer möglichen Haftung befreit. Bejaht die Aufsichtsbehörde die Verschwiegenheitspflicht, sollte sich der Notar dieser Auffassung grds. anschließen, da er andernfalls auf eigenes Risiko handelt. 20

§ 18a Zugang zu Inhalten notarieller Urkunden und Verzeichnisse zu Forschungszwecken

(1) Personen, die historische oder sonstige wissenschaftliche Forschung betreiben, ist nach Maßgabe der nachfolgenden Vorschriften Zugang zu Inhalten notarieller Urkunden und Verzeichnisse zu gewähren, soweit

1. dies für die Durchführung eines wissenschaftlichen Forschungsvorhabens erforderlich ist und

2. seit dem Tag der Beurkundung oder seit dem Tag der Eintragung in das Verzeichnis mehr als 70 Jahre vergangen sind.

(2) [1]Der Zugang ist in Textform bei der verwahrenden Stelle oder bei der zuständigen Landesjustizverwaltung zu beantragen. [2]In dem Antrag sind das Forschungsvorhaben und die Urkunden und Verzeichnisse, zu deren Inhalten Zugang begehrt wird, möglichst genau zu bezeichnen. [3]Zudem ist in ihm darzulegen, warum der Zugang zur Durchführung des Forschungsvorhabens erforderlich ist. [4]Wird ein nicht anonymisierter Zugang nach § 18b Absatz 1 Nummer 1 begehrt, ist zudem darzulegen, warum der Forschungszweck nur mithilfe von Inhalten erreicht werden kann, die der Verschwiegenheitspflicht unterliegen. [5]Wird der Zugang von einer juristischen Person beantragt, so hat diese eine natürliche Person zu benennen, die das Forschungsvorhaben leitet.

(3) [1]Über den Antrag nach Absatz 2 entscheidet die zuständige Landesjustizverwaltung nach Anhörung der verwahrenden Stelle. [2]Der Antrag kann abgelehnt werden, wenn die Ermittlung und Prüfung der notariellen Urkunden und Verzeichnisse einen unzumutbaren Aufwand erfordern würden.

---

50 Vgl. BGH DNotZ 2003, 780 (781).

51 Vgl. BGH DNotZ 2003, 780 (781) einerseits und BGH DNotZ 2009, 876 andererseits, da insofern keine Rechtsbeeinträchtigung vorliegt.

I. Entstehungsgeschichte, Normzweck und Anwendungsbereich

1 Der Gesetzgeber hat durch das Gesetz zur Reform des notariellen Berufsrechts und zur Änderung weiterer Vorschriften[1] mit Wirkung zum 1.8.2021 in den §§ 18a ff. erstmals eine explizite bundesgesetzliche Rechtsgrundlage für die Erteilung von Auskünften aus und die Einsicht in notarielle Urkunden und Verzeichnisse zu Forschungszwecken geschaffen. Forschende können danach Zugang zu den Inhalten notarieller Urkunden und Verzeichnisse erhalten, ohne dass einer Einwilligung des/der Beteiligten oder auch etwaigen Rechtsnachfolgern bedarf.

2 Angesichts der hohen Bedeutung der notariellen Verschwiegenheit hat sich der Gesetzgeber darum bemüht, sowohl bezüglich des „Ob" als auch bezüglich des „Wie" der Auskunft/Einsicht einen ausgewogenen Kompromiss zwischen dem (wissenschaftlichen) Informationsinteresse der Forschenden und dem (berechtigten) Geheimhaltungsinteresse des/der Beteiligten bzw. etwaiger Rechtsnachfolger zu finden. Während sich § 18a mit der Entscheidung über das „Ob" des Zugangs zu den Inhalten notarieller Urkunden und Verzeichnisse beschäftigt, treffen die nachfolgenden Paragrafen Regelungen zum „Wie" der Zugangsgewährung (§§ 18b f.) sowie zu den für den Zugang zu erhebenden Kosten (§ 18d).

3 Gerade im Vergleich zu den archivrechtlichen Vorschriften sah sich der Gesetzgeber insoweit erhöhten Regelungsanforderungen ausgesetzt, betrifft das nun neu geregelte Auskunfts-/Einsichtsrecht angesichts der 70-Jahres-Schwelle des Abs. 1 Nr. 2 doch notarielle Urkunden und Verzeichnisse, die in Anbetracht der zumindest derzeit noch geltenden hundertjährigen Regelverwahrung nach der DONot bzw. nunmehr nach der NotAktVV noch für die Verwendung im Rechtsverkehr aufbewahrt werden.[2] Wie § 51 Abs. 5 in seiner bisher wie auch nunmehr geltenden Fassung zeigt, dient die Aufbewahrung durch die Archive während des Laufs der Aufbewahrungsfrist allein der sicheren Lagerung und jederzeitigen Verfügbarkeit der betreffenden Akten und Verzeichnisse und begründet(e) damit ein rein faktisches Aufbewahrungsverhältnis, die Zuständigkeiten und Pflichten der verwahrenden Stelle blieben und bleiben dadurch unberührt.[3] Für die Jahrgänge bis einschließlich des Jahres 2021 sieht nunmehr § 120 eine Übergangsregelung sowohl für Bestände, deren Aufbewahrungsfrist bereits abgelaufen ist (Abs. 1), als auch für Bestände, deren Aufbewahrungsfrist noch nicht abgelaufen ist (Abs. 2), vor. § 35 Abs. 6 trifft weitergehende Regelungen zum Umgang mit Akten und Verzeichnissen bei Ablauf der Aufbewahrungsfrist.

1 Das Gesetz ist am 2.7.2021 verkündet worden und zu weiten Teilen am 1.8.2021 in Kraft getreten, vgl. BGBl. 2021 I 2154.
2 Zum Verhältnis zum Archivrecht siehe auch BT-Drs. 19/26828, 122.
3 Vgl. dazu auch Frenz/Miermeister/*Bremkamp*, § 51 BNotO Rn. 43.

II. Kreis der Berechtigten hinsichtlich des Zugangs zu den Inhalten notarieller Urkunden und Verzeichnisse (Abs. 1)

Abs. 1 regelt zunächst die tatbestandlichen Voraussetzungen für ein Zugangsrecht zu Inhalten notarieller Urkunden und Verzeichnisse. 4

Zum Zugang berechtigt sind danach Personen, die historische oder sonstige wissenschaftliche Forschung betreiben. Das Begriffspaar „historische oder sonstige wissenschaftliche Forschung" hat der Gesetzgeber dem europäischen Sekundärrecht entlehnt und verweist insoweit auf die sehr ähnliche Terminologie in Art. 89 Abs. 1 DS-GVO.[4] Unter den Begriff der Personen fallen ausweislich der Gesetzgebegründung sowohl natürliche als auch juristische Personen (wie etwa Hochschulen und andere Forschungseinrichtungen).[5] 5

Der Zugang ist dabei auf die Inhalte von notariellen Urkunden und Verzeichnissen beschränkt, sonstige Unterlagen wie etwa notarielle Nebenakten sind – selbst wenn sie entsprechend lange aufbewahrt würden[6] – vom Anwendungsbereich hingegen nicht erfasst.[7] Der Begriff des Verzeichnisses entspricht dabei nach der Entwurfsbegründung[8] demjenigen in §§ 35 f., seit dem 1.1.2022 zudem mit weiterer Konkretisierung in § 1 NotAktVV. Gerade auch angesichts der 70-Jahres-Schwelle des Abs. 1 Nr. 2 werden insoweit aber wohl nur diejenigen Verzeichnisse praktisch relevant werden, die 100 Jahre aufzubewahren sind, das waren nach § 5 Abs. 4 S. 1 DONot aF die Urkundenrolle, das Erbvertragsverzeichnis und das Namensverzeichnis zur Urkundenrolle. Mit dem Start des Elektronischen Urkundenarchivs zum 1.1.2022 sind diese Verzeichnisse im Urkundenverzeichnis im Sinne des § 78h Abs. 1 und des § 1 Nr. 1 NotAktVV aufgegangen.[9] Anders ist die Lage bezüglich des Verwahrungsbuches bzw. nunmehr des Verwahrungsverzeichnisses, beide sind nach § 5 Abs. 4 S. 1 DONot aF bzw. nunmehr §§ 50 Abs. 1 Nr. 2, 51 Abs. 1 Nr. 2 NotAktVV (nur) 30 Jahre lang aufzubewahren.[10] 6

Zugang bedeutet dabei eine Zugänglichmachung der betreffenden Informationen, sei es durch die Gewährung einer Auskunft über oder weitergehend auch durch Einsicht in die betreffenden notariellen Urkunden und Verzeichnisse (zur Art der Zugangsgewährung („wie") ausführlich → § 18b Rn. 1 ff.). 7

Voraussetzung für eine solchen Zugang ist nach Abs. 1 Nr. 1 zunächst, dass die Kenntniserlangung von den Inhalten der angefragten notariellen Urkunden und Verzeichnisse für die Durchführung eines Forschungsvorhabens erforderlich ist. Der Forschende muss sich aus dem Zugang Informationen versprechen bzw. erhoffen, die nicht nur einen unmittelbaren Bezug zu seinem Forschungsvorhaben aufweisen, vielmehr dürfen die betreffenden Informationen auch nicht auf anderem Wege (leichter) erlangbar sein.[11] 8

Nach Abs. 1 Nr. 2 darf der Zugang zu notariellen Urkunden zudem nur gewährt werden, wenn seit dem Tag der Beurkundung mehr als 70 Jahre vergangen sind. Die insoweit vom Gesetzgeber gewählte „Sperrfrist" war Gegenstand langjähriger Diskussionen und Debatten, geht es insoweit doch um eine Durchbrechung der notariellen Verschwiegenheitspflicht und damit um einen Eingriff 9

4 BT-Drs. 19/26828, 123.
5 Vgl. BT-Drs. 19/26828, 123.
6 Notarielle Nebenakten sind etwa nach § 5 Abs. 4 S. 1 DONot bzw. künftig § 50 Abs. 1 Nr. 7 NotAktVV zumindest im Grundsatz nach sieben Jahren zu vernichten.
7 BT-Drs. 19/26828, 123.
8 BT-Drs. 19/26828, 123.
9 Vgl. BT-Drs. 18/10607, 37.
10 BT-Drs. 19/26828, 123.
11 BT-Drs. 19/26828, 124.

in die Grundrechte der an der Urkunde Beteiligten. Der Gesetzgeber hat sich letztlich von der Überlegung leiten lassen, dass nach Ablauf von 70 Jahren die von der Urkunde Betroffenen im Regelfall schon verstorben sein werden und daher ihrerseits „nur" noch das postmortale Persönlichkeitsrecht zu Tragen kommt, das im Vergleich zum Grundrecht auf informationelle Selbstbestimmung leichter Beschränkungen zugänglich ist.[12] Selbst wenn die Betroffenen noch leben, dürften die zugrundeliegenden Lebenssachverhalte im Regelfall weitgehend abgeschlossen und etwaige Verjährungsfristen lange abgelaufen sein. Der Gesetzgeber geht daher davon aus, dass nach 70 Jahren bei einer Abwägung der kollidierenden Interessen dem öffentlichen Interesse an der Forschung im Regelfall der Vorrang einzuräumen sein dürfte.[13] Bei notariellen Verzeichnissen gilt Vorstehendes entsprechend. Da die betreffenden Verzeichnisse stetig fortgeführt werden, ist bei der Fristberechnung jeweils auf den Tag der Eintragung abzustellen.[14]

III. Anforderungen an den Antrag auf Zugang (Abs. 2)

10 Abs. 2 regelt die an den Antrag auf Zugang zu stellenden Anforderungen. Nach dessen S. 1 wird Zugang nur auf Antrag gewährt, der nach Wahl des Antragstellers an die verwahrende Stelle[15] oder an die zuständige Landesjustizverwaltung zu richten ist.

11 Der Antrag muss die Textform iSv § 126b BGB wahren, dem Gesetzgeber ging es insoweit darum, die Inhalte des Antrags hinreichend rechtssicher zu dokumentieren, dies wäre insbesondere bei einem mündlichen Antrag nicht hinreichend gewährleistet.[16]

12 Verwahrende Stelle kann einerseits eine Notarin oder ein Notar sein, andererseits aber auch ein Amtsgericht, das nach § 51 Abs. 1 in der bis 31.12.2021 geltenden Fassung die Verwahrzuständigkeit erlangt hat und diese auch nicht an eine Notarin/einen Notar weiterdelegiert hat (Letzteres ist insbesondere im Bereich des hauptberuflichen Notariats üblich). Seit dem 1.1.2022 sind nach § 51 Abs. 1 nF anstelle der Amtsgerichte die Notarkammern zuständig sein. Eine mögliche Abgabe von Akten und Verzeichnissen an Staatsarchive lässt die vorstehenden Zuständigkeiten während des Laufs der Aufbewahrungsfrist unberührt, da diese lediglich zum Zwecke der Aufbewahrung erfolgt (→ Rn. 3).[17]

13 Die Sätze 2, 3 und 4 des Abs. 2 sehen weitere inhaltliche Anforderungen an den Antrag auf Zugang vor. Die hinreichende bzw. bestmögliche Bezeichnung der notariellen Urkunden und Verzeichnisse, zu denen Zugang begehrt wird, nach Abs. 2 S. 2 wie auch die Erläuterung der Erforderlichkeit iSd Abs. 1 Nr. 1 nach Abs. 2 S. 3 dienen ausweislich der Entwurfsbegründung dazu, den Verwaltungsaufwand der über den Zugang entscheidenden sowie den Zugang gewährenden Stelle(n) möglichst gering zu halten.[18] Wird weitergehender, weil nicht anonymisierter Zugang zu notariellen Urkunden und Verzeichnissen beantragt, sind nach Abs. 2 S. 4 weiterhin die Voraussetzungen des § 18b Abs. 1 Nr. 1 (→ § 18b Rn. 4) im Antrag näher darzulegen.

---

12 Vgl. dazu BeckOK GG/*Lang* GG Art. 2 Rn. 48.
13 Vgl. BT-Drs. 19/26828, 124.
14 BT-Drs. 19/26828, 124.
15 Diese kann leicht über die Notar- bzw. Urkundensuche auf der von der Bundesnotarkammer betriebenen Homepage www.notar.de identifiziert und gefunden werden.
16 BT-Drs. 19/26828, 125.
17 Vgl. auch BT-Drs. 19/26828, 125.
18 BT-Drs. 19/26828, 125.

Nach Abs. 2 S. 5 ist bei einem Antrag einer juristischen Person (mindestens)[19] eine für das Forschungsvorhaben verantwortliche natürliche Person zu benennen, um einerseits die Kommunikation zwischen den Beteiligten zu erleichtern; andererseits kann allein eine natürliche Person – falls erforderlich – nach § 18b Abs. 4 verpflichtet werden (→ § 18b Rn. 9). 14

IV. Entscheidung über „Ob" des Zugangs durch die Landesjustizverwaltung (Abs. 3)

Geht der Antrag bei der verwahrenden Stelle ein, hat diese ihn an die nach Abs. 3 zuständige Stelle weiterzuleiten.[20] Nach Abs. 3 S. 1 ist die verwahrende Stelle vor einer Entscheidung über den Antrag stets anzuhören, um in deren Rahmen auch den mit einem Zugang verbundenen Aufwand für die verwahrende Stelle hinreichend berücksichtigen zu können. 15

Nach § 112 kann die nach Abs. 3 S. 1 grundsätzlich zur Entscheidung berufene Landesjustizverwaltung die Zuständigkeit durch Rechtsverordnung an ihr nachgeordnete Behörden übertragen. Der Gesetzgeber weist in der Entwurfsbegründung darauf hin, dass sich unter funktionellem Blickwinkel insbesondere eine Delegation der Zuständigkeit an eine der in § 92 genannten Aufsichtsbehörden anbieten könnte.[21] 16

Nach dem erst kurz vor Abschluss des Gesetzgebungsverfahrens neu aufgenommenen Abs. 3 S. 2 kann der Antrag auf Zugang abgelehnt werden, wenn die Ermittlung und Prüfung der notariellen Urkunden und Verzeichnisse einen unzumutbaren Aufwand erfordern würden. Dadurch soll ausweislich der Entwurfsbegründung[22] die Arbeitsfähigkeit der für die Prüfung und Entscheidung über den Zugang zuständigen Stellen vor unzumutbarer Beeinträchtigung geschützt werden. Dabei geht es weniger um möglicherweise missbräuchliche Zugangsanträge, bezüglich derer der Gesetzgeber zutreffend darauf hinweist, dass es in diesen Fällen regelmäßig schon an einer Erforderlichkeit iSd Abs. 1 Nr. 1 mangeln wird.[23] Vielmehr war und ist auch dem Gesetzgeber bewusst, dass Forschungsvorhaben so breit und weit angelegt sein können, dass die zuständigen Behörden im Rahmen der Vorbereitung ihrer Entscheidung nach Abs. 3 S. 1 an organisatorische Grenzen stoßen und in ihrer Arbeitsfähigkeit längerfristig und nachhaltig beeinträchtigt werden können.[24] Dieser auf Betreiben des Rechtsausschusses des Deutschen Bundestags kurzfristig noch ins Gesetz aufgenommene Praktikabilitätsvorbehalt ist dem Grunde nach zu begrüßen, können und dürfen doch die praktischen Auswirkungen entsprechender Zugangsanträge trotz des hohen Gutes der Wissenschaftsfreiheit nicht ganz außer Betracht bleiben. Zurückgehend auf Stellungnahmen im Gesetzgebungsverfahren wäre es weitergehend auch denkbar und wohl auch vorzugswürdig gewesen, die Entscheidung der zuständigen Behörde auch bezüglich des „Ob" des Zugangs ganz grundsätzlich als Ermessensentscheidung auszugestalten (zur Art und Weise des Zugangs und dem insoweit der zuständigen Stelle eingeräumten Ermessen vgl. 17

19 Es können selbstverständlich auch mehrere natürliche Personen benannt werden, vgl. BT-Drs. 19/26828, 125.
20 BT-Drs. 19/26828,125.
21 Vgl. BT-Drs. 19/26828, 125.
22 Vgl. BT-Drs. 19/30503, 18.
23 Vgl. BT-Drs. 19/30503, 18.
24 Vgl. BT-Drs. 19/30503, 18.

§ 18b; → § 18b Rn. 3 ff.[25] So hätte vermieden werden können, dass insbesondere missbräuchliche Zugangsbegehren allein über das Tatbestandsmerkmal der Erforderlichkeit nach Abs. 1 Nr. 1 gesteuert werden müssen.

§ 18b Form des Zugangs zu Forschungszwecken

(1) Die Landesjustizverwaltung hat den Zugang zu Inhalten notarieller Urkunden und Verzeichnisse zu Forschungszwecken anonymisiert zu gewähren, soweit nicht

1. der Forschungszweck nur mithilfe von Inhalten, die der Verschwiegenheitspflicht nach § 18 unterliegen, erreicht werden kann oder

2. die Anonymisierung einen unverhältnismäßigen Aufwand erfordern würde.

(2) [1]Kommt nach Absatz 1 ein nicht anonymisierter Zugang in Betracht, so darf die Landesjustizverwaltung einen solchen nur gewähren, soweit das Forschungsinteresse das Interesse der vom Inhalt der Urkunde oder des Verzeichnisses betroffenen natürlichen oder juristischen Personen an der Geheimhaltung überwiegt. [2]Bestehen Anhaltspunkte dafür, dass das Interesse betroffener Personen an der Geheimhaltung das Forschungsinteresse überwiegen könnte, so ist den betroffenen Personen vor der Gewährung eines nicht anonymisierten Zugangs Gelegenheit zur Stellungnahme zu geben. [3]Kann eine Stellungnahme nicht oder nur mit unverhältnismäßigen Schwierigkeiten erlangt werden, so kann ohne diese Stellungnahme entschieden werden.

(3) [1]Die verwahrende Stelle hat den von der Landesjustizverwaltung gewährten Zugang durch die Erteilung von Auskünften zu eröffnen, soweit hierdurch der Forschungszweck erreicht werden kann und die Erteilung keinen unverhältnismäßigen Aufwand erfordert. [2]Anderenfalls hat sie Einsichtnahme in die Urkunden und Verzeichnisse zu ermöglichen und auf Verlangen Abschriften zur Verfügung zu stellen. [3]Eine Herausgabe der Urkunden und Verzeichnisse ist nicht zulässig.

(4) Ein nicht anonymisierter Zugang wird nur Forschenden eröffnet, die das Forschungsvorhaben als Amtsträger oder für den öffentlichen Dienst besonders Verpflichtete durchführen oder die zuvor entsprechend § 1 Absatz 2, 3 und 4 Nummer 2 des Verpflichtungsgesetzes zur Geheimhaltung verpflichtet wurden.

25 Vgl. dazu die Stellungnahme der Bundesnotarkammer vom 21.8.2020 zum Referentenentwurf für ein Gesetz zur Modernisierung des notariellen Berufsrechts und zur Änderung anderer Vorschiften, S. 9 f., abrufbar unter https://www.bmjv.de/SharedDocs/Gesetzgebungsverfahren/DE/Modernisierung_notarielles_Berufsrecht.html (Datum des letzten Abrufs 20.7.2021). So auch der Bundesrat, vgl. BR-Drs. 20/1/21, 6 f.

I. Normzweck und Grundstruktur der Norm

Nachdem die zuständige Stelle nach § 18a eine Entscheidung über das „Ob" des Zugangs getroffen hat, sieht § 18b für die Zugangsgewährung, dh deren „Wie", ein zweistufiges Verfahren vor: Zunächst hat die Landesjustizverwaltung oder eine andere nach § 112 im Wege der Delegation zuständige Stelle (→ § 18a Rn. 16) nach den Abs. 1 und 2 darüber zu entscheiden, in welcher Form (anonymisiert oder nicht anonymisiert, vgl. dazu auch die Vorgaben des Abs. 4) und damit zu welchen Inhalten dem/den Forschenden Zugang zu gewähren ist. Im Anschluss hat die verwahrende Stelle den Zugang unter Beachtung der Vorgaben des Abs. 3 zu gewähren. 1

Ausweislich der Gesetzgebegründung dient § 18b in vollem Bewusstsein der hohen Bedeutung der Wissenschaftsfreiheit insbesondere der Realisierung des Grundsatzes der Datensparsamkeit. Einerseits statuiert die Norm einen grundsätzlichen Vorrang des anonymisierten Zugangs zu den Inhalten notarieller Urkunden und Verzeichnisse. Anderseits soll die Erteilung von Auskünften gegenüber der Gewährung einer Einsichtnahme grundsätzlich Vorrang haben.[1] Im Rahmen der danach zu treffenden Entscheidungen ist stets auch der den zuständigen Stellen entstehende Aufwand angemessen zu berücksichtigen.[2] 2

II. Grundsatz des anonymisierten Zugangs zu Inhalten notarieller Urkunden und Verzeichnisse (Abs. 1)

Abs. 1 sieht zunächst vor, dass die zuständige Justizverwaltung den Zugang zu den Inhalten notarieller Urkunden und Verzeichnisse grundsätzlich nur in anonymisierter Form gewähren darf. Der Begriff der Anonymisierung ist dabei ausweislich der Entwurfsbegründung dem Datenschutzrecht entlehnt, auch im vorliegenden Kontext geht es darum, dass personenbezogene Daten so verändert werden, dass sie keiner Person mehr zugeordnet werden können.[3] 3

Ein nicht anonymisierter Zugang zu nach § 18 der notariellen Verschwiegenheit unterliegenden Informationen[4] kommt nach Nr. 1 (nur) dann in Betracht, wenn dieser für die Realisierung des Forschungszweckes erforderlich ist, was nach § 18a Abs. 2 S. 4 (→ § 18a Rn. 13) im Antrag entsprechend darzulegen ist. Das „soweit" im Gesetzeswortlaut zeigt, dass ggf. auch ein teilanonymisierter Zugang möglich und zu gewähren ist. Nach Nr. 2 kommt ein nicht anonymisierter Zugang weiterhin in Betracht, wenn die Anonymisierung einen unverhältnismäßigen Aufwand erfordern würde. An dieser Stelle will der Gesetzgeber auch die Arbeitsfähigkeit der verwahrenden und Zugang gewährenden Stelle hinreichend geschützt und gewahrt wissen; der mit der Anonymisierung einhergehende Aufwand muss von der verwahrenden Stelle leistbar und mit Blick auf die betroffenen Rechtsgüter verhältnismäßig sein.[5] 4

1 Vgl. BT-Drs. 19/26828, 126.
2 Vgl. BT-Drs. 19/26828, 126.
3 Vgl. BT-Drs. 19/26828, 126.
4 Dabei sind auch die Rückausnahme des § 18 Abs. 1 S. 3 (Offenkundigkeit oder kein Bedürfnis nach einer Geheimhaltung) zu beachten, vgl. BT-Drs. 19/26828, 126. Die Entwurfsbegründung weist weiter zutreffend darauf hin, dass nicht nur personenbezogene Daten im Sinne des Datenschutzrechts in den Schutzbereich des § 18 fallen, vielmehr werden auch Informationen zu juristischen Personen erfasst.
5 Vgl. BT-Drs. 19/26828, 126.

III. Besondere Anforderungen an einen nicht anonymisierten Zugang zu Inhalten notarieller Urkunden und Verzeichnisse (Abs. 2 und 4)

5 Für den Fall, dass die zuständige Stelle vom grundsätzlichen Vorliegen der Voraussetzungen des Abs. 1 für einen nicht anonymisierten Zugang ausgeht, sieht Abs. 2 weitere tatbestandliche Voraussetzungen für diesen vor.

6 Nach Abs. 2 S. 1 hat die Landesjustizverwaltung eine Abwägung der kollidierenden Interessen vorzunehmen und sorgfältig zu prüfen, ob bei Gewährung eines nicht anonymisierten Zugangs das Forschungsinteresse des Antragsstellers das Geheimhaltungsinteresse der betroffenen natürlichen oder juristischen Person(en) tatsächlich überwiegt. Bestehen Anhaltspunkte für ein Überwiegen des Geheimhaltungsinteresses der betroffenen Person(en), ist dieser/diesen nach Abs. 2 S. 2 vor der Gewährung eines nicht anonymisierten Zugangs Gelegenheit zur Stellungnahme zu geben, dies gilt nach Abs. 2. S. 3 wiederum nicht, wenn eine Stellungnahme der betroffenen Person(en) nicht oder nur mit unverhältnismäßigen Schwierigkeiten zu erlangen ist. Ausweislich der Entwurfsbegründung[6] ist die letztgenannte Rückausnahme entsprechend der zu § 18 Abs. 2 entwickelten Grundsätze[7] zu handhaben.

7 Der Begriff der betroffenen Person ist gerade unter Berücksichtigung des gesetzlichen Schutzzwecks – auch ausweislich der Entwurfsbegründung – weit zu verstehen. Erfasst werden insoweit nicht nur formell Beteiligte iSv § 6 S. 2 BeurkG, sondern vielmehr auch materiell Beteiligte iSv § 7 BeurkG, dh Personen, deren Rechte, Pflichten oder Verbindlichkeiten durch den Inhalt der notariellen Amtstätigkeit unmittelbar begründet, erweitert oder vermindert werden.[8] Weitergehend können Betroffene im vorstehenden Sinne aber auch weitere Personen wie etwa die Rechtsnachfolger der vorstehend benannten Personen oder auch der beurkundende Notar selbst sein.[9]

8 Angesichts der hohen Bedeutung der Forschungsfreiheit geht der Gesetzgeber auch insoweit davon aus, dass das Forschungsinteresse im Regelfall das Geheimhaltungsinteresse der betroffenen Personen überwiegen wird. Eine Rückausnahme ist allerdings vor allem mit Blick auf letztwillige Verfügungen zu machen. Jedenfalls so lange diese noch nicht eröffnet sind, dürfte auch nach der Entwurfsbegründung regelmäßig von einem Überwiegen des Geheimhaltungsinteresses auszugehen sein; Gleiches kann auch für einen gewissen Zeitraum nach Eröffnung der letztwilligen Verfügung gelten.[10]

9 Bei Gewährung eines nicht anonymisierten Zugangs sind weiterhin die Vorgaben des Abs. 4 zu beachten. Ist der Forschende nicht Amtsträger oder für den öffentlichen Dienst besonders Verpflichteter, ist zusätzlich eine Verpflichtung nach dem Verpflichtungsgesetz erforderlich.[11]

IV. Modalitäten der Zugangsgewährung (Abs. 3)

10 Unabhängig davon, ob sich die Landesjustizverwaltung oder eine andere nach § 112 im Wege der Delegation zuständige Stelle (→ § 18a Rn. 16) bei Anwendung der Vorgaben der Abs. 1 und 2 für einen anonymisierten oder nicht anonymisierten Zugang entschieden hat, hat die verwahrende Stelle im Anschluss

---

6 BT-Drs. 19/26828, 127.
7 Siehe dazu etwa Frenz/Miermeister/*Bremkamp*, § 18 BNotO Rn. 54 ff.
8 Vgl. BT-Drs. 19/26828, 127.
9 BT-Drs. 19/26828, 127.
10 Vgl. BT-Drs. 19/26828, 127.
11 Zu den Modalitäten der Verpflichtung vgl. § 1 Abs. 2, 3 und 4 Nr. 2 VerpflG sowie BT-Drs. 19/26828, 128.

über die weitere Art und Weise der Eröffnung des Zugangs zu den angefragten notariellen Urkunden und Verzeichnissen zu entscheiden. Nach Abs. 3 S. 1 ist der Zugang grundsätzlich durch die Erteilung von Auskünften zu gewähren, was nur dann nicht gilt, wenn diese Auskünfte zur Erreichung des Forschungszwecks nicht genügen oder die Auskunftserteilung einen unverhältnismäßigen Aufwand erforderte. Der Gesetzgeber hält sich auch in der Entwurfsbegründung dazu bedeckt, wann in diesem Sinne von einer Unverhältnismäßigkeit auszugehen ist, die verwahrende Stelle hat insoweit letztlich die persönlichkeitsrechtlichen Belange der betroffenen Personen gegen den Mehraufwand abzuwägen, der durch die Erteilung einer Auskunft und die dafür erforderliche vorherige Sichtung der betreffenden notariellen Urkunden und Verzeichnisse entsteht.

Ist danach eine Auskunftserteilung zur Erreichung des Forschungszwecks nicht genügend oder mit einem unverhältnismäßigen Aufwand verbunden, hat die verwahrende Stelle Einsicht in die betreffenden notariellen Urkunden und Verzeichnisse zu gewähren und auf Verlangen auch Abschriften derselben zur Verfügung zu stellen. Nach Abs. 3 S. 3 ist die Herausgabe der Urkunden und Verzeichnisse in jedem Fall unzulässig, dient die amtliche Verwahrung doch gerade dazu, die dauerhafte und jederzeitige Verfügbarkeit der Urkunde bzw. des Verzeichnisses sicherzustellen. Bei Herausgabe derselben drohten hingegen Beschädigung und Verlust.[12] 11

§ 18c Schutz von Inhalten beim Zugang zu Forschungszwecken

(1) [1]Forschende haben diejenigen ihnen zu Forschungszwecken zugänglich gemachten Inhalte notarieller Urkunden und Verzeichnisse, die der Verschwiegenheitspflicht nach § 18 unterliegen, gegen unbefugte Kenntnisnahme zu schützen. [2]Sie haben die an dem Forschungsvorhaben mitwirkenden Personen, die Zugang zu solchen Inhalten erhalten sollen, in Textform zur Verschwiegenheit zu verpflichten und auf die Strafbarkeit einer Pflichtverletzung hinzuweisen. [3]Inhalte im Sinne des Satzes 1 sind zu vernichten, sobald sie für das Forschungsvorhaben nicht mehr benötigt werden.

(2) [1]Inhalte im Sinne des Absatzes 1 Satz 1 dürfen nur für das Forschungsvorhaben verwendet werden, für das der Zugang gewährt worden ist. [2]Die Verwendung für andere Forschungsvorhaben bedarf der vorherigen Zustimmung der Landesjustizverwaltung. [3]Für die Erteilung der Zustimmung gelten § 18a Absatz 1 und § 18b Absatz 1 und 2 Satz 2 und 3 entsprechend.

(3) [1]Forschende dürfen Inhalte im Sinne des Absatzes 1 Satz 1 nur veröffentlichen, wenn dies für die Darstellung des Forschungsergebnisses unerlässlich ist. [2]Eine Veröffentlichung bedarf der vorherigen Zustimmung der Landesjustizverwaltung. [3]§ 18b Absatz 2 Satz 2 und 3 gilt entsprechend.

12 Vgl. BT-Drs. 19/26828, 128.

I. Normzweck

1 § 18c trifft Regelungen dazu, wie die Forschenden mit den von ihnen erlangten Inhalten umzugehen haben, insbesondere werden diese verpflichtet, gewisse Schutzmaßnahmen zu ergreifen. Etwaige Pflichtverletzungen durch die Forschenden werden – soweit einschlägig – regelmäßig mit dem Mitteln des Dienst- und Disziplinarrechts und ggf. auch des Strafrechts zu ahnden sein.

II. Schutz- und Sorgfaltspflichten Forschender im Hinblick auf der notariellen Verschwiegenheit unterliegende Informationen (Abs. 1)

2 Nach Abs. 1 S. 1 haben Forschende der Verschwiegenheitspflicht nach § 18 unterfallende Informationen gegen unbefugte Kenntnisnahme zu schützen. Der Gesetzgeber zieht in der Entwurfsbegründung insoweit eine Parallele zum Datenschutzrecht und hält daher daran orientiert Maßnahmen für angezeigt und erforderlich, die nötig sind, um die unbefugte Kenntnisnahme personenbezogener Daten zu verhindern.[1]

3 Nach Abs. 1 S. 2 sind die Forschenden weiterhin verpflichtet, Personen, die am Forschungsvorhaben mitwirken und Kenntnis von den Inhalten erhalten sollen, in Textform zur Verschwiegenheit zu verpflichten und auf die Strafbarkeit etwaiger Pflichtverletzungen nach § 203 Abs. 4 S. 1 iVm Abs. 2 S. 1 Nr. 1, 2 oder 6 StGB hinzuweisen. In Anlehnung an die durch das Gesetz zur Reform des notariellen Berufsrechts und zur Änderung weiterer Vorschriften[2] in § 26a Abs. 3 S. 2 Nr. 3 vorgenommenen Änderungen sieht der Gesetzgeber für die Verschwiegenheitsvereinbarung nicht mehr die Schriftform, sondern konsequenterweise ebenfalls die Textform vor, dies vermag in der Sache angesichts der dadurch deutlich gesteigerten Praktikabilität zu überzeugen.

4 Nach Abs. 1 S. 3 sind der Verschwiegenheitspflicht nach § 18 unterliegende Inhalte schließlich zu vernichten, sobald sie für das Forschungsvorhaben nicht mehr benötigt werden. Der Gesetzgeber weist in der Entwurfsbegründung zutreffend darauf hin, dass diese Regelung jedenfalls mit Blick auf personenbezogene Daten nur eingeschränkt eigenständige Bedeutung hat, ergibt sich eine entsprechende Verpflichtung doch auch schon aus Art. 5 Abs. 1 lit. c DS-GVO.[3] Anders ist dies hingegen mit Blick auf sonstige, dem Schutzbereich des § 18 unterfallende Informationen (insbesondere zu juristischen Personen, → § 18a Rn. 14), dort kommt der Vernichtungspflicht durchaus eigenständiger Regelungsgehalt zu.

1 Vgl. BT-Drs. 19/26828, 128.
2 Das Gesetz ist am 2.7.2021 verkündet worden und zu weiten Teilen am 1.8.2021 in Kraft getreten, vgl. BGBl. 2021 I 2154.
3 Vgl. BT-Drs. 19/26828, 129.

III. Zweckbindung im Hinblick auf der notariellen Verschwiegenheit unterliegende Informationen (Abs. 2)

Abs. 2 S. 1 sieht weitergehend eine grundsätzliche Zweckbindung dem Schutzbereich von § 18 unterfallender Informationen vor. Danach dürfen diese Inhalte grundsätzlich nur für die Forschungsarbeit verwendet werden, für die der Zugang beantragt und gewährt wurde. Eine Verwendung für andere Forschungsvorhaben bedarf nach Abs. 2 S. 2 der vorherigen Zustimmung der zuständigen Landesjustizverwaltung, wofür wiederum § 18a Abs. 1 und § 18b Abs. 1 und 2 S. 2 und 3 entsprechend gelten. Der Gesetzgeber bringt dadurch zum Ausdruck, dass die Voraussetzungen für die Zugangsgewährung zu Inhalten von notariellen Urkunden und Verzeichnissen in jedem Einzelfall für jedes Forschungsvorhaben gesondert zu prüfen sind.[4] 5

IV. Besondere Anforderungen für die Veröffentlichung der notariellen Verschwiegenheit unterliegender Informationen (Abs. 3)

Mit Blick auf der Verschwiegenheitspflicht nach § 18 unterliegende Inhalte führt eine Veröffentlichung der durch den Zugang erlangten Informationen zu einer Verstärkung des Eingriffs in die Rechte der betroffenen Personen, insbesondere, weil diese dadurch der Öffentlichkeit zugänglich gemacht werden.[5] 6

Abs. 3 S. 1 sieht daher vor, dass eine solche Veröffentlichung nur dann zulässig ist, wenn dies für die Darstellung des Forschungsergebnisses unerlässlich ist, auch dies ist vom Forschenden entsprechend darzulegen. Der Gesetzgeber geht davon aus, dass eine Unerlässlichkeit im vorstehenden Sinne insbesondere dann regelmäßig gegeben sein wird, wenn die betroffene Person den Gegenstand des Forschungsvorhabens gebildet hat. Insbesondere wenn im Rahmen des Forschungsvorhabens ein konkreter Bezug zwischen einem konkreten Vorgang oder Ereignis und der betroffenen Person hergestellt werden soll, wird es dem Forschenden kaum möglich sein, das Ergebnis seiner Forschung ohne individuelle Bezugnahmen darzustellen. Geht es im Rahmen des Forschungsvorhabens hingegen um die Darstellung allgemeiner Vorgänge oder Ereignisse, wird das Forschungsvorhaben regelmäßig ohne individuelle Bezugnahmen darstellbar sein.[6] 7

Nach Abs. 3 S. 2 bedarf die Veröffentlichung der Zustimmung der zuständigen Landesjustizverwaltung, wobei für das Verfahren insoweit nach Abs. 3 S. 3 die Vorgaben von 18b Abs. 2 S. 2 und 3 entsprechend gelten. Die Landesjustizverwaltung hat in der Folge wiederum eine Abwägung der kollidierenden Interessen vorzunehmen und im Falle eines möglicherweise überwiegenden Geheimhaltungsinteresse zumindest im Grundsatz der/den betroffenen Person(en) Gelegenheit zur Stellungnahme zu geben. 8

§ 18d Kosten des Zugangs zu Forschungszwecken

(1) [1]Für den Zugang zu Inhalten notarieller Urkunden und Verzeichnisse zu Forschungszwecken werden Gebühren nach dem Gebührenverzeichnis der Anlage 1 erhoben. [2]Soweit die einen Kostentatbestand auslösende Amtshandlung von einem Notar oder einer Notarkammer vorgenommen wurde, sind bundesrechtliche oder landesrechtliche Vorschriften, durch die eine sachliche oder per-

4 Vgl. BT-Drs. 19/26828, 129.
5 Vgl. BT-Drs. 19/26828, 129.
6 Vgl. BT-Drs. 19/26828, 129.

sönliche Befreiung von Kosten gewährt wird, nicht anzuwenden. [3]Im Übrigen sind mit Ausnahme des dortigen § 4 Absatz 2 Satz 1 die Vorschriften des Justizverwaltungskostengesetzes entsprechend anzuwenden.

(2) [1]Die Kosten werden von der Landesjustizverwaltung angesetzt. [2]Soweit die einen Kostentatbestand auslösende Amtshandlung von einem Notar oder einer Notarkammer vorgenommen wurde, führt die Landesjustizverwaltung die hierfür vereinnahmten Kosten an die vornehmende Stelle ab. [3]Soweit die vornehmende Stelle auf die Kosten Umsatzsteuer zu entrichten hat, ist diese mit anzusetzen.

Anlage 1
(zu § 18d Absatz 1)

Gebührenverzeichnis (Zugang zu Inhalten notarieller Urkunden und Verzeichnisse zu Forschungszwecken)

Nr.	Gebührentatbestand	Gebührenbetrag
10	Entscheidung über einen Antrag auf Gewährung des Zugangs zu Inhalten notarieller Urkunden und Verzeichnisse	25,00 bis 250,00 €
20	Erteilung einer Auskunft aus notariellen Urkunden oder Verzeichnissen Die Gebühr fällt nur einmal an, auch wenn mehrere Stellen mit der Erteilung der Auskunft befasst sind.	20,00 bis 200,00 €
30	Gewährung der Einsicht in notarielle Urkunden und Verzeichnisse:	
	1. wenn keine Anonymisierung von Inhalten erfolgt, je notarieller Urkunde oder notariellem Verzeichnis	10,00 €
	2. wenn eine Anonymisierung von Inhalten erfolgt, je notarieller Urkunde oder notariellem Verzeichnis	20,00 €
	Die Gebühren betragen insgesamt höchstens 3.000,00 €, wenn die Gewährung der Einsicht aufgrund eines Antrags erfolgt. Die Höchstgebühr gilt unabhängig davon, wie viele Stellen mit der Gewährung der Einsicht befasst sind.	
40	Entscheidung über einen Antrag auf Zustimmung zur Verwendung verschwiegenheitspflichtiger Inhalte für ein anderes Forschungsvorhaben	20,00 bis 100,00 €
50	Entscheidung über einen Antrag auf Zustimmung zur Veröffentlichung verschwiegenheitspflichtiger Inhalte	20,00 bis 100,00 €

I. Normzweck und Überblick über das Gebührenverzeichnis nach Anlage 1 zur BNotO

1 § 18d sieht vor, dass für den Zugang zu Forschungszwecken Gebühren und Auslagen (Kosten) erhoben werden. Der Gesetzgeber bei Festlegung der Kostentatbestände für die einzelnen in den §§ 18a-18c vorgesehenen Verfahrensschritte, nämlich

- Entscheidung über einen Antrag auf Gewährung des Zugangs zu Inhalten notarieller Urkunden und Verzeichnissen (Gebühr 10 als Rahmengebühr),
- Erteilung einer Auskunft aus notariellen Urkunden oder Verzeichnissen (Gebühr 20 als Rahmengebühr),

- Gewährung der Einsicht in notarielle Urkunden und Verzeichnisse (Gebühr 30),
- Entscheidung über einen Antrag auf Zustimmung zur Verwendung verschwiegenheitspflichtiger Inhalte für ein anderes Forschungsvorhaben (Gebühr 40 als Rahmengebühr) und schließlich
- Entscheidung über einen Antrag auf Zustimmung zur Veröffentlichung verschwiegenheitspflichtiger Inhalte (Gebühr 50 als Rahmengebühr)

in der ebenfalls neu geschaffenen und vorstehend mit abgedruckten Anlage 1 zur BNotO im Grundsatz das Kostendeckungsprinzip zugrunde gelegt, dabei jedoch teils erhebliche Deckelungen vorgesehen, die mit dem öffentlichen Interesse an der Durchführung von Forschungsvorhaben begründet werden.[1] So fällt die Gebühr 20 auch dann nur einmal an, wenn mehrere Stellen mit der Erteilung der Auskunft befasst sind. Weiterhin sind die Gebühren für die Gewährung der Einsicht nach Nr. 30, die im Grunde durchaus lebensnah aufwandsbezogen danach differenziert sind, ob eine Einsicht anonymisiert oder nicht anonymisiert erfolgt, auf insgesamt maximal 3.000 EUR[2] gedeckelt, wenn die Einsicht aufgrund eines Antrages erfolgt. Dies gilt zudem unabhängig davon, wie viele Stellen mit der Gewährung der Einsicht befasst sind. 2

Die Entwurfsbegründung erkennt insoweit durchaus an, dass es in Ausnahmefällen, insbesondere bei sehr umfangreichen Forschungsvorhaben, zu erheblichen Spitzen und Sonderbelastungen insbesondere für die verwahrende Stelle kommen kann, ist sich jedoch sicher, dass derartige Fälle nur höchst selten zu erwarten seien.[3] In der Befürchtung, dass gerade umfassende Forschungsvorhaben am damit verbundenen Kostenaufwand scheitern könnten, sieht der Gesetzgeber insbesondere die verwahrende Stelle in der Pflicht, ggf. weitgehend kompensationslos entsprechende Sonderopfer zu erbringen.[4] Zurückgehend auf entsprechende Beispielrechnungen im Referentenentwurf für das Gesetz zur Reform des notariellen Berufsrechts und zur Änderung weiterer Vorschriften[5] war im Gesetzgebungsverfahren von verschiedenen Seiten angeregt worden, zumindest für denkbare Extremfälle eine Härtefallregelung vorzusehen, auch der Bundesrat hatte auf eine grundlegende Modifizierung des Gebührenverzeichnisses gedrungen, insbesondere sollte die vorbeschriebene Gebührendeckelung nicht auf das Forschungsvorhaben, sondern vielmehr (nur) auf die jeweils die Amtshandlung vornehmende Stelle bezogen werden.[6] Der Gesetzgeber ist dem aber letztlich nicht gefolgt. 3

Es bleibt zu hoffen, dass sich die vorstehend beschriebenen Erwartungen und Prognosen des Gesetzgebers bestätigt werden, drohte sonst doch leicht eine weitgehend kompensationslose und auch für die rechtsuchende Bevölkerung wenig erstrebenswerte Lahmlegung der verwahrenden Stelle. Die Entwurfsbegründung[7] weist insoweit aber immerhin darauf hin, dass gerade bei umfangreichen Forschungsvorhaben jedenfalls die Schwelle der Verhältnismäßigkeit im Hinblick auf eine Anonymisierung nach § 18b Abs. 1 Nr. 2 durchaus zeitig 4

1 Vgl. BT-Drs. 19/26828, 211.
2 Im Regierungsentwurf war ursprünglich gar ein Gebührendeckel von 1.000 EUR vorgesehen, vgl. BT-Drs. 19/26828, 35.
3 Vgl. BT-Drs. 19/26828, 212.
4 Vgl. BT-Drs. 19/26828, 212.
5 Vgl. RefE, 95 f., abrufbar unter https://www.bmjv.de/SharedDocs/Gesetzgebungsverfahren/DE/Modernisierung_notarielles_Berufsrecht.html (Datum des letzten Abrufs 4.7.2021).
6 Vgl. BR-Drs. 20/1/21, 14 f.
7 Vgl. BT-Drs. 19/26828, 212.

überschritten werden kann, dies würde den durch die Einsichtnahme entstehenden Aufwand für die verwahrende Stelle zumindest etwas verringern.

II. Grundsätze der Gebührenerhebung für den Zugang zu Forschungszwecken (Abs. 1)

5 Für die Ausfüllung der im Gebührenverzeichnis vorgesehenen Rahmengebühren gelten gemäß Abs. 1 S. 3 die Kriterien des § 4 Abs. 2 S. 2 JVKostG entsprechend.[8] Mit Ausnahme von § 4 Abs. 2 S. 1 JVKostG sind gemäß Abs. 1 S. 3 auch im Übrigen die Vorschriften des JVKostG entsprechend anzuwenden.[9]

6 Durch die Dispensierung der in Abs. 1 S. 2 genannten Gebührenbefreiungstatbestände mit Blick auf Amtshandlungen eines Notars oder auch einer Notarkammer soll sichergestellt werden, dass diese für ihre Amtshandlungen tatsächlich entschädigt werden, sind diese doch – anders als etwa die Landesjustizverwaltungen – nicht staatlich finanziert. Zudem geht auch der Gesetzgeber davon aus, dass die Notare und Notarkammern regelmäßig die Hauptlast der kostenpflichten Amtshandlungen zu tragen haben.[10]

III. Modalitäten der Kostenerhebung (Abs. 2)

7 Abs. 2 sieht schließlich Regelungen dafür vor, wie die Kostenerhebung technisch im Einzelnen zu erfolgen hat. Nach Abs. 2 S. 1 sind die Kosten zentral von der Landesjustizverwaltung anzusetzen, die über den Antrag auf Gewährung von Zugang entschieden hat. Dadurch will der Gesetzgeber vermeiden, dass bei Beteiligung mehrerer Stellen mehrere Kostengläubiger bestehen. Der Forschende soll sich vielmehr nur einem Kostengläubiger gegenübersehen.[11]

8 Nicht explizit geregelt hat der Gesetzgeber die Frage, wie insoweit mit länderübergreifenden Forschungsvorhaben umzugehen ist. Da bei Anwendung der Vorgaben des Abs. 2 auch auf derartige Sachverhalte insbesondere eine aufwendige Abstimmung zwischen den verschiedenen betroffenen Landesjustizverwaltungen erforderlich wäre, spricht viel dafür, dass der Gesetzgeber die Gebührenerhebung und -deckelung für jedes Land gesondert regeln wollte und entsprechende länderübergreifende Abstimmungsvorgänge damit entbehrlich sind. Dafür spricht auch, dass der Gesetzgeber die Zugangsentscheidung nach § 18a („Ob") der jeweiligen Landesjustizverwaltung überantwortet und damit schon dem Grunde nach ein Verfahren „Land für Land" vorgesehen hat.

9 Abs. 2 S. 2 sieht einen Mechanismus für die Verteilung der erhobenen Gebühren bei Beteiligung mehrerer Stellen vor, die nicht allesamt der unmittelbaren staatlichen Sphäre angehören. Die Gebühren sollen der vereinnahmenden (staatlichen) Stelle nur insoweit verbleiben, als sie die gebührenauslösende Amtshandlung auch tatsächlich erbracht hat. Ist diese hingegen von einem Notar bzw. einer Notarkammer vorgenommen worden, sind die vereinnahmtem Kosten an die „Leistungserbringer" weiterzuleiten. Für den Fall, dass demgegenüber alle beteiligten Stellen der unmittelbaren staatlichen Sphäre zuzuordnen sind, hat der Gesetzgeber eine bundesgesetzliche Regelung für entbehrlich

8 Zur Ausfüllung der verschiedenen Rahmengebühren, insbesondere auch zur Frage, wann eine Orientierung am unterem oder auch am oberen Ende des Gebührenrahmens angezeigt erscheint, vgl. im Einzelnen BT-Drs. 19/26828, 211.
9 Vgl. dazu BT-Drs. 19/26828, 130.
10 Vgl. BT-Drs. 19/26828, 130.
11 Vgl. BT-Drs. 19/26828, 130.

gehalten, die Verteilung der Kosten soll sich in diesem Fall allein nach dem jeweiligen Landesrecht richten.[12]

Reichen die vereinnahmten Kosten – insbesondere wegen Erreichens des Gebührendeckels von 3.000 EUR für die Gewährung von Einsichten – nicht, alle vorgenommenen, an sich gebührenpflichten Amtshandlungen auszugleichen, sollen die vereinnahmten Beträge anteilig gekürzt und nach den vorgenommenen Amtshandlungen abgeführt werden.[13] 10

Abs. 2 S. 3 sieht schließlich eine Klarstellung für den Fall vor, dass die Stelle, welche eine kostenpflichtige Amtshandlung vorgenommen hat, in Bezug auf die Kosten umsatzsteuerpflichtig ist. In diesem Fall hat die Justizverwaltung die Umsatzsteuer mitanzusetzen und an die vornehmende Stelle abzuführen. 11

Auch bezüglich der vorbeschriebenen Kostenerhebungsmodalitäten wird abzuwarten sein, ob sich diese im Alltag wirklich als praxistauglich erweisen werden. Auch der Bundesrat hatte auf den mit einer zentralen Kostenerhebung verbundenen hohen Verwaltungsaufwand hingewiesen und darauf gedrungen, dass die Kosten dort angesetzt werden, wo sie anfallen.[14] Bei der vom Gesetzgeber letztlich gewählten Art der Deckelung (Forschungsvorhaben, nicht jede verwahrende Stelle gesondert) ist aber einzuräumen, dass eine dezentrale Kostenerhebung gerade hinsichtlich der effektiven Durchsetzung der Deckelung erheblichen Abstimmungsbedarf zwischen den verschiedenen beteiligten Stellen nach sich gezogen hätte. 12

§ 19 Amtspflichtverletzung

(1) [1]Verletzt der Notar vorsätzlich oder fahrlässig die ihm anderen gegenüber obliegende Amtspflicht, so hat er diesen den daraus entstehenden Schaden zu ersetzen. [2]Fällt dem Notar nur Fahrlässigkeit zur Last, so kann er nur dann in Anspruch genommen werden, wenn die Verletzten nicht auf andere Weise Ersatz zu erlangen vermögen; das gilt jedoch nicht bei Amtsgeschäften der in §§ 23, 24 bezeichneten Art im Verhältnis zwischen dem Notar und seinen Auftraggebern. [3]Im übrigen sind die Vorschriften des Bürgerlichen Gesetzbuchs über die Schadensersatzpflicht im Fall einer von einem Beamten begangenen Amtspflichtverletzung entsprechend anwendbar. [4]Eine Haftung des Staates an Stelle des Notars besteht nicht.

(2) [1]Hat ein Notarassessor bei selbständiger Erledigung eines Geschäfts der in §§ 23, 24 bezeichneten Art eine Amtspflichtverletzung begangen, so haftet er in entsprechender Anwendung des Absatzes 1. [2]Hatte ihm der Notar das Geschäft zur selbständigen Erledigung überlassen, so haftet er neben dem Assessor gesamtschuldnerisch; im Verhältnis zwischen dem Notar und dem Assessor ist der Assessor allein verpflichtet. [3]Durch das Dienstverhältnis des Assessors zum Staat (§ 7 Abs. 3) wird eine Haftung des Staates nicht begründet. [4]Ist der Assessor als Notarvertretung des Notars tätig gewesen, so bestimmt sich die Haftung nach § 46.

(3) Für Schadensersatzansprüche nach Absatz 1 und 2 sind die Landgerichte ohne Rücksicht auf den Wert des Streitgegenstandes ausschließlich zuständig.

12 Vgl. BT-Drs. 19/26828, 130.
13 Vgl. BT-Drs. 19/26828, 130.
14 Vgl. BR-Drs. 20/1/21, 8.

I. Die Amtshaftung nach § 19

1 Die Haftung eines Notars für seine notarielle Amtstätigkeit richtet sich ausschließlich nach § 19. Verletzt danach der Notar vorsätzlich oder fahrlässig die ihm einem anderen gegenüber obliegende Amtspflicht, so hat er diesem den daraus entstehenden Schaden zu ersetzen. Während sich die Haftung anderer beratender Berufe (Rechtsanwälte, Steuerberater, Wirtschaftsprüfer) aus dem mit dem Mandanten abgeschlossenen Vertrag herleitet (§ 280 BGB), handelt der Notar nicht als Vertragspartner der mit seiner Amtstätigkeit in Berührung kommenden Rechtsuchenden, sondern als Träger eines öffentlichen Amtes. Die Haftung beruht daher nicht auf vertraglicher Grundlage, sondern ausschließlich auf der gesetzlichen Anordnung in § 19.[1] Die Haftung ist daher nicht dispositiv und kann von dem Notar – auch bei selbstständigen Betreuungsgeschäften nach §§ 23, 24 – zusammen mit den Rechtsuchenden nicht durch Vereinbarung abgeändert werden.[2] Die Norm ist der Staatshaftung angelehnt; allerdings ist eine Haftung des Staates für die Tätigkeit des Notars ausgeschlossen. Für die Verletzung von Amtspflichten haftet ausschließlich und persönlich der Notar.

2 Einerseits ergeben sich viele Parallelen zur Haftung anderer Berufsträger, insbesondere der Haftung von Rechtsanwälten. Andererseits weist die Notarhaftung eine Vielzahl berufsspezifischer Besonderheiten auf. Diese ergeben sich einerseits aus seiner unabhängigen Stellung als Amtsträger gegenüber den an dem Amtsgeschäft Beteiligten. Diese sind seinen berufsspezifischen Pflichten geschuldet. Andererseits haftet der Notar als Amtsträger nur subsidiär, woraus sich eine Vielzahl von materiellrechtlichen und prozessrechtlichen Besonderheiten herleitet.

1 Schippel/Bracker/*Schramm*, BNotO § 19 Rn. 1; *Arndt/Lerch/Sandkühler* BNotO § 19 Rn. 2.

2 Allgemeine Auffassung siehe *Arndt/Lerch/Sandkühler* BNotO § 19 Rn. 265; Frenz/Miermeister/*Frenz* BNotO § 19 Rn. 4.

II. Amtspflichten

Vergleichbar mit der Haftung von Rechtsanwälten bei der Ausübung ihres Berufes, ist Grundvoraussetzung für die Haftung eines Notars die **Verletzung seiner Amtspflichten.** Diese sind für die Tätigkeit von Notaren – anders als bei Rechtsanwälten – weitgehend gesetzlich vorgegeben, haben aber durch die Rechtsprechung im Laufe der Jahrzehnte eine sehr differenzierte Ausprägung erfahren. Es empfiehlt sich, die Amtspflichtverletzungen nach den Tätigkeitsbereichen eines Notars zu gliedern. 3

1. Pflichten im Zusammenhang mit dem Beurkundungsvorgang. a) Wahrheitsgemäße Bezeugung und Erfassung des Willens der Urkundsbeteiligten. Nach § 17 Abs. 1 S. 1 BeurkG soll der Notar den Willen der Beteiligten erforschen, den Sachverhalt klären und ihre Erklärungen klar und unzweideutig in der Niederschrift wiedergeben. Zu Beginn jeder notariellen Tätigkeit steht daher die **Aufklärung** der dem zu beurkundenden Geschäft **zugrunde liegenden objektiven Tatsachen** sowie die **Klärung des Willens der Parteien.** Dabei darf sich der Notar zwar auf die Angaben der Urkundsbeteiligten verlassen.[3] Sind deren Angaben jedoch (im Hinblick auf den rechtlich relevanten Sachverhalt) erkennbar lückenhaft oder widersprüchlich oder ergeben sich sonstige Ungereimtheiten, so hat der Notar dies durch entsprechende **Nachfragen** zu klären.[4] Er ist jedoch nicht verpflichtet, ohne weitere Veranlassung „ins Blaue hinein" nachzufragen oder weitere Nachforschungen anzustellen.[5] 4

Den so ermittelten Sachverhalt und Willen der Urkundsbeteiligten hat der Notar in klarer und unzweideutiger Erklärung in der Niederschrift wiederzugeben (**Formulierungsgebot,** § 17 Abs. 1 S. 1 BeurkG). Bestehen Zweifel, ob das Geschäft dem Willen der Beteiligten entspricht, so ist dies mit den Beteiligten zu erörtern (§ 17 Abs. 2 BeurkG). Das gilt auch, wenn erkennbar ist, dass die Urkundsbeteiligten verwendete Rechtsbegriffe falsch verstehen oder die Tragweite ihrer rechtlichen Erklärungen nicht übersehen.[6] Ziel ist, den Willen der Parteien mit dem Wortlaut der Niederschrift so in Einklang zu bringen, dass eine nicht mit dem Willen der Beteiligten vereinbare Auslegung weitestgehend ausgeschlossen werden kann.[7] 5

Zu den grundlegenden Pflichten bei der Umsetzung des Willens der Urkundsbeteiligten gehört, dass der Notar hierbei **den sichersten Weg zu wählen** hat.[8] Klassiker der Notarhaftung ist hierbei die sogenannte „ungesicherte Vorleistung", bei der eine der Vertragsparteien dem Insolvenzrisiko der anderen Vertragspartei ausgesetzt ist. Diese löst seitens des Notars eine sogenannte doppelte Belehrungspflicht aus (→ Rn. 8). Die konkrete Umsetzung dieses Gebotes sorgt in Haftpflichtprozessen immer für Auseinandersetzungen. Haben die Urkundsbeteiligten einen Weg vorgeschlagen, der nicht dem Gebot des sichersten Weges entspricht, so sind entsprechende Belehrungen des Notars nur dann angezeigt, wenn für den Notar erkennbar ist oder er damit rechnen muss, dass 6

---

3 BGH DNotZ 1996, 563 (564); BGH DNotZ 2018, 74.
4 Frenz/Miermeister/*Frenz* § 17 BeurkG Rn. 6.
5 BGH DNotZ 1996, 572 (573); anders bei Anhaltspunkten, siehe BGH NJW 2011, 1355.
6 *Lerch* BeurkG § 17 Rn. 16ff.
7 BGH DNotZ 1992, 811; BGH VersR 1993, 233.
8 In ständiger Rechtsprechung BGHZ 27, 274; BGH NJW 2009, 71 (72); BGH NJW 1992, 3237 (3239); siehe auch Ganter/Hertel/Wöstmann/*Ganter* Notarhaftungs-HdB Rn. 2166.

sich die Parteien den darin liegenden Risiken nicht bewusst sind.[9] Wählt der Notar von sich aus einen risikoreicheren Weg, so hat er dies mit den Urkundsbeteiligten zu erörtern. Gleiches gilt, wenn es im Hinblick auf die Vorgaben der Urkundsbeteiligten mehrere, gegebenenfalls sogar gleichwertige Gestaltungsalternativen gibt.[10] Der Notar ist jedoch ohne konkreten Anlass zu keiner umfassenden Gestaltungsberatung der Urkundsbeteiligten verpflichtet, insbesondere nicht, wenn die Vertragsgestaltung des Notars nicht wesentlich von dem gesetzlichen Leitbild abweicht.[11]

7 **b) Beachtung der Verfahrens- und Formvorschriften.** Haftungsträchtig ist die **Verletzung formeller Beurkundungsvorschriften**, für die den Notar die primäre Verantwortung trifft.[12] Das betrifft in der Praxis meist das Gebot der Vollständigkeit der Niederschrift, zB wenn in Bezug genommene Anlagen nicht ordnungsgemäß mitbeurkundet werden oder auf außerhalb der Niederschrift liegende Vereinbarungen verwiesen wird. Gleiches gilt, wenn (dem Notar bekannte) Nebenabreden der Urkundsbeteiligten nicht ordnungsgemäß mitbeurkundet werden.[13] Entsprechende Formmängel führen nach § 125 BGB zur Nichtigkeit des Rechtsgeschäfts.

8 **c) Belehrungspflichten.** Unterlassene Belehrungspflichten sind vielfach Gegenstand der Vorwürfe gegen Notare aus ihrer Beurkundungstätigkeit. Hier ist im Hinblick auf die Beweislast in einem Haftpflichtprozess zu unterscheiden. Das Beurkundungsgesetz schreibt für bestimmte Belehrungsinhalte vor, dass diese in die Niederschrift aufzunehmen sind (**gesetzlich angeordnete Belehrungspflichten**, vgl. §§ 17 Abs. 3, 18, 19, 20, 20a, 21 Abs. 1 S. 2, 38 Abs. 2, 53 Hs. 2 BeurkG). War eine solche Belehrung aufgrund der spezialgesetzlichen Regelung angezeigt und fehlt ein entsprechender Belehrungsvermerk in der Urkunde, so obliegt dem Notar im Notarhaftungsprozess die Darlegungs- und Beweislast dafür, dass eine entsprechend ordnungsgemäße Belehrung dennoch erfolgt ist (→ Rn. 46).[14]

9 Die Rechtsprechung hat darüber hinaus seit langem weitere, sog. **betreuende Belehrungspflichten** formuliert, zu denen der Notar zwar gesetzlich nicht verpflichtet ist, die ihm jedoch aufgrund seiner Betreuungspflicht gegenüber den Urkundsbeteiligten obliegen. Derartige Belehrungspflichten obliegen einem Notar dann, wenn einem Beteiligten ein Schaden droht, dieser ihn aus rechtlichen oder tatsächlichen Gründen nicht erkennt und sich dies aus der rechtlichen Gestaltung des Vertragswerks oder der Art seiner Durchführung ergibt.[15] Der Inhalt und der Umfang der Belehrung hängen von den Umständen des Einzelfalls ab, wie die umfangreiche Rechtsprechung hierzu zeigt.[16] Notare sind jedoch nicht verpflichtet, die tatsächlichen Voraussetzungen für den Anlass einer betreuenden Belehrung erst selbst zu ermitteln.[17] Dies gilt zum Beispiel auch für die steuerlichen Folgen des Geschäfts, zu dessen Klärung der Notar nicht

9 *Haug/Zimmermann* Amtshaftung Rn. 483; vgl. auch BGH DNotZ 1995, 407; OLG Frankfurt 15.2.2012 – 4 U 129/11; BGH NJW 2012, 619.

10 *Haug/Zimmermann* Amtshaftung Rn. 478.

11 *Haug/Zimmermann* Amtshaftung Rn. 482 ff.

12 *Arndt/Lerch/Sandkühler* BNotO § 19 Rn. 58 ff.

13 BGHZ 85, 315 (317).

14 Ganter/Hertel/Wöstmann/*Ganter* Notarhaftungs-HdB Rn. 1209; *Haug/Zimmermann* Amtshaftung Rn. 611.

15 *Lerch* BeurkG § 17 Rn. 108; BGH DNotZ 1989, 45.

16 BGH DNotZ 1998, 637; BGH DNotZ 2004, 843; BGH DNotZ 2005, 286; BGH NJW 2008, 1085; DNotZ 2011, 192; BGH DNotZ 2014, 679; BGH DNotZ 2016, 711.

17 BGH DNotZ 1996, 116 (117); BGH DNotZ 2008, 370 (371).

verpflichtet ist.[18] Die betreuende Belehrungspflicht findet ihre Grenze in der Verpflichtung des Notars zur Unparteilichkeit. Anders als bei den gesetzlich vorgeschriebenen Belehrungspflichten, deren Erfüllung schon aufgrund gesetzlicher Anordnung in der Niederschrift zu vermerken ist, ergibt sich aus dem Fehlen der betreuenden Belehrung in der Urkunde keine Beweislastumkehr zulasten des Notars.[19] Die Verletzung einer solchen Pflicht ist daher im Notarhaftungsprozess vom Urkundsbeteiligten zu beweisen.

d) **Außerordentliche Belehrungspflichten (Warnpflichten).** Neben den vorgenannten betreuenden Belehrungspflichten hat die Rechtsprechung darüber hinaus noch sogenannte außerordentliche Belehrungspflichten entwickelt, die zutreffender Weise jedoch besser als **Warnpflichten** beschrieben werden sollten. Es geht bei diesen Warnpflichten darum, „dem Unrecht zu wehren“,[20] insbesondere wenn die Vertrauensstellung des Notars erkennbar missbraucht wird und Dritte bei der Amtsausübung in ihren Belangen gefährdet würden. Hierbei geht es um Fallgestaltungen, bei dem für den Notar aus außerhalb der Urkunde liegenden Umstände erkennbar wird, dass eine der Vertragsparteien durch den Abschluss oder den Vollzug des Rechtsgeschäfts geschädigt werden könnten. Typische Fallgestaltungen in der Praxis waren beispielsweise Grundstücksgeschäfte mit deutlich überhöhtem Kaufpreis, bei dem der Käufer oder die finanzierende Bank Gefahr liefen, unrechtmäßig geschädigt zu werden. Die Pflicht besteht daher nicht nur im Zusammenhang mit Beurkundungen, sondern im Zusammenhang mit jedweder Amtstätigkeit, und zwar jederzeit, sobald der Notar Kenntnis von unrechtmäßigen Vorgängen erlangt.[21] 10

2. **Vollzugspflichten.** Eine Vielzahl der von Notaren beurkundeten Rechtsgeschäfte verlangen einen Vollzug der beurkundeten Willenserklärung durch Eintragung beim Grundbuchamt oder beim Registergericht. Nach § 53 BeurkG soll der Notar dies veranlassen, sobald die Urkunde eingereicht werden kann. Der Vollzug der Urkunde gehört dann als unselbstständige Amtspflicht zum Urkundsgeschäft **(sog. unselbstständiger Urkundenvollzug).**[22] Etwas anderes gilt nur dann, wenn alle Beteiligten gemeinsam etwas anderes verlangen. Besteht diese gesetzliche Vollzugspflicht, so muss der Notar unverzüglich (mithin ohne schuldhaftes Zögern iSv § 121 BGB) handeln.[23] Hierfür kommt es auf die Art des Amtsgeschäftes sowie die Erkennbarkeit einer besonderen Eilbedürftigkeit an.[24] Zum Pflichtenprogramm des Notars kann in diesem Zusammenhang auch gehören, den Urkundenvollzug zu überwachen.[25] 11

Davon zu unterscheiden ist die **Vollzugstätigkeit** eines Notars, die auf einem besonderen Ansuchen der Urkundsbeteiligten beruht und damit als **selbstständige Betreuung** im Sinne des § 24 Abs. 1 anzusehen ist, für die die in Abs. 1 S. 2 angeordnete Subsidiarität der Haftung nicht gilt.[26] Das ist vielfach der Fall, wenn der Notar von den Urkundsbeteiligten gebeten wird, die Urkunde trotz Voll- 12

18 BGH DNotZ 2008, 370 (371).
19 *Haug/Zimmermann* Amtshaftung Rn. 611.
20 So die Formulierung des BGH in der grundlegenden Entscheidung BGH DNotZ 1978, 373 (375); *Haug/Zimmermann* Amtshaftung Rn. 580.
21 *Haug/Zimmermann* Amtshaftung Rn. 583.
22 BGH DNotZ 2006, 857.
23 Allgemeine Auffassung, s. nur *Lerch* BeurkG § 53 Rn. 10; Frenz/Miermeister/*Limmer* BeurkG § 53 Rn. 7; *Grziwotz/Heinemann* BeurkG § 53 Rn. 11.
24 S. dazu ausf. *Grziwotz/Heinemann* BeurkG § 53 Rn. 11.
25 BGHZ 28, 104 (108); offenlassend: BGH DNotZ 1990, 441 (443); siehe auch *Haug/Zimmermann* Amtshaftung Rn. 628.
26 BGH DNotZ 2006, 857; auch *Haug/Zimmermann* Amtshaftung Rn. 629.

zugsreife erst bei Eintritt weiterer Bedingungen beim Grundbuchamt einzureichen.

13 3. **Verwahrpflichten.** Bei der Verwahrtätigkeit durch Notare handelt es sich um eine sogenannte **fakultative Amtstätigkeit**, zu der ein Notar – anders als bei seiner Urkundstätigkeit[27] – nicht gesetzlich verpflichtet ist. Die Verwahrtätigkeit hat sich in der Vergangenheit als besonders haftungsträchtig erwiesen. Denn zum einen greift hier die subsidiäre Haftung nach Abs. 1 S. 2 nicht ein (→ Rn. 22). Und zum anderen sind Verfügungen aufgrund der Verwahrtätigkeit oft unmittelbar mit einem Schaden verbunden, der durch die Verwahrtätigkeit des Notars gerade vermieden werden sollte, ohne dass der Notar den Geschädigten zunächst auf die Inanspruchnahme des Empfängers des Verwahrgegenstands verweisen könnte.

14 Der Gesetzgeber hat mittlerweile eine ausführliche gesetzliche Grundlage zur Übernahme und Durchführung der Verwahrungsgeschäfte geschaffen (§§ 57–62 BeurkG). Danach bedarf es eines berechtigten **Sicherungsinteresses** der Verwahrungsbeteiligten (§ 57 Abs. 2 Nr. 1 BeurkG). Diese Prüfung folgt objektiven Kriterien und verlangt, dass die Absicherung der Beteiligten nur oder besser im Rahmen der Verwahrung erreicht werden kann.[28] Ein Verstoß hiergegen macht den Verwahrungsvertrag jedoch nicht unwirksam. Dass sich der Notar bei der Annahme des Verwahrungsgeschäfts nicht zu unredlichen Zwecken missbrauchen lassen darf, versteht sich von selbst.

15 Die **Ausgestaltung der Verwahrungsvereinbarung** mit den Beteiligten hat der Notar jedoch – auch im eigenen Interesse – eigenverantwortlich zu gestalten und hierbei die Risiken für die Beteiligten, die Anlass für die Verwahrungsvereinbarung sind, zu vermeiden.[29] Das beginnt bei der Formulierung der Verwahrungsanweisung, bei der der Notar – schon aus eigenem Interesse – höchste Sorgfalt walten lassen sollte. Denn nicht wenige Fälle der Notarhaftung haben ihren Ursprung in einer unklaren Formulierung, die die Sicherungsinteressen der Verwahrungsbeteiligten sowie die Geschäftsabwicklung und den Vollzug der Verwahrung nicht hinreichend berücksichtigt.

16 Bei der **Durchführung der Verwahrung** hat sich der Notar peinlich genau an den Wortlaut der Verwahrungsanweisung zu halten.[30] Teleologische Auslegungen der Verwahrungsanweisung entgegen dem Wortlaut – so berechtigt sie auch scheinen mögen – sind grundsätzlich nicht möglich,[31] weshalb sich bei der Durchführung der Verwahrung rächt, wenn der Notar nicht zuvor die Abwicklung, die Auskehrvoraussetzungen sowie die sich möglicherweise ergebenden Hindernisse penibel genau durchdacht hat. Fehlt beispielsweise eine für das Sicherungsinteresse bedeutsame Auszahlungsvoraussetzung, so kann der Notar diese nicht einfach im Wege einer ergänzenden Vertragsauslegung berücksichtigen.[32] Hingegen hat der Notar umgekehrt von einer Auszahlung trotz Vorliegens der formellen Auszahlungsvoraussetzungen abzusehen, wenn durch die Auszahlung des verwahrten Geldes ein unwiederbringlicher Schaden droht.[33]

---

27 S. § 15 Abs. 1.
28 BGH 16.11.2020 – NotSt(Brfg) 2/19, BeckRS 2020, 37397 Rn. 28 ff.
29 Ganter/Hertel/Wöstmann/*Hertel* Notarhaftungs-HdB Rn. 1622.
30 BGH DNotZ 1987, 556 (557); BGH DNotZ 2014, 470 (471); Ganter/Hertel/Wöstmann/*Hertel* Notarhaftungs-HdB Rn. 1841; *Lerch* BeurkG § 54a Rn. 9.
31 Vgl. BGH 18.2.2021 – V ZB 28/20, BeckRS 2021, 5503.
32 BGH v. 20.1.2011 – VZ.B. 219/10, RNotZ 2011, 326.
33 *Haug/Zimmermann* Amtshaftung Rn. 727.

Erheblich Probleme bereitet in der Praxis der **Widerruf einer mehrseitigen Verwahrungsvereinbarung** durch einen der Beteiligten, eine Situation, deren Lösung der Gesetzgeber nunmehr in § 60 BeurkG versucht hat. Diese ist grundsätzlich nur beachtlich, wenn sich der Widerruf auf der Aufhebung, Unwirksamkeit oder Rückabwicklung des dem Verwahrverhältnis zugrundeliegenden Rechtsgeschäfts gründet.[34] Darüber hinaus ist der nicht durch alle an der Verwahrungsvereinbarung Beteiligten ausgesprochene Widerruf nicht beachtlich. Es empfiehlt sich dann, von einer Auszahlung abzusehen, die anderen Verwahrungsbeteiligten zu kontaktieren und – soweit keine einvernehmliche Lösung ersichtlich ist – die Beteiligten auf die Beschwerdemöglichkeit nach § 15 Abs. 2 hinzuweisen.[35] 17

4. Tatsachenbeurkundungen oder Notarbestätigungen. Während Tatsachenbeurkundungen bisher im Notarhaftungsrecht lediglich eine untergeordnete Rolle gespielt haben, sind hingegen Notarbestätigungen durchaus haftungsträchtig. Denn diese werden in der Praxis meist deswegen verlangt, weil der Rechtsverkehr eine besondere Verlässlichkeitsgrundlage für weitere Rechtshandlungen fordert.[36] Ist die Bestätigung falsch, so geht damit meist ein Schaden für die Person einher, die sich auf die Notarbestätigung verlassen durfte. Hieraus ergibt sich auch, dass sich die Haftung des Notars in diesen Fällen nicht nur auf den Auftraggeber oder Adressaten beschränkt, sondern gegenüber allen weiteren Personen besteht, die sich berechtigterweise auf die Notarbestätigung verlassen durften.[37] 18

III. Geschützter Personenkreis

Schon der Wortlaut des Abs. 1 S. 1 lässt erkennen, dass eine Schadensersatzpflicht nicht nur gegenüber den unmittelbar am Amtsgeschäft Beteiligten, sondern eventuell **auch gegenüber Dritten** besteht. Der anspruchsberechtigte Personenkreis ergibt sich vielmehr aus der Formulierung, dass dem Notar „gegenüber dem Geschädigten" eine Amtspflicht oblegen haben muss. Die von dem Notar verletzte Norm muss daher den Schutz des Dritten bezweckt, zumindest aber mitbezweckt haben.[38] Über die Grundsätze der Drittschadensliquidation kann eine Haftung des Notars gegenüber Drittgeschädigten allerdings nicht begründet werden.[39] 19

IV. Kausaler Schaden

Verletzt der Notar eine Amtspflicht, so hat er dem Geschädigten „*den daraus entstandenen Schaden zu ersetzen*". Die durch die Amtspflichtverletzung entstehenden Schäden sind regelmäßig **Vermögensschäden**, wie sie auch bei Pflichtverletzungen anderer beratender Berufe entstehen. Insoweit bestehen keine notarspezifischen Besonderheiten. Der ersatzfähige Schaden ist zunächst nach der sog. Differenzhypothese (§ 249 BGB) zu ermitteln.[40] Der erstattungsfähige Schaden wird hierbei jedoch durch den sachlichen Schutzzweck der verletzten 20

34 *Haug/Zimmermann* Amtshaftung Rn. 739.
35 Vgl. zu dieser Fallgestaltung: BGH 5.2.2020 – V ZB 6/20, BeckRs 2020, 2429; BGH DNotZ 2020, 604.
36 Schippel/Bracker/*Reithmann* BNotO Vor §§ 20–24 Rn. 26 ff.
37 Schippel/Bracker/*Reithmann* BNotO § 19 Rn. 41.
38 BGH DNotZ 1960, 157; seitdem in st. Rspr. BGH DNotZ 1983, 509; BGH DNotZ 2010, 710 (712); siehe mwN Frenz/Miermeister/*Frenz* BNotO § 19 Rn. 10.
39 *Arndt/Lerch/Sandkühler* BNotO § 19 Rn. 102 ff.; Ganter/Hertel/Wöstmann/*Wöstmann* Notarhaftungs-HdB Rn. 331.
40 *Arndt/Lerch/Sandkühler* BNotO § 19 Rn. 120; *Diehn* BNotO § 19 Rn. 76.

Amtspflicht begrenzt. Denn der Notar haftet nur für solche Schäden, die nach Art und Entstehungsweise vom Schutzzweck der verletzten Norm erfasst sind.[41]

21 Schwieriger sind hingegen die **Zurechnungszusammenhänge**. Vielfach werden gegen Notare Haftungsansprüche geltend gemacht, bei denen zwar eine Pflichtverletzung gegeben sein mag, die jedoch im zivilrechtlichen Sinne nicht für den von dem Geschädigten erlittenen Schaden verantwortlich ist. Das fängt bereits bei der natürlichen Kausalität an. Denn bekanntermaßen führt nicht jeder tatsächlich gegebene Hinweis eines Notars zu einer entsprechenden Verhaltensänderung der am Amtsgeschäft Beteiligten. Dementsprechend führt auch nicht jeder (pflichtwidrig) unterlassene Hinweis dazu, dass die am Amtsgeschäft Beteiligten von dem beabsichtigten Rechtsgeschäft Abstand genommen oder es etwa mit einem anderen Inhalt abgeschlossen hätten. Ähnlich komplex sind die Fragen, wenn der Schaden auch bei einem pflichtgemäßen Verhalten des Notars entstanden wäre (sog. **rechtmäßiges Alternativerhalten**). Zu diesen Zurechnungsfragen gibt es umfangreiche Rechtsprechung.[42] Derartige Zurechnungsfragen lassen sich in der Regel nur im Rahmen einer Gesamtbewertung des konkreten Rechtsgeschäfts sowie den im Rahmen der Amtstätigkeit zu Tage getretenen Interessen des Geschädigten beantworten, weshalb es im Rahmen von Notarhaftungsprozessen zur Verteidigung des Anspruchs darauf ankommt, nicht nur die streitgegenständliche fehlerhafte Urkunde zu bewerten, sondern die gesamte – und hoffentlich gut dokumentierte – Notarakte auszuwerten. Verbleibende Unklarheiten löst die Rechtsprechung durch eine differenzierte Verteilung der Darlegungs- und Beweislast (→ Rn. 48).

V. Subsidiäre Haftung

22 Fällt dem Notar „nur" Fahrlässigkeit zur Last, kann er nur in Anspruch genommen werden, wenn der Verletzte nicht auf andere Weise Ersatz zu verlangen mag (Abs. 1 S. 2 Hs. 1). Der schon aus der Staatshaftung bekannte Grundsatz der Subsidiarität gilt auch für die Notarhaftung, auch wenn eine Haftung des Staates anstelle des Notars nicht besteht (Abs. 1 S. 4). Der **Subsidiaritätsgrundsatz** trägt dem Umstand Rechnung, dass der Notar zur Übernahme der Amtsgeschäfte dienstrechtlich verpflichtet ist und seine Tätigkeit mit Verweis auf Haftungsrisiken nicht ablehnen oder beschränken kann.[43] Daraus folgt, dass der Subsidiaritätsgrundsatz freilich nicht im Rahmen der Amtstätigkeiten gilt, zu deren Übernahme er nicht verpflichtet ist, wie zB bei Verwahrungs- oder selbstständigen Betreuungsgeschäften iSd §§ 23, 24.[44]

23 Der Subsidiaritätsgrundsatz ist eine der Besonderheiten der Notarhaftung mit weitreichenden Folgen im Notarhaftungsprozess. Denn der Vortrag, dass der Geschädigte nicht auf andere Weise Ersatz zu erlangen vermag, gehört im Notarhaftungsprozess als (negative) **haftungsbegründende Voraussetzung** zur Schlüssigkeit der Klage.[45] Kann der Geschädigte daher bei den am Urkundsgeschäft Beteiligten oder auch bei Dritten – unabhängig vom Anspruchsgrund – Ersatz für den erlittenen Schaden erlangen, so ist ein Amtshaftungsanspruch gegen den Notar nicht begründet. Es besteht zwischen dem anderweitig zum Schadensersatz verpflichteten Dritten und dem Notar auch keine Gesamtschuldverhältnis, so dass der Dritte den Notar auch nicht in Gesamtschuldner-

41 St. Rspr.: BGHZ 70, 374 (377); BGH DNotZ 2014, 837.
42 S. dazu ausf. mwN Ganter/Hertel/Wöstmann/*Wöstmann* Notarhaftungs-HdB Rn. 2208 ff.
43 Ganter/Hertel/Wöstmann/*Wöstmann* Notarhaftungs-HdB Rn. 2236.
44 BGHZ 134, 100 (112); *Haug/Zimmermann* Amtshaftung Rn. 207 f.
45 *Haug/Zimmermann* Amtshaftung Rn. 219 f.

regress nehmen kann.[46] Das gilt auch, wenn die anderweitige Ersatzmöglichkeit nur teilweise besteht (dann in Höhe der teilweise anderweitigen Ersatzmöglichkeit). Gleiches gilt auch, wenn eine anderweitige Ersatzmöglichkeit bestand, aber von dem Ersatzberechtigten schuldhaft versäumt wurde.[47]

Das führt in der Praxis häufig zu der Konstellation, dass dem Notar im Vorprozess zwischen dem Geschädigten und einem potenziell haftbaren Dritten der Streit verkündet wird, um im Falle des Unterliegens mittels der dann eintretenden Interventionswirkung zulasten des Notars rechtskräftig feststellen zu lassen, dass gegen diesen Dritten keine anderweitige Ersatzmöglichkeit besteht. Ob der Notar allerdings in diesem Fall dem Rechtsstreit beitreten sollte, hängt von den Umständen des Einzelfalls ab, insbesondere aber von der rechtlichen Bedeutung der Pflichtverletzung des Notars für den Anspruch des Geschädigten im Vorprozess. 24

Das Bestehen (aber auch das mögliche Bestehen) einer anderweitigen Ersatzmöglichkeit führt allerdings dazu, dass die Verjährung der Amtshaftungsansprüche erst zu laufen beginnt, wenn der Geschädigte Kenntnis davon hat (oder hätte haben müssen), dass ihm keine anderweitige Ersatzmöglichkeit zur Verfügung steht (→ Rn. 30).[48] Erweist sich beispielsweise ein rechtlich bestehender Ersatzanspruch später als nicht durchsetzbar, so beginnt die Verjährungsfrist auch erst ab Kenntnis dieses Umstands. 25

VI. Verschulden

Hat der Notar objektiv eine Amtspflicht verletzt, so ist entsprechend § 280 Abs. 1 S. 2 BGB davon auszugehen, dass der Notar schuldhaft gehandelt hat.[49] Der Nachweis eines Verschuldens bereitet daher auch im Notarhaftungsprozess keine besonderen Schwierigkeiten. Allerdings hat die Rechtsprechung – über die Rechtsprechung zur Anwaltshaftung hinaus – bestimmte Ausnahmen zugelassen, die darauf zurückzuführen sind, dass man gelegentlich von dem auch unter Zeitdruck stehenden Notar als Einzelperson keine bessere Rechtseinsicht erwarten kann. Nimmt der Notar in einer schwierigen, bisher nicht abschließend geklärten Rechtsfrage nach sorgfältiger und umfassender Prüfung einen vertretbaren Standpunkt ein, so ist ein Verschulden zu verneinen.[50] Ebenso fehlt ein Verschulden des Notars, wenn ein mit mehreren Rechtskundigen besetztes Kollegialgericht die Amtstätigkeit des Notars als pflichtgemäß beurteilt hat.[51] Allerdings hat der BGH die hier im Einzelfall anzuwendenden Voraussetzungen im Laufe der Zeit derart verschärft, dass dieser Ausnahmetatbestand in der Praxis nur noch selten Anwendung findet (obwohl die Ratio dieser Regel auch heute noch volle Gültigkeit hat).[52] 26

VII. Mitverschulden des Geschädigten

Der Einwand des Mitverschuldens des Geschädigten läuft im Notarhaftungsprozess meist leer. Ein mitwirkendes Verschulden an der Schadensentstehung (§ 254 Abs. 1 BGB) ist schon deswegen dem Rechtsuchenden kaum entgegenzu- 27

46 *Arndt/Lerch/Sandkühler* BNotO § 19 Rn. 197.
47 *Arndt/Lerch/Sandkühler* BNotO § 19 Rn. 193; *Diehn* BNotO § 19 Rn. 102 ff.
48 BGH NJW 1999, 2041 (2042).
49 BGHZ 145, 265 (275); BGH NJW 2011, 1355 (157); *Diehn* BNotO § 19 Rn. 61.
50 BGHZ 36, 344 (347); BGH NJW 2001, 70 (72).
51 St. Rspr. BGH NJW 2011, 1072 (1076).
52 BGH WM 1983, 343; Ganter/Hertel/Wöstmann/*Ganter* Notarhaftungs-HdB Rn. 2173 schlägt sogar vor, den Grundsatz bei der Notarhaftung gänzlich abzuschaffen.

halten, da die von dem Rechtsuchenden zu erwartende Eigenverantwortung gegenüber den hohen Sorgfaltsanforderungen an die Amtstätigkeit eines Notars meist zurücktritt.[53] Darüber hinaus fallen Fallkonstellationen, die gegebenenfalls in der Anwaltshaftung zu einem Mitverschulden des Rechtsuchenden führen, gegebenenfalls unter den Subsidiaritätseinwand und führen daher zu einem Ausschluss der Notarhaftung. Das ist beispielsweise der Fall, wenn der Rechtsuchende schuldhaft ein Rechtsmittel versäumt hat (Abs. 1 S. 3 iVm § 839 Abs. 3 BGB). Beruht das Mitverschulden auf einem dem Rechtsuchenden zurechenbaren pflichtwidrigen Verschulden eines Dritten, so greift in diesen Fällen bereits der Subsidiaritätseinwand, da dann meist entsprechende Ansprüche des Rechtsuchenden gegen den pflichtwidrig handelnden Dritten bestehen.[54] Die Rechtsprechung ist in der Abgrenzung jedoch nicht immer einheitlich.[55]

VIII. Verjährung

28 Die Verjährung von Notarhaftungsansprüchen unterliegt der regelmäßigen Verjährungsfrist des § 195 BGB von drei Jahren. Demnach beginnt die Verjährung, sobald gemäß § 199 Abs. 1 der Anspruch entstanden ist und der Gläubiger von den, den Anspruch begründenden Umständen und der Person des Schuldners Kenntnis erlangt oder ohne grobe Fahrlässigkeit erlangen müsste. Auch die Anwendung dieser Rechtsvorschriften wirft bei der Notarhaftung einzelne besondere Fragen auf. Das gilt insbesondere für die Abgrenzung zwischen einer bloßen Vermögensgefährdung und einem eingetretenen Schaden. Nur letzterer lässt den Anspruch im Sinne des § 199 Abs. 1 BGB „entstehen“. Die Übergänge sind fließend und nicht immer einfach nachzuvollziehen. Hat beispielsweise der Notar das Formulierungsgebot verletzt mit der Folge einer unklaren Vertragsgestaltung, so entsteht der Schaden nicht bereits mit der Beurkundung des Vertrages, sondern erst wenn sich die Gegenseite auf die für sie günstige Formulierung beruft.[56] Besteht hingegen der Schaden beispielsweise in einer Rangverschlechterung im Grundbuch, so geht die Rechtsprechung hingegen bereits von einem *„rechtlich verfestigten Schaden“* aus.[57]

29 Probleme wirft in der Regel auch die Frage auf, wann der Geschädigte Kenntnis von den, den Anspruch begründenden Umständen erlangt.[58] Da die Pflichtverletzungen in der Regel im Rahmen von Amtshandlungen begangen werden, sind dem an der Amtstätigkeit beteiligten Rechtsuchenden die Handlungen des Notars in der Regel bekannt, jedoch kann er meist nicht die sich hieraus ergebenden rechtlichen Schlussfolgerungen ziehen. Daher hat der BGH entschieden, dass es lediglich auf die Kenntnis der tatsächlichen Umstände ankomme und nicht darauf, dass der Geschädigte hieraus die rechtlich zutreffenden Schlussfolgerungen zieht.[59]

30 Für den Beginn der Verjährung ist zudem die Kenntnis des Geschädigten erforderlich, dass sein Schaden jedenfalls nicht vollständig auf andere Weise – mithin durch einen Dritten – gedeckt werden kann. Solange hinreichende Aussichten auf eine anderweitige Ersatzmöglichkeit bestehen, wird daher der

53 *Arndt/Lerch/Sandkühler* BNotO § 19 Rn. 167.
54 *Haug/Zimmermann* Amtshaftung Rn. 253 f.
55 Vgl. BGH DNotZ 1960, 663 (667); BGH DNotZ 1976, 505 (510).
56 BGH NJW-RR 2000, 1498 (1499); BGH DNotZ 2004, 839.
57 Vgl. BGH NJW 1993, 650.
58 Vgl. *Haug/Zimmermann* Amtshaftung Rn. 274 f.
59 BGH NJW-RR 2005, 1148 (1149); siehe auch Frenz/Miermeister/*Frenz* BNotO § 19 Rn. 52; *Diehn* BNotO § 19 Rn. 123 ff.

Verjährungsbeginn für einen Schadensersatzanspruch gegen eine Notar hinausgeschoben.[60]

IX. Die Haftung des Notars für Dritte

In bestimmten Konstellationen muss der Notar auch für Pflichtverletzungen Dritter einstehen. 31

1. Haftung für Notarvertreter und Notarassessoren. § 46 ordnet an, dass der Notar auch für die von seinem **amtlich bestellten Vertreter** begangenen Pflichtverletzungen haftet. Beide haften dann als Gesamtschuldner, wobei im Innenverhältnis der Vertreter allein verpflichtet bleibt.[61] Die Norm gilt jedoch nur für den amtlich bestellten Vertreter des Notars, nicht hingegen für den Aktenverwahrer nach § 45 sowie für den Notariatsverwalter, für den § 61 eine spezialgesetzliche Haftungsregelung vorsieht, die jedoch an § 19 angelehnt ist. 32

Bei Pflichtverletzungen des **Notarassessors** ist zu unterscheiden. Denn Geschäfte der in §§ 23, 24 bezeichneten Art darf der Notar dem Assessor zur selbstständigen Erledigung übertragen. In diesen Fällen schreibt Abs. 2 im Außenverhältnis eine gesamtschuldnerische Haftung des Notars mit dem Assessor vor, wobei im Innenverhältnis jedoch der Assessor allein verpflichtet bleibt.[62] Zu anderen Tätigkeiten, wie zB Beurkundungen, kann der Ausbildungsnotar den Assessor ohnehin nicht ermächtigen. Soweit der Assessor daher den Notar im Rahmen seiner Amtstätigkeit unterstützt, handelt er als Hilfsperson, für die die Rechtsprechung wiederum besondere Regeln der Verschuldenszurechnung entwickelt hat.[63] 33

2. Haftung für Hilfspersonen. Bei der Haftung des Notars für Hilfspersonen zeigen sich die rechtsdogmatischen Schwierigkeiten bei der Einordnung des § 19. Da der Notar hoheitlich handelt, kommen einerseits die Zurechnungsnormen **der §§ 278, 831 BGB nicht zur Anwendung.** Andererseits fehlt es für einen direkten Anspruch gegen die Hilfspersonen an einer spezialgesetzlichen Anspruchsgrundlage (wie zB § 19 für den Notar). Mangels Vertrages scheiden vertragliche Ansprüche aus. Deliktische Ansprüche sind lediglich für den (fernliegenden) Fall einer vorsätzlichen Schädigung nach § 826 BGB denkbar. 34

Die dadurch entstehende Haftungslücke versucht die Rechtsprechung durch verschiedene „Kunstgriffe" zu beheben.[64] Dazu gehört, dass die Rechtsprechung bei Fehlern von Hilfspersonen schon vielfach eine **eigene Pflichtverletzung des Notars** in der Auswahl der Hilfsperson oder der Organisation und Überwachung der Büroabläufe sieht.[65] Soweit die Zurechnungsprobleme nicht durch diese Ausweitung der originären Notarpflichten „eingefangen" werden können, hat der BGH mittlerweile jedoch eine Zurechnung „analog § 278 BGB" für sog. selbstständige Hilfsarbeiten bejaht, in denen zB eine Grundbuch- oder Registereinsicht durch Hilfspersonen vorgenommen wurde.[66] Hingegen soll die analoge Anwendung des § 278 BGB nicht gelten für sog. unselbststän- 35

60 St. Rspr., vgl. zuletzt BGH 10.10.2019 – III ZR 227/18 = BGH NJW 2020, 466; BGH NJW-RR 2007, 277 mwN.

61 *Diehn* BNotO § 19 Rn. 17.

62 Teilweise wird in der Literatur auch die Ansicht vertreten, der Assessor sei im Innenverhältnis nur bei vorsätzlichem Handeln alleine verpflichtet, siehe Frenz/Miermeister/*Frenz* BNotO § 19 Rn. 59.

63 S. dazu *Haug/Zimmermann* Amtshaftung Rn. 350 f.

64 S. dazu ausführlich Ganter/Hertel/Wöstmann/*Ganter* Notarhaftungs-HdB Rn. 2372 ff.

65 Siehe dazu ausführlich die Rspr. bei *Haug/Zimmermann* Amtshaftung Rn. 360.

66 BGH DNotZ 1996, 581.

dige Hilfsarbeiten.[67] Welche Arbeiten hierzu zählen, ist der bisherigen Rechtsprechung jedoch nicht verlässlich zu entnehmen.

X. Der Notarhaftungsprozess

36 **1. Ausgangslage.** Notarhaftungsprozesse haben meist ein Vorspiel: aufgrund der subsidiären Haftung des Notars ist der Geschädigte schon rechtlich verpflichtet, den Schaden bei anderen Beteiligten zu kompensieren, bevor er den Notar in Anspruch nehmen kann. Geht es beispielsweise um die Auslegung oder Formunwirksamkeit einer notariellen Urkunde, so wird der Geschädigte zunächst versuchen, die andere Vertragspartei in Anspruch zu nehmen und im Rahmen dieses Vorprozesses dem Notar den Streit zu verkünden. Die formelle Inanspruchnahme des Notars beginnt daher meist mit einer Streitverkündung.

37 Ob nun die erstmalige Geltendmachung von Schadensersatzansprüchen im Rahmen einer Streitverkündung erfolgt, oder aber in einem außergerichtlichen Anspruchsschreiben des Geschädigten gegen den Notar – in allen Fällen ist der Notar gehalten, zunächst seine **Berufshaftpflichtversicherung zu informieren,** um mit dem Versicherer das weitere Vorgehen abzustimmen (zur Berufshaftpflichtversicherung, vgl. unten zu § 19a). Ungeachtet der versicherungsrechtlichen Obliegenheit hierzu, empfiehlt sich dies schon deshalb, weil dem Notar – nicht zwingend prozesserfahren – schon im Vorfeld bei der Abwehr unbegründeter Ansprüche Fehler unterlaufen können, die im weiteren Verlauf nicht mehr reparabel sein können, insbesondere bei einer erfolgten Streitverkündung. Denn im Rahmen einer Streitverkündung droht nicht nur eine Interventionswirkung bezüglich der Subsidiarität, sondern schon bezüglich einer möglichen Pflichtverletzung. Der Notar kann daher schon frühzeitig gehalten sein, sich im Hinblick auf seine eigene drohenden Haftung klar zu positionieren.

38 **2. Unparteilichkeit und Verschwiegenheit versus Abwehr unberechtigter Ansprüche.** Bei der außergerichtlichen – oder auch später gerichtlichen – Abwehr von Notarhaftungsansprüchen stellt sich für den in Anspruch genommenen Notar vielfach die Frage, ob und in welchem Umfang er sich inhaltlich positionieren darf. Besteht zunächst Streit zwischen den an der Amtstätigkeit Beteiligten, so hat sich der Notar aufgrund seiner Unparteilichkeit zunächst jeglicher Positionierung zu enthalten, weil er sich sonst zum Berater einer der beiden Beteiligten machen würde.[68] Selbst wenn daher eine bestimmte Positionierung – auch im Hinblick auf mögliche Haftungsansprüche – angezeigt sein mag, sollte der Notar tunlichst von einer Stellungnahme zugunsten einer der Urkundsbeteiligten absehen. Etwas anderes gilt nur, wenn es um bestimmte Tatsachen aus der Amtstätigkeit des Notars geht, beispielsweise, wann bestimmte Anträge bei Registergerichten gestellt wurden. In diesen Fällen ist der Notar schon aufgrund seiner Betreuungspflichten gehalten, die am Amtsgeschäft Beteiligten über den zutreffenden Sachverhalt zu informieren. Keinesfalls sollte sich der Notar jedoch – über die Wiedergabe der Tatsache hinaus – inhaltlich positionieren.

39 Diese Verpflichtung zu **Unparteilichkeit** endet jedoch dann, wenn der Notar von einem der am Amtsgeschäft Beteiligten in Anspruch genommen wird, sei es gerichtlich oder außergerichtlich. Dann darf der Notar zur Abwehr des Anspruchs und damit zur Verfolgung eigener berechtigter Interessen auch inhaltlich Stellung beziehen oder – im Falle einer Streitverkündung – dem Rechtsstreit

67 BGHZ 131, 200 (205).
68 Vgl. *Haug/Zimmermann* Amtshaftung, Rn. 910.

auf Seiten einer der Prozessparteien beitreten,[69] auch wenn dies nachteilig für einen anderen an der Amtstätigkeit Beteiligten sein mag.

Gleiches gilt für die **Verschwiegenheitspflicht** des Notars, die daher einer Verteidigung gegen Haftungsansprüche ebenfalls nicht entgegen steht.[70] Ungeachtet dessen steht es dem Notar freilich frei, vorsorglich von den Beteiligten eine entsprechende Befreiungserklärung einzuholen oder – soweit dies nicht mehr möglich ist – sich von der Aufsichtsbehörde von der Verschwiegenheitspflicht befreien zu lassen (§ 18). 40

Mit der Verschwiegenheitspflicht des Notars korrespondiert ein entsprechendes **Schweigerecht** (§ 383 Abs. 1 Nr. 6 ZPO).[71] 41

3. Streitbeitritt? Wird dem Notar im Hinblick auf mögliche Notarhaftungsansprüche der Streit verkündet, bedarf es zunächst einer sorgfältigen Analyse, ob die Streitverkündung wirksam ist und ob in diesem Vorprozess streitige Tatsachen oder Rechtsfragen auch für mögliche Notarhaftungsansprüche rechtlich relevant sind. Ist dies der Fall, so droht eine Interventionswirkung nach § 68 ZPO. Der Notar muss sodann sorgfältig abwägen, ob und was er zu diesen relevanten Tatsachen oder Rechtsfragen vortragen könnte und welche Auswirkungen dies für einen sich möglicherweise anschließenden Notarhaftungsprozess haben könnte. 42

4. Der Notarhaftungsprozess. a) Zuständigkeit. Nach Abs. 3 ist das Landgericht – unabhängig vom Streitwert – für Notarhaftungsklage ausschließlich sachlich zuständig. Allerdings muss es sich dabei um Schadensersatzansprüche nach § 19 handeln. Ansprüche der an dem Amtsgeschäft Beteiligten, die zur Vermeidung eines Schadens auf die Vornahme oder Unterlassung einer Amtshandlung des Notars abzielen, sind keine Schadensersatzansprüche. Derartige Ansprüche sind über eine Beschwerde nach § 15 Abs. 2 geltend zu machen.[72] 43

Die örtliche Zuständigkeit für den Notarhaftungsprozess ergibt sich aus dem jeweiligen Amtsbezirk des Notars. Zumeist sieht der Geschäftsverteilungsplan der Landgerichte eine Sonderzuständigkeit einer bestimmten Zivilkammer für die Notarhaftungsansprüche vor. In diesen Fällen weist § 348 Abs. 1 Nr. 2 lit. d) ZPO den Rechtsstreit der Kammer (und nicht einem Einzelrichter) zu. 44

b) Die Subsidiarität. Das Verweisungsprivileg des Notars (→ Rn. 22) hat zur Folge, dass es zu einer schlüssigen Klagebegründung gehört, substantiiert vorzutragen, warum der Kläger Ersatz des eingeklagten Schaden nicht anderweitig zu erlangen vermag.[73] Es obliegt dann dem Notar, in seiner Erwiderung eine anderweitige Ersatzmöglichkeit aufzuzeigen, was ebenfalls eine entsprechend substantiierte Darlegung erfordert.[74] Die Darlegungs- und Beweislast für das Fehlen einer anderweitigen Ersatzmöglichkeit trägt der Kläger (weshalb der Kläger im Zweifel zunächst den Vorprozess gegen einen anderen vermeintlich Haftenden führt, in dem er dem Notar den Streit verkündet). 45

c) Darlegungs- und Beweisfragen. Gemäß den allgemeinen zivilprozessualen Grundsätzen obliegt es dem Kläger im Haftpflichtprozess, das Vorliegen einer **Amtspflichtverletzung** darzulegen und zu beweisen. In Ausnahmefällen hat die 46

69 *Haug/Zimmermann* Amtshaftung, Rn. 910.
70 Allg. Auffassung, vgl. Ganter/Hertel/Wöstmann/*Wöstmann* Notarhaftungs-HdB Rn. 379; *Haug/Zimmermann* Amtshaftung Rn. 901 f.; Arndt/Lerch/Sandkühler BNotO§ 18 Rn. 60 f. jeweils mwN.
71 Ganter/Hertel/Wöstmann/*Wöstmann* Notarhaftungs-HdB Rn. 420.
72 *Haug/Zimmermann* Amtshaftung Rn. 882.
73 *Haug/Zimmermann* Amtshaftung Rn. 896; *Arndt/Lerch/Sandkühler* BNotO § 19 Rn. 199.
74 *Arndt/Lerch/Sandkühler* BNotO § 19 Rn. 199.

Rechtsprechung allerdings eine Umkehr der Darlegungs- und Beweislast angenommen. Dies ist beispielsweise der Fall, wenn ein gesetzlich vorgeschriebener Belehrungsvermerk nicht in die Urkunde aufgenommen wurde.[75] Hingegen bleibt es für die gesetzlich nicht vorgeschriebenen Belehrungen bei der Darlegungs- und Beweislast des Klägers. Der Tatsache, dass entsprechende Belehrungsvermerke in der Urkunde fehlen, kommt insoweit kein Anscheinsbeweis zu.[76]

47 Hingegen wird nach Feststellung eines objektiven Pflichtenverstoßes gemäß § 280 Abs. 1 BGB davon ausgegangen, dass ein **Verschulden** des Notars vorliegt. Diese Vermutung gilt jedoch nur für eine fahrlässige Amtspflichtverletzung des Notars. Behauptet der Kläger hingegen eine vorsätzliche Pflichtverletzung des Notars (für die dann das Verweisungsprivileg nicht gilt), so trägt hierfür wiederum der Kläger die Darlegungs- und Beweislast.[77]

48 Beweislastfragen bezüglich der **Kausalität** nehmen in der Notarhaftungsrechtsprechung einen breiten Raum ein. Denn nur allzu oft sind Geschädigte geneigt, aufgrund eines tatsächlich gegebenen Fehlers des Notars anzunehmen, dass dieser Fehler sie zur Geltendmachung von Schadensersatzansprüchen berechtige. Die Rechtsprechung hat auf die damit zusammenhängenden Fragen durch Entwicklung einer abgestuften Verteilung der Darlegungs- und Beweislast reagiert. Grundsätzlich trägt der Geschädigte die Darlegungs- und Beweislast dafür, dass die Entstehung des Schadens auf der Pflichtverletzung des Notars beruht. Soweit allerdings die Pflichtverletzung des Notars in der Verletzung von Belehrungspflichten beruht, kommt dem Geschädigten vielfach die Erleichterung des **Anscheinsbeweis** zugute. Dessen Anwendung setzt allerdings voraus, dass im Falle einer ordnungsgemäßen Belehrung für den Geschädigten nur eine einzige verständige Entschlussmöglichkeit verblieben wäre. Bestanden trotz Belehrung für den Geschädigte weiterhin gleichwertige Handlungsalternativen, so scheidet die Anwendung der Regeln über den Anscheinsbeweis aus.[78] Allerdings steht es dem Notar bei Anwendung des Anscheinsbeweises offen, diesen zu erschüttern und die Darlegungs- und Beweislast wieder auf den Geschädigten zurück zu verlagern. Dies ist beispielsweise der Fall, wenn der Notar nachweisen kann, dass der Geschädigte sich in anderen Situationen nicht beratungsgerecht verhalten und Hinweise oder Belehrungen ignoriert hat oder besondere Umstände dafür sprechen, dass der Geschädigte sich von anderen Erwägungen hätte leiten lassen.[79] Macht der Notar hingegen geltend, dass der Schaden aufgrund eines anderen Ereignisses ohnehin eingetreten wäre (**Reserveursache**) oder dass der Schaden grundsätzlich auch eingetreten wäre, wenn er sich pflichtgemäß verhalten hätte (sog. **rechtmäßiges Alternativverhalten**), so trägt hierfür der Notar die Darlegungs- und Beweislast.

§ 19a Berufshaftpflichtversicherung

(1) [1]Der Notar ist verpflichtet, eine Berufshaftpflichtversicherung zu unterhalten zur Deckung der Haftpflichtgefahren für Vermögensschäden, die sich aus seiner Berufstätigkeit und der Tätigkeit von Personen ergeben, für die er haftet. [2]Die Versicherung muß bei einem im Inland zum Geschäftsbetrieb befugten Ver-

75 Vgl. BGH NJW 2006, 3065 (3067).
76 Vgl. BGH DNotZ 1984, 636; BGH NJW 2006, 3065 (3067).
77 *Haug/Zimmermann* Amtshaftung Rn. 896.
78 Vgl. BGH DNotZ 2003, 845 (846); BGHZ 123, 311 (319).
79 Vgl. zB BGH NJW 2000, 2110 (2111).

sicherungsunternehmen zu den nach Maßgabe des Versicherungsaufsichtsgesetzes eingereichten allgemeinen Versicherungsbedingungen genommen werden. [3]Die Versicherung muß für alle nach Satz 1 zu versichernden Haftpflichtgefahren bestehen und für jede einzelne Amtspflichtverletzung gelten, die Haftpflichtansprüche gegen den Notar zur Folge haben könnte.

(2) [1]Vom Versicherungsschutz können ausgeschlossen werden

1. Ersatzansprüche wegen wissentlicher Amtspflichtverletzung,
2. Ersatzansprüche aus der Tätigkeit im Zusammenhang mit der Beratung über außereuropäisches Recht, es sei denn, daß die Amtspflichtverletzung darin besteht, daß die Möglichkeit der Anwendbarkeit dieses Rechts nicht erkannt wurde,
3. Ersatzansprüche wegen Veruntreuung durch Personal des Notars, soweit nicht der Notar wegen fahrlässiger Verletzung seiner Amtspflicht zur Überwachung des Personals in Anspruch genommen wird.

[2]Ist bei Vorliegen einer Amtspflichtverletzung nur streitig, ob der Ausschlußgrund gemäß Nummer 1 vorliegt, und lehnt der Berufshaftpflichtversicherer deshalb die Regulierung ab, hat er gleichwohl bis zur Höhe der für den Versicherer, der Schäden aus vorsätzlicher Handlung deckt, geltenden Mindestversicherungssumme zu leisten. [3]Soweit der Berufshaftpflichtversicherer den Ersatzberechtigten befriedigt, geht der Anspruch des Ersatzberechtigten gegen den Notar, die Notarkammer, den Versicherer gemäß § 67 Abs. 3 Nr. 3 oder einen sonstigen Ersatzberechtigten auf ihn über. [4]Der Berufshaftpflichtversicherer kann von den Personen, für deren Verpflichtungen er gemäß Satz 2 einzustehen hat, wie ein Beauftragter Ersatz seiner Aufwendungen verlangen.

(3) [1]Die Mindestversicherungssumme beträgt 500 000 Euro für jeden Versicherungsfall. [2]Die Leistungen des Versicherers für alle innerhalb eines Versicherungsjahres verursachten Schäden dürfen auf den doppelten Betrag der Mindestversicherungssumme begrenzt werden. [3]Der Versicherungsvertrag muß dem Versicherer die Verpflichtung auferlegen, der Landesjustizverwaltung und der Notarkammer den Beginn und die Beendigung oder Kündigung des Versicherungsvertrages sowie jede Änderung des Versicherungsvertrages, die den vorgeschriebenen Versicherungsschutz beeinträchtigt, unverzüglich mitzuteilen. [4]Im Versicherungsvertrag kann vereinbart werden, daß sämtliche Amtspflichtverletzungen bei der Erledigung eines einheitlichen Amtsgeschäftes, mögen diese auf dem Verhalten des Notars oder einer von ihm herangezogenen Hilfsperson beruhen, als ein Versicherungsfall gelten.

(4) Die Vereinbarung eines Selbstbehaltes bis zu einem Prozent der Mindestversicherungssumme ist zulässig.

(5) Zuständige Stelle im Sinne des § 117 Abs. 2 des Versicherungsvertragsgesetzes ist die Landesjustizverwaltung.

(6) Die Landesjustizverwaltung oder die Notarkammer, der der Notar angehört, erteilt Dritten zur Geltendmachung von Schadensersatzansprüchen auf Antrag Auskunft über den Namen und die Adresse der Berufshaftpflichtversicherung des Notars sowie die Versicherungsnummer, soweit der Notar kein überwiegendes schutzwürdiges Interesse an der Nichterteilung der Auskunft hat; dies gilt auch, wenn das notarielle Amt erloschen ist.

I. Grundsätzliches zur Berufshaftpflichtversicherung nach § 19a

1 **1. Beginn der Versicherungspflicht. Das Bestehen einer Berufshaftpflichtversicherung iSv § 19a ist Voraussetzung schon für die Bestellung zum Notar.** Diese kann gemäß § 6a nämlich nur erfolgen, wenn eine Berufshaftpflichtversicherung iSv § 19a besteht oder eine vorläufige Deckungszusage vorliegt.

2 **Ein entsprechender Nachweis muss daher vom Notar zwingend vor seiner Bestellung vorgelegt werden.**[1] Der Versicherungsvertrag über die Berufshaftpflichtversicherung muss dabei grundsätzlich vor der Bestellung zum Notar abgeschlossen werden – im Falle einer vorläufigen Deckungszusage ist der Vertragsschluss zeitnah nachzuholen.[2] Diese „strenge" Pflicht hinsichtlich eines zwingend vor der Bestellung zum Notar sicherzustellenden Deckungsschutzes erklärt sich vor dem Hintergrund des Sinns und Zwecks der Berufshaftpflichtversicherung nach § 19a.

3 **2. Hintergrund und Natur als gesetzliche Pflichtversicherung. Hintergrund der rigide geregelten Pflicht des Notars nach § 19a, eine in bestimmter Weise ausgestaltete Berufshaftpflichtversicherung zu unterhalten, ist die Gewährleistung des damit im Bereich von Haftpflichtschäden bezweckten Deckungsschutzes.** Zum einen sollen Schadensersatzansprüche gegen einen Notar wegen nicht wissentlich verursachter Schäden aus Amtspflichtverletzungen im Interesse etwaig Geschädigter wirtschaftlich realisierbar sein.[3] Zum anderen soll der Notar vor *„finanzieller Überforderung"*[4] geschützt werden.

1 BeckOK BNotO/*Görk* § 6a Rn. 1.
2 Arndt/Lerch/Sandkühler/*Sandkühler* BNotO § 19a Rn. 33; WürzNotar-HdB/*Zimmermann* Rn. 265.
3 Diehn/*Sandkühler* BNotO § 19a Rn. 16; BeckOK BNotO/*Schramm* § 19a Rn. 1.
4 Begriff nach Diehn/Sandkühler BNotO § 19a Rn. 16; vgl. zum Regelungszweck auch Frenz/Miermeister/*Frenz* BNotO § 19a Rn. 2.

Vor diesem Hintergrund erklärt sich auch die Rechtsnatur der Berufshaftpflichtversicherung nach § 19a als **gesetzliche Pflichtversicherung**[5] iSv § 113 ff. VVG. Anknüpfungspunkt ist dabei das Notaramt selbst als potenzielle „Gefahrenquelle“.[6] Auf die wirtschaftliche Tragweite der tatsächlichen Ausübung durch den einzelnen Notar kommt es dementsprechend nicht an.[7] 4

3. Verhältnis zu § 19 – Trennung von Haftungs- und Deckungsverhältnis. Indem § 6a das Bestehen einer Berufshaftpflichtversicherung zur Voraussetzung schon für die Bestellung zum Notar macht, kommt es zu einer **Verknüpfung nur mit dem Deckungsschutz.** Begründet wird damit also ausschließlich die Erforderlichkeit des Bestehens eines privatrechtlichen Vertragsverhältnisses zwischen dem Notar und einem Versicherer, das zudem entsprechend der weiteren Maßgaben der Vorschrift ausgestaltet sein muss. **§ 19a betrifft somit nur das sog. Deckungsverhältnis.** 5

Hingegen enthält die Norm keinerlei Regelungsgehalt zu dem davon zu unterscheidenden Rechtsverhältnis zwischen dem Notar und einem etwaig durch dessen Amtstätigkeit Geschädigten, also dem sog. **Haftpflichtverhältnis,** welches möglicherweise erst den Deckungsanspruch des Notars gegen den Versicherer auslöst.[8] Die haftungsrechtliche Seite bleibt also von der Regelung des § 19a von vornherein unberührt: Der **Notar haftet gegenüber einem etwaig Geschädigten weiterhin unbegrenzt persönlich.**[9] 6

Aus der von § 19a unberührt bleibenden **Trennung von Haftungs- und Deckungsverhältnis** folgt zudem, dass es für das Haftungsverhältnis grundsätzlich unerheblich ist, ob und inwieweit die durch die Berufshaftpflichtversicherung nach § 19a **bereitgestellte Versicherungssumme ausreicht, um einen bestehenden Haftpflichtanspruch zu erfüllen.**[10] An dieser Stelle wird dann ggf. das mehrstufige Pflichtversicherungs- und Vorsorgesystem relevant, das letztlich zu einer Erhöhung der zur Verfügung stehenden Deckungssumme führt. 7

4. Stellung im mehrstufigen System der Pflichtversicherungen. Die Berufshaftpflichtversicherung nach § 19a ist **Teil eines mehrstufigen Systems von Pflichtversicherungen** zur Absicherung notarieller Amtstätigkeit. Hierbei ist im Ausgangspunkt jedoch die grundlegende Unterscheidung zwischen Haftpflicht- und Vertrauensschäden zu beachten, da sich die Berufshaftpflichtversicherung iSv § 19a nur auf den Bereich der sog. Haftpflichtschäden bezieht.[11] 8

a) Der Bereich der Haftpflichtversicherung. Die **Pflichtversicherung iSv § 19a betrifft nur Haftpflichtschäden,** dh diesbezüglicher Deckungsschutz ist ausgeschlossen, sofern es sich um eine wissentliche Amtspflichtverletzung handelt (Abs. 2 S. 1 Nr. 1).[12] Die Berufshaftpflichtversicherung iSv § 19a bildet somit **die erste Stufe des Pflichtversicherungssystems im Fahrlässigkeitsbereich**[13] **sowie im Bereich vorsätzlicher Amtspflichtverletzungen, solange nicht zugleich Wis-** 9

5 BeckOK BNotO/*Schramm* § 19a Rn. 2, 15; Diehn/*Sandkühler* BNotO § 19a Rn. 17.
6 Diehn/*Sandkühler* BNotO § 19a Rn. 16.
7 Frenz/Miermeister/*Frenz* BNotO § 19a Rn. 8; Arndt/Lerch/Sandkühler/*Sandkühler* BNotO § 19a Rn. 27.
8 In diesem Sinne zur Trennung von Haftungs- und Deckungsverhältnis auch: BeckOK BNotO/*Schramm* § 19a Rn. 1 f.
9 Arndt/Lerch/Sandkühler/*Sandkühler* BNotO § 19a Rn. 6; Diehn/*Sandkühler* BNotO § 19a Rn. 16.
10 Diehn/*Sandkühler* BNotO § 19a Rn. 2.
11 Haug/Zimmermann Amtshaftung Rn. 771b, 772a.
12 Frenz/Miermeister/*Frenz* BNotO § 19a Rn. 5.
13 BeckOK BNotO/*Schramm* § 19a Rn. 7; Gräfe/Brügge/*Brügge* VermSchadenH-PflVers Kap. A Rn. 484.

sentlichkeit zu bejahen ist.[14] Die Mindestversicherungssumme beträgt gemäß Abs. 3 S. 1 dabei 500.000 EUR pro Versicherungsfall. Die Jahreshöchstleistung kann auf 1.000.000 Mio. EUR beschränkt werden (Abs. 3 S. 2). Vor diesem Hintergrund spricht man auch von einer **Grund- oder Basisversicherung.**[15]

10 Die **zweite Stufe des Versicherungsschutzes** im Haftpflichtbereich bildet die von den **Notarkammern** gemäß § 67 Abs. 3 Nr. 3 verpflichtend für ihre Mitglieder abzuschließende **Gruppenversicherung.**[16] Als Anschlussversicherung stellt diese eine betragsmäßig hinzukommende Deckung iHv mindestens weiteren 500.000 EUR zur Verfügung (§ 67 Abs. 3 Nr. 3 S.2), die zur Grund- oder Basisversicherungssumme hinzukommen. Eine Begrenzung auf 2.000.000 EUR pro Versicherungsjahr ist möglich (§ 67 Abs. 3 Nr. 3 S. 2 Hs. 2). Bei der Gruppenversicherung iSv § 67 Abs. 3 Nr. 3 handelt es sich – anders als bei der Berufshaftpflichtversicherung iSv § 19a – um eine Fremdversicherung iSv § 43 Abs. 1 VVG. Die Notare sind dort also nicht selbst Versicherungsnehmer, sondern versicherte Personen – Versicherungsnehmerin ist hier die jeweilige Notarkammer.[17]

11 Die **potenziell dritte Stufe** des Versicherungsschutzes im Fahrlässigkeits- oder Haftpflichtbereich bildet eine **fakultative Erhöhung der individuellen Berufshaftpflichtversicherung** des einzelnen Notars über die gemäß § 19 Abs. 1 S. 1, Abs. 3 S. 1 geforderte Mindestversicherungssumme von 500.000 EUR hinaus.[18] Eine insoweit potenziell zusätzlich zur Verfügung stehende Versicherungssumme greift allerdings erst, nachdem der vorrangige Versicherungsschutz durch Basisversicherung und Gruppenanschlussversicherung „aufgebraucht" ist.[19]

12 **b) Der Bereich der Vertrauensschadenversicherung.** Zudem legt § 67 Abs. 3 Nr. 3 den Notarkammern die Pflicht zum Abschluss einer **Vertrauensschadenversicherung** im Hinblick auf wissentliche Pflichtverletzungen eines Notars auf, für die insbesondere wegen Abs. 2 S 1 Nr. 1 keine Deckung im Rahmen der Berufshaftpflichtversicherung bestehen kann.[20] Die Mindestversicherungssumme beträgt hier für jeden Notar 250.000 EUR (§ 67 Abs. 3 Nr. 3 S. 2 Hs. 1). Eine Begrenzung auf 1.000.000 EUR pro Versicherungsjahr ist möglich (§ 67 Abs. 3 Nr. 3 S. 2 Hs. 2). Da die Berufshaftpflichtversicherung iSv § 19 in diesen Konstellationen nicht greift, handelt es sich im Falle von Vertrauensschäden **nicht um eine Anschluss-, sondern um eine Primärversicherung.**[21]

13 **Ist die Versicherungsleistung der Vertrauensschadenversicherung** als Primärversicherung **nicht ausreichend** – etwa weil die Jahreshöchstsumme erreicht ist –, **kommt eine Leistung durch die freiwillige Exzedentenversicherung in Betracht,** die die im Notarversicherungsfonds zusammengeschlossenen Notarkammern unterhalten.[22] Die Exzedentenversicherung führt dementsprechend **nicht zu einer Erhöhung der Versicherungssumme pro Versicherungsfall, sondern erweitert lediglich die Anzahl der Fälle, in denen Versicherungsleistungen erbracht**

14 *Haug/Zimmermann* Amtshaftung Rn. 836 ff.
15 BeckOK BNotO/*Schramm* § 19a Rn. 7 („*Grund- bzw. Basisversicherung*"); Arndt/Lerch/Sandkühler/*Sandkühler* BNotO § 19a Rn. 8 („*Basisversicherung*").
16 Arndt/Lerch/Sandkühler/*Sandkühler* BNotO § 19a Rn. 13; Gräfe/Brügge/*Brügge* VermSchadenHPflVers Kap. A Rn. 486.
17 Frenz/Miermeister/*Frenz* BNotO § 19a Rn. 5; Arndt/Lerch/Sandkühler/*Sandkühler* BNotO § 19a Rn. 14 f.
18 Gräfe/Brügge/*Brügge* VermSchadenHPflVers Kap. A Rn. 486, 492.
19 Gräfe/Brügge/*Brügge* VermSchadenHPflVers Kap. A Rn. 492; Frenz/Miermeister/*Frenz* BNotO § 19a Rn. 4a.
20 *Haug/Zimmermann* Amtshaftung Rn. 834 ff.
21 Arndt/Lerch/Sandkühler/*Sandkühler* BNotO § 19a Rn. 25.
22 Arndt/Lerch/Sandkühler/*Sandkühler* BNotO § 19a Rn. 25.

werden können.[23] Die Exzedentenversicherung ist somit nicht Anschlussversicherung, sondern greift nur anstelle der Vertrauensschadenversicherung.

Sich daran anschließende und letzte Stufe des Vorsorgesystems im Vertrauensschadenbereich ist schließlich der sog. Notarversicherungsfonds (daher vormals auch: Vertrauensschadenfonds), der auf freiwilliger Basis Schäden infolge wissentlicher Amtspflichtverletzungen von Notaren regulieren kann, wenn diese die Versicherungssumme der Vertrauensschadenversicherung bzw. der Exzedentenversicherung übersteigen.[24] 14

Im Vertrauensschadenbereich besteht jeweils kein Direktanspruch des Geschädigten – es handelt sich stets um Fremdversicherungen iSv § 43 Abs. 1 VVG, bei denen zwischen dem Geschädigten und der Notarkammer ein gesetzliches Treuhandverhältnis besteht.[25] Hinsichtlich der praktischen Abwicklung folgt daraus, dass die Notarkammer verpflichtet ist, den Regulierungsanspruch des Geschädigten beim Versicherer geltend zu machen, die Versicherungsleistung einzuziehen und sie an den Geschädigten auszukehren.[26] Hintergrund der „Konstruktion" als Fremdversicherung ist, dass es dem Notar nicht möglich ist, sich selbst im Hinblick auf wissentliche Pflichtverletzungen zu versichern, da diese stets vom Versicherungsschutz ausgeschlossen sind.[27] 15

II. Die Anforderungen an die Berufshaftpflichtversicherung iSv § 19a

1. Verpflichteter/Normadressat (Abs. 1 S. 1). Verpflichtet zum Abschuss der Berufshaftpflichtversicherung ist der Notar (Abs. 1 S. 1). Im Verhältnis zum Versicherer ist er daher auch selbst Versicherungsnehmer und versicherte Person.[28] Es handelt sich somit nicht um eine Fremdversicherung iSv § 43 Abs. 1 VVG (anders als die Gruppenanschlussversicherung der Notarkammern). 16

Die notarielle Amtstätigkeit ist nicht sozietätsfähig, so dass – anders als im Bereich der Berufshaftpflichtversicherung von Rechtsanwälten – im Ausgangspunkt keine Gruppenversicherung möglich ist, sondern nur jeder Notar einzeln Versicherungsnehmer der Grund- oder Basisversicherung sein kann und sein muss.[29] In der praktischen Umsetzung sind aber vor allem bei Partnerschaftsgesellschaften mit beschränkter Berufshaftung (PartGmbB) wohl auch durchaus Versicherungsmodelle gebräuchlich, bei denen von der PartGmbB einen Art „Sozietätspolice" abgeschlossen wird, dabei aber weiterhin für jeden Notar die Basisversicherungssumme einzeln und individuell zur Verfügung steht und bei der (meist) auch jedem Notar eine eigene Police vom Versicherer ausgehändigt wird. Verbunden mit der somit für jeden Notar individuell weiterhin gewährleisteten Grund- oder Basisversicherung iSv § 19a wird dabei zuweilen auch eine freiwillige Individual-Anschlussversicherung, die – aufgrund ihres freiwilligen Charakters – auch ohne Weiteres sozietätsbezogen von der PartGmbB für alle ihre Notare abgeschlossen werden kann. 17

23 Diehn/*Sandkühler* BNotO § 19a Rn. 12; *Haug/Zimmermann* Amtshaftung Rn. 853.
24 Arndt/Lerch/Sandkühler/*Sandkühler* BNotO § 19a Rn. 23.
25 Frenz/Miermeister/*Frenz* BNotO § 19a Rn. 5; Arndt/Lerch/Sandkühler/*Sandkühler* BNotO § 19a Rn. 26.
26 Diehn/Sandkühler BNotO § 19a Rn. 46; Frenz/Miermeister/*Frenz* BNotO § 19a Rn. 5.
27 WürzNotar-HdB/*Zimmermann* Rn. 282.
28 *Haug/Zimmermann* Amtshaftung Rn. 782; Frenz/Miermeister/*Frenz* BNotO § 19a Rn. 3.
29 Diehn/*Sandkühler* BNotO § 19a Rn. 24.

18 Die **Verpflichtung zum Abschluss** einer den inhaltlichen Vorgaben des § 19a entsprechenden **Berufshaftpflichtversicherung besteht** dabei **unabhängig vom wirtschaftlichen Gewicht der einzelnen notariellen Tätigkeit,**[30] da Anknüpfungspunkt der Versicherungspflicht das Notaramt an sich und das von diesem abstrakt ausgehende „Gefahrpotenzial" ist.[31]

19 **Nicht erfasst** von § 19a sind sowohl der **Notarassessor** (§ 7 Abs. 4 S. 2) als auch der **Notarvertreter** (§ 39 Abs. 4). Beide sind nicht zum Abschluss einer Berufshaftpflichtversicherung verpflichtet,[32] obwohl sie im Außen- oder Haftungsverhältnis gesamtschuldnerisch neben dem Notar haften (§§ 19 Abs. 2 S. 2, 46 S. 1). Hintergrund ist, dass die Pflichtversicherung des Notars nach § 19a deren Haftung mitabdecken muss, so dass auf diesem Wege in aller Regel ein hinreichender Deckungsschutz gewährleistet ist.[33]

20 In persönlicher Hinsicht nicht vom Anwendungsbereich des § 19a betroffen, ist schließlich auch der **Notariatsverwalter.**[34] Für diesen hat die jeweilige Notarkammer eine den Vorgaben des § 19a entsprechende Versicherung abzuschließen (§ 61 Abs. 2 S. 1).

21 **2. Regelungstechnik des § 19a.** Ausgehend von dem Ansatzpunkt, dass Verpflichteter und Normadressat hinsichtlich des Abschlusses einer Berufshaftpflichtversicherung der jeweilige Notar ist, enthält **§ 19a inhaltliche Vorgaben, wie der Versicherungsvertrag zwischen dem Notar und dem Berufshaftpflichtversicherer auszugestalten ist.** Die betreffenden **Maßgaben** sind **vom jeweiligen Notar in das privatrechtliche Versicherungsvertragsverhältnis „zu übertragen".** Bespielhaft veranschaulicht wird diese Regelungstechnik etwa in Abs. 3 S. 3 der Regelung, wonach *„der Versicherungsvertrag dem Versicherer"* bestimmte Mitteilungspflichten *„auferlegen* [muss]". Die Versicherer halten insofern jedoch seit langem „Standardprodukte" bereit, die entsprechende AVB beinhalten.[35]

22 **3. Gegenstand der Versicherung (Abs. 1) und Ausschlüsse (Abs. 2). a) Grundsatz (Abs. 1).** Die Berufspflichtversicherung muss nach Abs. 1 S. 3 jede Pflichtverletzung abdecken, die Haftungsansprüche gegen den Notar zur Folge haben kann. In Bezug genommen wird damit die Norm des § 19, welche die Haftung des Notars dem Grunde nach, also das eigentliche Haftungsverhältnis konkretisiert (→ Rn. 5 ff.).

23 **b) Ausschlüsse (Abs. 2).** Im Sinne der § 19a zugrunde liegenden Regelungstechnik bestimmt Abs. 2 S. 1 der Vorschrift, dass **für bestimmte Fälle ein Ausschluss des Versicherungs-,** dh **Deckungsschutzes in dem Vertrag zwischen dem Notar und dem Versicherer vereinbart werden kann.** Von zentraler Bedeutung ist insbesondere der **Ausschluss wegen wissentlicher Pflichtverletzung** nach Abs. 2 S. 1 Nr. 1 der Vorschrift.

24 **Wissentlichkeit unterscheidet sich in zweifacher Hinsicht vom Vorsatz** iSv § 276 Abs. 1 S. 1 BGB oder § 103 VVG:[36] Zum einen setzt **Wissentlichkeit** hinsichtlich der **Amtspflichtverletzung dolus directus 1. Grades** voraus, so dass dolus

30 Frenz/Miermeister/*Frenz* BNotO § 19a Rn. 8; Arndt/Lerch/Sandkühler/*Sandkühler* WürzNotar-HdB § 19a Rn. 27.
31 Diehn/*Sandkühler* BNotO § 19a Rn. 16.
32 Arndt/Lerch/Sandkühler/*Sandkühler* BNotO § 19a Rn. 28; BeckOK BNotO/*Frisch* § 39 Rn. 25.
33 Frenz/Miermeister/*Frenz* BNotO § 19a Rn. 3 (zum Notarassessor); BeckOK BNotO/*Schramm* § 46 Rn. 1 (zum Notarvertreter).
34 Frenz/Miermeister/*Frenz* BNotO § 19a Rn. 9.
35 Vgl. nur: DNotZ 1995, 721 ff.
36 Gräfe/Brügge/*Gräfe* VermSchadenHPflVers Kap. E Rn. 220.

eventualis insofern nicht genügt.[37] **Zum anderen ist Bezugspunkt der erforderlichen Wissentlichkeit nach dem Wortlaut der Norm ausschließlich die Amtspflichtverletzung. Daraus folgt, dass diese sich** – anders als üblicherweise beim Vorsatz[38] – **nicht auf den Schadenseintritt beziehen muss.**[39] Der Notar muss den Eintritt eines Schadens infolge seiner wissentlichen Amtspflichtverletzung also weder für möglich halten geschweige denn iSv dolus directus 1. Grades wollen.

25 **Soweit den Notar kein eigenes Verschulden im Hinblick auf die Überwachung seines Personals trifft, können auch Schäden infolge von Veruntreuungen durch dieses vom Versicherungsschutz ausgeschlossen werden** (Abs. 2 S. 1 Nr. 3).

26 **c) Konsequenzen des Ausschlusses wegen Wissentlichkeit in deckungsrechtlicher Hinsicht.** Der nach Abs. 2 S. 1 Nr. 1 im Versicherungsvertrag zwischen dem Notar und der Versicherung mögliche **Ausschluss nur wegen wissentlicher Pflichtverletzung hat vor dem Hintergrund der Trennung zwischen Haftungs- und Deckungsverhältnis eine potenziell erhebliche Konsequenz in versicherungsrechtlicher Hinsicht.** Dies ergibt sich vor allem daraus, dass § 19 Abs. 1 S. 1 eine Haftung des Notars (natürlich) „bereits" im Falle einer „nur" vorsätzlichen Amtspflichtverletzung anordnet, Abs. 2 S. 1 Nr. 1 aber einen Ausschluss der Deckung „erst" ab der Schwelle einer wissentlichen Pflichtverletzung erlaubt.

27 Dies hat eine potenziell erhebliche Konsequenz für den „Ablauf" eines entsprechenden Versicherungsfalls: Denn **im Haftungs- oder Außenverhältnis ist der Notar** einem etwaig Geschädigten nach § 19 Abs. 1 S. 1 **„bereits" wegen einer vorsätzlichen Amtspflichtverletzung zum Schadensersatz verpflichtet** – **die Berufshaftpflichtversicherung kann sich deswegen aber im Deckungsverhältnis gegenüber dem Notar nicht automatisch auf einen Ausschlussgrund berufen**, da der Notar nicht notwendigerweise auch wissentlich iSv dolus directus 1. Grades gehandelt haben muss. **Es ist daher im Ergebnis möglich, dass die Berufshaftpflichtversicherung iSv § 19a zur Deckung verpflichtet ist, wenn der Notar „nur" bedingt vorsätzlich eine Amtspflicht verletzt hat.**[40]

28 Da die Abgrenzung zwischen wissentlicher und vorsätzlicher Amtspflichtverletzung im Einzelfall schwierig sein kann – und damit unklar sein kann, ob der Ausschlussgrund gemäß Abs. 2 S. 1 Nr. 1 greift –, ordnet **Abs. 2 S. 2** zum Schutz des Geschädigten **eine Vorleistungspflicht des Berufshaftpflichtversicherers an.**[41]

29 **4. Höhe des Versicherungsschutzes. a) Mindestversicherungssumme (Abs. 3 S. 1, 2 und 4).** Die Höhe der **Mindestversicherungssumme** der Berufshaftpflichtversicherung nach § 19a **muss** gemäß Abs. 3 S. 1 der Vorschrift **500.000 EUR pro Versicherungsfall betragen.** Gemäß Abs. 3 S. 2 ist eine Begrenzung auf den doppelten Betrag, also **1 Mio. EUR**, für sämtliche innerhalb eines Versicherungsjahres verursachten Schäden möglich.[42]

---

37 Diller/*Diller*, Berufshaftpflichtversicherung für Rechtsanwälte, AVB-RSW § 4 Rn. 42 f. (für Rechtsanwälte); Frenz/Miermeister/*Frenz* BNotO § 19a Rn. 149.
38 Prölss/Martin/*Lücke* VVG § 103 Rn. 5.
39 *Diller*, in: Diller, Berufshaftpflichtversicherung für Rechtsanwälte: AVB-RSW, § 4 AVB-RSW Rn. 42 f., 46 (für Rechtsanwälte); Frenz/Miermeister/*Frenz* BNotO § 19a Rn. 149.
40 *Haug/Zimmermann* Amtshaftung Rn. 837.
41 Frenz/Miermeister/*Frenz* BNotO § 19a Rn. 20; Diehn/*Sandkühler* BNotO § 19a Rn. 41.
42 Frenz/Miermeister/*Frenz* BNotO § 19a Rn. 17.

30 Mit der Formulierung *„alle innerhalb eines Versicherungsjahres verursachten Schäden"* nimmt Abs. 3 S. 2 das sog. Verstoßprinzip – im Unterschied zu dem vor allem im Bereich der D&O-Versicherung verbreiteten[43] *Claims-Made-Prinzip* – in Bezug. Der Begriff des „Verstoßes" ist mit dem der Amtspflichtverletzung gleichzusetzen.[44]

31 § 19a Abs. 3 S. 4 erlaubt im Versicherungsvertrag zwischen dem Notar und dem Versicherungsunternehmen zudem die Vereinbarung einer „Serienschadenklausel", also die Zusammenfassung mehrerer Amtspflichtverletzungen zu einem Verstoß bzw. Versicherungsfall, sofern es um die *„Erledigung eines einheitlichen Amtsgeschäftes"* ging. Maßgeblich hierfür ist eine wertende Betrachtung aus dem objektiven Empfängerhorizont des Notars dahin gehend, ob es ausgehend vom jeweiligen Auftrag um eine Angelegenheit ging, wobei diese dann ggf. auch aus mehreren zu vollziehenden Teilakten bestehen kann.[45] Nicht gemeint ist damit hingegen, dass lediglich eine „gleichartige Fehlerquelle" vorliegt, die sich bei verschiedenen Verträgen bzw. Beurkundungen (quasi systemisch) ausgewirkt hat und dementsprechend auch verschiedene Personen betroffen sind.[46]

32 Folge der Anwendbarkeit der Serienschadenklausel ist eine potenzielle Beschränkung des Umfangs des Deckungsschutzes, da die Versicherungssumme dann nur einmal zur Verfügung steht.[47]

33 **b) Selbstbehalt (Abs. 4).** § 19a Abs. 4 sieht sodann ferner vor, dass in dem vom Notar abzuschließenden Versicherungsvertrag ein Selbstbehalt von bis zu einem % der Mindestversicherungssumme, also 5.000 EUR, vereinbart werden kann. Bezugspunkt ist jeder Versicherungsfall.[48]

34 **c) Freiwillige Individual-Anschlussversicherung.** Dem Notar steht es – im Rahmen der Privatautonomie und aufgrund des von § 19a lediglich bezweckten „Mindestschutzes" – selbstverständlich frei, einen über die gesetzlichen Maßgaben des § 19a hinausgehenden Versicherungsschutz mit seinem Versicherer zu vereinbaren.[49] Zu berücksichtigen ist in diesem Zusammenhang abschließend zudem, dass das Fehlen ausreichenden Versicherungsschutzes den Notar grundsätzlich nicht zur Ablehnung der Beurkundungstätigkeit berechtigt.[50]

35 Diese freiwillige individuelle Anschlussversicherung greift jedoch erst, nachdem zunächst die Basisversicherung sowie die ebenfalls obligatorische Gruppenanschlussversicherung ausgeschöpft sind.[51]

36 **5. Ende der Versicherungspflicht.** Die Versicherungspflicht des Notars endet mit Erlöschen des Amtes.[52] Auch insoweit spiegelt sich die Akzessorietät zum Zweck der Berufshaftpflichtversicherung wider, da in diesem Zeitpunkt das – schlicht an das Notaramt an sich anknüpfende – Gefahrpotential endet. Entsprechende Erlöschenstatbestände sind in § 47 aufgezählt.

---

43 Gräfe/Brügge/*Brügge* VermSchadenHPflVers Kap. I Rn. 5.
44 Arndt/Lerch/Sandkühler/*Sandkühler* BNotO § 19a Rn. 41.
45 Arndt/Lerch/Sandkühler/*Sandkühler* BNotO § 19a Rn. 45.
46 Frenz/Miermeister/*Frenz* BNotO § 19a Rn. 18; Diehn/*Sandkühler* BNotO § 19a Rn. 34.
47 Arndt/Lerch/Sandkühler/*Sandkühler* BNotO § 19a Rn. 43.
48 Arndt/Lerch/Sandkühler/*Sandkühler* BNotO § 19a Rn. 48.
49 Diehn/*Sandkühler* BNotO § 19a Rn. 2; Frenz/Miermeister/*Frenz* BNotO § 19a Rn. 4a.
50 Arndt/Lerch/Sandkühler/*Sandkühler* BNotO § 19a Rn. 9.
51 Frenz/Miermeister/*Frenz* BNotO § 19a Rn. 4a; Diehn/*Sandkühler* BNotO § 19a Rn. 2.
52 Arndt/Lerch/Sandkühler/*Sandkühler* BNotO § 19a Rn. 35.

III. Flankierende Maßgaben zur Sicherstellung und Realisierbarkeit des Deckungsschutzes

§ 19a – sowie die BNotO insgesamt – enthalten weitere flankierende Maßgaben, die sowohl sicherstellen sollen, dass der Deckungsschutz durch die Berufshaftpflichtversicherung iSv § 19a sichergestellt bleibt als auch dessen Realisierbarkeit ermöglichen sollen. 37

1. Mitteilungspflichten des Versicherers (Abs. 3 S. 3). Der Sicherstellung des Bestehens des Deckungsschutzes dient zunächst eine **spezifische Mitteilungspflicht des Versicherers**, die gemäß § 19a Abs. 3 S. 3 im Versicherungsvertrag zu implementieren ist.[53] Danach müssen **deckungsrelevante Änderungs- oder Beendigungsvorgänge** vom jeweiligen Versicherer unverzüglich der Landesjustizverwaltung und der Notarkammer **angezeigt werden**. 38

2. Amtsenthebung bei Nicht-Aufrechterhaltung. Der Sicherstellung des Deckungsschutzes dient auch § 50 Abs. 1 Nr. 10: Danach ist der Notar seines Amtes zu entheben, wenn er die Berufshaftpflichtversicherung iSv § 19a nicht unterhält. 39

3. Auskunftspflicht (Abs. 6). Eine flankierende Maßnahme zwecks Sicherstellung der Realisierbarkeit des Versicherungsschutzes[54] stellt schließlich noch die (grundsätzlich bestehende) **Auskunftspflicht der jeweils zuständigen Notarkammer oder wahlweise der Landesjustizverwaltung** nach Abs. 6 im **Hinblick auf Namen und Adresse des Versicherungsunternehmens**, bei dem die Berufshaftpflichtversicherung des betreffenden Notars unterhalten wird, **sowie die diesbezügliche Versicherungsnummer** dar. Voraussetzung ist insofern lediglich, dass der vermeintlich Geschädigte nachvollziehbar behauptet, dass ihm durch eine Amtspflichtverletzung des Notars ein Schaden entstanden sei.[55] 40

Abschnitt 3 Die Amtstätigkeit

§ 20 Beurkundungen und Beglaubigungen

(1) [1]**Die Notare sind zuständig, Beurkundungen jeder Art vorzunehmen sowie Unterschriften, [ab 1.8.2022: *qualifizierte elektronische Signaturen,*] Handzeichen und Abschriften zu beglaubigen.** [2]**Zu ihren Aufgaben gehören insbesondere auch die Beurkundung von Versammlungsbeschlüssen, die Vornahme von Verlosungen und Auslosungen, die Aufnahme von Vermögensverzeichnissen, Nachlassverzeichnissen und Nachlassinventaren, die Vermittlung von Nachlass- und Gesamtgutsauseinandersetzungen einschließlich der Erteilung von Zeugnissen nach den §§ 36 und 37 der Grundbuchordnung, die Anlegung und Abnahme von Siegeln, die Aufnahme von Protesten, die Zustellung von Erklärungen sowie die Beurkundung amtlich von ihnen wahrgenommener Tatsachen.**

(2) Die Notare sind auch zuständig, Auflassungen entgegenzunehmen sowie Teilhypotheken- und Teilgrundschuldbriefe auszustellen.

(3) [1]**Die Notare sind ferner zuständig, freiwillige Versteigerungen durchzuführen.** [2]**Eine Versteigerung beweglicher Sachen sollen sie nur vornehmen, wenn diese durch die Versteigerung unbeweglicher Sachen oder durch eine von dem Notar beurkundete oder vermittelte Vermögensauseinandersetzung veranlaßt ist.**

---

53 Arndt/Lerch/Sandkühler/*Sandkühler* BNotO § 19a Rn. 76.
54 Arndt/Lerch/Sandkühler/*Sandkühler* BNotO § 19a Rn. 82.
55 Arndt/Lerch/Sandkühler/*Sandkühler* BNotO § 19a Rn. 82.

(4) Die Notare sind auch zur Vermittlung nach den Bestimmungen des Sachenrechtsbereinigungsgesetzes zuständig.

(5) Inwieweit die Notare zur Anlegung und Abnahme von Siegeln im Rahmen eines Nachlasssicherungsverfahrens zuständig sind, bestimmt sich nach den landesrechtlichen Vorschriften.

Literatur:
Kienzle, Die Videobeurkundung nach dem DiRUG, DNotZ 2021, 590; *Meier/Szalai*, Das Gesetz zur Umsetzung der Digitalisierungsrichtlinie (DiRUG), ZNotP 2021, 306.

I. Allgemeines

1. Normzweck. § 20 ist die **zentrale Norm**, die die Zuständigkeit der Notare regelt. Die Aufzählung ist nicht abschließend zu verstehen, wie sich bereits aus den weiteren Zuständigkeitsnormen der §§ 21 bis 24, aber auch aus anderen spezialgesetzlichen Vorschriften ergibt. 1

Besonders bedeutsam ist Abs. 1 S. 1, der die umfassende Zuständigkeit der Notare zur Vornahme von Beurkundungen und Beglaubigungen festlegt. Hinsichtlich der Beurkundungszuständigkeit besteht seit dem Inkrafttreten des BeurkG zum 1.1.1970 ein **Beurkundungsmonopol** der Notare. Die bis dahin bestehende Zuständigkeit der Amtsgerichte ist weitgehend beseitigt worden.[1] 2

2. Bedeutung. Die Vorschrift regelt die **sachliche Zuständigkeit** der Notare.[2] Die internationale und örtliche Zuständigkeit wird durch § 10a Abs. 2 und 3, § 11 Abs. 2 und 3 sowie § 11a festgelegt. Das bei den notariellen Amtstätigkeiten zu beachtende **Verfahren** ergibt sich im Übrigen nicht aus der BNotO, sondern aus den jeweils einschlägigen Verfahrensgesetzen, im Regelfall aus dem BeurkG,[3] hilfsweise aus dem FamFG. Weitere Verfahrensregeln ergeben sich aus der **Verordnung über die Führung notarieller Akten und Verzeichnisse** (NotAktVV) des BMJV vom 13.10.2020, dienstrechtliche Vorgaben sind in den Dienstordnungen für Notarinnen und Notare (DONot) enthalten, die die Bundesländer weitgehend inhaltsgleich erlassen haben. 3

II. Beurkundungen jeder Art (Abs. 1)

1. Allgemeines. Die hauptsächliche Amtstätigkeit der Notare stellen Beurkundungen aller Art dar, Abs. 1 S. 1 ist insoweit als **Generalklausel** zu verstehen.[4] Eine gesetzliche Definition der Beurkundung besteht nicht, es wird ein traditionelles Verständnis zugrunde gelegt.[5] Eine Beurkundung setzt die Beachtung eines bestimmten förmlichen **Verfahrens unter Mitwirkung einer Urkundsperson** voraus.[6] Ergebnis der Beurkundung ist eine Zeugnisurkunde, in der die **Wahrnehmungen der Urkundsperson** niedergelegt sind.[7] Kein zwingender Bestandteil einer Beurkundung ist, dass das materielle Recht die Wirksamkeit eines Rechts- 4

1 Diehn/*Kilian* BNotO § 20 Rn. 4.
2 Frenz/Miermeister/*Limmer* BNotO § 20 Rn. 1.
3 Diehn/*Kilian* BNotO § 20 Rn. 3; Frenz/Miermeister/*Limmer* BNotO § 20 Rn. 1.
4 Frenz/Miermeister/*Limmer* BNotO § 20 Rn. 6.
5 Diehn/*Kilian* BNotO § 20 Rn. 6.
6 BeckOK BNotO/*Sander* BNotO § 20 Rn. 23; Diehn/*Kilian* BNotO § 20 Rn. 6.
7 Diehn/*Kilian* BNotO § 20 Rn. 6; Frenz/Miermeister/*Limmer* BNotO § 20 Rn. 6.

geschäfts von der Vornahme einer Beurkundung abhängig macht, da Beurkundungen auch freiwillig vorgenommen werden können.[8]

5 **2. Beurkundung von Willenserklärungen (Abs. 1 S. 1).** Die Beurkundung von Willenserklärungen stellt den Großteil notarieller Beurkundungstätigkeit dar. Das Gesetz definiert den Begriff der Willenserklärung nicht. Aus § 36 BeurkG § 38 Abs. 1 BeurkG ergibt sich jedoch, dass Willenserklärungen von anderen Erklärungen und von Eiden sowie eidesstattlichen Versicherungen abgegrenzt werden müssen. Willenserklärungen sind zunächst alle **privatrechtlichen Erklärungen**, die von einem Erklärungswillen getragen und auf die Herbeiführung einer Rechtsfolge gerichtet sind.[9] Den privatrechtlichen stehen **öffentlich-rechtliche Willenserklärungen** (zB im Rahmen eines öffentlich-rechtlichen Vertrags) gleich.[10] Ebenfalls wie Willenserklärungen behandelt werden müssen **geschäftsähnliche Handlungen** (zB eine Mahnung, eine Abnahme)[11] und **Verfahrens- sowie Prozesshandlungen** (zB die Erklärung der Unterwerfung unter die sofortige Zwangsvollstreckung, Grundbuchanträge, Rechtsmittelverzichte).[12]

6 Dass Willenserklärungen zu ihrer **materiellen Wirksamkeit** beurkundet werden müssen, ergibt sich aus den Vorgaben des materiellen Rechts (zB § 311b BGB, § 15 GmbHG). Das **Verfahren** zur Beurkundung von Willenserklärungen bestimmt sich nach den §§ 8 ff. BeurkG. Im Rahmen einer Beurkundungsverhandlung muss vom Notar eine Niederschrift errichtet werden, § 8 BeurkG. Diese muss den Beteiligten vorgelesen werden, von diesen genehmigt und von ihnen und dem Notar unterschrieben werden, § 13 BeurkG.[13]

7 **3. Beurkundung von Versammlungsbeschlüssen (Abs. 1 S. 2).** Aus historischen Gründen ist die Beurkundung von Versammlungsbeschlüssen eigens erwähnt. Es handelt sich bei der Protokollierung von Beschlüssen um eine besondere Tatsachenbeurkundung durch den Notar. Beschlüsse sind keine Willenserklärungen, sondern Entscheidungen der Organe besonderer rechtlicher Vereinigungen. Der notariellen Beurkundung bedürfen insbesondere zahlreiche Beschlüsse von **Gesellschafterversammlungen** einer GmbH (zB § 53 GmbHG), **Hauptversammlungsbeschlüsse** einer AG (§ 130 AktG) und **Zustimmungsbeschlüsse** im Rahmen des UmwG (§ 13 Abs. 3 UmwG).[14] Möglich ist aber auch die freiwillige Beurkundung von Beschlüssen von Versammlungen anderer Organisationsformen, zB eines Vereins, einer Genossenschaft, einer Wohnungseigentümergemeinschaft usw.

8 Beschlüsse können einerseits im Verfahren über die Beurkundung von Willenserklärungen beurkundet werden, aber auch in einem **vereinfachten Verfahren** nach §§ 36, 37 BeurkG, in welchem es genügt, wenn der Notar ein Protokoll über die von ihm wahrgenommenen Beschlüsse errichtet.[15] Bei der Beurkundung von **Hauptversammlungsbeschlüssen** sind die zusätzlichen Vorgaben des § 130 AktG zu beachten. Soweit die Niederschrift neben Beschlüssen auch Willenserklärungen enthält, muss insoweit zwingend das Verfahren nach §§ 8 ff. BeurkG eingehalten werden. Die Errichtung einer **kombinierten Niederschrift** ist möglich.

---

8 AA Diehn/*Kilian* BNotO § 20 Rn. 6.
9 Frenz/Miermeister/*Limmer* BNotO § 20 Rn. 10; Grziwotz/Heinemann/*Heinemann* § 8 BeurkG Rn. 5.
10 Grziwotz/Heinemann/*Heinemann* § 8 BeurkG Rn. 5.
11 Grziwotz/Heinemann/*Heinemann* § 8 BeurkG Rn. 6.
12 Grziwotz/Heinemann/*Heinemann* § 8 BeurkG Rn. 6.
13 Diehn/*Kilian* BNotO § 20 Rn. 7.
14 Diehn/*Kilian* BNotO § 20 Rn. 10.
15 Diehn/*Kilian* BNotO § 20 Rn. 11.

4. Beurkundung sonstiger Tatsachen (Abs. 1 S. 2). Als **Auffangtatbestand** kann Abs. 1 S. 2 gesehen werden, der die Zuständigkeit des Notars zur Beurkundung von Tatsachen begründet. Hierunter fallen alle **Vorgänge der äußeren Welt**, die der Notar mit seinem **Seh- und Gehörsinn** unmittelbar wahrnehmen kann.[16] Nicht der Beurkundung zugänglich sind daher rein innere Vorgänge, die sich nicht in der Außenwelt manifestiert haben. Im Umkehrschluss ergibt sich daraus, dass **rechtliche Schlussfolgerungen und Bewertungen** nicht Gegenstand einer Beurkundung sein können.[17] Der Notar kann jedoch über § 24 solche Rechtstatsachen ggf. bescheinigen (→ § 24 Rn. 36 ff.). 9

Tatsachen können ebenfalls wie Willenserklärungen nach §§ 8 ff. BeurkG beurkundet werden. In der Regel genügt aber ein **Tatsachenprotokoll** nach §§ 36, 37 BeurkG, das der Notar errichtet und unterschreibt.[18] Die Errichtung von **Vermerkurkunden** ist der Beglaubigung von Unterschriften, Handzeichen und Abschriften vorbehalten.[19] 10

5. Elektronische Beurkundung. Notarielle Urkunden sind grds. in **Papierform** zu errichten. Es ist jedoch möglich, von einer Urkunde in Schriftform elektronische beglaubigte Abschriften herzustellen. In Zukunft wird die im Elektronischen Urkundenarchiv abgelegte **elektronische Abschrift der Urschrift** gleichgestellt sein, § 56 Abs. 3 BeurkG. 11

Mit Inkrafttreten der §§ 16a ff. BeurkG wird es in Zukunft zunächst möglich sein, bestimmte gesellschaftsrechtliche Vorgänge (die Bargründung einer GmbH, § 2 Abs. 3 S. 1 GmbHG) mittels **Videokonferenz** zu beurkunden und hierüber eine **elektronische Niederschrift** zu errichten.[20] 12

6. Zuständigkeit, Verfahren, Kosten. a) Zuständigkeit. Neben die notarielle Allzuständigkeit für **Beurkundungen** im Inland treten die **konsularische Zuständigkeit** für Beurkundungen im Ausland und die der Gerichte für die Protokollierung von **Vergleichen**. Einige wenige besondere Beurkundungszuständigkeiten bestehen daneben fort: die der **Amtsgerichte** für bestimmte erbrechtliche und familienrechtliche Erklärungen, der **Jugendämter** für bestimmte familienrechtliche Erklärungen (§ 59 SGB VIII), der **Standesämter** für die personenstandsrechtlichen Beurkundungen und der **Gerichtsvollzieher** für die Aufnahme von Protesten, Zustellungen, Verzeichnissen und Siegelungen. 13

b) Verfahren, Amtspflichten. Das Beurkundungsverfahren ist im **BeurkG** besonders geregelt. Ergänzend sind die BNotO, die NotAktVV, die DONot, das FamFG und die ZPO anzuwenden bzw. zu beachten. Die vom Notar zu beachtenden **Amtspflichten** ergeben sich ebenfalls aus diesen Normen sowie den ergänzenden berufs- und dienstrechtlichen Vorgaben. Zentrale Norm des Beurkundungsverfahrens ist § 17 BeurkG, der den Notar nicht lediglich zur Errichtung einer Niederschrift, sondern zur **Beratung und Belehrung der Beteiligten** verpflichtet. 14

c) Kosten. Notare erheben ihre Kosten (Gebühren und Auslagen) aufgrund des GNotKG. Die **gesetzlich festgelegten Gebühren** sind zu erheben (§ 17 Abs. 1 S. 1), eine Gebührenvereinbarung ist grds. (s. aber § 126 GNotKG) nicht möglich, § 17 Abs. 1 S. 4. Verfahrenskostenhilfe kann gewährt werden, § 17 Abs. 2. 15

---

16 Diehn/*Kilian* BNotO § 20 Rn. 12; Frenz/Miermeister/*Limmer* BNotO § 20 Rn. 12.
17 Diehn/*Kilian* BNotO § 20 Rn. 12; Frenz/Miermeister/*Limmer* BNotO § 20 Rn. 12.
18 Diehn/*Kilian* BNotO § 20 Rn. 13.
19 Diehn/*Kilian* BNotO § 20 Rn. 13.
20 BeckOK BNotO/*Sander* BNotO § 20 Rn. 48b ff.; *Kienzle* DNotZ 2021, 590 ff.; *Meier/Szalai* ZNotP 2021, 306 ff.

Die Kostenforderung kann aufgrund einer vom Notar selbst ausgestellten vollstreckbaren Kostenberechnung vollstreckt werden, § 89 GNotKG.

16 **7. Wirkungen der Beurkundung.** Die wichtigsten Wirkungen einer Beurkundung ergeben sich aus Beweiskraft als öffentlicher Urkunde. Nach § 415 ZPO begründet die öffentliche Urkunde **vollen Beweis** des vom Notar beurkundeten Vorgangs, insbesondere der von ihm aufgenommenen Willenserklärungen. Für die Beurkundung sonstiger Tatsachen bestimmt § 418 ZPO den vollen Beweis der darin bezeugten Tatsachen. Grds. kann man sagen, dass öffentliche Urkunde den Beweis der **Richtigkeit** der beurkundeten Vorgänge und Tatsachen erbringen.[21] Schließlich hat die notarielle Urkunde die **Vermutung der Echtheit** für sich, § 437 ZPO.[22] Die Brückennorm des § 371a ZPO stellt die **elektronische öffentliche Urkunde** der öffentlichen Urkunde in ihren Beweiswirkungen gleich.[23]

17 Daneben verfolgt der Gesetzgeber mit der Beurkundung **zahlreiche andere Zwecke.**[24] Die Einschaltung des Notars als einer neutralen Urkundsperson soll für eine ausgleichende **Vertragsgerechtigkeit** sorgen.[25] Unerfahrene Beteiligte, insbes. **Verbraucher** sollen durch die notariellen Beratungs- und Belehrungspflichten geschützt werden.[26] Schließlich leisten Beurkundungen einen wesentlichen Beitrag zur **Entlastung der Gerichte**, da sie einerseits Fehler und Irrtümern vorbeugen, andererseits aber streitvermeidend wirken können.[27]

III. Beglaubigungen (Abs. 1 S. 1)

18 **1. Allgemeines.** Die Beglaubigung von Unterschriften, Handzeichen und Abschriften stellt ebenfalls die **Beurkundung von Tatsachen** dar.[28] Wegen ihres verkürzten Umfangs hat sich hierfür der besondere Terminus der Beglaubigung entwickelt.

19 **2. Beglaubigung von Unterschriften, Handzeichen und qualifizierten elektronischen Signaturen (Abs. 1 S. 1).** Bei der Beglaubigung einer Unterschrift (oder eines Handzeichens oder einer qualifizierten elektronischen Signatur) wird bezeugt, dass eine bestimmte Person ihre **Unterschrift** (oder ihr Handzeichen oder ihre qualifizierte elektronische Signatur) auf einem Schriftstück **vollzogen** oder **anerkannt** hat (§ 40 Abs. 1 BeurkG). Auch eine **qualifizierte elektronische Signatur** kann vor dem Notar anerkannt und auf diese Weise beglaubigt werden, § 40a BeurkG. Dies kann entweder geschehen, indem der Beteiligte die mit der Signatur versehene Datei dem Notar vorab übermittelt und die Signatur in dessen Gegenwart anerkennt oder indem er in Gegenwart des Notars die Dateien elektronisch signiert und die Signatur anerkennt.[29] Eine Beglaubigung der Signatur **mittels Videokommunikationssystem** ist nur in den nach § 12 HGB zugelassenen Fällen möglich, § 40a Abs. 1 S. 2 BeurkG. Auf diese Weise werden die Identität der Person und die Verantwortungsübernahme für den davorstehenden Text mit öffentlicher Beweiskraft festgestellt.[30]

21 BeckOK BNotO/*Sander* BNotO § 20 Rn. 13 ff.; Diehn/*Kilian* BNotO § 20 Rn. 67; Frenz/Miermeister/*Limmer* BNotO § 20 Rn. 7.
22 BeckOK BNotO/*Sander* BNotO § 20 Rn. 16 ff.; Diehn/*Kilian* BNotO § 20 Rn. 74.
23 BeckOK BNotO/*Sander* BNotO § 20 Rn. 19 ff.
24 BeckOK BNotO/*Sander* BNotO § 20 Rn. 5 ff.
25 Frenz/Miermeister/*Limmer* BNotO § 20 Rn. 8.
26 Diehn/*Kilian* BNotO § 20 Rn. 75 f.
27 Diehn/*Kilian* BNotO § 20 Rn. 77 f.; Frenz/Miermeister/*Limmer* BNotO § 20 Rn. 9.
28 BeckOK BNotO/*Sander* BNotO § 20 Rn. 49; aA Diehn/*Kilian* BNotO § 20 Rn. 14.
29 *Meier/Szalai* ZNotP 2021, 306 (314).
30 Diehn/*Kilian* BNotO § 20 Rn. 15.

Eine öffentlich-beglaubigte Erklärung ist insbesondere für **Verfahrenserklärungen** vorgesehen, die gegenüber einem Gericht oder einer Behörde abgegeben werden müssen, vgl. §§ 1954, 1955 BGB, § 29 GBO, § 12 HGB.[31] 20

Verfahrensrechtlich kann über die Unterschriftsbeglaubigung eine Niederschrift nach §§ 8 ff. BeurkG, aber auch ein Tatsachenprotokoll nach §§ 36, 37 BeurkG errichtet werden. Es genügt jedoch, wenn eine **einfache Vermerkurkunde** nach § 39 BeurkG erstellt wird. 21

3. Beglaubigung von Abschriften (Abs. 1 S. 1). Bei der Beglaubigung einer Abschrift wird von einer Urschrift eine **getreue Zweitschrift** erstellt, die inhaltlich (nicht aber in ihrer formellen Erscheinung) mit der Urschrift übereinstimmt. Es kann sich dabei um eine Abschrift, aber auch um eine Ablichtung der Urschrift handeln. Eine besondere Form der beglaubigten Abschrift stellt die **Ausfertigung** dar, die dazu dient die Urschrift im Rechtsverkehr zu vertreten oder zu ersetzen, § 47 BeurkG. Das Verfahren zur Abschriftsbeglaubigung ist in §§ 39, 42, 48 BeurkG geregelt.[32] Es ist auch möglich, die Urschrift nur **auszugsweise** zu beglaubigen, § 42 Abs. 3 BeurkG. 22

4. Elektronische Beglaubigung. Beglaubigungsvermerke können auch in **elektronischer Form** errichtet werden, § 39a Abs. 1 S. 1 BeurkG. Von einer Urkunde in Papierform kann daher auch eine **elektronisch beglaubigte Abschrift** hergestellt werden. Umgekehrt können von einem elektronisch beglaubigten Dokument auch beglaubigte Abschriften erstellt werden, § 42 Abs. 4 BeurkG. Mit Inkrafttreten des § 40a BeurkG wird es in Zukunft auch möglich sein, **elektronische Signaturen zu beglaubigen** (→ Rn. 19).[33] 23

5. Zuständigkeit, Verfahren, Kosten. a) Zuständigkeit. Anders als im Bereich der Beurkundungen hat der Gesetzgeber systemwidrig den Bundesländern die Möglichkeit eröffnet, neben den Notaren **weitere Stellen zur Beglaubigung von Unterschriften und Abschriften** zuzulassen, § 68 BeurkG. Hierzu gehören in Baden-Württemberg die **Ratschreiber**, in Hessen die **Ortsgerichte**, in Rheinland-Pfalz die **Gemeinden und Gemeindeverbände** sowie in einigen Ländern die Vermessungsbehörden. Für Vorsorgevollmachten hat der Bundesgesetzgeber den **Betreuungsbehörden** eine Beglaubigungszuständigkeit eingeräumt. 24

b) Verfahren, Amtspflichten. Die Beglaubigung erfolgt regelmäßig durch Errichtung einer **Vermerkurkunde**, §§ 39, 40, 42 BeurkG.[34] Es besteht nur eine eingeschränkte Prüfungspflicht des Notars, soweit er den zu beglaubigenden Text nicht selbst entworfen hat. Hat der Notar den **Text entworfen**, so treffen ihn die Beratungs- und Belehrungspflichten nach § 17 BeurkG.[35] 25

Bei **nicht vom Notar entworfenen Texten** muss er nur prüfen, ob Gründe vorliegen, seine **Amtstätigkeit zu versagen**.[36] Er muss sich von der **Identität** des Unterzeichners vergewissern[37] bzw. von dem zu beglaubigenden Schriftstück eine getreue Abschrift erstellen.[38] Ist der Text in einer **dem Notar nicht geläufigen Sprache oder Schrift** errichtet, so kann es sich empfehlen, dass der Notar im Beglaubigungsvermerk darauf hinweist, dass ihm eine Prüfung des Textes nicht oblag und auch nicht möglich war.[39] Gegenüber dem Grundbuchamt und dem 26

31 Diehn/*Kilian* BNotO § 20 Rn. 16, 17.
32 Diehn/*Kilian* BNotO § 20 Rn. 22.
33 BeckOK BNotO/*Sander* BNotO § 20 Rn. 48c.
34 Diehn/*Kilian* BNotO § 20 Rn. 15, 22.
35 Diehn/*Kilian* BNotO § 20 Rn. 19.
36 Diehn/*Kilian* BNotO § 20 Rn. 18.
37 Diehn/*Kilian* BNotO § 20 Rn. 18.
38 Diehn/*Kilian* BNotO § 20 Rn. 21.
39 Differenzierend Diehn/*Kilian* BNotO § 20 Rn. 18, 23.

Registergericht bestehen nach § 15 Abs. 3 GBO und § 378 Abs. 3 FamFG **besondere Prüfungspflichten**, die aber keine Amtspflichten gegenüber den Beteiligten auslösen.[40]

27 Es handelt sich auch bei der Beglaubigung um Urkundstätigkeit, so dass einerseits die **Pflicht zur Amtsgewährung** besteht, andererseits die **subsidiäre Haftung** nach § 19 Abs. 1 S. 2 eingreift.[41]

28 **c) Kosten.** Die **Gebühren für Beglaubigungen und sonstige Zeugnisse** sind in KV Nr. 25100–25104 GNotKG geregelt. Dazu können Zusatzgebühren und Auslagen erhoben werden.

29 **6. Wirkungen der Beglaubigung.** Öffentliche Urkunde ist nur der **Beglaubigungsvermerk**. Ein davorstehender Text bleibt **Privaturkunde**. Da es sich bei der Beglaubigung um eine Tatsachenbeurkundung handelt, gelten die §§ 418, 437 ZPO.[42] Die beglaubigte Abschrift einer öffentlichen Urkunde steht der Urschrift in ihrer Beweiswirkung gleich, § 435 ZPO.

IV. Entgegennahme von Auflassungen (Abs. 2)

30 **1. Allgemeines.** Die Auflassung ist die erforderliche Einigung der Beteiligten bei gleichzeitiger Anwesenheit vor einer zuständigen Stelle, dass das **Eigentum an einem Grundstück** auf einen anderen übergeht, § 925 Abs. 1 S. 1 BGB. Es handelt sich um einen dinglichen Vertrag, der nicht der notariellen Beurkundung bedarf, aber vor der zuständigen Stelle erklärt werden muss.[43] Dem Grundbuchamt ist die Auflassung in **öffentlicher Urkunde nachzuweisen**, § 20 GBO.

31 **2. Zuständigkeit, Verfahren, Kosten. a) Zuständigkeit.** Zur Entgegennahme der Auflassung ist jeder **Notar** zuständig, § 925 Abs. 1 S. 2 BGB. Die Auflassung kann nur vor einem deutschen Notar erklärt werden, ausländische Notare haben keine Zuständigkeit.[44] Daneben kann die Auflassung auch in einem gerichtlichen Vergleich und in einem Insolvenzplan erklärt werden, § 925 Abs. 1 S. 3 BGB.

32 **b) Verfahren.** Die Auflassung selbst erfordert keine besondere Form, so dass sie auch bei **Beurkundungsmängeln** wirksam ist, wenn sie nur vor einem deutschen Notar abgegeben worden ist.[45] Die dem Grundbuchamt gegenüber in öffentlicher Urkunde nachzuweisende Einigung bei gleichzeitiger Anwesenheit vor dem Notar erfordert allerdings die **Errichtung einer Niederschrift nach §§ 8 ff. BeurkG**, ein Tatsachenprotokoll nach §§ 36 f. BeurkG oder ein Vermerk nach § 39 BeurkG genügen nicht.[46]

33 **c) Amtspflichten.** Die Auflassung soll vom Notar nur entgegengenommen werden, wenn ihm die nach § 311b Abs. 1 S. 1 BGB erforderliche **Urkunde über den schuldrechtlichen Vertrag** zumindest in beglaubigter Abschrift vorgelegt oder diese gleichzeitig errichtet wird, § 925a BGB. Dem Grundbuchamt muss der schuldrechtliche Vertrag weder vorgelegt noch nachgewiesen werden.[47]

40 Diehn/*Kilian* BNotO § 20 Rn. 18.
41 Diehn/*Kilian* BNotO § 20 Rn. 19.
42 Diehn/*Kilian* BNotO § 20 Rn. 79, 85.
43 Diehn/*Kilian* BNotO § 20 Rn. 24.
44 BGH NJW 2020, 1670; BeckOK BNotO/*Sander* BNotO § 20 Rn. 88.
45 BGHZ 22, 312 = NJW 1957, 459; BGH NJW 1992, 1101 (1102); BeckOK BNotO/*Sander* BNotO § 20 Rn. 87.
46 BayObLG DNotZ 2001, 560 (563); OLG München DNotZ 2009, 292 (293); BeckOK BNotO/*Sander* BNotO § 20 Rn. 86; Frenz/Miermeister/*Limmer* BNotO § 20 Rn. 34.
47 OLG München MittBayNot 2015, 215 (216).

d) Kosten. Geschäftswert für die Auflassung ist der Wert des Grundstücks, § 46 GNotKG. Hieraus entsteht keine weitere Gebühr, wenn der schuldrechtliche Vertrag ebenfalls beurkundet wird. Wird die Auflassung eigenständig beurkundet, fällt aus Tabelle B eine **2,0 Gebühr** an, wenn das Grundgeschäft nicht beurkundet war (KV Nr. 21100 GNotKG), eine **1,0 Gebühr**, wenn das Grundgeschäft von einem anderen Notar beurkundet worden war (KV Nr. 21102 GNotKG) und eine **0,5 Gebühr**, wenn das Grundgeschäft von demselben Notar beurkundet worden war (KV Nr. 21101 GNotKG). 34

V. Weitere Zuständigkeiten

1. Vornahme von Verlosungen und Auslosungen (Abs. 1 S. 2). a) Allgemeines. Verlosung ist eine öffentlich zugängliche oder einem begrenzten Kreis zugängliche Veranstaltung, bei der nach einem vorher festgelegten Verfahren Geld- oder Sachpreise ausgespielt werden, so dass eine Gewinnchance besteht, die Gewinner aber zufällig ermittelt werden.[48] Bei der **Auslosung** hat jeder Teilnehmer Anspruch auf einen Gewinn, das Verfahren dient lediglich der konkreten Zuweisung des Gewinns oder der Ermittlung der Fälligkeit des jeweiligen Gewinns.[49] 35

b) Zuständigkeit. Der Notar ist zuständig, Verlosungen und Auslosungen vorzunehmen. Das umfasst die Durchführung des **gesamten Verfahrens** einschließlich der Protokollierung des Ergebnisses.[50] Die Tätigkeit des Notars kann sich aber auch auf **Teilbereiche beschränken,** zB auf die Protokollierung des Losverfahrens, auf die Überprüfung der Lose und der Loseinrichtungen.[51] Es handelt sich dann immer noch um ein Losverfahren, nicht um eine sonstige Betreuungstätigkeit nach § 24 Abs. 1.[52] 36

c) Verfahren. Der Notar bestimmt das Verfahren nach pflichtgemäßem Ermessen. Über das Losverfahren ist ein **Tatsachenprotokoll** nach §§ 36, 37 BeurkG aufzunehmen, das entweder den vollständigen Ablauf des Losverfahrens wiedergibt oder aber die einzelnen Tatsachenfeststellungen des Notars enthält.[53] 37

d) Amtspflichten. Eine Verlosung, die als Glücksspiel anzusehen ist, bedarf der **staatlichen Genehmigung,** vgl. § 3 GlüStV.[54] An einer ungenehmigten Verlosung darf der Notar nach § 14 Abs. 2 nicht mitwirken.[55] Insbesondere an einer Immobilienverlosung darf der Notar nicht mitwirken und die Auflassung hierzu nicht beurkunden.[56] Die Mitwirkung an einer ungenehmigten Verlosung kann **strafbar sein,** §§ 284, 286 StGB.[57] 38

48 Frenz/Miermeister/*Limmer* BNotO § 20 Rn. 14.
49 Frenz/Miermeister/*Limmer* BNotO § 20 Rn. 14.
50 BeckOK BNotO/*Sander* BNotO § 20 Rn. 95; Frenz/Miermeister/*Limmer* BNotO § 20 Rn. 15.
51 Frenz/Miermeister/*Limmer* BNotO § 20 Rn. 15.
52 BeckOK BNotO/*Sander* BNotO § 20 Rn. 96; aA Frenz/Miermeister/*Limmer* BNotO § 20 Rn. 16.
53 BeckOK BNotO/*Sander* BNotO § 20 Rn. 95; Diehn/*Kilian* BNotO § 20 Rn. 51; Frenz/Miermeister/*Limmer* BNotO § 20 Rn. 16.
54 BeckOK BNotO/*Sander* BNotO § 20 Rn. 95; Frenz/Miermeister/*Limmer* BNotO § 20 Rn. 17.
55 Diehn/*Kilian* BNotO § 20 Rn. 49; Frenz/Miermeister/*Limmer* BNotO § 20 Rn. 17.
56 DNotI-Report 2009, 33; BeckOK BNotO/*Sander* BNotO § 20 Rn. 97; Diehn/*Kilian* BNotO § 20 Rn. 50.
57 BeckOK BNotO/*Sander* BNotO § 20 Rn. 97; Diehn/*Kilian* BNotO § 20 Rn. 49; Frenz/Miermeister/*Limmer* BNotO § 20 Rn. 17.

39 e) **Kosten.** Geschäftswert der Ver- bzw. Auslosung ist die Wertsumme der ausgelobten Gewinne. Hieraus entsteht eine **2,0 Gebühr** aus Tabelle B, eine 0,5 Gebühr, wenn das Verfahren vorzeitig beendet wird, KV Nr. 23200 f. GNotKG.

40 **2. Aufnahme von Verzeichnissen (Abs. 1 S. 2). a) Allgemeines.** Notare sind zuständig, **Vermögensverzeichnisse** aufzunehmen, insbes. Nachlassverzeichnisse und Nachlassinventare. Als Vermögensverzeichnis kann man jede geordnete Aufstellung von Vermögensgegenständen bezeichnen. Ob ein Verzeichnis errichtet werden muss und welche Wirkungen damit verbunden sind, legt das materielle Recht fest. Die wichtigsten Verzeichnisse finden sich im Familien- und Erbrecht (§ 1377 Abs. 2, § 1379 Abs. 1, § 1640 Abs. 3, § 1667 Abs. 2, § 1698, § 2003 Abs. 1, § 2121 Abs. 3, § 2215 Abs. 4, § 2314 Abs. 1 BGB). Zu unterscheiden ist dabei das Vermögensverzeichnis, das ein **Beteiligter selbst unter Hinzuziehung eines Notars** aufgestellt hat (vgl. § 1802 Abs. 2, § 2002 BGB) und das Vermögensverzeichnis, das der **Notar selbst aufgenommen** hat.[58]

41 **b) Zuständigkeit.** Mit der Neufassung von § 2003 BGB sollen nur noch die Notare für die amtliche Aufnahme von **Nachlassinventaren** zuständig sein.[59] Dabei hat der Gesetzgeber aber § 66 Abs. 1 Nr. 2 BeurkG und Art. 147 EGBGB übersehen, so dass die Länder weiterhin befugt sind, andere Zuständigkeiten zu begründen bzw. bestehende beizubehalten.[60] In jedem Fall erfasst § 2003 BGB nicht die Inventarisierung in anderen Nachlassangelegenheiten, zB nach §§ 2121 Abs. 3, 2215 Abs. 4 und 2314 Abs. 1 S. 3 BGB.[61] Nach Landesrecht besteht teilweise eine Zuständigkeit der **Gerichtsvollzieher** zur Aufnahme von Vermögensverzeichnissen.

42 **c) Verfahren.** Der Notar bestimmt das Verfahren nach pflichtgemäßem Ermessen.[62] Die Errichtung des Verzeichnisses kann als **Tatsachenprotokoll** nach §§ 36, 37 BeurkG, aber auch nach den Vorschriften über die Beurkundung von Willenserklärungen errichtet werden.[63] Es genügt in jedem Fall, wenn der Notar das von ihm erstellte Vermögensverzeichnis alleine unterzeichnet. Hat der Notar hingegen das Verzeichnis **nicht selbst erstellt**, sondern wurde er nur bei dessen Errichtung hinzugezogen, ist das Verzeichnis vom Beteiligten selbst zu erstellen und ggf. zu unterschreiben.[64] Der Notar errichtet hierüber ein eigenes Tatsachenprotokoll, das mit dem Verzeichnis verbunden werden kann.[65]

43 **d) Amtspflichten.** Soweit der Notar das Verzeichnis selbst aufnimmt, hat er **eigene Ermittlungen** über den Bestand und den Umfang des Vermögens anzustellen,[66] eine Wertermittlung obliegt ihm aber nicht. Die Ermittlungsmaßnahmen legt der Notar nach **pflichtgemäßem Ermessen** fest,[67] wobei er sich am Sinn und Zweck der Inventarisierung orientieren sollte. Das Verzeichnis soll einen getreuen und umfassenden Überblick über das erfasste Vermögen ermöglichen.

44 Wird der **Notar nur hinzugezogen**, so beschränkt sich seine Aufgabe darauf, den Beteiligten mit seiner Sach- und Rechtskenntnis zu unterstützten und beweiskräftig zu beobachten, auf welche Weise der Beteiligte das Verzeichnis

58 Diehn/*Kilian* BNotO § 20 Rn. 36.
59 Diehn/*Kilian* BNotO § 20 Rn. 40.
60 *Heinemann* FGPrax 2013, 139 (140).
61 *Heinemann* FGPrax 2013, 139 (140).
62 Diehn/*Kilian* BNotO § 20 Rn. 41.
63 Frenz/Miermeister/*Limmer* BNotO § 20 Rn. 23b; aA Diehn/*Kilian* BNotO § 20 Rn. 41: Verfahren sui generis.
64 Diehn/*Kilian* BNotO § 20 Rn. 41.
65 Weitergehend Diehn/*Kilian* BNotO § 20 Rn. 41: Verbindungspflicht.
66 Diehn/*Kilian* BNotO § 20 Rn. 38.
67 Diehn/*Kilian* BNotO § 20 Rn. 38.

erstellt hat.[68] Eine eigenständige **Prüfung auf Richtigkeit und Vollständigkeit** des Verzeichnisses trifft den Notar nicht.[69]

e) **Kosten.** Der **Geschäftswert** für Vermögensverzeichnisse bemisst sich nach dem Wert der verzeichneten Gegenstände, § 115 GNotKG. Umstritten ist, ob § 38 GNotKG insoweit Anwendung findet, dass Verbindlichkeiten bei der Wertbemessung außer Betracht bleiben müssen. Teilweise wird vertreten, dass die ins Verzeichnis aufgenommenen Verbindlichkeiten mit ihrem Nennbetrag dem Geschäftswert hinzuzuaddieren sind.[70] Es fällt hieraus eine **2,0 Gebühr** aus Tabelle B an, soweit nicht das Verfahren vorzeitig beendet wird, KV Nr. 23500, 23501 GNotKG. 45

3. Vermittlung von Auseinandersetzungen (Abs. 1 S. 2). a) Allgemeines. Die §§ 363 ff. FamFG stellen ein Vermittlungsverfahren zur Verfügung, das die **Auseinandersetzung eines Nachlasses** oder des **Gesamtguts einer Gütergemeinschaft** außerhalb eines streitigen gerichtlichen Verfahrens ermöglichen soll.[71] 46

b) **Zuständigkeit.** Seit dem 1.9.2013 sind für solche Teilungssachen (§ 342 Abs. 2 Nr. 1 FamFG) **ausschließlich die Notare** zuständig, § 23a Abs. 3 GVG, die Zuständigkeit der Amtsgerichte wurde aufgehoben. Auch die Zuständigkeit zur Erteilung von sog. **Überweisungszeugnissen** ist den Notaren übertragen, wenn zuvor ein Erbschein oder ein Fortsetzungszeugnis erteilt wurden, § 36 Abs. 2a GBO. **Örtlich zuständig** sind alle Notare, deren Amtssitz sich im Amtsgerichtsbezirk befindet, in dem der Erblasser seinen letzten Wohnsitz hatte (§ 344 Abs. 4a S. 1, Abs. 5 S. 1 FamFG). In Gesamtgutsauseinandersetzungen ist hilfsweise der Amtssitz im Bezirk des nach § 122 Nr. 1 bis 5 FamFG zuständigen Amtsgerichts maßgeblich (§ 344 Abs. 5 S. 2 FamFG). Die Beteiligten können sich einvernehmlich auf einen anderen Notar verständigen, § 344 Abs. 4a S. 4, Abs. 5 S. 5 FamFG. 47

c) **Verfahren.** Das Verfahren wird nur auf **Antrag** eingeleitet, § 363 Abs. 1 FamFG. Das Verfahren sieht die Einigung über einen Teilungsplan vor, die auch bei Nichtmitwirkung eines Beteiligten im Rahmen eines **Säumnisverfahrens** (§ 366 Abs. 3, § 368 Abs. 2 FamFG) vom Notar beurkundet und bestätigt werden kann, § 368 Abs. 1, § 371 Abs. 1 FamFG. Bei **Streit** ist das Verfahren auszusetzen, um den Beteiligten die Klärung in einem streitigen Gerichtsverfahren zu ermöglichen, § 370 FamFG. Aus der bestätigten Vereinbarung findet die **Zwangsvollstreckung** statt, § 371 Abs. 2 FamFG. Gegen die bestätigte Vereinbarung findet die **Beschwerde** statt, § 372 Abs. 2 FamFG. Im Übrigen richtet sich das Verfahren nach dem FamFG, für die Beurkundung gelten die Vorschriften des BeurkG. 48

d) **Amtspflichten.** Den Notar treffen die allgemeinen Amtspflichten, er nimmt im Rahmen des Verfahrens allerdings **richterähnliche Aufgaben** wahr. Aus der Anwendbarkeit des § 26 FamFG ergibt sich daher, dass der Notar zur **Sachverhaltsermittlung von Amts wegen** verpflichtet ist, was aber nicht bedeutet, dass er die Teilungsmasse von sich aus zu ermitteln habe, da die Beteiligten (insbesondere den Antragsteller) eine Mitwirkungslast nach § 27 FamFG trifft.[72] Es handelt sich insgesamt um Urkundstätigkeit, so dass einerseits die **Pflicht zur Amtsgewährung** besteht, andererseits die **subsidiäre Haftung** nach § 19 Abs. 1 49

68 Diehn/*Kilian* BNotO § 20 Rn. 36.
69 Diehn/*Kilian* BNotO § 20 Rn. 39.
70 LG Münster BeckRS 2020, 19036.
71 Ausführlich zum Verfahren *Kutschmann* RNotZ 2019, 301.
72 Zum Streitstand *Kutschmann* RNotZ 2019, 301 (310); Frenz/Miermeister/*Limmer* BNotO § 20 Rn. 53.

S. 2 gilt. **Verfahrenskostenhilfe** wird nach den Bestimmungen der §§ 76 ff. FamFG gewährt.

50 e) **Kosten.** Für Teilungsverfahren fällt eine **6,0 Gebühr** aus Tabelle B (mit Ermäßigungstatbeständen, falls das Verfahren vorzeitig endet) aus dem **Wert der auseinanderzusetzenden Vermögensmasse** an, § 118a GNotKG, KV Nr. 23900 ff. GNotKG. Für die Erteilung des Überweisungszeugnisses fehlt es an einem Gebührentatbestand.

51 **4. Anlegen und Abnehmen von Siegeln (Abs. 1 S. 2, Abs. 5). a) Allgemeines.** Die Versiegelung kann **alle verschließbaren Gegenstände** betreffen, insbesondere Bauwerke, Gebäude, Räume, Fahrzeuge, Behältnisse, Briefe, Mappen, Platten- und CD-Cover usw[73] Die Versiegelung umfasst das Anlegen des Siegels und als aufhebenden Akt das Abnehmen des Siegels.

52 b) **Zuständigkeit.** § 20 unterscheidet zwei Zuständigkeiten des Notars zur Anlegung und Abnahme von Siegeln. Auf **Ansuchen eines Beteiligten** kann der Notar jederzeit nach Abs. 2 S. 2 tätig werden.[74] Für Siegelungen im Rahmen eines **Nachlasssicherungsverfahrens** sind nach Abs. 5 die Notare nur nach Maßgabe des Landesrechts zuständig (Art. 147 EGBGB). Die Siegelung erfolgt nur auf **Anordnung des Nachlassgerichts** im Rahmen seiner Sicherungsfunktion nach § 1960 Abs. 2 BGB.[75] Eine notarielle Zuständigkeit besteht in Bayern (Art. 36 Abs. 2 Nr. 2 BayAGGVG), Berlin (Art. 87 PrFGG), Hessen (§ 20 HAG-FamFG), Niedersachsen (Art. 49 NJG), Nordrhein-Westfalen (§ 91 JustG), Rheinland-Pfalz (§ 13 RhPfLFGG), Schleswig-Holstein (§ 38 LJG).

53 c) **Verfahren.** Es existieren keine (auch keine landesrechtlichen) Vorschriften, wie die Siegelung und Entsiegelung zur erfolgen haben.[76] Der Notar bestimmt das Verfahren nach pflichtgemäßem Ermessen.[77] Es empfiehlt sich daher, das Verfahren am Sinn und Zweck einer Siegelung zu orientieren: diese soll nach außen hin erkennbar machen, dass ein **Gegenstand versiegelt** ist und dass ein **Siegelbruch** erkannt werden kann. Bei Bauwerken, Gebäuden, Räumen und Fahrzeugen sind die Türen, Schlüssellöcher und Fenster mit Papierstreifen (ggf. selbstklebende) und Farbdruck-Dienstsiegel zu verschließen, gleiches gilt für größere Verschlussgegenstände (Truhen, Kisten usw), während Briefe, Hüllen und Umschläge, soweit ohne Beschädigung des versiegelten Gegenstands möglich, durch Prägesiegel zu verschließen sind.[78] Außerdem sind die versiegelten Gegenstände in abschließbaren Räumen aufzubewahren.[79] Es empfiehlt sich, neben dem Siegel auch Datum und Unterschrift des anzubringen. Soweit tunlich, sollten **Zeugen** beigezogen werden.

54 Über die Siegelung und Entsiegelung ist zusätzlich ein **Tatsachenprotokoll** nach §§ 36, 37 BeurkG aufzunehmen.[80] Bei der Entsiegelung hat das Protokoll neben dem Tag der Entsiegelung auch darüber zu berichten, ob das Siegel unversehrt war.[81]

73 BeckOK BNotO/*Sander* BNotO § 20 Rn. 121; Diehn/*Kilian* BNotO § 20 Rn. 57; Frenz/Miermeister/*Limmer* BNotO § 20 Rn. 27.
74 BeckOK BNotO/*Sander* BNotO § 20 Rn. 120; Diehn/*Kilian* BNotO § 20 Rn. 57; Frenz/Miermeister/*Limmer* BNotO § 20 Rn. 27, 28.
75 BeckOK BNotO/*Sander* BNotO § 20 Rn. 122.
76 AA BeckOK BNotO/*Sander* BNotO § 20 Rn. 123.
77 BeckOK BNotO/*Sander* BNotO § 20 Rn. 123; Frenz/Miermeister/*Limmer* BNotO § 20 Rn. 29.
78 Frenz/Miermeister/*Limmer* BNotO § 20 Rn. 29.
79 Frenz/Miermeister/*Limmer* BNotO § 20 Rn. 29.
80 BeckOK BNotO/*Sander* BNotO § 20 Rn. 121; Frenz/Miermeister/*Limmer* BNotO § 20 Rn. 27, 29.
81 Diehn/*Kilian* BNotO § 20 Rn. 57.

d) **Amtspflichten.** Der Notar ist verpflichtet, eine **dauerhafte Verschließung** des Gegenstands zu gewährleisten.[82] Eine unbefugte Verletzung des Siegels durch den Notar oder seine Mitarbeiter kann als **Siegelbruch** nach § 136 Abs. 2 StGB strafbar sein. 55

e) **Kosten.** Der Geschäftswert bestimmt sich nach dem Wert der versiegelten Gegenstände, § 115 S. 1 GNotKG. Hieraus fallen für die Siegelung und die Entsiegelung jeweils eine **0,5 Gebühr** aus Tabelle B an, KV Nr. 23503 GNotKG, soweit diese nicht im Rahmen der Aufnahme eines Vermögensverzeichnisses durch die Gebühren KV Nr. 23500 bis 23502 GNotKG abgegolten sind. 56

5. **Aufnahme von Protesten (Abs. 1 S. 2).** a) **Allgemeines.** Die Aufnahme von Protesten meint die Aufnahme von **Wechsel- und Scheckprotesten**, um dem Berechtigten den Rückgriff gegen den Inhaber und die weiteren Verpflichteten zu ermöglichen, wenn die Annahme des Wertpapiers verweigert wird.[83] 57

b) **Zuständigkeit.** Der Protest kann nach Art. 79 WG und Art. 55 Abs. 3 ScheckG durch einen Notar oder einen Gerichtsbeamten aufgenommen werden. In der Praxis sind neben den Notaren die **Gerichtsvollzieher** sachlich zuständig.[84] 58

c) **Verfahren.** Der Protest wird nur auf Antrag eines Beteiligten aufgenommen. Das Verfahren ist **spezialgesetzlich geregelt** durch die Art. 80 ff. WG (die auch für den Scheckprotest gelten, Art. 55 Abs. 3 ScheckG) und legt insbesondere den Inhalt als auch die Form der Protesturkunde fest.[85] Der beurkundete Protest ist **öffentliche Urkunde** iSd § 418 ZPO.[86] 59

d) **Amtspflichten.** Wechsel und Schecks, die zur Erhebung des Protests übergeben werden, sind **keine Verwahrungsgegenstände** (§ 21 S. 2 Nr. 2 NotAktVV) iSd § 23. Sie sind aber dennoch sorgfältig aufzubewahren und nach Erstellung der Protesturkunde an den Inhaber des Wertpapiers zurückzugeben. 60

e) **Kosten.** Geschäftswert ist der Nennbetrag des Wechsels bzw. Schecks, § 53 Abs. 2 GNotKG. Hieraus entsteht eine **0,5 Gebühr** aus Tabelle B (KV 23400 GNotKG), soweit nicht die Ausnahmevorschrift der KV 23401 GNotKG eingreift. 61

6. **Zustellung von Erklärungen (Abs. 1 S. 2).** a) **Allgemeines.** Zugestellt werden können **Erklärungen aller Art**, die in einem Schriftstück verkörpert sind. Es muss sich nicht um die Willenserklärung eines Dritten handeln, es kann auch die **Anzeige eines Vorkaufsfalls** sein sowie die **Zustellung eigener Erklärungen des Notars** (zB eines Beschlusses oder Bescheides, den der Notar erlassen hat).[87] Nicht zustellen zum Zwecke der Vollstreckung seiner eigenen Kosten kann der Notar seine Kostenberechnung. 62

b) **Zuständigkeit.** Die sachliche Zuständigkeit des Notars betrifft die Zustellung von Erklärungen im Rahmen des **Privatrechtsverkehrs.**[88] Eine öffentliche Zustellung im Rahmen eines **gerichtlichen Verfahrens** kann der Notar also nicht bewirken,[89] die §§ 166 ff. und §§ 191 ff. ZPO, die eine ausschließliche 63

82 BeckOK BNotO/*Sander* BNotO § 20 Rn. 121; Frenz/Miermeister/*Limmer* BNotO § 20 Rn. 27.
83 Diehn/*Kilian* BNotO § 20 Rn. 56.
84 Krit. zur Doppelzuständigkeit Diehn/*Kilian* BNotO § 20 Rn. 56.
85 BeckOK BNotO/*Sander* BNotO § 20 Rn. 124.
86 BeckOK BNotO/*Sander* BNotO § 20 Rn. 125.
87 DNotI-Report 2005, 156; BeckOK BNotO/*Sander* BNotO § 20 Rn. 127; Diehn/*Kilian* BNotO § 20 Rn. 52; Frenz/Miermeister/*Limmer* BNotO § 20 Rn. 31.
88 BeckOK BNotO/*Sander* BNotO § 20 Rn. 126.
89 BeckOK BNotO/*Sander* BNotO § 20 Rn. 126.

Zuständigkeit der Geschäftsstelle und des Gerichtsvollziehers vorsehen, sind insoweit lex specialis.

64 Im Rahmen der **Vermittlung von Nachlass- und Gesamtgutsauseinandersetzungen** (§ 365 FamFG) sowie im Rahmen der **Vermittlungen nach dem SachenRBerG** (§ 88 Abs. 2 SachenRBerG) kann der Notar ausnahmsweise öffentliche Zustellungen vornehmen.[90]

65 c) **Verfahren.** Das Verfahren bestimmt der Notar nach pflichtgemäßem **Ermessen.** Der Notar kann im Rahmen der Zustellung einen **Gerichtsvollzieher** nach § 132 Abs. 1 BGB einschalten. Dies ist insoweit vorzugswürdig, weil der Gerichtsvollzieher auch Ersatzzustellungen vornehmen kann.[91] Der Notar hingegen muss das Schriftstück dem **Empfänger persönlich übergeben**, eine Zustellung an Ersatzpersonen oder an Ersatzorten ist nicht möglich.[92] Die Übergabe muss nicht durch den Notar selbst erfolgen, er kann sich dabei einer **Hilfsperson** bedienen.[93] Er muss aber bei der Übergabe persönlich anwesend sein.

66 Über die Zustellung ist ein **Tatsachenprotokoll** nach §§ 36, 37 BeurkG zu errichten,[94] das neben der Tatsache der persönlichen Übergabe des Schriftstücks das Datum, den Ort sowie Inhalt und Form des übergebenen Schriftstücks enthalten soll. Aus dem Protokoll muss sich ergeben, wie sich der Notar Gewissheit von der **Identität** des Empfängers verschafft hat.[95] Die Niederschrift ist nach § 44 BeurkG mit dem beim Notar verbliebenen Schriftstück (im Regelfall der Urschrift, einer Ausfertigung oder beglaubigten Abschrift) zu **verbinden.**[96] Ein bloßer **Zustellungsvermerk** entsprechend § 39 BeurkG ist nur bei der Zustellung eigener Erklärungen durch den Notar statthaft.[97]

67 d) **Amtspflichten.** Soweit es sich bei der zuzustellenden Erklärung um eine **Willenserklärung** handelt, muss entweder die **Urschrift** oder eine **Ausfertigung** der Urschrift dem Empfänger übergeben werden.[98] Die Übergabe einer beglaubigten Abschrift genügt nicht.[99] Erfolgt die Zustellung durch einen **Gerichtsvollzieher**, ist dieser anzuweisen, keine beglaubigte Abschrift der Erklärung herzustellen und dem Empfänger zu übergeben. Zweckmäßigerweise sollten dem Gerichtsvollzieher die für den Empfänger bestimmte Ausfertigung und eine weitere beglaubigte Abschrift oder Ausfertigung übergeben werden, mit der der Gerichtsvollzieher das Zustellungsprotokoll verbinden kann.[100]

68 e) **Kosten.** Für die Zustellung ist § 36 GNotKG maßgeblich, so dass der **Geschäftswert** aus einem Teilbetrag des zugrundeliegenden Rechtsgeschäfts zu

90 BeckOK BNotO/*Sander* BNotO § 20 Rn. 126; Frenz/Miermeister/*Limmer* BNotO § 20 Rn. 32.

91 BeckOK BNotO/*Sander* BNotO § 20 Rn. 128; Frenz/Miermeister/*Limmer* BNotO § 20 Rn. 33.

92 BeckOK BNotO/*Sander* BNotO § 20 Rn. 128; Frenz/Miermeister/*Limmer* BNotO § 20 Rn. 33.

93 Frenz/Miermeister/*Limmer* BNotO § 20 Rn. 33.

94 BeckOK BNotO/*Sander* BNotO § 20 Rn. 130; Frenz/Miermeister/*Limmer* BNotO § 20 Rn. 33.

95 BeckOK BNotO/*Sander* BNotO § 20 Rn. 130.

96 BeckOK BNotO/*Sander* BNotO § 20 Rn. 130; Diehn/*Kilian* BNotO § 20 Rn. 54.

97 Weitergehend BeckOK BNotO/*Sander* BNotO § 20 Rn. 130; Frenz/Miermeister/*Limmer* BNotO § 20 Rn. 33: Vermerk genügt in einfachen Fällen; noch weitreichender Diehn/*Kilian* BNotO § 20 Rn. 54: Vermerk genügt stets.

98 BeckOK BNotO/*Sander* BNotO § 20 Rn. 129; Diehn/*Kilian* BNotO § 20 Rn. 53; Frenz/Miermeister/*Limmer* BNotO § 20 Rn. 33.

99 BeckOK BNotO/*Sander* BNotO § 20 Rn. 129; Frenz/Miermeister/*Limmer* BNotO § 20 Rn. 33.

100 BeckOK BNotO/*Sander* BNotO § 20 Rn. 129.

schätzen ist. Es entsteht eine 1,0 **Gebühr** aus Tabelle B, wobei offenbleiben kann, ob dies aus KV 21200 GNotKG oder aus KV 25104 GNotKG folgt. Die Zustellung eigener Erklärungen kann der Notar nicht als Amtsgeschäft abrechnen. Gehört die Zustellung zum Vollzug eines beurkundeten Rechtsgeschäfts, fallen ebenfalls keine weiteren Gebühren an. Die **Auslagen** für die Zustellung können aber erhoben werden.

7. Ausstellen von Teilgrundpfandrechtsbriefen (Abs. 2). a) Allgemeines. Werden eine **Hypothekenforderung**, eine **Grundschuld** oder eine **Rentenschuld** geteilt, so kann für das verbriefte Rechte jeweils ein Teilhypotheken- bzw. Teilgrundschuld- bzw. Teilrentenschuldbrief erstellt werden, § 1152 BGB. 69

b) Zuständigkeit. Neben dem Notar ist auch das **Grundbuchamt**, in dessen Bezirk das Grundpfandrecht eingetragen ist, zur Erstellung eines Teilgrundschuld- oder Teilhypothekenbriefs zuständig, § 61 Abs. 1 GBO. 70

c) Verfahren. Das vom Notar zu beachtende Verfahren ist in § 61 Abs. 2 und 4 GBO festgelegt.[101] Ein für die Ausstellung zu verwendendes **Muster** ist in Anlage 4 der GBV enthalten. 71

d) Amtspflichten. Der Teilgrundpfandrechtsbrief muss als solcher **bezeichnet** sein, eine beglaubigte Abschrift des bisherigen Briefes enthalten, den Teilbetrag, auf den er sich bezieht, bezeichnen sowie mit **Unterschrift** und **Siegel** oder Stempel des Notars versehen sein, § 61 Abs. 2 S. 1 GBO. 72

e) Kosten. Geschäftswert ist der Nennbetrag des Teilgrundpfandrechts. Hieraus fällt eine 0,3 **Gebühr** aus Tabelle B an, KV Nr. 25202 GNotKG. 73

8. Freiwillige Versteigerungen (Abs. 3). a) Allgemeines. Notare können Versteigerungen insgesamt als Versteigerer durchführen oder die Versteigerung durch einen Dritten lediglich beurkunden.[102] Ist der Notar nicht gleichzeitig der Versteigerer (Auktionator), sondern **nur mit der Beurkundung der Versteigerung** betraut, so hat er zu prüfen, ob die Versteigerung von einer hierzu befugten Person durchgeführt wird.[103] Widrigenfalls hat er die Beurkundung abzulehnen, da diese nichtig ist.[104] Der Notar ist befugt, ohne Beschränkung durch Abs. 3 S. 1, 2 **fremde Versteigerungen**, auch über bewegliche Gegenstände, zu beurkunden.[105] Zur Beurkundung von Zwangsversteigerungen nach der ZPO oder dem ZVG ist der Notar nicht berechtigt. 74

b) Zuständigkeit. Für die freiwillige Versteigerung von **Grundstücken** und grundstücksgleichen Rechten sind – neben den gewerbsmäßigen Versteigerern, § 34b GewO – ausschließlich die Notare zuständig.[106] Die Versteigerung **beweglicher Gegenstände** sollen Notare aber nur vornehmen, wenn diese durch die Versteigerung unbeweglicher Sachen oder durch eine von dem Notar beurkundete oder vermittelte Vermögensauseinandersetzung veranlasst ist, Abs. 3 S 2. Der Begriff der **Vermögensauseinandersetzung** ist dabei weit zu verstehen und erfasst neben Nachlass- und Gesamtgutsauseinandersetzungen alle Formen von Auseinandersetzung (zB einer Bruchteilsgemeinschaft oder einer BGB-Gesellschaft).[107] Keine beweglichen Sachen sind **unkörperliche Gegenstände**, auch wenn sie verbrieft sind (zB Forderungen, Wertpapiere, Geschäftsanteile).[108] Ein 75

101 Frenz/Miermeister/*Limmer* BNotO § 20 Rn. 35.
102 Frenz/Miermeister/*Limmer* BNotO § 20 Rn. 36.
103 Grziwotz/Heinemann/*Heinemann* § 15 BeurkG Rn. 17.
104 Grziwotz/Heinemann/*Heinemann* § 15 BeurkG Rn. 17.
105 Grziwotz/Heinemann/*Heinemann* § 15 BeurkG Rn. 17.
106 Grziwotz/Heinemann/*Heinemann* § 15 BeurkG Rn. 14.
107 Diehn/*Kilian* BNotO § 20 Rn. 48.
108 Diehn/*Kilian* BNotO § 20 Rn. 48; Frenz/Miermeister/*Limmer* BNotO § 20 Rn. 39.

Verstoß gegen Abs. 3 S. 2 hat nicht die Unwirksamkeit der Versteigerung zur Folge, sondern stellt ein Dienstvergehen dar.[109]

76 Nach Maßgabe des Landesrechts kann eine Zuständigkeit der **Amtsgerichte** oder des **Gerichtsvollziehers** für freiwillige Versteigerung anderer Gegenstände als Grundstücke und grundstücksgleicher Rechte begründet sein.[110] Die freiwillige Versteigerung fremder **beweglicher Gegenstände** und **fremder Grundstücke** sowie grundstücksgleicher Rechte obliegt außerdem den gewerbsmäßigen Versteigerern nach § 34b GewO. Diese haben zusätzlich die Versteigererverordnung vom 24.3.2003 zu beachten.[111] Der Notar benötigt weder eine gewerberechtliche Genehmigung noch muss er die Versteigererverordnung beachten.

77 c) **Verfahren.** Für die Beurkundung einer Versteigerung gelten mit Ausnahme des § 15 BeurkG keine Besonderheiten. **Willenserklärungen** der beteiligten Bieter müssen nach den §§ 6 ff. BeurkG protokolliert werden,[112] während sonstige Tatsachen und Vorgänge (zB die Feststellung der Versteigerungsbedingungen) nach §§ 38 ff. BeurkG beurkundet werden könnten.[113] Da im Regelfall Willenserklärungen und Tatsachenfeststellungen des Notars untrennbar miteinander verbunden sind, richtet sich das Beurkundungsverfahren einheitlich nach den strengeren Vorschriften der §§ 6 ff. BeurkG.[114]

78 Anwendbar ist auch § 13a BeurkG, so dass unter dessen Voraussetzungen zur Vermeidung umfangreicher Verlesungen auf eine andere **notarielle Niederschrift verwiesen** werden kann.[115] Eine Verweisung nach § 14 BeurkG scheidet hingegen aus, da es sich bei den Versteigerungsbedingungen nicht um ein Bestandsverzeichnis handelt. Die Voraussetzungen des § 305 Abs. 2 BGB über die Einbeziehung vorformulierter Vertragsbedingungen müssen daneben nicht eingehalten werden.[116]

79 Das Versteigerungsverfahren weicht vom Normalfall einer Beurkundung ab. Da sich der Ersteigerer gem. § 15 S. 2 BeurkG von der **Verhandlung entfernen kann**, braucht die Niederschrift nur in Gegenwart des Versteigerers und des Einlieferers (sofern dieser nicht vom Auktionator vertreten wird) verlesen zu werden. Mit der Möglichkeit, die Versteigerungsbedingungen und den abzuschließenden Kaufvertrag in eine notarielle Niederschrift auszugliedern, die gem. § 13a BeurkG durch Verweisung zum Gegenstand des Versteigerungsverfahrens gemacht wird, tritt eine weitere **Abkürzung des Beurkundungsverfahrens** ein.

80 Das **Landesrecht** kann nach Art. 143 Abs. 2 EGBGB ergänzende Verfahrensbestimmungen vorsehen, insbes. vom Erfordernis der gleichzeitigen Anwesenheit bei der Auflassung entbinden.[117]

81 d) **Amtspflichten.** Der Notar hat darauf zu achten, dass er seinen Belehrungspflichten gem. § 17 Abs. 1, 2 BeurkG nachkommen kann. Insbes. muss er dafür Sorge tragen, dass jeder Bieter die Möglichkeit hat, die Verweisungsurkunde nach § 13a BeurkG zumindest **in beglaubigter Abschrift einzusehen.**[118] Handelt

109 Diehn/*Kilian* BNotO § 20 Rn. 48; Frenz/Miermeister/*Limmer* BNotO § 20 Rn. 39.
110 Grziwotz/Heinemann/*Heinemann* § 15 BeurkG Rn. 15.
111 BGBl. I 547, zuletzt geändert durch Gesetz v. 9.3.2010, BGBl. I 264.
112 Grundlegend BGHZ 138, 339 (342 ff.) = NJW 1998, 2350 f.
113 Grziwotz/Heinemann/*Heinemann* § 15 BeurkG Rn. 8.
114 Grziwotz/Heinemann/*Heinemann* § 15 BeurkG Rn. 8.
115 DNotI-Report 2000, 181; Grziwotz/Heinemann/*Heinemann* § 15 BeurkG Rn. 9.
116 Grziwotz/Heinemann/*Heinemann* § 15 BeurkG Rn. 9.
117 Grziwotz/Heinemann/*Heinemann* § 15 BeurkG Rn. 13, 26.
118 Grziwotz/Heinemann/*Heinemann* § 15 BeurkG Rn. 11.

es sich um einen **Verbrauchervertrag**, so sollte der Notar darauf hinzuwirken, dass der Vertrag mindestens 2 Wochen vor der Beurkundung öffentlich so zugänglich gemacht wird, dass ihn jeder interessierte Bieter zur Kenntnis nehmen kann, vgl. § 17 Abs. 2a S. 2 Nr. 2 BeurkG, zB durch öffentliche Zugänglichmachung des Vertragsentwurfs auf seiner Homepage.[119] Da jedoch zwei Wochen vor dem Beurkundungstermin nicht feststehe, wer den Zuschlag erhalten werde und ob es sich überhaupt um einen Verbrauchervertrag handeln werde, erfülle der Notar seine Beratungs- und Belehrungspflicht bereits während des in seiner Anwesenheit stattfindenden Versteigerungsverfahrens.[120] Dies rechtfertigt eine Ausnahme von der Einhaltung der Zwei-Wochen-Frist nach § 17 Abs. 2a S. 2 Nr. 2.[121] Die **BNotK** hat einen Leitfaden für die Durchführung von freiwilligen Grundstücksversteigerungen herausgegeben, die den Notaren als Richtschnur dienen soll.[122]

e) **Kosten.** Soweit der Notar die **Versteigerung durchführt**, hat er die in KV Nr. 23600–23603 (Grundstücksversteigerungen) bzw. KV Nr. 23700, 23701 (Versteigerungen von beweglichen Sachen und von Rechten) GNotKG genannten Gebühren zu erheben. Daneben fällt keine weitere Beurkundungsgebühr an. **Kostenschuldner** ist nach § 31 Abs. 1 GNotKG nur der Ersteher. Beurkundet der Notar eine fremde Auktion, so entstehen die regulären **Beurkundungsgebühren.** 82

9. Vermittlungen nach dem SachenRBerG (Abs. 4). a) Allgemeines. Das SachenRBerG dient dazu, das im Gebiet der ehemaligen DDR bestehende **Auseinanderfallen von Grundeigentum und Gebäudeeigentum** zu lösen, indem der Gebäudeeigentümer das Grundstück zum hälftigen Verkehrswert erwirbt oder ein Erbbaurecht eingeräumt erhält.[123] Zur außergerichtlichen Bereinigung ist ein **notarielles Vermittlungsverfahren** vorgeschaltet.[124] Ein erfolgloses Vermittlungsverfahren ist Prozessvoraussetzung, § 104 SachenRBerG. 83

b) **Zuständigkeit.** Für die Vermittlung ist **jeder Notar** zuständig, dessen Amtsbezirk sich in dem Land befindet, in dem das zu belastende oder zu veräußernde Grundstück oder Gebäude ganz oder zum größten Teil belegen ist, sofern sich die Beteiligten nicht auf einen anderen Notar verständigt haben, § 88 Abs. 1 SachenRBerG. 84

c) **Verfahren.** Das Verfahren wird nur auf **Antrag** eingeleitet, § 87 Abs. 1 SachenRBerG. Das Verfahren (§§ 87 ff. SachenRBerG) ist dem Verfahren zur Auseinandersetzung von Nachlässen und Gesamtgutsgemeinschaften nachgebildet, das FamFG ist ergänzend anwendbar, § 89 Abs. 1 SachenRBerG.[125] Es endet mit einem **Vermittlungsvorschlag** des Notars und bei einer Einigung zu einer entsprechenden **Beurkundung** des Ergebnisses.[126] 85

d) **Amtspflichten.** Den Notar treffen die allgemeinen Amtspflichten, er nimmt im Rahmen des Verfahrens allerdings **richterähnliche Aufgaben** wahr. Es handelt sich insgesamt um Urkundstätigkeit, so dass einerseits die **Pflicht zur Amts-** 86

119 BGH ZfIR 2015, 342 (344); Grziwotz/Heinemann/*Heinemann* § 15 BeurkG Rn. 11.
120 BT-Drs. 17/1317, 4 re. Spalte; BGH ZfIR 2015, 342 (344).
121 BT-Drs. 17/1317, 4 re. Spalte; BGH ZfIR 2015, 342 (344).
122 DNotZ 2005, 161; vgl. auch DNotI-Report 2000, 181.
123 Diehn/*Kilian* BNotO § 20 Rn. 61; Frenz/Miermeister/*Limmer* BNotO § 20 Rn. 50.
124 Diehn/*Kilian* BNotO § 20 Rn. 61; Frenz/Miermeister/*Limmer* BNotO § 20 Rn. 50.
125 Frenz/Miermeister/*Limmer* BNotO § 20 Rn. 50.
126 Diehn/*Kilian* BNotO § 20 Rn. 61.

gewährung besteht, andererseits die subsidiäre Haftung nach § 19 Abs. 1 S. 2 gilt.[127] Verfahrenskostenhilfe wird nach der Sondervorschrift des § 102 SachenRBerG gewährt.

87 **e) Kosten. Die Kosten des Verfahrens bestimmen sich nach §§ 100, 101 SachenRBerG. Der Geschäftswert wird durch § 100 Abs. 2 SachenRBerG festgelegt. Die Gebühren werden nach § 100 Abs. 1 SachenRBerG aus Tabelle B des GNotKG erhoben und betragen zwischen 4,0 oder 2,0 oder 0,5.**

§ 21 Bescheinigungen

(1) [1]Die Notare sind zuständig,

1. Bescheinigungen über eine Vertretungsberechtigung sowie
2. Bescheinigungen über das Bestehen oder den Sitz einer juristischen Person oder Handelsgesellschaft, die Firmenänderung, eine Umwandlung oder sonstige rechtserhebliche Umstände auszustellen,

wenn sich diese Umstände aus einer Eintragung im Handelsregister oder in einem ähnlichen Register ergeben. [2]Die Bescheinigung hat die gleiche Beweiskraft wie ein Zeugnis des Registergerichts.

(2) [1]Der Notar darf die Bescheinigung nur ausstellen, wenn er sich zuvor über die Eintragung Gewißheit verschafft hat, die auf Einsichtnahme in das Register oder in eine beglaubigte Abschrift hiervon beruhen muß. [2]Er hat den Tag der Einsichtnahme in das Register oder den Tag der Ausstellung der Abschrift in der Bescheinigung anzugeben.

(3) [1]Die Notare sind ferner dafür zuständig, Bescheinigungen über eine durch Rechtsgeschäft begründete Vertretungsmacht auszustellen. [2]Der Notar darf die Bescheinigung nur ausstellen, wenn er sich zuvor durch Einsichtnahme in eine öffentliche oder öffentlich beglaubigte Vollmachtsurkunde über die Begründung der Vertretungsmacht vergewissert hat. [3]In der Bescheinigung ist anzugeben, in welcher Form und an welchem Tag die Vollmachtsurkunde dem Notar vorgelegen hat.

[§ 21 Abs. 1 ab 1.1.2024:]

(1) [1]Die Notare sind zuständig,

1. Bescheinigungen über eine Vertretungsberechtigung sowie
2. Bescheinigungen über das Bestehen oder den Sitz einer juristischen Person oder rechtsfähigen Personengesellschaft, die Änderung der Firma oder des Namens, eine Umwandlung oder sonstige rechtserhebliche Umstände auszustellen,

wenn sich diese Umstände aus einer Eintragung im Handelsregister oder in einem ähnlichen Register ergeben. [2]Die Bescheinigung hat die gleiche Beweiskraft wie ein Zeugnis des Registergerichts.

127 BeckOK BNotO/*Sander* BNotO § 20 Rn. 146.

I. Allgemeines

1 **1. Normzweck.** Die Vorschrift begründet die Zuständigkeit der Notare, **Bescheinigungen über die Rechtsverhältnisse**, insbesondere die Vertretungsbefugnis von Rechtsträgern, die im Handelsregister oder einem ähnlichen Register eingetragen sind, auszustellen (Abs. 1, Abs. 2). Außerdem sind Notare zuständig für die Ausstellung von **Bescheinigungen über den Bestand einer rechtsgeschäftlichen Bevollmächtigung**, sofern sich diese aus einer öffentlichen oder öffentlich beglaubigten Urkunde ergibt (Abs. 3). Diese Bescheinigungen haben eine **besondere Beweiswirkung**,[1] insbesondere im Grundbuch- und teilweise im Registerverfahren erbringen sie denselben Beweiswert wie eine Bescheinigung des Registergerichts oder die Vorlage der Vollmachtsurkunde in Urschrift oder Ausfertigung.

2 **2. Bedeutung.** Die **Registerbescheinigung** nach Abs. 1, 2 hat **große praktische Bedeutung.**[2] Sie entlastet die Registergerichte, da diese keine entsprechenden Bescheinigungen ausstellen müssen.[3] Die Norm entlastet aber auch den Prüfungsaufwand von Grundbuchämtern und auswärtigen Registergerichten, die sonst eigenständig die Existenz und die Vertretungsbefugnis der Rechtsträger überprüfen müssten.[4] Insoweit leistet die notarielle Registerbescheinigung einen Beitrag zur Beschleunigung des Verfahrens, weil die Beteiligten die entsprechenden Nachweise nicht beim Registergericht beschaffen müssen.[5]

1 Diehn/*Kilian* BNotO § 21 Rn. 1.
2 Diehn/*Kilian* BNotO § 21 Rn. 3.
3 Diehn/*Kilian* BNotO § 21 Rn. 3.
4 Diehn/*Kilian* BNotO § 21 Rn. 3.
5 Diehn/*Kilian* BNotO § 21 Rn. 3.

3 Die **Vollmachtsbescheinigung** spielt hingegen nur eine **untergeordnete Rolle**. Da ihr Anwendungsbereich auf den Grundbuchverkehr beschränkt ist, § 12 BeurkG außerdem den Notar zur Beifügung von Vollmachten in beglaubigter Abschrift verpflichtet, verbleibt nur ein schmaler Anwendungsbereich.

4 **3. Abgrenzung.** Die Bescheinigung unterscheidet sich von Beurkundungen und Beglaubigungen dadurch, dass sie **keine Bezeugung von Willenserklärungen oder Tatsachen**, die der Notar selbst mit seinen Sinnen wahrgenommen hat, darstellt.[6] Durch eine Bescheinigung wird vielmehr ein Recht oder ein Rechtsverhältnis wie eine Tatsache mitgeteilt. Anders als bei einer Bestätigung, bei der der Notar aus dem von ihm ermittelten Sachverhalt eine rechtliche Schlussfolgerung zieht, beschränkt sich die Bescheinigung auf die **Bezeugung der Rechtstatsache** (→ § 24 Rn. 36).[7]

5 **4. Verfahren. a) Urkundstätigkeit.** Es handelt sich bei den Tätigkeiten nach § 21 insgesamt um **Urkundstätigkeit**, so dass die §§ 15 ff. uneingeschränkt gelten, es besteht die Pflicht zur Urkundsgewährung nach § 15 Abs. 1, Verfahrenskostenhilfe ist nach Maßgabe des § 17 Abs. 2 zu gewähren, die Haftungsprivilegierung nach § 19 Abs. 1 S. 2 gilt.[8] Auch der Amtsbereich nach § 10a Abs. 2 ist zu beachten, was aber wegen der elektronischen Einsichtnahme in die betroffenen Register keine praktische Bedeutung mehr hat.

6 **b) Bescheinigungsverfahren.** Der Notar wird nur auf **Ansuchen der Beteiligten** tätig, nicht von Amts wegen. Für die Ausstellung der Bescheinigung bestehen, von den Vorschriften des Abs. 2 abgesehen, **keine formellen Vorgaben**. Die Vorschriften des BeurkG über die Errichtung von Urkunden (§§ 8 ff., 36 ff. BeurkG) sind nicht unmittelbar anwendbar.[9] Die hM wendet die Vorschrift des § 39 BeurkG über die Errichtung einer Vermerkurkunde entsprechend an.[10] Sinnvollerweise sollte man sich aber an den Vorgaben des § 37 BeurkG orientieren, so dass die Bescheinigung den Namen des Notars, die Bescheinigung, Ort und Tag der Wahrnehmung (= Abs. 2), Ort und Tag der Bescheinigung sowie Unterschrift und Amtsbezeichnung des Notars enthält. Die **Beifügung des Siegels** ist – anders als nach § 39 BeurkG – kein zwingendes Wirksamkeitserfordernis der Bescheinigung.[11] Die Bescheinigung muss nicht in einem eigenständigen Dokument niedergelegt werden, sondern kann auch **im Rahmen einer Niederschrift** nach §§ 8 ff., 36 ff. BeurkG oder im Rahmen einer Vermerkurkunde nach § 39 BeurkG errichtet werden.[12] Die Bescheinigung ist nicht von einem anderen Amtsgeschäft abhängig, dh sie kann auch **selbstständig** oder als Ergänzung zur Beurkundung oder Beglaubigung eines anderen Notars ausgestellt

---

6 BeckOK BNotO/*Sander* BNotO § 21 Rn. 1; Diehn/*Kilian* BNotO § 21 Rn. 4.

7 Ähnlich Arndt/Lerch/Sandkühler/*Sandkühler* BNotO § 21 Rn. 4; zu weitgehend die hM, vgl. Diehn/*Kilian* BNotO § 21 Rn. 4; Frenz/Miermeister/*Limmer* BNotO § 21 Rn. 2, 3: der Notar unterzieht den wahrgenommenen Registerinhalt aber keiner besonderen rechtlichen Würdigung und erstellt auch kein Rechtsgutachten, sondern er teilt nur den ermittelten Rechtsinhalt mit.

8 Arndt/Lerch/Sandkühler/*Sandkühler* BNotO § 21 Rn. 6; BeckOK BNotO/*Sander* BNotO § 21 Rn. 2.

9 Diehn/*Kilian* BNotO § 21 Rn. 5.

10 Arndt/Lerch/Sandkühler/*Sandkühler* BNotO § 21 Rn. 28; BeckOK BNotO/*Sander* BNotO § 21 Rn. 32; Diehn/*Kilian* BNotO § 21 Rn. 5; Frenz/Miermeister/*Limmer* BNotO § 21 Rn. 14.

11 AA BeckOK BNotO/*Sander* BNotO § 21 Rn. 32, 68.

12 BeckOK BNotO/*Sander* BNotO § 21 Rn. 33; Diehn/*Kilian* BNotO § 21 Rn. 5.

werden.[13] Die Bescheinigung kann auch als **elektronisch beglaubigtes Dokument** errichtet werden.[14]

II. Registerbescheinigung (Abs. 1, 2)

1. Zuständigkeit. a) Notarielle Zuständigkeit. Die Zuständigkeit der Notare für die **Ausstellung von Registerbescheinigungen mit demselben Beweiswert einer Bescheinigung des Registergerichts** ist auf die in Abs. 1 S. 1 genannten Fälle beschränkt. Darüber hinaus kann der Notar jedoch über § 24 weitere (sonstige) Bescheinigungen ausstellen, die aber nicht den Beweiswert des Abs. 1 S. 2 haben (→ § 24 Rn. 39). 7

b) Sonstige Zuständigkeiten. Das Amtsgericht als Registergericht ist zur Erteilung von einfachen und beglaubigten Abschriften bzw. Ausdrucken aus dem Register befugt. Die **beglaubigte Abschrift und der beglaubigte Abdruck** genießen denselben Beweiswert wie das Register selbst, vgl. § 32 Abs. 1 S. 2 GBO, § 44 SchRegO.[15] Die Erteilung von Abschriften und Ausdrucken aus dem Register und die Beglaubigung derselben erfolgen durch den Urkundsbeamten der Geschäftsstelle.[16] Das Registergericht kann nach § 386 FamFG auch sog. **Negativzeugnisse** ausstellen, darüber, dass eine bestimmte Eintragung im Register nicht vorhanden ist.[17] 8

Da die Einsichtnahme in die Register jedem offensteht, kann auch das **Grundbuchamt** oder das Registergericht das Register selbst einsehen und sich so vom Inhalt der Eintragungen überzeugen. Bei einer Bezugnahme nach § 32 Abs. 2, Abs. 1 S. 1 GBO auf das nach Registergericht und Registerblatt bezeichnete elektronische Register ist das Grundbuchamt sogar zur eigenen Einsichtnahme und Prüfung verpflichtet und kann **nicht durch Zwischenverfügung** die Vorlage eines beglaubigten Registerauszugs oder eine Notarbescheinigung gemäß § 21 zum Nachweis der Vertretungsberechtigung verlangen.[18] Dies gilt auch dann, wenn das elektronische Register bei einem Registergericht eines anderen Bundeslandes geführt wird.[19] 9

Ausländische Notare können keine Bescheinigung nach Abs. 1 ausstellen. Eine andere Frage ist es, welche Beweiswirkung die Bescheinigung eines ausländischen Notars hat, die den Registerinhalt seines Hoheitsstaats wiedergibt. Die Gerichte akzeptieren Urkunden ausländischer Notare als ausreichende urkundliche Nachweise, wenn der ausländische Notar eine **Funktion** wahrnimmt, die der eines **deutschen Notars vergleichbar** ist, wenn das ausländische Recht die Zuständigkeit des Notars für die Ausstellung von Registerbescheinigungen vorsieht und wenn die Vorgaben des Abs. 2 und 3 beachtet sind.[20] Soweit die Bescheinigung in fremder Sprache errichtet ist, ist die Beifügung einer **amtlichen Übersetzung** nur erforderlich, wenn das Gericht selbst zur Übersetzung nicht in der Lage ist.[21] Die Unterschrift des Übersetzers muss nicht öffentlich beglaubigt sein.[22] 10

---

13 BeckOK BNotO/*Sander* BNotO § 21 Rn. 2a.
14 BeckOK BNotO/*Sander* BNotO § 21 Rn. 34.
15 Keidel/*Heinemann* FamFG § 386 Rn. 9.
16 Keidel/*Heinemann* FamFG § 386 Rn. 9.
17 Keidel/*Heinemann* FamFG § 386 Rn. 1 ff.
18 OLG Frankfurt aM DNotZ 2012, 141; Diehn/*Kilian* BNotO § 21 Rn. 6.
19 OLG Frankfurt aM DNotZ 2012, 141; Diehn/*Kilian* BNotO § 21 Rn. 6.
20 OLG München NZG 2015, 1437 (1439); BeckOK BNotO/*Sander* BNotO § 21 Rn. 46 ff.; Diehn/*Kilian* BNotO § 21 Rn. 49 f.
21 OLG Schleswig DNotZ 2008, 709; Diehn/*Kilian* BNotO § 21 Rn. 49.
22 BeckOK BNotO/*Sander* BNotO § 21 Rn. 52; aA KG NZG 2012, 1352 (1353).

11 **2. Beurteilungsgrundlage (Abs. 1 S. 1). a) Eintragungen im Handelsregister.** Grundlage einer Registerbescheinigung sind in erster Linie Eintragungen im Handelsregister. Gemeint ist damit das **deutsche Handelsregister**, das elektronisch von den nach §§ 376, 377 FamFG zuständigen Amtsgerichten geführt wird, § 8 HGB, § 374 Nr. 1 FamFG.

12 Nach Abs. 1 können nur **Eintragungen** im Handelsregister bescheinigt werden, nicht jedoch andere Tatsachen, die sich aus den das Register begleitenden Umständen und Dokumenten ergeben, zB aus dem **Registerordner** (§ 9 HRV) oder der **Registerakte** (§ 8 HRV).[23] Es bestehen hier einerseits spezialgesetzliche Bescheinigungsbefugnisse des Notars, zB zur Bescheinigung der Gesellschafterliste (§ 40 Abs. 2 GmbHG) und zur Bescheinigung einer Satzung (§ 181 Abs. 1 S. 2 AktG, § 54 Abs. 1 S. 2 GmbHG).[24] Unerheblich ist, ob die Eintragung auch **öffentlich bekannt gemacht** werden muss.[25]

13 Darüber hinaus kann der Notar gestützt auf § 24, **weitere Bescheinigungen** zu solchen Unterlagen ausstellen, zB zum Inhalt einer Gesellschafterliste oder zur Zusammensetzung eines Aufsichtsrats.[26] Diese Bescheinigungen haben aber **nicht die Beweiswirkung** des Abs. 1 S. 2, sondern unterliegen der freien Beweiswürdigung,[27] haben aber als öffentliche Urkunden den Anschein der Richtigkeit für sich.

14 **b) Eintragungen in ähnlichen Registern.** Registerbescheinigungen können auch für Eintragungen in dem Handelsregister ähnlichen Registern ausgestellt werden. Für die Vergleichbarkeit sind die Wiedergabe der **privaten Rechtsverhältnisse von Rechtsträgern** sowie der **Gutglaubensschutz** des Registers ausschlaggebend.[28] Hierzu gehören das ebenfalls elektronisch beim zuständigen Amtsgericht geführte **Genossenschaftsregister** (§ 10 GenG, § 374 Nr. 2 FamFG), das beim zuständigen Amtsgericht elektronisch geführte **Partnerschaftsregister** (§§ 4, 7 PartGG, § 374 Nr. 3 FamFG) sowie das bei den zuständigen Amtsgerichten geführte **Vereinsregister** (§§ 21, 55, 55a BGB, § 374 Nr. 4 FamFG).[29] Zum 1.1.2024 wird die Eintragung von Gesellschaften des bürgerlichen Rechts im **Gesellschaftsregister** (§ 374 Nr. 2 FamFG nF) möglich sein und damit dem Handelsregister gleichstehen. Zum 1.1.2026 wird außerdem die Eintragung von Stiftungen in das **Stiftungsregister** verbindlich, § 82b BGB nF. Dieses Register wird zwar nicht – wie die anderen Justizregister – von den Amtsgerichten, sondern vom Bundesamt für Justiz geführt. Da die Eintragungen in das Stiftungsregister mit ähnlichem Vertrauensschutz wie das Handels- und Vereinsregister ausgestattet sind, ist es richtig, auch das Stiftungsregister diesen Registern im Anwendungsbereich des § 21 Abs. 1 gleichzustellen.

15 **c) Eintragungen in anderen Registern.** Das **Unternehmensregister** stellt ein hybrides Bekanntmachungsportal dar, in dem zwar die Eintragungen des Handels-, Genossenschafts- und Partnerschaftsregisters veröffentlicht werden, das

23 BeckOK BNotO/*Sander* BNotO § 21 Rn. 9; Diehn/*Kilian* BNotO § 21 Rn. 9.
24 Diehn/*Kilian* BNotO § 21 Rn. 9.
25 Arndt/Lerch/Sandkühler/*Sandkühler* BNotO § 21 Rn. 11; BeckOK BNotO/*Sander* BNotO § 21 Rn. 9.
26 Diehn/*Kilian* BNotO § 21 Rn. 9.
27 BeckOK BNotO/*Sander* BNotO § 21 Rn. 10.
28 Diehn/*Kilian* BNotO § 21 Rn. 7, 10; aA BeckOK BNotO/*Sander* BNotO § 21 Rn. 7: nur die Beweiswirkung der Rechtsverhältnisse ist maßgeblich.
29 BeckOK BNotO/*Sander* BNotO § 21 Rn. 8; Diehn/*Kilian* BNotO § 21 Rn. 10; Frenz/Miermeister/*Limmer* BNotO § 21 Rn. 4.

aber selbst keinen öffentlichen Gutglaubensschutz genießt und daher nicht als Grundlage für eine Registerbescheinigung dienen kann.[30]

Dem Handelsregister nicht vergleichbar ist das ebenfalls von den Amtsgerichten geführte **Güterrechtsregister** (§ 1558 BGB, § 374 Nr. 5 FamFG), da es grds. keine Auskunft über Vertretungsbefugnisse enthält. Es kann jedoch Grundlage für eine sonstige Bescheinigung iSd § 24 sein.[31] Eine dem Abs. 1 S. 2 vergleichbare **Beweiskraft** hat eine solche Bescheinigung allerdings nicht. 16

Das **Grundbuch** ist kein dem Handelsregister ähnlicher Rechtsscheinträger für die Vertretungsverhältnisse einer **Gesellschaft bürgerlichen Rechts** oder eines **nicht rechtsfähigen Vereins**, da dort ausschließlich die Gesellschafter, nicht aber deren Vertretungsmacht eingetragen werden (§ 899a BGB).[32] Im Zuge der Reform des Personengesellschaftsrechts wird ein **eigenes Register für Gesellschaften bürgerlichen Rechts** eingeführt. Dieses Register ist dann ein dem Handelsregister vergleichbares Register (→ Rn. 14). 17

Es bestehen zahlreiche **andere öffentliche Register**, wie das Melderegister (§§ 1 ff. MRRG), das Transparenzregister (§§ 18 ff. GwG), die Handwerksrolle (§ 6 HandwO), das Gewerbezentralregister (§§ 149 ff. GewO), das Vermittlerregister (§ 11a GewO), das Rechtsdienstleistungsregister (§§ 10 ff. RDG) oder das Refinanzierungsregister (§§ 22a ff. KWG; RefiRegV), die aber **ausschließlich öffentlich-rechtlichen Zwecken** dienen und nicht die Funktion haben, die privaten Rechte und Rechtsverhältnisse mit Gutglaubenswirkung wiederzugeben.[33] 18

Andere Register, die die **privaten Rechte und Rechtsverhältnisse** der Bürger zwar in urkundlicher Form wiedergeben sollen, wie das Zentrale Vorsorgeregister (§ 78a) und das Zentrale Testamentsregister (§ 78c), die Patentrolle (§ 30 PatG), das Markenregister (§§ 32 ff. MarkenG), aber auch die Personenstandsregister (§ 3 PStG) und das Samenspenderregister (§§ 1 ff. SaRegG) erfüllen ebenfalls **keine Gutglaubenswirkung**. 19

Den rechtlichen Inhalt solcher Register kann der Notar über § 24 im Wege einer **sonstigen Bescheinigung** wiedergeben (→ § 24 Rn. 39).[34] Diese Bescheinigungen haben aber **nicht die Beweiswirkung** des Abs. 1 S. 2, sondern unterliegen der freien Beweiswürdigung,[35] haben aber als öffentliche Urkunden den Anschein der Richtigkeit für sich. 20

d) Eintragungen in ausländischen Registern. Bei der Beteiligung ausländischer Rechtsträger darf der Notar Bescheinigungen nach Abs. 1 auch nach Einsichtnahme in ein **ausländisches Register** vornehmen,[36] wenn es sich um ein dem deutschen Handelsregister vergleichbares Register handelt,[37] was für das italie- 21

30 BeckOK BNotO/*Sander* BNotO § 21 Rn. 8; Diehn/*Kilian* BNotO § 21 Rn. 10.
31 Diehn/*Kilian* BNotO § 21 Rn. 7.
32 BeckOK BNotO/*Sander* BNotO § 21 Rn. 7; Diehn/*Kilian* BNotO § 21 Rn. 7, 17; Frenz/Miermeister/*Limmer* BNotO § 21 Rn. 7a, 31.
33 BeckOK BNotO/*Sander* BNotO § 21 Rn. 8 (Transparenz- und Personenstandsregister); Diehn/*Kilian* BNotO § 21 Rn. 7 (Personenstandsregister).
34 BeckOK BNotO/*Sander* BNotO § 21 Rn. 10; Diehn/*Kilian* BNotO § 21 Rn. 7, 17.
35 BeckOK BNotO/*Sander* BNotO § 21 Rn. 10.
36 OLG Düsseldorf Rpfleger 2015, 137 (138); OLG München ZIP 2016, 469 (470); OLG Schleswig DNotZ 2008, 709; LG Wiesbaden GmbHR 2005, 1134; LG Aachen MittBayNot 1990, 125 (126); Grziwotz/Heinemann/*Heinemann* § 12 BeurkG Rn. 18; *Suttmann* notar 2014, 273 (274 f.).
37 OLG München NZG 2015, 1437 (1439); OLG Schleswig DNotZ 2008, 709; Arndt/Lerch/Sandkühler/*Sandkühler* BNotO § 21 Rn. 14; BeckOK BNotO/*Sander* BNotO § 21 Rn. 11; Diehn/*Kilian* BNotO § 21 Rn. 11; Frenz/Miermeister/*Limmer* BNotO § 21 Rn. 9a.

nische Handelsregister,[38] das schwedische Handelsregister bejaht wird,[39] nicht aber für das britische companies' house.[40] In diesem Fall kann der Notar zwar eine Bescheinigung nach § 24 ausstellen, die die deutschen Grundbuchämter und Registergerichte aber im Regelfall mangels besonderer Beweiswirkung nicht als alleiniges Beweismittel akzeptieren;[41] erforderlich ist zusätzlich die **Einsichtnahme** in die beim companies' house hinterlegten **Dokumente** durch den Notar oder einen Notar, der im Hoheitsstaat des betroffenen Registers amtiert.[42]

22 Sind die Beteiligten selbst nicht in der Lage, formgerechte Nachweise über die Existenz und die Vertretungsbefugnis einer ausländischen Gesellschaft beizubringen, kann der Notar eine **eigene Einsichtnahme** versuchen, viele ausländische Unternehmensregister sind über das Internet abrufbar (zB das Europäische Justizportal).[43] Das Europäische Justizportal selbst ist aber kein dem Handelsregister vergleichbares Register,[44] sondern (wie das Unternehmensregister) ein hybrides Bekanntmachungsportal. Auf eine solche eigene oder durch eigene Hilfskräfte durchgeführte Einsichtnahme sollte der vorsichtige Notar aber nur vertrauen, wenn er sowohl der Landessprache mächtig ist, als auch die Funktionsweise und die Rechtsnatur des ausländischen Registers kennt und über einschlägige gesellschaftliche Kenntnisse der fremden Rechtsordnung verfügt. In jedem Fall sollte der Notar auf die Risiken hinweisen, die bestehen, wenn mit einer **ausländischen Gesellschaft** ein Rechtsgeschäft abgeschlossen wird und kein ausreichender Nachweis über die Existenz und die Vertretungsbefugnis dieser Gesellschaft vorliegen.[45]

23 **3. Bescheinigungsinhalt (Abs. 1 S. 1). a) Vertretungsberechtigung (Abs. 1 S. 1 Nr. 1).** Vertretungsberechtigung ist die **gesetzliche Vertretungsmacht** eines Vorstands, eines Geschäftsführers, eines Gesellschafters oder eines Prokuristen. Die Bescheinigung einer Vertretungsberechtigung setzt voraus, dass diese bereits im Register eingetragen ist. **Bestehende oder künftige Vertretungsbefugnisse** (zB des Geschäftsführers einer noch nicht im Handelsregister eingetragenen GmbH), die **noch nicht eingetragen sind**, können nicht nach Abs. 1 S. 1 Nr. 1 bescheinigt werden,[46] wohl aber nach § 24.

24 Die Bescheinigung kann aber auch auf einen **früheren Zeitpunkt bezogen** werden, sofern die Vertretungsbefugnis zu diesem Zeitpunkt schon eingetragen war.[47] Umstritten ist, ob die Bescheinigung auch eine mittlerweile **beendete Vertretungsbefugnis** wiedergeben darf.[48] Richtigerweise ist dies zu bejahen, wenn sich aus dem Register feststellen lässt, zu welchen Zeitpunkten die Vertretungsmacht bestand bzw. noch nicht oder nicht mehr bestand.[49]

38 KG NZG 2012, 1352.
39 OLG Schleswig DNotZ 2008, 709.
40 KG DNotZ 2012, 604 (605); OLG Düsseldorf Rpfleger 2015, 137 (138); OLG Nürnberg FGPrax 2015, 124.
41 BeckOK BNotO/*Sander* BNotO § 21 Rn. 13, 14.
42 OLG Düsseldorf FGPrax 2019, 259; NZG 2019, 1385; BeckOK BNotO/*Sander* BNotO § 21 Rn. 12.
43 https://e-justice.europa.eu/content_find_a_company-489-de.do?clang=de.
44 BeckOK BNotO/*Sander* BNotO § 21 Rn. 16; Diehn/*Kilian* BNotO § 21 Rn. 12.
45 Grziwotz/Heinemann/*Heinemann* BeurkG § 12 Rn. 18.
46 BeckOK BNotO/*Sander* BNotO § 21 Rn. 17; Diehn/*Kilian* BNotO § 21 Rn. 15.
47 BeckOK BNotO/*Sander* BNotO § 21 Rn. 18.
48 So BeckOK BNotO/*Sander* BNotO § 21 Rn. 20; aA Diehn/*Kilian* BNotO § 21 Rn. 15.
49 BeckOK BNotO/*Sander* BNotO § 21 Rn. 21.

Hat der Notar positive Kenntnis von der Unrichtigkeit der Eintragung, darf er die Bescheinigung nicht ausstellen.[50] Bloße Zweifel an der Richtigkeit der Eintragung genügen aber nicht, um die Ausstellung der Bescheinigung abzulehnen.[51] 25

b) Sonstige rechtserhebliche Umstände (Abs. 1 S. 1 Nr. 2). Nach Abs. 1 S. 1 Nr. 2 können weitere rechtserhebliche Umstände, die sich aus einer Registereintragung ergeben, bescheinigt werden. Das Gesetz nennt **beispielhaft** das Bestehen oder den Sitz einer juristischen Person oder einer Handelsgesellschaft, die Änderung einer Firma oder eine Umwandlung. Diese Aufzählung ist **nicht abschließend.**[52] Auch alle weiteren Eintragungen in den Registern können notariell bescheinigt werden, selbst wenn sie nicht öffentlich bekannt gemacht werden, zB der Zeitpunkt einer Eintragung, der Unternehmensgegenstand einer Gesellschaft, die Geschäftsanschrift, das Bestehen einer Zweigniederlassung, das Gesellschaftskapital, jedwede Satzungsänderung, die Auflösung des Rechtsträgers, die Eröffnung eines Insolvenzverfahrens über das Vermögen der Gesellschaft.[53] 26

Bescheinigt werden können insbesondere auch **frühere Eintragungen**, die sich mittlerweile geändert haben, zB die ehemalige Firma einer Gesellschaft, die Firma einer erloschenen Gesellschaft, der Übergang einer Gesellschaft auf einen anderen Rechtsträger usw.[54] 27

4. Verfahren (Abs. 2). a) Vorherige Einsichtnahme (Abs. 2 S. 1). Die Bescheinigung darf nur ausgestellt werden, wenn der Notar das Register oder einen beglaubigten Registerauszug eingesehen hat. Eine **unmittelbare Einsichtnahme** in das Register ist nicht erforderlich und praktisch unmöglich, es genügt der Abruf aus dem **elektronischen Register.**[55] Die Einsichtnahme muss nicht persönlich erfolgen, sondern kann durch **Hilfskräfte** (Mitarbeiter, anderer Notar) erfolgen.[56] Für deren Fehler haftet der Notar analog § 278 BGB. In der Bescheinigung muss nicht angegeben, wie oder durch wen sich der Notar die Einsichtnahme verschafft hat.[57] 28

Einen **beglaubigten Registerauszug** kann nur das zuständige Registergericht erstellen. Soweit der Notar einen Abdruck des Registers beglaubigt, handelt es sich um die Beglaubigung eines einfachen Auszugs, der für sich nicht die Beweiswirkung eines beglaubigten Registerauszugs hat.[58] 29

Die Registereinsicht muss nicht tagesaktuell zur Bescheinigung erfolgen, Grundlage der Bescheinigung kann auch eine alte Registereinsicht sein. Abzustellen ist auf den Einzelfall, wobei mit der herrschenden Meinung eine mehr als **sechs Wochen zurückliegende Einsicht** in der Regel keinen zuverlässigen In- 30

50 Arndt/Lerch/Sandkühler/*Sandkühler* BNotO § 21 Rn. 16; BeckOK BNotO/*Sander* BNotO § 21 Rn. 19; Diehn/*Kilian* BNotO § 21 Rn. 15.
51 BeckOK BNotO/*Sander* BNotO § 21 Rn. 19.
52 BeckOK BNotO/*Sander* BNotO § 21 Rn. 22; Diehn/*Kilian* BNotO § 21 Rn. 19; Frenz/Miermeister/*Limmer* BNotO § 21 Rn. 8.
53 BeckOK BNotO/*Sander* BNotO § 21 Rn. 22; Diehn/*Kilian* BNotO § 21 Rn. 19.
54 Arndt/Lerch/Sandkühler/*Sandkühler* BNotO § 21 Rn. 10; BeckOK BNotO/*Sander* BNotO § 21 Rn. 23.
55 BeckOK BNotO/*Sander* BNotO § 21 Rn. 28; Diehn/*Kilian* BNotO § 21 Rn. 8, 13.
56 BeckOK BNotO/*Sander* BNotO § 21 Rn. 27; Diehn/*Kilian* BNotO § 21 Rn. 8; Frenz/Miermeister/*Limmer* BNotO § 21 Rn. 13.
57 BeckOK BNotO/*Sander* BNotO § 21 Rn. 27.
58 DNotI-Report 2014, 81; BeckOK BNotO/*Sander* BNotO § 21 Rn. 25.

halt mehr vermittelt.[59] Der Rechtsverkehr wird vor zu alten Registereinsichten dadurch geschützt, dass in der Bescheinigung das **Datum der Einsichtnahme** mitgeteilt werden muss.[60]

31 **b) Angabe des Datums der Einsichtnahme (Abs. 2 S. 2).** Angegeben werden muss das Datum der Einsichtnahme in das Register oder das Datum der Ausstellung der beglaubigten Abschrift des Registerauszugs. Daraus ergibt sich, dass damit nicht der Tag der tatsächlichen Einsichtnahme durch den Notar, sondern der **Tag des Abrufs des Registerinhalts** gemeint ist.

32 **c) Sonstiges Verfahren.** Für das zu beachtende Verfahren → Rn. 5 ff. In der Bescheinigung sind die vom Notar **festgestellten Rechtstatsachen** niederzulegen, zB die vertretungsberechtigten Personen, nicht notwendigerweise deren Rechtsstellung, wohl aber Einschränkungen und Erweiterungen der abstrakten und konkreten Vertretungsmacht.[61]

33 Eine Bescheinigung nach Abs. 1 S. 1 Nr. 1 und Nr. 2 kann mit einer oder mehreren Bescheinigungen nach Abs. 1 S. 1 Nr. 1 und Nr. 2 **zusammengefasst** werden. Möglich ist auch eine **Kombination** von notariellen Bescheinigungen nach Abs. 1 S. 1 Nr. 1 und Nr. 2 und einer Vollmachtsbescheinigung nach Abs. 3.[62]

34 **5. Beweiskraft (Abs. 1 S. 2).** Die Bescheinigung hat als öffentliche Urkunde die **Vermutung der Echtheit** (§ 437 ZPO) und erbringt den Beweis, dass der Notar der Aussteller der Urkunde ist.[63] §§ 415, 418 ZPO gelten hingegen nicht, da die Bescheinigung keine vom Notar wahrgenommenen Tatsachen enthält.[64]

35 Abs. 1 S. 2 ordnet darüber hinaus an, dass die Notarbescheinigung dieselbe **Beweiskraft wie ein Zeugnis des Registergerichts** hat. Damit wird auf die materiellrechtliche Wirkung des Registers bzw. der Zeugnisse des Registergerichts Bezug genommen, § 69 BGB und § 26 Abs. 2 GenG und den weiterhin fortgeltenden Rechtsgedanken des aufgehobenen § 9 Abs. 3 HGB aF.[65] Außerdem steht die Bescheinigung im **Grundbuch- und Schiffsregisterverfahren** einem amtlichen Registerausdruck oder einer beglaubigten Registerabschrift gleich, § 32 Abs. 1 GBO, § 44 SchRegO.[66] Diese besondere Beweiswirkung hat aber keine unbeschränkte Geltungsdauer, sie kann ihre Beweiskraft verlieren, wenn zwischen der Ausstellung der Bescheinigung und deren Verwendung ein **längerer Zeitraum** liegt.[67] Zu weitgehend ist es allerdings, schon nach Ablauf von vier bis sechs Wochen die Beweiswirkung in Zweifel zu ziehen.[68] Entscheidend ist vielmehr der Einzelfall.

36 Im **Privatrechtsverkehr** erbringt die Bescheinigung über ihren Charakter als öffentliche Urkunde keine besondere Beweiskraft.[69]

59 Arndt/Lerch/Sandkühler/*Sandkühler* BNotO § 21 Rn. 19; Diehn/*Kilian* BNotO § 21 Rn. 14; weitergehend BeckOK BNotO/*Sander* BNotO § 21 Rn. 29, 43: Registereinsicht darf 15 Tage zurückliegen.

60 Diehn/*Kilian* BNotO § 21 Rn. 14.

61 BeckOK BNotO/*Sander* BNotO § 21 Rn. 31.

62 BGH DNotZ 2017, 303 (306); BeckOK BNotO/*Sander* BNotO § 21 Rn. 26.

63 BeckOK BNotO/*Sander* BNotO § 21 Rn. 35; Diehn/*Kilian* BNotO § 21 Rn. 32.

64 OLG Frankfurt aM NJW-RR 1996, 529 (530).

65 BeckOK BNotO/*Sander* BNotO § 21 Rn. 36; Diehn/*Kilian* BNotO § 21 Rn. 33.

66 Diehn/*Kilian* BNotO § 21 Rn. 34.

67 BeckOK BNotO/*Sander* BNotO § 21 Rn. 42 ff.

68 So aber BeckOK BNotO/*Sander* BNotO § 21 Rn. 45; Frenz/Miermeister/*Limmer* BNotO § 21 Rn. 12.

69 BeckOK BNotO/*Sander* BNotO § 21 Rn. 39 ff.; Frenz/Miermeister/*Limmer* BNotO § 21 Rn. 11.

6. Musterformulierungen

▶ **Muster: Vertretungsbescheinigung** 37

Aufgrund Einsicht in das Handelsregister des Amtsgerichts [Name] vom [Datum] bescheinige ich, dass dort unter HRB [Nummer] die XY-GmbH mit dem Sitz in [Ort] und Herr [Name] als deren einzelvertretungsberechtigter und von den Beschränkungen des § 181 BGB befreiter Geschäftsführer eingetragen sind.

[Ort, Datum]

[Notar] ◀

▶ **Muster: Bescheinigung sonstiger Umstände** 38

Aufgrund Einsicht in das Handelsregister des Amtsgerichts [Name] vom [Datum] bescheinige ich, dass dort unter HRB [Nummer] die XY-GmbH mit dem Sitz in [Ort] eingetragen ist und dass diese bis zum [Datum] dort unter ihrer bisherigen Firma YZ-GmbH eingetragen war.

[Ort, Datum]

[Notar] ◀

III. Vollmachtsbescheinigung (Abs. 3)

1. Zuständigkeit (Abs. 3 S. 1). In Anlehnung an die Registerbescheinigungen nach Abs. 1 und 2 sind die Notare nunmehr für die Ausstellung von Vollmachtsbescheinigungen zuständig.[70] Zu bedauern ist, dass sich die Rechtswirkungen der Vollmachtsbescheinigung nicht auf alle Verfahren erstrecken, in denen evtl. ein Vollmachtsnachweis erbracht werden muss (zB auf das Klauselerteilungsverfahren),[71] ja nicht einmal alle Registerverfahren erfasst, denn entsprechende Regeln fehlen für das **Schiffs-, Vereins- und Güterrechtsregister**. Die Bedeutung der Vorschrift bleibt in Anbetracht des fortgeltenden § 12 S. 1 BeurkG marginal. Denn im Rahmen von beurkundeten Rechtsgeschäften und bei der Beglaubigung von selbst entworfenen Erklärungen müssen vorgelegte Vollmachten weiterhin in **beglaubigter Abschrift beigefügt** werden, was den Grundbuchämtern und Registergerichten in Verbindung mit einer entsprechenden Tatsachenfeststellung auch bislang als Vollmachtsnachweis genügt hat. 39

Allerdings wird vertreten, dass § 12 S. 2 BeurkG erweiternd auch auf die Vollmachtsbescheinigung nach Abs. 3 erstreckt werden kann.[72] Angesichts des eindeutigen Wortlauts kommt eines solche erweiternde Auslegung nicht in Betracht, es ist aber möglich, die **Urkunde nur auszugsweise**, also ohne die beigefügte Vollmacht (die ohnehin kein fest mit der Urkunde verbundener Bestandteil ist), auszufertigen und die rechtsgeschäftliche Vertretungsberechtigung allein durch die Bescheinigung nach Abs. 3 nachzuweisen.[73] Grundbuchamt oder Registergericht können nicht die Vorlage der Vollmacht in Urschrift oder Ausfertigung verlangen, selbst wenn ein Verstoß gegen § 12 S. 1 BeurkG vorliegen sollte.[74] 40

Ausländische Notare können keine Vollmachtsbescheinigungen nach Abs. 3 ausstellen.[75] 41

---

70 BT-Drs. 17/1469, 18.
71 Für eine analoge Anwendung Diehn/*Kilian* BNotO § 21 Rn. 41.
72 BeckOGK/*Bord* BeurkG § 12 Rn. 33.
73 BeckOK BNotO/*Sander* BNotO § 21 Rn. 70; BeckOGK/*Bord* BeurkG § 12 Rn. 33.
74 OLG Düsseldorf FGPrax 2016, 216 (217); OLG Hamm Rpfleger 2016, 550 (551).
75 BeckOK BNotO/*Sander* BNotO § 21 Rn. 77.

42 **2. Beurteilungsgrundlage.** Abs. 3 S. 1 gestattet den Notaren das Bestehen einer rechtsgeschäftlichen Vertretungsmacht zu bezeugen. Die Bescheinigung darf aber nur ausgestellt werden, wenn der Notar eine Vollmachtsurkunde einsehen konnte, die zu öffentlicher **Urkunde** oder zumindest in **öffentlich beglaubigter Form** errichtet wurde, Abs. 3 S. 2. Öffentliche Urkunden sind alle Urkunde, die von einer Behörde im Rahmen ihrer Beurkundungsbefugnis ausgestellt worden sind. Hierzu gehören neben den durch **inländische Notare** im Wege der Beurkundung nach §§ 8 ff. BeurkG errichtete Vollmachten auch **Behördenurkunden** (Eigenurkunden), in denen der Behördenleiter einen Dritten zur Wahrnehmung behördlicher Aufgaben ermächtigt. Öffentlich beglaubigt sind solche Vollmachten, die von Notaren, Ratschreibern, rheinland-pfälzischen Beglaubigungsbehörden, hessische Ortsgerichtsvorstehern oder den Betreuungsbehörden im Rahmen ihrer Beglaubigungsbefugnisse beglaubigt worden sind. Vollmachten, die lediglich **amtlich beglaubigt** sind, genügen nicht als Grundlage einer Vollmachtsbescheinigung. Vollmachten, die in öffentlichen Urkunden oder öffentlich beglaubigten Urkunden **ausländischer Notare** niedergelegt sind, können ebenfalls nach Abs. 3 bescheinigt werden, wenn die Urkunde im Inland als öffentliche Urkunde gilt (zB aufgrund Staatsvertrags, aufgrund Apostille oder aufgrund Legalisierung).[76] Eine Vollmachtsbescheinigung hinsichtlich **privatschriftlicher Vollmachtsurkunden** scheidet aus.

43 Nicht bescheinigt werden kann eine auf **gesetzlicher Grundlage** beruhende Vertretungsmacht, zB eines Insolvenzverwalters, eines Testamentsvollstreckers, eines Betreuers oder eines Verwalters einer Wohnungseigentümergemeinschaft.[77] Diese müssen sich durch die ihnen erteilten gerichtlichen Bestellungsurkunden (Insolvenzverwalter, Betreuer, Vormund, Pfleger). Zeugnisse (Testamentsvollstreckerzeugnis) oder Protokolle (§ 26 Abs. 4 iVm § 24 Abs. 6 WEG) legitimieren.[78]

44 Zur **Genehmigung** eines vollmachtlos Vertretenen kann keine Bescheinigung nach Abs. 3 ausgestellt werden.[79]

45 **3. Bescheinigungsinhalt (Abs. 3 S. 1).** Der **Inhalt der Vollmachtsurkunde** muss in der Bescheinigung nicht (auch nicht zusammengefasst) angegeben werden, insbesondere muss nicht angegeben werden, ob der Bevollmächtigte von den Beschränkungen des § 181 BGB befreit ist.[80] Der Notar hat in der Bescheinigung aber anzugeben, wenn die Vollmacht unter **Einschränkungen oder Bedingungen oder Befristungen** erteilt worden ist.[81] Eine Befreiung von den Beschränkungen des § 181 BGB sowie die Befugnis zur Erteilung von Untervollmacht können (müssen aber nicht) bescheinigt werden. Nicht bescheinigt werden muss, dass dem Notar **keine Anhaltspunkte** für einen **Widerruf** der Vollmacht bekannt sind.[82]

46 Bei einer durch den gesetzlichen Vertreter einer im Handelsregister eingetragenen juristischen Person erteilten rechtsgeschäftlichen Vertretungsmacht oder

76 BeckOK BNotO/*Sander* BNotO § 21 Rn. 62; Frenz/Miermeister/*Limmer* BNotO § 21 Rn. 14d.

77 DNotI-Report 2013, 185 (186); DNotI-Gutachen Nr. 132163; BeckOK BNotO/*Sander* BNotO § 21 Rn. 55, 56; teilweise weitergehend Diehn/*Kilian* BNotO § 21 Rn. 30; Frenz/Miermeister/*Limmer* BNotO § 21 Rn. 14b.

78 BeckOK BNotO/*Sander* BNotO § 21 Rn. 60 f.; Diehn/*Kilian* BNotO § 21 Rn. 24 f.

79 BeckOK BNotO/*Sander* BNotO § 21 Rn. 58.

80 OLG Nürnberg Rpfleger 2017, 332; BeckOK BNotO/*Sander* BNotO § 21 Rn. 66; Diehn/*Kilian* BNotO § 21 Rn. 26, 29.

81 DNotI-Report 2013, 185 (186); BeckOK BNotO/*Sander* BNotO § 21 Rn. 67.

82 OLG München NotBZ 2017, 196 f.; BeckOK BNotO/*Sander* BNotO § 21 Rn. 66.

wenn der Vollmachtgeber eine Personengesellschaft ist oder im Falle des Handelns aufgrund Untervollmacht, kann die Vertretungsberechtigung nur durch die notarielle Bescheinigung nachgewiesen werden, wenn sämtliche **Einzelglieder der Vollmachtskette** bescheinigt werden und der Notar sich nicht mit der Bescheinigung des Endergebnisses seiner Prüfung begnügt.[83] Alle Vollmachten müssen mindestens in öffentlich beglaubigter Form vorgelegen haben. Eine **Kombination von Bescheinigungen** nach Abs. 1 und Abs. 3 ist möglich und kann in einer zusammenfassenden Bescheinigung erfolgen.[84]

Hat der Notar **positive Kenntnis vom Widerruf** der Vollmacht, darf er die Bescheinigung nicht ausstellen.[85] Gleiches gilt, wenn der Notar weiß, dass die Vollmacht noch nicht wirksam ist oder wenn er weiß, dass die Ausfertigung noch nicht in den Machtbereich des Bevollmächtigten gelangt sein kann.[86] **Bloße Zweifel** an der Wirksamkeit der Vollmacht genügen aber nicht, um die Ausstellung der Bescheinigung abzulehnen. 47

4. Verfahren (Abs. 3 S. 2, 3). a) Vorherige Einsichtnahme (Abs. 3 S. 2). Die Bescheinigung setzt die Einsichtnahme des Notars in die **Urschrift** oder die **Ausfertigung** der Vollmachtsurkunde voraus. Die Einsichtnahme in eine beglaubigte Abschrift genügt nicht, so dass auch die Einsichtnahme in ein elektronisch beglaubigtes Dokument nicht ausreicht. Die Einsichtnahme muss **nicht persönlich** vom Notar vorgenommen werden, er kann sich dabei seiner Angestellten als Hilfsperson bedienen, für deren Fehler er aber analog § 278 BGB einzustehen hat.[87] 48

b) Angabe der Form der Vollmachtsurkunde (Abs. 3 S. 3). In der Bescheinigung muss angegeben werden, ob es sich bei der vorgelegten Urkunde um die **Urschrift oder eine Ausfertigung der Urschrift** handelte, Abs. 3 S. 3. Da beglaubigte Abschriften keinen Vollmachtsnachweis erbringen, scheiden sie als Grundlage einer Vollmachtsbescheinigung aus.[88] 49

c) Angabe des Datums der Vorlage der Vollmachtsurkunde (Abs. 3 S. 3). Die Bescheinigung muss schließlich den **Tag** bezeichnen, an welchem dem Notar die Vollmacht **vorgelegen** hat. 50

d) Sonstiges Verfahren. Für das zu beachtende Verfahren → Rn. 5 ff. 51

5. Beweiskraft. Die Bescheinigung hat als öffentliche Urkunde die **Vermutung der Echtheit** (§ 437 ZPO) und erbringt den Beweis, dass der Notar der Aussteller der Urkunde ist.[89] Die Bescheinigung steht im Grundbuch- und Registerverfahren der **Vollmachtseinreichung** gleich, (§ 34 GBO, § 12 Abs. 1 S. 3 HGB), verdrängt diese aber nicht.[90] Im Privatrechtsverkehr hat die Bescheinigung keinen besonderen Beweiswert, insbesondere kann sie **nicht die Gutglaubenswirkung** einer vorgelegten Urschrift nach §§ 171, 172 BGB ersetzen.[91] 52

83 BGH DNotZ 2017, 303 (306); OLG Hamm Rpfleger 2016, 550 (551); BeckOK BNotO/*Sander* BNotO § 21 Rn. 65; Diehn/*Kilian* BNotO § 21 Rn. 29.
84 BGH DNotZ 2017, 303 (306); BeckOK BNotO/*Sander* BNotO § 21 Rn. 65; Diehn/*Kilian* BNotO § 21 Rn. 29.
85 BeckOK BNotO/*Sander* BNotO § 21 Rn. 66; Diehn/*Kilian* BNotO § 21 Rn. 27.
86 Diehn/*Kilian* BNotO § 21 Rn. 27.
87 AA BeckOK BNotO/*Sander* BNotO § 21 Rn. 63.
88 OLG Bremen NZG 2014, 580 (581); *Heinemann* FGPrax 2013, 139 (140).
89 BeckOK BNotO/*Sander* BNotO § 21 Rn. 71.
90 BT-Drs. 17/1469, 19; BeckOK BNotO/*Sander* BNotO § 21 Rn. 72, 73.
91 BeckOK BNotO/*Sander* BNotO § 21 Rn. 74 ff.

6. Musterformulierung

53 ▶ **Muster: Vollmachtsbescheinigung**

Aufgrund Einsicht vom [Datum] in die in Urschrift [Ausfertigung] vorgelegte öffentliche [öffentlich beglaubigte] Vollmachtsurkunde bescheinige ich, dass Herr [Name] einzelvertretungsberechtigter und von den Beschränkungen des § 181 BGB befreiter Bevollmächtigter von Frau [Name] ist.

[Ort, Datum]

[Notar] ◀

IV. Sonstige Bescheinigungen

54 **1. Allgemeines.** Soweit keine Zuständigkeit des Notars nach § 21 gegeben ist, kann der Notar aufgrund spezialgesetzlicher Zuweisung befugt sein, Bescheinigungen besonderer Art auszustellen (→ § 24 Rn. 37). Außerdem ermöglicht § 24 dem Notar, Bescheinigungen sonstiger Art ausstellen.[92] Es kann sich dabei um Bescheinigungen im engeren Sinn (in denen das Recht oder ein Rechtsverhältnis als eine Tatsache bescheinigt oder mitgeteilt wird) oder um Bestätigungen (in denen aus einem Sachverhalt eine rechtliche Wertung gezogen und der Eintritt einer ggf. zukünftigen Rechtsfolge bestätig wird) handeln. → § 24 Rn. 36 ff.

55 **2. Beweiskraft.** Eine analoge **Anwendung** von Abs. 1 S. 2 auf sonstige Bescheinigungen wird überwiegend abgelehnt.[93] Die sonstige Bescheinigung hat aber als öffentliche Urkunde die Vermutung der Richtigkeit und Vollständigkeit für sich.[94]

V. Kosten

56 **1. Registerbescheinigung.** Für eine Registerbescheinigung nach Abs. 1 entsteht eine Festgebühr von 15 EUR für jedes eingesehene Registerblatt, KV Nr. 25200 GNotKG.

57 **2. Vollmachtsbescheinigung.** Eine Vollmachtsbescheinigung nach Abs. 3 löst ebenfalls eine **Festgebühr** von 15 EUR aus, KV Nr. 25214 GNotKG.

58 **3. Sonstige Bescheinigungen.** Es gibt keinen einheitlichen Gebührentatbestand für sonstige Bescheinigungen, vielmehr sind die spezialgesetzlichen Vorschriften zu beachten, vgl. KV Nr. 22124 Nr. 2, 22200 Nr. 1, 2, 4, 6, 25201, 25104, 25206, 25209 GNotKG. Als Auffangtatbestand kann KV Nr. 25203 GNotKG angesehen werden.

§ 22 Abnahme von Eiden; Aufnahme eidesstattlicher Versicherungen

(1) Zur Abnahme von Eiden sowie zu eidlichen Vernehmungen sind die Notare nur zuständig, wenn der Eid oder die eidliche Vernehmung nach dem Recht eines ausländischen Staates oder nach den Bestimmungen einer ausländischen Behörde oder sonst zur Wahrnehmung von Rechten im Ausland erforderlich ist.

92 Diehn/*Kilian* BNotO § 21 Rn. 21.

93 KG DNotZ 2012, 621; OLG Frankfurt aM NZG 2013, 143; Diehn/*Kilian* BNotO § 21 Rn. 42; aA BayObLG DNotZ 2000, 293 für einen Ausnahmefall.

94 Frenz/Miermeister/*Limmer* BNotO § 21 Rn. 32; aA OLG Frankfurt aM NJW-RR 1996, 529 (530).

(2) Die Aufnahme eidesstattlicher Versicherungen steht den Notaren in allen Fällen zu, in denen einer Behörde oder sonstigen Dienststelle eine tatsächliche Behauptung oder Aussage glaubhaft gemacht werden soll.

Literatur:

Becker, „Auf das Pferd gekommen ..." zur Zulässigkeit der Aufnahme eidesstattlicher Versicherungen durch den Notar zur Erlangung von Zweitschriften von Pferdeeigentumsurkunden, NotBZ 2016, 26; *Brambring*, Beurkundung von Affidavits, DNotZ 1976, 725; *Dieterle*, Die Beglaubigung von Unterschriften unter einer eidesstattlichen Versicherung, BWNotZ 1987, 11; *Hagena*, Die Bestimmungen über die Errichtung einer Urkunde in einer fremden Sprache und die Übersetzung von Niederschriften – insbesondere: die Beurkundung von Affidavits –, DNotZ 1978, 387.

I. Allgemeines

1. Normzweck. Die Vorschrift begründet eine nur eingeschränkte Zuständigkeit der Notare[1] für die Abnahme von Eiden und eidlichen Vernehmungen (→ Rn. 9 ff.) sowie für die Aufnahme eidesstattlicher Versicherungen (→ Rn. 20). Diese Erklärungen sollen grundsätzlich nur innerhalb des jeweiligen Verfahrens vor der verfahrensleitenden Stelle (Gericht, Behörde) abgegeben werden können.[2] Dies gewährleistet eine höhere Richtigkeit der abgegebenen Erklärung. Außerdem soll verhindert werden, dass eidesstattliche Versicherungen zur Täuschung des Rechtsverkehrs abgegeben werden.[3] 1

2. Bedeutung. Die Vorschrift hat geringe Bedeutung, da Eide nur für den Auslandsverkehr (Abs. 1, → Rn. 11) abgenommen und eidesstattliche Versicherun- 2

1 Schippel/Bracker/*Reithmann* BNotO § 22 Rn. 1.
2 Arndt/Lerch/Sandkühler/*Sandkühler* BNotO § 22 Rn. 3.
3 Arndt/Lerch/Sandkühler/*Sandkühler* BNotO § 22 Rn. 13; BeckOK BNotO/*Sander* BNotO § 22 Rn. 1.

gen nur zur Glaubhaftmachung vor Behörden (Abs. 2, → Rn. 25 f.) aufgenommen werden dürfen.[4]

3 Am bedeutsamsten ist die **eidesstattliche Versicherung** als Beweismittel zur Erlangung eines **Erbscheins** (§ 352 Abs. 3 S. 3 FamFG, Art. 239 EGBGB) oder sonstiger Zeugnisse (zB eines Testamentsvollstreckerzeugnisses, § 354 FamFG), im Rahmen eines **Aufgebotsverfahrens** (§§ 444, 450 FamFG), zur Glaubhaftmachung des Verlustes behördlicher Dokumente (zB von Ausweispapieren, Zulassungsbescheinigungen) oder zur Glaubhaftmachung über die Inhaberschaft von Wertpapieren (§ 258 Abs. 2 S. 5 AktG).

4 Innerhalb eines Beurkundungsverfahrens darf der Notar einen **Dolmetscher vereidigen**, wenn er nicht allgemein vereidigt ist, § 16 Abs. 3 S. 3 BeurkG.[5]

5 **3. Aufnahme und Abnahme der Erklärung.** Voneinander zu trennen sind die **Aufnahme** der Erklärung, das ist deren Niederschrift,[6] von der **Abnahme** des Eides bzw. der eidesstattlichen Versicherung, das ist die Entgegennahme der Erklärung durch die zuständige Stelle.[7] Der Unterschied ist vor allem in strafrechtlicher Hinsicht bedeutsam, da erst mit der Abnahme der Erklärung die Tat beendet ist (→ Rn. 15, 17, 30, 33).

6 **4. Verfahren. a) Urkundstätigkeit.** Es handelt sich bei den Tätigkeiten nach § 22 insgesamt um **Urkundstätigkeit**, so dass die **§§ 15 ff.** uneingeschränkt gelten, insbesondere auch die Haftungsprivilegierung nach § 19 Abs. 1 S. 2.[8] Zur Zuständigkeit → Rn. 9 ff., 21 ff.

7 **b) Antrag.** Der Notar wird nur auf **Ansuchen der Beteiligten** tätig, nicht von Amts wegen und niemals auf Ersuchen einer inländischen ausländischen Behörde, es sei denn, das deutsche Recht oder völkerrechtliche Verträge, sehen ein entsprechendes Rechtshilfeersuchen vor.[9]

8 **c) Beurkundungsverfahren.** Nach § 38 Abs. 1 BeurkG ist für die Aufnahme (nicht die Abnahme, wie es dort fälschlicherweise heißt)[10] das Verfahren über die **Beurkundung von Willenserklärungen** einzuhalten. Für die Abnahme werden regelmäßig die §§ 478, 481 ZPO entsprechend angewendet.[11] Über die Bedeutung der Erklärung, insbesondere über die **strafrechtlichen Folgen** einer falschen Erklärung, hat der Notar zu belehren, § 38 Abs. 2 BeurkG. Nur insoweit ist es zutreffend, von einer weiteren inhaltlichen Mitwirkung des Notars zu sprechen.[12]

---

4 BeckOK BNotO/*Sander* BNotO § 22 Rn. 1a.

5 Arndt/Lerch/Sandkühler/*Sandkühler* BNotO § 22 Rn. 5; Frenz/Miermeister/*Limmer* BNotO § 22 Rn. 1.

6 Diehn/*Kilian* BNotO § 22 Rn. 12.

7 Arndt/Lerch/Sandkühler/*Sandkühler* BNotO § 22 Rn. 15; *Lerch* BeurkG § 38 Rn. 1.

8 Arndt/Lerch/Sandkühler/*Sandkühler* BNotO § 22 Rn. 2; BeckOK BNotO/*Sander* BNotO § 22 Rn. 3; Schippel/Bracker/*Reithmann* BNotO § 22 Rn. 15.

9 Schippel/Bracker/*Reithmann* BNotO § 22 Rn. 5; aA Arndt/Lerch/Sandkühler/*Sandkühler* BNotO § 22 Rn. 10, 18; *Jansen* BeurkG § 38 Rn. 5; *Winkler* BeurkG § 38 Rn. 12: nur auf Ansuchen eines Beteiligten.

10 *Lerch* BeurkG § 38 Rn. 1.

11 Frenz/Miermeister/*Limmer* BeurkG § 38 Rn. 7 f.

12 Weitergehend offenbar Schippel/Bracker/*Reithmann* BNotO § 22 Rn. 15.

II. Abnahme von Eiden und eidlichen Vernehmungen (Abs. 1)

1. Zuständigkeit. a) Eid. Eid ist das feierliche Versprechen der Wahrheit einer Erklärung,[13] ggf. unter Anrufung einer Gottheit, die eine Falschheit der Erklärung rächen soll.[14] Der Eid kann mit oder ohne religiöse Beteuerung abgegeben werden (§ 481 Abs. 1 bis 3 ZPO), aus Glaubens- oder Gewissensgründen auch nur als eidesgleiche Bekräftigung (§ 484 ZPO).[15] Der im anglo-amerikanischen Rechtskreis häufig verwendete Affidavit stellt nicht lediglich eine strafbewehrte Versicherung dar,[16] sondern hat regelmäßig die Bedeutung eines Eides oder einer eidesstattlichen Versicherung („sworn to and subscribed before me …").[17] Zu bedenken ist außerdem, dass Falschaussagen und Meineide im anglo-amerikanischen Rechtskreis deutlich drastischere Rechtsfolgen mit sich bringen als in Deutschland, so dass eine notarielle Beurkundung und Belehrung nach § 38 Abs. 1, 2 BeurkG stets erforderlich ist. 9

b) Eidliche Vernehmung. Eidliche Vernehmung ist die Aufnahme der Aussage eines Zeugen, einer Partei oder eines Sachverständigen, bei der dem Notar zusätzlich die Rolle einer Ermittlungsperson einnehmen kann, die durch weitere Befragung auf eine wahrheitsgemäße Sachverhaltsermittlung hinwirkt.[18] Das Verfahren der eidlichen Vernehmung kann der Notar nach pflichtgemäßem Ermessen gestalten, wobei er sich an den Vorgaben über die Aufnahme und Abnahme eines Eides orientieren wird. 10

c) Wahrnehmung von Rechten im Ausland. Notare sind für die Abnahme von Eiden und für eidliche Vernehmungen nur zuständig, sofern diese zur **Wahrnehmung von Rechten im Ausland** erforderlich sind. Dies kann insbesondere nach dem Recht eines ausländischen Staats oder nach den Bestimmungen einer ausländischen Behörde (auch eines ausländischen Gerichts)[19] vorgesehen sein. Der Beteiligte muss also das Bestehen einer entsprechenden ausländischen Rechtsnorm oder einer behördlichen Entscheidung schlüssig und für den Notar nachprüfbar vortragen.[20] Der Notar darf dann auf die Angaben vertrauen.[21] Bei verbleibenden Zweifeln sollte er auf diese hinweisen und sie in der Niederschrift vermerken.[22] 11

13 Arndt/Lerch/Sandkühler/*Sandkühler* BNotO § 22 Rn. 8; Diehn/*Kilian* BNotO § 22 Rn. 4; Schippel/Bracker/*Reithmann* BNotO § 22 Rn. 3.

14 *Hobbes* Leviathan I, 14.

15 *Brambring* DNotZ 1976, 725 (732); aA Arndt/Lerch/Sandkühler/*Sandkühler* BNotO § 22 Rn. 8: nur soweit es das ausländische Recht gestattet.

16 So aber BeckOK BNotO/*Sander* BNotO § 22 Rn. 6; Diehn/*Kilian* BNotO § 22 Rn. 6; BeckOKG/*Theilig* BeurkG § 38 Rn. 25; Armbrüster/Preuß/Renner/*Preuß* BeurkG § 38 Rn. 7; Frenz/Miermeister/*Limmer* BeurkG § 38 Rn. 10 f.; Grziwotz/Heinemann/*Grziwotz* BeurkG § 38 Rn. 11; Schippel/Bracker/*Reithmann* BNotO § 22 Rn. 21 ff.; *Winkler* BeurkG § 38 Rn. 13, 21.

17 *Brambring* DNotZ 1976, 726 (732); *Hagena* DNotZ 1978, 387 (388); *Jansen* BeurkG § 38 Rn. 4; Arndt/Lerch/Sandkühler/*Sandkühler* BNotO § 22 Rn. 4; Frenz/Miermeister/*Limmer* BNotO § 22 Rn. 3; *Lerch* BeurkG § 38 Rn. 6.

18 Arndt/Lerch/Sandkühler/*Sandkühler* BNotO § 22 Rn. 12; BeckOK BNotO/*Sander* BNotO § 22 Rn. 9; Diehn/*Kilian* BNotO § 22 Rn. 7.

19 AA Grziwotz/Heinemann/*Grziwotz* BeurkG § 38 Rn. 2.

20 Arndt/Lerch/Sandkühler/*Sandkühler* BNotO § 22 Rn. 9; BeckOK BNotO/*Sander* BNotO § 22 Rn. 13; Diehn/*Kilian* BNotO § 22 Rn. 9.

21 Arndt/Lerch/Sandkühler/*Sandkühler* BNotO § 22 Rn. 9; Diehn/*Kilian* BNotO § 22 Rn. 9; Frenz/Miermeister/*Limmer* BNotO § 22 Rn. 3.

22 Grziwotz/Heinemann/*Grziwotz* BeurkG § 38 Rn. 5, 6.

12 Das bedeutet im Umkehrschluss, dass für inländische Eidesabnahmen und eidliche Vernehmungen keine Zuständigkeit besteht.[23] Vereidigen darf der Notar jedoch Dolmetscher innerhalb des Beurkundungsverfahrens (→ Rn. 4) und Zeugen sowie Sachverständige im Rahmen eines Vermittlungsverfahrens nach dem SachenRBerG.[24]

13 **2. Verfahren. a) Aufnahme des Eids.** Aufgenommen wird der Eid nach § 38 Abs. 1 BeurkG durch Errichtung einer Niederschrift gem. §§ 6 ff. BeurkG, eine Aushändigung der Urschrift ist unter den Voraussetzungen des § 45 Abs. 2 BeurkG (= § 45a BeurkG nF) möglich.[25] Der Eid muss entsprechend § 478 ZPO höchstpersönlich abgegeben werden, eine Stellvertretung ist nicht zulässig. Gesetzliche Vertreter (Betreuer, Vormund, Pfleger) geben die Erklärung im eigenen Namen ab.[26]

14 Der Notar hat über die Bedeutung des Eides und die strafrechtlichen Folgen eines Meineids (§§ 154, 155 StGB) oder eines fahrlässigen Falscheids (§ 161 StGB) zu belehren, § 38 Abs. 2 BeurkG. Über etwaige (strafrechtliche) Rechtsfolgen nach einer ausländischen Rechtsordnung muss er aber nicht belehren, § 17 Abs. 3 S. 2 BeurkG.

15 **b) Abnahme des Eids.** Der Eid wird durch die Entgegennahme des Schwurs durch Nachsprechen der Eidesformel unter Hochheben der rechten Hand (§ 481 Abs. 4 ZPO) abgenommen.[27] Für die Vereidigung eines Dolmetschers nach § 16 Abs. 3 S. 3 BeurkG gilt § 189 GVG entsprechend.[28] Mit der Abnahme des Schwurs ist die Eidesleistung abgeschlossen und beendet.[29] Es bedarf keines weiteren Zugangs der Erklärung mehr bei einer anderen Stelle oder Behörde.

16 **c) Beweiswirkung.** Die Beweiswirkung des Eides bestimmt sich nach den Vorschriften des einschlägigen ausländischen Verfahrensrechts.[30] Der Notar muss nicht darüber belehren, welche Beweiskraft der Erklärung im konkreten Verfahren zukommt, da er über ausländisches Recht nicht zu belehren braucht.[31]

17 **d) Strafbarkeit.** Der Meineid ist nach § 154 StGB, die falsche eidesgleiche Bekräftigung nach § 155 StGB strafbar, auch wenn nur fahrlässig begangen, § 161 StGB. Darüber, ob nach der ausländischen Rechtsordnung, für die die Erklärung bestimmt ist, entsprechende strafrechtliche Bestimmungen bestehen, muss der Notar nicht belehren.[32]

---

23 BeckOK BNotO/*Sander* BNotO § 22 Rn. 12; *Jansen* BeurkG § 38 Rn. 3; Frenz/Miermeister/*Limmer* BeurkG § 38 Rn. 3; *Lerch* BeurkG § 38 Rn. 2.
24 *Vossius* § 89 SachenRBerG Rn. 19; § 97 SachenRBerG Rn. 10.
25 Schippel/Bracker/*Reithmann* BNotO § 22 Rn. 6.
26 BeckOK BNotO/*Sander* BNotO § 22 Rn. 14; Diehn/*Kilian* BNotO § 22 Rn. 2.
27 Diehn/*Kilian* BNotO § 22 Rn. 8; Frenz/Miermeister/*Limmer* BNotO § 22 Rn. 2; BeckOKG/*Theilig* BeurkG § 38 Rn. 16; Grziwotz/Heinemann/*Grziwotz* BeurkG § 38 Rn. 9.
28 BeckOK BNotO/*Sander* BNotO § 22 Rn. 16; Grziwotz/Heinemann/*Heinemann* § 16 BeurkG Rn. 48.
29 BeckOK BNotO/*Sander* BNotO § 22 Rn. 15; Frenz/Miermeister/*Limmer* BNotO § 22 Rn. 3.
30 Diehn/*Kilian* BNotO § 22 Rn. 20; Frenz/Miermeister/*Limmer* BNotO § 22 Rn. 8.
31 BeckOK BNotO/*Sander* BNotO § 22 Rn. 18a; Diehn/*Kilian* BNotO § 22 Rn. 20; aA Frenz/Miermeister/*Limmer* BNotO § 22 Rn. 8.
32 Grziwotz/Heinemann/*Grziwotz* BeurkG § 38 Rn. 16 Fn. 16.

3. Musterformulierungen

▶ **Muster: Eid** 18

Nachdem der Notar den Beteiligten über die Bedeutung eines Eides, insbesondere über die strafrechtlichen Folgen eines Meineides oder eines fahrlässigen Falscheides belehrt hatte, sprach der Notar die Eidesformel vor „Sie schwören [bei Gott dem Allmächtigen und Allwissenden], dass Ihre vorgehenden Erklärungen wahr sind" und der Beteiligte erhob die rechte Hand und sprach „Ich schwöre es [, so wahr mir Gott helfe]." ◀

▶ **Muster: Eidesgleiche Bekräftigung** 19

Nachdem der Notar den Beteiligten über die Bedeutung einer eidesgleichen Bekräftigung, insbesondere über die strafrechtlichen Folgen einer vorsätzlichen oder fahrlässigen falschen eidesgleichen Bekräftigung belehrt hatte, sprach der Notar die Eingangsformel vor „Sie bekräftigen im Bewusstsein Ihrer Verantwortung vor dem Notar, dass Ihre vorgehenden Erklärungen wahr sind" und der Beteiligte sprach „Ja." ◀

▶ **Muster: Affidavit** 20

Der Erschienene legte mir die dieser Niederschrift als Anlage beigefügte Erklärung in englischer Sprache mit der Überschrift „Affidavit" vor, die von ihm unterschrieben war. Er ersuchte mich um die Abnahme eines Eides und erklärte, dass der Eid zur Wahrnehmung von Rechten im Ausland erforderlich sei. Er gab an, die englische Sprache so hinreichend zu beherrschen, dass er den Text der Erklärung verstehe. Der Notar, der der englischen Sprache kundig ist, las dem Erschienenen die beigefügte Erklärung vor.

Nachdem der Notar den Beteiligten über die Bedeutung eines Eides, insbesondere über die strafrechtlichen Folgen eines Meineides oder eines fahrlässigen Falscheides belehrt hatte, sprach der Notar die Eidesformel vor „Sie schwören [bei Gott dem Allmächtigen und Allwissenden], dass Ihre vorgehenden Erklärungen wahr sind" und der Beteiligte erhob die rechte Hand und sprach „Ich schwöre es [, so wahr mir Gott helfe]." ◀

III. Aufnahme von eidesstattlichen Versicherungen (Abs. 2)

21 **1. Eidesstattliche Versicherung.** Die eidesstattliche Versicherung dient der besonderen **Beteuerung der Richtigkeit einer Tatsachenbehauptung.**[33] Die Versicherung besteht darin, dass der Versichernde die Richtigkeit seiner Erklärung über den betreffenden Gegenstand bestätigt und erklärt, nach bestem Wissen und Gewissen die Wahrheit gesagt und nichts verschwiegen zu haben. Die Worte „eidesstattlich" oder „an Eides statt" müssen nicht ausdrücklich erklärt werden.[34] Durch die Strafbewehrung einer falschen Versicherung (→ Rn. 33) soll deren Richtigkeit gewährleistet werden.[35] Als Mittel der Glaubhaftmachung kommt der eidesstattlichen Versicherung nur in den vom Gesetz vorgesehenen Fällen eine Beweiswirkung zu (→ Rn. 32).

22 **2. Zuständigkeit. a) Allgemeines.** Zur **Aufnahme** (→ Rn. 28 f.) einer eidesstattlichen Versicherung (→ Rn. 20) sind die Notare stets zuständig, wenn einer Behörde (→ Rn. 25 f.) eine tatsächliche Behauptung oder Aussage glaubhaft

33 Diehn/*Kilian* BNotO § 22 Rn. 10; Frenz/Miermeister/*Limmer* BNotO § 22 Rn. 5.
34 AA Frenz/Miermeister/*Limmer* BeurkG § 38 Rn. 14; Grziwotz/Heinemann/*Grziwotz* BeurkG § 38 Rn. 12.
35 Schippel/Bracker/*Reithmann* BNotO § 22 Rn. 8.

(→ Rn. 27) gemacht werden soll. Zur **Abnahme** einer eidesstattlichen Versicherung ist der Notar nur zuständig, wenn dies vom Gesetz ausdrücklich vorgesehen ist (→ Rn. 29).

23 b) **Prüfung der Zuständigkeit.** Der Notar muss von Amts wegen prüfen, ob er zur Aufnahme der Versicherung zuständig ist,[36] insbesondere ob nicht die **ausschließliche Zuständigkeit** einer anderen Stelle besteht (→ Rn. 24). Der Beteiligte muss **schlüssig darlegen**, dass die eidesstattliche Versicherung zur Glaubhaftmachung gegenüber einer Behörde benötigt wird. Nicht geprüft werden muss, ob die Erklärung in dem **konkreten Verfahren** zulässig und erforderlich ist. Dem Notar obliegt auch keine Prüfung, ob die adressierte Behörde überhaupt zur Abnahme eidesstattlicher Versicherungen befugt ist (→ Rn. 27).[37] Im Zweifelsfall darf er auf die Angaben des Beteiligten vertrauen.[38]

24 Steht seine **Unzuständigkeit** fest, hat der Notar den Beteiligten hierauf hinzuweisen und seine Amtstätigkeit ggf. durch beschwerdefähige Entscheidung zu versagen.[39] Ist die **Zuständigkeit zweifelhaft**, so darf der Notar die Beurkundung vornehmen, soll aber auf seine Bedenken hinweisen und diese in der Niederschrift vermerken.[40] Auf diese Weise wird einem möglichen Irrtum der Behörde vorgebeugt, es handele sich um eine strafbewehrte Versicherung.[41] Darüber hinaus besteht schon nach § 14 Abs. 2, § 4 BeurkG die Pflicht, die Beurkundung abzulehnen, wenn damit **missbräuchliche Zwecke** verfolgt werden.[42]

25 c) **Ausschließliche Zuständigkeit.** Eine ausschließliche Zuständigkeit der Gerichte für die Aufnahme einer eidesstattlichen Versicherung besteht dort, wo das Gesetz bestimmt, dass die Versicherung „zu Protokoll des Gerichts" abzugeben ist (§ 2006, 2028 BGB).[43] Eine ausschließliche Zuständigkeit des Gerichts besteht auch in den Fällen des § 410 FamFG.[44] Die eidesstattliche Versicherung zur Glaubhaftmachung **im Rahmen eines Gerichtsprozesses** ist an keine besondere Form gebunden, so dass die Aufnahme auch durch einen Notar erfolgen kann.[45] Für die Auf- und Abnahme der eidesstattlichen Versicherung im Rahmen der Vermögensauskunft nach § 802f, § 807, § 883 Abs. 2 S. 2 ZPO ist ausschließlich der **Gerichtsvollzieher** zuständig (§ 802e ZPO).[46] Eine aus-

36 Diehn/*Kilian* BNotO § 22 Rn. 13; Frenz/Miermeister/*Limmer* BNotO § 22 Rn. 6.
37 Schippel/Bracker/*Reithmann* BNotO § 22 Rn. 16; Frenz/Miermeister/*Limmer* BNotO § 22 Rn. 6; *Lerch* BeurkG § 38 Rn. 9.
38 Diehn/*Kilian* BNotO § 22 Rn. 13.
39 *Dieterle* BWNotZ 1987, 11 (13); *Jansen* BeurkG § 38 Rn. 7, 12; Armbrüster/Preuß/Renner/*Preuß* § 38 Rn. 12; Arndt/Lerch/Sandkühler/*Sandkühler* BNotO § 22 Rn. 24; Diehn/*Kilian* BNotO § 22 Rn. 15; *Lerch* BeurkG § 38 Rn. 10; aA BeckOK BNotO/*Sander* BNotO § 22 Rn. 27; BeckOKG/*Theilig* BeurkG § 38 Rn. 7; Frenz/Miermeister/*Limmer* BNotO § 22 Rn. 6; *Winkler* BeurkG § 38 Rn. 8: keine Pflicht, aber Recht zur Ablehnung der Beurkundung.
40 *Jansen* BeurkG § 38 Rn. 12; Armbrüster/Preuß/Renner/*Preuß* § 38 Rn. 12; Arndt/Lerch/Sandkühler/*Sandkühler* BNotO § 22 Rn. 24; Diehn/*Kilian* BNotO § 22 Rn. 16; Grziwotz/Heinemann/*Grziwotz* BeurkG § 38 Rn. 5, 6.
41 *Jansen* BeurkG § 38 Rn. 12; Armbrüster/Preuß/Renner/*Preuß* § 38 Rn. 12.
42 BeckOK BNotO/*Sander* BNotO § 22 Rn. 27.
43 Diehn/*Kilian* BNotO § 22 Rn. 18; Frenz/Miermeister/*Limmer* BNotO § 22 Rn. 8; *Winkler* BeurkG § 38 Rn. 10.
44 *Winkler* BeurkG § 38 Rn. 10; aA Frenz/Miermeister/*Limmer* BNotO § 22 Rn. 8.
45 Frenz/Miermeister/*Limmer* BNotO § 22 Rn. 8.
46 Frenz/Miermeister/*Limmer* BNotO § 22 Rn. 8.

schließliche Behördenzuständigkeit besteht grundsätzlich nicht, weil dem Notar insoweit eine konkurrierende Zuständigkeit zukommt (→ Rn. 27).[47]

d) **Behörde.** Behörde in diesem Sinne sind nicht nur Stellen, die Aufgaben der öffentlichen Verwaltung wahrnehmen (§ 1 Abs. 4 VwVfG), sondern auch Gerichte.[48] Indizien für die Behördeneigenschaft sind die Wahrnehmung öffentlicher Aufgaben, die Befugnis zum Erlass von Verwaltungsakten oder zum Abschluss öffentlich-rechtlicher Verträge.[49] Die Zuständigkeit besteht auch, wenn die Glaubhaftmachung gegenüber einer **ausländischen Behörde** erfolgen soll.[50] Unter **sonstigen Dienststellen** sind zum einen unselbständige Untergliederungen einer Behörde zu verstehen, zum anderen solche Stellen, deren Behördeneigenschaft im Einzelfall unsicher ist,[51] weil es sich um eine Person des Privatrechts handelt, die öffentliche Aufgaben als Beliehener wahrnimmt (zB die Züchtervereinigung, die einen Equidenpass ausstellt).[52] 26

Keine Behörden sind alle Personen des Privatrechts,[53] sofern sie nicht ausnahmsweise in Ausübung einer ihnen übertragenen öffentlichen Aufgabe handeln. Tritt eine juristische Person des öffentlichen Rechts nicht als Behörde auf, sondern handelt sie privatrechtlich (zB als Sparkasse oder Kommunalunternehmen), so besteht in diesem Zusammenhang keine notarielle Zuständigkeit.[54] 27

e) **Glaubhaftmachung.** Steht die Behördeneigenschaft der adressierten Stelle fest, so kann der Notar im Regelfall darauf vertrauen, dass diese auch zur Abnahme der eidesstattlichen Versicherung befugt ist.[55] Denn in einem Verwaltungsverfahren kann die **Behörde zur Ermittlung des Sachverhalts** (§ 27 VwVfG, Art. 27 BayVwVfG, § 86 LVwG SH, § 23 SGB X, § 95 AO) die Abgabe einer eidesstattlichen Versicherung fordern.[56] Der Notar hat insoweit eine konkurrierende Zuständigkeit, wie sich mittelbar aus § 71 BeurkG folgern lässt.[57] 28

3. Verfahren. a) Aufnahme der eidesstattlichen Versicherung. Eingeleitet wird das Verfahren nur auf **Antrag** eines Beteiligten, niemals von Amts wegen oder auf Ersuchen einer anderen Behörde.[58] Die **Aufnahme** der eidesstattlichen Versicherung ist deren Niederschrift unter Beachtung der Vorschriften über die Beurkundung von Willenserklärungen, § 38 Abs. 1 BeurkG.[59] Die eidesstattliche Versicherung muss **höchstpersönlich** abgegeben werden, eine Stellvertretung ist 29

---

47 AA BeckOK BNotO/*Sander* BNotO § 22 Rn. 25; Diehn/*Kilian* BNotO § 22 Rn. 18; Frenz/Miermeister/*Limmer* BNotO § 22 Rn. 8 für die Versicherung nach § 95 AO; noch weitergehend *Winkler* BeurkG § 38 Rn. 11.

48 Arndt/Lerch/Sandkühler/*Sandkühler* BNotO § 22 Rn. 21; BeckOK BNotO/*Sander* BNotO § 22 Rn. 22.

49 Frenz/Miermeister/*Limmer* BNotO § 22 Rn. 6.

50 BeckOK BNotO/*Sander* BNotO § 22 Rn. 22; Diehn/*Kilian* BNotO § 22 Rn. 14; *Lerch* BeurkG § 38 Rn. 3; DNotI-Report 2012, 9.

51 Arndt/Lerch/Sandkühler/*Sandkühler* BNotO § 22 Rn. 22; BeckOK BNotO/*Sander* BNotO § 22 Rn. 22; Frenz/Miermeister/*Limmer* BNotO § 22 Rn. 7.

52 AA *Becker* NotBZ 2016, 26.

53 Arndt/Lerch/Sandkühler/*Sandkühler* BNotO § 22 Rn. 13; BeckOK BNotO/*Sander* BNotO § 22 Rn. 23; Schippel/Bracker/*Reithmann* BNotO § 22 Rn. 17.

54 Arndt/Lerch/Sandkühler/*Sandkühler* BNotO § 22 Rn. 13; Diehn/*Kilian* BNotO § 22 Rn. 14; Frenz/Miermeister/*Limmer* BNotO § 22 Rn. 6; Grziwotz/Heinemann/*Grziwotz* BeurkG § 38 Rn. 3.

55 Ähnlich *Lerch* BeurkG § 38 Rn. 10.

56 Arndt/Lerch/Sandkühler/*Sandkühler* BNotO § 22 Rn. 23; Frenz/Miermeister/*Limmer* BNotO § 22 Rn. 9; Grziwotz/Heinemann/*Heinemann* § 71 BeurkG Rn. 3.

57 Grziwotz/Heinemann/*Heinemann* § 71 BeurkG Rn. 1.

58 BeckOK BNotO/*Sander* BNotO § 22 Rn. 21.

59 Frenz/Miermeister/*Limmer* BNotO § 22 Rn. 4.

nicht zulässig.[60] Eine schwer verständliche Ausnahme wird von Seiten der Rechtsprechung für den Vorsorgebevollmächtigten gemacht: dieser solle im Rahmen eines Erbscheinsverfahrens einem gesetzlichen Vertreter gleichstehen.[61] Gesetzliche Vertreter (Betreuer, Vormund, Pfleger) geben die Erklärung im eigenen Namen ab.[62]

30 Der Notar hat über die Bedeutung der eidesstattlichen Versicherung und die strafrechtlichen Folgen einer vorsätzlich oder fahrlässig falschen Versicherung an Eides Statt (§§ 156, 161 StGB) zu belehren, § 38 Abs. 2 BeurkG. Dies gilt insbesondere dann, wenn der Notar auch zur Abnahme der Versicherung zuständig ist, weil dann die Straftat bereits mit der Niederschrift durch den Notar vollendet ist (→ Rn. 30, 33).[63] Es erscheint ratsam, in die Niederschrift aufzunehmen, dass und wie der Notar seine Zuständigkeit geprüft hat.[64]

31 **b) Abnahme der eidesstattlichen Versicherung.** Die eidesstattliche Versicherung ist erst mit ihrer Abnahme, das ist deren Zugang bei der zuständigen Stelle, an die diese adressiert ist, wirksam.[65] Nur ausnahmsweise ist der Notar auch zur Abnahme zuständig, vor allem dann, wenn das Gesetz vorsieht, dass die Versicherung „vor einem Gericht oder einem Notar" abzugeben ist.[66] In diesem Fall hat der Notar über die bloße Aufnahme der Versicherung den Beteiligten zur besonderen Anstrengung bei der Wahrheitsfindung anzuhalten.[67] Zu weiteren Ermittlungsmaßnahmen (zB zur Anforderung von Personenstandsurkunden) ist der Notar nur ermächtigt, wenn ihm ein Betreuungsauftrag nach § 24 erteilt wurde.[68]

32 Die Abnahme erfolgt durch den Notar bei der Versicherung an Eides Statt im Rahmen eines Erbscheinsverfahrens (§ 352 Abs. 3 S. 3 FamFG), eines Verfahrens zur Erteilung eines Europäischen Nachlasszeugnisses (§ 36 Abs. 2 IntErRVG), eines Verfahrens über die Erteilung eines Testamentsvollstreckerzeugnisses, eines Zeugnisses über die Fortsetzung der Gütergemeinschaft und über Auseinandersetzungszeugnisse (§ 354 Abs. 1 FamFG).[69]

33 **c) Beweiswirkung.** Die Beweiswirkung der eidesstattlichen Versicherung bestimmt sich nach den Vorschriften des einschlägigen Verfahrensrechts.[70] Die Versicherung an Eides Statt ist als vollwertiges Beweismittel nur dann zulässig, soweit dies vom Gesetz (zB im Erbscheinsverfahren) ausdrücklich vorgesehen ist (§ 294 ZPO, § 27 VwVfG). Der Notar muss nicht darüber belehren, welche Beweiskraft der Erklärung im konkreten Verfahren zukommt.[71]

---

60 Grziwotz/Heinemann/*Grziwotz* BeurkG § 38 Rn. 8; *Lerch* BeurkG § 38 Rn. 14; aA BeckOK BNotO/*Sander* BNotO § 22 Rn. 32 für den Vorsorgebevollmächtigten.
61 OLG Celle ZEV 2018, 728; OLG Düsseldorf ZEV 2019, 422; DNotI-Report 2021, 36.
62 BeckOKG/*Theilig* BeurkG § 38 Rn. 20.
63 Diehn/*Kilian* BNotO § 22 Rn. 11; Armbrüster/Preuß/Renner/*Preuß* § 38 Rn. 15.
64 Arndt/Lerch/Sandkühler/*Sandkühler* BNotO § 22 Rn. 26.
65 Schippel/Bracker/*Reithmann* BNotO § 22 Rn. 8.
66 *Jansen* BeurkG § 38 Rn. 8; Arndt/Lerch/Sandkühler/*Sandkühler* BNotO § 22 Rn. 16; Diehn/*Kilian* BNotO § 22 Rn. 13.
67 Schippel/Bracker/*Reithmann* BNotO § 22 Rn. 9.
68 Arndt/Lerch/Sandkühler/*Sandkühler* BNotO § 22 Rn. 25.
69 Arndt/Lerch/Sandkühler/*Sandkühler* BNotO § 22 Rn. 17; Diehn/*Kilian* BNotO § 22 Rn. 11; Frenz/Miermeister/*Limmer* BNotO § 22 Rn. 4.
70 Diehn/*Kilian* BNotO § 22 Rn. 20; Frenz/Miermeister/*Limmer* BNotO § 22 Rn. 8.
71 BeckOK BNotO/*Sander* BNotO § 22 Rn. 32a; Diehn/*Kilian* BNotO § 22 Rn. 20; aA Armbrüster/Preuß/Renner/*Preuß* § 38 Rn. 13; Frenz/Miermeister/*Limmer* BNotO § 22 Rn. 8.

d) **Strafbarkeit.** Die vorsätzlich oder fahrlässig falsch abgegebene Versicherung an Eides Statt ist nach §§ 156, 161 StGB strafbar. Die Tat ist erst mit der Abnahme (→ Rn. 30 f.), nicht schon mit der Aufnahme (→ Rn. 28 f.) der Erklärung vollendet. Der Versuch ist nicht strafbar. Sofern der Notar nur zur Aufnahme der eidesstattlichen Versicherung zuständig ist, ist die Tat also erst mit dem Zugang bei der zur Abnahme zuständigen Behörde vollendet.[72] Ist der Notar auch zur Abnahme zuständig, ist die Tat bereits mit der Niederschrift vollendet.[73] 34

e) **Verhältnis zur Unterschriftsbeglaubigung.** Soweit keine **Zuständigkeit** des Notars für die Beurkundung der eidesstattlichen Versicherung besteht, darf dies nicht dadurch umgangen werden, dass der Notar lediglich die Unterschrift des Erklärenden beglaubigt. Für den Rechtsverkehr darf durch die Mitwirkung des Notars **nicht der falsche Eindruck entstehen**, der Beteiligte habe vor dem Notar eine strafbewehrte Versicherung abgegeben.[74] Ergibt sich jedoch aus der Erklärung, dass der Beteiligte seine Angaben lediglich versichert und fehlt jeder Bezug auf einen Eid, eine eidesgleiche Bekräftigung oder eine eidesstattliche Versicherung, so ist die Beglaubigung statthaft, wenn nicht **anderweitige Gründe bestehen, die Amtstätigkeit zu verweigern**, § 40 Abs. 2 BeurkG iVm § 4 BeurkG, § 14 Abs. 2.[75] 35

4. Musterformulierungen

▶ **Muster: Eidesstattliche Versicherung** 36

Nachdem der Notar den Beteiligten über die Bedeutung einer eidesstattlichen Versicherung, insbesondere über die strafrechtlichen Folgen einer vorsätzlich oder fahrlässig falsch abgegebenen Erklärung belehrt hatte, erklärte der Beteiligte: „Ich versichere an Eides statt, dass ich vorstehend nach bestem Wissen die reine Wahrheit gesagt und nichts verschwiegen habe". ◀

▶ **Muster: Zweifel an der Zuständigkeit** 37

Der Beteiligte erklärte die Aufnahme einer eidesstattlichen Versicherung zur Glaubhaftmachung von Tatsachen und Angaben gegenüber der [Behörde/Dienststelle] zu benötigen. Der Notar konnte nicht abschließend prüfen, ob diese Stelle zur Abnahme einer eidesstattlichen Versicherung befugt ist. Der Notar hat seine Zweifel mit dem Beteiligten erörtert. Dieser bestand dennoch auf Beurkundung. Der Notar den Beteiligten darüber belehrt, dass die Versicherung möglicherweise keine Wirksamkeit entfaltet, wenn sie nicht strafbewehrt ist. ◀

IV. Kosten

Für die Abnahme eines Eides, einer eidesstattlichen Versicherung oder einer eidlichen Vernehmung fällt eine **1,0 Gebühr nach Tabelle B** des GNotKG an, KV Nr. 23300, 23302 GNotKG, sofern das Verfahren nicht vorzeitig beendet 38

72 Diehn/*Kilian* BNotO § 22 Rn. 10.
73 Diehn/*Kilian* BNotO § 22 Rn. 11.
74 Diehn/*Kilian* BNotO § 22 Rn. 19; Frenz/Miermeister/*Limmer* BNotO § 22 Rn. 10; aA Schippel/Bracker/*Reithmann* BNotO § 22 Rn. 18, 19; BeckOKG/*Theilig* BeurkG § 38 Rn. 24; Grziwotz/Heinemann/*Grziwotz* BeurkG § 38 Rn. 7.
75 Schippel/Bracker/*Reithmann* BNotO § 22 Rn. 20; Armbrüster/Preuß/Renner/*Preuß* § 38 Rn. 16; weitergehend *Dieterle* BWNotZ 1987, 11 (14); Arndt/Lerch/Sandkühler/*Sandkühler* BNotO § 22 Rn. 27; BeckOK BNotO/*Sander* BNotO § 22 Rn. 34; Diehn/*Kilian* BNotO § 22 Rn. 19; Frenz/Miermeister/*Limmer* BNotO § 22 Rn. 10, die hierin stets eine Umgehung des § 22 Abs. 2 BNotO erblicken.

wird (dann 0,3 Gebühr, KV Nr. 23301 GNotKG). Wird mit der Niederschrift über die Abnahme der eidesstattlichen Versicherung zugleich ein Antrag an das Nachlassgericht beurkundet, ist insoweit auch das Beurkundungsverfahren abgegolten, KV Vorbem. 2.3.3 Abs. 2 GNotKG. Der **Geschäftswert** bestimmt sich nach § 36 GNotKG, die **Kostenschuldnerschaft** nach den allgemeinen Bestimmungen.

§ 22a [aufgehoben]

§ 23 Aufbewahrung und Ablieferung von Wertgegenständen

Die Notare sind auch zuständig, Geld, Wertpapiere und Kostbarkeiten, die ihnen von den Beteiligten übergeben sind, zur Aufbewahrung oder zur Ablieferung an Dritte zu übernehmen; die §§ 57 bis 62 des Beurkundungsgesetzes bleiben unberührt.

Literatur:
Dickert, Inhalt und Grenzen der staatlichen Aufsicht über die Notare, MittBayNot 1995, 421.

I. Allgemeines

1 **1. Normzweck.** Die Vorschrift begründet die **Zuständigkeit** der Notare für die Verwahrung und Ablieferung von Geld, Wertpapieren und Kostbarkeiten. Es handelt sich hierbei um **besondere Treuhandtätigkeiten**[1] und um einen Unterfall der sonstigen Betreuungstätigkeiten iSd § 24 Abs. 1.[2] Die Vorschrift stellt klar, dass der Notar auch **selbstständige Verwahrungen**, denen keine Urkundstätigkeit zugrunde liegt, durchführen darf.[3] Die notarielle Verwahrung tritt als frei-

1 Schippel/Bracker/*Reithmann* BNotO § 23 Rn. 1.
2 Arndt/Lerch/Sandkühler/*Sandkühler* BNotO § 23 Rn. 2; Diehn/*Kilian* BNotO § 23 Rn. 2; Schippel/Bracker/*Reithmann* BNotO § 23 Rn. 1.
3 Arndt/Lerch/Sandkühler/*Sandkühler* BNotO § 23 Rn. 4; Schippel/Bracker/*Reithmann* BNotO § 23 Rn. 3.

williges Rechtspflegeverfahren neben die gerichtliche Hinterlegung nach §§ 372 ff. BGB.[4] Trotz des öffentlich-rechtlichen Charakters (→ Rn. 6) liegt keine öffentlich-rechtliche Verwahrung vor, weil die Gegenstände nicht aufgrund staatlichen Zwangs, sondern aufgrund freiwilliger Vereinbarung der Beteiligten verwahrt werden.[5]

2. Bedeutung. Die Vorschrift beschränkt sich darauf, die notarielle Zuständigkeit für Verwahrungen allgemein zu begründen und klarzustellen, dass in **verfahrensrechtlicher Hinsicht** die §§ 57 bis 62 BeurkG (= §§ 54a bis 54d BeurkG aF) zu beachten sind.[6] 2

In **dienstrechtlicher Hinsicht** sind die Vorschriften der DONot (§§ 9, 10 DONot) einzuhalten,[7] die – obwohl es sich nur um eine Verwaltungsvorschrift handelt – verfassungsgemäß sind.[8] Diese Verwaltungsanweisungen werden durch § 1 Nr. 2, §§ 21 ff., § 41 der **Verordnung über die Führung notarieller Akten und Verzeichnisse** (NotAktVV) des BMJV vom 13.10.2020[9] ergänzt, § 36, § 59 BeurkG, die zum 1.1.2022 in Kraft getreten sind.[10] Ergänzt werden diese Vorgaben durch Abschnitt III der Richtlinienempfehlungen der Notarkammern.[11] Zu beachten sind schließlich die Identifizierungs- und Sorgfaltspflichten des **Geldwäschegesetzes**.[12] 3

Die **zivilrechtlichen Wirkungen** der notariellen Verwahrung bestimmen sich nach allgemeinen Grundsätzen,[13] wobei die Vereinbarungen der Beteiligten, die Verwahrungsanweisung und der Zweck der Verwahrung im Rahmen der Auslegung berücksichtigt werden müssen. 4

In **praktischer Hinsicht** kommt der Verwahrungstätigkeit nur eine geringe Bedeutung zu. Früher bestehende regionale Unterschiede (zB die Abwicklung der Kaufpreiszahlung über Anderkonto in Norddeutschland)[14] dürften mit der fortschreitenden Beachtung, dass dafür regelmäßig kein berechtigtes Sicherungsinteresse besteht, weiter an Bedeutung verlieren. 5

II. Zuständigkeit

1. Notarielle Verwahrung. Die **Zuständigkeit** zur notariellen Verwahrung folgt aus § 23 bzw. aus § 24 Abs. 1. Es handelt sich zwar um eine freiwillige Verwahrung, zu deren Übernahme der Notar nicht verpflichtet ist, dennoch liegt der Verwahrung kein privatrechtliches, sondern ein öffentlich-rechtliches Verhältnis zugrunde.[15] 6

Hiervon zu unterscheiden sind die Rechtsbeziehungen der am Verwahrungsverhältnis beteiligten Personen (zB aufgrund eines Kaufvertrags), die regelmäßig **zivilrechtlicher Natur** sind.[16] Die Rechtsverhältnisse zwischen den Beteiligten 7

4 Teilweise erkannt durch Frenz/Miermeister/*Hertel* BNotO § 23 Rn. 10; zu eng hingegen Arndt/Lerch/Sandkühler/*Sandkühler* BNotO § 23 Rn. 10.
5 Arndt/Lerch/Sandkühler/*Sandkühler* BNotO § 23 Rn. 14.
6 Diehn/*Kilian* BNotO § 23 Rn. 4; Frenz/Miermeister/*Hertel* BNotO § 23 Rn. 5.
7 Arndt/Lerch/Sandkühler/*Sandkühler* BNotO § 23 Rn. 9.
8 BVerfG NJW 2012, 2639 (2642).
9 BGBl. I 2246.
10 BeckOK BNotO/*Sander* BNotO § 23 Rn. 8.
11 Arndt/Lerch/Sandkühler/*Sandkühler* BNotO § 23 Rn. 8; Frenz/Miermeister/*Hertel* BNotO § 23 Rn. 1.
12 BeckOK BNotO/*Sander* BNotO § 23 Rn. 8a.
13 Diehn/*Kilian* BNotO § 23 Rn. 4; Frenz/Miermeister/*Hertel* BNotO § 23 Rn. 1.
14 BeckOK BNotO/*Sander* BNotO § 23 Rn. 7.
15 Frenz/Miermeister/*Hertel* BNotO § 23 Rn. 11.
16 Diehn/*Kilian* BNotO § 23 Rn. 12; Frenz/Miermeister/*Hertel* BNotO § 23 Rn. 11.

und zum Notar müssen auch im Rahmen einer einheitlichen Beurkundungsverhandlung sorgfältig unterschieden werden.[17]

8 **2. Amtliche Hinterlegung.** Zu unterscheiden ist die notarielle Verwahrung von der **amtlichen Hinterlegung** beim Amtsgericht, auf die ein öffentlich-rechtliche Anspruch bestehen kann. Die materiellrechtlichen Voraussetzungen und Folgen sind in den §§ 372 ff. BGB und § 853 ZPO geregelt, das Verfahren selbst ist **Justizverwaltungsangelegenheit** und wird durch die Hinterlegungsgesetze der Bundesländer bestimmt.[18]

9 Auch der Notar kann unter der Voraussetzung, dass ihm die **Erfüllung des Verwahrungszwecks unmöglich** wird (insbesondere, weil die Person des Empfangsberechtigten unbekannt ist und auch nicht im Rahmen eines Rechtsstreits zwischen den Beteiligten geklärt werden kann), zur amtlichen Hinterlegung einer von ihm verwahrten Vermögensmasse berechtigt sein.[19] Hierzu verpflichtet ist er aber nicht.[20]

10 **3. Anwaltliche Verwaltung von Fremdgeldern und Vermögenswerten.** Abzugrenzen ist die notarielle Verwahrung von der Verwaltung des **Rechtsanwalts** von Fremdgeldern und sonstigen Vermögenswerten seines Mandanten. Es handelt sich in diesem Fall um einen **privatrechtlichen Geschäftsbesorgungsvertrag**,[21] Vergütung und Haftung richten sich nach zivilrechtlichen Vorgaben.[22] Die Behandlung solcher Gegenstände durch den Rechtsanwalt wird berufsrechtlich durch § 43a Abs. 5 BRAO und § 4 BORA normiert.

11 Soweit ein **Anwaltsnotar** Verwahrungsgeschäfte vornimmt, die der Vorbereitung oder Ausführung eines notariellen Amtsgeschäfts dienen, liegt im Zweifel eine notarielle Verwahrung vor, § 24 Abs. 2 S. 1,[23] insbesondere wenn die Verwahrung im Rahmen eines vom Anwaltsnotar beurkundeten Rechtsgeschäfts erfolgt (→ § 24 Rn. 71).[24] Diese zwingende Auslegungsregel kann nicht durch abweichende Vereinbarungen und Weisungen der Beteiligten **umgangen** werden.[25] Im Übrigen ist im Zweifel anzunehmen, dass der Anwaltsnotar als Rechtsanwalt tätig geworden ist (§ 24 Abs. 2 S. 2), insbesondere bei der Besorgung von Prozesshandlungen (→ § 24 Rn. 72).[26]

III. Gegenstand, Umfang und Form der Verwahrung

12 **1. Gegenstand. a) Geld.** Bei Geld handelt es sich um **gesetzliche Zahlungsmittel aller Art**, also Bargeld (Scheide- und Papiergeld) und Buchgeld (Forderungen gegenüber Kreditinstituten).[27] Es kann sich auch um **ausländische Währungen** handeln.[28] Kein verwahrungsfähiges Zahlungsmittel stellen reine **Kryptowährungen** (zB Bitcoins) dar. Die Verwahrung von **Bargeld** wird durch § 57 Abs. 1

17 BeckOK BNotO/*Sander* BNotO § 23 Rn. 22.
18 BeckOGK/*Ulrici* BGB § 372 Rn. 113 ff.
19 BGH DNotZ 1960, 265 (270 f.); KG DNotZ 1999, 994 (997 f.); BeckOK BNotO/*Sander* BNotO § 23 Rn. 31.
20 BeckOK BNotO/*Sander* BNotO § 23 Rn. 33.
21 Frenz/Miermeister/*Hertel* BNotO § 23 Rn. 13.
22 BeckOK BNotO/*Sander* BNotO § 23 Rn. 24.
23 Arndt/Lerch/Sandkühler/*Sandkühler* BNotO § 23 Rn. 5; BeckOK BNotO/*Sander* BNotO § 23 Rn. 25; Diehn/*Kilian* BNotO § 23 Rn. 9.
24 BeckOK BNotO/*Sander* § 24 BNotO Rn. 83; Diehn/*Kilian* § 24 BNotO Rn. 40.
25 Arndt/Lerch/Sandkühler/*Sandkühler* BNotO § 23 Rn. 6; BeckOK BNotO/*Sander* BNotO § 23 Rn. 25a; Diehn/*Kilian* BNotO § 23 Rn. 10.
26 BGHZ 134, 100 (104); Diehn/*Kilian* BNotO § 23 Rn. 9.
27 Diehn/*Kilian* BNotO § 23 Rn. 5.
28 Arndt/Lerch/Sandkühler/*Sandkühler* BNotO § 23 Rn. 32; BeckOK BNotO/*Sander* BNotO § 23 Rn. 9.

BeurkG absolut untersagt, selbst die vorübergehende Entgegennahme zur sofortigen Einzahlung auf ein Anderkonto ist nicht statthaft.[29] Keine Ausnahme hiervon stellt der unabdingbare Art. 84 WG dar, weil die Entgegennahme von Geldern im Rahmen eines **Wechsel- oder Scheckprotests** keine Verwahrung darstellt (§ 21 S. 2 Nr. 1 NotAktVV),[30] sondern mit einer sofortigen Weiterleitung an den Empfänger verbunden ist. Eine Verwahrung von Münzen und Scheinen kommt also nur in Betracht, wenn es sich um **keine gültigen Zahlungsmittel**, sondern nur noch um Kostbarkeiten handelt.[31]

b) **Wertpapiere.** Aus dem Gesamtzusammenhang des § 23 ergibt sich, das Wertpapiere nur solche Papiere sein können, die allgemein als objektive Träger eines Marktwerts angesehen werden, also **Inhaber-, Order- und Namenspapiere** (Wechsel, Schecks, Aktien und Inhaberschuldverschreibungen), nicht aber reine **Beweisurkunden** (Vollmachtsurkunden, Bürgschaftsurkunden) oder **Grundpfandrechtsbriefe** (§ 21 S. 2 Nr. 3 NotAktVV).[32] Wechsel und Schecks, die zur Erhebung des Protests übergeben werden, sind keine Verwahrungsgegenstände (§ 21 S. 2 Nr. 2 NotAktVV). Haben diese Urkunden ausnahmsweise einen objektiven Wert (zB eine alte wertvolle Handschrift), so können sie Kostbarkeiten darstellen, im Übrigen gestattet § 24 Abs. 1 auch die Verwahrung solcher Gegenstände (→ § 24 Rn. 31).[33] 13

c) **Kostbarkeiten.** Kostbarkeiten sind Gegenstände, die nach **allgemeiner Verkehrsauffassung** und nicht lediglich aufgrund eines affektiven Interesses als besonders werthaltig angesehen werden.[34] Ungeeignet zur Verwahrung sind verderbliche Gegenstände[35] oder solche, die einen unverhältnismäßigen Aufwand erfordern.[36] Maßgeblich ist der **schlüssige Vortrag** der Beteiligten, im Übrigen gestattet § 24 Abs. 1 auch die Verwahrung anderer Gegenstände (→ § 24 Rn. 31).[37] Einer schriftlichen Beurteilung über die Werthaltigkeit solcher Gegenstände sollte sich der Notar zur Vermeidung eines falschen Anscheins enthalten.[38] Zu Kostbarkeiten zählen **Edelmetalle, Schmuck, Antiquitäten, Sammlungen.**[39] Münz- und Geldscheinsammlungen können auch aus gültigen Zahlungsmitteln bestehen, sofern der Sammelcharakter überwiegt.[40] 14

d) **Sonstige Gegenstände.** Nicht § 23 unterfallende Gegenstände kann der Notar im Rahmen seiner Zuständigkeit zur **sonstigen Rechtsbetreuung** nach § 24 15

29 Arndt/Lerch/Sandkühler/*Sandkühler* BNotO § 23 Rn. 34; BeckOK BNotO/*Sander* BNotO § 23 Rn. 10.
30 BeckOK BNotO/*Sander* BNotO § 23 Rn. 11; Diehn/*Kilian* BNotO § 23 Rn. 5; aA Arndt/Lerch/Sandkühler/*Sandkühler* BNotO § 23 Rn. 35.
31 Arndt/Lerch/Sandkühler/*Sandkühler* BNotO § 23 Rn. 32.
32 BeckOK BNotO/*Sander* BNotO § 23 Rn. 12; unentschieden Diehn/*Kilian* BNotO § 23 Rn. 6.
33 Arndt/Lerch/Sandkühler/*Sandkühler* BNotO § 23 Rn. 37; BeckOK BNotO/*Sander* BNotO § 23 Rn. 13; Diehn/*Kilian* BNotO § 23 Rn. 6.
34 BeckOK BNotO/*Sander* BNotO § 23 Rn. 14; Diehn/*Kilian* BNotO § 23 Rn. 7.
35 BeckOK BNotO/*Sander* BNotO § 23 Rn. 15.
36 BeckOK BNotO/*Sander* BNotO § 23 Rn. 15; aA Grziwotz/Heinemann/*Grzwiotz* § 62 BeurkG Rn. 5.
37 BeckOK BNotO/*Sander* BNotO § 23 Rn. 16; Diehn/*Kilian* BNotO § 23 Rn. 7.
38 Arndt/Lerch/Sandkühler/*Sandkühler* BNotO § 23 Rn. 41; Diehn/*Kilian* BNotO § 23 Rn. 7.
39 Arndt/Lerch/Sandkühler/*Sandkühler* BNotO § 23 Rn. 39; BeckOK BNotO/*Sander* BNotO § 23 Rn. 14; Diehn/*Kilian* BNotO § 23 Rn. 7.
40 BeckOK BNotO/*Sander* BNotO § 23 Rn. 14.

Abs. 1 auf dem Gebiet der vorsorgenden Rechtspflege in Verwahrung nehmen (→ § 24 Rn. 31).[41]

16 **2. Umfang. a) Aufbewahrung.** In seiner ersten Alternativ behandelt § 23 die Verwahrung als Aufbewahrung. Hierunter ist eine **treuhänderische Verwahrung** zu verstehen, die neben der Entgegennahme, der eigentlichen Aufbewahrung, schließlich auch die Herausgabe des Treuguts an den Beteiligten umfasst.[42] Sowohl eine **Dauerverwahrung** ohne Ablieferung[43] als auch eine reine **Transporttätigkeit** ohne Verwahrung sind hingegen nicht erfasst.[44]

17 **b) Ablieferung an Dritte.** Die zweite Alternative des § 23 der Verwahrung zur Ablieferung an Dritte bedeutet **keine Einschränkung des Anwendungsbereichs,** sondern stellt klar, dass die Verwahrung auch zugunsten eines nicht am Verwahrungsgeschäft beteiligten Dritten erfolgen kann.[45] Insbesondere unterfällt auch die **Verwahrung eines Kaufpreises** auf Notaranderkonto zur Abwicklung eines Grundstückskaufvertrags der Norm.[46]

18 **3. Form der Verwahrung. a) Verwahrung von Geld.** Gelder sind unverzüglich auf einem Notaranderkonto zu verwahren bzw. unmittelbar dort von den Beteiligten einzuzahlen.[47] Das Anderkonto ist ein **offenes Treuhandhandkonto,** das den Vorgaben des § 58 BeurkG sowie den besonderen bankrechtlichen Bedingungen des § 10 Abs. 2 DONot genügt, so dass die Gelder vor dem Zugriff etwaiger Gläubiger des Notars geschützt sind.[48] Es ist unzulässig, Buchgeld oder dessen Erträge auf einem Eigenkonto oder dem Konto eines Dritten zu verwahren, auch nicht für einen kurzen Zeitraum, auch dann nicht, wenn es sich um ein Sperrkonto[49] oder ein sonstiges Treuhandkonto handelt.[50]

19 **b) Verwahrung von sonstigen Gegenständen.** Für die Verwahrung sonstiger Gegenstände fehlt es an gesetzlichen Vorgaben. Wertpapiere und Kostbarkeiten können bei einem **Kreditinstitut** iSd § 58 Abs. 2 BeurkG in Verwahrung gegeben werden, § 62 Abs. 2 Alt. 1 BeurkG.[51] Auch sonstige Gegenstände können so verwahrt werden. Möglich ist außerdem, dass der Notar ein **Schließfach** anmietet und die Gegenstände dort aufbewahren lässt.[52] Schließlich kann der Notar diese Gegenstände auch in seiner **Geschäftsstelle** in einem Tresor oder Stahlschrank aufbewahren.[53] Soweit eine sichere Aufbewahrung gegen Beschädigung und Diebstahl nicht geboten ist, kann diese auch in einem normalen Schrank oder in der Urkundensammlung erfolgen.

IV. Verfahren

20 **1. Keine Urkundstätigkeit.** Die Verwahrungstätigkeit stellt **keine Urkundstätigkeit** dar (vgl. § 10a Abs. 2), so dass der Notar nicht nach § 15 Abs. 1 zur Übernahme einer Verwahrung verpflichtet ist, auch dann nicht, wenn die Verwah-

41 BeckOK BNotO/*Sander* BNotO § 23 Rn. 4; Frenz/Miermeister/*Hertel* BNotO § 23 Rn. 8.
42 BeckOK BNotO/*Sander* BNotO § 23 Rn. 17; Diehn/*Kilian* BNotO § 23 Rn. 8.
43 BeckOK BNotO/*Sander* BNotO § 23 Rn. 18.
44 BeckOK BNotO/*Sander* BNotO § 23 Rn. 19.
45 BeckOK BNotO/*Sander* BNotO § 23 Rn. 20.
46 BeckOK BNotO/*Sander* BNotO § 23 Rn. 20; aA Schippel/Bracker/*Reithmann* BNotO § 23 Rn. 5; unentschieden Diehn/*Kilian* BNotO § 23 Rn. 8.
47 BeckOK BNotO/*Sander* BNotO § 23 Rn. 21; Diehn/*Kilian* BNotO § 23 Rn. 11.
48 BeckOK BNotO/*Sander* BNotO § 23 Rn. 21; Diehn/*Kilian* BNotO § 23 Rn. 11.
49 Ausführlich hierzu Frenz/Miermeister/*Hertel* BNotO § 23 Rn. 16 ff.
50 BeckOK BNotO/*Sander* BNotO § 23 Rn. 21; Diehn/*Kilian* BNotO § 23 Rn. 11.
51 BeckOK BNotO/*Sander* BNotO § 23 Rn. 23.
52 BeckOK BNotO/*Sander* BNotO § 23 Rn. 23.
53 BeckOK BNotO/*Sander* BNotO § 23 Rn. 23.

rung im Rahmen einer Urkundstätigkeit von den Beteiligten beantragt wird.[54] Kann die Urkundstätigkeit allerdings nur bei einer notariellen Verwahrung rechtssicher vollzogen werden, ist der Notar zur Verwahrung verpflichtet, weil sein Ermessen insoweit auf Null reduziert ist[55] bzw. weil nur so die Urkundstätigkeit nach § 15 Abs. 1 erfüllt werden kann.[56] Im Zweifel darf der Notar die Verwahrung aber ablehnen.[57] Wurde eine **Verwahrungstätigkeit übernommen**, muss diese auch durchgeführt werden, sofern die weitere Amtstätigkeit nicht aufgrund §§ 60, 61 BeurkG ausgesetzt werden muss.[58] Ein Kündigungsrecht besteht nicht, wohl aber die Möglichkeit der **Hinterlegung** nach §§ 372 ff. BGB oder § 853 ZPO.[59]

Verfahrenskostenhilfe nach § 17 Abs. 2 ist nicht zu gewähren.[60] Es besteht keine Bindung an den Amtsbereich (§ 10a Abs. 2),[61] **Anderkonten** sollen nach § 58 Abs. 2 S. 2 BeurkG aber bei Kreditinstituten im Amtsbereich oder den unmittelbar angrenzenden Amtsgerichtsbezirken desselben Oberlandesgerichtsbezirks eingerichtet werden, sofern in der Anweisung nicht ausdrücklich etwas anderes vorgesehen wird oder eine andere Handhabung sachlich geboten ist. Eine Berufung auf die **subsidiäre Haftung** nach § 19 Abs. 1 S. 2 ist ausgeschlossen.[62] 21

Mit der Verwahrung erbringt der Notar dennoch eine **hoheitliche Aufgabe**, er wird nicht privatrechtlich, sondern öffentlich-rechtlich für die Beteiligten tätig.[63] Es handelt sich um eine Aufgabe der nichtstreitigen Rechtspflege. Der Notar hat die allgemeinen Berufspflichten (§ 14) zu beachten und kann sich auf seine persönliche und sachliche **Unabhängigkeit** berufen (§ 1).[64] 22

Es handelt sich um eine **eigenständige Amtstätigkeit**, die zwar häufig im Zuge einer Urkundstätigkeit (zB bei Verwahrung eines Kaufpreises auf einem Anderkonto) erbracht wird, aber auch davon losgelöst erbracht werden könnte.[65] Dennoch soll die Verwahrung nur bei Bestehen eines **berechtigten Sicherungsinteresses** übernommen werden (§ 57 Abs. 2 Nr. 1, 62 Abs. 1 BeurkG), so dass es pflichtgemäßem Ermessen entspricht, Verwahrungen abzulehnen, die von Dritten (zB Kreditinstituten, Rechtsanwälten usw) ebenso erbracht werden können oder durch die der **falsche Anschein einer besonderen Sicherung** erweckt wer- 23

54 Arndt/Lerch/Sandkühler/*Sandkühler* BNotO § 23 Rn. 3; BeckOK BNotO/*Sander* BNotO § 23 Rn. 1a; Diehn/*Kilian* BNotO § 23 Rn. 16; Frenz/Miermeister/*Hertel* BNotO § 23 Rn. 7.
55 Arndt/Lerch/Sandkühler/*Sandkühler* BNotO § 23 Rn. 80; Diehn/*Kilian* BNotO § 23 Rn. 14; Frenz/Miermeister/*Hertel* BNotO § 23 Rn. 7; aA BeckOK BNotO/*Sander* BNotO § 23 Rn. 2.
56 BeckOK BNotO/*Sander* BNotO § 23 Rn. 2.
57 Diehn/*Kilian* BNotO § 23 Rn. 14; aA Grziwotz/Heinemann/*Grziwotz* § 57 BeurkG Rn. 6.
58 BeckOK BNotO/*Sander* BNotO § 23 Rn. 3; Diehn/*Kilian* BNotO § 23 Rn. 15; Frenz/Miermeister/*Hertel* BNotO § 23 Rn. 7.
59 BeckOK BNotO/*Sander* BNotO § 23 Rn. 3, 31 ff.; Frenz/Miermeister/*Hertel* BNotO § 23 Rn. 7, 55 ff.
60 Arndt/Lerch/Sandkühler/*Sandkühler* BNotO § 23 Rn. 3; Diehn/*Kilian* BNotO § 23 Rn. 16.
61 BeckOK BNotO/*Sander* BNotO § 23 Rn. 1a.
62 BGH DNotZ 1985, 48 (Ls.); BeckOK BNotO/*Sander* BNotO § 23 Rn. 1a.
63 BVerfG DNotZ 2012, 945 (951); BGH NJW 1993, 2317; NJW 1996, 3343; DNotZ 2006, 56 (57); Arndt/Lerch/Sandkühler/*Sandkühler* BNotO § 23 Rn. 11, 13; BeckOK BNotO/*Sander* BNotO § 23 Rn. 1a; Diehn/*Kilian* BNotO § 23 Rn. 16.
64 Arndt/Lerch/Sandkühler/*Sandkühler* BNotO § 23 Rn. 11; Frenz/Miermeister/*Hertel* BNotO § 23 Rn. 9; aA *Dickert* MittBayNot 1995, 421 (426).
65 BeckOK BNotO/*Sander* BNotO § 23 Rn. 5; Diehn/*Kilian* BNotO § 23 Rn. 13.

den soll, § 14 Abs. 2.[66] Bei der Prüfung der Frage, ob ein berechtigtes Sicherungsinteresse für eine Hinterlegung von Geld auf einem Notaranderkonto besteht, steht dem Notar aber ein gerichtlich nur eingeschränkt überprüfbarer **Beurteilungsspielraum** zu.[67]

24 Übt der Notar berechtigterweise eine **Nebentätigkeit** (zB als Testamentsvollstrecker, Insolvenzverwalter, Vormund, Nachlasspfleger oder Nachlassverwalter) aus, kann er keine eigenen Anderkonten in dieser Sache führen.[68]

25 **2. Antrag.** Das Verwahrungsverfahren wird nicht von Amts wegen, sondern nur auf **Antrag** eingeleitet, den der Notar ausdrücklich durch entsprechenden Vermerk anzunehmen hat, § 57 Abs. 2 Nr. 2, 3, Abs. 5 BeurkG.

26 **3. Verwahrungsverfahren.** Das **Verwahrungsverfahren** ist in den §§ 57 bis 62 BeurkG geregelt. Die Verfahrensvorschriften sind **zwingend**, abweichende Vereinbarungen zwischen den Beteiligten und dem Notar sind nicht möglich.[69]

27 **4. Kosten.** Für das Verwahrungsverfahren werden Gebühren nach Maßgabe der KV Nr. 25300 GNotKG (Geldbeträge) und KV Nr. 25301 GNotKG (Wertpapiere und Kostbarkeiten) erhoben. Der **Geschäftswert** bemisst sich nach der Höhe des jeweils ausgezahlten Betrags, bei Wertpapieren und Kostbarkeiten nach deren Wert, § 124 GNotKG.

V. Rechtsschutz

28 **1. Notarbeschwerde nach § 15 Abs. 2.** Die Beteiligten können gegen den Notar grds. umfassend die **Notarbeschwerde** nach § 15 Abs. 2 erheben,[70] insbesondere um eine Auszahlung vom Notaranderkonto zu erreichen[71] oder zu verhindern,[72] aber auch um eine Abrechnung des Kontos zu erlangen.[73]

29 Droht durch die Vornahme der Amtshandlung ein irreparabler Schaden, so kann der Notar sein Handeln zunächst durch einen sog. **Vorbescheid** (eigentlich einen Feststellungsbeschluss)[74] ankündigen,[75] um den Beteiligten die Möglichkeit einzuräumen, innerhalb der gesetzten Frist Notarbeschwerde nach § 15 Abs. 2 zu erheben. Ein solches Vorgehen empfiehlt sich insbesondere, wenn der Notar eine Auszahlung oder Herausgabe vornehmen möchte.[76] Will er die beantragte Amtshandlung hingegen verweigern, ist ein Vorbescheid unzulässig, vielmehr muss die Vornahme der Amtshandlung durch beschwerdefähigen Beschluss abgelehnt werden.[77] Die durch den Vorbescheid gesetzte Frist stellt eine Fristsetzung nach § 60 Abs. 3 S. 3 Nr. 2 BeurkG nur dar, wenn diese ausdrücklich auch als solche bezeichnet wird.[78]

---

66 BeckOK BNotO/*Sander* BNotO § 23 Rn. 6.
67 BGH DNotZ 2021, 508 = BeckRS 2020, 37397.
68 Frenz/Miermeister/*Hertel* BNotO § 23 Rn. 12.
69 Arndt/Lerch/Sandkühler/*Sandkühler* BNotO § 23 Rn. 15.
70 BGHZ 76, 9 (11) = NJW 1980, 1106 (1107); BeckOK BNotO/*Sander* BNotO § 23 Rn. 26; Diehn/*Kilian* BNotO § 23 Rn. 17.
71 BGH DNotZ 1999, 126 (127 f.).
72 BayObLGZ 1995, 204 = MittBayNot 1995, 331 (332).
73 BGHZ 76, 9 (11) = NJW 1980, 1106 (1107).
74 Grziwotz/Heinemann/*Heinemann* § 54 BeurkG Rn. 52.
75 BeckOK BNotO/*Sander* BNotO § 23 Rn. 27; Diehn/*Kilian* BNotO § 23 Rn. 17; Frenz/Miermeister/*Hertel* BNotO § 23 Rn. 50.
76 BGH NJW 2017, 1112 mAnm *Heinemann*; BGH FGPrax 2016, 234.
77 Frenz/Miermeister/*Hertel* BNotO § 23 Rn. 51; Grziwotz/Heinemann/*Heinemann* § 54 BeurkG Rn. 50.
78 OLG München DNotZ 2008, 777 (778 f.); BeckOK BNotO/*Sander* BNotO § 23 Rn. 28.

2. Anweisungsverfahren nach § 60 Abs. 3 S. 3 Nr. 2 BeurkG. Soweit im Rahmen des Verwahrungsverfahrens einer von mehreren Beteiligten seiner Verwahrungsanweisung einseitig widerrufen hat, so kann der Notar diesem Beteiligten eine Frist setzen, um die **Rechtshängigkeit eines Gerichtsverfahrens** zur Herbeiführung einer einvernehmlichen Weisung nachzuweisen, § 60 Abs. 3 S. 3 Nr. 2 BeurkG.[79] Eine solche Fristsetzung stellt keine Fristsetzung im Rahmen eines Vorbescheids dar. 30

3. Zivilrechtsweg. Aus der öffentlich-rechtlichen Natur des Verwahrungsverfahrens folgt, dass die Beteiligten den Notar nicht zivilgerichtlich auf Auszahlung oder Herausgabe in Anspruch nehmen können,[80] auch nicht im Rahmen des einstweiligen Rechtsschutzes.[81] Nur etwaige **Amtshaftungsansprüche** des Notars sind nicht im Beschwerdeverfahren nach § 15 Abs. 2, sondern im Zivilrechtsweg durchzusetzen.[82] 31

Die **Beteiligten** können jedoch untereinander im Zivilrechtsweg,[83] ggf. auch im Rahmen des einstweiligen Rechtsschutzes,[84] klären lassen, ob ein Anspruch auf Auszahlung bzw. Herausgabe besteht oder nicht. Die **rechtskräftige Entscheidung** ersetzt eine einvernehmliche Anweisung an den Notar.[85] 32

VI. Amtspflichtverletzung des Notars

Verwahrungsgeschäfte, insbesondere die Hinterlegung von Geldern, werden allgemein als besonders **haftungsanfällig** angesehen.[86] Dies liegt einerseits an der komplexen Ausgestaltung des Verwahrungsverfahrens,[87] andererseits an der Pflicht des Notars, die Verwahrungsanweisung, auch wenn sie lückenhaft formuliert ist, **ohne Auslegungsspielraum** befolgen zu müssen.[88] Er muss auf eine Anpassung der Anweisung durch die Beteiligten hinweisen.[89] Außerdem treffen ihn – auch wenn es sich um keine Urkundstätigkeit handelt – die **Belehrungspflichten** des § 17 BeurkG, § 14 Abs. 1 S. 2, Abs. 2.[90] 33

1. Amtshaftung. Die notarielle Verwahrung ist öffentlich-rechtlicher, nicht zivilrechtlicher Natur, so dass sich die Haftung des Notars nach § 19 Abs. 1 bestimmt.[91] Da es sich um keine Urkundstätigkeit handelt, **haftet der Notar unmittelbar**,[92] nicht lediglich subsidiär, § 19 Abs. 1 S. 2 Alt. 2. Für Pflichtverlet- 34

79 BeckOK BNotO/*Sander* BNotO § 23 Rn. 28; Frenz/Miermeister/*Hertel* BNotO § 23 Rn. 51.
80 BGHZ 76, 9 (11) = NJW 1980, 1106 (1107); BGH DNotZ 1999, 126 (127 f.).
81 Arndt/Lerch/Sandkühler/*Sandkühler* BNotO § 23 Rn. 12; Diehn/*Kilian* BNotO § 23 Rn. 17.
82 BGH NJW 1990, 1733 (1734).
83 BeckOK BNotO/*Sander* BNotO § 23 Rn. 29; Diehn/*Kilian* BNotO § 23 Rn. 19; Frenz/Miermeister/*Hertel* BNotO § 23 Rn. 52.
84 BeckOK BNotO/*Sander* BNotO § 23 Rn. 30; Frenz/Miermeister/*Hertel* BNotO § 23 Rn. 54.
85 BeckOK BNotO/*Sander* BNotO § 23 Rn. 29.
86 BeckOK BNotO/*Sander* BNotO § 23 Rn. 34; Diehn/*Kilian* BNotO § 23 Rn. 18, 25.
87 Zu den Dokumentationspflichten Diehn/*Kilian* BNotO § 23 Rn. 20 f.
88 BGH DNotZ 2015, 545 (547 f.); BGH NJW-RR 2008, 1644; Diehn/*Kilian* BNotO § 23 Rn. 18.
89 BGH DNotZ 2015, 545 (547 f.); BGH NJW-RR 2008, 1644; BeckOK BNotO/*Sander* BNotO § 23 Rn. 34.
90 BGH DNotZ 2015, 545 (547 f.); BeckOK BNotO/*Sander* BNotO § 23 Rn. 8b.
91 BGH DNotZ 1990, 661 (662); BGHZ 134, 100 (106); BeckOK BNotO/*Sander* BNotO § 23 Rn. 34; Diehn/*Kilian* BNotO § 23 Rn. 22.
92 BeckOK BNotO/*Sander* BNotO § 23 Rn. 34.

zungen seiner Mitarbeiter haftet der Notar analog § 278 Abs. 1 BGB,[93] während er für Pflichtverletzungen des Kreditinstituts nicht einzustehen hat.[94] Ein Haftungsausschluss kommt aber in Betracht, wenn ein Beteiligter die Einlegung von Rechtsbehelfen (zB einer Beschwerde gegen den Vorbescheid) unterlassen hat.[95]

35 Bei wissentlichen Verstößen gegen eine Verwahrungsanweisung besteht kein Haftpflichtversicherungsschutz, es kann aber die Vertrauensschadensversicherung oder der Notarversicherungsfonds der Notarkammern eingreifen.[96]

36 **2. Disziplinarrecht und Strafrecht.** Verwahrungsgeschäfte werden dienstaufsichtlich geprüft und Verstöße disziplinarrechtlich hart sanktioniert.[97] Hat der Notar durch eine schwere Pflichtverletzung die Interessen der Beteiligten gefährdet, so muss der Notar zwingend des Amtes enthoben werden, § 50 Abs. 1 Nr. 8.[98]

37 Bei einem vorsätzlichen Verstoß gegen eine Verwahrungsanweisung kann der Treubruchtatbestand des § 266 Abs. 1 Alt. 2 StGB erfüllt sein.[99] Eine Verurteilung wegen Untreue hat regelmäßig die Amtsenthebung zur Folge.[100]

§ 24 Betreuung und Vertretung der Beteiligten

(1) ¹Zu dem Amt des Notars gehört auch die sonstige Betreuung der Beteiligten auf dem Gebiete vorsorgender Rechtspflege, insbesondere die Anfertigung von Urkundenentwürfen und die Beratung der Beteiligten. ²Der Notar ist auch, soweit sich nicht aus anderen Vorschriften Beschränkungen ergeben, in diesem Umfange befugt, die Beteiligten vor Gerichten und Verwaltungsbehörden zu vertreten.

(2) ¹Nimmt ein Anwaltsnotar Handlungen der in Absatz 1 bezeichneten Art vor, so ist anzunehmen, daß er als Notar tätig geworden ist, wenn die Handlung bestimmt ist, Amtsgeschäfte der in den §§ 20 bis 23 bezeichneten Art vorzubereiten oder auszuführen. ²Im übrigen ist im Zweifel anzunehmen, daß er als Rechtsanwalt tätig geworden ist.

(3) ¹Soweit der Notar kraft Gesetzes ermächtigt ist, im Namen der Beteiligten bei dem Grundbuchamt oder bei den Registerbehörden Anträge zu stellen (insbesondere § 15 Abs. 2 der Grundbuchordnung, § 25 der Schiffsregisterordnung, § 378 des Gesetzes über das Verfahren in Familiensachen und in den Angelegenheiten der freiwilligen Gerichtsbarkeit), ist er auch ermächtigt, die von ihm gestellten Anträge zurückzunehmen. ²Die Rücknahmeerklärung ist wirksam, wenn sie mit der Unterschrift und dem Amtssiegel des Notars versehen ist; eine Beglaubigung der Unterschrift ist nicht erforderlich.

---

93 Arndt/Lerch/Sandkühler/*Sandkühler* BNotO § 23 Rn. 21; BeckOK BNotO/*Sander* BNotO § 23 Rn. 34a; aA Diehn/*Kilian* BNotO § 23 Rn. 22.
94 Arndt/Lerch/Sandkühler/*Sandkühler* BNotO § 23 Rn. 21; BeckOK BNotO/*Sander* BNotO § 23 Rn. 34a.
95 BeckOK BNotO/*Sander* BNotO § 23 Rn. 35; Frenz/Miermeister/*Hertel* BNotO § 23 Rn. 62 ff.
96 Diehn/*Kilian* BNotO § 23 Rn. 24; Frenz/Miermeister/*Hertel* BNotO § 23 Rn. 65.
97 BGH DNotZ 2018, 44 (47); DNotZ 2019, 390 (394).
98 BGH DNotZ 2002, 236 (237); Diehn/*Kilian* BNotO § 23 Rn. 18.
99 BGH NJW 2010, 1764; Diehn/*Kilian* BNotO § 23 Rn. 18.
100 BGH DNotZ 2002, 236 (237).

I. Allgemeines

1. Normzweck. Die Vorschrift begründet die **Zuständigkeit** der Notare für die **Betreuung der Beteiligten** auf dem Gebiet der vorsorgenden Rechtspflege auch außerhalb der in §§ 20–23 genannten Angelegenheiten (Abs. 1 S. 1). Die Vorschrift dient damit der Erfüllung des staatlichen Auftrags, den Bürgern die angemessenen Rechtsinstitutionen zur Verfügung zu stellen, um ihre privaten Rechtsverhältnisse gestalten, durchsetzen und sichern zu können. Die notarielle Betreuungstätigkeit dient der **Rechtssicherheit** und mit ihrer streitvermeidenden Wirkung dem **Rechtsfrieden**.[1] 1

1 Arndt/Lerch/Sandkühler/*Sandkühler* § 24 BNotO Rn. 4.

2 Die Norm gewährt dem Notar insoweit auch das **Recht zur Vertretung der Beteiligten in Verfahren vor Gerichten und Behörden** (Abs. 1 S. 2). Die dem Notar anderweitig eingeräumte gesetzliche Vertretungsmacht wird dabei auf die Befugnis zur **Antragsrücknahme** erstreckt (Abs. 3).[2]

3 Schließlich enthält Abs. 2 eine **gesetzliche Abgrenzungsregel** bei Tätigwerden eines Notars, der im Hauptberuf Rechtsanwalt ist.[3] Die Norm soll insoweit der Erleichterung dienen, wenn unklar ist, ob ein Anwaltsnotar als Notar oder als Anwalt gehandelt hat.[4]

4 **2. Bedeutung.** Die Vorschrift kann als **Auffangtatbestand** verstanden werden, verbunden mit der Klarstellung, dass es sich auch bei der sonstigen Betreuungstätigkeit des Notars um **Amtstätigkeit** handelt.[5] Da die Aufgaben der vorsorgenden Rechtspflege kein fest umrissenes Rechtsgebiet darstellen, legt die Vorschrift die Aufgaben der sonstigen Betreuung **nicht abschließend** fest, bleibt also offen für neue Entwicklungen.[6] In **praktischer Hinsicht** ist die Abwicklung (Vollzugstätigkeit, Treuhandtätigkeit) beurkundeter Rechtsgeschäfte die wichtigste sonstige Betreuungsaufgabe.[7]

5 **In dienstrechtlicher Hinsicht** sind die Abschnitt I. 1.1., 1.2. und 3. der Richtlinienempfehlungen der Notarkammern zu beachten.

II. Zuständigkeit

6 **1. Sonstige Betreuung auf dem Gebiete der vorsorgenden Rechtspflege (Abs. 1 S. 1). a) Vorsorgende Rechtspflege.** Die Amtstätigkeit der Notare ist auf das Gebiet der vorsorgenden Rechtspflege beschränkt. Es handelt sich dabei um **keinen abschließend definierten Begriff.** Das Tätigkeitsgebiet der vorsorgenden Rechtspflege muss historisch und systematisch abgesteckt werden.[8] Es handelt sich um Rechtspflege, **nicht um Verwaltung,** dh die Notare werden unabhängig, nicht weisungsgebunden auf dem Gebiet des **Zivilrechts,** nicht des öffentlichen Rechts tätig.[9] Es handelt sich aber **nicht um Rechtsprechung,** die die Entscheidung oder Feststellung streitiger Rechtsverhältnisse zum Gegenstand hat. Die vorsorgende Rechtspflege dient somit der Gestaltung, Durchsetzung und Sicherung privater Rechte und Rechtsverhältnisse,[10] man sollte sie treffender als **nichtstreitige Rechtspflege** bezeichnen. Neben den Notaren gibt es zahlreiche weitere Organe der nichtstreitigen (vorsorgenden) Rechtspflege, wie Rechtspfleger und Gerichtsvollzieher.[11]

7 Noch zur nichtstreitigen (vorsorgenden) Rechtspflege gehört die **Vermeidung von gerichtlichen Rechtsstreitigkeiten**, so dass Vermittlung, Schlichtung, (schieds-)gutachterliche Tätigkeit, überhaupt die außergerichtliche Streitbeilegung (auch durch Mediation) zur sonstigen Betreuungstätigkeit zählen.[12] Auch

---

2 Diehn/*Kilian* BNotO § 24 Rn. 1.
3 Diehn/*Kilian* BNotO § 24 Rn. 2.
4 BeckOK BNotO/*Sander* BNotO § 24 Rn. 79.
5 Diehn/*Kilian* BNotO § 24 Rn. 1, 3; Frenz/Miermeister/*Hertel* BNotO § 24 Rn. 1.
6 Arndt/Lerch/Sandkühler/*Sandkühler* BNotO § 24 Rn. 2; BeckOK BNotO/*Sander* BNotO § 24 Rn. 1, 8.
7 Diehn/*Kilian* BNotO § 24 Rn. 3.
8 Diehn/*Kilian* BNotO § 24 Rn. 4; BeckOK BNotO/*Sander* BNotO § 24 Rn. 6.
9 Diehn/*Kilian* BNotO § 24 Rn. 4; BeckOK BNotO/*Sander* BNotO § 24 Rn. 6.
10 Ähnlich Diehn/*Kilian* BNotO § 24 Rn. 4; BeckOK BNotO/*Sander* BNotO § 24 Rn. 7.
11 BeckOK BNotO/*Sander* BNotO § 24 Rn. 6, der aber fälschlicherweise auf die Einrichtungen (Grundbuchamt, Registergericht) abstellt.
12 Diehn/*Kilian* BNotO § 24 Rn. 4; Frenz/Miermeister/*Hertel* BNotO § 24 Rn. 4.

die Aufgaben des Notars auf dem Gebiet der **Zwangsvollstreckung** (insbesondere die Erteilung von Vollstreckungsklauseln) ist nichtstreitige Rechtspflege, da sie der Durchsetzung privater Rechte dient.[13]

b) Sonstige Betreuung. Wegen ihres Charakters als offener Auffangtatbestand 8
lässt sich die sonstige Betreuungstätigkeit einerseits nur **negativ abgrenzen**, andererseits nur durch **beispielhafte Aufzählung** darstellen.[14] Die sonstige Betreuungstätigkeit ist abzugrenzen von der **Beurkundungs- und Beglaubigungstätigkeit** und den damit verbundenen **unselbstständigen Betreuungstätigkeiten**, insbesondere mit der Verpflichtung, Entwürfe vorab zu erstellen (§ 17 Abs. 2a S. 2 Nr. 2 BeurkG) sowie die Vollzugsreife und den Vollzug im Grundbuch bzw. den Registern zu veranlassen (§ 53 BeurkG).[15] Soweit dem Notar **weitere Tätigkeiten besonders** zugewiesen sind, vor allem aufgrund der Aufzählungen in §§ 20–23, handelt es sich um vorrangig zu beachtende Zuständigkeiten. Auch wenn die sonstige Betreuungstätigkeit Amtstätigkeit ist, hat die Unterscheidung Bedeutung dafür, ob der Notar tätig werden muss (Amtsgewährungspflicht), welche Gebühren er erheben darf und wie seine Amtshaftung ausgestaltet ist.

c) Sonstige Nebentätigkeiten. Keine Betreuungstätigkeit iSd § 24 liegt vor, 9
wenn der Notar ein **anderes privates Amt** ausübt, zB als Testamentsvollstrecker, Insolvenzverwalter, Vormund, Betreuer, Pfleger, Schiedsrichter, oder wenn der Notar **rein wissenschaftlich** tätig wird, zB als Gutachter, Schriftsteller oder Dozent.[16] Ob die Nebentätigkeit genehmigungsbedürftig oder genehmigungsfrei ist, spielt keine Rolle.[17] Die Vergütung bestimmt sich nicht nach dem GNotKG (auch nicht über § 126 GNotKG), die Verwendung des Amtssiegels und der Amtsbezeichnung ist unzulässig.[18]

2. Betreuung durch andere Personen, insbesondere Rechtsanwälte. Viele selbst- 10
ständige und unselbstständige Betreuungstätigkeiten könnten (wie in anderen Ländern häufig üblich) auch auf **privatrechtlicher Grundlage** von dritten Personen wahrgenommen werden, im Geltungsbereich des RDG vornehmlich durch Rechtsanwälte.[19] Soweit ein Rechtsanwalt, der im Nebenberuf Notar ist, rechtsbetreuend tätig wird, muss daher feststehen, in welcher Eigenschaft er auftritt. Abs. 2 dient insofern der Klarstellung. Solche privaten Rechtsbetreuer werden aufgrund eines **Geschäftsbesorgungsvertrags** tätig, die Haftung und Vergütung richten sich zivilrechtlichen Vorgaben.

III. Einzelne Beispiele für sonstige Betreuungstätigkeiten

1. Allgemeines. Dass Abs. 1 S. 1 **keinen abschließenden Katalog** der sonstigen 11
Betreuungstätigkeit aufstellt, erweist sich schon dadurch, dass die Norm zwei Tätigkeiten beispielhaft aufzählt, die Anfertigung von Urkundenentwürfen und die Beratung der Beteiligten.

2. Anfertigung von Urkundenentwürfen. a) Allgemeines. Der Entwurf einer 12
Urkunde liegt vor, wenn der Notar für die Beteiligten ein **Rechtsgeschäft auf dem Gebiet der nichtstreitigen Rechtspflege** für diese vorbereitet, insbesondere

13 AA Arndt/Lerch/Sandkühler/*Sandkühler* BNotO § 24 Rn. 9; Frenz/Miermeister/*Hertel* BNotO § 24 Rn. 6: beide ohne Problembewusstsein.
14 Ähnlich Arndt/Lerch/Sandkühler/*Sandkühler* BNotO § 24 Rn. 4.
15 Ausführlich Arndt/Lerch/Sandkühler/*Sandkühler* BNotO § 24 Rn. 5 ff.; BeckOK BNotO/*Sander* BNotO § 24 Rn. 4; Frenz/Miermeister/*Hertel* BNotO § 24 Rn. 3, 5.
16 BeckOK BNotO/*Sander* BNotO § 24 Rn. 9; Frenz/Miermeister/*Hertel* BNotO § 24 Rn. 7.
17 BeckOK BNotO/*Sander* BNotO § 24 Rn. 9.
18 BeckOK BNotO/*Sander* BNotO § 24 Rn. 9.
19 BeckOK BNotO/*Sander* BNotO § 24 Rn. 5.

der Entwurf eines Vertrags, einer einseitigen Willenserklärung, aber auch eine Schriftsatzes, der an ein Gericht (zB Erbscheinsantrag) oder an eine Behörde (zB Antrag auf Erteilung einer Abgeschlossenheitsbescheinigung nach § 7 WEG) gerichtet ist.[20] Entwirft der Notar hingegen Schriftstücke, die für einen streitigen Zivilprozess (zB Klageschrift)[21] oder für ein reines Verwaltungsverfahren (zB eine Einkommensteuererklärung) bestimmt sind, liegt keine Entwurfstätigkeit idS vor.[22]

13 b) **Selbstständige Entwurfsanfertigung.** Es muss sich um eine **selbstständige Entwurfserstellung** handeln.[23] Dient der Entwurf der Vorbereitung einer Beurkundung nach § 20 Abs. 1, liegt eine Hilfstätigkeit zur Urkundstätigkeit vor, gleichgültig, ob es sich um ein beurkundungspflichtiges Rechtsgeschäft handelt oder ob die Beteiligten die Beurkundungsform freiwillig wählen.[24] Richtigerweise liegt eine selbstständige Entwurfstätigkeit auch dann vor, wenn der Entwurf zur **Vorbereitung einer Unterschriftsbeglaubigung** dient.[25] Die Gegenansicht trennt nicht sorgfältig zwischen dem entworfenen Urkundentext und dem Beglaubigungsvermerk, der sich nur auf die Unterschrift der Beteiligten bezieht.

14 c) **Amtspflichten.** Bei der Entwurfserstellung treffen den Notar die **allgemeinen Amtspflichten** nach § 14.[26] Aufgrund seiner Pflicht zur Unabhängigkeit und Unparteilichkeit hat der Notar daher einen **ausgewogenen Entwurf** zu erstellen, der die Interessen der Beteiligten zu einem gerechten Ausgleich bringen soll.[27] Dies gilt auch, wenn der Entwurf nur von einem Beteiligten angefordert wird, denn auch Dritte dürfen bei notariellen Entwürfen eine ausgewogene Gestaltung erwarten.[28] Bei Vertragsentwürfen sind daher Vorleistungsrisiken einer Seite möglichst zu vermeiden oder durch Vorschlag von Sicherheiten zu minimieren.

15 Den Notar treffen die **Prüfungs- und Belehrungspflichten** nach § 17 Abs. 1 und Abs. 2 BeurkG.[29] Der Inhalt dieser Amtspflichten richtet sich nach dem Betreuungsauftrag und erstreckt sich im Regelfall auf eine auftragsgerechte, zweckmäßige und rechtlich zuverlässige Gestaltung des beabsichtigten Rechtsgeschäfts.[30] Der Sachverhalt ist daher auch bei der Erstellung von einseitigen Anträgen (zB eines Erbscheinsantrags) so zu ermitteln, dass möglichst die wahre Erbrechtslage wiedergegeben wird.[31] Der Notar muss darüber belehren, welche Rechtshandlungen zur Wirksamkeit des entworfenen Rechtsgeschäfts erforderlich

---

20 Zu eng daher Diehn/*Kilian* BNotO § 24 Rn. 16.
21 BGHZ 51, 301 (307) = NJW 1969, 929 (931).
22 OLG Stuttgart DNotZ 1985, 242; Frenz/Miermeister/*Hertel* BNotO § 24 Rn. 15.
23 BeckOK BNotO/*Sander* BNotO § 24 Rn. 13; Diehn/*Kilian* BNotO § 24 Rn. 16; Frenz/Miermeister/*Hertel* BNotO § 24 Rn. 15.
24 Arndt/Lerch/Sandkühler/*Sandkühler* BNotO § 24 Rn. 14, 19.
25 BeckOK BNotO/*Sander* BNotO § 24 Rn. 13; in diese Richtung auch BGH DNotZ 1997, 51 (52); aA Diehn/*Kilian* BNotO § 24 Rn. 16; Frenz/Miermeister/*Hertel* BNotO § 24 Rn. 15.
26 BGHZ 51, 301 (307) = NJW 1969, 929 (931); BeckOK BNotO/*Sander* BNotO § 24 Rn. 14.
27 BeckOK BNotO/*Sander* BNotO § 24 Rn. 14.
28 BGHZ 51, 301 (307) = NJW 1969, 929 (931); BeckOK BNotO/*Sander* BNotO § 24 Rn. 14; Diehn/*Kilian* BNotO § 24 Rn. 17; Frenz/Miermeister/*Hertel* BNotO § 24 Rn. 16.
29 BGH DNotZ 1993, 459 (461); DNotZ 1997, 51 (52); Arndt/Lerch/Sandkühler/*Sandkühler* BNotO § 24 Rn. 15; BeckOK BNotO/*Sander* BNotO § 24 Rn. 15; Frenz/Miermeister/*Hertel* BNotO § 24 Rn. 17.
30 BGH DNotZ 1993, 459 (461).
31 Frenz/Miermeister/*Hertel* BNotO § 24 Rn. 16.

sind.[32] Der Notar darf, nachdem die Beteiligten seinen Vertragsentwurf gebilligt haben, ihn inhaltlich nur verändern, wenn er vor der Unterzeichnung auf die Änderung hinweist und deren Bedeutung erläutert.[33]

d) **Kosten.** Die Gebühr für Anfertigung von Entwürfen bestimmt sich nach KV Nr. 24100–24102 GNotKG. Der **Geschäftswert** wird wie der für Beurkundungen maßgebliche Wert ermittelt, § 119 Abs. 1 GNotKG.[34] 16

3. Beratung. a) **Allgemeines.** Eine Beratungstätigkeit liegt vor, wenn der Notar den Beteiligten **auf dem Gebiet der nichtstreitigen Rechtspflege** rechtlichen Rat erteilt, hierzu gehören neben allen Materien des Zivilrechts auch die begleitende Steuerberatung sowie die Beratung auf begleitenden öffentlich rechtlichen Gebieten (zB Baurecht, Sozialhilferecht), nicht aber die Vermögensverwaltung.[35] Sonderfälle rechtlicher Beratung sind zB die Schuldnerberatung in § 305 Abs. 1 Nr. 1 InsO[36] oder die Beratung bei der Vorbereitung oder Durchführung einer Haupt- oder Gesellschafterversammlung. Beratung bedeutet die individuelle Beratung eines oder mehrerer Beteiligter. Richtet sich die Beratung an die Allgemeinheit (zB als **wissenschaftlicher Gutachter, Referent oder Schriftsteller**), liegt keine Beratungstätigkeit vor.[37] 17

b) **Selbstständige Beratungstätigkeit.** Es muss sich um eine selbstständige Beratungstätigkeit handeln.[38] Dient die Beratung der Vorbereitung einer Beurkundung oder Beglaubigung nach § 20 Abs. 1, liegt eine **Hilfstätigkeit zur Urkundstätigkeit** vor,[39] gleichgültig, ob es sich um ein beurkundungspflichtiges Rechtsgeschäft handelt oder ob die Beteiligten die Beurkundungsform freiwillig wählen. Auch die im Rahmen der Beurkundung nach § 17 BeurkG oder der erweiterten Belehrungspflichten geschuldete Beratung und Belehrung der Beteiligten gehört zur Urkundstätigkeit.[40] Gleiches gilt für eine nachsorgende Beratung eines noch nicht vollzogenen Urkundsgeschäfts,[41] insbesondere wenn in diesem Stadium Abwicklungsschwierigkeiten auftreten.[42] 18

Eine **selbstständige Beratungstätigkeit** liegt insbesondere vor, wenn der Notar ein von einem Dritten (zB den Beteiligten selbst,[43] einem Notar oder einem Rechtsanwalt) entworfenes Rechtsgeschäft oder ein bereits abgeschlossenes Rechtsgeschäft (das der Beteiligte nach § 177 BGB genehmigen soll) prüfen soll, um dem Beteiligten die Entscheidung zu ermöglichen, das Rechtsgeschäft abzuschließen bzw. zu genehmigen.[44] Beratung iSd Abs. 1 ist auch die sog. **planende Beratung**, die den Beteiligten erst die Entscheidung ermöglichen soll, ob über- 19

32 BGH DNotZ 1997, 51 (52).
33 BGH DNotZ 1993, 459 (461); BeckOK BNotO/*Sander* BNotO § 24 Rn. 16.
34 KG ZEV 2015, 640.
35 AA Arndt/Lerch/Sandkühler/*Sandkühler* BNotO § 24 Rn. 22.
36 BeckOK BNotO/*Sander* BNotO § 24 Rn. 56.
37 Diehn/*Kilian* BNotO § 24 Rn. 23; Frenz/Miermeister/*Hertel* BNotO § 24 Rn. 23.
38 BeckOK BNotO/*Sander* BNotO § 24 Rn. 18; Diehn/*Kilian* BNotO § 24 Rn. 18.
39 Diehn/*Kilian* BNotO § 24 Rn. 18.
40 BeckOK BNotO/*Sander* BNotO § 24 Rn. 18; Frenz/Miermeister/*Hertel* BNotO § 24 Rn. 18.
41 AA BeckOK BNotO/*Sander* BNotO § 24 Rn. 20; Frenz/Miermeister/*Hertel* BNotO § 24 Rn. 20, die der Ansicht sind, die unselbstständige Beratung ende bereits mit der Beurkundung: das kann nicht richtig sein, weil auch der Vollzug noch zur Beurkundungstätigkeit gehört, ergo auch die Beratung über die Vollzugstätigkeit.
42 BGH MittBayNot 2012, 241 (242); insoweit zutreffend BeckOK BNotO/*Sander* BNotO § 24 Rn. 21.
43 Vgl. BGH VersR 1984, 946 (947).
44 Diehn/*Kilian* BNotO § 24 Rn. 19; Frenz/Miermeister/*Hertel* BNotO § 24 Rn. 18.

haupt eine Beurkundung stattfinden soll und wenn ja, mit welchem Inhalt.[45] Die Abgrenzung zur vorbereitenden Beratung ist fließend, insbesondere wenn es nachträglich zu einer Beurkundung kommt.[46] Als Orientierung kann man insoweit auf die 6-Monats-Frist der KV Vorbem. 2.1.3 Abs. 1 GNotKG abstellen. Eine eigenständige Beratung stellt es dar, wenn der Notar zu **bereits beurkundeten und vollzogenen Urkundsgeschäften** von den Beteiligten um Mithilfe bei der Auslegung gebeten wird.[47]

20 c) **Amtspflichten.** Bei der selbstständigen Beratung treffen den Notar die **allgemeinen Amtspflichten** nach § 14.[48] Es handelt sich um Amtstätigkeit, der Abschluss eines Beratervertrags ist nicht geboten und wäre rechtsunwirksam.[49] Der Inhalt dieser Amtspflichten richtet sich nach dem Beratungsauftrag.[50] Aufgrund seiner **Pflicht zur Unabhängigkeit und Unparteilichkeit** hat der Notar daher insbesondere bei der Beratung zu bereits beurkundeten Vorgängen zu beachten, dass er keinen der Beteiligten einseitig berät,[51] er darf jedoch durchaus auf der Grundlage seiner eigenen Rechtsmeinung seine Ansicht äußern, wenn er klarstellt, dass diese nicht maßgeblich und streitentscheidend ist.[52] Die **Amtshaftung** richtet sich nach § 19 Abs. 1 S. 2, der Einwand der Subsidiaritätshaftung ist ausgeschlossen, allerdings trifft den Kläger die Darlegungs- und Beweislast, dass eine selbstständige Beratungsleistung beantragt wurde.[53]

21 Den Notar treffen die **Prüfungs- und Belehrungspflichten** nach § 17 Abs. 1 und Abs. 2 BeurkG,[54] er muss zB über die Formbedürftigkeit und die Wirksamkeitsvoraussetzungen des beabsichtigten Rechtsgeschäfts belehren.[55]

22 d) **Kosten.** Die Gebühr für Beratungstätigkeiten bestimmt sich nach KV Nr. 24200–24203 GNotKG.[56] Der **Geschäftswert** ist nach § 36 GNotKG zu bestimmen, bei der Beratung einer Haupt- oder Gesellschafterversammlung ist der Geschäftswert nach § 120 GNotKG zu ermitteln.

23 **4. Vollzugstätigkeiten. a) Allgemeines.** Als Vollzugstätigkeit bezeichnet man alle Tätigkeiten des Notars, die darauf gerichtet sind, über die bloße Beurkundung und Beglaubigung hinaus einen **weiteren Erfolg des Rechtsgeschäfts** herbeizuführen. Die Bandbreite möglicher Vollzugstätigkeiten ist weit zu verstehen: sie beginnt mit der bloßen Weiterleitung des beurkundeten oder beglaubigten Rechtsgeschäfts, erstreckt sich auf die Einholung der zur Eintragung im Grundbuch oder anderen Registern erforderlichen Erklärungen, die Veranlassung der entsprechenden Rechtsänderungen und umfasst schließlich die Prüfung der erfolgten Rechtsänderungen.

---

45 BeckOK BNotO/*Sander* BNotO § 24 Rn. 19; Diehn/*Kilian* BNotO § 24 Rn. 20; Frenz/Miermeister/*Hertel* BNotO § 24 Rn. 19; vgl. BGH NJW-RR 2001, 204.
46 Diehn/*Kilian* BNotO § 24 Rn. 20.
47 Diehn/*Kilian* BNotO § 24 Rn. 21; Frenz/Miermeister/*Hertel* BNotO § 24 Rn. 20.
48 Diehn/*Kilian* BNotO § 24 Rn. 21; Frenz/Miermeister/*Hertel* BNotO § 24 Rn. 23.
49 Diehn/*Kilian* BNotO § 24 Rn. 22; Frenz/Miermeister/*Hertel* BNotO § 24 Rn. 23.
50 BeckOK BNotO/*Sander* BNotO § 24 Rn. 17.
51 BeckOK BNotO/*Sander* BNotO § 24 Rn. 22; Diehn/*Kilian* BNotO § 24 Rn. 21.
52 BeckOK BNotO/*Sander* BNotO § 24 Rn. 23; so wohl auch Frenz/Miermeister/*Hertel* BNotO § 24 Rn. 23.
53 Frenz/Miermeister/*Hertel* BNotO § 24 Rn. 21.
54 BGH NJW-RR 2001, 204 (207); Diehn/*Kilian* BNotO § 24 Rn. 21; Frenz/Miermeister/*Hertel* BNotO § 24 Rn. 21.
55 BGH NJW-RR 2001, 204 (207); BGH VersR 1984, 946 (947); Frenz/Miermeister/*Hertel* BNotO § 24 Rn. 21.
56 Diehn/*Kilian* BNotO § 24 Rn. 22.

b) **Selbstständige Vollzugstätigkeit.** Abs. 1 betrifft nur selbstständige Vollzugstätigkeiten.[57] **Unselbstständige Vollzugstätigkeiten** sind solche, die noch zum Pflichtenumfang des Beurkundungsverfahrens gehören. Damit sind alle von der **Einreichungspflicht nach § 53 BeurkG** umfassten Tätigkeiten keine sonstigen Betreuungstätigkeiten.[58] Hierzu zählt neben der Einreichung beurkundeter Erklärungen bei **Grundbuchamt** und beim **Registergericht** auch die Einreichung **vom Notar entworfener beglaubigter Erklärungen.** Zum Pflichtvollzug gehören außerdem die Herstellung und Übersendung der **Ausfertigungen** und Abschriften sowie die Hinterlegung **beurkundeter Testamente** (§ 34a BeurkG).[59] 24

Um **selbstständige Vollzugstätigkeiten** handelt es sich hingegen, 25

- wenn der Notar die Einreichung oder Übermittlungen von Erklärungen veranlasst, die er **nur beglaubigt,** aber nicht entworfen hat,
- wenn der Notar die Einreichung oder Übermittlung von beurkundeten oder beglaubigten Erklärungen **für einen Dritten** (zB ein Kreditinstitut) veranlasst,[60]
- wenn er die **Vollzugsreife,**[61] also die Voraussetzungen für die Einreichung der Urkunden durch Einholung von Genehmigungen, Negativzeugnissen, Bescheinigungen über die Nichtausübung von Vorkaufsrechten und Lastenfreistellungsunterlagen herbeiführt,
- wenn er **Weisungen der Urkundsbeteiligten beachtet** (zB eine sog. Vorlagesperre, die Urkunde erst nach Vorliegen bestimmter Voraussetzungen zum Grundbuchamt einzureichen);[62] richtigerweise handelt es sich insoweit nicht um eine Vollzugs-, sondern um eine Treuhandtätigkeit;
- wenn er die Einreichung oder Zustellung von Erklärungen bei **anderen Gerichten als dem Grundbuchamt oder Registergericht,** bei **Behörden** und bei **Dritten** veranlasst. Nach Inkrafttreten des § 53 BeurkG kann daher der Entscheidung des BGH, zu den unmittelbar aus der Beurkundung herrührenden Amtspflichten des Notars gehöre es auch, die Ausfertigung eines Testamentswiderrufs dem anderen Testator zuzustellen,[63] nicht mehr beigepflichtet werden.[64]

c) **Amtspflichten.** Die selbstständige Vollzugstätigkeit ist Amtstätigkeit, zu deren Übernahme der Notar **nicht verpflichtet** ist.[65] Es bedarf eines **besonderen Antrags,** der aber formlos innerhalb oder außerhalb der Beurkundungsverhandlung gestellt werden kann und nicht die Wirksamkeit des Rechtsgeschäfts voraussetzt.[66] Nach herrschender Meinung umfasst der Beurkundungsauftrag aber regelmäßig auch den **konkludenten Antrag** auf Übernahme aller Vollzugstätigkeiten,[67] so dass der Notar verpflichtet ist, rechtzeitig darauf hinzuweisen, 26

---

57 Arndt/Lerch/Sandkühler/*Sandkühler* BNotO § 24 Rn. 47.
58 BGH DNotZ 2006, 857 (858); DNotZ 1978, 177 (178); Arndt/Lerch/Sandkühler/*Sandkühler* BNotO § 24 Rn. 48; Diehn/*Kilian* BNotO § 24 Rn. 5; Frenz/Miermeister/*Hertel* BNotO § 24 Rn. 32.
59 BeckOK BNotO/*Sander* BNotO § 24 Rn. 24.
60 Diehn/*Kilian* BNotO § 24 Rn. 6; Frenz/Miermeister/*Hertel* BNotO § 24 Rn. 33.
61 BeckOK BNotO/*Sander* BNotO § 24 Rn. 25; Diehn/*Kilian* BNotO § 24 Rn. 6; Frenz/Miermeister/*Hertel* BNotO § 24 Rn. 33.
62 BGH DNotZ 2006, 857 (858); Diehn/*Kilian* BNotO § 24 Rn. 6.
63 BGHZ 31, 5 (6).
64 AA Frenz/Miermeister/*Hertel* BNotO § 24 Rn. 32.
65 BeckOK BNotO/*Sander* BNotO § 24 Rn. 25; Frenz/Miermeister/*Hertel* BNotO § 24 Rn. 34.
66 BeckOK BNotO/*Sander* BNotO § 24 Rn. 26.
67 BeckOK BNotO/*Sander* BNotO § 24 Rn. 26.

wenn er eine selbstständige Vollzugstätigkeit nicht übernehmen möchte.[68] Dass dies soll sogar dann gelten soll, wenn der Notar die Unterschrift unter einem **Fremdentwurf beglaubigt** hat,[69] ist abzulehnen. In diesem Fall bedarf es eines eindeutigen Antrags des Beteiligten. Der Notar kann auch verpflichtet sein, auf die Vorzüge einer einheitlichen Vollzugsabwicklung hinzuweisen.[70] Ansonsten ist von einer **stillschweigenden Annahme** des Antrags auszugehen.[71] Die Durchführung der Vollzugstätigkeit kann dann über § 15 Abs. 2 mit der **Beschwerde** durchgesetzt werden.[72] Eine **Beendigung** der selbstständigen Vollzugstätigkeit kommt auch bei Auftreten von Abwicklungsschwierigkeiten nur mit Einverständnis aller Beteiligten in Betracht.[73]

27 Der Vollzug **ist sorgfältig** und entsprechend den **Weisungen** der Beteiligten innerhalb angemessener Frist zu veranlassen.[74] Dabei muss aber der Einzelfall beachtet werden, so dass **keine starren Fristvorgaben** aufgestellt werden dürfen.[75] Das Verfahren bestimmt der Notar nach **pflichtgemäßem Ermessen.**[76] Die selbstständige Vollzugstätigkeit umfasst die **Vollzugsüberwachung,** dh die Wiedervorlage des Vorgangs, regelmäßige Nachfragen bei den eingeschalteten Gerichten, Behörden und Dritten, die Prüfung der eingeholten Unterlagen sowie die Überprüfung der Vollzugsmitteilungen von Grundbuchamt und Registergericht sowie anderer Stellen auf Richtigkeit.[77]

28 Eine mehrseitige Vollzugsanweisung kann nicht durch einen Beteiligten **einseitig widerrufen** werden.[78] Dieser muss einen Grund iSd § 14 Abs. 2 vortragen, der den Notar zur **Verweigerung des Urkundsvollzugs** verpflichten würde.[79] Zur Wahrung seiner unparteilichen Stellung und zur Verhinderung irreparabler Schäden sollte der Notar seine weitere Vollzugstätigkeit bei Widerspruch eines Beteiligten mittels eines sog. **Vorbescheids** ankündigen.[80] Bei **schuldhafter Verzögerung des Vollzugs** oder bei **unzureichender Vollzugsüberwachung** kann der Notar nach § 19 zum **Schadensersatz** verpflichtet sein,[81] wobei er für die Fehler seiner **Mitarbeiter** entsprechend § 278 BGB einzustehen hat.[82] Widersprüchlich

68 BeckOK BNotO/*Sander* BNotO § 24 Rn. 26; Diehn/*Kilian* BNotO § 24 Rn. 7; Frenz/Miermeister/*Hertel* BNotO § 24 Rn. 34.
69 OLG Hamm MittBayNot 2004, 465; Diehn/*Kilian* BNotO § 24 Rn. 7; Frenz/Miermeister/*Hertel* BNotO § 24 Rn. 34.
70 BGH NJW 1956, 259; Frenz/Miermeister/*Hertel* BNotO § 24 Rn. 34.
71 BeckOK BNotO/*Sander* BNotO § 24 Rn. 27; Diehn/*Kilian* BNotO § 24 Rn. 7.
72 BeckOK BNotO/*Sander* BNotO § 24 Rn. 27.
73 BeckOK BNotO/*Sander* BNotO § 24 Rn. 27; aA Frenz/Miermeister/*Hertel* BNotO § 24 Rn. 10.
74 Arndt/Lerch/Sandkühler/*Sandkühler* BNotO § 24 Rn. 50; BeckOK BNotO/*Sander* BNotO § 24 Rn. 27; Diehn/*Kilian* BNotO § 24 Rn. 7.
75 BeckOK BNotO/*Sander* BNotO § 24 Rn. 27a; Frenz/Miermeister/*Hertel* BNotO § 24 Rn. 34 orientieren sich an § 53 BeurkG, der aber nur die Einreichung betrifft.
76 BeckOK BNotO/*Sander* BNotO § 24 Rn. 27a.
77 BGHZ 123, 1 (9) = NJW 1993, 3061 (3063); BGH DNotZ 1988, 372 (373); Arndt/Lerch/Sandkühler/*Sandkühler* BNotO § 24 Rn. 49; BeckOK BNotO/*Sander* BNotO § 24 Rn. 28; Frenz/Miermeister/*Hertel* BNotO § 24 Rn. 36.
78 OLG Hamm DNotZ 2006, 682; BeckOK BNotO/*Sander* BNotO § 24 Rn. 27a; Frenz/Miermeister/*Hertel* BNotO § 24 Rn. 35.
79 BeckOK BNotO/*Sander* BNotO § 24 Rn. 27a; Frenz/Miermeister/*Hertel* BNotO § 24 Rn. 35.
80 BeckOK BNotO/*Sander* BNotO § 24 Rn. 27a; Frenz/Miermeister/*Hertel* BNotO § 24 Rn. 35.
81 BGHZ 123, 1 (9) = NJW 1993, 3061 (3063); Frenz/Miermeister/*Hertel* BNotO § 24 Rn. 35.
82 BGHZ 123, 1 (9) = NJW 1993, 3061 (3064); BGH NJW 1984, 1748; BGHZ 62, 119 (121) = NJW 1974, 692; Frenz/Miermeister/*Hertel* BNotO § 24 Rn. 39.

ist die Rechtsprechung, dass sich der Notar auch dann nicht auf seine subsidiäre Haftung berufen kann, wenn er zur selbstständigen Vollzugstätigkeit verpflichtet ist.[83]

d) Kosten. Vollzugstätigkeiten können Gebühren nach KV Nr. 22110–22125, 25207, 25208 GNotKG auslösen. Der Geschäftswert bestimmt sich nach dem Wert des zugrundeliegenden Beurkundungsverfahrens (§ 112 GNotKG), soweit nicht Festgebühren vorgesehen sind. 29

5. Treuhandtätigkeiten. a) Allgemeines. Über die in § 23 besonders geregelte Treuhandtätigkeit der Verwahrung von Geld, Wertpapieren und Kostbarkeiten hinaus kann der Notar **zahlreiche weitere Treuhandtätigkeiten** übernehmen.[84] Es handelt sich dabei um sehr vielgestaltige Erscheinungsformen, denen aber allen gemeinsam ist, dass der Notar die Wahrung **fremder Vermögens- oder Sicherungsinteressen** übernimmt. In diesem Zusammenhang hat der Notar meist die **gegensätzlichen Interessen** der Urkundsbeteiligten und Dritter zu koordinieren und die ihm anvertraute Verfügungs- oder Vertretungsmacht entsprechend den Vereinbarungen und Weisungen der Beteiligten auszuüben.[85] 30

b) Selbstständige Treuhandtätigkeiten. Solche **eigenständigen Treuhandtätigkeiten** unterfallen ebenfalls Abs. 1.[86] Hierunter fallen: 31

- die treuhänderische **Verwahrung von Löschungsunterlagen** (zB Löschungsbewilligungen, Pfandfreigaben, Grundpfandrechtsbriefen, Schuldübernahme- und Nichtvalutierungserklärungen) für Dritte, die der Notar erst verwenden darf, wenn gewisse Voraussetzungen (zB die Ablösung des Gläubigers) erfolgt ist;[87]
- die Vorlage bestimmter Erklärungen der Beteiligten erst nachdem ein bestimmtes Ereignis eingetreten oder dem Notar nachgewiesen worden ist, sog. **Vollzugssperre** (zB die Veranlassung der Eintragung der Auflassung erst nach Kaufpreisbestätigung oder die Löschung einer Vormerkung erst nach glaubhafter Auflösung des Kaufvertrags);[88]
- die treuhänderische **Verwahrung von Dokumenten** (Urkunden, Briefe, sonstige Schriftstücke), die für den Vollzug benötigt werden, bis zu dessen Erledigung;
- die **Bevollmächtigung des Notars zur Abgabe von Grundbucherklärungen oder Registeranmeldungen**, insbesondere zur Errichtung von Eigenurkunden für den Vollzug, von der aber nur bei Eintritt bestimmter Voraussetzungen Gebrauch gemacht werden darf (zB zur Abgabe einer Bewilligungserklärung nur nach Kaufpreisbestätigung);[89]
- die **Überwachung von Vollmachten** zugunsten eines Beteiligten, von der nur vor dem Notar und nur bei Vorliegen bestimmter Voraussetzungen Gebrauch gemacht werden darf (zB zur Bestellung eines Finanzierungsgrundpfandrechts, zur Änderung eines Bauträgervertrags oder einer Teilungserklärung, zur Erklärung einer Auflassung);[90]

83 Vgl. BGH DNotZ 2006, 857 (858); kritisch BeckOK BNotO/*Sander* BNotO § 24 Rn. 28.
84 BeckOK BNotO/*Sander* BNotO § 24 Rn. 31.
85 BeckOK BNotO/*Sander* BNotO § 24 Rn. 30.
86 Frenz/Miermeister/*Hertel* BNotO § 24 Rn. 40.
87 BeckOK BNotO/*Sander* BNotO § 24 Rn. 33; Frenz/Miermeister/*Hertel* BNotO § 24 Rn. 40.
88 BeckOK BNotO/*Sander* BNotO § 24 Rn. 32.
89 BeckOK BNotO/*Sander* BNotO § 24 Rn. 34 ff.
90 BeckOK BNotO/*Sander* BNotO § 24 Rn. 38 f.

- die **Verwahrung** anderer als der in § 23 genannten **Gegenstände**, zB von Dokumenten (Texte, Bilder, Pläne, Passwörter), Datenträgern (USB Stick, DVD, CD, Diskette, Kassette)[91] und letztwilligen Verfügungen (Erbverträgen), soweit deren Verwahrung nicht gesetzlich ausgeschlossen ist, zB hinsichtlich von Testamenten.[92] Für das Verfahren können die §§ 57 ff. BeurkG entsprechend angewendet werden, es besteht allerdings kein Schriftformerfordernis für den Antrag und die Annahme der Verwahrung, die besonderen Aufzeichnungspflichten nach DONot bzw. NotAktVV bestehen nicht.[93]

32 c) **Amtspflichten.** Die selbstständige Vollzugstätigkeit ist Amtstätigkeit, zu deren Übernahme der Notar **nicht verpflichtet** ist. Es bedarf eines **besonderen Antrags**, der aber formlos innerhalb oder außerhalb der Beurkundungsverhandlung gestellt werden kann, § 57 Abs. 4 BeurkG ist nicht analog anwendbar.[94]

33 Mit Ausnahme von § 57 Abs. 6 BeurkG, der nur Treuhandaufträge Dritter im Rahmen einer echten notariellen Verwahrung betrifft, bestehen **keine Verfahrensvorschriften.**[95] Der Notar bestimmt also das Verfahren nach pflichtgemäßem Ermessen, wobei er die in § 53, § 57 Abs. 3, § 60 Abs. 1 BeurkG enthaltenen Vorgaben sinngemäß anwenden wird.[96] Weisung zu einem Treuhandverfahren muss der Notar auf ihre **Erfüllbarkeit und Vereinbarkeit** mit den Vereinbarungen der Beteiligten prüfen und ggf. zurückweisen.[97] Einseitige Treuhandweisungen sind bis zu deren Erledigung grds. **frei widerruflich und abänderbar**, sofern sich der Treugeber nicht ausnahmsweise gebunden hat.[98] Umstritten ist, ab welchem Zeitpunkt eine **Abänderbarkeit ausscheidet**: dies ist nicht bereits mit der Mitteilung der Fälligkeit durch den Notar, sondern erst mit der ersten Erfüllungshandlung eines Beteiligten anzunehmen.[99]

34 Den einseitigen Widerruf einer mehrseitigen Treuhandtätigkeit muss der Notar nur beachten, wenn ein Grund iSd § 14 Abs. 2 vorliegt, der den Notar zur **Verweigerung seiner Amtstätigkeit** verpflichten würde.[100] Zur Wahrung seiner unparteilichen Stellung und zur Verhinderung irreparabler Schäden sollte der Notar seine weitere Treuhandtätigkeit bei Widerspruch eines Beteiligten mittels eines sog. **Vorbescheids** ankündigen.[101] Bei schuldhafter **Verletzung einer Treuhandauflage** kann der Notar nach § 19 zum **Schadensersatz** verpflichtet sein, wobei er für die Fehler seiner **Mitarbeiter** entsprechend § 278 BGB einzustehen hat. Auf seine **subsidiäre Haftung** kann er sich insoweit nicht berufen.

35 d) **Kosten.** Treuhandtätigkeiten fallen regelmäßig unter KV Nr. 22200, 22201 GNotKG, wobei sich der **Geschäftswert** nach dem Wert des Beurkundungsverfahrens oder nach dem Wert des Sicherungsinteresses bestimmt, § 113 GNotKG.

---

91 BeckOK BNotO/*Sander* BNotO § 24 Rn. 40; Diehn/*Kilian* BNotO § 24 Rn. 13; Frenz/Miermeister/*Hertel* BNotO § 24 Rn. 45.
92 BeckOK BNotO/*Sander* BNotO § 24 Rn. 43.
93 BeckOK BNotO/*Sander* BNotO § 24 Rn. 46.
94 BeckOK BNotO/*Sander* BNotO § 24 Rn. 44; Frenz/Miermeister/*Hertel* BNotO § 24 Rn. 42.
95 BeckOK BNotO/*Sander* BNotO § 24 Rn. 44.
96 BeckOK BNotO/*Sander* BNotO § 24 Rn. 44; Frenz/Miermeister/*Hertel* BNotO § 24 Rn. 41.
97 Frenz/Miermeister/*Hertel* BNotO § 24 Rn. 43.
98 Frenz/Miermeister/*Hertel* BNotO § 24 Rn. 44.
99 Frenz/Miermeister/*Hertel* BNotO § 24 Rn. 44; aA LG Köln DNotI-Report 1998, 97; BeckOK BNotO/*Sander* BNotO § 24 Rn. 44.
100 Vgl. BeckOK BNotO/*Sander* BNotO § 24 Rn. 45.
101 BGH NJW 2020, 610 ff.; BeckOK BNotO/*Sander* BNotO § 24 Rn. 45.

6. Rechtsgutachten (Bescheinigungen, Bestätigungen). a) Allgemeines. In der notariellen Praxis haben sich aus und über die gesetzlich vorgesehenen Bescheinigungen nach § 21 und die Beurkundung (§§ 36 ff. BeurkG) und Bezeugung von Tatsachen (§§ 39 ff. BeurkG) hinaus **hybride Formen** entwickelt, in denen der Notar die rechtliche Bewertung eines Sachverhalts vornimmt.[102] Es handelt sich der Sache nach um **Rechtsgutachten**, die selbstständige Betreuungstätigkeiten darstellen.[103] Die Terminologie und Systematisierung ist uneinheitlich. Empfehlenswert ist die Unterscheidung zwischen **Bescheinigungen** (in denen das Recht oder ein Rechtsverhältnis als eine Tatsache bescheinigt oder mitgeteilt wird) und **Bestätigungen** (in denen aus einem Sachverhalt eine rechtliche Wertung gezogen und der Eintritt einer ggf. zukünftigen Rechtsfolge bestätigt wird).[104] 36

b) Bescheinigungen. Soweit der Notar aufgrund § 21 **Register- und Vollmachtsbescheinigungen** erstellt, handelt es sich um Urkundstätigkeit, die nicht § 24 unterfällt. Daneben bestehen zahlreiche **spezialgesetzlich geregelte Bescheinigungen,**[105] die wegen ihres engen Sachzusammenhangs mit einer Beurkundung oder Beglaubigung ebenfalls als Urkundstätigkeit anzusehen sind: § 40 Abs. 2 GmbHG (Bescheinigung der Gesellschafterliste), § 181 Abs. 1 S. 2 AktG, § 54 Abs. 1 S. 2 GmbHG (Bescheinigung einer Satzung), § 50 BeurkG (Übersetzungsbescheinigung), § 15 Abs. 3 GBO, § 378 Abs. 3 FamFG (Eintragungsfähigkeitsbescheinigung), § 1110 ZPO, § 57 AVAG, § 27 IntErbRVG, § 27 IntGüRVG, § 71 Abs. 1 AUG. 37

Das hierbei zu beachtende **Verfahren** ist im Regelfall in den spezialgesetzlichen Vorgaben geregelt,[106] ansonsten unter Rückgriff auf die §§ 39 ff. BeurkG zu lösen. Ob eine **Amtspflicht** zur Ausstellung der Bescheinigung besteht, ist vom Einzelfall abhängig. Verpflichtet das Gesetz den Notar zu Mitwirkung (vgl. § 40 Abs. 1 S. 1 GmbHG), muss er die Bescheinigung erstellen, ansonsten entscheidet der Notar nach pflichtgemäßem Ermessen.[107] Eine **Amtshaftung** besteht nur, soweit die Bescheinigung den Schutz der Beteiligten bezweckt, was im Rahmen des § 15 Abs. 3 GBO und § 378 Abs. 3 FamFG nicht der Fall ist, da die Vorschrift nur die Tätigkeit der Gerichte erleichtern soll. 38

Nur **sonstige Bescheinigungen**, die sich nicht auf § 21 oder eine spezialgesetzliche Vorschrift stützen, sondern auf einer entsprechenden Anwendung dieser Normen beruhen, sind sonstige Betreuungstätigkeiten iSd Abs. 1: die Bescheinigung aufgrund Einsicht in **andere als die in § 21 Abs. 1 genannten Register** (zB in das Gewerbezentralregister, die Handwerksrolle usw),[108] insbesondere auch die Einsicht in **ausländische Register,**[109] in denen Gesellschaften oder andere rechtsfähige Vereinigungen eingetragen sind. Außerdem zählen hierzu **Bescheinigungen zu übersetzten Urkunden**, die der Notar nicht selbst errichtet hat, die **Mitteilung des Grundbuchinhalts** oder des Inhalts eines anderen öffentlichen Registers (KV Nr. 25209 GNotKG) sowie Gutachten über die **Geltung inländischen oder ausländischen Rechts** (KV Nr. 25203 GNotKG). 39

---

102 Arndt/Lerch/Sandkühler/*Sandkühler* BNotO § 24 Rn. 30; BeckOK BNotO/*Sander* BNotO § 24 Rn. 47; Frenz/Miermeister/*Hertel* BNotO § 24 Rn. 24.
103 BeckOK BNotO/*Sander* BNotO § 24 Rn. 47.
104 Ähnlich Arndt/Lerch/Sandkühler/*Sandkühler* BNotO § 24 Rn. 31.
105 BeckOK BNotO/*Sander* BNotO § 24 Rn. 48.
106 BeckOK BNotO/*Sander* BNotO § 24 Rn. 52.
107 Weitergehend BeckOK BNotO/*Sander* BNotO § 24 Rn. 49.
108 Diehn/*Kilian* BNotO § 24 Rn. 11; Frenz/Miermeister/*Limmer* § 21 BNotO Rn. 29.
109 Diehn/*Kilian* BNotO § 24 Rn. 12.

40 Das **Verfahren** sollte sich bei Bescheinigungen analog § 21 an dieser Norm orientieren,[110] bei Übersetzungen an § 50 BeurkG. Ansonsten wählt der Notar das Verfahren nach pflichtgemäßem Ermessen. Die Bescheinigung hat nicht die Beweiskraft der § 21 Abs. 1 S. 2, § 50 Abs. 2 BeurkG,[111] ist aber eine öffentliche Urkunde, so dass zumindest eine Vermutung für die Richtigkeit und Vollständigkeit der Bescheinigung besteht.[112] Eine **Amtspflicht** zur Ausstellung sonstiger Bescheinigungen besteht nicht, die Amtshaftung bestimmt sich nach § 19 Abs. 1 unter Ausschluss der Subsidiaritätseinrede. Die Vergütung richtet sich nach KV Nr. 22124 Nr. 2, 25104, 25203, 25209 GNotKG.

41 c) **Bestätigungen.** In einigen Vorschriften sind Bestätigungen des Notars über das Bestehen oder den Eintritt eines Rechtszustands oder Rechtsverhältnisses vorgesehen, vgl. § 495 Abs. 3 Nr. 2 BGB: Bestätigung der **Wahrung der Verbraucherrechte** nach §§ 491a, 492 BGB;[113] § 3 Abs. 1 S. 1 Nr. 1 MaBV: Bestätigung der **Wirksamkeit eines Bauträgervertrags,**[114] § 33 Abs. 3 AktG: **Gründungsprüfung einer AG,** bzw. vorausgesetzt, § 122 GNotKG, KV Nr. 25201 GNotKG: **Rangbescheinigung.**[115] Darüber hinaus haben sich weitere notarielle Bestätigungen entwickelt, wie die **Fälligkeitsmitteilung des Notars,** in der dieser den Eintritt einer oder mehrerer Rechtstatsachen bestätigt, die Voraussetzung für die Fälligkeit einer Leistung sind.[116] Auch **andere Mitteilungen,** wie die voraussichtliche Eintragung einer Vormerkung,[117] das Vorliegen der Lastenfreistellungsunterlagen[118] oder einer Baugenehmigung[119] sowie die Höhe der von den abzulösenden Gläubigern verlangten Geldbeträge[120] sind solche Bestätigungen.

42 Besondere **Verfahrensvorschriften,** wie die Bestätigung auszustellen ist, bestehen grundsätzlich nicht, insbesondere ist § 39 BeurkG nicht anwendbar.[121] Für eine Rangbescheinigung hat die BNotK einen Formulierungsvorschlag entworfen.[122] Ansonsten sollte sich die Formulierung an dem zu bestätigenden Inhalt, die hierzu erforderlichen Voraussetzungen und der hieraus resultierenden Folgen orientieren.[123] Soweit aus seiner Mitteilung irreparable Rechtsfolgen drohen, kann er sein Vorgehen durch einen **beschwerdefähigen Vorbescheid** ankündigen. Durch seine Bestätigung darf er keinen falschen Anschein erwecken.[124] Da

110 Diehn/*Kilian* BNotO § 24 Rn. 11 f.
111 Diehn/*Kilian* BNotO § 24 Rn. 11 f.
112 BeckOK BNotO/*Sander* BNotO § 24 Rn. 55.
113 Arndt/Lerch/Sandkühler/*Sandkühler* BNotO § 24 Rn. 44.
114 Arndt/Lerch/Sandkühler/*Sandkühler* BNotO § 24 Rn. 38, 44; BeckOK BNotO/*Sander* BNotO § 24 Rn. 51; Diehn/*Kilian* BNotO § 24 Rn. 8; Frenz/Miermeister/*Hertel* BNotO § 24 Rn. 25.
115 BGH DNotZ 1986, 406 (409); Arndt/Lerch/Sandkühler/*Sandkühler* BNotO § 24 Rn. 41 ff.; BeckOK BNotO/*Sander* BNotO § 24 Rn. 51; Diehn/*Kilian* BNotO § 24 Rn. 9; Frenz/Miermeister/*Hertel* BNotO § 24 Rn. 25, 28; Frenz/Miermeister/*Limmer* § 21 BNotO Rn. 23 f.
116 BGH DNotZ 2003, 122; DNotZ 2000, 287; Arndt/Lerch/Sandkühler/*Sandkühler* BNotO § 24 Rn. 35 ff.; BeckOK BNotO/*Sander* BNotO § 24 Rn. 51; Diehn/*Kilian* BNotO § 24 Rn. 8; Frenz/Miermeister/*Hertel* BNotO § 24 Rn. 25; Frenz/Miermeister/*Limmer* § 21 BNotO Rn. 26.
117 Diehn/*Kilian* BNotO § 24 Rn. 10.
118 BGH BeckRS 2000, 2487; BeckOK BNotO/*Sander* BNotO § 24 Rn. 51; Frenz/Miermeister/*Hertel* BNotO § 24 Rn. 25.
119 BGH DNotZ 2002, 716; Frenz/Miermeister/*Hertel* BNotO § 24 Rn. 25 Fn. 62.
120 BGH BeckRS 2000, 2487; BeckOK BNotO/*Sander* BNotO § 24 Rn. 51.
121 BeckOK BNotO/*Sander* BNotO § 24 Rn. 53.
122 DNotZ 1999, 369.
123 BeckOK BNotO/*Sander* BNotO § 24 Rn. 53.
124 BGHZ 134, 100 (106) = NJW 1997, 661; BGH VersR 1985, 883 (884); Frenz/Miermeister/*Hertel* BNotO § 24 Rn. 31.

die Beteiligten an die Bestätigung bestimmte Rechtsfolgen knüpfen, vertrauen sie auf die **Sorgfalt** der Prüfung durch den Notar und die **Richtigkeit** seiner Schlussfolgerung.[125] Ist die Bestätigung falsch, weil die Voraussetzungen (noch) nicht vorliegen oder weil sie eine falsche Schlussfolgerung enthält, haftet der Notar nach **Amtshaftungsgrundsätzen** auf Schadensersatz,[126] soweit die Beteiligten ihm nicht einen Beurteilungsspielraum eingeräumt haben.[127] Die Vergütung richtet sich nach KV Nr. 22200 Nr. 1, 2, 4, 6, 25201, 25206 GNotKG.

7. Außergerichtliche Streitbeilegung. a) Allgemeines. Sonderformen der notariellen Streitbeilegung, die Vermittlung von Erb- und Gesamtgutsauseinandersetzungen sowie die Vermittlung nach §§ 87 ff. SachRBerG, zählen nach § 20 Abs. 1 S. 2, Abs. 4 bereits zur **Urkundstätigkeit.**[128] Darüber hinaus darf der Notar auch andere Formen der Streitvermeidung wahrnehmen,[129] was sowohl innerhalb eines Beurkundungsverfahrens, aber auch in einem eigenständigen Verfahren erfolgen kann. 43

b) **Obligatorische Streitschlichtung.** Streitschlichtung bedeutet nicht die verbindliche Entscheidung eines Rechtsstreits, sondern die **Vermittlung des Streits durch Unterbreitung von Lösungsmöglichkeiten** von Seiten des Schlichters.[130] Es handelt sich insoweit um eine Tätigkeit der vorsorgenden Rechtspflege. Soweit Notare als Schlichtungsstellen für eine **obligatorische Streitschlichtung** iSd § 15a EGZPO eingerichtet sind, handelt es sich um eine Sonderzuständigkeit, nicht um eine Betreuung iSd Abs. 1 S. 1.[131] In der Regel sind neben den besonderen Verfahrensvorschriften die Vorgaben des notariellen Berufsrechts zu beachten (vgl. Art. 8 Abs. 1 S. 2 BaySchlG). Die Tätigkeit darf nur nach § 14 Abs. 2 versagt werden. Die Haftung bestimmt sich nach § 19 und ist lediglich subsidiär.[132] Die Vergütung richtet sich nach den spezialgesetzlichen Vorgaben (vgl. Art. 13 BaySchlG). 44

c) **Sonstige außergerichtliche Streitbeilegung.** Wird der Notar darüber hinaus **streitvermittelnd** und **streitschlichtend** tätig, als **Gütestelle** iSd § 794 Abs. 1 Nr. 1 ZPO, als **Mediator** oder als **Schiedsgutachter**, so handelt es sich um eine sonstige Betreuungstätigkeit iSd Abs. 1 S. 1.[133] Es handelt sich also um Amtstätigkeit, es besteht aber keine Pflicht, diese Aufgabe zu übernehmen.[134] Im Rahmen eines solchen freiwilligen Verfahrens hat der Notar die berufsrechtlichen Vorgaben zu beachten.[135] Die Verfahrensgestaltung trifft er nach **pflichtgemäßem Ermessen**, wobei er sich an etwaigen gesetzlichen (zB MediationsG, BaySchlG) oder satzungsmäßigen Vorgaben (zB Güteordnung der BNotK,[136] Baye- 45

125 BGHZ 96, 157 (165) = DNotZ 1986, 406 (409); BGH VersR 1985, 883 (884); Arndt/Lerch/Sandkühler/*Sandkühler* BNotO § 24 Rn. 30; Frenz/Miermeister/*Hertel* BNotO § 24 Rn. 29, 30; Frenz/Miermeister/*Limmer* § 21 BNotO Rn. 19.
126 BGHZ 134, 100 (106) = NJW 1997, 661; BGH NJW-RR 1997, 562; Arndt/Lerch/Sandkühler/*Sandkühler* BNotO § 24 Rn. 33; Frenz/Miermeister/*Hertel* BNotO § 24 Rn. 30.
127 BGHZ 96, 157 (165) = DNotZ 1986, 406 (409); Frenz/Miermeister/*Hertel* BNotO § 24 Rn. 30.
128 Diehn/*Kilian* BNotO § 24 Rn. 14; Frenz/Miermeister/*Hertel* BNotO § 24 Rn. 47.
129 BeckOK BNotO/*Sander* BNotO § 24 Rn. 56.
130 Falsch insoweit BeckOK BNotO/*Sander* BNotO § 24 Rn. 57.
131 Diehn/*Kilian* BNotO § 24 Rn. 14; aA BeckOK BNotO/*Sander* BNotO § 24 Rn. 58; Frenz/Miermeister/*Hertel* BNotO § 24 Rn. 49.
132 Diehn/*Kilian* § 20 BNotO Rn. 103.
133 Diehn/*Kilian* BNotO § 24 Rn. 14; Frenz/Miermeister/*Hertel* BNotO § 24 Rn. 48 f.
134 BeckOK BNotO/*Sander* BNotO § 24 Rn. 59, 62; Diehn/*Kilian* § 20 BNotO Rn. 104, 107.
135 Diehn/*Kilian* BNotO § 24 Rn. 14; Frenz/Miermeister/*Hertel* BNotO § 24 Rn. 48.
136 DNotZ 2000, 1 ff.

rische Güteordnung für Notare)[137] orientieren sollte.[138] Er kann sich dabei am Verfahren einer freiwilligen Streitschlichtung orientieren, das sich durch ausgeprägten Formalismus und eine Entscheidungsvorschläge auszeichnet, oder eine Mediation durchführen, die den Beteiligten eine eigenverantwortliche Konfliktbeilegung ermöglichen soll, ohne dass der Mediator eigene Lösungsvorschläge unterbreitet. Die **Amtshaftung** bestimmt sich nach § 19 Abs. 1 ohne Subsidiaritätseinwand.[139] Die Vergütung muss gem. § 126 GNotKG durch eine **schriftliche Vereinbarung** mit den Beteiligten festgelegt werden.[140]

46 **d) Schiedsrichter.** Wird der Notar als **Schiedsrichter** iSd § 1035 ZPO tätig, so handelt es sich nicht mehr um eine Amtstätigkeit, sondern um die Übernahme eines privaten Amtes als genehmigungsfreie Nebentätigkeit iSd § 8 Abs. 4.[141]

IV. Verfahren

47 **1. Keine Urkundstätigkeit.** Die sonstige Betreuung nach Abs. 1 stellt keine **Urkundstätigkeit** dar (vgl. § 10a Abs. 2), so dass der Notar nicht nach § 15 Abs. 1 zur Übernahme einer sonstigen Betreuung verpflichtet ist.[142] Im Rahmen einer Urkundstätigkeit ist danach zu differenzieren, ob eine unselbstständige (dann Übernahmepflicht) oder selbstständige Betreuung (dann keine Übernahmepflicht) vorliegt. Der Notar hat die Übernahme der sonstigen Betreuung zwar nach **pflichtgemäßem Ermessen** zu prüfen,[143] dass eine Ermessenreduzierung auf Null vorliegt, ist jedoch kaum vorstellbar, da die Urkundstätigkeit regelmäßig auch ohne Übernahme sonstiger Betreuungstätigkeiten erfüllt werden kann.[144] Da der Betreuungsantrag formfrei erfolgen kann, sollte der Notar eindeutig und bis zum Abschluss der Beurkundungsverhandlung klarstellen, wenn er eine sonstige Betreuungstätigkeit nicht übernehmen will.[145]

48 Wurde eine **Betreuungstätigkeit übernommen**, muss diese auch ordnungsgemäß durchgeführt werden.[146] Treten **Abwicklungsschwierigkeiten** auf, darf der Notar die weitere Betreuungstätigkeit nach rechtzeitiger Mitteilung an die Beteiligten beenden,[147] wobei neben dem Antragsteller auch die übrigen Verfahrensbeteiligten zu unterrichten sind.[148] Handelt sich aber um eine über § 53 BeurkG hinaus übernommene **Vollzugstätigkeit** oder um eine im Zusammenhang mit

137 MittBayNot Sonderheft 2000, 71 ff.
138 Weitergehend offenbar BeckOK BNotO/*Sander* BNotO § 24 Rn. 59a.
139 BeckOK BNotO/*Sander* BNotO § 24 Rn. 59, 62.
140 BeckOK BNotO/*Sander* BNotO § 24 Rn. 59, 62; Diehn/*Kilian* § 20 BNotO Rn. 104, 107.
141 BeckOK BNotO/*Sander* BNotO § 24 Rn. 63; Diehn/*Kilian* BNotO § 24 Rn. 15; Frenz/Miermeister/*Hertel* BNotO § 24 Rn. 46.
142 Arndt/Lerch/Sandkühler/*Sandkühler* BNotO § 24 Rn. 13; BeckOK BNotO/*Sander* BNotO § 24 Rn. 1; Diehn/*Kilian* BNotO § 24 Rn. 42 f.; Frenz/Miermeister/*Hertel* BNotO § 24 Rn. 9.
143 Arndt/Lerch/Sandkühler/*Sandkühler* BNotO § 24 Rn. 11; BeckOK BNotO/*Sander* BNotO § 24 Rn. 2; Frenz/Miermeister/*Hertel* BNotO § 24 Rn. 9.
144 BeckOK BNotO/*Sander* BNotO § 24 Rn. 2; aA Frenz/Miermeister/*Hertel* BNotO § 24 Rn. 9.
145 Frenz/Miermeister/*Hertel* BNotO § 24 Rn. 8.
146 BeckOK BNotO/*Sander* BNotO § 24 Rn. 3; Frenz/Miermeister/*Hertel* BNotO § 24 Rn. 10.
147 BeckOK BNotO/*Sander* BNotO § 24 Rn. 3.
148 BGH NJW 1990, 324 (325): Zessionar einer Grundschuld, wenn der Eintragungsantrag zurückgenommen wird; BGH DNotZ 1995, 489 (490): Unterrichtung des Käufers von der Nichtannahme eines Treuhandauftrags eines abzulösenden Grundschuldgläubigers; Frenz/Miermeister/*Hertel* BNotO § 24 Rn. 10.

einer Urkundstätigkeit übernommene **Treuhandtätigkeit**, hat der Notar die Pflicht, diese Tätigkeiten auch durchzuführen.[149]

Verfahrenskostenhilfe nach § 17 Abs. 2 ist nicht zu gewähren.[150] Es besteht keine Bindung an den Amtsbereich (§ 10a Abs. 2).[151] Eine Berufung auf die **subsidiäre Haftung** nach § 19 Abs. 1 S. 2 ist ausgeschlossen.[152] 49

Mit der Betreuungstätigkeit erbringt der Notar dennoch eine **hoheitliche Aufgabe**, er wird nicht privatrechtlich, sondern öffentlich-rechtlich für die Beteiligten tätig.[153] Es handelt sich um eine Aufgabe der nichtstreitigen Rechtspflege. Der Notar hat die allgemeinen Berufspflichten (§ 14) zu beachten und kann sich auf seine persönliche und sachliche **Unabhängigkeit** berufen (§ 1). 50

2. Antrag. Eine sonstige Betreuungstätigkeit wird nicht von Amts wegen, sondern nur auf **Antrag** eingeleitet.[154] Der Antrag bedarf allerdings (anders als eine Verwahrungstätigkeit nach § 23, § 57 Abs. 2 Nr. 2, 3, Abs. 5 BeurkG) **keiner besonderen Form** und kann auch konkludent gestellt werden.[155] 51

3. Verfahren. Besondere Verfahrensvorschriften bestehen nicht, der Notar hat die allgemeinen Amtspflichten zu beachten, insbesondere § 14 und § 17 BeurkG.[156] Bei Treuhandtätigkeiten (insbesondere bei sonstigen Verwahrungen, die über § 23 hinausreichen), kann sich eine Orientierung an den §§ 57–62 BeurkG empfehlen. Da der Betreuungsantrag oftmals sehr pauschal formuliert ist, hat der Notar bei der Durchführung einen **Ermessensspielraum**, wobei er aber konkrete Weisungen der Beteiligten zu beachten hat.[157] 52

4. Kosten. Die sonstige Betreuungstätigkeit ist als Amtstätigkeit grundsätzlich gebührenpflichtig. Wegen ihrer Vielgestaltigkeit können für sonstige Betreuungstätigkeiten **unterschiedliche Gebührentatbestände** einschlägig sein: für Entwurfsfertigungen KV Nr. 24100 ff. GNotKG, für Beratungstätigkeiten KV Nr. 24200 ff. GNotKG, für Vollzugstätigkeiten KV Nr. 22110 ff. GNotKG, für Betreuungstätigkeiten ieS KV Nr. 22200 f. GNotKG.[158] Der Geschäftswert bestimmt sich oftmals nach dem für ein Beurkundungsverfahren maßgeblichen Wert, § 112, § 113 Abs. 1, § 119 Abs. 1 GNotKG, ansonsten nach der vertraglich vereinbarten Gegenleistung, § 126 Abs. 1 GNotKG. 53

Darüber, dass eine sonstige Betreuungstätigkeit Gebühren auslöst, muss der Notar grundsätzlich **nicht ungefragt belehren**.[159] Dies gilt auch bei der Anfertigung von Entwürfen und im Rahmen von Beratungsterminen. Da die Rechtsprechung hier mitunter sehr unbillig verfährt,[160] empfiehlt es sich, die Beteiligten ausdrücklich schon vor Ausführung der Betreuungstätigkeit auf anfallende 54

149 BeckOK BNotO/*Sander* BNotO § 24 Rn. 3.
150 BeckOK BNotO/*Sander* BNotO § 24 Rn. 1; Diehn/*Kilian* BNotO § 24 Rn. 43.
151 Diehn/*Kilian* BNotO § 24 Rn. 43.
152 BeckOK BNotO/*Sander* BNotO § 24 Rn. 1; Diehn/*Kilian* BNotO § 24 Rn. 42; Frenz/Miermeister/*Hertel* BNotO § 24 Rn. 14.
153 Arndt/Lerch/Sandkühler/*Sandkühler* BNotO § 24 Rn. 3.
154 Arndt/Lerch/Sandkühler/*Sandkühler* BNotO § 24 Rn. 10; BeckOK BNotO/*Sander* BNotO § 24 Rn. 12; Frenz/Miermeister/*Hertel* BNotO § 24 Rn. 8.
155 BeckOK BNotO/*Sander* BNotO § 24 Rn. 12; Frenz/Miermeister/*Hertel* BNotO § 24 Rn. 8.
156 Frenz/Miermeister/*Hertel* BNotO § 24 Rn. 11 f.
157 Frenz/Miermeister/*Hertel* BNotO § 24 Rn. 13.
158 BeckOK BNotO/*Sander* BNotO § 24 Rn. 11.
159 BeckOK BNotO/*Sander* BNotO § 24 Rn. 11a; Frenz/Miermeister/*Hertel* BNotO § 24 Rn. 21a.
160 Vgl. OLG Naumburg DNotZ 2012, 512; KG ZEV 2015, 640.

Gebühren hinzuweisen, zB mit der Entwurfsversendung oder vor Vereinbarung eines Beratungsgesprächs.[161]

V. Rechtsschutz

55 Hat der Notar eine sonstige Betreuungstätigkeit übernommen, so können die Beteiligten gegen ihn die **Notarbeschwerde** nach § 15 Abs. 2 erheben,[162] um sein Tätigwerden zu erreichen. In diesem Zusammenhang ist zu prüfen, ob der Notar die Betreuungstätigkeit ggf. berechtigterweise beendet hat.

56 Droht durch die Vornahme der Amtshandlung ein irreparabler Schaden, so kann der Notar sein Handeln zunächst durch einen sog. **Vorbescheid** (eigentlich einen Feststellungsbeschluss)[163] ankündigen, um den Beteiligten die Möglichkeit einzuräumen, innerhalb der gesetzten Frist Notarbeschwerde nach § 15 Abs. 2 zu erheben. Will er die beantragte Amtshandlung hingegen verweigern, ist ein Vorbescheid unzulässig, vielmehr muss die Vornahme der Amtshandlung durch beschwerdefähigen Beschluss abgelehnt werden.

VI. Amtspflichtverletzung des Notars

57 **1. Amtshaftung.** Die sonstige Betreuungstätigkeit ist öffentlich-rechtlicher, nicht zivilrechtlicher Natur, so dass sich die Haftung des Notars nach § 19 Abs. 1 bestimmt.[164] Da es sich um keine Urkundstätigkeit handelt, haftet der **Notar unmittelbar**,[165] nicht lediglich subsidiär, § 19 Abs. 1 S. 2 Alt. 2.[166] Für Pflichtverletzungen seiner **Mitarbeiter** haftet der Notar analog § 278 Abs. 1 BGB.[167] Ein Haftungsausschluss kommt aber in Betracht, wenn ein Beteiligter die Einlegung von **Rechtsbehelfen** (zB einer Beschwerde gegen den Vorbescheid) unterlassen hat.

58 **2. Disziplinarrecht und Strafrecht.** Auch die sonstige Betreuungstätigkeit unterliegt der **dienstaufsichtlichen Prüfung**.[168] Bei einem vorsätzlichen Verstoß gegen eine Verwahrungsanweisung kann der **Treubruchtatbestand** des § 266 Abs. 1 Alt. 2 StGB erfüllt sein.[169]

VII. Vertretung der Beteiligten (Abs. 1 S. 2, Abs. 3)

59 **1. Vertretungsbefugnis (Abs. 1 S. 2).** **a) Allgemeines.** Abs. 1 S. 2 stellt klar, dass der Notar, soweit er sonstige Betreuungstätigkeiten nach S. 1 wahrnimmt, auch befugt ist, die Beteiligten vor Gerichten und Verwaltungsbehörden zu vertreten. Die ganz herrschende Meinung versteht die Vorschrift als **bloße Zuständigkeitsnorm**, die klarstellt, dass die Betreuung der Beteiligten auch deren Vertretung

161 BeckOK BNotO/*Sander* BNotO § 24 Rn. 11a.
162 OLG Hamm MittBayNot 1996, 399 (400); OLG Köln DNotZ 1978, 751; BeckOK BNotO/*Sander* BNotO § 24 Rn. 3; Frenz/Miermeister/*Hertel* BNotO § 24 Rn. 10.
163 Grziwotz/Heinemann/*Heinemann* § 54 BeurkG Rn. 52.
164 BGH DNotZ 1978, 312; BeckOK BNotO/*Sander* BNotO § 24 Rn. 10; Frenz/Miermeister/*Hertel* BNotO § 24 Rn. 14.
165 BeckOK BNotO/*Sander* BNotO § 24 Rn. 10; Frenz/Miermeister/*Hertel* BNotO § 24 Rn. 14.
166 BGH NJW-RR 2001, 204 (207).
167 BeckOK BNotO/*Sander* BNotO § 24 Rn. 10.
168 BGHZ 51, 301 (307) = NJW 1969, 929.
169 Vgl. BGH NJW 2010, 1764.

umfasst.[170] Diese Auffassung ist abzulehnen, Wortlaut („ist befugt", „soweit sich nicht aus anderen Vorschriften Beschränkungen ergeben"), Systematik (die Norm ergänzt § 15 Abs. 2 GBO, § 378 Abs. 2 FamFG, sie lehnt sich an § 3 Abs. 1, 2 BRAO an), vor allem aber Sinn und Zweck der Norm (Abs. 1 S. 1 regelt die Zuständigkeit des Notars, S. 2 seine Vertretungsbefugnis für sonstige Betreuungstätigkeiten) erlauben nur den Schluss, dass es sich um die Einräumung einer **gesetzlichen Vertretungsmacht** handelt.

60 Die herrschende Meinung verlangt, dass sich die Vertretungsmacht aus einer **zusätzlichen Verfahrensnorm** (§ 15 Abs. 2 GBO, § 25 SchRegO, § 378 Abs. 2 FamFG, § 3 Abs. 2 S. 2 GrdStVG) oder einer **Bevollmächtigung** (→ Rn. 64 f.) durch die Beteiligten ergibt.[171] Da auf dem Gebiet der vorsorgenden Rechtspflege grds. kein Anwaltszwang besteht, ist eine zusätzliche **Postulationsfähigkeit** nicht erforderlich, wie § 10 Abs. 2 S. 2 Nr. 3 FamFG klarstellt.[172] Soweit Anwaltszwang besteht, ist der Notar nicht zur Vertretung berechtigt. Aus der Vertretungsmacht folgt **keine Pflicht zum Tätigwerden als Vertreter** der Beteiligten,[173] der Notar kann vielmehr auch als **Bote** der Beteiligten auftreten.

61 **b) Umfang der Vertretungsbefugnis.** Die Vertretungsmacht umfasst **alle Gegenstände der nichtstreitigen** (vorsorgenden) Rechtspflege, soweit nicht gesetzliche Beschränkungen (insbesondere ein Anwaltszwang) bestehen.[174] Möglich ist auch eine **isolierte Vertretung** vor Gerichten und Behörden (zB bei Einlegung einer Beschwerde im Grundbuchverfahren oder Beantragung eines Unschädlichkeitszeugnisses).[175] Die Vertretungsmacht erstreckt sich auch auf die Vertretung der **materiell Beteiligten**,[176] nicht nur auf die Vertretung des Antragstellers oder der formellen Urkundsbeteiligten. **Höchstpersönliche Erklärungen** (zB eine eidesstattliche Versicherung) kann der Notar nicht für die Beteiligten abgeben.[177] Die Vertretung gilt auch für etwaige **Beschwerdeverfahren** innerhalb der einzelnen Verfahrensordnung.[178] Das Recht der Beteiligten, eigene Anträge zu stellen, Beschwerde einzulegen usw, wird durch die Vertretungsmacht des Notars nicht eingeschränkt, ein **Verzicht auf Antragstellung** oder eine verdrängende Bevollmächtigung des Notars ist nicht möglich.[179]

62 Aus der Pflicht zur Unparteilichkeit (§ 14 Abs. 1 S. 2) folgt, dass der Notar seine Vertretungsbefugnis aber dann nicht wahrnehmen darf, wenn er im Rahmen eines **echten Streitverfahrens der freiwilligen Gerichtsbarkeit** auftreten würde, um die Interessen eines Beteiligten gegenüber einem anderen Beteiligten zu ver-

170 Arndt/Lerch/Sandkühler/*Sandkühler* BNotO § 24 Rn. 51; BeckOK BNotO/*Sander* BNotO § 24 Rn. 67, 70; Diehn/*Kilian* BNotO § 24 Rn. 24; Frenz/Miermeister/*Hertel* BNotO § 24 Rn. 50.
171 BeckOK BNotO/*Sander* BNotO § 24 Rn. 67, 70; Diehn/*Kilian* BNotO § 24 Rn. 24; Frenz/Miermeister/*Hertel* BNotO § 24 Rn. 50.
172 AA BeckOK BNotO/*Sander* BNotO § 24 Rn. 71; Diehn/*Kilian* BNotO § 24 Rn. 26; Frenz/Miermeister/*Hertel* BNotO § 24 Rn. 54.
173 Arndt/Lerch/Sandkühler/*Sandkühler* BNotO § 24 Rn. 52.
174 Arndt/Lerch/Sandkühler/*Sandkühler* BNotO § 24 Rn. 53.
175 Arndt/Lerch/Sandkühler/*Sandkühler* BNotO § 24 Rn. 54; BeckOK BNotO/*Sander* BNotO § 24 Rn. 68.
176 Arndt/Lerch/Sandkühler/*Sandkühler* BNotO § 24 Rn. 55; Frenz/Miermeister/*Hertel* BNotO § 24 Rn. 51.
177 Arndt/Lerch/Sandkühler/*Sandkühler* BNotO § 24 Rn. 57; BeckOK BNotO/*Sander* BNotO § 24 Rn. 72; Frenz/Miermeister/*Hertel* BNotO § 24 Rn. 52.
178 BeckOK BNotO/*Sander* BNotO § 24 Rn. 71; Frenz/Miermeister/*Hertel* BNotO § 24 Rn. 54.
179 BeckOK BNotO/*Sander* BNotO § 24 Rn. 74.

treten.[180] So kann der Notar einen Beteiligten dann nicht im Beschwerdeverfahren über die Erteilung eines Erbscheins vertreten, wenn ein anderer Beteiligter der Erteilung des Erbscheins widersprochen hatte. Die Vertretung im Rahmen einer Zwangsversteigerung oder Zwangsvollstreckung stellt sich ebenfalls als einseitige Interessenwahrnehmung dar.[181] Die Rechtshandlungen des Notars bleiben aber **wirksam**, auch wenn er seine Vertretungsmacht im Innenverhältnis überschreitet oder in standeswidriger Weise die Beteiligten vertritt.[182]

63 **2. Rücknahme von Anträgen (Abs. 3). a) Umfang (S. 1).** Durch Abs. 3 S. 1 wird die gesetzliche Vertretungsmacht des Notars, beim Grundbuchamt oder bei den Registerbehörden Anträge zu stellen auf die **Rücknahme dieser Anträge erweitert**. Die Norm ergänzt insoweit § 15 Abs. 2 GBO, § 25 SchRegO und § 378 Abs. 2 FamFG. Die Vorschrift ist weit auszulegen, sie erfasst nicht nur die gesetzliche Vertretungsmacht, sondern auch eine **rechtsgeschäftlich eingeräumte Vertretungsmacht**[183] und richtigerweise auch andere gesetzliche Vertretungsbefugnisse (zB nach Abs. 1 S. 2 und § 3 Abs. 2 S. 2 GrdStVG). Nicht einschlägig ist die Vorschrift, wenn der Notar nicht als Vertreter, sondern nur als Bote der Beteiligten aufgetreten ist.[184] Dies soll nach der fragwürdigen Rechtsprechung des BGH auch dann der Fall sein, wenn der Notar eine Urkunde übermittelt, in der die **Anträge der Beteiligten bereits enthalten** sind; insoweit handelt der Notar auch als Bote und kann sich nicht mehr auf Abs. 3 S. 1 stützen.[185]

64 Die Praxis empfiehlt daher dem Notar, sich über die gesetzliche Vertretungsmacht hinaus **rechtsgeschäftlich zu allen Verfahrenshandlungen bevollmächtigen** zu lassen, um den Vollzug des Rechtsgeschäfts für die Beteiligten betreiben zu können.[186] Da § 11 S. 5 FamFG auf die §§ 81–87 und 89 ZPO verweist, kann die Verfahrensvollmacht durchaus kurz gehalten werden.[187] Die Vollmacht muss grds. nicht schriftlich nachgewiesen werden, weil das Gericht insoweit die Erteilung nicht von Amts wegen zu prüfen hat, § 11 S. 4 FamFG.

65 ▶ **Muster: Verfahrensvollmacht**

Die Beteiligten bevollmächtigen den Notar, diese Urkunde ganz oder teilweise zu vollziehen, insbesondere Anträge zu stellen, zu ändern und zu zurückzunehmen sowie alle hierzu erforderlichen Erklärungen einzuholen und bei ihrer auflagen- und bedingungsfreien Erteilung entgegenzunehmen. ◀

66 Legt der Notar Urkunden aufgrund der gesetzlichen Ermächtigung nach § 15 Abs. 2 GBO zum Grundbuchamt vor, so hat nach Auffassung des BGH die Möglichkeit zur Antragsrücknahme zur Folge, dass die **Anfechtungsfrist** des § 140 Abs. 2 S. 1 InsO[188] und die **Frist zum Schenkungswiderruf** nach § 529

180 BGHZ 51, 301 (307) = NJW 1969, 929 (931); BGHZ 54, 275 (281) = NJW 1971, 42 (43); Arndt/Lerch/Sandkühler/*Sandkühler* BNotO § 24 Rn. 5158, 59; BeckOK BNotO/*Sander* BNotO § 24 Rn. 69; Diehn/*Kilian* BNotO § 24 Rn. 25; aA Frenz/Miermeister/*Hertel* BNotO § 24 Rn. 53.
181 BGHZ 51, 301 (307) = NJW 1969, 929 (931).
182 BGHZ 54, 275 (281) = NJW 1971, 42 (43); BeckOK BNotO/*Sander* BNotO § 24 Rn. 69; Diehn/*Kilian* BNotO § 24 Rn. 25; Frenz/Miermeister/*Hertel* BNotO § 24 Rn. 53.
183 BGHZ 71, 349 (351) = NJW 1978, 1915; BeckOK BNotO/*Sander* BNotO § 24 Rn. 75.
184 BGHZ 71, 349 (351) = NJW 1978, 1915; BeckOK BNotO/*Sander* BNotO § 24 Rn. 75.
185 BGHZ 71, 349 (351) = NJW 1978, 1915; aA Diehn/*Kilian* BNotO § 24 Rn. 31.
186 Diehn/*Kilian* BNotO § 24 Rn. 29; Frenz/Miermeister/*Hertel* BNotO § 24 Rn. 57.
187 *Heinemann*, FamFG für Notare, Rn. 61.
188 BGH NJW 2001, 2477 (2479); BGH MittBayNot 2009, 61 (62).

Abs. 1 BGB[189] nicht bereits mit Antragseingang, sondern erst mit Grundbucheintragung zu Laufen beginnen. Dies kann nicht richtig sein, denn Abs. 3 ist ja auch analog anwendbar, wenn der Notar rechtsgeschäftlich bevollmächtigt wird; für den Fristbeginn ist daher stets die Antragstellung maßgeblich, gleichgültig, wer den Antrag in welcher Funktion gestellt hat.[190]

b) Form (S. 2). Abweichend von § 31 S. 1 GBO bestimmt Abs. 3 S. 2, dass die Rücknahmeerklärung des Notars keine Beglaubigung seiner Unterschrift (durch einen anderen Notar) erfordert,[191] wenn diese mit seiner Unterschrift und seinem Amtssiegel versehen ist. Es handelt sich insoweit um eine sog. **Eigenurkunde** des Notars, die den Anforderungen an eine öffentliche Urkunde iSd §§ 415, 417 ZPO, § 29 Abs. 3 GBO genügt.[192] Diese Eigenurkunde kann auch als **rein elektronisches Dokument** nach § 39a BeurkG errichtet und übermittelt werden.[193] Die vorstehenden Grundsätze gelten nicht nur für die Antragsrücknahme nach Abs. 3, sondern allgemein dort, wo der Notar in Ausübung seiner Amtstätigkeit eine Erklärung für die Beteiligten abgeben oder entgegennehmen darf.[194] 67

VIII. Betreuungstätigkeit eines Anwaltsnotars (Abs. 2)

1. Allgemeines. Ein Rechtsanwalt, der im Nebenberuf zum Notar bestellt ist, kann sowohl als **Rechtsanwalt** aufgrund § 3 Abs. 1 BRAO einen Beteiligten umfassend in allen Rechtsangelegenheiten beraten und vertreten, als auch als **Notar** aufgrund Abs. 1 einen Beteiligten eingeschränkt rechtsbetreuend vertreten.[195] Da sich beide Berufe sowohl in ihren Grundlagen, ihrer Haftungs- und Gebührenverfassung **deutlich voneinander unterscheiden**, ist eine klare Abgrenzung erforderlich.[196] 68

Abs. 2 soll durch **Zweifels- und Vermutungsregeln** eine eindeutige Zuordnung ermöglichen, sofern sich nicht schon aus den Umständen des Mandats bzw. des Antrags eindeutig feststellen lässt, ob der Anwaltsnotar als Rechtsanwalt oder als Notar gehandelt hat. Abschnitt I Nr. 3 der Richtlinien der Notarkammern verpflichten den Anwaltsnotar deshalb rechtzeitig vor Beginn seiner Tätigkeit **zur Klarstellung**, ob er als Rechtsanwalt oder als Notar handeln wird, wobei er den Beteiligten zunächst unter Darlegung der Unterschiede beider Wege eine Entscheidung ermöglichen soll.[197] 69

2. Einzelfallprüfung. Zunächst ist der **konkrete Einzelfall** zu prüfen. Ergibt sich aus der Sicht der Beteiligten unzweideutig, in welcher Funktion der Anwaltsnotar gehandelt hat, kommt Abs. 2 nicht mehr zur Anwendung.[198] Fügt der Anwaltsnotar seinen Anschreiben das **Amtssiegel** bei, handelt er als Notar.[199] Um- 70

189 BGH DNotZ 2012, 507 (510).
190 Ebenso BeckOK BNotO/*Sander* BNotO § 24 Rn. 76; Diehn/*Kilian* BNotO § 24 Rn. 32 f.
191 Arndt/Lerch/Sandkühler/*Sandkühler* BNotO § 24 Rn. 77.
192 Diehn/*Kilian* BNotO § 24 Rn. 36.
193 OLG Stuttgart FGPrax 2018, 114; BeckOK BNotO/*Sander* BNotO § 24 Rn. 76.
194 Diehn/*Kilian* BNotO § 24 Rn. 36; Frenz/Miermeister/*Hertel* BNotO § 24 Rn. 58; Grziwotz/Heinemann/*Heinemann* § 633 BeurkG Rn. 14 f.
195 Diehn/*Kilian* BNotO § 24 Rn. 38; Frenz/Miermeister/*Hertel* BNotO § 24 Rn. 59.
196 Arndt/Lerch/Sandkühler/*Sandkühler* BNotO § 24 Rn. 62; BeckOK BNotO/*Sander* BNotO § 24 Rn. 79; Diehn/*Kilian* BNotO § 24 Rn. 38; Frenz/Miermeister/*Hertel* BNotO § 24 Rn. 59.
197 BeckOK BNotO/*Sander* BNotO § 24 Rn. 81.
198 BGH DNotZ 1978, 312.
199 BGH DNotZ 1978, 312; BGH DNotZ 1997, 221 (222); Frenz/Miermeister/*Hertel* BNotO § 24 Rn. 60.

gekehrt folgt daraus, dass er kein Amtssiegel beigefügt hat, noch nicht, dass er als Rechtsanwalt aufgetreten ist.[200] Kein Zweifel bestehen, wenn nach den objektiven Umständen, insbesondere der Art der Tätigkeit, eine Aufgabe zu erfüllen ist, die in den Bereich notarieller Amtstätigkeit fällt.[201]

71 **3. Vermutung notarieller Amtstätigkeit (S. 1).** Soweit die Einzelfallprüfung kein eindeutiges Ergebnis geliefert hat, ist zunächst Abs. 2 S. 1 zu prüfen, der eine **unwiderlegliche Vermutungsregel** aufstellt.[202] Dient die Betreuungstätigkeit nach Abs. 1 der Vorbereitung (zB durch Entwurfsanfertigung oder Beratung zu einem zu beurkundenden oder zu beglaubigenden Rechtsgeschäft) oder Ausführung (zB durch Vollzugstätigkeiten zu einem beurkundeten oder beglaubigten Rechtsgeschäft) eines notariellen Amtsgeschäfts nach den §§ 20–23, so handelt der Anwaltsnotar insoweit als Notar.[203] Maßgeblich hierfür sind der **Schwerpunkt der Tätigkeit** und die **Sichtweise der Beteiligten.**[204] Es ist daher unzutreffend, wenn behauptet wird, der Anwaltsnotar habe ein Wahlrecht, ob er im Rahmen einer Streitschlichtung oder Mediation als Rechtsanwalt oder als Notar tätig werden möchte;[205] im Regelfall gehen die Beteiligten davon aus, dass er als Notar tätig wird, weil er als Streitvermittler entsprechende Unabhängigkeit und Unparteilichkeit für sich beansprucht. Das gilt aber nur, wenn der Anwaltsnotar eine **eigene Tätigkeit** oder die seines Sozius vorbereitet oder vollzieht.[206] Prüft er den Entwurf eines anderen Notars, handelt er regelmäßig als Rechtsanwalt.[207] Durch die Vermutungsregel wird sichergestellt, dass die Amtstätigkeit und diese begleitende Betreuungstätigkeiten **demselben Rechtsregime** unterworfen sind.[208] Die Vorschrift ist **unabdingbar**, weder der Anwaltsnotar noch die Beteiligten können eine hiervon abweichende Vereinbarung treffen.[209] Wer sich darauf beruft, dass keine die Amtstätigkeit begleitende Betreuungstätigkeit vorliegt, trägt hierfür die **Darlegungs- und Beweislast.**

72 **4. Im Zweifelsfall Tätigkeit als Rechtsanwalt (S. 2).** Gelingt weder eine eindeutige Zuordnung der Tätigkeit aufgrund der Einzelfallprüfung noch aufgrund der Vermutungsregel des Abs. 2 S. 1, greift die **widerlegbare Zweifelsregel** des Abs. 2 S. 2 ein.[210] Insbesondere, wenn der Anwaltsnotar zur **einseitigen Interessenwahrnehmung** eingeschaltet wird, handelt er im Zweifel als Rechtsanwalt,[211] auch wenn es sich um eine Angelegenheit der vorsorgenden Rechtspfle-

200 BGH DNotZ 1997, 221 (222); BeckOK BNotO/*Sander* BNotO § 24 Rn. 80.
201 BGHZ 134, 100 (104) = NJW 1997, 661 = DNotZ 1997, 221 (223).
202 BeckOK BNotO/*Sander* BNotO § 24 Rn. 84; Diehn/*Kilian* BNotO § 24 Rn. 40; Frenz/Miermeister/*Hertel* BNotO § 24 Rn. 62.
203 OLG Oldenburg DNotZ 1974, 55; Frenz/Miermeister/*Hertel* BNotO § 24 Rn. 61.
204 BGHZ 134, 100 (104) = NJW 1997, 661 = DNotZ 1997, 221 (223); Diehn/*Kilian* BNotO § 24 Rn. 40; Frenz/Miermeister/*Hertel* BNotO § 24 Rn. 61.
205 So BeckOK BNotO/*Sander* BNotO § 24 Rn. 66; Diehn/*Kilian* § 20 BNotO Rn. 109.
206 Arndt/Lerch/Sandkühler/*Sandkühler* BNotO § 24 Rn. 67.
207 Arndt/Lerch/Sandkühler/*Sandkühler* BNotO § 24 Rn. 67.
208 Frenz/Miermeister/*Hertel* BNotO § 24 Rn. 62.
209 Arndt/Lerch/Sandkühler/*Sandkühler* BNotO § 24 Rn. 64; BeckOK BNotO/*Sander* BNotO § 24 Rn. 84.
210 AA BeckOK BNotO/*Sander* BNotO § 24 Rn. 82; Frenz/Miermeister/*Hertel* BNotO § 24 Rn. 63, die bei einer Zuordnung der Tätigkeit zur vorsorgenden Rechtspflege stets auf die Vermutungsregel des Abs. 2 S. 1 zurückgreifen wollen.
211 Frenz/Miermeister/*Hertel* BNotO § 24 Rn. 64.

ge handelt.[212] Wer die Zweifelsregel widerlegen möchte, trägt hierfür die Darlegungs- und Beweislast.

Abschnitt 4 Sonstige Pflichten des Notars

§ 25 Beschäftigung von Mitarbeitern; Verordnungsermächtigung

(1) Der Notar darf Personen mit Befähigung zum Richteramt, Laufbahnprüfung für das Amt des Bezirksnotars oder Abschluß als Diplom-Jurist nur beschäftigen, soweit seine persönliche Amtsausübung nicht gefährdet wird.

(2) [1]Die Landesregierungen oder die von ihnen durch Rechtsverordnung bestimmten Stellen werden ermächtigt, zur Wahrung der Belange einer geordneten Rechtspflege durch Rechtsverordnung zu bestimmen, daß der Notar Personen mit Befähigung zum Richteramt, Laufbahnprüfung für das Amt des Bezirksnotars oder Abschluß als Diplom-Jurist nur beschäftigen darf, wenn die Aufsichtsbehörde dies nach Anhörung der Notarkammer genehmigt hat. [2]Die Genehmigung kann mit Nebenbestimmungen verbunden werden.

I. Grundsätzliches

1 Mit § 25 möchte der Gesetzgeber die persönliche Amtsausübung des Notars in der täglichen Arbeit sicherstellen. Während der Notar in der Ausstattung seiner Geschäftsstelle in räumlicher, technischer und personeller Hinsicht weitgehend frei ist und ihm großes Ermessen zugestanden wird, setzt Abs. 1 hinsichtlich der Beschäftigung von Juristen im weiteren Sinne (Abschluss 1. oder 2. Staatsexamen, Abschlüsse aus der ehemaligen DDR sowie die württembergische Sonderform der Laufbahnprüfung zum Bezirksnotar aus dem Bereich des OLG-Stuttgart) Grenzen: solche Mitarbeiter darf der Notar nur beschäftigen, soweit seine persönliche Amtsausübung nicht gefährdet wird.[1] Dieses zentrale Prinzip gilt im hauptberuflichen Notariat wie auch im Anwaltsnotariat, wobei gerade bei Letzterem wegen der Beschäftigung weiterer angestellter Rechtsanwälte besondere Vorsicht geboten ist. Der in § 25 genannte Personenkreis erwirbt durch die Arbeit beim Notar keinen Anspruch auf die Bestellung zum Notar, auch nicht auf die Aufnahme ins Notarassessoriat.[2]

II. Aufgabenkreis

2 Juristische Mitarbeiter beim Notar dürfen **Aufgaben wahrnehmen**, wie sie jeder Bürovorsteher oder Sachbearbeiter übernehmen könnte. **Aufgaben nach den §§ 23 und 24 können ihnen, anders als Notarassessoren, nicht zu selbstständigen Bearbeitung übertragen werden.** Eine Bestellung zum Notarvertreter ist nach den Vorgaben der jeweiligen Landesjustizverwaltung möglich; sie kann

212 AA BeckOK BNotO/*Sander* BNotO § 24 Rn. 82; Frenz/Miermeister/*Hertel* BNotO § 24 Rn. 63.

1 Frenz/Miermeister/*Bremkamp* BNotO § 25 Rn. 1.

2 BVerfGE 73, 280 = DNotZ 1987, 121; richtigerweise sind die Zeiten auch nicht nach § 6 Abs. 1 anrechenbar.

aber abgelehnt werden, wenn auch nur der Anschein besteht, dass die Tätigkeit als Vertreter von der Einflussnahme durch den Notar geprägt ist.[3]

III. Verordnungsermächtigung, Abs. 2

3 Die Verordnungsermächtigungnach Abs. 2 erlaubt es den Landesregierungen in kontrollierender Verwirklichung des Abs. 1 und dem Blickwinkel der geordneten vorsorgenden Rechtspflege, die Beschäftigung von Mitarbeitern von den genannten Voraussetzungen abhängig zu machen. Von der Verordnungsermächtigung nach Abs. 2 haben zahlreiche Länder Gebrauch gemacht:

- Baden-Württemberg: VO vom 18.9.2017 (GBl. 511)
- Bayern: VO vom 10.2.2000 (GVBl. I 60), § 6 f.
- Brandenburg: VO vom 6.1.2015 (GVBl. II Nr. 1)
- Hamburg: VO vom 11.11.2011 (HmbGVBl. 505)
- Mecklenburg-Vorpommern: VO vom 25.11.2014 (GVOBl. M-V 629)
- Nordrhein-Westfalen: VO vom 5.10.2016 (GV. NRW 840)
- Rheinland-Pfalz: VO vom 14.7.1999 (GVBl. 189)
- Saarland: VO vom 30.11.1993 (ABl. 1236)
- Sachsen: VO vom 25.3.2013 (SächsGVBl. 205)
- Sachsen-Anhalt: VO vom 16.12.1998 (GVBl. LSA 486)
- Thüringen: VO vom 11.4.2011 (GVBl. Nr. 4, 79).

IV. Rechtsschutzmöglichkeiten

4 Ist die Beschäftigung eines Mitarbeiters von einer Genehmigung abhängig, ist diese ein Verwaltungsakt, der nach § 111 angreifbar ist. Ein Widerruf durch die Behörde ist nach § 49 Abs. 2 LVwVfG möglich; im Fall der Erteilung unter Vorbehalt des Widerrufs ist § 49 Abs. 2 Nr. 1 LVwVfG einschlägig. Der Notar ist verpflichtet, im Arbeitsvertrag des Juristischen Mitarbeiters eine etwaige Befristung nach Abs. 2 S. 2 weiterzugeben. Fällt die Genehmigung weg, liegt ein betriebsbedingter Kündigungsgrund vor.

§ 26 Förmliche Verpflichtung beschäftigter Personen

[1]Der Notar hat die von ihm beschäftigten Personen bei ihrer Einstellung nach § 1 des Verpflichtungsgesetzes förmlich zu verpflichten. [2]Hierbei ist auf die Bestimmungen des § 14 Absatz 4 und des § 18 besonders hinzuweisen. [3]Hat sich ein Notar mit anderen Personen zur gemeinschaftlichen Berufsausübung zusammengeschlossen und besteht zu den Beschäftigten ein einheitliches Beschäftigungsverhältnis, so genügt es, wenn ein Notar die Verpflichtung vornimmt. [4]Der Notar hat in geeigneter Weise auf die Einhaltung der Verschwiegenheitspflicht durch die von ihm beschäftigten Personen hinzuwirken. [5]Den von dem Notar beschäftigten Personen stehen die Personen gleich, die im Rahmen einer berufsvorbereitenden Tätigkeit oder einer sonstigen Hilfstätigkeit an seiner beruflichen Tätigkeit mitwirken. [6]Die Sätze 1 bis 3 gelten nicht für Notarassessoren und Referendare.

3 BGH DNotZ 1996, 203.

I. Grundlegendes

1 Die Tätigkeit des Notars als einem öffentlichen Amt ist von einer Vielzahl von einzuhaltenden **Amtspflichten** geprägt. Daher ist es nur konsequent, dass die bei einem Notar tätigen **Mitarbeiter** auf die Einhaltung dieser **Pflichten**, soweit sie mit ihnen in Berührung kommen, **verpflichtet** werden. Die Verpflichtung erfolgt nach § 1 Verpflichtungsgesetz (VerpflG) vom 2.3.1974.[1] Wichtig für die Verpflichtung durch den Notar ist, dass die Verpflichtung mündlich vorgenommen und hierüber eine Niederschrift angefertigt wird. Inhaltlich ist auf die strafrechtlichen Konsequenzen eine Verletzung der Pflichten (§ 1 Abs. 2 VerpflG) und – notarspezifisch – auf die § 14 Abs. 4 (Amtspflichten, insbes. Verbot von Vermittlungstätigkeiten) und § 18 (Verschwiegenheitsverpflichtung) hinzuweisen.

II. Zu verpflichtende Personen

2 Verpflichtet werden müssen all diejenigen **Personen**, die mit dem Notar in einem **arbeitsvertraglichen Verhältnis** stehen,[2] wobei ihre Tätigkeit und ihr Aufgabenbereich dabei keine Rolle spielt. Adressaten sind somit sämtliche juristische Mitarbeiter außer Notarassessoren und Referendaren (vgl. S. 5), sämtliche Sachbearbeiter, Mitarbeiter am Empfang und in der Urkundenabarbeitung sowie das angestellte Hilfspersonal und Reinigungskräfte. Freie Mitarbeiter, Lieferanten, sonstige selbstständige Dienstleister sind nicht zu verpflichten – dies kann durchaus kritisch gesehen werden, da diese Personen ebenfalls Zugriff auf die sensiblen Daten und Informationen erhalten können, ist aber ausdrücklich in der letzten Änderung des §§ 26 und 26a durch die Einführung des Wortes „von“ [dem Notar] beschäftigten Personen so geregelt worden. In Bezug auf Dienstleistungen und deren Inanspruchnahme durch den Notar und die Einwilligung der Betroffenen gilt der speziellere § 26a (→ Rn. 2 ff.).

III. Niederschrift über die Verpflichtung

3 Die Niederschrift ist vom Notar und vom Verpflichteten zu unterschreiben und der Verpflichtete erhält eine Abschrift. Der Notar hat die Niederschrift zu den Generalakten zu nehmen (§ 4 DONot und AVNot der Länder).

IV. Verpflichtung in Sozietäten

4 In **Sozietäten** sind alle Beschäftigten zu verpflichten, auch wenn sie in einer Anwaltssozietät für einen Anwalt arbeiten, der nicht Notar ist. Hintergrund dieser Regelung ist, dass innerhalb eines Büros in der Praxis nicht ausgeschlossen werden kann, dass auch diese Mitarbeiter von den notariatsspezifischen Informationen Kenntnisse erlangen. Bei der Verpflichtung in einer Sozietät genügt es, wenn die **Verpflichtung durch einen der Sozien** erfolgt; zu Dokumentationszwecken der Vollständigkeit ist eine Abschrift in den Generalakten der anderen Sozien aber sinnvoll. Die theoretische Gefahr einer Verpflichtung nur durch einen Sozius besteht darin, dass im Fall seines Ausscheidens nicht unumstritten ist, ob

1 BGBl. 1974 I 469 (547) mit Änderungen laut BGBl. III 453–17.
2 Gesetzesbegründung, BT-Drs. 18/11936, 37.

die Verpflichtung durch ihn fortwirkt. Da das Amt des Notars an den ausgeschiedenen Notar persönlich verliehen wurde, könnte man vertreten, dass die durch ihn vorgenommene Verpflichtung mit seinem Ausscheiden endet. Ebenso lässt sich aber vertreten, dass § 26 S. 3 gerade die Verpflichtung für die Verbindung der Notare in Sozietät ermöglichen will und dies durch eine enge Auslegung und die starre Knüpfung an den verpflichtenden Notar teilweise leerliefe. Mehrheitlich wird daher davon ausgegangen, dass eine Verpflichtung durch einen ausgeschiedenen Notar wirksam bleibt.[3] In der Praxis lässt sich diese Unsicherheit freilich durch eine erneute Verpflichtung durch einen der verbliebenen Notare umgehen.

V. Verpflichtung bei Neueintritt eines Sozius

5 Tritt ein neuer Notar in eine Sozietät ein, so ist – vorbehaltlich der Ausführungen → Rn. 4 – keine erneute Verpflichtung der Mitarbeiter nötig.

VI. Erneute Verpflichtung bei Wiedereintritt

6 Eine erneute Verpflichtung ist dann notwendig, wenn das Arbeitsverhältnis beendet und neu begründet wird (zB Vertrag mit einer Aushilfskraft jeweils für Semesterferien). Wird eine Person unregelmäßig oder mit Unterbrechungen, jedoch dauerhaft aufgrund eines einheitlichen Arbeitsvertrags beschäftigt, ist keine erneute Verpflichtung notwendig.

VII. Sonderfall: Notarassessoren und Referendare

7 Der Notar und ihm zugewiesene Notarassessoren und Referendare haben die Einhaltung der Verpflichtung (insbes. Amtspflichten aus § 14 Abs. 4 und § 18) zu überwachen und Maßnahmen zu ergreifen, wenn die Verpflichtungen (insbes. Verschwiegenheit) verletzt werden. Nach den Richtlinien der BNotK bestehen hingegen Dokumentationspflichten für den Notar in seinen Generalakten nur, wenn weitergehende Maßnahmen ergriffen wurden, die über die ständige Überwachungspflicht hinausgehen (zB anlassbezogene Nachschulungsmaßnahmen). Bei einer Verletzung der Verpflichtungen besteht ohnehin aber ein verhaltensbedingter Kündigungsgrund.

§ 26a Inanspruchnahme von Dienstleistungen

(1) [1]Der Notar darf Dienstleistern ohne Einwilligung der Beteiligten den Zugang zu Tatsachen eröffnen, auf die sich die Verpflichtung zur Verschwiegenheit gemäß § 18 bezieht, soweit dies für die Inanspruchnahme der Dienstleistung erforderlich ist. [2]Dienstleister ist eine andere Person oder Stelle, die vom Notar im Rahmen seiner Berufsausübung mit Dienstleistungen beauftragt wird.

(2) [1]Der Notar ist verpflichtet, den Dienstleister sorgfältig auszuwählen. [2]Die Zusammenarbeit muss unverzüglich beendet werden, wenn die Einhaltung der dem Dienstleister gemäß Absatz 3 zu machenden Vorgaben nicht gewährleistet ist.

(3) [1]Der Vertrag mit dem Dienstleister bedarf der Textform. [2]In ihm ist

1. der Dienstleister unter Belehrung über die strafrechtlichen Folgen einer Pflichtverletzung zur Verschwiegenheit zu verpflichten,

---

3 Schippel/Bracker/*Kanzleiter* BNotO § 26 Rn. 6; Schippel/Bracker/*Bracker* DONot § 4 Rn. 4.

2. der Dienstleister zu verpflichten, sich nur insoweit Kenntnis von fremden Geheimnissen zu verschaffen, als dies zur Vertragserfüllung erforderlich ist, und
3. festzulegen, ob der Dienstleister befugt ist, weitere Personen zur Erfüllung des Vertrags heranzuziehen; für diesen Fall ist dem Dienstleister aufzuerlegen, diese Personen in Textform zur Verschwiegenheit zu verpflichten.

(4) Bei der Inanspruchnahme von Dienstleistungen, die unmittelbar einem einzelnen Amtsgeschäft dienen, darf der Notar dem Dienstleister den Zugang zu fremden Geheimnissen nur dann eröffnen, wenn der Beteiligte darin eingewilligt hat.

(5) Die Absätze 2 und 3 gelten auch für den Fall der Inanspruchnahme von Dienstleistungen, in die die Beteiligten eingewilligt haben, sofern die Beteiligten nicht ausdrücklich auf die Einhaltung der in den Absätzen 2 und 3 genannten Anforderungen verzichtet haben.

(6) [1]Absatz 3 gilt nicht in den Fällen, in denen der Dienstleister nach § 1 des Verpflichtungsgesetzes förmlich verpflichtet wurde. [2]Absatz 3 Satz 2 gilt nicht, soweit der Dienstleister hinsichtlich der zu erbringenden Dienstleistung gesetzlich zur Verschwiegenheit verpflichtet ist.

(7) Andere Vorschriften, die für Notare die Inanspruchnahme von Dienstleistungen einschränken, sowie die Vorschriften zum Schutz personenbezogener Daten bleiben unberührt.

I. Grundsätzliches

§ 26a wurde 2017 neu geschaffen, um – neben § 26 dem Umstand Rechnung zu tragen, dass die Inanspruchnahme externer Dienstleister aus dem notariellen Alltag nicht mehr wegzudenken ist und zukünftig eher noch zunehmen wird. Die zur Berufsverschwiegenheit verpflichtete Notare können durch § 26a sicher sein, dass bei Einhaltung der Vorschrift nicht nur kein Verstoß gegen strafrechtliche Vorschriften (§ 203 StGB), sondern auch kein Verstoß gegen das Berufs- und Standesrecht gegeben ist. § 26a ist dabei strenger als die parallele Vorschrift in der BRAO, so dass Anwaltsnotare auf die Einhaltung des strengeren notarrechtlichen Standards achten müssen. 1

II. Voraussetzungen der Abs. 1–3

Wenn die Voraussetzungen der Abs. 1 bis 3 eingehalten werden, darf der Notar ohne die Einwilligung der Beteiligten dem externen Dienstleister Zugriff auf sämtliche Informationen gewähren, die ansonsten der Verschwiegenheitspflicht nach § 18 unterliegen würden. Einwilligen müssen die Beteiligten nach Abs. 4 (zusätzlich zu den Voraussetzungen der Abs. 1 bis 3), wenn externe Dienstleistungen ein bestimmtes Amtsgeschäft betreffen. Gegenüber sonstigen Personen bleibt der Notar gemäß § 18 zur Verschwiegenheit verpflichtet. 2

III. Unterscheidung zu § 26

3 Der zentrale Unterschied zwischen § 26 einerseits und § 26a andererseits ist der Begriff des „**Dienstleisters**“, der in **Abs. 1 S. 2** – zugegebenermaßen sehr weit – legaldefiniert ist. Die Gesetzesbegründung hat mit Blick auf die Praxis vor allem IT-Dienstleister, aber auch Reinigungsdienste, Sicherheitsdienste sowie Dienstleistungen zur Erbringung von Schreibarbeiten, Annahme von Telefonanrufen, Aktenarchivierung und -vernichtung sowie Tätigkeiten im Bereich des Rechnungswesens.[1] § 26a erfasst damit im Grundsatz alle Personen, die keine bloßen Lieferanten und nicht beim Notar selbst arbeitsrechtlich beschäftigt sind. Der Notar muss den Lieferanten zudem „beauftragen“, dh für diejenigen Dienstleister, mit denen er kraft Gesetzes zur Zusammenarbeit verpflichtet ist, gilt § 26a nicht; namentlich für die Notarnet GmbH als Gesellschaft der Bundesnotarkammer, die für diese die Register wie ZVR, ZTR oder XNotar sowie das Urkundenarchiv und verschiedenste elektronische Dienste betreibt, die der Notar etwa nach §§ 78a Abs. 1, 78c Abs. 1 und § 78k bis 78l Abs. 1 nutzen muss. Ein „Beauftragen“ führt darüber hinaus auch nur dazu, dass der Notar den Vertragspartner verpflichten muss, nicht hingegen dessen Organe, Mitarbeiter oder dessen Lieferanten und Dienstleister. Weitere Verpflichtungen durch den Dienstleister selbst (ggü. Mitarbeitern, Lieferanten oder eigenen Dienstleistern) muss der Notar grundsätzlich nicht überwachen.

4 Der Notar darf dem **Dienstleister nur Zugang** zu Informationen und Tatsachen gewähren, soweit dies „**erforderlich**“ ist, um die Dienstleistung durchführen zu können. Denn im Übrigen ist der Notar zur Geheimhaltung verpflichtet. Dem Notar ist hierbei ein weites Ermessen einzuräumen; jedoch muss er die Preisgabe der Information auf ein notwendiges **Minimum beschränken**.

5 In der **sorgfältigen und pflichtgemäßen Auswahl des Dienstleisters** liegt eine hervorgehobene Aufgabe des Notars, denn in der Praxis ist er den technischen Möglichkeiten des Dienstleisters unterlegen und muss vertrauensvoll hoffen, dass dieser bei der täglichen Arbeit den gewährten Zugang nicht missbraucht, ausnutzt oder Dritten zugänglich macht. **Kriterien für die Auswahl** können **Zertifizierungen, nachgewiesene Schulungen der Mitarbeiter, Referenzen durch Fachkollegen** und die allgemeine **Reputation und Seriosität** des Anbieters im Marktgeschehen sein. Hat der Notar Zweifel an der Zuverlässigkeit des Dienstleisters, darf er diesen nicht beauftragen bzw. muss die Vertragsbeziehung beenden. Dies gilt insbesondere, wenn der Dienstleister die ihm aufzuerlegenden Vorgaben nach Abs. 3 nicht einhalten kann oder will.

IV. Vertragsinhalt mit dem externen Dienstleister, Abs. 3

6 Der zentrale **Abs. 3** legt die Inhalte eines schriftlichen (§§ 126, 126a BGB) Vertrages zwischen dem Notar und dem Dienstleister fest. Im Hinblick auf die Beschränkung des Notars auf „erforderliche“ Dienstleistungen gemäß Abs. 1 sollte der Vertrag nicht nur den genauen **Umfang der Tätigkeit**, sondern auch die **Zielsetzung und Nutzen für den Notar** darstellen. Im Übrigen sind die Inhalte des Abs. 3 S. 2 zu befolgen und inhaltlich im Vertrag zu dokumentieren.

7 In einer Sozietät hat jeder Notar einen eigenen Vertrag mit dem Dienstleister zu schließen. Dieser kann aber in einem gemeinsamen Dokument geschehen, von dem mehrere Abschriften gemacht werden. Diese ist jeweils zu den Generalakten zu nehmen.

1 Gesetzesbegründung, BT-Drs. 18/11936, 22.

V. Einzelne Amtsgeschäfte

8 **Abs. 4** nimmt einzelne Amtsgeschäfte, zu denen ein Dienstleister eingeschaltet wird, in den Blick. Hier ist die **Zustimmung der Beteiligten** erforderlich. Praktisch relevant ist etwa die Einschaltung eines Dolmetschers oder die Abwicklung des Rechtsgeschäfts über ein Notaranderkonto. In beiden Fällen ergibt sich die Einwilligung bereits unmittelbar aus der Urkunde, so dass praktisch keine weiteren Probleme entstehen können. Nur in Fällen, in denen sich die Einwilligung zu einer konkreten Dienstleistung im Einzelfall nicht direkt aus der Urkunde ergibt, bedarf es einer gesonderten Einwilligung der Beteiligten. Auch in diesen Fällen ist der Notar nach Abs. 5 verpflichtet, den Dienstleister sorgfältig auszuwählen. Die Beteiligten können auf diese Pflicht in den Fällen nach Abs. 4 verzichten.

VI. Entbehrlichkeit einer Verpflichtung, Abs. 6

9 Gemäß **Abs. 6** ist eine erneute **Verpflichtung von Dienstleistern** dann **entbehrlich**, wenn diese als natürliche Person bereits nach § 26 förmlich verpflichtet wurde. Diese wird als gleichwertig zu einer schriftlichen Verpflichtung nach § 26a angesehen. Weiterhin bedarf es keiner Verpflichtung nach **Abs. 6 S. 2**, wenn der Dienstleister **bereits gesetzlich** zur **Verschwiegenheit verpflichtet** ist, Abs. 3 S. 2 gilt dann nicht. Beispiele wären etwa Steuerberater und Wirtschaftsprüfer, Rechtsanwälte, aber auch Telekommunikationsdienstleister und Postunternehmen. Zudem sind die in § 203 StGB einbezogene Berufe wie Gerichtsvollzieher zu nennen, die sich als Beamte bei einer Weitergabe von Informationen strafbar machen würden, § 203 Abs. 2 Nr. 1, § 11 Abs. 1 Nr. 2 a StGB iVm § 154 GVG.[2] Eine wichtige Ausnahme bilden richtigerweise Kreditinstitute. Da das sog. Bankgeheimnis nur schuldrechtlicher und nicht gesetzlicher Natur ist, ist eine Verpflichtung nach § 26a notwendig. Unabhängig davon ist der Notar stets nach Abs. 1 und 2 verpflichtet: die Informationen, die der Dienstleister erhält, müssen auf das notwenige Minimum beschränkt werden (Abs. 1), die Dienstleister sind vom Notar sorgfältig auszuwählen und bei Zweifeln an deren Zuverlässigkeit ist die Zusammenarbeit zu beenden.

VII. Verhältnis zu anderen Vorschriften, Abs. 7

10 Nach **Abs. 7** bleiben **andere Beschränkungen** zum Einsatz von Dienstleistern und zum Schutz von personenbezogenen Daten **durch § 26a unberührt**. Die Norm will somit telelogisch zusätzlichen Schutz für die betroffenen Rechtsuchenden bieten und keine Konkurrenz zu bisherigen Beschränkungen und Schutzvorschriften schaffen. Insbesondere an § 35 Abs. 4 (elektronische Aktenführung) ist hierbei zu denken. Daraus ergibt sich, dass die Nutzung von privaten Cloud-Diensten oder sonstiger Webspeichermedien derzeit in Bezug auf personenbezogene Daten zur elektronischen Aktenführung durch Notare nun zulässig ist (→ § 35 Rn. 15 f.). Gesetzliche Beschränkungen ergeben sich neben dem Berufsrecht außerdem vor allem aus dem Straf-, aber auch aus dem Datenschutzrecht. So steht auch für den Notar eine mögliche Strafbarkeit nach § 203 StGB im Raum, wenn ein unbefugter Dritter durch ein Hinzuziehen des Notars ein Geheimnis offenbart. Wenn der Notar sich jedoch an die Vorgaben der §§ 26 und 26a hält, führt dies bei einer unbefugten Offenlegung von Tatsachen aus seinem Verantwortungsbereich zu einem Strafbarkeitsausschluss.[3]

2 Dazu vgl. auch *Grosskopf/Momsen* CCZ 2018, 98.
3 Dazu: BGH DNotZ 2014, 837 (839), der von der Wahrnehmung eigener berechtigter Interessen iSv § 193 StGB spricht, der zum Strafbarkeitsausschluss führt.

§ 27 Anzeigepflicht bei Verbindung zur gemeinsamen Berufsausübung

(1) [1]Der Notar hat eine Verbindung zur gemeinsamen Berufsausübung oder zur gemeinsamen Nutzung der Geschäftsräume unverzüglich der Aufsichtsbehörde und der Notarkammer anzuzeigen. [2]Diese Anzeigepflicht gilt auch für berufliche Verbindungen im Sinne von § 3 Abs. 1 Satz 1 Nr. 7 des Beurkundungsgesetzes. [3]Anzuzeigen sind Name, Beruf, weitere berufliche Tätigkeiten und Tätigkeitsort der Beteiligten. [4]§ 9 bleibt unberührt.

(2) Auf Anforderung hat der Notar der Aufsichtsbehörde und der Notarkammer die Vereinbarung über die gemeinsame Berufsausübung oder die gemeinsame Nutzung der Geschäftsräume vorzulegen.

I. Grundsätzliches

1 § 27 ist eine Ergänzung zu § 9 und soll die Arbeit der Aufsichtsbehörde erleichtern, die Einhaltung der notariellen Pflichten zu überwachen (§ 93), wenn diese eine Verbindung iSd § 9 eingegangen sind. Daneben vervollständigen die Richtlinien der Bundesnotarkammer (Abschnitt V) die Regelungen von § 9 und § 27. Die Notarkammer, der die Verbindung mehrerer Notare nach S. 1 ebenfalls anzuzeigen ist, unterstützt nach § 67 die Arbeit der Aufsichtsbehörden. Insgesamt soll die persönliche Amtsausübung, die Unparteilichkeit und die Unabhängigkeit, die durch die Schaffung von zu großen Sozietäten als gefährdet angesehen wird, überwacht und letztlich gestärkt werden.

II. Verhältnis zur landesrechtlichen Genehmigungspflicht

2 Nach Abs. 1 S. 4 bleibt § 9 unberührt. Damit ist im Bereich des hauptberuflichen Notariats eine **bestehende Genehmigungspflicht nach landesrechtlichen Vorgaben** der Anzeigepflicht nach Abs. 1 **vorrangig**. Die Einzelheiten richten sich nach den jeweiligen AVNot. Besteht keine Genehmigungspflicht, ist die Verbindung zur gemeinsamen Berufsausübung **nach Abs. 1** der Aufsichtsbehörde und der Notarkammer **anzuzeigen**. Inhaltlich für die Anzeige ist Abs. 1 S. 3 maßgeblich; auch neu eintretende Sozien müssen unverzüglich nach Vertragsschluss gemeldet werden. Adressat der Anzeige ist die örtlich zuständige Aufsichtsbehörde und die zuständige Notarkammer.

III. Anzeigepflicht im Anwaltsnotariat

3 Für das Anwaltsnotariat gilt im Grundsatz nichts anderes. § 3 Abs. 1 Nr. 7 BeurkG soll durch die Anzeigepflicht erleichtert auch bei überörtlichen Sozietäten überwacht werden können.

IV. Vorlagepflicht der Verträge

4 Die der Verbindung der Notare zugrunde liegende Verträge sind der Aufsichtsbehörde, teils auch zur Genehmigung nach landesrechtlichen Vorgaben, auf deren Verlangen vorzulegen. Dieses Verlangen ist so lange berechtigt, als die Verbindung noch besteht.

V. Folgen einer Verletzung der Anzeigepflicht

Anders als im Fall des § 9 hat die Verletzung der Anzeigepflicht keine Auswirkung auf die Wirksamkeit der Verbindung; Verstöße gegen § 27 sind aber Amtspflichtverletzungen von jedem der beteiligten Notare. Die Aufsichtsbehörde kann die Einhaltung nach allgemeinen Regeln durchsetzen. 5

§ 28 Sicherstellung der Unabhängigkeit und Unparteilichkeit

Der Notar hat durch geeignete Vorkehrungen die Wahrung der Unabhängigkeit und Unparteilichkeit seiner Amtsführung, insbesondere die Einhaltung der Mitwirkungsverbote und weiterer Amtspflichten nach den Bestimmungen dieses Gesetzes, des Beurkundungsgesetzes und des Gerichts- und Notarkostengesetzes sicherzustellen.

I. Grundsätzliches

§ 28 verlangt vom Notar, Sorge dafür zu tragen, dass die zentralen Grundpfeiler und -prinzipien sämtlichen notariellen Handelns, die **Unabhängigkeit** und die **Unparteilichkeit, stets eingehalten werden**. Er ist eine Nebenpflicht mit dem Ziel, diese beiden zentralen (Haupt-)Pflichten zu bewahren, insbesondere vor Gefährdungen, die sich durch überörtliche Sozietäten und erweiterte Möglichkeiten beruflicher Verbindung ergeben können. Ergänzt wird § 28 durch die Möglichkeit der Kammern nach § 67 Abs. 2 S. 3 Nr. 6, Standesrichtlinien zu erlassen (vgl. RLEmBNotK in Abschnitt VI Nr. 1.2 und 3.3). 1

II. Organisatorische Sorgfaltsanforderungen

Da nahezu sämtliche berufsrechtliche Vorschriften der Wahrung von Unabhängigkeit und Unparteilichkeit dienen, wurden mit der vagen Formulierung des § 28 **organisatorische Sorgfaltsanforderungen bei der praktischen Amtsführung** geschaffen: Der Notar muss Vorkehrungen ergreifen, wie bei der täglichen Arbeit die Einhaltung der Amtspflichten gewahrt wird. Im Einzelnen wird man die „Vorkehrungen" iSd § 28 weit fassen müssen: geeignete Büroabläufe, Dokumentation von Arbeitsschritten und Beteiligten etwa durch Verzeichnisse. 2

III. Sorgfaltsmaßstab

Ob eine Vorkehrung darüber hinaus geeignet iSd Vorschrift ist, hängt von der einzelnen Gefährdung ab. § 28 streicht diesbezüglich **Mitwirkungsverbote nach § 3 Abs. 1 BeurkG** besonders heraus (vgl. dazu auch Nr. 1 und 2 des Abschnitts VI der RLEmBNotK). Ob solche Kollisionsfälle bestehen, ist daher zwingend durch den Notar vor Übernahme des Amtsgeschäfts im zumutbaren Umfang zu überprüfen. Dieser Umfang bestimmt sich nach den Umständen des Einzelfalls. Sicherlich kann vom Notar nicht verlangt werden, stets alle Akten zu überprüfen und auch sämtliche Altfälle in eine Datenbank zur elektronischen Abgleichung zu erfassen. Wenn jedoch die technischen Hilfsmittel es mit einem der Angelegenheit vertretbaren Zeitaufwand zulassen, ist ein Abgleich auf Kollisionen durchzuführen. Erst recht gilt dies, wenn die verwendete Datenbank eine unmittelbare Suche nach Beteiligten erlaubt; dann ist eine Überprüfung Amts- 3 pflicht.[1] Stets zumutbar sind außerdem **anlassbezogene Rückfragen** an die Beteiligten.

4 Die Anforderungen an die Pflicht zur Vergewisserung im Einzelfall steigen, wenn sich Notare in Sozietäten verbinden. Dies gilt gleichermaßen für Anwalts- wie auch für Nurnotare und hat ihre Grundlage in Abschnitt VI Nr. 1.2 der RLEmBNotK. Danach muss jeder Notar eine **Dokumentation zur Erfassung der Beteiligten** führen. Umstritten ist, ob eine zusätzliche, ggf. stichwortartige Dokumentation auch des Geschäftsgegenstands zu den Pflichten des Notars gehört. Als Faustregel wird sicherlich auf die Größe der Sozietät abzustellen sein: Je größer die Sozietät ist, desto größere Anforderungen sind an die ergänzende Dokumentation zu stellen. Sichergestellt muss auch sein, dass jeder einzelne Notar auf die Gesamtdokumentation Zugriff hat.

IV. Bürogemeinschaft

5 In Bürogemeinschaften muss durch eine vertragliche Vereinbarung festgelegt werden, dass jeder Sozius dem anderen die Tatsachen offenlegt, dass die Pflichten aus § 14 Abs. 5 (Beteiligungsverbot) und aus dem Mitwirkungsverbot erfüllt werden können.

6 Abschnitt VI Nr. 3.3 der RLEmBNotK verpflichtet jeden Notar dazu, seine beruflichen Verbindungen so auszugestalten, dass die mit ihm Verbundenen im Zusammenhang mit einer **Urkundstätigkeit keine Vorteile** gewähren, die der Notar nach 3.2 der Richtlinien nicht gewähren darf. Die Regelung wird standardmäßig in den Sozietätsvertrag aufzunehmen sein.

§ 29 Werbeverbot

(1) Der Notar hat jedes gewerbliche Verhalten, insbesondere eine dem öffentlichen Amt widersprechende Werbung zu unterlassen.

(2) [1]Ist ein dem Notar in Ausübung seiner Tätigkeiten nach § 8 erlaubtes Auftreten mit den Maßstäben des Absatzes 1 nicht zu vereinbaren, so ist es von seinem Auftreten als Notar zu trennen. [2]Enthält ein Auftreten im Sinne des Satzes 1 Hinweise auf die notarielle Tätigkeit, so ist deutlich zu machen, dass es sich nicht auf die notarielle Tätigkeit bezieht.

(3) [1]Ein Anwaltsnotar, der sich nach § 9 Absatz 2 mit nicht an seinem Amtssitz tätigen Personen verbunden hat oder der weitere Kanzleien oder Zweigstellen unterhält, darf auf Geschäftspapieren, in Verzeichnissen, in der Werbung und auf nicht an einer Geschäftsstelle befindlichen Geschäftsschildern seine Amtsbezeichnung als Notar nur unter Hinweis auf seinen Amtssitz angeben. [2]Der Hinweis muss der Amtsbezeichnung unmittelbar nachfolgen, ihr im Erscheinungsbild entsprechen und das Wort „Amtssitz“ enthalten. [3]Satz 1 gilt nicht, soweit die Geschäftspapiere, die Verzeichnisse oder die Werbung keinen Hinweis auf die Verbindung nach § 9 Absatz 2 oder weitere Kanzleien oder Zweigstellen enthalten.

(4) Amts- und Namensschilder dürfen nur an Geschäftsstellen geführt werden.

1 Frenz/Miermeister/*Frenz* BNotO § 28 Rn. 8.

I. Entwicklung des Werbeverbots

Während über mehrere Jahrzehnte aus den Bestimmungen der BNotO ein äußerst strenges Werbeverbot hergeleitet wurde,[1] führten mehrere Urteile des BVerfG[2] zu einer Lockerung des Werbeverbots und veranlassten schließlich den Gesetzgeber, Werbung durch Notare mit § 29 auf eine neue gesetzliche Grundlage zu stellen. Hintergrund der bisherigen ablehnenden Haltung war, dass nach herrschender Meinung sich Werbung mit dem öffentlichen, nicht gewerblichen Amt des Notars nicht vertrage. 1

II. Verbotene Werbung

Nach nunmehr geltender Rechtslage (Abs. 1) ist dem **Notar Werbung dann untersagt, wenn sie dem öffentlichen Amt widerspricht.** Inhaltlich wird die (zulässige) Werbung aber nicht weiter definiert; in **Abs. 2** ist lediglich bestimmt, dass eine nach § 8 **erlaubte Nebentätigkeit** sich nicht auf die notarielle Amtstätigkeit werbend auswirken darf. **Abs. 3** nimmt darüber hinaus das Phänomen der **überörtlichen Sozietät** in den Blick und will verhindern, dass dem Anwaltsnotar durch die übrige Tätigkeit der Sozietät Aufträge zukommen. Gesetzgeberisch wurde den Notarkammern in § 67 Abs. 2 Nr. 7 eine Möglichkeit zu konkretisierenden Richtlinien eingeräumt – hierzu sind in den RLEmBNotK in Abschnitt VII Empfehlungen ausgearbeitet worden, die sich mit dem „Auftreten des Notars in der Öffentlichkeit" und der Werbung auseinandersetzen. 2

III. Definition: Werbung

Unter **Werbung** versteht man nach dem BGH sämtliche Tätigkeiten, die unter planmäßiger Anwendung beeinflussender Mittel darauf angelegt sind, beworbene Leistungen des Werbenden in Anspruch zu nehmen.[3] Ob werbendes Verhalten vorliegt, bestimmt sich nicht nach subjektiven Kriterien des Angesprochenen, sondern nach objektivierten Maßstäben der maßgeblichen Verkehrsauffassung. Entscheidend ist, ob objektiv gezielt entweder eine Steigerung des Bekanntheitsgrads des Produkts oder der Dienstleistung oder eine Umsatzförderung beabsichtigt ist. Unerheblich ist, welche weiteren Zwecke daneben mit der werbenden Maßnahme verfolgt werden. 3

Von Werbung im engeren Sinne zu unterscheiden, ist das **werbewirksame Verhalten.** Das BVerfG versteht hierunter öffentliche Maßnahmen, durch die die Leistungen des Werbenden in der Öffentlichkeit positiv dargestellt und das Vertrauen der Zielgruppe in diese gestärkt werden. Beabsichtigt wird dabei nicht, das Leistungsspektrum des Notars anzupreisen, sondern die Außenwahrnehmung soll positiv beeinflusst werden. Eine solche positive Außendarstellung verstößt nicht gegen § 29, **solange und soweit** sie sich nach **Art, Form und Umfang** in einem **zurückhaltenden Maß** bewegt, das mit dem Amt des Notars im Einklang steht. Reklamehaftes Verhalten hat in jedem Fall zu unterbleiben (Abschnitt VII 1.3 lit. b RLEmBNotK). 4

1 BGHZ 106, 212.
2 BVerfGE 76, 196 und BVerfG NJW 1997, 2510.
3 BGH NJW 1992, 45.

5 Im Einzelfall können schwierige Abgrenzungsfragen entstehen – folgende Verhaltensweisen sind jedoch – unter Wahrung vorstehend beschriebener Zurückhaltung – unproblematisch:

- nach § 3 DONot verpflichtende Amt- und Namensschilder,
- Einträge in Telefon- und Faxverzeichnisse im üblichen, nicht hervorgehobenen Schriftbild,
- Stellenanzeigen in angemessenen Umfang,
- Präsentation auf Ausbildungsmessen für den Berufsstand,
- Fachpublikationen, Referate und Beiträge auf Fachtagungen sowie wissenschaftliche Vorträge,
- Schaffung einer sog. Corporate Identity, durch Logo, Visitenkarten und Briefbögen, auch in gehobener Qualität, sofern die amtsgemäße Zurückhaltung gewahrt bleibt.

6 Der Notar muss seinen Beruf auch bei **privatem Engagement** nicht verschweigen. Beteiligt er sich bei Ehrenämtern, bei Wahlen in Vereinen oder Parteien, so darf er seinen Beruf nennen. Im zurückhaltenden Maße ist auch kulturelles, sportliches, wissenschaftlich oder soziales Engagement zulässig, richtigerweise auch in Form finanzieller Zuwendungen als sog. **„Sponsoring"**. Unzulässig werden solche Maßnahmen nach dem BVerfG,[4] das zum Sponsoring einer Anwaltspraxis, aber mit dem vergleichbaren § 43 BRAO entschieden hat, erst, wenn durch das Engagement das Vertrauen in die Integrität und Unabhängigkeit des Anwalts gefährdet würde – eine Rechtsprechung, die auch im Rahmen des § 29 passt.[5] Hält das Sponsoring mithin die übliche amtsgemäße Zurückhaltung in Art, Umfang und Maß des Engagements ein und nennt insbesondere nur den Namen des Notars, so ist es unproblematisch. Vereinbar mit § 29 sind auch Ausstellungen in den Räumen des Notarbüros sowie Veranstaltungen kultureller Art.

IV. Persönlicher Anwendungsbereich

7 § 29 gilt sowohl für **Anwalts-** als auch für **Nurnotare**. Die Notare unterschiedlicher Systeme stehen mitunter im Wettbewerb zueinander und sind schon aus Gleichheitsgründen **vergleichbaren Beschränkungen** bei Werbung und werbewirksamen Verhalten auszusetzen. Insbesondere kann aus der Möglichkeit des Anwaltsnotars, sich mit anderen Berufsgruppen wie Rechtsanwälten, Wirtschaftsprüfern und Steuerberatern zusammenzuschließen, nicht auf eine großzügigere Regelung in Fragen der Werbung geschlossen werden. Aufgrund der Satzungskompetenz können Notarkammern innerhalb des Spielraums des § 29 Einschränkungen gegenüber den Richtlinienempfehlungen der BNotK vornehmen – von diesem Recht haben verschiedene Kammern Gebrauch gemacht.

V. Werbung zusammen mit anderen Berufen

8 Ein besonderes Problemfeld ergibt sich, wenn das Notaramt mit den weiteren Regelungen bezüglich Werbung iwS **anderer Berufe** zusammentrifft. Dieses Phänomen tritt auf, wenn sich ein Anwaltsnotar zur gemeinsamen Berufsausübung mit anderen Berufsgruppen zusammenschließt. Beispielsweise ist einem Rechtsanwalt Werbung bezüglich des Preises außerhalb des gerichtlichen Bereichs erlaubt, so dass bei einer gemeinsamen Berufsausübung eine Verwechslung mit den gesetzlichen Gebühren nach GNotKG droht oder gar der Eindruck einer vermeintlichen Verhandlungsmöglichkeit über diese entsteht. Wich-

4 BVerfG NJW 2000, 3195 (3196).

5 So auch Frenz/Miermeister/*Miermeister/de Buhr* BNotO § 29 Rn. 6.

tig ist auch, dass der Notar stets **das gesamte Spektrum notarieller Dienstleistungen** anzubieten hat und **keine Spezialisierung** wie es bei Anwälten nach § 7 Abs. 1 S. 1 BRAO zulässig ist; der Anwaltsnotar hat dann bei der Werbung zu ergänzen, dass die Spezialisierung nur die Anwaltstätigkeit betrifft. Anders als bei Rechtsanwälten muss zusätzlich zu den allgemeinen Kriterien, dass die Werbung nicht das Vertrauen in das integre, an den Interessen des potenziellen Mandanten orientierte Verhalten des Anwalts erschüttert werden darf, stets die Unparteilichkeit und die Unabhängigkeit als den zentralen Grundpfeilern des notariellen Amtsverständnisses gewahrt werden. Daher sind Hinweise auf vergangene Beurkundungen und **„Referenzmandate"** ebenso **unzulässig** wie Nennungen in werbenden Fachmagazinen wie etwa „JUVE" oder „The Legal 500". Sofern Tätigkeiten dem Anwalt erlaubt sind, dem Notar aber nicht, ist für den **Anwaltsnotar stets der strengere notarielle Maßstab** entscheidend (vgl. hierzu 2.2 der RLEmBNotK). Während der Anwalt auch größere Personenkreise regelmäßig über seine Tätigkeiten informieren darf, ist die Haltung bei Notaren strenger (vgl. Abschnitt VII Rn. 26 ff. der RLEmBNotK). Folglich dürfen über bloße Berufsbezeichnung „Rechtsanwalt und Notar" keine weiteren Informationen über die notarielle Tätigkeit eines Anwaltsnotars in den Rundschreiben enthalten sein.

Nach der Rechtsprechung des BGH darf der Notar nur die Amtsbezeichnung „Notar" und nicht etwa die Bezeichnung „Notariat" verwenden.[6] Gleichwohl kommt es nach der Entscheidung auf den konkreten Einzelfall an: Wichtig ist, dass nicht der Eindruck entstehen darf, die Einrichtung des „Notariats" sei verselbstständigt und vom „Notar" als Amtsträger getrennt. So ist die Bezeichnung „Notarkanzlei" oder „Anwalts- und Notarkanzlei" für die Geschäftsstelle unproblematisch. Zudem ist beispielsweise die Bezeichnung „Notariat am Mühlentor" für die Sozietät dreier Notare unproblematisch, weil sich daraus klar nur eine örtliche Beschreibung und keine verfestigte Institution wie etwa bei der Bezeichnung „Notariat Stuttgart" der Fall wäre. 9

Insgesamt sind Anwälte und Notare daher zwar grundsätzlich ähnlichen Beschränkungen bei der Werbung unterworfen, jedoch ist der vergleichbare **§ 43b BRAO** der Anwälte **großzügiger** als § 29, insbesondere auch in Bezug auf die Auslegung der Norm. Demgegenüber hat der Notar auch bei der Werbung stets die **amtsgebotene Zurückhaltung** zu wahren – ist jemand daher gleichzeitig Anwalt und Notar, so muss er dieses strengere Korsett sich anlegen und gegen sich gelten lassen. 10

Mit **Abs. 3** soll dem Phänomen des Anwaltsnotars in einer **überörtlichen Sozietät** mit anderen Berufsträgern und der **Möglichkeit nach § 27 BRAO**, weitere Kanzleien oder Zweigstellen an anderen Standorten zu unterhalten, Rechnung getragen werden. Denn einerseits darf jeder Anwaltsnotar seine Amtsbezeichnung führen, andererseits muss für die Rechtsuchenden stets klar sein, an welchen Standorten sie notarielle Dienstleistungen erhalten können, weshalb eine Irreführung ist auf Geschäftspapieren, -schildern, Hinweisen, Verzeichnissen oder Werbung zu vermeiden ist. 11

Abs. 3 hat den Anwaltsnotar vor Augen, der 12

(1) sich nach § 9 Abs. 2 mit weiteren Berufsträgern verbunden hat, die nicht an seinem Amtssitz tätig sind oder
(2) der einzelne Anwaltsnotar nach § 27 BRAO weitere Kanzleien oder Zweigstellen an anderen Orten unterhält.[7]

---

6 BGH NJW 2018, 2567.
7 Vgl. dazu im Einzelnen die Gesetzesbegründung in BT-Drs. 16/431, 262.

13 In diesen Fällen ist stets nach **Abs. 3 S. 1** darauf zu achten, dass auf Geschäftspapieren, auf Schildern und Hinweisen der Anwaltsnotar die Bezeichnung „Notar" **nur mit Hinweis auf seinen Amtssitz** führen darf. Aus S. 2 ergibt sich, wie der Hinweis auszugestalten ist: es muss der „**Amtssitz**" verwendet werden, dieser muss der Amtsbezeichnung unmittelbar nachfolgen und muss im gleichen Erscheinungsbild wie die Amtsbezeichnung gehalten sein. Ein solcher Hinweis ist nach **S. 3** nur dann **entbehrlich**, wenn die Geschäftspapiere, Verzeichnisse oder Werbung keinen Hinweis auf die Verbindung nach § 9 Abs. 2 oder die weiteren Kanzleien oder Zweigstellen enthalten.

14 Insgesamt wird erst die **praktische Handhabe zeigen**, ob die Neuregelung des Abs. 3 sich als **zielführend erweist**: in der Sache gleichgelagerte Fallkonstellationen werden unterschiedlich behandelt: unklar bleibt, weshalb der Gesetzgeber für den Fall der weiteren Kanzlei oder Niederlassung das Prinzip der Überörtlichkeit nicht beibehalten hat. So muss der Anwaltsnotar mit einer weiteren Niederlassung stets den Hinweis nach S. 2 beifügen, während ein Anwaltsnotar, der sich mit anderen Berufsträgern am gleichen Ort zusammenschließt, von dieser Pflicht entbunden ist.[8] Trotz dieser Unstimmigkeiten im Einzelnen ist jedoch ebenso zuzugeben, dass die tatsächlichen Einschränkungen für den betroffenen Berufsträger nicht gravierend sind; es ist einzig darauf zu achten, dass der Hinweis beigefügt wird.

15 Nach **Abs. 4** darf der Notar Amts- und Namensschilder, die nach § 3 DONot das jeweilige Landeswappen enthalten, nur an einer Geschäftsstelle anbringen. Hintergrund dieser Regelung ist die Grundüberlegung, dass das Notaramt als ein öffentliches Amt ist, das an einem bestimmten Amtssitz in einer Geschäftsstelle (§ 10 Abs. 2 S. 1) auszuüben ist. Dies ist der wesentliche Unterschied zu sonstigen Geschäftsschildern, so dass die abweichenden, strengeren Regelungen nach Abs. 4 gerechtfertigt sind.

16 **Notare sind Gewerbetreibende iSd Wettbewerbsrecht** und fallen mit ihrer Tätigkeit unter die §§ 1, 3 UWG. Ohne die Regelungen der BNotO und der weiteren berufsrechtlichen Bestimmungen heranziehen zu müssen, können sie daher auf Schadenersatz oder Unterlassung verklagt werden. Ob eine Verletzung von Berufsrecht auch einem wettbewerbswidrigen Verhalten gleichkommt, ist umstritten. Der BGH hat dies jedenfalls für § 45 Abs. 1 Nr. 4 BRAO mit der Begründung verneint, dass berufsrechtliche Tätigkeitsverbote teleologisch keinen unmittelbaren Wettbewerbsschutz verfolgen würden, sondern die Integrität des Amts und seiner Amtsführung im Vordergrund stünden.[9] Anders liegt der Fall richtigerweise jedoch bei einem Verstoß gegen eine berufsrechtliche Werbebeschränkung.

17 Klagebefugt nach § 8 Abs. 3 Nr. 2 UWG sind auch die **Notarvereine** als eingetragene Vereine und damit rechtsfähige Verbände. Trotz Widerspruchs räumt der BGH dieses Recht auch **Kammern** der freien Berufe ein;[10] für die Notarkammern wurde dieses noch nicht entschieden. Im Hinblick auf das immer bedeutendere europäische Wettbewerbsrecht ist streitig, ob Freie Berufe „Unternehmen" iSd Europäischen Wettbewerbsrechts sind.

8 So auch Frenz/Miermeister/*Miermeister/de Buhr* BNotO § 29 Rn. 25 ff. m.w. Beispielen.

9 BGH NJW 2001, 2089.

10 BGH NJW 1997, 2180; 1998, 2533; 2002, 2009. Kritisch zB *Grunewald* NJW 2002, 1369.

§ 30 Ausbildungspflicht

(1) Der Notar hat bei der Ausbildung des beruflichen Nachwuchses und von Referendaren nach besten Kräften mitzuwirken.
(2) Der Notar hat den von ihm beschäftigten Auszubildenden eine sorgfältige Fachausbildung zu vermitteln.

Die Norm hat in **Abs. 1** die **Ausbildung des notariellen „Nachwuchses"**, also der späteren Notare zum Gegenstand; nicht die Fortbildung des Notars selbst. Dass die Ausbildung „nach besten" geschehen soll, unterstreicht die Bedeutung der Aufgabe. 1

Der Nurnotar ist insbesondere bei einer Zuweisung nach § 7 Abs. 3 S. 2 im Rahmen des Vorbereitungsdienstes gefordert. Er hat dem **Assessor Einblicke** in den **beruflichen Alltag** zu gewähren und ihn rechtlich, berufsrechtlich und auch im Hinblick auf die Büroorganisation so auszubilden, dass dieser nach Ende des Anwärterdienstes befähigt ist, eine Notarstelle zur selbstständigen Amtsausübung zu übernehmen. Im Einzelnen hängt vieles vom Ausbildungsstand und den Vorkenntnissen des Assessors ab. Während es zu Beginn des Assessoriats es sehr sinnvoll ist, den Assessor zu Beurkundungen mitzunehmen und diese anschließend mit ihm zu besprechen, wird im weiteren Verlauf des Vorbereitungsdienstes das eigenständige Fertigen von Urkundsentwürfen und der Kontakt zu den Rechtsuchenden im Vordergrund stehen. Im letzten Teil des Vorbereitungsdienstes dürfte die Büroorganisation im Vordergrund stehen. Fachdiskussionen, die Bereitstellung von Fachliteratur und das persönliche Gespräch mit dem Assessor sind stets geboten. 2

Wenn der **Notar nicht vor Ort** ist und der **Assessor ihn vertritt**, besteht die Ausbildungspflicht des Notars dennoch fort. Durch Vorgaben an das Personal, einen geeigneten Arbeitsplatz und eine dem Ausbildungsstand angemessene Terminierung der Beurkundungen trägt der Notar Sorge dafür, dass der Assessor auch diese Zeit, die ja gerade im Hinblick auf die spätere Amtsausübung besonders wertvoll ist, als Zeit der **praktischen Aus- und Fortbildung** im notariellen Alltag gewinnbringend nutzen kann. Eine Besprechung der Vorkommnisse während der Vertretung im Nachhinein bietet sich zudem an. Aus- und Fortbildungen des Assessors sind zu unterstützen; dies kann auch durch Beteiligung des Notars an Aus- und Fortbildungsveranstaltungen geschehen. 3

Da es beim **Anwaltsnotar** keinen Vorbereitungsdienst gibt, hat der Anwaltsnotar **diejenigen Anwälte ausbilden**, die in seiner Kanzlei mitarbeiten und sich für den Beruf des Anwaltsnotars interessieren. Die für den Nurnotar genannten Ausbildungspflichten (→ Rn. 1 f.) gelten entsprechend, denn ein Bewerber muss nach § 5 b Abs. 4 nachweisen, mit den alltäglichen praktischen Herausforderungen notariellen Alltags vertraut zu sein. 4

Referendare im Vorbereitungsdienst für das Zweite juristische Staatsexamen können eine Anwaltsstation und eine Wahlstation bei einem Anwaltsnotar, bei einem Nurnotar nur eine Wahlstation absolvieren, § 5b Abs. 2 DRiG. Notare haben dabei die Möglichkeit, nicht nur späteren für den Notarberuf interessierten Juristen einen fundierten Einblick zu geben, sondern können denjenigen, die später als Richter, in der Verwaltung oder als Rechtsanwälte tätig sind, nicht nur mit der kautelarjuristischen Arbeitsweise vertraut machen, sondern sie praktisch auch mit einer Vielzahl verschiedener Rechtsgebiete in Berührung bringen. Bestenfalls lässt der Notar den Referendar an seinem praktischen Alltag teilnehmen und überträgt ihm dann – unter seiner Aufsicht – die Fertigung von Entwürfen. Dabei ist möglichst darauf zu achten, dass die Themengebiete 5 auch materiellrechtlich Bezüge zum Stoff des Zweiten Juristischen Staatsexamens haben, damit der Referendar in dieser Hinsicht einen weiteren Nutzen aus der Station hat.

6 Nach **Abs. 2** ist der Notar darüber hinaus zur **Ausbildung der Fachkräfte** berufen. Diese Aufgabe ist unerlässlich, denn das praktische Gelingen des notariellen Alltags hängt entscheidend von Kompetenz und Einsatzbereitschaft der Fachangestellten ab. Jeder Notar hat daher im Interesse des gesamten Berufsstands dafür zu sorgen, dass die Auszubildenden nicht nur fundierte Kenntnisse in allen Bereichen notariellen Handelns erhalten, sondern ihnen auch die Bedeutung des Berufs, Arbeitsweise und notarielles Amtsverständnis vermittelt wird. Wichtig ist dabei, dass die Berufsschule und der Ausbildungsbetrieb möglichst ineinandergreifen und der Notar in Gesprächen Interesse an dem Erlernten des Auszubildenden zeigt, Fragen beantwortet und seine Kenntnisse praktisch vertieft. Im Einzelnen sei auf § 14 BBiG verwiesen. Der Notar kann die Ausbildung von Fachkräften nach § 14 Abs. 1 Nr. 2 BBiG auf einen Ausbilder übertragen – eine Möglichkeit, von der gerade in größeren Notariaten gerne Gebrauch gemacht wird. Trotz dieser Delegationsmöglichkeit bleibt der Notar letztverantwortlich für die Ausbildung und muss den Ausbilder überwachen. Nach § 15 BBiG ist der Notar verpflichtet, den Auszubildenden für den Berufsschulbesuch und für Prüfungen und sonstige Ausbildungsmaßnahmen freistellen und muss ihm außerdem nach § 16 BBiG ein Zeugnis ausstellen.

7 Die Mitwirkung bei der Ausbildung nach Abs. 1 und 2 ist eine **Dienstpflicht**; ein **Verstoß** dagegen ein **Dienstvergehen.**

§ 31 Verhalten des Notars

Der Notar hat sich gegenüber anderen Notaren, Notarassessoren, Gerichten, Behörden, Rechtsanwälten und anderen seine Auftraggeber beratenden Personen in der seinem Amt entsprechenden Weise zu verhalten.

1 Die Norm ordnet **gegenüber Kollegen und Dritten eine dem Amt entsprechende Verhaltensweise** an.[1] Die Anordnung bringt den besonderen Charakter des Notaramts als einem öffentlichen Amt, geprägt von Unabhängigkeit und Unparteilichkeit zum Ausdruck.

2 **Gegenüber Kollegen**, die in der Norm an erster Stelle stehen, hat der Notar sich stets **respektvoll und rücksichtsvoll** zu verhalten. Die BNotK hat in ihren Richtlinienempfehlungen konkretisierende Vorschläge gemacht, die von den Kammern gemäß § 67 Abs. 2 S. 3 Nr. 11 als Standesrichtlinien umgesetzt werden können.

3 Zur **Rücksichtnahme** (vgl. dazu Abschnitt XI. Nr. 1.1 RLEmBNotK) gehört es, sich über Kollegen nicht abschätzig zu äußern, um eigene Fähigkeiten und Leistungen hervorzuheben. Außerdem verbietet sich ein gezieltes Ansprechen von potenziellen Kunden, um diese dem Kollegen abzuwerben und sie als eigene zu gewinnen. Hilfesuchen und Anfragen von Kollegen ist zu entsprechen, wenn die Hilfe auf Gegenseitigkeit beruht und die eigenen Möglichkeiten bezüglich Zeit und Arbeitsbelastung dies zulassen.

4 **Kollegialität** bedeutet nicht, dass Fehlverhalten einzelner Kollegen toleriert oder gar verheimlicht werden müsste, denn die gegenseitige Rücksichtnahme dient

1 Dazu BGH DNotZ 2014, 311 (313) Rn. 15.

dem Berufsstand der Notare insgesamt. Daher muss Fehlverhalten in der Amtsführung mit dem Kollegen besprochen und gegebenenfalls der Notarkammer gemeldet werden, jedoch frei von persönlicher Färbung der Geringschätzung oder des Suchens eines eigenen Vorteils. Ziel muss es sein, Missstände abzustellen und gemeinsam die Rechtsuchenden optimal mit notarieller Dienstleistung zu versorgen. Die RLEmBNotK sehen in Abschnitt IX Nr. 1.2 bei Streitigkeiten unter Kollegen zunächst eine gütliche Einigung, sodann ein vermittelndes Einschreiten der Notarkammer und zuletzt eine Einschaltung der Aufsichtsbehörden oder gerichtliche Schritte vor. Hintergrund der Regelung ist, dass es von Notaren erwartet werden kann, dass sich diese untereinander einig werden. Das Vermitteln der Notarkammer anstelle der bisherigen öffentlichen Schlichtungen ermöglicht eine Lösung der meisten Probleme, ohne dass die Öffentlichkeit beteiligt und der Berufsstand der Notare in Misskredit gebracht wird. Die Kammern sind bei der Form der Klärung des Konflikts frei – sie können neben einem klärenden Gespräch einen weiteren Kollegen mit der Vermittlung betrauen oder einen Ausschuss aus mehreren Kollegen einsetzen.

Anders als die Pflicht zur Fortführung der Amtsgeschäfte im Fall von **Amtssitzverlegungen** oder beim Erlöschen eines Amts, die vor allem der Gewährleistung ununterbrochener Amtsführung dienen, ist es Teil der gebotenen Kollegialität, die **sachlichen Betriebsmittel** zur Fortführung des Amts **sicherzustellen** (Abschnitt IX Nr. 3.1 bis 3.3 RLEmBNotK). Im Fall des Erlöschens des Amts besteht nach 3.1 RLEmBNotK die Sachmittelüberlassungspflicht nur gegenüber dem Notariatsverwalter. Überträgt die Justizverwalten Akten und Bücher einem Dritten zur Verwahrung, besteht diese Pflicht nicht; ebenso wenig im Fall der Amtssitzverlegung. **Verpflichtet** wird zudem nur der **Notar**; der Verwalter ist zur Annahme der Betriebsmittel nicht verpflichtet. In allen Fällen besteht aber die Verpflichtung, zur Weitergabe der notariatsbezogenen Daten in geeigneter elektronischer Form, um aufwendige Neuerfassungen zu vermeiden. Anspruchsberechtigt sind sowohl der Notariatsverwalter oder auch der neue Amtsinhaber. 5

In Bezug auf ausländische Kollegen legen die RLEmBNotK in Abschnitt IX Nr. 4 Pflichten fest. 6

Gegenüber Dritten hat der **Notar** sich so zu verhalten, wie es von einem Träger eines öffentlichen Amtes erwartet werden darf. Er muss **höflich** und **hilfsbereit** sein, insbesondere dann, wenn sich die Anliegen entweder inhaltlich oder aus den Umständen schwierig gestalten. Gerade Unbeholfenheit in Sprache und Form verlangen es vom Notar, besondere Hilfestellungen zu bieten und sich entsprechend Zeit zu nehmen. Gerade bei der Terminvergabe darf der Notar keine Unterscheidung vornehmen und unliebsame Dinge so terminieren, dass die Rechtsuchenden von einer weiteren Beauftragung des Notars absehen. 7

Gegenüber Behörden Gerichten und sonstigen Dritten stehen andere Gebote im Vordergrund. Handelt es sich um vollzugsbeteiligte Behörden, so ist besondere Höflichkeit gefordert. Ansonsten gilt, dass auch bei berechtigter Kritik **sachlich**, aber **präzise** juristisch argumentiert und unnötige Spitzen in Wortwahl und Ton zu vermeiden sind. Die amtsgebotene Zurückhaltung gilt gerade im Konfliktfall in besonderem Maße – selbstverständlich auch gegenüber Dritten, die in § 31 nicht ausdrücklich genannt sind. 8

§ 32 Bezug von Gesetzes- und Amtsblättern

[1]Der Notar hat das Bundesgesetzblatt Teil I, das Gesetzblatt des Landes, das Bekanntmachungsblatt der Landesjustizverwaltung und das Verkündungsblatt der Bundesnotarkammer zu halten. [2]Sind mehrere Notare zu gemeinsamer Berufsausübung verbunden, so genügt der gemeinschaftliche Bezug je eines Stücks.

1 Jeder Notar hat vier Pflichtblätter zu beziehen:

- Bundesgesetzblatt Teil I
- das Gesetzesblatt seines Bestellungslandes
- das Bekanntmachungsblatt der jeweiligen Justizverwaltung
- die Deutsche Notarzeitschrift als Verkündungsblatt der BNotK.

2 Zielsetzung der Norm ist es, dass der Notar stets über aktuelle Entwicklungen der Gesetzgebung und der Verwaltung informiert ist. Der Notar hat diese Pflicht ab der Bestellung; ältere Jahrgänge der Pflichtblätter muss er sich nicht beschaffen. Wenn der Notar die Pflichtblätter nicht in Papierform bezieht, muss Sorge dafür getragen werden, dass er die jeweiligen Ausgaben auch tatsächlich erhält und die Übermittlung vollständig ist. Eine bloße Abrufmöglichkeit oder eine Verfügbarkeit online genügt nicht. Denn nur wenn der Notar tatsächlich physisch oder virtuell mit der jeweiligen Ausgabe konfrontiert wird, ist sichergestellt, dass er Neuerungen wahrnimmt. Daher ist bei einem elektronischen Bezug erforderlich, dass die Datei abgerufen, gespeichert oder ausgedruckt wird. Ein dauerhafter Vorhalt kann auch bei einer öffentlichen Stelle (Justizverwaltung, Notarkammer) geschehen; wichtig ist nur, dass der Notar jederzeit die Pflichtblätter abrufen kann und er stets über neue Ausgaben (etwa per Mail oder durch einen Push-/Alert-Dienst) informiert wird. Der Notar muss die Pflichtblätter grundsätzlich aufbewahren – hieran sind aber keine allzu hohen Hürden zu stellen. Ziel ist die Information über Neuerungen, nicht eine archivarische Tätigkeit des Notars. Sinnvoll ist es, die Pflichtexemplare so lange aufzubewahren, bis sie in die übliche Fachliteratur (Kommentare, Handbücher und Nachschlagewerke) eingearbeitet sind. Das dürfte spätestens nach fünf Jahren der Fall sein.

3 Sind Notare in einer Sozietät miteinander verbunden, so ist nach S. 2 der Norm der Bezug eines Exemplars ausreichend. Löst sich eine Sozietät auf, ist jeder Notar wieder für sich zum Pflichtblattbezug verpflichtet; eine Nachbezugsverpflichtung für denjenigen, der den Altbestand nicht übernimmt, besteht jedoch nicht; er muss lediglich zukünftig für einen eigenen Bezug sorgen.

§ 33 Elektronische Signatur

(1) [1]Der Notar muss über ein auf Dauer prüfbares qualifiziertes Zertifikat eines qualifizierten Vertrauensdiensteanbieters und über die technischen Mittel für die Erzeugung und Validierung qualifizierter elektronischer Signaturen verfügen. [2]Bei der erstmaligen Beantragung eines qualifizierten Zertifikats für elektronische Signaturen hat die Identifizierung durch die öffentliche Beglaubigung der Unterschrift des Notars unter dem Antrag zu erfolgen. [3]Das qualifizierte Zertifikat muss mit einem Attribut versehen sein, welches den Inhaber als Notar ausweist und daneben den Amtssitz des Notars sowie das Land und die Notarkammer enthält, in deren Bezirk der Notar seinen Amtssitz hat.

(2) Der Notar darf sein qualifiziertes Zertifikat nur von einem qualifizierten Vertrauensdiensteanbieter beziehen, der gewährleistet, dass das Zertifikat unverzüglich gesperrt wird, sobald das Erlöschen des Amtes des Notars oder eine vorläufige Amtsenthebung in das Notarverzeichnis eingetragen wird.

(3) [1]Die zur Erzeugung qualifizierter elektronischer Signaturen erforderlichen elektronischen Signaturerstellungsdaten sind vom Notar auf einer qualifizierten elektronischen Signaturerstellungseinheit zu verwalten. [2]Abweichend davon können sie auch von der Notarkammer oder der Bundesnotarkammer verwaltet werden, wenn sichergestellt ist, dass die qualifizierte elektronische Signatur nur mittels eines kryptografischen Schlüssels erzeugt werden kann, der auf einer kryptografischen Hardwarekomponente gespeichert ist.

(4) [1]Der Notar darf die qualifizierte elektronische Signaturerstellungseinheit oder die kryptografische Hardwarekomponente keiner anderen Person überlassen. [2]Der Notar darf keine Wissensdaten preisgeben, die er zur Identifikation gegenüber der qualifizierten elektronischen Signaturerstellungseinheit oder der kryptografischen Hardwarekomponente benutzt.

I. Grundlegendes

In § 33 trägt der Gesetzgeber der wachsenden Bedeutung des elektronischen Rechtsverkehrs und der elektronischen Archivierung von Urkunden Rechnung. Die Norm ist im Zusammenhang mit § 39a BeurkG (Vermerkurkunden) und § 56 BeurkG in der Fassung von 2022 zu sehen. Bei der elektronischen Signatur handelt es sich um die „digitale Unterschrift" des Notars, die damit höchstpersönlich und mit größter Sorgfalt vor dem Zugriff durch Dritte zu schützen ist.[1] Nach § 33 ist der Notar verpflichtet, die technischen Voraussetzungen bereitzuhalten, sie zu warten und ständig in sicherer Weise zu aktualisieren. Die Norm legt darüber hinaus die besonderen technischen Anforderungen fest, die die dabei verwendeten Sicherheitszertifikate aufweisen müssen und setzt damit Sicherheitsstandards, die das Vertrauen in den elektronischen Rechtsverkehr und das neue elektronische Urkundsarchiv stärken sollen. 1

II. Dauerhaftes elektronisches Zertifikat, Abs. 1 S. 1

Nach Abs. 1 S. 1 muss jeder Notar über ein dauerhaft überprüfbares elektronisches Zertifikat für qualifizierte elektronische Signaturen verfügen. Die Definition dieser Begriffe ergibt sich aus der eIDAS-Verordnung[2], die in Art. 3 Nr. 15 das qualifizierte Zertifikat, die qualifizierte elektronische Signatur in Art. 3 2

1 BR-Drs. 20/21, 154.

2 Verordnung (EU) Nr. 910/2014 v. 23.7.2014 über elektronische Identifizierung und Vertrauensdienste für elektronische Transaktionen im Binnenmarkt (ABl. 2014 L 257, 73).

Nr. 12 iVm Anhang I der Verordnung. Im Gegensatz zu einer einfachen oder fortgeschrittenen Signatur verlangt Abs. 1 eine qualifizierte elektronische Signatur, bei der nicht nur die Daten mit einem kryptographischen Schlüssel versehen werden, der sehr wahrscheinlich nur einmal vorkommen kann, sondern darüber hinaus hat der vertrauenswürdige Dritte als qualifizierter Vertrauensdiensteanbieter zu garantieren, dass der Schlüssel nur von einer bestimmten natürlichen Person verwendet werden kann, weil zB nur dieser vorab ein eindeutiger PIN zugeteilt wurde.

III. Qualifizierter Vertrauensdiensteanbieter

3 Gemäß Art. 3 Nr. 20 eIDAS-VO ist qualifizierter Vertrauensdiensteanbieter, wer qualifizierte Vertrauensdienste erbringt und von der Aufsichtsstelle (in Deutschland: Bundesnetzagentur) als solcher eingestuft wurde. In Deutschland gehört die Zertifizierungsstelle der BNotK dazu, über die u.a. Notare die Signaturkarten erhalten.

IV. Verfahren der Zertifikatserteilung, Abs. 1 S. 2

4 Abs. 1 S. 2 muss beim ersten Antrag auf Erteilung des Zertifikats eine Identifikation durch eine öffentliche Beglaubigung erfolgen. Obwohl nach Art. 24 eIDAS-VO auch andere Identifikationsmethoden zulässig wären, ist diese Beschränkung zur Sicherung der Identitätsfeststellung im Interesse des Rechtsverkehrs hinzunehmen: die Authentizität notarieller elektronischer Dokumente muss unbedingt und zweifelsfrei gewährleistet sein. Dies kann beispielweise ein Videoidentverfahren nicht mit gleicher Sicherheit leisten. Zulässig sind daher nur Anbieter, die eine Erteilung einer qualifizierten Signatur eine vorherige Unterschriftsbeglaubigung vorsehen, wie es beispielsweise die Zertifizierungsstelle der BNotK verlangt.

V. Dauerhafte Überprüfbarkeit des Zertifikats

5 Weiterhin muss das Zertifikat dauerhaft prüfbar sein, Abs. 1 S. 2, wie es auch § 39a Abs. 1 S. 3 BeurkG vorsieht. Damit sind die vormaligen Unsicherheiten unter Geltung des Signaturgesetzes erledigt. Abs. 1 S. 2 ist damit auch strenger als Art. 24 Abs. 2 eIDAS-VO, der nur eine angemessene Dauer der Speicherung vorsieht. Der Gesetzgeber hat mit § 16 Abs. 5 VDG der Bundesnetzagentur auferlegt, eine Infrastruktur zu unterhalten, durch die die qualifizierten elektronischen Zertifikate dauerhaft prüfbar sind. Dies ist mit dem Verzeichnis „DA:VE" geschehen. Deutsche Vertrauensdiensteanbieter müssen zudem nach § 16 Abs. 1 VDG Vorkehrungen für den Fall der Einstellung ihrer Dienste und die Übernahme durch einen anderen Vertrauensdiensteanbieter oder durch die Bundesnetzagentur treffen (vgl. dazu auch die Voraussetzungen in Art. 24 Abs. 2 lit. i eIDAS-VO). Insgesamt ist unbestritten, dass das Kriterium der „dauerhaften Prüfbarkeit" durch die Verwendung eines deutschen Vertrauensdiensteanbieters wie der BNotK gewährleistet ist.

VI. Inhalt des Zertifikats, Abs. 1 S. 3

6 In **Abs. 1 S. 3** muss das Zertifikat neben dem Notarattribut auch den **Amtssitz, das Bundesland und die zuständige Notarkammer** enthalten. Mithin ist die Amtsträgereigenschaft des signierenden Notars auch durch die zuständige Stelle bestätigt und überprüfbar. Mit § 12 Abs. 1 VDG wurden die amtsbezogenen Attribute eingeführt, die Art. 28 Abs. 3 eIDAS-VO fakultativ vorsieht. Das Attribut wird vom Vertrauensdiensteanbieter nach Bestätigung der zuständigen

Stelle (vgl. § 67 Abs. 3 Nr. 5 zuständige Notarkammer). Praktisch läuft dies automatisiert durch den Eintrag in das Notarverzeichnis der BNotK (vgl. § 78l), so dass die Zertifizierungsstelle der BNotK die Attribute auf die Signatur „aufspielt". Formal durch Bestätigung läuft es freilich bei anderen Vertrauensdiensteanbietern.

VII. Anforderung an den Vertrauensdiensteanbieter: Unverzügliche Sperrmöglichkeit, Abs. 2

Vertrauensdiensteanbieter nach Abs. 2 kann außerdem nur sein, wer die **unverzügliche Sperrung der Signatur** im Fall des Erlöschens oder der vorläufigen Amtsenthebung gewährleisten kann, damit der betroffene Notar keine weiteren elektronischen Signaturen mehr anzubringen vermag. Praktisch sperrt die Zertifizierungsstelle der BNotK nach der Änderung im Notarverzeichnis die Signatur des betroffenen Inhabers unmittelbar. 7

VIII. Vorhalten der Hard- und Software durch den Notar

Der Notar ist zur Vorhaltung der entsprechenden Hard- und Software verpflichtet. Praktisch bedeutet dies in Bezug auf die Hardware, dass er die ihm von der Zertifizierungsstelle der BNotK ausgegebene Signaturkarte und einen entsprechenden Kartenleser vorhalten muss. Von Seiten der Software ist eine Signatursoftware nötig, zB das entsprechende Programmmodul als Teil von XNP der Notarnet GmbH. Schließlich muss jeder Notar qualifizierte elektronische Signaturen validieren können. Darunter versteht Art. 3 Nr. 41 eIDAS-VO den Prozess der Überprüfung und der Bestätigung der Gültigkeit einer elektronischen Signatur, wie es zB nach § 42 Abs. 4 BeurkG für die Beglaubigung eines ausgedruckten qualifizierten elektronischen Dokuments erforderlich ist. XNP bietet diese Funktion ebenfalls an. 8

IX. Verwaltung der Signatur, Abs. 3

Abs. 3 verpflichtet die Notare, **Signaturkarten zu verwenden** und die **Signatur persönlich zu erzeugen**. Durch S. 1 sollten bislang sog. Fernsignaturen, bei denen die Signaturerstellungsdaten im Namen des Unterzeichnenden von einem qualifizierten Vertrauensdiensteanbieter durchgeführt werden, derzeit verhindert werden, obwohl die eIDAS-VO solche Vorgehensweisen ermöglicht (Anhang II Art. 3 eIDAS-VO). Grund hierfür war, dass bislang keine technisch verbindlichen Standards vorliegen, die einen sicheren Zugriff auf die beim Vertrauensdiensteanbieter liegenden Daten gewährleisten konnten. Da dies sich inzwischen technisch verändert hat, wurde diese strikte Haltung nun durch die Novellierung von Abs. 3 S. 1 aufgegeben: Durch sog. Fernsignaturen wird sich ein verbesserter elektronischer Rechtsverkehr und eine verbesserte Zusammenarbeit mit Gerichten erhofft.[3] 9

Nach S. 2 ist eine Verwaltung durch die örtliche Notarkammer oder die BNotK möglich, wenn sichergestellt ist, dass eine Erzeugung nur mit eines kyptografischen Schlüssels möglich ist und damit die höchstpersönliche Eigenschaft der qualifizierten elektronischen Signatur physisch gesichert ist: da der Notar höchstpersönlich auch im Besitz der kyptographischen Hardwarekomponente sein muss und diese keinem anderen überlassen darf (vgl. Abs. 4 S. 1) ist gewährleistet, dass auch bei technischem Fernzugriff oder einer Fernverwaltung 10

3 BR-Drs. 20/21, 155.

jederzeit die Authentizität der elektronischen Signatur als einer digitalen Unterschrift gewährleistet ist.

X. Höchstpersönlichkeit, Abs. 4

11 Abs. 4 legt eindeutig fest, dass nur der Notar persönlich die qualifizierte elektronische Signatur erzeugen darf. Damit ist es unzulässig, dass ein Mitarbeiter die Signatur durch Eingabe des PINs erstellt oder die kryptografische Hartwarekomponente „bedient". Ein Verstoß gegen die höchstpersönliche Erstellungspflicht führt nach § 39a Abs. 1 S. 3 BeurkG zur Unwirksamkeit des elektronischen Zeugnisses.

§ 34 Meldepflichten

[1]Der Notar hat der Aufsichtsbehörde sowie derjenigen Notarkammer, in deren Bezirk er seinen Amtssitz hat, unverzüglich mitzuteilen, wenn er feststellt oder begründeten Anlass zu der Annahme hat, dass

1. **sein Amtssiegel dauerhaft oder zeitweise abhandengekommen ist oder missbraucht wurde oder eine Fälschung seines Amtssiegels im Umlauf ist,**
2. **seine qualifizierte elektronische Signaturerstellungseinheit abhandengekommen ist, missbraucht oder manipuliert wurde oder Wissensdaten zur Identifikation des Notars gegenüber der qualifizierten elektronischen Signaturerstellungseinheit einer anderen Person bekannt geworden sind,**
3. **Wissensdaten oder andere Vorkehrungen, die zum Schutz des Elektronischen Urkundenarchivs, des Elektronischen Notariatsaktenspeichers, des Zentralen Vorsorgeregisters oder des Zentralen Testamentsregisters vor unbefugtem Zugang vorgesehen sind, missbraucht, manipuliert oder Unbefugten zugänglich geworden sind.**

[2]Im Fall des Satzes 1 Nummer 2 hat der Notar außerdem unverzüglich eine Sperrung des qualifizierten Zertifikats bei dem Vertrauensdiensteanbieter zu veranlassen und den Nachweis über die Sperrung mit der Mitteilung nach Satz 1 vorzulegen. [3]Im Fall des Satzes 1 Nummer 3 hat die Notarkammer unverzüglich die Bundesnotarkammer zu unterrichten, wenn Anlass zu der Annahme besteht, dass die Sicherheit des Elektronischen Urkundenarchivs, des Elektronischen Notariatsaktenspeichers, des Zentralen Vorsorgeregisters oder des Zentralen Testamentsregisters auch im Hinblick auf die von anderen Stellen übermittelten oder verwahrten Daten betroffen ist.

I. Grundlegendes

1 Die Norm setzt den bisherigen Inhalt der § 2 Abs. 3 S. 2 DONot und des § 2a Abs. 3 DONot formalgesetzlich als Teil der BNotO um. Sie ist die gesetzgeberische Reaktion auf die fortschreitende Bedeutung der digitalen Arbeitsweise der Notare und der Gefahr eines möglichen Missbrauchs bei einer Manipulation oder einem Verlust der elektronischen Arbeitsmittel sowie der Siegel.

II. Verlust oder Fälschung der Amtssiegel

2 In S. 1 Nr. 1 wird eine Meldepflicht an die Aufsichtsbehörde oder die Notarkammer statuiert, wenn ein Amtssiegel des Notars (vgl. § 2 Abs. 1 DONot) über einen unbestimmten oder bestimmten Zeitraum aus dem Herrschaftsbereich des Notars **unfreiwillig verlustig** gegangen ist. Das Amtssiegel muss mithin ganz oder vorrübergehend nicht mehr in der Geschäftsstelle des Notars auffindbar und ein bloßes Verlegen ausgeschlossen sein. Außerdem besteht diese Pflicht, wenn das Siegel **unbefugt verwendet**, also missbraucht, wurde. Gleiches gilt schließlich, wenn eine **Fälschung** des Siegels, also einer unberechtigten Kopie, im Rechtsverkehr vorhanden und gegebenenfalls verwendet wird. Ausgelöst wird die Meldepflicht bei positiver Kenntnis („feststehen") oder bei einem erhärteten Verdacht („begründeter Anlass").

III. Zielsetzung der Meldepflicht

3 Zielsetzung der Meldepflicht ist, der Notarkammer und der Aufsichtsbehörde die Möglichkeit zu geben, das Siegel durch Kraftloserklärung unschädlich machen und vor etwaigen gefälschten Dokumenten warnen zu können.

IV. Signaturerstellungseinheit, S. 1 Nr. 2

4 S. 1 Nr. 2 bezieht sich mit der „Signaturerstellungseinheit" auf § 33 bzw. auf Art. 3 Nr. 22, 23 iVm Anhang II eIDAS-VO und meint eine **konfigurierte Soft- oder Hardware**, die zur Erstellung einer qualifizierten elektronischen Signatur verwendet werden kann und besonderen Sicherheitsanforderungen unterworfen ist. Derzeit ist hierunter praktisch die **Signaturkarte** gemeint. Wie bei den Siegeln in Abs. 1 S. 1 Nr. 1 wird eine Meldepflicht ausgelöst, wenn der erhärtete Verdacht oder positive Kenntnis besteht, dass die Signaturkarte abhandengekommen ist, sie manipuliert oder missbraucht wurde. Nach S. 2 ist eine unmittelbare Sperrung der Signaturkarte bei dem Vertrauensdiensteanbieter in diesen Fällen unmittelbar zu veranlassen.

V. Wissensdaten, S. 1 Nr. 2

5 Unter „**Wissensdaten**" nach **S. 1 Nr. 3** sind die verschiedenen PINs gemeint, etwa die PIN zur Erstellung des Signaturzertifikats oder auch die PIN, um sich zu authentifizieren. Zu Letzterem zählen etwa die PIN zur Anmeldung an das besondere elektronische Notarpostfach (beN) oder die PIN zur Aktivierung der Signaturkarte. Die Meldepflicht besteht unabhängig von der Zugriffsmöglichkeit zur Signaturkarte **immer dann**, wenn die **PIN einer dritten Person bekannt** wurde. Wenn hingegen die jeweilige PIN nach Bekanntwerden unmittelbar geändert wird, entfällt die Meldepflicht. Eine solche Änderung in regelmäßigen Zeitabständen bietet sich gerade bei der PIN zur Erstellung des Signaturzertifikats an.

VI. Meldepflicht bei Verlust von Wissensdaten, S. 3

6 S. 3 enthält gleichgelagerte **Meldepflichten** der örtlich zuständigen Notarkammer an die BNotK, wenn Beeinträchtigungen nach S. 1 Nr. 3 für die Schutzvorrichtungen des Elektronischen Urkundenarchivs, dem Elektronischen Notariatsaktenspeichers, des Zentralen Vorsorgeregisters oder des Zentralen Testamentsregisters tatsächlich gegeben oder zumindest möglich scheinen. Besteht für den Notar der begründete Verdacht, dass unbefugten Dritten Nutzerdaten oder Kennwörter kenntlich gemacht, diesen Personen Zugang zu Hard- oder Software verschafft oder diese manipuliert oder missbraucht wurden, dann

muss die „Meldekette" über die örtliche Notarkammer an die BNotK in Gang gesetzt werden. Alle vorgenannten Systeme werden über das „Notarnetz" der Tochtergesellschaft der BNotK angesteuert. Zu diesem erhält der Notar Zugang über die in der Geschäftsstelle installierte Notarnetzbox oder Registerbox, so dass der Verlust dieser Box, Missbrauch oder Manipulationen ebenfalls zu melden sind.

Abschnitt 4a Führung der Akten und Verzeichnisse

§ 35 Führung der Akten und Verzeichnisse

(1) [1]Der Notar ist verpflichtet, Akten und Verzeichnisse so zu führen, dass deren Verfügbarkeit, Integrität, Transparenz und Vertraulichkeit gewährleistet sind. [2]Er ist befugt, in den Akten und Verzeichnissen die zur Durchführung der Amtsgeschäfte erforderlichen personenbezogenen Daten, einschließlich solcher besonderer Kategorien, zu verarbeiten.3Dies umfasst insbesondere
1. Kontaktdaten der Beteiligten,
2. Daten, die zur Identifizierung der Beteiligten erhoben wurden, und
3. Daten, die für den Gegenstand des Amtsgeschäfts erforderlich sind oder die auf Wunsch der Beteiligten aufgenommen werden sollen.

(2) [1]Der Notar kann Akten und Verzeichnisse in Papierform oder elektronisch führen, soweit die Form nicht durch oder auf Grund eines Gesetzes vorgeschrieben ist. [2]Zusätzlich darf er für die Aktenführung Hilfsmittel verwenden, deren Vertraulichkeit ebenfalls zu gewährleisten ist und für die Absatz 1 Satz 2 und 3 entsprechend gilt. [3]Werden Akten einer anderen Stelle zur Verwahrung übergeben, hat dies auch die zugehörigen Hilfsmittel zu umfassen.

(3) [1]Akten und Verzeichnisse in Papierform darf der Notar außerhalb seiner Geschäftsstelle nur bei der Notarkammer oder mit Genehmigung der Aufsichtsbehörde führen. [2]Seine Verfügungsgewalt muss gewahrt bleiben. [3]Außer im Fall der Führung bei der Notarkammer darf eine gemeinsame Führung nur im Zusammenschluss mit anderen Notaren erfolgen. [4]Die Genehmigung nach Satz 1 ist zu erteilen, wenn sichergestellt ist, dass die Anforderungen des Absatzes 1 und des Satzes 2 eingehalten werden. [5]Die Genehmigung kann mit Nebenbestimmungenverbunden werden. [6]Vor der Erteilung oder der Aufhebung der Genehmigung ist die Notarkammer anzuhören. [7]Die Führung bei der Notarkammer ist der Aufsichtsbehörde mitzuteilen.

(4) Elektronische Akten und Verzeichnisse darf der Notar außerhalb der Geschäftsstelle nur im Elektronischen Urkundenarchiv oder im Elektronischen Notariatsaktenspeicher führen.

(5) [1]Zur Führung der Akten und Verzeichnisse dürfen nur Personen herangezogen werden, die bei dem Notar oder im Fall des Absatzes 3 Satz 3 bei dem Zusammenschluss der Notare beschäftigt sind. [2]Absatz 3 Satz 1 und Absatz 4 bleiben unberührt.

(6) [1]Zum Ablauf der jeweiligen Aufbewahrungsfrist bietet die verwahrende Stelle die Einträge im Urkundenverzeichnis sowie die in der elektronischen Urkundensammlung und in der Sondersammlung verwahrten Dokumente dem zuständigen öffentlichen Archiv nach den jeweiligen archivrechtlichen Vorschriften zur Übernahme an. [2]Im Übrigen ist die verwahrende Stelle verpflichtet, nach Ablauf der Aufbewahrungsfristen die in Papierform geführten Akten und Verzeichnisse zu vernichten und die elektronisch geführten Akten und Verzeichnisse zu löschen. [3]Die Sätze 1 und 2 gelten nicht, solange im Einzelfall eine weitere Verwahrung durch die verwahrende Stelle erforderlich ist.

I. Grundsätzliches

§ 35 ist Teil des 2017 neu eingeführten Abschnitts 4a (§§ 35 und 36), der sich mit dem Führen der Akten und Verzeichnisse befasst – eine erstmalige formalgesetzliche Regelung der bisher durch die jeweiligen Justizverwaltungen der Länder und der DONot erlassenen Bestimmungen. 1

II. Allgemeine Grundsätze der Aktenführung, Abs. 1

Die allgemeinen Grundsätze der Aktenführung werden in Abs. 1 festgelegt. 2 Eine geordnete Aktenführung dient der Integrität des Notaramts in mehrfacher Hinsicht: Durch sie ist es dem Notar möglich, die Begleitumstände eines Amtsgeschäfts außerhalb der Urkunde auch nach einem längeren Zeitablauf noch nachzuvollziehen – er kann dadurch auf Diskussionen im Rahmen des Entwurfsprozesses der Urkunde hinweisen und erklären, weshalb gewisse Bestandteile der Urkunde aufgenommen oder gestrichen, ob Risiken erörtert und sichere Alternativen verworfen wurden. Eine geordnete Aktenführung dient daher nicht zuletzt der eigenen Absicherung des Notars gegen spätere Schadenersatzansprüche. Weiterhin erleichtert sie die Überprüfbarkeit der Amtsführung im Rahmen einer Geschäftsprüfung. Schließlich ist die Aktenführung Voraussetzung dafür, dass die Akten eines ausscheidenden Notars durch eine Verwahrstelle übernommen und weiterverwendet werden können. Die Norm wurde durch die jüngste Änderung um die Befugnis zur personenbezogenen Datenverarbeitung ergänzt (Abs. 1 S. 2 Nr. 1–3): Kontaktdaten der Beteiligten, Daten zur deren Identifikation und Daten in Bezug auf das Amtsgeschäft oder die auf Wunsch der Beteiligten aufgenommen wurde, vgl. Art. 9 DS-GVO. Damit wurde datenschutzrechtlich das Erheben, Speichern und Verarbeiten personenbezogener Daten erstmals auf eine gesetzliche Grundlage gestellt.

Der Gesetzgeber legt mit den Begriffen der Verfügbarkeit, Integrität, Transparenz und Vertraulichkeit die Grundsätze der Aktenführung fest – sie gelten gleichermaßen für physisch geführte Akten („Papierform") wie für digitale Akten („elektronisch geführte" Akten). 3

III. Grundsatz der Verfügbarkeit der Akten

Verfügbar sind die Akten, wenn sich der Notar innerhalb einer angemessenen 4 zeitlichen Frist physisch oder elektronisch Zugang zur Akte und den Inhalten verschaffen kann, der Zugriff mithin gesichert ist. Hierzu gehört für eine Verwahrstelle auch die Lesbarkeit der Daten, so dass ein Verwahrender die Akten ohne großen Aufwand nutzen kann – hierzu dient auch die Bestimmung des

§ 36, wonach durch Rechtsverordnung die zulässigen Dateiformate für die elektronische Aktenführung bestimmt werden können.

IV. Integrität der Aktenverwahrung

5 Integrität bedeutet, dass die Akten vor ungewollten und unbemerkten Veränderungen geschützt sind. Bei Papierakten ergeben sich daraus keine Veränderungen zu den bisherigen Bestimmungen der DONot. Für elektronische Akten genügt dem Gesetzgeber die Sicherung durch geeignete technische Maßnahmen – ein Sicherungsniveau wie für die Daten des Elektronischen Urkundsarchiv durch Signatur durch den Notar mittels Signaturkarte und PIN ist nicht erforderlich.[1] Hintergrund dieser Differenzierung ist der zentrale Zugriff von außen auf das Elektronische Urkundsarchiv, das eine zweifelsfreie Identifikation und Integritätssicherung erfordert, während sich bezüglich der Daten auf dem eigenen Server in der Geschäftsstelle weder die gleiche Gefährdungslage noch die Zugriffsmöglichkeiten stellen.

V. Transparenz der Aktenverwahrung

6 Unter **Transparenz** versteht man die inhaltliche Verfügbarkeit der Akten. Diese müssen in Papierform oder elektronisch in einer Weise geführt werden, dass sie ohne großen Aufwand aufzufinden sind und sich ein Überblick über die Inhalte verschafft werden kann. § 36 ermöglicht für elektronische Akten den Erlass von verbindlichen Ordnungsstrukturen.

VI. Vertraulichkeit der Aktenverwahrung

7 Mit **Vertraulichkeit** fordert der Gesetzgeber, dass unbefugte Dritte durch geeignete Maßnahmen auch technischer Art an einem Zugriff auf die Akten und Verzeichnisse gehindert werden. Weitere Pflichten, über die ohnehin nach § 18 geltende Pflicht zur Verschwiegenheit, werden dadurch aber nicht statuiert.

VII. Art der Aktenführung, Abs. 2

8 Der Gesetzgeber hat mit **Abs. 2** die **Pflicht zur papiergebundenen Aktenführung aufgegeben.**[2] Mit Ausnahme von wenigen Verpflichtungen lässt er nun dem einzelnen Notar die Wahlmöglichkeit zwischen der papiergebundenen oder elektronischen Aktenführung; auch Mischformen (sog. „hybride Aktenführung") sind mit der Maßgabe zulässig, dass eine **Vollständigkeit stets gewährleistet** sein muss. In Papierform müssen die Urschriften geführt werden; ausschließlich elektronisch hingegen sind die Elektronische Urkundensammlung als „digitaler Spiegel" der papiergeführten Urschriften, das Urkundenverzeichnis und das Verwahrungsverzeichnis zu führen. Regelnde Einzelheiten zur elektronischen Aktenführung im Detail sind Teil der Rechtsverordnung nach § 36.

VIII. Hilfsmittel zur Aktenführung, Abs. 2 S. 2

9 Der Begriff der **Hilfsmittel iSv Abs. 2 S. 2** entspricht der Begrifflichkeit von § 6 Abs. 1 DONot bzw. § 48 NotAkVV. Diese Unterlagen haben **lediglich unterstützenden Charakter** und sind nach dem gesetzgeberischen Willen nicht zwingend Teil der Akte – als Beispiele werden etwa interne Entwürfe oder rein organisatorische Emails genannt. Hilfsmittel müssen im Gegensatz zu den Akten nicht den Anforderungen nach Abs. 1 genügen; für sie ist lediglich die Vertrau-

1 BT-Drs. 18/10607, 53.
2 *Damm* DNotZ 2017, 426 (438).

lichkeit zu wahren. Die Abgrenzung zwischen Akten und Hilfsmittel ist die folgende: gesetzlich zwingende Inhalte gehören zur Akte, im Übrigen ist alles Hilfsmittel, es sei denn, der Notar lässt sie nach seinem pflichtgemäßen Ermessen zum Bestandteil der Akte werden. Neu eingeführt wurde jüngst, dass einer dritten Stelle, der die Akten zur Verwahrung übergeben werden, auch die Hilfsmittel übergeben werden – dies ist insbesondere bei der elektronischen Aktenführung und die Zugänglichkeit der Daten durch entsprechende Formate und Programme von Bedeutung; ansonsten wäre eine Übernahme von fremden Akten durch eine dritte Stelle faktisch ausgeschlossen.

IX. Führung der Akten in Papierform, Abs. 3

Abs. 3 wendet sich spezifisch den Papierakten zu, die im Regelfall in der Geschäftsstelle zu führen sind. Außerhalb davon können sie lediglich bei der Notarkammer oder an einem anderen Ort mit Genehmigung der Aufsichtsbehörde geführt werden, wobei die Verfügungsgewalt nach S. 2 gewahrt bleiben muss. 10

„Führen" iSd Abs. 3 meint jede Art des Aufbewahrens der Akten. Der Gesetzgeber gibt damit die bisherige Unterscheidung zwischen „Führen" und „sonstigen Aufbewahren" terminologisch auf und sieht für ein Führen außerhalb von Geschäftsstelle und Notarkammer mit der Genehmigung der Aufsichtsbehörde eigene Voraussetzungen vor. Dies hätte seither ein „sonstiges Aufbewahren" dargestellt.[3] 11

Die Geschäftsstelle ist begrifflich weiter zu verstehen als in § 10 Abs. 2 S. 1 und schließt nicht nur die Amtsräume des Notars, in denen er seine Beurkundungen vollzieht ein, sondern auch sämtliche Räume ein, die eine räumliche, zusammenhängende Gesamtheit mit den Beurkundungsräumen bilden. In diesen ist die Aktenführung ohne weitere Genehmigung zulässig. Insbesondere bei größeren Aktenbeständen sind Lager- und Aufbewahrungsmöglichkeiten im Untergeschoss des gleichen Gebäudes genehmigungsfrei möglich. Die Grenze zur Genehmigungspflicht ist überschritten, wenn ein anderes Gebäude mit einer anderen Adresse zur Aufbewahrung gewählt wird, dass keinen gemeinsamen Gebäudekomplex mit den eigentlichen Amtsräumen bildet (Kriterium der einheitlichen Liegenschaft). 12

Nach der **NotAktVV** bildet ab dem 1.1.2022 die Führung von **Akten in Papierform die Ausnahme.** Zentrale Akten und Verzeichnisse sind nur noch elektronisch zu führen. Übrig bleiben somit in Papierform die Sondersammlung nach § 37 NotAktVV, die Regelungen für Akten vorsieht, die nicht elektronisch geführt werden können. Die NotAktVV setzt hierfür aber eine hohe Hürde an: Nach Abs. 1 S. 2 ist die Größe eines Dokuments erst oberhalb des Formats DIN A 3 ein Grund für ein Unterbleiben der elektronischen Übermittlung. Praktisch wird der Anwendungsbereich der Sondersammlung damit sehr gering bleiben. 13

X. Nebenakten in Papierform

In Papierform können aber weiterhin die **Nebenakten** geführt werden. **§ 42 NotAktVV** legt konkretisierend zum bisherigen § 22 DONot hierfür fest, dass die Führung in nachvollziehbarer geordneter Weise zu erfolgen hat. Eine chronologische Ordnung bietet sich hierbei an – häufig wird auch ein Überwachungsblatt im Aktendeckel verwendet, das auf die Blattnummer in der Nebenakte für die einzelnen Dokumente verweist. Zentral ist, dass ein schnelles Auf- 14

3 Vgl. hierzu auch das Rundschreiben der BNotK Nr. 6/2019, abrufbar (intern) unter www.bnotk.de/Intern/Rundschreiben/2019z.php (Stand: 5.11.2020).

finden der gewünschten Information auch für einen nicht mit der Akte bislang befassten Dritten in dem Aktenumfang angemessenen Zeitaufwand möglich ist. Der besondere Hinweis in § 42 S. 2 NotAktVV für Sammelakten unterstreicht diesen Anspruch an die Aktenführung: Werden beispielsweise verschiedene Kaufverträge eines Verkäufers in einer Sammelakte geführt, muss sich durch entsprechende Sortierung und Kennzeichnung in der Nebenakte schnell und zweifelsfrei feststellen lassen, welche Dokumente zu welchem Vorgang gehören und wie der jeweilige Vollzugsstand der Akte ist.

XI. Elektronische Aktenführung, Abs. 4

15 Abs. 4 wendet sich erstmals den elektronischen Akten zu, die ab dem 1.1.2022 der Regelfall werden. Die zentralen Einrichtungen werden hierfür von der BNotK bereitgestellt. In der NotAktVV wurden bereits zahlreiche Regelungen erlassen, welche Akten und Verzeichnisse dann elektronisch zu führen sind.

16 Verpflichtend elektronisch zu führen sind ab 1.1.2022 das Urkunden- und das Verwahrungsverzeichnis sowie ab 1.7.2022 die Elektronische Urkundensammlung. Daneben können Akten und Verzeichnisse im Notariatsaktenspeicher der BNotK freiwillig elektronisch geführt werden. Eine Speicherung von Daten, auch von Hilfsmitteln an anderen Stellen außerhalb der Geschäftsstelle ist nach der BNotK ebenfalls zu Sicherungszwecken, beispielsweise im Wege Cloud-Dienste möglich.

XII. Urkundenverzeichnis

17 Die Regelungen für das Führen und die Inhalte des Urkundenverzeichnis sind in den §§ 7 ff. NotAktVV und für das Verwahrungsverzeichnis parallel dazu in den §§ 21 ff. NotAktVV getroffen worden. Die Einzelheiten zur Elektronischen Urkundensammlung (Aufnahme, Löschung von Datensätzen etc) richten sich nach den §§ 34 ff. NotAktVV.

XIII. Elektronische Führung der Nebenakten

18 Nebenakten können bereits seit dem 29.10.2020 auch elektronisch geführt werden, § 43 NotAktVV sieht hierfür einen „strukturierten Datensatz" vor. Die BNotK kann diesen bestimmen, plant aber derzeit, sich an dem XJustiz-Datensatz anzulehnen, der auch für das Elektronische Urkundsarchiv verwendet werden soll.[4] Nach § 43 Abs. 2 NotAktVV muss der Strukturdatensatz ohnehin jederzeit in das Dateiformat für die elektronische Urkundensammlung formatierbar sein. Derzeit ist dies der Dateityp „PDF/A". Dadurch ist auch eine Einsichtnahme durch die Aufsicht im Rahmen der Geschäftsprüfung jederzeit gewährleistet.[5]

XIV. Führung der Akten im Notariat, Abs. 5

19 Abs. 5 entspricht den bisherigen Regelungen in § 5 Abs. 3 S. 4 DONot. Zur Führung der Akten und Verzeichnisse dürfen nur Beschäftigte des Notars oder der Sozietät bei gemeinsamer Verwahrung herangezogen werden.

4 RefE NotAktVV, 64.
5 RefE NotAktVV, 64.

XV. Löschung und Vernichtung von Akten und Abgabe an Archive, Abs. 6

Abs. 6 statuiert die zentrale Vernichtungs- bzw. Löschungspflicht, nachdem die Akten der zuständigen Archivbehörde angeboten wurden. Sie ist gerade unter dem Gesichtspunkt des Datenschutzes essenziell und bildet das Gegenstück zur Aufbewahrungspflicht des Notars, denn nach Ablauf der Fristen besteht kein Interesse des Rechtsverkehrs an einer weiteren Verwahrung der Akten und der Daten mehr, ermöglicht aber gleichzeitig die Wahrung öffentlicher Aufbewahrungspflichten durch zuständige Archive. Die einzelnen Fristen sind in § 50 ff. NotAktVV. Sie variiert gemäß § 50 Abs. 1 NotAktVV zwischen sieben Jahren für die Nebenakte und die Sammelakte für Wechsel- und Scheckproteste (Nr. 7 und 8), über 30 Jahre für Eintragungen im Verwahrungsverzeichnis (Nr. 2), für in der Urkundensammlung (Nr. 3) und die in der Generalakte verwahrten Dokumente (Nr. 9), bis zur längsten Aufbewahrungsfrist von 100 Jahren für Eintragungen im Urkundenverzeichnis (Nr. 1), für die in der Erbvertragssammlung (Nr. 4), die in der elektronischen Urkundensammlung (Nr. 5) sowie die in die der Sondersammlung verwahrten Dokumente (Nr. 6). Diese Fristen beginnen jeweils nach § 50 Abs. 2 NotAktVV zu laufen. Für Altfälle, dh für Akten und Verzeichnisse von 1.1.1950 bis zum 31.12.2021, für die § 50 NotAktVV nicht gilt, bestimmt sich die Frist nach § 51 NotAktVV, die außer für Wechsel- und Scheckproteste (nun auch eine Aufbewahrungsfrist von sieben Jahren) den bisher geltenden Fristen entspricht. Auch hier beginnt die Frist nach Abs. 2 der Norm zu laufen. 20

§ 36 Verordnungsermächtigung zu Akten und Verzeichnissen

(1) [1]Das Bundesministerium der Justiz und für Verbraucherschutz hat durch Rechtsverordnung mit Zustimmung des Bundesrates die näheren Bestimmungen zu treffen über die vom Notar zu führenden Akten und Verzeichnisse, über deren Inhalt sowie die Art und Weise ihrer Führung. [2]Insbesondere sind darin nähere Bestimmungen zu treffen über

1. **die vom Notar zu den Akten zu nehmenden Unterlagen sowie die in die Verzeichnisse einzutragenden Angaben einschließlich der zu erhebenden Daten und der insoweit zu beachtenden Fristen,**
2. **die Aufbewahrungsfristen,**
3. **die Einzelheiten der elektronischen Führung von Akten und Verzeichnissen nach § 35 Absatz 2 sowie über die Maßnahmen zur Gewährleistung der Vertraulichkeit, der Integrität, der Transparenz und der Verfügbarkeit auch über die Amtszeit des Notars hinaus einschließlich der zulässigen Datenformate sowie der Schnittstellen und der Datenverknüpfungen zwischen den Akten und Verzeichnissen,**
4. **die Voraussetzungen, unter denen die durch oder auf Grund eines Gesetzes vorgesehene Übertragung eines in Papierform vorliegenden Schriftstücks in die elektronische Form unterbleiben kann.**

[3]Bei der Bemessung der Aufbewahrungsfristen nach Satz 2 Nummer 2 ist insbesondere der Zweck der Verfügbarkeit der Akten und Verzeichnisse im Hinblick auf die Bedürfnisse einer geordneten Rechtspflege sowie der Umstand zu berücksichtigen, dass bei Amtshaftungsansprüchen die Möglichkeit der Sachaufklärung gegeben bleibt.

(2) [1]Die Rechtsverordnung kann vorsehen, dass neben den für das Auffinden von Urkunden erforderlichen Eintragungen weitere Angaben in das Urkunden-

verzeichnis eingetragen werden können oder sollen. [2]Sie kann zudem nähere Bestimmungen treffen über die Verwendung der im Urkundenverzeichnis gespeicherten Daten
1. im elektronischen Rechtsverkehr mit Gerichten, Behörden und Dritten,
2. zur Führung anderer Akten und Verzeichnisse des Notars sowie
3. für die Zwecke der Aufsicht.

1 Der Gesetzgeber hat die Errichtung und Einführung der Elektronischen Urkundensammlung zum Anlass genommen, den grundsätzlichen Rahmen der Akten- und Verzeichnisführung gesetzlich zu regeln und die „technischen“ Einzelheiten einer Rechtsverordnung vorzubehalten. Diese Rechtsverordnung wurde als Notariatsakten- und -verzeichnisseverordnung – NotAktVV vom Bundesministerium der Justiz und für Verbraucherschutz mit Zustimmung des Bundesrates am 13.10.2020 erlassen. Sie ist am 1.1.2022 in Kraft getreten und ersetzt insoweit die bisherige DONot. Die einzige Ausnahme bilden die §§ 4, 5 Abs. 1 und 2, § 6, Abschnitt 6 (außer § 41 Abs. 4 und 5) sowie Abschnitt 8 – sie sind bereits seit dem 29.10.2020 in Kraft getreten. Zielsetzung ist insgesamt die Stärkung des elektronischen Rechtsverkehrs und der Digitalisierung sowie die Modernisierung und systematische Vereinheitlichung der bisherigen Verwaltungsvorschrift DONot in einer Rechtsverordnung.

2 Nach Abs. 1 regelt die NotAktVV nähere Bestimmungen zu folgenden Punkten:

1. zu den Akten zu nehmende Unterlagen, zu den Angaben, die in die Verzeichnisse einzutragen sind, samt der zu erhebenden Daten sowie die maßgeblichen Fristen.
   Dem wurde in der Verordnung wie folgt Rechnung getragen:
   a) In § 1 NotAktVV (vormals § 5 Abs. 1 S. 1 DONot) werden die zu führenden Verzeichnisse, in § 2 NotAktVV (vormals § 5 Abs. 1 S. 2 DONot) die Akten genannt; neu sind § 2 Nr. 3 und 4, die die elektronische Urkundensammlung und die Sondersammlung vorsehen.
   b) Nach § 7 NotAktVV (vormals § 8 DONot) sind die genannten Amtsgeschäfte mit den Angaben nach den §§ 9 bis 17 NotAktVV ins Urkundenverzeichnis einzutragen.
   c) Nach § 21 NotAktVV (vormals § 10 DONot) ist ein Verwahrungsverzeichnis mit den Angaben gemäß der §§ 22 bis 28 NotAktVV zu führen.
   d) In § 31 NotAktVV wird die physische Urkundensammlung geregelt; im Unterschied zu § 18 DONot wird auf die Verwendung von Verweis- und Hinweisblättern weitgehend verzichtet (wichtige Ausnahme: Rücknahme eines Erbvertrages, § 33 Abs. 2 S. 1). Regelungen zur Erbvertragssammlung finden sich in § 32 f. NotAktVV.
   e) In den §§ 34 ff. NotAktVV ist die neu eingeführte, neben die physische Urkundensammlung tretende elektronische Urkundensammlung geregelt. Inhaltlich sollen die beiden Sammlungen übereinstimmen, nicht elektronisch verwahrte Urkunden sind in eine Sondersammlung nach § 37 NotAktVV zu nehmen. Der Umgang mit Ersatzaufzeichnungen bestimmt § 49 NotAktVV.
   f) Nebenakten sind in den §§ 40 ff. NotAktVV geregelt. Ihre Führung ist fakultativ, außer wenn sie geboten ist, § 40 Abs. 1 S. 2 NotAktVV. Die Inhalte der Nebenakte sind beispielhaft in Abs. 2 aufgezählt. Zur Führung der Nebenakte sei auf § 35 Rn. 14 verwiesen. Zwingend sind Nebenakten bei Verwahrungsgeschäften zu führen, § 41 Abs. 1 NotAktVV. Bestandteile dieser Nebenakte sind in § 41 Abs. 2 geregelt.

g) In § 45 NotAktVV ist eine Sammelakte für Wechsel- und Scheckproteste vorgesehen.
h) Nach § 46 NotAktVV ist eine Generalakte mit den genannten Inhalten zu führen. Eine elektronische Führung ist nach § 47 NotAktVV nach der Maßgabe des § 43 NotAktVV möglich.

2. die einzelnen Aufbewahrungsfristen sind in den §§ 50 ff. NotAktVV aufgeführt:
a) § 50 (vormals § 5 Abs. 4 DONot) regelt als zentrale Norm die generelle Aufbewahrungsfrist. Neu ist, dass sich beim Urkundenverzeichnis (Aufbewahrung 100 Jahre) die Aufbewahrung auf die Eintragungen bezieht, da das Verzeichnis fortlaufend geführt wird. Nr. 3 verkürzt die Aufbewahrungsfrist für in der Urkundensammlung in Papierform verwahrte Dokumente auf 30 Jahre; maßgebliche Archivierungsmethode ist die elektronische: nach Nr. 5 werden die Dokumente dort 100 Jahre aufbewahrt. Der jeweilige Fristbeginn bestimmt sich nach Abs. 2.
b) § 51 NotAktVV legt die Aufbewahrungsfrist für Altbestände, dh für Akten, zwischen dem 1.1.1950 und 31.12.2021 in Papierform erstellt wurden, fest. Die Fristen entsprechen weitestgehend dem bisherigen § 5 Abs. 4 DONot. Lediglich in Nr. 5 wurde die Frist für Wechsel- und Scheckproteste aus Gründen der Vereinheitlichung von fünf auf sieben Jahre verlängert.[1] Der Fristbeginn richtet sich wiederum nach Abs. 2.
c) § 52 befasst sich mit der Aufbewahrung der Nebenakten.
d) § 53 hat die Situation des Übergangs der Verwahrzuständigkeit im Fokus und schafft einen Ausgleich zwischen Vernichtungspflicht und notweniger Aufbewahrung. Grundsatz ist, dass eine Aufbewahrung mindestens bis zum Ende des 7. Jahres nach Übernahme der Verwahrung möglich ist. Eine Ausnahme bilden S. 2 Nr. 1–3 elektronische Akten. Hintergrund der Differenzierung ist eine angestrebte Erleichterung für die übernehmende Stelle, die so keine sofortige aufwendige Überprüfung der Akten vornehmen muss.

3. die Einzelheiten der elektronischen Führung werden an zahlreichen Stellen geregelt:
a) § 4 Abs. 1 NotAktVV bestimmt, dass im Fall der Übergabe die Daten in einem allgemein üblichen (nach der Verkehrsauffassung zu bestimmenden und daher technikoffenen) Dateiformat der übernehmenden Stelle zur Verfügung gestellt werden müssen.[2] Im Fall der elektronischen Urkundensammlung und des Notaraktenspeichers ist ein Zugang zu gewähren, Abs. 2 S. 2. Zielsetzung ist, dass die elektronischen Daten möglichst einfach und umfassend verfügbar sind (Abs. 2). Andere Dateiformate sind zulässig, wenn ein Transfer in gebräuchliche Dateiformate durch allgemein vorhandene Bürosoftware oder kostenlose, allgemeinverfügbare Programme möglich ist.
b) § 5 NotAktVV fordert vom Notar geeignete Sicherungsmaßnahmen, um elektronische Systeme vor dem unbefugten Zugriff Dritter in ihrer Integrität zu schützen. Insbesondere, wenn das Netzwerk mit dem Internet verbunden ist (Schutzmöglichkeit: Firewall) oder wenn Kunden Zugriff etwa durch WLAN erhalten sollen, sind geeignete, dem Stand der Technik entsprechende Sicherungsmaßnahmen zu ergreifen. Nach Abs. 2 sind elektronische Daten zu sichern, um sie vor unbefugtem Zu-

1 RefE NotAktVV, 71.
2 RefE NotAktVV, 35.

griff und vor Verlust zu schützen. Abs. 3 bis 5 betreffen den Zugang zur Elektronischen Urkundensammlung: der Notar muss mit dem Zugangsmöglichkeiten sorgfältig umgehen und darf sie nur persönlich verwenden (Abs. 3); wie bei der Signaturkarte nach § 33 BNotO ist die Weitergabe von Zugangsdaten (Passwörter, PIN) an Dritte unzulässig, Abs. 4. Nach Abs. 5 sind die Mitarbeiter zu verpflichten, dass sie mit ihren Zugangsmöglichkeiten ebenfalls sorgfältig iSd Abs. 3 und 4 umgehen.

c) § 6 NotAktVV überträgt der BNotK die Aufgabe, Verhaltensregeln für die datenschutzrechtlichen Besonderheiten bei der elektronischen Verarbeitung und Speicherung der Kundendaten aufzustellen. Einzelheiten wird die BNotK über Rundschreiben, auf www.bnotk.de sowie über die örtlichen Notarkammern bereitstellen. Ziel ist es, ein bundesweit einheitliches Datenschutzniveau zu erreichen und aufrechtzuhalten.

d) § 19 NotAktVV verpflichtet den Notar, das Urkundenverzeichnis einschließlich nachträglicher Änderungen (Abs. 3) mit einer elektronischen Signatur versehen zu exportieren und dauerhaft bis zum Ende der Aufbewahrungsfrist zu speichern (Abs. 2). Als Dateiformat ist derzeit das PDF-Format geplant.[3] Änderungen und Zusätze sind nach § 20 Nr. 1 NotAktVV persönlich zu bestätigen. Parallel dazu ist die Verpflichtung zum Export und zur nachträglichen Bestätigung für das Verwahrungsverzeichnis in den §§ 29 und 30 NotAktVV ausgestaltet.

e) In § 35 NotAktVV wird geregelt, wann und in welchem Format Dokumente in die elektronische Urkundensammlung eingestellt werden müssen. Nach § 35 Abs. 4 ist eine langzeitarchivierungsfähige Version des PDF-Formats zu verwenden. Für die Löschung vor Ablauf der Ausbewahrungsfrist ist eine persönliche Bestätigung durch den Notar notwendig, § 36 NotAktVV.

f) Die Sondersammlung nach § 37 NotAktVV ist das Bindeglied zwischen der angestrebten inhaltlichen Deckung zwischen physischer und elektronischer Urkundensammlung für den Fall, dass eine elektronische Ablage nicht möglich ist. Einzelheiten der Ablage der Sondersammlung regelt § 37 Abs. 3 NotAktVV. § 39 NotAktVV sieht darüber hinaus eine Überführung von physisch verwahrten Dokumenten in die elektronische Urkundensammlung nach Ablauf der Aufbewahrungsfrist vor.

4. Regelungen, nach denen eine Übertragung von Papierform in die elektronische Form unterbleiben kann, legt § 37 (Sondersammlung) fest.

3 Von den Regelungsmöglichkeiten nach **Abs. 2** hat der Verordnungsgeber bislang nur sehr zurückhaltend Gebrauch gemacht. Vor allem ist in den §§ 7 ff. die Urkundenarchivbehörde genannt (etwa in §§ 13, 14 und 17), die zu Zwecken der einheitlichen Archivierung, verschiedene Kategorien festlegen kann, nach denen die Eintragungen in das Verzeichnis vorzunehmen sind. Verwendungsmöglichkeiten der Daten des Urkundsverzeichnisses im elektronischen Rechtsverkehr oder für Zwecke der Aufsicht werden nicht explizit erwähnt.

§ 37 (weggefallen)

3 Ref NotAktVV, 45.

Abschnitt 5 Abwesenheit und Verhinderung des Notars; Notarvertreter

§ 38 Anzeige von Abwesenheit oder Verhinderung

[1]Will sich der Notar länger als eine Woche von seinem Amtssitz entfernen oder ist er aus tatsächlichen Gründen länger als eine Woche an der Ausübung seines Amtes verhindert, so hat er dies der Aufsichtsbehörde unverzüglich anzuzeigen. [2]Er bedarf der Genehmigung der Aufsichtsbehörde, wenn die Abwesenheit von dem Amtssitz länger als einen Monat dauern soll.

I. Allgemeines

§ 38 regelt Fälle **freiwilliger** oder **unfreiwilliger Abwesenheit** des Notars vom Amtssitz mit einer Dauer von mehr als einer Woche. Zweck der Vorschrift ist es, den ununterbrochenen Geschäftsbetrieb sicherzustellen. Hierzu ist eine Anzeigepflicht (S. 1), in Fällen der (freiwilligen) Abwesenheit von mehr als einem Monat zudem ein Genehmigungserfordernis (S. 2), angeordnet. Die Verletzung der Anzeigepflicht nach S. 1 ist ebenso wie die Missachtung des Genehmigungserfordernisses in S. 2 ein Verstoß gegen Dienstpflichten. Im Falle der Abwesenheit oder sonstigen Verhinderung besteht nach näherer Maßgabe von § 39 die Möglichkeit (nicht aber die generelle Pflicht)[1] zur Bestellung eines Vertreters während der Abwesenheit oder Verhinderung. 1

II. Anzeigepflicht

In allen Fällen freiwilliger (S. 1 Alt. 1) oder unfreiwilliger Abwesenheit oder sonstiger Verhinderung (S. 1 Alt. 2) für einen Zeitraum von mehr als einer Woche besteht nach S. 1 eine Pflicht des Notars, der Aufsichtsbehörde unverzüglich Anzeige zu machen. 2

1. Voraussetzungen der Anzeigepflicht. a) **Freiwillige Entfernung vom Amtssitz (S. 1 Alt. 1).** Entfernt sich der Notar für einen Zeitraum von mehr als einer Woche von seinem **Amtssitz** (**§ 10 Abs. 1 S. 1**), besteht die Anzeigepflicht. Nach allgemeiner – im Hinblick auf den Wortlaut der Vorschrift allerdings fragwürdiger – Auffassung ist die Vorschrift erweiternd auszulegen, so dass auch in denjenigen – praktisch wohl eher seltenen – Fällen, in denen der Notar seine **Geschäftsstelle** (**§ 10 Abs. 2 S. 1**) schließt und sich an anderer Stelle innerhalb des Amtssitzes aufhält, eine Anzeigepflicht nach S. 1 Alt. 1 bestehen soll.[2] 3

1 Diehn/*Beckhaus* § 38 Rn. 6.
2 Arndt/Lerch/Sandkühler/*Lerch* § 38 Rn. 4; Diehn/*Beckhaus* § 38 Rn. 3; Frenz/Miermeister/*Wilke* § 38 Rn. 3.

4 b) **Unfreiwillige Abwesenheit, sonstige Amtsverhinderung** (S. 1 Alt. 2). Auch bei sonstigen tatsächlichen Gründen, die zur Abwesenheit oder faktischen (nicht aber: rechtlichen, zB bei Amtsenthebung)[3] Amtsverhinderung für einen Zeitraum von mehr als einer Woche führen (zB Krankheit, Unfall, Verhaftung), ist der Notar zur Anzeige verpflichtet.

5 **2. Inhalt der Anzeigepflicht.** In allen vorgenannten Fällen hat der Notar **unverzüglich die Aufsichtsbehörde zu unterrichten**, und zwar auch dann, wenn dem Notar ein ständiger Vertreter bestellt ist.[4] In einem **Antrag auf Bestellung** eines nicht ständigen Notarvertreters ist hingegen stets zugleich auch die Anzeige der Abwesenheit nach S. 1 zu sehen, soweit – wie in den von der Justiz üblicherweise bereitgestellten Antragsformularen vorgesehen – im Antrag der Grund der Abwesenheit angegeben wird.

6 **a) Zeitpunkt.** Die Anzeigepflicht entsteht, wenn für den Notar **erkennbar** wird, dass seine Abwesenheit bzw. Verhinderung mehr als sieben Tage dauern wird,[5] und ist dann **unverzüglich** zu erfüllen. Einen festen Zeitraum für die Unverzüglichkeit wird man abstrakt schwerlich definieren können; soweit geeignete Telekommunikationsmittel zur Verfügung stehen und der Gesundheitszustand des Notars es zulässt, dürfte eine Anzeige spätestens an dem auf den Eintritt der Erkennbarkeit folgenden Werktag erforderlich sein.

7 **b) Adressat.** Abzugeben ist die Anzeige gegenüber der **Aufsichtsbehörde**, die in der jeweiligen AVNot des betroffenen Bundeslandes geregelt ist (üblicherweise der Präsident des Landgerichts).

III. Genehmigungserfordernis

8 Über die in jedem Falle bestehende Anzeigepflicht nach S. 1 hinaus ordnet S. 2 an, dass bei einer Abwesenheit vom Amtssitz, die **länger als einen Monat** dauern soll, die **Genehmigung** der Aufsichtsbehörde einzuholen ist.

9 S. 2 bezieht sich lediglich auf die Fälle der **bewussten** Abwesenheit von Amtssitz und/oder Dienststelle oder sonstigen Abstand Name von der Amtsbereitschaft; bei unfreiwilliger Abwesenheit (zB Verhaftung), Unfall oder Krankheit besteht hingegen kein Genehmigungserfordernis und wäre naturgemäß auch sinnlos.[6]

10 Über den Antrag ist nach **pflichtgemäßem Ermessen** zu entscheiden; ein Anspruch auf Erteilung der Genehmigung besteht nicht. Abzuwägen sind das konkrete persönliche Interesse des Notars an der Abwesenheit oder sonstigen Verhinderung gegen die Belange der geordneten vorsorgenden Rechtspflege,[7] für die wiederum die Gewährleistung einer geeigneten Vertretung von herausragender Bedeutung ist. Gegen die ablehnende Entscheidung der Genehmigungsbehörde kann **Verpflichtungsklage** nach § 111 erhoben werden.

§ 39 Notarvertretung

(1) [1]Die Aufsichtsbehörde kann dem Notar auf seinen Antrag für die Zeit seiner Abwesenheit oder Verhinderung eine Notarvertreterin oder einen Notarvertreter (Notarvertretung) bestellen. [2]Die Bestellung kann auch von vornherein

3 Diehn/*Beckhaus* § 38 Rn. 3.
4 Diehn/*Beckhaus* § 38 Rn. 3; Frenz/Miermeister/*Wilke* § 38 Rn. 5.
5 Frenz/Miermeister/*Wilke* § 38 Rn. 6.
6 Arndt/Lerch/Sandkühler/*Lerch* § 38 Rn. 8; Diehn/*Beckhaus* § 38 Rn. 4; Frenz/Miermeister/*Wilke* § 38 Rn. 13.
7 Frenz/Miermeister/*Wilke* § 38 Rn. 18.

für alle Vertretungsfälle ausgesprochen werden, die während eines bestimmten Zeitraums eintreten (ständige Vertretung). [3]Für die Zeit der Abwesenheit oder Verhinderung auch der ständigen Vertretung kann eine weitere, auch ständige Vertretung bestellt werden. [4]Zudem kann im Fall der Bestellung einer ständigen Vertretung ein einem Notar zugewiesener Notarassessor als weitere, auch ständige Vertretung bestellt werden.

(2) [1]Im Fall der vorläufigen Amtsenthebung kann eine Vertretung auch von Amts wegen bestellt werden. [2]Dies gilt auch, wenn ein Notar es unterlässt, einen Antrag nach Absatz 1 oder nach § 48c zu stellen, obwohl er aus gesundheitlichen Gründen zur ordnungsgemäßen Ausübung seines Amtes vorübergehend unfähig ist.

(3) [1]Zur Vertretung darf nur bestellt werden, wer im Sinne des § 5 Absatz 1 und 2 persönlich und im Sinne des § 5 Absatz 5 fachlich geeignet ist. [2]Die ständige Vertretung soll nur einem Notar, einem Notarassessor oder einem Notar außer Dienst übertragen werden. [3]Als ständige Vertretung eines Anwaltsnotars kann nach Anhörung der Notarkammer auch ein Rechtsanwalt bestellt werden. [4]Abgesehen von den Fällen des Absatzes 2 soll als Vertretung nur bestellt werden, wer von dem Notar vorgeschlagen wurde und zur Übernahme des Amtes bereit ist. [5]Für den Notar kann auch ein nach § 1896 des Bürgerlichen Gesetzbuchs bestellter Betreuer oder ein nach § 1911 des Bürgerlichen Gesetzbuchs bestellter Abwesenheitspfleger den Antrag stellen und die Vertretung vorschlagen.

(4) Auf die Vertretung sind die für den Notar geltenden Vorschriften mit Ausnahme des § 19a entsprechend anzuwenden, soweit nicht nachstehend etwas anderes geregelt ist.

I. Allgemeines

1 Beurkundungen nach §§ 6 ff. BeurkG und §§ 36 ff. BeurkG, die Erzeugung qualifizierter elektronischer Signaturen und die Klauselerteilung nach § 797 Abs. 2 ZPO muss der Notar persönlich vornehmen. Anderes gilt für Tätigkeiten des Notars im Anwendungsbereich der §§ 23, 24; diese Tätigkeiten können bei einem hauptberuflichen Notariat einem Notarassessor auch ohne Vertreterbestellung übertragen werden, arg. § 19 Abs. 2.[1]

2 Ist der Notar an von ihm persönlich vorzunehmenden Amtsgeschäften wegen Abwesenheit oder aus sonstigen Gründen gehindert, kann er die Bestellung einer Notarvertreterin oder eines Notarvertreters beantragen. Die maßgeblichen Regelungen wurden durch das Gesetz zur Modernisierung des notariellen Berufsrechts und zur Änderung weiterer Vorschriften vom 25.6.2021[2] im Rah-

1 Frenz/Miermeister/*Wilke* § 39 Rn. 46.
2 BGBl. 2021 I 2154.

men der Novellierung der BNotO angepasst und hierbei die Legaldefinition des Oberbegriffs „Notarvertretung" eingeführt. Regelmäßig erfolgt die Bestellung für den Einzelfall; unter bestimmten Voraussetzungen ist aber auch die Bestellung einer ständigen Vertretung möglich.

3 Gegen die Ablehnung der Vertreterbestellung an sich oder der Bestellung der vom Notar vorgeschlagenen Vertretung ist die **Verpflichtungsklage** nach § 111 eröffnet, allerdings nur für den Notar selbst, nicht etwa für die abgelehnte Notarvertretung.[3]

II. Allgemeine Voraussetzungen der Vertretungsbestellung, Ermessen

4 **1. Erfordernis einer Vertretung.** Voraussetzung jeglicher Vertretungsbestellung ist, dass der Notar an der **Ausübung des Amtes insgesamt gehindert** ist, nicht etwa nur stundenweise oder für bestimmte Geschäfte.[4] Es genügt allerdings tatbestandlich bereits die Verhinderung für einen Tag.[5]

5 **2. Antragstellung.** Ferner ist erforderlich, dass der Notar einen entsprechenden **ausdrücklichen Antrag** stellt; eine Vertretungsbestellung ohne Antrag (von Amts wegen) ist nur in den in Abs. 2 abschließend[6] geregelten Fällen (vorläufige Amtsenthebung, Verhinderung aus gesundheitlichen Gründen) möglich. Nach Abs. 3 S. 4 kann auch ein für den Notar eingesetzter **Betreuer** oder **Pfleger** den Antrag stellen.

6 **3. Eignung der Notarvertretung.** Die Voraussetzungen für die Eignung der Notar Vertretung sind in der Neufassung von Abs. 3 durch das Gesetz zur Modernisierung des notariellen Berufsrechts und zur Änderung weiterer Vorschriften vom 25.6.2021[7] im Rahmen der Novellierung der BNotO präzisiert worden. Vorausgesetzt wird nunmehr die persönliche (§ 5 Abs. 1 und 2) und fachliche (§ 5 Abs. 5) Eignung. Ernennungsreife im Sinne von § 6 ist damit nicht erforderlich. Auch nach Vollendung des 70. Lebensjahres kann eine Bestellung zur Notarvertretung erfolgen.[8]

7 **4. Ermessen.** Liegen die tatbestandlichen Voraussetzungen (Verhinderung) vor, so ist die Vertretungsbestellung in dreierlei Hinsicht eine **Ermessensentscheidung:** Der Notar selbst hat ein Ermessen hinsichtlich der Frage, ob überhaupt eine Vertretungsbestellung beantragt werden soll; die Aufsichtsbehörde hat ein Entschließungsermessen über das Ob der Vertretungsbestellung, ferner ein Auswahlermessen hinsichtlich der Person der Vertretung.

8 **a) Ermessen des Notars.** Eine **Pflicht** des Notars, bei Abwesenheit oder sonstiger Verhinderung die Bestellung einer Notarvertretungs zu beantragen, besteht grundsätzlich nicht, auch nicht im Fall des § 38 S. 2; allerdings wird er bei längerer Abwesenheit seine Amtspflichten verletzen, wenn er nicht für eine amtlich bestellte Vertretung sorgt, soweit er damit rechnen muss, dass persönlich vorzunehmende Amtsgeschäfte anfallen können.[9]

9 **b) Ermessen der Aufsichtsbehörde.** Die Rechtsprechung billigt der Aufsichtsbehörde zunächst ein **Entschließungsermessen** über die Frage zu, ob wegen der Verhinderung eines Notars überhaupt und in welchem Umfang eine Vertretung

---

3 BGH DNotZ 1993, 469.
4 Arndt/Lerch/Sandkühler/*Lerch* § 39 Rn. 4.
5 BGH DNotZ 2015, 395 (396).
6 Arndt/Lerch/Sandkühler/*Lerch* § 39 Rn. 8.
7 BGBl. 2021 I 2154.
8 BGH DNotZ 2001, 726.
9 Frenz/Miermeister/*Wilke* § 38 Rn. 20.

geboten ist.[10] Kurzfristige Vertretungsbestellungen werden hierbei regelmäßig davon abhängig gemacht, dass der Notar die Gründe der Verhinderung angibt[11] und dass diese – beim Anwaltsnotar – ihren Ursprung nicht in der anwaltlichen Tätigkeit des Notars haben.[12] Die kurzfristige Verhinderung aufgrund der Notwendigkeit, Gerichtstermine als Rechtsanwalt wahrzunehmen, rechtfertigt daher nach Ansicht der Rechtsprechung eine ablehnende Ermessensentscheidung.

Daneben hat die Aufsichtsbehörde auch hinsichtlich der Person des Notarvertreters ein **Auswahlermessen.**[13] Bei der Entscheidung über die Auswahl des Vertreters hat sie dem **Vorschlagsrecht des Notars** (**Abs. 3 S. 3**) und seinem Interesse, den Betrieb seines Notariats während der Zeit seiner Verhinderung möglichst störungsfrei aufrechtzuerhalten, ein erhebliches Gewicht zu geben,[14] daneben sind die allgemeinen Grundsätze des Notarwesens zu beachten.[15] Hierbei ist insbesondere die **persönliche Eignung** der Notarvertretung zu bewerten.[16] 10

III. Ständiger Vertreter

Nach Abs. 1 S. 2 kann auch eine ständige Vertretung **im Voraus** für sämtliche während eines bestimmten Zeitraums eintretenden Verhinderungsfälle bestellt werden. Die Vertreterbestellung gilt dann allerdings nur für Fälle tatsächlicher Verhinderung, sie ist keine Dauervertretung.[17] Neu ist die durch das Gesetz zur Modernisierung des notariellen Berufsrechts und zur Änderung weiterer Vorschriften vom 25.6.2021[18] im Rahmen der Novellierung der BNotO in Abs. 1 S. 3 eingefügte Möglichkeit, für die Zeit der Abwesenheit oder Verhinderung auch der ständigen Vertretung eine weitere, auch ständige Vertretung zu bestellen, sowie – im Rahmen des Nurnotariats – die in Abs. 1 S. 4 eingefügte Möglichkeit, im Fall der Bestellung einer ständigen Vertretung einen einem Notar zugewiesenen Notarassessor als weitere, auch ständige Vertretung zu bestellen. 11

1. Voraussetzungen. Eine ständige Vertretung kann nur auf **Antrag** des Notars bestellt werden.[19] Die Bestellung setzt voraus, dass der Notar in einem Kalenderjahr voraussichtlich wiederholt verhindert sein wird, sein Amt persönlich auszuüben.[20] Die bisherige Regelung in Abs. 1 S. 2 aF, wonach die Dauer von einem Jahr regelmäßig nicht überschritten werden sollte, wurde durch das Gesetz zur Modernisierung des notariellen Berufsrechts und zur Änderung weiterer Vorschriften vom 25.6.2021[21] im Rahmen der Novellierung der BNotO ersatzlos gestrichen. 12

2. Person der ständigen Vertretung. In Betracht kommen – nicht nur im Bereich des nur Notariats, sondern auch als ständige Vertretung eines Anwaltsnotars – regelmäßig nur ein **Notar, Notarassessor oder Notar a.D.**; die Bestellung eines **Rechtsanwalts** soll nach der gesetzlichen Regelung (Abs. 3 S. 3) die Ausnahme bilden und setzt die vorherige Anhörung der Notarkammer voraus. In der Pra- 13

10 BGH NJW 2003, 2905; ZNotP 2010, 72 ff.; DNotZ 2015, 395 (396).
11 BGH NJW 2003, 2905 (2906); DNotZ 2015, 395 (396).
12 BGH NJW 2003, 2905 (2906).
13 BGH NJOZ 2011, 44.
14 BGH NJW-RR 2007, 1291.
15 BGH NJW-RR 2007, 1291; NJW-RR 2003, 270; NJOZ 2011, 44.
16 BGH NJW-RR 2001, 784; NJOZ 2011, 44.
17 Arndt/Lerch/Sandkühler/*Lerch* § 39 Rn. 24; Frenz/Miermeister/*Wilke* § 39 Rn. 30.
18 BGBl. 2021 I 2154.
19 Frenz/Miermeister/*Wilke* § 39 Rn. 33.
20 Frenz/Miermeister/*Wilke* § 39 Rn. 31.
21 BGBl. 2021 I 2154.

xis wird hierbei üblicherweise verlangt, dass der als ständige Notarvertretung vorgesehene Rechtsanwalt über eine mehrjährige Zulassung verfügt. Die Auffassung, ein Rechtsanwalt, der nicht zugleich Notar ist, weise in der Regel nicht die besondere Sachkunde auf, die für eine nicht nur vorübergehende Vertretung erforderlich sei,[22] ist in dieser pauschalen Form unzutreffend und würde keine tragfähige Grundlage für die Ausübung des Auswahlermessens im Einzelfall darstellen.

IV. Rechtsstellung der Notarvertretung

14 Aus Abs. 4 folgt, dass die antragsgemäß bestellte Notarvertretung Inhaber eines öffentlichen Amtes ist wie der Notar selbst. Sie unterliegt denselben Amtspflichten wie der Notar.[23] Dass hierzu die Pflicht zähle, sich der ordnungsgemäßen Bestellung als Vertreter zu vergewissern,[24] trifft allerdings nicht zu; die unwirksam bestellte Vertretung können überhaupt keine Amtspflichten treffen, und die von der wirksam bestellten Vertretung vorgenommenen Amtsgeschäfte können nicht deshalb fehlerhaft werden, weil sie sich nicht zuvor über ihre – objektiv wirksam erfolgte – Vertretungsbestellung vergewissert hat. Eine Haftung der nicht wirksam bestellten (Schein-) Vertretung kommt daher allenfalls auf deliktischer Grundlage, regelmäßig also nur bei Vorsatz, in Betracht.[25] Wegen der Haftung und des Haftpflichtversicherungsschutzes vgl. Im Übrigen § 46. Die Notarvertretung ist keine zivilrechtliche Stellvertretung, sondern eine Amtsvertretung, so dass die Notarvertretung ihre Amtshandlungen zwar „als amtlich bestellte Vertretung", aber dennoch im eigenen Namen vornimmt.

§ 40 Form der Bestellung, Amtseid, Widerruf

(1) [1]Die Bestellung ist der Vertretung unbeschadet einer anderweitigen Bekanntmachung schriftlich zu übermitteln. [2]Abweichend von § 44 des Verwaltungsverfahrensgesetzes ist eine Bestellung nur dann nichtig, wenn sie diesem Erfordernis nicht genügt und sich aus dem Akteninhalt nicht ergibt, dass eine Bestellung erfolgen sollte.

(2) [1]Die Vertretung hat vor dem Beginn ihrer Amtstätigkeit vor dem Präsidenten des Landgerichts den Amtseid (§ 13) zu leisten. [2]Ist sie schon einmal als Notar, Notarvertretung oder Notariatsverwalter vereidigt worden, so genügt es in der Regel, dass sie auf den früher geleisteten Eid hingewiesen wird.

(3) Die Bestellung der Vertretung kann jederzeit widerrufen werden.

I. Allgemeines

1 Während Beginn und Ende der Vertretungsbestellung § 44 Abs. 1 S. 1 geregelt sind, bezieht sich – systematisch wenig stringent – § 40 auf Form und Verfahren der Bestellung (Abs. 1, 2) und den Widerruf als einen der möglichen Beendi-

22 Arndt/Lerch/Sandkühler/*Lerch* § 39 Rn. 21.
23 *Diehn*/Beckhaus § 39 Rn. 13.
24 *Diehn*/Beckhaus § 39 Rn. 13 mit Verweis auf OLG Hamm RNotZ 2011, 59.
25 Arndt/Lerch/Sandkühler/*Lerch* § 39 Rn. 30.

gungsgründe (Abs. 3). Die Regelungen wurden durch das Gesetz zur Modernisierung des notariellen Berufsrechts und zur Änderung weiterer Vorschriften vom 25.6.2021[1] im Rahmen der Novellierung der BNotO ohne wesentliche inhaltliche Änderung angepasst.

II. Bestellung

Die Bestellung der Notarvertretung erfolgt gem. Abs. 1 S. 1 durch schriftliche Verfügung und setzt die Leistung des Amtseides nach § 13 voraus, Abs. 2 S. 1. 2

1. Schriftliche Verfügung. Abweichend von der Notarbestellung, die nach § 12 die Aushändigung einer Bestellungsurkunde verlangt, erfordert die Vertreterbestellung nach Abs. 1 S. 1 lediglich eine **schriftliche Verfügung** des Präsidenten des Landgerichts bzw. (im Verhinderungsfalle) seines Vertreters. Diese wiederum muss – da sie Verwaltungsakt ist – zwar dem Notarvertreter (nicht dem Notar selbst)[2] zu ihrer Wirksamkeit **bekanntgegeben** werden (§ 43 Abs. 1 des VwVfG des jeweiligen Landes); die Bekanntgabe selbst kann aber auch formlos, zB telefonisch, erfolgen.[3] für mögliche Nichtigkeitsgründe regelt der neu eingefügte Abs. 1 S. 2, dass abweichend von § 44 VwVfG eine Bestellung nur dann nichtig ist, wenn sie nicht schriftlich übermittelt wurde und sich aus dem Akteninhalt nicht ergibt, dass eine Bestellung erfolgen sollte. 3

2. Eidesleistung. Da die Notarvertretung hinsichtlich ihrer Rechte und Pflichten für den Zeitraum der Vertretung dem Notar gleichgestellt wird, ist es nur folgerichtig, dass sie auch den **Amtseid** nach § 13 zu leisten hat, Abs. 2 S. 1. Aus Abs. 2 S. 2 ergibt sich, dass der **Verweis auf einen früher geleisteten Eid** genügt, wenn die **Notarvertretung** schon einmal als Vertretung eines Notars nach § 13 vereidigt worden ist, ferner dass die erneute Eidesleistung nicht erforderlich ist, wenn ein **amtierender Notar** zum Vertreter eines anderen Notars bestellt wird. Nach wohl herrschender Meinung[4] gilt dies hingegen nicht für einen **Notar a.D.**; dieser soll als Vertreter neu vereidigt werden müssen. Dem ist zu widersprechen. Mit dem Erlöschen des Notaramtes verliert die frühere Vereidigung keineswegs ihre Gültigkeit;[5] wenn der Verweis auf die frühere Eidesleistung als Notarvertreter nach dem ausdrücklichen Gesetzeswortlaut genügt, muss dies erst recht für die frühere Eidesleistung als Notar gelten.[6] Nicht ausreichend ist dagegen eine vorherige Eidesleistung als Beamter, Richter oder Rechtsanwalt, schon weil der Inhalt nicht mit dem in § 13 vorgesehenen Wortlaut übereinstimmt. 4

3. Behandlung im Urkundenverzeichnis. § 33 Abs. 5 S. 1 DONot aF hatte noch angeordnet, dass Beginn und Beendigung der Notarvertretung in der Urkundenrolle zu vermerken waren. Anlässlich der Einführung des Urkundenverzeichnisses ist diese Verpflichtung nicht in § 19 DONot n.F. übernommen worden. An ihre Stelle treten die Angaben im Urkundenverzeichnis zur **Amtsperson, § 11 NotAktVV.**[7] 5

1 BGBl. 2021 I 2154.
2 Frenz/Miermeister/*Wilke* § 40 Rn. 2.
3 OLG Celle RNotZ 2003, 631.
4 Arndt/Lerch/Sandkühler/*Lerch* § 40 Rn. 5; Frenz/Miermeister/*Wilke* § 40 Rn. 6.
5 So aber Frenz/Miermeister/*Wilke* § 40 Rn. 6.
6 Ebenso im Ergebnis Diehn/*Beckhaus* § 40 Rn. 3.
7 Vgl. RefE zur NotAktVV Stand 1.4.2020, S. 41 (Zu § 11).

III. Widerruf

6 Von der Rechtsgrundlage für den Widerruf der Vertretungsbestellung in Abs. 3 wird in der Praxis nur selten Gebrauch gemacht. Es besteht hierfür im praktischen Regelfall auch kein Bedürfnis, weil die Amtsbefugnis der Notarvertretung auch schon vor Ablauf der Bestellungszeit durch Übergabe des Amtes an den Notar beendet werden kann, § 44 Abs. 1 S. 1. Wie die Bestellung selbst unterliegt der Widerruf dem Ermessen der Aufsichtsbehörde. Maßgeblich sind hierbei die Belange der geordneten vorsorgenden Rechtspflege einerseits und das Interesse des betroffenen Notars an der Aufrechterhaltung der Arbeitsfähigkeit der Notarstelle andererseits; keine Berücksichtigung kann hingegen das Amtsinteresse der Vertretung finden[8] (für den etwa im Rahmen eigener Bemühungen, zum Notar bestellt zu werden, der zeitliche Umfang von Notarvertretungen bedeutsam sein mag). Wenn die Voraussetzungen für die Vertretungsbestellung schon von Anfang an nicht vorgelegen haben, dies aber erst nachträglich bekannt geworden ist, kommt verwaltungsverfahrensrechtlich kein Widerruf, sondern nur eine Rücknahme der Vertretungsbestellung nach § 48 des einschlägigen Landesverwaltungsverfahrensgesetzes in Betracht, weil der Widerruf nur die Fälle rechtmäßiger Verwaltungsakte betrifft und eine Vertretungsbestellung ohne Vorliegen der Voraussetzungen rechtswidrig wäre.[9] Anders verhält es sich, wenn die Voraussetzungen für die Vertretung ursprünglich bestanden, nachträglich aber weggefallen sind; hier kommt ein auf Abs. 3 gestützter Widerruf in Betracht, wobei das Ermessen auf Null reduziert sein dürfte. Rücknahme und Widerruf entfalten als actus contrarius zur Bestellungsverfügung erst mit Bekanntgabe bei der Notarvertretung und ex nunc Wirkung, § 43 Abs. 1 S. 1 des jeweiligen Landesverwaltungsverfahrensgesetzes. Gegen die Rücknahme oder den Widerruf der Vertretungsbestellung können sowohl die Notarvertretung[10] als auch der Notar selbst[11] Widerspruch und sodann Anfechtungsklage nach § 111 erheben, die nach § 80 Abs. 1 VwGO iVm § 111b Abs. 1 S. 1 aufschiebende Wirkung haben.

§ 41 Amtsausübung

(1) [1]Die Vertretung versieht das Amt auf Kosten des Notars. [2]Sie hat ihrer Unterschrift einen ihn als Vertretung kennzeichnenden Zusatz beizufügen und Siegel und Stempel des Notars zu gebrauchen.

(2) Die Vertretung soll sich der Ausübung des Amtes auch insoweit enthalten, als dem von ihm vertretenen Notar die Amtsausübung untersagt wäre.

8 Frenz/Miermeister/*Wilke* § 40 Rn. 9.
9 Das übersieht Frenz/Miermeister/*Wilke* § 40 Rn. 10.
10 Frenz/Miermeister/*Wilke* § 40 Rn. 17.
11 Frenz/Miermeister/*Wilke* § 40 Rn. 18.

I. Allgemeines

In § 41 sind drei eigentlich zusammenhanglose Fragenkreise geregelt: die Kostentragung der Notarvertretung (Abs. 1 S. 1), die Kenntlichmachung der Vertretung nach außen (Abs. 1 S. 2) und die Kumulation von eigenen mit abgeleiteten Mitwirkungsverboten und Ausschließungsgründen (Abs. 2). 1

II. Erträge und Kosten der Notarstelle während der Notarvertretung

Nach Abs. 1 S. 1 versieht der Vertreter das Amt auf Kosten des Notars. Damit sind die Kosten für die Unterhaltung des Geschäftsbetriebes der Notarstelle gemeint, nicht etwa die Vergütung des Notarvertreters, die in § 43 geregelt ist. Der Notar ist verpflichtet, dem Notarvertreter eine solche sachlich-räumlich-personelle Ausstattung der Notarstelle zur Verfügung zu stellen, dass der Vertreter seine Tätigkeit unter zumutbaren Bedingungen entfalten kann.[1] Im Gegenzug vereinnahmt der Notarvertreter die mit seiner Amtsausübung verdienten Gebühren nicht für eigene Rechnung, sondern für Rechnung des Notars. Die Erträgnisse der Notarvertretung stehen also dem vertretenen Notar zu,[2] auch wenn dies weder in der BNotO noch andernorts (etwa im GNotKG) geregelt ist.[3] Dies hindert die Notarvertreter allerdings nicht daran, über die Gebühren zu verfügen, zB durch Einziehung, Stundung oder Aufrechnung.[4] Da nach § 17 Abs. 1 S. 4 eine Umsatz- oder Gewinnbeteiligung anderer Personen unzulässig ist, kann die Vergütung des Vertreters nicht in der Weise ausgestaltet werden, dass dieser zB einen prozentualen Anteil an den mit seinen Amtshandlungen verdienten Gebühren erhält.[5] 2

III. Status des Notarvertreters nach außen und gegenüber dem Notar

Sämtliche notariellen Amtsgeschäfte des vertretenen Notars werden im Zeitraum der Notarvertretung vom Notarvertreter ausgeübt. Dies schließt die Verfügungsbefugnis über Anderkonten und die Verwaltung der Geschäftsstelle ein,[6] wozu auch die Ausübung des arbeitgeberseitigen Direktionsrechts gegenüber den Angestellten der Notarstelle zählt. Vollzugsvollmachten in Urkunden des vertretenen Notars erstrecken sich selbst dann auf den Notarvertreter, wenn darin nur der Notar persönlich genannt ist.[7] Die Amtsausübung selbst erfolgt selbstständig und unter eigener Verantwortung des Notarvertreters; hierbei etwa begangene Pflichtverletzungen können ihm selbst gegenüber disziplinarrechtlich geahndet werden.[8] Letzteres ist bei Anwaltsnotaren aber nur insoweit möglich, als die Vorermittlungen durch die Aufsichtsbehörde noch während der Dauer der Notar Vertretung eingeleitet sein müssen.[9] Weisungen darf der Notar dem Notarvertreter nicht erteilen.[10] 3

Nach außen ist die Notarvertretung dadurch zu kennzeichnen, dass der Notarvertreter seiner Unterschrift einen ihn als Vertreter kennzeichnenden Zusatz („*Notarvertreter*") beizufügen hat; umgekehrt hat er Siegel und Stempel des 4

---

1 Diehn/*Beckhaus* § 41 Rn. 2; Frenz/Miermeister/*Wilke* § 41 Rn. 6.
2 Diehn/*Beckhaus* § 41 Rn. 2.
3 Frenz/Miermeister/*Wilke* § 41 Rn. 7.
4 Arndt/Lerch/Sandkühler/*Lerch* § 41 Rn. 4; Diehn/*Beckhaus* § 41 Rn. 2.
5 Frenz/Miermeister/*Wilke* § 41 Rn. 8.
6 Diehn/*Beckhaus* § 41 Rn. 5.
7 OLG Frankfurt NotBZ 2014, 56.
8 Arndt/Lerch/Sandkühler/*Lerch* § 41 Rn. 7.
9 Arndt/Lerch/Sandkühler/*Lerch* § 41 Rn.10.
10 Frenz/Miermeister/*Wilke* § 41 Rn. 5; unzutreffend einschränkend nur für gesetzes- oder „standeswidrige" Weisungen: Arndt/Lerch/Sandkühler/*Lerch* § 41 Rn. 7.

vertretenen Notars zu gebrauchen (Abs. 1 S. 2), auch wenn er selbst Notar ist.[11] In Niederschriften nach §§ 8 ff. BeurkG ist als „Notar" im Sinne des § 9 Abs. 1 Nr. 1 BeurkG sowohl der Name des Notarvertreters als auch derjenige des vertretenen Notars anzugeben (*„Rechtsanwältin X als amtlich bestellte Vertreterin des Notars Y"*). Fehler bei den Angaben zum Notar und zur Tatsache der Aufnahme der Niederschrift durch einen anderen in Vertretung des Notars sind durch Nachtragsvermerk zu berichtigen. Hierzu ist allerdings nur derjenige berechtigt, der die Urkunde errichtet hat, in der die fehlerhaften Angaben enthalten sind; handelt es sich um den Notarvertreter, so kann er den Nachtragsvermerk nach Ablauf seiner Vertreterbestellung erst anbringen, wenn er erneut zum Notarvertreter bestellt werden sollte.[12] Wird der Vertreterzusatz (Abs. 1 S. 2) bei der Unterschrift (§ 13 Abs. 3 S. 2 BeurkG) vergessen, so handelt es sich um ein offensichtliches Schreibversehen, das nach § 44 a Abs. 2 S. 1 BeurkG zu berichtigen ist.[13]

IV. Mitwirkungsverbote und Ausschließungsgründe

5 Über § 39 Abs. 4 gelten die in der Person des Notarvertreters begründeten Mitwirkungsverbote und Ausschließungsgründe ohnehin; mit Abs. 2 werden diese erweitert um diejenigen Mitwirkungsverbote und Ausschließungsgründe, die in der Person des vertretenen Notars begründet sind. Werden die Ausschließungsgründe nach §§ 6, 7 BeurkG in der Person des Notarvertreters verwirklicht, sind die von ihm (amtspflichtwidrig) vorgenommenen Beurkundungen ganz (§ 6 BeurkG) oder teilweise (§ 7 BeurkG) unwirksam; werden sie hingegen in der Person des vertretenen Notars verwirklicht (etwa weil dem Notarvertreter die Umstände unbekannt sind, aus denen sich die Ausschließungsgründe ergeben), führt dies nicht zur Ungültigkeit der vorgenommenen Amtshandlungen, weil Abs. 2 lediglich eine Sollvorschrift darstellt.[14] Etwaige Befangenheitsgründe sind nach § 39 Abs. 4 iVm § 16 Abs. 2 an sich nur beachtlich, wenn sie in der Person des Notarvertreters entstehen; in der Person des vertretenen Notars bestehende Befangenheitsgründe können allerdings auch auf den Notarvertreter selbst „durchschlagen" und dann über § 39 Abs. 4 iVm § 16 Abs. 2 beachtlich werden.

§ 42 Zuständigkeit für Streitigkeiten zwischen Notar und Vertretung

Für vermögensrechtliche Streitigkeiten zwischen dem Notar und seiner Vertretung, welche die Vergütung oder die Haftung für Amtspflichtverletzungen betreffen, sind die Landgerichte ohne Rücksicht auf den Wert des Streitgegenstandes ausschließlich zuständig.

11 Arndt/Lerch/Sandkühler/*Lerch* § 41 Rn. 6.
12 Frenz/Miermeister/*Wilke* § 41 Rn. 11.
13 Unzutr. Frenz/Miermeister/*Wilke* § 41 Rn. 12: „einfacher Vermerk".
14 Arndt/Lerch/Sandkühler/*Lerch* § 41 Rn. 11; Diehn/*Beckhaus* § 41 Rn. 8; Frenz/Miermeister/*Wilke* § 41 Rn. 16.

I. Allgemeines

Aus § 41 folgt, dass zwischen Notar und Notarvertretung ein privatrechtliches Rechtsverhältnis besteht (Dienstvertrag zur Leistung höherer Dienste, § 627 Abs. 1 aE BGB).[1] Geregelt ist die Rechtswegzuständigkeit bei vermögensrechtlichen Streitigkeiten zwischen dem Notar und dem Notarvertreter, welche die Vergütung oder die Haftung für Amtspflichtverletzungen betreffen. 1

II. Rechtswegzuweisung

1. Voraussetzungen. Tatbestandlich erfasst werden Ansprüche des Vertreters auf Zahlung der **Vergütung** (§§ 611 Abs. 1, 612 BGB) oder **Auslagenersatz** (§§ 675 Abs. 1, 670 BGB) ebenso wie Ansprüche des vertretenen Notars auf **Erstattung** geleisteter Vergütungen,[2] ferner **Regressansprüche** von Notar und seiner Vertretung untereinander im Hinblick auf die gesamtschuldnerische Haftung beider nach § 46 S. 1 im Außenverhältnis und die Alleinverpflichtung des Vertreters im Innenverhältnis nach § 46 S. 2. Ansprüche Dritter oder gegen Dritte werden von der Norm nicht erfasst; etwas anderes gilt, wenn ein Dritter Ansprüche zwischen Notar und seiner Vertretung als Pfändungsgläubiger auf Grundlage eines Pfändungs- und Überweisungsbeschlusses geltend macht.[3] 2

2. Rechtsfolgen. Innerhalb des tatbestandlichen Anwendungsbereichs der Norm sind die **Landgerichte ausschließlich zuständig,** was einer **Gerichtsstandsvereinbarung, nicht aber einer Schiedsabrede entgegensteht.**[4] Andere als die tatbestandlich erfassten Ansprüche (zB Unterlassung, Schadenersatz für Nebenpflichtverletzungen, Herausgabe, Auskunft, Rechnungslegung) sind streitwertabhängig nach den allgemeinen Regelungen über die sachliche Zuständigkeit vor die ordentlichen Gerichte zu bringen. Hätte der Gesetzgeber gewollt, dass auch sonstige vermögensrechtliche Streitigkeiten zwischen Notar und seiner Vertretung unabhängig vom Streitwert in die Eingangszuständigkeit des Landgerichts fallen,[5] so hätte es nahegelegen, in § 42 den einschränkenden Relativsatz „welche die Vergütung oder die Haftung für Amtspflichtverletzungen betreffen" wegzulassen. So beschränkt sich die ausschließliche Zuständigkeit der Landgerichte auf die in § 41 explizit genannten Streitigkeiten. 3

§ 43 Vergütung der für von Amts wegen bestellten Vertretung

Der Notar hat der ihm von Amts wegen bestellten Vertretung (§ 39 Absatz 2) eine angemessene Vergütung zu zahlen.

I. Allgemeines

Die Vorschrift begründet einen gesetzlichen Vergütungsanspruch der nach § 39 Abs. 2 von Amts wegen bestellten Vertretung, an dessen Bestellung der Notar nicht beteiligt war, so dass der Gesetzgeber richtigerweise nicht von der Selbstverständlichkeit einer vertraglichen Regelung der Parteien ausgegangen ist. Nicht geregelt ist hingegen die Vergütung der nach § 39 Abs. 1 auf Antrag bestellten Vertretung. 1

1 Arndt/Lerch/Sandkühler/*Lerch* § 42 Rn. 2.
2 Diehn/*Beckhaus* § 42 Rn. 2.
3 Frenz/Miermeister/*Wilke* § 42 Rn. 5.
4 Arndt/Lerch/Sandkühler/*Lerch* § 42 Rn. 6.
5 So unzutr. Frenz/Miermeister/*Wilke* § 42 Rn. 4.

II. Vergütung der von Amts wegen bestellten Vertretung

2 Die von Amts wegen bestellte Vertretung kann eine „angemessene Vergütung" verlangen, deren Höhe nach den Umständen des Einzelfalls unter besonderer Berücksichtigung des zeitlichen Aufwands zu ermitteln ist. Die Berücksichtigung der von vielen Notarkammern erlassenen Richtlinien über die Höhe des Vertreterentgelts[1] erscheint hierbei fraglich, weil es sich bei den Notarvertretungen von Amts wegen nicht um die „gewöhnlichen" Urlaubs- oder Krankheitsvertretungen durch Notarassessoren handelt.[2] Richtigerweise ist die Vergütungshöhe nach § 316 BGB von der Notarvertretung zu bestimmen;[3] Inhalt, Ausübung und Rechtsfolgen der Leistungsbestimmung (einschließlich der Unverbindlichkeit einer unbilligen Leistungsbestimmung und ihrer Ersetzung durch Urteil) richten sich dann nach § 315 BGB.[4]

III. Vergütung der auf Antrag bestellten Vertretung

3 Für die auf Antrag bestellte Notarvertretung gilt § 43 nicht. Sie ist im Rahmen der Ausgestaltung des zwischen Notar und Notarvertretung abzuschließenden Dienstvertrages über Dienste höherer Art privatrechtlich zu regeln. Unterbleibt eine Regelung, so kann die Vergütung – ebenfalls nach § 316 BGB – durch die Notarvertretung festgesetzt werden, wobei Maßstab für die „Billigkeit" im Sinne des § 315 Abs. 3 BGB über § 612 Abs. 2 BGB etwa bestehende Richtlinien der örtlichen Notarkammer über die Höhe des Vertreterentgelts bilden.[5] Im Ergebnis wird sich zwischen der „angemessenen Vergütung", die die von Amts wegen bestellte Notarvertretung nach § 43 beanspruchen kann, und der üblichen Vergütung, die die auf Antrag bestellte Notarvertretung nach § 612 Abs. 2 Alt. 2 BGB beanspruchen kann, kaum ein signifikanter Unterschied ergeben.

§ 44 Dauer der Amtsbefugnis der Vertretung

(1) [1]Die Amtsbefugnis der Vertretung beginnt mit der Übernahme des Amtes und endigt, wenn die Bestellung nicht vorher widerrufen wird, mit der Übergabe des Amtes an den Notar. [2]Während dieser Zeit soll sich der Notar der Ausübung seines Amtes enthalten.

(2) Die Amtshandlungen der Vertretung sind nicht deshalb ungültig, weil die für ihre Bestellung nach § 39 erforderlichen Voraussetzungen nicht vorhanden waren oder später weggefallen sind.

I. Allgemeines

1 In § 44 sind Beginn und Ende der Amtsbefugnis des Vertreters (Abs. 1 S. 1) und die Pflicht des Notars zur Enthaltung (Abs. 1 S. 2) geregelt; ferner ist klargestellt, dass ursprüngliches Fehlen oder späterer Wegfall der Bestellungsvoraus-

1 Dafür Diehn/*Beckhaus* § 43 Rn. 2.
2 Darauf weist Frenz/Miermeister/*Wilke* § 43 Rn. 2 zutreffend hin.
3 Diehn/*Beckhaus* § 43 Rn. 2; Frenz/Miermeister/*Wilke* § 43 Rn. 3.
4 Palandt/*Grüneberg* BGB § 316 Rn. 4.
5 Frenz/Miermeister/*Wilke* § 43 Rn. 6.

setzungen die Wirksamkeit der Amtshandlungen des Vertreters nicht berühren (Abs. 2).

II. Beginn der Vertretung

Mit Bekanntgabe der schriftlichen Verfügung der Aufsichtsbehörde nach § 40 allein beginnt die Amtsbefugnis der Vertretung noch nicht; erforderlich ist zudem die Übernahme des Amtes durch die Vertretung, wie Abs. 1 S. 1 klarstellt. Diese kann allerdings **erst nach Beginn** des in der Verfügung genannten **Bestellungszeitraums** erfolgen. Eine vorherige „Übernahme des Amtes" durch die spätere Vertretung ist wirkungslos;[1] vor dem in der Verfügung genannten Bestellungszeitraum vorgenommene Amtsgeschäfte sind demzufolge unwirksam.[2] 2

Übernahme im Sinne von Abs. 1 S. 1 ist die **äußerlich erkennbare** Kundmachung des Vertreters, dass er nunmehr das Amt ausüben wolle.[3] Der Mindermeinung, wonach die Übernahme „keine besondere Manifestation nach außen" erfordere,[4] ist entgegenzuhalten, dass dann die von Abs. 1 S. 1 ausdrücklich vorausgesetzte Übernahme schwerlich festgestellt werden könnte und als tatbestandliche Voraussetzung der Amtsbefugnis der Vertretung gegenstandslos würde. Die Übernahme liegt im praktischen Regelfall in dem nach § 33 Abs. 5 DONot in der Urkundenrolle anzubringenden **Vermerk** der Notarvertretung über die Amtsübernahme; wird dieser amtspflichtwidrig versäumt, bildet aber auch jede **tatsächliche Vornahme von Amtsgeschäften** (insbesondere die Aufnahme von Urkunden) eine Übernahme.[5] 3

III. Ende der Vertretung

Abs. 1 S. 1 nennt als Beendigungsgründe den Widerruf der Bestellung (§ 40 Abs. 2) und die Übergabe des Amtes durch den Notar. Daneben endet das Amt mit Ablauf des in der Bestellungsverfügung genannten **Vertretungszeitraums** sowie bei **Erlöschen des Notaramts** des Vertretenen nach § 47, zB durch Tod;[6] Letzteres soll zum Schutze des Rechtsverkehrs in entsprechender Anwendung von Abs. 2 allerdings erst gelten, sobald die Vertretung vom Erlöschensgrund Kenntnis erlangt hat.[7] Eine ausnahmsweise auf unbestimmte Zeit verfügte Bestellung endet nicht etwa von selbst mit Wegfall des Bestellungsgrundes; in diesem Fall ist vielmehr die Übergabe des Amtes an den Notar oder der Widerruf der Bestellung erforderlich.[8] 4

Die **Übergabe** als actus contrarius zur Übernahme durch die Notarvertretung erfordert entgegen dem missverständlichen Wortlaut von Abs. 1 S. 1 keine Mitwirkung der Vertretung; es genügt, dass der vertretene Notar seine Amtstätigkeit wieder aufnimmt und die Übernahme des Amtes **nach außen zum Ausdruck bringt**.[9] Anders verhält es sich allerdings, wenn die Vertretung diese Amtsübernahme des Notars nicht respektiert (etwa weil er meint, ein gesundheitliches Amtsausübungshindernis bestehe entgegen der Auffassung des Notars 5

1 BGH BeckRS 1956, 31202486 = NJW 1957, 62 (Ls.).
2 Diehn/*Beckhaus* § 44 Rn. 3 mit Hinweis auf BGH DNotZ 1999, 346, wo allerdings nur (ebenfalls zutreffend) klargestellt wird, dass **nach** Ende des Vertretungszeitraums vorgenommene Amtshandlungen des Vertreters unwirksam sind.
3 Arndt/Lerch/Sandkühler/*Lerch* § 44 Rn. 4.
4 Frenz/Miermeister/*Wilke* § 44 Rn. 4.
5 Arndt/Lerch/Sandkühler/*Lerch* § 44 Rn. 4; Diehn/*Backhaus* § 44 Rn. 3.
6 Arndt/Lerch/Sandkühler/*Lerch* § 44 Rn. 5; Diehn/*Backhaus* § 44 Rn. 4.
7 Diehn/*Beckhaus* § 44 Rn. 6.
8 Arndt/Lerch/Sandkühler/*Lerch* § 44 Rn. 5.
9 Diehn/*Backhaus* § 44 Rn. 5.

fort) und die Vertretung fortsetzt; in diesem Falle muss der Notar auf den Widerruf der Vertreterbestellung durch die Aufsichtsbehörde hinwirken,[10] bevor er selbst wieder tätig werden darf (Abs. 1 S. 2). Streitigkeiten hierüber sind öffentlich-rechtlicher Natur und zwischen Notar und Aufsichtsbehörde nach § 111 auszutragen,[11] nicht zwischen Notar und Notarvertreter.

6 Wird das Amt durch die Vertretung vor Ende des in der Verfügung nach § 40 genannten Bestellungszeitraums an den Notar zurückgegeben, so kann die Vertretung (auch der nicht ständige) während des Bestellungszeitraums das Amt (auch wiederholt) erneut übernehmen; die Bestellungsverfügung wird also durch Rückgabe nicht „verbraucht".[12]

7 Nach Ende des Vertretungszeitraums vorgenommene Amtshandlungen der Vertretung sind unwirksam.[13]

IV. Wirksamkeit der Handlungen der Vertretung

8 Die Klarstellung in Abs. 2, dass die Amtshandlungen der Vertretung auch dann wirksam sind, wenn die Voraussetzungen der Vertreterbestellung anfänglich fehlten oder nachträglich weggefallen sind, ist eigentlich überflüssig, weil sich dies bereits aus der verwaltungsrechtlichen Differenzierung zwischen rechtswidrigen oder widerruflichen Verwaltungsakten einerseits, die bis zu ihrer (ex nunc erfolgenden) Aufhebung wirksam sind, und nichtigen Verwaltungsakten andererseits ergibt.

9 Folgerichtig hilft Abs. 2 weder bei nichtigen Bestellungsverfügungen[14] noch in Fällen, bei denen der Vertretungszeitraum bereits abgelaufen ist: In diesen Fällen vorgenommene Vertretungshandlungen sind daher trotz Abs. 2 unwirksam.[15]

V. Enthaltung durch den Notar

10 Um zu vermeiden, dass die Vertreterbestellung zur Vermehrung der Amtsausübung führt, verbietet Abs. 1 S. 2 dem Notar während der Vertreterzeit die Amtsausübung. Dieses Verbot gilt allerdings nicht während des gesamten Vertretungszeitraumes, der aus der Bestellungsverfügung ersichtlich ist, sondern (nur) während der tatsächlichen Dauer der Vertretung. Dennoch vom Notar entgegen Abs. 1 S. 2 während des Vertretungszeitraumes vorgenommene Amtsgeschäfte sind zwar disziplinarrechtlich unzulässig, aber uneingeschränkt wirksam.[16]

§ 45 Verwahrung bei Abwesenheit oder Verhinderung

(1) [1]Für die Dauer der Abwesenheit oder Verhinderung kann der Notar, dem kein Vertreter bestellt ist, seine Akten und Verzeichnisse sowie die ihm amtlich übergebenen Urkunden und Wertgegenstände einem anderen Notar im Bezirk desselben oder eines benachbarten Amtsgerichts in seinem Amtsbezirk oder der Notarkammer, in deren Bezirk er seinen Amtssitz hat, in Verwahrung geben.

10 Diehn/*Backhaus* § 44 Rn. 5; Eylmann/Vaasen/*Wilke* § 44 Rn. 5.
11 Frenz/Miermeister/*Wilke* § 44 Rn. 5.
12 Frenz/Miermeister/*Wilke* § 44 Rn. 4.
13 BGH DNotZ 1999, 346.
14 Frenz/Miermeister/*Wilke* § 44 Rn. 9.
15 BGH DNotZ 1999, 346.
16 Arndt/Lerch/Sandkühler/*Lerch* § 44 Rn. 6.

[2]§ 51a gilt entsprechend. [3]Die Verwahrung durch einen anderen Notar ist der Notarkammer und der Aufsichtsbehörde mitzuteilen. [4]Die Verwahrung durch die Notarkammer ist der Aufsichtsbehörde mitzuteilen.

(2) Der Notar oder die Notarkammer, dem oder der die Akten und Verzeichnisse in Verwahrung gegeben sind, hat an Stelle des abwesenden oder verhinderten Notars Ausfertigungen und Abschriften zu erteilen und Einsicht in die Akten zu gewähren.

(3) [1]Hat der Notar für die Dauer seiner Abwesenheit oder Verhinderung seine Akten und Verzeichnisse nicht nach Absatz 1 in Verwahrung gegeben und wird die Erteilung einer Ausfertigung oder Abschrift aus den Akten oder die Einsicht in die Akten verlangt, so hat die Notarkammer, in deren Bezirk der Notar seinen Amtssitz hat, die Akten und Verzeichnisse in Verwahrung zu nehmen und die beantragte Amtshandlung vorzunehmen. [2]§ 51a Absatz 1 und 4 gilt entsprechend.

(4) [1]Der Notar, der die Akten und Verzeichnisse in Verwahrung hat, erteilt die Ausfertigungen und beglaubigten Abschriften mit seiner Unterschrift und unter seinem Siegel oder Stempel. [2]Dies gilt entsprechend für die Notarkammer, die die Akten und Verzeichnisse in Verwahrung hat. [3]Im Ausfertigungsvermerk soll auf die Abwesenheit oder Verhinderung des Notars hingewiesen werden.

(5) [1]Werden die Akten und Verzeichnisse durch einen anderen Notar verwahrt, stehen diesem die Kosten für die Erteilung von Ausfertigungen oder Abschriften zu. [2]Werden die Akten und Verzeichnisse durch die Notarkammer verwahrt, stehen dieser die Kosten für die Erteilung von Ausfertigungen oder Abschriften zu; die Vorschriften des Gerichts- und Notarkostengesetzes für den Notar, dem die Kosten für seine Tätigkeit selbst zufließen, gelten entsprechend.

I. Allgemeines

Da die Notarvertretung nur auf Antrag erfolgt, ist es möglich, dass ein Notar an der Amtsführung gehindert ist, ohne dass eine Notarvertretung bestellt wird. Für diesen Fall gibt § 45 die Möglichkeit, die Akten einschließlich der Verzeichnisse und Bücher in Verwahrung zu geben. Die Verwahrung kann durch einen anderen Notar erfolgen. Aufgrund der Neuregelungen durch das Gesetz zur Modernisierung des notariellen Berufsrechts und zur Änderung weiterer Vorschriften vom 25.6.2021[1] im Rahmen der Novellierung der BNotO ist die alternative Verwahrung beim Amtsgericht nicht mehr möglich, sondern nur noch bei der Notarkammer. Eine Parallelregelung, die auf Teile von § 45 verweist, findet sich in § 51 für den Fall des Erlöschens des Amtes und in § 55 für den Fall der vorläufigen Amtsenthebung. Die Ausführlichkeit der Regelung für die – praktisch selten anzutreffende – Verwahrung wegen vorübergehender Amtsverhinderung erklärt sich nur zT mit den Verweisen in den vorgenannten Parallelvorschriften. § 45 ist mit Wirkung zum 1.1.2022 durch das Gesetz zur Neuordnung der Aufbewahrung von Notariatsunterlagen und zur Einrichtung des Elektronischen Urkundenarchivs bei der Bundesnotarkammer sowie zur Änderung weiterer Gesetze vom 1.6.2017[2] neu gefasst worden. 1

1 BGBl. 2021 I 2154.
2 BGBl. 2017 I 1396.

II. Aktenverwahrung durch anderen Notar

2 Die Entscheidung über die Aktenverwahrung wegen vorübergehender Amtsverhinderung trifft der Notar[3] gemeinsam mit dem Ersatznotar, der aus demselben oder einem benachbarten Amtsgerichtsbezirk stammen muss. Eine Zustimmung der Aufsichtsbehörde oder des Amtsgerichts ist nicht erforderlich, lediglich eine **Anzeige** Letzterem gegenüber verlangt Abs. 1 S. 3. Die Verwahrung setzt dann (nur) den **Zugriff** des Ersatznotars auf die Urschriften und Handakten zwecks Erstellung von Abschriften und Ausfertigungen sowie zwecks Akteneinsichtsgewährung voraus, so dass die Akten und Urkunden nicht zwingend in die Geschäftsräume des Ersatznotars verbracht werden müssen.[4]

3 Zwischen dem Ersatznotar und der Notarvertretung bestehen **signifikante Unterschiede:** Anders als die Notarvertretung, die nach § 41 Abs. 1 S. 1 das Amt auf Kosten des Notars versieht und deshalb die hieraus resultierenden Gebühren nicht für sich vereinnahmt, stehen die für die Erteilung von Ausfertigungen oder Abschriften durch den Ersatznotar entstehenden **Gebühren** nach Abs. 5 S. 1 diesem (und nicht dem Notar) zu. Der Ersatznotar hat nicht die **Siegel und Stempel** des Notars zu verwenden, sondern seine eigenen (Abs. 4 S. 1), allerdings mit einem auf die Abwesenheit oder Verhinderung des Notars hinweisenden **Zusatz** (Abs. 4 S. 3). Der Notarvertreter **haftet** nach § 46 gesamtschuldnerisch mit dem Notar, während der Ersatznotar für sein Handeln allein und unmittelbar haftet.[5] Schließlich stehen der Notarvertretung nach § 39 Abs. 4 alle **Amtsbefugnisse** des Notars zu, während der Ersatznotar in dieser Eigenschaft lediglich Ausfertigungen (auch vollstreckbare) und beglaubigte Abschriften erteilen und Akteneinsicht gewähren darf – da er zugleich Notar ist, kann er aber freilich in Ausübung seines eigenen Amtes auch alle weiteren Amtsgeschäfte vornehmen, die nicht an die Person des Notars gebunden sind. Er kann daher bspw. Urkunden über die Änderung von Willenserklärungen aufnehmen, die der Notar errichtet hatte, nicht aber Verwahrungsgeschäfte fortführen oder Vollzugsvollmachten ausnutzen.

III. Aktenverwahrung durch die Notarkammer

4 Anstelle der Verwahrung durch einen Ersatznotar kann sich der Notar auch für eine Verwahrung durch die Notarkammer, in deren Bezirk der Notar seinen Amtssitz hat, entscheiden (Abs. 1 S. 1). In diesem Fall ist die Aufsichtsbehörde zu informieren, Abs. 1 S. 4. Die Notarkammer kann – anders als der Ersatznotar – die Verwahrung **nicht ablehnen.** Auch die Verwahrung durch die Notarkammer erfolgt also auf Grundlage einer entsprechenden **Entscheidung des Notars.** Allerdings eröffnet Abs. 3 auch einen Weg zur Verwahrung durch die Notarkammer **von Amts wegen,** wenn eine Amtsverhinderung des Notars vorliegt und dieser weder für eine Notarvertretung gesorgt noch eine Verwahrung der Akten durch einen Ersatznotar oder die Notarkammer veranlasst hat. Voraussetzung hierfür ist, dass die Erteilung einer Ausfertigung oder Abschrift aus den Akten oder die Einsicht der Akten verlangt wird. Ist dies der Fall, so hat die Notarkammer **kein Entschließungsermessen,** sondern muss die Akten des Notars – notfalls mit unmittelbarem **Verwaltungszwang** – in Verwahrung nehmen.[6]

3 Frenz/Miermeister/*Wilke* § 45 Rn. 6.
4 Diehn/*Beckhaus* § 45 Rn. 2.
5 Diehn/*Beckhaus* § 45 Rn. 3.
6 Arndt/Lerch/Sandkühler/*Lerch* § 45 Rn. 9 f.; Diehn/*Beckhaus* § 45 Rn. 5; Frenz/Miermeister/*Wilke* § 45 Rn. 12.

Die Notarkammer, die – auf Entscheidung des Notars oder von Amts wegen – dessen Akten in Verwahrung genommen hat, muss Ausfertigungen und Abschriften nach näherer Maßgabe der §§ 51, 52 BeurkG erteilen, auch wenn die entsprechende Klarstellung in Abs. 4 S. 2 aF für das Amtsgericht – an dessen Stelle die Notarkammer nun getreten ist – durch das Gesetz zur Modernisierung des notariellen Berufsrechts und zur Änderung weiterer Vorschriften vom 25.6.2021[7] im Rahmen der Novellierung der BNotO gestrichen wurde. Gebühren und Kosten stehen dann der Notarkammer in entsprechender Anwendung des GNotKG zu, Abs. 5 S. 2. 5

§ 46 Amtspflichtverletzung der Vertretung

[1]Für eine Amtspflichtverletzung der Vertretung haftet der Notar den Geschädigten neben der Vertretung gesamtschuldnerisch. [2]Im Verhältnis zwischen dem Notar und der Vertretung ist der Notar allein verpflichtet. [3]Satz 2 gilt nicht, wenn die Vertretung die Amtspflichtverletzung vorsätzlich oder grob fahrlässig begangen hat; in diesem Fall ist sie im Verhältnis zum Notar allein verpflichtet.

I. Allgemeines

Dogmatisch füllt § 46 eine Regelungslücke. Eine Haftungszurechnung des Vertreterhandelns beim Notar aus § 278 BGB kommt nicht in Betracht, weil § 278 BGB eine privatrechtliche Sonderrechtsbeziehung zwischen Geschädigtem und Anspruchsgegner voraussetzt, die zwischen dem Notar und den Rechtsuchenden nicht besteht, insbesondere nicht aus den notariellen Amtspflichten hergeleitet werden kann;[1] § 831 BGB ist ebenfalls nicht einschlägig, weil die Notarvertretung nicht weisungsunterworfen (→ § 41 Rn. 3) und daher kein Verrichtungsgehilfe ist. Die Eigenhaftung der Notarvertretung im Außenverhältnis folgt aus § 41 Abs. 4 iVm § 19; § 46 verbindet in der Neufassung durch das Gesetz zur Modernisierung des notariellen Berufsrechts und zur Änderung weiterer Vorschriften vom 25.6.2021[2] im Rahmen der Novellierung der BNotO hiermit eine gesamtschuldnerische Außenhaftung des Notars (S. 1), einhergehend mit einem Regressanspruch der Vertretung im Innenverhältnis gegenüber dem Notar (S. 2) vorbehaltlich in S. 3 eingefügten Ausnahme für vorsätzliches oder grob fahrlässiges Verhalten der Vertretung. 1

II. Gesamtschuldnerische Haftung im Außenverhältnis

1. Voraussetzungen. § 46 ist nur auf die **Notarvertretung** anwendbar, also weder auf den **Ersatznotar**, der lediglich die Akten nach § 45 in Verwahrung genommen hat, noch auf den **Verwalter**, hinsichtlich dessen § 61 eine Spezialregelung bereithält. Die Notarvertretung muss ordnungsgemäß bestellt sein, ande- 2

7 BGBl. 2021 I 2154.
1 RGZ 162, 24 (28); BGH NJW 1957, 62; 1976, 847; 1989, 586.
2 BGBl. 2021 I 2154.

renfalls haftet lediglich die (Schein-)Vertretung aus deliktischen Anspruchsgrundlagen, soweit deren Voraussetzungen erfüllt sind, nicht aber der Notar.[3]

3 Auch im Anwendungsbereich des § 46 müssen die **Anspruchsvoraussetzungen eines Amtshaftungsanspruchs** vorliegen.[4] Das folgt aus der Formulierung „neben dem Vertretung", die an die Eigenhaftung der Vertretung aus § 39 Abs. 4 iVm § 19 anknüpft. Fehlt es also an der Drittgerichtetheit der verletzten Amtspflicht, an einem adäquat kausal verursachten Vermögensschaden, am Verschulden (§ 19 Abs. 1 S. 1), steht bei fahrlässiger Amtspflichtverletzung eine anderweitige Ersatzmöglichkeit zur Verfügung (§ 19 Abs. 1 S. 2 Hs. 1) oder hat der Geschädigte es versäumt, den Schaden durch ein Rechtsmittel abzuwenden (§ 19 Abs. 1 S. 3 iVm § 839 Abs. 3 BGB), so haftet die Vertretung schon dem Grunde nach nicht, weshalb dann auch der vertretene Notar nicht haftet.

4 **2. Gesamtschuld.** Liegen die Voraussetzungen vor, so haftet der Notar – auch ohne eigenes Verschulden – **gesamtschuldnerisch** neben der Notarvertretung nach näherer Maßgabe der **§§ 421 ff. BGB.** Für die in der Literatur vertretene Ansicht, die gesamtschuldnerische Haftung sei bei der Verletzung „speziell nur den Vertreter treffender Pflichten" ausgeschlossen,[5] fehlt jede Grundlage. Die **Rechtskraft** eines der Schadenersatzklage gegen einen Gesamtschuldner stattgebenden Urteils erstreckt sich nicht auf den anderen Gesamtschuldner; eine beschränkte Bindungswirkung kann nur über die **Streitverkündung** herbeigeführt werden.[6]

5 Neben der aus § 46 begründeten Gesamtschuld kommt auch eine **Eigenhaftung** des vertretenen Notars aus § 19 in Betracht, etwa wenn der Fehler auf mangelnder Organisation oder Einweisung beruht.[7]

III. Regress im Innenverhältnis

6 Für das **Innenverhältnis** zwischen Notar und Notarvertreter ordnet Satz 2 an, dass allein der Notar haftet, und Satz 3, dass allein die Notarvertretung haftet, wenn die Vertretung die Absichtsverletzung vorsätzlich oder grob fahrlässig begangen hat. Die Norm bestimmt somit „ein anderes" im Sinne von § 426 Abs. 1 S. 1 BGB.[8] Die frühere Rechtsprechung zur Berücksichtigung von **Mitverschulden des Notars**[9] ist mit der gesetzlichen Neuregelung obsolet.

7 Soweit der im Innenverhältnis allein Verpflichtete auf Grundlage von § 46 S. 1 im Außenverhältnis in Anspruch genommen wird und Ersatz leistet, hat er einen Regressanspruch infolge des gesetzlichen Forderungsübergangs aus § 426 Abs. 2 S. 1 BGB sowie auf Grundlage von § 46 S. 2 bzw. S. 3 direkt.

3 Arndt/Lerch/Sandkühler/*Lerch* § 46 Rn. 4; Diehn/*Beckhaus* § 46 Rn. 3.
4 Frenz/Miermeister/*Wilke* § 46 Rn. 3.
5 So Arndt/Lerch/Sandkühler/Lerch § 46 Rn. 3.
6 Frenz/Miermeister/*Wilke* § 46 Rn. 4.
7 Frenz/Miermeister/*Wilke* § 46 Rn. 5.
8 Frenz/Miermeister/*Wilke* § 46 Rn. 6.
9 OLG Celle DNotZ 1985, 246.

Abschnitt 6 Erlöschen des Amtes; vorläufige Amtsenthebung; Notariatsverwalter

§ 47 Erlöschen des Amtes

Das Amt des Notars erlischt durch
1. **Entlassung aus dem Amt (§ 48),**
2. **Erreichen der Altersgrenze (§ 48a) oder Tod,**
3. **Amtsniederlegung (§§ 48b, 48c),**
4. **bestandskräftigen Wegfall der Mitgliedschaft in einer Rechtsanwaltskammer im Fall des § 3 Absatz 2,**
5. **rechtskräftige strafgerichtliche Verurteilung, die einen Amtsverlust (§ 49) zur Folge hat,**
6. **bestandskräftige Amtsenthebung (§ 50),**
7. **rechtskräftiges disziplinargerichtliches Urteil, in dem auf Entfernung aus dem Amt (§ 97 Absatz 1 Satz 1 Nummer 3, Absatz 3) erkannt worden ist.**

Literatur:
Bremkamp, Der unbeabsichtigte Amtsverlust des Anwaltsnotars, NJW 2017, 1802.

I. Allgemeines

1 § 47 enthält einen abschließenden Katalog von Tatbeständen, die zum Erlöschen des Notaramtes führen.[1] Die Norm wird durch die §§ 48, 48a, 48b, § 48c, 49, 50 und 97 ergänzt, die jeweils nähere Bestimmungen zu den einzelnen Tatbeständen enthalten (vgl. dazu §§ 48, 48a, 48b, § 48c, 49, 50 und 97). Darüber hinausgehende Gründe, die zum Erlöschen des Notaramtes führen, existieren nicht – insbesondere finden die Vorschriften über das Verwaltungsverfahren keine Anwendung auf die Amtsenthebung, so dass ein Erlöschen des Notaramtes durch Widerruf, Rücknahme und Anfechtung grundsätzlich ausgeschlossen ist.[2] Diese Einschränkung ist Ausdruck des Grundsatzes der Ämterstabilität für das Amt des Notars und dient der „Sicherung der Funktionsfähigkeit der vorsorgenden Rechtspflege und der freiwilligen Gerichtsbarkeit".[3]

1 BGH DNotZ 2015, 872 (874); Diehn/*Fahl* BNotO § 47 Rn. 1; Frenz/Miermeister/*Bremkamp* BNotO § 47 Rn. 2; BeckOK BNotO/*Bracker* § 47 Rn. 1 f.
2 BGH DNotZ 2015, 872 (874); Frenz/Miermeister/*Bremkamp* BNotO § 47 Rn. 2. Möglich ist aber die Rücknahme bzw. der Widerruf der Zulassung eines Anwaltsnotars, was wiederum indirekt das Erlöschen des Notaramts nach § 47 Nr. 4 BNotO zur Folge hat, vgl. → Rn. 6.
3 BGH DNotZ 2015, 872 (874).

II. Tatbestände

2 Neben den in §§ 48, 48a, 48b, 48c, 49, 50 und 97 gesetzlich näher geregelten Erlöschensgründen enthält § 47 noch zwei weitere Gründe, die zum Erlöschen des Notaramtes führen. Das ist zum einen (i) das Erlöschen des Notaramtes durch Tod des zur hauptberuflichen Amtsausübung bestellten Notars (Nr. 2) und zum anderen (ii) das Erlöschen des Notaramtes durch bestandskräftigen Wegfall der Mitgliedschaft eines Anwaltsnotars in einer Rechtsanwaltskammer (Nr. 4).

3 **1. Entlassung aus dem Amt (§ 48).** Das Notaramt erlischt zunächst durch Entlassung des Notars aus dem Amt nach § 48 (→ § 48 Rn. 1 ff.).

4 **2. Erreichung der Altersgrenze (§ 48a) oder Tod.** Das Notaramt endet weiterhin mit Erreichung der Altersgrenze. Diese erreichen die Notare gemäß § 48a mit Vollendung des siebzigsten Lebensjahrs (zu den Einzelheiten → § 48a Rn. 1 ff.). Daneben endet das Amt des Notars automatisch auch mit dem Tod des Notars. Anders als das privatrechtlich organisierte Substrat der Berufsausübung wie beispielsweise die Büroräume des Notars sowie deren Ausstattung, ist das Notaramt an sich nicht vererblich.[4]

5 **3. Amtsniederlegung (§ 48b).** Das Notaramt endet außerdem auch durch Amtsniederlegung nach § 48b. Nr. 3 wurde im Zuge des Gesetzes zur Modernisierung des notariellen Berufsrechts dahin gehend geändert, dass das Wort „vorübergehende" gestrichen wurde. Ausweislich der Gesetzesbegründung handelt es sich dabei um eine Folgeänderung zur Änderung der Überschrift des § 48b (→ § 48b Rn. 1 ff.).[5]

6 **4. Amtsniederlegung aus gesundheitlichen Gründen (§ 48c).** Der neu eingeführte § 48c sieht ferner auch eine Amtsniederlegung aus gesundheitlichen Gründen vor (zu den Einzelheiten → § 48c Rn. 1 ff.).

7 **5. Wegfall der Mitgliedschaft in einer Rechtsanwaltskammer.** Nach § 3 Abs. 2 werden Anwaltsnotare für die Dauer ihrer Mitgliedschaft bei der für den Gerichtsbezirk (ihres Amtssitzes) zuständigen Rechtsanwaltskammer zum Notar bestellt. Das Amt des Anwaltsnotars endet daher auch mit dem Wegfall seiner Mitgliedschaft in der zuständigen Rechtsanwaltskammer. Die Mitgliedschaft in einer Rechtsanwaltskammer erlischt zum einen (i) durch den Verlust der Zulassung zur Anwaltschaft und zum anderen (ii) durch den Wechsel in eine andere Rechtsanwaltskammer.[6] Die Zulassung erlischt entweder durch den Tod des Anwalts (§ 36 Abs. 4 BRAO) oder nach § 13 iVm § 60 Abs. 3 Nr. 1 BRAO durch ein rechtskräftiges Urteil, in dem auf die Ausschließung aus der Rechtsanwaltskammer erkannt worden ist (§ 114 Abs. 1 Nr. 5 BRAO) oder durch eine rechtskräftige Rücknahme (§ 14 Abs. 1 BRAO) oder einen rechtskräftigen Widerruf (§ 14 Abs. 2 BRAO) der Mitgliedschaft.[7] Die Mitgliedschaft des Rechtsanwaltes in der bisherigen Rechtsanwaltskammer erlischt gemäß § 27 Abs. 3 S. 3 BRAO auch durch die antragsgemäße Aufnahme in einer neuen Rechtsanwaltskammer. Mit der Formulierung „in einer Rechtsanwaltskammer" in Nr. 4 intendierte der Gesetzgeber ausweislich seiner Gesetzesbegründung,[8] dem Anwaltsnotar den Wechsel in eine andere Rechtsanwaltskammer – unabhängig

---

4 BeckOK BNotO/*Bracker* § 47 Rn. 7; *Bohrer* NotarBerufsR Rn. 277; Diehn/*Fahl* BNotO § 47 Rn. 3; Frenz/Miermeister/*Bremkamp* BNotO § 47 Rn. 6.

5 BT-Drucks. 19/26828 S. 161.

6 BeckOK BNotO/*Bracker* § 47 Rn. 8; Frenz/Miermeister/*Bremkamp* BNotO § 47 Rn. 10 ff.

7 Diehn/*Fahl* BNotO § 47 Rn. 5; Frenz/Miermeister/*Bremkamp* BNotO § 47 Rn. 11 f.

8 BT-Drs. 18/11468, 5, 14; *Bremkamp* NJW 2017, 1802 (1803).

vom Bestand seines Notaramtes – zu ermöglichen, indem er nicht mehr die Mitgliedschaft bei der für den Gerichtsbezirk (seines Amtssitzes) zuständigen Rechtsanwaltskammer voraussetzt, sondern nur die Mitgliedschaft bei „einer Rechtsanwaltskammer". Zur Erreichung dieses Ziels wäre jedoch auch eine Änderung des § 3 Abs. 2 erforderlich gewesen, der nach seinem unveränderten Wortlaut nach wie vor die Mitgliedschaft bei der für den Gerichtsbezirk (des Amtssitzes) zuständigen Rechtsanwaltskammer voraussetzt.[9]

6. Rechtskräftige strafgerichtliche Verurteilung (§ 49). Des Weiteren hat die rechtskräftige strafgerichtliche Verurteilung eines Notars nach § 49 das Erlöschen seines Amtes zur Folge (→ § 49 Rn. 1 ff.). 8

7. Bestandskräftige Amtsenthebung (§ 50). Daneben führt auch die bestandskräftige Amtsenthebung nach § 50 zum Erlöschen des Notaramtes (→ § 50 Rn. 1 ff.). 9

8. Rechtskräftiges disziplinargerichtliches Urteil, in dem auf Entfernung aus dem Amt erkannt worden ist (§ 97 Abs. 1 S. 1 Nr. 3, Abs. 3). § 97 Abs. 1 S. 1 Nr. 3 sieht vor, dass die dauerhafte Entfernung eines Notars aus dem Amt im Rahmen eines Disziplinarverfahrens als Maßnahme verhängt werden kann. Nach Abs. 3 kann gegen einen Anwaltsnotar auf Entfernung aus dem Amt auf bestimmte Zeit erkannt werden. Nach Ablauf dieser Frist darf der Anwaltsnotar sein Amt nur nach erneuter Bestellung zum Notar ausüben.[10] Die erneute Bestellung darf nach Abs. 3 S. 2 jedoch nur versagt werden, wenn sich der Notar in der Zwischenzeit eines Verhaltens schuldig gemacht hat, das ihn unwürdig erscheinen lässt, das Notaramt wieder auszuüben. 10

III. Rechtsfolge

Liegen die Voraussetzungen eines der Tatbestände des § 47 vor, ordnet die Norm als Rechtsfolge das Erlöschen des Notaramtes an. Damit verliert der Notar seine Stellung als Träger eines öffentlichen Amtes im Sinne von § 1 sowie sämtliche damit einhergehenden Befugnisse. Das Betrifft neben der Ausübung der ihm nach den §§ 21 bis 24 übertragenen Aufgaben (zB Betreuungstätigkeit oder Verwahrung) insbesondere auch das Recht nach § 52 die Bezeichnung „Notar" oder „Notarin" zu führen.[11] Die Siegel und Stempel des ausgeschiedenen Notars sind nach § 51 Abs. 2 von dem Amtsgericht, in dessen Bezirk sich der Amtssitz des Notars befunden hat, zu vernichten. 11

§ 48 Entlassung

[1]Der Notar kann jederzeit seine Entlassung aus dem Amt verlangen. [2]Das Verlangen muß der Landesjustizverwaltung schriftlich erklärt werden. [3]Es kann, solange die Entlassungsverfügung noch nicht zugegangen ist, innerhalb von zwei Wochen nach Zugang bei der Landesjustizverwaltung zurückgenommen werden, mit Zustimmung der zuständigen Behörde auch nach Ablauf dieser Frist. [4]Die Entlassung ist von der Landesjustizverwaltung für den beantragten Zeitpunkt auszusprechen.

9 *Bremkamp* NJW 2017, 1802 (1803).
10 BeckOK BNotO/*Bracker* § 47 Rn. 6.
11 Diehn/*Fahl* BNotO § 47 Rn. 10; zur Befugnis die Bezeichnung „Notar" oder „Notarin" mit dem Zusatz a.D. zu führen s. § 52.

I. Allgemeines

1 Gemäß § 48 kann der Notar jederzeit die Entlassung aus dem Amt verlangen. Die Norm bildet einen der von § 47 abschließend aufgezählten Tatbestände ab, die zum Erlöschen des Notaramtes führen. Das Amt des Notars erlischt nicht bereits durch Zugang des Antrags auf Entlassung, sondern erst durch Zugang der förmlichen Entlassungsverfügung der Landesjustizverwaltung.[1] Auch wenn der Notar sein Amt demnach nicht einseitig beenden kann, hat er einen Anspruch auf Entlassung. Der Landesjustizverwaltung steht insofern kein Ermessen zu – sie muss dem Verlangen des Notars entsprechen.[2]

II. Entlassungsantrag

2 Die Entlassung des Notars aus dem Amt nach § 48 erfolgt ausschließlich auf sein Verlangen.[3] Nach S. 2 muss der Notar sein Verlangen schriftlich an die Landesjustizverwaltung richten. Zur Wahrung der Schriftform (§ 126 BGB) muss der Notar den Antrag eigenhändig unterschreiben. Alternativ kann der Antrag auch schriftformwahrend in elektronischer Form (§ 126a BGB) eingereicht werden – in diesem Fall bedarf es der qualifizierten elektronischen Signatur des Notars.[4]

3 Bei der Erklärung des Notars handelt es sich um eine empfangsbedürftige verwaltungsverfahrensrechtliche Erklärung, auf die die allgemeinen Vorschriften des Bürgerlichen Gesetzbuchs über Willenserklärungen entsprechend anwendbar sind.[5] Nach § 130 Abs. 1 S. 1 BGB wird die Erklärung mit Zugang bei der Landesjustizverwaltung wirksam. Sie kann nach S. 2 wirksam widerrufen werden, wenn der Widerruf der Landesjustizverwaltung vor oder zeitgleich mit dem Entlassungsantrag zugeht. Darüber hinaus sieht der in § 48 neu eingefügte S. 3 vor, dass er seinen Entlassungsantrag auch nach Zugang bei der Landesjustizverwaltung noch innerhalb von zwei Wochen oder mit Zustimmung der zuständigen Behörde auch nach Ablauf dieser Frist, zurücknehmen kann. Dies gilt jedoch nur unter der Voraussetzung, dass die Entlassungsverfügung dem Notar noch nicht zugegangen ist. Die neue Regelung entspricht der beamtenrechtlichen Vorschrift des § 33 Abs. 1 S. 2 BBG, die bis dahin auf den Entlassungsantrag nach § 48 entsprechend angewendet wurde.[6]

III. Entlassungsverfügung

4 Die Landesjustizverwaltung entlässt den Notar durch Entlassungsverfügung aus dem Amt. Dabei handelt es sich – wie bei der Bestellung in das Amt – um einen Verwaltungsakt. Bei der Entscheidung über die Entlassung kommt der Landesjustizverwaltung kein Ermessen zu, sie muss dem Verlangen des Notars zwin-

---

1 BT-Drs. 3/219, 24; BeckOK BNotO/*Bracker* § 48 Rn. 1; Diehn/*Fahl* BNotO § 48 Rn. 1.
2 BeckOK BNotO/*Bracker* § 48 Rn. 1.
3 Frenz/Miermeister/*Bremkamp* BNotO § 48 Rn. 3.
4 BeckOK BNotO/*Bracker* § 48 Rn. 3; Frenz/Miermeister/*Bremkamp* BNotO § 48 Rn. 9.
5 BeckOK BNotO/*Bracker* § 48 Rn. 2; Frenz/Miermeister/*Bremkamp* BNotO § 48 Rn. 5; Diehn/*Fahl* BNotO § 48 Rn. 2.
6 Arndt/Lerch/Sandkühler/*Lerch* BNotO § 48 Rn. 8; Frenz/Miermeister/*Bremkamp* BNotO § 48 Rn. 14 f.; Diehn/*Fahl* BNotO § 48 Rn. 9.

gend entsprechen.[7] Darüber hinaus ist die Behörde nach § 48 S. 4 bei Ausspruch der Entlassung an den vom Notar beantragten Zeitpunkt gebunden. Die Entlassung kann der Notar auch vor oder während eines Disziplinar- oder Strafverfahrens verlangen, um einen Amtsverlust nach § 97 oder § 49 zu vermeiden.[8]

IV. Rechtsfolgen

Mit Wirksamwerden der Entlassungsverfügung erlischt das Amt des Notars. 5
Diese Rechtsfolge ordnet § 47 an, die Regelung des § 48 enthält insoweit nur die entsprechenden Tatbestandsvoraussetzungen. Das Erlöschen des Amtes auf Verlangen des Notars nach § 48 führt außerdem dazu, dass etwaige Disziplinarverfahren gegen den Notar eingestellt werden.[9] Bei einem Anwaltsnotar führt die Entlassung aus dem Amt nicht automatisch auch zum Verlust seiner Zulassung zur Rechtsanwaltschaft.[10]

§ 48a Altersgrenze

Die Notare erreichen mit dem Ende des Monats, in dem sie das siebzigste Lebensjahr vollenden, die Altersgrenze.

I. Allgemeines

§ 48a legt eine Altersgrenze für die Ausübung des Notaramtes fest.[1] Diese er- 1
reicht der Notar mit dem Ende des Monats, in dem er das Siebzigste Lebensjahr vollendet. Sinn und Zweck der Altersgrenze ist vor allem die Gewährleistung einer geordneten Rechtspflege, insbesondere durch Wahrung einer geordneten Altersstruktur (entsprechend § 4) sowie einer geordneten Personalplanung.[2] Aus verfassungs- und europarechtlicher Sicht begegnen der Altersgrenze für Notare keine Bedenken, sie stellt insbesondere keine Altersdiskriminierung dar.[3]

II. Tatbestand

Entgegen dem Wortlaut von § 3, wonach der Notar „auf Lebenszeit" (Abs. 1) 2
bzw. „für die Dauer der Mitgliedschaft bei der für den Gerichtsbezirk zuständigen Rechtsanwaltskammer (Abs. 2) bestellt wird, endet das Notaramt mit dem Erreichen der Altersgrenze.[4] Die Altersgrenze gilt für hauptberufliche Notare

7 BeckOK BNotO/*Bracker* § 48 Rn. 1; Frenz/Miermeister/*Bremkamp* BNotO § 48 Rn. 16.
8 BeckOK BNotO/*Bracker* § 48 Rn. 1.
9 BeckOK BNotO/*Bracker* § 48 Rn. 8.
10 Diehn/*Fahl* BNotO § 48 Rn. 13; Frenz/Miermeister/*Bremkamp* BNotO § 48 Rn. 26.

1 BeckOK BNotO/*Bracker* BNotO § 48a Rn. 1 ff.
2 BeckOK BNotO/*Bracker* BNotO § 48a Rn. 1 ff.; Diehn/*Fahl* BNotO § 48a Rn. 1 f.; Frenz/Miermeister/*Bremkamp* BNotO § 48a Rn. 1 f.
3 BVerfG DNotZ 1993, 260 ff.; BVerfG DNotZ 2008, 550 ff.; BGH DNotZ 2011, 153 ff.; BVerfG NJW 2011, 1131; BVerfG BeckRS 2015, 40918; BGH DNotZ 2015, 227 ff.; BeckOK BNotO/*Bracker* BNotO § 48a Rn. 7 ff.; Diehn/*Fahl* BNotO § 48a Rn. 2; Frenz/Miermeister/*Bremkamp* BNotO § 48a Rn. 3.
4 BeckOK BNotO/*Bracker* BNotO § 48a Rn. 3.

sowie Anwaltsnotare gleichermaßen.[5] Unabhängig vom genauen Tag, an dem der Notar Geburtstag hat, knüpft die Altersgrenze stets an das Monatsende an, um eine geordnete Abwicklung und reibungslose Übergänge zu gewährleisten.[6]

III. Rechtsfolge

3 Mit Erreichen der Altersgrenze, tritt die in § 47 Nr. 2 vorgesehene Rechtsfolge – das Erlöschen des Notaramtes – kraft Gesetzes ein. Eines weiteren Vollzugsaktes der Landesjustizverwaltung bedarf es insoweit nicht.[7] Nach Ausscheiden aus dem Notaramt sind auch alle bis dahin gegen den Notar eingeleiteten Disziplinarverfahren einzustellen.[8]

§ 48b Amtsniederlegung zum Zweck der Betreuung oder Pflege

(1) [1]Wer als Notar ein Kind unter 18 Jahren oder einen nachweislich pflegebedürftigen nahen Angehörigen (§ 7 Absatz 3 des Pflegezeitgesetzes) tatsächlich betreut oder pflegt, kann sein Amt mit Genehmigung der Aufsichtsbehörde niederlegen. [2]Beabsichtigt eine schwangere Notarin, ihr Amt nach Satz 1 niederzulegen, so kann sich die Zeit der Amtsniederlegung auch auf den Zeitraum nach § 3 Absatz 1 des Mutterschutzgesetzes erstrecken. [3]Soweit möglich soll ein Antrag auf Amtsniederlegung sechs Monate im Voraus und unter Angabe des voraussichtlichen Zeitraums der Amtsniederlegung gestellt werden. [4]Die Gesamtdauer einer oder mehrerer Amtsniederlegungen darf zwölf Jahre nicht überschreiten.

(2) [1]Erklärt der Notar in dem Antrag auf Amtsniederlegung, sein Amt innerhalb von drei Jahren am bisherigen Amtssitz wieder antreten zu wollen, so wird er innerhalb dieser Frist dort erneut bestellt. [2]§ 97 Absatz 3 Satz 2 gilt entsprechend. [3]Die Gesamtdauer einer oder mehrerer Amtsniederlegungen, die im Rahmen des Satzes 1 erfolgen, ist auf drei Jahre begrenzt, soweit nicht ausnahmsweise eine längere Dauer genehmigt wird.

(3) [1]Bei der Entscheidung über die Genehmigung sind die Belange der geordneten Rechtspflege zu berücksichtigen. [2]Die Genehmigung kann mit Ausnahme eines Widerrufsvorbehalts mit Nebenbestimmungen verbunden werden. [3]Die Notarkammer ist vor der Entscheidung anzuhören. [4]Bestehen Anhaltspunkte dafür, dass der Fall des § 56 Absatz 3 Satz 2 eintreten kann, so ist der Notar darauf hinzuweisen.

(4) [1]Fallen die Voraussetzungen nach Absatz 1 Satz 1 oder 2 weg, hat der Notar dies der Aufsichtsbehörde unverzüglich mitzuteilen. [2]Bemüht sich der Notar nach einem Wegfall der Voraussetzungen nicht in zumutbarer Weise um eine erneute Bestellung, so verliert er die Ansprüche nach Absatz 2 Satz 1 und Absatz 5.

(5) Bewirbt sich ein Notar nach einer Amtsniederlegung zum Zweck der Betreuung oder Pflege um eine erneute Bestellung, die nicht nach Absatz 2 Satz 1 erfolgt, so ist bei der Auswahl unter mehreren geeigneten Personen zu seinen

---

5 Diehn/*Fahl* BNotO § 48a Rn. 3; Frenz/Miermeister/*Bremkamp* BNotO § 48a Rn. 4.
6 BeckOK BNotO/*Bracker* BNotO § 48a Rn. 3.
7 BVerfG DNotZ 1993, 260 ff.; BeckOK BNotO/*Bracker* BNotO § 48a Rn. 5; Diehn/*Fahl* BNotO § 48a Rn. 3.
8 BGH NJOZ 2016, 1722 f.; Frenz/Miermeister/*Bremkamp* BNotO § 48a Rn. 5.

Gunsten zu berücksichtigen, dass er bereits ein notarielles Amt ausgeübt und dieses genehmigt niedergelegt hat.

I. Allgemeines

§ 48b regelt den Fall der Amtsniederlegung zum Zweck der Betreuung oder Pflege. Die Norm hat im Zuge des Gesetzes zur Modernisierung des notariellen Berufsrechts und zur Änderung weiterer Vorschriften umfassende Änderungen und Ergänzungen erfahren. Insbesondere wird die Amtsniederlegung nach § 48b nicht mehr als eine „vorrübergehende" bezeichnet, da die ihr Amt nach § 48b niederlegenden Notare grundsätzlich (abgesehen von den gesetzlich festgelegten Ausnahmen) keinen Anspruch auf eine Wiederbestellung haben, sondern sich neu auf ein notarielles Amt bewerben müssen.[1] 1

II. Betreuung oder Pflege eines Kindes unter 18 Jahren oder eines pflegebedürftigen nahen Angehörigen (Abs. 1)

Abs. 1 erfasst nach wie vor den Fall der Amtsniederlegung zum Zweck der Betreuung oder Pflege eines Kindes unter 18 Jahren oder eines pflegebedürftigen Angehörigen. S. 1 entspricht dabei weitestgehend dem bisherigen Abs. 1. Zur Erleichterung für Pflegende und zu Pflegende wird nunmehr allerdings auf das strenge Erfordernis eines amtsärztlichen Gutachtens zum Nachweis der Pflegebedürftigkeit verzichtet. Von einer abschließenden Definition in Abs. 1, wie der Nachweis der Pflegebedürftigkeit stattdessen zu führen ist, hat der Gesetzgeber abgesehen. Als geeigneter Maßstab seien die Voraussetzungen anderer, vergleichbarer Normen wie beispielsweise § 3 Abs. 2 PflegeZG, wonach der Nachweis durch Vorlage einer Bescheinigung der Pflegekasse oder eines medizinischen Dienstes der Krankenversicherung erbracht werden kann, heranzuziehen. Das Amt des Notars erlischt durch antragsgemäße Genehmigung der Aufsichtsbehörde.[2] 2

Der neue S. 2 sieht vor, dass schwangere Notarinnen ihr Amt zum Zwecke der Betreuung eines Kindes nicht mehr erst ab dem Zeitpunkt der Geburt niederlegen können, sondern bereits mit dem Beginn der Schutzfrist vor der Entbindung nach § 3 Abs. 1 MuSchG. 3

Nach S. 3 soll ein Antrag auf Amtsniederlegung, soweit möglich, sechs Monate im Voraus und unter Angabe des voraussichtlichen Zeitraums der Amtsniederlegung gestellt werden. Durch diese Frist soll den Aufsichtsbehörden ausreichend Zeit verschafft werden, um die bei Amtsniederlegungen erforderlichen organisatorischen Maßnahmen zu veranlassen. Diese Vorgabe wird durch die Wörter „soweit möglich" eingeschränkt, da Anlässe für eine Amtsniederlegung auch plötzlich und unvorhergesehen eintreten können. Durch die Angabe der 4

---

1 BVerfG 23.11.2013 – 1 BvR 63/12, NJW 2014, 843.
2 BeckOK/*Bracker* BNotO § 48b Rn. 1 ff.; Frenz/Miermeister/*Bremkamp* BNotO § 48b Rn. 6.

voraussichtlichen Dauer der Amtsniederlegung soll den Aufsichtsbehörden eine vorausschauende Planung ermöglicht werden.[3]

5 S. 4 sieht vor, dass die maximale Gesamtdauer einer oder mehrerer Amtsniederlegung(en) zwölf Jahre nicht überschreiten darf und entspricht damit inhaltlich dem bisherigen Abs. 2.[4]

III. Amtsniederlegung mit Wiederbestellungsgarantie (Abs. 2)

6 Der bisherige § 48c wurde seinem wesentlichen Inhalt nach in den neuen Abs. 2 überführt. Die Höchstdauer einer Amtsniederlegung mit Wiederbestellungsgarantie am selben Amtssitz wurde dabei von einem auf drei Jahre verlängert. Außerdem sieht der neue S. 3 nunmehr die Möglichkeit der Aufsichtsbehörde vor, den grundsätzlich auf drei Jahre begrenzten Anspruch auf eine Amtsniederlegung mit Wiederbestellungsgarantie ausnahmsweise für eine längere Dauer zu bewilligen.[5]

IV. Entscheidung der Aufsichtsbehörde über die Genehmigung (Abs. 3)

7 Der neue Abs. 3 S. 1 stellt lediglich klar, dass sich die Entscheidung der Aufsichtsbehörde über die Genehmigung von Amtsniederlegungen maßgeblich an den Belangen der geordneten Rechtspflege zu orientieren hat. Der neue S. 2 sieht vor, dass die Genehmigung mit Nebenbestimmungen iSv § 36 VwVfG erlassen beziehungsweise verbunden werden kann. Aus Gründen der Planungssicherheit für die Notare ist der allgemeine Widerrufsvorbehalt nach § 36 Abs. 2 Nr. 3 VwVfG davon aber ausgenommen.[6] S. 4 statuiert eine Hinweispflicht für die Landesjustizverwaltung darüber, dass der Notar – für den Fall, dass sich nach der Genehmigung ergibt, dass für die gesamte Dauer der Amtsniederlegung kein geeigneter Notariatsverwalter zur Verfügung steht und der frühere Notar nach § 56 Abs. 3 S. 2 von der Landesjustizverwaltung aufgefordert wird, sich frühzeitig wieder auf seine frühere Stelle zu bewerben – seine Vorteile nach Abs. 2 S. 1 verliert, sofern er dem Ersuchen nicht nachkommt.[7]

V. Wegfall der Voraussetzungen (Abs. 4)

8 Fallen die Voraussetzungen für eine Amtsniederlegung weg, hat der Notar dies nach Abs. 4 der Aufsichtsbehörde unverzüglich mitzuteilen, damit diese die veränderten Umstände entweder noch bei der Entscheidung über die Genehmigung oder später im Rahmen eines Antrags auf Wiederbestellung berücksichtigen kann.[8]

VI. Amtsniederlegung ohne Wiederbestellungsgarantie (Abs. 5)

9 Nach dem neuen Abs. 5 ist im Falle der Amtsniederlegung eines Notars, die nicht mit einer Wiederbestellungsgarantie verbunden ist, in einem neuen Auswahlverfahren zu seinen Gunsten zu berücksichtigen, dass er bereits ein notarielles Amt ausgeübt und genehmigt niedergelegt hat.[9]

3 BT-Drs. 19/26828, 140 f.
4 BT-Drs. 19/26828, 141.
5 BT-Drs. 19/26828, 141 f.
6 BT-Drs. 19/26828, 142 f.
7 BT-Drs. 19/26828, 142 f.
8 BT-Drs. 19/26828, 143.
9 BT-Drs. 19/26828, 143.166; BGH NJW 2012, 531 (532); BGH NJW 2012, 2972 (2975).

§ 48c Amtsniederlegung aus gesundheitlichen Gründen

(1) Der Notar kann sein Amt mit Genehmigung der Aufsichtsbehörde niederlegen, wenn ärztlich bescheinigt ist, dass

1. er aus gesundheitlichen Gründen unfähig ist, sein Amt ordnungsgemäß auszuüben, jedoch die Aussicht besteht, dass er die erforderliche Fähigkeit innerhalb eines Jahres wiedererlangt, oder

2. eine Amtsniederlegung von höchstens einem Jahr angezeigt ist, um eine aus gesundheitlichen Gründen drohende Unfähigkeit zur ordnungsgemäßen Amtsausübung zu verhindern.

(2) [1]Im Fall des Absatzes 1 Nummer 1 soll die ärztliche Bescheinigung Angaben dazu enthalten, wann die Fähigkeit voraussichtlich wiedererlangt sein wird. [2]Im Fall des Absatzes 1 Nummer 2 soll sie Angaben dazu enthalten, welche Dauer der Amtsniederlegung angezeigt ist. [3]Sofern es aus ärztlicher Sicht angezeigt sein könnte, die Genehmigung mit Befristungen, Bedingungen oder Auflagen zu versehen, soll die Bescheinigung auch dazu Angaben enthalten. [4]Die Aufsichtsbehörde kann die Vorlage einer amtsärztlichen Bescheinigung verlangen.

(3) [1]Erklärt der Notar in dem Antrag auf Amtsniederlegung, sein Amt nach dem Wegfall des Anlasses nach Absatz 1 Satz 1 am bisherigen Amtssitz wieder antreten zu wollen, so wird er innerhalb eines Jahres dort erneut bestellt. [2]Die Dauer einer Amtsniederlegung nach Satz 1 ist auf die Gesamtdauer nach § 48b Absatz 1 Satz 4 anzurechnen. [3]Im Übrigen gilt für eine Amtsniederlegung nach Absatz 1 § 48b Absatz 2 Satz 2 und 3 und Absatz 3 bis 5 entsprechend.

I. Allgemeines

§ 48c ermöglicht eine Amtsniederlegung aus gesundheitlichen Gründen, sofern 1 die bestehende oder drohende Erkrankung nur vorübergehender Natur ist.[1] Handelt es sich stattdessen um eine dauerhafte Erkrankung, ist der Notar gemäß § 50 Abs. 1 Nr. 7 seines Amtes zu entheben.

II. Amtsniederlegung aus gesundheitlichen Gründen (Abs. 1)

Abs. 1 erlaubt die Amtsniederlegung aus gesundheitlichen Gründen in zwei Fäl- 2 len. Nach Abs. 1 Nr. 1 kann der Notar sein Amt niederlegen, wenn er (i) aus gesundheitlichen Gründen unfähig ist, sein Amt ordnungsgemäß auszuüben. Voraussetzung ist jedoch, dass die Aussicht besteht, dass die Fähigkeit zur ordnungsgemäßen Ausübung des Amtes innerhalb eines Jahres wiedererlangt wird. An das Kriterium der „Aussicht" sind ausweislich der Gesetzesbegründung vor dem Hintergrund der schweren Vorhersehbarkeit mancher Krankheitsverläufe keine besonderen Anforderungen zu stellen.[2] Ausreichend sei es demnach, wenn „die Wiederherstellung im Bereich des durchaus Möglichen liege und nicht völlig unwahrscheinlich sei".[3] Gemäß Abs. 1 Nummer 2 kann der Notar sein Amt darüber hinaus niederlegen, wenn (ii) eine Amtsniederlegung von höchstens einem Jahr angezeigt ist, um eine aus gesundheitlichen Gründen dro-

1 BT-Drs. 19/26828, 166.
2 BT-Drs. 19/26828, 167.
3 BT-Drs. 19/26828, 167.

hende Unfähigkeit zur ordnungsgemäßen Amtsausübung zu verhindern. Dies soll beispielsweise dann der Fall sein, wenn der Notar derart überlastet ist, dass er kurz vor einem „Burn-out" steht oder bei einer Alkoholsucht Entzugsmaßnahmen anstrebt.[4] In beiden Fällen des Abs. 1 müssen die Voraussetzungen der Amtsniederlegung ärztlich bescheinigt sein.

III. Ärztliche Bescheinigung (Abs. 2)

3 Abs. 2 enthält Regelungen zum Inhalt der nach Abs. 1 erforderlichen ärztlichen Bescheinigung, die der Aufsichtsbehörde eine verlässliche Planung und sachgerechte Entscheidung ermöglichen soll.[5] Danach soll die ärztliche Bescheinigung im Falle des Abs. 1 Nr. 1 Angaben dazu enthalten, wann die Fähigkeit zur ordnungsgemäßen Amtsausübung voraussichtlich wiedererlangt sein wird. Ist eine sichere Vorhersage nicht zu treffen, ist ein entsprechender Hinweis sowie ein möglich erscheinender Zeitrahmen anzugeben.[6] Im Falle des Abs. 1 Nr. 2 ist anzugeben, welche Dauer der Amtsniederlegung angezeigt ist, bis der Zustand der drohenden Erkrankung beseitigt ist.[7] Nach S. 3 kann die ärztliche Bescheinigung auch Angaben darüber enthalten, ob die Genehmigung aus ärztlicher Sicht sinnvollerweise mit Befristungen, Bedingungen oder Auflagen verbunden werden kann. Ausreichend ist in beiden Fällen grundsätzlich die Vorlage eines einfachen ärztlichen Attestes, in bestimmten Fällen kann die Aufsichtsbehörde nach Abs. 2 S. 3 aber auch die Vorlage einer amtsärztlichen Bescheinigung verlangen.[8]

IV. Wiederbestellungsgarantie (Abs. 3)

4 Gemäß Abs. 3 hat der sein Amt aus gesundheitlichen Gründen niederlegende Notar einen Anspruch auf Wiederbestellung am bisherigen Amtssitz innerhalb eines Jahres. Mit Ausnahme der zeitlichen Begrenzung der Wiederbestellungsgarantie auf ein Jahr, entspricht das Wiederbestellungsverfahren bei einer Amtsniederlegung nach § 48c demjenigen bei einer Amtsniederlegung nach § 48b (→ § 48b Rn. 2 ff.).[9] Hintergrund der auf ein Jahr verkürzten Frist ist nach der Gesetzesbegründung, dass § 48c nur Fälle vorübergehender Erkrankungen erfassen soll und diese typischerweise innerhalb eines Jahres überstanden sind.[10] Über den Verweis in Abs. 3 S. 3 auf § 48b Abs. 2 S. 3 kann ausnahmsweise aber auch eine längere Dauer durch die Aufsichtsbehörde genehmigt werden.

§ 49 Strafgerichtliche Verurteilung

Eine strafgerichtliche Verurteilung führt bei einem Notar in gleicher Weise zum Amtsverlust wie bei einem Beamten nach § 24 Absatz 1 des Beamtenstatusgesetzes.

4 BT-Drs. 19/26828, 167.
5 BT-Drs. 19/26828, 167.
6 BT-Drs. 19/26828, 167.
7 BT-Drs. 19/26828, 167.
8 BT-Drs. 19/26828, 168.
9 BT-Drs. 19/26828, 168.
10 BT-Drs. 19/26828, 168.

I. Allgemeines

§ 49 betrifft die Konsequenzen einer strafgerichtlichen Verurteilung eines Notars auf sein Amt. Danach führt eine strafgerichtliche Verurteilung bei einem Notar in gleicher Weise zum Amtsverlust wie bei einem Beamten nach § 24 Abs. 1 BeamtStG. Inhaltlich galt das bereits für die vorherige Fassung der Norm, die ihrem Wortlaut nach allerdings an Regelungen für Landesjustizbeamte anknüpfte. Die Neufassung des § 49 im Zuge des Gesetzes zur Modernisierung des notariellen Berufsrechts und zur Änderung weiterer Vorschriften diente daher lediglich der Klarstellung.[1] Der Zweck der Regelung liegt im Schutz der Würde des Amtes durch Entfernung von Amtsträgern aus dem Amt, die sich durch eine strafgerichtliche Verurteilung als unwürdig erwiesen haben.[2] 1

II. Tatbestand

Die Voraussetzungen, unter denen eine strafgerichtliche Verurteilung zum Amtsverlust des Notars führt, ergeben sich durch die Verweisung in § 49 aus § 24 BeamtStG. Danach endet das Amt, wenn (i) ein Beamter im ordentlichen Strafverfahren durch das Urteil eines deutschen Gerichts wegen einer vorsätzlichen Tat zu einer Freiheitsstrafe von mindestens einem Jahr oder (ii) wegen einer vorsätzlichen Tat, die nach den Vorschriften über Friedensverrat, Hochverrat und Gefährdung des demokratischen Rechtsstaates, Landesverrat und Gefährdung der äußeren Sicherheit oder, soweit sich die Tat auf eine Diensthandlung im Hauptamt bezieht, Bestechlichkeit, strafbar ist, zu einer Freiheitsstrafe von mindestens sechs Monaten verurteilt wird. Dieselbe Rechtsfolge tritt ein, (iii) wenn dem Notar die Fähigkeit zur Bekleidung öffentlicher Ämter aberkannt wird.[3] 2

III. Rechtsfolge

Mit Eintritt der Rechtskraft des strafgerichtlichen Urteils verliert der Notar sein Amt.[4] Dies führt nach § 47 Nr. 5 zum Erlöschen des Notaramtes, ohne dass es eines weiteren Vollzugsaktes bedarf.[5] Verliert der Notar sein Amt, weil ihm die Fähigkeit zur Bekleidung öffentlicher Ämter aberkannt wurde, erlangt er sein Amt nicht durch Ablauf der gesetzlich oder gerichtlich angeordneten Frist (§ 45 StGB) bzw. nach Wiederverleihung der Fähigkeit (§ 45b StGB) wieder.[6] Etwas anderes gilt nur, wenn die zum Amtsverlust führende Entscheidung in einem Wiederaufnahmeverfahren nach den §§ 359 ff. StGB aufgehoben wird.[7] In diesem Fall gilt das Amt des Notars nach § 24 Abs. 2 BeamtStG als nicht unterbrochen und dem Notar steht gegen die Landesjustizverwaltung unter Berücksichtigung der Belange einer geordneten Rechtspflege ein Anspruch auf Zuweisung eines gleichwertigen Amtssitzes zu.[8] Da unter Berücksichtigung der Belange einer geordneten Rechtspflege nicht einfach beliebig neue Stellen geschaffen werden können, ist Voraussetzung für eine Wiederbestellung des rehabilitierten 3

1 BT-Drs. 19/26828, 168.
2 BVerwGE 20, 21 f.; Diehn/*Fahl* BNotO § 49 Rn. 1.
3 BeckOK BNotO/*Bracker* § 49 Rn. 2 f.
4 BeckOK BNotO/*Bracker* § 49 Rn. 1, 6; Diehn/*Fahl* BNotO § 49 Rn. 8; Frenz/Miermeister/*Bremkamp* BNotO § 49 Rn. 17.
5 BeckOK BeamtR Bund/*Krausnick* BeamtStG § 24 Rn. 8; Frenz/Miermeister/Bremkamp BNotO § 49 Rn. 17.
6 Diehn/*Fahl* BNotO § 49 Rn. 9.
7 Frenz/Miermeister/*Bremkamp* BNotO § 49 Rn. 18 f.
8 BeckOK BNotO/*Bracker* § 49 Rn. 8 f.; Diehn/*Fahl* BNotO § 49 Rn. 10; Frenz/Miermeister/*Bremkamp* BNotO § 49 Rn. 20; Schippel/Bracker/*Püls* BNotO § 49 Rn. 6.

Notars, dass er sich auf eine von der Landesjustizverwaltung bereits ausgeschriebene Stelle bewirbt. Im Auswahlverfahren ist ihm von der Landesjustizverwaltung dann insofern Vorrang vor seinen Mitbewerbern zu gewähren, als dass der Notar so zu behandeln ist, als sei sein Amt nicht unterbrochen worden.[9]

§ 50 Amtsenthebung

(1) Der Notar ist seines Amtes zu entheben,

1. wenn er keine Befähigung zum Richteramt besitzt;

2. wenn keine Haftpflichtversicherung nach § 19a besteht;

3. wenn er sich weigert, den in § 13 vorgeschriebenen Amtseid zu leisten;

4. wenn er ein besoldetes Amt übernimmt oder eine nach § 8 Abs. 3 genehmigungspflichtige Tätigkeit ausübt und die Zulassung nach § 8 Abs. 1 Satz 2 oder die nach § 8 Abs. 3 erforderliche Genehmigung im Zeitpunkt der Entschließung der Landesjustizverwaltung über die Amtsenthebung nicht vorliegen;

5. wenn er entgegen § 8 Abs. 2 eine weitere berufliche Tätigkeit ausübt oder sich entgegen § 9 Absatz 1 oder 2 mit anderen Personen zur gemeinsamen Berufsausübung verbunden oder mit ihnen gemeinsame Geschäftsräume hat;

6. wenn er in Vermögensverfall geraten ist; ein Vermögensverfall wird vermutet, wenn ein Insolvenzverfahren über das Vermögen des Notars eröffnet oder der Notar in das Schuldnerverzeichnis (§ 882b der Zivilprozessordnung) eingetragen ist;

7. wenn er aus gesundheitlichen Gründen nicht nur vorübergehend unfähig ist, sein Amt ordnungsgemäß auszuüben;

8. wenn seine wirtschaftlichen Verhältnisse, seine Art der Wirtschaftsführung oder seine Art der Durchführung von Verwahrungsgeschäften die Interessen der Rechtsuchenden gefährden;

9. wenn er wiederholt grob gegen

a) Mitwirkungsverbote gemäß § 3 Absatz 1 des Beurkundungsgesetzes oder

b) Amtspflichten gemäß § 17 Absatz 2a Satz 2 Nummer 2 des Beurkundungsgesetzes

verstößt.

(2) Der Notar ist in der Regel seines Amtes zu entheben, wenn

1. bei der Bestellung nicht bekannt war, dass er sich eines Verhaltens schuldig gemacht hatte, das ihn unwürdig erscheinen ließ, das notarielle Amt auszuüben,

2. die Bestellung durch Zwang, arglistige Täuschung oder Bestechung herbeigeführt wurde oder

3. die Bestellung durch eine unzuständige Behörde erfolgt ist und von der zuständigen Behörde nicht bestätigt wurde.

(3) [1]Für die Amtsenthebung ist die Landesjustizverwaltung zuständig. [2]Sie entscheidet nach Anhörung der Notarkammer.

(4) Für die auf eine Amtsenthebung nach Absatz 1 Nummer 7 gerichteten Verfahren gilt § 5 Absatz 3 entsprechend.

9 Frenz/Miermeister/*Bremkamp* BNotO § 49 Rn. 18 ff.

I. Allgemeines

§ 50 enthält einen Katalog von zwingenden (Abs. 1) und fakultativen (Abs. 2) Amtsenthebungsgründen. 1

II. Zwingende Amtsenthebungsgründe (Abs. 1)

Zu den zwingenden Amtsenthebungsgründen nach Abs. 1 gehören (i) das Fehlen der Befähigung des Notars zum Richteramt (Nr. 1), (ii) das Fehlen einer Haftpflichtversicherung nach § 19a (Nr. 2), (iii) die Weigerung des Notars den in § 13 vorgeschriebenen Amtseid zu leisten (Nr. 3), (iv) die Übernahme eines besoldeten Amtes bzw. die Ausübung einer nach § 8 Abs. 3 genehmigungspflichtigen Tätigkeit ohne Zulassung bzw. Genehmigung (Nr. 4), (v) die Ausübung einer weiteren beruflichen Tätigkeit (Nr. 5), (vi) Vermögensverfall des Notars (Nr. 6), (vii) der Eintritt dauerhafter Amtsunfähigkeit aus gesundheitlichen Gründen (Nr. 7), (viii) die Gefährdung der Interessen der Rechtsuchenden durch die wirtschaftlichen Verhältnisse des Notars, seine Art der Wirtschaftsführung bzw. Durchführung von Verwahrungsgeschäften (Nr. 8) sowie (ix) die wiederholte grobe Verletzung von Mitwirkungsverboten und Amtspflichten. 2

Abs. 1 Nr. 2 enthielt in der bislang geltenden Fassung umfangreiche Verweisungen auf die Voraussetzungen, unter denen die Ernennung eines Landesjustizbeamten nichtig ist, für nichtig erklärt oder zurückgenommen werden muss. Mangels besonderer Vorschriften für Landesjustizbeamte war die Regelung inhaltlich als Verweis auf die §§ 11 und 12 BeamtStG zu verstehen. Von dieser Verweisung hat der Gesetzgeber nunmehr Abstand genommen und die dort behandelten Gegenstände stattdessen einer unmittelbaren Regelung in der BNotO zugeführt (so etwa in Abs. 2 oder § 12). An die Stelle der bisherigen Nr. 2 ist die bisherige Nr. 10, die Amtsenthebung wegen des Fehlens einer Haftpflichtversicherung nach § 19a, getreten.[1] 3

III. Fakultative Amtsenthebungsgründe (Abs. 2)

Der die fakultativen Amtsenthebungsgründe enthaltende Abs. 2 ist im Zuge des Gesetzes zur Modernisierung des notariellen Berufsrechts und zu Änderung weiterer Vorschriften neu gefasst worden. Die in der bisherigen Fassung des Abs. 2 enthaltene inhaltliche Verweisung auf § 12 BeamtStG wurde aufgehoben. Der Regelungsgedanke der Vorschrift soll der Gesetzesbegründung nach im Kern unverändert bleiben, die Bestimmung solle aber deutlich mehr Sachverhalte einschließen.[2] Abs. 2 erfasst nunmehr folgende Fälle: (i) bei der Bestellung war nicht bekannt, dass der Notar sich eines Verhaltens schuldig gemacht hat, welches ihn unwürdig erscheinen ließ, das notarielle Amt auszuüben, (ii) die Bestellung wurde durch Zwang, arglistige Täuschung oder Bestechung herbeigeführt bzw. (iii) die Bestellung ist durch eine unzuständige Behörde erfolgt und von der zuständigen Behörde nicht bestätigt worden. Zweck der Vorschrift sei es, der Landesjustizverwaltung in den geregelten Fällen eine Reaktionsmöglichkeit auf die mängelbehaftete Bestellung zu verschaffen, ohne dabei – zum 4

1 BT-Drs. 19/26828, 171.
2 BT-Drs. 19/26828, 172.

Schutz der Rechtsuchenden – zu einer von Anfang an wirkenden Nichtigkeit oder Rücknahme der Bestellung zu gelangen.[3] Die Vorschrift sieht nunmehr vor, dass der Notar bei Vorliegen eines Falles von Abs. 2 in der Regel seines Amtes zu entheben ist. Dadurch, dass die Regelung eine Amtsenthebung nicht mehr nur als „Kann"-Bestimmung, sondern als Regelfall vorsieht, wird einerseits eine Einzelfallbetrachtung ermöglicht, andererseits aber auch der Tatsache Rechnung getragen, dass die zur Unwürdigkeit führenden Tatbestände grundsätzlich schwerwiegender Natur sind und sie bisher meist zu einer zwingenden Amtsenthebung geführt haben.[4]

IV. Zuständigkeit und Verfahren (Abs. 3)

5 Zuständig für die Amtsenthebung ist gemäß Abs. 3 S. 1 die Landesjustizverwaltung. Gemäß § 112 kann die Zuständigkeit aber auch durch Rechtsverordnung bzw. aufgrund einer Ermächtigungsverordnung auf eine nachgeordnete Behörde übertragen werden.[5] Die Amtsenthebung erfolgt durch Erlass eines entsprechenden Verwaltungsaktes unter Berücksichtigung der Regelungen des allgemeinen Verwaltungsverfahrensrechtes. Erforderlich ist daher neben der vorherigen Anhörung der Bundesnotarkammer gemäß Abs. 3 S. 2 auch die vorherige Anhörung des Notars gemäß § 28 Abs. 1 VwVfG.[6] Eine bestimmte Form, in der der Verwaltungsakt ergehen muss, sieht die BNotO nicht vor. Zu Beweiszwecken erfolgt sie in der Praxis in der Regel im Wege der förmlichen Zustellung.[7]

V. Rechtsfolge

6 Die Rechtsfolge einer Amtsenthebung nach § 50 ist in § 47 Nr. 6 geregelt. Danach führt die Amtsenthebung zum Erlöschen des Amtes. Dadurch verliert der Notar seine Stellung als Träger eines öffentlichen Amtes im Sinne von § 1 sowie sämtliche damit einhergehenden Befugnisse. Die Rechtsfolge tritt mit Wirksamwerden des Verwaltungsaktes, also im Zeitpunkt der Bekanntgabe gegenüber dem Notar, ein.[8]

§ 51 Verwahrung bei Erlöschen des Amtes oder Verlegung des Amtssitzes

(1) [1]Ist das Amt eines Notars erloschen oder ändert sich auf Grund der Verlegung seines Amtssitzes sein Amtsbereich, ist für die Verwahrung seiner Akten und Verzeichnisse sowie der ihm amtlich übergebenen Urkunden und Wertgegenstände die Notarkammer zuständig, in deren Bezirk sich der Amtssitz des Notars befunden hat. [2]Die Landesjustizverwaltung kann die Zuständigkeit für die Verwahrung einer anderen Notarkammer oder einem Notar übertragen. [3]§ 35 Absatz 1 und § 45 Absatz 2, 4 und 5 gelten entsprechend. [4]Mehrere No-

3 BT-Drs. 19/26828, 172.
4 BT-Drs. 19/26828, 173.
5 Diehn/*Fahl* BNotO § 50 Rn. 32; Frenz/Miermeister/*Bremkamp* BNotO § 50 Rn. 135.
6 Diehn/*Fahl* BNotO § 50 Rn. 32; Frenz/Miermeister/*Bremkamp* BNotO § 50 Rn. 136.
7 BeckOK VwVfG/*Tiedemann* § 41 Rn. 130; Frenz/Miermeister/*Bremkamp* BNotO § 50 Rn. 136.
8 Diehn/*Fahl* BNotO § 50 Rn. 32; Frenz/Miermeister/*Bremkamp* BNotO § 50 Rn. 138.

tarkammern können sich zur gemeinsamen Aufbewahrung von Akten und Verzeichnissen zusammenschließen; die eigene Verfügungsgewalt der Notarkammer muss gewahrt bleiben. [5]Die gemeinsame Aufbewahrung ist der Landesjustizverwaltung mitzuteilen.

(2) Die Siegel und Stempel des Notars hat der Präsident des Landgerichts zu vernichten, in dessen Bezirk sich der Amtssitz des Notars befunden hat.

(3) [1]Wird ein Notar nach dem Erlöschen seines Amtes oder der Verlegung seines Amtssitzes erneut zum Notar bestellt und ihm als Amtssitz ein Ort innerhalb seines früheren Amtsbereichs zugewiesen, kann die Landesjustizverwaltung ihm die Zuständigkeit für die Verwahrung wieder übertragen. [2]Die Akten, Verzeichnisse, amtlich übergebenen Urkunden und Wertgegenstände sind dem Notar von der Stelle zu übergeben, in deren Verwahrung sie sich zuletzt befunden haben. [3]§ 51a gilt mit Ausnahme von Absatz 1 Satz 2 entsprechend.

(4) [1]Wird der Amtssitz eines Notars innerhalb derselben Stadtgemeinde verlegt, bleibt der Notar für die Verwahrung auch dann zuständig, wenn sich dadurch der Amtsbereich ändert. [2]Die Siegel und Stempel sind nicht abzuliefern.

(5) [1]Die Abgabe von Akten und Verzeichnissen, deren Aufbewahrungsfrist noch nicht abgelaufen ist, an ein öffentliches Archiv regelt die Landesjustizverwaltung. [2]Eine Abgabe nach Satz 1 lässt die über die Aufbewahrung hinausgehenden Zuständigkeiten der die Akten und Verzeichnisse verwahrenden Stelle unberührt. [3]Die Einsicht in notarielle Urkunden und Verzeichnisse, die nach Satz 1 abgegeben wurden, bestimmt sich ausschließlich nach den §§ 18a bis 18d dieses Gesetzes sowie nach § 51 Absatz 3 des Beurkundungsgesetzes.

I. Allgemeines

§ 51 enthält Bestimmungen zur Verwahrung der Akten eines Notars bei Erlöschen seines Amtes oder Verlegung seines Amtssitzes. 1

II. Verwahrung der Akten bei Erlöschen des Amtes oder Verlegung des Amtssitzes (Abs. 1)

Abs. 1 bestimmt, dass die Notarkammer für die Verwahrung der Akten und Verzeichnisse sowie der amtlich übergebenen Urkunden und Wertgegenstände eines ausscheidenden oder amtssitzverlegenden Notars zuständig ist. Mit Neufassung der Norm wurde die bislang bei den Amtsgerichten liegende Zuständigkeit als Selbstverwaltungsaufgabe auf die Notarkammer übertragen.[1] Neu ist neben der Verwahrung von Akten, Verzeichnissen und amtlich übergebenen Urkunden auch die Zuständigkeit für die Verwahrung von amtlich übergeben Wertgegenständen im Sinne von § 23.[2] Nach Abs. 1 S. 2 besteht die Möglichkeit der Landesjustizverwaltung, die Verwahrzuständigkeit einer anderen Notarkammer oder einem Notar zu übertragen. Ausweislich der Gesetzesbegründung soll in der Praxis davon regelmäßig Gebrauch zu machen sein, „wenn sich 2

1 BT-Drs. 18/10607, 59.
2 BT-Drs. 18/10607, 59.

zeigt, dass im Zusammenhang mit Wertgegenständen ein Amtsgeschäft nach § 23 fortzuführen ist und kein Notariatsverwalter gemäß § 58 Abs. 2 bestellt wird".[3] In diesen Fällen sei regelmäßig eine Übertragung der Verwahrzuständigkeit auf einen Notar geboten.[4] Schließlich verliert der Notar nach der neuen Fassung des Abs. 1 die Verwahrzuständigkeit nicht mehr nur, wenn sein Amtssitz in einen anderen Amtsgerichtsbezirk verlegt wird (Abs. 1 S. 1 aF), sondern bereits dann, wenn sich der Amtsbereich aufgrund einer Verlegung des Amtssitzes ändert.[5] Grund für die Erweiterung des Anwendungsbereichs ist ausweislich der Gesetzesbegründung die bei großen Amtsgerichtsbezirken drohende Beeinträchtigung der Belange einer geordneten Rechtspflege, insbesondere das Bedürfnis nach Amtskontinuität bei einer ortsnahen Versorgung der Bevölkerung mit notariellen Dienstleistungen, wenn der Notar die Akten und Verzeichnisse behalten würde.[6] Ausnahmsweise kann die Landesjustizverwaltung dem Notar unter Berücksichtigung der Bedürfnisse der Rechtspflege die Verwahrzuständigkeit nach Abs. 1 S. 2 doch zuweisen, wenn (i) der Amtsbereich mehrere Amtsgerichtsbezirke oder zumindest Teile mehrerer Amtsgerichtsbezirke umfasst oder wenn (ii) an dem bisherigen Amtssitz kein weiterer Notar ansässig ist oder neu bestellt wird.[7]

III. Vernichtung der Siegel und Stempel (Abs. 2)

3 Nach Abs. 2 sind die Siegel und Stempel des ausscheidenden oder amtssitzverlegenden Notars zu vernichten. Zuständig für die Vernichtung ist nach Neufassung des § 51 nicht mehr das Amtsgericht, sondern der Präsident des Landgerichts, in dessen Bezirk der Notar seinen Amtssitz hatte. Hintergrund der Zuständigkeitsverschiebung ist ausweislich der Gesetzesbegründung, dass die Amtsgerichte mit Inkrafttreten des neuen Aufbewahrungssystems keine Berührung mehr mit Notarangelegenheiten haben sollen.[8]

IV. Rückgabe der Amtsbestände an den früheren Notar bei Wiederbestellung (Abs. 3)

4 Gemäß Abs. 3 S. 1 kann die Landesjustizverwaltung dem ausgeschiedenen oder amtssitzverlegenden Notar bei Wiederbestellung und Zuweisung eines Amtssitzes innerhalb seines früheren Amtsbereiches die Zuständigkeit für die Verwahrung wieder übertragen. Nach Abs. 3 S. 2 sind dem Notar die Akten, Verzeichnisse, amtlich übergebene Urkunden und Wertgegenstände von der Stelle zu übergeben, die diese Gegenstände zuletzt in Verwahrung hatte. Für die Rückgabe gelten die Bestimmungen des § 51a mit Ausnahme von Abs. 1 S. 2 entsprechend (→ § 51a Rn. 2 ff.). Bei der Entscheidung über die Rückübertragung der Akten handelt es sich ausweislich des Wortlautes („kann") um eine Ermessensentscheidung der Landesjustizverwaltung. Sofern die Akten, Bücher, Urkunden und Wertgegenstände bereits vom Amtsnachfolger des früheren Notars übernommen worden sind, ist eine Rückübertragung an den Notar aber regelmäßig ausgeschlossen. Dies gilt vor allem im Bereich des hauptberuflichen Notariats,

3 BT-Drs. 18/10607, 60.
4 BT-Drs. 18/10607, 60.
5 BT-Drs. 18/10607, 60.
6 BT-Drs. 18/10607, 60.
7 BT-Drs. 18/10607, 60.
8 BT-Drs. 18/10607, 61; Diehn/*Dahlkamp* BNotO § 51 Rn. 57.

da eine Rückübertragung in diesem Fall das Prinzip der Amtsnachfolge als Belang einer geordneten Rechtspflege beeinträchtigt würde.[9]

V. Amtssitzverlegung innerhalb derselben Stadtgemeinde (Abs. 4)

Gemäß Abs. 4 bleibt der Notar bei Verlegung seines Amtssitzes innerhalb derselben Stadtgemeinde auch dann noch für die Verwahrung zuständig, wenn sich dadurch sein Amtsbereich ändert. Praktische Bedeutung erlangt diese Bestimmung lediglich in Städten mit mehr als hunderttausend Einwohnern, wenn diese in mehrere Amtsbezirke eingeteilt sind, da der Notar in diesem Fall seinen Amtssitz gemäß § 10 Abs. 1 unter Beachtung der Belange einer geordneten Rechtspflege in einen anderen Amtsgerichtsbezirk innerhalb derselben Stadtgemeinde verlegen kann.[10] 5

VI. Öffentliches Archiv (Abs. 5)

Gemäß Abs. 5 regelt die Landesjustizverwaltung die Abgabe von Akten und Verzeichnissen, deren Aufbewahrungsfrist noch nicht abgelaufen ist, an ein öffentliches Archiv. Abs. 5 bezieht sich dabei ausschließlich auf Akten und Verzeichnisse, deren Aufbewahrungsfrist noch nicht abgelaufen ist. Einer Regelung für Akten, deren Aufbewahrungsfrist bereits abgelaufen ist, wie die frühere Fassung des Abs. 5 sie vorgesehen hat, bedarf es nicht mehr, da dies inzwischen umfassend in § 35 geregelt ist.[11] Außerdem soll mit der Ablösung des Begriffs „Staatsarchiv" durch den Begriff „Öffentliches Archiv" keine inhaltliche Änderung verfolgt werden, sondern lediglich eine Anpassung an die Terminologie des UrkArchG erfolgen.[12] Abs. 5 S. 2 stellt klar, dass es sich bei der Lagerung der Akten bei Staatsarchiven lediglich um „ein rein tatsächliches Aufbewahrungsverhältnis ohne jede Dispositionsbefugnis handelt, das nicht als Verwahrung im Sinne des § 797 Abs. 2 ZPO angesprochen werden kann".[13] Schließlich stellt Abs. 5 S. 3 klar, dass sich die Frage der Einsicht in notarielle Urkunden und Verzeichnisse, deren Aufbewahrungsfrist noch nicht abgelaufen ist, die aber bereits an ein öffentliches Archiv abgegeben wurden, ausschließlich nach den §§ 18a–18d sowie nach § 51 Abs. 3 BeurkG und nicht nach den jeweiligen archivrechtlichen Bestimmungen richtet.[14] 6

§ 51a Ablieferung verwahrter Gegenstände

(1) [1]In den Fällen des § 51 Absatz 1 ist der Notar verpflichtet, die Akten und Verzeichnisse sowie die ihm amtlich übergebenen Urkunden und Wertgegenstände bei der für die Verwahrung zuständigen Stelle abzuliefern und ihr den Zugang zu den elektronisch geführten Akten und Verzeichnissen zu ermöglichen. [2]Stempel und Siegel hat der Notar bei dem Präsidenten des Landgerichts abzuliefern. [3]Die Aufsichtsbehörde kann die Ablieferung der in den Sätzen 1 und 2 genannten Gegenstände anordnen. [4]Widerspruch und Anfechtungsklage gegen die Anordnung der Ablieferung haben keine aufschiebende Wirkung.

---

9 Diehn/*Dahlkamp* BNotO § 51 Rn. 42; Frenz/Miermeister/*Bremkamp* BNotO § 51 Rn. 38 ff.
10 BeckOK BNotO/*Bracker* BNotO § 51 Rn. 87; Diehn/*Dahlkamp* BNotO § 51 Rn. 43 f.
11 BT-Drs. 19/26828, 174.
12 BT-Drs. 19/26828, 174.
13 BT-Drs. 19/26828, 174.
14 BT-Drs. 19/26828, 174.

(2) [1]Die Ablieferung der Akten und Verzeichnisse sowie der amtlich übergebenen Urkunden und Wertgegenstände nach Absatz 1 Satz 1 hat geordnet und in einem zur Aufbewahrung geeigneten Zustand zu erfolgen. [2]Liefert der Notar Akten, Verzeichnisse und die ihm amtlich übergebenen Urkunden oder Wertgegenstände nicht in einem geordneten und zur Aufbewahrung geeigneten Zustand ab, so kann die zuständige Stelle diese auf Kosten des Notars einem geordneten und zur Aufbewahrung geeigneten Zustand zuführen. [3]Satz 2 gilt entsprechend für die Vernichtung oder Löschung von Akten und Verzeichnissen, deren Aufbewahrungsfrist bereits vor dem Übergang der Verwahrungszuständigkeit abgelaufen war.

(3) Die für die Verwahrung zuständige Stelle ist nicht verpflichtet, die Vollständigkeit der abgelieferten Akten und Verzeichnisse sowie der dem Notar amtlich übergebenen Urkunden zu überprüfen.

I. Allgemeines

1 § 51a normiert die ausdrückliche Pflicht des aus dem Amt scheidenden oder den Amtssitz verlegenden Notar zur Ablieferung von Akten und Verzeichnissen an die zur Verwahrung zuständige Stelle. Die Norm enthält darüber hinaus Bestimmungen dazu, wie die Übernahme durch die zuständige Stelle zu erfolgen hat.

II. Ablieferungspflicht auf Kosten des Notars (Abs. 1)

2 Gemäß Abs. 1 ist der Notar verpflichtet, die Akten und Verzeichnisse sowie die ihm amtlich übergebenen Urkunden und Wertgegenstände bei der für die Verwahrung zuständigen Stelle abzuliefern und ihr den Zugang zu den elektronisch geführten Akten und Verzeichnissen zu ermöglichen. Sowohl die Ablieferung der Papierdokumente als auch die Überlassung der elektronischen Akten und Verzeichnisse erfolgen dabei auf Kosten des Notars.[1] Einzelheiten der Überlassung der im Elektronischen Urkundenarchiv zu führenden Akten und Verzeichnisse wie beispielsweise die Erteilung und die Entziehung der technischen Zugangsberechtigung zum Archiv sind in der Rechtsverordnung gemäß § 78h Abs. 4 zu regeln.[2] Nach Abs. 1 S. 2 bezieht sich die Ablieferungspflicht des Notars auch auf seine Siegel und Stempel, welche er bei dem Präsidenten des Landgerichts zur Vernichtung abzuliefern hat (→ § 51 Rn. 3). Kommt der Notar seiner Pflicht nicht nach, kann die Aufsichtsbehörde die Ablieferung anordnen und auf dieser Grundlage vollstrecken.[3] Widerspruch und Anfechtungsklage des Notars gegen die Anordnung haben nach Abs. 1 S. 3 keine aufschiebende Wirkung.

1 BT-Drs. 18/10607, 61; BeckOK BNotO/*Frisch* BNotO § 51a Rn. 2.
2 BT-Drs. 18/10607, 61; Diehn/*Dahlkamp* BNotO § 51 Rn. 59.
3 BT-Drs. 18/10607, 62; BeckOK BNotO/*Frisch* BNotO § 51a Rn. 4.

III. Ablieferung in geordnetem und verwahrungsfähigem Zustand (Abs. 2)

Nach Abs. 2 hat die Ablieferung der in Abs. 1 bezeichneten Gegenstände geordnet und in einem zur Aufbewahrung geeigneten Zustand zu erfolgen. Ausweislich der Gesetzesbegründung bedeutet das insbesondere, (i) dass die Dokumente aus sich heraus verständlich und ohne Weiteres erschließbar sortiert sein müssen und dass (ii) Akten und Verzeichnisse in Papierform frei von Schimmel und Feuchtigkeit sein müssen.[4] Kommt der Notar dieser Pflicht nicht nach, ermöglicht Abs. 2 S. 2 der Verwahrstelle die abgelieferten Gegenstände als Ersatzvornahme auf Kosten des Notars einem geordneten und zur Aufbewahrung geeigneten Zustand zuzuführen. Gemäß Abs. 2 S. 3 kann sie dabei Dritte mit der Durchführung der hierfür erforderlichen Maßnahmen beauftragen, wobei die Verschwiegenheitspflicht nach § 18 Abs. 1 davon unberührt bleibt. Das bedeutet, dass die Verwahrstelle Dritte nur insofern beauftragen darf, als dies auch dem Notar unter Wahrung seiner Verschwiegenheitspflicht erlaubt gewesen wäre.[5] 3

IV. Keine Pflicht zur Überprüfung der Akten auf Vollständigkeit (Abs. 3)

Aus Praktikabilitäts- und Kostenerwägungen, vor allem aber aus Haftungsgesichtspunkten entbindet Abs. 3 die Verwahrstelle von der Pflicht, die abgelieferten Akten, Verzeichnisse und amtlich übergebenen Urkunden auf Vollständigkeit zu überprüfen.[6] 4

§ 52 Weiterführung der Amtsbezeichnung

(1) [1]Mit dem Erlöschen des Amtes erlischt die Befugnis, die Amtsbezeichnung „Notarin" oder „Notar" zu führen. [2]Die Amtsbezeichnung darf auch nicht mit einem auf das Erlöschen des Amtes hinweisenden Zusatz geführt werden.

(2) [1]Ist das Amt eines Notars aus den in § 47 Nummer 1 bis 4 bezeichneten Gründen mit Ausnahme des Todes oder durch Amtsenthebung aus den in § 50 Absatz 1 Nummer 7 bezeichneten Gründen erloschen, so kann die Landesjustizverwaltung dem früheren Notar die Erlaubnis erteilen, seine Amtsbezeichnung mit dem Zusatz „außer Dienst" weiterzuführen, der auch „a. D." abgekürzt werden kann. [2]Einem Anwaltsnotar darf diese Erlaubnis nur erteilt werden, wenn er weiterhin seine anwaltliche Berufsbezeichnung führen darf.

(3) [1]Die Landesjustizverwaltung kann die Erlaubnis zum Führen der Bezeichnung „Notarin außer Dienst" oder „Notar außer Dienst" zurücknehmen oder widerrufen, wenn nachträglich Umstände bekannt werden oder eintreten, die bei einem Notar das Erlöschen des Amtes aus den in § 47 Nummer 5 bis 7 bezeichneten Gründen nach sich ziehen würden. [2]Ausgenommen hiervon ist eine Rücknahme oder ein Widerruf aus den in § 50 Absatz 1 Nummer 7 bezeichneten Gründen. [3]Bei einem Anwaltsnotar erlischt die Erlaubnis zum Führen der Bezeichnung zudem, wenn er seine anwaltliche Berufsbezeichnung nicht mehr führen darf. [4]Ist die Erlaubnis nach Satz 3 erloschen, kann sie wieder erteilt werden, wenn die anwaltliche Berufsbezeichnung wieder geführt werden darf.

---

4 BT-Drs. 18/10607, 62; Diehn/*Dahlkamp* BNotO § 51 Rn. 60.
5 BT-Drs. 18/10607, 62; BeckOK BNotO/*Frisch* BNotO § 51a Rn. 6.
6 BT-Drs. 18/10607, 62; Diehn/*Dahlkamp* BNotO § 51 Rn. 62.

I. Allgemeines

1 Gemäß Abs. 1 verliert der Notar mit dem Erlöschen seines Amtes grundsätzlich auch die Befugnis die Amtsbezeichnung „Notar" zu führen. Die Landesjustizverwaltung kann dem Notar nach Abs. 2 ausnahmsweise die Erlaubnis erteilen, die Amtsbezeichnung mit dem Zusatz „außer Dienst" weiterzuführen, wenn sein Amt aus den in § 47 Nr. 1–4 oder § 50 Abs. 1 Nr. 7 bestimmten Gründen erloschen ist. Abs. 3 regelt wiederum, in welchen Fällen die Landesjustizverwaltung die ausnahmsweise erteilte Erlaubnis zurücknehmen oder widerrufen kann.

II. Grundsätzliches Verbot der Weiterführung der Amtsbezeichnung (Abs. 1)

2 Mit Erlöschen des Notaramtes verliert der Notar kraft Gesetzes automatisch auch die Befugnis, die Amtsbezeichnung „Notar" zu führen. Die Amtsbezeichnung ist insoweit untrennbar mit der Stellung des Notars als Träger des Notaramtes verbunden.[1] Was in der BNotO den Grundsatz abbildet, stellt in der Praxis jedoch den Ausnahmefall dar. In der Praxis wird vielmehr regelmäßig eine Erlaubnis im Sinne von Abs. 2 erteilt.[2] Ein Verstoß gegen das Verbot, die Amtsbezeichnung weiterzuführen, kann den Straftatbestand des Missbrauchs von Berufsbezeichnungen nach § 132a StGB erfüllen.[3]

III. Erlaubnis in Ausnahmefällen (Abs. 2)

3 Abs. 2 enthält einen abschließenden Katalog von Ausnahmefällen, in denen die Landesjustizverwaltung dem aus dem Amt geschiedenen Notar die Erlaubnis erteilen darf, die Amtsbezeichnung „Notar" mit dem Zusatz „außer Dienst" oder abgekürzt „a.D." weiterzuführen.[4] Ein solcher Ausnahmefall liegt danach vor, wenn der Notar aus einem der in § 47 Nr. 1–4 (mit Ausnahme des Todes) oder § 50 Abs. 1 Nr. 7 bezeichneten Gründe aus dem Amt geschieden ist. Klarstellend hat der Gesetzgeber durch Neufassung des Abs. 2 nun auch die Fälle der Amtsniederlegung zum Zwecke der Betreuung oder Pflege (§ 48 b) bzw. aus gesundheitlichen Gründen (§ 48c) sowie des Wegfalls der Mitgliedschaft in einer Rechtsanwaltskammer (§ 3 Abs. 2) in den Katalog aufgenommen. Da die Fälle allesamt in § 47 Nr. 1–4 erfasst sind, verweist der neue Abs. 2 der Vereinfachung halber nur auf diese Norm.[5] Denklogisch davon ausgenommen ist lediglich das Erlöschen des Amtes durch den Tod des Notars (§ 47 Nr. 2 Alt. 2).[6]

IV. Rücknahme und Widerruf der Erlaubnis (Abs. 3)

4 Abs. 3 enthält Bestimmungen zur Rücknahme und zum Widerruf der ausnahmsweisen erteilten Erlaubnis durch die Landesjustizverwaltung nach Abs. 2.

1 Frenz/Miermeister/*Bremkamp* BNotO § 52 Rn. 4.
2 Diehn/*Dahlkamp* BNotO § 52 Rn. 3; Frenz/Miermeister/*Bremkamp* BNotO § 52 Rn. 13 ff.
3 Diehn/*Dahlkamp* BNotO § 52 Rn. 3.
4 Frenz/Miermeister/*Bremkamp* BNotO § 52 Rn. 5 f.
5 BT-Drs. 19/26828, 175.
6 BT-Drs. 19/26828, 175.

Danach kann die Landesjustizverwaltung die Erlaubnis zum Führen der Amtsbezeichnung „Notar außer Dienst" zurücknehmen oder widerrufen, wenn nachträglich Umstände bekannt werden oder eintreten, die bei einem Notar das Erlöschen des Amtes aus den in § 47 Nr. 5–7 bezeichneten Gründen nach sich ziehen würden. Ausgenommen davon ist nach S. 2 eine Rücknahme bzw. ein Widerruf aus den in § 50 Abs. 1 Nr. 7 bezeichneten Gründen, dh wenn die Aufhebung lediglich wegen einer Verschlechterung des Gesundheitszustandes zu erfolgen hätte.[7] Die Aufhebung der Erlaubnis erfolgt durch Verwaltungsakt, daher ist der Notar vorher zwingend gemäß § 64a Abs. 1 iVm § 28 VwVfG anzuhören.[8] Eine Rücknahme der Erlaubnis kommt in Betracht, wenn die in Abs. 3 bezeichneten Gründe nachträglich bekannt werden, der Dispens also von Anfang an rechtswidrig war. Ein Widerruf hingegen ist statthaft, wenn die Gründe nachträglich eintreten, der Dispens ursprünglich also rechtmäßig war. Erforderlich ist in beiden Fällen jedenfalls eine hypothetische Prüfung, ob der Grund, aus dem die Erlaubnis aufgehoben werden soll, auch zum Erlöschen des Notaramtes geführt hätte.[9]

§ 53 Übernahme von Räumen oder Angestellten des ausgeschiedenen Notars

(1) [1]Ist das Amt eines hauptberuflichen Notars erloschen oder ist sein Amtssitz verlegt worden, so bedarf ein anderer an dem Amtssitz bereits ansässiger Notar der Genehmigung der Landesjustizverwaltung, wenn er seine Geschäftsstelle in Räume des ausgeschiedenen Notars verlegen oder Angestellte, die in einem besonderen Vertrauensverhältnis zu dem ausgeschiedenen Notar standen, in seine Geschäftsstelle übernehmen will. [2]Die Genehmigung darf nur versagt werden, wenn dies im Interesse der Rechtspflege geboten ist.

(2) Die Gültigkeit der aus Anlaß der Übernahme oder Anstellung abgeschlossenen Rechtsgeschäfte wird durch einen Verstoß gegen die Vorschrift des Absatzes 1 nicht berührt.

I. Allgemeines

1 Zur Wahrung der Kollegialität unter den hauptberuflichen Notaren und zum Schutz der Amtsnachfolger von hauptberuflichen Notaren enthält § 53 einen Genehmigungsvorbehalt für die Übernahme von Geschäftsräumen und Angestellten eines aus dem Amt geschiedenen oder seinen Amtssitz verlegenden Notars durch einen anderen, an dem Amtssitz bereits ansässigen Notar.[1] Dadurch soll insbesondere verhindert werden, „dass dem künftigen Amtsnachfolger ei-

7 BT-Drs. 19/26828, 176.
8 Diehn/*Dahlkamp* BNotO § 52 Rn. 10; Frenz/Miermeister/*Bremkamp* BNotO § 52 Rn. 17.
9 Frenz/Miermeister/*Bremkamp* BNotO § 52 Rn. 19; Henssler/Prütting/*Henssler* BRAO § 17 Rn. 14.
1 Diehn/*Dahlkamp* BNotO § 53 Rn. 1 ff.; Frenz/Miermeister/*Bremkamp* BNotO § 53 Rn. 1 ff.

nes Notars die räumlichen und personellen Grundlagen der Praxis entzogen oder geschmälert werden".[2]

II. Genehmigungsvorbehalt

2 Der Genehmigungsvorbehalt nach Abs. 1 setzt das Erlöschen des Amtes eines hauptberuflichen Notars oder die Amtssitzverlegung eines hauptberuflichen Notars voraus. In die Räume des ausgeschiedenen Notars muss ein weiterer, am Amtssitz bereits ansässiger Notar beabsichtigen, seine Geschäftsstelle zu verlegen oder Angestellte in einem besonderen Vertrauensverhältnis des früheren Notars zu übernehmen. Der Begriff der Geschäftsstelle im Sinne von § 10 Abs. 2 S. 1 ist dabei weit zu verstehen. Gemeint sind sämtliche Räumlichkeiten, die dem Notar und seinen Mitarbeitern zur Verrichtung der notariellen Tätigkeit dienen.[3] Zu beachten ist, dass § 53 nicht auf alle Angestellten, sondern nur auf solche, die in einem besonderen Vertrauensverhältnis stehen, Anwendung findet. Maßstab für die Differenzierung ist das typisierte Vertrauensverhältnis, welches insbesondere durch eine selbstständige, über eine reine Hilfstätigkeit hinausgehende Tätigkeit gekennzeichnet ist.[4] Auf eine tatsächliche Neubesetzung der Stelle bzw. den Willen des Amtsnachfolgers zur Übernahme der Geschäftsräume oder der Angestellten kommt es hingegen nicht an, da die Regelung jedenfalls auch dem Schutz der Rechtsuchenden vor dem falschen Anschein, der übernehmende Notar führe das Amt des ausgeschiedenen Notars fort, dient.[5]

III. Rechtsfolge

3 Die Entscheidung über die Genehmigung nach Abs. 1 liegt im Ermessen der Landesjustizverwaltung. Sie darf nach Abs. 1 S. 2 jedoch nur versagt werde, wenn dies im Interesse der Rechtspflege geboten ist.

IV. Verstöße

4 Abs. 2 stellt klar, dass ein Verstoß gegen die Vorschrift des Abs. 1 keine Auswirkungen auf die Wirksamkeit der aus Anlass der Übernahme oder Anstellung abgeschlossenen Rechtsgeschäfte, dh insbesondere Miet- und Arbeitsverträge, hat.[6] Die Norm begründet allerdings Amtspflichten für den Notar, bei deren Verletzung disziplinarrechtliche Konsequenzen nach § 97 drohen.[7]

---

2 BT-Drs. 13/4184, 30; Frenz/Miermeister/*Bremkamp* BNotO § 53 Rn. 1 f.; Schippel/Bracker/*Bracker* BNotO § 53 Rn. 3.

3 Diehn/*Dahlkamp* BNotO § 53 Rn. 10 ff.; Schippel/Bracker/*Püls* BNotO § 10 Rn. 14.

4 Diehn/*Dahlkamp* BNotO § 53 Rn. 11 f.; Frenz/Miermeister/*Bremkamp* BNotO § 53 Rn. 10 f.

5 Diehn/*Dahlkamp* BNotO § 53 Rn. 7; Schippel/Bracker/*Bracker* BNotO § 53 Rn. 4 ff., 10.

6 Frenz/Miermeister/*Bremkamp* BNotO § 53 Rn. 17 f.; Diehn/*Dahlkamp* BNotO § 53 Rn. 16.

7 Frenz/Miermeister/*Bremkamp* BNotO § 53 Rn. 18; Diehn/*Dahlkamp* BNotO § 53 Rn. 16.

§ 54 Vorläufige Amtsenthebung

(1) [1]Der Notar kann von der Aufsichtsbehörde vorläufig seines Amtes enthoben werden,

1. wenn das Betreuungsgericht der Aufsichtsbehörde eine Mitteilung nach § 308 des Gesetzes über das Verfahren in Familiensachen und in den Angelegenheiten der freiwilligen Gerichtsbarkeit gemacht hat;
2. wenn sie die Voraussetzungen des § 50 für gegeben hält;
3. wenn er sich länger als zwei Monate ohne Zustimmung der Aufsichtsbehörde außerhalb seines Amtssitzes aufhält.

[2]Widerspruch und Anfechtungsklage gegen die vorläufige Amtsenthebung haben keine aufschiebende Wirkung.

(2) [1]Ein Anwaltsnotar kann auch ohne Einleitung eines Disziplinarverfahrens durch das Disziplinargericht vorläufig seines Amtes enthoben werden, wenn gegen ihn ein anwaltsgerichtliches Verfahren nach der Bundesrechtsanwaltsordnung eingeleitet worden ist. [2]Die Vorschriften über die vorläufige Amtsenthebung nach Einleitung eines Disziplinarverfahrens gelten entsprechend. [3]Absatz 1 Satz 2 gilt entsprechend.

(3) Wird ein Anwaltsnotar nach Einleitung eines Disziplinarverfahrens vorläufig seines Amtes als Notar enthoben, so kann das Disziplinargericht gegen ihn ein Berufs- oder Vertretungsverbot (§ 150 der Bundesrechtsanwaltsordnung) verhängen, wenn zu erwarten ist, daß im Disziplinarverfahren gegen ihn auf Entfernung aus dem Amt (§ 97 Absatz 1 Satz 1 Nummer 3) erkannt werden wird.

(4) Die Wirkungen der vorläufigen Amtsenthebung treten kraft Gesetzes ein,

1. wenn gegen einen Notar im Strafverfahren die Untersuchungshaft angeordnet ist, für deren Dauer;
2. wenn gegen einen Anwaltsnotar ein Berufs- oder Vertretungsverbot nach § 150 der Bundesrechtsanwaltsordnung oder ein Vertretungsverbot für das Gebiet des Zivilrechts nach § 114 Abs. 1 Nr. 4 der Bundesrechtsanwaltsordnung verhängt ist, für dessen Dauer;
3. wenn gegen einen Anwaltsnotar die Rücknahme oder der Widerruf der Zulassung zur Rechtsanwaltschaft nach § 14 der Bundesrechtsanwaltsordnung mit sofortiger Vollziehung verfügt ist, vom Zeitpunkt der Zustellung der Verfügung an für die Dauer ihrer Wirksamkeit.

(5) Die Vorschriften über die vorläufige Amtsenthebung eines Notars nach Einleitung eines Disziplinarverfahrens bleiben unberührt.

[§ 54 ab 1.8.2022:]

§ 54 Vorläufige Amtsenthebung

(1) [1]Der Notar kann von der Aufsichtsbehörde vorläufig seines Amtes enthoben werden,

1. *wenn das Betreuungsgericht der Aufsichtsbehörde eine Mitteilung nach § 308 des Gesetzes über das Verfahren in Familiensachen und in den Angelegenheiten der freiwilligen Gerichtsbarkeit gemacht hat;*
2. *wenn sie die Voraussetzungen des § 50 für gegeben hält;*
3. *wenn er sich länger als zwei Monate ohne Zustimmung der Aufsichtsbehörde außerhalb seines Amtssitzes aufhält.*

[2]Widerspruch und Anfechtungsklage gegen die vorläufige Amtsenthebung haben keine aufschiebende Wirkung.

(2) Die Wirkungen der vorläufigen Amtsenthebung treten kraft Gesetzes ein,

1. wenn gegen einen Notar im Strafverfahren die Untersuchungshaft angeordnet ist, für deren Dauer;

2. wenn gegen einen Anwaltsnotar ein Berufs- oder Vertretungsverbot nach § 150 der Bundesrechtsanwaltsordnung oder ein Vertretungsverbot für das Gebiet des Zivilrechts nach § 114 Abs. 1 Nr. 4 der Bundesrechtsanwaltsordnung verhängt ist, für dessen Dauer;

3. wenn gegen einen Anwaltsnotar die Rücknahme oder der Widerruf der Zulassung zur Rechtsanwaltschaft nach § 14 der Bundesrechtsanwaltsordnung mit sofortiger Vollziehung verfügt ist, vom Zeitpunkt der Zustellung der Verfügung an für die Dauer ihrer Wirksamkeit.

(3) Die Vorschriften über die vorläufige Amtsenthebung eines Notars nach Einleitung eines Disziplinarverfahrens bleiben unberührt.

I. Allgemeines

1 § 54 regelt Fälle, in denen der Notar vorläufig seines Amtes enthoben werden kann. Die Amtsenthebung kann dabei durch die Aufsichtsbehörde, durch das Disziplinargericht oder auch kraft Gesetzes erfolgen. Die Norm ermöglicht die vorläufige Amtsenthebung als Präventionsmaßnahme vor einem endgültigen Amtsverlust des Notars und dient damit in erster Linie dem Schutz der Rechtsuchenden und der Wahrung einer geordneten Rechtspflege.[1] Die Rechtsfolgen einer vorläufigen Amtsenthebung sind in § 55 geregelt (→ § 55 Rn. 1 ff.).

II. Vorläufige Amtsenthebung durch die Aufsichtsbehörde (Abs. 1)

2 Gemäß Abs. 1 S. Nr. 1 kann der Notar von der Aufsichtsbehörde zunächst vorläufig aus dem Amt enthoben werden, wenn der Aufsichtsbehörde eine Mitteilung des Betreuungsgerichts nach § 308 FamFG vorliegt. Eine vorläufige Amtsenthebung durch die Aufsichtsbehörde kommt nach Abs. 1 S. Nr. 2 darüber hinaus in Betracht, wenn sie die Voraussetzungen einer endgültigen Amtsenthebung nach § 50 (vgl. dazu § 50) für gegeben hält. Schließlich kann die Aufsichtsbehörde den Notar nach Abs. 1 S. 1 Nr. 3 vorläufig des Amtes entheben, wenn er sich ohne Zustimmung der Aufsichtsbehörde länger als zwei Monate außerhalb seines Amtssitzes aufhält. Über die vorläufige Amtsenthebung hat die Aufsichtsbehörde nach pflichtgemäßem Ermessen zu entscheiden. Zur Vermeidung unverhältnismäßiger Belastungen für den betroffenen Notar hat sie

1 BGH DNotZ 1977, 185; BeckOK BNotO/*Bracker* BNotO § 54 Rn. 1; Diehn/*Dahlkamp* BNotO § 54 Rn. 3; Frenz/Miermeister/*Bremkamp* BNotO § 54 Rn. 3 f.

schnellstmöglich ein Hauptsacheverfahren einzuleiten, zu betreiben und abzuschließen.[2] Gegen die Entscheidung der Aufsichtsbehörde, die in Form eines Verwaltungsaktes ergeht, haben Widerspruch und Anfechtungsklage des Notars gemäß Abs. 1 S. 2 keine aufschiebende Wirkung.

III. Vorläufige Amtsenthebung des Anwaltsnotars durch das Disziplinargericht ohne Einleitung eines Disziplinarverfahrens (Abs. 2)

Nach Abs. 2 kann ein Anwaltsnotar auch ohne Einleitung eines Disziplinarverfahrens durch das Disziplinargericht seines Amtes enthoben werden, wenn gegen ihn ein anwaltsgerichtliches Verfahren nach der BRAO eingeleitet worden ist. Weitere ungeschriebene Voraussetzung des Abs. 2 ist, dass in dem anwaltsgerichtlichen Verfahren die Verhängung eines Berufs- oder Vertretungsverbots nach § 150 BRAO oder die Ausschließung aus der Rechtsanwaltschaft gemäß § 114 Abs. 1 Nr. 5 BRAO zu erwarten ist.[3] Hintergrund dieser Vorschrift ist, dass der Anwaltsnotar sowohl den Amtspflichten der als auch den Berufspflichten der BRAO unterliegt. Kommt es zu einem Fehlverhalten, das beide Pflichtenkreise tangiert, soll nach § 110 BRAO aber lediglich in einem Verfahren (entweder im Disziplinarverfahren oder in einem anwaltsgerichtlichen Verfahren) entschieden werden. Da die BRAO die Möglichkeit einer vorläufigen Amtsenthebung nicht vorsieht, kann das Disziplinargericht den Notar bei Vorliegen der Voraussetzungen des Abs. 2 deshalb auch ohne Einleitung eines Disziplinarverfahrens vorläufig seines Amtes entheben.[4] 3

IV. Verhängung eines Berufs- oder Vertretungsverbots gegen den Anwaltsnotar durch das Disziplinargericht (Abs. 3)

Nach Abs. 3 kann das Disziplinargericht gegen einen vorläufig seines Amtes enthobenen Anwaltsnotars zusätzlich ein Berufs- oder Vertretungsverbot nach § 150 BRAO verhängen. Hintergrund der Übertragung der Anordnungsbefugnis auf das Disziplinargericht ist, dass das Berufs- oder Vertretungsverbot nicht automatisch durch die vorläufige Amtsenthebung in Kraft tritt, die Entscheidung aber nach § 110 BRAO lediglich in einem Verfahren getroffen werden soll.[5] Sofern also bereits ein Disziplinarverfahren eingeleitet wurde, soll das Disziplinargericht auch über die Verhängung eines Berufs- oder Vertretungsverbots entscheiden. 4

V. Vorläufige Amtsenthebung kraft Gesetzes (Abs. 4)

In den Fällen des Abs. 4 tritt die vorläufige Amtsenthebung kraft Gesetzes ein. Das betrifft zum einen den Fall, dass gegen den Notar in einem Strafverfahren Untersuchungshaft angeordnet wird (Abs. 4 Nr. 1). Die vorläufige Amtsenthebung entfaltet Wirkung für die gesamte Dauer der Untersuchungshaft. Sie beginnt mit der Anordnung der Untersuchungshaft durch Haftbefehl nach § 112 StPO und endet mit der Aufhebung des Haftbefehls.[6] Daneben tritt die vorläu- 5

---

2 BVerfG DNotZ 1977, 185 (186); Diehn/*Dahlkamp* BNotO § 54 Rn. 11; Frenz/Miermeister/*Bremkamp* BNotO § 54 Rn. 5.
3 BGH ZNotP 2002, 239 (240); Diehn/*Dahlkamp* BNotO § 54 Rn. 15.
4 BeckOK BNotO/*Bracker* BNotO § 54 Rn. 20; Diehn/*Dahlkamp* BNotO § 54 Rn. 13 ff.; Frenz/Miermeister/*Bremkamp* BNotO § 54 Rn. 14 ff.
5 BeckOK BNotO/*Bracker* BNotO § 54 Rn. 25 f.; Diehn/*Dahlkamp* BNotO § 54 Rn. 25 ff.; Frenz/Miermeister/*Bremkamp* BNotO § 54 Rn. 20 ff.
6 Diehn/*Dahlkamp* BNotO § 54 Rn. 18.

fige Amtsenthebung auch kraft Gesetzes ein, wenn gegen den Anwaltsnotar ein Berufs- oder Vertretungsverbot nach § 150 BRAO oder ein Vertretungsverbot nach § 114 BRAO verhängt wird (Abs. 4 Nr. 2). Auch in diesem Fall gilt die vorläufige Amtsenthebung für die gesamte Dauer der Maßnahme: sie beginnt mit der Verkündung des Verbots und endet mit seiner Aufhebung.[7] Schließlich tritt die vorläufige Amtsenthebung kraft Gesetzes mit Rücknahme oder Widerruf der Rechtsanwaltszulassung eines Anwaltsnotars ein (Abs. 4 Nr. 3). Sofern die sofortige Vollziehung der Rücknahme oder des Widerrufs der Zulassung verfügt ist, entfaltet die vorläufige Amtsenthebung mit Zustellung der Rücknahme- oder Widerrufsverfügung Wirkung.[8]

VI. Vorläufige Amtsenthebung nach Einleitung eines Disziplinarverfahrens (Abs. 5)

6 Abs. 5 stellt klar, dass neben den in § 54 geregelten Fällen auch eine vorläufige Amtsenthebung nach Einleitung eines Disziplinarverfahrens erfolgen kann. § 96 Abs. 1 S. 1 des Bundesdisziplinargesetzes gilt hierfür entsprechend.[9]

VII. Fassung des § 54 ab 1.8.2022

7 Mit Wirkung zum 1.8.2022 werden die für Anwaltsnotare geltenden Abs. 2 und 3 aufgehoben. Es handelt sich um eine Folgeänderung zur Neuregelung des § 110, der künftig bei der Frage, ob ein anwaltsgerichtliches Verfahren oder ein Disziplinarverfahren gegen einen Notar zu führen ist, nicht mehr allein auf den Schwerpunkt der Pflichtverletzung im anwaltlichen oder im notariellen Bereich abstellt, sondern auch parallele Verfahren ermöglicht und die Sonderregelungen in § 54 dadurch entbehrlich macht.[10]

§ 55 Verwahrung und Amtshandlungen bei vorläufiger Amtsenthebung

(1) [1]Ist ein Notar vorläufig seines Amtes enthoben und weder eine Notarvertretung noch ein Notariatsverwalter bestellt, so ist in diesem Zeitraum für die Verwahrung seiner Akten und Verzeichnisse sowie der ihm amtlich übergebenen Urkunden und Wertgegenstände die Notarkammer zuständig, in deren Bezirk der Notar seinen Amtssitz hat. [2]Die in Papierform vorhandenen Akten und Verzeichnisse des Notars und die ihm amtlich übergebenen Urkunden und Wertgegenstände sowie Siegel, Stempel und Amtsschild sind von der Notarkammer für die Dauer der vorläufigen Amtsenthebung in Verwahrung zu nehmen. [3]§ 45 Absatz 1 Satz 4, Absatz 2, 4 und 5 und § 51a Absatz 3 gelten entsprechend.

(2) [1]Ein vorläufig des Amtes enthobener Notar ist verpflichtet, seine Akten, Verzeichnisse, die ihm amtlich übergebenen Urkunden und Wertgegenstände sowie Stempel und Siegel an die Notarkammer herauszugeben. [2]Die Aufsichtsbehörde kann die Herausgabe der in Satz 1 genannten Gegenstände anordnen. [3]Widerspruch und Anfechtungsklage gegen die Anordnung der Herausgabe haben keine aufschiebende Wirkung.

7 Diehn/*Dahlkamp* BNotO § 54 Rn. 20.
8 Diehn/*Dahlkamp* BNotO § 54 Rn. 21; Frenz/Miermeister/*Bremkamp* BNotO § 54 Rn. 31 f.
9 BeckOK BNotO/*Bracker* BNotO § 54 Rn. 23.
10 BT-Drs. 19/2760, 312.

(3) [1]Der Notar hat sich während der Dauer der vorläufigen Amtsenthebung jeder Amtshandlung zu enthalten. [2]Ein Verstoß berührt jedoch die Gültigkeit der Amtshandlung nicht. [3]Amtsgeschäfte nach § 23 kann der Notar nicht mehr vornehmen.

I. Allgemeines

§ 55 enthält Regelungen zur Verwahrung von Amtsbeständen und zum Verbot von Amtshandlungen eines Notars im Falle seiner vorläufigen Amtsenthebung. In der Praxis kommt der Norm keine hohe Relevanz zu, da in der Regel eine Notarvertretung (§ 39) oder ein Notariatsverwalter (§ 56) bestellt wird, damit laufende Amtsgeschäfte abgewickelt werden können.[1] 1

II. Verwahrung der Amtsbestände bei vorläufiger Amtsenthebung

Gemäß Abs. 2 ist nicht mehr das Amtsgericht, sondern die Notarkammer zuständig für die Verwahrung der Akten und Verzeichnisse sowie der amtlich übergebenen Urkunden und Wertgegenstände eines vorläufig seines Amtes enthobenen Notars, sofern weder eine Notarvertretung noch ein Notariatsverwalter bestellt ist. Mit der Neufassung des Abs. 1 hat der Gesetzgeber die neue Verwahrzuständigkeit der Notarkammer umgesetzt.[2] Die Verwahrungszuständigkeit der Notarkammer endet, sobald ein Notarvertreter bzw. ein Notariatsverwalter bestellt ist oder, wenn die Maßnahme der vorläufigen Amtsenthebung beendet ist.[3] Mit dem Verweis in Abs. 1 S. 3 wird klargestellt, dass auch die Notarkammer zur Überprüfung der Akten und Verzeichnisse auf Vollständigkeit nicht verpflichtet ist.[4] 2

III. Herausgabepflicht des Notars

Der vorläufig seines Amtes enthobene Notar ist gemäß Abs. 2 verpflichtet, der Notarkammer die in Abs. 1 genannten Verwahrungsgegenstände herauszugeben. Mit der Neufassung des Abs. 2 wurde diese Herausgabepflicht vom Gesetzgeber noch einmal ausdrücklich klargestellt.[5] 3

IV. Verbot der Amtsausübung

Trotz vorläufiger Amtsenthebung bleibt der Notar Inhaber des Notaramtes und der damit einhergehenden Befugnisse.[6] Abs. 3 normiert allerdings ein umfassendes Verbot der Amtsausübung für den vorläufig aus dem Amt enthobenen Notar für die Dauer seiner Amtsenthebung. Umfasst sind davon sämtliche Amts- 4

1 BeckOK BNotO/*Bracker* BNotO § 55 Rn. 7b; Diehn/*Dahlkamp* BNotO § 55 Rn. 3.
2 BT-Drs. 18/10607, 62 f.
3 BeckOK BNotO/*Bracker* BNotO § 55 Rn. 8; Diehn/*Dahlkamp* BNotO § 55 Rn. 6; Frenz/Miermeister/*Bremkamp* BNotO § 55 Rn. 3 f.
4 Diehn/*Dahlkamp* BNotO § 55 Rn. 19.
5 Diehn/*Dahlkamp* BNotO § 55 Rn. 9.
6 Frenz/Miermeister/*Bremkamp* BNotO § 55 Rn. 10.

handlungen, also alle neuen und laufenden Geschäfte.[7] Ein Verstoß gegen dieses Verbot hat zum Schutz des Rechtsverkehrs gemäß Abs. 3 S. 2 keine Auswirkungen auf die Wirksamkeit der verbotswidrig vorgenommenen Amtshandlung. Eine Ausnahme gilt nach Abs. 3 S. 3 für Verwahrungsgeschäfte nach § 23, diese sind absolut unwirksam.[8] Aus dienstrechtlicher Sicht drohen dem Notar bei einem Verstoß gegen das Verbot aus Abs. 2 Konsequenzen, strafrechtliche Folgen hat er jedoch in der Regel nicht zu befürchten.[9]

§ 56 Notariatsverwalter

(1) [1]Ist das Amt eines hauptberuflichen Notars erloschen oder sein Amtssitz verlegt worden, so hat die Aufsichtsbehörde in der Regel an seiner Stelle einen Notariatsverwalter damit zu betrauen, das Amt des Notars vorübergehend wahrzunehmen. [2]Soll im Fall des Satzes 1 die Notarstelle nicht erneut ausgeschrieben werden, gilt Absatz 2 entsprechend.

(2) [1]Ist ein Anwaltsnotar durch Erlöschen des Amtes ausgeschieden, so kann an seiner Stelle zur Abwicklung der Notariatsgeschäfte bis zur Dauer eines Jahres ein Notariatsverwalter bestellt werden, wenn hierfür ein Bedürfnis besteht. [2]In begründeten Ausnahmefällen kann diese Frist über ein Jahr hinaus verlängert werden. [3]Ein nach Satz 1 bestellter Notariatsverwalter ist nur innerhalb der ersten drei Monate berechtigt, auch neue Notariatsgeschäfte vorzunehmen.

(3) [1]Hat ein Notar sein Amt im Rahmen des § 48b Absatz 2 Satz 1 oder des § 48c Absatz 3 Satz 1 niedergelegt, so ist für die Dauer der Amtsniederlegung ein Notariatsverwalter zu bestellen. [2]Sofern während der Dauer der Amtsniederlegung kein geeigneter Notariatsverwalter mehr zur Verfügung steht, kann der frühere Notar aufgefordert werden, vorzeitig seine erneute Bestellung zu beantragen. [3]Kommt er dem nicht nach, verliert er seinen Anspruch aus § 48b Absatz 2 Satz 1 oder § 48c Absatz 3 Satz 1.

(4) In den Fällen des § 39 Absatz 2 kann statt einer Notarvertretung ein Notariatsverwalter bestellt werden, wenn die Bestellung einer Notarvertretung nicht zweckmäßig erscheint.

(5) [1]Übt im Fall des § 8 Absatz 1 Satz 2 ein Notar sein Amt nicht persönlich aus, so gilt bei einem hauptberuflichen Notar Absatz 1 entsprechend. [2]Bei einem Anwaltsnotar kann ein Notariatsverwalter bestellt werden.

(6) [1]Zum Notariatsverwalter darf nur bestellt werden, wer im Sinne des § 5 Absatz 1 und 2 persönlich und im Sinne des § 5 Absatz 5 fachlich geeignet ist. [2]Notarassessoren sind verpflichtet, das Amt eines Notariatsverwalters zu übernehmen.

(7) Die Bestellung eines Notariatsverwalters kann vorzeitig widerrufen werden, wenn hierfür ein wichtiger Grund vorliegt.

7 BeckOK BNotO/*Bracker* BNotO § 55 Rn. 15; Diehn/*Dahlkamp* BNotO § 55 Rn. 11 ff.; Frenz/Miermeister/*Bremkamp* BNotO § 55 Rn. 11.
8 Diehn/*Dahlkamp* BNotO § 55 Rn. 17; Frenz/Miermeister/*Bremkamp* BNotO § 55 Rn. 13.
9 BeckOK BNotO/*Bracker* BNotO § 55 Rn. 23 ff.; Diehn/*Dahlkamp* BNotO § 55 Rn. 18; Frenz/Miermeister/*Bremkamp* BNotO § 55 Rn. 15.

I. Allgemeines

§ 56 regelt, in welchen Fällen und unter welchen Voraussetzungen eine Notariatsverwaltung zu bestellen ist. Zuständig für die Entscheidung über die Bestellung einer Notariatsverwaltung ist die Landesjustizverwaltung.[1] 1

II. Notariatsverwaltung im hauptberuflichen Notaramt (Abs. 1)

Nach Abs. 1 ist in der Regel ein Notariatsverwalter zu bestellen, wenn das Amt eines hauptberuflichen Notars erloschen oder sein Amtssitz verlegt worden ist. Ausweislich des Wortlautes ist die Bestellung eines Notariatsverwalters der Regelfall. Sie dient im hauptberuflichen Notariat vor allem der Sicherung des Fortbestands der Notarstelle und ist nur entbehrlich, wenn die Bestellung eines Amtsnachfolgers unmittelbar bevorsteht.[2] Soll die Notarstelle hingegen nicht neubesetzt werden, kann nach Abs. 1 S. 2 und Abs. 2 eine Notariatsverwaltung zur Abwicklung der Geschäfte bestellt werden.[3] 2

III. Notariatsverwaltung im Anwaltsnotariat (Abs. 2)

Im Bereich des Anwaltsnotariats kann nach Abs. 2 eine Notariatsverwaltung zur Abwicklung der Geschäfte bestellt werden, wenn der Anwaltsnotar durch Erlöschen des Amtes ausgeschieden ist. Da die Notariatsverwaltung im Anwaltsnotariat – anders als im hauptberuflichen Notariat – nicht der Erhaltung der Notarstelle, sondern der Abwicklung der laufenden Geschäfte dient,[4] stellt Abs. 2 weitere Bedingungen auf: zunächst muss (i) ein Bedürfnis für die Notariatsverwaltung bestehen, weiterhin kann (ii) eine Notariatsverwaltung nur zeitlich begrenzt für ein Jahr bestellt werden und schließlich dürfen (iii) neue Amtsgeschäfte nur innerhalb der ersten drei Monate vorgenommen werden. 3

IV. Notariatsverwaltung bei Amtsniederlegung zum Zwecke der Betreuung oder Pflege bzw. aus gesundheitlichen Gründen (Abs. 3)

Nach Abs. 3 ist im Falle der Amtsniederlegung eines Notars mit Wiederbestellungsgarantie zum Zwecke der Betreuung oder Pflege (§ 48b Abs. 2 S. 1) bzw. der Amtsniederlegung eines Notars mit Wiederbestellungsgarantie aus gesundheitlichen Gründen (§ 48c Abs. 3 S. 1) für die Dauer der Amtsniederlegung ein Notariatsverwalter zu bestellen. Nach S. 2 kann der frühere Notar aufgefordert werden, seine erneute Bestellung vorzeitig zu beantragen, sofern während der 4

1 Diehn/*Dahlkamp* BNotO § 56 Rn. 3.
2 BeckOK BNotO/*Bracker* BNotO § 56 Rn. 3; Diehn/*Dahlkamp* BNotO § 56 Rn. 7; Frenz/Miermeister/*Bremkamp* BNotO § 56 Rn. 1.
3 BT-Drs. 19/26828, 178.
4 BeckOK BNotO/*Bracker* BNotO § 56 Rn. 4; Diehn/*Dahlkamp* BNotO § 56 Rn. 8; Frenz/Miermeister/*Bremkamp* BNotO § 56 Rn. 1.

Dauer der Amtsniederlegung kein geeigneter Notariatsverwalter zur Verfügung steht. Damit soll der Landesjustizverwaltung eine angemessene Reaktionsmöglichkeit eingeräumt werden, um Beeinträchtigungen der Belange einer geordneten Rechtspflege zu vermeiden, falls kein geeigneter Notariatsverwalter gefunden werden kann.[5] Kommt der Notar dem Ersuchen der Landesjustizverwaltung nicht nach, verliert er nach S. 3 seinen Anspruch auf Wiederbestellung am gleichen Amtssitz.[6]

V. Notariatsverwaltung bei vorläufiger Amtsenthebung (Abs. 4)

5 Wird ein Notar vorläufig seines Amtes enthoben oder ist er aus gesundheitlichen Gründen zur ordnungsgemäßen Ausübung seines Amtes vorübergehend nicht fähig, kann nach § 39 Abs. 2 grundsätzlich ein Notarvertreter bestellt werden. Erscheint die Bestellung eines Notarvertreters nicht zweckmäßig, kann gemäß Abs. 4 auch ein Notariatsverwalter bestellt werden. Ausweislich der Gesetzesbegründung betrifft dies insbesondere Fälle, in denen der Notar keinem seiner Mitarbeiter einen Zugriff auf das besondere elektronische Notarpostfach eingerichtet hat. Auch ein Notarvertreter hätte dann keinen Zugang und könnte weder Nachrichten empfangen noch versenden, so dass ihm eine ordnungsgemäße Ausübung seiner Tätigkeit kaum möglich wäre.[7]

VI. Auswahl des Notariatsverwalters (Abs. 6)

6 Die bisher in Abs. 1 der Norm geregelten Bestimmungen zu den Voraussetzungen für die Auswahl der Person des Notariatsverwalters wurden ausgegliedert und sind nunmehr in Abs. 6 enthalten. Dadurch soll klargestellt werden, dass die Regelung nicht nur für das hauptberufliche Notariat, sondern ebenso für das Anwaltsnotariat gilt.[8] Zum Notarverwalter darf nach Abs. 6 nur bestellt werden, wer persönlich (§ 5 Abs. 1 und 2) und fachlich (§ 5 Abs. 1 und 5) geeignet ist, das notarielle Amt auszuüben. § 5 Abs. 2 enthält insofern einen Negativkatalog, wonach eine Person für das notarielle Amt persönlich nicht geeignet ist, die (i) sich eines Verhaltens schuldig gemacht hat, das sie als unwürdig erscheinen lässt, das Notaramt auszuüben, (ii) aus gesundheitlichen Gründen nicht nur vorübergehend unfähig ist, das Notaramt ordnungsgemäß auszuüben, oder (iii) sich im Vermögensverfall befindet. Fachlich geeignet ist eine Person nach § 5 Abs. 5, wenn sie die Befähigung zum Richteramt nach dem Deutschen Richtergesetz erworben hat. Nach Abs. 6 S. 2 sind Notarassessoren zur Übernahme des Amtes verpflichtet. Eine Verweigerung kann disziplinarrechtliche Folgen haben.[9]

VII. Vorzeitiger Widerruf der Bestellung des Notariatsverwalters (Abs. 7)

7 Die Bestellung eines Notariatsverwalters kann nach Abs. 7 vorzeitig widerrufen werden, wenn ein wichtiger Grund dafür vorliegt. Die Bestimmung zum Widerruf der Bestellung des Notariatsverwalters war bisher in § 64 geregelt und wurde aus systematischen Gründen in § 56 überführt.[10]

---

5 BT-Drs. 19/26828, S. 179.
6 BT-Drs. 19/26828, 179.
7 BT-Drs. 19/26828, 179.
8 BT-Drs. 19/26828, 180.
9 BeckOK BNotO/*Bracker* BNotO § 56 Rn. 44; Diehn/*Dahlkamp* BNotO § 56 Rn. 23.
10 BT-Drs. 19/26828, 180.

§ 57 Amtsausübung und Bestellung des Notariatsverwalters

(1) Der Notariatsverwalter untersteht, soweit nichts anderes bestimmt ist, den für die Notare geltenden Vorschriften.

(2) [1]Der Notariatsverwalter wird von der Landesjustizverwaltung nach Anhörung der Notarkammer durch Aushändigung einer Bestellungsurkunde bestellt. [2]§ 12 Absatz 2 und § 40 Absatz 2 gelten entsprechend.

I. Allgemeines

Abs. 1 enthält Regelungen zur Stellung des Notariatsverwalters und stellt klar, dass der Notariatsverwalter grundsätzlich allen Vorschriften untersteht, die auch für Notare gelten.[1] Absatz 2 regelt das Verfahren der Bestellung des Notariatsverwalters. 1

II. Stellung des Notariatsverwalters

Gemäß Abs. 1 untersteht der Notariatsverwalter den für die Notare geltenden Vorschriften, soweit nichts anderes bestimmt ist. Er hat also grundsätzlich die gleichen Rechte und Pflichten wie der auf Lebenszeit bestellte Notar.[2] Zu den einschlägigen Vorschriften zählen dabei nicht nur alle förmlichen Gesetze, die die notarielle Tätigkeit betreffen (insbesondere BNotO, BeurkG und GNotKG), sondern darüber hinaus sämtliche geschriebenen sowie ungeschriebenen Regeln, die auch für die Notare gelten (zB DONot und kammerspezifische Richtlinien).[3] 2

III. Verfahren der Verwalterbestellung

Zuständig für die Bestellung eines Notariatsverwalters ist nach Abs. 2 die Landesjustizverwaltung, wobei diese ihre Befugnisse nach § 112 auch auf eine nachgeordnete Behörde übertragen kann. In der Praxis ist die Aufgabe der Bestellung von Notariatsverwaltern häufig dem Präsidenten des Oberlandesgerichts des jeweiligen Bezirks übertragen.[4] Vor der Entscheidung der Landesjustizverwaltung, ob eine Notariatsverwaltung eingerichtet und welche Person dafür bestellt werden soll, ist die Notarkammer gemäß Abs. 2 S. 1 anzuhören, da ihre Belange maßgeblich tangiert sind (vgl. dazu §§ 59, 61).[5] Darüber hinaus sollen auch die Notarkasse, der frühere Notar und, falls dieser mit anderen zur gemeinsame Berufsausübung verbunden war, die Sozietät angehört werden.[6] Die förmliche Bestellung des Notariatsverwalters erfolgt nicht bereits durch die Ernennungsentscheidung, sondern gemäß Abs. 2 S. 1 erst mit der Aushändigung der Bestellungsurkunde. Der Notarverwalter ist grundsätzlich auch verpflichtet, den Amtseid zu leisten. Eine Ausnahme hierzu gilt, wenn der Verwalter bereits als Notar vereidigt ist und die Notarbestellung im Zeitpunkt der Aushändigung der Bestellungsurkunde noch gültig ist, oder wenn der Notarverwalter bereits 3

1 Diehn/*Dahlkamp* BNotO § 57 Rn. 1.
2 BeckOK BNotO/Bracker BNotO § 57 Rn. 1 ff.; Frenz/Miermeister/*Wilke* BNotO § 57 Rn. 2.
3 Diehn/*Dahlkamp* BNotO § 57 Rn. 5.
4 Frenz/Miermeister/*Wilke* BNotO § 57 Rn. 5.
5 BeckOK BNotO/*Bracker* BNotO § 57 Rn. 5.
6 Diehn/*Dahlkamp* BNotO § 57 Rn. 8; Frenz/Miermeister/*Wilke* BNotO § 57 Rn. 7.

einmal als Verwalter vereidigt wurde.[7] In diesen Fällen genügt ein Hinweis auf den früher geleisteten Eid, sofern dieser noch nicht zu lang zurückliegt.[8]

§ 58 Fortführung der Amtsgeschäfte; Kostenforderungen

(1) [1]Der Notariatsverwalter ist zuständig für die Verwahrung der Akten und Verzeichnisse des Notars, an dessen Stelle er bestellt ist, sowie für die Verwahrung der dem Notar amtlich übergebenen Urkunden und Wertgegenstände. [2]Sind bei der Bestellung des Notariatsverwalters bereits Akten, Verzeichnisse, amtlich übergebene Urkunden und Wertgegenstände von der Notarkammer in Verwahrung genommen, so sind sie in der Regel zurückzugeben. [3]§ 51a Absatz 3 gilt entsprechend.

(2) [1]Der Notariatsverwalter führt die von dem Notar begonnenen Amtsgeschäfte fort. [2]Die Kostenforderungen stehen dem Notariatsverwalter zu, soweit sie nach Übernahme der Geschäfte durch ihn fällig werden. [3]Er muß sich jedoch im Verhältnis zum Kostenschuldner die vor der Übernahme der Geschäfte an den Notar gezahlten Vorschüsse anrechnen lassen.

(3) [1]Soweit die Kostenforderungen dem ausgeschiedenen Notar oder dessen Rechtsnachfolger zustehen, erteilt der Notariatsverwalter die vollstreckbare Ausfertigung der Kostenberechnung (§ 89 des Gerichts- und Notarkostengesetzes); lehnt er die Erteilung ab, so kann der Notar oder dessen Rechtsnachfolger die Entscheidung des Landgerichts nach § 127 des Gerichts- und Notarkostengesetzes beantragen. [2]Ist dem Notar ein anderer Amtssitz zugewiesen, so bleibt er neben dem Notariatsverwalter zur Erteilung der vollstreckbaren Ausfertigung befugt. [3]Der Notariatsverwalter hat ihm Einsicht in die Akten und Verzeichnisse zu gewähren; die dadurch entstehenden Kosten trägt der Notar.

I. Allgemeines

1 § 58 betrifft das Verhältnis zwischen dem Notar und dem Notariatsverwalter, der für ihn bestellt ist und dient in erster Linie dem Schutz der Rechtsuchenden.[1] Die Norm regelt insbesondere die Übernahme der sachlichen Amtsbestände, die Fortführung der Amtsgeschäfte durch den Notariatsverwalter sowie Einzelheiten der Kostenforderungen.

II. Übernahme der Amtsbestände

2 Zum Schutz der Rechtsuchenden vor unterbrochenen Amtstätigkeiten und zur Gewährleistung einer ordnungsgemäßen Fortführung der Amtsgeschäfte schreibt Abs. 1 die Übernahme der Sachbestände des Notariats durch den Notariatsverwalter vor.[2] Neben den in Papierform vorhandenen Akten und Verzeichnissen sowie den amtlich übergeben Urkunden und Wertgegenständen muss der Notariatsverwalter nach Abs. 1 auch Zugang zum Elektronischen Ur-

7 BT-Drs. 19/26828, 160, 181; Diehn/*Dahlkamp* BNotO § 57 Rn. 9 f.; Frenz/Miermeister/*Wilke* BNotO § 57 Rn. 13 f.
8 BT-Drs. 19/26828, 160, 181; Frenz/Miermeister/*Wilke* BNotO § 57 Rn. 14.
1 Diehn/*Dahlkamp* BNotO § 58 Rn. 1.
2 BT-Drs. 18/10607, 63; Diehn/*Dahlkamp* BNotO § 58 Rn. 3.

kundenarchiv und den im Elektronischen Urkundenarchiv verwahrten elektronischen Dokumenten haben.[3] Der Notariatsverwalter ist zudem als für die Verwahrung zuständige Stelle zu benennen, da dies nach § 78i Voraussetzung für die Zugangsbefugnis zum Elektronischen Urkundenarchiv ist.[4] Nach Abs. 1 S. 2 muss die Notarkammer etwaige in ihrer Verwahrung befindlichen Akten, Verzeichnisse sowie amtlich übergebene Urkunden und Wertgegenstände an den Notariatsverwalter herausgeben. Schließlich wird durch den Verweis auf § 51a Abs. 4 in S. 3 klargestellt, dass auch der Notariatsverwalter die Vollständigkeit der Akten und Verzeichnisse nicht zu überprüfen hat.[5]

III. Fortführung der Amtsgeschäfte

Nach Abs. 2 hat der Notariatsverwalter alle vom Notar bereits begonnenen Amtsgeschäfte unabhängig von ihrem Stand weiterzuführen und abzuwickeln.[6] Damit der Notariatsverwalter die Amtsgeschäfte weiterführen kann, gehen die dem Notar zur Abwicklung der Amtsgeschäfte erteilten Vollmachten (etwa zur Vertretung vor Behörden, zur Abgabe oder Entgegenahme von Mitteilungen, zur Einlegung von Rechtsmitteln aber auch vermutete Vollmachten wie nach § 15 GBO) auf den Notariatsverwalter über.[7] Hinsichtlich der Übernahme neuer Amtsgeschäfte durch den Notariatsverwalter ist zwischen dem hauptberuflichen Notariat und dem Anwaltsnotariat zu differenzieren. Ist der Notariatsverwalter für einen hauptberuflichen Notar bestellt, besteht für ihn die Amtspflicht aus § 56 Abs. 1 S. 1 zur vorübergehenden Wahrnehmung des Amtes des Notars und damit auch die Pflicht neue Amtsgeschäfte zu übernehmen. Ist der Notariatsverwalter hingegen für einen Anwaltsnotar bestellt, so ist er nach § 56 Abs. 2 S. 3 nur innerhalb der ersten drei Monate berechtigt, auch neue Amtsgeschäfte vorzunehmen. 3

IV. Kostenforderungen

Sind Kostenforderungen durch die Amtstätigkeit des Notars vor der Übernahme durch den Notariatsverwalter entstanden, stehen diese dem Notar bzw. dessen Erben zu. Handelt es sich um Kostenforderungen aus Amtstätigkeiten, die der Notar begonnen und der Notariatsverwalter weitergeführt hat, kommt es für die Frage nach der Forderungsinhaberschaft auf den Zeitpunkt an, zu dem die Kostenforderungen fällig geworden sind.[8] Sind sie nach der Übernahme der Amtsgeschäfte durch den Notariatsverwalter fällig geworden, stehen sie nach Abs. 2 S. 2 dem Notariatsverwalter zu. Anderenfalls stehen sie dem Notar bzw. dessen Erben zu. Fällig werden Notargebühren gemäß § 10 GNotKG grundsätzlich mit der Beendigung des Geschäfts, Auslagen und Verwahrungsgebühren hingegen sofort nach ihrer Entstehung. Zum Schutz der Rechtsuchenden muss sich der Notariatsverwalter im Außenverhältnis die an den Notar gezahlten Vorschüsse anrechnen lassen. 4

Nach Beendigung des Notaramts steht die Befugnis zur Erteilung einer vollstreckbaren Ausfertigung der Kostenberechnung allein dem Notariatsverwalter 5

---

3 BT-Drs. 18/10607, 63.
4 BT-Drs. 18/10607, 63; Diehn/*Dahlkamp* BNotO § 58 Rn. 18.
5 BT-Drs. 18/10607, 63; Diehn/*Dahlkamp* BNotO § 58 Rn. 18.
6 BeckOK BNotO/*Bracker* BNotO § 58 Rn. 14; Diehn/*Dahlkamp* BNotO § 58 Rn. 9 f.
7 BeckOK BNotO/*Bracker* BNotO § 58 Rn. 14.
8 BeckOK BNotO/*Bracker* BNotO § 58 Rn. 16 ff.; Diehn/*Dahlkamp* BNotO § 58 Rn. 12.

zu.[9] Um dem Interesse des ausgeschiedenen Notars an einer zeitnahen Beitreibung ihm zustehender Kostenforderungen Rechnung zu tragen, eröffnet Abs. 3 ihm die Möglichkeit, die Pflicht des Notariatsverwalters gemäß § 127 GNotKG gerichtlich durchzusetzen. Ist dem Notar lediglich ein anderer Amtssitz zugewiesen, verbleibt er nach Abs. 3 neben dem Notariatsverwalter zur Erteilung der vollstreckbaren Ausfertigung befugt. Abs. 3 stellt klar, dass dem Notar in diesem Fall Einsicht sowohl in Akten als auch in Verzeichnisse zu gewähren ist. Die Einsicht in Bücher ist entbehrlich und wurde gestrichen, da diese künftig nicht mehr zu führen sind. Zu beachten ist die Übergangsregelung in § 118 Abs. 1–3 für die zum Stichtag des Inkrafttretens des neuen Aufbewahrungssystems vorhandenen Bücher.[10]

§ 59 Vergütung; Abrechnung mit der Notarkammer

(1) [1]Der Notariatsverwalter führt sein Amt auf Rechnung der Notarkammer gegen eine von dieser festzusetzende angemessene Vergütung. [2]Er hat mit der Notarkammer, soweit nicht eine andere Abrede getroffen wird, monatlich abzurechnen. [3]Führt er die der Notarkammer zukommenden Beträge nicht ab, so können diese wie rückständige Beiträge beigetrieben werden.

(2) Die Notarkammer kann ein Aufrechnungs- oder Zurückbehaltungsrecht an den Bezügen des Notariatsverwalters nur insoweit geltend machen, als diese pfändbar sind oder als sie einen Anspruch auf Schadensersatz wegen vorsätzlicher unerlaubter Handlung hat.

(3) [1]Die Notarkammer kann allgemein oder im Einzelfall eine von Absatz 1 Satz 1 und 2 abweichende Regelung treffen. [2]Absatz 2 ist in diesem Fall nicht anwendbar.

I. Verwaltung auf Rechnung der Notarkammer (Abs. 1 und 2)

1 § 59 betrifft das Innenverhältnis zwischen Notarkammer und Notariatsverwalter, der nach außen zwar selbstständig und im eigenen Namen handelt, intern jedoch nach Abs. 1 S. 1 regelmäßig auf Rechnung der Notarkammer verwaltet.[1] Die Norm trägt damit dem Umstand Rechnung, dass die Notarkammer das wirtschaftliche Risiko der Notariatsverwaltung trägt.[2] Dem Notariatsverwalter steht nach Abs. 1 S. 1 gegen die Notarkammer ein von dieser einseitig festzusetzender Vergütungsanspruch zu. Die Höhe der Vergütung bemisst sich dabei in der Regel nach allgemeinen regionalen Richtlinien, kann im Einzelfall aber auch individuell festgesetzt werden. Für die Frage nach der Angemessenheit der Vergütung sind Faktoren wie beispielsweise das Maß der Verantwortung, das Haftungsrisiko sowie die Arbeitsbelastung eines Notariatsverwalters heranzuziehen.[3] Die bei der Tätigkeit des Notariatsverwalters entstehenden Überschüsse und Fehlbeträge sind nach S. 2 grundsätzlich monatlich mit der Notarkammer abzurechnen. S. 3 gewährt der Notarkammer das Recht, vom Notariatsver-

9 BeckOK BNotO/*Bracker* BNotO § 58 Rn. 17; Frenz/Miermeister/*Wilke* BNotO § 58 Rn. 16.
10 BT-Drs. 18/10607, 63; Diehn/*Dahlkamp* BNotO § 58 Rn. 19.
1 Diehn/*Dahlkamp* BNotO § 59 Rn. 3.
2 Diehn/*Dahlkamp* BNotO § 59 Rn. 3.
3 Diehn/*Dahlkamp* BNotO § 59 Rn. 8; Frenz/Miermeister/*Wilke* BNotO § 59 Rn. 6; Schippel/Bracker/*Bracker* BNotO § 59 Rn. 7.

walter zu Unrecht nicht abgeführte Überschüsse zwangsweise einzuziehen.[4] Nach Abs. 2 steht der Notarkammer darüber hinaus auch ein Aufrechnungs- oder Zurückbehaltungsrecht an den Bezügen des Notariatsverwalters zu. Zum Schutz des Notariatsverwalters gilt dies jedoch nur insoweit, als die Bezüge pfändbar sind oder der Notarkammer ein Schadensersatzanspruch aus vorsätzlicher unerlaubter Handlung zusteht.

II. Abweichende Vereinbarungen

Nach Abs. 2 kann die Notarkammer allgemein oder im Einzelfall von Abs. 1 S. und 2 abweichende Regelungen treffen. Danach kann die Notarkammer insbesondere bestimmen, dass der Notariatsverwalter auf eigene Rechnung verwaltet und ihm somit das wirtschaftliche Risiko aber ebenso die wirtschaftlichen Chancen der Verwaltung übertragen.[5] Denkbar sind auch anderweitige Regelungen über die Vergütung des Notariatsverwalters oder den Abrechnungsturnus.[6] 2

§ 60 Überschüsse aus Notariatsverwaltungen

(1) Die Überschüsse aus den auf Rechnung der Notarkammer durchgeführten Notariatsverwaltungen müssen vorrangig zugunsten der Fürsorge für die Berufsangehörigen und ihre Hinterbliebenen verwendet werden.

(2) [1]Verbleibende Überschüsse sind, soweit Versorgungseinrichtungen nach § 67 Abs. 4 Nr. 2 eingerichtet sind, diesen zuzuwenden. [2]Bestehen Versorgungseinrichtungen nicht, fließen verbleibende Überschüsse der Notarkammer zu.

I. Allgemeines

§ 60 enthält Regelungen für die Verwendung von Überschüssen aus den auf Rechnung der Notarkammer durchgeführten Notariatsverwaltungen. 1

II. Überschussverwendung

Nach Abs. 1 müssen die Überschüsse aus den auf Rechnung der Notarkammer durchgeführten Notariatsverwaltungen vorrangig zugunsten der Fürsorge für die Berufsangehörigen und ihre Hinterbliebenen verwendet werden. Abs. 2 sieht vor, dass verbleibende Überschüsse Versorgungseinrichtungen im Sinne von § 67 Abs. 4 S. 2 Nr. 2 zuzuwenden sind, sofern solche eingerichtete sind. Anderenfalls sollen sie der Notarkammer zufließen. Hintergrund dieser engen Zweckbindung ist die Tatsache, dass die Notarkammern – trotz Übernahme des wirtschaftlichen Risikos der Notariatsverwaltung – keine eigenwirtschaftlichen Zwecke verfolgen und dementsprechend auch keinen zu versteuernden Gewinn erzielen dürfen.[1] Aus diesem Grund sind die Notarkammern als Hoheitsbetriebe im Sinne von § 4 Abs. 5 KStG einzustufen und sind deshalb auch nicht körperschaftssteuerpflichtig.[2] In der Praxis ist jedoch allgemein anerkannt, dass mit dem Gewinn aus einer Verwaltung etwaige Verluste aus anderen Verwal- 2

4 Diehn/Dahlkamp BNotO § 59 Rn. 12.
5 Diehn/*Dahlkamp* BNotO § 59 Rn. 16; Frenz/Miermeister/*Wilke* BNotO § 59 Rn. 14.
6 Diehn/*Dahlkamp* BNotO § 59 Rn. 15 ff.
1 Frenz/Miermeister/*Wilke* BNotO § 60 Rn. 1.
2 Arndt/Lerch/Sandkühler/*Lerch* BNotO § 59 Rn. 15; Diehn/*Dahlkamp* BNotO § 60 Rn. 1; Frenz/Miermeister/*Wilke* BNotO § 60 Rn. 1.

tungen ausgeglichen werden dürfen.[3] Die Vorgaben des § 60 beziehen sich dementsprechend nicht auf Überschüsse aus einzelnen Verwaltungen, sondern auf einen Gesamtüberschuss, der innerhalb eines Abrechnungszeitraumes insgesamt bei allen relevanten Verwaltungen angefallen ist.[4]

§ 61 Amtspflichtverletzung des Notariatsverwalters

(1) [1]Für eine Amtspflichtverletzung des Notariatsverwalters haftet die Notarkammer dem Geschädigten neben dem Notariatsverwalter als Gesamtschuldner; im Verhältnis zwischen der Notarkammer und dem Notariatsverwalter ist dieser allein verpflichtet. [2]Das gleiche gilt, soweit der Notariatsverwalter nach § 46 oder § 19 Abs. 2 für Amtspflichtverletzungen einer Notarvertretung oder eines Notarassessors haftet. [3]§ 19 Abs. 1 Satz 2 und 3 ist entsprechend anwendbar. [4]Die Haftung der Notarkammer ist auf den Betrag der Mindestversicherungssummen von nach Absatz 2 abzuschließenden Versicherungen beschränkt.

(2) [1]Die Notarkammer hat sich und den Notariatsverwalter gegen Verluste aus der Haftung nach Absatz 1 durch Abschluß von Versicherungen zu sichern, die den in §§ 19a und 67 Abs. 3 Nr. 3 gestellten Anforderungen genügen müssen. [2]Die Ansprüche aus der Haftpflichtversicherung soll auch der Notariatsverwalter im eigenen Namen geltend machen können.

(3) Eine Haftung des Staates für Amtspflichtverletzungen des Notariatsverwalters besteht nicht.

I. Haftung im Außenverhältnis

1 § 61 Abs. 1 normiert neben der Haftung des Notariatsverwalters eine betragsmäßig begrenzte Haftung der Notarkammer. Im Außenverhältnis haften Notarkammer und Notariatsverwalter danach gesamtschuldnerisch gemäß §§ 421 ff. BGB. Die betragsmäßige Haftungsbegrenzung bezieht sich allein auf die Haftung der Notarkammer und entspricht der Höhe nach den jeweiligen Mindestversicherungssummen der Haftpflichtversicherungen.[1] In Betracht kommt hierbei insbesondere die Basisversicherung im Sinne von § 19a Abs. 3 sowie die Gruppenanschluss- und Vertrauensschadenversicherung im Sinne von § 67 Abs. 3 Nr. 3.[2]

II. Haftung im Innenverhältnis

2 Für das Innenverhältnis zwischen Notariatsverwalter und Notarkammer sieht Abs. 1 Hs. 2 eine von § 426 BGB abweichende Regelung vor. Danach haftet der Notariatsverwalter im Verhältnis zur Notarkammer allein und kann von dieser

3 Arndt/Lerch/Sandkühler/*Lerch* BNotO § 60 Rn. 3; Frenz/Miermeister/*Wilke* BNotO § 60 Rn. 2; Schippel/Bracker/*Bracker* BNotO § 60 Rn. 1.

4 Arndt/Lerch/Sandkühler/*Lerch* BNotO § 60 Rn. 3; Frenz/Miermeister/*Wilke* BNotO § 60 Rn. 2; Schippel/Bracker/*Bracker* BNotO § 60 Rn. 1.

1 Diehn/*Dahlkamp* BNotO § 61 Rn. 6; Frenz/Miermeister/*Wilke* BNotO § 61 Rn. 5.

2 Diehn/*Dahlkamp* BNotO § 61 Rn. 6.

in vollem Umfang auf Freistellung bzw. Ausgleich in Anspruch genommen werden.[3]

III. Haftpflichtversicherung (Abs. 2)

Die Notarkammer ist nach Abs. 2 S. 1 verpflichtet, für sich selbst und für den Notariatsverwalter eine den Anforderungen der §§ 19a und 67 Abs. 3 Nr. 3 genügende Haftpflichtversicherung abzuschließen. Die nach dem Versicherungsvertrag gegen den Versicherer bestehenden Ansprüche soll der Notariatsverwalter nach Abs. 2 S. 2 auch im eigenen Namen geltend machen können. Für das Bestehen der Versicherungspflicht nach Abs. 2 kommt es indes nicht darauf an, ob die Notariatsverwaltung auf Rechnung der Notarkammer oder auf Rechnung des Notariatsverwalters erfolgt.[4] 3

IV. Ausschluss von Staatshaftungsansprüchen (Abs. 3)

Nach Abs. 3 ist die Haftung des Staates für Amtspflichtverletzungen des Notariatsverwalters (wie auch bei Notaren) ausgeschlossen. 4

§ 62 Zuständigkeit für Streitigkeiten zwischen Notarkammer und Notariatsverwaltung

Für vermögensrechtliche Streitigkeiten zwischen der Notarkammer und dem Notariatsverwalter, welche die Vergütung, die Abrechnung (§ 59) oder die Haftung für Amtspflichtverletzungen betreffen, sind die Landgerichte ohne Rücksicht auf den Wert des Streitgegenstandes ausschließlich zuständig.

I. Allgemeines

§ 62 normiert die ausschließliche und streitwertunabhängige sachliche Zuständigkeit der Landgerichte für vermögensrechtliche Streitigkeiten zwischen der Notarkammer und dem Notariatsverwalter, welche die Vergütung, die Abrechnung oder die Haftung für Amtspflichtverletzungen betreffen. Da das Rechtsverhältnis zwischen Notarkammer und Notariatsverwalter öffentlich-rechtlicher Natur ist und Streitigkeiten hieraus eigentlich die Zuständigkeit der Verwaltungsgerichte begründen würden, stellt die Norm damit auch eine Rechtswegzuweisung an die Zivilgerichte dar.[1] 1

II. Anwendungsbereich

Anwendung findet § 62 auf alle vermögensrechtlichen Streitigkeiten, welche die Vergütung, die Abrechnung oder die Haftung für Amtspflichtverletzungen betreffen. Zu den Streitigkeiten über die Vergütung gehören alle Fragen über Grund und Höhe der Vergütung, insbesondere auch über die Aufrechnungs- und Zurückbehaltungsrechte der Notarkammer aus § 59 Abs. 2 sowie abweichende Regelungen im Sinne von § 59 Abs. 3.[2] Die Streitigkeiten über die Abrechnung umfassen daneben sämtliche Fragen über den Inhalt und den Vorgang der Abrechnung. Der Inhalt der Abrechnung betrifft insoweit sämtliche An- 2

3 Diehn/*Dahlkamp* BNotO § 61 Rn. 7 f.
4 Frenz/Miermeister/*Wilke* BNotO § 61 Rn. 9.
1 Frenz/Miermeister/*Wilke* BNotO § 62 Rn. 1.
2 Diehn/*Dahlkamp* BNotO § 62 Rn. 4; Frenz/Miermeister/*Wilke* BNotO § 62 Rn. 3; Schippel/Bracker/*Bracker* BNotO § 62 Rn. 5.

sprüche, die im Zusammenhang mit der Notariatsverwaltung des Notariatsverwalters auf Rechnung der Notarkammer stehen. Fragen hinsichtlich des Vorgangs der Abrechnung betreffen vor allem die Beitreibung von Überschüssen durch die Notarkammer nach § 59 Abs. 1 S. 3.[3] Streitigkeiten über die Haftung für Amtspflichtverletzungen betreffen alle Fragen, die im Zusammenhang mit dem Gesamtschuldverhältnis zwischen Notarkammer und Notariatsverwalter nach § 61 entstehen.[4]

§ 63 Einsicht der Notarkammer

(1) [1]Der Notariatsverwalter ist verpflichtet, Beauftragten der Notarkammer Einsicht in die Akten und Verzeichnisse sowie in die in seiner Verwahrung befindlichen Urkunden zu gewähren. [2]§ 78i bleibt unberührt.

(2) Die Prüfungsbefugnisse der Aufsichtsbehörde bleiben unberührt.

I. Allgemeines

1 § 63 begründet die Pflicht des Notariatsverwalters, Beauftragen der Notarkammer Akten, Bücher und die in seiner Verwahrung befindlichen Urkunden zur Einsicht vorzulegen. S. 2 stellt darüber hinaus sicher, dass die Notarkammer neben dem Zugriff auf die Unterlagen in Papierform auch Zugang zum Urkundenverzeichnis, zum Verwahrungsverzeichnis und zu den im Elektronischen Urkundenarchiv verwahrten elektronischen Dokumenten und anderen elektronisch geführten Akten und Verzeichnissen erhält.[1] Vor dem Hintergrund des Vergütungsanspruchs der Notarkammer aus § 59 sowie der gesamtschuldnerischen Mithaftung der Notarkammer nach § 61, dient die Vorschrift dem Interesse der Notarkammer, eine ordnungsgemäße Führung der Notariatsverwaltung sicherzustellen.[2] Dadurch werden die bereits aus §§ 57 Abs. 1 iVm § 74 Abs. 1 bestehenden Pflichten des Notariatsverwalters gegenüber der Notarkammer zur Auskunftserteilung und Aktenvorlage präzisiert.[3]

II. Vorlagepflicht

2 Die Norm ermöglicht der Notarkammer die Delegation ihrer Prüfungsbefugnisse, sie kann die Prüfung aber auch selbst durch ihren Vorstand wahrnehmen.[4] Inhaltlich bezieht sich die Vorlagepflicht über die explizit genannten Akten, Bücher und Urkunden hinaus auch auf sämtliche Unterlagen, die im Zusammenhang mit der Wirtschaftsführung stehen.[5] Dazu gehören insbesondere Arbeitsverträge, Steuerunterlagen sowie die allgemeine Buchführung.[6] Für das Bestehen der Vorlagepflicht kommt es nicht darauf an, ob die Notariatsverwaltung auf Kosten der Notarkammer oder auf eigene Rechnung des Verwalters erfolgt,

3 Diehn/*Dahlkamp* BNotO § 62 Rn. 5; Frenz/Miermeister/*Wilke* BNotO § 62 Rn. 3.
4 Diehn/*Dahlkamp* BNotO § 62 Rn. 6; Frenz/Miermeister/*Wilke* BNotO § 62 Rn. 3; Schippel/Bracker/*Bracker* BNotO § 62 Rn. 7.

1 BT-Drs. 18/10607, 63.
2 Frenz/Miermeister/*Wilke* BNotO § 63 Rn. 1.
3 BeckOK BNotO/*Bracker* BNotO § 63 Rn. 1; Diehn/*Dahlkamp* BNotO § 63 Rn. 1.
4 Diehn/*Dahlkamp* BNotO § 63 Rn. 3; Frenz/Miermeister/*Wilke* BNotO § 63 Rn. 2.
5 Frenz/Miermeister/*Wilke* BNotO § 63 Rn. 5.
6 BeckOK BNotO/*Bracker* BNotO § 63 Rn. 1 f.; Diehn/*Dahlkamp* BNotO § 63 Rn. 4; Frenz/Miermeister/*Wilke* BNotO § 63 Rn. 5; Schippel/Bracker/*Bracker* BNotO § 63 Rn. 1.

da die Mithaftung der Notarkammer unabhängig davon besteht.[7] Im letzteren Fall beschränkt sich die Vorlagepflicht jedoch auf die haftungsrelevanten Unterlagen, da insbesondere Abrechnungsprobleme nicht auftreten können.[8]

III. Prüfungsbefugnisse der Aufsichtsbehörde

Abs. 2 stellt klar, dass die Prüfungsbefugnisse der Aufsichtsbehörden durch die besonderen Prüfungsbefugnisse aus Abs. 1 nicht eingeschränkt werden.[9] 3

§ 64 Dauer der Amtsbefugnis des Notariatsverwalters; Kostenforderungen

(1) [1]Das Amt eines für einen hauptberuflichen Notar nach § 56 Absatz 1 Satz 1, Absatz 3 Satz 1 oder Absatz 5 Satz 1 bestellten Notariatsverwalters endet, wenn

1. **ein neuer Notar bestellt worden ist,**
2. **der Notar, der sein Amt im Rahmen des § 48b Absatz 2 Satz 1 oder des § 48c Absatz 3 Satz 1 niedergelegt hatte, erneut bestellt worden ist oder**
3. **der vorläufig seines Amtes enthobene oder nach § 8 Absatz 1 Satz 2 an der persönlichen Amtsausübung verhinderte Notar sein Amt wieder übernommen hat.**

[2]Im Fall des Satzes 1 dauert die Amtsbefugnis des Notariatsverwalters fort, bis ihm die Beendigung des Amtes von der Landesjustizverwaltung mitgeteilt wurde. [3]Das Amt eines für einen hauptberuflichen Notar nach § 56 Absatz 1 Satz 2 bestellten Notariatsverwalters endet mit Ablauf des Zeitraums, für den er bestellt ist.

(2) [1]Das Amt eines für einen Anwaltsnotar nach § 56 Absatz 2 Satz 1, Absatz 3 Satz 1 oder Absatz 5 Satz 2 bestellten Notariatsverwalters endet mit Ablauf des Zeitraums, für den er bestellt ist. [2]Das Amt endet zudem in den in Absatz 1 Satz 1 Nummer 2 und 3 genannten Fällen; in diesem Fall gilt Absatz 1 Satz 2 entsprechend.

(3) [1]Übernimmt in den in Absatz 1 Satz 1 Nummer 2 und 3 und Absatz 2 Satz 2 genannten Fällen der frühere Notar das Amt wieder oder wird dem neu bestellten Notar gemäß § 51 Abs. 1 Satz 2 die Verwahrung der Akten, Verzeichnisse, amtlich übergebenen Urkunden und Wertgegenstände übertragen, so führt der Notar die von dem Notariatsverwalter begonnenen Amtsgeschäfte fort. [2]Die nach Übernahme des Amtes durch den Notar fällig werdenden Kostenforderungen stehen diesem zu. [3]Er muß sich jedoch im Verhältnis zum Kostenschuldner die vor der Übernahme des Amtes an den Notariatsverwalter gezahlten Vorschüsse anrechnen lassen.

(4) [1]Die dem Notariatsverwalter zustehenden Kostenforderungen werden nach der Beendigung seines Amtes von der Notarkammer im eigenen Namen eingezogen. [2]Die §§ 19, 88 bis 90 und 127 des Gerichts- und Notarkostengesetzes gelten entsprechend. [3]Die Notarkammer kann den neu bestellten oder wieder in sein Amt eingesetzten Notar damit beauftragen, die ausstehenden Forderungen auf ihre Kosten einzuziehen.

7 BeckOK BNotO/*Bracker* BNotO § 63 Rn. 2.
8 Diehn/*Dahlkamp* BNotO § 63 Rn. 4; Frenz/Miermeister/*Wilke* BNotO § 63 Rn. 7.
9 BeckOK BNotO/*Bracker* BNotO § 63 Rn. 3; Diehn/*Dahlkamp* BNotO § 63 Rn. 6.

I. Allgemeines

1 § 64 enthält einen abschließenden Katalog von Fällen, in denen das Amt des Notariatsverwalters endet. Die Norm differenziert dabei zwischen der Beendigung des Amtes im hauptberuflichen Notariat und im Anwaltsnotariat. Darüber hinaus regelt § 64 Fragen zur Fortführung begonnener Amtsgeschäfte sowie den Umgang mit Kostenforderungen.

II. Beendigung der Notariatsverwaltung im hauptberuflichen Notariat

2 Gemäß Abs. 1 S. 1 endet das Amt eines für einen hauptberuflichen Notar bestellten Notariatsverwalter, wenn (i) ein neuer Notar bestellt worden ist, (ii) der Notar, der sein Amt mit Wiederbestellungsgarantie zum Zweck der Pflege oder Betreuung (vgl. dazu § 48b) oder aus gesundheitlichen Gründen (vgl. dazu § 48c) niedergelegt hat, erneut bestellt worden ist, oder (iii) der vorläufig seines Amtes enthobene oder nach § 8 Abs. 1 S. 2 an der persönlichen Amtsausübung verhinderte Notar sein Amt wieder übernommen hat. Die Norm bezieht sich seit ihrer Neufassung nicht mehr nur „auf die nach § 56 Absatz 1 bestellten" Notariatsverwalter, sondern auf die „nach § 56 Absatz 1 Satz 1, Absatz 3 Satz 1 und Absatz 5 Satz 1" bestellten Notariatsverwalter. Ausweislich der Gesetzesbegründung soll dadurch klargestellt werden, dass die Regelung auch für die für vorübergehend ihres Amts enthobenen Notare oder ihr Amt im Fall des § 8 Abs. 1 nicht persönlich ausübenden Notare bestellten Notariatsverwalter gilt.[1] Außerdem soll klargestellt werden, dass die Regelung in Abs. 1 sich ausschließlich auf die Verwalterbestellung im hauptberuflichen Notariat bezieht.[2] Da es in der Praxis teilweise Schwierigkeiten bereitet, den genauen Zeitpunkt festzulegen, zu dem der Notar sein Amt wieder übernimmt, sieht S. 2 zum Schutz des Rechtsverkehrs vor, dass die Amtsbefugnis des Notariatsverwalters erst mit entsprechender Mitteilung der Landesjustizverwaltung endet.[3] S. 3 regelt den Fall, dass im hauptberuflichen Notariat eine Abwicklungsverwaltung (§ 56 Abs. 1 S. 2) bestellt wurde und sieht vor, dass diese mit Ablauf des Zeitraums endet, für den sie bestellt wurde.[4]

III. Beendigung der Notariatsverwaltung im Anwaltsnotariat

3 Nach Abs. 2 endet das Amt eines für einen Anwaltsnotar nach § 56 Abs. 2 S. 1, § 56 Abs. 3 S. 1, oder § 56 Abs. 5 S. 2 bestellten Notariatsverwalters mit Ablauf des Zeitraums, für den er bestellt wurde. Daneben endet es nach S. 2 auch in den von Abs. 1 S. 1 Nr. 2 und 3 genannten Fällen. Nach der Begründung des Gesetzgebers sollen dadurch nunmehr auch die Fälle erfasst werden, in denen (i) ein Notar nach Niederlegung seines Amtes mit Wiederbestellungsgarantie zum Zweck der Betreuung oder Pflege oder aus gesundheitlichen Gründen wiederbestellt wird (Abs. 1 S. 1 Nr. 2), oder (ii) ein Notar sein Amt nach vorläufi-

1 BT-Drs. 19/26828, 182.
2 BT-Drs. 19/26828, 182.
3 Diehn/*Dahlkamp* BNotO § 64 Rn. 6; BT-Drs. 19/26828, 182.
4 BT-Drs. 19/26828, 182.

ger Amtsenthebung wieder übernimmt (Abs. 1 S. 1 Nr. 3), oder (iii) der Notar im Falle des § 8 Abs. 1 S. 2 daran gehindert war, sein Amt persönlich auszuüben.[5] In den ersten beiden Fällen soll das Amt des Notariatsverwalters mit der Wiederbestellung bzw. der Wiederaufnahme des Amtes durch den Notar enden, im letzteren Fall, wenn die Verhinderung des Notars wegfällt.[6] Zur Vermeidung von Rechtsunsicherheiten gilt auch hier die Fiktion des Abs. 1 S. 2 entsprechend, wonach die Amtsbefugnis des Notariatsverwalters erst mit entsprechender Mitteilung der Landesjustizverwaltung endet.[7]

IV. Fortführung begonnener Amtsgeschäfte (Abs. 3)

Abs. 3 stellt klar, dass im Falle der Wiederbestellung des früheren Notars nach einer Amtsniederlegung zum Zweck der Betreuung oder Pflege oder aus gesundheitlichen Gründen (Abs. 1 S. 1 Nr. 2) bzw. im Falle der Wiederübernahme nach vorläufiger Amtsenthebung oder persönlicher Verhinderung (Abs. 1 S. 1 Nr. 3), der frühere Notar die laufenden Geschäfte des Notariatsverwalters fortführt. Das Gleiche gilt für den neu bestellten Notar, dem gemäß § 51 Abs. 1 S. 2 die Verwahrung der Akten, Verzeichnisse, amtlich übergebenen Urkunden und Wertgegenstände übertragen wurde. Eine gesonderte Aktenübertragungsverfügung nach § 51 Abs. 1 S. 2 ist nach der Gesetzesbegründung nicht erforderlich.[8] 4

V. Kostenforderungen

Nach Abs. 3 S. 2 stehen dem Notar die Kostenforderungen zu, die nach seiner Übernahme des Amtes fällig werden. Kostenforderungen, die vor der Übernahme fällig geworden sind, stehen dementsprechend dem Notariatsverwalter zu (vgl. dazu schon § 58). Gemäß Abs. 4 S. 1 werden die dem Notariatsverwalter zustehenden Kostenforderungen nach der Beendigung seines Amtes von der Notarkammer im eigenen Namen eingezogen. Grund für die Einziehung durch die Notarkammer ist, dass der Notariatsverwalter nach Beendigung seines Amtes auch seine hoheitlichen Befugnisse, insbesondere die Befugnis, Kostenberechnungen und vollstreckbare Ausfertigungen zu erteilen, verliert.[9] Betreibt die Notarkammer die Einziehung der Kostenforderungen selbst, gelten nach S. 2 zu ihren Gunsten die §§ 19, 88–90 und 127 GNotKG. Nach S. 3 kann alternativ auch der Amtsnachfolger mit der Beitreibung der Kostenforderungen beauftragt werden. 5

Abschnitt 7 Allgemeine Vorschriften für das Verwaltungsverfahren

§ 64a Anwendbarkeit des Verwaltungsverfahrensgesetzes; Übermittlung personenbezogener Informationen

(1) Für Verwaltungsverfahren nach diesem Gesetz oder nach einer auf Grund dieses Gesetzes erlassenen Rechtsverordnung gilt, soweit nichts anderes bestimmt ist, das Verwaltungsverfahrensgesetz.

(2) [1]Gerichte und Behörden übermitteln personenbezogene Informationen, die für die Bestellung zum Notar, zur Notarvertretung oder zum Notariatsverwal-

5 BT-Drs. 19/26828, 183.
6 BT-Drs. 19/26828, 183.
7 BT-Drs. 19/26828, 183.
8 BT-Drs. 19/26828, 184.
9 Diehn/*Dahlkamp* BNotO § 64 Rn. 23.

ter, für die Ernennung zum Notarassessor, für die Amtsenthebung eines Notars oder Entlassung eines Notarassessors aus dem Dienst, für die Rücknahme oder den Widerruf einer Erlaubnis, Genehmigung oder Befreiung sowie für die Verfolgung einer Amtspflichtverletzung aus der Sicht der übermittelnden Stelle erforderlich sind, der für die Entscheidung zuständigen Stelle, soweit hierdurch schutzwürdige Interessen des Betroffenen nicht beeinträchtigt werden oder das öffentliche Interesse das Geheimhaltungsinteresse des Betroffenen überwiegt. [2]Die Übermittlung unterbleibt, wenn besondere gesetzliche Verwendungsregelungen entgegenstehen. [3]Informationen über die Höhe rückständiger Steuerschulden können entgegen § 30 der Abgabenordnung zum Zweck der Vorbereitung der Amtsenthebung gemäß § 50 Abs. 1 Nr. 6 oder Nr. 8 übermittelt werden; die zuständige Stelle darf die ihr übermittelten Steuerdaten nur für den Zweck verwenden, für den ihr diese übermittelt worden sind.

[§ 64a ab 1.8.2022:]

§ 64a Anwendbarkeit der Verwaltungsverfahrensgesetze

Für Verwaltungsverfahren nach diesem Gesetz oder nach einer auf Grund dieses Gesetzes erlassenen Rechtsverordnung gelten, soweit nichts anderes bestimmt ist, für Behörden des Bundes das Verwaltungsverfahrensgesetz des Bundes und für Behörden der Länder die Verwaltungsverfahrensgesetze der Länder.

§ 64b Bestellung eines Vertreters

Wird in einem nach diesem Gesetz geführten Verwaltungsverfahren für den Notar ein Vertreter bestellt, soll ein Rechtsanwalt oder Notar bestellt werden.

§ 64c Ersetzung der Schriftform

[1]Ist nach diesem Gesetz oder einer aufgrund dieses Gesetzes erlassenen Rechtsverordnung für die Abgabe einer Erklärung die Schriftform vorgeschrieben, so kann die Erklärung auch über das besondere elektronische Notarpostfach abgegeben werden, wenn Erklärender und Empfänger über ein solches verfügen. [2]Ist die Erklärung von einer natürlichen Person abzugeben, so ist das Dokument mit einer qualifizierten elektronischen Signatur der Person zu versehen oder von ihr zu signieren und selbst zu versenden. [3]Ein besonderes elektronisches Behördenpostfach steht dem besonderen elektronischen Notarpostfach im Sinne des Satzes 1 gleich.

[§ 64d ab 1.8.2022:]

§ 64d Übermittlung von Daten

(1) Gerichte und Behörden einschließlich der Berufskammern übermitteln der für die Entscheidung zuständigen Stelle diejenigen Daten über Personen, deren Kenntnis aus der Sicht der übermittelnden Stelle erforderlich ist für

1. ***die Bestellung zum Notar, seine vorläufige Amtsenthebung oder das Erlöschen seines Amtes,***
2. ***die Bestellung zur Notarvertretung oder zum Notariatsverwalter oder deren Widerruf,***
3. ***die Ernennung zum Notarassessor oder dessen Entlassung aus dem Dienst,***

4. *die Rücknahme oder den Widerruf einer Erlaubnis, Genehmigung oder Befreiung oder*
5. *die Einleitung oder Durchführung eines wegen einer Amtspflichtverletzung zu führenden Verfahrens.*

(2) [1]Die Übermittlung unterbleibt, soweit

1. *sie schutzwürdige Interessen einer betroffenen Person beeinträchtigen würde und das Informationsinteresse des Empfängers das Interesse der betroffenen Person an dem Unterbleiben der Übermittlung nicht überwiegt oder*
2. *besondere gesetzliche Verwendungsregelungen entgegenstehen.*

[2]Satz 1 Nummer 2 gilt nicht für die Verschwiegenheitspflichten der für eine Berufskammer eines freien Berufs im Geltungsbereich dieses Gesetzes tätigen Personen und für das Steuergeheimnis nach § 30 der Abgabenordnung.

Teil 2
Notarkammern und Bundesnotarkammer

Abschnitt 1 Notarkammern

§ 65 Bildung; Sitz; Verordnungsermächtigung

(1) [1]Die Notare, die in einem Oberlandesgerichtsbezirk bestellt sind, bilden eine Notarkammer. [2]Die Landesregierung oder die von ihr durch Rechtsverordnung bestimmte Stelle kann jedoch durch Rechtsverordnung bestimmen, daß mehrere Oberlandesgerichtsbezirke oder Teile von Oberlandesgerichtsbezirken oder ein Oberlandesgerichtsbezirk mit Teilen eines anderen Oberlandesgerichtsbezirks den Bezirk einer Notarkammer bilden.

(2) [1]Die Notarkammer hat ihren Sitz am Ort des Oberlandesgerichts. [2]Im Fall des Absatzes 1 Satz 2 bestimmt die Landesregierung oder die von ihr bestimmte Stelle den Sitz der Notarkammer.

§ 66 Satzung; Aufsicht; Tätigkeitsbericht

(1) [1]Die Notarkammer ist eine Körperschaft des öffentlichen Rechts. [2]Die Satzung der Notarkammer und ihre Änderungen werden von der Kammerversammlung beschlossen; sie bedürfen der Genehmigung der Landesjustizverwaltung und sind unter Angabe des Datums ihres Inkrafttretens dauerhaft auf der Internetseite der Notarkammer zu veröffentlichen.

(2) [1]Die Landesjustizverwaltung führt die Staatsaufsicht über die Notarkammer. [2]Die Aufsicht beschränkt sich darauf, daß Gesetz und Satzung beachtet, insbesondere die der Notarkammer übertragenen Aufgaben erfüllt werden.

(3) Am Schlusse des Geschäftsjahrs legt die Notarkammer der Landesjustizverwaltung einen Bericht über ihre Tätigkeit im abgelaufenen Jahr und über die Lage der im Bereich der Notarkammer tätigen Notare und Notarassessoren vor.

§ 67 Aufgaben; Verordnungsermächtigung

(1) [1]Die Notarkammer vertritt die Gesamtheit der in ihr zusammengeschlossenen Notare. [2]Sie hat für eine rechtmäßige und gewissenhafte Berufsausübung der Notare und Notarassessoren zu sorgen, die Aufsichtsbehörden bei ihrer

Tätigkeit zu unterstützen, die Pflege und Anwendung des Notariatsrechts zu fördern und für das Ansehen ihrer Mitglieder einzutreten.

(2) [1]Der Notarkammer obliegt es, in Richtlinien die Amtspflichten ihrer Mitglieder im Rahmen der gesetzlichen Vorschriften und der auf deren Grundlage erlassenen Verordnungen durch Satzung näher zu bestimmen. [2]§ 66 Abs. 1 Satz 2 gilt entsprechend. [3]Die Richtlinien können nähere Regelungen enthalten:

1. zur Wahrung der Unabhängigkeit und Unparteilichkeit des Notars,
2. für das nach § 14 Abs. 3 zu beachtende Verhalten,
3. zur Wahrung fremder Vermögensinteressen,
4. zur Beachtung der Pflicht zur persönlichen Amtsausübung,
5. über die Begründung, Führung, Fortführung und Beendigung der Verbindung zur gemeinsamen Berufsausübung oder sonstiger zulässiger beruflicher Zusammenarbeit sowie zur Nutzung gemeinsamer Geschäftsräume,
6. über die Art der nach § 28 zu treffenden Vorkehrungen,
7. für das nach § 29 zu beachtende Verhalten, insbesondere in Bezug auf die Information über die Amtstätigkeit, das Auftreten in der Öffentlichkeit, die Geschäftspapiere, die Führung von Titeln und weiteren Berufsbezeichnungen, die Führung des Namens in Verzeichnissen sowie die Anbringung von Amts- und Namensschildern im Rahmen landesrechtlicher Bestimmungen,
8. für die Beschäftigung und Ausbildung der mitarbeitenden Personen,
9. über die bei der Vornahme von Beurkundungen außerhalb des Amtsbereichs und der Geschäftsstelle zu beachtenden Grundsätze,
10. über den erforderlichen Umfang der Fortbildung,
11. über die Amtspflichten im Verhältnis zu anderen Notaren, zu Notarassessoren, Gerichten, Behörden, Rechtsanwälten und anderen Personen, die Auftraggeber des Notars beraten.

(3) Außer den der Notarkammer durch Gesetz zugewiesenen Aufgaben obliegt es ihr,

1. Mittel für die berufliche Fortbildung der Notare, ihrer Hilfskräfte und der Notarassessoren sowie für sonstige gemeinsame Lasten des Berufsstandes bereitzustellen;
2. die Ausbildung und Prüfung der Hilfskräfte der Notare zu regeln;
3. Versicherungsverträge zur Ergänzung der Haftpflichtversicherung nach § 19a abzuschließen, um auch Gefahren aus solchen Amtspflichtverletzungen zu versichern, die nicht durch Versicherungsverträge nach § 19a gedeckt sind, weil die durch sie verursachten Vermögensschäden die Deckungssumme übersteigen oder weil sie als vorsätzliche Handlungen durch die allgemeinen Versicherungsbedingungen vom Versicherungsschutz ausgenommen sind. Für diese Versicherungsverträge gilt, daß die Versicherungssumme für jeden versicherten Notar und für jeden Versicherungsfall mindestens 250 000 Euro für Schäden aus wissentlichen Amtspflichtverletzungen und mindestens 500 000 Euro für Schäden aus sonstigen Amtspflichtverletzungen betragen muß; die Leistungen des Versicherers für alle innerhalb eines Versicherungsjahres von einem Notar verursachten Schäden dürfen jedoch auf den vierfachen Betrag der Mindestversicherungssumme begrenzt werden. § 19a Abs. 7 ist entsprechend anzuwenden. Die Landesregierungen oder die von ihnen durch Rechtsverordnung bestimmten Stellen werden ermächtigt, durch Rechtsverordnung unter Berücksichtigung der möglichen Schäden Beträge zu bestimmen, bis zu denen die Gesamtleistung des Versicherers für alle während eines Versicherungsjahres von allen versicherten Notaren verursachten Schäden in den Versicherungsverträgen begrenzt werden darf;

4. Notardaten und technische Zugangsberechtigungen zum Elektronischen Urkundenarchiv und zum Elektronischen Notariatsaktenspeicher zu verwalten;
5. die Stellung als Notar oder Notariatsverwalter sowie sonstige amts- oder berufsbezogene Angaben bei der Vergabe von qualifizierten Zertifikaten zu bestätigen; die Notarkammer kann die Sperrung eines entsprechenden qualifizierten Zertifikats verlangen.

(4) [1]Die Notarkammer kann weitere, dem Zweck ihrer Errichtung entsprechende Aufgaben wahrnehmen. [2]Sie kann insbesondere
1. Fürsorgeeinrichtungen unterhalten,
2. nach näherer Regelung durch die Landesgesetzgebung Vorsorgeeinrichtungen unterhalten,
3. allein oder gemeinsam mit anderen Notarkammern Einrichtungen unterhalten, deren Zweck darin besteht, als Versicherer die in Absatz 3 Nr. 3 aufgeführten Versicherungsverträge abzuschließen, die Gefahren aus Amtspflichtverletzungen abdecken, die durch vorsätzliche Handlungen von Notaren verursacht worden sind,
4. allein oder gemeinsam mit anderen Notarkammern Einrichtungen unterhalten, die ohne rechtliche Verpflichtung Leistungen bei folgenden Schäden ermöglichen:
   a) Schäden, die durch vorsätzliche Handlungen von Notaren entstehen und die nicht durch Versicherungsverträge nach Absatz 3 Nummer 3 gedeckt sind,
   b) Schäden, die durch amtlich verwahrte, aber nicht mehr aufzufindende Urkunden entstehen, die nicht durch § 19a oder durch Versicherungsverträge nach Absatz 3 Nummer 3 gedeckt sind und für die der Geschädigte auf keine andere zumutbare Weise Ersatz erlangen kann, wobei die Höhe der Leistungen auf 500 000 Euro je Urkunde beschränkt ist.

(5) Die Notarkammer hat ferner Gutachten zu erstatten, die die Landesjustizverwaltung, ein Gericht oder eine Verwaltungsbehörde des Landes in Angelegenheiten der Notare anfordert.

(6) Die Landesjustizverwaltung benachrichtigt die Notarkammer jeweils unter Angabe der maßgeblichen Zeitpunkte unverzüglich über
1. die Bestellung eines Notars, einer Notarvertretung oder eines Notariatsverwalters,
2. das Erlöschen des Amtes eines Notars oder Notariatsverwalters und den Widerruf der Bestellung einer Notarvertretung,
3. eine Entscheidung nach § 8 Absatz 1 Satz 2,
4. eine vorläufige Amtsenthebung,
5 die Verlegung eines Amtssitzes eines Notars,
6. Änderungen der Verwahrzuständigkeit nach § 51 Absatz 1 Satz 2 und Absatz 3.

§ 68 Organe

Die Organe der Notarkammer sind der Vorstand und die Kammerversammlung.

§ 69 Vorstand

(1) [1]Der Vorstand nimmt, unbeschadet der Vorschrift des § 70, die Befugnisse der Notarkammer wahr. [2]In dringenden Fällen beschließt er an Stelle der Kammerversammlung, deren Genehmigung nachzuholen ist.

(2) [1]Der Vorstand besteht aus dem Präsidenten, seiner Stellvertretung und weiteren Mitgliedern. [2]Die Mitglieder des Vorstands werden von der Kammerversammlung auf vier Jahre gewählt. [3]Die Mitglieder des Vorstands sind ehrenamtlich tätig. [4]Sie können jedoch eine angemessene Entschädigung für ihre Tätigkeit und einen Ersatz ihrer notwendigen Auslagen erhalten.

(3) [1]Sind in dem Bezirk einer Notarkammer hauptberufliche Notare und Anwaltsnotare bestellt, so muss der Präsident der einen und seine Stellvertretung der anderen Berufsgruppe angehören. [2]Bei den übrigen Mitgliedern des Vorstands müssen die beiden Berufsgruppen angemessen vertreten sein.

[§ 69 Abs. 4 und 5 ab 1.8.2022:]

(4) Zum Mitglied des Vorstands kann nicht gewählt werden,
1. *wer vorläufig seines Notaramtes enthoben ist,*
2. *gegen wen in einem Disziplinarverfahren in den letzten fünf Jahren ein Verweis oder eine Geldbuße verhängt wurde,*
3. *gegen wen in den letzten zehn Jahren eine Entfernung vom bisherigen Amtssitz oder eine Entfernung aus dem Amt auf bestimmte Zeit verhängt wurde,*
4. *wer in den letzten 15 Jahren aus dem Amt entfernt wurde,*
5. *bei wem in den letzten fünf Jahren nach § 110 Absatz 4 von einem Disziplinarverfahren abgesehen wurde, sofern in diesem ohne die anderweitige Ahndung voraussichtlich ein Verweis oder eine Geldbuße verhängt worden wäre, oder*
6. *bei wem in den letzten fünf Jahren nach § 14 Absatz 1 des Bundesdisziplinargesetzes in Verbindung mit § 96 Absatz 1 Satz 1 von einer Disziplinarmaßnahme abgesehen wurde.*

(5) Die Satzung der Notarkammer kann weitere Ausschlussgründe vorsehen.

§ 69a Verschwiegenheitspflicht; Inanspruchnahme von Dienstleistungen

(1) [1]Die Mitglieder des Vorstands haben über die Angelegenheiten, die ihnen bei ihrer Tätigkeit im Vorstand über Notare, Notarassessoren und andere Personen bekannt werden, Verschwiegenheit zu bewahren. [2]Dies gilt auch nach ihrem Ausscheiden aus dem Vorstand. [3]Die Verschwiegenheitspflicht gilt nicht für Tatsachen,
1. deren Weitergabe zur Erfüllung ihrer Aufgaben erforderlich ist,
2. in deren Weitergabe die Betroffenen eingewilligt haben,
3. die offenkundig sind oder
4. die ihrer Bedeutung nach keiner Geheimhaltung bedürfen.

[4]Die Sätze 1 bis 3 gelten auch für Angestellte der Notarkammern und der Einrichtungen nach § 67 Absatz 4 sowie für Personen, die von den Notarkammern oder den Mitgliedern ihres Vorstands zur Mitarbeit herangezogen werden. [5]Die in Satz 4 genannten Personen sind in Textform über ihre Verschwiegenheitspflicht zu belehren.

(2) [1]In Verfahren vor Gerichten und Behörden dürfen die in Absatz 1 genannten Personen über Angelegenheiten, die ihrer Verschwiegenheitspflicht unterliegen, ohne Genehmigung nicht aussagen. [2]Die Genehmigung zur Aussage erteilt

der Vorstand der Notarkammer nach pflichtgemäßem Ermessen. [3]Die Genehmigung soll nur versagt werden, wenn dies mit Rücksicht auf die Stellung oder die Aufgaben der Notarkammer oder berechtigte Belange der Personen, über welche die Tatsachen bekannt geworden sind, unabweisbar erforderlich ist. [4]§ 28 Absatz 2 des Bundesverfassungsgerichtsgesetzes bleibt unberührt.

(3) Für die Inanspruchnahme von Dienstleistungen durch Notarkammern gilt in Bezug auf Angelegenheiten, die der Verschwiegenheitspflicht des Notars nach § 18 unterliegen, § 26a Absatz 1 bis 3, 6 und 7 sinngemäß.

§ 69b Abteilungen

(1) [1]Der Vorstand kann mehrere Abteilungen bilden, wenn die Satzung der Notarkammer es zuläßt. [2]Er überträgt den Abteilungen die Geschäfte, die sie selbständig führen.

(2) [1]Jede Abteilung muß aus mindestens drei Mitgliedern des Vorstandes bestehen. [2]Die Mitglieder der Abteilung wählen aus ihren Reihen eine Person, die den Vorsitz der Abteilung führt, sowie deren Vertretung.

(3) [1]Vor Beginn des Kalenderjahres setzt der Vorstand die Zahl der Abteilungen und ihrer Mitglieder fest, überträgt den Abteilungen die Geschäfte und bestimmt die Mitglieder der einzelnen Abteilungen. [2]Jedes Mitglied des Vorstandes kann mehreren Abteilungen angehören. [3]Die Anordnungen können im Laufe des Jahres nur geändert werden, wenn dies wegen Überlastung der Abteilung oder infolge Wechsels oder dauernder Verhinderung einzelner Mitglieder der Abteilung erforderlich wird.

(4) Der Vorstand kann die Abteilungen ermächtigen, ihre Sitzungen außerhalb des Sitzes der Notarkammer abzuhalten.

(5) Die Abteilungen besitzen innerhalb ihrer Zuständigkeit die Rechte und Pflichten des Vorstandes.

(6) Anstelle der Abteilung entscheidet der Vorstand, wenn er es für angemessen hält oder wenn die Abteilung oder ihr Vorsitz es beantragt.

[§ 69c ab 1.8.2022:]

§ 69c Vorzeitiges Ausscheiden eines Vorstandsmitglieds

(1) Ist ein Mitglied des Vorstands nicht mehr Mitglied der Notarkammer oder verliert es seine Wählbarkeit aus den in § 69 Absatz 4 Nummer 2, 3 oder 5 genannten Gründen, scheidet es aus dem Vorstand aus.

(2) Ist ein Mitglied des Vorstands vorläufig seines Notaramtes enthoben, ruht seine Mitgliedschaft während dieser Zeit.

(3) Die Satzung der Notarkammer kann weitere Gründe vorsehen, die zum Ausscheiden aus dem Vorstand oder zum Ruhen der dortigen Mitgliedschaft führen.

§ 70 Präsident

(1) [1]Der Präsident vertritt die Notarkammer gerichtlich und außergerichtlich. [2]Bei der Erteilung von Ausfertigungen und beglaubigten Abschriften der von der Notarkammer nach den Vorschriften dieses Gesetzes verwahrten Urkunden wird die Notarkammer darüber hinaus von denjenigen Personen vertreten, die hierzu vom Präsidenten durch eine dauerhaft aufzubewahrende schriftliche oder elektronische Verfügung bestimmt worden sind. [3]Nach Satz 2 darf zur Vertretung nur bestimmt werden, wer im Sinne des § 5 Absatz 1 und 2 persönlich und

im Sinne des § 5 Absatz 5 fachlich geeignet und Mitglied des Vorstands oder mitarbeitende Person der Notarkammer ist. [4]Im Fall des § 51 Absatz 1 Satz 4 darf zur Vertretung auch bestimmt werden, wer im Sinne des Satzes 3 geeignet und Mitglied des Vorstands oder mitarbeitende Person einer anderen an dem Zusammenschluss beteiligten Notarkammer ist.

(2) Der Präsident vermittelt den geschäftlichen Verkehr der Notarkammer und des Vorstands.

(3) Der Präsident führt in den Sitzungen des Vorstands und in der Kammerversammlung den Vorsitz.

(4) Durch die Satzung können dem Präsidenten weitere Aufgaben übertragen werden.

§ 71 Kammerversammlung

(1) Die Kammerversammlung wird durch den Präsidenten einberufen.

(2) [1]Der Präsident muß die Kammerversammlung alljährlich einmal einberufen. [2]Er muß sie ferner einberufen, wenn ein Zehntel der Mitglieder es schriftlich beantragt und hierbei den Gegenstand angibt, der in der Kammerversammlung behandelt werden soll.

(3) [1]Die Kammerversammlung ist mindestens zwei Wochen vorher unter Angabe der Tagesordnung durch schriftliche Einladung einzuberufen. [2]Bei der Fristberechnung sind der Tag der Versendung und der Tag der Versammlung nicht mitzuzählen. [3]In dringenden Fällen kann die Kammerversammlung mit kürzerer Frist einberufen werden.

(4) Der Kammerversammlung obliegt insbesondere,
1. die Satzung der Notarkammer nach § 66 Abs. 1 Satz 2 zu beschließen;
2. die Richtlinien nach § 67 Abs. 2 zu beschließen;
3. die Höhe und die Fälligkeit der Beiträge, Gebühren und Auslagen zu bestimmen;
4. die Mittel zu bewilligen, die erforderlich sind, um den Aufwand für die gemeinschaftlichen Angelegenheiten zu bestreiten;
5. die Abrechnung des Vorstands über die Einnahmen und Ausgaben der Notarkammer sowie über die Verwaltung des Vermögens zu prüfen und über die Entlastung zu beschließen.

§ 72 Regelung durch Satzung

Die näheren Bestimmungen über die Organe der Notarkammer und ihre Zuständigkeiten trifft die Satzung.

§ 73 Erhebung von Beiträgen

(1) Die Notarkammer erhebt von den Notaren Beiträge, soweit dies zur Erfüllung ihrer Aufgaben erforderlich ist.

(2) Rückständige Beiträge können auf Grund einer von dem Präsidenten der Notarkammer ausgestellten, mit der Bescheinigung der Vollstreckbarkeit und dem Siegel der Notarkammer versehenen Zahlungsaufforderung nach den Vorschriften über die Vollstreckung der Urteile in bürgerlichen Rechtsstreitigkeiten eingezogen werden.

(3) Nimmt der Notar bei der Notarkammer Anlagen, Einrichtungen und Tätigkeiten für die Führung seiner Akten und Verzeichnisse in Anspruch, kann die

Notarkammer dafür von dem Notar Gebühren erheben und den Ersatz von Auslagen verlangen.

§ 74 Auskunfts-, Vorlage- und Vorladerecht

(1) [1]Die Notarkammer kann in Ausübung ihrer Befugnisse von den Notaren und Notarassessoren Auskünfte, die Vorlage von Akten und Verzeichnissen sowie das persönliche Erscheinen vor den zuständigen Organen der Notarkammer verlangen. [2]Die Notarkammer ist befugt, hierdurch erlangte Kenntnisse an die Einrichtungen nach § 67 Abs. 4 weiterzugeben, soweit diese von den Einrichtungen für die Erfüllung ihrer Aufgaben benötigt werden.

(2) [1]Die Notarkammer kann zur Erzwingung der den Notaren oder Notarassessoren nach Absatz 1 obliegenden Amtspflichten nach vorheriger schriftlicher Androhung, auch zu wiederholten Malen, Zwangsgeld festsetzen. [2]Das einzelne Zwangsgeld darf eintausend Euro nicht übersteigen. [3]Das Zwangsgeld fließt der Notarkammer zu; es wird wie ein rückständiger Beitrag beigetrieben.

§ 75 Ermahnung

(1) [1]Die Notarkammer ist befugt, Notare und Notarassessoren zu ermahnen, wenn diese eine Amtspflichtverletzung leichter Art begangen haben. [2]Die Notarkammer hat die Einleitung eines auf eine Ermahnung gerichteten Verfahrens der Aufsichtsbehörde anzuzeigen. [3]Will die Aufsichtsbehörde das Verfahren übernehmen, hat sie dies der Notarkammer anzuzeigen. [4]Die Befugnis der Notarkammer nach Satz 1 endet, wenn gegen den Notar oder Notarassessor ein Verfahren nach § 94 oder ein Disziplinarverfahren eingeleitet wird. [5]Für die Verjährung gilt § 95a Absatz 1 Satz 1.

(2) Vor einer Ermahnung ist der Notar oder Notarassessor zu hören.

(3) [1]Die Ermahnung ist zu begründen. [2]Sie ist dem Notar oder Notarassessor zuzustellen. [3]Der Aufsichtsbehörde ist eine Kopie zu übermitteln.

(4) [1]Gegen eine Ermahnung kann der Notar oder Notarassessor innerhalb eines Monats nach Zustellung schriftlich bei dem Vorstand der Notarkammer Einspruch einlegen. [2]Über den Einspruch entscheidet der Vorstand; Absatz 3 gilt entsprechend.

(5) [1]Wird der Einspruch vom Vorstand zurückgewiesen, so kann der Notar oder Notarassessor die Entscheidung des Oberlandesgerichts als Disziplinargericht für Notare beantragen. [2]Der Antrag ist innerhalb eines Monats nach Zustellung der Entscheidung über den Einspruch schriftlich einzureichen und zu begründen. [3]Das Oberlandesgericht entscheidet endgültig durch Beschluss. [4]Auf das Verfahren des Gerichts sind im Übrigen die Vorschriften des Bundesdisziplinargesetzes über das Disziplinarverfahren vor dem Verwaltungsgericht entsprechend anzuwenden. [5]Soweit nach diesen Vorschriften die Kosten des Verfahrens dem Dienstherrn zur Last fallen, tritt an dessen Stelle die Notarkammer.

(6) [1]Eine Ermahnung lässt das Recht der Aufsichtsbehörde zur Einleitung eines Disziplinarverfahrens unberührt. [2]Hat jedoch das Oberlandesgericht die Ermahnung aufgehoben, weil es keine schuldhafte Amtspflichtverletzung festgestellt hat, so ist die Ausübung der Disziplinarbefugnis wegen desselben Verhaltens nur auf Grund solcher Tatsachen oder Beweismittel zulässig, die dem Gericht bei seiner Entscheidung nicht bekannt waren. [3]Wird gegen den Notar oder Notarassessor eine Disziplinarmaßnahme verhängt, so wird eine bereits ausgesprochene Ermahnung unwirksam.

Abschnitt 2 Bundesnotarkammer

§ 76 Bildung; Sitz

(1) Die Notarkammern werden zu einer Bundesnotarkammer zusammengeschlossen.

(2) Der Sitz der Bundesnotarkammer wird durch ihre Satzung bestimmt.

§ 77 Rechtsstatus; Aufsicht; Genehmigung der Satzung

(1) Die Bundesnotarkammer ist eine Körperschaft des öffentlichen Rechts.

(2) [1]Das Bundesministerium der Justiz und für Verbraucherschutz führt die Staatsaufsicht über die Bundesnotarkammer. [2]Die Aufsicht beschränkt sich darauf, daß Gesetz und Satzung beachtet, insbesondere die der Bundesnotarkammer übertragenen Aufgaben erfüllt werden.

(3) Die Satzung der Bundesnotarkammer und ihre Änderungen, die von der Generalversammlung beschlossen werden, bedürfen der Genehmigung des Bundesministeriums der Justiz und für Verbraucherschutz.

§ 78 Aufgaben

(1) [1]Die Bundesnotarkammer hat die ihr durch Gesetz zugewiesenen Aufgaben zu erfüllen. [2]Sie hat insbesondere

1. in Fragen, welche die Gesamtheit der Notarkammern angehen, die Auffassung der einzelnen Notarkammern zu ermitteln und im Wege gemeinschaftlicher Aussprache die Auffassung der Mehrheit festzustellen;
2. in allen die Gesamtheit der Notarkammern berührenden Angelegenheiten die Auffassung der Bundesnotarkammer den zuständigen Gerichten und Behörden gegenüber zur Geltung zu bringen;
3. die Gesamtheit der Notarkammern gegenüber Behörden und Organisationen zu vertreten;
4. Gutachten zu erstatten, die eine an der Gesetzgebung beteiligte Behörde oder Körperschaft des Bundes oder ein Bundesgericht in Angelegenheiten der Notare anfordert;
5. durch Beschluss der Generalversammlung Empfehlungen für die von den Notarkammern nach § 67 Absatz 2 zu erlassenden Richtlinien auszusprechen;
6. Richtlinien für die Ausbildung der Hilfskräfte der Notare aufzustellen;
7. den Elektronischen Notariatsaktenspeicher (§ 78k) zu führen;
8. das Notarverzeichnis (§ 78l) zu führen;
9. die besonderen elektronischen Notarpostfächer (§ 78n) einzurichten.

[§ 78 Abs. 1 Nr. 10 ab 1.8.2022:]

10. *ein Videokommunikationssystem zu betreiben, das die Vornahme von Urkundstätigkeiten mittels Videokommunikation nach den §§ 16a bis 16e und 40a des Beurkundungsgesetzes (§ 78p) ermöglicht.*

(2) Die Bundesnotarkammer führt

1. das Zentrale Vorsorgeregister (§ 78a),
2. das Zentrale Testamentsregister (§ 78c),
3. das Elektronische Urkundenarchiv (§ 78h).

(3) [1]Die Bundesnotarkammer kann weitere dem Zweck ihrer Errichtung entsprechende Aufgaben wahrnehmen. [2]Sie kann insbesondere
1. Maßnahmen ergreifen, die der wissenschaftlichen Beratung der Notarkammern und ihrer Mitglieder, der Fortbildung von Notaren, der Aus- und Fortbildung des beruflichen Nachwuchses und der Hilfskräfte der Notare dienen,
2. Notardaten verwalten und
3. die elektronische Kommunikation der Notare mit Gerichten, Behörden und sonstigen Dritten sowie die elektronische Aktenführung und die sonstige elektronische Datenverarbeitung der Notare unterstützen.

§ 78a Zentrales Vorsorgeregister; Verordnungsermächtigung

(1) [1]Die Bundesnotarkammer führt als Registerbehörde ein automatisiertes elektronisches Register über Vorsorgevollmachten und Betreuungsverfügungen. [2]Das Bundesministerium der Justiz und für Verbraucherschutz führt die Rechtsaufsicht über die Registerbehörde.
(2) In das Zentrale Vorsorgeregister dürfen Angaben aufgenommen werden über
1. Vollmachtgeber,
2. Bevollmächtigte,
3. die Vollmacht und deren Inhalt,
4. Vorschläge zur Auswahl des Betreuers,
5. Wünsche zur Wahrnehmung der Betreuung und
6. den Vorschlagenden.
(3) Das Bundesministerium der Justiz und für Verbraucherschutz hat durch Rechtsverordnung mit Zustimmung des Bundesrates die näheren Bestimmungen zu treffen über
1. die Einrichtung und Führung des Registers,
2. die Auskunft aus dem Register,
3. die Anmeldung, Änderung und Löschung von Registereintragungen,
4. die Einzelheiten der Datenübermittlung und -speicherung und
5. die Einzelheiten der Datensicherheit.

[§ 78a Abs. 1 und 2 ab 1.1.2023:]
(1) [1]Die Bundesnotarkammer führt als Registerbehörde ein automatisiertes elektronisches Register über Vorsorgevollmachten, Betreuungsverfügungen, Patientenverfügungen und Widersprüche gegen eine Vertretung durch den Ehegatten nach § 1358 des Bürgerlichen Gesetzbuchs. [2]Das Bundesministerium der Justiz und für Verbraucherschutz führt die Rechtsaufsicht über die Registerbehörde.
(2) In das Zentrale Vorsorgeregister dürfen Angaben aufgenommen werden über
1. Vollmachtgeber,
2. Bevollmächtigte,
3. die Vollmacht und deren Inhalt,
4. Vorschläge zur Auswahl des Betreuers,
5. Wünsche zur Wahrnehmung der Betreuung,
6. den Vorschlagenden,
7. den einer Vertretung durch den Ehegatten nach § 1358 des Bürgerlichen Gesetzbuchs Widersprechenden und
8. den Ersteller einer Patientenverfügung.

I. Allgemeines/Normzweck

1 Seit 2005 führt die Bundesnotarkammer das Zentrale Vorsorgeregister (ZVR). Das ZVR ermöglicht den Betreuungs- und Familiengerichten, sich über das Vorhandensein und den wesentlichen Inhalt von Vorsorgevollmachten und Betreuungsverfügungen zu informieren, um überflüssige Betreuungen zu vermeiden[1] und dem Willen der Betroffenen Geltung zu verschaffen (§ 1896 Abs. 2 S. 2 BGB).

II. Registerführung, Registeraufsicht (Abs. 1)

2 Das Führen des ZVR ist eine staatlich zugewiesene Aufgabe der Bundesnotarkammer (§ 78 Abs. 2 Nr. 1). Gegenstand des ZVR sind ausschließlich (privatschriftliche oder notariell beglaubigte oder beurkundete) Vorsorgevollmachten und Betreuungsverfügungen.[2] Patientenverfügungen können derzeit nur dann in das Register aufgenommen werden, wenn sie Teil einer Vorsorgevollmacht oder Betreuungsverfügung sind.[3] Ab dem 1.1.2023 können auch Patientenverfügungen und Widersprüche gegen eine Vertretung durch den Ehegatten nach § 1358 BGB nF registriert werden.[4]

3 Die Aufnahme in das ZVR ist freiwillig.[5] Notare sind im Rahmen des Beurkundungsverfahrens allerdings gehalten, auf die Registrierungsmöglichkeit hinzuweisen (§ 20a BeurkG). Trotz Freiwilligkeit ist die Akzeptanz des ZVR groß. Zum 31.12.2020 waren fast 5 Mio. der Vorsorgeverfügungen registriert. Pro Jahr kommen etwa 390.000 neue hinzu, wobei der weitaus größte Anteil von Notaren veranlasst wird. Die Betreuungsgerichte ersuchen das ZVR jährlich et-

---

1 Vgl. BR-Drs. 15/2253, 19.

2 Vgl. zu diesen Begriffen Frenz/Miermeister/*Litzenburger* BNotO § 78a Rn. 4 f.; Schippel/Görk/*Hushahn* BNotO § 78a Rn. 11.

3 Vgl. Frenz/Miermeister/*Litzenburger* BNotO § 78a Rn. 6; ebenso die Bundesnotarkammer auf www.vorsorgeregister.de. AA Diehn/*Diehn* BNotO § 78a Rn. 12, da Patientenverfügungen entweder Anweisungen an den Betreuer oder den Vorsorgebevollmächtigten enthielten.

4 Vgl. Gesetz zur Reform des Vormundschafts- und Betreuungsrechts v. 4.5.2021 (BGBl. 2021 I 882). Die Patientenverfügung ist erst aufgrund der Stellungnahme des Bundesrates und der Beschlussempfehlung des Ausschusses für Recht und Verbraucherschutz in § 78a Abs. 1 nF aufgenommen worden, da Patientenverfügungen für die gesundheitliche Versorgung und das Selbstbestimmungsrecht der Patienten bedeutsame Dokumente seien, die im Notfall schnell und zuverlässig bekannt werden müssen. Damit die behandelnden Ärzte im Notfall von der Existenz einer Patientenverfügung Kenntnis erlangen und sie im Rahmen ihrer Behandlung beachten können, sei es sinnvoll, deren Eintragung im ZVR auch für den Fall zu ermöglichen, dass die Patientenverfügung nicht mit einer Vorsorgevollmacht oder Betreuungsverfügung verbunden ist; vgl. BT-Drs. 19/24445, 443, 19/27287, 26. § 1358 BGB nF wird ein zeitlich begrenztes Recht der Ehegatten auf gegenseitige Vertretung in Angelegenheiten der Gesundheitssorge enthalten. Zur Gewährleistung des Schutzes des Selbstbestimmungsrechts von Ehegatten besteht daher künftig die Möglichkeit, in das ZVR einen Widerspruch gegen eine Vertretung den den Ehegatten eintragen zu lassen; vgl. BT-Drs. 19/24445, 156, 325.

5 Kritisch Schippel/Görk/*Hushahn* BNotO § 78a Rn. 27.

wa 200.000 Mal um Auskunft, in etwa 10 % der Fälle ist eine entsprechende Eintragung vorhanden.[6]

Das Bundesministerium für Justiz und für Verbraucherschutz führt die Rechtsaufsicht, eine Fachaufsicht ist nicht vorgesehen.[7] 4

III. Registerinhalt (Abs. 2)

Das ZVR speichert nicht die Vorsorgeverfügung selbst,[8] sondern nur wesentliche Angaben hierzu, um festzustellen, ob eine betreuungsbedürftige Person eine für den konkreten Fall relevante Vorsorgevollmacht oder Betreuungsverfügung errichtet hat.[9] In das ZVR können (nur)[10] die folgenden Angaben aufgenommen werden:[11] Name, Geschlecht, Geburtsdatum, Geburtsort und Anschrift (und im Falle der Bevollmächtigten: Rufnummer)[12] des Vollmachtgebers und der Bevollmächtigten, Errichtungsdatum und Aufbewahrungsort der Vollmachtsurkunde, Angaben zum Umfang der Vollmacht sowie besondere Anordnungen oder Wünsche über das Verhältnis mehrerer Bevollmächtigter zueinander, für den Fall, dass das Betreuungsgericht einen Betreuer bestellt oder hinsichtlich Art und Umfang medizinischer Versorgung. Nur die Angaben über den Vollmachtgeber und – soweit dieser eingetragen werden soll[13] – den Bevollmächtigten[14] sind zwingend erforderlich, die übrigen Angaben sind fakultativ. 5

Die Eintragung erfolgt nur auf Antrag, den regelmäßig der die Vorsorgeverfügung erstellende Notar stellt.[15] Der Registrierende erhält auf Verlangen eine ZVR-Card im Scheckkartenformat, die die Registrierung der Vorsorgeurkunde dokumentiert. Hat der Bevollmächtigte nicht schon schriftlich sein Einverständnis zur Speicherung seiner Daten mitgeteilt, benachrichtigt ihn die Bundesnotarkammer über die gespeicherten Angaben (§ 4 VRegV). Auch für Änderungen, Ergänzungen und Löschungen ist ein Antrag erforderlich. Eine Löschung ist insbes. im Falle eines Widerrufs der Vorsorgeverfügung denkbar. Da dabei allerdings der gesamte Eintrag gelöscht wird, sollte stattdessen der Widerruf registriert werden, um den Widerruf nachvollziehbar zu machen.[16] Erfährt die Bun- 6

---

6 Vgl. zu allem Jahresbericht 2020 der Bundesnotarkammer zum Zentralen Vorsorgeregister.

7 Vgl. aber Frenz/Miermeister/*Litzenburger* BNotO § 78a Rn. 18, wonach aufgrund der detaillierten gesetzlichen Vorgaben und der fehlenden Ermessensspielräume die Unterscheidung zur Fachaufsicht ohne wesentliche Bedeutung sei.

8 Keine „Sammelstelle für Urkunden", vgl. Arndt/Lerch/Sandkühler/*Sandkühler* BNotO § 78 Rn. 45.

9 Vgl. Schippel/Görk/*Hushahn* BNotO § 78a Rn. 13.

10 § 78a Abs. 2 ist abschließend, vgl. Arndt/Lerch/Sandkühler/*Sandkühler* BNotO § 78a Rn. 5.

11 S. zu den weiteren Angaben § 1 Abs. 1 VRegV. Ab dem 1.1.2023 können außerdem Angaben über den einer Vertretung des den Ehegatten nach § 1358 BGB nF Widersprechenden sowie den Ersteller einer Patientenverfügung aufgenommen werden; vgl. Gesetz zur Reform des Vormundschafts- und Betreuungsrechts v. 4.5.2021 (BGBl. 2021 I 882 (910)).

12 Ab dem 1.1.2023 sinnvollerweise auch die E-Mail-Adresse.

13 Kritisch zur bloß fakultativen Nennung des Bevollmächtigten Schippel/Görk/*Hushahn* BNotO § 78a Rn. 31 f.

14 Der Bevollmächtigte kann beantragen, dass seine Daten gelöscht werden (§ 5 Abs. 3 VRegV).

15 Eine Online-Registrierung der Vorsorgeverfügung ist unter https://zvr-online.bnotk.de/zvr/registrierung/dateneingabe.xhtml möglich.

16 Vgl. Diehn/*Diehn* BNotO § 78a Rn. 28, 30. Bei der Eintragung von Änderungen und Ergänzungen hat die Registerbehörde sicherzustellen, dass die bisherige Eintragung auf Anforderung erkennbar bleibt (§ 5 Abs. 2 VRegV).

desnotarkammer durch Vorlage einer Sterbeurkunde oder eine Sterbefallmitteilung vom Tod des Vollmachtgebers, wird dies von Amts wegen vermerkt. Nach Ablauf von 110 Jahren nach der Geburt des Vollmachtgebers sind sämtliche Eintragungen zu löschen (§ 5 Abs. 4 VRegV).

7 Die materielle Wirksamkeit (einschließlich Änderung und Widerruf) der Vorsorgeverfügung ist unabhängig von ihrer Registrierung im ZVR, da die Vorsorgeverfügung allein der Information der Betreuungsgerichte dient. Keiner kann sich daher unter Bezugnahme auf die Registrierung im ZVR auf eine Vorsorgeverfügung berufen: Sie bildet keinen Rechtsscheintatbestand iS einer Duldungs- oder Anscheinsvollmacht.[17]

IV. Verordnung über das Zentrale Vorsorgeregister (Abs. 3)

8 Auf der Ermächtigungsgrundlage des Abs. 3 beruht die Verordnung über das Zentrale Vorsorgeregister (VRegV).[18] Die VRegV enthält weitergehende Regelungen zum ZVR.

§ 78b Auskunft und Gebühren

(1) [1]Die Registerbehörde erteilt Gerichten auf Ersuchen Auskunft aus dem Zentralen Vorsorgeregister. [2]Die Befugnis der Gerichte, Notare und Notarkammern zur Einsicht in Registrierungen, die von ihnen verwahrte oder registrierte Urkunden betreffen, bleibt unberührt.

(2) [1]Das Zentrale Vorsorgeregister wird durch Gebühren finanziert. [2]Die Registerbehörde kann Gebühren für die Aufnahme von Erklärungen in das Register erheben. [3]Zur Zahlung der Gebühren sind der Antragsteller und derjenige verpflichtet, der für die Gebührenschuld eines anderen kraft Gesetzes haftet. [4]Mehrere Gebührenschuldner haften als Gesamtschuldner. [5]Gerichte und Notare können die Gebühren für die Registerbehörde entgegennehmen.

(3) [1]Die Gebühren sind so zu bemessen, dass der mit der Einrichtung, der Inbetriebnahme, der dauerhaften Führung und der Nutzung des Zentralen Vorsorgeregisters durchschnittlich verbundene Verwaltungsaufwand einschließlich der Personal- und Sachkosten gedeckt wird. [2]Dabei ist auch der für die Aufnahme von Erklärungen in das Register gewählte Kommunikationsweg zu berücksichtigen.

(4) [1]Die Registerbehörde bestimmt die Gebühren nach Absatz 2 Satz 2 und die Art ihrer Erhebung durch eine Gebührensatzung. [2]Die Satzung bedarf der Genehmigung durch das Bundesministerium der Justiz und für Verbraucherschutz. [3]Die Höhe der Gebühren ist regelmäßig zu überprüfen.

[§ 78b Abs. 1 ab 1.1.2023:]

(1) [1]Die Registerbehörde erteilt Gerichten und Ärzten auf Ersuchen Auskunft aus dem Zentralen Vorsorgeregister. [2]Ärzte dürfen nur um Auskunft ersuchen, soweit diese für die Entscheidung über eine dringende medizinische Behandlung erforderlich ist. [3]Die Befugnis der Gerichte, Notare und Notarkammern zur Einsicht in Re-

17 Vgl. Diehn/*Diehn* BNotO § 78a Rn. 33; Schippel/Görk/*Hushahn* BNotO § 78a Rn. 4; Frenz/Miermeister/*Litzenburger* BNotO § 78a Rn. 2.

18 Zuletzt geändert durch Gesetz zur Reform des Vormundschafts- und Betreuungsrechts v. 4.5.2021 (BGBl. 2021 I 882). Die Änderungen treten erst zum 1.1.2023 in Kraft.

gistrierungen, die von ihnen verwahrte oder registrierte Urkunden betreffen, bleibt unberührt.

I. Auskunftsrecht (Abs. 1)

Das ZVR ist ein nichtöffentliches Register. Im Hinblick auf den Zweck des ZVR sind nur die Betreuungsgerichte einschließlich der Landgerichte als Beschwerdegerichte berechtigt, Auskunft zu verlangen. Ab dem 1.1.2023[1] werden auch Ärzte auskunftsberechtigt sein, soweit dies für die Entscheidung über eine dringende medizinische Behandlung erforderlich ist.[2] 1

Sowohl das Auskunftsersuchen als auch die -erteilung erfolgen elektronisch oder – in der Praxis selten – schriftlich. Ob die Abfrage zulässig ist, prüft die Bundesnotarkammer nicht. Die Auskünfte werden protokolliert (§ 7 Abs. 1 VRegV). 2

Notaren steht kein allgemeines Auskunftsrecht zu. Sie sind aber gem. Abs. 1 S. 2 berechtigt, Registrierungen, die sie selbst veranlasst haben, einzusehen. Ein entsprechendes Einsichtsrecht haben Gerichte und Notarkammern bezüglich der von ihnen verwahrten Urkunden. 3

Der Vollmachtgeber hat zwar kein Auskunftsrecht aufgrund von Abs. 1, ist aber schon aus datenschutzrechtlichen Gründen berechtigt, Einsicht zu nehmen.[3] Gleiches gilt für den Bevollmächtigten.[4] 4

II. Gebühren (Abs. 2–4)

Das ZVR wird durch Gebühren finanziert.[5] Eine Gebührensatzung der Bundesnotarkammer (vgl. Abs. 4) enthält Einzelheiten zu den Gebührentatbeständen und zur -höhe.[6] 5

Nur die Aufnahme von Erklärungen in das ZVR ist gebührenpflichtig (Abs. 2 S. 2),[7] die Auskunft ist gebührenfrei. Kostenschuldner ist der Vollmachtgeber bzw. der Erklärende im Falle einer Betreuungsverfügung, niemals der Bevollmächtigte oder der Notar.[8] Notare sind allerdings berechtigt, die Gebühren für 6

---

1 Krit. zur derzeit geltenden Rechtslage Diehn/*Diehn* BNotO § 78b Rn. 5.
2 Der behandelnde Arzt soll dadurch zum einen in den Behandlungssituationen, in denen das Eingreifen eines gesetzlichen Vertretungsrechts von Ehegatten (§ 1358 BGB nF) in Betracht kommt, schnellstmöglich ermitteln können, ob ein Widerspruch der Patienten gegen eine solche Vertretung im ZVR eingetragen ist. Zum anderen sollen Ärzte auch darüber Auskunft bekommen, ob für den Patienten eine Vorsorgevollmacht, ggf. in Kombination mit einer Patientenverfügung, oder eine Betreuungsverfügung eingetragen ist, damit die bevollmächtigte Person zur Ermittlung des Patientenwillens kontaktiert werden kann; vgl. BT-Drs. 19/24445, 325.
3 Vgl. BT-Drs. 15/2253, 19; vgl. auch Frenz/Miermeister/*Litzenburger* BNotO § 78b Rn. 3.
4 Vgl. Schippel/Görk/*Hushahn* BNotO § 78b Rn. 3.
5 Auslagen werden nicht berechnet, vgl. § 1 S. 2 VRegGebS.
6 Vorsorgeregister-Gebührensatzung (VRegGebS), abrufbar unter www.vorsorgeregister.de.
7 Ausnahmen gelten im Fall einer unrichtigen Sachbehandlung oder wenn dies durch die besonderen Umstände des Einzelfalls geboten erscheint, insbes. wenn die volle Gebührenerhebung für den Gebührenschuldner eine unzumutbare Härte darstellen würde (§§ 5, 6 VRegGebS).
8 Vgl. Diehn/*Diehn* BNotO § 78b Rn. 23, 25; Frenz/Miermeister/*Hüren* BNotO § 78b Rn. 16.

die Bundesnotarkammer entgegen zu nehmen (Abs. 2 S. 5).[9] Die Gebühren müssen kostendeckend sein (Abs. 3 S. 1), eine Quersubventionierung zwischen dem ZVR und dem ZTR ist unzulässig.[10] Die Höhe der Gebühren richtet sich nach einem Gebührenverzeichnis.[11] Seit dem Inkrafttreten der Gebührensatzung sind die Gebühren unverändert.

§ 78c Zentrales Testamentsregister; Verordnungsermächtigung

(1) [1]Die Bundesnotarkammer führt als Registerbehörde ein automatisiertes elektronisches Register über die Verwahrung erbfolgerelevanter Urkunden und sonstige Daten nach § 78d. [2]Die Erhebung und Verwendung der Daten ist auf das für die Erfüllung der gesetzlichen Aufgaben der Registerbehörde, der Nachlassgerichte und der Verwahrstellen Erforderliche zu beschränken. [3]Das Bundesministerium der Justiz und für Verbraucherschutz führt die Rechtsaufsicht über die Registerbehörde.

(2) Das Bundesministerium der Justiz und für Verbraucherschutz hat durch Rechtsverordnung mit Zustimmung des Bundesrates die näheren Bestimmungen zu treffen über

1. die Einrichtung und Führung des Registers,
2. die Auskunft aus dem Register,
3. die Anmeldung, Änderung und Löschung von Registereintragungen,
4. die Einzelheiten der Datenübermittlung und -speicherung und
5. die Einzelheiten der Datensicherheit.

(3) [1]In der Rechtsverordnung können darüber hinaus Bestimmungen zum Inhalt der Sterbefallmitteilungen nach § 78e Satz 1 getroffen werden. [2]Ferner können in der Rechtsverordnung Ausnahmen zugelassen werden von

1. § 78e Satz 3, soweit dies die Sterbefallmitteilung an das Nachlassgericht betrifft;
2. der elektronischen Benachrichtigung nach § 78e Satz 4;
3. der Verpflichtung zur elektronischen Übermittlung nach § 34a Absatz 1 und 2 des Beurkundungsgesetzes und § 347 des Gesetzes über das Verfahren in Familiensachen und in den Angelegenheiten der freiwilligen Gerichtsbarkeit.

I. Allgemeines/Normzweck

1 Das bei der Bundesnotarkammer geführte Zentrale Testamentsregister (ZTR) besteht seit 2012. Zweck des ZTR ist, Daten über den Verwahrungsort von Testamenten und Erbverträgen, die sich in amtlicher Verwahrung befinden, zentral zu registrieren. Die Nachlassgerichte erfahren vom Tod des Erblassers, vom Vorhandensein erbfolgerelevanter Urkunden und deren Verwahrungsort.[1] Das Benachrichtigungswesen in Nachlasssachen ist effektiv und transparent

9 Gem. § 4 Abs. 3 S. 3 VRegGebS hat der Notar zu erklären, dass er die Gebührenzahlung für den Beteiligten, für den er Anträge übermittelt oder in dessen Namen er Anträge stellt, auf dessen Rechnung besorgt. Die Kosten können aber auch direkt beim Gebührenschuldner erhoben werden.

10 Vgl. Diehn/*Diehn* BNotO § 78b Rn. 30.

11 Beispielsrechnungen finden sich unter www.vorsorgeregister.de/privatpersonen/kosten.

1 Vgl. BT-Drs. 17/2583, 11.

und sichert so letztlich den Willen des Erblassers.[2] Gerichten und Notaren erlaubt das ZTR, sich im Rahmen ihrer Aufgabenerfüllung über letztwillige Verfügungen zu informieren.

II. Registerführung, Datensparsamkeit, Registeraufsicht (Abs. 1)

Die Bundesnotarkammer führt das ZTR als staatlich zugewiesene Aufgabe (§ 78 Abs. 2 Nr. 2). Gegenstand des ZTR sind die Verwahrung erbfolgerelevanter Urkunden und sonstiger Daten nach § 78d. Bei der Führung des Registers gilt das Prinzip der Datensparsamkeit. 2

Das Bundesministerium für Justiz und für Verbraucherschutz führt die Rechtsaufsicht, eine Fachaufsicht ist nicht vorgesehen.[3] 3

III. Verordnung über das Zentrale Testamentsregister (Abs. 2, 3)

Abs. 3 bildet die Ermächtigungsgrundlage für die Verordnung zur Einrichtung und Führung des Zentralen Testamentsregisters (ZTRV).[4] Die ZTRV enthält weitergehende Regelungen zum ZTR. 4

§ 78d Inhalt des Zentralen Testamentsregisters

(1) [1]In das Zentrale Testamentsregister werden Verwahrangaben zu erbfolgerelevanten Urkunden aufgenommen, die

1. von Notaren nach § 34a Absatz 1 oder 2 des Beurkundungsgesetzes zu übermitteln sind oder

2. von Gerichten nach Absatz 4 Satz 1 sowie nach § 347 des Gesetzes über das Verfahren in Familiensachen und in den Angelegenheiten der freiwilligen Gerichtsbarkeit zu übermitteln sind.

[2]Weiterer Inhalt des Zentralen Testamentsregisters sind

1. Verwahrangaben, die nach § 1 des Testamentsverzeichnis-Überführungsgesetzes überführt worden sind, und

2. Mitteilungen, die nach § 9 des Testamentsverzeichnis-Überführungsgesetzes überführt worden sind.

[3]Die gespeicherten Daten sind mit Ablauf des 30. auf die Sterbefallmitteilung folgenden Kalenderjahres zu löschen.

(2) [1]Erbfolgerelevante Urkunden sind Testamente, Erbverträge und alle Urkunden mit Erklärungen, welche die Erbfolge beeinflussen können, insbesondere Aufhebungsverträge, Rücktritts- und Anfechtungserklärungen, Erb- und Zuwendungsverzichtsverträge, Ehe- und Lebenspartnerschaftsverträge und Rechtswahlen. [2]Verwahrangaben sind Angaben, die zum Auffinden erbfolgerelevanter Urkunden erforderlich sind.

(3) Registerfähig sind nur erbfolgerelevante Urkunden, die

1. öffentlich beurkundet worden sind oder

2. in amtliche Verwahrung genommen worden sind.

---

2 Vgl. BT-Drs. 17/2583, 26.

3 Vgl. aber Frenz/Miermeister/*Litzenburger* BNotO § 78c Rn. 3, wonach aufgrund der detaillierten gesetzlichen Vorgaben und der fehlenden Ermessensspielräume die Unterscheidung zur Fachaufsicht ohne wesentliche Bedeutung sei.

4 Zuletzt geändert durch das Gesetz zur Modernisierung des notariellen Berufsrechts und zur Änderung weiterer Vorschriften (BGBl. 2021 I 2154).

(4) [1]Handelt es sich bei einem gerichtlichen Vergleich um eine erbfolgerelevante Urkunde im Sinne von Absatz 2 Satz 1, übermittelt das Gericht unverzüglich die Verwahrangaben an die das Zentrale Testamentsregister führende Registerbehörde nach Maßgabe der nach § 78c Absatz 2 und 3 erlassenen Rechtsverordnung. [2]Der Erblasser teilt dem Gericht die zur Registrierung erforderlichen Daten mit.

I. Registerinhalt, Meldepflicht, Löschung (Abs. 1)

1 Inhalt des ZTR[1] sind zum einen erbfolgerelevante Urkunden.[2] Notare und Gerichte unterliegen insofern einer Meldepflicht iSe Amtspflicht (§ 34a Abs. 1 und 2 BeurkG für den Notar, § 347 Abs. 1 bis 3 FamFG für die Gerichte).[3] Anders als beim ZVR (→ § 78a Rn. 3) können die Beteiligten auf die zwingende Meldung nicht verzichten. Auch die Änderung einer letztwilligen Verfügung ist meldepflichtig (§ 34a Abs. 1 S. 2 BeurkG).

2 Inhalt des ZTR sind zum anderen Verwahrangaben und Mitteilungen, die aufgrund des (mittlerweile außer Kraft getretenen) Testamentsverzeichnis-Überführungsgesetzes (TVÜG) in das ZTR überführt worden sind.[4] Dadurch ist gewährleistet, dass auch die vor Einrichtung des ZTR bei den Standesämtern und dem AG Schöneberg erfassten Verwahrangaben und Mitteilungen über nichteheliche Kinder und Adoptionen nun Gegenstand des ZTR sind.[5]

3 Die gespeicherten Daten sind mit Ablauf des 30. auf die Sterbefallmitteilung folgenden Kalenderjahres zu löschen. Die Verwahrdaten sollen so lange vorgehalten werden, wie sie im Nachlassverfahren möglicherweise noch relevant werden.[6]

II. Erbfolgerelevante Urkunden (Abs. 2–4)

4 Abs. 2 S. 1 definiert den Begriff der erbfolgerelevanten Urkunden, die an das ZTR zu melden sind. Hierzu zählen vor allem Testamente und Erbverträge unabhängig von ihrem Inhalt.[7] Weiter sind solche Urkunden meldepflichtig, die – abstrakt betrachtet – die Erbfolge beeinflussen können. Dies ist bei solchen Erklärungen der Fall, die die Erbeinsetzung oder die Erbquote beeinflussen können oder zu einer im Erbschein zu vermerkenden Verfügungsbeschränkung führen können. Ob tatsächlich erbfolgerechtliche Auswirkungen bestehen, ist nicht zu prüfen.[8] Das Gesetz zählt beispielhaft Aufhebungsverträge, Rücktritts- und

1 Abs. 1 ist durch das Gesetz zur Modernisierung des notariellen Berufsrechts und zur Änderung weiterer Vorschriften (BGBl. 2021 I 2154) in seinem Aufbau angepasst worden, ohne dass sich inhaltlich etwas geändert hätte.
2 Zum 31.12.2020 waren im ZTR Angaben zu etwa 22,1 Mio. erbfolgerelevanten Urkunden registriert. 512.100 Registrierungen wurden in 2020 im ZTR neu angelegt etwa 89 % davon entfielen auf Notare; vgl. Jahresbericht 2020 des ZTR.
3 Zur Meldepflicht von Konsularbeamten vgl. Diehn/*Diehn* BNotO § 78d Rn. 14 f.
4 Vgl. zu den Einzelheiten Schippel/Görk/*Hushahn* BNotO § 78d Rn. 23 ff.
5 Vgl. zum Hintergrund Diehn/*Diehn* BNotO § 78d Rn. 3 ff.
6 Vgl. BT-Drs. 17/2583, 17. Kritisch Frenz/Miermeister/*Litzenburger* BNotO § 78d Rn. 12 und Schippel/Görk/*Hushahn* BNotO § 78d Rn. 11, die für eine Verlängerung der Aufbewahrungsfrist bzw. ihre vollständige Abschaffung plädieren.
7 Vgl. Arndt/Lerch/Sandkühler/*Sandkühler* BNotO § 78b Rn. 10. Auch wenn ein Testament lediglich ein Vermächtnis enthält, ist es meldepflichtig; vgl. BT-Drs. 17/2583, 17.
8 Vgl. BT-Drs. 17/2583, 17.

Anfechtungserklärungen, Erb- und Zuwendungsverzichtsverträge, Ehe- und Lebenspartnerschaftsverträge und Rechtswahlen auf.[9]

Keine erbfolgerelevante Urkunde sind Pflichtteilsverzichtverträge,[10] Eheverträge mit Modifikationen der Zugewinngemeinschaft, Erklärungen nach Eintritt des Erbfalls (zB Ausschlagungserklärungen),[11] Vaterschaftsanerkennungen und Rechtsgeschäfte unter Lebenden (insbes. vorweggenommene Erbfolge).[12] 5

Registerfähig sind gem. Abs. 3 nur erbfolgerelevante Urkunden, die entweder öffentlich beurkundet worden sind oder in amtliche Verwahrung genommen worden sind.[13] Ausgeschlossen sind damit eigenhändige Testamente, die nicht gem. § 2248 BGB in die besondere amtl. Verwahrung genommen worden sind, da der Ort der Verwahrung bei solchen Testamenten nicht bekannt ist.[14] 6

Aufzunehmen in das ZTR sind lediglich Verwahrangaben und Mitteilungen. Verwahrangaben sind gem. der gesetzl. Definition (Abs. 2 S. 2) Angaben, die zum Auffinden erbfolgerelevanter Urkunden erforderlich sind, also nicht die erbfolgerelevanten Urkunden und Mitteilungen selbst.[15] Dazu zählen die Daten des Erblassers (Namen und Geschlecht, Tag und Ort der Geburt, Geburtsstandesamt und Geburtenregisternummer, wenn die Geburt im Inland beurkundet wurde, Staat der Geburt, wenn der Erblasser im Ausland geboren wurde),[16] Bezeichnung und Anschrift der Verwahrstelle, Verwahrnummer, Verwahrbuchnummer oder Az. des Verfahrens der Verwahrstelle, Art und Datum der Errichtung der erbfolgerelevanten Urkunde und Name, Amtssitz und Urkundenrollen-Nummer des Notars bei notariellen Urkunden (§ 1 S. 1 ZTRV).[17] Die Registerbehörde kann zusätzliche Angaben aufnehmen, die für das Auffinden der erbfolgerelevanten Urkunde erforderlich sind (§ 1 S. 2 ZTRV). 7

Im Falle einer erfolgreichen Meldung bestätigt die Registerbehörde dem Melder die erfolgreiche Registrierung und übermittelt dem Melder für den Erblasser die Angaben des Verwahrdatensatzes (§ 3 Abs. 2 S. 1 ZTRV). 8

§ 78e Sterbefallmitteilung

¹Das zuständige Standesamt hat der Registerbehörde den Tod, die Todeserklärung oder die gerichtliche Feststellung der Todeszeit einer Person mitzuteilen (Sterbefallmitteilung). ²Die Registerbehörde prüft daraufhin, ob im Zentralen Testamentsregister Angaben nach § 78d Absatz 1 Satz 1 und 2 vorliegen. ³Sie

9 Vgl. iE Frenz/Miermeister/*Litzenburger* BNotO § 78d Rn. 7; Diehn/*Diehn* BNotO § 78d Rn. 21.

10 Vgl. BT-Drs. 17/2583, 17, Frenz/Miermeister/*Litzenburger* BNotO § 78d Rn. 8, Schippel/Görk/*Hushahn* BNotO § 78d Rn. 4; aA Diehn/*Diehn* BNotO § 78d Rn. 21 ff.

11 Vgl. BT-Drs. 17/2583, 17.

12 Vgl. Diehn/*Diehn* BNotO § 78d Rn. 25.

13 Vor einem ausländischen Notar beurkundete letztwillige Verfügungen können dann in das ZTR aufgenommen werden, wenn sie vom Nachlassgericht gem. § 344 Abs. 1 S. 1 Nr. 3 FamFG in die besondere amtl. Verwahrung genommen worden sind; vgl. Frenz/Miermeister/*Litzenburger* BNotO § 78d Rn. 5.

14 Vgl. BT-Drs. 17/2583, 18.

15 Keine „Sammelstelle für Urkunden", vgl. Arndt/Lerch/Sandkühler/*Sandkühler* BNotO § 78 Rn. 45.

16 Betrifft eine erbfolgerelevante Urkunde mehrere Erblasser, sind die Verwahrangaben für jeden Erblasser zu übermitteln, vgl. § 2 Abs. 1 S. 2 ZTRV.

17 Vgl. iE Diehn/*Diehn* BNotO § 78d Rn. 30 ff.

benachrichtigt, soweit es zur Erfüllung der Aufgaben des Nachlassgerichts und der verwahrenden Stellen erforderlich ist, unverzüglich
1. **das zuständige Nachlassgericht über den Sterbefall und etwaige Angaben nach § 78d Absatz 1 Satz 1 und 2 und**
2. **die verwahrenden Stellen über den Sterbefall und etwaige Verwahrangaben nach § 78d Absatz 1 Satz 1 und 2 Nummer 1.**

[4]Die Benachrichtigung erfolgt elektronisch.

I. Vorbemerkung

1 Das ZTR hat den Zweck, die Nachlassgerichte vom Tod des Erblassers, dem Vorhandensein erbfolgerelevanter Urkunden und deren Verwahrungsort zu informieren (→ § 78c Rn. 1). Voraussetzung ist, dass die Registerbehörde von dem Sterbefall erfährt und prüft, ob das ZTR entsprechende Angaben enthält. § 78e bildet insofern den Kern des ZTR.[1]

II. Sterbefallmitteilung (S. 1)

2 Die Sterbefallmitteilung gem. S. 1 ist die Mitteilung des zuständigen Standesamts an die Registerbehörde (die Bundesnotarkammer) über den Tod, die Todeserklärung oder die gerichtliche Feststellung der Todeszeit einer Person. Ihr Inhalt ist in § 6 Abs. 1 und 2 ZTRV bestimmt. In 2020 übersandten die Standesämter 1.000.600 Sterbefallmitteilungen.[2]

III. Prüfung und Benachrichtigung durch die Bundesnotarkammer (S. 2 und 3)

3 Nach dem Eingang der Sterbefallmitteilung prüft die Bundesnotarkammer, ob entsprechende Verwahrangaben vorliegen. Der Abgleich erfolgt automatisiert. Da es sich um ein elektronisches Register handelt (§ 78c Abs. 1 S. 1), ist die Registerbehörde nicht zu weitergehenden Nachforschungen verpflichtet, wenn sich im ZTR keine Verwahrangaben finden lassen. Bei widersprüchlichen Ergebnissen erfolgt allerdings eine manuelle Überprüfung.[3]

4 Ergibt die Prüfung des ZTR einen Treffer,[4] informiert die Bundesnotarkammer unverzüglich das zuständige Nachlassgericht sowie – sofern nicht mit dem Nachlassgericht identisch – die Verwahrstelle (zB Notar oder anderes Amtsgericht) elektronisch (S. 4) über den Sterbefall. Die Benachrichtigung erfolgt von Amts wegen, also ohne dass es einer Anfrage gem. § 78 Abs. 1 S. 1 bedarf. Der Inhalt der Benachrichtigung ist abhängig von dem Adressaten: Das Nachlassgericht wird informiert, welche Verwahrangaben im ZTR enthalten sind und welche Verwahrstelle benachrichtigt wurden, und erhält die Sterbefallmitteilung (§ 7 Abs. 3 ZTRV). Verwahrstellen erhalten die Sterbefallmitteilung nicht, sondern lediglich die in § 6 Abs. 1 ZTRV genannten Daten sowie die Mitteilung, welche erbfolgerelevante Urkunde betroffen ist und welches Nachlassgericht benachrichtigt wird (§ 7 Abs. 1 ZTRV). Ergibt die Prüfung keine Eintragungen im ZTR, erfolgt eine Benachrichtigung nur auf Antrag (§ 7 Abs. 3 S. 5 und 6 ZTRV).

---

1 Vgl. Diehn/*Diehn* BNotO § 78e Rn. 1.
2 Vgl. Jahresbericht 2020 des ZTR.
3 Vgl. Frenz/Miermeister/*Litzenburger* BNotO § 78e Rn. 4, Schippel/Görk/*Hushahn* BNotO § 78e Rn. 8.
4 In 2020 konnte einer Sterbefallmitteilung in 58,7 % der Fälle mind. eine im ZTR gespeicherte Registrierung zugeordnet werden; vgl. Jahresbericht 2020 des ZTR.

Geht aufgrund der Benachrichtigung eine erbfolgerelevante Urkunde bei dem Nachlassgericht ein, erhält die Bundesnotarkammer eine Bestätigung über den Eingang unter Angabe des Datums des Eingangs der Urkunde und des Az. des Nachlassverfahrens. Die Bundesnotarkammer ergänzt den Ort der Verwahrung der erbfolgerelevanten Urkunde in den betroffenen Verwahrdatensätzen (§ 7 Abs. 4 ZTRV). 5

§ 78f Auskunft aus dem Zentralen Testamentsregister

(1) [1]Die Registerbehörde erteilt auf Ersuchen
1. Gerichten Auskunft aus dem Zentralen Testamentsregister sowie
2. Notaren Auskunft über Verwahrangaben aus dem Zentralen Testamentsregister.

[2]Die Auskunft wird nur erteilt, soweit sie im Rahmen der Aufgabenerfüllung der Gerichte und Notare erforderlich ist. [3]Auskünfte können zu Lebzeiten des Erblassers nur mit dessen Einwilligung eingeholt werden.

(1a) [1]Auf Ersuchen erteilt die Registerbehörde in Angelegenheiten, die die Rechtsnachfolge von Todes wegen betreffen, innerhalb des Anwendungsbereichs der Verordnung (EU) Nr. 650/2012 des Europäischen Parlaments und des Rates vom 4. Juli 2012 über die Zuständigkeit, das anzuwendende Recht, die Anerkennung und Vollstreckung von Entscheidungen und die Annahme und Vollstreckung öffentlicher Urkunden in Erbsachen sowie zur Einführung eines Europäischen Nachlasszeugnisses (ABl. L 201 vom 27.7.2012, S. 107; L 344 vom 14.12.2012, S. 3; L 41 vom 12.2.2013, S. 16; L 60 vom 2.3.2013, S. 140; L 363 vom 18.12.2014, S. 186) auch
1. ausländischen Gerichten im Sinne des Artikels 3 Absatz 2 der Verordnung (EU) Nr. 650/2012 und ausländischen Behörden, die für die Ausstellung des Europäischen Nachlasszeugnisses zuständig sind, Auskunft aus dem Zentralen Testamentsregister sowie
2. Notaren, die in einem anderen Mitgliedstaat der Europäischen Union mit Ausnahme Dänemarks und Irlands niedergelassen sind, Auskunft über Verwahrangaben aus dem Zentralen Testamentsregister.

[2]Absatz 1 Satz 2 und 3 gilt entsprechend.

(2) Die Befugnis der Gerichte, Notare und Notarkammern zur Einsicht in Registrierungen, die von ihnen verwahrte oder registrierte Urkunden betreffen, bleibt unberührt.

(3) [1]Die Registerbehörde kann Gerichte bei der Ermittlung besonders amtlich verwahrter Urkunden unterstützen, für die mangels Verwahrungsnachricht keine Eintragung im Zentralen Testamentsregister vorliegt. [2]Die Verwahrangaben der nach Satz 1 ermittelten Verfügungen von Todes wegen sind nach § 347 des Gesetzes über das Verfahren in Familiensachen und in den Angelegenheiten der freiwilligen Gerichtsbarkeit an das Zentrale Testamentsregister zu melden.

I. Auskunftsberechtigung

1 Das ZTR ist wie das ZVR nichtöffentlich. Auskunftsberechtigt sind nur Gerichte und – anders als beim ZVR – Notare und auch das nur, soweit die Auskunft iR ihrer Aufgabenerfüllung erforderlich ist. Das ist bspw. bei Nachlassgerichten der Fall, sofern diese keine Mitteilung von Amts wegen (§ 73e S. 3) erhalten haben. Notare haben ein Auskunftsrecht zB iRd Prüfung, ob eine frühere Verfügung mit Bindungswirkung vorliegt oder im Zusammenhang mit der Erstellung eines Erbscheinantrags.[1] Ein ausschl. erbrechtlicher Bezug ist zwar nicht erforderlich,[2] ein Antrag zur bloßen Einholung personenbezogener Informationen ist jedoch unzulässig.[3]

2 Ein Auskunftsrecht haben neuerdings auch ausl. Gerichte und ausl. Behörden, die für die Ausstellung des Europäischen Nachlasszeugnisses (ENZ) zuständig sind, sowie Notare aus anderen Mitgliedstaaten der EuErbVO (Abs. 1a).[4] Ausl. Gerichte und Notare erhielten bisher Auskunft aus dem ZTR allein nach Art. 66 Abs. 5 der EuErbVO, wenn ein ENZVerfahren bei der anfragenden Stelle anhängig war. Diese Einschränkung war nicht länger gerechtfertigt, insbes. da sich das ohnehin größere Risiko der Nichtauffindbarkeit erbfolgerelevanter Urkunden dadurch noch vergrößerte und die Gefahr barg, dass der Wille des Erblassers unberücksichtigt blieb.[5] Auch für ausl. Stellen gilt, dass ihnen eine Auskunft nur erteilt wird, wenn sie iR ihrer Aufgabenerfüllung erforderlich ist (Abs. 1a S. 2).

II. Auskunftsersuchen

3 Die Bundesnotarkammer erteilt eine Auskunft nur auf Antrag.[6] Anzugeben sind das Geschäftszeichen sowie Geburtsname, Geburtsdatum und Geburtsort des Erblassers. Die auskunftsersuchende Stelle muss außerdem erklären, dass die in Abs. 1 genannten Voraussetzungen vorliegen (§ 8 Abs. 1 S. 1 ZTRV). Ob das der Fall ist, prüft die Registerbehörde allerdings nur, wenn sie dazu nach den Umständen des Einzelfalls Anlass hat (§ 8 Abs. 1 S. 2 ZTRV), idR unterbleibt eine Prüfung.[7] Die iRd Auskunftserteilung erhobenen und mitgeteilten Daten sind zu protokollieren (§ 8 Abs. 2 ZTRV).

4 Lebt der Erblasser zum Zeitpunkt des Auskunftsersuchens, ist eine Auskunft gem. Abs. 1 S. 2 nur mit seiner Einwilligung zulässig.[8] Die Einwilligung ist gegenüber dem Gericht oder dem Notar abzugeben,[9] die iRd Antrags mitzuteilen hat, ob die Einwilligung vorliegt. Waren – wie zB im Falle eines gemeinschaftlichen Testaments oder eines Erbvertrages – weitere Personen an der erbfolgerelevanten Urkunde beteiligt, ist ihre Einwilligung nicht zusätzlich erforderlich. Denn der Erblasser ist gem. § 51 BeurkG berechtigt, auch ohne Mitwirkung der

1 Für weitere Fälle vgl. BT-Drs. 17/2583, 19 f.; Diehn/*Diehn* BNotO § 78f Rn. 5.
2 Vgl. Diehn/*Diehn* BNotO § 78f Rn. 6.
3 Vgl. Arndt/Lerch/Sandkühler/*Sandkühler* BNotO § 78d Rn. 5.
4 Neu eingefügt durch das G zur Modernisierung des notariellen Berufsrechts und zur Änderung weiterer Vorschriften (BGBl. 2021 I 2154).
5 Vgl. BT-Drs. 19/26828, 165 f.
6 Der Antrag ist nur in elektronischer Form über das Portal der Bundesnotarkammer möglich.
7 Vgl. BT-Drs. 17/2583, 19. Die Prüfung, ob die Voraussetzungen für die Auskunft vorliegen, obliegt daher im Wesentlichen dem Gericht bzw. dem Notar, vgl. Frenz/Miermeister/*Litzenburger* BNotO § 78f Rn. 5.
8 Das gilt gem. Abs. 1a S. 2 auch für Auskünfte an ausländische Stellen.
9 Vgl. BT-Drs. 17/2583, 19. Zur Frage, ob eine Vollmacht für die Einwilligung erteilt werden kann, vgl. Diehn/*Diehn* BNotO § 78f Rn. 8.

anderen Beteiligten dem Gericht oder dem Notar eine Ausfertigung der Urkunde zu überreichen oder Ausfertigungen oder Abschriften zu verlangen und die Urschrift einzusehen.[10] Die Auskunft beschränkt sich außerdem auf die Verwahrangaben, die den Erblasser betreffen, Informationen zu den weiteren Beteiligten sind nicht Gegenstand der Auskunft.[11]

III. Inhalt der Auskunft

Der Gegenstand der Auskunft ist abhängig davon, wer sie abfragt. Das Auskunftsrecht der Notare betrifft die Verwahrangaben (§ 78d Abs. 1 S. 1 Nr. 1 und Nr. 2, S. 2 Nr. 1), das gilt auch für ausl. Notare (Abs. 1a S. 1 Nr. 2). Gerichte, auch ausl. Gerichte[12] und Behörden (Abs. 1a S. 1 Nr. 1) haben ein umfassendes Auskunftsrecht, das sich auch auf Mitteilungen, die nach § 9 Testamentsverzeichnis-Überführungsgesetzes überführt worden sind (§ 78d Abs. 1 S. 2 Nr. 2), erstreckt. 5

IV. Einsicht in eigene Registrierungen (Abs. 2)

Gerichte, Notare und Notarkammern sind jederzeit und unabhängig von den Anforderungen des § 78f berechtigt, Registrierungen, die von ihnen verwahrte oder registrierte Urkunden betreffen, einzusehen.[13] Auch der Erblasser ist berechtigt, nach den datenschutzrechtlichen Vorschriften (Art. 15 DS-GVO) Auskunft über den Registerinhalt zu verlangen (§ 8 Abs. 4 ZTRV). 6

V. Nachträgliche Erfassung (Abs. 3)

Soweit besonders amtlich verwahrte Verfügungen von Todes wegen aufgrund eines Versäumnisses bisher nicht registriert sind, können Nachlassgerichte und Registerbehörde diese Lücken durch Abgleich des Verwahrbestands des Gerichts mit dem Inhalt des ZTR ermitteln und schließen. Eine Pflicht, tätig zu werden, besteht nicht.[14] Ist eine Lücke jedoch entdeckt, ist diese zu schließen.[15] 7

§ 78g Gebührenerhebung für das Zentrale Testamentregister

(1) [1]Das Zentrale Testamentsregister wird durch Gebühren finanziert. [2]Die Registerbehörde kann Gebühren erheben für

1. die Aufnahme von Erklärungen in das Testamentsregister und

2. die Erteilung von Auskünften aus dem Testamentsregister nach § 78f Absatz 1 Satz 1 Nummer 2 und Absatz 1a Satz 1.

(2) [1]Zur Zahlung der Gebühren sind verpflichtet:

1. im Fall des Absatzes 1 Satz 2 Nummer 1 der Erblasser,

2. im Fall des Absatzes 1 Satz 2 Nummer 2 der Veranlasser des Auskunftsverfahrens.

[2]Mehrere Gebührenschuldner haften als Gesamtschuldner. [3]Gerichte und Notare können die Gebühren für die Registerbehörde entgegennehmen.

10 Vgl. BT-Drs. 17/2583, 19.
11 Vgl. Schippel/Görk/*Hushahn* BNotO § 78f Rn. 3.
12 Sofern Notare und andere Angehörige v. rechtsberatenden Berufen und sonstige Behörden die Voraussetzungen des Art. 3 Abs. 2 EuErbVO erfüllen, gelten auch sie als Gerichte.
13 Vgl. zu den Einzelheiten Diehn/*Diehn* BNotO § 78f Rn. 19 ff.
14 Vgl. BT-Drs. 17/2583, 20.
15 Vgl. Diehn/*Diehn* BNotO § 78f Rn. 25.

(3) [1]Die Gebühren sind so zu bemessen, dass der mit der Einrichtung sowie der dauerhaften Führung und Nutzung des Zentralen Testamentsregisters durchschnittlich verbundene Verwaltungsaufwand einschließlich Personal- und Sachkosten gedeckt wird. [2]Die durch die Aufnahme von Mitteilungen nach § 78d Absatz 1 Satz 2 Nummer 2 entstehenden Kosten bleiben außer Betracht.

(4) [1]Die Registerbehörde bestimmt die Gebühren nach Absatz 1 Satz 2 und die Art ihrer Erhebung durch eine Gebührensatzung. [2]Die Satzung bedarf der Genehmigung durch das Bundesministerium der Justiz und für Verbraucherschutz. [3]Die Höhe der Gebühren ist regelmäßig zu überprüfen.

I. Gebührenfinanzierung und -tatbestände (Abs. 1)

1 Das ZTR wird durch Gebühren finanziert.[1] Die Bundesnotarkammer erhebt lediglich Gebühren für Erstregistrierungen (§ 1 Abs. 1 ZTR-GebS). Von der Möglichkeit, anders als im Fall des ZVR auch für die Erteilung von Auskünften an Notare gem. § 78f Abs. 1 S. 1 Nr. 2 Gebühren zu erheben, hat die Bundesnotarkammer abgesehen.[2] Möglich ist zukünftig auch eine Gebühr für eine Auskunft an ausl. Stellen gem. § 78f Abs. 1a S. 1. Die Gebührensatzung enthält eine entsprechende Regelung noch nicht.[3]

2 Die Bundesnotarkammer ist grds. verpflichtet, die Gebühren zu erheben.[4] Eine Ausnahme gilt bei unrichtiger Sachbehandlung. Daneben kann die Bundesnotarkammer Gebühren ermäßigen oder nicht erheben, wenn ihr dies durch besondere Umstände des Einzelfalls geboten erscheint. Das ist insbes. dann der Fall, wenn und soweit die Gebührenerhebung eine unzumutbare Härte für den Kostenschuldner darstellen würde oder wenn der mit der Erhebung der Gebühr verbundene Verwaltungsaufwand außer Verhältnis zur Höhe der zu erhebenden Gebühr stehen würde (§ 5 ZTR-GebS).

II. Gebührenschuldner (Abs. 2)

3 Gebührenschuldner für die Registrierung im ZTR ist der Erblasser.[5] Die Anordnung, dass mehrere Gebührenschuldner als Gesamtschuldner haften, ist gegenstandslos, da eine solche Haftung nur bei einer derzeit gebührenfreien Registerabfrage in Betracht kommt. Auch bei mehreren Erblassern (etwa im Rahmen eines Erbvertrags) haftet jeder nur für seine Registrierung.[6]

4 Gebührengläubigerin ist die Bundesnotarkammer als Registerbehörde. Um die Gebührenerhebung zu vereinfachen, können an ihrer Stelle das Nachlassgericht

---

1 Auslagen werden mangels Rechtsgrundlage nicht berechnet, vgl. Frenz/Miermeister/*Hüren* BNotO § 78g Rn. 8.

2 Vgl. zu den gebührenfreien Tatbeständen Arndt/Lerch/Sandkühler/*Sandkühler* BNotO § 78e Rn. 12.

3 Der Gesetzgeber geht allerdings davon aus, dass die Bundesnotarkammer wie bisher nur Registrierungsgebühren erheben werde, so dass von der Erhebung von Gebühren für ausländische Auskunftserteilungen insgesamt voraussichtlich abgesehen werde; vgl. BT-Drs. 19/26828, 108, 166.

4 Vgl. Frenz/Miermeister/*Hüren* BNotO § 78g Rn. 7.

5 Die bisher nicht erhobene Gebühr für die Auskunft aus dem ZTR müsste der Veranlasser der Auskunft tragen, also der Erblasser bzw. nach seinem Tod der Erbe oder sonstige Beteiligte; vgl. Diehn/*Diehn* BNotO § 78g Rn. 12.

6 Vgl. NK-NachfolgeR/*Gutfried* BNotO § 78g Rn. 7.

oder der Notar die Gebühren entgegennehmen, da diese das der Registrierung zugrunde liegende Rechtsgeschäft vornehmen.[7] Gem. § 3 ZTR-GebS nimmt der Notar die Gebühr für die Registerbehörde entgegen und gibt sie als echten durchlaufenden Posten, auf den keine Umsatzsteuer zu erheben ist, an den Kostenschuldner weiter.[8]

III. Gebührenhöhe (Abs. 3)

Die – nicht der Umsatzsteuer unterliegenden[9] – Gebühren sollen den Gesamtaufwand (verbunden mit der Einrichtung, der Inbetriebnahme sowie der dauerhaften Führung und Nutzung des ZTR durchschnittlich verbundene Verwaltungsaufwand einschließlich Personal- und Sachkosten) abdecken.[10] Eine Quersubventionierung zwischen dem ZTR und dem ZVR ist unzulässig.[11] 5

Die Höhe der Gebühr beträgt 15,00 EUR (§ 1 Abs. 2 S. 1 ZTR-GebS). Erhebt die Bundesnotarkammer die Gebühr unmittelbar beim Kostenschuldner erhoben, erhöht sie sich auf 18 EUR (§ 1 Abs. 2 S. 2 ZTR-GebS). Die Gebühren sind seit dem Inkrafttreten der Gebührensatzung unverändert. 6

IV. Gebührensatzung (Abs. 4)

Die Bundesnotarkammer bestimmt die Gebühren nach Abs. 1 S. 2 und die Art ihrer Erhebung durch eine Gebührensatzung, die der Genehmigung durch das Bundesministerium der Justiz und für Verbraucherschutz bedarf.[12] Dabei hat sie den Rahmen, der ihr durch Abs. 1–3 gesetzt ist, zu beachten. Die Höhe der Gebühren ist regelmäßig zu überprüfen. 7

§ 78h Elektronisches Urkundenarchiv; Verordnungsermächtigung

(1) [1]Die Bundesnotarkammer betreibt als Urkundenarchivbehörde ein zentrales elektronisches Archiv, das den Notaren die Führung der elektronischen Urkundensammlung, des Urkundenverzeichnisses und des Verwahrungsverzeichnisses ermöglicht (Elektronisches Urkundenarchiv). [2]Das Bundesministerium der Justiz und für Verbraucherschutz führt die Rechtsaufsicht über die Urkundenarchivbehörde.

(2) [1]Die Verfügbarkeit, die Integrität, die Authentizität, die Vertraulichkeit und die Transparenz der Daten des Urkundenverzeichnisses, des Verwahrungsverzeichnisses und der im Elektronischen Urkundenarchiv verwahrten elektronischen Dokumente müssen für die gesamte Dauer der Aufbewahrungsfrist gewährleistet sein. [2]Die Urkundenarchivbehörde trifft die erforderlichen technischen und organisatorischen Maßnahmen, um die Erhaltung des Beweiswerts der verwahrten elektronischen Dokumente dauerhaft zu gewährleisten, ohne dass es einer erneuten Signatur durch die verwahrende Stelle bedarf.

---

7 Vgl. BT-Drs. 17/2583, 21 f.

8 Vgl. Diehn/*Diehn* BNotO § 78g Rn. 30 ff.; Frenz/Miermeister/*Hüren* BNotO § 78g Rn. 14.

9 Vgl. Diehn/*Diehn* BNotO § 78g Rn. 30.

10 Vgl. weiterführend Diehn/*Diehn* BNotO § 78g Rn. 18 ff.; Arndt/Lerch/Sandkühler/*Sandkühler* BNotO § 78e Rn. 20 ff.

11 Vgl. Diehn/*Diehn* BNotO § 78g Rn. 18.

12 Testamentsregister-Gebührensatzung (ZTR-GebS), abrufbar unter www.testamentsregister.de. Zur Verfassungsmäßigkeit vgl. LG Berlin DNotZ 2021, 607.

(3) [1]Elektronische Dokumente, die im Elektronischen Urkundenarchiv zusammen verwahrt werden, müssen derart miteinander verknüpft sein, dass sie nur zusammen abgerufen werden können. [2]§ 42 Absatz 3 und § 49 Absatz 5 des Beurkundungsgesetzes bleiben unberührt.

(4) Das Bundesministerium der Justiz und für Verbraucherschutz hat durch Rechtsverordnung ohne Zustimmung des Bundesrates die näheren Bestimmungen zu treffen über

1. die Einrichtung des Elektronischen Urkundenarchivs,
2. die Führung und den technischen Betrieb,
3. die Einzelheiten der Datenübermittlung und -speicherung,
4. die Einzelheiten der Datensicherheit und
5. die Erteilung und Entziehung der technischen Verwaltungs- und Zugangsberechtigungen.

Literatur:

Damm, Die Digitalisierung des Notariats, DNotZ 2017, 426; *Frohn*, Elektronisches Urkundenarchiv und Aktenführung im Notariat, notar 2020, 3.

I. Allgemeines/Normzweck

1 Die §§ 78h–78n sind durch das Urkundenarchivgesetz[1] neu in die BNotO eingefügt worden. Das Gesetz sieht insbesondere die Einrichtung eines Elektronischen Urkundenarchivs für die langfristige elektronische Verwahrung von Notariatsunterlagen vor[2] und soll wesentlich zur Digitalisierung von Justiz (E-Justice) und Verwaltung (E-Government) beitragen.[3] Die amtliche Verwahrung von Notariatsunterlagen in ihrer heutigen Form lasse die Vorteile ungenutzt, die mit einer elektronischen Verwahrung von Dokumenten verbunden seien.[4] Durch das Urkunden- und das Verwahrungsverzeichnis werden erstmals zentrale Datenbanken mit Strukturdaten zu allen notariellen Urkunden geschaffen. Die in den Verzeichnissen ohnehin vorhandenen Strukturdaten können grundsätzlich auch anderen Stellen in Justiz und Verwaltung zur Verfügung gestellt werden und dadurch deren Informationsbeschaffung und Informationsverarbeitung erleichtern.[5] Die flächendeckende Erstellung elektronischer Fassungen von notariellen Urkunden ermöglicht eine Verwendung der Urkunden ohne Medienbrüche (eine weitere Übertragung der Papier- in die elektronische Fassung entfällt).[6]

2 Nach Auffassung des Gesetzgebers könnte das Elektronische Urkundenarchiv aufgrund der dort hinterlegten Strukturdaten in der Zukunft zu einem Voll-

1 Vgl. Gesetz zur Neuordnung der Aufbewahrung von Notariatsunterlagen und zur Einrichtung des Elektronischen Urkundenarchivs bei der Bundesnotarkammer sowie zur Änderung weiterer Gesetze v. 1.6.2017, BGBl. 2017 I 1396.
2 Vgl. BR-Drs. 602/16, 37.
3 Vgl. BR-Drs. 602/16, 43.
4 Vgl. BR-Drs. 602/16, 37.
5 Vgl. BR-Drs. 602/16, 44 (51).
6 Vgl. BR-Drs. 602/16, 44.

machts- und Titelregister weiterentwickelt werden. Dadurch würden Ausfertigungen, die heute nur in Papierform erstellt werden können, in Zukunft originär elektronisch möglich. Zudem werde ein rein elektronischer Nachweis über (elektronische und papierne) Vollmachten und Titel ermöglicht. Dies führe nicht nur ebenfalls zur Vermeidung von Medienbrüchen, sondern trage zur Vereinfachung und Beschleunigung von Verfahren, insbesondere des Zwangsvollstreckungsverfahrens, bei.[7] Dessen ungeachtet gilt: Das Beurkundungsverfahren ist weiterhin „analog" und papiergebunden.

Die ursprünglich zum 1.1.2020 geplante Umstellung auf den elektronischen Rechtsverkehr ist auf den 1.1.2022 verschoben worden, um ein einheitliches Inkrafttreten der Vorschriften zum elektronischen Rechtsverkehr im Notariat (insbesondere die Verpflichtung der Notare zur elektronischen Aufbewahrung der Urkunden) zu gewährleisten.[8] Ab diesem Zeitpunkt hat der Notar das Urkundenverzeichnis, die Urkundensammlung sowie das Verwahrungsverzeichnis elektronisch zu führen (§§ 55 Abs. 1, 2, 59a Abs. 1, 76 BeurkG). Die Bundesnotarkammer hat eine Webseite eingerichtet, auf der sie über aktuelle Entwicklungen zur Einführung des Urkundenarchivs informiert.[9] 3

II. Elektronisches Urkundenarchiv (Abs. 1)

Das Elektronische Urkundenarchiv ist in Abs. 1 S. 1 legaldefiniert. Es besteht aus einem zentralen Archiv, das den Notaren die Führung der elektronischen Urkundensammlung (§ 34 NotAktVV), des Urkundenverzeichnisses (bisher Urkundenrolle, Namensverzeichnis, Erbvertragsverzeichnis) und des Verwahrungsverzeichnisses (bisher Masse- und Verwahrungsbuch samt Namensverzeichnis) ermöglicht. Die Pflicht der Notare, diese Unterlagen elektronisch zu führen, ergibt sich aus dem BeurkG (→ BeurkG § 55 Rn. 1 f., → BeurkG § 59a Rn. 3 ff.). 4

Das Elektronische Urkundenarchiv wird von der Bundesnotarkammer betrieben (vgl. auch § 78 Abs. 2 Nr. 3), die insofern als Urkundenarchivbehörde handelt und der Rechtsaufsicht des Bundesministeriums der Justiz und für Verbraucherschutz untersteht.[10] Die Bundesnotarkammer stellt lediglich die technische Infrastruktur zur Verfügung, muss dabei aber sicherstellen, dass die Notare ihre Amtspflichten aus §§ 55, 56 und 59a BeurkG erfüllen können.[11] Für die Verwahrung der Notariatsunterlagen und die Führung des Elektronischen Urkundenarchivs und damit die „Fütterung" mit Daten sind allein die Notare zuständig. 5

III. Anforderungen an das Elektronische Urkundenarchiv (Abs. 2)

Aufgrund der zukünftigen rechtlichen Gleichstellung der elektronischen Fassung der Urschrift mit der Papierurschrift (§ 45 Abs. 2, 56 Abs. 3 BeurkG-2020) ist sicherzustellen, dass der Beweiswert dauerhaft auf höchstem 6

7 Vgl. BR-Drs. 602/16, 38 (44).

8 Vgl. Gesetz zur Änderung von Vorschriften über die außergerichtliche Streitbeilegung in Verbrauchersachen und zur Änderung weiterer Gesetze v. 30.11.2019, BGBl. 2019 I 1942.

9 Vgl. www.elektronisches-urkundenarchiv.de.

10 Zu den Gründen, diese Aufgabe der Bundesnotarkammer zu übertragen, s. BR-Drs. 602/16, 38 f.; *Damm* DNotZ 2017, 426 (428 f.); Frenz/Miermeister/*Löffler* BNotO § 78h Rn. 3.

11 Vgl. BR-Drs. 602/16, 75. Dabei verfügt die Bundesnotarkammer über einen nicht unerheblichen Gestaltungsspielraum, so Frenz/Miermeister/*Löffler* BNotO § 78h Rn. 6.

Niveau gesichert bleibt. Deshalb enthält Abs. 2 technisch-organisatorische Anforderungen an die Datensicherheit des Elektronischen Urkundenarchivs.[12] So sind die Verfügbarkeit, die Integrität, die Authentizität, die Vertraulichkeit und die Transparenz der zu verwahrenden Daten für die gesamte Dauer der Aufbewahrungsfrist zu gewährleisten.

7 Der Notar muss jederzeit in der Lage sein, auf die elektronisch verwahrten Daten zuzugreifen. Das Risiko eines Systemausfalls ist so weit wie möglich zu reduzieren, damit die Daten jederzeit verfügbar sind.[13] Die Integrität der Daten wird insbesondere durch eine möglichst lückenlose Verschlüsselung gewährleistet, die eine Manipulation der Daten ausschließt.[14] Eine regelmäßige Übersignatur durch den Notar ist nicht erforderlich (vgl. Abs. 2 S. 2). Der Beweiswert der ursprünglichen qualifizierten elektronischen Signatur soll stattdessen durch rechtzeitig wiederkehrende Archivsignaturen in Form von elektronischen Zeitstempeln erhalten werden, die durch die Urkundenarchivbehörde automatisch angebracht werden können, sowie flankierende technisch-organisatorische Sicherungsmaßnahmen.[15] Die Authentizität der Daten ist dadurch sicherzustellen, dass ausschließlich der Notar die Daten in das Elektronische Urkundenarchiv einstellt.[16]

8 Von besonderer Bedeutung ist vor dem Hintergrund der Verschwiegenheitspflicht (§ 18) die Vertraulichkeit der Daten. Die Bundesnotarkammer muss eine nach dem Stand der Technik besonders sichere Verschlüsselung der Daten sicherstellen.[17] Aufgrund der eng gefassten Zugangsberechtigung zum Elektronischen Urkundenarchiv (§ 78i) ist eine Entschlüsselung durch Dritte, einschließlich der Mitarbeiter der Bundesnotarkammer, auszuschließen.[18] Die Daten sind schließlich transparent, wenn das Elektronische Urkundenarchiv erschließbar ist und eine klare Struktur aufweist, insbes. durch eine sinnvolle Verwendung von Metadaten, die eine Durchsuchung der Dokumente ermöglichen.[19]

IV. Verknüpfung (Abs. 3)

9 Abs. 3 bildet die gemeinsame Verwahrung von Papierdokumenten mit der Urschrift für die elektronische Verwahrung nach.[20] Durch eine „technische Klammer" ist sicherzustellen, dass zusammen verwahrte elektronische Dokumente (etwa die elektronische Fassung der Urschrift mit einer Änderungsurkunde)[21] nur gemeinsam abgerufen werden können. Auszugsweise Ausfertigungen und Abschriften sind auch weiterhin möglich.[22]

V. Rechtsverordnung (Abs. 4)

10 Die Einzelheiten zur Einrichtung und Umsetzung des Elektronischen Urkundenarchivs (Führung und technischer Betrieb, Einzelheiten der Datenübermittlung,

12 Vgl. BR-Drs. 602/16, 75.
13 Vgl. Diehn/*Diehn* BNotO § 78h Rn. 33.
14 Vgl. BR-Drs. 602/16, 76.
15 Vgl. BR-Drs. 602/16, 75.
16 Vgl. Diehn/*Diehn* BNotO § 78h Rn. 37.
17 Vgl. zu den technischen Anforderungen Frenz/Miermeister/*Löffler* BNotO § 78h Rn. 14.
18 Vgl. BR-Drs. 602/16, 76.
19 Vgl. BR-Drs. 602/16, 76.
20 Vgl. BR-Drs. 602/16, 76.
21 Vgl. zur Nachtragsbeurkundung und die gemeinsame Verwahrung der Haupturkunde mit der Änderungsurkunde § 44b Abs. 1 BeurkG.
22 Vgl. den Verweis in Abs. 3 S. 2 auf § 42 Abs. 3 und § 49 Abs. 5 BeurkG.

-speicherung und -sicherheit, Erteilung und Entziehung der technischen Verwaltungs- und Zugangsberechtigungen) sind Gegenstand der NotAktVV (§§ 54 ff. NotAktVV).

§ 78i Zugangsberechtigung zum Elektronischen Urkundenarchiv

[1]Der Zugang zum Urkundenverzeichnis, zum Verwahrungsverzeichnis und zu den im Elektronischen Urkundenarchiv verwahrten elektronischen Dokumenten steht ausschließlich der für die Verwahrung zuständigen Stelle zu. [2]Hierzu trifft die Urkundenarchivbehörde geeignete technische und organisatorische Maßnahmen.

Ausschließlich der Notar (bzw. die nach dem Erlöschen des Amtes zuständige Stelle sowie der Notariatsverwalter gem. § 57 Abs. 1 und der Notarvertreter gem. § 39 Abs. 4) hat Zugang zum Urkundenverzeichnis, zum Verwahrungsverzeichnis und zu den im Elektronischen Urkundenarchiv verwahrten elektronischen Dokumenten. Das hat die Bundesnotarkammer als Urkundenarchivbehörde durch geeignete technische und organisatorische Maßnahmen sicherzustellen, die auch die technische Zugangsberechtigung erteilt und entzieht (vgl. § 67 Abs. 3 Nr. 4). Das Elektronische Urkundenarchiv ist dagegen kein Urkundenzentralarchiv und auch keine Urkunden-Cloud, auf die auch Dritte unbegrenzt Zugriff hätten.[1] 1

§ 78i dient der Sicherstellung der notariellen Verschwiegenheitspflicht gem. § 18, der eine herausragende Bedeutung zukommt. Ausgeschlossen ist damit ein Zugriff durch die Urkundenarchivbehörde (die das Elektronische Urkundenarchiv lediglich technisch betreibt) oder die Urkundsbeteiligten.[2] Auch die Aufsichtsbehörden haben über ihre allgemeinen Befugnisse hinaus (§ 93 Abs. 4) kein Zugriffsrecht. Das gilt auch für sonstige Behörden wie etwa Strafverfolgungsbehörden.[3] Diese müssen sich an den Notar als Verwahrstelle wenden, einen „Generalschlüssel" gibt es nicht.[4] Der „ausschließliche" Zugang des Notars bedeutet allerdings nicht, dass der Notar nicht auch seinen Mitarbeitern einen Zugang einräumen kann.[5] 2

Ein unbefugter Zugang ist etwa durch individuelle Verschlüsselung der Dokumente, möglicherweise gepaart mit einer individuellen Verschlüsselung jedes einzelnen Dokuments, sowie dazugehörige organisatorische Maßnahmen, die verhindern, dass sich Administratoren oder Angreifer von außen unbefugt Zugang zum individuellen Schlüssel der Verwahrstelle verschaffen können, sicherzustellen.[6] Die Einzelheiten sind in §§ 55 ff. NotAktVV geregelt. 3

§ 78j Gebührenerhebung für das Elektronische Urkundenarchiv

(1) [1]Das Elektronische Urkundenarchiv wird durch Gebühren finanziert. [2]Die Urkundenarchivbehörde kann Gebühren erheben für

1 Vgl. Frenz/Miermeister/*Löffler* BNotO § 78i Rn. 1.
2 Vgl. Frenz/Miermeister/*Löffler* BNotO § 78i Rn. 7.
3 Vgl. BR-Drs. 602/16, 40 (77).
4 Vgl. BR-Drs. 602/16, 76.
5 Vgl. Frenz/Miermeister/*Löffler* BNotO § 78i Rn. 6.
6 Vgl. BR-Drs. 602/16, 77.

1. die Aufnahme von elektronischen Dokumenten in die elektronische Urkundensammlung und
2. die Führung des Verwahrungsverzeichnisses.

(2) [1]Zur Zahlung der Gebühren sind verpflichtet:

1. im Fall des Absatzes 1 Satz 2 Nummer 1 derjenige, der zur Zahlung der Kosten für die jeweilige notarielle Amtshandlung verpflichtet ist, abweichend hiervon
   a) im Fall des § 119 Absatz 1 die Staatskasse,
   b) im Fall des § 119 Absatz 3 der Notar,
   c) im Fall des § 119 Absatz 4 die Notarkammer,

2. im Fall des Absatzes 1 Satz 2 Nummer 2 der Notar.

[2]Mehrere Gebührenschuldner haften als Gesamtschuldner. [3]Notare können die Gebühren für die Urkundenarchivbehörde entgegennehmen.

(3) [1]Die Gebühren sind so zu bemessen, dass der mit der Einrichtung, der Inbetriebnahme sowie der dauerhaften Führung und Nutzung des Elektronischen Urkundenarchivs durchschnittlich verbundene Verwaltungsaufwand einschließlich der Personal- und Sachkosten gedeckt wird. [2]Bei der Bemessung der Gebühren für die Aufnahme von elektronischen Dokumenten in die elektronische Urkundensammlung kann der Umfang des elektronischen Dokuments berücksichtigt werden. [3]Die Gebühr kann im Fall von Unterschriftsbeglaubigungen, die nicht mit der Fertigung eines Entwurfs in Zusammenhang stehen, niedriger bemessen werden.

(4) [1]Die Urkundenarchivbehörde bestimmt die Gebühren nach Absatz 1 Satz 2 und die Art ihrer Erhebung durch eine Gebührensatzung. [2]Die Satzung bedarf der Genehmigung durch das Bundesministerium der Justiz und für Verbraucherschutz. [3]Die Höhe der Gebühren ist regelmäßig zu überprüfen.

I. Allgemeines

1 Für die Errichtung des Elektronischen Urkundenarchivs veranschlagt die Bundesnotarkammer einmalige Kosten iHv 35 Mio. EUR. Die jährlichen Kosten beziffert die Bundesnotarkammer mit etwa 20 Mio. EUR.[1]

II. Gebührenfinanzierung und -tatbestände (Abs. 1)

2 Die Kosten für die Errichtung und den Betrieb des Elektronischen Urkundenarchivs werden durch Gebühren finanziert.

3 Die Bundesnotarkammer in ihrer Eigenschaft als Urkundenarchivbehörde kann Gebühren erheben für die Aufnahme von elektronischen Dokumenten in die elektronische Urkundensammlung und die Führung des Verwahrungsverzeichnisses. Die Führung des Urkundenverzeichnisses ist dagegen gebührenfrei, da dieses als bloßes Hilfsmittel dem Auffinden der Urkunden und damit dem zuverlässigen Umgang mit der Urkundensammlung dient.[2] Eine gesonderte Gebühr für die Aufnahme von elektronischen Dokumenten in die elektronische Urkundensammlung ist gerechtfertigt, da die Kosten für die Verwahrung der notariellen Urkunden nicht mit der Beurkundungsgebühr abgegolten sein kön-

1 Vgl. BR-Drs. 602/16, 41.
2 Vgl. BR-Drs. 602/16, 42 (77).

nen. Denn für den weitaus überwiegenden Teil der Aufbewahrungsfrist verwahrt nicht der beurkundende Notar die Urkunden, sondern eine oder mehrere nachfolgende Verwahrstellen, die ihrerseits keinen Anteil an der Beurkundungsgebühr erhalten haben.[3]

III. Gebührenschuldner (Abs. 2)

Die Gebühren werden nach dem Veranlasserprinzip erhoben: Schuldner ist, wer die Kosten der jeweiligen notariellen Amtshandlung schuldet.[4] Bei der Aufnahme von elektronischen Dokumenten in die elektronische Urkundensammlung trägt demnach grundsätzlich der Kostenschuldner der zu verwahrenden Urkunde (§§ 29, 30 GNotKG) die Kosten (§ 78j Abs. 2 S. 1 Nr. 1). Abweichend hiervon schulden – entsprechend dem Veranlasserprinzip – die Staatskasse, der Notar bzw. die Notarkammer die Gebühr, wenn sie die von ihnen jeweils verwahrten Altbestände nachträglich freiwillig in die elektronische Form übertragen (§ 119 Abs. 1, 3 und 4). 4

Die Kosten für die Führung des Verwahrungsverzeichnisses trägt allein der Notar (Abs. 2 S. 1 Nr. 2). Denn diese Aufgabe erfolgt nicht vorrangig im unmittelbaren Interesse der Beteiligten, sondern auch zur Prüfung der Amtstätigkeit der Notare sowie der vorbeugenden Aufsicht im Sinne einer Verhinderung von Fehlern und Missbräuchen.[5] 5

Mehrere Gebührenschuldner haften als Gesamtschuldner (Abs. 2 S. 2).[6] Gebührengläubigerin ist die Bundesnotarkammer als Urkundenarchivbehörde. An ihrer Stelle kann allerdings der Notar die Gebühren entgegennehmen (Abs. 2 S. 2).[7] Hintergrund der sinnvollen Regelung ist, dass der Notar ohnehin die Beurkundungskosten abrechnet und er deswegen im Wege eines vereinfachten Verfahrens zugleich die der Urkundenarchivbehörde geschuldeten Gebühren abrechnen und als echten durchlaufenden Posten weitergeben kann, auf den keine Umsatzsteuer zu erheben ist.[8] Eine entsprechende Regelung findet sich in § 5 UA-GebS. 6

IV. Gebührenhöhe (Abs. 3)

Die – nicht der Umsatzsteuer unterliegenden[9] – Gebühren sollen den Gesamtaufwand (verbunden mit der Einrichtung, Inbetriebnahme sowie der dauerhaften Führung und Nutzung des Elektronischen Urkundenarchivs einschließlich der Personal- und Sachkosten) abdecken.[10] 7

Gebührendifferenzierungen sind möglich: Bei der Bemessung der Gebühr kann der Umfang des elektronischen Dokuments, also insbes. der Speicherbedarf, be- 8

---

3 Vgl. BR-Drs. 602/16, 42.

4 Vgl. BR-Drs. 602/16, 42. Insofern stellt dies einen Systemwechsel dar, da bisher die verwahrenden Stellen (insbes. die Amtsgerichte und damit die Allgemeinheit) die Kosten tragen.

5 Vgl. BR-Drs. 602/16, 78.

6 Vgl. die ähnlichen Regelungen zum Zentralen Vorsorgeregister (§ 78b Abs. 2 S. 4) und zum Zentralen Testamentsregister (§ 78g Abs. 2 S. 2).

7 Vgl. die ähnlichen Regelungen Zentralen Vorsorgeregister (§ 78b Abs. 2 S. 5) und zum Zentralen Testamentsregister (§ 78g Abs. 2 S. 3).

8 Vgl. BR-Drs. 602/16, 79; Diehn/*Diehn* BNotO § 78j Rn. 15; Frenz/Miermeister/*Löffler* BNotO § 78j Rn. 10.

9 Vgl. Diehn/*Diehn* BNotO § 78j Rn. 24.

10 Vgl. weiterführend Diehn/*Diehn* BNotO § 78j Rn. 19 ff. Vgl. auch die ähnlichen Regelungen Zentralen Vorsorgeregister (§ 78b Abs. 3 S. 1) und zum Zentralen Testamentsregister (§ 78g Abs. 3 S. 1).

rücksichtigt werden. Im Fall von Unterschriftsbeglaubigungen, die nicht mit der Fertigung eines Entwurfs in Zusammenhang stehen, kann die Gebühr niedriger bemessen werden. Einzelheiten finden sich in der UA-GebS.

V. Gebührensatzung (Abs. 4)

9 Die Bundesnotarkammer als Urkundenarchivbehörde ist berechtigt, die Gebühren nach Abs. 1 S. 2 und die Art ihrer Erhebung durch eine Gebührensatzung, die der Genehmigung durch das Bundesministerium der Justiz und für Verbraucherschutz bedarf, zu regeln.[11] Dabei hat sie den Rahmen, der ihr durch Abs. 1–3 gesetzt ist, zu beachten. Die Höhe der Gebühren ist regelmäßig zu überprüfen. Die Bundesnotarkammer hat auf dieser Grundlage die Gebührensatzung für das Elektronische Urkundenarchiv (UA-GebS) erlassen.[12]

§ 78k Elektronischer Notariatsaktenspeicher; Verordnungsermächtigung

(1) Die Bundesnotarkammer betreibt einen zentralen elektronischen Aktenspeicher, der den Notaren die elektronische Führung ihrer nicht im Elektronischen Urkundenarchiv zu führenden Akten und Verzeichnisse sowie die Speicherung sonstiger Daten ermöglicht (Elektronischer Notariatsaktenspeicher).

(2) [1]Der Elektronische Notariatsaktenspeicher wird durch Gebühren finanziert. [2]Die Bundesnotarkammer kann Gebühren erheben für die elektronische Führung von Akten und Verzeichnissen sowie die Speicherung sonstiger Daten im Elektronischen Notaraktenspeicher. [3]Zur Zahlung der Gebühren ist der Notar verpflichtet.

(3) Die Gebühren sind so zu bemessen, dass der mit der Einrichtung, der Inbetriebnahme sowie der dauerhaften Führung und Nutzung des Elektronischen Notariatsaktenspeichers durchschnittlich verbundene Verwaltungsaufwand einschließlich der Personal- und Sachkosten gedeckt wird.

(4) [1]Die Bundesnotarkammer bestimmt die Gebühren nach Absatz 2 Satz 2 und die Art ihrer Erhebung durch eine Gebührensatzung. [2]Die Satzung bedarf der Genehmigung durch das Bundesministerium der Justiz und für Verbraucherschutz. [3]Die Höhe der Gebühren ist regelmäßig zu überprüfen.

(5) Das Bundesministerium der Justiz und für Verbraucherschutz hat durch Rechtsverordnung ohne Zustimmung des Bundesrates die näheren Bestimmungen zu treffen über
1. die Einrichtung des Elektronischen Notariatsaktenspeichers,
2. die Führung und den technischen Betrieb,
3. die Einzelheiten der Datenübermittlung und -speicherung,
4. die Einzelheiten der Datensicherheit und
5. die Erteilung und Entziehung der technischen Verwaltungs- und Zugangsberechtigungen.

---

11 Vgl. weiterführend Diehn/*Diehn* BNotO § 78j Rn. 27 ff. Vgl. die ähnlichen Regelungen Zentralen Vorsorgeregister (§ 78b Abs. 4) und zum Zentralen Testamentsregister (§ 78g Abs. 4).

12 Vgl. DNotZ 2021, 916.

I. Allgemeines

Das Urkundenarchivgesetz hat den Elektronischen Notariatsaktenspeicher eingeführt, der von der Bundesnotarkammer betrieben wird. Dabei handelt es sich um eine Pflichtaufgabe der Bundesnotarkammer (§ 78 Abs. 1 S. 2 Nr. 7), die insofern der allgemeinen Aufsicht gem. § 77 Abs. 2 unterliegt.[1] 1

II. Elektronischer Notariatsaktenspeicher (Abs. 1)

Der Elektronische Notariatsaktenspeicher ist in Abs. 1 legaldefiniert als zentraler elektronischer Aktenspeicher, der den Notaren die elektronische Führung ihrer nicht im Elektronischen Urkundenarchiv zu führenden Akten und Verzeichnisse sowie die Speicherung sonstiger Daten ermöglicht. Die Aktenführung der Notare erfolgt schon heute überwiegend – und parallel zur Aktenführung in Papierform – elektronisch (zu den Anforderungen vgl. § 35 Abs. 4). Wenn nun das Elektronische Urkundenarchiv verpflichtend wird, bietet es sich für die Notare an, ihre Nebenakten – soweit möglich und gewünscht – auch ausschließlich elektronisch zu führen. Die Notare können dadurch Mehraufwand durch Medienbrüche und mehrfache Datenhaltung vermeiden und Mehrwerte durch Verknüpfung und Weiterverwendung sonstiger Daten schöpfen. Die elektronische Aktenführung muss angesichts der notariellen Verschwiegenheitspflicht und der erforderlichen Datensicherheit hohen Anforderungen genügen.[2] Der Bundesnotarkammer steht es frei, lediglich nur den zentralen Speicherort zur Verfügung zu stellen und es dem Markt zu überlassen, Dokumentenmanagementsysteme zu entwickeln oder entsprechend anzupassen oder selbst Funktionen eines Dokumentenmanagementsystems als Teil des Notariatsaktenspeichers vorzusehen.[3] Es bleibt abzuwarten, wie die Bundesnotarkammer ihre Aufgabe insoweit umsetzen wird. 2

Der Notar kann jegliche Daten im Zusammenhang mit seiner Amtstätigkeit im Elektronischen Notariatsaktenspeicher speichern;[4] der Elektronische Notariatsaktenspeicher ersetzt in diesem Fall die Papierakte. Wie auch beim Elektronischen Urkundenarchiv ist allein der Notar Herr der Daten, die Bundesnotarkammer stellt lediglich die Infrastruktur zur Verfügung. Der Notar hat die Vertraulichkeit der Daten zu gewährleisten, kann aber unter Beachtung seiner Amtspflichten bspw. seinen Mitarbeitern (→ § 18 Rn. 7) Zugang zu den im Elektronischen Notariatsaktenspeicher gespeicherten Daten gewähren. 3

Die Nutzung des Elektronischen Notariatsaktenspeicher ist freiwillig. Den Notaren bleibt es überlassen, ihre Akten auch zukünftig in Papierform zu führen, soweit eine elektronische Führung nicht vorgeschrieben ist. Da Notare vielfach bereits Notarsoftware einsetzen und täglich nutzen, ist es schwierig einzuschätzen, wie hoch der Bedarf zur Nutzung des Elektronischen Notariatsaktenspeichers in der Praxis sein wird. 4

1 Vgl. BR-Drs. 602/16, 80. Zu den Gründen, diese Aufgabe der Bundesnotarkammer zu übertragen, s. BR-Drs. 602/16, 80.
2 Vgl. BR-Drs. 602/16, 80; vgl. § 66 NotAktVV.
3 Vgl. BR-Drs. 602/16, 80 f.
4 Vgl. Diehn/*Diehn* BNotO § 78k Rn. 9.

III. Gebührenfinanzierung, -tatbestände und -schuldner (Abs. 2)

5 Der Elektronische Notariatsaktenspeicher wird durch Gebühren finanziert. Gebührentatbestände sind die elektronische Führung von Akten und Verzeichnissen sowie die Speicherung sonstiger Daten im Elektronischen Notariatsaktenspeicher. Da die Nutzung des Elektronischen Notariatsaktenspeicher durch den Notar freiwillig ist, ist allein der Notar Gebührenschuldner.

IV. Gebührenhöhe (Abs. 3)

6 Die – nicht der Umsatzsteuer unterliegenden[5] – Gebühren für den Elektronischen Notariatsaktenspeicher sollen den Gesamtaufwand decken. Die Vorschrift entspricht den Regelungen zum Zentralen Vorsorgeregister, Zentralen Testamentsregister und zum Elektronischen Urkundenarchiv (§ 78b Abs. 3, 78g Abs. 3, 78j Abs. 3). Der Notar kann diese Gebühren nicht auf die Beteiligten umlegen, es sei denn, die zentrale elektronische Speicherung ist ausdrücklich gewünscht.[6]

V. Gebührensatzung (Abs. 4)

7 Die Gebührenhöhe und die Art ihrer Erhebung bestimmt die Bundesnotarkammer durch eine Gebührensatzung, die der Genehmigung durch das Bundesministerium der Justiz und für Verbraucherschutz bedarf. Die Höhe der Gebühren ist regelmäßig zu überprüfen.

VI. Rechtsverordnung (Abs. 5)

8 Das Bundesministerium der Justiz und für Verbraucherschutz hat, die Einzelheiten zum Elektronischen Notariatsaktenspeicher in der NotAktVV geregelt.

§ 78l Notarverzeichnis

(1) [1]Die Bundesnotarkammer führt ein elektronisches Verzeichnis der Notare und Notariatsverwalter (Notarverzeichnis). [2]Jede Notarkammer gibt die Daten zu den in ihr zusammengeschlossenen Notaren und zu den in ihrem Bezirk bestellten Notariatsverwaltern in das Notarverzeichnis ein.

(2) [1]Das Notarverzeichnis dient der Information der Behörden und Gerichte, der Rechtsuchenden und der anderen am Rechtsverkehr Beteiligten über die bestellten Notare und Notariatsverwalter sowie über die Zuständigkeit für die Verwahrung notarieller Akten und Verzeichnisse. [2]Darüber hinaus dient es der Erfüllung der Aufgaben der jeweiligen Notarkammer und der Bundesnotarkammer. [3]Die Einsicht in das Verzeichnis steht jedem unentgeltlich zu. [4]Die Suche in dem Verzeichnis wird durch ein elektronisches Suchsystem ermöglicht.

(3) [1]In das Notarverzeichnis sind einzutragen:

1. **die von der Landesjustizverwaltung nach § 67 Absatz 6 Nummer 1 bis 5 mitgeteilten Tatsachen unter Angabe des jeweils maßgeblichen Datums,**
2. **der Familienname und der oder die Vornamen sowie frühere Familiennamen, die der Notar oder Notariatsverwalter seit seiner Bestellung geführt hat,**
3. **Zuständigkeiten für die Aktenverwahrung mit Ausnahme solcher, die dem Notar nach § 45 Absatz 1,**

5 Vgl. Diehn/*Diehn* BNotO § 78k Rn. 15.
6 Vgl. Diehn/*Diehn* BNotO § 78k Rn. 16.

4. der Amtssitz, die Anschrift von Geschäftsstellen sowie die Orte und Termine auswärtiger Sprechtage,
5. die Kammerzugehörigkeit,
6. die Bezeichnung des besonderen elektronischen Notarpostfachs,
7. die Telekommunikationsdaten, die der Notar oder Notariatsverwalter mitgeteilt hat,
8. Sprachkenntnisse, soweit der Notar oder Notariatsverwalter solche mitteilt.

[2]Die Eintragungen zu Satz 1 Nummer 1 bis 5 sind von der jeweiligen Notarkammer, die Eintragungen zu Satz 1 Nummer 6 bis 8 von der Bundesnotarkammer vorzunehmen. [3]Eintragungen zu Notarvertretungen können auch unmittelbar durch die zuständige Aufsichtsbehörde erfolgen. [4]Die Notarkammern, die Bundesnotarkammer und die Aufsichtsbehörde tragen die datenschutzrechtliche Verantwortung für die jeweils von ihnen in das Verzeichnis eingegebenen Daten.

(4) [1]Die zu einem Anwaltsnotar zu erhebenden Daten können auch automatisiert aus dem Gesamtverzeichnis der Bundesrechtsanwaltskammer (§ 31 der Bundesrechtsanwaltsordnung) abgerufen werden. [2]Das Gleiche gilt bei der Bestellung eines Rechtsanwalts zum Notariatsverwalter oder zur Notarvertretung.

(5) [1]Das Notarverzeichnis kann auch Eintragungen zu früheren Notaren, Notariatsverwaltern und vergleichbaren anderen Amtspersonen enthalten. [2]Zuständig für Eintragungen zu früheren Amtspersonen sind die Notarkammern, die zur Zeit der Amtstätigkeit der früheren Amtspersonen für Eintragungen nach Absatz 1 Satz 2 zuständig waren. [3]Zu früheren Amtspersonen sind nur die Angaben einzutragen, die zum Auffinden derjenigen Urkunden erforderlich sind, die von ihnen beurkundet wurden.

(6) Die Eintragungen im Notarverzeichnis sind zu löschen, wenn sie zur Erfüllung der in Absatz 2 Satz 1 und 2 genannten Zwecke nicht mehr erforderlich sind.

I. Allgemeines

Die Bundesnotarkammer führt schon jetzt ein bundeseinheitliches Notarverzeichnis, das in wesentlichen Teilen als Notarauskunft auch im Internet präsent ist[1] und darüber hinaus der internen Verwaltung dient. Durch das Urkundenarchivgesetz erfährt das Notarverzeichnis erstmals – wie sie für das Rechtsanwaltsverzeichnis in § 31 BRAO bereits besteht und sich an diese anlehnt[2] – eine gesetzliche Regelung. Mit der Zunahme elektronischer Verfahren soll das Notarverzeichnis weiter an Bedeutung gewinnen und zu einer zentralen Benutzer- und Zugangsverwaltung mit einem gemeinsamen Datenbestand für verschiedene Verfahren unter Beteiligung verschiedener Stellen werden.[3] Die Führung des Notarverzeichnisses stellt eine Pflichtaufgabe der Bundesnotarkammer (§ 78 Abs. 1 S. 2 Nr. 8) dar, die insofern der allgemeinen Aufsicht gem. § 77 Abs. 2 unterliegt. 1

1 www.notar.de.
2 Vgl. BR-Drs. 602/16, 83.
3 Vgl. BR-Drs. 602/16, 82.

II. Notarverzeichnis (Abs. 1)

2 Das Notarverzeichnis ist nach der Legaldefinition in Abs. 1 S. 1 ein elektronisches Verzeichnis der Notare und Notariatsverwalter. Das Notarverzeichnis wird von der Bundesnotarkammer geführt, die die technische Infrastruktur zur Verfügung stellt. Die Eintragungen in das Notarverzeichnis erfolgen im Wesentlichen durch die jeweilige regionale Notarkammer und nur in bestimmten Fällen durch die Bundesnotarkammer oder die Aufsichtsbehörde (vgl. Abs. 3 S. 2 und 3). Denn die Notarkammern sind Ansprechpartner der Landesjustizverwaltungen im Hinblick auf den Amtsstatus der Notare (vgl. § 67 Abs. 6) und deshalb im Besitz der einzutragenden Daten. Da die Notarkammern von den Landesjustizverwaltungen unverzüglich zu informieren sind und jene daraufhin unverzüglich die Eintragungen vorzunehmen haben, ist die Aktualität des Notarverzeichnisses gewährleistet.[4]

III. Zweck des Notarverzeichnisses (Abs. 2)

3 Zweck des Notarverzeichnisses ist einerseits die Information der Öffentlichkeit (Behörden und Gerichte, Rechtsuchende und andere am Rechtsverkehr Beteiligte) sowie andererseits die Aufgabenerfüllung der Notarkammern und der Bundesnotarkammer. Das Notarverzeichnis wirkt also nach außen und innen. Die Information der Öffentlichkeit wird insbes. durch ein elektronisches Suchsystem gewährleistet, das jedermann die unentgeltliche Einsicht in das Notarverzeichnis ermöglicht. Die Einsichtnahme erfolgt ausschließlich über das Internet und erfordert keine Registrierung (§ 9 Abs. 1 NotVPV). Möglich ist eine Notarsuche und eine Urkundensuche (§ 10 Abs. 1 NotVPV).

IV. Inhalt des Notarverzeichnisses (Abs. 3, 4)

4 Was in das Notarverzeichnis einzutragen ist, ist in Abs. 3 näher geregelt.[5] Die Vorschrift gilt für Notariatsverwalter entsprechend (vgl. Abs. 4).

5 Einzutragen sind zunächst die von der Landesjustizverwaltung nach § 67 Abs. 6 mitgeteilten Tatsachen (ua Bestellung eines Notars oder Notarvertreters, das Erlöschen des Amtes, Verlegung des Amtssitzes) unter Angabe des jeweils maßgeblichen Datums (Abs. 3 S. 1 Nr. 1). Um die Urkundensuche zu erleichtern, können auch Notare außer Dienst eingetragen werden (§ 1 Abs. 2 NotVPV). Die Eintragungen sollen stetig fortgeschrieben werden, um eine chronologische Darstellung zu ermöglichen. Die historischen Daten müssen dauerhaft gespeichert bleiben, um die Zuständigkeit für die Verwahrung notarieller Urkunden ermitteln zu können. Auch die Daten ausgeschiedener Notare können dauerhaft gespeichert werden, wenn dies zur Aufgabenerfüllung der Notarkammer oder der Bundesnotarkammer erforderlich ist (etwa für die Protokollierung vergangener Zugriffe, für Dokumentations- oder Abrechnungszwecke oder zur Verwaltung der Daten ehemaliger Mitglieder).[6]

6 Einzutragen sind des Weiteren der Familienname und der oder die Vornamen sowie frühere Familiennamen, die der Notar seit seiner Bestellung geführt hat (Abs. 3 S. 1 Nr. 2) sowie das – nicht öffentlich einsehbare[7] – Geburtsdatum (§ 2 Abs. 4 NotVPV). Die Eintragung soll Urkundsbeteiligten helfen, den Notar ausfindig zu machen, um etwa eine Ausfertigung beantragen zu können.[8] Ist einem

4 Vgl. BR-Drs. 602/16, 83 f.
5 Die Vorschrift ist an § 31 Abs. 3 und 4 BRAO angelehnt, vgl. BR-Drs. 602/16, 83.
6 Vgl. BR-Drs. 602/16, 84.
7 Vgl. § 9 Abs. 2 NotVPV.
8 Vgl. BR-Drs. 602/16, 84.

Notar gem. § 51 Abs. 1 und 3 die Aktenverwahrung übertragen, so ist auch dies einzutragen (Abs. 3 S. 1 Nr. 3). Sofern die Notarkammer (§ 51 Abs. 1 S. 1 BNotO) anstelle des Amtsgerichts die Akten verwahrt, kann das Notarverzeichnis dies entsprechend kenntlich machen.[9] In das Notarverzeichnis sind außerdem der Amtssitz, die Anschrift von Geschäftsstellen sowie die Orte und Termine auswärtiger Sprechtage (Abs. 3 S. 1 Nr. 4 und § 3 Abs. 1 NotVPV), die Kammerzugehörigkeit (Abs. 3 S. 1 Nr. 5), die Bezeichnung des besonderen elektronischen Notarpostfachs (Abs. 3 S. 1 Nr. 6; § 78n), die Telekommunikationsdaten (Abs. 3 S. 1 Nr. 7 und § 3 Abs. 2 NotVPV) sowie die Sprachkenntnisse (Abs. 3 S. 1 Nr. 8 und § 2 Abs. 5 NotVPV), die der Notar – freiwillig – mitgeteilt hat, einzutragen. Die Rechtsuchenden sollen sich dadurch über die Erreichbarkeit eines Notars für Beurkundungen, aber auch für Vollzugs- und Treuhandtätigkeiten im Rahmen der vorsorgenden Rechtspflege informieren können.[10]

Für die Eintragungen zu Abs. 3 S. 1 Nr. 1–5 sind die jeweiligen Notarkammer, 7
für die Eintragungen zu Abs. 3 S. 1 Nr. 6–8 ist die Bundesnotarkammer zuständig.[11] Mit der Zuständigkeit für die Eintragung der in das Notarverzeichnis einzutragenden Daten geht die datenschutzrechtliche Verantwortung einher.

Auch Notarvertreter sind für die Dauer ihrer Bestellung in das Notarverzeich- 8
nis einzutragen (vgl. § 5 NotVPV); öffentlich einsehbar ist ihre Bestellung aber nur, wenn der Vertretene rechtlich an der Wahrnehmung seines Amtes gehindert ist (zB im Falle einer vorläufigen Amtsenthebung) (§ 9 Abs. 4 NotVPV). Die Eintragung von Notarvertretern kann auch unmittelbar durch die zuständige Aufsichtsbehörde erfolgen. Diese Regelung soll die Vertreterbestellung aufgrund eines im Aufbau befindlichen elektronischen Systems zur Vertreterbestellung erleichtern. Die für die Vertreterbestellung zuständigen Präsidenten der Landgerichte können die bereits im Antragsverfahren gelieferten Daten in die Vertreterbestellungsurkunde übernehmen und diese unmittelbar im Notarverzeichnis speichern.[12] Für die Dauer ihrer Bestellung sollen auch die Notarvertreter einen eigenen Zugang zu den informationstechnischen Systemen der Bundesnotarkammer (insbes. zum Elektronischen Urkundenarchiv sowie zum Elektronischen Notaraktenspeicher) erhalten, um eine effektive und sichere Benutzer- und Zugangsverwaltung sicherzustellen.[13]

V. Datenübernahme aus dem Rechtsanwaltsverzeichnis (Abs. 5)

Da bereits ein Rechtsanwaltsverzeichnis mit entsprechenden Einträgen besteht, 9
können diese Daten im Falle von Anwaltsnotaren und bei der Bestellung von Rechtsanwälten zum Notarvertreter von dort automatisch importiert werden. Mehraufwand und potenzielle Fehler werden dadurch vermieden.[14]

VI. Datensparsamkeit (Abs. 6)

Daten, die nicht mehr benötigt werden, sind zu löschen. Das gilt, wenn die 10
Daten nicht länger erforderlich sind, um die Rechtsuchenden über die Zuständigkeit für die Verwahrung von Akten und Verzeichnissen eines Notars zu in-

9 Vgl. BR-Drs. 602/16, 84.
10 Vgl. BR-Drs. 602/16, 85.
11 Vgl. zu den Einzelheiten § 6 NotVPV. Die Regelung in Abs. 3 S. 2 weicht insofern von der Grundregel in Abs. 1 S. 2 ab, ohne dass der Gesetzgeber die Abgrenzung deutlich machen würde.
12 Vgl. BR-Drs. 602/16, 85.
13 Vgl. BR-Drs. 602/16, 82.
14 Vgl. BR-Drs. 602/16, 85.

formieren oder die Daten sonst zur Erfüllung der Aufgaben der Notarkammer oder der Bundesnotarkammer nicht mehr erforderlich sind.[15]

§ 78m Verordnungsermächtigung zum Notarverzeichnis

(1) [1]Das Bundesministerium der Justiz und für Verbraucherschutz regelt durch Rechtsverordnung mit Zustimmung des Bundesrates die Einzelheiten der Datenerhebung für das Notarverzeichnis, der Führung des Notarverzeichnisses und der Einsichtnahme in das Notarverzeichnis. [2]Soweit in der Rechtsverordnung nicht anders geregelt, bleibt die Zulässigkeit der Einrichtung gemeinsamer Verfahren nach § 11 des E-Government-Gesetzes unberührt.

(2) [1]Die Rechtsverordnung kann vorsehen oder gestatten, dass weitere den in § 78l Absatz 2 Satz 1 und 2 genannten Zwecken sowie der Bestellung einer Notarvertretung und seiner Tätigkeit dienende Angaben gespeichert werden. [2]Sie hat in diesem Fall deren Verwendungszweck näher zu bestimmen. [3]Dabei kann insbesondere das Einsichtsrecht beschränkt oder ausgeschlossen werden.

1 Die Einzelheiten der Datenerhebung für das Notarverzeichnis, der Führung des Notarverzeichnisses und der Einsichtnahme in das Notarverzeichnis (§ 78l) (einschließlich der Dauer der Speicherung der Angaben)[1] sind in der aufgrund von § 78m erlassenen Verordnung über das Notarverzeichnis und die besonderen elektronischen Notarpostfächer (Notarverzeichnis- und -postfachverordnung – NotVPV) näher geregelt (§§ 1–11 NotVPV).[2] Die Einrichtung gemeinsamer Verfahren nach § 11 des EGovG[3] (wie etwa die elektronische Vertreterbestellung) bleibt möglich, soweit in der Rechtsverordnung nicht abweichend geregelt.

2 Die Rechtsverordnung soll auch dazu dienen, künftigen technischen Entwicklungen Rechnung zu tragen.[4] Die Rechtsverordnung kann daher in Zukunft vorsehen, dass über die in § 78l Abs. 3 genannten Angaben hinaus weitere Angaben gespeichert werden, wenn diese den in § 78l Abs. 2 S. 1 und 2 genannten Zwecken sowie der Bestellung eines Notarvertreters und seiner Tätigkeit dienen. Das gilt etwa für die von den Notaren zu verwaltenden Unterberechtigungen für ihre Mitarbeiter, Abrechnungsdaten (etwa Lastschrifteinzugsermächtigungen für von den Notaren an die Bundesnotarkammer oder die Registerbehörde zu entrichtende Gebühren), Protokolldaten, Verschlüsselungszertifikate und andere Zertifikate oder verschlüsselte Zugangsdaten zu externen Systemen wie Handelsregister- oder Grundbuchportal. Des Weiteren soll das Notarverzeichnis dadurch auch für ein elektronisches Vertreterbestellungsverfahren ausgebaut werden können.[5]

---

15 Vgl. zu den Einzelheiten § 8 NotVPV.
1 Vgl. BR-Drs. 602/16, 86.
2 Zum Inhalt der NotVPV vgl. die Hinweise in § 78l.
3 Vgl. E-Government-Gesetz v. 25.7.2013, BGBl. I 2749, zuletzt geändert durch Art. 1 des Gesetzes v. 5.7.2017, BGBl. 2017 I 2206.
4 Vgl. BR-Drs. 602/16, 86.
5 Vgl. BR-Drs. 602/16, 86; Frenz/Miermeister/*Frohn* BNotO § 78m Rn. 7 f.

§ 78n Besonderes elektronisches Notarpostfach; Verordnungsermächtigung

(1) Die Bundesnotarkammer richtet zum 1. Januar 2018 für jeden in das Notarverzeichnis eingetragenen Notar ein persönliches elektronisches Postfach ein (besonderes elektronisches Notarpostfach).

(2) [1]Die Bundesnotarkammer hat sicherzustellen, dass der Zugang zum besonderen elektronischen Notarpostfach nur durch ein sicheres Verfahren mit zwei voneinander unabhängigen Sicherungsmitteln möglich ist. [2]Die Bundesnotarkammer kann unterschiedlich ausgestaltete Zugangsberechtigungen für Notare und andere Personen vorsehen. [3]Sie ist berechtigt, die in dem besonderen elektronischen Notarpostfach gespeicherten Nachrichten nach angemessener Zeit zu löschen. [4]Das besondere elektronische Notarpostfach soll barrierefrei ausgestaltet sein.

(3) [1]Wird das Erlöschen des Amtes des Notars oder die vorläufige Amtsenthebung in das Notarverzeichnis eingetragen, hebt die Bundesnotarkammer die Zugangsberechtigung zum besonderen elektronischen Notarpostfach auf. [2]Sie löscht das besondere elektronische Notarpostfach, sobald es nicht mehr benötigt wird.

(4) Die Absätze 1 bis 3 gelten für Notariatsverwalter entsprechend.

(5) [1]Die Bundesnotarkammer kann auch für Notarvertretungen, für Notarassessoren, für sich selbst, für die Notarkammern und für andere notarielle Einrichtungen besondere elektronische Notarpostfächer einrichten. [2]Absatz 2 Satz 1, 3 und 4 ist anzuwenden.

(6) Der Inhaber des besonderen elektronischen Notarpostfachs ist verpflichtet, die für dessen Nutzung erforderlichen technischen Einrichtungen vorzuhalten sowie Zustellungen und den Zugang von Mitteilungen über das besondere elektronische Notarpostfach zur Kenntnis zu nehmen.

(7) Das Bundesministerium der Justiz und für Verbraucherschutz regelt durch Rechtsverordnung mit Zustimmung des Bundesrates die Einzelheiten der besonderen elektronischen Notarpostfächer, insbesondere Einzelheiten

1. ihrer Einrichtung und der hierzu erforderlichen Datenübermittlung,
2. ihrer technischen Ausgestaltung einschließlich ihrer Barrierefreiheit,
3. ihrer Führung,
4. der Zugangsberechtigung und der Nutzung,
5. des Löschens von Nachrichten und
6. ihrer Löschung.

I. Allgemeines

1 Die Notare sind Vorreiter des elektronischen Rechtsverkehrs. Bereits seit 2007 nutzen sie das Elektronische Gerichts- und Verwaltungspostfach (EGVP) und reichen hierüber bspw. Handelsregisteranmeldungen ein. Hierfür und um elektronische Zeugnisse gem. § 39a BeurkG herstellen zu können, sind sie mit einer qualifiziert elektronischen Signatur ausgestattet. Dieser Übermittlungsweg ist und bleibt auch nach Einführung des besonderen elektronischen Notarpostfachs (beN) der in der Praxis relevante. Das beN bietet dem Notar daneben einen sicheren Übermittlungsweg iSv § 130a Abs. 4 ZPO für die Kommunikation mit Behörden und Gerichten und erfüllt damit die Pflicht der Notare, gem.

§ 174 Abs. 3 S. 4 ZPO einen sicheren Übermittlungsweg für die Zustellung elektronischer Dokumente zu eröffnen. Im Bereich des Anwaltsnotariats steht das beN neben dem besonderen elektronischen Anwaltspostfach (beA). Beide weisen zwar Ähnlichkeiten auf, sind aber unabhängig voneinander.[1]

II. Einrichtung des beN (Abs. 1)

2 Seit dem 1.1.2018 hat jeder Notar Zugriff auf ein beN. Das beN ist an das Amt des Notars gekoppelt, es handelt sich nicht um ein höchstpersönliches Postfach.[2] Verantwortlich für die Einrichtung des beN ist die Bundesnotarkammer. Nutzt der Notar das Programm XNotar, kann das beN in diese Anwendung oder auch in jede andere Notariatssoftware eingebunden werden.

3 Die Bestimmungen zum beN gelten für den Notariatsverwalter entsprechend, Abs. 4. Notarvertreter erhalten dagegen kein eigenes beN. Sie sind – wie Mitarbeiter auch – aber berechtigt, Nachrichten zu lesen und zu versenden (→ Rn. 4), allerdings nur mit den dort genannten Einschränkungen. In der Praxis nutzt der Notarvertreter daher die qualifiziert elektronische Signatur (mit Vertreternachweis) anstelle des beN.

III. Zugang zum beN (Abs. 2)

4 Der – barrierefreie[3] – Zugang zum beN hat durch ein sicheres Verfahren mit zwei voneinander unabhängigen Sicherungsmitteln zu erfolgen.[4] Erstes Sicherungsmittel ist die Einbindung in das von der Bundesnotarkammer betriebene Notarnetz, das nur über die den Notaren zur Verfügung gestellte Registerbox oder eine Notarnetzbox erreichbar ist. Zweites Sicherungsmittel ist die Anmeldung über die Signaturkarte und die zugehörige PIN. Alternativ ist auch eine Anmeldung mit Nutzername und Passwort möglich. Hierdurch erhalten auch Notariatsmitarbeiter einen Zugang zum beA. Sie sind berechtigt, Nachrichten sowohl zu lesen als auch zu versenden, allerdings nicht iS eines sicheren Übermittlungsweges gem. § 130a Abs. 4 ZPO. Dies ist dem Notar vorbehalten, der sich hierzu mit seiner Signaturkarte anmeldet (vgl. auch § 15 Abs. 2 NotVPV).

5 Da das beN der Kommunikation, nicht aber der Archivierung eingegangener Nachrichten dient,[5] können die Nachrichten frühestens 120 Tage nach ihrem Eingang gelöscht werden (§ 17 NotVPV). Es ist daher Aufgabe des Notars, Nachrichten regelmäßig abzurufen und selbstständig zu archivieren.

IV. Rechtsverordnung (Abs. 5)

6 Die Einzelheiten der beN sind in den §§ 12–20 NotVPV näher geregelt.

§ 78o Beschwerde

(1) Gegen Entscheidungen der Registerbehörde nach den §§ 78a bis 78g und der Urkundenarchivbehörde nach § 78j, auch soweit diese auf Grund einer Rechtsverordnung oder Satzung nach den genannten Vorschriften erfolgen, findet ohne Rücksicht auf den Wert des Beschwerdegegenstandes die Beschwerde

1 Vgl. Frenz/Miermeister/*Frohn* BNotO § 78n Rn. 3.
2 Vgl. BR-Drs. 602/16, 88.
3 S. § 78n Abs. 2 S. 4, § 13 Abs. 2 NotVPV.
4 Vgl. auch § 16 NotVPV.
5 Vgl. BR-Drs. 602/16, 88.

nach den Vorschriften des Gesetzes über das Verfahren in Familiensachen und in den Angelegenheiten der freiwilligen Gerichtsbarkeit statt, soweit sich nicht aus den folgenden Absätzen etwas anderes ergibt.

(2) [1]Die Beschwerde ist bei der Behörde einzulegen, die die Entscheidung getroffen hat. [2]Diese kann der Beschwerde abhelfen. [3]Beschwerden, denen sie nicht abhilft, legt sie dem Landgericht am Sitz der Bundesnotarkammer vor.

(3) Die Rechtsbeschwerde ist nicht zulässig.

Gegen Entscheidungen der Bundesnotarkammer als Registerbehörde gem. §§ 78a–78g[1] und als Urkundenarchivbehörde gem. § 78j ist die Beschwerde nach den Vorschriften des FamFG statthaft. Erfasst sind auch Entscheidungen aufgrund der nach diesen Vorschriften erlassenen Rechtsverordnungen. Ausgenommen sind Entscheidungen der Urkundenarchivbehörde, die nicht Gebührentatbestände betreffen (zB Notaraktenspeicher, Notarverzeichnis, beN). In diesen Fällen sind die Vorschriften über die verwaltungsrechtlichen Notarsachen anwendbar (§ 111). 1

Die Beschwerde ist unabhängig von der Höhe des Beschwerdegegenstands zulässig.[2] Sie ist bei der Bundesnotarkammer einzulegen. Beschwerdeberechtigt ist derjenige, der durch den Beschluss in seinen Rechten beeinträchtigt ist (§ 59 Abs. 1 FamFG), sowie der Antragsteller (§ 59 Abs. 2 FamFG). Die Beschwerde ist binnen eines Monats ab schriftlicher Bekanntgabe der Entscheidung einzulegen (§ 63 Abs. 1, 3 S. 1 FamFG)[3] und soll begründet werden (§ 65 Abs. 1 FamFG). Die Bundesnotarkammer kann ihre Entscheidung rückgängig machen. Hilft sie der Beschwerde nicht ab, legt sie diese dem Landgericht Berlin vor (Abs. 2 S. 2, 3). Das Landgericht entscheidet durch Beschluss gem. § 69 FamFG in letzter Instanz. Eine Rechtsbeschwerde gem. §§ 70 ff. FamFG ist nicht zulässig (Abs. 3). 2

§ 78p Videokommunikationssystem für Urkundstätigkeiten; Verordnungsermächtigung

(1) Die Bundesnotarkammer betreibt ein Videokommunikationssystem, das den Notaren die Vornahme von Urkundstätigkeiten mittels Videokommunikation nach den §§ 16a bis 16e und 40a des Beurkundungsgesetzes ermöglicht.

(2) Der Betrieb des Videokommunikationssystems umfasst insbesondere auch

1. **die technische Abwicklung der Videokommunikation zwischen den Notaren und den Beteiligten,**
2. **die technische Durchführung eines elektronischen Identitätsnachweises nach § 16c Satz 1 des Beurkundungsgesetzes,**
3. **das Auslesen eines elektronischen Speicher- und Verarbeitungsmediums nach § 16c Satz 2 des Beurkundungsgesetzes und**
4. **das Erstellen einer qualifizierten elektronischen Signatur und das Versehen der elektronischen Urkunde mit dieser.**

---

1 Beispiele bei Diehn/*Diehn* BNotO § 78o Rn. 2.

2 Vgl. zu dem Streit bis zum Inkrafttreten dieser Vorschrift etwa *Preuß* DNotZ 2010, 265 (273 f.).

3 Vgl. Diehn/*Diehn* BNotO § 78o Rn. 8; Frenz/Miermeister/*Simon* BNotO § 78o Rn. 2. AA Arndt/Lerch/Sandkühler/*Sandkühler* BNotO § 78f Rn. 10, wonach die Frist obsolet sei.

(3) Das Bundesministerium der Justiz und für Verbraucherschutz hat im Einvernehmen mit dem Bundesministerium des Innern, für Bau und Heimat durch Rechtsverordnung, die nicht der Zustimmung des Bundesrates bedarf, die näheren Bestimmungen zu treffen über
1. **die technischen Anforderungen an das Videokommunikationssystem, die Videokommunikation und die elektronische Identifizierung,**
2. **die Einzelheiten der Datensicherheit und**
3. **die technische Ausgestaltung der Signaturerstellung.**

Literatur:
Blunk/Monden, Online-Beurkundungen im Gesellschaftsrecht, ZdiW 2021, 74; *Bock*, Online-Gründung und Digitalisierung im Gesellschaftsrecht – Der Richtlinienvorschlag der Europäischen Kommission, DNotZ 2018, 543; *Bormann/Stelmaszczyk*, Digitalisierung des Gesellschaftsrechts nach dem EU-Company Law Package, NZG 2019, 601; *Heckschen/Strnad*, Aktuelle Entwicklungstendenzen des Gesellschaftsrechts (Teil 2), GWR 2021, 195; *Kienzle*, Die Videobeurkundung nach dem DiRUG, DNotZ 2021, 590; *ders.* in: Herrler, Gesellschaftsrecht in der Notar- und Gestaltungspraxis, 2. Aufl. 2021, § 18a; *Knaier*, Die Digitalisierung des deutschen Gesellschaftsrechts durch den Referentenentwurf eines Gesetzes zur Umsetzung der Digitalisierungs-RL im Gesellschaftsrecht und Handelsregisterrecht (RefE-DiRUG), GmbHR 2021, 169; *Lieder*, Die Bedeutung des Vertrauensschutzes für die Digitalisierung des Gesellschaftsrechts, NZG 2020, 81; *Limmer*, Beurkundungsrecht im digitalen Zeitalter, DNotZ 2020, 419; *Linke*, Gesetz zur Umsetzung der Digitalisierungsrichtlinie (DiRUG), NZG 2021, 309; *Omlor*, Digitalisierung im EU-Gesellschaftsrechtspaket: Online-Gründung und Registerführung im Fokus, DStR 2019, 2544; *J. Schmidt*, DiRUG-RefE: Ein Digitalisierungs-Ruck für das deutsche Gesellschafts- und Registerrecht; *Stelmaszczyk/Kienzle*, GmbH digital – Online-Gründung und Online-Verfahren für Registeranmeldungen nach dem Gesetzesentwurf der Bundesregierung zum DiRUG, ZIP 2021, 765; *Vilgertshofer*, Gesellschaftsrecht im digitalen Wandel, MittBayNot 2019, 529.

I. Allgemeines; Normzweck

1 § 78p enthält die Regelungen zum Betrieb des Videokommunikationssystems für Urkundstätigkeiten und zur Ermächtigung für das Bundesministerium der Justiz und für Verbraucherschutz, nähere Bestimmungen zu einzelnen Aspekten des Videokommunikationssystems durch Rechtsverordnung zu regeln. Die Norm konkretisiert damit gemeinsam mit § 78q die in § 78 Abs. 1 S. 2 Nr. 10 durch das Gesetz zur Umsetzung der Digitalisierungsrichtlinie erstmals eingeführte **Pflichtaufgabe** der Bundesnotarkammer, ein Videokommunikationssystem zu betreiben, das die Vornahme von Urkundstätigkeiten mittels Videokommunikation nach den §§ 16a–16e und 40a ermöglicht.

2 Mit dem Gesetz zur Umsetzung der Digitalisierungsrichtlinie wird erstmal in der deutschen Rechtsgeschichte eine notarielle **Distanzbeurkundung** von Willenserklärungen eingeführt. Dabei müssen zwei wesentliche Eigenschaften der notariellen Beurkundung auch in der digitalen Welt gewährleistet werden. Zum einen sorgt die notarielle Beurkundung aus Sicht des Rechtsverkehrs für einen hohen Standard an Sicherheit und Verlässlichkeit, der mit einer Senkung von

Transaktionskosten einhergeht.[1] Zum anderen ist das Beurkundungsverfahren wesentlicher Teil des deutschen Systems der vorsorgenden Rechtspflege und hat in seiner Gesamtheit **hoheitlichen Charakter**.[2] Die Gründung von GmbHs und UGs als konstitutive gesellschaftsrechtliche Vorgänge haben etwa direkten Einfluss auf die Funktionsfähigkeit des Handelsregisters und dienen damit der **Gewährleistung staatlicher Kernfunktionen**.[3]

Um diese Eigenschaften auch bei einer Distanzbeurkundung zu gewährleisten, müssen hohe Anforderungen einerseits an die **Zuverlässigkeit und Verfügbarkeit**, andererseits an **Manipulationsresistenz, Integrität und Sicherheit** des Videokommunikationssystems gestellt werden, das zudem höchsten Anforderungen hinsichtlich Datensicherheit und Datenschutz genügen muss. Die grundgesetzliche Wertung des Art. 33 Abs. 4 GG gebietet deshalb, die Organisation des notwendigen Videokommunikationssystems nicht einem privaten Dritten zu überlassen, sondern sie als Teil der Staatsverwaltung auszugestalten. Die Bundesnotarkammer untersteht als Körperschaft des öffentlichen Rechts der Rechtsaufsicht des Bundesministeriums der Justiz und für Verbraucherschutz, § 77 Abs. 2 S. 1, und ist damit Teil der mittelbaren Staatsverwaltung, was die staatliche Kontrolle über den Betrieb des Videokommunikationssystems jederzeit und lückenlos gewährleistet.[4] Schließlich hat die Bundesnotarkammer mit Entwicklung und Unterhalt etwa des Zentralen Vorsorge- (§ 78a) und Testamentsregisters (§ 78c), von Software im Zusammenhang mit dem elektronischen Handelsregisterverkehr (§ 78 Abs. 3 Nr. 3), dem besonderen elektronischen Notarpostfach (§ 78n) und dem elektronischen Urkundenarchiv (§ 78h) bereits Expertise bei der Digitalisierung sensibler staatlicher Kernfunktionen bewiesen.[5] Für die Auswahl der Bundesnotarkammer als zuständigen Rechtsträger sprechen damit auch praktische Synergieeffekte. 3

Aus den genannten Gründen wird die Online-Beurkundung des Gesellschaftsvertrags nebst im Rahmen der Gründung gefasster Gesellschafterbeschlüsse gem. § 16a Abs. 1 **ausschließlich** über das von der Bundesnotarkammer betriebene Videokommunikationssystem zulässig sein.[6] 4

II. Unionsrechtlicher Hintergrund

Die Richtlinie (EU) 2019/151 des Europäischen Parlaments und des Rats vom 20.6.2019 zur Änderung der Richtlinie (EU) 2017/1132 im Hinblick auf den Einsatz digitaler Werkzeuge und Verfahren im Gesellschaftsrecht („Digitalisierungsrichtlinie")[7] ergänzt die bereits bestehenden und in deutsches Recht umgesetzten Vorhaben der Richtlinie (EU) 2017/1132 des Europäischen Parlaments und des Rates vom 14.6.2017 über bestimmte Aspekte des Gesellschaftsrechts.[8] 5

---

1 Vgl. etwa das Vorwort der Bundesministerin der Justiz und für Verbraucherschutz in *Dannemann/Schulze*, German Civil Code Volume I, S. V, das den Wettbewerbsvorteil des Erfordernisses notarieller Beurkundungen im internationalen Rechtsvergleich hervorhebt.

2 *Limmer* DNotZ 2020, 419 (420).

3 RegBegr. DiRUG, BT-Drs. 19/28177, 110; Herrler GesR-NotGP/*Kienzle* § 18a Rn. 7.

4 *Stelmaszczyk/Kienzle* ZIP 2021, 765 (769).

5 RegBegr. DiRUG, BT-Drs. 19/28177, 110; *J. Schmidt* ZIP 2021, 112 (113).

6 BR-Drs. 144/21, 118, 120; *Blunk/Monden* ZdiW 2021, 74 (75); Herrler GesR-NotGP/*Kienzle* § 18a Rn. 7; *Knaier* GmbHR 2021, 169 (174); *Stelmaszczyk/Kienzle* ZIP 2021, 765 (769); vgl. auch die entsprechende Kommentierung bei § 16a BNotO.

7 ABl. L 186 vom 11.7.2019, 80.

8 Richtlinie (EU) 2017/1132 vom 14.6.2017 über bestimmte Aspekte des Gesellschaftsrechts, ABl. L 169, 46.

Die so neugefasste Richtlinie verpflichtete den nationalen Gesetzgeber, Möglichkeiten zu schaffen, für die **Online-Gründung von GmbHs** und für **Online-Anmeldungen zum Handelsregister** für Kapitalgesellschaften und für die Eintragung von Zweigniederlassungen.[9] Durch die SDG-VO[10] besteht außerdem die Verpflichtung, ab dem 12.12.2023 bestimmte **Handelsregisteranmeldungen von Einzelkaufleuten** online zu ermöglichen.[11]

6 Indem die DigiRL[12] Mindestanforderungen an die Identifizierung und die Prüfung von Rechtsfähigkeit, Geschäftsfähigkeit und Vertretungsbefugnis der Beteiligten enthält, wird insoweit im Ergebnis erstmals ein **europäischer Mindeststandard** etabliert.[13] Darüber hinaus verfolgt die Richtlinie das Ziel, die **gewachsenen Strukturen** des jeweiligen nationalen Handels- und Gesellschaftsrechts **unberührt** zu lassen. Diese sollen grundsätzlich erhalten bleiben und von den nationalen Gesetzgebern in ein digitales Verfahren überführt werden.[14] Durch diese Entscheidung gegen einen disruptiven Ansatz werden Transaktionskosten vermieden und eine robuste und leistungsfähige digitale Verwaltung garantiert, die möglichem Missbrauchspotential von Online-Verfahren souverän präventiv begegnen kann.[15] Diese gesetzgeberische Grundentscheidung ist bei der richtlinienkonformen Auslegung der nationalen Regelungen zu berücksichtigen.

7 Um den Mitgliedstaaten eine behutsame Überführung und eine Erprobung des digitalen Verfahrens zu ermöglichen, sieht die Richtlinie verschiedene **opt-out-Optionen** vor. Insbesondere wurde dem deutschen Gesetzgeber ermöglicht, die Online-Gründung von Kapitalgesellschaften lediglich auf GmbHs (einschließlich der UG (haftungsbeschränkt)) und nur auf Bargründungen zu beschränken, Art. 13g, 13h DigiRL.[16] Der nationale Gesetzgeber hat von den opt-out-Optionen sämtlich Gebrauch gemacht und sich für eine **Mindestumsetzung** entschieden. Auch die Entscheidung des nationalen Gesetzgebers, das digitalisierte Gesellschaftsrecht in einem engen Anwendungsbereich zu erproben, muss bei der Auslegung der einzelnen Normen berücksichtigt werden.

---

9 RegBegr. DiRUG, BT-Drs. 19/28177, 62.

10 Verordnung (EU) 2018/1724 vom 2.10.2018 über die Einrichtung eines einheitlichen digitalen Zugangstors zu Informationen, Verfahren, Hilfs- und Problemlösungsdiensten und zur Änderung der Verordnung (EU) Nr. 1024/2012, ABl. 2018 L 299, 1.

11 Herrler GesR-NotGP/*Kienzle* § 18a Rn. 1.

12 Richtlinie (EU) 2019/151 vom 20.6.2019 zur Änderung der Richtlinie (EU) 2017/1132 im Hinblick auf den Einsatz digitaler Werkzeuge und Verfahren im Gesellschaftsrecht, ABl. 2019 L 186, 80.

13 *Bormann/Stelmaszczyk* NZG 2019, 601 (607); Herrler GesR-NotGP/*Kienzle* § 18a Rn. 2.

14 Insbesondere die in den Mitgliedstaaten etablierte Rolle von Notarinnen und Notaren im Rahmen der vorsorgenden Rechtspflege soll dabei unberührt bleiben, so dass die Mitgliedsstaaten zur Erfüllung der Anforderungen der Richtlinie nach Art. 13c Abs. 1, 13g Abs. 4 lit. c, Erwägungsgrund 19 DigiRL gemäß ihren Rechtsordnungen und Rechtstraditionen diese in das digitale Verfahren überführen können; vgl. hierzu insbesondere *Bormann/Stelmaszczyk* NZG 2019, 601 (602). Zustimmend auch *Bormann/Stelmaszczyk* NZG 2019, 601 (609); *Lieder* NZG 2018, 1081 (1087); *Teichmann* ZIP 2018, 2541 (2543); ders., GmbHR 2018, 1 (11).

15 *Stelmaszczyk/Kienzle* ZIP 2021, 765 (765); *Bormann/Stelmaszczyk* NZG 2019, 601 (602).

16 Richtlinie (EU) 2019/151 vom 20.6.2019 zur Änderung der Richtlinie (EU) 2017/1132 im Hinblick auf den Einsatz digitaler Werkzeuge und Verfahren im Gesellschaftsrecht, ABl. 2019 L 186, 80.

III. Videokommunikationssystem zur Vornahme notarieller Urkundstätigkeit (Abs. 1)

§ 78p konkretisiert die Anforderungen, die an das Videokommunikationssystem zu stellen sind, indem es auf die in den §§ 16a-16e, 40a vorgesehenen Fälle von Beurkundung und Beglaubigung verweist. Das Videokommunikationssystem muss alle für die dort genannten Urkundstätigkeiten notwendigen Anforderungen genügen. Neben den unter (I.) dargestellten hohen Anforderungen an Integrität und Zuverlässigkeit handelt es sich dabei vor allem um **beurkundungsrechtliche Vorgaben**. Der europäische wie auch der deutsche Gesetzgeber verfolgten das Ziel, die nationalen Strukturen des Handels- und Gesellschaftsrechts zu wahren und lediglich in ein digitales Medium zu überführen.[17] Insbesondere die beurkundungsrechtlichen Vorgaben zur **Feststellung der Beteiligten** und zur **Unterzeichnung der Niederschrift** bleiben im Grundsatz bestehen und werden in § 16c und § 16b Abs. 4 lediglich funktionsäquivalent an das elektronische Vorgehen angepasst, so dass das Videokommunikationssystem die Identifizierung per eID und Lichtbildabgleich sowie die Anbringung einer qualifizierten elektronischen Signatur an die elektronische Niederschrift ermöglichen muss.[18] 8

Die Bundesnotarkammer hat bereits früh einen funktionsfähigen **Prototyp** des Videokommunikationssystems vorgestellt, der bis zum Go-Live-Datum am 1.8.2022 für den Publikumsbetrieb flächendeckend einsatzbereit sein wird.[19] Das Videokommunikationssystem wird dabei in ein von der Bundesnotarkammer bereitgestelltes Online-Portal eingebettet, das neben der sicheren Videokommunikation zwischen den Notarinnen und Notaren und den Beteiligten auch den sicheren Austausch von Entwürfen und sonstigen Dokumenten ermöglicht. Ausgangspunkt ist die Registrierung der Beteiligten im Online-Portal unter Verwendung eines elektronischen Identitätsnachweises im Sinne des § 16c, die auch dem Zweck dient, ein qualifiziertes Signaturzertifikat für alle Beteiligten zu erstellen, um die spätere Anbringung der qualifizierten elektronischen Signaturen an die elektronische Niederschrift zu ermöglichen.[20] 9

Die Beteiligten benötigen zur Inanspruchnahme von Urkundstätigkeiten mittels des Videokommunikationssystems dann neben einem **handelsüblichen Computer mit Kamera, Mikrofon und leistungsfähiger Internetverbindung** lediglich einen **elektronischen Identitätsnachweis** im Sinne des § 16c, einen **NFC-fähigen amtlichen Ausweis**, der das Auslesen des Lichtbildes unterstützt (etwa der deutsche Reisepass oder deutsche Personalausweise, die dieses Verfahren bereits unterstützen), und ein geeignetes **Smartphone** zum Auslesen der eID und des 10

17 ABl. 2019 L 186, 80, Erwägungsgrund 20; Regierungsentwurf, S. 1; zustimmend auch *Bormann/Stelmaszczyk* NZG 2019, 601 (609); *Lieder* NZG 2018, 1081 (1087); *Teichmann* ZIP 2018, 2541 (2543); ders., GmbHR 2018, 1 (11).

18 RegBegr. DiRUG, BT-Drs. 19/28177, 110.

19 *Vilgertshofer* MittBayNot 2019, 529 (531); *Stelmaszczyk/Kienzle* ZIP 2021, 765 (767).

20 *Stelmaszczyk/Kienzle* ZIP 2021, 765 (767).

Lichtbildes. Aus Sicht der Beteiligten wird so der von der Richtlinie erstrebte niedrige Zeit- und Verwaltungsaufwand erreicht.[21]

IV. Umfang des „Betriebs des Videokommunikationssystems"

11 Absatz 2 konkretisiert die Reichweite der in § 78 Abs. 1 S. 2 Nr. 10, § 78p Abs. 1 enthaltenen Pflichtaufgabe der Bundesnotarkammer, ein Videokommunikationssystem zu betreiben, das die Vornahme der Urkundstätigkeiten nach den §§ 16a-16e, 40a ermöglicht. Die Norm stellt dabei lediglich klar, dass sich die der Bundesnotarkammer zugewiesenen Aufgabe **nicht im Angebot eines Tools zur Videokommunikation erschöpft**, sondern dass auch deren technische Abwicklung (Nr. 1) und insbesondere die technische Ermöglichung des Feststellens der Beteiligten (Nr. 2 und 3) und der Unterzeichnung der Niederschrift (Nr. 4) vom Umfang der Aufgabenzuweisung erfasst sind.

12 Hinsichtlich der **Art und Weise der technischen Abwicklung** der Videokommunikation ist die Bundesnotarkammer im Rahmen der technischen Anforderungen, die das Bundesministerium der Justiz und für Verbraucherschutz nach Abs. 3 Nr. 1 per Rechtsverordnung noch zu treffen hat, grundsätzlich frei. Neben der gewählten Browser-Anwendung samt App zum Auslesen von eID und Lichtbild wäre etwa auch eine zu installierende Software-Lösung denkbar gewesen, wobei Verordnungsgeber und Bundesnotarkammer allerdings die in der Richtlinie (EU) 2019/1151 enthaltene Wertung beachten müssen, dass die letztlich gewählte technische Lösung bei Erfüllung der hohen Anforderungen an Sicherheit und Vertraulichkeit für die Beteiligten mit möglichst wenig Aufwand verbunden sein soll.

13 Indem in Abs. 2 Nr. 1 die technische Abwicklung der Videokommunikation zwischen Notar und Beteiligten noch einmal explizit genannt wird, stellt der Gesetzgeber klar, dass es sich bei der ***gesamten* technischen Abwicklung** der Videokommunikation um einen hoheitlichen Vorgang handelt, der von der Pflichtaufgabe der Bundesnotarkammer als Körperschaft des öffentlichen Rechts umfasst sein muss. Die Einschätzung überzeugt. Die Notarinnen und Notare nehmen als unabhängige Trägerinnen und Träger eines öffentlichen Amtes Staatsfunktionen wahr. Dabei sind sowohl die Beurkundungsverhandlung wie auch die Beglaubigung von Unterschriften als nicht öffentliche Verfahren ausgestaltet. Bei der Überführung der Urkundstätigkeit in die digitale Welt verbietet diese Verfahrensmaxime jegliche, auch automatisierte, Verarbeitung und (Zwischen-)Speicherung von Daten, die im Zusammenhang mit der Urkundstätigkeit stehen, durch private Dritte. Auch die grundgesetzliche Wertung des Art. 33 Abs. 4 GG gebietet, dass bei der Digitalisierung von Verwaltungshandeln die gesamte technische Abwicklung von Trägern öffentlicher Gewalt

21 *Stelmaszczyk/Kienzle* ZIP 2021, 765 (770) weisen aber zurecht darauf hin, dass aus Sicht der Beteiligten die Notwendigkeit zweier separater Auslesevorgänge (erst für die elektronische Identifizierung, dann für das Auslesen des Lichtbildes) einen vermeidbaren Verwaltungsaufwand darstellt. Technisch denkbar wäre etwa eine Erweiterung des elektronischen Identitätsnachweises um das Lichtbild, was es den Beteiligten ermöglichen würde, persönliche Daten und Lichtbild im selben Auslesevorgang an die Notarin oder den Notar zu übermitteln. Eine entsprechende Anpassung des Personalausweisgesetzes war im Referentenentwurf des DiRUG noch vorgesehen und sollte bei Evaluierung der technischen und rechtlichen Rahmenbedingungen im Sinne der europarechtlich geforderten Nutzerfreundlichkeit nachgebessert werden.

durchgeführt werden muss. Staatliche Kernfunktionen müssen außerdem grundsätzlich über inländische Server abgewickelt werden.[22]

V. Verordnungsermächtigung (Abs. 3)

Nach Abs. 3 hat das Bundesministerium der Justiz und für Verbraucherschutz im Einvernehmen mit dem Bundesministerium des Innern, für Bau und Heimat durch Rechtsverordnung nähere Bestimmungen zu treffen über die technischen Anforderungen an das Videokommunikationssystem, die Videokommunikation und die elektronische Identifizierung (Abs. 3 Nr. 1), die Einzelheiten der Datensicherheit (Abs. 3 Nr. 2) und der technischen Ausgestaltung der Signaturerstellung (Abs. 3 Nr. 3). Die Verordnung bedarf nicht der Zustimmung des Bundesrates, wobei es sich bei Abs. 3 insoweit lediglich um eine deklaratorische Vorschrift handelt, Art. 80 Abs. 2 GG. Mit § 78p Abs. 3 bewegt sich der Gesetzgeber im Spannungsfeld der Wesentlichkeitstheorie (→ § 16a Rn. 13, 19). Die wesentlichen Entscheidungen hinsichtlich des „Ob" und des „Wie" des virtuellen Beurkundungsverfahrens muss der Gesetzgeber auf Ebene des formellen Gesetzes treffen. § 78p Abs. 3 verlagert entsprechend nur die Regelung der näheren technischen Eigenschaften des Systems auf Verordnungsebene.[23] 14

In der noch zu erlassenden Verordnung werden insbesondere die bei der Kommunikation einzuhaltenden Sicherheitsstandards zu regeln sein.[24] Das Bundesministerium der Justiz und für Verbraucherschutz wird in der Verordnung vor allem den Konflikt auflösen müssen zwischen dem Bestreben, das Online-Verfahren einem möglichst großen Personenkreis zugänglich zu machen, und der Notwendigkeit, technische Mindestanforderungen festzuschreiben, um etwa den Lichtbildabgleich nach § 16c S. 1 und die Erfüllung sonstiger notarieller Pflichten ermöglichen zu können.[25] Der *effet utile* der Art. 13b, 13g DigiRL[26] gebietet dabei, an die Leistungsfähigkeit der Internetverbindung der Beteiligten keine überzogenen Anforderungen zu stellen.[27] 15

§ 78q Gebührenerhebung für das Videokommunikationssystem

(1) [1]Das Videokommunikationssystem wird durch Gebühren finanziert, zu deren Zahlung die Notare verpflichtet sind. [2]Die Gebühren sind so zu bemessen, dass der mit der Einrichtung und dem Betrieb des Videokommunikationssystems verbundene Verwaltungsaufwand einschließlich der Personal- und Sachkosten gedeckt wird.

(2) [1]Die Bundesnotarkammer bestimmt die Gebühren nach Absatz 1 und die Art ihrer Erhebung durch eine Gebührensatzung. [2]Die Gebührensatzung bedarf der Genehmigung des Bundesministeriums der Justiz und für Verbraucherschutz. [3]Die Höhe der Gebühren ist regelmäßig zu überprüfen.

---

22 Stelmaszczyk/Kienzle, ZIP 2021, 765 (769).

23 Gänzlich undenkbar wäre aus vorgenannten Gründen etwa, den Anwendungsbereich des Onlineverfahrens per Verordnung zu regeln.

24 RegBegr. DiRUG, BT-Drs. 19/28177, 111.

25 *Stelmaszczyk/Kienzle* ZIP 2021, 765 (766).

26 Richtlinie (EU) 2019/151 vom 20.6.2019 zur Änderung der Richtlinie (EU) 2017/1132 im Hinblick auf den Einsatz digitaler Werkzeuge und Verfahren im Gesellschaftsrecht, ABl. 2019 L 186, 80.

27 *J. Schmidt* ZIP 2021, 112 (115).

Literatur:
Blunk/Monden, Online-Beurkundungen im Gesellschaftsrecht, ZdiW 2021, 74; *Bock,* Online-Gründung und Digitalisierung im Gesellschaftsrecht – Der Richtlinienvorschlag der Europäischen Kommission, DNotZ 2018, 543; *Bormann/Stelmaszczyk,* Digitalisierung des Gesellschaftsrechts nach dem EU-Company Law Package, NZG 2019, 601; *Heckschen/Strnad,* Aktuelle Entwicklungstendenzen des Gesellschaftsrechts (Teil 2), GWR 2021, 195; *Kienzle,* Die Videobeurkundung nach dem DiRUG, DNotZ 2021, 590; *ders.* in Herrler, Gesellschaftsrecht in der Notar- und Gestaltungspraxis, 2. Aufl. 2021, § 18a; *Knaier,* Die Digitalisierung des deutschen Gesellschaftsrechts durch den Referentenentwurf eines Gesetzes zur Umsetzung der Digitalisierungs-RL im Gesellschaftsrecht und Handelsregisterrecht (RefE-DiRUG), GmbHR 2021, 169; *Lieder,* Die Bedeutung des Vertrauensschutzes für die Digitalisierung des Gesellschaftsrechts, NZG 2020, 81; *Limmer,* Beurkundungsrecht im digitalen Zeitalter, DNotZ 2020, 419; *Linke,* Gesetz zur Umsetzung der Digitalisierungsrichtlinie (DiRUG), NZG 2021, 309; *Omlor,* Digitalisierung im EU-Gesellschaftsrechtspaket: Online-Gründung und Registerführung im Fokus, DStR 2019, 2544; *J. Schmidt,* DiRUG-RefE: Ein Digitalisierungs-Ruck für das deutsche Gesellschafts- und Registerrecht; *Stelmaszczyk/Kienzle,* GmbH digital – Online-Gründung und Online-Verfahren für Registeranmeldungen nach dem Gesetzesentwurf der Bundesregierung zum DiRUG, ZIP 2021, 765; *Vilgertshofer,* Gesellschaftsrecht im digitalen Wandel, MittBayNot 2019, 529.

I. Überblick

1 § 78q regelt die **Finanzierung** des nach § 78 Abs. 1 S. 2 Nr. 10 zu betreibenden Videokommunikationssystems, dessen Entwicklung und Betrieb mit erheblichem finanziellem Aufwand verbunden ist. Nach Abs. 1 S. 1 wird das System über Gebühren finanziert, deren gesetzliche Schuldner die Notarinnen und Notare sind. Die Höhe der Gebühren ist nach Abs. 1 S. 1 kostendeckend zu bemessen, Abs. 1 S. 1. Die Gebühren und ihre Erhöhung wird wie bereits beim Zentralen Vorsorgeregister (§ 78b Abs. 4), beim Zentralen Testamentsregister (§ 78g Abs. 4), beim Elektronischen Urkundenarchiv (§ 78j Abs. 4), und beim Elektronischen Notaraktenspeicher (§ 78k Abs. 4) durch die Bundesnotarkammer mittels einer Satzung bestimmt, die der Genehmigung des Bundesministeriums der Justiz und für Verbraucherschutz bedarf und die hinsichtlich der Höhe der Gebühren regelmäßig evaluiert werden muss.

II. Umlage

2 Gebührenschuldner sind nach Abs. 1 S. 1 die Notarinnen und Notare. Eine **Umlage der Kosten auf die Beteiligten** ist nur im Rahmen des in KV Nr. 32016 GNotKG eingeführten Auslagentatbestand möglich. Der dort enthaltene Pauschalbetrag soll diejenigen Kosten abgelten, die mit der konkreten Urkundstätigkeit mittels Videokommunikation in Verbindung stehen und damit anlassbezogen sind.[1] Indem die umlagefähigen Auslagen von den Notarinnen und Notaren abgerechnet werden, die ohnehin Beurkundungskosten erheben, wird der Verwaltungsaufwand und die Betriebskosten der Bundesnotarkammer im Rahmen des Betriebs des Videokommunikationssystems reduziert.[2]

1 RegBegr. DiRUG, BT-Drs. 19/28177, 111.
2 RegBegr. DiRUG, BT-Drs. 19/28177, 111.

III. Bemessung

Abs. 1 S. 2 trifft eine Regelung zur **Bemessung der Gebühren.** Danach sind die Gebühren so zu bemessen, dass der mit der Einrichtung und dem Betrieb des Videokommunikationssystem verbundene Aufwand einschließlich Personal- und Sachkosten gedeckt wird. Wie bereits bei den übrigen von der Bundesnotarkammer bereitgestellten EDV-Systemen gilt also der Grundsatz, dass die Gebühren den Gesamtaufwand abdecken sollen, der durch Einrichtung, Vorhalten und dauerhaften Betrieb des Videokommunikationssystems entsteht. Nach der Begründung des Regierungsentwurfes kann in der Gebührensatzung insbesondere eine pauschale Anschlussgebühr vorgesehen werden.[3] Eine **Gewinnerzielung** durch die Bundesnotarkammer ist **nicht zulässig.**[4] Die Gebühren zur Deckung des Aufwands für das Videokommunikationssystem sind getrennt von den Gebühren der übrigen von der Bundesnotarkammer bereitgestellten EDV-Systeme zu kalkulieren. 3

IV. Satzungsermächtigung

Abs. 2 S. 1 ermächtigt die Bundesnotarkammer, die Gebühren nach Absatz 1 und die Art ihrer Erhebung **durch eine Satzung** zu bestimmen, die der Genehmigung des Bundesministeriums der Justiz und für Verbraucherschutz bedarf. Zuständig für den Erlass der Satzung ist nach § 83 Abs. 1 die Generalversammlung der Bundesnotarkammer. Nach § 25 der Satzung der Bundesnotarkammer werden die Satzungen vom Präsidenten der Bundesnotarkammer ausgefertigt und in der Deutschen Notar-Zeitschrift verkündet. Das der Bundesnotarkammer zustehende Satzungsermessen kann von der Rechtsaufsichtsbehörde lediglich auf Ermessensfehler hin überprüft werden.[5] 4

Die Höhe der Gebühren ist nach Abs. 2 S. 3 regelmäßig zu überprüfen. Hinsichtlich der Gebührensatzung für das Zentrale Testamentsregister, für die dasselbe Erfordernis in § 78g Abs. 4 S. 3 normiert wurde, bedeutet dies in der Praxis, dass die Bundesnotarkammer im **Abstand von etwa fünf Jahren** eine Analyse der bestehenden Einnahmen-, Kosten- und Rücklagensituation vorzunehmen und der Rechtsaufsichtsbehörde vorzulegen hat. Weil die Prognose über den künftigen Aufwand und die künftigen Gebühreneinnahmen mit Unsicherheiten behaftet sind, ist dabei der Bundesnotarkammer als Registerbehörde ein weiter Einschätzungsspielraum zuzugestehen.[6] 5

Die **demokratietheoretischen Bedenken**, die zum Teil gegenüber Satzungen geäußert werden, die von Körperschaften erlassen werden und deren Rechtsfolgen sich nicht nur auf die Mitglieder der Körperschaften erstrecken, greifen bei der Gebührensatzung für das Videokommunikationssystem bereits auf tatbestandlicher Ebene nicht.[7] Gebührenschuldner sind die Notarinnen und Notare. Diese sind zwar nicht unmittelbar die Mitglieder der satzungsgebenden Bundesnotarkammer. Sie sind aber Mitglieder der Notarkammern, die wiederum Mitglieder der Bundesnotarkammer sind. Die für die Satzungsgebung verantwortliche Vertreterversammlung der Bundesnotarkammer wird daher mittelbar von den Gebührenschuldnern legitimiert. 6

Auch soweit die Auslagen nach den Regelungen des GNotKG auf die Beteiligten umgelegt werden, ist dies verfassungsrechtlich **unbedenklich.** Die Möglich- 7

3 RegBegr. DiRUG, BT-Drs. 19/28177, 111.
4 RegBegr. DiRUG, BT-Drs. 19/28177, 112.
5 Frenz/Miermeister/*Hüren* BNotO § 78g Rn. 19f.
6 BeckOK BNotO/*Hushahn* § 78g Rn. 2.
7 Zu den Kritikpunkten siehe zusammenfassend *Petersen* NVwZ 2013, 841.

keit von Körperschaften und Anstalten, Regelungen per Satzung selbst für Externe zu erlassen, ist in ständiger Rechtsprechung des Bundesverfassungsgerichts anerkannt[8] und etwa in § 78b Abs. 2 S. 2 oder § 78g Abs. 2 einfachgesetzlich vorgesehen. Körperschaften haben in bestimmten Materien oft einen größeren Sachverstand als das Parlament oder die Ministerialverwaltung, weshalb materielle Rechtsetzungskompetenz aus Effizienzerwägungen auf sie delegiert werden können.[9] Die in Abs. 1 S. 2 vorgesehene Erhebung der Gebühren bei den Notarinnen und Notaren mit späterer Umlage auf die Beteiligten als mittelbare Veranlasser durch ein formelles Bundesgesetz muss daher erst recht zulässig sein.[10]

§ 79 Organe

Die Organe der Bundesnotarkammer sind das Präsidium und die Generalversammlung.

§ 80 Präsidium

[1]Das Präsidium der Bundesnotarkammer besteht aus dem Präsidenten und acht weiteren Mitgliedern. [2]Fünf Mitglieder des Präsidiums müssen hauptberufliche Notare sein, vier Mitglieder müssen Anwaltsnotare sein. [3]Jeweils ein hauptberuflicher Notar und ein Anwaltsnotar amtieren dabei als Vertretung des Präsidenten.

§ 81 Wahl des Präsidiums

(1) [1]Das Präsidium wird von der Generalversammlung gewählt. [2]Wählbar sind die Präsidenten der Notarkammern und die von ihnen vorgeschlagenen Mitglieder ihrer Notarkammer.
(2) [1]Die Mitglieder des Präsidiums werden auf vier Jahre gewählt. [2]Scheidet ein Mitglied vorzeitig aus, so ist in der auf sein Ausscheiden folgenden Generalversammlung für den Rest seiner Wahlzeit ein neues Mitglied zu wählen.

[§ 81 Abs. 1 ab 1.8.2022:]
(1) [1]Das Präsidium wird von der Generalversammlung gewählt. [2]Wählbar sind die Präsidenten der Notarkammern und die von ihnen vorgeschlagenen Mitglieder ihrer Notarkammer. [3]§ 69c gilt mit der Maßgabe entsprechend, dass an die Stelle der Satzung der Notarkammer die der Bundesnotarkammer tritt.

§ 81a Verschwiegenheitspflicht; Inanspruchnahme von Dienstleistungen

(1) Für die Verschwiegenheitspflicht der Mitglieder des Präsidiums und der Angestellten der Bundesnotarkammer sowie der Personen, die von der Bundesno-

8 BVerfGE 33, 125; BVerfGE 101, 312; BVerfGE 107, 59.
9 *Petersen* NVwZ 2013, 841 (846).
10 Die Rechtmäßigkeit des entsprechend lautenden § 78g Abs. 4 bejahend LG Berlin Beschl. v. 31.5.2021 – Az. 84 T 102/20, DNotZ 2021, 607.

tarkammer oder den Mitgliedern ihres Präsidiums zur Mitarbeit herangezogen werden, gilt § 69a Absatz 1 und 2 entsprechend.

(2) Für die Inanspruchnahme von Dienstleistungen durch die Bundesnotarkammer gilt in Bezug auf Angelegenheiten, die der Verschwiegenheitspflicht des Notars nach § 18 unterliegen, § 26a Absatz 1 bis 3, 6 und 7 sinngemäß.

§ 82 Aufgaben des Präsidenten und des Präsidiums

(1) Der Präsident vertritt die Bundesnotarkammer gerichtlich und außergerichtlich.

(2) In den Sitzungen des Präsidiums führt der Präsident den Vorsitz.

(3) [1]Das Präsidium erstattet dem Bundesministerium der Justiz und für Verbraucherschutz jährlich Bericht über die Tätigkeit der Bundesnotarkammer und des Präsidiums. [2]Es zeigt ihm ferner das Ergebnis der Wahlen zum Präsidium an.

§ 83 Generalversammlung

(1) Die Bundesnotarkammer faßt ihre Beschlüsse regelmäßig auf Generalversammlungen.

(2) [1]Die der Bundesnotarkammer in § 78 Abs. 1 Nr. 4 zugewiesenen Aufgaben erledigt das Präsidium nach Anhörung der Generalversammlung. [2]In dringenden Fällen kann die Anhörung unterbleiben; die Mitglieder sind jedoch unverzüglich von den getroffenen Maßnahmen zu unterrichten.

§ 84 (weggefallen)

§ 85 Einberufung der Generalversammlung

(1) [1]Die Generalversammlung wird durch den Präsidenten schriftlich einberufen. [2]Er führt in ihr den Vorsitz. [3]Die Generalversammlung muss einberufen werden, wenn das Präsidium oder mindestens drei Notarkammern dies schriftlich unter Angabe des zu behandelnden Gegenstands beantragen.

(2) [1]Bei der Einberufung der Generalversammlung ist der Gegenstand anzugeben, über den Beschluss gefasst werden soll. [2]Über einen Gegenstand, der nicht innerhalb der in der Satzung für die Einberufung vorgesehenen Fristen mitgeteilt wurde, kann nur mit Zustimmung aller Notarkammern Beschluss gefasst werden.

(3) [1]Beschlüsse der Generalversammlung können auch ohne Zusammenkunft gefasst werden, wenn nicht mehr als drei Notarkammern widersprechen. [2]Abstimmungen sind schriftlich durchzuführen.

§ 86 Zusammensetzung und Beschlussfassung der Generalversammlung

(1) [1]In der Generalversammlung werden die Notarkammern durch ihren jeweiligen Präsidenten oder ein anderes Mitglied ihrer Notarkammer vertreten. [2]Teilnahmeberechtigt sind zudem die Mitglieder des Präsidiums der Bundesnotarkammer sowie vom Präsidenten der Bundesnotarkammer besonders zugelassene Personen.

(2) [1]In der Generalversammlung werden die Stimmen der Notarkammern nach den Einwohnerzahlen des Bezirks, für den sie gebildet sind, wie folgt gewichtet:
1. bis zu drei Millionen Einwohner einfach,
2. bis zu sechs Millionen Einwohner zweifach,
3. bis zu neun Millionen Einwohner dreifach,
4. über neun Millionen Einwohner vierfach.

[2]Die Einwohnerzahlen bestimmen sich für jeweils ein Kalenderjahr nach den vor Beginn des Jahres zuletzt veröffentlichten Zahlen des Statistischen Bundesamts.

(3) [1]In der Generalversammlung werden Beschlüsse mit der einfachen Mehrheit der abgegebenen Stimmen gefasst, soweit in diesem Gesetz oder in der Satzung der Bundesnotarkammer nichts anderes bestimmt ist. [2]Bei Stimmengleichheit gibt die Stimme des Vorsitzenden den Ausschlag; bei Wahlen entscheidet das Los.

(4) Die Ausführung von Beschlüssen unterbleibt, wenn ihr mit einer Mehrheit von mindestens drei Vierteln entweder der Stimmen, die hauptberuflichen Notaren zustehen, oder der Stimmen, die Anwaltsnotaren zustehen, widersprochen wird.

[§ 86 Abs. 1 ab 1.8.2022:]

(1) [1]In der Generalversammlung werden die Notarkammern durch ihren jeweiligen Präsidenten oder ein anderes Mitglied ihrer Notarkammer vertreten. [2]Für ein anderes Mitglied gilt § 69 Absatz 4 und 5 sinngemäß. [3]Teilnahmeberechtigt sind zudem die Mitglieder des Präsidiums der Bundesnotarkammer sowie vom Präsidenten der Bundesnotarkammer besonders zugelassene Personen.

§ 87 Bericht des Präsidiums

Das Präsidium hat der Generalversammlung über alle wichtigen Angelegenheiten zu berichten.

§ 88 Status der Mitglieder

[1]Die Mitglieder des Präsidiums und der Generalversammlung sind ehrenamtlich tätig. [2]Sie können jedoch eine angemessene Entschädigung für ihre Tätigkeit und einen Ersatz ihrer notwendigen Auslagen erhalten.

§ 89 Regelung durch Satzung

[1]Die näheren Bestimmungen über die Organe der Bundesnotarkammer und ihre Befugnisse trifft die Satzung. [2]Die Satzung und deren Änderungen sind im amtlichen Verkündungsblatt der Bundesnotarkammer bekanntzumachen.

§ 90 Auskunftsrecht

Die Bundesnotarkammer ist befugt, zur Erfüllung der ihr durch Gesetz oder Satzung zugewiesenen Aufgaben von den Notarkammern Berichte und Gutachten einzufordern.

§ 91 Erhebung von Beiträgen

(1) Die Bundesnotarkammer erhebt von den Notarkammern Beiträge, die zur Deckung des persönlichen und sachlichen Bedarfs bestimmt sind.

(2) Die Höhe der Beiträge wird von der Generalversammlung festgesetzt.

Teil 3
Aufsicht; Disziplinarverfahren; gerichtliches Verfahren in verwaltungsrechtlichen Notarsachen

Abschnitt 1 Aufsicht

§ 92 Aufsichtsbehörden

(1) Das Recht der Aufsicht steht zu

1. dem Präsidenten des Landgerichts über die Notare und Notarassessoren des Landgerichtsbezirks;

2. dem Präsidenten des Oberlandesgerichts über die Notare und Notarassessoren des Oberlandesgerichtsbezirks;

3. der Landesjustizverwaltung über sämtliche Notare und Notarassessoren des Landes.

(2) Soweit gesetzlich nichts anderes geregelt ist, bestimmt die Landesjustizverwaltung die jeweiligen Zuständigkeiten der Aufsichtsbehörden.

§ 93 Befugnisse der Aufsichtsbehörden

(1) [1]Den Aufsichtsbehörden obliegt die regelmäßige Prüfung und Überwachung der Amtsführung der Notare und des Dienstes der Notarassessoren. [2]Zusätzliche Zwischenprüfungen und Stichproben sind ohne besonderen Anlaß zulässig. [3]Bei einem neubestellten Notar wird die erste Prüfung innerhalb der ersten zwei Jahre seiner Tätigkeit vorgenommen.

(2) [1]Gegenstand der Prüfung ist die ordnungsmäßige Erledigung der Amtsgeschäfte des Notars. [2]Die Prüfung erstreckt sich auch auf die Einrichtung der Geschäftsstelle auf die Führung und Verwahrung der Akten und Verzeichnisse, auf die ordnungsgemäße automatisierte Verarbeitung personenbezogener Daten, auf die vorschriftsmäßige Verwahrung von Wertgegenständen, auf die rechtzeitige Anzeige von Vertretungen sowie auf das Bestehen der Haftpflichtversicherung. [3]In jedem Fall ist eine größere Anzahl von Urkunden und Nebenakten durchzusehen und dabei auch die Kostenberechnung zu prüfen.

(3) [1]Die Zuständigkeit zur Durchführung der Prüfung richtet sich nach den hierzu erlassenen Bestimmungen der Landesjustizverwaltung. [2]Die Aufsichtsbehörde kann nach Anhörung der Notarkammer Notare zu Prüfungen hinzuziehen. [3]Zur Durchsicht und Prüfung der Verzeichnisse und zur Prüfung der Kostenberechnungen und Abrechnungen über Gebührenabgaben einschließlich deren Einzugs sowie der Verwahrungsgeschäfte und dergleichen dürfen auch Beamte der Justizverwaltung herangezogen werden; eine Aufsichtsbefugnis steht diesen Beamten nicht zu. [4]Soweit bei dem Notar die Kostenberechnung und der Kosteneinzug bereits von der Notarkasse oder der Ländernotarkasse geprüft wird, ist eine Prüfung nicht erforderlich.

(4) [1]Der Notar ist verpflichtet, den Aufsichtsbehörden oder den von diesen mit der Prüfung Beauftragten Einsicht in die Akten und Verzeichnisse sowie die in

seiner Verwahrung befindlichen Urkunden zu gewähren und ihnen diese auszuhändigen. [2]Der Notar hat ihnen zudem den Zugang zu den Anlagen zu gewähren, mit denen personenbezogene Daten automatisiert verarbeitet werden, sowie ihnen die für die Zwecke der Aufsicht notwendigen Auskünfte zu erteilen. [3]§ 78i bleibt unberührt. [4]Personen, mit denen sich der Notar zur gemeinsamen Berufsausübung verbunden oder mit denen er gemeinsame Geschäftsräume hat oder hatte, sind verpflichtet, den Aufsichtsbehörden Auskünfte zu erteilen und Akten und Verzeichnisse vorzulegen, soweit dies für die Prüfung der Einhaltung der Mitwirkungsverbote erforderlich ist. [5]Dies gilt auch für Dritte, mit denen eine berufliche Verbindung im Sinne von § 27 Absatz 1 Satz 2 besteht oder bestanden hat.

§ 94 Missbilligung

(1) [1]Die Aufsichtsbehörden sind befugt, Notaren und Notarassessoren eine Missbilligung auszusprechen, wenn diese eine Amtspflichtverletzung leichter Art begangen haben. [2]Für die Verjährung gilt § 95a Absatz 1 Satz 1.

(2) [1]§ 75 Absatz 2 und 3 Satz 1 und 2 gilt entsprechend. [2]Der Notarkammer ist eine Kopie der Missbilligung zu übermitteln.

(3) [1]Gegen eine Missbilligung kann der Notar oder Notarassessor innerhalb eines Monats nach Zustellung schriftlich bei der Aufsichtsbehörde Beschwerde einlegen. [2]Die Aufsichtsbehörde kann der Beschwerde abhelfen. [3]Hilft sie ihr nicht ab, entscheidet über die Beschwerde die nächsthöhere Aufsichtsbehörde. [4]Deren Entscheidung ist zu begründen und dem Notar oder Notarassessor zuzustellen.

(4) [1]Wird die Beschwerde zurückgewiesen, kann der Notar oder Notarassessor die Entscheidung des Oberlandesgerichts als Disziplinargericht für Notare beantragen. [2]§ 75 Absatz 5 Satz 2 bis 4 gilt entsprechend.

(5) [1]Eine Missbilligung lässt das Recht der Aufsichtsbehörde zur Einleitung eines Disziplinarverfahrens unberührt. [2]§ 75 Absatz 6 Satz 2 und 3 gilt entsprechend.

Abschnitt 2 Disziplinarverfahren

§ 95 Einleitung eines Disziplinarverfahrens

Liegen zureichende tatsächliche Anhaltspunkte dafür vor, dass ein Notar oder ein Notarassessor seine Amtspflichten schuldhaft verletzt hat und die Amtspflichtverletzung nicht nur leichter Art war, so hat die Aufsichtsbehörde gegen ihn wegen des Dienstvergehens ein Disziplinarverfahren einzuleiten.

§ 95a Verjährung

(1) [1]Sind seit einem Dienstvergehen, das nicht eine zeitlich befristete oder dauernde Entfernung aus dem Amt oder eine Entfernung vom bisherigen Amtssitz rechtfertigt, mehr als fünf Jahre verstrichen, ist eine Verfolgung nicht mehr zulässig. [2]Diese Frist wird durch die Einleitung des Disziplinarverfahrens, die Erhebung der Disziplinarklage oder die Erhebung der Nachtragsdisziplinarklage unterbrochen. [3]Sie ist für die Dauer des Widerspruchsverfahrens, des gerichtlichen Disziplinarverfahrens und einer Aussetzung des Disziplinarverfahrens entsprechend § 22 des Bundesdisziplinargesetzes gehemmt.

(2) Ist vor Ablauf der Frist wegen desselben Sachverhalts ein Strafverfahren eingeleitet worden, so ist die Frist für die Dauer des Strafverfahrens gehemmt.

[§ 95a ab 1.8.2022:]

(1) [1]Die Verfolgung eines Dienstvergehens verjährt nach fünf Jahren. [2]Abweichend davon

1. *beträgt die Verjährungsfrist zehn Jahre, wenn das Dienstvergehen eine Maßnahme nach § 97 Absatz 2 Satz 1 oder Absatz 3 Satz 1 rechtfertigt,*
2. *tritt keine Verjährung ein, wenn das Dienstvergehen eine Maßnahme nach § 97 Absatz 1 Nummer 3 rechtfertigt.*

(2) Die Verjährung wird gehemmt für die Dauer

1. *eines Widerspruchsverfahrens,*
2. *eines gerichtlichen Disziplinarverfahrens,*
3. *einer Aussetzung des Disziplinarverfahrens entsprechend § 22 des Bundesdisziplinargesetzes,*
4. *eines wegen desselben Verhaltens eingeleiteten Strafverfahrens und*
5. *eines wegen desselben Verhaltens eingeleiteten vorrangigen berufsaufsichtlichen Verfahrens.*

(3) Die Verjährung wird unterbrochen durch

1. *die Einleitung des Disziplinarverfahrens,*
2. *die Erhebung der Disziplinarklage und*
3. *die Erhebung der Nachtragsdisziplinarklage.*

§ 96 Anwendung der Vorschriften des Bundesdisziplinargesetzes; Verordnungsermächtigung

(1) [1]Soweit in diesem Gesetz nichts Abweichendes bestimmt ist, sind die Vorschriften des Bundesdisziplinargesetzes entsprechend anzuwenden. [2]Die in diesen Vorschriften den Dienstvorgesetzten zugewiesenen Aufgaben und Befugnisse nehmen die Aufsichtsbehörden, die Aufgaben und Befugnisse der obersten Dienstbehörde nimmt die Landesjustizverwaltung wahr.

(2) [1]Mit der Durchführung der Ermittlungen ist eine Person zu beauftragen, die die Befähigung zum Richteramt hat. [2]Zur Durchführung einer gerichtlichen Vernehmung gemäß § 25 Absatz 2 des Bundesdisziplinargesetzes kann das Gericht das Amtsgericht um Rechtshilfe ersuchen.

(3) [1]Die über § 3 des Bundesdisziplinargesetzes anzuwendenden Vorschriften der Verwaltungsgerichtsordnung über die Mitwirkung ehrenamtlicher Richter finden keine Anwendung. [2]Die Fristen des § 3 des Bundesdisziplinargesetzes in Verbindung mit § 116 Absatz 2 und § 117 Absatz 4 der Verwaltungsgerichtsordnung betragen jeweils fünf Wochen.

(4) [1]Von der Anwendbarkeit des § 41 Absatz 1 Satz 1 des Bundesdisziplinargesetzes kann durch Landesgesetz abgesehen werden. [2]Die Landesregierungen werden ermächtigt, die in Absatz 1 Satz 2 genannten Aufgaben und Befugnisse durch Rechtsverordnung auf den Landesjustizverwaltungen nachgeordnete Behörden zu übertragen. [3]Die Landesregierungen können diese Ermächtigung durch Rechtsverordnung auf die Landesjustizverwaltungen übertragen.

(5) [1]Auf den Rechtsschutz bei überlangen Gerichtsverfahren sind die Vorschriften des Siebzehnten Titels des Gerichtsverfassungsgesetzes anzuwenden. [2]Die Vorschriften dieses Gesetzes, die die Besetzung des Oberlandesgerichts und

des Bundesgerichtshofs in Disziplinarsachen gegen Notare regeln, sind nicht anzuwenden.

(6) [1]In Disziplinarverfahren gegen Notare hat das Gericht die Notarkammer, deren Mitglied der Notar ist, von dem Termin der Verhandlung zu benachrichtigen. [2]Vertretern der Notarkammer, die einer Verschwiegenheitspflicht nach § 69a Absatz 1 unterliegen, soll zu einer nicht öffentlichen Verhandlung der Zutritt gestattet werden.

§ 97 Disziplinarmaßnahmen

(1) [1]Im Disziplinarverfahren können folgende Maßnahmen verhängt werden:
1. Verweis,
2. Geldbuße,
3. Entfernung aus dem Amt.

[2]Die Disziplinarmaßnahmen des Verweises und der Geldbuße können nebeneinander verhängt werden.

(2) [1]Gegen einen hauptberuflichen Notar kann als Disziplinarmaßnahme auch auf Entfernung vom bisherigen Amtssitz erkannt werden [2]In diesem Fall hat die Landesjustizverwaltung dem Notar nach Rechtskraft der Entscheidung, nachdem die Notarkammer gehört worden ist, unverzüglich einen anderen Amtssitz zuzuweisen. [3]Neben der Entfernung vom bisherigen Amtssitz kann auch eine Geldbuße verhängt werden.

(3) [1]Gegen einen Anwaltsnotar kann als Disziplinarmaßnahme auch auf Entfernung aus dem Amt auf bestimmte Zeit erkannt werden. [2]In diesem Fall darf die erneute Bestellung zum Notar nur versagt werden, wenn sich der Notar in der Zwischenzeit eines Verhaltens schuldig gemacht hat, das ihn unwürdig erscheinen läßt, das Amt eines Notars wieder auszuüben.

(4) [1]Geldbuße kann gegen Notare bis zu fünfzigtausend Euro, gegen Notarassessoren bis zu fünftausend Euro verhängt werden. [2]Beruht die Handlung, wegen der eine Geldbuße verhängt wird, auf Gewinnsucht, so kann auf Geldbuße bis zum Doppelten des erzielten Vorteils erkannt werden.

(5) Die Entfernung aus dem Amt nach Absatz 1 Satz 1 Nummer 3 hat bei einem Anwaltsnotar zugleich die Ausschließung aus der Rechtsanwaltschaft zur Folge.

§ 98 Verhängung der Disziplinarmaßnahmen

[1]Verweis und Geldbuße können durch Disziplinarverfügung der Aufsichtsbehörden verhängt werden. [2]Soll gegen den Notar auf Entfernung aus dem Amt, Entfernung vom bisherigen Amtssitz oder Entfernung aus dem Amt auf bestimmte Zeit erkannt werden, ist gegen ihn Disziplinarklage zu erheben. [3]§ 14 Absatz 1 Nummer 2 des Bundesdisziplinargesetzes findet auf die Entfernung vom bisherigen Amtssitz und die Entfernung aus dem Amt auf bestimmte Zeit entsprechende Anwendung.

§ 99 Disziplinargericht

Als Disziplinargerichte für Notare sind im ersten Rechtszug das Oberlandesgericht und im zweiten Rechtszug der Bundesgerichtshof zuständig.

§ 100 Übertragung von Aufgaben des Disziplinargerichts durch Rechtsverordnung

[1]Sind in einem Land mehrere Oberlandesgerichte errichtet, so kann die Landesregierung durch Rechtsverordnung die örtliche Zuständigkeit der Oberlandesgerichte für die ihnen als Disziplinargericht zugewiesenen Aufgaben abweichend regeln oder diese Aufgaben dem obersten Landesgericht übertragen. [2]Die Landesregierungen können diese Ermächtigung durch Rechtsverordnung auf die Landesjustizverwaltungen übertragen.

§ 101 Besetzung des Oberlandesgerichts

Das Oberlandesgericht entscheidet in Disziplinarsachen gegen Notare in der Besetzung mit dem Vorsitzenden, einem Beisitzer, der planmäßig angestellter Richter ist, und einem Beisitzer, der Notar ist.

§ 102 Bestellung der richterlichen Mitglieder

[1]Der Vorsitzende, der mindestens Vorsitzender Richter am Oberlandesgericht sein muss, seine Stellvertreter sowie die richterlichen Beisitzer und ihre Stellvertreter werden von dem Präsidium des Oberlandesgerichts aus der Zahl der ständigen Mitglieder des Oberlandesgerichts auf die Dauer von fünf Jahren bestellt. [2]Im übrigen gelten die Vorschriften des Zweiten Titels des Gerichtsverfassungsgesetzes entsprechend.

§ 103 Bestellung der notariellen Beisitzer

(1) [1]Die Beisitzer aus den Reihen der Notare werden von der Landesjustizverwaltung ernannt. [2]Sie müssen im Zuständigkeitsbereich des Disziplinargerichts als Notare bestellt sein. [3]Sie werden einer Vorschlagsliste entnommen, die der Vorstand der Notarkammer der Landesjustizverwaltung einreicht. [4]Die Landesjustizverwaltung bestimmt, welche Zahl von Beisitzern erforderlich ist; sie hat vorher den Vorstand der Notarkammer zu hören. [5]Die Vorschlagsliste des Vorstandes der Notarkammer muß mindestens die Hälfte mehr als die erforderliche Zahl von Notaren enthalten. [6]Umfaßt ein Oberlandesgericht mehrere Bezirke von Notarkammern oder Teile von solchen Bezirken, so verteilt die Landesjustizverwaltung die Zahl der Beisitzer auf die Bezirke der einzelnen Notarkammern.

(2) Die Beisitzer dürfen nicht gleichzeitig

1. Präsident der Kasse (§ 113 Abs. 3) sein oder dem Vorstand der Notarkammer, dem Verwaltungsrat der Kasse oder dem Präsidium der Bundesnotarkammer angehören;
2. bei der Notarkammer, der Kasse oder der Bundesnotarkammer im Haupt- oder Nebenberuf tätig sein;
3. einem anderen Disziplinargericht (§ 99) angehören.

(3) Zum Beisitzer kann nur ein Notar ernannt werden, der das fünfunddreißigste Lebensjahr vollendet hat und seit mindestens fünf Jahren ohne Unterbrechung als Notar tätig ist.

(4) Zum Beisitzer kann nicht ernannt werden ein Notar,

1. bei dem die Voraussetzungen für eine vorläufige Amtsenthebung gegeben sind,
2. gegen den ein Disziplinarverfahren oder, sofern der Notar zugleich als Rechtsanwalt zugelassen ist, ein anwaltsgerichtliches Verfahren eingeleitet ist,
3. gegen den die öffentliche Klage wegen einer Straftat, welche die Unfähigkeit zur Bekleidung öffentlicher Ämter zur Folge haben kann, erhoben ist,
4. gegen den in einem Disziplinarverfahren in den letzten fünf Jahren auf einen Verweis oder eine Geldbuße oder in den letzten zehn Jahren auf Entfernung vom bisherigen Amtssitz oder auf Entfernung aus dem Amt auf bestimmte Zeit erkannt worden ist,
5. gegen den in einem anwaltsgerichtlichen Verfahren in den letzten fünf Jahren ein Verweis oder eine Geldbuße oder in den letzten zehn Jahren ein Vertretungsverbot (§ 114 Abs. 1 Nr. 4 der Bundesrechtsanwaltsordnung) verhängt worden ist.

(5) [1]Die Beisitzer werden für die Dauer von fünf Jahren ernannt; sie können nach Ablauf ihrer Amtszeit wieder berufen werden. [2]Scheidet ein Beisitzer vorzeitig aus, so wird für den Rest der Amtszeit ein Nachfolger ernannt.

[§ 103 Abs. 3 und 4 ab 1.8.2022:]

(3) Zum Beisitzer kann nur ernannt werden, wer mindestens fünf Jahre als Notar tätig war.

(4) Notare, deren Wählbarkeit in den Vorstand der Notarkammer nach § 69 Absatz 4 ausgeschlossen ist, können nicht zum Beisitzer ernannt werden.

§ 104 Rechte und Pflichten der notariellen Beisitzer

(1) [1]Die Beisitzer aus den Reihen der Notare haben als solche während der Dauer ihres Amtes alle Rechte und Pflichten eines Berufsrichters. [2]Ihr Amt ist ein Ehrenamt. [3]Sie erhalten aus der Staatskasse für den mit ihrer Tätigkeit verbundenen Aufwand eine Entschädigung die sich auf das Eineinhalbfache des in Nummer 32008 des Kostenverzeichnisses zum Gerichts- und Notarkostengesetz genannten höchsten Betrages beläuft. [4]Außerdem haben sie Anspruch auf Ersatz ihrer Fahrt- und Übernachtungskosten nach Maßgabe der Nummern 32006, 32007 und 32009 des Kostenverzeichnisses zum Gerichts- und Notarkostengesetz.

(1a) [1]Das Amt eines Beisitzers endet, sobald das Amt des Notars erlischt oder nachträglich ein Umstand eintritt, der nach § 103 Abs. 2 der Ernennung entgegensteht, und der Beisitzer jeweils zustimmt. [2]Der Beisitzer, die Kasse und die Notarkammer haben Umstände nach Satz 1 unverzüglich der Landesjustizverwaltung und dem Oberlandesgericht mitzuteilen. [3]Über die Beendigung des Amtes nach Satz 1 entscheidet auf Antrag der Landesjustizverwaltung der Erste Zivilsenat des Oberlandesgerichts, das als Disziplinargericht zuständig ist, wenn das betroffene Mitglied der Beendigung nicht zugestimmt hat; Absatz 2 Satz 3 bis 5 gilt entsprechend.

(2) [1]Ein Beisitzer ist auf Antrag der Landesjustizverwaltung seines Amtes zu entheben,
1. wenn nachträglich bekannt wird, dass er nicht hätte ernannt werden dürfen;
2. wenn nachträglich ein Umstand eintritt, der der Ernennung entgegensteht;
3. wenn er eine Amtspflicht grob verletzt.

[2]Über den Antrag entscheidet der Erste Zivilsenat des Oberlandesgerichts oder des obersten Landesgerichts, das als Disziplinargericht zuständig ist. [3]Bei der Entscheidung dürfen die Mitglieder des Disziplinargerichts (§ 102) nicht mitwirken. [4]Vor der Entscheidung sind der Notar und der Vorstand der Notarkammer zu hören. [5]Die Entscheidung ist endgültig.

(3) Die Landesjustizverwaltung kann einen Beisitzer auf seinen Antrag aus dem Amt entlassen, wenn er aus gesundheitlichen Gründen auf nicht absehbare Zeit gehindert oder es ihm aus gewichtigen persönlichen Gründen nicht zuzumuten ist, sein Amt weiter auszuüben.

§ 105 Anfechtung von Entscheidungen des Oberlandesgerichts

Für die Anfechtung von Entscheidungen des Oberlandesgerichts gelten die Vorschriften des Bundesdisziplinargesetzes über die Anfechtung von Entscheidungen des Verwaltungsgerichts entsprechend.

§ 106 Besetzung des Bundesgerichtshofs

Der Bundesgerichtshof entscheidet in Disziplinarsachen gegen Notare in der Besetzung mit dem Vorsitzenden, zwei Richtern und zwei Notaren als Beisitzern.

§ 107 Bestellung der richterlichen Mitglieder

[1]Der Vorsitzende, der mindestens Vorsitzender Richter am Bundesgerichtshof sein muss, seine Stellvertreter sowie die richterlichen Beisitzer und ihre Stellvertreter werden von dem Präsidium des Bundesgerichtshofes aus der Zahl der ständigen Mitglieder des Bundesgerichtshofes auf die Dauer von fünf Jahren bestellt. [2]Im übrigen gelten die Vorschriften des Zweiten Titels des Gerichtsverfassungsgesetzes entsprechend.

§ 108 Bestellung der notariellen Beisitzer

(1) [1]Die Beisitzer aus den Reihen der Notare werden von dem Bundesministerium der Justiz und für Verbraucherschutz berufen. [2]Sie werden einer Vorschlagsliste entnommen, die das Präsidium der Bundesnotarkammer auf Grund von Vorschlägen der Notarkammern dem Bundesministerium der Justiz und für Verbraucherschutz einreicht. [3]Das Bundesministerium der Justiz und für Verbraucherschutz bestimmt, welche Zahl von Beisitzern erforderlich ist; er hat vorher das Präsidium der Bundesnotarkammer zu hören. [4]Die Vorschlagsliste muß mindestens die doppelte Zahl von Notaren enthalten und sich je zur Hälfte aus hauptberuflichen Notaren und Anwaltsnotaren zusammensetzen.

(2) § 103 Abs. 2 bis 5 und § 104 Abs. 1 Satz 2 bis 4, Abs. 1a bis 3 gelten entsprechend mit der Maßgabe, dass das Bundesministerium der Justiz und für Verbraucherschutz an die Stelle der Landesjustizverwaltung tritt und vor der

Entscheidung über die Amtsenthebung eines Beisitzers auch das Präsidium der Bundesnotarkammer zu hören ist.

(3) [1]Die Notare sind ehrenamtliche Richter. [2]Sie haben in der Sitzung, zu der sie als Beisitzer herangezogen werden, die Stellung eines Berufsrichters.

(4) [1]Die Notare haben über Angelegenheiten, die ihnen bei ihrer Tätigkeit als Beisitzer bekannt werden, Verschwiegenheit zu bewahren. [2]§ 69a Absatz 1 Satz 1 und 2, Absatz 2 ist entsprechend anzuwenden. [3]Die Genehmigung zur Aussage erteilt der Präsident des Bundesgerichtshofes.

(5) Die zu Beisitzern berufenen Notare sind zu den einzelnen Sitzungen in der Reihenfolge einer Liste heranzuziehen, die der Vorsitzende des Senats nach Anhörung der beiden ältesten der zu Beisitzern berufenen Notare vor Beginn des Geschäftsjahres aufstellt.

§ 109 Anzuwendende Verfahrensvorschriften

Auf das Verfahren des Bundesgerichtshofs in Disziplinarsachen gegen Notare sind die Vorschriften des Bundesdisziplinargesetzes über das Disziplinarverfahren vor dem Oberverwaltungsgericht entsprechend anzuwenden.

§ 110 Maßgebliches Verfahren

(1) [1]Ob über eine Verfehlung eines Notars, der zugleich Rechtsanwalt ist, im Disziplinarverfahren oder im anwaltsgerichtlichen Verfahren für Rechtsanwälte zu entscheiden ist, bestimmt sich danach, ob die Verfehlung vorwiegend mit dem Amt als Notar oder der Tätigkeit als Rechtsanwalt im Zusammenhang steht. [2]Ist dies zweifelhaft oder besteht ein solcher Zusammenhang nicht, so ist, wenn es sich um einen Anwaltsnotar handelt, im anwaltsgerichtlichen Verfahren für Rechtsanwälte, andernfalls im Disziplinarverfahren zu entscheiden.

(2) Hat ein Anwaltsgericht oder ein Disziplinargericht sich zuvor rechtskräftig für zuständig oder unzuständig erklärt, so ist das andere Gericht an diese Entscheidung gebunden.

[§ 110 ab 1.8.2022:]

§ 110 Verhältnis des Disziplinarverfahrens zu berufsaufsichtlichen Verfahren nach anderen Berufsgesetzen

(1) [1]Über eine Amtspflichtverletzung eines Anwaltsnotars, die zugleich Pflichten eines anderen Berufs verletzt, dessen Berufsaufsicht er untersteht, ist zunächst im Disziplinarverfahren zu entscheiden, wenn die Pflichtverletzung überwiegend mit der Ausübung des Notaramtes in Zusammenhang steht. [2]Ist kein Schwerpunkt der Pflichtverletzung erkennbar oder besteht kein Zusammenhang der Pflichtverletzung mit der Ausübung eines Berufs, ist zunächst im Disziplinarverfahren zu entscheiden, wenn der Anwaltsnotar hauptsächlich als Notar tätig ist.

(2) Kommt die Entfernung des Anwaltsnotars aus dem Amt in Betracht, kann stets im Disziplinarverfahren entschieden werden.

(3) Gegenstand der Entscheidung im Disziplinarverfahren ist jeweils nur die Verletzung der dem Anwaltsnotar obliegenden Amtspflichten.

(4) [1]Ist nach Absatz 1 nicht zunächst im Disziplinarverfahren zu entscheiden, so ist ein solches nach Abschluss des zunächst zu führenden Verfahrens nur dann zu führen, wenn es zusätzlich erforderlich erscheint, um den Anwaltsnotar zur Erfüllung seiner Amtspflichten anzuhalten. [2]Die Erforderlichkeit einer Maßnahme nach § 97

Absatz 1 Nummer 3, Absatz 2 Satz 1 oder Absatz 3 Satz 1 bleibt durch eine anderweitige Ahndung unberührt.

§ 110a Tilgung

(1) [1]Eintragungen in den über den Notar geführten Akten über einen Verweis oder eine Geldbuße sind nach zehn Jahren zu tilgen, auch wenn sie nebeneinander verhängt wurden. [2]Die über diese Disziplinarmaßnahmen entstandenen Vorgänge sind aus den über den Notar geführten Akten zu entfernen und zu vernichten.

(2) Die Frist beginnt mit dem Tage, an dem die Disziplinarmaßnahme unanfechtbar geworden ist.

(3) Die Frist endet nicht, solange gegen den Notar ein Strafverfahren, ein Disziplinarverfahren, ein anwaltsgerichtliches oder ein berufsgerichtliches Verfahren schwebt, eine andere Disziplinarmaßnahme oder eine anwaltsgerichtliche Maßnahme berücksichtigt werden darf oder ein auf Geldbuße lautendes Urteil noch nicht vollstreckt ist.

(4) Nach Ablauf der Frist gilt der Notar als von Disziplinarmaßnahmen nicht betroffen.

(5) [1]Die Absätze 1 bis 4 gelten für Ermahnungen durch die Notarkammer und für Mißbilligungen durch die Aufsichtsbehörde entsprechend. [2]Die Frist beträgt fünf Jahre.

(6) [1]Eintragungen über strafgerichtliche Verurteilungen oder über andere Entscheidungen in Verfahren wegen Straftaten, Ordnungswidrigkeiten oder der Verletzung von Berufs- oder Amtspflichten, die nicht zu einer Disziplinarmaßnahme, einer Ermahnung oder Mißbilligung geführt haben, sind nach fünf Jahren zu tilgen. [2]Absatz 1 Satz 2, Absatz 2 und 3 gelten entsprechend.

[§ 110a ab 1.8.2022:]

§ 110a Tilgung

(1) [1]Eintragungen in den über den Notar geführten Akten über die in den Sätzen 4 und 5 genannten Maßnahmen und Entscheidungen sind nach Ablauf der dort bestimmten Fristen zu tilgen. [2]Dabei sind die über diese Maßnahmen und Entscheidungen entstandenen Vorgänge aus den Akten zu entfernen und zu vernichten. [3]Die Sätze 1 und 2 gelten sinngemäß, wenn die Akten über den Notar elektronisch geführt werden. [4]Die Fristen betragen

1. fünf Jahre bei
   a) Ermahnungen durch die Notarkammer,
   b) Missbilligungen durch die Aufsichtsbehörde,
   c) Entscheidungen in Verfahren wegen der Verletzung von Berufspflichten nach diesem Gesetz, die nicht zu einer Disziplinarmaßnahme, Ermahnung oder Missbilligung geführt haben,
   d) Entscheidungen und nicht Satz 5 unterfallende Maßnahmen in Verfahren wegen Straftaten oder Ordnungswidrigkeiten oder in berufsaufsichtlichen Verfahren anderer Berufe;

2. zehn Jahre bei Verweisen und Geldbußen, auch wenn sie nebeneinander verhängt werden;

3. 20 Jahre bei einer Entfernung vom bisherigen Amtssitz, einer Entfernung aus dem Amt auf bestimmte Zeit und einer Entfernung aus dem Amt, nach der eine Wiederbestellung erfolgt ist.

[5]Für Maßnahmen, die in Verfahren wegen Straftaten oder Ordnungswidrigkeiten oder in berufsaufsichtlichen Verfahren anderer Berufe getroffen wurden und bei denen das zugrundeliegende Verhalten zugleich die notariellen Berufspflichten verletzt hat, gelten die für die Tilgung der jeweiligen Maßnahmen geltenden Fristen entsprechend.

(2) [1]Die Frist beginnt mit dem Tag, an dem die Maßnahme oder Entscheidung unanfechtbar geworden ist. [2]Im Fall der erneuten Bestellung nach einer Entfernung aus dem Amt nach § 97 Absatz 1 Nummer 3 beginnt die Frist mit dieser Bestellung. [3]Nach Fristablauf kann die Entfernung und Vernichtung nach Absatz 1 Satz 2 bis zum Ende des Kalenderjahres aufgeschoben werden.

(3) Die Frist endet mit Ausnahme der Fälle des Absatzes 1 Satz 4 Nummer 1 Buchstabe c und d nicht, solange

1. *eine andere Eintragung über eine strafrechtliche Verurteilung, eine Ordnungswidrigkeit oder eine berufsaufsichtliche Maßnahme berücksichtigt werden darf,*
2. *ein Verfahren anhängig ist, das eine in Nummer 1 bezeichnete Eintragung zur Folge haben kann, oder*
3. *eine im Disziplinarverfahren verhängte Geldbuße noch nicht vollstreckt ist.*

(4) Nach Ablauf der Frist gilt der Notar als von den Maßnahmen oder Entscheidungen nach Absatz 1 nicht betroffen.

Abschnitt 3 Gerichtliches Verfahren in verwaltungsrechtlichen Notarsachen

§ 111 Sachliche Zuständigkeit

(1) Das Oberlandesgericht entscheidet im ersten Rechtszug über öffentlich-rechtliche Streitigkeiten nach diesem Gesetz, einer auf Grund dieses Gesetzes erlassenen Rechtsverordnung oder einer Satzung einer der nach diesem Gesetz errichteten Notarkammern, einschließlich der Bundesnotarkammer, soweit nicht die Streitigkeiten disziplinargerichtlicher Art oder einem anderen Gericht ausdrücklich zugewiesen sind (verwaltungsrechtliche Notarsachen).

(2) Der Bundesgerichtshof entscheidet über das Rechtsmittel

1. der Berufung gegen Urteile des Oberlandesgerichts,
2. der Beschwerde nach § 17a Abs. 4 Satz 4 des Gerichtsverfassungsgesetzes.

(3) Der Bundesgerichtshof entscheidet in erster und letzter Instanz

1. über Klagen, die Entscheidungen betreffen, die das Bundesministerium der Justiz und für Verbraucherschutz getroffen hat oder für die dieses zuständig ist,
2. über die Nichtigkeit von Wahlen und Beschlüssen der Bundesnotarkammer.

(4) Das Oberlandesgericht und der Bundesgerichtshof entscheiden in der für Disziplinarsachen gegen Notare vorgeschriebenen Besetzung.

§ 111a Örtliche Zuständigkeit; Verordnungsermächtigung

[1]Örtlich zuständig ist das Oberlandesgericht, in dessen Bezirk der Verwaltungsakt erlassen wurde oder zu erlassen wäre; für hoheitliche Maßnahmen, die berufsrechtliche Rechte und Pflichten der Beteiligten beeinträchtigen oder verwirklichen, gilt dies sinngemäß. [2]In allen anderen Angelegenheiten ist das Oberlandesgericht zuständig, in dessen Bezirk der Beklagte seine Geschäftsstelle oder ansonsten seinen Wohnsitz hat. [3]Sind in einem Land mehrere Oberlandesgerichte errichtet, so kann die Landesregierung durch Rechtsverordnung die

örtliche Zuständigkeit der Oberlandesgerichte abweichend regeln oder die Zuständigkeit für verwaltungsrechtliche Notarsachen dem obersten Landesgericht übertragen. [4]Die Landesregierungen können die Ermächtigung durch Rechtsverordnung auf die Landesjustizverwaltungen übertragen.

§ 111b Verfahrensvorschriften

(1) [1]Soweit dieses Gesetz keine abweichenden Bestimmungen über das gerichtliche Verfahren enthält, gelten die Vorschriften der Verwaltungsgerichtsordnung entsprechend. [2]Das Oberlandesgericht steht einem Oberverwaltungsgericht gleich; § 111d bleibt unberührt.

(2) [1]Die Vorschriften der Verwaltungsgerichtsordnung über die Mitwirkung ehrenamtlicher Richter sowie die §§ 35, 36 und 47 der Verwaltungsgerichtsordnung sind nicht anzuwenden. [2]In Streitigkeiten zwischen dem Notar und der für ihn zuständigen Aufsichtsbehörde hat das Gericht die Notarkammer, deren Mitglied der Notar ist, von dem Termin der Verhandlung zu benachrichtigen. [3]Vertretern der Notarkammer, die einer Verschwiegenheitspflicht nach § 69a Absatz 1 unterliegen, soll zu einer nicht öffentlichen Verhandlung der Zutritt gestattet werden. [4]Die Fristen des § 116 Abs. 2 und des § 117 Abs. 4 der Verwaltungsgerichtsordnung betragen jeweils fünf Wochen.

(3) Notare und Notarassessoren können sich selbst vertreten.

(4) Die aufschiebende Wirkung der Anfechtungsklage endet abweichend von § 80b der Verwaltungsgerichtsordnung mit der Unanfechtbarkeit des Verwaltungsaktes.

§ 111c Beklagter

(1) [1]Die Klage ist gegen die Notarkammer oder Behörde zu richten,

1. die den Verwaltungsakt erlassen hat oder zu erlassen hätte; für hoheitliche Maßnahmen, die berufsrechtliche Rechte und Pflichten der Beteiligten beeinträchtigen oder verwirklichen, gilt dies sinngemäß;
2. deren Entschließung Gegenstand des Verfahrens ist.

[2]Klagen gegen Prüfungsentscheidungen und sonstige Maßnahmen des Prüfungsamtes sind gegen die Leitung des Prüfungsamtes zu richten.

(2) In Verfahren zwischen einem Mitglied des Präsidiums oder Vorstandes und der Notarkammer wird die Notarkammer durch eines ihrer Mitglieder vertreten, das der Präsident des zuständigen Gerichts besonders bestellt.

§ 111d Berufung

[1]Gegen Endurteile einschließlich der Teilurteile, Grundurteile und Zwischenurteile über die Zulässigkeit steht den Beteiligten die Berufung zu, wenn sie vom Oberlandesgericht oder vom Bundesgerichtshof zugelassen wird. [2]Für das Berufungsverfahren gilt der Zwölfte Abschnitt der Verwaltungsgerichtsordnung mit der Maßgabe, dass das Oberlandesgericht an die Stelle des Verwaltungsgerichts und der Bundesgerichtshof an die Stelle des Oberverwaltungsgerichts tritt.

§ 111e Klagen gegen Wahlen und Beschlüsse

(1) Wahlen und Beschlüsse der Organe der Notarkammern, der Bundesnotarkammer und der Kassen mit Ausnahme der Richtlinienbeschlüsse nach § 71 Abs. 4 Nr. 2 können für ungültig oder nichtig erklärt werden, wenn sie unter

Verletzung des Gesetzes oder der Satzung zustande gekommen oder wenn sie ihrem Inhalt nach mit dem Gesetz oder der Satzung nicht vereinbar sind.

(2) [1]Die Klage kann durch die Behörde, die die Staatsaufsicht führt, oder ein Mitglied der Notarkammer erhoben werden. [2]Die Klage eines Mitglieds der Notarkammer gegen einen Beschluss ist nur zulässig, wenn es geltend macht, durch den Beschluss in seinen Rechten verletzt zu sein.

(3) Ein Mitglied der Notarkammer kann den Antrag nur innerhalb eines Monats nach der Wahl oder Beschlussfassung stellen.

§ 111f Gebühren

[1]In verwaltungsrechtlichen Notarsachen werden Gebühren nach dem Gebührenverzeichnis der Anlage 2 erhoben. [2]Im Übrigen sind die für Kosten in Verfahren vor den Gerichten der Verwaltungsgerichtsbarkeit geltenden Vorschriften des Gerichtskostengesetzes entsprechend anzuwenden, soweit in diesem Gesetz nichts anderes bestimmt ist.

§ 111g Streitwert

(1) [1]Der Streitwert bestimmt sich nach § 52 des Gerichtskostengesetzes. [2]Er wird von Amts wegen festgesetzt.

(2) [1]In Verfahren, die Klagen auf Bestellung zum Notar oder die Ernennung zum Notarassessor, die Amtsenthebung, die Entfernung aus dem Amt oder vom bisherigen Amtssitz oder die Entlassung aus dem Anwärterdienst betreffen, ist ein Streitwert von 50 000 Euro anzunehmen. [2]Unter Berücksichtigung der Umstände des Einzelfalls, insbesondere des Umfangs und der Bedeutung der Sache sowie der Vermögens- und Einkommensverhältnisse des Klägers, kann das Gericht einen höheren oder einen niedrigeren Wert festsetzen.

(3) Die Festsetzung ist unanfechtbar; § 63 Abs. 3 des Gerichtskostengesetzes bleibt unberührt.

§ 111h Rechtsschutz bei überlangen Gerichtsverfahren

[1]Auf den Rechtsschutz bei überlangen Gerichtsverfahren sind die Vorschriften des Siebzehnten Titels des Gerichtsverfassungsgesetzes anzuwenden. [2]Die Vorschriften dieses Gesetzes, die die Besetzung des Oberlandesgerichts und des Bundesgerichtshofs in verwaltungsrechtlichen Notarsachen regeln, sind nicht anzuwenden.

Teil 4
Übergangs- und Schlussbestimmungen

§ 112 Übertragung von Befugnissen der Landesjustizverwaltung durch Rechtsverordnung

[1]Die Landesregierungen werden ermächtigt, die Aufgaben und Befugnisse, die den Landesjustizverwaltungen nach diesem Gesetz zustehen, durch Rechtsverordnung auf diesen nachgeordnete Behörden zu übertragen. [2]Die Landesregierungen können diese Ermächtigung durch Rechtsverordnung auf die Landesjustizverwaltungen übertragen.

§ 113 Notarkasse und Ländernotarkasse

(1) [1]Die Notarkasse ist eine rechtsfähige Anstalt des öffentlichen Rechts des Freistaates Bayern. [2]Sie hat ihren Sitz in München. [3]Ihr Tätigkeitsbereich umfasst den Freistaat Bayern und den Bezirk des Pfälzischen Oberlandesgerichts Zweibrücken. [4]Sie führt ein Dienstsiegel. [5]Sie untersteht der Rechtsaufsicht des Bayerischen Staatsministeriums der Justiz. [6]Dieses übt die Aufsicht nach näherer Vereinbarung der beteiligten Justizverwaltungen aus. [7]Die Haushalts- und Wirtschaftsführung der Notarkasse wird vom Bayerischen Obersten Rechnungshof nach Maßgabe der Vorschriften der Bayerischen Haushaltsordnung geprüft.

(2) [1]Die Ländernotarkasse ist eine rechtsfähige Anstalt des öffentlichen Rechts des Freistaates Sachsen. [2]Sie hat ihren Sitz in Leipzig. [3]Ihr Tätigkeitsbereich umfasst die Bezirke der Notarkammern Brandenburg, Mecklenburg-Vorpommern, Sachsen, Sachsen-Anhalt und Thüringen. [4]Sie führt ein Dienstsiegel. [5]Sie untersteht der Rechtsaufsicht des Sächsischen Staatsministeriums der Justiz. [6]Dieses übt die Aufsicht nach näherer Vereinbarung der beteiligten Justizverwaltungen aus. [7]Die Haushalts- und Wirtschaftsführung der Ländernotarkasse wird vom Sächsischen Rechnungshof nach Maßgabe der Sächsischen Haushaltsordnung geprüft.

(3) Die Notarkasse und die Ländernotarkasse (Kassen) haben folgende Aufgaben zu erfüllen:

1. Ergänzung des Berufseinkommens der Notare, soweit dies zur Aufrechterhaltung einer geordneten vorsorgenden Rechtspflege erforderlich ist;
2. Versorgung der ausgeschiedenen Notare im Alter und bei Amtsunfähigkeit, der Notarassessoren bei Dienstunfähigkeit sowie Versorgung ihrer Hinterbliebenen, wobei sich die Höhe der Versorgung unabhängig von der Höhe der geleisteten Abgaben nach der ruhegehaltfähigen Dienstzeit einschließlich An- und Zurechnungszeiten bemisst;
3. einheitliche Durchführung der Versicherung der Notare nach § 19a und der Notarkammern nach § 61 Abs. 2 und § 67 Abs. 3 Nr. 3;
4. Förderung der wissenschaftlichen und praktischen Fortbildung der Notare und Notarassessoren sowie der fachlichen Ausbildung des Personals der Notare einschließlich der Durchführung von Prüfungen;
5. Bereitstellung der erforderlichen Haushaltsmittel der im Gebiet der Kasse gebildeten Notarkammern;
6. Zahlung der Bezüge der Notarassessoren an Stelle der Notarkammern;
7. wirtschaftliche Verwaltung der von einem Notariatsverwalter wahrgenommenen Notarstellen an Stelle der Notarkammern;
8. Erstattung notarkostenrechtlicher Gutachten, die eine Landesjustizverwaltung, ein Gericht oder eine Verwaltungsbehörde im Tätigkeitsbereich der Kasse anfordert.

(4) [1]Die Kassen können weitere, dem Zweck ihrer Errichtung entsprechende Aufgaben wahrnehmen. [2]Sie können insbesondere

1. fachkundige Personen beschäftigen, die den Notaren im Tätigkeitsbereich der Kasse zur Dienstleistung zugewiesen werden,
2. allein oder gemeinsam mit der anderen Kasse oder Notarkammern Einrichtungen im Sinne von § 67 Absatz 4 Nummer 3 unterhalten,
3. über Absatz 3 Nr. 3 hinausgehende Anschlussversicherungen abschließen,
4. die zentrale Erledigung von Verwaltungsaufgaben der einzelnen Notarstellen bei freiwilliger Teilnahme unter Ausschluss der Gewinnerzielung gegen Kostenerstattung übernehmen.

(5) Aufgaben der Notarkammern können mit deren Zustimmung und der Zustimmung der Kasse durch die Landesjustizverwaltungen der Kasse übertragen werden.

(6) Die Notare sind verpflichtet, die ihnen zur Dienstleistung zugewiesenen, in einem Dienstverhältnis zur Kasse stehenden Personen zu beschäftigen.

(7) Auf die nach Absatz 3 Nr. 2 und 6 gegen die Kasse begründeten Versorgungs- und Besoldungsansprüche sind die für Beamtenbezüge geltenden verfahrensrechtlichen Vorschriften entsprechend anzuwenden.

(8) [1]Die Organe der Kasse sind der Präsident und der Verwaltungsrat. [2]Der Präsident und die Mitglieder des Verwaltungsrats sind ehrenamtlich tätig. [3]Sie können jedoch eine angemessene Entschädigung für ihre Tätigkeit und einen Ersatz ihrer notwendigen Auslagen erhalten.

(9) [1]Der Präsident vertritt die Kasse gerichtlich und außergerichtlich. [2]Er leitet ihre Geschäfte und ist für die Erledigung derjenigen Angelegenheiten zuständig, die nicht dem Verwaltungsrat obliegen. [3]Der Präsident führt den Vorsitz in den Sitzungen des Verwaltungsrates und vollzieht dessen Beschlüsse.

(10) [1]Der Präsident der Notarkasse wird von den Notaren im Tätigkeitsbereich der Notarkasse für die Dauer von vier Jahren gewählt. [2]Der Präsident der Ländernotarkasse wird von dem Verwaltungsrat der Ländernotarkasse für die Dauer von vier Jahren gewählt. [3]Der Präsident muss Notar im Tätigkeitsbereich der Kasse und darf nicht zugleich Mitglied des Verwaltungsrates sein.

(11) [1]Der Verwaltungsrat beschließt insbesondere über

1. Satzungen und Verwaltungsvorschriften,
2. den Haushaltsplan sowie die Anpassung der Abgaben an den Haushaltsbedarf,
3. die Höhe der Bezüge der Notarassessoren,
4. die Grundsätze für die Ausbildung, Prüfung und Einstellung von fachkundigen Beschäftigten,
5. die Festlegung der Gesamtzahl und der Grundsätze für die Zuteilung von fachkundigen Beschäftigten an die Notare,
6. die Grundsätze für die Vermögensanlage der Kasse.

[2]Der Verwaltungsrat fasst seine Beschlüsse mit der einfachen Mehrheit der abgegebenen Stimmen, soweit durch Satzung nichts anderes bestimmt ist.

(12) [1]Die Mitglieder des Verwaltungsrates der Notarkasse werden für die Dauer von vier Jahren durch die Notare in den jeweiligen Oberlandesgerichtsbezirken im Tätigkeitsbereich der Notarkasse gewählt. [2]Die Notare eines Oberlandesgerichtsbezirks wählen jeweils zwei Mitglieder in den Verwaltungsrat. [3]Übersteigt die Zahl der Einwohner in einem Oberlandesgerichtsbezirk zwei Millionen, so erhöht sich die Zahl der Verwaltungsratsmitglieder aus diesem Oberlandesgerichtsbezirk für je weitere angefangene zwei Millionen um ein Mitglied. [4]Die Mitglieder des Verwaltungsrates müssen Notar mit Amtssitz im Bezirk des jeweiligen Oberlandesgerichts sein.

(13) [1]Die Mitglieder des Verwaltungsrates der Ländernotarkasse werden für die Dauer von vier Jahren durch die Notare in den jeweiligen Notarkammern im Tätigkeitsbereich der Ländernotarkasse gewählt. [2]Die Notare einer Notarkammer wählen jeweils zwei Mitglieder in den Verwaltungsrat; bei mehr als drei Millionen Einwohnern in dem Bezirk einer Notarkammer sind drei Mitglieder zu wählen. [3]Die Mitglieder des Verwaltungsrates müssen Notar mit Amtssitz im Bezirk der jeweiligen Notarkammer sein.

(14) [1]Für die Organe und Beschäftigten der Kasse gilt § 69a entsprechend. [2]Der Verwaltungsrat kann von der Verpflichtung zur Verschwiegenheit befreien. [3]Er erteilt in gerichtlichen und behördlichen Verfahren die Aussagegenehmigung.

(15) Vor der Ausschreibung und Einziehung von Notarstellen und der Ernennung von Notarassessoren im Tätigkeitsbereich der Kasse ist diese anzuhören.

(16) [1]Vor dem Beschluss ihres Haushaltsplans hören die Notarkammern im Tätigkeitsbereich der Kasse diese an. [2]Bei der Kasse wird zur Beratung in Angelegenheiten des Absatzes 3 Nr. 5 ein Beirat gebildet, in den jede Notarkammer im Tätigkeitsbereich der Kasse ein Mitglied und der Verwaltungsrat ebenso viele Mitglieder entsenden. [3]Den Vorsitz in den Beiratssitzungen führt der Präsident der Kasse. [4]Die Kasse ist an das Votum des Beirats nicht gebunden.

(17) [1]Die Kasse erhebt von den Notaren Abgaben auf der Grundlage einer Abgabensatzung, soweit dies zur Erfüllung ihrer Aufgaben erforderlich ist. [2]Zur Sicherstellung der Verpflichtungen, die sich aus den Aufgaben der Kasse ergeben, kann Vermögen gebildet werden. [3]Die Höhe der Abgaben richtet sich nach der Leistungsfähigkeit des Notars. [4]Die Abgaben können auch gestaffelt nach der Summe der durch den Notar zu erhebenden Gebühren festgesetzt werden. [5]Die Abgabensatzung kann Freibeträge und von der Abgabepflicht ausgenommene Gebühren festlegen. [6]Sie regelt ferner

1. die Bemessungsgrundlagen für die Abgaben,
2. die Höhe, die Festsetzung und die Fälligkeit der Abgaben,
3. das Erhebungsverfahren,
4. die abgaberechtlichen Nebenpflichten des Notars,
5. die Stundung und Verzinsung der Abgabeschuld sowie die Geltendmachung von Säumniszuschlägen und Sicherheitsleistungen,
6. ob und in welcher Höhe die Bezüge von Notarassessoren (§ 7 Abs. 4 Satz 4) oder fachkundigen Beschäftigten, die einem Notar zugewiesen sind, zu erstatten sind.

[7]Fehlt eine Abgabensatzung, kann die Aufsichtsbehörde die Abgaben vorläufig festsetzen. [8]Rückständige Abgaben können auf Grund einer vom Präsidenten ausgestellten, mit der Bescheinigung der Vollstreckbarkeit versehenen Zahlungsaufforderung nach den Vorschriften über die Vollstreckbarkeit gerichtlicher Entscheidungen in Zivilsachen eingezogen werden. [9]Die Kasse kann die Erfüllung der Abgabepflicht einschließlich der zu Grunde liegenden Kostenberechnungen und des Kosteneinzugs durch den Notar nachprüfen. [10]Der Notar hat den mit der Prüfung Beauftragten Einsicht in seine Urkunden, Akten, Verzeichnisse und Konten zu gestatten, diese auszuhändigen und die erforderlichen Auskünfte zu erteilen.

(18) [1]Die Kasse kann in Ausübung ihrer Befugnisse von den Notaren und Notarassessoren Auskünfte, die Vorlage von Akten und Verzeichnissen sowie das persönliche Erscheinen vor dem Präsidenten oder dem Verwaltungsrat verlangen. [2]Der Präsident kann zur Erzwingung dieser Pflichten nach vorheriger schriftlicher Androhung, auch wiederholt, Zwangsgeld festsetzen. [3]Das einzelne Zwangsgeld darf eintausend Euro nicht übersteigen. [4]Das Zwangsgeld fließt der Kasse zu; es wird wie eine rückständige Abgabe beigetrieben.

(19) [1]Im Übrigen bestimmen sich die Aufgaben und Rechtsverhältnisse der Kassen, ihrer Organe und deren Zuständigkeiten nach einer Satzung. [2]Erlass und Änderungen der Satzung und der Abgabensatzung bedürfen zu ihrer Wirksamkeit der Genehmigung durch die Aufsichtsbehörde und der Bekanntmachung.

§ 113a (weggefallen)

§ 113b Notarkammern außerhalb der Tätigkeitsbereiche von Notarkasse und Ländernotarkasse

Notarkammern außerhalb der Tätigkeitsbereiche der Notarkasse und Ländernotarkasse, in deren Bereich hauptberufliche Notare bestellt sind, können:

1. Maßnahmen zur erforderlichen Unterstützung von Amtsinhabern neu besetzter Notarstellen treffen;
2. Beiträge nach § 73 Abs. 1 mit Rücksicht auf die Leistungsfähigkeit der Notare gestaffelt erheben; Bemessungsgrundlage können insbesondere einzeln oder gemeinsam die Geschäftszahlen und die Summe der durch den Notar erhobenen Kosten sein;
3. außerordentliche Beiträge von einem Notar erheben, der eine Verbindung zur gemeinsamen Berufsausübung mit dem Amtsnachfolger nicht fortsetzt.

§ 114 Sondervorschriften für das Land Baden-Württemberg

(1) [1]Im Land Baden-Württemberg werden hauptberufliche Notare bestellt. [2]Ergänzend gelten dort die besonderen Vorschriften der Absätze 2 bis 9.

(2) Wer am 31. Dezember 2017 als Notar im Landesdienst oder als Notarvertreter im Sinne des baden-württembergischen Landesgesetzes über die freiwillige Gerichtsbarkeit vom 12. Februar 1975 (Gesetzblatt für Baden-Württemberg S. 116), das zuletzt durch Artikel 4 des Gesetzes vom 21. April 2015 (Gesetzblatt für Baden-Württemberg S. 281) geändert worden ist, in der am 31. Dezember 2017 geltenden Fassung bei den Abteilungen „Beurkundung und vorsorgende Rechtspflege" der staatlichen Notariate tätig war und mit Ablauf des 31. Dezember 2017 auf eigenen Antrag aus dem Landesdienst entlassen wurde, gilt als am 1. Januar 2018 zum hauptberuflichen Notar bestellt.

(3) [1]Die Notare nach Absatz 2 führen die notariellen Geschäfte aus den von ihnen am 31. Dezember 2017 geleiteten Referaten und Abteilungen der staatlichen Notariate in ihrer Eigenschaft als hauptberuflicher Notar fort. [2]Das Land Baden-Württemberg bleibt nach den bisherigen landesrechtlichen Vorschriften einschließlich der Überleitungsvorschriften an den Kostenforderungen insoweit berechtigt, als ein Notar im Verhältnis zu einem Notariatsverwalter nach § 58 Absatz 2 Satz 2 berechtigt wäre. [3]Die Notare nach Absatz 2 übernehmen die notariellen Akten und Bücher sowie die amtlich übergebenen Urkunden und Wertgegenstände, die in diesen Referaten und Abteilungen geführt oder die ihnen übergeben wurden.

(4) [1]Die am 31. Dezember 2017 noch nicht abgeschlossenen notariellen Geschäfte der Referate und Abteilungen der staatlichen Notariate, die nicht nach Absatz 3 fortgeführt werden, werden von Notariatsabwicklern abgewickelt. [2]Die näheren Bestimmungen zum Amt des Notariatsabwicklers ergeben sich aus Landesrecht.

(5) [1]Personen, die am 31. Dezember 2017 zum Notar im Landesdienst bestellt waren oder die Voraussetzungen für die Ernennung zum Bezirksnotar erfüllten und sich um eine Bestellung zum hauptberuflichen Notar bewerben, stehen Bewerbern gleich, die einen dreijährigen Anwärterdienst als Notarassessor geleistet haben und sich im Anwärterdienst des Landes Baden-Württemberg befinden. [2]§ 5 Absatz 5 gilt insoweit nicht. [3]§ 6 Absatz 1 und 2 gilt mit der Maßgabe, dass auch der berufliche Werdegang der Bewerber zu berücksichtigen ist, vor allem die im Justizdienst des Landes erbrachten Leistungen.

(6) [1]Zugang zum Anwärterdienst im Sinne des § 7 hat auch, wer am 31. Dezember 2017 die Befähigung für die Laufbahn des Bezirksnotars besaß. [2]Die

Landesjustizverwaltung kann davon absehen, Personen mit Befähigung zum Richteramt nach dem Deutschen Richtergesetz in den Anwärterdienst zu übernehmen, wenn geeignete Bewerber mit Befähigung für die Laufbahn des Bezirksnotars nach Satz 1 zur Verfügung stehen; die Auswahl unter solchen Bewerbern ist nach der persönlichen und fachlichen Eignung unter besonderer Berücksichtigung des Ergebnisses der Laufbahnprüfung vorzunehmen. [3]Wer einen dreijährigen Anwärterdienst geleistet hat und sich im Anwärterdienst des Landes Baden-Württemberg befindet, gilt als befähigt im Sinne des § 5 Absatz 5.

(7) Die Aufsichtsbehörden können auch Beamte des Landes Baden-Württemberg, die am 31. Dezember 2017 zum Notar im Landesdienst bestellt waren oder die die Voraussetzungen für die Ernennung zum Bezirksnotar erfüllten, mit der Prüfung und Überwachung der Amtsführung der Notare und des Dienstes der Notarassessoren beauftragen.

(8) Als Notarvertretung oder Notariatsverwalter kann auch bestellt werden, wer am 31. Dezember 2017 die Befähigung für die Laufbahn des Bezirksnotars besaß.

(9) § 69 Absatz 3 Satz 1 ist nicht anzuwenden.

§ 115 (weggefallen)

§ 116 Sondervorschriften für einzelne Länder

(1) [1]Anwaltsnotare, die am 31. Dezember 2017 in Baden-Württemberg bestellt sind, bleiben im Amt. [2]Sie können auf Antrag nach Anhörung der Notarkammer an ihrem bisherigen Amtssitz zum hauptberuflichen Notar bestellt werden. [3]Die §§ 4a und 5 Absatz 4, § 6 Absatz 1 und 2 sowie die §§ 7 und 13 sind nicht anzuwenden. [4]Mit der Bestellung zum hauptberuflichen Notar gilt die Zulassung zur Rechtsanwaltschaft als bestandskräftig widerrufen. [5]Die Landesjustizverwaltung hat eine Bestellung nach Satz 4 der Rechtsanwaltskammer mitzuteilen.

(2) In den Ländern Hamburg und Rheinland-Pfalz gilt § 3 Abs. 2 nicht.

(3) In dem in Artikel 1 Abs. 1 des Staatsvertrages zwischen den Ländern Mecklenburg-Vorpommern und Niedersachsen über die Umgliederung der Gemeinden im ehemaligen Amt Neuhaus und anderer Gebiete nach Niedersachsen genannten Gebiet werden ausschließlich Anwaltsnotare bestellt.

§ 117 (weggefallen)

§ 117a Notarkammern im Oberlandesgerichtsbezirk Frankfurt am Main und in den neuen Bundesländern

(1) Im Bereich des Oberlandesgerichtsbezirks Frankfurt am Main können abweichend von § 65 Abs. 1 Satz 1 zwei Notarkammern bestehen.

(2) Die am 8. September 1998 in den Ländern Brandenburg, Mecklenburg-Vorpommern, Sachsen, Sachsen-Anhalt und Thüringen bestehenden Notarkammern, deren Sitz sich abweichend von § 65 Abs. 2 nicht am Sitz des Oberlandesgerichts befindet, bleiben bestehen.

§ 117b Sondervorschriften für Notarassessoren und Notare aus den neuen Bundesländern

[1]Abweichend von § 5 Absatz 5 kann auch zum Notar bestellt werden, wer ein rechtswissenschaftliches Studium an einer Universität oder Hochschule der Deutschen Demokratischen Republik mit dem Staatsexamen abgeschlossen und einen zweijährigen Vorbereitungsdienst mit einer Staatsprüfung absolviert hat. [2]Auf den Vorbereitungsdienst mit der Staatsprüfung wird verzichtet, wenn die Person als Notar in einem Staatlichen Notariat tätig war oder zehn Jahre in einem juristischen Beruf tätig war und notariatsspezifische Kenntnisse nachweist.

§ 118 Übergangsvorschrift für Akten, Bücher und Verzeichnisse

(1) Für die Bücher des Notars der Jahrgänge bis einschließlich 2021 gelten die die Akten und Verzeichnisse betreffenden Regelungen der §§ 45, 51a, 55 Absatz 1 und 2, des § 58 Absatz 1 und 3 Satz 3, der §§ 63, 74, 93 Absatz 2 Satz 2, Absatz 3 Satz 3 und Absatz 4 Satz 1 und 2 sowie des § 113 Absatz 17 und 18 entsprechend.

(2) Für Akten, Bücher und Verzeichnisse, die das Amtsgericht bereits vor dem 1. Januar 2022 in Verwahrung genommen hat, sind die §§ 45, 51 Absatz 1 Satz 2 und 3 und Absatz 3, § 55 Absatz 1 und § 58 Absatz 1 in ihrer am 31. Dezember 2021 geltenden Fassung weiter anzuwenden.

(3) Die Aufbewahrungsfristen für die von dem Amtsgericht oder der Notarkammer verwahrten Akten, Bücher und Verzeichnisse richten sich nach den für den Notar geltenden Vorschriften.

§ 119 Übergangsvorschrift für bereits verwahrte Urkundensammlungen

(1) [1]Das Amtsgericht kann von ihm verwahrte Schriftstücke aus den Urkundensammlungen der Notare einschließlich der Vermerkblätter in die elektronische Form übertragen. [2]Übertragungen nach Satz 1 müssen jeweils den gesamten Jahrgang einer Urkundensammlung umfassen. [3]Die elektronischen Dokumente sind in elektronischen Urkundensammlungen zu verwahren. [4]Für jede elektronische Urkundensammlung ist ein Urkundenverzeichnis anzulegen. [5]§ 55 Absatz 2 des Beurkundungsgesetzes gilt entsprechend. [6]Die in den Urkundensammlungen verwahrten Erbverträge sind zuvor zu gesonderten Sammlungen zu nehmen und in den Urkundensammlungen durch beglaubigte Abschriften zu ersetzen. [7]Für die Übertragung der Papierdokumente in die elektronische Form und die Einstellung der elektronischen Dokumente in die elektronischen Urkundensammlungen gilt § 56 Absatz 1 und 2 des Beurkundungsgesetzes entsprechend; anstelle des Notars handelt der Urkundsbeamte der Geschäftsstelle. [8]Für die rechtliche Stellung der elektronischen Dokumente gilt § 56 Absatz 3 des Beurkundungsgesetzes entsprechend. [9]In das Urkundenverzeichnis werden aus der Urkundenrolle mindestens die Angaben zum Namen und Amtssitz des Notars, zum Jahrgang der Urkundenrolle und zu der laufenden Nummer aufgenommen, unter der das Amtsgeschäft in der Urkundenrolle eingetragen ist.

(2) [1]An den jeweiligen elektronischen Dokumenten setzen sich die bis zur Übertragung geltenden Aufbewahrungsfristen fort. [2]Die Aufbewahrungsfristen für die übertragenen Dokumente richten sich ab der Übertragung nach § 50 Absatz 1 Nummer 3 der Verordnung über die Führung notarieller Akten und Verzeich-

nisse. [3]Die Aufbewahrungsfristen für die übertragenen Dokumente beginnen mit dem ersten Tag des auf die Einstellung der elektronischen Dokumente in das Elektronische Urkundenarchiv folgenden Kalenderjahres neu und enden spätestens mit dem Ablauf der Aufbewahrungsfrist für die jeweiligen elektronischen Dokumente. [4]Für die Urkundenverzeichnisse gelten die Aufbewahrungsfristen für die Urkundenrollen entsprechend.

(3) [1]Der Notar kann Schriftstücke aus von ihm verwahrten Urkundensammlungen der Jahrgänge bis einschließlich 2021 einschließlich der Vermerkblätter in die elektronische Form übertragen sowie auch ohne eine solche Übertragung Urkundenverzeichnisse anlegen. [2]Absatz 1 Satz 2 bis 9 und Absatz 2 gelten entsprechend.

(4) [1]Die Notarkammer kann Schriftstücke aus von ihr verwahrten Urkundensammlungen der Jahrgänge bis einschließlich 2021 einschließlich der Vermerkblätter in die elektronische Form übertragen sowie auch ohne eine solche Übertragung Urkundenverzeichnisse anlegen. [2]Absatz 1 Satz 2 bis 9 und Absatz 2 gelten entsprechend.

[§ 119 Abs. 1 ab 1.8.2022:]

(1) [1]Das Amtsgericht kann von ihm verwahrte Schriftstücke aus den Urkundensammlungen der Notare einschließlich der Vermerkblätter in die elektronische Form übertragen. [2]Übertragungen nach Satz 1 müssen jeweils den gesamten Jahrgang einer Urkundensammlung umfassen. [3]Die elektronischen Dokumente sind in elektronischen Urkundensammlungen zu verwahren. [4]Für jede elektronische Urkundensammlung ist ein Urkundenverzeichnis anzulegen. [5]§ 55 Absatz 2 des Beurkundungsgesetzes gilt entsprechend. [6]Die in den Urkundensammlungen verwahrten Erbverträge sind zuvor zu gesonderten Sammlungen zu nehmen und in den Urkundensammlungen durch beglaubigte Abschriften zu ersetzen. [7]Für die Übertragung der Papierdokumente in die elektronische Form und die Einstellung der elektronischen Dokumente in die elektronischen Urkundensammlungen gilt § 56 Absatz 1 und 2 des Beurkundungsgesetzes entsprechend; anstelle des Notars handelt der Urkundsbeamte der Geschäftsstelle. [8]Für die rechtliche Stellung der elektronischen Dokumente gilt § 56 Absatz 4 des Beurkundungsgesetzes entsprechend. [9]In das Urkundenverzeichnis werden aus der Urkundenrolle mindestens die Angaben zum Namen und Amtssitz des Notars, zum Jahrgang der Urkundenrolle und zu der laufenden Nummer aufgenommen, unter der das Amtsgeschäft in der Urkundenrolle eingetragen ist.

§ 120 Übergangsvorschrift für die Übernahme durch ein öffentliches Archiv

(1) Zum Ablauf der jeweiligen Aufbewahrungsfristen sind die Urkundenrolle, das Namensverzeichnis zur Urkundenrolle und die in der Urkundensammlung verwahrten Schriftstücke der Jahrgänge bis einschließlich 2021 dem zuständigen öffentlichen Archiv nach den jeweiligen archivrechtlichen Vorschriften zur Übernahme anzubieten.

(2) [1]Werden Urkundensammlungen der Jahrgänge bis einschließlich 2021, die vom Amtsgericht zu verwahren sind, vom zuständigen öffentlichen Archiv aufbewahrt, so gelten für die Erteilung von Ausfertigungen und Abschriften durch das Amtsgericht die Vorschriften über die Erteilung von Ausfertigungen und Abschriften gerichtlicher Urkunden. [2]Abweichend von § 45 Absatz 5 stehen die Kosten in diesem Fall der Staatskasse zu.

Anlage 1

(zu § 18d Absatz 1)

Gebührenverzeichnis (Zugang zu Inhalten notarieller Urkunden und Verzeichnisse zu Forschungszwecken)

Nr.	Gebührentatbestand	Gebühren-betrag
10	Entscheidung über einen Antrag auf Gewährung des Zugangs zu Inhalten notarieller Urkunden und Verzeichnisse	25,00 bis 250,00 €
20	Erteilung einer Auskunft aus notariellen Urkunden oder Verzeichnissen Die Gebühr fällt nur einmal an, auch wenn mehrere Stellen mit der Erteilung der Auskunft befasst sind.	20,00 bis 200,00 €
30	Gewährung der Einsicht in notarielle Urkunden und Verzeichnisse:	
	1. wenn keine Anonymisierung von Inhalten erfolgt, je notarieller Urkunde oder notariellem Verzeichnis	10,00 €
	2. wenn eine Anonymisierung von Inhalten erfolgt, je notarieller Urkunde oder notariellem Verzeichnis	20,00 €
	Die Gebühren betragen insgesamt höchstens 3 000,00 €, wenn die Gewährung der Einsicht aufgrund eines Antrags erfolgt. Die Höchstgebühr gilt unabhängig davon, wie viele Stellen mit der Gewährung der Einsicht befasst sind.	
40	Entscheidung über einen Antrag auf Zustimmung zur Verwendung verschwiegenheitspflichtiger Inhalte für ein anderes Forschungsvorhaben	20,00 bis 100,00 €
50	Entscheidung über einen Antrag auf Zustimmung zur Veröffentlichung verschwiegenheitspflichtiger Inhalte	20,00 bis 100,00 €

Anlage 2

(zu § 111f Satz 1)

Gebührenverzeichnis (verwaltungsrechtliche Notarsachen)

Nr.	Gebührentatbestand	Gebührenbetrag oder Satz der Gebühr nach § 34 GKG
	Abschnitt 1. Erster Rechtszug	
	Unterabschnitt 1. Oberlandesgericht	
110	Verfahren im Allgemeinen	4,0

Nr.	Gebührentatbestand	Gebührenbetrag oder Satz der Gebühr nach § 34 GKG
111	Beendigung des gesamten Verfahrens durch 1. Zurücknahme der Klage a) vor dem Schluss der mündlichen Verhandlung, b) wenn eine solche nicht stattfindet, vor Ablauf des Tages, an dem das Urteil, der Gerichtsbescheid oder der Beschluss in der Hauptsache der Geschäftsstelle übermittelt wird, c) im Fall des § 111b Abs. 1 Satz 1 BNotO i.V.m. § 93a Abs. 2 VwGO vor Ablauf der Erklärungsfrist nach § 93a Abs. 2 Satz 1 VwGO, 2. Anerkenntnis- oder Verzichtsurteil, 3. gerichtlichen Vergleich oder 4. Erledigungserklärungen nach § 111b Abs. 1 Satz 1 BNotO i.V.m. § 161 Abs. 2 VwGO, wenn keine Entscheidung über die Kosten ergeht oder die Entscheidung einer zuvor mitgeteilten Einigung der Beteiligten über die Kostentragung oder der Kostenübernahmeerklärung eines Beteiligten folgt, es sei denn, dass bereits ein anderes als eines der in Nummer 2 genannten Urteile, ein Gerichtsbescheid oder Beschluss in der Hauptsache vorausgegangen ist: Die Gebühr 110 ermäßigt sich auf Die Gebühr ermäßigt sich auch, wenn mehrere Ermäßigungstatbestände erfüllt sind.	2,0
	Unterabschnitt 2. Bundesgerichtshof	
120	Verfahren im Allgemeinen	5,0
121	Beendigung des gesamten Verfahrens durch 1. Zurücknahme der Klage a) vor dem Schluss der mündlichen Verhandlung, b) wenn eine solche nicht stattfindet, vor Ablauf des Tages, an dem das Urteil oder der Gerichtsbescheid der Geschäftsstelle übermittelt wird, c) im Fall des § 111b Abs. 1 Satz 1 BNotO i.V.m. § 93a Abs. 2 VwGO vor Ablauf der Erklärungsfrist nach § 93a Abs. 2 Satz 1 VwGO, 2. Anerkenntnis- oder Verzichtsurteil, 3. gerichtlichen Vergleich oder 4. Erledigungserklärungen nach § 111b Abs. 1 Satz 1 BNotO i.V.m. § 161 Abs. 2 VwGO, wenn keine Entscheidung über die Kosten ergeht oder die Entscheidung einer zuvor mitgeteilten Einigung der	

Nr.	Gebührentatbestand	Gebührenbetrag oder Satz der Gebühr nach § 34 GKG
	Beteiligten über die Kostentragung oder der Kostenübernahmeerklärung eines Beteiligten folgt, es sei denn, dass bereits ein anderes als eines der in Nummer 2 genannten Urteile, ein Gerichtsbescheid oder Beschluss in der Hauptsache vorausgegangen ist: Die Gebühr 120 ermäßigt sich auf	3,0
	Die Gebühr ermäßigt sich auch, wenn mehrere Ermäßigungstatbestände erfüllt sind.	

Abschnitt 2. Zulassung und Durchführung der Berufung

Nr.	Gebührentatbestand	Gebührenbetrag oder Satz der Gebühr nach § 34 GKG
200	Verfahren über die Zulassung der Berufung: Soweit der Antrag abgelehnt wird	1,0
201	Verfahren über die Zulassung der Berufung: Soweit der Antrag zurückgenommen oder das Verfahren durch anderweitige Erledigung beendet wird	0,5
	Die Gebühr entsteht nicht, soweit die Berufung zugelassen wird.	
202	Verfahren im Allgemeinen	5,0
203	Beendigung des gesamten Verfahrens durch Zurücknahme der Berufung oder der Klage, bevor die Schrift zur Begründung der Berufung bei Gericht eingegangen ist: Die Gebühr 202 ermäßigt sich auf	1,0
	Erledigungserklärungen nach § 111b Abs. 1 Satz 1 BNotO i.V.m. § 161 Abs. 2 VwGO stehen der Zurücknahme gleich, wenn keine Entscheidung über die Kosten ergeht oder die Entscheidung einer zuvor mitgeteilten Einigung der Beteiligten über die Kostentragung oder der Kostenübernahmeerklärung eines Beteiligten folgt.	
204	Beendigung des gesamten Verfahrens, wenn nicht Nummer 203 erfüllt ist, durch 1. Zurücknahme der Berufung oder der Klage a) vor dem Schluss der mündlichen Verhandlung, b) wenn eine solche nicht stattfindet, vor Ablauf des Tages, an dem das Urteil oder der Beschluss in der Hauptsache der Geschäftsstelle übermittelt wird, oder c) im Fall des § 111b Abs. 1 Satz 1 BNotO i.V.m. § 93a Abs. 2 VwGO vor Ablauf der Erklärungsfrist nach § 93a Abs. 2 Satz 1 VwGO, 2. Anerkenntnis- oder Verzichtsurteil,	

Nr.	Gebührentatbestand	Gebührenbetrag oder Satz der Gebühr nach § 34 GKG
	3. gerichtlichen Vergleich oder 4. Erledigungserklärungen nach § 111b Abs. 1 Satz 1 BNotO i.V.m. § 161 Abs. 2 VwGO, wenn keine Entscheidung über die Kosten ergeht oder die Entscheidung einer zuvor mitgeteilten Einigung der Beteiligten über die Kostentragung oder der Kostenübernahmeerklärung eines Beteiligten folgt, es sei denn, dass bereits ein anderes als eines der in Nummer 2 genannten Urteile oder ein Beschluss in der Hauptsache vorausgegangen ist: Die Gebühr 202 ermäßigt sich auf Die Gebühr ermäßigt sich auch, wenn mehrere Ermäßigungstatbestände erfüllt sind.	3,0

Abschnitt 3. Vorläufiger Rechtsschutz

Vorbemerkung 3:

(1) Die Vorschriften dieses Abschnitts gelten für einstweilige Anordnungen und für Verfahren nach § 111b Abs. 1 Satz 1 BNotO i.V.m. § 80 Abs. 5 und § 80a Abs. 3 VwGO.

(2) Im Verfahren über den Antrag auf Erlass und im Verfahren über den Antrag auf Aufhebung einer einstweiligen Anordnung werden die Gebühren jeweils gesondert erhoben. Mehrere Verfahren nach § 111b Abs. 1 Satz 1 BNotO i.V.m. § 80 Abs. 5 und 7 und § 80a Abs. 3 VwGO gelten innerhalb eines Rechtszugs als ein Verfahren.

Unterabschnitt 1. Oberlandesgericht

310	Verfahren im Allgemeinen	2,0
311	Beendigung des gesamten Verfahrens durch 1. Zurücknahme des Antrags a) vor dem Schluss der mündlichen Verhandlung oder, b) wenn eine solche nicht stattfindet, vor Ablauf des Tages, an dem der Beschluss der Geschäftsstelle übermittelt wird, 2. gerichtlichen Vergleich oder 3. Erledigungserklärungen nach § 111b Abs. 1 Satz 1 BNotO i.V.m. § 161 Abs. 2 VwGO, wenn keine Entscheidung über die Kosten ergeht oder die Entscheidung einer zuvor mitgeteilten Einigung der Beteiligten über die Kostentragung oder der Kostenübernahmeerklärung eines Beteiligten folgt, es sei denn, dass bereits ein Beschluss über den Antrag vorausgegangen ist:	

Nr.	Gebührentatbestand	Gebührenbetrag oder Satz der Gebühr nach § 34 GKG
	Die Gebühr 310 ermäßigt sich auf Die Gebühr ermäßigt sich auch, wenn mehrere Ermäßigungstatbestände erfüllt sind.	0,75
Unterabschnitt 2. Bundesgerichtshof als Rechtsmittelgericht in der Hauptsache		
320	Verfahren im Allgemeinen	1,5
321	Beendigung des gesamten Verfahrens durch 1. Zurücknahme des Antrags a) vor dem Schluss der mündlichen Verhandlung oder, b) wenn eine solche nicht stattfindet, vor Ablauf des Tages, an dem der Beschluss der Geschäftsstelle übermittelt wird, 2. gerichtlichen Vergleich oder 3. Erledigungserklärungen nach § 111b Abs. 1 Satz 1 BNotO i.V.m. § 161 Abs. 2 VwGO, wenn keine Entscheidung über die Kosten ergeht oder die Entscheidung einer zuvor mitgeteilten Einigung der Beteiligten über die Kostentragung oder der Kostenübernahmeerklärung eines Beteiligten folgt, es sei denn, dass bereits ein ein Beschluss über den Antrag vorausgegangen ist: Die Gebühr 320 ermäßigt sich auf Die Gebühr ermäßigt sich auch, wenn mehrere Ermäßigungstatbestände erfüllt sind.	0,5

Unterabschnitt 3. Bundesgerichtshof

Vorbemerkung 3.3:

Die Vorschriften dieses Unterabschnitts gelten, wenn der Bundesgerichtshof auch in der Hauptsache erstinstanzlich zuständig ist.

Nr.	Gebührentatbestand	Gebührenbetrag oder Satz der Gebühr nach § 34 GKG
330	Verfahren im Allgemeinen	2,5
331	Beendigung des gesamten Verfahrens durch 1. Zurücknahme des Antrags a) vor dem Schluss der mündlichen Verhandlung oder, b) wenn eine solche nicht stattfindet, vor Ablauf des Tages, an dem der Beschluss der Geschäftsstelle übermittelt wird, 2. gerichtlichen Vergleich oder 3. Erledigungserklärungen nach § 111b Abs. 1 Satz 1 BNotO i.V.m. § 161 Abs. 2 VwGO, wenn keine Entscheidung über die Kosten ergeht oder die Entscheidung einer zuvor mitgeteilten Einigung der	

Nr.	Gebührentatbestand	Gebührenbetrag oder Satz der Gebühr nach § 34 GKG
	Beteiligten über die Kostentragung oder der Kostenübernahmeerklärung eines Beteiligten folgt, es sei denn, dass bereits ein Beschluss über den Antrag vorausgegangen ist: Die Gebühr 330 ermäßigt sich auf	1,0
	Die Gebühr ermäßigt sich auch, wenn mehrere Ermäßigungstatbestände erfüllt sind.	
	Abschnitt 4. Rüge wegen Verletzung des Anspruchs auf rechtliches Gehör	
400	Verfahren über die Rüge wegen Verletzung des Anspruchs auf rechtliches Gehör: Die Rüge wird in vollem Umfang verworfen oder zurückgewiesen	50,00 EUR

Bundesrechtsanwaltsordnung (BRAO)

Vom 1. August 1959 (BGBl. I S. 565)
(BGBl. III/FNA 303-8)
zuletzt geändert durch Art. 22 G zum Ausbau des elektronischen Rechtsverkehrs mit den Gerichten und zur Änd. weiterer Vorschriften vom 5. Oktober 2021 (BGBl. I S. 4607)
– Auszug –

§ 45 Tätigkeitsverbote *[ab 1.8.2022]*

(1) Der Rechtsanwalt darf nicht tätig werden, wenn er

1. in derselben Rechtssache bereits tätig geworden ist als
[...]
c) als Notar, Notarvertretung, Notariatsverwalter Notarassessor oder als im Vorbereitungsdienst bei einem Notar tätiger Referendar;

(2) [1]Ein Tätigkeitsverbot gilt auch für Rechtsanwälte, die ihren Beruf gemeinschaftlich ausüben

1. mit einem Rechtsanwalt, der nach Absatz 1 nicht tätig werden darf, oder
2. mit einem Angehörigen eines anderen Berufs nach § 59c Absatz 1 Satz 1, dem ein Tätigwerden bei entsprechender Anwendung des Absatzes 1 untersagt wäre. [2]Satz 1 ist nicht anzuwenden, soweit dem Tätigkeitsverbot nach Absatz 1 eine Tätigkeit als Referendar im Vorbereitungsdienst nach Absatz 1 Nummer 1 Buchstabe a oder c zugrunde liegt. [3]Ein Tätigkeitsverbot nach Satz 1 bleibt bestehen, wenn der nach Absatz 1 ausgeschlossene Rechtsanwalt die gemeinschaftliche Berufsausübung beendet. [4]Satz 1 findet in den Fällen, in denen das Tätigkeitsverbot auf Absatz 1 Nummer 3 beruht, keine Anwendung, wenn die betroffenen Personen der Tätigkeit nach umfassender Information in Textform durch den Rechtsanwalt zugestimmt haben und geeignete Vorkehrungen die Verhinderung einer Offenbarung vertraulicher Informationen sicherstellen. [5]Soweit es für die Prüfung eines Tätigkeitsverbots erforderlich ist, dürfen der Verschwiegenheit unterliegende Tatsachen einem Rechtsanwalt auch ohne Einwilligung der betroffenen Person offenbart werden.

I. Allgemeines

1. Normzweck. Abs. 1 Nr. 1 statuiert **Tätigkeitsverbote** für einen Rechtsanwalt, der zuvor in derselben Rechtssache u.a. als Notar, Notarvertreter oder Notariatsverwalter tätig geworden ist oder in dieser Eigenschaft eine Urkunde aufgenommen hat. Zweck der Vorschriften ist es, die **unbedingte Unparteilichkeit und Neutralität** in der Justiz, bei der Streitschlichtung und im Notariat sicherzustellen: Eine Rechtsanwältin oder ein Rechtsanwalt darf nicht tätig werden, wenn sie oder er mit derselben Sache bereits in einer Funktion befasst war, die zu Neutralität verpflichtet.[1] Die Norm schützt das **Vertrauen in die Rechtspflege**, dass nicht dieselben Personen auf verschiedenen Seiten für unterschiedliche Interessen tätig werden, so dass schon die „Gefahr“ von **Interessenkollisionen** eingedämmt wird.[2] Außerdem sollen **Konflikte vermieden werden**, die sich ergeben können, wenn der Rechtsanwalt in einer Rechtssache tätig werden soll, in der er vorher bei der Beurkundung des nun streitigen Vorgangs als Notar, Notarvertreter oder Notariatsverwalter mitgewirkt hat.[3] 1

Die Vorschriftbezweckt, eine **strikte Trennung** zwischen anwaltlicher und notarieller Berufsausübung sicherzustellen.[4] Für eine Trennung zwischen anwaltlicher und notarieller Berufstätigkeit soll vor allem durch die **Vermutungsregel** des § 24 Abs. 2 BNotO sorgen (→ § 24 Rn. 68 ff.).[5] In erster Linie maßgeblich ist jedoch die Vereinbarung im Einzelfall zwischen den Beteiligten und dem Anwaltsnotar. Dieser soll vor Beginn der Tätigkeit **klarstellen**, ob er als Rechtsanwalt oder als Notar tätig werden möchte.[6] Die Norm wurde durch das Gesetz zur Neuregelung des Berufsrechts der anwaltlichen und steuerberatenden Berufsausübungsgesellschaften sowie zur Änderung weiterer Vorschriften im Bereich der rechtsberatenden Berufe vom 7.7.2021 **verständlicher gefasst.**[7] Ergänzt wurde das Tätigkeitsverbot bei Vorbefassung als Notarassessorin oder Notarassessor sowie als Rechtsreferendarin oder Rechtsreferendar in einer Ausbildungsstation bei einer Notarin oder einem Notar.[8] Die geltende Regelung in § 45 Abs. 1 Nr. 2 zum Tätigkeitsverbot bei notarieller Urkundstätigkeit kann entfallen, weil sie vollständig in lit. c aufgeht.[9] 2

2. Bedeutung. Die Vorschrift betrifft in erster Linie **Anwaltsnotare** und wegen der Erstreckung der Tätigkeitsverbote über Abs. 2 auf zur gemeinschaftlichen Berufsausübung mit einem **Anwaltsnotar verbundene Rechtsanwälte.**[10] Die Vorschrift wird insoweit durch § 3 Abs. 1 S. 1 Nr. 7 BeurkG ergänzt.[11] Die Norm 3

1 BT-Drs. 19/27670, 167.
2 Weyland/*Träger* BRAO § 45 Rn. 6.
3 Hartung/Scharmer/*Peitscher* BRAO § 45 Rn. 30; Henssler/Prütting/*Kilian* BRAO § 45 Rn. 22; Weyland/*Träger* BRAO § 45 Rn. 12.
4 Henssler/Prütting/*Kilian* BRAO § 45 Rn. 18; *Kleine-Cosack* BRAO § 45 Rn. 14.
5 *Kleine-Cosack* BRAO § 45 Rn. 15.
6 *Kleine-Cosack* BRAO § 45 Rn. 15.
7 BT-Drs. 19/27670, 167.
8 BT-Drs. 19/27670, 167.
9 BT-Drs. 19/27670, 167.
10 Hartung/Scharmer/*Peitscher* BRAO § 45 Rn. 25; *Kleine-Cosack* BRAO § 45 Rn. 14; Weyland/*Träger* BRAO § 45 Rn. 9.
11 *Kleine-Cosack* BRAO § 45 Rn. 14.

kommt daneben auf Rechtsanwälte, die ihre **Amtstätigkeit als Notar beendet haben**, zur Anwendung. Abs. 1 Nr. 2 wird wegen des weiten Umfangs von Abs. 1 Nr. 1 als überflüssig angesehen.[12] Obwohl Abs. 1 Nr. 2 lex specialis ist,[13] dient Abs. 1 Nr. 1 als **Auffangtatbestand.**[14] Konsequenterweise wird die Norm zum 1.8.2022 in § 45 Abs. 1 Nr. 1 lit. c vereinheitlicht und Abs. 1 Nr. 2 aufgehoben.[15]

II. Vorbefassung in derselben Rechtssache als Notar (Abs. 1 Nr. lit. 1 c)

4 **1. Vorbefassung.** Da Abs. 1 Nr. lit. 1 c nicht auf eine bestimmte Amtstätigkeit (die Aufnahme einer Urkunde) beschränkt ist, löst **jede Amtstätigkeit als Notar** das anwaltliche Tätigkeitsverbot in derselben Rechtssache aus.[16] Eine Vorbefassung setzt allerdings eine **konkrete Tätigkeit** voraus.[17] Bloße Kenntnis von Umständen und Tatsachen ohne die Entfaltung einer Amtstätigkeit stellt noch keine Befassung in der Rechtssache dar.

5 **2. Dieselbe Rechtssache.** Der Begriff „dieselbe Rechtssache" ist nach der ständigen Rechtsprechung des BGH wie in § 356 StGB zu verstehen und umfasst **alle Rechtsangelegenheiten**, in denen mehrere, zumindest möglicherweise, ein **entgegengesetztes rechtliches Interesse** verfolgende Beteiligte vorkommen können.[18] Maßgebend für die Beurteilung ist der sachlich-rechtliche Inhalt der anvertrauten Interessen, also das anvertraute materielle Rechtsverhältnis, das bei natürlicher Betrachtungsweise auf ein innerlich zusammengehöriges, **einheitliches Lebensverhältnis** zurückzuführen ist.[19] Anerkannt ist dabei, dass der zeitliche Abstand zwischen Beurkundung und anwaltlicher Tätigkeit unerheblich ist und die Einheitlichkeit des Lebensverhältnisses nicht aufzuheben vermag.[20] Gleiches gilt für einen Wechsel der beteiligten Personen.[21]

6 **3. Notar, Notarvertretung, oder Notariatsverwalter, Notarassessor oder Referendar.** Erfasst ist die Tätigkeit als **Notar**, als einmaliger oder ständiger **Notarvertreter** (§ 39 BNotO) oder als **Notariatsverwalter** (§ 56 BNotO). Durch die Gesetzesneufassung zum 1.8.2022 ist außerdem klargestellt, dass auch eine Tätigkeit in derselben Rechtssache als **Notarassessor** oder als einem Notar im Rahmen des Anwärterdienstes zugewiesener **Rechtsreferendar** das Tätigkeitsverbot auslöst.[22] Nur eine Amtstätigkeit als **deutscher Notar** löst das Tätigkeitsverbot aus. Eine Vorbefassung in Rahmen einer **Nebentätigkeit** (§ 8 BNotO) löst kein Mitwirkungsverbot aus, sofern nicht Abs. 1 Nr. 4 eingreift.[23]

12 Hartung/Scharmer/*Peitscher* BRAO § 45 Rn. 30; Henssler/Prütting/*Kilian* BRAO § 45 Rn. 21; *Kleine-Cosack* BRAO § 45 Rn. 19.
13 Hartung/Scharmer/*Peitscher* BRAO § 45 Rn. 30; Henssler/Prütting/*Kilian* BRAO § 45 Rn. 23.
14 Hartung/Scharmer/*Peitscher* BRAO § 45 Rn. 31.
15 BT-Drs. 19/27670, 167.
16 Hartung/Scharmer/*Peitscher* BRAO § 45 Rn. 26; Henssler/Prütting/*Kilian* BRAO § 45 Rn. 19 ff.; Weyland/*Träger* BRAO § 45 Rn. 8.
17 *Kleine-Cosack* BRAO § 45 Rn. 16.
18 BGH NJW 2015, 567 (568); NJW 2011, 373; BGH NJW-RR 2008, 795; AGH Schleswig-Holstein ZEV 2014, 205 (206); Henssler/Prütting/*Kilian* BRAO § 45 Rn. 12a.
19 BGH NJW 2011, 373.
20 BGH NJW 2011, 373.
21 AGH Schleswig-Holstein ZEV 2014, 205 (206).
22 BT-Drucks. 19/27670 S. 167.
23 Henssler/Prütting/*Kilian* BRAO § 45 Rn. 18a.

4. Beispiele

- Ein Anwaltsnotar, der einen GmbH Gesellschaftsvertrag beurkundet hat, darf einen Gesellschafter nicht bei der Abwehr eines auf Einzahlung des Stammkapitals gerichteten Anspruchs vertreten.[24] 7
- Der einen Grundstückskaufvertrag oder einen Schenkungsvertrag beurkundende Notar darf die Beteiligte nicht als Rechtsanwalt vertreten, um Gewährleistungsansprüche oder Widerrufsrechte für einen Vertragsteil durchzusetzen.[25]
- Hat der Notar die Veräußerung von Miteigentumsanteilen beurkundet, darf er nicht einen der Miteigentümer als Rechtsanwalt bei der Teilungsversteigerung des Grundstücks vertreten.[26]
- Hat ein Notar ein Schuldanerkenntnis entworfen, darf er als Anwalt in derselben Angelegenheit weder den Gläubiger noch den Schuldner vertreten.[27]
- Nach Beurkundung eines Ehevertrags oder einer Scheidungsvereinbarung darf der Anwaltsnotar keinen der Ehegatten als Anwalt vertreten.[28]
- Hat der Anwaltsnotar eine letztwillige Verfügung beurkundet, darf er weder die Erben noch Vermächtnisnehmer oder Pflichtteilsberechtigte als Anwalt vertreten.[29]
- Hat der Notar einen Erbscheinsantrag beurkundet, darf er nicht als Rechtsanwalt Beschwerde gegen die vorläufige Einziehung des Erbscheins erheben.[30]

III. Insbesondere Notarielle Urkunden (= Abs. 1 Nr. 2 a.F.)

1. Aufnahme der Urkunde. Die Aufnahme einer Urkunde ist jede **Beurkundungs- oder Beglaubigungstätigkeit** iSd § 20 BNotO.[31] Auch die Testamentserrichtung durch Übergabe einer offenen Schrift ist Beurkundung des Testaments, nicht aber die Übergabe einer verschlossenen Schrift.[32] **Keine Urkundstätigkeit** ist die Anfertigung eines Entwurfs oder die bloße Beratung.[33] In allen diesen Fällen greift aber das weit zu verstehende Tätigkeitsverbot nach Abs. 1 Nr. 1 lit. c ein.[34] 8

2. Streit um den Rechtsbestand der Urkunde. Der Rechtsbestand der Urkunde ist umstritten, wenn **formale Mängel** des Beurkundungsverfahrens geltend gemacht oder **materiellrechtliche Einwendungen** gegen die Wirksamkeit des beurkundeten Rechtsgeschäfts erhoben werden.[35] 9

24 BGH NJW 2011, 373.
25 Hartung/Scharmer/*Peitscher* BRAO § 45 Rn. 27.
26 OLG Hamm NJW 1992, 1174.
27 Hartung/Scharmer/*Peitscher* BRAO § 45 Rn. 27.
28 BGH DNotZ 1992, 455; Hartung/Scharmer/*Peitscher* BRAO § 45 Rn. 27.
29 AGH Schleswig-Holstein ZEV 2014, 205; Hartung/Scharmer/*Peitscher* BRAO § 45 Rn. 27.
30 OLG Frankfurt aM FamRZ 2016, 852; Hartung/Scharmer/*Peitscher* BRAO § 45 Rn. 27.
31 Hartung/Scharmer/*Peitscher* BRAO § 45 Rn. 31; Weyland/*Träger* BRAO § 45 Rn. 13.
32 Hartung/Scharmer/*Peitscher* BRAO § 45 Rn. 31; Weyland/*Träger* BRAO § 45 Rn. 13.
33 OLG Frankfurt aM NJW 1964, 1033; OLG Hamm AnwBl. 1977, 22; Hartung/Scharmer/*Peitscher* BRAO § 45 Rn. 31; Weyland/*Träger* BRAO § 45 Rn. 13.
34 Hartung/Scharmer/*Peitscher* BRAO § 45 Rn. 31; Weyland/*Träger* BRAO § 45 Rn. 13.
35 Hartung/Scharmer/*Peitscher* BRAO § 45 Rn. 32; Weyland/*Träger* BRAO § 45 Rn. 14.

10 **3. Streit um die Auslegung der Urkunde.** Auslegungsstreitigkeiten sind weit zu verstehen.[36] Sie liegen vor, wenn die Bedeutung einzelner Klauseln oder Formulierungen uneindeutig ist aber auch, wenn die rechtlichen Schlussfolgerungen aus einzelnen rechtsgeschäftlichen Erklärungen zweifelhaft sind.[37] Bloße Tatsachenfeststellungen des Notars können keinen Auslegungszweifeln unterliegen.[38]

11 **4. Vollstreckung aus der Urkunde.** Das Verbot betrifft nicht nur die Vollstreckung aus einer vollstreckbaren Urkunde, die der Rechtsanwalt in seiner Amtstätigkeit als Notar aufgenommen hat,[39] sondern erfasst auch die anwaltliche Tätigkeit nach der Erteilung einer Vollstreckungsklausel zu einer von ihm als Notar verwahrten Urkunde.[40] Wer als Notar den Erwerb des Miteigentumsanteils an einem Grundstück beurkundet hat, darf nicht später einen der Beteiligten als Rechtsanwalt in der Teilungsversteigerung vertreten.[41]

IV. Ausweitung auf zur gemeinsamen Berufsausübung verbundene Rechtsanwälte (Abs. 2)

12 **1. Allgemeines.** Die Vorschrift soll eine Umgehung des Verbots nach Abs. 1 verhindern.[42] Durch diese Erstreckung des Tätigkeitsverbots soll auch in den Fällen, in denen eine andere Person in der Berufsausübungsgesellschaft nach Abs. 1 ausgeschlossen ist oder bei entsprechender Anwendung wäre, gewährleistet werden, dass die Rechtspflege geschützt wird.[43] Denn eine derartige Zusammenarbeit ist im Grundsatz ebenfalls geeignet, das Vertrauen der Beteiligten und der Öffentlichkeit in eine funktionsfähige, unabhängige und staatsferne Rechtsanwaltschaft zu gefährden.[44] Mit der Übernahme des Mandates durch eine Berufsausübungsgemeinschaft hat die Gesellschaft bzw. alle deren Mitglieder die Vertretung des Mandanten übernommen, so dass der Umstand, welcher Rechtsanwalt konkret die Sache als Sachbearbeiter übernommen hat, für einen Verstoß gegen § 45 unerheblich ist.[45] Die Vorschrift steht nicht zur Disposition der Beteiligten.[46] Auch mit Einverständnis des Mandanten kann das Tätigkeitsverbot nicht außer Kraft gesetzt werden, § 43a Abs. 4 S. 4, 5, § 3 Abs. 2 S. 2 BORA gilt nicht entsprechend, sondern nur für § 43a Abs. 4 S. 1 bis 3.[47] Die Befreiungsmöglichkeit des Abs. 2 S. 4 erfasst nicht eine Vorbefassung als Notar, Notarvertretung, Notariatsverwalter oder dem Notar zur Ausbildung zugewiesenen Rechtsreferendar.[48]

13 Die Erstreckung des Tätigkeitsverbots auf einen Gesellschafter setzt allerdings voraus, dass dieser die tatsächlichen Umstände kennt, die das Tätigkeitsverbot

36 BGH NJW 1968, 2204 (2205); Weyland/*Träger* BRAO § 45 Rn. 16.
37 BGH NJW 1968, 2204 (2205); Hartung/Scharmer/*Peitscher* BRAO § 45 Rn. 32; Hartung/Scharmer/*Peitscher* BRAO § 45 Rn. 24a; Weyland/*Träger* BRAO § 45 Rn. 16.
38 Hartung/Scharmer/*Peitscher* BRAO § 45 Rn. 32; Weyland/*Träger* BRAO § 45 Rn. 19.
39 Weyland/*Träger* BRAO § 45 Rn. 20.
40 Weyland/*Träger* BRAO § 45 Rn. 20.
41 OLG Hamm NJW 1992, 1174; Weyland/*Träger* BRAO § 45 Rn. 20.
42 Hartung/Scharmer/*Peitscher* BRAO § 45 Rn. 60.
43 BT-Drs. 19/27670, 168.
44 BT-Drs. 19/27670, 168.
45 BGH NJW 2015, 567 (568); Hartung/Scharmer/*Peitscher* BRAO § 45 Rn. 60.
46 Hartung/Scharmer/*Peitscher* BRAO § 45 Rn. 62.
47 BGH NJW 2015, 567 (569); Hartung/Scharmer/*Peitscher* BRAO § 45 Rn. 62; aA Henssler/Prütting/*Kilian* BRAO § 45 Rn. 45a.
48 BT-Drs. 19/27670, 168.

begründen, oder sich trotz evidenter Anhaltspunkte der Kenntnisnahme solcher **Umstände verschließt.**[49]

Zur Verhinderung von Verstößen gegen Abs. 2 S. 1 erlaubt Abs. 2 S. 5 die Offenbarung von Tatsachen, die der Verschwiegenheitspflicht unterliegen.[50] Diese dürfen auch ohne Einwilligung der betroffenen Personen offenbart werden. Dies soll den Berufsträgern ermöglichen, eine **Konfliktprüfung** vornehmen zu können, ohne einen Verstoß gegen die Verschwiegenheitspflicht befürchten zu müssen.[51] 14

2. Anwendungsbereich. a) Berufsausübung mit einem anderen Rechtsanwalt (Abs. 2 S. 1 Nr. 1). Das Tätigkeitsverbot nach Abs. 1 Nr. 1 erstreckt sich über Abs. 2 Nr. 1 auf alle Personen, mit denen sich der vorbefasste Rechtsanwalt zur gemeinsamen Berufsausübung zusammengeschlossen hat oder mit denen er verbunden gewesen war. **Neu eintretende Gesellschafter** sind von dem Verbot erfasst, wenn der betroffene Rechtsanwalt noch Gesellschafter ist.[52] Bei einem Austritt des betroffenen Gesellschafters bleiben die **Altgesellschafter**, die bis dahin mit ihm verbunden waren, ebenfalls ausgeschlossen (Abs. 2 S. 3).[53] **Spätere Neugesellschafter** sind aber nicht erfasst.[54] Tritt der betroffene Rechtsanwalt in eine neue Gesellschaft ein, so erstreckt sich das Tätigkeitsverbot auf alle Mitgesellschafter. Tritt ein **„infizierter" Gesellschafter** aus der Gesellschaft des betroffenen Rechtsanwalts aus, so bleibt das Tätigkeitsverbot für ihn bestehen, erstreckt sich aber nicht auf neue Gesellschafter, wenn er einer anderen Berufsausübungsgemeinschaft beitritt.[55] 15

Eine **gemeinsame Berufsausübung** liegt vor bei einer Tätigkeit innerhalb einer Sozietät, auch einer Scheinsozietät,[56] einer Partnerschaftsgesellschaft,[57] einer Rechtsanwaltsgesellschaft,[58] einer Anwalts-AG[59] oder bei Berufsausübung in einer ausländischen Gesellschaftsform.[60] **Keine Berufsausübungsgemeinschaft** liegt hingegen bei einer Bürogemeinschaft, einer Kooperation oder einer EWIV vor.[61] 16

Das Gesetz unterscheidet nicht danach, ob es sich um ein **Einzel- oder ein Gesellschaftsmandat** handelt. Abs. 2 gilt daher auch dann, wenn dem betroffenen Rechtsanwalt ein Einzelmandat erteilt worden war[62] und erfasst auch solche Gesellschafter, denen in der Folge ein Einzelmandat erteilt werden soll. 17

b) Berufsausübung mit einem anderen Berufsträger (Abs. 2 S. 1 Nr. 2). Das rechtsanwaltliche Tätigkeitsverbot wird auf Personen erstreckt, die in der Berufsausübungsgesellschaft einen **anderen Beruf** iSd § 59c ausüben, weil auch in dieser Konstellation das Vertrauen darauf, dass die rechtsanwaltliche Tätigkeit 18

49 BGH NJW 2015, 567 (569); Henssler/Prütting/*Kilian* BRAO § 45 Rn. 45c.
50 BT-Drs. 19/27670, 168.
51 BT-Drs. 19/27670, 165.
52 Hartung/Scharmer/*Peitscher* BRAO § 45 Rn. 61.
53 Hartung/Scharmer/*Peitscher* BRAO § 45 Rn. 61.
54 Hartung/Scharmer/*Peitscher* BRAO § 45 Rn. 61.
55 Hartung/Scharmer/*Peitscher* BRAO § 45 Rn. 61.
56 Hartung/Scharmer/*Peitscher* BRAO § 45 Rn. 67.
57 Henssler/Prütting/*Kilian* BRAO § 45 Rn. 45; Hartung/Scharmer/*Peitscher* BRAO § 45 Rn. 63.
58 Henssler/Prütting/*Kilian* BRAO § 45 Rn. 45.
59 Henssler/Prütting/*Kilian* BRAO § 45 Rn. 45; Hartung/Scharmer/*Peitscher* BRAO § 45 Rn. 63.
60 Hartung/Scharmer/*Peitscher* BRAO § 45 Rn. 63.
61 Hartung/Scharmer/*Peitscher* BRAO § 45 Rn. 68 ff.; Henssler/Prütting/*Kilian* BRAO § 45 Rn. 45; aA Weyland/*Träger* BRAO § 45 Rn. 37.
62 AA Hartung/Scharmer/*Peitscher* BRAO § 45 Rn. 65.

allein den anwaltlichen Berufspflichten folgt, geschützt werden muss.[63] Dies gilt aber nicht, wenn die Vorbefassung in einer Tätigkeit als Rechtsreferendar erfolgte (Abs. 2 S. 2). Bei einem Austritt des betroffenen Gesellschafters bleiben die Altgesellschafter, die bis dahin mit ihm verbunden waren, ebenfalls ausgeschlossen (Abs. 2 S. 3).

V. Rechtsfolgen

19 **1. Allgemeines.** Die Vorschrift ist nicht disponibel und kann auch mit Einverständnis aller Beteiligten nicht abbedungen werden.[64] Dies gilt unabhängig davon, ob die Tätigkeit des Rechtsanwalts im konkreten Fall rechtlich oder wirtschaftlich vor- oder nachteilhaft wäre.[65] Unerheblich ist auch, ob im konkreten Fall überhaupt ein Interessenwiderstreit besteht oder zu befürchten ist.[66] Für einen Verstoß gegen § 45 genügt einfache Fahrlässigkeit.[67]

20 **2. Umfassendes Tätigkeitsverbot.** Bei Eingreifen von Abs. 1 Nr. 1 lit. c ist dem Rechtsanwalt jede berufliche Tätigkeit, durch die das Interesse des Auftraggebers durch Rat oder Beistand gefördert werden soll, untersagt.[68] Das Verbot erfasst nicht nur eine Tätigkeit für die unmittelbar am Amtsgeschäft beteiligten Personen (formell Beteiligte), sondern erstreckt sich auf alle materiell von dem Amtsgeschäft betroffenen Personen.[69]

21 **3. Sorgfaltspflichten.** Der Rechtsanwalt hat vor Annahme des Mandats zu prüfen, ob ein Tätigkeitsverbot besteht und den Mandanten darauf hinzuweisen.[70] Stellt sich das Tätigkeitsverbot erst nachträglich heraus, muss der Rechtsanwalt das Mandat niederlegen und den Mandanten unverzüglich unterrichten (§ 3 Abs. 4 BORA).[71] Innerhalb einer Sozietät ist durch geeignete organisatorische Maßnahmen sicherzustellen, dass kein Mandat übernommen wird, dessen Übernahme und Erfüllung gegen § 45 verstößt.[72] Dies erfordert für Anwaltsnotare über die Führung der Urkundenrolle hinaus die Führung eines Verzeichnisses, um eventuelle Tätigkeitsverbote rechtzeitig aufdecken zu können.[73]

22 **4. Nichtigkeit des Anwaltsvertrags.** Der Verstoß gegen § 45 führt zur Nichtigkeit des Anwaltsvertrags nach § 134 BGB.[74] Dem Rechtsanwalt stehen weder das vertragliche Honorar[75] noch ein Aufwendungsersatzanspruch aus einer Geschäftsführung ohne Auftrag noch ein bereicherungsrechtlicher Wertersatzanspruch zu (arg. ex. § 817 S. 2 BGB),[76] bereits geleistete Zahlungen kann der Mandant nach § 812 Abs. 1 S. 1 Alt. 1 BGB zurückfordern. Die erteilte Prozessvollmacht und alle auf ihrer Grundlage vorgenommenen Verfahrenshandlungen

63 BT-Drs. 19/27670, 168.
64 Henssler/Prütting/*Kilian* BRAO § 45 Rn. 12b; Weyland/*Träger* BRAO § 45 Rn. 41.
65 Henssler/Prütting/*Kilian* BRAO § 45 Rn. 12b.
66 BGH NJW 2015, 567 (568); Hartung/Scharmer/*Peitscher* BRAO § 45 Rn. 26; *Kleine-Cosack* BRAO § 45 Rn. 17.
67 BGH NJW 2015, 567 (569).
68 *Kleine-Cosack* BRAO § 45 Rn. 11.
69 AGH Schleswig-Holstein ZEV 2014, 205 (206); Henssler/Prütting/*Kilian* BRAO § 45 Rn. 19.
70 *Kleine-Cosack* BRAO § 45 Rn. 18.
71 Henssler/Prütting/*Kilian* BRAO § 45 Rn. 49.
72 BGH NJW 2015, 567 (569); Hartung/Scharmer/*Peitscher* BRAO § 45 Rn. 64.
73 Henssler/Prütting/*Kilian* BRAO § 45 Rn. 47.
74 BGH NJW 2016, 2561 (2562); NJW 2011, 373 (374); Henssler/Prütting/*Kilian* BRAO § 45 Rn. 49b; Weyland/*Träger* BRAO § 45 Rn. 50.
75 BGH NJW 2019, 1147 (1149 f.).
76 BGHZ 50, 86 (90); BGH NJW 2019, 1147 (1150 f.); NJW 2011, 373 (374); NJW-RR 1993, 1457.

bleiben wirksam.[77] Eine **Zurückweisung** des gegen § 45 verstoßenden Rechtsanwalts als Verfahrensvertreter analog § 156 Abs. 2 ist aber zulässig.[78]

5. Disziplinarrecht und Strafrecht. Der Verstoß gegen § 45 kann durch **Verhängung anwaltsgerichtlicher Maßnahmen** geahndet werden.[79] Regelmäßig ist von einem Übergewicht der anwaltlichen Pflichtverletzung auszugehen, so dass eine Ahndung als **notarielle Amtspflichtverletzung ausscheidet**, § 110 BNotO.[80] Der Verstoß gegen das Tätigkeitsverbot ist als solches nicht strafbar. Eine **Strafbarkeit** kann aus einer Verletzung der Verschwiegenheitspflicht (§§ 203, 204 StGB) oder einer Vertretung widerstreitender Interessen folgen (§ 356 StGB: Parteiverrat). 23

77 BGH NJW 1993, 1926; OLG Hamm NJW-RR 1989, 442; Henssler/Prütting/*Kilian* BRAO § 45 Rn. 40; Weyland/*Träger* BRAO § 45 Rn. 42.
78 Weyland/*Träger* BRAO § 45 Rn. 42; aA Henssler/Prütting/*Kilian* BRAO § 45 Rn. 51.
79 Henssler/Prütting/*Kilian* BRAO § 45 Rn. 49; Weyland/*Träger* BRAO § 45 Rn. 40.
80 BGH NJW-RR 2013, 622; Hartung/Scharmer/*Peitscher* BRAO § 45 Rn. 29; Henssler/Prütting/*Kilian* BRAO § 45 Rn. 49a.

Verordnung über die Führung notarieller Akten und Verzeichnisse (NotAktVV)

Vom 13. Oktober 2020 (BGBl. I S. 2246)
(FNA 303-1-5)
zuletzt geändert durch Art. 5, 6 G zum Vorschlag für eine Verordnung des Rates zur Änd. der VO (EG) Nr. 168/2007 zur Errichtung einer Agentur der Europäischen Union für Grundrechte und zur Inbetriebnahme der elektronischen Urkundensammlung vom 21. Dezember 2021 (BGBl. II S. 1282)

Abschnitt 1 Allgemeine Bestimmungen

§ 1 Verzeichnisse

Der Notar führt die folgenden Verzeichnisse:
1. das Urkundenverzeichnis,
2. das Verwahrungsverzeichnis.

§ 2 Akten

Der Notar führt die folgenden Akten:
1. die Urkundensammlung,
2. die Erbvertragssammlung,
3. die elektronische Urkundensammlung,
4. die Sondersammlung,
5. die Nebenakten,
6. die Sammelakte für Wechsel- und Scheckproteste und
7. die Generalakte.

Literatur:
Löffler, Die NotAktVV – der Vorbote des elektronischen Urkundenarchivs, notar 2020, 362; *Püls/Gerlach*, NotAktVV und Elektronisches Urkundenarchiv, 2021.

I. Allgemeines zur NotAktVV

1 Die NotAktVV enthält nähere Bestimmungen zur Führung notarieller Akten und Verzeichnisse in Papierform und in elektronischer Form. Sie gestaltet ab 1.1.2022 die notarielle Akten- und Verzeichnisführung grundlegend um.[1] Neben den entsprechenden Bestimmungen in BNotO, BeurkG und DONot enthält insbesondere sie die wesentlichen Detailregelungen im Zusammenhang mit der Einführung des **Elektronischen Urkundenarchivs.**

2 **1. Gesetzlicher Rahmen.** Mit dem Urkundenarchivgesetz vom 1.6.2017[2] hat der Gesetzgeber die **notarielle Akten- und Verzeichnisführung** grundlegend neu geordnet und insbesondere ausdrückliche gesetzliche Grundlagen für die Füh-

1 S. hierzu *Löffler* notar 2020, 362; *Püls/Gerlach* § 1 Rn. 1 ff., § 3 Rn. 1 ff.
2 BGBl. 2017 I 1396.

rung von **Akten und Verzeichnissen in elektronischer Form** geschaffen. Nach § 35 Abs. 2 S. 1 BNotO[3] steht es dem Notar nunmehr im Grundsatz frei, Akten und Verzeichnisse entweder in Papierform oder elektronisch zu führen.

3 Dieser Grundsatz der freien Wahl zwischen papiergebundener und elektronischer Führung der Akten und Verzeichnisse erfährt aber notwendigerweise **gesetzliche Einschränkungen und Ausgestaltungen.** So darf der Notar nach § 35 Abs. 4 BNotO elektronische Akten und Verzeichnisse nur in der Geschäftsstelle, im Elektronischen Urkundenarchiv oder im Elektronischen Notariatsaktenspeicher führen. Ab 1.1.2022[4] ist der Notar zur elektronischen Führung des Urkundenverzeichnisses und der Elektronischen Urkundensammlung sowie des Verwahrungsverzeichnisses verpflichtet, § 55 Abs. 1, Abs. 3, § 59a Abs. 1 BeurkG.[5] Urkundenverzeichnis, Elektronische Urkundensammlung und Verwahrungsverzeichnis wiederum sind zwingend im **Elektronischen Urkundenarchiv** zu führen, § 55 Abs. 2, § 59a Abs. 2 BeurkG. Die Bundesnotarkammer ist als Urkundenarchivbehörde Betreiberin des Elektronischen Urkundenarchivs, § 78 Abs. 2 Nr. 3, § 78h BNotO (→ BNotO § 78h Rn. 5 ff.). Ferner ist sie auch als Betreiberin des Elektronischen Notariatsaktenspeichers vorgesehen, § 78k BNotO (→ Rn. 6; → BNotO § 78k Rn. 1 ff.).

4 **2. Ermächtigungsgrundlage und Normhierarchie.** Der vorstehend beschriebene gesetzliche Rahmen zur Führung der Akten und Verzeichnisse bedarf **näherer Ausgestaltung.** Diese Funktion übernimmt die NotAktVV, eine **Rechtsverordnung** des Bundesministeriums der Justiz und für Verbraucherschutz auf Grundlage der vom Gesetzgeber hierfür geschaffenen Ermächtigungsgrundlagen der §§ 36 BNotO, 59 BeurkG. § 36 BNotO betrifft hierbei die Führung der Akten und Verzeichnisse insgesamt, § 59 BeurkG im Speziellen die Führung des Verwahrungsverzeichnisses. Die NotAktVV regelt die Akten- und Verzeichnisführung in papiergebundener wie auch in elektronischer Form. Bisher war die Führung notarieller Akten und Verzeichnisse (bzw. in der Terminologie des bisherigen 2. Abschnitts der DONot: Bücher und Verzeichnisse) durch die Länder auf Ebene der jeweiligen DONot geregelt. Die NotAktVV ersetzt in ihrem Regelungsgehalt weite Teile der bisherigen DONot. Gleichwohl ist die DONot dadurch nicht vollständig obsolet geworden, sondern bleibt in entsprechend angepasster, deutlich gekürzter Gestalt weiterhin erhalten (→ DONot § 1 Rn. 1).

5 Die NotAktVV wurde von einer Bund-Länder-Arbeitsgruppe unter Federführung Niedersachsens erarbeitet und 2020 im Bundesgesetzblatt verkündet.[6] Bis auf wenige Vorschriften, die bereits am 29.10.2020 in Kraft traten, ist die NotAktVV am 1.1.2022 in Kraft getreten.[7]

6 Von den Ermächtigungsgrundlagen der §§ 36 BNotO, 59 BeurkG zu unterscheiden ist § 78k Abs. 5 BNotO, eine Ermächtigungsgrundlage im Zusammen-

3 § 35 BNotO ist bereits am 1.1.2020 in Kraft getreten, Art. 11 Abs. 5 des Urkundenarchivgesetzes BGBl. 2017 I 1396 idF v. Art. 14 Nr. 2 des Gesetzes vom 30.11.2019, BGBl. 2019 I 1942.

4 Art. 2 Nr. 36, Art. 11 Abs. 1 des Urkundenarchivgesetzes BGBl. 2017 I 1396 idF v. Art. 14 Nr. 1, Art. 14 Nr. 2 des Gesetzes vom 30.11.2019, BGBl. 2019 I 1942. §§ 55, 59a BeurkG sollten ursprünglich bereits am 1.1.2020 in Kraft treten, Art. 11 Abs. 5 Nr. 2 des Urkundenarchivgesetzes BGBl. 2017 I 1396. Aus nachvollziehbaren Gründen wurde jedoch entschieden, alle Bestandteile des Elektronischen Urkundenarchivs einheitlich zum 1.1.2022 in Betrieb zu setzen, vgl. BT-Drs. 19/10348, 21.

5 Bis zum 1.1.2022 verbot die bisherige DONot die rein elektronische Führung von Akten und Verzeichnissen, vgl. zur Nebenakte *Löffler* notar 2020, 362 (362) (dort Fn. 3); *Püls/Gerlach* § 6 Rn. 29.

6 BGBl. 2020 I 2246. Vgl. zur Genese außerdem *Püls/Gerlach* § 1 Rn. 3 ff.

7 Art. 3 Abs. 1 der Verordnung vom 13.10.2020, BGBl. 2020 I 2246.

hang mit dem Elektronischen Notariatsaktenspeicher (→ BNotO § 35 Rn. 16; → BNotO § 78k Rn. 1 ff.). Die NotAktVV basiert nicht auf dieser Ermächtigungsgrundlage; ein Erlass einer entsprechenden Verordnung steht noch aus. Dies begegnet keinen Problemen, da eine Nutzung des Elektronischen Notariatsaktenspeichers – im Gegensatz zur Nutzung des Elektronischen Urkundenarchivs – weder gesetzlich vorgeschrieben noch in der Praxis zwingend ist (→ § 43 Rn. 1).

II. Regelungsgehalt der §§ 1, 2

7 **1. Normzweck und Systematik.** §§ 1, 2 enthalten jeweils einen **abschließenden Katalog von Aktenarten und Verzeichnissen** und konkretisieren damit den Begriff der Akten und Verzeichnisse iSd § 35 BNotO. Gleichzeitig geben §§ 1, 2 damit einen systematischen Überblick über die Regelungsgegenstände der NotAktVV. Teilweise werden von der NotAktVV Akten und Verzeichnisse aufgegriffen, die gesetzlich vorgegeben sind (so das Urkundenverzeichnis, das Verwahrungsverzeichnis, die Urkundensammlung, die Erbvertragssammlung und die elektronische Urkundensammlung, vgl. §§ 55, 59a BeurkG), teilweise werden Regelungsgegenstände zumindest der bisherigen DONot übernommen (so die Nebenakten und die Generalakte, aber auch die Sammelakte für Wechsel- und Scheckproteste, vgl. §§ 21 ff. DONot aF); mit der Sondersammlung wird aber auch aus der NotAktVV heraus eine bisher nicht bekannte Aktenart geschaffen. Hilfsmittel iSd § 35 Abs. 2 Satz 2 BNotO sind hingegen nicht Gegenstand der NotAktVV.

8 Die Systematik der in §§ 1, 2 genannten Verzeichnisse und Akten folgt in nachvollziehbarer Weise der Strukturierung der Abschnitte 2–8 der NotAktVV. Diese Systematik lässt freilich keine Rückschlüsse auf die Frage zu, welche Akten und Verzeichnisse **elektronisch** und welche in **Papierform** zu führen sind, weshalb dieser Frage zur besseren Einordnung nachfolgend kurz nachgegangen werden soll:

- Urkundenverzeichnis, Verwahrungsverzeichnis und Elektronische Urkundensammlung sind **zwingend elektronisch** und außerdem **zwingend im Elektronischen Urkundenarchiv** zu führen, §§ 55, 59a BeurkG.
- Urkundensammlung, Erbvertragssammlung und Sondersammlung sind **zwingend in Papierform** zu führen.
- Nebenakte, Sammelakte für Wechsel- und Scheckproteste sowie Generalakte können **entweder in Papierform oder elektronisch** geführt werden. Die elektronische Führung erfolgt hierbei durch Speicherung entweder in der Geschäftsstelle oder – nach dessen Errichtung – im Elektronischen Notariatsaktenspeicher, § 35 Abs. 4 BNotO.

9 **2. Verzeichnisse, § 1.** § 1 nennt lapidar dasjenige, was unter **„Verzeichnis"** iSd NotAktVV, aber auch iSd § 35 BNotO zu verstehen ist: **Urkundenverzeichnis** (Nr. 1; vgl. §§ 7 ff.) und **Verwahrungsverzeichnis** (Nr. 2; vgl. §§ 21ff.). Im Gegensatz zu den in § 2 genannte Akten handelt es sich hierbei um elektronische Datenbanken, welche die jeweilige Gesamtheit der Urkunds- und Verwahrungsgeschäfte systematisch erfassen und damit ua ein Auffinden der Urkunden bzw. die Überprüfung der Verwahrungsgeschäfte enorm erleichtern. Sie sind funktionsäquivalent mit den Büchern und Verzeichnissen nach dem 2. Abschnitt der bisherigen DONot, bieten aber weitaus größeren Mehrwert als die überkommenen analogen Verzeichnisse: Aufgrund der in die Verzeichnisse einzupflegenden strukturierten Kriterien ist – ähnlich wie bei einem mit Verschlagwortung arbeitenden Dateimanagementsystem – eine gezielte Suche anhand bestimmter Merkmale (zB Geschäftsgegenstand, Tag der Wertstellung bei Anderkonto, Be-

teiligte) möglich. Gleichzeitig werden durch die systematische Gesamterfassung in diesen elektronischen Verzeichnissen allerlei Listen und Übersichten obsolet, die bisher nach unterschiedlichen Kriterien geführt werden mussten (zB Namensverzeichnisse, Massenbuch, Verwahrungsbuch). Im Referentenentwurf war zusätzlich noch vorgesehen, unter Nr. 3 zur Sicherstellung der Unabhängigkeit und Unparteilichkeit im Anwaltsnotariat ein Beteiligtenverzeichnis vorzusehen, unter Nr. 4 außerdem ein Kostenregister im Tätigkeitsbereich der Kassen. Diese Verzeichnisse haben zurecht letztlich keinen Eingang in die Verordnung gefunden. Vielmehr ist das Beteiligtenverzeichnis nunmehr in § 6 DONot geregelt; die Kostenregister sollen Niederschlag in den Satzungen der Kassen finden.[8]

3. Akten, § 2. § 2 fährt fort mit einer Aufzählung der **Akten** iSd NotAktVV und iSd § 35 BNotO, die vom Notar ab 2022 zu führen sind. Hierzu zählt – wie bereits bisher – die **Urkundensammlung**, eine Sammlung der errichteten Urkunden in Papierform (Nr. 1; vgl. § 31), daneben tritt die nunmehr zwingend separat zu führende **Erbvertragssammlung** für vom Notar verwahrte Erbverträge in Papierform (Nr. 2; vgl. §§ 32 f.). Neu ist die **elektronische Urkundensammlung** (Nr. 3; vgl. §§ 34 ff.), in der als elektronisches Pendant zur (papierförmigen) Urkundensammlung alle Urkunden parallel in elektronischer Form verwahrt werden, soweit sie nicht in der **Sondersammlung** (Nr. 4; vgl. § 37) geführt werden. Zu den Akten zählen außerdem die bereits nach bisheriger Rechtslage bekannten **Nebenakten** (Nr. 5; vgl. §§ 40 ff.), ferner die **Sammelakte** für Wechsel- und Scheckproteste (Nr. 6; vgl. § 45). Hinzu kommt die **Generalakte** (Nr. 7; vgl. §§ 46 f.). 10

Die **Bezeichnung als „Akten“** wird von der NotAktVV lediglich im Plural und lediglich als Sammelbezeichnung aller in § 2 genannten Unterbestandteile verwendet. Obwohl es auf den ersten Blick sinnfällig erschiene, jede in § 2 genannte Nummer als eine „Akte“ zu begreifen, ist ein derartiger Sprachgebrauch nicht ratsam und würde eher Verwirrung stiften. Dies gilt vor dem Hintergrund, dass § 2 Nr. 5–7 ebenfalls wieder das Wort „Akte“ in ihren Namen tragen und teilweise im Singular, teilweise im Plural formuliert sind. Für die Sammlungen des § 2 Nr. 1–4 scheint der Begriff „Akte“ von Vornherein unpassend zu sein. Es sollte also dabei bewenden, von „Akten“ nur im Plural und nur als pauschale Bezeichnung für alle in § 2 genannten Nummern zu sprechen. 11

§ 3 Urschriften, Ausfertigungen und Abschriften

(1) Urschriften, Ausfertigungen und beglaubigte Abschriften von Urkunden sind so herzustellen, dass sie gut lesbar, dauerhaft und fälschungssicher sind.

(2) Im Schriftbild der Urschrift einer Urkunde darf nichts unleserlich gemacht werden.

(3) Auf jeder Urschrift, Ausfertigung oder Abschrift einer Urkunde sind die Urkundenverzeichnisnummer und die Jahreszahl anzugeben.

8 BR-Drs. 420/20 (neu), 32.

[§ 3 ab 1.8.2022:]

§ 3 Urschriften, Ausfertigungen, Abschriften und elektronische Urkunden

(1) [1]Urschriften, Ausfertigungen und beglaubigte Abschriften von Urkunden sind so herzustellen, dass sie gut lesbar, dauerhaft und fälschungssicher sind. [2]Satz 1 gilt für die Erstellung elektronischer Urkunden entsprechend.

(3) [1]Auf jeder Urschrift, Ausfertigung oder Abschrift einer Urkunde sind die Urkundenverzeichnisnummer und die Jahreszahl anzugeben. [2]Satz 1 gilt für das nach § 39a des Beurkundungsgesetzes erstellte elektronische Dokument entsprechend. [3]Auf dem nach § 16b des Beurkundungsgesetzes erstellten elektronischen Dokument müssen die Urkundenverzeichnisnummer und die Jahreszahl nicht angegeben werden.

I. Normzweck und Systematik

1 Jede notarielle Urkunde, ob Urschrift, Ausfertigung (→ BeurkG § 47 Rn. 1 f.) oder beglaubigte Abschrift (→ BeurkG § 42 Rn. 3 ff.), ist als öffentliche Urkunde in der Lage, die besonderen **Beweiswirkungen** der §§ 415, 417 und 418 ZPO zu vermitteln; darin liegt ein ganz entscheidender Mehrwert. Allerdings ist diese Beweiskraft nach § 419 ZPO dann eingeschränkt, wenn die Urkunde mangelbehaftet ist. Um derartige **äußere Mängel auszuschließen**, gibt § 3 Grundsätze vor, die insoweit bei der Errichtung notarieller Urkunden zu beachten sind. Abs. 1 bezieht sich hierbei auf Fragen der Lesbarkeit, Dauerhaftigkeit und Fälschungssicherheit; er entspricht § 29 Abs. 1 DONot aF (→ Rn. 2 ff.). Abs. 2 beschäftigt sich mit Veränderungen der Urschrift und entspricht im Wesentlichen § 28 Abs. 1 S. 1 DONot aF (→ Rn. 6 ff.). Hinzu tritt Abs. 3, der sich mit der Angabe der Urkundenverzeichnisnummer befasst und im Wesentlichen § 28 Abs. 2 DONot aF entspricht (→ Rn. 10). Ein **Verstoß** gegen § 3 hat keine Unwirksamkeit der Urkunde zur Folge, jedoch kann er deren Beweiswirkung nach § 419 ZPO einschränken.[1]

II. Gute Lesbarkeit, Dauerhaftigkeit, Fälschungssicherheit (Abs. 1)

2 Abs. 1 ist ein grundlegender Programmsatz und fordert vom Notar, seine Urkunden so herzustellen, dass sie gut lesbar, dauerhaft und fälschungssicher sind. Der **Anwendungsbereich** dieser Vorschrift erstreckt sich auf jede spezifisch notarielle Urkunde, also auf Urschriften ebenso wie auf Ausfertigungen und beglaubigte Abschriften, nicht dagegen auf einfache Abschriften und Vermerkblätter.[2] Auch (echte wie unechte) Anlagen der Urkunden sind von der Vor-

1 *DNotI* DNotI-Report 2007, 60 (62); ähnlich Frenz/Miermeister/*Blaeschke* DONot § 29 Rn. 5.

2 BeckOK BeurkG/*von Schwander* DONot § 29 Rn. 1.

schrift umfasst, insbesondere auch Anlagen nach § 9 Abs. 1 S. 3 BeurkG.[3] Der Programmsatz dürfte aber nicht nur für Papierurkunden gelten, sondern auch für elektronische Dokumente, die notariellen Papierurkunden gleichstehen, so für einfache elektronische Zeugnisse nach § 39a BeurkG und die elektronische Fassung nach § 56 BeurkG. Bei Beglaubigungen nach §§ 40 ff. BeurkG erstreckt sich der Inhalt der öffentlichen Urkunde nur auf den Beglaubigungsvermerk, der restliche Inhalt bleibt Privaturkunde. Daher gilt Abs. 1 hier im Grundsatz nur für den Beglaubigungsvermerk, nicht für den restlichen Inhalt der Urkunde (→ Rn. 1 zum Normzweck). Eine Ausnahme ist jedoch für den Fall zu machen, dass der Notar auch diesen restlichen Inhalt entworfen hat. Dann ist Abs. 1 auch auf den übrigen Inhalt anzuwenden. Zwar ist hier keine Gefährdung der Beweiskraft der öffentlichen Urkunde zu besorgen. Jedoch wäre es wertungswidersprüchlich, den Programmsatz des Abs. 1, der sich an den Notar richtet, nicht auf eine vom Notar entworfene und hergestellte Privaturkunde anzuwenden, zumal auch bei einer Privaturkunde die Beweiskraft nach § 419 ZPO eingeschränkt sein kann.

1. Gute Lesbarkeit. Die Urkunde muss nach Abs. 1 Var. 1 gut lesbar sein. Dies bedeutet, dass sie ohne Zweifel entziffert werden kann.[4] Aufgrund der weitgehend technisch gestützten Fertigung der Urkunden dürfte dies im Regelfall keine größeren Schwierigkeiten bereiten. Allerdings ist Vorsicht geboten bei schlechter Druckqualität, etwa aufgrund eines leeren Tonerbehälters oder aufgrund eines sonstigen Defektes am Druckgerät. Bei einfachen elektronischen Zeugnissen nach § 39a BeurkG und bei der elektronischen Fassung nach § 56 BeurkG ist auf hinreichende Scanqualität zu achten; dies ist durch die in § 56 Abs. 1 S. 1 BeurkG genannten Vorkehrungen sicherzustellen, deren Eignung in aller Regel nach § 13 Abs. 1 DONot durch die Muster-Verfahrensdokumentation der Bundesnotarkammer nachgewiesen wird (→ DONot § 13 Rn. 3). Falls der Notar bei der Beurkundung **handschriftliche Ergänzungen** vornimmt (vgl. § 44a Abs. 1 BeurkG), was auch heutzutage üblich und sinnvoll ist (→ Rn. 8), muss darauf geachtet werden, dass diese Ergänzungen leserlich aufgebracht werden. Maßstab für die Entzifferbarkeit ist der objektive, verständige Dritte, der selbstverständlich kein Jurist sein muss. Es reicht nicht aus, wenn die langjährige Sekretärin des Notars dessen Schrift zu entziffern vermag.[5] Die Verwendung ausländischer, etwa chinesischer, Schriftzeichen steht der Vorschrift nicht entgegen, wenn die entsprechende ausländische Sprache Urkundssprache ist. Die Verwendung einer Kurzschrift (Stenographie) ist hingegen nicht statthaft.[6] Die Verwendung gebräuchlicher Abkürzungen ist jedoch zulässig.[7] Dass handschriftliche Ergänzungen in der Urschrift bei der Erstellung von Ausfertigungen und Abschriften regelmäßig in Maschinenschrift überführt werden, ändert nichts daran, dass die handschriftlichen Ergänzungen in der Urschrift dennoch gut lesbar sein müssen.[8] Ein Austausch der handschriftlich ergänzten 3

3 Ähnlich *DNotI* DNotI-Report 2007, 60 (61 f.); Armbrüster/Preuß/Renner/*Eickelberg* DONot § 29 Rn. 4.

4 Ähnlich Weingärtner/Gassen/Sommerfeldt/*Weingärtner* DONot § 29 Rn. 14; Armbrüster/Preuß/Renner/*Eickelberg DONot* § 29 Rn. 6.

5 Frenz/Miermeister/*Blaeschke* DONot § 29 Rn. 6.

6 Armbrüster/Preuß/Renner/*Eickelberg* DONot § 29 Rn. 6; BeckOK BNotO/*Bracker* DONot § 29 Rn. 3; Frenz/Miermeister/*Blaeschke* DONot § 29 Rn. 7.

7 BeckOK BeurkG/*von Schwander* DONot § 29 Rn. 2; BeckOK BNotO/*Bracker* DONot § 29 Rn. 3; Frenz/Miermeister/*Blaeschke* DONot § 29 Rn. 7.

8 Armbrüster/Preuß/Renner/*Eickelberg* DONot § 29 Rn. 6.

Urschrift durch eine neue Reinschrift ist grob rechtswidrig, kann Straftatbestände verwirklichen[9] und ist daher selbstverständlich unzulässig.[10]

4 **2. Dauerhaftigkeit.** Abs. 1 Var. 2 fordert die Dauerhaftigkeit der Urkunde. Darunter ist zu verstehen, dass sie bei gewöhnlicher Lagerung bzw. Speicherung in einem guten, insbesondere **lesbaren Erhaltungszustand** bleiben muss. Die Dauerhaftigkeit einer Papierurkunde hängt hierbei wesentlich vom verwendeten Papier, vom verwendeten Druckgerät und vom verwendeten Schreibinstrument ab. Die Dauerhaftigkeit eines elektronischen Dokuments ist durch die Verlustfreiheit der digitalen Speicherung gegeben; zusätzlich schreibt § 35 Abs. 4 vor, dass die Einstellung von Dokumenten in die elektronische Urkundensammlung in einer für die Langzeitarchivierung geeigneten Variante des PDF-Formats zu erfolgen hat (→ § 35 Rn. 6). Selbstverständlich ist, dass das Kriterium der Dauerhaftigkeit nicht absolut zu verstehen ist, sondern in der täglichen notariellen Praxis handhabbar sein muss; insbesondere ist die Dauerhaftigkeit vor dem Hintergrund der Aufbewahrungsfristen zu verstehen.[11] Hierbei ist – trotz der Verkürzung der Aufbewahrungsfrist für bestimmte Urkunden auf 30 Jahre – eine Orientierung an der höchsten von der NotAktVV in § 50 angeordneten Aufbewahrungsfrist von 100 Jahren angezeigt.[12] Dies gilt schon deshalb, weil sich die Dauerhaftigkeit nicht nur auf die in der Urkundensammlung verwahrten Urkunden bezieht, sondern auch auf Urkunden, die in den Rechtsverkehr gegeben werden. § 12 DONot konkretisiert die näheren Anforderungen der Dauerhaftigkeit (→ DONot § 12 Rn. 5 ff.). Ein Notar, der sich an diese Anforderungen hält, erfüllt auch die Anforderungen des Abs. 1 an die Dauerhaftigkeit der Urkunde.

5 **3. Fälschungssicherheit.** Schließlich müssen die Urkunden nach Abs. 1 Var. 3 fälschungssicher sein. Im Sinne einer praktischen Handhabbarkeit ist dies dahin gehend zu verstehen, dass **Fälschungen durch Dritte nicht erleichtert** werden dürfen.[13] Bei elektronischen Dokumenten ist die Fälschungssicherheit bereits durch die qualifizierte elektronische Signatur sichergestellt (→ BeurkG § 39a Rn. 4 ff). Denn im Rahmen der Signatur wird dem jeweiligen Dokument eine eindeutige Prüfziffer (sog. Hash-Wert) zugewiesen, welche die Authentizität des Dokuments sicherstellt. Bei Papierurkunden genügt der Notar den Ansprüchen an die Fälschungssicherheit in der Regel, wenn er sich an die durch § 12 DONot konkretisierten Anforderungen hält (→ DONot § 12 Rn. 5 ff.). Hinzu kommt jedoch, dass die äußere Gestaltung der Urkunde ebenfalls Fälschungen nicht begünstigen darf. Daher sollten etwa keine zu mageren oder blassen Schriftzeichen verwendet werden, die leicht zu entfernen sind.[14] Enthält ein Formular Lücken, sollten diese – nach dem Rechtsgedanken des § 42 Abs. 2 BeurkG – durch entsprechende Füllstriche gesichert werden.[15] Weil eine entsprechende Anordnung in der DONot nicht mehr besteht, liegt dies letztlich

9 Frenz/Miermeister/*Blaeschke* DONot § 29 Rn. 8 (dort Fn. 5).

10 BGH DNotZ 1999, 350; BGH BeckRS 2003, 04088.

11 Armbrüster/Preuß/Renner/*Eickelberg* DONot § 29 Rn. 5; Frenz/Miermeister/*Blaeschke* DOot § 29 Rn. 9.

12 So ausdrücklich zur neuen Rechtslage auch Frenz/Miermeister/*Blaeschke* DONot § 29 Rn. 9a.

13 BeckOK BeurkG/*von Schwander* DONot § 29 Rn. 4.

14 Frenz/Miermeister/*Blaeschke* DONot § 29 Rn. 10.

15 BeckOK BeurkG/*von Schwander* DONot § 29 Rn. 4; Frenz/Miermeister/*Blaeschke* DONot § 29 Rn. 11, Rn. 16; Weingärtner/Gassen/Sommerfeldt/*Weingärtner* DONot § 28 Rn. 11.

zwar im Ermessen des Notars.[16] Dennoch ist gerade bei Formularen, die auszufüllende Lücken oder gar anzukreuzende Optionen vorsehen, Vorsicht geboten. Wie auch generell empfiehlt sich hier im Besonderen, eine individualisierte Ausformulierung des Notars zu verwenden und möglichst nicht auf schematische Muster zurückzugreifen.

III. Verbot, die Urschrift unleserlich zu machen (Abs. 2)

1. Regelungsinhalt. Abs. 2 übernimmt den Regelungsgehalt von § 28 Abs. 1 S. 1 DONot aF, verzichtet aber auf den dort noch gesondert erwähnten, etwas antiquierten Begriff des „Ausschabens", was aber am Regelungsgehalt nichts ändert. Nach der Vorschrift darf in der Urschrift nichts unleserlich gemacht werden. Dies ist dahin gehend zu verstehen, dass **Streichungen**, die aus der Urkunde ersichtlich sind, **nachvollziehbar** bleiben müssen.[17] Verboten ist also insbesondere das Radieren, Wegschaben, Überkleben, „Ausixen", die Verwendung von sog. „Tintenkillern" oder von „Tipp-Ex".[18] Dieses Verbot ist absolut; auch die Beteiligten könnten hiervon nicht dispensieren.[19] Hintergrund ist wiederum § 419 ZPO, wonach ua Durchstreichungen und Radierungen die Beweiskraft je nach Überzeugung des Gerichts einschränken können (→ Rn. 1). Eine Urkunde dürfte insbesondere dann „suspekt" sein, wenn an ihr offensichtlich Veränderungen vorgenommen wurden, die aber nicht mehr nachvollziehbar sind. Kann hingegen die mit der Streichung verbundene „Änderungshistorie" weiterhin nachvollzogen werden, dürfte dies Zweifel an der Beweiskraft der Urkunde in aller Regel ausräumen. Allenfalls im Rahmen unwesentlicher und „unverdächtiger" Streichungen dürfte hier eine Ausnahme zu machen sein, etwa bei der Korrektur geringfügiger Tippfehler.[20] 6

2. Anwendungsbereich. Abs. 2 betrifft dem Wortlaut nach nur die **Urschrift**. Dies dürfte darauf zurückzuführen sein, dass derartige Änderungen praktisch nur in der Urschrift vorgenommen werden, nicht aber zusätzlich in Ausfertigungen oder Abschriften. Vielmehr ist es sogar üblich, eine handschriftlich modifizierte Urschrift in der Ausfertigung oder Abschrift durch eine textlich übereinstimmende Maschinenreinschrift zu ersetzen. Über die Urschrift hinausgehende Ergänzungen oder Streichungen in Abschriften sind tunlichst zu vermeiden; sollten diese dennoch im Einzelfall – freilich textlich übereinstimmend mit der Urschrift – vorgenommen werden, dürften die auf die Urschrift anwendbaren Vorschriften entsprechend heranzuziehen sein. Dies gilt auch für elektronisch beglaubigte Abschriften iSd § 39a BeurkG. Die elektronische Fassung nach § 56 BeurkG muss ohnehin mit dem in Papierform vorhandenen Schriftstück auch bildlich übereinstimmen (→ BeurkG § 56 Rn. 1). 7

3. Einordnung in den Gesamtzusammenhang. Die Vorschrift ist insbesondere im Zusammenhang mit § 44a BeurkG zu lesen, der Änderungen während der Beurkundungsverhandlung (§ 44a Abs. 1 BeurkG) und nach Abschluss der Beurkundungsverhandlung (§ 44a Abs. 2 und 3 BeurkG) regelt. Bei **während der Beurkundung** angebrachten Zusätzen und sonstigen nicht nur geringfügigen 8

16 BeckOK BeurkG/*von Schwander* DONot § 29 Rn. 4; Armbrüster/Preuß/Renner/*Eickelberg* DONot § 28 Rn. 11.

17 Armbrüster/Preuß/Renner/*Eickelberg* DONot § 28 Rn. 2; BeckOK BeurkG/*von Schwander* DONot § 28 Rn. 3; Weingärtner/Gassen/Sommerfeldt/*Weingärtner* DONot § 28 Rn. 9.

18 Beispiele nach Armbrüster/Preuß/Renner/*Eickelberg* DONot § 28 Rn. 2.

19 Frenz/Miermeister/*Blaeschke* DONot § 28, Rn. 3.

20 BeckOK BeurkG/*von Schwander* DONot § 28 Rn. 3; aA Frenz/Miermeister/*Blaeschke* DONot § 28, Rn. 3.

Änderungen verlangt § 44a Abs. 1 S. 1 BeurkG einen ausdrücklichen, vom Notar besonders unterzeichneten Vermerk. Ein Regelungsgehalt dahin gehend, dass sichtbare Streichungen grundsätzlich vermieden werden sollen, ist der Regelung daher nicht zu entnehmen. Vielmehr setzen Änderungen, die den Voraussetzungen des § 44a BeurkG genügen, die Beweiskraft der Urkunde gerade nicht herab.[21] Im Gegenteil ist es oftmals sinnvoll, Streichungen (und auch Ergänzungen) des Notars offen in der Urkunde vorzunehmen. Denn im Einzelfall kann dies der Auslegung des Urkundentextes zuträglich sein.[22] Auch wird zum Ausdruck gebracht, dass die Beteiligten über die entsprechenden Fragen in der Beurkundungsverhandlung diskutiert und eine individuelle Lösung gefunden haben. Schließlich wird daraus auch deutlich, dass der Notar seinen Pflichten nach § 17 BeurkG nachgekommen ist.[23] Freilich schließt Abs. 2 die oft zu beobachtende Praxis nicht aus, vor Abschluss der Beurkundungsverhandlung das Dokument neu auszudrucken und daraus die Urschrift zu erstellen; in diesem Fall ist es aber aus den eben erwähnten Gründen ratsam, die ursprünglichen Entwurfsseiten zur Nebenakte zu nehmen.[24] Änderungen direkt am Urkundentext **nach Abschluss der Niederschrift** hingegen sind streng verboten und auch strafrechtlich relevant (→ Rn. 3), und zwar sowohl in Gestalt handschriftlicher Ergänzungen als auch durch einen Austausch der Blätter. Jedoch können nachträgliche Änderungen nach Maßgabe der §§ 44a Abs. 2, Abs. 3 BeurkG vorgenommen werden.

9 **4. Ausschreiben wichtiger Zahlen?** Nicht übernommen wurde § 28 Abs. 1 S. 2 der DONot in der bis zum 31.12.2021 geltenden Fassung, wonach wichtige Zahlen **in Ziffern und Buchstaben zu schreiben** sind. Auch die Neufassung der DONot hat dies nicht aufgegriffen. Hintergrund ist insbesondere, dass Abweichungen von Ziffern- und Buchstabenangaben zu Auslegungsschwierigkeiten führen können.[25] Gleichwohl bleibt es dem Notar unbenommen, nach eigenem Ermessen hier weiterhin wie bisher zu verfahren.

IV. Urkundenverzeichnisnummer und Jahreszahl (Abs. 3)

10 Nach Abs. 3 sind auf jeder Urschrift, Ausfertigung oder Abschrift einer Urkunde die **Urkundenverzeichnisnummer** und die **Jahreszahl** anzugeben, ebenso wie nach § 28 Abs. 2 DONot aF Urkundenrollennummer und Jahreszahl anzugeben waren. Die Angabe muss unmittelbar auf der Urkunde erfolgen, die Angabe auf einer besonderen Hülle reicht nicht aus.[26] Die Vorschrift dient der schnellen und sicheren Auffindbarkeit der Urkunde[27] und ermöglicht deren eindeutige Individualisierung. Die Nummer ist jedenfalls auf den Kopf der ersten Urkundsseite zu setzen; eine Angabe auf jedem Blatt ist nicht erforderlich.[28] Bei (Unterschrifts-)Beglaubigungen sind Urkundenverzeichnisnummer und Jahreszahl direkt über den Beglaubigungsvermerk zu setzen, weil allein dieser die öffentliche Urkunde darstellt; eine weitere Angabe oberhalb der Erklärung, deren Unter-

21 BGH BeckRS 1956, 31202680 (zu § 29 Abs. 1 DONot aF).
22 BeckOK BNotO/*Bracker* DONot § 28 Rn. 2.
23 Armbrüster/Preuß/Renner/*Eickelberg* DONot § 28 Rn. 6.
24 BeckOK BNotO/*Bracker* DONot § 28 Rn. 2.
25 BR-Drs. 420/20 (neu), 33.
26 Armbrüster/Preuß/Renner/*Eickelberg* DONot § 28 Rn. 12; BeckOK BNotO/*Bracker* DONot § 28 Rn. 5; Frenz/Miermeister/*Blaeschke* DONot § 28 Rn. 19; Weingärtner/Gassen/Sommerfeldt/*Weingärtner* DONot § 28 Rn. 12.
27 BeckOK BeurkG/*von Schwander* DONot § 28 Rn. 11.
28 BeckOK BeurkG/*von Schwander* DONot § 28 Rn. 9.

schrift beglaubigt wird, ist möglich.[29] Zu Einzelheiten der Nummernvergabe → § 8 Rn. 2 ff.).

§ 4 Form und Übergabe elektronischer Aufzeichnungen

(1) [1]Ist die Verwendung eines bestimmten Dateiformats oder eines bestimmten Systems nicht durch andere oder aufgrund anderer Rechtsvorschriften vorgeschrieben, so sind elektronische Akten und Verzeichnisse (elektronische Aufzeichnungen) in einem Dateiformat zu führen, das allgemein gebräuchlich ist. [2]Elektronische Aufzeichnungen können auch in einem anderen Dateiformat geführt werden, wenn dieses ohne erheblichen zeitlichen oder finanziellen Aufwand in ein allgemein gebräuchliches Dateiformat überführt werden kann.
(2) [1]Geht die Zuständigkeit für die Verwahrung von Akten und Verzeichnissen auf eine andere Stelle über, so hat die bisher zuständige Stelle der künftig zuständigen Stelle elektronische Aufzeichnungen auf einem allgemein gebräuchlichen Datenträger zu übergeben. [2]Handelt es sich um elektronische Aufzeichnungen, die im Elektronischen Urkundenarchiv oder im Elektronischen Notaraktenspeicher vorliegen, so hat die bisher zuständige Stelle an der Einräumung des Zugangs für die künftig zuständige Stelle mitzuwirken, soweit dies erforderlich ist.

I. Normzweck und Systematik

1 Die Vorschrift befasst sich mit der für elektronische Aufzeichnungen erforderlichen Form und den Übergabemodalitäten beim Übergang der Verwahrzuständigkeit. In Bezug auf die elektronische Führung der Akten und Verzeichnisse sind gesonderte Bestimmungen zu diesen Fragen notwendig, weil elektronisch gespeicherte Daten anders als Papierunterlagen in unterschiedlichen Dateiformaten vorliegen und auf unterschiedliche Weise übermittelt werden können (zB körperliche Übergabe eines Datenträgers, Versendung durch elektronische Post, Zurverfügungstellung eines Downloadlinks oder Wechsel der Zugriffsberechtigung auf einen Datenträger). Eine Vereinheitlichung ist hierbei erforderlich, um diese Daten unabhängig von einem Wechsel der Verwahrstelle dauerhaft, dh bis zum Ende der Verwahrungsfrist, verfügbar zu halten. Die Verfügbarkeit ist ein von der BNotO in § 35 Abs. 1 und in § 36 Abs. 1 S. 2 Nr. 3 ausdrücklich ausgesprochenes Regelungsziel. Darunter ist die tatsächliche und unmittelbare Zugriffsmöglichkeit durch die jeweilige Verwahrstelle zu verstehen.[1] Sie dient der jederzeitigen Einsichtnahme durch die Verwahrstelle und durch berechtigte Dritte, aber auch Zwecken der Aufsicht. Beim Übergang der Verwahrzuständigkeit ist sie besonders gefährdet.

29 Armbrüster/Preuß/Renner/*Eickelberg* DONot § 28 Rn. 12; BeckOK BeurkG/*von Schwander* DONot § 28 Rn. 11; BeckOK BNotO/*Bracker* DONot § 28 Rn. 5; aA Frenz/Miermeister/*Blaeschke* DONot § 28 Rn. 20; Weingärtner/Gassen/Sommerfeldt/*Weingärtner* DONot § 28 Rn. 12.
1 Ähnlich Frenz/Miermeister/*Frohn* BNotO § 35 Rn. 7.

2 Die Vorschrift enthält in Abs. 1 S. 1 zunächst eine **Legaldefinition** für den Begriff der elektronischen Aufzeichnung (→ Rn. 3). Abs. 1 trifft außerdem Bestimmungen über die für elektronische Aufzeichnungen statthaften **Dateiformate**; die Regelung ist hierbei als generalklauselartige Auffangvorschrift ausgestaltet und gilt vorbehaltlich der Existenz speziellerer Vorschriften (→ Rn. 4). Abs. 2 widmet sich sodann der Frage, wie elektronische Aufzeichnungen beim **Übergang der Verwahrungszuständigkeit** zu übergeben sind (→ Rn. 5).

II. Legaldefinition der elektronischen Aufzeichnung (Abs. 1 S. 1)

3 Abs. 1 S. 1 definiert den Begriff der elektronischen Aufzeichnung schlicht als **alle elektronischen Akten und Verzeichnisse.** Unter Zugrundelegung der in §§ 1, 2 angelegten Systematik bedeutet dies: Elektronische Aufzeichnungen sind all diejenigen Akten oder Verzeichnisse, die elektronisch geführt werden. Somit sind Urkundenverzeichnis, Verwahrungsverzeichnis und elektronische Urkundensammlung immer elektronische Aufzeichnungen, weil sie zwingend elektronisch – und zwingend im Elektronischen Urkundenarchiv – zu führen sind; Nebenakten, Sammelakte für Wechsel- und Scheckproteste sowie Generalakte sind elektronische Aufzeichnungen, soweit sie elektronisch geführt werden (→ §§ 1, 2 Rn. 8). Urkundensammlung, Erbvertragssammlung und Sondersammlung sind niemals elektronische Aufzeichnungen, weil sie immer in Papierform geführt werden.

III. Dateiformat, System (Abs. 1)

4 Abs. 1 S. 1 ist bereits nach seinem Wortlaut eine **subsidiäre Auffangvorschrift.**[2] Die Vorschrift beschäftigt sich im Wesentlichen mit dem Dateiformat, in dem elektronische Aufzeichnungen zu führen sind. Sie gilt nur, soweit nicht spezielle Vorschriften existieren, die sich mit dem für elektronische Aufzeichnungen zu verwendenden Dateiformat oder System beschäftigen. In aller Regel werden derartige speziellere Vorschriften vorliegen. Dies betrifft bei **Dateiformaten** § 35 Abs. 4 für die elektronische Urkundensammlung, § 43 Abs. 1 für die elektronische Nebenakte, § 45 Abs. 2 für die Sammelakte für Wechsel- und Scheckproteste und § 47 Abs. 2 für die Generalakte. Bei **Systemen**, also bei technischen Einrichtungen, die eine Direkteingabe der zu speichernden Daten ermöglichen, ohne dass dies mit der Übermittlung eines speziellen Dateiformats einhergeht, betrifft dies die Sondervorschriften der § 55 Abs. 1, § 59a Abs. 1 BeurkG, wonach das Urkundenverzeichnis und das Verwahrungsverzeichnis, die jeweils im System des Elektronischen Urkundenarchivs zu führen sind. Die speziellen Vorschriften sind jedoch zum Teil nicht vollständig, so dass insoweit doch auf die Generalklausel des Abs. 1 S. 1 zurückgegriffen werden muss. Dies gilt etwa für die elektronische Führung der Nebenakten, weil die auf § 43 Abs. 1 S. 2 basierende Nebenakten-Datensatz-Bekanntmachung-2020 nur Vorgaben für den zugrundeliegenden strukturierten Datensatz macht, jedoch keine über Abs. 1 hinausgehenden verbindlichen Vorgaben für die zulässigen Dateiformate.[3]

5 Mangels Sondervorschriften sind elektronische Aufzeichnungen nach Abs. 1 S. 1 in einem **allgemein gebräuchlichen Dateiformat** zu führen. Um entwicklungs- und technikoffen zu sein, verzichtet die Norm bewusst auf eine konkrete Benennung der gebräuchlichen Dateiformate.[4] Welche Dateiformate allgemein

---

2 Ebenso BeckOK BeurkG/*Eble* NotAktVV § 4 Rn. 2.
3 Bekanntmachung der Bundesnotarkammer DNotZ 2020, 881; Bundesnotarkammer Rundschreiben 8/2020 S. 2.
4 BR-Drs. 420/20 (neu), 34.

gebräuchlich sind, bemisst sich nach der Verkehrsanschauung; Maßstab können die Verbreitung und Marktüblichkeit sowie die Kompatibilität mit gängigen informationstechnischen Systemen sein.[5] Unter Zugrundelegung dieser Maßstäbe hat die Bundesnotarkammer eine Orientierungshilfe herausgegeben,[6] die gebräuchliche Formate[7] aufführt, ohne abschließend zu sein.

Nach Abs. 1 S. 2 reicht es jedoch auch aus, ein davon abweichendes Dateiformat zu verwenden, wenn dieses ohne erheblichen zeitlichen oder finanziellen Aufwand in ein **allgemein gebräuchliches Dateiformat** überführt werden kann. Dadurch soll insbesondere ermöglicht werden, die elektronischen Aufzeichnungen mit einer Notariatssoftware zu führen, die sog. proprietäre, also sehr spezifische, nicht allgemein gebräuchliche Dateiformate zur Datenspeicherung nutzt.[8] 6

IV. Übergang der Verwahrzuständigkeit (Abs. 2)

Abs. 2 beschäftigt sich mit dem Schicksal elektronischer Aufzeichnungen beim **Übergang der Zuständigkeit zur Verwahrung** der notariellen Akten und Verzeichnisse. Dies betrifft die vorübergehende Verwahrung bei Abwesenheit oder Verhinderung nach § 45 BNotO, die Verwahrung nach Amtserlöschen oder Amtssitzverlegung nach § 51 Abs. 1 BNotO, die Wiederverwahrung nach § 51 Abs. 3 BNotO und die Verwahrung durch den Notariatsverwalter nach § 58 Abs. 1 BNotO. In diesen Fällen muss gewährleistet sein, dass die Stelle, welche die Verwahrung übernimmt, weiterhin auf die der Verwahrung zugrundeliegenden Akten und Verzeichnisse Zugriff hat. Dies wird nach S. 1 dadurch sichergestellt, dass die entsprechenden Aufzeichnungen der neuen Verwahrstelle auf einem **allgemein gebräuchlichen Datenträger** zu übergeben sind. Eine nähere Ausgestaltung des Begriffs „allgemein gebräuchlicher Datenträger" wird bewusst nicht vorgenommen, um zukunfts- und technikoffen zu sein. Es ist darunter ein Datenträger zu verstehen, der verbreitet und marktüblich ist sowie kompatibel mit gängigen informationstechnischen Systemen.[9] Zu denken ist hierbei klassischerweise an USB- oder LAN-Festplatten, CDs, DVDs oder ggf. auch Blue-Rays. S. 2 betrifft elektronische Aufzeichnungen, die im Elektronischen Urkundenarchiv oder im Elektronischen Notariatsaktenspeicher vorliegen. In diesen Fällen existiert bereits ein zentraler Fernspeicherort. Die Übergabe der Aufzeichnungen auf einem Datenträger wäre aufgrund der Verschlüsselung und Systemausgestaltung in der Regel unmöglich oder zumindest untunlich.[10] Für diese Fälle regelt S. 2 stattdessen, dass die bisher zuständige Stelle an der **Einräumung des Zugangs** für die künftig zuständige Stelle mitzuwirken hat, soweit dies erforderlich ist. Dies betrifft insbesondere das Elektronische Urkundenarchiv, weil nach § 78i BNotO ein Zugang Dritter zum Elektronischen Urkundenarchiv ausgeschlossen ist; der Übergang der Verwahrzuständigkeit muss durch einen entsprechenden Übergang der technischen Zugangsmöglichkeit nachgezogen werden, wozu die Mitwirkung der bisherigen Verwahrstelle erforderlich sein kann. 7

5 BR-Drs. 420/20 (neu), 34.
6 Anlage zu Rundschreiben Nr. 8/2020 der Bundesnotarkammer.
7 .doc, .docm, .docx, .dot, .dotm, .dotx, .xl, .xlsx, .xlt, .xltm, .xltx, .ppt, .pptx, .odt, .ott, .ods, .ots, .odp, .otp, .xml, .json, .yaml, .pdf, .txt, .rtf, .csv, .html, .jpg , .jpeg, .png, .tif, .bmp, .eml, .msg.
8 BR-Drs. 420/20 (neu), 34.
9 BR-Drs. 420/20 (neu), 34.
10 BR-Drs. 420/20 (neu), 34.

§ 5 Sicherheit elektronischer Aufzeichnungen

(1) Systeme, die zum Umgang mit elektronischen Aufzeichnungen verwendet werden, sind durch geeignete und dem Stand der Technik entsprechende Maßnahmen gegen unbefugten Zugang zu schützen.

(2) Elektronische Aufzeichnungen sind durch geeignete Vorkehrungen gegen unzulässigen Verlust, unzulässige Veränderung und unzureichende Verfügbarkeit zu sichern.

(3) [1]Körperliche Zugangsmittel, die der Notar für den Zugang zum Elektronischen Urkundenarchiv und zum Elektronischen Notariatsaktenspeicher verwendet, sind sicher zu verwahren. [2]Sie dürfen keiner anderen Person überlassen werden.

(4) Der Notar darf Wissensdaten, die er für den Zugang zum Elektronischen Urkundenarchiv und zum Elektronischen Notariatsaktenspeicher benutzt, keiner anderen Person preisgeben.

(5) Der Notar muss durch geeignete Vorkehrungen sicherstellen, dass die bei ihm beschäftigten Personen mit den ihnen überlassenen Zugangsmitteln und mit ihren Wissensdaten den Absätzen 3 und 4 entsprechend umgehen.

I. Normzweck und Systematik

1 § 35 Abs. 1 BNotO fordert Verfügbarkeit, Integrität, Transparenz und Vertraulichkeit im Rahmen der Führung von Akten und Verzeichnissen. In der Ermächtigungsgrundlage des § 36 Abs. 1 S. 2 Nr. 3 BNotO sind außerdem die Einzelheiten der elektronischen Akten- und Verzeichnisführung sowie Maßnahmen zur Gewährleistung von Vertraulichkeit, Integrität, Transparenz und Verfügbarkeit ausdrücklich erwähnt. Bei elektronischen Aufzeichnungen (→ § 4 Rn. 3) ist – anders als bei papierförmig geführten Akten und Verzeichnissen, bei denen die Aufbewahrung in abgeschlossenen und sonst geeigneten Räumen stattzufinden hat – nicht unmittelbar einsichtig, welche Maßnahmen getroffen werden müssen, damit eine **Kompromittierung** dieser Zielvorgaben dauerhaft ausgeschlossen ist. § 5 trifft vor diesem Hintergrund zunächst allgemeine Bestimmungen über die Sicherheit elektronischer Aufzeichnungen. Dies betrifft die zum Umgang mit elektronischen Aufzeichnungen verwendeten informationstechnischen Systeme in Abs. 1 (→ Rn. 3), die elektronischen Aufzeichnungen selbst in Abs. 2 (→ Rn. 4) sowie die vom Notar und von dessen Mitarbeitern verwendeten Zugangsmittel zum Elektronischen Urkundenarchiv in Abs. 3 bis 5 (→ Rn. 5 f.). Die technisch-organisatorischen Maßnahmen nach § 6 können diese Bestimmungen weiter konkretisieren.

2 Das von der **Bundesnotarkammer** als Urkundenarchivbehörde betriebene Elektronische Urkundenarchiv sowie der elektronische Notariatsaktenspeicher liegen teilweise außerhalb der Sphäre des Notars, etwa was die dauerhafte Verfügbarkeit der dort gespeicherten Aufzeichnungen betrifft. Insoweit obliegt die Gewährleistung der in § 35 Abs. 1 BNotO niedergelegten Ziele der Bundesnotar-

kammer und der Notar darf auf deren Erfüllung vertrauen,[1] zumal § 78h Abs. 2 BNotO auch die Bundesnotarkammer zur Einhaltung der Zielvorgaben des § 35 Abs. 1 BNotO direkt verpflichtet. Soweit indes der Zugang durch den Notar zu diesen Systemen betroffen ist, hat der Notar natürlich die Anforderungen des § 5 selbst zu erfüllen, dies gilt insbesondere für die Zugangsmittel nach den Absätzen 3 bis 5, aber auch für die im Notarbüro für den Zugang und die Bearbeitung verwendeten informationstechnischen Systeme.

II. Schutz der Systeme zum Umgang mit elektronischen Aufzeichnungen (Abs. 1)

Informationstechnische Systeme, mit denen elektronische Aufzeichnungen bearbeitet werden, sind gegen unbefugten Zugriff zu schützen. Diese Formulierung ist generalklauselartig gehalten und daher technikoffen; die entsprechenden Vorkehrungen haben sich nach dem jeweiligen Stand der Technik zu richten. Zunächst ist – insoweit ähnlich den Akten und Verzeichnissen in Papierform – dafür zu sorgen, dass **unbefugte Dritte nicht physisch auf diese informationstechnischen Systeme zugreifen** können. Insoweit empfiehlt es sich, die Hardware so weit wie möglich in einem abgeschlossenen und Dritten unzugänglichen Raum aufzustellen. Dies betrifft etwa den zentralen Speicher oder Server in der Geschäftsstelle. Bei Geräten, die der unmittelbaren Bedienung durch den Notar und seine Mitarbeiter dienen, wird dies freilich nicht möglich sein. Hinzu kommt der **technisch-elektronische Schutz** vor Zugriffen durch unbefugte Dritte. Hierzu zählt zum einen die hinreichende Absicherung der informationstechnischen Anlagen in der Geschäftsstelle durch entsprechende **Zugangsschranken** (etwa Passwörter, kryptographische Hardwarelemente wie Zugangskarten), welche den unmittelbaren Zugang Unbefugter verhindern. Hinzu kommt sodann der Schutz vor dem **unbefugten Zugriff Dritter aus dem Internet.** Hierfür ist insbesondere eine sog. Firewall erforderlich, welche das Büronetzwerk nach außen hin abschirmt. Soweit der Notar auch für seine **Mandanten** einen **Internetzugang** vorsieht, muss auch dieser vom Büronetz hinreichend abgeschirmt sein.[2] Hier bietet sich ein separater Internetanschluss mit separatem Router an, der bereits physisch eine Trennung vom Netzsegment des Notarbüros sicherstellt. All diese Maßnahmen sind durch **büroorganisatorische Maßnahmen** zu flankieren, die sicherstellen, dass die Mitarbeiter auch verantwortungsvoll mit den informationstechnischen Systemen umgehen, insbesondere beim Verlassen des Arbeitsplatzes ihren Rechner sperren und sich bei der Bedienung informationstechnischer Anlagen von Grundsätzen leiten lassen, die eine Kompromittierung durch Dritte möglichst ausschließen, so etwa mit Blick auf die Öffnung von E-Mails, die Nutzung zugesandter Internet-Links oder Downloads aus dem Internet. Zusätzlich kann es sich in größeren Büroeinheiten anbieten, dem jeweiligen Mitarbeiter nur Zugang zu denjenigen Systemen bzw. elektronischen Aufzeichnungen zu gewähren, mit denen er regelmäßig arbeitet. Genauere Konkretisierungen werden auch die nach § 6 zu erlassenden Verhaltensregeln enthalten. 3

III. Schutz elektronischer Aufzeichnungen (Abs. 3)

Auch elektronische Aufzeichnungen selbst müssen natürlich den in § 35 Abs. 1 BNotO niedergelegten Sicherheitszielen genügen und hierbei Schutz vor unzulässigem Verlust, vor unzulässiger Veränderung und vor unzureichender Verfüg- 4

1 BR-Drs. 420/20 (neu), 35.
2 BR-Drs. 420/20 (neu), 35.

barkeit gewähren. Der Schutz vor **unzulässigem Verlust** wird dadurch erreicht, dass hinreichende Sicherungskopien („Backups") der elektronischen Aufzeichnungen erstellt werden. Der Schutz vor **unzulässigen Veränderungen** wird bei elektronischen Aufzeichnungen, die einer qualifizierten elektronischen Signatur bedürfen, bereits durch diese Signatur sichergestellt, so etwa bei der elektronischen Fassung nach § 56 BeurkG oder bei der elektronisch beglaubigten Abschrift nach § 39a BeurkG. Im Übrigen dürften niederschwelligere technische Sicherungsmethoden ausreichen,[3] etwa ein hinreichender Zugangsschutz. Der Schutz vor **unzureichender Verfügbarkeit** wird hinsichtlich der Dateiformate bereits in § 4 näher ausgestaltet. Zusätzlich muss über die verwendeten informationstechnischen Systeme im Notaralltag ein jederzeitiger Zugriff auf die elektronischen Aufzeichnungen gewährleistet sein; dies gilt insbesondere, wenn ein proprietäres Dateiformat verwendet wird, das nicht unter § 4 Abs. 1 S. 1 fällt (→ § 4 Rn. 6). Insgesamt sind auch hier entsprechende büroorganisatorische Maßnahmen zu ergreifen (→ Rn. 4).

IV. Zugangsmittel zum Elektronischen Urkundenarchiv (Abs. 3 bis 5)

5 Die Absätze 3 bis 5 übertragen die in § 33 Abs. 3 S. 2 BNotO für Zugangsmittel im Rahmen der qualifizierten elektronischen Signatur enthaltenen Vorschriften auf die Zugangsmittel zum Elektronischen Urkundenarchiv.[4]

6 Dies betrifft zunächst körperliche Zugangsmittel, Abs. 3. Dabei handelt es sich um sog. kryptographische Hardwareelemente wie eine **Chipkarte**, die für den Zugang zum Elektronischen Urkundenarchiv erforderlich ist. Diese muss höchstpersönlich verwahrt werden und darf nicht an Dritte weitergegeben werden. Dasselbe gilt für Wissensdaten, Abs. 4, also insbesondere **Passwörter** zum Zugang zum Elektronischen Urkundenarchiv. Diese Grundsätze gelten nicht nur für den Notar, sondern auch für seine Mitarbeiter, Abs. 5. Dies bringt gleichzeitig zum Ausdruck, dass ein allgemeiner Bürozugang zum Elektronischen Urkundenarchiv nicht ausreicht, sondern dass Individualzugänge zu errichten sind. Dies wird wiederum mit entsprechenden büroorganisatorischen Maßnahmen zu flankieren sein (→ Rn. 4).

7 Die in den Abs. 3 bis 5 dargestellten Grundsätze gelten zwar unmittelbar nur für die Zugangsmittel zum Elektronischen Urkundenarchiv. Es empfiehlt sich dennoch, diese Grundsätze auch für **sonstige Zugangsmittel** zu elektronischen Aufzeichnungen und auch zu Inhalten von Hilfsmitteln zu beachten, etwa im Rahmen von Passwörtern, die den Zugang zu den informationstechnischen Systemen im Notarbüro gewähren, aber auch im Rahmen des Elektronischen Notariatsaktenspeichers.

§ 6 Technische und organisatorische Maßnahmen

Die Bundesnotarkammer präzisiert durch Verhaltensregeln nach Artikel 40 Absatz 2 Buchstabe h der Verordnung (EU) 2016/679 des Europäischen Parlaments und des Rates vom 27. April 2016 zum Schutz natürlicher Personen bei der Verarbeitung personenbezogener Daten, zum freien Datenverkehr und zur Aufhebung der Richtlinie 95/46/EG (Datenschutz-Grundverordnung) (ABl. L 119 vom 4.5.2016, S. 1; L 314 vom 22.11.2016, S. 72; L 127 vom 23.5.2018, S. 2) die technischen und organisatorischen Maßnahmen, die nach Artikel 32

3 Frenz/Miermeister/*Frohn* BNotO § 35 Rn. 5.
4 BR-Drs. 420/20 (neu), 35.

der Verordnung (EU) 2016/679 zu treffen sind, um die Sicherheit der personenbezogenen Daten zu gewährleisten, die in den elektronischen Aufzeichnungen und den zu ihrer Führung verwendeten elektronischen Hilfsmitteln verarbeitet werden.

Literatur:

Europäischer Datenschutzausschuss, Leitlinien 1/2019 über Verhaltensregeln und Überwachungsstellen gemäß der Verordnung (EU) 2016/679, Fassung 2.0 vom 4. Juni 2019; *Spindler,* Selbstregulierung und Zertifizierungsverfahren nach der DS-GVO – Reichweite und Rechtsfolgen der genehmigten Verhaltensregeln, ZD 2016, 407; *Wolff,* Verhaltensregeln nach Art. 40 DS-GVO auf dem Prüfstand – Neuauflage eines europäischen Instituts mit schlechter Entwicklungsprognose, ZD 2017, 151.

I. Normzweck und Systematik

§ 6 verknüpft die in § 35 Abs. 1 BNotO genannten und bereits in §§ 4, 5 näher 1
bestimmten Schutzziele mit dem Datenschutzrecht. Mit Blick auf die großen Schnittstellen dieser Schutzziele mit dem Datenschutzrecht führt diese Verzahnung zu einer einheitlichen Handhabung. Zudem ermöglicht die Festlegung der konkreten Verhaltensregeln auf Ebene des Art. 40 DS-GVO eine flexiblere Anpassung an technische Fortentwicklungen.[1] Konkret greift die Vorschrift die genehmigten Verhaltensregeln nach Art. 40 Abs. 2 lit. h DS-GVO (→ Rn. 2) auf und macht sie in dreierlei Hinsicht rechtlich verbindlich (→ Rn. 3).

II. Genehmigte Verhaltensregeln

Art. 40 Abs. 2 DS-GVO gibt **Verbänden oder Vereinigungen**, die Kategorien 2
von Verantwortlichen vertreten, die Möglichkeit, Verhaltensregeln auszuarbeiten, mit denen datenschutzrechtliche Vorgaben der DS-GVO präzisiert werden. Gegenstand können alle in Art. 40 Abs. 2 DS-GVO genannten Gesichtspunkte sein. Dies betrifft insbesondere Maßnahmen für die Sicherheit der Verarbeitung nach Art. 40 Abs. 2 S. 2 lit. h iVm Art. 32 DS-GVO.[2] Nach der DS-GVO haben aber weder die Verbände oder Vereinigungen die Pflicht zur Aufstellung derartiger Verhaltensregeln,[3] noch sind die Verantwortlichen direkt daran gebunden.[4] Die Verhaltensregeln geben jedoch eine gewisse **Auslegungshilfe** und sollen den Verantwortlichen die Befolgung der datenschutzrechtlichen Pflichten nach der DS-GVO erleichtern. Insbesondere kann die Einhaltung von Verhaltensregeln zum Nachweis der Einhaltung von Art. 32 DS-GVO herangezogen werden, Art. 32 Abs. 3 DS-GVO, und ferner auch bei der Bemessung von Bußgeldern ausdrücklich zu berücksichtigen, Art. 83 Abs. 2 S. 2 lit. j DS-GVO. Die Verhaltensregeln sind nach Art. 40 Abs. 5 DS-GVO von der Aufsichtsbehörde zu **genehmigen**. Aufsichtsbehörde in Deutschland ist bei öffentlichen Stellen des Bundes der Bundesbeauftragte für den Datenschutz und die Informationsfreiheit, Art. 55 DS-GVO iVm § 9 Abs. 1 BDSG. Die genehmigten Verhaltensregeln sind sodann von der Aufsichtsbehörde zu veröffentlichen, Art. 40 Abs. 6 DS-GVO.

1 BR-Drs. 420/20 (neu), 36.
2 S. zum Inhalt auch BeckOK BeurkG/*Eble* NotAktVV § 6 Rn. 2.
3 BeckOK Datenschutzrecht/*Jungkind* DS-GVO § 40 Rn. 12.
4 BeckOK Datenschutzrecht/*Jungkind* DS-GVO § 40 Rn. 28; *Wolff* ZD 2017, 151 (152).

III. Rechtliche Verbindlichkeit

3 § 6 bestimmt nun, dass die Bundesnotarkammer durch Verhaltensregeln nach Art. 40 Abs. 2 S. 2 lit. h iVm Art. 32 DS-GVO die technischen und organisatorischen Maßnahmen (sog. TOMs) präzisiert, um die Sicherheit der personenbezogenen Daten gewährleisten, die in den elektronischen Aufzeichnungen und den zu ihrer Führung verwendeten elektronischen Hilfsmitteln verarbeitet werden. Damit macht § 6 die grundsätzlich unverbindlichen Verhaltensregeln in dreierlei Hinsicht verbindlich: Zum einen ist die Bundesnotarkammer verpflichtet, derartige Verhaltensregeln aufzustellen. Zum anderen wird die Zuständigkeit zum Erlass der entsprechenden Verhaltensregeln bei der Bundesnotarkammer zentralisiert, so dass die Notarkammern insoweit keine eigenen Verhaltensregeln aufstellen dürfen.[5] Schließlich werden die grundsätzlich unverbindlichen Verhaltensregeln für die Notare dienstrechtlich verbindlich. Sie präzisieren mit Blick auf elektronische Akten, Verzeichnisse und Hilfsmittel die Schutzziele des § 35 Abs. 1, Abs. 2 S. 2 BNotO. Eine derartige dienstrechtliche Verbindlichkeitserklärung ist möglich;[6] sie ist freilich von einer europäischen Allgemeinverbindlichkeitserklärung nach § 40 Abs. 9 DS-GVO zu unterscheiden.

4 Die Bundesnotarkammer hat mittlerweile unter Einbindung der maßgeblichen Gremien und unter Zugrundelegung der Leitlinien 1/2019 des Europäischen Datenschutzausschusses Verhaltensregeln entwickelt, die derzeit dem Bundesbeauftragten für den Datenschutz und die Informationsfreiheit zur Genehmigung vorliegen.

Abschnitt 2 Urkundenverzeichnis

§ 7 Urkundenverzeichnis

(1) In das Urkundenverzeichnis einzutragen sind

1. Niederschriften (§§ 8, 36 und 38 des Beurkundungsgesetzes),

2. Vermerke im Sinne des § 39 des Beurkundungsgesetzes, die Folgendes enthalten:
   a) die Beglaubigung einer Unterschrift oder eines Handzeichens,
   b) die Beglaubigung der Zeichnung einer Namensunterschrift,
   c) die Feststellung des Zeitpunkts, zu dem eine Privaturkunde vorgelegt worden ist,
   d) sonstige einfache Zeugnisse im Sinne des § 39 des Beurkundungsgesetzes,

3. elektronische Vermerke im Sinne des § 39a des Beurkundungsgesetzes, die Folgendes enthalten:
   a) die Beglaubigung einer elektronischen Signatur,
   b) die Feststellung des Zeitpunkts, zu dem eine Privaturkunde vorgelegt worden ist,
   c) sonstige einfache Zeugnisse im Sinne des § 39 des Beurkundungsgesetzes,

4. Vollstreckbarerklärungen nach § 796c Absatz 1 und § 1053 Absatz 4 der Zivilprozessordnung und

5 BR-Drs. 420/20 (neu), 36.

6 *Wolff* ZD 2017, 151 (153); BeckOK Datenschutzrecht/*Jungkind* DS-GVO § 40 Rn. 26.

5. Einigungen, Abschlussprotokolle, Vertragsbeurkundungen und Vertragsbestätigungen nach § 96 Absatz 3 Satz 1 und Absatz 5 Satz 2, § 98 Absatz 2 Satz 1 und § 99 Satz 1 des Sachenrechtsbereinigungsgesetzes.

(2) Nicht in das Urkundenverzeichnis einzutragen sind insbesondere

1. Niederschriften über Wechsel- und Scheckproteste,
2. Vermerke im Sinne des § 39 des Beurkundungsgesetzes, die im Zusammenhang mit einer anderen Beurkundung erstellt und auf die betreffende Urschrift oder eine Ausfertigung der Urkunde oder ein damit zu verbindendes Blatt gesetzt werden, und
3. elektronische Vermerke im Sinne des § 39a des Beurkundungsgesetzes, die im Zusammenhang mit einer anderen Beurkundung erstellt werden und deren Ausdruck mit einer Urschrift oder einer Ausfertigung der Urkunde verbunden wird.

[§ 7 ab 1.8.2022:]

§ 7 Urkundenverzeichnis

(1) In das Urkundenverzeichnis einzutragen sind

1. *Niederschriften (§§ 8, 36 und 38 des Beurkundungsgesetzes),*
2. *elektronische Niederschriften (§ 16b des Beurkundungsgesetzes),*
3. *Vermerke im Sinne des § 39 des Beurkundungsgesetzes, die Folgendes enthalten:*
   a) *die Beglaubigung einer Unterschrift oder eines Handzeichens,*
   b) *die Beglaubigung der Zeichnung einer Namensunterschrift,*
   c) *die Feststellung des Zeitpunkts, zu dem eine Privaturkunde vorgelegt worden ist,*
   d) *sonstige einfache Zeugnisse im Sinne des § 39 des Beurkundungsgesetzes,*
4. *elektronische Vermerke im Sinne des § 39a des Beurkundungsgesetzes, die Folgendes enthalten:*
   a) *die Beglaubigung einer qualifizierten elektronischen Signatur,*
   b) *die Feststellung des Zeitpunkts, zu dem eine Privaturkunde vorgelegt worden ist,*
   c) *sonstige einfache Zeugnisse im Sinne des § 39 des Beurkundungsgesetzes,*
5. *Vollstreckbarerklärungen nach § 796c Absatz 1 und § 1053 Absatz 4 der Zivilprozessordnung und*
6. *Einigungen, Abschlussprotokolle, Vertragsbeurkundungen und Vertragsbestätigungen nach § 96 Absatz 3 Satz 1 und Absatz 5 Satz 2, § 98 Absatz 2 Satz 1 und § 99 Satz 1 des Sachenrechtsbereinigungsgesetzes.*

(2) Nicht in das Urkundenverzeichnis einzutragen sind insbesondere

1. *Niederschriften über Wechsel- und Scheckproteste,*
2. *Vermerke im Sinne des § 39 des Beurkundungsgesetzes, die im Zusammenhang mit einer anderen Beurkundung erstellt werden und*
   a) *die auf die betreffende Urschrift oder eine Ausfertigung der Urkunde oder ein damit zu verbindendes Blatt gesetzt werden oder*
   b) *deren elektronische Fassung zusammen mit einer elektronischen Urschrift verwahrt wird, und*
3. *elektronische Vermerke im Sinne des § 39a des Beurkundungsgesetzes, die im Zusammenhang mit einer anderen Beurkundung erstellt werden und*
   a) *deren Ausdruck mit einer Urschrift oder einer Ausfertigung der Urkunde verbunden wird oder*
   b) *die zusammen mit einer elektronischen Urschrift verwahrt werden.*

Literatur:

Bettendorf/Apfelbaum, Elektronischer Rechtsverkehr und das Berufsrecht des Notars – Änderungen der Richtlinienempfehlungen der Bundesnotarkammer und der Dienstordnung für Notarinnen und Notare, DNotZ 2008, 19; *Ihrig*, Vermittlung der Auseinandersetzung des Nachlasses durch den Notar, MittBayNot 2012, 353; *Kersten*, Die Urkundenrolle nach der Neufassung der Dienstordnung für Notarinnen und Notare (DONot), ZNotP 2001, 388; *Link*, Gesellschafterliste und gutgläubiger Erwerb von GmbH-Anteilen aus Sicht der Notarpraxis, RNotZ 2009, 193.

I. Normzweck und Systematik

1 Das im Elektronischen Urkundenarchiv geführte Urkundenverzeichnis ersetzt die bisherige Urkundenrolle. Wesentlicher Unterschied ist die nunmehr elektronische Führung bei der Bundesnotarkammer als Urkundenarchivbehörde im Gegensatz zur rein papiergebundenen Führung, wie sie bisher in § 8 DONot aF vorgeschrieben war. Obwohl es sich beim Urkundenverzeichnis um ein zentral geführtes Archiv handelt, steht der Zugang nur der für die Verwahrung zuständigen Stelle zu, § 78i BNotO (sog. Grundsatz der funktional dezentralen Verwahrung). Ebenso wie in der Urkundenrolle werden auch im Urkundenverzeichnis **alle wesentlichen notariellen Urkunden** vermerkt, nicht jedoch Entwürfe, Besprechungsnotizen oder sonstige Vorfelddokumente. Im Elektronischen Urkundenarchiv werden die Urkunden mittels strukturierter Daten erfasst, was eine wesentlich zielgerichtetere Recherche ermöglicht. So können individuelle Auswertungen erstellt werden (→ DONot § 17 Rn. 15), etwa anhand von Urkundsgegenständen. Insbesondere können auch alle Erbverträge zusammengestellt und eine Übersicht über Beteiligte (→ DONot § 17 Rn. 14) erstellt werden,[1] so dass Erbvertragsverzeichnis und Namensverzeichnis obsolet sind.

2 § 7 übernimmt im Wesentlichen § 8 Abs. 1 DONot aF Die Vorschrift regelt die Eintragungsgegenstände in das Urkundenverzeichnis. Hierunter sind alle Dokumente zu fassen, die separat im Urkundenverzeichnis vermerkt und insbesondere mit einer Urkundenverzeichnisnummer iSd § 8 Abs. 1 S. 2 zu versehen sind. Abs. 1 beinhaltet hierbei einen **abschließenden Katalog** der in das **Urkundenverzeichnis** einzutragenden Dokumente, Abs. 2 zur Klarstellung einen Katalog an nicht im Urkundenverzeichnis aufzunehmenden Dokumenten. Abs. 2 ist nicht abschließend („insbesondere"). Ausgehend von dieser Systematik gilt bei Zweifelsfällen die Grundregel, dass ein Dokument dann nicht eintragungspflichtig ist, wenn es nicht einer in Abs. 1 genannten Kategorie zuzuordnen ist.

1 BR-Drs. 240/20 (neu), 36 f.

II. Eintragungspflicht von Dokumenten

1. Allgemeines zur Darstellung. Die Kataloge in Abs. 1 und 2 nehmen großenteils konkrete Rechtsnormen in Bezug. Sie sind daher im Allgemeinen ohne weitere Erläuterung aus sich heraus verständlich. Auf die bloße Wiederholung des Normtextes an dieser Stelle wird daher verzichtet. Nachfolgend werden lediglich die wesentlichen **Zweifelsfälle** dargestellt, die sich in der Anwendung von § 7 ergeben könnten. 3

2. Abschriftsbeglaubigungen (Abs. 1 Nr. 2; Abs. 1 Nr. 3). Abschriftsbeglaubigungen sind nicht in das Urkundenverzeichnis aufzunehmen.[2] Das entspricht der bisherigen Handhabung bei der Urkundenrolle[3] und ergibt sich daraus, dass nach der Terminologie des § 39 BeurkG Abschriftsbeglaubigungen keine sonstigen einfachen Zeugnisse sind. Aus einer Zusammenschau mit Abs. 1 Nr. 2 ergibt sich, dass Abschriftsbeglaubigungen kein Bestandteil des Urkundenverzeichnisses sind. Denn in § 39 BeurkG sind u.a. die Abschriftsbeglaubigungen gesondert erwähnt – neben den sonstigen einfachen Zeugnissen. In Abs. 1 Nr. 2 hingegen sind nur die sonstigen einfachen Zeugnisse erwähnt, nicht aber Abschriftsbeglaubigungen. Damit sind Abschriftsbeglaubigungen von Abs. 2 Nr. 2 nicht erfasst. Dies gilt nach Abs. 1 Nr. 3 **gleichfalls auch für die elektronisch beglaubigte Abschrift**[4] als häufigsten Fall des einfachen elektronischen Zeugnisses iSd § 39a BeurkG (→ Rn. 8). 4

3. Bescheinigungen und Bestätigungen. Bescheinigungen und Bestätigungen des Notars legen keine tatsächlichen Wahrnehmungen des Notars nieder, sondern es handelt sich hierbei um **gutachterliche Stellungnahmen**, die rechtliche Schlussfolgerungen treffen.[5] Dies betrifft etwa die Registerbescheinigungen nach § 21 Abs. 1 und Abs. 3 BNotO, aber auch sonstige Bescheinigungen, die der Notar im Rahmen seiner Zuständigkeit nach § 24 BNotO ausstellt, so namentlich die Rangbescheinigung oder die Fälligkeitsmitteilung. Da derartige Rechtsgutachten im Positivkatalog des Abs. 1 nicht enthalten sind, sind sie **nicht in das Urkundenverzeichnis aufzunehmen.** 5

Gesondert zu betrachten sind allerdings – trotz der ähnlichen Terminologie – **Satzungsbescheinigungen** nach § 54 Abs. 1 S. 2 GmbHG und § 181 Abs. 1 S. 2 AktG sowie die **Gesellschafterliste** nach § 40 Abs. 2 GmbHG. Insoweit besteht je nach Land eine unterschiedliche Handhabung: Nach den in Bayern und Rheinland-Pfalz bis zum 31.12.2021 geltenden Bestimmungen[6] wurden diese Dokumente separat im Muster 7a für die Übersicht über die Urkundsgeschäfte aufgenommen, welches von dem im sonstigen Bundesgebiet verwendeten Muster 7 in diesem Punkt abwich. Infolgedessen wurden diese Dokumente dort bisher auch in die Urkundenrolle aufgenommen. Dies dürfte dort auch unter der neuen Rechtslage so gehandhabt werden, da § 7 den Regelungsgehalt von § 8 DONot aF im Wesentlichen übernimmt. Für diese Praxis sprechen auch gute 6

2 BR-Drs. 420/20 (neu), 37.

3 Armbrüster/Preuß/Renner/*Eickelberg* DONot § 8 Rn. 6; Frenz/Miermeister/*von Campe* DONot § 8 Rn. 8; BeckOK BNotO/*Bracker* DONot § 8 Rn. 2; *Bettendorf/Apfelbaum* DNotZ 2008, 19 (34).

4 So ebenfalls schon nach der bisherigen Rechtslage für die Urkundenrolle, vgl. BeckOK BeurkG/*Soester* DONot § 8 Rn. 3; Frenz/Miermeister/*von Campe* DONot § 8 Rn. 10b; Armbrüster/Preuß/Renner/*Eickelberg* DONot § 8 Rn. 6.

5 Frenz/Miermeister/*Limmer* BNotO § 21 Rn. 2; Frenz/Miermeister/*von Campe* DONot § 8 Rn. 10; Armbrüster/Preuß/Renner/*Eickelberg* DONot § 8 Rn. 6.

6 In Bayern durch abweichende Notarbekanntmachung, vgl. BayJMBl 2010, 2; in Rheinland-Pfalz durch abweichende Verkündung der DONot selbst, vgl. JBl. RhPf 2010, 29.

Argumente: Bei Satzungsbescheinigung bzw. Gesellschafterliste dürfte es sich zumindest schwerpunktmäßig nicht um gutachterliche Stellungnahmen, sondern eher um bloße Wahrnehmungen des Notars handeln,[7] so dass diese als sonstiges einfaches Zeugnis gem. Abs. 1 Nr. 2 lit. c bzw. Abs. 1 Nr. 3 lit. c in das Urkundenverzeichnis einzutragen wären. Dies ist auch zweckmäßig, da dieses Vorgehen die dauerhafte Auffindbarkeit dieser Dokumente – auch und insbesondere im Interesse der Beteiligten – gewährleistet.[8] Allerdings besteht in anderen Ländern – ausdrücklich etwa in Mecklenburg-Vorpommern[9] – eine hiervon abweichende Praxis; Satzungsbescheinigungen und Gesellschafterlisten werden dort als im Schwerpunkt gutachterliche Dokumente angesehen, so dass sie nicht in die Urkundenrolle bzw. in das Urkundenverzeichnis aufgenommen werden. Auch hierfür sprechen gute Gründe; speziell bei der Gesellschafterliste dürfte eine gewisse rechtliche Beurteilung (zB Wirksamkeit einer Anteilsübertragung) enthalten sein.[10] Zudem kann die Auffindbarkeit auch dadurch hergestellt werden, dass die Satzungsbescheinigung oder Gesellschafterliste nach § 31 Abs. 4 Nr. 2 NotAktVV bei der zugrundeliegenden Urkunde in der Urkundensammlung verwahrt wird (→ § 31 Rn. 13).[11] Die NotAktVV verzichtet nun bewusst auf eine Angleichung der unterschiedlichen Auffassungen und spricht davon, dass die unterschiedliche Handhabung in den Ländern durch die NotAktVV unberührt bleiben soll.[12] Auch die DONot, welche sich über diese Vorgabe der NotAktVV bereits aus Gründen der Normenhierarchie nicht hinwegsetzen kann, ermöglicht bei der Übersicht über die Urkundsgeschäfte eine entsprechende Flexibilität (→ DONot § 7 Rn. 1 ff.). Letztlich handelt es sich hierbei um eine untergeordnete Detailfrage, deren unterschiedliche Handhabung in den Ländern unschädlich ist.

7 **4. Eigenurkunden.** Notarielle Eigenurkunden beurkunden weder Willenserklärungen noch sonstige Wahrnehmungen des Notars. Vielmehr handelt es sich um Willenserklärungen, die der Notar selbst – in der Regel im Namen von Beteiligten – abgibt. Beispiele hierfür sind etwa Identitätserklärungen, Erklärungen gegenüber Grundbuchamt oder Registergericht aufgrund einer rechtsgeschäftlichen oder gesetzlichen (vgl. § 378 Abs. 2 FamFG; § 15 Abs. 2 GBO) Vollmacht, Rangbestimmungen oder Mitteilungen von betreuungs- oder familiengerichtlichen Genehmigungen aufgrund von Doppelvollmachten. Da hierfür keine Kategorie in Abs. 1 vorgesehen ist, sind Eigenurkunden auch nicht in das Urkundenverzeichnis aufzunehmen.[13] Ein Nachtragsvermerk nach § 44a Abs. 2 BeurkG ist nicht gesondert im Urkundenverzeichnis aufzunehmen, sondern mit der Urkunde zu verbinden.

8 **5. Elektronische Vermerke (Abs. 1 Nr. 3).** Der Hauptanwendungsfall des elektronischen Vermerks nach § 39a BeurkG ist die elektronisch beglaubigte Abschrift. Diese fällt nicht unter Abs. 1 Nr. 3 und ist daher nicht in das Urkundenverzeichnis aufzunehmen (→ Rn. 4). Auch wenn es sich um eine elektronisch

---

7 BeckOK BNotO/*Bracker* DONot § 8 Rn. 3; Armbrüster/Preuß/Renner/*Eickelberg* DONot § 8 Rn. 7; Weingärtner/Gassen/Sommerfeldt/*Weingärtner* DONot § 8 Rn. 4.

8 Armbrüster/Preuß/Renner/*Eickelberg* DONot § 8 Rn. 7.

9 So etwa ganz ausdrücklich in Mecklenburg-Vorpommern, vgl. Rundschreiben der Notarkammer Mecklenburg-Vorpommern Nr. 1/2009.

10 Frenz/Miermeister/*von Campe* DONot § 8 Rn. 10a; *Kersten* ZNotP 2001, 388 (388); *Link* RNotZ 2009, 193 (207).

11 *Link* RNotZ 2009, 193 (207), noch zu § 18 Abs. 2, 2. Spiegelstrich DONot aF.

12 BR-Drs. 420/20 (neu), 37.

13 Armbrüster/Preuß/Renner/*Eickelberg* DONot § 8 Rn. 9; Frenz/Miermeister/*von Campe* DONot § 8 Rn. 10; aA Weingärtner/Gassen/Sommerfeldt/*Weingärtner* DONot § 8 Rn. 4.

beglaubigte Abschrift einer Urkunde des Notars handelt, wird nur die zugrunde liegende Urkunde in das Urkundenverzeichnis eingetragen, nicht aber die elektronisch beglaubigte Abschrift. Betroffen sind lediglich die in Abs. 1 Nr. 3 genannten Fälle der **Signaturbeglaubigung**, des Vermerks über einen **Vorlagezeitpunkt** und die **sonstigen elektronischen Zeugnisse**,[14] worunter etwa eine elektronische Lebensbescheinigung, ein Zeugnis über die Übergabe einer Geldsumme oder eines anderen Gegenstands, eine Bescheinigung über die Zustellung von Erklärungen,[15] aber auch eine Satzungsbescheinigung oder eine Gesellschafterliste (→ Rn. 6) fallen kann. Es sind also nur diejenigen Fälle betroffen, in denen dem elektronischen Vermerk keine papierförmige „Ausgangsurkunde" vorgeht. Diese Anwendungsfälle einer originär elektronischen Urkunde sind bisher selten. Infolge des Gesetzes zur Umsetzung der Digitalisierungsrichtlinie (DiRUG)[16] ist jedoch davon auszugehen, dass die Signaturbeglaubigungen zunehmen werden und zudem eine originär elektronische Urkunde auch für die Beurkundung bestimmter Willenserklärungen eingeführt wird. Dann ist auch eine Anpassung der NotAktVV, darunter auch von § 7, erforderlich.[17]

Nicht unter den elektronischen Vermerk fällt die **elektronische Fassung** nach § 56 BeurkG. Bei dieser handelt es sich nur um eine besondere Art der Abschrift, die der Einstellung in das Elektronische Urkundenarchiv dient (→ BeurkG § 56 Rn. 4 f.). Ebenso wenig ist ein **Medientransfer** von der elektronischen Form in die Papierform (vgl. § 42 Abs. 4 BeurkG) oder umgekehrt einzutragen;[18] hierbei handelt es sich nämlich um nichts anderes als eine Abschriftsbeglaubigung. Auch das nach § 39a Abs. 3, § 42 Abs. 4 BeurkG zu dokumentierende Ergebnis der **Signaturprüfung** ist nicht separat in das Urkundenverzeichnis einzutragen,[19] sondern gehört zum zugrundeliegenden Dokument und teilt dessen verwahrungsrechtliches Schicksal. 9

6. Prüfvermerke nach § 15 Abs. 3 GBO, § 378 Abs. 3 FamFG. Der **Prüfvermerk** des Notars nach § 15 Abs. 3 GBO, § 378 Abs. 3 FamFG ist als gutachterliche Stellungnahme ebenfalls nicht in Abs. 1 enthalten;[20] zudem wird er in der Regel ohnehin auf eine in das Urkundenverzeichnis aufzunehmende Urkunde gesetzt. 10

7. Urkunden im Vermittlungsverfahren nach §§ 363 ff. FamFG. Das in der Praxis seltene Vermittlungsverfahren in Nachlasssachen ist in § 7 nicht gesondert erwähnt. Wenn am Ende des Vermittlungsverfahrens eine Urkunde über eine Nachlassauseinandersetzung nach § 366 Abs. 1 S. 1 FamFG oder über einen Auseinandersetzungsplan nach § 368 Abs. 1 S. 2 FamFG steht, der Willenserklärungen enthält, ist diese Urkunde bereits nach Abs. 1 Nr. 1 in das Urkunden- 11

14 Armbrüster/Preuß/Renner/*Eickelberg* DONot § 8 Rn. 6; BeckOK BNotO/*Bracker* DONot § 8 Rn. 2.

15 Vgl. dazu Frenz/Miermeister/*von Campe* DONot § 8 Rn. 8, allerdings für die papierförmige Urkunde. Für diejenige in elektronischer Form gilt dann nichts anderes, weil Abs. 1 Nr. 3 lit. c auf § 39 BeurkG Bezug nimmt.

16 BGBl. 2021/I S. 3338.

17 Vgl. hierzu bereits den Referentenentwurf des BMJV einer Verordnung zur Änderung der Verordnung über die Führung notarieller Akten und Verzeichnisse, der Notarfachprüfungsverordnung, der Notarverzeichnis- und -postfachverordnung, der Rechtsanwaltsverzeichnis- und -postfachverordnung und der Patentanwaltsausbildungs- und -prüfungsverordnung sowie zur Einführung der Patentanwaltsverzeichnisverordnung, abrufbar unter https://www.bmjv.de/SharedDocs/Gesetzgebungsverfahren/DE/Aenderung_NotaraktenVV.html.

18 Armbrüster/Preuß/Renner/*Eickelberg* DONot § 8 Rn. 6; BeckOK BNotO/*Bracker* DONot § 8 Rn. 2; Weingärtner/Gassen/Sommerfeldt/*Weingärtner* DONot § 8 Rn. 3; *Bettendorf/Apfelbaum* DNotZ 2008, 19 (34).

19 Weingärtner/Gassen/Sommerfeldt/*Weingärtner* DONot § 8 Rn. 3.

20 Ähnlich Armbrüster/Preuß/Renner/*Eickelberg* DONot § 8 Rn. 6.

verzeichnis aufzunehmen, weil sich das Beurkundungsverfahren insoweit nach dem BeurkG richtet. Anders verhält es sich bei notariellen Urkunden, die im Rahmen dieses Verfahrens nach den Protokollierungsregeln des FamFG erstellt werden, insbesondere Bestätigungsbeschlüsse nach § 366 Abs. 2 S. 1 oder nach § 368 Abs. 1 S. 3 FamFG, die nach § 371 Abs. 1 FamFG zur Fiktion der entsprechenden Willenserklärung führen. Dann dürfte Abs. 1 Nr. 1 nicht mehr anwendbar sein. Stattdessen ist – insoweit in Abkehr von der oben dargelegten Grundregel (→ Rn. 2) – jedoch an eine analoge Anwendung von Abs. 1 Nr. 5 zu denken, weil die dort genannte Vertragsbestätigung nach § 96 Abs. 5 S. 2 SachenRBerG der Bestätigung nach § 371 FamFG ähnlich ist. Somit hat auch in diesen Fällen eine Eintragung in das Urkundenverzeichnis zu erfolgen.[21] Im Ergebnis sind also alle Urkunden, die einem derartigen Vermittlungsverfahren entspringen, in das Urkundenverzeichnis aufzunehmen.

12 **8. Vermerke im Zusammenhang mit einer anderen Beurkundung (Abs. 2 Nr. 1; Abs. 2 Nr. 2).** Abs. 2 Nr. 1 und Abs. 2 Nr. 2 treffen Rückausnahmen für Vermerke iSd §§ 39, 39a BeurkG, die im Zusammenhang mit einer anderen Beurkundung erstellt wurden. Hierbei handelt es sich etwa um den Vermerk, dass eine Vollmacht in Urschrift oder Ausfertigung während der Beurkundung vorlag, oder auch um die in eine Grundschuld aufgenommene Legitimationsprüfung nach § 154 AO.[22] Diese Vermerke sind nicht separat im Urkundenverzeichnis einzutragen, wenn sie auf die im Zusammenhang stehende Urkunde gesetzt werden oder mit ihr verbunden werden; werden sie isoliert gefertigt, sind sie jedoch einzutragen.[23]

13 **9. Verwahrungen.** Urkunden, die (alleine) im Zusammenhang mit Verwahrungen stehen, sind nicht in das Urkundenverzeichnis, sondern in das Verwahrungsverzeichnis aufzunehmen.[24]

14 **10. Vollstreckbarerklärungen (Abs. 1 Nr. 4).** Nach Abs. 1 Nr. 4 sind Vollstreckbarerklärungen eines Anwaltsvergleichs nach § 796c Abs. 1 und eines Schiedsvergleichs nach § 1053 Abs. 4 ZPO in das Urkundenverzeichnis aufzunehmen. Hiervon zu unterscheiden ist die Fertigung vollstreckbarer Ausfertigungen, die nicht in diese Kategorie fällt und daher nicht separat ins Urkundenverzeichnis aufzunehmen ist, freilich ist die Erteilung der vollstreckbaren Ausfertigung bei der Eintragung der Grundurkunde im Urkundenverzeichnis zu vermerken (vgl. § 15 S. 2).

15 **11. Vorgänge nach dem SachenRBerG (Abs. 1 Nr. 5).** Bei Vorgängen nach dem SachenRBerG sind lediglich die in Abs. 1 Nr. 5 genannten Urkunden in das Urkundenverzeichnis aufzunehmen, nicht jedoch Eröffnungs-, Einstellungs- und Aussetzungsbeschlüsse.[25]

16 **12. Zeugnisse nach § 23 Abs. 2 AVAG.** Das notarielle Zeugnis nach § 23 Abs. 2 AVAG ist nicht in das Urkundenverzeichnis einzutragen, weil keine der in Abs. 1 genannten Kategorien darauf zutrifft. Vielmehr handelt es sich um eine notarielle Erklärung über die mit dem Zeugnis verbundenen Rechtsfolgen.[26]

---

21 Ebenso im Ergebnis – allerdings zur früheren Rechtslage – *Ihrig* MittBayNot 2012, 353 (356), allerdings auf eine analoge Anwendung der Vorschriften zur Vollstreckbarkeitserklärung abstellend.

22 Armbrüster/Preuß/Renner/*Eickelberg* DONot § 8 Rn. 6; Frenz/Miermeister/*von Campe* DONot § 8 Rn. 9.

23 Frenz/Miermeister/*von Campe* DONot § 8 Rn. 9.

24 Armbrüster/Preuß/Renner/*Eickelberg* DONot § 8 Rn. 1.

25 Armbrüster/Preuß/Renner/*Eickelberg* DONot § 8 Rn. 6; Frenz/Miermeister/*von Campe* DONot § 8 Rn. 12.

26 Armbrüster/Preuß/Renner/*Eickelberg* DONot § 8 Rn. 8.

§ 8 Führung des Urkundenverzeichnisses

(1) [1]Das Urkundenverzeichnis wird getrennt nach Kalenderjahren geführt. [2]Die Eintragungen jedes Kalenderjahres sind mit fortlaufenden Nummern zu versehen.

(2) [1]Die Beurkundungen und sonstigen Amtshandlungen sind in der Reihenfolge des Datums ihrer Vornahme einzutragen. [2]Ist eine Eintragung versehentlich unterblieben, so ist sie unter der nächsten fortlaufenden Nummer nachzutragen. [3]Ist eine Eintragung versehentlich mehrfach erfolgt, so ist die wiederholte Eintragung als gegenstandslos zu kennzeichnen.

Literatur:

Schemmann, Die offene Urkunde und ihre Feinde, DNotZ 2018, 816.

I. Normzweck und Systematik

1 Die Vorschrift befasst sich mit der Urkundenverzeichnisnummer, welche die bisherige Urkundenrollennummer ablöst. Abs. 1 regelt Grundsätze (→ Rn. 2), Abs. 2 beschäftigt sich spezifisch mit der Eintragungsreihenfolge und mit Auswirkungen von Eintragungsversehen auf die Urkundenverzeichnisnummer (→ Rn. 3 ff.). Die Urkundenverzeichnisnummer dient, wie bisher die Urkundenrollennummer, der – im Zusammenhang mit dem Namen des Amtsträgers – eindeutigen Zuordnung einer notariellen Urkunde.

II. Grundsätze (Abs. 1)

2 Abs. 1 regelt, dass jede Eintragung in das Urkundenverzeichnis mit einer fortlaufenden Nummer zu versehen ist, die jedes Kalenderjahr neu beginnt. Unter Eintragung ist jeder Eintragungstatbestand nach § 7 zu verstehen, so dass jedes unter § 7 Abs. 1 fallende Dokument eine eigene Urkundenverzeichnisnummer erhält. Die bisherige – völlig unbedenkliche[1] – Praxis, in Notarsozietäten zur leichteren Zuordnung der jeweiligen Urkunde an den Sozius der Urkundenrollennummer einen kennzeichnenden Buchstaben oder ein anderes individualisierendes Zeichen beizugeben, ist auch bei der Urkundenverzeichnisnummer weiterhin möglich. Die Software des elektronischen Urkundenarchivs wird hierfür zahlreiche benutzerdefinierte Variationsmöglichkeiten vorsehen.

III. Eintragungsreihenfolge (Abs. 2 S. 1)

3 Abs. 2 S. 1 stellt klar, dass die Eintragungen in der Reihenfolge des **Datums der Vornahme der Amtshandlung** einzutragen sind. Unter Vornahme ist der Zeitpunkt zu verstehen, in dem der jeweilige **Vorgang abgeschlossen** wurde. Dies wird in aller Regel der **Zeitpunkt der letzten Unterschriftsleistung** auf der jeweiligen Urkunde sein, also gewöhnlicherweise der Zeitpunkt der Unterschrift des Notars. Dies gilt – jenseits der berufsrechtlichen Einschätzung (→ BeurkG

1 Armbrüster/Preuß/Renner/*Eickelberg* DONot § 28 Rn. 12; BeckOK BeurkG/*von Schwander* DONot § 28 Rn. 10; BeckOK BNotO/*Bracker* DONot § 28 Rn. 5; aA Frenz/Miermeister/*Blaeschke* DONot § 28 Rn. 18; Weingärtner/Gassen/Sommerfeldt/*Weingärtner* DONot § 28 Rn. 12.

§ 13 Rn. 28) – auch für das „Offenhalten" einer Urkunde.[2] Diese Ausrichtung an der letzten Unterschrift dürfte auch bei Unterschriftsbeglaubigungen gelten, obwohl dort zusätzlich auch das notarielle Siegel nach § 39 BeurkG Wirksamkeitsvoraussetzung ist.[3] Bei einfachen elektronischen Zeugnissen fallen Unterschrifts- und Siegeläquivalent ohnehin in der mit Notarattribut versehenen qualifizierten elektronischen Signatur zusammen. Bei der Beurkundung einer Hauptversammlung im Rahmen eines Tatsachenprotokolls dürfte der Zeitpunkt der Vornahme ebenfalls der Tag der notariellen Unterschrift sein; es ist also nicht notwendig und auch nicht ratsam, eine Urkundenverzeichnisnummer vom Tag der Hauptversammlung zu „reservieren".[4] Dasselbe gilt für das notarielle Nachlassverzeichnis.

4 Dadurch, dass Abs. 2 S. 1 ausdrücklich das **Datum** und nicht die Uhrzeit in Bezug nimmt, wird zum Ausdruck gebracht, dass innerhalb eines Tages errichtete Urkunden nicht in chronologischer Reihenfolge nummeriert werden müssen, wenngleich dies in aller Regel so gehandhabt werden dürfte. Bei Vertretungen, die nicht den ganzen Tag abdecken, können anhand der fortlaufenden Nummern die entsprechenden Vertretungszeiträume nicht mehr nachvollzogen werden. Dies ist aber auch nicht notwendig, da nach § 9 Nr. 2 iVm § 11 im Urkundenverzeichnis bei jedem Eintrag auch der Name der Amtsperson aufzunehmen ist.[5]

IV. Eintragungsversehen (Abs. 2 S. 2 und 3)

5 Auch in gut organisierten Notarbüros kann es bisweilen zu Eintragungsversehen kommen. Zunächst ist festzuhalten, dass aufgrund der zentralen Software des Elektronischen Urkundenarchivs die bisher möglichen Doppelbelegungen einer Nummer oder das Auslassen von Nummern nicht mehr denkbar sind. Es kann jedoch vorkommen, dass die Eintragung am entsprechenden Tag vergessen wurde oder dass eine Urkunde zweifach eingetragen wurde. Hierfür hält Abs. 2 nun ausdrückliche und praxisnahe Lösungen bereit. Bei einer **vergessenen Eintragung** ist diese unter der nächsten freien fortlaufenden Nummer nachzuholen, Abs. 2 S. 2. Es ist in diesem Fall also keine mit einem kennzeichnenden Buchstaben versehene „Zwischennummer" mehr zu vergeben. Die Entwurfsbegründung stellt ausdrücklich klar, dass eine lediglich vergessene Eintragung im Urkundenverzeichnis keine Amtspflichtverletzung darstellt.[6] Bei einer **Doppeleintragung** ist die wiederholte Eintragung mit der höheren Nummer als gegenstandslos zu kennzeichnen. Die Software des Elektronischen Urkundenarchivs stellt entsprechende Funktionalitäten bereit.

2 Armbrüster/Preuß/Renner/*Eickelberg* DONot § 8 Rn. 13; allgemein zum „Offenhalten" vgl. *Schemmann* DNotZ 2018, 816.

3 BeckOK BNotO/*Bracker* DONot § 28 Rn. 7; Armbrüster/Preuß/Renner/*Eickelberg* DONot § 8 Rn. 14; Weingärtner/Gassen/Sommerfeldt/*Weingärtner* DONot § 8 Rn. 10.

4 Armbrüster/Preuß/Renner/*Eickelberg* DONot § 8 Rn. 14; BeckOK BNotO/*Bracker* DONot § 28 Rn. 7.

5 BR-Drs. 420/20 (neu), 38.

6 BR-Drs. 420/20 (neu), 38.

§ 9 Angaben im Urkundenverzeichnis

Die Eintragung im Urkundenverzeichnis enthält folgende Angaben:
1. **das Datum und den Ort oder die Orte der Beurkundung oder der sonstigen Amtshandlung (§ 10),**
2. **die Amtsperson (§ 11),**
3. **die Beteiligten (§ 12),**
4. **den Geschäftsgegenstand (§ 13),**
5. **die Urkundenart (§ 14),**
6. **gegebenenfalls Angaben zu Ausfertigungen (§ 15),**
7. **gegebenenfalls weitere Angaben zu Verfügungen von Todes wegen (§ 16) und**
8. **gegebenenfalls sonstige Angaben (§ 17).**

Literatur:
Püls/Gerlach, NotAktVV und Elektronisches Urkundenarchiv, 2021.

Die Vorschrift beinhaltet eine schlagwortartige Auflistung mit den bei der jeweiligen Eintragung im Urkundenverzeichnis zu machenden Angaben. Gegenüber der bisherigen Rechtslage stellen insbesondere die in Nr. 2 und Nr. 6 genannten Angaben eine Neuerung dar. Die Detailkommentierung erfolgt bei der jeweils in Bezug genommenen Vorschrift. Erst im Bundesratsverfahren wurden die ursprünglich vorgesehenen Nr. 9 und 10, die eine Aufnahme der Registrierungsnummern im Zentralen Vorsorgeregister und im Zentralen Testamentsregister vorgesehen hatten, gestrichen. Gleichwohl können diese Nummern freiwillig eingegeben werden.[1] 1

§ 10 Ortsangabe

[1]Ist das Amtsgeschäft in der Geschäftsstelle vorgenommen worden, genügt als Ortsangabe die Angabe „Geschäftsstelle". [2]Andernfalls ist die genaue Bezeichnung des Ortes oder der Orte, an dem oder an denen das Amtsgeschäft vorgenommen wurde, einzutragen. [3]Hierbei ist soweit möglich die Anschrift anzugeben.

I. Normzweck und Systematik

Notare müssen nach § 10a Abs. 2 BNotO ihre Urkundstätigkeit in der Regel auf ihren Amtsbereich beschränken; Beurkundungen außerhalb des Amtsbezirks sind nach § 11 Abs. 2 BNotO nur in noch selteneren Ausnahmefällen gestattet. Diese Vorschriften dienen in erster Linie der Gewährleistung einer flächendeckenden Versorgung der rechtsuchenden Bevölkerung mit notariellen Leistungen; darüber hinaus bilden sie die Grundlage, auf der die Bedürfnisprüfung und Stellenplanung nach § 4 BNotO erfolgen kann (→ BNotO § 10a Rn. 3; → BNotO § 11 Rn. 2). Näheres hierzu ist auch in Ziff. IX Nr. 1 der Richtlinienempfehlungen der Bundesnotarkammer dargelegt. Hinzu kommt, dass eine zu häufige oder im Einzelfall unangemessene Beurkundung außerhalb der Geschäftsstelle bereits den Anschein der Abhängigkeit und Parteilichkeit 1

1 Vgl. dazu *Püls/Gerlach* § 1 Rn. 1 ff., § 4 Erläuterung zu § 9 NotAktVV.

iSd § 14 Abs. 3 S. 2 BNotO hervorrufen kann;[1] daher geben die Richtlinienempfehlungen der Bundesnotarkammer in Ziff. IX Nr. 2 und 3 hierfür weitere Leitlinien vor. Für **Zwecke der Aufsicht** ist es unabdingbar, dass der **Ort** und auch die **Adresse** der Vornahme des Amtsgeschäfts ersichtlich sind, um eventuelle Verstöße gegen die vorgenannten Vorschriften zu erkennen. Weiter dient dies der Aufsicht auch dazu, herauszufinden, ob der Notar faktisch eine weitere Geschäftsstelle oder einen auswärtigen Sprechtag unterhält, die nach § 10 Abs. 4 S. 1 und 2 genehmigungsbedürftig sind. § 10 entspricht im Wesentlichen § 8 Abs. 4 DONot aF.

II. Regelungsgehalt

2 Findet das Amtsgeschäft in der **Geschäftsstelle** statt, reicht nach S. 1 die Bezeichnung „Geschäftsstelle" aus. In entsprechender Anwendung von S. 1 dürfte im Falle eines genehmigten Sprechtags nach § 10 Abs. 4 S. 2 auch die Bezeichnung „Sprechtag" hinreichend aussagekräftig sein. Im Übrigen sind nach S. 2 der **Ort** des Amtsgeschäfts und nach S. 3 nach Möglichkeit die **Anschrift** anzugeben. Hierbei ist eine **möglichst genaue Bezeichnung** zu wählen. In großen Liegenschaften bietet sich die detaillierte Beschreibung des Orts der Amtstätigkeit innerhalb des Gebäudes an (etwa eine Zimmernummer); ist keine Adresse vorhanden, ist eine alternative individualisierende Bezeichnung zu wählen, etwa eine Flurstücksnummer.[2] Findet – etwa aufgrund einer Behinderung – das Amtsgeschäft in einem Kraftfahrzeug statt, sollte auch dies mit dem entsprechenden Standort vermerkt werden (etwa „Kraftfahrzeug vor der Geschäftsstelle").

3 In Abweichung von § 8 Abs. 4 DONot aF stellt S. 2 durch eine Pluralformulierung nunmehr ausdrücklich klar, dass es sich auch um **mehrere Orte** handeln kann, an denen das jeweilige Amtsgeschäft vorgenommen wird.[3] Unter **Vornahme des Amtsgeschäfts** dürfte hierbei jede amtliche Wahrnehmung zu verstehen sein, die der Notar in der betreffenden Urkunde niederlegt.[4] Dies bedeutet im Falle der Beglaubigung mehrerer Unterschriften in einer Urkunde, dass alle Orte aufzunehmen sind, an denen die notarielle Wahrnehmung der Unterschriftsleistung und die Unterzeichnung durch den Notar erfolgt ist. Eine auswärtige Örtlichkeit verdrängt die Geschäftsstelle hierbei nicht, vielmehr sind beide Orte anzugeben. Ähnliches gilt bei Tatsachenzeugnissen nach § 36 BeurkG. Dies betrifft etwa ein Hauptversammlungsprotokoll, das auswärtig aufgenommen wird. Zum anderen ist auch ein Nachlassverzeichnis davon umfasst, wenn die Wahrnehmungen auf Grundlage eines Ortstermins außerhalb der Geschäftsstelle stattgefunden haben, die Unterzeichnung aber in der Geschäftsstelle erfolgt ist.

1 Vgl. hierzu etwa OLG Celle DNotZ 2020, 227 mAnm *Uffmann*.
2 BR-Drs. 420/20, 39.
3 BR-Drs. 420/20 (neu), 39.
4 BeckOK BNotO/*Bracker* DONot § 8 Rn. 11; Frenz/Miermeister/*von Campe* DONot § 8 Rn. 18b.

§ 11 Angaben zur Amtsperson

Zur Amtsperson sind anzugeben
1. der Familienname,
2. der Vorname oder die Vornamen, soweit diese im Rahmen der amtlichen Tätigkeit üblicherweise verwendet werden, und
3. die Amtsbezeichnung.

I. Normzweck und Systematik

1 Nach § 33 Abs. 5 S. 1 DONot in der bisher geltenden Fassung mussten in der Urkundenrolle Beginn und Beendigung der Notariatsverwaltung und der Vertretung vermerkt werden. Ausgehend davon, dass auch bisher nicht die chronologische Durchnummerierung der Urkundenrollennummern, sondern nur die tagesgenaue Zuordnung dieser Nummern erforderlich war, konnten bei dieser Praxis aus der Urkundenrolle für Tage, an denen sowohl Notar als auch Vertreter tätig waren, keine Rückschlüsse auf die Amtsperson bei der jeweiligen Urkunde gezogen werden, selbst wenn beim Vertretervermerk die jeweilige Uhrzeit enthalten war. Die NotAktVV wählt demgegenüber den sinnvolleren Weg, die Amtsperson bei der jeweiligen Urkunde zu erfassen. Der bisherige Beginn- und Beendigungsvermerk werden daher überflüssig. Unberührt bleiben freilich die Mitteilungspflichten an die Aufsichtsbehörde nach § 19 DONot (→ DONot § 19 Rn. 9).

II. Regelungsgehalt

2 Beim jeweiligen Eintrag im Urkundenverzeichnis sind die in § 11 genannten Angaben zur Amtsperson zu erfassen. Nach Nr. 2 sind nur die üblicherweise verwendeten Vornamen einzutragen. Dies nimmt Anlehnung an § 2 Abs. 3 NotVPV und ist sinnvoll, um eine Übereinstimmung der Angaben in Notarverzeichnis und Urkundenverzeichnis zu gewährleisten.[1]

§ 12 Angabe der Beteiligten

(1) [1]Als Beteiligte sind einzutragen
1. bei Niederschriften nach den §§ 8 und 38 des Beurkundungsgesetzes die Erschienenen, deren Erklärungen beurkundet worden sind,
2. bei Beglaubigungen (§§ 39 bis 41 des Beurkundungsgesetzes) diejenigen, welche die Unterschrift, die elektronische Signatur, das Handzeichen oder die Zeichnung vollzogen oder anerkannt haben,
3. bei Vollstreckbarerklärungen (§ 796c Absatz 1 und § 1053 Absatz 4 der Zivilprozessordnung) die Parteien,
4. bei Amtshandlungen nach § 96 Absatz 3 Satz 1 und Absatz 5 Satz 2, § 98 Absatz 2 Satz 1 und § 99 Satz 1 des Sachenrechtsbereinigungsgesetzes die Beteiligten im Sinne des Sachenrechtsbereinigungsgesetzes,
5. bei allen übrigen Beurkundungen (§§ 36, 39, 39a und 43 des Beurkundungsgesetzes) diejenigen, welche die Beurkundung veranlasst haben.

[2]Sind mehr als 20 Beteiligte einzutragen, genügt auch eine zusammenfassende Bezeichnung, es sei denn, dass die Beteiligten in den Fällen der §§ 8 oder 38 des Beurkundungsgesetzes Erklärungen zur Niederschrift abgegeben haben.

---
1 BR-Drs. 420/20 (neu), 39.

(2) [1]Zu den Beteiligten sind anzugeben
1. der Vorname oder die Vornamen,
2. der Familienname,
3. der Geburtsname, wenn dieser nicht der Familienname ist,
4. das Geburtsdatum und
5. der Wohnort.

[2]Sofern dies zur Unterscheidung der Beteiligten erforderlich ist, sind weitere Angaben aufzunehmen. [3]Haben Beteiligte in Vertretung für eine andere Person gehandelt und wurde dabei in eine Niederschrift statt des Wohnorts eines Beteiligten ein Dienst- oder Geschäftsort aufgenommen, so tritt dieser auch im Urkundenverzeichnis an die Stelle des Wohnorts. [4]Bei Beteiligten, die keine natürlichen Personen sind, sind statt der in Satz 1 genannten Angaben ihr Name und ihr Sitz anzugeben.

(3) Zu den Beteiligten kann angegeben werden
1. die Anschrift,
2. die steuerliche Identifikationsnummer,
3. die Wirtschafts-Identifikationsnummer und
4. die Registernummer.

(4) [1]Haben Beteiligte in Vertretung für eine andere Person gehandelt, sind neben den Beteiligten auch die vertretenen Personen aufzuführen. [2]Absatz 2 Satz 1, 2 und 4 und Absatz 3 gelten insoweit entsprechend. [3]Sind mehr als 20 vertretene Personen aufzuführen, genügt auch eine zusammenfassende Bezeichnung. [4]Vertretende und vertretene Personen sollen jeweils als solche gekennzeichnet werden.

(5) [1]In gesellschaftsrechtlichen Angelegenheiten ist die Gesellschaft auch dann einzutragen, wenn sie nicht Beteiligte ist. [2]Absatz 2 Satz 4 und Absatz 3 gelten entsprechend.

[§ 12 Abs. 1 und 2 ab 1.8.2022:]

(1) [1]Als Beteiligte sind einzutragen
1. *bei Niederschriften nach den §§ 8 und 38 des Beurkundungsgesetzes und elektronischen Niederschriften (§ 16b des Beurkundungsgesetzes) die Erschienenen, deren Erklärungen beurkundet worden sind,*
2. *bei Beglaubigungen (§§ 39 bis 41 des Beurkundungsgesetzes) diejenigen, welche die Unterschrift, die qualifizierte elektronische Signatur, das Handzeichen oder die Zeichnung vollzogen oder anerkannt haben,*
3. *bei Vollstreckbarerklärungen (§ 796c Absatz 1 und § 1053 Absatz 4 der Zivilprozessordnung) die Parteien,*
4. *bei Amtshandlungen nach § 96 Absatz 3 Satz 1 und Absatz 5 Satz 2, § 98 Absatz 2 Satz 1 und § 99 Satz 1 des Sachenrechtsbereinigungsgesetzes die Beteiligten im Sinne des Sachenrechtsbereinigungsgesetzes,*
5. *bei allen übrigen Beurkundungen (§§ 36, 39, 39a und 43 des Beurkundungsgesetzes) diejenigen, welche die Beurkundung veranlasst haben.*

[2]Sind mehr als 20 Beteiligte einzutragen, genügt auch eine zusammenfassende Bezeichnung, es sei denn, dass die Beteiligten in den Fällen der §§ 8, 16b oder 38 des Beurkundungsgesetzes Erklärungen zur Niederschrift abgegeben haben.

(2) [1]Zu den Beteiligten sind anzugeben
1. *der Vorname oder die Vornamen,*
2. *der Familienname,*
3. *der Geburtsname, wenn dieser nicht der Familienname ist,*

4. das Geburtsdatum und
5. der Wohnort.

[2]Sofern dies zur Unterscheidung der Beteiligten erforderlich ist, sind weitere Angaben aufzunehmen. [3]Haben Beteiligte in Vertretung für eine andere Person gehandelt und wurde dabei in eine Niederschrift oder elektronische Niederschrift statt des Wohnorts eines Beteiligten ein Dienst- oder Geschäftsort aufgenommen, so tritt dieser auch im Urkundenverzeichnis an die Stelle des Wohnorts. [4]Bei Beteiligten, die keine natürlichen Personen sind, sind statt der in Satz 1 genannten Angaben ihr Name und ihr Sitz anzugeben.

Literatur:
Püls/Gerlach, NotAktVV und Elektronisches Urkundenarchiv, 2021.

I. Normzweck und Systematik

Die Vorschrift beschäftigt sich mit der sehr praxisrelevanten Frage, welche Angaben zu den Urkundsbeteiligten im Urkundenverzeichnis zu erfassen sind. Für Zwecke der Aufsicht dient die Norm insbesondere dazu, die Einhaltung von Mitwirkungsverboten[1] und das Beurkundungsverhalten mit Vertretern[2] überprüfen zu können. Außerdem ist die Angabe der Beteiligten für die Beteiligtenübersicht nach § 17 Abs. 3 DONot (das frühere Namensverzeichnis) unabdingbar. Aber auch für die notarielle Praxis ist eine sorgfältige Aufnahme der Beteiligtendaten in vielerlei Hinsicht dienlich, um – in den Grenzen des Datenschutzrechts und der Vertraulichkeit – die Amtsführung zu erleichtern. So kann auf Grundlage der in das Urkundenverzeichnis aufgenommenen Beteiligtendaten etwa eine in anderem Zusammenhang benötigte Urkunde rasch aufgefunden werden; auch die nachträgliche Erteilung von Abschriften an Berechtigte wird dadurch erleichtert. 1

Die Vorschrift übernimmt im Wesentlichen den Regelungsgehalt von § 8 Abs. 5 DONot aF. Sie steht in gewissem Zusammenhang zu § 5 DONot, der sich ebenfalls auf die Bezeichnung der Beteiligten bezieht, allerdings nicht in Bezug auf das Urkundenverzeichnis, sondern mit Blick auf die Angaben in der Urkunde selbst. Mit der Reform der DONot wurde begrifflich und inhaltlich ein weitgehender Gleichlauf von § 5 DONot und § 12 NotAktVV hergestellt (vgl. etwa die entsprechende Verzahnung in Abs. 2 S. 3), jedoch sind die Angaben im Urkundenverzeichnis umfangreicher (mit Ausnahme der Registernummer, die nach § 5 Abs. 2 S. 2 DONot zwingend aufzunehmen ist). Abs. 1 und Abs. 4 definieren den Kreis derjenigen, die als Beteiligte in das Urkundenverzeichnis aufzunehmen sind, und greifen hierbei auf die in § 7 Abs. 1 genannten Eintragungsgegenstände zurück (→ Rn. 3 ff., 8). Abs. 1 S. 1 trifft in Nr. 1 und 2, nämlich soweit die Abgabe von Erklärungen betroffen ist, nähere Bestimmungen 2

1 Armbrüster/Preuß/Renner/*Eickelberg* DONot § 8 Rn. 20; Frenz/Miermeister/*von Campe* DONot § 8 Rn. 20; BeckOK BeurkG/*Soester* DONot § 8 Rn. 10.
2 BeckOK BeurkG/*Soester* DONot § 8 Rn. 10.

über die formell Beteiligten, also die „Erschienenen". In Nr. 3 bis 5 trifft Abs. 1 S. 1 insoweit nähere Bestimmungen über sonstige Beteiligte, auf die der Begriff der formell oder materiell Beteiligten nicht zutrifft. Abs. 4 erweitert den Kreis der Aufzunehmenden außerdem um die rein materiell Beteiligten, die vertreten werden. Abs. 2 und 3 treffen nähere Bestimmungen zu den obligatorischen bzw. fakultativen Angaben über die Beteiligten (→ Rn 6 f.), und Abs. 5 trifft eine Sonderregelung zu Gesellschaften (→ Rn 12).

II. Formell Beteiligte (Abs. 1 S. 1 Nr. 1 und 2)

3 Abs. 1 S. 1 definiert den Kreis der in das Urkundenverzeichnis aufzunehmenden Beteiligten und bezieht sich hierbei in Bezug auf Nr. 1 und 2 auf den sogenannten **formellen Beteiligtenbegriff** des § 6 Abs. 2 BeurkG, nämlich auf diejenigen, die bei der Beurkundung persönlich gehandelt haben, unabhängig davon, für oder gegen wen die Erklärung wirkt (→ BeurkG § 6 Rn. 2 f.). Hierbei ist als (formell) Beteiligter also immer einzutragen, wer die entsprechende **Erklärung abgibt**, ob im eigenen oder im fremden Namen. Das bedeutet insbesondere, dass auch rechtsgeschäftliche, organschaftliche und gesetzliche Vertreter aufzunehmen sind, die Erklärungen im fremden Namen abgeben, sowie Vertreter ohne Vertretungsmacht (zu Vertretungskonstellationen → Rn. 8 ff.). Soweit Erklärungen im eigenen Namen abgegeben werden und daher nicht als Vertreter gehandelt wird, handelt es sich – mit Ausnahme der Parteien kraft Amtes (→ Rn. 10) – gleichzeitig auch um materiell Beteiligte (→ Rn. 8 ff.). Die Beteiligten nach Nr. 1 und 2 sind in der Regel natürliche Personen (nicht natürliche Personen sind insoweit nur im Fall der Untervertretung denkbar). Den unter Nr. 1 und Nr. 2 erfassten Fällen ist gemein, dass Beurkundungsgegenstand jeweils **Erklärungen** sind. Sowohl bei Nr. 1 Alt. 1 (Niederschriften nach § 8 BeurkG) als auch bei Nr. 2 (Unterschriftsbeglaubigungen und ähnliche Beglaubigungen nach §§ 39 bis 41 BeurkG) werden Willenserklärungen abgegeben, bei Nr. 1 Alt. 2 (eidesstattliche Versicherungen nach § 38 BeurkG) hingegen Wissenserklärungen, die insoweit aber vergleichbar sind.

III. Sonstige Beteiligte (Abs. 1 S. 1 Nr. 3 bis 5)

4 Nicht in die Kategorie der formellen oder materiellen Beteiligten fallen die Sonderfälle der Nr. 3, 4 und auch 5, weil dort diese Begrifflichkeiten bereits strukturell nicht sinnvoll Anwendung finden können. Bei **Vollstreckbarerklärungen** von Anwalts- und Schiedsvergleichen, Nr. 3, sind nur die Parteien aufzuführen, nicht zusätzlich deren Prozessvertreter.[3] Bei den in Nr. 4 näher genannten Amtshandlungen im notariellen Vermittlungsverfahren nach dem **Sachenrechtsbereinigungsgesetz** sind die Beteiligten im Sinne des Sachenrechtsbereinigungsgesetzes aufzuführen. Dabei handelt es sich um Grundstückseigentümer und Nutzer, § 96 Abs. 1 SachRBerG. Schließlich sind bei allen **übrigen Beurkundungen**, Nr. 5, diejenigen als Beteiligte aufzunehmen, welche die Beurkundung veranlasst haben. Bei diesen übrigen Beurkundungen handelt es sich um reine Tatsachenzeugnisse des Notars, bei denen keine Erklärungen der Beteiligten beurkundet werden. Stattdessen muss darauf abgestellt werden, wer um die Beurkundung ersucht hat.

3 Armbrüster/Preuß/Renner/*Eickelberg* DONot § 8 Rn. 24.

IV. Mehr als 20 Beteiligte (Abs. 1 S. 2)

5 Nach § 8 Abs. 5 S. 3 DONot aF konnte bei mehr als zehn in die Urkundenrolle aufzunehmenden Personen eine zusammenfassende Bezeichnung gewählt werden. Dies diente insbesondere dazu, die in Papierform zu führende Urkundenrolle nicht allzu sehr zu überfrachten. Hingegen wird das Urkundenverzeichnis elektronisch als Datenbank geführt, so dass dort auch eine große Anzahl von Beteiligten bewältigt werden kann. Freilich kann in Einzelfällen die Eintragung aller Beteiligten für den Ablauf im Notarbüro sehr aufwändig sein und außer Verhältnis zum Nutzen stehen. Abs. 1 S. 2 sieht daher weiterhin eine ähnliche Regelung vor, schärft sie aber in zweierlei Richtungen an: Zum einen darf die Sammelbezeichnung erst bei **mehr als 20 Beteiligten** aufgenommen werden, zum anderen gilt diese Vereinfachung für **Niederschriften nach §§ 8 und 38 BeurkG nicht** (beachte aber Abs. 4 S. 3, → Rn. 8). Damit wurde ein Kompromiss getroffen zwischen Aufwand und Nutzen. Gerade bei Niederschriften nach §§ 8 und 38 BeurkG erscheint eine derartige Sammelbezeichnung mit Blick auf die dadurch eingeschränkte Überprüfbarkeit von Mitwirkungsverboten untunlich. In Betracht kommt die Sammelbezeichnung aber etwa für Unterschriftsbeglaubigungen der Gesellschafter einer Publikums-KG.[4] Klar ist, dass diese Vereinfachung ohnehin nur die Eintragung im Urkundenverzeichnis betrifft; in der Urkunde selbst müssen die entsprechenden Beteiligten selbstverständlich einzeln aufgeführt werden.

V. Obligatorische Angaben (Abs. 2)

6 Abs. 2 befasst sich mit denjenigen **Angaben**, die zum jeweiligen Beteiligten **immer aufzunehmen** sind. Die in S. 1 aufgeführten Angaben sind aus sich heraus verständlich und bedürfen keiner weiteren Erläuterung. Nach S. 2 sind weitere Angaben aufzunehmen, wenn dies zur Unterscheidung der Beteiligten erforderlich ist, etwa bei sehr häufigen Namenskombinationen. Zur weiteren Unterscheidung könnte etwa der Geburtsort dienen. S. 3 wird in § 5 Abs. 1 Nr. 1 DONot aufgegriffen, wonach in die Niederschrift in gewissen Fällen statt der Wohnanschrift die Dienst- oder Geschäftsanschrift aufzunehmen ist. In diesen Fällen treten auch im Urkundenverzeichnis diese Orte an die Stelle des Wohnorts, so dass die bisher bestehende Diskrepanz zwischen § 26 Abs. 2 und § 8 Abs. 5 S. 2 DONot aF nicht mehr besteht.[5] Bei Beteiligten, die keine natürlichen Personen sind, sind nach S. 4 stattdessen Namen und Sitz anzugeben. Hierbei handelt es sich hauptsächlich um juristische Personen und rechtsfähige Personengesellschaften.

VI. Fakultative Angaben (Abs. 3)

7 Abs. 3 nennt weitere **fakultative Angaben**, deren Eintragung im pflichtgemäßen Ermessen des Notars steht.[6] Die in Nr. 1 genannte Anschrift zu erfassen dürfte regelmäßig sinnvoll sein, ebenso die Registernummer nach Nr. 4, weil diese ein leichtes Auffinden von Gesellschaften im Falle einer Firmenänderung ermöglichen kann. Die Identifikationsnummern nach Nr. 2 und 3 dienen vor allem dazu, einen zukünftigen elektronische Mitteilungs- und Antragsverkehr mit Behörden vorwegzunehmen.[7]

---

4 BR-Drs. 420/20 (neu), 40.
5 Vgl. dazu auch *Püls/Gerlach* § 4 Erläuterung zu § 12.
6 BR-Drs. 420/20 (neu), 41.
7 BR-Drs. 420/20 (neu), 41.

VII. Rein materiell Beteiligte (Abs. 4)

8 Abs. 4 weitet die vorstehenden Regelungen auch auf Vertretene aus, die ebenfalls als Beteiligte in das Urkundenverzeichnis aufzunehmen sind. Damit bezieht sich Abs. 4 auf die (rein) **materiell Beteiligten**, also diejenigen, für die Erklärungen abgegeben werden, die aber selbst nicht bei der Beurkundung erscheinen. Erfasst sind **rechtsgeschäftlich, gesetzlich und organschaftlich Vertretene** ebenso wie **Vertreter ohne Vertretungsmacht**.[8] Da der Begriff der Vertretung nur auf Willenserklärungen anwendbar ist, beschränkt sich der Anwendungsbereich im Wesentlichen auf die in Abs. 1 S. 1 Nr. 1 Alt. 1 und Nr. 2 genannten Fälle (soweit bei Nr. 4 auch Willenserklärungen enthalten sein sollten, dürfte die Nr. 4 als speziellere Regelung abschließend sein).[9] Anders als in § 8 Abs. 5 DONot aF sind vertretende und vertretene Personen ausdrücklich als solche zu **kennzeichnen**. Nach S. 3 genügt eine **zusammenfassende Bezeichnung**, wenn mehr als 20 vertretene Personen aufzuführen sind. Diese erst in einem zweiten Verordnungsgebungsverfahren eingefügte Regelung ermöglicht in Erweiterung zu Abs. 1 S. 2 eine zusammenfassende Bezeichnung auch bei Beurkundungen nach §§ 8, 38 BeurkG. Denn bei Vertretungsfällen greift die in der ursprünglichen Begründung zur NotAktVV enthaltene Annahme nicht, dass in einem Beurkundungsverfahren in der Regel nur wenige Beteiligte vor dem Notar erscheinen.[10] Klar ist, dass in der Urkunde selbst sämtliche materiell beteiligte Personen aufzuführen sind. Schließlich dürften von S. 3 nur die Fälle erfasst sein, in denen ein Vertreter mehr als 20 Personen vertritt. Wenn hingegen die Gesamtzahl der materiell Beteiligten zwar mehr als 20 beträgt, aber kein Vertreter mehr als 20 Personen vertritt, erscheint eine zusammenfassende Bezeichnung unangemessen.

9 Besonderheiten ergeben sich bei Fällen der **Untervertretung**. Hier wird dogmatisch danach unterschieden, ob der Untervertreter als Vertreter des Vertreters („Durchgangsvertreter") auftritt oder als Vertreter des Geschäftsherrn („Direktvertreter").[11] Während bei organschaftlicher Vertretungsmacht in der Regel von erstgenannter Konstellation auszugehen sein wird (etwa bei der GmbH & Co. KG: Vertretung der GmbH durch den Geschäftsführer und Vertretung der KG durch die GmbH), dürfte bei rechtsgeschäftlicher Vertretung in der Regel die Direktvertretung vorliegen. Nach wohl herrschender Ansicht ist diese dogmatische Konstruktion auch bei der Eintragung im Urkundenverzeichnis nachzuziehen: Bei der Durchgangsvertretung sei auch der Durchgangsvertreter in die Urkundenrolle aufzunehmen, bei einer Direktvertretung nur der Untervertreter und der Geschäftsherr.[12] Wenn also etwa eine juristische Person, vertreten durch einen organschaftlichen Vertreter, einem Dritten rechtsgeschäftliche Vertretungsmacht eingeräumt hat und dieser Dritte in einer notariellen Urkunde Erklärungen abgibt, wären nur der Dritte und die juristische Person, nicht aber der organschaftliche Vertreter als Beteiligter aufzunehmen. Dies überzeugt nicht, da – unabhängig von der dogmatischen Konstruktion – immer auch mit Blick auf den „zwischengeschalteten" Vertreter ein Mitwirkungsverbot bestehen kann. Daher ist immer die vollständige Kette an Vertretern in das Urkun-

---

8 So ausdrücklich Weingärtner/Gassen/Sommerfeldt/*Weingärtner* DONot § 8 Rn. 13.
9 AA Frenz/Miermeister/*von Campe* DONot § 8 Rn. 22.
10 BR-Drs. 774/21, 28.
11 MüKoBGB/*Schubert* BGB § 167 Rn. 79 f.
12 Armbrüster/Preuß/Renner/*Eickelberg* DONot § 8 Rn. 22; BeckOK BeurkG/*Soester* DONot § 8, Rn. 11; BeckNot-HdB/*Püls* § 34 Rn. 111; im Ergebnis auch Frenz/Miermeister/*von Campe* DONot § 8 Rn. 22.

denverzeichnis aufzunehmen.[13] Dem „zwischengeschalteten" Vertreter können hierbei, wenn er gleichzeitig auch Vertretener ist, beide Rollen zugewiesen werden; dies sieht die Software des Elektronischen Urkundenarchivs vor.

Parteien kraft Amtes (zB Insolvenzverwalter, Testamentsvollstrecker, Nachlass- 10
verwalter) sind zwar kein Vertreter iSv Abs. 4. Dennoch bestehen Mitwirkungsverbote mit Blick auf den Vermögensinhaber (zB Gemeinschuldner, Erbe), über dessen Vermögen die Partei kraft Amtes verfügen kann. Denn die Rechte und Pflichten des Vermögensinhabers werden durch Erklärungen der Partei kraft Amtes unmittelbar betroffen, so dass es sich um eine „Angelegenheit" des Vermögensinhabers iSd § 3 BeurkG handelt.[14] Es wäre also für Zwecke der Aufsicht nicht ausreichend, im Urkundenverzeichnis alleine die Partei kraft Amtes aufzuführen; vielmehr ist zusätzlich auch der Vermögensinhaber als Beteiligter aufzunehmen.[15] Abs. 1 und Abs. 4 sind insoweit entsprechend anzuwenden, so dass dem Vermögensinhaber die Rolle des „Vertretenen" und der Partei kraft Amtes die Rolle des „Vertreters" zuzuweisen ist.

Vieles spricht auch dafür, die Fälle der **mittelbaren Stellvertretung** (Treuhand- 11
verhältnisse etc) entsprechend der unmittelbaren Stellvertretung zu behandeln und daher auch den „mittelbar Vertretenen" als Beteiligten entsprechend Abs. 4 in das Urkundenverzeichnis aufzunehmen. Denn auch mit Bezug auf den „mittelbar Vertretenen" können sich Mitwirkungsverbote nach § 3 BeurkG ergeben. Sollte dem Notar die mittelbare Stellvertretungskonstellation bekannt sein (etwa auch aufgrund der geldwäscherechtlichen Ermittlung des wirtschaftlich Berechtigten), sollte dies auch im Urkundenverzeichnis nachgezogen werden. Eine notarielle Dienstpflicht zur Aufnahme des „mittelbar Vertretenen" dürfte allerdings nicht bestehen, zumal dem Notar eine mittelbare Stellvertretung trotz sorgfältiger Sachverhaltsaufklärung nicht immer bekannt ist.

VIII. Gesellschaftsrechtliche Angelegenheiten (Abs. 5)

Wie bereits bisher in § 8 Abs. 5 aE DONot aF ist außerdem die Eintragung der 12
von gesellschaftsrechtlichen Angelegenheiten **betroffenen Gesellschaft** erforderlich. Erfasst sind all diejenigen Fälle, in denen die Gesellschaft selbst nicht als Beteiligte auftritt, dennoch unmittelbar von der Beurkundung betroffen ist. Zweck der Vorschrift ist es, einen Vorgang dem betroffenen Rechtsträger zuzuordnen; die Vorschrift ist hierbei weit auszulegen.[16] Erfasst ist daher nicht nur die Beurkundung von Gründungen, Versammlungsniederschriften, Satzungsänderungen und Rechtsänderungen bei den Gesellschaftsanteilen, sondern insbesondere auch die Registeranmeldung, bei der die Vertreter bzw. Gesellschafter, aber nicht die Gesellschaft selbst als Beteiligte auftreten.[17] Unter Gesellschaft ist hierbei nicht nur eine juristische Person zu verstehen, sondern jeder Rechtsträ-

13 Ebenso Weingärtner/Gassen/Sommerfeldt/*Weingärtner* DONot § 8 Rn. 13.

14 Vgl. etwa BeckOK BeurkG/*Kindler* BeurkG § 3 Rn. 7; Frenz/Miermeister/*Miermeister/de Buhr* BeurkG § 3 Rn. 8. Von dieser Frage, die die Angelegenheiten des Vermögensinhabers betrifft, ist zu unterscheiden, dass ein Handeln der Partei kraft Amtes auch deren eigene Angelegenheit ist (vgl. dazu etwa BeckOK BeurkG/*Kindler* BeurkG § 3 Rn. 9; Frenz/Miermeister/*Miermeister/de Buhr* § 3 BeurkG Rn. 13). In Ergebnis und Begründung ebenso Frenz/Miermeister/*von Campe* DONot § 8 Rn. 23.

15 Armbrüster/Preuß/Renner/*Eickelberg* DONot § 8 Rn. 22; Frenz/Miermeister/*von Campe* DONot § 8 Rn. 23. AA BeckOK BeurkG/*Soester* DONot § 8 Rn. 11.

16 BeckOK BNotO/*Bracker* DONot § 8 Rn. 9.

17 BeckOK BNotO/*Bracker* DONot § 8 Rn. 9; Armbrüster/Preuß/Renner/*Eickelberg* DONot § 8 Rn. 27 f.; BeckOK BeurkG/*Soester* DONot § 8 Rn. 13; Frenz/Miermeister/*von Campe* DONot § 8 Rn. 25.

ger, der nicht natürliche Person ist, also etwa auch eine rechtsfähige Personengesellschaft oder die Wohnungseigentümergemeinschaft.

§ 13 Angabe des Geschäftsgegenstands

[1]Der Geschäftsgegenstand ist stichwortartig und hinreichend unterscheidungskräftig zu bezeichnen. [2]Hat die Bundesnotarkammer für den Geschäftsgegenstand eine bestimmte Formulierung vorgesehen, so ist diese zu verwenden.

1 Die Vorschrift bestimmt, dass beim jeweiligen Eintrag im Urkundenverzeichnis der Geschäftsgegenstand stichwortartig und unterscheidungskräftig zu bezeichnen ist. Dies nimmt Anlehnung an § 8 Abs. 6 der DONot aF. Die Vorschrift dient insbesondere Zwecken der **Aufsicht**. So ist es der Aufsicht möglich, gezielt nach bestimmten Geschäftsgegenständen im Urkundenverzeichnis zu suchen. Weiter dient der Geschäftsgegenstand auch der Erstellung der Übersicht über die Urkundsgeschäfte nach § 7 DONot. Wie in § 8 Abs. 5 DONot aF ist der Notar in der Bezeichnung des Geschäftsgegenstands grundsätzlich frei. Allerdings hat er nach S. 2 die von der Bundesnotarkammer als **Urkundenarchivbehörde** vorgesehenen Formulierungen zu verwenden, sofern diese auf den Geschäftsgegenstand passt. Technisch wird dies so umgesetzt, dass bei der Eintragungsprozedur in das Urkundenverzeichnis direkt eine Vielzahl von Geschäftsgegenständen vorgeschlagen werden. Grundsätzlich ist – für außergewöhnliche Urkunden – aber auch eine benutzerdefinierte Formulierung möglich. Satz 2 dient jedoch einer gewissen Standardisierung. Daher sollte, wenn irgend möglich, eine von der Urkundenarchivbehörde vorgegebene Formulierung verwendet werden; hierbei ist auch eine gewisse **Schwerpunktbildung** unschädlich. Es geht weniger um eine erschöpfende Inhaltsangabe aller Regelungen der Urkunde als um eine möglichst prägnante Bezeichnung.[1] So wird etwa eine Urkunde, die neben einer Überlassung auch einen Pflichtteilsverzicht, eine Erbeinsetzung und eine Pflicht zur Ausgleichszahlung enthält, dennoch weiter als „Überlassung“ gekennzeichnet werden können. Durch die von der Urkundenarchivbehörde vorgegebenen Geschäftsgegenstände fallen die bisher geführten Diskussionen um die erforderliche Detailgenauigkeit der Bezeichnung[2] größtenteils weg.

§ 14 Angabe der Urkundenart

(1) Als Urkundenarten sind zu unterscheiden

1. **Beglaubigungen von Unterschriften oder Handzeichen mit Anfertigung eines Urkundenentwurfs,**
2. **Beglaubigungen von Unterschriften oder Handzeichen ohne Anfertigung eines Urkundenentwurfs,**
3. **Verfügungen von Todes wegen,**
4. **Vermittlungen von Auseinandersetzungen und**
5. **sonstige Beurkundungen und Beschlüsse.**

---

1 Frenz/Miermeister/*von Campe* DONot § 8 Rn. 30.

2 Armbrüster/Preuß/Renner/*Eickelberg* DONot § 8 Rn. 37; Weingärtner/Gassen/Sommerfeldt/*Weingärtner* DONot § 8 Rn. 16.

(2) Die Bundesnotarkammer kann innerhalb der in Absatz 1 genannten Urkundenarten weitere Differenzierungen vorsehen.

[§ 14 ab 1.8.2022:]

§ 14 Angabe der Urkundenart

(1) [1]Als Urkundenarten sind zu unterscheiden

1. ***Beglaubigungen von Unterschriften, Handzeichen oder qualifizierten elektronischen Signaturen mit Anfertigung eines Urkundenentwurfs,***
2. ***Beglaubigungen von Unterschriften, Handzeichen oder qualifizierten elektronischen Signaturen ohne Anfertigung eines Urkundenentwurfs,***
3. ***Verfügungen von Todes wegen,***
4. ***Vermittlungen von Auseinandersetzungen und***
5. ***sonstige Beurkundungen und Beschlüsse.***

[2]Ist die Beurkundung mittels Videokommunikation oder im Wege der gemischten Beurkundung (§ 16e des Beurkundungsgesetzes) erfolgt, so ist dies anzugeben.

(2) Die Bundesnotarkammer kann innerhalb der in Absatz 1 Satz 1 genannten Urkundenarten weitere Differenzierungen vorsehen.

Die Vorschrift bezieht sich auf die **Urkundenart**. Während der in § 13 geregelte Geschäftsgegenstand eine schlagwortartige inhaltliche Beschreibung der Urkunde betrifft, ist unter der Urkundenart eher eine an den Äußerlichkeiten der Beurkundung orientierte Differenzierung zu verstehen, wobei Nummer 3 und 4 abweichend davon auch auf den Inhalt der Urkunde abstellen. Insgesamt finden sich die Urkundenarten auch in der nach § 7 DONot zu erstellenden Übersicht über Urkundsgeschäfte wieder. Ähnlich wie § 13 dient auch diese Vorschrift primär Zwecken der **Aufsicht**. Aufgrund der strukturierten Erfassung der Urkundenart kann die Aufsicht zielgerichtet nach bestimmten Urkundenarten suchen. 1

Die Zuordnung zu einer Urkundenart begegnet in der Regel **keinen Abgrenzungsschwierigkeiten**. Die allermeisten der Urkunden werden unter Abs. 1 Nr. 5 (sonstige Beurkundungen und Beschlüsse) fallen. Beglaubigungen sind davon gut zu trennen und separat unter Abs. 1 Nr. 1 und Nr. 2 zu erfassen. Schwieriger ist die Abgrenzung aber insbesondere zu Abs. 1 Nr. 3, weil das Kriterium der Verfügung von Todes wegen inhaltlicher Natur ist und daher Überschneidungen insbesondere mit Abs. 1 Nr. 5 bietet. Aufgrund der für Verfügungen von Todes wegen teilweise bestehenden Sonderregelungen vgl. (etwa §§ 16, 33, 16, 38) ist immer dann, wenn die Urkunde auch eine Verfügung von Todes wegen enthält, die besondere Urkundenart des Abs. 1 Nr. 3 zu wählen.[1] 2

Im Unterschied zu § 13 enthält Abs. 1 eine ausdrückliche **Aufzählung** der Urkundenarten. Diese Aufzählung ist allerdings nicht abschließend, wie aus Abs. 2 hervorgeht. Vielmehr kann die Urkundenarchivbehörde **weitere Unterarten** bestimmen. Von der Urkundenarchivbehörde sind bisher jedoch nur Bescheinigungen des Notars als weitere Urkundenart vorgesehen.[2] Im Übrigen gelingt eine Differenzierung meist bereits anhand des inhaltlichen Entscheidungskriteriums des Geschäftsgegenstands iSd § 13. Dies kann auch für die Übersicht über die Urkundsgeschäfte fruchtbar gemacht werden, so etwa bei Erbscheinsanträgen oder bei in getrennter Urkunde beurkundeten Auflassungserklärungen (vgl. § 7 Abs. 2 Nr. 7, Nr. 8 DONot). 3

1 BR-Drs. 420/20 (neu), 42.
2 BR-Drs. 420/20 (neu), 42.

§ 15 Angaben zu Ausfertigungen

[1]Wird von einer Urkunde eine Ausfertigung erteilt, so ist zu vermerken, wem und an welchem Tag die Ausfertigung erteilt worden ist. [2]Handelt es sich bei der Ausfertigung um eine vollstreckbare Ausfertigung oder eine weitere vollstreckbare Ausfertigung, so ist dies ebenfalls zu vermerken.

1 Nach § 49 Abs. 4 BeurkG aF sind die erteilten Ausfertigungen auf der Urschrift zu vermerken. Nach Einführung der elektronischen Urkundensammlung wäre dies bei bereits digitalisierten Urkunden wegen § 35 Abs. 3 S. 1 nicht mehr möglich. Daher regelt § 49 Abs. 4 BeurkG nunmehr, dass die Erteilung der Ausfertigung im Urkundenverzeichnis zu vermerken ist. Die Regelung dient insbesondere dazu, an einer zentralen Stelle erfassen zu können, welche Ausfertigungen erteilt wurden; dies ist insbesondere beim Widerruf von Vollmachten von Bedeutung. S. 1 wiederholt den Regelungsgehalt von § 49 Abs. 4 BeurkG. S. 2 ergänzt, dass die Erteilung vollstreckbarer Ausfertigungen und weiterer vollstreckbarer Ausfertigungen gesondert zu vermerken ist. Dies nimmt darauf Bezug, dass insbesondere die weitere vollstreckbare Ausfertigung nach § 733 ZPO nur unter besonderen Voraussetzungen erteilt werden darf.[1]

§ 16 Weitere Angaben bei Verfügungen von Todes wegen

(1) Ist Gegenstand der Eintragung eine Verfügung von Todes wegen, deren Verbringung in die besondere amtliche Verwahrung der Notar veranlasst hat (§ 34 Absatz 1 und 2 des Beurkundungsgesetzes), so ist zu dieser Eintragung die Verbringung der Verfügung von Todes wegen in die besondere amtliche Verwahrung unter Angabe des Datums zu vermerken.
(2) Ist Gegenstand der Eintragung ein notariell verwahrter Erbvertrag, so ist dies zu vermerken.
(3) Zu der Eintragung eines notariell verwahrten Erbvertrags sind jeweils unter Angabe des Datums zu vermerken
1. dessen nachträgliche Verbringung in die besondere amtliche Verwahrung des Amtsgerichts,
2. dessen Rückgabe aus der notariellen Verwahrung und
3. dessen Ablieferung an das Amtsgericht nach Eintritt des Erbfalls.

Literatur:
Püls/Gerlach, NotAktVV und Elektronisches Urkundenarchiv, 2021.

I. Normzweck und Systematik

1 Verfügungen von Todes wegen weisen gegenüber anderen Urkundsarten einige Besonderheiten auf. Dies liegt insbesondere darin begründet, dass sie ihre Bedeutung oftmals erst Jahrzehnte nach der Errichtung, nämlich beim Erbfall, erlangen. Daher muss zum einen in besonderer Weise gewährleistet sein, dass die Urkunden in der Zwischenzeit nicht verloren gehen, und zum anderen, dass sie im Erbfall rasch und sicher aufgefunden werden können. Diesen Zwecken dienen die amtliche Verwahrung (besondere amtliche Verwahrung beim Amtsgericht oder notarielle Verwahrung beim Notar) der Verfügungen von Todes we-

1 BR-Drs. 420/20 (neu), 42.

gen, § 34 BeurkG, und das über das Zentrale Testamentsregister der Bundesnotarkammer organisierte Meldewesen, § 34a BeurkG. Die amtliche Verwahrung führt zu Besonderheiten, was die Akten- und Verzeichnisführung betrifft. § 16 regelt hierbei die Spezifika, die sich hieraus für das **Urkundenverzeichnis** ergeben. Abs. 1 bezieht sich auf die besondere amtliche Verwahrung von Verfügungen von Todes wegen (→ Rn. 2 f.). Abs. 2 und 3 beschäftigen sich mit der notariellen Verwahrung von Erbverträgen (→ Rn. 4 f.).

II. Besondere amtliche Verwahrung (Abs. 1)

2 Jede notarielle Verfügung von Todes wegen kann in **besondere amtliche Verwahrung** beim Amtsgericht verbracht werden. Bei Testamenten ist dies zwingend, § 34 Abs. 1 S. 4 BeurkG. Bei Erbverträgen kann neben der besonderen amtlichen Verwahrung auch die notarielle Verwahrung gewählt werden, § 34 Abs. 2, Abs. 3 BeurkG.

3 Abs. 1 bezieht sich auf die besondere amtliche Verwahrung beim Amtsgericht. Der **Zeitpunkt**, zu dem die **Verbringung einer Verfügung von Todes wegen** in die besondere amtliche Verwahrung erfolgt ist, muss im Urkundenverzeichnis vermerkt werden. Die Vorschrift ähnelt der in § 20 Abs. 1 S. 1 DONot aF geregelten Vermerkpflicht. Die Regelung, die erst gegen Ende des Verordnungsgebungsverfahrens hinzugekommen ist, dient in erster Linie Zwecken der Aufsicht, die damit in die Lage versetzt wird, die Erfüllung von § 34 Abs. 1 S. 4 BeurkG zu prüfen, insbesondere auch, ob die Verbringung unverzüglich erfolgt ist. Letztlich ist diese Bestimmung jedoch systemwidrig und mit unnötigem Mehraufwand für die Praxis verbunden.[1]

III. Notarielle Verwahrung (Abs. 2 und 3)

4 Nach Abs. 2 ist im Urkundenverzeichnis **ausdrücklich zu vermerken**, wenn Gegenstand der Eintragung ein Erbvertrag ist, der sich **in notarieller Verwahrung** befindet. Erfasst ist also nicht jeder Erbvertrag oder gar jede erbfolgerelevante Urkunde, sondern lediglich ein Erbvertrag, der notariell verwahrt wird. Aufgrund dieses gesonderten Vermerks können von der Software des Elektronischen Urkundenarchivs Auswertungen über alle in notarieller Verwahrung befindlichen Erbverträge zusammengestellt werden. Dies macht das bisher in § 9 DONot aF geregelte Erbvertragsverzeichnis entbehrlich.[2] Die Zusammenstellung der Erbverträge dient – ebenso wie das frühere Erbvertragsverzeichnis – dem Notar zur Erfüllung seiner Pflicht zur Durchsicht nach § 351 FamFG und § 8 DONot. Weiter dient sie auch Zwecken der Aufsicht.

5 Abs. 3 betrifft **ursprünglich notariell verwahrte Erbverträge**, die im Nachhinein aus der notariellen Verwahrung entlassen wurden. Das Schicksal dieser Erbverträge muss im Urkundenverzeichnis entsprechend dokumentiert sein, damit nachvollziehbar ist, weshalb sich der Erbvertrag nicht mehr in der Verwahrung des Notars befindet. Dies geschieht durch einen Vermerk im Urkundenverzeichnis, der – in den Fällen der Nr. 2 und Nr. 3 – den Aktenvermerk nach § 20 Abs. 3 S. 1, Abs. 4 DONot aF ersetzt. Dies erleichtert der Aufsicht die Überprüfung der ordnungsgemäßen notariellen Verwahrung der Erbverträge und auch deren Ablieferung an das Nachlassgericht nach Eintritt des Erbfalls, § 34a Abs. 3 S. 1 BeurkG. Die Vorschrift nennt hierbei alle in Betracht kommenden Fälle einer Entlassung aus der notariellen Verwahrung. Dies betrifft zunächst den Fall der **nachträglichen Verbringung in die besondere amtliche Verwahrung**

1 Ebenso *Püls/Gerlach* § 1 Rn. 6.
2 BR-Drs. 420/20 (neu), 43.

(Nr. 1): Da die Verwahrungsart (besondere amtliche Verwahrung, notarielle Verwahrung) grundsätzlich der Disposition der Erblasser unterliegt, § 34 Abs. 2 BeurkG, ist ein Wechsel von der notariellen zur besonderen amtlichen Verwahrung grundsätzlich möglich; auch beim zuständigen Amtsgericht ist eine nachträgliche Verbringung durch § 346 FamFG abgedeckt. Sodann ist der Fall der **Rückgabe aus der notariellen Verwahrung** (Nr. 2) umfasst, die nach § 2300 Abs. 2 S. 3 iVm § 2256 Abs. 1 BGB zum Widerruf führt. Schließlich ist nach § 34a Abs. 3 S. 1 BeurkG der **Erbvertrag nach Eintritt des Erbfalls an das Nachlassgericht abzuliefern** (Nr. 3).

§ 17 Sonstige Angaben

(1) Wird durch eine Urkunde der Inhalt einer anderen Urkunde berichtigt, geändert, ergänzt oder aufgehoben, so ist bei den Eintragungen zu diesen Urkunden auf die jeweils andere Eintragung zu verweisen.
(2) [1]Zu jeder Eintragung können weitere Angaben aufgenommen werden, soweit diese der Erfüllung der Amtspflichten dienen. [2]Solche Angaben sind strukturiert zu erfassen, soweit die Bundesnotarkammer dies vorsieht.

I. Normzweck und Systematik

1 Die Vorschrift betrifft weitere **Angaben** im **Urkundenverzeichnis**, die nicht bereits in den vorstehenden spezielleren Vorschriften enthalten sind. Während Abs. 1 speziell einen Querverweis zwischen einer Ursprungsurkunde und einer Abänderungsurkunde vorsieht (→ Rn. 2 ff.), regelt Abs. 2 generalklauselartig die Möglichkeit der Aufnahme weiterer Angaben bei einer Eintragung im Urkundenverzeichnis (→ Rn. 4 ff.). Die Regelung dient dazu, bereits auf der Ebene des Urkundenverzeichnisses zu verhindern, dass entsprechende Änderungsurkunden übersehen werden. Außerdem soll die Regelung eine strukturierte digitale Erfassung weiterer Gesichtspunkte ermöglichen.

II. Querverweise bei Nachtragsbeurkundungen (Abs. 1)

2 Abs. 1 nimmt Anlehnung an § 8 Abs. 7 der DONot aF. Die Vorschrift bezieht sich auf Urkunden, die den Inhalt einer anderen, ebenfalls im Urkundenverzeichnis desselben Notars befindlichen Urkunde berichtigen, ändern, ergänzen oder aufheben. Darunter sind **Nachtragsbeurkundungen** nach §§ 44a Abs. 3, 44b BeurkG zu verstehen. Nicht umfasst sind bloße Nachtragsvermerke nach § 44a Abs. 2 BeurkG, weil diese keine neue Eintragung im Urkundenverzeichnis auslösen. Ebenfalls nicht umfasst sind bloße Folgegeschäfte wie etwa eine in separater Urkunde erklärte Auflassung, die Bestätigung einer Vollmacht oder der Rücktritt von einem Erbvertrag, da diese rechtlich selbstständig sind und nur mittelbare Auswirkungen auf die zugrundeliegende Urkunde haben (→ Rn. 4).[1]

3 Im Falle einer Nachtragsbeurkundung ist bei der Eintragung von Grund- und Nachtragsurkunde im Urkundenverzeichnis ein **Verweis auf die jeweils andere** Urkunde vorzunehmen. Dies verhindert, dass im notariellen Alltag derartige wichtige Querbezüge übersehen werden, etwa bei der nachträglichen Erteilung von Abschriften (vgl. § 44b Abs. 2 BeurkG). Die Vorschrift ist zu unterscheiden von § 44b Abs. 1 BeurkG, der nicht das Urkundenverzeichnis, sondern das Urkundenarchiv bzw. das elektronische Urkundenarchiv betrifft. Die Software des

1 Frenz/Miermeister/*von Campe* DONot § 8 Rn. 37.

Elektronischen Urkundenarchivs stellt für Ausgangsurkunden, die vom den Nachtrag beurkundenden Notar verwahrt werden, eine Verbindungsfunktion bereit, welche den insoweit an das Urkundenverzeichnis und an die elektronische Urkundensammlung gestellten Anforderungen gleichermaßen genügt. Ist diese Verbindung nicht möglich, kann der Querverweis als weitere Angabe im Freitextfeld aufgenommen werden (→ Rn. 4).

III. Weitere Angaben (Abs. 2)

Abs. 2 S. 1 ermöglicht weitere benutzerdefinierte Angaben bei der Eintragung im Urkundenverzeichnis. Diese Vorschrift flexibilisiert die grundsätzlich stark standardisierte Erfassung von Informationen im Urkundenverzeichnis. Sie dient dazu, zusätzliche Informationen zu einer Urkunde auch im Urkundenverzeichnis verfügbar zu machen. Zu denken ist etwa an die Verbringung eines Dokuments in die Sondersammlung, an die Rückgabe einer Ausfertigung oder an die Kraftloserklärung einer Vollmacht.[2] Weiter ist es auch vorstellbar, hier die von Abs. 1 nicht erfassten, aber einem Nachtragsvermerk ähnlichen Fälle einer gesondert erklärten Auflassung oder eines Rücktritts vom Erbvertrag aufzunehmen (→ Rn. 2). Schließlich kann – selbstverständlich unter Beachtung der notariellen Verschwiegenheitspflicht – ggf. auch auf Nachtragsbeurkundungen eines anderen Notars verwiesen werden; dies bietet sich etwa an, wenn in einer Sozietät ein anderer Sozius die Nachtragsbeurkundung übernommen hat. Freilich ist dies nicht zwingend, da sich § 44b Abs. 1 BeurkG als Nachfolgevorschrift von § 18 Abs. 2 S. 1 Spiegelstrich 3 („... der in der Sammlung befindlichen Haupturkunde") nur auf vom den Nachtrag beurkundenden Notar selbst verwahrte Ausgangsurkunden beziehen dürfte. 4

Die benutzerdefinierten Angaben sind in ihrer Ausgestaltung so mannigfaltig, dass dadurch in der Regel keine sinnvolle strukturierte Auswertung durch die Software des Elektronischen Urkundenarchivs möglich ist. Um in häufigen Fällen dennoch eine Standardisierung zu ermöglichen, sieht Abs. 2 S. 2 vor, dass die Erfassung **strukturiert** zu erfolgen hat, wenn die Urkundenarchivbehörde dies vorsieht. Der Verordnungsgeber räumt der Bundesnotarkammer als Urkundenarchivbehörde damit ein flexibles Gestaltungsermessen ein, im Urkundenverzeichnis weitere Ausfüllfelder vorzusehen. Im Interesse einer geordneten und einheitlichen Verzeichnisführung ist der Notar dann auch verpflichtet, diese Felder zu nutzen,[3] zumindest wenn die Urkundenarchivbehörde dies als Pflichtfeld vorsieht. 5

§ 18 Zeitpunkt der Eintragungen

[1]Eintragungen in das Urkundenverzeichnis sind zeitnah, spätestens 14 Tage nach der Beurkundung oder der sonstigen Amtshandlung vorzunehmen. [2]Sofern technische Probleme dies verhindern, sind die Eintragungen unverzüglich nach Behebung der technischen Probleme vorzunehmen.

S. 1 nimmt Anlehnung an § 8 Abs. 3 und in § 9 Abs. 1 S. 2 DONot aF. Die Vorschrift will die **Aktualität der Eintragungen** im Urkundenverzeichnis sicherstellen. Dies mindert gleichzeitig auch das nach der Beurkundung grundsätzlich bestehende Informations- und Urkundenverlustrisiko, weil Dokumente unmittel- 1

2 BR-Drs. 420/20 (neu), 43.
3 BR-Drs. 420/20 (neu), 43.

bar nach der Eintragung in das Urkundenverzeichnis auch in die elektronische Urkundensammlung einzustellen sind, § 35 Abs. 1. Wie bereits in den Vorbildvorschriften der früheren DONot wird auch hier angeordnet, dass die Eintragung zeitnah, spätestens 14 Tage nach der Beurkundung bzw. Amtshandlung zu erfolgen hat. Das im juristischen Sprachgebrauch eher unübliche Adjektiv „zeitnah" dürfte den Appell des Verordnungsgebers beinhalten, die Eintragungen möglichst zügig vorzunehmen, am besten am selben oder am darauffolgenden Tag. Freilich ist eine Verzögerung um bis zu 14 Tage unschädlich, wie die Vorschrift ausdrücklich klarstellt. Dadurch wird notariellen Amtsstellen eine hinreichend große Flexibilität zugebilligt. Dies kommt etwa Notarbüros zugute, in denen die Eintragungen durch eine Teilzeitkraft vorgenommen werden, ebenso Notarbüros, welche Urkundenverzeichnis und Kostenregister gemeinsam führen. Auch erleichtert die Regelung die Handhabung von Urlaubsabwesenheiten des entsprechenden Mitarbeiters.[1] Hierbei ist jedoch zu beachten, dass die gewährte zeitliche Flexibilität keine Abweichung von der in § 8 Abs. 2 vorgegebenen tagesweisen Nummernreihenfolge (→ § 8 Rn. 3 f.) ermöglicht. Die Frist bezieht sich auf alle Eintragungen in das Urkundenverzeichnis.[2] Das Erfordernis der zeitnahen Eintragung ist nicht schon mit einer Speicherung in der Software des Urkundenverzeichnisses erfüllt, sondern erst mit rechtsverbindlicher Eintragung der Informationen in das Urkundenverzeichnis (→ § 20 Rn. 3). Bei ergänzenden Eintragungen, die erst deutlich später nach der Haupteintragung in das Urkundenverzeichnis vorgenommen werden können, dürfte die Vorschrift entsprechend anwendbar sein. Die Frist dürfte hierbei mit dem die Eintragung auslösenden Ereignis beginnen, so beispielsweise mit der nachträglichen Erteilung von Ausfertigungen (§ 15).

2 Sollten sich technische Probleme ergeben, sind die Eintragungen unverzüglich nach Problembehebung vorzunehmen, wie S. 2 zum Ausdruck bringt. Diese Vorschrift ist in Zusammenschau mit S. 1 zu lesen und dürfte nur dann Anwendung finden, wenn aufgrund der technischen Probleme die allgemeine Frist von S. 1 überschritten wird. Anders gewendet gilt auch bei technischen Problemen die 14-Tages-Frist nach S. 1 weiter, wenn der Zeitpunkt der Behebung noch innerhalb dieser Frist liegt. Ergänzend ist bei technischen Problemen auch die Regelung des § 49 zu Ersatzaufzeichnungen zu beachten.

§ 19 Export der Eintragungen

(1) [1]Nach Abschluss jedes Kalenderjahres sind die Eintragungen, die für dieses Kalenderjahr im Urkundenverzeichnis vorgenommen wurden, zeitnah in eine Datei zu exportieren. [2]Die Datei ist mit der qualifizierten elektronischen Signatur des Notars zu versehen.
(2) [1]Die in die Datei exportierten Eintragungen sind bis zum Ablauf ihrer jeweiligen Aufbewahrungsfristen zu speichern. [2]Die Speicherung hat im Elektronischen Urkundenarchiv zu erfolgen, wenn die Bundesnotarkammer eine besondere Funktion dafür vorsieht.

(3) [1]Werden an den Eintragungen im Urkundenverzeichnis Änderungen vorgenommen, so dass diese nicht mehr mit den in die Datei exportierten Eintragungen übereinstimmen, sind die Eintragungen erneut zu exportieren. [2]Die Absätze

1 Armbrüster/Preuß/Renner/*Eickelberg* DONot § 8 Rn. 11; Frenz/Miermeister/*von Campe* DONot § 8 Rn. 15.
2 Frenz/Miermeister/*von Campe* DONot § 8 Rn. 15.

1 und 2 gelten insoweit entsprechend. [3]Die Datei mit den früher exportierten Eintragungen bleibt gespeichert. [4]Es genügt, wenn der erneute Export nur die Eintragungen umfasst, an denen die Änderungen vorgenommen wurden.

I. Normzweck und Systematik

Bisher war die papierförmige Urkundenrolle nach § 7 Abs. 1 S. 3 bzw. nach § 14 Abs. 1 S. 5 DONot aF jährlich mit der Unterschrift und dem Siegel des Notars zu versehen. § 19 Abs. 1 knüpft an den Regelungsgehalt dieser Vorschriften an (→ Rn. 2 ff.). Im elektronisch geführten Urkundenverzeichnis ist statt Unterschrift und Siegel auf Papier nunmehr jährlich ein Export der Eintragungen im Urkundenverzeichnis vorzunehmen und mit einer qualifizierten elektronischen Signatur zu verbinden. Dadurch bringt der Notar zum Ausdruck, dass er für den Inhalt des Urkundenverzeichnisses einsteht. Diese Bestätigung am Jahresende ist Ausdruck der höchstpersönlichen Amtsausübung und ist insbesondere deshalb notwendig, weil die laufende Führung des Urkundenverzeichnisses – wie auch bereits der Urkundenrolle – in der Regel an Mitarbeiter delegiert ist. Gleichzeitig dient der Export dazu, die dauerhafte Verfügbarkeit des Urkundenverzeichnisses sicherzustellen, und ist auch Zwecken der Aufsicht nützlich.[1] Abs. 2 befasst sich mit Speicherdauer und Speicherort dieser Exportdatei (→ Rn. 5); Abs. 3 beschäftigt sich mit nachträglichen Änderungen im Urkundenverzeichnis (→ Rn. 6 f.). 1

II. Export und qualifizierte elektronische Signatur (Abs. 1)

Die jährlichen Eintragungen des Urkundenverzeichnisses sind vom Notar nach S. 1 in eine Datei zu exportieren. Nicht näher definiert ist, um welches Dateiformat es sich hierbei handelt; dies ist also der Urkundenarchivbehörde überlassen, die hierfür das PDF-Format vorsieht. Da die Exportdatei auch Zwecken der Aufsicht dient, bietet sich dieses Format an, weil es allgemein lesbar ist.[2] 2

Der Export hat nach S. 1 außerdem zeitnah nach Ablauf des Kalenderjahrs stattzufinden. Die in § 8 Abs. 3 und in § 9 Abs. 3 DONot aF enthaltene Höchstfrist von 14 Tagen wird an dieser Stelle – im Gegensatz zu § 18 – nicht übernommen. Dies ermöglicht dem Notar eine etwas größere Flexibilität, etwa für Zeiten der Urlaubsabwesenheit. Diese Flexibilisierung ist vertretbar, da die jeweilige Eintragung im Urkundenverzeichnis selbst nach § 18 innerhalb von 14 Tagen stattzufinden hat. Dennoch erscheint es empfehlenswert, den Export so bald wie möglich vorzunehmen; insoweit kann auch die 14-Tages-Frist von § 18 als Orientierung dienen. 3

Nach S. 2 ist die exportierte Datei mit der qualifizierten elektronischen Signatur des Notars zu versehen. Die qualifizierte elektronische Signatur mit Notarattribut erfüllt hierbei die Funktionen von Unterschrift und Siegel, insbesondere stellt sie die Integrität der Urkunde und die Authentizität der Notarbestätigung sicher. Export und Signatur sind jeweils von der entsprechenden Verwahrstelle vorzunehmen. Bei unterjährigem Übergang der Verwahrzuständigkeit hat also 4

1 BR-Drs. 420/20 (neu), 44.
2 So auch BR-Drs. 420/20 (neu), 44.

die neue Verwahrstelle Export und Signatur vorzunehmen.[3] In der Regel wird es sich hierbei um einen anderen Notar als „Amtsnachfolger" oder einen Notariatsverwalter handeln. Die Vorschrift dürfte aber entsprechend auch auf verwahrende Notarkammern (→ BNotO § 51 Rn. 2) anwendbar sein.

III. Speicherdauer und Speicherort (Abs. 2)

5 Die in die Datei exportierten Eintragungen sind bis zum Ablauf ihrer jeweiligen Aufbewahrungsfristen zu speichern. Konkret bedeutet dies, dass die jeweilige Exportdatei für 100 Jahre aufbewahrt werden muss, § 50 Abs. 1 Nr. 1. Der Speicherort ist – unter Beachtung der allgemeinen Grundsätze der Akten- und Verzeichnisführung – grundsätzlich frei. Da es sich bei der Exportdatei auch nicht um einen Bestandteil der Akten und Verzeichnisse handelt, ist auch § 35 Abs. 4 BNotO darauf nicht anwendbar.[4] Wenn die Urkundenarchivbehörde hierfür jedoch eine besondere Funktion vorsieht – was bisher nicht der Fall ist –, hat die Speicherung im Elektronischen Urkundenarchiv zu erfolgen.

IV. Nachträgliche Änderungen (Abs. 3)

6 Bisher bedurfte eine nachträgliche Änderung der Urkundenrolle einer Bestätigung durch einen zu datierenden und zu unterschreibenden Vermerk des Notars, überdies musste die Änderung ersichtlich bleiben, § 7 Abs. 2 DONot aF. Sinn dieser Regelung ist, dass die nachträgliche Änderung nachvollziehbar bleiben soll und einem Amtsträger zugeordnet werden kann.[5] Diesen Regelungsgedanken greift Abs. 3 auf und bestimmt in S. 1, dass bei nachträglich erfolgten Änderungen ein nochmaliger Export der Eintragungen im Urkundenverzeichnis erforderlich ist. Die bisher exportierte Datei bleibt nach S. 3 bestehen, so dass die Änderungen weiterhin nachvollziehbar sind. Im Sinne einer Reduktion des Datenvolumens und zugunsten einer besseren Nachvollziehbarkeit genügt es nach S. 4 außerdem, wenn der erneute Export nur die Eintragungen umfasst, an denen die Änderungen vorgenommen wurden. Durch den Verweis in S. 2 auf Abs. 1 und 2 wird außerdem bewirkt, dass der neue Export nicht unterjährig nach jeder einzelnen Änderung erfolgen muss, sondern gem. Abs. 1 S. 1 nur nach Abschluss eines Kalenderjahres.[6] Nach Abschluss eines Kalenderjahres sind also nicht nur die im vergangenen Jahr erfolgten Neueintragungen im Urkundenverzeichnis zu exportieren, sondern auch nachträgliche Änderungen, die zwar im vergangenen Jahr vorgenommen wurden, aber die sich auf weiter zurückliegende Eintragungen beziehen. Dies stellt eine praktikable Lösung dar.

§ 20 Persönliche Bestätigung

(1) [1]Durch den Notar persönlich bestätigt werden müssen

1. Änderungen und Zusätze, die eine Eintragung im Urkundenverzeichnis betreffen, und

2. Angaben zu Ausfertigungen (§ 15), unabhängig davon, wann diese erteilt werden.

3 BR-Drs. 420/20 (neu), 44.
4 Vgl. zur Abgrenzung der Akten und Verzeichnisse näher *Bundesnotarkammer*, Rundschreiben Nr. 4/2021.
5 Armbrüster/Preuß/Renner/*Eickelberg* DONot § 8 Rn. 6.
6 BR-Drs. 420/20 (neu), 44.

[2]Der Inhalt von Änderungen oder Zusätzen und das Datum ihrer Vornahme müssen dauerhaft dokumentiert werden.

(2) Einer persönlichen Bestätigung nach Absatz 1 bedürfen nicht

1. die Löschung von Verzeichnisinhalten nach Ablauf der Aufbewahrungsfrist,

2. die Hinzufügung von weiteren Angaben zu Verfügungen von Todes wegen nach § 9 Nummer 7, soweit es sich um Angaben nach § 16 Absatz 1 handelt, und von weiteren Angaben nach § 9 Nummer 8 oder

3. Änderungen und Zusätze sowie Angaben zu Ausfertigungen, bei denen aus dem Urkundenverzeichnis jederzeit nachvollziehbar ist,

a) durch wen sie erfolgt sind,

b) wann sie erfolgt sind und

c) welchen Inhalt sie haben.

I. Normzweck und Systematik

1 Die laufende Eintragung in das Urkundenverzeichnis wird – wie auch bisher die Eintragung in die Urkundenrolle – in der Regel vom Notar an seine Mitarbeiter delegiert. Der Grundsatz der höchstpersönlichen Amtsausübung erfordert jedoch, dass der Notar für den Inhalt des Urkundenverzeichnisses die Letztverantwortung übernimmt. Dies geschieht mit Blick auf die jahresweisen Exporte nach § 19 durch die qualifizierte elektronische Signatur des Notars. Gewisse Eintragungen bedürfen aufgrund ihrer besonderen Wichtigkeit jedoch auch im laufenden Betrieb des Urkundenverzeichnisses – und nicht nur im Rahmen des jährlichen Exports – der **Bestätigung** durch den Notar. Dieser Frage widmet sich § 20. Abs. 1 S. 1 legt fest, bei welchen Eintragungen diese persönliche Bestätigung erforderlich ist (→ Rn. 2 ff.), Abs. 2 bildet Rückausnahmen dazu (→ Rn. 5 ff.). Abs. 1 S. 2 gibt schließlich gewisse Modalitäten zur persönlichen Bestätigung vor (→ Rn. 8 f.).

II. Anwendungsbereich (Abs. 1 S. 1)

2 Die persönliche Bestätigung des Notars ist zum einen bei **nachträglichen Änderungen und Zusätzen** im Urkundenverzeichnis (Nr. 1), zum anderen bei jeglichen Angaben zu **Ausfertigungen** (Nr. 2) erforderlich.

3 **1. Änderungen und Zusätze (Nr. 1).** Unter Änderungen und Zusätzen sind alle Modifikationen im Urkundenverzeichnis zu verstehen, die **nach Abschluss der Ersteintragung** erfolgen. Im Einzelnen gestaltet die Software des Elektronischen Urkundenarchivs dies so, dass zunächst Eingaben erfasst und gespeichert, jedoch noch nicht an das Urkundenverzeichnis übermittelt werden. Die Eingabe der entsprechenden Daten kann hierbei auch sukzessive erfolgen. Wurden alle Angaben erfasst, erfolgt in einem zweiten Schritt die Übermittlung an das Urkundenverzeichnis, die Ersteintragung, welche die zuvor eingegebenen Informa-

tionen rechtlich zum Inhalt des Urkundenverzeichnisses machen, was u.a. auch maßgeblicher Zeitpunkt für die Erfüllung der Anforderungen des § 18 ist (→ § 18 Rn. 1). Erst nach dieser Übermittlung erfolgte Änderungen bedürfen der persönlichen Bestätigung. Die Ersteintragung der Informationen zu einem in das Urkundenverzeichnis einzustellenden Dokument erfordert also die persönliche Bestätigung des Notars nicht;[1] insoweit wird die am Jahresende nach § 19 abzugebende qualifizierte elektronische Signatur (→ § 19 Rn. 4) als ausreichend erachtet. Das Erfordernis der persönlichen Bestätigung bei nachträglichen Änderungen dürfte darin begründet sein, dass sie in der Regel nicht in zeitlichem Zusammenhang zur zugrundeliegenden Amtstätigkeit erfolgen und daher eine höhere Fehlerhäufigkeit besteht; darüber hinaus dürften nachträgliche Änderungen für Manipulationen besonders anfällig sein.

4 **2. Angaben zu Ausfertigungen (Nr. 2).** Die persönliche Bestätigung ist außerdem bei allen Angaben über die Erteilung von **Ausfertigungen** iSd § 49 Abs. 4 BeurkG erforderlich. Dies gilt unabhängig davon, ob die Angabe im Zuge der Ersteintragung oder nachträglich erfolgt; Hintergrund ist die besondere Bedeutung der Ausfertigung im Rechtsverkehr, insbesondere in ihrer Eigenschaft als Vollmachtsurkunde iSd § 172 BGB und als vollstreckbare Ausfertigung.[2]

III. Rückausnahmen (Abs. 2)

5 Abs. 2 bildet sodann Rückausnahmen für Fälle, in denen eine persönliche Bestätigung entgegen Abs. 1 entbehrlich ist. In Nr. 1 und 2 sind Einzelfälle in Bezug genommen, Nr. 3 stellt hingegen eine allgemeine Rückausnahme auf.

6 **1. Löschung nach Ende der Aufbewahrungsfrist (Nr. 1).** Nach Ende der 100-jährigen **Aufbewahrungsfrist** (vgl. § 50 Abs. 1 Nr. 1) können Eintragungen im Urkundenverzeichnis gelöscht werden, ohne dass es einer persönlichen Bestätigung durch den Notar bzw. die Verwahrstelle bedarf. Dies ist sinnvoll, weil nach Ablauf der Aufbewahrungsfrist kein Interesse mehr am Erhalt der Eintragungen im Urkundenverzeichnis besteht; dass ein Archivinteresse besteht, ist zwar nicht auszuschließen, dies ist aber Frage des Archivrechts und berührt das Urkundenverzeichnis nicht.[3]

7 **2. Sonstige Angaben (Nr. 2).** Die Hinzufügung von Angaben nach § 9 Nr. 7 iVm § 16 Abs. 1, also zur **Verbringung einer Verfügung von Todes wegen in die besondere amtliche Verwahrung**, bedarf keiner persönlichen Bestätigung. Mit dieser erst in einem weiteren Verordnungsgebungsverfahren hinzugekommenen Rückausnahme wird der Tatsache Rechnung getragen, dass es allein von den organisatorischen Abläufen im Notarbüro abhängt, ob die Angabe des Zeitpunkts der Verbringung bei der Ersteintragung in das Urkundenverzeichnis oder durch eine nachträgliche Hinzufügung erfolgt.[4] Auch die Hinzufügung eines **Querverweises** zwischen aufeinander bezogenen Urkunden nach § 9 Nr. 8 iVm § 17 Abs. 1 (→ § 17 Rn. 3 f.) sowie **fakultativer Angaben** nach § 9 Nr. 8 iVm § 17 Abs. 2 bedürfen keiner persönlichen Bestätigung. Dies liegt an dem geringen Risiko, das mit einer Falschangabe hinsichtlich dieser Informationen verbunden ist; von der Ausnahme umfasst sind aber tatsächlich **nur Hinzufügungen** dieser Anmerkungen, nicht deren Entfernung.[5] Dies entspricht auch der bereits bisher für § 7 Abs. 2 DONot aF für die Urkundenrolle herrschenden

1 So ausdrücklich BR-Drs. 420/20 (neu), 45.
2 BR-Drs. 420/20 (neu), 45.
3 So ausdrücklich BR-Drs. 420/20 (neu), 46.
4 BR-Drs. 774/21, 29.
5 BR-Drs. 420/20 (neu), 46.

Auslegung, wonach ein hinzugefügter Querverweis nicht eines notariellen Vermerks auf der Urkundenrolle bedarf.[6]

8 **3. Generelle Entbehrlichkeit (Nr. 3).** Die persönliche Bestätigung durch den Notar ist dann allerdings generell entbehrlich, wenn das Urkundenarchiv technische Vorkehrungen dahin gehend vorhält, dass nachvollzogen werden kann, wer zu welchem Zeitpunkt die entsprechenden Änderungen am Urkundenverzeichnis vorgenommen hat. In diesem Fall genügt dann die nach § 19 abzugebende qualifizierte elektronische Signatur des Notars in Bezug auf die exportierte Jahresdatei. Die Software des Elektronischen Urkundenarchivs sieht eine derartige Erleichterung nur für die Eintragung der Erteilung von Ausfertigungen durch (speziell durch den Notar hierfür autorisierte) Mitarbeiter vor, nicht aber für sonstige Änderungen. Auch bei sonstigen Änderungen können die entsprechenden Eingaben aber natürlich durch die Mitarbeiter vorbereitet werden, so dass der Notar lediglich die Bestätigung abgeben muss.

IV. Persönliche Bestätigung (Abs. 1 S. 2)

9 Die NotAktVV macht wenig Vorgaben über die konkrete technische Ausgestaltung der persönlichen Bestätigung und überlässt diese Frage der Urkundenarchivbehörde. Jedoch muss nach Abs. 1 S. 2 sichergestellt sein, dass der Inhalt von Änderungen und Zusätzen sowie das Datum ihrer Vornahme dauerhaft dokumentiert sind. Weiter dürfte der persönlichen Bestätigung immanent sein, dass sie höchstpersönlich vom Notar ausgeht und dass die Notareigenschaft aus der Bestätigung hervorgeht.[7]

Abschnitt 3 Verwahrungsverzeichnis

§ 21 Verwahrungsverzeichnis

[1]Verwahrungsmassen, die nach § 23 der Bundesnotarordnung und nach den §§ 57 und 62 des Beurkundungsgesetzes entgegengenommen werden, sind in das Verwahrungsverzeichnis einzutragen, sobald dem Notar Werte zugeflossen sind. [2]Nicht eingetragen werden müssen

1. **Geldbeträge, die der Notar als Protestbeamter empfangen hat, wenn sie unverzüglich an die Berechtigten herausgegeben werden,**
2. **Wechsel und Schecks, die zum Zweck der Erhebung des Protestes übergeben wurden, und**
3. **Hypotheken-, Grundschuld- und Rentenschuldbriefe.**

Literatur:
Leistner, Notarielle Prioritätsverhandlungen im Urheber- und Computerrecht, MittBayNot 2003, 3; *Meyer*, Die Hinterlegung von Quellcodes und Prioritätsverhandlungen in der notariellen Praxis, RNotZ 2011, 385.

I. Normzweck und Systematik

1 Ab 1.1.2022 werden neue Verwahrungsmassen nicht mehr papierförmig mit Massen- und Verwahrungsbuch dokumentiert. An die Stelle dieser Bücher tritt das im Elektronischen Urkundenarchiv geführte, elektronisch gestützte Verwahrungsverzeichnis. Grundlegendste Änderung ist, dass die Buchführung

6 Armbrüster/Preuß/Renner/*Eickelberg* DONot § 7 Rn. 7; Frenz/Miermeister/*von Campe* DONot § 7 Rn. 8.
7 BR-Drs. 420/20 (neu), 45.

nicht mehr über nach speziellen Mustern zu führende papierförmige Darstellungen (Massen- und Verwahrungsbuch, Anderkontenliste, Namensverzeichnis) erfolgt, sondern durch Einpflegung der Daten in das vollständig elektronisch geführte Verwahrungsverzeichnis.[1] Die Übersichtlichkeit der Eintragungen wird dadurch nicht etwa gemindert, sondern erhöht. Insbesondere ist es aufgrund der strukturierten Datenerfassung möglich, entsprechende Auswertungen nach individuellen Kriterien zu erstellen, etwa alle bei einem bestimmten Kreditinstitut geführten Notaranderkonten. Dies dürfte sich für Zwecke der Aufsicht als vorteilhaft erweisen. Auch die in den bisherigen Büchern enthaltenen Informationen können weiterhin zielgerecht exportiert und ausgedruckt werden; gleichermaßen ist natürlich auch ein direktes Nachvollziehen in den elektronisch gestützten Systemen des Verwahrungsverzeichnisses möglich. Die NotAktVV regelt – ebenso wie die DONot aF – hierbei lediglich die eintragungs- und buchungstechnische Seite der Verwahrung. Materielle Fragen der Verwahrung sind hingegen in §§ 57 ff. BeurkG geregelt. § 21 selbst leitet die Vorschriften der NotAktVV über das Verwahrungsverzeichnis ein und grenzt den **Anwendungsbereich** des Verwahrungsverzeichnisses gegenüber sonstigen Verwahrungen ab, die nicht im Verwahrungsverzeichnis zu dokumentieren sind. Die Vorschrift ist § 10 Abs. 1 DONot aF nachgebildet. S. 1 bestimmt den Anwendungsbereich (→ Rn. 2 f.), S. 2 stellt nochmals für einige weitere Einzelfälle klar, dass diese nicht in den Anwendungsbereich des Verwahrungsverzeichnisses fallen (→ Rn. 4).

II. Anwendungsbereich (S. 1)

2 Der **sachliche Anwendungsbereich** der Vorschriften über das Verwahrungsverzeichnis erstreckt sich auf Verwahrungen nach § 23 BNotO und nach §§ 57 und 62 BeurkG. Dem kann zunächst entnommen werden, dass Verwahrungsgegenstand bei in das Verwahrungsverzeichnis einzutragenden Verwahrungen nur **Geld, Wertpapiere und Kostbarkeiten** sein können. Sonstige zur Verwahrung gegebene Gegenstände (etwa Speichermedien mit sensiblen Informationen wie Quellcodes, Schriftstücke zur Prioritätssicherung, Lichtbilder) gehören zur sog. untechnischen Verwahrung[2] und sind vom Anwendungsbereich nicht umfasst; freilich empfiehlt sich auch hierfür eine sorgfältige bürointerne Dokumentation.[3] Weiter muss es sich um eine Verwahrung nach § 23 BNotO handeln, also um eine Verwahrung, die dem **Zweck der Aufbewahrung oder der Ablieferung** an Dritte dient. Wertpapiere, die **zur Einlösung** auf ein Anderkonto übergeben wurden (→ § 58 Abs. 5 BeurkG), sind daher ebenfalls in das Verwahrungsverzeichnis einzutragen.[4] Die Verwahrung zum Zwecke des Vollzugs oder zur Ausübung einer treuhänderischen Tätigkeit fällt hingegen unter § 24 BNotO und ist daher nicht von den Vorschriften über das Verwahrungsverzeichnis erfasst.[5] Dies betrifft etwa die Verwahrung von Grundbucherklärungen, Vollmachten oder Aktien zur Ausübung eines Stimmrechts,[6] aber auch im Rahmen von Bau-

1 Eine Ausnahme hierzu bildet freilich die weiterhin zu erstellende Übersicht über Verwahrungsgeschäfte, vgl. § 9 DONot.
2 *Leistner* MittBayNot 2003, 3 (7); *Meyer* RNotZ 2011, 385 (388).
3 BeckOK BeurkG/*Soester* DONot § 10 Rn. 6; Frenz/Miermeister/*Hertel* DONot § 10 Rn. 21; *Leistner* MittBayNot 2003, 3 (8); *Meyer* RNotZ 2011, 385 (388); Weingärtner/Gassen/Sommerfeldt/*Weingärtner* DONot § 10 Rn. 12.
4 Frenz/Miermeister/*Hertel* DONot § 10 Rn. 24; BeckOK BeurkG/*Soester* DONot § 10 Rn. 3; Weingärtner/Gassen/Sommerfeldt/*Weingärtner* DONot § 10 Rn. 5.
5 Frenz/Miermeister/*Hertel* DONot § 10 Rn. 20; Weingärtner/Gassen/Sommerfeldt/*Weingärtner* DONot § 10 Rn. 9.
6 BeckOK BeurkG/*Soester* DONot § 10 Rn. 2.

trägerverträgen übergebene Bürgschaften.[7] Auch Hinterlegungsscheine fallen nicht in den Anwendungsbereich der Vorschriften über das Verwahrungsverzeichnis, weil insoweit das Hinterlegungsrecht maßgeblich ist.[8] Soweit der Anwendungsbereich des Abs. 1 nicht eröffnet ist, ist die entsprechende „Verwahrung“ nicht nur nicht eintragungspflichtig, sondern auch nicht eintragungsfähig.[9]

Der **zeitliche Anwendungsbereich** wird in S. 1 dahin gehend bestimmt, dass eine Eintragung im Verwahrungsverzeichnis erst dann erfolgen darf, wenn dem Notar **Werte zugeflossen** sind. Der bloße Abschluss einer Verwahrungsvereinbarung löst also noch keine Eintragung im Verwahrungsverzeichnis aus, ebenso wenig die schlichte Eröffnung eines Anderkontos. 3

III. Rückausnahmen (S. 2)

S. 2 enthält einige Rückausnahmen für Fälle, die grundsätzlich unter S. 1 fallen können, aber generell vom Anwendungsbereich ausgenommen sind. Dies betrifft zunächst Verwahrungen, die in den Anwendungsbereich des **Wechsel- und Scheckrechts** fallen. Der Notar wird hierbei ohnehin auf Grundlage des Wechsel- und Scheckrechts tätig.[10] Erfasst sind Geldbeträge, die der Notar als Protestbeamter erhalten hat, wenn sie unverzüglich an die Berechtigten herausgegeben werden (Nr. 1). Dies betrifft insbesondere die Zahlung an den Notar als Protestbeamten anlässlich eines Protestvorhabens, vgl. Art. 84 WG. Hier läuft eine unbare Zahlung ohnehin nicht über ein Notaranderkonto, sondern über das Geschäftskonto des Notars.[11] Zum anderen regelt Nr. 2 eine Rückausnahme für Wechsel und Schecks, die zum Zweck der Protesterhebung übergeben wurden. Wird dem Notar hingegen ein Wechsel oder ein Scheck zur Verwahrung iSd § 23 BNotO übergeben, handelt es sich um eine gewöhnliche Verwahrung von Wertpapieren, die den Anwendungsbereich der Vorschriften über das Verwahrungsverzeichnis selbstverständlich eröffnet. Nr. 3 regelt schließlich, dass auch die Verwahrung von **Grundpfandrechtsbriefen** nicht in das Verwahrungsverzeichnis einzutragen ist. Hierbei wird es sich in den allermeisten Fällen ohnehin nicht um eine Verwahrung nach § 23 BNotO handeln, sondern um eine Verwahrung nach § 24 BNotO, die dem Vollzug dient. Dennoch ist in Ausnahmefällen auch eine Verwahrung iSd § 23 BNotO vorstellbar, so etwa bei Umschuldungskonstellationen.[12] Auch in diesen Fällen ist der Anwendungsbereich für die Vorschriften über das Verwahrungsverzeichnis also nicht eröffnet. Dennoch empfiehlt es sich vor dem Hintergrund der schwerwiegenden Folgen eines Verlusts dringend, auch über im Notarbüro lagernde Grundpfandrechtsbriefe eine Übersicht zu führen und diese an eindeutiger und zentraler Stelle zu lagern. 4

7 Armbrüster/Preuß/Renner/*Eickelberg* DONot § 10 Rn. 5.
8 Weingärtner/Gassen/Sommerfeldt/*Weingärtner* DONot § 10 Rn. 5.
9 Armbrüster/Preuß/Renner/*Eickelberg* DONot § 10 Rn. 4.
10 Frenz/Miermeister/*Hertel* DONot § 10 Rn. 23.
11 Frenz/Miermeister/*Hertel* DONot § 10 Rn. 23.
12 So ausdrücklich Frenz/Miermeister/*Hertel* DONot § 10 Rn. 22.

§ 22 Angaben im Verwahrungsverzeichnis

Jede Eintragung einer Verwahrungsmasse enthält folgende Angaben:

1. **die Massenummer,**
2. **wenn die Verwahrung im Zusammenhang mit einem Geschäft steht, das im Urkundenverzeichnis eingetragen ist, die Urkundenverzeichnisnummer; andernfalls ein sonstiges eindeutiges Zeichen,**
3. **die Beteiligten des Verwahrungsverhältnisses (§ 24),**
4. **das Datum des Tages, an dem der Notar die Verwahrungsanweisung angenommen hat,**
5. **die Einnahmen und die Ausgaben (§ 25) und**
6. **den Abschluss des Verwahrungsgeschäfts.**

1 § 22 enthält alle **Pflichtangaben**, die zu einer Verwahrungsmasse im Verwahrungsverzeichnis anzugeben sind. Nr. 1 betrifft die Massenummer (→ § 23 Abs. 1) und Nr. 5 die Einnahmen und Ausgaben (→ § 25 Rn. 3 ff.). Nr. 3 bezieht sich auf die Beteiligten des Verwahrungsverhältnisses. Unklar ist, wer darunter zu verstehen ist. Der Verweis auf § 24 beantwortet diese Frage nicht, weil sich § 24 lediglich mit den zu den Beteiligten zu machenden Angaben beschäftigt (→ § 24 Rn. 1). In Gleichlauf zur Auslegung von § 13 Abs. 4 DONot aF und unter Berücksichtigung des Wortlauts „Beteiligte des Verwahrungsverhältnisses" dürfte es sich um all diejenigen handeln, die Auftraggeber und Anweisende der Verwahrungsanweisung sind.[1] Gemeint sind dabei nur die „materiell" Anweisenden, nicht die Vertreter. Umfasst sind auch nicht Dritte, die im Zusammenhang mit dem Vollzug des Geschäfts Treuhandaufträge erteilen (insbesondere Banken bei Treuhandaufträgen im Zusammenhang mit Löschungsbewilligungen für Grundpfandrechte), weil diese bereits nach § 57 Abs. 6 BeurkG keine Beteiligten darstellen (vgl. aber § 25 Abs. 3 Hs. 2, → § 25 Rn. 10). Nr. 2 erfordert die Angabe der Urkundenverzeichnisnummer, wenn die Verwahrung im Zusammenhang mit einer Urkunde steht, was in der überwiegenden Anzahl der Fälle gegeben sein dürfte. Anderenfalls muss ein sonstiges eindeutiges Zeichen angegeben werden, zweckmäßigerweise das Akten- oder Vorgangszeichen im Notarbüro. Nr. 4 erfordert die Angabe des Tages, an dem der Notar die Verwahrungsanweisung angenommen hat. Dieser Tag geht in der Regel bereits aus der zugrunde liegenden Urkunde hervor. Liegt keine Urkunde zugrunde, muss dieser Tag nach § 57 Abs. 5 BeurkG auf der Verwahrungsanweisung vermerkt werden. Durch die entsprechende Eintragung im Verwahrungsverzeichnis wird ein Bezug zur Verwahrungsanweisung als rechtliche Grundlage der Verwahrung hergestellt.[2] Nr. 6 schließlich verlangt, auch den Abschluss des Verwahrungsgeschäfts im Verwahrungsverzeichnis zu dokumentieren. Unter Abschluss ist die vollständige Abwicklung des Verwahrungsgeschäfts zu verstehen; dieser Vermerk dient insbesondere einem Vertreter dazu, sich kurzfristig darüber zu informieren, welche laufenden Verwahrungsgeschäfte noch zu betreiben sind.[3]

1 Armbrüster/Preuß/Renner/*Eickelberg* DONot § 13 Rn. 13; Frenz/Miermeister/*von Campe* DONot § 13 Rn. 4; BeckOK BeurkG/*Soester* DONot § 13 Rn. 6.
2 BR-Drs. 420/20 (neu), 46.
3 BR-Drs. 420/20 (neu), 47.

§ 23 Massenummer und Buchungsnummer

(1) Die Massenummer setzt sich zusammen aus der Jahreszahl des Jahres, in dem die Verwahrungsmasse in das Verwahrungsverzeichnis eingetragen wird, und einer für dieses Jahr fortlaufenden Nummer.
(2) Die Buchungsnummern werden für jede Verwahrungsmasse gesondert und in fortlaufender Reihenfolge vergeben.

Das Verwahrungsverzeichnis vereint die Funktionen von Massen- und Verwahrungsbuch (und auch Anderkontenliste) nach der bisherigen Rechtslage. So gliedert das Verwahrungsverzeichnis zum einen nach Verwahrungsmassen auf (Funktion des Massenbuchs). Andererseits erfasst es auch jede Ein- und Ausgabe (Funktion des Verwahrungsbuchs). Ebenso wie bisher wird für jede Masse eine Nummer vergeben, die sogenannte **Massenummer**. In Abs. 1 ist hierzu geregelt, dass diese Nummer sich zusammensetzt aus der Jahreszahl des Jahres, in dem die Masse eingetragen wird, und einer fortlaufenden Nummer, die jedes Jahr neu beginnt. Jede Einnahme und Ausgabe ist als Buchung im Verwahrungsverzeichnis einzutragen und mit einer fortlaufenden Nummer, der sogenannten **Buchungsnummer**, versehen, wie Abs. 2 deutlich macht. Die Buchungsnummern werden für jede Masse gesondert vergeben, sind gleichwohl fortlaufend. Die konkrete Vergabe der Nummern wird durch die Software des Elektronischen Urkundenarchivs übernommen. 1

§ 24 Angaben zu den Beteiligten

Für die zu den Beteiligten einzutragenden Angaben gilt § 12 Absatz 2 und 3 entsprechend.

Wer Beteiligter iSd § 24 ist, wird bei § 22 näher erläutert; § 24 beantwortet diese Frage nicht (→ § 22 Rn. 1). Für die Angaben zu den Beteiligten verweist § 24 auf § 12 Abs. 2 und 3 (→ § 12 Rn. 6 f.). Die Aufnahme der steuerlichen Identifikationsmerkmale ist dann zulässig, wenn dies erforderlich ist; das ist etwa der Fall, wenn die im Verwahrungsverzeichnis enthaltenen Daten für Anträge gegenüber Behörden genutzt werden sollen, bei denen die entsprechenden Angaben verpflichtend sind.[1] 1

§ 25 Angaben zu Einnahmen und Ausgaben

(1) Die Einnahmen und die Ausgaben sind jeweils gesondert einzutragen für
1. Wertpapiere und Kostbarkeiten, die zur Aufbewahrung oder Ablieferung an Dritte entgegengenommen wurden,
2. Schecks oder Sparbücher, die zur Einlösung entgegengenommen wurden,
3. Schecks, die zur Auszahlung ausgestellt wurden, und
4. jedes Notaranderkonto.
(2) [1]Jede Einnahme und jede Ausgabe ist im Verwahrungsverzeichnis unverzüglich unter Angabe der Buchungsnummer einzutragen. [2]Einnahmen werden mit positivem Vorzeichen, Ausgaben mit negativem Vorzeichen eingetragen. [3]Eintra-

1 BR-Drs. 420/20 (neu), 47.

gungen erfolgen unter dem Datum ihrer Vornahme. [4]Weicht in den Fällen des Absatzes 1 Nummer 1 bis 3 das Datum der Einnahme oder der Ausgabe oder im Fall des Absatzes 1 Nummer 4 das Datum der Wertstellung vom Datum der Eintragung ab, so ist auch das abweichende Datum einzutragen.

(3) [1]Zu jeder Einnahme ist anzugeben, wer die auftraggebende Person ist; zu jeder Ausgabe ist anzugeben, wer die empfangende Person ist. [2]Ist an einer Einnahme oder einer Ausgabe eine dritte Person unmittelbar beteiligt, so soll auch diese mit den in § 12 Absatz 2 genannten Angaben eingetragen werden; § 12 Absatz 3 gilt entsprechend.

I. Normzweck und Systematik

1 Das Verwahrungsverzeichnis verfolgt – ebenso wie ehemals das Massen- und das Verwahrungsbuch – den Grundsatz, dass sämtliche Einnahmen und Ausgaben im Zusammenhang mit einer Verwahrungsmasse separat zu buchen sind. „Saldobuchungen" sind unzulässig.[1] § 25 trifft nun nähere Bestimmungen zur Eintragung der Einnahmen und Ausgaben in das Verwahrungsverzeichnis. Abs. 1 schreibt eine Trennung hinsichtlich bestimmter Verwahrungsarten vor (→ Rn. 2), Abs. 2 regelt die Einzelheiten der konkreten Buchung der Einnahmen und Ausgaben (→ Rn. 3 ff.). Abs. 3 beschäftigt sich mit der Angabe von Personen bei der konkreten Buchung (→ Rn. 9 f.) und Abs. 4 betrifft schließlich weitere Angaben zur jeweiligen Buchung (→ Rn. 10).

II. Trennung von Verwahrungsarten (Abs. 1)

2 Abs. 1 schreibt eine **gesonderte Erfassung** der Verwahrungsarten Wertpapiere und Kostbarkeiten (Nr. 1), Schecks und Sparbücher zur Einlösung (Nr. 2), Schecks zur Auszahlung (Nr. 3) sowie Notaranderkonto (Nr. 4) hinsichtlich ihrer Einnahmen und Ausgaben vor. Nr. 2 und Nr. 3 nehmen hierbei auf die in § 27 näher geregelte Zahlungsmittelverwahrung Bezug, die in der NotAktVV neu geregelt ist (→ § 27 Rn. 1). Die Vorgabe des Abs. 1 dient der Übersichtlichkeit der Eintragungen,[2] insbesondere auch mit Blick auf die neue Verwahrungsart der Zahlungsmittelverwahrung. Die Einhaltung dieser Vorgaben ist in der Mehrzahl der Fälle ohnehin selbstverständlich, denn die jeweilige Verwahrungsart wird regelmäßig auch eine jeweils separate Verwahrungsmasse darstellen, die hinsichtlich ihrer Buchungsnummer nach § 23 Abs. 2 zu trennen ist, was zwangsläufig auch zu getrennter Buchung der Einnahmen und Ausgaben führt. Sollten aber mehrere Verwahrungsarten (in der Terminologie der Software des Elektronischen Urkundenarchivs: „Verwahrungen") zu einer Verwah-

1 Armbrüster/Preuß/Renner/*Renner* DONot § 12 Rn. 3.
2 BR-Drs. 420/20 (neu), 47.

rungsmasse zählen (etwa ein Anderkonto und ein zur Auszahlung vom Anderkonto ausgestellter Scheck oder auch ein Anderkonto und eine Kostbarkeit, die etwa teilweise als Erfüllung geleistet werden soll), gewinnt die Regelung Bedeutung. Dann ergibt sich aus Abs. 1, dass eine bloße „Vermögensverschiebung" zwischen Anderkonto und Scheck mit separaten Einnahmen und Ausgaben bei Scheck und Anderkonto zu erfassen ist (→ § 27 Rn. 2 ff.). Dasselbe gilt für Umbuchungen zwischen verschiedenen Anderkonten, wenn diese ausnahmsweise derselben Verwahrungsmasse angehören (§ 28 Abs. 2 S. 1).

III. Einzelheiten der Buchung (Abs. 2)

Abs. 2 beschäftigt sich mit Einzelheiten der Buchung von Einnahmen und Ausgaben, nämlich mit Gegenstand, Zeitpunkt und Nummerierung der Buchung (S. 1), Unterscheidung zwischen Einnahmen und Ausgaben (S. 2), Eintragungsdatum (S. 3) und Wertzuflussdatum (S. 4). 3

1. Gegenstand, Zeitpunkt und Nummerierung der Buchung (S. 1). S. 1 spricht zunächst davon, dass „jede" Einnahme und „jede" Ausgabe in das Verwahrungsverzeichnis einzutragen sei. Dadurch kommt – ebenso wie bereits in § 10 DONot aF – zum Ausdruck, dass sogenannte **Saldobuchungen unzulässig** sind. Das bedeutet, dass jeder einzelne Einnahmen- und Ausgabenposten gesondert zu verbuchen ist. Lediglich wenn einer einheitlichen Buchung ein interner Saldierungsvorgang der Bank vorhergeht und dem Notar nur ein Kontoauszug mit dem Gesamtbetrag vorliegt, darf er die entsprechende Kontobewegung einheitlich buchen.[3] Weiter schreibt S. 1 vor, dass die Buchungen **unverzüglich** zu erfolgen haben. Beginn für diese Frist ist allerdings nicht der Wertfluss selbst, sondern die Kenntniserlangung des Notars von der Einnahme oder Ausgabe.[4] Diese ist bei Wertpapieren und Kostbarkeiten unmittelbar möglich, bei Anderkonten erst mit dem entsprechenden Kontoauszug der Bank oder mit dessen elektronischem Äquivalent. Es muss sich um eine hinreichend sichere Art der Kenntniserlangung handeln; ein bloßer Anruf der Bank dürfte in aller Regel nicht ausreichen. Unverzüglich ist im Sinne von § 121 BGB auszulegen, bedeutet also „ohne schuldhaftes Zögern". Damit flexibilisiert der Verordnungsgeber das bisher in § 10 Abs. 2 S. 1 Hs. 1 sowie Abs. 3 DONot aF genannte allzu starre Kriterium der Eintragung am selben Tag, das etwa bei einer Kenntniserlangung zu später Stunde unverhältnismäßig wäre.[5] 4

Die NotAktVV verfolgt den Grundsatz, dass jede Kontobewegung auf den Anderkonten nachgezogen werden muss. Dies bedeutet, dass auch im Fall von **Fehlbuchungen** eine entsprechende Eintragung im Verwahrungsverzeichnis der Kontobewegung auf dem Anderkonto folgen muss. Im Falle einer versehentlichen Einzahlung Beteiligter auf das Geschäftskonto des Notars statt auf das Anderkonto muss der Notar unverzüglich auf das Anderkonto umbuchen. In das Verwahrungsverzeichnis ist der Geldbetrag erst als Einnahme zu verbuchen, wenn der Eingang auf dem Anderkonto tatsächlich stattgefunden hat. Auch im Falle einer versehentlichen Überweisung auf ein anderes Anderkonto ist eine entsprechende Umbuchung zu veranlassen; auch diese ist als Zahlungsein- und 5

---

3 Vgl. dazu Armbrüster/Preuß/Renner/*Renner* DONot § 10 Rn. 12; Frenz/Miermeister/*Hertel* DONot § 10 Rn. 26. AA wohl BeckOK BNotO/*Bracker* DONot § 10 Rn. 5.

4 BR-Drs. 420/20 (neu), 47.

5 Eine Eintragung wird nur zu den üblichen Geschäftszeiten des Notars gefordert werden können, vgl. BR-Drs. 420/20 (neu), 47. Vgl. zu den Problemen der bisher vorgesehenen taggenauen Buchung Armbrüster/Preuß/Renner/*Renner* DONot § 10 Rn. 8 f.

Zahlungsausgang bei beiden Anderkonten zu verbuchen.[6] Schließlich ist im Falle einer Stornobuchung bei Fehlern der Bank auch dieser Hin- und Rückfluss im Verwahrungsverzeichnis zu buchen.[7] Zu Fehlbuchungen des Notars im Verwahrungsverzeichnis → §§ 29, 30 Rn. 1. Bei jeder Art von Fehlbuchung ist ein erläuternder Hinweis sehr ratsam (→ Rn. 11).[8]

6 **2. Unterscheidung zwischen Einnahmen und Ausgaben (S. 2).** Nach den Mustern 4 und 5 der DONot aF sind für Einnahmen und Ausgaben unterschiedliche Formularfelder vorgesehen. Die NotAktVV entscheidet sich hingegen für das bei der Führung elektronisch gestützter Systeme wesentlich einfacher zu realisierende Konzept der unterschiedlichen **Vorzeichen**: Einnahmen sind mit einem positiven, Ausgaben mit einem negativen Vorzeichen einzutragen. Die Software des Elektronischen Urkundenarchivs hält hierfür bei der Buchung eine Auswahl zwischen Einnahme und Ausgabe bereit und setzt daraufhin das Vorzeichen selbst.

7 **3. Eintragungsdatum (S. 3).** Nach S. 3 ist die entsprechende Buchung mit dem **Tag der tatsächlichen Eintragung** zu versehen.

8 **4. Wertflussdatum (S. 4).** Sollte der Tag der tatsächlichen Eintragung vom Tag des Wertflusses abweichen, ist das **Datum des Wertflusses** (Einnahme oder Ausgabe bzw. Wertstellung) gesondert anzugeben. Zwar sind die Eintragungen unverzüglich vorzunehmen. Gerade bei Anderkonten kann die Kenntniserlangung von einer Wertstellung aber um einige Tage verzögert sein, weil die Erstellung und der Versand der Kontoauszüge bzw. des elektronischen Äquivalents einige Tage in Anspruch nehmen kann. Das Wertflussdatum ist das **eigentlich entscheidende Datum**, etwa mit Blick auf die Leistungserfüllung oder auf Verzögerungsschäden. Zudem ermöglicht es die statistische Abbildung von Verwahrungsmassen auf einen bestimmten Stichtag. Dies ist etwa im Rahmen der Übersicht über die Verwahrungsgeschäfte nach § 9 DONot von Bedeutung (→ DONot § 9 Rn. 1 ff.). S. 4 erkennt nunmehr das Wertflussdatum als das eigentlich wichtige Datum an. Unter Geltung der früheren DONot war hingegen – außer in einigen wenigen Bundesländern – der Zeitpunkt der Kenntnisnahme durch den Notar entscheidend, was als nicht mehr zeitgemäßes Relikt der papierförmigen Kontoführung anzusehen ist.[9]

IV. Personenangaben zur Buchung (Abs. 3)

9 Die Beteiligten des Verwahrungsverhältnisses sind nach § 22 Nr. 3, § 24 bei der jeweiligen Verwahrungsmasse einzutragen. Zusätzlich hierzu stellt Abs. 3 nun das Erfordernis auf, auch **beim jeweiligen Buchungseintrag** nochmals bestimmte **Personen** anzugeben. Die Vorschrift nimmt Anlehnung an die bisherigen Spalten 3 von Verwahrungs- und Massenbuch. Nach S. 1 sind dies bei Einnahmen die auftraggebende Person, bei Ausgaben die empfangende Person. Bei Umbuchungen von Anderkonten wird dies jedoch durch den Hinweis auf diese Umbuchung ersetzt, § 28 Abs. 2 S. 2 (→ § 28 Rn. 3).

10 Wenn eine **dritte Person** unmittelbar beteiligt ist, ist nach S. 2 auch diese einzutragen; hierbei handelt es sich in der Regel um die Bank, die als Zahlstelle fungiert. S. 2 ist als Soll-Vorschrift ausgestaltet. Anders als eine beurkundungs-

6 Armbrüster/Preuß/Renner/*Renner* DONot § 10 Rn. 13.
7 Armbrüster/Preuß/Renner/*Renner* DONot § 10 Rn. 14.
8 Frenz/Miermeister/*Hertel* DONot § 11 Rn. 22.
9 Vgl. dazu etwa Armbrüster/Preuß/Renner/*Renner* DONot § 10 Rn. 17; BeckOK BeurkG/*Soester* DONot § 10 Rn. 11.1.

rechtliche Soll-Vorschrift[10] begründet die hier vorliegende Soll-Vorschrift keine entsprechende Dienstpflicht des Notars, sondern der Notar darf auf bestimmte Angaben verzichten, wenn sie ihm nicht vorliegen, etwa der Wohnort.[11] Erforderlich sind nach S. 2 die in § 12 Abs. 2 und 3 dargestellten Angaben (→ § 12 Rn. 6 f.). Auch für S. 1 dürfte dies gelten; wenn der Absender oder Empfänger aber bereits nach § 22 Nr. 3, § 24 mit diesen Angaben eingetragen ist, dürfte die Angabe des Namens reichen. Nicht immer ist jedoch, wenn eine Bank beteiligt ist, diese als dritte Person anzusehen, nämlich immer dann, wenn sie nicht als Zahlstelle fungiert. So dürfte die Bank im Falle der Zahlung von Bankzinsen selbst als Auftraggeber iSv S. 1 anzugeben sein.[12] Wenn ein Betrag an die Bank als abzulösende Gläubigerin gezahlt wird, ist die Bank selbst der Zahlungsempfänger.[13]

V. Weitere Angaben zur Buchung (Abs. 4)

Nach Abs. 4 ist der Notar frei, auch weitere Angaben zur Buchung zu machen, 11
soweit diese der Erfüllung der Amtspflichten dienen. Diese Vorschrift greift die im bisherigen Verwahrungsbuch und Massenbuch jeweils vorgesehene Bemerkungsspalte auf. Zu denken ist hier etwa an Angaben zum Grund einer Korrekturbuchung oder an die nach § 58 Abs. 3 S. 5 BeurkG bestehende Dokumentationspflicht bei einer Auszahlung durch Scheck.[14] Weiter dürften hiervon auch die Verweise nach § 27 Abs. 2 S. 2 und Abs. 4 S. 4 im Rahmen der Zahlungsmittelverwahrung erfasst sein (→ § 27 Rn. 3, Rn. 5). Schließlich ist ein entsprechender Hinweis bei Fehlbuchungen sehr ratsam (→ Rn. 5). Ferner wird es auch zulässig sein, auf eine Niederschrift zu verweisen, wenn diese die Empfangsbescheinigung enthält.[15] Wenn die Urkundenarchivbehörde für gewisse Angaben strukturierte Datenfelder vorsieht, sind diese zu nutzen.

§ 26 Angaben zu Wertpapieren und Kostbarkeiten

(1) [1]Wertpapiere sind unter Angabe der Gattung, des Nennbetrages, der Stückzahl, der Serien und der Nummern einzutragen. [2]Zins-, Renten- und Gewinnanteilscheine oder Erneuerungsscheine sind durch Angabe der Fälligkeitstermine oder der Nummern näher zu bezeichnen.

(2) Kostbarkeiten sind aussagekräftig zu bezeichnen und mit einem Schätzwert einzutragen.

Die Vorschrift übernimmt im Wesentlichen § 12 Abs. 3 S. 3 sowie die Muster 3 1
bis 6 der DONot aF Für Wertpapiere schreibt Abs. 1 eine Reihe von detaillierten Kriterien auf, die anzugeben sind. dies gilt natürlich nur, soweit entsprechende Angaben zu verlangen sind. So dürfte bei einer nennwertlosen Aktie, die in die Verwahrung des Notars gegeben wird, die Berechnung des Nennwerts nicht erforderlich sein, stattdessen dürfte auf den Kurswert zurückgegriffen werden können. Bei Kurswertschwankungen dürfte vor dem jeweiligen Export

10 Vgl. dazu etwa Armbrüster/Preuß/Renner/*Renner* BeurkG § 16 Rn. 4.
11 BR-Drs. 420/20 (neu), 48.
12 Armbrüster/Preuß/Renner/*Renner* DONot § 10 Rn. 3; offenlassend Frenz/Miermeister/*Hertel* DONot § 11 Rn. 14.
13 Frenz/Miermeister/*Hertel* DONot § 11 Rn. 13.
14 BR-Drs. 420/20 (neu), 48.
15 Frenz/Miermeister/*Hertel* DONot § 12 Rn. 13; BeckOK BeurkG/*Soester* DONot § 11 Rn. 4.

nach § 29 und vor der Erstellung der Übersicht über die Verwahrungsgeschäfte nach § 9 DONot jeweils eine Kurskorrektur vorzunehmen sein, die mit einer entsprechenden Ausgleichsbuchung verbunden ist.

2 Abs. 2 trifft – anders als die bisherige DONot, die sich hierzu nur in den Mustern des Anhangs auf Beispielebene äußerte – nun auch ausdrückliche Bestimmungen zur Bezeichnung von **Kostbarkeiten**. Demnach ist eine möglichst genaue Bezeichnung notwendig, die eine Individualisierung ermöglicht. Außerdem ist ein Schätzwert anzugeben. An die Ermittlung dieses Schätzwertes durch den Notar können nicht allzu hohe Anforderungen gestellt werden, vielmehr dürfte er sich im Regelfall auf eine entsprechende Angabe der Beteiligten verlassen können. Für die Bezeichnung der Wertpapiere und der Kostbarkeiten sieht die Software des Elektronischen Urkundenarchivs aufgrund der vielen Variationsmöglichkeiten nur ein **Freifeld** vor und macht keine weiteren Vorschläge. Gerade deshalb ist ein entsprechender Eintrag fehleranfällig; die in § 26 gemachten detaillierten Vorgaben dürfen nicht aus den Augen verloren werden. Konkrete Beispiele für entsprechende Eintragungen enthält Muster 2 der DONot in der ab 1.1.2022 geltenden Fassung.

§ 27 Angaben zu Schecks und Sparbüchern

(1) [1]Werden Schecks oder Sparbücher als Zahlungsmittel entgegengenommen, so werden sie hierbei als Einnahme eingetragen. [2]Dabei sind der Nennbetrag sowie die Nummer des Schecks und die Bezeichnung des Kreditinstituts oder die Bezeichnung des Sparbuchs und dessen Nummer anzugeben.

(2) [1]Ein Scheck oder ein Sparbuch ist als Ausgabe einzutragen, wenn die Einlösung erfolgt ist. [2]Dabei ist auf die entsprechende Eintragung der Einnahme auf dem Notaranderkonto zu verweisen.

(3) Stellt sich ein Scheck als ungedeckt heraus, ist er als Ausgabe einzutragen.

(4) [1]Ein zur Auszahlung ausgestellter Scheck ist als Ausgabe einzutragen, wenn er zur Auszahlung weitergegeben worden ist. [2]Absatz 1 Satz 2 gilt hierbei entsprechend. [3]Wird der Scheck zulasten des Notaranderkontos eingelöst, ist er als Einnahme einzutragen. [4]Dabei ist auf die entsprechende Eintragung der Ausgabe auf dem Notaranderkonto zu verweisen.

I. Normzweck und Systematik

1 § 27 trifft nähere buchungstechnische Bestimmungen zur sog. **Zahlungsmittelverwahrung**, die ohne konkretes Vorbild in der bisherigen DONot ist. Die Zahlungsmittelverwahrung betrifft Schecks und Sparbücher, die zu Zahlungszwecken im Zusammenhang mit Anderkonten eingesetzt werden. Soweit Schecks und Sparbücher nicht als Zahlungsmittel verwendet werden, sondern schlicht verwahrt werden sollen, gilt für sie § 27 jedoch nicht; vielmehr sind dann die Regeln über die Verwahrung von Wertpapieren anzuwenden (→ § 21 Rn. 2). Abs. 1 bis 3 regeln die Verwendung von Schecks und Sparbüchern zur Einzahlung auf ein Notaranderkonto (→ § Rn. 2 ff.), Abs. 4 regelt den Sonderfall der

Auszahlung vom Anderkonto mittels Schecks (→ Rn. 5). Die Neuregelungen lösen eine unter der bisherigen DONot bestehende buchungstechnische Misslichkeit. Nach § 10 Abs. 4 DONot aF waren Schecks bereits am Tage der Entgegennahme durch den Notar als Einnahme beim Anderkonto einzutragen. Dies hatte zur Folge, dass der in Verwahrungs- und Massenbuch vermerkte Saldo des Notaranderkontos im Zeitraum bis zur Einlösung des Schecks nicht mit dem tatsächlichen Saldo übereinstimmte. Auch die Einlösung des Schecks auf dem Notaranderkonto konnte nicht betragsmäßig verbucht werden, sondern es konnte lediglich eine Randbemerkung über die Einlösung erfolgen. Für die Auszahlung mittels Schecks hielt die bisherige DONot gar keine Regelungen bereit. Diese unbefriedigende Lage löst die NotAktVV nunmehr dadurch, dass nach § 25 Abs. 1 Nr. 2 und Nr. 3 die entsprechenden Zahlungsmittel gesondert einzutragen sind (→ § 25 Rn. 2). Die buchungstechnischen Folgefragen dieser gesonderten Eintragung regelt § 27.

II. Entgegennahme zur Einzahlung (Abs. 1)

Sobald der Notar einen Scheck oder ein Sparbuch zur Einlösung auf dem Anderkonto **entgegengenommen** hat (also den Besitz daran erlangt hat), ist dies nach S. 1 als Einnahme in das Verwahrungsverzeichnis einzutragen. Bei der Zahlungsmittelverwahrung handelt es sich letztlich um einen Sonderfall der allgemeinen Wertpapierverwahrung, die grundsätzlich unter den Anwendungsbereich des Verwahrungsverzeichnisses nach § 21 Abs. 1 fällt und daher nicht nur – wie bisher nach § 10 Abs. 4 DONot aF – ein unselbständiges „Hilfsmittel" zur Geldverwahrung auf dem Anderkonto darstellt. Die entsprechende Einnahmenbuchung erfolgt, wie § 25 Abs. 1 Nr. 2 deutlich macht, daher nicht beim Anderkonto, sondern im Rahmen eines gesondert geführten Buchungskontos für die Zahlungsmittelverwahrung. S. 2 trifft Vorgaben zur genaueren Bezeichnung des Schecks oder Sparbuchs. 2

III. Einlösung zur Einzahlung (Abs. 2)

Löst der Notar nun den entgegengenommenen Scheck **ein**, wird der entsprechende Betrag dem Anderkonto gutgeschrieben. Daher ist die Einlösung nach S. 1 als Ausgabe auf dem Buchungskonto des Zahlungsmittels einzutragen. Gleichzeitig ist die entsprechende Einnahme im Buchungskonto des Notaranderkontos zu vermerken. Auf diese Eintragung ist nach S. 2 beim Buchungskonto des Zahlungsmittels zu verweisen (→ § 25 Rn. 11); zulässig dürfte auch ein entsprechender Gegenverweis bei der Buchung des Anderkontos sein. 3

IV. Ungedeckter Scheck zur Einlösung (Abs. 3)

Stellt sich ein zur Einlösung auf dem Notaranderkonto ausgestellter Scheck als **ungedeckt** heraus, ist dies als Ausgabe zu verbuchen, so dass der Saldo auf dem Buchungskonto des Schecks wieder ausgeglichen ist (bei der Entgegennahme war nach Abs. 1 ja eine Buchung als Einnahme getätigt worden). Eine Buchung beim Notaranderkonto bleibt in diesem Fall selbstverständlich aus. 4

V. Scheck zur Auszahlung (Abs. 4)

§ 58 Abs. 3 S. 5 BeurkG gestattet die **Auszahlung** vom Anderkonto mittels (Verrechnungs-)**Scheck** nur im Ausnahmefall. Für die **buchungstechnische Behandlung** dieses Sonderfalls hielt die DONot in der bis zum 31.12.2021 geltenden Fassung keine Regelung bereit. Abs. 4 trifft hierzu jedoch nun detaillierte Regelungen. Die bloße Ausstellung des Schecks durch den Notar löst – wie sich 5 einem Gegenschluss aus S. 1 entnehmen lässt – noch keinen Buchungsvorgang aus. Erst die Weitergabe an den Empfänger führt nach S. 1 zu einer Buchung als Ausgabe; die Weitergabe wird damit als Gegenstück zur Entgegennahme nach Abs. 1 behandelt. Bei der Buchung sind nach S. 2 auch hier die detaillierten Angaben nach Abs. 1 S. 2 zu machen. Wird der Scheck nun zulasten des Anderkontos eingelöst, führt dies nach S. 3 zu einer Einnahmenbuchung, gleichzeitig muss beim Anderkonto die entsprechende Ausgabe gebucht werden. Die Buchung als Einnahme im Falle der Einlösung scheint auf den ersten Blick widersinnig zu sein. Diese Gegenbuchung dient aber dazu, den Saldo beim Buchungskonto des Schecks wieder auszugleichen. Im Buchungskonto des Schecks ist nach S. 4 außerdem auf die Parallelbuchung beim Anderkonto zu verweisen (→ § 25 Rn. 11).

§ 28 Angaben zu Notaranderkonten

(1) Zu jedem Notaranderkonto sind einzutragen
1. das Kreditinstitut unter Angabe des Sitzes und des Bank Identifier Codes (BIC),
2. die International Bank Account Number (IBAN),
3. die Währung, in der das Notaranderkonto geführt wird, sowie
4. die Angabe, ob es sich um ein Giro- oder um ein Festgeldkonto handelt.

(2) [1]Umbuchungen zwischen Notaranderkonten sind jeweils wechselseitig als Einnahmen und als Ausgaben einzutragen. [2]Anstelle der auftraggebenden Person und der empfangenden Person ist anzugeben, dass eine Umbuchung stattgefunden hat.

(3) Werden Notaranderkonten elektronisch geführt, so sind die von den Kreditinstituten übermittelten Kontoauszüge, Umsatzdaten und sonstigen Mitteilungen, die die Führung der Notaranderkonten betreffen, und diesbezügliche Aufträge und Mitteilungen an Kreditinstitute im Verwahrungsverzeichnis zu speichern, soweit die Bundesnotarkammer dies vorsieht.

I. Normzweck und Systematik

1 § 28 trifft nähere Bestimmungen zu den Angaben, die bei der Verwahrungsmasse zu Anderkonten einzutragen sind. Die Vorschrift übernimmt hierbei in Abs. 1 im Wesentlichen die Angaben zu den anderkontenführenden Kreditinstituten, die bisher in der Anderkontenliste nach § 12 Abs. 5 DONot aF aufzunehmen waren (→ Rn. 2). Abs. 2 beschäftigt sich mit dem Sonderfall der Umbuchung (→ Rn. 3) und Abs. 3 betrifft Mitteilungen von Kreditinstituten im Rahmen der elektronischen Anderkontenführung (→ Rn. 4).

II. Angaben zum anderkontenführenden Kreditinstitut (Abs. 1)

2 Beim jeweiligen Anderkonto ist das dieses führende Kreditinstitut mit den Angaben nach Abs. 1 zu vermerken. Diese Angaben entsprechen im Kern den nach § 12 Abs. 5 DONot aF in die Anderkontenliste aufzunehmenden Informationen. Allerdings wurden die notwendigen Angaben aktualisiert, so wird nun auf

BIC und IBAN Bezug genommen, zudem ist anzugeben, in welcher Währung das Konto geführt wird und ob es sich um ein Giro- oder Festgeldkonto handelt. Die Software des Elektronischen Urkundenarchivs hält hierfür eine BIC-Suche bereit, die eine Erfassung des Kreditinstituts erleichtert. Dass nunmehr die Angabe der Währung ausdrücklich vorgesehen ist (und auch in der Software des Verwahrungsverzeichnisses ausdrücklich Berücksichtigung findet), löst die Schwierigkeiten, die unter der früheren Rechtslage im Zusammenhang mit der Bücherführung für Fremdwährungsanderkonten bestanden.[1] Die Angabe der Anschrift des Kreditinstituts ist nicht mehr erforderlich, da diese unschwer ermittelt werden kann.[2]

III. Umbuchungen (Abs. 2)

Die DONot in ihrer bis zum 31.12.2021 geltenden Fassung differenziert lediglich zwischen Verwahrungsmassen. Wenn eine Masse aus mehreren Konten (in der Regel Giro- und Festgeldkonto, vgl. § 58 Abs. 4 BeurkG) besteht, waren deshalb Umbuchungen nach § 10 DONot aF nicht vorgesehen, weil nur ein Gesamtsaldo dieser Verwahrungsmasse ausgewiesen war; beide Konten wurden also im Ergebnis wie ein einziges Konto behandelt.[3] Unter der NotAktVV ist hingegen nach § 25 Abs. 1 Nr. 4 nun vorgesehen, dass jedes Anderkonto separat verbucht wird. Deshalb müssen nunmehr auch Umbuchungen zwischen diesen Konten als Einnahme und Ausgabe verzeichnet werden. Dies stellt S. 1 klar. Die nunmehr vorgesehene Buchung erhöht die Transparenz deutlich. Nach S. 2 ist außerdem anstelle der nach § 25 Abs. 3 anzugebenen Personen (Auftraggeber und Empfänger) die Tatsache der Umbuchung zu vermerken. 3

IV. Elektronische Führung der Anderkonten (Abs. 3)

Abs. 3 eröffnet im Falle der elektronischen Anderkontenführung (→ § 10 Abs. 3 DONot) die Möglichkeit, den Schriftverkehr mit dem Kreditinstitut einschließlich der Kontoauszüge und Umsatzmitteilungen im Verwahrungsverzeichnis zu speichern. Dies gilt nur, soweit die Urkundenarchivbehörde diese Funktionalität vorsieht. Eine Speicherung im Verwahrungsverzeichnis macht es nach § 41 Abs. 5 S. 1 entbehrlich, Belege zu den Nebenakten zu nehmen.[4] 4

§ 29 Export der Eintragungen

(1) [1]Nach Abschluss jedes Kalenderjahres sind alle Eintragungen im Verwahrungsverzeichnis, die sich auf ein Verwahrungsgeschäft beziehen, das nicht bereits vor Beginn dieses Kalenderjahres abgeschlossen war, zeitnah in eine Datei zu exportieren. [2]Die Datei ist mit der qualifizierten elektronischen Signatur des Notars zu versehen.

(2) § 19 Absatz 2 und 3 gilt entsprechend.

1 Vgl. hierzu Frenz/Miermeister/*Hertel* DONot § 11 Rn. 16; BeckOK BeurkG/*Soester* DONot § 11 Rn. 6.1.
2 BR-Drs. 420/20 (neu), 49 f.
3 Ziff. 7 der EDV-Empfehlungen für Notarprüferinnen und Notarprüfer und Softwarehersteller im Hinblick auf eine dienstordnungsgerechte Führung der Bücher, Verzeichnisse und Übersichten im Notariat (Stand Mai 2005), abgedruckt bei Weingärtner/Gassen/Sommerfeldt/*Weingärtner* DONot § 10 Rn. 20; Armbrüster/Preuß/Renner/*Renner* DONot § 10 Rn. 11.
4 BR-Drs. 420/20 (neu), 50.

§ 30 Persönliche Bestätigung

(1) [1]Änderungen und Zusätze, die eine Eintragung im Verwahrungsverzeichnis betreffen, müssen durch den Notar persönlich bestätigt werden. [2]Der Inhalt der Änderung oder des Zusatzes und das Datum ihrer Vornahme müssen dauerhaft dokumentiert werden.

(2) Absatz 1 gilt nicht für

1. die Löschung von Verzeichnisinhalten nach Ablauf der Aufbewahrungsfrist,
2. die Hinzufügung eines Verweises auf eine andere Einnahme oder Ausgabe und
3. Änderungen und Zusätze, bei denen aus dem Verwahrungsverzeichnis jederzeit nachvollziehbar ist,
   a) durch wen sie erfolgt sind,
   b) wann sie erfolgt sind und
   c) welchen Inhalt sie haben.

1 §§ 29 und 30 greifen in Normzweck und Normausgestaltung die für das Urkundenverzeichnis geltenden Regelungen der §§ 19 und 20 zu Export und persönlicher Bestätigung weitgehend auf. Auf die dortigen Erläuterungen sei daher verwiesen (→ § 19 Rn. 1 ff., → § 20 Rn. 1 ff.). Ergänzend kann angemerkt werden, dass sich der jährliche Export der Eintragungen im Verwahrungsverzeichnis nach § 29 nur auf am Jahresende noch nicht vollständig abgewickelte Verwahrungsmassen bezieht.[1] § 30 bezieht sich ebenso wie § 20 auf Änderungen und Zusätze, die nach der Ersteintragung erfolgen. Dies betrifft insbesondere Fehlbuchungen des Notars bzw. seiner Mitarbeiter, die etwa die auf dem Anderkonto stattfindenden Kontenbewegungen nicht ordnungsgemäß nachvollziehen. Im Falle einer Änderung empfiehlt sich immer ein entsprechender erläuternder Hinweis (→ § 25 Rn. 11).

Abschnitt 4 Urkundensammlung, Erbvertragssammlung

§ 31 Urkundensammlung

(1) In der Urkundensammlung sind zu verwahren

1. bei Niederschriften über eine Verfügung von Todes wegen
   a) eine beglaubigte Abschrift, wenn die Beteiligten dies wünschen, und
   b) ein Ausdruck der Bestätigung oder der Bestätigungen über die Registrierung im Zentralen Testamentsregister,
2. bei sonstigen Niederschriften, die in das Urkundenverzeichnis einzutragen sind, die Urschrift,
3. bei Vermerken im Sinne des § 39 des Beurkundungsgesetzes, die in das Urkundenverzeichnis einzutragen sind,
   a) die Urschrift, wenn diese in notarieller Verwahrung verbleibt,
   b) eine Abschrift, wenn die Urschrift ausgehändigt wird und der Notar die Urkunde entworfen hat,
   c) in den übrigen Fällen nach Ermessen des Notars eine Abschrift,
4. bei einfachen elektronischen Zeugnissen im Sinne des § 39a des Beurkundungsgesetzes, die in das Urkundenverzeichnis einzutragen sind, ein Ausdruck des elektronischen Dokuments,

1 BR-Drs. 420/20 (neu), 50.

5. bei Vollstreckbarerklärungen nach § 796c Absatz 1 der Zivilprozessordnung die Urschrift mit der Urschrift des Vergleichs,
6. bei Vollstreckbarerklärungen nach § 1053 Absatz 4 der Zivilprozessordnung die Urschrift mit einer beglaubigten Abschrift des Schiedsspruchs,
7. bei Einigungen, Abschlussprotokollen, Vertragsbeurkundungen und Vertragsbestätigungen nach § 96 Absatz 3 Satz 1 und Absatz 5 Satz 2, § 98 Absatz 2 Satz 1 und § 99 Satz 1 des Sachenrechtsbereinigungsgesetzes die Urschrift.

(2) Die Urkundensammlung ist nach der Reihenfolge der Eintragungen im Urkundenverzeichnis zu ordnen.

(3) Nachweise für die Vertretungsberechtigung, die nach § 12 des Beurkundungsgesetzes der Niederschrift beigefügt werden sollen, werden der Urschrift beigefügt und mit ihr in der Urkundensammlung verwahrt.

(4) Einem in der Urkundensammlung verwahrten Dokument können andere Urschriften oder Unterlagen beigefügt und mit ihm verwahrt werden, wenn
1. diese mit dem verwahrten Dokument inhaltlich derart zusammenhängen, dass das verwahrte Dokument ohne die anderen Urschriften oder Unterlagen nicht in zweckdienlicher Weise verwendet werden kann, oder
2. sie für die Rechtswirksamkeit oder die Durchführung des beurkundeten Rechtsvorgangs bedeutsam sind.

(5) Anstelle der Urschrift ist eine Ausfertigung oder eine beglaubigte Abschrift in der Urkundensammlung zu verwahren, wenn nach dem Beurkundungsgesetz die Ausfertigung oder die beglaubigte Abschrift an die Stelle der Urschrift tritt.

[§ 31 ab 1.8.2022:]
§ 31 Urkundensammlung
(1) In der Urkundensammlung sind zu verwahren
1. *bei Niederschriften über eine Verfügung von Todes wegen*
   a) *eine beglaubigte Abschrift, wenn die Beteiligten dies wünschen, und*
   b) *ein Ausdruck der Bestätigung oder der Bestätigungen über die Registrierung im Zentralen Testamentsregister,*
2. *bei sonstigen Niederschriften, die in das Urkundenverzeichnis einzutragen sind, die Urschrift,*
3. *bei elektronischen Niederschriften im Sinne des § 16b des Beurkundungsgesetzes, ein beglaubigter Ausdruck des elektronischen Dokuments,*
4. *bei Vermerken im Sinne des § 39 des Beurkundungsgesetzes, die in das Urkundenverzeichnis einzutragen sind,*
   a) *die Urschrift, wenn diese in notarieller Verwahrung verbleibt,*
   b) *eine Abschrift, wenn die Urschrift ausgehändigt wird und der Notar die Urkunde entworfen hat,*
   c) *in den übrigen Fällen nach Ermessen des Notars eine Abschrift,*
5. *bei einfachen elektronischen Zeugnissen im Sinne des § 39a des Beurkundungsgesetzes, die in das Urkundenverzeichnis einzutragen sind,*
   a) *ein beglaubigter Ausdruck des elektronischen Dokuments, wenn dieses in notarieller Verwahrung verbleibt,*
   b) *ein Ausdruck des elektronischen Dokuments, wenn dieses ausgehändigt wird und der Notar die Urkunde entworfen hat,*
   c) *in den übrigen Fällen nach Ermessen des Notars ein Ausdruck des elektronischen Dokuments,*
6. *bei Vollstreckbarerklärungen nach § 796c Absatz 1 der Zivilprozessordnung die Urschrift mit der Urschrift des Vergleichs,*

7. *bei Vollstreckbarerklärungen nach § 1053 Absatz 4 der Zivilprozessordnung die Urschrift mit einer beglaubigten Abschrift des Schiedsspruchs,*
8. *bei Einigungen, Abschlussprotokollen, Vertragsbeurkundungen und Vertragsbestätigungen nach § 96 Absatz 3 Satz 1 und Absatz 5 Satz 2, § 98 Absatz 2 Satz 1 und § 99 Satz 1 des Sachenrechtsbereinigungsgesetzes die Urschrift.*

(2) Die Urkundensammlung ist nach der Reihenfolge der Eintragungen im Urkundenverzeichnis zu ordnen.

(3) [1]Nachweise für die Vertretungsberechtigung, die nach § 12 Absatz 1 des Beurkundungsgesetzes der Niederschrift beigefügt werden sollen, werden der Urschrift beigefügt und mit ihr in der Urkundensammlung verwahrt. [2]Nachweise für die Vertretungsberechtigung, die nach § 16d des Beurkundungsgesetzes der elektronischen Niederschrift beigefügt werden sollen, werden dem in der Urkundensammlung verwahrten beglaubigten Ausdruck der elektronischen Niederschrift in Urschrift oder in beglaubigter Abschrift beigefügt und mit ihm in der Urkundensammlung verwahrt.

(4) Einem in der Urkundensammlung verwahrten Dokument können andere Urschriften oder Unterlagen beigefügt und mit ihm verwahrt werden, wenn
1. *diese mit dem verwahrten Dokument inhaltlich derart zusammenhängen, dass das verwahrte Dokument ohne die anderen Urschriften oder Unterlagen nicht in zweckdienlicher Weise verwendet werden kann, oder*
2. *sie für die Rechtswirksamkeit oder die Durchführung des beurkundeten Rechtsvorgangs bedeutsam sind.*

(5) [1]Anstelle der Urschrift ist eine Ausfertigung oder eine beglaubigte Abschrift in der Urkundensammlung zu verwahren, wenn nach dem Beurkundungsgesetz die Ausfertigung oder die beglaubigte Abschrift an die Stelle der Urschrift tritt. [2]Anstelle eines beglaubigten Ausdrucks der elektronischen Urschrift ist eine Ausfertigung oder eine beglaubigte Abschrift in der Urkundensammlung zu verwahren, wenn nach dem Beurkundungsgesetz die elektronische Fassung einer Ausfertigung oder einer beglaubigten Abschrift an die Stelle der elektronischen Urschrift tritt und die Verwahrung eines beglaubigten Ausdrucks der elektronischen Urschrift nicht möglich ist.

Literatur:

Leitzen, Die Geltendmachung von Einlageansprüchen durch den Insolvenzverwalter – Haftungsrisiken für (Ex-)GmbH-Gesellschafter im Lichte der jüngeren Rechtsprechung, RNotZ 2010, 254.

I. Normzweck und Systematik

§ 31 ist die grundlegende Norm für die Urkundensammlung des Notars. Unter Urkundensammlung wird – im Gegensatz zur elektronischen Urkundensammlung nach § 34 – die **physische Urkundensammlung** des Notars verstanden, wie sie bereits unter der vor dem 1.1.2022 geltenden Rechtslage existierte (zur Terminologie → §§ 1, 2 Rn. 8, Rn. 10). Hierbei werden weitgehend die bisher nach § 18 DONot in der bis zum 31.12.2021 geltenden Fassung geregelten Inhalte übernommen. Wesentlicher Unterschied zur überkommenen Rechtslage ist jedoch, dass mit der NotAktVV eine weitgehende Abkehr von Vermerkblättern einhergeht, die bisher an die Stelle von nicht in der Urkundensammlung verwahrten Ur- bzw. Abschriften von Urkunden traten. Dies gilt für die Vermerke nach § 20 Abs. 1 S. 1 DONot aF (Verfügung von Todes wegen in besonderer amtlicher Verwahrung), § 18 Abs. 4 S. 2 DONot aF (gesondert aufbewahrter Erbvertrag), § 18 Abs. 2 S. 3 DONot aF (Beifügung an eine andere Niederschrift) und § 19 Abs. 2 DONot aF (einfache Zeugnisse). Lediglich der Vermerk nach § 20 Abs. 3 S. 2 bis 4 DONot aF wird in § 33 Abs. 1 weiterhin verlangt;[1] hinzu tritt der Vermerk nach § 33 Abs. 5 bei der Sonderkonstellation des Widerrufs durch Vernichtung. Diese Abwendung von den Vermerkblättern wird insbesondere dadurch begründet, dass die wesentlichen Informationen hierzu aus dem Urkundenverzeichnis ersichtlich sind. Es wird also das Konzept einer lückenlosen Dokumentation in der physischen Urkundensammlung aufgegeben; stattdessen wird diese lückenlose Information durch das Urkundenverzeichnis gewährleistet. Diese Entscheidung ist sicherlich zeitgemäß und dürfte auch mit Blick auf eine etwaig in Zukunft einzuführende originär elektronische Niederschrift sinnvoll sein. 1

Abs. 1 beschäftigt sich mit den **Dokumenten**, die in die Urkundensammlung aufgenommen werden müssen (→ Rn. 3 ff.), Abs. 2 mit dem **Ordnungsprinzip** der Urkundensammlung (→ Rn. 10), Abs. 3 und 4 betreffen Urkunden und Dokumente, mit denen eine **gemeinsame Verwahrung** stattfinden kann (→ Rn. 11 ff.); Abs. 5 regelt schließlich die **Ersetzung der Urschrift** durch eine Abschrift (→ Rn. 16). 2

II. In die Urkundensammlung aufzunehmende Dokumente (Abs. 1)

Abs. 1 trifft nähere Bestimmungen zur Frage, welche **Dokumente** in die Urkundensammlung aufzunehmen sind. Der Abdeckungsbereich von Abs. 1 ist hierbei vollständig kongruent mit demjenigen der in § 7 näher bestimmten Eintragungen in das Urkundenverzeichnis. Mit anderen Worten korrespondiert jede Eintragung im Urkundenverzeichnis mit einer Bestimmung in Abs. 1, die festlegt, ob und wie zur entsprechenden Eintragung im Urkundenverzeichnis ein Dokument in der Urkundensammlung zu verwahren ist. Abs. 1 trifft knüpft hierbei jedoch teilweise an andere Binnenkriterien an, weil Aufhänger die Frage der konkreten papierförmigen Verwahrung in der Urkundensammlung ist. 3

1. Verfügungen von Todes wegen (Nr. 1). Nr. 1 regelt den Sonderfall der **Verfügungen von Todes wegen**. Deren Urschrift ist entweder in besondere amtliche Verwahrung zu bringen oder in der Erbvertragssammlung des Notars zu verwahren (→ § 16 Rn. 2 ff., → § 32 Rn. 1). Daher können Urschriften von Verfügungen von Todes wegen niemals Bestandteil der Urkundensammlung sein (zur elektronischen Urkundensammlung → § 34 Rn. 9). Folgerichtig bestimmt Nr. 1 lit. a, dass von Verfügungen von Todes wegen allenfalls eine **beglaubigte Abschrift** in der Urkundensammlung aufzubewahren ist. Dies gilt allerdings nur, 4

1 BR-Drs. 420/20 (neu), 52.

wenn die Beteiligten dies wünschen. Auch wenn dies der Regelfall sein sollte und dies allein aus Dokumentations- und Beweissicherungsgründen auch aus notarieller Sicht die vorzugswürdige Variante darstellt,[2] können sich die Beteiligten auch gegen die Aufbewahrung einer beglaubigten Abschrift in der Urkundensammlung aussprechen. Dies dürfte in dem besonderen Vertraulichkeitsmaßstab begründet sein, der bei Verfügungen von Todes wegen anzulegen ist. Falls keine beglaubigte Abschrift in der Urkundensammlung aufbewahrt wird, ist nach der Neuregelung auch kein ersetzendes Vermerkblatt hierfür zu fertigen (→ Rn. 1). Von der bisher in § 20 Abs. 1 S. 4 DONot aF enthaltenen Bestimmung, die Abschrift in der Regel in einem verschlossenen Umschlag aufzubewahren, wurde zu Recht Abstand genommen.[3] Dadurch, dass die Beteiligten weiterhin in die Verwahrung einer beglaubigten Abschrift ausdrücklich einwilligen müssen, ist bereits ein hinreichendes Schutzniveau sichergestellt. Nach lit. b ist zudem ein Ausdruck der Bestätigung bzw. Bestätigungen über die **Registrierung im Zentralen Testamentsregister** zu verwahren. Dies gilt selbst dann, wenn nach lit. a keine beglaubigte Abschrift zur Urkundensammlung genommen wurde oder wenn ein Erbvertrag in der notariellen Erbvertragssammlung verwahrt wird. Diese Vorschrift, die erst sehr spät im Gesetzgebungsverfahren eingefügt wurde, entspricht zwar dem Regelungsgehalt von § 20 Abs. 2 DONot aF. Jedoch erweist sie sich weitgehend als systemfremd, so dass es vorzugswürdig gewesen wäre, sie – wie der Referentenentwurf dies noch vorsah – nicht in die NotAktVV zu übernehmen. Die Registrierungsbestätigung ist nämlich weder ein den in Abs. 4 und Abs. 5 genannten Fällen vergleichbares Dokument, noch stellt sie eine öffentliche Urkunde dar. Vielmehr wäre sie in den Nebenakten richtig verortet, zumal auch nach Vernichtung der Nebenakte die Eintragung im Zentralen Testamentsregister weiterhin überprüfbar bleibt. Lit. b stellt mithin eine unnötige Erschwerung des Arbeitsablaufs im Notarbüro dar. Gleichwohl ist zuzugeben, dass die entsprechende Eintragungsbestätigung vom Zentralen Testamentsregister postwendend nach Registrierung erteilt wird, so dass zumindest keine wesentliche Verzögerung des Arbeitsablaufs eintritt; eine Erschwerung stellt dies gleichwohl dar. Zumindest plant der Verordnungsgeber aber nunmehr, für die Angabe des Datums der Verbringung in die besondere amtliche Verwahrung in § 20 keine persönliche Bestätigung des Notars mehr vorzusehen.[4]

5 **2. Sonstige Niederschriften (Nr. 2).** Von **Niederschriften** iSd §§ 8 ff., 36 ff. BeurkG, die nicht Verfügungen von Todes wegen darstellen, ist hingegen die **Urschrift** zu verwahren, wie Nr. 2 zum Ausdruck bringt. Dies entspricht der Grundregel der §§ 45, 45a BeurkG, wonach die Urschrift in der Verwahrung des Notars bleibt. Die Urschrift darf im Grundsatz auch nicht an die Beteiligten herausgegeben werden.[5]

6 **3. Vermerke und einfache elektronische Zeugnisse (Nr. 3, Nr. 4).** Nr. 3 beschäftigt sich mit **Vermerken** nach § 39 BeurkG, soweit diese in das Urkundenver-

2 S. dazu näher Armbrüster/Preuß/Renner/*Eickelberg* DONot § 20 Rn. 7.
3 In diese Richtung auch Armbrüster/Preuß/Renner/*Eickelberg* DONot § 18 Rn. 26 ff.
4 § 20 Abs. 2 Nr. 2 in der Fassung des Referentenentwurfs des BMJV einer Verordnung zur Änderung der Verordnung über die Führung notarieller Akten und Verzeichnisse, der Notarfachprüfungsverordnung, der Notarverzeichnis- und -postfachverordnung, der Rechtsanwaltsverzeichnis- und -postfachverordnung und der Patentanwaltsausbildungs- und -prüfungsverordnung sowie zur Einführung der Patentanwaltsverzeichnisverordnung, abrufbar unter https://www.bmjv.de/SharedDocs/Gesetzgebungsverfahren/DE/Aenderung_NotaraktenVV.html.
5 BeckOK BeurkG/*Kleba* DONot § 18 Rn. 1; LG Memmingen MittBayNot 1993, 402.

zeichnis einzutragen sind; nicht betroffen sind daher beispielsweise Abschriftsbeglaubigungen (→ § 7 Rn. 4). Vermerke nach § 39 BeurkG sind in der Regel auszuhändigen, § 45a Abs. 2 BeurkG. Nr. 3 differenziert daher wie folgt: Wenn ausnahmsweise die Urschrift beim Notar verbleibt, ist diese nach lit. a zu verwahren. Im Übrigen muss nach lit. b eine beglaubigte Abschrift verwahrt werden, soweit der Notar die zugrunde liegende Urkunde entworfen hat. Dies dient insbesondere Zwecken der Kostenprüfung,[6] aber auch Zwecken der allgemeinen Aufsicht, weil der Notar bei Entwurfsfertigung mit Unterschriftsbeglaubigung die Prüfungs- und Belehrungsverantwortung für die Erklärungen in der Urkunde übernimmt.[7] Wenn es sich um einen Fremdentwurf handelt, liegt die Verwahrung einer (beglaubigten oder auch unbeglaubigten) Abschrift nach lit. c indes im Ermessen des Notars. Aus notarieller Sicht empfiehlt es sich bereits aus Dokumentations- und Beweisgründen, dennoch immer eine beglaubigte Abschrift zu verwahren. Bei Vermerken, die aufgrund der Einführung des elektronischen Register- und Grundbuchverkehrs nicht mehr in Papierform, sondern elektronisch an das Grundbuchamt bzw. Register gesandt werden, empfiehlt es sich, die Urschrift zu verwahren, weil diese den einzigen unmittelbaren Nachweis dafür bietet, dass die Unterschrift vorlag. Zudem dürfte auch der Zweck des § 45a Abs. 2 BeurkG hierfür sprechen, weil die Urschrift gerade nicht mehr für Zwecke des Rechtsverkehrs benötigt wird.[8] Freilich sollte in diesen Fällen nach § 45a Abs. 2 BeurkG das Einverständnis der Beteiligten eingeholt werden. Wird abweichend von dem hier empfohlenen Vorgehen keine Abschrift verwahrt, ist jedoch anders als in § 19 Abs. 2 DONot aF kein ersetzendes Vermerkblatt mehr aufzubewahren.

Wenn eine **Anzeige an Finanzbehörden** gesendet werden muss, ist auch bei 7
einem Fremdentwurf abweichend von Vorstehendem immer eine Abschrift der Vermerkurkunde in der Urkundensammlung zu verwahren. Anders als die bisherige DONot hält die NotAktVV selbst zwar keine spezifische Regelung hierfür vor. In § 19 Abs. 1 Hs. 2 DONot aF war ehemals geregelt, dass bei Mitteilungen an Finanzämter ein Vermerk über die Absendung der Anzeige auf die Abschrift zu setzen sei. Jedoch ergibt sich eine entsprechende Vermerkpflicht in den häufigsten Fällen, nämlich bei der Einkommen-, Erbschaft- bzw. Schenkung- und Grunderwerbsteuer, bereits aus den zugrunde liegenden steuerrechtlichen Vorschriften, vgl. § 54 Abs. 2 S. 3 EStDV, § 34 ErbStG iVm § 8 Abs. 1 S. 5 ErbStDV, § 18 Abs. 4 GrEStG. Diesen Vorschriften ist gleichzeitig zu entnehmen, dass die Urschrift oder eine Abschrift in der Urkundensammlung zu verwahren ist. Der Vermerk kann bis zur Einstellung der Urkunde in die elektronische Urkundensammlung auf die Urkunde selbst gesetzt werden, danach ist wegen § 35 Abs. 3 S. 2 ein gesondertes Vermerkblatt zu erstellen, das mit dem verwahrten Dokument zu verbinden ist (→ § 35 Rn. 5). Gleichzeitig dürfte es ratsam sein, die steuerliche Mitteilung auch nach § 17 Abs. 2 zu vermerken. Die eher seltene Mitteilungspflicht nach § 8 ZIV iVm § 102 Abs. 4 AO beinhaltet hingegen zwar keine derartige Vermerkpflicht, dennoch ist auch hier ein entsprechendes Vorgehen sinnvoll.

Für einfache elektronische Zeugnisse nach § 39a BeurkG, die in das Urkunden- 8
verzeichnis einzutragen sind, regelt Nr. 4, dass ein (einfacher) Ausdruck in der

6 BR-Drs. 420/20 (neu), 51.
7 Frenz/Miermeister/*Ellefret* DONot § 19 Rn. 2.
8 Vgl. dazu näher Armbrüster/Preuß/Renner/*Eickelberg* DONot § 18 Rn. 11 (noch mit Bezugnahme auf § 45 Abs. 3 BeurkG aF); ähnlich BeckOK BeurkG/*Kleba* DONot § 18 Rn. 3; BeckOK BNotO/*Bracker* DONot § 18 Rn. 4; Frenz/Miermeister/*Ellefret* DONot § 18 Rn. 3b.

Urkundensammlung zu verwahren ist; dies gilt im Gegensatz zu Nr. 3 unabhängig davon, ob der Notar die zugrunde liegende Urkunde entworfen hat oder nicht.

9 **4. Vollstreckbarerklärungen, Urkunden nach dem Sachenrechtsbereinigungsgesetz (Nr. 5 bis 7).** Bei den eher seltenen Sonderfällen der Vollstreckbarerklärungen eines Anwaltsvergleichs, eines Schiedsspruchs und der in das Urkundenverzeichnis einzutragenden Urkunden nach dem Sachenrechtsbereinigungsgesetz regeln Nr. 5 bis 7, dass jeweils die Urschrift der notariellen Urkunde zu verwahren ist, bei Anwaltsvergleichen gemeinsam mit der Urschrift des Vergleichs, bei Schiedssprüchen gemeinsam mit einer beglaubigten Abschrift des Schiedsspruchs.

III. Ordnungsprinzip der Urkundensammlung (Abs. 2)

10 Abs. 2 trifft die nachvollziehbare Regelung, dass die Urkundensammlung nach der Reihenfolge der Eintragungen im Urkundenverzeichnis zu ordnen ist. Hierbei ist auf eine sorgfältige Lagerung der Urkunden, etwa mittels spezieller Urkundenkästen, zu achten, die eine dauerhafte Lagerung in dieser Reihenfolge sicherstellt. Zur Reihenfolge der Eintragungen im Urkundenverzeichnis → § 8 Rn. 3 f. Dies schließt allerdings nicht aus, dass – bei entsprechend guter Büroorganisation – einzelne Urschriften, die zur Sachbearbeitung benötigt werden, vorübergehend weiter außerhalb der Urkundensammlung aufbewahrt werden.[9] Freilich dürfte ein entsprechendes Bedürfnis mit Einführung des elektronischen Urkundenarchivs nochmals stark gesunken sein; Ausnahmefälle – etwa bei besonders großformatigen Aufteilungsplänen – sind jedoch weiterhin vorstellbar. Die in der Urkundensammlung verwahrten Urkunden stehen fernerhin im Eigentum des Landes.[10]

IV. Gemeinsame Verwahrung mit der Haupturkunde (Abs. 3, Abs. 4)

11 Abs. 3 und 4 handeln von Dokumenten, die gemeinsam mit der Urkunde verwahrt werden können. Es wird im Wesentlichen der Regelungsgehalt von § 18 Abs. 2 S. 1 und 2 DONot aF übernommen. Unter gemeinsamer Verwahrung ist nicht die Beifügung iSd § 44 BeurkG zu verstehen, die zwingend mit einer Verbindung mit Schnur und Prägesiegel einhergehen muss. Vielmehr wird darunter die rein örtlich mit der Urkunde im Zusammenhang stehende Verwahrung verstanden. Nicht geregelt wird, wie die Dokumente verbunden werden müssen; dies ergibt sich aus anderen Vorschriften. So schreibt etwa § 44 BeurkG für gewisse Dokumente eine Verbindung mit Schnur und Siegel vor; § 14 Abs. 2 S. 2 DONot lässt hingegen ein Ankleben oder eine Verbindung mit Heftklammer genügen. Zur gemeinsamen Verwahrung in der elektronischen Urkundensammlung → § 34 Rn. 3.

12 **1. Obligatorische gemeinsame Verwahrung (Abs. 3).** Abs. 3 regelt, dass Vertretungsnachweise zwingend gemeinsam mit der zugrunde liegenden Urkunde zu verwahren sind, wenn sie nach § 12 BeurkG der Niederschrift beigefügt werden sollen. Diese Regelung betrifft dem Wortlaut nach nur Vollmachten und Ausweise über die gesetzliche Vertretung, weil nur diese nach § 12 S. 1 BeurkG der Haupturkunde beizufügen sind, und ist insoweit nur deklaratorisch, weil sie

9 Armbrüster/Preuß/Renner/*Eickelberg* DONot § 18 Rn. 17; BeckOK BeurkG/*Kleba* DONot § 18 Rn. 5; Frenz/Miermeister/*Ellefret* DONot § 18 Rn. 9 f.

10 BeckOK BeurkG/*Kleba* DONot § 18 Rn. 1; Armbrüster/Preuß/Renner/*Eickelberg* DONot § 18 Rn. 3; Weingärtner/Gassen/Sommerfeldt/*Weingärtner* DONot § 18 Rn. 2.

den Regelungsinhalt von § 12 S. 1 BeurkG wiederholt. In entsprechender Anwendung dürfte Abs. 3 aber ebenso für Vertretungsbescheinigungen nach § 21 Abs. 1 und 3 BNotO gelten.[11] Ein weiterer Fall der obligatorischen gemeinsamen Verwahrung ist ferner die fremdsprachige Urkunde und deren **bescheinigte deutsche Übersetzung**; dies ist zwar nicht in Abs. 3 geregelt, aber auf Gesetzesebene in § 50 Abs. 3 S. 2 BeurkG.[12]

2. Fakultative gemeinsame Verwahrung (Abs. 4). Abs. 4 enthält eine Aufzählung von Fällen, in denen eine **gemeinsame Verwahrung** mit der Hauptturkunde **nicht stattfinden muss, aber stattfinden kann**. Ob eine gemeinsame Verwahrung stattfindet, steht insoweit im durch die Dienstaufsicht nicht überprüfbaren Ermessen des Notars.[13] Nr. 1 betrifft den Fall des inhaltlichen Zusammenhangs mit der Hauptturkunde. Davon erfasst sind insbesondere Vertragsannahme-, Auflassungs- und Genehmigungserklärungen.[14] Nr. 2 spricht Dokumente an, die für die Rechtswirksamkeit oder die Durchführung des Rechtsvorgangs bedeutsam sind. Hierunter fallen insbesondere Genehmigungen, behördliche Beschlüsse und Bescheinigungen, Erbscheine und Eintragungsmitteilungen.[15] Zudem dürften auch Belege über die Einzahlung des Stammkapitals einer gegründeten GmbH hierunter zählen[16] sowie Satzungs- und Listenbescheinigungen (sofern diese nicht nach der jeweiligen regionalen Besonderheit einen eigenen Eintrag im Urkundenverzeichnis erhalten, → § 7 Rn. 5 f.),[17] ferner auch Eigenurkunden.[18] Schließlich ermöglicht diese Vorschrift auch, Grundbucherklärungen, die nach Einführung des elektronischen Rechtsverkehrs in Grundbuchsachen nicht mehr in Papierform an das Grundbuchamt übersandt und dort bei den Grundakten verwahrt werden, sondern elektronisch an das Grundbuchamt geschickt werden, bei der Hauptturkunde zu verwahren.[19] Ferner kann sich die Statthaftigkeit einer gemeinsamen Verwahrung auch aus anderen Rechtsquellen ergeben, so etwa für die Kostenberechnung aus § 19 Abs. 6 GNotKG („zu den Akten nehmen" dürfte eine Aufnahme in die Urkundensammlung oder alternativ auch eine Aufnahme in die Nebenakte zulassen). 13

Soweit es sich bei dem mit der Hauptturkunde verwahrten Dokument um eine in der Urkundensammlung desselben Notars verwahrungspflichtige Urkunde handelt, muss in den Fällen des § 17 Abs. 1 ein jeweiliger **Querverweis** im Urkundenverzeichnis erfolgen (→ § 17 Rn. 2 f.). Aufgrund dieses Querverweises ist es – anders als in § 18 Abs. 2 S. 3 DONot aF – nicht mehr notwendig, ein entsprechendes Hinweisblatt in die Urkundensammlung aufzunehmen.[20] Die Aufnahme eines entsprechenden Hinweisblattes an der „richtigen" Stelle der Urkundensammlung dürfte jedoch weiterhin nicht unzulässig sein, ebenso die Aufnahme einer Abschrift der Urkunde. 14

11 Armbrüster/Preuß/Renner/*Eickelberg* DONot § 18 Rn. 21; BeckOK BeurkG/*Kleba* DONot § 18 Rn. 9.
12 Armbrüster/Preuß/Renner/*Eickelberg* DONot § 18 Rn. 23.
13 Armbrüster/Preuß/Renner/*Eickelberg* DONot § 18 Rn. 20.
14 BR-Drs. 420/20 (neu), 52; vgl. auch die beispielhafte Aufzählung in § 18 Abs. 2 S. 1 Spiegelstrich 1 DONot aF.
15 BR-Drs. 420/20 (neu), 52; vgl. auch die beispielhafte Aufzählung in § 18 Abs. 2 S. 1 Spiegelstrich 2 DONot aF.
16 *Leitzen* RNotZ 2010, 254 (257).
17 Frenz/Miermeister/*Ellefret* DONot § 18 Rn. 7.
18 Frenz/Miermeister/*Ellefret* DONot § 18 Rn. 8.
19 Armbrüster/Preuß/Renner/*Eickelberg* DONot § 18 Rn. 5.
20 BR-Drs. 420/20 (neu), 52.

15 Nicht mehr enthalten ist an dieser Stelle eine Regelung für Änderungsurkunden, wie sie § 18 Abs. 2 S. 1 Spiegelstrich 3 DONot aF noch vorsah. Diese Frage ist nunmehr in § 44b Abs. 1 S. 3 BeurkG nF auf gesetzlicher Ebene geregelt.

V. Ersetzung der Urschrift (Abs. 5)

16 Bisweilen ist es dem Notar nicht möglich, für seine Verwahrung auf eine Urschrift zurückzugreifen. Dies betrifft etwa den Fall, dass die Urschrift zur Verwendung im Ausland ausgehändigt wurde, § 45a Abs. 1 BeurkG, aber auch den Fall, dass die Urschrift zerstört wurde, § 46 BeurkG. Insoweit bestimmt bereits das Beurkundungsgesetz in § 45a Abs. 1 S. 3, § 46 Abs. 1 S. 2, dass eine Ausfertigung bzw. eine beglaubigte Abschrift an die Stelle der Urschrift treten kann. § Abs. 5 zieht diese Regelungen nach und stellt klar, dass insoweit anstelle der Urschrift die Ausfertigung bzw. die beglaubigte Abschrift verwahrt werden kann.

§ 32 Erbvertragssammlung

Erbverträge, deren besondere amtliche Verwahrung ausgeschlossen wurde, werden nach der Nummernfolge der Eintragungen im Urkundenverzeichnis in der Erbvertragssammlung verwahrt.

1 Testamente müssen, Erbverträge können dem Amtsgericht in besondere amtliche Verwahrung gegeben werden (→ § 16 Rn. 2 ff.). Soweit Erbverträge in der Verwahrung des Notars verbleiben, sind diese nun zwingend in einer gesondert zu führenden Erbvertragssammlung aufzubewahren. Damit wird die bisherige fakultative Regelung in § 18 Abs. 4 DONot aF verbindlich. Parallel kann nach § 31 Abs. 1 Nr. 1 lit. a gleichwohl auch eine beglaubigte Abschrift in der Urkundensammlung verwahrt werden. Hintergrund der nun zwingend gesondert zu führenden Erbvertragssammlung ist zweierlei:[1] Zum einen darf nach § 34 Abs. 4 BeurkG keine elektronische Fassung der Urschrift für die elektronische Urkundensammlung hergestellt werden. Anders als bei in der Urkundensammlung verwahrten Dokumenten ist bei Urschriften von Erbverträgen also eine gleichgeordnete Duplizierung in der elektronischen Urkundensammlung nicht zulässig. Dies stellt eine Abweichung von dem in § 34 Abs. 2 Nr. 1 niedergelegten Grundsatz dar, dass in der Urkundensammlung verwahrte Urschriften durch eine ihr vollständige äquivalente elektronische Fassung in der elektronischen Urkundensammlung abgebildet werden müssen. Daher ist die verpflichtende Führung einer davon abweichenden Erbvertragssammlung bereits strukturell sinnvoll. Hinzu kommt ein praktischer Aspekt: Die Aufbewahrungspflicht von in notarieller Verwahrung befindlichen Erbverträgen beträgt 100 Jahre (vgl. § 50 Abs. 1 Nr. 4), diejenige für in der Urkundensammlung verwahrte Dokumente 30 Jahre (vgl. § 50 Abs. 1 Nr. 3). Auch aus diesen Gründen ist eine räumliche Trennung sinnvoll. Die konkrete Aufbewahrung folgt nach der Nummernfolge der Eintragungen im Urkundenverzeichnis.

1 Vgl. hierzu auch BR-Drs. 420/20 (neu), 53.

§ 33 Sonderbestimmungen für Verfügungen von Todes wegen

(1) Wird ein Erbvertrag aus der notariellen Verwahrung zurückgegeben, so ist anstelle des Erbvertrags ein Vermerk mit den Angaben nach § 9 Nummer 1 bis 3 und der Urkundenverzeichnisnummer zur Erbvertragssammlung zu nehmen.

(2) [1]Wird über die Rückgabe des Erbvertrags keine Niederschrift errichtet, soll der Notar in dem Vermerk die Erfüllung der ihm nach § 2300 Absatz 2 Satz 3 in Verbindung mit § 2256 Absatz 1 Satz 2 des Bürgerlichen Gesetzbuchs obliegenden Pflichten aktenkundig machen. [2]Die Personen, an die der Erbvertrag zurückgegeben wurde, sind mit den in § 12 Absatz 2 Satz 1 und 2 genannten Angaben zu bezeichnen.

(3) Der Notar hat den Vermerk zu unterschreiben.

(4) Auf Antrag aller Beteiligten ist diesen die in der Urkundensammlung verwahrte beglaubigte Abschrift einer Verfügung von Todes wegen auszuhändigen.

(5) Wird bei einer Verfügung von Todes wegen vor deren Registrierung im Zentralen Testamentsregister die Aushändigung der Urschrift zum Zwecke des Widerrufs durch Vernichtung verlangt, so sind die Absätze 1 bis 3 mit der Maßgabe entsprechend anzuwenden, dass der Vermerk zur Urkundensammlung zu nehmen ist.

Literatur:

Püls/Gerlach, NotAktVV und Elektronisches Urkundenarchiv, 2021.

I. Normzweck und Systematik

1 Verfügungen von Todes wegen nehmen in vielerlei Hinsicht eine **Sonderrolle** ein und sind daher an verschiedenen Stellen Gegenstand von besonderen Regelungen (→ § 16 Rn. 1 ff.). Zu dieser Sonderrolle gehört mit Blick auf die Verwahrung, dass die Urschrift in aller Regel in besondere amtliche Verwahrung gebracht wird oder – im Fall des Erbvertrages – in der notariellen Verwahrung bleibt und hierbei in der Erbvertrags- und nicht in der Urkundensammlung des Notars verwahrt wird. Außerdem darf von einer Verfügung von Todes wegen keine elektronische Fassung der Urschrift im elektronischen Urkundenarchiv gespeichert werden (→ BeurkG § 34 Rn. 9 f.). Weiter können Verfügungen von Todes wegen von den Beteiligten aus der Verwahrung des Notars zurückgefordert werden, was dem allgemeinen Grundsatz, dass ein Notar alle von ihm errichteten Urkunden als Ur- oder Abschrift in der Urkundensammlung verwahrt, entgegenläuft. An die Rückgabe aus notarieller Verwahrung (ebenso aus besonderer amtlicher Verwahrung) sind überdies materielle Widerrufsfolgen geknüpft. Schließlich ist mit Verfügungen von Todes wegen ein besonderes Meldewesen zwischen Notar, Zentralem Testamentsregister, Standesamt und Nachlassgericht verbunden.

2 Diese Sonderrolle wird von § 33 aufgegriffen. Die Vorschrift enthält hierbei besondere Bestimmungen im Zusammenhang mit der **Rückgabe von Urkunden**

mit Verfügungen von Todes wegen aus der notariellen Verwahrung. Abs. 1 bis 3 betrifft die Rückgabe von Erbverträgen aus der notariellen Verwahrung (→ Rn. 3 f.). Abs. 4 beschäftigt sich mit der Rückgabe einer beglaubigten Abschrift aus der Urkundensammlung (→ Rn. 5). Abs. 5 schließlich befasst sich mit dem Spezialfall der Rückgabe einer Verfügung von Todes wegen vor dem Zeitpunkt der Registrierung im Zentralen Testamentsregister (→ Rn. 6 ff.).

II. Rückgabe des Erbvertrags aus notarieller Verwahrung (Abs. 1 bis 3)

3 Abs. 1 bis 3 behandelt die Rückgabe eines Erbvertrages aus der notariellen Verwahrung. Zu verstehen ist darunter weder die nachträgliche Verbringung in die besondere amtliche Verwahrung (§ 16 Abs. 3 Nr. 1) noch die Ablieferung an das Nachlassgericht nach Eintritt des Erbfalls (§ 16 Abs. 3 Nr. 3), sondern lediglich die **Rückgabe an die Beteiligten** aus der notariellen Verwahrung (§ 16 Abs. 3 Nr. 2), die materiellrechtlich eine **Widerrufswirkung** nach sich zieht (§ 2300 Abs. 2 S. 3 iVm § 2256 Abs. 1 S. 1 BGB). Die Rückgabe kann lediglich an alle Beteiligten höchstpersönlich erfolgen (§ 2300 Abs. 2 S. 2 iVm § 2290 Abs. 1 S. 2, Abs. 2 BGB). Die Rückgabe sollte ferner nach § 17 Abs. 2 als sonstige Angabe im Urkundenverzeichnis vermerkt werden.

4 Aufgrund der Widerrufswirkung treffen den Notar als zurückgebende Stelle entsprechende Belehrungspflichten, § 2300 Abs. 2 S. 3 iVm § 2256 Abs. 1 S. 2 BGB. Um die Einhaltung dieser Belehrungspflichten sicherzustellen und insbesondere auch deren Überprüfung durch die Aufsichtsbehörde zu ermöglichen, schreibt Abs. 1 – als Ausnahme von der grundsätzlichen Abkehr der NotAktVV von der Vermerkpflicht (→ § 31 Rn. 1) – vor, dass anstelle des zurückgegebenen Erbvertrags ein **Vermerk** in der Erbvertragssammlung zu verwahren ist, der die Angaben nach § 9 Nr. 1 bis 3 (Datum, Ort, Amtsperson, Beteiligte) sowie die Urkundenverzeichnisnummer enthält. Nach Abs. 2 muss der Vermerk zusätzlich Angaben zur Erfüllung der Belehrungspflichten nach § 2300 Abs. 2 S. 3 iVm § 2256 Abs. 1 S. 2 BGB enthalten und die Personen bezeichnen, denen der Erbvertrag zurückgegeben wurde. Diese zusätzlichen Vermerkinhaltspflichten nach Abs. 2 sind aber dann entbehrlich, wenn der Notar den Erbvertrag nicht nur schlicht zurückgegeben hat, sondern über die Rückgabe des Erbvertrags eine Niederschrift errichtet hat (in aller Regel dürfte es sich hierbei um einen einvernehmlichen Aufhebungsvertrag handeln), da dann die Belehrung bzw. die Rechtswirkung bereits aus der Niederschrift hervorgeht. Nach § 17 Abs. 1 haben die Einträge zu Verfügung von Todes wegen und Rückgabeniederschrift außerdem entsprechende Querverweise zu enthalten, so dass die Niederschrift unschwer aufgefunden werden kann. Trotz dieser Erleichterung ist aber im Gegensatz zu § 20 Abs. 3 S. 3 DONot aF die **Anfertigung des Vermerkblatts** selbst – ggf. ohne die spezifischen Informationen nach Abs. 2 – **immer erforderlich**. Der Vermerk ist nach Abs. 3 vom Notar zu **unterschreiben**; einfache Unterschrift ohne Siegel genügt. Der Notar hat die Rückgabe ferner nach § 34a Abs. 2 BeurkG an das Zentrale Testamentsregister zu melden. Die Bestätigung über diese Meldung ist allerdings – anders als nach § 20 Abs. 3 S. 5 DONot aF und auch anders als die Registrierungsbestätigung nach § 31 Abs. 1 Nr. 1 lit. b – nicht zwingend zu verwahren. Jedoch bietet sich dennoch eine nach § 31 Abs. 4 Nr. 2 mögliche Verwahrung mit der Registrierungsbestätigung nach § 31 Abs. 1 Nr. 1 lit. b an. Alternativ ist an eine Aufnahme in die Nebenakte zu denken.

III. Rückgabe der beglaubigten Abschrift aus der Urkundensammlung (Abs. 4)

Nach § 31 Abs. 1 Nr. 1 lit. a kann eine beglaubigte Abschrift einer Verfügung von Todes wegen in der Urkundensammlung des Notars verwahrt werden. Auch dann, wenn ein Erbvertrag in der Erbvertragssammlung des Notars verwahrt wird, kann eine beglaubigte Abschrift hiervon parallel in der Urkundensammlung verwahrt werden (und die Registrierungsbestätigung des Zentralen Testamentsregisters muss nach § 31 Abs. 1 Nr. 1 lit. b sogar dort verwahrt werden, → § 31 Rn. 4). Aufgrund der besonderen Bedeutung der Vertraulichkeit und des Datenschutzes bei Verfügungen von Todes wegen bestimmt Abs. 4 nun, dass eine in der Urkundensammlung verwahrte **beglaubigte Abschrift** einer Verfügung von Todes wegen den Beteiligten auf Antrag **auszuhändigen** ist. Dies ist eine konsequente Fortführung von § 31 Abs. 1 Nr. 1 lit. a: Bereits die Verwahrung in der Urkundensammlung erfolgt nur auf Wunsch der Beteiligten, daher können diese auch die Rückgabe aus der Urkundensammlung verlangen. Ein besonderer Vermerk ist in diesem Zusammenhang nicht erforderlich, da es sich nicht um eine Rückgabe handelt, die eine Widerrufsfolge auslöst. Allerdings ist der Notar gehalten, im Falle einer Rücknahme eines Erbvertrags aus der notariellen Verwahrung eine parallel in der Urkundensammlung verwahrte beglaubigte Abschrift ebenfalls herauszugeben.[1] Im Übrigen empfiehlt sich im Fall der Rückgabe außerdem ein entsprechender Vermerk im Urkundenverzeichnis nach § 17 Abs. 2. 5

IV. Aushändigung vor Eintragung im Zentralen Testamentsregister (Abs. 5)

Abs. 5 schließlich behandelt einen sehr seltenen **Sonderfall**,[2] nämlich dass die Aushändigung einer Verfügung von Todes wegen verlangt wird, bevor die Registrierung im Zentralen Testamentsregister stattgefunden hat. In diesem Fall ist ein Vermerk entsprechend Abs. 1 bis 3 zur Urkundensammlung – und nicht etwa zur Erbvertragssammlung – zu nehmen. Die Regelung dient dazu, zu dokumentieren, weshalb keine Registrierungsbestätigung vorliegt.[3] In Zusammenschau mit der Regelung des § 31 Abs. 1 Nr. 1 lit. b, deren Sinnhaftigkeit man allerdings bezweifeln kann (→ § 31 Rn. 4), ist Abs. 5 durchaus konsequent: Im Grundsatz ist bei jeder Verfügung von Todes wegen die Registrierungsbestätigung des Zentralen Testamentsregisters in die Urkundensammlung aufzunehmen. Fehlt diese Bestätigung ausnahmsweise, muss der Vollständigkeit halber durch einen entsprechenden Vermerk zum Ausdruck kommen, warum eine Registrierung nicht erfolgt ist. 6

Diese Vorschrift ist **erläuterungsbedürftig**. Erfasst ist die folgende Konstellation: Solange ein Testament noch beim Notar liegt und nicht zur besonderen amtlichen Verwahrung an das Amtsgericht weitergegeben wurde, ist dieses *noch nicht* nach § 2256 Abs. 1 BGB widerruflich. Denn es befindet sich noch nicht in der besonderen amtlichen Verwahrung, so dass auch keine Rückgabe aus dieser stattfinden kann, die die Widerrufswirkung auslöst.[4] Bei einem entsprechenden Widerrufswillen des Erblassers in diesem Stadium wäre es jedoch bloße Förmelei, von ihm zu verlangen, die Verbringung in die besondere amtliche Verwahrung abzuwarten, um das Testament sodann von dort zurückzufor- 7

1 Armbrüster/Preuß/Renner/*Eickelberg* DONot § 20 Rn. 22.
2 Ebenso *Püls/Gerlach* § 4 Erläuterung zu § 33 NotAktVV.
3 BR-Drs. 420/20 (neu), 54.
4 BGH NJW 1959, 2113.

dern oder ein Widerrufstestament zu errichten. Stattdessen kann der Notar das Testament an den Erblasser herausgeben, der dieses durch Vernichtung nach § 2255 BGB widerrufen kann.[5] Denn auch der Widerruf eines öffentlichen Testaments ist nach § 2255 BGB möglich.[6] Dies gilt auch für gemeinschaftliche Testamente, wenn die Vernichtung vom Widerrufswillen beider Erblasser getragen ist.[7] Schließlich wird diese Widerrufsmöglichkeit auch bei Erbverträgen vertreten,[8] die für die besondere amtliche Verwahrung bestimmt sind. Problematisch ist hierbei jedoch, dass § 2300 Abs. 2 S. 3 BGB nur auf § 2256 BGB verweist. Allenfalls einseitige Verfügungen im Erbvertrag dürften nach § 2299 Abs. 2 S. 1 BGB durch Vernichtung widerrufbar sein.[9] Erbverträge, die vom Notar verwahrt werden sollen, sind ohnehin nicht nach § 2255 BGB widerrufbar, weil bereits die Herausgabe durch den Notar die Widerrufsfiktion der § 2230 Abs. 2 S. 3 iVm § 2256 Abs. 1 BGB hervorruft, so dass eine nachgelagerte Vernichtung ohne Folgen ist.

8 Für die vorbeschriebenen Fälle ordnet Abs. 5 nun an, dass Abs. 1 bis 3 entsprechend anzuwenden ist. Darunter fällt auch die Belehrungspflicht nach Abs. 2 iVm § 2300 Abs. 2 S. 3, § 2256 Abs. 1 S. 2 BGB. Diese Belehrungspflicht wiederum bezieht sich aber auf die Rechtsfolgen der Widerrufsfiktion aufgrund der Rückgabe aus besonderer amtlicher bzw. notarieller Verwahrung, die hier gerade nicht einschlägig ist. Der Regelungsgehalt dieser Norm ist stattdessen dahin gehend auszulegen, dass über die Folgen eines Widerrufs durch Vernichtung belehrt werden muss sowie darüber, dass die alleinige Rückgabe keinen Widerruf bewirkt, und dies im entsprechenden Vermerk dokumentiert werden soll. Ist ein Erbvertrag betroffen, dürfte außerdem darüber zu belehren sein, dass eine Vernichtung nur zum Widerruf der einseitigen Verfügungen führt und dass das Regelungsziel ggf. nur auf anderem Wege, nämlich insbesondere durch Aufhebung oder ggf. Rücktritt, erreicht werden kann. Ist ein gemeinschaftliches Testament betroffen, dürfte auch insoweit über die Besonderheiten des Widerrufs zu belehren sein. Dieser Vermerk ist sodann nach Abs. 5 in die Urkundensammlung aufzunehmen. Gleichzeitig erscheint es – entgegen der Aussage in der Entwurfsbegründung – notwendig, auch eine entsprechende Registrierung im Zentralen Testamentsregister vorzunehmen. Denn § 34a BeurkG enthält keinerlei Ausnahme für die oben beschriebenen Fälle. Vielmehr ist jede erbfolgerelevante Urkunde dem Zentralen Testamentsregister zu melden, § 34a Abs. 1 BeurkG. Hat der Widerruf durch Vernichtung vor den Augen des Notars stattgefunden, dürfte analog § 34 Abs. 2 BeurkG gleichzeitig eine Mitteilung darüber zu erfolgen haben.[10]

5 BeckOK BeurkG/*Seebach* BeurkG § 34 Rn. 50; Armbrüster/Preuß/Renner/*Seger* BeurkG § 34 Rn. 12.
6 BGH NJW 1959, 2113.
7 OLG Naumburg BeckRS 2013, 14046.
8 Armbrüster/Preuß/Renner/*Seger* BeurkG § 34 Rn. 12.
9 Ähnlich Nieder/Kössinger/*R. Kössinger* Testamentsgestaltungs-HdB § 11 Rn. 61 ff.; § 16 Rn. 22.
10 So wohl auch BeckOGK/*Grziwotz* BeurkG § 34a Rn. 9.

Abschnitt 5 Elektronische Urkundensammlung, Sondersammlung

§ 34 Elektronische Urkundensammlung

(1) In der elektronischen Urkundensammlung werden die Dokumente in elektronischer Form verwahrt, die nach § 31 in der Urkundensammlung verwahrt werden.

(2) Dokumente, die in Papierform erstellt wurden, können verwahrt werden als
1. elektronische Fassung (§ 56 des Beurkundungsgesetzes),
2. elektronisch beglaubigte Abschrift, wenn es sich bei ihnen um Ausfertigungen, beglaubigte Abschriften oder einfache Abschriften handelt, oder
3. elektronische Abschriften, wenn es sich bei ihnen um einfache Abschriften handelt.

(3) Dokumente, die in elektronischer Form erstellt wurden, können in dieser Form oder als elektronische Fassung des Ausdrucks, der in der Urkundensammlung verwahrt wird, verwahrt werden.

(4) [1]Tritt nach dem Beurkundungsgesetz eine Ausfertigung oder eine beglaubigte Abschrift an die Stelle der Urschrift, so ist die elektronische Fassung der Urschrift zu verwahren. [2]Ist eine Verwahrung der elektronischen Fassung der Urschrift nicht möglich, so ist eine elektronische Fassung der Ausfertigung oder der beglaubigten Abschrift zu verwahren, die an die Stelle der Urschrift getreten ist.

(5) In der elektronischen Urkundensammlung kann neben einer Niederschrift auch eine vollständige oder auszugsweise Reinschrift von dieser verwahrt werden.

I. Normzweck und Systematik

Zu den wesentlichen Neuerungen, die mit der Einführung des Elektronischen Urkundenarchivs verbunden sind, gehört die elektronische Urkundensammlung (zur Terminologie → §§ 1, 2 Rn. 8 ff.). Dabei handelt es sich um eine der papierförmigen Urkundensammlung des Notars im Wesentlichen gleichwertige Parallelsammlung in elektronischer Form. Diese – auch rechtliche – Gleichwertigkeit zur Urkundensammlung unterscheidet die elektronische Urkundensammlung von den bereits bisher in vielen Notarstellen als Hilfsmittel genutzten Scans notarieller Urkunden, die in der Notariatssoftware gespeichert sind. Die elektronische Urkundensammlung ist nach § 55 Abs. 2 BeurkG im Elektronischen Urkundenarchiv zu führen. Die Bundesnotarkammer als Urkundenarchivbehörde stellt hierfür ein hochsicheres System zur Verfügung, das insbesondere den Sicherheitszielen des § 35 Abs. 1 BNotO genügt. Die elektronische Urkundensammlung ermöglicht es, die **Aufbewahrungsfrist** für die papierförmige Urkundensammlung von 100 auf 30 Jahre zu senken (→ § 50 Rn. 1) und damit 1 räumliche und personelle Kapazitäten zu sparen, ohne dass sich dies zulasten der Verfügbarkeit der aufzubewahrenden Dokumente auswirkt. Weiter ermöglicht die elektronische Urkundensammlung, **Ausfertigungen und beglaubigte Abschriften direkt aus dem Elektronischen Urkundenarchiv** zu erstellen, ohne die Übereinstimmung mit der papierförmigen Urschrift nochmals überprüfen zu müssen. Schließlich ist im Rahmen des elektronischen Rechtsverkehrs auch der **Export einer beglaubigten Abschrift** und deren Weiterleitung an Grundbuchamt, Registergericht und Behörden möglich, ohne den „Umweg" über die papierförmige Urkundensammlung gehen zu müssen. Abs. 1 bestimmt näher, welche Dokumente Gegenstand der Verwahrung in der elektronischen Urkundensammlung sind (→ Rn. 2 f.). Abs. 2 beschäftigt sich mit der Form der elektronischen Verwahrung, falls eine Papierurkunde zugrunde liegt (→ Rn. 4 ff.). In Abs. 3 wird eine Regelung zur elektronischen Verwahrung originär elektronischer Dokumente getroffen (→ Rn. 8). Abs. 4 behandelt die Sonderfälle der Ersetzung der Urschrift durch Ausfertigung oder beglaubigte Abschrift (→ Rn. 9 f.) und Abs. 5 ermöglicht schließlich die Aufnahme einer Reinschrift in die elektronische Urkundensammlung (→ Rn. 11).

II. Gegenstand der Verwahrung in der elektronischen Urkundensammlung (Abs. 1)

2 Abs. 1 regelt, welche Dokumente in der elektronischen Urkundensammlung verwahrt werden. Die Vorschrift verweist pauschal auf § 31 und stellt somit einen **Gleichlauf zwischen der papierförmigen und der elektronischen Urkundensammlung** her. Die Aufzählung in § 31 wird daher nicht nochmals wiederholt. Bereits § 31 verwendet den neutralen Begriff des „Dokuments" (vgl. etwa § 31 Abs. 4), der sowohl die papierförmige als auch die elektronische Ausgestaltung umfasst. Abs. 1 greift diese Begrifflichkeit auf.

3 § 31 spricht in Abs. 3 und 4 von einer **gemeinsamen Verwahrung** der Haupturkunde mit weiteren Unterlagen (→ § 31 Rn. 12 f.). Die gemeinsame Verwahrung bedeutet mit Blick auf die elektronische Urkundensammlung, dass die Dokumente derart miteinander verknüpft sein müssen, dass sie nur zusammen abgerufen werden können, § 78h Abs. 3 S. 1 BNotO. Dies wird technisch dadurch realisiert, dass zu einer Urkundenverzeichnisnummer ein Hauptdokument und mehrere Nebendokumente hochgeladen werden können. Im Falle der Erteilung von Abschriften können diese Nebendokumente entsprechend an- und abgewählt werden. Handelt es sich bei dem Dokument, das gemeinsam verwahrt werden soll, um eine Urkunde, die einer anderen Urkundenverzeichnisnummer zugeordnet ist, ist eine technische Verknüpfung der Gestalt möglich, dass die Inhalte der anderen Urkundenverzeichnisnummer ebenfalls als Nebendokumente angezeigt werden. Auch diese Verknüpfung erfüllt selbstverständlich die Voraussetzungen der gemeinsamen Verwahrung. Ebenso ist es unschädlich, die gemeinsam zu verwahrenden Dokumente in einer Datei mit dem Hauptdokument hochzuladen. Gleichzeitig erfüllen diese sämtlichen technisch gestützten Verwahrmethoden auch das Erfordernis der Verbindung zwischen den Seiten bzw. Dokumenten. In der „Papierwelt" wird hierbei zwischen dem Anheften nach § 44 BeurkG, also der Verbindung mit Schnur und Siegel, und der sonstigen Verbindung, etwa durch Ankleben nach § 14 Abs. 2 S. 1 DONot, unterschieden. Bei der elektronischen Urkundensammlung entsprechen die oben beschriebenen unterschiedlichen gemeinsamen Verwahrarten allesamt der strengsten Form der Verbindung zwischen den Dokumenten, nämlich der Verbindung mit Schnur und Siegel.

III. Form der elektronischen Verwahrung bei zugrunde liegender Papierurkunde (Abs. 2)

Für die überwiegende Mehrzahl der Fälle sieht das Beurkundungsrecht die Errichtung der Urschrift auf Papier vor (zu den Sonderfällen der originär elektronischen Urkunde → Rn. 8). In diesen Fällen muss die Urkunde in eine elektronische Form überführt werden, um in der elektronischen Urkundensammlung gespeichert werden zu können. Da die **elektronische Urkundensammlung der papierförmigen Urkundensammlung gleichwertig** ist, muss auch ein der mit Unterschrift, Schnur und Siegel des Notars versehenen Papierurkunde gleichwertiges Sicherheitsniveau erreicht werden. Abs. 2 gestaltet näher aus, welche Form des elektronischen Dokuments zum jeweiligen papierförmigen Pendant in der Urkundensammlung gespeichert werden muss. 4

1. Elektronische Fassung (Nr. 1). Nr. 1 sieht vor, dass in der elektronischen Urkundensammlung eine **elektronische Fassung** des in der papierförmigen Urkundensammlung verwahrten Dokuments zu verwahren ist. Im Gegensatz zu Nr. 2 und Nr. 3 besteht die Möglichkeit zur Verwahrung einer elektronischen Fassung für jede Art der papierförmigen Vorlage (Urschrift, Ausfertigung, beglaubigte Abschrift, einfache Abschrift) – mit Ausnahme von Urschriften von Verfügungen von Todes wegen.[1] Soweit in der Urkundensammlung die **Urschrift** verwahrt wird, ist die Herstellung einer elektronischen Fassung für die elektronische Urkundensammlung sogar **zwingend**, wie sich aus einem Rückschluss aus Nr. 2 und Nr. 3 entnehmen lässt. Die in § 56 BeurkG näher geregelte elektronische Fassung unterscheidet sich von der beglaubigten Abschrift dadurch, dass sie nicht nur inhaltlich, sondern **auch bildlich mit der Urschrift übereinstimmen** muss, § 56 Abs. 1 BeurkG.[2] Im Übrigen teilt sie die Eigenschaften einer elektronisch beglaubigten Abschrift. Die elektronische Fassung steht nach § 56 Abs. 3 BeurkG dem Dokument gleich, aus dem sie übertragen wurde. Unter elektronischer Fassung ist freilich nur die konkret in der elektronischen Urkundensammlung gespeicherte Datei zu verstehen; eine außerhalb der elektronischen Urkundensammlung gespeicherte Kopie hat hingegen den Charakter einer beglaubigten Abschrift und genügt als solche auch den registerrechtlichen Anforderungen, zB § 137 GBO oder § 12 HGB.[3] Ein Ausdruck der elektronischen Fassung kann ohne weiteren Abgleich mit dem papierförmigen Pendant direkt mit dem entsprechenden Ausfertigungs- oder Beglaubigungsvermerk versehen werden, weil die elektronische Fassung der entsprechenden Papierfassung gleichsteht.[4] 5

---

1 Für Verfügungen von Todes wegen schließt § 34 Abs. 4 BeurkG die Übertragung der Urschrift in eine elektronische Fassung aus, was die Singularität der Urschrift vor dem Hintergrund des besonderen Verwahrungs- und Meldewesens geschuldet ist. Dies führt an dieser Stelle jedoch im Ergebnis nicht zu Schwierigkeiten: § 31 Abs. 1 Nr. 1 lit. a sieht ohnehin vor, dass bei Verfügungen von Todes wegen nur eine beglaubigte Abschrift zur Urkundensammlung zu nehmen ist. Eine elektronische Fassung dieser Abschrift schließt aber auch § 34 Abs. 4 BeurkG nicht aus.

2 Die bildliche Übereinstimmung dürfte sich hierbei nicht darauf beziehen, dass auch Schnur und Prägesiegel abgebildet sein müssen; es dürfte das Farbdrucksiegel genügen. Dies ergibt sich bereits aus teleologischen Gesichtspunkten, denn es dürfte kaum dem Zweck des Urkundenarchivgesetzes entsprechen, die notarielle Praxis zu zwingen, keinen Stapeleinzug beim Einscannen der Urkunden zu nutzen. Hinzu kommt, dass Schnur und Siegel nur hinsichtlich der Papierverwahrung zur Verbindung der Urkundenblätter nach § 44 BeurkG erforderlich sind, während in der elektronischen Urkundensammlung hierfür technisch gestützte Verfahren genügen (→ Rn. 3), so dass insoweit eine Entsprechung zwischen Papierurkunde und elektronischem Dokument nicht erforderlich ist.

3 BT-Drs. 18/10607, 91.

4 BT-Drs. 18/10607, 91.

Diese Vorgehensweise unter „Umgehung“ der papierförmigen Urkundensammlung ist alternativlos, sobald die entsprechend zugrundeliegende Papierurkunde wegen Ablauf der Aufbewahrungsfrist bereits vernichtet ist, weil in diesem Fall nur noch auf die elektronische Urkundensammlung zurückgegriffen werden kann.

6 **2. Elektronisch beglaubigte Abschrift (Nr. 2).** Wenn in der Urkundensammlung hingegen keine Urschrift, sondern eine **Ausfertigung**, eine **beglaubigte Abschrift** oder auch eine **einfache Abschrift** verwahrt wird, genügt nach Nr. 2 eine **elektronisch beglaubigte Abschrift** (gleichwohl kann aber auch in diesem Fall eine elektronische Fassung erstellt werden). Hierbei handelt es sich um eine elektronische Vermerkurkunde nach § 39a BeurkG, die lediglich die inhaltliche, nicht aber die bildliche Übereinstimmung bescheinigt. Diese ist deshalb ausreichend, weil auch die zugrundeliegende Urkunde (Ausfertigung, beglaubigte Abschrift, einfache Abschrift) allenfalls die inhaltliche und nicht die bildliche Übereinstimmung bezeugt. In Betracht kommt dies insbesondere bei Verfügungen von Todes wegen (§ 31 Abs. 1 Nr. 1 lit. a) oder bei Vermerkurkunden, die nicht in Urschrift verwahrt werden (§ 31 Abs. 1 Nr. 3 lit. b und c), aber auch wenn eine Niederschrift nicht in Urschrift verwahrt wird, weil diese nach § 45 Abs. 2 BeurkG zur Verwendung im Ausland ausgehändigt wurde oder weil sie nach § 46 BeurkG zerstört ist (zu diesen Fällen aber auch → Rn. 9).

7 **3. Elektronische Abschrift (Nr. 3).** Liegt hingegen eine **einfache Abschrift** zugrunde, genügt nach Nr. 3 auch eine **elektronische Abschrift**, also eine nicht mit der qualifizierten elektronischen Signatur des Notars versehene Datei. Hier kann zwar nach Nr. 1 auch eine elektronische Fassung oder nach Nr. 2 auch eine elektronisch beglaubigte Abschrift gewählt werden, allerdings ist insoweit die einfache elektronische Abschrift das Mittel der Wahl. Denn trotz der in § 42 Abs. 1 vorgeschriebenen Angabe über die Qualität des beglaubigten Dokuments ist mit beglaubigten Abschriften oder elektronischen Fassungen hier Zurückhaltung angeraten, weil die elektronische Fassung oder beglaubigte Abschrift einer einfachen Abschrift Fehlvorstellungen hervorrufen könnte. Einfache Abschriften sind im Urkundenverzeichnis etwa anzutreffen bei Vermerkurkunden (§ 31 Abs. 1 Nr. 3 lit. b und c). Insbesondere dürfte es sich aber bei sonstigen mit der Urkunde verwahrten Dokumenten nach § 31 Abs. 4 oftmals um einfache Abschriften handeln (zB ein Computerausdruck einer Behörde); auch der Ausdruck der Registrierungsbestätigung des Zentralen Testamentsregisters nach § 31 Abs. 1 Nr. 1 lit. b zählt hierzu. Wenn ein derartiges Dokument allerdings Bestandteil der Urkunde selbst ist (dies kann etwa bei sog. „unechten Anlagen“ der Fall sein), gehört es zur Urkunde selbst und ist in die entsprechende Form, idR in die elektronische Fassung nach Nr. 1, zu überführen.

IV. Originär elektronische Urkunde (Abs. 3)

8 Abs. 3 spricht den Fall der sog. **originär elektronischen Urkunde** an, also die Situation, dass unmittelbarer Ausfluss der Beurkundung ein elektronisches Dokument und kein Papierdokument ist. Eine derartige originär elektronische Urkunde kommt nach geltender Rechtslage nur als einfaches elektronisches Zeugnis nach § 39a BeurkG in Betracht (zB in Gestalt einer Signaturbeglaubigung oder in Gestalt einer direkt elektronisch erstellten Satzungsbescheinigung). Es handelt sich bisher nur um Sonderfälle. Jedoch ist davon auszugehen, dass infolge des Gesetzes zur Umsetzung der Digitalisierungsrichtlinie[5] auch beurkundungsrechtlich die Möglichkeiten zur Erstellung einer originär elektronischen

5 BGBl. 2021 I 3338.

Urkunde erweitert werden, insbesondere auch eine originär elektronische Niederschrift für gewisse Beurkundungen nach §§ 8 ff. BeurkG eingeführt wird. Abs. 3 bestimmt, dass die zugrundeliegende Datei direkt zur Erstellung einer elektronischen Fassung verwendet werden darf, die in die elektronische Urkundensammlung eingestellt wird. Es ist also nicht notwendig, den „umständlichen" Umweg über den Ausdruck des elektronischen Dokuments und die erneute Digitalisierung zu gehen. Dieser Umweg ist gleichwohl möglich, wie Abs. 3 ebenfalls klarstellt.

V. Ersetzung der Urschrift (Abs. 4)

Im Grundsatz bleibt die Urschrift der notariellen Urkunde in der Verwahrung des Notars, § 45 Abs. 1 BeurkG. Wenn die Urschrift allerdings den Beteiligten zur Verwendung im Ausland ausgehändigt wird, tritt die Ausfertigung an die Stelle der Urschrift. Falls die Urschrift zerstört oder abhandengekommen ist, kann nach § 46 BeurkG eine Ausfertigung oder beglaubigte Abschrift an die Stelle der Urschrift treten. Insoweit wird in diesen Fällen der **Ersetzung der Urschrift** in der Urkundensammlung keine Urschrift verwahrt, sondern eine Ausfertigung bzw. beglaubigte Abschrift, die an deren Stelle getreten ist. Da nach der Grundregel des Abs. 2 die elektronische Urkundensammlung die in der Urkundensammlung verwahrten Dokumente abbildet, müsste das Dokument, das in der elektronischen Urkundensammlung verwahrt wird, eigentlich von der an die Stelle der Urschrift getretenen Ausfertigung bzw. beglaubigten Abschrift abgenommen werden. Wenn aber bereits eine elektronische Fassung der Urschrift vorhanden ist, wäre es paradox, diese Fassung nicht in der elektronischen Urkundensammlung verwahren zu dürfen. Im Gegenteil spricht viel dafür, gerade diese Fassung zu verwahren, weil sie aufgrund der bildlichen Übereinstimmung mit der Urschrift beweismäßig höherwertig ist, etwa weil sie immer die Unterschriftszüge der Beteiligten enthält. Daher bestimmt S. 1, dass in diesen Fällen abweichend vom Grundsatz der Übereinstimmung **vorrangig die elektronische Fassung der Urschrift** in der elektronischen Urkundensammlung verwahrt werden muss. S. 2 erlaubt aber für den Fall, dass die elektronische Fassung der Urschrift nicht erstellt werden kann, die Verwahrung der elektronischen Fassung der Ausfertigung oder beglaubigten Abschrift, die an die Stelle der Urschrift getreten ist. Diese Regelung ist folgerichtig. Insbesondere ist folgerichtig, dass insoweit nur eine elektronische Fassung und keine beglaubigte Abschrift verwahrt werden darf, da die an die Stelle der Urschrift getretene Ausfertigung bzw. beglaubigte Abschrift beurkundungs- und verwahrungsrechtlich den Charakter einer Urschrift hat. Es besteht daher Kohärenz zu dem in Abs. 2 Nr. 1 geregelten Grundsatz, dass von Urschriften nur elektronische Fassungen verwahrt werden dürfen. 9

In **praktischer Konsequenz** heißt dies Folgendes: Soll eine Urschrift zum Zwecke der Auslandsverwendung ausgehändigt werden, sollte zuvor eine elektronische Fassung dieser Urschrift erstellt werden, die in die elektronische Urkundensammlung eingestellt wird. Auch bei sonstigen Urkunden sollte möglichst rasch nach deren Errichtung eine elektronische Fassung erstellt werden, um zu vermeiden, dass diese nach einem möglichen Verlust der Urschrift nicht mehr hergestellt werden kann. Notfalls kann hier jedoch auch auf die Lösung nach S. 2 zurückgegriffen werden. 10

VI. Reinschrift (Abs. 5)

Insbesondere bei handschriftlichen Hinzufügungen und Ausbesserungen in der Urschrift wird als Ausfertigung bzw. beglaubigte Abschrift oftmals eine Rein- 11 schrift herausgegeben, was beurkundungsrechtlich unproblematisch ist, weil insoweit eben nur die inhaltliche und nicht die bildliche Übereinstimmung bezeugt wird. Bei der Verwahrung in der elektronischen Urkundensammlung muss nach Abs. 2 Nr. 1 jedoch – soweit eine Niederschrift betroffen ist – zwingend auf eine elektronische Fassung der Urschrift zurückgegriffen werden, die diese handschriftlichen Bemerkungen enthält. Aus Praktikabilitätsgründen bestimmt Abs. 5, dass zusätzlich zu dieser elektronischen Fassung auch eine Reinschrift der Urkunde verwahrt werden kann. Dies erleichtert den Büroablauf, wenn nach einiger Zeit Ausfertigungen oder beglaubigte Abschriften dieser Urkunde verlangt werden. Gerade nach Ablauf der Verwahrungsfrist für die Nebenakte oder nach einer Amtsnachfolge mit entsprechendem Softwarewechsel liegt die Reinschrift dann in der elektronischen Urkundensammlung bereits vor. Zu beachten ist allerdings, dass es sich hierbei um eine reine Praxiserleichterung handelt und der Reinschrift keine besondere rechtliche Stellung zukommt.[6]

§ 35 Einstellung von Dokumenten

(1) Dokumente, die nach § 34 in der elektronischen Urkundensammlung zu verwahren sind, sollen unverzüglich nach der Eintragung in das Urkundenverzeichnis in die elektronische Urkundensammlung eingestellt werden.

(2) Elektronische Dokumente, die nach dem Beurkundungsgesetz zusammen mit der elektronischen Fassung einer Urschrift oder Abschrift in der elektronischen Urkundensammlung zu verwahren sind, sollen unverzüglich in die elektronische Urkundensammlung eingestellt werden.

(3) [1]Nachdem ein Dokument in elektronischer Form in die elektronische Urkundensammlung eingestellt wurde, dürfen auf der Urschrift oder Abschrift, die in der Urkundensammlung verwahrt wird, keine Vermerke mehr angebracht werden. [2]Ergibt sich aus einer Rechtsvorschrift die Pflicht, auf der Urschrift oder Abschrift, die in der Urkundensammlung verwahrt wird, etwas zu vermerken, so ist der Vermerk auf einem gesonderten Blatt niederzulegen, das mit der Urschrift oder Abschrift, die in der Urkundensammlung verwahrt wird, zu verbinden ist.

(4) [1]Die Einstellung von Dokumenten in die elektronische Urkundensammlung hat in einer für die Langzeitarchivierung geeigneten Variante des PDF-Formats zu erfolgen. [2]Hat die Bundesnotarkammer in ihrem Verkündungsblatt weitere Vorgaben zu dem Dateiformat, das bei der Einstellung in die elektronische Urkundensammlung zu verwenden ist, bekannt gemacht, so sind diese zu beachten.

6 BR-Drs. 420/20 (neu), 56.

I. Normzweck und Systematik

Während § 34 bestimmt, welche Dokumente Aufnahme in die elektronische Urkundensammlung finden, enthält § 35 weitere Einzelheiten bezüglich der Einstellung (gemeint ist die Speicherung) von Dokumenten in das elektronische Urkundenarchiv. Abs. 1 und 2 beziehen sich auf den Zeitpunkt der Einstellung. Abs. 3 befasst sich mit Änderungen nach der Einstellung, Abs. 4 enthält schließlich Regelungen zum zu verwendenden Dateiformat. 1

II. Zeitpunkt der Einstellung (Abs. 1 und 2)

Abs. 1 regelt, dass die in der elektronischen Urkundensammlung zu verwahrenden Dokumente **unverzüglich nach der Eintragung in das Urkundenverzeichnis** in die elektronische Urkundensammlung eingestellt werden müssen. Der aus sich heraus nur schwer verständliche Abs. 2 bezieht sich auf **zusätzliche Dokumente**, die zeitlich nachträglich zur Einstellung der Haupturkunde in das Urkundenarchiv eingestellt werden. Der in Abs. 2 enthaltene Verweis auf das Beurkundungsgesetz ist nämlich in Zusammenschau mit der Entwurfsbegründung[1] so zu verstehen, dass er sich speziell auf § 56 Abs. 2 BeurkG bezieht. In dieser Vorschrift wiederum wird die nachträgliche Einstellung von Dokumenten geregelt. 2

1. Einstellung des „Hauptdokuments" (Abs. 1). Die Einstellung des **„Hauptdokuments" hat unverzüglich nach Eintragung in das Urkundenverzeichnis** zu erfolgen. Unter unverzüglich ist wiederum in Anlehnung an § 121 BGB „ohne schuldhaftes Zögern" zu verstehen.[2] Die hier getroffene Regelung ist sachgerecht: Vor Registrierung im Urkundenverzeichnis ist eine Einstellung der Urkunde im die elektronische Urkundensammlung bereits technisch nicht möglich. Für die Registrierung im Urkundenverzeichnis kann sich der Notar bis zu 14 Tage Zeit lassen, § 18 S. 1. Sobald aber die Registrierung erfolgt ist, muss die Einstellung des Dokuments unverzüglich geschehen, so dass baldmöglichst eine Übereinstimmung von Eintrag im Urkundenverzeichnis und Speicherung in der elektronischen Urkundensammlung besteht. Dennoch ermöglicht der Begriff der Unverzüglichkeit dem Notar eine gewisse Flexibilität: So kann ein Einstellen des Dokuments unmittelbar nach der Eintragung im Urkundenverzeichnis nicht gefordert werden. Von einem schuldhaften Zögern kann auch dann noch nicht ausgegangen werden, wenn der Scanvorgang in der Büroorganisation einer Bürokraft zugeordnet ist, die nicht an allen Tagen anwesend ist, und sich das Einstellen aus diesem Grund verzögert. Auch vorübergehende technische Probleme können die Schuldhaftigkeit ausschließen. Schließlich dürfte es auch nicht unstatthaft sein, mit dem Einstellen des Dokuments noch bewusst einige Tage zu warten, bis weitere Dokumente (etwa Nachgenehmigungen), die gemeinsam mit dem Hauptdokument verwahrt werden sollen, eingetroffen sind. In diesem Zusammenhang bringt die Existenz von Abs. 2 jedoch auch zum Ausdruck, dass ein nachträgliches Einstellen dieser Dokumente möglich und auch vorgesehen ist. Allzu lange sollte daher nicht zugewartet werden; ein Zeitraum von 14 Tagen, wie ihn § 18 S. 1 vorsieht, wäre hier jedenfalls zu lang. Diese Einzelfallfrage dürfte letztlich auch davon abhängen, ob die 14-Tages-Frist des § 18 Satz 1 für die Registrierung im Urkundenverzeichnis zuvor schon „ausgereizt" wurde oder nicht. Gleichwohl erscheint es aus praktischer Sicht ohnehin zweckmäßig, die Einstellung des Dokuments möglichst rasch vorzunehmen. Dies gilt umso mehr, wenn das Dokument auch im elektronischen 3

1 BR-Drs. 420/20 (neu), 56.
2 BR-Drs. 420/20 (neu), 56.

Rechtsverkehr gegenüber Grundbuchamt und Registern Verwendung finden soll.

4 **2. Einstellung des nachträglichen „Nebendokuments" (Abs. 2).** Ein „Nebendokument" iSd § 31 Abs. 1 Nr. 1 lit. b und Abs. 4 (→ § 31 Rn. 11 ff.), das beim Einscannen und Einstellen des „Hauptdokuments" bereits vorliegt, soll und muss nach Abs. 1 bereits gemeinsam mit diesem in die elektronische Urkundensammlung eingestellt werden. Wenn das „Nebendokument" allerdings erst verzögert eintrifft – und nur diese Fälle erfasst Abs. 2 (→ Rn. 2) –, ist das „Nebendokument" **unverzüglich nach dem Eintreffen** in die elektronische Urkundensammlung einzustellen. Zur Frage der Unverzüglichkeit → Rn. 3.

III. Änderungen auf dem Papierdokument nach der Einstellung (Abs. 3)

5 Die NotAktVV verfolgt den Grundsatz, dass das in der Urkundensammlung verwahrte Papierdokument und das in der elektronischen Urkundensammlung verwahrte elektronische Dokument übereinstimmen müssen; dies ist der rechtlichen Gleichwertigkeit dieser Dokumente geschuldet (→ § 34 Rn. 1). Diese Übereinstimmung wäre gefährdet, wenn **nach Einstellung** des elektronischen Dokuments in die elektronische Urkundensammlung noch **Ergänzungen auf dem in der papierförmigen Urkundensammlung verwahrten Dokument** möglich wären. Abs. 3 verbietet daher nachträgliche Änderungen und schreibt vor, diese stattdessen auf einem separaten Blatt niederzulegen, das mit dem verwahrten Dokument zu verbinden ist. Die Regelung greift damit die für nachträgliche Änderungen in § 44a Abs. 2 Satz 4 BeurkG gewählte Lösung auf und weitet sie auf jede Art einer nachträglichen Modifizierung der Papierurkunde aus. Auch soweit Rechtsvorschriften ihrem Wortlaut nach den Vermerk auf der Urkunde verlangen (so etwa § 54 Abs. 2 Satz 3 EStDV, § 34 ErbStG iVm § 8 Abs. 1 Satz 5 ErbStDV, § 18 Abs. 4 GrEStG, → § 31 Rn. 7), ist diesem Erfordernis durch die hier angeordnete Vorgehensweise Genüge getan.[3] Denn ein gesondertes Vermerkblatt, das mit der Papierurkunde verbunden bzw. mit dem elektronischen Dokument in der elektronischen Urkundensammlung verknüpft ist, dürfte noch als „Vermerk auf der Urkunde" gewertet werden können.

IV. Dateiformat (Abs. 4)

6 Nach Ablauf der 30-jährigen Aufbewahrungsfrist für Papierurkunden ersetzen die in der elektronischen Urkundensammlung gespeicherten Dokumente die Papierurkunde für weitere 70 Jahre; darüber hinaus trägt die elektronische Urkundensammlung auch zu einem höheren Grad an Verfügbarkeit und Dauerhaftigkeit bei. Daher ist es von überragender Wichtigkeit, dass die entsprechenden Dokumente auch noch lange Jahre nach ihrer Einstellung in die elektronische Urkundensammlung aufgerufen werden können. Anknüpfend daran schreibt S. 1 vor, dass die Einstellung von Dokumenten in einer **für die Langzeitarchivierung geeigneten Variante des PDF-Formats** zu erfolgen hat. Nach dem heutigen Stand der Technik ist dies das PDF/A-Format. Die Verordnung schreibt mit dem PDF-Format eine bestimmte Kategorie von Dateiformaten vor. Dies dürfte daran liegen, dass das PDF-Format weltweit stark verbreitet ist; daher ist davon auszugehen, dass das PDF-Format auch in Zukunft ein in der Breite verfügbares Format darstellt. Allerdings nimmt die Verordnung von einer noch genaueren Festlegung des Dateiformats bewusst Abstand und bleibt daher zukunfts- und entwicklungsoffen. Sie legt nur fest, dass das Format zur Langzeitarchivierung geeignet sein muss. Nach S. 2 kann aber die Bundesnotarkam-

3 BR-Drs. 240/20 (neu), 57.

mer als Urkundenarchivbehörde weitere Vorgaben machen. Mit entsprechenden Vorgaben ist noch vor dem Start des Elektronischen Urkundenarchivs zu rechnen. Derartige Vorgaben der Urkundenarchivbehörde gewährleisten einerseits hinreichende Sicherheit für die Notare, andererseits aber auch die nötige Flexibilität bei technischen Fortentwicklungen in der Zukunft.

§ 36 Löschung von Dokumenten

[1]Die Löschung von Dokumenten, die in der elektronischen Urkundensammlung verwahrt werden, muss durch den Notar persönlich bestätigt werden. [2]Dies gilt nicht für die Löschung von Dokumenten nach Ablauf der Aufbewahrungsfrist.

Die Löschung eines Dokuments aus der elektronischen Urkundensammlung 1
kommt vor Ende der Verwahrungsfrist nur in Ausnahmefällen in Betracht, so insbesondere bei Verfügungen von Todes wegen nach § 38 Abs. 1 (→ § 38 Rn. 1) oder wenn ein Dokument versehentlich einer falschen Eintragung im Urkundenverzeichnis zugeordnet wurde.[1] Die Löschung eines solchen Dokuments ist deshalb besonders risikant, weil nach Ablauf der Verwahrungsfrist für das papiergebundene Dokument nur noch die elektronische Urkundensammlung als Quelle zur Verfügung steht. Daher bestimmt § 36, dass eine derartige Löschung der persönlichen Bestätigung durch den Notar bedarf. Ein Dispens im Einzelfall oder auch ein allgemeiner Dispens von diesem Kriterium ist hier im Gegensatz zu § 20 Abs. 2, der entsprechenden Vorschrift zum Urkundenverzeichnis, nicht vorgesehen. Denn die Löschung von Dokumenten aus der elektronischen Urkundensammlung kann irreversibel sein und ist daher besonders gefahrgeneigt, während ein gelöschter Eintrag im Urkundenverzeichnis notfalls rekonstruiert werden kann. Zur persönlichen Bestätigung → § 20 Rn. 9. Lediglich nach Ablauf der Verwahrungsfrist ist nach S. 2 eine persönliche Bestätigung nicht mehr erforderlich, da dann kein Interesse mehr an einer Speicherung in der elektronischen Urkundensammlung besteht; eine eventuell weiterbestehende Archivwürdigkeit ist ferner nicht Regelungsgegenstand der NotAktVV.[2]

§ 37 Sondersammlung

(1) [1]Wenn die Übertragung in ein elektronisches Dokument aufgrund der Beschaffenheit des Dokuments unmöglich oder unzumutbar ist, unterbleibt die Einstellung in die elektronische Urkundensammlung. [2]Die Übertragung von Dokumenten, die nicht größer als das Format DIN A3 sind, ist nicht allein wegen ihrer Größe unzumutbar.

(2) [1]In den Fällen des Absatzes 1 Satz 1 soll der Notar in einem elektronischen Vermerk nach § 39a des Beurkundungsgesetzes das Dokument bezeichnen und feststellen, dass die Übertragung in ein elektronisches Dokument unmöglich oder unzumutbar ist. [2]Der Vermerk soll mit einer elektronisch beglaubigten Abschrift des Dokuments verbunden werden, wenn deren Herstellung nicht unmöglich oder unzumutbar ist. [3]Der Vermerk und gegebenenfalls die elektronische Abschrift sollen in der elektronischen Urkundensammlung verwahrt werden.

1 BR-Drs. 420/20 (neu), 57.
2 BR-Drs. 420/20 (neu), 56.

(3) [1]Dokumente, deren Übertragung in ein elektronisches Dokument unterblieben ist, sind nach der Reihenfolge ihrer Eintragung im Urkundenverzeichnis in einer gesonderten Sammlung zu verwahren (Sondersammlung). [2]Auf den Dokumenten ist zu vermerken, zu welcher Urkundenverzeichnisnummer sie gehören. [3]Eine vollständige oder auszugsweise Abschrift der Dokumente kann in die Urkundensammlung aufgenommen werden. [4]Auf der Abschrift ist zu vermerken, dass es sich um die Abschrift eines Dokuments aus der Sondersammlung handelt.

Literatur:
Püls/Gerlach, NotAktVV und Elektronisches Urkundenarchiv, 2021.

I. Normzweck und Systematik

1 § 37 enthält eine Ausnahme vom Grundsatz, dass papierförmige und elektronische Urkundensammlung immer übereinstimmen müssen, so dass die elektronische Urkundensammlung mit ihrer längeren Aufbewahrungsfrist die papierförmige Urkundensammlung ersetzen kann. Betroffen sind diejenigen Fälle, in denen die nach § 34 Abs. 2 geforderte Übertragung in ein elektronisches Dokument unmöglich oder unzumutbar ist. Primärer Anwendungsbereich dürfte die Übertragung in die elektronische Fassung nach § 34 Abs. 2 Nr. 1 sein, aber auch § 34 Abs. 2 Nr. 2 und 3 sind vom Anwendungsbereich des § 37 im Grundsatz erfasst. In diesen Fällen ist die Urkunde in einer separaten papierförmigen Sammlung, der sog. Sondersammlung, zu verwahren. Abs. 1 regelt die Voraussetzung dieser Unmöglichkeit oder Unzumutbarkeit und die grundsätzliche Folge für die elektronische Urkundensammlung. Abs. 2 beschäftigt sich damit, welche Dokumente stattdessen in die elektronische Urkundensammlung einzustellen sind. Abs. 3 schließlich trifft Bestimmungen zur Sondersammlung.

II. Unmöglichkeit oder Unzumutbarkeit der Übertragung (Abs. 1)

2 S. 1 regelt, dass die Einstellung in die elektronische Urkundensammlung zu unterbleiben hat, wenn die Übertragung in ein elektronisches Dokument **unmöglich oder unzumutbar** ist. Dies stellt eine Abweichung vom Grundsatz dar, dass zwischen den in der papierförmigen Urkundensammlung und in der elektronischen Urkundensammlung verwahrten Dokumenten Übereinstimmung herrschen soll (→ § 34 Rn. 1 ff.). Ein Fall der Unmöglichkeit wird selten auftreten, Unzumutbarkeit kann allerdings unter mehreren Gesichtspunkten bestehen. In erster Linie betrifft dies das Scanverfahren. Maßstab hierfür dürften handelsübliche, hochwertigere Scaneinrichtungen sein.[1] Der Hauptanwendungsfall der Unzumutbarkeit wird in sehr großen Urkunden oder Urkundenbestandteilen liegen. Bei überformartigen Urkunden stellt S. 2 klar, dass Größen bis zum Format DIN A3 noch nicht unzumutbar sind. Dem ist im Gegenschluss zu entnehmen, dass bei größeren Urkunden als DIN A3 von einer Unzumutbarkeit ausgegangen werden kann.[2] Weiter dürfte die Erstellung einer elektronischen Fassung auch dann unzumutbar sein, wenn die Urkunde aus ungewöhnlich vielen

1 BR-Drs. 420/20 (neu), 58.
2 BR-Drs. 420/20 (neu), 58.

Seiten besteht und nicht mithilfe des automatischen Dokumenteneinzugs eingescannt werden kann. Dies kann dann der Fall sein, wenn die Vorlage bereits gebunden ist und nicht unproblematisch aufgelöst werden kann. Jedenfalls bis zu einer Blattzahl von 250 dürfte es aber noch zumutbar sein, die Seiten einzeln zu scannen. Schließlich kann sich Unzumutbarkeit auch aus entsprechenden konservatorischen Gründen ergeben oder aus der Qualität der Vorlage. Allgemein wird die Erstellung einer elektronischen Fassung auch dann unzumutbar sein, wenn im Einzelfall auch hochwertige handelsübliche Scanner, die die näheren berufsrechtlichen Anforderungen erfüllen, nicht in der Lage sind, die entsprechende Vorlage hinreichend zu digitalisieren.

Die vorstehend genannten Fälle der Unzumutbarkeit werden insbesondere dann bestehen, wenn die Urkunde nach § 34 Abs. 2 Nr. 1 in die elektronische Fassung nach § 56 BeurkG überführt werden muss. Reicht hingegen nach § 34 Abs. 2 Nr. 2 eine **elektronisch beglaubigte Abschrift** aus, wird die Übertragung in das elektronische Dokument oftmals leichter möglich sein, da in diesem Fall keine bildliche, sondern nur eine inhaltliche Übereinstimmung erforderlich ist. Dann liegt bereits kein Anwendungsfall von § 37, insbesondere nicht von Abs. 2 S. 2 (→ Rn. 5), vor. 3

Da Abs. 1 mit der Konjunktion „wenn" und nicht mit „soweit" eingeleitet wird, ist die Erstellung einer **auszugsweisen elektronischen Fassung nicht statthaft.** Wenn also eine Urkunde im Wesentlichen aus Blättern im Format DIN A4 besteht, wenn ihr aber als Anhang ein Plan in einem unzumutbaren Großformat beigefügt ist, ist es nicht statthaft, nur die Blätter im Format DIN A4 in eine elektronische Fassung zu überführen und in die elektronische Urkundensammlung einzustellen. Denn dies könnte zu Missverständnissen führen, bildet die elektronische Urkundensammlung doch grundsätzlich den Inhalt der in Papier geführten Urkundensammlung vollständig ab. Natürlich ist es dem Notar unbenommen, soweit berufsrechtlich zulässig, großformatige Urkunden nach § 13a BeurkG auszulagern. Dies betrifft insbesondere den Fall von Karten oder Zeichnungen, die von einer öffentlichen Behörde mit Unterschrift und Siegel versehen worden sind, § 13a Abs. 4 BeurkG.[3] In diesen Fällen ist eine Verwahrung der entsprechenden Bezugsurkunde gar nicht erforderlich, wenn die Beteiligten nach § 13a Abs. 2 S. 1 BeurkG darauf verzichtet haben (es sei denn, die Bezugsurkunde ist eine Urkunde desselben Notars, so dass sie bereits eigenständig einer Verwahrungspflicht unterliegt). 4

III. Ersatzdokumente für die elektronische Urkundensammlung (Abs. 2)

Abs. 2 S. 1 gibt vor, dass in den Fällen der Unmöglichkeit oder Unzumutbarkeit statt der elektronischen Fassung ein **elektronischer Vermerk** nach § 39 BeurkG in die elektronische Urkundensammlung einzustellen ist, der das betreffende Dokument bezeichnet und feststellt, dass die Übertragung in ein elektronisches Dokument unmöglich oder unzumutbar ist. S. 2 fügt an, dass der Vermerk mit einer **elektronisch beglaubigten Abschrift des Dokuments** verbunden werden soll, wenn deren Herstellung nicht unmöglich oder unzumutbar ist. Dies betrifft freilich nur diejenigen Fälle, in denen nach § 34 Abs. 2 eine Einstellung als elektronische Fassung erforderlich ist (→ § 34 Rn. 5). Hintergrund dieser Vorschrift ist, dass eine elektronisch beglaubigte Abschrift im Gegensatz zur elektronischen Fassung nur eine inhaltliche, keine bildliche Übereinstimmung der Urschrift bezeugt. Damit ist es möglich, bereits in digitaler Form vorliegende Dokumente zur Erstellung einer entsprechenden beglaubigten Abschrift heranzu- 5

3 BR-Drs. 420/20 (neu), 58 f.

ziehen.[4] Selbstverständlich ist, dass in diesem Fall die Übereinstimmung mit der Urschrift überprüft werden muss. Dies betrifft bei Aufteilungsplänen insbesondere Aufschriften bzw. Siegel der Behörde, die auf der Urschrift angebracht wurden. Sollte es mit üblichen Softwareanwendungen nicht möglich sein, derartige Siegel uÄ in der bereits vorliegenden digitalen Datei zusätzlich darzustellen (wenngleich freilich eine Bezeichnung als „L.S." ausreicht), dürfte insoweit auch die Erstellung einer elektronisch beglaubigten Abschrift unzumutbar sein. Anders als die elektronische Fassung in Abs. 1 dürfte es in den Fällen des Abs. 2 zulässig sein, auch auszugsweise beglaubigte Abschriften zu erstellen. Denn der gleichzeitig eingestellte klarstellende Vermerk macht hinreichend deutlich, dass es sich hierbei um einen Sonderfall des § 37 handelt. Zudem sind bei beglaubigten Abschriften anders als bei elektronischen Fassungen auszugsweise Darstellungen üblich.

IV. Sondersammlung (Abs. 3)

6 Abs. 3 regelt, dass Dokumente, deren Übertragung in ein elektronisches Dokument unterblieben ist, in einer eigenen Sammlung, der sog. **Sondersammlung**, zu verwahren sind. Die Vorschrift dürfte bereits ihrem Wortlaut nach so zu verstehen sein, dass die Verwahrung in der Sondersammlung immer dann erforderlich ist, wenn die Übertragung nach Abs. 1 in der für die elektronische Urkundensammlung nach § 34 Abs. 2 geforderten Form nicht erfolgt. Das bedeutet insbesondere, dass eine Verwahrung in der Sondersammlung auch dann zu erfolgen hat, wenn nach Abs. 2 S. 2 eine elektronisch beglaubigte Abschrift erstellt wird. Hintergrund der Regelung ist, dass in den von § 37 erfassten Fällen die elektronische Urkundensammlung keinen vollständigen Ersatz für die papierförmige Urkundensammlung darstellt, deren Verwahrungsfrist bereits nach 30 Jahren endet. Daher ist es erforderlich, die betroffenen Dokumente in Papierform in der Sondersammlung zu verwahren, deren Aufbewahrungsfrist wie die des elektronischen Urkundenarchivs bei 100 Jahren liegt, § 50 Abs. 1 Nr. 6. Auf den in der Sondersammlung verwahrten Dokumenten ist nach S. 2 zu vermerken, zu welcher Urkundenverzeichnisnummer sie gehören. Dies betrifft in besonderer Weise Dokumente, die nicht vom Notar selbst stammen.

7 Mit der NotAktVV ist eine weitgehende Abkehr von der bisher bestehenden Vermerkpflicht für „Lücken" in der Urkundensammlung verbunden. Stattdessen dient zukünftig das Urkundenverzeichnis dazu, die verwahrten Urkunden in ihrer Gesamtheit und lückenlos zu erfassen. Folgerichtig bestimmt S. 3 denn auch, dass eine Abschrift der in der Sondersammlung verwahrten Dokumente in die Urkundensammlung zwar aufgenommen werden kann, aber nicht aufgenommen werden muss. Wenn eine Abschrift allerdings in die Urkundensammlung aufgenommen wird, ist auf dieser nach S. 4 zu vermerken, dass das Dokument in der Sondersammlung verwahrt wird.

§ 38 Sonderbestimmungen für Verfügungen von Todes wegen

(1) Wird den Beteiligten nach § 33 Absatz 4 die in der Urkundensammlung verwahrte beglaubigte Abschrift einer Verfügung von Todes wegen ausgehändigt, so ist auch die elektronisch beglaubigte Abschrift, die in der elektronischen Urkundensammlung verwahrt wird, zu löschen.

(2) Ein Vermerk nach § 33 Absatz 5 ist auch in die elektronische Urkundensammlung aufzunehmen.

4 Vgl. dazu auch *Püls/Gerlach* § 4 Erläuterung zu § 37.

Die Regelung zieht die für die papierförmige Urkundensammlung in § 33 Abs. 4 und 5 geregelten Bestimmungen für die elektronische Urkundensammlung nach. Wenn den Beteiligten nach § 33 Abs. 4 die in der Urkundensammlung verwahrte Abschrift einer Verfügung von Todes wegen ausgehändigt wird, ist nach Abs. 1 folgerichtig auch die elektronisch beglaubigte Abschrift in der elektronischen Urkundensammlung zu löschen, um den mit dieser Vorschrift verbundenen Vertraulichkeitsinteressen zu genügen (→ § 33 Rn. 5). Ebenfalls folgerichtig bestimmt Abs. 2, dass der nach § 33 Abs. 5 zu fertigende Vermerk (→ § 33 Rn. 6 ff.) auch in die elektronische Urkundensammlung aufgenommen werden soll; damit ist er nicht nur während der 30-jährigen Aufbewahrungsfrist der Urkundensammlung, sondern auch während der 100-jährigen Aufbewahrungsfrist der elektronischen Urkundensammlung verfügbar. 1

§ 39 Behandlung nach Ablauf der Aufbewahrungsfrist für die Urkundensammlung

[1]Erhält oder erstellt der Notar in Papierform ein Dokument, für das die Frist zur Aufbewahrung in der Urkundensammlung bereits abgelaufen ist, so ist dieses Dokument in elektronischer Form in die elektronische Urkundensammlung einzustellen und dort zu verwahren. [2]Das in Papierform vorliegende Dokument darf nach der Einstellung in die elektronische Urkundensammlung vernichtet werden, es sei denn, dass das Interesse der Beteiligten oder Dritter an dessen Erhaltung eine weitere Aufbewahrung gebietet.

Die Aufbewahrungsfrist für in der papierförmigen Urkundensammlung verwahrte Urkunden wurde auf 30 Jahre herabgesenkt, § 50 Abs. 1 Nr. 3. Nach Ablauf der 30 Jahre kann aber für weitere 70 Jahre auf die elektronische Urkundensammlung (oder in Spezialfällen auf die Sondersammlung nach § 37) zurückgegriffen werden, deren Verwahrungsfrist jeweils 100 Jahre beträgt, § 50 Abs. 1 Nr. 5 und Nr. 6. In Sonderfällen kann es vorkommen, dass Dokumente, die in der Urkundensammlung zu verwahren sind, erst nach Ablauf der 30-jährigen Verwahrungsfrist der papierförmigen Urkundensammlung eintreffen. Hierbei kann es sich etwa um nachträgliche Änderungsurkunden nach § 44a oder § 44b BeurkG handeln.[1] Darüber hinaus können auch in die Urkundensammlung nach § 31 Abs. 4 einzustellende Dokumente betroffen sein, wie etwa aufgrund eines später gestellten Antrags ergangene Eintragungsmitteilungen oder auch spät erteilte Nachgenehmigungen. In diesen Fällen lebt nicht etwa die Verwahrung in der papierförmigen Urkundensammlung wieder auf; dies wäre nach entsprechender Vernichtung der Haupturkunde auch nur noch aufgrund einer aus der elektronischen Urkundensammlung erstellten Ausfertigung möglich, die nach § 46 BeurkG an die Stelle der Urschrift tritt. Stattdessen bestimmt § 39, dass diejenige Situation hergestellt wird, die bestünde, wenn das entsprechende Dokument bereits vor Ablauf der 30-jährigen Verwahrungsfrist der papierförmigen Urkundensammlung zu den Akten gelangt wäre. Dann wäre nämlich das entsprechend nachgereichte Dokument auch nur noch in der elektronischen Urkundensammlung verfügbar. Somit ist nach § 39 folgerichtig das nachgereichte Dokument in die elektronische Form nach § 34 Abs. 2 zu überführen und sodann in die elektronische Urkundensammlung einzustellen. Ebenfalls folgerichtig ist nach Satz 2 das in Papierform vorliegende nachge- 1

1 BR-Drs. 420/20 (neu), 59.

reichte Dokument sofort im Anschluss zu vernichten, es sei denn, das Interesse der Beteiligten oder Dritter spricht dagegen. Letzteres kann etwa der Fall sein, wenn das entsprechende Dokument in Papierform noch zum Vollzug benötigt wird oder wenn die Beteiligten eine Rückgabe wünschen. Aufgrund der flächendeckenden Einführung des elektronischen Rechtsverkehrs dürfte die Bedeutung der Papierurkunden in Zukunft ohnehin abnehmen. Soweit es sich beim nachgereichten Dokument um ein elektronisches Dokument handelt, kommt eine Papierverwahrung nach Ablauf der Aufbewahrungsfrist in der papierförmigen Urkundensammlung ohnehin nicht in Betracht; das Dokument ist in entsprechender Anwendung des § 39 alleine in der elektronischen Urkundensammlung zu speichern.

§ 39a Übergangsvorschrift

§ 2 Nummer 1 bis 4 sowie die §§ 31 bis 39 sind erst ab dem 1. Juli 2022 anzuwenden.

[§ 39a wird mWv 1.7.2022 aufgehoben]

Abschnitt 6 Nebenakten

§ 40 Nebenakten

(1) [1]Zu allen Amtsgeschäften können Nebenakten geführt werden. [2]Eine Nebenakte muss geführt werden, soweit dies zur Vornahme eines Amtsgeschäfts geboten ist. [3]Die Nebenakten können als Sammelakten geführt werden, wenn ein sachlicher Grund hierfür besteht und die geordnete Aktenführung sichergestellt ist.

(2) Nebenakten können insbesondere enthalten

1. **die Kontaktdaten der Beteiligten,**
2. **Daten, die zur Identifizierung der Beteiligten erforderlich sind, einschließlich Kopien vorgelegter Ausweisdokumente,**
3. **Schriftverkehr mit den Beteiligten, mit den Gerichten und den Behörden sowie andere Dokumente, die nicht zur Urkundensammlung zu nehmen sind,**
4. **personenbezogene Daten besonderer Kategorien, insbesondere Informationen zur Gesundheit der Beteiligten, soweit diese zur Erfüllung von Amtspflichten erforderlich sind, und**
5. **weitere Informationen, die zur Erfüllung der beurkundungsrechtlichen Pflichten oder sonst zur Vornahme des Amtsgeschäfts erforderlich sind.**

I. Normzweck und Systematik

Nebenakten sind ein Kernbestandteil der notariellen Akten- und Verzeichnisführung. Sie enthalten all diejenigen Unterlagen, die im **sachlichen Zusammenhang mit einem Amtsgeschäft** anfallen, aber nicht Bestandteil der Urkundensammlung werden. Nebenakten dienen zuallererst der **internen Dokumentation**. So ermöglichen sie es dem Notar und seinen Mitarbeitern, jederzeit den Verfahrensstand eines Amtsgeschäfts zu überblicken und ergänzende Informationen zu erhalten. Da Nebenakten auch zu archivieren sind, § 50 Abs. 1 Nr. 7, dienen sie aber auch zu einem späteren Zeitpunkt nach Abschluss des Amtsgeschäfts der ergänzenden Information, ggf. im Rahmen von **Auslegungsfragen**. Schließlich dienen sie auch Zwecken der **Aufsicht**, da durch einen Blick in die Nebenakte die ordnungsgemäße Durchführung eines Amtsgeschäfts überprüft werden kann. Umgekehrt sind Nebenakten auch dem Notar zum **Nachweis der ordentlichen Amtsführung** dienlich und können insbesondere im Rahmen von Haftungsfragen entlastende Informationen enthalten. § 40 enthält genauere Bestimmungen zu Nebenakten. Die Vorschrift, die bereits am 29.10.2020 in Kraft getreten ist, orientiert sich hierbei im Grundsatz an § 22 Abs. 1 DONot aF, trifft jedoch etwas detailliertere Bestimmungen. Abs. 1 beschäftigt sich mit der grundsätzlichen Frage, ob und wie Nebenakten zu führen sind (→ Rn. 2 ff.). Abs. 2 enthält einen Katalog von Inhalten, die typischerweise Bestandteil der Nebenakte sind (→ Rn. 6 ff.). 1

II. Führung der Nebenakte (Abs. 1)

S. 1 stellt klar, dass zu jedem Amtsgeschäft eine Nebenakte geführt werden kann. S. 2 ergänzt, dass eine Nebenakte **geführt werden muss**, soweit dies Vornahme des Amtsgeschäfts **geboten** ist. Damit wird die Führung der Nebenakte hinsichtlich „Ob“ und „Wie“ grundsätzlich in das **Ermessen** des Notars gestellt. Dieses Ermessen ist nur eingeschränkt überprüfbar.[1] 2

Allerdings dürfte es in **den meisten Fällen geboten** sein, eine Nebenakte anzulegen. Dies gilt insbesondere für Niederschriften nach §§ 8 ff. BeurkG. Nur in ganz einfach gelagerten Fällen, etwa bei Unterschriftsbeglaubigungen ohne Entwurf, erscheint die Errichtung einer Nebenakte in der Regel entbehrlich. Bei etwas komplexeren Beurkundungsvorgängen wird eine Nebenakte immer erforderlich sein. Dasselbe gilt, wenn es sich um einen Verbrauchervertrag handelt und die Einhaltung der besonderen Betreuungspflichten nach § 17 BeurkG nachgewiesen werden soll; gerade wenn etwa Änderungen am Entwurf innerhalb der Zwei-Wochen-Frist vorgenommen wurden, ist eine entsprechende Dokumentation bereits aus Gründen der Haftungsvermeidung erforderlich.[2] Wenn im Anwendungsbereich des **Geldwäschegesetzes** entsprechende Aufzeichnungs- und Aufbewahrungspflichten nach § 8 GwG bestehen, ist die Anlegung einer Nebenakte und die Aufnahme der entsprechenden Informationen bereits gesetzlich vorgeschrieben.[3] Auch wenn Unterlagen vorliegen, die in Abs. 2 bei den typischen Inhalten der Nebenakte erwähnt werden (→ Rn. 6 ff.), weist dies auf die Gebotenheit einer Nebenakte hin. 3

---

1 Armbrüster/Preuß/Renner/*Eickelberg* DONot § 22 Rn. 1; Frenz/Miermeister/*Ellefret* DONot § 22 Rn. 4; BeckOK BeurkG/*Kleba* DONot § 22 Rn. 6.
2 BeckOK BeurkG/*Kleba* DONot § 22 Rn. 6.
3 Vgl. dazu ausführlich Armbrüster/Preuß/Renner/*Eickelberg* DONot § 22 Rn. 2 ff. Die in § 8 Abs. 4 GwG angeordnete fünfjährige Aufbewahrungspflicht wird hier durch die siebenjährige Aufbewahrungspflicht des § 50 Abs. 1 Nr. 7 verdrängt.

4 Auch die Frage, welche Unterlagen konkret Aufnahme in die Nebenakte finden, liegt im Ermessen des Notars. Er ist nicht gehalten, ausnahmslos alles, was im Zusammenhang mit dem entsprechenden Amtsgeschäft anfällt, in die Nebenakte aufzunehmen. Lediglich maßgebliche Unterlagen müssen Einfluss in die Nebenakte finden. So dürfte es nicht erforderlich sein, jeden einzelnen Zwischenentwurf in der Nebenakte zu dokumentieren, sondern nur maßgebliche Zwischenschritte.[4] Freilich ist dem Notar eine „engmaschigere" Dokumentation unbenommen, wenn er damit etwa bewusst den Prozess der Urkundenentstehung dokumentieren möchte. Auch die Aufnahme von rein organisatorischer Korrespondenz, wie etwa hinsichtlich Terminfragen, ist nicht erforderlich, außer wenn damit etwa die Einhaltung der Zwei-Wochen-Frist des § 17 Abs. 2a S. 2 Nr. 2 BeurkG dokumentiert werden soll. Vermerke, die über Beratungsgespräche angefertigt wurden, sollten in aller Regel in die Nebenakte aufgenommen werden. Nebenakten können auch zu Amtsgeschäften geführt werden, die nicht in das Urkundenverzeichnis eingetragen werden müssen. So ist etwa die Dokumentation der Gewährung isolierter, nicht mit einem sonstigen Amtsgeschäft zusammenhängender Grundbucheinsichten in einer Nebenakte möglich und nach § 133a Abs. 3 GBO auch geboten,[5] ebenso etwa die Dokumentation der Tätigkeit als Schlichtungsstelle oder auch die Dokumentation der Fertigung isolierter beglaubigter Abschriften.

5 Nach S. 3 können die Nebenakten auch als Sammelakten geführt werden, wenn ein sachlicher Grund hierfür besteht und die geordnete Aktenführung sichergestellt ist (zu Verwahrungssachen aber → § 42 Rn. 2). Voraussetzung für die Führung einer Sammelakte ist, dass ein sachlicher Zusammenhang zwischen den Amtsgeschäften besteht, die in einer derartigen Akte zusammengefasst werden.[6] Dies ist typischerweise der Fall bei Finanzierungsgrundschulden und Lastenfreistellungserklärungen, die im Zusammenhang mit einem Kaufvertrag beurkundet werden.[7] Denkbar ist auch die Zusammenfassung von Beurkundungen im Zusammenhang mit der Errichtung einer Wohnanlage oder mit der Entwicklung eines Neubaugebiets. Auch in gesellschaftsrechtlichen Angelegenheiten bietet es sich an, Sammelakten anzulegen, die alle Beurkundungen im Zusammenhang mit einem Rechtsträger enthalten, sofern die Übersichtlichkeit nicht darunter leidet.[8] Ferner können auch seltenere Amtsgeschäfte nach § 24 BNotO zu jährlichen Sammelakten zusammengefasst werden,[9] etwa isolierte Grundbucheinsichten.[10] Selbstverständlich ist, dass hierbei besonderes Augenmerk auf die geordnete Aktenführung zu legen ist,[11] wie dies aus S. 3 nochmals ausdrücklich hervorgeht.

III. Inhalte der Nebenakte (Abs. 2)

6 Abs. 2 konkretisiert den Inhalt der Nebenakten in Form einer beispielhaften, nicht abschließenden Aufzählung.[12] In Nebenakten werden insbesondere auch

4 Armbrüster/Preuß/Renner/*Eickelberg* DONot § 22 Rn. 1.
5 BeckOK BNotO/*Bracker* DONot § 22 Rn. 2. Ausführlich dazu Armbrüster/Preuß/Renner/*Eickelberg* DONot § 22 Rn. 15 f.
6 BR-Drs. 420/20 (neu), 60.
7 BeckOK BNotO/*Bracker* DONot § 22 Rn. 2.
8 AA Frenz/Miermeister/*Ellefret* DONot § 22 Rn. 9.
9 Weingärtner/Gassen/Sommerfeldt/*Weingärtner* DONot § 22 Rn. 9.
10 Frenz/Miermeister/*Ellefret* DONot § 22 Rn. 4.
11 Praxishinweise hierzu bei Weingärtner/Gassen/Sommerfeldt/*Weingärtner* DONot § 22 Rn. 9.
12 BeckOK BNotO/*Bracker* DONot § 22 Rn. 7.

personenbezogene Daten verarbeitet. Rechtsgrundlage hierfür ist auch bei Nebenakten § 35 Abs. 1 BNotO; aus § 40 lassen sich keine darüber hinausgehenden Befugnisse ableiten.[13] Allerdings konkretisiert § 40 Abs. 2 den Inhalt der Verarbeitung personenbezogener Daten nach § 35 Abs. 1 BNotO, so dass eine in Abs. 2 erwähnte Verarbeitungsart jedenfalls rechtmäßig sein dürfte. Gegenüber § 22 Abs. 1 DONot aF ist Abs. 2 deutlich detaillierter.

1. Kontaktdaten der Beteiligten (Nr. 1). Nr. 1 stellt klar, dass in der Nebenakte selbstverständlich die Kontaktdaten der Beteiligten niedergelegt werden können. Unter Beteiligten dürften formell wie materiell Beteiligte gleichermaßen zu verstehen sein. Es handelt sich nicht allein um die in Urkundeneingang (§ 5 DONot) und auch Urkundenverzeichnis (§ 12 Abs. 2, Abs. 3) anzugebenden Daten, sondern auch um ergänzende Daten wie Telefonnummer oder E-Mail-Adresse.[14] Das ermöglicht es dem Notar, die Beteiligten schnell und unkompliziert zu kontaktieren. 7

2. Daten zur Identifizierung der Beteiligten (Nr. 2). Nr. 2 stellt klar, dass der Notar in die Nebenakte alle Daten aufnehmen kann, die zur Identifizierung der Beteiligten erforderlich sind. Dies stellt eine gewisse Redundanz zu Nr. 1 dar, allerdings nicht vollständig, da einige Identifizierungsdaten wie etwa das Geburtsdatum keine Kontaktdaten sind. Zusätzlich wird ausdrücklich bestätigt, dass auch Kopien vorgelegter **Ausweisdokumente** in der Nebenakte abgelegt werden können. Dies betrifft in besonderer Weise die geldwäscherechtlichen Identifikationspflichten, die in erster Linie auf ein gültiges Ausweisdokument abstellen, § 12 Abs. 1 GwG. Aber auch bei Identifizierungsmitteln, die außerhalb des Geldwäscherechts angewandt werden, ist eine entsprechende Niederlegung in der Nebenakte – auch ohne Zustimmung des Ausweisinhabers[15] – gestattet.[16] Der Notar kann dadurch insbesondere die Einhaltung der nach § 10 BeurkG bestehenden Identifizierungspflichten dokumentieren. 8

3. Schriftverkehr (Nr. 3). Die sehr weit gefasste Nr. 3 bezieht sich allgemein auf Schriftverkehr mit den Beteiligten, mit den Gerichten und den Behörden sowie auf andere Dokumente, die nicht zur Urkundensammlung zu nehmen sind. Darunter fällt eine Vielzahl von möglichen Unterlagen, die typischerweise in die Nebenakten aufgenommen werden. 9

4. Besondere personenbezogene Daten (Nr. 4). Nr. 4 nimmt Bezug auf besonders **sensible personenbezogene Daten**, die im Rahmen notarieller Amtstätigkeit offenbart werden. Auch insoweit stellt die Vorschrift nochmals klar, dass die Speicherung derartiger Daten eine zulässige Datenverarbeitung darstellt, sofern dies zur Erfüllung von Amtspflichten erforderlich ist. Eine Amtspflicht zur Aufnahme von Gesundheitsdaten ergibt sich etwa bei der Prüfung der Geschäftsfähigkeit nach § 11 und § 28 BeurkG. Auch sonstige sensible Daten, wie etwa Angaben zur sexuellen Orientierung, zu religiösen und weltanschaulichen Überzeugungen oder auch zu innerfamiliären Beziehungen, sind oftmals zwangsläufig Bestandteil der Vorbereitung notarieller Urkunden[17] und der Notar muss sie aufgrund der Willenserforschungspflicht des § 17 Abs. 1 BeurkG erheben. Dies betrifft etwa die Beurkundung von Behandlungswünschen oder Patientenverfügungen oder allgemein von erbrechtlichen oder familienrechtlichen Rechtsgeschäften. Die Begründung des Verordnungsentwurfs stellt richtigerweise darauf ab, dass auch diese sensiblen Daten in der Nebenakte des Notars hinreichend 10

13 BR-Drs. 240/20 (neu), 60.
14 BR-Drs. 240/20 (neu), 60.
15 Vgl. dazu DNotI-Gutachten Nr. 143489.
16 Vgl. dazu auch *Püls/Gerlach* § 4 Erläuterung zu § 40.
17 BR-Drs. 240/20 (neu), 61.

vertraulich behandelt werden. So unterliegen Notar, Mitarbeiter und Dienstleister einer strengen Verschwiegenheitspflicht nach §§ 18, 26 und 26a BNotO; ein Verstoß ist auch strafrechtlich bewehrt.[18] Hinzu kommt die Vernichtungspflicht nach Ablauf der Verwahrungsfrist.

11 **5. Weitere Informationen (Nr. 5).** In Nr. 5 stellt die NotAktVV trotz der bereits sehr weit formulierten Nr. 3 eine generalklauselsartige **Auffangvorschrift** zur Verfügung. Zu den Nebenakten können demnach auch weitere Informationen genommen werden, die zur Erfüllung der beurkundungsrechtlichen Pflichten oder sonst zur Vornahme des Amtsgeschäfts erforderlich sind. Die Begründung nennt hierfür beispielhaft Informationen zu vorhandenen Familienangehörigen, zu persönlichen Nähebeziehungen, zu den Einkommens- und Vermögensverhältnissen oder zu der weiteren Lebensplanung,[19] wobei diese Informationen teilweise auch schon unter Nr. 4 fallen dürften. Ein Hauptanwendungsfall von Nr. 5 sind Vorentwürfe der Urkunden, die in die Nebenakten aufgenommen werden. Bei Entwürfen von Verfügungen von Todes wegen ist freilich zu beachten, dass diese nach § 31 Abs. 1 Nr. 1 lit. a nur auf Wunsch der Beteiligten in der Urkundensammlung zu verwahren sind. Daraus dürfte sich die Pflicht des Notars ergeben, auch entsprechende Vorentwürfe aus den Nebenakten zu entfernen, wenn keine Verwahrung in der Urkundensammlung stattfindet – es sei denn, es handelt sich um einen Erbvertrag, der notariell verwahrt wird.[20] Diese Entfernungspflicht gilt jedoch nicht für sonstige Inhalte der Nebenakte, selbst wenn diese sensible personenbezogene Daten enthalten. Unter Nr. 5 fallen wohl auch diejenigen Aufzeichnungs- und Aufbewahrungspflichten nach § 8 GwG, die nicht bereits von Nr. 2 erfasst sind. Schließlich kann der Notar nach § 19 Abs. 6 GNotKG auch seine Kostenberechnung zu den Nebenakten nehmen.

IV. Nebenakte und Vertraulichkeit

12 Die Nebenakten des Notars unterliegen selbstverständlich auch dem strengen **Vertraulichkeitsgrundsatz** des § 18 BNotO. Sie können teilweise noch mehr sensible persönliche Daten enthalten als die Urkunde selbst, weil in den Nebenakten auch der Ausfluss der durch den Notar geleisteten Willenserforschung nach § 17 Abs. 1 BeurkG niedergelegt wird.

13 Im **Strafprozess** kommt dem Notar auch mit Blick auf die Nebenakten ein Zeugnisverweigerungsrecht nach § 53 Abs. 1 Nr. 3 StPO zu.[21] Auch das Beschlagnahmeverbot nach § 97 Abs. 1 Nr. 2 StPO erstreckt sich darauf.[22] Im **Zivilprozess** hingegen ist es dem Gericht nach § 142 Abs. 1 ZPO grundsätzlich möglich, die Vorlage von Unterlagen anzuordnen, wenn der Notar Verfahrensbeteiligter ist.[23] Freilich ist dies eine Ermessensentscheidung des Zivilgerichts, in die auch die Vertraulichkeitsgesichtspunkte des § 18 BNotO einfließen müssen.[24] Über § 173 Abs. 1 VwGO findet diese Vorschrift auch Anwendung auf den **Verwaltungsprozess**;[25] insoweit betrifft dies auch alle nach der BNotO geführten Verfahren, also Disziplinarverfahren wie auch verwaltungsrechtliche Notarsachen. In Verfahren wegen **Verweigerung der Urkundstätigkeit** nach

18 BR-Drs. 240/20 (neu), 61.
19 BR-Drs. 240/20 (neu), 61.
20 Ähnlich Frenz/Miermeister/*Ellefret* DONot § 22 Rn. 5.
21 Armbrüster/Preuß/Renner/*Eickelberg* DONot § 22 Rn. 26.
22 Armbrüster/Preuß/Renner/*Eickelberg* DONot § 22 Rn. 26.
23 BGH 17.7.2014 – III ZR 514/13 Rn. 26 f.; ähnlich Frenz/Miermeister/*Ellefret* DONot § 22 Rn. 15.
24 BGH 17.7.2014 – III ZR 514/13 Rn. 26 f.
25 OVG Magdeburg BeckRS 2016, 47545 Rn. 54.

§ 15 Abs. 2 BNotO, das nach dem FamFG zu führen ist, besteht eine Vorlagepflicht zumindest dann nicht, wenn dies der Ausforschung dient.[26] Dies wird bei einem Verfahren nach § 15 BNotO wegen eines Verwahrungsgeschäfts teilweise anders gesehen.[27] In **Kostenverfahren** nach § 127 GNotKG ist der Notar ebenfalls nicht, insbesondere nicht nach § 130 Abs. 3 GNotKG iVm § 27 FamFG, verpflichtet, die Nebenakte vorzulegen, da er echter Beteiligter in einem streitigen Verfahren ist.[28] Eine direkte Verweisung auf § 142 ZPO kennt das FamFG nicht.

Gegenüber der **Aufsichtsbehörde** herrscht selbstverständlich vollständige Offenlegungspflicht auch hinsichtlich der Nebenakten, § 93 BNotO. Desgleichen gilt für die **Notarkammer**, § 67 Abs. 1 BNotO. Ferner können auch die Finanzbehörden im Rahmen der notariellen Mitteilungspflichten Einsicht in die Nebenakte nehmen.[29] 14

Problematischer ist die Frage, ob und unter welchen Voraussetzungen die Beteiligten Einsicht in die Nebenakten nehmen dürfen. § 51 BeurkG ist nur auf die Erteilung von Abschriften anwendbar, nicht auf Nebenakten.[30] Vielmehr muss insoweit auf die allgemeine Vorschrift des § 18 BNotO zurückgegriffen werden. Demnach müssen sämtliche Beteiligte eine Befreiung von der Verschwiegenheit nach § 18 Abs. 2 BNotO erteilen;[31] dies gilt auch für Einsichtnahme anderer Beteiligter. Das Einverständnis des Notars ist hierfür allerdings nicht erforderlich, weil § 18 BNotO dem Interesse der Beteiligten und nicht dem Interesse des Notars dient.[32] Persönliche Notizen wird der Notar allerdings „schwärzen" dürfen.[33] Eine weitere Ausnahme ist zu machen, wenn ein Beteiligter lediglich Einsicht in von ihm stammende Dokumente verlangt.[34] Auch im Rahmen der Abrechnungspflicht von Notaranderkonten nach § 10 Abs. 5 DONot kann sich ein demgegenüber erhöhtes Einsichtsrecht in die Nebenakte ergeben. In Zweifelsfällen sollte der Notar um Genehmigung durch die Aufsichtsbehörde nach § 18 Abs. 3 BNotO ersuchen.[35] 15

§ 41 Sonderbestimmungen für Verwahrungsgeschäfte

(1) [1]Zu jedem Verwahrungsgeschäft ist eine Nebenakte zu führen. [2]Die Führung von Sammelakten ist für Verwahrungsgeschäfte nicht zulässig.

---

26 BGH DNotZ 2013, 711. Generell bejahend jedoch Weingärtner/Gassen/Sommerfeldt/*Weingärtner* DONot § 22 Rn. 16.
27 Armbrüster/Preuß/Renner/*Eickelberg* DONot § 22 Rn. 27 mwN.
28 Bormann/Diehn/Sommerfeldt/*Neie* GNotKG § 127 Rn. 57.
29 BeckOK BeurkG/*Kleba* DONot § 22 Rn. 11; Frenz/Miermeister/*Ellefret* DONot § 22 Rn. 15.
30 Armbrüster/Preuß/Renner/*Eickelberg* DONot § 22 Rn. 28; BeckOK BeurkG/*Kleba* DONot § 22 Rn. 10; BeckOK BNotO/*Bracker* DONot § 22 Rn. 6; Frenz/Miermeister/*Ellefret* DONot § 22 Rn. 16; offenlassend BGH DNotZ 2013, 711 (713); KG DNotZ 2004, 202; OLG Zweibrücken DNotZ 2003, 125 (126); BGH NJW 1990, 510 (dort allerdings zu Handakten eines Rechtsanwalts).
31 Auch insoweit zweifelnd Frenz/Miermeister/*Ellefret* DONot § 22 Rn. 16.
32 Armbrüster/Preuß/Renner/*Eickelberg* DONot § 22 Rn. 29.
33 Armbrüster/Preuß/Renner/*Eickelberg* DONot § 22 Rn. 29.
34 LG Frankfurt DNotZ 1990, 393; Armbrüster/Preuß/Renner/*Eickelberg* DONot § 22 Rn. 29; aA OLG Zweibrücken DNotZ 2003, 125 (126); BeckOK BNotO/*Bracker* DONot § 22 Rn. 6.
35 Armbrüster/Preuß/Renner/*Eickelberg* DONot § 22 Rn. 30.

(2) Zu den Nebenakten für Verwahrungsgeschäfte sind insbesondere zu nehmen
1. sämtliche Verwahrungsanträge und -anweisungen (§ 57 Absatz 2 bis 4 des Beurkundungsgesetzes),
2. die Treuhandaufträge und die Verwahrungsanweisungen, die dem Notar im Zusammenhang mit dem Vollzug desjenigen Geschäfts erteilt worden sind, das der Verwahrung zugrunde liegt (§ 57 Absatz 6 des Beurkundungsgesetzes),
3. Änderungen oder Ergänzungen der Verwahrungsanweisungen und der Treuhandaufträge,
4. Annahmeerklärungen (§ 57 Absatz 2 Nummer 3 und Absatz 5 des Beurkundungsgesetzes) und
5. Belege, Kontoauszüge und Abschriften von Abrechnungen und Kostenberechnungen, die die Verwahrung betreffen.

(3) [1]Sämtliche Nebenakten zu laufenden Verwahrungsgeschäften sind einheitlich in Papierform oder elektronisch zu führen. [2]Ein Wechsel der Form der Aktenführung ist nur zu Beginn eines Kalenderjahres zulässig. [3]Für Verwahrungsmassen, die vor einem Wechsel nach Satz 2 in das Verwahrungsverzeichnis eingetragen wurden, kann es abweichend von Satz 1 bei der früheren Form der Aktenführung verbleiben. [4]Ist das Verwahrungsverhältnis beendet, so ist es zulässig, zunächst in Papierform geführte Nebenakten nur noch elektronisch aufzubewahren. [5]Die Aufsichtsbehörde kann Ausnahmen von den Regelungen der Sätze 1 und 2 zulassen.

(4) [1]Kontoauszüge sind mit der Massenummer zu versehen. [2]Belege für Einnahmen und Ausgaben sind jeweils mit der Massenummer und der Buchungsnummer zu versehen. [3]Führt der Notar aufgrund einer Übertragung der Verwahrzuständigkeit nach § 51 Absatz 1 und 3 der Bundesnotarordnung die Verwahrungsgeschäfte eines anderen Notars fort, so soll der Buchungsnummer ein Zusatz vorangestellt werden, der eine Unterscheidung zwischen den vor und den nach der Übertragung der Verwahrzuständigkeit zu den Nebenakten genommenen Dokumenten erlaubt.

(5) [1]Kontoauszüge und sonstige Mitteilungen von Kreditinstituten und an Kreditinstitute, die die Führung der Notaranderkonten betreffen, müssen nicht in den Nebenakten aufbewahrt werden, wenn sie elektronisch im Verwahrungsverzeichnis gespeichert sind. [2]Im Übrigen sind Belege und Kontoauszüge sowie Erklärungen nach Absatz 2 Nummer 4 im Original aufzubewahren, sofern sie nicht aufgrund der für die Führung der Nebenakte gewählten Form in eine andere Form übertragen werden müssen.

I. Normzweck und Systematik

1 Da Verwahrungsgeschäfte unter den notariellen Amtsgeschäften zu den fehler- und missbrauchsanfälligeren Geschäften zählen, trifft § 41 besondere Bestimmungen für Nebenakten, die zu Verwahrungsgeschäften geführt werden. Neben dem Verwahrungsverzeichnis sind die entsprechenden Nebenakten die wesentliche Erkenntnisquelle sowohl für den Notar zur internen Qualitätssicherung als auch für die Aufsicht. Abs. 1 bezieht sich auf Grundlagen zu den Nebenakten

für Verwahrungsgeschäfte (→ Rn. 2). Abs. 2 enthält eine beispielhafte, nicht abschließende Aufzählung der Inhalte der entsprechenden Nebenakten (→ Rn. 3). In Abs. 3 werden grundsätzliche Fragen zur Form der Aktenführung geregelt (→ Rn. 4), während Abs. 4 sich mit der genauen Dokumentation von Kontoauszügen und Umsatzmitteilungen befasst (→ Rn. 5 f.). Abs. 5 schließlich regelt Besonderheiten bezüglich der elektronischen Speicherung von entsprechenden Nebenakteninhalten (→ Rn. 7).

II. Grundsätzliches (Abs. 1)

Abs. 1 bestimmt abweichend von § 40 Abs. 1, dass Nebenakten bei Verwahrungsgeschäften **zwingend zu führen** sind. Gleichzeitig wird zum Ausdruck gebracht, dass die **Führung von Sammelakten nicht zulässig** ist; vielmehr ist zu jedem einzelnen Verwahrungsgeschäft eine gesonderte Nebenakte zu führen. Dies greift § 22 Abs. 2 DONot aF auf und ist in der besonderen Risikogeneigtheit von Verwahrungsgeschäften begründet. 2

III. Inhalte der Nebenakten (Abs. 2)

Abs. 2 beinhaltet eine **beispielhafte, nicht abschließende Aufzählung** der Inhalte von Nebenakten für Verwahrungsgeschäfte. Die Aufzählung dürfte jedoch zumindest alle typischerweise in die entsprechenden Nebenakten aufzunehmenden Unterlagen erschöpfend umfassen. Die Aufzählung ist aus sich heraus verständlich, so dass sie keiner weiteren Erläuterung bedarf. Aus einem Gegenschluss zu Abs. 5 S. 2 geht hervor, dass bei papierförmiger Führung der Nebenakte Belege und Kontoauszüge nach Nr. 5 sowie Annahmeerklärungen nach Nr. 4 im Original niedergelegt werden müssen, während dies für die sonstigen Inhalte der Nebenakten nicht gilt (→ Rn. 7). Insoweit ist die bisher bestehende undeutliche Rechtslage[1] bereinigt. Zu den Besonderheiten bei der elektronischen Führung → Rn. 7. 3

IV. Form der Aktenführung (Abs. 3)

Abs. 3 trifft nähere Bestimmungen infolge der Tatsache, dass Nebenakten nunmehr auch in **elektronischer Form** geführt werden können (→ § 43 Rn. 1 ff.). Mit Blick auf Nebenakten, die zu Verwahrungsgeschäften geführt werden, muss in besonderer Weise sichergestellt werden, dass die sofortige Verfügbarkeit und Übersichtlichkeit gewährleistet bleiben. Denn nicht nur der Notar selbst, sondern auch sein Vertreter, der Verwalter der Notarstelle oder sein „Amtsnachfolger" müssen die Möglichkeit haben, sich in kurzer Zeit einen Überblick über den Bestand und die Aktenführung der Verwahrungsgeschäfte zu verschaffen.[2] Dem widerspräche es, wenn Nebenakten teils in Papierform und teils in elektronischer Form geführt werden dürften. Damit wäre ein höherer Aufwand zur Erarbeitung der jeweiligen Akteninhalte verbunden. Aus diesem Grunde bestimmt S. 1, dass **alle Nebenakten** zu derzeit laufenden Verwahrungsgeschäften **einheitlich in einer Form** zu führen sind. Um diese Einheitlichkeit sicherzustellen, bestimmt S. 2, dass ein **Wechsel** der Form der Aktenführung nur jeweils **zu Beginn eines Kalenderjahres** zulässig ist. Von dem Grundsatz der in einheitlicher Form zu führenden Nebenakten zu Verwahrungsgeschäften macht S. 3 jedoch eine Ausnahme: Bereits **bestehende Verwahrungsmassen**, die also vor dem Wechsel der Führungspraxis bereits in das Verwahrungsverzeichnis eingetragen waren, müssen nicht in die „neue" Form über- 4

1 S. hierzu Armbrüster/Preuß/Renner/*Eickelberg* DONot § 22 Rn. 22 ff.
2 BR-Drs. 420/20 (neu), 61.

wechseln. Das bedeutet konkret, dass ein Wechsel von der Papierform zur elektronischen Form nur zum 1. Januar eines jeden Jahres möglich ist. Hierbei ist es nicht erforderlich, die Nebenakten zu bereits laufenden Verwahrungsmassen, die in das Verwahrungsverzeichnis eingetragen sind, entsprechend umzustellen, sondern diese Nebenakten können weiterhin in Papierform geführt werden. Die Nebenakten zu allen in diesem Jahr und später neu in das Verwahrungsverzeichnis eingetragenen Verwahrungsmassen sind dann jedoch in elektronischer Form zu führen. Nach S. 4 ist es gestattet, Nebenakten zu bereits abgewickelten Verwahrungsmassen nachträglich von der Papierform in die elektronische Form zu überführen. Ferner kann die Aufsichtsbehörde nach S. 5 Ausnahmen von den Regelungen der Sätze 1 und 2 zulassen. Dies verdeutlicht den engen Bezug dieser Bestimmung zur aufsichtsbehördlichen Überprüfung.[3] Niemals als Ausnahme zugelassen werden sollte jedenfalls die „hybride" Führung teils in elektronischer und teils in Papierform zu einer Verwahrungsmasse. Dies wäre zu unübersichtlich.

V. Kontoauszüge und Umsatzmitteilungen (Abs. 4)

5 Nach Abs. 4 S. 1 sind **Kontoauszüge** jeweils mit der **Massenummer** zu versehen. Belege, die **Einnahmen und Ausgaben** enthalten, sind ebenfalls mit der Massenummer und darüber hinaus auch mit der entsprechenden **Buchungsnummer** zu versehen, S. 2. Das gewährleistet, dass jeder dieser Belege unmittelbar einer Verwahrungsmasse und einem Buchungsvorgang zugeordnet werden kann. Soweit Kontoauszüge nicht nur den Kontosaldo ausweisen, sondern auch entsprechende Einnahmen und Ausgaben enthalten, dürften auch sie zusätzlich mit der entsprechenden Buchungsnummer zu versehen sein. S. 3 schließlich trifft eine Sonderbestimmung für den Übergang der Verwahrzuständigkeit: Bei Fortführung der Verwahrungsgeschäfte eines anderen Notars soll der Buchungsnummer ein verdeutlichender Zusatz vorangestellt werden, um eine hinreichende Unterscheidbarkeit zwischen „eigenen" und „übernommenen" Masse- und Buchungsnummern sicherzustellen. Nicht übernommen wurde das bisher in § 10 Abs. 3 S. 3 DONot aF enthaltene Erfordernis, auch das Eingangsdatum auf Kontoauszügen und Umsatzmitteilungen zu vermerken. Dies liegt darin begründet, dass das Verwahrungsverzeichnis nunmehr im Wesentlichen an das Datum der Wertstellung anknüpft. Im Übrigen wird im Verwahrungsverzeichnis das Eintragungsdatum ohnehin automatisiert erfasst; da die Eintragungen im Verwahrungsverzeichnis nach § 25 Abs. 2 S. 1 zudem unverzüglich vorzunehmen sind, erscheint die zusätzliche Aufnahme des Eingangsdatums entbehrlich.[4]

6 Abs. 4 unterscheidet nicht zwischen papierförmiger und elektronischer Führung der Nebenakten. Daher sind die entsprechenden Angaben **auch auf elektronische Dokumente zu setzen**, was mithilfe marktüblicher EDV ohne Schwierigkeiten möglich sein wird. Eine Ausnahme wird allerdings zu machen sein für Kontoauszüge, die nach Abs. 5 S. 1 direkt im Verwahrungsverzeichnis gespeichert werden, da in diesem Fall bereits dadurch eine unmittelbare Verknüpfung mit der jeweiligen Massenummer erfolgt.

VI. Elektronische Speicherung, Form der Unterlagen (Abs. 5)

7 Abs. 5 beschäftigt sich mit den Möglichkeiten elektronischer Speicherung von Inhalten der Nebenakten, ferner auch mit der bei papierförmiger Führung erforderlichen Form. S. 1 bezieht sich konkret auf **Kontoauszüge und sonstige**

3 BeckOK BeurkG/*Kämper* NotAktVV § 41 Rn. 4.
4 BR-Drs. 420/20 (neu), 62.

Korrespondenz mit Kreditinstituten. Diese Unterlagen müssen generell nicht in den Nebenakten aufbewahrt werden, wenn sie schon elektronisch im Verwahrungsverzeichnis gespeichert sind, was nach § 28 Abs. 3 prinzipiell möglich ist, jedoch derzeit von der Software des Verwahrungsverzeichnisses noch nicht vorgesehen ist. S. 2 beschäftigt sich allgemeiner mit der elektronischen Führung von Nebenakten zu Verwahrungsgeschäften. Ihm ist zu entnehmen, dass alle **Inhalte von Nebenakten** im Falle einer elektronischen Führung der Nebenakte in die **elektronische Form** überführt werden können und dürfen. Besondere Modalitäten für diese Überführung sind nicht vorgegeben; insbesondere muss keine elektronisch beglaubigte Abschrift erfolgen. Dies wäre auch sinnlos, weil eine solche von dem Notar selbst vorgenommen würde.[5] Umgekehrt ist S. 2 auch zu entnehmen, dass ursprünglich elektronisch vorliegende Dokumente im Falle **papierförmiger Nebenaktenführung** in die **Papierform** übertragen werden müssen. Zudem wird eine Aussage darüber getroffen, welche **Unterlagen** bei papierförmiger Führung der Nebenakte im **Original** aufzubewahren sind, nämlich Belege und Kontoauszüge nach Abs. 2 Nr. 5 und Erklärungen nach Abs. 2 Nr. 4. Im Übrigen dürften bei der papierförmigen Führung der Nebenakten Abschriften genügen.

§ 42 Führung in Papierform

[1]Werden die Nebenakten in Papierform geführt, müssen die aufgenommenen Dokumente nachvollziehbar geordnet sein. [2]Werden Sammelakten geführt, so ist erforderlichenfalls durch besondere Vorkehrungen dafür zu sorgen, dass die Verfügbarkeit aller Inhalte sichergestellt ist und die Dokumente, die zu einzelnen Amtsgeschäften gehören, aufgefunden werden können.

§ 42 enthält nähere Bestimmungen über die **papierförmige Nebenakte.** Die Nebenakten sind nicht nur für den Notar, sondern auch für dessen Vertreter, Amtsnachfolger und eventuelle Notariatsverwalter von Bedeutung, ebenso für die Aufsicht. Diese Personen müssen sich möglichst rasch und umfassend einen Überblick über die in der Nebenakte enthaltenen Informationen verschaffen können. Daher ist erforderlich, dass die Nebenakte **in einer allgemein verständlichen Art und Weise geordnet** ist. Dies wird von S. 1 zum Ausdruck gebracht. Wie die Ordnungsstruktur konkret ausgestaltet ist, wird dem Ermessen des Notars überlassen. Eine chronologische Sortierung dürfte in aller Regel ausreichend sein; eine Durchnummerierung der Blätter ist hierbei nicht erforderlich.[1] Ebenso sind jedoch auch thematische Sortierungen denkbar, so etwa nach Korrespondenz mit Beteiligten, Korrespondenz mit Behörden, Grundbuch- und Registerauszügen, Entwürfen etc.[2] 1

S. 2 bezieht sich im speziellen auf **Sammelakten.** Da diese einen Zusammenhang zu mehreren Amtsgeschäften aufweisen, nehmen sie typischerweise einen größeren Umfang ein als Einzelakten. Insbesondere muss die Zuordnung von Dokumenten, die zu einzelnen Amtsgeschäften gehören, gewährleistet sein. Das kann etwa dadurch sichergestellt werden, dass das Strukturprinzip der Sammelakte eine eigene Kategorie enthält, die sich auf Individualdokumente zu einzel- 2

5 BR-Drs. 420/20 (neu), 62.

1 BeckOK BeurkG/*Kleba* DONot § 22 Rn. 8; Frenz/Miermeister/*Ellefret* DONot § 22 Rn. 8; aA Weingärtner/Gassen/Sommerfeldt/*Weingärtner* DONot § 22 Rn. 8.

2 Frenz/Miermeister/*Ellefret* DONot § 22 Rn. 4 ff.

nen Amtsgeschäften bezieht; innerhalb dieser Kategorie sollte, soweit vorhanden, nach Urkundenverzeichnisnummern sortiert werden. Ebenso wäre an die Anlegung eines Inhaltsverzeichnisses zu denken.[3]

3 Eine geordnete Führung der Nebenakten trägt auch dazu bei, dass die Grundsätze der Aktenführung nach § 35 Abs. 1 BNotO eingehalten werden. Die darin u.a. verlangte Verfügbarkeit der Nebenakten erfordert, dass sie nicht nur in sich geordnet sind, sondern dass auch die jeweilige Nebenakte zuverlässig und rasch aufgefunden werden kann. Wie dies sichergestellt wird, ist wiederum dem Ermessen des Notars überlassen. Sinnvoll erscheint es, diejenigen Nebenakten, die mit einer Eintragung im Urkundenverzeichnis zusammenhängen, nach der Urkundenverzeichnisnummer zu sortieren.[4] Auch bietet sich ggf. ein zusätzlicher Hinweis im Urkundenverzeichnis nach § 17 Abs. 2 auf den Standort der Nebenakte an. Bei Sammelakten muss die Zuordnung zu jedem dazugehörigen Eintrag im Urkundenverzeichnis gewährleistet sein; auch dies kann durch einen entsprechenden Hinweis im Urkundenverzeichnis nach § 17 Abs. 2 erfolgen oder aber durch entsprechende Hinweisblätter in der Sammlung der Nebenakten. Alle sonstigen Nebenakten, die nicht oder noch nicht im Zusammenhang mit einem Eintrag im Urkundenverzeichnis stehen, müssen nach anderen Ordnungsprinzipien sortiert werden, etwa nach der Art des Amtsgeschäfts oder nach den Namen der Beteiligten.

§ 43 Elektronische Führung

(1) [1]Werden die Nebenakten elektronisch geführt, müssen die Nebenakten und die darin aufgenommenen Dokumente durch einen strukturierten Datensatz beschrieben sein. [2]Hat die Bundesnotarkammer in ihrem Verkündungsblatt nähere Angaben zu dem strukturierten Datensatz sowie zu den Dateiformaten bekannt gemacht, die bei der Führung der Nebenakten zu verwenden sind, so sind diese zu beachten. [3]Die Bekanntmachung im Verkündungsblatt kann zu technischen Einzelheiten auf eine Veröffentlichung im Internet Bezug nehmen.

(2) Eine elektronisch geführte Nebenakte muss jederzeit in das Dateiformat überführt werden können, das für Dokumente in der elektronischen Urkundensammlung vorgeschrieben ist.

I. Normzweck und Systematik

1 Nach § 35 Abs. 2 BNotO können Nebenakten nunmehr sowohl in Papierform als auch elektronisch geführt werden. Bei elektronischer Führung stellen BNotO und NotAktVV weitere Voraussetzungen auf: So dürfen die Nebenak-

3 BR-Drs. 420/20 (neu), 63.
4 Armbrüster/Preuß/Renner/*Eickelberg* DONot § 22 Rn. 14.

ten nur innerhalb der Geschäftsstelle oder im Elektronischen Notaraktenspeicher gespeichert werden, § 35 Abs. 4 BNotO (→ §§ 1, 2 → Rn. 8). Da es sich bei der elektronischen Nebenakte auch um eine elektronische Aufzeichnung handelt, gelten hierfür außerdem die gesonderten Vorschriften der §§ 4 und 5. § 43 **konkretisiert die spezifischen Anforderungen an die elektronische Nebenaktenführung.** In Abs. 1 trifft er nähere Bestimmungen zu Dateistruktur und Dateiformat (→ Rn. 4 ff.). Abs. 2 stellt das Erfordernis auf, in das Dateiformat des elektronischen Urkundenarchivs überführt werden zu können (→ Rn. 7 f.).

Unter **elektronischer Nebenakte** in diesem Zusammenhang sind lediglich diejenigen Dateien zu verstehen, die der Notar als rechtsverbindliche „Hauptakte" führt. Dann sind alle an die elektronischen Nebenakten und an Akten und Verzeichnisse insgesamt gestellten Anforderungen zu erfüllen. Hierzu zählen die Sicherheitsziele des § 35 Abs. 1 BNotO, insbesondere der Verfügbarkeit. Diese äußert sich etwa darin, dass der Akteninhalt bei Übergang der Zuständigkeit auf eine andere Stelle dieser in allgemeingebräuchlicher Weise zur Verfügung zu stellen ist, § 4 Abs. 2. Auch als Speicherort ist nur, wie bereits erwähnt, die Geschäftsstelle oder der Elektronische Notaraktenspeicher vorgesehen. Schließlich muss eine derartige „elektronische Hauptakte" auch die von § 43 gestellten spezifischen Anforderungen erfüllen. 2

Andere **Dateien mit „Nebenaktencharakter"**, die der Notar etwa als Sicherungsspeicherung führt, sind nicht Nebenakten in diesem Sinne und müssen daher die an sie gestellten Anforderungen nicht erfüllen. Insoweit handelt es sich stattdessen um **Hilfsmittel** nach § 35 Abs. 2 S. 2 BNotO.[1] Bei diesen ist lediglich die Vertraulichkeit zu gewährleisten, die sonstigen Grundsätze der Akten- und Verzeichnisführung nach § 35 Abs. 1 BNotO (etwa die Verfügbarkeit) gelten hingegen nicht, ebenso wenig die Vorgabe des § 35 Abs. 4 BNotO zum Dateispeicherort und die Vorschriften des § 43 und der §§ 4 und 5. Auch wenn die „Hauptakten" weiterhin in Papierform geführt werden und eine elektronische Speicherung nur hilfsweise erfolgt, handelt es sich hierbei um ein Hilfsmittel und nicht um eine elektronische Nebenakte. 3

II. Dateistruktur und Dateiformat (Abs. 1)

1. Strukturierter Datensatz (S. 1). Abs. 1 S. 1 verlangt, dass elektronische Nebenakten und die darin aufgenommenen Dokumente durch einen **strukturierten Datensatz** beschrieben sind. Unter strukturiertem Datensatz versteht man eine Sammlung von Kerndaten, die „steckbriefartig" bestimmten, in der Regel vordefinierten, Kriterien zugeordnet sind. So können bei Nebenakten etwa die Beteiligten, der Gegenstand des Amtsgeschäfts oder auch die Aufbewahrungsfrist in diesem Sinne strukturiert erfasst sein. Diese Vorschrift dient der Sicherstellung, dass die Übernahme der Nebenakte durch Nachfolger in der Verwahrungszuständigkeit mit zumutbarem Aufwand möglich ist.[2] Vor dem Hintergrund dieses Normzwecks dürfte es ausreichend sein, wenn die entsprechenden Nebenakten zwar nicht in dieser strukturierten Form jederzeit vorliegen, aber problemlos in den vorgegebenen strukturierten Datensatz überführt werden können. 4

2. Vorgaben der Bundesnotarkammer zum strukturierten Datensatz (S. 2 Alt. 1, S. 3). Nach S. 2 Alt. 1 kann die **Bundesnotarkammer** in ihrem Verkündungsblatt nähere Angaben zu dem **strukturierten Datensatz** bekannt machen. In diesem Fall sind diese Vorgaben bei der Führung der elektronischen Nebenakten 5

1 Vgl. Rundschreiben Nr. 8/2020 der Bundesnotarkammer, 4.
2 BR-Drs. 420/20 (neu), 63.

zu beachten. Die Bundesnotarkammer hat bereits von dieser Möglichkeit Gebrauch gemacht.[3] In der Bekanntmachung wird zu technischen Einzelheiten auf eine Veröffentlichung im Internet Bezug genommen, wie dies S. 3 ermöglicht. Der von der Bundesnotarkammer veröffentlichte strukturierte Datensatz richtet sich zwar rechtlich an die Notare, adressiert aber faktisch in erster Linie die Hersteller der Notarsoftware. Will ein Softwarehersteller eine Software zur Verfügung stellen, welche die elektronische Notaranderkontenführung ermöglicht, muss er sich an diese Vorgaben halten. Die Bundesnotarkammer zertifiziert diese Software nicht. Stattdessen dürfen sich Notare in der Regel auf eine entsprechende Bescheinigung des Herstellers der Software verlassen, dass die Voraussetzungen der NotAktVV für die elektronische Führung von Nebenakten eingehalten sind.[4] Hierzu zählt nicht nur die Einhaltung der Vorgaben zum strukturierten Datensatz, sondern beispielsweise auch die von § 35 Abs. 4 BNotO geforderte Speicherung in der Geschäftsstelle. Der Elektronische Notariatsaktenspeicher steht zunächst noch nicht zur Verfügung (→ §§ 1, 2 Rn. 6). Hat die Bundesnotarkammer als Urkundenarchivbehörde jedoch einen entsprechenden Speicher eingerichtet, dürfen sich die Notare generell darauf verlassen, dass dieser die rechtlichen Vorgaben zur Führung von elektronischen Nebenakten einhält.

6 **3. Vorgaben der Bundesnotarkammer zum Dateiformat (S. 2 Alt. 2).** S. 2 ermöglicht es der Bundesnotarkammer außerdem, entsprechende Vorgaben auch zu den **konkreten Dateiformaten** zu machen. Hiervon hat die Bundesnotarkammer bislang nicht Gebrauch gemacht. Daher richtet sich die Frage des Dateiformats nach den allgemeinen Bestimmungen des § 4 Abs. 1. Demnach ist die Verwendung eines allgemein gebräuchlichen Dateiformats bzw. die Überführbarkeit in dieses erforderlich. Auch wenn sie keine konkreten rechtlich bindenden Vorgaben hierzu macht, hat die Bundesnotarkammer dennoch eine Übersicht der gebräuchlichsten Dateiformate als Orientierungshilfe veröffentlicht (→ § 4 Rn. 5).[5] Im Übrigen handelt es sich bei elektronischen Nebenakten um elektronische Aufzeichnungen iSd § 4 Abs. 1, so dass auch die sonstigen hierfür aufgestellten Voraussetzungen zu beachten sind. Hierzu zählt etwa die Übergabe der Aufzeichnungen auf einem allgemein gebräuchlichen Datenträger an die nachfolgende Verwahrstelle, § 4 Abs. 2 (→ § 4 Rn. 7), oder auch die Sicherheit elektronischer Aufzeichnungen nach § 5 (→ § 5 Rn. 1 ff.).

III. Überführung in das Dateiformat der Elektronischen Urkundensammlung (Abs. 2)

7 Neben dem nach Abs. 1 bzw. nach § 4 Abs. 2 geforderten Dateiformat ist es nach Abs. 2 **zusätzlich erforderlich**, dass eine elektronisch geführte Nebenakte jederzeit in eine Dabei überführt werden kann, die das für **Dokumente in der elektronischen Urkundensammlung** vorgeschriebene **Dateiformat** verwendet (sog. Repräsentat). Dies dient insbesondere Zwecken der Aufsicht, welche die nach Abs. 1 vorgegebenen speziellen Dateiformate ggf. nur mit unzumutbarem Aufwand lesen kann. Wiederum gilt, dass die Nebenakte nicht in diesem Format geführt werden muss, sondern lediglich in das entsprechende Format überführt werden können muss. Beim Dateiformat selbst handelt es sich um das in § 35 Abs. 4 näher bezeichnete Format, also im Grundsatz um eine für die Langzeitarchivierung geeignete Variante des PDF-Formats. Die Sortierung dieser ins-

3 DNotZ 2020, 881.
4 Rundschreiben Nr. 8/2020 der Bundesnotarkammer, 3.
5 Vgl. Anlage zum Rundschreiben Nr. 8/2020 der Bundesnotarkammer.

besondere für die Aufsicht bestimmten Datei muss allgemein verständlichen Grundsätzen folgen, so bietet sich etwa eine chronologische oder nach den Urkundenverzeichnisnummern geordnete Reihenfolge an.

8 Aus Gründen der Selbstabsicherung des ausscheidenden Notars dürfte es sich außerdem empfehlen, eine Datei nach Abs. 2 zu erstellen, die den Gesamtbestand der Nebenakten am Tag des Ausscheidens sicher ausweist; hierzu besteht jedoch keine Rechtspflicht.[6]

§ 44 Führung in Papierform und elektronische Führung

(1) Werden die Nebenakten zu einzelnen Amtsgeschäften in Papierform und zu anderen Amtsgeschäften elektronisch geführt, so ist durch geeignete Vorkehrungen sicherzustellen, dass die jeweiligen Nebenakten problemlos auffindbar und zugänglich sind.

(2) Wird die Nebenakte zu einem Amtsgeschäft teilweise in Papierform und teilweise elektronisch geführt, so ist durch geeignete Vorkehrungen die Transparenz, die Vollständigkeit und die Verfügbarkeit des Akteninhalts sicherzustellen.

Literatur:
Püls/Gerlach, NotAktVV und Elektronisches Urkundenarchiv, 2021.

I. Normzweck und Systematik

1 § 44 beschäftigt sich mit der sog. **hybriden Nebenaktenführung.** Darunter ist die teilweise papierförmige, teilweise elektronische Nebenaktenführung zu verstehen. Eine hybride Aktenführung ist nicht zulässig für Nebenakten im Zusammenhang mit Verwahrungsgeschäften, § 41 Abs. 3 (→ § 41 Rn. 4). Im Übrigen ist eine hybride Nebenaktenführung aber möglich, wie § 44 klarstellt. Die hybride Aktenführung führt zu Schwierigkeiten, die zu einem Amtsgeschäft gehörige Nebenakte aufzufinden und sich ein Bild über die Gesamtheit der in der Nebenakte enthaltenen Informationen zu verschaffen. Dies betrifft die Selbstinformation des Notars und seiner Mitarbeiter, aber insbesondere auch Vertreter, Notariatsverwalter und Nachfolger in der Verwahrzuständigkeit, die sich so rasch wie zuverlässig einen Überblick insbesondere über laufende Amtsgeschäfte verschaffen müssen. § 44 versucht diesem Risiko entgegenzuwirken. Abs. 1 nimmt die Situation in Bezug, dass die Nebenakte für das jeweilige Amtsgeschäft entweder einheitlich in Papierform oder einheitlich in elektronischer Form geführt wird (→ Rn. 2). Abs. 2 trifft Bestimmungen zur hybriden Aktenführung innerhalb eines Amtsgeschäfts, wenn also zu einem Amtsgeschäft teilweise papierförmige und teilweise elektronische Nebenakten geführt werden (→ Rn. 3).

II. Hybride Aktenführung nicht innerhalb des Amtsgeschäfts (Abs. 1)

2 Wird die Nebenakte zu einem Amtsgeschäft **entweder einheitlich in Papierform oder einheitlich in elektronischer Form** geführt, muss die Auffindbarkeit der jeweiligen Nebenakte sichergestellt sein. Dies schreibt Abs. 1 vor. Umfang und Ausgestaltung der hierzu getroffenen Vorkehrungen liegen im Ermessen des Notars.[1] Es bietet sich beispielsweise an, jeweils im Urkundenverzeichnis zu

6 BR-Drs. 420/20 (neu), 63 f.
1 BR-Drs. 420/20 (neu), 64.

vermerken, ob zum Eintrag eine papierförmige oder eine elektronische Nebenakte vorliegt. Ebenso ist denkbar, ein elektronisches oder papierförmiges Gesamtrepertorium zu Nebenakten zu führen, in dem die Form und der Standort der jeweiligen Nebenakte vermerkt sind.

III. Hybride Aktenführung auch innerhalb des Amtsgeschäfts (Abs. 2)

3 Wenn die Nebenakte zu einem Amtsgeschäft teilweise in Papierform und teilweise elektronisch geführt wird, ist dies besonders unübersichtlich. Daher schreibt Abs. 2 vor, dass durch geeignete Vorkehrungen die Transparenz, die Vollständigkeit und die Verfügbarkeit des Akteninhalts sicherzustellen ist. Dies kann etwa dadurch erfolgen, dass Verweise von dem papierförmigen auf den elektronischen Aktenteil erfolgen und umgekehrt. Grundsätzlich ist aber von einer derartigen hybriden Aktenführung innerhalb des Amtsgeschäfts ohnehin generell abzuraten.[2] Denn wenn die Akteninhalte aus zwei unterschiedlichen Aktenteilen zusammengeführt werden müssen, erschwert dies immer den Gesamtüberblick. Stattdessen sollte eher daran gedacht werden, einen Aktentyp als „Hauptakte" zu definieren, in dem alle Inhalte der Nebenakte abgelegt sind. Dies schließt nicht aus, dass der andere Aktentyp als Hilfsmittel herangezogen wird; in diesem Fall ist aber entsprechend Abs. 2 ein Hinweis darauf aufzunehmen, dass die Akteninhalte lückenhaft sind und die „Hauptakte" für ein vollständiges Bild herangezogen werden muss. Die hybride Aktenführung innerhalb eines Amtsgeschäfts ist allenfalls dann sinnvoll, wenn im Einzelfall große Dateimengen gezielt in die elektronische Nebenakte ausgelagert werden, um sie nicht ausdrucken zu müssen, im Übrigen aber eine papierförmige Führung der Nebenakte erfolgt.[3]

Abschnitt 7 Sammelakte für Wechsel- und Scheckproteste

§ 45 Sammelakte

(1) Beglaubigte Abschriften von Protesturkunden, die bei der Aufnahme von Wechsel- oder Scheckprotesten zurückbehalten wurden, und Vermerke, die über den Inhalt des Wechsels, der Wechselabschrift oder des Schecks aufgenommen wurden (Artikel 85 Absatz 2 Satz 2 und 3 des Wechselgesetzes, Artikel 55 Absatz 3 des Scheckgesetzes), sind in einer Sammelakte zu vereinigen.

(2) [1]Die beglaubigten Abschriften der Protesturkunden und die Vermerke sind möglichst auf dasselbe Blatt zu setzen und nach der Reihenfolge ihrer Erstellung zu ordnen. [2]Die beglaubigten Abschriften der Protesturkunden sind mit fortlaufenden Nummern zu versehen.

(3) [1]Anstelle der in Absatz 1 bezeichneten Abschriften und Vermerke können auch elektronisch beglaubigte Abschriften in dem Dateiformat aufbewahrt werden, das für Dokumente in der elektronischen Urkundensammlung vorgeschrieben ist. [2]Die Aufbewahrung muss für die in einem Kalenderjahr angefallenen Urkunden einheitlich in Papierform oder in elektronischer Form erfolgen.

Literatur:

Becker, Der Wechselprotest in der notariellen Praxis, notar 2015, 387; *Becker*, Zur Erforderlichkeit eines Wechselprotests, notar 2014, 24.

2 Ebenso BeckOK BeurkG/Kleba NotAktVV § 44 Rn. 2; *Püls/Gerlach* § 4 Erläuterung zu § 44.
3 So das Beispiel in BR-Drs. 420/20 (neu), 64.

I. Normzweck und Systematik

Notare sind nach § 20 Abs. 1 BNotO auch für die Aufnahme von Protesten zuständig. Das genauere Verfahren richtet sich nach dem Wechsel- und Scheckrecht.[1] Beurkundete Proteste sind nach § 7 Abs. 2 Nr. 1 nicht in das Urkundenverzeichnis einzutragen, gleichermaßen finden sie nach § 31 Abs. 1 keine Aufnahme in die Urkundensammlung. Stattdessen sieht § 45 für die Protesturkunden eine gesonderte Sammelakte vor. Die Vorschrift ist weitgehend an § 21 DONot aF angelehnt und regelt die **büromäßige Abwicklung** bei derartigen Protesten. Abs. 1 regelt den Gegenstand der Sammelakte (→ Rn. 2), Abs. 2 beschäftigt sich mit der Ordnungsstruktur der Sammelakte (→ Rn. 3). Abs. 3 ermöglicht schließlich eine elektronische Führung der Sammelakte (→ Rn. 4). 1

II. Gegenstand der Sammelakte (Abs. 1)

Das Original der Protesturkunde wird nach Wechsel- und Scheckrecht dem Protestanten ausgehändigt, Art. 85 WG, ggf. iVm Art. 55 Abs. 3 ScheckG. Nach Abs. 1 sind daher **beglaubigte Abschriften** der Protesturkunden in der Sammelakte niederzulegen. Hinzu kommt ein **Vermerk** über den Inhalt des vorgelegten Wertpapiers; stattdessen ist es auch möglich, eine **beglaubigte Abschrift des Wertpapiers** zu fertigen.[2] 2

III. Ordnungsstruktur der Sammelakte (Abs. 2)

Abs. 2 regelt, dass die beglaubigten Abschriften der Protesturkunde und die Vermerke möglichst auf **dasselbe Blatt** zu setzen sind. Ist dies nicht möglich, ist eine Verbindung durch **Schnur und Siegel** anzuraten. Innerhalb der Sammelakte sind die Dokumente nach der **Reihenfolge ihrer Erstellung zu ordnen** und die beglaubigten Abschriften der Protesturkunden mit **fortlaufenden Nummern zu versehen**. Weitere Bestimmungen zur Ordnungsstruktur der Sammelakte werden nicht getroffen und stehen im Ermessen des Notars. Dies betrifft etwa die Frage, ob die Sammelakte nach Jahrgängen getrennt wird oder ob alle über die Jahre angefallenen Protesturkunden in einer Sammelakte verwahrt werden.[3] Letzteres dürfte aufgrund der Seltenheit von Protesturkunden zweckmäßig sein. Klargestellt wurde gegenüber der Vorgängerregelung in § 21 DONot aF, dass nur eine Akte für alle Protesturkunden zu führen ist und nicht etwa eine Wechselprotest- und eine Scheckprotestakte getrennt zu führen sind.[4] Die Aufbewahrungsfrist für die Sammelakte wurde gegenüber der bisherigen Rechtslage von fünf auf sieben Jahre erhöht, § 50 Abs. 1 Nr. 8. Die entsprechenden Inhalte der 3

1 Vgl. dazu etwa *Becker* notar 2015, 387; *Becker* notar 2014, 24; BeckNotar-HdB/*Kindler* § 31 Rn. 403 ff.
2 Armbrüster/Preuß/Renner/*Eickelberg* DONot § 21 Rn. 4; Frenz/Miermeister/Ellefret DONot § 21 Rn. 2; BeckOK BeurkG/*Kleba* DONot § 21 Rn. 2; BeckOK BNotO/*Bracker* DONot § 21 Rn. 1.
3 Armbrüster/Preuß/Renner/*Eickelberg* DONot § 21 Rn. 6; Frenz/Miermeister/*Ellefret* DONot § 21 Rn. 3; BeckOK BeurkG/*Kleba* DONot § 21 Rn. 3; BeckOK BNotO/*Bracker* DONot § 21 Rn. 3.
4 BR-Drs. 420/20 (neu), 64 f.

Sammelakte sind also nach sieben Jahren zu vernichten, wenn nicht ausnahmsweise eine weitere Aufbewahrung nach § 30 Abs. 6 BNotO angeordnet wird.

IV. Elektronische Führung (Abs. 3)

4 Abs. 3 ermöglicht es, statt einer papierförmigen Sammelakte auch eine elektronische Sammelakte zu führen. Nach S. 1 müssen von den Protesturkunden und Vermerken bzw. Wertpapieren entsprechende elektronisch beglaubigte Abschriften gefertigt werden. Anders als die insoweit missverständliche Entwurfsbegründung vermuten lässt,[5] gibt Abs. 3 S. 1 bereits direkt vor, dass elektronisch beglaubigte Abschriften zu fertigen sind und nicht etwa eine elektronische Fassung (die nur für die elektronische Urkundensammlung von Bedeutung ist) erstellt werden kann. Als Dateiformat ist dasjenige Format zu wählen, das für Dokumente in der elektronischen Urkundensammlung vorgeschrieben ist, also das Format nach § 35 Abs. 4. Schließlich muss nach S. 2 die Art der Aufbewahrung (papierförmige oder elektronisch) in jedem Kalenderjahr einheitlich erfolgen.

Abschnitt 8 Generalakte

§ 46 Generalakte

(1) [1]Für Vorgänge, die die Amtsführung im Allgemeinen betreffen, ist eine Generalakte zu führen. [2]Sie enthält insbesondere

1. **Schriftverkehr mit den Aufsichtsbehörden, insbesondere zu Nebentätigkeiten, Verhinderungsfällen und Vertretungsbestellungen,**
2. **Berichte über die Prüfung der Amtsführung und den dazugehörigen Schriftverkehr,**
3. **Schriftverkehr mit der Notarkammer sowie der Notarkasse und der Ländernotarkasse,**
4. **Unterlagen über die Einhaltung der datenschutzrechtlichen Vorgaben,**
5. **Unterlagen über die Einhaltung der geldwäscherechtlichen Vorgaben,**
6. **Originale oder Kopien der Unterlagen über die Berufshaftpflichtversicherung einschließlich des Versicherungsscheins und der Belege über die Prämienzahlung, soweit nicht eine Gruppenberufshaftpflichtversicherung nach § 113 Absatz 3 Nummer 3 der Bundesnotarordnung besteht,**
7. **Niederschriften über Verpflichtungen nach § 26 der Bundesnotarordnung,**
8. **Verträge im Sinne des § 26a Absatz 3 der Bundesnotarordnung und Nachweise über Verpflichtungen im Sinne des § 26a Absatz 6 Satz 1 der Bundesnotarordnung,**
9. **Anzeigen nach § 27 der Bundesnotarordnung,**
10. **Prüfzeugnisse, Bescheinigungen und vergleichbare Erklärungen,**
11. **mit einer Zertifizierung verbundene Schriftstücke und**
12. **generelle Bestimmungen über die Verlängerung der Aufbewahrungsfrist von Nebenakten.**

(2) Die Generalakte ist entweder nach Sachgebieten geordnet zu gliedern oder mit fortlaufenden Seitenzahlen und einem Inhaltsverzeichnis zu versehen.

5 BR-Drs. 420/20 (neu), 65.

I. Normzweck und Systematik

§ 46 enthält nähere Bestimmungen über die Generalakte. Bei der Generalakte handelt es sich um eine Sammlung all derjenigen Dokumente, die die Amtsführung im Allgemeinen betreffen, die also nicht im Zusammenhang mit einem oder mehreren einzelnen Amtsgeschäften stehen. Die Generalakte ist insbesondere auch für Zwecke der Aufsicht von Bedeutung, stellt sie doch eine übergreifende Dokumentation der Grundlagen der notariellen Amtsführung dar. Abs. 1 bezieht sich auf den Inhalt der Generalakte (→ Rn. 2 ff.). Abs. 2 trifft eine Bestimmung zur Ordnung und Gliederung der Generalakte (→ Rn. 10). 1

II. Inhalt der Generalakte (Abs. 1)

Abs. 1 enthält nähere Bestimmungen über den **Inhalt der Generalakte**. Nach der Generalklausel des S. 1 sind all diejenigen Vorgänge in der Generalakte zu dokumentieren, die die Amtsführung im Allgemeinen betreffen. Diese Vorgabe bildet den Maßstab für die Frage, ob Unterlagen in die Generalakte aufzunehmen sind oder nicht. Es sind alle wesentlichen Unterlagen im Zusammenhang mit der Amtsführung im Allgemeinen aufzunehmen, jedoch sollte die Generalakte auch nicht mit unbedeutenden Unterlagen überfrachtet werden.[1] Auch nicht zur Amtsführung gehören Unterlagen, welche allein die wirtschaftliche Seite des Notarbüros betreffen, etwa Miet- oder Anstellungsverträge.[2] S. 2 enthält hierauf einen nicht abschließenden Katalog an Gegenständen, die typischerweise Inhalt der Generalakte sind. Im Wesentlichen ist diese Auflistung aus sich heraus verständlich, weshalb sie an dieser Stelle nicht nochmals wiederholt wird. Im Folgenden sollen jedoch die wichtigsten Grenz- und Zweifelsfälle herausgegriffen werden. 2

Unter Schriftverkehr mit den Aufsichtsbehörden nach Nr. 1 (einschließlich der Berichte über die Prüfung der Amtsführung und des dazugehörigen Schriftverkehrs nach Nr. 2) dürfte **jegliche Korrespondenz** mit den Aufsichtsbehörden zu verstehen sein, die von inhaltlicher Relevanz ist und nicht spezifisch ein einzelnes Amtsgeschäft betrifft. Neben den in Nr. 1 genannten Themengebieten Nebentätigkeiten, Verhinderungsfälle und Vertretungsbestellungen beinhaltet dieser Bereich ein breites Feld unterschiedlicher Themen. So zählen hierzu etwa auch Schreiben im Zusammenhang mit einer Überschreitung von Amtsbereich oder Amtsbezirk, § 10a Abs. 3, § 11 Abs. 2 BNotO.[3] Weiter gehören hierzu auch die Übersichten über Urkunds- und Verwahrungsgeschäfte (§§ 7, 9 DONot), ebenso eine Genehmigung nach § 9 Abs. 1 S. 2 Nr. 1 BNotO iVm der dazugehörigen Verordnung. Auch zählen hierzu Genehmigungen nach § 35 Abs. 3 S. 1 BNotO zur Akten- und Verzeichnisführung außerhalb der Geschäftsstelle. Insbesondere fallen hierunter aber auch Schriftstücke mit **disziplinarrechtlichen Inhalten**. Falls die Generalakte für die Mitarbeiter des Notars zugänglich ist, empfiehlt es sich, diese disziplinarischen Unterlagen in einen eigenständigen Sachbereich auszugliedern und getrennt aufzubewahren.[4] 3

Unter **Schriftverkehr mit der Notarkammer sowie der Notarkasse und der Ländernotarkasse** nach Nr. 3 ist nur derjenige Schriftverkehr zu verstehen, der spe- 4

1 BeckOK BeurkG/*Kleba* DONot § 23 Rn. 1.
2 BeckOK BeurkG/*Kleba* DONot § 23 Rn. 2; Armbrüster/Preuß/Renner/*Eickelberg* DONot § 23 Rn. 2; Frenz/Miermeister/*Ellefret* DONot § 23 Rn. 2; aA BeckOK BNotO/*Bracker* DONot § 23 Rn. 2.
3 Armbrüster/Preuß/Renner/*Eickelberg* DONot § 23 Rn. 4.
4 Armbrüster/Preuß/Renner/*Eickelberg* DONot § 23 Rn. 4; BeckOK BeurkG/*Kleba* DONot § 23 Rn. 5.

zifisch auf die individuelleAmtsführung bezogen ist. Darunter fallen etwa berufsrechtlichen Anfragen an die Notarkammer, ebenso jedoch all diejenigen Unterlagen, die sich auf die Kostenprüfung durch die Notarkasse bzw. durch die Ländernotarkasse beziehen. Nicht darunter fallen allgemeine Rundschreiben der Notarkammern, denn diese sind nicht auf die spezifische Amtsführung des jeweiligen Notars bezogen.[5] Dennoch empfiehlt es sich natürlich, diese Rundschreiben geordnet zu sammeln.

5 Unterlagen über die Einhaltung der **geldwäscherechtlichen Vorgaben** nach Nr. 5 sind all diejenigen geldwäschrechtlichen Unterlagen, die nicht auf ein konkretes Amtsgeschäft bezogen sind. Dies betrifft im Besonderen die **abstrakte Risikoanalyse** nach § 5 GwG und die **internen Sicherungsmaßnahmen** nach § 6 GwG. Hierfür hat Bundesnotarkammer auf ihrer Internetseite Formulare veröffentlicht, an denen sich der einzelne Notar orientieren kann.

6 Neu hinzugekommen sind mit Nr. 8 sinnvollerweise Unterlagen im Zusammenhang mit der **Verpflichtung von Dienstleistern** nach § 26a BNotO.

7 Unter **Prüfzeugnissen, Bescheinigungen und vergleichbaren Erklärungen** iSd Nr. 10 sind insbesondere die Prüfzeugnisse der PTS Heidenau nach § 12 DONot zu verstehen, daneben auch Herstellerbescheinigungen nach § 11 DONot.

8 **Mit einer Zertifizierung verbundene Schriftstücke** nach Nr. 11 sind insbesondere Schriftstücke, die im Zusammenhang mit der Ausgabe einer qualifizierten elektronischen Signatur stehen; in der Regel wird diese Signatur durch die Zertifizierungsstelle der Bundesnotarkammer zur Verfügung gestellt. In ähnlicher Weise dürften dort auch Unterlagen aufzunehmen sein, die im Zusammenhang mit der Ausgabe von persönlichen Zugangskarten für das Elektronische Urkundenarchiv stehen. Selbstverständlich ist, dass Zugangskarten und dazugehöriger Zugangscode nicht in der Generalakte zu verwahren sind; dies geht bereits aus § 33 Abs. 3 S. 2 BNotO hervor.

9 Die Aufzählung ist **nicht abschließend**, weshalb auch sonstige Unterlagen, die wie Amtsführung des Notars im Allgemeinen betreffen, in die Generalakte aufgenommen werden können. Hierzu zählt zum Beispiel – im Bereich des hauptberuflichen Notariats – Korrespondenz in Bezug auf die Ausbildung eines an den Notar abgeordneten Notarassessors. Ebenso empfiehlt es sich, Nachweise über den Besuch von Fortbildungsveranstaltungen (§ 14 Abs. 6 BNotO iVm der dazu ergangenen Richtlinie der Notarkammer) in die Generalakte aufzunehmen.[6]

III. Ordnung und Gliederung der Generalakte (Abs. 2)

10 Nach Abs. 2 ist die Generalakte entweder nach Sachgebieten geordnet oder mit fortlaufenden Seitenzahlen und einem Inhaltsverzeichnis zu gliedern. Welche Strukturart gewählt wird, ist dem nicht nachprüfbaren Ermessen des Notars überlassen. Empfehlenswert ist eine Gliederung nach Sachgebieten, da sie auch der Aufsichtsbehörde eine rasche und strukturierte Übersicht verschaffen kann.

5 Ähnlich Armbrüster/Preuß/Renner/*Eickelberg* DONot § 23 Rn. 9; BeckOK BeurkG/*Kleba* DONot § 23 Rn. 3; Armbrüster/Preuß/Renner/*Eickelberg* DONot § 23 Rn. 9; Frenz/Miermeister/*Ellefret* DONot § 23 Rn. 3.

6 Armbrüster/Preuß/Renner/*Eickelberg* DONot § 23 Rn. 8; BeckOK BeurkG/*Kleba* DONot § 23 Rn. 4; Frenz/Miermeister/*Ellefret* DONot § 23 Rn. 3.

§ 47 Elektronische Führung

(1) Soll die Generalakte teilweise in Papierform und teilweise elektronisch geführt werden, so ist die jeweilige Form auf ganze Jahrgänge, ganze Sachgebiete oder ganze Jahrgänge ganzer Sachgebiete zu erstrecken.

(2) Im Übrigen gilt für die elektronische Führung der Generalakte § 43 entsprechend.

Auch die Generalakte kann nach dem in § 35 Abs. 4 BNotO niedergelegten Grundsatz sowohl in Papierform als auch elektronisch geführt werden. Dass Letzteres möglich ist, stellt § 47 noch einmal klar. Darüber hinaus trifft Abs. 1 die Bestimmung, dass eine hybride Führung der Generalakte nur in Bezug auf ganze Jahrgänge, ganze Sachgebiete oder ganze Jahrgänge ganzer Sachgebiete möglich ist. Anders gewendet ist Abs. 1 also zu entnehmen, dass innerhalb einzelner Sachgebiete eine hybride Aktenführung nicht zulässig ist, im Übrigen schon. Dies ist sinnvoll, da die Generalakte in besonderem Maße Zwecken der Aufsicht dient. Eine hybride Aktenführung innerhalb eines Sachgebietes würde die Generalakte unübersichtlich machen und es der Aufsichtsbehörde erschweren, sich rasch einen fundierten und vollständigen Überblick über die in die Generalakte aufgenommenen Dokumente zu verschaffen. Abs. 2 verweist für die elektronische Führung der Generalakte im Übrigen auf § 43. 1

Abschnitt 9 Sonstige Aufzeichnungen

§ 48 Hilfsmittel

[1]Hilfsmittel dürfen so lange wie die dazugehörigen Unterlagen aufbewahrt werden. [2]Für die Übergabe elektronisch geführter Hilfsmittel gilt § 4 Absatz 2 entsprechend.

Die Vorschrift greift den Begriff des Hilfsmittels auf, wie er in § 35 Abs. 2 S. 2 BNotO geregelt ist (→ BNotO § 35 Rn. 9). Hilfsmittel ist demnach alles, was mit einem Amtsgeschäft im Zusammenhang steht, jedoch nicht nach gesetzlichen Vorschriften zwingend zum Akteninhalt zu machen ist.[1] Darunter fallen etwa interne Entwurfsfassungen oder organisatorische E-Mails.[2] Auch Sicherungskopien von Akten und Verzeichnissen fallen darunter.[3] § 48 regelt nun, dass Hilfsmittel so lange wie die dazugehörigen Unterlagen aufbewahrt werden dürfen. Oftmals wird ein Hilfsmittel bei den Nebenakten geführt, so insbesondere beim Hauptanwendungsfall der Vorentwürfe von Urkunden. Dann ist die Aufbewahrungsfrist für Nebenakten heranzuziehen. Die Vorschrift ist dennoch allgemein gefasst, da auch Hilfsmittel zur Führung anderer Akten denkbar sind, etwa zur Urkundensammlung. Dies betrifft beispielsweise Ausdrucke aus dem Urkundenverzeichnis, die zu den Urkundenkästen genommen werden.[4] Die Führung von Hilfsmitteln ist nicht verpflichtend, daher stellt die Vorschrift nur eine – auch datenschutzrechtliche – Befugnisnorm zur Aufbewahrung dar; es ist dem Notar unbenommen, diese Hilfsmittel früher zu löschen.[5] S. 2 verweist schließlich auf § 4 Abs. 2 S. 1 und regelt somit den Fall des Übergangs der Ver- 1

1 Frenz/Miermeister/*Frohn* BNotO § 35 Rn. 10.
2 BT-Drs. 18/10607, 54.
3 *Bundesnotarkammer*, Rundschreiben Nr. 4/2021, S. 3.
4 BR-Drs. 420/20 (neu), 66.
5 BR-Drs. 420/20 (neu), 66.

wahrungszuständigkeit nach dem Vorbild der für elektronische Aufzeichnungen geltenden Regelungen (→ § 4 Rn. 7).

§ 49 Ersatzaufzeichnungen

(1) Ist ein Zugriff auf das Elektronische Urkundenarchiv oder auf andere für die elektronische Verzeichnisführung verwendete Systeme nicht möglich, so sind die für diese Systeme bestimmten Aufzeichnungen ersatzweise in Papierform oder in elektronischer Form vorzunehmen.

(2) Sobald ein Zugriff auf das Elektronische Urkundenarchiv oder auf andere für die elektronische Verzeichnisführung verwendete Systeme wieder möglich ist, sind die ersatzweise vorgenommenen Aufzeichnungen unverzüglich nachzutragen und anschließend zu vernichten oder zu löschen.

1 Die Bundesnotarkammer stellt als Urkundenarchivbehörde mit dem Elektronischen Urkundenarchiv ein sehr sicheres und zuverlässiges System zur Verfügung, über das die Mehrzahl der notariellen Akten und Verzeichnisse zu führen sind. Dennoch ist es nicht ausgeschlossen, dass sich während des Betriebes des Elektronischen Urkundenarchivs technische Störungen vorübergehender Art ergeben. Umso mehr gilt dies für die sonstigen elektronischen Systeme (etwa die Speicherkapazitäten in der Geschäftsstelle des Notars), die vom Notar zur Führung der Akten und Verzeichnisse herangezogen werden. Auch ist an technische Störungen bei der Datenübertragung zu denken.

2 Um auch in diesen Fällen eine ordnungsgemäße Führung der Akten und Verzeichnisse des Notars zu gewährleisten, bestimmt Abs. 1, dass die für diese Systeme bestimmten Aufzeichnungen ersatzweise in Papierform oder in elektronischer Form niederzulegen sind. Weitere Bestimmungen, insbesondere zum Zeitpunkt der Fertigung dieser **Ersatzaufzeichnungen**, enthält die Vorschrift nicht. Es ist aber davon auszugehen, dass Ersatzaufzeichnungen spätestens dann zu erstellen sind, wenn eine Niederlegung in den Akten und Verzeichnissen erforderlich ist. So dürfte nach einem Wertzufluss an den Notar im Zusammenhang mit einem Verwahrungsverhältnis die entsprechende Ersatzaufzeichnung für das Verwahrungsverzeichnis sofort zu erstellen sein, § 25 Abs. 2 S. 1. Die Eintragung einer errichteten notariellen Urkunde in das Urkundenverzeichnis muss in Anlehnung an § 18 nach spätestens 14 Tagen als Ersatzaufzeichnung niedergelegt sein, wenngleich anzunehmen ist, dass eine derart lange Störung nicht eintreten wird.

3 Abs. 2 bestimmt, dass die Ersatzaufzeichnungen **unverzüglich nach Behebung der Störung nachzutragen** sind. Auch wenn die eigentliche Frist zur Eintragung in das elektronische Verzeichnis noch nicht abgelaufen sein sollte, dürfte eine Pflicht zur unverzüglichen Übertragung der Ersatzaufzeichnungen bestehen. Denn Abs. 2 bestimmt weiter, dass die Ersatzaufzeichnungen nach der Übertragung **zu vernichten oder zu löschen** sind. Diese Vorgabe dient dazu, neben den elektronisch zu führenden Akten und Verzeichnissen keine parallelen Papiersammlungen entstehen zu lassen, die nicht von der NotAktVV vorgesehen sind. Diesem Zweck entsprechend sind denn auch die Ersatzaufzeichnungen unverzüglich zu übertragen und zu vernichten bzw. zu löschen. Ferner bestimmt auch § 18 S. 2 nochmals – insoweit wohl wiederholend bzw. deklaratorisch –, dass eine durch eine technische Störung verursachte Verzögerung einer Eintragung in das Urkundenverzeichnis unverzüglich nach Behebung der Störung vorzunehmen ist (→ § 18 Rn. 2).

Abschnitt 10 Aufbewahrungsfristen

§ 50 Aufbewahrungsfristen

(1) [1]Für Unterlagen, die ab dem 1. Januar 2022 erstellt werden, gelten folgende Aufbewahrungsfristen:
1. für Eintragungen im Urkundenverzeichnis 100 Jahre,
2. für Eintragungen im Verwahrungsverzeichnis 30 Jahre,
3. für die in der Urkundensammlung verwahrten Dokumente 30 Jahre,
4. für die in der Erbvertragssammlung verwahrten Dokumente 100 Jahre,
5. für die in der elektronischen Urkundensammlung verwahrten Dokumente 100 Jahre,
6. für die in der Sondersammlung verwahrten Dokumente 100 Jahre,
7. für die in der Nebenakte verwahrten Dokumente 7 Jahre,
8. für die in der Sammelakte für Wechsel- und Scheckproteste verwahrten Dokumente 7 Jahre und
9. für die in der Generalakte verwahrten Dokumente 30 Jahre.

[2]Satz 1 Nummer 3 bis 6 ist auf vom 1. Januar bis zum 30. Juni 2022 erstellte Unterlagen nicht anzuwenden.

(2) Die Aufbewahrungsfristen beginnen:
1. für Eintragungen im Urkundenverzeichnis mit dem Kalenderjahr, das auf die Eintragung folgt,
2. für Eintragungen im Verwahrungsverzeichnis mit dem Kalenderjahr, das auf den Abschluss des Verwahrungsgeschäfts folgt,
3. für Dokumente, die in der Urkundensammlung, der Erbvertragssammlung, der elektronischen Urkundensammlung, der Sondersammlung oder der Sammelakte für Wechsel- und Scheckproteste verwahrt werden, mit dem Kalenderjahr, das auf die Beurkundung oder die sonstige Amtshandlung folgt,
4. für die in der Nebenakte verwahrten Dokumente mit dem Kalenderjahr, das auf den Abschluss des Amtsgeschäfts folgt, zu dem die Nebenakte geführt wurde, und
5. für die in der Generalakte verwahrten Dokumente mit dem Kalenderjahr, das auf das Erlöschen des Amtes des Notars oder die Verlegung seines Amtssitzes in einen anderen Amtsgerichtsbezirk folgt.

I. Normzweck und Systematik

§ 50 befasst sich mit den Aufbewahrungsfristen derjenigen notariellen Akten und Verzeichnisse, die ab 2022 erstellt werden. Die Vorschrift passt die Aufbewahrungsfristen zunächst an die durch die Einführung des Elektronischen Urkundenarchivs bedingten grundlegenden strukturellen Änderungen an. Hinzu tritt, dass einige Aufbewahrungsfristen deutlich verkürzt werden. Dies gilt insbesondere für die papierförmige Urkundensammlung, deren Aufbewahrungsfrist von 100 auf 30 Jahre abgesenkt wird. Das wird dadurch möglich, dass die mit ihr in der Regel inhaltlich und bildlich übereinstimmende elektronische Urkundensammlung nach Ablauf der 30 Jahre in den restlichen 70 Jahren die Funktion der papierförmigen Urkundensammlung übernehmen kann. Diese Verkürzung der Aufbewahrungsfrist der physischen Unterlagen war ein wesentlicher Beweggrund für die Einführung des Elektronischen Urkundenarchivs.[1] Abs. 1 trifft Regelungen über die Fristdauer (→ Rn. 3 ff.), Abs. 2 äußert sich 1

1 BR-Drs. 420/20 (neu), 67.

zum jeweiligen **Fristbeginn** (→ Rn. 6 ff.). Im Gegensatz zu den in § 5 Abs. 4 DONot aF geregelten Aufbewahrungsfristen knüpfen Fristdauer wie auch Fristbeginn nurmehr an die einzelne Eintragung im Urkunden- bzw. Verwahrungsverzeichnis und nicht mehr an die Urkundenrolle bzw. das Verwahrungs- und Massenbuch an. Dies ist folgerichtig, weil die nunmehr elektronisch geführten Verzeichnisse nicht mehr jahrgangsweise geführt werden, sondern es sich um dauerhaft bestehende elektronisch gestützte Systeme handelt.[2]

2 Die Vorschrift beschäftigt sich im Detail mit den **Aufbewahrungsfristen.** Hiermit konkretisiert der Verordnungsgeber gleichzeitig die Pflicht des Notars zum Vorhalten bestimmter Akten und Verzeichnisse. Die Vorschrift ermöglicht es dem Notar auch unter **datenschutzrechtlichen Gesichtspunkten,** die entsprechenden Akten und Verzeichnisse während der Dauer der Aufbewahrungsfrist vorzuhalten, Art. 6 Abs. 1 UAbs. 1 lit. c und e DS-GVO. Obwohl die NotAktVV anders als § 5 Abs. 4 S. 5 DONot aF keine ausdrückliche Pflicht zur Vernichtung der Unterlagen nach Ablauf der Aufbewahrungsfrist vorsieht, ergibt sich diese Verpflichtung bereits aus allgemeinen datenschutzrechtlichen Grundsätzen, Art. 17 Abs. 1 lit. a DS-GVO. Gute Gründe sprächen dafür, zumindest die in der elektronischen Urkundensammlung verwahrten Dokumente keiner Aufbewahrungsfrist zu unterwerfen, können sie doch auch nach Jahrzehnten – oder eben auch nach mehr als 100 Jahren – noch zur Rechtsfindung notwendig sein, gerade auch auf dem sehr beständigen Feld des Grundbuchrechts. Ähnliches gilt für die eher kurze Verwahrungsdauer von sieben Jahren für Nebenakten, die dem Notar nicht selten die Verteidigung seiner Rechtsposition in Haftungsfragen erschwert und ihn dazu herausfordert, großzügig von der Möglichkeit des § 52 Abs. 2 S. 1 Gebrauch zu machen.[3] Dennoch hat sich der Verordnungsgeber, ebenso wie seit 2000 bereits die Landesjustizverwaltungen in der DONot aF, für die Einführung derartiger Aufbewahrungsfristen entschieden.

II. Fristdauer (Abs. 1)

3 § 50 regelt die Fristdauer für die notariellen Akten und Verzeichnisse **grundsätzlich abschließend.**[4] Jedoch werden keine Regelungen getroffen zu den Aufbewahrungsfristen der **Beteiligtenverzeichnisse** nach § 6 DONot und der **Kostenregister** im Bereich der Notarkasse bzw. der Ländernotarkasse. Hinsichtlich der Beteiligtenverzeichnisse wird man in Anlehnung an Abs. 1 Nr. 9, Abs. 2 Nr. 5 davon auszugehen haben, dass sie bis 30 Jahre nach dem Ende der Amtstätigkeit des betreffenden Notars zu verwahren sind. Die hier vertretene Anknüpfung an das Ende der Amtstätigkeit ergibt sich daraus, dass das Beteiligtenverzeichnis alle während der Amtstätigkeit außernotariell betreuten Personen zu enthalten hat. Das Beteiligtenverzeichnis wird also Jahr für Jahr um die neu hinzugekommenen Personen „aufgefüllt", ohne dass die bereits darin enthaltenen Personen gelöscht werden dürfen. Daher ist eine einheitliche Anknüpfung an das Ende der Amtstätigkeit sinnvoll und notwendig. Dasselbe dürfte für die dem elektronischen Prüfungssystem nach § 6 DONot zugrunde liegenden Informationen gelten. Die Aufbewahrungsfrist für das Kostenregister dürfte entsprechend § 50 Abs. 1 Nr. 1 zu behandeln sein. Im Übrigen sind die Bestimmungen des Abs. 1 jedoch aus sich heraus verständlich, so dass sich die nachfolgenden Erläuterungen auf Einzelpunkte beschränken.

2 BR-Drs. 420/20 (neu), 66 (68).

3 Vgl. zur Kritik an der Einführung der Aufbewahrungsfristen Armbrüster/Preuß/Renner/*Eickelberg* DONot § 5 Rn. 26, 31.

4 Armbrüster/Preuß/Renner/*Eickelberg* DONot § 5 Rn. 15.

Die Verkürzung der Frist zur Aufbewahrung von Dokumenten in der physischen Urkundensammlung nach Nr. 3 auf 30 Jahre hat zwar zur Folge, dass in den verbleibenden 70 Jahren die elektronische Urkundensammlung die Funktion der papierförmigen Urkundensammlung vollständig übernimmt. Man mag sich fragen, wieso die elektronische Urkundensammlung diese Funktion nicht auch schon bereits in den 30 Jahren nach Errichtung der Papierurkunde erfüllen kann. Hintergrund der 30-jährigen „Parallelverwahrung" ist, dass zunächst ein dauerhafter Betrieb des Elektronischen Urkundenarchivs angestrebt wird, um dessen Zuverlässigkeit in der Praxis zu erproben. Der Verordnungsgeber schließt nicht aus, dass nach einer entsprechenden Bewährung des Elektronischen Urkundenarchivs die Frist für die Aufbewahrung der Papierurkunden weiter verkürzt wird oder vollständig entfällt.[5] 4

Die Aufbewahrungsfrist für die in der **Sammelakte für Wechsel- und Scheckproteste** verwahrten Dokumente beträgt nunmehr abweichend von der bisherigen Rechtslage nicht mehr fünf, sondern sieben Jahre. Dies dient der Konsolidierung und Angleichung an die entsprechende Aufbewahrungsfrist der Nebenakten.[6] 5

III. Fristbeginn (Abs. 2)

Abs. 2 legt den **Beginn der jeweiligen Aufbewahrungsfrist** fest. Anders als noch § 5 Abs. 4 S. 4 DONot ist der Fristbeginn nicht mehr pauschal-generalklauselsartig festgelegt. Vielmehr wird nach den Arten der Akten und Verzeichnisse unterschieden, was deutlich zur Rechtsklarheit beiträgt. Allen Regelungen ist gemein, dass die Frist immer einheitlich am Anfang eines Kalenderjahres beginnt. Das hat zur Folge, dass der Ablauf der jeweiligen Aufbewahrungsfrist nur einmal jährlich überprüft werden muss. Eine unterjährige, taggenaue Überprüfung wäre angesichts der mit einem Fristablauf verbundenen Löschpflichten nicht zu leisten.[7] Im Übrigen sind die detaillierten Regelungen zum Fristbeginn weitgehend aus sich heraus verständlich, so dass im Folgenden nur näher auf den in Nr. 3 geregelten Fristbeginn für die Aufbewahrungsfrist der Nebenakten eingegangen werden soll. 6

Der Beginn der Aufbewahrungsfrist für die in der **Nebenakte** verwahrten Dokumente knüpft an den Abschluss des Amtsgeschäfts an. Diese Begrifflichkeit dürfte sich im Ergebnis nur marginal von dem bisher bestimmten Fristbeginn der letzten inhaltlichen Bearbeitung nach § 5 Abs. 4 S. 5 DONot aF unterscheiden; zumindest wird aus der Begründung des Verordnungsentwurfs deutlich, dass der Verordnungsgeber nicht von einer nennenswerten inhaltlichen Änderung ausgegangen ist.[8] Unter Abschluss des Amtsgeschäfts ist auch der Vollzug mit enthalten. Dies bedeutet bei vollzugsbedürftigen Rechtsgeschäften, dass der Abschluss des Amtsgeschäfts jedenfalls nicht vor endgültigen Abschluss des Vollzugs erreicht ist. Da aber auch die nachträgliche Kontrolle der Richtigkeit von Vollzugshandlungen sowie die Beantwortung nachträglicher Rückfragen oder auch die nachträgliche Erstellung von Abschriften ebenso wie der Gebühreneinzug zum Amtsgeschäft des Notars zählt, dürfte wie nach bisheriger Rechtslage[9] ein Abschluss des Amtsgeschäfts erst dann vorliegen, wenn der Notar die Entscheidung getroffen hat, die Nebenakte wegzulegen, weil er auf ab- 7

5 BR-Drs. 420/20 (neu), 67.
6 BR-Drs. 420/20 (neu), 67.
7 BR-Drs. 420/20 (neu), 68.
8 BR-Drs. 420/20 (neu), 69.
9 Vgl. dazu Armbrüster/Preuß/Renner/*Eickelberg* DONot § 5 Rn. 19; Frenz/Miermeister/*von Campe* DONot § 5 Rn. 16 f.

sehbare Zeit nicht mehr mit der Notwendigkeit weiterer Amtshandlungen in diesem Zusammenhang rechnet und die Nebenakte daher als archivreif ansieht. Es empfiehlt sich wie bereits bisher, den konkreten Tag der Archivierung bei der Nebenakte zu vermerken. Der Beginn der Aufbewahrungsfrist für die in der Generalakte aufbewahrten Dokumente ist der Beginn des Kalenderjahres, das auf das Erlöschen des Amtes oder die Verlegung des Amtssitzes in einen anderen Amtsgerichtsbezirk folgt. Diese erst in einem weiteren Verordnungsgebungsverfahren hinzugekommene Regelung hat zur Folge, dass die Aufbewahrungsfrist für die gesamte Generalakte einheitlich beginnt. Dies ist sehr sinnvoll, da die in der Generalakte enthaltenen Dokumente während der gesamten Amtsdauer Bedeutung entfalten kann, so dass ein schrittweises Vernichten oder Löschen verhindert werden muss.[10]

§ 51 Aufbewahrungsfristen für Altbestände

(1) [1]Für Unterlagen, die vom 1. Januar 1950 bis zum 31. Dezember 2021 erstellt wurden, gelten folgende Aufbewahrungsfristen:

1. für die Urkundenrolle, das Erbvertragsverzeichnis und das Namensverzeichnis zur Urkundenrolle 100 Jahre,

2. für das Verwahrungsbuch, das Massenbuch, das Namensverzeichnis zum Massenbuch und die Anderkontenliste 30 Jahre,

3. für die in der Urkundensammlung verwahrten Dokumente einschließlich der gesondert aufbewahrten Erbverträge 100 Jahre,

4. für die in der Nebenakte verwahrten Dokumente 7 Jahre,

5. für die in Sammelbänden für Wechsel- und Scheckproteste verwahrten Dokumente 7 Jahre und

6. für die in der Generalakte verwahrten Dokumente 30 Jahre.

[2]Satz 1 Nummer 3 gilt auch für die dort bezeichneten Dokumente, die vom 1. Januar bis zum 30. Juni 2022 erstellt wurden.

(2) Die Aufbewahrungsfristen beginnen

1. für die Urkundenrolle, das Erbvertragsverzeichnis, das Namensverzeichnis, das Verwahrungsbuch, das Massenbuch, das Namensverzeichnis zum Massenbuch und die Anderkontenliste mit dem Kalenderjahr, das auf das Kalenderjahr folgt, für das sie geführt wurden,

2. für die in der Urkundensammlung verwahrten Dokumente einschließlich der gesondert aufbewahrten Erbverträge mit dem Kalenderjahr, das auf die Beurkundung folgt,

3. für die in der Nebenakte verwahrten Dokumente mit dem Kalenderjahr, das auf den Abschluss des Amtsgeschäfts folgt, zu dem die Nebenakte geführt wurde,

4. für die in Sammelbänden für Wechsel- und Scheckproteste verwahrten Dokumente mit dem Kalenderjahr, das auf die Amtshandlung folgt, und

5. für die in der Generalakte verwahrten Dokumente mit dem Kalenderjahr, das auf das Erlöschen des Amtes des Notars oder die Verlegung seines Amtssitzes in einen anderen Amtsgerichtsbezirk folgt.

(3) Werden bei den Nebenakten beglaubigte Abschriften von Verfügungen von Todes wegen aufbewahrt, die auf Wunsch des Erblassers oder der Vertragsschließenden zurückbehalten wurden und von denen keine beglaubigte Abschrift in der Urkundensammlung verwahrt wird, so gelten für diese abwei-

10 BR-Drs. 774/21, 30.

chend von Absatz 1 Nummer 4 und Absatz 2 Nummer 3 die Bestimmungen des Absatzes 1 Nummer 3 und des Absatzes 2 Nummer 2 entsprechend.

(4) [1]Vor dem 1. Januar 1950 entstandene Unterlagen sind dauernd aufzubewahren. [2]Eine Pflicht zur Konservierung besteht nicht. [3]Werden solche Unterlagen nach § 119 der Bundesnotarordnung in die elektronische Form übertragen, sind die elektronischen Dokumente dauernd aufzubewahren. [4]Für die übertragenen Dokumente gelten die Fristen, die anwendbar wären, wenn die Dokumente zum Zeitpunkt der Übertragung erstmals zu den Unterlagen der verwahrenden Stelle gelangt wären. [5]Die Landesjustizverwaltung kann abweichend von Satz 1 eine Aufbewahrungsfrist anordnen, wenn die Belange der Rechtspflege und die Rechte der Betroffenen gewahrt sind. [6]Die Aufbewahrungsfrist darf nicht vor dem Ablauf des 31. Dezember 2049 enden.

I. Normzweck und Systematik

1 Während § 50 die Aufbewahrungsfristen für die ab 2022 errichteten notariellen Akten und Verzeichnisse regelt, widmet sich § 51 denselben Fragen mit Blick auf sogenannte **Altbestände**, die bis zum 31.12.2021 errichtet wurden. Der Verordnungsgeber konnte hierbei aus normhierarchischen Gründen nicht auf die sonst übliche Regelungstechnik der Übergangsvorschriften zurückgreifen. Denn die NotAktVV ist eine Verordnung auf Bundesebene, während die Aufbewahrungsfristen bisher in der jeweiligen DONot, einer allgemeinen Verwaltungsvorschrift des jeweiligen Landes, geregelt waren. Als Abgrenzungskriterium gegenüber den Neubeständen bzw. den Altbeständen nach Abs. 1 und 2 einerseits und Abs. 4 andererseits dient der Anknüpfungspunkt der Erstellung der jeweiligen Unterlage. Hierbei wird auf den jeweiligen Abschluss des Erstellungsvorgangs abgestellt werden müssen. Damit liefert die Vorschrift ein sehr handhabbares Abgrenzungskriterium, das keiner weiteren Erläuterung bedarf. Abs. 1 und 2 regeln die Frage der Altbestände mit Blick auf die zwischen dem 1.1.1950 und dem 31.12.2021 entstanden Unterlagen (→ Rn. 2). Abs. 3 enthält eine Sonderregelung für beglaubigte Abschriften von Verfügungen von Todes wegen, die nach einer früheren Fassung der DONot in die Nebenakten aufgenommen wurden (→ Rn. 3). Abs. 4 schließlich trifft Bestimmungen für Altbestände vor dem Jahr 1950 (→ Rn. 4).

II. Altbestände zwischen 1950 und 2021 (Abs. 1 und 2)

2 Die Abs. 1 und 2 beziehen sich auf **Altbestände zwischen 1950 und 2021**. Wie in § 50 regelt Abs. 1 die Fristdauer, Abs. 2 den Fristbeginn. Abs. 1 knüpft hierbei jedoch folgerichtig an die für die bisherigen Bücher und Verzeichnisse nach der DONot aF bestehenden Terminologie an. Im Übrigen stellt § 51 Abs. 1 für die Altbestände zwischen 1950 und 2021 einen Gleichlauf mit den Aufbewahrungsfristen für Neubestände her. Folgerichtig wurde daher auch die Frist für Sammelbände für Wechsel- und Scheckproteste von fünf auf sieben Jahre erhöht. Auch die sonstige Regelungstechnik der individuellen Anknüpfung an die jeweilige Bücher- und Verzeichnisart wird übernommen. Abs. 2 widmet sich dem Beginn der in Abs. 1 geregelten Fristen. Er wählt dieselben Anknüpfungen

wie § 50 Abs. 2, so dass auf die diesbezüglichen Ausführungen verwiesen werden kann (→ § 50 Rn. 6 f.). Eine nennenswerte inhaltliche Änderung gegenüber der bisher bestehenden Rechtslage ist damit ohnehin nicht verbunden.[1]

III. Verfügungen von Todes wegen in Nebenakten (Abs. 3)

3 Abs. 3 bezieht sich auf folgenden Sonderfall: Die DONot in der Fassung vor 2000/2001 enthielt keine Regelung darüber, wo **beglaubigte Abschriften von Verfügungen von Todes wegen**, die auf Wunsch der Beteiligten von dem Notar zurückbehalten wurden, zu verwahren waren. Die Verwahrung erfolgte daher oftmals in der Nebenakte.[2] Um die Verwahrungsfrist dieser beglaubigten Abschriften der allgemeinen Verwahrungsfrist von 100 Jahren gemäß Abs. 1 Nr. 3 anzugleichen, bestimmt Abs. 3, dass Nebenakten, die derartige beglaubigte Abschriften enthalten, abweichend von der allgemeinen Regelung für 100 Jahre aufzubewahren sind. Dies betrifft bereits dem Wortlaut nach lediglich solche Nebenakten, die tatsächlich beglaubigte Abschriften von Verfügungen von Todes wegen enthalten. In den Fällen, in denen diese Abschriften in der Urkundensammlung selbst verwahrt werden, besteht kein Anlass, diese verlängerte Aufbewahrungsfrist anzuwenden. Abs. 3 übernimmt die hierzu bereits bisher bestehende Regelung des § 5 Abs. 4 S. 2 DONot aF inhaltlich unverändert, nimmt aber bewusst keinen Bezug mehr auf die schwer auffindbare Regelung des § 16 Abs. 1 Satz 5 DONot in der Fassung vor 2000/2001, sondern regelt den Tatbestand autonom.[3]

IV. Altbestände vor 1950 (Abs. 4)

4 Altbestände vor 1950 sind nach S. 1 **dauernd aufzubewahren**. Hintergrund dieser Regelung, die § 5 Abs. 4 S. 3 DONot übernimmt, sind die Kriegsereignisse bis 1945, die vielerorts zu einem Verlust von Unterlagen geführt haben. Die dauerhafte Aufbewahrung in den Verwahrstellen für notarielle Urkunden dient dazu, entsprechende Verluste an anderen Verwahrstellen auszugleichen. Eine Pflicht zur Konservierung besteht jedoch nicht, wie S. 2 klarstellt; eine derartige Pflicht würde der jeweiligen Verwahrstelle angesichts der unbegrenzten Aufbewahrungsdauer unverhältnismäßige Opfer abverlangen.

5 S. 3 nimmt Bezug auf die Neuregelung des § 119 BNotO, wonach auch **Altbestände in die elektronische Form übertragen** werden können. In diesem Fall genügt es, wenn die elektronischen Dokumente dauernd aufbewahrt werden. Für die Papierdokumente gelten nach S. 4 hingegen diejenigen Fristen, die anwendbar wären, wenn die Dokumente zum Zeitpunkt der Übertragung erstmals zu den Unterlagen der verwahrenden Stelle gelangt wären. Diese etwas schwer verständliche Formulierung, die auch in der Begründung zum Entwurf nicht weiter erklärt wird, greift letztlich schlicht den Regelungsgehalt des § 119 Abs. 2 iVm Abs. 3 BNotO auf (zumal die BNotO hier bereits aus normhierarchischen Gründen vorrangig ist). Demnach gilt: Es sind diejenigen Fristen anzuwenden, die zum Zeitpunkt der Übertragung für neu errichtete Bestände gelten. Auch der Fristbeginn richtet sich nach den Regeln für neue Bestände und beginnt zum Zeitpunkt der Übertragung zu laufen. Auf Beispielebene bedeutet dies, dass etwa eine Urkunde aus dem Jahr 1924, die 2024 in die elektronische Fassung überführt wird, entsprechend § 50 Abs. 1 Nr. 3 iVm Abs. 2 Nr. 3 für

1 BR-Drs. 420/20 (neu), 69.
2 Vgl. BR-Drs. 420/20 (neu), 69.
3 BR-Drs. 420/20 (neu), 69.

30 Jahre ab dem auf die Überführung folgenden Kalenderjahr, sprich bis zum 31.12.2054, aufbewahrt werden muss.

S. 5 und S. 6 schließlich regeln die Möglichkeit der Landesjustizverwaltung, auch für diese Altbestände eine Aufbewahrungsfrist anzuordnen, wenn die Belange der Rechtspflege und die Rechte der Betroffenen gewahrt sind. Diese Aufbewahrungsfrist darf jedoch nach S. 6 nicht vor dem 31.12.2049 enden. 6

§ 52 Sonderbestimmungen für Nebenakten

(1) Werden die Nebenakten für mehrere Amtsgeschäfte gemeinsam geführt, darf ihr gesamter Inhalt bis zum Ablauf der Aufbewahrungsfrist des letzten Amtsgeschäfts aufbewahrt werden.

(2) [1]Der Notar kann im Einzelfall, für einzelne Arten von Rechtsgeschäften oder für einzelne Arten von Amtsgeschäften eine längere Aufbewahrungsfrist für die Nebenakten bestimmen, wenn er hieran ein berechtigtes Interesse hat oder ein berechtigtes Interesse der Beteiligten oder des Rechtsverkehrs anzunehmen ist. [2]Der Notar hat eine solche Aufbewahrungsfrist nach pflichtgemäßem Ermessen zu bestimmen; sie darf höchstens 30 Jahre betragen. [3]Eine nachfolgend für die Verwahrung zuständige Stelle ist an die Bestimmung einer längeren Aufbewahrungsfrist gebunden.

(3) [1]Ordnet der Notar nach § 35 Absatz 6 Satz 3 der Bundesnotarordnung an, dass eine Nebenakte nach Ablauf der Aufbewahrungsfrist im Einzelfall weiter aufzubewahren ist, so ist dies mit dem Grund der weiteren Aufbewahrung auf der Akte zu vermerken. [2]Wird die Nebenakte elektronisch geführt, sind die Anordnung der weiteren Aufbewahrung und der Grund für die Anordnung in einer dem Vermerk gleichwertigen Form zu dokumentieren.

I. Normzweck und Systematik

1 Die Vorschrift enthält besondere Bestimmungen über die **Aufbewahrungsdauer von Nebenakten.** Da Nebenakten nach der Grundvorschrift des § 50 Abs. 1 Nr. 7 nur sieben Jahre aufbewahrt werden, kann dies in Einzelfällen, aber auch in typisierten Kategorien von Urkunden, zu Schwierigkeiten führen. Denn gerade die Nebenakten mit den darin enthaltenen Zusatzinformationen zum jeweiligen Beurkundungsvorgang sind bei Rechtsfragen, die sich hierzu auch nach Ablauf von sieben Jahren noch stellen können, sehr hilfreich. Dies kann etwa die Auslegung von Urkunden betreffen, aber auch Amtshaftungsfragen. Gerade bei Letzteren ist es dem Notar oftmals nur unter Rückgriff auf die entsprechende Nebenakte möglich, seine Interessen wahrzunehmen. Daher sieht § 52 Ausnahmen von dem Grundsatz der siebenjährigen Aufbewahrungsfrist vor. In Abs. 1 wird eine Sonderregelung für Sammelnebenakten iSd § 40 Abs. 1 S. 3 getroffen (→ Rn. 2). Abs. 2 ermöglicht dem Notar, die grundsätzlich siebenjährige Aufbewahrungsfrist vor deren Beginn im Einzelfall oder für einzelne Arten von Amtsgeschäften zu verlängern (→ Rn. 3 ff.). In Abs. 3 wird schließlich auf die Möglichkeit nach § 35 Abs. 6 BNotO eingegangen, nach Ablauf der Verwahrungs-

frist im Einzelfall eine weitere Aufbewahrung der Nebenakte anzuordnen (→ Rn. 5 f.).

II. Sammelnebenakten (Abs. 1 und 2)

2 Bei **Sammelnebenakten**, die nach § 40 Abs. 1 S. 3 für mehrere Amtsgeschäfte geführt werden, endet die Aufbewahrungsfrist erst mit dem Ablauf der Aufbewahrungsfrist des letzten Amtsgeschäfts, Abs. 1. Diese Vorschrift ist sinnvoll und folgerichtig. Denn anderenfalls wäre es notwendig, die ursprünglich gesammelt geführte Nebenakte im Nachhinein in Einzelakten aufzuspalten, um die individuelle Zuteilung zur jeweiligen Aufbewahrungsfrist zu ermöglichen. Dies wäre nicht sachgerecht und würde dem Zweck der Sammelakte zuwiderlaufen.

III. Anordnung der Verlängerung im Vorfeld (Abs. 2)

3 Abs. 2 ermöglicht es dem Notar, wie bisher schon im **Vorfeld eine längere Aufbewahrungsfrist von Nebenakten festzulegen**. Dies betrifft zum einen Nebenakten im Einzelfall, zum anderen auch einzelne Arten von Rechts- oder von Amtsgeschäften. Die Festlegung kann erfolgen, wenn der Notar oder die Beteiligten oder auch der Rechtsverkehr ein berechtigtes Interesse daran hat. Das verschafft dem Notar den nötigen Spielraum, um einzelfallgerecht zwischen dem eigenen bzw. Drittinteresse an einer längeren Aufbewahrung einerseits und dem Vertraulichkeitsinteresse an einer möglichst frühzeitigen Vernichtung der entsprechende Nebenakte abzuwägen. Eine Verlängerung der Aufbewahrungsfrist wird insbesondere bei Rechts- und Amtsgeschäften in Betracht kommen, die typischerweise erst in ferner Zukunft Streitpotenzial entfalten, so etwa erbrechtliche, familienrechtliche und gesellschaftsrechtliche Angelegenheiten.[1]

4 Nach S. 3 liegt die konkrete Bestimmung der Verlängerung einschließlich ihrer Dauer im pflichtgemäßen Ermessen des Notars. Als **Höchstdauer** der Aufbewahrung gibt S. 3 den Zeitraum von **30 Jahren** vor, was angesichts der Bedeutung des Vertraulichkeitsinteresses angemessen erscheint und einen Gleichlauf zur Verwahrdauer der papiergebundenen Unterlagen in der Urkundensammlung herstellt. Die **nachfolgende Verwahrstelle** ist nach S. 4 an diese Entscheidung gebunden.

IV. Anordnung der Verwahrung im Nachhinein (Abs. 3)

5 Nach § 35 Abs. 6 BNotO ist es möglich, im Einzelfall auch **nach Ablauf der ursprünglichen Verwahrungsfrist eine weitere Aufbewahrung vorzunehmen**, wenn dies erforderlich ist (→ BNotO § 35 Rn. 20). S. 1 bestimmt, dass eine derartige nachträgliche Anordnung einschließlich des Grundes auf der Nebenakte zu vermerken ist. Bei elektronischer Führung der Nebenakte sind diese Angaben nach S. 2 in einer gleichwertigen Form zu dokumentieren. Die Bundesnotarkammer hat in ihrer Nebenakten-Bekanntmachung nach § 43 Abs. 1 ein mit „Weitere Aufbewahrung" bezeichnetes eigenes Datenfeld für diese Angaben vorgesehen.[2] Zusätzlich zur Dokumentation in der elektronischen Nebenakte bietet sich auch ein entsprechender Hinweis im Urkundenverzeichnis nach § 17 Abs. 2 an.

6 § 35 Abs. 6 BNotO beschränkt sich nicht auf die Nebenakten, sondern ermöglicht für alle Akten und Verzeichnisse eine Verlängerung der Aufbewahrungsfrist. Da hierbei die Nebenakten in besonderem Maße betroffen sind, enthält

1 BR-Drs. 420/20 (neu), 70.
2 DNotZ 2020, 881 iVm der entsprechenden Veröffentlichung im Internet.

die NotAktVV nur hierfür ergänzende Bestimmungen. Abs. 3 dürfte aber mit Blick auf andere Akten und Verzeichnisse entsprechend heranzuziehen sein.[3]

§ 53 Sonderbestimmungen beim Übergang der Verwahrzuständigkeit

[1]Ist die Zuständigkeit für die Verwahrung von Akten und Verzeichnissen auf eine andere Stelle übergegangen, so darf diese die Akten und Verzeichnisse mindestens bis zum Ende des siebten Kalenderjahres aufbewahren, das auf die Übernahme der Verwahrzuständigkeit für diese Akten und Verzeichnisse folgt. [2]Satz 1 gilt nicht

1. für Akten und Verzeichnisse, die im elektronischen Urkundenarchiv geführt werden,

2. für andere elektronisch geführten Akten und Verzeichnisse, zu denen die Aufbewahrungsfristen so strukturiert erfasst wurden, dass eine Löschung ohne größeren Aufwand möglich ist, und

3. für den Fall, dass die Zuständigkeit an die Stelle zurückfällt, die ursprünglich für die Verwahrung zuständig war.

[3]Fällt die Zuständigkeit an eine sonstige Stelle zurück, die bereits einmal für die Verwahrung zuständig war, so reduziert sich für diese die Frist nach Satz 1 um die Zeit, die sie bereits für die Verwahrung zuständig war.

Geht die Zuständigkeit für die Verwahrung auf eine andere Verwahrstelle nach § 45, § 51 oder § 58 BNotO über, kann sich für diese neue Verwahrstelle die Schwierigkeit ergeben, kurzfristig einen ggf. sehr großen Bestand an Unterlagen auf ablaufende Aufbewahrungsfristen durchsehen und die entsprechende Vernichtung veranlassen zu müssen. Dies kann auch mit der Durchsicht jeder einzelnen Akte auf die Frage hin verbunden sein, ob ggf. eine weitere Aufbewahrung nach Ablauf der Aufbewahrungsfrist iSv § 30 Abs. 6 BNotO ausnahmsweise in Betracht kommt. Daher sieht § 53 für **neue Verwahrstellen** eine Erleichterung vor: Der Ablauf der Verwahrungsfrist wird nach S. 1 ab dem Übergang auf die neue Verwahrstelle bis zum Ende des siebten auf diesen Übergang folgenden Kalenderjahres gehemmt. Dies verschafft der neue Verwahrstelle Zeit, um sich im Einzelnen mit der Frage der Aufbewahrungsfrist und entsprechenden Vernichtungspflichten auseinanderzusetzen. 1

S. 2 enthält einige **Rückausnahmen** zu dieser Erleichterung. Nr. 1 und 2 beziehen sich auf **elektronisch geführte Unterlagen**, die so strukturiert erfasst sind, dass eine Löschung nach Ablauf ihrer ursprünglich bestehenden Verwahrungsfrist automatisch und ohne großen Einzelaufwand möglich ist. Freilich muss auch in diesem Fall die Prüfung nach § 35 Abs. 6 BNotO erfolgen, doch auch dies ist bei einer strukturierten elektronischen Erfassung des Ablaufdatums leichter möglich. Nr. 3 schließlich regelt, dass der **ursprünglichen Verwahrstelle**, die eine Zuständigkeit etwa nach § 45 BNotO zurückerlangt, die Erleichterung des S. 1 verschlossen bleibt. Denn die ursprüngliche Verwahrstelle ist mit den entsprechenden Unterlagen hinreichend vertraut. S. 3 schließlich regelt den Sonderfall, dass eine **Verwahrstelle**, die zwar nicht iSv S. 2 Nr. 3 ursprünglich für die Verwahrung zuständig war, aber die **Zuständigkeit dennoch schon einmal innehatte**, diese Zuständigkeit wiedererlangt. In diesem Fall läuft die Siebenjahresfrist des S. 1 weiter und beginnt nicht neu. 2

3 BR-Drs. 420/20 (neu), 70.

Abschnitt 11 Elektronisches Urkundenarchiv und Elektronischer Notariatsaktenspeicher

Unterabschnitt 1 Allgemeine Vorschriften

§ 54 Funktionen des Elektronischen Urkundenarchivs und des Elektronischen Notariatsaktenspeichers

(1) [1]Das Elektronische Urkundenarchiv ermöglicht
1. diejenigen Eintragungen in das Urkundenverzeichnis und das Verwahrungsverzeichnis, zu denen die zuständige Stelle verpflichtet ist, und
2. die Aufnahme derjenigen elektronischen Dokumente, die die zuständige Stelle in der elektronischen Urkundensammlung aufzubewahren hat.

[2]Die Bundesnotarkammer kann weitere Eintragungen in das Urkundenverzeichnis und das Verwahrungsverzeichnis sowie die Aufnahme weiterer elektronischer Dokumente in die elektronische Urkundensammlung zulassen.

(2) Die Bundesnotarkammer kann über die Funktion des Elektronischen Notariatsaktenspeichers nach § 78k Absatz 1 der Bundesnotarordnung hinaus weitere ergänzende Funktionen anbieten, insbesondere
1. die Überleitung der gespeicherten Inhalte bei einer Änderung der Verwahrungszuständigkeit, ohne dass es der Übergabe eines physischen Datenträgers bedarf,
2. die strukturierte Speicherung derjenigen Akten und Verzeichnisse, zu deren Führung eine Verpflichtung besteht,
3. die strukturierte Speicherung von Hilfsmitteln (§ 35 Absatz 2 Satz 2 der Bundesnotarordnung),
4. die Erhaltung des Beweiswerts der gespeicherten elektronischen Dokumente, ohne dass es einer erneuten Signatur durch die verwahrende Stelle bedarf, und
5. die Übermittlung von gespeicherten elektronischen Dokumenten durch und an die für die Verwahrung elektronischer Aufzeichnungen zuständige Stelle sowie die sichere Möglichkeit der Einsichtnahme durch befugte Dritte.

(3) Die Gestaltung des Elektronischen Urkundenarchivs und des Elektronischen Notariatsaktenspeichers einschließlich des Zugangs zu diesen soll die Anforderungen der Barrierefreiheit im Sinne der Barrierefreie-Informationstechnik-Verordnung berücksichtigen.

§ 55 Technische Zugangsberechtigung zum Elektronischen Urkundenarchiv und zum Elektronischen Notariatsaktenspeicher

(1) [1]Dem Notar ist eine technische Zugangsberechtigung für diejenigen elektronischen Aufzeichnungen zu gewähren, für deren Verwahrung er zuständig ist. [2]Gleiches gilt für den Notariatsverwalter.

(2) Der Notarvertretung ist eine technische Zugangsberechtigung für diejenigen elektronischen Aufzeichnungen einzuräumen, für deren Verwahrung der vertretene Notar zuständig ist.

(3) Den Personen, die die Notarkammer bei der Erteilung von Ausfertigungen und beglaubigten Abschriften vertreten, ist eine technische Zugangsberechtigung für diejenigen elektronischen Aufzeichnungen zu gewähren, für deren Verwahrung die Notarkammer zuständig ist.

(4) [1]Sonstigen Personen, die bei einer für die Verwahrung elektronischer Aufzeichnungen zuständigen Stelle beschäftigt sind, kann eine technische Zugangsberechtigung für die von dieser Stelle verwahrten Aufzeichnungen eingeräumt werden. [2]Technische Zugangsberechtigungen nach Satz 1 können in ihrem Umfang eingeschränkt werden.

(5) Für Personen nach den Absätzen 3 und 4 gilt § 5 Absatz 3 und 4 entsprechend.

§ 56 Sicherungsmaßnahmen gegen Missbrauch

Die Bundesnotarkammer hat geeignete technische und organisatorische Maßnahmen zur Verhinderung der missbräuchlichen Einräumung, Überleitung, Entziehung oder Ausübung von technischen Zugangsberechtigungen zu treffen.

§ 57 Sichere informationstechnische Netze

Das Elektronische Urkundenarchiv und der Elektronische Notariatsaktenspeicher sind nur über solche informationstechnischen Netze zugänglich, die durch eine staatliche Stelle oder im Auftrag einer staatlichen Stelle oder einer juristischen Person des öffentlichen Rechts betrieben werden und die mit dem Elektronischen Urkundenarchiv oder dem Elektronischen Notariatsaktenspeicher gesichert verbunden sind.

Unterabschnitt 2 Elektronisches Urkundenarchiv

§ 58 Einräumung und Überleitung der technischen Zugangsberechtigung

(1) Die technische Zugangsberechtigung zum Elektronischen Urkundenarchiv nach § 55 Absatz 1 soll in dem Fall, in dem zuvor eine andere Stelle für die Verwahrung der elektronischen Aufzeichnungen zuständig war, von dieser Stelle übergeleitet werden.

(2) Die technische Zugangsberechtigung nach § 55 Absatz 2 soll von der nach § 55 Absatz 1 zugangsberechtigten Person eingeräumt werden.

(3) Die technische Zugangsberechtigung nach § 55 Absatz 3 soll von der zuvor für die Verwahrung der elektronischen Aufzeichnungen zuständigen Stelle übergeleitet werden.

(4) [1]Die technische Zugangsberechtigung nach § 55 Absatz 4 ist durch die für die Verwahrung der elektronischen Aufzeichnungen zuständige Stelle einzuräumen. [2]Diese Stelle kann den bei ihr beschäftigten Personen auch die Befugnis einräumen, weitere technische Zugangsberechtigungen zu erteilen. [3]Befugnisse nach Satz 2 können in ihrem Umfang eingeschränkt werden.

(5) [1]Wird die technische Zugangsberechtigung in den Fällen des § 55 Absatz 1 bis 3 nicht durch die in den Absätzen 1 bis 3 bezeichneten Stellen übergeleitet oder eingeräumt, so ist sie durch die Notarkammer einzuräumen. [2]Die Einräumung erfolgt in den Fällen, in denen ein Zugang zu denjenigen elektronischen Aufzeichnungen eingeräumt wird, für deren Verwahrung zuvor eine andere Stelle zuständig war, aufgrund eines Beschlusses des Vorstands der Notarkammer. [3]Kann ein Beschluss des Vorstands nicht rechtzeitig herbeigeführt werden, so entscheidet der Präsident der Notarkammer. [4]In diesem Fall ist die Entscheidung des Vorstands unverzüglich nachzuholen.

§ 59 Wegfall und Entziehung der technischen Zugangsberechtigung

(1) Die Bundesnotarkammer hat im Zusammenwirken mit den Notarkammern sicherzustellen, dass eine technische Zugangsberechtigung endet, wenn

1. im Fall des § 55 Absatz 1 das Amt erlischt oder der Amtssitz in einen anderen Amtsgerichtsbezirk verlegt wird,
2. im Fall des § 55 Absatz 2 oder 3 die Vertretung endet und
3. im Fall des § 55 Absatz 4 die für die Verwahrung der elektronischen Aufzeichnungen zuständige Stelle wechselt.

(2) Die technische Zugangsberechtigung nach § 55 Absatz 2 soll im Fall einer ständigen Vertretung von der nach § 55 Absatz 1 zugangsberechtigten Person vorübergehend entzogen werden, solange keine Amtsbefugnis nach § 44 Absatz 1 Satz 1 der Bundesnotarordnung besteht.

(3) Eine technische Zugangsberechtigung nach § 55 Absatz 4 kann jederzeit durch die für die Verwahrung der elektronischen Aufzeichnungen zuständige Stelle oder eine von dieser entsprechend befugte Person entzogen werden.

(4) [1]Wird der Notar vorläufig seines Amtes enthoben, ohne dass sich die Zuständigkeit für die Verwahrung der amtlichen Bestände ändert, so hat ihm die Notarkammer die technische Zugangsberechtigung zu entziehen, soweit nicht ausnahmsweise ein Zugang geboten ist. [2]Weitere technische Zugangsberechtigungen und Befugnisse im Sinne des § 55 Absatz 4 und des § 58 Absatz 4 Satz 2 bleiben von der Entziehung der Zugangsberechtigung nach Satz 1 unberührt. [3]Sie können von dem Notar nicht mehr geändert oder widerrufen werden.

(5) [1]Die Bundesnotarkammer oder die Notarkammer können einer Person die technische Zugangsberechtigung vorübergehend entziehen, wenn die Gefahr einer missbräuchlichen Verwendung besteht. [2]Die vorübergehende Entziehung ist unverzüglich zu beenden, wenn diese Gefahr nicht mehr besteht.

§ 60 Dokumentation der technischen Zugangsberechtigungen

(1) [1]Die Bundesnotarkammer hat im Hinblick auf die Einräumung, die Überleitung und die Entziehung der technischen Zugangsberechtigungen zum Elektronischen Urkundenarchiv den jeweiligen Zeitpunkt und die jeweils beteiligten Personen und Notarkammern zu dokumentieren. [2]Die Bundesnotarkammer kann weitere Dokumentationstatbestände vorsehen. [3]Die Dokumentation nach Satz 1 ist für 100 Jahre aufzubewahren und sodann unverzüglich zu löschen.

(2) [1]Die Bundesnotarkammer kann den für die Verwahrung elektronischer Aufzeichnungen zuständigen Stellen und den Notarkammern Informationen über die erteilten technischen Zugangsberechtigungen übermitteln. [2]Soweit die Dokumentation nach Absatz 1 für eine rechtliche Überprüfung dahingehend erforderlich ist, welche Person welche Eintragungen vorgenommen hat, hat die Bundesnotarkammer der für die Überprüfung zuständigen Stelle die notwendigen Informationen zur Verfügung zu stellen.

§ 61 Datenschutz, Datensicherheit und Vertraulichkeit

(1) Zum Schutz und zur Gewährleistung der Sicherheit und Vertraulichkeit der im Elektronischen Urkundenarchiv gespeicherten und zu speichernden Daten, der damit verbundenen Datenübermittlungen sowie der elektronischen Kommunikation hat die Bundesnotarkammer insbesondere sicherzustellen, dass

1. die Anmeldung zum Elektronischen Urkundenarchiv mit mindestens zwei voneinander unabhängigen Sicherungsmitteln erfolgt, wobei für den Zugang zur elektronischen Urkundensammlung ein auf einer kryptographischen Hardwarekomponente gespeicherter Schlüssel zu verwenden ist,
2. die im Elektronischen Urkundenarchiv gespeicherten Daten für die Dauer der in dieser Verordnung bestimmten Aufbewahrungsfristen verfügbar sind,
3. für den Fall, dass Eintragungen im Urkundenverzeichnis oder im Verwahrungsverzeichnis geändert werden, Inhalt und Datum der Änderung nachvollziehbar bleiben,
4. für den Fall, dass Dokumente aus der elektronischen Urkundensammlung vor Ablauf der Aufbewahrungsfrist gelöscht werden sollen,
   a) die Dokumente unverzüglich gesperrt und 150 Tage nach Erteilung des Löschungsbefehls gelöscht werden und
   b) die Tatsache der Löschung und deren Datum nachvollziehbar bleiben,
5. die im Elektronischen Urkundenarchiv gespeicherten Daten in angemessenen Intervallen in Datensicherungen aufgenommen werden, welche ohne Anbindung an informationstechnische Netze aufbewahrt werden, und
6. die Zuverlässigkeit der mit dem technischen Betrieb des Elektronischen Urkundenarchivs befassten Personen gewährleistet ist, insbesondere wenn für diese die Möglichkeit zur Kenntnisnahme der im Urkundenverzeichnis oder im Verwahrungsverzeichnis gespeicherten Daten besteht.

(2) [1]Die Bundesnotarkammer hat ein Funktions- und Sicherheitskonzept zu erstellen und umzusetzen. [2]In diesem sind die nach § 54 Absatz 1 Satz 2 zugelassenen weiteren Aufzeichnungen zu bestimmen. [3]Zudem sind in ihm die einzelnen technischen und organisatorischen Maßnahmen festzulegen, die nach dem Stand der Technik Folgendes gewährleisten:
1. den Datenschutz,
2. die Datensicherheit,
3. die Wahrung der Integrität, Authentizität, Verkehrsfähigkeit, Verfügbarkeit, Lesbarkeit und Vertraulichkeit sowie
4. die Umsetzung der Vorgaben dieser Verordnung.

[4]Das Funktions- und Sicherheitskonzept und dessen Umsetzung sind durch die Bundesnotarkammer regelmäßig zu überprüfen.

(3) [1]Die Bundesnotarkammer hat in dem Funktions- und Sicherheitskonzept geeignete technische und organisatorische Maßnahmen festzulegen, um die Übermittlung und Speicherung der im Elektronischen Urkundenarchiv zu speichernden Daten zu ermöglichen. [2]Bei der Festlegung der Struktur, der technischen Architektur, der Datenformate, der maximalen Dateigrößen, der Schnittstellen und der Speichermedien für das Elektronische Urkundenarchiv hat die Bundesnotarkammer insbesondere zu berücksichtigen, welche Auswirkungen die genannten Faktoren auf die Datenübermittlung und die Funktionsfähigkeit des Elektronischen Urkundenarchivs sowie auf die Transparenz, die dauerhafte Verfügbarkeit, die Integrität, die Authentizität und die Verkehrsfähigkeit der gespeicherten Daten haben. [3]Hat die Bundesnotarkammer in dem Funktions- und Sicherheitskonzept bestimmte Dateiformate oder maximale Dateigrößen oder damit verbundene Verfahren für das Elektronische Urkundenarchiv festgelegt, so sind diese Vorgaben im Verkündungsblatt der Bundesnotarkammer bekanntzumachen. [4]Die von der Bundesnotarkammer bekanntgemachten Vorgaben sind bei der Nutzung des Elektronischen Urkundenarchivs zu beachten.

(4) [1]Daten zu Änderungen und Löschungen nach Absatz 1 Nummer 3 und 4 sind von der Bundesnotarkammer so lange zu speichern, wie die entsprechende Eintragung aufzubewahren ist und sodann unverzüglich zu löschen. [2]Daten, die

nicht zu den gesetzlich vorgeschriebenen Inhalten des Elektronischen Urkundenarchivs gehören, können von der Speicherung ausgenommen werden.

(5) [1]Die Bundesnotarkammer ist für die technischen und organisatorischen Maßnahmen der Datensicherheit verantwortlich. [2]Im Übrigen ist die für die Verwahrung elektronischer Aufzeichnungen zuständige Stelle datenschutzrechtlich verantwortlich. [3]Personen nach Absatz 1 Nummer 6 sind befugt, auf die im Elektronischen Urkundenarchiv gespeicherten Daten zuzugreifen, wenn dies zur Durchführung von Wartungsarbeiten oder zur Beseitigung von Störungen des technischen Systems erforderlich ist.

§ 62 Maßnahmen bei technischer Handlungsunfähigkeit der Notarkammern

[1]Sind bei einer Notarkammer die technischen Voraussetzungen für die Wahrnehmung ihrer Aufgaben im Zusammenhang mit dem Elektronischen Urkundenarchiv nicht mehr gegeben, so trifft die Bundesnotarkammer die zur Wiederherstellung der technischen Handlungsfähigkeit der Notarkammer notwendigen Maßnahmen. [2]Diese Maßnahmen sollen in dem Funktions- und Sicherheitskonzept nach § 61 Absatz 2 beschrieben werden.

Unterabschnitt 3 Elektronischer Notariatsaktenspeicher

§ 63 Nutzungsverhältnis und technische Zugangsberechtigung

(1) [1]Für den Elektronischen Notariatsaktenspeicher kann die Bundesnotarkammer ein Nutzungsverhältnis nur mit Notaren, Notariatsverwaltern oder Notarkammern begründen. [2]Das Nutzungsverhältnis ist auf die amtlichen Tätigkeiten der Nutzenden beschränkt.

(2) Die Bundesnotarkammer hat den Nutzenden eine technische Zugangsberechtigung zum Elektronischen Notariatsaktenspeicher einzuräumen.

(3) [1]§ 58 Absatz 2 und 4 sowie § 59 gelten entsprechend. [2]Im Fall des § 54 Absatz 2 Nummer 1 gilt zudem § 58 Absatz 1 und 3 entsprechend.

§ 64 Zugang

(1) [1]Der Zugang zu den im Elektronischen Notariatsaktenspeicher gespeicherten Aufzeichnungen steht ausschließlich der für die Verwahrung der elektronischen Aufzeichnungen zuständigen Stelle zu. [2]Die Bundesnotarkammer hat hierzu geeignete technische und organisatorische Maßnahmen zu treffen.

(2) [1]Abweichend von Absatz 1 kann die für die Verwahrung der elektronischen Aufzeichnungen zuständige Stelle Beteiligten oder von diesen ermächtigten Personen sowie der Notarkasse oder der Ländernotarkasse einen zeitlich beschränkten Zugang zu einzelnen im Elektronischen Notariatsaktenspeicher gespeicherten Aufzeichnungen einräumen. [2]Abweichend von § 57 muss der Zugang in diesem Fall nicht über sichere informationstechnische Netze erfolgen.

§ 65 Dokumentation der technischen Zugangsberechtigungen

[1]Die Bundesnotarkammer kann vorsehen, dass die Einräumung, die Überleitung und die Entziehung der technischen Zugangsberechtigungen zum Elektro-

nischen Notariatsaktenspeicher dokumentiert werden. [2]Im Fall des Satzes 1 gilt § 60 Absatz 2 entsprechend.

§ 66 Datenschutz, Datensicherheit und Vertraulichkeit

(1) [1]Die Bundesnotarkammer hat ein Funktions- und Sicherheitskonzept für den Elektronischen Notariatsaktenspeicher zu erstellen und umzusetzen. [2]In diesem sind die im Rahmen des § 54 Absatz 2 bereitgestellten Funktionen zu bestimmen. [3]Zudem sind in ihm die einzelnen technischen und organisatorischen Maßnahmen festzulegen, die nach dem Stand der Technik Folgendes gewährleisten:

1. den Datenschutz,
2. die Datensicherheit,
3. die Wahrung der Integrität, Authentizität, Verkehrsfähigkeit, Verfügbarkeit, Lesbarkeit und Vertraulichkeit sowie
4. die Umsetzung der Vorgaben dieser Verordnung.

(2) [1]§ 61 Absatz 1 Nummer 5 und 6, Absatz 2 Satz 4 sowie Absatz 3 gilt entsprechend. [2]§ 61 Absatz 1 Nummer 1 gilt außer in den Fällen des § 64 Absatz 2 entsprechend.

Dienstordnung für Notarinnen und Notare (DONot)

Vorbemerkung zu §§ 1–21

I. Allgemeines zur DONot

1 Die DONot ist ein Konglomerat unterschiedlicher Vorschriften zu Fragen der notariellen Amtsführung und der Dienstaufsicht über die Notare. Die in den früheren Fassungen der DONot aF enthaltenen Vorschriften zur Führung der notariellen Bücher und Verzeichnisse haben im Zusammenhang mit der Einführung des Elektronischen Urkundenarchivs Eingang in die NotAktVV gefunden und sind nicht mehr Bestandteil der DONot. Die übrigen Regelungsbestandteile der bisherigen DONot-Fassungen wurden in der ab 2022 geltenden Fassung der DONot jedoch fortgeführt.

II. Entstehungsgeschichte

2 Vorläufer der DONot ist die Dienstordnung für Notare des damaligen Reichsministers der Justiz von 1937[1] bzw. 1939,[2] die – ebenso wie der überwiegende Teil der Reichsnotarordnung – auch in den Anfängen der Bundesrepublik fortgalt, was aufgrund des nicht ideologisch geprägten, sondern auf Verfahrensfragen beschränkten Inhalts möglich war.[3]

3 Im Jahr 1961 trat in den Ländern – im Wesentlichen gleichlautend – jeweils eine Dienstordnung für Notare in Kraft und ersetzte damit die bisher fortgeltende Reichs-Notardienstordnung. Dies geschah parallel zum Inkrafttreten der Bundesnotarordnung, welche die Reichsnotarordnung ablöste.[4]

4 Die Dienstordnung[5] wurde in den Jahren 1970, 1975, 1985, 1998 und 2000/2001 novelliert[6] und war auch in den jeweiligen Neufassungen weitgehend bundeseinheitlich gehalten. Nach 2001 erfolgten noch punktuelle Anpassung an eine Veränderung der Gesetzeslage, so etwa an die Einführung des Zentralen Testamentsregisters und an die Ablösung des FGG durch das FamFG und der KostO durch das GNotKG.[7]

---

1 Deutsche Justiz 1937, 894.

2 Deutsche Justiz 1939, 699.

3 Armbrüster/Preuß/Renner/*Eickelberg* vor §§ 1 bis 34 Rn. 2. Vgl. zum eher unideologisch geprägten Charakter der Reichsnotarordnung – mit einigen Ausnahmen – BT-Drs. 3/218, 18.

4 Weingärtner NotarR/*Weingärtner* § 1 Rn. 2.

5 Im Folgenden wird von Dienstordnung immer im Singular gesprochen, obwohl es sich um – allerdings im Wesentlichen gleichlautende – eigenständige Verwaltungsvorschriften der Länder handelt.

6 S. dazu näher Armbrüster/Preuß/Renner/*Eickelberg* vor §§ 1 bis 34 Rn. 2 ff.; Weingärtner NotarR/*Weingärtner* § 1 Rn. 2; Frenz/Miermeister/*Miermeister* Einleitung Rn. 13.

7 S. dazu näher Frenz/Miermeister/*Miermeister* Einleitung Rn. 13.

In den neuen Ländern gilt die DONot in ihrer jeweiligen Fassung seit 1990; bis zur Novelle 2000/2001 hatte sie dort aufgrund einer Überleitungsvorschrift des Einigungsvertrags sogar Gesetzesrang.[8] 5

Die Einführung des **Elektronischen Urkundenarchivs** im Jahr 2022 hat die bislang wohl grundlegendste Reform der DONot notwendig gemacht.[9] Insbesondere werden die bisher in der DONot verorteten Vorschriften zur Führung der Bücher bzw. Akten und Verzeichnisse seit 1.1.2022 mit aufgrund des Elektronischen Urkundenarchivs deutlich verändertem Regelungsgehalt in der auf Grundlage von § 36 BNotO nF ergangenen NotAktVV geregelt. Die in der DONot aF hierzu enthaltenen Regelungen wurden damit obsolet und mussten gestrichen werden. Auch im Übrigen war die DONot an die durch das Elektronische Urkundenarchiv veränderte Rechtslage anzupassen. 6

Die Landesjustizverwaltungen haben unter Federführung Niedersachsens und unter Beteiligung des Bundesministeriums der Justiz und für Verbraucherschutz sowie der Bundesnotarkammer eine entsprechende Neufassung der DONot erarbeitet. Am 24.11.2021 einigten sie sich endgültig auf eine **gemeinsame Fassung** der DONot einschließlich – nicht amtlicher – Begründung. Diese Version ist Grundlage der vorliegenden Kommentierung. Diese Fassung wurde in den Ländern – mit Ausnahme geringfügiger ergänzender Verlautbarungen – einheitlich umgesetzt.[10] 7

Die **wesentlichsten Änderungen** durch die Neufassung 2022 lassen sich wie folgt zusammenfassen: 8

- Streichung der Vorschriften zur Führung der Bücher und Verzeichnisse;
- grundlegende systematische und redaktionelle Neugestaltung;
- Ermöglichung eines technisch gestützten Systems zur Kollisionsprüfung (§ 6 Abs. 2);
- grundlegende Neugestaltung der Übersicht über Verwahrungsgeschäfte (§ 9, Muster 2);
- Ermöglichung einer elektronischen Notaranderkontenführung über Standard-Bankingsoftware (§ 10 Abs. 3);
- Präzisierungen hinsichtlich des Zugangs der Aufsichtsbehörde zu den Akten und Verzeichnissen (§ 17);
- Einführung eines Katalogs mit Gegenständen der regelmäßigen Prüfung durch die Aufsicht (§ 18).

Die **Verschiebung der elektronischen Urkundensammlung** durch das Gesetz zum Vorschlag für eine Verordnung des Rates zur Änderung der Verordnung (EG) Nr. 168/2007 zur Errichtung einer Agentur der Europäischen Union für Grundrechte und zur Inbetriebnahme der elektronischen Urkundensammlung[11] hat auf das Inkrafttreten der DONot zum 1.1.2022 **keinen Einfluss**. Vielmehr gelten nach § 76 Abs. 5 S. 2 iVm Abs. 2 BeurkG nF die vor dem 1.1.2022 gültigen Vorschriften übergangsweise fort. Das bedeutet, dass sich die Verwahrung der Urkunden bis einschließlich zum 30.6.2022 weiterhin nach den §§ 18 ff. DONot in der vor dem 1.1.2022 geltenden Fassung richtet. 9

8 S. dazu näher BeckOK BNotO/*Bracker* Einleitung Rn. 1; s. auch Armbrüster/Preuß/Renner/*Eickelberg* vor §§ 1 bis 34 Rn. 6.
9 S. hierzu allgemein Begründung DONot 2022, 1.
10 Die aktuellen Verkündungsstellen der Länder sind unter https://www.notar.de/der-notar/berufsrecht/dienstordnung abrufbar [zuletzt abgerufen am 19.1.2022].
11 BGBl. 2021 II 1282.

III. Rechtsnatur und Systematik

10 Die DONot ist eine **allgemeine Verwaltungsvorschrift** des jeweiligen Landes,[12] die jedoch – zumindest weitgehend – **bundesweit vereinheitlich** ist, weil sich die Landesjustizverwaltungen vor Erlass der Dienstordnung jeweils auf eine gemeinsame Fassung der DONot einigen. Die dadurch herbeigeführte Vereinheitlichung ist so begrüßenswert wie notwendig. Denn alle Notare sind einem einheitlichen Berufsbild unterworfen, was schon allein dadurch zum Ausdruck kommt, dass die maßgeblichste Grundlage des Berufsrechts, nämlich die BNotO, ein Bundesgesetz darstellt. Vor diesem Hintergrund erschiene es widersprüchlich, wenn das Binnenrecht der Notare zur Amtsführung und zur Dienstaufsicht unterschiedlich ausgestaltet wäre.

11 **Rechtsgrundlage** für die DONot sind nach hA die Vorschriften der §§ 92 ff. BNotO über die Aufsicht.[13] Gegenüber den Notaren (sowie gegenüber den Notariatsverwaltern und Notarvertretern)[14] wirkt die DONot daher als abstrakt-generelle Weisung auf Grundlage des § 93 BNotO.[15] Die DONot setzt einheitliche Maßstäbe für die Aufsicht und wirkt dadurch auf die Amtsführung der Notare ein. Dies ist verfassungsrechtlich nicht zu beanstanden:[16] Die Ausgestaltung der Amtsführung durch die DONot stellt bereits gar keinen Eingriff in die Berufsfreiheit der Notare dar, weil Art. 12 Abs. 1 GG im Bereich der Notare durch Sonderregelungen in Anlehnung an Art. 33 Abs. 5 GG zurückgedrängt wird. Dies ist dem Charakter des Notars als unabhängiger Träger eines öffentlichen Amts geschuldet, das an den öffentlichen Dienst angenähert ist. Auch die Rechtsprechung des EuGH steht der Einordnung des Notaramts als öffentliches Amt nicht entgegen.[17]

12 Die DONot entfaltet **Bindungswirkung** gegenüber den **Aufsichtsbehörden** und den **Notaren** (sowie Notariatsverwaltern und Notarvertretern). Die Bindung der Aufsichtsbehörden ergibt sich aufgrund des Normcharakters als allgemeine Verwaltungsvorschrift nach allgemeinen Grundsätzen zumindest aus Art. 3 GG. Die Bindung gegenüber den Notaren ergibt sich aus § 93 BNotO, weil die DONot gegenüber diesen eine abstrakt-generelle Weisung der Aufsichtsbehörde darstellt (→ Rn. 11). Aufgrund des Binnenrechtscharakters allgemeiner Verwaltungsvorschriften sind **Dritte** indes keine Normunterworfenen.[18]

13 Nach den Grundsätzen der **Selbstbindung der Verwaltung** dürfen Aufsichtsbehörden nur dann von der DONot abweichen, wenn sachliche, vernünftige Gründe bestehen und diese Abweichung nicht willkürlich ist.[19]

---

12 BVerfG 19.6.2012 – 1 BvR 3017/19, DNotZ 2012, 945 (954 f.); BGH 24.11.2014 – NotSt (Brfg) 6/14, DNotZ 2015, 224 (225); BGH 26.10.2009 – NotZ 6/09, BeckRS 2009, 86147 Rn. 7; BGH 22.10.1979 – NotZ 4/79, NJW 1980, 1854 (1854 f.); BGH 15.2.1971 – NotSt (Brfg) 1/70, DNotZ 1972, 551; BT-Drs. 13/4184, S. 37; *Bracker* MittBayNot 2021, 429 (429 f.); *Harborth/Lau* DNotZ 2002, 412 (431); Frenz/Miermeister/*Miermeister* Einleitung Rn. 1b.

13 BVerfG 19.6.2012 – 1 BvR 3017/19, DNotZ 2012, 945 (953 ff.); Armbrüster/Preuß/Renner/*Eickelberg* vor §§ 1 bis 34 Rn. 26; aA *Harborth/Lau* DNotZ 2002, 412 (428 ff.): Organisationsgewalt der Exekutive.

14 Armbrüster/Preuß/Renner/*Eickelberg* vor §§ 1 bis 34 Rn. 30.

15 BGH 24.11.2014 – NotSt (Brfg) 6/14, DNotZ 2015, 224 (225); Armbrüster/Preuß/Renner/*Eickelberg* vor §§ 1 bis 34 Rn. 47.

16 BVerfG 19.6.2012 – 1 BvR 3017/19, DNotZ 2012, 945 (953 ff.); s. auch BGH 24.11.2014 – NotSt (Brfg) 6/14, DNotZ 2015, 224 (225).

17 BVerfG 19.6.2012 – 1 BvR 3017/19, DNotZ 2012, 945 (949).

18 Vgl. hierzu insgesamt Armbrüster/Preuß/Renner/*Eickelberg* vor §§ 1 bis 34 Rn. 47 f.; Frenz/Miermeister/*Miermeister* Einleitung, Rn. 3.

19 BGH 5.5.1980 – NotZ 9/79, NJW 1981, 2466 (2467).

14 Die DONot ist **einer konkreten Normenkontrolle nicht zugänglich**; vielmehr kann die DONot lediglich inzident überprüft werden, indem eine auf die DONot gestützte Einzelmaßnahme angegriffen wird.[20]

15 **Normhierarchisch** gehen der DONot alle Normen von Gesetzesrang vor (so etwa BNotO und BeurkG), ebenso Verordnungen (so etwa die NotAktVV) und Satzungen (so etwa die Richtlinien der Notarkammern).[21] Mit den sonstigen Allgemeinen Verwaltungsvorschriften der Länder über Angelegenheiten der Notare (meist AVNot bzw. NotBek genannt) steht die DONot auf einer Stufe. Inhaltliche Überschneidungen dieser Regelwerke dürften ausgeschlossen sein.

IV. Verstoßfolgen

16 Verstöße gegen die DONot haben **keine Auswirkung auf die Wirksamkeit der Urkunde**; allenfalls deren Beweiskraft kann ggf. beeinträchtigt werden.[22] Daher ist die vom BeurkG bekannte Unterscheidung zwischen Muss- und Soll-Vorschriften auf die DONot nicht übertragbar.[23]

17 Ein **Verstoß durch den Notar** gegen die DONot hat primär dienstrechtliche Folgen und kann durch die Aufsichtsbehörde sanktioniert werden. Dritte (insbesondere Urkundsbeteiligte) können hingegen die Einhaltung der DONot nicht im Wege des Primärrechtsschutzes erzwingen, sondern allenfalls im Wege der Aufsichtsbeschwerde vorgehen.[24] Ob die Verletzung „drittschützender" Normen der DONot zu Sekundäransprüchen Dritter führen kann, ist strittig.[25] Soweit ersichtlich ist über diese Frage noch nicht gerichtlich entschieden worden, was für die Disziplin der Notare bei der Befolgung der DONot spricht. Zum anderen ist diese Frage ohnehin unbedeutsam, weil mit einem Verstoß gegen die DONot, der durch Dritte gerügt wird, in der Regel auch ein Verstoß gegen eine gesetzliche Vorschrift einhergeht.[26] Schließlich sind bei einem Verstoß des Notars gegen die DONot auch Schadenersatzansprüche gegen die Aufsichtsbehörde denkbar, wenn diese in einem gravierenden Fall untätig bleibt.[27]

18 **Verstöße der Aufsichtsbehörde** gegen die DONot können von Notaren nach den allgemeinen Grundsätzen, die im Rahmen allgemeiner Verwaltungsvorschriften gelten, angegriffen werden. Dies bedeutet insbesondere, dass der Notar bei einer ohne sachlichen Grund erfolgten Abweichung der Aufsichtsbehörde von der DONot Aufsichtsbeschwerde erheben und Rechtsmittel einlegen kann.[28]

---

20 BGH 22.10.1979 – NotZ 4/79, NJW 1980, 1854 (1854 f.).

21 Armbrüster/Preuß/Renner/*Eickelberg* vor §§ 1 bis 34 Rn. 26 ff.

22 Letzteres ist allerdings str. Dafür: Weingärtner/*Weingärtner* Einleitung Rn. 8; OLG Schleswig 1.9.1972 – 2 W 68/70, DNotZ 1972, 556; dagegen: Armbrüster/Preuß/Renner/*Eickelberg* vor §§ 1 bis 34 Rn. 46; Frenz/Miermeister/*Miermeister* BNotO Einleitung, Rn. 5.

23 Weingärtner NotarR/*Weingärtner* Einleitung Rn. 7 f.; Armbrüster/Preuß/Renner/*Eickelberg* vor §§ 1 bis 34 Rn. 45.

24 Weingärtner NotarR/*Weingärtner* Einleitung Rn. 11; Frenz/Miermeister/*Miermeister* Einleitung, Rn. 7.

25 Dafür: Weingärtner NotarR/*Weingärtner* Einleitung Rn. 12; dagegen: Armbrüster/Preuß/Renner/*Eickelberg* vor §§ 1 bis 34 Rn. 48; BeckOK BNotO/*Bracker* Einleitung Rn. 12.

26 Ebenso ausdrücklich Frenz/Miermeister/*Miermeister* Einleitung Rn. 8.

27 Vgl. dazu etwa BGH 18.12.2014 – III ZR 125/14, BeckRS 2015, 1685, Rn. 8; BGH 15.5.1997 – III ZR 204/96, DNotZ 1999, 334 (337); BGH 14.11.1963 – III ZR 113/62, DNotZ 1964, 184.

28 Weingärtner NotarR/*Weingärtner* Einleitung Rn. 15.

Abschnitt 1 Amtsführung im Allgemeinen

§ 1 Amtliche Unterschrift

[1]Die Notarin oder der Notar hat die Unterschrift, die sie oder er bei Amtshandlungen anwendet, der Präsidentin oder dem Präsidenten des Landgerichts einzureichen. [2]Die Unterschrift kann in der Regel auf den Nachnamen beschränkt werden. [3]Bei der Unterschrift soll die Amtsbezeichnung angegeben werden.

I. Normzweck und Systematik

1 Die Unterschrift des Notars ist nach § 13 Abs. 3 S. 1 BeurkG Wirksamkeitsvoraussetzung der notariellen Urkunde. Ergänzend dazu trifft § 1 verfahrensmäßige Bestimmungen. Diese erstrecken sich jedoch – aufgrund des Wortlauts „bei Amtshandlungen anwendet" in S. 1 – nicht alleine auf die Unterschrift unter einer notariellen Urkunde im engeren Sinne, sondern auf alle Unterschriften, die der Notar im Rahmen seiner Amtstätigkeit leistet (so etwa auf Schriftverkehr mit den Beteiligten, Notarbescheinigungen oder Eigenurkunden).[1] § 1 wurde inhaltlich fast unverändert aus § 1 DONot aF entnommen und lediglich redaktionell angepasst.[2]

II. Einreichung der Unterschriftsprobe (S. 1)

2 Nach S. 1 ist dem Präsidenten des Landgerichts als Aufsichtsbehörde eine Probe derjenigen Unterschrift einzureichen, die der Notar bei Amtshandlungen anwendet. Hierbei handelt es sich um eine rein verfahrensrechtliche Vorschrift, so dass die Verwendung eines von der Unterschriftsprobe abweichenden Unterschriftszugs die materielle Wirksamkeit einer Urkunde nicht berührt.[3] Die Vorschrift ist von Bedeutung für die Ausstellung von Apostillen und von Zwischenbeglaubigungen im Rahmen des Legalisationsverfahrens, wofür die Zuständigkeit beim LG-Präsidenten als Aufsichtsbehörde liegt. Ferner ermöglicht sie die Beurteilung der Echtheit der Unterschrift des Notars.[4] Zurecht wird aber darauf hingewiesen, dass der Präsident des Landgerichts in der Regel nicht über graphologische Spezialkenntnisse verfügt; in Zweifelsfällen dürfte die Verifizierung der Unterschrift am einfachsten durch eine formlose Rückfrage beim betreffenden Notar zu bewerkstelligen sein.[5] Die Unterschriftsprobe ist aber auch vor diesem Hintergrund sinnvoll, weil sie zumindest Zweifel wecken kann.

3 Die Begründung zur DONot legt dar, dass auch ohne Anforderung der Aufsichtsbehörde eine neue Unterschriftsprobe einzureichen ist, wenn sich der bei den Amtshandlungen verwendete Schriftzug maßgeblich geändert hat.[6] Mithin besteht eine Pflicht zur Wiedereinreichung, obwohl der Wortlaut der DONot

1 Ebenso Armbrüster/Preuß/Renner/*Eickelberg* § 1 Rn. 7; BeckOK BNotO/*Bracker* § 1 Rn. 2. Für S. 3 ausdrücklich auch Begründung DONot 2022, 3.
2 Begründung DONot 2022, 3.
3 Armbrüster/Preuß/Renner/*Eickelberg* § 1 Rn. 3; Weingärtner NotarR/*Weingärtner* § 1 Rn. 7 mit Verweis auf BayObLG DNotZ 1956, 96.
4 Weingärtner NotarR/*Weingärtner* § 1 Rn. 6.
5 Frenz/Miermeister/*von Campe* BNotO§ 1 Rn. 3.
6 Begründung DONot 2022, 3.

dies nicht zum Ausdruck bringt.[7] Eine maßgebliche Änderung kann sich etwa im Fall von Handverletzungen oder auch bei deutlicher Veränderung des Schriftzugs über die Jahre hinweg ergeben,[8] erst recht bei Änderung des Namens.[9]

Die **Einreichung** selbst sollte – trotz der zunehmenden Digitalisierung des Notariats – weiterhin in Schriftform geschehen[10] und den Anforderungen des § 12 an die Herstellung von Urkunden entsprechen.[11] Sie ist unverzüglich nach Amtsantritt vorzunehmen.[12] Liegt dem LG-Präsidenten zum Zeitpunkt des Amtsantritts bereits eine – noch aktuelle – Schriftprobe vor (etwa auch aus der Zeit als Notariatsverwalter), ist die erneute Übersendung der Unterschriftsprobe entbehrlich.[13] 4

Über § 19 Abs. 1 gilt die Vorgabe der Unterschriftsprobe auch für **Notariatsverwalter und Notarvertreter.**[14] 5

III. Unterschrift (S. 2)

S. 2 stellt klar, dass in der Regel nur mit dem **Nachnamen** unterschrieben werden muss. Gegenüber der DONot aF wurde die Vorschrift redaktionell dahin gehend geändert, dass nun auf den Nachnamen und nicht auf den Vornamen Bezug genommen wird; eine inhaltliche Änderung ist damit nicht verbunden.[15] Ein Vorname muss aber hinzugefügt werden, wenn dies aus Gründen der Individualisierung nötig ist. Dies betrifft etwa Sozietäten mit Amtsträgern gleichen Namens oder besonders kurze Nachnamen.[16] Wegen weiterer Einzelheiten zur Unterschrift des Notars → BeurkG § 13 Rn. 28 ff. 6

IV. Amtsbezeichnung (S. 3)

Nach S. 3 soll der Notar seine **Amtsbezeichnung** hinzufügen. S. 3 wiederholt damit § 13 Abs. 3 S. 2 BeurkG, bezieht die Regelung aber auf Unterschriften bei allen Amtshandlungen und nicht nur unter einer notariellen Urkunde im engeren Sinne.[17] Dies dient etwa bei Anwaltsnotaren dazu, ein Tätigwerden als Notar vom Tätigwerden als Rechtsanwalt abzugrenzen. Die Amtsbezeichnung braucht ferner nicht handschriftlich angefügt zu werden. 7

7 In der Entwurfsfassung von 1999 zur Reform von 2000/2001 war eine derartige Bestimmung wohl noch vorgesehen, vgl. dazu Armbrüster/Preuß/Renner/*Eickelberg* § 1 Rn. 3; Frenz/Miermeister/*von Campe* BNotO § 1 Rn. 4 (dort Fn. 2).
8 Diese Frage dürfte nunmehr geklärt sein. Noch zu § 1 DONot aF: Armbrüster/Preuß/Renner/*Eickelberg* § 1 Rn. 3; Weingärtner/*Weingärtner* § 1 Rn. 7; BeckOK BeurkG/*Schmitz* § 1 Rn. 5.
9 Armbrüster/Preuß/Renner/*Eickelberg* § 1 Rn. 3.
10 Ebenso BeckOK BeurkG/*Schmitz* § 1 Rn. 4.
11 Weingärtner NotarR/*Weingärtner* § 1 Rn. 12 (noch mit Verweis auf § 29 DONot aF).
12 Frenz/Miermeister/*von Campe* § 1 Rn. 4; Weingärtner NotarR/*Weingärtner* § 1 Rn. 6.
13 Ebenso BeckOK BeurkG/*Schmitz* § 1 Rn. 6.
14 S. näher hierzu BeckOK BeurkG/*Schmitz* § 1 Rn. 6.
15 Begründung DONot 2022, 3.
16 Begründung DONot 2022, 3; Armbrüster/Preuß/Renner/*Eickelberg* § 1 Rn. 6.
17 Begründung DONot 2022, 3.

§ 2 Amtssiegel

(1) [1]Die Notarin oder der Notar führt ein Amtssiegel als Farbdrucksiegel und als Prägesiegel in Form der Siegelpresse oder des Petschafts für Lacksiegel nach den jeweiligen landesrechtlichen Vorschriften. [2]Die Umschrift enthält den Namen der Notarin oder des Notars nebst den Worten „Notarin in ... (Ort)“ oder „Notar in ... (Ort)“. [3]Bestehen der Name, die Amtsbezeichnung und die Ortsangabe zusammen aus mehr als 30 Schreibstellen einschließlich der Leerzeichen, können unwesentliche Bestandteile weggelassen werden.

(2) Ein Abdruck eines jeden Siegels ist der Präsidentin oder dem Präsidenten des Landgerichts einzureichen.

(3) Die Notarin oder der Notar hat dafür zu sorgen, dass die Amtssiegel nicht missbraucht werden können.

I. Regelungszweck und Systematik

1 § 2 trifft nähere Bestimmungen zum Amtssiegel, in Abs. 1 zu dessen Ausgestaltung und Inhalt, in Abs. 2 zur Siegelprobe und in Abs. 3 zu Sorgfaltspflichten.

II. Ausgestaltung und Inhalt des Siegels (Abs. 1)

2 Notare führen als Zeichen ihrer **hoheitlichen Tätigkeit** ein Siegel (→ BNotO § 2 Rn. 3). Das Siegel ist notwendige Voraussetzung für die Echtheitsvermutung des § 437 ZPO, der die **Beweiswirkungen** der §§ 415, 417, 418 ZPO nach sich zieht;[1] darüber hinaus ist es im Fall von Vermerkurkunden nach § 39 BeurkG sogar absolute **Wirksamkeitsvoraussetzung** für die öffentliche Urkunde. Notarvertreter führen das Amtssiegel des vertretenen Notars, § 41 Abs. 1 S. 2 BNotO, Notariatsverwalter führen ihr eigenes Amtssiegel, § 19 Abs. 1 iVm § 2 Abs. 1.

3 Abs. 1 S. 1 stellt klar, dass das Siegel sowohl als **Farbdrucksiegel** als auch als **Prägesiegel** vorgehalten werden muss. Das Farbdrucksiegel ist eine Art „Stempel“ und dient insbesondere für Urkunden und andere Unterlagen, die nur aus einer Seite bestehen und daher nicht mit der Schnur verbunden werden müssen. Das Prägesiegel hingegen ist insbesondere erforderlich, wenn das Dokument aus mehreren Seiten besteht, die mithilfe von Schnur und Siegel verbunden werden müssen. Dieses Siegel kann nach Abs. 1 S. 1 als Siegelpresse oder als Petschaft für Lacksiegel ausgestaltet sein. Beim Petschaft für Lacksiegel handelt es sich um eine mittlerweile veraltete Technik. Die meisten Notarbüros dürften stattdessen Prägesiegel verwenden, die das Siegel in eine Mehloblate eindrücken; dies ist auch für Testamentsumschläge nach § 34 Abs. 1 S. 1 BeurkG ausreichend.[2] Zu neueren Siegelungstechniken → § 14 Rn. 9.

4 Auch zusätzlich zu einem Prägesiegel kann ein Farbdrucksiegel beigedrückt werden (unter oder neben dem Farbdrucksiegel). Diese Vorgehensweise empfiehlt sich insbesondere im Rahmen des **Elektronischen Urkundenarchivs** (bzw. speziell der elektronischen Urkundensammlung): Sollen mehrseitige Urkunden mittels des automatischen Stapeleinzugs eingescannt werden (was empfehlens-

1 MüKoZPO/*Schreiber* § 415 Rn. 21; BeckOK BNotO/*Bracker* § 2 Rn. 2.
2 LG Berlin 15.11.1983 – 83 T 413/83, DNotZ 1984, 640; Begründung DONot 2022, 4.

wert ist), sollte vor dem Scanvorgang ein Farbdrucksiegel aufgebracht werden. Nach dem Einscannen kann die Urkunde dann mit Schnur und Prägesiegel für die papierförmige Urkundensammlung ausgefertigt werden. Das Prägesiegel dürfte hierbei nicht zu den Urkundsinhalten zählen, die inhaltlich und bildlich mit der elektronischen Fassung nach § 56 Abs. 1 S. 1 BeurkG übereinstimmen müssen.

Das Siegel enthält das jeweilige Landeswappen. Nähere Bestimmungen zur Ausgestaltung des Siegels trifft das **Landesrecht**. Das betrifft neben Fragen der Wappengestaltung auch Regularien zu Material und Farbe.[3] Ferner regelt das Landesrecht auch die Frage, ob ein Notar je Siegelart mehrere Siegel vorhalten darf; nach der DONot ist dies nicht unzulässig.[4] 5

Nach Abs. 1 S. 2 trägt das Siegel in der **Umschrift** Notarnamen und Amtssitz. Nach landesrechtlichen Vorschriften ist ggf. noch der Name des Landes hinzuzufügen.[5] 6

Der neu hinzugekommene S. 3 ermöglicht es, bei **besonders langen Umschriften** unwesentliche Bestandteile wegzulassen. Dies hat den technischen Grund, dass lange Umschriften die Herstellung des Siegels erschweren. Richtwert hierfür sind nach Abs. 1 S. 3 Umschriften, die mehr als 30 Schreibstellen haben. Unwesentliche Bestandteile, die weggelassen werden können, sind etwa weitere Vornamen, akademische Grade, Professorentitel oder Adelszusätze.[6] Die Vorschrift gilt über § 57 Abs. 1 BNotO auch für Notariatsverwalter. Die Regelung dürfte ferner auch auf die qualifizierte elektronische Signatur, den Urkundeneingang, das Elektronische Urkundenarchiv und das Notarverzeichnis Ausstrahlungswirkung haben.[7] 7

Das Siegel ist vom Notar immer dann **einzusetzen**, wenn dies gesetzlich vorgesehen ist, so etwa in §§ 34 Abs. 1 S 1, 39, 44, 45 Abs. 2 S. 2, 49 Abs. 2 S. 2 BeurkG, § 24 Abs. 3 S. 2 BNotO.[8] Darüber hinaus dürfte es nicht unzulässig sein, das Siegel zu verwenden, wenn im **Rahmen der Amtstätigkeit** gehandelt wird, ohne dass dies ausdrücklich gesetzlich vorgegeben ist.[9] Ein falscher Anschein über die Rechtsqualität des zugrundeliegenden Schriftstücks muss aber vermieden werden. Möglich dürfte die Verwendung des Siegels damit etwa bei Rangbescheinigungen sein, ebenso bei Fälligkeitsmitteilungen oder Grundbuchanträgen. Nicht zulässig ist es, das Siegel beim sonstigen Schriftverkehr immer beizudrücken. Ganz strikt zu trennen sind Tätigkeiten, die der Notar außerhalb seines notariellen Amtes ausführt, so etwa private Tätigkeiten oder – im Be- 8

3 Die landesrechtlichen Sonderbestimmungen zur DONot nF lagen zum Redaktionsschluss noch nicht vor; vgl. zur bisherigen Rechtslage Armbrüster/Preuß/Renner/*Eickelberg* § 2 Rn. 1 (dort Fn. 1); Frenz/Miermeister/*Blaeschke* § 2 Rn. 1.1 ff.

4 Begründung DONot 2022, 4 mit Hinweis auf § 6 AVWpG Bay. S. dazu näher Armbrüster/Preuß/Renner/*Eickelberg* § 2 Rn. 12; Frenz/Miermeister/*Blaeschke* § 2 Rn. 11. Vgl. auch § 16 AVNot Niedersachsen, wonach mehrfache Siegelführung einer Genehmigung bedarf.

5 So etwa in Bayern nach § 6 Abs. 1 S. 2 AVWpG Bay, wobei eine Genehmigung nach § 6 Abs. 3 AVWpG zum Weglassen erteilt wurde, s. dazu näher Armbrüster/Preuß/Renner/*Eickelberg* § 2 Rn. 1 (dort Fn. 1).

6 Begründung DONot 2022, 4.

7 Begründung DONot 2022, 4, mit Verweis auf § 2 Abs. 3 NotVPV und auf § 11 Nr. 2 NotAktVV.

8 Vgl. dazu näher Armbrüster/Preuß/Renner/*Eickelberg* § 2 Rn. 5; Weingärtner/*Weingärtner* § 2 Rn. 4 ff.

9 Ebenso Armbrüster/Preuß/Renner/*Eickelberg* § 2 Rn. 17; BeckOK BNotO/*Bracker* § 2 Rn. 6; Weingärtner/*Weingärtner* § 2 Rn. 7; strenger Frenz/Miermeister/*Blaeschke* § 2 Rn. 14.

reich des Anwaltsnotariats – die Tätigkeit als Rechtsanwalt. In diesen Fällen darf vom Siegel kein Gebrauch gemacht werden.

9 Ein höchstpersönliches Beidrücken des Siegels durch den Notar ist nicht erforderlich, vielmehr kann der Notar den Umgang mit dem Siegel grundsätzlich an zuverlässige Mitarbeiter delegieren.[10]

III. Siegelprobe (Abs. 2)

10 Als Korrelat zur Unterschriftsprobe nach § 1 S. 1 ist auch eine Siegelprobe beim Präsidenten des LG einzureichen. Dies ermöglicht eine Überprüfung der korrekten Siegelgestaltung und im Einzelfall ggf. auch eine Überprüfung der Echtheit.

IV. Sorgfaltspflichten (Abs. 3)

11 Weiter sind dem Notar nach Abs. 3 besondere **Sorgfaltspflichten** auferlegt, die verhindern sollen, dass Siegel missbraucht werden können. Der Notar muss insbesondere dafür Sorge tragen, dass das Siegel für Besucher der Notarstelle nicht frei zugänglich ist und außerhalb der Geschäftszeiten besonders sicher verwahrt wird. Ein tägliches „Wegsperren" der Siegel in einen Tresor dürfte nicht erforderlich sein, wenn die Räumlichkeiten entsprechend gesichert sind;[11] gleichwohl ist dies empfehlenswert. Außerdem sind organisatorische Vorkehrungen zu treffen, um eine Kompromittierung eines Siegels möglichst rasch zu erkennen, damit Gegenmaßnahmen ergriffen werden können. Bei Verlust, Fälschung oder Missbrauch des Siegels ist dies nach § 34 S. 1 Nr. 1 BNotO unverzüglich der Aufsichtsbehörde und der Notarkammer zu melden. Die Aufsichtsbehörde kann das Siegel dann für kraftlos erklären, die Notarkammer kann in einem Rundschreiben darüber informieren.[12] Ersatzsiegel können in diesem Fall je nach Landesrecht mit einer zusätzlichen Kennung versehen werden, um eine Verwechslung auszuschließen.[13] Bei Amtserlöschen oder Verlegung des Amtssitzes ist das Siegel dem Präsidenten des Landgerichts (und nicht mehr – wie nach § 51 Abs. 2 BNotO aF – dem Präsidenten des Amtsgerichts) zur Vernichtung zu übergeben, § 51a Abs. 1 S. 2 iVm § 51 Abs. 2 BNotO. Bei vorläufiger Amtsenthebung ist das Siegel an die Notarkammer zu übergeben, § 55 Abs. 1 S. 2, Abs. 2 S. 1 BNotO.

§ 3 Amtsschild, Namensschild

(1) [1]Die Notarin oder der Notar ist berechtigt, am Eingang zu der Geschäftsstelle und an dem Gebäude, in dem sich die Geschäftsstelle befindet, ein Amtsschild oder, sofern es die besonderen örtlichen Verhältnisse gebieten, Amtsschilder anzubringen. [2]Amtsschilder enthalten das Landeswappen und die Amtsbezeichnung „Notarin" oder „Notar". [3]Bei einer Verbindung zur gemeinsamen Berufsausübung können je nach Art der Verbindung die Amtsbezeichnungen im Plural geführt oder beide Amtsbezeichnungen aufgenommen werden.

---

10 Armbrüster/Preuß/Renner/*Eickelberg* § 2 Rn. 18; Frenz/Miermeister/*Blaeschke* § 2 Rn. 14; Weingärtner/*Weingärtner* § 2 Rn. 15; aA RG, RGZ 81, 130.

11 Armbrüster/Preuß/Renner/*Eickelberg* § 2 Rn. 18; Frenz/Miermeister/*Blaeschke* § 2 Rn. 14.

12 Frenz/Miermeister/*Blaeschke* § 2 Rn. 15; Armbrüster/Preuß/Renner/*Eickelberg* § 2 Rn. 19.

13 Frenz/Miermeister/*Blaeschke* § 2 Rn. 15 mit Verweis auf Abschnitt II 1. der Ergänzenden Bestimmungen zur DONot in Schleswig-Holstein, SchlHA 2001, 86 (93).

(2) [1]Die Notarin oder der Notar kann auch Namensschilder anbringen. [2]Ist kein Amtsschild angebracht, so muss durch ein Namensschild auf die Geschäftsstelle hingewiesen werden. [3]Auf dem Namensschild an der Geschäftsstelle kann das Landeswappen geführt werden, wenn der Bezug zu dem Notaramt und zu der dieses Amt ausübenden Person auch bei mehreren Berufsangaben deutlich wird.

I. Normzweck und Systematik

§ 3 trifft Bestimmungen zu **Amts-** und **Namensschildern**. Die Vorschrift ist werberechtlich geprägt und ergänzt auf Ebene der DONot die gesetzliche Grundnorm des § 29 BNotO. Teilweise sind in den Richtlinien einzelner Notarkammern weitere Regelungen zu Amts- oder Namensschildern enthalten.[1] Schließlich haben mehrere Länder nähere Ausführungsbestimmungen zur Größe und Gestaltung des Amtsschilds getroffen.[2] 1

II. Amtsschilder (Abs. 1)

Abs. 1 betrifft Amtsschilder. Amtsschilder sind nach S. 2 nur diejenigen Schilder, die das **Landeswappen** und die **Amtsbezeichnung**, jedoch keine Namen enthalten. Die Vorschrift ist Ausprägung des in § 29 Abs. 1 BNotO verkörperten Gebotes, jedes gewerbliche Verhalten und insbesondere auch eine dem öffentlichen Amt widersprechende Werbung zu unterlassen.[3] Abs. 1 trifft einschränkende Bestimmungen über Amtsschilder, um ein reißerisch-reklamehaftes Werbeverhalten (vgl. dazu auch Ziff. VII.1.3. lit. b der Richtlinienempfehlungen der Bundesnotarkammer) zu verhindern, das im Fall der mit einem Wappen versehenen Amtsschilder in besonderer Weise im Widerspruch zum öffentlichen Amt stünde.[4] Denn das auf dem Amtsschild enthaltene Landeswappen ist Ausdruck der öffentlichen Amtsträgerschaft des Notars. Abs. 1 S. 1 ist gegenüber der DONot aF wesentlich detaillierter ausgestaltet und trifft insbesondere genauere Regelungen zur **Anzahl** und **Platzierung** der Amtsschilder. Damit werden bisher bestehende Zweifelsfragen beseitigt. Abs. 1 S. 1 Hs. 1 bringt durch die Verwendung des Singulars zum Ausdruck, dass regelmäßig nur ein Amtsschild am Eingang zur Geschäftsstelle und zusätzlich ein Amtsschild am Gebäude anzubringen ist. Dies soll eine zu aufdringliche Präsenz der Amtsschilder verhindern. In aller Regel wird nach diesen Grundsätzen ein Amtsschild neben der Eingangstür zum Gebäude und – bei Gebäuden mit mehreren durch einen Außeneingang zu betretenden abgeschlossenen Einheiten – ein Amtsschild neben der Eingangstür in die notarielle Geschäftsstelle platziert. Abs. 1 S. 1 Hs. 2 ermöglicht aber die Verwendung einer darüber hinausgehenden Anzahl von Amtsschildern, sofern es die besonderen örtlichen Verhältnisse gebieten. Zu denken ist hier etwa an eine besonders gelagerte örtliche Situation mit zwei Eingängen zum Gebäude oder zur Geschäftsstelle.[5] Diese vom Einzelfall abhängige Frage ist jedoch immer an den Grundsätzen des § 29 BNotO und der Richtlinien der Notarkammer zum Auftritt des Notars in Öffentlichkeit und Werbung zu messen. Schließlich kommt in Abs. 1 S. 1 zum Ausdruck, dass Amtsschilder nur an der 2

1 Vgl. dazu etwa Ziff. VII.5.1, 5.2 und 5.3 der Rheinischen Notarkammer (zukünftig Ziff. VII.7.1, 7.2 und 7.3).
2 Vgl. dazu näher BeckOK BNotO/*Bracker* § 3 Rn. 1.1 ff.
3 Begründung DONot 2022, 5.
4 Vgl. dazu auch BGH 16.7.2001 – NotZ 12/01, DNotZ 2002, 232 (234 f.).
5 Begründung DONot 2022, 5; vgl. dazu näher BeckOK BNotO/*Bracker* § 3 Rn. 2. Ausführlich zu unterschiedlichen Einzelfällen BeckOK BeurkG/*Schmitz* § 3 Rn. 3.

Geschäftsstelle iSd § 10 Abs. 2 BNotO angebracht werden dürfen. Dies erstreckt sich auch auf die weitere Geschäftsstelle nach § 10 Abs. 4 S. 1 BNotO und auf den auswärtigen Sprechtag nach § 10 Abs. 4 S. 2 BNotO.[6] Die Verwendung von Amtsschildern an anderen Kanzleistandorten bei Anwaltsnotaren ist jedoch ausgeschlossen. Abs. 1 S. 2 und 3 treffen schließlich Bestimmungen zur auf dem Amtsschild anzubringenden **Amtsbezeichnung**. Abs. 1 S. 2 legt hierbei zunächst die Selbstverständlichkeit dar, dass weibliche Amtsträger die Amtsbezeichnung „Notarin" führen können. Abs. 1 S. 3 schließlich lässt – anders als die DONot aF – bei einer Sozietät nun die Führung der Amtsbezeichnungen im **Plural** ausdrücklich zu und beendet dadurch eine hierzu geführte Diskussion.[7] Damit ermöglicht die DONot **unterschiedliche Kombinationen** der Amtsbezeichnungen nach Geschlecht und Anzahl. So ist es etwa möglich, die Bezeichnung „Notare" zu wählen, ebenso die Bezeichnung „Notarinnen". Es ist auch denkbar, die Bezeichnungen „Notarinnen" und „Notare" neben- oder untereinander auf ein Amtsschild zu setzen. Ebenso kann die Kombination aus einem Singular und einem Plural gewählt werden, etwa „Notarin" und „Notare" oder „Notarinnen" und „Notar". Die Formulierung in Abs. 1 S. 3 am Ende, dass beide Amtsbezeichnungen aufgenommen werden können, dürfte darauf hindeuten, dass geschlechtsneutrale Pluralformen wie „NotarInnen", „Notar:innen" oÄ nicht vorgesehen sind.[8]

III. Namensschilder (Abs. 2)

3 In Abs. 2 werden Namensschilder thematisiert. Dabei handelt es sich um Schilder, die **auch mit dem Namen des Amtsträgers versehen** sind. Zulässig ist die Führung nur des Nachnamens oder auch einer Kombination von Vor- und Nachnamen einschließlich akademischer Grade, des Ehrentitels Justizrat und des Professorentitels, schließlich bei Anwaltsnotaren auch die neben dem Notarberuf ausgeübten Berufe wie Rechtsanwalt, Steuerberater oder Wirtschaftsprüfer.[9] In der Gestaltung von Namensschildern ist der **Notar freier als bei Amtsschildern**. So können im Bereich des Anwaltsnotariats die Namen aller (auch nichtnotariellen) Sozien einer Rechtsanwaltssozietät aufgeführt werden, deren Mitglied der entsprechende Notar ist.

4 Abs. 2 S. 2 stellt klar, dass durch ein Namensschild auf die Geschäftsstelle hingewiesen werden muss, wenn nicht schon ein Amtsschild vorhanden ist. Diese Vorschrift stellt sicher, dass die **Öffentlichkeit über das Vorhandensein einer notariellen Geschäftsstelle informiert ist**.[10] Dies verstärkt den nach § 15 BNotO bestehenden Urkundsgewährungsanspruch und ergänzt § 10 Abs. 3 BNotO, wonach die Geschäftsstelle während der üblichen Geschäftsstunden offenzuhalten ist. Eine Beurkundung im Verborgenen nur für Stammklienten ist nicht erlaubt.[11]

6 BeckOK BNotO/*Bracker* § 3 Rn. 2; BeckOK BeurkG/*Schmitz* § 3 Rn. 4; Armbrüster/Preuß/Renner/*Eickelberg* § 3 Rn. 16.

7 S. dazu etwa Armbrüster/Preuß/Renner/*Eickelberg* § 2 Rn. 13.

8 Ähnlich zur DONot aF BeckOK BeurkG/*Schmitz* § 3 Rn. 7.

9 BeckOK BeurkG/*Schmitz* § 3 Rn. 12 f.; Frenz/Miermeister/*von Campe* § 3 Rn. 9.

10 Ähnlich auch BeckOK BNotO/*Bracker* § 3 Rn. 3. BeckOK BeurkG/*Schmitz* § 3 Rn. 1 weist richtigerweise darauf hin, dass die Bedeutung von Amts- und Namensschildern zur Information in Zeiten des Internet abgenommen hat; gleichwohl sind derartige Schilder zumindest zum konkreten Auffinden des Eingangs weiterhin sinnvoll und nützlich.

11 BeckOK BeurkG/*Schmitz* § 3 Rn. 2; Frenz/Miermeister/*von Campe* § 3 Rn. 1.

Abs. 2 S. 3 trifft nähere Bestimmungen über die Führung des **Landeswappens** auf dem Namensschild. Zum einen darf das Landeswappen nur an der **Geschäftsstelle** iSd § 10 Abs. 2 BNotO geführt werden. Dies stellt die DONot nunmehr ausdrücklich heraus. Denn § 29 Abs. 4 BNotO ist einschränkend dahin gehend auszulegen, dass er sich nur auf Namensschilder mit Landeswappen bezieht.[12] Anwaltsnotare dürfen daher an von der Geschäftsstelle abweichenden Kanzleistandorten zwar ein Namensschild führen, jedoch nur ohne Landeswappen (und unter Angabe ihres Amtssitzes nach § 29 Abs. 3 S. 1 und 2 BNotO). Zum anderen ist erforderlich, dass der **Bezug zum Notaramt und zum Amtsträger** immer deutlich wird. Dies ist insbesondere im Bereich des Anwaltsnotariats von Belang: Handelt es sich um eine Sozietät aus (Anwalts-)Notaren und (Nur-)Rechtsanwälten, muss das Landeswappen optisch deutlich dem Notar oder den Notaren zugeordnet sein. Hinzu kommt, dass bei mehreren Berufsangaben (zB Rechtsanwalt, Steuerberater, Wirtschaftsprüfer) das Landeswappen auch in optischer Nähe zur Amtsbezeichnung des Notars platziert sein muss. Bestimmungen zur **Anzahl** der Namensschilder werden anders als in Abs. 1 zu den Amtsschildern nicht getroffen.[13] Hier gelten jedoch die in § 29 BNotO verkörperten allgemeinen Grundsätze des notariellen Werberechts.[14] Insoweit dürften die in Abs. 1 ausdrücklich niedergelegten Grundsätze auch eine gewisse Ausstrahlungswirkung auf Namensschilder haben, wenngleich hier freiere Gestaltungsmöglichkeiten bestehen.[15] 5

Die Anbringung **weiterer Schilder** mit zusätzlichen Informationen, etwa Öffnungszeiten, Telefonnummer, Internetadresse, ist zulässig.[16] Diese sonstigen Schilder dürfen aber – im Gegenschluss zu § 29 Abs. 4 BNotO und zu § 3 DONot – nicht mit einem Landeswappen versehen sein. Auch im Übrigen müssen sie den Grundsätzen des notariellen Werberechts nach § 29 BNotO genügen. Denkbar ist es aber, diese weiteren Angaben auf dem Namensschild unterzubringen.[17] 6

§ 19 Abs. 1 nimmt **Notariatsverwalter** (und Notarvertreter) vom Anwendungsbereich des § 3 ausdrücklich aus. In der Regel können Notariatsverwalter jedoch Amts- und Namensschilder ihrer Vorgänger weiterführen.[18] 7

§ 4 Verpflichtung der Beschäftigten sowie der Dienstleisterinnen und Dienstleister

Die Verpflichtung nach den §§ 26 oder 26a BNotO hat auch zu erfolgen, wenn zwischen denselben Personen bereits früher ein Beschäftigungs- oder ein sonstiges Vertragsverhältnis bestanden hat oder Beschäftigte oder Dienstleisterinnen oder Dienstleister einer anderen Notarin oder eines anderen Notars übernommen worden sind.

12 Vgl. dazu BT-Drs. 431/16, 265; Begründung DONot 2022, 5.
13 BeckOK BeurkG/*Schmitz* § 3 Rn. 10.
14 BeckOK BeurkG/*Schmitz* § 3 Rn. 11.
15 Vgl. dazu etwa BGH Beschl. v. 16.7.2001 – NotZ 12/01, DNotZ 2002, 232 (234 f.).
16 BeckOK BeurkG/*Schmitz* § 3 Rn. 16.
17 Frenz/Miermeister/*von Campe* § 3 Rn. 11.
18 Vgl. zu Fragen des Amtsübergangs genauer Armbrüster/Preuß/Renner/*Eickelberg* § 3 Rn. 10.

1 § 4 ergänzt die Bestimmungen in §§ 26, 26a BNotO zur Verpflichtung von Angestellten und Dienstleistern zur Verschwiegenheit. Die Vorschrift wurde an die 2017 erfolgte Einfügung des § 26a BNotO angepasst und im Übrigen redaktionell neu gefasst. Regelungsgehalt des § 4 ist, dass die entsprechende Verpflichtung auch bei früheren Mitarbeitern oder Dienstleistern zu wiederholen ist, wenn das Vertragsverhältnis nach einer Unterbrechung erneuert wurde oder wenn die Beschäftigten oder Dienstleister von einem anderen Notar übernommen wurden. Im Übrigen → BNotO § 26 Rn. 1 ff., → BNotO § 26a Rn. 1 ff.

§ 5 Bezeichnung der Beteiligten bei der Beurkundung

(1) [1]Bei der Bezeichnung natürlicher Personen sind der Vorname oder die Vornamen, der Familienname, das Geburtsdatum, der Wohnort und die Anschrift anzugeben. [2]Weicht der zur Zeit der Beurkundung geführte Familienname von dem Geburtsnamen ab, ist auch der Geburtsname anzugeben. Von der Angabe der Anschrift ist abzusehen, wenn dies in besonders gelagerten Ausnahmefällen zum Schutz gefährdeter Beteiligter oder ihrer Haushaltsangehörigen erforderlich ist. [3]In Vertretungsfällen kann anstelle des Wohnortes und der Anschrift angegeben werden:

1. **bei Vertreterinnen und Vertretern von juristischen Personen des öffentlichen und des Privatrechts die Dienst- oder Geschäftsanschrift der vertretenen Person;**
2. **bei Mitarbeiterinnen und Mitarbeitern der Notarin oder des Notars die Anschrift der Geschäftsstelle der Notarin oder des Notars.**

(2) [1]Bei der Bezeichnung Beteiligter, die keine natürlichen Personen sind, sind der Name oder die Firma, die Rechtsform, eine Dienst- oder Geschäftsanschrift und gegebenenfalls ein davon abweichender Sitz anzugeben. [2]Sind Beteiligte in einem Register eingetragen, sind auch die registerführende Stelle und die Registernummer aufzunehmen.

I. Normzweck und Systematik

1 § 5 trifft nähere Bestimmungen zur Bezeichnung der Beteiligten. Die Vorschrift weist viele Berührungspunkte mit § 12 NotAktVV auf: Während § 5 die Bezeichnung der Beteiligten in der Urkunde betrifft, regelt § 12 NotAktVV die Bezeichnung der Beteiligten im Urkundenverzeichnis. Was die jeweiligen Bezeichnungsparameter betrifft, laufen § 5 und § 12 NotAktVV weitgehend gleich; lediglich das Verhältnis zwischen obligatorischen und fakultativen Angaben ist in Teilen unterschiedlich ausgemessen. Freilich steht § 5 in einem gewissen Spannungsfeld zur normhierarchisch vorrangigen Vorgabe des § 10 Abs. 2 BeurkG, wonach in der Niederschrift die Person der Beteiligten so genau bezeichnet werden soll, dass Zweifel und Verwechslungen ausgeschlossen sind. § 10 Abs. 2 BeurkG stellt die genaue Bezeichnung der Beteiligten demnach in das Ermessen des Notars. § 5 kann vor diesem Hintergrund nur als Orientierungshilfe dienen.[1] Es ist dem Notar also unbenommen, weitere Merkmale aufzunehmen (wie etwa Verwandtschaftsverhältnisse, Staatsangehörigkeit oder Beruf[2]) oder auch Merkmale wegzulassen.

1 BeckOK BNotO/*Bracker* § 3 Rn. 5, Rn. 7.
2 Vgl. dazu Frenz/Miermeister/*Litzenburger* § 5 Rn. 9 f.

Abs. 1 bezieht sich auf die Bezeichnung **natürlicher Personen**, Abs. 2 auf Beteiligte, die **keine natürlichen Personen** sind. 2

Die Vorschrift ist an § 26 aF angelehnt. Allerdings erfasst § 5 nunmehr auch **(rein materiell) Urkundsbeteiligte**, was an Abs. 2 deutlich wird, weil es sich bei nicht natürlichen Personen in der Regel um nur materiell Beteiligte handelt.[3] Zudem wurde § 26 Abs. 1 aF nicht mehr aufgegriffen, weil ein über §§ 10, 40 Abs. 4 BeurkG hinausgehender Regelungsgehalt nicht ersichtlich ist.[4] 3

II. Natürliche Personen (Abs. 1)

Abs. 1 betrifft natürliche Personen. Diese können zum einen **formell Beteiligte** iSd § 6 Abs. 2 BNotO sein, also Beteiligte, die bei der Beurkundung persönlich handeln, unabhängig davon, für oder gegen wen die Erklärung gilt (→ NotAktVV § 12 Rn. 3). Zum anderen können natürliche Personen auch als **rein materiell Beteiligte** in Erscheinung treten; dies ist immer dann der Fall, wenn sie keine eigenen Erklärungen abgeben, sondern vertreten werden bzw. wenn die Erklärungen Anderer für und gegen sie wirken (→ NotAktVV § 12 Rn. 8 ff.). 4

Hinsichtlich der einzelnen **Bezeichnungsparameter** herrscht Gleichlauf zu § 12 NotAktVV (→ NotAktVV § 12 Rn. 6 f.). Ohnehin sind die meisten Merkmale aus sich heraus verständlich und bedürfen keiner weiteren Erläuterung. Die DONot hat die entsprechenden Begrifflichkeiten an § 12 NotAktVV angepasst, so wurde etwa der in § 26 Abs. 2 S. 1 aF verwendete Begriff der „Wohnung“ in die – genauere –„Anschrift“ überführt, wie sie auch in § 12 Abs. 3 Nr. 1 NotAktVV Verwendung findet. 5

Nach Abs. 1 S. 2 kann von der Angabe der Anschrift in **besonderen Gefahrensituationen** abgesehen werden. Dies betrifft etwa hinreichend konkrete Kriminalitäts- oder Terrorismusgefahren für Persönlichkeiten des öffentlichen Lebens, aber auch für sonstige Beteiligte, die sich in einer entsprechenden Sondersituation befinden.[5] Auch dies ist nur als Orientierungshilfe zu verstehen, so dass der Notar neben der Anschrift auch sonstige Angaben (wie etwa das Geburtsdatum) weglassen kann, wenn dadurch eine Gefährdung für Beteiligte verhindert werden kann. Auch insoweit gilt jedoch, dass die Beteiligten weiterhin nach § 10 Abs. 2 BeurkG hinreichend bestimmt bezeichnet werden müssen. Dies erfordert eine Abwägungsentscheidung im Einzelfall.[6] 6

III. Nichtnatürliche Personen (Abs. 2)

Abs. 2 betrifft die Bezeichnung von Beteiligten, die **keine natürlichen Personen** sind, also insbesondere **rechtsfähige Personengesellschaften** und **juristische Personen**. Die Vorschrift nimmt mit dieser Formulierung Anlehnung an § 12 Abs. 2 S. 4 NotAktVV (→ NotAktVV § 12 Rn. 6). Bei diesen Beteiligten handelt es sich – außer im Fall der Untervertretung – in der Regel um (rein) **materiell Beteiligte**, weil sie nicht handlungsfähig sind, sondern sich vertreten lassen müssen (→ NotAktVV § 12 Rn. 3, Rn. 8 ff.). Abs. 2 ist neu und war in § 26 aF nicht enthalten. Die Vorschrift ist aber sehr sinnvoll, weil auch (rein) materiell Beteiligte in der Urkunde bezeichnet werden müssen. Aus Abs. 2 ist auch abzuleiten, dass sich Abs. 1 – anders als § 26 Abs. 2 aF – sowohl auf formell als auch auf materiell Beteiligte bezieht.[7] 7

3 Außer im Fall der Untervertretung; vgl. dazu Begründung DONot 2022, 6.
4 Begründung DONot 2022, 7.
5 Frenz/Miermeister/*Litzenburger* § 5 Rn. 7.
6 S. dazu näher Armbrüster/Preuß/Renner/*Eickelberg* § 5 Rn. 35.
7 Begründung DONot 2022, 6.

§ 6 Einhaltung von Mitwirkungsverboten

(1) [1]Die Vorkehrungen zur Einhaltung der Mitwirkungsverbote nach § 3 Absatz 1 Satz 1 Nummer 7 und 8 erste Alternative, Absatz 2 BeurkG genügen § 28 BNotO und den Richtlinien für die Amtspflichten und sonstigen Pflichten der Notarkammer nach § 67 Absatz 2 Satz 3 Nummer 6 BNotO, wenn sie zumindest die Identität der Personen,

1. für welche die Notarin oder der Notar oder eine Person im Sinne des § 3 Absatz 1 Satz 1 Nummer 4 BeurkG außerhalb ihrer oder seiner Amtstätigkeit bereits tätig war oder ist und
2. welche die Notarin oder den Notar oder eine Person im Sinne des § 3 Absatz 1 Satz 1 Nummer 4 BeurkG bevollmächtigt haben,

zweifelsfrei erkennen lassen und den Gegenstand der Tätigkeit in ausreichend kennzeichnender Weise angeben. [2]Die Angaben müssen einen Abgleich mit dem Urkundenverzeichnis und der Übersicht nach § 17 Absatz 3 Satz 1 Nummer 2 im Hinblick auf die Einhaltung der Mitwirkungsverbote ermöglichen. [3]Soweit die Notarin oder der Notar Vorkehrungen, die diese Voraussetzungen erfüllen, zur Einhaltung anderer gesetzlicher Regelungen trifft, sind zusätzliche Vorkehrungen nicht erforderlich.

(2) [1]Die Vorkehrungen zur Einhaltung der in Absatz 1 Satz 1 genannten Mitwirkungsverbote genügen § 28 BNotO und den Richtlinien nach Absatz 1 Satz 1 auch, wenn

1. ein System zur Konflikterkennung es ermöglicht, vor Übernahme eines Amtsgeschäfts verlässlich festzustellen, ob
   a) die Notarin oder der Notar oder eine Person im Sinne des § 3 Absatz 1 Satz 1 Nummer 4 BeurkG
      aa) außerhalb ihrer oder seiner Amtstätigkeit bereits für Beteiligte tätig war oder ist oder
      bb) von Beteiligten bevollmächtigt wurde, sowie
   b) sich die Tätigkeit oder Bevollmächtigung auf dieselbe Angelegenheit bezog oder bezieht, und
2. das Ergebnis der Prüfungen in der zu dem Amtsgeschäft geführten Nebenakte festgehalten wird.

[2]Die Notarin oder der Notar hat durch eine Bescheinigung der Herstellerin oder des Herstellers des Systems zur Konflikterkennung zu belegen, dass das System zur Prüfung der in Satz 1 Nummer 1 genannten Voraussetzungen geeignet ist. [3]Bei einem Wechsel des Systems oder des Anbieters hat die Notarin oder der Notar die weitere Verwendbarkeit der vorhandenen Dokumente sicherzustellen. [4]Der Aufsichtsbehörde ist auf Anforderung im Einzelfall Einblick in die Gesamtheit der vom System zur Prüfung herangezogenen Informationen zu gewähren.

Literatur:

Amann, Beurkundungsgesetz, NJW 2003, 3329; *Heller/Vollrath*, „Vorbefassung" des hauptberuflichen Notars?, MittBayNot 1998, 322; *Maaß*, Berufsrechtsrichtlinien und DONot – ein neues Spannungsfeld?, ZNotP 2001, 330; *Maaß*, Nochmals: Berufsrichtlinien und DONot – ein neues Spannungsfeld?, ZNotP 2002, 217; *Maaß*, Erneut: Berufsrechtsrichtlinien der Notarkammern und DONot – (weiterhin) ein neues Spannungsfeld, ZNotP 2002, 335; *Mihm*, Die Mitwirkungsverbote gemäß § 3 BeurkG nach der Novellierung des notariellen Berufsrechts, DNotZ 1999, 8; *Wöstmann*, Die Führung eines Beteiligtenverzeichnisses oder einer sonstigen zweckentsprechenden Dokumentation, ZNotP 2002, 96.

I. Normzweck und Systematik

Nach § 28 BNotO hat der Notar durch geeignete Vorkehrungen u.a. die Einhaltung der Mitwirkungsverbote und der Pflichten nach dem Beurkundungsgesetz zur **Wahrung der Unabhängigkeit und Unparteilichkeit** sicherzustellen. § 6 konkretisiert – wie bereits zuvor § 15 aF – diese Vorschrift mit Blick auf die speziellen **Mitwirkungsverbote** des § 3 Abs. 1 S. 1 Nr. 7 BeurkG (Angelegenheit einer Person, für die der Notar oder sein Sozius außerhalb der Amtstätigkeit in derselben Angelegenheit bereits tätig war) und des § 3 Abs. 1 S. 1 Nr. 8 Alt. 1 BeurkG (Angelegenheit einer Person, die den Notar in derselben Angelegenheit bevollmächtigt hat) sowie auf das spezielle **Fragegebot** des § 3 Abs. 2 BeurkG (Angelegenheit mehrerer Personen und Tätigkeit des Notars als gesetzlicher Vertreter oder Bevollmächtigter in dieser Angelegenheit bzw. Tätigkeit des Notars als Bevollmächtigter für eine der beteiligten Personen in einer anderen Angelegenheit).[1] Diese Mitwirkungsverbote sind insbesondere im Bereich des Anwaltsnotariats von Bedeutung, weil der Notar dort auch in seiner Eigenschaft als Rechtsanwalt (und ggf. auch als Steuerberater oder Wirtschaftsprüfer) für Beteiligte tätig werden kann.[2] 1

§ 6 legt hierbei dar, welche Vorkehrungen aus Sicht der Aufsicht der Vorgabe des § 28 BNotO mit Blick auf diese Mitwirkungsverbote jedenfalls ausreichend sind. **Bezugspunkt** der Vorschrift sind lediglich die vorstehend genannten **speziellen Mitwirkungsverbote und Fragegebote** (die freilich in der Praxis zu den wichtigsten Mitwirkungsverboten und Fragegeboten zählen). Eine Orientierung an § 6 alleine stellt also noch nicht sicher, dass § 28 BNotO insgesamt erfüllt ist.[3] 2

Auch in den **Richtlinien der Notarkammern** ist bereits eine Konkretisierung der nach § 28 BNotO zu treffenden Vorkehrungen enthalten. Die Richtlinien sind als Satzungsrecht zwar normhierarchisch vorrangig (→ vor § 1 Rn. 15). In Anlehnung an Ziff. VI.1.2. der Richtlinienempfehlungen der BNotK sind diese jedoch sehr allgemein gehalten und sprechen nur davon, dass Beteiligtenverzeichnisse oder sonstige zweckentsprechende Dokumentationen zu führen sind, die eine Identifizierung der in Betracht kommenden Personen ermöglichen. Daneben gibt Ziff. VI.2. der Richtlinien dem Notar zusätzlich auf, seine Sozietätsverträge dahin gehend zu gestalten, dass dem Mitwirkungsverbot des § 3 Abs. 1 BeurkG nachgekommen werden kann. 3

Angesichts der fortschreitenden **Liberalisierung des rechtsanwaltlichen Berufs- und insbesondere Sozietätsrechts**[4] – selbst wenn die jüngste Reform an der Sozietätsfähigkeit des Anwaltsnotars nichts geändert hat, vgl. § 9 Abs. 2 BNotO in der ab 1.8.2022 geltenden Fassung – ist das Normenkonglomerat aus § 3 BeurkG, § 28 BNotO, Ziff. VI.1.2. der Richtlinien und § 6 von zunehmender Bedeutung. 4

---

1 Das Fragegebot des § 3 Abs. 2 Alt. 1 BeurkG hat aber neben § 3 Abs. 1 S. 1 Nr. 7 BeurkG keine eigenständige Bedeutung, vgl. BeckOGK BeurkG/*Gößl* BeurkG § 3 Rn. 88.

2 Vgl. dazu näher *Armbrüster/Greis* DNotZ 2016, 818 (826); *Mihm* DNotZ 1999, 8; nach BeckOK BNotO/*Bracker* DONot § 15 Rn. 87, *Heller/Vollrath* MittBayNot 1998, 322 (324 ff.) und *Winkler* MittBayNot 1999, 2 (6 f.) ist das Mitwirkungsverbot des § 3 Abs. 1 S. 1 Nr. 7 BeurkG sogar nur auf den Anwaltsnotar anwendbar.

3 Vgl. zu weiteren Vorkehrungen etwa Diehn/*Diehn* BNotO § 28 Rn. 2 ff.

4 Vgl. hierzu etwa das Gesetz zur Neuregelung des Berufsrechts der anwaltlichen und steuerberatenden Berufsausübungsgesellschaften sowie zur Änderung weiterer Vorschriften im Bereich der rechtsberatenden Berufe, BGBl. 2021 I 2363.

5 Vereinzelt sind grundsätzliche Bedenken hinsichtlich der **Verfassungsmäßigkeit** der Vorgängervorschrift des § 15 aF geäußert worden; so sei die Regelung durch die Richtlinien der Notarkammern abschließend, die Regelung in der DONot stelle einen ungerechtfertigten Eingriff in die Berufsfreiheit der Notare dar und die Anforderungen der DONot seien praktisch zu aufwändig und daher unverhältnismäßig.[5] Diese Bedenken dürften weitestgehend überholt sein. Nicht nur ist die überwiegende Literatur bereits bisher anderer Ansicht gewesen[6] bzw. hat ihre früher anderslautende Meinung mittlerweile korrigiert,[7] sondern auch die Landesjustizverwaltungen haben in der Begründung zur Neufassung der DONot nochmals bekräftigt, dass § 6 verfassungsgemäß sei.[8] Zwar spricht die bloße Mehrzahl von Literaturstellen per se noch nicht für die Richtigkeit der dort vertretenen Meinung, aber das dortige Vorbringen verfängt auch inhaltlich: Bei § 6 (bzw. bei § 15 aF) handelt es sich nur um eine Norm, die § 28 BNotO und Ziff. VI.1.2. der jeweiligen Richtlinie weiter ausgestaltet und konkretisiert. Nur dadurch, dass § 6 eine detailgenauere Konkretisierung hinsichtlich der Art des Kollisionsprüfungssystems vornimmt (etwa hinsichtlich des Gegenstands und der Möglichkeit zum Abgleich mit dem Urkundenverzeichnis), widerspricht § 6 der Regelung in den Richtlinien noch nicht. Zuzugeben ist lediglich, dass die Richtlinien in Ziff. VI.1.1. davon sprechen, dass die Überprüfung des Mitwirkungsverbots durch den Notar zumutbar sein soll, was in besonders gelagerten Einzelfällen Abweichungen von der Regelung des § 6 ermöglicht, etwa bei der Detailgenauigkeit der Dokumentation.[9] Hinzu kommt, dass § 6 schon von vornherein keinen Eingriff in die Berufsfreiheit der Notare darstellt, sondern lediglich Möglichkeiten in den Raum stellt, wie die Einhaltung der Vorgaben des § 28 BNotO bewerkstelligt werden kann.[10] Dies schließt nicht aus, dass dies auch auf andere Weise geschehen kann.

6 Die Neufassung der DONot ermöglicht in Abs. 2 nunmehr als ausdrückliche Alternative zu den Beteiligtenverzeichnissen auch die **Führung eines sonstigen – in der Regel elektronisch gestützten – Kollisionsprüfungssystems.**

II. Beteiligtenverzeichnis (Abs. 1)

7 Die in Abs. 1 geregelte Führung eines Beteiligtenverzeichnisses stellt die „klassische" Möglichkeit einer Vorkehrung zur Überprüfung der Mitwirkungsverbote bzw. Fragegebote nach § 28 BNotO, § 3 Abs. 1 S. 1 Nr. 7 und 8 Alt. 1, Abs. 2 BeurkG dar. Die Regelung wurde insoweit aus **§ 15 Abs. 1 aF** mit wenigen redaktionellen Änderungen in Abs. 1 **überführt.**

8 Angesprochen sind die oben näher erwähnten (→ Rn. 1) Mitwirkungsverbote bzw. Fragegebote des § 3 Abs. 1 S. 1 Nr. 7 und 8 Alt. 1, Abs. 2 BeurkG. Diesen Geboten bzw. Verboten ist im Wesentlichen das Tätigwerden oder die Bevollmächtigtenstellung des Notars außerhalb der Amtstätigkeit[11] gemein. **Inhalt** des Beteiligtenverzeichnisses ist daher zunächst die Identität der Personen, für die

5 *Maaß* ZNotP 2001, 330 ff.; *Maaß* ZNotP 2002, 217 ff.; *Maaß* ZNotP 2002, 335 ff.; Frenz/Miermeister/*Miermeister/de Buhr* § 15 Rn. 3 ff.
6 Armbrüster/Preuß/Renner/*Eickelberg* § 15 Rn. 10 ff.; *Wöstmann* ZNotP 2002, 96; BeckOK BeurkG/*Soester* § 15 Rn. 10; BeckOK BNotO/*Bracker* § 15 Rn. 5, Rn. 3 ff.
7 Arndt/Lerch/Sandkühler/*Sandkühler* BNotO § 28 Rn. 17.
8 Begründung DONot 2022, 7 f.
9 Ebenso Armbrüster/Preuß/Renner/*Eickelberg* § 15 Rn. 14.
10 Begründung DONot 2022, 7 f.
11 Auch die Bevollmächtigung nach § 3 Abs. 1 S. 1 Nr. 8 BeurkG meint eine Bevollmächtigung für das Tätigwerden außerhalb der Amtstätigkeit, vgl. Armbrüster/Preuß/Renner/*Armbrüster* BeurkG § 3 Rn. 100.

der Notar oder sein Sozius außerhalb der Amtstätigkeit in der Vergangenheit tätig war oder gegenwärtig tätig ist bzw. von denen er für ein Tätigwerden außerhalb der Amtstätigkeit bevollmächtigt wurde. Zusätzlich ist auch der Gegenstand der Tätigkeit ausreichend zu bezeichnen, um feststellen zu können, ob es sich um dieselbe oder um eine andere Angelegenheit handelt.

Gegenüber der Regelung in § 15 Abs. 1 in der bis 2021 geltenden Fassung wurden zwei **Präzisierungen** vorgenommen. Zum einen sind Nr. 1 und Nr. 2 nunmehr mit der Konjunktion „und" verbunden, um zum Ausdruck zu bringen, dass sowohl die Personen iSd Nr. 1 als auch die Personen iSd Nr. 2 in das Beteiligtenverzeichnis aufzunehmen sind. Schließlich wurde in Nr. 2 der Notar richtigerweise in den Akkusativ gesetzt, weil das Mitwirkungsverbot den Fall in Bezug nimmt, dass der Notar Bevollmächtigter ist.[12] 9

Das Beteiligtenverzeichnis muss nach Abs. 1 S. 2 einen **Abgleich mit dem Urkundenverzeichnis** und mit der **Beteiligtenübersicht** des Verwahrungsverzeichnisses ermöglichen. Es empfiehlt sich also, neben dem Namen der Beteiligten auch weitere Angaben aufzunehmen, die im Urkundenverzeichnis enthalten sind (etwa Geburtsdatum oder Anschrift), sofern diese Angaben im Rahmen der anwaltlichen Tätigkeit erfasst werden.[13] Bei der Angabe des Gegenstands genügt eine schlagwortartige Benennung, die allerdings eine gewisse Aussagekraft haben muss.[14] Insgesamt müssen die Angaben in den Beteiligtenverzeichnissen jedoch nicht aus sich heraus die endgültige Prüfung eines Mitwirkungsverbots ermöglichen. Vielmehr dienen sie als „Einstieg", um im Einzelfall Ausgangspunkt für eine weitergehende Prüfung sein zu können.[15] 10

Im Falle eines **Sozietätswechsels** gelten die folgenden Grundsätze:[16] Die frühere Sozietät wird mit dem Ausscheiden des Anwaltsnotars von einem Mitwirkungsverbot wegen eigener Vorbefassung frei. Die aufnehmende Sozietät wird von der früheren eigenen Vorbefassung des neuen Sozius hingegen betroffen. Mit Blick auf die Beteiligtenverzeichnisse bedeutet dies, dass der sozietätswechselnde Anwaltsnotar die Dokumentation über die eigene Vorbefassung in die neue Sozietät einzubringen und diese dort weiterzuführen hat. Die Vorbefassung ehemaliger Sozien ist davon nicht umfasst. Daher empfiehlt es sich, immer Beteiligtenverzeichnisse zu führen, die zwischen der eigenen Vorbefassung und der Vorbefassung eines Sozius unterscheiden. 11

In **zeitlicher Hinsicht**[17] besteht die Pflicht zur Führung der Beteiligtenverzeichnisse erst ab der Bestellung zum Notar, eine Rückdokumentation ist nicht erforderlich.[18] Die Beteiligtenverzeichnisse sind bis zum Ausscheiden aus dem Amt vorzuhalten.[19] Die Verzeichnisse sind hierbei aus datenschutzrechtlichen Gründen sensibel zu behandeln und nur für die konkrete Kollisionsprüfung einzusetzen. 12

Gerade in **großen Anwaltssozietäten**, an denen auch Anwaltsnotare beteiligt sind, nehmen die Beteiligtenverzeichnisse schnell ein großes Volumen an, weil die Beteiligten jedes anwaltlichen Mandats jedes Sozius samt Geschäftsgegen- 13

12 Begründung DONot 2022, 7.
13 Zur zurückhaltenden Auslegung dieser Vorschrift vgl. etwa BeckOK BeurkG/*Soester* § 15 Rn. 10; Armbrüster/Preuß/Renner/*Eickelberg* § 15 Rn. 28 f.
14 Vgl. dazu BeckOK BNotO/*Bracker* DONot § 15 Rn. 8 mit Verweis auf OLG Celle Nds.Rpfl. 2004, 213.
15 Plastisch Armbrüster/Preuß/Renner/*Eickelberg* § 15 Rn. 29: „Stoppschild".
16 Vgl. näher BNotK, Rundschreiben Nr. 22/2001.
17 Vgl. näher BNotK, Rundschreiben Nr. 22/2001.
18 Armbrüster/Preuß/Renner/*Eickelberg* § 15 Rn. 19.
19 BeckOK BNotO/*Bracker* § 15 Rn. 10.

stand aufzunehmen sind. Jedoch haben Sozietäten bereits aus Gründen des anwaltlichen Berufsrechts nach § 43a Abs. 4 BRAO, § 3 Abs. 2 BORA eine Interessenkollisionsprüfung durchzuführen, die ebenfalls sozietätsweit gilt und die beteiligten Personen sowie den Gegenstand der Tätigkeit in Bezug nimmt. Entsprechende Verzeichnisse werden also in Anwaltssozietäten ohnehin vorliegen; diese können nach Abs. 1 S. 3 auch als Beteiligtenverzeichnis iSd DONot genutzt werden.

III. Kollisionsprüfungssystem (Abs. 2)

14 Bereits § 15 Abs. 2 aF stellte klar, dass das Beteiligtenverzeichnis nicht auf Papier geführt werden muss. Eine elektronische Speicherung der Beteiligtendaten war daher bereits bisher möglich. Abs. 2 erweitert diese Möglichkeit und nimmt ausdrücklich Systeme in Bezug, die eine **automatisierte Kollisionsprüfung** vornehmen. Erfasst sind davon insbesondere elektronisch gestützte Systeme, wie sie mittlerweile in vielen Anwaltskanzleien für sog. conflict checks verwendet werden.[20] Abs. 2 S. 1 stellt ausdrücklich klar, dass auch das Vorhalten eines entsprechenden Kollisionsprüfungssystems den Anforderungen des § 28 BNotO und der Richtlinien genügt. Von einem Beteiligtenverzeichnis unterscheidet sich das System insofern, als es den Abgleich automatisiert durchführt, also aufgrund der Eingabe eines Beteiligtennamen direkt zu einem „Treffer" führt. Da in diesem Fall ein manueller Abgleich nicht nötig ist, wird diese Art des Konfliktprüfungssystems dem Grundsatz der Datensparsamkeit besonders gerecht. Daneben dürfte aber auch die nicht automatisierte Führung eines Beteiligtenverzeichnisses in elektronischer Form zulässig bleiben.

15 Ebenso wie das Beteiligtenverzeichnis muss auch das Kollisionsprüfungssystem den **Abgleich** in Bezug auf die betroffenen Beteiligten und die betroffene Angelegenheit ermöglichen. Abs. 2 S. 1 Nr. 1 lit. a aa und lit. a bb sind hierbei – anders als in Abs. 1 – wohl bewusst durch die Konjunktion „oder" verbunden, weil es genügt, wenn einer der beiden Fälle als „Treffer" angezeigt wird.

16 Anders als bei den Beteiligtenverzeichnissen nach Abs. 1 sieht Abs. 2 S. 1 Nr. 2 für den Fall der Nutzung eines Kollisionsprüfungssystems vor, dass das Ergebnis der Prüfung in der **Nebenakte dokumentiert** wird, und zwar sowohl in Bezug auf die Beteiligten als auch in Bezug auf die Angelegenheit. Dabei handelt es sich um ein Äquivalent zur Führung der Beteiligtenverzeichnisse.[21] Da die Kollisionsprüfung ohnehin durchgeführt werden muss, stellt die Dokumentation in der Nebenakte keinen unzumutbaren Mehraufwand dar.

17 Eine **hybride Führung** aus Beteiligtenverzeichnis und Kollisionsprüfung ist ebenfalls denkbar und möglich.[22] Dies betrifft etwa unterschiedliche Zeiträume der nichtamtlichen Tätigkeit (insbesondere bei Sozietätswechslern) oder auch einen Wechsel des Kollisionsprüfungssystems, bei dem nach Abs. 2 S. 3 die weitere Verwendbarkeit der vorhandenen Dokumente sicherzustellen ist. Dies kann auch dergestalt erfolgen, dass die ehemals in einem elektronischen Kollisionsprüfungssystem enthaltenen Daten in ein Beteiligtenverzeichnis nach Abs. 1 überführt werden.

18 Nach Abs. 2 S. 2 wird eine **Herstellerbescheinigung** (→ § 11 Rn. 1) darüber benötigt, dass das System zur Prüfung der genannten Voraussetzungen geeignet ist. Der Hersteller kann hierbei nur eine abstrakte Aussage über die Eignung treffen, weil die konkrete Einspeisung der Daten nicht durch den Softwareher-

20 Armbrüster/Preuß/Renner/*Eickelberg* § 15 Rn. 25.
21 Begründung DONot 2022, 8.
22 Begründung DONot 2022, 8.

steller, sondern durch das Anwalts- und Notarbüro erfolgt.[23] Umso wichtiger ist eine effektive Überprüfung auch der elektronischen Kollisionsprüfungssysteme durch die Aufsicht. In aller Regel dürfte dies durch eine stichprobenartige Überprüfung bereits hinreichend gewährleistet sein. Im Einzelfall ist der Aufsichtsbehörde nach Abs. 2 S. 4 aber auch Einsicht in die Gesamtheit der vom System zur Prüfung herangezogenen Informationen zu gewähren, was letztlich einer Einsicht in das klassische Beteiligtenverzeichnis nach Abs. 1 gleichkommt.

§ 7 Übersicht über Urkundsgeschäfte

(1) Die Notarin oder der Notar hat nach Abschluss eines jeden Kalenderjahres eine Übersicht über Urkundsgeschäfte nach dem Muster 1 aufzustellen und der Präsidentin oder dem Präsidenten des Landgerichts sowie der Notarkammer bis zum 31. Januar zu übermitteln (§ 16).

(2) Bei der Aufstellung der Übersicht ist zu beachten:

1. **Es sind alle in das Urkundenverzeichnis eingetragenen Beurkundungen und Beschlüsse sowie die Wechsel- und Scheckproteste aufzunehmen; jede Urkunde ist nur einmal zu zählen.**
2. **Unter Nummer 1 sind alle in das Urkundenverzeichnis eingetragenen Beurkundungen und Beschlüsse aufzunehmen.**
3. **Unter Nummer 1 Buchstabe a sind alle Beglaubigungen von Unterschriften oder Handzeichen aufzunehmen, wobei in Beglaubigungen mit Anfertigung eines Urkundenentwurfs und ohne Anfertigung eines Urkundenentwurfs aufzugliedern ist; Urkundenentwürfe sind nur dann aufzunehmen, wenn die Notarin oder der Notar Unterschriften oder Handzeichen darunter beglaubigt hat.**
4. **Unter Nummer 1 Buchstabe b sind alle Verfügungen von Todes wegen aufzunehmen.**
5. **Unter Nummer 1 Buchstabe c sind alle vom Gericht überwiesenen Vermittlungen von Auseinandersetzungen (förmliche Vermittlungsverfahren) und die in das Urkundenverzeichnis eingetragenen Beurkundungen und Beschlüsse nach dem Sachenrechtsbereinigungsgesetz (§ 7 Absatz 1 Nummer 5 NotAktVV) aufzunehmen.**
6. **Unter Nummer 1 Buchstabe d sind sonstige Beurkundungen und Beschlüsse aufzunehmen; hierunter fällt auch die Beurkundung eines Auseinandersetzungsvertrages, dem kein förmliches Verfahren vorausgegangen ist.**
7. **Unter Nummer 1 Buchstabe d Doppelbuchstabe aa sind alle in den sonstigen Beurkundungen und Beschlüssen enthaltenen Anträge auf Erteilung eines Erbscheins oder eines Europäischen Nachlasszeugnisses aufzunehmen.**
8. **Unter Nummer 1 Buchstabe d Doppelbuchstabe bb sind alle in den sonstigen Beurkundungen und Beschlüssen enthaltenen Auflassungserklärungen aufzunehmen, die in einer vom Rechtsgrund getrennten Urkunde beurkundet wurden.**
9. **Sofern die Landesjustizverwaltung dies entsprechend bekanntgemacht hat, sind unter Nummer 1 Buchstabe d in einem weiteren Doppelbuchstaben cc alle in den sonstigen Beurkundungen und Beschlüssen enthaltenen Bescheinigungen der Notarin oder des Notars aufzunehmen.**
10. **Unter Nummer 2 sind Wechsel- und Scheckproteste aufzunehmen.**

23 Begründung DONot 2022, 8 f.

(3) [1]Ist eine Notarin oder ein Notar im Laufe des Jahres ausgeschieden oder ist der Amtssitz verlegt worden, so ist die Übersicht der Geschäfte von der Stelle (Notariatsverwalterin oder Notariatsverwalter, Notarkammer, Notarin oder Notar) aufzustellen, welche die Akten und Verzeichnisse in Verwahrung genommen hat. [2]Für Notariatsverwalterinnen und Notariatsverwalter ist die Übersicht besonders aufzustellen; Satz 1 gilt entsprechend.

I. Normzweck und Systematik

1 Die bisher in § 24 aF geregelte **Übersicht über die Urkundsgeschäfte** ist nunmehr mit einigen wenigen inhaltlichen Änderungen in § 7 aufgegangen. Die Übersicht über Urkundsgeschäfte ermöglicht es der Aufsichtsbehörde, im Rahmen der Bedürfnisprüfung nach § 4 BNotO die Anzahl der auszuschreibenden Notarstellen zu ermitteln. Diese Prüfung alleine an der Anzahl der Urkundenverzeichnisnummern zu orientieren, wäre zu grobschlächtig. Die Übersicht über Urkundsgeschäfte schlüsselt daher statistisch nach einzelnen Urkundenarten bzw. Geschäftsgegenständen auf, um der Aufsichtsbehörde eine passgenauere Ermittlung des Bedürfnisses zur Errichtung einer Notarstelle anhand sog. bereinigter Urkundszahlen zu ermöglichen. Die Gewichtung der bereinigten Urkundszahlen ist hierbei von Land zu Land unterschiedlich. Darüber hinaus ermöglicht es die Übersicht über Urkundsgeschäfte der Aufsichtsbehörde auch, frühzeitig eventuelle Fehlentwicklungen an einer Notarstelle zu identifizieren.

2 Abs. 1 trifft **allgemeine Bestimmungen** zur Übersicht über Urkundsgeschäfte, Abs. 2 beschäftigt sich mit dem **Inhalt der Übersicht** und Abs. 3 regelt den Sonderfall des **unterjährigen Wechsels der Verwahrzuständigkeit**.

II. Allgemeine Bestimmungen (Abs. 1)

3 Die Übersicht über Urkundsgeschäfte ist im Grundsatz für den Zeitraum des Kalenderjahrs zu errichten (zu Ausnahmen → Abs. 3). Nach Abschluss des Kalenderjahrs ist die Übersicht **bis zum 31.1.** des darauffolgenden Jahres zu übermitteln. Darin liegt gegenüber der in § 24 aF geregelten Frist des 15.2. eine Fristverkürzung. Diese wird damit begründet, dass die LG-Präsidenten in manchen Ländern die Übersichten über Urkundsgeschäfte bis 1.3. an den OLG-Präsidenten weiterzugeben haben.[1] Da aus der Software des Elektronischen Urkundenarchivs ein Export jedoch ohne großen Aufwand möglich ist, dürfte diese Fristverkürzung zu keinen untragbaren Erschwernissen in der Praxis führen. Aufgrund der **Übergangsvorschrift** des § 20 Abs. 1 ist § 7 ohnehin erstmals auf Übersichten für das Kalenderjahr 2022 anzuwenden, so dass es für die Übersichten für 2021 noch bei der alten Frist des 15.2. bleibt.

4 Die Übersicht ist nach dem neuen **Muster 1** aufzustellen, wobei dieses nach § 16 Abs. 3 im Format verändert werden kann. Übermittlungsadressat ist neben dem **LG-Präsidenten** nunmehr ausdrücklich auch die **Notarkammer**. Die Übermittlung selbst richtet sich nach § 16.

1 Begründung DONot 2022, 9.

III. Inhalt der Übersicht (Abs. 2)

Der Inhalt der Übersicht ergibt sich aus dem Normtext von Abs. 2 in Zusammenschau mit dem Muster 1 überwiegend ohne weitere Erläuterung. Jedoch sind die folgenden Bemerkungen veranlasst: 5

- Nr. 1 lit. d des Musters beinhaltet als „**Auffangtatbestand**" alle sonstigen in das Urkundenverzeichnis einzutragenden Urkunden, die nicht in den vorstehenden Buchstaben enthalten sind. Muster 1 stellt in der Anmerkung zu ***) klar, dass hiervon auch Vollstreckbarerklärungen nach der ZPO umfasst sind, die in das Urkundenverzeichnis nach § 7 Abs. 1 Nr. 4 NotAktVV eingetragen werden. Diese Zusatzbemerkung wäre eigentlich nicht nötig (und taucht im Normtext selbst auch nicht auf), weil es sich auch hierbei um eine Beurkundung im weiteren Sinne handelt. An dieser Stelle wird aber nochmals das Grundprinzip der in die Übersicht aufzunehmenden Urkundsgeschäfte deutlich: Unter Nr. 1 ist ohne Ausnahme all dasjenige aufzunehmen, was in das Urkundenverzeichnis eingetragen wird; hinzu kommen nach Nr. 2 die Wechsel- und Scheckproteste.
- In Nr. 1 lit. d aa und lit. d bb des Musters sind auf Betreiben der Landesjustizverwaltungen **weitere besondere Kategorien** aufgenommen worden, die in der Übersicht über Urkundsgeschäfte niedergelegt werden, nämlich Anträge auf Erteilung eines Erbscheins bzw. Europäischen Nachlasszeugnisses (hierzu dürften auch Anträge auf ein Zeugnis nach § 36 GBO zählen) und in getrennter Urkunde beurkundete Auflassungserklärungen.
- Nr. 1 lit. d cc des Musters bezieht sich auf **Bescheinigungen** des Notars nach §§ 40 Abs. 2, 54 Abs. 1 S. 2 GmbHG und § 181 Abs. 1 S. 2 AktG. Hinsichtlich der Frage, ob diese Bescheinigungen separat in das Urkundenverzeichnis aufzunehmen sind, herrscht eine unterschiedliche Praxis in den Ländern. Die NotAktVV möchte diese unterschiedliche Praxis beibehalten.[2] Folgerichtig sind diese Bescheinigungen nur dann aufzunehmen, wenn die Landesjustizverwaltung das gesondert bestimmt. Die Software des Elektronischen Urkundenarchivs stellt hierfür eine optionale Funktion zur Verfügung.
- Bei Nr. 1 lit. d aa bis lit. d cc des Musters handelt es sich um **Geschäftsgegenstände** iSd § 13 NotAktVV und nicht um Urkundenarten iSd § 14 NotAktVV. Diese Kategorien fließen daher nicht unmittelbar in die Summe nach Nr. 1 ein, die Gesamtzahl der Urkunden mit diesen Geschäftsgegenständen stimmt also nicht mit der Gesamtzahl der sonstigen Beurkundungen und Beschlüsse überein, sondern bildet nur eine Teilmenge. Das wird dadurch verdeutlicht, dass diese Kategorien im Muster 1 eine gesonderte Spalte erhalten.[3] Ferner sind die Geschäftsgegenstände nach § 13 NotAktVV in der Software des Elektronischen Urkundenarchivs schlagwortartig erfasst, was eine Orientierung am Schwerpunkt des Urkundeninhalts mit sich bringt. Es ist vor diesem Hintergrund vertretbar, in der Statistik nur diejenigen Urkunden separat zu zählen, die in der Software des Elektronischen Urkundenarchivs entsprechend erfasst sind.
- In Nr. 1 des Normtextes wird die Regel aufgestellt, dass jede Urkunde nur einmal zu zählen sei. Dies gilt mit Blick auf die Teilmengen der Nr. 1 lit. d aa bis lit. d cc des Musters aber selbstverständlich nicht: Diese Urkunden erscheinen nochmals separat in der Gesamtmenge der sonstigen Beurkun-

2 Vgl. BR-Drs. 420/20 (neu), 37.
3 Begründung DONot 2022, 10.

dungen und Beschlüsse. Nr. 1 des Normtextes ist mithin so zu verstehen, dass pro Kategorie jede Urkunde nur einmal zu zählen ist.

- Unabhängig von der Übersicht über Urkundsgeschäfte kann sich die Aufsichtsbehörde gem. § 17 Abs. 4 Auswertungen nach weiteren Kriterien erstellen lassen, die sich aus dem Urkundenverzeichnis ergeben. Zu denken ist hierbei insbesondere an weitere Geschäftsgegenstände wie etwa Erbausschlagungen. Hierbei kann auch die Anzahl der betroffenen Urkunden erfragt werden.

IV. Unterjähriger Wechsel der Verwahrzuständigkeit (Abs. 3)

6 Wechselt die Verwahrzuständigkeit unterjährig (was durch Ausscheiden des Notars aus dem Amt, vorläufige Amtsenthebung oder durch Amtssitzverlegung geschehen kann), hat die neue Verwahrstelle die Übersicht aufzustellen. Denn nur die neue Verwahrstelle hat überhaupt Zugriff auf die betreffenden Akten und Verzeichnisse. Bei der neuen Verwahrstelle kann es sich um einen Notar handeln, dem die Verwahrzuständigkeit nach § 51 Abs. 1 S. 2 BNotO übertragen wurde, daneben auch um einen Notariatsverwalter nach § 58 Abs. 1 S. 1 BNotO nF oder um eine Notarkammer nach § 51 Abs. 1 S. 1 BNotO nF. Die Übersicht ist auch in diesem Fall erst bis zum 31. Januar des Folgejahres aufzustellen und muss die Urkundsgeschäfte des vergangenen Kalenderjahres beinhalten, allerdings aufgeteilt nach den unterschiedlichen Amtstätigkeiten.[4] Für Notariatsverwalter ist dies in Abs. 3 S. 2 nochmals ausdrücklich klargestellt. Die Software des Elektronischen Urkundenarchivs exportiert die Übersichten nach den Vorgaben des Abs. 3 automatisiert.

Abschnitt 2 Ergänzende Regelungen für Erbverträge

§ 8 Erbverträge

[1]Die Notarin oder der Notar sieht jährlich bis zum 15. Februar das Urkundenverzeichnis und, soweit vorhanden, das Erbvertragsverzeichnis oder die Erbvertragskartei nach in notarieller Verwahrung befindlichen Erbverträgen durch, die innerhalb des letzten Kalenderjahres der Ermittlungspflicht nach § 351 FamFG unterlagen, und bestätigt die Durchsicht und deren Ergebnis durch einen von ihr oder ihm zu unterzeichnenden Vermerk. [2]Für Erbverträge, bei denen eine Ablieferung noch nicht veranlasst war, ist das Verfahren nach § 351 FamFG alle fünf Jahre zu wiederholen; dies gilt nicht für solche Erbverträge, bei denen sich die Verwahrstelle davon überzeugt hat, dass die Verwahrangaben im Zentralen Testamentsregister zutreffen. [3]Eine Ablieferung teilt die Notarin oder der Notar der Registerbehörde elektronisch (§ 9 ZTRV) mit, wenn zu dem Erbvertrag Verwahrangaben im Zentralen Testamentsregister registriert sind.

Literatur:

Kordel, Der Notar als Ermittler – die Verkürzung der Prüfungsfrist für Erbverträge und der Umfang der Ermittlungspflicht, DNotZ 2009, 644.

4 Vgl. hierzu näher Frenz/Miermeister/*von Campe* § 24 Rn. 15.

I. Normzweck und Systematik

Nach § 351 FamFG soll die Verwahrstelle eines mehr als 30 Jahre in amtlicher Verwahrung befindlichen Erbvertrags von Amts wegen ermitteln, ob der Erblasser noch lebt. § 8 erhebt diese gesetzliche Soll-Vorschrift zu einer Muss-Vorschrift und trifft weitere Konkretisierungen. 1

§ 8 ordnet die bisher in § 20 Abs. 5 in der bis 2021 geltenden Fassung enthaltenen Vorschriften zur Überprüfung notariell verwahrter Erbverträge neu und präzisiert sie in einigen Punkten, nämlich hinsichtlich des Zeitpunkts der Durchsicht, des Zeitpunkts der Vermerkerstellung und der Wiederholungsdurchsicht nach weiteren fünf Jahren. 2

Nach der **Übergangsvorschrift** des § 20 Abs. 2 sind die S. 1 und 2 erst ab 1.1.2023 anzuwenden. Da die Durchsichtspflicht des § 8 durch die Neufassung der DONot vom Jahresende auf den Jahresanfang verschoben wird, wäre es ohne diese Übergangsvorschrift nämlich erforderlich, zum Jahresende 2021 und gleich darauf zum Jahresanfang 2022 eine Durchsicht vorzunehmen. Dies wird durch die Übergangsvorschrift verhindert.[1] 3

II. Regelungsgehalt

Mit Blick auf den Regelungsgehalt der Vorschrift ist zwischen der **Erstüberprüfung** nach 30 Jahren, der **Vermerkerstellung** und der **Wiederholungsdurchsicht** nach weiteren fünf Jahren zu unterscheiden. 4

III. Erstüberprüfung nach 30 Jahren

Die Soll-Vorschrift des § 351 FamFG wird durch § 8 für den Notar **dienstrechtlich verpflichtend**. Der Notar muss also Erbverträge, die sich seit mehr als 30 Jahren in seiner (originären bzw. durch die Landesjustizverwaltung nach § 51 Abs. 1 S. 2 BNotO übertragenen) Verwahrung befinden, der Lebensermittlung des Erblassers unterziehen. 5

S. 1 trifft hierzu – anders als noch § 20 Abs. 5 aF – eine zeitliche Konkretisierung: Es ist ausreichend, wenn der Notar **am Anfang eines Kalenderjahres** diejenigen Erbverträge durchsieht, die im **vergangenen Kalenderjahr** der Ermittlungspflicht des § 351 FamFG unterlagen. Hierfür hat er eine Frist bis zum **15.2.** des Folgejahres einzuhalten. Diese Frist ist neu und verschafft dem Notar mehr Spielraum verglichen mit der früheren Rechtslage, wonach die Durchsicht am Jahresende vorzunehmen war. 6

Bei wörtlicher Auslegung könnte der Verweis auf § 351 FamFG dahin gehend verstanden werden, dass der Notar jedes Jahr sämtliche Erbverträge durchzusehen hat, die sich seit mehr als 30 Jahren in seiner Verwahrung befinden. In Zusammenschau mit S. 2 ergibt sich jedoch, dass nur diejenigen Erbverträge gemeint sein können, die im vergangenen Kalenderjahr den **30-jährigen Verwahrungszeitraum erstmals erreicht** haben. 7

Inhalt der Prüfung nach § 351 FamFG ist die **Ermittlung, ob der Erblasser noch lebt.**[2] Dem Notar stehen hierbei nicht dieselben Mittel zur Verfügung wie dem Gericht. Die Anforderungen an die Überprüfung dürfen daher nicht überspannt werden. Genügen dürfte eine entsprechende Anfrage bei der Meldebehörde,[3] ggf. flankiert durch eine Anfrage beim Geburtsstandesamt[4] und durch eine 8

1 Begründung DONot 2022, 32.
2 S. dazu im Detail *Kordel* RNotZ 2009, 644 ff.
3 Armbrüster/Preuß/Renner/*Eickelberg* § 20 Rn. 31.
4 BeckOK BNotO/*Bracker* § 20 Rn. 14.

schriftliche Anfrage oder einen Anruf bei der zuletzt bekannten Adresse bzw. Telefonnummer des Erblassers (wobei den Erfordernissen des § 18 BNotO Rechnung zu tragen ist). Meldebehörden erheben für die Auskunft Gebühren. Dies ist kritisch zu sehen.[5]

9 Ergibt die Ermittlung, dass der Erblasser noch lebt, verbleibt der Erbvertrag in der Verwahrung des Notars. Stellt sich heraus, dass der Erblasser verstorben ist, ist der Erbvertrag an das Nachlassgericht **abzuliefern**. Auch abzuliefern ist der Erbvertrag nach § 351 S. 2 FamFG, wenn nicht ermittelt werden kann, ob der Erblasser noch lebt. Eine Ablieferung ist dem **Zentralen Testamentsregister** elektronisch nach § 9 ZTRV mitzuteilen.

IV. Erstellung des Vermerks

10 Zur Durchsicht der 30-jährigen Erbverträge hat der Notar einen Vermerk zu erstellen; auch dies muss bis zum 15. Februar des Folgejahres geschehen. Dieser Vermerk ist nicht den Aufsichtsbehörden zu übermitteln, sondern in der Generalakte aufzubewahren.[6] Inhalt des Vermerks ist die **Tatsache der Durchsicht** und das **Ergebnis der Durchsicht**. Nicht Inhalt des Vermerks ist das Ergebnis der Lebensprüfung selbst.[7] Es reicht also aus, wenn der Notar niederlegt, dass er die Prüfung durchgeführt hat und wie viele nicht abgelieferte Erbverträge hierbei die 30-Jahres-Frist erreicht haben. Weiter ist Inhalt des Vermerks auch nur auf die Erstüberprüfung nach 30 Jahren, nicht die Wiederholungsdurchsicht nach weiteren fünf Jahren iSd S. 2.[8] Gar kein Vermerk ist zu erstellen, wenn ein Notar keine Erbverträge mit mehr als 30 Jahren Verwahrzeit verwahrt.

V. Wiederholungsdurchsicht nach weiteren fünf Jahren

11 Hinsichtlich derjenigen Erbverträge, bei denen eine Ablieferung nicht veranlasst war, ist die Überprüfung nach S. 2 **alle fünf Jahre zu wiederholen**. Dies betrifft also diejenigen Erbverträge, bei denen sich im Rahmen der Erstüberprüfung nach 30 Jahren ergeben hat, dass der Erblasser noch lebt. Die Pflicht zur Wiederholungsprüfung ergibt sich nicht aus § 351 FamFG, sondern wird alleine durch § 8 begründet. Anders als § 20 Abs. 5 aF ist der Fünfjahreszeitraum nunmehr starr und nicht als Höchstgrenze ausgestaltet. Die Wiederholungsprüfung und deren Ergebnis ist nicht zwingend in einem Vermerk festzuhalten; gleichwohl ist dies möglich und auch ratsam.

12 Bei der Wiederholungsdurchsicht bietet die DONot nunmehr eine **Erleichterung** gegenüber der bisherigen Rechtslage: Hat sich der Notar überzeugt, dass die im Zentralen Testamentsregister enthaltenen **Verwahrangaben zutreffen**, ist eine Wiederholungsdurchsicht **entbehrlich**. Hintergrund dieser Regelung ist, dass die Überführung der Testamentsverzeichnisse in das Zentrale Testamentsregister nunmehr vollständig abgeschlossen ist.[9] Wenn die Verwahrangaben im Zentralen Testamentsregister richtig sind, ist im Rahmen des Meldewesens sichergestellt, dass aufgrund der Sterbefallmitteilung nach § 78e S. 3 BNotO eine Information des Nachlassgerichts erfolgt. Eine separate Überprüfung durch den Notar ist dann entbehrlich.

5 Vgl. dazu BeckOK BNotO/*Bracker* § 20 Rn. 14.
6 Begründung DONot 2022, 11.
7 Begründung DONot 2022, 11.
8 BeckOK BNotO/*Bracker* § 20 Rn. 13.
9 Begründung DONot 2022, 10.

Die Überprüfung der Verwahrangaben sollte möglichst anhand einer Personenstandsurkunde erfolgen, wenn diese dem Notar vorliegt. Denn das Meldewesen orientiert sich ebenfalls an den Personenstandsurkunden, so dass bei Übereinstimmung der entsprechenden Daten eine besonders hohe Zuverlässigkeit sichergestellt ist. Liegt keine Personenstandsurkunde vor, kann der Notar den Abgleich aber auch anhand des Urkundeninhalts vornehmen.[10] Die Überprüfung der Verwahrangaben sollte zweckmäßigerweise in einem Vermerk niedergelegt werden, auch wenn dies nicht zwingend ist.[11] 13

Ergibt sich Korrekturbedarf im Zentralen Testamentsregister oder ist der betreffende Eintrag im Einzelfall gar nicht enthalten, kann der Notar eine Korrektur bzw. Nachmeldung veranlassen nach § 34a Abs. 1 BeurkG bzw. nach § 11 ZTRV.[12] 14

Abschnitt 3 Ergänzende Regelungen für Verwahrungsgeschäfte

§ 9 Übersicht über Verwahrungsgeschäfte

(1) Die Notarin oder der Notar hat nach Abschluss eines jeden Kalenderjahres der Präsidentin oder dem Präsidenten des Landgerichts bis zum 31. Januar eine Übersicht über den Stand ihrer oder seiner Verwahrungsgeschäfte nach dem Muster 2 zu übermitteln (§ 16).

(2) [1]In der Übersicht sind anzugeben:

1. in Abschnitt I die Geldverwahrungen;

2. in Abschnitt I Nummer 1 der Gesamtbestand der am Jahresschluss verwahrten Geldbeträge, wie er sich aus den Kontoauszügen ergibt;

3. in Abschnitt I Nummer 2 der Gesamtbestand der am Jahresschluss verwahrten Geldbeträge, wie er sich aus dem Verwahrungsverzeichnis ergibt;

4. in Abschnitt I Nummer 3 der Bestand der am Jahresschluss verwahrten Geldbeträge, nach den einzelnen Massen gegliedert;

5. in Abschnitt II der Bestand der am Jahresschluss bestehenden Sachverwahrungen, nach Massen gegliedert;

6. In Abschnitt III der Bestand der am Jahresschluss bestehenden Zahlungsmittelverwahrungen, nach Massen gegliedert.

[2]In Abschnitt I Nummer 3 und in den Abschnitten II und III ist in der Spalte „Bemerkung/letzte Eintragung" die Art der Verwahrung genau anzugeben (Bezeichnung des Kreditinstituts, Nummer des Anderkontos, Datum der letzten Eintragung im Verwahrungsverzeichnis).

(3) Die Notarin oder der Notar hat auf der Übersicht zu versichern, dass diese vollständig und richtig ist und dass die aufgeführten Geldbeträge mit den Guthaben übereinstimmen, die in den Kontoauszügen oder elektronischen Umsatzmitteilungen der Kreditinstitute, in den Sparbüchern oder auf den Schecks angegeben sind.

(4) Sind am Jahresschluss keine Wertgegenstände in Verwahrung, so erstattet die Notarin oder der Notar Fehlanzeige.

(5) [1]Wird eine Notarin oder ein Notar nicht nur vorübergehend für die Verwahrung bereits bestehender Verwahrungsmassen zuständig, so hat sie oder er innerhalb von vier Wochen nach Erlangung der Zuständigkeit ebenfalls eine

10 Begründung DONot 2022, 12.
11 Begründung DONot 2022, 12.
12 Begründung DONot 2022, 12.

Übersicht nach Absatz 1 oder eine Fehlanzeige nach Absatz 4 zu übermitteln. [2]Eine Übersicht ist mit den Wertstellungen vom Tag der Erlangung der Verwahrzuständigkeit zu erstellen.

I. Normzweck und Systematik

1 Aus Gründen der besseren Überprüfbarkeit durch die **Aufsicht**, aber auch aus Gründen der **Selbstkontrolle** des Notars[1] mussten Notare bereits bisher nach § 24 aF jährlich eine Übersicht über die Verwahrungsgeschäfte übermitteln. § 9 führt dies fort und schreibt die Pflicht zur Übermittlung einer entsprechenden Übersicht auch weiterhin vor.

2 Neben Notaren sind auch **Notariatsverwalter** nach § 19 Abs. 1 zur Übermittlung einer Übersicht über Verwahrungsgeschäfte verpflichtet (zu Notarvertretern → § 19 Rn. 3).

3 Abs. 1 enthält **allgemeine Bestimmungen**, Abs. 2 beschäftigt sich mit dem **Inhalt** der Übersicht, Abs. 3 enthält die vom Notar abzugebende **Versicherung**, Abs. 4 regelt die **Fehlanzeige** und Abs. 5 betrifft den Sonderfall eines **unterjährigen Übergangs** der Verwahrzuständigkeit.

II. Allgemeine Bestimmungen (Abs. 1)

4 Die Frist zur Übersendung wurde ebenso wie bei der Übersicht über Urkundsgeschäfte auf den 31.1. des Folgejahres verkürzt (→ § 7 Rn. 3).

5 Die **Übermittlung** richtet sich nach § 16. Übermittlungsadressat ist der LG-Präsident; die zusätzliche informatorische Übermittlung an die Notarkammer dürfte zweckmäßig sein, auch wenn diese – im Unterschied zu § 7 Abs. 1 – nicht ausdrücklich genannt ist. Maßgeblich ist das **Muster 2**, wobei dieses nach § 16 Abs. 3 im Format verändert werden kann. Ebenso wie bei der Übersicht über Urkundsgeschäfte stellt die Software des Elektronischen Urkundenarchivs auch für die Übersicht über Verwahrungsgeschäfte eine Exportfunktion bereit.

6 Aufgrund der **Übergangsvorschrift** des § 20 Abs. 1 ist § 9 erstmals auf Übersichten für das Kalenderjahr 2022 anzuwenden. Hinzu kommt, dass nach § 20 Abs. 3 für Verwahrungsmassen, die nach den bis 2021 geltenden Vorschriften weitergeführt werden (→ § 76 Abs. 3 BeurkG nF), die bisherige Übersicht über Verwahrungsgeschäfte verwendet werden kann. Dies bedeutet, dass der Aufsichtsbehörde zwei separate Übersichten über Verwahrungsgeschäfte übermittelt werden können. Die Übersicht über die Verwahrungsgeschäfte nach altem Recht wird dann in aller Regel wie bisher von der Notarsoftware exportiert, die Übersicht nach neuem Recht von der Software des Elektronischen Urkundenarchivs. Abweichend von der bisherigen Rechtslage in den meisten Ländern kann auch die alte Übersicht jedoch gem. § 20 Abs. 3 auch nach den Wertstellungen (und nicht nach dem Tag des Eingangs der Kontoauszüge) errichtet werden (→ NotAktVV § 25 Rn. 8).

1 Armbrüster/Preuß/Renner/*Renner* § 25 Rn. 1.

III. Inhalt der Übersicht (Abs. 2)

Der Inhalt der Übersicht ergibt sich aus dem Normtext von Abs. 2 in Zusammenschau mit dem Muster 2 überwiegend ohne weitere Erläuterung. Jedoch sind die folgenden Bemerkungen veranlasst: 7

- Einzutragen sind zum maßgeblichen Zeitpunkt nicht mehr – wie in § 25 Abs. 2 S. 1 Nr. 1 in der bis 2021 geltenden Fassung – die Beträge, wie sie sich aus den zu diesem Zeitpunkt vorliegenden Kontoauszügen ergeben. Vielmehr sind die Beträge mit ihrem **Wertstellungsdatum** anzugeben, Nr. 2. Diese Umstellung auf die Wertstellung ist sinnvoll, weil auch die Kontoauszüge das Datum der Wertstellung ausweisen. Das bisherige Abstellen auf die „tatsächliche Kenntnisnahmemöglichkeit durch den Notar"[2] anhand des Eingangsdatums der Kontoauszüge ist – gerade bei der Möglichkeit einer elektronischen Notaranderkontenführung (Abs. 3) – nicht mehr zeitgemäß. Auch § 25 Abs. 2 S. 4 NotAktVV stellt auf den Zeitpunkt der Wertstellung ab, so dass in der Software des Elektronischen Urkundenarchivs – neben dem Datum der Eintragung – nurmehr das Datum der Wertstellung erfasst ist. In Sachsen war bereits unter bisheriger Rechtslage eine Buchung unter dem Wertstellungsdatum möglich (§ 25 Abs. 2 S. 2 der sächsischen DONot aF).
- Neu hinzugekommen ist Abschnitt III über die **Zahlungsmittelverwahrungen**, der die Neuregelung in § 25 Abs. 1 Nr. 2 und 3, § 27 NotAktVV nachzieht (→ NotAktVV § 27 Rn. 1 ff.).
- In Nr. 2 und Nr. 3 des Normtextes ist der **Gesamtbestand der am Jahresschluss verwahrten Geldbeträge** anzugeben, wie er sich einerseits aus den Kontoauszügen und andererseits aus dem Verwahrungsverzeichnis ergibt. Diese Beträge müssen übereinstimmen. Der Betrag iSd Nr. 3 wird von der Software des Elektronischen Urkundenarchivs automatisiert erstellt, der Betrag iSd Nr. 2 ist aus Gründen der Selbstkontrolle manuell einzugeben; der bisher in § 25 Abs. 2 S. 1 Nr. 2 aF anzugebende Überschuss ist weggefallen, weil dieser Betrag in der NotAktVV nicht mehr berücksichtigt wird und daher auch in der DONot hierfür kein Regelungsbedürfnis besteht.[3]
- Es ist nunmehr ausdrücklich möglich, **Fremdwährungen** aufzunehmen, wie sich aus dem Muster 2 ergibt.
- Bei der Verwahrung von Wertpapieren und Kostbarkeiten wird nunmehr von „**Sachverwahrung**" gesprochen, Nr. 5 des Normtextes.[4]
- Die bisher in § 25 Abs. 2 S. 1 Nr. 4 aF enthaltenen Detailregelungen zur Bezeichnung von Wertpapieren und Kostbarkeiten sind entfallen, weil sich dies nunmehr bereits aus § 26 NotAktVV ergibt, der Ausstrahlungswirkung auf die Übersicht über Verwahrungsgeschäfte hat, zumal die entsprechenden Angaben im Verwahrungsverzeichnis von der Software ohnehin in die Übersicht über Verwahrungsgeschäfte übernommen werden.[5]

IV. Versicherung des Notars (Abs. 3)

Der Notar muss nach Abs. 3 eine **Versicherung der Vollständigkeit und Richtigkeit** abgeben, die auch im Muster 2 ausdrücklich enthalten ist. Es genügt nicht, 8

---

2 Vgl. dazu Armbrüster/Preuß/Renner/*Renner* § 25 Rn. 5; Begründung DONot 2022, 14.
3 Begründung DONot 2022, 13.
4 Vgl. auch Begründung DONot 2022, 13.
5 Begründung DONot 2022, 13 f.

die Versicherung in ein Begleitschreiben an den LG-Präsidenten aufzunehmen,[6] weil diese ausdrücklich im Muster 2 enthalten ist.

9 **Bezugspunkt** der Versicherung ist einerseits die Übersicht selbst und andererseits im Besonderen die Übereinstimmung der aufgeführten Geldbeträge mit den Guthaben in den Kontoauszügen, elektronischen Umsatzmitteilungen, Sparbüchern und Schecks. Der Wortlaut der Versicherung wurde gegenüber § 25 Abs. 3 aF dahin gehend verändert, dass angesichts der Einführung der elektronischen Anderkontenführung die elektronischen Umsatzmitteilungen der Banken zusätzlich aufgenommen ist. Zum anderen ist die Versicherung der Übereinstimmung mit den Guthaben in den elektronisch geführten Verwahrungs- und Massenbüchern bei der elektronischen Anderkontenführung entfallen. Denn nach der neuen Rechtslage wird das Verwahrungsverzeichnis insgesamt elektronisch geführt – unabhängig von der Frage, ob das Anderkonto elektronisch geführt wird oder nicht – und die Software des Elektronischen Urkundenarchivs übernimmt die dort enthaltenen Beträge in die Übersicht, so dass eine gesonderte Versicherung überflüssig ist. Zudem ist die Übereinstimmung mit den im Verwahrungsverzeichnis aufgeführten Beträgen ohnehin bereits in der allgemeinen Versicherung enthalten.

V. Fehlanzeige (Abs. 4)

10 Wenn am Jahresende keine Verwahrungsgeschäfte bestehen, muss der Notar Fehlanzeige erstatten. Dies dient der Selbstkontrolle des Notars sowie der Information der Aufsichtsbehörde, dass der Notar die Übersendung der Übersicht nicht übersehen hat.[7] Auch insoweit ist die Frist des Abs. 1 zu beachten.

VI. Unterjähriger Übergang der Verwahrungszuständigkeit (Abs. 5)

11 Abs. 5 betrifft den Fall, dass ein Notar unterjährig nicht nur vorübergehend eine **Verwahrungszuständigkeit erlangt**. Dies betrifft die Fälle des § 51 Abs. 1 S. 2 BNotO und § 51 Abs. 3 S. 1 BNotO,[8] nicht jedoch die nur vorübergehende Erlangung der Verwahrzuständigkeit nach § 45 BNotO.[9] Die Verpflichtung betrifft über § 19 Abs. 1 auch **Notariatsverwalter**, die nach § 58 Abs. 1 BNotO nF bereits ipso iure die Verwahrzuständigkeit erlangen. Gemeint ist die abstrakte Erlangung der Verwahrzuständigkeit unabhängig von der Frage, ob tatsächlich Verwahrungsgeschäfte existieren; anderenfalls wäre die Pflicht zur Übersendung einer Fehlanzeige nach Abs. 4 überflüssig.[10]

12 Bislang war nach § 25 Abs. 5 aF der bisher amtierende Notar für die Übersendung einer unterjährigen Übersicht zuständig, und zwar nur in ausgewählten Fällen, nämlich bei Erreichen der Altersgrenze oder bei Erlöschen des Amtes nach § 47 Nr. 2 bis 7 BNotO. Diese Regelung hat in vielerlei Hinsicht zu Schwierigkeiten geführt:[11] Zum einen waren nicht alle Fälle des Übergangs der Verwahrzuständigkeit erfasst, so etwa nicht das Amtserlöschen wegen Entlassung aus dem Amt oder das Amtserlöschen wegen Todes. Zum anderen ist es in den Fällen des Amtserlöschens aufgrund strafgerichtlicher Verurteilung, auf-

6 So bereits zur alten Rechtslage Frenz/Miermeister/*Hertel* § 25 Rn. 8; Armbrüster/Preuß/Renner/*Renner* § 25 Rn. 8.
7 Frenz/Miermeister/*Hertel* § 25 Rn. 9.
8 Diese Fälle umfassen auch die Zuständigkeit für die Verwahrung von Wertpapieren und Kostbarkeiten, vgl. Begründung DONot 2022, 15.
9 Begründung DONot 2022, 15.
10 Begründung DONot 2022, 15.
11 S. dazu näher Begründung DONot 2022, 15.

grund Amtsenthebung oder aufgrund disziplinargerichtlichen Urteils auch gar nicht wünschenswert, dass der betroffene Notar selbst die Übersicht erstellt. Zudem ergaben sich bereits unter bisheriger Rechtslage Durchsetzungsprobleme.[12] Mit der Einführung des Elektronischen Urkundenarchivs kommt das praktische Problem hinzu, dass der frühere Amtsinhaber keinen Zugriff mehr auf die Systeme hat und die Übersicht nicht mehr erstellen kann.[13] Aus diesen Gründen hat die Neufassung der DONot die Zuständigkeit nunmehr auf den Notar bzw. Notariatsverwalter übertragen, der die Verwahrzuständigkeit neu erlangt. Weiter wurde die Pflicht zur Übersendung auf alle Fälle der Erlangung der Verwahrzuständigkeit erweitert, also auch bei Tod des bisher Verwahrzuständigen oder bei Amtserlöschen aufgrund Entlassung aus dem Amt.

Die Frist beträgt – in Anlehnung an Abs. 1 – vier Wochen. Die Übersicht ist jedoch nach S. 2 auf den Tag des Übergangs der Verwahrzuständigkeit aufzustellen (der Artikel „Eine“ am Satzanfang dürfte als „Die“ zu lesen sein). Da das Verwahrungsverzeichnis keine „Vorratsdatenspeicherung“ kennt, empfiehlt es sich, die Übersicht am Tag des Übergangs der Verwahrzuständigkeit aufzustellen, um zu verhindern, dass manuell rückgerechnet werden muss.[14] Allerdings sieht die Software des Verwahrungsverzeichnisses hierfür einen entsprechenden Empfehlungshinweis vor, so dass der Nachfolger in der Verwahrzuständigkeit darauf aktiv aufmerksam gemacht wird. 13

Die Übergangsvorschrift des § 20 Abs. 3 kann auch in diesem Fall genutzt werden.[15] Dies bedeutet aber lediglich, dass für die nach altem Recht geführten Verwahrungsmassen eine Übersicht übermittelt werden kann, die sich inhaltlich an der überkommenen Rechtslage orientiert. Die Pflicht zur Übermittlung der Übersicht richtet sich aber bereits nach Abs. 5, weil § 20 Abs. 3 nicht § 25 Abs. 5 in der bis 2021 geltenden Fassung in Bezug nimmt. 14

§ 10 Durchführung der Verwahrungsgeschäfte

(1) Werden Wertpapiere und Kostbarkeiten verwahrt (§ 62 BeurkG), so ist die Massenummer auf dem Verwahrungsgut oder auf Hüllen und Ähnlichem anzugeben.

(2) Notaranderkonten (§ 58 Absatz 1 Satz 1, Absatz 2 BeurkG) müssen entsprechend den von der Generalversammlung der Bundesnotarkammer beschlossenen Bedingungen eingerichtet und geführt werden.

(3) [1]Werden Notaranderkonten mittels Datenfernübertragung geführt (elektronische Notaranderkontenführung), müssen diese entsprechend den von der Generalversammlung der Bundesnotarkammer beschlossenen ergänzenden Sonderbedingungen für die elektronische Notaranderkontenführung eingerichtet und geführt werden. [2]Diese ergänzenden Sonderbedingungen müssen angemessene Vorkehrungen zur Gewährleistung der Vertraulichkeit, Integrität und Authentizität der Datenübermittlung zwischen der Notarin oder dem Notar und dem Kreditinstitut vorsehen und dabei die zulässigen Sicherheitsverfahren zur Autorisierung des Zahlungsvorgangs nennen.

12 Armbrüster/Preuß/Renner/*Renner* § 25 Rn. 11; Weingärtner/Gassen/Sommerfeldt/*Weingärtner/Ulrich* § 25 Rn. 9.
13 Begründung DONot 2022, 15.
14 Begründung DONot 2022, 16.
15 Begründung DONot 2022, 16.

(4) [1]Die Ausgaben müssen durch Belege nachgewiesen werden. [2]Eigenbelege der Notarin oder des Notars einschließlich nicht bestätigter Durchschriften des Überweisungsträgers sind auch in Verbindung mit sonstigen Nachweisen nicht ausreichend. [3]Bei Ausgaben durch Überweisung von einem Notaranderkonto ist die in Schriftform oder in elektronischer Form zu erteilende Bestätigung des beauftragten Kreditinstituts erforderlich, dass es den Überweisungsauftrag jedenfalls in seinem Geschäftsbereich ausgeführt hat (Ausführungsbestätigung); die Ausführungsbestätigung muss allein oder bei Verbindung mit anderen Belegen den Inhalt des Überweisungsauftrages vollständig erkennen lassen. [4]Satz 3 gilt nicht, wenn das beauftragte Kreditinstitut vor erstmaliger Einrichtung eines elektronisch geführten Notaranderkontos in Schriftform oder in elektronischer Form und unwiderruflich erklärt hat, dass es mit jeder elektronischen Bereitstellung der Umsatzdaten über die Ausführung einer Überweisung gleichzeitig bestätigt, den Überweisungsauftrag mit den in den Umsatzdaten enthaltenen Informationen in seinem Geschäftsbereich ausgeführt zu haben. [5]Hinsichtlich der Belege bei Auszahlungen in bar oder mittels Bar- oder Verrechnungsschecks wird auf § 58 Absatz 3 Satz 6 BeurkG hingewiesen.

(5) [1]Ist ein Verwahrungsgeschäft abgeschlossen (§ 22 Nummer 6 NotAktVV), ist den Auftraggeberinnen und Auftraggebern eine Abrechnung über die Abwicklung des jeweils erteilten Auftrags zu erteilen. [2]Beim Vollzug von Grundstückskaufverträgen und vergleichbaren Rechtsgeschäften muss den beteiligten Kreditinstituten nur auf Verlangen eine Abrechnung erteilt werden.

I. Normzweck und Systematik

1 Die beurkundungsrechtlichen Grundlagen der Verwahrung werden in §§ 57 ff. BeurkG geregelt; die Führung des Verwahrungsverzeichnisses richtet sich nach §§ 21 ff. NotAktVV. In Ergänzung dazu regelt § 10 einige Detailfragen hinsichtlich der praktischen Durchführung der Verwahrungsgeschäfte. § 10 übernimmt – mit Ausnahme von Abs. 3 zur elektronischen Notaranderkontenführung – im Wesentlichen die Regelungen aus § 27 aF.

II. Bezeichnung bei Wertpapieren und Kostbarkeiten (Abs. 1)

2 Im Fall der Sachverwahrung ist die Massenummer (§ 23 Abs. 1 NotAktVV) auf dem Verwahrungsgut anzugeben. Damit sollen Verwechslungen ausgeschlossen werden. Eine feste Verbindung mit dem Verwahrungsgut ist nicht erforderlich, so dass die Bezeichnung auf einer Hülle, einer Verpackung oÄ ausreichend ist. Dies gilt insbesondere für die Fälle, in denen eine Aufbringung der Massenummer auf dem Verwahrgegenstand selbst ohne Beschädigung nicht möglich wäre. Ein direktes Aufbringen auf dem Verwahrgegenstand ist schon allein deshalb nicht erforderlich, weil Funktion der Markierung nur die klare Zuordnung und nicht der Schutz vor Manipulationen ist.[1]

1 Armbrüster/Preuß/Renner/*Renner* § 27 Rn. 2; BeckOK BeurkG/*Kämper* § 27 Rn. 4.

III. Notaranderkontenbedingungen (Abs. 2)

3 Notaranderkonten sind nach den aktuellen von der Generalversammlung der Bundesnotarkammer beschlossenen **Anderkontenbedingungen**[2] einzurichten und zu führen. Vor dem Jahr 2000 wurden diese Bedingungen vom deutschen Bankgewerbe, von der Deutschen Bundesbank bzw. von der Deutschen Bundespost festgelegt. Aufgrund europarechtlicher und demokratietheoretischer Bedenken wurde die Zuständigkeit hierfür auf die Vertreterversammlung (nunmehr: Generalversammlung) der Bundesnotarkammer übergeleitet. Gleichwohl stimmt sich die Bundesnotarkammer vor Erlass neuer Bedingungen eng mit der Deutschen Kreditwirtschaft ab. Die Bundesnotarkammer steht auch hinsichtlich der Anderkontenbedingungen unter der Rechtsaufsicht des Bundesministeriums der Justiz, § 77 Abs. 2 BNotO.

4 Insbesondere früher vorgetragene **Bedenken** gegen die Zuständigkeit der Vertreterversammlung bzw. Generalversammlung verfangen nicht; es sprechen gute Gründe für die Unbedenklichkeit dieser Regelung,[3] so dass sich die Landesjustizverwaltungen bei der Novelle 2022 folgerichtig für die Beibehaltung dieser Regelung ausgesprochen haben.

IV. Elektronische Notaranderkontenführung (Abs. 3)

5 Hinsichtlich der elektronischen Notaranderkontenführung vollzieht die Neufassung der DONot einen Paradigmenwechsel. War bisher eine solche nach § 27 Abs. 3 S. 2 und 3 aF nur über informationstechnische Netze der Bundesnotarkammer bzw. durch gesonderte Zulassung von Zugangswegen möglich, erlaubt Abs. 3 nunmehr die elektronische Notaranderkontenführung über **Standard-Bankingsoftware.** Die Landesjustizverwaltungen haben sich zu diesem Schritt entschieden, weil sich das Online-Banking mittlerweile in vielerlei Hinsicht fortentwickelt und bewährt hat, was Transaktionssicherheit, Vertraulichkeit und Authentizitätsprüfung betrifft.[4]

6 Statt der bisher erforderlichen Zulassung gesonderter Zugangswege durch die Landesjustizverwaltung wird nunmehr – in Anlehnung an Abs. 2 – auch mit Blick auf die elektronische Notaranderkontenführung mit dem Instrument der **Anderkontenbedingungen** gearbeitet, die durch die Generalversammlung der Bundesnotarkammer beschlossen werden, die nach § 77 Abs. 2 BNotO unter der Rechtsaufsicht des Bundesministeriums der Justiz steht. Hierbei sind ausdrücklich Vorkehrungen zur Gewährleistung der **Vertraulichkeit, Integrität und Authentizität der Datenübermittlung** zwischen Notar und Kreditinstituts vorzusehen und **Sicherheitsverfahren zur Autorisierung** des Zahlungsvorgangs zu nennen. Zu denken ist hierbei insbesondere an Vorgaben zur Verschlüsselung (zumindest auf eine Transportverschlüsselung nach dem aktuellen Stand der Technik dürfte wohl Bezug genommen werden müssen).[5] Ein Schwerpunkt der ergänzenden Anderkontenbedingungen wird bei der Autorisierung des Zahlungsvorgangs liegen. Hier stehen nach aktueller Praxis des Online-Banking unterschiedliche Verfahren zur Verfügung, so etwa das PIN/TAN-Verfahren, das mTAN-Verfahren, App-basierte Verfahren und Verfahren mit kryptographi-

2 S. hierzu zuletzt DNotZ 2019, 801.

3 S. hierzu ausführlich Armbrüster/Preuß/Renner/*Renner* § 27 Rn. 5 f. Vgl. ferner Weingärtner/Gassen/Sommerfeldt/*Weingärtner/Ulrich* § 27 Rn. 4; Arndt/Lerch/Sandkühler/*Sandkühler* BNotO § 23 Rn. 102; Frenz/Miermeister/*Hertel* § 27 Rn. 4.

4 Begründung DONot 2022, 17.

5 Begründung DONot 2022, 17.

schem Hardwareelement.[6] In diesem Zusammenhang wird eine Orientierung an der Rechtsprechung des BGH zum Anscheinsbeweis bezüglich der Autorisierung empfohlen.[7] In Betracht kommen insbesondere Verfahren mit kryptographischem Hardwareelement, weil diese eine besonders hohe Manipulationssicherheit aufweisen.

7 Die Einbeziehung der gesonderten Anderkontenbedingungen ist selbstverständlich ein Prüfungsgegenstand der Aufsicht. Es kann allerdings von einer Einbeziehung ausgegangen werden, wenn das Konto vom Kreditinstitut als Anderkonto bezeichnet ist.[8]

8 Bislang hat die Generalversammlung über gesonderte Anderkontenbedingungen in diesem Sinne noch nicht beschlossen, weil die Abstimmung mit der Deutschen Kreditwirtschaft noch nicht abgeschlossen ist. Solange dies nicht der Fall ist, ist eine elektronische Anderkontenführung weiterhin unzulässig. Es ist aber zeitnah mit einem entsprechenden Beschluss zu rechnen.

V. Belege und Ausführungsbestätigung (Abs. 4)

9 Jede Ausgabe muss nach Abs. 4 S. 1 durch einen Beleg nachgewiesen werden. Eigenbelege des Notars und auch Durchschriften des Überweisungsträgers sind nach Abs. 4 S. 2 ausdrücklich nicht zugelassen. Bei Ausgaben in bar oder mittels Verrechnungsschecks weist Abs. 4 S. 6 hinsichtlich der Belege außerdem auf § 58 Abs. 3 S. 6 BeurkG hin, wonach die Gründe für eine derartige Auszahlung vom Notar zu vermerken sind. Daneben sind – auch ohne entsprechende Verweisung – selbstverständlich auch § 58 Abs. 3 S. 5 und S. 7 BeurkG zu beachten, wonach die Auszahlung in bar oder mittels Verrechnungsschecks nur in Ausnahmefällen zulässig sind und der Empfang durch den berechtigten Empfänger oder durch einen von ihm schriftlich Beauftragten nach Feststellung der Person zu quittieren ist. Ohnehin dürfte bei dem Verweis auf Abs. 4 S. 6 ein Redaktionsversehen vorliegen, da die Vorgängervorschrift des § 27 Abs. 4 S. 5 aF auf § 54b Abs. 3 S. 7 BeurkG aF hinwies; dem entspricht § 58 Abs. 3 S. 7 BeurkG nF. Aus der Begründung zur Neufassung der DONot ist nicht ersichtlich, dass das Verweisziel ausgetauscht werden sollte.

10 Mit den Belegen ist nach § 41 Abs. 2 Nr. 5, Abs. 4 NotAktVV zu verfahren, sie sind also zur **Nebenakte** zu nehmen und mit der **Masse- und Buchungsnummer** zu versehen. Die Neufassung der DONot verzichtet auf eine Wiederholung dieser bereits in der NotAktVV statuierten Pflichten.[9]

11 Mit Blick auf Ausgaben vom Notaranderkonto nimmt Abs. 4 S. 3 eine Konkretisierung der Belegpflicht vor. Demnach ist ein Beleg in Gestalt der sog. **Ausführungsbestätigung** erforderlich, wonach das Kreditinstitut den Überweisungsauftrag jedenfalls in seinem Geschäftsbereich ausgeführt hat. Der Inhalt des Überweisungsauftrages muss nach Abs. 4 S. 3 Hs. 2 aus der Ausführungsbestätigung selbst oder zumindest in Zusammenschau mit anderen Belegen vollständig erkennbar sein. Hierbei ist darauf zu achten, dass eine direkte Bezugnahme zwischen Ausführungsbestätigung und sonstigen Belegen erfolgt, so dass der Inhalt des Auftrages zweifelsfrei identifiziert werden kann.[10] Neben der Schriftform der Ausführungsbestätigung ist nunmehr auch die elektronische Form ausreichend; unter elektronischer Form ist nach § 3a Abs. 2 S. 2 VwVfG insbesondere

6 Begründung DONot 2022, 18.
7 Begründung DONot 2022, 18, mit Verweis auf BGH NJW 2016, 2024 (2026 ff.).
8 Begründung DONot 2022, 17.
9 Begründung DONot 2022, 18.
10 S. ausführlich dazu Armbrüster/Preuß/Renner/*Renner* § 27 Rn. 13 ff.

ein mit qualifizierter elektronischer Signatur versehenes Dokument zu verstehen. Dies erleichtert die Ausführungsbestätigung insbesondere im Falle der elektronischen Notaranderkontenführung.

Nach Abs. 4 S. 4 ist eine individuell für jede Auszahlung ausgestellte Ausführungsbestätigung im Falle elektronischer Anderkontenführung dann entbehrlich, wenn das Kreditinstitut eine sog. Globalbestätigung abgegeben hat. Diese besteht darin, dass das Kreditinstitut vor erstmaliger Einrichtung[11] eines derartigen Kontos in Schriftform oder in elektronischer Form und unwiderruflich erklärt, mit jeder elektronischen Bereitstellung der Umsatzdaten gleichzeitig eine Ausführungsbestätigung abzugeben. Diese Vorschrift dürfte für elektronisch geführte Anderkonten von großer praktischer Bedeutung sein. In diesem Fall tritt ein Ausdruck der elektronischen Umsatzbestätigung gemeinsam mit der Globalbestätigung an die Stelle der Ausführungsbestätigung. Es genügt, wenn die Globalbestätigung vom jeweiligen Kreditinstitut einmal für alle Notaranderkonten abgegeben wird, eine Erklärung für jedes Anderkonto ist nicht erforderlich.[12] 12

VI. Abrechnung (Abs. 5)

Den **Auftraggebern** des Verwahrungsgeschäfts ist nach Abs. 5 S. 1 eine **Abrechnung** über die Abwicklung des Auftrags zu erteilen.[13] Unter Auftraggebern sind die am Treuhandauftrag Beteiligten zu verstehen, welche die Verwahrungsanweisung erteilt haben.[14] Eine Abrechnung, die den Anforderungen des Abs. 5 entspricht, kann mit der Software des Verwahrungsverzeichnisses automatisiert erstellt werden; ein Exzerpt aus dem Verwahrungsverzeichnis ist nunmehr – im Gegensatz zu Kopie aus dem Massenbuch unter der früheren Rechtslage – als Abrechnung geeignet, weil auch das Verwahrungsverzeichnis nach Wertstellungen bucht.[15] Zusätzlich ist dem Auszahlungsberechtigten auch die Steuerbescheinigung hinsichtlich der Zinsen auszuhändigen, sofern Zinsen anfallen.[16] 13

Beteiligte **Kreditinstitute** bekommen nur auf Verlangen eine Abrechnung, Abs. 5 S. 2. 14

Abschnitt 4 Ergänzende Regelungen für Softwareprodukte zur Führung von Akten und Verzeichnissen

§ 11 Software-Herstellerbescheinigungen

(1) Werden die Nebenakten elektronisch geführt, ist durch eine Bescheinigung der Herstellerin oder des Herstellers der eingesetzten Software zu belegen, dass die nach § 43 Absatz 1 NotAktVV erforderlichen Voraussetzungen eingehalten sind und die Möglichkeit zur Herstellung eines Repräsentats nach § 43 Absatz 2 NotAktVV jederzeit gegeben ist.

---

11 Dies ist nicht wörtlich zu nehmen; die Abgabe einer Globalbestätigung ist natürlich auch im Nachhinein möglich, vgl. dazu Armbrüster/Preuß/Renner/*Renner* § 27 Rn. 18.

12 Armbrüster/Preuß/Renner/*Renner* § 27 Rn. 18; BeckOK BeurkG/*Kämper* § 27 Rn. 33.

13 Zur Abgrenzung zwischen Abrechnungspflicht und Rechenschaftspflicht vgl. Armbrüster/Preuß/Renner/*Renner* § 27 Rn. 21 ff. Vgl. auch LG Frankfurt/M. 20.9.1990 – 2/9 T 743/90, DNotZ 1991, 765.

14 Frenz/Miermeister/*Hertel* § 27 Rn. 25.

15 Begründung DONot 2022, 18.

16 Vgl. dazu näher Frenz/Miermeister/*Hertel* § 27 Rn. 28 ff.

(2) Wird die Führung des Urkundenverzeichnisses, des Verwahrungsverzeichnisses oder der elektronischen Urkundensammlung durch eine nicht von der Bundesnotarkammer oder in deren Auftrag bereitgestellte Software unterstützt, ist durch eine Bescheinigung der Herstellerin oder des Herstellers der eingesetzten Software zu belegen, dass nur die von der Bundesnotarkammer zur Datenübernahme bereitgestellten Schnittstellen verwendet werden und deren Anbindung entsprechend den Vorgaben der Bundesnotarkammer umgesetzt ist.

I. Normzweck und Systematik

1 Bereits § 5 Abs. 3 S. 3 aF nutzte das Instrument der Herstellerbescheinigung, um die automatisationsgestützte Führung der Bücher und Verzeichnisse nach den Grundsätzen des § 27 Abs. 3 aF zu gewährleisten. Bei der Herstellerbescheinigung handelt es sich um einen pragmatischen Kompromiss, die Einhaltung technischer Vorgaben durch Software zu gewährleisten, ohne schwerfällige und aufwändige Lizensierungsverfahren durch Dritte einrichten zu müssen. Ein individueller Nachweis ist dem einzelnen Notar kaum zuzumuten. Auch eine dritte Stelle wäre oftmals nicht so gut wie der Hersteller in der Lage, die technische Funktion eines automationsgestützten Systems zu erfassen. Kommt es aufgrund einer falschen Konzeption der Software zu Schäden, dürfte die Herstellerbescheinigung eine Beschaffenheitsvereinbarung darstellen und entsprechende zivilrechtliche Folgen für den Hersteller nach sich ziehen.

2 Auch die Neufassung der DONot greift daher auf das Regelungsinstrument der Herstellerbescheinigung zurück – neben § 11 auch in § 6 Abs. 2 S. 2 und in § 13 S. 2.

II. Regelungsgehalt

3 Nach Abs. 1 ist eine Herstellerbescheinigung zunächst zur Gewährleistung der Einhaltung der in § 43 NotAktVV gestellten Anforderungen an die elektronische Führung von Nebenakten erforderlich.

4 Abs. 2 beschäftigt sich mit Schnittstellen, die durch die Bundesnotarkammer als Urkundenarchivbehörde bereitgestellt werden. Die Software des Elektronischen Urkundenarchivs ist als Bestandteil des von der Bundesnotarkammer nach § 78h Abs. 1 S. 1 BNotO zu betreibenden Systems von den Notaren nach § 55 BeurkG zwingend zu nutzen. Gleichwohl werden durch die Bundesnotarkammer Schnittstellen zur Datenkommunikation mit Notarsoftware von Drittherstellern angeboten. Damit durch die Verwendung von Notarsoftware von Drittanbietern nicht die zwingende Einhaltung der Vorgaben der NotAktVV, etwa zu persönlichen Bestätigung nach § 20 und § 30 NotAktVV, umgangen werden kann, ist es notwendig, dass Drittsoftware nur die von der Bundesnotarkammer hierfür offiziell bereitgestellten Schnittstellen nutzt.[1] Das ist ebenfalls durch eine Herstellerbescheinigung zu bestätigen.

1 Vgl. dazu näher Begründung DONot 2022, 19.

Abschnitt 5 Herstellung der notariellen Urkunden und Dokumente

§ 12 Herstellung der Urschriften, Ausfertigungen und beglaubigten Abschriften

(1) [1]Bei der Herstellung der Urschriften, Ausfertigungen und beglaubigten Abschriften von Papierurkunden ist festes weißes oder gelbliches Papier zu verwenden, das den Anforderungen nach DIN EN ISO 9706 entspricht. [2]Es dürfen ferner nur verwendet werden:

1. blaue oder schwarze Tinte und Farbbänder, sofern sie handelsüblich als urkunden- oder dokumentenecht bezeichnet sind,
2. blaue oder schwarze Schreibstifte, sofern Minen benutzt werden, die eine Herkunftsbezeichnung und eine Aufschrift tragen, die auf die ISO 12757-2 (Pasten-Kugelschreiber), ISO 14145-2 (Tinten-Roller) oder ISO 27668-2 (Gel-Roller) hinweist,
3. in klassischen Verfahren und in schwarzer oder dunkelblauer Druckfarbe hergestellte Drucke des Buch- und Offsetdruckverfahrens,
4. in anderen (zum Beispiel elektrografischen oder elektrofotografischen) Verfahren hergestellte Drucke oder Kopien, sofern die zur Herstellung benutzte Anlage (zum Beispiel Kopiergeräte, Laserdrucker, Tintenstrahldrucker) nach einem Prüfzeugnis der Papiertechnischen Stiftung (PTS) in Heidenau zur Herstellung von Urschriften von Urkunden geeignet ist, und soweit Tinten- oder Tonerzubehör verwendet wird, das im Prüfzeugnis aufgeführt ist,
5. Formblätter, die in den genannten Druck- oder Kopierverfahren hergestellt worden sind.

(2) Bei Unterschriftsbeglaubigungen, für Abschlussvermerke in Niederschriften, für Vermerke über die Beglaubigung von Abschriften sowie für Ausfertigungsvermerke ist der Gebrauch von Stempeln unter Verwendung von schwarzer oder dunkelblauer Stempelfarbe zulässig, die den Prüfanforderungen in Anlehnung an ISO 12757-2 oder ISO 14145-2 entspricht.

(3) [1]Vordrucke, die der Notarin oder dem Notar von Beteiligten zur Verfügung gestellt werden, müssen den Anforderungen der NotAktVV und dieser Dienstordnung an die Herstellung von Urschriften genügen. [2]Insbesondere dürfen sie keine auf Urheberinnen oder Urheber des Vordrucks hinweisenden individuellen Gestaltungsmerkmale (Namensschriftzug, Firmenlogo, Signet, Fußzeile mit Firmendaten und Ähnliches) aufweisen. Urheberinnen oder Urheber sollen am Rand des Vordruckes angegeben werden. [3]Dies gilt nicht bei Beglaubigungen ohne Entwurf.

Literatur:

Krebs, Jüngste Änderungen der Dienstordnung und ihre Auswirkungen auf die Praxis, MittBayNot 2005, 363.

I. Normzweck und Systematik

1 Die Vorschrift beschäftigt sich mit **Einzelheiten der Herstellung notarieller Papierurkunden**. Ergänzend zu § 3 NotAktVV, der im Wesentlichen § 29 Abs. 1 aF nachgebildet ist, trifft § 12 insbesondere Bestimmungen zur Dauerhaftigkeit und Fälschungssicherheit von Urkunden und entspricht im Wesentlichen § 29 Abs. 2 bis 4 aF.

2 Abs. 1 betrifft die **Herstellung der notariellen Urkunden allgemein**, Abs. 2 speziell die **Verwendung von Stempeln** und Abs. 3 die **Verwendung von Fremdvordrucken**.

II. Allgemeine Bestimmungen zur Herstellung der notariellen Papierurkunde (Abs. 1)

3 Die Bestimmungen zur Herstellung der Papierurkunde betreffen sowohl das zu verwendende **Papier** als auch das zu verwendende **Schreib- bzw. Druckverfahren**.

III. Zu verwendendes Papier (Abs. 1 S. 1)

4 Gegenüber der bisherigen Vorgabe in § 29 Abs. 2 S. 1 in der bis 2021 geltenden Fassung trifft Abs. 1 S. 1 nunmehr **liberalere Bestimmungen** hinsichtlich des zu verwendenden Papiers. Das Papier muss weiterhin weiß oder gelblich sein, das Kriterium der Holzfreiheit wurde jedoch aufgegeben, stattdessen wird nunmehr auf die **DIN EN ISO 9706** zur Alterungsbeständigkeit verwiesen. Zahlreiche handelsübliche Papiere sind mit dieser Norm zertifiziert, so dass sich hinsichtlich der Papierbeschaffung keine Probleme ergeben. Hinzu kommt, dass nunmehr auch holzhaltige **Recyclingpapiere** verwendet werden können, wenn sie dieser Norm entsprechen.[1] Weiter entfallen ist auch das DIN-Format als Voraussetzung. Bei großformatigen Anlagen war eine Einhaltung dieses Formats ohnehin nicht immer möglich. Dennoch dürfte es weiterhin zweckmäßig (und insbesondere technisch geboten) sein, die Urkunden im Großteil im Din-A4-Format zu erstellen.

IV. Zu verwendendes Schreib- bzw. Druckverfahren (Abs. 1 S. 2)

5 Auch das Druck- und Schreibverfahren ist für die Dauerhaftigkeit und Fälschungssicherheit der notariellen Urkunde von wesentlicher Bedeutung. Sichergestellt werden muss insbesondere, dass ein Abkratzen oder Ausradieren des Urkundeninhalts erschwert ist und dass der Urkundeninhalt auch dauerhaft bestehen bleibt. Unter den zu sichernden Urkundeninhalt fällt nicht nur der Urkundentext, sondern fallen auch und gerade die **Unterschriften** der Beteiligten und des Notars.[2]

6 Wird **Tinte** zum Schreiben verwendet, muss diese nach Nr. 1 blau oder schwarz sein und handelsüblich als urkunden- oder dokumentenecht bezeichnet sein. Werden – insbesondere im Fall von Schreibmaschinen zum Ausfüllen von Formularen – **Farbbänder** verwendet, müssen dieselben Kriterien auf die Farbbänder zutreffen. Die bisher in § 29 Abs. 2 S. 2 aF enthaltene, etwas anachronistische Bezugnahme auf Nadeldrucker und Typenradschreibmaschinen ist entfal-

1 Begründung DONot 2022, 20 mit Verweis auf *Krebs* MittBayNot 2005, 363.
2 Begründung DONot 2022, 20, ebenso zur alten Rechtslage Armbrüster/Preuß/Renner/*Eickelberg* § 29 Rn. 15.

len; gleichwohl werden auch diese Drucksysteme von den Vorschriften der Nr. 1 weiterhin erfasst.[3]

Hinsichtlich der **sonstigen Schreibstifte** wurden die bisherigen Vorschriften in § 29 Abs. 2 S. 2 aF aktualisiert und etwas liberalisiert. Zum einen wird in Nr. 2 nunmehr auf die aktuellen ISO-Normen 12757–2, 14145–2 und 27668–2 Bezug genommen. Zum anderen sind nunmehr neben Kugelschreibern auch Tinten- und Gelroller erlaubt, wenn sie entsprechend normiert sind. Filzschreiber und ähnliche Schreibgeräte sind weiterhin nicht zulässig.[4] Es wäre allerdings überspannt, bei Verwendung eines von einem Beteiligten mitgebrachten Kugelschreibers immer die Übereinstimmung mit der ISO-Norm zu überprüfen; dies ist erst erforderlich, wenn sich Anhaltspunkte für Zweifel ergeben.[5] 7

Nr. 3 erlaubt auch in klassischen Verfahren hergestellte Drucke des **Buch- und Offsetdruckverfahrens**, wenn schwarze und dunkelblaue Druckfarbe verwendet wird. Hinsichtlich der Druckfarbe werden hier keine weiteren Vorgaben gemacht. Diese Druckverfahren sind mittlerweile ohnehin selten und haben wohl nur noch über Vordrucke iSd Nr. 5 eine gewisse Bedeutung. 8

Hingegen betrifft Nr. 4 den praxisrelevantesten Bereich der Urkundenerstellung, nämlich den Ausdruck und die Kopie mittels anderer Verfahren, also insbesondere mittels **Laser- und Tintenstrahldruckverfahren.** Hier ist ein Druckgerät zu verwenden, das nach einem **Zeugnis der Papiertechnischen Stiftung Heidenau** (PTS) zur Herstellung von Urschriften und Urkunden geeignet ist. Die bei § 29 Abs. 2 Spiegelstrich 4 aF noch in Klammern geführte Vorgängerinstitution Bundesanstalt für Materialforschung und -prüfung in Berlin ist entfallen, da kaum mehr Geräte existieren dürften, die entsprechende Prüfzeugnisse haben; gleichwohl bleibt auch ein Prüfzeugnis dieser Institution zulässig.[6] Lange Zeit hatte die PTS Druck- und Kopiergeräte nur in Bezug auf ihre Schwarzweißdruckeigenschaften überprüft. Da aber auch bei notariellen Urkunden die farbliche Wiedergabe immer wichtiger wird, hat die PTS nunmehr in Abstimmung mit der Bundesnotarkammer ein Prüfsystem für Farbdruckgeräte entwickelt; seit Ende 2020 werden Prüfzeugnisse auch für die Farbdruckeigenschaften von Druck- und Kopiergeräten erteilt. Ein neues Gerät, das über Farbdruckeigenschaften verfügt, muss daher fortan auch mit dem entsprechenden Farbdruck-Prüfzeugnis versehen sein. Bislang erteilte Schwarzweißdruck-Prüfzeugnisse bleiben aber gültig.[7] 9

Neu hinzugekommen ist das Erfordernis, die auf dem Prüfzeugnis der PTS aufgeführten **Tinten- oder Tonerpatronen** zu verwenden. Dies geschieht vor dem Hintergrund, dass sonstige, nicht im Rahmen der Prüfungen durch die PTS verwendete Tinten- und Tonerpatronen eine deutliche Verschlechterung der Fälschungssicherheit nach sich ziehen können.[8] In der Regel werden von der PTS die „Original-Patronen" des Herstellers verwendet. 10

Weitere Erfordernisse, etwa hinsichtlich des zu verwendenden Papiers, der Luftfeuchtigkeit oder der Temperatur, werden jedoch nicht aufgestellt.[9] 11

Nr. 5 bezieht sich auf **Formblätter**, für die die oben dargestellten Grundsätze ebenfalls gelten. 12

---

3 Begründung DONot 2022, 20.
4 So bereits zur alten Rechtslage Armbrüster/Preuß/Renner/*Eickelberg* § 29 Rn. 14.
5 Armbrüster/Preuß/Renner/*Eickelberg* § 29 Rn. 15.
6 Begründung DONot 2022, 21.
7 Begründung DONot 2022, 21.
8 Begründung DONot 2022, 21.
9 Begründung DONot 2022, 21.

V. Stempel (Abs. 2)

13 Der Gebrauch von Stempeln ist im Fall von **Unterschrifts- und Abschriftsbeglaubigungen** sowie bei **Abschluss- und Ausfertigungsvermerken** nach Abs. 2 zulässig. Hierfür muss eine Stempelfarbe verwendet werden, die den Prüfanforderungen in Anlehnung an ISO 12757–2 oder ISO 14145–2 entspricht. Die Anlehnung an diese ISO-Normen ist neu; in § 29 Abs. 3 aF war noch auf „haltbare" Stempelfarbe Bezug genommen worden. Stempelfarbe, die den genannten ISO-Normen entspricht, ist im Handel erhältlich.

14 Ob auch im **Übrigen der Gebrauch von Stempeln zulässig** ist, ist umstritten.[10] Es ist jedoch kein Grund ersichtlich, weshalb eine darüber hinausgehende Verwendung von Stempeln zu untersagen wäre, wenn die Voraussetzungen des Abs. 2 eingehalten werden.

VI. Vordrucke (Abs. 3)

15 Auch Vordrucke, die von den **Beteiligten gestellt** werden, müssen nach Abs. 3 S. 1 – ähnlich wie vom Notar selbst beschaffte Formblätter nach Abs. 1 S. 2 Nr. 5 – die in Abs. 1 genannten Voraussetzungen erfüllen. Ist dies nicht der Fall, kann der Notar durch Kopie des Vordrucks die Einhaltung der Voraussetzungen sicherstellen.[11] Weiter dürfen Fremdvordrucke nach Abs. 3 S. 2 keine individuellen Gestaltungsmerkmale aufweisen, die auf den Urheber hinweisen. Dies wäre mit der unabhängigen Stellung des Notars nicht vereinbar und würde insbesondere gegen die in § 29 BNotO verankerten Grundsätze verstoßen.[12] Hingegen ist nach Abs. 3 S. 3 eine dezente Bezeichnung des Urhebers am Rand des Vordrucks sogar erforderlich; dies dient der Klarstellung, dass der Entwurf nicht vom Notar selbst stammt. Freilich verantwortet der Notar im Rahmen einer Beurkundung dennoch den Inhalt des Vordrucks schon auf Grundlage seiner Prüfungs- und Belehrungspflicht aus § 17 BeurkG.

16 Bei **Beglaubigungen ohne Entwurf** können nach Abs. 3 S. 4 beliebige Vordrucke verwendet werden. Abs. 3 S. 4 dürfte sich hierbei auf alle vorstehenden drei Sätze beziehen, weil nach der Vorgängervorschrift des § 29 Abs. 4 aF die S. 1 bis 3 als ein Satz dargestellt waren. Dass die rein redaktionelle Neufassung hier etwas daran ändern wollte, ist nicht ersichtlich. Hintergrund der liberalen Regelung bei Unterschriftsbeglaubigungen ohne Entwurf ist, dass sich die notarielle Beurkundung und Beratung im Wesentlichen auf den Beglaubigungsvermerk beschränkt.

§ 13 Übertragung der Papierdokumente in die elektronische Form

[1]Die Notarin oder der Notar hat zu belegen, dass bei der Übertragung der Papierdokumente in die elektronische Form zur Einstellung in das Elektronische Urkundenarchiv geeignete Vorkehrungen im Sinne des § 56 Absatz 1 Satz 1 BeurkG getroffen werden. [2]Soll durch Verwendung der Muster-Verfahrensdokumentation der Bundesnotarkammer nachgewiesen werden, dass geeignete Vorkehrungen nach dem Stand der Technik im Sinne des § 56 Absatz 1 Satz 1 BeurkG getroffen wurden, muss die Notarin oder der Notar durch eine Be-

10 Für Unzulässigkeit: Frenz/Miermeister/*Blaeschke* § 29 Rn. 31; Weingärtner/Gassen/Sommerfeldt/*Weingärtner/Ulrich* § 29 Rn. 5; für Zulässigkeit: Armbrüster/Preuß/Renner/*Eickelberg* § 29 Rn. 16. Offenlassend: BeckOK BeurkG/*Eble* § 29 Rn. 7.

11 Armbrüster/Preuß/Renner/*Eickelberg* § 29 Rn. 17.

12 S. hierzu ausführlich Armbrüster/Preuß/Renner/*Eickelberg* § 29 Rn. 18.

scheinigung der Herstellerin oder des Herstellers belegen, dass die eingesetzte Hard- und Software den im Rahmen der Muster-Verfahrensdokumentation gestellten Anforderungen genügt.

I. Normzweck und Systematik

1 Hintergrund der Vorschrift ist § 56 Abs. 1 S. 1 BeurkG, wonach bei der Erstellung einer elektronischen Fassung durch geeignete **Vorkehrungen nach dem Stand der Technik** die inhaltliche und bildliche Übereinstimmung mit den in Papierform vorhandenen Schriftstücken sicherzustellen ist. Der Gesetzgeber fordert beim Einscannen also zur Einhaltung der aktuellsten Qualitäts- und Sicherheitsstandards auf. Hierfür bietet sich eine Orientierung an der Technischen Richtlinie RESISCAN des Bundesamts für Sicherheit in der Informationstechnik an. Diese Richtlinie beinhaltet sowohl technische als auch organisatorische Vorgaben.

II. Regelungsgehalt

2 Die Einhaltung der in § 56 Abs. 1 S. 1 BeurkG genannten Vorgaben kann selbstverständlich **individuell durch jeden Notar** nachgewiesen werden. Hierfür ist jedoch ein Sachverständigengutachten oder eine individuelle Zertifizierung des Notarbüros erforderlich, so dass dieses Vorgehen aufgrund des damit verbundenen Aufwands nur selten in Betracht kommt.[1]

3 Zur Erleichterung hat die Bundesnotarkammer ein Muster-Notarbüro eingerichtet, dessen Abläufe nach der Technischen Richtlinie RESISCAN zertifiziert wurden. Daraus ist die sog. **Muster-Verfahrensdokumentation** entstanden. Diese wird von der Bundesnotarkammer auf den Internetseiten des Elektronischen Urkundenarchivs zur Verfügung gestellt.[2] Sie enthält Freitextfelder, in denen der Notar die Verfahrensdokumentation um individuelle Aspekte ergänzen kann (so etwa Verantwortlichkeiten, Angaben zur verwendeten Hard- und Software, individuelle Regelungen zum Schutz der Urkunde vor fremdem Zugriff). Ein Notar, der sich an der aktuellen Muster-Verfahrensdokumentation orientiert, trifft die erforderlichen Vorkehrungen nach dem Stand der Technik iSd § 56 Abs. 1 S. 1 BeurkG. Der **Hersteller** der eingesetzten Hard- und Software hat zu **bescheinigen**, dass die Voraussetzungen der Muster-Verfahrensdokumentation eingehalten sind (zur Herstellerbescheinigung → § 11 Rn. 1). Da die Begründung lediglich auf den eingesetzten Scanner Bezug nimmt,[3] dürfte eine Herstellerbescheinigung nur für den eingesetzten Scanner und dessen Firmware bzw. – wenn ein Arbeitsplatz-Scanner eingesetzt wird, der nicht selbst die PDF-Dateien generieren kann, sondern dies über eine externe Software bewerkstelligt – für die zusätzlich eingesetzte Scan-Software erforderlich sein. Nicht erforderlich dürfte diese Bescheinigung für die übrigen in Ziffer 2.6.1 der Muster-Verfahrensdokumentation genannten Hard- und Softwarehersteller sein, nämlich für Server, Client, Signaturkarte, Kartenlesegerät und Software zur Integritätssicherung. Auch dürfte es ausreichen, wenn das Unternehmen, welches das Scan-System vertreibt, diese Bescheinigung ausstellt. Zumindest sieht das von der Bundesnotarkammer auf der internen Internetseite bereitgestellte Muster einer Herstellerbescheinigung die Beschränkung auf das Scan-System vor und

1 Begründung DONot 2022, 22.
2 https://www.elektronisches-urkundenarchiv.de/scanprozess [zuletzt abgerufen am 30.12.2021].
3 Begründung DONot 2022, 22.

ermöglicht auch eine Unterzeichnung der Bescheinigung durch den Vertreiber.[4] Die Bescheinigung ist nicht formgebunden und hat kein Ablaufdatum; sie ist nach § 46 Abs. 1 S. 2 Nr. 10 NotAktVV in der Generalakte aufzubewahren.[5]

§ 14 Heften und Siegeln von Urkunden

(1) Beim Heften von Urkunden (§ 44 BeurkG) sollen Heftfäden in Landesfarben verwendet werden.

(2) [1]Unterlagen, die der Urkunde nur beigefügt und mit dieser verwahrt werden, aber nicht nach § 44 BeurkG verbunden werden müssen, können auch angeklebt werden. [2]Mit Urkunden, die in Papierform nicht länger als 30 Jahre aufbewahrt werden müssen, können Unterlagen im Sinne des Satzes 1 auch durch Heftklammern verbunden werden. [3]Unterlagen im Sinne des Satzes 1 können in die Ausfertigungen und Abschriften der Haupturkunde aufgenommen werden.

(3) [1]Siegel müssen dauerhaft mit dem Papier oder mit dem Papier und der Schnur verbunden sein und den Abdruck oder die Prägung deutlich erkennen lassen. [2]Eine Entfernung des Siegels ohne sichtbare Spuren der Zerstörung darf nicht möglich sein. Bei herkömmlichen Siegeln (Farbdrucksiegel, Prägesiegel in Lack oder unter Verwendung einer Mehloblate) ist davon auszugehen, dass die Anforderungen nach Satz 1 und 2 erfüllt sind. [3]Neue Siegelungstechniken dürfen verwendet werden, sofern sie nach einem Prüfzeugnis der PTS in Heidenau die Anforderungen erfüllen. [4]Die Verwendung eines lediglich drucktechnisch erzeugten Siegels ist unzulässig.

Literatur:
Bettendorf, Notariat und Technik, DNotZ 2011, 331; *Frohn*, Anmerkung zu BGH, Beschluss vom 14.12.2016 – V ZB 88/16 (drucktechnisch erzeugtes Behördensiegel), DNotZ 2017, 463.

I. Normzweck und Systematik

1 § 14 beschäftigt sich mit dem Heften und Siegeln von (Papier-)Urkunden und übernimmt im Wesentlichen den Regelungsgehalt von §§ 30 und 31 in der bis 2021 geltenden Fassung. Auf eine Wiederholung von § 44 BeurkG, wie sie in § 30 in der bis 2021 geltenden Fassung teilweise enthalten war, verzichtet die neue Vorschrift.

2 Abs. 1 beschäftigt sich mit den Heftfäden, Abs. 2 mit Dokumenten, die nicht nach § 44 BeurkG mit der Urkunde verbunden, sondern ihr nur beigefügt werden müssen, und Abs. 3 mit der Ausgestaltung des Siegels.

4 https://www.elektronisches-urkundenarchiv.de/intern/technische-anforderungen [zuletzt abgerufen am 3.1.2022 (aus dem Notarnetz)].
5 Begründung DONot 2022, 22.

II. Heftfäden (Abs. 1)

Heftfäden sollen in Landesfarbe verwendet werden. Weitere Anforderungen an Heftfäden sind nicht definiert; es ist aber selbstverständlich, dass Heftfäden einen gewissen Grad an Dauerhaftigkeit und Reißfestigkeit aufweisen müssen; das wird durch handelsübliches Urkunden-Heftgarn aus Baumwolle in aller Regel gewährleistet. 3

III. Nur beizufügende Dokumente (Abs. 2)

Abs. 2 beschäftigt sich mit Dokumenten, die nicht zwingend nach § 44 BeurkG mit der Urkunde zu verbinden sind, sondern lediglich **beigefügt** werden müssen. 4

Erfasst sind von Abs. 2 diejenigen Fälle, in denen eine Verbindung nach § 44 BeurkG nicht angeordnet ist. Zu denken ist etwa an **Vertretungsnachweise** nach § 12 BeurkG und § 31 Abs. 3 NotAktVV, an Dokumente nach § 31 Abs. 4 Nr. 1 und 2 NotAktVV (etwa **Annahme-, Genehmigungserklärung, behördliche Genehmigung, Erbschein, Eintragungsmitteilung, Auflassungserklärung in separater Urkunde, Handelsregisteranmeldung**), an die **Registrierungsbestätigung** des **ZTR** nach § 31 Abs. 1 Nr. 1b NotAktVV, an die **Übersetzung** nach § 16 Abs. 2 S. 2 BeurkG oder an die **Kostenberechnung** nach § 19 Abs. 6 GNotKG. 5

Diese Dokumente können der Urkunde nach Abs. 2 S. 1 auch **angeklebt** werden. Für Urkunden, die nur der 30-jährigen Aufbewahrungsfrist unterliegen, ist nach Abs. 2 S. 2 nunmehr auch die Verwendung von **Heftklammern** erlaubt. Diese Möglichkeit wurde neu eingeführt und ist gerade vor dem Hintergrund der Verkürzung der Aufbewahrungsfrist sehr sinnvoll, war der bisherige Ausschluss der Heftklammer doch dadurch begründet, dass die Urkunde aufgrund des Rostansatzes beschädigt werden kann;[1] diese Gefahr dürfte nach 30 Jahren noch nicht bestehen.[2] Daneben ist auch in diesen Fällen eine Verbindung mit Schnur und Siegel nach § 44 BeurkG natürlich zulässig und dürfte der geübten Praxis in vielen Notarbüros entsprechen. 6

Diese Unterlagen können – obwohl sie nicht mit Schnur und Siegel angeheftet werden müssen und nicht originärer Bestandteil der Urkunde sind – dennoch in **Ausfertigungen und Abschriften** aufgenommen werden, wie Abs. 2 S. 3 klarstellt. 7

IV. Siegel (Abs. 3)

Das Siegel ist äußeres Zeichen der Amtsträgerschaft des Notars und u.a. für die **Beweiswirkung** der Papierurkunde von überragender Bedeutung (→ § 2 Rn. 2). Daher treffen Abs. 3 S. 1 und S. 2 nähere Bestimmungen zur Sicherstellung der Fälschungssicherheit und der Erkennbarkeit: Das Siegel muss mit dem Papier und ggf. mit der Schnur dauerhaft verbunden sein und seine Entfernung darf nicht ohne Zerstörung möglich sein. Der Abdruck der Prägung muss deutlich erkennbar sein. 8

Bei **herkömmlichen Siegelungstechniken**, also bei Farbdrucksiegel, Prägesiegel mit Lack oder Prägesiegel mit Mehloblate sind diese Voraussetzungen nach Abs. 3 S. 3 in aller Regel gewahrt. **Sonstige Siegelungstechniken** müssen mit einem Prüfzeugnis der PTS Heidenau ausgestattet sein, um verwendet werden zu können. Nach aktueller Auskunft der PTS Heidenau Ende 2021 ist bislang ein derartiges Prüfzeugnis noch nicht erteilt worden und auch kein Prüfverfah- 9

1 Armbrüster/Preuß/Renner/*Eickelberg* § 18 Rn. 22.
2 Begründung DONot 2022, 23.

ren anhängig.[3] Insbesondere dürften deshalb bis auf Weiteres selbstklebende Siegelsterne ohne Mehloblate nicht zulässig sein. Abgesehen vom fehlenden Prüfzeugnis besteht bei ihnen eine größere Gefahr, zerstörungsfrei vom Papier abgelöst werden zu können.[4]

10 Abs. 3 S. 4 ist in der Neufassung hinzugekommen und trifft die Klarstellung, dass die **Verwendung eines lediglich drucktechnisch erzeugten Siegels unzulässig** ist. Eine Klarstellung ist vor dem Hintergrund der § 29 Abs. 3 S. 2 GBO, § 30a Abs. 3 S. 2 HRV geboten, wonach bei Dienstsiegeln von Behörden und bei amtlichen Ausdrucken aus dem Handelsregister maschinelle Siegel zulässig sind. Diese – aufgrund der damit verbundenen Gefahren völlig verfehlten[5] – Regelungen finden auf Notare zwar schon deshalb keine Anwendung, weil Notare keine Behörden in diesem Sinne sind, dennoch ist eine Klarstellung sinnvoll.[6]

Abschnitt 6 Prüfung der Amtsführung

§ 15 Verfahren

(1) Die regelmäßige Prüfung der Amtsführung der Notarin oder des Notars (§ 93 Absatz 1 Satz 1 BNotO) erfolgt in der Regel in Abständen von vier Jahren.

(2) [1]Die Prüfung wird von der Präsidentin oder dem Präsidenten des Landgerichts (§ 92 Absatz 1 Nummer 1 BNotO) oder von ihr oder ihm mit der Prüfung beauftragten Richterinnen und Richtern auf Lebenszeit durchgeführt. [2]Nach Maßgabe des § 93 Absatz 3 Satz 2 und 3 BNotO können auch Notarinnen und Notare sowie Beamtinnen und Beamten der Justizverwaltung hinzu- oder herangezogen werden. [3]Die Präsidentin oder der Präsident des Oberlandesgerichts kann eine Richterin, einen Richter oder mehrere Richterinnen oder Richter auf Lebenszeit bestellen, die im Auftrag der Präsidentinnen und Präsidenten der Landgerichte die Notarinnen und Notare im gesamten Oberlandesgerichtsbezirk prüfen.

(3) [1]Prüfungsbeauftragte, hinzugezogene Notarinnen und Notare sowie herangezogene Justizbeamtinnen und -beamte berichten der Präsidentin oder dem Präsidenten des Landgerichts über das Ergebnis der Prüfung. [2]Soweit der Bericht Beanstandungen enthält, trifft die Präsidentin oder der Präsident des Landgerichts die erforderlichen Anordnungen.

Literatur:

Dickert, Inhalt und Grenzen der staatlichen Aufsicht über Notare, MittBayNot 1995, 421.

3 S. zum Sachstand 2011 bereits *Bettendorf* DNotZ 2011, 331 (339).
4 Armbrüster/Preuß/Renner/*Eickelberg* § 31 Rn. 4.
5 Vgl. dazu *Frohn* DNotZ 2017, 463 (469 ff.).
6 So auch bereits BeckOK BNotO/*Bracker* § 31 Rn. 3; Frenz/Miermeister/*Blaeschke* § 31 Rn. 6a.

I. Normzweck und Systematik

§ 15 entspricht mit wenigen redaktionellen Änderungen § 32 aF. Die Vorschrift ist nicht an den Notar, sondern an die **untergeordneten Aufsichtsbehörden**, also an die OLG- und LG-Präsidenten, gerichtet.[1] Die wesentlichen Bestimmungen zur Aufsicht finden sich auf gesetzlicher Ebene in § 93 BNotO. § 15 ergänzt und konkretisiert diese Bestimmungen in Einzelaspekten, nämlich in Bezug auf den Turnus der regelmäßigen Prüfung (Abs. 1), die Zuständigkeiten (Abs. 2) und den Prüfbericht (Abs. 3). 1

II. Turnus der regelmäßigen Prüfung (Abs. 1)

Die BNotO schreibt in § 93 Abs. 1 S. 1 BNotO lediglich vor, dass die Amtsprüfung regelmäßig zu erfolgen hat. Abs. 1 konkretisiert diese Bestimmung dahin gehend, dass diese Prüfung in einem **Rhythmus von vier Jahren** stattzufinden hat. Teilweise finden sich im Landesrecht hiervon abweichende Bestimmungen.[2] 2

§ 93 Abs. 1 S. 3 bestimmt – insoweit vorrangig –, dass die erste **Prüfung neu bestellter Notare innerhalb von zwei Jahren** vorgenommen wird. Im Übrigen stellt § 93 Abs. 1 S. 2 heraus, dass **zusätzliche Stichproben** und **Zwischenprüfungen** ohne besonderen Anlass zulässig sind. Die Aufsicht hat bei zusätzlichen Prüfungen zwar den Grundsatz der Verhältnismäßigkeit zu wahren, was etwa bedeutet, dass sich bei außerordentlichen Prüfungen der Prüfungsumfang auf Bereiche beschränken sollte, in denen der begründete Verdacht von Amtspflichtverletzungen besteht; zudem sollte der Prüfungszeitraum nicht zu weit in die Vergangenheit erstreckt werden.[3] Insgesamt steht der Aufsichtsbehörde hier jedoch ein großer Ermessensspielraum zu.[4] 3

Die Anordnung der Aufsichtsbehörde zur Durchführung einer Geschäftsprüfung ist ein **belastender Verwaltungsakt**, der nach § 111b BNotO iVm § 42 VwGO angegriffen werden kann.[5] 4

In besonders extrem gelagerten Fällen kann die Aufsicht sogar eine drittschützende **Pflicht zur Prüfung** treffen, erst recht, wenn der Regelprüfzeitraum überschritten wurde. Dies trifft etwa dann zu, wenn verdichtete Anhaltspunkte für ein gravierendes Fehlverhalten bestehen; aufgrund des drittschützenden Charakters sind hier Amtshaftungsansprüche denkbar.[6] 5

III. Zuständigkeiten (Abs. 2)

Nach § 93 Abs. 3 S. 1 BNotO richtet sich die Zuständigkeit zur Durchführung der Prüfung nach den hierzu erlassenen Bestimmungen der Landesjustizverwaltung. Abs. 2 stellt eine derartige Bestimmung dar. Der **LG-Präsident** ist nach Abs. 2 S. 1 für die Prüfung zuständig. Bei der Prüfung handelt es sich nicht um eine richterliche, sondern um eine Verwaltungsaufgabe.[7] Diese muss nicht vom 6

1 BeckOK BNotO/*Bracker* § 32 Rn. 1.
2 Vgl. zur bisherigen Rechtslage etwa Ziff. 11.1.2 BayNotBek., die nach Ziff. 17.2.5 BayNotBek. vorrangig ist.
3 *Dickert* MittBayNot 1995, 421 (428); BGH 26.3.1973 – NotZ 1/73, BeckRS 1973, 31174374.
4 BGH 9.1.1995 – NotZ 29/93, NJW-RR 1995, 625; BGH 3.11.2003 – NotZ 13/03, NJW-RR 2004, 351.
5 Armbrüster/Preuß/Renner/*Eickelberg* § 32 Rn. 16; Frenz/Miermeister/*Blaeschke* § 32 Rn. 7.
6 BGH 15.5.1997 – III ZR 204/96, DNotZ 1999, 334; OLG Schleswig-Holstein 26.3.1998 – 11 U 66/94, DNotZ 1999, 726.
7 Armbrüster/Preuß/Renner/*Eickelberg* § 32 Rn. 20; BeckOK BeurkG/*Kindler* § 32 Rn. 7.

LG-Präsidenten selbst durchgeführt werden, sondern dieser kann hiermit nach Abs. 2 S. 2 **Richter auf Lebenszeit** beauftragen, zusätzlich können nach Abs. 2 S. 3 unter Beachtung des § 93 Abs. 3 S. 2 und 3 auch **Notare** hinzugezogen und **Beamten der Justizverwaltung** herangezogen werden. Die jeweilige Personalentscheidung ist ein innerdienstlicher Vorgang, der durch den betroffenen Notar nicht angefochten werden kann.[8]

7 Alternativ dazu kann der Präsident des Oberlandesgerichts nach Abs. 2 S. 3 auch Richter als **hauptamtliche Prüfer** im gesamten OLG-Bezirk bestellen. Diese Möglichkeit wird jedoch in der Praxis kaum genutzt.[9]

8 Ferner haben nach § 67 BNotO auch die **Notarkammern** die Aufsichtsbehörden bei ihrer Tätigkeit zu unterstützen. Im Bereich der **Kassen** können diese nach § 113 Abs. 17 S. 9 BNotO die Berechnung der Notarkosten (neben der hieraus zu ermittelnden Abgabenpflicht und dem Kosteneinzug) prüfen, so dass insoweit die Prüfung durch die Aufsichtsbehörde nach § 93 Abs. 3 S. 4 BNotO entbehrlich ist.

IV. Prüfbericht (Abs. 3)

9 Soweit der Präsident des Landgerichts nicht selbst prüft, erstatten ihm die Prüfungsbeauftragten und die hingezogenen Notare sowie die herangezogenen Beamten einen – in der Regel schriftlichen – **Prüfbericht**, der grundsätzlich auch an die Notarkammer übermittelt wird.[10]

10 Der Bericht beinhaltet eine **Einschätzung über die Einhaltung der materiellen und formellen Pflichten**[11] und endet mit einem abschließenden Vermerk über den Gesamteindruck.[12] Der Notar kann hierzu Stellung nehmen bzw. von der Aufsichtsbehörde auch zu einer Stellungnahme aufgefordert werden; eine Abänderung des Berichts kann er jedoch nicht verlangen.[13]

11 Bei Beanstandungen trifft der Präsident des Landgerichts nach Abs. 3 S. 2 die erforderlichen **Anordnungen**. Diese können von einem bloßen Hinweis bzw. Ratschlag über eine Belehrung, Missbilligung nach § 94 BNotO oder Veranlassung einer Zwischenprüfung nach § 93 Abs. 1 S. 2 BNotO bis hin zu Disziplinarmaßnahmen nach §§ 95 ff. BNotO reichen.[14]

§ 16 An die Aufsichtsbehörden zu übermittelnde Dokumente

(1) Die Notarin oder der Notar hat der Präsidentin oder dem Präsidenten des Landgerichts turnusmäßig insbesondere folgende Dokumente zu übermitteln:

8 BGH 9.1.1995 – NotZ 32/93, NJW-RR 1995, 886.
9 Armbrüster/Preuß/Renner/*Eickelberg* § 32 Rn. 24.
10 BeckOK BeurkG/*Kindler* § 32 Rn. 18; BeckOK BNotO/*Bracker* § 32 Rn. 4; Weingärtner/Gassen/Sommerfeldt/*Weingärtner/Ulrich* § 32 Rn. 21.
11 Armbrüster/Preuß/Renner/*Eickelberg* § 32 Rn. 26. Vgl. auch Ziff. 11.3 BayNotBek.
12 Weingärtner/Gassen/Sommerfeldt/*Weingärtner/Ulrich* § 32 Rn. 21 ff. (mit Musterformulierungen).
13 BGH 13.10.1980 – NotZ 11/80, BeckRS 9998, 104189.
14 Vgl. dazu näher Weingärtner/Gassen/Sommerfeldt/*Weingärtner/Ulrich* § 32 Rn. 26 ff.; Armbrüster/Preuß/Renner/*Eickelberg* § 32 Rn. 30.

1. **die jährliche Übersicht über Urkundsgeschäfte (§ 7);**
2. **die jährliche Übersicht über Verwahrungsgeschäfte oder die Fehlanzeige (§ 9 Absatz 1 und 4);**
3. **gegebenenfalls die vierteljährliche Übersicht über die ständige Vertretung (§ 19 Absatz 5 Satz 1).**

(2) Die Notarin oder der Notar hat der Präsidentin oder dem Präsidenten des Landgerichts anlassbezogen insbesondere folgende Dokumente zu übermitteln:

1. **die Übersicht über Verwahrungsgeschäfte bei Erlangung einer Verwahrungszuständigkeit (§ 9 Absatz 5);**
2. **die Anzeige über die vorzeitige Beendigung der Vertretung (§ 19 Absatz 5 Satz 2).**

(3) [1]Die Übermittlung bedarf der Schriftform. [2]Diese kann im Einvernehmen mit der Aufsichtsbehörde durch die elektronische Form ersetzt werden. [3]Ist ein Muster zu verwenden, darf dieses im Format (zum Beispiel Hoch- oder Querformat, Breite der Spalten) geändert werden. [4]Abweichungen von der inhaltlichen Gestaltung bedürfen der Genehmigung der Aufsichtsbehörde.

I. Normzweck und Systematik

1 § 16 hat in der bis 2021 geltenden Fassung der DONot keine Entsprechung. Die Vorschrift fasst – ohne abschließend zu sein – diejenigen Dokumente zusammen, die der Notar regelmäßig (Abs. 1) oder bei einem konkreten Anlass (Abs. 2) der Aufsichtsbehörde unaufgefordert zu übermitteln hat. Die Übersicht beschränkt sich dabei auf Übermittlungspflichten nach der DONot.[1] In Abs. 3 werden Formfragen geregelt.

II. Regelmäßige unaufgeforderte Übermittlung (Abs. 1)

2 Gegenstand der regelmäßigen unaufgeforderten Übermittlung sind insbesondere die Übersicht über Urkundsgeschäfte nach § 7 (→ § 7 Rn. 1 ff.), die Übersicht über Verwahrungsgeschäfte bzw. die Fehlanzeige nach § 9 Abs. 1 und 4 (→ § 9 Rn. 4 ff., Rn. 10) sowie ggf. die vierteljährliche Übersicht über die ständige Vertretung nach § 19 Abs. 5 S. 1 (→ § 19 Rn. 10).

III. Anlassbezogene unaufgeforderte Übermittlung (Abs. 2)

3 Bei konkretem Anlass sind der Aufsichtsbehörde unaufgefordert insbesondere die Übersicht über Verwahrungsgeschäfte bei Erlangung der Verwahrungszuständigkeit nach § 9 Abs. 5 (→ § 9 Rn. 11 ff.) und die Anzeige über die vorzeitige Beendigung der Vertretung nach § 19 Abs. 5 S. 2 (→ § 19 Rn. 11) zu übermitteln.

IV. Formfragen (Abs. 3)

4 Nach S. 1 sind die Dokumente grundsätzlich in Schriftform einzureichen. Nach Abs. 3 S. 2 genügt aber auch die elektronische Form, worunter insbesondere ein mit qualifizierter elektronischer Signatur versehenes Dokument zu verstehen ist, § 64a Abs. 1 BNotO (ab 1.8.2022: § 64a BNotO) iVm §/Art. 3a Abs. 2 S. 2

1 Begründung DONot 2022, 23 f.

VwVfG. Zwar wäre aufgrund der vorstehend zitierten Bestimmungen keine ausdrückliche Anordnung hierzu erforderlich, allerdings verlangt die DONot an dieser Stelle als zusätzliche Voraussetzung das Einvernehmen mit der Aufsichtsbehörde, so dass die Aufsichtsbehörde weiterhin die Einreichung der Dokumente in Schriftform verlangen kann. Bei einer elektronischen Übermittlung sind die Anforderungen des § 18 BNotO einzuhalten, so dass sich eine Übertragung mittels EGVP anbietet,[2] das über eine Ende-zu-Ende-Verschlüsselung verfügt.

5 Abs. 3 S. 3 und 4 beinhalten schließlich weitere Bestimmungen zu Fragen der äußeren Gestaltung der Dokumente, wenn Muster zugrunde liegen (gemeint sind die Muster 1 und 2 zu den Übersichten über Urkundsgeschäfte bzw. Verwahrungsgeschäfte). Hier wird – wie bereits in § 6 Abs. 3 aF – die Möglichkeit eingeräumt, im Format vom Muster abzuweichen. Eine gewisse Flexibilisierung tritt dadurch ein, dass Abs. 3 S. 4 nur noch die inhaltliche Veränderung unter den Genehmigungsvorbehalt der Aufsichtsbehörde stellt. Dies bedeutet, dass rein äußerliche Änderungen ohne Weiteres möglich sind. Der Grundcharakter des Musters darf dadurch nicht verändert werden.

§ 17 Zugang der Aufsichtsbehörde zu den Akten und Verzeichnissen der Notarin oder des Notars

(1) [1]Die Notarin oder der Notar hat der Aufsichtsbehörde sämtliche der Prüfung unterliegenden Akten und Verzeichnisse zur Durchsicht in der Geschäftsstelle zur Verfügung zu stellen. [2]Insbesondere ist der Aufsichtsbehörde für die Dauer der Prüfung von einem Computer in der Geschäftsstelle aus ein uneingeschränkter Lesezugriff auf sämtliche Dateien einzuräumen, zu denen sie nach pflichtgemäßem Ermessen Zugang verlangt. [3]Die Notarin oder der Notar hat der Aufsichtsbehörde die hierfür erforderliche technische Ausstattung zur Verfügung zu stellen und ihr die erforderlichen Hilfestellungen zu geben. [4]Ein unmittelbarer Zugang von einem externen Arbeitsplatz der mit der Prüfung beauftragten Person scheidet aus.

(2) [1]Auf Verlangen der Aufsichtsbehörde hat die Notarin oder der Notar einzelne Bestandteile von Akten und Verzeichnissen auch zur Prüfung außerhalb der Geschäftsstelle in geeigneter Form zur Verfügung zu stellen. [2]Die Möglichkeit der Aufsichtsbehörde, Ausdrucke oder elektronische Aufzeichnungen des Urkunden- oder Verwahrungsverzeichnisses, auch hinsichtlich mehrerer Jahre, anzufordern, bleibt unberührt.

(3) [1]Die Notarin oder der Notar hat der Aufsichtsbehörde auf deren Anforderung unverzüglich folgende Dokumente zur Verfügung zu stellen:

1. eine Übersicht über Beteiligte im Urkundenverzeichnis des jeweils betroffenen Jahres;

2. eine Übersicht über Beteiligte im Verwahrungsverzeichnis des jeweils betroffenen Jahres.

[2]Die Möglichkeit der Aufsichtsbehörde, Ausdrucke oder elektronische Aufzeichnungen von Beteiligtenübersichten, auch hinsichtlich mehrerer Jahre, anzufordern, bleibt unberührt.

(4) Die Notarin oder der Notar hat der Aufsichtsbehörde auf deren Anforderung im Einzelfall Auswertungen nach von der Aufsichtsbehörde näher benann-

2 Begründung DONot 2022, 24.

ten Kriterien zur Verfügung zu stellen, die von der Software des Urkundenverzeichnisses oder des Verwahrungsverzeichnisses erstellt werden können.

(5) Die Notarin oder der Notar hat der Aufsichtsbehörde auf deren Anforderung im Einzelfall eine Saldenbestätigung der kontenführenden Bank für Notaranderkonten zu einem bestimmten Stichtag zur Verfügung zu stellen.

(6) Elektronische Aufzeichnungen sind in dem für die elektronische Urkundensammlung vorgeschriebenen Format und auf einem allgemein gebräuchlichen Datenträger oder sonst über einen besonders abgesicherten elektronischen Übermittlungsweg zur Verfügung zu stellen.

I. Regelungszweck und Systematik

§ 17 hat in der vor 2022 geltenden DONot kein Vorbild. Die Vorschrift fasst die äußerlich-organisatorischen Grundsätze der Geschäftsprüfung zusammen und widmet sich insbesondere dem **Zugang der Aufsichtsbehörde zur Geschäftsstelle und zu den Akten und Verzeichnissen des Notars.** Hierbei werden insbesondere auch die in § 93 Abs. 4 BNotO verankerten Pflichten der Notare gegenüber den Aufsichtsbehörden bei der Prüfung konkretisiert.[1] 1

Die Landesjustizverwaltungen entschieden sich vor dem Hintergrund der **Einführung des Elektronischen Urkundenarchivs** für eine entsprechende Regelung. Denn durch die elektronische Führung des Urkunden- und Verwahrungsverzeichnisses sowie durch die elektronische Urkundensammlung ändern sich die Voraussetzungen für die Notaraufsicht im Grundsatz, was den Zugang zu den Akten und Verzeichnissen, aber auch die Durchführung der Prüfung betrifft. So ist der Zugang zu den Inhalten des Elektronischen Urkundenarchivs nur mithilfe von Zugangsdaten und speziellen Schlüsseln und nur über eine Software möglich, was die Tätigkeit der Aufsichtsbehörden vor neue Herausforderungen stellt. Andererseits bietet die strukturierte Erfassung der Daten in den Verzeichnissen der Aufsicht auch neue Möglichkeiten zur Prüfung, etwa indem das Urkundenverzeichnis konkret nach bestimmten Kriterien „gefiltert" werden kann. Insgesamt ist die Durchführung der Geschäftsprüfung auch nach Einführung des Elektronischen Urkundenarchivs in effektiver Weise möglich. 2

Gegenstand der Amtsprüfung sind nach § 93 Abs. 4 S. 1 BNotO insbesondere die **Akten und Verzeichnisse** (§§ 1, 2 NotAktVV), da es sich bei ihnen um die nach § 35 Abs. 1 BNotO maßgeblichen und verpflichtend zu führenden amtlichen Aufzeichnungen handelt.[2] Hilfsmittel iSd § 35 Abs. 2 S. 2 BNotO, etwa Vorentwürfe, die noch nicht in der Nebenakte gespeichert sind, sind nicht Gegenstand der inhaltlichen Prüfung. Hilfsmittel können aber Gegenstand jeder organisatorischen Prüfung sein, soweit dies – etwa hinsichtlich der Vertraulichkeit nach § 35 Abs. 2 S. 2 BNotO – zur Beurteilung der Amtsführung von Be- 3

1 Begründung DONot 2022, 25.
2 Begründung DONot 2022, 25.

deutung ist,[3] so etwa die verwendete Hard- und Software, die ebenfalls ein Hilfsmittel in diesem Sinne darstellt.[4]

4 Abs. 1 beschäftigt sich mit den **Mitwirkungspflichten** des Notars bei der Geschäftsprüfung. Abs. 2 betrifft die Prüfung von Akten und Verzeichnissen **außerhalb der Geschäftsstelle**. In Abs. 3 und 4 werden **Dokumente und Auswertungen** genannt, welche der Aufsichtsbehörde im Rahmen der Prüfung von besonderem Nutzen sein können und die ihr auf Aufforderung daher zur Verfügung zu stellen sind. Abs. 5 regelt die Vorlage der **Saldenbestätigung** bei Anderkonten und Abs. 6 widmet sich schließlich den Einzelheiten der Übergabe **elektronischer Aufzeichnungen** an die Aufsichtsbehörde.

II. Mitwirkungspflichten der Notare bei der Prüfung (Abs. 1)

5 Abs. 1 S. 1 stellt zunächst dar, dass der Notar der Aufsichtsbehörde **sämtliche Akten und Verzeichnisse zur Verfügung** zu stellen hat. Akten und Verzeichnisse sind nach § 93 Abs. 4 S. 1 BNotO ein Schwerpunkt der Prüfung. Unter „Akten und Verzeichnisse" sind nach §§ 1, 2 NotAktVV zu verstehen: Urkundenverzeichnis, Verwahrungsverzeichnis, Urkundensammlung, Erbvertragssammlung, elektronische Urkundensammlung, Sondersammlung, Nebenakten, Sammelakte für Wechsel- und Scheckproteste sowie Generalakte. Erfasst sind sowohl in Papierform als auch in elektronischer Form vorliegende Akten und Verzeichnisse.[5]

6 Weiter bringt Abs. 1 S. 1 zum Ausdruck, dass der Zugang zu sämtlichen Akten und Verzeichnissen **nur in der Geschäftsstelle** zu gewähren ist. In Zusammenschau mit Abs. 1 S. 4 bedeutet dies, dass – vorbehaltlich Abs. 2 – die Prüfung vornehmlich vor Ort in der Geschäftsstelle erfolgt und ein Zugang zu sämtlichen elektronisch geführten Akten und Verzeichnissen von einem externen Arbeitsplatz ausscheidet. Diese **Einschränkung** auf die Geschäftsstelle ist **aus gesetzlichen Gründen zwingend**: Nach § 93 Abs. 4 S. 3 iVm § 78i BNotO steht – auch mit Blick auf die Aufsicht – der Zugang zu den elektronischen Akten und Verzeichnissen ausschließlich der für die Verwahrung zuständigen Stelle zu. Die Begründung des Regierungsentwurfs zu § 93 BNotO stellt dies nochmal ausdrücklich klar, indem zum Ausdruck gebracht wird, dass ein Zugang vom Arbeitsplatz der mit der Geschäftsprüfung beauftragten Person mit dem Grundsatz des § 78i BNotO nicht zu vereinbaren und deshalb aus Sicherheitsgründen technisch nicht vorgesehen ist.[6]

7 Die Landesjustizverwaltungen haben sich vor diesem Hintergrund bewusst für die nochmalige Klarstellung entschieden, dass ein „Fernzugriff" vom externen Arbeitsplatz des Prüfers nicht möglich ist. Vielmehr ist eine **Vor-Ort-Prüfung gesetzlich vorgegeben**, da § 93 Abs. 2 S. 2 BNotO auch die Einrichtung der Geschäftsstelle als Gegenstand der Prüfung bestimmt. Dies dient nicht zuletzt auch einer effektiven Aufsicht. Denn eine wie auch immer geartete „Fernprüfung" ist einer Vor-Ort-Prüfung unterlegen. Dies gilt auch unter Pandemiebedingungen. Nur vor Ort kann etwa die Einhaltung der organisatorischen Vorgaben des Datenschutzes, die Einhaltung der korrekten papiergebundenen Aktenführung, das Vorliegen papierförmiger Unterlagen in der Generalakte (so etwa das Prüfzeugnis der PTS nach § 12 Abs. 1 Nr. 4 DONot iVm § 46 Abs. 1 S. 2 Nr. 10 NotAktVV oder Unterlagen über die Berufshaftpflichtversicherung nach § 46 Abs. 1 S. 2 Nr. 6 NotAktVV) oder das korrekte Werbeauftreten nach § 29

3 Begründung DONot 2022, 25.
4 Vgl. zum Begriff des Hilfsmittels Frenz/Miermeister/*Frohn* BNotO § 35 Rn. 10.
5 Begründung DONot 2022, 25.
6 BT-Drs. 18/10607, 80.

BNotO iVm Ziff. VII der Richtlinien geprüft werden. Zudem bietet die Vor-Ort-Prüfung den Vorteil, dass bei Zweifelsfragen der Notar und seine Mitarbeiter direkt befragt werden können. Denn die Prüfung sollte ohnehin grundsätzlich in kooperativer Weise erfolgen.[7]

Abs. 1 S. 2 beschäftigt sich konkret mit dem **Zugang der Prüfer zu den elektronischen Systemen** und konkretisiert damit § 93 Abs. 4 S. 1 BNotO. So ist der Aufsichtsbehörde für die Dauer der Prüfung von einem Computer in der Geschäftsstelle ein **uneingeschränkter Lesezugriff** auf sämtliche Dateien einzuräumen, zu denen die Aufsichtsbehörde nach pflichtgemäßem Ermessen Zugang verlangt. Gemeint sein dürfte vor dem Hintergrund des § 93 Abs. 4 S. 1 BNotO insbesondere der Zugang zu den Bestandteilen des Elektronischen Urkundenarchivs, also zum Urkundenverzeichnis, zum Verwahrungsverzeichnis und zur elektronischen Urkundensammlung. 8

Dieser Zugang erfolgt – spätestens ab dem 1.7.2022[8] – über individualisierte **Chipkarten**, verbunden mit einem Kennwort. Gleichzeitig beinhalten diese Chipkarten auch den Schlüssel, mit dem die in der elektronischen Urkundensammlung gespeicherten Urkunden entschlüsselt werden können. Hierbei verfügt der Notar über eine sog. „N-Karte", der Mitarbeiter über eine sog. „M-Karte", deren Zugriffsrechte der Notar festlegen kann. Bei diesen Karten handelt es sich um körperliche Zugangsmittel, die nach § 5 Abs. 3, Abs. 5 NotAktVV sicher zu verwahren und keiner anderen Person zu überlassen sind. Vor diesem Hintergrund ist es ratsam, für die Prüfer im Vorfeld einer Geschäftsprüfung die erforderliche Anzahl von Mitarbeiterkarten zu widmen und die entsprechenden Kennwörter mitzuteilen. Vor dem Hintergrund des § 93 Abs. 2 BNotO dürfte es jedoch auch möglich sein, den Prüfern die N-Karte oder eine einem anderen Mitarbeiter gewidmete M-Karte für die Dauer der Prüfung zu überlassen. Nach Abs. 1 S. 2 reicht ein Lesezugriff aus, es dürfte aber nicht unschädlich sein, wenn stattdessen auch ein Vollzugriff möglich ist. Wenn den Prüfern eine „M-Karte" zur Verfügung gestellt wird, ist zu beachten, dass die Software des Elektronischen Urkundenarchivs eine Funktion vorsieht, nach der einzelne Einträge im Urkundenverzeichnis und in der elektronischen Urkundensammlung als „streng vertraulich" gekennzeichnet werden können und dadurch nur vom Notar eingesehen werden können. In diesen Fällen muss der Notar den Prüfern zwingend seine „N-Karte" überlassen. Ob und welche Einträge als „streng vertraulich" gekennzeichnet sind, kann der Prüfer aber auch mit einer „N-Karte" identifizieren. Diese Funktion dürfte ohnehin nur in den seltensten Fällen Verwendung finden. 9

Nach Abs. 1 S. 3 ist dem Prüfer die **erforderliche technische Ausstattung** zur Verfügung zu stellen und sind die **erforderlichen Hilfestellungen** zu geben. Dies stellt eine Konkretisierung des § 93 Abs. 4 S. 1 und 2 BNotO dar. Die Aufsichtsbehörde muss also nicht eigene Hard- und Software bereitstellen (dies wäre vor dem Hintergrund des § 93 Abs. 4 S. 3 iVm § 78i BNotO auch gar nicht gestattet), sondern der Notar muss den Prüfer mit dieser Hard- und Software ausstatten. Bei Problemen mit der Bedienung müssen der Notar und seine Mitarbeiter Hilfestellungen geben, also als „Mittler" fungieren. Dies wird in erster Linie die Arbeit mit dem Urkundenarchivmodul der hierzu von der Bundesnotarkammer als Urkundenarchivbehörde bereitgestellten Software „XNP" beinhalten, darüber hinaus aber auch die Arbeit mit der verwendeten Notarsoftware. 10

7 So ausdrücklich Begründung DONot 2022, 28.
8 Vgl. dazu BT-Drs. 843/21, 8 f.

III. Prüfung außerhalb der Geschäftsstelle (Abs. 2)

11 Abs. 2 stellt eine Rückausnahme von dem in Abs. 1 aufgestellten Grundsatz der Vor-Ort-Prüfung in der Geschäftsstelle dar. Nach § 93 Abs. 2 S. 3 BNotO ist in jedem Fall eine größere Anzahl von Urkunden und Nebenakten durchzusehen und dabei auch die Kostenberechnung zu prüfen. Bereits nach bisheriger Praxis war es üblich, dass die Prüfer hierzu ausgewählte Urkunden und Nebenakten zur genaueren Prüfung an ihren Arbeitsplatz mitnahmen. Dass dies weiterhin möglich ist, stellt Abs. 2 klar. Abs. 2 S. 1 spricht hierbei von „Bestandteilen" der Akten und Verzeichnisse, um zum Ausdruck zu bringen, dass es sich dabei **nur um einzelne Urkunden und dazugehörige Nebenakten** handelt, die außerhalb der Geschäftsstelle verbracht werden, und nicht etwa um die Gesamtheit der Akten und Verzeichnisse. Dafür sprechen Praktikabilitäts-, Sicherheits- und Datenschutzgründe.[9] Abs. 2 S. 2 stellt aber klar, dass es möglich ist, im Einzelfall **Verzeichnisinhalte aus mehreren Jahren anzufordern**, also etwa Ausdrucke oder elektronische Aufzeichnungen zum Inhalt des Urkunden- oder Verwahrungsverzeichnisses über mehrere Jahre.

12 Die Bestandteile der Akten und Verzeichnisse sind **in geeigneter Form** zur Verfügung zu stellen. Hierbei kommen sowohl die Papierform als auch die elektronische Form (Abs. 6) in Betracht. Es dürfte im Ermessen der Aufsichtsbehörde stehen, in welcher Form sie sich die Bestandteile aushändigen lässt. Dies gilt aber nur, wenn die entsprechende Unterlage bereits in elektronischer Form vorliegt. Ein Einscannen einer in Papierform geführten Nebenakte kann also nicht gefordert werden.

IV. Dokumente und Auswertungen (Abs. 3 und 4)

13 Abs. 3 und 4 nimmt Unterlagen in Bezug, die im Rahmen der Geschäftsprüfung von der Aufsichtsbehörde typischerweise angefordert werden. Diese Unterlagen sind im Gegensatz zu den in § 16 genannten Unterlagen nur nach Aufforderung durch die Aufsichtsbehörde zur Verfügung zu stellen, dann aber **unverzüglich** (so zumindest die Formulierung in Abs. 3).

14 Hierbei handelt es sich zum einen nach Abs. 3 um die **Beteiligtenübersichten** des Urkunden- und Verwahrungsverzeichnisses. Diese sind nicht mehr – wie noch nach § 13 aF – regelmäßig zu erstellen, können mit der Software des Elektronischen Urkundenarchivs aber jederzeit exportiert werden.

15 Besonders effektiv für die Aufsicht dürfte sich die Vorgabe des Abs. 4 erweisen, wonach der Notar der Aufsichtsbehörde auf Anforderung im Einzelfall **Auswertungen nach von der Aufsichtsbehörde näher benannten Kriterien** zur Verfügung zu stellen hat, die von der Software des Urkundenverzeichnisses oder des Verwahrungsverzeichnisses erstellt werden können. Dies nimmt Bezug darauf, dass die Eintragungen in Urkunden- und Verwahrungsverzeichnis strukturiert elektronisch erfasst werden und daher eine individuelle „Filterung" nach diesen strukturierten Kriterien möglich ist. Das betrifft all diejenigen Kriterien, die von der Software zur Verfügung gestellt werden. Zu denken ist etwa an bestimmte Geschäftsgegenstände, an Urkunden mit bestimmten Beteiligten, an von Vertretern errichtete Urkunden, an außerhalb der Geschäftsstelle errichtete Urkunden, an Anderkonten mit bestimmten Fremdwährungen, an offene oder geschlossene Verwahrungsmassen. Die entsprechenden Kriterien können über die **„erweiterte Suche"** des Urkunden- bzw. Verwahrungsverzeichnisses berücksich-

9 Begründung DONot 2022, 26.

tigt werden; die Ergebnisse dieser Suche können als Auswertung ausgedruckt werden.

V. Saldenbestätigung (Abs. 5)

Abs. 5 stellt ausdrücklich klar, dass der Notar der Aufsichtsbehörde jederzeit auf Anforderung eine **Saldenbestätigung der anderkontenführenden Bank** zu einem bestimmten Stichtag zur Verfügung zu stellen hat. Dies ermöglicht insbesondere die Prüfung der Übereinstimmung zwischen einer Eintragung im Verwahrungsverzeichnis und dem Kontostand bei der Bank. 16

VI. Elektronische Aufzeichnungen (Abs. 6)

Abs. 6 trifft nähere Bestimmungen zu dem Fall, dass der Aufsichtsbehörde elektronische Aufzeichnungen zur Verfügung gestellt werden. Aus dieser Bestimmung wird indirekt deutlich, dass sämtliche in den vorstehenden Absätzen genannten Unterlagen der Aufsichtsbehörde – sofern sie in elektronischer Form vorliegen – auch als **elektronische Aufzeichnung** zur Verfügung gestellt werden können. 17

Hierbei ist sicherzustellen, dass die Aufsichtsbehörde diese elektronischen Aufzeichnungen auch lesen kann. Daher bestimmt Abs. 6, dass diese in dem für die elektronische Urkundensammlung vorgeschriebenen Format zur Verfügung zu stellen sind. Darunter wird das in § 4 Abs. 1, § 43 Abs. 1 NotAktVV genannte Format in Bezug genommen, das durch die Bundesnotarkammer näher ausgestaltet werden kann. Derzeit handelt es sich dabei in der Regel um das allgemein lesbare Format **PDF** (→ NotAktVV § 4 Rn. 5, → NotAktVV § 43 Rn. 6). 18

Die **Übermittlung** selbst hat entweder in physischer Weise auf einem allgemein gebräuchlichen Datenträger (derzeit wohl insbesondere ein USB-Stick[10]) oder über einen besonders abgesicherten elektronischen Übermittlungsweg zu erfolgen. Hierbei sind insbesondere die Erfordernisse des § 18 BNotO zu wahren, so dass sich die Verwendung eines Ende-zu-Ende-verschlüsselten Systems anbietet.[11] 19

§ 18 Gegenstand der regelmäßigen Prüfung

(1) [1]Gegenstand der regelmäßigen Prüfung ist die ordnungsgemäße Erledigung der Amtsgeschäfte der Notarin oder des Notars. [2]Überprüft wird die Übereinstimmung der Amtsführung mit den Amtspflichten aus den anwendbaren Vorschriften, insbesondere der Bundesnotarordnung, dem Beurkundungsgesetz, dem Geldwäschegesetz und der Geldwäschegesetzmeldepflichtverordnung-Immobilien, der Verordnung über die Führung notarieller Akten und Verzeichnisse, den Richtlinien der Notarkammer nach § 67 Absatz 2 BNotO, dieser Dienstordnung sowie anderer landesrechtlicher Regelungen. [3]Die sachliche, personelle und organisatorische Unabhängigkeit der Notarin oder des Notars ist zu berücksichtigen.

(2) Überprüft werden insbesondere folgende Gegenstände:

1. Beanstandungen der letzten Prüfung;

2. Führung der Akten und Verzeichnisse (§ 35 BNotO) einschließlich der Aktenvernichtung;

10 Begründung DONot 2022, 27 f.
11 Begründung DONot 2022, 28.

3. Vorkehrungen zur Einhaltung der Mitwirkungsverbote (§ 28 BNotO; § 6);
4. Amtssiegel und Signaturkarte (§§ 33, 34 BNotO; §§ 2, 14);
5. Grundsatz der persönlichen Amtsausübung;
6. Verpflichtung von Mitarbeiterinnen und Mitarbeitern und von Dienstleisterinnen und Dienstleistern (§§ 26, 26a BNotO, § 4);
7. Beschäftigung juristischer Mitarbeiterinnen und Mitarbeiter (§ 25 BNotO);
8. Verwahrung von Wertpapieren und Kostbarkeiten;
9. Verwahrung von Geld;
10. Auftreten in der Öffentlichkeit und Werbung (§ 29 BNotO; § 3; Richtlinie der Notarkammer);
11. Fortbildung (§ 14 Absatz 6 BNotO);
12. Maßnahmen nach dem Datenschutzrecht;
13. Maßnahmen nach dem Geldwäscherecht;
14. Nebentätigkeiten und Gesellschaftsbeteiligungen der Notarin oder des Notars (§§ 8, 14 Absatz 5 BNotO);
15. gemeinsame Berufsausübung oder gemeinsame Geschäftsräume (§ 9 BNotO);
16. Bestehen einer Haftpflichtversicherung (§ 19a BNotO);
17. Anzeige von Vertretungen (§ 19 Absatz 5).

(3) Weiter werden in Form von Stichproben insbesondere folgende Gegenstände überprüft:

1. Beachtung von Mitwirkungsverboten und Ausschließungsgründen (§§ 3, 6, 7 BeurkG);
2. Feststellung der Beteiligten (§ 10 BeurkG);
3. Feststellungen über die Geschäftsfähigkeit (§ 11 BeurkG);
4. Nachweise für die Vertretungsberechtigung (§ 12 BeurkG);
5. Beurkundungen außerhalb des Amtsbereichs oder Amtsbezirks (§§ 10a, 11 BNotO);
6. Beachtung des § 17 Absatz 2a BeurkG;
7. Beachtung der Makler- und Bauträgerverordnung;
8. Verwendung von Maklerklauseln;
9. Beachtung des Rechts der Allgemeinen Geschäftsbedingungen (§§ 305 ff. BGB);
10. Vorlesen der Urkunde (§ 13 BeurkG);
11. Urkundenvollzug (§ 53 BeurkG);
12. Umgang mit bei der Notarin oder dem Notar verwahrten Erbverträgen (§ 351 FamFG; § 8);
13. Belehrungspflichten und Belehrungsvermerke;
14. Abwicklung von Treuhandaufträgen;
15. Mitteilungspflichten der Notarin oder des Notars an Gerichte und Behörden;
16. Wahrung der Unabhängigkeit und Unparteilichkeit, redliches Verhalten, Vermeidung des Anscheins der Abhängigkeit oder Parteilichkeit (§ 14 Absatz 1 bis 3 BNotO);
17. Beachtung der Vermittlungs- und Gewährleistungsverbote (§ 14 Absatz 4 BNotO);
18. Einhaltung der Urkundsgewährungspflicht (§ 15 Absatz 1 Satz 1 BNotO);
19. Einhaltung der Verschwiegenheitspflicht (§ 18 BNotO);
20. Enthaltung von der Amtsausübung während Vertretungen (§ 44 Absatz 1 Satz 2 BNotO);
21. berechtigtes Interesse beim Abruf von Grundbuchauszügen (§ 133a GBO).

(4) Soweit keine Prüfung durch eine Kasse erfolgt, werden Kostenberechnung und Kosteneinzug geprüft.

Literatur:

Dickert, Inhalt und Grenzen der staatlichen Aufsicht über die Notare, MittBayNot 1995, 421; *Gemes*, Anmerkung zu BGH Beschluss vom 9.1.1995, NotZ 24/94, DNotZ 1997, 237.

I. Normzweck und Systematik

§ 18 ist in der bis 2021 geltenden DONot ohne Vorbild, findet sich aber teilweise in Bestimmungen einzelner Landesjustizverwaltungen wieder, so insbesondere in Anlage 7 BayNotBek („Checkliste für die Durchführung der Amtsprüfung der Notare"). Mit § 18 sollen die typischerweise zu prüfenden Gegenstände zusammengefasst werden, um ein einheitliches Niveau der Amtsprüfung sicherzustellen und – aufgrund der bundeseinheitlichen Formulierung der jeweiligen DONot – eine bundesweit einheitliche „best practice" zu etablieren.[1] 1

Hierbei gilt mit Blick auf die Prüfer, dass diese – im Rahmen von § 18 – in **Umfang und Ausgestaltung der Prüfung** selbstverständlich frei sind. Im Hinblick auf die der Prüfung unterzogenen **Notare** gilt, dass deren **sachlicher, personeller und organisatorischer Unabhängigkeit** hinreichend Rechnung zu tragen ist. Dies bedeutet insbesondere, dass die inhaltliche Gestaltung der Urkunden grundsätzlich im Ermessen der Notare liegt und die Aufsicht nur dann einschreiten kann, wenn kein Ermessen eröffnet ist und eine Bindung durch berufsrechtliche Pflichten besteht; insgesamt sollte die Prüfung durch ein Verhältnis der **Kooperation** von Notar und Prüfer geprägt sein – immerhin sind beide öffentliche Amtsträger.[2] 2

Abs. 1 enthält eine **überschlägige Darstellung** der Prüfungsgegenstände, Abs. 2 und 3 nennen **stichpunktartig**, allerdings nicht abschließend, die **insbesondere der Prüfung unterliegenden Gegenstände**. Abs. 4 betrifft die **Kostenprüfung**. 3

1 Begründung DONot 2022, 28.
2 Vgl. zu alldem Begründung DONot 2022, 28.

II. Überschlägige Darstellung der Prüfungsgegenstände (Abs. 1)

4 Abs. 1 S. 1 wiederholt zunächst die Generalklausel des § 93 Abs. 2 S. 1 BNotO, wonach Gegenstand der Prüfung die ordnungsgemäße Erledigung der Amtsgeschäfte des Notars ist. Abs. 1 S. 2 konkretisiert dies dahin gehend, dass die Übereinstimmung der Amtsführung mit den Amtspflichten aus den **anwendbaren Vorschriften** zu überprüfen ist. Als anwendbare Vorschriften werden – im Sinne einer nicht abschließenden, nur beispielhaften Aufzählung – wenig überraschend die BNotO, das BeurkG, das GwG, die GwGMeldV-Immobilien, die NotAktVV, die Richtlinie der Notarkammer, die DONot und andere landesrechtliche Regelungen genannt. Unter die anderen landesrechtlichen Regelungen dürften insbesondere die Landesverordnungen auf dem Gebiet des Notarwesens zu fassen sein.

5 Sodann wird nochmals ausdrücklich klargestellt, dass die sachliche, personelle und organisatorische Unabhängigkeit des Notars zu berücksichtigen ist. Die Aufsicht darf also nicht eigene Zweckmäßigkeitserwägungen an diejenigen des Notars setzen. Es darf lediglich eine **Rechtmäßigkeitskontrolle** stattfinden.[3] Denn Notare üben eine dem Richter ähnliche Amtsfunktion aus und sind in ihren Entscheidungen grundsätzlich unabhängig. Dies ändert freilich nichts daran, dass eine staatliche, strenge Dienstaufsicht über die Notare, die aus der staatlichen Justizhoheit fließt, zwingende Folge der vom Notar wahrgenommenen hoheitlichen Funktionen ist.[4]

III. Mindestkatalog formeller Aspekte der Amtsprüfung (Abs. 2)

6 Abs. 2 enthält einen **Mindestkatalog formeller Gesichtspunkte**, die bei der Amtsprüfung in der Regel zu überprüfen sind. Es werden stichpunktartig zahlreiche Prüfungsgegenstände dargestellt. Der Umfang der Prüfung obliegt der Einschätzung des Prüfers; zu den ausdrücklich aufgeführten Gegenständen sollte er sich aber zumindest äußern. Es ist auch denkbar, dass der Katalog des § 18 als Vorlage für die Struktur des Prüfberichts dient.

7 Viele der dort angesprochenen Gesichtspunkte sind **aus sich heraus verständlich** und bedürfen keiner weiteren Erläuterung. Daher werden im Folgenden diejenigen Gegenstände herausgegriffen, die **erläuterungsbedürftig** erscheinen.

8 **1. Führung der Akten und Verzeichnisse, § 35 BNotO (Nr. 2).** Unter diesem Punkt dürfte primär einen die Beachtung der Vorgaben der **NotAktVV** von Bedeutung sein, zudem die Wahrung der in § 35 Abs. 1 BNotO genannten Grundsätze der Aktenführung insbesondere in Bezug auf die Nebenakten, die Genehmigung einer Akten- und Verzeichnisführung außerhalb der Geschäftsstelle in Papierform gem. § 35 Abs. 3 S. 1 BNotO und die Vernichtung der Akten und Verzeichnisse nach § 35 Abs. 6 BNotO.

9 **2. Grundsatz der persönlichen Amtsausübung (Nr. 5).** Der Grundsatz der persönlichen Amtsausübung bedeutet nicht, dass der Notar sämtliche Tätigkeiten im Rahmen seiner Amtsausübung selbst ausführen muss. Vielmehr kann und muss er vorbereitende, begleitende oder vollziehende Tätigkeiten auf Mitarbeiter auslagern; dies betrifft auch Vorgespräche mit Beteiligten. Hier ist dem Notar ein **Ermessensspielraum** einzuräumen.[5] Ziff. IV der Richtlinienempfehlungen der Bundesnotarkammer, die in die entsprechenden Notarkammerrichtlinien umgesetzt ist, stellt hierfür aber Grenzen auf: Sichergestellt bleiben muss,

3 *Dickert* MittBayNot 1995, 421 (425); Frenz/Miermeister/*Baumann* BNotO § 93 Rn. 6.
4 Sehr instruktiv dazu Frenz/Miermeister/*Baumann* BNotO § 93 Rn. 2 ff.
5 BGH 9.1.1995 – NotZ 24/94, DNotZ 1997, 233 (235).

dass der Notar die **Letztkontrolle** über die Arbeitsergebnisse seiner Mitarbeiter hat und seine **Verantwortlichkeit** wahrnehmen kann. In jedem Fall muss es den Beteiligten möglich bleiben, sich persönlich an den Notar zu wenden. Im Rahmen der Beurkundungsverhandlung ist dies bereits durch das Verfahrensrecht sichergestellt, das die persönliche Anwesenheit des Notars und – bei Beurkundung von Willenserklärungen – nach § 13 Abs. 1 S. 1 BeurkG das Vorlesen des Urkundstextes verlangt. Aber auch bei Beratungs- und Vollzugstätigkeiten muss die Letztkontrolle durch den Notar sichergestellt sein. Gefährdungspotential bieten hier eine zu große Anzahl von juristischen Mitarbeitern (§ 25 BNotO) und Notarvertretern,[6] eine zu häufige Inanspruchnahme von Notarvertretern, eine unzulässige „Parallelbeurkundung" durch Amtsinhaber und Vertreter oder eine ausgesprochen hohe Anzahl an Amtsgeschäften.[7] Als „Erkenntnisquelle" für die Aufsichtsbehörde dienen hier u.a. die Übersicht über Urkundsgeschäfte (§ 7), eine Auswertung über die von den Vertretern vorgenommenen Beurkundungen (§ 17 Abs. 4) und – bei ständigen Vertretern – die vierteljährliche Zusammenstellung (§ 19 Abs. 5 S. 1). Aufgrund des dem Notar hier eingeräumten Ermessensspielraums wird die Aufsicht aber nur in extrem gelagerten Einzelfällen von einem Verstoß ausgehen können. Insbesondere verbieten sich schematische Betrachtungen, etwa im Sinne einer starren Obergrenze von jährlich zu leistenden Urkundsgeschäften.[8]

3. Auftreten in Öffentlichkeit und Werbung, § 29 BNotO, § 3 DONot, Richtlinie der Notarkammer (Nr. 10). Als Gegenstand der Überprüfung nennt die Begründung hier insbesondere Prüfung von **Amts- und Namensschild, Briefpapier, Internetseite, digitalen und analogen Anzeigen und sonstigen Werbemitteln** sowie einer **Suchmaschinenoptimierung**.[9] Zugrunde zu legen sind hier in der Regel die an die Neuerungen in der „digitalen Welt" angepassten Richtlinienempfehlungen der Bundesnotarkammer,[10] die von den meisten Notarkammern mittlerweile in Satzungsrecht umgesetzt wurden. 10

4. Maßnahmen nach dem Datenschutzrecht (Nr. 12). Hier nennt die Begründung die Erfüllung der **Betroffenenrechte** nach Art. 12 ff. DS-GVO, das Verzeichnis der **Verarbeitungstätigkeiten** nach Art. 30 DS-GVO, die **Sicherheit** der Verarbeitung nach Art. 32 DS-GVO und die Benennung des **Datenschutzbeauftragten** nach Art. 37 DS-GVO.[11] 11

5. Maßnahmen nach dem Geldwäscherecht (Nr. 13). Hier sind nach der Begründung insbesondere zu prüfen die **Risikoanalyse** nach § 5 GwG, die **internen Sicherungsmaßnahmen** nach § 6 GwG, die **Aufzeichnungs- und Aufbewahrungspflichten** nach § 8 GwG, die **Sorgfaltspflichten** nach § 10 GwG sowie die **Meldepflichten** nach §§ 23a, 43 GwG.[12] 12

IV. Katalog materieller Aspekte zur stichprobenartigen Überprüfung (Abs. 3)

Abs. 3 nennt zahlreiche Gegenstände, die eher **materiellrechtlichen Hintergrund** haben und die naturgemäß nur **stichprobenartig** überprüft werden können. 13

6 S. dazu Frenz/Miermeister/*Bremkamp* BNotO § 25 Rn. 8 (Obergrenze: ein Vollzeitmitarbeiter); aA Diehn/*Diehn* BNotO § 25 Rn. 15.
7 S. zu Letzterem BGH 9.1.1995 – NotZ 24/94, DNotZ 1997, 233 mAnm *Gemes*. S. außerdem Ziff. IV der Richtlinienempfehlungen der BNotK.
8 *Gemes* DNotZ 1997, 237 (239).
9 Begründung DONot 2022, 29.
10 DNotZ 2020, 801.
11 Begründung DONot 2022, 29.
12 Begründung DONot 2022, 29.

Dennoch soll zwischen Abs. 2 und Abs. 3 keine unterschiedliche Prüfungsdichte oder unterschiedlicher Prüfungsumfang herrschen.[13]

14 Auch bedürfen die meisten Gesichtspunkte keiner weiteren Erläuterung, sondern die Prüfer müssen hier eine am Einzelfall orientierte Einschätzung vornehmen, wobei immer das Ermessen des Notars zu berücksichtigen ist. Im Folgenden werden wieder die besonders erläuterungsbedürftigen Prüfungsgegenstände herausgegriffen.

15 **1. Beachtung des Rechts der Allgemeinen Geschäftsbedingungen, §§ 305 ff. BGB (Nr. 9).** Hier sieht sich die Begründung berechtigterweise zu näheren Ausführungen veranlasst.[14] Einer Überprüfung der AGB sind typischerweise insbesondere Bauträgerverträge und Grundschuldbestellungen zugänglich. Die Begründung führt weiter aus, dass das Recht der Allgemeinen Geschäftsbedingungen in besonderer Weise von unbestimmten, wertungsoffenen Rechtsbegriffen geprägt ist. Da die inhaltliche Gestaltung der Urkunden der Kernbereich der notariellen Unabhängigkeit ist, darf die Aufsichtsbehörde insbesondere keine Anweisung erteilen, bei einer Urkunde eine bestimmte Rechtsansicht zu vertreten.[15]

16 **2. Belehrungspflichten und Belehrungsvermerke (Nr. 13).** Hier nennt die Begründung – nicht abschließend – folgende Pflichten: § 16 Abs. 2, Abs. 3 BeurkG (Übersetzung der Niederschrift), § 17 Abs. 2 BeurkG (Zweifel an der Wirksamkeit der Geschäfts), § 17 Abs. 2a BeurkG (Unterschreiten der Zwei-Wochen-Frist), § 17 Abs. 3 BeurkG (ausländisches Recht); § 20 BeurkG (gesetzliches Vorkaufsrecht), § 20a BeurkG (Möglichkeit zur Registrierung einer Vorsorgevollmacht im Zentralen Vorsorgeregister), § 21 Abs. 1 BeurkG (keine Grundbucheinsicht), § 22 Abs. 1 BeurkG (Hör-, Sprach-, Sehbehinderung), § 23 BeurkG (Vorlage zur Durchsicht bei Hörbehinderung), § 24 Abs. 1 BeurkG (Hör- oder Sprachbehinderung bei fehlender schriftlicher Verständigungsmöglichkeit), § 25 BeurkG (Schreibunfähige), § 32 BeurkG (Sprachunkundige bei Verfügung von Todes wegen).[16]

17 **3. Mitteilungspflichten an Gerichte und Behörden (Nr. 15).** Hier nennt die Begründung – nicht abschließend – folgende Pflichten: § 34a BeurkG (erbfolgerelevante Urkunden), § 54 EStDV (Gründung, Kapitalerhöhung, Kapitalherabsetzung, Umwandlung von Auflösung von Kapitalgesellschaften), §§ 7, 8 ErbStDV (erbschaft- und schenkungsteuerrelevante Urkunden), § 18 GrEStG (grunderwerbsteuerrelevante Urkunden), § 195 BauGB (Kaufpreissammlung), § 40 Abs. 2 GmbHG (notarbescheinigte Gesellschafterliste), § 1626d Abs. 2 BGB (Sorgeerklärung), § 1597a Abs. 2 BGB (missbräuchliche Vaterschaftsanerkennung), § 56 Abs. 5 PStV bzw. § 44 Abs. 3 PStG (Mutterschafts-, Vaterschafts- und Namenserklärungen), § 379 FamFG (unrichtige, unvollständige oder unterlassene Registeranmeldung).[17]

V. Kostenprüfung (Abs. 4)

18 Soweit die Kostenprüfung nicht schon von einer Kasse übernommen wird (§§ 113 Abs. 17 S. 9, 93 Abs. 3 S. 4 BNotO), umfasst die Geschäftsprüfung auch Kostenberechnung und Kosteneinzug. Die Kostenprüfung soll als intensi-

13 Begründung DONot 2022, 28.
14 Begründung DONot 2022, 29 f.
15 Diehn/*Bormann* BNotO § 1 Rn. 38; vgl. auch BGH 13.12.1971 – NotZ 2/71, DNotZ 1972, 541.
16 Begründung DONot 2022, 30.
17 Begründung DONot 2022, 30.

ve regelmäßige Prüfung ausgestaltet sein, die eine sehr enge Überwachung gewährleistet und auch im Interesse der Allgemeinheit die Einheitlichkeit der Gebührenerhebung sicherstellt.[18]

Abschnitt 7 Notariatsverwaltung und Notarvertretung

§ 19 Notariatsverwaltung und Notarvertretung

(1) Die Bestimmungen dieser Dienstordnung gelten mit Ausnahme des § 3 auch für Notariatsverwalterinnen und Notariatsverwalter und mit Ausnahme der §§ 2 und 3 auch für Notarvertretungen.

(2) [1]Abweichend von § 2 Absatz 1 Satz 2 führen Notariatsverwalterinnen und Notariatsverwalter das Amtssiegel (§ 2) mit der Umschrift „Notariatsverwalterin in … (Ort)" oder „Notariatsverwalter in … (Ort)". [2]Notariatsverwalterinnen und Notariatsverwalter sollen ihrer Unterschrift einen sie kennzeichnenden Zusatz beifügen.

(3) Die weibliche Notarvertretung kann den die Notarvertretung kennzeichnenden Zusatz (§ 41 Absatz 1 Satz 2 BNotO) in der Form „Notarvertreterin", die männliche Notarvertretung in der Form „Notarvertreter" führen.

(4) [1]Soweit der Nachweis der Stellung als Notarvertretung bei der Erstellung elektronischer Urkunden den Namen der vertretenen Notarin oder des vertretenen Notars, den Amtssitz oder das Land, in dem das Notaramt ausgeübt wird, nicht enthält, müssen die entsprechenden Angaben in die Urkunde aufgenommen werden. [2]Der Nachweis der Stellung als Notarvertretung kann auch durch eine mit einer qualifizierten elektronischen Signatur der zuständigen Aufsichtsbehörde versehene Abschrift der Bestellungsurkunde oder eine elektronisch beglaubigte Abschrift der Bestellungsurkunde geführt werden. [3]Im Fall des Satzes 2 ist die jeweilige Abschrift mit dem zu signierenden Dokument zu verbinden.

(5) [1]Eine Notarin oder ein Notar, für die oder für den eine ständige Vertretung bestellt ist, hat der Präsidentin oder dem Präsidenten des Landgerichts in vierteljährlichen Zusammenstellungen Anlass, Beginn und Beendigung der einzelnen Vertretungen anzuzeigen. [2]In sonstigen Vertretungsfällen ist die vorzeitige Beendigung der Vertretung unverzüglich anzuzeigen.

I. Normzweck und Systematik

1 Die Vorschrift trifft nähere Bestimmungen zu Notariatsverwaltern und Notarvertretern und übernimmt mit einigen Abweichungen den Regelungsgehalt des § 33 aF.

2 Abs. 1 betrifft die **Anwendung der DONot** auf Notariatsverwalter und Notarvertreter, Abs. 2 und Abs. 3 die nähere Gestaltung des Amtssiegels und der Un-

18 Begründung DONot 2022, 30.

terschrift des Notariatsverwalters sowie die **Amtsträgerbezeichnung** des Notarvertreters, Abs. 4 Einzelheiten zum **Nachweis der Stellung als Notarvertreter bei elektronischen Urkunden** und Abs. 5 die **speziellen Vertretungsanzeigen.**

II. Anwendung der DONot (Abs. 1)

3 Abs. 1 erklärt die **Bestimmungen der DONot** auch auf Notariatsverwalter (mit Ausnahme des § 3) und auf Notarvertreter (mit Ausnahme der §§ 2 und 3) für anwendbar. Mit Blick auf **Notariatsverwalter** ist **§ 57 Abs. 1 BNotO** vorrangig, der regelt, dass der Notariatsverwalter, soweit nichts anderes bestimmt ist, den für die Notare geltenden Vorschriften untersteht. Was **Notarvertreter** betrifft, so ist die Verweisung des Abs. 1 dahin gehend zu lesen, dass nur eine **entsprechende Anwendung** angeordnet wird. Zwar sind §§ 2 und 3 ausdrücklich ausgenommen, was für eine starre Anwendung aller sonstigen DONot-Normen spräche. Indes ist offensichtlich, dass auch weitere Normen der DONot nicht immer auf Notarvertreter passen, so etwa § 4 (Verpflichtung der Beschäftigten und der Dienstleister), §§ 7 und 9 (Übersichten über Urkunds- und Verwahrungsgeschäfte), § 11 (Software-Herstellerbescheinigungen) oder § 16 (an die Aufsichtsbehörde zu übermittelnde Dokumente). Dies gilt besonders mit Blick auf ständige Vertreter. Als Grundregel kann hier Folgendes gelten: Immer dann, wenn es ausreicht, dass der Amtsinhaber die Bestimmung der DONot erfüllt, ist der Notarvertreter von der entsprechenden Verpflichtung befreit. Dies gilt aber nur, soweit der Amtsinhaber die Bestimmung auch erfüllen kann – nicht der Fall ist dies etwa bei der vorläufigen Amtsenthebung, wenn ein Notarvertreter (und nicht ohnehin ein Notariatsverwalter) bestellt wird (§ 39 Abs. 2, § 56 Abs. 4 BNotO).

III. Gestaltung des Amtssiegels und Unterschrift des Notariatsverwalters (Abs. 2)

4 Für die Gestaltung des Amtssiegels eines Notariatsverwalters trifft Abs. 2 abweichende Bestimmungen dahin gehend, dass dieses mit „Notariatsverwalterin in … (Ort)“ bzw. „Notariatsverwalter in … (Ort)“ zu bezeichnen ist. Der Unterschrift soll ein Zusatz der Stellung als Notariatsverwalter hinzugefügt werden. Insoweit wird auf die Kommentierungen zu § 2 (→ § 2 Rn. 1 ff.) und zu § 1 S. 3 (→ § 1 Rn. 6) verwiesen.

5 Abs. 2 entspricht § 33 Abs. 2 aF. Allerdings sind die bisherigen S. 3 und 4 weggefallen.[1] Diese Bestimmungen, die den Inhalt des berufsbezogenen Notariatsverwalterattributs bzw. den Nachweis der Verwaltereigenschaft regelten, sind nicht nötig, weil diese Fragen bereits durch § 33 Abs. 1 S. 3 BNotO iVm § 57 Abs. 1 BNotO und durch § 39a Abs. 2 S. 1 BeurkG abschließend geregelt werden.[2]

IV. Amtsträgerbezeichnung des Notarvertreters (Abs. 3)

6 § 39 Abs. 1 S. 1 BNotO in der seit 1.8.2021 geltenden Fassung führt die „Notarvertretung“ als geschlechtsneutralen Oberbegriff für „Notarvertreterin“ oder „Notarvertreter“ ein. Abs. 3 stellt klar, dass die Einzelperson sich gleichwohl weiterhin als „Notarvertreterin“ bzw. „Notarvertreter“ bezeichnen kann.

---

1 Begründung DONot 2022, 30. Die Begründung spricht von „Sätzen 2 und 3“, was aber ein Redaktionsversehen darstellen dürfte.

2 Begründung DONot 2022, 30.

V. Nachweis der Stellung als Notarvertreter bei elektronischen Urkunden (Abs. 4)

Elektronische Urkunden – derzeit[3] nur in Gestalt der einfachen elektronischen Zeugnisse nach § 39a BeurkG möglich – müssen nach § 39a Abs. 2 S. 1 BeurkG mit einer **Bestätigung der Notareigenschaft** verbunden werden. Nicht erforderlich sind hingegen die Angabe des Namens des vertretenen Notars, des Amtssitzes und des Lands, wie sie aber § 33 Abs. 4 S. 1 aF forderte. In Anlehnung an § 39a Abs. 2 S. 1 BeurkG lässt Abs. 4 S. 1 nunmehr ebenfalls die Bestätigung der Notareigenschaft im Amtsträgerattribut genügen. Dies gilt insbesondere vor dem Hintergrund der nach § 33 Abs. 3 BNotO nunmehr möglichen sog. **Fernsignatur**, die nicht mehr auf der Signaturkarte gespeichert ist, sondern von der Zertifizierungsstelle der Bundesnotarkammer ad hoc als nicht hardwaregebundene Signatur erstellt wird, die allerdings mittels eines Hardwareelements ausgelöst werden muss. Diese technische Neuerung ermöglicht es, auch den Nachweis der Stellung als Notarvertreter mit einem taggenauen Amtsträgerattribut zu erbringen, das auf Grundlage der Bestätigung durch die zuständige Notarkammer erstellt wird (§ 67 Abs. 3 Nr. 5 BNotO). Eine Übermittlung der Vertreterbestellungsurkunde wird dadurch entbehrlich.[4] 7

Dennoch ist es aus Gründen der **Klarstellung** sinnvoll, den **Namen des vertretenen Notars**, den **Amtssitz** und das **Land**, in dem das Notaramt ausgeübt wird, ersehen zu können. Daher bestimmt Abs. 4 S. 1, dass diese Angaben in die Urkunde aufzunehmen sind, wenn sie sich nicht bereits aus dem Amtsträgerattribut selbst ergeben. 8

Abs. 4 S. 2 und 3 beschäftigen sich mit dem **Nachweis der Vertreterstellung** auf bisher übliche Weise durch **Übermittlung der Vertreterbestellungsurkunde** mit qualifizierter elektronischer Signatur der Aufsichtsbehörde oder als elektronisch beglaubigte Abschrift, die jeweils mit der Urkunde zu verbinden ist. Dieser Nachweis ist nach Etablierung der Fernsignatur nurmehr eine „technische Hilfslösung",[5] die aber gleichwohl zulässig bleibt. 9

VI. Spezielle Vertretungsanzeigen (Abs. 5)

Wie bisher in § 33 Abs. 6 aF haben auch weiterhin nach Abs. 5 S. 1 alle Notare, für die ein **ständiger Vertreter** bestellt ist, in **vierteljährlichen Zusammenstellungen** den LG-Präsidenten über **Anlass, Beginn und Beendigung** der einzelnen Vertretungen zu informieren. Denn bei der Bestellung ständiger Vertreter ist die abstrakte Gefahr größer, dass die höchstpersönliche Amtsausübung vernachlässigt wird; die vierteljährliche Zusammenstellung soll dieser Gefahr entgegenwirken.[6] Bei der Bezeichnung des Anlasses genügt eine schlagwortartige Bezeichnung, die allerdings nicht völlig nichtssagend sein darf (zulässig sind etwa „Urlaub", „Krankheit", „Standesarbeit" oder „Fortbildung").[7] Bei der Vertretungsdauer (Beginn und Beendigung) ist eine tagesweise Angabe ausreichend, Uhrzeiten sind nur auf Anforderung des Landgerichtspräsidenten aufzuführen.[8] 10

---

3 Vgl. allerdings das Gesetz zur Umsetzung der Digitalisierungsrichtline (DiRUG), BGBl. 2021 I 3338, aufgrund dessen ab 1.8.2022 eine originär elektronische Urkunde über Willenserklärungen geschaffen wird.
4 Vgl. dazu näher BT-Drs. 19/26828, 135.
5 So Begründung DONot 2022, 31.
6 Frenz/Miermeister/*von Campe* § 33 Rn. 17.
7 BeckOK BNotO/*Bracker* § 33 Rn. 8; Armbrüster/Preuß/Renner/*Eickelberg* § 33 Rn. 16; Frenz/Miermeister/*von Campe* § 33 Rn. 19.
8 Armbrüster/Preuß/Renner/*Eickelberg* § 33 Rn. 16.

11 Nach Abs. 5 S. 2 ist außerdem der LG-Präsident unverzüglich zu unterrichten, wenn eine Vertretung vorzeitig beendet ist. Dies dürfte auch dann erforderlich sein, wenn ein Vertreter bestellt wird, es aber überhaupt nicht zu einer Vertretung kommt.[9] Nicht erfasst sind Fälle der zwischenzeitlichen vorübergehenden Amtsaufnahme durch den Amtsinhaber.[10] Der Zweck dieser Vorschrift ist nicht klar erkennbar,[11] dennoch wurde die in § 33 Abs. 6 S. 2 aF enthaltene Vorschrift auch in die neue DONot übernommen. Zweck könnte zum einen sein, einen – zumindest teilweisen – Gleichlauf des Kenntnisstandes des LG-Präsidenten mit den Fällen der Vertretung zu erreichen. Ein anderer Zweck könnte darin bestehen, der Aufsichtsbehörde die (teilweise) Rücknahme der Vertreterbestellung zu ermöglichen; dies gilt insbesondere in den Fällen der auf längere Dauer angelegten ständigen Vertretung.

12 Die Übermittlung der Anzeigen nach Abs. 5 richtet sich nach § 16 (→ § 16 Rn. 2, Rn. 4 ff.).

Abschnitt 8 Übergangs- und Schlussbestimmungen

§ 20 Übergangsvorschriften

(1) [1]Die §§ 7 und 9 sind erstmals auf Übersichten über Urkunds- und Verwahrungsgeschäfte des Kalenderjahres 2022 anzuwenden. [2]Für Übersichten über die Urkunds- und die Verwahrungsgeschäfte des Kalenderjahres 2021 gelten die §§ 24 und 25 der Dienstordnung für Notarinnen und Notare in der bis zum 31. Dezember 2021 geltenden Fassung fort.
(2) § 8 Satz 1 und 2 ist erst ab dem 1. Januar 2023 anzuwenden.
(3) [1]Für Verwahrungsmassen, die nach den vor dem 1. Januar 2022 geltenden Bestimmungen geführt werden (§ 76 Absatz 3 Satz 1 und 2 BeurkG), kann abweichend von § 9 eine eigenständige Übersicht über die Verwahrungsgeschäfte eingereicht werden, die sich nach § 25 Absatz 2 und 3 sowie dem Muster 8 der Dienstordnung für Notarinnen und Notare in der bis zum 31. Dezember 2021 geltenden Fassung richtet. [2]Als maßgeblicher Zeitpunkt der dort aufzuführenden Beträge kann auch die Wertstellung zum 31. Dezember des betreffenden Kalenderjahres zugrunde gelegt werden, wenn dies in der Übersicht kenntlich gemacht ist.

1 § 20 beinhaltet sehr wichtige und praxisrelevante Übergangsvorschriften für einzelne Regelungsgegenstände der DONot. Die Erläuterung erfolgt im Zusammenhang mit dem jeweiligen Regelungsgegenstand (Abs. 1: → § 7 Rn. 3, § 9 Rn. 6; Abs. 2: → § 8 Rn. 3; Abs. 3: → § 9 Rn. 6, Rn. 14).

§ 21 Inkrafttreten, Außerkrafttreten

[1]Diese Dienstordnung tritt am 1. Januar 2022 in Kraft. [2]Gleichzeitig tritt die Dienstordnung für Notarinnen und Notare vom […], [Verkündungsstelle], die zuletzt durch […] geändert worden ist, außer Kraft.

9 Armbrüster/Preuß/Renner/*Eickelberg* § 33 Rn. 17.
10 Frenz/Miermeister/*von Campe* § 33 Rn. 15.
11 BeckOK BNotO/*Bracker* § 33 Rn. 9; Frenz/Miermeister/*von Campe* § 33 Rn. 16.

Nach § 21 tritt die Neufassung der DONot am 1.1.2022 in Kraft. Die Verschiebung des Beginns der elektronischen Urkundensammlung hat keine Auswirkungen auf diese Inkrafttretensregelung (→ § 1 Rn. 9). 1

Richtlinienempfehlungen der Bundesnotarkammer

Gemäß § 78 Abs. 1 Nr. 5 Bundesnotarordnung hat die Bundesnotarkammer Empfehlungen für die von den Notarkammern nach § 67 Abs. 2 Bundesnotarordnung zu erlassenden Richtlinien auszusprechen. Diese wurden durch Beschluss der Vertreterversammlung vom 29. Januar 1999 erlassen (Deutsche Notar-Zeitschrift 1999, Seite 258) und zuletzt durch Beschluss vom 2. Oktober 2020 geändert (Deutsche Notar-Zeitschrift 2020, Seite 801).

Die Empfehlungen der Bundesnotarkammer für Richtlinien über die Amtspflichten und sonstigen Pflichten der Mitglieder der Notarkammern dienen dem Schutz des Vertrauens, das dem Notar entgegengebracht wird, und der Wahrung des Ansehens des Berufsstandes. Sie sind ungeachtet der unterschiedlichen Organisationsformen Ausdruck des einheitlichen Notariats in Deutschland.

I. Wahrung der Unabhängigkeit und Unparteilichkeit des Notars

1.1. Der Notar ist unparteiischer Rechtsberater und Betreuer sämtlicher Beteiligten.

1.2. Der Notar hat auch bei der Beratung und der Erstellung von Entwürfen sowie Gutachten auf einseitigen Antrag seine Unparteilichkeit zu wahren. Dasselbe gilt für die gesetzlich zulässige Vertretung eines Beteiligten in Verfahren, insbesondere in Grundbuch und Registersachen, in Erbscheinsverfahren, in Grunderwerbsteuer-, Erbschaft- und Schenkungsteuerangelegenheiten sowie in Genehmigungsverfahren vor Behörden und Gerichten.

2. Weitere berufliche Tätigkeiten des Notars sowie genehmigungsfreie oder genehmigte Nebentätigkeiten dürfen seine Unabhängigkeit und Unparteilichkeit nicht gefährden.

3. Der Anwaltsnotar hat rechtzeitig bei Beginn seiner Tätigkeit gegenüber den Beteiligten klarzustellen, ob er als Rechtsanwalt oder als Notar tätig wird.

II. Das nach § 14 Abs. 3 BNotO zu beachtende Verhalten

1. Der Notar hat das Beurkundungsverfahren so zu gestalten, dass die vom Gesetz mit dem Beurkundungserfordernis verfolgten Zwecke erreicht werden, insbesondere die Schutz und Belehrungsfunktion der Beurkundung gewahrt und der Anschein der Abhängigkeit oder Parteilichkeit vermieden wird. Dies gilt insbesondere, wenn eine große Zahl gleichartiger Rechtsgeschäfte beurkundet wird, an denen jeweils dieselbe Person beteiligt ist oder durch die sie wirtschaftliche Vorteile erwirbt. Dazu gehört auch, dass den Beteiligten ausreichend Gelegenheit eingeräumt wird, sich mit dem Gegenstand der Beurkundung auseinanderzusetzen. Demgemäß sind die nachgenannten Verfahrensweisen in der Regel unzulässig
   a) systematische Beurkundung mit vollmachtlosen Vertretern;
   b) systematische Beurkundung mit bevollmächtigten Vertretern, soweit nicht durch vorausgehende Beurkundung mit dem Vollmachtgeber sichergestellt ist, dass dieser über den Inhalt des abzuschließenden Rechtsgeschäfts ausreichend belehrt werden konnte;
   c) systematische Beurkundung mit Mitarbeitern des Notars als Vertreter, ausgenommen Vollzugsgeschäfte; gleiches gilt für Personen, mit denen sich der Notar zur gemeinsamen Berufsausübung verbunden hat oder mit denen er gemeinsame Geschäftsräume unterhält;

d) systematische Aufspaltung von Verträgen in Angebot und Annahme; soweit die Aufspaltung aus sachlichen Gründen gerechtfertigt ist, soll das Angebot vom belehrungsbedürftigeren Vertragsteil ausgehen;
e) gleichzeitige Beurkundung von mehr als fünf Niederschriften bei verschiedenen Beteiligten.

2. Unzulässig ist auch die mißbräuchliche Auslagerung geschäftswesentlicher Vereinbarungen in Bezugsurkunden (§ 13a BeurkG).

III. Wahrung fremder Vermögensinteressen

1. Der Notar hat ihm anvertraute Vermögenswerte mit besonderer Sorgfalt zu behandeln und Treuhandaufträge sorgfältig auszuführen.
2. Der Notar darf nicht dulden, dass sein Amt zur Vortäuschung von Sicherheiten benutzt wird. Der Notar darf insbesondere Geld, Wertpapiere und Kostbarkeiten nicht zur Aufbewahrung oder zur Ablieferung an Dritte übernehmen, wenn der Eindruck von Sicherheiten entsteht, die durch die Verwahrung nicht gewährt werden. Anlaß für eine entsprechende Prüfung besteht insbesondere, wenn die Verwahrung nicht im Zusammenhang mit einer Beurkundung erfolgt.
3. Der Notar darf ihm beruflich anvertrautes Wissen nicht zu Lasten von Beteiligten zum eigenen Vorteil nutzen.

IV. Pflicht zur persönlichen Amtsausübung

1. Der Notar hat sein Amt persönlich und eigenverantwortlich auszuüben.
2. Der Notar darf die zur Erzeugung seiner elektronischen Signatur erforderliche Signatureinheit von Zugangskarte und Zugangscode (sichere Signaturerstellungseinheit) nicht Mitarbeitern oder Dritten zur Verwendung überlassen. Er hat die Signatureinheit vor Missbrauch zu schützen.
3. Der Notar darf lediglich vorbereitende, begleitende und vollziehende Tätigkeiten delegieren. In jedem Fall muß es den Beteiligten möglich bleiben, sich persönlich an den Notar zu wenden. Es darf kein Zweifel daran entstehen, dass alle Tätigkeiten der Mitarbeiter vom Notar selbst verantwortet werden.
4. Der Notar ist verpflichtet, Beschäftigungsverhältnisse so zu gestalten, dass es zu keiner Beeinträchtigung oder Gefährdung der persönlichen Amtsausübung kommt.
5. Vertretungen des Notars dürfen nicht dazu führen, dass der Umfang seiner Amtstätigkeit vergrößert wird.

V. Begründung, Führung, Fortführung und Beendigung der Verbindung zur gemeinsamen Berufsausübung oder sonstiger zulässiger beruflicher Zusammenarbeit sowie zur Nutzung gemeinsamer Geschäftsräume

1. Die Verbindung zur gemeinsamen Berufsausübung, sonstige Formen beruflicher Zusammenarbeit sowie die Nutzung gemeinsamer Geschäftsräume dürfen die persönliche, eigenverantwortliche und selbständige Amtsführung des Notars, seine Unabhängigkeit und Unparteilichkeit sowie das Recht auf freie Notarwahl nicht beeinträchtigen.
2. Dies haben auch die insoweit schriftlich zu treffenden Vereinbarungen zwischen den beteiligten Berufsangehörigen zu gewährleisten (§ 27 Abs. 2 BNotO).

VI. Die Art der nach § 28 BNotO zu treffenden Vorkehrungen

1.1. Vor Übernahme einer notariellen Amtstätigkeit hat sich der Notar in zumutbarer Weise zu vergewissern, dass Kollisionsfälle i. S. des § 3 Abs. 1 BeurkG nicht bestehen.

1.2. Der Notar hat als Vorkehrungen i. S. des § 28 BNotO Beteiligtenverzeichnisse oder sonstige zweckentsprechende Dokumentationen zu führen, die eine Identifizierung der in Betracht kommenden Personen ermöglichen.

2. Der Notar hat dafür Sorge zu tragen, dass eine zur Erfüllung der Verpflichtungen aus § 3 Abs. 1 BeurkG und § 14 Abs. 5 BNotO erforderliche Offenbarungspflicht zum Gegenstand einer entsprechenden schriftlichen Vereinbarung gemacht wird, die der gemeinsamen Berufsausübung oder der Nutzung gemeinsamer Geschäftsräume zugrunde liegt.

3.1. Der Notar hat Gebühren in angemessener Frist einzufordern und sie bei Nichtzahlung im Regelfall beizutreiben.

3.2. Das Versprechen und Gewähren von Vorteilen im Zusammenhang mit einem Amtsgeschäft sowie jede Beteiligung Dritter an den Gebühren ist unzulässig. Insbesondere ist es dem Notar verboten,

a) ihm zustehende Gebühren zurückzuerstatten,
b) Vermittlungsentgelte für Urkundsgeschäfte oder
c) Entgelte für Urkundsentwürfe zu leisten,
d) zur Kompensation von Notargebühren Entgelte für Gutachten oder sonstige Leistungen Dritter zu gewähren oder auf ihm aus anderer Tätigkeit zustehende Gebühren zu verzichten.

3.3. Durch die Ausgestaltung der einer beruflichen Verbindung zugrundeliegenden Vereinbarung ist sicherzustellen, dass die übrigen Mitglieder der beruflichen Verbindung keine Vorteile gewähren, die der Notar gemäß Nummer 3.2. nicht gewähren darf.

VII. Auftreten des Notars in der Öffentlichkeit und Werbung

1.1. Der Notar darf mittels analoger und digitaler Kommunikationsmittel über die Aufgaben, Befugnisse und Tätigkeitsbereiche der Notare öffentlichkeitswirksam unterrichten, auch durch Veröffentlichungen, Vorträge und Äußerungen in den Medien.

1.2. Werbung ist dem Notar insoweit verboten, als sie Zweifel an der Unabhängigkeit oder Unparteilichkeit des Notars zu wecken geeignet oder aus anderen Gründen mit seiner Stellung in der vorsorgenden Rechtspflege als Träger eines öffentlichen Amtes nicht vereinbar ist.

1.3. Mit dem öffentlichen Amt des Notars unvereinbar ist ein Verhalten insbesondere, wenn

a) es auf die Erteilung eines bestimmten Auftrags oder Gewinnung eines bestimmten Auftraggebers gerichtet ist;
b) es durch Form, Inhalt, Häufigkeit oder auf sonstige Weise den Eindruck der Gewerblichkeit vermittelt, insbesondere den Notar oder seine Dienste reklamehaft herausstellt;
c) es eine wertende Selbstdarstellung des Notars oder seiner Dienste enthält;
d) der Notar ohne besonderen Anlaß allgemein an Rechtsuchende herantritt;
e) es sich um irreführende Werbung handelt.

1.4. Der Notar muss darauf hinwirken, dass eine dem öffentlichen Amt widersprechende Werbung durch Dritte unterlassen wird. Amtswidrige Drittwerbung kann zum Anschein der Abhängigkeit und Parteilichkeit des Notars führen.

2.1. Der Notar darf im Zusammenhang mit seiner Amtsbezeichnung akademische Grade, den Ehrentitel Justizrat und den Professorentitel führen.

2.2. Hinweise auf bestehende oder ehemalige weitere Tätigkeiten i. S. von § 8 Abs. 1, 3 und 4 BNotO und Ehrenämter sowie auf Auszeichnungen sind im Zusammenhang mit der unmittelbaren Amtsausübung unzulässig.

3. Der Notar darf sich nur in solche allgemein zugänglichen Verzeichnisse aufnehmen lassen, die allen im Verbreitungsgebiet des Verzeichnisses ansässigen Notaren gleichermaßen offenstehen. Weitere Maßnahmen zur Verbesserung seiner Auffindbarkeit, insbesondere auch Zusatzleistungen zur bloßen Eintragung, darf der Notar nur insoweit ergreifen bzw. in Anspruch nehmen, als diese einer unbegrenzten Anzahl von Leistungsempfängern zur Verfügung stehen. Für elektronische Veröffentlichungen, insbesondere Suchmaschinen, gelten die vorstehenden Grundsätze entsprechend.

4. Der Notar darf sich an Informationsveranstaltungen in Präsenz sowie über analoge und digitale Kommunikationsmittel jeder Art, bei denen er in Kontakt mit dem rechtsuchenden Publikum tritt, beteiligen. Er hat dabei die Regelungen der Nrn. 1 und 2 zu beachten.

5. Der Notar darf Broschüren, Faltblätter und sonstige Informationsmittel über seine Tätigkeit und zu den Aufgaben und Befugnissen der Notare in der Geschäftsstelle bereithalten. Zulässig ist auch das Bereithalten dieser Informationen im Internet. Die Verteilung oder Versendung von Informationen ohne Aufforderung ist nur an bisherige Auftraggeber zulässig und bedarf eines sachlichen Grundes.

6. Der Notar darf in Internet-Domainnamen keine notarbezogenen Gattungsbegriffe ohne individualisierenden Zusatz verwenden. Die alleinige Verwendung der Bezeichnung von Gemeinden oder sonstigen geografischen oder politischen Einheiten zur Individualisierung ist untersagt, es sei denn, die angegebene Gemeinde oder Einheit liegt im Amtsbereich keines anderen Notars.

VIII. Beschäftigung und Ausbildung der Mitarbeiter

1. Der Notar hat die Beziehungen zu seinen Mitarbeitern so zu gestalten, dass seine Unabhängigkeit und Unparteilichkeit nicht gefährdet werden.

2. Der Notar hat seinen Mitarbeitern neben fachspezifischen Kenntnissen auch die berufsrechtlichen Grundsätze und Besonderheiten zu vermitteln und für angemessene Arbeitsbedingungen zu sorgen.

IX. Grundsätze zu Beurkundungen außerhalb des Amtsbereichs und der Geschäftsstelle

1. Der Notar soll seine Urkundstätigkeit (§§ 20 bis 22 BNotO) nur innerhalb seines Amtsbereichs (§ 10a BNotO) ausüben, sofern nicht besondere berechtigte Interessen der Rechtsuchenden ein Tätigwerden außerhalb des Amtsbereichs gebieten. Besondere berechtigte Interessen der Rechtsuchenden liegen insbesondere dann vor, wenn
   a) Gefahr im Verzug ist;
   b) der Notar auf Erfordern einen Urkundsentwurf gefertigt hat und sich danach aus unvorhersehbaren Gründen ergibt, dass die Beurkundung außerhalb des Amtsbereichs erfolgen muß;

c) der Notar eine nach § 16 KostO zu behandelnde Urkundstätigkeit vornimmt;
d) in Einzelfällen eine besondere Vertrauensbeziehung zwischen Notar und Beteiligten, deren Bedeutung durch die Art der vorzunehmenden Amtstätigkeit unterstrichen werden muß, dies rechtfertigt und es den Beteiligten unzumutbar ist, den Notar in seiner Geschäftsstelle aufzusuchen.

2. Der Notar darf Amtsgeschäfte außerhalb der Geschäftsstelle vornehmen, wenn sachliche Gründe vorliegen.
3. Eine Amtstätigkeit außerhalb der Geschäftsstelle ist unzulässig, wenn dadurch der Anschein von amtswidriger Werbung, der Abhängigkeit oder der Parteilichkeit entsteht oder der Schutzzweck des Beurkundungserfordernisses gefährdet wird.

X. Fortbildung

1. Der Notar hat die Pflicht, seine durch Ausbildung erworbene Qualifikation in eigener Verantwortlichkeit zu erhalten und durch geeignete Maßnahmen sicherzustellen, dass er den Anforderungen an die Qualität seiner Amtstätigkeit durch kontinuierliche Fortbildung gerecht wird.
2. Auf Anfrage der Notarkammer ist der Notar verpflichtet, über die Erfüllung seiner Fortbildungspflicht zu berichten.

XI. Besondere Berufspflichten im Verhältnis zu anderen Notaren, zu Gerichten, Behörden, Rechtsanwälten und anderen Beratern seiner Auftraggeber

1.1. Der Notar hat sich kollegial zu verhalten und auf die berechtigten Interessen der Kollegen die gebotene Rücksicht zu nehmen.

1.2. Notare haben bei Streitigkeiten untereinander eine gütliche Einigung zu versuchen. Bleibt dieser Versuch erfolglos, so sollen sie eine gütliche Einigung durch Vermittlung der Notarkammer versuchen, bevor die Aufsichtsbehörde oder ein Gericht angerufen wird.

2. Ist das Amt eines Notars erloschen oder wird sein Amtssitz verlegt, so ist der Amtsinhaber, dem die Landesjustizverwaltung die Verwahrung der Bücher und Akten übertragen hat (§ 51 BNotO), dazu verpflichtet, die begonnenen Amtsgeschäfte abzuwickeln.

3.1. Ein Notar, dessen Amt erloschen ist, ist verpflichtet, dem Notariatsverwalter für die Verwaltung das Mobiliar, die Bibliothek und die EDV (Hardware und Software) zu angemessenen Bedingungen zur Verfügung zu stellen.

3.2. Hat ein Notar, dessen Amt erloschen oder dessen Amtssitz verlegt worden ist, seine Bücher und Akten auch mittels elektronischer Datenverarbeitung geführt, so ist er verpflichtet, dem Notariatsverwalter und dem Notar, dem die Landesjustizverwaltung die Verwahrung seiner Bücher und Akten übertragen hat (§ 51 BNotO), den Zugriff auf die gespeicherten Daten (Dateien) kostenlos zu ermöglichen. Die Weitergabe der Datenträger bzw. die Bereithaltung der Daten (Dateien) zur Übertragung auf ein anderes System hat ebenfalls unentgeltlich zu erfolgen. Etwaige Kosten einer notwendigen Datenkonvertierung braucht der die Daten überlassende Notar nicht zu übernehmen.

3.3. Für einen vorläufig amtsenthobenen Notar gelten die Nummern. 3.1. und 3.2. entsprechend.

4. Begibt sich der Notar nach Maßgabe des § 11a BNotO ins Ausland, unterstützt er einen im Ausland bestellten Notar oder nimmt er die kollegiale Hilfe eines im Ausland bestellten Notars in Anspruch, hat er seinen Kollegen in gebotenem Maß darauf hinzuweisen, welchen berufsrechtlichen Bestimmungen er selbst unterliegt.

Verordnung über das Zentrale Vorsorgeregister (Vorsorgeregister-Verordnung – VRegV)

Vom 21. Februar 2005 (BGBl. I S. 318)
(FNA 303-1-1)
zuletzt geändert durch Art. 6 G zur Reform des Vormundschafts- und Betreuungsrechts vom 4. Mai 2021 (BGBl. I S. 882)

Auf Grund des § 78a Abs. 3 der Bundesnotarordnung, der durch Artikel 2b des Gesetzes vom 23. April 2004 (BGBl. I S. 598) eingefügt worden ist, verordnet das Bundesministerium der Justiz:

§ 1 Inhalt des Zentralen Vorsorgeregisters

(1) Die Bundesnotarkammer stellt die Eintragung folgender personenbezogener Daten im Zentralen Vorsorgeregister sicher:
1. Daten zur Person des Vollmachtgebers:
   a) Familienname,
   b) Geburtsname,
   c) Vornamen,
   d) Geschlecht,
   e) Geburtsdatum,
   f) Geburtsort,
   g) Anschrift (Straße, Hausnummer, Postleitzahl, Ort),
2. Daten zur Person des Bevollmächtigten:
   a) Familienname,
   b) Geburtsname,
   c) Vornamen,
   d) Geburtsdatum,
   e) Anschrift (Straße, Hausnummer, Postleitzahl, Ort),
   f) Rufnummer,
3. Datum der Errichtung der Vollmachtsurkunde,
4. Aufbewahrungsort der Vollmachtsurkunde,
5. Angaben, ob Vollmacht erteilt wurde zur Erledigung von
   a) Vermögensangelegenheiten,
   b) Angelegenheiten der Gesundheitssorge und ob ausdrücklich Maßnahmen nach § 1904 Abs. 1 Satz 1 und § 1906a Absatz 1 und 4 des Bürgerlichen Gesetzbuchs umfasst sind,
   c) Angelegenheiten der Aufenthaltsbestimmung und ob ausdrücklich Maßnahmen nach § 1906 Absatz 1 und 4 des Bürgerlichen Gesetzbuchs umfasst sind,
   d) sonstigen persönlichen Angelegenheiten,
6. besondere Anordnungen oder Wünsche
   a) über das Verhältnis mehrerer Bevollmächtigter zueinander,
   b) für den Fall, dass das Betreuungsgericht einen Betreuer bestellt,
   c) hinsichtlich Art und Umfang medizinischer Versorgung.

(2) Ist die Vollmacht in öffentlich beglaubigter oder notariell beurkundeter Form errichtet worden, dürfen darüber hinaus die Urkundenrollennummer, das Urkundsdatum sowie die Bezeichnung des Notars und die Anschrift seiner Geschäftsstelle aufgenommen werden.

(3) Die Eintragung erfolgt unter Angabe ihres Datums.

§ 2 Eintragungsantrag

(1) [1]Die Eintragung erfolgt auf schriftlichen Antrag des Vollmachtgebers. [2]Der Antrag hat mindestens die Angaben nach § 1 Abs. 1 Nr. 1 Buchstabe a, c bis g zu enthalten. [3]Sollen auch Angaben über den Bevollmächtigten eingetragen werden, muss der Antrag zudem mindestens die Angaben nach § 1 Abs. 1 Nr. 2 Buchstabe a, c und e enthalten. [4]Die Angaben nach § 1 Abs. 3 werden unabhängig von dem Antrag eingetragen.

(2) [1]Der Antrag kann auch im Wege der Datenfernübertragung gestellt werden, soweit die Bundesnotarkammer diese Möglichkeit eröffnet hat. [2]Die Bundesnotarkammer hat dem jeweiligen Stand der Technik entsprechende Maßnahmen zur Sicherstellung von Datenschutz und Datensicherheit nach den Artikeln 24, 25 und 32 der Verordnung (EU) 2016/679 des Europäischen Parlaments und des Rates vom 27. April 2016 zum Schutz natürlicher Personen bei der Verarbeitung personenbezogener Daten, zum freien Datenverkehr und zur Aufhebung der Richtlinie 95/46/EG (Datenschutz-Grundverordnung) (ABl. L 119 vom 4.5.2016, S. 1; L 314 vom 22.11.2016, S. 72; L 127 vom 23.5.2018, S. 2) zu treffen, die insbesondere die Vertraulichkeit und Unversehrtheit der Daten gewährleisten; im Falle der Nutzung allgemein zugänglicher Netze sind dem jeweiligen Stand der Technik entsprechende Verschlüsselungsverfahren anzuwenden.

(3) [1]In Zweifelsfällen hat die Bundesnotarkammer sich von der Identität des Antragstellers zu überzeugen. [2]Im Übrigen prüft sie die Richtigkeit der mit dem Antrag übermittelten Angaben nicht.

§ 3 Vorschuss, Antragsrücknahme bei Nichtzahlung

(1) [1]Die Bundesnotarkammer kann die Zahlung eines zur Deckung der Gebühren hinreichenden Vorschusses verlangen. [2]Sie kann die Vornahme der Eintragung von der Zahlung oder Sicherstellung des Vorschusses abhängig machen.

(2) [1]Wird ein verlangter Vorschuss innerhalb angemessener Frist nicht gezahlt, gilt der Antrag als zurückgenommen. [2]Die Frist sowie die Rechtsfolge der Fristversäumnis sind mit dem Verlangen des Vorschusses mitzuteilen. [3]Die Frist darf 30 Tage nicht unterschreiten.

§ 4 Benachrichtigung des Bevollmächtigten

[1]Nach Eingang des Eintragungsantrags hat die Bundesnotarkammer einen Bevollmächtigten, der nicht schriftlich in die Speicherung der Daten zu seiner Person eingewilligt hat, schriftlich über die nach § 1 Abs. 1 Nr. 1 Buchstabe a, c, g und Nr. 2 bis 6 gespeicherten Daten zu unterrichten. [2]Artikel 14 der Verordnung (EU) 2016/679 bleibt unberührt.

§ 5 Änderung, Ergänzung und Löschung von Eintragungen

(1) [1]Änderungen, Ergänzungen und Löschungen von Eintragungen erfolgen auf schriftlichen Antrag des Vollmachtgebers. [2]§ 2 Abs. 2, 3 und § 3 gelten entsprechend.

(2) Bei der Eintragung von Änderungen und Ergänzungen ist sicherzustellen, dass die bisherige Eintragung auf Anforderung erkennbar bleibt.

(3) [1]Daten nach § 1 Abs. 1 Nr. 2 sind auch auf schriftlichen Antrag des Bevollmächtigten zu löschen. [2]§ 2 Abs. 2 und 3 gilt entsprechend.

(4) Eintragungen sind 110 Jahre nach der Geburt des Vollmachtgebers zu löschen.

§ 6 Auskunft an die Betreuungsgerichte und die Landgerichte als Beschwerdegerichte

(1) [1]Die Auskunft aus dem Register erfolgt im Wege eines automatisierten Abrufverfahrens, sofern die Bundesnotarkammer zuvor mit der jeweiligen Landesjustizverwaltung schriftlich Festlegungen zu den technischen und organisatorischen Maßnahmen zur Gewährleistung des Datenschutzes und der Datensicherheit nach den Artikeln 24, 25 und 32 der Verordnung (EU) 2016/679 getroffen hat. [2]§ 2 Abs. 2 Satz 2 gilt entsprechend.

(2) [1]Die Auskunft aus dem Register erfolgt auch auf schriftliches oder elektronisches Ersuchen des Betreuungsgerichts und des Landgerichts als Beschwerdegericht. [2]Bei besonderer Dringlichkeit, insbesondere wenn die Bestellung eines vorläufigen Betreuers im Rahmen einer einstweiligen Anordnung in Betracht kommt, kann das Ersuchen auch fernmündlich gestellt werden. [3]In jedem Fall haben das Betreuungsgericht und das Landgericht als Beschwerdegericht das Geschäftszeichen ihres Betreuungsverfahrens anzugeben.

(3) [1]In den Fällen des Absatzes 2 erteilt die Bundesnotarkammer die Auskunft aus dem Register schriftlich oder elektronisch. [2]Hierbei sind die erforderlichen Maßnahmen zu treffen, um die Authentizität des Ersuchens zu prüfen und die Vertraulichkeit der Auskunft zu gewährleisten.

§ 7 Protokollierung der Auskunftserteilungen

(1) [1]Die Zulässigkeit der Auskunftsersuchen prüft die Bundesnotarkammer nur, wenn sie dazu nach den Umständen des Einzelfalls Anlass hat. [2]Für die Kontrolle der Zulässigkeit der Ersuchen und für die Sicherstellung der ordnungsgemäßen Datenverarbeitung protokolliert die Bundesnotarkammer alle nach § 6 erteilten Auskünfte elektronisch. [3]Zu protokollieren sind die Daten zur Person des Vollmachtgebers, das ersuchende Betreuungsgericht oder das Landgericht als Beschwerdegericht, dessen Geschäftszeichen, der Zeitpunkt des Ersuchens sowie die übermittelten Daten.

(2) [1]Die Protokolle dürfen nur für Zwecke der Datenschutzkontrolle, der Datensicherung und der Sicherstellung eines ordnungsgemäßen Registerbetriebs verwendet werden. [2]Ferner kann der Vollmachtgeber auf der Grundlage der Protokolle Auskunft darüber verlangen, welche Auskünfte aus dem Register erteilt worden sind. [3]Satz 2 gilt entsprechend für den Bevollmächtigten, sofern Daten zu seiner Person gespeichert sind. [4]Die Protokolle sind gegen zweckfremde Verwendung zu schützen.

(3) [1]Die Protokolle werden nach Ablauf des auf ihre Erstellung folgenden Kalenderjahres gelöscht. [2]Das Bundesministerium der Justiz und für Verbraucherschutz löscht Protokolle, die ihm nach Absatz 1 Satz 4 zur Verfügung gestellt worden sind, ein Jahr nach ihrem Eingang, sofern sie nicht für weitere, bereits eingeleitete Prüfungen benötigt werden.

§ 8 Aufbewahrung von Dokumenten

[1]Die ein einzelnes Eintragungs- oder Auskunftsverfahren betreffenden Dokumente hat die Bundesnotarkammer fünf Jahre aufzubewahren. [2]Die Aufbewahrungsfrist beginnt mit dem Schluss des Kalenderjahres, in dem die letzte Verfügung zur Sache ergangen ist oder die Angelegenheit ihre Erledigung gefunden hat. [3]Nach Ablauf der Aufbewahrungsfrist sind die Dokumente zu vernichten.

§ 9 Betreuungsverfügungen

[1]Im Zentralen Vorsorgeregister können auch Betreuungsverfügungen unabhängig von der Eintragung einer Vollmacht registriert werden. [2]Die §§ 1 bis 8 gelten entsprechend.

Verordnung zur Errichtung und Führung des Zentralen Testamentsregisters (Testamentsregister-Verordnung – ZTRV)

Vom 11. Juli 2011 (BGBl. I S. 1386)
(FNA 303-1-3)
zuletzt geändert durch Art. 6 G zur Modernisierung des notariellen Berufsrechts und zur Änd. weiterer Vorschriften vom 25. Juni 2021 (BGBl. I S. 2154)

Auf Grund des § 78 Absatz 2 Satz 2 bis 5 in Verbindung mit § 78 Absatz 2 Satz 1 Nummer 2 der Bundesnotarordnung, der durch Artikel 1 Nummer 1 Buchstabe a des Gesetzes vom 22. Dezember 2010 (BGBl. I S. 2255) eingefügt worden ist, verordnet das Bundesministerium der Justiz:

§ 1 Inhalt des Registers

[1]Die Registerbehörde nimmt folgende Verwahrangaben in das Zentrale Testamentsregister auf:

1. Daten des Erblassers
   a) Familienname, Geburtsname, Vornamen und Geschlecht,
   b) Tag und Ort der Geburt,
   c) Geburtsstandesamt und Geburtenregisternummer, wenn die Geburt im Inland beurkundet wurde,
   d) Staat der Geburt, wenn der Erblasser im Ausland geboren wurde,
2. Bezeichnung und Anschrift der Verwahrstelle,
3. Verwahrnummer, Verwahrbuchnummer oder Aktenzeichen des Verfahrens der Verwahrstelle,
4. Art und Datum der Errichtung der erbfolgerelevanten Urkunde und
5. Name, Amtssitz und Urkundenrollen-Nummer des Notars bei notariellen Urkunden.

[2]Die Registerbehörde kann zusätzliche Angaben aufnehmen, die für das Auffinden der erbfolgerelevanten Urkunde erforderlich sind.

§ 2 Meldung zum Register

(1) [1]Notare und Gerichte (Melder) übermitteln nach § 34a Absatz 1 und 2 des Beurkundungsgesetzes, nach § 347 des Gesetzes über das Verfahren in Familiensachen und in den Angelegenheiten der freiwilligen Gerichtsbarkeit und nach § 78d Absatz 4 der Bundesnotarordnung die Verwahrangaben an die Registerbehörde. [2]Betrifft eine erbfolgerelevante Urkunde mehrere Erblasser, sind die Verwahrangaben für jeden Erblasser zu übermitteln.

(2) [1]Jede Übermittlung muss alle Verwahrangaben nach § 1 Satz 1 enthalten, mit Ausnahme der Geburtenregisternummer, die nachträglich übermittelt werden kann. [2]Im Fall der besonderen amtlichen Verwahrung der Urkunde übermittelt das Gericht eine Verwahrbuchnummer nur, wenn die Urkunde unter der Verwahrnummer nach § 3 Absatz 1 Satz 1 bei dem Verwahrgericht nicht aufgefunden werden kann.

(3) Der Melder übermittelt die erforderlichen Daten, wie sie ihm vom Erblasser mitgeteilt wurden.

§ 3 Registrierungsverfahren

(1) [1]Die Registerbehörde fasst die übermittelten Verwahrangaben für jeden Erblasser unter einer Registernummer zu einem Datensatz (Verwahrdatensatz) zusammen und ordnet jeder erbfolgerelevanten Urkunde, die in die besondere amtliche Verwahrung zu nehmen ist, eine Verwahrnummer zu. [2]Die Verwahrnummern werden bezogen auf jedes Verwahrgericht vergeben. [3]Die Registerbehörde speichert diesen Verwahrdatensatz in einem elektronischen System (Registrierung).

(2) [1]Die Registerbehörde bestätigt dem Melder jede erfolgreiche Registrierung und übermittelt diesem für den Erblasser die Angaben des Verwahrdatensatzes. [2]Im Fall der besonderen amtlichen Verwahrung teilt die Registerbehörde zusätzlich die nach Absatz 1 Satz 1 vergebene Verwahrnummer mit. [3]Konnte die Registrierung nicht durchgeführt werden, teilt die Registerbehörde dies dem Melder unter Angabe der Gründe mit.

(3) [1]Ist eine notarielle erbfolgerelevante Urkunde in besondere amtliche Verwahrung zu nehmen, teilt der Notar dem Verwahrgericht die Verwahrnummer mit, die ihm von der Registerbehörde mitgeteilt wurde. [2]Das Verwahrgericht bestätigt der Registerbehörde die Inverwahrnahme der erbfolgerelevanten Urkunde und übermittelt ihr eine Verwahrbuchnummer, wenn die Urkunde unter der Verwahrnummer nach § 3 Absatz 1 Satz 1 bei dem Verwahrgericht nicht aufgefunden werden kann.

§ 4 Verfahren bei Änderungen der Verwahrstelle oder Rücknahme aus der amtlichen Verwahrung

(1) [1]Die erneute besondere amtliche Verwahrung oder die Änderung der Verwahrstelle einer erbfolgerelevanten Urkunde auf Wunsch des Erblassers ist der Registerbehörde zu melden. [2]Die Registerbehörde ergänzt die Angaben im Verwahrdatensatz und ordnet der erbfolgerelevanten Urkunde eine neue Verwahrnummer zu. [3]§ 3 Absatz 2 und 3 gilt in diesen Fällen entsprechend.

(2) [1]Die Rücknahme einer erbfolgerelevanten Urkunde aus der notariellen oder der besonderen amtlichen Verwahrung ist der Registerbehörde unter Angabe des Datums der Rückgabe zu melden. [2]Die Registerbehörde vermerkt die Rücknahme in den betroffenen Verwahrdatensätzen. [3]§ 3 Absatz 2 gilt entsprechend.

§ 5 Löschung, Berichtigung und Ergänzung

[1]Ein Verwahrdatensatz wird von der Registerbehörde

1. gelöscht, wenn die Registerfähigkeit der Urkunde irrtümlich angenommen wurde oder die Registrierung bereits erfolgt ist,
2. berichtigt, wenn die registrierten Verwahrangaben fehlerhaft sind,
3. ergänzt, wenn die registrierten Verwahrangaben unvollständig sind.

[2]Ein Notar kann die Löschung eines Verwahrdatensatzes einer in die besondere amtliche Verwahrung zu verbringenden erbfolgerelevanten Urkunde oder die Berichtigung der Angabe des Verwahrgerichts nur herbeiführen, solange deren Eingang nicht nach § 3 Absatz 3 Satz 2 bestätigt ist. [3]§ 3 Absatz 2 gilt entsprechend.

§ 6 Inhalt der Sterbefallmitteilungen

(1) Die Sterbefallmitteilung nach § 78e Satz 1 der Bundesnotarordnung enthält folgende Daten:
1. Registrierungsdaten des übermittelnden Standesamts,
2. Familienname, Geburtsname, Vornamen und Geschlecht des Verstorbenen,
3. Tag und Ort der Geburt des Verstorbenen,
4. Geburtsstandesamt und Geburtenregisternummer, wenn die Geburt im Inland beurkundet wurde,
5. Staat der Geburt, wenn der Verstorbene im Ausland geboren worden ist,
6. Todestag oder Todeszeitraum,
7. Sterbeort, bei Sterbefall im Ausland mit Angabe des Staates,
8. Staatsangehörigkeit des Verstorbenen,
9. Angaben darüber, dass der Verstorbene für tot erklärt worden ist oder seine Todeszeit gerichtlich festgestellt worden ist,
10. letzter Wohnsitz des Verstorbenen,
11. Beurkundungsdatum des Sterbefalls.

(2) [1]Die Sterbefallmitteilung nach § 78e Satz 1 der Bundesnotarordnung enthält außerdem sonstige Angaben, die zur Erfüllung gesetzlicher Aufgaben des Nachlassgerichts erforderlich sind. [2]Sonstige Angaben können insbesondere sein:
1. Familienstand des Verstorbenen,
2. Familienname, Geburtsname und Vornamen des Ehegatten oder Lebenspartners des Verstorbenen,
3. Tag, Ort und Registrierungsdaten der Geburt des Ehegatten oder Lebenspartners des Verstorbenen und im Falle des Vorversterbens des Ehegatten oder Lebenspartners zusätzlich Tag, Ort und Registrierungsdaten von dessen Tod,
4. Familienname, Vornamen und Anschrift von Kindern des Erblassers,
5. Familienname, Vornamen und Anschrift von nahen Angehörigen und anderen möglichen Auskunftgebern,
6. Angaben über vorhandenes Nachlassvermögen,
7. etwaige Anhaltspunkte für die Erforderlichkeit von Maßnahmen zur Nachlasssicherung.

[3]Sonstige Angaben nach den Sätzen 1 und 2, die der Registerbehörde elektronisch übermittelt werden, löscht diese unverzüglich, nachdem das Verfahren nach § 7 abgeschlossen ist.

(3) Die Daten nach den Absätzen 1 und 2 werden der Registerbehörde von dem zuständigen Standesamt nur mitgeteilt, soweit sie diesem bekannt sind.

§ 7 Benachrichtigungen im Sterbefall

(1) [1]Erhält die Registerbehörde von dem zuständigen Standesamt eine Sterbefallmitteilung zu einer Person, für die im Zentralen Testamentsregister Verwahrangaben registriert sind, teilt sie der Verwahrstelle unter Übermittlung der Daten nach § 6 Absatz 1 unverzüglich mit, welche erbfolgerelevante Urkunde betroffen ist und welches Nachlassgericht nach Absatz 3 Satz 1 benachrichtigt wird. [2]Liegen Verwahrangaben verschiedener Stellen vor, so ist jede dieser Stellen entsprechend zu benachrichtigen. [3]Verwahrdatensätze, zu denen eine Rücknahme nach § 4 Absatz 2 registriert wurde, bleiben unberücksichtigt.

(2) [1]Ist oder wird bekannt, dass die Zuständigkeit für die Verwahrung einer erbfolgerelevanten Urkunde von den Verwahrangaben im Zentralen Testamentsregister abweicht, etwa weil das Gericht aufgelöst oder der Notar aus

dem Amt geschieden ist, sendet die Registerbehörde die Benachrichtigung nach Absatz 1 an die nun zuständige Stelle. [2]Hilfsweise ist das Amtsgericht zu benachrichtigen, in dessen Bezirk die aufgehobene Verwahrstelle lag.

(3) [1]Sind im Zentralen Testamentsregister Verwahrangaben registriert, teilt die Registerbehörde dem nach § 343 des Gesetzes über das Verfahren in Familiensachen und in den Angelegenheiten der freiwilligen Gerichtsbarkeit zuständigen Nachlassgericht mit, welche Verwahrangaben im Zentralen Testamentsregister enthalten sind und welche Verwahrstelle sie benachrichtigt hat, und übersendet die Sterbefallmitteilung. [2]Lässt sich das zuständige Nachlassgericht mithilfe der Sterbefallmitteilung (§ 6) nicht eindeutig bestimmen, wird vermutet, dass das zu benachrichtigende Nachlassgericht dasjenige ist, das für den letzten inländischen Wohnsitz des Erblassers örtlich zuständig ist. [3]Wenn die Sterbefallmitteilung keinen inländischen Wohnsitz nennt, wird als zu benachrichtigendes Nachlassgericht das Amtsgericht Schöneberg in Berlin vermutet. [4]Ist im Zentralen Testamentsregister neben einer Verwahrangabe eine Mitteilung nach § 78d Absatz 1 Satz 2 Nummer 2 der Bundesnotarordnung gespeichert, teilt die Registerbehörde auch diese Daten mit. [5]Sind im Zentralen Testamentsregister Verwahrangaben nicht registriert, übersendet die Registerbehörde die Sterbefallmitteilung oder vorhandene Mitteilungen nach § 78d Absatz 1 Satz 2 Nummer 2 der Bundesnotarordnungnur auf Antrag. [6]Die Landesjustizverwaltungen können gegenüber der Registerbehörde erklären, dass eine Benachrichtigung und Übermittlung nach Satz 5 in jedem Sterbefall erfolgen soll.

(4) [1]Das Nachlassgericht bestätigt der Registerbehörde den Eingang einer erbfolgerelevanten Urkunde unter Angabe des Datums des Eingangs der Urkunde und des Aktenzeichens des Nachlassverfahrens. [2]Die Registerbehörde ergänzt den Ort der Verwahrung der erbfolgerelevanten Urkunde in den betroffenen Verwahrdatensätzen.

§ 8 Registerauskünfte

(1) [1]Die Registerbehörde erteilt Auskunft aus dem Zentralen Testamentsregister nach § 78f Absatz 1 der Bundesnotarordnung, wenn die ersuchende Stelle

1. ihr Geschäftszeichen und zur Person des Erblassers mindestens seinen Geburtsnamen, sein Geburtsdatum und seinen Geburtsort angibt und
2. erklärt, dass die in § 78f Absatz 1 der Bundesnotarordnung genannten Voraussetzungen vorliegen.

[2]Das Vorliegen der Voraussetzungen des § 78f Absatz 1 Satz 2 und 3 der Bundesnotarordnung prüft die Registerbehörde nur, wenn sie dazu nach den Umständen des Einzelfalls Anlass hat.

(1a) [1]Die Registerbehörde erteilt nach § 78f Absatz 1a der Bundesnotarordnung Auskunft aus dem Zentralen Testamentsregister, wenn die ersuchende Stelle

1. ihr Geschäftszeichen und zur Person des Erblassers mindestens seinen Geburtsnamen, sein Geburtsdatum und seinen Geburtsort angibt,
2. das Sterbedatum und den Sterbeort des Erblassers angibt oder die Einwilligung des Erblassers nach § 78f Absatz 1 Satz 3 der Bundesnotarordnung vorlegt und
3. erklärt, dass die in § 78f Absatz 1a der Bundesnotarordnung genannten Voraussetzungen vorliegen.

[2]Absatz 1 Satz 2 gilt entsprechend.

(2) [1]Für die Kontrolle der Zulässigkeit der Ersuchen und für die Sicherstellung der ordnungsgemäßen Datenverarbeitung protokolliert die Registerbehörde bei

allen nach Absatz 1 erteilten Auskünften elektronisch die ersuchende Stelle, deren Angaben nach Absatz 1 Satz 1, den Zeitpunkt des Ersuchens, die betroffenen Registereinträge sowie die übermittelten Daten. [2]Die ein Auskunftsverfahren nach Absatz 1a betreffenden Dokumente hat die Registerbehörde in Papierform aufzubewahren oder elektronisch zu speichern.

(3) [1]Die Protokolldaten und die nach Absatz 2 Satz 2 aufbewahrten Dokumente dürfen nur für die Sicherstellung eines ordnungsgemäßen Registerbetriebs, einschließlich der Datenschutzkontrolle und der Datensicherheit, verwendet werden. [2]Sie sind gegen zweckfremde Verwendung besonders zu schützen. [3]Fünf Jahre nach Ablauf des Kalenderjahres der Auskunftserteilung oder der anderweitigen Erledigung der Angelegenheit sind die Protokolldaten und die nach Absatz 2 Satz 2 elektronisch gespeicherten Dokumente zu löschen sowie die nach Absatz 2 Satz 2 in Papierform aufbewahrten Dokumente zu vernichten.

(4) Die Befugnis der Gerichte, Notare und Notarkammern zur Einsicht in Registrierungen, die von ihnen verwahrte erbfolgerelevante Urkunden betreffen (§ 78f Absatz 2 der Bundesnotarordnung), und das Recht des Erblassers auf Auskunft nach den datenschutzrechtlichen Vorschriften bleiben unberührt.

§ 9 Elektronische Kommunikation

(1) Meldungen, Bestätigungen, Benachrichtigungen, Registerabfragen und -auskünfte erfolgen grundsätzlich elektronisch.

(2) [1]Die Registerbehörde stellt zur elektronischen Kommunikation mit Notaren, Gerichten und Standesämtern geeignete bundeseinheitliche Schnittstellen zur Verfügung. [2]Die elektronische Übermittlung der Daten erfolgt durch geeignete bundeseinheitliche Transportprotokolle sowie in einheitlich strukturierten Datensätzen.

(3) Abweichend von Absatz 1 kann die Kommunikation auch schriftlich nach Maßgabe der von der Registerbehörde getroffenen Festlegungen erfolgen, insbesondere

1. im Zusammenhang mit nach § 78d Absatz 4 der Bundesnotarordnung zu registrierenden Vergleichen und mit von Konsularbeamten aufgenommenen erbfolgerelevanten Urkunden,
2. bei Benachrichtigungen nach § 7, außer nach § 7 Absatz 3 für den Fall, dass keine Verwahrangaben registriert sind,
3. bei Auskünften an Stellen nach § 78f Absatz 1a der Bundesnotarordnung oder
4. bei technischen Störungen.

(4) § 63 Absatz 1 und 3 der Personenstandsverordnung bleibt unberührt.

§ 10 Elektronische Aufbewahrung und Löschung

(1) Die Registerbehörde bewahrt die Verwahrangaben betreffenden Dokumente und Sterbefallmitteilungen nur in elektronischer Form auf.

(2) [1]Daten zu Sterbefallmitteilungen, die nicht nach § 6 Absatz 2 Satz 3 gelöscht werden, sind sechs Monate nach Eingang bei der Registerbehörde zu löschen, wenn keine die Sterbefallmitteilung betreffenden Verwahrangaben im Zentralen Testamentsregister registriert sind. [2]In allen übrigen Fällen gilt für die Löschung von Sterbefallmitteilungen und der Daten, die Verwahrangaben gemäß § 1 betreffen, § 78d Absatz 1 Satz 3 der Bundesnotarordnung entsprechend. [3]§ 8 Absatz 3 Satz 3 bleibt unberührt.

§ 11 Nacherfassungen

Wird festgestellt, dass eine verwahrte erbfolgerelevante Urkunde nicht im Zentralen Testamentsregister registriert ist, obwohl dies nach dem Testamentsverzeichnis-Überführungsgesetz vorgesehen war, ist die entsprechende Meldung von der Verwahrstelle nachzuholen.

§ 12 Datenschutz und Datensicherheit

(1) [1]Das Register ist nur durch solche informationstechnische Netze zugänglich, die durch eine staatliche Stelle oder im Auftrag einer staatlichen Stelle oder einer juristischen Person des öffentlichen Rechts betrieben werden und mit dem Zentralen Testamentsregister gesichert verbunden sind. [2]Die Registerbehörde soll durch Verfügung, die im Verkündungsblatt der Bundesnotarkammer bekannt zu machen ist, weitere Zugangswege nur zulassen, sofern diese den datenschutzrechtlichen Anforderungen entsprechen.

(2) Die Registerbehörde erstellt ein Sicherheitskonzept, in welchem die einzelnen technischen und organisatorischen Maßnahmen festgelegt werden, die den Datenschutz und die Datensicherheit sowie die Umsetzung der Vorgaben dieser Verordnung gewährleisten.

§ 13 Inkrafttreten

Diese Verordnung tritt am 1. Januar 2012 in Kraft.

Verordnung über das Notarverzeichnis und die besonderen elektronischen Notarpostfächer (Notarverzeichnis- und -postfachverordnung – NotVPV)

Vom 4. März 2019 (BGBl. I S. 187)
(FNA 303-1-4)

zuletzt geändert durch Art. 4 und 5 VO zur Änd. der VO über die Führung notarieller Akten und Verzeichnisse und weiterer Verordnungen vom 17.12.2021 (BGBl. I S. 5219)

Auf Grund des § 78m Absatz 1 Satz 1 in Verbindung mit Absatz 2 und des § 78n Absatz 5 der Bundesnotarordnung, die durch Artikel 1 Nummer 15 des Gesetzes vom 1. Juni 2017 (BGBl. I S. 1396) eingefügt worden sind, verordnet das Bundesministerium der Justiz und für Verbraucherschutz:

Teil 1
Notarverzeichnis

§ 1 Eintragung von Amtspersonen

(1) In das Notarverzeichnis sind Personen einzutragen, die bestellt sind zum
1. hauptberuflichen Notar,
2. Anwaltsnotar,
3. Notariatsverwalter oder
4. Notariatsabwickler (§ 114 Absatz 4 der Bundesnotarordnung).

(2) In das Notarverzeichnis können zudem Personen eingetragen werden, die
1. im Sinne des Absatzes 1 bestellt waren,
2. als Notar im Landesdienst im Sinne des § 114 der Bundesnotarordnung in der am 31. Dezember 2017 geltenden Fassung tätig waren oder
3. als Amtsverwalter im Sinne des § 22 Absatz 2 des Landesgesetzes über die freiwillige Gerichtsbarkeit vom 12. Februar 1975 (Gesetzblatt für Baden-Württemberg S. 116), das zuletzt durch Artikel 6 des Gesetzes vom 23. Mai 2017 (Gesetzblatt für Baden-Württemberg S. 265, 266) geändert worden ist, in der am 31. Dezember 2017 geltenden Fassung tätig waren.

(3) In das Notarverzeichnis können zum Zweck der Vorbereitung einer möglichen Bestellung als Notarvertretung zudem eingetragen werden:
1. Notarassessoren,
2. ständige Vertretungen im Sinne des § 39 Absatz 1 Satz 2 und 3 der Bundesnotarordnung,
3. sonstige nach § 39 Absatz 3 Satz 1 der Bundesnotarordnung geeignete Personen, wenn dies von einem Notar und der betroffenen Person bei der Notarkammer beantragt wird.

(4) Die von den Absätzen 1 bis 3 erfassten Personen sind nur einmal als Amtspersonen einzutragen.

§ 2 Angaben zu den Amtspersonen

(1) Zu jeder Amtsperson sind alle amtlichen Tätigkeiten einzutragen, die diese ausübt oder ausgeübt hat.

(2) [1]Als Zusatz zum Familiennamen werden, sofern von der Amtsperson geführt und mitgeteilt, akademische Grade und Ehrengrade sowie die Bezeichnung „Professor" eingetragen. [2]Nicht-juristische Grade müssen als solche erkennbar sein. [3]Die Eintragung kann davon abhängig gemacht werden, dass die Berechtigung zum Führen des Grades oder der Bezeichnung nachgewiesen wird.

(3) Hat eine Amtsperson mehrere Vornamen, so sind nur diejenigen einzutragen, die im Rahmen der amtlichen Tätigkeit üblicherweise verwendet werden.

(4) Zur Amtsperson ist zu deren Identifizierung das Geburtsdatum einzutragen.

(5) Zur Amtsperson sind deren Beurkundungssprachen einzutragen, sofern sie solche mitgeteilt hat.

§ 3 Angaben zu den amtlichen Tätigkeiten

(1) Zu jeder amtlichen Tätigkeit einer Amtsperson sind folgende Angaben einzutragen:
1. der Amtssitz,
2. der Beginn der amtlichen Tätigkeit,
3. das Ende der amtlichen Tätigkeit,
4. die Anschriften und geographischen Koordinaten der Geschäftsstellen und
5. die Orte und Termine auswärtiger Sprechtage.

(2) Zu jeder Geschäftsstelle sind nach Mitteilung durch die Amtsperson folgende Angaben einzutragen:
1. die Öffnungszeiten,
2. eine Telefonnummer,
3. eine Telefaxnummer,
4. eine E-Mail-Adresse und
5. eine Internetadresse.

(3) Darf die Amtsperson die amtliche Tätigkeit im Fall des § 8 Absatz 1 Satz 2 der Bundesnotarordnung nicht persönlich ausüben, ist dies bei der amtlichen Tätigkeit zu vermerken.

(4) [1]Für die bei der amtlichen Tätigkeit errichteten Urkunden ist die Verwahrzuständigkeit einzutragen. [2]Die Abgabe von Notariatsakten an ein Staatsarchiv (§ 51 Absatz 5 der Bundesnotarordnung) lässt die Verwahrzuständigkeit im Sinne des Satzes 1 unberührt.

§ 4 Frühere Amtspersonen

Zu früheren Amtspersonen, die nach § 1 Absatz 2 eingetragen sind, werden nur die Angaben nach § 78l Absatz 3 Satz 1 Nummer 2, 3 und 5 der Bundesnotarordnung sowie die Angaben nach § 2 Absatz 1 bis 4 und § 3 Absatz 1 Nummer 1 bis 3 und Absatz 4 dieser Verordnung eingetragen.

§ 5 Notarvertretung

(1) [1]Die Bestellung einer Notarvertretung ist bei derjenigen amtlichen Tätigkeit einzutragen, auf die sich die Bestellung bezieht. [2]§ 2 Absatz 2 bis 4 und § 3 Absatz 1 Nummer 2 und 3 gelten entsprechend.

(2) [1]Zum Zweck der Vorbereitung einer möglichen Bestellung als Notarvertretung können die Notarkammern zu einer Person nach § 1 Absatz 3 eintragen:

1. den Familiennamen und den oder die Vornamen nach Maßgabe des § 2 Absatz 3,
2. die Angaben nach § 2 Absatz 2 und 4,
3. die Anschrift,
4. eine E-Mail-Adresse und
5. eine Telefonnummer.

[2]Die Angaben nach Satz 1 sind zu löschen, wenn die eingetragene Person dies verlangt oder nicht mehr davon auszugehen ist, dass eine Bestellung der Person als Notarvertretung, Notariatsverwalter oder Notar erfolgen wird.

§ 6 Eintragungen

(1) [1]Die Notarkammern nehmen die ihnen obliegenden Eintragungen in das Notarverzeichnis unverzüglich vor, nachdem sie von den einzutragenden Inhalten Kenntnis erhalten haben. [2]Die Bundesnotarkammer stellt ihnen hierfür eine Webanwendung zur Verfügung.

(2) [1]Die Eintragungen sind von den Mitarbeitern der Notarkammern im Notarverzeichnis qualifiziert elektronisch zu signieren, soweit die Webanwendung dies vorsieht. [2]Hierbei sind von einem qualifizierten Vertrauensdiensteanbieter ausgestellte qualifizierte Zertifikate mit einem Attribut zu verwenden, das die Inhaber als für die Notarkammer handelnd ausweist. [3]Die Sätze 1 und 2 gelten auch im Fall eines automatisierten Abrufs nach § 78l Absatz 4 der Bundesnotarordnung.

(3) In Ausnahmefällen, insbesondere bei technischen Störungen, können die Notarkammern die Bundesnotarkammer schriftlich beauftragen, einzelne Eintragungen für sie vorzunehmen.

(4) Stellt die Bundesnotarkammer den Aufsichtsbehörden für Eintragungen in das Notarverzeichnis eine Webanwendung zur Verfügung, gelten die Absätze 2 und 3 entsprechend.

(5) [1]Die Bundesnotarkammer trägt die Bezeichnung des besonderen elektronischen Notarpostfachs unverzüglich ein, nachdem sie dieses eingerichtet hat. [2]Sie stellt den Amtspersonen für die Mitteilung der in § 2 Absatz 5 und § 3 Absatz 2 bezeichneten Angaben eine Webanwendung zur Verfügung und nimmt die entsprechenden Eintragungen unverzüglich vor, nachdem ihr die Mitteilungen zugegangen sind.

§ 7 Berichtigungen

[1]Stellt die eintragende Stelle fest, dass ihre Eintragungen unrichtig oder unvollständig sind, hat sie diese unverzüglich zu berichtigen oder zu vervollständigen. [2]Für Berichtigungen oder Vervollständigungen der Notarkammern und Aufsichtsbehörden gilt § 6 Absatz 1 Satz 2 und Absatz 2 bis 4 entsprechend. [3]Hat die eintragende Stelle Zweifel an der Richtigkeit oder Vollständigkeit der Eintragungen, hat sie hierzu Auskünfte einzuholen.

§ 8 Löschungen

(1) Wird ein besonderes elektronisches Notarpostfach gelöscht (§ 20), so löscht die Bundesnotarkammer dessen Bezeichnung unverzüglich aus dem Notarverzeichnis.

(2) [1]Wird das Ende einer amtlichen Tätigkeit in das Notarverzeichnis eingetragen, löscht die Bundesnotarkammer unverzüglich die zu dieser Tätigkeit gehö-

renden Angaben nach § 3 Absatz 1 Nummer 4 und 5 und Absatz 2. [2]Endet mit dem Ende der amtlichen Tätigkeit die Bestellung als Amtsperson, löscht die Bundesnotarkammer unverzüglich auch die Angaben nach § 2 Absatz 5.

§ 9 Einsichtnahme

(1) [1]Die Einsichtnahme in das Notarverzeichnis ist ausschließlich über das Internet möglich. [2]Sie muss kostenfrei und ohne vorherige Registrierung möglich sein.

(2) Das Geburtsdatum der eingetragenen Personen ist nicht einsehbar.

(3) Eintragungen zu Entscheidungen nach § 8 Absatz 1 Satz 2 der Bundesnotarordnung und zu einer vorläufigen Amtsenthebung sind nach dem Ende der Wirksamkeit der Entscheidung oder der vorläufigen Amtsenthebung nicht mehr einsehbar.

(4) [1]Die Angaben zu einer Notarvertretung sind nur einsehbar, wenn und solange diese für eine Amtsperson bestellt ist, die rechtlich an der Wahrnehmung ihres Amtes gehindert ist. [2]Die Angaben nach § 5 Absatz 2 Satz 1 Nummer 3 bis 5 sind auch im Fall des Satzes 1 nicht einsehbar.

§ 10 Suchfunktion

(1) [1]Die Bundesnotarkammer hat die Einsichtnahme in das Notarverzeichnis über Funktionen zur Suche der in § 1 Absatz 1 Nummer 1 bis 3 genannten Amtspersonen (Notarsuche) und zur Suche von Urkunden (Urkundensuche) zu gewährleisten. [2]Die Notarsuche soll es ermöglichen, die in § 1 Absatz 1 Nummer 1 bis 3 genannten Amtspersonen anhand der in Absatz 2 genannten Angaben zu ermitteln. [3]Die Urkundensuche soll es ermöglichen, den Verwahrort einer Urkunde, deren Verwahrung den in § 1 Absatz 1 genannten Amtspersonen oder einer anderen zuständigen Stelle obliegt, anhand der in Absatz 2 genannten Angaben zu den Amtspersonen, die die Beurkundung vorgenommen haben, zu ermitteln.

(2) Die Suchfunktion hat die alternative und die kumulative Suche zumindest anhand der folgenden Angaben zu den Amtspersonen zu ermöglichen:

1. Familienname,
2. Vornamen,
3. Amtssitz und
4. Kammerbezirk.

(3) Die Nutzung der Suchfunktion kann von der Eingabe eines auf der Internetseite angegebenen Sicherheitscodes abhängig gemacht werden.

§ 11 Einsehbarkeit und Datensicherheit

(1) Die Bundesnotarkammer hat durch geeignete organisatorische und dem aktuellen Stand entsprechende technische Maßnahmen

1. dafür Sorge zu tragen, dass das Notarverzeichnis jederzeit einsehbar ist, und
2. Vorkehrungen zu treffen, dass sie von Fehlfunktionen des Notarverzeichnisses unverzüglich Kenntnis erlangt.

(2) Bei schwerwiegenden Fehlfunktionen hat die Bundesnotarkammer unverzüglich, bei anderen Fehlfunktionen zeitnah die erforderlichen Maßnahmen zu deren Behebung zu veranlassen.

(3) Stellt die Bundesnotarkammer Notarkammern oder Amtspersonen für von diesen vorzunehmende Eintragungen oder Mitteilungen Webanwendungen zur Verfügung, so hat sie dafür Sorge zu tragen, dass auf diese nur durch ein sicheres Verfahren mit mindestens zwei voneinander unabhängigen Sicherungsmitteln zugegriffen werden kann.

Teil 2
Besonderes elektronisches Notarpostfach

§ 12 Besonderes elektronisches Notarpostfach

(1) [1]Das besondere elektronische Notarpostfach dient der elektronischen Kommunikation der Postfachinhaber mit den Gerichten auf einem sicheren Übermittlungsweg. [2]Zudem dient es der Kommunikation der Postfachinhaber untereinander.

(2) Das besondere elektronische Notarpostfach kann auch der elektronischen Kommunikation mit anderen Stellen oder Personen dienen.

(3) [1]Die Bundesnotarkammer hat den Inhabern eines besonderen elektronischen Notarpostfachs die elektronische Suche nach allen Stellen und Personen zu ermöglichen, die über das Postfach erreichbar sind. [2]Die Bundesnotarkammer hat zudem die Daten, die eine Suche im Sinne des Satzes 1 ermöglichen, auch den Gerichten zugänglich zu machen. [3]Sie kann diese Daten auch anderen Personen und Stellen zugänglich machen, mit denen sie nach Absatz 2 eine Kommunikation ermöglicht.

§ 13 Führung der Postfächer

(1) [1]Die Bundesnotarkammer hat die besonderen elektronischen Notarpostfächer auf der Grundlage des Protokollstandards „Online Services Computer Interface – OSCI“ oder eines künftig an dessen Stelle tretenden Standards zu betreiben. [2]Die Bundesnotarkammer hat fortlaufend zu gewährleisten, dass die Postfachinhaber über das Postfach sicher elektronisch kommunizieren können.

(2) Der Zugang zum besonderen elektronischen Notarpostfach soll barrierefrei im Sinne der Barrierefreie-Informationstechnik-Verordnung sein.

(3) Die Bundesnotarkammer hat zu gewährleisten, dass der Empfänger eines elektronischen Dokuments, das aus dem besonderen elektronischen Notarpostfach ohne qualifizierte elektronische Signatur auf einem sicheren Übermittlungsweg versandt wurde, feststellen kann, ob die Nachricht von dem Postfachinhaber selbst versandt wurde.

§ 14 Einrichtung und Aktivierung eines Postfachs

(1) [1]Die Bundesnotarkammer richtet für jede ausgeübte amtliche Tätigkeit eines Notars oder Notariatsverwalters ein besonderes elektronisches Notarpostfach ein. [2]Sie gewährleistet, dass das Postfach unverzüglich nach Eintragung der amtlichen Tätigkeit in das Notarverzeichnis zur Aktivierung bereitsteht und nicht vor dem Beginn der amtlichen Tätigkeit aktiviert werden kann.

(2) Die Aktivierung des besonderen elektronischen Notarpostfachs durch den Postfachinhaber erfolgt mittels eines kryptografischen Schlüssels, der auf einer kryptografischen Hardwarekomponente gespeichert ist.

(3) Die Bundesnotarkammer hat durch geeignete technische und organisatorische Maßnahmen sicherzustellen, dass der zur Aktivierung bestimmte kryptografische Schlüssel des Postfachinhabers nur durch diesen verwendet werden kann.

§ 15 Weitere Zugangsberechtigungen zum Postfach

(1) [1]Der Postfachinhaber kann anderen Personen unterschiedlich weit reichende Zugangsberechtigungen zu seinem besonderen elektronischen Notarpostfach erteilen. [2]Er kann diesen Personen auch die Befugnis einräumen, weitere Zugangsberechtigungen zu seinem Postfach zu erteilen.

(2) [1]Die Erteilung einer Zugangsberechtigung nach Absatz 1 kann auch mit der Befugnis verbunden werden, Nachrichten zu versenden. [2]Die Einräumung einer Befugnis zur formwahrenden Einreichung elektronischer Dokumente ohne qualifizierte elektronische Signatur auf einem sicheren Übermittlungsweg ist jedoch ausgeschlossen.

(3) Zugangsberechtigungen und Befugnisse nach den Absätzen 1 und 2 können von dem Postfachinhaber oder den von ihm dazu ermächtigten Personen jederzeit geändert oder widerrufen werden.

§ 16 Zugang zum Postfach

(1) [1]Die Anmeldung am besonderen elektronischen Notarpostfach erfolgt mit mindestens zwei voneinander unabhängigen Sicherungsmitteln. [2]Zugangsdaten, die einzelnen Personen allein zugewiesen sind, dürfen anderen Personen nicht bekanntgegeben werden. [3]Bei einem Versand nicht-qualifiziert elektronisch signierter Dokumente auf einem sicheren Übermittlungsweg muss der Postfachinhaber mittels eines kryptografischen Schlüssels im Sinne des § 14 Absatz 2 an seinem Postfach angemeldet sein.

(2) [1]Hat die angemeldete Person die Nutzung des besonderen elektronischen Notarpostfachs beendet, hat sie sich abzumelden. [2]Die Bundesnotarkammer hat für den Fall, dass das Postfach nach erfolgter Anmeldung für eine bestimmte Zeitdauer nicht genutzt wird, eine automatische Abmeldung der Person durch das System vorzusehen. [3]Bei der Bemessung der Zeitdauer sind die Belange des Datenschutzes gegen den Aufwand für die erneute Anmeldung abzuwägen.

§ 17 Automatisches Löschen von Nachrichten

Nachrichten dürfen frühestens 120 Tage nach ihrem Eingang automatisch gelöscht werden.

§ 18 Sperrung des Postfachs

(1) [1]Wird das Ende einer amtlichen Tätigkeit in das Notarverzeichnis eingetragen, sperrt die Bundesnotarkammer unverzüglich das zugehörige besondere elektronische Notarpostfach. [2]Die Sperrung wird erst mit dem Beginn des Tages wirksam, der auf das Ende der amtlichen Tätigkeit folgt.

(2) Zu einem gesperrten Postfach haben der Postfachinhaber und alle anderen Personen, denen eine Zugangsberechtigung erteilt wurde, keinen Zugang mehr.

(3) [1]Ein gesperrtes Postfach ist auch für den Empfang von Nachrichten gesperrt. [2]Die Bundesnotarkammer soll vorsehen, dass Personen, die eine Nachricht an ein gesperrtes Postfach senden, automatisch mitgeteilt wird, auf wen die Zuständigkeit für die Verwahrung der Akten der früheren Amtsperson übergegangen ist.

(4) [1]Geht im Fall der Sperrung die Zuständigkeit des früheren Postfachinhabers für die Aktenverwahrung vollständig oder teilweise auf einen oder mehrere Notare oder Notariatsverwalter über, kann die Bundesnotarkammer diesen eine Übersicht über die vor der Sperrung in dem Postfach eingegangenen und noch nicht abgerufenen Nachrichten zur Verfügung stellen. [2]Die Übersicht hat sich auf den Absender und den Eingangszeitpunkt der jeweiligen Nachricht zu beschränken.

(5) Die Sperrung eines Postfachs ist unverzüglich aufzuheben, wenn der Grund für die Sperrung nicht bestanden hat oder entfallen ist.

§ 19 Vorläufige Amtsenthebung

(1) [1]Wird die vorläufige Amtsenthebung einer Amtsperson in das Notarverzeichnis eingetragen, hebt die Bundesnotarkammer unverzüglich die Zugangsberechtigung der Amtsperson zu ihrem besonderen elektronischen Notarpostfach auf. [2]§ 18 Absatz 5 gilt sinngemäß.

(2) [1]Weitere Zugangsberechtigungen und Befugnisse im Sinne des § 15 Absatz 1 und 2 bleiben von der Aufhebung der Zugangsberechtigung nach Absatz 1 unberührt. [2]§ 15 Absatz 3 gilt im Fall des Absatzes 1 für den Postfachinhaber nicht mehr. [3]Dieser kann jedoch verlangen, dass die Bundesnotarkammer sein besonderes elektronisches Notarpostfach unverzüglich sperrt.

(3) Die Bundesnotarkammer kann auf Antrag des Notariatsverwalters das besondere elektronische Notarpostfach der von der vorläufigen Amtsenthebung betroffenen Amtsperson sperren.

(4) [1]Die Bundesnotarkammer kann der Notarvertretung eine Übersicht über die noch nicht abgerufenen Nachrichten im besonderen elektronischen Notarpostfach der von der vorläufigen Amtsenthebung betroffenen Amtsperson zur Verfügung stellen. [2]Die Übersicht hat sich auf den Absender und den Eingangszeitpunkt der jeweiligen Nachricht zu beschränken.

§ 20 Löschung des Postfachs

Gesperrte besondere elektronische Notarpostfächer werden einschließlich der darin gespeicherten Nachrichten sechs Monate nach dem Ende der amtlichen Tätigkeit gelöscht.

Teil 3
Schlussvorschriften

§ 21 Inkrafttreten

Diese Verordnung tritt am Tag nach der Verkündung in Kraft.

Verordnung über die notarielle Fachprüfung (Notarfachprüfungsverordnung – NotFV)

Vom 7. Mai 2010 (BGBl. I S. 576)
(FNA 303-1-2)
zuletzt geändert durch Art. 3 VO zur Änd. der VO über die Führung notarieller Akten und Verzeichnisse und weiterer Verordnungen vom 17. Dezember 2021 (BGBl. I S. 5219)

Auf Grund des § 7a Absatz 4 Satz 2, § 7g Absatz 2 Satz 2 und des § 7i der Bundesnotarordnung, die durch Artikel 1 Nummer 2 des Gesetzes vom 2. April 2009 (BGBl. I S. 696) eingefügt worden sind, verordnet das Bundesministerium der Justiz:

Teil 1

Prüfungsamt für die notarielle Fachprüfung bei der Bundesnotarkammer

§ 1 Leitung des Prüfungsamtes

(1) Die Leitung des Prüfungsamtes sorgt für den ordnungsgemäßen Geschäftsbetrieb des Prüfungsamtes.

(2) Die Leitung des Prüfungsamtes schlägt im Einvernehmen mit dem Verwaltungsrat den Haushalt des Prüfungsamtes der Generalversammlung der Bundesnotarkammer zur Beschlussfassung vor.

(3) Dauerhaft Beschäftigte des Prüfungsamtes sind von der Leitung des Prüfungsamtes im Einvernehmen mit dem Verwaltungsrat heranzuziehen.

(4) [1]Die Leitung des Prüfungsamtes erstattet dem Verwaltungsrat jedes Jahr schriftlich Bericht über die Tätigkeit des Prüfungsamtes. [2]Sie ist verpflichtet, dem Verwaltungsrat auf Anforderung jederzeit Auskunft über Angelegenheiten des Prüfungsamtes zu erteilen und Akteneinsicht zu gewähren.

§ 2 Verwaltungsrat

(1) Der Verwaltungsrat kann der Leitung des Prüfungsamtes und den Mitgliedern der Aufgabenkommission im Einzelfall Weisungen erteilen.

(2) [1]Die Mitglieder des Verwaltungsrates werden für einen Zeitraum von drei Jahren benannt. [2]Eine erneute Benennung ist möglich. [3]Nach dem Ende des Zeitraums, für den ein Mitglied benannt ist, bleibt es bis zur Benennung einer Nachfolgerin oder eines Nachfolgers im Amt. [4]Scheidet ein Mitglied vor Ablauf des Zeitraums aus, für den es benannt wurde, so hat die Stelle, die das ausscheidende Mitglied benannt hat, für die restliche Dauer der Amtszeit unverzüglich eine Nachfolgerin oder einen Nachfolger zu benennen.

(3) [1]Sobald die Mitglieder benannt sind, tritt der Verwaltungsrat zu seiner konstituierenden Sitzung zusammen und überträgt einem seiner Mitglieder den Vorsitz. [2]Der Vorsitz hat die Aufgabe, den Verwaltungsrat einzuberufen und die Sitzungen zu leiten.

(4) [1]Der Verwaltungsrat fasst seine Beschlüsse mit der Mehrheit der Stimmen seiner Mitglieder. [2]In Sitzungen können abwesende Mitglieder dadurch an der Beschlussfassung teilnehmen, dass sie ihre schriftliche Stimme durch ein anderes Mitglied überreichen lassen. [3]Schriftliche, fernmündliche oder andere ver-

gleichbare Formen der Beschlussfassung sind nur zulässig, wenn kein Mitglied diesem Verfahren widerspricht.

§ 3 Aufgabenkommission

(1) [1]Die Aufgabenkommission besteht aus mindestens acht und höchstens zehn Mitgliedern. [2]Mindestens sechs der Mitglieder sollen Notarin oder Notar sein.

(2) Die Bestellung eines Mitgliedes kann von der Leitung des Prüfungsamtes im Einvernehmen mit dem Verwaltungsrat aus wichtigem Grund widerrufen werden.

(3) [1]Die Aufgabenkommission überträgt jeweils einem ihrer Mitglieder den Vorsitz und den stellvertretenden Vorsitz. [2]Der Vorsitz hat die Aufgabe, die Aufgabenkommission einzuberufen, die Sitzungen zu leiten und die Aufgabenkommission gegenüber der Leitung des Prüfungsamtes und dem Verwaltungsrat zu vertreten.

(4) [1]Die Aufgabenkommission fasst ihre Beschlüsse mit der Mehrheit der Stimmen ihrer Mitglieder. [2]§ 2 Absatz 4 Satz 2 und 3 gilt entsprechend. [3]Außerhalb von Sitzungen ist der Vorsitz befugt, unaufschiebbare Entscheidungen allein zu treffen. [4]Die Aufgabenkommission muss über diese Entscheidungen spätestens in ihrer nächsten Sitzung informiert werden.

(5) [1]Die Mitglieder der Aufgabenkommission haben über die ihnen bei ihrer Tätigkeit bekannt gewordenen Tatsachen Verschwiegenheit zu bewahren. [2]Die Mitglieder sind bei ihrer erstmaligen Berufung von der Leitung des Prüfungsamtes zur gewissenhaften Erfüllung ihrer Obliegenheiten zu verpflichten.

(6) Die Mitglieder der Aufgabenkommission sind verpflichtet, dem Verwaltungsrat auf Anforderung Auskunft zu erteilen und Akteneinsicht zu gewähren.

§ 4 Prüfende

(1) Das Prüfungsamt bestellt die erforderliche Anzahl von Prüfenden, um eine ordnungsgemäße Durchführung der Prüfungen zu gewährleisten.

(2) [1]Die Prüfenden haben über die ihnen bei ihrer Tätigkeit bekannt gewordenen Tatsachen Verschwiegenheit zu bewahren. [2]Sie sind bei ihrer erstmaligen Berufung von der Leitung des Prüfungsamtes zur gewissenhaften Erfüllung ihrer Obliegenheiten zu verpflichten.

Teil 2
Notarielle Fachprüfung

§ 5 Prüfungsgebiete

(1) Der Prüfungsstoff umfasst, soweit diese Rechtsgebiete für die notarielle Amtstätigkeit von Bedeutung sind,

1. das bürgerliche Recht mit Nebengesetzen, insbesondere mit Wohnungseigentumsgesetz und Erbbaurechtsgesetz,
2. das Recht der Personengesellschaften und Körperschaften einschließlich der Grundzüge des Umwandlungs- und Stiftungsrechts,
3. das Recht der freiwilligen Gerichtsbarkeit, insbesondere das Beurkundungsrecht, das Grundbuchrecht und das Verfahrensrecht in Betreuungs- und Unterbringungssachen, in Nachlass- und Teilungssachen sowie in Registersachen,

4. das notarielle Berufsrecht,
5. das notarielle Kostenrecht,
6. das Handelsrecht sowie
7. die allgemeinen Voraussetzungen der Zwangsvollstreckung und der Zwangsvollstreckung in Grundstücke.

(2) Andere Rechtsgebiete dürfen im Zusammenhang mit dem Prüfungsstoff zum Gegenstand der Prüfung gemacht werden, wenn sie in der notariellen Praxis typischerweise in diesem Zusammenhang auftreten oder soweit lediglich Verständnis und Arbeitsmethode festgestellt werden sollen und Einzelwissen nicht vorausgesetzt wird.

§ 6 Prüfungstermine

(1) Es sollen mindestens zwei Prüfungstermine im Kalenderjahr angeboten werden.

(2) [1]Die Prüfungstermine sind von der Leitung des Prüfungsamtes festzulegen. [2]Sie sind spätestens vier Monate vor Beginn der schriftlichen Prüfung in der Deutschen Notar-Zeitschrift bekannt zu geben. [3]Daneben soll eine Bekanntgabe auf der Internetseite des Prüfungsamtes erfolgen. [4]Wenn die schriftliche Prüfung elektronisch durchgeführt werden soll, ist darauf bei der Bekanntgabe der Prüfungstermine hinzuweisen.

§ 7 Prüfungsorte

(1) [1]Prüfungen sollen an verschiedenen Orten im Gebiet des Anwaltsnotariats durchgeführt werden. [2]Das Prüfungsamt wählt die Prüfungsorte nach pflichtgemäßem Ermessen aus. [3]Bei der Auswahl soll das Prüfungsamt die Notarkammern aus dem Bereich des Anwaltsnotariats einbeziehen. [4]Satz 1 gilt nicht für schriftliche Prüfungen, die elektronisch durchgeführt werden.

(2) Ein Anspruch, die Prüfung an einem bestimmten Ort abzulegen, besteht nicht.

§ 8 Zulassung zur Prüfung

(1) [1]Die Zulassung zur notariellen Fachprüfung ist in schriftlicher Form beim Prüfungsamt zu beantragen. [2]Dem Antrag sind beizufügen
1. eine Ablichtung des Zeugnisses über die bestandene zweite juristische Staatsprüfung der Antragstellerin oder des Antragstellers,
2. eine Bescheinigung der zuständigen Rechtsanwaltskammer über die Zulassung der Antragstellerin oder des Antragstellers zur Rechtsanwaltschaft und über den Tag, seit dem die Zulassung ohne Unterbrechung besteht; die Bescheinigung muss weniger als drei Monate vor Stellung des Antrags auf Zulassung zur notariellen Fachprüfung ausgestellt worden sein.

(2) [1]Die Antragsfrist für die Zulassung zur Prüfung endet zehn Wochen vor dem Beginn des schriftlichen Teils eines Prüfungstermins. [2]Die Frist wird gleichzeitig mit dem Prüfungstermin spätestens vier Monate vor Beginn der schriftlichen Prüfung in der Deutschen Notar-Zeitschrift bekannt gegeben. [3]Daneben soll eine Bekanntgabe auf der Internetseite des Prüfungsamtes erfolgen. [4]Maßgeblich für die Einhaltung der Antragsfrist ist das Datum des Eingangs des Antrags beim Prüfungsamt.

(3) [1]Über den Antrag auf Zulassung zur notariellen Fachprüfung entscheidet die Leitung des Prüfungsamtes. [2]Der Antrag ist abzulehnen, wenn
1. die Voraussetzungen des Absatzes 1 nicht erfüllt sind,
2. im Falle eines Antrags auf Zulassung zur Wiederholungsprüfung die Voraussetzungen des § 7a Absatz 7 der Bundesnotarordnung nicht nach Maßgabe des § 19 Absatz 1 hinreichend nachgewiesen sind.

[3]Der Antrag kann abgelehnt werden, wenn die Antragsfrist nach Absatz 2 verstrichen ist. [4]Die Entscheidung über die Zulassung umfasst nur die Zulassung zum schriftlichen Teil der Prüfung. [5]Sie ist der Antragstellerin oder dem Antragsteller schriftlich mitzuteilen. [6]Der Bescheid über eine Ablehnung der Zulassung ist mit einer Rechtsbehelfsbelehrung zu versehen und der Antragstellerin oder dem Antragsteller zuzustellen.

§ 9 Rücktritt und Versäumnis

(1) [1]Über das Vorliegen von Rücktritt und Versäumnis und deren Rechtsfolgen gemäß § 7e der Bundesnotarordnung entscheidet die Leitung des Prüfungsamtes durch Bescheid, der mit einer Rechtsbehelfsbelehrung zu versehen und der Antragstellerin oder dem Antragsteller zuzustellen ist. [2]Die Nachweise gemäß § 7e Absatz 2 der Bundesnotarordnung sind unverzüglich beim Prüfungsamt einzureichen. [3]Im Fall einer Krankheit ist der Nachweis grundsätzlich durch ein Zeugnis eines Gesundheitsamtes zu erbringen, das in der Regel nicht später als am Prüfungstag ausgestellt sein darf. [4]In offensichtlichen Fällen kann auf die Vorlage eines Zeugnisses verzichtet werden.

(2) Prüfungsleistungen, die gemäß § 7e Absatz 2 der Bundesnotarordnung erneut angefertigt oder nachgeholt werden dürfen, sind in dem Prüfungstermin zu erbringen, der auf die ganz oder teilweise versäumte Prüfung folgt.

§ 10 Vorbereitung der schriftlichen Prüfung

(1) [1]Die Prüflinge sind spätestens vier Wochen vor Beginn der schriftlichen Prüfung schriftlich zu laden. [2]Maßgeblich für die Einhaltung der Frist ist das Datum des Poststempels. [3]Die Ladung erfolgt an die vom Prüfling in seinem Antrag auf Zulassung angegebene Adresse, sofern der Prüfling nicht vor Versendung der Ladung eine andere Adresse mitteilt. [4]Die Ladung muss Zeit und Ort der einzelnen Prüfungsarbeiten enthalten und die zugelassenen Hilfsmittel benennen. [5]Ferner wird jedem Prüfling mit der Ladung eine individuelle Kennziffer zugeteilt und bekannt gegeben.

(2) [1]Für jeden Prüfungsort überträgt die Leitung des Prüfungsamtes für jeden Prüfungstermin einer Person mit Befähigung zum Richteramt die örtliche Prüfungsleitung. [2]Diese hat im Auftrag der Leitung des Prüfungsamtes für die ordnungsgemäße Durchführung der schriftlichen Prüfung an dem jeweiligen Prüfungsort Sorge zu tragen und die erforderlichen Aufsichtspersonen auszuwählen und bereitzustellen.

(3) [1]Das Prüfungsamt bestimmt vor Beginn der Prüfung, welche Prüfenden die Aufsichtsarbeiten bewerten. [2]Gleichzeitig sind für den Fall der Verhinderung der eingeteilten Personen Ersatzprüfende zu bestimmen.

§ 11 Anfertigung der Aufsichtsarbeiten

(1) [1]Die Aufsichtsarbeiten sind innerhalb einer Kalenderwoche an den Wochentagen Montag, Dienstag, Donnerstag und Freitag anzufertigen. [2]An allen Prü-

fungsorten werden je Prüfungstermin dieselben Prüfungsaufgaben zur selben Zeit bearbeitet.

(2) [1]Vor Beginn der Anfertigung der Aufsichtsarbeiten haben sich die Prüflinge an jedem Tag der Prüfung gegenüber der Aufsichtsperson durch gültigen Bundespersonalausweis oder Reisepass auszuweisen. [2]Ferner haben sich die Prüflinge in eine von der Aufsichtsperson bereitgestellte Anwesenheitsliste einzutragen.

(3) [1]Die Aufsichtsarbeiten sind von den Prüflingen mit der ihnen zugeteilten Kennziffer zu versehen. [2]Außer der Kennziffer dürfen die Aufsichtsarbeiten keine sonstigen Hinweise auf die Person des Prüflings enthalten.

(4) [1]Bei der Anfertigung der Aufsichtsarbeiten dürfen nur die von der Aufgabenkommission zugelassenen Hilfsmittel verwendet werden. [2]Die zugelassenen Hilfsmittel werden nicht vom Prüfungsamt zur Verfügung gestellt.

(5) [1]Bei Störungen des ordnungsgemäßen Ablaufs eines Termins zur Anfertigung einer Aufsichtsarbeit kann die örtliche Prüfungsleitung nach Rücksprache mit der Leitung des Prüfungsamtes die Bearbeitungszeit angemessen verlängern. [2]§ 18 bleibt unberührt.

(6) [1]Über jeden Termin zur Anfertigung einer Aufsichtsarbeit wird von der Aufsichtsperson eine Niederschrift angefertigt, in die die teilnehmenden Prüflinge, der Zeitpunkt des Beginns und der Abgabe der Aufsichtsarbeiten, etwaige Ordnungsverstöße sowie alle sonstigen wesentlichen Vorkommnisse aufzunehmen sind. [2]Die Niederschrift ist von der örtlichen Prüfungsleitung zu unterschreiben.

§ 12 Bewertung der Aufsichtsarbeiten

[1]Das Prüfungsamt leitet die Aufsichtsarbeiten unverzüglich den für die Bewertung bestimmten Prüfenden zu. [2]Es ermittelt die Bewertungen der einzelnen Aufsichtsarbeiten nach Maßgabe des § 7b Absatz 2 Satz 4 der Bundesnotarordnung und führt die Einigung sowie bei Bedarf den Stichentscheid gemäß § 7b Absatz 2 Satz 5 der Bundesnotarordnung herbei.

§ 13 Ladung zur mündlichen Prüfung

[1]Die Prüflinge sind spätestens vier Wochen vor dem Termin der mündlichen Prüfung schriftlich zu laden. [2]§ 10 Absatz 1 Satz 2 und 3 gilt entsprechend. [3]Die Ladung muss Zeit und Ort der mündlichen Prüfung enthalten und die zugelassenen Hilfsmittel benennen.

§ 14 Mündliche Prüfung

(1) Die Vorsitzende oder der Vorsitzende des Prüfungsausschusses leitet die mündliche Prüfung und sorgt für die Einhaltung der Prüfungsbestimmungen und für die Aufrechterhaltung der Ordnung.

(2) Zu Beginn der mündlichen Prüfung haben sich die Prüflinge gegenüber der Vorsitzenden oder dem Vorsitzenden des Prüfungsausschusses durch gültigen Personalausweis oder Reisepass auszuweisen.

(3) [1]Die mündliche Prüfung beginnt mit dem Vortrag des Prüflings zu einer notariellen Aufgabenstellung. [2]Für den Vortrag erhalten alle an einem Tag geprüften Prüflinge dieselbe Aufgabenstellung. [3]Das Prüfungsamt wählt die Aufgabenstellung aus den von der Aufgabenkommission erarbeiteten Vorschlägen aus und übergibt sie dem Prüfling am Prüfungstag. [4]Nach Erhalt der Aufgabenstellung hat der Prüfling Gelegenheit, den Vortrag unter Aufsicht vorzubereiten.

[5]Die Vorbereitungszeit beträgt eine Stunde. [6]Die Dauer des Vortrags beträgt höchstens zwölf Minuten. [7]Dem Vortrag schließt sich ein kurzes Vertiefungsgespräch an.
(4) [1]Im Anschluss an die Vorträge aller Prüflinge findet das Gruppenprüfungsgespräch statt. [2]An dem Prüfungsgespräch sollen alle für diesen Termin geladenen Prüflinge gleichzeitig teilnehmen. [3]Die Vorsitzende oder der Vorsitzende des Prüfungsausschusses hat darauf zu achten, dass die Befragung der Prüflinge in geeigneter Weise erfolgt und dass jeder Prüfling zu gleichen Anteilen an dem Gespräch beteiligt wird. [4]Prüfungsgespräche sind spätestens nach Ablauf von etwa 90 Minuten durch eine angemessene Pause zu unterbrechen.
(5) [1]Bei der mündlichen Prüfung und der Vorbereitung des Vortrags dürfen nur die von der Aufgabenkommission zugelassenen Hilfsmittel verwendet werden. [2]Die zugelassenen Hilfsmittel werden nicht vom Prüfungsamt zur Verfügung gestellt.
(6) [1]Über die mündliche Prüfung ist eine Niederschrift anzufertigen, in die Ort und Zeit der Prüfung, die Zusammensetzung des Prüfungsausschusses, die Namen der anwesenden Prüflinge, die Gegenstände des Prüfungsgesprächs, die Bewertung der Leistungen in der mündlichen Prüfung, die Punktwerte für die Gesamtnoten der mündlichen Prüfung, alle sonstigen Entscheidungen des Prüfungsausschusses und die Verkündung der Entscheidungen des Prüfungsausschusses aufzunehmen sind. [2]Die Niederschrift ist von der Vorsitzenden oder dem Vorsitzenden des Prüfungsausschusses zu unterschreiben.

§ 15 Bewertung der mündlichen Prüfung

[1]Der Prüfungsausschuss stellt die Gesamtnote der mündlichen Prüfung fest. [2]Bei der Ermittlung der Gesamtnote werden der Vortrag mit 30 Prozent und das Gruppenprüfungsgespräch mit 70 Prozent berücksichtigt.

§ 16 Nachteilsausgleich

[1]Die Leitung des Prüfungsamtes kann behinderten Prüflingen die Bearbeitungszeit für die Anfertigung der Aufsichtsarbeiten auf Antrag je nach Schwere der Behinderung um bis zu zwei Stunden für jede Aufsichtsarbeit verlängern. [2]Sie kann für die mündliche Prüfung behinderten Prüflingen die Vorbereitungszeit für den Vortrag auf Antrag je nach Schwere der Behinderung um bis zu eine Stunde verlängern. [3]Hilfsmittel und die Inanspruchnahme von Hilfeleistungen Dritter, die die besonderen Verhältnisse behinderter Menschen berücksichtigen, können durch die Leitung des Prüfungsamtes auf Antrag zugelassen werden. [4]Die Anträge nach den Sätzen 1 bis 3 sind gleichzeitig mit dem Antrag auf Zulassung zur notariellen Fachprüfung beim Prüfungsamt zu stellen. [5]Dem Prüfungsamt ist auf Verlangen ein amtsärztliches Zeugnis vorzulegen, aus dem im Falle von Satz 1 und Satz 2 auch hervorgeht, inwieweit die Behinderung die Fähigkeit des Prüflings einschränkt, die vorgeschriebene Bearbeitungszeit oder Vorbereitungszeit einzuhalten.

§ 17 Einsicht in Prüfungsunterlagen

[1]Dem Prüfling ist auf Antrag die Einsicht in seine schriftlichen Prüfungsarbeiten einschließlich der Gutachten der Prüfenden zu gestatten. [2]Der Antrag ist binnen eines Monats nach Bekanntgabe der Prüfungsgesamtnote bei dem Prüfungsamt zu stellen. [3]Die Einsicht erfolgt in den Räumen des Prüfungsamtes.

§ 18 Mängel im Prüfungsverfahren

(1) War das Prüfungsverfahren mit Mängeln behaftet, die die Chancengleichheit der Prüflinge erheblich verletzt haben, so kann die Leitung des Prüfungsamtes auf Antrag eines Prüflings anordnen, dass die notarielle Fachprüfung oder einzelne Teile der Prüfung von den Prüflingen zu wiederholen sind, die durch den Mangel beschwert sind.

(2) [1]Ein Antrag nach Absatz 1 ist innerhalb eines Monats, nachdem die Antragstellerin oder der Antragsteller Kenntnis von dem Mangel erlangt hat, schriftlich beim Prüfungsamt zu stellen. [2]Er darf keine Bedingungen enthalten und kann nicht zurückgenommen werden.

§ 19 Wiederholungsprüfung

(1) [1]Für den Antrag auf Zulassung zur Wiederholungsprüfung gilt § 8. [2]Mit dem Antrag ist zu erklären, ob eine Wiederholung gemäß § 7a Absatz 7 Satz 1 oder Satz 2 der Bundesnotarordnung beantragt wird. [3]Bei Antragstellung innerhalb von fünf Jahren nach Abschluss des letzten Prüfungsverfahrens braucht der Nachweis gemäß § 8 Absatz 1 Nummer 1 nicht nochmals erbracht zu werden.

(2) Die Prüfung ist im gesamten Umfang zu wiederholen.

(3) Die Vorsitzende oder der Vorsitzende des Prüfungsausschusses für die mündliche Prüfung muss bei der Wiederholungsprüfung eine andere Person sein als im Termin der ersten Prüfung.

§ 20 Widerspruchsverfahren

[1]Die Leitung des Prüfungsamtes holt Stellungnahmen der beteiligten Prüfenden ein, bevor über einen Widerspruch gegen einen Bescheid entschieden wird, dem eine Bewertung von Prüfungsleistungen zugrunde liegt. [2]Eine Stellungnahme der Aufgabenkommission kann eingeholt werden, wenn dies für die Entscheidung über den Widerspruch erforderlich ist.

Teil 3
Schlussvorschriften

§ 21 Aufbewahrungsfristen

(1) [1]Zeugnisse und Bescheide über das Ergebnis der notariellen Fachprüfung sowie die zugehörigen Zustellungsnachweise sind 50 Jahre aufzubewahren und anschließend zu vernichten. [2]Gleiches gilt für die dem Prüfungsamt übermittelten Ausfertigungen oder Abschriften gerichtlicher Entscheidungen, die Bescheide über das Ergebnis der notariellen Fachprüfung betreffen.

(2) [1]Sonstige Prüfungsunterlagen sind fünf Jahre aufzubewahren und anschließend zu vernichten, sofern nicht im Einzelfall eine längere Aufbewahrungsdauer erforderlich ist. [2]Gleiches gilt für die zu Mitgliedern der Aufgabenkommission, Prüfenden, Prüfungsleitungen sowie Aufsichtspersonen geführten Akten.

(3) [1]Die Frist beginnt in den Fällen des Absatzes 1 und des Absatzes 2 Satz 1 mit dem Ablauf des Jahres, in dem das Prüfungsergebnis dem Prüfling bekannt-

gegeben worden ist. [2]In den Fällen des Absatzes 2 Satz 2 beginnt die Frist mit dem Ablauf des Jahres, in dem die Person aus dem Amt ausgeschieden ist.

(4) Die elektronische Aufbewahrung ist zulässig.

§ 22 Inkrafttreten

Diese Verordnung tritt am Tag nach der Verkündung in Kraft.

Handelsgesetzbuch

Vom 10. Mai 1897 (RGBl. S. 219)
(BGBl. III/FNA 4100-1)
zuletzt geändert durch Art. 51 PersonengesellschaftsrechtsmodernisierungsG (MoPeG) vom 10. August 2021 (BGBl. I S. 3436)

§ 12 Anmeldungen zur Eintragung und Einreichungen

(1) [1]Anmeldungen zur Eintragung in das Handelsregister sind elektronisch in öffentlich beglaubigter Form einzureichen. [2]Die gleiche Form ist für eine Vollmacht zur Anmeldung erforderlich. [3]Anstelle der Vollmacht kann die Bescheinigung eines Notars nach § 21 Absatz 3 der Bundesnotarordnung eingereicht werden. [4]Rechtsnachfolger eines Beteiligten haben die Rechtsnachfolge soweit tunlich durch öffentliche Urkunden nachzuweisen.

(2) [1]Dokumente sind elektronisch einzureichen. [2]Ist eine Urschrift oder eine einfache Abschrift einzureichen oder ist für das Dokument die Schriftform bestimmt, genügt die Übermittlung einer elektronischen Aufzeichnung; ist ein notariell beurkundetes Dokument oder eine öffentlich beglaubigte Abschrift einzureichen, so ist ein mit einem einfachen elektronischen Zeugnis (§ 39a des Beurkundungsgesetzes) versehenes Dokument zu übermitteln.

[§ 12 ab 1.8.2022:]

§ 12 Anmeldungen zur Eintragung und Einreichungen

(1) [1]Anmeldungen zur Eintragung in das Handelsregister sind elektronisch in öffentlich beglaubigter Form einzureichen. [2]Die öffentliche Beglaubigung mittels Videokommunikation gemäß § 40a des Beurkundungsgesetzes ist zulässig für die Anmeldung

1. *durch Einzelkaufleute,*
2. *für Gesellschaften mit beschränkter Haftung, Aktiengesellschaften und Kommanditgesellschaften auf Aktien sowie*
3. *für Zweigniederlassungen von den in Nummer 2 genannten Rechtsformen oder von Kapitalgesellschaften, die dem Recht eines anderen Mitgliedstaates der Europäischen Union oder eines anderen Vertragsstaates des Abkommens über den Europäischen Wirtschaftsraum unterliegen.*

[3]Die gleiche Form ist für eine Vollmacht zur Anmeldung erforderlich. [4]Anstelle der Vollmacht kann die Bescheinigung eines Notars nach § 21 Absatz 3 der Bundesnotarordnung eingereicht werden. [5]Rechtsnachfolger eines Beteiligten haben die Rechtsnachfolge soweit tunlich durch öffentliche Urkunden nachzuweisen.

(2) [1]Dokumente sind elektronisch in einem maschinenlesbaren und durchsuchbaren Datenformat einzureichen. [2]Ist eine Urschrift oder eine einfache Abschrift einzureichen oder ist für das Dokument die Schriftform bestimmt, genügt die Übermittlung einer elektronischen Aufzeichnung; ist ein notariell beurkundetes Dokument oder eine öffentlich beglaubigte Abschrift einzureichen, so ist ein mit einem einfachen elektronischen Zeugnis (§ 39a des Beurkundungsgesetzes) versehenes Dokument zu übermitteln.

Literatur:

Apfelbaum/Bettendorf, Die elektronisch beglaubigte Abschrift im Handelsregisterverkehr, RNotZ 2007, 89; *Auer*, Die antizipierte Anmeldung bei der GmbH, DNotZ 2000, 498; Bosch/Siegel, Anmerkung zum Beschluss des BGH vom 12.11.2020 – V ZB 148/19, notar 2021, 203; *Gassen*, Die Form der elektronischen Notarurkunde, RNotZ 2007, 142; *Jeep/Wiedemann*, Die Praxis der elektronischen Registeranmeldung

– Die Umsetzung des EHUG aus notarieller und richterlicher Sicht, NJW 2007, 2439; *Sikora/Schwab*, Das EHUG in der notariellen Praxis, MittBayNot 2007, 1; *Stelmaszczyk/Kienzle*, GmbH digital – Online-Gründung und Online-Verfahren für Registeranmeldungen nach dem Gesetzesentwurf der Bundesregierung zum DiRUG, ZIP 2021, 765.

I. Allgemeines/Normzweck

1 § 12 regelt in seinem Abs. 1 die **Anforderungen**, die an den Antrag auf Eintragung im Handelsregister,[1] im Registerverfahren „Anmeldung" genannt, gestellt werden. Dies gilt sowohl für die **Form der Anmeldung** (Abs. 1 S. 1), als auch hinsichtlich der formellen Voraussetzungen, die für den **Nachweis der Vertretungsmacht** (Abs. 1 S. 2 und 3) und einer möglichen **Rechtsnachfolge** (Abs. 1 S. 4) gelten. Abs. 2 betrifft die von der Anmeldung systematisch zu unterscheidende **Einreichung von Urkunden und sonstigen Schriftstücken.**

2 Für beides ordnet das Gesetz seit Inkrafttreten des EHUG[2] in Umsetzung von Art. 16 Abs. 3 UAbs. 2 Ges-RL[3] an, dass die **Kommunikation mit dem Registergericht** seit dem 1.1.2007 **ausschließlich elektronisch** erfolgt, sämtliche Unterlagen sind daher elektronisch einzureichen. Die Nutzung moderner Kommunikationsmittel dient dabei vor allem der vereinfachten Dokumenten- und Dateiübernahme durch das Registergericht, unnötige Medienbrüche entfallen.[4] Dabei ist die Antragstellung nur unter Einschaltung eines Notars möglich.

3 Mit dem EHUG hat sich der Gesetzgeber auch und gerade hinsichtlich des elektronischen Rechtsverkehrs für die seit Jahrzehnten bewährte umfassende Einbindung der Notarinnen und Notare entschieden. So kann das **Vier-Augen-Prinzip** auch im elektronischen Rechtsverkehr zur Geltung gebracht werden und der Notar seine **Filterfunktion für das Registergericht** in bewährter Manier

1 Zur entsprechenden Anwendung der Norm siehe § 5 Abs. 2 PartGG und zumindest bezüglich Abs. 2 § 11 Abs. 4 GenG. Nach § 707b Nr. 2 BGB nF soll im Zuge der Reform des Personengesellschaftsrechts und der geplanten Schaffung des Gesellschaftsregisters § 12 zudem auch auf die eingetragene Gesellschaft bürgerlichen Rechts Anwendung finden, vgl. dazu BT-Drs. 19/27635, 16.

2 Gesetz über elektronische Handelsregister und Genossenschaftsregister sowie das Unternehmensregister (EHUG) vom 10.11.2006, BGBl. 2006 I 2553.

3 Richtlinie (EU) 2017/1132 v. 14.6.2017 über bestimmte Aspekte des Gesellschaftsrechts, ABl. 2017 L 169, 46.

4 Vgl. Oetker/*Preuß* § 12 Rn. 3 f.; ferner Ebenroth/Boujong/Joost/Strohn/*Schaub* § 12 Rn. 1.

fortführen.[5] Der Gesetzgeber hat diese, die Qualität des deutschen Handelsregisters wesentlich mitprägende Form der **Arbeitsteilung zwischen Registergericht und Notar** durch die Schaffung des § 378 Abs. 3 FamFG (→ FamFG § 378 Rn. 17 ff.) im Jahr 2017 nochmals anerkannt und bestätigt.

II. Anmeldung zur Eintragung in das Handelsregister (Abs. 1 S. 1)

Abgesehen von wenigen Ausnahmen (vgl. etwa §§ 31 Abs. 2 S. 2, 32 34 Abs. 4 und 5, 148 Abs. 2, §§ 393 ff. FamFG)[6] werden Eintragungen im Handelsregister **regelmäßig nur auf Antrag** vorgenommen (vgl. etwa die Anmeldepflichten aus §§ 13, 29, 31 Abs. 1, 33, 34 Abs. 1, 53 Abs. 1 und 3, 106, 107, 143, 144 Abs. 2, 148, 150, 157, 162 und 175). Einer danach erforderlichen Anmeldung ist zu entsprechen, wenn kein Eintragungshindernis besteht.[7] Abs. 1 S. 1 findet allerdings nur Anwendung bei Anmeldungen, die **in das Handelsregister eintragbar und einzutragen sind**,[8] nicht erfasst werden hingegen Tatsachen, die ohne Eintragung im Handelsregister nur anzumelden oder in der Anmeldung anzugeben sind.[9] 4

Ihrer Rechtsnatur nach ist die Anmeldung kein Rechtsgeschäft, sondern vielmehr eine **verfahrensrechtliche Erklärung** im Sinne des § 25 FamFG an das Gericht, die in verschiedenen Bereichen auch materiellrechtliche Bedeutung hat[10] und auch genuin materiellrechtliche Erklärungen[11] enthalten kann.[12] Die Anmeldung ist gegenüber dem Registergericht **empfangsbedürftige Erklärung**,[13] auf welche zumindest einzelne gesetzliche Vorschriften aus dem Recht der Willenserklärungen analog anwendbar sind. So wird die Anmeldung analog § 130 Abs. 1 S 1 BGB erst mit ihrem Eingang beim Registergericht wirksam, auch § 130 Abs. 2 BGB findet (analoge) Anwendung.[14] Über § 9 Abs. 1 FamFG gelten weiterhin die Vorschriften der §§ 104 ff. BGB entsprechend. 5

Als Verfahrenshandlung ist die Anmeldung **bedingungs- und befristungsfeindlich** iSd §§ 158 ff. BGB.[15] Allgemeinen Grundsätzen folgend gilt dies aber nicht für Rechtsbedingungen sowie innerverfahrensmäßige Voraussetzungen. So ist es zulässig, den Vollzug mehrerer Anmeldungen in einer bestimmten Reihenfolge zu beantragen oder auch den Vollzug mehrerer Anmeldungen dergestalt miteinander zu verbinden, dass sie nur zusammen vollzogen werden sollen (Rechtsgedanke des § 16 Abs. 2 GBO).[16] Nach richtiger Auffassung ist es für die Wirksamkeit der Anmeldung jedoch ohne Bedeutung und Einfluss, ob die angemel- 6

5 Vgl. dazu Oetker/*Preuß* § 12 Rn. 3.
6 Ausführlich zu Eintragungen von Amts wegen Ebenroth/Boujong/Joost/Strohn/*Schaub* § 12 Rn. 6 ff.
7 MüKoHGB/*Krafka* § 12 Rn. 4.
8 Ausführlich zur Unterscheidung zwischen eintragungspflichtigen und nur eintragungsfähigen Tatsachen (Letztere ggf. auch ohne ausdrückliche gesetzliche Bestimmung) MüKoHGB/*Krafka* § 8 Rn. 32 ff.
9 MüKoHGB/*Krafka* § 12 Rn. 2, der als Beispiele für nicht einzutragende Tatsachen § 24 Abs. 4 HRV und §§ 42, 107 Abs. 1 AktG nennt.
10 Ebenroth/Boujong/Joost/Strohn/*Schaub* § 12 Rn. 28.
11 MüKoHGB/*Krafka* § 12 Rn. 6, der unter Verweis auf KG FGPrax 2019, 17 beispielhaft auf den Fall der Amtsniederlegung hinweist.
12 Vgl. MüKoHGB/*Krafka* § 12 Rn. 5 f.; Oetker/*Preuß* § 12 Rn. 5 ff. jeweils mit weiteren Nachweisen auch zu abweichenden Auffassungen.
13 Zu den Anforderungen an einen Zugang beim Registergericht vgl. MüKoHGB/*Krafka* § 12 Rn. 7.
14 Koller/Kindler/Roth/Drüen/*Roth* § 12 Rn. 2.
15 Ebenroth/Boujong/Joost/Strohn/*Schaub* § 12 Rn. 33; Henssler/Strohn/*Wamser* HGB § 12 Rn. 2.
16 MüKoHGB/*Krafka* § 12 Rn. 10; Oetker/*Preuß* § 12 Rn. 10.

dete Tatsache im Zeitpunkt der Unterschriftsleistung und/oder der Errichtung des notariellen Beglaubigungsvermerks bereits vorliegt, vielmehr kommt es insoweit allein auf den **Zeitpunkt des Zugangs bei Registergericht** an.[17] Soll demnach schon vor Eintritt der „Anmeldereife" eine entsprechende Anmeldung vom Notar beglaubigt werden, kann durch eine entsprechende Vollzugsanweisung sichergestellt werden, dass die Anmeldung von diesem **erst nach Vorliegen der Vollzugsreife beim Registergericht eingereicht** wird.[18] Alternativ kann über „informelle" Absprachen mit dem Registergericht nachgedacht werden.[19]

7 Anders als eine zugegangene Willenserklärung kann die Anmeldung bis zu ihrem Vollzug durch **Antragsrücknahme**[20] jederzeit frei widerrufen werden.[21] § 181 BGB findet weder bei rechtsgeschäftlicher noch gesetzlicher Vertretung Anwendung, auch § 1795 BGB findet keine Anwendung.[22] Eine Anfechtung der Anmeldung nach §§ 119 ff. BGB oder auch ein „Rücktritt" sind nicht möglich, können aber als eine Antragsrücknahme auszulegen sein.[23]

8 Die Anmeldung sollte **möglichst klar und verständlich formuliert** werden, nicht erforderlich ist aber, bestimmte gesetzliche Formulierungen in diese zu übernehmen. Sie ist zumindest im Grundsatz durch das Registergericht **auslegbar**, allerdings muss für dieses hinreichend erkennbar sein, was in das Handelsregister eingetragen werden soll.[24] Im Grundsatz kann im Rahmen der Anmeldung auch auf mit dieser eingereichte Urkunden und sonstige Dokumente **Bezug genommen** werden (etwa bei einer Satzungsänderung einer GmbH, vgl. § 54 Abs. 2 S. 1 GmbHG). Im Einzelfall können aber gesetzliche Sondervorschriften besondere Anforderungen an den Inhalt der Anmeldung vorsehen, so etwa bei einer Satzungsänderung einer GmbH, wenn die **nach § 10 Abs. 1 und 2 GmbHG einzutragenden Tatsachen und Rechtsverhältnisse** geändert werden, in diesem Fall sind – auch im Falle der vollständigen Änderung des Gesellschaftsvertrages – die Änderungen in der Anmeldung zumindest schlagwortartig zu bezeichnen.[25] Bei den Personenhandelsgesellschaften sind die Vorgaben der §§ 107, 161 Abs. 2 zu beachten.

III. Form der Anmeldung

9 **1. Öffentliche Beglaubigung oder formersetzende Urkunden.** Anmeldungen zur Eintragung sind nach Abs. 1 S. 1 **„elektronisch in öffentlich beglaubigter Form einzureichen"**. Zumindest nach aktuell noch geltendem Verfahrensrecht (Zur Rechtslage nach dem DiRUG → Rn. 13) bedeutet dies, dass zunächst eine papiergebundene Anmeldeerklärung erstellt und zu dieser die Unterschrift(en) bzw. das jeweilige Handzeichen[26] der anmeldenden Person(en) öffentlich beglaubigt wird, die Urkundsperson hat dabei insbesondere die **Vorgaben von**

17 MüKoHGB/*Krafka* § 12 Rn. 7; *Auer* DNotZ 2000, 498 (502 ff.); abweichend OLG Düsseldorf DNotZ 2000, 529 f. mit ablehnender Anmerkung von *Kallrath*.
18 MüKoHGB/*Krafka* § 12 Rn. 7.
19 Vgl. Ebenroth/Boujong/Joost/Strohn/*Schaub* § 12 Rn. 33; MüKoHGB/*Krafka* § 12 Rn. 10 hält aus Gründen der Verfahrenseffizienz zumindest „zeitnahe Befristungen" für zulässig.
20 Diese kann abweichend von Abs. 2 ggf. auch in Papierform erfolgen, vgl. OLG Frankfurt NZG 2013, 626 f.; MüKoHGB/*Krafka* § 12 Rn. 23.
21 Oetker/*Preuß* § 12 Rn. 9.
22 MüKoHGB/*Krafka* § 12 Rn. 49.
23 MüKoHGB/*Krafka* § 12 Rn. 5, 7.
24 Ausführlich dazu Ebenroth/Boujong/Joost/Strohn/*Schaub* § 12 Rn. 36 ff.
25 BGH NJW 1987, 3191 (3191 f.); Ebenroth/Boujong/Joost/Strohn/*Schaub* § 12 Rn. 39.
26 OLG Hamm DNotZ 2001, 956 (958); MüKoHGB/*Krafka* § 12 Rn. 14.

§ 129 BGB, §§ 12, 39, 40 BeurkG, § 20 BNotO zu beachten und zu wahren.[27] Nachträgliche Änderungen am Text der beglaubigten Registeranmeldung hindern zwar nicht die Wahrung der Form des Abs. 1 S. 1, der Beweiswert der Urkunde kann jedoch reduziert sein, der Inhalt der Urkunde unterliegt letztlich der freien Beweiswürdigung durch das Registergericht.[28]

Im Ausland können die Form des Abs. 1 S. 1 wahrende Beurkundungen und Beglaubigungen jedenfalls durch Konsularbeamte in **deutschen Auslandsvertretungen** vorgenommen werden (vgl. dazu § 10 KonsularG). Soweit die Beurkundung/Beglaubigung **durch eine ausländische Stelle** vorgenommen worden ist, kommt es nach den allgemeinen Grundsätzen der **Substitution** darauf an, ob diese einer deutschen Amtshandlung funktional gleichwertig ist.[29] Weiterhin sind die Anforderungen des internationalen Urkundsverkehrs zu beachten, in der Mehrzahl der Fälle bedarf die ausländische Urkunde zum Beweis der Echtheit ergänzend der Legalisation bzw. einer Apostille.[30] 10

Nach § 129 Abs. 2 BGB kann auch für die Anmeldung jederzeit die **strengere Form der notariellen Beurkundung** gewählt werden, auch ein Ausweichen auf einen **gerichtlich protokollierten Vergleich** gemäß § 127a BGB ist möglich.[31] Weiterhin kann eine vom Notar beglaubigte Erklärung aufgrund entsprechender (rechtsgeschäftlicher) Vollmacht durch notarielle Eigenurkunde berichtigt, ergänzt oder den registerrechtlichen Erfordernissen angepasst werden und so auch mit dieser die Form des Abs. 1 wahren.[32] 11

2. Elektronische Form. Der Notar hat nach geltender Rechtslage die auf diesem Wege in Papier hergestellte Anmeldung unter Achtung der Vorgaben des § 39a BeurkG **in die elektronische Form zu überführen**. Die qualifizierte elektronische Signatur des Notars ersetzt hierbei seine eigenhändige Unterschrift, der gemäß § 39a S. 4 BeurkG erforderliche Nachweis der Notareigenschaft kann – als elektronisches Äquivalent des notariellen Siegels – durch ein Attribut der Notareigenschaft als Bestandteil des qualifizierten Zertifikats erbracht werden.[33] Die mit dem elektronischen Vermerk zu versehende Aufzeichnung der in Papier erstellten Originalerklärung muss **inhaltlich mit ihr übereinstimmen**, anders als im Anwendungsbereich des Abs. 2 S. 2 Hs. 1 (ausführlich → Rn. 31) muss es sich dabei aber nicht um eine per Scan hergestellte fotomechanische Kopie handeln, vielmehr ist auch die Verwendung von **Leseabschriften möglich**.[34] 12

Durch das Gesetz zur Umsetzung der Digitalisierungsrichtlinie (**DiRUG**)[35] wird mit Wirkung zum 1.8.2022 durch die teilweise Einführung von notariellen Online-Verfahren im Hinblick auf Anmeldungen durch Einzelkaufleute, für GmbHs, AGs, KGaAs und Zweigniederlassungen der vorgenannten Kapitalgesellschaften sowie deren europäischen Pendants auch die öffentliche **Beglaubigung einer qualifizierten elektronischen Signatur** und damit eine **originär elektronische Urkunde** zulässig und möglich werden, der vorbeschriebene Medienbruch wird daher insoweit entfallen. Dies wird jeweils sowohl für die Erstein- 13

27 Ebenroth/Boujong/Joost/Strohn/*Schaub* § 12 Rn. 52 ff.
28 Vgl. MüKoHGB/*Krafka* § 12 Rn. 15.
29 Vgl. zur Einreichung einer Gesellschafterliste BGH NJW 2014, 2026; ausführlich dazu MüKoHGB/*Krafka* § 12 Rn. 16.
30 Ausführlich dazu BeckNotar-HdB/*Süß* § 28 Rn. 330 ff.
31 Ebenroth/Boujong/Joost/Strohn/*Schaub* § 12 Rn. 55 f.
32 MüKoHGB/*Krafka* § 12 Rn. 17.
33 MüKoHGB/*Krafka* § 12 Rn. 19; *Gassen* RNotZ 2007, 142 (147).
34 Ausführlich dazu *Apfelbaum/Bettendorf* RNotZ 2007, 89 (94 f.).
35 Vgl. BT-Drs. 19/28177, ausführlich dazu *Stelmaszczyk/Kienzle* ZIP 2021, 765 ff.

tragung im Register als auch für sämtliche Folgeanmeldungen gelten. In der Folge wird in Abs. 1 im vorbeschriebenen Anwendungsbereich auch eine öffentliche Beglaubigung mittels des von der Bundesnotarkammer gemäß § 78p BNotO-neu zu betreibenden Videokonferenzsystems für zulässig erklärt werden.

IV. Elektronische Einreichung

14 Die formellen Anforderungen für die elektronische Einreichung der Anmeldung beim Registergericht ergeben sich im Detail aus den landesrechtlichen Verordnungen nach § 8a Abs. 2 S. 1. Danach ist eine Übermittlung per E-Mail regelmäßig ebenso unzulässig wie der Versand von Datenträgern wie CD-ROMs oder USB-Sticks.[36]

V. Vertretung bei der Anmeldung (Abs. 1 S. 2 und 3)

15 **1. Zulässigkeit der Vertretung bei der Anmeldung.** Die Zulässigkeit der Vertretung bei der Anmeldung ergibt sich aus §§ 10, 378 FamFG, abweichend von den Beschränkungen des § 10 FamFG ist eine Vertretung danach jedenfalls bei Erklärungen im Zusammenhang mit einer Registereintragung durch jedermann möglich (→ FamFG § 378 Rn. 2 ff.).[37]

16 **2. Form bei gewillkürter Vertretung.** Abweichend von § 167 Abs. 2 BGB bedarf die Vollmacht wie die Anmeldung selbst der **Form nach Abs. 1 S. 1**, allerdings genügt wie auch dort die Vorlage einer beglaubigten Abschrift einer unterschriftsbeglaubigten Vollmacht.[38] Bevollmächtigte können sowohl natürliche als auch juristische Personen sein. Da letztere selbst aber nicht handlungsfähig sind, sind ggf. deren gesetzliche Vertreter in vertretungsberechtigter Zahl als bevollmächtigt anzusehen.[39]

17 **3. Vollmachtsbescheinigung des Notars als Alternative.** Alternativ zur Einreichung einer Vollmacht ist seit dem 1.9.2013 auch die Verwendung einer **Notarbescheinigung über rechtsgeschäftliche Vertretungsmacht nach § 21 Abs. 3 BNotO** möglich (vgl. Abs. 1. S. 3). Mit dieser Neuregelung wollte der Gesetzgeber insbesondere im Bereich der deklaratorisch wirkenden Eintragungen Probleme beheben, die mit Blick auf Dauervollmachten (etwa bei Publikums-KGs) immer wieder auftraten (insbesondere mit Blick auf das Erfordernis des Wiedernachweises sämtlicher Vollmachten auch bei marginalen Änderungen bezüglich der Kommanditisten).[40]

18 **4. Anforderungen an die Vollmacht. Maßgeblicher Zeitpunkt für das Bestehen der Vertretungsmacht** ist allgemeinen Grundsätzen folgend derjenige der

36 Ausführlich dazu MüKoHGB/*Krafka*, § 12 Rn. 24 ff., insbesondere auch zur Frage des Zugangs der Anmeldung sowie zur Möglichkeit der Wiedereinsetzung in den vorigen Stand.

37 MüKoHGB/*Krafka*, § 12 Rn. 32.

38 Baumbach/Hopt/*Merkt* § 12 Rn. 3; ferner OLG Karlsruhe MittBayNot 2015, 426 (427) mit instruktiven Überlegungen zu möglichen Nachforschungen des Registergerichts im Rahmen der Amtsermittlung nach § 26 FamFG bei älteren Vollmachten.

39 Ebenroth/Boujong/Joost/Strohn/*Schaub* § 12 Rn. 66, zum Sonderfall der Erteilung einer Registervollmacht im Zuge des Abschlusses oder der Änderung eines Gesellschaftsvertrages vgl. Rn. 69.

40 Bei konstitutiv wirkenden Eintragungen ist die Sachlage eine andere, weil vorbehaltlich spezieller Heilungsvorschriften wie etwa § 20 UmwG eine Löschung nach § 395 FamFG möglich bleibt und ist, vgl. dazu ausführlich MüKoHGB/*Krafka* § 12 Rn. 34; ferner *Jeep/Wiedemann* NJW 2007, 2439 (2445).

Abgabe der Registeranmeldung.[41] Die Vollmacht kann dabei sowohl Spezial- als auch General-/Vorsorgevollmacht sein (jedenfalls soweit Letztere Handelsregisteranmeldungen nicht erkennbar ausschließt).[42] Bei einer trans- bzw. postmortalen Vollmacht kann der Bevollmächtigte grundsätzlich (auch) nach dem Tod des Vollmachtgebers Anmeldungen zum Handelsregister vornehmen, ohne einen Erbschein vorlegen zu müssen.[43] Die Erben, für welche der Bevollmächtigte dann effektiv handelt, können die Vollmacht ihrerseits aber jederzeit widerrufen.[44]

5. Besonderheiten bezüglich der Prokura. Bei **Anmeldungen durch einen Prokuristen** ist der beschränkte Umfang der Prokura nach § 49 zu beachten. Von der Vertretungsbefugnis ausgenommen sind danach Geschäfte, welche die **Grundlagen des „eigenen" Handelsgeschäfts** und damit auch das „eigene" Handelsregister betreffen. Eine Vertretung durch den Prokuristen ist daher ohne Vorliegen einer zusätzlichen formgerechten Vollmacht etwa bezüglich der Anmeldung des Erlöschens der Vertretungsbefugnis eines GmbH-Geschäftsführers oder auch der Änderung von im Handelsregister eingetragenen inländischen Geschäftsanschrift ausgeschlossen.[45] Die eigene Vertretungsberechtigung kann der Prokurist zudem jedenfalls nicht ohne Beibringung seines Bestellungsnachweises anmelden.[46] Betrifft die Anmeldung hingegen nicht das „eigene" Unternehmen, sondern vielmehr Beteiligungen desselben und ist der anmeldepflichtige Vorgang von § 49 gedeckt,, ist eine Anmeldung durch den Prokuristen möglich.[47] 19

Nach ganz überwiegender Auffassung gelten die normalerweise eingreifenden gesetzlichen Einschränkungen der Prokura nicht für **Anmeldungen in unechter Gesamtvertretung** mit einem Vorstandsmitglied bei einer AG oder auch einem Geschäftsführer einer GmbH, der mitwirkende Prokurist agiert insoweit allein als **organschaftliche Kontrollperson.** Eine Rückausnahme gilt insoweit allerdings wiederum bei sogleich noch näher dazustellenden höchstpersönlichen Erklärungen.[48] 20

6. Besonderheiten bei höchstpersönlichen Erklärungen. Besonderheiten sind bezüglich der Vertretung im Falle von **höchstpersönlichen Erklärungen** zu beachten. Dies gilt insbesondere für Erklärungen, für die das Gesetz nicht nur ein Handeln von Vertretern in vertretungsberechtigter Zahl, sondern vielmehr ein **Handeln durch „sämtliche" oder „alle" Mitglieder des Organs/der Organe,** auch eine unechte Gesamtvertretung hat in diesem Fall regelmäßig auszuscheiden.[49] Zu denken ist insoweit insbesondere an die Anmeldung einer Aktiengesellschaft nach § 36 AktG oder auch einer GmbH nach §§ 7, 78 GmbHG. In beiden Fällen ist eine die Leistung von Vermögenseinlagen betreffende Versicherung nach § 37 Abs. 1 AktG bzw. nach § 8 Abs. 2 GmbHG abzugeben, für deren Richtigkeit die Anmeldenden verantwortlich sind, sich ggf. schadensersatzpflichtig machen (§§ 46, 48 AktG, § 9a GmbHG) und zudem gegebenenfalls 21

41 OLG Karlsruhe MittBayNot 2015, 426.
42 MüKoHGB/*Krafka* § 12 Rn. 28.
43 Zur betreuungsbehördlich unterschriftsbeglaubigten transmortalen Vorsorgevollmacht unlängst BGH notar 2021, 203 ff.; zu den Änderungen zum 1.1.2023 durch § 7 Abs. 1 S. 2 BtOG (Verlust der Formtauglichkeit mit Ableben des Vollmachtgebers) siehe *Bosch/Siegel* notar 2021, 203 (206 f.).
44 Vgl. MüKoHGB/*Krafka* § 12 Rn. 29.
45 MüKoHGB/*Krafka* § 12 Rn. 30 mit weiteren Nachweisen.
46 MüKoHGB/*Krafka* § 12 Rn. 30; noch strenger OLG Frankfurt FGPrax 2005, 135.
47 Vgl. BGH NJW 1992, 975; MüKoHGB/*Krafka* § 12 Rn. 30.
48 MüKoHGB/*Krafka* § 12 Rn. 47.
49 Ebenroth/Boujong/Joost/Strohn/*Schaub* § 12 Rn. 95 ff.

auch strafrechtlich verantwortlich sind (§ 399 AktG, § 82 GmbHG). Nach teilweise vertretener Auffassung ist insbesondere wegen der persönlichen Verantwortung für die Kapitalaufbringung nicht nur die vorgenannte Versicherungserklärung, sondern vielmehr auch die Anmeldung selbst als höchstpersönliche Handlung anzusehen, die den Einsatz eines Bevollmächtigten in beiderlei Hinsicht ausschließt.[50] Nach anderer Auffassung ist demgegenüber nur die Versicherungsleistung höchstpersönlich abzugeben.[51]

22 Vorstehendes gilt entsprechend für Änderungen des Stammkapitals bei einer GmbH sowie für Änderungen des Grundkapitals bei einer AG. Bei der GmbH ist insoweit an Stammkapitalerhöhungen nach § 57 Abs. 1 GmbHG und § 57i Abs. 1 GmbHG (zu den insoweit abzugebenden Versicherungen und Erklärungen siehe § 57 Abs. 2 GmbH und § 57i Abs. 1 S. 2 GmbHG) sowie an Stammkapitalherabsetzungen nach § 58 Abs. 1 Nr. 3 GmbHG (zu den insoweit abzugebenden Versicherungen und Erklärungen siehe § 58 Abs. 1 Nr. 4 GmbHG) zu denken.[52] Bei einer AG erfolgen die Anmeldungen der Erhöhung des Grundkapitals wie auch der Durchführung der Erhöhung durch den Vorstand und den Vorsitzenden des Aufsichtsrats (§§ 184 Abs. 1, 188 Abs. 1 AktG, zu den insoweit abzugebenden Versicherungen siehe §§ 184 Abs. 2, 188 Abs. 2 S. 1 AktG). Hinsichtlich der Vorstandsmitglieder richtet sich die Zahl der an der Anmeldung Mitwirkenden nach den Vorgaben der Satzung zur Vertretung der Gesellschaft. Da für die vorbeschriebenen Versicherungserklärungen nach § 399 Abs. 1 Nr. 4 AktG nur Mitglieder des Vorstands und des Aufsichtsrates verantwortlich sind, wird teilweise auch bei an sich erlaubter unechter Gesamtvertretung die Mitwirkung eines Prokuristen nicht für zulässig erachtet.[53] Gleiches gilt schließlich auch für eine Kapitalerhöhung aus Gesellschaftsmitteln (§§ 207, 210 AktG, zu den insoweit abzugebenden Erklärungen und Versicherungen siehe § 210 Abs. 1 S. 2 AktG sowie die Verweisung in § 207 Abs. 2 AktG auf § 184 Abs. 1 AktG).)[54]

23 Ähnliche Fragen stellen sich schließlich auch bei der Handelsregisteranmeldung anlässlich einer (rechtsgeschäftlichen) Sonderrechtsnachfolge in eine Kommanditbeteiligung. Die wohl überwiegende Auffassung[55] geht – bestätigt durch den BGH[56] – davon aus, dass es im Rahmen der Anmeldung einer rechtsgeschäftlichen Übertragung der Kommanditbeteiligung ergänzend einer Erklärung bedarf, wonach der ausgeschiedene Mitgesellschafter keine Leistungen aus dem Gesellschaftsvermögen erhalten hat. Weiterhin wird jedenfalls in der obergerichtlichen Rechtsprechung davon ausgegangen, dass auch diese privatschriftlich mögliche[57] Erklärungen der Gesellschafter höchstpersönlich sind.[58] Bei Übergang einer Kommanditbeteiligung im Wege der (Sonder-)Erbfolge hat des-

50 Baumbach/Hueck/*Beurskens* GmbHG, § 78 Rn. 7 f.; Ebenroth/Boujong/Joost/Strohn/*Schaub* § 12 Rn. 95 ff.
51 OLG Köln NJW 1987, 135 f.; Oetker/*Preuß* § 12 Rn. 43; ferner *von Werder*/*Hobuß* BB 2018, 1031 (1033 ff.).
52 MüKoHGB/*Krafka* § 12 Rn. 36.
53 Ausführlich dazu MüKoHGB/*Krafka* § 12 Rn. 37 mit weiteren Nachweisen zu abweichenden Auffassungen.
54 Ausführlich dazu MüKoHGB/*Krafka* § 12 Rn. 38.
55 OLG Oldenburg NJW-RR 1991, 292; OLG Zweibrücken FGPrax 2000, 208.
56 BGH DNotZ 2006, 135.
57 Vgl. Ebenroth/Boujong/Joost/Strohn/*Schaub* § 12 Rn. 102.
58 KG FGPrax 2009, 177 (178 f.); OLG Zweibrücken FGPrax 2000, 208; abweichend MüKoHGB/*Krafka* § 12 Rn. 38 und Ebenroth/Boujong/Joost/Strohn/*Schaub* § 12 Rn. 102 jeweils unter Verweis auf fehlende strafrechtliche Sanktionen bei unzutreffenden Erklärungen.

sen Anmeldung zum Handelsregister durch den bzw. die Erben persönlich zu erfolgen, eine Vertretung kraft trans- bzw. postmortaler Vollmacht scheidet aus,[59] weiterhin ist in diesem Fall auch der Nachweis der Erbfolge gemäß Abs. 2 erforderlich, da die Vollmacht diesen nicht ersetzt.[60]

7. Organschaftliche und gesetzliche Vertretung. Handelsgesellschaften, Partnerschaftsgesellschaften, Genossenschaften und Vereine können nur durch ihre Organe handeln, deren Vertretungsbefugnis ergibt sich zwingend aus dem Gesetz und ist im Grundsatz durch eine beglaubigte Abschrift des Handelsregisters bzw. einen amtlichen Ausdruck gemäß § 9 Abs. 3 nachzuweisen, alternativ ist an eine notarielle Vertretungsbescheinigung nach § 21 Abs. 1, 2 BNotO zu denken. Eine Bezugnahme auf das Handelsregister reicht demgegenüber nach dem Rechtsgedanken des § 32 Abs. 2 GBO, wenn das Register, in das eingetragen werden soll, über die Vertretungsverhältnisse bereits Auskunft gibt. Meldet eine Gesellschaft bürgerlichen Rechts an, ist ein Vertretungsnachweis gemäß Abs. 2 in öffentlich beglaubigter Form zu führen, soweit nicht alle Gesellschafter die Anmeldung in der Form des Abs. 1 abgegeben.[61] 24

Auch **gesetzliche Vertreter** können im Namen des Vertretenen Anmeldungen zur Eintragung in das Handelsregister vornehmen; die Beschränkungen der §§ 181, 1795 BGB gelten dabei – wie eingangs bereits festgestellt – nicht.[62] Bestehende familien- oder betreuungsgerichtliche Genehmigungserfordernisse sind zu beachten.[63] Gleiches gilt für **Parteien kraft Amtes** wie den Insolvenzverwalter jedenfalls bezüglich des zur Masse gehörenden Vermögens[64] oder auch für den Testamentsvollstrecker.[65] Erforderlich ist in diesen Fällen ergänzend der Nachweis der Anmeldeberechtigung in Form einer beglaubigten Abschrift der Bestellungsurkunde (Insolvenzverwalter, vgl. § 56 Abs. 2 S. 1 InsO) bzw. des Testamentsvollstreckerzeugnisses (Testamentsvollstrecker).[66] 25

VI. Nachweis der Rechtsnachfolge (Abs. 1 S. 4)

Abs. 1 S. 4 sieht – das Registergericht im Hinblick auf den Amtsermittlungsgrundsatz nach § 26 FamFG einschränkend – vor, dass Rechtsnachfolger eines Beteiligten eine für die Eintragung relevante (Einzel- oder auch Gesamt-)**Rechtsnachfolge soweit tunlich durch öffentliche Urkunden iSd § 415 ZPO nachzuweisen** haben. Dadurch soll vermieden werden, dass Anmeldungen durch nichtberechtigte Personen vorgenommen werden.[67] 26

Der Nachweis ist in diesem Sinne **untunlich**, wenn sich die Rechtsnachfolge aus dem Handelsregister oder auch aus den Akten des Registergerichts selbst oder auch aus den bei demselben Gericht geführten Nachlassakten ergibt, in diesem Fall genügt eine Bezugnahme auf die anderweitigen Informationsquellen. Auch im Übrigen darf sich das Gericht **nach pflichtgemäßem Ermessen** mit anderen 27

59 OLG München FGPrax 2018, 73.
60 KG FGPrax 2003, 42 (43).
61 Umfassend zur Vorstehendem MüKoHGB/*Krafka* § 12 Rn. 46 ff.
62 MüKoHGB/*Krafka* § 12 Rn. 49.
63 Vgl. OLG Frankfurt NZG 2008, 749 f. zur unentgeltlichen Übertragung eines Kommanditanteils auf einen Minderjährigen.
64 BGH FGPrax 2015, 64 ff.; anders hingegen im Hinblick auf Änderungen in der Geschäftsführung einer insolventen GmbH und eine Stammkapitalerhöhung: OLG Rostock BeckRS 2010, 27549 und BayObLG NZG 2004, 582 (583): Jeweils Anmeldung durch die organschaftlichen Vertreter.
65 MüKoHGB/*Krafka* § 12 Rn. 49.
66 Vgl. dazu OLG Düsseldorf FGPrax 2017, 255 ff.
67 Vgl. Baumbach/Hopt/*Merkt* § 12 Rn. 5.

Nachweisen genügen, insbesondere wenn diese zur Überzeugung des Gerichts ausreichen und öffentliche Urkunden nur schwer zu beschaffen wären.[68]

28 **Bei gesetzlicher Erbfolge** ist ebenso wie bei **gewillkürter Erbfolge aufgrund handschriftlichen Testaments** zumindest in der Regel ein **Erbschein** erforderlich.[69] Der zur Erlangung des Erbscheins erforderliche Zeit- und Kostenaufwand ist insoweit nicht von Belang.[70] **Bei gewillkürter Erbfolge aufgrund einer öffentlich beurkundeten Verfügung von Todes wegen** wird hingegen nach dem Rechtsgedanken des § 35 Abs. 1 S. 2 GBO in der Regel diese in Verbindung mit dem Eröffnungsprotokoll genügen.[71]

VII. Einreichung von Dokumenten (Abs. 2)

29 Während sich Abs. 1 mit der Einreichung der Anmeldung selbst beschäftigt, macht Abs. 2 **(Form-)Vorgaben für die Einreichung von Dokumenten**, die zwar zusammen mit der Anmeldung, aber im rechtlichen Sinne unabhängig von dieser eingereicht werden müssen (vgl. etwa §§ 8 Abs. 1, 40, 57 Abs. 3, 57i Abs. 1, 58 Abs. 1 Nr. 4 GmbHG, §§ 37 Abs. 4, 42, 106, 130 Abs. 5, 188 Abs. 3 AktG, §§ 17, 199 UmwG).[72] Auch derartige Dokumente müssen jedenfalls im Regelfall[73] **elektronisch beim Registergericht eingereicht werden.**

30 **Dazu zählen** alle Dokumente, die nach § 9 Abs. 1 der unbeschränkten Einsichtnahme durch Dritte unterliegen und damit in den zwingend elektronisch geführten Registerordner (§ 9 HRV) eingestellt werden müssen, weitergehend aber wohl auch alle sonstigen Unterlagen, die nach § 8 HRV zu den regulären Registerakten zu nehmen sind. Teilweise wird die entsprechende Anwendbarkeit von Abs. 2 auch ausdrücklich angeordnet, wie etwa bei der GmbH nach § 8 Abs. 5 GmbHG oder auch bei der AG nach § 37 Abs. 5 AktG.[74]

31 Ist nach den Vorgaben des materiellen Rechts **eine Urschrift oder einfache Abschrift einzureichen** (etwa in den Fällen von § 199 Hs. 2 UmwG oder auch von § 67 Abs. 2 Alt. 1 GmbHG), genügt nach Abs. 2 S. 2 Hs. 1 die **Übermittlung einer einfachen elektronischen Aufzeichnung**. Mit dieser im Gesetz nicht näher definierten Formvorgabe will der Gesetzgeber sicherstellen, dass das Dokument in inhaltlich unveränderbarer Form (vgl. § 47 Abs. 1 S. 2 HRV) im Registerordner gespeichert werden kann.[75] Erforderlich ist daher jedenfalls nach bislang geltender Rechtslage die **Herstellung eines optisch identischen Bildes der Papierurkunde**, was regelmäßig durch Scannen geschieht, anders als im Anwendungsbereich des Abs. 1 wie auch des Abs. 2 S. 2 Hs. 2 genügt die Herstellung einer Leseabschrift insoweit nicht.[76]

32 Sieht das materielle Recht hingegen die **Einreichung eines notariell beurkundeten Dokuments oder auch einer öffentlich beglaubigten Abschrift** vor (etwa in

68 Koller/Kindler/Roth/Drüen/*Roth* § 12 Rn. 7; vgl. ferner KG NZG 2000, 1167 (1168).
69 OLG Köln NZG 2005, 37 (38); Baumbach/Hopt/*Merkt* § 12 Rn. 5; zur Frage, ob bei einer Sondererbfolge ein quotenloser Erbschein ausreichend sein kann DNotI-Report 2020, 2 (4 f.).
70 OLG München ZEV 2018, 469 f.; KG NZG 2000, 1167 1168.
71 KG NZG 2018, 1150 f.; ausführlich dazu MüKoHGB/*Krafka* § 12 Rn. 53 f.; zu Besonderheiten bei der Nacherbfolge Rn. 55.
72 Ausführlich dazu Oetker/*Preuß* § 12 Rn. 62 ff.
73 Zur möglichen Einreichung in Papier im Falle von technischen Störungen vgl. ausführlich Oetker/*Preuß* § 12 Rn. 58.
74 Ausführlich dazu MüKoHGB/*Krafka*, § 12 Rn. 56.
75 Oetker/*Preuß*, § 12 Rn. 74; *Sikora/Schwab* MittBayNot 2007, 1 (4).
76 MüKoHGB/*Krafka* § 12 Rn. 59.

den Fällen von §§ 37 Abs. 4 Nr. 1 AktG, 130 Abs. 5 Hs. 1, 181 Abs. 1 S. 2 AktG, von §§ 8 Abs. 1 Nr. 1, 54 Abs. 1 S. 2 GmbHG oder auch von § 199 Hs. 1 UmwG), ist nach Abs. 2 S. 2 Hs. 2 ein mit **einem einfachen elektronischen Zeugnis iSd § 39a BeurkG**[77] **versehenes Dokument** einzureichen. Soweit die originäre Errichtung des betreffenden Dokuments in Vermerkform unter Einsatz eines einfachen elektronischen Zeugnisses nicht möglich ist,[78] sondern vielmehr die einzureichende Urkunde oder Abschrift in Papierform vorliegt, muss vom Notar eine elektronische Abschriftsbeglaubigung gefertigt werden.[79] Bei einer **Mehrzahl von Dokumenten** bedarf dabei jedes Dokument einer gesonderten elektronischen Beglaubigung.[80] Anders als im Anwendungsbereich von Abs. 2 S. 2 Hs. 1 ist insoweit auch die Verwendung einer „elektronischen Leseabschrift" möglich.[81] **Bei Legitimationsurkunden** stellt sich weitergehend das Problem, dass der durch sie Legitimierte den Fortbestand seiner Legitimation an sich nur durch Vorlage des Originals oder auch einer Ausfertigung nachweisen muss, eine beglaubigte Abschrift reicht an sich nicht aus. Die Praxis begnügt sich – zurückgehend auf diesbezügliche Ausführungen in der Gesetzesbegründung[82] – damit, dass der **Beglaubigungsvermerk „zeitnah"** zur anschließenden Übermittlung der beglaubigten Abschrift erstellt sein muss,[83] wofür ein Zeitraum von bis zu einer Woche als akzeptabel erachtet wird.[84]

Wie schon der Gesetzeswortlaut von Abs. 2 S. 2 Hs. 1 („genügt") zeigt, ist es 33
ohne Weiteres möglich, auch für an sich dessen Anwendungsbereich unterfallende Dokumente die Form des Abs. 2 S. 2 Hs. 2 zu wählen und diese mit einem Vermerk nach § 39a BeurkG zu versehen. In der Praxis wird dies allerdings nur relevant werden, wenn die Vorlage von Abbildungen der Originalunterschriften durch die vorbeschriebene Verwendung einer Leseabschrift vermieden werden soll.[85]

77 Zu Details vgl. insoweit Oetker/*Preuß* § 12 Rn. 69; *Gassen* RNotZ 2007, 142 (146 ff.).
78 Vgl. dazu Oetker/*Preuß* § 12 Rn. 66.
79 Ausführlich dazu Oetker/*Preuß* § 12 Rn. 66 f.
80 Vgl. MüKoHGB/*Krafka* § 12 Rn. 63.
81 Vgl. OLG Nürnberg NZG 2018, 312 (314); OLG Düsseldorf NZG 2012, 957 (958).
82 Vgl. BT-Drs. 16/960, 45.
83 Ausführlich dazu Oetker/*Preuß* § 12 Rn. 68.
84 So MüKoHGB/*Krafka* § 12 Rn. 53 für den (nationalen) Erbschein sowie das europäische Nachlasszeugnis.
85 So zutreffend MüKoHGB/*Krafka* § 12 Rn. 64.

Gesetz über das Verfahren in Familiensachen und in den Angelegenheiten der freiwilligen Gerichtsbarkeit (FamFG)

Vom 17. Dezember 2008 (BGBl. I S. 2586, 2587)
(FNA 315-24)

Zuletzt geändert durch Art. 5 G zum Ausbau des elektronischen Rechtsverkehrs mit den Gerichten und zur Änd. weiterer Vorschriften vom 5.10.2021 (BGBl. I S. 4607)

– Auszug –

Buch 4 Verfahren in Nachlass- und Teilungssachen

Abschnitt 1 Begriffsbestimmung; örtliche Zuständigkeit

§ 342 Begriffsbestimmung

(1) Nachlasssachen sind Verfahren, die

1. die besondere amtliche Verwahrung von Verfügungen von Todes wegen,
2. die Sicherung des Nachlasses einschließlich Nachlasspflegschaften,
3. die Eröffnung von Verfügungen von Todes wegen,
4. die Ermittlung der Erben,
5. die Entgegennahme von Erklärungen, die nach gesetzlicher Vorschrift dem Nachlassgericht gegenüber abzugeben sind,
6. Erbscheine, Testamentsvollstreckerzeugnisse und sonstige vom Nachlassgericht zu erteilende Zeugnisse,
7. die Testamentsvollstreckung,
8. die Nachlassverwaltung sowie
9. sonstige den Nachlassgerichten durch Gesetz zugewiesene Aufgaben

betreffen.

(2) Teilungssachen sind

1. die Aufgaben, die Gerichte nach diesem Buch bei der Auseinandersetzung eines Nachlasses und des Gesamtguts zu erledigen haben, nachdem eine eheliche, lebenspartnerschaftliche oder fortgesetzte Gütergemeinschaft beendet wurde, und
2. Verfahren betreffend Zeugnisse über die Auseinandersetzung des Gesamtguts einer ehelichen, lebenspartnerschaftlichen oder fortgesetzten Gütergemeinschaft nach den §§ 36 und 37 der Grundbuchordnung sowie nach den §§ 42 und 74 der Schiffsregisterordnung.

Literatur:

Heinemann, Die Reform der freiwilligen Gerichtsbarkeit durch das FamFG und ihre Auswirkungen auf die notarielle Praxis, DNotZ 2009, 6; *Holzer*, Das Erbscheinsverfahren nach dem FamFG, ZNotP 2015, 258; *Kroiß*, Die Erbscheinsklausur nach dem FamFG, JA 2009, 882; *Zimmermann*, Die Nachlasssachen in der FGG-Reform, FGPrax 2006, 189; *Zimmermann*, Das Erbscheinsverfahren im FamFG, JuS 2009, 817.

I. Allgemeines

1 Die Regelung sieht sich an die Spitze des 4. Buches des FamFG gestellt und trifft zum einen eine Bestimmung darüber, für welche Verfahren die folgenden FamFG-Bestimmungen zur Anwendung gelangen,[1] welche Verfahren demnach Nachlassverfahren, Nachlasssachen sind, vgl. Abs. 1.[2] Erwähnung finden lediglich die *„wichtigsten Verfahrensgegenstände in Nachlasssachen"*,[3] wozu Tätigkeiten des Nachlassgerichts zählen, die von Amts wegen oder auf Antrag vorgenommen werden.[4] Hinzu kommen die Tätigkeiten, in denen das Nachlassgericht rein rezeptiv tätig wird, als *„Annahmestelle"* bestimmter nachlassrelevanter Erklärungen der Beteiligten. Die Bestimmung trifft zum anderen eine Definition der Teilungssachen, vgl. Abs. 2.

II. Begriffsbestimmung Nachlasssachen (Abs. 1)

2 **1. Besondere amtliche Verwahrung von Verfügungen von Todes wegen (Abs. 1 Nr. 1).** Nachlasssachen sind Verfahren, die die besondere amtliche Verwahrung von Verfügungen von Todes wegen betreffen, Abs. 1 Nr. 1. Initiierendes Moment kann eine gesetzliche Ablieferungspflicht sein, etwa die Pflicht des Notars, ein notarielles Testament unverzüglich in die amtliche Verwahrung zu bringen, § 34 Abs. 1 S. 4 BeurkG. Erfasst sind auch Erbverträge, vgl. § 34 Abs. 2 BeurkG, es sei denn, die Parteien des Erbvertrags schließen die besondere amtliche Verwahrung aus, § 34 Abs. 2 BeurkG, so dass der Erbvertrag in der amtlichen, kostenfreien Verwahrung des Notars bleibt, § 34 Abs. 3 BeurkG, worin kein Verfahren der *besonderen* amtlichen Verwahrung zu erkennen ist. Weitere gesetzliche Ablieferungspflichten treffen Bürgermeister und Konsuln, vgl. §§ 2249 Abs. 1 S. 4, 2250 Abs. 1 BGB, §§ 10, 11 KonsularG.[5] Die besondere amtliche Verwahrung eines eigenhändigen Testaments kann aber auch auf den Antrag des Erblassers zurückgehen, der seine Verfügung von Todes wegen vor Unterdrückung oder Verfälschung bewahren möchte,[6] vgl. § 2248 BGB.[7] Abzu-

1 Vgl. BT-Drs. 16/6308, 277.
2 Zum Normzweck vgl. Keidel/*Zimmermann* § 342 Rn. 1.
3 BT-Drs. 16/6308, 277. Wortgleich hierzu Bumiller/Harders/Schwamb/*Harders* § 342 Rn. 2.
4 Zur beispielhaften Aufzählung der wichtigsten Nachlasssachen vgl. Horndasch/Viefhues/*Heinemann* § 342 Rn. 1.
5 Ebenso Keidel/*Zimmermann* § 346 Rn. 3.
6 Zum Normzweck – Schutz und Geheimhaltung der Verfügung von Todes wegen –, vgl. Keidel/*Zimmermann* § 346 Rn. 1.
7 Ein eigenhändiges Testament des Erblassers ist auf Verlangen des Erblassers in die besondere amtliche Verwahrung zu nehmen.

grenzen ist die besondere amtliche Verwahrung von der einfachen amtlichen Verwahrung letztwilliger Verfügungen, die durch die gesetzlich vorgeschriebene Ablieferung der Verfügungen von Todes wegen entsteht, § 2259 BGB.

3 Für die besondere amtliche Verwahrung von Testamenten bestehen besondere örtliche Zuständigkeiten, die in § 344 Abs. 1 bis 3 enthalten sind. Das Verfahren regeln §§ 346, 347. Zum Verfahren zählen

- eine Annahmeverfügung[8] (§ 346 Abs. 1),
- eine gemeinschaftliche „Bewirkung" unter gemeinschaftlichem Verschluss (§ 346 Abs. 1, 2),
- die Verzeichnung im Verwahrungsbuch,[9]
- die Erteilung eines Hinterlegungsscheins und
- die Mitteilung der Verwahrangaben an das Zentrale Testamentsregister (§ 347 Abs. 1).

4 Für die notarielle[10] Praxis ist daneben die Empfangsbestätigung des Gerichts bedeutsam, § 27 Nr. 6 AktO, die Eingang in den Vermerk findet, den der Notar für seine Urkundensammlung fertigt, § 20 DONot.

5 Für die besondere amtliche Verwahrung bringt das Amtsgericht eine einmalige Festgebühr iHv 75 EUR in Ansatz, vgl. KV Nr. 12100 GNotKG, womit die Verwahrung, die Mitteilung und auch die spätere Herausgabe abgegolten sind, nicht jedoch die Gebühr für die Eintragung in das Zentrale Testamentsregister der Bundesnotarkammer. Weil eine einmalige Festgebühr erhoben wird, keine Wertgebühr, ist es nicht mehr erforderlich, dem Gericht den Geschäftswert mitzuteilen.

6 **2. Sicherung des Nachlasses einschließlich Nachlasspflegschaften (Abs. 1 Nr. 2).** Nachlasssachen sind Verfahren, die die **Sicherung des Nachlasses einschließlich Nachlasspflegschaften** betreffen, Abs. 1 Nr. 2.[11]

7 **Örtlich zuständig** ist jedes Amtsgericht, in dessen Bezirk das Sicherungsbedürfnis besteht, § 344 Abs. 4.[12] Statuiert ist die Sicherungspflicht des Nachlassgerichts in § 1960 Abs. 1 BGB, zur Anwendung gelangt sie, sofern der Erbe die Erbschaft noch nicht angenommen hat oder Zweifel über die Annahme bestehen, § 1960 Abs. 1 BGB, und das Bedürfnis auftritt, für die Sicherung des Nachlasses zu sorgen.[13] **Häufigster Anwendungsfall** ist der unbekannte Erbe, für den Sicherungsmaßnahmen ergriffen werden müssen, § 1960 Abs. 1 S. 2 BGB. Welche Sicherungsmaßnahmen ergriffen werden können, ist beispielhaft[14] in § 1960 Abs. 2 BGB geregelt. Zu nennen sind in diesem Zusammenhang die Anlegung von Siegeln,[15] die Kontensperrung, der Verkauf verderblicher Waren, die Bewachung eines Grundstücks, die Hinterlegung von Geld, Wertpapieren und Kostbarkeiten, die Aufnahme eines Nachlassverzeichnisses oder die Bestel-

---

8 Funktionell zuständig ist der Rechtspfleger, § 3 Abs. 1 Nr. 2c RpflG, in einigen Bundesländern der Urkundsbeamte der Geschäftsstelle, vgl. auch Keidel/*Zimmermann* § 346 Rn. 5.

9 Verwahrungsbuch nach § 27 Nr. 4 AktO, Keidel/*Zimmermann* § 346 Rn. 10.

10 Ebenso bedeutsam für den Bürgermeister, vgl. Keidel/*Zimmermann* § 346 Rn. 13.

11 „Klassische Aufgabe der Nachlassgerichte", so Horndasch/Viefhues/*Heinemann* § 342 Rn. 4.

12 „Amtsgericht der Fürsorge", vgl. *Firsching/Graf* NachlassR Rn. 4.544.

13 Kein Fürsorgebedürfnis besteht hingegen, sofern ein Bevollmächtigter des Erblassers vorhanden ist.

14 Keine erschöpfende Aufzählung.

15 Die Siegelung bzw. Entsiegelung ist Aufgabe des Rechtspflegers, der die Durchführung anderen Organen überträgt. Über die Siegelung ist ein Siegelungsprotokoll aufzunehmen, ebenso über die Entsiegelung.

lung eines Nachlasspflegers.[16] Möglich sind Sicherungsmaßnahmen, die den ganzen Nachlass oder nur einen Teil des Nachlasses betreffen, etwa die Teilnachlasspflegschaft.

Für die **Sicherung** des Nachlasses erhebt das Gericht eine pauschale und einmalige 0,5 **Verfahrensgebühr** nach der Tabelle A, vgl. KV Nr. 12310 GNotKG,[17] und zwar aus einem Teilwert iHv 10–20 % des Sicherungsgutes.[18] 8

Die Anordnung einer **Nachlasspflegschaft** schlägt mit einer **Jahresgebühr** zu Buche, vgl. KV Nr. 12311 GNotKG, zu erheben aus dem Wert des von der Verwaltung betroffenen Vermögens, § 64 Abs. 1 GNotKG. Dauert die Nachlasspflegschaft nicht länger als **drei Monate**,[19] beträgt die Gebühr nur 100 EUR, vgl. Abs. 3 der Anmerkungen zur KV Nr. 12311. Die Nachlasspflegschaft für einzelne Rechtshandlungen generiert dagegen eine einmalige 0,5 Verfahrensgebühr, KV Nr. 12312 GNotKG, zu erheben aus dem Wert des von der Verwaltung betroffenen Vermögens, § 64 Abs. 1 GNotKG[20] Die Dauer der Nachlasspflegschaft für einzelne Rechtshandlungen spielt keine Rolle, da Abs. 3 der Anmerkung zur KV Nr. 12311 ausdrücklich nicht anzuwenden ist, vgl. Abs. 2 der KV Nr. 12312. 9

3. Eröffnung von Verfügungen von Todes wegen (Abs. 1 Nr. 3). Nachlasssachen sind Verfahren, die die **Eröffnung von Verfügungen von Todes wegen** betreffen, Abs. 1 Nr. 3.[21] 10

Sobald das Gericht vom Tod des Erblassers Kenntnis erlangt, hat es **von Amts wegen**[22] eine in seiner Verwahrung befindliche Verfügung von Todes wegen zu eröffnen, worüber eine Niederschrift aufzunehmen ist, § 348 Abs. 1 S. 1 und 2. **Örtlich zuständig** ist das Gericht, in dessen Bezirk der Erblasser im Zeitpunkt seines Todes seinen gewöhnlichen Aufenthalt oder letzten gewöhnlichen Aufenthalt hatte, § 343 Abs. 1 und 2. Hat ein anderes Amtsgericht eine Verfügung von Todes wegen in amtlicher Verwahrung, ist dieses Gericht für die Eröffnung zuständig, § 344 Abs. 6. Danach muss das nach § 344 Abs. 6 zuständige Amtsgericht dem Nachlassgericht die Verfügung von Todes wegen und eine beglaubigte Abschrift der Eröffnungsniederschrift übersenden, vgl. § 350. 11

Zu den **Besonderheiten** bei der Eröffnung von gemeinschaftlichen Testamenten und Erbverträgen vgl. § 349; zur **Eröffnungsfrist**[23] für Verfügungen von Todes wegen vgl. § 351. 12

Zur Eröffnung gelangt **jedes vom Erblasser herrührende Schriftstück, das sich äußerlich und inhaltlich als Verfügung von Todes wegen präsentiert**, gleichgültig, ob es sich in einfacher oder besonderer amtlicher Verwahrung des Amtsgerichts befand, wirksam oder unwirksam, formgerecht oder formunwirksam,[24] 13

16 Die Praxis kennt drei Arten der Nachlasspflegschaft: die Sicherungspflegschaft, die Klagpflegschaft und die Nachlassverwaltung.
17 Korintenberg/*Wilsch* KV 12310 GNotKG Rn. 4.
18 Korintenberg/*Wilsch* KV 12310 GNotKG Rn. 11, dort auch zur abweichenden Ansicht, die zu Unrecht auf § 64 GNotKG abstellen möchte, die Geschäftswertvorschrift für Nachlasspflegschaften.
19 Eingefügt mit dem KostRÄG 2021.
20 Vgl. auch Korintenberg/*Wilsch* KV 12312 GNotKG Rn. 5 und 6.
21 Vgl. auch Horndasch/Viefhues/*Heinemann* § 342 Rn. 5.
22 Ebenso Keidel/*Zimmermann* § 348 Rn. 17.
23 Eine mehr als 30 Jahre dauernde amtliche Verwahrung; dies gilt nicht nur für die besondere amtliche Verwahrung, sondern auch für notariell verwahrte Erbverträge, vgl. BT-Drs. 16/6308, 280.
24 Zur Eröffnung formunwirksamer Schriftstücke vgl. auch Keidel/*Zimmermann* § 348 Rn. 13.

widerrufen[25] oder gegenstandslos ist.[26] Als ausreichend erachtet wird die *„entfernte Möglichkeit“*[27] einer Verfügung von Todes wegen. Nicht eröffnet werden hingegen reine Entwürfe oder Privatdokumente.[28] Den „ganz überwiegenden Regelfall“[29] bildet die sog. „stille Eröffnung“, die Eröffnung durch den Rechtspfleger im Büroweg, ohne Ladung und Anwesenheit der Beteiligten.[30] Die Ausnahme stellt die Eröffnung im Termin dar, nach Ladung und in Anwesenheit der Beteiligten, § 348 Abs. 2. In beiden Konstellationen trifft das Nachlassgericht die Pflicht, den Beteiligten den sie betreffenden Inhalt der Verfügung von Todes wegen schriftlich bekanntzugeben, § 348 Abs. 3 S. 1.

14 **4. Ermittlung der Erben (Abs. 1 Nr. 4).** Nachlasssachen sind Verfahren, die die **Ermittlung der Erben** betreffen, Abs. 1 Nr. 4.[31]

15 Eine amtliche Erbenermittlungspflicht spielt nur noch in Bayern eine Rolle, Art. 37 Abs. 1 S. 1 AGGVG, nicht mehr hingegen in Baden-Württemberg, das die amtliche Erbenermittlungspflicht mit Wirkung ab dem 9.5.2015 aufgehoben hat.[32]

16 **5. Entgegennahme von Erklärungen, die nach gesetzlicher Vorschrift dem Nachlassgericht gegenüber abzugeben sind (Abs. 1 Nr. 5).** Nachlasssachen sind Verfahren, die die **Entgegennahme von Erklärungen betreffen, die nach gesetzlicher Vorschrift dem Nachlassgericht gegenüber abzugeben sind,** Abs. 1 Nr. 5.[33]

17 Zahlreiche Bestimmungen des BGB sehen die Abgabe von Erklärungen gegenüber dem Nachlassgericht vor, um Wirksamkeit gegenüber allen Beteiligten zu erlangen. Zu diesen **„amtsempfangsbedürften Erklärungen“**[34] zählen:

- die Anfechtung einer letztwilligen Verfügung, durch die ein Erbe eingesetzt, ein gesetzlicher Erbe von der Erbfolge ausgeschlossen, ein Testamentsvollstrecker ernannt oder eine Verfügung solcher Art aufgehoben wird, § 2081 Abs. 1 BGB,
- die Anfechtung eines Erbvertrags durch den Erblasser, § 2281 Abs. 2 BGB,
- die Ausschlagung einer Erbschaft, § 1945 Abs. 1 BGB; zur besonderen örtlichen Zuständigkeit vgl. § 344 Abs. 7 S. 1,
- die Ablehnung der fortgesetzten Gütergemeinschaft, §§ 1484 Abs. 2 S. 1, 1945 Abs. 1 BGB,
- der Verzicht eines Abkömmlings auf seinen Anteil am Gesamtgut, § 1491 Abs. 1 S. 2 BGB,
- die Aufhebung der fortgesetzten Gütergemeinschaft durch den überlebenden Ehegatten, § 1492 Abs. 1 S. 2 BGB,
- die Anfechtung der Annahme oder Ausschlagung der Erbschaft, § 1955 S 1 BGB; zur besonderen örtlichen Zuständigkeit vgl. § 344 Abs. 7 S. 1,
- die Anzeigepflicht des Vorerben gegenüber Nachlassgläubigern, dass die Nacherbfolge eingetreten ist, § 2146 Abs. 1 S. 1 BGB;[35] Gleiches gilt für eine Erklärung des Nacherben,

25 Keidel/*Zimmermann* § 348 Rn. 14.
26 S.a. Korintenberg/*Wilsch* KV 12100, 12101 Rn. 23.
27 Keidel/*Zimmermann* § 348 Rn. 12.
28 Korintenberg/*Wilsch* KV 12100, 12101 Rn. 23.
29 BT-Drs. 16/6308, 279.
30 Dies hat sich als „zweckmäßiges, schnelles und zuverlässiges Verfahren erwiesen“, so zu Recht die BT-Drs. 16/6308, 279; ebenso Keidel/*Zimmermann* § 348 Rn. 23.
31 Vgl. auch Horndasch/Viefhues/*Heinemann* § 342 Rn. 6.
32 Vgl. NK-NachfolgeR/*Wilsch* GNotKG Rn. 8; vgl. auch Keidel/*Zimmermann* § 342 Rn. 7, keine amtliche Erbenermittlungspflicht in den übrigen Bundesländern.
33 Vgl. auch Horndasch/Viefhues/*Heinemann* § 342 Rn. 9.
34 Palandt/*Weidlich* § 1955 Rn. 1.
35 Vgl. BT-Drs. 16/6308, 277.

- die Bestimmung des Testamentsvollstreckers durch einen Dritten, § 2198 Abs. 1 S. 2 BGB,
- die Ernennung eines Mitvollstreckers oder Nachfolgers durch den Testamentsvollstrecker, §§ 2199 Abs. 3, 2198 Abs. 1 S. 2 BGB,
- Annahme und Ablehnung eines Testamentsvollstreckeramtes, § 2202 Abs. 2 S. 1 BGB,
- Kündigung des Amtes als Testamentsvollstrecker, § 2226 S. 2 BGB,
- Anzeige eines Erbschaftsverkaufs oder eines ähnlichen Vertrages durch den Verkäufer bzw. Käufer gegenüber den Nachlassgläubigern, §§ 2384 Abs. 1, 2385 Abs. 1 BGB,[36]
- Einreichung eines Verzeichnisses des Nachlasses (Inventar) durch den Erben beim Nachlassgericht, § 1993 BGB,[37]
- Bezugnahme durch den Erben auf ein bereits vorhandenes Inventar, § 2004 BGB,
- die Erklärung eines Hoferben über die Wahl des Hofes gem. § 9 Abs. 2 S. 1 HöfeO.

Für die Entgegennahme sieht das Gesetz teilweise eine Festgebühr iHv 15 Euro vor, vgl. KV Nr. 12410 Abs. 1 Nr. 1–7 GNotKG, teilweise stellt das Gesetz die Entgegennahme gebührenfrei, etwa die Entgegennahme der Erbausschlagung. 18

6. Erbscheine, Testamentsvollstreckerzeugnisse und sonstige vom Nachlassgericht zu erteilende Zeugnisse (Abs. 1 Nr. 6). Nachlasssachen sind Verfahren, die Erbscheine, Testamentsvollstreckerzeugnisse und sonstige vom Nachlassgericht zu erteilende Zeugnisse betreffen, Abs. 1 Nr. 6.[38] 19

Die Verfahren zur Erteilung von Erbscheinen, Testamentsvollstreckerzeugnissen (§ 2368 BGB) oder ähnlichen Zeugnissen markieren den wichtigsten Aufgabenbereich der nachlassgerichtlichen Praxis und nehmen den größten Raum ein, vgl. §§ 352 ff. 20

Zu den Nachlasssachen zählen darüber hinaus die Verfahren über deren **Einziehung**[39] oder **Kraftloserklärung**, beispielsweise eines Erbscheins, § 353 Abs. 1 S. 1, § 2361 BGB, oder eines Testamentsvollstreckerzeugnisses, §§ 2368 S. 2, 2361 BGB, ebenso der Erlass einer einstweiligen Anordnung zur Sicherstellung des Erbscheins, § 49, ferner die Verfahren über die Erteilung eines **Überweisungszeugnisses** nach §§ 36, 37 GBO[40] bzw. §§ 42, 74 SchRegO bzw. § 86 LuftFzgG, eines **Zeugnisses über die Fortsetzung der Gütergemeinschaft**, § 1507 BGB,[41] sowie die **Verfahren zur Ausstellung eines Europäischen Nachlasszeugnisses.**[42] Nicht unerwähnt bleiben dürfen die **Annahmezeugnisse**, die das Nachlassgericht erteilt, damit der Testamentsvollstrecker seine Amtsannahme nachweisen kann, beispielsweise gegenüber dem Grundbuchamt, und die 21

36 S. bereits BT-Drs. 16/6308, 277.
37 Vgl. bereits BT-Drs. 16/6308, 277.
38 Vgl. auch Horndasch/Viefhues/*Heinemann* § 342 Rn. 11.
39 Keine Einziehung durch Beschwerdegericht, lediglich Anweisung zulässig.
40 Vgl. § 36 Abs. 1 S. 2 GBO: das Nachlassgericht erteilt das Zeugnis, sofern ein Grundstück oder Erbbaurecht zum Nachlass gehört. Ist ein Erbschein über das Erbrecht sämtlicher Erben oder ein Zeugnis über die Fortsetzung der Gütergemeinschaft erteilt, so ist auch der Notar, die die Auseinandersetzung vermittelt hat, für die Erteilung des Zeugnisses zuständig, vgl. explizit § 36 Abs. 2a GBO.
41 Vgl. auch allgemein Keidel/*Zimmermann* § 342 Rn. 9.
42 Nicht nachvollziehbar Keidel/*Zimmermann* § 342 Rn. 11, der die Verfahren zur Ausstellung eines Europäischen Nachlasszeugnisses zu den Nachlasssachen nach § 342 Abs. 1 Nr. 9 rechnen möchte, nicht zu den Nachlasssachen nach § 342 Abs. 1 Nr. 6.

nachlassgerichtlichen Zeugnisse über das bereits erloschene Testamentsvollstreckeramt, die dem Beweis rechtswirksamer Handlungen dienen sollen.

22 Zu den notwendigen Angaben und dem Richtigkeitsnachweis vgl. § 352.

23 Zur Einziehung oder Kraftloserklärung vgl. § 353.

24 **7. Testamentsvollstreckung (Abs. 1 Nr. 7).** Nachlasssachen sind Verfahren, die die Testamentsvollstreckung betreffen, Abs. 1 Nr. 7.[43]

25 Die Testamentsvollstreckung geht auf eine entsprechende Anordnung des Erblassers zurück, vgl. § 2197 Abs. 1 BGB, und mit einer Verfügungsentziehung des Erben einher, §§ 2211 Abs. 1, 2205 S. 2 BGB. Als Partei kraft Amtes obliegt ihm die Verwaltung des Nachlasses, § 2205 S. 1 BGB, und zwar innerhalb des zugewiesenen vermögensrechtlichen Aufgabenbereichs der Abwicklungs- (§§ 2203, 2204 BGB), Verwaltungs-(§ 2209 S. 1 BGB) oder Dauervollstreckung (§§ 2209, 2210 BGB) bzw. Vermächtnisvollstreckung (§ 2223 BGB), stets mit dem Ziel, die letztwillige Verfügung des Erblassers zur Ausführung zu bringen, § 2203 BGB, auch gerichtlich, §§ 2212, 2213 BGB. Der **Überwachung** durch das Nachlassgericht unterliegt der Testamentsvollstrecker allerdings nicht, sondern kann sich uU sogar über Anordnungen des Erblassers hinwegsetzen.

26 Der Kreis der Verfahren ist im Übrigen weit gehalten und umfasst die **Ernennung** durch das Nachlassgericht,[44] § 2200 BGB, die **Außerkraftsetzung** erblasserischer Anordnungen auf Antrag des Testamentsvollstreckers oder Beteiligten, § 2216 Abs. 2 S. 2 BGB, die Entscheidung über **Meinungsverschiedenheiten** mehrerer Testamentsvollstrecker, § 2224 Abs. 1 S. 1 BGB,[45] oder die **Entlassung**[46] des Testamentsvollstreckers auf Antrag eines Beteiligten, sofern ein wichtiger Grund vorliegt, § 2227 BGB, insbesondere grobe Fahrlässigkeit, Pflichtverletzung oder Unfähigkeit zur ordnungsgemäßen Geschäftsführung.

27 Nicht zu den Nachlasssachen zählt hingegen die Festsetzung der angemessenen **Vergütung** (§ 2221 BGB) des Testamentsvollstreckers,[47] die primär auf eine erblasserische Bestimmung zurückgeht, sekundär aber auch mit den Erben vereinbart werden kann. Zuständig ist das Prozessgericht.

28 Keine Nachlasssachen iSv Abs. 1 Nr. 7 BGB sind die mit der Testamentsvollstreckung verbundenen nachlassgerichtlichen Tätigkeiten, die bereits von Abs. 1 Nr. 5, 6 und 9 erfasst sind, etwa die Entgegennahme von Erklärungen[48] oder die Erteilung von Testamentsvollstreckerzeugnissen.

29 **8. Nachlassverwaltung (Abs. 1 Nr. 8).** Nachlasssachen sind Verfahren, die die Nachlassverwaltung betreffen (Abs. 1 Nr. 8).

30 Das Gesetz bezeichnet die **Nachlassverwaltung** als „*Nachlasspflegschaft zum Zwecke der Befriedigung der Nachlassgläubiger*", vgl. § 1975 BGB, die die Haftung der Erben für Nachlassverbindlichkeiten beschränken soll. Die Anordnung der Nachlassverwaltung durch das Nachlassgericht setzt einen **Antrag** des Erben oder eines Nachlassgläubigers voraus, § 1981 Abs. 1 und 2 BGB,[49] und wird vom Nachlassgericht im Bekanntmachungsblatt veröffentlicht, § 1983

43 Vgl. auch Horndasch/Viefhues/*Heinemann* § 342 Rn. 12.
44 Zu den Beteiligten eines Ernennungsverfahrens vgl. § 345 Abs. 3.
45 Zur Beschwerdefrist von zwei Wochen gegen einen solchen Beschluss vgl. § 355 Abs. 2.
46 Zu den Beteiligten eines Entlassungsverfahrens vgl. § 345 Abs. 4 Nr. 2.
47 Keidel/*Zimmermann* § 342 Rn. 9a, Aufgabe des Prozessgerichts.
48 Beispielsweise die Annahme oder die Ablehnung des Testamentsvollstreckeramtes, vgl. § 2202 Abs. 2 BGB, oder die Kündigung des Testamentsvollstreckers, § 2226 Abs. 1 S. 2 BGB.
49 Einleitung nur auf Antrag.

BGB. Folge ist, dass der Erbe seine Verwaltungs- und Verfügungsbefugnis verliert, § 1984 Abs. 1 S. 1 BGB, und der Nachlassverwalter gehalten ist, den Nachlass zu verwalten, § 1985 BGB. Dies geschieht unter der **Aufsicht** des **Nachlassgerichts**, das ggf. durch Ver- und Gebote einschreiten kann und demgegenüber der Nachlassverwalter **auskunftserteilungs-** und **rechnungspflichtig** ist. Anders als im Falle der Testamentsvollstreckung, setzt das Nachlassgericht die Höhe der **Vergütung** fest, die dem Nachlassverwalter zusteht, § 1987 BGB.[50] Das Nachlassinsolvenzverfahren ist keine Nachlasssache, sondern den Insolvenzgerichten vorbehalten.[51]

31 **9. Sonstige den Nachlassgerichten durch Gesetz zugewiesene Aufgaben (Abs. 1 Nr. 9).** Nachlasssachen sind Verfahren, die sonstige den Nachlassgerichten durch Gesetz zugewiesene Aufgaben betreffen, Abs. 1 Nr. 9.

32 Die **Zuweisung** erfolgt zumeist im BGB, kann aber auch auf **Landesrecht** beruhen. Dem Nachlassgericht zugewiesen sind beispielsweise die Verfahren zur Feststellung des Fiskuserbrechts,[52] § 1964 Abs. 1 BGB, das davor geschaltete Verfahren der öffentlichen Aufforderung zur Anmeldung der Erbrechte, § 1965 Abs. 1 BGB, ferner die Entscheidung über die Stundung eines nicht oder nur teilweise bestrittenen Pflichtteilsanspruchs,[53] § 2331a Abs. 2 S. 1 BGB, ebenso die Aufhebung oder Abänderung einer solchen Stundungsentscheidung, div. Fristbestimmungen bei Vermächtnissen und Auflagen, Aufgaben im Zusammenhang mit der Inventarerrichtung[54] oder Mitteilungspflichten nach § 83 BGB (Stiftung von Todes wegen) bzw. § 83 Abs. 1 GBO (zum Nachlass gehört eine Immobilie). Strittig ist hingegen, ob auch das Aufgebot von Nachlassgläubigern, §§ 454 ff., zu den Nachlasssachen zählt. In der Praxis erfolgt regelmäßig eine Zuweisung an die Nachlassgerichte.[55]

III. Begriffsbestimmung Teilungssachen (Abs. 2)

33 Was unter **Teilungssachen** zu verstehen ist, regelt Abs. 2. Das sind zum einen die Aufgaben, die im Rahmen der Auseinandersetzung eines Nachlasses oder eines Gesamtgutes zu erledigen sind, nachdem eine eheliche, lebenspartnerliche oder fortgesetzte Gütergemeinschaft beendet wurde, Abs. 2 Nr. 1, zum anderen die Verfahren, die die Auseinandersetzungszeugnisse betreffen, Abs. 2 Nr. 2. Die Verfahren in Teilungssachen sind seit dem 1.9.2013 den **Notaren zugewiesen**,[56] vgl. **§§ 363 ff.**

50 Ebenso Keidel/*Zimmermann* § 342 Rn. 10.
51 Horndasch/Viefhues/*Heinemann* § 342 Rn. 14.
52 AA *Firsching/Graf* NachlassR Rn. 4.517: Nachlasssache nach § 342 Abs. 1 Nr. 4, wie hier jedoch Keidel/*Zimmermann* § 342 Rn. 11.
53 Ist der Pflichtteilsanspruch bestritten, entscheidet das Prozessgericht. Ohne Differenzierung zwischen bestrittenen und unbestrittenen Pflichtteilsansprüchen hingegen Keidel/*Zimmermann* § 342 Rn. 11, dem an dieser Stelle nicht gefolgt werden kann.
54 Vgl. bereits BT-Drs. 16/6308, 277; ebenso Keidel/*Zimmermann* § 342 Rn. 11.
55 Für die Zuständigkeit der Nachlassgerichte wegen des Sachzusammenhangs und der historischen Tradition auch Keidel/*Zimmermann* § 454 Rn. 7; ebenso Horndasch/Viefhues/*Heinemann* § 342 Rn. 18; unklar hingegen Bumiller/Harders/Schwamb/*Harders* § 454 Rn. 3.
56 Vgl. auch Keidel/*Zimmermann* § 363 Rn. 1. Nicht richtig dagegen Bahrenfuss/*Schaal* § 342 Rn. 21, der die Amtsgerichte noch für sachlich zuständig hält.

§ 343 Örtliche Zuständigkeit

(1) Örtlich zuständig ist das Gericht, in dessen Bezirk der Erblasser im Zeitpunkt seines Todes seinen gewöhnlichen Aufenthalt hatte.

(2) Hatte der Erblasser im Zeitpunkt seines Todes keinen gewöhnlichen Aufenthalt im Inland, ist das Gericht zuständig, in dessen Bezirk der Erblasser seinen letzten gewöhnlichen Aufenthalt im Inland hatte.

(3) [1]Ist eine Zuständigkeit nach den Absätzen 1 und 2 nicht gegeben, ist das Amtsgericht Schöneberg in Berlin zuständig, wenn der Erblasser Deutscher ist oder sich Nachlassgegenstände im Inland befinden. [2]Das Amtsgericht Schöneberg in Berlin kann die Sache aus wichtigem Grund an ein anderes Nachlassgericht verweisen.

Literatur:

Grziwotz, Erbscheinsverfahren neu geregelt, FamRZ 2016, 417; *Heinemann*, Die Reform der freiwilligen Gerichtsbarkeit durch das FamFG und ihre Auswirkungen auf die notarielle Praxis, DNotZ 2009, 6; *Heinemann*, Entgegennahme einer öffentlich beglaubigten Ausschlagungs- bzw. Anfechtungserklärung durch das Wohnsitzgericht, DNotZ 2011, 498; *Holzer*, Das Erbscheinsverfahren nach dem FamFG, ZNotP 2015, 258; *Kroiß*, Die Erbscheinsklausur nach dem FamFG, JA 2009, 882; *Wagner*, Internationale und örtliche Zuständigkeit für die Erteilung deutscher Erbscheine, NJW 2018, 3284; *Wagner/Fenner*, Anwendung der EU-Erbrechtsverordnung in Deutschland, FamRZ 2015, 1668; *Weber/Francastel*, Der gewöhnliche Aufenthalt pflegebedürftiger Erblasser im Kontext von EuErbVO und FamFG, DNotZ 2018, 163; *Wittkowski*, Die Beantragung und Erteilung von Erbscheinen in Erbfällen mit Auslandsberührung nach dem FamFG, RNotZ 2010, 102; *Zimmermann*, Die Nachlasssachen in der FGG-Reform, FGPrax 2006, 189; *Zimmermann*, Das Erbscheinsverfahren im FamFG, JuS 2009, 817.

I. Allgemeines

1. Örtliche Zuständigkeit nach § 2? Die Überschrift in § 2 („*Örtliche Zuständigkeit*") erweckt den Eindruck, die örtliche Zuständigkeit sei dort geregelt. Die weitere Lektüre zeigt jedoch, dass § 2 Zuständigkeitskonflikte und -probleme[1] abhandelt und keine Aussage darüber trifft, unter welchen Umständen die **örtliche Zuständigkeit eines Nachlassgerichts** in Nachlass- und Teilungssachen gegeben ist.[2] Maßgeblich ist der **Todeszeitpunkt des Erblassers.** 1

2. Örtliche Zuständigkeit nach § 343. Diese Bestimmung trifft § 343 in Abhängigkeit[3] davon, ob der deutsche bzw. ausländische **Erblasser** seinen **gewöhnlichen Aufenthalt** im Inland (Abs. 1) oder Ausland (Abs. 2) hatte. Hilfsweise greift Abs. 3, sofern weder eine Zuständigkeit nach Abs. 1 noch nach Abs. 2 gegeben ist. Die Zuständigkeit liegt dann grundsätzlich beim Amtsgericht Schöneberg in Berlin, das an ein anderes Nachlassgericht verweisen kann, was die obergerichtliche Rechtsprechung häufig beschäftigt.[4] 2

3. Abschließende Regelung; Prüfung von Amts wegen durch Nachlass- und Beschwerdegericht. Mit § 343 ist die örtliche Zuständigkeit in **abschließender**[5] und nicht **wandelbarer**[6] Weise geregelt. Eine Ergänzung erfährt die Norm durch die **besonderen örtlichen Zuständigkeiten**, die sich aus § 344 ergeben.[7] 3

Ob die örtliche Zuständigkeit gegeben ist, **prüft** das Nachlassgericht **von Amts wegen**[8] auf der Basis eigener Ermittlungen, § 26.[9] Ein identisches Prüfungsrecht steht dem **Beschwerdegericht** zu, zumal sich die „dringende Notwendigkeit einer uneingeschränkten Überprüfung der örtlichen Zuständigkeit"[10] auch in der Rechtsmittelinstanz zeigt. Trotz inhaltlicher Richtigkeit ist ein von einem örtlich unzuständigen Nachlassgericht erteilter Erbschein einzuziehen.[11] 4

II. Örtliche Zuständigkeit nach Abs. 1: gewöhnlicher Aufenthalt des deutschen oder ausländischen Erblassers im Inland

Die Bestimmung stellt auf den **gewöhnlichen Aufenthalt des Erblassers im Zeitpunkt seines Todes** ab, nicht auf dessen Staatsangehörigkeit,[12] den gewöhnlichen Aufenthalt der Erben[13] oder das einschlägige Erbrecht.[14] Die Anknüpfung an den Wohnsitz ist damit entfallen.[15] Örtlich zuständig ist das Gericht, in des- 5

1 Vgl. auch Keidel/*Sternal* § 2 Rn. 1.
2 MüKoFamFG/*Grziwotz* § 343 Rn. 3.
3 Demnach keine streitwertabhängige, sondern aufenthaltsabhängige Zuständigkeitsregelung. Vgl. im Übrigen und zur Normgeschichte MüKoFamFG/*Grziwotz* § 343 Rn. 1 und 2.
4 OLG München FGPrax 2018, 176; OLG Köln ZEV 2017, 219; KG jurisPR-FamR 2/2017 Anm. 4 mAnm *Adamus*.
5 Bahrenfuss/*Schaal* § 343 Rn. 1; MüKoFamFG/*Grziwotz* § 343 Rn. 4.
6 Der Erblasser kann hiervon keine abweichende Bestimmung treffen, vgl. Bahrenfuss/*Schaal* § 343 Rn. 1.
7 MüKoFamFG/*Grziwotz* § 343 Rn. 3.
8 Bahrenfuss/*Schaal* § 343 Rn. 2; MüKoFamFG/*Grziwotz* § 343 Rn. 4.
9 Vgl. OLG Hamm FGPrax 2017, 229 (230).
10 OLG Hamm FGPrax 2017, 229 (230).
11 OLG Hamm FGPrax 2017, 229 (230).
12 MüKoFamFG/*Grziwotz* § 343 Rn. 5, 8 und 24, die Regelung gilt daher für Deutsche, Ausländer und Staatenlose.
13 MüKoFamFG/*Grziwotz* § 343 Rn. 6.
14 Vgl. auch Bahrenfuss/*Schaal* § 343 Rn. 50.
15 *Holzer* ZNotP 2015, 258 (262).

sen Bezirk der Erblasser im Todeszeitpunkt[16] seinen gewöhnlichen Aufenthalt hatte.[17] Terminologisch gilt es, den gewöhnlichen Aufenthalt vom Wohnsitz oder einfachen Aufenthalt des Erblassers abzugrenzen.[18] Charakteristisch für die Begründung des gewöhnlichen Aufenthalts sind eine **bestimmte Dauer des Aufenthalts**[19] sowie die **Etablierung sozialer Beziehungen**,[20] stets vor der Folie der letzten Lebensumstände des Erblassers und bezogen auf den Zeitpunkt des Erbfalls.[21] Gemeint ist der **Daseinsmittelpunkt**, der Lebensmittelpunkt,[22] der Schwerpunkt der sozialen, beruflichen und familiären Bindungen des Erblassers,[23] getragen von einem **Bleibewillen** (*animus manendi*).[24] In diesem Zusammenhang kann einem Scheidungsantrag, den der Erblasser noch einreichen konnte, indizielle Bedeutung dafür zukommen, dass der Erblasser seinen bisherigen gewöhnlichen Aufenthalt am Ort der gemeinsamen Ehewohnung aufgegeben und einen neuen gewöhnlichen Aufenthalt am Ort seines aktuellen Daseinsmittelpunkt begründet[25] hat. Gleiches gilt für den Aufenthalt in einem Pflegeheim oder einem Sterbehospiz.[26] Deckungsgleichheit besteht insoweit mit dem Begriff, wie ihn die EuErbVO im Erwägungsgrund 23[27] verwendet,[28] mag auch eine Definition fehlen.[29] Orientierung und Konkretisierung liefern die Erwägungsgründe 23–25 der EuErbVO. Absenzen wirken sich nicht aus, sofern ein Rückkehrwille erkennbar ist[30].

III. Örtliche Zuständigkeit nach Abs. 2: deutscher oder ausländischer Erblasser ohne gewöhnlichen Aufenthalt im Inland

6 Für den Fall, dass der Erblasser im Zeitpunkt seines Todes keinen gewöhnlichen Aufenthalt im Inland hatte, erklärt Abs. 2 das Gericht für zuständig, in dessen Bezirk der Erblasser seinen **letzten gewöhnlichen Aufenthalt im Inland** hatte,[31] wiederum unabhängig von der Staatsangehörigkeit des Erblassers.[32] Abzustellen ist auf den letzten gewöhnlichen Aufenthalt, nicht auf einen sonstigen früheren Aufenthalt. Dabei ist unerheblich, wie lange der letzte gewöhnliche Aufenthalt zurückliegt.[33] Der Regelung lässt sich keine zeitliche Grenze ent-

---

16 Bei Todeserklärung entscheidet der Todeszeitpunkt, wie er im Beschluss festgelegt ist, vgl. Bahrenfuss/*Schaal* § 343 Rn. 52.
17 Zur Aufenthaltszuständigkeit vgl. MüKoFamFG/*Grziwotz* § 343 Rn. 6.
18 MüKoFamFG/*Grziwotz* § 343 Rn. 7.
19 Vgl. OLG Köln FamRZ 2018, 129 (131): Aufenthalt auf längere Zeit angelegt; ebenso Bumiller/Harders/Schwamb/*Harders* § 343 Rn. 5.
20 MüKoFamFG/*Grziwotz* § 343 Rn. 11; OLG Köln FamRZ 2018, 129 (130); vgl. auch den Erwägungsgrund 24 S. 3 der EuErbVO.
21 MüKoFamFG/*Grziwotz* § 343 Rn. 22. Ebenso Bumiller/Harders/Schwamb/*Harders* § 343 Rn. 7.
22 Bumiller/Harders/Schwamb/*Harders* § 343 Rn. 3.
23 OLG Köln FamRZ 2018, 129 (131); GForm-FamFG/*Poller* § 343 Rn. 11.
24 Vgl. auch *Weber/Francastel* DNotZ 2018, 163 (171).
25 OLG Köln FamRZ 2018, 129; ebenso Bumiller/Harders/Schwamb/*Harders* § 343 Rn. 5.
26 Anders dagegen bei einem Krankenhausaufenthalt, der nicht auf Dauer angelegt ist. Vgl. auch *Holzer* ZNotP 2015, 258 (262); Bumiller/Harders/Schwamb/*Harders* § 343 Rn. 5.
27 Vgl. GForm-FamFG/*Poller* § 343 Rn. 11.
28 Bahrenfuss/*Schaal* § 343 Rn. 51.
29 *Weber/Francastel* DNotZ 2018, 163(165).
30 GForm-FamFG/*Poller* § 343 Rn. 11.
31 Vgl. *Holzer* ZNotP 2015, 258 (263).
32 Bahrenfuss/*Schaal* § 343 Rn. 54.
33 KG ZEV 2017, 581.

nehmen,[34] weder ein Zeitraum von fünf, noch von fünfzig Jahren. Daher ist nicht automatisch zur Auffangzuständigkeit in Abs. 3 zu greifen, sollte der letzte gewöhnliche Aufenthalt im Inland lange zurückliegen.[35] Eine massive Einschränkung erfährt die Zuständigkeitsbestimmung durch die Rechtsprechung des EuGH.[36] Danach regelt **Art. 4 EuErbVO** die Zuständigkeit, nicht dagegen eine abweichende nationale Rechtsvorschrift,[37] die nicht an den gewöhnlichen Aufenthalt des Erblassers anknüpft, wozu auch die Zuständigkeitsregelung nach Abs. 2 zählt. Nach der Rechtsprechung des EuGH wird durch Art. 4 EuErbVO ein ausschließlicher Gerichtsstand[38] begründet. In der Folge kommt die Erbscheinserteilung nur noch durch die nationalen Ausstellungsbehörden des Mitgliedslandes in Betracht, im dem der **Erblasser** seinen **gewöhnlichen Aufenthalt** hatte.[39] Ob dies auch in **„Notfällen"** gilt, wird erneut durch den EuGH zu klären sein.[40] Klärungsbedarf wird insoweit bei geringwertigen Nachlässen sowie bei Nachlässen zu bejahen sein, in denen Sprach-, Kosten- oder Effizienzgründe den Ausschlag dafür geben, auch weiterhin von einer Zuständigkeit nach Abs. 2 auszugehen.[41]

IV. Hilfsweise örtliche Zuständigkeit nach Abs. 3 sowie Verweisung an ein anderes Nachlassgericht

1. Hilfsweise Zuständigkeit nach Abs. 3. Unter der Prämisse, dass eine Zuständigkeit nach Abs. 1 und Abs. 2 nicht gegeben ist, erklärt Abs. 3 das **Amtsgericht Schöneberg in Berlin** hilfsweise[42] für örtlich zuständig, sofern der **Erblasser Deutscher** ist oder sich **Nachlassgegenstände im Inland** befinden. 7

2. Deutscher Erblasser ohne gewöhnlichen Aufenthalt im Inland (Abs. 3 S. 1 Alt. 1). Ob der Erblasser **Deutscher** ist, ermittelt das Nachlassgericht von **Amts wegen**,[43] § 26. Die **Staatsangehörigkeit** bemisst sich nach dem GG (vgl. Art. 116 Abs. 2 S. 2 GG) und dem Staatsangehörigkeitsgesetz (StAG).[44] Deutscher im Sinne des StAG ist, wer die deutsche Staatsangehörigkeit besitzt, § 1 StAG. Die deutsche Staatsangehörigkeit kann durch Geburt, Erklärung, Annahme als Kind, Ausstellung der Bescheinigung gem. § 15 Abs. 1 oder 2 des Bundesvertriebenengesetzes, durch Überleitung als Deutscher ohne Staatsangehörigkeit iSv Art. 116 Abs. 1 GG oder durch Einbürgerung erworben werden, vgl. § 3 Abs. 1 StAG. Die deutsche Staatsangehörigkeit erwirbt auch, wer seit zwölf Jahren von deutschen Stellen als deutscher Staatsangehöriger behandelt worden ist und dies nicht zu vertreten hat, § 3 Abs. 2 S. 1 StAG. Als deutscher Staatsan- 8

---

34 KG ZEV 2017, 581. Ebenso Bumiller/Harders/Schwamb/*Harders* § 343 Rn. 8.
35 Anderenfalls lässt sich eine *„effektive Zuständigkeitsordnung"* (KG ZEV 2017, 581) nicht realisieren.
36 EuGH notar 2018, 329 mAnm *Odersky* = DNotI-Report 14/2018, 110 = DNotZ 2018, 699 = ZEV 2018, 465 mAnm *Zimmermann*. Vgl. auch *Mankowski* ErbR 2018, 482.
37 Vgl. auch GForm-FamFG/*Poller* § 343 Rn. 2.
38 *Mankowski* ErbR 2018, 482 (483).
39 *Odersky* notar 2018, 329; *Dörner* DNotZ 2018, 661 (681, 682).
40 So die Empfehlung von *Dörner* DNotZ 2018, 661 (684).
41 Empfehlung von *Dörner* DNotZ 2018, 661 (684).
42 Zur *„örtlichen Auffangszuständigkeit"* vgl. auch Prütting/Helms/*Fröhler* § 343 Rn. 61.
43 Prütting/Helms/*Fröhler* § 343 Rn. 63; Bahrenfuss/*Schaal* § 343 Rn. 56; MüKoFamFG/*Grziwotz* § 343 Rn. 27.
44 Staatsangehörigkeitsgesetz (StAG, ausgefertigt am 22.7.1913) in der im Bundesgesetzblatt Teil III, Gliederungsnummer 102-1, veröffentlichten bereinigten Fassung, zuletzt geändert durch Art. 3 des Gesetzes vom 11. Oktober 2016 (BGBl. I S. 2218).

gehöriger wird insbesondere behandelt, wem ein Staatsangehörigkeitsausweis, Reisepass oder Personalausweis ausgestellt wurde, § 3 Abs. 2 S. 2 StAG. Eine weitere ausländische Staatsangehörigkeit steht der Zuständigkeitsbestimmung nach Abs. 3 S. 1 nicht entgegen.[45]

9 **3. Ausländischer oder staatenloser Erblasser mit Nachlassgegenständen im Inland (Abs. 3 S. 1 Alt. 2).** Die Zuständigkeit des Amtsgerichts Schöneberg in Berlin besteht auch dann, sollten sich **Nachlassgegenstände im Inland** befinden, Abs. 3 S. 1. Die Staatsangehörigkeit des Erblassers spielt insoweit keine Rolle,[46] ebenso wenig eine konkrete Belegenheit von Nachlassgegenständen im Gerichtsbezirk des Amtsgerichts Schöneberg in Berlin.[47] Die zweite Alternative bezieht sich auf ausländische oder staatenlose[48] Erblasser, von denen sich Nachlassgegenstände im Inland befinden.[49] Entscheidend ist nicht der Zeitpunkt des Erbfalls, sondern der Zeitpunkt, an dem sich das Nachlassgericht mit der Nachlassangelegenheit befasst.[50]

10 **4. Zentrale Zuständigkeit des Amtsgerichts Schöneberg in Berlin.** Die Regelung in Abs. 3 S. 1 installiert das Amtsgerichts Schöneberg in Berlin als **zentral zuständiges Gericht**[51] für die oben beschriebenen Konstellationen.

11 **5. Verweisung an ein anderes Nachlassgericht aus wichtigem Grund (Abs. 3 S. 2).** Aus wichtigem Grund kann das Amtsgericht Schöneberg in Berlin allerdings die Sache an ein anderes Nachlassgericht verweisen,[52] Abs. 3 S. 2. Ob ein wichtiger Grund gegeben, die Verweisung **verfahrensopportun** ist, hat das Amtsgericht Schöneberg in Berlin im Wege einer **einzelfallbezogenen Zweckmäßigkeitsprüfung** zu entscheiden.[53] Ein **formularmäßiger** Verweisungsbeschluss *(„Nachlassgegenstände befinden sich im dortigen Bezirk“)* genügt diesen Anforderungen nicht[54] und entfaltet keine Bindungswirkung.[55] Die bloße Belegenheit von Nachlassgegenständen in einem anderen Gerichtsbezirk reicht nicht bereits aus, um die Nachlasssache zu verweisen.[56] Erforderlich ist vielmehr ein **wichtiger Grund**, um eine Verweisung zu rechtfertigen,[57] **eine konkrete Verfahrensopportunität**, etwa eine besondere Orts- und Sachnähe oder die Notwendigkeit persönlicher Anhörungen.[58] Die Verweisung erfolgt durch **unanfechtbaren**[59] und **bindenden Beschluss**,[60] dessen Bindungskraft durch eine

45 Prütting/Helms/*Fröhler* § 343 Rn. 66; Keidel/*Zimmermann* § 343 Rn. 78; Bahrenfuss/*Schaal* § 343 Rn. 56; MüKoFamFG/*Grziwotz* § 343 Rn. 25.
46 Prütting/Helms/*Fröhler* § 343 Rn. 67.
47 MüKoFamFG/*Grziwotz* § 343 Rn. 29.
48 Vgl. MüKoFamFG/*Grziwotz* § 343 Rn. 29.
49 Vgl. Prütting/Helms/*Fröhler* § 343 Rn. 68.
50 Bumiller/Harders/Schwamb/*Harders* § 343 Rn. 11.
51 Prütting/Helms/*Fröhler* § 343 Rn. 69.
52 GForm-FamFG/*Poller* § 343 Rn. 12.
53 KG jurisPR-FamR 2/2017 Anm. 4 mAnm *Adamus*; OLG München FGPrax 2018, 176; vgl. auch Keidel/*Zimmermann* § 343 Rn. 80; MüKoFamFG/*Grziwotz* § 343 Rn. 41.
54 OLG München FGPrax 2018, 176; Bumiller/Harders/Schwamb/*Harders* § 343 Rn. 12.
55 KG jurisPR-FamR 2/2017 Anm. 4 mAnm *Adamus*; OLG Köln ZEV 2017, 219.
56 KG jurisPR-FamR 2/2017 Anm. 4 mAnm *Adamus*; OLG Köln ZEV 2017, 219.
57 OLG München FGPrax 2018, 176; Prütting/Helms/*Fröhler* § 343 Rn. 74.
58 MüKoFamFG/*Grziwotz* § 343 Rn. 41.
59 Vgl. § 3 Abs. 3 S. 1 FamFG; MüKoFamFG/*Grziwotz* § 343 Rn. 42; Keidel/*Zimmermann* § 343 Rn. 82. Ebenso Bumiller/Harders/Schwamb/*Harders* § 343 Rn. 12.
60 Bahrenfuss/*Schaal* § 343 Rn. 67; MüKoFamFG/*Grziwotz* § 343 Rn. 38; Keidel/*Zimmermann* § 343 Rn. 81; *Holzer* ZNotP 2015, 258 (263).

Rück- oder Weiterverweisung[61] nicht ausgehebelt werden kann.[62] Durch eigene Verfahrensführung geht die **Verweisungsbefugnis** des Amtsgerichts Schöneberg in Berlin nicht verloren, weshalb in jedem Verfahrensstadium noch verwiesen werden kann, sogar noch nach Erbscheinserteilung,[63] sofern dies opportun ist, um die Einziehung bzw. Kraftloserklärung zu realisieren.

V. Exkurs: internationale Zuständigkeit nach nationalem Recht oder der EuErbVO?

Dass **Art. 4 EuErbVO** nicht nur die internationale Zuständigkeit der mitgliedschaftlichen Gerichte für die Ausstellung des Europäischen Nachlasszeugnisses bestimmt, sondern auch für die Erteilung nationaler Nachlasszeugnisse gilt,[64] darunter die Erteilung eines Erbscheins und die Erteilung von Testamentsvollstreckerzeugnissen, ist zwischenzeitlich durch die Rechtsprechung des **EuGH**[65] geklärt.[66] In der Folge kommt die Erbscheinserteilung nur noch durch die nationalen Ausstellungsbehörden des Mitgliedslandes in Betracht, im dem der **Erblasser seinen gewöhnlichen Aufenthalt** hatte.[67] Die Regelung in Art. 4 EuErbVO begründet einen ausschließlichen Gerichtsstand,[68] die internationale Zuständigkeit bemisst sich nach der EuErbVO. Mitgeregelt ist auch die internationale Zuständigkeit für die Erteilung eines deutschen Erbscheins.[69] Ob dies auch in **„Notfällen"** gilt, wird erneut durch den EuGH zu klären sein.[70] Weiterer Klärungsbedarf besteht bei geringwertigen Nachlässen oder in Konstellationen, in denen Sprach-, Kosten- oder Effizienzgründe dafürsprechen sollen, auch ohne letzten gewöhnlichen Aufenthalt des Erblassers zum gegenständlich beschränkten Erbschein zu optieren.[71] 12

VI. Zuständigkeitsverstöße

Der Verstoß gegen die örtliche Zuständigkeit indiziert keine Unwirksamkeit des Erbscheins, wie auch ein Blick auf § 2 Abs. 3 belegt.[72] Danach sind gerichtliche Handlungen nicht unwirksam, weil sie von einem örtlich unzuständigen Gericht vorgenommen worden sind. Davon zu trennen ist die Frage, ob der Erbschein, erteilt durch ein örtlich unzuständiges Gericht, unrichtig ist. Dies ist zu bejahen,[73] ein von einem örtlich unzuständigen Nachlassgericht erteilter Erbschein ist als unrichtig einzuziehen.[74] Es liegt ein schwerer Formmangel vor, der 13

---

61 MüKoFamFG/*Grziwotz* § 343 Rn. 40; *Holzer* ZNotP 2015, 258 (263).
62 Prütting/Helms/*Fröhler* § 343 Rn. 77 und 78; Bahrenfuss/*Schaal* § 343 Rn. 65.
63 Vgl. MüKoFamFG/*Grziwotz* § 343 Rn. 37.
64 S.a. MüKoFamFG/*Grziwotz* § 343 Rn. 50b; GForm-FamFG/*Poller* § 343 Rn. 2.
65 EuGH notar 2018, 329 mAnm *Odersky* = DNotI-Report 14/2018, 110 = DNotZ 2018, 699 = ZEV 2018, 465 mAnm *Zimmermann* = FamRZ 2018, 1262 mAnm *Fornasier*. Vgl. auch *Mankowski* ErbR 2018, 482. Vgl. auch MüKoFamFG/*Grziwotz* § 343 Rn. 50b. Überholt damit Prütting/Helms/*Fröhler* § 352c Rn. 16, der noch die Zuständigkeit deutscher Nachlassgerichte bejaht. Ebenso überholt Bahrenfuss/*Schaal* § 352c Rn. 3.
66 Zur Genese vgl. *Wagner* NJW 2018, 3284.
67 *Odersky* notar 2018, 329; *Dörner* DNotZ 2018, 661 (681, 682).
68 *Mankowski* ErbR 2018, 482 (483).
69 *Wagner* NJW 2018, 3284 (3285).
70 So die Empfehlung von *Dörner* DNotZ 2018, 661 (684).
71 Empfehlung von *Dörner* DNotZ 2018, 661 (684).
72 MüKoFamFG/*Grziwotz* § 343 Rn. 58.
73 Vgl. auch MüKoFamFG/*Grziwotz* § 343 Rn. 58. Zur Einziehung unter der Geltung des FGG vgl. OLG Frankfurt FamRZ 2002, 112.
74 OLG Hamm FGPrax 2017, 229; Bumiller/Harders/Schwamb/*Harders* § 343 Rn. 19.

nur durch Einziehung wieder beseitigt werden kann.[75] Im Raum steht die Möglichkeit, dass das örtlich zuständige Nachlassgericht einen weiteren Erbschein erlässt.

§ 344 Besondere örtliche Zuständigkeit

(1) [1]Für die besondere amtliche Verwahrung von Testamenten ist zuständig,
1. wenn das Testament vor einem Notar errichtet ist, das Gericht, in dessen Bezirk der Notar seinen Amtssitz hat;
2. wenn das Testament vor dem Bürgermeister einer Gemeinde errichtet ist, das Gericht, zu dessen Bezirk die Gemeinde gehört;
3. wenn das Testament nach § 2247 des Bürgerlichen Gesetzbuchs errichtet ist, jedes Gericht.

[2]Der Erblasser kann jederzeit die Verwahrung bei einem nach Satz 1 örtlich nicht zuständigen Gericht verlangen.

(2) Die erneute besondere amtliche Verwahrung eines gemeinschaftlichen Testaments nach § 349 Abs. 2 Satz 2 erfolgt bei dem für den Nachlass des Erstverstorbenen zuständigen Gericht, es sei denn, dass der überlebende Ehegatte oder Lebenspartner die Verwahrung bei einem anderen Amtsgericht verlangt.

(3) Die Absätze 1 und 2 gelten entsprechend für die besondere amtliche Verwahrung von Erbverträgen.

(4) Für die Sicherung des Nachlasses ist jedes Gericht zuständig, in dessen Bezirk das Bedürfnis für die Sicherung besteht.

(4a) [1]Für die Auseinandersetzung eines Nachlasses ist jeder Notar zuständig, der seinen Amtssitz im Bezirk des Amtsgerichts hat, in dem der Erblasser seinen letzten gewöhnlichen Aufenthalt hatte. [2]Hatte der Erblasser keinen gewöhnlichen Aufenthalt im Inland, ist jeder Notar zuständig, der seinen Amtssitz im Bezirk eines Amtsgerichts hat, in dem sich Nachlassgegenstände befinden. [3]Von mehreren örtlich zuständigen Notaren ist derjenige zur Vermittlung berufen, bei dem zuerst ein auf Auseinandersetzung gerichteter Antrag eingeht. [4]Vereinbarungen der an der Auseinandersetzung Beteiligten bleiben unberührt.

(5) [1]Für die Auseinandersetzung des Gesamtguts einer Gütergemeinschaft ist, falls ein Anteil an dem Gesamtgut zu einem Nachlass gehört, der Notar zuständig, der für die Auseinandersetzung über den Nachlass zuständig ist. [2]Im Übrigen ist jeder Notar zuständig, der seinen Amtssitz im Bezirk des nach § 122 Nummer 1 bis 5 zuständigen Gerichts hat. [3]Ist danach keine Zuständigkeit gegeben, ist jeder Notar zuständig, der seinen Amtssitz im Bezirk eines Amtsgerichts hat, in dem sich Gegenstände befinden, die zum Gesamtgut gehören. [4]Absatz 4a Satz 3 und 4 gilt entsprechend.

(6) Hat ein anderes Gericht als das nach § 343 zuständige Gericht eine Verfügung von Todes wegen in amtlicher Verwahrung, ist dieses Gericht für die Eröffnung der Verfügung zuständig.

(7) [1]Für die Entgegennahme einer Erklärung, mit der eine Erbschaft ausgeschlagen oder mit der die Versäumung der Ausschlagungsfrist, die Annahme oder Ausschlagung einer Erbschaft oder eine Anfechtungserklärung ihrerseits angefochten wird, ist auch das Nachlassgericht zuständig, in dessen Bezirk die erklärende Person ihren gewöhnlichen Aufenthalt hat. [2]Die Urschrift der

75 OLG Hamm FGPrax 2017, 229 (230); Bahrenfuss/*Schaal* § 343 Rn. 69.

Niederschrift oder die Urschrift der Erklärung in öffentlich beglaubigter Form ist von diesem Gericht an das zuständige Nachlassgericht zu übersenden.

Literatur:

DIJuF-Rechtsgutachten 9.3.2015, E 2.000 An – Für die Entgegennahme der Erklärung zur Ausschlagung einer Erbschaft örtlich zuständiges Nachlassgericht, JAmt 2015, 264; *Heinemann*, Die Reform der freiwilligen Gerichtsbarkeit durch das FamFG und ihre Auswirkungen auf die notarielle Praxis, DNotZ 2009, 6; *Heinemann*, Entgegennahme einer öffentlich beglaubigten Ausschlagungs- bzw. Anfechtungserklärung durch das Wohnsitzgericht, DNotZ 2011, 498; *Knittel/Birnstengel*, Erbrecht – Ausschlagung der Erbschaft, insbesondere durch den Vormund, Themengutachten TG-1145, Themengutachten, DIJuF-Rechtsgutachten, 1. A., Edition 15, 2015; *Weber/Francastel*, Der gewöhnliche Aufenthalt pflegebedürftiger Erblasser im Kontext von EuErbVO und FamFG, DNotZ 2018, 163; *Zimmermann*, Die neue Übertragung von Aufgaben der Gerichte auf Notare, FamRZ 2014, 11; *Zimmermann*, Die Vermittlung der Erbauseinandersetzung durch den Notar, NotBZ 2013, 335.

I. Allgemeines

1 Die Regelungen zur örtlichen Zuständigkeit in Nachlass- und Teilungssachen finden in § 343 ihren allgemeinen und in § 344 ihren speziellen Ausdruck. Teilweise verdrängt, teilweise ergänzt[1] § 344 als lex specialis die allgemeine Bestimmung in § 343 zur örtlichen Zuständigkeit. Ob und in welchen Fällen eine besondere örtliche Zuständigkeit besteht, prüft das Nachlassgericht von Amts wegen, § 26. Überwiegend übernahm die Bestimmung den Regelungsgehalt des alten Verfahrensrechts,[2] fügte allerdings mit den Abs. 2, 4a und 7 neue[3] Vorschriften hinzu, um strittige Konstellationen zu lösen[4] und um mehr **Sachnähe**[5] zu schaffen. Für besondere Nachlass- und Teilungssachen schuf der Gesetzgeber besondere örtliche Zuständigkeiten, womit **Zuständigkeitsodysseen** vermieden und **Testamentsverluste** minimiert werden. Eine besondere amtliche Verwahrung, die von einem örtlich unzuständigen Nachlassgericht vorgenommen wird, ist deshalb nicht unwirksam, § 2 Abs. 3.[6]

II. Besondere örtliche Zuständigkeit für die besondere amtliche Verwahrung von Testamenten und Erbverträgen (Abs. 1 und 3)

2 **1. Allgemeines zur besonderen amtlichen Verwahrung.** Die besondere amtliche Verwahrung ist von der einfachen amtlichen Verwahrung abzugrenzen,[7] geht

1 Etwa im Bereich der Nachlasspflegschaft, hier kann die besondere örtliche Zuständigkeit neben der allgemeinen örtlichen Zuständigkeit bestehen, vgl. Abs. 4 sowie OLG Rostock jurisPR-FamR 14/2013 Anm. 1.
2 Unverständlich daher Bahrenfuss/*Schaal* § 344 Rn. 1, das FGG habe keine entsprechende Vorschrift gekannt; vgl. jedoch §§ 73 Abs. 4, Abs. 5, 74, 82 b, 99 Abs. 2 FGG, vgl. auch BT-Drs. 16/6308, 277.
3 Prütting/Helms/*Fröhler* § 344 Rn. 2–7.
4 Beispielsweise die örtliche Zuständigkeit für die Wiederverwahrung gemeinschaftlicher Testamente, die im alten Verfahrensrecht nicht geregelt war, vgl. BT-Drs. 16/6308, 278, oder im Bereich der Zuständigkeit von Erbausschlagungen, vgl. Prütting/Helms/*Fröhler* § 344 Rn. 11.
5 Zum Normzweck größerer Sachnähe vgl. MüKoFamFG/*Grziwotz* § 344 Rn. 1; Prütting/Helms/*Fröhler* § 344 Rn. 11.
6 Prütting/Helms/*Fröhler* § 344 Rn. 17.
7 Etwa von der einfachen Verwahrung von Erbverträgen durch den Notar oder im Falle der Ablieferung von Verfügung von Todes wegen nach dem Tod des Erblassers, die unmittelbar zu den Nachlassakten genommen werden, vgl. auch § 28 Abs. 4 a S. 2 AktO.

häufig auf eine **gesetzliche Ablieferungspflicht**[8] zurück und zeichnet sich durch ein spezielles **Verfahren** aus, geprägt durch Annahmeverfügung, gemeinschaftliche Bewirkung, die Verzeichnung im Verwahrungsbuch, die Erteilung eines Hinterlegungsscheins sowie spezielle Mitteilungen und Empfangsbestätigungen, vgl. §§ 346 Abs. 1–3, 347, § 27 AktO. Als Verwahrungsart zeichnet sich die besondere amtliche Verwahrung durch ein hohes Maß an **Sicherheit** aus,[9] garantiert sie doch die Auffindung der letztwilligen Verfügung und die Benachrichtigung der Betroffenen.[10]

2. Besondere örtliche Zuständigkeit für die besondere amtliche Verwahrung notarieller Testamente und von Erbverträgen (Abs. 1 S. 1 Nr. 1, Abs. 3). Für die besondere amtliche Verwahrung eines **notariellen Testaments** (vgl. §§ 2231–2233 BGB, Einzeltestamente oder gemeinschaftliche Testamente) sieht die Regelung die **besondere örtliche Zuständigkeit des Amtsgerichts** vor, in dessen Bezirk der **Notar** seinen **Amtssitz** hat, Abs. 1 S. 1 Nr. 1. Gleiches gilt für die besondere amtliche Verwahrung eines **Erbvertrages**, Abs. 3, Abs. 1, wobei jedoch zu beachten ist, dass die Parteien des Erbvertrags die besondere amtliche Verwahrung ausschließen können, § 34 Abs. 2 BeurkG, so dass der Erbvertrag in der amtlichen, kostenfreien Verwahrung des Notars verbleibt, § 34 Abs. 3 BeurkG.[11] 3

Dem Erblasser steht allerdings das Recht auf Verwahrung bei einem örtlich unzuständigen Gericht zu, vgl. Abs. 1 S. 2, etwa beim Amtsgericht, bei dem der Erblasser seinen gewöhnlichen Aufenthalt hat. Übt der Erblasser das **Wahlrecht** nach Abs. 1 S. 2 aus, leitet das Nachlassgericht am Amtssitz des Notars das notarielle Testament an das ausgewählte Nachlassgericht weiter. Eine Entgegennahmepflicht besteht nicht.[12] Das Wahlrecht besteht zu **jedem Zeitpunkt** des Verfahrens, auch **noch nach Abschluss eines Verwahrungsverfahrens,**[13] und kann beliebig oft bemüht werden.[14] An besondere Formerfordernisse ist das Wahlrecht nicht geknüpft, so dass es formfrei ausgeübt werden kann.[15] Eine Begründung für die Ausübung des Wahlrechts ist ebenfalls nicht erforderlich. Das Wahlrecht geht aber nicht so weit, dass der Erblasser auch die besondere amtliche Verwahrung durch ein funktionell unzuständiges Gericht verlangen könnte, etwa die besondere amtliche Verwahrung durch das Landgericht[16] oder durch das Oberlandesgericht. Im Falle des Erbvertrags steht das Wahlrecht jedem Erbvertragspartner zu, nicht nur dem längerlebenden Ehegatten oder Lebenspartner. 4

Die Zuständigkeit nach Abs. 1 S. 1 Nr. 1 greift auch dann, sollte die Beurkundung des Testaments auf einer **Beurkundung außerhalb des Amtsbereichs oder** 5

8 § 34 Abs. 1 S. 4 BeurkG, Pflicht des Notars, ein notarielles Testament unverzüglich in die amtliche Verwahrung zu bringen; uU auch Erbverträge, vgl. § 34 Abs. 2 BeurkG, sofern dies nicht von den Beteiligten ausgeschlossen wird. Vgl. im Übrigen §§ 2249 Abs. 1 S. 4, 2250 Abs. 1 BGB oder §§ 10, 11 KonsularG, gesetzliche Ablieferungspflichten der Bürgermeister und der Konsuln.

9 Firsching/Graf/*Krätzschel* NachlassR § 36 Rn. 1; MüKoFamFG/*Grziwotz* § 344 Rn. 3; Bumiller/Harders/Schwamb/*Harders* § 344 Rn. 2.

10 Vgl. Kommentierung zu § 346 FamFG sowie BGH WM 2018, 832 (835).

11 Ebenso Burandt/Rojahn/*Gierl* § 344 Rn. 6.

12 Prütting/Helms/*Fröhler* § 344 Rn. 22.

13 Bahrenfuss/*Schaal* § 344 Rn. 8; Bork/Jacoby/Schwab/*Rellermeyer* § 344 Rn. 6; Bumiller/Harders/Schwamb/Harders § 344 Rn. 6.

14 MüKoFamFG/*Grziwotz* § 344 Rn. 8: *„Zulässigkeit mehrfacher Verwahrungsverlangen"*.

15 Vgl. Bumiller/Harders/Schwamb/*Harders* § 344 Rn. 6.

16 Bork/Jacoby/Schwab/*Rellermeyer* § 344 Rn. 6.

Amtsbezirks beruhen. Nach § 2 BeurkG gilt ohnehin, dass eine Beurkundung nicht deshalb unwirksam ist, weil sie außerhalb des Amtsbezirks vorgenommen wurde. Unwirksam ist dagegen eine Beurkundung im Ausland.

6 Die von einem **Konsularbeamten aufgenommenen Urkunden** stehen den von einem inländischen Notar aufgenommenen Urkunden gleich, § 10 Abs. 2 KonsularG.

7 Der **Amtssitz** des **Notars** richtet sich nach § 10 Abs. 1 BNotO und bestimmt seinen Amtsbereich[17] (§ 10a BNotO) und seinen Amtsbezirk[18] (§ 11 Abs. 1 BNotO). Festgehalten ist der Amtssitz des Notars in der Bestallungsurkunde,[19] der Amtssitz ist überdies mit einer Reihe von Verpflichtungen[20] verbunden, denen der Notar nachkommen muss.

8 Für den mit Prägesiegel zu versehenden, zu beschriftenden und zu unterschreibenden[21] **Testamentsumschlag**, in dem sich die Urschrift des Testaments befindet, benutzt das Notariat das **Muster**[22] nach der Anlage 1 der AV über die Benachrichtigung in Nachlasssachen, das dazu dient, das notarielle Testament **ohne schuldhaftes Zögern** in die besondere amtliche Verwahrung zu bringen, § 34 Abs. 1 S. 4 BeurkG,[23] was in der Praxis spätestens am Tag nach der Testamentserrichtung bedeutet. Ob der Erblasser sich mit der unverzüglichen Ablieferung an das Nachlassgericht einverstanden zeigt, spielt keine Rolle. Eine anderslautende Anweisung durch den Erblasser, das notarielle Testament überhaupt nicht oder vorerst nicht in die besondere amtliche Verwahrung zu bringen, entfaltet keinerlei Wirkung.[24] Wirkungslos bleibt auch eine **Verletzung der Amtspflicht des Notars**, das notarielle Testament unverzüglich in die besondere amtliche Verwahrung zu bringen, insbesondere bleibt das notarielle Testament wirksam.[25]

---

17 Bezirk des Notars, in dem der Notar seinen Amtssitz hat.

18 Oberlandesgerichtsbezirk, in dem der Notar seinen Amtssitz hat. Vgl. auch § 2 BeurkG und § 11 Abs. 3 BNotO zu Beurkundungen außerhalb des Amtsbezirks, die Wirksamkeit der Beurkundungen wird dadurch nicht tangiert.

19 Der Amtssitz des Notars wird zumeist durch die Landesjustizverwaltung bestimmt, in einigen Bundesländern (Niedersachsen und Nordrhein-Westfalen) erledigen dies die Oberlandesgerichte.

20 Vgl. § 10 Abs. 2 S. 1 BNotO (Einrichtung einer Geschäftsstelle, der Notar muss am Amtssitz eine Geschäftsstelle unterhalten; zu den Geschäftszeiten vgl. § 10 Abs. 3 BNotO), §§ 38, 54 Abs. 1 S. 1 Nr. 3 BNotO (keine unbeschränkte Entfernung vom Amtssitz), § 38 S. 1 BNotO (Anzeigepflicht gegenüber der Aufsichtsbehörde), uU Pflicht zur Bestellung eines Vertreters, § 33 Abs. 5 DONot (quartalsweise Mitteilung von Vertretungen) und § 38 S. 2 BNotO (Genehmigungspflicht von Abwesenheiten, die länger als einen Monat dauern).

21 Zu den besonderen Wirkungen einer Unterschrift auf dem verschlossenen Testamentsumschlag vgl. § 35 BeurkG. Eine Unwirksamkeit der Testamentsniederschrift, die dadurch herrührt, dass der Notar die Niederschrift nicht unterschrieben hat, tritt dann ausnahmsweise nicht ein, maßgeblich ist die unterschriebene Aufschrift auf dem verschlossenen Testamentsumschlag, § 35 BeurkG.

22 Enthält den Familiennamen des Erblassers, Vornamen, Geburtsdatum, Geburtsort mit PLZ, Gemeinde, Landkreis, das für den Geburtsort zuständige Standesamt, die Geburtenregisternummer, die Art der Verfügung von Todes wegen, das Urkundsdatum, die URNr., den Namen der Notarin bzw. des Notars, den Amtssitz, das verwahrende Nachlassgericht sowie die ZTR-Verwahrnummer. Zum Umschlag vgl. Firsching/Graf/*Krätzschel* NachlassR § 36 Rn. 3.

23 Zur unverzüglichen Verbringung in die besondere amtliche Verwahrung vgl. Prütting/Helms/*Fröhler* § 344 Rn. 21.

24 Ebenso Prütting/Helms/*Fröhler* § 344 Rn. 21.

25 Bahrenfuss/*Schaal* § 344 Rn. 4, nur Sollvorschrift.

Daneben fertigt das Notariat für die Urkundensammlung ein **Vermerkblatt**[26] nach § 20 DNotO mit Empfangsbestätigung, damit das Nachlassgericht den Testamentsempfang quittieren kann. 9

Zum weiteren Verwahrungsverfahren vgl. §§ 346, 347. 10

Eine besondere amtliche Verwahrung, die von einem örtlich **unzuständigen Nachlassgericht** vorgenommen wird, ist deshalb nicht unwirksam, § 2 Abs. 3.[27] Auch ein solches Verwahrungsverfahren stellt ein wirksames Verwahrungsverfahren dar.[28] 11

Für die besondere amtliche Verwahrung setzt das Nachlassgericht eine **Festgebühr** iHv 75 EUR an, vgl. KV Nr. 12100 GNotKG. 12

3. Besondere örtliche Zuständigkeit für die besondere amtliche Verwahrung von Bürgermeistertestamenten (Abs. 1 S. 1 Nr. 2). Für die besondere amtliche Verwahrung von **Bürgermeistertestamenten** (vgl. § 2249 BGB, sog. **Nottestamente**)[29] statuiert die Regelung die besondere örtliche Zuständigkeit des **Amtsgerichts,** zu dessen **Bezirk** die **Gemeinde gehört,** Abs. 1 Nr. 2. Dem Erblasser steht es frei, die Verwahrung bei einem örtlich unzuständigen Gericht zu verlangen, Abs. 1 S. 2. Das Wahlrecht besteht zu **jedem Zeitpunkt** des Verfahrens, auch **noch nach Abschluss eines Verwahrungsverfahrens.**[30] Besondere Formerfordernisse sind für die Ausübung des Wahlrechts nicht zu beachten, ebenso wenig ist die Ausübung des Wahlrechts zu begründen. Das Wahlrecht geht aber nicht so weit, dass der Erblasser auch die besondere amtliche Verwahrung durch ein funktionell unzuständiges Gericht (Landgericht, Oberlandesgericht) verlangen könnte.[31] Vom Wahlrecht kann beliebig oft Gebrauch gemacht werden.[32] 13

Vor der Ablieferung muss der Bürgermeister nach § 35 **BeurkG** vorgehen und die Niederschrift in einen Umschlag nehmen, den er mit Amtssiegel verschließt, beschriftet und unterschreibt.[33] Der Bürgermeister tritt an die Stelle des Notars, in der Folge trifft den Bürgermeister die Pflicht, das Bürgermeistertestament unverzüglich in die besondere amtliche Verwahrung zu verbringen, § 2249 Abs. 1 S. 4 BGB iVm § 34 Abs. 1 S. 4 BeurkG.[34] Die **Verletzung der Amtspflicht des Bürgermeisters,** das Bürgermeistertestament unverzüglich in die besondere amtliche Verwahrung zu bringen, bleibt wirkungslos, insbesondere bleibt das Bürgermeistertestament wirksam.[35] 14

Eine besondere amtliche Verwahrung, die von einem **örtlich unständigen Nachlassgericht** vorgenommen wird, ist deshalb nicht unwirksam, § 2 Abs. 3.[36] Ein wirksames Verwahrungsverfahren ist gegeben.[37] 15

Zum weiteren Verwahrungsverfahren vgl. §§ 346, 347.

26 Zum Vermerkblatt vgl. Firsching/Graf/*Krätzschel* NachlassR § 36 Rn. 3.
27 Prütting/Helms/*Fröhler* § 344 Rn. 17; Bumiller/Harders/Schwamb/*Harders* § 344 Rn. 7.
28 MüKoFamFG/*Grziwotz* § 344 Rn. 9.
29 Ohne praktische Relevanz, vgl. Bahrenfuss/*Schaal* § 344 Rn. 6.
30 Bahrenfuss/*Schaal* § 344 Rn. 8; Bork/Jacoby/Schwab/*Rellermeyer* § 344 Rn. 6.
31 Bork/Jacoby/Schwab/*Rellermeyer* § 344 Rn. 6.
32 Ebenso MüKoFamFG/*Grziwotz* § 344 Rn. 8: *„Zulässigkeit mehrfacher Verwahrungsverlangen"*.
33 Firsching/Graf/*Krätzschel* NachlassR § 36 Rn. 4.
34 Ebenso Prütting/Helms/*Fröhler* § 344 Rn. 24; Bork/Jacoby/Schwab/*Rellermeyer* § 344 Rn. 3.
35 Bahrenfuss/*Schaal* § 344 Rn. 4, nur Sollvorschrift.
36 Vgl. Prütting/Helms/*Fröhler* § 344 Rn. 17.
37 MüKoFamFG/*Grziwotz* § 344 Rn. 9.

16 Für die besondere amtliche Verwahrung setzt das Nachlassgericht eine **Festgebühr** iHv 75 EUR an, vgl. KV Nr. 12100 GNotKG.

17 **4. Besondere örtliche Zuständigkeit für die besondere amtliche Verwahrung eigenhändiger Testamente (Abs. 1 S. 1 Nr. 3).** Die besondere amtliche Verwahrung eigenhändiger Testamente (vgl. § 2247 BGB)[38] ist nicht besonders lokalisiert, das Verfahrensrecht enthält keine besondere lokalisierte Zuständigkeit. Zuständig ist **jedes Amtsgericht**, Abs. 1 S. 1 Nr. 3, unabhängig vom gewöhnlichen Aufenthalt des deutschen oder ausländischen Erblassers im Inland. Eine **Ablieferungspflicht besteht nicht**, wie ein Blick auf § 2248 BGB zeigt, der die besondere amtliche Verwahrung eines eigenhändigen Testaments an einen entsprechenden **Verwahrungsantrag** des Erblassers knüpft,[39] bei einem gemeinschaftlichen Testament die Verwahrungsanträge beider Erblasser.[40] Dabei kann der Erblasser auch die Verwahrung bei einem örtlich unzuständigen Gericht verlangen, so Abs. 1 S. 2 (**Wahlrecht**), wobei diese Regelung kaum zur Geltung kommt, da jedes Amtsgericht örtlich zuständig ist. In der Folge ist auch nicht zu erörtern, dass eine besondere amtliche Verwahrung, die von einem örtlich unzuständigen Nachlassgericht vorgenommen wird, nicht deshalb unwirksam ist, § 2 Abs. 3.[41] Ebenso wenig ist zu erörtern, dass das Wahlrecht zu jedem Zeitpunkt des Verfahrens besteht, auch noch nach Abschluss eines Verwahrungsverfahrens,[42] und keine besondere Form oder eine Begründung voraussetzt. Eine besondere amtliche Verwahrungsmöglichkeit durch ein funktionell unzuständiges Gericht (Landgericht, Oberlandesgericht) wird durch das Wahlrecht nicht eröffnet.

18 **Zum weiteren Verwahrungsverfahren** vgl. §§ 346, 347.

19 Für die besondere amtliche Verwahrung setzt das Nachlassgericht eine **Festgebühr** iHv 75 EUR an, vgl. KV Nr. 12100 GNotKG.

20 **5. Exkurs: Besondere amtliche Verwahrung letztwilliger Verfügungen, die von einem Konsularbeamten beurkundet wurden.** Da die im **konsularischen Notariat** aufgenommenen **Urkunden** den von einem inländischen Notar aufgenommenen Urkunden gleichstehen, vgl. § 10 Abs. 2 KonsularG, und für das Beurkundungsverfahren die Vorschriften des BeurkG gelten, vgl. § 10 Abs. 3 KonsularG, ist es nur folgerichtig, die Konsulartestamente einer **unverzüglichen Ablieferungspflicht** in die besondere amtliche Verwahrung zu unterwerfen.[43] Eine Differenz zu anderen öffentlichen Testamenten besteht nicht, allerdings sollen die Konsularbeamten Testamente und Erbverträge nur beurkunden, sofern die Erblasser Deutsche sind, vgl. § 11 Abs. 1 KonsularG. Für die besondere amtliche Verwahrung statuiert die Regelung in § 11 Abs. 2 S. 1 KonsularG die spezielle Zuständigkeit des **Amtsgerichts Schöneberg** in Berlin.[44] Der Erblasser kann jedoch jederzeit, form- und begründungsfrei sowie beliebig oft[45] die Verwahrung bei einem anderen Amtsgericht verlangen, § 11 Abs. 2 S. 2 KonsularG.

38 Muster einer gerichtlichen Verfügung vgl. Firsching/Graf/*Krätzschel* NachlassR § 36 Rn. 8.
39 So auch Prütting/Helms/*Fröhler* § 344 Rn. 25; Bahrenfuss/*Schaal* § 344 Rn. 7.
40 Burandt/Rojahn/*Gierl* § 344 Rn. 8; Bahrenfuss/*Schaal* § 344 Rn. 7.
41 Vgl. Prütting/Helms/*Fröhler* § 344 Rn. 17.
42 Bahrenfuss/*Schaal* § 344 Rn. 8; Bork/Jacoby/Schwab/*Rellermeyer* § 344 Rn. 6. Vom Wahlrecht kann beliebig oft Gebrauch gemacht werden.
43 Prütting/Helms/*Fröhler* § 344 Rn. 30; MüKoFamFG/*Grziwotz* § 344 Rn. 6; aA Bumiller/Harders/Schwamb/*Harders* § 344 Rn. 5, Ablieferungspflicht wird in Frage gestellt. Dies überzeugt jedoch nicht, da der Gleichklang mit den notariellen Testamenten zu wahren ist, § 10 Abs. 2 KonsularG.
44 Vgl. MüKoFamFG/*Grziwotz* § 344 Rn. 6.
45 Prütting/Helms/*Fröhler* § 344 Rn. 32.

Eine Verwahrung im Konsulat scheidet aus,[46] ebenso eine Verwahrung durch das Landgericht oder Kammergericht. Eine besondere amtliche Verwahrung, die von einem örtlich unständigen Nachlassgericht vorgenommen wird, ist aber nicht unwirksam, § 2 Abs. 3.[47] Es ist dennoch von einem wirksamen Verwahrungsverfahren auszugehen.[48]

21 Die **Verletzung der konsularischen Amtspflicht**, das im konsularischen Notariat beurkundete Testament unverzüglich in die besondere amtliche Verwahrung zu bringen, wirkt sich auf das Testament nicht aus, das Testament bleibt wirksam.[49]

22 **6. Exkurs: Dreizeugen-Nottestament und Nottestament auf See, §§ 2250, 2251 BGB.** Diese Testamentsformen setzen spezielle **Notsituationen** voraus, in denen die reguläre Testamentserrichtung nicht möglich oder erheblich erschwert ist. Ihre **Gültigkeitsdauer** ist zeitlich beschränkt, vgl. § 2252 BGB,[50] und es liegt auch kein öffentliches Testament vor.[51] Eine **Pflicht**, das Nottestament unverzüglich in die besondere amtliche Verwahrung zu verbringen, § 34 Abs. 1 S. 4 BeurkG, besteht nicht.[52] In der Folge ist ein **Antrag** des Erblassers erforderlich, um die besondere amtliche Verwahrung des Nottestaments zu initiieren, § 2248 BGB analog.[53] Eröffnet ist die örtliche Zuständigkeit **jedes Amtsgerichts**, Abs. 1 S. 1 Nr. 3 analog.[54]

III. Besondere örtliche Zuständigkeit für die erneute besondere amtliche Verwahrung eines gemeinschaftlichen Testaments oder eines Erbvertrags (Abs. 2 und 3)

23 **1. Altes FGG-Recht.** In der Vergangenheit[55] des alten FGG-Rechts bereitete die Zuständigkeit für die erneute[56] besondere amtliche Verwahrung eines gemeinschaftlichen Testaments von Ehegatten oder Lebenspartnern bzw. eines Erbvertrags erhebliche Schwierigkeiten, da die örtliche Zuständigkeit nicht geregelt war und Rechtsprechung sowie Literatur sich hierüber nicht einigen konnten. Die **Nachlasspraxis** konnte für diese Situation kaum Verständnis aufbringen, schließlich bewegte sich die regelungsbedürftige Konstellation – *besondere amtliche Verwahrung eines gemeinschaftlichen Testaments, dann Tod eines Ehegatten bzw. Lebenspartners, Eröffnung des gemeinschaftlichen Testa-*

46 Burandt/Rojahn/*Gierl* § 344 Rn. 7.
47 Prütting/Helms/*Fröhler* § 344 Rn. 17.
48 MüKoFamFG/*Grziwotz* § 344 Rn. 9.
49 Bahrenfuss/*Schaal* § 344 Rn. 4, nur Sollvorschrift.
50 Testament gilt als nicht errichtet, wenn seit der Errichtung drei Monate verstrichen sind und der Erblasser noch lebt, vgl. § 2252 Abs. 1 BGB.
51 BayObLGZ 1979, 232; ebenso Prütting/Helms/*Fröhler* § 344 Rn. 27; MüKoFamFG/*Grziwotz* § 344 Rn. 5, private Urkunde.
52 Prütting/Helms/*Fröhler* § 344 Rn. 27.
53 Burandt/Rojahn/*Gierl* § 344 Rn. 5; Prütting/Helms/*Fröhler* § 344 Rn. 27; Bork/Jacoby/Schwab/*Rellermeyer* § 344 Rn. 4.
54 Ebenso Prütting/Helms/*Fröhler* § 344 Rn. 28 (dort aber mit falschem Gesetzeszitat); vgl. auch MüKoFamFG/*Grziwotz* § 344 Rn. 5, jedes Amtsgericht zuständig.
55 Zur Verfahrenssituation vor dem FamFG vgl. BT-Drs. 16/6308, 277 und 278. Ebenso Prütting/Helms/*Fröhler* § 344 Rn. 35, die Obergerichte zeigten sich uneinig. Zu zehn Jahren Reform der freiwilligen Gerichtsbarkeit vgl. *Heinemann* FGPrax 2019, 145. Nicht klar Bumiller/Harders/Schwamb/*Harders* § 344 Rn. 8, dort ist von einem noch „*bestehenden Streit*“ die Rede.
56 Das gemeinschaftliche Testament bzw. der Erbvertrag muss sich demnach bereits in der besonderen amtlichen Verwahrung befunden haben, nur dann kann von einer *erneuten* besonderen amtlichen Verwahrung die Rede sein, vgl. MüKoFamFG/*Grziwotz* § 344 Rn. 13, sowie Keidel/*Zimmermann* § 344 Rn. 10.

ments und erneute Verbringung in die besondere amtliche Verwahrung, da das gemeinschaftliche Testament auch Verfügungen des längerlebenden Ehegatten bzw. Lebenspartners enthält –, nicht im Nischenbereich, sondern im Fokus nachlassgerichtlicher Tätigkeit.

24 **2. Regelung in Abs. 2.** Für **Abhilfe** sorgte die Regelung in Abs. 2, die die örtliche Zuständigkeit festschreibt, einen Bezug zum *„familiären Umfeld des Zweitversterbenden“*[57] herstellt und einer etwaigen Verlustgefahr[58] entgegenwirkt. Von den Verfügungen des verstorbenen Ehegatten oder Lebenspartners ist eine beglaubigte Abschrift anzufertigen, § 349 Abs. 2 S. 1, und das Testament ist wieder zu verschließen, § 349 Abs. 2 S. 2. Die erneute besondere amtliche Verwahrung eines gemeinschaftlichen Testaments erfolgt **bei dem für den Nachlass des Erstverstorbenen zuständigen Gericht (Nachlassgericht des Erstversterbenden)**, es sei denn, der längerlebende Ehegatte oder Lebenspartner verlangt die Verwahrung bei einem anderen Amtsgericht, Abs. 2. Nichts anderes gilt für die besondere amtliche Verwahrung von Erbverträgen, vgl. Abs. 3, Abs. 2. Das **Wahlrecht** kann beliebig[59] oft und ohne besondere Frist- oder Formerfordernisse ausgeübt werden,[60] trotz des Wortlautes der Norm, die das Wort „jederzeit“ vermissen lässt, was offensichtlich auf einem redaktionellen Versehen des Gesetzgebers beruht.[61] Den Materialien lässt sich jedenfalls nicht entnehmen, dass der Gesetzgeber eine Einschränkung intendierte oder eine strengere Behandlung favorisierte. Ein sachlicher Grund ließe sich hierfür auch nicht finden.[62] Eine Rückgabe an das bisherige Verwahrungsgericht erfolgt nicht.[63]

IV. Besondere örtliche Zuständigkeit für die Sicherung des Nachlasses (Abs. 4)

25 **1. Verpflichtung des Nachlassgerichts, § 1960 Abs. 1 BGB.** Die Regelung in § 1960 Abs. 1 S. 1 BGB **verpflichtet** das **Nachlassgericht** dazu, bis zur Annahme der Erbschaft von Amts wegen für die **Sicherung des Nachlasses** zu sorgen,[64] soweit ein **Fürsorgebedürfnis** besteht. Dies gilt auch, sofern der **Erbe unbekannt**[65] oder die **Erbschaftsannahme ungewiss** ist, § 1960 S. 2 BGB. Dabei ent-

57 BT-Drs. 16/6308, 278; ebenso Prütting/Helms/*Fröhler* § 344 Rn. 36; MüKoFamFG/*Grziwotz* § 344 Rn. 12.
58 BT-Drs. 16/6308, 278; Burandt/Rojahn/*Gierl* § 344 Rn. 9.
59 AA Bumiller/Harders/Schwamb/*Harders* § 344 Rn. 9; Burandt/Rojahn/Gierl § 344 Rn. 9; GForm-FamFG/*Poller* § 344 Rn. 2: nur *„einmaliges Wahlrecht“* bis zur erneuten Wiederverschließung, was aber im Gesetz keinen Ausdruck findet und im Kontrast zur Lebenswirklichkeit von Wohnsitzwechseln steht. Wie hier auch Prütting/Helms/*Fröhler* § 344 Rn. 38 und 39, kein sachlicher Grund für eine andere Sachbehandlung ersichtlich, offensichtlich liegt ein Redaktionsversehen des Gesetzgebers vor, der den Zusatz *„jederzeit“* nicht berücksichtigte. Ebenso Bahrenfuss/*Schaal* § 344 Rn. 12; MüKoFamFG/*Grziwotz* § 344 Rn. 14; mit Einschränkung auch Keidel/*Zimmermann* § 344 Rn. 11: keine Befristung, aber nur einmalige Ausübung des Wahlrechts.
60 Bork/Jacoby/Schwab/*Rellermeyer* § 344 Rn. 7.
61 Prütting/Helms/*Fröhler* § 344 Rn. 38 und 38a.
62 Prütting/Helms/*Fröhler* § 344 Rn. 38, Bahrenfuss/*Schaal* § 344 Rn. 12; MüKoFamFG/*Grziwotz* § 344 Rn. 14.
63 Vgl. bereits BT-Drs. 16/6308, 278; ebenso MüKoFamFG/*Grziwotz* § 344 Rn. 11; Burandt/Rojahn/*Gierl* § 344 Rn. 9; Keidel/*Zimmermann* § 344 Rn. 10.
64 Zur nachlassgerichtlichen Handlungspflicht vgl. Bumiller/Harders/Schwamb/*Harders* § 344 Rn. 11; die Norm verpflichtet das Nachlassgericht dazu, die Initiative zu ergreifen und die Sicherung ins Werk zu setzen. Ebenso Prütting/Helms/*Fröhler* § 344 Rn. 43; MüKoFamFG/*Grziwotz* § 344 Rn. 21.
65 Zum unbekannten Erben vgl. NK-BGB/*Krug* § 1960 Rn. 17 ff.

scheidet das Nachlassgericht nach pflichtgemäßem Ermessen, ob ein Fürsorgebedürfnis zu bejahen ist.[66] Im Vordergrund steht, ob ohne nachlassgerichtliche Intervention der Bestand des Nachlasses in Gefahr wäre.[67]

2. Nachlassgerichtliche Sicherungsmaßnahmen. Der Katalog nachlassgerichtlicher Sicherungsmaßnahmen umfasst insbesondere die Anlegung von Siegeln,[68] die Hinterlegung von Geld, Wertpapieren und Kostbarkeiten, die Aufnahme eines Nachlassverzeichnisses[69] sowie die Bestellung eines Nachlasspflegers, vgl. § 1960 Abs. 2 BGB. Hinzu kommen die Sperrung und Freigabe von Konten, der Verkauf verderblicher Sachen oder die Bewachung von Nachlassgrundstücken.[70] Ob auch eine **Nachlasspflegschaft auf Antrag eines Nachlassgläubigers (§ 1961 BGB)** hierzu zu zählen ist, ist strittig, aber zu verneinen,[71] weil Gläubigerinteressen bedient werden, nicht dagegen eine Nachlasssicherung erfolgt. Es verbleibt bei der allgemeinen Zuständigkeit nach § 343. In gleicher Weise kann die **Erbscheinserteilung** nicht auf Abs. 4 gestützt werden, da der Erbschein nicht der Nachlasssicherung dient.[72] 26

In der Praxis kann sich die Notwendigkeit mehrerer Sicherungsmaßnahmen manifestieren, die gleichzeitig ins Werk zu setzen sind. 27

3. Universale Nachlasssicherung (Abs. 4). Dem Zweck universaler Nachlasssicherung trägt Abs. 4 insoweit Rechnung, als er für die Sicherung des Nachlasses **jedes Nachlassgericht** für zuständig erklärt, in dessen **Bezirk** das **Sicherungsbedürfnis** besteht.[73] Dies bringt es mit sich, dass wesensgemäß **mehrere Nachlassgerichte nebeneinander**[74] agieren können, jedes Nachlassgericht beschränkt für seinen Gerichtsbezirk,[75] zum einen das nach § 343 örtlich zuständige Nachlassgericht (gewöhnlicher Aufenthalt des Erblassers), zum anderen das nach Abs. 4 örtliche zuständige Nachlassgericht (Sicherungsinteresse im Gerichtsbezirk, „Fürsorgegericht").[76] Die allgemeine Zuständigkeitsregelung nach § 2 Abs. 1, wonach bei mehreren örtlich zuständigen Gerichten dasjenige zuständig 28

66 Vgl. NK-BGB/*Krug* § 1960 Rn. 13.

67 NK-BGB/*Krug* § 1960 Rn. 16.

68 In der Praxis eher selten, um Einbruchsdiebstähle nicht zu provozieren, *Jochum/Pohl*, Nachlasspflegschaften, 5. A. 2014, Rn. 67. Die Siegelung kann uU erzwungen werden, § 35 FamFG NK-BGB/*Krug* § 1960 Rn. 26.

69 NK-BGB/*Krug* § 1960 Rn. 31 ff.

70 Zum Regelungskatalog vgl. auch Korintenberg/*Wilsch* Nr. 12310 Rn. 4; Bahrenfuss/*Schaal* § 344 Rn. 19–21; NK-BGB/*Krug* § 1960 Rn. 24–32.

71 OLG Rostock FGPrax 2013, 126 = Rpfleger 2013, 397 = jurisPR-FamR 14/2013 Anm. 1 (Anm. *Lange*); Burandt/Rojahn/*Gierl* § 344 Rn. 10; Bork/Jacoby/Schwab/*Rellermeyer* § 344 Rn. 10; Bahrenfuss/*Schaal* § 344 Rn. 17 und 21: Interessen der künftigen Erben maßgeblich; vgl. Bumiller/Harders/Schwamb/*Harders* § 344 Rn. 10; GForm-FamFG/*Poller* § 344 Rn. 3. Für Einzelfallentscheidung Prütting/Helms/*Fröhler* § 344 Rn. 44; Keidel/*Zimmermann* § 344 Rn. 15; MüKoFamFG/*Grziwotz* § 344 Rn. 22: im Einzelnen soll die besondere Eilbedürftigkeit es rechtfertigen, die Zuständigkeit auf § 344 Abs. 4 FamFG zu gründen.

72 Bumiller/Harders/Schwamb/*Harders* § 344 Rn. 10; MüKoFamFG/*Grziwotz* § 344 Rn. 22; GForm-FamFG/*Poller* § 344 Rn. 3; Keidel/*Zimmermann* § 344 Rn. 13; Schulte-Bunert/Weinreich/*Burandt* § 344 Rn. 6.

73 Ein Fürsorgebedürfnis ist jedoch zu verneinen, sofern ein Testamentsvollstrecker, ein Bevollmächtigter oder ein Nachlassverwalter existiert, Bahrenfuss/*Schaal* § 344 Rn. 17.

74 Bork/Jacoby/Schwab/*Rellermeyer* § 344 Rn. 10; Bahrenfuss/*Schaal* § 344 Rn. 18.

75 Für Begrenzung des räumlichen Wirkungskreises der jeweiligen nachlassgerichtlichen Maßnahmen etwa der Bestellung eines Nachlasspflegers, vgl. auch Prütting/Helms/*Fröhler* § 344 Rn. 47; MüKoFamFG/*Grziwotz* § 344 Rn. 24; Burandt/Rojahn/*Gierl* § 344 Rn. 11; Schulte-Bunert/Weinreich/*Burandt* § 344 Rn. 7.

76 Bahrenfuss/*Schaal* § 344 Rn. 17.

ist, das zuerst mit der Angelegenheit befasst ist, tritt lediglich bei mehreren Maßnahmen verschiedener örtlich zuständiger Nachlassgerichte in Aktion, sofern sich die ergriffenen Maßnahmen überschneiden oder widersprechen.[77]

29 **4. Mitteilungspflicht (§ 356 Abs. 2).** Die Mitteilungspflicht nach § 356 Abs. 2 soll dazu dienen, Nachlass- und Sicherungsverfahren justizintern abzustimmen. Sofern ein Nachlassgericht nach Abs. 4 Sicherungsmaßnahmen anordnet, soll es das nach § 343 örtlich zuständige Nachlassgericht hiervon unterrichten,[78] damit dieses die notwendigen Schlüsse ziehen und entsprechend reagieren[79] kann, beispielsweise die Abänderung der Sicherungsmaßnahme (vgl. auch Kommentierung zu § 356 Abs. 2). Ein Verstoß gegen die Mitteilungspflicht wirkt sich allenfalls auf die Amtshaftung aus, nicht aber auf die Wirksamkeit der Sicherungsmaßnahme.

V. Besondere örtliche Zuständigkeit für die Auseinandersetzung eines Nachlasses (Abs. 4a)

30 **1. Allgemeines.** Eine besondere örtliche Zuständigkeit existiert für die Auseinandersetzung eines Nachlasses, die als Teilungssache iSv § 342 Abs. 2 seit dem 1.9.2013 den Notaren zugewiesen[80] ist, § 23a Abs. 3 GVG.[81] Große Praxisrelevanz kommt diesen Verfahren derzeit nicht zu.

31 **2. Verfahren (§§ 363 ff.).** Das Verfahren richtet sich nach §§ 363 ff. und wird nur auf Antrag[82] eines Beteiligten initiiert, sofern die Erbengemeinschaft noch nicht erloschen ist, also noch besteht, was mehrere Erben voraussetzt.[83] Beigefügt werden muss dem Antrag ein vollständiges Nachlassverzeichnis, da anderenfalls die Auseinandersetzung nicht projektiert werden kann. Sofern Testamentsvollstreckung besteht, ist die Vermittlung der Auseinandersetzung unzulässig, der Antrag ist sofort zurückzuweisen. Dies ist explizit in § 363 Abs. 1 festgehalten. Gleiches gilt für die Nachlassinsolvenz und die Nachlassverwaltung,[84] auch in diesen Konstellationen ist der Antrag zurückzuweisen.

32 Den Verfahrensanfang markiert die Eröffnung durch einen mit Gründen versehenen Eröffnungsvermerk, den der Notar fertigt,[85] gefolgt von der Ladung[86] des Antragstellers und der übrigen Beteiligten zu einem Verhandlungstermin, § 365 Abs. 1. Dabei sollte die Ladungsfrist mindestens zwei Wochen betragen.

---

77 Schulte-Bunert/Weinreich/*Burandt* § 344 Rn. 8.

78 Vgl. Bork/Jacoby/Schwab/*Rellermeyer* § 344 Rn. 10.

79 Deshalb dient die Mitteilungspflicht nicht bloß der Information, so Bumiller/Harders/Schwamb/*Harders* § 344 Rn. 12, sondern löst uU auch eine nachlassgerichtliche Reaktion aus etwa eine Aufhebungsmaßnahme. Für Abänderungsbefugnis auch Prütting/Helms/*Fröhler* § 344 Rn. 45; Bahrenfuss/*Schaal* § 344 Rn. 22; Burandt/Rojahn/*Gierl* § 344 Rn. 11; Keidel/*Zimmermann* § 344 Rn. 14.

80 Zur Aufgabenübertragung von Aufgaben der Gerichte auf die Notare vgl. *Zimmermann* FamRZ 2014, 11, sowie OLG Frankfurt aM RNotZ 2018, 563.

81 Vgl. Bahrenfuss/*Schaal* § 344 Rn. 27; Prütting/Helms/*Fröhler* § 344 Rn. 55d; den alten Rechtsstand dagegen noch darstellend MüKoBGB/*Ann* § 2042 Rn. 47 („*gerichtlicher Hilfe*"). Zur Übertragung vgl. *Zimmermann* FamRZ 2014, 11 (13).

82 Antragsberechtigung vgl. § 363 Abs. 2 FamFG: jeder Miterbe (nicht dagegen mehr ein bereits ausgeschiedener Miterbe, vgl. Erbanteilsübertragung oder Abschichtung), der Erbteilserwerber, der Gläubiger, der einen Erbanteil gepfändet hat, der Berechtigte eines Nießbrauchs am Erbanteil, schließlich auch der Testamentsvollstrecker bzw. der Insolvenzverwalter, vgl. GForm-FamFG/*Ihrig* § 363 Rn. 5.

83 OLG Frankfurt/M. RNotZ 2018, 563 (570); die Gemeinschaft erlischt beispielsweise, sofern ein Miterbe alle Erbanteile erwirbt.

84 GForm-FamFG/*Ihrig* § 363 Rn. 43.

85 Muster vgl. GForm-FamFG/*Ihrig* § 363 Rn. 20.

86 Muster vgl. GForm-FamFG/*Ihrig* § 365 Rn. 1.

Den Eröffnungsvermerk teilt der Notar informatorisch dem Nachlassgericht mit.[87] Sobald die Auseinandersetzung stattfinden kann, fertigt der Notar einen **Auseinandersetzungsplan**, der die Grundlage für die spätere Beurkundung bildet, § 368 Abs. 1 S. 1. Voraussetzung hierfür ist das Einverständnis der Beteiligten, vgl. § 368 Abs. 1 S. 2. Verbindlichkeit erlangt der Auseinandersetzungsplan erst mit Rechtskraft des Bestätigungsbeschlusses, § 371 Abs. 1.

3. Örtliche Zuständigkeit (Abs. 4a). Zuständig ist jeder **Notar**, der seinen Amtssitz im Bezirk des Amtsgerichts hat, in dem der Erblasser seinen letzten gewöhnlichen Aufenthalt hatte, Abs. 4a S. 1. Primär ist demnach an den **letzten gewöhnlichen Aufenthalt des Erblassers** anzuknüpfen.[88] Bei mehreren örtlich zuständigen Notaren entscheidet der **Prioritätsgrundsatz**.[89] Zuständig zur Vermittlung ist derjenige Notar, bei dem der Auseinandersetzungsantrag zuerst eingegangen ist, Abs. 4a S. 3. Die anderen, unzuständigen Notare haben sich durch **begründeten** und mit **Rechtsmittelbelehrung**[90] versehenen **Beschluss** für unzuständig erklären und die Auseinandersetzung an einen zuständigen Notar zu verweisen, §§ 492 Abs. 1 S. 1, 3 Abs. 1 S. 1.[91] Die Auswahl trifft der verweisende Notar.[92] Eine abweichende Zuständigkeitsvereinbarung bzw. **Notarwahl** der Beteiligten ist möglich, vgl. Abs. 4a S. 4,[93] und geht der allgemeinen Zuständigkeitsregelung vor. Beschränkungen unterliegt diese Notarwahl nicht, so dass auch ein Notar außerhalb des Amtsgerichtsbezirks gewählt werden kann.[94] 33

Falls der Erblasser **keinen inländischen letzten gewöhnlichen Aufenthalt** hatte, ist jeder Notar zuständig, der seinen Amtssitz im Bezirk eines Amtsgerichts hat, in dem sich **Nachlassgegenstände** befinden, Abs. 4a S. 2. Sekundär ist demnach auf die **Belegenheit der Nachlassgegenstände** abzustellen. Bei mehreren örtlich zuständigen Notaren entscheidet wiederum der **Prioritätsgrundsatz**, die Zuständigkeit zur Vermittlung liegt bei demjenigen Notar, bei dem der Auseinandersetzungsantrag zuerst eingegangen ist, Abs. 4a S. 3.[95] Zur Möglichkeit einer abweichenden Zuständigkeitsvereinbarung bzw. Notarwahl der Beteiligten vgl. Abs. 4a S. 4. 34

VI. Besondere örtliche Zuständigkeit für die Auseinandersetzung des Gesamtguts einer Gütergemeinschaft (Abs. 5)

1. Allgemeines. Teilungssache iSv § 342 Abs. 2 ist auch das **Verfahren auf Auseinandersetzung des Gesamtguts einer Gütergemeinschaft**, ebenfalls seit dem 1.9.2013 den **Notaren** zugewiesen,[96] § 23a Abs. 3 GVG. Entsprechenden Verfahren kann kaum Praxisrelevanz attestiert werden. Die geringe Praxisrelevanz findet ihre Entsprechung im geringen Regelungsaufwand, den der Gesetzgeber an dieser Stelle betrieben hat. Gering deshalb, weil ausnahmslos auf andere Regelungen verwiesen wird (sog. **Annexzuständigkeit**). Der Gesetzgeber führt an 35

87 Muster vgl. GForm-FamFG/*Ihrig* § 363 Rn. 27.
88 Schulte-Bunert/Weinreich/*Burandt* § 344 Rn. 9.
89 Prütting/Helms/*Fröhler* § 344 Rn. 55 f.
90 Zulässig ist die Erinnerung, einzulegen binnen Monatsfrist beim beschließenden Notar.
91 Bahrenfuss/*Schaal* § 344 Rn. 28; Prütting/Helms/*Fröhler* § 344 Rn. 55 ff.; *Zimmermann* FamRZ 2014, 11 (13). Muster vgl. GForm-FamFG/*Ihrig* § 363 Rn. 29.
92 GForm-FamFG/*Ihrig* § 363 Rn. 34.
93 Zum Wahlrecht vgl. *Zimmermann* FamRZ 2014, 11 (13); Muster s. GForm-FamFG/*Ihrig* § 363 Rn. 3.
94 MüKoFamFG/*Grziwotz* § 344 Rn. 32a.
95 Schulte-Bunert/Weinreich/*Burandt* § 344 Rn. 10.
96 Vgl. Bahrenfuss/*Schaal* § 344 Rn. 29.

dieser Stelle altes FGG-Recht[97] fort, nämlich Verfahrensrecht, das lediglich auf die Auseinandersetzung eines Nachlasses verweist. Beide Auseinandersetzungsverfahren, die Nachlass- und die Gesamtgutsauseinandersetzung, können miteinander **verbunden** werden, sofern die Zuständigkeit in der Hand eines Notars liegt.[98] Der umständlichen Regelung lässt sich eine Unterscheidung zwischen **nachlassbezogenen** (vgl. Abs. 5 S. 1: „*falls ein Anteil an dem Gesamtgut zu einem Nachlass gehört*") und **nicht nachlassbezogenen, lebzeitigen Auseinandersetzungen** (vgl. Abs. 5 S. 2: „*im Übrigen*") des Gesamtguts einer Gütergemeinschaft entnehmen. Eine beendete, aber noch nicht auseinandergesetzte Gütergemeinschaft präsentiert sich als Liquidationsgemeinschaft, als auf Liquidation angelegte Gesamthandsgemeinschaft,[99] die identisch ist mit der bisherigen Gesamthand.[100] Zu den Übergangsregelungen vgl. §§ 1472 ff. BGB.

36 **2. Nachlassbezogene Auseinandersetzung des Gesamtguts.** Nach Abs. 5 S. 1 ist für die **nachlassbezogene Auseinandersetzung des Gesamtguts einer Gütergemeinschaft der Notar** zuständig, der für die Auseinandersetzung über den Nachlass zuständig ist.[101] Verwiesen wird damit auf die Regelung in Abs. 4a (vgl. obige Ausführungen), geschaffen wird ein Gleichklang mit den Regelungen zur Auseinandersetzung eines Nachlasses. In der Folge ist auf den **letzten gewöhnlichen Aufenthalt des verstorbenen Ehegatten** bzw. **Lebenspartners** abzustellen, Abs. 5 iVm Abs. 4a S. 1, mangels eines inländischen letzten gewöhnlichen Aufenthalts des verstorbenen Ehegatten bzw. Lebenspartners auf die **Belegenheit** der Nachlassgegenstände, Abs. 5 iVm Abs. 4a S. 2. Bei mehreren örtlich zuständigen Notaren entscheidet der **Prioritätsgrundsatz.**[102] Zur Unzuständigkeit eines Notars und zur Verweisung in Beschlussform vgl. die obigen Ausführungen zu Abs. 4a; zur abweichenden Zuständigkeitsvereinbarung bzw. **Notarwahl** der Beteiligten vgl. Abs. 4a S. 4.

37 **3. Nicht nachlassbezogene, lebzeitige Auseinandersetzung des Gesamtguts.** Anders als die Auseinandersetzung eines Nachlasses, die nur einen monokausalen Herkunftsgrund kennt, kennt die Gütergemeinschaft weitere Konstellationen, in denen zu Lebzeiten der Ehegatten die Auseinandersetzung des Gesamtguts ins Werk zu setzen ist, etwa infolge notariellen Aufhebungsvertrags, eines rechtskräftigen Aufhebungsurteils, Scheidung, Nichtigkeitserklärung, Bedingungseintritt oder Ablauf der Befristung, sofern die Gütergemeinschaft bedingt oder befristet angelegt war.[103] Gemeint ist die **nicht nachlassbezogene, lebzeitige Auseinandersetzung des Gesamtguts einer Gütergemeinschaft.** Dem Gesetzgeber ist dies lediglich eine **Verweisung** wert, und zwar eine Verweisung in Abs. 5 S. 2 auf die Bestimmungen in **§ 122 Nr. 1–5**, eine Verweisung auf Verfahren in Ehesachen.[104] Insoweit ist eine Adaption alten FGG-Rechts[105] zu

---

97 Vgl. § 99 Abs. 2 FGG; ebenso *Wittich*, Die Gütergemeinschaft und ihre Auseinandersetzung, 2000, 41. Vgl. auch MüKoFamFG/*Grziwotz* § 344 Rn. 33.

98 Prütting/Helms/*Fröhler* § 344 Rn. 56; MüKoFamFG/*Grziwotz* § 344 Rn. 33; Keidel/*Zimmermann* § 344 Rn. 31.

99 *Wittich*, Die Gütergemeinschaft und ihre Auseinandersetzung, 2000, 41.

100 *Wittich*, Die Gütergemeinschaft und ihre Auseinandersetzung, 2000, 38.

101 Bork/Jacoby/Schwab/*Rellermeyer* § 344 Rn. 12; Bumiller/Harders/Schwamb/*Harders* § 344 Rn. 14; Schulte-Bunert/Weinreich/*Burandt* § 344 Rn. 12; Prütting/Helms/*Fröhler* § 344 Rn. 56.

102 Vgl. Prütting/Helms/*Fröhler* § 344 Rn. 55 f.

103 Bahrenfuss/*Schaal* § 344 Rn. 31 ff.; zu den Beendigungstatbeständen vgl. *Wittich*, Die Gütergemeinschaft und ihre Auseinandersetzung, 2000, 27.

104 Schulte-Bunert/Weinreich/*Burandt* § 344 Rn. 13; Bahrenfuss/*Schaal* § 344 Rn. 31.

105 Vgl. § 99 Abs. 2 S. 2 FGG iVm § 45 FGG.

konstatieren. Zuständig ist jeder Notar,[106] der seinen Amtssitz im Bezirk des nach § 122 Nr. 1–5 zuständigen Familiengerichts hat.[107] Abgestellt wird auf den gewöhnlichen Aufenthalt, sei es des Ehegatten (vgl. § 122 Nr. 1, 2, 3), sie es des Antragsgegners (vgl. § 122 Nr. 4) oder Antragstellers (§ 122 Nr. 5).

4. Hilfszuständigkeit nach Abs. 5 S. 3. Falls keine Zuständigkeit nach S. 1 und 2 gegeben ist, greift eine **Hilfszuständigkeit**. Zuständig ist jeder Notar, der seinen Amtssitz im Bezirk eines Amtsgerichts hat, in dem sich Gegenstände des Gesamtguts befinden, Abs. 5 S. 3. 38

5. Mehrere örtlich zuständige Notare (Abs. 5 S. 4, Abs. 4a S. 3). Den immanenten **Zuständigkeitskonflikt** löst die Regelung durch eine weitere Verweisung, vgl. Abs. 5 S. 4, Abs. 4a S. 3. Bei mehreren örtlich zuständigen Notaren entscheidet der **Prioritätsgrundsatz**.[108] Die Zuständigkeit liegt bei dem Notar, bei dem der Auseinandersetzungsantrag zuerst eingegangen ist, Abs. 5 S. 4, Abs. 4a S. 3. Die anderen, unzuständigen Notare haben sich durch **begründeten** und mit **Rechtsmittelbelehrung**[109] versehenen **Beschluss** für unzuständig zu erklären und die Auseinandersetzung an einen zuständigen Notar zu verweisen, §§ 492 Abs. 1 S. 1, 3 Abs. 1 S. 1.[110] Die Auswahl trifft der verweisende Notar. 39

6. Abweichende Zuständigkeitsvereinbarung bzw. Notarwahl der Beteiligten (Abs. 5 S. 4, Abs. 4a S. 4). Eine abweichende Zuständigkeitsvereinbarung bzw. **Notarwahl** der Beteiligten ist möglich, vgl. Abs. 5 S. 4, Abs. 4a S. 4.[111] Vereinbarungen der an der Auseinandersetzung Beteiligten bleiben unberührt. Beschränkungen unterliegt diese Notarwahl nicht, so dass auch ein Notar außerhalb des Amtsgerichtsbezirks gewählt werden kann.[112] 40

VII. Besondere örtliche Eröffnungszuständigkeit des Verwahrgerichts (Abs. 6)

1. Allgemeines. Die Bestimmung konstituiert die besondere örtliche Zuständigkeit des **Nachlassgerichts**[113] **als Verwahrgericht**, in dessen amtlicher Verwahrung sich eine Verfügung von Todes wegen (Testamente und Erbverträge) befindet. In dieser Konstellation eröffnet nicht das Nachlassgericht, dessen örtliche Zuständigkeit sich nach § 343 bestimmt („*gewöhnlicher Aufenthalt des Erblassers*"), sondern das **Verwahrgericht** („*gewöhnlicher Aufenthalt der verwahrten Verfügung von Todes wegen*"). Zuständig ist einzig und allein das Verwahrge- 41

---

106 Nicht dagegen das Familiengericht, worauf die Verweisung auf Verfahren in Ehesachen hindeuten könnte, vgl. Bork/Jacoby/Schwab/*Rellermeyer* § 344 Rn. 13.
107 MüKoFamFG/*Grziwotz* § 344 Rn. 34.
108 Prütting/Helms/*Fröhler* § 344 Rn. 55 f.; Bahrenfuss/*Schaal* § 344 Rn. 33.
109 Zulässig ist die Erinnerung, einzulegen binnen Monatsfrist beim beschlussfassenden Notar; vgl. auch Schulte-Bunert/Weinreich/*Burandt* § 344 Rn. 13.
110 Bahrenfuss/*Schaal* § 344 Rn. 28; Prütting/Helms/*Fröhler* § 344 Rn. 55 f.; *Zimmermann* FamRZ 2014, 11 (13). Muster vgl. GForm-FamFG/*Ihrig* § 363 Rn. 29.
111 Generell zum Wahlrecht vgl. *Zimmermann* FamRZ 2014, 11 (13); Muster s. GForm-FamFG/*Ihrig* § 363 Rn. 3. Zum Wahlrecht vgl. Bumiller/Harders/Schwamb/*Harders* § 344 Rn. 14; Bahrenfuss/*Schaal* § 344 Rn. 33; Schulte-Bunert/Weinreich/*Burandt* § 344 Rn. 13.
112 Vgl. allgemein MüKoFamFG/*Grziwotz* § 344 Rn. 32 a.
113 Nicht auch andere Gerichte etwa das Prozessgericht, das Land- oder Oberlandesgericht bzw. das Verwaltungs-, Sozial- oder Arbeitsgericht, vgl. Burandt/Rojahn/*Gierl* § 344 Rn. 13; Prütting/Helms/*Fröhler* § 344 Rn. 61a, diese müssen die Verfügung von Todes wegen an das Nachlassgericht abliefern, § 2259 Abs. 2 S. 1 BGB, und können nicht Nachlass- oder Verwahrgericht sein, vgl. Bumiller/Harders/Schwamb/*Harders* § 344 Rn. 15; MüKoFamFG/*Grziwotz* § 344 Rn. 38; Keidel/*Zimmermann* § 344 Rn. 35; GForm-FamFG/*Poller* § 344 Rn. 5.

richt.[114] Gemeint sind alle **Arten verwahrter Verfügungen von Todes wegen**, gleichgültig, ob es sich um eine einfache oder besondere amtliche Verwahrung handelt.[115] Keine Rolle spielt auch, ob es sich um einen in- oder ausländischen Erblasser handelt oder sich die Erbfolge nach deutschem oder ausländischem Recht richtet.[116] Die **gesetzgeberische Intention** geht dahin,[117] einen etwaigen Verlust der Originalverfügung auf dem Weg zum Nachlassgericht zu vermeiden[118] und die Eröffnung rasch ins Werk zu setzen.[119]

42 Der Regelung lässt sich lediglich eine **besondere Eröffnungszuständigkeit** entnehmen, nicht auch eine **Zuständigkeit für weitere Verfahrenshandlungen**,[120] etwa die Führung eines Erbscheinsverfahrens[121] oder die Erteilung eines erbrechtlichen Zeugnisses, eines Erbscheins,[122] eines ENZ oder eines Testamentsvollstreckerzeugnisses. Eine solche Zuständigkeit gewährt Abs. 5 nicht. Das Gericht bleibt Verwahrgericht und wird nicht zum Nachlassgericht.[123]

43 **2. Prozedere (Abs. 6, § 350).** Nach Abs. 6 nimmt das **Verwahrgericht** die **Eröffnung** vor und fertigt hierüber eine Niederschrift, § 348 Abs. 1 S. 1. Danach übersendet das Verwahrgericht an das Nachlassgericht die **Urschrift der Verfügung von Todes wegen** und eine **beglaubigte Abschrift der Eröffnungsniederschrift**, § 350.[124] Eine beglaubigte Abschrift der Verfügung von Todes wegen behält das Verwahrgericht zurück,[125] vgl. § 350 aE, um einem Verlust der Verfügung von Todes wegen vorzubeugen. Zum Abschluss fertigt das Verwahrgericht die Mitteilung gegenüber dem **Erbschaftssteuerfinanzamt**, § 34 Abs. 2 Nr. 3 ErbStG, sofern nicht, wie in der Praxis üblich, das Nachlassgericht darum ersucht wird, diese Meldung vorzunehmen. Nimmt das Verwahrgericht die ihm nach Abs. 6 zugewiesenen Aufgaben nicht wahr, ist das Verfahren noch nicht abgeschlossen.[126]

44 Mit der Übersendung an das **Nachlassgericht** beginnt dort ein **neues, selbstständiges Verfahren**.[127] Dem Verwahrgericht wird der Empfang der Urschrift der Verfügung von Todes wegen und der beglaubigten Eröffnungsniederschrift bestätigt. Dem Nachlassgericht obliegt es, die Beteiligten zu ermitteln und zu

114 Bahrenfuss/*Schaal* § 344 Rn. 36.
115 KG FGPrax 2016, 86; BT-Drs.16/6308, 278; GForm-FamFG/*Poller* § 344 Rn. 5; Burandt/Rojahn/*Gierl* § 344 Rn. 13; Prütting/Helms/*Fröhler* § 344 Rn. 61; Keidel/*Zimmermann* § 344 Rn. 35; Firsching/Graf/*Krätzschel* NachlassR § 37 Rn. 5; Schulte-Bunert/Weinreich/*Burandt* § 344 Rn. 16; Bork/Jacoby/Schwab/*Rellermeyer* § 344 Rn. 15; Bumiller/Harders/Schwamb/*Harders* § 344 Rn. 15; MüKoFamFG/*Grziwotz* § 344 Rn. 37.
116 Bahrenfuss/*Schaal* § 344 Rn. 37.
117 Zur Genese (insbesondere zur Übernahme des § 2261 S. 1 BGB) vgl. BT-Drs. 16/6308, 278.
118 KG FGPrax 2016, 86.
119 Keidel/*Zimmermann* § 344 Rn. 33; unverständlich dagegen der Hinweis dort, die Regelung stamme aus der „*Postkutschenzeit*".
120 Burandt/Rojahn/*Gierl* § 344 Rn. 13.
121 Ebenso MüKoFamFG/*Grziwotz* § 344 Rn. 36; Keidel/*Zimmermann* § 344 Rn. 38.
122 Schulte-Bunert/Weinreich/*Burandt* § 344 Rn. 15.
123 Bork/Jacoby/Schwab/*Rellermeyer* § 344 Rn. 14.
124 Prütting/Helms/*Fröhler* § 344 Rn. 63.
125 KG FGPrax 2014, 163.
126 KG FGPrax 2014, 163.
127 KG FGPrax 2014, 163; GForm-FamFG/*Poller* § 344 Rn. 5; Bumiller/Harders/Schwamb/*Harders* § 344 Rn. 15.

benachrichtigen, die Akteneinsicht zu gewähren, Abschriften zu erteilen und die Gerichtskosten zu erheben.[128]

3. Spiegelung im Kostenrecht (§ 18 Abs. 2 S. 1 Nr. 1 GNotKG). Die Kosten für die Eröffnung von Verfügungen von Todes wegen (vgl. KV Nr. 12101 GNotKG, Festgebühr iHv 100 EUR) werden auch dann von dem nach § 343 zuständigen **Nachlassgericht** erhoben, wenn die Eröffnung bei einem anderen Gericht stattgefunden hat, § 18 Abs. 2 S. 1 Nr. 1 GNotKG.[129] Während Abs. 6 die besondere örtliche Zuständigkeit des Verwahrgerichts begründet, sieht das Kostenrecht die **zentrale Zuständigkeit des Nachlassgerichts** vor.[130] Ein Widerspruch ist darin nicht zu sehen, sondern der Versuch, den Verwaltungsaufwand zwischen den beteiligten Gerichten zu reduzieren.[131] Sämtliche Eröffnungsgebühren werden durch das Nachlassgericht erhoben, trotz Eröffnung durch das Verwahrgericht erhebt das Verwahrgericht keine Eröffnungsgebühr. 45

VIII. Besondere örtliche Zuständigkeit für die Entgegennahme einer Ausschlagungs- oder Anfechtungserklärung (Abs. 7)

1. Praxisrelevanz. Große Praxisrelevanz birgt die besondere örtliche Zuständigkeit nach Abs. 7, die die Entgegennahme von **Erbausschlagungen** oder von **Anfechtungserklärungen** betrifft. Örtlich zuständig ist nicht nur das Nachlassgericht iSv § 343 (**letzter gewöhnlicher Aufenthalt des Erblassers**), sondern *auch* das Nachlassgericht, in dessen Bezirk die erklärende Person ihren gewöhnlichen Aufenthalt hat, Abs. 7 S. 1 (**gewöhnlicher Aufenthalt des Erklärenden**). Die Norm löst die verfahrensrechtliche Zentrierung auf den Erblasser (Erblasser-Nachlassgericht) und orientiert sich an den Sicherungsinteressen des Erklärenden (Erklärenden- Nachlassgericht). Die Norm öffnet aber nicht die Tür für weitere Verfahrensabschnitte, gibt insbesondere keine örtliche Zuständigkeit für die Erbscheinserteilung,[132] sondern beschränkt sich auf die **Entgegennahmezuständigkeit**. Sie endet mit der Entgegennahme der Ausschlagung bzw. Anfechtung. 46

Dem Erklärenden gibt die Norm die Gewissheit, dass die Ausschlagungs- bzw. Anfechtungserklärung **fristgerecht** zugegangen ist.[133] Der Erklärende muss keinerlei Erkundigungen über den letzten gewöhnlichen Aufenthalt des Erblassers anstellen, was mit großer Mühe und Zeitaufwand verbunden sein kann. 47

Ob das Nachlassgericht am Wohnsitz des Erklärenden die Erklärung innerhalb der Frist weitergeleitet hat, spielt keine Rolle, da die Erklärung bereits mit **Eingang** beim Nachlassgericht des Erklärenden **wirksam** geworden ist. 48

Die Zuständigkeit gilt nicht nur für eigenprotokollierte Erklärungen des Nachlassgerichts, sondern auch für **notariell beglaubigte Ausschlagungs- bzw. Anfechtungserklärungen.**[134] Das Nachlassgericht am Wohnsitz des Erklärenden muss auch diese Erklärungen entgegennehmen, ein Aktenzeichen vergeben und an das zuständige Nachlassgericht übersenden, Abs. 7. Fristwahrung ist bereits mit dem Eingang beim Wohnsitznachlassgericht des Erklärenden erreicht.[135] 49

---

128 KG FGPrax 2014, 163.
129 Korintenberg/*Wilsch* § 18 Rn. 18.
130 Keidel/*Zimmermann* § 344 Rn. 39.
131 Korintenberg/*Wilsch* KV 12100, 12101 GNotKG Rn. 27.
132 Bahrenfuss/*Schaal* § 344 Rn. 42, keine Zuständigkeit für weitere Tätigkeiten.
133 Zum Normzweck vgl. *Heinemann* DNotZ 2011, 498.
134 Bork/Jacoby/Schwab/*Rellermeyer* § 344 Rn. 18; Bahrenfuss/*Schaal* § 344 Rn. 41; MüKoFamFG/*Grziwotz* § 344 Anm. 46.
135 Bumiller/Harders/Schwamb/*Harders* § 344 Rn. 16; Bahrenfuss/*Schaal* § 344 Rn. 44.

50 **2. Besondere örtliche Zuständigkeit nach Abs. 7 S. 1.** Die Regelung in Abs. 7 S. 1 schafft eine weitere[136] örtliche Zuständigkeit für die Entgegennahme **sämtlicher Ausschlagungs- und Anfechtungserklärungen,**[137] darunter:

- Ausschlagung einer Erbschaft[138]
- Anfechtung[139] wegen Versäumung der Ausschlagungsfrist[140]
- Anfechtung der Erbschaftsannahme
- Anfechtung der Erbschaftsausschlagung
- Anfechtung einer Anfechtungserklärung.[141]

51 In solchen Fällen ist nicht nur das Nachlassgericht iSv § 343 zuständig, orientiert am letzten gewöhnlichen Aufenthalt des Erblassers, sondern **auch** das Nachlassgericht, in dessen Bezirk die **erklärende** Person ihren **gewöhnlichen Aufenthalt** hat, Abs. 7 S. 1.[142] In der Folge bleiben dem Erklärenden nicht nur lange Wege und bürokratische Routen erspart, sondern auch Ungewissheiten über die Wirksamkeit seiner Erklärungen.[143] Das Nachlassgericht am Wohnsitz des Erklärenden handelt dann aufgrund eigener, **originärer Zuständigkeit,**[144] so dass ein Amtshilfe- bzw. Rechtshilfeersuchen nicht mehr erforderlich ist.[145] Keine Voraussetzung ist, dass deutsches Erbrecht zur Anwendung gelangt[146] oder dass der Erblasser die deutsche Staatsangehörigkeit hatte.[147]

52 **3. Prozedere (Abs. 7 S. 2).** Wie nach der Entgegennahme der Ausschlagungs- bzw. Anfechtungserklärung weiter verfahren werden muss, lässt sich teilweise Abs. 7 S. 2 entnehmen. Danach ist die **Urschrift** der Niederschrift oder die Urschrift der Erklärung in öffentlich beglaubigter Form von Entgegennahmegericht an das zuständige Nachlassgericht zu **übersenden.** Welches Gericht als Nachlassgericht fungiert, muss das übersendende Nachlassgericht von Amts wegen ermitteln, § 26.[148] Erklärungen in öffentlich beglaubigter Form sind im **Original** zu übersenden.[149] Das Verfahrensrecht sieht keine anderslautende Vorschrift vor, wonach das Original beim Nachlassgericht am Wohnsitz des Aus-

136 Zur *„Vermehrung der Zuständigkeiten"* vgl. MüKoFamFG/*Grziwotz* § 344 Rn. 51.
137 MüKoFamFG/*Grziwotz* § 344 Rn. 44.
138 Zur Ausschlagung vgl. § 1945 BGB, sie ist gegenüber dem Nachlassgericht zu erklären, bedarf der öffentlichen Beglaubigung und darf nicht bedingt oder befristet ausgestaltet sein. Zur Wirkung der Ausschlagung vgl. § 1953 BGB. Zur Ausschlagung vgl. auch Firsching/Graf/*Krätzschel* NachlassR § 16 Rn. 4 ff.
139 Zur Anfechtung vgl. § 1954 BGB.
140 Zur Anfechtung der Fristversäumung vgl. § 1956 BGB; zur allgemeinen Wirkung der Anfechtung vgl. § 1957 BGB.
141 Vgl. MüKoFamFG/*Grziwotz* § 344 Rn. 44.
142 Parallelzuständigkeit, weitere Zuständigkeit, die neben die allgemeine Zuständigkeit tritt, vgl. auch *Heinemann* DNotZ 2011, 498 (499); Bumiller/Harders/Schwamb/*Harders* § 344 Rn. 16; Bahrenfuss/*Schaal* § 344 Rn. 40.
143 *Heinemann* DNotZ 2011, 498 (500).
144 OLG Rostock ZEV 2012, 550 = FamRZ 2013, 245.
145 *Heinemann* DNotZ 2011, 498 (500); Bork/Jacoby/Schwab/*Rellermeyer* § 344 Rn. 16.
146 DIJuF- Rechtsgutachten JAmt 2015, 264.
147 Keidel/*Zimmermann* § 344 Rn. 47.
148 Bahrenfuss/*Schaal* § 344 Rn. 43; MüKoFamFG/*Grziwotz* § 344 Rn. 49.
149 Hanseatisches Oberlandesgericht in Bremen FamRZ 2011, 1091; OLG Oldenburg ZEV 2011, 430 = Rpfleger 2011, 609; Hanseatisches Oberlandesgericht in Hamburg FGPrax 2010, 238 = Rpfleger 2010, 373; Keidel/*Zimmermann* § 344 Rn. 49; *Knittel/Birnstengel*, Themengutachten DIJuF, 1.A., Edition 15 2015; Grziwotz/Heinemann/*Heinemann*, BeurkG, 3.A., 2018, § 45 Rn. 10; Bork/Jacoby/Schwab/*Rellermeyer* § 344 Rn. 19; Bahrenfuss/*Schaal* § 344 Rn. 44; MüKoFamFG/*Grziwotz* § 344 Rn. 50.

schlagenden bzw. Anfechtenden verbleibt und nur eine Ausfertigung übermittelt werden soll.[150] Eine solche Regelung ergäbe auch kaum Sinn, da das Nachlassgericht verpflichtet ist, eine vollständige Nachlassakte zu führen.[151] Zur vollständigen Aktenführung gehören die Originale der Ausschlagungs- bzw. Anfechtungserklärungen, nicht lediglich Ausfertigungen oder beglaubigte Abschriften. Die Regelung in § 45 Abs. 1 BeurkG greift nicht, da das Binnenverhältnis zwischen zwei verschiedenen Nachlassgerichten betroffen ist.[152] Dem Verfahrensrecht lässt sich allerdings nicht entnehmen, ob sich das übersendende Nachlassgericht am Wohnsitz des Erklärenden eine Kopie zurückbehalten soll. Die Empfehlung geht dahin, dass sich das übersendende Nachlassgericht am Wohnsitz des Erklärenden eine Ausfertigung oder beglaubigte Abschrift der Erklärung zurückbehält,[153] um einem etwaigen Verlust auf dem Postweg entgegenzuwirken.

4. **Gerichtskosten (§ 18 Abs. 2 Nr. 2 GNotKG).** Nach § 18 Abs. 2 Nr. 2 GNotKG werden die Kosten für die Beurkundung der Ausschlagung der Erbschaft oder der Anfechtung der Ausschlagung der Erbschaft vom Erblasser-Nachlassgericht (§ 343) erhoben, nicht vom Erklärenden- Nachlassgericht (§ 344 Abs. 7).[154] Die Zentrierung auf den Erblasser, die die Regelung in § 344 Abs. 7 löst, kehrt im Kostenrecht wieder, um den Gleichklang mit anderen Kostenregelungen zu wahren, beispielsweise der Eröffnung von Verfügungen von Todes wegen. Kosteninteressen des Erklärenden stehen nicht entgegen, da es für den Kostenschuldner keine Rolle spielt, von welchem Nachlassgericht die Kostenrechnung stammt. 53

Abschnitt 2 Verfahren in Nachlasssachen

Unterabschnitt 1 Allgemeine Bestimmungen

§ 345 Beteiligte

(1) [1]In Verfahren auf Erteilung eines Erbscheins ist Beteiligter der Antragsteller. [2]Ferner können als Beteiligte hinzugezogen werden:

1. die gesetzlichen Erben,
2. diejenigen, die nach dem Inhalt einer vorliegenden Verfügung von Todes wegen als Erben in Betracht kommen,
3. die Gegner des Antragstellers, wenn ein Rechtsstreit über das Erbrecht anhängig ist,
4. diejenigen, die im Fall der Unwirksamkeit der Verfügung von Todes wegen Erbe sein würden, sowie
5. alle Übrigen, deren Recht am Nachlass durch das Verfahren unmittelbar betroffen wird.

[3]Auf ihren Antrag sind sie hinzuzuziehen.

---

150 Hanseatisches Oberlandesgericht in Bremen FamRZ 2011, 1091; OLG Oldenburg ZEV 2011, 430 = Rpfleger 2011, 609.
151 Hanseatisches Oberlandesgericht in Bremen FamRZ 2011, 1091; Hanseatisches Oberlandesgericht im Hamburg FGPrax 2010, 238.
152 OLG Oldenburg ZEV 2011, 430 = Rpfleger 2011, 609.
153 OLG Oldenburg ZEV 2011, 430 = Rpfleger 2011, 609; Hanseatisches Oberlandesgericht in Hamburg FGPrax 2010, 238; Bumiller/Harders/Schwamb/*Harders* § 344 Rn. 16; GForm-FamFG/*Poller* § 344 Rn. 6; MüKoFamFG/*Grziwotz* § 344 Rn. 50; ohne Aussage hierüber Hanseatisches Oberlandesgericht in Bremen FamRZ 2011, 1091.
154 Korintenberg/*Wilsch* § 18 Rn. 19.

(2) Absatz 1 gilt entsprechend für die Erteilung eines Zeugnisses nach § 1507 des Bürgerlichen Gesetzbuchs oder nach den §§ 36 und 37 der Grundbuchordnung sowie den §§ 42 und 74 der Schiffsregisterordnung.

(3) [1]Im Verfahren zur Ernennung eines Testamentsvollstreckers und zur Erteilung eines Testamentsvollstreckerzeugnisses ist Beteiligter der Testamentsvollstrecker. [2]Das Gericht kann als Beteiligte hinzuziehen:

1. die Erben,

2. den Mitvollstrecker.

[3]Auf ihren Antrag sind sie hinzuzuziehen.

(4) [1]In den sonstigen auf Antrag durchzuführenden Nachlassverfahren sind als Beteiligte hinzuzuziehen in Verfahren betreffend

1. eine Nachlasspflegschaft oder eine Nachlassverwaltung der Nachlasspfleger oder Nachlassverwalter;

2. die Entlassung eines Testamentsvollstreckers der Testamentsvollstrecker;

3. die Bestimmung erbrechtlicher Fristen derjenige, dem die Frist bestimmt wird;

4. die Bestimmung oder Verlängerung einer Inventarfrist der Erbe, dem die Frist bestimmt wird, sowie im Fall des § 2008 des Bürgerlichen Gesetzbuchs dessen Ehegatte oder Lebenspartner;

5. die Abnahme einer eidesstattlichen Versicherung derjenige, der die eidesstattliche Versicherung abzugeben hat, sowie im Fall des § 2008 des Bürgerlichen Gesetzbuchs dessen Ehegatte oder Lebenspartner.

[2]Das Gericht kann alle Übrigen, deren Recht durch das Verfahren unmittelbar betroffen wird, als Beteiligte hinzuziehen. [3]Auf ihren Antrag sind sie hinzuzuziehen.

Literatur:

Heinemann, Die Reform der freiwilligen Gerichtsbarkeit durch das FamFG und ihre Auswirkungen auf die notarielle Praxis, DNotZ 2009, 6; *Holzer*, Der Beteiligtenbegriff in der freiwilligen Gerichtsbarkeit, ZNotP 2009, 122; *Kollmeyer*, Vermächtnisnehmer als Beteiligte in Erbscheinsverfahren, NJW 2019, 2140; *Kroiß*, Die Erbscheinsklausur nach dem FamFG, JA 2009, 882; *Schulz*, Die Auswahl des Nachlasspflegers durch das Nachlassgericht, NLPrax 2019, 117; *Zimmermann*, Das Erbscheinsverfahren im FamFG, JuS 2009, 817; *Zimmermann*, Die Beteiligten im neuen FamFG, FPR 2009, 5.

I. Allgemeines

Der in § 7 verankerte Begriff des **Beteiligten** wird durch den **spezialgesetzlichen Beteiligungskatalog**[1] des § 345 ergänzt und zielt darauf ab, den dualistischen[2] Beteiligtenbegriff des **FGG** abzulösen, also die nicht vollständig ausgeprägte Differenzierung zwischen materiell und formell Verfahrensbeteiligten.[3] Darin lag zweifelsohne ein **strukturelles Defizit des alten Rechts**, dessen Schwerpunkt auf dem Begriff des **materiell Beteiligten**[4] ruhte. Allerdings fehlte[5] in der großen Vielzahl der Verfahren eine nähere **Beteiligtendefinition**, so dass auf allgemeine Grundsätze zurückzugreifen und verfassungsrechtliche Garantien ins Verfahrenskalkül einzubeziehen waren, was die Verfahrensführung zuweilen auf tönerne Füße bzw. in allgemeines gerichtliches Ermessen stellte und die Gefahr einer Verfahrensimplosion barg, zurückzuführen auf die fehlende Beteiligung eines Betroffenen.[6] Gleiches galt für das Beschwerderecht.[7] Eine weitere Besonderheit des alten Verfahrensrechts resultierte aus der zusätzlichen Unterscheidung innerhalb des Begriffs des formell Beteiligten zwischen **Amts- und Antragsverfahren**, zuweilen mit erstaunlichen Blüten: „*In Amtsverfahren kann formell Beteiligter sein, wer zum Kreis der materiell Beteiligten gehört*".[8] Anderseits: „*In Antragsverfahren ist formell Beteiligter jeder, dem das Gesetz ausdrücklich ein Antragsrecht einräumt und der von diesem Gebrauch macht... Die materielle Beteiligung spielt dabei keine Rolle.*"[9] Steine statt Brot. Die Ge- 1

1 Ähnlicher Katalog für Betreuungssachen: vgl. § 274. Vgl. bereits BT-Drs. 16/6308, 278. Zur Kollision der formalisierten Beweisregel des § 19 GBO mit dem Beteiligtenbegriff nach § 7 vgl. *Wilsch* NotBZ 2009, 313; *Holzer* ZNotP 2009, 122 (130 ff.). Die Hinzuziehung nach § 7 Abs. 2 Nr. 1 wäre im Grundbuchverfahren vollkommen systemfremd, vgl. auch *Holzer* ZNotP 2009, 122 (131). Zur Spezialregelung vgl. Bahrenfuss/*Wick* § 345 Rn. 1; Prütting/Helms/*Fröhler* § 345 Rn. 3: lex specialis. Ebenso *Kroiß* JA 2009, 882 (883).

2 *Knöringer*, Freiwillige Gerichtsbarkeit, 4. A. 2005, 7/8; *Baur/Wolf*, Grundbegriffe des Rechts der freiwilligen Gerichtsbarkeit, 2. Auflage 1980, Kapitel 2, 43.

3 Zum alten dualistischen Begriff vgl. *Baur/Wolf* Kapitel 2, 42 ff.

4 *Baur/Wolf* Kapitel 2, 43.

5 Prütting/Helms/*Fröhler* § 345 Rn. 1 spricht von der „wohl bekannteste(n) Lücke" des alten Verfahrensrechts.

6 Vgl. *Baur/Wolf* Kapitel 2, 44 und 45.

7 Zum Beschwerderecht Bahrenfuss/*Wick* § 345 Rn. 1.

8 *Baur/Wolf* Kapitel 2, 45.

9 *Baur/Wolf* Kapitel 2, 46.

fahr: babylonische Verfahrensverwirrung. In der Folge zählte der Beteiligtenbegriff zu den „*Hauptanliegen der Reform*",[10] zu den „*Kernstücken des allgemeinen Verfahrensrechts*".[11] Mit der „*möglichst präzise(n) Bestimmung der Beteiligten zu Beginn des Verfahrens*"[12] soll für mehr Transparenz und mehr Verfahrensgerechtigkeit gesorgt werden, beispielsweise im Bereich der Sachverhaltsaufklärung[13] und der Gewährung rechtlichen Gehörs.[14] Zugleich soll in § 345, einer Regelung, die **abschließend**[15] und einer Erweiterung nicht zugänglich ist, der Kreis der Beteiligten in sinnvoller Weise **eingegrenzt** werden.[16] Für Amtsverfahren gilt § 345 nicht, sondern nur für **Antragsverfahren**,[17] die vom Nachlassgericht geführt werden.[18] Deutlich wird dies anhand der Regelung in Abs. 4, die von „*sonstigen auf Antrag durchzuführenden Nachlassverfahren*" spricht. Generell wägt § 345 ab zwischen Beteiligten, die zwingend, ermessenshaft und wiederum aufgrund eines Antrags zwingend zu beteiligen sind. Die Beteiligtenstellung ist mit erheblichen Verfahrensrechten und -pflichten verbunden, die im Bereich der Anhörung, der Akteneinsicht, der Bekanntgabe von Dokumenten,[19] der Mitwirkung bei der Ermittlung des Sachverhalts und der Kostenauferlegung[20] anzusiedeln sind.[21]

II. Beteiligte im Erbscheinsverfahren (Abs. 1)

2 **1. Antragsteller des Erbscheinsverfahrens (Abs. 1 S. 1).** Als Initiator des Verfahrens zählt der **Antragsteller des Erbscheinsverfahrens** zu den **Muss-Beteiligten** des Verfahrens, Abs. 1 S. 1.[22] Ob dem Antragsteller auch ein Antragsrecht zur Seite steht, spielt insoweit keine Rolle. Andererseits führt das bloße Antragsrecht noch nicht zu einer zwingenden Verfahrensbeteiligung,[23] erforderlich ist eigene Antragstellung. Erst durch die eigene Antragstellung wird ein Miterbe Muss-Beteiligter. Der Antragsteller schuldet die Kosten des Verfahrens, § 22 Abs. 1 GNotKG.

---

10 *Heinemann* DNotZ 2009, 6 (7); zur „großen Neuerung" vgl. Bahrenfuss/*Wick* § 345 Rn. 1.
11 *Heinemann* DNotZ 2009, 6 (7).
12 *Heinemann* DNotZ 2009, 6 (8); ebenso Bahrenfuss/*Wick* § 345 Rn. 1.
13 *Heinemann* DNotZ 2009, 6 (7).
14 *Heinemann* DNotZ 2009, 6 (7).
15 Prütting/Helms/*Fröhler* § 345 Rn. 9.
16 Zur Eingrenzung vgl. Prütting/Helms/*Fröhler* § 345 Rn. 7.
17 BT-Drs. 16/6308, 278; *Kroiß* JA 2009, 882 (883); Prütting/Helms/*Fröhler* § 345 Rn. 5; Schulte-Bunert/Weinreich/*Burandt* § 345 Rn. 2; Keidel/*Zimmermann* § 345 Rn. 1.
18 BT-Drs. 16/6308, 278. Bei Amtsverfahren ist die allgemeine Regelung nach § 7 FamFG einschlägig, vgl. bereits BT-Drs. 16/6308, 278; Prütting/Helms/*Fröhler* § 345 Rn. 4; Schulte-Bunert/Weinreich/*Burandt* § 345 Rn. 2; *Kroiß* JA 2009, 882 (883).
19 Vgl. § 23 Abs. 2, das Gericht soll den Antrag an die übrigen Beteiligten übermitteln.
20 Vgl. § 81 Abs. 1 S. 1, das Nachlassgericht kann die Kosten des Verfahrens nach billigem Ermessen den Beteiligten ganz oder zum Teil auferlegen.
21 *Zimmermann* FPR 2009, 5.
22 Vgl. BT-Drs. 16/6308, 278, Spezialvorschrift zu § 7 FamFG; Bahrenfuss/*Wick* § 345 Rn. 4.
23 Schulte-Bunert/Weinreich/*Burandt* § 345 Rn. 4; Bahrenfuss/*Wick* § 345 Rn. 4: nur die antragstellenden Miterben, nicht per se alle Miterben. Ebenso Keidel/*Zimmermann* § 345 Rn. 4.

2. Optionsbeteiligte (Kann-Beteiligte) nach Abs. 1 S. 2. Nach gerichtlichem Ermessen können die **Optionsbeteiligten,**[24] die sog. Kann-Beteiligten, zum Erbscheinsverfahren hinzugezogen werden, Abs. 1 S. 2, was zumeist formlos[25] geschieht, ohne förmlichen Beschluss. Trotz ihrer unmittelbaren Betroffenheit[26] sollen diese Beteiligten nicht zwingend von Amts wegen hinzugezogen werden. *Dagegen* sollen verfahrensökonomische Gründe sprechen,[27] *dafür* jedoch die im Einzelfall gebotene Aufklärung des Sachverhalts.[28] Zu den **Optionsbeteiligten,** die nach § 7 Abs. 4 von der Einleitung des Verfahrens zu benachrichtigen sind,[29] zählen: 3

- die **gesetzlichen Erben,** Abs. 1 S. 2 Nr. 1, was sich unmittelbar nach materiellem Erbrecht richtet[30]
- **diejenigen gewillkürten Erben, die nach dem Inhalt einer vorliegenden Verfügung von Todes wegen als Erben in Betracht kommen,** Abs. 1 S. 2 Nr. 2, wobei die Auslegung zu bemühen ist;[31] eine Beteiligung hat immer dann zu erfolgen, wenn das behauptete Recht nicht von vornherein gänzlich fernliegend ist,[32] und zwar ohne abschließende Würdigung des materiellen Erbrechts[33]
- die **Gegner des Antragstellers,** wenn ein **Rechtsstreit** über das Erbrecht anhängig ist, Abs. 1 S. 2 Nr. 3, sei es vor einem inländischen, sei es vor einem ausländischen Gericht[34]
- diejenigen, die im Fall der Unwirksamkeit der Verfügung von Todes wegen **Erben sein würden,** Abs. 1 S. 2 Nr. 4
- sowie alle Übrigen, **deren Recht am Nachlass durch das Verfahren unmittelbar betroffen wird,** Abs. 1 S. 2 Nr. 5, also diejenigen, denen Anwartschafts- oder Verfügungsrechte zustehen, beispielsweise Nacherben,[35] Ersatzerben, Testamentsvollstrecker, wohl auch Vindikationslegatare, nicht aber Pflichtteilsberechtigte[36] oder Vermächtnisnehmer, die nur über schuldrechtliche Ansprüche verfügen.[37] Vermächtnisnehmer können jedoch uU unter die Regelung nach Abs. 1 S. 2 Nr. 2 fallen.[38] Mit Beendigung des Amtes als Testamentsvollstrecker geht dessen potenzielle Stellung als Beteiligter verloren.[39]

24 Zur Begriffsbildung vgl. OLG München FamRZ 2017, 838; dort auch zum pflichtgemäßen Ermessen des Nachlassgerichts.
25 Keidel/*Zimmermann* § 345 Rn. 6; ein förmlicher Beschluss wird erst bei Ablehnung erforderlich, § 7 Abs. 5 FamFG.
26 BT-Drs. 16/6308, 278.
27 BT-Drs. 16/6308, 278.
28 BT-Drs. 16/6308, 278; Schulte-Bunert/Weinreich/*Burandt* § 345 Rn. 5.
29 GForm-FamFG/*Poller* § 345 Rn. 2; Keidel/*Zimmermann* § 345 Rn. 13.
30 Vgl. OLG Düsseldorf ZEV 2019, 469 = ZErb 2019, 213.
31 Zu den Optionsbeteiligten zählt deshalb, wer bei Auslegung der Verfügung bzw. der Verfügungen von Todes wegen als Erbe in Betracht kommen könnte.
32 OLG München NJW-RR 2017, 71 = ZErb 2017, 48; *Kollmeyer* NJW 2019, 2140 (2141); Burandt/Rojahn/*Gierl* § 345 Rn. 3, eine abschließende Würdigung muss deshalb noch nicht erfolgen.
33 OLG München NJW-RR 2017, 71 = ZErb 2017, 48.
34 Anhängigkeit eines Erbstreits.
35 Keidel/*Zimmermann* § 345 Rn. 24.
36 Burandt/Rojahn/*Gierl* § 345 Rn. 4. Für Einordnung unter § 345 Abs. 1 S. 2 Nr. 1: Keidel/*Zimmermann* § 345 Rn. 19.
37 Keidel/*Zimmermann* § 345 Rn. 25; *Kollmeyer* NJW 2019, 2140 (2141).
38 GForm-FamFG/*Poller* § 345 Rn. 2.
39 OLG München FamRZ 2017, 838.

4 **3. Zwingende Beteiligung aufgrund eines eigenen Hinzuziehungsantrags.** Zwingend zu beteiligen sind die Optionsbeteiligten jedoch, sofern sie einen Hinzuziehungsantrag stellen, Abs. 1 S. 3, gleichgültig, in welcher Instanz dies geschieht, vor dem Nachlassgericht oder dem Beschwerdegericht. Nach Antragstellung muss dann nicht mehr auf gerichtliches Ermessen vertraut bzw. auf eine entsprechende gerichtliche Verfahrenserkenntnis gehofft werden. Es besteht ein „*Anspruch auf Hinzuziehung bei entsprechender Antragstellung*".[40] Der Antrag verschafft den Optionsbeteiligten eine Verfahrensposition, die das Nachlassgericht nicht außer Acht lassen darf. Weiteres Ermessen steht dem Nachlassgericht folglich nicht mehr zu, vielmehr muss das Nachlassgericht dem Hinzuziehungsantrag entsprechen, was formlos möglich ist,[41] oder ihn beschlussmäßig ablehnen. Gegen die Ablehnung ist **sofortige Beschwerde** zulässig.[42]

III. Beteiligte in erbscheinsähnlichen Verfahren (Abs. 2)

5 In den Verfahren auf Erteilung eines **Fortsetzungs-** oder **Überweisungszeugnisses** gilt die Regelung nach Abs. 1 entsprechend, so Abs. 2.[43] Dementsprechend ist zwischen Muss-Beteiligten, Optionsbeteiligten und den Beteiligten zu unterscheiden, die einen Hinzuziehungsantrag stellen.

IV. Beteiligte in Testamentsvollstrecker-Ernennungs- und Testamentsvollstrecker-Zeugniserteilungsverfahren (Abs. 3)

6 **1. Allgemeines.** Die Regelung definiert die Kreise der Muss- und Kann-Beteiligten (Optionsbeteiligte), allerdings nicht in allen Verfahren mit Bezug zur Testamentsvollstreckung, sondern **lediglich** in den Verfahren zur Ernennung eines **Testamentsvollstreckers** und zur **Erteilung** eines **Testamentsvollstrecker-Zeugnisses**, Abs. 3.

7 **2. Ernennung des Testamentsvollstreckers, §§ 2197 ff. BGB.** Der Erblasser kann durch **letztwillige Verfügung** einen oder mehrere Testamentsvollstrecker oder für den Fall, dass der ernannte Testamentsvollstrecker wegfällt, einen Ersatztestamentsvollstrecker bestimmen, § 2197 Abs. 1 und 2 BGB.[44] Dem Erblasser steht es frei, die Bestimmung der Person des Testamentsvollstreckers einem **Dritten**[45] zu überlassen, § 2198 BGB. Den **Testamentsvollstrecker** selbst kann der Erblasser ermächtigen, einen oder mehrere Mitvollstrecker oder einen Nachfolger zu ernennen, § 2199 Abs. 1 und 2 BGB, solange der Testamentsvollstrecker noch im Amt ist.[46] Schließlich kann der Erblasser testamentarisch das **Nachlassgericht** um Ernennung eines Testamentsvollstreckers ersuchen,[47] § 2200 Abs. 1 BGB. In den Ernennungsverfahren fungiert der Testamentsvollstrecker als **Muss-Beteiligter**, vgl. Abs. 3 S. 1,[48] die von der Testamentsvollstre-

40 So bereits die BT-Drs. 16/6308, 278; vgl. auch Bahrenfuss/*Wick* § 345 Rn. 6.
41 Schulte-Bunert/Weinreich/*Burandt* § 345 Rn. 5.
42 Schulte-Bunert/Weinreich/*Burandt* § 345 Rn. 6; Prütting/Helms/*Fröhler* § 345 Rn. 15; Keidel/*Zimmermann* § 345 Rn. 18, die §§ 567–572 ZPO gelten entsprechend.
43 Vgl. Schulte-Bunert/Weinreich/*Burandt* § 345 Rn. 8; Keidel/*Zimmermann* § 345 Rn. 27.
44 Firsching/Graf/*Krätzschel* NachlassR § 19 Rn. 19 ff.
45 Firsching/Graf/*Krätzschel* NachlassR § 19 Rn. 20 ff.
46 Firsching/Graf/*Krätzschel* NachlassR § 19 Rn. 19.
47 Vgl. Firsching/Graf/*Krätzschel* NachlassR § 19 Rn. 24 ff., Muster dort Rn. 27.
48 Schulte-Bunert/Weinreich/*Burandt* § 345 Rn. 9; Bahrenfuss/*Wick* § 345 Rn. 8.

ckung betroffenen Erben bzw. Vermächtnisnehmer kommen als **Optionsbeteiligte** in Betracht.

3. Erteilung eines Testamentsvollstrecker-Zeugnisses. Über die Ernennung hat das Nachlassgericht dem Testamentsvollstrecker ein **Zeugnis** zu erteilen, § 2368 S. 1 BGB, allerdings nur auf Antrag des Testamentsvollstreckers oder des Nachlassgläubigers mit Titel, §§ 792, 896 ZPO,[49] wobei dem Antrag die notwendigen Nachweise beizufügen sind, § 352.[50] Für die Erteilung des Testamentsvollstrecker-Zeugnisses gelangen die **Erbscheinsvorschriften** zur entsprechenden Anwendung, § 354 Abs. 1.[51] Im Erteilungsverfahren fungieren der Testamentsvollstrecker und der **antragstellende Nachlassgläubiger** als **Muss-Beteiligte**, vgl. Abs. 3 S. 1.[52] 8

4. Erben und Mitvollstrecker als Optionsbeteiligte (Abs. 3 S. 2); zwingende Beteiligung aufgrund eines Hinzuziehungsantrags (Abs. 3 S. 3). Das Nachlassgericht kann die von der Testamentsvollstreckung betroffenen Erben[53] bzw. den Mitvollstrecker als Beteiligte **hinzuziehen**, sofern dies dem Nachlassgericht opportun erscheint, Abs. 3 S. 2. Die Entscheidung hierüber trifft das Nachlassgericht nach pflichtgemäßem Ermessen,[54] solange kein Hinzuziehungsantrag vorliegt. Die Empfehlung geht dahin, den von der Testamentsvollstreckung betroffenen Erben hinzuziehen.[55] Eine **Ablehnung** muss durch Beschluss ergehen.[56] 9

V. Beteiligte in sonstigen Antragsverfahren in Nachlasssachen (Abs. 4)

1. Allgemeines. Die **sonstigen Antragsverfahren**, die vom Nachlassgericht durchzuführen sind, sind Gegenstand der Regelung in Abs. 4,[57] kein ausufernder Bereich von Beteiligten, sondern *„nur ein kleiner Kreis von Betroffenen ohne Ermessensspielraum des Gerichts"*.[58] Anders als die Regelungen in den vorangehenden Absätzen, fanden in Abs. 4 die Beteiligten, die auf Antrag hinzuzuziehen sind, keine explizite Erwähnung, was der *„Vielzahl der unterschiedlichen Verfahrensarten in Nachlasssachen sowie (der) Vielgestaltigkeit der einzelnen Verfahren"*[59] geschuldet ist. Wer in welchen Verfahren auf Antrag hinzuziehen ist, bleibt dem Nachlassgericht überlassen.[60] Daneben ist der **Antragsteller** stets Muss-Beteiligter.[61] Geregelt ist lediglich, dass das Nachlassgericht alle Übrigen, deren Rechte durch das Verfahren unmittelbar betroffen werden, als Optionsbeteiligte hinzuzieht, vgl. Abs. 4 S. 2.[62] Auf ihren **Antrag** sind die Optionsbeteiligten hinzuziehen, Abs. 4 S. 3. 10

49 Firsching/Graf/*Krätzschel* NachlassR § 19 Rn. 52.
50 Vgl. Kommentierung zu § 352.
51 Vgl. Kommentierung zu § 354.
52 Schulte-Bunert/Weinreich/*Burandt* § 345 Rn. 10; GForm-FamFG/*Poller* § 345 Rn. 4.
53 Schulte-Bunert/Weinreich/*Burandt* § 345 Rn. 9.
54 Schulte-Bunert/Weinreich/*Burandt* § 345 Rn. 10.
55 Schulte-Bunert/Weinreich/*Burandt* § 345 Rn. 9.
56 Schulte-Bunert/Weinreich/*Burandt* § 345 Rn. 9.
57 Schulte-Bunert/Weinreich/*Burandt* § 345 Rn. 11.
58 BT-Drs. 16/6308, 278; zur Regelung vgl. Bork/Jacoby/Schwab/*Rellermeyer* § 345 Rn. 16.
59 BT-Drs. 16/6308, 279; identisch bei Bahrenfuss/*Wick* § 345 Rn. 11; Bork/Jacoby/Schwab/*Rellermeyer* § 345 Rn. 22; Bahrenfuss/*Wick* § 345 Rn. 11.
60 BT-Drs. 16/6308, 279; Bahrenfuss/*Wick* § 345 Rn. 11; Bork/Jacoby/Schwab/*Rellermeyer* § 345 Rn. 22; Bahrenfuss/*Wick* § 345 Rn. 11.
61 Vgl. BT-Drs. 16/6308, 278.
62 Bork/Jacoby/Schwab/*Rellermeyer* § 345 Rn. 22.

11 **2. Nachlasspflegschaft (Abs. 4 S. 1 Nr. 1).** Nach Abs. 4 S. 1 Nr. 1 ist als Beteiligter der **Nachlasspfleger** hinzuzuziehen,[63] daneben soll es empfehlenswert sein, die Erben zu beteiligen.[64] Die **Kritik**[65] richtet sich zum einen gegen die generelle Zuordnung zu den Antragsverfahren, die der Nachlasspflegschaft nicht gerecht wird. Die Nachlasspflegschaft (Sicherungspflegschaft) zählt **nicht zu den Antragsverfahren**, sondern wird **von Amts wegen** angeordnet, § 1960 Abs. 2 BGB. Soweit die von Amts wegen anzuordnende Nachlasspflegschaft betroffen ist, ergibt sich die Hinzuziehung des Nachlasspflegers nicht aus Abs. 4 S. 1 Nr. 1, sondern aus § 7 Abs. 2 Nr. 1.[66] Nur für die verbleibenden Antragsverfahren, etwa aufgrund eines Gläubigerantrags, § 1961 BGB (Forderungs- bzw. Klagepflegschaft) oder aufgrund eines Erbenantrags, richtet sich die Beteiligtenstellung des Nachlasspflegers nach Abs. 4 S. 1 Nr. 1.[67] Der **Antragsteller** ist **Beteiligter** iSv § 7 Abs. 1.[68] Die Kritik richtet sich zum anderen gegen die Beteiligung unbekannter Erben, eine Fragestellung, über die sich § 345 ausschweigt. Eine Beteiligung, beispielsweise in Form einer Ergänzungs- oder Verfahrenspflegschaft, scheidet im Bestellungsverfahren aus, nicht jedoch bei den weiteren Verfahren, die im Rahmen einer Nachlasspflegschaft anfallen.[69] Das Nachlassgericht kann alle Übrigen, deren Rechte durch das Verfahren unmittelbar betroffen werden, als Optionsbeteiligte hinzuziehen, Abs. 4 S. 2. Auf ihren Antrag sind die Optionsbeteiligten hinzuziehen, Abs. 4 S. 3.

12 **3. Nachlassverwaltung (Abs. 4 S. 1 Nr. 1).** Als **Muss-Beteiligter** hinzuziehen ist der **Nachlassverwalter**. Die Nachlassverwaltung ist von dem Nachlassgericht anzuordnen, sofern dies der **Erbe** unter Nachweis seiner Erbberechtigung **beantragt**, um eine Haftungsbeschränkung herbeizuführen, § 1981 Abs. 1 BGB. Alternativ kann die Nachlassverwaltung auch auf **Antrag** eines **Nachlassgläubigers** beantragt werden, § 1981 Abs. 2 S. 1 BGB, sofern dieser glaubhaft eine Gefährdung der Gläubigerbefriedung darlegt. Der **Antragsteller** ist ebenfalls **Muss-Beteiligter**.[70] Die Anordnung der Nachlassverwaltung erfolgt durch begründeten und mit Rechtsmittelbelehrung versehenen Beschluss, §§ 38, 39. Das Nachlassgericht kann alle Übrigen, deren Rechte durch das Verfahren unmittelbar betroffen werden, als Optionsbeteiligte hinzuziehen, Abs. 4 S. 2. Auf ihren Antrag sind die Optionsbeteiligten hinzuziehen, Abs. 4 S. 3.

13 **4. Entlassung eines Testamentsvollstreckers (Abs. 4 S. 1 Nr. 2). Muss-Beteiligter** des Entlassungsverfahrens ist der **Testamentsvollstrecker**, der entlassen werden soll. Daneben ist der **Antragsteller** Muss-Beteiligter.[71] Das Nachlassgericht kann den Testamentsvollstrecker entlassen, sofern ein entsprechender **Antrag** eines Erben, Vermächtnisnehmers, Pflichtteils- oder Auflagenberechtigten oder

63 Zur Auswahlentscheidung des Nachlassgerichts vgl. *Schulz* NLPrax 2019, 117, ein Ernennungsrecht des Erblassers besteht nicht. Die Auswahlentscheidung des Nachlassgerichts kann mit Beschwerde angefochten werden, sofern der Beschwerdewert von 600 Euro (Wert des betroffenen Vermögens) erreicht ist, vgl. auch *Schulz* NLPrax 2019, 117 (123).

64 Vgl. bereits BT-Drs. 16/6308, 279.

65 Vgl. *Jochum/Pohl*, Nachlasspflegschaft, 5. Aufl. 2014, Kapitel 13 Rn. 1152 ff.

66 *Jochum/Pohl* Kapitel 13 Rn. 1153; Bork/Jacoby/Schwab/*Rellermeyer* § 345 Rn. 17; Keidel/*Zimmermann* § 345 Rn. 67.

67 *Jochum/Pohl* Kapitel 13, Rn. 1152; ebenso Bahrenfuss/*Wick* § 345 Rn. 12.

68 *Jochum/Pohl* Kapitel 13 Rn. 1152; Bork/Jacoby/Schwab/*Rellermeyer* § 345 Rn. 17; Bahrenfuss/*Wick* § 345 Rn. 12; Burandt/Rojahn/*Gierl* § 345 Rn. 7; Keidel/*Zimmermann* § 345 Rn. 69.

69 *Jochum/Pohl* Kapitel 13, Rn. 1157.

70 Vgl. Bahrenfuss/*Wick* § 345 Rn. 13.

71 Firsching/Graf/*Krätzschel* § 19 Rn. 87; Bahrenfuss/*Wick* § 345 Rn. 14; Bork/Jacoby/Schwab/*Rellermeyer* § 345 Rn. 18.

eines Mitvollstreckers[72] vorliegt und ein **wichtiger Grund** gegeben ist, insbesondere grobe Pflichtverletzung oder eine Unfähigkeit zur ordnungsmäßigen Geschäftsführung, § 2227 BGB. Ein Verschulden des Testamentsvollstreckers ist nicht zwingend erforderlich,[73] es reicht eine Würdigung der Gesamtumstände, die eine objektive Gefährdung der Erbeninteressen wahrscheinlich machen,[74] etwa andauernde Untätigkeit, fehlende Nachlassverzeichniserstellung trotz Fristsetzung und Mahnung, unverhältnismäßig lange Dauervollstreckung, Selbstkontrahieren oder Interessenkonflikte.[75] Entschieden wird durch begründeten Beschluss,[76] wogegen befristete Beschwerde eingelegt werden kann, §§ 58, 63.[77] Das Nachlassgericht kann alle Übrigen, deren Rechte durch das Verfahren unmittelbar betroffen werden, als Beteiligte hinzuziehen, Abs. 4 S. 2 (Optionsbeteiligte).[78] Auf ihren Antrag sind sie hinzuziehen, Abs. 4 S. 3.

5. Bestimmung erbrechtlicher Fristen (Abs. 4 S. 1 Nr. 3). Muss-Beteiligter ist derjenige, dem die **Frist bestimmt** wird, beispielsweise im Bereich des Bestimmungsrechts bei Vermächtnissen oder Auflagen, §§ 2151 Abs. 3 S. 2, 2154 Abs. 2 S. 2, 2155 Abs. 2, 2192, 2193 Abs. 3 S. 3 BGB.[79] Daneben ist der **Antragsteller** des Verfahrens Muss-Beteiligter.[80] Das Nachlassgericht kann alle Übrigen, deren Rechte durch das Verfahren unmittelbar betroffen werden, als Optionsbeteiligte hinzuziehen, Abs. 4 S. 2. Auf ihren Antrag sind die Optionsbeteiligten hinzuziehen, Abs. 4 S. 3. 14

6. Bestimmung oder Verlängerung einer Inventarfrist (Abs. 4 S. 1 Nr. 4 Alt. 1). Als **Muss-Beteiligter** hinzuziehen ist derjenige, dem die **Inventarfrist** bestimmt[81] oder verlängert wird, etwa der Erbe, der Ehegatte oder Lebenspartner, abhängig davon, wem die Erfüllung einer bestimmten nachlassrechtlichen Pflicht binnen einer Frist obliegt (Inventarfrist, § 1994 BGB: Erbe; Inventarfrist für eine zum Gesamtgut gehörende Erbschaft, § 2008 BGB: Ehegatte bzw. Lebenspartner). Weiterer **Muss-Beteiligter** ist der **Antragsteller** des Verfahrens.[82] Das Nachlassgericht kann alle Übrigen, deren Rechte durch das Verfahren unmittelbar betroffen werden, als Optionsbeteiligte hinzuziehen, Abs. 4 S. 2. Auf ihren Antrag sind die Optionsbeteiligten hinzuziehen, Abs. 4 S. 3. Im Rahmen der Verlängerung der Inventarerrichtungsfrist ist das Nachlassgericht nicht an einen gestellten Antrag gebunden. Das Nachlassgericht entscheidet einzig und allein nach freiem Ermessen.[83] 15

7. Inventarfrist für eine zum Gesamtgut gehörende Erbschaft (Abs. 4 S. 1 Nr. 4 Alt. 2). Als **Muss-Beteiligter** hinzuziehen ist der Ehegatte bzw. Lebenspartner, dem die Frist bestimmt wird. Hinzu kommt der **Antragsteller** 16

---

72 Zu den Antragsberechtigten vgl. Firsching/Graf/*Krätzschel* NachlassR § 19 Rn. 86; Bahrenfuss/*Wick* § 345 Rn. 14. Ein Nachlassgläubiger ist nicht antragsberechtigt. Von Amts wegen kann der Testamentsvollstrecker nicht entlassen werden, vgl. Keidel/*Zimmermann* § 345 Rn. 97.
73 Firsching/Graf/*Krätzschel* NachlassR § 19 Rn. 80.
74 Vgl. Firsching/Graf/*Krätzschel* NachlassR § 19 Rn. 83.
75 Vgl. zu den Pflichtverletzungen Firsching/Graf/*Krätzschel* NachlassR § 19 Rn. 85.
76 Muster vgl. Firsching/Graf/*Krätzschel* NachlassR § 19 Rn. 88.
77 Firsching/Graf/*Krätzschel* NachlassR § 19 Rn. 90.
78 Bork/Jacoby/Schwab/*Rellermeyer* § 345 Rn. 22.
79 Bahrenfuss/*Wick* § 345 Rn. 15; Bork/Jacoby/Schwab/*Rellermeyer* § 345 Rn. 19; Keidel/*Zimmermann* § 345 Rn. 115 ff.
80 Bahrenfuss/*Wick* § 345 Rn. 16; Bork/Jacoby/Schwab/*Rellermeyer* § 345 Rn. 19.
81 OLG Düsseldorf FamRZ 2018, 1355.
82 Bahrenfuss/*Wick* § 345 Rn. 18; Bork/Jacoby/Schwab/*Rellermeyer* § 345 Rn. 20; Prütting/Helms/*Fröhler* § 345 Rn. 15; Burandt/Rojahn/*Gierl* § 345 Rn. 12; Keidel/*Zimmermann* § 345 Rn. 123.
83 OLG München ZEV 2019, 442.

des Verfahrens.[84] Das Nachlassgericht kann alle Übrigen, deren Rechte durch das Verfahren unmittelbar betroffen werden, als Optionsbeteiligte hinzuziehen, Abs. 4 S. 2. Auf ihren Antrag sind die Optionsbeteiligten hinzuziehen, Abs. 4 S. 3.

17 **8. Abnahme einer eidesstattlichen Versicherung (Abs. 4 S. 1 Nr. 5 Alt. 1).** Muss-Beteiligter ist derjenige, der die eidesstattliche Versicherung abzugeben hat, beispielsweise der Erbe, der auf Verlangen eines Nachlassgläubigers zu Protokoll des Nachlassgerichts zu versichern hat, dass er nach bestem Wissen die Nachlassgegenstände so vollständig wie möglich angegeben hat, § 2006 Abs. 1 BGB.[85] Muss-Beteiligter ist auch der antragstellende Nachlassgläubiger.[86] Weitere Anwendungsbereiche ergeben sich aus dem BGB.[87] Das Nachlassgericht kann alle Übrigen, deren Rechte durch das Verfahren unmittelbar betroffen werden, als Optionsbeteiligte hinzuziehen, Abs. 4 S. 2. Auf ihren Antrag sind die Optionsbeteiligten hinzuziehen, Abs. 4 S. 3.

18 **9. Abnahme einer eidesstattlichen Versicherung für eine zum Gesamtgut gehörende Erbschaft (Abs. 4 S. 1 Nr. 4 Alt. 2).** Als Muss-Beteiligter hinzuziehen ist der Ehegatte bzw. Lebenspartner, der die eidesstattliche Versicherung abzugeben hat, § 2008 BGB. Das Nachlassgericht kann alle Übrigen, deren Rechte durch das Verfahren unmittelbar betroffen werden, als Beteiligte hinzuziehen, Abs. 4 S. 2 (Optionsbeteiligte). Auf ihren Antrag sind sie hinzuziehen, Abs. 4 S. 3.

Unterabschnitt 2 Verwahrung von Verfügungen von Todes wegen

§ 346 Verfahren bei besonderer amtlicher Verwahrung

(1) Die Annahme einer Verfügung von Todes wegen in besondere amtliche Verwahrung sowie deren Herausgabe ist von dem Richter anzuordnen und von ihm und dem Urkundsbeamten der Geschäftsstelle gemeinschaftlich zu bewirken.

(2) Die Verwahrung erfolgt unter gemeinschaftlichem Verschluss des Richters und des Urkundsbeamten der Geschäftsstelle.

(3) Dem Erblasser soll über die in Verwahrung genommene Verfügung von Todes wegen ein Hinterlegungsschein erteilt werden; bei einem gemeinschaftlichen Testament erhält jeder Erblasser einen eigenen Hinterlegungsschein, bei einem Erbvertrag jeder Vertragschließende.

Literatur:

Heinemann, Die Reform der freiwilligen Gerichtsbarkeit durch das FamFG und ihre Auswirkungen auf die notarielle Praxis, DNotZ 2009, 6; *Keim*, Die Aufhebung von Erbverträgen durch Rücknahme aus amtlicher oder notarieller Verwahrung, ZEV 2003, 55; *Rellermeyer*, Übersicht über die nach dem Rechtspflegergesetz erfolgten landesrechtlichen Aufgabenübertragungen vom Richter auf den Rechtspfleger und vom Rechtspfleger auf den Urkundsbeamten der Geschäftsstelle sowie die Übertragungen landesrechtlicher Geschäfte auf den Rechtspfleger, RpflStud. 2019, 14; *Roth*, Tücken der Testamentsrücknahme aus amtlicher Verwahrung, NJW-Spezial 2016, 103.

84 Bork/Jacoby/Schwab/*Rellermeyer* § 345 Rn. 20.
85 Ebenso Bork/Jacoby/Schwab/*Rellermeyer* § 345 Rn. 21.
86 Bahrenfuss/*Wick* § 345 Rn. 19; Bork/Jacoby/Schwab/*Rellermeyer* § 345 Rn. 21.
87 §§ 259 Abs. 2, 260 Abs. 2, 2028 Abs. 2 und 2057 S. 2 BGB, vgl. auch Keidel/*Zimmermann* § 345 Rn. 142.

I. Besondere amtliche Verwahrung von Verfügungen von Todes wegen

1 **1. Nachlasssachen; Abgrenzung zur einfachen amtlichen Verwahrung.** Verfahren, die die besondere amtliche Verwahrung[1] von Verfügungen von Todes wegen betreffen, zählt das FamFG zu den **Nachlasssachen iSv § 342 Abs. 1 Nr. 1**, die den Amtsgerichten anvertraut sind. **Abzugrenzen**[2] **ist die besondere amtliche Verwahrung von der einfachen amtlichen Verwahrung letztwilliger Verfügungen**, die durch die gesetzlich vorgeschriebene Ablieferung der Verfügungen von Todes wegen entsteht, § 2259 BGB. Eine besondere amtliche Verwahrung ist in der Ablieferung nicht zu sehen, sondern eine allgemeine Form der Aufbewahrung bei der Nachlassakte,[3] offen, unverschlossen in der Nachlassakte.[4] Die besondere amtliche Verwahrung erfordert ein **spezielles Annahmeverfahren**, geregelt in § 346, und löst bestimmte Benachrichtigungspflichten aus, enthalten in § 347. Der BGH charakterisierte die amtliche Verwahrung zuletzt als „Verwahrungsart…, die das Auffinden der Verfügung von Todes wegen und die Un-

1 Vgl. *Heinemann* DNotZ 2009, 6 (26, 27).
2 Vgl. *Roth* NJW-Spezial 2016, 103; das Gesetz selbst differenziert häufig nicht und spricht von amtlicher Verwahrung, obgleich die besondere amtliche Verwahrung gemeint ist, vgl. etwa § 2272 BGB. Zur Abgrenzung vgl. auch Keidel/*Zimmermann* § 346 Rn. 4.
3 Firsching/Graf/*Krätzschel* NachlassR § 36 Rn. 2.
4 Vgl. Prütting/Helms/*Fröhler* § 346 Rn. 11.

terrichtung der Betroffenen hierüber (sicherstellt)."[5] Das OLG München betont das „Interesse des Erblassers am Schutz und an der Geheimhaltung seiner letztwilligen Verfügung",[6] welches ein „geordnetes Verwahrungsverfahren" erfordere. Ein eigenhändiges Testament bleibt trotz besonderer amtlicher Verwahrung eine Privaturkunde (§ 416 ZPO),[7] wird durch die besondere amtliche Verwahrung nicht zu einem öffentlichen Testament oder zu einer öffentlichen Urkunde.[8]

2 **2. Gesetzliche Ablieferungspflichten.** Praxisrelevant ist die **Pflicht des Notars, ein notarielles Testament** unverzüglich in die besondere amtliche Verwahrung zu bringen, § 34 Abs. 1 S. 4 BeurkG.[9] Eine anderslautende Bestimmung des Testierenden ist unbeachtlich.[10] Eine Ablieferungspflicht gilt auch für **Erbverträge**,[11] vgl. § 34 Abs. 2 BeurkG,[12] es sei denn, die Parteien des Erbvertrags schließen die besondere amtliche Verwahrung aus, § 34 Abs. 2 BeurkG.[13] Dann verbleibt der Erbvertrag in der amtlichen, kostenfreien Verwahrung des Notars, § 34 Abs. 3 BeurkG, worin kein besonderes Verwahrungsverfahren zu erkennen ist.

3 Die besondere amtliche Verwahrung kann auch auf einer gesetzlichen **Ablieferungspflicht des Bürgermeisters oder Konsuls**[14] beruhen, §§ 2249 Abs. 1 S. 4, 2250 Abs. 1 BGB, §§ 10, 11 KonsularG.[15]

4 **3. Antrag des Erblassers.** Daneben kann die besondere amtliche Verwahrung eines eigenhändigen Testaments durch den **formfreien Antrag des Erblassers** ausgelöst werden, der seine Verfügung von Todes wegen vor Unterdrückung oder Verfälschung bewahren möchte,[16] vgl. § 2248 BGB,[17] und seine Verfügung deshalb in die besondere amtliche Verwahrung gibt, die sich durch ein höheres

5 BGH WM 2018, 832 (835) = RNotZ 2018, 407.
6 OLG München NJW-RR 2018, 1423 (1424).
7 OLG München NJW-RR 2018, 1423 (1424).
8 OLG München NJW-RR 2018, 1423 (1424); OLG München NJW-RR 2018, 645.
9 BGH DNotZ 1990, 436, zur dienstlichen Verpflichtung des Notars, ein entsprechendes Testament in die amtliche Verwahrung zu verbringen, ungeachtet einer anders lautenden Bestimmung des Testierenden. Verfassungsrechtliche Bedenken konnte der BGH insoweit nicht erkennen.
10 BGH DNotZ 1990, 436; Prütting/Helms/*Fröhler* § 346 Rn. 14.
11 Vgl. bereits BT-Drs., 16/6308, 279, erfasst sind alle Arten von Verfügungen von Todes wegen, darunter auch Erbverträge.
12 Vgl. *Keim* ZEV 2003, 55.
13 *Keim* ZEV 2003, 55.
14 Strittig, wie hier auch Keidel/*Zimmermann* § 346 Rn. 3, Ablieferungspflicht gilt auch für den Konsularbeamten; ebenso *Bumiller/Harders/Schwamb* § 346 Rn. 4; GForm-FamFG/*Poller* § 346 Rn. 5.
15 Keidel/*Zimmermann* § 346 Rn. 3. Vgl. auch § 27 Abs. 14 AktO, in der dort beschriebenen Konstellation bringt ein Konsularbeamter eine von ihm beurkundete Verfügung von Todes wegen in die besondere amtliche Verwahrung.
16 Zum Normzweck-Schutz und zur Geheimhaltung der Verfügung von Todes wegen vgl. Keidel/*Zimmermann* § 346 Rn. 1; GForm-FamFG/*Poller* § 346 Rn. 6; MüKoFamFG/*Muscheler* § 346 Rn. 1; Prütting/Helms/*Fröhler* § 346 Rn. 4: Schutz und Geheimhaltung des erblasserischen Willens; *Roth* NJW-Spezial 2016, 103. Zur Formfreiheit des Antrags vgl. Prütting/Helms/*Fröhler* § 346 Rn. 16.
17 Ein eigenhändiges Testament des Erblassers ist auf Verlangen des Erblassers in die besondere amtliche Verwahrung zu nehmen.

Sicherheitsmaß[18] auszeichnet und Schutz vor Manipulationen bietet.[19] Erscheint der Antragsteller persönlich beim Nachlassgericht, fertigt dieses eine Niederschrift über den Antrag.[20]

4. Keine inhaltliche oder formelle Kontrolle der Verfügung von Todes wegen (nobile officium). Im Rahmen der Annahme einer Verfügung von Todes wegen besteht **keine nachlassgerichtliche Verpflichtung** dahin gehend, den Antragsteller auf inhaltliche oder formelle Fehler der Verfügung von Todes wegen hinzuweisen.[21] Dem Nachlassgericht steht es frei (nobile officium), auf offenkundige Fehler hinzuweisen, was jedoch mit Amtshaftungsansprüchen einhergehen kann.[22] In der Praxis beschränkt sich dies ohnehin auf die privatschriftlichen Testamente. Umgekehrt steht dem Nachlassgericht auch kein Ablehnungsrecht zu.[23] 5

II. Annahme einer Verfügung von Todes wegen in besondere amtliche Verwahrung

1. Allgemeines. Maßgeblich sind die §§ 346, 347, erforderlich sind: 6

- eine Annahmeverfügung (Abs. 1)
- eine gemeinschaftliche „Bewirkung" unter gemeinschaftlichem Verschluss (Abs. 1, 2)
- die Verzeichnung im Verwahrungsbuch
- die Erteilung eines Hinterlegungsscheins
- die Mitteilung der Verwahrangaben an das Zentrale Testamentsregister (§ 347 Abs. 1)
- schließlich eine Empfangsbestätigung[24] nach § 27 Nr. 6 AktO, die das Gericht fertigt und die Berücksichtigung im Vermerk findet, den der Notar für seine Urkundensammlung erstellt, § 20 DONot.

2. Besondere Örtliche Zuständigkeit (§ 344). Für die besondere amtliche Verwahrung von Testamenten bestehen **besondere örtliche Zuständigkeiten,** § 344 Abs. 1–3. Die Differenzierung orientiert sich daran, vor bzw. von wem das Testament errichtet wurde: 7

- vor einem **deutschen Notar** errichtetes Testament:[25] zuständig ist das Amtsgericht, in dessen Bezirk der Notar seinen Amtssitz hat, § 344 Abs. 1 S. 1 Nr. 1
- vor einem **Bürgermeister** errichtetes Testament: zuständig ist das Amtsgericht, zu dessen Bezirk die Gemeinde gehört, § 344 Abs. 1 S. 1 Nr. 2
- **eigenhändiges Testament, § 2247 BGB:** zuständig ist jedes deutsche Amtsgericht, § 344 Abs. 1 S. 1 Nr. 3

---

18 BGH DNotZ 1990, 436: *„größeres Maß an Sicherheit im Hinblick auf die Geheimhaltung des Testaments und den Schutz vor nachträglichen Einwirkungen"*, vgl. auch *Bumiller/Harders/Schwamb* § 346 Rn. 4. In dieselbe Richtung OLG München NJW-RR 2018, 1423 (1424): *„das öffentliche Interesse der Rechtspflege an einem geordneten Verwahrungsverfahren"*.
19 BGH DNotZ 1990, 436.
20 Muster vgl. GForm-FamFG/*Poller* § 346 Rn. 1.
21 MüKoFamFG/*Muscheler* § 346 Rn. 7; GForm-FamFG/*Poller* § 346 Rn. 10; Keidel/*Zimmermann* § 346 Rn. 7.
22 MüKoFamFG/*Muscheler* § 346 Rn. 7 und 8; Keidel/*Zimmermann* § 346 Rn. 7.
23 GForm-FamFG/*Poller* § 346 Rn. 10.
24 Vgl. auch Horndasch/Viefhues/*Heinemann* § 346 Rn. 11.
25 Keidel/*Zimmermann* § 346 Rn. 4, gemeint ist ein deutscher Notar.

- **spezielle erblasserische Bestimmung:** zuständig ist auch ein örtlich unzuständiges Gericht, § 344 Abs. 1 S. 2, da der Erblasser jederzeit eine entsprechende Verwahrung verlangen kann.

8 **3. Funktionelle Zuständigkeit sowie Rechtsmittel.** Die Regelung in Abs. 1 spricht zwar noch davon, dass die Annahme einer Verfügung von Todes wegen in die besondere amtliche Verwahrung vom Richter anzuordnen sei. Die Regelung weist einen missverständlichen Wortlaut[26] auf, da die **funktionelle Zuständigkeit beim Rechtspfleger** liegt, vgl. § 3 Abs. 1 Nr. 2 lit. c RpflG[27] iVm § 342 Abs. 1 Nr. 1.[28]

9 Allerdings sehen sich die Landesregierungen[29] ermächtigt, durch Rechtsverordnung die Geschäfte bei der Annahme in die amtliche Verwahrung ganz oder teilweise dem **Urkundsbeamten der Geschäftsstelle** zu übertragen,[30] vgl. § 36b Abs. 1 S. 1 Nr. 1 RpflG, wovon beispielsweise Bayern,[31] Bremen,[32] Hamburg,[33] Hessen,[34] Niedersachsen,[35] Rheinland-Pfalz,[36] Saarland,[37] Sachsen-Anhalt[38] und Thüringen[39] Gebrauch gemacht haben.[40]

10 Bedeutung erlangt dies u.a. bei der Frage, welches **Rechtsmittel** dem Antragsteller zusteht, sollte die Annahme abgelehnt werden. Gegen die Entscheidung des Rechtspflegers ist der **Beschwerdeweg,**[41] §§ 58 ff., gegen die Entscheidung des

26 So auch OLG Köln FamRZ 2014, 973.
27 Vgl. OLG Köln FamRZ 2014, 973; MüKoFamFG/*Muscheler* § 346 Rn. 5; Prütting/Helms/*Fröhler* § 346 Rn. 6.
28 Burandt/Rojahn/*Gierl* § 346 Rn. 4.
29 Die Ermächtigung kann auf die Landesjustizverwaltungen übertragen werden, vgl. § 36b Abs. 1 S. 2 RpflG.
30 Missverständlich insofern MüKoFamFG/*Muscheler* § 346 Rn. 5, dort keine Darstellung der Übertragungsmöglichkeit auf den Urkundsbeamten der Geschäftsstelle.
31 § 6 Abs. 1 GeschStV vom 1.2.2005, GVBl. 40; vgl. *Rellermeyer* RpflStud. 2019, 14.
32 Verordnung über die Übertragung von Rechtspflegeraufgaben auf den Urkundsbeamten der Geschäftsstelle vom 22.3.2006, BremGBl. 193; *Rellermeyer* RpflStud. 2019, 14 (15).
33 § 1 Abs. 1 S. 1 Nr. 1 RPflAÜVO vom 18.5.2005, HmbGVBl. 2005, 200; *Rellermeyer* RpflStud. 2019, 14 (15).
34 § 27 JuZuV = Art. 1 der Verordnung über gerichtliche Zuständigkeiten in der Justiz und zur Änderung der Verordnung zur Übertragung von Ermächtigungen im Bereich der Rechtspflege vom 3.6.213, GVBl. 386; *Rellermeyer* RpflStud. 2019, 14 (15).
35 Verordnung zur Übertragung von Rechtspflegeraufgaben auf den Urkundsbeamten der Geschäftsstelle vom 4.7.2005, Nds. GVBl. 223; *Rellermeyer* RpflStud. 2019, 14 (16).
36 § 2 Nr. 1 RPflAufgÜV vom 15.5.2008, GBBl. 81; *Rellermeyer* RpflStud. 2019, 14 (17).
37 Vgl. *Rellermeyer* RpflStud. 2019, 14 (17); § 2 der Verordnung zur Übertragung von Aufgaben auf den Rechtspfleger und den Urkundsbeamten der Geschäftsstelle vom 2.3.2015, Amtsbl. I 206.
38 § 1 Abs. 1 S. 1 Nr. 1 RPflAufgÜV v. 22.9.2004, GVBl. LSA 2004, 724; *Rellermeyer* RpflStud. 2019, 14 (17).
39 Vgl. § 1 Abs. 1 S. 1 Nr. 1 ThürRPflAÜV v. 20.2.2013, GVBl. 2003, 319; *Rellermeyer* RpflStud. 2019, 14 (18).
40 Vgl. auch MüKoFamFG/*Muscheler* § 346 Rn. 6.
41 Befristete Beschwerde, vgl. auch Prütting/Helms/*Fröhler* § 346 Rn. 33.

Urkundsbeamten der Geschäftsstelle ist der sofortigen **Erinnerungsweg** zum Nachlassrichter eröffnet,[42] § 573 Abs. 1 ZPO.[43]

4. Anordnung durch Annahmeverfügung (Abs. 1). Ob die Anordnung durch **Annahmeverfügung** oder durch **Beschluss** zu geschehen hat, wird in der Literatur unterschiedlich beantwortet.[44] Gegen die Beschlussform spricht nicht nur, dass die Anordnung **keine Entscheidung** darstellt,[45] der eine besondere Sachprüfung vorauszugehen hat, sondern auch der Inhalt der **Aktenordnung** (AktO). In § 27 Abs. 5 S. 1 und 2 AktO ist jeweils von einer Annahme*anordnung* die Rede, nicht von einem Annahmebeschluss. Erhellend ist auch ein Blick auf die spätere Herausgabe aus der besonderen amtlichen Verwahrung, die ebenfalls durch eine Anordnung erfolgt, durch eine Herausgabe*anordnung*, vgl. § 27 Abs. 5 S. 3 AktO. Soweit ersichtlich, sehen die **PC-Justizprogramme** eine Verfügung vor. 11

5. Gemeinschaftliche Bewirkung, gemeinschaftlicher Verschluss (Abs. 1, 2). Die Annahme einer Verfügung von Todes wegen in die besondere amtliche Verwahrung ist **anzuordnen und gemeinschaftlich zu bewirken**, Abs. 1. Zur funktionellen Zuständigkeit → Rn. 8 ff, bei Übertragung auf den Urkundsbeamten der Geschäftsstelle müssen zwei Urkundsbeamte gemeinschaftlich handeln.[46] Die Verwahrung geschieht unter **gemeinschaftlichem Verschluss** der Verfügung von Todes wegen, Abs. 2. Demnach wird die Verfügung von Todes wegen in einen mit Dienstsiegel versehenen Umschlag verschlossen, mit einer das Testament näher bezeichnenden Aufschrift versehen und schließlich unterschrieben, § 27 Abs. 3 S. 1 AktO.[47] 12

6. Verzeichnung im Verwahrungsbuch. Über die Testamente und Erbverträge, die sich in besonderer amtlicher Verwahrung befinden, führt das Nachlassgericht ein **Verwahrungsbuch**, und zwar nach einem **amtlichen Muster**, § 27 Abs. 4 S. 1 AktO iVm Muster 5a.[48] Mehrere Verfügungen von Todes wegen, die von derselben Person herrühren, werden zu einem Akt zusammengefasst, § 27 Abs. 4 S. 2 AktO, um die Übersichtlichkeit zu wahren. Die **Eintragungsnummer** im Verwahrungsbuch ist auf dem Umschlag einer jeden Verfügung von Todes wegen oben rechts zu vermerken, § 27 Abs. 4 S. 3 AktO.[49] Die Eintragungsnummer wird in fortlaufender Folge errichtet. **Feuersicher** muss der Ort sein, an dem sich die Verfügungen von Todes wegen in besonderer amtlicher Verwahrung befinden, aufbewahrt in der Nummernfolge des Verwahrungsbesuchs und gemeinschaftlich verschlossen durch die beiden Verwahrungsbeamten, § 27 Abs. 4 S. 5 AktO.[50] Geordnet nach Geburtsnamen, ist überdies zum Verwah- 13

42 MüKoFamFG/*Muscheler* § 346 Rn. 18; Prütting/Helms/*Fröhler* § 346 Rn. 34; Horndasch/Viefhues/*Heinemann* § 346 Rn. 17.

43 Vgl. Schulte-Bunert/Weinreich/*Burandt* § 346 Rn. 11.

44 Horndasch/Viefhues/*Heinemann* § 346 Rn. 6 (gerichtsinterne Verfügung); Burandt/Rojahn/*Gierl* § 346 Rn. 4 (Verfügung); Prütting/Helms/*Fröhler* § 346 Rn. 13 (bloße Verfügung, kein Beschluss); ebenso für Verfügung: Schulte-Bunert/Weinreich/*Burandt* § 346 Rn. 4, sowie MüKoFamFG/*Muscheler* § 346 Rn. 6 und 15; Keidel/*Zimmermann* § 346 Rn. 6; **aA** *Bumiller/Harders/Schwamb* § 346 Rn. 7: Beschluss nach § 38 FamFG.

45 Ebenso Keidel/*Zimmermann* § 346 Rn. 7; Burandt/Rojahn/*Gierl* § 346 Rn. 4; GForm-FamFG/*Poller* § 346 Rn. 8; MüKoFamFG/*Muscheler* § 346 Rn. 6.

46 Schulte-Bunert/Weinreich/*Burandt* § 346 Rn. 5; Keidel/*Zimmermann* § 346 Rn. 8.

47 Prütting/Helms/*Fröhler* § 346 Rn. 17.

48 MüKoFamFG/*Muscheler* § 346 Rn. 9; Prütting/Helms/*Fröhler* § 346 Rn. 18; Keidel/*Zimmermann* § 346 Rn. 10.

49 Vgl. GForm-FamFG/*Poller* § 346 Rn. 11.

50 Ebenso GForm-FamFG/*Poller* § 346 Rn. 11.

rungsbuch ein **Namensverzeichnis** zu führen,[51] welches gegen Zugriffe Unbefugter gesichert werden muss, § 27 Abs. 4a S. 1 und 3 AktO. Der Zweck des Namensverzeichnisses liegt darin, die Verfügung von Todes wegen schneller und leichter aufzufinden.[52]

14 **7. Erteilung eines Hinterlegungsscheins (Abs. 3, § 27 Abs. 6 AktO).** Über die in Verwahrung genommene Verfügung von Todes wegen erteilt das Nachlassgericht dem Erblasser einen **Hinterlegungsschein**, Abs. 3, dessen Inhalt dem Eintragungsvermerk der Spalten 1 und 2 des **Verwahrungsbuches** entspricht, § 27 Abs. 6 S. 1 AktO.[53] Anzugeben ist die **Verwahrungsbuchnummer**, darüber hinaus ist auf die Verfügung von Todes wegen, den versiegelten und verschlossenen Umschlag, den Inhalt der Umschlagsaufschrift und den Tag einzugehen, an dem die Verfügung von Todes wegen in die besondere amtliche Verwahrung genommen wurde.[54]

15 Der von einem[55] Urkundsbeamten unterschriebene Hinterlegungsschein ist dem **Erblasser** zu übersenden, sofern dieser nicht um Zuleitung an den **Notar** gebeten hat, vor dem die Verfügung von Todes wegen errichtet worden ist, § 27 Abs. 6 S. 2 AktO.

16 Bei einem **gemeinschaftlichen Testament** erhält jeder Testierende einen eigenen Hinterlegungsschein,[56] bei einem **Erbvertrag** jeder Vertragschließende, Abs. 3 Hs. 2, auch der bloß annehmende Vertragspartner.[57] Das alte FGG-Recht sah dies bei gemeinschaftlichen Testamenten nicht vor,[58] was Altfälle mit nur einem Hinterlegungsschein erklärt, erteilt für beide Testierende.

17 Eine Besonderheit gilt für den Hinterlegungsschein, der für **Nottestamente** erteilt wird. Der Hinterlegungsschein soll dann „einen Hinweis auf die Bestimmungen des § 2252 BGB enthalten", so § 27 Abs. 6 S. 1 Hs. 2 AktO, also die Bestimmungen über die Gültigkeitsdauer von Nottestamenten, die regelmäßig drei Monate beträgt.[59]

18 Eine **rechtliche Bedeutung** kommt dem Hinterlegungsschein nicht zu,[60] insbesondere nicht die Qualität einer gutachterlichen Bestätigung über die Wirksamkeit der Verfügung von Todes wegen, die in besondere amtliche Verwahrung genommen wurde. Richtigerweise ist im Hinterlegungsschein eine bloße Empfangsquittierung zu erkennen, ein Beleg,[61] ein Service für den Testierenden.[62]

19 **8. Mitteilung der Verwahrangaben an das Zentrale Testamentsregister (§ 347 Abs. 1).** Welche **Benachrichtigungspflichten** ausgelöst werden, regelt § 347

51 Zum Namensverzeichnis vgl. MüKoFamFG/*Muscheler* § 346 Rn. 9.
52 Zum Zweck vgl. MüKoFamFG/*Muscheler* § 346 Rn. 9.
53 Ebenso Prütting/Helms/*Fröhler* § 346 Rn. 23; Schulte-Bunert/Weinreich/*Burandt* § 346 Rn. 6.
54 Muster vgl. beispielsweise GForm-FamFG/*Poller* § 346 Rn. 2 und 16.
55 GForm-FamFG/*Poller* § 346 Rn. 16; *Bumiller/Harders/Schwamb* § 346 Rn. 13; aA *Heinemann* DNotZ 2009, 6 (27): Unterschrift nicht erforderlich; ebenso Prütting/Helms/*Fröhler* § 346 Rn. 23: Unterschrift und Siegel nicht erforderlich.
56 Vgl. auch MüKoFamFG/*Muscheler* § 346 Rn. 10.
57 Prütting/Helms/*Fröhler* § 346 Rn. 22; *Bumiller/Harders/Schwamb* § 346 Rn. 13; Prütting/Wegen/Weinreich/*Deppenkemper* BGB § 2300 Rn. 1.
58 Vgl. BT-Drs. 16/6308, 279; ebenso Prütting/Helms/*Fröhler* § 346 Rn. 2; *Bumiller/Harders/Schwamb* § 346 Rn. 13.
59 Vgl. § 2252 Abs. 1 BGB: Testament gilt als nicht errichtet, wenn seit der Errichtung drei Monate verstrichen sind und der Erblasser noch lebt. Zum Beginn und der Fristhemmung vgl. § 2252 Abs. 2 BGB.
60 Prütting/Helms/*Fröhler* § 346 Rn. 23; Keidel/*Zimmermann* § 346 Rn. 12.
61 jurisPK-BGB/*Bauermeister* § 2248 Rn. 12.
62 Vgl. Prütting/Helms/*Fröhler* § 346 Rn. 23; MüKoFamFG/*Muscheler* § 346 Rn. 10.

Abs. 1. Das Verwahrungsgericht, das ein eigenhändiges Testament oder ein Nottestament in die besondere amtliche Verwahrung nimmt, übermittelt unverzüglich die Verwahrangaben iSv § 78d Abs. 2 S. 2 BNotO elektronisch an die das Zentrale Testamentsregister führende Registerbehörde, § 347 Abs. 1 S. 1. Verwahrangaben sind Angaben, die zur Auffindung erbfolgerelevanter Urkunden erforderlich sind, § 78d Abs. 2 S. 2 BNotO.

9. Empfangsbestätigung des Gerichts (§ 27 Abs. 6 S. 3 AktO). Dem Notar oder Bürgermeister, der seiner Ablieferungspflicht nach § 34 Abs. 1 S. 4 BeurkG bzw. § 2249 Abs. 1 S. 4 BGB nachkommt, erteilt das Nachlassgericht auf Verlangen eine Empfangsbestätigung, § 27 Abs. 6 S. 3 AktO, worin kein Hinterlegungsschein zu erblicken ist.[63] Diese Empfangsbestätigung des Gerichts findet Eingang in den Vermerk, den der Notar für seine Urkundensammlung fertigt, vgl. § 20 DONot. 20

III. Einsichtnahme

In der Einsichtnahme in die Verfügung von Todes wegen ist keine Rückgabe zu erkennen,[64] wenngleich der Verwahrumschlag geöffnet und eine vorübergehende Entnahme erfolgt.[65] Die Intention derjenigen, die Einsicht nehmen,[66] zielt auch nicht auf einen Widerruf ab, ausgelöst durch die Rückgabe aus der besonderen amtlichen Verwahrung. Eine Widerrufswirkung kommt der Einsichtnahme nicht zu, so dass die Verfügung von Todes wegen wirksam bleibt.[67] Auf dem Umschlag bzw. der Urkunde wird dies explizit vermerkt,[68] um Zweifel über etwaige Einsichtsfolgen erst überhaupt nicht aufkommen zu lassen. Darüber hinaus wird eine Niederschrift über die Einsichtnahme gefertigt[69] und die Verfügung von Todes wegen erneut im Tresor verschlossen.[70] 21

IV. Rücknahme aus der besonderen amtlichen Verwahrung

1. Möglichkeit der Rücknahme; Herausgabeanordnung. Konträr zum Schutzzweck der besonderen amtlichen Verwahrung und zur Testierfreiheit verliefe es, den oder die Erblasser an die verwahrte Verfügung von Todes wegen bzw. den Erbvertrag zu ketten. Die besondere amtliche Verwahrung nimmt dem Erblasser nicht die Möglichkeit, die verwahrte Verfügung von Todes wegen jederzeit zurückzuverlangen.[71] Festgehalten ist dies ua in § 2256 Abs. 2 S. 1 BGB, danach kann ein entsprechender Antrag an das Nachlassgericht gerichtet werden.[72] Ein gemeinschaftliches Testament kann nur von beiden Ehegatten zurückgenommen werden, § 2272 BGB.[73] Vor der Rückgabe ist der Hinterlegungsschein zurückzufordern. 22

63 Prütting/Helms/*Fröhler* § 346 Rn. 15.
64 Horndasch/Viefhues/*Heinemann* § 346 Rn. 12.
65 Prütting/Helms/*Fröhler* § 346 Rn. 32.
66 Die Einsichtnahme beschränkt sich auf den Testator, dem beurkundenden Notar steht kein Einsichtsrecht zu, ebenso wenig dem Betreuer des Testators oder dem Finanzamt, vgl. Keidel/*Zimmermann* § 346 Rn. 19.
67 MüKoFamFG/*Muscheler* § 346 Rn. 11; GForm-FamFG/*Poller* § 346 Rn. 17; Prütting/Helms/*Fröhler* § 346 Rn. 32.
68 Vgl. MüKoFamFG/*Muscheler* § 346 Rn. 11.
69 Ebenso für Niederschrift Keidel/*Zimmermann* § 346 Rn. 19.
70 Muster einer Niederschrift über eine Einsichtnahme vgl. GForm-FamFG/*Poller* § 346 Rn. 3.
71 Vgl. auch Burandt/Rojahn/*Lauck* § 346 Rn. 4; *Roth* NJW-Spezial 2016, 103.
72 MüKoFamFG/*Muscheler* § 346 Rn. 12.
73 Vgl. *Roth* NJW-Spezial 2016, 103.

23 Sobald alle Voraussetzungen gegeben sind, erlässt das Nachlassgericht eine Herausgabeanordnung, die eine bloße Verfügung darstellt,[74] keinen Beschluss, vgl. auch § 27 Abs. 5 S. 3 AktO. An dieser Stelle setzt sich die verfahrensrechtliche Qualifizierung fort, die bereits die Annahmeverfügung prägt.[75] In der Herausgabeanordnung ist die Nummer des Verwahrungsbuches zu vermerken, § 27 Abs. 5 S. 3 AktO. Angeordnet wird die Herausgabe durch eine Anordnung des Rechtspflegers und des Urkundsbeamten der Geschäftsstelle. Eine Delegation nach § 36b RpflG scheidet aus.[76]

24 **2. Rechtsfolge der Rücknahme allgemein.** Die Rechtsfolgen der Rücknahme fallen unterschiedlich aus, abhängig davon, ob ein notarielles Testament, ein vor dem Bürgermeister errichtetes Nottestament, ein Konsulartestament oder ein privatschriftliches Testament aus der besonderen amtlichen Verwahrung genommen wird.

25 **3. Rechtsfolgen der Rücknahme eines notariellen Testaments, eines vor dem Bürgermeister errichteten Nottestaments bzw. eines Konsulartestaments.** Besonders gravierend fällt die Rücknahme eines notariellen Testaments bzw. eines vor dem Bürgermeister errichteten Nottestaments (§ 2249 BGB) bzw. eines Konsulartestaments[77] aus der besonderen amtlichen Verwahrung aus. Solche Testamente gelten als widerrufen, sobald das Testament aus der besonderen amtlichen Verwahrung genommen und dem Erblasser zurückgegeben wird, § 2256 Abs. 1 S. 1 BGB.[78] Der Widerruf tritt automatisch und auch dann ein, sollte der Erblasser diese Wirkung überhaupt nicht wünschen.[79] Der irreversiblen Wirkung der Rücknahme aus der besonderen amtlichen Verwahrung kann der Erblasser ebenso wenig durch eine erneute besondere amtliche Verwahrung[80] oder durch ein Widerrufstestament begegnen. Das zurückgenommene Testament gilt weiterhin als widerrufen. Die Rückgabe darf nur höchstpersönlich erfolgen,[81] § 2256 Abs. 2 S. 2 BGB, um den Widerrufswillen im Zeitpunkt der Rückgabe verlässlich eruieren zu können,[82] und setzt Testierfähigkeit des Erblassers voraus, der die Rückgabe verlangt[83] und dessen Identität durch das Nachlassgericht zweifelsfrei festzustellen ist.[84] In der Folge ist das Rückgabeverlangen eines zweifelsfrei nicht testierfähigen Erblassers zurückzuweisen.[85]

---

74 MüKoFamFG/*Muscheler* § 346 Rn. 15; Prütting/Helms/*Fröhler* § 346 Rn. 27; Keidel/*Zimmermann* § 346 Rn. 16; Horndasch/Viefhues/*Heinemann* § 346 Rn. 14.

75 Burandt/Rojahn/*Gierl* § 346 Rn. 4 (Verfügung); Prütting/Helms/*Fröhler* § 346 Rn. 13 und 27 (bloße Verfügung, kein Beschluss); ebenso für Verfügung: Schulte-Bunert/Weinreich/*Burandt* § 346 Rn. 4, sowie MüKoFamFG/*Muscheler* § 346 Rn. 6 und 15; Keidel/*Zimmermann* § 346 Rn. 16; aA *Bumiller/Harders/Schwamb* § 346 Rn. 7: Beschluss nach § 38.

76 Horndasch/Viefhues/*Heinemann* § 346 Rn. 13.

77 Auch diese Testamentsform unterfällt der Widerrufswirkung nach § 2256 Abs. 1 S. 1 BGB, da es in gleicher Weise in besondere amtliche Verwahrung zu geben ist, vgl. Burandt/Rojahn/*Lauck* § 2256 Rn. 1.

78 Vgl. *Roth* NJW-Spezial 2016, 103; Schulte-Bunert/Weinreich/*Burandt* § 346 Rn. 8; MüKoFamFG/*Muscheler* § 346 Rn. 16; Keidel/*Zimmermann* § 346 Rn. 15.

79 Burandt/Rojahn/*Lauck* BGB § 2256 Rn. 6; *Roth* NJW-Spezial 2016, 103; MüKoFamFG/*Muscheler* § 346 Rn. 16.

80 Keine „Heilung“ durch erneute Rückgabe, Burandt/Rojahn/*Lauck* BGB § 2256 Rn. 6; *Roth* NJW-Spezial 2016, 103.

81 Bei Auslandsaufenthalt des Antragstellers kann die Rückgabe durch Vermittlung eines Konsuls ins Werk gesetzt werden, vgl. MüKoFamFG/*Muscheler* § 346 Rn. 14.

82 Burandt/Rojahn/*Lauck* § 2256 Rn. 5.

83 Schulte-Bunert/Weinreich/*Burandt* § 346 Rn. 8; OLG Köln FamRZ 2014, 973; *Roth* NJW-Spezial 2016, 103; Keidel/*Zimmermann* § 346 Rn. 17.

84 Schulte-Bunert/Weinreich/*Burandt* § 346 Rn. 8 und 9.

85 OLG Köln FamRZ 2014, 973.

Die weitreichende und **nihilierende Wirkung** der Rücknahme ist der Grund dafür, warum das Gesetz eine **besondere gerichtliche Belehrung** über die Folgen der Rückgabe vorsieht. Das Nachlassgericht *soll* den Erblasser über die Widerrufsfolge belehren, dies auf der Urkunde vermerken und aktenkundig machen, dass beides geschehen ist, § 2256 Abs. 1 S. 2 BGB.[86] 26

Über die Rückgabe ist eine **Niederschrift** mit folgendem Vermerk zu fertigen, vgl. § 27 Abs. 9 S. 1 AktO:[87] 27

▶ Die Erblasserin/der Erblasser ist/sind darüber belehrt worden, dass die letztwillige Verfügung durch die Rückgabe als widerrufen gilt. Ein entsprechender Vermerk ist auf dem Testament angebracht worden. ◀

Auf der Urkunde ist sodann zu **vermerken**, vgl. § 27 Abs. 9 S. 2 AktO: 28

▶ Dieses Testament ... gilt durch die am ... erfolgte Rückgabe aus der amtlichen Verwahrung als widerrufen (§§ 2256, 2272 BGB).
..., den ...
... (Name) ... (Amtsbezeichnung). ◀

Da die Norm als Soll-Vorschrift ausgestaltet ist, wirkt sich eine **unterbliebene Belehrung** auf die Widerrufswirkung nicht aus.[88] 29

Vor der Rückgabe ist der **Hinterlegungsschein** zurückzufordern, § 27 Abs. 6 S. 4 AktO. Die Rücknahme setzt allerdings nicht voraus, dass dem Nachlassgericht der Hinterlegungsschein vorgelegt oder zurückgegeben wird,[89] sofern Zweifel an der Identität des Antragstellers nicht bestehen.[90] 30

4. Rücknahme eines Erbvertrags. Ein Erbvertrag, der **nur Verfügungen von Todes wegen**, nicht auch noch weitere Rechtsgeschäfte enthält, kann aus der besonderen amtlichen oder notariellen Verwahrung[91] genommen und den Vertragschließenden zurückgegeben werden, § 2300 Abs. 2 S. 1 BGB, mehreren Vertragschließenden wiederum nur **gemeinschaftlich**.[92] Die gesetzliche Regelung schließt damit die Rücknahme eines **kombinierten Erbvertrags** aus,[93] eines Erbvertrags, verkoppelt mit einem **weiteren Rechtsgeschäft unter Lebenden**,[94] beispielsweise einem Ehe-, Verfügungsunterlassungs- oder Pflegevertrag[95] oder einem Erb- und Pflichtteilsverzicht.[96] In der Nachlasspraxis erhalten solche Erbverträge häufig[97] mehrere verschiedene Aktenzeichen („IV" und „VI"-Aktenzeichen).[98] Eine Anordnung nach § 1638 BGB über die Beschränkung der Vermögenssorge ist jedoch nicht als Rechtsgeschäft unter Lebenden, sondern 31

86 Vgl. *Roth* NJW-Spezial 2016, 103.
87 Zur Niederschrift vgl. *Roth* NJW-Spezial 2016, 103; GForm-FamFG/*Poller* § 346 Rn. 4; Keidel/*Zimmermann* § 346 Rn. 15.
88 *Roth* NJW-Spezial 2016, 103.
89 Horndasch/Viefhues/*Heinemann* § 346 Rn. 10; *Roth* NJW-Spezial 2016, 103; Prütting/Helms/*Fröhler* § 346 Rn. 31; Keidel/*Zimmermann* § 346 Rn. 12.
90 MüKoFamFG/*Muscheler* § 346 Rn. 10.
91 Vgl. *Keim* ZEV 2003, 55 (56).
92 Zur Rücknahme vgl. *Keim* ZEV 2003, 55.
93 *Keim* ZEV 2003, 55; Prütting/Wegen/Weinreich/*Deppenkemper* BGB § 2300 Rn. 4; MüKoBGB/*Musielak* § 2300 Rn. 5; Prütting/Helms/*Fröhler* § 346 Rn. 25; MüKoFamFG/*Muscheler* § 346 Rn. 12.
94 Zur Problemlage vgl. OLG Hamm NJW 2015, 1187; vgl. im Übrigen *Keim* ZEV 2003, 55.
95 *Keim* ZEV 2003, 55.
96 Erman/*S. Kappler*/*T. Kappler* BGB § 2300 Rn. 3; ebenso *Keim* ZEV 2003, 55.
97 Die Nachlasspraxis verfährt nicht einheitlich.
98 Eine andere Praxismeinung vergibt nur ein Aktenzeichen (nur „IV").

als letztwillige Verfügung zu werten.[99] Verlangt werden kann allerdings die Rückgabe in die amtliche Verwahrung des Urkundsnotars.[100]

32 Eine weitere Einschränkung erfährt die Rücknahme dadurch, dass **nach dem Tod eines der Vertragschließenden** eine Rücknahme nicht mehr verlangt werden kann, § 2300 Abs. 2 S. 2 BGB iVm § 2290 Abs. 1 S. 2 BGB.[101]

33 Die Rückgabe darf nur **höchstpersönlich** erfolgen,[102] § 2300 Abs. 2 S. 2 BGB iVm § 2290 Abs. 2 S. 2 BGB,[103] um den Widerrufswillen im Zeitpunkt der Rückgabe feststellen zu können, bei mehreren Vertragschließenden nur gemeinschaftlich,[104] anderenfalls – *Rückgabe nur an einen Vertragschließenden* –, eine Aufhebung nicht eintritt.[105] Zurückzuweisen ist das Rückgabeverlangen eines Geschäftsunfähigen, das Rückgabeverlangen setzt vielmehr die **Geschäftsfähigkeit** voraus.[106] Verwiesen wird in § 2300 Abs. 2 S. 2 BGB auch auf § 2290 Abs. 3 BGB, was die Notwendigkeit einer **betreuungs- bzw. familiengerichtlichen Genehmigung** impliziert, sollte der Vertragschließende, der die Rückgabe des Erbvertrags verlangt, unter Betreuung stehen oder beschränkt geschäftsfähig sein.[107] Daneben obliegt es dem Nachlassgericht, die **Identität** der Vertragschließenden, die die Rückgabe verlangen, zweifelsfrei festzustellen.[108]

34 Sofern ein Erbvertrag in der beschriebenen Weise zurückgenommen wird, gilt er als **widerrufen**, sobald er den Vertragschließenden zurückgegeben wird, § 2300 Abs. 2 S. 3 BGB iVm § 2256 Abs. 1 BGB.[109] Vertragsmäßige Verfügungen sind damit aufgehoben, einseitige Verfügungen widerrufen.[110] Über die Verweisung in § 2300 Abs. 2 S. 3 BGB gilt § 2256 Abs. 1 BGB entsprechend, also die **besondere gerichtliche Belehrungspflicht** über die Folgen der Rückgabe.[111] Das Nachlassgericht *soll* den Erblasser über die Widerrufsfolge belehren, dies auf der Urkunde vermerken und aktenkundig machen, dass beides geschehen ist, §§ 2300 Abs. 2 S. 3, 2256 Abs. 1 S. 2 BGB.[112]

35 Über die Rückgabe ist eine **Niederschrift** mit folgendem Vermerk zu fertigen,[113] vgl. § 27 Abs. 9 S. 1 AktO:

99 OLG Hamm NJW 2015, 1187 = FamRZ 2015, 959.
100 GForm-FamFG/*Poller* § 346 Rn. 20; MüKoFamFG/*Muscheler* § 346 Rn. 12.
101 Vgl. MüKoBGB/*Musielak* BGB § 2300 Rn. 5.
102 Vgl. *Keim* ZEV 2003, 55 (56).
103 Bei Auslandsaufenthalt des Antragstellers kann die Rückgabe durch Vermittlung eines Konsuls ins Werk gesetzt werden, vgl. MüKoFamFG/*Muscheler* § 346 Rn. 14.
104 Zur Rücknahme *Keim* ZEV 2003, 55.
105 *Keim* ZEV 2003, 55 (56); Prütting/Wegen/Weinreich/*Deppenkemper* BGB § 2300 Rn. 4.
106 *Keim* ZEV 2003, 55 (56); zur ähnlichen Konstellation bei Rücknahme eines notariellen Testaments vgl. OLG Köln FamRZ 2014, 973, keine Rücknahme bei zweifelsfrei nicht testierfähigem Erblasser.
107 Burandt/Rojahn/*Burandt* BGB § 2300 Rn. 4; MüKoBGB/*Musielak* BGB § 2300 Rn. 5.
108 Schulte-Bunert/Weinreich/*Burandt* § 346 Rn. 8 und 9.
109 Erman/*S. Kappler*/*T. Kappler* BGB § 2300 Rn. 3; MüKoFamFG/*Muscheler* § 346 Rn. 16.
110 Prütting/Wegen/Weinreich/*Deppenkemper* BGB § 2300 Rn. 5.
111 MüKoBGB/*Musielak* BGB § 2300 Rn. 5.
112 Vgl. *Roth* NJW-Spezial 2016, 103.
113 Zur Rücknahme eines Erbvertrags aus der notariellen Verwahrung vgl. *Keim* ZEV 2003, 55 (57), zu empfehlen ist ein einfacher Aktenvermerk des Notars (Muster vgl. *Keim* ZEV 2003, 55 (57)).

▶ Die Vertragschließenden sind darüber belehrt worden, dass die letztwillige Verfügung durch die Rückgabe als widerrufen gilt. Ein entsprechender Vermerk ist auf dem Erbvertrag angebracht worden. ◀

Auf der **Urkunde** ist sodann zu **vermerken**, vgl. § 27 Abs. 9 S. 2 AktO:[114] 36

▶ Dieser Erbvertrag ... gilt durch die am ... erfolgte Rückgabe aus der amtlichen Verwahrung als widerrufen (§§ 2256, 2300 Abs. 2 S. 3 BGB).

..., den ...

...(Name) ... (Amtsbezeichnung). ◀

Die Norm ist als Soll-Vorschrift ausgestaltet, weshalb sich eine **unterbliebene Belehrung** auf die Widerrufswirkung nicht auswirkt.[115] Die Rücknahme aus der besonderen amtlichen Verwahrung ist irreversibel, kann deshalb auch nicht durch eine erneute besondere amtliche Verwahrung[116] oder durch ein Widerrufstestament wieder beseitigt werden. Die Rücknahme setzt nicht voraus, dass dem Nachlassgericht der Hinterlegungsschein vorgelegt oder zurückgegeben wird.[117] 37

5. Rücknahme eines eigenhändigen Testaments. Anders dagegen die **Rücknahme eines eigenhändigen Testaments** (§ 2247 BGB), das auch jederzeit zurückverlangt und nur höchstpersönlich wieder zurückgegeben werden kann, § 2256 Abs. 3, Abs. 2 BGB, allerdings ist die Rücknahme eines eigenhändigen Testaments nicht mit einer Widerrufswirkung verbunden.[118] Die Rückgabe eines eigenhändigen Testaments ist **ohne Einfluss auf die Wirksamkeit des Testaments**, vgl. § 2256 Abs. 3 Hs. 2 BGB, das zurückgenommene eigenhändige Testament bleibt wirksam.[119] Dennoch kann die Rückgabe nicht erfolgen, sollte der Erblasser nicht mehr **geschäftsfähig** sein.[120] 38

V. Gebühren

Für die besondere amtliche Verwahrung bringt das Amtsgericht eine einmalige **Festgebühr** iHv 75 EUR in Ansatz, vgl. KV Nr. 12100 GNotKG,[121] womit die Verwahrung, der Hinterlegungsschein,[122] die Mitteilung, die Einsichtnahme[123] und auch die spätere Herausgabe[124] pauschal abgegolten sind,[125] nicht jedoch die Gebühr für die Eintragung in das Zentrale Testamentsregister der Bundesnotarkammer. Weil eine einmalige Festgebühr erhoben wird, keine Wertgebühr,[126] ist es nicht mehr erforderlich, dem Gericht den Geschäftswert mitzutei- 39

114 *Keim* ZEV 2003, 55 (57).
115 *Roth* NJW-Spezial 2016, 103; Erman/*S. Kappler/T. Kappler* BGB § 2300 Rn. 3.
116 Keine „Heilung" durch erneute Rückgabe, Burandt/Rojahn/*Lauck* § 2256 Rn. 6; *Roth* NJW-Spezial 2016, 103; Erman/*S. Kappler/T. Kappler* BGB § 2300 Rn. 4.
117 *Roth* NJW-Spezial 2016, 103.
118 Prütting/Helms/*Fröhler* § 346 Rn. 28.
119 *Roth* NJW-Spezial 2016, 103; Prütting/Helms/*Fröhler* § 346 Rn. 28; MüKoFamFG/*Muscheler* § 346 Rn. 16; Keidel/*Zimmermann* § 346 Rn. 15.
120 Prütting/Helms/*Fröhler* § 346 Rn. 28.
121 Überholt dagegen jurisPK-BGB/*Bauermeister* § 2248 Rn. 11, der immer noch von der Geltung der KostO ausgeht und von einer Wertgebühr spricht.
122 Keidel/*Zimmermann* § 346 Rn. 11, keine zusätzliche Gebühr für den Hinterlegungsschein.
123 Ebenso Schulte-Bunert/Weinreich/*Burandt* § 346 Rn. 12; Keidel/*Zimmermann* § 346 Rn. 22.
124 *Roth* NJW-Spezial 2016, 103; MüKoFamFG/*Muscheler* § 346 Rn. 17.
125 Korintenberg/*Wilsch* KV 12100, 12101 GNotKG Rn. 5; Schulte-Bunert/Weinreich/*Burandt* § 346 Rn. 12; Prütting/Helms/*Fröhler* § 346 Rn. 36; MüKoFamFG/*Muscheler* § 346 Rn. 17.
126 Überholt jurisPK-BGB/*Bauermeister* BGB § 2248 Rn. 11.

len.[127] Die Ermittlung eines Geschäftswertes entfällt. Kostenschuldner ist der Antragsteller, § 22 Abs. 1 GNotKG.

§ 347 Mitteilung über die Verwahrung

(1) [1]Nimmt das Gericht ein eigenhändiges Testament oder ein Nottestament in die besondere amtliche Verwahrung, übermittelt es unverzüglich die Verwahrangaben im Sinne von § 78d Absatz 2 Satz 2 der Bundesnotarordnung elektronisch an die das Zentrale Testamentsregister führende Registerbehörde. [2]Satz 1 gilt entsprechend für eigenhändige gemeinschaftliche Testamente und Erbverträge, die nicht in besondere amtliche Verwahrung genommen worden sind, wenn sie nach dem Tod des Erstverstorbenen eröffnet wurden und nicht ausschließlich Anordnungen enthalten, die sich auf den mit dem Tod des Erstverstorbenen eingetretenen Erbfall beziehen.

(2) Wird ein gemeinschaftliches Testament oder ein Erbvertrag nach § 349 Absatz 2 Satz 2 und Absatz 4 erneut in die besondere amtliche Verwahrung genommen, so übermittelt das nach § 344 Absatz 2 oder Absatz 3 zuständige Gericht die Verwahrangaben an die das Zentrale Testamentsregister führende Registerbehörde, soweit vorhanden unter Bezugnahme auf die bisherige Registrierung.

(3) Wird eine in die besondere amtliche Verwahrung genommene Verfügung von Todes wegen aus der besonderen amtlichen Verwahrung zurückgegeben, teilt das verwahrende Gericht dies der Registerbehörde mit.

Literatur:

Bormann, Das Zentrale Testamentsregister in der notariellen Praxis, ZEV 2011, 628; *Diehn*, Das Zentrale Testamentsregister in der notariellen Praxis, DNotZ 2011, 676; *Diehn*, Testamentsverzeichnisüberführung und Benachrichtigungswesen in Nachlasssachen mit dem Zentralen Testamentsregister der Bundesnotarkammer, StAZ 2011, 70; *Gottwald*, Das Zentrale Testamentsregister, ZAP Fach 12, 233; *Herzog*, Das zentrale Testamentsregister, ErbR 2012, 294; *Krüger*, Einführung des Zentralen Testamentsregisters, ErbR 2011, 338; *Panz*, Das Zentrale Testamentsregister und die Dokumentenpauschale, Rpfleger 2012, 664; *Seebach*, Die Europäische Testamentsregisterverknüpfung, Rpfleger 2016, 317.

127 Überholt jurisPK-BGB/*Bauermeister* BGB § 2248 Rn. 11.

I. Allgemeines

Die Regelung kreist um das von der **Bundesnotarkammer** betriebene vollelektronische Zentrale Testamentsregister (ZTR),[1] das am 1.1.2012 seine Arbeit aufnahm,[2] um das Benachrichtigungswesen in Nachlasssachen[3] einem kompletten Relaunch[4] zu unterziehen.[5] Begleitet wurde es von einem Testamentsverzeichnis-Überführungsgesetz (TVÜG)[6] und von der Testamentsregister-Verordnung (ZTRV).[7] Zum 31.12.2018 verzeichnete das Zentrale Testamentsregister 20,8 Mio. Registrierungen,[8] wovon allein 16,7 Mio. Registrierungen auf erbfolgerelevante Urkunden entfielen.[9] Die jährlichen Registrierungen bewegen sich im Bereich einer halben Million Urkunden.[10] Gegen Ende des Jahres 2016 konnte die Testamentsverzeichnisüberführung abgeschlossen werden[11] mit der Folge, dass die Regelungen in § 347 Abs. 4–6 aF obsolet geworden waren.[12] 1

1 Zum Gesetzgebungsverfahren vgl. *Herzog* ErbR 2012, 294 (295), dort auch zur Überführung der Altdaten. Zum Zentralen Testamentsregister vgl. *Bormann* ZEV 2011, 628; *Diehn* DNotZ 2011, 676. Zur Situation vor der Einführung des Zentralen Testamentsregisters vgl. Keidel/*Zimmermann* § 347 Rn. 1 und 3. Zur Historie vgl. Büttner/Frohn/Seebach/*Seebach*, ELRV im Notariat, Kap. 4 Rn. 17 und 19.

2 *Bormann* ZEV 2011, 628.

3 *Bormann* ZEV 2011, 628.

4 Die dezentrale Registrierung beim Geburtsstandesamt des Erblassers ist damit entfallen, die Registrierung erfolgt nunmehr zentral beim Zentralen Testamentsregister, vgl. BR-Drs. 349/11; Bumiller/Harders/Schwamb/*Harders* § 347 Rn. 1; *Diehn* DNotZ 2011, 676; Keidel/*Zimmermann* § 347 Rn. 1.

5 Büttner/Frohn/Seebach/*Seebach*, ELRV im Notariat, Kap. 4 Rn. 11 („Gewährleistung von Erbrecht und Testierfreiheit").

6 TVÜG v. 22.12.2010, BGBl. 2010 I 2255, FNA 303-22; Büttner/Frohn/Seebach/*Seebach*, ELRV im Notariat, Kap. 4 Rn. 24–27. Das TVÜG ist am 27.12.2020 außer Kraft getreten.

7 BR-Drs. 349/11.

8 Quelle: Jahresbericht 2018 des Zentralen Testamentsregisters. Von „ca. 480 Mrd. Such-Operationen pro Werktag" spricht die Darstellung bei Büttner/Frohn/Seebach/*Seebach*, ELRV im Notariat, Kap. 4 Rn. 123.

9 Jahresbericht 2018 des Zentralen Testamentsregisters.

10 Jahresbericht 2018 des Zentralen Testamentsregisters: für 2018 489.000 Registrierungen, im Jahr 2017 512.000 Registrierungen.

11 Überführung der Hauptkartei und der Testamentsverzeichnisse der 16 Bundesländer in das Zentrale Testamentsregister; vgl. MüKoFamFG/*Muscheler* § 347 Rn. 1; überholt dagegen Bahrenfuss/*Wick* § 347 Rn. 1.

12 Überholt Bahrenfuss/*Wick* § 347 Rn. 1.

2 Das Zentrale Testamentsregister speichert spezielle **Verwahrangaben** zu erbfolgerelevanten Urkunden, nicht jedoch den Inhalt dieser Urkunden,[13] offeriert auch keinen Scan der Urkunde und ebenso wenig einen typisierten Inhalt der erbfolgerelevanten Urkunde.[14] Eine materiellrechtliche Wirkung kommt der Registrierung nicht zu, insbesondere ist die Registrierung keine Wirksamkeitsvoraussetzung für die Verfügung von Todes wegen. Unter **erbfolgerelevanten Urkunden** sind Testamente, Erbverträge und alle Urkunden mit Erklärungen zu verstehen, die die Erbfolge beeinflussen können, § 78d Abs. 2 S. 1 BNotO. Verwahrangaben sind Angaben, die zur Auffindung[15] erbfolgerelevanter Urkunden erforderlich sind, § 78d Abs. 2 S. 2 BNotO. Die Regelungen sichern das öffentliche Interesse an einem geordneten Verwahrungsverfahren.[16]

II. Mitteilungspflicht des Verwahrungsgerichts über die besondere amtliche Verwahrung (Abs. 1)

3 **1. Anwendungsbereich** (Abs. 1). Die Mitteilungspflicht nach Abs. 1 S. 1, die das Verwahrgericht betrifft,[17] bezieht sich auf **eigenhändige Testamente** (§ 2247 BGB) und **Nottestamente** (§§ 2249–2251 BGB),[18] die in die besondere amtliche Verwahrung genommen werden.[19] Der Mitteilungspflicht ist unverzüglich nachzukommen.[20] Mitumfasst von der Mitteilungspflicht sind eigenhändige gemeinschaftliche Testamente und Erbverträge, die nicht aus der besonderen amtlichen Verwahrung stammen, jedoch nach dem Tod des Erstversterbenden eröffnet wurden und auch Anordnungen für den zweiten Erbfall enthalten, Abs. 1 S. 2.[21] Eingeschlossen in die Mitteilungspflicht ist ein **gerichtlicher Vergleich**, sofern er eine erbfolgerelevante Urkunde iSv § 78d Abs. 2 S. 1 BNotO darstellt. Der gerichtliche Vergleich ist zwar nicht explizit in Abs. 1 erwähnt, er findet jedoch Berücksichtigung in § 78d Abs. 4 BNotO.[22] Der Erblasser ist verpflichtet, dem Gericht die zur Registrierung des gerichtlichen Vergleichs erforderlichen Daten mitzuteilen, § 78d Abs. 4 S. 2 BNotO.[23] Das Gericht, vor dem der Vergleich geschlossen wurde, ist gehalten, die Mitteilungspflicht nach Abs. 1[24] zu erfüllen.

4 Falls die erbfolgerelevante Urkunde **mehrere Erblasser** bzw. **mehrere Vertragspartner** betrifft, sind die Verwahrangaben für jeden Erblasser bzw. Vertragspartner zu übermitteln, § 2 Abs. 1 S. 2 ZTRV.[25]

---

13 *Herzog* ErbR 2012, 294 (295); *Diehn* DNotZ 2011, 676 (680); Bork/Jacoby/Schwab/*Rellermeyer* § 347 Rn. 3; *Bormann* ZEV 2011, 628 (630); Keidel/*Zimmermann* § 347 Rn. 8.
14 Büttner/Frohn/Seebach/*Seebach*, ELRV im Notariat, Kap. 4 Rn. 60 und 102.
15 *Herzog* ErbR 2012, 294; Bumiller/Harders/Schwamb/*Harders* § 347 Rn. 4.
16 OLG München NJW-RR 2018, 1423 (1424).
17 Bork/Jacoby/Schwab/*Rellermeyer* § 347 Rn. 2.
18 Nottestamente vor dem Bürgermeister, § 2249 BGB; Nottestament vor drei Zeugen, § 2250 BGB; Nottestament auf See, § 2251 BGB. Zur zeitlichen Beschränkung von drei Monaten vgl. § 2252 BGB.
19 Vgl. § 2248 BGB, ein eigenhändiges Testament ist auf Verlangen des Erblassers in die besondere amtliche Verwahrung zu nehmen.
20 Unter Umständen Amtspflichtverletzung nach § 839 BGB, falls dieser Pflicht nicht unverzüglich nachgekommen wird.
21 Bork/Jacoby/Schwab/*Rellermeyer* § 347 Rn. 6.
22 *Herzog* ErbR 2012, 294 (296).
23 Bumiller/Harders/Schwamb/*Harders* § 347 Rn. 10.
24 Bork/Jacoby/Schwab/*Rellermeyer* § 347 Rn. 2; Burandt/Rojahn/*Gierl* § 347 Rn. 12.
25 Verordnung zur Errichtung und Führung des Zentralen Testamentsregisters (Testamentsregister-Verordnung – ZTRV) v. 11.7.2011, BGBl. I 1386, FNA 303-1-3; ebenso *Bormann* ZEV 2011, 628; Keidel/*Zimmermann* § 347 Rn. 7.

2. Exkurs: Mitteilungspflicht des Notars und des Konsularbeamten nach § 34a BeurkG. Nach Errichtung einer erbfolgerelevanten Urkunde iSv § 78d Abs. 2 S. 1 BNotO übermittelt[26] der Notar unverzüglich[27] **elektronisch** die Verwahrangaben an das Zentrale Testamentsregister, § 34a Abs. 1 S. 1 BeurkG iVm § 2 Abs. 1 S. 1 ZTRV,[28] demnach noch vor Versendung der Urkunde an das Amtsgericht.[29] Gleiches gilt für den **Konsularbeamten**, § 10 Abs. 3 KonsG iVm § 34a BeurkG.[30] 5

Zu den **erbfolgerelevanten Urkunden** zählen Testamente, Erbverträge[31] und alle Urkunden mit Erklärungen, die die Erbfolge beeinflussen können, § 78d Abs. 2 S. 1 BNotO, auch wenn sie keinerlei Erbeinsetzung, sondern nur ein Vermächtnis enthalten[32] oder nur ein Vermächtnis aufheben.[33] Das Gesetz erwähnt beispielhaft: 6

- Aufhebungsverträge[34]
- Rücktritts-[35] und Anfechtungserklärungen[36]
- Erb- und Zuwendungsverzichtsverträge
- Ehe- und Lebenspartnerschaftsverträge,[37] sofern Gütertrennung vereinbart oder aufgehoben wird[38]
- Rechtswahlen,[39] vgl. § 78d Abs. 2 S. 1 BNotO
- ferner implizit den ehevertraglichen Ausschluss des erbrechtlichen Zugewinnausgleichs nach § 1371 Abs. 1 BGB.[40]

Die notarielle Mitteilungspflicht gilt auch für jede Beurkundung von Änderungen erbfolgerelevanter Urkunden, vgl. § 34a Abs. 1 S. 2 BeurkG, und für die **Rückgabe** eines in notarieller Verwahrung befindlichen Erbvertrags, vgl. § 34a Abs. 2 BeurkG. 7

Keine Erwähnung fanden hingegen: 8

- der Pflichtteilsverzicht[41]

---

26 *Bormann* ZEV 2011, 628; *Diehn* DNotZ 2011, 676 (681); Büttner/Frohn/Seebach/*Seebach*, ELRV im Notariat, Kap. 4 Rn. 104.
27 Also unmittelbar nach Errichtung der Urkunde, *Bormann* ZEV 2011, 628.
28 Verordnung zur Errichtung und Führung des Zentralen Testamentsregisters (Testamentsregister-Verordnung – ZTRV) v. 11.7.2011, BGBl. I 1386, FNA 303-1-3.
29 Büttner/Frohn/Seebach/*Seebach*, ELRV im Notariat, Kap. 4 Rn. 104.
30 *Diehn* DNotZ 2011, 676 (681).
31 Bumiller/Harders/Schwamb/*Harders* § 347 Rn. 6.
32 Büttner/Frohn/Seebach/*Seebach*, ELRV im Notariat, Kap. 4 Rn. 40.
33 Büttner/Frohn/Seebach/*Seebach*, ELRV im Notariat, Kap. 4 Rn. 42.
34 *Diehn* DNotZ 2011, 676 (677).
35 *Bormann* ZEV 2011, 628 (629); *Diehn* DNotZ 2011, 676 (677); Büttner/Frohn/Seebach/*Seebach*, ELRV im Notariat, Kap. 4 Rn. 48.
36 *Bormann* ZEV 2011, 628 (629); *Diehn* DNotZ 2011, 676 (678).
37 *Bormann* ZEV 2011, 628 (629); *Diehn* DNotZ 2011, 676 (678).
38 Büttner/Frohn/Seebach/*Seebach*, ELRV im Notariat, Kap. 4 Rn. 49; *Bormann* ZEV 2011, 628 (629); *Diehn* DNotZ 2011, 676. 678.
39 *Bormann* ZEV 2011, 628 (629); Büttner/Frohn/Seebach/*Seebach*, ELRV im Notariat, Kap. 4 Rn. 50.
40 *Diehn* DNotZ 2011, 676 (678); Büttner/Frohn/Seebach/*Seebach*, ELRV im Notariat, Kap. 4 Rn. 49.
41 Bumiller/Harders/Schwamb/*Harders* § 347 Rn. 9; *Bormann* ZEV 2011, 628 (629); *Diehn* DNotZ 2011, 676 (678); Büttner/Frohn/Seebach/*Seebach*, ELRV im Notariat, Kap. 4 Rn. 47; aA Diehn/*Diehn* BNotO § 78b Rn. 20: freiwillige Registerpflicht des Pflichtteilsverzichtsvertrags, dieser sei auf den Erblasser zu registrieren, vgl. die Darstellung bei Büttner/Frohn/Seebach/*Seebach*, ELRV im Notariat, Kap. 4 Rn. 47.

- statusrechtliche Erklärungen,[42] beispielsweise Vaterschaftsanerkennungen oder Adoptionen[43]
- sowie Ausschlagungserklärungen[44] oder
- Überlassungen[45] im Wege der vorweggenommenen Erbfolge.

9 Ihnen kommt keine bzw. keine unmittelbare Erbfolgerelevanz zu, weshalb sie nicht der Registerpflicht unterliegen.

10 **3. Verwahrangaben iSv § 78d Abs. 2 S. 2 BNotO, § 1 ZTRV.** Verwahrangaben sind Angaben, die zur Auffindung erbfolgerelevanter Urkunden erforderlich sind, § 78d Abs. 2 S. 2 BNotO. Die Registerbehörde nimmt die in § 1 ZTRV[46] erwähnten Verwahrangaben in das Zentrale Testamentsregister auf, die wesentlich zur Auffindung der erbfolgerelevanten Urkunden beitragen sollen und deshalb sorgfältig recherchiert und übermittelt werden müssen.[47]

11 Verwahrangaben nach § 1 ZTRV sind:[48]

- die Daten des Erblassers (Familienname,[49] Geburtsdatum,[50] alle Vornamen,[51] Geschlecht,[52] Tag und Ort der Geburt,[53] Geburtsstandesamt, Geburtenregisternummer,[54] sofern die Geburt im Inland beurkundet wurde,

---

42 Büttner/Frohn/Seebach/*Seebach*, ELRV im Notariat, Kap. 4 Rn. 51.

43 Büttner/Frohn/Seebach/*Seebach*, ELRV im Notariat, Kap. 4 Rn. 51.

44 *Herzog* ErbR 2012, 294 (295) (ohne Einfluss auf Erbfolge bzw. keine Erklärung des Erblassers); *Bormann* ZEV 2011, 628 (629).

45 Büttner/Frohn/Seebach/*Seebach*, ELRV im Notariat, Kap. 4 Rn. 54.

46 Verordnung zur Errichtung und Führung des Zentralen Testamentsregisters (Testamentsregister-Verordnung – ZTRV) v. 11.7.2011, BGBl. I 1386, FNA 303–1–3.

47 *Bormann* ZEV 2011, 628 (629); *Diehn* DNotZ 2011, 676 (679).

48 Vgl. zu den Verwahrangaben Bork/Jacoby/Schwab/*Rellermeyer* § 347 Rn. 4; Burandt/Rojahn/*Gierl* § 347 Rn. 3; Bumiller/Harders/Schwamb/*Harders* § 347 Rn. 4; *Diehn* DNotZ 2011, 676 (679); Keidel/*Zimmermann* § 347 Rn. 7.

49 Nicht dagegen ein Künstlername, ein Adelstitel oder ein akademischer Titel, diese werden nicht registriert und müssen deshalb auch nicht gemeldet werden, vgl. Büttner/Frohn/Seebach/*Seebach*, ELRV im Notariat, Kap. 4 Rn. 63; *Herzog* ErbR 2012, 294 (295). Zur richtigen Ermittlung aller Namensbestandteile wird die Einsicht in die Geburtsurkunde des Erblassers empfohlen, *Diehn* DNotZ 2011, 676 (680); ähnlich Büttner/Frohn/Seebach/*Seebach*, ELRV im Notariat, Kap. 4 Rn. 66: Geburtsurkunde als „bevorzugenswerte() Quelle()". Ein Muster für die Anforderung einer Geburtsurkunde für Registrierungszwecke enthält die Darstellung bei Büttner/Frohn/Seebach/*Seebach*, ELRV im Notariat, Kap. 4 Rn. 72. Der Namen des Erblassers darf auch nicht abgekürzt werden, vgl. Keidel/*Zimmermann* § 347 Rn. 25.

50 Hat der Erblasser kein amtliches Geburtsdatum, ist Rücksprache mit dem Zentralen Testamentsregister zu nehmen, uU können Zeitspannen eingetragen werden.

51 BR-Drs. 349/11, Amtliche Begründung, 9; Büttner/Frohn/Seebach/*Seebach*, ELRV im Notariat, Kap. 4 Rn. 61.

52 Eine dritte Geschlechtsoption (divers) kennt das ZTR derzeit noch nicht, vgl. die Darstellung bei Büttner/Frohn/Seebach/*Seebach*, ELRV im Notariat, Kap. 4 Rn. 61.

53 Kalendermäßige Bezeichnung mit Hinweis auf die politische Gemeinde, Büttner/Frohn/Seebach/*Seebach*, ELRV im Notariat, Kap. 4 Rn. 61.

54 Diese Nummer kann nachgereicht werden, die Registrierung kann vorerst auch ohne diese Nummer erfolgen, vgl. § 2 Abs. 2 S. 1 ZTRV. Ebenso bereits BR-Drs. 349/11, Amtliche Begründung, 11. Die Nummer wird ohne Buchstaben eingetragen, lediglich mit der Nummer und der Jahreszahl. Um die Geburtenregisternummer nachträglich ergänzen zu können, ist eine Wiedervorlage der Akte unabdingbar, Büttner/Frohn/Seebach/*Seebach*, ELRV im Notariat, Kap. 4 Rn. 75 (dort auch mit Hinweis auf die ZTR-Webanwendung „Einsicht/Bearbeiten", Unterpunkt „Geburtenregisternummer ergänzen"). Denn der Geburtenregisternummer kommt erhebliche Bedeutung zu, so dass keinesfalls hierauf verzichtet werden kann, vgl. Büttner/Frohn/Seebach/*Seebach*, ELRV im Notariat, Kap. 4 Rn. 273.

sowie der Staat der Geburt, sofern der Erblasser im Ausland geboren wurde, nicht dagegen die Eltern des Erblassers),[55] § 1 S. 1 Nr. 1 lit. a–d ZTRV
- die Bezeichnung und Anschrift der Verwahrstelle, § 1 S. 1 Nr. 2 ZTRV[56]
- die Verwahrnummer,[57] die Verwahrbuchnummer oder das Aktenzeichen des Verfahrens der Verwahrstelle, § 1 S. 1 Nr. 3 ZTRV
- die Art und das Datum der Errichtung der erbfolgerelevanten Urkunde, § 1 S. 1 Nr. 4 ZTRV
- der Name, Amtssitz und die Urkundenrollen-Nummer des Notars bei notariellen Urkunden, § 1 S. 1 Nr. 5 ZTRV.

Falls dies die Auffindung erbfolgerelevanter Urkunden erfordert, kann die Registerbehörde **zusätzliche Angaben** aufnehmen, § 1 S. 2 ZTRV. Die gespeicherten Verwahrdaten sind erst nach Ablauf des 30. auf die Sterbefallmitteilung folgenden Kalenderjahres zu löschen, § 78d Abs. 1 S. 2 BNotO. 12

4. Elektronische Übermittlung an das Zentrale Testamentsregister. Die Regelung in Abs. 1 verpflichtet das Verwahrgericht dazu, die Verwahrangaben der beschriebenen erbfolgerelevanten Urkunden **unverzüglich elektronisch** an das Zentrale Testamentsregister zu **übermitteln.**[58] Damit korrespondieren die Bestimmungen in §§ 2 Abs. 1 S. 1, 9 Abs. 1 ZTRV. Bei **mehreren Erblassern** bzw. **Vertragspartnern** sind die Verwahrangaben für jeden Erblasser bzw. jeden Vertragspartner zu übermitteln, § 2 Abs. 1 S. 2 ZTRV.[59] 13

5. Registrierungsverfahren, § 3 ZTRV. Die übermittelten Verwahrangaben werden für jeden Erblasser[60] bzw. jeden Vertragspartner unter einer **Registernummer** zu einem Verwahrdatensatz zusammengefasst, gefolgt von der Zuordnung jeder erbfolgerelevanten Urkunde zu einer **ZTR-Verwahrnummer**, die, bezogen auf das Verwahrgericht, von der Registerbehörde vergeben wird,[61] § 3 Abs. 1 S. 1 und 2 ZTRV, und gefolgt von der Speicherung in einem elektronischen System, der eigentlichen Registrierung, § 10 Abs. 1 ZTRV.[62] Der Melder erhält eine **Bestätigung**[63] über die erfolgreiche Registrierung und über die Angaben des Verwahrdatensatzes, § 3 Abs. 2 S. 1 ZTRV, die er an den Erblasser weiterreicht, damit dieser die Registrierungsbestätigung auf Richtig- und Vollständigkeit überprüfen kann. Der Notar nimmt einen Ausdruck der Bestätigung in die **Urkundensammlung,** § 20 Abs. 2 DONot.[64] Etwaige Fehler der Registrierungs- 14

55 *Diehn* DNotZ 2011, 676 (679); Büttner/Frohn/Seebach/*Seebach*, ELRV im Notariat, Kap. 4 Rn. 63.
56 BR-Drs. 349/11, Amtliche Begründung, 9 und 10.
57 Die Verwahrnummer wird durch die Registerbehörde vergeben, *Herzog* ErbR 2012, 294 (295). Nach dem Tod des Erstversterbenden wird eine neue Verwahrnummer vergeben, *Herzog* ErbR 2012, 294 (296).
58 LG Potsdam jurisPR-FamR 2/2014 Anm. 1; Bork/Jacoby/Schwab/*Rellermeyer* § 347 Rn. 5.
59 Bumiller/Harders/Schwamb/Harders/*Harders* § 347 Rn. 4.
60 Vgl. § 2 Abs. 1 S. 2 ZTRV: Betrifft eine erbfolgerelevante Urkunde mehrere Erblasser, sind die Verwahrangaben für jeden Erblasser zu übermitteln. Dies geschieht, um jeden Sterbefall individuell bearbeiten zu können. Vgl. auch Burandt/Rojahn/*Gierl* § 347 Rn. 5 sowie *Herzog* ErbR 2012, 294 (296).
61 *Herzog* ErbR 2012, 294 (295); mithilfe der ZTR-Verwahrnummer soll dann die erbfolgerelevante Urkunde aufgefunden werden; ebenso Burandt/Rojahn/*Gierl* § 347 Rn. 5.
62 Zum Registrierungsverfahren vgl. bereits BR-Drs. 349/11, Amtliche Begründung, 11 ff.
63 *Herzog* ErbR 2012, 294 (296); *Bormann* ZEV 2011, 628 (630). In der Bestätigung erfolgt ferner ein Hinweis auf die Gebührenfestsetzung, vgl. Büttner/Frohn/Seebach/*Seebach*, ELRV im Notariat, Kap. 4 Rn. 210.
64 Büttner/Frohn/Seebach/*Seebach*, ELRV im Notariat, Kap. 4 Rn. 212.

bestätigung sind dem Notar mitzuteilen, um die Berichtigung schnellstmöglich und kostenfrei ins Werk setzen zu können. Dabei muss sich der Erblasser an den Notar wenden, kann die Berichtigung nicht unmittelbar durch Benachrichtigung des Zentralen Testamentsregisters veranlassen.[65] Eine Berichtigung ist allerdings nicht veranlasst, sollte sich nachträglich der Familienname ändern. Indiziert ist eine Berichtigung hingegen im Falle einer **Adoption**, die den Geburtsnamen verändert, was der Grund dafür ist, den Verwahrdatensatz zu überarbeiten. Die Registerbehörde teilt die **Verwahrnummer** mit, sofern die besondere amtliche Verwahrung tangiert ist, § 3 Abs. 2 S. 2 ZTRV.[66] Der Notar, dessen erbfolgerelevante Urkunde in die besondere amtliche Verwahrung genommen worden ist, teilt dem **Verwahrgericht** die von der Registerbehörde vergebene Verwahrnummer[67] mit, § 3 Abs. 3 S. 1 ZTRV. Das Verwahrgericht wiederum bestätigt der Registerbehörde die Inverwahrnahme der erbfolgerelevanten Urkunde und übermittelt ggf. die Verwahrbuchnummer, § 3 Abs. 3 S. 2 ZTRV.

III. Mitteilungspflicht des Verwahrungsgerichts über die erneute besondere amtliche Verwahrung (Abs. 2)

15 **1. Anwendungsbereich (Abs. 2, § 349 Abs. 2 S. 2).** Für die Eröffnung von **gemeinschaftlichen Testamenten und Erbverträgen**, die sich bereits in besonderer amtlicher Verwahrung befinden, gelten Besonderheiten. Nach dem ersten Erbfall ist von den Verfügungen des verstorbenen Ehegatten bzw. Lebens- oder Vertragspartners eine beglaubigte Abschrift zu fertigen. Das Testament ist wieder zu verschließen und erneut in die besondere amtliche Verwahrung zurückzubringen, § 349 Abs. 2 FamFG.[68] Daran knüpft die Mitteilungspflicht nach Abs. 2 an.[69] Die erneute besondere amtliche Verwahrung ist dem Zentralen Testamentsregister zu melden, § 4 Abs. 1 S. 1 ZTRV.

16 **2. Übermittlung der Verwahrangaben an das Zentrale Testamentsregister; weiteres Verfahren.** Örtlich zuständig ist das Nachlassgericht des Erstversterbenden, §§ 349 Abs. 2, 344 Abs. 2, das in der Pflicht steht, die Verwahrangaben über die erneute besondere amtliche Verwahrung an das Zentrale Testamentsregister mitzuteilen,[70] Abs. 2, § 4 Abs. 1 S. 1 ZTRV, ggf. unter Hinweis auf die bisherige Registrierung. Das Zentrale Testamentsregister ergänzt die Angaben im Verwahrdatensatz, § 4 Abs. 1 S. 2 ZTRV, vergibt eine neue Verwahrnummer und erstellt eine entsprechende Registrierungsbestätigung, §§ 4 Abs. 1 S. 3, 3 Abs. 2 ZTRV. Die Registrierung erfolgt gebührenfrei. Die erbfolgerelevante Urkunde lokalisieren zu können, ist Zweck der erneuten Registrierung.

IV. Mitteilungspflicht des Verwahrungsgerichts über die Rückgabe aus der besonderen amtlichen Verwahrung (Abs. 3)

17 **1. Anwendungsbereich.** Betroffen sind Verfügungen von Todes wegen, die sich in besonderer amtlicher Verwahrung befinden und die nun zurückgegeben werden. Auch dieser Vorgang löst eine **Mitteilungspflicht** des bislang verwahrenden **Nachlassgerichts** aus (Abs. 3), um unzutreffende Benachrichtigungen zu vermei-

65 Büttner/Frohn/Seebach/*Seebach*, ELRV im Notariat, Kap. 4 Rn. 295.
66 Burandt/Rojahn/*Gierl* § 347 Rn. 5.
67 *Herzog* ErbR 2012, 294 (295).
68 Bumiller/Harders/Schwamb/*Harders* § 347 Rn. 7.
69 Bork/Jacoby/Schwab/*Rellermeyer* § 347 Rn. 7; Keidel/*Zimmermann* § 347 Rn. 16.
70 MüKoFamFG/*Muscheler* § 347 Rn. 5.

den.[71] Grund ist der geänderte Verwahrungsort der Verfügung von Todes wegen.[72]

2. Mitteilung an das Zentrale Testamentsregister. Das **Verwahrgericht** ist verpflichtet, die **Rücknahme** einer Verfügung von Todes wegen aus der besonderen amtlichen Verwahrung dem Zentralen Testamentsregister mitzuteilen (Abs. 3), und zwar unabhängig davon, ob eine vorangehende Registrierung vorliegt und ob der Rücknahme eine Widerrufswirkung zukommt.[73] 18

Eine entsprechende Mitteilungspflicht des **Notars** sieht § 34a Abs. 2 BeurkG für einen in notarieller Verwahrung befindlichen Erbvertrag vor,[74] der aus der notariellen Verwahrung zurückgenommen und den Vertragschließenden[75] zurückgegeben wird, § 2300 Abs. 2 BGB.[76] Der Notar teilt dann dem Zentralen Testamentsregister die Rückgabe mit, § 34a Abs. 2 BeurkG, und erhält hierfür eine Eintragungsbestätigung,[77] die er in die Urkundensammlung nimmt. ZTR-Gebühren fallen dafür nicht an.[78] 19

Entsprechungen fanden die beschriebenen **Mitteilungspflichten** des Verwahrgerichts und des Notars in § 4 Abs. 2 ZTRV. Die **Rücknahme** einer erbfolgerelevanten Urkunde aus der notariellen oder der besonderen amtlichen Verwahrung ist dem Zentralen Testamentsregister unter Angabe des Datums der Rückgabe zu melden, § 4 Abs. 2 S. 1 ZTRV. Das Zentrale Testamentsregister vermerkt die Rücknahme in den betroffenen Verwahrdatensätzen und bestätigt dem Melder die erfolgreiche Registrierung, §§ 4 Abs. 2 S. 3, 3 Abs. 2 ZTRV. Ein Vermerk über die materiellrechtlichen Folgen der Rückgabe erfolgt nicht, da der erbrechtliche Inhalt nicht im Zentralen Testamentsregister dargestellt werden darf. Die Registrierung der Rückgabe im Zentralen Testamentsregister erfolgt kostenfrei. 20

V. Obsoletes Übergangsrecht (Abs. 4–6 aF); Testamentsverzeichnis-Überführungsgesetz (TVÜG)

Die Bestimmungen in Abs. 4–6 enthielten Regelungen bis zur Überführung in das Zentrale Testamentsregister nach dem Testamentsverzeichnis-Überführungsgesetz (TVÜG).[79] Die Standesämter und das Amtsgericht Schöneberg in Berlin überführten Verwahrungsnachrichten über erbfolgerelevante Urkunden, die in den Testamentsverzeichnissen und der Hauptkarte für Testamente vorlagen, innerhalb von sechs Jahren in das Zentrale Testamentsregister. Das Zentrale Testamentsregister teilte den Übergebern die Übernahme der Verwahrungsnachrichten zum Übernahmestichtag mit und erfasste die Nachrichten als 21

---

71 Bork/Jacoby/Schwab/*Rellermeyer* § 347 Rn. 8; Keidel/*Zimmermann* § 347 Rn. 10.

72 *Diehn* DNotZ 2011, 676 (684).

73 Bumiller/Harders/Schwamb/*Harders* § 347 Rn. 8; Keidel/*Zimmermann* § 347 Rn. 17.

74 *Diehn* DNotZ 2011, 676 (683); Büttner/Frohn/Seebach/*Seebach*, ELRV im Notariat, Kap. 4 Rn. 242: Menüpunkt „Registrierungen", „Umzug einer notariellen Urkunde".

75 Die Rückgabe kann nur an alle Vertragschließenden gemeinschaftlich erfolgen, § 2300 Abs. 2 S. 2 BGB.

76 *Diehn* DNotZ 2011, 676 (683); Bork/Jacoby/Schwab/*Rellermeyer* § 347 Rn. 8.

77 Muster s. Büttner/Frohn/Seebach/*Seebach*, ELRV im Notariat, Kap. 4 Rn. 245, „Umzug einer Urkunde".

78 Büttner/Frohn/Seebach/*Seebach*, ELRV im Notariat, Kap. 4 Rn. 249.

79 Gesetz zur Überführung der Testamentsverzeichnisse und der Hauptkartei beim Amtsgericht Schöneberg in Berlin in das Zentrale Testamentsregister der Bundesnotarkammer (Testamentsverzeichnis-Überführungsgesetz – TVÜG) v. 22.12.2010, BGBl. I 2255, FNA 303-22.

elektronische Bilddaten, sekundiert von der Protokollierung der übernommenen Nachrichten. Gegen Ende des Jahres 2016[80] konnte die Testamentsverzeichnisüberführung abgeschlossen werden[81] mit der Folge, dass die Regelungen in Abs. 4–6 obsolet geworden waren und zum 1.8.2021 aufgehoben worden sind.[82]

VI. Gebühren des Zentralen Testamentsregisters: Testamentsregister-Gebührensatzung (ZTR-GebS)

22 Das Zentrale Testamentsregister wird durch Gebühren finanziert, § 78g Abs. 1 S. 1 BNotO, die nutzungsentsprechend zu bemessen sind, orientiert am Verwaltungsaufwand, den Personal- und Sachkosten sowie den Kosten für die Überführung der Verwahrungsnachrichten nach dem Testamentsverzeichnis-Überführungsgesetz, § 78g Abs. 3 BNotO. Die Gebühren werden durch eine **Satzung** bestimmt, § 78g Abs. 4 S. 1 BNotO, die regelmäßig zu überprüfen ist. Die gesetzliche Regelung liegt in der Gestalt der Testamentsregister-Gebührensatzung (ZTR-GebS) vor, beschlossen durch die Vertreterversammlung der Bundesnotarkammer.[83]

23 Gebühren werden für die Aufnahme von Verwahrangaben in das Zentrale Testamentsregister erhoben, und zwar je Registrierung **umsatzsteuerbefreit**[84] **15 EUR bzw. 18 EUR**, sofern die Gebühr unmittelbar durch die Registerbehörde vom Erblasser (Kostenschuldner) erhoben wird, § 1 Abs. 2 ZTR-GebS. Die Registrierungsgebühr fällt **erblasserbezogen** an, für jeden registrierten Erblasser eine Gebühr,[85] und deckt sämtliche Vorgänge ab, die mit der Registrierung verbunden sind, demnach auch Berichtigungen[86] und anschließende Benachrichtigungen. Die Gebühr fällt allerdings nicht an, sofern der Verwahrdatensatz innerhalb von sieben Tagen nach der Registrierung gelöscht wird, da die Registerfähigkeit der Urkunde zu Unrecht angenommen wurde bzw. die Registrierung bereits erfolgt ist, § 1 Abs. 2 S. 3 ZTR-GebS, § 5 S. 1 Nr. 1 ZTRV.

24 **Fällig** wird die Gebühr mit der Registrierung, § 2 Abs. 2 ZTR-GebS, also mit der Eintragung in das elektronische Register, der Erstregistrierung von notariellen Testamenten, Erbverträgen, sonstigen erbfolgerelevanten Urkunden, von Nottestamenten oder von gerichtlichen Vergleichen.[87] Abgerechnet wird zwi-

80 Abschluss der Arbeiten bereits am 14.10.2016, vgl. Büttner/Frohn/Seebach/*Seebach*, ELRV im Notariat, Kap. 4 Rn. 8.

81 Überführung der Hauptkartei und der Testamentsverzeichnisse der 16 Bundesländer in das Zentrale Testamentsregister; vgl. MüKoFamFG/*Muscheler* § 347 Rn. 1; überholt Bahrenfuss/*Wick* § 347 Rn. 1.

82 MüKoFamFG/*Muscheler* § 347 Rn. 10.

83 *Diehn* DNotZ 2011, 676 (687). Die Berichtigung kann nicht unmittelbar durch den Erblasser veranlasst werden, sondern nur durch den meldenden Notar, vgl. Büttner/Frohn/Seebach/*Seebach*, ELRV im Notariat, Kap. 4 Rn. 328 ff.

84 Ländernotarkasse (Hrsg.), Leipziger Kostenspiegel, 2.A., 2017, Rn. 18.52; *Diehn* DNotZ 2011, 676 (688), die Bundesnotarkammer ist kein umsatzsteuerrechtlicher Unternehmer und erbringt keine umsatzsteuerbaren Leistungen. Die Berichtigung kann nicht unmittelbar durch den Erblasser veranlasst werden, sondern nur durch den meldenden Notar, Büttner/Frohn/Seebach/*Seebach*, ELRV im Notariat, Kap. 4 Rn. 341; Keidel/*Zimmermann* § 347 Rn. 5.

85 Streifzug durch das GNotKG, 12. Aufl. 2017, Rn. 3665.

86 Die Berichtigung kann nicht unmittelbar durch den Erblasser veranlasst werden, sondern nur durch den meldenden Notar, s. Büttner/Frohn/Seebach/*Seebach*, ELRV im Notariat, Kap. 4 Rn. 295.

87 Streifzug durch das GNotKG, 12. Aufl. 2017, Rn. 3663.

schen dem Notar und der BNotK monatsweise, in Form eines Sammelrechnungslaufs, der am Ende des Monats vorzunehmen ist.[88]

Kostenschuldner ist der Erblasser, § 2 Abs. 1 S. 1 ZTR-GebS. 25

Für die Übermittlung und Registrierung erhält der Notar keine weitere Gebühr 26
oder Dokumentenpauschale,[89] auch nicht für die Erzeugung von XML-Strukturdaten.[90] Etwas anderes gilt nur für die Einholung eines Geburtenregisterauszugs, den der Notar auftragsgemäß erholt, wofür er eine Gebühr nach der KV Nr. 22110 GNotKG in Ansatz bringen kann, gedeckelt jedoch auf 50 EUR pro Personenstandsurkunde, KV Nr. 22112 GNotKG.[91]

Gebührenfrei erfolgen die Änderung der Verwahrstelle (§ 4 Abs. 1 ZTRV), der 27
Vermerk über die Rücknahme einer erbfolgerelevanten Urkunde aus der notariellen oder der besonderen amtlichen Verwahrung (§ 4 Abs. 2 ZTRV),[92] ferner die notariellen Registerauskünfte (§ 8 ZTRV)[93] sowie die Löschung, die Berichtigung[94] oder Ergänzung von Verwahrdatensätzen (§ 5 ZTRV).[95]

VII. Europäische Testamentsregisterverknüpfung

Seit dem Basler Übereinkommen[96] über die Schaffung eines Systems zur Regis- 28
trierung von Testamenten vom 16.5.1972 existieren Überlegungen zur europäischen Verknüpfung von Testamentsregistern, um die Auffindung von Testamenten zu ermöglichen. Hieran knüpft die *European Network of Registers of Wills Association (ENRWA)*[97] an, deren Ziel darin besteht, die elektronischen Testamentsregister miteinander zu verbinden, und zwar mithilfe einer elektronischen Plattform RERT,[98] die durch die Vermittlung[99] der nationalen Testamentsregister kontaktiert werden kann. Lediglich die nationalen Registerbehörden tauschen über die Plattform Daten aus, nicht die Nachlassgerichte oder die Notare untereinander. In der Folge müssen die deutschen Nachlassgerichte bzw. die deutschen Notare ihre Anfrage an das Zentrale Testamentsregister richten,

88 Büttner/Frohn/Seebach/*Seebach*, ELRV im Notariat, Kap. 4 Rn. 219.
89 Kein Dokument iSv KV 32000 bzw. 32001 GNotKG. Zu den Fragen einer Dokumentenpauschale nach altem Kostenrecht vgl. *Panz* Rpfleger 2012, 664.
90 Die Berichtigung kann nicht unmittelbar durch den Erblasser veranlasst werden, sondern nur durch den meldenden Notar, Büttner/Frohn/Seebach/*Seebach*, ELRV im Notariat, Kap. 4 Rn. 346.
91 Büttner/Frohn/Seebach/*Seebach*, ELRV im Notariat, Kap. 4 Rn. 349.
92 Streifzug durch das GNotKG, 12. Aufl. 2017, Rn. 3667.
93 Streifzug durch das GNotKG, 12. Aufl. 2017, Rn. 3671; Büttner/Frohn/Seebach/*Seebach*, ELRV im Notariat, Kap. 4 Rn. 144. Registerabfragen bzw. Registerauskünfte richten sich nach §§ 78 f. BNotO und können nur elektronisch und nur durch Notare oder Gerichte erfolgen, vgl. § 9 Abs. ZTRV. Das weitere Prozedere ist in § 8 ZTRV beschrieben (Erteilung, Protokollierung, Schutz und Löschung der Protokolldaten). Vgl. ferner *Diehn* DNotZ 2011, 676 (682, 686). Vgl. auch die Webanwendung „Registerabfragen", Büttner/Frohn/Seebach/*Seebach*, ELRV im Notariat, Kap. 4 Rn. 133.
94 *Herzog* ErbR 2012, 294 (296).
95 Zur Löschung, Berichtigung und Ergänzung vgl. bereits BR-Drs. 349/11, Amtliche Begründung, 14. Die Berichtigung kann nicht unmittelbar durch den Erblasser veranlasst werden, sondern nur durch den meldenden Notar, vgl. Büttner/Frohn/Seebach/*Seebach*, ELRV im Notariat, Kap. 4 Rn. 295.
96 *Seebach* Rpfleger 2016, 317 (318).
97 *Seebach* Rpfleger 2016, 317 (318).
98 *Seebach* Rpfleger 2016, 317 (318).
99 *Seebach* Rpfleger 2016, 317 (318); Büttner/Frohn/Seebach/*Seebach*, ELRV im Notariat, Kap. 4 Rn. 176.

um eine RERT-Anfrage zu initiieren,[100] allerdings nicht bereits zu Lebzeiten des Erblassers, sondern erst nach dessen Tod.[101] Die Anfrage geschieht in Form eines speziellen Antragsformulars[102] im PDF-Format, das per EGVP an das Zentrale Testamentsregister zu übermitteln ist.[103] Für die RERT-Anfrage fällt eine Gebühr iHv 15 EUR an,[104] die sich allerdings um jeweils 5 EUR für jedes weitere abgefragte Register erhöhen kann.

Unterabschnitt 3 Eröffnung von Verfügungen von Todes wegen

§ 348 Eröffnung von Verfügungen von Todes wegen durch das Nachlassgericht

(1) [1]Sobald das Gericht vom Tod des Erblassers Kenntnis erlangt hat, hat es eine in seiner Verwahrung befindliche Verfügung von Todes wegen zu eröffnen. [2]Über die Eröffnung ist eine Niederschrift aufzunehmen. [3]War die Verfügung von Todes wegen verschlossen, ist in der Niederschrift festzustellen, ob der Verschluss unversehrt war.

(2) [1]Das Gericht kann zur Eröffnung der Verfügung von Todes wegen einen Termin bestimmen und die gesetzlichen Erben sowie die sonstigen Beteiligten zum Termin laden. [2]Den Erschienenen ist der Inhalt der Verfügung von Todes wegen mündlich bekannt zu geben. [3]Sie kann den Erschienenen auch vorgelegt werden; auf Verlangen ist sie ihnen vorzulegen.

(3) [1]Das Gericht hat den Beteiligten den sie betreffenden Inhalt der Verfügung von Todes wegen schriftlich bekannt zu geben. [2]Dies gilt nicht für Beteiligte, die in einem Termin nach Absatz 2 anwesend waren.

Literatur:

Böhringer, Erbschein trotz notarieller Verfügung von Todes wegen, ZEV 2017, 68; *Bühler*, Das Geheimhaltungsinteresse des Überlebenden bei der erstmaligen Eröffnung gemeinschaftlicher Verfügungen von Todes wegen, ZRP 1988, 59; *Grziwotz*, Aktuelle Entwicklungen im Erbrecht – Verfügungen von Todes wegen und Nachlassabwicklung, MDR 2002, 734; *Heinemann*, Die Reform der freiwilligen Gerichtsbarkeit durch das FamFG und ihre Auswirkungen auf die notarielle Praxis, DNotZ 2009, 6; *Lange*, Einstweilige Anordnungen des Nachlassgerichts in Bezug auf die Eröffnungsniederschrift, jurisPR-FamR 12/2012 Anm. 5; *Steiner*, Einstweiliger Rechtsschutz gegen das Eröffnungsprotokoll, ZEV 2015, 319; *Strobel*, Widerruf des Schenkungsantrags beim Vertrag zugunsten Dritter auf den Todesfall durch Verfügung von Todes wegen, WM 2019, 1477; *Zimmermann*, Die Gerichtskosten in Betreuungs- und Nachlasssachen im neuen GNotKG, FamRZ 2013, 1264.

100 Zum Ablauf vgl. *Seebach* Rpfleger 2016, 317 (319).
101 *Seebach* Rpfleger 2016, 317 (319).
102 *Seebach* Rpfleger 2016, 317 (319).
103 *Seebach* Rpfleger 2016, 317 (319).
104 *Seebach* Rpfleger 2016, 317 (320).

I. Allgemeines

In der **medialen Darstellung** finden **Testamentseröffnungen** stets in einem Termin statt, wobei der Termin die Züge des Jüngsten Gerichts trägt: die einen abstrafend, die sich schon am Ziel ihres erbschleicherischen Tuns wähnten, die anderen unverhofft in das Licht materieller Glückseligkeit berufend. Mit der nachlassgerichtlichen Wirklichkeit der Eröffnung von Verfügungen von Todes wegen hat diese Darstellung nichts gemeinsam. Die *„laute"* **Eröffnung** in einem Termin ist in der Nachlasspraxis kaum anzutreffen, es überwiegt die *„stille"* Eröffnung im Bürobetrieb,[1] trotz *„Gleichrangigkeit"*[2] der beiden Eröffnungsformen, die die Bestimmung offeriert. Die Regelung in § 348 präsentiert einen umfangreichen **Pflichtenkatalog**, darunter 1

- eine **Eröffnungspflicht**[3] (Abs. 1 S. 1)
- eine **Niederschriftspflicht** (Abs. 1 S. 2)
- eine **Ladungspflicht** für die Eröffnung im Termin (Abs. 2) sowie
- eine **Bekanntgabepflicht** (Abs. 2 und 3).[4]

Weitere Regelungspunkte der Norm, deren Herkunft in den aufgehobenen §§ 2260–2262 BGB liegt,[5] sind der **Gegenstand** sowie das **Prozedere** der Eröffnung. Große Bedeutung kommt der Eröffnungsniederschrift im Rahmen des **sekundären Erbnachweises** nach § 35 Abs. 1 S. 2 GBO zu.[6] Eine in öffentlicher Urkunde enthaltene Erbfolge kann auch durch Vorlage der Verfügung von Todes wegen und der Eröffnungsniederschrift nachgewiesen werden. Gleiches gilt 2

1 Vgl. bereits BT-Drs. 16/6308, 279, „stille Eröffnung" sei „zum ganz überwiegenden Regelfall geworden. … Diese Eröffnungsart hat sich als zweckmäßiges, schnelles und zuverlässiges Verfahren erwiesen". Ebenso Bumiller/Harders/Schwamb/*Harders* § 348 Rn. 13, bundesweiter Regelfall. In der Rechtsprechung des BGH wird die „stille Eröffnung" noch „schlichte Eröffnung" genannt, vgl. BGH NJW 1991, 169; diese Bezeichnung wird nicht mehr gewählt.
2 Bumiller/Harders/Schwamb/*Harders* § 348 Rn. 1, *„gleichrangige Alternativen"*; ebenso Bahrenfuss/*Wick* § 348 Rn. 5; Bork/Jacoby/Schwab/*Rellermeyer* § 348 Rn. 3.
3 Vgl. OLG Naumburg FGPrax 2016, 91.
4 Zur Bekanntgabepflicht vgl. Keidel/*Zimmermann* § 348 Rn. 46.
5 Vgl. BT-Drs. 16/6308, 279; Bumiller/Harders/Schwamb/*Harders* § 348 Rn. 1.
6 BGH WM 2016, 868 (870).

für den Nachweis der Befugnis des Testamentsvollstreckers, § 35 Abs. 2, Abs. 1 GBO.

II. Tod des Erblassers – Kenntniserlangung durch das Nachlassgericht

3 Das nach § 343 örtlich zuständige **Nachlassgericht** kann auf verschiedene Art und Weise zuverlässig und belastbar vom **Tod des Erblassers** erfahren, etwa durch eine Sterbefallbenachrichtigung des Zentralen Testamentsregister nach § 7 Abs. 3 ZTRV,[7] alternativ durch eine standesamtliche **Sterbefallmitteilung,**[8] eine **Sterbeurkunde,**[9] eingereicht vom Antragsteller des Verfahrens, durch einen **Todeserklärungsbeschluss**, erstellt durch das Amtsgericht,[10] oder **durch eigene Ermittlungen**, § 26.[11] In der Nachlasspraxis treffen regelmäßig mehrere Sterbefallbenachrichtigungen zusammen, durch das Zentrale Testamentsregister und durch das Standesamt.

III. Eröffnungspflicht (Abs. 1 S. 1)

4 Sobald das **Nachlassgericht**[12] bzw. das **Verwahrgericht** (§ 344 Abs. 6)[13] vom Tod des Erblassers Kenntnis erlangt hat, hat es die Verfügungen von Todes wegen, die sich in seiner Verwahrung befinden, von Amts wegen zeitnah zu eröffnen, Abs. 1 S. 1.[14] Damit statuiert die Regelung eine **Eröffnungspflicht**, eine Verfahrenshandlung, der das Nachlassgericht **von Amts wegen und zeitnah nachkommen muss** (Amtsverfahren).[15] In der Folge ist **kein Eröffnungsantrag**

7 Dies setzt voraus, dass im Zentralen Testamentsregister Verwahrangaben registriert sind. Die Registerbehörde teilt dann dem nach § 343 zuständigen Nachlassgericht mit, welche Verwahrangaben im Zentralen Testamentsregister enthalten sind und übersendet eine Sterbefallmitteilung, § 7 Abs. 3 S. 1 ZTRV. Das Zentrale Testamentsregister bittet zugleich um Registrierung des Aktenzeichens im ZTR und um Überprüfung der Angaben. Die Sterbefallbenachrichtigung des Zentralen Testamentsregisters enthält Angaben zur verstorbenen Person, zur Geburt, zum Sterbefall, zum Familienstand, zum vorhandenen Nachlassvermögen, zum Ehegatten bzw. Lebenspartner, zum Auskunftgeber, zu Kindern und zur Anzahl eigenverwahrter Urkunden, zu den ZTR-Verwahrangaben, zum Notar, einem registrierten Nachlassaktenzeichen, dem Standesamt und zum letzten Wohnsitz des Verstorbenen. In Bayern ist die Meldung des Sterbefalls Anlass dazu, in die amtliche Erbenermittlung einzusteigen.

8 OLG Naumburg FGPrax 2016, 91.

9 Bork/Jacoby/Schwab/*Rellermeyer* § 348 Rn. 2.

10 Vgl. Firsching/Graf/*Krätzschel* NachlassR § 37 Rn. 6.

11 Zur Kenntniserlangung vgl. Bumiller/Harders/Schwamb/*Harders* § 348 Rn. 11.

12 Ausnahmsweise kann auch der Konsularbeamte für die Eröffnung zuständig sein, § 11 Abs. 3 KonsularG, vgl. Bumiller/Harders/Schwamb/*Harders* § 348 Rn. 3. Die Konstellation: Stirbt der Erblasser, bevor das Testament oder der Erbvertrag an das Amtsgericht abgesandt ist, oder wird eine solche Verfügung nach dem Tode des Erblassers beim Konsularbeamten abgeliefert, kann der Konsularbeamte die Eröffnung vornehmen, § 11 Abs. 3 S. 1 KonsularG. Auch insoweit ist § 348 FamFG anzuwenden, vgl. § 11 Abs. 3 S. 2 KonsularG. Eine Eröffnungspflicht trifft den Konsularbeamten nicht, er kann die Eröffnung auch ablehnen und die Verfügung von Todes wegen an das Amtsgericht Berlin Schöneberg als Nachlassgericht übersenden.

13 MüKoFamFG/*Muscheler* § 348 Rn. 4.

14 BT-Drs. 16/6308, 280, Verpflichtung des Nachlassgerichts zur zeitnahen Eröffnung. Vgl. auch Korintenberg/*Wilsch* KV 12100, 12101 GNotKG Rn. 18; Bahrenfuss/*Wick* § 348 Rn. 2; Bumiller/Harders/Schwamb/*Harders* § 348 Rn. 9.

15 Zum Amtsverfahren vgl. Prütting/Helms/*Fröhler* § 348 Rn. 8. Zur *„objektiven Pflicht des Nachlassgerichts"* vgl. auch OLG Naumburg FGPrax 2016, 91; Bumiller/Harders/Schwamb/*Harders* § 348 Rn. 5 und 9. Zur zeitnahen Eröffnung vgl. OLG Naumburg FGPrax 2016, 91; MüKoFamFG/*Muscheler* § 348 Rn. 2 und 6.

der Beteiligten erforderlich, ggf. kann das Nachlassgericht dazu angehalten werden, die Eröffnung zeitnah vorzunehmen. Die Charakterisierung als Amtshandlung ist auch der Grund dafür, warum einem etwaigen **Eröffnungsverbot**, ausgesprochen vom Erblasser oder den Beteiligten, keinerlei Bedeutung zugemessen werden kann, § 2263 BGB.[16] Ein Eröffnungsverbot ist nichtig.[17] Die Beteiligten können allenfalls auf die Bekanntgabe verzichten,[18] der Erblasser hingegen kein Bekanntgabeverbot aussprechen.[19]

Die Begründung für die nachlassgerichtliche Eröffnungspflicht ist im **öffentlichen Interesse** zu sehen, das der Eröffnung beizumessen ist.[20] Die Eröffnung der Verfügungen von Todes wegen durch das Nachlassgericht dient der Informationsgewinnung,[21] der Transparenz und der Wahrnehmung von Rechten, die aus dem Erbfall resultieren. Die Eröffnung stellt die **gerichtliche Initialhandlung** dar, auf die sich die weiteren Verfahrensschritte gründen. Ohne transparente und kommunizierte Eröffnung kann der Erbfall nicht sachgerecht bearbeitet werden. In das Rechtsleben tritt die Verfügung von Todes wegen jedoch nicht erst mit Eröffnung,[22] sondern bereits mit Erstellung, später nochmals mit amtlicher Verwahrung. Mit der Eröffnung soll die Abwicklung des Nachlasses in geordnete, rechtsstaatliche Bahnen gelenkt werden. 5

IV. Gegenstand der nachlassgerichtlichen Eröffnung

1. Schriftstücke mit erbrechtlichem Potential. Mit der Regelung in Abs. 1 S. 1, wonach das Nachlassgericht eine in seiner Verwahrung befindliche Verfügung von Todes wegen zu eröffnen hat, ist eine Aussage darüber getroffen, was den **Gegenstand der nachlassgerichtlichen Eröffnung** bildet. Zur Eröffnung kommt jedwedes erblasserische Schriftstück, das sich äußerlich und inhaltlich als Verfügung von Todes wegen präsentiert,[23] gleichgültig, ob es sich in einfacher oder besonderer amtlicher Verfahrung befindet.[24] Gemeint sind alle letztwilligen Verfügungen, die zu den Akten des Nachlassgerichts gelangt sind[25] und bei denen die Möglichkeit besteht, dass sie zur Klärung der erbrechtlichen Situation beitragen könnten.[26] Demnach **Schriftstücke aller Art mit erbrechtlichem Potential**, auch Notizen, Briefe,[27] sogar Tagebücher.[28] Ob das Schriftstück noch Gültigkeit aufweist oder jemals Gültigkeit vorweisen konnte, spielt im Verfahren der **summarischen Plausibilitätskontrolle**,[29] welches das Eröffnungsverfahren trägt, keine Rolle. Konsequenterweise gelangen auch **unwirksame, aufgehobe-** 6

16 MüKoFamFG/*Muscheler* § 348 Rn. 1; Bork/Jacoby/Schwab/*Rellermeyer* § 348 Rn. 2; Bumiller/Harders/Schwamb/*Harders* § 348 Rn. 5.
17 OLG Schleswig NJW-RR 2013, 583; MüKoFamFG/*Muscheler* § 348 Rn. 34.
18 MüKoFamFG/*Muscheler* § 348 Rn. 34.
19 MüKoFamFG/*Muscheler* § 348 Rn. 34; Keidel/*Zimmermann* § 348 Rn. 46.
20 Zum öffentlichen Interesse einer geordneten Nachlassabwicklung vgl. Keidel/*Zimmermann* § 348 Rn. 1.
21 Bumiller/Harders/Schwamb/*Harders* § 348 Rn. 2.
22 So aber Bumiller/Harders/Schwamb/*Harders* § 348 Rn. 2: Verfügung „tritt mit ihrer Eröffnung … ins Rechtsleben".
23 Korintenberg/*Wilsch* KV 12100, 12101 GNotKG Rn. 23; Bahrenfuss/*Wick* § 348 Rn. 10.
24 Keidel/*Zimmermann* § 348 Rn. 10.
25 OLG Frankfurt aM FamRZ 2016, 267.
26 Eine auch nur entfernte Möglichkeit reicht aus.
27 OLG Frankfurt/M. FamRZ 2016, 267.
28 Bork/Jacoby/Schwab/*Rellermeyer* § 348 Rn. 4.
29 OLG Frankfurt FamRZ 2016, 267; Korintenberg/*Wilsch* KV 12100, 12101 GNotKG Rn. 23; Keidel/*Zimmermann* § 348 Rn. 12; OLG Schleswig jurisPR-FamR 11/2021 mAnm *Adamus*.

ne, gegenstandslose und widerrufene Verfügungen von Todes wegen zur Eröffnung,[30] und zwar ohne Dispositionsfreiheit der Beteiligten darüber, welche Verfügungen zur Eröffnung gelangen sollen und welche nicht.[31] Die Frage nach dem *erbrechtlichen Sein* oder *Nichtsein* bleibt dem Erbscheinsverfahren vorbehalten, die Wirksamkeit der Verfügung von Todes wegen ist im Eröffnungsverfahren unerheblich.[32] Die Eröffnung soll den Beteiligten erst die Wirksamkeitsfrage ermöglichen, nicht bereits beantworten.[33] Das Eröffnungsverfahren soll deshalb freigehalten werden von materiellrechtlichen Fragen, die Eingang in ein umfassendes Erbscheins- oder Prozessverfahren finden können.[34] Die Eröffnung markiert den ersten und neutralen Verfahrensschritt auf dem Weg der Klärung der erbrechtlichen Situation, nicht aber ein vorverlagertes Erkenntnisverfahren.

7 **2. Gesamteröffnung; partielle Eröffnung.** Das öffentliche Interesse an der Klärung der erbrechtlichen Situation gebietet es, das gesamte Schriftstück zur Eröffnung zu bringen.[35] Eine andere Eröffnungspraxis zöge zu Recht den Vorwurf der *Geheimjustiz kafkaesker Couleur* nach sich. Die Beteiligten sähen sich nicht in die Lage versetzt, das erbrechtliche Gesamtbild zu erhalten, das erforderlich ist, um weitere Schritte zu unternehmen und Rechte zu wahren. Zu eröffnen ist die gesamte Verfügung von Todes wegen, wofür auch bereits der Wortlaut des Abs. 1 S. 1 spricht, worin von Einschränkungen keine Rede ist.

8 Etwas anderes gilt nur dann, sollten Geheimhaltungsinteressen[36] des bzw. der Erblasser im Raum stehen oder gemeinschaftliche Testamente oder Erbverträge eröffnet werden, § 349. Zur Eröffnung gelangen dann lediglich die Verfügungen des Erblassers, nicht auch diejenigen des Ehegatten bzw. Lebenspartners.[37] Anderenfalls droht ein massiver Eingriff in das allgemeine Persönlichkeitsrecht des längerlebenden Ehegatten bzw. Lebenspartners bzw. Vertragspartners,[38] was bereits im Vorfeld der Eröffnung, im Falle der nachlassgerichtlichen Ankündigung, eine Verfügung von Todes wegen in bestimmter Weise mitzuteilen, mit der Beschwerde angefochten werden kann.[39] Voraussetzung für die partielle Eröffnung ist, dass sich die Textpassagen trennen lassen,[40] § 349 Abs. 1. Untrennbarkeit ist zu konstatieren, sofern die Verfügungen sprachlich zusammen-

30 BGH NJW 1984, 2098; OLG Schleswig NJW-RR 2013, 583; OLG Frankfurt FamRZ 2016, 267; Korintenberg/*Wilsch* KV 12100, 12101 GNotKG Rn. 23; Bumiller/Harders/Schwamb/*Harders* § 348 Rn. 5; *Steiner* ZEV 2015, 319; Prütting/Helms/*Fröhler* § 348 Rn. 14; Keidel/*Zimmermann* § 348 Rn. 13 und 14; Burandt/Rojahn/*Gierl* § 348 Rn. 2.

31 Anderslautende Anträge der Beteiligten müssen zurückgewiesen werden, vgl. *Steiner* ZEV 2015, 319.

32 OLG Schleswig NJW-RR 2013, 583.

33 OLG Frankfurt/M. FamRZ 2016, 267; Bumiller/Harders/Schwamb/*Harders* § 348 Rn. 6.

34 OLG Frankfurt/M. FamRZ 2016, 267; MüKoFamFG/*Muscheler* § 348 Rn. 9; GForm-FamFG/*Poller* § 348 Rn. 8.

35 OLG Schleswig NJW-RR 2013, 583; Bumiller/Harders/Schwamb/*Harders* § 348 Rn. 8.

36 OLG Schleswig NJW-RR 2013, 583; OLG Köln FGPrax 2011, 49; Bumiller/Harders/Schwamb/*Harders* § 348 Rn. 8.

37 Vgl. Bork/Jacoby/Schwab/*Rellermeyer* § 348 Rn. 4.

38 OLG Zweibrücken ZEV 2010, 476 = FGPrax 2010, 245.

39 OLG Zweibrücken ZEV 2010, 476 = FGPrax 2010, 245.

40 OLG Schleswig NJW-RR 2013, 583.

gefasst, etwa in „Wir-Form" errichtet sind.[41] Ob Trennbarkeit zu bejahen oder Untrennbarkeit zu konstatieren ist, entscheidet das Nachlassgericht[42]

3. Keine Eröffnung erbrechtsirrelevanter Schriftstücke. Nicht eröffnet werden reine **Bestattungsanordnungen** und **Privatdokumente ohne erbrechtliche Relevanz,**[43] darunter auch bloße Ankündigungen[44] oder ein Adoptionsvertrag, aus dem sich zweifelsfrei ergibt, dass er keinerlei Testierwillen aufweist.[45] Eine Eröffnung ist dann nicht indiziert. Bei Unklarheit darüber, ob das Schriftstück einen erblasserischen Testierwillen aufweist, ist zu eröffnen.[46] Bereits die bloße Möglichkeit reicht aus, dass der Erblasser Testierwillen hatte und das Schriftstück eine Verfügung von Todes wegen enthält.[47] **Im Zweifel für die Eröffnung.**[48] **In dubio pro communicatio.** 9

4. Eröffnung der Urschrift. Zu eröffnen ist die **Urschrift**, nur ausnahmsweise bloß eine **Ausfertigung** oder eine **Abschrift,**[49] sofern die Urschrift zweifelsfrei nicht mehr existiert.[50] Falls mehrere Verfügungen von Todes wegen vorliegen, sind diese gleichzeitig zu eröffnen, um Gerichtsgebühren zu sparen[51] (zu den Gerichtskosten → Rn. 28 ff). Nach der Eröffnung verbleibt die Verfügung von Todes wegen in der Verwahrung des Nachlassgerichts und wird nicht an die Beteiligten gegeben.[52] 10

V. Zweck der Eröffnung

Die Eröffnung soll *„dem Rechtsfrieden, der Rechtssicherheit und der Nachlassabwicklung"*[53] dadurch dienen, dass auf diese Art und Weise die **Existenz** der Verfügung von Todes wegen dokumentiert und den Beteiligten zur **Kenntnis** gebracht wird. Dem Willen des Erblassers höchste Priorität einzuräumen und zur Realisierung der projizierten Erbfolge beizutragen, ist Pflicht des **Rechtsstaates**, der die **Privatautonomie** seiner Bürger garantiert. Die Beteiligten werden informiert, um sie in den Stand zu setzen, weitere Schritte zu initiieren und Rechte geltend zu machen.[54] 11

41 OLG Schleswig NJW-RR 2013, 583; MüKoFamFG/*Muscheler* § 349 Rn. 3.
42 MüKoFamFG/*Muscheler* § 349 Rn. 4.
43 Korintenberg/*Wilsch* KV 12100, 12101 GNotKG Rn. 23.
44 Bumillers/Haders/Schwamb/*Harders* § 348 Rn. 6.
45 OLG Hamm Rpfleger 1983, 252.
46 OLG Frankfurt aM FamRZ 2016, 267.
47 OLG Frankfurt aM FamRZ 2016, 267.
48 OLG Frankfurt aM FamRZ 2016, 267; Bumiller/Harders/Schwamb/*Harders* § 348 Rn. 6; Prütting/Helms/*Fröhler* § 348 Rn. 14; MüKoFamFG/*Muscheler* § 348 Rn. 10; Burandt/Rojahn/*Gierl* § 349 Rn. 2.
49 Ob es mindestens eine beglaubigte Abschrift sein muss, nicht bloß eine einfache Abschrift oder sogar nur eine private Kopie, ist strittig. Für beglaubigte Abschrift vgl. Bumiller/Harders/Schwamb/*Harders* § 348 Rn. 7, anderenfalls besteht keine „Gewähr einer vollständigen Wiedergabe des vollen Inhalts"; vgl. auch Korintenberg/*Wilsch* KV 12100, 12101 GNotKG Rn. 24; ebenso Prütting/Helms/*Fröhler* § 348 Rn. 15, sowie MüKoFamFG/*Muscheler* § 348 Rn. 12, und GForm-FamFG/*Poller* § 348 Rn. 8. Für beglaubigte Abschrift *oder* Ablichtung dagegen Bahrenfuss/*Wick* § 348 Rn. 10. Für uneingeschränkte Eröffnung (auch Eröffnung einer beglaubigten Abschrift oder einer privaten Kopie) Keidel/*Zimmermann* § 348 Rn. 15, da sonst keine Mitteilung an das Finanzamt erfolgen könne.
50 Bumiller/Harders/Schwamb/*Harders* § 348 Rn. 7; Bork/Jacoby/Schwab/*Rellermeyer* § 348 Rn. 4; Prütting/Helms/*Fröhler* § 348 Rn. 15.
51 Ebenso Bork/Jacoby/Schwab/*Rellermeyer* § 348 Rn. 4.
52 Bahrenfuss/*Wick* § 348 Rn. 4.
53 OLG Naumburg FGPrax 2016, 91.
54 BGH NJW 1978, 633; OLG Naumburg FGPrax 2016, 91; OLG Zweibrücken FGPrax 2010, 245 = ZEV 2010, 476 = Rpfleger 2010, 593.

VI. Wirkungen der nachlassgerichtlichen Eröffnung; etwaige Einziehung der Eröffnungsniederschrift

12 Die Eröffnung entscheidet nicht über die Wirksam- oder Unwirksamkeit der Verfügung von Todes wegen, sondern bewegt sich in den Bahnen einer **summarischen Plausibilitätskontrolle.**[55] Durch die Eröffnung tritt keinerlei **Transformation** ein, insbesondere wird ein eigenhändiges Testament durch die Eröffnung nicht zu einem öffentlichen Testament bzw. zu einer öffentlichen Urkunde iSv § 415 ZPO.[56] Die Eröffnung bezeugt nicht, dass eine wirksame Verfügung von Todes wegen vorliegt.[57] Die Eröffnung ist jedoch mit dem Lauf der **sechswöchigen Ausschlagungsfrist** verknüpft, vgl. § 1944 Abs. 2 S. 2 BGB.[58] Die Ausschlagungsfrist beginnt nicht vor Bekanntgabe der Verfügung von Todes wegen durch das Nachlassgericht.[59] Allein die Eröffnung vermag den Beginn der Ausschlagungsfrist aber nicht in Gang zu setzen, hinzukommen muss die **Kenntniserlangung** durch den zur Erbfolge Berufenen.[60] Mit der Bekanntgabe an einen Erben in seiner Funktion als gesetzlicher Vertreter eines Erben wird die Ausschlagungsfrist noch nicht in Gang gesetzt.[61] In einer solchen Konstellation kann der Erbe nicht den Schluss ziehen, dass seine eigenen Interessen betroffen sind.[62]

13 Die Analogie zur Einziehung des Erbscheins zieht die herrschende Meinung (noch) nicht, da der Eröffnungsniederschrift nicht die Gutglaubenswirkungen des Erbscheins zukommen.[63] Eine entsprechende **einstweilige Anordnung,** gerichtet auf **Rückgabe bzw. „Einziehung"** der **Eröffnungsniederschrift,** ist deshalb in der Praxis nicht anzutreffen. Insoweit verbleibt nur die Möglichkeit, eine einstweilige Verfügung zu erwirken[64] und im Grundbuch vollziehen zu lassen, sofern Immobilien tangiert sind.

VII. Eröffnungsniederschrift (Abs. 1 S. 2 und 3)

14 **1. Niederschrift.** Die Verfügung von Todes wegen durch einen nicht dokumentierten Realakt zu eröffnen, ist dem Nachlassgericht verwehrt. Die Regelung in Abs. 1 S. 2 schreibt vor, dass über die Eröffnung eine **Niederschrift** aufzunehmen ist, die als **öffentliche Urkunde** fungiert, § 418 ZPO,[65] jedoch allein noch keinen Erbnachweis markiert. Festzuhalten ist in der Niederschrift obligatorisch, ob die Verfügung von Todes wegen **verschlossen** war. In der Niederschrift ist dann festzustellen, ob der **Verschluss unversehrt** war, Abs. 1 S. 3. Weiteren Mindestinhalt sieht die Regelung zwar nicht vor. Dennoch geht die Nachlasspraxis in der Eröffnungsniederschrift noch darauf ein, ob **Auffälligkeiten** oder

55 Korintenberg/*Wilsch* KV 12100, 12101 GNotKG Rn. 23.
56 OLG München ZEV 2018, 268 (269).
57 OLG München ZEV 2018, 268 (269).
58 BGH NJW 1991, 169.
59 OLG München RNotZ 2011, 114 = FGPrax 2011, 86.
60 BGH NJW 1991, 169 = Rpfleger 1991, 111; damit OLG Karlsruhe Rpfleger 1989, 62 = MittBayNot 1989, 164 bestätigend. Ebenso OLG München RNotZ 2011, 114.
61 OLG München RNotZ 2011, 114 = FGPrax 2011, 86.
62 OLG München RNotZ 2011, 114 = FGPrax 2011, 86.
63 *Steiner* ZEV 2015, 319 (320).
64 *Steiner* ZEV 2015, 319 (320, 321).
65 Vgl. Bumiller/Harders/Schwamb/*Harders* § 348 Rn. 14; *Steiner* ZEV 2015, 319 (320), fundierte Bedenken sind darzustellen.

mögliche Unwirksamkeitsgründe[66] festgestellt werden konnten.[67] Sodann nimmt das Nachlassgericht vom Inhalt Kenntnis, ohne Details hierüber zu erwähnen oder eine inhaltliche Wertung vorzunehmen. Bei partieller Eröffnung der Verfügung von Todes wegen (gemeinschaftliches Testament oder Erbvertrag, erster Sterbefall eingetreten) ist dies in der Eröffnungsniederschrift kenntlich zu machen[68]

Zur einstweiligen Anordnung, gerichtet auf Rückgabe bzw. „Einziehung" der Eröffnungsniederschrift, → Rn. 13 15

2. Muster: Eröffnungsniederschrift. Die nachlassgerichtliche Praxis kennt folgendes Muster:[69] 16

▶ Amtsgericht München
Abteilung für Nachlassachen
Az.: 605 VI 1234/21

Eröffnungsniederschrift

aufgenommen am Dienstag, 24.4.2021 – Amtsgericht München

Gegenwärtig:

Rechtspfleger Dipl. RPfl. ...

In dem Nachlassverfahren

..., geboren am ..., verstorben ..., Staatsangehörigkeit: deutsch, letzte Anschrift: ...,

– Erblasser –

fand sich ein:

niemand.[70]

Es wird festgestellt, dass von der Ladung Beteiligter abgesehen wurde, da sie zweckmäßiger durch Übersendung von Ablichtungen der Verfügung von Todes wegen über deren Form und Inhalt informiert werden.

Dem Gericht lag zur Eröffnung vor:

Testament vom ....

Auffälligkeiten wurden nicht festgestellt.

Der Rechtspfleger nahm vom Inhalt Kenntnis.

Dipl. RPfl. ...[71]

Rechtspfleger ◀

66 OLG Schleswig jurisPR- FamR 11/2021 mAnm *Adamus*, hier die Existenz eines Widerrufs.

67 Ebenso Bumiller/Harders/Schwamb/*Harders* § 348 Rn. 12 und 14, Prüfung, ob äußerliche Auffälligkeiten festgestellt werden konnten. Ebenso GForm-FamFG/*Poller* § 348 Rn. 11, Feststellung von Auffälligkeiten.

68 MüKoFamFG/*Muscheler* § 349 Rn. 4.

69 Eine Beschreibung der Erfordernisse bieten auch Bork/Jacoby/Schwab/*Rellermeyer* § 348 Rn. 6, sowie *Steiner* ZEV 2015, 319 (320); Prütting/Helms/*Fröhler* § 348 Rn. 43; Keidel/*Zimmermann* § 348 Rn. 34, 35.

70 Im Falle eines Termins sind dagegen die im Termin erschienenen Beteiligten mit ihren Personalien zu erwähnen, § 348 Abs. 2; vgl. auch Prütting/Helms/*Fröhler* § 348 Rn. 43.

71 Unterschrift des Rechtspflegers reicht aus, im Falle eines Termins ist nicht vorgesehen, dass auch die erschienenen Beteiligten unterschreiben, vgl. Bork/Jacoby/Schwab/*Rellermeyer* § 348 Rn. 6; Keidel/*Zimmermann* § 348 Rn. 35; aA MüKoFamFG/*Muscheler* § 348 Rn. 17, Unterschrift der Beteiligten analog § 13 Abs. 1 S. 1 BeurkG.

17 **3. Eröffnungsvermerk.** Aus Zweckmäßigkeitsgründen[72] bringt die Nachlasspraxis regelmäßig auf der Verfügung von Todes wegen einen weiteren Vermerk an, mit dem die Eröffnung kenntlich gemacht werden soll (**Eröffnungsvermerk**). Eine Eröffnungsniederschrift kann darin nicht erblickt werden, sondern ein kursorischer Vermerk, dem nur aktenmäßige Bedeutung zukommt. Dabei wird der Eröffnungsvermerk nicht auf die Niederschrift, sondern auf die Verfügung von Todes wegen gestempelt.[73]

VIII. Stille Eröffnung

18 **1. Allgemeines.** In der nachlassgerichtlichen Praxis dominiert die „stille" Eröffnung,[74] die Eröffnung der Verfügung von Todes wegen im Bürobetrieb, ohne Termin und Ladung der Beteiligten. In der Eröffnungsniederschrift (→ Rn. 14 ff) findet dies in der Feststellung Ausdruck, „dass von der Ladung Beteiligter abgesehen wurde, da sie zweckmäßiger durch Übersendung von Ablichtungen der Verfügung von Todes wegen über deren Form und Inhalt informiert werden". Zur Eröffnungspflicht → Rn. 4 ff. Zum Gegenstand der nachlassgerichtlichen Eröffnung → Rn. 6 ff. Zur Eröffnungsniederschrift → Rn. 14 ff.

19 **2. Schriftliche Bekanntgabe (Abs. 3); Form der Bekanntgabe.** Das Nachlassgericht hat den **Beteiligten** den sie betreffenden Inhalt der Verfügung von Todes wegen **schriftlich bekannt zu geben**, Abs. 3 S. 1. Welche Personen oder Institutionen zu den Beteiligten zu rechnen sind, muss das Nachlassgericht eigenständig und von Amts wegen recherchieren.[75] Eine bestimmte **Frist**, innerhalb welcher die Bekanntgabe erfolgen muss, sieht das Verfahrensrecht nicht vor.[76] Derzeit sind die Nachlassgerichte auch nicht dafür ausgerüstet, spezielle Terminsvorgaben zu erfüllen. Dennoch muss die Bekanntgabe zeitnah erfolgen, da anderenfalls Amtshaftungsansprüche im Raum stehen.[77] Die Bekanntgabe erfolgt in der **Form** einer beglaubigten Ablichtung[78] der Verfügung von Todes wegen und der Eröffnungsniederschrift.

IX. Eröffnung in einem Eröffnungstermin (Abs. 2)

20 **1. Bestimmung eines Termins.** In der nachlassgerichtlichen Praxis ist die **Eröffnung im Termin** kaum anzutreffen,[79] trotz vermeintlicher „*Gleichrangigkeit*"[80]

---

72 So auch die Empfehlung bei Bork/Jacoby/Schwab/*Rellermeyer* § 348 Rn. 6.

73 Zur Anbringung auf der Verfügung von Todes wegen vgl. Bumiller/Harders/Schwamb/*Harders* § 348 Rn. 15; Prütting/Helms/*Fröhler* § 348 Rn. 44; MüKoFamFG/*Muscheler* § 348 Rn. 19; Keidel/*Zimmermann* § 348 Rn. 24; GForm-FamFG/*Poller* § 348 Rn. 7.

74 Zur früheren Bezeichnung als „*schlichte Eröffnung*" vgl. BGH NJW 1991, 169; diese Bezeichnung wird nicht mehr gewählt.

75 Deshalb wird regelmäßig die Bestellung eines Pflegers oder eines Nachlasspflegers mit der Maßgabe der Ermittlung von Personalien der Bekanntgabeempfänger nicht in Betracht kommen, Keidel/*Zimmermann* § 348 Rn. 52; aA Horndasch/Viefhues/*Heinemann* § 348 Rn. 22.

76 Keidel/*Zimmermann* § 348 Rn. 61.

77 Evtl. stehen Amtshaftungsansprüchen infolge einer nicht erfolgten Bekanntgabe im Raum; zur Verletzung der Amtspflicht und der Amtshaftung vgl. MAH Erbrecht/*Keim* § 53 Rn. 19; Keidel/*Zimmermann* § 348 Rn. 64.

78 Bumiller/Harders/Schwamb/*Harders* § 348 Rn. 19; MüKoFamFG/*Muscheler* § 348 Rn. 28, einfache Mitteilung oder Wiedergabe des Inhalts reichen nicht aus. Zur Beglaubigungsform vgl. Keidel/*Zimmermann* § 348 Rn. 58.

79 Zum „*Ausnahmefall*" vgl. Bork/Jacoby/Schwab/*Rellermeyer* § 348 Rn. 8.

80 Bumiller/Harders/Schwamb/*Harders* § 348 Rn. 1, „*gleichrangige Alternativen*". Ebenso MüKoFamFG/*Muscheler* § 348 Rn. 20.

der beiden Eröffnungsformen, die das Gesetz im Verfahrensarsenal führt. Fast ausnahmslos ist die „*stille*" Eröffnung im Bürobetrieb[81] anzutreffen, was der hohen Arbeitsbelastung der Nachlassgerichte geschuldet ist. Regelmäßige Eröffnungstermine brächten die Nachlassverfahren zum Erliegen, insbesondere vor dem Hintergrund weiterer Terminierungen im Rahmen der Erbscheins- bzw. ENZ-Verhandlung. Dem Gericht steht es allerdings frei, den Weg der Terminsanberaumung zu beschreiten. Das Gericht kann zur Eröffnung der Verfügung von Todes wegen einen Termin bestimmen, Abs. 2 S. 1. Bestimmte Ladungs- oder Formerfordernisse sieht das Verfahrensrecht für die Ladung nicht vor,[82] die Ladung ist lediglich unverzüglich zu erstellen.

2. Ladungspflicht; Beteiligte. Zu diesem Eröffnungstermin sind die **gesetzlichen Erben**[83] sowie die **sonstigen Beteiligten** zu laden, Abs. 2 S. 1, wobei auf den allgemeinen **Beteiligtenbegriff** des § 7 zurückgegriffen wird.[84] Den Begriff des „*Berechtigten*" kennt das Verfahrensrecht in diesem Zusammenhang nicht.[85] Das Eröffnungsverfahren kennt zwar keinen Beteiligten als Antragsteller (§ 7 Abs. 1), weil es von Amts wegen ins Werk gesetzt wird. Beteiligte sind im Übrigen diejenigen, deren Rechte unmittelbar betroffen werden (§ 7 Abs. 2), positiv oder negativ, durch eine Gewährung oder einen Entzug von Rechten in der eröffneten Verfügung von Todes wegen,[86] bzw. diejenigen, die von Amts wegen oder auf Antrag hinzuziehen sind, soweit dies vorgesehen ist (§ 7 Abs. 3). Beteiligte in diesem Sinne sind: 21

- die gewillkürten Erben
- die Pflichtteilsberechtigten[87]
- die Vermächtnisnehmer[88]
- die Nacherben[89]
- der Testamentsvollstrecker[90]
- die Ersatzerben[91]
- die Begünstigten von Auflagen[92]

---

81 Vgl. bereits BT-Drs. 16/6308, 279, „stille Eröffnung" sei „zum ganz überwiegenden Regelfall geworden. ... Diese Eröffnungsart hat sich als zweckmäßiges, schnelles und zuverlässiges Verfahren erwiesen". Ebenso Bumiller/Harders/Schwamb/*Harders* § 348 Rn. 13, bundesweiter Regelfall. In der Rechtsprechung des BGH wird die „stille Eröffnung" noch „schlichte Eröffnung" genannt, vgl. BGH NJW 1991, 169.

82 GForm-FamFG/*Poller* § 348 Rn. 14.

83 Nicht dagegen der gesetzliche Erbe, der auf sein Erbrecht verzichtet hat, vgl. Bahrenfuss/*Wick* § 348 Rn. 7. Gemeint sind die unmittelbaren, konkreten gesetzlichen Erben, vgl. MüKoFamFG/*Muscheler* § 348 Rn. 23.

84 Bumiller/Harders/Schwamb/*Harders* § 348 Rn. 9; Bork/Jacoby/Schwab/*Rellermeyer* § 348 Rn. 9.

85 So aber das OLG Zweibrücken, das von einem „*Berechtigten*" spricht, vgl. OLG Zweibrücken ZEV 2010, 476 = FGPrax 2010, 245.

86 Eine andere Bestimmung des Beteiligtenbegriffs, vgl. Bork/Jacoby/Schwab/*Rellermeyer*, § 348 Rn. 6 bzw. OLG Hamm ZEV 2017, 47 = FGPrax 2017, 37, erscheint daher nicht veranlasst, der Beteiligtenbegriff des § 7 FamFG reicht aus. In diesem verfahrensrechtlichen Sinne auch OLG Zweibrücken ZEV 2010, 476.

87 OLG Hamm ZEV 2017, 47 = FGPrax 2017, 37; Bork/Jacoby/Schwab/*Rellermeyer* § 348 Rn. 9.

88 OLG Frankfurt FamRZ 2016, 267; Bork/Jacoby/Schwab/*Rellermeyer* § 348 Rn. 9.

89 Bahrenfuss/*Wick* § 348 Rn. 7; Bork/Jacoby/Schwab/*Rellermeyer* § 348 Rn. 9.

90 Bork/Jacoby/Schwab/*Rellermeyer* § 348 Rn. 9.

91 Bork/Jacoby/Schwab/*Rellermeyer* § 348 Rn. 9.

92 Bahrenfuss/*Wick* § 348 Rn. 7; Bork/Jacoby/Schwab/*Rellermeyer* § 348 Rn. 9.

- nicht dagegen die Schlusserben,[93] deren Erbenstellung jederzeit von dem längerlebenden Ehegatten bzw. Lebenspartner widerrufen werden kann[94]
- ebenso wenig der Nachlassgläubiger.[95]

22 Eine bestimmte Form ist für die Ladung nicht vorgesehen.[96]

23 **3. Bekanntgabe der Verfügung von Todes wegen im Termin.** Den Erschienenen ist der Inhalt der Verfügung von Todes wegen **mündlich bekannt** zu geben, Abs. 2 S. 2, **alternativ** kann sie den Erschienenen auch **vorgelegt** werden, Abs. 2 S. 3.[97] Auf Verlangen ist die Verfügung von Todes wegen vorzulegen, Abs. 2 S. 3. Welches Bekanntgabeformat das Nachlassgericht wählt, ist in das freie Ermessen des Nachlassgerichts gestellt.[98] Der Termin selbst ist als **nicht-öffentlicher**[99] Termin auszugestalten, § 170 Abs. 1 S. 1 GVG. Mit der Bekanntmachung im Termin kommt das Nachlassgericht seiner Bekanntgabepflicht nach. Nach Bekanntgabe im Termin ist eine weitere schriftliche Bekanntgabe nicht mehr erforderlich, vgl. Abs. 3 S. 2.[100] Die Bekanntgabe darf nicht mit der Herausgabe verwechselt werden. Eine Herausgabe ist ausgeschlossen,[101] vielmehr verbleibt die Verfügung von Todes wegen in der Nachlassakte.[102]

X. Beschwerde gegen Ablehnung; Beschwerde gegen bestimmte Eröffnungsankündigung

24 Die **Beschwerde** ist gegen die nachlassgerichtliche Entscheidung eröffnet, mit der die Eröffnung ganz oder teilweise abgelehnt wird.[103]

25 Gegen eine **bereits erfolgte Eröffnung** kommt dagegen die Beschwerde nicht mehr in Betracht,[104] mangels Rechtsschutzbedürfnisses.[105] Der Realakt ist bereits erfolgt, so dass der Verfahrensstand nicht mehr zurückgedreht werden kann.[106]

26 Dagegen kann gegen die **Ankündigung**, eine Verfügung von Todes wegen in bestimmter Weise mitzuteilen, als Endentscheidung mit der Beschwerde angefoch-

93 KG FGPrax 2019, 181.
94 KG FGPrax 2019, 181.
95 MüKoFamFG/*Muscheler* § 348 Rn. 23.
96 MüKoFamFG/*Muscheler* § 348 Rn. 25.
97 Bumiller/Harders/Schwamb/*Harders* § 348 Rn. 18.
98 Prütting/Helms/*Fröhler* § 348 Rn. 24.
99 MüKoFamFG/*Muscheler* § 348 Rn. 26; Keidel/*Zimmermann* § 348 Rn. 32; GForm-FamFG/*Poller* § 348 Rn. 14.
100 Vgl. Bumiller/Harders/Schwamb/*Harders* § 348 Rn. 21; Bork/Jacoby/Schwab/*Rellermeyer* § 348 Rn. 11, nach persönlicher Anwesenheit im Termin keine zusätzliche schriftliche Bekanntgabe mehr.
101 Bork/Jacoby/Schwab/*Rellermeyer* § 348 Rn. 10.
102 Prütting/Helms/*Fröhler* § 348 Rn. 27, Erblasserwille wird sichergestellt sowie Akteneinsicht gewährleistet.
103 OLG Frankfurt FamRZ 2016, 267; OLG Köln NJW-RR 2004, 1014; Bork/Jacoby/Schwab/*Rellermeyer* § 348 Rn. 5; Bahrenfuss/*Wick* § 348 Rn. 9; MüKoFamFG/*Muscheler* § 348 Rn. 35; Keidel/*Zimmermann* § 348 Rn. 78; Burandt/Rojahn/*Gierl* § 348 Rn. 10.
104 Bork/Jacoby/Schwab/*Rellermeyer* § 348 Rn. 5; Bahrenfuss/*Wick* § 348 Rn. 9; Prütting/Helms/*Fröhler* § 348 Rn. 50; Keidel/*Zimmermann* § 348 Rn. 78; GForm-FamFG/*Poller* § 348 Rn. 5.
105 *Steiner* ZEV 2015, 319; MüKoFamFG/*Muscheler* § 348 Rn. 21.
106 Deshalb keine Anfechtbarkeit mehr gegeben, vgl. auch Bumiller/Harders/Schwamb/*Harders* § 348 Rn. 23; Bork/Jacoby/Schwab/*Rellermeyer* § 348 Rn. 12.

ten werden.[107] Gleiches gilt für die Ankündigung des Nachlassgerichts, einen Termin zur Eröffnung anzuberaumen. Die Beschwerde ist insoweit eröffnet.[108]

XI. Mitteilung an die Erbschaftsteuerstelle

27 Das Nachlassgericht teilt der **Erbschaftsteuerstelle** den Inhalt der eröffneten Verfügung von Todes wegen mit, § 7 ErbStDV,[109] und zwar durch Übersendung einer beglaubigten Kopie der Verfügung von Todes wegen und der Eröffnungsniederschrift.[110]

XII. Gerichtskosten

28 Für die Eröffnung einer Verfügung von Todes wegen setzt das Nachlassgericht eine **Festgebühr iHv 100 EUR** an, KV Nr. 12101 GNotKG,[111] so dass eine Wertermittlung bzw. Wertfestsetzung nicht mehr erforderlich sind.[112]

29 Ob die Eröffnung im **Terminsweg** oder im Weg der **stillen Eröffnung** geschieht, wirkt sich gebührenrechtlich nicht aus, jede Variante löst die Eröffnungsgebühr in voller Höhe aus.[113]

30 Es spielt auch keine Rolle, ob die eröffnete Verfügung von Todes wegen **wirksam** oder **unwirksam** ist.[114] Abgegolten sind die Benachrichtigung der Beteiligten iSv Abs. 3,[115] nicht jedoch etwaige Zwangsmaßnahmen, die mit der Eröffnung einhergehen können, etwa im Rahmen des Ablieferungszwanges nach § 2259 BGB.[116]

31 Falls **mehrere Verfügungen von Todes** wegen desselben Erblassers bei demselben Gericht **gleichzeitig** eröffnet werden, fällt ebenfalls nur eine Eröffnungsgebühr iHv 100 EUR an, vgl. die Anmerkung zur KV Nr. 12101 GNotKG.[117] Mehrere Eröffnungsgebühren werden daher in Rechnung gestellt, sofern die Verfügungen von Todes wegen nicht gleichzeitig eröffnet werden. Hierin *„unbillige Gebührenhäufungen"*[118] zu erkennen, erschließt sich nicht, da im Interesse der Beteiligten zeitnah eröffnet werden muss[119] und an dieser Stelle altes Kostenrecht fortgeführt wird.[120] Die Bekanntgabe muss zeitnah erfolgen, da anderenfalls Amtshaftungsansprüche im Raum stehen.

32 Mehrere Eröffnungsgebühren müssen auch dann erhoben werden, sollten verschiedene Gerichte eröffnen, das Nachlassgericht und das Verwahrgericht iSv

107 OLG Zweibrücken ZEV 2010, 476 = Rpfleger 2010, 593; KG BeckRS 2019, 14380 = FGPrax 2019, 181; Bumiller/Harders/Schwamb/*Harders* § 348 Rn. 23; Bork/Jacoby/Schwab/*Rellermeyer* § 348 Rn. 12; MüKoFamFG/*Muscheler* § 348 Rn. 36; Keidel/*Zimmermann* § 348 Rn. 79; GForm-FamFG/*Poller* § 348 Rn. 5.
108 OLG Hamm Rpfleger 1983, 252.
109 Bahrenfuss/*Wick* § 348 Rn. 8.
110 Keidel/*Zimmermann* § 348 Rn. 39.
111 Zu den Gerichtskosten vgl. *Zimmermann* FamRZ 2013, 1264 (1268); Korintenberg/*Wilsch* KV 12100, 12101 GNotKG Rn. 20, mit der Festgebühr soll eine aufwendige Wertermittlung vermieden werden.
112 Korintenberg/*Wilsch* KV 12100, 12101 GNotKG Rn. 20.
113 Korintenberg/*Wilsch* KV 12100, 12101 GNotKG Rn. 18, 21 und 22.
114 MüKoFamFG/*Muscheler* § 348 Rn. 38; Keidel/*Zimmermann* § 348 Rn. 85.
115 MüKoFamFG/*Muscheler* § 348 Rn. 38.
116 Korintenberg/*Wilsch* KV 12100, 12101 GNotKG Rn. 30, je Anordnung entsteht eine Festgebühr iHv 20 EUR, vgl. KV 17006 GNotKG.
117 MüKoFamFG/*Muscheler* § 348 Rn. 39.
118 So *Zimmermann* FamRZ 2013, 1264 (1268); Keidel/*Zimmermann* § 348 Rn. 83.
119 Vgl. Korintenberg/*Wilsch* KV 12100, 12101 Rn. 25.
120 Zur Begünstigung (eine Gebühr aus dem zusammengerechneten Wert der Verfügungen) vgl. Korintenberg/*Wilsch* KV 12100, 12101 GNotKG Rn. 19.

§ 344 Abs. 6.[121] Die Kosten erhebt jedoch das Nachlassgericht, nicht das verwahrende Gericht, vgl. § 18 Abs. 2 S. 1 Nr. 1 GNotKG.[122] Das Gesetz sieht an dieser Stelle die zentrale Zuständigkeit des Nachlassgerichts vor, um Verwaltungs- und Abstimmungsaufwand zu minimieren.[123] Ein Vorschuss kann nicht angefordert werden, da eine Eröffnungspflicht besteht, der das Gericht von Amts wegen nachkommen muss.[124]

33 Kostenschuldner sind nur die Erben, § 24 Nr. 1 GNotKG.[125]

§ 349 Besonderheiten bei der Eröffnung von gemeinschaftlichen Testamenten und Erbverträgen

(1) Bei der Eröffnung eines gemeinschaftlichen Testaments sind die Verfügungen des überlebenden Ehegatten oder Lebenspartners, soweit sie sich trennen lassen, den Beteiligten nicht bekannt zu geben.

(2) [1]Hat sich ein gemeinschaftliches Testament in besonderer amtlicher Verwahrung befunden, ist von den Verfügungen des verstorbenen Ehegatten oder Lebenspartners eine beglaubigte Abschrift anzufertigen. [2]Das Testament ist wieder zu verschließen und bei dem nach § 344 Abs. 2 zuständigen Gericht erneut in besondere amtliche Verwahrung zurückzubringen.

(3) Absatz 2 gilt nicht, wenn das Testament nur Anordnungen enthält, die sich auf den Erbfall des erstversterbenden Ehegatten oder Lebenspartners beziehen, insbesondere wenn das Testament sich auf die Erklärung beschränkt, dass die Ehegatten oder Lebenspartner sich gegenseitig zu Erben einsetzen.

(4) Die Absätze 1 bis 3 sind auf Erbverträge entsprechend anzuwenden.

Literatur:

Bühler, Das Geheimhaltungsinteresse des Überlebenden bei der erstmaligen Eröffnung gemeinschaftlicher Verfügungen von Todes wegen, ZRP 1988, 59; *Diehn*, Das Zentrale Testamentsregister in der notariellen Praxis, DNotZ 2011, 676; *Heinemann*, Die Reform der freiwilligen Gerichtsbarkeit durch das FamFG und ihre Auswirkungen auf die notarielle Praxis, DNotZ 2009, 6; *Lange*, Einstweilige Anordnungen des Nachlassgerichts in Bezug auf die Eröffnungsniederschrift, jurisPR-FamR 12/2012 Anm. 5.

121 Korintenberg/*Wilsch* KV 12100, 12101 GNotKG Rn. 25.
122 OLG Köln FGPrax 2018, 185; GForm-FamFG/*Poller* § 348 Rn. 4.
123 OLG Köln FGPrax 2018, 185.
124 Korintenberg/*Wilsch* KV 12100, 12101 GNotKG Rn. 31; Prütting/Helms/*Fröhler* § 348 Rn. 54; Keidel/*Zimmermann* § 348 Rn. 17.
125 Prütting/Helms/*Fröhler* § 348 Rn. 54; MüKoFamFG/*Muscheler* § 348 Rn. 38.

I. Allgemeines; Normzweck

Die Regelung[1] ist im Gefolge des § 348 zu sehen, einer Norm, die eine nachlassgerichtliche **Eröffnungspflicht** statuiert, der das Nachlassgericht umfassend und zeitnah nachkommen muss. Zur Eröffnung gelangen Schriftstücke aller Art mit erbrechtlichem Potential, und zwar grundsätzlich in vollem Umfang und unbeschränkt,[2] um den Beteiligten, etwa den Erb- und Pflichtteilsberechtigten,[3] das notwendige erbrechtliche Gesamtbild zu vermitteln. Ob die Verfügung wirksam ist, spielt keine Rolle,[4] ebenso wenig ein etwaiges Eröffnungsverbot, ausgesprochen durch den Erblasser, § 2263 BGB.[5] Der Eröffnungspflicht nach § 348 setzt § 349 allerdings Grenzen, die sich aus der Natur gemeinschaftlicher Testamente bzw. der Natur von Erbverträgen ergeben. Hintergrund sind die **Geheimhaltungsinteressen**[6] des überlebenden Ehegatten bzw. Lebenspartners bzw. Erbvertragspartners, denen verfahrensrechtlich entsprochen werden muss, auf die auch nicht verzichtet werden kann,[7] um nicht Zweifel an der nachlassgerichtlichen Neutralität[8] aufkommen zu lassen und das Nachlassgericht nicht vor organisatorische Schwierigkeiten zu stellen[9] 1

Das **allgemeine Persönlichkeitsrecht** ist zu jedem Zeitpunkt des Nachlassverfahrens zu wahren, auch im Eröffnungsverfahren. Dem überlebenden Ehegatten bzw. Lebenspartner bzw. Vertragspartner kann das berechtigte Interesse daran, dass seine Verfügungen grundsätzlich vor seinem Tode nicht bekannt gegeben werden, nicht abgesprochen werden.[10] In der Eröffnung der Anordnungen des überlebenden Ehegatten bzw. Lebens- bzw. Vertragspartners kann ein schwerer Eingriff in das allgemeine Persönlichkeitsrecht liegen.[11] § 349 soll den Interessenkonflikt zwischen den Geheimhaltungsinteressen des überlebenden Ehegatten bzw. Lebens- oder Vertragspartners und den Informationsinteressen von Erb- und Pflichtteilsberechtigten bzw. gleichgestellten Beteiligten sachgerecht lösen und dabei weder gegen die Testierfreiheit noch gegen das allgemeine Per- 2

---

1 Vor der Regelung durch das FamFG war die Bestimmung in § 2273 BGB zu finden.
2 OLG Schleswig NJW-RR 2013, 583.
3 OLG Schleswig NJW-RR 2013, 583.
4 Vgl. auch OLG Schleswig NJW-RR 2013, 583.
5 Ebenso Prütting/Helms/*Fröhler* § 349 Rn. 19.
6 BVerfG NJW 1994, 2535; OLG Schleswig NJW-RR 2013, 583; OLG Hamm DNotZ 2013, 37; Schulte-Bunert/Weinreich/*Burandt* § 349 Rn. 1; Prütting/Helms/*Fröhler* § 349 Rn. 3; Bumiller/Harders/Schwamb/*Harders* § 349 Rn. 1; Bork/Jacoby/Schwab/*Rellermeyer* § 349 Rn. 2; Burandt/Rojahn/*Gierl* § 349 Rn. 1.
7 AA Bork/Jacoby/Schwab/*Rellermeyer* § 349 Rn. 2; MüKoFamFG/*Muscheler* § 349 Rn. 4; wie hier – gegen Verzicht, es besteht keine Dispositionsbefugnis – auch Prütting/Helms/*Fröhler* § 349 Rn. 20; Schulte-Bunert/Weinreich/*Burandt* § 349 Rn. 6; Keidel/*Zimmermann* § 349 Rn. 14.
8 Prütting/Helms/*Fröhler* § 349 Rn. 20.
9 Prütting/Helms/*Fröhler* § 349 Rn. 20.
10 BayObLG Rpfleger 1982, 424; OLG Hamm DNotZ 2013, 37.
11 OLG Schleswig NJW-RR 2013, 583.

sönlichkeitsrecht[12] verstoßen. Ein unverhältnismäßiger Eingriff in das allgemeine Persönlichkeitsrecht liegt nicht vor.[13]

II. Bekanntgabe trennbarer bzw. nicht trennbarer Verfügungen eines gemeinschaftlichen Testaments bzw. Erbvertrags (Abs. 1, Abs. 4)

3 **1. Programm der partiellen Bekanntgabe.** Die Realisierung des allgemeinen Persönlichkeitsrechts des überlebenden Ehegatten bzw. Lebenspartners bzw. Vertragspartners erfolgt durch eine **partielle Bekanntgabe.** Bei der Eröffnung sind die Verfügungen des überlebenden Ehegatten oder Lebenspartners den Beteiligten nicht bekannt zu geben, sofern sich die Verfügungen des Erblassers und des überlebenden Ehegatten bzw. Lebenspartners trennen lassen, Abs. 1. Dies gilt nicht nur für gemeinschaftliche Testamente, sondern auch für Erbverträge, vgl. Abs. 4.

4 **2. Erbrechtliche Autonomie oder Heteronomie.** Dies wirft die Frage auf, in welchen Konstellationen sich die Verfügungen **trennen** lassen.

5 Zu bejahen ist eine **Trennbarkeit**, eine **erbrechtliche Autonomie**, sofern die Verfügungen nur durch eine äußere Klammer (gemeinschaftliches Testament, Erbvertrag) gehalten, in der inneren Strukturierung jedoch inhaltlich und sprachlich unabhängig voneinander gestaltet sind. Entscheidend ist die Binnenstruktur des gemeinschaftlichen Testaments bzw. des Erbvertrags. Allein die Wechselbezüglichkeit der Verfügungen liefert noch kein Kriterium dafür, von einer Untrennbarkeit auszugehen.[14] Eine entsprechende **Untrennbarkeit** geht auf eine **erbrechtliche Heteronomie** zurück, auf eine Gestaltung, gekennzeichnet durch wechselseitige Willensabhängigkeit oder wechselseitigen Rekurs aufeinander.[15] Die Gretchenfrage lautet hier: *erbrechtliche Parallelwelten oder ein gemeinsam gestalteter Erbrechtsraum*? Oder in den Worten des BVerfG: „Die Wahrung des Geheimhaltungsinteresses liegt in den Händen der Testierenden."[16]

6 Agieren beide Erblasser bzw. Vertragspartner inhaltlich und sprachlich[17] souverän voneinander, ist **Trennbarkeit**, gestalterische **Autonomie** zu diagnostizieren und entsprechend durch eine auszugsweise beglaubigte Ablichtung[18] bekannt zu geben bzw. beschränkte Akteneinsicht[19] zu gewähren.[20] Die Verfügungen für den zweiten Erbfall bleiben unter Verschluss, dürfen demnach weder schriftlich noch mündlich mitgeteilt werden.[21]

12 BVerfG NJW 1994, 2535, ein Beschluss, getroffen zur inhaltsgleichen Vorgängernorm, enthalten in § 2273 BGB; zur Übernahme des Regelungsgehaltes vgl. auch BT-Drs. 16/6308, 280. Zum Interessenausgleich vgl. MüKoFamFG/*Muscheler* § 349 Rn. 1; zur Verfassungskonformität Bumiller/Harders/Schwamb/*Harders* § 349 Rn. 1; Keidel/*Zimmermann* § 349 Rn. 1.

13 BVerfG NJW 1994, 2535.

14 Vgl. MüKoFamFG/*Muscheler* § 349 Rn. 3.

15 OLG Hamm DNotZ 2013, 37 (38).

16 BVerfG NJW 1994, 2535; identisch Keidel/*Zimmermann* § 349 Rn. 7.

17 Vgl. auch Bahrenfuss/*Wick* § 349 Rn. 2, der allerdings nur auf sprachliche Trennbarkeit abstellt, nicht auch auf die inhaltliche Trennbarkeit.

18 MüKoFamFG/*Muscheler* § 349 Rn. 4.

19 Für beschränkte Akteneinsicht auch Firsching/Graf/*Krätzschel* NachlassR § 37 Rn. 37 Prütting/Helms/*Fröhler* § 349 Rn. 13; Keidel/*Zimmermann* § 349 Rn. 5.

20 Prütting/Helms/*Fröhler* § 349 Rn. 13.

21 Bumiller/Harders/Schwamb/*Harders* § 349 Rn. 4.

Agieren beide Erblasser bzw. Vertragspartner in Abhängigkeit voneinander, beispielsweise in der Wir-Form[22] oder durch wechselseitige Bezugnahme[23] aufeinander oder durch Verwendung anonymer Rollenbegriffe,[24] so dass die eine Verfügung nicht ohne die andere Verfügung verständlich ist,[25] ist **Untrennbarkeit**, gestalterische **Heteronomie** gegeben und der gesamte Inhalt bekannt zu geben.[26] 7

3. Nachlassgerichtliche Praxis. Die Umsetzung des Abs. 1 erfolgt in der nachlassgerichtlichen Praxis häufig noch **händisch**, durch Fertigung einer Kopie, deren autonomen Partien, die nur den zweiten Erbfall betreffen, abgedeckt, überklebt,[27] ausgelassen[28] oder ausgeklammert[29] werden. Zum Einsatz gelangen **Blockaden aus Papier**, die speziell für die nicht bekanntzugebenden Partien gefertigt und auf der Kopie mit Klebstoff oder Klammer angebracht werden. Diese archaische Praxis überzeugt nicht und bindet bedeutende Personalressourcen. Der **Vorschlag** geht dahin, evtl. mit **Textentfernungssoftware** zu arbeiten, die in der grundbuchamtlichen Praxis der Fertigung von Teilausdrucken zum Einsatz kommt. Bloße Schwärzungssoftware kann unzureichend sein, sofern es den Beteiligten gelingt, die geschwärzten Passagen zu hinterleuchten.[30] Textentfernungssoftware dagegen schließt diese Gefahr aus, weshalb ihr der Vorzug einzuräumen ist. Der Nachlassrechtspfleger[31] nimmt dann am Bildschirm die Bearbeitung vor und kennzeichnet die Partien, die nach Abs. 1 bekannt zu geben sind. Die partielle Eröffnung ist im Eröffnungsprotokoll zu vermerken.[32] 8

4. Entscheidung des Nachlassgerichts; Anfechtbarkeit der Entscheidung. Damit ist auch die Frage beantwortet, in wessen Zuständigkeitsbereich die Entscheidung über die partielle Bekanntgabe fällt. Die Entscheidung hierüber trifft das **eröffnende Nachlassgericht**, und zwar nicht erst aufgrund eines Antrags oder einer Anregung, sondern von Amts wegen.[33] Geboten ist diese selbststän- 9

22 OLG Schleswig NJW-RR 2013, 583; Bumiller/Harders/Schwamb/*Harders* § 349 Rn. 4; Bork/Jacoby/Schwab/*Rellermeyer* § 349 Rn. 4; Burandt/Rojahn/*Gierl* § 349 Rn. 2; Firsching/Graf/*Krätzschel* NachlassR § 37 Rn. 37; Keidel/*Zimmermann* § 349 Rn. 9.

23 OLG Hamm DNotZ 2013, 37 (38); Prütting/Helms/*Fröhler* § 349 Rn. 17; Firsching/Graf/*Krätzschel* NachlassR § 37 Rn. 37; Bumiller/Harders/Schwamb/*Harders* § 349 Rn. 4; Schulte-Bunert/Weinreich/*Burandt* § 349 Rn. 4; Keidel/*Zimmermann* § 349 Rn. 10.

24 Prütting/Helms/*Fröhler* § 349 Rn. 16.

25 OLG Hamm DNotZ 2013, 37 (38); OLG Schleswig NJW-RR 2013, 583; MüKoFamFG/*Muscheler* § 349 Rn. 3; Bumiller/Harders/Schwamb/*Harders* § 349 Rn. 4.

26 Ebenso Prütting/Helms/*Fröhler* § 349 Rn. 21.

27 Keidel/*Zimmermann* § 349 Rn. 5.

28 OLG Schleswig NJW-RR 2013, 583.

29 MüKoFamFG/*Muscheler* § 349 Rn. 4.

30 Prütting/Helms/*Fröhler* § 349 Rn. 12.

31 Funktionell zuständig nach § 3 Nr. 2 lit. c RpflG iVm § 342 Abs. 1 Nr. 3, vgl. auch Prütting/Helms/*Fröhler* § 349 Rn. 6.

32 Muster vgl. Firsching/Graf/*Krätzschel* NachlassR § 37 Rn. 38; für einen entsprechenden Vermerk im Protokoll auch Prütting/Helms/*Fröhler* § 349 Rn. 11; MüKoFamFG/*Muscheler* § 349 Rn. 4.

33 MüKoFamFG/*Muscheler* § 349 Rn. 4; Schulte-Bunert/Weinreich/*Burandt* § 349 Rn. 4.

dige Anfechtbarkeit dieser Entscheidung mit befristeter Beschwerde,[34] obgleich grundsätzlich nur Endentscheidungen der Anfechtung unterliegen. Angefochten werden kann jedoch nur die ankündigende[35] oder die ablehnende[36] Entscheidung des Nachlassgerichts, nicht mehr eine bereits erfolgte Bekanntgabe, weil ein Rechtsschutzinteresse dann nicht mehr gegeben ist.[37] Insoweit kommt nur Regress in Betracht, Staatshaftung.[38]

III. Eröffnung eines besonders amtlich verwahrten gemeinschaftlichen Testaments bzw. Erbvertrags sowie Weiterverwahrung (Abs. 2, Abs. 3, Abs. 4)

10 **1. Gemeinschaftliches Testament bzw. Erbvertrag in besonderer amtlicher Verwahrung.** Die besondere amtliche Verwahrung unterscheidet sich von der einfachen amtlichen Verwahrung durch ein spezielles Annahmeverfahren, geregelt in § 346, bestehend aus Annahmeverfügung, gemeinschaftlicher Bewirkung, Verschluss, Verzeichnung im Verwahrungsbuch, Erteilung eines Hinterlegungsscheins sowie Mitteilung der Verwahrungsangaben an das Zentrale Testamentsregister. Diese Besonderheiten setzen sich bei der Eröffnung von gemeinschaftlichen Testamenten bzw. Erbverträgen in Abs. 2 und 3 fort. Anderenfalls entfiele der Sicherungszweck, der der besonderen amtlichen Verwahrung zugrunde liegt.

11 **2. Fertigung einer beglaubigten Abschrift (Abs. 2 S. 1).** Abs. 2 S. 1 sieht die Fertigung einer beglaubigten Abschrift des gemeinschaftlichen Testaments vor, das aus der besonderen amtlichen Verwahrung stammt.[39] Gleiches gilt für den Erbvertrag, Abs. 4. Von den Verfügungen des erstverstorbenen Ehegatten bzw. Lebenspartners ist eine beglaubigte Abschrift zu fertigen. Dies ist auf die Anordnungen zurückzuführen, die im gemeinschaftlichen Testament bzw. dem Erbvertrag für den zweiten Erbfall vorgesehen sind, was die Notwendigkeit impliziert, eine Abschrift zu fertigen und im Übrigen für eine Fortdauer der besonderen amtlichen Verwahrung zu sorgen. Alle Verfügungen, die dem Erblasser des ersten Erbfalls zuzuordnen sind, müssen aus der beglaubigten Abschrift vollständig hervorgehen,[40] anderenfalls die Abschrift nicht in der Lage ist, das erbrechtliche Gesamtbild des ersten Erbfalls zu vermitteln. Der vom Nachlassge-

---

34 OLG Schleswig NJW-RR 2013, 583; OLG Köln ZEV 2011, 313 (314); Bork/Jacoby/Schwab/*Rellermeyer* § 349 Rn. 5; Prütting/Helms/*Fröhler* § 349 Rn. 24; Burandt/Rojahn/*Gierl* § 349 Rn. 3; Bumiller/Harders/Schwamb/*Harders* § 349 Rn. 11; Bahrenfuss/*Wick* § 349 Rn. 3; Firsching/Graf/*Krätzschel* NachlassR § 37 Rn. 37; Keidel/*Zimmermann* § 349 Rn. 26; GForm-FamFG/*Poller* § 349 Rn. 11.

35 Vgl. die Konstellation des Beschlusses des OLG Schleswig NJW-RR 2013, 583.

36 Zur Qualifizierung als Endentscheidung iSv § 38 Abs. 1 FamFG vgl. OLG Köln ZEV 2011, 313 (314).

37 Schulte-Bunert/Weinreich/*Burandt* § 349 Rn. 15; Prütting/Helms/*Fröhler* § 349 Rn. 25; Firsching/Graf/*Krätzschel* NachlassR § 37 Rn. 37 spricht insoweit von einem „Missbrauch der Rechtspflege". Gegen Beschwerde auch Keidel/*Zimmermann* § 349 Rn. 28, die Folgen können nicht mehr rückgängig gemacht werden.

38 Keidel/*Zimmermann* § 349 Rn. 28.

39 Stammt das gemeinschaftliche Testament bzw. der Erbvertrag nicht aus der besonderen amtlichen Verwahrung, gilt § 349 nicht, ein solches Testament bzw. ein solcher Erbvertrag verbleibt in der bisherigen Verwahrungsform, verbleibt in der einfachen Aktenverwahrung, Bork/Jacoby/Schwab/*Rellermeyer* § 349 Rn. 8.

40 Schulte-Bunert/Weinreich/*Burandt* § 349 Rn. 8.

richt zu fertigende **Beglaubigungsvermerk** muss hierzu Stellung beziehen und die Vollständigkeit explizit bestätigen.[41]

3. Erneute besondere amtliche Verwahrung (Abs. 2 S. 2, § 344 Abs. 2). Danach sind das gemeinschaftliche Testament bzw. der Erbvertrag **wieder zu verschließen** und erneut in die **besondere amtliche Verwahrung** zu bringen, Abs. 2 S. 2. Die örtliche Zuständigkeit richtet sich nach § 344 Abs. 2.[42] Zuständig für die erneute besondere amtliche Verwahrung ist das Nachlassgericht des Erstversterbenden,[43] demnach das bisherige Verwahrungsgericht,[44] es sei denn, der längerlebende Ehegatte bzw. Lebenspartner verlangt die Verwahrung bei einem anderen Amtsgericht, § 344 Abs. 2. Insoweit besteht ein Wahlrecht, das beliebig oft und in beliebiger Form ausgeübt werden kann. Die Annahme ist anzuordnen und gemeinschaftlich zu bewirken, § 346 Abs. 1. Die Verwahrung erfolgt unter gemeinschaftlichem Verschluss des gemeinschaftlichen Testaments bzw. des Erbvertrags. Das gemeinschaftliche Testament bzw. der Erbvertrag werden in einen mit Dienstsiegel versehenen Umschlag verschlossen, mit einer die Verfügung näher bezeichnenden Aufschrift versehen und unterschrieben, § 27 Abs. 3 S. 1 AktO. Im Aufschriftsvermerk ist auf die bereits erfolgte Teileröffnung und die erneute Inverwahrnahme einzugehen[45] („nach erster Eröffnung am … wieder verschlossen“).[46] Die Eintragungsnummer im Verwahrungsbuch[47] ist ebenfalls zu vermerken, § 27 Abs. 4 S. 3 AktO, und ein Hinterlegungsschein ist zu erteilen, § 346 Abs. 3.[48] 12

4. Übermittlung von Verwahrangaben an das Zentrale Testamentsregister (§ 347 Abs. 2). Nach der erneuten Inverwahrnahme in die besondere amtliche Verwahrung übermittelt das Nachlassgericht die **Verwahrangaben** an das **Zentrale Testamentsregister** der Bundesnotarkammer, § 347 Abs. 2.[49] Soweit vorhanden, geschieht dies unter Bezugnahme auf die bisherige Registrierung, also unter Hinweis auf einen bereits angelegten Datensatz. 13

5. Ausnahme (Abs. 3). Das beschriebene Prozedere der Weiterverwahrung **greift nicht**, sofern das gemeinschaftliche Testament nur **Anordnungen** enthält, die sich auf den **Erbfall des erstversterbenden Ehegatten oder Lebenspartners** beziehen, Abs. 3. Dies gilt insbesondere für eine Erklärung, die sich auf die wechselseitige Erbeinsetzung der Ehegatten bzw. Lebenspartner beschränkt, also lediglich eine gegenseitige Erbeinsetzung zu konstatieren ist.[50] Eine Weiterverwahrung ist dann nicht indiziert, ebenso wenig eine Benachrichtigung des Zentralen Testamentsregisters,[51] schließlich enthält das Testament keine Anord- 14

41 Vgl. Firsching/Graf/*Krätzschel* NachlassR § 37 Rn. 38 unter Bezugnahme auf Art. 57 Abs. 3, 59, 47 des alten preußischen FGG; ebenso Prütting/Helms/*Fröhler* § 349 Rn. 27; Schulte-Bunert/Weinreich/*Burandt* § 349 Rn. 8; MüKoFamFG/*Muscheler* § 349 Rn. 5.

42 Prütting/Helms/*Fröhler* § 349 Rn. 28; Schulte-Bunert/Weinreich/*Burandt* § 349 Rn. 8; Bumiller/Harders/Schwamb/*Harders* § 349 Rn. 8.

43 Ebenso Bork/Jacoby/Schwab/*Rellermeyer* § 349 Rn. 7.

44 Firsching/Graf/*Krätzschel* NachlassR § 37 Rn. 40.

45 Prütting/Helms/*Fröhler* § 349 Rn. 28.

46 Vgl. Muster bei Firsching/Graf/*Krätzschel* NachlassR § 37 Rn. 39; GForm-FamFG/*Poller* § 349 Rn. 2.

47 Für Neueintragung im Verwahrungsbuch auch Firsching/Graf/*Krätzschel* NachlassR § 37 Rn. 39; GForm-FamFG/*Poller* § 349 Rn. 2.

48 Ebenso Firsching/Graf/*Krätzschel* NachlassR § 37 Rn. 38; Keidel/*Zimmermann* § 349 Rn. 19.

49 Bork/Jacoby/Schwab/*Rellermeyer* § 349 Rn. 8; Firsching/Graf/*Krätzschel* NachlassR § 37 Rn. 38.

50 Schulte-Bunert/Weinreich/*Burandt* § 349 Rn. 10.

51 Bork/Jacoby/Schwab/*Rellermeyer* § 349 Rn. 10.

nung für den zweiten Erbfall. Ein Sicherungszweck besteht nicht mehr,[52] was der Grund dafür ist, warum das gemeinschaftliche Testament in der relevanten Nachlassakte verbleibt, in der Akte des Verstorbenen.[53]

15 **6. Zweiter Erbfall.** Zur Anwendung gelangt die allgemeine Eröffnungspflicht, die das Nachlassgericht trifft, sobald es vom Tod des Erblassers Kenntnis erlangt, § 348 Abs. 1 S. 1. Nach dem zweiten Erbfall ist das gemeinschaftliche Testament bzw. der Erbvertrag von Amts wegen und zeitnah zu eröffnen.[54] Über die Eröffnung ist eine Eröffnungsniederschrift zu fertigen, § 348 Abs. 1 S. 2 und 3. Das gemeinschaftliche Testament muss offen in der Nachlassakte des zweiten Erbfalls verbleiben, da eine Weiterverwahrung nun nicht mehr in Betracht kommt. Das erbrechtliche Gesamttableau ist damit geschlossen.

IV. Gerichtskosten

16 **1. Eröffnung eines gemeinschaftlichen Testaments bzw. Erbvertrags.** Für die Eröffnung eines gemeinschaftlichen Testaments bzw. eines Erbvertrags bringt das Nachlassgericht eine **Festgebühr** iHv 100 EUR in Ansatz, KV Nr. 12101 GNotKG. Eine einmalige Pauschalgebühr für alle Eröffnungen ist damit nicht gemeint, sondern eine Pauschalgebühr, eine Festgebühr, die auf den jeweiligen Eröffnungsakt abstellt. Die **Geschäftswertermittlung** erübrigt sich,[55] da eine Festgebühr vorliegt, keine Wertgebühr.

17 Ist eine Trennbarkeit der Verfügungen zu bejahen, **erbrechtliche Autonomie,** wird das gemeinschaftliche Testament partiell im ersten und im zweiten Erbfall eröffnet und bekanntgegeben. In der Folge fallen zwei Eröffnungsgebühren an.[56]

18 Ist Untrennbarkeit der Verfügungen gegeben, **erbrechtliche Heteronomie,** wird zwar der gesamte Inhalt des gemeinschaftlichen Testaments bzw. des Erbvertrags bereits im ersten Erbfall bekanntgegeben, allerdings lediglich bezogen auf den ersten Erbfall. Erst anlässlich des zweiten Erbfalls erfolgt eine Eröffnung nach dem zweiten Ehegatten bzw. Leben- bzw. Vertragspartner, weshalb eine weitere Eröffnungsgebühr iHv 100 EUR entsteht, KV Nr. 12101 GNotKG.[57] Eine Bekanntgabe nach dem ersten Erbfall bedeutet noch keine vorweggenommene Eröffnung für den zweiten Erbfall.[58] Ohne entsprechenden Erbfall kann keine Eröffnung erfolgen.

19 **2. Weiterverwahrung.** Die Weiterverwahrung des gemeinschaftlichen Testaments bzw. des Erbvertrags löst keine weitere Verwahrungsgebühr nach der KV Nr. 12100 GNotKG aus, da die Verwahrung fortdauert und nicht neu begründet werden muss.[59]

---

52 Prütting/Helms/*Fröhler* § 349 Rn. 4; Schulte-Bunert/Weinreich/*Burandt* § 349 Rn. 10.
53 Vgl. Prütting/Helms/*Fröhler* § 349 Rn. 32; Schulte-Bunert/Weinreich/*Burandt* § 349 Rn. 10; Bahrenfuss/*Wick* § 349 Rn. 5.
54 Bork/Jacoby/Schwab/*Rellermeyer* § 349 Rn. 9.
55 Geschäftswertermittlung jedoch bei Schulte-Bunert/Weinreich/*Burandt* § 349 Rn. 13; ebenso bei Firsching/Graf/*Krätzschel* NachlassR § 37 Rn. 42 für Wiedereröffnung, die sich nach § 40 GNotKG richten soll.
56 Korintenberg/*Wilsch* KV 12100, 12101 GNotKG Rn. 26; ebenso Schulte-Bunert/Weinreich/*Burandt* § 349 Rn. 12; Bumiller/Harders/Schwamb/*Harders* § 349 Rn. 12.
57 Zur Eröffnung nach dem zweiten Erbfall vgl. Keidel/*Zimmermann* § 349 Rn. 24.
58 Ebenso GForm-FamFG/*Poller* § 349 Rn. 9 unter Berufung auf RG 137, 230.
59 Korintenberg/*Wilsch* KV 12100, 12101 GNotKG Rn. 12; Schulte-Bunert/Weinreich/*Burandt* § 349 Rn. 14; Burandt/Rojahn/*Gierl* § 349 Rn. 4; Keidel/*Zimmermann* § 349 Rn. 32.

§ 350 Eröffnung der Verfügung von Todes wegen durch ein anderes Gericht

Hat ein nach § 344 Abs. 6 zuständiges Gericht die Verfügung von Todes wegen eröffnet, hat es diese und eine beglaubigte Abschrift der Eröffnungsniederschrift dem Nachlassgericht zu übersenden; eine beglaubigte Abschrift der Verfügung von Todes wegen ist zurückzubehalten.

Literatur:

Heinemann, Die Reform der freiwilligen Gerichtsbarkeit durch das FamFG und ihre Auswirkungen auf die notarielle Praxis, DNotZ 2009, 6; *Zimmermann*, Die Nachlasssachen in der FGG-Reform, FGPrax 2006, 189; *Zimmermann*, Das Erbscheinsverfahren im FamFG, JuS 2009, 817.

I. Allgemeines

Den Anknüpfungspunkt bildet die **besondere örtliche Eröffnungszuständigkeit nach § 344 Abs. 6**, die dazu führt, dass **Verwahrgericht und Nachlassgericht** differieren und Verfahren parallel laufen. Die Eröffnung der Verfügung von Todes wegen erfolgt dann durch „ein anderes Gericht", durch ein örtlich nicht nach § 343 zuständiges Gericht, das Verwahrgericht, was die Gefahr konträrer und zusammenhangloser Verfahren birgt. Die Regelung in § 350 tritt dieser Gefahr entgegen und führt die Verfahren wieder zusammen,[1] und zwar in der Hand des allgemein zuständigen Nachlassgerichts. Dies dient nicht nur der Beschleunigung des übergeordneten Verfahrensziels, sondern verhindert auch den Verlust von Verfügungen von Todes wegen, etwa während des Transports oder während des Eingangs beim Nachlassgericht.[2] Die Bestimmung in § 350 gilt für alle Verfügungen von Todes wegen,[3] also auch für Erbverträge.[4] 1

II. Besondere örtliche Zuständigkeit nach § 344 Abs. 6

1. Alle verwahrten Verfügungen von Todes wegen. Nach § 344 Abs. 6 besteht eine besondere örtliche Eröffnungszuständigkeit des Verwahrgerichts, in dessen 2

1 Zur Verfahrenskonzentration vgl. Prütting/Helms/*Fröhler* § 350 Rn. 3.
2 Vgl. Bahrenfuss/*Wick* § 350 Rn. 1; *Bumiller/Harders/Schwamb* § 350 Rn. 1; Keidel/*Zimmermann* § 350 Rn. 1.
3 Vgl. bereits BT-Drs. 16/6308, 280.
4 S. Prütting/Helms/*Fröhler* § 350 Rn. 1.

amtlicher Verwahrung sich eine Verfügung von Todes wegen befindet. Durch die begriffliche Fokussierung auf „*amtliche Verwahrung*" stellte der Gesetzgeber[5] bereits klar, dass nicht nur die Verfügungen von Todes wegen gemeint sind, die sich in besonderer amtlicher Verwahrung befinden, sondern alle verwahrten Verfügungen von Todes wegen, auch die „*einfach*" verwahrten Verfügungen,[6] darunter Erbverträge, die zu den Nachlassakten eines der Vertragsschließenden genommen wurden,[7] sowie privatschriftliche Testamente, die bei einem ortsnahen Amtsgericht abgegeben wurden.[8]

3 **2. Eigenständiges Verfahren.** Die besondere örtliche Eröffnungszuständigkeit bedeutet ein eigenständiges Verfahren,[9] das erst mit der ordnungsgemäßen Übersendung und Zurückbehaltung, wie sie § 350 vorgibt, sein Ende findet.[10]

4 **3. Landesrechtliche Benachrichtigungspflichten in Nachlasssachen.** Daneben bestehen besondere landesrechtliche **Benachrichtigungspflichten**[11] in Nachlasssachen, die das Verwahrgericht dazu verpflichten, unverzüglich nach Eingang einer Sterbefallnachricht das Nachlassgericht vom Vorhandensein einer Verfügung von Todes wegen zu benachrichtigen und im Übrigen nach § 350 zu verfahren.

5 **4. Besondere Eröffnungszuständigkeit nach § 11 Abs. 3 KonsG.** Eine besondere Eröffnungszuständigkeit sieht **§ 11 Abs. 3 Konsulargesetz** (KonsG) für den Fall vor, dass der Erblasser verstirbt, bevor das Testament bzw. der Erbvertrag an das Amtsgericht übersandt ist, oder eine solche Verfügung von Todes wegen nach dem Tod des Erblassers beim Konsularbeamten abgeliefert wird. In diesen Konstellationen *kann* der Konsularbeamte die Eröffnung vornehmen und im Übrigen nach § 350 verfahren, vgl. § 11 Abs. 3 KonsG.

III. Prozedere nach § 350

6 **1. Eröffnung durch das Verwahrgericht, §§ 344 Abs. 6, 350.** Das mit der besonderen örtlichen Eröffnungszuständigkeit nach § 344 Abs. 6 ausgestattete Verwahrgericht nimmt die **Eröffnung** der Verfügung von Todes wegen in der üblichen Art und Weise vor, sobald es Kenntnis vom Tod des Erblassers erlangt, § 348 Abs. 1 S 1. Über die Eröffnung, zumeist die „*stille Eröffnung*" im Büroweg, ist eine **Niederschrift** aufzunehmen, § 348 Abs. 1 S. 2. Ob das Verwahrgericht auch in der Pflicht steht, den Beteiligten den sie betreffenden Inhalt der Verfügung von Todes wegen schriftlich bekannt zu geben, § 348 Abs. 3 S. 1, ist strittig. Die herrschende Meinung[12] sieht das **Nachlassgericht** in der Pflicht, nicht das Verwahrgericht, wofür auch Aspekte der Verfahrensökonomie und Verfahrenskonzentration sprechen. Schließlich endet das besondere Eröffnungs-

---

5 Vgl. BT-Drs. 16/6308, 278.

6 Ebenso Prütting/Helms/*Fröhler* § 350 Rn. 9; Bahrenfuss/*Wick* § 350 Rn. 1; *Bumiller/Harders/Schwamb* § 350 Rn. 2.

7 BT-Drs. 16/6308, 278; ebenso Prütting/Helms/*Fröhler* § 350 Rn. 9.

8 S. BT-Drs. 16/6308, 278.

9 Mit eigenständigen Aktenzeichen.

10 KG FGPrax 2014, 163 = JurionRS 2014, 12237 = FuR 2014, 493 mAnm *Burandt*.

11 Vgl. beispielsweise Ziffer 2.2.2 der bayerischen NachlBenBek. oder Ziffer 2.2 der niedersächsischen NachlBRdErl oder Ziffer 2.2 der nordrhein-westfälischen NachlBAnO oder Ziffer 2.2 der schleswig-holsteinischen NachlBAV.

12 Vgl. bereits BayObLGZ 1986, 118 (125); KG FGPrax 2014, 163 = FuR 2014, 493 mAnm *Burandt*; Prütting/Helms/*Fröhler* § 350 Rn. 10 und 11; Keidel/*Zimmermann* § 350 Rn. 7 (s. aber unten); aA *Bumiller/Harders/Schwamb* § 350 Rn. 3: das Verwahrgericht muss auch die Bekanntgabe nach § 348 Abs. 3 FamFG durchführen. So auch Keidel/*Zimmermann* § 350 Rn. 5, der sich damit in Widerspruch zur eigenen Kommentierung unter Rn. 7 setzt, siehe soeben oben.

verfahren mit der ordnungsgemäßen Übersendung nach § 350.[13] Die Bekanntmachung eröffnet ein eigenes, selbstständiges,[14] dem Nachlassgericht vorbehaltenes Verfahren.

2. Übersendung an das Nachlassgericht; Zurückbehaltung durch das Verwahrgericht. Nach Eröffnung fertigt das Verwahrgericht eine **beglaubigte Abschrift** der Verfügung von Todes wegen und eine beglaubigte Abschrift der Eröffnungsniederschrift. Während die beglaubigte Abschrift der Verfügung von Todes wegen samt der Urschrift[15] der Eröffnungsniederschrift beim **Verwahrgericht** zurückzubehalten ist,[16] um einen Verlust der Verfügung von Todes wegen auszuschließen, ist die Urschrift[17] der Verfügung von Todes wegen samt beglaubigter Abschrift der Eröffnungsniederschrift dem **Nachlassgericht** zu übersenden, § 350.[18] 7

3. Dysfunktionalitäten: keine Übersendung durch Verwahrgericht oder keine Annahme durch Nachlassgericht. Weigert sich das **Verwahrgericht**, dem Prozedere nach § 350 nachzukommen, ist der Weg der **Dienstaufsichtsbeschwerde** zu beschreiten.[19] Ein weiteres Beschwerderecht steht dem Nachlassgericht nicht zu.[20] Mit Beschwerde angefochten werden kann jedoch der Beschluss, mit dem die Eröffnung abgelehnt wird.[21] 8

Weigert sich das **Nachlassgericht**, die übermittelte Verfügung von Todes wegen anzunehmen, weil es das Verwahrgericht für örtlich zuständig hält, ist der Weg der gerichtlichen Zuständigkeitsbestimmung nach § 5 zu beschreiten.[22] 9

4. Weiteres Verfahren. Mit der Übersendung nach § 350 beginnt **ein neues, selbstständiges Verfahren vor dem Nachlassgericht.**[23] Dazu zählen nicht nur die Ermittlung und Benachrichtigung der Beteiligten nach § 348 Abs. 3,[24] sondern auch die Gewährung der Einsicht,[25] die Erteilung von Abschriften sowie die Erhebung der Kosten.[26] Die Eigenständigkeit der Verfahren vor dem Verwahr- und dem Nachlassgericht impliziert aber auch ein **Abänderungs- bzw. Abhilfeverbot für das Nachlassgericht**, soweit Maßnahmen des Verwahrgerichts betroffen sind.[27] Das Nachlassgericht ist nicht befugt, die durch das Verwahrgericht betroffenen Maßnahmen einer Änderung zu unterziehen, was den Beteiligten als umständlicher Formalismus erscheint, tatsächlich jedoch der Selbständigkeit beider Verfahren geschuldet ist.[28] Dass eine Benachrichtigung nach § 348 Abs. 3 nicht erfolgt ist, sieht das nachlassgerichtliche Formularmuster be- 10

---

13 KG FGPrax 2014, 163 = FuR 2014, 493 mAnm *Burandt.*
14 KG FGPrax 2014, 163 = FuR 2014, 493 mAnm *Burandt;* ebenso Prütting/Helms/*Fröhler* § 350 Rn. 10.
15 KG FGPrax 2014, 163 = FuR 2014, 493 mAnm *Burandt.*
16 Prütting/Helms/*Fröhler* § 350 Rn. 12.
17 KG FGPrax 2014, 163 = FuR 2014, 493 mAnm *Burandt.*
18 Prütting/Helms/*Fröhler* § 350 Rn. 13; Bahrenfuss/*Wick* § 350 Rn. 3.
19 Prütting/Helms/*Fröhler* § 350 Rn. 14.
20 Prütting/Helms/*Fröhler* § 350 Rn. 14; Keidel/*Zimmermann* § 350 Rn. 12.
21 Burandt/Rojahn/*Gierl* § 350 Rn. 3.
22 Prütting/Helms/*Fröhler* § 350 Rn. 15; *Bumiller/Harders/Schwamb* § 350 Rn. 7.
23 KG FGPrax 2014, 163 = FuR 2014, 493 mAnm *Burandt; Bumiller/Harders/Schwamb* § 350 Rn. 4; Burandt/Rojahn/*Gierl* § 350 Rn. 1.
24 Vgl. Keidel/*Zimmermann* § 350 Rn. 7.
25 Ebenso Keidel/*Zimmermann* § 350 Rn. 8: die Einsichtnahme erfolgt beim Nachlassgericht, nicht beim Verwahrgericht, obgleich dieses noch über eine beglaubigte Abschrift der Verfügung von Todes wegen verfügt.
26 KG FGPrax 2014, 163 = FuR 2014, 493 mAnm *Burandt.*
27 Prütting/Helms/*Fröhler* § 350 Rn. 17.
28 Ohne Aussage hierüber Bahrenfuss/*Wick* zu § 350 FamFG.

reits vor, ebenso einen Hinweis darauf, dass Gerichtskosten noch zu erheben sind.

IV. Mitteilung gegenüber dem Erbschaftsteuerfinanzamt

11 Das Verwahrgericht trifft daneben die Verpflichtung, die Mitteilung[29] gegenüber dem Erbschaftsteuerfinanzamt zu erstellen,[30] § 34 Abs. 2 Nr. 3 ErbStG. Danach hat das Verwahrgericht dem für die Verwaltung der Erbschaftsteuer zuständigen Finanzamt schriftlich Anzeige über die eröffneten Verfügungen von Todes wegen zu erstatten, es sei denn, das Verwahrgericht ersucht das Nachlassgericht darum, dies im Rahmen der Mitteilung des Nachlassverzeichnisses und des Erbscheins zu übernehmen.[31] In der Praxis ist dies regelmäßig der Fall,[32] ein entsprechendes Ersuchen ergibt auch Sinn, da mit der Regelung des § 350 das Verfahren beschleunigt werden sollte und eine doppelte Einreichung des Nachlassverzeichnisses beim Verwahr- und Nachlassgericht kaum erklärbar erscheint. Gründe der Verfahrensökonomie sprechen dafür, dies dem Nachlassgericht zu überlassen.

V. Gerichtsgebühren

12 Für die Eröffnung der Verfügung von Todes wegen fällt eine Festgebühr iHv 100 EUR an, KV Nr. 12101 GNotKG, die nach § 18 Abs. 2 Nr. 1 GNotKG durch das Nachlassgericht erhoben wird, nicht durch das Verwahrgericht. Diese Regelung soll etwaigen Verwaltungs- und gerichtlichen Abstimmungsbedarf vermeiden.[33]

VI. Empfangsbestätigung des Nachlassgerichts gegenüber dem Verwahrgericht

13 Das Nachlassgericht bestätigt dem Verwahrgericht den Empfang der Urschrift der Verfügung von Todes wegen und der beglaubigten Eröffnungsniederschrift und teilt das Aktenzeichen mit. Nach Eingang der Empfangsbestätigung legt das Verwahrgericht die Akte ab.

§ 351 Eröffnungsfrist für Verfügungen von Todes wegen

[1]Befindet sich ein Testament, ein gemeinschaftliches Testament oder ein Erbvertrag seit mehr als 30 Jahren in amtlicher Verwahrung, soll die verwahrende Stelle von Amts wegen ermitteln, ob der Erblasser noch lebt. [2]Kann die verwahrende Stelle nicht ermitteln, dass der Erblasser noch lebt, ist die Verfügung von Todes wegen zu eröffnen. [3]Die §§ 348 bis 350 gelten entsprechend.

29 Zur Anzeigepflicht der Gerichte bzw. Notare und dt. Konsuln vgl. § 34 ErbStG.

30 Vgl. auch Prütting/Helms/*Fröhler* § 350 Rn. 10b; Keidel/*Zimmermann* § 350 Rn. 11. Für Zuständigkeit des Verwahrgerichts auch Burandt/Rojahn/*Gierl* § 350 Rn. 1.

31 Keidel/*Zimmermann* § 350 Rn. 11.

32 Muster „Das Nachlassgericht wird gebeten, die Mitteilung an das Finanzamt … hinsichtlich der eröffneten Verfügung von Todes wegen (§ 34 Abs. 2 Nr. 3 ErbStG, § 7 ErbStDV) zu veranlassen."

33 Vgl. Korintenberg/*Wilsch* KV 12100, 12101 GNotKG Rn. 27.

Literatur:

Heinemann, Die Reform der freiwilligen Gerichtsbarkeit durch das FamFG und ihre Auswirkungen auf die notarielle Praxis, DNotZ 2009, 6; *Holzer*, Das Erbscheinsverfahren nach dem FamFG, ZNotP 2015, 258; *Kordel*, Der Notar als Ermittler. Die Verkürzung der Prüfungsfrist für Erbverträge und der Umfang der Ermittlungspflicht, DNotZ 2009, 644; *Kroiß*, Die Erbscheinsklausur nach dem FamFG, JA 2009, 882; *Zimmermann*, Die Nachlasssachen in der FGG-Reform, FGPrax 2006, 189.

I. Allgemeines

Die Regelung ist Teil der **Sicherungsarchitektur**, die das Verfahrensrecht vorsieht, um dem Erblasserwillen Geltung zu verschaffen[1] und zur Eröffnung zu verhelfen. Die Verfügungen von Todes wegen dürfen nicht in Vergessenheit geraten, auch nicht durch eine lange amtliche Verwahrung. Diesem Zweck dienen die vielfältigen Mitteilungspflichten nach § 347, die Eröffnungs- und Bekanntgabepflichten der §§ 348–350 sowie die Ermittlungs- und Eröffnungspflicht, enthalten in § 351. Beide Pflichten sind unterschiedlich ausgestaltet, die Ermittlungspflicht als Soll-Vorschrift, die Eröffnungspflicht ohne weiteren Ermessensspielraum. Die Nachlasspraxis handhabt beide Pflichten gleich. 1

II. Gerichtliche Ermittlungspflicht nach § 351 in der Aktenordnung

Welche Bedeutung dieser Regelung zukommt, lässt sich anhand der **eigenständigen Ausführungen in den Aktenordnungen** erkennen. 2

So sieht beispielsweise § 27 Abs. 10 der **bayerischen Aktenordnung**[2] vor, dass zur Überwachung der Fristen nach § 351 ein **Überwachungsverzeichnis** geführt wird, und zwar nach dem Muster 5b in zwei Abschnitten. Während im ersten Abschnitt (Abschnitt I) „jahrgangsweise nach dem Jahr des Fristablaufs" die nach dem Tod des Erstversterbenden die gemeinschaftlichen Testamente und Erbverträge sowie die von den Amtsgerichten nach § 51 BNotO in Verwahrung 3

1 Ebenso Prütting/Helms/*Fröhler* § 351 Rn. 3; so auch BVerwG DNotZ 2014, 938 (939); ebenso VG Augsburg BeckRS 2014, 52724: „Die Ermittlung dient vielmehr vorrangig dem privaten Interesse des Erblassers an der Verwirklichung seines letzten Willens und dem privaten Interesse möglicher Erben oder Begünstigter an der Erbfolge."

2 Aktenordnung (AktO) für die Geschäftsstellen der Gerichte der ordentlichen Gerichtsbarkeit und der Staatsanwaltschaften, JMBl. 1984, 13.

genommenen Erbverträge einzutragen sind, enthält der zweite Abschnitt (Abschnitt II) Informationen über Testamente und Erbverträge, die sich seit mehr als 30 Jahren in besonderer amtlicher Verwahrung befinden, § 27 Abs. 10 S. 2 und 3 AktO. Der Abschnitt II wird jährlich einmal vom zweiten Verwahrungsbeamten anhand des Verwahrungsbuchs ergänzt, § 27 Abs. 10 S. 4 AktO. Ist festgestellt worden, dass der Erblasser noch lebt, müssen die nach § 351 vorgesehenen Ermittlungen nicht jedes Jahr wiederholt werden, § 27 Abs. 10 S. 5 AktO. Die Verfügung von Todes wegen bleibt uneröffnet und weiterverwahrt.[3]

4 In Niedersachsen und Hessen werden Erbrechtsangelegenheiten nach der Liste 5 erfasst, vgl. § 27 Abs. 1 AktO. Testamente und Erbverträge, die sich seit mehr als 30 Jahren in amtlicher Verwahrung befinden, sind unter „Bemerkungen" besonders kenntlich zu machen, § 27 Abs. 12 AktO. In Niedersachsen verpflichten die Zusatzbestimmungen[4] den Urkundsbeamten der Geschäftsstelle dazu, alljährlich im Oktober ein Verzeichnis über Testamente und Erbverträge zu erstellen, die sich seit mehr als 30 Jahren in amtlicher Verwahrung befinden. Diese Verpflichtung kann auch durch Aktualisierung eines bereits erstellten Verzeichnisses nachgekommen werden. Die Ermittlungen über das „Fortleben des Erblassers" können in einem Zyklus von fünf Jahren wiederholt werden, wenn bereits das „Fortleben" festgestellt worden ist.[5]

III. Verfügungen von Todes wegen in amtlicher Verwahrung (S. 1)

5 **1. Alle Arten von Verfügungen von Todes wegen.** Die Eröffnungsfrist des § 351 von 30 Jahren gilt für Testamente, gemeinschaftliche Testamente und Erbverträge,[6] die sich in amtlicher Verwahrung befinden. Alle Arten von Verfügungen von Todes wegen finden sich in § 351 zusammengefasst,[7] was der gesetzgeberischen Nivellierungsprogrammatik[8] dient, manifest auch in der einheitlichen Eröffnungsfrist.

6 **2. Einheitliche Frist von 30 Jahren.** Unterschiedliche Eröffnungsfristen kennt das Gesetz nicht mehr,[9] sondern nur noch eine Frist von 30 Jahren. Empirisch belegen lässt es sich ohnehin nicht, dass lebensaltersabhängig mehr für die eine oder andere Art der Verfügung von Todes wegen optiert wird.[10] Unterschiedliche Eröffnungsfristen gingen an der Lebenswirklichkeit vorbei und finden deshalb in § 351 keine Berücksichtigung mehr. Die Frist beginnt mit der Verwahrung[11] und wird durch den Wechsel in der Zuständigkeit nicht unterbrochen, so dass die unterschiedlichen Verwahrungszeiträume zusammenzurechnen

3 Vgl. Keidel/*Zimmermann* § 351 Rn. 9.
4 Vgl. den ersten Absatz der Zusatzbestimmungen zu § 27 Abs. 12 AktO.
5 So der zweite Absatz der Zusatzbestimmungen zu § 27 AktO. Im dritten Absatz der Zusatzbestimmungen finden sich überdies Anweisungen, wie die Ermittlungspflicht in der Fachwendung EUREKA zu realisieren ist.
6 Vgl. bereits BT-Drs. 16/6308, 280.
7 Ebenso Bahrenfuss/*Wick* § 351 Rn. 2.
8 Siehe BT-Drs. 16/6308, 280.
9 Vgl. auch Burandt/Rojahn/*Gierl* § 351 Rn. 1; *Kordel* DNotZ 2009, 644; Prütting/Helms/*Fröhler* § 351 Rn. 1; GForm-FamFG/*Poller* § 351 Rn. 2.
10 Ebenso bereits BT-Drs. 16/6308, 280.
11 Alternativ mit Errichtung der Verfügung von Todes wegen, sofern sich die Inverwahrnahme nicht mehr feststellen lässt, Prütting/Helms/*Fröhler* § 351 Rn. 11; *Bumiller/Harders/Schwamb* § 351 Rn. 5; GForm-FamFG/*Poller* § 351 Rn. 5.

sind.[12] Die **Fristberechnung** folgt den allgemeinen Regelungen nach den §§ 187, 188 BGB.[13]

3. Amtliche Verwahrung. Abgestellt wird auf die amtliche Verwahrung, demnach auf die **einfache** und die **besondere amtliche Verwahrung,**[14] die entsprechende Verwahrung durch das Nachlassgericht oder den Notar.[15] 7

IV. Ermittlungen durch die verwahrende Stelle nach mehr als 30 Jahren amtlicher Verwahrung (S. 1)

1. Ermittlungspflicht. Prämisse ist die **amtliche Verwahrung** einer Verfügung von Todes wegen, die seit **mehr als 30 Jahren** dauert. In einer solchen Konstellation soll die verwahrende Stelle von Amts wegen ermitteln, ob der Erblasser noch lebt, S. 1.[16] 8

2. Nachlassgericht. Die Ermittlungspflicht trifft die verwahrende Stelle, das ist vor allem das Amtsgericht als **Nachlassgericht**, das die Verfügung von Todes wegen verwahrt. Von einem bloßen Ermittlungsgebot[17] kann nicht die Rede sein, sondern von einer Ermittlungspflicht. Die funktionelle Zuständigkeit liegt beim **Rechtspfleger,** § 3 Nr. 2 lit. c RpflG.[18] In Betracht kommen Rückfragen beim Einwohnermeldeamt, beim Geburtsstandesamt, bei Verwandten oder beim amtsbekannten Arbeitgeber des Erblassers. 9

3. Notar, Erbvertrag, Verzeichnisse und Ermittlungspflicht. Die Ermittlungspflicht kann aber auch den **Notar** treffen, in dessen Verwahrung sich ein Erbvertrag seit mehr als 30 Jahren befindet.[19] Maßgeblich ist die Regelung **§ 20 Abs. 5 DONot**. Danach verfahren Notare entsprechend § 351.[20] Die Bestimmung in § 20 Abs. 5 S. 3 DONot verpflichtet die Notare dazu, das **Erbvertragsverzeichnis**[21] bzw. die **Erbvertragskartei** nach § 9 Abs. 2 DONot[22] am Jahresende im Hinblick auf entsprechende Erbverträge durchzusehen[23] und die Durchsicht und deren Ergebnis durch einen von ihnen **unterzeichneten Vermerk** zu bestätigen[24] (Beispiel:[25] „Erbvertragsverzeichnis für ... am ... durchgesehen und ... nicht abgelieferte Erbverträge aufgefunden"). Die Empfehlung geht da- 10

12 Prütting/Helms/*Fröhler* § 351 Rn. 10: die Verwahrdauer muss sich nicht auf dieselbe Verwahrstelle beziehen. Ebenso *Bumiller/Harders/Schwamb* § 351 Rn. 5.
13 Vgl. auch Keidel/*Zimmermann* § 351 Rn. 6; *Bumiller/Harders/Schwamb* § 351 Rn. 5; GForm-FamFG/*Poller* § 351 Rn. 5: Fristende nach § 188 Abs. 2 BGB.
14 Vgl. bereits BT-Drs. 16/6308, 280; Burandt/Rojahn/*Gierl* § 351 Rn. 2; Bahrenfuss/*Wick* § 351 Rn. 2.
15 Vgl. *Kordel* DNotZ 2009, 644 (645).
16 Burandt/Rojahn/*Gierl* § 351 Rn. 3; *Kordel* DNotZ 2009, 644 (646).
17 So aber BVerwG DNotZ 2014, 938 (939): „Ermittlungsgebot".
18 Vgl. Prütting/Helms/*Fröhler* § 351 Rn. 5.
19 *Kordel* DNotZ 2009, 644 (645). Für andere Urkunden gilt diese Nachforschungspflicht nicht, vgl. Grziwotz/*Heinemann* § 34a Rn. 21 BeurkG.
20 Grziwotz/*Heinemann* § 34a Rn. 21 BeurkG.
21 Nach § 9 Abs. 1 S. 1 DONot haben Notare über die Erbverträge, die sich gem. § 34 Abs. 3 BeurkG in Verwahrung nehmen, ein Verzeichnis zu führen. Vgl. *Kordel* DNotZ 2009, 644 (646).
22 Anstelle des Erbvertragsverzeichnisses können Ausdrucke der Bestätigungen der Registerbehörde über die Registrierungen der Erbverträge im Zentralen Testamentsregister in einer Kartei in zeitlicher Reihenfolge geordnet und mit laufenden Nummern versehen aufbewahrt werden, so § 9 Abs. 2 DONot.
23 *Kordel* DNotZ 2009, 644 (646).
24 *Grziwotz/Heinemann* § 34a Rn. 21 BeurkG.
25 Beispiel nach *Kordel* DNotZ 2009, 644 (646).

hin, den Vermerk im Erbvertragsverzeichnis bzw. der Benachrichtigungskartei anzubringen.[26]

11 Stellt der Notar Erbverträge fest, die sich seit mehr als 30 Jahren in seiner Verwahrung befinden, trifft den Notar die Ermittlungspflicht nach § 351, was mit einer **Anfrage beim Einwohnermeldeamt** und uU auch beim **Geburtsstandesamt** einhergeht. Falls der Geburtsort des Erblassers bekannt ist, sollte zunächst beim dortigen **Geburtsstandesamt** nachgefragt werden.[27] In seinem Rechercheschreiben bittet der Notar um Auskunft, ob der Erblasser noch lebt bzw. ob und wann der Erblasser bereits verstorben ist. Beigefügt ist in der Praxis eine Antwort, die an den ermittelnden Notar zu richten ist („Rückantwort", „Pendelbrief"). In der Antwort führt das Einwohnermeldeamt ggf. aus, wann der Erblasser verstorben ist bzw. wo er zuletzt wohnhaft war. Im **Versterbensfall** liefert der Notar den Erbvertrag an das zuständige Nachlassgericht zur Eröffnung ab,[28] vgl. auch § 34a Abs. 3 S. 1 BeurkG, und teilt die Ablieferung der Registerbehörde elektronisch mit (§ 9 ZTVR), sofern zum Erbvertrag bereits Verwahrangaben im Zentralen Testamentsregister registriert sind, § 20 Abs. 5 S. 1 DONot.[29] Bei Ablieferung des Erbvertrags nimmt der Notar eine **beglaubigte Abschrift der Urkunde** zur Urkundssammlung, § 20 Abs. 5 S. 2, Abs. 4 DONot.[30] Spätestens **alle fünf Jahre** sind die Ermittlungen nach § 351 am Jahresende zu wiederholen, sollte sich ergeben, dass die Ablieferung des Erbvertrages noch nicht veranlasst ist, vgl. § 20 Abs. 5 S. 4 DONot.[31] Stellt der Notar fest, dass der Erblasser noch lebt, bleibt der Erbvertrag uneröffnet[32] und weiterhin verwahrt.[33] **Amtshaftungsansprüche** stehen im Raum, sollte der Notar seiner Ablieferungspflicht nicht bzw. nicht rechtzeitig nachkommen.[34] Darüber hinaus kann ein Dienstvergehen vorliegen.[35]

12 **4. Kostenpflichtigkeit von Auskünften der Standesämter und Meldebehörden.** Im Rahmen der Ermittlungspflicht, die § 351 dem Notar auferlegt, stellt sich die Frage[36] nach der **Kostenpflichtigkeit der Auskünfte von Standesämtern und Meldebehörden**, die der Notar einholt. Die Rechtsfrage beschäftigte mehrere Verwaltungsgerichte,[37] bis das **BVerwG**[38] im Jahr 2014 zu einer abschließenden Entscheidung kam. Das BVerwG **verneinte** eine **Kostenfreiheit** für behördliche Auskünfte, die der Notar in Erfüllung seiner Nachforschungspflicht einholt.[39] Weder aus Art. 35 Abs. 1 GG[40] noch aus Bestimmungen der Verwaltungsverfahrensgesetze ergebe sich eine Kostenfreiheit,[41] so das BVerwG. Eine Amtshilfe liegt nicht vor, da es sich um eine originäre Aufgabe des Notars han-

26 *Kordel* DNotZ 2009, 644 (646).
27 *Kordel* DNotZ 2009, 644 (647).
28 *Kordel* DNotZ 2009, 644 (648); Bahrenfuss/*Wick* § 351 Rn. 4; Prütting/Helms/*Fröhler* § 351 Rn. 22.
29 Vgl. *Grziwotz/Heinemann* § 34a Rn. 21 BeurkG.
30 Vgl. bereits *Kordel* DNotZ 2009, 644 (648).
31 *Kordel* DNotZ 2009, 644 (647).
32 *Kordel* DNotZ 2009, 644 (647); Bahrenfuss/*Wick* § 351 Rn. 3.
33 Keidel/*Zimmermann* § 351 Rn. 9.
34 *Grziwotz/Heinemann* § 34a Rn. 22 BeurkG.
35 *Grziwotz/Heinemann* § 34a Rn. 22 BeurkG.
36 Vgl. bereits *Kordel* DNotZ 2009, 644 (647), der noch eine Kostenpflicht verneinte.
37 VG Augsburg BeckRS 2014, 52724; VGH München BeckRS 2013, 52261.
38 BVerwG DNotZ 2014, 938; für Kostenpflicht auch bereits VG Augsburg BeckRS 2014, 52724, sowie VGH München BeckRS 2013, 52261. Überholt daher *Kordel* DNotZ 2009, 644 (647), der noch von Kostenfreiheit ausgegangen ist.
39 BVerwG DNotZ 2014, 938.
40 BVerwG DNotZ 2014, 938 (941).
41 BVerwG DNotZ 2014, 938 (939, 940).

delt.[42] Überdies liegt die Aufgabenwahrnehmung iSv § 351 auch nicht überwiegend im öffentlichen Interesse.[43] **Kosten sind daher zu erheben**, die Gebühren sind dem recherchierenden Notar in Rechnung zu stellen.[44]

V. Eröffnung der Verfügung von Todes wegen (S. 2 und 3)

Kann die verwahrende Stelle nicht ermitteln, ob der Erblasser noch lebt, schreibt die Regelung in S. 2 **die zwingende Eröffnung** der Verfügung von Todes wegen vor, und zwar ohne weitere Todeserklärung,[45] da eine solche mit der Eröffnungspflicht des § 351 unvereinbar wäre. Ein gerichtliches Ermessen besteht nicht, sondern eine Eröffnungspflicht.[46] Die Eröffnung nimmt das nach § 343 zuständige Nachlassgericht bzw. das Verwahrgericht nach § 344 Abs. 6 vor und fertigt hierüber eine Niederschrift, S. 3, § 348 Abs. 1 S. 1 und 2.[47] Vgl. im Übrigen die Kommentierung zu §§ 348, 350 bzw. zu § 349 über die Eröffnung von gemeinschaftlichen Testamenten und Erbverträgen. Dass die §§ 348–350 entsprechend gelten, ist in S. 3 festgehalten. **Für die Eröffnung fällt die Festgebühr** iHv 100 EUR an, vgl. KV Nr. 12101 GNotKG.[48] 13

Unterabschnitt 4 Erbscheinsverfahren; Testamentsvollstreckung

§ 352 Angaben im Antrag auf Erteilung eines Erbscheins; Nachweis der Richtigkeit

(1) [1]Wer die Erteilung eines Erbscheins als gesetzlicher Erbe beantragt, hat anzugeben

1. **den Zeitpunkt des Todes des Erblassers,**
2. **den letzten gewöhnlichen Aufenthalt und die Staatsangehörigkeit des Erblassers,**
3. **das Verhältnis, auf dem sein Erbrecht beruht,**
4. **ob und welche Personen vorhanden sind oder vorhanden waren, durch die er von der Erbfolge ausgeschlossen oder sein Erbteil gemindert werden würde,**
5. **ob und welche Verfügungen des Erblassers von Todes wegen vorhanden sind,**
6. **ob ein Rechtsstreit über sein Erbrecht anhängig ist,**
7. **dass er die Erbschaft angenommen hat,**
8. **die Größe seines Erbteils.**

[2]Ist eine Person weggefallen, durch die der Antragsteller von der Erbfolge ausgeschlossen oder sein Erbteil gemindert werden würde, so hat der Antragsteller anzugeben, in welcher Weise die Person weggefallen ist.

(2) Wer die Erteilung des Erbscheins auf Grund einer Verfügung von Todes wegen beantragt, hat

42 BVerwG DNotZ 2014, 938 (940); ebenso bereits VGH München BeckRS 2013, 52261.
43 So bereits VG Augsburg BeckRS 2014, 52724.
44 Ebenso Keidel/*Zimmermann* § 351 Rn. 8.
45 Keidel/*Zimmermann* § 351 Rn. 11.
46 Prütting/Helms/*Fröhler* § 351 Rn. 21; *Bumiller/Harders/Schwamb* § 351 Rn. 7.
47 Muster vgl. GForm-FamFG/*Poller* § 351 Rn. 1.
48 Korintenberg/*Wilsch* KV 12100, 12101 GNotKG Rn. 28.

1. die Verfügung zu bezeichnen, auf der sein Erbrecht beruht,
2. anzugeben, ob und welche sonstigen Verfügungen des Erblassers von Todes wegen vorhanden sind, und
3. die in Absatz 1 Satz 1 Nummer 1, 2 und 6 bis 8 sowie Satz 2 vorgeschriebenen Angaben zu machen.

(3) [1]Der Antragsteller hat die Richtigkeit der Angaben nach Absatz 1 Satz 1 Nummer 1 und 3 sowie Satz 2 durch öffentliche Urkunden nachzuweisen und im Fall des Absatzes 2 die Urkunde vorzulegen, auf der sein Erbrecht beruht. [2]Sind die Urkunden nicht oder nur mit unverhältnismäßigen Schwierigkeiten zu beschaffen, so genügt die Angabe anderer Beweismittel. [3]Zum Nachweis, dass der Erblasser zur Zeit seines Todes im Güterstand der Zugewinngemeinschaft gelebt hat, und zum Nachweis der übrigen nach den Absätzen 1 und 2 erforderlichen Angaben hat der Antragsteller vor Gericht oder vor einem Notar an Eides statt zu versichern, dass ihm nichts bekannt sei, was der Richtigkeit seiner Angaben entgegensteht. [4]Das Nachlassgericht kann dem Antragsteller die Versicherung erlassen, wenn es sie für nicht erforderlich hält.

Literatur:

Boeck, Der Erbschein – Erteilung, Einziehung und Beschwerde nach der FG-Reform, NJ 2011, 187; *Grziwotz*, Erbscheinsverfahren neu geregelt, FamRZ 2016, 417; *Heinemann*, Die Reform der freiwilligen Gerichtsbarkeit durch das FamFG und ihre Auswirkungen auf die notarielle Praxis, DNotZ 2009, 6; *Holzer*, Das Erbscheinsverfahren nach dem FamFG, ZNotP 2015, 258; *Kroiß*, Die Erbscheinsklausur nach dem FamFG, JA 2009, 882; *Zimmermann*, Die Nachlasssachen in der FGG-Reform, FGPrax 2006, 189; *Zimmermann*, Das Erbscheinsverfahren im FamFG, JuS 2009, 817.

I. Allgemeines

1 In § 2353 BGB stellt der Gesetzgeber der Legaldefinition des Erbscheins das **Antragserfordernis** zur Seite, dem im Nachlassverfahren große Bedeutung zukommt.[1] Von Amts wegen kann ein Erbschein nicht erteilt werden, sondern nur auf Antrag.[2] Es besteht eine **strenge Bindung des Nachlassgerichts** an den Inhalt des Erbscheinantrags, weshalb das Nachlassgericht nicht berechtigt ist, vom Antrag abzuweichen und den Erbschein mit einem anderen als dem beantragten Inhalt zu erteilen.[3] Die weitreichenden Vermutungs- und Richtigkeits-

---

1 Zum Antragsprinzip vgl. *Heinemann* DNotZ 2009, 6 (28); *Grziwotz* FamRZ 2016, 417 (418); *Boeckh* NJ 2011, 187 (188).

2 Vgl. auch *Holzer* ZNotP 2015, 258 (259); Keidel/*Zimmermann* § 352 Rn. 2 und 35; GForm-FamFG/*Poller* § 352 Rn. 7; *Zimmermann* JuS 2009, 817. Dabei kann dem Antrag auch ein Hilfsantrag zur Seite gestellt werden. Der Antrag darf nicht unter einer Bedingung gestellt werden, Keidel/*Zimmermann* § 352 Rn. 11.

3 OLG Schleswig BeckRS 2017, 136960 (Antrag auf Erteilung eines Erbscheins aufgrund gewillkürter Erbfolge: dann kann der Erbschein nicht aufgrund gesetzlicher Erbfolge erteilt werden, mögen die Quoten auch identisch sein); vgl. auch OLG Düsseldorf NJW-RR 2014, 395 (Bestimmtheit des Antrags); Bahrenfuss/*Schaal* § 352 Rn. 7; Prütting/Helms/*Fröhler* § 352 Rn. 28.

vermutungen des Erbscheins in §§ 2365, 2366 BGB finden verfahrensrechtlich eine Rückkoppelung in § 352. Die Regelung enthält umfangreiche Vorgaben dazu, welche Antrags- und Nachweiserfordernisse zwingend zu erfüllen sind, demnach *verfahrensrechtliche Spiegelneuronen* zum Erbschein, mögen sie auch den Sachverhaltskern nicht tangieren[4] und der Verfahrensbeschleunigung dienen. Folge ist eine dezidierte **Bestimmtheit** des Antrags, die es dem Nachlassgericht gestattet, den Erbscheinsinhalt an den Antragsinhalt anzubinden.[5] Ein dennoch erteilter Erbschein ist nicht einzuziehen, weil aus fehlenden Angaben im Antragsverfahren noch keine Unrichtigkeit iSv § 2361 BGB resultiert.[6] Differenziert wird zwischen den Angaben im Antrag auf Erteilung eines Erbscheins aufgrund **gesetzlicher Erbfolge** (Abs. 1) und den Angaben im Antrag auf Erteilung eines Erbscheins aufgrund **gewillkürter Erbfolge** (Abs. 2). Damit korrespondiert die Nachweispflicht in Abs. 3, die die Grundlage für das Integritätsniveau des Erbscheins bildet.

II. Antrag auf Erteilung eines Erbscheins aufgrund gesetzlicher Erbfolge (Abs. 1)

Der gesetzliche Erbe,[7] der einen Antrag auf Erteilung eines Erbscheins stellt, muss Folgendes im Antrag[8] angeben und folgende Nachweise erbringen. 2

▶ Checkliste für den Erbscheinsantrag aufgrund gesetzlicher Erbfolge Abs. 1, 3: 3

– **Angaben zum Todeszeitpunkt des Erblassers, Abs. 1 S. 1 Nr. 1**
Nachweis des Todestages:[9] öffentliche Urkunde, etwa beglaubigte Abschrift aus dem Sterberegister, Sterbeurkunde, Totenschein, gerichtlicher Todeserklärungsbeschluss, vgl. Abs. 3 S. 1,[10] sofern dem Nachlassgericht nicht bereits ein amtlicher Sterbenachweis vorliegt,[11] beispielsweise in einem anderen Nachlassverfahren[12] oder in Gestalt einer amtlichen Anzeige des Sterbefalls vom Standesamt.[13] Falls die Urkunden nicht oder nur mit unverhältnismäßigen Schwierigkeiten zu beschaffen sind, kann die Angabe anderer Beweismittel

---

4 So Burandt/Rojahn/*Gierl* § 352 Rn. 2; zum sog. „Spiegelprinzip" vgl. GForm-FamFG/*Poller* § 352 Rn. 9.

5 Vgl. auch OLG Düsseldorf NJW-RR 2014, 395: Erbscheinsantrag muss derart bestimmt sein, dass ihn das Nachlassgericht bei Stattgabe übernehmen kann. Ebenso GForm-FamFG/*Poller* § 352 Rn. 9; Schulte-Bunert/Weinreich/*Burandt* § 352 Rn. 2; *Zimmermann* JuS 2009, 817 (818); Keidel/*Zimmermann* § 352 Rn. 8.

6 Burandt/Rojahn/*Gierl* § 352 Rn. 2; unklar hingegen Schulte-Bunert/Weinreich/*Burandt* § 352 Rn. 3.

7 Kein Antragsrecht dagegen: Pflichtteilsberechtigte oder bloße Vermächtnisnehmer, vgl. auch Prütting/Helms/*Fröhler* § 352 Rn. 22; GForm-FamFG/*Poller* § 352 Rn. 10. Vgl. aber § 357 Abs. 2 FamFG. Zum Antragsrecht des Erben, Erbeserben, Testamentsvollstreckers, Nachlassverwalters und Gläubigers vgl. *Grziwotz* FamRZ 2016, 417 (419); Keidel/*Zimmermann* § 352 Rn. 23–29.

8 Antragsmuster vgl. Prütting/Helms/*Fröhler* § 352 Rn. 25; zu den zwingenden Angaben vgl. dort Rn. 24. Zum Antrag aufgrund gesetzlicher Erbfolge vgl. Bahrenfuss/*Schaal* § 352 Rn. 14; *Grziwotz* FamRZ 2016, 417 (419).

9 Nur in Ausnahmefällen – *gleichzeitiger Tod des Erblassers und des Erben* –, ist die exakte Zeitangabe erforderlich und nicht nur der Todestag ausreichend, vgl. BeckOK FamFG/*Schlögel*, 29. Ed. 1.1.2019, § 352 Rn. 1; Schulte-Bunert/Weinreich/*Burandt* § 352 Rn. 6.

10 Schulte-Bunert/Weinreich/*Burandt* § 352 Rn. 6 und 18; Burandt/Rojahn/*Gierl* § 352 Rn. 5.

11 Schulte-Bunert/Weinreich/*Burandt* § 352 Rn. 6.

12 Keidel/*Zimmermann* § 352 Rn. 59.

13 Keidel/*Zimmermann* § 352 Rn. 37.

genügen, vgl. Abs. 3 S. 2, etwa Zeugenbeweis oder die eidesstattliche Versicherung Dritter.[14]

- **Angaben zum letzten gewöhnlichen Aufenthalt und zur Staatsangehörigkeit des Erblassers, Abs. 1 S. 1 Nr. 2**
  Nachweis: eidesstattliche Versicherung des Antragstellers,[15] vgl. Abs. 3 S. 3,[16] sofern dem Nachlassgericht nicht bereits amtliche Nachweise hierüber vorliegen, ggf. in einer anderen Nachlassakte. Im Ausnahmefall kann das Nachlassgericht die eidesstattliche Versicherung erlassen, Abs. 3 S. 4. Abzustellen ist auf den gewöhnlichen Aufenthalt, nicht mehr dagegen auf den letzten Wohnsitz des Erblassers.[17]
- **Angaben zum Verhältnis, auf dem das Erbrecht des Antragstellers beruht, Abs. 1 S. 1 Nr. 3 (Verwandtschaft, Ehegatte, Lebenspartner)**
  Nachweis der Verwandtschaft bzw. der Position als Ehegatte oder als Lebenspartner: öffentliche Urkunde, vgl. Abs. 3 S. 1,[18] etwa beglaubigte Abschrift aus dem Ehe- oder Lebenspartnerschaftsregister, beglaubigte Abschriften aus dem Familienbuch, beglaubigte Abschriften aus dem Geburtenbuch bzw. dem Geburtsregister, eine Abstammungs- bzw. Geburtsurkunde, eine beglaubigte Abschrift des Ehevertrages, Urkunden über die Vaterschaftsanerkennung, Urteile über die Feststellung der Vaterschaft[19] sowie Urkunden über die Annahme als Kind.[20] Anzugeben ist der relevante Güterstand des Erblassers. Sollten die Urkunden nicht oder nur mit unverhältnismäßigen Schwierigkeiten zu beschaffen sein, kann die Angabe anderer Beweismittel genügen, vgl. Abs. 3 S. 2, etwa Zeugenbeweis oder die eidesstattliche Versicherung Dritter.[21]
- **Angaben zu erbfolgeausschließenden oder erbteilsmindernden Personen, Abs. 1 S. 1 Nr. 4, ggf. Angaben, in welcher Weise die Personen weggefallen sind, Abs. 1 S. 2**
  Nachweis: eidesstattliche Versicherung des Antragstellers,[22] vgl. Abs. 3 S. 3, die sich nicht in der bloßen Wiedergabe des Gesetzes erschöpfen kann, sondern konkrete Gestalt annehmen und die betroffenen Personen wiedergeben muss, ohne zeitliche Limitierung, damit auch Personen, deren Ableben lange in die Vergangenheit zurückreicht. Im Ausnahmefall kann die eidesstattliche Versicherung erlassen werden, Abs. 3 S. 4. Der Wegfall erbfolgeausschließender oder erbteilsmindernder Personen ist durch öffentliche Urkunden nachzuweisen, vgl. Abs. 3 S. 1, etwa durch beglaubigte Abschrift aus dem Sterberegis-

---

14 Bahrenfuss/*Schaal* § 352 Rn. 20; Keidel/*Zimmermann* § 352 Rn. 68.
15 Abgegeben durch den geschäftsfähigen Erben, die vertretungsberechtigte Partei kraft Amtes (beispielsweise den Testamentsvollstrecker) oder den gesetzlichen Vertreter des Antragstellers, vgl. auch Prütting/Helms/*Fröhler* § 352 Rn. 20; Burandt/Rojahn/*Gierl* § 352 Rn. 34. Ob die eidesstattliche Versicherung auch von einem Vorsorgebevollmächtigten abgegeben werden kann, ist strittig (dafür Prütting/Helms/*Fröhler* § 352 Rn. 20; dagegen Bahrenfuss/Schaal § 352 Rn. 21).
16 Vgl. Schulte-Bunert/Weinreich/*Burandt* § 352 Rn. 7.
17 Keidel/*Zimmermann* § 352 Rn. 40.
18 Schulte-Bunert/Weinreich/*Burandt* § 352 Rn. 8; Keidel/*Zimmermann* § 352 Rn. 60.
19 Schulte-Bunert/Weinreich/*Burandt* § 352 Rn. 8.
20 Schulte-Bunert/Weinreich/*Burandt* § 352 Rn. 8.
21 Bahrenfuss/*Schaal* § 352 Rn. 20; Keidel/*Zimmermann* § 352 Rn. 68.
22 Abgegeben durch den geschäftsfähigen Erben, die vertretungsberechtigte Partei kraft Amtes (beispielsweise den Testamentsvollstrecker) oder den gesetzlichen Vertreter des Antragstellers, vgl. auch Prütting/Helms/*Fröhler* § 352 Rn. 20. Ob dies auch für einen Vorsorgebevollmächtigten gilt, ist strittig, dafür Prütting/Helms/*Fröhler* § 352 Rn. 20, dagegen Keidel/*Zimmermann* § 352 Rn. 78: eidesstattliche Versicherung muss persönlich abgegeben werden.

ter, Sterbeurkunde, Totenschein, gerichtlichen Todeserklärungsbeschluss, Erbverzichtsvertrag, Ausschlagungserklärung oder Scheidungsurteil bzw. Scheidungsbeschluss.[23] Falls die Urkunden nicht oder nur mit unverhältnismäßigen Schwierigkeiten zu beschaffen sind, kann die Angabe anderer Beweismittel genügen, vgl. Abs. 3 S. 2 (Zeugenbeweis oder die eidesstattliche Versicherung Dritter).[24] Der Nachweis, dass das Ehegattenerbrecht nach § 1933 BGB ausgeschlossen ist (Voraussetzungen der Ehescheidung gegeben und Antragstellung bzw. Antragszustimmung durch Erblasser bzw. Erblasser war berechtigt, die Ehescheidung zu beantragen und Antrag gestellt), kann durch Aktenbeiziehung erbracht werden.

– **Angaben darüber, ob und welche Verfügungen von Todes wegen des Erblassers vorhanden sind, Abs. 1 S. 1 Nr. 5**
  Nachweis: Vorlage der Verfügungen des Erblassers von Todes wegen,[25] im Übrigen eidesstattliche Versicherung des Antragstellers,[26] vgl. Abs. 3 S. 3, die im Ausnahmefall erlassen werden kann, Abs. 3 S. 4. Der Rekurs des gesetzlichen Erben auf die Verfügungen von Todes wegen erscheint auf den ersten Blick paradox, meint jedoch unwirksame, gegenstandslose oder widerrufene Verfügungen von Todes wegen[27] des Erblassers, die für die Erbfolge keine Rolle mehr spielen. Im Antrag ist auch anzugeben, warum die betroffene Verfügung von Todes wegen keine Erbrechtsrelevanz entfaltet.[28]
– **Angaben darüber, ob ein Rechtsstreit über sein Erbrecht anhängig ist, Abs. 1 S. 1 Nr. 6**
  Nachweis: eidesstattliche Versicherung des Antragstellers,[29] vgl. Abs. 3 S. 3, die im Ausnahmefall erlassen werden kann, Abs. 3 S. 4. Ein urkundlicher Nachweis wird idR nicht möglich sein. Die Anhängigkeit eines Rechtsstreits über das Erbrecht wird das Nachlassgericht häufig mit der Aussetzung des Verfahrens beantworten, § 21 Abs. 1 S. 1,[30] zwingend ist dies jedoch nicht, so dass trotz Rechtshängigkeit ein Erbschein erteilt werden kann.[31]

---

23 Schulte-Bunert/Weinreich/*Burandt* § 352 Rn. 18; Prütting/Helms/*Fröhler* § 352 Rn. 24.
24 Bahrenfuss/*Schaal* § 352 Rn. 20; Keidel/*Zimmermann* § 352 Rn. 68.
25 Schulte-Bunert/Weinreich/*Burandt* § 352 Rn. 10.
26 Abgegeben durch den geschäftsfähigen Erben, die vertretungsberechtigte Partei kraft Amtes (beispielsweise den Testamentsvollstrecker) oder den gesetzlichen Vertreter des Antragstellers, vgl. auch Prütting/Helms/*Fröhler* § 352 Rn. 20. Ob dies auch für einen Vorsorgebevollmächtigten gilt, ist strittig, dafür Prütting/Helms/*Fröhler* § 352 Rn. 20, dagegen Keidel/*Zimmermann* § 352 Rn. 78: eidesstattliche Versicherung muss persönlich abgegeben werden.
27 Vgl. Keidel/*Zimmermann* § 352 Rn. 47.
28 Vgl. Bahrenfuss/*Schaal* § 352 Rn. 14.
29 Abgegeben durch den geschäftsfähigen Erben, die vertretungsberechtigte Partei kraft Amtes (beispielsweise den Testamentsvollstrecker) oder den gesetzlichen Vertreter des Antragstellers, vgl. auch Prütting/Helms/*Fröhler* § 352 Rn. 20. Ob auch ein Vorsorgebevollmächtigten die eidesstattliche Versicherung abgeben kann, ist strittig, dafür Prütting/Helms/*Fröhler* § 352 Rn. 20, dagegen Keidel/*Zimmermann* § 352 Rn. 78: eidesstattliche Versicherung muss persönlich abgegeben werden.
30 Schulte-Bunert/Weinreich/*Burandt* § 352 Rn. 11.
31 Zur Möglichkeit hierzu vgl. Keidel/*Zimmermann* § 352 Rn. 48. Die Aussetzung dürfte dennoch häufig das geeignetere Mittel der Wahl zu sein.

- **Angaben darüber, dass der gesetzliche Erbe die Erbschaft angenommen hat, Abs. 1 S. 1 Nr. 7**
  Nachweis: der Rekurs in Abs. 3 S. 3 auf die eidesstattliche Versicherung des Antragstellers[32] geht hier fehl, da in der Antragstellung bereits die konkludente Annahme der Erbschaft zu sehen ist.[33] Ein weiterer Nachweis muss nicht erbracht werden. Dennoch wird teilweise empfohlen[34] bzw. bei Antragstellung durch einen Dritten sogar gefordert,[35] im Antrag explizit die Annahme zu wiederholen und auf den Antrag und ggf. den Ablauf der Ausschlagungsfrist zu verweisen. Die Empfehlung geht daher dahin, die Annahme im Antrag zu wiederholen bzw. den Ablauf der Ausschlagungsfrist näher darzulegen.
- **Angaben über die Größe des Erbteils, Abs. 1 S. 1 Nr. 8**
  Nachweis: eidesstattliche Versicherung des Antragstellers,[36] vgl. Abs. 3 S. 3, die im Ausnahmefall erlassen werden kann, Abs. 3 S. 4. Eine Ausnahme bildet der quotenlose Erbschein nach § 352a Abs. 2 S. 2 (vgl. Kommentierung dort), der ohne die Angabe von Erbanteilen auskommt.[37]
- **Praxis: weitere Angaben**
  Mitabgehandelt wird die Berichtigung von Registern, in denen der Erblasser eingetragen war, beispielsweise im Grundbuch, das auf Antrag des Erben berichtigt werden kann. Weiterhin finden sich im Antrag Hinweise über die Erteilung von Ausfertigungen, beglaubigten Abschriften bzw. einfachen Kopien und deren Übersendung an Behörden bzw. den Antragsteller.[38] ◀

III. Antrag auf Erteilung eines Erbscheins aufgrund gewillkürter Erbfolge (Abs. 2)

4 Der Erbe,[39] der einen Antrag auf Erteilung eines Erbscheins aufgrund gewillkürter Erbfolge stellt,[40] muss Folgendes im Antrag[41] angeben und folgende Nachweise erbringen.

5 ▶ **Checkliste für den Erbscheinsantrag aufgrund gewillkürter Erbfolge, Abs. 2, 3:**

- **Bezeichnung der Verfügung von Todes wegen, auf der das Erbrecht des Antragstellers beruht, Abs. 2 Nr. 1**

---

32 Abgegeben durch den geschäftsfähigen Erben, die vertretungsberechtigte Partei kraft Amtes (beispielsweise den Testamentsvollstrecker) oder den gesetzlichen Vertreter des Antragstellers, vgl. auch Prütting/Helms/*Fröhler* § 352 Rn. 20. Strittig dagegen: Abgabe durch einen Vorsorgebevollmächtigten, dafür Prütting/Helms/*Fröhler* § 352 Rn. 20, dagegen Keidel/*Zimmermann* § 352 Rn. 78: eidesstattliche Versicherung muss persönlich abgegeben werden.

33 Schulte-Bunert/Weinreich/*Burandt* § 352 Rn. 12; Bahrenfuss/*Schaal* § 352 Rn. 14; Keidel/*Zimmermann* § 352 Rn. 49.

34 Vgl. das Muster bei Prütting/Helms/*Fröhler* § 352 Rn. 25.

35 KG NJW-RR 2018, 1225 = ZEV 2018, 544.

36 Abgegeben durch den geschäftsfähigen Erben, die vertretungsberechtigte Partei kraft Amtes (beispielsweise den Testamentsvollstrecker) oder den gesetzlichen Vertreter des Antragstellers, vgl. auch Prütting/Helms/*Fröhler* § 352 Rn. 20. Abgabe durch Vorsorgebevollmächtigten: strittig, dafür Prütting/Helms/*Fröhler* § 352 Rn. 20, dagegen Keidel/*Zimmermann* § 352 Rn. 78: eidesstattliche Versicherung muss persönlich abgegeben werden.

37 Vgl. auch *Holzer* ZNotP 2015, 258 (259); Prütting/Helms/*Fröhler* § 352 Rn. 24.

38 Vgl. das Muster bei Prütting/Helms/*Fröhler* § 352 Rn. 25.

39 Kein Antragsrecht dagegen: Pflichtteilsberechtigte oder bloße Vermächtnisnehmer, Prütting/Helms/*Fröhler* § 352 Rn. 22.

40 Muster vgl. Prütting/Helms/*Fröhler* § 352 Rn. 27.

41 Antragsmuster vgl. Prütting/Helms/*Fröhler* § 352 Rn. 25; zu den zwingenden Angaben vgl. dort Rn. 24. Vgl. auch *Grziwotz* FamRZ 2016, 417 (419).

Nachweis: Vorlage der Urkunde, auf der das Erbrecht beruht,[42] vgl. Abs. 3 S. 1, Abs. 2, regelmäßig als Original,[43] gleichgültig,[44] ob die Verfügung bereits eröffnet oder noch nicht eröffnet ist. Die Eröffnung stellt kein Antragserfordernis iSv Abs. 2 Nr. 1 dar, weil beide Verfahren, die Eröffnung und die Erbscheinserteilung, eigenständig sind und auch kein materiell- oder verfahrensrechtlicher Grund dafür erkennbar ist, warum die Erbscheinserteilung erst nach Eröffnung initiiert werden kann.[45] Die Verfahrensökonomie spricht dafür, beide Verfahren autark zu behandeln. Falls die Urkunden nicht oder nur mit unverhältnismäßigen Schwierigkeiten zu beschaffen sind, kann die Angabe anderer Beweismittel genügen, vgl. Abs. 3 S. 2 (Zeugenbeweis oder die eidesstattliche Versicherung Dritter).[46] Notarielle Testamente sind mit der Urkundenrollennummer und dem beurkundenden Notar zu bezeichnen.

- **Angaben darüber, ob und welche sonstigen Verfügungen des Erblassers von Todes wegen vorhanden sind, Abs. 2 Nr. 2**
  Nachweis: Vorlage der sonstigen Verfügungen des Erblassers von Todes wegen, vgl. Abs. 3 S. 1, Abs. 2. Falls die Urkunden nicht oder nur mit unverhältnismäßigen Schwierigkeiten zu beschaffen sind, kann die Angabe anderer Beweismittel genügen, vgl. Abs. 3 S. 2. Hinzukommen müssen Angaben darüber, warum die sonstigen Verfügungen des Erblassers von Todes wegen keine Erbrechtsrelevanz entfalten,[47] aus welchen Gründen sie demnach als unwirksam oder gegenstandslos betrachtet werden.
- **Angaben zum Todeszeitpunkt des Erblassers, Abs. 2 Nr. 3, Abs. 1 S. 1 Nr. 1**
  Nachweis des Todestages:[48] öffentliche Urkunde, etwa beglaubigte Abschrift aus dem Sterberegister, Sterbeurkunde, Totenschein, gerichtlicher Todeserklärungsbeschluss, vgl. Abs. 2 Nr. 3, Abs. 3 S. 1,[49] sofern dem Nachlassgericht nicht bereits ein amtlicher Sterbenachweis vorliegt,[50] beispielsweise in einem anderen Nachlassverfahren.[51] Falls die Urkunden nicht oder nur mit unverhältnismäßigen Schwierigkeiten zu beschaffen sind, kann die Angabe anderer Beweismittel genügen, vgl. Abs. 3 S. 2 (Zeugenbeweis oder die eidesstattliche Versicherung Dritter).[52]

42 Bahrenfuss/*Schaal* § 352 Rn. 16.
43 GForm-FamFG/*Poller* § 352 Rn. 12.
44 AA Schulte-Bunert/Weinreich/*Burandt* § 352 Rn. 15, der die vorherige Eröffnung im Rahmen des § 352 Abs. 2 FamFG verlangt.
45 Vgl. Keidel/*Zimmermann* § 352 Rn. 57.
46 Bahrenfuss/*Schaal* § 352 Rn. 20; GForm-FamFG/*Poller* § 352 Rn. 12; Keidel/*Zimmermann* § 352 Rn. 68.
47 Bahrenfuss/*Schaal* § 352 Rn. 16.
48 Nur in Ausnahmefällen – *gleichzeitiger Tod des Erblassers und des Erben* –, ist die exakte Zeitangabe erforderlich und nicht nur der Todestag ausreichend.
49 Ebenso Schulte-Bunert/Weinreich/*Burandt* § 352 Rn. 6 und 18; Burandt/Rojahn/*Gierl* § 352 Rn. 5.
50 Vgl. Schulte-Bunert/Weinreich/*Burandt* § 352 Rn. 6.
51 Keidel/*Zimmermann* § 352 Rn. 59.
52 Bahrenfuss/*Schaal* § 352 Rn. 20; GForm-FamFG/*Poller* § 352 Rn. 12; Keidel/*Zimmermann* § 352 Rn. 68.

– **Angaben zum letzten gewöhnlichen Aufenthalt und zur Staatsangehörigkeit des Erblassers, Abs. 2 Nr. 3, Abs. 1 S. 1 Nr. 2**
  Nachweis: eidesstattliche Versicherung des Antragstellers,[53] vgl. Abs. 3 S. 3,[54] sofern dem Nachlassgericht nicht bereits amtliche Nachweise hierüber vorliegen, ggf. in einer anderen Nachlassakte. Im Ausnahmefall kann das Nachlassgericht die eidesstattliche Versicherung erlassen, Abs. 3 S. 4.
– **Angaben darüber, ob ein Rechtsstreit über sein Erbrecht anhängig ist, Abs. 2 Nr. 3, Abs. 1 S. 1 Nr. 6**
  Nachweis: eidesstattliche Versicherung des Antragstellers,[55] vgl. Abs. 3 S. 3, die im Ausnahmefall erlassen werden kann, Abs. 3 S. 4. Die Anhängigkeit eines Rechtsstreits über das Erbrecht wird das Nachlassgericht regelmäßig mit der Aussetzung des Verfahrens beantworten, § 21 Abs. 1 S. 1.[56] Zum Ausschluss des Ehegattenerbrechts vgl. auch § 1933 S. 1 und 2 BGB.[57]
– **Angaben darüber, dass der gewillkürte Erbe die Erbschaft angenommen hat, Abs. 2 Nr. 3, Abs. 1 S. 1 Nr. 7**
  Nachweis: Der Rekurs in Abs. 3 S. 3 auf die eidesstattliche Versicherung des Antragstellers[58] geht hier fehl, da in der Antragstellung bereits die konkludente Annahme der Erbschaft zu sehen ist.[59] Ein weiterer Nachweis muss nicht erbracht werden. Dennoch wird teilweise empfohlen[60] bzw. bei Antragstellung durch einen Dritten sogar gefordert,[61] im Antrag explizit die Annahme zu wiederholen und auf den Antrag und ggf. den Ablauf der Ausschlagungsfrist zu verweisen. Die Empfehlung geht daher dahin, die Annahme im Antrag zu wiederholen bzw. den Ablauf der Ausschlagungsfrist näher darzulegen.

53 Abgegeben durch den geschäftsfähigen Erben, die vertretungsberechtigte Partei kraft Amtes (beispielsweise den Testamentsvollstrecker) oder den gesetzlichen Vertreter des Antragstellers, vgl. auch Prütting/Helms/*Fröhler* § 352 Rn. 20. Strittig: Abgabe durch Vorsorgebevollmächtigten, dafür Prütting/Helms/*Fröhler* § 352 Rn. 20, dagegen Keidel/*Zimmermann* § 352 Rn. 78: eidesstattliche Versicherung muss persönlich abgegeben werden.
54 Vgl. auch Schulte-Bunert/Weinreich/*Burandt* § 352 Rn. 7.
55 Abgegeben durch den geschäftsfähigen Erben, die vertretungsberechtigte Partei kraft Amtes (beispielsweise den Testamentsvollstrecker) oder den gesetzlichen Vertreter des Antragstellers, vgl. auch Prütting/Helms/*Fröhler* § 352 Rn. 20. Umstritten: Abgabe durch Vorsorgebevollmächtigten, dafür Prütting/Helms/*Fröhler* § 352 Rn. 20, dagegen Keidel/*Zimmermann* § 352 Rn. 78: eidesstattliche Versicherung muss persönlich abgegeben werden.
56 Schulte-Bunert/Weinreich/*Burandt* § 352 Rn. 11.
57 Zum Zeitpunkt des Todes des Erblassers waren die Voraussetzungen für die Scheidung der Ehe gegeben, der Erblasser hatte die Scheidung beantragt bzw. der Scheidung zugestimmt, § 1933 S. 1 BGB. Gleiches gilt, wenn der Erblasser berechtigt war, die Auflösung der Ehe zu beantragen und den Antrag gestellt hatte, § 1933 S. 2 BGB.
58 Abgegeben durch den geschäftsfähigen Erben, die vertretungsberechtigte Partei kraft Amtes (beispielsweise den Testamentsvollstrecker) oder den gesetzlichen Vertreter des Antragstellers, vgl. auch Prütting/Helms/*Fröhler* § 352 Rn. 20. Strittig: Abgabe durch Vorsorgebevollmächtigten, dafür Prütting/Helms/*Fröhler* § 352 Rn. 20, dagegen Keidel/*Zimmermann* § 352 Rn. 78: eidesstattliche Versicherung muss persönlich abgegeben werden.
59 Schulte-Bunert/Weinreich/*Burandt* § 352 Rn. 12.
60 Vgl. das Muster bei Prütting/Helms/*Fröhler* § 352 Rn. 25.
61 KG NJW-RR 2018, 1225 = ZEV 2018, 544.

- **Angaben über die Größe des Erbteils, Abs. 2 Nr. 3, Abs. 1 S. 1 Nr. 8**
  Nachweis: eidesstattliche Versicherung des Antragstellers,[62] vgl. Abs. 3 S. 3, die im Ausnahmefall erlassen werden kann, Abs. 3 S. 4. Eine Ausnahme bildet der quotenlose Erbschein nach § 352a Abs. 2 S. 2 (vgl. Kommentierung dort, die Angabe von Erbanteilen ist in diesem Fall dann nicht mehr erforderlich).[63]
- **Angaben, in welcher Weise erfolgeausschließende bzw. erbteilsmindernde Personen weggefallen sind, Abs. 2 Nr. 3, Abs. 1 S. 2**
  Nachweis: eidesstattliche Versicherung des Antragstellers,[64] vgl. Abs. 3 S. 3, die sich nicht in der bloßen Wiedergabe des Gesetzes erschöpfen kann, sondern konkrete Gestalt annehmen und die betroffenen Personen wiedergeben muss, ohne zeitliche Limitierung, damit auch Personen, deren Ableben lange in die Vergangenheit zurückreicht. Im Ausnahmefall kann die eidesstattliche Versicherung erlassen werden, Abs. 3 S. 4. Der Wegfall erbfolgeausschließender oder erbteilsmindernder Personen ist durch öffentliche Urkunden nachzuweisen, vgl. Abs. 3 S. 1, etwa durch beglaubigte Abschrift aus dem Sterberegister, Sterbeurkunde, Totenschein, gerichtlichen Todeserklärungsbeschluss, Erbverzichtsvertrag oder Scheidungsurteil bzw. Scheidungsbeschluss.[65] Falls die Urkunden nicht oder nur mit unverhältnismäßigen Schwierigkeiten zu beschaffen sind, kann die Angabe anderer Beweismittel genügen, vgl. Abs. 3 S. 2 (etwa Zeugenbeweis oder die eidesstattliche Versicherung Dritter).[66]
- **Angaben über evtl. Verfügungsentziehungen bzw. -beschränkungen**
  Gemeint sind beispielsweise Testamentsvollstreckung oder Vor- und Nacherbfolge,[67] wobei dann auch Angaben über den Nach- bzw. die Ersatznacherben notwendig werden,[68] nicht dagegen Angaben über die Person des Testamentsvollstreckers, zumal sich diese nicht im Erbschein wiederfindet.[69] ◀

IV. Fehlende Angaben oder fehlende Nachweise

1. Zwischenverfügung. Die nachlassgerichtliche Verfahrensleitung wird durch die in § 28 niedergelegten Maximen geleitet, die eine **nachlassgerichtliche Hinwirkungspflicht** determinieren.[70] Hinzuwirken ist nicht nur auf die Behebung 6

62 Abgegeben durch den geschäftsfähigen Erben, die vertretungsberechtigte Partei kraft Amtes (beispielsweise den Testamentsvollstrecker) oder den gesetzlichen Vertreter des Antragstellers, vgl. auch Prütting/Helms/*Fröhler* § 352 Rn. 20. Strittig dagegen: Abgabe durch Vorsorgebevollmächtigten, vgl. obige Fußnoten (dafür Prütting/Helms/*Fröhler* § 352 Rn. 20, dagegen Keidel/*Zimmermann* § 352 Rn. 78: eidesstattliche Versicherung muss persönlich abgegeben werden).

63 *Holzer* ZNotP 2015, 258 (259); Prütting/Helms/*Fröhler* § 352 Rn. 24.

64 Abgegeben durch den geschäftsfähigen Erben, die vertretungsberechtigte Partei kraft Amtes (beispielsweise den Testamentsvollstrecker) oder den gesetzlichen Vertreter des Antragstellers, vgl. auch Prütting/Helms/*Fröhler* § 352 Rn. 20. Ob dies auch für die Abgabe durch einen Vorsorgebevollmächtigten gilt, ist strittig, dafür Prütting/Helms/*Fröhler* § 352 Rn. 20, dagegen Keidel/*Zimmermann* § 352 Rn. 78: eidesstattliche Versicherung muss persönlich abgegeben werden.

65 Vgl. auch Schulte-Bunert/Weinreich/*Burandt* § 352 Rn. 18; Prütting/Helms/*Fröhler* § 352 Rn. 24.

66 Bahrenfuss/*Schaal* § 352 Rn. 20; GForm-FamFG/*Poller* § 352 Rn. 12; Keidel/*Zimmermann* § 352 Rn. 68.

67 Zum Antragsinhalt vgl. Prütting/Helms/*Fröhler* § 352 Rn. 28; Keidel/*Zimmermann* § 352 Rn. 8.

68 Prütting/Helms/*Fröhler* § 352 Rn. 28.

69 Im Erbschein ist lediglich angegeben, dass Testamentsvollstreckung angeordnet ist, nicht anzugeben ist im Erbschein dagegen die Person des Testamentsvollstreckers, vgl. Keidel/*Zimmermann* § 352 Rn. 8.

70 Zur gerichtlichen Hinwirkungspflicht vgl. *Kroiß* JA 2009, 882 (884).

von Formmängeln, vgl. § 28 Abs. 2, sondern auch auf die rechtzeitige und vollständige Erklärung des Antragstellers, damit es diesem möglich ist, sachdienliche und vollzugsfähige Verfahrenserklärungen zu stellen, § 28 Abs. 2. Als Verfahrensinstrumentarium dient dem Nachlassgericht die **Zwischenverfügung**[71] bzw. **Hinweisverfügung**,[72] mit der dem Antragsteller aufgegeben werden kann, fehlende Urkundsnachweise oder fehlende eidesstattliche Versicherungen zu erbringen. Die Terminologie ist in der Praxis uneinheitlich, das Ziel jedoch nicht, die Vorlage der in § 352 vorgeschriebenen Nachweise[73] binnen einer bestimmten Frist, auferlegt vom Nachlassgericht.

7 **2. Zurückweisung.** Kommt der Antragsteller seiner Pflicht, die notwendigen Angaben nach Abs. 1 bzw. Abs. 2 zu machen, trotz nachlassgerichtlicher Zwischen- bzw. Hinweisverfügung[74] nicht nach, ist der Antrag kostenpflichtig **zurückzuweisen**.[75] Den gesetzlichen Anforderungen[76] wird der Antrag dann nicht gerecht.

8 **3. Erbscheinserteilung ohne Angaben nach Abs. 1 und Abs. 2: Einziehung?** Ein Erbschein, erteilt ohne die Angaben und Nachweise, wie sie in Abs. 1–3 festgehalten sind, ist nicht bereits deshalb einzuziehen, weil hieraus noch keine Unrichtigkeit iSv § 2361 BGB resultiert.[77] Indiziert ist die Einziehung erst dann, sollte der erteilte Erbschein sich als unrichtig erweisen, § 2361 S. 1 BGB. Einzuziehen ist beispielsweise ein ohne Antrag erteilter Erbschein, mag er auch inhaltlich richtig sein.[78]

§ 352a Gemeinschaftlicher Erbschein

(1) [1]Sind mehrere Erben vorhanden, so ist auf Antrag ein gemeinschaftlicher Erbschein zu erteilen. [2]Der Antrag kann von jedem der Erben gestellt werden.

(2) [1]In dem Antrag sind die Erben und ihre Erbteile anzugeben. [2]Die Angabe der Erbteile ist nicht erforderlich, wenn alle Antragsteller in dem Antrag auf die Aufnahme der Erbteile in den Erbschein verzichten.

(3) [1]Wird der Antrag nicht von allen Erben gestellt, so hat er die Angabe zu enthalten, dass die übrigen Erben die Erbschaft angenommen haben. [2]§ 352 Absatz 3 gilt auch für die sich auf die übrigen Erben beziehenden Angaben des Antragstellers.

(4) Die Versicherung an Eides statt gemäß § 352 Absatz 3 Satz 3 ist von allen Erben abzugeben, sofern nicht das Nachlassgericht die Versicherung eines oder mehrerer Erben für ausreichend hält.

---

71 Zur Zwischenverfügung vgl. Keidel/*Zimmermann* § 352 Rn. 52 und 66; zur Zwischenverfügung analog § 18 GBO vgl. Burandt/Rojahn/*Gierl* § 352 Rn. 2; Schulte-Bunert/Weinreich/*Burandt* § 352 Rn. 4 und 17; *Boeckh* NJ 2011, 187. Eine Aufklärungsverfügung fordert dagegen Bahrenfuss/*Schaal* § 352 Rn. 19.

72 GForm-FamFG/*Poller* § 352 Rn. 15.

73 Muster vgl. GForm-FamFG/*Poller* § 352 Rn. 15.

74 Anders Bahrenfuss/*Schaal* § 352 Rn. 19, der eine Aufklärungsverfügung fordert. Zur Terminologie vgl. die obigen Ausführungen.

75 Vgl. Schulte-Bunert/Weinreich/*Burandt* § 352 Rn. 4 und 17; KG ZEV 2018, 544; AG Neuss ErbR 2017, 523; ebenso Bahrenfuss/*Schaal* § 352 Rn. 19.

76 KG ZEV 2018, 544.

77 Vgl. auch Burandt/Rojahn/*Gierl* § 352 Rn. 2.

78 Keidel/*Zimmermann* § 352 Rn. 2.

Literatur:

Becker, Erklärungen gemäß Art. 8 I Nr. 3 GleichberG in der heutigen Praxis des Erbscheinsverfahrens (Art. 8 I Nr. 3 Abs. 2 GleichberG), FamRZ 2018, 235; *Grziwotz*, Erbscheinsverfahren neu geregelt, FamRZ 2016, 417; *Notthof*, Zur Frage der Erteilung eines gemeinschaftlichen Erbscheins bei nicht zahlenmäßig bestimmter Angabe der Erbquoten, ZEV 1996, 458; *Zimmermann*, Der gemeinschaftliche Erbschein ohne Erbquoten, ZEV 2015, 520.

I. Allgemeines

1 In der **Erbengemeinschaft** sehen der Gesetzgeber und die höchstrichterliche Rechtsprechung[1] keine eigene Rechtspersönlichkeit, die rechts-, partei- oder grundbuchfähig wäre, sondern das gemeinschaftliche Vehikel, mit der sich die Erben bis zur Auseinandersetzung[2] im Rechtsraum fortbewegen. Die Rechtsfähigkeit lässt sich insbesondere nicht aus der Rechtsfähigkeit der GbR[3] oder der

1 BGH DNotZ 2007, 134; BGH NJW 2002, 3389.
2 Vgl. auch § 2032 Abs. 2 BGB: bis zur Auseinandersetzung gelten die §§ 2033–2041 BGB.
3 Vgl. bereits BGH NJW 2002, 3389 (3390).

Wohnungseigentümergemeinschaft herleiten,[4] da die Erbengemeinschaft nicht über eigene Organe verfügt[5] und auch nicht als werbende Gesellschaft agiert.[6] Verträge kommen daher nicht mit der Erbengemeinschaft, sondern mit den einzelnen Miterben zustande.[7] Kraft Gesetzes entsteht mit dem Erbfall eine Gesamthandsgemeinschaft, vgl. § 2032 Abs. 1 BGB, die auf Auseinandersetzung ausgerichtet ist.[8] Verfahrensrechtlich greift § 352a die Situation der Erbengemeinschaft auf und regelt, welche **Voraussetzungen der Antrag auf Erteilung eines gemeinschaftlichen Erbscheins** erfüllen muss. Mittelbar trifft die Regelung damit eine Aussage über den **Inhalt eines gemeinschaftlichen Erbscheins**, der auch in quotenloser Form in Erscheinung treten kann, Abs. 2 S. 2. Der gemeinschaftliche Erbschein dominiert die nachlassgerichtliche Praxis.

II. Zuständigkeiten

2 **1. Sachliche Zuständigkeit.** Verfahren, die die Erteilung von Erbscheinen betreffen, zählen zu den **Nachlasssachen**, vgl. § 342 Abs. 1 Nr. 6, deren Erledigung den **Nachlassgerichten** anvertraut ist.

3 **2. Örtliche Zuständigkeit.** Die örtliche Zuständigkeit richtet sich nach dem gewöhnlichen Aufenthalt des Erblassers im Zeitpunkt des Erbfalls, hilfsweise nach dem letzten Aufenthalt des Erblassers, § 343 Abs. 1 und Abs. 2.

4 **3. Funktionelle Zuständigkeit.** Die funktionelle Zuständigkeit für die Protokollierung des Antrags liegt beim **Rechtspfleger**, § 3 Nr. 2 lit. c, Nr. 1 lit. f RpflG.[9] Ein Richtervorbehalt besteht nicht.

III. Gemeinschaftlicher Erbschein und Antragsberechtigung (Abs. 1)

5 **1. Antrag; Bindung an den Antrag.** Ein Erbschein wird nur auf **Antrag** erteilt, § 2353 BGB.[10] Der Antrag muss sich auf einen bestimmten Inhalt beziehen bzw. dem Nachlassgericht die inhaltliche Ausrichtung projizieren.[11] Daraus folgt, dass das Nachlassgericht an den **Antrag gebunden** ist und nicht vom Antrag abweichen darf.[12] Die strenge Antragsbindung geht sogar so weit, dass der Erbschein wegen formeller Unrichtigkeit von Amts wegen einzuziehen ist, sofern der Inhalt des Erbscheins vom Inhalt des gestellten Antrags abweicht[13] oder ein Antrag fehlt.[14]

6 **2. Form des Antrags; Vertretung.** Eine besondere **Form** muss der reine Antrag nicht wahren,[15] in der Praxis wird der Antrag privatschriftlich gestellt oder zu Protokoll gegeben.[16] Enthält der Antrag jedoch auch die **eidesstattliche Versi-**

4 BGH DNotZ 2007, 134 (135).
5 BGH DNotZ 2007, 134 (135).
6 BGH NJW 2002, 3389 (3390).
7 BGH NJW 2002, 3389.
8 BGH DNotZ 2007, 134 (135).
9 Vgl. Prütting/Helms/*Fröhler* § 352a Rn. 7.
10 Siehe Prütting/Helms/*Fröhler* § 352a Rn. 11.
11 BayObLG BeckRS 2000, 30151446.
12 BayObLG BeckRS 2000, 30151446; OLG Hamm NJW 1968, 1682; Bahrenfuss/*Schaal* § 352a Rn. 5; *Grziwotz* FamRZ 2016, 417.
13 BayObLG BeckRS 2000, 30151446; die Erteilung kann aber nachträglich vom Berechtigten genehmigt werden, so dass wieder Kongruenz zwischen Antrag und Erbschein besteht und eine Einziehung nicht mehr veranlasst ist.
14 Vgl. *Grziwotz* FamRZ 2016, 417 (418).
15 Vgl. Prütting/Helms/*Fröhler* § 352a Rn. 13.
16 Prütting/Helms/*Fröhler* § 352a Rn. 13.

cherung, muss der Antrag **beurkundet** werden, § 38 BeurkG, und zwar durch den Notar oder das Nachlassgericht. **Vertretung** ist zulässig, §§ 10 Abs. 2, 11.

3. Länderöffnungsklausel, Art. 239 EGBGB. Die **Bundesländer** können durch Gesetz bestimmen, dass der Antrag auf Erteilung eines Erbscheins der **notariellen Beurkundung** bedarf und die eidesstattliche Versicherung nach § 352 Abs. 3 S. 3 nur vor einem Notar abzugeben ist, Art. 239 EGBGB. Derzeit liegt eine entsprechende gesetzliche Öffnung noch nicht vor. 7

4. Antragsberechtigung. Die **Antragsberechtigung** liegt autonom bei jedem einzelnen **Miterben**, so dass nicht alle Miterben gemeinschaftlich den Antrag auf Erteilung eines gemeinschaftlichen Erbscheins stellen müssen. Die autonome Antragsberechtigung jedes einzelnen Miterben fand Ausdruck in Abs. 1 S. 2: Der Antrag kann von jedem der Erben gestellt werden,[17] auch als **Vorerbe**, der Nacherbe hingegen erst nach Eintritt der Nacherbfolge. Den Antrag kann auch der **Testamentsvollstrecker** stellen,[18] ebenso ein **Erbeserbe, Nachlassgläubiger** oder ein **Erbschaftserwerber**.[19] 8

IV. Gemeinschaftlicher Erbschein und Antragsinhalt (Abs. 2, 3)

1. Haupt- und Hilfsantrag. Der Antrag kann auch in Form eines **Haupt- und Hilfsantrags** gestellt werden, um weitere Verzögerungen zu vermeiden, sollte das Nachlassgericht dem Hauptantrag nicht folgen können.[20] Beliebigkeit ist damit nicht verbunden, zumal klar vorgegeben werden muss, welcher Antrag als Hauptantrag und welcher Antrag als Hilfsantrag gestellt wird. Dem Nachlassgericht muss die **Reihenfolge** der Anträge ebenso vorgegeben werden[21] wie die exakte Schilderung des Erbrechts.[22] Die Kombination von Haupt- und Hilfsantrag kann bei unklarem Testamentsinhalt[23] zu empfehlen sein, ebenso bei zweifelhafter Testierfähigkeit des Erblassers. 9

2. Angabe der Erben und ihrer Erbanteile (Abs. 2 S. 1). Im Antrag sind die Erben und ihre **Erbanteile** anzugeben, Abs. 2 S. 1, und zwar in der notwendigen Bestimmtheit, die sich aus der Ausstellung des Erbscheins ergibt.[24] Wer Erbe mit welcher **konkreten Erbquote** ist, muss im Antrag unmissverständlich dargelegt werden. Die Bezeichnung der Erben im gemeinschaftlichen Erbschein gebietet es, den Antrag mit allen notwendigen persönlichen **Daten** der Erben auszustatten. Eine Ausnahme gilt dann, sollten die Antragsteller zum gemeinschaftlichen Erbschein ohne Quoten optieren, Abs. 2 S. 2. 10

3. Antrag nicht von allen Erben gestellt: Angaben über die Erbschaftsannahme und die übrigen Erben (Abs. 3). Dem **Antrag** eines Miterben, gerichtet auf Erteilung eines gemeinschaftlichen Erbscheins, lässt sich konkludent die Erbschaftsannahme entnehmen. Weiterer Aufklärungsbedarf besteht daher nicht, liegen Anträge aller Miterben vor. 11

Wird dagegen der **Antrag nicht von allen Erben gestellt**, hat der Antrag die Angabe zu enthalten, dass die **übrigen Erben** die Erbschaft angenommen haben, Abs. 3 S. 1. Die Erbschaftsannahme der anderen Miterben, die keinen Antrag auf Erteilung des gemeinschaftlichen Erbscheins stellen wollten, ist darzule- 12

17 Bahrenfuss/*Schaal* § 352a Rn. 7; Prütting/Helms/*Fröhler* § 352a Rn. 3 und 19.
18 Keidel/*Zimmermann* § 352a Rn. 4.
19 *Grziwotz* FamRZ 2016, 417 (418).
20 Zur Zulässigkeit von Haupt- und Hilfsantrag vgl. auch *Grziwotz* FamRZ 2016, 417; Burandt/Rojahn/*Gierl* § 352a Rn. 13.
21 Vgl. FormB-ErbR § 6 Rn. 65.
22 FormB-ErbR § 6 Rn. 65.
23 FormB-ErbR § 6 Rn. 75.
24 Vgl. Bahrenfuss/*Schaal* § 352a Rn. 8.

gen.[25] Bloße Behauptungen oder Vermutungen reichen nicht aus, um Klarheit über die Erbschaftsannahme zu gewinnen. Erforderlich ist schlüssiger und substanziierter Sachvortrag.[26] Hinsichtlich der Angaben zu den sonstigen Erben soll der Antragsteller die Möglichkeiten haben, die eidesstattliche Versicherung anbieten, Abs. 3 S. 2 iVm § 352 Abs. 3. Dies kann aber nicht für den Verzicht auf die Quotenaufnahme gelten, die dem Nachlassgericht gegenüber zu erklären ist.[27]

13 **4. Angaben zur Nacherbfolge oder Testamentsvollstreckung.** Der Erbschein, der einem Vorerben erteilt wird, muss überdies die notwendigen Angaben zur Nacherbfolge enthalten, § 352b Abs. 1 (vgl. dortige Kommentierung). Auch die Ernennung eines Testamentsvollstreckers ist im Erbschein anzugeben, § 352b Abs. 2.

5. Checkliste für den Antrag auf Erteilung eines gemeinschaftlichen Erbscheins, beruhend auf gesetzlicher Erbfolge (§§ 352a, 352 Abs. 1, 3)

14 ▶ Der Antrag auf Erteilung eines gemeinschaftlichen Erbscheins, beruhend auf gesetzlicher Erbfolge, §§ 352a, 352 Abs. 1, 3, muss folgenden Inhalt aufweisen[28] (Checkliste der Antragserfordernisse):

- Name des Erblassers, ggf. dessen Güterstand (uU Ehevertrag oder Auszug aus Güterrechtsregister)
- Zeitpunkt des Todes des Erblassers, § 352 Abs. 1 S. 1 Nr. 1; die Richtigkeit der Angaben ist durch öffentliche Urkunden nachzuweisen, vgl. § 352 Abs. 3 S. 1, also durch Vorlage einer Sterbeurkunde nach dem Erblasser, alternativ durch einen Beschluss über die Todeserklärung.
- letzter gewöhnlicher Aufenthalt und Staatsangehörigkeit des Erblassers, § 352 Abs. 1 S. 1 Nr. 2
- das Verhältnis, auf dem das Erbrecht des Antragstellers beruht, § 352 Abs. 1 S. 1 Nr. 3. Die Richtigkeit der Angaben ist durch öffentliche Urkunden nachzuweisen, vgl. § 352 Abs. 3 S. 1, also durch Personenstandsurkunden über Verwandtschaft, vgl. Geburtsurkunde des Antragstellers, oder die Ehe, vgl. Heiratsurkunde des Antragstellers.
- Angaben darüber, ob und welche Personen vorhanden sind oder vorhanden waren, durch die der Antragsteller von der Erbfolge ausgeschlossen oder sein Erbteil gemindert werden würde, § 352 Abs. 1 S. 1 Nr. 4. Hierzu sind Sterbeurkunden Vorverstorbener zu präsentieren, ebenso Erbverzichts- oder Erbausschlagungserklärungen.
- Angaben darüber, ob und welche Verfügung des Erblassers von Todes wegen vorhanden sind, § 352 Abs. 1 S. 1 Nr. 5
- Angaben darüber, ob ein Rechtsstreit über das Erbrecht des Antragstellers anhängig ist, § 352 Abs. 1 S. 1 Nr. 6 (Gericht, Aktenzeichen, Prozessgegner). Bei Anhängigkeit ist den Beteiligten rechtliches Gehör zu gewähren[29]
- eine Erklärung, dass der Antragsteller die Erbschaft angenommen hat, § 352 Abs. 1 S. 1 Nr. 7. Dieses Erfordernis ist dahin gehend zu modifizieren, dass bereits im Antrag des Antragstellers eine konkludente Erbschaftsannahme zu sehen ist. Eine weitere Erklärung ist dann nicht mehr erforderlich. Wird der

25 Prütting/Helms/*Fröhler* § 352a Rn. 23.
26 Vgl. Bahrenfuss/*Schaal* § 352a Rn. 15.
27 Keidel/*Zimmermann* § 352a Rn. 14.
28 Muster eines Antrags bei FormB-ErbR § 6 Rn. 73 und bei GForm-FamFG/*Poller* § 352a Rn. 1.
29 FormB-ErbR § 6 Rn. 69.

Antrag nicht von allen Erben gestellt, hat er die Angabe zu enthalten, dass die übrigen Erben die Erbschaft angenommen haben, Abs. 3 S. 1.
- Angaben über die Größe des Erbteils des Antragstellers, Abs. 2 S. 1, § 352 Abs. 1 S. 1 Nr. 8; diese Angaben sind allerdings nicht erforderlich, wenn alle Antragsteller im Antrag auf die Aufnahme der Erbanteile in den Erbschein verzichten, also einen quotenlosen Erbschein beantragen (→ Rn. 16).
- Ist eine Person weggefallen, durch die der Antragsteller von der Erbfolge ausgeschlossen oder sein Erbteil gemindert werden würde, hat der Antragsteller anzugeben, in welcher Weise die Person weggefallen ist, § 352 Abs. 1 S. 2; die Richtigkeit der Angaben ist durch öffentliche Urkunden nachzuweisen, vgl. § 352 Abs. 3 S. 1
- eidesstattliche Versicherung des Antragstellers, dass ihm nichts bekannt sei, was der Richtigkeit seiner Angaben entgegensteht, § 352 Abs. 3 S. 3. Der Antragsteller muss sich im Antrag bereit erklären, die eidesstattliche Versicherung vor Gericht oder einem Notar abzugeben. Die eidesstattliche Versicherung ist von allen Erben abzugeben, sofern nicht das Nachlassgericht die Versicherung eines oder mehrerer Erben für ausreichend hält, Abs. 4. Das Nachlassgericht kann auch dem Antragsteller die eidesstattliche Versicherung erlassen, wenn es sie für nicht erforderlich hält, § 352 Abs. 3 S. 4. ◀

6. Checkliste für den Antrag auf Erteilung eines gemeinschaftlichen Erbscheins, beruhend auf testamentarischer Erbfolge (§§ 352a, 352 Abs. 2, 3, 1)

▶ Der Antrag auf Erteilung eines gemeinschaftlichen Erbscheins, beruhend auf testamentarischer Erbfolge, §§ 352a, 352 Abs. 2, 3, muss folgenden Inhalt aufweisen (Checkliste der Antragserfordernisse): 15

- Name des Erblassers
- die Bezeichnung der Verfügung von Todes wegen, auf der das Erbrecht des Antragstellers beruht, § 352 Abs. 2 Nr. 1; die Urkunde ist dem Nachlassgericht vorzulegen, § 352 Abs. 3 S. 1
- Angaben darüber, ob und welche sonstigen Verfügungen von Todes wegen des Erblassers vorhanden sind, § 352 Abs. 2 Nr. 2; die Urkunden sind dem Nachlassgericht vorzulegen, § 352 Abs. 3 S. 1
- den Zeitpunkt des Todes des Erblassers, § 352 Abs. 2 Nr. 3, Abs. 1 S. 1 Nr. 1. Die Richtigkeit der Angaben ist durch öffentliche Urkunden nachzuweisen, vgl. § 352 Abs. 3 S. 1, also durch Vorlage einer Sterbeurkunde nach dem Erblasser, alternativ durch einen Beschluss über die Todeserklärung.
- Angaben über den letzten gewöhnlichen Aufenthalt und die Staatsangehörigkeit des Erblassers, § 352 Abs. 2 Nr. 3, Abs. 1 S. 1 Nr. 2
- Angaben darüber, ob ein Rechtsstreit über das Erbrecht des Antragstellers anhängig ist, § 352 Abs. 2 Nr. 3, Abs. 1 S. 1 Nr. 6 (Gericht, Aktenzeichen, Prozessgegner). Bei Anhängigkeit ist den Beteiligten rechtliches Gehör zu gewähren.[30]
- eine Erklärung, dass der Antragsteller die Erbschaft angenommen hat, § 352 Abs. 2 Nr. 3, Abs. 1 S. 1 Nr. 7. Dieses Erfordernis ist dahin gehend zu modifizieren, dass bereits im Antrag des Antragstellers eine konkludente Erbschaftsannahme zu sehen ist. Eine weitere Erklärung ist dann nicht mehr erforderlich. Wird der Antrag nicht von allen Erben gestellt, hat er die Angabe zu enthalten, dass die übrigen Erben die Erbschaft angenommen haben, Abs. 3 S. 1

30 FormB-ErbR § 6 Rn. 69.

- Angaben über die Größe des Erbteils des Antragstellers, § 352 Abs. 2 Nr. 3, Abs. 1 S. 1 Nr. 8; diese Angaben sind allerdings nicht erforderlich, wenn alle Antragsteller im Antrag auf die Aufnahme der Erbanteile in den Erbschein verzichten, also einen quotenlosen Erbschein beantragen (→ Rn. 16)
- ist eine Person weggefallen, durch die der Antragsteller von der Erbfolge ausgeschlossen oder sein Erbteil gemindert werden würde, hat der Antragsteller anzugeben, in welcher Weise die Person weggefallen ist, § 352 Abs. 2 Nr. 3, Abs. 1 S. 2. Die Richtigkeit der Angaben ist durch öffentliche Urkunden nachzuweisen, vgl. § 352 Abs. 3 S. 1, also beispielsweise durch Sterbeurkunden Vorverstorbener, Erbverzichts- oder Erbausschlagungserklärungen.
- ggf. Angaben über eine angeordnete Vor- und Nacherbfolge bzw. Testamentsvollstreckung (vgl. hierzu § 352b).
- eidesstattliche Versicherung des Antragstellers, dass ihm nichts bekannt sei, was der Richtigkeit seiner Angaben entgegensteht, § 352 Abs. 3 S. 3. Der Antragsteller muss sich im Antrag bereit erklären, die eidesstattliche Versicherung vor Gericht oder einem Notar abzugeben. Die eidesstattliche Versicherung ist von allen Erben abzugeben, sofern nicht das Nachlassgericht die Versicherung eines oder mehrerer Erben für ausreichend hält, Abs. 4. Das Nachlassgericht kann auch dem Antragsteller die eidesstattliche Versicherung erlassen, wenn es sie für nicht erforderlich hält, § 352 Abs. 3 S. 4. ◀

V. Gemeinschaftlicher, quotenloser Erbschein (Abs. 2 S. 2)

16 **1. Vorläufiger gemeinschaftlicher Erbschein ohne Erbquoten vor der Gesetzesänderung.** Teilweise bestanden Vorbehalte gegen einen gemeinschaftlichen Erbschein ohne Erbquoten, was mit dem abschließenden Charakter des Erbrechtszeugnisses begründet wurde.[31] Weiteren Ermittlungsbedarf dürfe der Erbschein nicht enthalten, auch für „Platzhalter" biete der Erbschein keinen Raum. In entsprechenden Konstellationen könne nur ein gemeinschaftlicher Teilerbschein erteilt werden,[32] nicht dagegen ein gemeinschaftlicher Erbschein, der das Erbrecht sämtlicher Miterben bezeugt. Diesem unbilligen Ergebnis ist die abweichende Meinung[33] bereits frühzeitig entgegengetreten, und zwar unter Hinweis auf die Ausgangslage, bestimmt durch den erblasserischen Willen, der den Nachlass nicht nach Bruchteilen, sondern nach Objekten verteilt hat. Dann ist es dem Antragsteller kaum oder nur unter schwierigsten Bedingungen möglich,[34] eine zahlenmäßige Bestimmung der Erbquoten vorzunehmen, ohne Streit unter den Erben auszulösen. Die Lösung bestand in der Erteilung eines vorläufigen gemeinschaftlichen Erbscheins ohne Quoten.[35] Manko[36] blieb jedoch, den vorläufigen quotenlosen Erbschein wieder einzuziehen, sobald die Erbquoten bezeichnet werden konnten.

31 Vgl. OLG Hamm OLG Report NRW 5/2013 Anm. 2; zum Streitstand *Zimmermann* ZEV 2015, 520, sowie GForm-FamFG/*Poller* § 352a Rn. 5.

32 OLG Hamm im OLG Report NRW 5/2013 Anm. 2.

33 Vgl. *Notthoff* ZEV 1996, 458; zur damaligen Lage vgl. auch Prütting/Helms/*Fröhler* § 352a Rn. 25.

34 Vgl. *Notthoff* ZEV 1996, 458.

35 Vgl. auch OLG Köln NJW-RR 1992, 1417; MüKoBGB/*Grziwotz* § 2353 Rn. 11; *Becker* FamRZ 2018, 235 (237); Bahrenfuss/*Schaal* § 352a Rn. 11.

36 *Zimmermann* ZEV 2015, 520 (521).

2. Gesetzliche Regelung in Abs. 2 S. 2. Mit der Regelung in Abs. 2 S. 2 liegt nunmehr eine gesetzliche Verankerung des **gemeinschaftlichen, quotenlosen** Erbscheins vor.[37] 17

3. Voraussetzungen des gemeinschaftlichen, quotenlosen Erbscheins. Danach ist die Angabe der Erbanteile nicht erforderlich, wenn alle Antragsteller in dem Antrag auf die Aufnahme der Erbanteile in den Erbschein verzichten, Abs. 2 S. 2 (**gemeinschaftlicher, quotenloser Erbschein**).[38] Bedeutung kann dieser Form des Erbscheins auch im Zusammenhang mit den Gütertrennungserklärungen nach dem GleichberG[39] zukommen, sofern sich der fristgerechte Zugang zum 30.6.1958 nicht mehr ermitteln lässt.[40] Die Erklärung musste gegenüber dem Amtsgericht abgegeben werden, in dessen Bezirk der Ehemann seinen Wohnsitz hatte.[41] 18

Weitere Voraussetzungen sieht das Gesetz nicht vor, insbesondere keine **problematische Ausgangslage** mehr,[42] gekennzeichnet durch die Schwierigkeit, Erbquoten zu benennen, ohne Streit innerhalb der Erbengemeinschaft zu kreieren.[43] Eine Notfallregelung ist der gemeinschaftliche, quotenlose Erbschein nicht mehr, kein **vorläufiger Erbschein**, kein erbrechtliches Provisorium mehr, sondern eine Variante des gemeinschaftlichen Erbscheins, gekoppelt daran, dass **alle Antragsteller** im Antrag auf die Erbscheinsaufnahme der Erbquoten **verzichten. Schriftform** reicht für den Verzicht aus, als bedingungsfeindliche[44] Verfahrenserklärung bleibt sie bis zur Erbscheinserteilung **widerruflich.** Adressat des Verzichts ist das **Nachlassgericht**, es reicht nicht aus, den Verzicht gegenüber den Miterben zu erklären.[45] 19

Strittig ist, ob die Regelung dahin gehend zu verstehen ist, ob die **Antragsteller** oder die **Erben** auf die Erbscheinsaufnahme der Erbquoten **verzichten** müssen. Eine Meinung[46] stellt auf den Gesetzeswortlaut ab und verlangt den Verzicht aller Antragsteller, die andere Meinung[47] den Verzicht aller Erben. In der Praxis kann sich dieses unterschiedliche Meinungsbild auswirken, da nicht selten nur einzelne Miterben einen gemeinschaftlichen Erbschein beantragen. Eine **Empfehlung** dahin gehend, auf die Einholung aller Verzichtserklärungen zu achten, also der Erklärungen der Antragsteller und der Erben, kann nicht ausgesprochen werden, da dies zu erheblichen Verfahrensverzögerungen führt und das Potential in sich trägt, das gesamte Verfahren zu torpedieren und hinter den Verfahrensstand des vorläufigen, quotenlosen gemeinschaftlichen 20

---

37 Skeptisch gegenüber der Neuregelung Holzer ZNotP 2015, 258 (260): Auseinandersetzung könne mit dem quotenlosen Erbschein nicht betrieben werden, nur Erbschein „zweiter" Klasse, reduzierter Inhalt erschwere den Rechtsverkehr, Verkehrssicherheit werde in Mitleidenschaft gezogen. Diese Bedenken überzeugen jedoch nicht und berücksichtigen nicht die positiven Aspekte des quotenlosen Erbscheins, der beispielsweise im Bereich der Grundbuchberichtigung keinerlei Funktionsminderung aufweist und häufig dazu beiträgt, den gordischen Knoten, der sich aus der erblasserischen Einzelzuteilung von Vermögenswerten ergibt, zu durchschlagen, um den Nachweis der Erbfolge überhaupt zu führen.

38 Muster eines Antrags vgl. auch Prütting/Helms/*Fröhler* § 352a Rn. 27; Muster auch bei *Becker* FamRZ2018, 235 (237, 238).

39 Vgl. *Becker* FamRZ 2018, 235.

40 *Becker* FamRZ 2018, 235.

41 *Becker* FamRZ 2018, 235 (236).

42 Ebenso Keidel/*Zimmermann* § 352a Rn. 11.

43 Ebenso *Zimmermann* ZEV 2015, 520 (521); *Becker* FamRZ 2018, 235 (237).

44 *Grziwotz* FamRZ 2016, 417 (420).

45 *Zimmermann* ZEV 2015, 520 (521).

46 Vgl. *Becker* FamRZ 2018, 235 (237).

47 MüKoBGB/*Grziwotz* Anhang § 2353 Rn. 56.

Erbscheins zurückzufallen. Richtigerweise müssen nur die **Antragsteller** auf die Erbscheinsaufnahme der Erbquoten verzichten, nicht alle Erben oder weitere mögliche Antragsteller.[48]

21 **4. Nachträgliche Ergänzung der Quoten.** Auf **Antrag** kann der quotenlose Erbschein um die Quoten ergänzt werden,[49] wofür eine ergänzende eidesstattliche Versicherung erforderlich ist, § 352 Abs. 3.[50] Weil der quotenlose Erbschein seit seiner gesetzlichen Verankerung in § 352a nicht mehr als Notfallzeugnis bzw. Provisorium, sondern als eigenständiges erbrechtliches Zeugnis anzusehen ist, dessen Richtigkeit auch im Gefolge der Quotenergänzung nicht in Zweifel steht, ist eine Erbscheinseinziehung nicht veranlasst, sondern eine Erbscheinsergänzung,[51] eine Beischreibung. Ungeklärt ist, ob die nachträgliche Ergänzung gebührenfrei[52] erfolgen kann. Eine **abweichende Meinung**[53] hält die Ergänzung für unzulässig, da mit dem Verzicht auf die Quoten die Möglichkeit verlorengehe, einen Antrag auf Erteilung eines quotalen Erbscheins zu stellen. Die Erben seien gezwungen, Feststellungsklage nach § 256 ZPO zu erheben.[54] Vor diesem Hintergrund erscheint eine obergerichtliche Klärung unausweichlich. Gegen die abweichende Meinung spricht, dass dem Antrag auf Erteilung eines quotenlosen Erbscheins nicht die Bedeutung eines Verzichts auf Erteilung einen Quotenerbscheins beigemessen werden kann. Der Antrag ist vielmehr aus der Not heraus geboren, endgültige Quoten nicht benennen bzw. belegen zu können. Gegen die abweichende Meinung spricht auch das unmittelbare Rechtsschutzbedürfnis, den Erbschein einer Ergänzung zuzuführen.

VI. Gemeinschaftlicher Erbschein und eidesstattliche Versicherung (Abs. 4)

22 Die **eidesstattliche Versicherung** gem. § 352 Abs. 3 S. 3 ist von **allen Erben**[55] abzugeben, sofern sich nicht das Nachlassgericht mit der Versicherung eines oder mehrerer Erben begnügt, Abs. 4.[56] Der Praxis reicht häufig die eidesstattliche Versicherung des Antragstellers,[57] sieht aber hierin keine starre Regelung, sondern verweist zu Recht auf die Erfordernisse des Einzelfalls. In einzelnen Fällen kann auch die Abgabe durch alle Erben geboten sein. Ob sich das Nachlassgericht mit einer einzelnen eidesstattlichen Versicherung begnügt, ist in das pflichtgemäße Ermessen des Nachlassgerichts gestellt.[58] Dieses geht sogar so weit, dass dem Antragsteller die eidesstattliche Versicherung erlassen werden kann, sofern diese für nicht erforderlich erachtet wird, vgl. § 352 Abs. 3 S. 4.[59]

---

48 Ebenso Prütting/Helms/*Fröhler* § 352a Rn. 26; Bahrenfuss/*Schaal* § 352a Rn. 13.
49 Vgl. Keidel/*Zimmermann* § 352a Rn. 17.
50 *Grziwotz* notar 2016, 352 (357).
51 Gegen Einziehung auch *Grziwotz* notar 2016, 352 (357); *Zimmermann* ZEV 2015, 520 (521); GForm-FamFG/*Poller* § 352a Rn. 5; *Grziwotz* FamRZ 2016, 417 (420); Keidel/*Zimmermann* § 352a Rn. 16.
52 Da kein Kostentatbestand im KV GNotKG; für Kostenfreiheit auch Keidel/*Zimmermann* § 352a Rn. 17; *Grziwotz* FamRZ2016, 417 (420). KV Nr. 12210 GNotKG ist eine Pauschalgebühr, mit der alle nachlassgerichtlichen Tätigkeiten abgedeckt sind, die im Rahmen des Verfahrens anfallen. Eine obergerichtliche Klärung ist zu empfehlen.
53 Burandt/Rojahn/*Gierl* § 352a Rn. 11.
54 Burandt/Rojahn/*Gierl* § 352a Rn. 11.
55 Ggf. kann die eidesstattliche Versicherung auch vom Testamentsvollstrecker, Nachlassverwalter oder dem antragstellenden Gläubiger abgegeben werden.
56 Keidel/*Zimmermann* § 352a Rn. 9; Prütting/Helms/*Fröhler* § 352a Rn. 20.
57 Ebenso GForm-FamFG/*Poller* § 352a Rn. 8: kein weiterer Erkenntnisgewinn.
58 Zum Ermessen vgl. auch Bahrenfuss/*Schaal* § 352a Rn. 18.
59 Vgl. auch das Antragsmuster bei GForm-FamFG/*Poller* § 352a Rn. 1.

VII. Gemeinschaftlicher Erbschein und Gerichtskosten

1. Gerichtskosten allgemein. Für das Verfahren über den Antrag auf Erteilung eines Erbscheins fällt eine volle Gebühr an, KV Nr. 12210 GNotKG, Tabelle B, womit alle Tätigkeiten des Nachlassgerichts abgedeckt sind,[60] die Erbenermittlung, die Protokollierung, die Beziehung von weiteren Akten, die Benachrichtigung der Beteiligten, der Feststellungsbeschluss und der Erbschein selbst. Ob nur ein **Antrag** oder mehrere **gleichlautende Anträge** vorliegen, wirkt sich nicht aus, zu erheben ist nur eine Verfahrensgebühr, § 55 Abs. 1 GNotKG.[61] Anders verhält es sich bei **gegensätzlichen Anträgen**, die mit einer Verfahrensgebühr nach KV Nr. 12210 GNotKG und einer halben Zurückweisungsgebühr nach KV Nr. 12212 GNotKG zu Buche schlagen.[62] 23

Für das Verfahren zur Abnahme der **eidesstattlichen Versicherung** ist eine volle Gebühr zu erheben,[63] KV Nr. 23300 GNotKG, Tabelle B. 24

Geschäftswert ist der um die Erblasserschulden reduzierte Nachlasswert im Zeitpunkt des Erbfalls, § 40 Abs. 1 S. 1 Nr. 2 GNotKG. Erbfallschulden werden nicht abgezogen.[64] 25

Kostenschuldner ist der Antragsteller, § 22 Abs. 1 GNotKG. 26

2. Kostenfragen im Zusammenhang mit dem quotenlosen gemeinschaftlichen Erbschein. Teile der Praxis hielten den regulären Geschäftswert nach § 40 Abs. 1 GNotKG – *voller Wert des Nachlasses im Zeitpunkt des Erbfalls, nur Erblasserschulden werden abgezogen, nicht auch Erbfallschulden* –, für unzutreffend und schlugen einen **Teilwert** von 30–70 % des nach § 40 Abs. 1 GNotKG maßgeblichen Wertes vor.[65] Diese **Ansicht** überzeugte jedoch **nicht**, da eine Funktionsminderung sich kaum feststellen lässt, insbesondere nicht bei Berichtigung des Grundbuchs.[66] Die Eintragung erfolgt auf die einzelnen Miterben als gesamthänderische Eigentümer („in Erbengemeinschaft"), ohne Erbquoten. Darüber hinaus berücksichtigt die Teilwertauffassung nicht die fatalen Konsequenzen, die hiervon ausgehen. Wie oben bereits dargelegt (→ Rn. 21),[67] kann auf Antrag der quotenlose Erbschein **nachträglich um die Quoten ergänzt** werden. Ungeklärt ist, ob hierfür eine weitere Gebühr anfällt. Geht man von der Gebührenfreiheit aus, da die Beischreibung mit der Verfahrensgebühr bereits abgegolten bzw. für die Beischreibung kein expliziter Gebührentatbestand ersichtlich erscheint, steht der Königsweg offen:[68] *zuerst quotenloser Erbschein, dann kostenfreie Ergänzung.*[69] Die Miterben erhielten auf diesem Weg einen kostenreduzierten Erbschein über den gesamten Nachlass. Eine **obergerichtliche Klärung** erscheint erforderlich. 27

---

60 Vgl. NK-NachfolgeR/*Wilsch* Kap. 25 Rn. 103.
61 Vgl. NK-NachfolgeR/*Wilsch* Kap. 25 Rn. 103.
62 OLG München BeckRS 2017, 117276.
63 Vgl. NK-NachfolgeR/*Wilsch* Kap. 25 Rn. 97.
64 Vgl. NK-NachfolgeR/*Wilsch* Kap. 25 Rn. 108.
65 So Korintenberg/*Sikora* § 40 Rn. 39a.
66 Vgl. NK-NachfolgeR/*Wilsch* Kap. 25 Rn. 139.
67 Da kein Kostentatbestand im KV GNotKG; überdies mit der bisherigen Verfahrensgebühr abgegolten. Für Kostenfreiheit auch Keidel/*Zimmermann* § 352a Rn. 17; *Zimmermann* ZEV 2015, 520 (522). Die KV Nr. 12210 GNotKG ist eine Pauschalgebühr, mit der alle nachlassgerichtlichen Tätigkeiten abgedeckt sind, die im Rahmen des Verfahrens anfallen. In diese Richtung auch *Zimmermann* ZEV 2015, 520 (522): keine weitere Gerichtsgebühr, nur weitere Auslagen.
68 Siehe auch NK-NachfolgeR/*Wilsch* Kap. 25 Rn. 139.
69 Vgl. Keidel/*Zimmermann* § 352a Rn. 17.

§ 352b Inhalt des Erbscheins für den Vorerben; Angabe des Testamentsvollstreckers

(1) [1]In dem Erbschein, der einem Vorerben erteilt wird, ist anzugeben, dass eine Nacherbfolge angeordnet ist, unter welchen Voraussetzungen sie eintritt und wer der Nacherbe ist. [2]Hat der Erblasser den Nacherben auf dasjenige eingesetzt, was von der Erbschaft bei dem Eintritt der Nacherbfolge übrig sein wird, oder hat er bestimmt, dass der Vorerbe zur freien Verfügung über die Erbschaft berechtigt sein soll, so ist auch dies anzugeben.

(2) Hat der Erblasser einen Testamentsvollstrecker ernannt, so ist die Ernennung in dem Erbschein anzugeben.

Literatur:

Adams, Der Alleinerbe als Testamentsvollstrecker, ZEV 1998, 321; *Grziwotz*, Erbscheinsverfahren neu geregelt, FamRZ2016, 417; *Holzer*, Das Erbscheinsverfahren nach dem FamFG, ZNotP 2015, 258; *Horn/Krätschel*, Einstweiliger Rechtsschutz im nachlassgerichtlichen Verfahren, ZEV 2018, 14; *Kollmeyer*, Vorausvermächtnisse für Vorerben und „gegenständliche Beschränkung" der Nacherben, ZEV 2019, 125; *Schäuble*, Erbscheinsanträge bei sog. „gegenständlich" beschränkter Nacherbfolge, ZEV 2016, 675; *Wilsch*, Kostenrechtsmodernisierung: Verfahrenskosten nach dem GNotKG an der Schnittstelle von Grundbuch- und Nachlassrecht, ZEV 2013, 428; *Wilsch*, Berücksichtigung oder Nichtberücksichtigung von Vindikationslegaten im Erbschein: Probleme und einstweiliger Rechtsschutz im deutschen Grundbuchverfahren.

I. Allgemeines

1 Die gesetzliche Konzeptionierung der **Vor- und Nacherbfolge** lässt sich § 2100 BGB entnehmen. Danach kann der Erblasser einen Erben (Nacherben) in der Weise[1] einsetzen,[2] dass dieser erst Erbe wird, nachdem zunächst ein anderer Er-

1 Der Erblasser kann Nacherbschaft auch nur in Höhe einer bestimmten Quote anordnen, vgl. auch *Schäuble* ZEV 2016, 675 (677).

2 Die Anordnung muss demnach stets auf einem Testament oder Erbvertrag beruhen, vgl. auch *Roth/Hannes/Mielke* Vorerbschaft § 1 Rn. 25.

be geworden ist.[3] Die Vor- und Nacherbfolge gibt dem Erblasser die Möglichkeit, über Jahrzehnte hinweg Einfluss auf den Nachlass auszuüben.[4] Vor- und Nacherbe sehen sich in eine **Schicksalsgemeinschaft** gestellt, ohne eine Erbengemeinschaft zu formen.[5] Grund ist die **zeitliche Staffelung**, die dazu führt, dass der Erblasser mehrfach beerbt wird, zunächst durch den Vorerben, dann durch den Nacherben.[6] Mit dem Eintritt des **Nacherbfalls** hört der Vorerbe auf, Erbe zu sein, § 2139 BGB. Die Erbschaft fällt dann dem Nacherben an, § 2139 BGB. Während der Vorerbe finanziell abgesichert werden kann, steht dem Nacherben ein **Anwartschaftsrecht** zu,[7] das verfahrensrechtlich Berücksichtigung finden muss, was mit Abs. 1 geschieht, den inhaltlichen Vorgaben, die ein Erbschein für den Vorerben erfüllten muss.

Durch Testament oder Erbvertrag kann der Erblasser einen oder mehrere **Testamentsvollstrecker** ernennen, § 2197 Abs. 1 BGB. Damit einher geht eine Verfügungsbeschränkung des Erben, der sich außerstande sieht, über einen der Verwaltung des Testamentsvollstreckers unterliegenden Nachlassgegenstand zu verfügen, § 2211 Abs. 1 BGB. Der Erbe ist Rechtsinhaber, der Testamentsvollstrecker Partei kraft Amtes,[8] was im Erbschein zu reflektieren ist. Diesem Zweck dient die Regelung in Abs. 2. 2

II. Inhalt des Erbscheins für den Vorerben (Abs. 1)

1. Antragsberechtigung. Nach dem Erbfall und vor Eintritt des Nacherbfalls liegt die **Antragsberechtigung** einzig und allein beim **Vorerben**, bei mehreren Vorerben kann jeder Vorerbe autonom den Erbscheinsantrag stellen,[9] § 352a Abs. 1 S. 2. Nur dem Vorerben kann der Erbschein erteilt werden, nicht auch dem Nacherben.[10] Der **Nacherbe** kann keinen Antrag auf Erteilung eines auf den Vorerben lautenden Erbscheins stellen,[11] da dem Nacherben lediglich ein Anwartschaftsrecht zusteht, noch kein volles Erbrecht, § 2139 BGB. Dem Nacherben fällt die Antragsberechtigung erst mit dem Eintritt des Nacherbfalls zu, → Rn. 6. Nach Eintritt des **Nacherbfalls** kann wiederum der Vorerbe keinen Erbscheinsantrag mehr stellen, lautend auf Erteilung eines Nacherben-Erbscheins. Mit Eintritt des Nacherbfalls hört der Vorerbe auf, Erbe zu sein, § 2139 BGB. Den Antrag kann nur noch der Nacherbe stellen.[12] 3

2. Anordnung der Nacherbfolge (Abs. 1 S. 1). Im Erbschein für den Vorerben[13] ist zunächst die **Tatsache** anzugeben, dass eine **Vor- und Nacherbfolge** angeordnet ist, Abs. 1 S. 1.[14] Ob diese auf eine **explizite** oder **konkludente** Erklärung des Erblassers zurückgeht, macht keinen Unterschied. Bezieht sich die Nacherb- 4

---

3 Zum Vorerben als „Erbe auf Zeit" vgl. auch Bahrenfuss/*Schaal* § 352b Rn. 3.
4 Vgl. *Roth/Hannes/Mielke* Vorerbschaft Vorerbschaft § 1 Rn. 1.
5 OLG Frankfurt/M. ZEV 2019, 173.
6 *Roth/Hannes/Mielke* Vorerbschaft § 1 Rn. 1.
7 Das Anwartschaftsrecht kann nach dem Erbfall bereits gepfändet werden, vgl. *Roth/Hannes/Mielke* Vorerbschaft § 1 Rn. 148.
8 Zur Rechtsstellung des Testamentsvollstreckers vgl. Burandt/Rojahn/*Heckschen* Vor §§ 2197–2228 Rn. 2.
9 Bahrenfuss/*Schaal* § 352b Rn. 6 und 7; für alleiniges Antragsrecht des Vorerben bis zum Eintritt des Nacherbfalls auch *Schäuble* ZEV 2016, 675 (679), sowie Burandt/Rojahn/*Gierl* § 352b Rn. 7.
10 BayObLG FGPrax 2000, 69; BayObLG FamRZ 1991, 1114; Burandt/Rojahn/*Gierl* § 352b Rn. 7.
11 Bahrenfuss/*Schaal* § 352b Rn. 6.
12 Vgl. BayObLG MittBayNot 1990, 122.
13 Muster eines Vorerben- Erbscheins vgl. auch Prütting/Helms/*Fröhler* § 352b Rn. 6.
14 Bereits BayObLG FamRZ1998, 1332.

folge auf den gesamten Nachlass, dürfte es überflüssig sein, dies im Erbschein besonders zu erwähnen.[15] Fehlt der Nacherbenvermerk im Erbschein, ist der Erbschein unrichtig und einzuziehen,[16] § 2361 S. 1 BGB. Kraft Gesetzes kann die Vor- und Nacherbfolge nicht eintreten,[17] das Rechtsinstitut geht vielmehr auf eine letztwillige Verfügung des Erblassers zurück, weshalb im Erbscheinsantrag näher auf den **Inhalt der letztwilligen Verfügung** einzugehen ist.[18] Ggf. geschieht dies unter Auslegung und Interpretation des erblasserischen Willens, soweit Deutungsnotwendigkeit besteht. Dass nur ein Vor- bzw. nur ein Nacherbe bestimmt ist, bringt die Vor- und Nacherbfolge nicht zu Fall, sondern ist **konstruktiv** durch die **Auslegungsregeln** nach §§ 2104, 2105 BGB zu lösen.[19] Ist der Vorerbe nicht benannt, sind Vorerben die gesetzlichen Erben des Erblassers, § 2105 Abs. 1 BGB.[20] Ist der Nacherbe nicht benannt, sind Nacherben die gesetzlichen Erben des Erblassers, § 2104 Abs. 1 BGB.[21] Die Auslegungsregeln stützen die Tatsache, dass eine Vor- und Nacherbfolge anzunehmen ist. Darauf ist im Antrag näher einzugehen. Zur Nacherbenbezeichnung → Rn. 8 („die bei Eintritt der Nacherbfolge vorhandenen gesetzlichen Erben des Erblassers").[22]

5 Die Angabe der Nacherbschaft unterbleibt jedoch im Erbschein, sofern sie **gegenstandslos** geworden ist.[23] Ein Anwendungsfall hierfür ist die **Übertragung des Nacherbenanwartschaftsrechts auf den Vorerben**, ohne dass Nachnacherbschaft angeordnet ist,[24] womit dieser Vollerbe wird.[25] Das Ausscheiden als Nacherbe ist als Verzicht auf das Nacherbenrecht zu verstehen,[26] gerichtet auf Übertragung des Anwartschaftsrechts auf den Vorerben. Ein weiterer Anwendungsfall ist im Tod des Nacherben noch vor dem Vorerbfall zu sehen, ohne dass Ersatznacherben bestimmt sind.

6 **3. Eintritt des Nacherbfalls (Abs. 1 S. 1).** Mit Eintritt des **Nacherbfalls** hört der Vorerbe[27] auf, Erbe zu sein, § 2139 BGB. Die Erbschaft fällt dann dem Nacherben zu, § 2139 BGB. Nach Abs. 1 S. 1 BGB ist zwingend im Erbschein anzugeben, unter welchen **Voraussetzungen** die Nacherbfolge eintritt.[28] Anzugeben ist der bestimmte bzw. bestimmbare Zeitpunkt bzw. das bestimmte bzw. bestimm-

15 Anderer Ansicht offenbar Prütting/Helms/*Fröhler* § 352b Rn. 6, dort gesonderter Vermerk des Inhalts, dass sich die Nacherbfolge auf den gesamten Nachlass bezieht.
16 BayObLG FamRZ 1998, 1332.
17 Vgl. *Roth/Hannes/Mielke* Vorerbschaft § 1 Rn. 25.
18 Ebenso das Muster bei BeckFormB ErbR/*Eckelskemper/Schmitz*, Erbscheinsantrag mit Hilfsantrag; Antrag des Vorerben auf Erteilung eines Erbscheins.
19 *Roth/Hannes/Mielke* Vorerbschaft § 1 Rn. 69 ff.; zur konstruktiven Erbfolge insoweit vgl. auch BayObLG FamRZ 1991, 1114, sowie Burandt/Rojahn/*Gierl* § 352b Rn. 9.
20 *Roth/Hannes/Mielke* Vorerbschaft § 1 Rn. 79 ff.
21 Vgl. MüKoBGB/*Grunsky* § 2100 Rn. 18.
22 BayObLG FamRZ 1991, 1114; ebenso für entsprechende Sammelbezeichnung Bahrenfuss/*Schaal* § 352b Rn. 11.
23 OLG Köln FGPrax 2018, 34 = MittBayNot 2019, 68 = ZEV 2018, 138; vgl. auch OLG Köln BeckRS 1990, 08019; Keidel/*Zimmermann* § 352b Rn. 5.
24 MüKoBGB/*Grunsky* § 2100 Rn. 22.
25 OLG Köln FGPrax 2018, 34 = MittBayNot 2019, 68: Konsolidation, Anwartschaftsrecht geht dann unter. Vgl. auch Burandt/Rojahn/*Gierl* § 352b Rn. 11 und 23.
26 OLG Köln FGPrax 2018, 34 = MittBayNot 2019, 68.
27 Dies kann auch nur ein einzelner Miterbe sein, die Nacherbfolge muss nicht die gesamte Erbschaft erfassen, vgl. auch MüKoBGB/*Grunsky* § 2100 Rn. 19. Vgl. zuletzt BGH MDR 2018, 1322, Anordnung einer Nacherbfolge nur für einen Miterben.
28 Vgl. BayObLG FamRZ 1998, 1332; Bahrenfuss/*Schaal* § 352b Rn. 10.

bare Ereignis.[29] Die Bestimmung des **Zeitpunkts bzw. des Ereignisses**, an dem die **Nacherbfolge eintreten** soll, kann nicht delegiert werden, § 2065 Abs. 1 BGB. Der Erblasser kann die Bestimmung des Zeitpunkts bzw. des Ereignisses, an dem die Nacherbfolge eintreten soll, nicht einem Dritten überlassen.[30] In der Folge bestimmt der Erblasser, zu welchem Zeitpunkt bzw. mit welchem Ereignis der Nacherbfall eintritt. Häufig ist dies die erneute Heirat des Vorerben oder ein bestimmtes Alter, das der Nacherbe erreicht. Auslösendes Moment kann auch eine Ausbildung sein, die der Nacherbe erfolgreich absolviert,[31] oder die Tatsache, dass der Vorerbe nicht anderweitig über die Erbschaft verfügt.[32] Falls der Erblasser einen Nacherben einsetzt, ohne den Eintritt der Nacherbfolge zu regeln, tritt die Nacherbfolge mit dem **Tod des Vorerben** ein, § 2106 Abs. 1 BGB,[33] was im Erbschein Erwähnung finden muss und das Grundbuchamt bei der Eintragung des Nacherbenvermerks bindet.[34]

4. Mehrfache Nacherbfolge, Nachnacherbschaft. Dem Erblasser steht es frei, **mehrfach Nacherbfolge** anzuordnen, eine sog. **Nachnacherbschaft**, eine mehrfach gestufte, gestaffelte,[35] weitere Nacherbfolge,[36] die den ersten Nacherben zum Vorerben des zweiten Nacherbfalls werden lässt.[37] Die Benennung „weiterer Nacherben“ kann im Sinne einer weiteren Nacherbfolge/Nachnacherbschaft ausgelegt werden.[38] Bei Nachnacherbschaft muss der Erblasser die **jeweiligen Zeitpunkte bzw. Ereignisse** bestimmen, die den Nacherb- und Nachnacherbfall auslösen, wiederum unter Beachtung der allgemeinen Auslegungsregeln, §§ 2104–2106 BGB. Um den Nachnacherben ausreichend zu schützen, muss die Nachnacherbschaft bereits im ersten Erbschein Berücksichtigung finden,[39] anderenfalls ist der Erbschein als unrichtig einzuziehen.[40] 7

5. Nacherbe (Abs. 1 S. 1); Anwartschaftsrecht; Ausschluss der Vererblichkeit. Im Erbschein für den Vorerben ist anzugeben, wer **Nacherbe** ist, Abs. 1 S. 1, und zwar mit den üblichen Personalien (Geburtsdatum und Wohnort). Ist der **Nacherbe nicht benannt**, sind Nacherben die gesetzlichen Erben des Erblassers, § 2104 Abs. 1 BGB.[41] Dass die gesetzliche Auslegungs- bzw. Ergänzungsregelung[42] nach § 2104 BGB zur Anwendung gelangt, ist im Antrag näher darzulegen und im Erbschein besonders zu berücksichtigen.[43] Die im Zeitpunkt 8

29 Zur Bestimmbarkeit vgl. Bahrenfuss/*Schaal* § 352b Rn. 10.
30 *Roth/Hannes/Mielke* Vorerbschaft § 1 Rn. 27.
31 MüKoBGB/*Grunsky* § 2100 Rn. 15.
32 MüKoBGB/*Grunsky* § 2100 Rn. 16.
33 Vgl. hierzu auch BayObLG FamRZ 1998, 1332; OLG Frankfurt FamRZ 2004, 486.
34 Vgl. OLG Frankfurt FamRZ 2004, 486; BayObLG Rpfleger 1997, 156. Die Verantwortlichkeit dafür, dass die Auslegungsregel greift, liegt beim Nachlassgericht, das den Erbschein erteilt hat, nicht beim Grundbuchamt.
35 *Roth/Hannes/Mielke* Vorerbschaft § 16 Rn. 2.
36 Zur Nachnacherbschaft vgl. bereits BayObLG MittBayNot 1990, 122. Zur gestaffelten, mehrfachen Nacherbfolge vgl. OLG Hamm FGPrax 2015, 223 = ErbR 2015, 450; Keidel/*Zimmermann* § 352b Rn. 16; Burandt/Rojahn/*Gierl* § 352b Rn. 9.
37 MüKoBGB/*Grunsky* § 2100 Rn. 17 und 22.
38 BayObLG MittBayNot 1990, 122. Das Wort „Nachnacherbschaft“ bezeichnete das BayObLG in seiner Entscheidung als „jedenfalls unter bayerischen Notaren nicht gebräuchlich“; diese Auffassung kann nicht mehr geteilt werden.
39 MüKoBGB/*Grunsky* § 2100 Rn. 17.
40 Fehlt ein Nacherbenvermerk, ist der Erbschein als unrichtig einzuziehen, vgl. bereits BayObLG FamRZ1998, 1332. Ebenso BayObLG MittBayNot 1990, 122.
41 MüKoBGB/*Grunsky* § 2100 Rn. 18; *Roth/Hannes/Mielke* Vorerbschaft § 1 Rn. 71.
42 BayObLG FamRZ 1991, 1114.
43 BayObLG FamRZ 1991, 1114.

der Erbscheinserteilung namentlich noch nicht feststehenden Nacherben sind mit der Formulierung „die bei Eintritt der Nacherbfolge vorhandenen gesetzlichen Erben des Erblassers" zu bezeichnen.[44] Erst mit Eintritt des Nacherbfalls steht namentlich fest, wer Nacherbe geworden ist.[45]

9 Das **Nachlassgericht** trifft die Verpflichtung, die Nacherben von Amts wegen zu ermitteln, § 26,[46] um diese exakt im Erbschein zu bezeichnen.[47] Anzugeben sind **alle Nacherben, Ersatznacherben und Nachnacherben** (→ Rn. 7),[48] allerdings ohne Erbquoten,[49] die dem späteren Erbschein für den Nacherben vorbehalten bleiben.[50] Ob sich die Ersatznacherb- bzw. Nachnacherbschaft aus einer ausdrücklichen bzw. ausgelegten Verfügung von Todes wegen ergibt, spielt keine Rolle, beide Konstellationen sind im Erbschein anzugeben.[51]

10 Über das **Anwartschaftsrecht** kann der Nacherbe schon vor dem Nacherbfall verfügen,[52] auch das Anwartschaftsrecht auf den **Vorerben** übertragen, ohne dass Ersatznacherbschaft angeordnet ist,[53] so dass dieser Vollerbe wird[54] (→ Rn. 5, dort auch zum Verzicht auf das Nacherbenrecht). In einer solchen Konstellation kann kein Erbschein mehr für den Vorerben, sondern nur noch ein Erbschein für den Vollerben ausgestellt werden, ohne Nacherbenvermerk,[55] ohne Beschränkungen.[56] Ein anderslautender Erbschein wäre unrichtig und müsste von Amts wegen eingezogen werden, § 2361 BGB.[57] Etwas anderes gilt für die **Übertragung des Anwartschaftsrechts** auf einen **Dritten**, die keine Berücksichtigung im Erbschein findet.[58]

11 **Verstirbt der Nacherbe** nach dem Erbfall und vor dem Nacherbfall, wird der Erbschein unrichtig und ist von Amts wegen einzuziehen.[59]

12 Den Regelfall bildet die Vererblichkeit des Nacherbenrechts, vgl. § 2108 Abs. 2 S. 1 BGB,[60] die Ausnahme der **Ausschluss der Vererblichkeit**, was die Begründung dafür liefert, warum nur der Ausschluss im Erbschein anzugeben ist, also

---

44 BayObLG FamRZ 1991, 1114; für entsprechende Sammelbezeichnung auch Bahrenfuss/*Schaal* § 352b Rn. 11, sowie Burandt/Rojahn/*Gierl* § 352b Rn. 12.
45 BayObLG FamRZ 1991, 1114.
46 Ebenso Keidel/*Zimmermann* § 352b Rn. 10.
47 Bahrenfuss/*Schaal* § 352b Rn. 11.
48 Zur Bezeichnung der Ersatznacherben vgl. auch Prütting/Helms/*Fröhler* § 352b Rn. 5. Zur Bezeichnung der Nachnacherben s. Burandt/Rojahn/*Gierl* § 352b Rn. 9.
49 Prütting/Helms/*Fröhler* § 352b Rn. 4.
50 Burandt/Rojahn/*Gierl* § 352b Rn. 12.
51 Vgl. *Roth/Hannes/Mielke* Vorerbschaft § 1 Rn. 61.
52 OLG Köln FGPrax 2018, 34 = MittBayNot 2019, 68; MüKoBGB/*Grunsky* § 2100 Rn. 34; OLG Köln Beschl. v. 22.11.2017 – 2 W 219/17.
53 MüKoBGB/*Grunsky* § 2100 Rn. 35.
54 OLG Köln FGPrax 2018, 34 = MittBayNot 2019, 68: Konsolidation, Anwartschaftsrecht geht dann unter; vgl. auch MüKoBGB/*Grunsky* § 2100 Rn. 35; OLG Köln Beschl. v. 22.11.2017 – 2 W 219/17.
55 OLG Köln FGPrax 2018, 34 = MittBayNot 2019, 68; *Roth/Hannes/Mielke* Vorerbschaft § 11 Rn. 31; OLG Köln Beschl. v. 22.11.2017 – 2 W 219/17.
56 OLG Köln MittRhNotK 1990, 223; OLG Köln Beschl. v. 22.11.2017 – 2 W 219/17; LG Berlin DNotZ 1976, 569.
57 Vgl. *Roth/Hannes/Mielke* Vorerbschaft § 11 Rn. 31.
58 *Roth/Hannes/Mielke* Vorerbschaft § 11 Rn. 32; Burandt/Rojahn/*Gierl* § 352b Rn. 22.
59 Vgl. OLG Köln FGPrax 2018, 34 = MittBayNot 2019, 68. Ebenso bereits BayObLG FamRZ 1999, 816.
60 Vgl. *Roth/Hannes/Mielke* Vorerbschaft § 11 Rn. 3.

nur die Nichtvererblichkeit des Nacherbenrechts.[61] Ohne einen solchen Vermerk bringt der Erbschein die Vererblichkeit des Nacherbenrechts zum Ausdruck.[62] Die Vererblichkeit des Nacherbenrechts unterliegt der Dispositionsbefugnis des Erblassers,[63] sie kann sogar gänzlich ausgeschlossen werden[64]

6. Einsetzung auf den Rest- Befreiung des Vorerben (Abs. 1 S. 2). Eine Einsetzung des Nacherben auf dasjenige, was von der Erbschaft bei Eintritt des Nacherbfalls übrig ist, gilt als **Befreiung** von den Beschränkungen und Verpflichtungen der §§ 2113 ff., vgl. § 2137 Abs. 1 BGB.[65] 13

Befreiungen von den Verpflichtungen und Beschränkungen nach den §§ 2113 ff. BGB, die der Erblasser[66] dem Vorerben einräumt, müssen im Erbschein für den **Vorerben** Erwähnung finden, da damit eine erhebliche Erweiterung der Verfügungsbefugnis des Vorerben einhergeht.[67] Dies gilt auch für eine Befreiung, die sich nur auf einzelne Nachlassgegenstände bezieht.[68] Im Erbschein des Vorerben ist der Umfang der Verfügungsbefugnis des Vorerben exakt abzubilden, um dem Rechtsverkehr die Rechtslage umfassend zu schildern und den Nacherben zu schützen.[69] Ohne Befreiungsvermerk weist der Erbschein den Regelfall der nicht befreiten Vorerbschaft aus. 14

Dem Erblasser steht es frei, die **Befreiung** des Vorerben auch unter eine **Befristung** oder **Bedingung** zu stellen,[70] was Ausdruck im Erbschein finden muss, anderenfalls der Erbschein als unrichtig einzuziehen ist.[71] Die Praxis kennt eine aufschiebend bedingte Befreiung für den Fall der Not des Vorerben oder für den Fall, dass ein Abkömmling den Pflichtteil verlangt.[72] 15

7. Vorausvermächtnis für den alleinigen Vorerben; Vorausvermächtnis nur für einen der Vorerben. Mit der Anordnung eines **Vorausvermächtnisses zugunsten des alleinigen Vorerben** schränkt der Erblasser die Nacherbschaft erheblich ein, § 2110 Abs. 2 BGB.[73] Konsequenz ist, dass sich das Nacherbenrecht nicht auf den gesamten Nachlass bezieht,[74] was Eingang in den Vorerben-Erbschein finden muss.[75] Dies gilt umso mehr, als einem solchen Vorausvermächtnis unmit- 16

61 Prütting/Helms/*Fröhler* § 352b Rn. 4; Keidel/*Zimmermann* § 352b Rn. 14; aA Bahrenfuss/*Schaal* § 352b Rn. 15: im Erbschein des Vorerben sei stets anzugeben, ob das Nacherbenanwartschaftsrecht vererblich sei.
62 Vgl. Keidel/*Zimmermann* § 352b Rn. 14.
63 *Roth/Hannes/Mielke* Vorerbschaft § 11 Rn. 4.
64 *Roth/Hannes/Mielke* Vorerbschaft § 11 Rn. 38.
65 Vgl. Prütting/Helms/*Fröhler* § 352b Rn. 16; Keidel/*Zimmermann* § 352b Rn. 12.
66 Beispiel: „Der Vorerbe ist von allen gesetzlichen Beschränkungen und Verpflichtungen befreit, soweit dies möglich und zulässig ist.“, vgl. *Roth/Hannes/Mielke* Vorerbschaft § 14 Rn. 14.
67 Vgl. Bahrenfuss/*Schaal* § 352b Rn. 17.
68 *Roth/Hannes/Mielke* Vorerbschaft § 14 Rn. 15.
69 OLG Schleswig ErbR 2015, 154 (155).
70 OLG Schleswig ErbR 2015, 154.
71 OLG Schleswig ErbR 2015, 154 (155).
72 Vgl. OLG Schleswig ErbR 2015, 154.
73 Recht des Nacherben erstreckt sich nicht auf ein Vorerben-Vorausvermächtnis.
74 Vgl. auch OLG München FuR 2015, 63 (64); zum Vorausvermächtnis im Wege der Auslegung vgl. auch OLG Düsseldorf ZEV 2017, 733 = Rpfleger 2018, 86.
75 *Schäuble* ZEV 2016, 675 (679); Keidel/*Zimmermann* § 352b Rn. 17; *Roth/Hannes/Mielke* Vorerbschaft § 14 Rn. 28; ebenso wohl auch Bahrenfuss/*Schaal* § 352b Rn. 18.

telbar dingliche Wirkungen zukommen.[76] Das Eigentum geht sofort und unbeschränkt auf den alleinigen Vorerben über.[77] Mit zusätzlichen Berechnungen und Vergleichsberechnungen, die das Verhältnis von Vorausvermächtnis und Gesamtnachlass reflektieren, ist dies jedoch nicht verbunden,[78] vielmehr reicht der bloße **Einschränkungsvermerk** aus, positiv oder negativ formuliert[79] („das Recht des Nacherben erstreckt sich nur auf das Anwesen Marienplatz 1, München 1 [Grundbuch München I Blatt...]" oder „das Nacherbenrecht bezieht sich nicht auf das Anwesen Marienplatz 1 [Grundbuch München I Blatt...][80]"). Weist der Vorerben-Erbschein ein solches Vorausvermächtnis nicht aus, ist der Erbschein als **unrichtig** einzuziehen,[81] § 2361 S. 1 BGB. Zulässig ist auch ein sog. **Universalvorausvermächtnis** zugunsten des Vorerben,[82] womit der Erblasser dem Vorerben den gesamten Nachlass mit Ausnahme bestimmter Nachlassgegenstände zukommen lässt. Auch insoweit erstreckt sich das Nacherbenrecht nicht auf die Gegenstände des Vorausvermächtnisses. Für den Erbschein wird die negative Formulierung empfohlen,[83] wonach das gesamte Vermögen mit Ausnahme bestimmter Nachlassgegenstände von der Nacherbfolge ausgenommen ist.

17 Bei **mehreren Vorerben**, wovon nur einem ein Vorausvermächtnis zugewandt wurde, tritt der Eigentumserwerb nicht unmittelbar ein,[84] sondern erst mit Erfüllung. Dennoch ist auch ein solches Vermächtnis auch im **Erbschein zu vermerken**, da der Vermächtnisgegenstand der Nacherbfolge nicht unterliegt.[85]

18 **8. Gerichtskosten.** Für das **Verfahren** über den Antrag auf Erteilung eines Erbscheins fällt eine **volle Gebühr** an, KV 12210 GNotKG, Tabelle B.[86] Die Verfahrensgebühr deckt alle Tätigkeiten des Nachlassgerichts ab,[87] etwa die Erbenermittlung, die Protokollierung des Antrags, die Beziehung weiterer Akten, die Benachrichtigung der Beteiligten, den Feststellungsbeschluss sowie die Erteilung des Erbscheins. Ob nur ein **Antrag** oder **mehrere gleichlautende Anträge** vorliegen, wirkt sich nicht aus. Anzusetzen ist nur eine Verfahrensgebühr, § 55 Abs. 1 GNotKG.[88] Anders verhält es sich bei **gegensätzlichen Anträgen**, die mit einer Verfahrensgebühr nach der KV Nr. 12210 GNotKG und einer halben Zurückweisungsgebühr nach der KV Nr. 12212 GNotKG zu Buche schlagen.[89]

---

76 Burandt/Rojahn/*Lang* § 2110 Rn. 7; *Kollmeyer* ZEV 2019, 125 vgl. auch *Schäuble* ZEV 2016, 675; Keidel/*Zimmermann* § 352b Rn. 17. Zu Vindikationslegaten und der Berücksichtigung im Erbschein vgl. auch *Wilsch* ZfIR 2018, 595 (dort auch zum Einstweiligen Rechtsschutz, falls das Vindikationslegat keine Berücksichtigung im Erbschein findet).

77 Prütting/Helms/*Fröhler* § 352b Rn. 7 und 20; *Schäuble* ZEV 2016, 675.

78 OLG München FuR 2015, 63; ebenso *Schäuble* ZEV 2016, 675 (679).

79 OLG München FuR 2015, 63 (64); vgl. auch *Fröhler* BWNotZ 2005, 16; *Schäuble* ZEV 2016, 675 (679), positive oder negative Formulierung des Vorausvermächtnisses. Vgl. auch *Roth/Hannes/Mielke* Vorerbschaft § 14 Rn. 28. Im Falle des Universalvorausvermächtnisses zugunsten des Vorerben wird die negative Formulierung empfohlen, vgl. *Kollmeyer* ZEV 2019, 125 (126).

80 Vgl. Prütting/Helms/*Fröhler* § 352b Rn. 8 und Muster Rn. 24; *Schäuble* ZEV 2016, 675 (679).

81 OLG München FuR 2015, 63 (64).

82 Vgl. *Kollmeyer* ZEV 2019, 125 (126).

83 *Kollmeyer* ZEV 2019, 125 (126).

84 Vgl. *Schäuble* ZEV 2016, 675 (676).

85 *Schäuble* ZEV 2016, 675 (677).

86 *Wilsch* FGPrax 2013, 47 (50).

87 NK-NachfolgeR/*Wilsch* Kap. 25 Rn. 103.

88 NK-NachfolgeR/*Wilsch* Kap. 25 Rn. 103.

89 OLG München BeckRS 2017, 117276.

Für das Verfahren zur Abnahme der **eidesstattlichen Versicherung** ist eine volle Gebühr zu erheben,[90] KV Nr. 23300 GNotKG, Tabelle B.[91] Dass die Gebühr mit dem Antrag auf Erbscheinserteilung bereits abgegolten sei, trifft nicht zu. Eine entsprechende Abgeltungsvorschrift ist im Gerichtskostenrecht nicht enthalten. 19

Geschäftswert ist der um die Erblasserschulden reduzierte Nachlasswert im Zeitpunkt des Erbfalls, § 40 Abs. 1 S. 1 Nr. 2 GNotKG. Erbfallschulden werden nicht abgezogen.[92] 20

Kostenschuldner ist der Antragsteller, § 22 Abs. 1 GNotKG, hier der Vorerbe. 21

III. Exkurs: Erbschein für den Nacherben

1. Notwendigkeit eines Erbscheins für den Nacherben. Nicht selten wird im Grundbuchberichtigungsverfahren die **Notwendigkeit eines Erbscheins** für den **Nacherben** angezweifelt. Die Erbfolge ergebe sich doch bereits aus dem Verbund, bestehend aus dem *Erbschein für den Vorerben* und dem *Nacherbenvermerk*, dort seien doch bereits die Nacherben bezeichnet. Dass der Nacherbfall mit dem Tod des Vorerben eingetreten sei, könne durch Vorlage einer Sterbeurkunde nachgewiesen werden.[93] Dieser Auffassung kann nicht gefolgt werden, weil der auf den Vorerben ausgestellte Erbschein nur diesen als Erben ausweist, nicht auch den Nacherben.[94] Vor Eintritt des Nacherbfalls kann überhaupt nicht bezeugt werden, wer Nacherbe geworden ist.[95] Die Angaben im Erbschein auf den Vorerben, die sich auf den Nacherben beziehen, weisen nicht das Nacherbenrecht aus, sondern zeigen lediglich die Verfügungsbeschränkungen auf, denen der Vorerbe unterliegt.[96] Der Nacherbenvermerk bescheinigt nicht das Nacherbenrecht, sondern eine Verfügungsbeschränkung.[97] Trotz Nacherbenvermerks ist damit nicht offenkundig, wer Nacherbe geworden ist.[98] Mit Eintritt des Nacherbfalls muss überdies der auf den Vorerben lautende Erbschein eingezogen werden,[99] § 2361 S. 1 BGB,[100] womit er als Nachweis in Wegfall gerät.[101] 22

2. Antragsberechtigung. Nach dem Eintritt des Nacherbfalls liegt die **Antragsberechtigung** einzig und allein beim **Nacherben**, bei mehreren Nacherben kann jeder Nacherbe autonom den Erbscheinsantrag stellen,[102] § 352a Abs. 1 S. 2.[103] Der Vorerbe ist nicht antragsberechtigt, da er mit Eintritt des Nacherbfalls sei- 23

---

90 NK-NachfolgeR/*Wilsch* Kap. 25 Rn. 97.
91 *Wilsch* FGPrax 2013, 47 (50).
92 NK-NachfolgeR/*Wilsch* Kap. 25 Rn. 108; *Wilsch* FGPrax 2013, 47 (50).
93 So auch die Ausgangslage des BGH- Beschlusses vom 26.5.1982, V ZB 8/81 = DNotZ 1983, 315 = NJW 1982, 2499.
94 BGH DNotZ 1983, 315 = NJW 1982, 2499; OLG Zweibrücken RNotZ 2011, 113; ebenso bereits BayObLG FamRZ 2004, 1407.
95 BGH DNotZ 1983, 315 = NJW 1982, 2499; OLG Zweibrücken RNotZ 2011, 113.
96 BGH DNotZ 1983, 315 = NJW 1982, 2499; OLG Zweibrücken RNotZ 2011, 113.
97 BayObLG FGPrax 2000, 69.
98 BGH DNotZ 1983, 315 = NJW 1982, 2499.
99 Vgl. BayObLG FGPrax 2000, 69; ebenso Keidel/*Zimmermann* § 352b Rn. 21.
100 Prütting/Helms/*Fröhler* § 352b Rn. 10; *Roth/Hannes/Mielke* Vorerbschaft § 9 Rn. 1.
101 Die Verfügungsbeschränkung des Vorerben entfällt, vgl. BayObLG FGPrax 2000, 69.
102 *Schäuble* ZEV 2016, 675 (679).
103 Vor Eintritt des Nacherbfalls kann der Nacherbe noch keinen Erbscheinsantrag stellen, vgl. BayObLG FamRZ 1991, 1114.

ne Erbenstellung verloren hat.[104] Die Antragsberechtigung ist dem Nacherben zugefallen, und zwar auch bereits vor der Einziehung bzw. Kraftloserklärung des Erbscheins für den Vorerben.[105] In der Folge kann der Vorerbe nach Eintritt des Nacherbfalls keinen Erbscheinsantrag stellen,[106] lautend auf Erteilung eines Nacherben- Erbscheins. Umgekehrt kann der Nacherbe vor Eintritt des Nacherbfalls auch nicht den Antrag auf Erteilung des Erbscheins für den Vorerben beantragen,[107] mangels Erbenstellung.

24 **3. Tag, an dem die Nacherbfolge eingetreten ist; Angaben zum Vorerben.** Der Erbschein, der dem Nacherben erteilt wird, muss eine Aussage darüber treffen, zu welchem Zeitpunkt die Nacherbfolge eingetreten ist. Angegeben werden muss der Tag, an dem die Nacherbfolge eingetreten ist,[108] beispielsweise mit der Formulierung, dass der Nacherbfall mit dem Tod des Vorerben am … eingetreten und der Erblasser nunmehr von … (namentliche Nennung der Nacherben) beerbt worden ist. Eine namentliche Nennung des Vorerben ist dabei nicht erforderlich.[109]

25 **4. Vorausvermächtnis für den Vorerben auch im Nacherben-Erbschein.** Der Eintritt des Nacherbfalls bedeutet zwar, dass der Vorerbe aufhört, Erbe zu sein und die Erbschaft dem Nacherben anfällt, § 2139 BGB. Dies impliziert aber nicht, auf die Darstellung eines **Vorausvermächtnisses** zu verzichten, das dem **Vorerben** eingeräumt ist.[110] Richtigerweise muss ein Vorerben-Vorausvermächtnis auch noch Berücksichtigung im **Nacherben-Erbschein** finden,[111] anderenfalls findet die materiellrechtliche Lage eine unzutreffende Darstellung.[112] Zusätzliche Berechnungen und Vergleichsüberlegungen, angestellt im Verhältnis von Vorausvermächtnis zum Gesamtnachlass, werden dabei nicht erforderlich.[113] Der bloße Einschränkungsvermerk reicht aus, wobei es dem Nachlassgericht freisteht, den Vermerk positiv oder negativ zu formulieren:[114] „das Recht des Nacherben erstreckt sich nur auf das Anwesen Marienplatz 1, München 1 (Grundbuch München I Blatt …)" Im Falle des **Universalvorausvermächtnisses** zugunsten des Vorerben wird die negative Formulierung empfohlen.[115] Weist der Nacherben-Erbschein ein Vorerben-Vorausvermächtnis nicht aus, ist der Erbschein unrichtig und einzuziehen,[116] § 2361 S. 1 BGB.

26 **5. Gerichtskosten.** Auch für das **Verfahren** über den Antrag auf Erteilung eines **Erbscheins für den Nacherben** fällt eine volle **Verfahrensgebühr** an, KV Nr. 12210 GNotKG, Tabelle B.[117] Dass für das Verfahren auf Erteilung eines Vorerben-Erbschein und für das Verfahren auf Erteilung eines Nacherben-Erbscheins verschiedene Verfahrensgebühren anfallen, lässt sich mit der Konzeption der Vor- und Nacherbfolge begründen, § 2100 BGB. Der Erblasser wird

104 Bahrenfuss/*Schaal* § 352b Rn. 19.
105 Ebenso *Roth/Hannes/Mielke* Vorerbschaft § 9 Rn. 5.
106 Bahrenfuss/*Schaal* § 352b Rn. 8.
107 Bahrenfuss/*Schaal* § 352b Rn. 6; Keidel/*Zimmermann* § 352b Rn. 3.
108 BayObLG MittBayNot 1990, 122; BayObLGZ 1965, 77 (86).
109 Burandt/Rojahn/*Gierl* § 352b Rn. 19.
110 OLG München FuR 2015, 63.
111 OLG München FuR 2015, 63; ebenso *Schäuble* ZEV 2016, 675 (679); Burandt/Rojahn/*Gierl* § 352b Rn. 19.
112 *Schäuble* ZEV 2016, 675 (679).
113 OLG München FuR 2015, 63.
114 OLG München FuR 2015, 63 (64); *Fröhler* BWNotZ 2005, 16; Burandt/Rojahn/*Gierl* § 352b Rn. 19.
115 *Kollmeyer* ZEV 2019, 125 (126).
116 OLG München FuR 2015, 63 (64).
117 *Wilsch* FGPrax 2013, 47 (50).

mehrfach beerbt, zunächst durch den Vorerben, dann durch den Nacherben.[118] Mit dem Eintritt des **Nacherbfalls** hört der Vorerbe auf, Erbe zu sein, § 2139 BGB. Verschiedene Erbfälle generieren verschiedene Verfahren,[119] die mit verschiedenen Verfahrensgebühren zu Buche schlagen. Die Verfahrensgebühr deckt alle Tätigkeiten ab, die das Nachlassgericht erbringt,[120] und zwar unabhängig davon, ob ein Antrag oder mehrere gleichlautende Anträge der Nacherben vorliegen, § 55 Abs. 1 GNotKG.[121] Anders verhält es sich bei **gegensätzlichen Anträgen von Nacherben,** die zum einen eine Verfahrensgebühr nach KV Nr. 12210 GNotKG und zum anderen eine halbe Zurückweisungsgebühr nach KV Nr. 12212 GNotKG auslösen.[122]

Hinzu kommt die **0,5 Verfahrensgebühr** nach KV Nr. 12215 Nr. 1 GNotKG, Tabelle B, höchstens 400 EUR, für die **Einziehung** oder **Kraftloserklärung** des Erbscheins für den Vorerben, der mit Eintritt des Nacherbfalls unrichtig geworden ist. Der **Geschäftswert** ist nach dem **Zeitpunkt des Nacherbfalls** zu bemessen, nicht nach dem Zeitpunkt des Erbfalls.[123] Dennoch greift die Nachlasspraxis nicht selten zum Wert zum Zeitpunkt des Erbfalls, weshalb die Empfehlung dahin geht, in einer entsprechenden Konstellation eine obergerichtliche Klärung herbeizuführen. Da der Nacherbe Gesamtrechtsnachfolger des Erblassers ist, kann nur auf den Zeitpunkt abgestellt werden, zu dem der Nacherbe den Nachlass erhält, auf den Zeitpunkt des Eintritts der Nacherbfolge, § 2100 BGB. Dies entspricht auch dem wirtschaftlichen Wert, den der Nacherbe in Händen hält. Durch die Erteilung eines Erbscheins für den Nacherben kann die Einziehungs- bzw. Kraftloserklärungsgebühr nicht in Wegfall geraten, vielmehr liegt ein eigenständiger Kostenrechtszug vor, § 55 Abs. 1 GNotKG.[124] 27

Für das Verfahren zur Abnahme der **eidesstattlichen Versicherung** ist eine volle Gebühr zu erheben,[125] KV Nr. 23300 GNotKG, Tabelle B.[126] Abgegolten mit dem Antrag auf Erbscheinserteilung ist diese Gebühr nicht, eine entsprechende Abgeltungsvorschrift ist im Gerichtskostenrecht nicht enthalten. 28

Eine weitere **Festgebühr** iHv 15 EUR setzt das Nachlassgericht für die **Entgegennahme** der Anzeige des Vor- oder Nacherben über den Eintritt der Nacherbfolge an, § 2146 Abs. 1 S. 1 BGB iVm KV Nr. 12410 Nr. 3 GNotKG.[127] 29

Geschäftswert ist nicht der Nachlasswert im Zeitpunkt des Erbfalls, sondern der Nachlasswert im **Zeitpunkt des Nacherbfalls,** § 40 Abs. 1 S. 1 Nr. 2 GNotKG.[128] Erbfallschulden werden nicht abgezogen,[129] in Abzug kommen lediglich Erblasserschulden. 30

Kostenschuldner ist der Antragsteller, § 22 Abs. 1 GNotKG, hier der **Nacherbe.** Im Falle der **Entgegennahme** einer Anzeige des Vor- oder Nacherben über den 31

118 *Roth/Hannes/Mielke* Vorerbschaft § 1 Rn. 1.
119 Mit der Nacherbfolge wird ein neues Erbscheinsverfahren in Gang gesetzt, vgl. Korintenberg/*Wilsch* KV 12210–12212 GNotKG Rn. 19a.
120 NK-NachfolgeR/*Wilsch* Kap. 25 Rn. 103.
121 Auch bei mehreren gleich lautenden Anträgen fällt nur eine Verfahrensgebühr an, vgl. NK-NachfolgeR/*Wilsch* Kap. 25 Rn. 103.
122 OLG München BeckRS 2017, 117276.
123 Korintenberg/*Wilsch* KV 12215 GNotKG Rn. 14 und 22; *Kroiß* ZEV 2013, 413 (416).
124 Korintenberg/*Wilsch* KV 12215 GNotKG Rn. 19.
125 NK-NachfolgeR/*Wilsch* Kap. 25 Rn. 97.
126 *Wilsch* FGPrax 2013, 47 (50).
127 Vgl. auch Korintenberg/*Wilsch* Nr. 12410–12412 Rn. 5.
128 Korintenberg/*Wilsch* KV 12210–12212 GNotKG Rn. 19a; Korintenberg/*Sikora* § 40 Rn. 31.
129 NK-NachfolgeR/*Wilsch* Kap. 25 Rn. 108; *Wilsch* FGPrax 2013, 47 (50).

Eintritt der Nacherbfolge haftet als Kostenschuldner derjenige, der die Erklärung abgegeben hat, § 23 Nr. 4 lit. b GNotKG.[130]

IV. Testamentsvollstreckung im Erbschein (Abs. 2)

32 **1. Anordnung der Testamentsvollstreckung.** Mit Verfügung von Todes wegen kann der Erblasser einen Testamentsvollstrecker ernennen, um über das künftige Schicksal des Nachlasses in bestimmter Weise zu bestimmen, §§ 2197, 2203 BGB. Die Bestimmung der Person des Testamentsvollstreckers kann sogar einem Dritten oder dem Nachlassgericht überlassen werden, §§ 2198, 2200 BGB. Dem Erben wird die Verfügungsbefugnis über die Nachlassgegenstände, die der Testamentsvollstreckung unterliegen, entzogen, § 2211 Abs. 1 BGB, was für den Rechtsverkehr zu dokumentieren ist.

33 **2. Testamentsvollstreckung im Erbschein.** Im Erbschein anzugeben ist die **Tatsache der Testamentsvollstreckung**, nicht die Person des Testamentsvollstreckers, vgl. Abs. 2.[131] Der Vermerk im Erbschein lautet: „Testamentsvollstreckung ist angeordnet“.[132] Wer Testamentsvollstrecker mit welchen Befugnissen ist, bleibt der Darstellung in einem Testamentsvollstreckerzeugnis vorbehalten.[133] Aufnahme findet die Testamentsvollstreckung nach deutschem oder ausländischem Recht, sofern sie der deutschen Testamentsvollstreckung entspricht.[134]

34 Für den Rechtsverkehr ist lediglich eine **noch existente Testamentsvollstreckung** von Bedeutung, eine Verfügungsentziehung, die den Erben trifft und die Verfügungsbefugnis beim Testamentsvollstrecker ansiedelt. Eine zum **Zeitpunkt der Erbscheinserteilung**[135] nicht mehr bestehende Testamentsvollstreckung kann keine Berücksichtigung mehr im Erbschein finden.[136] Eine dennoch verlautbarte Testamentsvollstreckung führt zur Unrichtigkeit und zur Einziehung des Erbscheins, § 2361 S. 1 BGB. In dieselbe Richtung zielt die Freigabe von Gegenständen durch den Testamentsvollstrecker, die im Erbschein darzustellen ist, sofern sie bei Erteilung des Erbscheins bereits wirksam geworden ist.[137]

35 Erwähnung finden müssen **Beschränkungen, die die Befugnisse des Testamentsvollstreckers tangieren**, etwa eine Testamentsvollstreckung, die sich nur auf bestimmte Nachlassgegenstände bezieht, oder eine Testamentsvollstreckung, der bestimmte Nachlassgegenstände nicht unterliegen.

36 Berücksichtigung finden müssen überdies **Erweiterungen**, die die Befugnisse des Testamentsvollstreckers betreffen. Ob hierzu auch die **Befreiung von den Beschränkungen des § 181 BGB** zählt, wird obergerichtlich unterschiedlich beantwortet.[138] Für die Aufnahme spricht die Bedeutung, die einer Befreiung im Rechtsverkehr zukommt, etwa gegenüber dem Grundbuchamt oder dem Registergericht.

---

130 Korintenberg/*Wilsch* KV 12410–12412 GNotKG Rn. 5.
131 Prütting/Helms/*Fröhler* § 352b Rn. 28; Bahrenfuss/*Schaal* § 352b Rn. 26; Keidel/*Zimmermann* § 352b Rn. 38; Burandt/Rojahn/*Gierl* § 352b Rn. 5 und 28.
132 Ebenso Keidel/*Zimmermann* § 352b Rn. 24.
133 Vgl. auch Bahrenfuss/*Schaal* § 352b Rn. 21; Keidel/*Zimmermann* § 352b Rn. 38.
134 Bahrenfuss/*Schaal* § 352b Rn. 24.
135 Dies ist der maßgebliche Zeitpunkt, nicht dagegen der Erbfall.
136 Ebenso Bahrenfuss/*Schaal* § 352b Rn. 25.
137 Bahrenfuss/*Schaal* § 352b Rn. 27.
138 Für eine Aufnahme einer Befreiung nach § 181 BGB im TV-Zeugnis zuletzt: OLG Hamburg 5.12.2018 – 2 W 95/18; dagegen OLG München 16.11.2017 – 34 Wx 266/17.

§ 352c Gegenständlich beschränkter Erbschein

(1) Gehören zu einer Erbschaft auch Gegenstände, die sich im Ausland befinden, kann der Antrag auf Erteilung eines Erbscheins auf die im Inland befindlichen Gegenstände beschränkt werden.

(2) [1]Ein Gegenstand, für den von einer deutschen Behörde ein zur Eintragung des Berechtigten bestimmtes Buch oder Register geführt wird, gilt als im Inland befindlich. [2]Ein Anspruch gilt als im Inland befindlich, wenn für die Klage ein deutsches Gericht zuständig ist.

Literatur:

Boeckh, Der Erbschein – Erteilung, Einziehung und Beschwerde nach der FG-Reform, NJ 2011, 187; *Heinemann*, Die Reform der freiwilligen Gerichtsbarkeit durch das FamFG und ihre Auswirkungen auf die notarielle Praxis, DNotZ 2009, 6; *Holzer*, Das Erbscheinsverfahren nach dem FamFG, ZNotP 2015, 258; *Wittkowski*, Die Beantragung und Erteilung von Erbscheinen in Erbfällen mit Auslandsberührung nach dem FamFG, RNotZ 2010, 102; *Zimmermann*, Die Nachlasssachen in der FGG-Reform, FGPrax 2006, 189; *Zimmermann*, Das Erbscheinsverfahren im FamFG, JuS 2009, 817.

I. Allgemeines

Verfahrensbeschleunigung und **Kostenersparnis** standen stets im Zentrum der Überlegungen, die zur Beantragung eines gegenständlich beschränkten Erbscheins führten,[1] der die regulären Publizitätswirkungen nach §§ 2365, 2366 BGB für sich reklamieren kann.[2] Die Vorteile eines gegenständlich beschränkten Erbscheins liegen in der **Loskoppelung** von Rechtsstreitigkeiten, anhängig über ausländisches Nachlassvermögen, sowie im **kostenrechtlichen** Beschränkungsgleichlauf, enthalten in § 40 Abs. 3 GNotKG. Angestellt werden konnten diese Überlegungen nur unter der Prämisse einer internationalen Zuständigkeit deutscher Nachlassgerichte auch für den Fall, dass der Erblasser seinen gewöhnlichen Aufenthalt nicht in Deutschland, sondern im Ausland hatte,[3] §§ 105, 343. Zwischenzeitlich liegt jedoch abweichende Rechtsprechung des 1

1 *Wittkowski* RNotZ 2010, 102 (112, 113); MüKoFamFG/*Grziwotz* § 352c Rn. 2; Prütting/Helms/*Fröhler* § 352c Rn. 3; vgl. im Übrigen *Holzer* ZNotP 2015, 258 (260, 261).

2 MüKoFamFG/*Grziwotz* § 352c Rn. 22; zu früheren Plänen, den gegenständlich beschränkten Erbschein abzuschaffen, vgl. *Zimmermann* FGPrax 2006, 189 (191).

3 Vgl. Bahrenfuss/*Schaal* § 352c Rn. 3.

EuGH[4] vor, die sich massiv auf die Erteilung eines gegenständlich beschränkten Erbscheins auswirkt (→ Rn. 5).

II. Gegenständlich beschränkter Erbschein (Abs. 1)

2 **1. Zulässigkeitsvoraussetzung; bloße Angabe oder tatsächliche Existenz? Conditio sine qua non ist die Streuung des Nachlasses im In- und Ausland.** Der Antrag kann[5] nur dann auf die im Inland befindlichen Gegenstände beschränkt werden, sofern sich auch Nachlassgegenstände im Ausland befinden. Nur unter dieser Prämisse lässt das Gesetz die Erteilung eines gegenständlich beschränkten Erbscheins zu. Abzustellen[6] ist nicht auf den Zeitpunkt des Erbfalls oder den Zeitpunkt der Antragstellung,[7] sondern auf den aktuellen Belegenheitsort zum **Zeitpunkt der Erbscheinserteilung.**[8] Befindet sich der Nachlass nur im In-[9] oder nur im Ausland, scheidet die Erteilung eines gegenständlich beschränkten Erbscheins aus.[10]

3 **2. Besonderheiten des Antrags.** Ob die konkrete **Angabe** der multinationalen Vermögenssituation ausreicht oder auch **tatsächlich Bestand**[11] haben muss, ist **strittig.**[12] Die herrschende Meinung[13] begnügt sich mit der konkreten Angabe und Versicherung des Antragstellers, dass sich auch Nachlassgegenstände im Ausland befinden. Im Erbschein selbst findet sich lediglich der Beschränkungsvermerk, nicht dagegen eine Einzelaufzählung von Nachlassgegenständen.

4 In diesem Rahmen ist der Antragsteller gehalten, die **gewünschte territoriale Beschränkung** bereits ausdrücklich im **Antrag** anzugeben.[14] Von Amts wegen wird die territoriale Beschränkung nicht im Erbschein aufgenommen.[15] Nichts anderes gilt für das ausländische[16] Erbstatut, das zur Anwendung gelangt, auch dieses muss im Antrag besonders dargelegt werden. Ein ohne dieses Erbstatut ausgestellter Erbschein muss als unrichtig eingezogen werden.[17]

5 **3. EuGH-Rechtsprechung.** Ob Art. 4 EuErbVO nicht nur die internationale Zuständigkeit der mitgliedschaftlichen Gerichte für die Ausstellung des Europäischen Nachlasszeugnisses bestimmt, sondern auch für die Erteilung nationaler Nachlasszeugnisse gilt, darunter die Erteilung eines Erbscheins (§§ 105, 343), ist zwischenzeitlich durch die Rechtsprechung des **EuGH**[18] geklärt. Danach be-

---

4 EuGH DNotZ 2018, 699 = notar 2018, 329 mAnm *Odersky* = DNotI-Report 14/2018, 110; *Mankowski* ErbR 2018, 482.

5 Für Zulässigkeitsvoraussetzung Bahrenfuss/*Schaal* § 352c Rn. 6; Burandt/Rojahn/*Gierl* § 352c Rn. 7.

6 Vgl. Bahrenfuss/*Schaal* § 352c Rn. 21.

7 So aber Bahrenfuss/*Schaal* § 352c Rn. 21; Keidel/*Zimmermann* § 352c Rn. 12.

8 MüKoFamFG/*Grziwotz* § 352c Rn. 11.

9 Für Unzulässigkeit vgl. MüKoFamFG/*Grziwotz* § 352c Rn. 11.

10 MüKoFamFG/*Grziwotz* § 352c Rn. 9; Bahrenfuss/*Schaal* § 352c Rn. 7.

11 So MüKoFamFG/*Grziwotz* § 352c Rn. 10: die Vermögensgegenstände müssen auch tatsächlich vorhanden sein.

12 Streitstand s. MüKoFamFG/*Grziwotz* § 352c Rn. 10.

13 Vgl. Burandt/Rojahn/*Gierl* § 352c Rn. 11; GForm-FamFG/*Poller* § 352c Rn. 4.

14 Bahrenfuss/*Schaal* § 352c Rn. 14; MüKoFamFG/*Grziwotz* § 352c Rn. 6; *Zimmermann* JuS 2009, 817 (818).

15 MüKoFamFG/*Grziwotz* § 352c Rn. 6.

16 Bahrenfuss/*Schaal* § 352c Rn. 14.

17 Burandt/Rojahn/*Gierl* § 352c Rn. 14.

18 EuGH notar 2018, 329 mAnm *Odersky* = DNotI-Report 14/2018, 110 = DNotZ 2018, 699 = ZEV 2018, 465 mAnm *Zimmermann*. Vgl. auch *Mankowski* ErbR 2018, 482. Überholt damit Prütting/Helms/*Fröhler* § 352c Rn. 16, der noch die Zuständigkeit deutscher Nachlassgerichte bejaht. Ebenso überholt Bahrenfuss/*Schaal* § 352c Rn. 3.

stimmt **Art. 4 EuErbVO** die Zuständigkeit, nicht dagegen eine abweichende nationale Rechtsvorschrift, die nicht an den gewöhnlichen Aufenthalt des Erblassers anknüpft. Konsequenterweise kommt die Erbscheinserteilung nur noch durch die nationalen Ausstellungsbehörden des Mitgliedslandes in Betracht, im dem der **Erblasser** seinen **gewöhnlichen Aufenthalt** hatte.[19] Damit begründet Art. 4 EuErbVO einen ausschließlichen Gerichtsstand.[20] Ob dies auch in „Notfällen" gilt, wird erneut durch den EuGH zu klären sein.[21] Solche Notfallkonstellationen sollen vorliegen, sofern nur ein geringwertiger Nachlass vorliegt oder Sprach-, Kosten- oder Effizienzgründe den Ausschlag dafür geben, auch ohne letzten gewöhnlichen Aufenthalt des Erblassers zum gegenständlich beschränkten Erbschein zu greifen.[22]

4. Transformation eines gegenständlich beschränkten Erbscheins in einen unbeschränkten Erbschein? Die **Transformation** eines gegenständlich beschränkten Erbscheins in einen unbeschränkten Erbschein sieht das Verfahrensrecht nicht vor, eine entsprechende Transformation, herbeigeführt durch Streichung des Beschränkungsvermerks, erweist sich demnach als **unzulässig**[23] und kommt als Option nicht in Betracht. Die Lösung liegt darin, einen neuen, unbeschränkten Erbschein beim Nachlassgericht zu beantragen,[24] wofür eine weitere Verfahrensgebühr anfällt. 6

5. Gegenständlich beschränkter Erbschein nur für Auslandsvermögen? Das Verfahrensrecht gibt **keine Handhabe** dafür, einen gegenständlich beschränkten Erbschein mit **Beschränkung auf das ausländische Vermögen** zu erteilen.[25] Entsprechende Anträge sind als unzulässig[26] zurückzuweisen. Infrage kommt lediglich die Erteilung eines unbeschränkten Erbscheins,[27] ggf. die Erteilung eines Europäischen Nachlasszeugnisses. 7

III. Inlandsfiktionen (Abs. 2)

1. Buch oder Register, geführt von einer deutschen Behörde (Abs. 2 S. 1). Die Regelung in Abs. 2 arbeitet mit **Inlandsfiktionen**, u.a. bezogen auf **gebuchte bzw. registrierte Gegenstände**. Ein Gegenstand, für den ein von einer deutschen Behörde zur Eintragung des Berechtigten bestimmtes Buch oder Register geführt wird, gilt als **im Inland befindlich**, Abs. 2 S. 1. Die Inlandsfiktion bezieht sich beispielsweise auf das deutsche Grundbuch, Handels- und Partnerschaftsregister, das Register für Schiffe und Luftfahrzeuge sowie die Staatschuldbücher.[28] 8

2. Anspruch, Klagezuständigkeit eines deutschen Gerichts (Abs. 2 S. 2). Eine weitere Inlandsfiktion ist in Abs. 2 S. 2 zu finden, hier bezogen auf **Ansprüche**. Der Anspruch gilt als im Inland befindlich, sofern für Klage die Zuständigkeit eines deutschen Gerichts zu konstatieren ist, Abs. 2 S. 2.[29] 9

19 *Odersky* notar 2018, 329; *Dörner* DNotZ 2018, 661 (681, 682).
20 *Mankowski* ErbR 2018, 482 (483).
21 So die Empfehlung von *Dörner* DNotZ 2018, 661 (684).
22 Empfehlung von *Dörner* DNotZ 2018, 661 (684).
23 Prütting/Helms/*Fröhler* § 352c Rn. 9 und 10; Bahrenfuss/*Schaal* § 352c Rn. 10.
24 Prütting/Helms/*Fröhler* § 352c Rn. 10.
25 Vgl. Bahrenfuss/*Schaal* § 352c Rn. 12; MüKoFamFG/*Grziwotz* § 352c Rn. 20; Keidel/*Zimmermann* § 352c Rn. 11.
26 Bahrenfuss/*Schaal* § 352c Rn. 12.
27 Bahrenfuss/*Schaal* § 352c Rn. 12.
28 MüKoFamFG/*Grziwotz* § 352c Rn. 13; Bahrenfuss/*Schaal* § 352c Rn. 16; Keidel/*Zimmermann* § 352c Rn. 18.
29 MüKoFamFG/*Grziwotz* § 352c Rn. 12; Bahrenfuss/*Schaal* § 352c Rn. 17.

IV. Gerichtskosten

10 Die Gerichtskosten, die im Rahmen des Erbscheinsverfahrens anfallen, gerichtet auf Erteilung eines gegenständlich beschränkten Erbscheins, unterscheiden sich nicht von anderen Erbscheinsverfahren. In Ansatz zu bringen sind eine 1,0 Verfahrensgebühr nach KV Nr. 12210 GNotKG, Tabelle B, sowie eine 1,0 Gebühr nach KV Nr. 23300 GNotKG, ebenfalls Tabelle B.[30]

11 Weil die Transformation eines gegenständlich beschränkten Erbscheins in einen unbeschränkten Erbschein nicht zulässig ist,[31] sondern nur die Erteilung eines neuen, unbeschränkten Erbscheins in Betracht kommt,[32] fällt insoweit eine weitere Verfahrensgebühr nach KV Nr. 12210 GNotKG an.

12 Die Kostenersparnis liegt in der **Geschäftswertregelung** des § 40 Abs. 3 GNotKG begründet.[33] Erstrecken sich die Wirkungen eines Erbscheins nur auf einen Teil des Nachlasses, bleiben diejenigen Gegenstände, die von der Erbscheinswirkung nicht erfasst werden, bei der Berechnung des Geschäftswertes außer Betracht, § 40 Abs. 3 S. 1 GNotKG.[34] Nachlassverbindlichkeiten werden nicht abgezogen.[35] Von Amts wegen muss das Nachlassgericht auch nicht den Vergleich anstellen, ob ein unbeschränkter, unter Abzug der Erblasserschulden berechneter Erbschein kostengünstiger wäre.[36] Dies schließt die Regelung in § 40 Abs. 3 S. 2 GNotKG ausdrücklich aus, eine Begrenzung des Geschäftswertes wird nicht von Amts wegen berücksichtigt.[37] Eine Wertbegrenzung ist nur dann zu berücksichtigen, sofern der Kostenschuldner **glaubhaft** macht, dass der Wert des gesamten Nachlasses nach Abzug der Erblasserschulden niedriger ist.[38]

§ 352d Öffentliche Aufforderung

Das Nachlassgericht kann eine öffentliche Aufforderung zur Anmeldung der anderen Personen zustehenden Erbrechte erlassen; die Art der Bekanntmachung und die Dauer der Anmeldungsfrist bestimmen sich nach den für das Aufgebotsverfahren geltenden Vorschriften.

Literatur:

Hansens, Veröffentlichungskosten im Erbscheinsverfahren, ZFE 2003, 273; *Heinemann*, Die Reform der freiwilligen Gerichtsbarkeit durch das FamFG und ihre Auswirkungen auf die notarielle Praxis, DNotZ 2009, 6; *Holzer*, Das Erbscheinsverfahren nach dem FamFG, ZNotP 2015, 258; *Zimmermann*, Das Erbscheinsverfahren im FamFG, JuS 2009, 817.

30 Vgl. Korintenberg/*Wilsch* KV 12210–12212 GNotKG Rn. 9 ff. sowie 18 ff.
31 Prütting/Helms/*Fröhler* § 352c Rn. 9 und 10; Bahrenfuss/*Schaal* § 352c Rn. 10.
32 Prütting/Helms/*Fröhler* § 352c Rn. 10.
33 Korintenberg/*Wilsch* KV 12210–12212 GNotKG Rn. 21; Keidel/*Zimmermann* § 352c Rn. 19 und 20.
34 Vgl. zur Reform *Zimmermann* FGPrax 2006, 189 (191).
35 Zu den Kosten vgl. auch MüKoFamFG/*Grziwotz* § 352c Rn. 5.
36 Ebenso MüKoFamFG/*Grziwotz* § 352c Rn. 5.
37 BT-Drs. 17/11471, 165; *Kroiß* ZEV 2013, 413 (415).
38 Vgl. MüKoFamFG/*Grziwotz* § 352c Rn. 5.

I. Allgemeines

Als „letztes Mittel der Sachverhaltserforschung“[1] steht dem Nachlassgericht die **öffentliche Aufforderung** nach § 352d zur Verfügung, sollte die Beibringung urkundlicher Nachweise (vor allem von Abstammungs- oder Sterbeurkunden) oder die Klärung bestehender Zweifel über den Kreis erbberechtigter Personen[2] dem Antragsteller nicht möglich oder mit unverhältnismäßigen Schwierigkeiten verbunden bzw. wirtschaftlich nicht vertretbar sein.[3] Zu konstatieren sind Zweifel über das Vorhandensein weiterer Erben bzw. Zweifel darüber, ob sie den Erbfall erlebt haben.[4] Je entfernter die Erbordnung, umso schwieriger wird es, in wirtschaftlich vertretbarer Weise die Nachweise zu besorgen.[5] **Der Zweck** der öffentlichen Aufforderung besteht darin, mithilfe der **Begrenzung** der in Betracht kommenden Erben die Erbscheinserteilung zu ermöglichen.[6] 1

II. Öffentliche Aufforderung

1. Zuständigkeiten. Die sachliche sowie die örtliche **Zuständigkeit** liegen beim Amtsgericht als Nachlassgericht, bei dem der Antrag anhängig ist.[7] 2

Ob funktionell ausschließlich der Rechtspfleger mit der Durchführung des Verfahrens betraut ist, gestützt auf § 3 Nr. 1 lit. c RpflG und die Verweisung in § 352d auf die Vorschriften des Aufgebotsverfahrens, das in den Händen des Rechtspflegers liegt, ist zweifelhaft und hätte einen Konflikt mit denjenigen Erbscheinsverfahren zur Folge, für die eine Richterzuständigkeit besteht.[8] Richtigerweise ist darauf abzustellen, wer für die Erbscheinserteilung zuständig ist, der **Richter** oder der **Rechtspfleger**. 3

2. Erbscheinsantrag liegt vor; begründeter Verdacht. Auf bloßen Verdacht oder standardmäßig greift das Nachlassgericht nicht auf die öffentliche Aufforderung zur Anmeldung von Erbrechten zurück,[9] sondern nur bei **begründetem Verdacht**, dass die Existenz weiterer erbberechtigter Personen wahrscheinlich[10] ist, womit der Anwendungsbereich eine erhebliche Einschränkung erfährt. An- 4

1 NK-BGB/*Kroiß* § 2358 Rn. 19; identisch GForm-FamFG/*Poller* § 352d Rn. 2; zur Bezeichnung vgl. auch KG ZEV 2011, 585. Zur Bezeichnung als ultima ratio vgl. Prütting/Helms/*Fröhler* § 352d Rn. 3 und § 352e Rn. 35; „letztes Mittel“ vgl. auch MüKoFamFG/*Grziwotz* § 352d Rn. 23 sowie Keidel/*Zimmermann* § 352d Rn. 6. Ebenso „*Ermittlungsbehelf*“, vgl. Keidel/*Zimmermann* § 352d Rn. 2.
2 Vgl. MüKoFamFG/*Grziwotz* § 352d Rn. 20.
3 KG ZEV 2011, 585; OLG Hamm FamRZ 2000, 124 (125); OLG Karlsruhe FuR 2014, 251 (252): „praktisch dauernd unmöglich bzw. wirtschaftlich nicht vertretbar“; Prütting/Helms/*Fröhler* § 352d Rn. 4; Schulte-Bunert/Weinreich/*Burandt* § 352d Rn. 2; Keidel/*Zimmermann* § 352d Rn. 6.
4 MüKoFamFG/*Grziwotz* § 352d Rn. 22 und 23.
5 Vgl. auch MüKoFamFG/*Grziwotz* § 352d Rn. 24, dort finden die Erben dritter Ordnung Erwähnung.
6 KG ZEV 2011, 585; Bahrenfuss/*Schaal* § 352d Rn. 3.
7 Vgl. Bahrenfuss/*Schaal* § 352d Rn. 6.
8 MüKoFamFG/*Grziwotz* § 352d Rn. 25: unzulässige Trennung von Ermittlungs- und Erlassverfahren. In diese Richtung auch Keidel/*Zimmermann* § 352d Rn. 8.
9 Vgl. Rauscher/*Hertel* Art. 66 Rn. 14.
10 OLG Karlsruhe FuR 2014, 251 (252).

geknüpft wird überdies an einen Erbscheinsantrag,[11] der unter elementaren bzw. massiven Nachweisschwierigkeiten leidet.[12]

5 **3. Pflichtgemäßes Ermessen des Nachlassgerichts.** In Rechtsprechung[13] und Literatur[14] wird Wert auf die Feststellung gelegt, dass der Erlass einer öffentlichen Aufforderung nach § 352d im **pflichtgemäßen Ermessen** des Nachlassgerichts[15] steht. Faktisch sieht sich dieses Ermessen jedoch dadurch reduziert, dass es ohnehin das letzte Mittel der Wahl ist, um über die Begrenzung zur Erbscheinserteilung zu gelangen. Die Sachverhaltsermittlung ist an ein vorläufiges Nachweisende gelangt, so dass allenfalls fatalistisch von ***Endermessen*** die Rede sein könnte. Eine praktische Möglichkeit,[16] anders zu einem Erbschein zu gelangen, besteht in der Konstellation, die eine öffentliche Aufforderung nahelegt, effektiv nicht.

6 **4. Öffentliche Aufforderung zur Anmeldung von Erbrechten; Bekanntmachung, Anmeldefrist.** Unter der Prämisse der beschriebenen Voraussetzungen erlässt der zuständige **Richter** bzw. **Rechtspfleger** des Nachlassgerichts (→ Rn. 3, funktionelle Zuständigkeit) einen **Beschluss**, mit dem die öffentliche Aufforderung zur Anmeldung von Erbrechten gemäß § 352d angeordnet wird.

7 Der Beschluss[17] enthält **Ausführungen** über den Sachverhalt, den Erbfall, zwingend die Personalien des Erblassers,[18] weiterhin Angaben über den bisherigen Verfahrensstand, das zuständige Nachlassgericht (Anschrift), das Aktenzeichen sowie die Aufforderung, binnen einer bestimmten Frist ab Veröffentlichung beim Nachlassgericht vorstellig zu werden, anderenfalls ein Erbschein ohne Berücksichtigung weiterer Erbrechte ergeht.[19] Die öffentliche Aufforderung kann sich auch an einen namentlich bekannten Erbberechtigten richten, muss dann jedoch die Personalien dieser Person zutreffend wiedergeben,[20] anderenfalls kann nach Verfahrensende der Erbschein nicht ohne Berücksichtigung dieser aufgeforderten Person ergehen.[21]

8 Der Beschluss wird **einmalig** im **elektronischen Bundesanzeiger** veröffentlicht und für eine bestimmte Dauer an die **Gerichtstafel** geheftet,[22] § 352d Hs. 2 iVm § 435 Abs. 1 S. 1. Das Nachlassgericht kann anordnen, dass die öffentliche Aufforderung zusätzlich auf andere Weise veröffentlicht wird, § 352d Hs. 2 iVm § 435 Abs. 2.[23] Noch geht die Empfehlung dahin, zusätzlich in einer Tageszeitung zu veröffentlichen.[24]

---

11 Erbscheinsantrag liegt demnach vor, vgl. auch Bahrenfuss/*Schaal* § 352d Rn. 3 und 7; Schulte-Bunert/Weinreich/*Burandt* § 352d Rn. 2; MüKoFamFG/*Grziwotz* § 352d Rn. 21; Keidel/*Zimmermann* § 352d Rn. 4.
12 Vgl. Bahrenfuss/*Schaal* § 352d Rn. 4.
13 KG ZEV 2011, 585.
14 Schulte-Bunert/Weinreich/*Burandt* § 352d Rn. 4; Bahrenfuss/*Schaal* § 352d Rn. 7; NK-BGB/*Kroiß* § 2358 Rn. 19; MüKoFamFG/*Grziwotz* § 352d Rn. 25; Keidel/*Zimmermann* § 352d Rn. 6.
15 KG ZEV 2011, 585.
16 KG ZEV 2011, 585; KG Rpfleger 1970, 339 (340).
17 Muster vgl. Prütting/Helms/*Fröhler* § 352d Rn. 8.
18 Bahrenfuss/*Schaal* § 352d Rn. 8.
19 Darauf ist explizit hinzuweisen, vgl. auch MüKo FamFG/*Grziwotz* § 352d Rn. 26, insbesondere im Hinblick auf die Erbscheinswirkungen.
20 OLG Karlsruhe FuR 2014, 251; Keidel/*Zimmermann* § 352d Rn. 8.
21 OLG Karlsruhe FuR 2014, 251; vgl. auch das Muster bei Keidel/*Zimmermann* § 352d Rn. 9.
22 Prütting/Helms/*Fröhler* § 352d Rn. 6; Bahrenfuss/*Schaal* § 352d Rn. 8; Keidel/*Zimmermann* § 352d Rn. 8.
23 Ebenso Bahrenfuss/*Schaal* § 352d Rn. 8.
24 Keidel/*Zimmermann* § 352d Rn. 8.

Die Dauer der **Anmeldefrist** bestimmt sich nach den für das Aufgebotsverfahren geltenden Vorschriften, § 352d Hs. 2 iVm § 437.[25] Zwischen dem Tag, an dem die öffentliche Aufforderung erstmalig veröffentlicht wird, und dem Anmeldezeitpunkt muss ein Zeitraum von mindestens **sechs Wochen** liegen, § 352d Hs. 2 iVm § 437.[26] 9

5. Wirkungen der öffentlichen Aufforderung zur Anmeldung von Erbrechten. Die durchgeführte öffentliche Aufforderung soll nicht den **Ausschluss von Erbrechten bewirken**, sondern lediglich eine zweckgebundene, temporäre **Nichtberücksichtigung** der nicht angemeldeten Rechte[27] zur Folge haben. Faktisch greift die Nichtberücksichtigung von Erbrechten im Erbschein jedoch massiv in die Erbrechte der Beteiligten ein. Dies liegt zum einen an den Richtigkeitsvermutungen des Erbscheins, § 2365 BGB, zum anderen am öffentlichen Glauben, den der Erbschein genießt, § 2366 BGB. Die Nichtberücksichtigung kommt einem Ausschluss gleich. Diesem faktischen Ausschluss kann der Nichtberücksichtigte dadurch entgegenwirken, dass er die Einziehung des Erbscheins anregt, § 2361 BGB.[28] 10

6. Kosten. Kostenschuldner ist der **Antragsteller** des Erbscheinsverfahrens, § 22 Abs. 1 GNotKG. Die öffentliche Aufforderung zur Anmeldung von Erbrechten kreiert kein neues oder weiteres Verfahren, sondern bildet einen Teil des Erbscheinsverfahrens. Die öffentliche Aufforderung zur Anmeldung von Erbrechten ist folglich mit der Erbscheinsverfahrensgebühr nach KV Nr. 12210 GNotKG abgedeckt. Die **Verfahrensgebühr** schließt das **Erbenaufgebot** ein.[29] Die **Auslagen** sind jedoch zu erheben,[30] also die **Veröffentlichungskosten**, und zwar vom Antragsteller des Erbscheinsverfahrens.[31] Eine Rücknahme des Erbscheinsantrags wirkt sich auf die auslagenbezogene Kostenhaftung nicht aus, vielmehr sind die Veröffentlichungskosten in jedem Fall vom Antragsteller des Erbscheinsverfahrens zu erheben.[32] 11

7. Rechtsmittel. Die Entscheidung über die Durchführung der öffentlichen Aufforderung zur Anmeldung von Erbrechten ergeht zwar als Beschluss, ist jedoch **nicht selbstständig mit der Beschwerde** anfechtbar,[33] da hierin keine Endentscheidung, sondern eine **verfahrensleitende Entscheidung** zu erkennen ist.[34] 12

§ 352e Entscheidung über Erbscheinsanträge

(1) [1]Der Erbschein ist nur zu erteilen, wenn das Nachlassgericht die zur Begründung des Antrags erforderlichen Tatsachen für festgestellt erachtet. [2]Die Entscheidung ergeht durch Beschluss. [3]Der Beschluss wird mit Erlass wirksam. [4]Einer Bekanntgabe des Beschlusses bedarf es nicht.

25 Vgl. auch Bahrenfuss/*Schaal* § 352d Rn. 9.
26 Vgl. Prütting/Helms/*Fröhler* § 352d Rn. 7; Keidel/*Zimmermann* § 352d Rn. 8.
27 OLG Karlsruhe FuR 2014, 252 (252); Schulte-Bunert/Weinreich/*Burandt* § 352d Rn. 3; MüKoFamFG/*Grziwotz* § 352d Rn. 26 und 27; Bahrenfuss/*Schaal* § 352d Rn. 10.
28 Zur Einziehung vgl. auch Keidel/*Zimmermann* § 352d Rn. 11.
29 Korintenberg/*Wilsch* KV 12210–12212 GNotKG Rn. 9.
30 Korintenberg/*Wilsch* KV 12210–12212 Rn. 9; *Hansens* ZFE 2003, 273.
31 Vgl. *Hansens* ZFE 2003, 273; Keidel/*Zimmermann* § 352d Rn. 14.
32 *Hansens* ZFE 2003, 273.
33 Schulte-Bunert/Weinreich/*Burandt* § 352d Rn. 5.
34 MüKoFamFG/*Grziwotz* § 352d Rn. 25; Bahrenfuss/*Schaal* § 352d Rn. 12; NK-BGB/*Kroiß* § 2358 Rn. 19.

(2) [1]Widerspricht der Beschluss dem erklärten Willen eines Beteiligten, ist der Beschluss den Beteiligten bekannt zu geben. [2]Das Gericht hat in diesem Fall die sofortige Wirksamkeit des Beschlusses auszusetzen und die Erteilung des Erbscheins bis zur Rechtskraft des Beschlusses zurückzustellen.

(3) Ist der Erbschein bereits erteilt, ist die Beschwerde gegen den Beschluss nur noch insoweit zulässig, als die Einziehung des Erbscheins beantragt wird.

Literatur:

Boeckh, Der Erbschein – Erteilung, Einziehung und Beschwerde nach der FG-Reform, NJ 2011, 187; *Heinemann*, Die Reform der freiwilligen Gerichtsbarkeit durch das FamFG und ihre Auswirkungen auf die notarielle Praxis, DNotZ 2009, 6; *Kroiß*, Die Erbscheinsklausur nach dem FamFG, JA 2009, 882; *Pentz*, Der Vorbescheid im Erbscheinsverfahren, NJW 1996, 2559; *Schreiner*, Der Vorbescheid im Erbscheinsverfahren, Rpfleger 2007, 636; *Zimmermann*, Die Nachlasssachen in der FGG-Reform, FGPrax 2006, 189; *Zimmermann*, Das Erbscheinsverfahren im FamFG, JuS 2009, 817.

I. Allgemeines

1 Nach den **Materialien** enthält die Bestimmung „grundlegende Regelungen für die Entscheidung über einen Erbscheinsantrag und ihre Wirksamkeit",[1] konstruiert nicht in Abkehr vom bisherigen Verfahrensrecht, sondern in Anlehnung an alte FGG-Praxis und als Konsequenz der Regelungen des FamFG-AT.[2] Unterschieden wird zwischen den **unstreitig geführten Erbscheinsverfahren**, vgl. Abs. 1, der überwiegenden[3] Vielzahl nachlassgerichtlicher Erbscheinsverfahren, und den **streitig geführten Erbscheinsverfahren**, vgl. Abs. 2, den problematischen Einzelfällen der Nachlasspraxis, die zu FGG-Zeiten im Wege des Vorbescheids[4] eine Klärung[5] fanden, eines erbscheinsankündigenden[6] und idR begründeten Beschlusses, der der Schadens- bzw. Gefahrenabwehr[7] diente, im

1 BT-Drs. 16/6308, 280.

2 Vgl. BT-Drs. 16/6308, 280.

3 Ebenso BT-Drs. 16/6308, 280 und 281.

4 Zu den fünf Voraussetzungen des Vorbescheids vgl. *Pentz* NJW 1996, 2559 (2560); zum Vorbescheid vgl. auch BayObLGZ 1994, 73, sowie *Schreiner* Rpfleger 2007, 636. *Zimmermann* JuS 2009, 817 (819) und FGPrax 2006, 189 (193) spricht von „4 % aller Erbscheinsverfahren", in denen der Vorbescheid zum Einsatz kam.

5 BayObLGZ 1994, 73, der Vorbescheid konnte sogar bereits dann ergehen, sobald eine Antragstellung zu erwarten war.

6 Die Zurückweisung des Antrags durfte hingegen nicht angekündigt werden, vgl. OLG Hamm NJW 1974, 1827, ebenso wenig die Einziehung des Erbscheins. Angekündigt werden musste ein Erbschein bestimmten Inhalts.

7 Vgl. *Pentz* NJW 1996, 2559; *Schreiner* Rpfleger 2007, 636; *Boeckh* NJ 2011, 187 (188, 189); *Zimmermann* JuS 2009, 817 (819).

FamFG jedoch keine Verwendung mehr fand[8] und nunmehr unzulässig ist.[9] Das FamFG entschied sich für einen anderen Lösungsweg,[10] der besser in die Tektonik der anderen FamFG-Vorschriften passt. Dem Ruf der Literatur[11] nach einer Normierung des Vorbescheids folgte der FamFG-Gesetzgeber nicht, was Anlass zur Kritik gab.[12] Dennoch gilt es, der Regelung mehr Rechtssicherheit zu attestieren.[13] Welche **Rechtsmittel** nach Bekanntgabe des Erbscheins ergriffen werden können, ist in Abs. 3 geregelt.

II. Unstreitig geführte Erbscheinsverfahren (Abs. 1)

1. Feststellung: Erteilung des Erbscheins. Die Regelung in Abs. 1 S. 1 verpflichtet das Nachlassgericht zur **Introspektion**, bevor es den Erbschein erteilt. Der Erbschein ist nur zu erteilen, wenn das Nachlassgericht die zur Begründung des Antrags erforderlichen Tatsachen für **festgestellt erachtet**. Teile der Praxis sehen hierin nicht selten eine stempelwürdige Formalität, Bausteinballast, was allerdings dem Regelungszweck und dem Binnenvergleich mit den Regelungen des FamFG-AT[14] nicht gerecht wird. Vorauszugehen hat stets[15] die beschlussmäßige Feststellung des Inhalts, dass die zur Begründung des Antrags erforderlichen Tatsachen für festgestellt erachtet werden. **Fehlt diese Feststellung**, führt dies allerdings nicht zur materiellen Unrichtigkeit des Erbscheins,[16] verletzt ist ausschließlich Verfahrensrecht. 2

2. Beschluss. Die Entscheidung ergeht nicht als Verfügung, sondern zwingend als **Beschluss**, Abs. 1 S. 2. Die alte FGG-Verfahrenspraxis verfuhr insoweit uneinheitlich, schwankte in der Bezeichnung zwischen Verfügung und Beschluss, wie die Einsicht alter Verfahrensakten belegt.[17] Alte Unklarheiten und Unsicherheiten können keinen Raum mehr beanspruchen, da die Regelung in Abs. 1 S. 2 von der Beschlussform spricht. Der Beschluss ist zu **unterschreiben**, § 38 Abs. 3 S. 2. 3

3. Interner Beschluss, Wirksamkeit, Bekanntgabe, Begründung. Da der Feststellungsbeschluss bereits mit dem **Erlass wirksam** wird, Abs. 1 S. 3,[18] und nicht **bekanntgegeben** werden muss, Abs. 1 S. 4, lässt sich der Feststellungsbeschluss als „reines Internum"[19] charakterisieren. Dies gilt umso mehr, als der Feststel- 4

8 Vgl. OLG Köln FGPrax 2010, 266 (267); *Boeckh* NJ 2011, 187 (188, 189); *Kroiß* JA 2009, 882 (887).

9 *Zimmermann* JuS 2009, 817 (819); *Kroiß* JA 2009, 882 (887).

10 OLG Köln FGPrax 2010, 266 (267).

11 Vgl. *Schreiner* Rpfleger 2007, 636.

12 *Boeckh* NJ 2011, 187 (188, 189); gegen die Abschaffung des Vorbescheids auch *Zimmermann* FGPrax 2006, 189 (193): „Die Abschaffung ist daher nicht veranlasst." Ebenso Keidel/*Zimmermann* § 352e Rn. 82: die Abschaffung des Vorbescheids sei grundlos erfolgt.

13 Vgl. auch *Boeckh* NJ 2011, 187 (188, 189). Zur Kritik am Vorbescheid als „contra legem von der Rechtsprechung entwickelte(n) Vorbescheidslösung" vgl. *Heinemann* DNotZ 2009, 6 (28). Vgl. auch *Kroiß* JA 2009, 882 (887).

14 Vgl. bereits BT-Drs. 16/6308, 280.

15 *Heinemann* DNotZ 2009, 6 (28).

16 Keidel/*Zimmermann* § 352e Rn. 83.

17 BT-Drs. 16/6308, 281. Zum alten Verfahrensrecht *Zimmermann* FGPrax 2006, 189 (192).

18 Zum Erlass vgl. § 38 Abs. 3 S. 3: Datum der Übergabe des Beschlusses an die Geschäftsstelle oder Bekanntgabe durch Verlesen der Beschlussformel. Zur Wirksamkeit mit Erlass vgl. auch *Zimmermann* JuS 2009, 817 (819); *Kroiß* JA 2009, 882 (888); GForm-FamFG/*Poller* § 352e Rn. 11; Keidel/*Zimmermann* § 352e Rn. 85.

19 *Heinemann* DNotZ 2009, 6 (28). Identisch dann später *Boeckh* NJ 2011, 187 (188): „reines Internum".

lungsbeschluss in der Nachlassakte verbleibt,[20] auf dem im Rechtsverkehr kursierenden Erbschein nicht zu finden ist und auch keine **Begründung** enthält, § 38 Abs. 4 Nr. 2,[21] schließlich widerspricht der Beschluss nicht dem erklärten Willen eines Beteiligten.[22] Im Vordergrund steht die „zügige Abwicklung unstreitiger Erbscheinsverfahren",[23] auf die **Bekanntgabe** nach § 41 Abs. 1 S. 1 und die **Begründung** nach § 38 Abs. 3 kann daher **verzichtet** und der Erbschein sofort erteilt werden.[24] Die Charakterisierung als Verfahrensinternum liefert auch eine Antwort darauf, wie zu verfahren ist, sollte der **Feststellungsbeschluss fehlen.** Ein fehlender Feststellungsbeschluss wirkt sich auf den Erbschein nicht aus, vielmehr bleibt der Erbschein wirksam und muss nicht eingezogen werden.[25]

Der Feststellungsbeschluss kann lauten:

▶ Die Tatsachen, die zur Erteilung des beantragten Erbscheins erforderlich sind, werden für festgestellt erachtet. Folgender Erbschein ist zu erteilen ...[26] ◀

5 **4. Kostenentscheidung.** Im unstreitig geführten Erbscheinsverfahren zeigt sich **keine Notwendigkeit**, eine Kostenentscheidung zu treffen,[27] da eine **gesetzliche Kostenhaftung** besteht.[28] Nach § 22 Abs. 1 GNotKG schuldet der Antragsteller des Erbscheinsverfahrens die Kosten des Verfahrens.

III. Streitig geführte Erbscheinsverfahren (Abs. 2)

6 **1. Feststellung sowie Aussetzung, zugleich Zurückweisung des widersprechenden Antrags.** Mit der Regelung in Abs. 2 schuf der FamFG-Gesetzgeber Ersatz für den Vorbescheid, der in streitig geführten Erbscheinsverfahren die Gefahren eines unrichtigen Erbscheins abwenden sollte,[29] infolge der Neuregelung nunmehr jedoch unzulässig[30] und in der Nachlasspraxis nicht mehr anzutreffen ist. Von der Lösung der Vorbescheidspraxis[31] unterscheidet sich das Ergebnis nicht: „Damit besteht für die Beteiligten die Möglichkeit, die Entscheidung des Nachlassgerichts durch die nächsthöhere Instanz überprüfen zu lassen, bevor der Erbschein erteilt"[32] wird.

20 *Zimmermann* JuS 2009, 817 (819); *Boeckh* NJ 2011, 187 (188).
21 Zum damaligen Referentenentwurf vgl. *Zimmermann* FGPrax 2006, 189 (192).
22 Vgl. bereits BT-Drs. 16/6308, 281; *Boeckh* NJ 2011, 187 (188); *Heinemann* DNotZ 2009, 6 (28); Keidel/*Zimmermann* § 352e Rn. 85.
23 BT-Drs. 16/6308, 281.
24 Vgl. *Kroiß* JA 2009, 882 (888); *Boeckh* NJ 2011, 187 (188); *Heinemann* DNotZ 2009, 6 (28).
25 Bahrenfuss/*Schaal* § 352e Rn. 3.
26 In Anlehnung an *Zimmermann* JuS 2009, 817 (819), sowie GForm-FamFG/*Poller* § 352e Rn. 6.
27 Kostenentscheidung entfällt daher, *Zimmermann* JuS 2009, 817 (819); Keidel/*Zimmermann* § 352e Rn. 85.
28 Ebenso noch für KostO *Zimmermann* JuS 2009, 817 (819). Vgl. auch Keidel/*Zimmermann* § 352e Rn. 85.
29 *Pentz* NJW 1996, 2559; *Schreiner* Rpfleger 2007, 636; *Boeckh* NJ 2011, 187 (188, 189); *Zimmermann* JuS 2009, 817 (819).
30 *Zimmermann* JuS 2009, 817 (819); Bahrenfuss/*Schaal* § 352e Rn. 10.
31 Zur früher vorgesehenen Beschwerde gegen den Vorbescheid vgl. Bahrenfuss/*Schaal* § 352e Rn. 1 und 10.
32 BT-Drs. 16/6308, 281.

Unter der Prämisse, dass der Beschluss dem erklärten Willen eines Beteiligten[33] widerspricht, hat das Nachlassgericht die sofortige Wirksamkeit des Beschlusses auszusetzen, den widersprechenden Antrag zurückzuweisen[34] sowie die Erteilung des Erbscheins bis zur Rechtskraft des Beschlusses zurückzustellen, Abs. 2 S. 2:[35] 7

▶ Die Tatsachen, die zur Erteilung des beantragten Erbscheins erforderlich sind, werden für festgestellt erachtet. Die sofortige Wirksamkeit dieses Beschlusses wird ausgesetzt. Die Erteilung des Erbscheins wird bis zur Rechtskraft dieses Beschlusses zurückgestellt.[36] ◀

Vollständiger:

▶ I. Die Tatsachen, die zur Erteilung des von der Beteiligten ... beantragten Erbscheins, wonach sie Alleinerbin des ... am ... in ... verstorbenen ... geworden ist, werden für festgestellt erachtet. Der von dem Beteiligten ... beantragte Erbschein wird bewilligt.

II. Der Antrag des Beteiligten ... auf Erteilung eines Erbscheins wird zurückgewiesen.[37]

III. Die sofortige Wirksamkeit des Beschlusses wird ausgesetzt. Die Erteilung des Erbscheins wird bis zur Rechtskraft des Beschlusses zurückgestellt.

Gründe

...

Dieser Beschluss stellt keinen Erbschein dar.

Rechtsmittelbelehrung

Unterschrift[38] ◀

Ermessen gewährt die Regelung nicht,[39] stattdessen sieht sich das Nachlassgericht verpflichtet, zur Aussetzung und Zurückstellung zu greifen, sollte der Beschluss ersichtlich dem Willen eines Beteiligten widersprechen. Dabei macht es keinen Unterschied, ob sich der abweichende Wille eines Beteiligten aus Sachvortrag explizit oder konkludent aus anderweitigem Verfahrensverhalten ergibt. Den Dissens, vorgebracht in jedweder Form,[40] schriftlich oder mündlich, 8

33 Die Erklärung oder das Verhalten eines Dritten reichen nicht aus, das Gesetz gesteht nur dem Beteiligten die Möglichkeit zum Widerspruch zu, die Beteiligteneigenschaft ist zwingend und vom Nachlassgericht in diesem Rahmen auch zu prüfen, vgl. Bahrenfuss/*Schaal* § 352e Rn. 12.

34 GForm-FamFG/*Poller* § 352e Rn. 26.

35 Diese Rechtslage ist im Muster bei *Zimmermann* FGPrax 2006, 189 (193) noch nicht berücksichtigt, die Formulierung „Das NachlassG wird ... einen Alleinerbschein erteilen, wenn nicht ... gegen diesen Beschluss binnnen zwei Wochen Beschwerde einlegt" ist noch dem Vorbescheid verhaftet, trägt § 352e Abs. 2 S. 2 noch keine Rechnung.

36 *Zimmermann* JuS 2009, 817 (819); vgl. zur Regelung auch *Kroiß* JA 2009, 882 (887).

37 AA Keidel/*Zimmermann* § 352e Rn. 96, der dafür plädiert, den Antrag vorerst unerledigt zu lassen und erst nach Rechtskraft des Feststellungsbeschlusses zurückzuweisen. Ihm folgend Burandt/Rojahn/*Gierl* § 352e Rn. 193. Dagegen kann jedoch die Verfahrensökonomie vorgebracht werden, überdies wird ein größerer Entscheidungsdruck aufgebaut und das Verfahren beschleunigt.

38 Muster in Anlehnung an *Kroiß* JA 2009, 882 (888), sowie GForm-FamFG/*Poller* § 352e Rn. 23.

39 Bahrenfuss/*Schaal* § 352e Rn. 11; Keidel/*Zimmermann* § 352e Rn. 95. Zur Starrheit der Regelung vgl. Burandt/Rojahn/*Gierl* § 352e Rn. 193.

40 Bahrenfuss/*Schaal* § 352e Rn. 13.

mit Begründung oder ohne Begründung,[41] mit Substanz oder ohne Substanz,[42] muss das Nachlassgericht stets berücksichtigen, um nicht Gefahr zu laufen, einen unrichtigen Erbschein zu erteilen. Den Widerspruch zurückweisen und den Erbschein sofort erteilen, darf das Nachlassgericht nicht.[43] Eine solche Verfahrensweise steht im Kontrast zur vorgegebenen Verfahrensweise nach Abs. 2.

9 **2. Erbscheinserteilung nach Rechtskraft des Beschlusses.** Im streitig geführten Erbscheinsverfahren wird die sofortige Wirksamkeit des Beschlusses ausgesetzt sowie die Erteilung des Erbscheins bis zur **Rechtskraft des Beschlusses** zurückgestellt, Abs. 2 S. 2.[44] Rechtskraft erlangt der Beschluss mit Ablauf der Beschwerdefrist von einem Monat, §§ 45 S. 1, 63 Abs. 1.[45]

10 Falls **keine Beschwerde** eingelegt wird, wird der **Erbschein erteilt.**[46]

11 Falls eine **Beschwerde**[47] **vorliegt**, geht das Nachlassgericht in der üblichen Weise vor, hilft entweder ab oder legt bei Nichtabhilfe dem Oberlandesgericht vor.[48] Die Abhilfe- oder Nichtabhilfeentscheidung muss grundsätzlich durch begründeten Beschluss ergehen,[49] uU soll jedoch auch eine bloße Verfügung ausreichen[50]

12 **3. Implikationen eines Beschlusses.** Die Entscheidung ergeht nicht als Verfügung, sondern als **Beschluss**, der den nicht widersprechenden Beteiligten bekannt zu geben ist, Abs. 2 S. 1.[51] Aus dem Umkehrschluss zu § 38 Abs. 4 Nr. 2, dem Begründungsdispens für den Fall, dass der Beschluss nicht dem erklärten Willen eines Beteiligten widerspricht, ergibt sich für das streitig geführte Verfahren, geprägt von der Wirksamkeitsaussetzung und der Zurückstellung, dass der Beschluss zu **begründen** (§ 38 Abs. 3 S. 1)[52] und mit einer **Rechtsmittelbelehrung** (§ 39) zu versehen ist.[53]

13 Demjenigen, dessen erklärtem Willen der Beschluss nicht entspricht, ist der Beschluss **zuzustellen,** § 41 Abs. 1 S. 2.[54] Die abweichende Ansicht,[55] die die Zustellung an alle Beteiligten bevorzugt, überzeugt nicht und lässt sich kaum mit § 41 Abs. 1 S. 2 in Einklang bringen.

41 Bahrenfuss/*Schaal* § 352e Rn. 13 und 15.
42 Keidel/*Zimmermann* § 352e Rn. 94; Burandt/Rojahn/*Gierl* § 352e Rn. 193.
43 Ebenso Bahrenfuss/*Schaal* § 352e Rn. 15.
44 *Heinemann* DNotZ 2009, 6 (28).
45 Vgl. Bahrenfuss/*Schaal* § 352e Rn. 15; *Zimmermann* JuS 2009, 817 (820); Keidel/*Zimmermann* § 352e Rn. 99.
46 *Zimmermann* JuS 2009, 817 (820); *Kroiß* JA 2009, 882 (888); Burandt/Rojahn/*Gierl* § 352e Rn. 194.
47 Zur Beschwerde vgl. OLG Düsseldorf FamRZ 2018, 1617.
48 Bahrenfuss/*Schaal* § 352e Rn. 15; *Kroiß* JA 2009, 882 (888); Keidel/*Zimmermann* § 352e Rn. 100; OLG Köln FGPrax 2010, 266 (267); Burandt/Rojahn/*Gierl* § 352e Rn. 196.
49 OLG Düsseldorf FamRZ 2018, 1617.
50 OLG Düsseldorf FamRZ 2018, 1617, das OLG spricht insoweit davon, dass die Nachholung des Beschlusses eine „überflüssige Förmelei" sei.
51 *Boeckh* NJ 2011, 187 (189).
52 *Kroiß* JA 2009, 882 (888); *Boeckh* NJ 2011, 187 (189); OLG Köln FGPrax 2010, 266 (267).
53 Bahrenfuss/*Schaal* § 352e Rn. 15; *Boeckh* NJ 2011, 187 (189); OLG Köln FGPrax 2010, 266 (267).
54 *Zimmermann* JuS 2009, 817 (819); *Kroiß* JA 2009, 882 (888); *Heinemann* DNotZ 2009, 6 (28); *Boeckh* NJ 2011, 187 (189); OLG Köln FGPrax 2010, 266 (267); GForm-FamFG/*Poller* § 352e Rn. 27; Burandt/Rojahn/*Gierl* § 352e Rn. 189.
55 Keidel/*Zimmermann* § 352e Rn. 99; ihm folgend Burandt/Rojahn/*Gierl* § 352e Rn. 194.

4. Kostenentscheidung. In streitig geführten Erbscheinsverfahren besteht häufig die Notwendigkeit, eine **Kostenentscheidung** zu treffen, induziert durch angefallene Sachverständigen- oder Rechtsanwaltskosten.[56] Als Verfahrensort bietet sich der Feststellungsbeschluss an.[57] 14

IV. Rechtsmittel, Abs. 3

Der erteilte Erbschein kann nicht mit der Beschwerde angefochten werden.[58] Die Bestimmung in Abs. 3 beschränkt daher zu Recht das Beschwerderecht. Die Beschwerde ist nur noch insoweit zulässig ist, als die **Einziehung** des Erbscheins beantragt wird, Abs. 3.[59] Erreicht werden soll, dass das Beschwerdegericht das Nachlassgericht zur Einziehung oder Kraftloserklärung des Erbscheins anweist.[60] 15

V. Gerichtskosten

Für das Verfahren über den Antrag auf Erteilung eines Erbscheins fällt eine 1,0 **Verfahrensgebühr** an, **KV Nr. 12210 GNotKG**, Tabelle B, womit alle im Verfahren angefallenen nachlassgerichtlichen Tätigkeiten abgedeckt sind.[61] Mehrere gleichlautende Anträge bewirken keine wundersame Vermehrung der Verfahrensgebühren, sondern lösen auch nur eine Verfahrensgebühr aus.[62] Anders verhält es sich dagegen, sollten mehrere *gegensätzliche* Anträge vorliegen.[63] Dann ist neben der Verfahrensgebühr auch eine Zurückweisungsgebühr nach der KV Nr. 12212 GNotKG in Ansatz zu bringen.[64] 16

Für die Abnahme der eidesstattlichen Versicherung erhebt das Nachlassgericht eine **1,0 Verfahrensgebühr nach KV Nr. 23300 GNotKG**, Tabelle B. Dies ergibt sich aus der Verweisung in der ersten Anmerkung zur KV Nr. 12210 GNotKG auf die Vorbem. 1 Abs. 2 KV GNotKG.[65] Danach erhebt das Nachlassgericht für die Abnahme der eidesstattlichen Versicherung die Gebühren nach dem Teil 2, dem Notarkostenteil. 17

Der **Geschäftswert** richtet sich nach § 40 Abs. 1 S. 1 GNotKG, maßgeblich ist der Wert des Nachlasses im Zeitpunkt des Erbfalls. In Abzug gebracht werden können nur noch Erblasserschulden, § 40 Abs. 1 S. 2 GNotKG, demnach Verbindlichkeiten, die vom Erblasser herrühren und ihm gegenüber bereits bestanden haben. Erbfallschulden[66] bleiben unberücksichtigt. 18

Kostenschuldner ist der Antragsteller des Verfahrens, § 22 Abs. 1 GNotKG. 19

56 Bahrenfuss/*Schaal* § 352e Rn. 30; *Zimmermann* JuS 2009, 817 (819); Burandt/Rojahn/*Gierl* § 352e Rn. 189.
57 Bahrenfuss/*Schaal* § 352e Rn. 130.
58 *Zimmermann* JuS 2009, 817 (820); Keidel/*Zimmermann* § 352e Rn. 113.
59 Bahrenfuss/*Schaal* § 352e Rn. 53; GForm-FamFG/*Poller* § 352e Rn. 35; Keidel/*Zimmermann* § 352e Rn. 113.
60 Bahrenfuss/*Schaal* § 352e Rn. 53; vgl. bereits BT-Drs. 16/6308, 281, Beschwerde nur noch mit dem Ziel der Einziehung oder Kraftloserklärung des Erbscheins.
61 Vgl. Korintenberg/*Wilsch* KV 12210–12212 Rn. 9; Keidel/*Zimmermann* § 352e Rn. 137.
62 Korintenberg/*Wilsch* KV 12210–12212 Rn. 10.
63 OLG München BeckRS 2017, 117276.
64 OLG München BeckRS 2017, 117276.
65 Korintenberg/*Wilsch* KV 12210–12212 Rn. 18 ff.
66 Beispielsweise Vermächtnisse, Pflichtteile, Auflagen, Erbschaftssteuer, Beerdigungskosten.

§ 353 Einziehung oder Kraftloserklärung von Erbscheinen

(1) [1]Kann der Erbschein im Verfahren über die Einziehung nicht sofort erlangt werden, so hat ihn das Nachlassgericht durch Beschluss für kraftlos zu erklären. [2]Der Beschluss ist entsprechend § 435 öffentlich bekannt zu machen. [3]Mit Ablauf eines Monats nach Veröffentlichung im Bundesanzeiger wird die Kraftloserklärung wirksam. [4]Nach Veröffentlichung des Beschlusses kann dieser nicht mehr angefochten werden.

(2) [1]In Verfahren über die Einziehung oder Kraftloserklärung eines Erbscheins hat das Gericht über die Kosten des Verfahrens zu entscheiden. [2]Die Kostenentscheidung soll zugleich mit der Endentscheidung ergehen.

(3) [1]Ist der Erbschein bereits eingezogen, ist die Beschwerde gegen den Einziehungsbeschluss nur insoweit zulässig, als die Erteilung eines neuen gleichlautenden Erbscheins beantragt wird. [2]Die Beschwerde gilt im Zweifel als Antrag auf Erteilung eines neuen gleichlautenden Erbscheins.

Literatur:

Becker, Zur Frage, ob beim Nacherbfall der dem Vorerben erteilte Erbschein iSd § 2361 BGB unrichtig ist, insbesondere wenn der Nacherbfall beim Tode des Vorerben eingetreten ist, Rpfleger 1978, 87; *Boeckh*, Der Erbschein-Erteilung, Einziehung und Beschwerde nach der FG-Reform, NJ 2011, 187; *Dillberger/Fest*, Vorgehen gegen einen unrichtigen Erbschein, JuS 2009, 1099; *Grziwotz*, Erbscheinsverfahren neu geregelt, FamRZ 2016, 417; *Heinemann*, Die Reform der freiwilligen Gerichtsbarkeit durch das FamFG und ihre Auswirkungen auf die notarielle Praxis, DNotZ 2009, 6; *Holzer*, Das Erbscheinsverfahren nach dem FamFG, ZNotP 2015, 258; *Horn/Krätzschel*, Einstweiliger Rechtsschutz im nachlassgerichtlichen Verfahren, ZEV 2018, 14; *Jünemann*, Praktische Konsequenzen der Abschichtung von Miterben, ZEV 2012, 65; *Keller/von Schrenck*, Prüfungsschwerpunkte im Erbscheinsverfahren, JA 2016, 51; *Kroiß*, Die Erbscheinsklausur nach dem FamFG, JA 2009, 882; *Zimmermann*, Die Kostenentscheidung im FamFG, FamRZ 2009, 377; *Zimmermannn*, Das Erbscheinsverfahren im FamFG, JuS 2009, 817; *Zimmermann*, Die Nachlasssachen in der FGG-Reform, FGPrax 2006, 189.

I. Allgemeines

1 Dem Erbschein wird eine **doppelte Vermutungswirkung**[1] zuteil, eine positive und eine negative Richtigkeitsvermutung. Zugunsten des im Erbschein bezeichneten Erben wird vermutet, dass ihm das angegebene Erbrecht zusteht, zugleich wird vermutet, dass der Erbe durch andere als im Erbschein angegebene Anordnungen nicht beschränkt ist, **§ 2365 BGB**. Damit ist der Boden bereitet für den gutgläubigen Erwerb, den der Erbschein ermöglicht, § 2366 BGB.[2] Es liegt in der Logik der geschilderten Wirkungen, im Verfahrensrecht ein **Resonanzsystem** zu etablieren, mit dem auf eine Unrichtigkeit des Erbscheins reagiert und der Rechtsverkehr[3] geschützt werden kann. Eine große Rolle spielt dabei die Tatsache, dass dem Erbschein keinerlei Rechtskraftwirkung zukommt und er jederzeit eingezogen werden kann,[4] auch noch Jahre oder Jahrzehnte nach Erteilung.[5] Ein entsprechendes Resonanzsystem bieten die **Einziehung** und die **Kraftloserklärung** von Erbscheinen, § 353. Über die Regelung in **§ 354 Abs. 1** gilt dieses Resonanzsystem auch für Testamentsvollstreckerzeugnisse, für Zeugnisse über die Fortsetzung der Gütergemeinschaft sowie für Überweisungs- und Auseinandersetzungszeugnisse, §§ 2368, 1507 BGB, §§ 36, 37 GBO. Komplettiert wird dieses System durch Maßnahmen des **Einstweiligen Rechtsschutzes**, die im Vorfeld der Einziehung bzw. Kraftloserklärung ergriffen werden können.

II. Resonanzsystem I: Einziehung von Erbscheinen

2 **1. Zeitpunkt und Zuständigkeit.** Gegenstand des Einziehungsverfahrens ist ein **bereits erteilter, unrichtiger Erbschein,**[6] dessen Wirkungen *ex nunc* beseitigt werden sollen. Erteilt ist der Erbschein nicht bereits mit Erlass des Feststellungsbeschlusses iSv § 352e Abs. 1, sondern erst mit **Aushändigung bzw. Übersendung einer oder mehrerer Erbscheinsausfertigungen** an den bzw. die Antragsteller.[7] In der Folge kann ein *verfügter, aber noch nicht vollzogener* Erbschein ohne Einziehungs- oder Kraftloserklärungsverfahren aus dem Verkehr gezogen

1 Zur positiven und negativen Richtigkeitsvermutung des Erbscheins vgl. auch Burandt/Rojahn/*Gierl* BGB § 2365 Rn. 2 und 3; *Horn/Krätzschel* ZEV 2018, 14 (15).

2 *Horn/Krätzschel* ZEV 2018, 14 (15); zu den Gefahren des gutgläubigen Erwerbs vgl. auch MüKoBGB/*Grziwotz* BGB § 2361 Rn. 29.

3 MüKoBGB/*Grziwotz* BGB § 2361 Rn. 1; zum Zweck des Einziehungs- und Kraftloserklärungsverfahrens iSv Rechtssicherheit und Rechtsklarheit vgl. Prütting/Helms/*Fröhler* § 353 Rn. 3.

4 BGH FamRZ 2010, 1068 (1069): Erbschein als „provisorische Entscheidung …, die die Erbprätendenten nicht an einer abschließenden Streitentscheidung im Zivilprozess hindert."

5 Vgl. BGH FamRZ 2010, 1068 (1069): „selbst wenn seit der Erteilung des Erbscheins ein langer Zeitraum verstrichen ist". Ebenso OLG Saarbrücken NZFam 2019, 322.

6 Vgl. *Keller/von Schrenck* JA 2016, 51 (55); MüKoBGB/*Grziwotz* BGB § 2361 Rn. 1: Einziehung erst ab Erteilung zulässig. Ebenso Prütting/Wegen/Weinreich/*Deppenkemper* BGB § 2361 Rn. 5.

7 Keidel/*Zimmermann* § 352e Rn. 105.

werden. Im Einziehungsverfahren findet sich hierzu – *Unterscheidung zwischen Anordnung und Vollziehung* –, eine Entsprechung, zumal auch dort zwischen der **Anordnung** und dem **Vollzug**, der tatsächlichen Durchführung, differenziert wird.[8] Im geschilderten *Protostadium* zwischen Verfügung und Vollzug reicht die Aufhebung der nachlassgerichtlichen Entscheidung aus.[9] Nicht das Beschwerdegericht,[10] sondern das **Nachlassgericht, das den Erbschein erteilt hat,**[11] muss in umfassender Zuständigkeit der Frage nach dem Verfahrensstadium nachgehen, um die adäquate Entscheidung zu treffen. Eine Akteneinsicht durch den Initiator des Einziehungsverfahrens kann nicht verlangt werden. Das Nachlassgericht, das sofort zur Einziehung schreitet, ohne das einschlägige Protostadium des Erbscheins zu beachten, kann die Gerichtskosten für das Einziehungsverfahren nicht erheben. Kosten, die bei richtiger Sachbehandlung nicht entstanden wären, werden nicht erhoben, § 21 Abs. 1 S. 1 GNotKG.

3 **2. Antrag oder Anregung.** Mitentscheidend für die **Wirkmächtigkeit des Resonanzsystems** ist die Ausgestaltung als Amts- oder Antragsverfahren. Desillusionierend wirkt in diesem Zusammenhang der Blick auf Art. 71 Abs. 2 EuErbVO, eine Bestimmung, die die Beseitigung inhaltlicher Unrichtigkeiten des Europäischen Nachlasszeugnisses nur auf Antrag zulässt. Ein Präjudiz schafft das Antragserfordernis im Erteilungsverfahren nicht, da die Einziehung von anderen Motiven getragen wird, dem Schutz des Rechtsverkehrs. In der Folge knüpft das **Einziehungsverfahren** die Verfahrenseröffnung nicht an einen Antrag[12] oder eine Anregung, sondern ist **von Amts wegen** ins Werk zu setzen,[13] und zwar ohne jegliches Ermessen[14] des Nachlassgerichts, gleichgültig, ob die Erkenntnis aus eigener nachlassgerichtlicher Tätigkeit herrührt oder extern an das Nachlassgericht gelangt ist.[15] Die Einleitung des Einziehungsverfahrens kann allenfalls angeregt werden, § 24 Abs. 1,[16] von jedermann, ohne Anknüpfung an ein Antragsrecht im Erbscheinserteilungsverfahren.[17] An eine zeitliche Grenze[18] stößt das Einziehungsverfahren nicht, so dass es auch noch Jahre oder Jahrzehnte nach der Erbscheinserteilung initiiert werden kann. Das **Nachlassgericht**

---

8 In diesem Sinne BayObLG ZEV 2001, 489; ebenso MüKoBGB/*Grziwotz* § 2361 Rn. 37, zwei Phasen.

9 *Zimmermann* Erbschein Rn. 474; MüKoBGB/*Grziwotz* BGB § 2361 Rn. 31.

10 MüKoBGB/*Grziwotz* BGB § 2361 Rn. 35, das Beschwerdegericht kann den Erbschein nicht einziehen, sondern das Nachlassgericht lediglich dazu anweisen, den Erbschein einzuziehen.

11 Dieses Nachlassgericht führt die Einziehung auch dann durch, sollte es zur Erteilung nicht zuständig gewesen sein, vgl. auch Prütting/Wegen/Weinreich/*Deppenkemper* BGB § 2361 Rn. 7; Prütting/Helms/*Fröhler* § 353 Rn. 4; Bahrenfuss/*Schaal* § 353 Rn. 16; Erman/*Simon* BGB § 2361 Rn. 8. Die Einziehung muss das erteilende, die Unrichtigkeit damit verursachende Nachlassgericht durchführen. Ebenso MüKoBGB/*Grziwotz* BGB § 2361 Rn. 35. Die Wahl eines anderen Nachlassgerichts, das die Einziehung schneller veranlasst, kommt deshalb nicht in Betracht, vgl. auch Bahrenfuss/*Schaal* § 353 Rn. 16.

12 *Dillberger/Fest* JuS 2009, 1099.

13 Zum Amtsverfahren vgl. *Dillberger/Fest* JuS 2009, 1099; *Horn/Krätzschel* ZEV 2018, 14 (15); MüKoBGB/*Grziwotz* BGB § 2361 Rn. 21 und 23; Prütting/Wegen/Weinreich/*Deppenkemper* BGB § 2361 Rn. 6; *Keller/von Schrenck* JA 2016, 51 (56); OLG Frankfurt aM FamRZ 2016, 748; Bahrenfuss/*Schaal* § 353 Rn. 7; Keidel/*Zimmermann* § 353 Rn. 2; *Boeckh* NJ 2011, 187 (190).

14 MüKoBGB/*Grziwotz* BGB § 2361 Rn. 23.

15 Zu den verschiedenen Anlässen vgl. MüKoBGB/*Grziwotz* BGB § 2361 Rn. 24 und 25.

16 Prütting/Wegen/Weinreich/*Deppenkemper* BGB § 2361 Rn. 6.

17 MüKoBGB/*Grziwotz* BGB § 2361 Rn. 33.

18 MüKoBGB/*Grziwotz* BGB § 2361 Rn. 26; *Dillberger/Fest* JuS 2009, 1099.

hat die erforderlichen Ermittlungen von Amts wegen durchzuführen und die entscheidungserheblichen Tatsachen zu ermitteln, § 26,[19] womit es sich nicht verträgt, zur Aussetzung des Einziehungsverfahrens zu greifen, § 21 Abs. 1, auf den Prozessweg zu verweisen[20] oder das Verfahren zur Disposition[21] der Beteiligten zu stellen. Die Entscheidung zur Einziehung kann nicht an andere Gerichte delegiert werden. Die Rechtstaatlichkeit des Verfahrens gebietet es, die Beteiligten vor der Einziehung einzubinden und ihnen **rechtliches Gehör** zu gewähren.[22]

Abzugrenzen ist die Einziehung von der **Berichtigung bloßer Schreib- oder Rechenfehler** des Erbscheins, die im Berichtigungswege nach § 42 zu beheben sind,[23] beispielsweise unrichtige Namen, Geburtsdaten, Aufenthalts- oder Berufsbezeichnungen oder Hinweise auf die Person des Testamentsvollstreckers im Erbschein.[24] 4

3. Überzeugung von Richtigkeit des Erbscheins erschüttert. In welchen Fällen das Resonanzsystem ausgelöst wird, ist eine Frage der besonderen **Sensorik**, die in § 2361 S. 1 BGB damit beantwortet wird, dass das Nachlassgericht den Erbschein einzuziehen hat, sofern sich die Unrichtigkeit des erteilten Erbscheins ergibt. Von bloßen Zweifeln[25] oder Spekulationen ist nicht die Rede, ebenso wenig von Prognosen oder von der vollständigen Überzeugung von der Unrichtigkeit des Erbscheins,[26] sondern von einem **erkenntnisorientierten Ergebnis**. Zweifel allein können daher die Einziehung des Erbscheins nicht rechtfertigen,[27] vielmehr nur den Anlass zu weiteren nachlassgerichtlichen Amtsermittlungen geben,[28] an deren Ende die **Überzeugung von der Richtigkeit des Erbscheins erschüttert** ist.[29] *Was einmal galt, gilt nicht mehr*. Die Umstände und Tatsachen, die die Erteilung garantierten, sind ihrer Feststellungskraft verlustig gegangen und würden aktuell eine Erteilung nicht mehr rechtfertigen.[30] Mittlerweile liegt eine Diskrepanz vor, eine inhaltliche Differenz zwischen Erteilung und Einziehung. Auf der Grundlage dieser neuen Erkenntnisse würde aktuell 5

---

19 Vgl. MüKoBGB/*Grziwotz* BGB § 2361 Rn. 23; *Boeckh* NJ 2011, 187 (190).
20 Beide Verfahrensoptionen stehen im Einziehungsverfahren nicht zur Verfügung, Prütting/Wegen/Weinreich/*Deppenkemper* BGB § 2361 Rn. 6; MüKoBGB/*Grziwotz* BGB § 2361 Rn. 28.
21 MüKoBGB/*Grziwotz* BGB § 2361 Rn. 23.
22 MüKoBGB/*Grziwotz* BGB § 2361 Rn. 27.
23 MüKoBGB/*Grziwotz* BGB § 2361 Rn. 19 und 20; Prütting/Helms/*Fröhler* § 353 Rn. 12.
24 Nimmt am öffentlichen Glauben des Erbscheins nicht teil, MüKoBGB/*Grziwotz* BGB § 2361 Rn. 20.
25 Zweifel allein genügen nicht, MüKoBGB/*Grziwotz* BGB § 2361 Rn. 29; *Dillberger/Fest* JuS 2009, 1099 (1100); *Horn/Krätzschel* ZEV 2018, 14 (15).
26 *Keller/von Schrenck* JA 2016, 51 (56).
27 Prütting/Wegen/Weinreich/*Deppenkemper* BGB § 2361 Rn. 2.
28 Ebenso Erman/*Simon* BGB § 2361 Rn. 4, Ermittlungen sind von Amts wegen anzustellen.
29 *Dillberger/Fest* JuS 2009, 1099 (1100); *Boeckh* NJ 2011, 187 (190); GForm-FamFG/*Poller* § 353 Rn. 2; MüKoBGB/*Grziwotz* BGB § 2361 Rn. 29; Bahrenfuss/*Schaal* § 353 Rn. 2; Keidel/*Zimmermann* § 353 Rn. 3. AA Erman/*Simon* BGB § 2361 Rn. 1: Unrichtigkeit des Erbscheins, nicht Überzeugung von der Richtigkeit des Erbscheins erschüttert. Der abweichenden Meinung kann aus Rechtssicherheitsgründen nicht gefolgt werden. Unzutreffend auch Prütting/Helms/*Fröhler* § 353 Rn. 10, 11; *Keller/von Schrenck* JA 2016, 51 (56): Erbscheinseinziehung nur bei *Unrichtigkeit* des Erbscheins, nicht bereits bei *Erschütterung* der Richtigkeit.
30 Vgl. MüKoBGB/*Grziwotz* BGB § 2361 Rn. 29; OLG Saarbrücken NZFam 2019, 322: Der Erbschein ist einzuziehen, wenn er, falls jetzt über den Antrag zu entscheiden wäre, nicht mehr erteilt werden dürfte.

die Entscheidung des Nachlassgerichts anders ausfallen.[31] Denn der Erbschein ist nur zu erteilen, sofern das Nachlassgericht die zur Begründung des Antrags erforderlichen Tatsachen für festgestellt erachtet, § 352e Abs. 1 S. 1. Aktuell würde die Erteilung des Erbscheins hieran scheitern.[32] *Mehr als Zweifel an der Richtigkeit des Erbscheins, weniger als die vollständige Überzeugung von der Unrichtigkeit des Erbscheins.* In diesem Bereich bewegt sich die Entscheidung des Nachlassgerichts, die unverzüglich zu treffen ist, ohne schuldhaftes Zögern, um Schaden zu vermeiden.

6 **4. Fälle der Richtigkeitserschütterung im Einzelnen. Formelle oder materiell-rechtliche Gründe[33] können verantwortlich dafür zeichnen, dass die Überzeugung von der Richtigkeit des Erbscheins erschüttert ist.**

7 **Formell-rechtliche[34] Gründe für eine Einziehung können sein:**

- Erbscheinserteilung ohne Antrag[35]
- Erbscheinserteilung durch das Beschwerdegericht[36]
- Inkongruenz zwischen Erbscheinsantrag und Erbschein,[37] mag der Erbschein im Übrigen richtig sein;[38] dies gilt aber nicht, sofern der Erbschein explizit oder konkludent genehmigt wird,[39] etwa durch widerspruchsfreie Entgegennahme durch den Erben[40]
- strittig: Erbscheinserteilung durch ein örtlich unzuständiges Gericht[41]
- Erbscheinserteilung durch den funktionell unzuständigen Rechtspfleger[42]
- Erbscheinserteilung durch einen ausgeschlossenen Richter oder Rechtspfleger[43]

---

31 *Horn/Krätzschel* ZEV 2018, 14 (15); OLG Saarbrücken NZFam 2019, 322.
32 Vgl. MüKoBGB/*Grziwotz* BGB § 2361 Rn. 29; OLG Saarbrücken NZFam 2019, 322.
33 MüKoBGB/*Grziwotz* BGB § 2361 Rn. 2.
34 Prütting/Wegen/Weinreich/*Deppenkemper* BGB § 2361 Rn. 3; MüKoBGB/*Grziwotz* BGB § 2361 Rn. 8 ff.; Bahrenfuss/*Schaal* § 353 Rn. 5.
35 MüKoBGB/*Grziwotz* BGB § 2361 Rn. 9; Bahrenfuss/*Schaal* § 353 Rn. 5; *Boeckh* NJ 2011, 187 (190); GForm-FamFG/*Poller* § 353 Rn. 2.
36 MüKoBGB/*Grziwotz* § 2361 Rn. 12; Bahrenfuss/*Schaal* § 353 Rn. 5.
37 Vgl. BayObLG ZEV 2001, 489: „Das Nachlassgericht ist an den Antrag gebunden … Weicht der Inhalt des Erbscheins von dem Inhalt des gestellten Antrags ab, ist der durch den Antrag nicht gedeckte Erbschein, falls seine Erteilung nicht nachträglich – auch schlüssig – von dem Berechtigten genehmigt wird, wegen formeller Unrichtigkeit von Amts wegen einzuziehen, auch wenn er inhaltlich richtig sein sollte."
38 MüKoBGB/*Grziwotz* BGB § 2361 Rn. 9.
39 Vgl. BayObLG ZEV 2001, 489: „…ist der durch den Antrag nicht gedeckte Erbschein, falls seine Erteilung nicht nachträglich – auch schlüssig – von dem Berechtigten genehmigt wird, wegen formeller Unrichtigkeit von Amts wegen einzuziehen, auch wenn er inhaltlich richtig sein sollte."
40 MüKoBGB/*Grziwotz* BGB § 2361 Rn. 9; allein die Tatsache, dass kein Rechtsmittel eingelegt wurde, soll dagegen nicht reichen, BayObLG ZEV 2001, 489.
41 MüKoBGB/*Grziwotz* BGB § 2361 Rn. 14; Bahrenfuss/*Schaal* § 353 Rn. 5; KG FamRZ 2012, 908; OLG Frankfurt/M. FamRZ 2002, 112; GForm-FamFG/*Poller* § 353 Rn. 2; Prütting/Helms/*Fröhler* § 353 Rn. 11. AA nun OLG Köln FamRZ 2015, 1651: wegen §§ 2 Abs. 3, 65 Abs. 4 sei es zweifelhaft, ob der Erbschein bzw. ein Testamentsvollstreckerzeugnis wegen örtlicher Unzuständigkeit eingezogen werden müsse. Eine Antwort auf die Frage divergierender Erbscheine, erteilt durch verschiedene Nachlassgerichte, gibt diese Rechtsprechung jedoch nicht.
42 Anders dagegen bei einem funktionell unzuständigen Richter, vgl. § 8 Abs. 1 RpflG. Vgl. auch MüKoBGB/*Grziwotz* BGB § 2361 Rn. 13; Bahrenfuss/*Schaal* § 353 Rn. 5; *Boeckh* NJ 2011, 187 (190).
43 MüKoBGB/*Grziwotz* BGB § 2361 Rn. 17.

Materiellrechtliche[44] Gründe für eine Einziehung können sein: 8

- falsche,[45] unvollständige oder widersprüchliche[46] Wiedergabe der Erbfolge im Erbschein[47]
- Eintritt der Nacherbfolge[48]
- fehlende Hinweise auf Verfügungsentziehungen oder -beschränkungen, etwa Testamentsvollstreckung oder Nacherbfolge[49]
- Anfechtungs-[50] oder Ausschlagungserklärungen[51]
- nachträglich aufgetauchte Verfügungen von Todes wegen[52] mit Erbfolgerelevanz
- nachträglich bekanntgewordene Testierunfähigkeit des Erblassers[53]
- noch ungeklärt: Abschichtung[54] von Miterben, die richtigerweise die Einziehung rechtfertigt, insbesondere vor dem Verfügungshintergrund, den der Erbschein für den Rechtsverkehr entwirft, der über die „aktuelle" Erbfolge nicht getäuscht werden darf. Die Grundbuchpraxis kennt Fälle, in denen die abgeschichteten Miterben Eingang in die Grundbucheintragung fanden, womit das Grundbuch unrichtig wurde. Entsprechende Unrichtigkeiten vermeidet nur die Einziehung des Erbscheins.[55]

5. Einziehungsbeschluss. Das Resonanzsystem der Einziehung ist zweistufig ausgestaltet und differenziert zwischen der **Anordnung** und dem **Vollzug**, der tatsächlichen Durchführung.[56] 9

Die erste Stufe, die Anordnung, besteht aus dem **Einziehungsbeschluss**, den das Nachlassgericht in der üblichen Manier erlässt. Eine Verfügung, wie sie die ältere Rechtsprechung[57] vorgab, reicht nicht mehr aus.[58] Der Beschluss ist zu **begründen**, zu **unterschreiben** und mit einer **Rechtsmittelbelehrung** zu versehen, §§ 38 Abs. 3 S. 1 und 2, 39.[59] Zur Notwendigkeit einer **Kostenentscheidung** 10

44 Prütting/Wegen/Weinreich/*Deppenkemper* BGB § 2361 Rn. 4.

45 Etwa einen Erben, der nicht Erbe geworden ist, oder falsche Erbquoten, vgl. Bahrenfuss/*Schaal* § 353 Rn. 3.

46 MüKoBGB/*Grziwotz* BGB § 2361 Rn. 3.

47 Prütting/Wegen/Weinreich/*Deppenkemper* BGB § 2361 Rn. 4; MüKoBGB/*Grziwotz* BGB § 2361 Rn. 3.

48 Vgl. MüKoBGB/*Grziwotz* BGB § 2361 Rn. 5; Bahrenfuss/*Schaal* § 353 Rn. 3; aA *Becher* Rpfleger 1978, 87, wonach der Erbschein nicht einzuziehen sei. Diese Meinung hat keine Resonanz gefunden.

49 Prütting/Wegen/Weinreich/*Deppenkemper* BGB § 2361 Rn. 4; MüKoBGB/*Grziwotz* BGB § 2361 Rn. 3; Bahrenfuss/*Schaal* § 353 Rn. 3.

50 Bahrenfuss/*Schaal* § 353 Rn. 4.

51 Prütting/Wegen/Weinreich/*Deppenkemper* BGB § 2361 Rn. 4.

52 MüKoBGB/*Grziwotz* BGB § 2361 Rn. 4.

53 MüKoBGB/*Grziwotz* BGB § 2361 Rn. 4.

54 Zur Abschichtungsproblematik vgl. *Jünemann* ZEV 2012, 65.

55 AA OLG Brandenburg BeckRS 2013, 15525: Erbschein sei nicht einzuziehen. Ebenso *Bredemeyer/Tews* ZEV 2012, 352 (354); MüKoBGB/*Grziwotz* BGB § 2361 Rn. 5; ebenso häufig noch die nachlassgerichtliche Praxis. Für Einziehung dagegen *Jünemann* ZEV 2012, 65 (68): der erteilte Erbschein gibt eine überholte Erbfolge wieder.

56 BayObLG ZEV 2001, 489, unter Hinweis auf *Keidel* DNotZ 1958, 265 (266); zu den beiden Phasen vgl. auch MüKoBGB/*Grziwotz* BGB § 2361 Rn. 37.

57 Zur Verfügung noch BayObLG ZEV 2001, 489.

58 Zum Beschlusserfordernis vgl. *Grziwotz* FamRZ 2016, 417 (420).

59 Muster vgl. GForm-FamFG/*Poller* § 353 Rn. 4. Zum Beschlusserfordernis vgl. *Keller/von Schrenck* JA 2016, 51 (56); Bahrenfuss/*Schaal* § 353 Rn. 10 und 11; Prütting/Helms/*Fröhler* § 353 Rn. 15.

vgl. Abs. 2. Eine Empfehlung[60] geht dahin, die Beteiligten im Einziehungsbeschluss auf die Rückgabe binnen einer bestimmten Frist und auf die Möglichkeit einer **Zwangsgeldfestsetzung** hinzuweisen, § 35 Abs. 2. Andere Gestaltungsvorschläge[61] folgen dieser Empfehlung nicht, sondern beschränken sich auf den Hinweis, dass die **Kraftloserklärung** folgt, sollte binnen der bestimmten Frist die Rückgabe nicht erfolgen. Die Formularpraxis ist demnach nicht einheitlich ausgestaltet. Der Hinweis auf die drohende Kraftloserklärung sollte jedoch auf jeden Fall Eingang in den Beschluss finden, um den Beteiligten das komplette Resonanzsystem der Einziehung und Kraftloserklärung vor Augen zu führen. Falls der Erbschein nicht sofort erlangt werden kann, hat ihn das Nachlassgericht durch Beschluss für kraftlos zu erklären, Abs. 1 S. 1.

11 Einigkeit besteht wiederum darin, dass der Einziehungsbeschluss **sofort wirksam** ist[62] und an den bzw. die Erbscheinsinhaber **zuzustellen** ist, § 41 Abs. 1 S. 2,[63] während der Beschluss im Übrigen nur bekanntzugeben ist. Eine förmliche Zustellung ist auch für den Ablehnungsbeschluss vorgesehen.[64]

12 Die **zweite Stufe** besteht aus dem **tatsächlichen Vollzug** der Einziehung, der „tatsächliche(n) Durchführung".[65] Rückgängig gemacht werden kann eine vollzogene Einziehung nicht mehr,[66] sondern nur noch mit der Beschwerde angefochten bzw. ein neuer Erbschein beantragt und erteilt werden.[67] Das Resonanzsystem der Einziehung sieht eine Korrektur des Inhalts, einen bereits eingezogenen Erbschein wieder in den Rechtsverkehr zu entlassen, nicht vor. Ein Dispens von den Wirkungen der Einziehung ist nicht möglich, da der Erbschein mit der Einziehung bereits *kraftlos* ist, und auch nicht nötig, da ein neuer, *kraftvoller* Erbschein erteilt werden kann.[68] Eine Abstufung innerhalb des Resonanzsystems der Einziehung – *nicht eingezogen, eingezogen, erneut freigegeben* – hätte eine nicht unerhebliche Rechtsunsicherheit zur Folge.

13 Vollzogen wird die Einziehung durch **Rückgabe aller Ausfertigungen an das Nachlassgericht,**[69] gleichgültig, ob freiwillig oder im Wege der Zwangsvollstreckung.[70] Erst mit der Rückgabe aller Ausfertigungen findet die Einziehung ihren Abschluss.[71] Auf die Rückgabe **beglaubigter Abschriften** kommt es dagegen nicht an, da beglaubigte Abschriften die Urschrift im Rechtsverkehr nicht vertreten, § 47 BeurkG.[72] Ebenso wenig genügt die Rückgabe der Ausfertigung an eine **andere Abteilung** des Amtsgerichts oder an das **Prozessgericht.**[73]

60 So das Muster bei *Keller/von Schrenck* JA 2016, 51 (56). Das dortige Muster sieht allerdings keinen Hinweis auf die drohende Kraftloserklärung vor, was nicht verfahrensopportun erscheint.
61 Siehe Firsching/Graf/*Krätzschel* NachlassR § 39 Rn. 9.
62 *Keller/von Schrenck* JA 2016, 51 (56); *Grziwotz* FamRZ 2016, 417 (420).
63 MüKoBGB/*Grziwotz* § 2361 Rn. 37; Bahrenfuss/*Schaal* § 353 Rn. 10; Erman/*Simon* § 2361 Rn. 9; unklar Prütting/Helms/*Fröhler* § 353 Rn. 15: *ggf.* Zustellung.
64 MüKoBGB/*Grziwotz* BGB § 2361 Rn. 37; *Boeckh* NJ 2011, 187 (190).
65 BayObLG ZEV 2001, 489.
66 BayObLG ZEV 2001, 489.
67 MüKoBGB/*Grziwotz* BGB § 2361 Rn. 42; zur Beschwerde vgl. GForm-FamFG/*Poller* § 353 Rn. 17.
68 Zur erneuten Erbscheinserteilung vgl. MüKoBGB/*Grziwotz* BGB § 2361 Rn. 42.
69 OLG Düsseldorf FGPrax 2011, 125; MüKoBGB/*Grziwotz* BGB § 2361 Rn. 40; *Dillberger/Fest* JuS 2009, 1099 (1100); Prütting/Wegen/Weinreich/*Deppenkemper* BGB § 2361 Rn. 8; Korintenberg/*Wilsch* KV 12215 GNotKG Rn. 12.
70 OLG Düsseldorf FGPrax 2011, 125.
71 MüKoBGB/*Grziwotz* BGB § 2361 Rn. 40.
72 Siehe MüKoBGB/*Grziwotz* BGB § 2361 Rn. 39.
73 MüKoBGB/*Grziwotz* § 2361 Rn. 40; genügen soll jedoch die Abgabe an ein anderes, im Wege der Rechtshilfe betrautes Nachlassgericht.

Zweckmäßig ist es, die zurückgegebenen Ausfertigungen unbrauchbar zu machen, ohne sie zu vernichten,[74] was die spätere Beweisführung beeinträchtigen und ein intransparentes Verfahrensbild zeichnen könnte. Die **Urschrift** verbleibt in der Nachlassakte, wird nicht hinausgegeben, weshalb sie von der Einziehung nicht tangiert wird. Sollte dennoch die Urschrift hinausgegeben worden sein, ist im Einziehungsverfahren ebenfalls auf die Rückgabe hinzuwirken.

6. Kostenentscheidung (Abs. 2). Die Regelung in Abs. 2 S. 1[75] verpflichtet das Nachlassgericht dazu, im Einziehungsverfahren auch über die **Kosten des Verfahrens zu entscheiden.** Bereits die Verfahrensökonomie spricht dafür, die Kostenentscheidung mit der Endentscheidung zu verknüpfen. Die Bestimmung in Abs. 2 S. 2 – *die Kostenentscheidung soll zugleich mit der Endentscheidung ergehen* – bestätigt dieses Verfahrensvotum. In Ausnahmefällen kann die Kostenentscheidung nachgeholt werden.[76] Autonom ist über die Kosten des folgenden Kraftloserklärungsverfahrens zu befinden. Die Kostenentscheidung des Einziehungsverfahrens gilt nicht zugleich für das Kraftloserklärungsverfahren. 14

Eine Antwort auf die Frage, wer als **Kostenschuldner** in Betracht kommt, bieten die §§ 22–24 GNotKG nicht, da ein Amtsverfahren vorliegt.[77] Die Kosten des Verfahrens sind vielmehr den Beteiligten nach **billigem Ermessen** ganz oder nur zum Teil aufzuerlegen, § 81 Abs. 1 S. 1,[78] wobei die Interessen der wahren Erben, die Umstände, die zur Einziehung führten, sowie das Verfahrensverhalten[79] der Beteiligten Berücksichtigung finden können,[80] beispielsweise[81] grobes Verschulden, die sich abzeichnende Aussichtslosigkeit des Antrags, die unwahren bzw. unvollständigen Angaben[82] eines Beteiligten, die persönlichen und wirtschaftlichen Verhältnisse[83] der Beteiligten sowie die Verletzung von Mitwirkungspflichten.[84] In der Praxis kann dies zu einer besonders austarierten, auf einen **Entscheidungsschuldner** iSv § 27 Nr. 1 GNotKG lautenden Kostenentscheidung[85] führen, sofern das Gericht nicht ohnehin von der **Kostenerhebung absieht,** § 81 Abs. 1 S. 2.[86] Indiziert ist dies im Falle unrichtiger Sachbehandlung, vgl. § 21 Abs. 1 S. 1 GNotKG. Dass das Nachlassgericht von der Kostenerhebung absieht, kann sich nur auf die Gerichts-, nicht auch die Anwaltskosten[87] beziehen. 15

7. Gerichtskosten des Einziehungsverfahrens. Im Einziehungsverfahren fällt pauschal eine **0,5 Verfahrensgebühr** nach der KV Nr. 12215 GNotKG, Tabelle B, **höchstens** jedoch ein Betrag iHv **400 EUR** an, womit alle nachlassgerichtlichen Handlungen, die im Einziehungsverfahren anfallen bzw. notwendig wer- 16

74 MüKoBGB/*Grziwotz* BGB § 2361 Rn. 41.
75 Zur Kostenentscheidung *Zimmermann* FamRZ 2009, 377; Bahrenfuss/*Schaal* § 353 Rn. 29 ff.; Prütting/Helms/*Fröhler* § 353 Rn. 7 ff.
76 Grund kann sein, dass weitere Ermittlungen erforderlich sind, vgl. Prütting/Helms/*Fröhler* § 353 Rn. 7.
77 Korintenberg/*Wilsch* KV 12215 GNotKG Rn. 15a; Keidel/*Zimmermann* § 353 Rn. 37.
78 Korintenberg/*Wilsch* KV 12215 GNotKG Rn. 11; MüKoBGB/*Grziwotz* BGB § 2361 Rn. 52; GForm-FamFG/*Poller* § 353 Rn. 9.
79 Vgl. Bahrenfuss/*Schaal* § 353 Rn. 31.
80 Korintenberg/*Wilsch* KV 12215 GNotKG Rn. 11.
81 Zu den Billigkeitsgründen im Einzelnen vgl. *Zimmermann* FamRZ 2009, 377 (381).
82 Ebenso Bahrenfuss/*Schaal* § 353 Rn. 31.
83 Bahrenfuss/*Schaal* § 353 Rn. 31.
84 *Zimmermann* FamRZ 2009, 377 (381).
85 Zum Entscheidungsschuldner vgl. Prütting/Helms/*Fröhler* § 353 Rn. 27.
86 Korintenberg/*Wilsch* KV 12215 GNotKG Rn. 11.
87 *Zimmermann* FamRZ 2009, 377 (378).

den, abgegolten sind.[88] Die spätere Neuerteilung des Erbscheins lässt diese Verfahrensgebühr nicht mehr (wie im alten Kostenrecht der KostO) in Wegfall geraten.[89] Die Neuerteilung des Erbscheins eröffnet einen eigenständigen Kostenrechtszug und löst eine volle Verfahrensgebühr nach KV Nr. 12210 GNotKG aus.[90]

17 Die Verfahrensgebühr nach KV Nr. 12215 GNotKG fällt auch dann nur einmal an, sollte der Erbschein gleichzeitig oder nacheinander eingezogen und kraftlos erklärt werden, § 55 Abs. 1 GNotKG.[91]

18 Bereits der Beschluss reicht aus, um die Gebühr zu generieren, die Durchführung spielt dann keine Rolle mehr.[92]

19 Zum Kostenschuldner → Rn. 15, die Verfahrenskosten sind nach billigem Ermessen aufzuerlegen, § 81 Abs. 1 S. 1.[93]

20 Der Geschäftswert richtet sich nach § 40 GNotKG, bezogen auf den Zeitpunkt des Erbfalls, nicht auf den Zeitpunkt des Einziehungsbeschlusses.[94]

21 **8. Wirkung der Einziehung, § 2361 S. 2 BGB.** Mit der Einziehung wird der Erbschein kraftlos, § 2361 S. 2 BGB. Ihren Abschluss findet die Einziehung allerdings erst mit der Rückgabe aller Ausfertigungen[95] an das Nachlassgericht. Kursiert auch nur eine einzige Ausfertigung noch im Rechtsverkehr, tritt die Kraftloserklärung nicht ein.[96]

22 **9. Beschwerdeverfahren (Abs. 3).** Gegen eine angeordnete, aber noch nicht vollzogene Einziehung – *die Ausfertigungen des Erbscheins sind noch nicht allesamt zurückgegeben* – kann befristete Beschwerde[97] (§§ 58 ff.) eingelegt werden,[98] falls der Beschwerdewert von 600 EUR erreicht oder die Beschwerde zugelassen ist. Nichts anderes gilt für die Entscheidung, mit der die Einziehung abgelehnt wird[99] (= befristete Beschwerde nach §§ 58 ff.).

---

88 Korintenberg/*Wilsch* KV 12215 GNotKG Rn. 10; MüKoBGB/*Grziwotz* BGB § 2361 Rn. 53.

89 Keine Annullierung iSv § 108 S. 3 KostO mehr, vgl. Korintenberg/*Wilsch* KV 12215 GNotKG Rn. 2, 10 und 19; ebenso MüKoBGB/*Grziwotz* BGB § 2361 Rn. 53. Zum alten Kostenrecht vgl. Bahrenfuss/*Schaal* § 353 Rn. 41.

90 Vgl. Korintenberg/*Wilsch* KV 12215 GNotKG Rn. 19 und 26; Keidel/*Zimmermann* § 353 Rn. 38.

91 Korintenberg/*Wilsch* KV 12215 GNotKG Rn. 18 und 25; Keidel/*Zimmermann* § 353 Rn. 37; MüKoBGB/*Grziwotz* BGB § 2361 Rn. 53; insoweit ohne Aussage: Bahrenfuss/*Schaal* § 353 Rn. 41.

92 MüKoBGB/*Grziwotz* BGB § 2361 Rn. 53.

93 Korintenberg/*Wilsch* KV 12215 GNotKG Rn. 11.

94 Also nicht nach § 59 S. 2 GNotKG, vgl. Korintenberg/*Wilsch* KV 12215 GNotKG Rn. 13.

95 Auf die Rückgabe beglaubigter Abschriften kommt es nicht an, da beglaubigte Abschriften die Urschrift im Rechtsverkehr nicht vertreten, s. § 47 BeurkG.

96 Vgl. Bahrenfuss/*Schaal* § 353 Rn. 10.

97 Zum Beschwerderecht bei Erbscheinseinziehung vgl. BGH NJW 1959, 1729, das Beschwerderecht steht allen Antragsberechtigten zu. Vgl. im Übrigen MüKoBGB/*Grziwotz* BGB § 2361 Rn. 47 ff. bzw. Rn. 50 ff.; Keidel/*Zimmermann* § 353 Rn. 15 und 25.

98 Bahrenfuss/*Schaal* § 353 Rn. 34; Prütting/Helms/*Fröhler* § 353 Rn. 18; Prütting/Wegen/Weinreich/*Deppenkemper* § 2361 Rn. 11; *Keller/von Schrenck* JA 2016, 51 (57).

99 Bahrenfuss/*Schaal* § 353 Rn. 38; Prütting/Helms/*Fröhler* § 353 Rn. 20. Zum Ablehnungsbeschluss, der zu begründen und mit Rechtsmittelbelehrung zu versehen ist, vgl. *Keller/von Schrenck* JA 2016, 51 (56); MüKoBGB/*Grziwotz* BGB § 2361 Rn. 48.

Nach Vollzug des Einziehungsbeschlusses – *alle Ausfertigungen des Erbscheins wurden an das Nachlassgericht zurückgegeben* – ist die **befristete Beschwerde** nur insoweit zulässig, als die Erteilung eines neuen gleichlautenden Erbscheins beantragt wird,[100] Abs. 3 S. 1, schließlich ist der Erbschein mit vollzogener Einziehung bereits kraftlos, § 2361 S. 2 BGB.[101] Im Zweifel gilt die Beschwerde als Antrag auf Erteilung eines neuen gleichlautenden Erbscheins, Abs. 3 S. 2.[102] 23

III. Resonanzsystem II: Kraftloserklärung von Erbscheinen

1. Eskalierendes Moment (Abs. 1 S. 1). Das zweite Resonanzsystem, die **Kraftloserklärung von Erbscheinen**, wird durch ein **eskalierendes Moment** ausgelöst. Kann der Erbschein, dessen Richtigkeit erschüttert ist, im Einziehungsverfahren nicht sofort erlangt werden, hat ihn das Nachlassgericht durch Beschluss für kraftlos zu erklären, Abs. 1 S. 1. Das eskalierende Moment wird bereits dann erreicht, sollte auch nur eine einzige Ausfertigung des Erbscheins nicht sofort erlangt werden.[103] Für Opportunitätserwägungen oder Risikoanalysen ist kein Raum, auch nicht für Deeskalationen, beruhend auf der großen Zahl bereits erlangter Ausfertigungen, zumal bereits eine nicht erlangte Ausfertigung ausreicht, um großen Schaden anzurichten. Zwangsläufig[104] kann die angemessene Verfahrensreaktion nur die Kraftloserklärung des Erbscheins sein, Abs. 1 S. 1. 24

2. Antrag oder Anregung. Das eskalierende Moment der Nichterlangbarkeit auch nur einer Ausfertigung des Erbscheins beantwortet im Übrigen die Frage nach der Ausgestaltung als Amts- oder Antragsverfahren. Die Automatik, die Zwangsläufigkeit lässt sich nur im Wege des **Amtsverfahrens** durchsetzen,[105] und zwar ohne gerichtliches Ermessen bzw. weitere Überlegungen zur Verfahrensopportunität. Die Ermittlungen hierzu stellt das Nachlassgericht von Amts wegen an, § 26. 25

3. Beschluss über die Kraftloserklärung des Erbscheins (Abs. 1). Dass die Kraftloserklärung im **Beschlussweg** erfolgen muss, demnach nicht als Verfügung ergehen kann, ist in Abs. 1 S. 1 festgehalten.[106] Es gelten die allgemeinen Kriterien, die das FamFG für Beschlüsse vorgibt, so dass der Kraftloserklärungsbeschluss zu **begründen**, zu **unterschreiben** und mit einer **Rechtsmittelbelehrung** zu versehen ist, §§ 38 Abs. 3 S. 1 und 2, 39.[107] 26

Zur Notwendigkeit einer **Kostenentscheidung** vgl. Abs. 2 sowie → Rn. 32. 27

Auf das **vorausgegangene Einziehungsverfahren** wird regelmäßig nicht bereits im Tenor des Kraftloserklärungsbeschlusses eingegangen, sondern erst im Rahmen der Begründung. Dort ist Raum für die Darlegung der Verschränkung der beiden Resonanzsysteme Einziehung und Kraftloserklärung und zugleich Raum für die Unterschiede. 28

---

100 Vgl. Bahrenfuss/*Schaal* § 353 Rn. 37; MüKoBGB/*Grziwotz* BGB § 2361 Rn. 47. Zur Beschwerdebefugnis vgl. KG ZEV 2018, 726.
101 Ebenso Bahrenfuss/*Schaal* § 353 Rn. 37; Prütting/Helms/*Fröhler* § 353 Rn. 19: Kraftloswirkung endgültig, kann nicht mehr rückgängig gemacht werden.
102 Prütting/Wegen/Weinreich/*Deppenkemper* BGB § 2361 Rn. 11.
103 MüKoBGB/*Grziwotz* BGB § 2361 Rn. 43; Bahrenfuss/*Schaal* § 353 Rn. 12; *Keller/von Schrenck* JA 2016, 51 (56).
104 Ebenso Keidel/*Zimmermann* § 353 Rn. 28, kein gerichtliches Ermessen.
105 Zum Amtsverfahren vgl. Prütting/Helms/*Fröhler* § 353 Rn. 22.
106 Bahrenfuss/*Schaal* § 353 Rn. 12; Prütting/Helms/*Fröhler* § 353 Rn. 22.
107 Muster vgl. GForm-FamFG/*Poller* § 353 Rn. 14. Zu Beschlusserfordernis vgl. *Keller/von Schrenck* JA 2016, 51 (56); Bahrenfuss/*Schaal* § 353 Rn. 10 und 11; Prütting/Helms/*Fröhler* § 353 Rn. 15.

29 Anders als der Einziehungsbeschluss, der sofort **Wirksamkeit** erlangt,[108] wird der Kraftloserklärungsbeschluss erst mit **Ablauf eines Monats nach Veröffentlichung im Bundesanzeiger** wirksam, Abs. 1 S. 3.[109] Nach Veröffentlichung unterliegt der Beschluss nicht mehr der Anfechtung, vgl. Abs. 1 S. 4.[110]

30 **4. Öffentliche Bekanntmachung des Beschlusses (Abs. 1 S. 2–4).** Die öffentliche **Bekanntmachung** des Kraftloserklärungsbeschlusses erfolgt nach den Bestimmungen des **Aufgebotsverfahrens**, Abs. 1 S. 2, § 435, also durch **Aushang an der Gerichtstafel**, alternativ durch öffentliche Bekanntmachung in einem elektronischen Informations- und Kommunikationssystem,[111] das im Gericht öffentlich zugänglich ist, und durch **einmalige Veröffentlichung im Bundesanzeiger**. Verzichtet werden kann auf die öffentliche Bekanntmachung nicht, die Norm räumt dem Nachlassgericht keinen abweichenden Gestaltungsspielraum ein, so dass eine Kraftloserklärung ohne öffentliche Bekanntmachung keine Wirksamkeit erlangen kann.[112] Entsprechende Kraftloserklärungsverfahren ohne öffentliche Bekanntmachung kennt die Nachlasspraxis bislang allerdings noch nicht.

31 Dem Hinweis auf die „Verzögerung",[113] die durch die öffentliche Bekanntmachung und die vorgesehene Monatsfrist eintritt, kann nur **gesetzgeberisch** begegnet werden. Der Schutz des Rechtsverkehrs vor unrichtigen Erbscheinen könnte eine **Verkürzung der Monatsfrist** ratsam erscheinen lassen. Dies gilt umso mehr, als im Kraftloserklärungsverfahren das vollständige Arsenal des einstweiligen Rechtsschutzes[114] nicht zur Verfügung steht und lediglich zum Veräußerungsverbot[115] gegen den Erbscheinsbesitzer und zum Rechtshängigkeitsvermerk[116] optiert werden kann, nicht aber zu den einstweiligen Anordnungen mit dem Ziel der einstweiligen Rückgabe der Erbscheinsausfertigung. Allenfalls wäre der Rechtspraxis bereits dadurch gedient, könnte Abs. 1 S. 3 dem Nachlassgericht die Befugnis zugestehen, auch eine kürzere Frist anzuordnen (**zeitliche Öffnungsklausel**). Alternativ könnte an eine **Zweiwochenfrist** gedacht und damit der Zeitraum auf die Hälfte des bislang geltenden Zeitraums verkürzt werden.

32 **5. Kostenentscheidung (Abs. 2).** Maßgeblich ist die Regelung in Abs. 2 S. 1, die dem Nachlassgericht die Pflicht auferlegt, im **Kraftloserklärungsverfahren** auch über die **Kosten des Verfahrens zu entscheiden**. Dass bereits im vorangegangenen Einziehungsverfahren eine Kostenentscheidung ergangen ist, befreit das Nachlassgericht nicht davon, im folgenden Kraftloserklärungsverfahren über die Kosten zu befinden. Einen Dispens sieht die Bestimmung in Abs. 2 nicht vor, er ist auch nicht veranlasst, da sich die Frage nach dem Kostenschuldner in beiden Verfahren unterschiedlich präsentieren kann. Die jeweiligen Kostenentscheidungen sind autonom zu treffen, die eine Entscheidung bindet nicht die andere Entscheidung, weil das jeweilige Verfahrensverhalten Würdigung finden muss. Nach Abs. 2 S. 2 soll die Kostenentscheidung **zugleich** mit der **Endentscheidung** ergehen, womit Wert auf die Verfahrensökonomie gelegt werden soll.

---

108 *Keller/von Schrenck* JA 2016, 51 (56).
109 *Keller/von Schrenck* JA 2016, 51 (56).
110 Siehe Prütting/Wegen/Weinreich/*Deppenkemper* § 2361 Rn. 9.
111 Siehe § 435 Abs. 1 S. 2; vgl. auch MüKoBGB/*Grziwotz* § 2361 Rn. 44; GForm-FamFG/*Poller* § 353 Rn. 15.
112 Bahrenfuss/*Schaal* § 353 Rn. 13: Verfahren wirkungslos.
113 MüKoBGB/*Grziwotz* BGB § 2361 Rn. 44.
114 Vgl. *Horn/Krätzschel* ZEV 2018, 14, sowie *Dillberger/Fest* JuS 2009, 1099 (1101).
115 *Horn/Krätzschel* ZEV 2018, 14 (17).
116 *Horn/Krätzschel* ZEV 2018, 14 (17).

Die Kosten des Kraftloserklärungsverfahrens sind den Beteiligten nach **billigem Ermessen** ganz oder nur zum Teil aufzuerlegen, § 81 Abs. 1 S. 1,[117] wobei die Interessen der wahren Erben, die Umstände, die zur Kraftloserklärung führten, und das weitere Umfeld, insbesondere das Verfahrensverhalten der Beteiligten, Berücksichtigung finden können.[118] Die Billigkeitsgründe im Einzelnen:[119] grobes Verschulden, die Aussichtslosigkeit des Antrags, unwahre Angaben von Beteiligten sowie die Verletzung von Mitwirkungspflichten.[120] 33

Das Verfahrensverhalten gilt es besonders zu bewerten, da der Kraftloserklärung regelmäßig ein eskalierendes Moment eigen ist. Ggf. ist ein **Entscheidungsschuldner** iSv § 27 Nr. 1 GNotKG zu benennen, sofern das Gericht nicht ohnehin von der **Kostenerhebung absieht**, § 81 Abs. 1 S. 2.[121] 34

6. Gerichtskosten des Kraftloserklärungsverfahrens. Im Kraftloserklärungsverfahren fällt pauschal eine **0,5 Verfahrensgebühr** nach der KV 12215 GNotKG, Tabelle B, **höchstens** jedoch ein Betrag iHv **400 EUR** an, womit alle nachlassgerichtlichen Handlungen abgegolten sind,[122] nicht dagegen die **Bekanntmachungskosten**, die zusätzlich in voller Höhe in Rechnung zu stellen sind, KV 31004 GNotKG.[123] 35

Durch die **spätere Neuerteilung des Erbscheins**, die wiederum mit einer vollen Verfahrensgebühr nach KV Nr. 12210 GNotKG zu Buche schlägt, gerät die Verfahrensgebühr für die Kraftloserklärung nicht in Wegfall.[124] 36

Die Verfahrensgebühr nach KV Nr. 12215 GNotKG fällt auch dann nur **einmal** an, sollte der Erbschein gleichzeitig oder nacheinander eingezogen und kraftlos erklärt werden, § 55 Abs. 1 GNotKG.[125] 37

Zum **Kostenschuldner** → Rn. 34, die Verfahrenskosten sind nach billigem Ermessen aufzuerlegen, § 81 Abs. 1 S. 1.[126] 38

Der **Geschäftswert** richtet sich nach § 40 GNotKG, bezogen auf den Zeitpunkt des Erbfalls, nicht auf den Zeitpunkt des Kraftloserklärungsbeschlusses.[127] 39

7. Wirkung der Kraftloserklärung. Verfahrensgemäß[128] wird der Erbschein **kraftlos**. Der Erbschein verliert die Wirkungen, die ihm die §§ 2365–2367 BGB zugestehen, was auch der Grund dafür ist, warum ein kraftlos erklärter Erbschein, der im Rechtsverkehr wiederauftaucht, nicht noch zusätzlich eingezogen werden muss,[129] wenngleich die Hinzufügung zur Nachlassakte sinnvoll erscheint. Zur öffentlichen Bekanntmachung nach den Bestimmungen des Aufgebotsverfahrens → Rn. 30 sowie Abs. 1 S. 2 bis 4 (dort auch zur Monatsfrist). 40

---

117 Korintenberg/*Wilsch* KV 12215 GNotKG Rn. 11.
118 Korintenberg/*Wilsch* KV 12215 GNotKG Rn. 11.
119 Zu den Billigkeitsgründen im Einzelnen vgl. *Zimmermann* FamRZ 2009, 377 (381).
120 *Zimmermann* FamRZ 2009, 377 (381).
121 Korintenberg/*Wilsch* KV 12215 GNotKG Rn. 11.
122 Korintenberg/*Wilsch* KV 12215 GNotKG Rn. 20.
123 Korintenberg/*Wilsch* KV 12215 GNotKG Rn. 21.
124 Keine Annullierung iSv § 108 S. 3 KostO mehr, vgl. Korintenberg/*Wilsch* KV 12215 GNotKG Rn. 2, 10 und 19.
125 Korintenberg/*Wilsch* KV 12215 GNotKG Rn. 25.
126 Korintenberg/*Wilsch* KV 12215 GNotKG Rn. 11.
127 Also nicht nach § 59 S. 2 GNotKG, vgl. Korintenberg/*Wilsch* KV 12215 GNotKG Rn. 13.
128 MüKoBGB/*Grziwotz* BGB § 2361 Rn. 45: identisch mit Wirkung der Kraftloserklärung im Einziehungsverfahren.
129 *Zimmermann* Erbschein Rn. 531; aA Prütting/Wegen/Weinreich/*Deppenkemper* BGB § 2361 Rn. 9: statt „Erledigung" sei Einziehung geboten.

41 **8. Beschwerdeverfahren.** Gegen den Kraftloserklärungsbeschluss kann bis zur Veröffentlichung mit der **befristeten Beschwerde** vorgegangen werden,[130] vorausgesetzt, der Beschwerdewert iHv 600 EUR ist erreicht oder die Beschwerde ist zugelassen.[131] Gleiches gilt für die Entscheidung, mit der die Kraftloserklärung **abgelehnt** wird[132] (= befristete Beschwerde nach §§ 58 ff.).

42 **Nach der Veröffentlichung** kann der Beschluss nicht mehr angefochten werden, Abs. 1 S. 4.[133] Eine dennoch eingelegte Beschwerde ist umzudeuten, und zwar in einen Antrag auf Erteilung eines neuen, gleichlautenden Erbscheins.[134]

IV. Resonanzsystem III: Vorläufiger Rechtsschutz im Erbscheinsverfahren

43 **1. Allgemeines.** Eine besondere Dringlichkeit kann es geboten erscheinen lassen, zu einem **weiteren Resonanzsystem** zu greifen, das im Bereich des **vorläufigen Rechtsschutzes** angesiedelt ist. Endgültige Rechtszustände werden hierdurch nicht geschaffen, sondern vorläufige Maßnahmen[135] ergriffen, um den status quo zu wahren und drohende Rechtsverluste abzuwenden, verursacht durch den Scheinerben, der die Erbscheinsausfertigung in Händen hält.[136] Es gilt, dem wahren Erben einen Schutzschirm zur Verfügung zu stellen, ihn sofort zu schützen, für die „Zwischenzeit",[137] bis die weiteren Verfahren aufgesetzt und zu einem Ende geführt werden können. Da das Erbscheinsverfahren nur auf Antrag eingeleitet wird, setzen die Maßnahmen des vorläufigen Rechtsschutzes regelmäßig einen **Antrag** voraus. Eine **Ausnahme** gilt für das Beschwerdegericht, das nach pflichtgemäßem Ermessen agieren und die gebotenen Maßnahmen sofort ergreifen kann.[138] Eine **weitere Ausnahme** gilt für die einstweilige Anordnung, die von Amts wegen ergehen kann,[139] zumal sich auch das Hauptsacheverfahren, die Einziehung, als Amtsverfahren präsentiert. Vollständige Rechtssicherheit bietet das Resonanzsystem des vorläufigen Rechtsschutzes nicht.[140]

44 **2. Einstweilige Anordnung: Rückgabe der Erbscheinsausfertigung zu den Nachlassakten.** Mit der Konzeption und Kodifizierung der einstweiligen Anordnung, §§ 49 ff., stellte der Gesetzgeber ein *vereinfachtes*, *summarisches* und *be-*

130 Bahrenfuss/*Schaal* § 353 Rn. 39; Prütting/Helms/*Fröhler* § 353 Rn. 23; Erman/*Simon* § 2361 Rn. 11; MüKoBGB/*Grziwotz* § 2361 Rn. 49; Keidel/*Zimmermann* § 353 Rn. 33.
131 Bahrenfuss/*Schaal* § 353 Rn. 39; *Keller/von Schrenck* JA 2016, 51 (57).
132 Bahrenfuss/*Schaal* § 353 Rn. 38; Prütting/Helms/*Fröhler* § 353 Rn. 20 und 25; Keidel/*Zimmermann* § 353 Rn. 32.
133 Vgl. Bahrenfuss/*Schaal* § 353 Rn. 40; Keidel/*Zimmermann* § 353 Rn. 34.
134 Bahrenfuss/*Schaal* § 353 Rn. 40; Keidel/*Zimmermann* § 353 Rn. 34; GForm-FamFG/*Poller* § 353 Rn. 18; Erman/*Simon* BGB § 2361 Rn. 15; MüKoBGB/*Grziwotz* BGb § 2361 Rn. 49; aA Prütting/Helms/*Fröhler* § 353 Rn. 24: Umdeutung nicht möglich, da keine entsprechende Verfahrensgrundlage; danach ist die Beschwerde nicht statthaft.
135 Zur Konzeption der einstweiligen Anordnung im FamFG vgl. BT-Drs. 16/6308, 199: Für eine einstweilige Anordnung kommen nur vorläufige Maßnahmen in Betracht.
136 Vgl. *Keller/von Schrenck* JA 2016, 51 (56).
137 *Dillberger/Fest* JuS 2009, 1099 (1101).
138 *Dillberger/Fest* JuS 2009, 1099 (1101).
139 OLG Saarbrücken NJW-RR 2012, 588.
140 Zur vorläufigen Rückgabe des Erbscheins vgl. *Horn/Krätzschel* ZEV 2018, 14 (16).

schleunigtes Verfahren[141] zur Verfügung, ein eigenständiges[142] Resonanzsystem, mit dem das Hauptsacheverfahren, die Einziehung oder Kraftloserklärung, nicht vorweggenommen werden darf, § 49 Abs. 1. Die vorläufige Maßnahme muss **gerechtfertigt** sein, überdies ein dringendes **Regelungsbedürfnis** bestehen, § 49 Abs. 1.[143]

Die einstweilige Anordnung wird von **Amts wegen**[144] oder auf **Antrag**[145] erlassen, § 51 Abs. 1 S. 1,[146] und sieht vor, dass dem Erbscheinsinhaber durch das Nachlassgericht im **Beschlussweg**[147] eine besondere Handlung geboten wird,[148] die **vorläufige Rückgabe der Erbscheinsausfertigung zu den Nachlassakten**,[149] womit allerdings die Erbscheinswirkungen nach den §§ 2365 ff. BGB nicht beseitigt,[150] sondern rein praktisch unmöglich werden,[151] mangels Vorlage einer Erbscheinsausfertigung im Rechtsverkehr. Der gute Glaube, den der Erbschein genießt, entfällt durch die einstweilige Anordnung nicht, weil sie nicht die Wirkungen einer „vorläufigen Einziehung" entfalten kann.[152] Eine solche Wirkung stünde auch im Kontrast zum Resonanzsystem der Einziehung. Wegen des **Vorwegnahmeverbots** nach § 49 Abs. 1 kommt eine vorläufige Einziehung bzw. Kraftloserklärung des Erbscheins nicht in Betracht.[153] Geschaffen wird vielmehr eine einstweilige Sicherung, § 49 Abs. 2,[154] anfechtbar mit Beschwerde,[155] § 58 Abs. 1.[156] 45

3. Einstweilige Verfügung: Rückgabe der Erbscheinsausfertigung zu den Nachlassakten. Dasselbe Ziel – *vorläufige Rückgabe der Erbscheinsausfertigungen zu den Nachlassakten* – kann durch den Erlass einer **einstweiligen Verfügung** 46

141 BT-Drs. 16/6308, 199; OLG Saarbrücken NJW-RR 2012, 588 (589); vgl. zum einstweiligen Rechtsschutz auch *Boeckh* NJ 2011, 187 (191).
142 Zur Selbständigkeit des Verfahrens vgl. § 51 Abs. 3 S. 1.
143 Damit Anlehnung an den Verfügungsanspruch und Verfügungsgrund der einstweiligen Verfügung, vgl. BT-Drs. 16/6308, 199.
144 OLG Saarbrücken NJW-RR 2012, 588 (589).
145 Unklar, ob nur Antrags- oder auch Amtsverfahren: *Keller/von Schrenck* JA 2016, 51 (57). Zur Anordnung vgl. *Grziwotz* FamRZ 2016, 417 (421); zur Anordnung von Amts wegen vgl. *Boeckh* NJ 2011, 187 (191). Zum Muster eines Antrags auf einstweilige Anordnung mit dem Ziel der Erbscheinsrückgabe zu den Akten vgl. GForm-FamFG/*Poller* § 353 Rn. 11.
146 Ebenso GForm-FamFG/*Poller* § 353 Rn. 13, Anordnung von Amts wegen oder auf Antrag.
147 *Boeckh* NJ 2011, 187 (191).
148 *Dillberger/Fest* JuS 2009, 1099 (1101); *Boeckh* NJ 2011, 187 (191).
149 *Horn/Krätzschel* ZEV 2018, 14 (16); Prütting/Wegen/Weinreich/*Deppenkemper* BGB § 2361 Rn. 10; Muster vgl. GForm-FamFG/*Poller* § 353 Rn. 11. Vgl. zur Zulässigkeit auch *Dillberger/Fest* JuS 2009, 1099 (1101); MüKoBGB/*Grziwotz* BGB § 2361 Rn. 46.
150 *Horn/Krätzschel* ZEV 2018, 14 (16); Erman/*Simon* § 2361 Rn. 10; *Boeckh* NJ 2011, 187 (191); GForm-FamFG/*Poller* § 353 Rn. 12; *Dillberger/Fest* JuS 2009, 1099 (1102); MüKoBGB/*Grziwotz* § 2361 Rn. 46.
151 Erman/*Simon* BGB § 2361 Rn. 11; *Dillberger/Fest* JuS 2009, 1099 (1102); MüKoBGB/*Grziwotz* BGB § 2361 Rn. 46.
152 Erman/*Simon* BGB § 2361 Rn. 10; MüKoBGB/*Grziwotz* BGB § 2361 Rn. 46.
153 Prütting/Wegen/Weinreich/*Deppenkemper* BGB § 2361 Rn. 10; Burandt/Rojahn/*Rojahn* § 49 Rn. 3 FamFG; GForm-FamFG/*Poller* § 353 Rn. 12.
154 *Boeckh* NJ 2011, 187 (191).
155 Siehe auch OLG Saarbrücken NJW-RR 2012, 588.
156 Vgl. *Boeckh* NJ 2011, 187 (191).

erlangt werden, § 935 ZPO.[157] Die Zuständigkeit liegt dann nicht beim Nachlassgericht des gewöhnlichen Erblasseraufenthalts, § 343 Abs. 1, sondern beim Prozessgericht am Wohnsitz des Schuldners.

47 **4. Einstweilige Verfügung: Veräußerungsverbot.** Ein anderes Ziel – *Schutz des Nachlasses vor Verfügungen des Scheinerben* – kann durch den Erlass einer **einstweiligen Verfügung** erreicht werden, lautend auf den Erlass eines gerichtlichen Verfügungsverbotes[158] gegen den Erbscheinsbesitzer, was auch im Grundbuch **eingetragen** werden kann,[159] um gutgläubigen Erwerb zu verhindern, §§ 135, 136, 892 Abs. 1 S. 2 BGB.[160] Schließlich kann mit der einstweiligen Verfügung auch eine Handlung geboten oder verboten, insbesondere die Veräußerung oder Belastung einer Immobilie untersagt werden, § 938 Abs. 2 ZPO. Die Eintragungsgrundlage bilden zum einen die **einstweilige Verfügung**, zum anderen ein **Antrag** des Verbotsgeschützten, alternativ ein **Ersuchen** des Prozessgerichts, § 941 ZPO.[161] Eine „Sperre" des Grundbuchs tritt durch die Eintragung des Verfügungsverbotes nicht ein, es sei denn, im Grundbuch ist eine Löschung oder eine Erbbaurechts- oder Wohnungseigentumsbegründung zu vollziehen, die den Verbotsgeschützten betrifft. Dann ist dem Grundbuchamt auch die Zustimmung des Verbotsgeschützten vorzulegen.[162] Die Eintragung des Veräußerungsverbots erfolgt im Wege der Grundbuchberichtigung, ebenso die erleichterte Löschung, vgl. § 25 GBO analog.

48 **5. Rechtshängigkeitsvermerk im Grundbuch.** Darüber hinaus kennt die Praxis die **Eintragung des Rechtshängigkeitsvermerks im Grundbuch**, womit die durch Rechtshängigkeit faktisch begründete **Verfügungsbeschränkung** verlautbart werden kann.[163] Nach Ansicht des BGH[164] kann die Eintragung nicht (mehr) im Wege des Berichtigungsverfahrens nach § 22 GBO erfolgen, etwa durch Übersendung der Prozessakte oder anhand einer Bestätigung des Prozessgerichts über die Rechtshängigkeit der Grundbuchberichtigungsklage, weil die Rechtshängigkeit noch keine Grundbuchunrichtigkeit generiert,[165] sondern nur noch aufgrund einer **Bewilligung** des Buchberechtigten oder einer **einstweiligen Verfügung**. Da der Buchberechtigte, der im Grundbuch eingetragene Scheinerbe, regelmäßig nicht bereit ist, eine entsprechende Bewilligung abzugeben, bleibt in der Praxis nur der Weg der einstweiligen Verfügung, § 899 Abs. 2 BGB analog. Die **Eintragung** des Rechtshängigkeitsvermerks im Grundbuch ist **gebührenfrei**,[166] zumal eine entsprechende Gebührenvorschrift im Kostenverzeichnis des GNotKG nicht existiert.

157 *Boeckh* NJ 2011, 187 (191); *Horn/Krätzschel* ZEV 2018, 14 (17); *Dillberger/Fest* JuS 2009, 1099 (1102): neben der einstweiligen Anordnung durch das Nachlassgericht kann auch eine einstweilige Verfügung durch das Prozessgericht beantragt werden, ein Rechtsschutzbedürfnis ist zu bejahen.
158 *Horn/Krätzschel* ZEV 2018, 14 (17).
159 *Schöner/Stöber* GrundbuchR Rn. 1642 ff.
160 *Schöner/Stöber* GrundbuchR Rn. 1643.
161 *Schöner/Stöber* GrundbuchR Rn. 1644.
162 *Schöner/Stöber* GrundbuchR Rn. 1646.
163 Zur Zulässigkeit der Grundbucheintragung vgl. BGH ZfIR 2013, 423 mAnm *Wilsch*. Vgl. auch *Horn/Krätzschel* ZEV 2018, 14 (17).
164 BGH ZfIR 2013, 423 mAnm *Wilsch*; *Horn/Krätzschel* ZEV 2018, 14 (18).
165 *Wilsch* ZfIR 2013, 423 (426).
166 Vgl. *Wilsch* ZEV 2013, 428 (430).

§ 354 Sonstige Zeugnisse

(1) Die §§ 352 bis 353 gelten entsprechend für die Erteilung von Zeugnissen nach den §§ 1507 und 2368 des Bürgerlichen Gesetzbuchs, den §§ 36 und 37 der Grundbuchordnung sowie den §§ 42 und 74 der Schiffsregisterordnung.

(2) Ist der Testamentsvollstrecker in der Verwaltung des Nachlasses beschränkt oder hat der Erblasser angeordnet, dass der Testamentsvollstrecker in der Eingehung von Verbindlichkeiten für den Nachlass nicht beschränkt sein soll, so ist dies in dem Zeugnis nach § 2368 des Bürgerlichen Gesetzbuchs anzugeben.

Literatur:

Boeck, Der Erbschein-Erteilung, Einziehung und Beschwerde nach der FG-Reform, NJ 2011, 187; *Dillberger/Fest*, Vorgehen gegen einen unrichtigen Erbschein, JuS 2009, 1099; *Heinemann*, Die Reform der freiwilligen Gerichtsbarkeit durch das FamFG und ihre Auswirkungen auf die notarielle Praxis, DNotZ 2009, 6; *Holzer*, Das Erbscheinsverfahren nach dem FamFG, ZNotP 2015, 258; *Zimmermann*, Das Erbscheinsverfahren im FamFG, JuS 2009, 817.

I. Allgemeines

Was für das Erbscheinsverfahren gilt, das Antragsprinzip, die Antragserfordernisse, das Beweisverfahren, der Inhalt, die Ausgestaltung des Zeugnisses, die öffentliche Aufforderung, die Entscheidung über den Antrag, die Erteilung sowie die Einziehung und die Kraftloserklärung, soll auch für einige sonstige Zeugnisse gelten, die das Nachlassgericht erteilt.[1] 1

1 BT-Drs. 16/6308, 282; Firsching/Graf/*Krätzschel* NachlassR § 40 Rn. 28; Bork/Jacoby/Schwab/*Rellermeyer* § 354 Rn. 2.

2 Erwähnung fanden das Fortsetzungszeugnis nach § 1507 BGB, das Testamentsvollstreckerzeugnis (TV-Zeugnis) nach § 2368 BGB sowie die Überweisungszeugnisse nach §§ 36, 37 GBO, §§ 42, 74 SchRegO.[2] Während das TV-Zeugnis in der Nachlasspraxis einen großen Raum einnimmt, kommt den Fortsetzungs- und Überweisungszeugnissen keine große Bedeutung zu. Keine Erwähnung fanden hingegen das Europäische Nachlasszeugnis (ENZ), das Zeugnis nach § 16 des BundeschuldbuchG, das Folgezeugnis nach Fideikommissrecht sowie das Hoffolgezeugnis nach der HöfeO, für die die §§ 352–353 keine Anwendung finden.

3 Die inhaltliche Wertung für einige sonstige Nachlasszeugnisse findet in § 354 ihren Ausdruck, einer Norm, die einheitliche Verfahrensstandards schaffen möchte, wodurch die sonstigen Zeugnisse auf ein entsprechendes Verfahrens- bzw. Integritätsniveau gehoben werden. Die Regelung fungiert als gesetzliches Relais, als Norm, die allgemeines Erbscheinsverfahrensrecht aktiviert, indem auf die Bestimmungen der §§ 352–353 verwiesen und deren Inhalt in die Pflicht genommen wird, Abs. 1. Die universale Verweisung auf das Erbscheinsverfahrensrecht trifft jedoch nicht uneingeschränkt zu. Tatsächlich bestehen Asymmetrien. Schließlich regelt die Norm, dass spezielle Ausgestaltungen der Testamentsvollstreckung sich im TV-Zeugnis wiederfinden müssen, Abs. 2.

II. Entsprechende Geltung des Erbscheinsverfahrensrechts für einige sonstige Zeugnisse (Abs. 1, §§ 352–353)

4 **1. Zeugnis über die Fortsetzung der Gütergemeinschaft, § 1507 BGB.** a) **Allgemeines; entsprechende Geltung des Erbscheinsverfahrensrechts.** Kraft Gesetzes kann die Fortsetzung der Gütergemeinschaft nicht eintreten, sondern nur aufgrund einer **ehevertraglichen Vereinbarung**, § 1483 Abs. 1 S. 1 BGB. Die Gütergemeinschaft wird dann zwischen dem überlebenden Ehegatten und den gemeinschaftlichen Abkömmlingen fortgesetzt, die bei gesetzlicher Erbfolge als Erben berufen sind, § 1483 Abs. 1 S. 1 BGB.[3] Verhindert werden soll die Zerschlagung des Gesamtguts.[4] Auf **Antrag**[5] erteilt das Nachlassgericht, funktionell zuständig ist der **Rechtspfleger**, § 3 Nr. 2 lit. c RpflG,[6] dem überlebenden Ehegatten ein Zeugnis über die Fortsetzung der Gütergemeinschaft, § 1507 S. 1 BGB. Der überlebende Ehegatte und die gemeinschaftlichen Kinder stehen im Zentrum des Zeugnisses, dessen Kernaussage auf Fortsetzung lautet, weshalb der Tod des Ehegatten fast nur beiläufig erwähnt wird: „Es wird bezeugt, dass ... nach dem Tod des ..., die kraft Ehevertrags vom ... bestehende Gütergemeinschaft mit den gemeinschaftlichen Kindern ... fortgesetzt hat. Außer ... sind keine weiteren nichtgemeinschaftlichen Abkömmlinge vorhanden."[7] Zu den **notwendigen Angaben des Antrags** vgl. § 352.

5 Fehlenden Angaben oder fehlenden Nachweisen begegnet das Nachlassgericht mit einer **Zwischen- bzw. Hinweisverfügung**, § 28 Abs. 2. Ggf. kommt eine kostenpflichtige Zurückweisung in Betracht, sollte die Zwischen- bzw. Hinweisverfügung nicht behoben werden. Wegen der allgemeinen Verweisung auf die §§ 352–353 kann der Antrag auf die im Inland befindlichen Gegenstände be-

2 Prütting/Helms/*Fröhler* § 354 Rn. 2.
3 Firsching/Graf/*Krätzschel* NachlassR § 40 Rn. 20.
4 *Wittich*, Die Gütergemeinschaft, 2000, 24.
5 Zur strengen Bindung des Nachlassgerichts an den Inhalt des Antrags vgl. die Kommentierung zu § 352.
6 Firsching/Graf/*Krätzschel* NachlassR § 40 Rn. 28.
7 Muster vgl. Firsching/Graf/*Krätzschel* NachlassR § 40 Rn. 32.

schränkt und somit ein **gegenständlich beschränktes Fortsetzungszeugnis**[8] erteilt werden, Abs. 1, § 352c. Die allgemeine Verweisung zeichnet verantwortlich dafür, dass das Zeugnis nur erteilt werden kann, sofern das Nachlassgericht die zur Begründung des Antrags erforderlichen **Tatsachen für festgestellt** erachtet, was in Beschlussform zu kleiden ist, Abs. 1, § 352e Abs. 1 (→ § 352e Rn. 1 ff.). Dem Fortsetzungszeugnis kommt die positive und die negative Richtigkeitsvermutung zugute, die den Erbschein trägt, Abs. 1, § 353 (→ § 353 Rn. 1 ff.).

6 **b) Asymmetrien zum Erbscheinsverfahrensrecht.** Eine **erste Asymmetrie** zum Erbscheinsverfahrensrecht, die Abs. 1 nicht aufgreift, zeigt sich bereits im **Antragsrecht**,[9] das einzig und allein dem überlebenden Ehegatten bzw. den Gläubigern zusteht,[10] vgl. § 1507 S. 1 BGB,[11] nicht auch den weiteren Teilnehmern der fortgesetzten Gütergemeinschaft, den Abkömmlingen. Eine autonome Antragsberechtigung, wie sie § 352a Abs. 1 S. 2 vorsieht, besteht für das Fortsetzungszeugnis nicht (→ § 352a Rn. 1 ff.). Darin liegt eine Abweichung, eine Asymmetrie zum Regelungsgehalt des § 352 Abs. 1, der allen gesetzlichen Erben ein Antragsrecht einräumt. **Weitere Asymmetrien** zeigen sich darin, dass das Fortsetzungszeugnis **nur als gemeinschaftliches Zeugnis**[12] erteilt werden kann, vgl. § 352a, nicht auch als Teilzeugnis, und darin, dass das Fortsetzungszeugnis auch in Gestalt eines **Negativzeugnisses**[13] in Erscheinung treten kann, der Erbschein hingegen nicht.

7 **Asymmetrisch** zum Erbscheingehalt zeigt sich das Fortsetzungszeugnis schließlich darin, dass eine **Einziehung bzw. Kraftloserklärung** des Fortsetzungszeugnisses nach Beendigung der fortgesetzten Gütergemeinschaft nicht initiiert werden kann,[14] da das Zeugnis **bereits kraftlos** ist.[15] In der Folge wird das Zeugnis lediglich zur Nachlassakte zurückgefordert.[16] An den Resonanzsystemen (Einziehung und Kraftloserklärung), die das Erbscheinsverfahren vorsieht, nimmt das Fortsetzungszeugnis nur eingeschränkt teil. Auch die Aussage im Fortsetzungszeugnis, dass keine weiteren nichtgemeinschaftlichen Abkömmlinge vorhanden sind,[17] findet im Erbschein keine Entsprechung und muss daher als **weitere Asymmetrie** gewertet werden.

8 **2. Testamentsvollstreckerzeugnis, § 2368 BGB. a) Allgemeines; entsprechende Geltung des Erbscheinsverfahrensrechts. Testamentsvollstreckung** (TV) kann nur durch eine letztwillige Verfügung angeordnet werden, § 2197 Abs. 1 BGB, die Bestimmung der Person des Testamentsvollstreckers kann dagegen einem Dritten oder dem Nachlassgericht überlassen werden, vgl. §§ 2198–2200 BGB. Regelfall ist die Bestimmung durch den Erblasser, dem es auch obliegt, den Aufgaben- und Wirkungskreis des Testamentsvollstreckers zu bestimmen, der sich

---

8 Firsching/Graf/*Krätzschel* NachlassR § 40 Rn. 26.
9 Muster einer Niederschrift über den Antrag bei Firsching/Graf/*Krätzschel* NachlassR § 40 Rn. 30.
10 Firsching/Graf/*Krätzschel* NachlassR § 40 Rn. 29, Grund ist das alleinige Verwaltungsrecht des überlebenden Ehegatten.
11 Das Fortsetzungszeugnis wird nur auf Antrag des überlebenden Ehegatten erteilt, § 1507 S. 1 BGB.
12 Firsching/Graf/*Krätzschel* NachlassR § 40 Rn. 26.
13 Firsching/Graf/*Krätzschel* NachlassR § 40 Rn. 26: Zeugnis darüber, dass die fortgesetzte Gütergemeinschaft nicht eingetreten ist.
14 Firsching/Graf/*Krätzschel* NachlassR § 40 Rn. 36; Bork/Jacoby/Schwab/*Rellermeyer* § 354 Rn. 3; Keidel/*Zimmermann* § 354 Rn. 2.
15 Keidel/*Zimmermann* § 354 Rn. 2; Korintenberg/*Wilsch* GNotKG Nr. 12215 Rn. 5.
16 Firsching/Graf/*Krätzschel* NachlassR § 40 Rn. 37; Korintenberg/*Wilsch* GNotKG Nr. 12215 Rn. 5.
17 Vgl. Muster bei Firsching/Graf/*Krätzschel* NachlassR § 40 Rn. 32.

im Rechtsverkehr legitimieren muss. Regelmäßig geschieht dies durch ein TV-Zeugnis, das auf Antrag vom Nachlassgericht erteilt wird,[18] § 2368 S. 1 BGB, Abs. 1, § 352. Für die Symmetrie zum Erbscheinsverfahren spricht bereits, dass die Bestimmung in § 2368 S. 2 BGB die **Erbscheinvorschriften** für entsprechend anwendbar erklärt, darunter auch das **Nachweiserfordernis** durch öffentliche Urkunden und eidesstattliche Versicherungen.[19]

9 Dank dieser Verweisung wird dem TV-Zeugnis die **positive und negative Richtigkeitsvermutung** des § 2365 BGB zuteil.[20] Es wird vermutet, dass dem im **TV-Zeugnis** angegebenen Testamentsvollstrecker das Amt zusteht[21] und dass er nicht durch andere als die angegebenen **Anordnungen beschränkt** ist.

10 Der **öffentliche Glaube** des **TV-Zeugnisses** bewirkt, dass gutgläubige Vertragspartner wirksam *vom* Testamentsvollstrecker erwerben und gutgläubige Nachlassschuldner wirksam *an* den Testamentsvollstrecker leisten können, §§ 2366, 2367 BGB.

11 Auf die Verweisung zurückzuführen ist es auch, dass ein **gegenständlich beschränktes TV-Zeugnis** erteilt werden kann, § 2368 S. 2 BGB iVm § 352c.[22]

12 Nicht anders als im Erbscheinsverfahren, wird im TV-Zeugnisverfahren durch **Zwischenverfügung, Zurückweisung** oder durch **Feststellungsbeschluss** entschieden.[23] Ein Gleichklang mit dem Erbscheinsverfahren besteht auch insoweit, als ein unrichtiges TV-Zeugnis **eingezogen** bzw. **kraftlos** erklärt werden kann,[24] Abs. 1, § 353.

13 **b) Testamentsvollstreckerzeugnis.** Das TV-Zeugnis ist nur zu erteilen, wenn das Nachlassgericht die zur Begründung des Antrags **erforderlichen Tatsachen für festgestellt** erachtet, Abs. 1, § 352e Abs. 1 S. 1.[25] Die Entscheidung ergeht als **interner Beschluss**[26] und wird bereits mit dem Erlass **wirksam**, Abs. 1, § 352e Abs. 1 S. 2 und 3.

14 Mit ihren **Personalien** anzugeben sind im TV-Zeugnis der Erblasser (samt Sterbedatum) und der Testamentsvollstrecker, aufzuführen sind ferner die **Beschränkungen** und **Erweiterungen**, denen der Testamentsvollstrecker unterliegt.[27]

15 Die Regelung in Abs. 2 erwähnt insoweit die **verwaltungsbeschränkte Testamentsvollstreckung** und die Testamentsvollstreckung, die die Befugnis zur **Eingehung von Verbindlichkeiten für den Nachlass** mitumfasst.[28] Welchen **Verwaltungsbeschränkungen** der Testamentsvollstrecker unterliegen soll, bestimmt der

18 Zum Inhalt des Antrags vgl. Firsching/Graf/*Krätzschel* NachlassR § 19 Rn. 52 ff.
19 Burandt/Rojahn/*Gierl* § 354 Rn. 11.
20 Firsching/Graf/*Krätzschel* NachlassR § 19 Rn. 48 und 71.
21 Ebenso Firsching/Graf/*Krätzschel* NachlassR § 19 Rn. 48 und 71.
22 Firsching/Graf/*Krätzschel* NachlassR § 19 Rn. 50, dort allerdings noch mit Hinweis auf den zwischenzeitlich weggefallenen § 2369 BGB. Vgl. im Übrigen die Kommentierung zu § 352c sowie Prütting/Helms/*Fröhler* § 354 Rn. 14; Keidel/*Zimmermann* § 354 Rn. 10.
23 NachlassR/Graf/*Krätzschel* § 19 Rn. 58 ff.; Burandt/Rojahn/*Gierl* § 354 Rn. 16, 21 und 22.
24 Firsching/Graf/*Krätzschel* NachlassR § 19 Rn. 67; Prütting/Helms/*Fröhler* § 354 Rn. 5; Burandt/Rojahn/*Gierl* § 354 Rn. 27.
25 Firsching/Graf/*Krätzschel* NachlassR § 19 Rn. 59; Burandt/Rojahn/*Gierl* § 354 Rn. 17.
26 Muster eines Feststellungsbeschlusses vgl. Firsching/Graf/*Krätzschel* NachlassR § 19 Rn. 59.
27 Firsching/Graf/*Krätzschel* NachlassR § 19 Rn. 61; Bork/Jacoby/Schwab/*Rellermeyer* § 354 Rn. 4.
28 Zu den Einschränkungen vgl. Keidel/*Zimmermann* § 354 Rn. 34.

Erblasser durch Verfügung von Todes wegen. Möglich sind **gegenständliche Beschränkungen**, bezogen auf bestimmte Immobilien, Unternehmen, Unternehmensteile oder einzelne Erbanteile. Im Raum stehen aber auch **inhaltliche Beschränkungen** auf spezielle Aufgaben, die der Testamentsvollstrecker erledigen soll, etwa die Erfüllung von Vermächtnissen[29] oder Auflagen bzw. die Ausübung von Stimmrechten. Nicht unerwähnt bleiben dürfen **zeitliche Beschränkungen**, beispielsweise eine bestimmte Dauer[30] oder ein in der Zukunft liegender Beginn der Testamentsvollstreckung, ebenso eine **auflösende Bedingung.**[31] Da den Beschränkungen dingliche Wirkung zukommt, die Verfügungsmacht weiterhin dem Erben zusteht, § 2208 Abs. 1 S. 2 BGB, und der Rechtsverkehr über die Befugnisse des Testamentsvollstreckers im Bilde sein muss, ordnet die Regelung in Abs. 2 die **Verlautbarung der Beschränkungen im TV-Zeugnis** an.[32] Gleiches gilt für die Erweiterung, dass der Testamentsvollstrecker in der **Eingehung von Verbindlichkeiten** für den Nachlass nicht beschränkt sein soll. Beide, die Beschränkungen und die Erweiterungen, müssen sich im TV-Zeugnis wiederfinden,[33] vgl. Abs. 2.

Das **TV-Zeugnis** kann daher wie folgt lauten:[34] 16

▶ Frau Rechtsanwältin ... ist zur Testamentsvollstreckerin über den Nachlass des ... ernannt worden. Der Erblasser hat angeordnet, dass .... In der Eingehung von Verbindlichkeiten für den Nachlass ist die Testamentsvollstreckerin nicht beschränkt. ◀

c) **Asymmetrien zum Erbscheinsverfahrensrecht.** Eine erste, wenngleich nicht unumstrittene **Asymmetrie** zum Erbscheinsverfahren, die Abs. 1 nicht thematisiert, liegt im **Antragsrecht** begründet, das die herrschende Meinung[35] lediglich dem Testamentsvollstrecker und den Nachlassgläubigern zugesteht, den Erben jedoch verweigert. Grund ist die Legitimierungsfunktion des TV-Zeugnisses, die nicht mehr gewahrt ist, sollte der Erbe das TV-Zeugnis beantragen. Wer Erbe mit welchen Quoten ist, geht aus dem TV-Zeugnis nicht hervor. 17

Eine **zweite Asymmetrie**, die aus Abs. 1 nicht hervorgeht, ist mit der Wesensart des TV-Zeugnisses verknüpft. Mit der **Beendigung** des Amtes des Testamentsvollstreckers wird das TV-Zeugnis **kraftlos**, § 2368 S. 2 BGB, kann demnach nicht mehr eingezogen bzw. kraftlos erklärt werden.[36] In der Konstellation der Amtsbeendigung reicht es aus, das TV-Zeugnis zur Nachlassakte zurückzufordern.[37] 18

---

29 Vgl. § 2223 BGB sowie Prütting/Helms/*Fröhler* § 354 Rn. 20 ff.
30 Höchstfrist vgl. jedoch § 2210 BGB: 30 Jahre.
31 Bork/Jacoby/Schwab/*Rellermeyer* § 354 Rn. 4.
32 Burandt/Rojahn/*Gierl* § 354 Rn. 25.
33 Firsching/Graf/*Krätzschel* NachlassR § 19 Rn. 60- 61.
34 In Anlehnung an die Muster bei Firsching/Graf/*Krätzschel* NachlassR § 19 Rn. 65; Prütting/Helms/*Fröhler* § 354 Rn. 13.
35 BayObLG ZEV 1995, 22; Burandt/Rojahn/*Gierl* § 354 Rn. 6; Firsching/Graf/*Krätzschel* NachlassR § 19 Rn. 52. Das Rechtsschutzbedürfnis wird verneint. AA Keidel/*Zimmermann* § 354 Rn. 6: Antragsrecht des Erben bejaht bei unklaren testamentarischen Anordnungen.
36 Einziehung oder Kraftloserklärung sind in dieser Konstellation unzulässig, Bork/Jacoby/Schwab/*Rellermeyer* § 354 Rn. 3; Firsching/Graf/*Krätzschel* § 19 Rn. 55 und 68: TV-Zeugnis verliert automatisch seine Beweiskraft, damit besteht auch kein Rechtsschutzbedürfnis mehr, um das TV-Zeugnis einzuziehen bzw. für kraftlos zu erklären, vgl. Prütting/Helms/*Fröhler* § 354 Rn. 4; Keidel/*Zimmermann* § 354 Rn. 38b; Korintenberg/*Wilsch* GNotKG Nr. 12215 Rn. 5.
37 Bork/Jacoby/Schwab/*Rellermeyer* § 354 Rn. 3; Prütting/Helms/*Fröhler* § 354 Rn. 4.

19 **3. Überweisungszeugnis nach §§ 36, 37 GBO bzw. §§ 42, 74 SchRegO. a) Allgemeines; entsprechende Geltung des Erbscheinsverfahrensrechts.** Unverändert selten in der Praxis anzutreffen ist das **Überweisungszeugnis** nach den §§ 36, 37 GBO bzw. §§ 42, 74 SchRegO, was an der **doppelaktigen Konstellation** liegt, die dem Überweisungszeugnis zugrunde liegt. Das Zeugnis soll der **Auseinandersetzung** eines Nachlasses oder eines Gesamtgutes dienen[38] und als **Doppelnachweis** fungieren, als Nachweis der **Rechtsnachfolge** und als Nachweis der zur Eintragung im Grundbuch erforderlichen **Erklärungen der Beteiligten**. Gleiches gilt für ein Schiff oder eine Schiffshypothek, die zum Nachlass oder zum Gesamtgut einer Gütergemeinschaft gehören, wobei einer der Erben als Eigentümer oder als neuer Gläubiger eingetragen werden soll, § 42 Abs. 1 und 3 SchRegO. Die Regelung in § 42 SchRegO entspricht den Regelungen in den §§ 36, 37 GBO.[39]

20 Das gerichtliche Zeugnis darf deshalb erst dann auf **Antrag** erteilt werden, sofern die Voraussetzungen für die Erteilung eines Erbscheins und die Abgabe der Übertragungserklärungen (Auflassung, Erbanteilsübertragung) dem Nachlassgericht in grundbuchmäßiger Form vorliegen, § 36 Abs. 2 GBO bzw. § 42 Abs. 2 SchRegO.[40]

21 Das Überweisungszeugnis kommt nicht nur bei **Immobilien** in Betracht, vgl. § 36 Abs. 1 GBO, sondern auch bei **Grundpfandrechten**, vgl. § 37 GBO, die zum Nachlass oder zum Gesamtgut einer Gütergemeinschaft gehören, wobei einer der Beteiligten als Eigentümer oder Gläubiger eingetragen werden soll.[41]

22 **Nicht ersetzt** werden die Vorkaufsrechtsbescheinigung der Gemeinde, die Unbedenklichkeitsbescheinigung des Finanzamtes oder die Vorlage des Grundpfandrechtsbriefs.[42] Sie müssen daher bei der Gemeinde bzw. dem Finanzamt bzw. beim Gläubiger eingeholt werden.

23 Das **Überweisungszeugnis** lautet wie folgt:[43]

▶ Herr ... wurde von ... und ... beerbt. Hinsichtlich des Grundstücks ... haben die Erben zur Urkunde des Notars ... die Auflassung auf ... rechtswirksam erklärt und die Eintragung von ... im Grundbuch bewilligt. ◀

24 **b) Asymmetrien zum Erbscheinsverfahrensrecht.** Als **Asymmetrie**, die § 354 nicht berücksichtigt, ist bereits zu werten, dass das Überweisungszeugnis **zwei Rechtsvorgänge** abhandelt, nicht nur den Nachweis der Erbfolge behandelt, sondern auch den Nachweis des Rechtsübergangs enthält, also die Auflassung, die Einigung bzw. die Erbanteilsübertragung. Insoweit weist das Überweisungszeugnis über den rechtlichen Horizont des Erbscheins hinaus. Damit verbunden ist eine nur **eingeschränkte Teilnahme** an den Resonanzsystemen der **Einziehung** und **Kraftloserklärung** des Überweisungszeugnisses, die nicht mehr zulässig ist, sofern bereits ein gutgläubiger Erwerb im Grundbuch stattgefunden

38 Zur erleichterten Auseinandersetzung von Erben- und Gütergemeinschaften vgl. Bauer/Schaub/*Schaub* GBO § 36 Rn. 1.
39 Vgl. *Krause*, Praxishandbuch Schiffsregister, 2012, Rn. 450.
40 *Krause*, Praxishandbuch Schiffsregister, 2012, Rn. 451.
41 Muster vgl. Firsching/Graf/*Krätzschel* § 40 Rn. 50.
42 Firsching/Graf/*Krätzschel* § 40 Rn. 51.
43 In Anlehnung an das Muster bei Hügel/*Zeiser* GBO § 36 Rn. 8. Ein Muster enthält auch Firsching/Graf/*Krätzschel* § 40 Rn. 47. Zum möglichen Inhalt eines Überweisungszeugnisses nach § 42 SchRegO vgl. *Krause*, Praxishandbuch Schiffsregister, 2012, Rn. 451, hier ist auf die Erben, auf das amtliche Schiffsregister, die Schiffsregisternummer und das Auseinandersetzungsergebnis abzustellen.

hat.[44] Der Erbschein hingegen wird auch trotz gutgläubigen Erwerbs eingezogen, um Schaden für die Zukunft abzuwenden.

Als weitere **Asymmetrie** zu werten ist, dass das Überweisungszeugnis **keine nachlassuniversale Bedeutung** erlangt, sondern sich auf die Immobilie bzw. das betroffene Grundpfandrecht beschränkt, im Übrigen weiteren grundstücksgleichen Rechten, die kein Erbbaurecht sind,[45] verschlossen bleibt. Gleiches gilt für den unbeschränkten Alleinerben, für den ein Überweisungszeugnis nicht in Betracht kommt. Die Regelung in § 36 GBO erfordert Nachlass, an dem eine Erbengemeinschaft beteiligt ist.[46] Ein unbeschränkter Alleinerbe kann kein Überweisungszeugnis beantragen. 25

III. Kosten

1. Zeugnis über die Fortsetzung der Gütergemeinschaft, § 1507 BGB. a) Gebühr. Für das Verfahren über den Antrag auf Erteilung eines Fortsetzungszeugnisses fällt eine **volle Verfahrensgebühr** nach KV Nr. 12210 GNotKG an. Die Pauschalgebühr deckt alle nachlassgerichtlichen Tätigkeiten ab, die im Rahmen des Verfahrens anfallen.[47] 26

Daneben wird die **volle Gebühr für die Abnahme der eidesstattlichen Versicherung** erhoben, vgl. die erste Anmerkung zu KV Nr. 12210 GNotKG iVm KV Nr. 23300 GNotKG.[48] Insoweit besteht kein Unterschied zur kostenrechtlichen Behandlung eines Erbscheinsverfahrens,[49] was auch ein Blick auf die Vorbemerkung 1.2.2 Abs. 1 Nr. 2 KV GNotKG bestätigt. 27

b) Geschäftswert. Geschäftswert der Verfahrensgebühr ist der **halbe Wert des Gesamtguts der fortgesetzten Gütergemeinschaft**, § 40 Abs. 4 GNotKG,[50] und zwar bezogen auf den Zeitpunkt des Eintritts der fortgesetzten Gütergemeinschaft.[51] 28

2. Testamentsvollstreckerzeugnis, § 2368 BGB. a) Gebühr. Für das Verfahren über den Antrag auf Erteilung eines TV-Zeugnisses fällt eine **volle Verfahrensgebühr** nach der KV Nr. 12210 GNotKG an,[52] eine pauschale Wertgebühr (vgl. Wortlaut des Gesetzes: „Erteilung eines Zeugnisses"; vgl. auch Vorbemerkung 1.2.2 Abs. 1 Nr. 4 KV GNotKG, dort ist das TV-Zeugnis explizit erwähnt). 29

Hinzu kommt die **volle Gebühr für die Abnahme der eidesstattlichen Versicherung**, vgl. die erste Anmerkung zu KV Nr. 12210 GNotKG iVm KV 23300 GNotKG, womit die gebührenrechtliche Gleichstellung zum Erbscheinsverfahren hergestellt ist.[53] 30

b) Geschäftswert. Die Verfahrensgebühr ist aus einem Geschäftswert iHv 20 % **des Nachlasswertes im Zeitpunkt des Erbfalls** zu bilden, wobei **Nachlassverbindlichkeiten nicht abgezogen** werden, § 40 Abs. 5 S. 1 GNotKG. 31

44 Firsching/Graf/*Krätzschel* § 40 Rn. 51.
45 Bauer/Schaub/*Schaub* GBO § 36 Rn. 10.
46 Bauer/Schaub/*Schaub* GBO § 36 Rn. 11.
47 Korintenberg/*Wilsch* GNotKG Nr. 12210–12212 Rn. 9; Prütting/Helms/*Fröhler* § 354 Rn. 32.
48 Vgl. Korintenberg/*Wilsch* GNotKG Nr. 12210–12212 Rn. 18; Prütting/Helms/*Fröhler* § 354 Rn. 32.
49 Korintenberg/*Wilsch* GNotKG Nr. 12210–12212 Rn. 14.
50 Korintenberg/*Wilsch* GNotKG Nr. 12210–12212 Rn. 23; Prütting/Helms/*Fröhler* § 354 Rn. 32.
51 Korintenberg/*Wilsch* GNotKG Nr. 12210–12212 Rn. 23.
52 Prütting/Helms/*Fröhler* § 354 Rn. 32; Burandt/Rojahn/*Gierl* § 354 Rn. 3.
53 Korintenberg/*Wilsch* GNotKG Nr. 12210–12212 Rn. 14.

32 **3. Überweisungszeugnis nach §§ 36, 37 GBO bzw. §§ 42, 74 SchRegO.** a) **Gebühr.** Für das Verfahren über den Antrag auf Erteilung eines Überweisungszeugnisses fällt eine volle **Verfahrensgebühr** nach KV Nr. 12210 GNotKG an, wiederum eine Pauschalgebühr, die alle nachlassgerichtlichen Tätigkeiten abdeckt.

33 Ferner wird die **volle Gebühr** für die Abnahme der **eidesstattlichen Versicherung** erhoben, erste Anmerkung zu KV Nr. 12210 GNotKG iVm KV Nr. 23300 GNotKG.[54] Ein gebührenmäßiger Unterschied zum Erbscheinsverfahren besteht nicht,[55] vgl. Vorbemerkung 1.2.2 Abs. 1 Nr. 3 KV GNotKG.

34 **b) Geschäftswert.** Geschäftswert der Verfahrensgebühr ist der **Wert der Gegenstände**, auf die sich der Nachweis der Rechtsnachfolge erstreckt, § 41 GNotKG, wobei Verbindlichkeiten nicht abgezogen werden.[56]

35 **4. Einziehung und Kraftloserklärung. a) Gebühr.** Die **Gebühr** für das Einziehungs- bzw. Kraftloserklärungsverfahren ist **eigenständig** in KV Nr. 12215 GNotKG geregelt, eine Verfahrensgebühr,[57] die auch dann **nicht in Wegfall** gerät, sofern später ein neuer Erbschein oder ein neues Zeugnis erteilt wird.[58] Für die **Neuerteilung** dieser Zeugnisse fällt wiederum eine neue Gebühr nach KV Nr. 12210 GNotKG an.[59] Das Verfahren über die Einziehung oder die Kraftloserklärung schlägt mit einer pauschalen **0,5 Verfahrensgebühr** zu Buche,[60] **höchstens jedoch 400 EUR**, vgl. **KV 12215 GNotKG.** Abgedeckt sind damit alle Handlungen, die das Nachlassgericht vornimmt. Die Gebühr wird bereits mit Einleitung des Verfahrens **fällig**,[61] nicht erst mit Abschluss des Verfahrens. Wem die Gebühr zur Last fällt, bestimmt das Nachlassgericht in der Einziehungsanordnung, die kraft Gesetzes eine **Kostenentscheidung** enthalten muss, § 353 Abs. 2 FamFG. Die Kosten sind den Beteiligten nach billigem Ermessen ganz oder nur zum Teil aufzuerlegen, § 81 Abs. 1 S. 1.[62] Die Verfahrensgebühr nach KV Nr. 12215 GNotKG fällt auch dann **nur einmal** an, sofern der Erbschein gleichzeitig oder nacheinander eingezogen und kraftlos erklärt wird, § 55 Abs. 1 GNotKG.[63]

36 **b) Geschäftswert.** Die Verfahrensgebühr für die Einziehung bzw. Kraftloserklärung knüpft an die jeweils **zeugnisrelevante Geschäftswertvorschrift** an:[64]

- für die Einziehung eines **Fortsetzungszeugnisses** an den halben Wert des Gesamtguts der fortgesetzten Gütergemeinschaft, § 40 Abs. 4 GNotKG

54 Korintenberg/*Wilsch* GNotKG Nr. 12210–12212 Rn. 18; Prütting/Helms/*Fröhler* § 354 Rn. 32.

55 Zur kostenrechtlichen Gleichstellung vgl. Korintenberg/*Wilsch* GNotKG Nr. 12210–12212 Rn. 14.

56 Korintenberg/*Wilsch* GNotKG Nr. 12210–12212 Rn. 24; Prütting/Helms/*Fröhler* § 354 Rn. 32.

57 Prütting/Helms/*Fröhler* § 354 Rn. 32; Keidel/*Zimmermann* § 354 Rn. 44; Schreibfehler dagegen bei Firsching/Graf/*Krätzschel* § 19 Rn. 67: Nr. 12420 KV GNotKG; diese KV-Nummer ist jedoch nicht einschlägig.

58 Korintenberg/*Wilsch* GNotKG Nr. 12210–12212 Rn. 27; Korintenberg/*Wilsch* GNotKG Nr. 12215 Rn. 10.

59 Korintenberg/*Wilsch* GNotKG Nr. 12210–12212 Rn. 28; Korintenberg/*Wilsch* GNotKG Nr. 12215 Rn. 26.

60 Vgl. Korintenberg/*Wilsch* GNotKG Nr. 12215 Rn. 10.

61 Korintenberg/*Wilsch* GNotKG Nr. 12215 Rn. 10.

62 Vgl. die Kommentierung zu § 353.

63 Kein neuer Rechtszug.

64 Korintenberg/*Wilsch* GNotKG Nr. 12215 Rn. 13 und 22; Prütting/Helms/*Fröhler* § 354 Rn. 32.

- für die Einziehung eines TV-Zeugnisses an 20 % des Nachlasswertes im Zeitpunkt des Erbfalls ohne Abzug von Verbindlichkeiten, § 40 Abs. 5 S. 1 GNotKG
- für die Einziehung eines Überweisungszeugnisses an den Wert der Gegenstände, auf die sich der Nachweis der Rechtsnachfolge erstreckt, § 41 GNotKG, wobei Verbindlichkeiten nicht abgezogen werden.[65]

§ 355 Testamentsvollstreckung

(1) Ein Beschluss, durch den das Nachlassgericht einem Dritten eine Frist zur Erklärung nach § 2198 Abs. 2 des Bürgerlichen Gesetzbuchs oder einer zum Testamentsvollstrecker ernannten Person eine Frist zur Annahme des Amtes bestimmt, ist mit der sofortigen Beschwerde in entsprechender Anwendung der §§ 567 bis 572 der Zivilprozessordnung anfechtbar.

(2) Auf einen Beschluss, durch den das Gericht bei einer Meinungsverschiedenheit zwischen mehreren Testamentsvollstreckern über die Vornahme eines Rechtsgeschäfts entscheidet, ist § 40 Abs. 3 entsprechend anzuwenden; die Beschwerde ist binnen einer Frist von zwei Wochen einzulegen.

(3) Führen mehrere Testamentsvollstrecker das Amt gemeinschaftlich, steht die Beschwerde gegen einen Beschluss, durch den das Gericht Anordnungen des Erblassers für die Verwaltung des Nachlasses außer Kraft setzt, sowie gegen einen Beschluss, durch den das Gericht über Meinungsverschiedenheiten zwischen den Testamentsvollstreckern entscheidet, jedem Testamentsvollstrecker selbständig zu.

Literatur:

Heinemann, Die Reform der freiwilligen Gerichtsbarkeit durch das FamFG und ihre Auswirkungen auf die notarielle Praxis, DNotZ 2009, 6; *Muscheler*, Testamentsvollstreckung und Nachlassnutzungen, ZEV 2017, 65; *Spall*, Vollzug eines Nachvermächtnisses durch den Testamentsvollstrecker, ZEV 2002, 5; *Tschernoster*, Der Minderjährige als Erbe und Vermächtnisnehmer, RNotZ 2017, 125.

I. Allgemeines

1 Mit der Anordnung einer Testamentsvollstreckung kann der Erblasser unterschiedliche Zielsetzungen verfolgen und sich dabei der verschiedensten Ausprägungen bedienen, die das Gesetz offeriert, etwa der Abwicklungs-, Verwaltungs-, Nacherben-, Vermächtnis- oder der Erbanteilsvollstreckung. Obgleich die mediale Inszenierung – inspiriert durch das anglo-amerikanische Modell

65 Korintenberg/*Wilsch* GNotKG Nr. 12215 Rn. 13.

(*personal representative*) und die alpine Gegenwart (stark zentralisiertes Verlassenschaftsverfahren) – häufig ein anderes Bild zeichnet, steht dem deutschen Nachlassgericht nicht die Befugnis zu, den Testamentsvollstrecker zu **überwachen**,[1] was in der Praxis häufig für Verwunderung sorgt. Dem kann durch die Möglichkeit einer **Entlassung** auf Antrag eines Beteiligten begegnet werden, § 2227 BGB, sofern ein wichtiger Grund vorliegt. Den größten nachlassgerichtlichen Raum nimmt die Erteilung eines Testamentsvollstreckerzeugnisses ein, womit die Befugnisse des Testamentsvollstreckers in erbscheinähnlicher Weise nachgezeichnet werden sollen, § 2368 S. 2 BGB. Die erblasserische Orchestrierung der Testamentsvollstreckung kann die personelle Bestimmung durch einen Dritten vorsehen (§ 2198 BGB), zugleich **spezielle Meinungsverschiedenheiten** zwischen mehreren Testamentsvollstreckern generieren oder an der Wirklichkeit zerschellen, so dass eine **Außerkraftsetzung** notwendig wird. In den beschriebenen Feldern fasst das Nachlassgericht Beschlüsse,[2] für die zu regeln ist, ob und innerhalb welcher Frist eine Beschwerde statthaft ist,[3] abhängig auch vom Akteur (Rechtspfleger, Richter) des jeweiligen Verfahrens. Eine entsprechende Regelung trifft § 355, eine **reine Rechtsmittelvorschrift**, die teilweise die sofortige, teilweise die befristete Beschwerde vorsieht.

II. Nachlassgerichtliche Fristsetzung zur Erklärung nach § 2198 Abs. 2 BGB und sofortige Beschwerde (Abs. 1 Alt. 1)

2 Die **personelle Bestimmung des Testamentsvollstreckers** kann der Erblasser zwar einem **Dritten** überlassen, § 2198 Abs. 1 S. 1 BGB,[4] dieser jedoch der Verantwortung nicht, nicht adäquat,[5] nicht formgerecht[6] oder nicht zeitgemäß nachkommen, womit Verzögerungen und Unsicherheiten[7] verbunden sind, ein Schwebezustand,[8] der der Nachlassbehandlung abträglich ist.

3 Das **Nachlassgericht**, funktionell zuständig ist der **Rechtspfleger**,[9] kann daher auf **Antrag** eines Beteiligten[10] durch begründeten und mit Rechtsmittelbelehrung versehenen **Beschluss**[11] dem benennungsberechtigten Dritten eine **Frist zur**

1 Firsching/Graf/*Krätzschel* NachlassR § 19 Rn. 3.
2 Zu den einzelnen Beschlüssen Firsching/Graf/*Krätzschel* NachlassR § 19 Rn. 75, 77.
3 Zur Beschwerdenormierung BT-Drs. 16/6308, 282.
4 Jedem geschäftsfähigen Dritten, auch dem Erben selbst, kann das Bestimmungsrecht übertragen werden; zum Bestimmungsrecht, das in öffentlich beglaubigter Form ausgeübt wird, § 2198 Abs. 1 S. 2 BGB.
5 Etwa durch Abgabe gegenüber einem örtlich unzuständigen Nachlassgericht oder gegenüber dem Landgericht.
6 Vgl. § 2198 Abs. 1 S. 2 BGB: Erklärung gegenüber dem Nachlassgericht in öffentlich beglaubigter Form, §§ 39 ff. BeurkG; die Erklärung kann aber auch in einer öffentlichen Urkunde erfolgen, so dass eine weitere Beglaubigung nicht mehr erforderlich ist, Burandt/Rojahn/*Heckschen* BGB § 2198 Rn. 2. Zum Formerfordernis vgl. Prütting/Helms/*Fröhler* § 355 Rn. 10.
7 Bahrenfuss/*Schaal* § 355 Rn. 17.
8 Zum Schwebezustand Bahrenfuss/*Schaal* § 355 Rn. 17.
9 § 3 Nr. 2c RpflG; Bahrenfuss/*Schaal* § 355 Rn. 23; Prütting/Helms/*Fröhler* § 355 Rn. 5; Keidel/*Zimmermann* § 355 Rn. 6.
10 Beteiligter und Antragsberechtigter insoweit: Erbe, Vorerbe, Nacherbe, Vermächtnisnehmer, Mitvollstrecker, Pflichtteilsberechtigter, Nachlasspfleger oder Nachlassgläubiger, vgl. Burandt/Rojahn/*Heckschen* BGB § 2198 Rn. 3; Keidel/*Zimmermann* § 355 Rn. 4 und 5. Ob dies auch ein Auflagenbegünstigter sein kann, ist strittig, kann aber bejaht werden, vgl. Prütting/Helms/*Fröhler* § 355 Rn. 10; Schulte-Bunert/Weinreich/*Burandt* § 355 Rn. 5; Keidel/*Zimmermann* § 355 Rn. 5; aA MüKoFamFG/*Grziwotz* § 355 Rn. 3.
11 §§ 38, 39; Prütting/Helms/*Fröhler* § 355 Rn. 12.

Bestimmung der Person des Testamentsvollstreckers setzen.[12] Die Fristsetzung ist umso bedeutsamer, als mit Fristablauf das Bestimmungsrecht zum Erlöschen gebracht wird, § 2198 Abs. 2 BGB.[13] Dem steht gegenüber, dass der Dritte nicht zur Ausübung seines Bestimmungsrechtes gezwungen werden kann, da das Bestimmungsrecht **höchstpersönlicher Natur** ist.[14] Dem Nachlassgericht steht insoweit nicht das Arsenal der Ordnungs- und Zwangsmittel zur Verfügung.[15]

Der Gerichtsbeschluss löst eine **Festgebühr** iHv 25 EUR aus, KV Nr. 12411 Nr. 5 GNotKG.[16] **Kostenschuldner** ist der Antragsteller, § 22 Abs. 1 GNotKG. 4

Anfechtbar ist der nachlassgerichtliche Fristsetzungsbeschluss mit der **sofortigen Beschwerde**,[17] Abs. 1 Alt. 1 iVm §§ 567–572 ZPO.[18] Nicht statthaft ist die einfache Beschwerde nach den §§ 58 ff. Diese ist nur einschlägig, sollte das Nachlassgericht den **Fristsetzungsantrag ablehnen**.[19] Gleiches gilt für alle anderen erbrechtlichen Fristsetzungen, die in Abs. 1 nicht genannt sind. 5

Die sofortige Beschwerde ist binnen einer **Notfrist von zwei Wochen** bei dem Nachlassgericht einzulegen, dessen Entscheidung angefochten wird, alternativ beim Beschwerdegericht (Oberlandesgericht), Abs. 1 Alt. 1 iVm § 569 Abs. 1 S. 1 ZPO. 6

Die Beschwerde wird durch Einreichung einer **Beschwerdeschrift** eingelegt und muss neben der Bezeichnung der angefochtenen Entscheidung auch die **Erklärung** enthalten, dass Beschwerde gegen die nachlassgerichtliche Entscheidung eingelegt wird, Abs. 1 Alt. 1 iVm § 569 Abs. 2 ZPO. Eine **Begründung** ist allerdings nicht erforderlich, Abs. 1 Alt. 1 iVm § 571 Abs. 1 ZPO. Die Beschwerde kann auch zu Protokoll der Geschäftsstelle eingelegt werden, Abs. 1 Alt. 1 iVm § 569 Abs. 3 ZPO. **Aufschiebende Wirkung** kommt der Beschwerde allerdings nicht zu, Abs. 1 Alt. 1 iVm § 570 Abs. 1 ZPO. 7

Die vorbehaltslose Verweisung in Abs. 1 auf §§ 567–572 ZPO legt den Schluss nahe, dass auch der **Beschwerdewert** nach § 567 Abs. 2 ZPO iHv 200 EUR erreicht werden muss.[20] Die Motive äußern sich hierzu nicht, sondern betonen lediglich den Rekurs auf das „weitgehend entformalisierte Verfahren der sofortigen Beschwerde“,[21] der an dieser Stelle sachgerecht sei. Die Auffassung von der Relevanz eines Beschwerdewertes geht aber fehl, da § 567 ZPO nur entsprechend gilt, überdies eine Wertabhängigkeit kaum Sinn macht und zur Unan- 8

12 Lehnt das Nachlassgericht die Fristsetzung ab, ist die befristete Beschwerde nach §§ 58, 63 statthaft, Prütting/Helms/*Fröhler* § 355 Rn. 14; Schulte-Bunert/Weinreich/*Burandt* § 355 Rn. 7. Die Beschwerdeberechtigung liegt ausschließlich beim Antragsteller, § 59 Abs. 2 FamFG.
13 Schulte-Bunert/Weinreich/*Burandt* § 355 Rn. 4; Bahrenfuss/*Schaal* § 355 Rn. 17.
14 MüKoFamFG/*Grziwotz* § 355 Rn. 5.
15 Bahrenfuss/*Schaal* § 355 Rn. 18, demnach kann auch Zwangsgeld nicht verhängt werden. Vgl. auch Keidel/*Zimmermann* § 355 Rn. 4.
16 Korintenberg/*Wilsch* GNotKG Nr. 12410–12412 Rn. 20.
17 Zuständig ist das OLG, § 119 Abs. 1 Nr. 1 lit. b GVG, vgl. Keidel/*Zimmermann* § 355 Rn. 13.
18 Prütting/Helms/*Fröhler* § 355 Rn. 13; Schulte-Bunert/Weinreich/*Burandt* § 355 Rn., 6; Keidel/*Zimmermann* § 355 Rn. 16.
19 Bahrenfuss/*Schaal* § 355 Rn. 26, einfache Beschwerde; Burandt/Rojahn/*Gierl* § 355 Rn. 4. Der Beschwerdewert muss dabei erreicht werden, Keidel/*Zimmermann* § 355 Rn. 14.
20 Ohne Erörterung des Beschwerdewertes dagegen Prütting/Helms/*Fröhler* § 355 Rn. 13.
21 BT-Drs. 16/6308, 282.

fechtbarkeit nahezu aller Entscheidungen führen würde. Die **Beschwerde** ist folglich **wertunabhängig**.[22]

III. Nachlassgerichtliche Fristsetzung zur Annahme des Testamentsvollstreckeramtes und sofortige Beschwerde (Abs. 1 Alt. 2)

9 Das Amt des Testamentsvollstreckers beginnt nicht bereits mit Erbfall, sondern setzt eine positive Bestätigung durch den Testamentsvollstrecker voraus. Amtsbeginn ist erst der Zeitpunkt nach Erbfall, in welchem der Ernannte das Amt des Testamentsvollstreckers **annimmt**, und zwar durch **unbedingte**, **unbefristete** und formfreie[23] Erklärung gegenüber dem **Nachlassgericht**, § 2202 Abs. 1 und 2 BGB. Konkludent kann die Amtsannahme im Antrag auf Erteilung eines Testamentsvollstreckerzeugnisses zu erblicken sein.[24] Eine Verpflichtung zur Übernahme des Amtes besteht nicht, sie liegt im **persönlichen Ermessen** des Ernannten.[25] Der Ernannte kann überdies die Annahme oder Ablehnung in der Schwebe[26] halten, Bestand oder Nichtbestand der Testamentsvollstreckung im Ungewissen lassen, was unerwünschte Wirkungen zeitigt und mit dem Wesen der Testamentsvollstreckung als Verfügungsentziehung des Erben (§ 2211 Abs. 1 BGB) nicht konform geht, vielmehr einen Relativismus schafft, der den Beginn der Testamentsvollstreckung im Dunkeln lässt. Klarheit schafft insoweit § 2202 Abs. 3 BGB.[27]

10 Auf **Antrag** eines Beteiligten kann das **Nachlassgericht**, funktionell zuständig ist der **Rechtspfleger**,[28] durch begründeten und mit Rechtsmittelbelehrung versehenen **Beschluss** dem Ernannten eine Frist zur Erklärung über die Annahme bestimmen, § 2202 Abs. 3 S. 1 BGB. Der materiellrechtliche Druck, der der Fristsetzung eigen ist, erklärt sich aus § 2202 Abs. 3 S. 2 BGB. Mit dem erklärungslosen Ablauf der Frist gilt das Amt als abgelehnt.

11 Ein entsprechender Gerichtsbeschluss löst die **Festgebühr** nach KV Nr. 12411 Nr. 5 GNotKG iHv 25 EUR aus, nicht nach KV Nr. 12410 Abs. 1 Nr. 4 GNotKG.[29]

12 **Anfechtbar** ist der nachlassgerichtliche Fristsetzungsbeschluss nicht mit der Beschwerde nach den §§ 58 ff.,[30] sondern mit der **sofortigen Beschwerde**, Abs. 1.Alt. 2 iVm §§ 567–572 ZPO,[31] die binnen einer **Notfrist von zwei Wochen** bei dem Nachlassgericht einzulegen ist, dessen Entscheidung angefochten

22 Ebenso Bahrenfuss/*Schaal* § 355 Rn. 25; Keidel/*Zimmermann* § 355 Rn. 16.
23 Bahrenfuss/*Schaal* § 355 Rn. 19. Die Regelung in § 2202 BGB enthält keine Bestimmung darüber, dass die Annahme oder Ablehnung nur in einer bestimmten Form erfolgen darf. Darin besteht der Unterschied zur personellen Bestimmung des Testamentsvollstreckers durch einen Dritten, die in öffentlich beglaubigter Form erfolgen muss, § 2198 Abs. 1 S. 1 BGB. Ebenso Keidel/*Zimmermann* § 355 Rn. 7.
24 Burandt/Rojahn/*Heckschen* BGB § 2202 Rn. 1.
25 Burandt/Rojahn/*Heckschen* BGB § 2202 Rn. 1.
26 Zum Schwebezustand Bahrenfuss/*Schaal* § 355 Rn. 19 und 20.
27 Bahrenfuss/*Schaal* § 355 Rn. 20.
28 § 3 Nr. 2 lit. c RpflG; Bahrenfuss/*Schaal* § 355 Rn. 23; Prütting/Helms/*Fröhler* § 355 Rn. 5.
29 So aber MüKoFamFG/*Grziwotz* § 355 Rn. 10.
30 Die Beschwerde nach §§ 58 ff. steht lediglich für den Beschluss zur Verfügung, mit dem das Nachlassgericht den Antrag auf Fristsetzung ablehnt, Bahrenfuss/*Schaal* § 355 Rn. 26; Schulte-Bunert/Weinreich/*Burandt* § 355 Rn. 7; Burandt/Rojahn/*Gierl* § 355 Rn. 4. Dann muss auch der Beschwerdewert erreicht werden, vgl. Keidel/*Zimmermann* § 355 Rn. 14.
31 Prütting/Helms/*Fröhler* § 355 Rn. 13.

wird, alternativ beim Beschwerdegericht (Oberlandesgericht), Abs. 1 Alt. 2 iVm § 569 Abs. 1 S. 1 ZPO.[32]

Eingelegt wird die Beschwerde durch Einreichung einer **Beschwerdeschrift**, die neben der Bezeichnung der angefochtenen Entscheidung auch die **Erklärung** darüber enthalten muss, dass Beschwerde gegen die nachlassgerichtliche Entscheidung eingelegt wird, Abs. 1 Alt. 1 iVm § 569 Abs. 2 ZPO. Eine **Begründung** ist nicht erforderlich, Abs. 1 Alt. 2 iVm § 571 Abs. 1 ZPO, die Beschwerde kann auch zu Protokoll der Geschäftsstelle eingelegt werden, Abs. 1 Alt. 2 iVm § 569 Abs. 3 ZPO. Die Einlegung einer Beschwerde entfaltet keinerlei **aufschiebende Wirkung**, Abs. 1 Alt. 2 iVm § 570 Abs. 1 ZPO, und ist auch nicht von einem speziellen **Beschwerdewert** abhängig.[33] § 567 ZPO gilt nur entsprechend, eine Wertabhängigkeit ergäbe kaum Sinn.[34] 13

IV. Nachlassgerichtliche Entscheidung zu speziellen Meinungsverschiedenheiten zwischen mehreren Testamentsvollstreckern und befristete Beschwerde, Abs. 2, 3

Die Erbrechtspraxis dominiert die „Einzelvollstreckung", die Testamentsvollstreckung, ausgeübt durch einen Testamentsvollstrecker. Im Einklang hiermit zeigt sich der Normbereich der Testamentsvollstreckung, vgl. §§ 2197 ff. BGB, der regelmäßig eine einzelne Person erwähnt, kein Kollektiv.[35] Dem Erblasser steht es aber frei, **mehrere Testamentsvollstrecker** zu ernennen, § 2197 Abs. 1 BGB. Insbesondere bei umfang- und konfliktreichen Nachlässen kann es indiziert sein, mehrere Testamentsvollstrecker zu ernennen, um eine Gewähr für die Durchsetzung erblasserischer Anordnungen und Vorstellungen zu schaffen. 14

Mit der Benennung mehrerer Testamentsvollstrecker ist zugleich das Potential für Meinungsverschiedenheiten unter den Testamentsvollstreckern geschaffen, auch im Hinblick auf die **Vornahme eines Rechtsgeschäfts**. Die Regelung in § 2224 Abs. 1 S. 1 BGB greift dies auf, legt die Entscheidungsgewalt allerdings nicht in die basisdemokratische Obhut der Mehrheit der Testamentsvollstrecker, sondern installiert das **Nachlassgericht** als Entscheidungsgremium.[36] Ex officio tritt das Nachlassgericht, funktionell zuständig ist der **Richter**, § 16 Abs. 1 Nr. 4 RpflG,[37] nicht in Aktion, sondern auf **Antrag**.[38] Ob allein aufgrund eines Antrags eines Mitvollstreckers oder auch aufgrund eines Antrags des Erben, Vermächtnisnehmers oder Pflichtteilsberechtigten,[39] wird unterschiedlich beantwortet. Rechtsprechung hierzu ist noch nicht ergangen, so dass 15

32 Schulte-Bunert/Weinreich/*Burandt* § 355 Rn. 6.

33 Bahrenfuss/*Schaal* § 355 Rn. 25; Keidel/*Zimmermann* § 355 Rn. 16. Ohne Erörterung des Beschwerdewertes dagegen Prütting/Helms/*Fröhler* § 355 Rn. 13.

34 Vgl. im Übrigen zum „entformalisierten Verfahren der sofortigen Beschwerde" die BT-Drs. 16/6308, 282.

35 Einige Beispiele: § 2198 Abs. 1 BGB: „des Testamentsvollstreckers"; § 2199 Abs. 1 BGB: „den Testamentsvollstrecker"; § 2200 Abs. 1 BGB: „einen Testamentsvollstrecker"; § 2201 BGB: „des Testamentsvollstreckers".

36 Der Erblasser kann hiervon abweichen und eine Testamentsvollstreckermehrheit vorsehen, § 2224 Abs. 1 S. 3 BGB, vgl. auch Keidel/*Zimmermann* § 355 Rn. 25. Dies hält Burandt/Rojah/*Heckschen* BGB § 2224 Rn. 3, für empfehlenswert, auch deshalb, um der „Schwerfälligkeit" des nachlassgerichtlichen Verfahrens aus dem Weg zu gehen.

37 Bahrenfuss/*Schaal* § 355 Rn. 28; Keidel/*Zimmermann* § 355 Rn. 28.

38 Prütting/Helms/*Fröhler* § 355 Rn. 16; Bahrenfuss/*Schaal* § 355 Rn. 31; Keidel/*Zimmermann* § 355 Rn. 27.

39 So die hM, vgl. Burandt/Rojahn/*Heckschen* BGB § 2224 Rn. 9; Bahrenfuss/*Schaal* § 355 Rn. 31.

der Antragsteller, der nicht Mitvollstrecker ist, uU Gefahr läuft, dass sein Antrag zurückgewiesen wird. Die Empfehlung geht dahin, Beschwerde gegen einen Ablehnungsbeschluss einzulegen, um eine obergerichtliche Klärung herbeizuführen. Die Entscheidung des Nachlassrichters ergeht als **Beschluss**, §§ 38, 39.

16 Der Entscheidungsspielraum des Nachlassgerichts ist dadurch eingeschränkt, dass einzig und allein über die **Notwendig- und Zweckmäßigkeit** zu befinden, nicht aber eine Ersetzung zu kreieren ist. Eine solche ist dem Prozessgericht zu überlassen, ebenso die Klärung weiterer Rechtsfragen.

17 Für das Verfahren setzt das Nachlassgericht eine 0,5 **Gebühr** nach der Tabelle A an, vgl. KV 12420 GNotKG, und zwar nach einem Teilwert, § 36 Abs. 1 GNotKG.[40] Kostenschuldner ist der Antragsteller, § 22 Abs. 1 GNotKG.

18 Auf den nachlassgerichtlichen Beschluss ist § 40 Abs. 3 entsprechend anzuwenden, vgl. Abs. 2. Der Beschluss wird erst mit **Rechtskraft wirksam**, §§ 40 Abs. 3 S. 1, 45.[41] Eine Abweichung gilt nur dann, sollte das Nachlassgericht Gefahr im Verzug bejahen und die sofortige Wirksamkeit des Beschlusses anordnen, § 40 Abs. 3 S. 2.

19 Die **Beschwerde** gegen den nachlassgerichtlichen **Beschluss**[42] über eine Meinungsverschiedenheit mehrerer Testamentsvollstrecker über die Vornahme eines Rechtsgeschäfts ist binnen einer Frist von **zwei Wochen** einzulegen, Abs. 2 Hs. 2.[43] Das Beschwerderecht steht **jedem Testamentsvollstrecker selbstständig** zu, vgl. Abs. 3.[44] Beschwerdegericht ist das **Oberlandesgericht**, § 119 Abs. 1 Nr. 1 lit. b GVG.

V. Nachlassgerichtliche Entscheidung zur Außerkraftsetzung erblasserischer Verwaltungsanordnungen und befristete Beschwerde (Abs. 3)

20 Die **erblasserische** ***Orchestrierung*** der Testamentsvollstreckung kann die Notwendigkeit mit sich bringen, die *Partitur* nachträglich zu ändern, also in den Bereich der erblasserischen Verwaltungsanordnungen einzugreifen. Anderenfalls droht ein Konflikt mit der Verpflichtung zur ordnungsgemäßen Verwaltung des Nachlasses, die die Regelung in § 2216 Abs. 1 BGB dem Testamentsvollstrecker auferlegt[45] und die von den Erben und Vermächtnisnehmern eingefordert werden kann, § 2219 Abs. 1 BGB.[46] Manifest wird der Zwiespalt in § 2216 Abs. 2 BGB: erblasserische Anordnungen für die Verwaltung sind

40 Korintenberg/*Diehn* GNotKG KV 12420 Rn. 14; aA offensichtlich GForm-FamFG/*Poller* § 355 Rn. 18, der den Geschäftswert nach § 40 GNotKG bemessen möchte.

41 Schulte-Bunert/Weinreich/*Burandt* § 355 Rn. 10; Burandt/Rojahn/*Gierl* § 355 Rn. 5.

42 Begründeter und mit Rechtsmittelbelehrung versehener Beschluss, der erst mit Rechtskraft wirksam wird, §§ 38, 39, 40 Abs. 3, vgl. auch Prütting/Helms/*Fröhler* § 355 Rn. 18; Bahrenfuss/*Schaal* § 355 Rn. 33; Schulte-Bunert/Weinreich/*Burandt* § 355 Rn. 8.

43 Prütting/Helms/*Fröhler* § 355 Rn. 20; zur befristeten Beschwerde vgl. Schulte-Bunert/Weinreich/*Burandt* § 355 Rn. 11; Keidel/*Zimmermann* § 355 Rn. 32.

44 Bahrenfuss/*Schaal* § 355 Rn. 36; Schulte-Bunert/Weinreich/*Burandt* § 355 Rn. 12; Burandt/Rojahn/*Gierl* § 355 Rn. 6.

45 Zur Verpflichtung ordnungsgemäßer Verwaltung vgl. Burandt/Rojahn/*Heckschen* BGB § 2216 Rn. 1 und 2.

46 Burandt/Rojahn/*Heckschen* § 2216 Rn. 3, Gläubiger der Verpflichtung sind die Erben und die Vermächtnisnehmer.

grundsätzlich zu befolgen, § 2216 Abs. 2 S. 1 BGB, können jedoch auf **Antrag**[47] des Testamentsvollstreckers[48] oder eines anderen Beteiligten[49] vom **Nachlassgericht außer Kraft gesetzt werden**, sofern ihre Befolgung den Nachlass erheblich gefährden würde, § 2216 Abs. 2 S. 2 BGB. Der Regelung in § 2216 Abs. 2 S. 2 BGB kann die Verpflichtung des Testamentsvollstreckers entnommen werden, initiativ zu werden, um die Substanz des Nachlasses zu schützen.[50]

Das Nachlassgericht, funktionell zuständig ist der **Nachlassrichter**, § 16 Abs. 1 Nr. 3 RpflG,[51] ist dann als Korrektivstelle aufgerufen, dem objektiven Nachlassinteresse[52] zur Realisierung zu verhelfen, und zwar **ohne Eingriff in die Amtsbefugnisse des Testamentsvollstreckers** und ohne Möglichkeit, gestaltend durch Schaffung einer neuen Verwaltungsanordnung in Aktion zu treten.[53] Verschiedene Entscheidungshorizonte eröffnen sich dem Nachlassgericht nicht, auch kein weitreichender Entscheidungsradius. Dem Nachlassgericht steht es **nicht zu, neue Anordnungen** an die Stelle der außer Kraft zu setzenden Anordnungen zu setzen.[54] Die **nachlassgerichtliche Korrektivgewalt** beschränkt sich auf die Außerkraftsetzung der erblasserischen Anordnung. 21

Vor der Entscheidung ist den Beteiligten **rechtliches Gehör** zu gewähren, § 2216 Abs. 2 S. 3 BGB, Art. 103 Abs. 1 GG.[55] 22

Die Entscheidung ergeht in Form eines begründeten und mit Rechtsmittelbelehrung versehenen **Beschlusses**, §§ 38 Abs. 3 S. 1, 39,[56] der mit **Bekanntgabe** an den Testamentsvollstrecker **wirksam** wird, § 40 Abs. 1.[57] Wirksamkeit bedeutet hier Unwirksamkeit, die Außerkraftsetzung der betroffenen erblasserischen Verwaltungsanordnung.[58] 23

Das Verfahren löst eine **0,5 Verfahrensgebühr** nach einem Teilwert des Nachlasses aus, KV Nr. 12420 GNotKG, § 36 Abs. 1 GNotKG.[59] 24

47 Von Amts wegen wird das Nachlassgericht nicht tätig, vgl. Burandt/Rojahn/*Heckschen* BGB § 2216 Rn. 28; Bahrenfuss/*Schaal* § 355 Rn. 38. Zum Antragserfordernis Prütting/Helms/*Fröhler* § 355 Rn. 23; Schulte-Bunert/Weinreich/*Burandt* § 355 Rn. 13.

48 Bei mehreren Testamentsvollstreckern sollen nur alle gemeinsam antragsberechtigt sein, vgl. Keidel/*Zimmermann* § 355 Rn. 35; aA Horndasch/Viefhues/*Heinemann* § 355 Rn. 23.

49 Erben, Vermächtnisnehmer, Auflagenbegünstigte, nicht dagegen Nachlassgläubiger, zumal diese nicht unmittelbar betroffen sind, Burandt/Rojahn/*Heckschen* BGB § 2216 Rn. 28; Bahrenfuss/*Schaal* § 355 Rn. 39; Keidel/*Zimmermann* § 355 Rn. 35.

50 Burandt/Rojahn/*Heckschen* § 2216 Rn. 29; für eine Verpflichtung des Testamentsvollstreckers auch Bahrenfuss/*Schaal* § 355 Rn. 39.

51 Burandt/Rojahn/*Heckschen* BGB § 2216 Rn. 30; Bahrenfuss/*Schaal* § 355 Rn. 42; Keidel/*Zimmermann* § 355 Rn. 37.

52 Burandt/Rojahn/*Heckschen* BGB § 2216 Rn. 4.

53 Burandt/Rojahn/*Heckschen* BGB § 2216 Rn. 26.

54 Bahrenfuss/*Schaal* § 355 Rn. 41, eine andere Entscheidung des Nachlassgerichts wäre unzulässig. Ebenso Prütting/Helms/*Fröhler* § 355 Rn. 23.

55 Burandt/Rojahn/*Heckschen* BGB § 2216 Rn. 30.

56 Zum Beschluss vgl. Schulte-Bunert/Weinreich/*Burandt* § 355 Rn. 14.

57 Bahrenfuss/*Schaal* § 355 Rn. 44.

58 Prütting/Helms/*Fröhler* § 355 Rn. 24.

59 Korintenberg/*Diehn* GNotKG Nr. 12420 Rn. 7 und 14; Keidel/*Zimmermann* § 355 Rn. 38; aA GForm-FamFG/*Poller* § 355 Rn. 25: Geschäftswert nach § 40 GNotKG.

25 Falls mehrere Testamentsvollstrecker das Amt gemeinschaftlich führen, kann jeder Testamentsvollstrecker selbstständig gegen den Außerkraftsetzungsbeschluss die befristete Beschwerde einlegen, Abs. 3, §§ 58, 63.[60]

26 Im Umkehrschluss ist ein nur gemeinschaftliches Beschwerderecht mehrerer Testamentsvollstrecker zu bejahen, sollte das Nachlassgericht die Außerkraftsetzung der erblasserischen Verwaltungsanordnung ablehnen.[61]

Unterabschnitt 5 Sonstige verfahrensrechtliche Regelungen

§ 356 Mitteilungspflichten

(1) Erhält das Gericht Kenntnis davon, dass ein Kind Vermögen von Todes wegen erworben hat, das nach § 1640 Abs. 1 Satz 1 und Abs. 2 des Bürgerlichen Gesetzbuchs zu verzeichnen ist, teilt es dem Familiengericht den Vermögenserwerb mit.

(2) Hat ein Gericht nach § 344 Abs. 4 Maßnahmen zur Sicherung des Nachlasses angeordnet, soll es das nach § 343 zuständige Gericht hiervon unterrichten.

[§ 356 Abs. 3 ab 1.7.2023:]

(3) Ist in einer Verfügung von Todes wegen ein Stiftungsgeschäft enthalten, hat das Nachlassgericht der zuständigen Behörde des Landes den sie betreffenden Inhalt der Verfügung von Todes wegen zur Anerkennung der Stiftung bekannt zu geben, es sei denn, dem Nachlassgericht ist bekannt, dass die Anerkennung der Stiftung schon von einem Erben oder Testamentsvollstrecker beantragt wurde.

Literatur:

Heinemann, Die Reform der freiwilligen Gerichtsbarkeit durch das FamFG und ihre Auswirkungen auf die notarielle Praxis, DNotZ 2009, 6.

I. Allgemeines: Vermögenssorge und Inventarisierungspflicht

1 Die elterliche Sorge umfasst nicht nur die Sorge für die Person des Kindes, die Personensorge, sondern auch die Sorge für das Vermögen des Kindes, die Vermögenssorge, § 1626 Abs. 1 S. 2 BGB, die den Beschränkungen der §§ 1638 ff. BGB unterliegt. Der Regelungszweck der Beschränkungen der elterlichen Vermögenssorge geht dahin, das Kindesvermögen zu schützen, um die Vermögenst-

60 Prütting/Helms/*Fröhler* § 355 Rn. 25; zur befristeten Beschwerde vgl. Schulte-Bunert/Weinreich/*Burandt* § 355 Rn. 15.

61 Prütting/Helms/*Fröhler* § 355 Rn. 25: nur gemeinschaftliche Einreichung der Beschwerde; ebenso Keidel/*Zimmermann* § 355 Rn. 40; aA *Heinemann* ZFE 2009, 8 (13): jeder Testamentsvollstrecker verfügt über ein selbstständiges Beschwerderecht.

rennung[1] zu erleichtern und Herausgabeansprüche zu sichern.[2] Die Bestimmung in § 1640 BGB begründet für die Eltern uU eine gesetzliche Inventarisierungspflicht, die unmittelbar mit dem Vermögenserwerb entsteht[3] und keiner gerichtlichen Aufforderung bedarf.[4] Eltern ist diese Inventarisierungspflicht häufig nicht bewusst, weshalb ihr mit Skepsis begegnet und sie gelegentlich als obrigkeitsstaatlicher Zugriff missverstanden wird. Mit der Inventarisierungspflicht korrespondiert die Mitteilungspflicht in Abs. 1.[5] Die Mitteilungspflicht nach Abs. 2 dient der justizinternen Abstimmung[6] von Nachlass- und Sicherungsverfahren.

II. Nachlassgerichtliche Mitteilungspflicht nach Abs. 1

1. Inventarisierungspflicht nach § 1640 BGB. Die **Inventarisierungspflicht** nach § 1640 Abs. 1 S. 1 BGB gilt für **Eltern**, die noch **Inhaber der Vermögenssorge** sind, deren Vermögenssorge demnach nicht ruht,[7] entzogen oder ausgeschlossen ist.[8] Ebenso wenig besteht eine Inventarisierungspflicht, sofern das Vermögen der Testamentsvollstreckung unterliegt,[9] es sei denn, ein Elternteil ist selbst Testamentsvollstrecker.[10] Die Eltern haben das ihrer Verwaltung unterliegende Vermögen, welches das Kind von Todes wegen erwirbt, etwa als gesetzlicher oder testamentarischer Erbe, Vermächtnisnehmer, Pflichtteilsberechtigter[11] oder Nacherbe,[12] zu verzeichnen, § 1640 Abs. 1 S. 1 BGB, es sei denn der Wert des Vermögenserwerbs übersteigt nicht 15.000 EUR,[13] § 1640 Abs. 2 Nr. 1 BGB, oder der Erblasser hat durch letztwillige Verfügung eine abweichende Anordnung getroffen, § 1640 Abs. 2 Nr. 2 BGB. 2

2. Form des Verzeichnisses; Versicherung der Richtigkeit und Vollständigkeit; Adressat. Das Verzeichnis kann in Schriftform erstellt oder zur Niederschrift des Familiengerichts erklärt werden.[14] Die Eltern trifft darüber hinaus die Pflicht, das Verzeichnis mit der **Versicherung der Richtigkeit und Vollständigkeit** zu versehen und dem **Familiengericht einzureichen**, § 1640 Abs. 1 S. 1 BGB.[15] 3

1 Vgl. auch jurisPK-BGB/*Hamdan* BGB § 1640 Rn. 1.
2 Palandt/*Götz* BGB § 1640 Rn. 1.
3 Palandt/*Götz* BGB § 1640 Rn. 7.
4 Vgl. jurisPK-BGB/*Hamdan* § 1640 Rn. 12.
5 Zur Historie der Norm vgl. Horndasch/Viefhues/*Heinemann* § 356 Rn. 2.
6 Prütting/Helms/*Fröhler* § 356 Rn. 3.
7 Vgl. auch Horndasch/Viefhues/*Heinemann* § 356 Rn. 3. Ruht die elterliche Sorge, trifft die Eltern keine Inventarisierungspflicht.
8 Palandt/*Götz* BGB § 1640 Rn. 2; vgl. Gesetzeswortlaut: „das ihrer Verwaltung unterliegende Vermögen". Ebenso Keidel/*Zimmermann* § 356 Rn. 3. Vgl. auch Bahrenfuss/*Schaal* § 356 Rn. 2.
9 Ebenso Keidel/*Zimmermann* § 356 Rn. 3.
10 jurisPK-BGB/*Hamdan* § 1640 Rn. 3; Keidel/*Zimmermann* § 356 Rn. 3.
11 Vgl. Horndasch/Viefhues/*Heinemann* § 356 Rn. 4; Bahrenfuss/*Schaal* § 356 Rn. 4.
12 Horndasch/Viefhues/*Heinemann* § 356 Rn. 6; dagegen noch kein Vermögenserwerb: Kind als Ersatzerbe, Horndasch/Viefhues/*Heinemann* § 356 Rn. 6.
13 Verkehrswert abzüglich Verbindlichkeiten, Palandt/*Götz* BGB § 1640 Rn. 4; Keidel/*Zimmermann* § 356 Rn. 6 (Nettoerwerb). Mehrere Zuwendungen verschiedener Personen werden nicht zusammengerechnet, vgl. Horndasch/Viefhues/*Heinemann* § 356 Rn. 3. Bei etwaigen Zweifeln über die Wertgrenze empfiehlt sich eine Mitteilung, Horndasch/Viefhues/*Heinemann* § 356 Rn. 6; Bahrenfuss/*Schaal* § 356 Rn. 3. Bei Renten oder anderen wiederkehrenden Leistungen ist eine Kapitalisierung vorzunehmen, jurisPK-BGB/*Hamdan* BGB § 1640 Rn. 10.
14 Palandt/*Götz* BGB § 1640 Rn. 6.
15 Vgl. jurisPK-BGB/*Hamdan* BGB § 1640 Rn. 17.

4 Zuständig ist das Familiengericht, in dessen Bezirk das Kind seinen gewöhnlichen Aufenthalt hat, § 152 Abs. 2, in Ermangelung eines gewöhnlichen Aufenthalts das Familiengericht, in dessen Bezirk das Fürsorgebedürfnis bekannt wird, § 152 Abs. 3.

5 **3. Verstoß gegen Inventarisierungspflicht – Anordnungen nach § 1640 Abs. 3 BGB.** Kommen die Eltern ihrer Inventarisierungspflicht nicht oder nicht ausreichend nach, kann das Familiengericht[16] Anordnungen nach § 1640 Abs. 3 BGB[17] treffen, wozu auch zählen kann, das Verzeichnis durch eine zuständige Behörde bzw. Beamten bzw. durch einen Notar (§ 20 Abs. 1 S. 2 BNotO) aufnehmen zu lassen (sog. öffentliches Inventar).[18] Nach Feststellung der Vermögensgegenstände, die mit der notwendigen Sorgfalt vorzunehmen ist, errichtet der Notar das Vermögensverzeichnis in Form einer Niederschrift nach § 37 BeurkG.

6 Ultima ratio ist der Entzug der Vermögenssorge[19] und die Bestellung eines Pflegers.[20]

7 **4. Nachlassgerichtliche Mitteilungspflicht (Abs. 1).** Das Nachlassgericht, das Kenntnis von einem inventarisierungspflichtigen Vermögenserwerb von Todes wegen iSv § 1640 Abs. 1 S. 1 BGB erlangt, sieht sich in der Pflicht, dem Familiengericht den Vermögenserwerb mitzuteilen,[21] Abs. 1, damit dieses die Überwachung und ggf. die zwangsweise Realisierung der Inventarisierungspflicht initiieren kann, § 1640 Abs. 3 BGB. In Betracht kommen Zwangsmittel nach § 35[22] oder die Inventarisierung durch einen Notar, § 20 Abs. 1 BNotO.[23] Die Kosten der Inventarerrichtung fallen den Eltern zur Last.[24]

8 In sonstigen Fällen des Vermögenserwerbs besteht keine nachlassgerichtliche Mitteilungspflicht,[25] also bei sonstigem Vermögen, welches das Kind anlässlich des Sterbefalls erwirbt, oder bei Unterhaltsabfindungen, unentgeltlichen Zuwendungen, Schadenersatz- oder Rentenansprüchen,[26] § 1640 Abs. 1 S. 2 BGB. Die Empfehlung geht jedoch dahin, auch diese Fälle dem zuständigen Familiengericht mitzuteilen.[27]

9 Verletzt das Nachlassgericht seine Mitteilungspflicht nach Abs. 1, können Amtshaftungsansprüche im Raum stehen.[28] Die Mitteilung durch das Nachlassgericht unterliegt nicht der Anfechtung, da hierin keine Entscheidung zu erkennen ist.[29]

---

16 Funktionell zuständig ist der Rechtspfleger, § 3 Nr. 2a, 14 RpflG; vgl. Horndasch/Viefhues/*Heinemann* § 356 Rn. 3.
17 Vgl. Keidel/*Zimmermann* § 356 Rn. 4; Horndasch/Viefhues/*Heinemann* § 356 Rn. 3.
18 Palandt/*Götz* BGB § 1640 Rn. 8.
19 Vgl. Horndasch/Viefhues/*Heinemann* § 356 Rn. 3.
20 jurisPK-BGB/*Hamdan* BGB § 1640 Rn. 18.
21 Keidel/*Zimmermann* § 356 Rn. 5.
22 Horndasch/Viefhues/*Heinemann* § 356 Rn. 3.
23 Palandt/*Götz* BGB § 1640 Rn. 8.
24 Horndasch/Viefhues/*Heinemann* § 356 Rn. 9; aA jurisPK-BGB/*Hamdan* BGB § 1640 Rn. 20: Kind soll Kosten der Inventarerrichtung tragen; dieser Meinung kann aber nicht gefolgt werden, da es die Eltern sind, die ihrer Pflicht nicht nachkommen.
25 Ebenso Bahrenfuss/*Schaal* § 356 Rn. 4; Keidel/*Zimmermann* § 356 Rn. 5.
26 Horndasch/Viefhues/*Heinemann* § 356 Rn. 5: lediglich nobile officium.
27 Prütting/Helms/*Fröhler* § 356 Rn. 11.
28 Keidel/*Zimmermann* § 356 Rn. 5; Horndasch/Viefhues/*Heinemann* § 356 Rn. 8.
29 Keidel/*Zimmermann* § 356 Rn. 8; Horndasch/Viefhues/*Heinemann* § 356 Rn. 7.

Die Mitteilung an das Familiengericht erfolgt kostenfrei.[30] 10

III. Nachlassgerichtliche Mitteilungspflicht nach Abs. 2

Für die Sicherung des Nachlasses ist jedes Gericht zuständig, in dessen Bezirk das Bedürfnis für die Sicherung besteht, § 344 Abs. 4. Hiervon hat das Gericht das nach § 343 zuständige Nachlassgericht zu unterrichten, Abs. 2, damit dieses über den Sachstand informiert ist und die notwendigen Schlüsse ziehen kann.[31] Ein Verstoß gegen die Mitteilungspflicht lässt die Wirksamkeit der Sicherungsmaßnahme unberührt, im Raum stehen können jedoch Amtshaftungsansprüche.[32] 11

Die Mitteilung an das Familiengericht erfolgt kostenfrei.[33] 12

§ 357 Einsicht in eine eröffnete Verfügung von Todes wegen; Ausfertigung eines Erbscheins oder anderen Zeugnisses

(1) Wer ein rechtliches Interesse glaubhaft macht, ist berechtigt, eine eröffnete Verfügung von Todes wegen einzusehen.

(2) [1]Wer ein rechtliches Interesse glaubhaft macht, kann verlangen, dass ihm von dem Gericht eine Ausfertigung des Erbscheins erteilt wird. [2]Das Gleiche gilt für die nach § 354 erteilten gerichtlichen Zeugnisse sowie für die Beschlüsse, die sich auf die Ernennung oder die Entlassung eines Testamentsvollstreckers beziehen.

Literatur:

Boeckh, Der Erbschein – Erteilung, Einziehung und Beschwerde nach der FG-Reform, NJ 2011, 187; *Heinemann*, Die Reform der freiwilligen Gerichtsbarkeit durch das FamFG und ihre Auswirkungen auf die notarielle Praxis, DNotZ 2009, 6; *Holzer*, Das Erbscheinsverfahren nach dem FamFG, ZNotP 2015, 258; *Zimmermann*, Die Nachlassachen in der FGG-Reform, FGPrax 2006, 189; *Zimmermann*, Das Erbscheinsverfahren im FamFG, JuS 2009, 817.

30 Vgl. Horndasch/Viefhues/*Heinemann* § 356 Rn. 9.
31 Horndasch/Viefhues/*Heinemann* § 356 Rn. 12. Ggf. auch die Änderung oder Aufhebung der Sicherungsmaßnahmen, Bahrenfuss/*Schaal* § 356 Rn. 8.
32 Horndasch/Viefhues/*Heinemann* § 356 Rn. 11.
33 Vgl. Horndasch/Viefhues/*Heinemann* § 356 Rn. 14; Bahrenfuss/*Schaal* § 356 Rn. 9.

I. Allgemeines

1 Das FamFG differenziert zwischen berechtigten (§ 13 Abs. 2 S. 1) und rechtlichen (§ 357) Interessen, ohne diese Begriffe näher zu bestimmen,[1] was im Einklang mit anderen verfahrensrechtlichen Bestimmungen steht, etwa § 12 Abs. 1 S. 1 GBO.

2 Geregelt wird in **Abs. 1** das **Einsichtsrecht in eröffnete Verfügungen von Todes wegen**, wobei das FamFG eine **Ausdehnung auf alle Arten von Verfügungen von Todes wegen** vornahm.[2] Das Einsichtsrecht in Abs. 1 hängt von der Glaubhaftmachung eines rechtlichen Interesses ab. Wie weit das Einsichtsrecht reicht, geht aus Abs. 1 allerdings nicht hervor, was zu einem **höchst konträren Meinungsfeld der Einsichtsgewährung** führt, schwankend zwischen uneingeschränkter und eingeschränkter Einsichtnahme. Ob vor diesem Hintergrund der Ausgleich verfassungsrechtlicher Positionen[3] gelingen kann, kann bezweifelt werden. Auf die Beteiligtenstellung nach §§ 7, 345 kommt es dabei nicht an.[4]

3 In **Abs. 2** liegt lex specialis[5] zur Erteilung von **Ausfertigungen** des Erbscheins oder anderer nachlassgerichtlicher Zeugnisse vor.

4 Sachlich-funktionell ist der **Rechtspfleger** des **Nachlassgerichts** zuständig, § 342 Abs. 1 Nr. 3, § 3 Nr. 2 lit. c RpflG.[6] Die Entscheidung ergeht durch Beschluss.[7]

II. Einsichtnahme in eine eröffnete Verfügung von Todes wegen (Abs. 1)

5 **1. Rechtliches Interesse.** Einsicht in eine eröffnete Verfügung von Todes wegen kann nicht jedermann nehmen, sondern nur derjenige, der ein **rechtliches Interesse** glaubhaft macht, Abs. 1. Vor der Eröffnung steht das Einsichtsrecht nur dem Testator zu.[8]

6 Ein **rechtliches Interesse** soll nur dann vorliegen,[9] sofern sich der Antragsteller auf ein bereits vorhandenes Recht stützen kann. Richtigerweise muss es bereits ausreichen, dass die eröffnete Verfügung von Todes wegen auf die rechtlichen Beziehungen des Antragstellers einwirken kann.[10] Bei gesetzlichen und testamentarischen Erben, Pflichtteilsberechtigten,[11] Vermächtnisnehmern,[12] Testamentsvollstreckern, Nachlassverwaltern,[13] Nachlassgläubigern,[14] Nachlasspfle-

1 Vgl. auch OLG Stuttgart FGPrax 2011, 263 = ZErb 2011, 274 = FamRZ 2011, 1889; LG Fulda JurionRS 2011, 43197.
2 Vgl. BT-Drs. 16/6308, 282.
3 So aber Prütting/Helms/*Fröhler* § 357 Rn. 5, Normzweck des § 357.
4 OLG Düsseldorf ErbR 2017, 33.
5 BT-Drs. 16/6308, 282.
6 Vgl. auch Prütting/Helms/*Fröhler* § 357 Rn. 7.
7 GForm-FamFG/*Poller* § 357 Rn. 4 und 12.
8 Groll/*Esser* Rn. 565.
9 OLG Stuttgart FGPrax 2011, 263 = ZErb 2011, 274 = FamRZ 2011, 1889; LG Fulda JurionRS 2011, 43197.
10 Prütting/Helms/*Fröhler* § 357 Rn. 11; Bumiller/Harders/Schwamb/*Harders* § 357 Rn. 2.
11 Vgl. Prütting/Helms/*Fröhler* § 357 Rn. 3.
12 OLG Hamm FamRZ 2015, 2191 = ErbR 2015, 324; zum Einsichtsrecht des Vermächtnisnehmers vgl. auch OLG Düsseldorf FGPrax 2016, 276 = ErbR 2017, 33.
13 Keidel/*Zimmermann* § 357 Rn. 9.
14 AA Bumiller/Harders/Schwamb/*Harders* § 357 Rn. 2, kein Einsichtsrecht. Für Einsichtsrecht „im Einzelfall" auch Keidel/*Zimmermann* § 357 Rn. 9.

gern[15] und Betreuern[16] des Erben bzw. Vermächtnisnehmers ist dies der Fall,[17] nicht jedoch bei Antragstellern, die lediglich ein wirtschaftliches Interesse[18] verfolgen, deren Einsichtsrecht nach § 13 Abs. 2 einzuordnen ist. Ebenso wenig steht demjenigen ein rechtliches Interesse zu, der lediglich seiner Neugier nachkommen oder auf seine Stellung als Verwandter oder Ehegatte[19] oder Lebensgefährte des Erben bzw. Vermächtnisnehmers bzw. Testamentsvollstreckers verweist. Hieraus resultiert kein rechtliches Interesse an der Einsichtnahme in die Verfügung von Todes wegen. Die „erstrebte Kenntnis" soll „zur Verfolgung von Rechten oder zur Abwehr von Ansprüchen erforderlich"[20] sein. Ob auch Begünstigte aus Auflagen ein rechtliches Interesse iSv Abs. 1 vorweisen können, ist strittig, richtigerweise aber zu bejahen,[21] da nur die Einsichtnahme den Anspruch auf Vollziehung nach § 2194 BGB gewährleisten kann.

2. Glaubhaftmachung eines rechtlichen Interesses. Allein ein rechtliches Interesse an der Einsicht in eine eröffnete Verfügung von Todes wegen reicht nicht aus, die Regelung in Abs. 1 verlangt vielmehr auch die **Glaubhaftmachung** des rechtlichen Interesses, womit auf die **Beweisführung nach § 31** verwiesen wird. Um eine tatsächliche Behauptung glaubhaft zu machen, kann sich der Antragsteller aller Beweismittel bedienen,[22] etwa Urkunden, Bestätigungen, Zeugenaussagen, anderer Schriftstücke. Der Antragsteller kann auch zur eidesstattlichen Versicherung zugelassen werden, § 31 Abs. 1.[23] Unstatthaft ist hingegen eine Beweisaufnahme, die nicht sofort erfolgen kann, § 31 Abs. 2. 7

3. Einsichtnahme in eine eröffnete Verfügung von Todes wegen. Unter der Prämisse eines glaubhaft gemachten rechtlichen Interesses kann in **jedwede eröffnete Verfügung von Todes wegen** Einsicht genommen werden, gleichgültig, ob die Verfügung noch besteht, formwirksam, nichtig oder gegenstandlos ist.[24] Das Einsichtsrecht bezieht sich auf alle Arten von Verfügungen von Todes wegen,[25] und zwar auf die **Urschrift**,[26] evtl. aber auch auf die beglaubigte Abschrift eines eröffneten gemeinschaftlichen Testaments nach Tod eines Ehegatten, vgl. § 349 Abs. 2 S. 1. 8

4. Umfang des Einsichtsrechts. Die Reichweite des Einsichtsrechts ist nicht geregelt und Gegenstand eines **konträren Meinungsfeld der Einsichtsgewährung.** Die bislang ergangene Rechtsprechung[27] und ein Teil der Literatur[28] berufen sich auf **Geheimhaltungsinteressen** bzw. den **Verhältnismäßigkeitsgrundsatz** und befürworten eine eingeschränkte Einsichtnahme. Anderenfalls bestünde die Gefahr, die Systematik des Eröffnungsverfahrens zu unterlaufen.[29] Das Einsichts- 9

15 Keidel/*Zimmermann* § 357 Rn. 9.
16 Keidel/*Zimmermann* § 357 Rn. 9.
17 Prütting/Helms/*Fröhler* § 357 Rn. 11.
18 Prütting/Helms/*Fröhler* § 357 Rn. 11; Bumiller/Harders/Schwamb/*Harders* § 357 Rn. 2.
19 Vgl. auch Keidel/*Zimmermann* § 357 Rn. 10.
20 So OLG Stuttgart FGPrax 2011, 263 = ZErb 2011, 274 = FamRZ 2011, 1889; ebenso Bumiller/Harders/Schwamb/*Harders* § 357 Rn. 2; OLG Hamm ErbR 2010, 398.
21 Keidel/*Zimmermann* § 357 Rn. 9.
22 Vgl. GForm-FamFG/*Poller* § 357 Rn. 8.
23 Ebenso *Bumiller/Harders/Schwamb* § 357 Rn. 3.
24 Keidel/*Zimmermann* § 357 Rn. 15.
25 Vgl. bereits BT-Drs. 16/6308, 282.
26 Keidel/*Zimmermann* § 357 Rn. 16.
27 OLG Düsseldorf ErbR 2017, 33 = FGPrax 2016, 276; OLG Hamm FamRZ 2015, 2191.
28 Keidel/*Zimmermann* § 357 Rn. 22; Burandt/Rojahn/*Gierl* § 357 Rn. 1.
29 So das OLG Düsseldorf FGPrax 2016, 276.

recht bestehe nur an denjenigen Teilen der eröffneten Verfügung von Todes wegen, an denen der Antragsteller ein rechtliches Interesse habe.[30] Zu Recht wird dem entgegengehalten,[31] dass sich dies häufig in der Praxis nicht umsetzen[32] lässt und regelmäßig Kenntnis vom gesamten Inhalt der Verfügung von Todes wegen erforderlich ist, um eine richtige und vollständige Einordnung vornehmen zu können. Der Bedachte bzw. Begünstigte muss stets in die Lage versetzt werden, die Wertungen und Überlegungen des Erblassers nachvollziehen zu können.[33] Die Qualität eines Massenverfahrens darf nicht außer Acht gelassen werden, und auch mit Einschätzungen darüber, was der Vermächtnisnehmer wissen muss und nicht zu wissen braucht,[34] um sein Vermächtnis zu realisieren, sollte sich das Nachlassgericht zurückhalten, um nicht zur Verkürzung des Rechts beizutragen und der Spekulation freien Lauf zu lassen. Das Einsichtsrecht muss dem Antragsteller in funktioneller Weise bereitstehen, nicht in künstlich reduzierter, unvollständiger Form, die weitere Nachforschungen nach sich zieht. Dem Gesetz lässt sich überdies eine solche Einschränkung nicht entnehmen,[35] die Einsichtnahme erstreckt sich deshalb auf den gesamten Inhalt der eröffneten Verfügung von Todes wegen.[36]

III. Erteilung von Ausfertigungen (Abs. 2)

10 Mit dem glaubhaft gemachten Einsichtsrecht korrespondiert das Recht, vom Nachlassgericht eine Ausfertigung des Erbscheins, des gerichtlichen Zeugnisses nach § 354[37] (Zeugnis über die Fortsetzung der Gütergemeinschaft, § 1507 BGB; Testamentsvollstreckerzeugnis, § 2368 BGB; Überweisungszeugnis, §§ 36, 37 GBO bzw. §§ 42, 74 Schiffsregisterordnung) bzw. des Beschlusses über die Ernennung und Entlassung des Testamentsvollstreckers verlangen zu können, vgl. Abs. 2. Dabei muss sich das rechtliche Interesse gerade auf die Erteilung einer Ausfertigung beziehen[38] und auch glaubhaft dargelegt werden.[39] Sofern eine beglaubigte Abschrift genügt, muss sich der Antragsteller damit zufriedengeben.[40] Wörtlich ist in Abs. 2 S. 1 zwar nur von *einer* Ausfertigung die Rede,

30 Keidel/*Zimmermann* § 357 Rn. 22: rechtliches Interesse sei teilbar.
31 GForm-FamFG/*Poller* § 357 Rn. 3; ebenso Prütting/Helms/*Fröhler* § 357 Rn. 14, keine Reduzierung des rechtlichen Interesses möglich; ebenso Bumiller/Harders/Schwamb/*Harders* § 357 Rn. 5.
32 Beispielhaft für die Umsetzungsschwierigkeiten: OLG Düsseldorf ErbR 2017, 33 = FGPrax 201, 276: zunächst votiert das OLG für eine Beschränkung des Einsichtsrechts; im konkreten Fall stand dann aber eine Verkürzung des Einsichtsrechts im Raum, so dass die Einsichtsgewährung doch wieder vollständig ausfiel. Ebenso chaotisch der Einsichtsfall, über den das OLG Hamm zu entscheiden hatte, vgl. OLG Hamm FamRZ 2015, 2191: grds. eingeschränktes Einsichtsrecht des Vermächtnisnehmers, dann doch wieder uneingeschränkt, da der Erbe die Wirksamkeit des Vermächtnisses bestreitet.
33 OLG Düsseldorf ErbR 2017, 33.
34 So aber das OLG Hamm FamRZ 2015, 2191: der Vermächtnisnehmer muss nur erfahren, wer Erbe oder Testamentsvollstrecker ist, um sein Vermächtnis durchsetzen zu können.
35 Prütting/Helms/*Fröhler* § 357 Rn. 14.
36 Horndasch/Viefhues/*Heinemann* § 357 Rn. 9; Prütting/Helms/*Fröhler* § 357 Rn. 14; GForm-FamFG/*Poller* § 357 Rn. 3. AA Keidel/*Zimmermann* § 357 Rn. 22; OLG Hamm ErbR 2015, 324; OLG Düsseldorf FGPrax 2016, 276.
37 Zum Fortsetzungszeugnis nach Beendigung der Gütergemeinschaft vgl. OLG München FGPrax 2011, 181; KG NJW 1964, 1905 (1906).
38 OLG Hamm ErbR 2010, 398; GForm-FamFG/*Poller* § 357 Rn. 15 und 16.
39 Prütting/Helms/*Fröhler* § 357 Rn. 18; GForm-FamFG/*Poller* § 357 Rn. 16; Burandt/Rojahn/*Gierl* § 357 Rn. 2.
40 OLG Hamm ErbR 2010, 398.

verlangt werden kann jedoch *jede beliebige Anzahl* von Ausfertigungen.[41] Wie viele Ausfertigungen der Antragsteller erhält, bemisst sich nach seinem Antrag.[42] Bei **zahlreichen Ausfertigungen** kann das Rechtsschutzbedürfnis auf die tatsächlich benötigten Ausfertigungen oder auf eine überschaubare Zahl von Ausfertigungen beschränkt werden,[43] da mit einer großen Anzahl von Ausfertigungen erhebliche Gefahren verbunden sind. Das Europäische Nachlasszeugnis (ENZ) wird nicht in Ausfertigung erstellt, sondern kursiert nur in Gestalt beglaubigter Abschriften, Art. 70 Abs. 1 EuErbVO.

IV. Rechtsmittel gegen Einsichtnahme und Verweigerung der Einsichtnahme

1. Rechtsmittel gegen erfolgte Einsichtnahme. Im Falle erfolgter Einsichtnahme kommt ein Rechtsmittel nicht mehr in Betracht, da ein Rechtsschutzbedürfnis fehlt.[44] Im Raum stehen **Amtshaftungsansprüche**,[45] sofern die Einsichtsgewährung zu Unrecht erfolgt ist. 11

2. Rechtsmittel gegen verweigerte Einsichtnahme bzw. gegen nur eingeschränkte Einsichtnahme. Statthaft ist die **befristete Beschwerde** nach §§ 58 ff.[46] Dies gilt auch für den Fall, dass die uneingeschränkte Einsichtnahme abgelehnt und nur eingeschränkt Einsicht gewährt wurde.[47] 12

3. Rechtsmittel gegen verweigerte Ausfertigung nach Abs. 2. Lehnt das Nachlassgericht den Antrag auf Erteilung einer Ausfertigung nach Abs. 2 ab, ist hiergegen die **befristete Beschwerde** zulässig, §§ 58 ff.[48] 13

V. Kosten

1. Einsichtnahme. Da das Kostenverzeichnis des GNotKG keinen Gebührentatbestand vorsieht, erfolgt die **Einsichtnahme gebührenfrei.**[49] 14

2. Dokumentenpauschale. Falls eine Ausfertigung erteilt wird, fällt eine **Dokumentenpauschale** nach der KV Nr. 31000 GNotKG an.[50] Für die ersten 50 Seiten ist je Seite ein Betrag iHv 0,50 EUR anzusetzen, für jede weitere Seite 0,15 EUR, vgl. KV Nr. 31000 Nr. 1 GNotKG. Die Dokumentenpauschale schuldet der Antragsteller, § 22 Abs. 1 GNotKG. 15

3. Negativauskunft in Nachlassverfahren. Die Frage nach der Gebührenpflicht oder Gebührenfreiheit einer nachlassgerichtlichen Negativauskunft ist Gegenstand einer ausufernden Rechtsprechung. Die wohl herrschende Meinung bringt hierfür eine Festgebühr iHv **15 EUR** in Ansatz, begründet mit der KV 16

41 Vgl. Prütting/Helms/*Fröhler* § 357 Rn. 19.
42 OLG Düsseldorf 18.11.2020 – 3 Wx 200/20, FGPrax 2021, 26.
43 OLG Düsseldorf 18.11.2020 – 3 Wx 200/20, FGPrax 2021, 26.
44 Prütting/Helms/*Fröhler* § 357 Rn. 23.
45 Keidel/*Zimmermann* § 357 Rn. 42.
46 Vgl. auch OLG Hamm FamRZ 2015, 2191; OLG Düsseldorf FGPrax 2016, 276; Prütting/Helms/*Fröhler* § 357 Rn. 21; Burandt/Rojahn/*Gierl* § 357 Rn. 4; Keidel/*Zimmermann* § 357 Rn. 42.
47 OLG Hamm FamRZ 2015, 2191.
48 OLG Schleswig FamRZ 2012, 320; Prütting/Helms/*Fröhler* § 357 Rn. 21; Burandt/Rojahn/*Gierl* § 357 Rn. 4; Keidel/*Zimmermann* § 357 Rn. 42.
49 Vgl. GForm-FamFG/*Poller* § 357 Rn. 5.
50 AG Köln JurionRS 2015, 41963; Prütting/Helms/*Fröhler* § 357 Rn. 25.

Nr. 1401 JVKostG.[51] Die abweichende Meinung[52] sieht in der Negativauskunft eine gebührenfreie Tätigkeit, die zur freiwilligen Gerichtsbarkeit zählt. Der Gesetzgeber ist aufgerufen, für Klarheit zu sorgen.

§ 358 Zwang zur Ablieferung von Testamenten

In den Fällen des § 2259 Abs. 1 des Bürgerlichen Gesetzbuchs erfolgt die Anordnung der Ablieferung des Testaments durch Beschluss.

Literatur:

Heinemann, Die Reform der freiwilligen Gerichtsbarkeit durch das FamFG und ihre Auswirkungen auf die notarielle Praxis, DNotZ 2009, 6; *Holzer*, Das Erbscheinsverfahren nach dem FamFG, ZNotP 2015, 258.

I. Allgemeines

1 In der neueren Literatur[1] als „überflüssig“, „Redaktionsversehen“ und „Divergenz zwischen Begründung und Gesetzeswortlaut“ bezeichnet, nimmt die Regelung in § 358 Rekurs auf „die Fälle des § 2259 Abs. 1 BGB“, um insoweit das verfahrensrechtliche Feld zu bestellen und zur Ablieferung von Testamenten beizutragen. Dass Testamente unterdrückt werden, soll verhindert werden.[2] Dem Ruf auf Ersetzung der Regelung „durch eine dem früheren § 83 Abs. 2 FGG entsprechende Bestimmung“[3] ist der Gesetzgeber nicht gefolgt, derzeit zeichnen sich am Gesetzgebungshorizont auch keine entsprechenden Änderungsabsichten ab. Das Verfahren zählt zu den nachlassgerichtlichen Amtsverfahren[4] und stellt, verglichen mit einer Herausgabeklage, die wesentlich kostengünstigere und schnellere Verfahrensart dar.[5]

---

51 OLG Düsseldorf ZEV 2017, 596; OLG Düsseldorf JurionRS 2018, 39146; OLG Oldenburg ErbR 2018, 113; OLG Bremen FamRZ 2018, 783; LG Frankfurt aM BeckRS 2015, 7088; LG Köln BeckRS 2015, 18640; AG Köln JurionRS 2015, 39673 und 41963; *Adamus* jurisPR-FamR 19/2018 Anm. 8.

52 OLG Koblenz NJW-RR 2016, 1277 = MDR 2016, 1173; OLG Köln FGPrax 2017, 142; ebenso Prütting/Helms/*Fröhler* § 357 Rn. 25.

1 *Holzer* ZNotP 2016, 172 (174, 175).

2 Burandt/Rojahn/*Lauck* BGB § 2259 Rn. 1.

3 So *Holzer* ZNotP 2016, 172 (175).

4 Vgl. Bahrenfuss/*Schaal* § 358 Rn. 9.

5 MPFormB ErbR/*Stahl* Pkt. 3, Erwirken einer Ablieferungsanordnung.

II. Ablieferungspflicht nach § 2259 Abs. 1 BGB

1. Örtliche Zuständigkeit und Ablieferungspflicht. Während das in § 358 lediglich mit einem Satz beschriebene Anordnungsverfahren in den Händen des nach § 343 örtlich zuständigen Nachlassgerichts liegt, kann der Ablieferungspflicht nach § 2259 BGB auch durch **Ablieferung gegenüber jedwedem Amtsgericht** nachgekommen werden,[6] also auch gegenüber einem örtlich unzuständigen Amtsgericht.[7] Richtigerweise kann dem Ablieferungspflichtigen nicht die Einordnung in die Zuständigkeitsvorschriften des FamFG abverlangt werden.[8] Dem angegangenen Nachlassgericht obliegt es, das Testament an das zuständige Nachlassgericht weiterzuleiten. 2

2. Adressat der Ablieferungspflicht nach § 2259 Abs. 1 BGB. Adressat der Ablieferungspflicht nach § 2259 Abs. 1 BGB ist jede **Person**, die den **unmittelbaren Besitz** über das Testament hat.[9] Diese Person ist verpflichtet, das Testament **unverzüglich** an das Nachlassgericht abzuliefern, und zwar nach Kenntniserlangung vom Tod des Erblassers, § 2259 Abs. 1 BGB. Unverzüglich bedeutet ohne schuldhaftes Zögern, vgl. Legaldefinition in § 121 Abs. 1 S. 1 BGB. Abliefern bedeutet, dem Nachlassgericht den unmittelbaren Besitz am Testament zu verschaffen.[10] 3

3. Gegenstand der Ablieferungspflicht nach § 2259 Abs. 1 BGB. Die Ablieferungspflicht ist weit gefasst, betroffen sind alle Schriftstücke des Erblassers, die sich nach **Form und Inhalt** als Testament präsentieren können,[11] als Regelung erbrechtlicher Verhältnisse,[12] unabhängig davon, ob das Testament (noch) gültig[13] oder bereits widerrufen,[14] wirksam oder (bereits) unwirksam, zerstört oder unverändert, gegenstandslos[15] oder noch Gegenstand erbrechtlicher Überlegungen ist.[16] In der Folge erfasst die **Ablieferungspflicht** nach § 2259 Abs. 1 BGB auch widerrufene, aufgehobene oder formungültige[17] Testamente bzw. Erbverträge,[18] auch Briefe[19] mit Testierwillen oder ähnliche Vereinbarungen,[20] nicht aber Erbverzichtsverträge.[21] Nicht erfasst sind auch offenkundige **Entwürfe** oder **Ankündigungen**.[22] Welchem Erbstatut die Schriftstücke unterfallen, wirkt sich auf die Ablieferungspflicht nicht aus, ebenso wenig die Staatsangehörigkeit des Erblassers.[23] Beides würde die 4

---

6 Palandt/*Weidlich* BGB § 2259 Rn. 1; Burandt/Rojahn/*Lauck* BGB § 2259 Rn. 5; BayObLG FamRZ 1992, 1222, Ablieferung gegenüber dem nächstgelegenen Nachlassgericht. Ebenso Staudinger/*Baumann* § 2259 Rn. 13.
7 Ebenso Keidel/*Zimmermann* § 358 Rn. 2.
8 So auch Bahrenfuss/*Schaal* § 358 Rn. 2.
9 Burandt/Rojahn/*Lauck* BGB § 2259 Rn. 3 und 4; Staudinger/*Baumann* BGB § 2259 Rn. 16.
10 Staudinger/*Baumann* BGB § 2259 Rn. 5.
11 Staudinger/*Baumann* BGB § 2259 Rn. 6; Keidel/*Zimmermann* § 358 Rn. 2.
12 Dazu zählen auch erblasserische Bestimmungen über die Bestattung, vgl. Burandt/Rojahn/*Lauck* § 2259 Rn. 2. Zum weit gefassten Kreis der ablieferungspflichtigen Schriftstücke vgl. Bahrenfuss/*Schaal* § 358 Rn. 3.
13 Prütting/Helms/*Fröhler* § 358 Rn. 9; Staudinger/*Baumann* BGB § 2259 Rn. 8.
14 Ebenso Bahrenfuss/*Schaal* § 358 Rn. 3; Staudinger/*Baumann* BGB § 2259 Rn. 8.
15 Staudinger/*Baumann* BGB § 2259 Rn. 9.
16 Palandt/*Weidlich* BGB § 2259 Rn. 2.
17 Staudinger/*Baumann* BGB § 2259 Rn. 9.
18 Burandt/Rojahn/*Lauck* BGB § 2259 Rn. 2.
19 Bahrenfuss/*Schaal* § 358 Rn. 3.
20 Palandt/*Weidlich* BGB § 2259 Rn. 2.
21 Staudinger/*Baumann* BGB § 2259 Rn. 6.
22 Burandt/Rojahn/*Lauck* BGB § 2259 Rn. 2.
23 Vgl. Bahrenfuss/*Schaal* § 358 Rn. 6.

Ablieferungspflicht mit verfahrensfremden Überlegungen überfrachten und sich negativ auf die Abgabe erblasserischer Schriftstücke auswirken.

5 Zweifelsfälle klärt das Nachlassgericht,[24] nicht derjenige, in dessen Besitz sich das Testament befindet,[25] so dass auch zweifelhafte Schriftstücke des Erblassers abzuliefern sind.[26] Zweifel klärt das Nachlassgericht, nicht der Abliefernde[27].

6 Die Einreichung einer Kopie bzw. eines Scans reicht nicht aus, um der Ablieferungspflicht zu entsprechen, einzureichen ist vielmehr die Urschrift des erblasserischen Schriftstücks.[28] Auf Wunsch erteilt das Nachlassgericht eine Empfangsbestätigung.

7 **4. Keine Erfüllung der Ablieferungspflicht.** Kommt der Besitzer des erblasserischen Schriftstücks seiner Ablieferungspflicht nicht nach, kommen eine Schadensersatzpflicht nach § 823 Abs. 2 S. 1 BGB sowie Urkundsunterdrückung nach § 274 Abs. 1 Nr. 1 StGB in Betracht,[29] die wiederum mit Erbunwürdigkeit nach § 2339 Abs. 1 Nr. 4 BGB verbunden ist.[30]

III. Erste Stufe: formlose Aufforderung zur Ablieferung von Testamenten

8 Die erste Stufe gerichtlicher Vorgehensweise lässt sich § 358 nicht entnehmen, was nicht zur Transparenz der Norm beiträgt, aber Ausdruck verfahrensrechtlicher Adäquanz ist. Im Regelfall greift das Nachlassgericht nicht sofort zum Anordnungsbeschluss, sondern fordert den ablieferungspflichtigen Besitzer erblasserischer Schriftstücke zur Ablieferung binnen einer bestimmten Frist auf[31] (formlose Aufforderung zur Ablieferung von Testamenten). Ggf. ist diese formlose Aufforderung zu wiederholen.

IV. Zweite Stufe: Anordnung zur Ablieferung von Testamenten

9 Sofern der ablieferungspflichtige Besitzer erblasserischer Schriftstücke der formlosen Aufforderung nicht nachkommt, ist die förmliche Anordnung ins Werk zu setzen, die zweite Stufe der gerichtlichen Vorgehensweise, gerichtet auf Erlass einer Ablieferungsanordnung, eines förmlichen gerichtlichen Beschlusses,[32] der eine Ablieferungsfrist vorgibt, einen Hinweis auf die gerichtlichen Sanktionsmöglichkeiten[33] – *Zwangsgeld, ersatzweise Zwangshaft* –, eine Begründung sowie eine Rechtsmittelbelehrung – *befristete Beschwerde* – enthält, §§ 35 Abs. 2, 38, 39.[34]

---

24 BayObLG Rpfleger 1984, 19.
25 Burandt/Rojahn/*Lauck* § 2259 Rn. 2.
26 Ebenso Bahrenfuss/*Schaal* § 358 Rn. 3.
27 Vgl. BayObLG MDR 1984, 233; Staudinger/*Baumann* BGB § 2259 Rn. 8.
28 Palandt/*Weidlich* BGB § 2259 Rn. 2; Prütting/Helms/*Fröhler* § 358 Rn. 9; Staudinger/*Baumann* BGB § 2259 Rn. 9. Nur im Verlustfall reicht eine Abschrift. Die Ablieferungspflicht bezieht sich dann auf die Abschrift, Staudinger/*Baumann* BGB § 2259 Rn. 10.
29 Vgl. Palandt/*Weidlich* BGB § 2259 Rn. 4; Bahrenfuss/*Schaal* § 358 Rn. 8; Staudinger/*Baumann* BGB § 2259 Rn. 32.
30 MPFormB ErbR/*Stahl* Ablieferung eines Testaments beim Nachlassgericht, Anmerkung 2. Zur Schadensersatzpflicht und Strafbarkeit vgl. auch *Bumiller/Harders/Schwamb* § 358 Rn. 4.
31 Zur formlosen Aufforderung vgl. auch Bahrenfuss/*Schaal* § 358 Rn. 13; Prütting/Helms/*Fröhler* § 358 Rn. 11; Staudinger/*Baumann* BGB § 2259 Rn. 26.
32 Beispiel für einen Beschluss vgl. Prütting/Helms/*Fröhler* § 358 Rn. 16.
33 Vgl. *Schulte-Bunert* FuR 2009, 125 (127).
34 Vgl. Prütting/Helms/*Fröhler* § 358 Rn. 15; Bahrenfuss/*Schaal* § 358 Rn. 13.

Rechtsmittel gegen die gerichtliche Ablieferungsanordnung ist die einfache Beschwerde nach den §§ 58 ff.[35] 10

V. Dritte Stufe: Vollstreckung

Die Vollstreckung des Beschlusses richtet sich nach § 35,[36] wobei das Vollstreckungsarsenal die Festsetzung von **Zwangsgeld,**[37] **Zwangshaft** und die **Herausgabevollstreckung**[38] vorsieht. Der Gerichtsvollzieher kann durch das Nachlassgericht mit der Wegnahme des Testaments beauftragt werden, § 35 Abs. 4 iVm § 883 Abs. 1 ZPO.[39] 11

Die Zwangsmaßnahmen sind von Amts wegen einzuleiten,[40] müssen demnach nicht durch einen Antrag initiiert werden. Die Festsetzung erfolgt durch einen **gesonderten Zwangsmaßnahmenbeschluss**, vgl. § 35 Abs. 1[41] (dritte Stufung: Vollstreckung). Sofern der Adressat des Beschlusses bestreitet, im Besitz eines erblasserischen Testaments zu sein, kann das Nachlassgericht die **Abgabe einer eidesstattlichen Versicherung** über den Verbleib verlangen,[42] die ausschließlich vor dem Nachlassgericht bzw. einem ersuchten Nachlassgericht abzugeben ist, nicht aber auch vor einem Notar.[43] 12

Rechtsmittel gegen den Zwangsmaßnahmenbeschluss ist die sofortige Beschwerde, § 35 Abs. 5 iVm §§ 567–572 ZPO,[44] die innerhalb einer zweiwöchigen Frist einzulegen ist.[45] 13

VI. Kosten

Für die Anordnung von Zwangsmaßnahmen durch Beschluss fällt je Anordnung eine Festgebühr iHv 20 EUR an, KV Nr. 17006 GNotKG. Mit der Festsetzung des Zwangsmittels sind dem Verpflichteten zugleich die Verfahrenskosten aufzuerlegen, § 35 Abs. 3 S. 2. Der Anordnungsbeschluss löst dagegen keine Gebühr aus.[46] 14

§ 359 Nachlassverwaltung

(1) Der Beschluss, durch den dem Antrag des Erben, die Nachlassverwaltung anzuordnen, stattgegeben wird, ist nicht anfechtbar.

(2) Gegen den Beschluss, durch den dem Antrag eines Nachlassgläubigers, die Nachlassverwaltung anzuordnen, stattgegeben wird, steht die Beschwerde nur

35 MPFormB ErbR/*Stahl* Pkt. 5. Beschwerde gegen Ablieferungsanordnung, Anmerkung 2; Bahrenfuss/*Schaal* § 358 Rn. 18; Bumiller/Harders/Schwamb/*Harders* § 358 Rn. 7.
36 Vgl. bereits BT-Drs. 16/6308, 282; *Schulte-Bunert* FuR 2009, 125 (126).
37 Das einzelne Zwangsgeld darf den Betrag von 25.000 EUR nicht übersteigen, § 35 Abs. 3 S. 1.
38 § 35 Abs. 4, vgl. bereits BT-Drs. 16/6308, 282.
39 Prütting/Helms/*Fröhler* § 358 Rn. 19; ebenso Bahrenfuss/*Schaal* § 358 Rn. 16; *Schulte-Bunert* FuR 2009, 125, (129).
40 Ebenso Keidel/*Zimmermann* § 358 Rn. 22.
41 Vgl. Bahrenfuss/*Schaal* § 358 Rn. 15.
42 Keidel/*Zimmermann* § 358 Rn. 19.
43 Keidel/*Zimmermann* § 358 Rn. 19.
44 Bahrenfuss/*Schaal* § 358 Rn. 18; Bumiller/Harders/Schwamb/*Harders* § 358 Rn. 7; *Schulte-Bunert* FuR 2009, 125 (130); Keidel/*Zimmermann* § 358 Rn. 30.
45 Vgl. Burandt/Rojahn/*Gierl* § 358 Rn. 3; *Schulte-Bunert* FuR 2009, 125 (130).
46 Burandt/Rojahn/*Gierl* § 358 Rn. 4.

dem Erben, bei Miterben jedem Erben, sowie dem Testamentsvollstrecker zu, der zur Verwaltung des Nachlasses berechtigt ist.

I. Nachlassverwaltung

1 Das Gesetz definiert die Nachlassverwaltung als Nachlasspflegschaft[1] zum Zwecke der Befriedigung der Nachlassgläubiger, § 1975 BGB, mit deren Anordnung eine weitreichende Verfügungsentziehung des Erben verbunden ist, § 1984 Abs. 1 S. 1 BGB.[2] Ziel ist es auch, die Haftung der Erben zu beschränken.[3] Eine Nachlasssache liegt vor, vgl. § 342 Abs. 1 Nr. 8, die in den Zuständigkeitsbereich des Rechtspflegers fällt, §§ 3 Nr. 2 lit. c, 16 Abs. 1 Nr. 1 RpflG.[4] Eine Anordnung[5] der Nachlassverwaltung von Amts wegen sieht das Gesetz nicht vor,[6] vgl. § 1981 BGB, erforderlich ist vielmehr ein Antrag,[7] etwa der Antrag eines Erben, § 1981 Abs. 1 BGB,[8] der Antrag eines Nachlassgläubigers, § 1981 Abs. 2 BGB,[9] oder der Antrag eines Erbschaftskäufers, eines Nacherben, eines Testamentsvollstreckers oder eines Erbeserben.[10] Spiegelbildlich hierzu

1 Vgl. auch BGH NJW-RR 2017, 1034 = ZErb 2017, 324.

2 Der Nachlassverwalter ist demnach Partei kraft Amtes, vgl. auch *Jochum/Pohl* Rn. 1097. Zur Verfügungsentziehung vgl. *Jochum/Pohl* Rn. 1099; zur Nachlassverwaltung als besondere Form der Nachlasspflegschaft vgl. Prütting/Helms/*Fröhler* § 359 Rn. 9.

3 Vgl. *Roth* NJW-Spezial 2018, 487.

4 Vgl. *Jochum/Pohl* Nachlasspflegschaft-HdB Rn. 1095 und 1096; Prütting/Helms/*Fröhler* § 359 Rn. 5.

5 Die Anordnung erfolgt durch Beschluss, der dem Erben bzw. dem Nachlassgläubiger bekanntzugeben und darüber hinaus öffentlich bekannt zu machen ist, vgl. § 1983 BGB; Musterbeschluss vgl. *Jochum/Pohl* Nachlasspflegschaft-HdB Rn. 1093. Vgl. auch *Roth* NJW-Spezial 2018, 487.

6 OLG Köln FGPrax 2015, 87 = ErbR 2015, 100; *Jochum/Pohl* Nachlasspflegschaft-HdB Rn. 1081. Zur Praxis der Nachlassverwaltung vgl. auch *Roth* NJW-Spezial 2018, 487.

7 Antragsmuster vgl. *Jochum/Pohl* Nachlasspflegschaft-HdB Rn. 1085 und 1088. Der Antrag kann bereits vor der Erbschaftsannahme gestellt werden, *Roth* NJW-Spezial 2018, 487. Ob die Antragstellung auch durch einen einzelnen Miterben (so *Roth* NJW-Spezial 2018, 487) oder nur gemeinschaftlich durch alle Miterben (so die hM, vgl. Keidel/*Zimmermann* § 359 Rn. 11; Prütting/Helms/*Fröhler* § 359 Rn. 14) erfolgen kann, war strittig. Die Rechtsprechung befürwortete eine gemeinsame Ausübung des Antragsrechts, vgl. OLG Hamm FGPrax 2016, 32 = FamRZ 2016, 320. In seinem Beschluss vom 5.7.2017 – IV ZB 6/17, geht der BGH nunmehr von gemeinschaftlicher Antragstellung der Erben aus BGH ZEV 2017, 513 = ZErb 2017, 324, womit die Streitfrage geklärt ist.

8 Prütting/Helms/*Fröhler* § 359 Rn. 10.

9 Vgl. Prütting/Helms/*Fröhler* § 359 Rn. 11.

10 *Jochum/Pohl* Nachlasspflegschaft-HdB Rn. 1090.

verläuft das Rechtsmittelsystem[11] in Verfahren der Nachlassverwaltung, vgl. Abs. 1 (Antrag eines Erben) bzw. Abs. 2 (Antrag eines Nachlassgläubigers). Zu konstatieren ist eine Beschränkung des Rechtsmittelsystems im Bereich der Nachlassverwaltung,[12] der, soweit ersichtlich, allerdings keine Praxisrelevanz zukommt. Die Rechtsmittelbeschränkung soll der Rechtssicherheit dienen.[13]

II. Antrag des Erben, stattgebender Beschluss: Unanfechtbarkeit nach Abs. 1

1. Unanfechtbarkeit nach Abs. 1. Die Regelung in Abs. 1 erklärt den Beschluss, mit welchem dem Antrag des Erben, die Nachlassverwaltung anzuordnen, stattgegeben wird, für **unanfechtbar**. Eine Beschwerde ist demnach unzulässig, ebenso eine Erinnerung oder ein sonstiges Rechtsmittel.[14] Eine dennoch erfolgte Beschwerde muss als unzulässig verworfen werden. 2

2. Ausnahme. Trotz des Gesetzeswortlautes wird eine **Anfechtbarkeit** für den Fall bejaht, sofern die Anordnung zu Unrecht erfolgt ist oder eine Voraussetzung fehlt, etwa ein Antrag bzw. ein wirksamer bzw. fehlerfreier Antrag.[15] Die Rechtsprechung folgt dieser Auffassung.[16] Gleiches gilt für eine fehlende internationale Zuständigkeit.[17] In einer solchen Konstellation ist die **befristete Beschwerde** ausnahmsweise zulässig, weil nur die auf ordnungsgemäßen Antrag des berechtigten Erben angeordnete Nachlassverwaltung Schutz verdient, nicht aber auch die zu Unrecht oder ohne gesetzliche Grundlage erfolgte Nachlassverwaltung.[18] Die Beschwerdeberechtigung liegt bei den Erben bzw. den Nachlassgläubigern.[19] 3

3. Umkehrschluss aus Abs. 1: zulässige Anfechtung des zurückgewiesenen Erbenantrags. Im Umkehrschluss zu Abs. 1 ergibt sich, dass gegen die **Antragszurückweisung** des Erbenantrags die befristete Beschwerde zulässig ist.[20] 4

III. Antrag des Nachlassgläubigers, stattgebender Beschluss: eingeschränkte Anfechtbarkeit nach Abs. 2

Während Abs. 1 Unanfechtbarkeit postuliert, sieht Abs. 2 eine **beschränkte Anfechtbarkeit** vor. Gegen den stattgebenden Beschluss, der auf Antrag eines Nachlassgläubigers ergangen ist, ist die befristete Beschwerde zulässig.[21] Die Beschwerde steht jedoch nur dem bzw. den Erben, dem Nachlasspfleger[22] sowie dem Testamentsvollstrecker zu, der zur Verwaltung des Nachlasses berechtigt 5

11 Vgl. BT-Drs. 16/6308, S282 und 283.
12 Zur Beschränkung der nachlassgerichtlichen Beschlüsse in Nachlassverwaltungssachen vgl. Prütting/Helms/*Fröhler* § 359 Rn. 2.
13 So Prütting/Helms/*Fröhler* § 359 Rn. 3.
14 Ebenso Keidel/*Zimmermann* § 359 Rn. 10.
15 Keidel/*Zimmermann* § 359 Rn. 11; Horndasch/Viefhues/*Heinemann* § 359 Rn. 22; Prütting/Helms/*Fröhler* § 359 Rn. 14; Burandt/Rojahn/*Gierl* § 359 Rn. 12; OLG Hamm FGPrax 2016, 32 = FamRZ 2016, 320.
16 Vgl. OLG Hamm FGPrax 2016, 32 = FamRZ 2016, 320.
17 Für Anfechtbarkeit in diesen Fällen vgl. Bumiller/Harders/Schwamb/*Harders* § 359 Rn. 4.
18 In diese Richtung auch OLG Hamm FGPrax 2016, 32 = FamRZ 2016, 320.
19 Prütting/Helms/*Fröhler* § 359 Rn. 14.
20 Prütting/Helms/*Fröhler* § 359 Rn. 16; Keidel/*Zimmermann* § 359 Rn. 15; Burandt/Rojahn/*Gierl* § 359 Rn. 13.
21 Vgl. Keidel/*Zimmermann* § 359 Rn. 18; Prütting/Helms/*Fröhler* § 359 Rn. 19.
22 Prütting/Helms/*Fröhler* § 359 Rn. 19; ebenso Keidel/*Zimmermann* § 359 Rn. 18.

ist, Abs. 2. Weiteren Personen, etwa dem postmortal Bevollmächtigten des Erblassers oder anderen Gläubigern,[23] steht ein Beschwerderecht nicht zu.[24]

IV. Gerichtskosten

6 Für die Nachlassverwaltung, eine besondere Form der Nachlasspflegschaft, fällt eine Jahresgebühr nach der KV Nr. 12311 GNotKG an.[25] Verbindlichkeiten werden nicht abgezogen. Im Falle einer kurzen Verfahrensdauer (etwa nicht länger als drei Monate) ändert sich die Gebührensituation nicht, da die dritte Anmerkung zur KV Nr. 12311 GNotKG (Festgebühr iHv 100 EUR) nicht für die Nachlassverwaltung gilt. Geschäftswert ist der Wert des von der Verwaltung betroffenen Vermögens, § 64 Abs. 1 GNotKG, es sei denn, der Antrag wurde von einem Nachlassgläubiger gestellt. Dann ist ein Vergleich zwischen dem Betrag der Forderung und dem Wert des von der Verwaltung betroffenen Vermögens anzustellen, wobei der geringere Betrag maßgeblich ist, § 64 Abs. 2 GNotKG.[26]

§ 360 Bestimmung einer Inventarfrist

(1) Die Frist zur Einlegung einer Beschwerde gegen den Beschluss, durch den dem Erben eine Inventarfrist bestimmt wird, beginnt für jeden Nachlassgläubiger mit dem Zeitpunkt, in dem der Beschluss dem Nachlassgläubiger bekannt gemacht wird, der den Antrag auf die Bestimmung der Inventarfrist gestellt hat.
(2) Absatz 1 gilt entsprechend für die Beschwerde gegen einen Beschluss, durch den über die Bestimmung einer neuen Inventarfrist oder über den Antrag des Erben, die Inventarfrist zu verlängern, entschieden wird.

Literatur:
Heinemann, Die Reform der freiwilligen Gerichtsbarkeit durch das FamFG und ihre Auswirkungen auf die notarielle Praxis, DNotZ 2009, 6.

I. Allgemeines

1 Die Überschrift der Norm („Bestimmung einer Inventarfrist“) suggeriert materielles Recht, das an anderer Stelle anzutreffen ist, vgl. §§ 1993–2013 BGB. Wie und unter welchen Voraussetzungen die Inventarfrist zu bestimmen ist, geht aus

23 Keidel/*Zimmermann* § 359 Rn. 20.
24 Prütting/Helms/*Fröhler* § 359 Rn. 19.
25 Vgl. Prütting/Helms/*Fröhler* § 359 Rn. 27.
26 Korintenberg/*Wilsch* KV 12311 GNotKG Rn. 11.

§ 360 nicht hervor. Richtigerweise enthält die Bestimmung **lex specialis zum Beginn der Rechtsmittelfrist,**[1] exklusiv für **Nachlassgläubiger,** womit zur Rechtssicherheit beigetragen werden soll.[2]

Abs. 1 bezieht sich auf den **Inventarfristbestimmungsbeschluss, Abs. 2** auf den Neufrist- und den **Fristverlängerungsbeschluss.** 2

II. Inventarfrist, § 1994 BGB

1. Inventarfrist. Die Inventarerrichtung dient gleichermaßen **Erben- und Nachlassgläubigerinteressen.**[3] Der Erbe erhält sich die Möglichkeit der Haftungsbeschränkung, der Nachlassgläubiger erhält Überblick über den Nachlass und bestehende Vollstreckungsmöglichkeiten.[4] 3

2. Voraussetzungen der Inventarfrist. Auf **formlosen Antrag**[5] eines **Nachlassgläubigers**[6] bestimmt das Nachlassgericht, **Rechtspfleger,** dem Erben eine Frist zur Errichtung eines Inventars (Inventarfrist), vgl. § 1994 Abs. 1 S. 1 BGB. Zur Errichtung eines Inventars muss der Erbe eine zuständige **Behörde** oder einen zuständigen **Beamten** oder einen **Notar** hinzuziehen, § 2002 BGB. Die Zuständigkeit des Notars folgt aus § 20 Abs. 1 S. 2 BNotO. Danach sind Notare auch für die Aufnahme von Vermögensverzeichnissen, Nachlassverzeichnissen und Nachlassinventaren zuständig. Die **amtliche Aufnahme des Inventars** erfolgt auf Antrag des Erben ausschließlich durch einen vom Nachlassgericht beauftragten Notar, § 2003 Abs. 1 S. 1 BGB. Andere Übertragungsmöglichkeiten sind ab dem 1.9.2013 entfallen,[7] die amtliche Aufnahme kann nur noch einem Notar übertragen werden. 4

Die Inventarfrist soll **mindestens einen Monat, höchstens drei Monate** betragen,[8] § 1995 Abs. 1 S. 1 BGB, wobei die Inventarfrist erst mit Zustellung des Fristbestimmungsbeschlusses an den Erben beginnt, § 1995 Abs. 1 S. 2 BGB, §§ 40 Abs. 1, 41 Abs. 1. 5

Ausgeschlossen ist die Bestimmung einer Inventarfrist, sofern eine Nachlassverwaltung,[9] eine Nachlasspflegschaft[10] oder ein Nachlassinsolvenzverfahren angeordnet ist, § 2000 S. 1 BGB. Ebenso wenig kommt die Bestimmung einer Inventarfrist in Betracht, sofern die Erben bereits wirksam ausgeschlagen haben,[11] oder der Fiskus gesetzlicher Erbe geworden ist, § 2011 S. 1 BGB. 6

---

1 Vgl. bereits BT-Drs. 16/6308, 283; ebenso Burandt/Rojahn/*Gierl* § 360 Rn. 1.
2 Prütting/Helms/*Fröhler* § 360 Rn. 3.
3 OLG Hamm FGPrax 2010, 193.
4 OLG Hamm FGPrax 2010, 193 (194): Information und Transparenz; ebenso MüKoBGB/*Küpper* BGB § 1994 Rn. 5.
5 Vgl. bereits BayObLGZ 1992, 162 (163), die Bestimmung einer Inventarfrist setzt den Antrag eines Nachlassgläubigers voraus. Muster eines Antrags s. GForm-FamFG/*Poller* § 360 Rn. 1.
6 Nachlassgläubiger iSv § 1967 BGB, vgl. auch BayObLGZ 1992, 162, dort Nachlassverbindlichkeit nach § 1967 Abs. 2 BGB. Antragsberechtigt ist jeder Nachlassgläubiger, vgl. Prütting/Wegen/Weinreich/*Zimmer* BGB § 1994 Rn. 6; GForm-FamFG/*Poller* § 360 Rn. 2.
7 Zur Gesetzesänderung vgl. Palandt/*Weidlich* BGB § 2003 Rn. 1; Keidel/*Zimmermann* § 360 Rn. 13.
8 Verstoß gegen die Fristen stellt einen Beschwerdegrund dar, vgl. MüKoBGB/*Küpper* BGB § 1995 Rn. 1.
9 Erman/*Horn* BGB § 1994 Rn. 5.
10 Siehe § 2012 Abs. 1 S. 1 BGB: gegenüber einem Nachlasspfleger kann eine Inventarfrist nicht bestimmt werden.
11 BayObLGZ 1993, 301 (302): Anfall der Erbschaft gilt dann als nicht erfolgt, § 1953 Abs. 1 BGB.

7 Dass **Aktivnachlass** oder werthaltiger Nachlass noch vorhanden ist, ist keine Verfahrensvoraussetzung.[12]

8 Vor Fristbestimmung hat das Nachlassgericht dem Erben **rechtliches Gehör** zu gewähren,[13] Art. 103 Abs. 1 GG, da der Erbe Muss-Beteiligter ist, § 345 Abs. 4 Nr. 4,[14] dessen Hinzuziehung keinem Ermessen unterliegt.[15]

9 **Zur Glaubhaftmachung der Forderung** iSv § 1994 Abs. 2 S. 1 BGB reicht nach Ansicht des BayObLG[16] „die Erbringung eines solchen Grades der Wahrscheinlichkeit im Gegensatz zur vollen Überzeugung, wie er im gewöhnlichen Verkehr hinreicht, um Verständige die Wahrheit der versicherten Tatsache bis auf weiteres annehmen zu lassen".[17] Es genügen „Beweisanzeichen mit erheblichem Gewicht für die Wahrheit",[18] alle Beweismittel, auch die Versicherung an Eides Statt, § 31 Abs. 1. Die Glaubhaftmachung umfasst auch die Darlegung, dass sich die Forderung gegen den Nachlass richtet, also keine Eigenschuld des Erben vorliegt.[19] Nicht glaubhaft gemacht werden muss hingegen die Erbfolge bzw. der Tod des Erblassers, weil insoweit eine Ermittlungspflicht des Nachlassgerichts besteht, § 26.[20]

10 **3. Fristbestimmung durch Beschluss des Nachlassgerichts.** Das nach § 343 zuständige **Nachlassgericht, Rechtspfleger**, § 3 Nr. 2 lit. c RpflG,[21] entscheidet über den Antrag durch **begründeten** und mit **Rechtsmittelbelehrung** versehenen **Beschluss**,[22] §§ 38, 39, gegen den die **Beschwerde** statthaft ist, §§ 58 ff.,[23] einzulegen vom Erben oder jedwedem Nachlassgläubiger.

11 **4. Versäumung der Inventarfrist.** Die Sanktion ergibt sich aus § 1994 Abs. 1 S. 2 BGB. Der **Erbe**, der das Inventar nicht bzw. nicht rechtzeitig errichtet hat, **haftet** für die Nachlassverbindlichkeiten **unbeschränkt**. Danach steht ihm auch nicht mehr die Möglichkeit zu, eine Haftungsbeschränkung noch herbeizuführen. Die unbeschränkte Erbenhaftung tritt automatisch ein, weshalb eine nachlassgerichtliche Feststellung nicht erforderlich ist. Eine entsprechende Feststellung kommt in der Folge nicht in Betracht.[24] Die unbeschränkte Erbenhaftung tritt auch im Falle eines unvollständigen[25] oder unrichtigen Inventars ein, vgl. § 2005 Abs. 1 S. 1 BGB.[26] Mit der unbeschränkten Erbenhaftung entfällt ferner das Recht, die Anordnung der Nachlassverwaltung beantragen zu können,

12 MüKoBGB/*Küpper* BGB § 1994 Rn. 4; Prütting/Wegen/Weinreich/*Zimmer* § 1994 Rn. 8; Keidel/*Zimmermann* § 360 Rn. 6.
13 BayObLGZ 1992, 162; ebenso Prütting/Wegen/Weinreich/*Zimmer* § 1994 Rn. 10; Prütting/Helms/*Fröhler* § 360 Rn. 9; OLG Düsseldorf BeckRS 2018, 3989 = FamRZ 2018, 1355.
14 OLG Düsseldorf FamRZ 2018, 1355 = BeckRS 2018, 3989.
15 OLG Düsseldorf FamRZ 2018, 1355; ebenso GForm-FamFG/*Poller* § 360 Rn. 7, Muss-Beteiligte sind der Antragsteller und der Erbe.
16 BayObLGZ 1992, 162 (165).
17 BayObLGZ 1992, 162 (165).
18 BayObLGZ 1992, 162 (165).
19 Prütting/Wegen/Weinreich/*Zimmer* BGB § 1994 Rn. 4.
20 MüKoBGB/*Küpper* § 1994 Rn. 3; Prütting/Wegen/Weinreich/*Zimmer* BGB § 1994 Rn. 4; Erman/*Horn* BGB § 1994 Rn. 3.
21 Siehe auch Prütting/Wegen/Weinreich/*Zimmer* BGB § 1994 Rn. 10; MüKoBGB/*Küpper* BGB § 1994 Rn. 6; GForm-FamFG/*Poller* § 360 Rn. 5; Erman/*Horn* BGB § 1994 Rn. 6.
22 Zum Beschluss vgl. bereits BayObLGZ1992, 162, 163; s.a. MüKoBGB/*Küpper* BGB § 1994 Rn. 6. Muster eines Beschlusses s. GForm-FamFG/*Poller* § 360 Rn. 3.
23 Vgl. MüKoBGB/*Küpper* BGB § 1994 Rn. 8.
24 MüKoBGB/*Küpper* BGB § 1994 Rn. 13, Eintritt ipso iure.
25 Vgl. OLG Hamm FGPrax 2010, 193 (194).
26 Ebenso GForm-FamFG/*Poller* § 360 Rn. 9.

§ 2013 Abs. 1 S. 1 BGB. Die unbeschränkte Erbenhaftung tritt allerdings dann nicht ein, sofern innerhalb der Inventarfrist ein nach den Umständen gerechtfertigter Verlängerungsantrag nach § 1995 Abs. 3 BGB gestellt wird.[27] Ein solcher Antrag soll die gesetzliche Haftungsfolge ausschließen.

III. Beschwerdefrist gegen Fristbestimmungsbeschluss (Abs. 1)

Gegen den Inventarfristbestimmungsbeschluss ist die Beschwerde nach den §§ 58 ff. möglich.[28] Nach Abs. 1 beginnt für jeden Nachlassgläubiger die Beschwerdefrist mit dem Zeitpunkt, in dem der Beschluss dem antragstellenden Nachlassgläubiger bekannt gemacht wird. Explizit geregelt ist, dass dies exklusiv und kollektiv für Nachlassgläubiger gilt, nur für den positiven Beschluss, *nicht* für den *Erben* und auch *nicht* für den *Ablehnungsbeschluss*.[29] Der Beschwerdewert iHv 600,01 EUR ist zu beachten,[30] § 61 Abs. 1. 12

Für den Erben beginnt die Beschwerdefrist individuell mit der Bekanntgabe des Beschlusses an den jeweiligen Erben,[31] § 63 Abs. 3. Die Regelung in Abs. 1 gelangt nicht zur Anwendung. 13

IV. Bestimmung einer neuen Inventarfrist oder Antrag des Erben auf Verlängerung der Inventarfrist

Auf Antrag des Erben kann das Nachlassgericht die Inventarfrist nach seinem Ermessen verlängern, § 1995 Abs. 3 BGB. Die unbeschränkte Erbenhaftung tritt nicht ein, sofern innerhalb der Inventarfrist ein nach den Umständen gerechtfertigter Verlängerungsantrag nach § 1995 Abs. 3 BGB gestellt wird.[32] Der Sinn und Zweck eines solchen Antrags besteht darin, die gesetzliche Haftungsfolge auszuschließen. Im Rahmen der Fristverlängerung ist das Nachlassgericht nicht an den Antrag oder die Höchstfrist des § 1995 Abs. 1 BGB gebunden.[33] Über den Fristverlängerungsantrag entscheidet das Nachlassgericht nach Gewährung rechtlichen Gehörs, und zwar des Nachlassgläubigers.[34] Zu entscheiden ist durch begründeten und mit Rechtsmittelbelehrung versehenen Beschluss, §§ 38, 39. 14

V. Beschwerdefrist gegen Neufristbestimmungsbeschluss oder Fristverlängerungsbeschluss (Inventarerrichtung) (Abs. 2)

Gegen den Neufristbestimmungsbeschluss oder Fristverlängerungsbeschluss (Inventarerrichtung) ist ebenfalls die Beschwerde nach den §§ 58 ff. zulässig.[35] Die Regelung in Abs. 2 verweist auf die Bestimmung in Abs. 1. In der Folge beginnt kollektiv für die Nachlassgläubiger die Beschwerdefrist mit dem Zeitpunkt, in dem der Beschluss dem antragstellenden Nachlassgläubiger bekannt gemacht wird. 15

27 OLG Düsseldorf NJWE-FER 1997, 135.
28 Vgl. GForm-FamFG/*Poller* § 360 Rn. 12.
29 Insoweit gilt § 63 FamFG, vgl. Bahrenfuss/*Schaal* § 360 Rn. 20.
30 Bahrenfuss/*Schaal* § 360 Rn. 19; Keidel/*Zimmermann* § 360 Rn. 9; Burandt/Rojahn/*Gierl* § 360 Rn. 3.
31 Prütting/Helms/*Fröhler* § 360 Rn. 16.
32 OLG Düsseldorf NJWE-FER 1997, 135; den Antrag stellt der Erbe.
33 OLG Düsseldorf NJWE-FER 1997, 135.
34 GForm-FamFG/*Poller* § 360 Rn. 8.
35 Vgl. GForm-FamFG/*Poller* § 360 Rn. 12.

VI. Kosten

16 Einschlägig ist KV Nr. 12411 Nr. 2 GNotKG. In Verfahren über die Bestimmung einer Inventarfrist fällt eine **Verfahrensgebühr iHv 25 EUR** an. Ob das Verfahren durch gerichtliche Fristbestimmung oder Ablehnung des Antrags endet, spielt keine Rolle, da das Gesetz eine Verfahrensgebühr vorsieht.[36] Kostenschuldner ist der antragstellende Nachlassgläubiger, § 22 Abs. 1 GNotKG.

17 Für das **Fristverlängerungsverfahren** ist eine eigenständige **Verfahrensgebühr iHv 25 EUR** vorgesehen, vgl. KV 12411 Nr. 4 GNotKG,[37] für die der antragstellende Erbe haftet, § 22 Abs. 1 GNotKG. Für jedes Verlängerungsverfahren fällt jeweils eine Verfahrensgebühr an.[38]

18 Für die **Entgegennahme** des Nachlassinventars bzw. der Erklärung, die auf ein bereits errichtetes Nachlassinventar Bezug nimmt, setzt das Nachlassgericht eine **Festgebühr iHv 15 EUR** an, KV Nr. 12410 Anm. 1 Nr. 6 GNotKG. Der Notar bringt überdies die **2,0 Gebühr** nach KV Nr. 23500 GNotKG für die Entgegennahme des Vermögensverzeichnisses in Ansatz.[39] Kostenschuldner ist insoweit derjenige, der die Erklärung abgegeben hat, § 23 Nr. 4 GNotKG.[40]

19 Für das Verfahren über den Antrag des Erben, einen Notar mit der amtlichen **Aufnahme des Nachlassinventars** zu beauftragen, fällt eine **Verfahrensgebühr iHv 40 EUR** an, KV Nr. 12412 GNotKG.[41] Eine Ermäßigung der Verfahrensgebühr ist nicht vorgesehen,[42] sollte das Verfahren vorzeitig zu einem Ende gelangen, etwa durch Antragsrücknahme oder Zurückweisung. Für den Notar entsteht eine **2,0 Verfahrensgebühr** nach KV Nr. 23500 GNotKG, die sich auf eine 0,5 Verfahrensgebühr reduziert, sollte das Verfahren vorzeitig beendet werden, vgl. KV Nr. 23501 GNotKG.[43] Geschäftswert für die Aufnahme des Vermögensverzeichnisses ist der Wert der verzeichneten Gegenstände, § 115 S. 1 GNotKG.

§ 361 Eidesstattliche Versicherung

[1]Verlangt ein Nachlassgläubiger von dem Erben die Abgabe der in § 2006 des Bürgerlichen Gesetzbuchs vorgesehenen eidesstattlichen Versicherung, kann die Bestimmung des Termins zur Abgabe der eidesstattlichen Versicherung sowohl von dem Nachlassgläubiger als auch von dem Erben beantragt werden. [2]Zu dem Termin sind beide Teile zu laden. [3]Die Anwesenheit des Gläubigers ist nicht erforderlich. [4]Die §§ 478 bis 480 und 483 der Zivilprozessordnung gelten entsprechend.

Literatur:

Boeckh, Der Erbschein – Erteilung, Einziehung und Beschwerde nach der FG-Reform, NJ 2011, 187; *Heinemann*, Die Reform der freiwilligen Gerichtsbarkeit durch das FamFG und ihre Auswirkungen auf die notarielle Praxis, DNotZ 2009, 6; *Holzer*, Das Erbscheinsverfahren nach dem FamFG, ZNotP 2015, 258.

36 Vgl. Korintenberg/*Wilsch* KV 12410–12412 GNotKG Rn. 17.
37 Korintenberg/*Wilsch* KV 12410–12412 GNotKG Rn. 17 und 19.
38 Korintenberg/*Wilsch* KV 12410–12412 GNotKG Rn. 19.
39 Korintenberg/*Wilsch* KV 12410–12412 GNotKG Rn. 10.
40 Korintenberg/*Wilsch* KV 12410–12412 GNotKG Rn. 10.
41 Korintenberg/*Wilsch* KV 12410–12412 GNotKG Rn. 21 ff.; ebenso Bahrenfuss/*Schaal* § 360 Rn. 38.
42 Korintenberg/*Wilsch* KV 12410–12412 GNotKG Rn. 21.
43 Vgl. Korintenberg/*Gläser* KV 23500–23503 Rn. 7.

I. Allgemeines zur Abgabe der eidesstattlichen Versicherung nach § 2006 BGB

Die Regelung rekurriert auf die Abgabe der eidesstattlichen Versicherung nach § 2006 BGB, die ein Nachlassgläubiger[1] vom Erben zur „Bekräftigung des Inventars"[2] verlangen kann. Voraussetzung ist ein bereits aufgenommenes, formwirksames Inventar, zu dessen inhaltlicher Bestätigung ein Nachlassgläubiger den Erben anhalten kann. Der Erbe hat dann zu Protokoll des Nachlassgerichts an Eides statt zu versichern, dass er „nach bestem Wissen die Nachlassgegenstände so vollständig angegeben hat, als er dazu imstande" war, so der Wortlaut des § 2006 Abs. 1 BGB. Zu Protokoll des Notars kann die entsprechende eidesstattliche Versicherung nicht abgegeben werden, exklusiv zuständig ist das Nachlassgericht. Die Weigerung, eine entsprechende eidesstattliche Versicherung abzugeben, zieht eine unbeschränkte Erbenhaftung gegenüber dem antragstellenden Nachlassgläubiger nach sich, § 2006 Abs. 3 S. 1 BGB. 1

II. Terminsbestimmung nach § 361

1. Antrag zur Terminsbestimmung. Während die Regelung in § 2006 Abs. 1 BGB den Nachlassgläubigern das Bekräftigungsrecht gegenüber den Erben zuweist, geht die verfahrensrechtliche Regelung in S. 1 einen Schritt weiter. Voraussetzung ist ein bereits aufgenommenes, formwirksames Inventar, eingereicht durch den Erben.[3] Die Bestimmung des Termins zur Abgabe der eidesstattlichen Versicherung kann sowohl der Nachlassgläubiger als auch der Erbe beantragen, S. 1. Die örtliche Zuständigkeit richtet sich nach § 343. Der Antrag[4] bedarf keiner besonderen Form. Zum nachlassgerichtlichen Termin sind beide von Amts wegen[5] zu laden, der antragstellende Nachlassgläubiger und der Erbe, vgl. S. 2, und zwar der Erbe durch förmliche Zustellung,[6] beim Nachlassgläubiger reicht die formlose Ladung.[7] Die Forderung des Nachlassgläubigers 2

1 Antragsberechtigt ist jeder Nachlassgläubiger, auch ein nach §§ 1973, 1974 BGB ausgeschlossener Gläubiger oder ein Miterbe, der zugleich Nachlassgläubiger ist, nicht dagegen ein Nachlassverwalter oder ein Nachlassinsolvenzverwalter, vgl. auch Burandt/Rojahn/*Joachim* BGB § 2006 Rn. 4 BGB MüKoBGB/*Küpper* BGB § 2006 Rn. 2. Der Nachlassgläubiger muss eine Forderung glaubhaft machen, § 1994 Abs. 2 S. 1 BGB analog.

2 Burandt/Rojahn/*Joachim* BGB § 2006 Rn. 1 BGB; vgl. auch Burandt/Rojahn/*Gierl* § 361 Rn. 1 FamFG; ebenso MüKoBGB/*Küpper* BGB § 2006 Rn. 1.

3 Bahrenfuss/*Schaal* § 361 Rn. 10, Einreichung durch Testamentsvollstrecker reicht nicht aus.

4 Keine Einleitung von Amts wegen, vgl. Keidel/*Zimmermann* § 361 Rn. 6; Bahrenfuss/*Schaal* § 361 Rn. 9.

5 Vgl. Prütting/Helms/*Fröhler* § 361 Rn. 11.

6 Prütting/Helms/*Fröhler* § 361 Rn. 11.

7 Keidel/*Zimmermann* § 361 Rn. 10.

ist **glaubhaft** zu machen, § 31.[8] Im Antrag empfiehlt sich ein Hinweis darauf, dass Nachlassverwaltung oder Nachlassinsolvenz nicht angeordnet sind.[9] Anderenfalls ist der Antrag ohnehin unzulässig.[10]

3 **2. Zuständigkeit.** Zuständig ist das örtlich nach § 343 zuständige **Nachlassgericht,**[11] dort der **Rechtspfleger,** § 3 Nr. 2 lit. c RpflG.[12] Zu Protokoll des Notars kann die entsprechende eidesstattliche Versicherung nicht abgegeben werden, exklusiv zuständig ist das Nachlassgericht.

4 **3. Terminsbestimmung durch nachlassgerichtliche Verfügung.** Das Antragsrecht zur **Terminsbestimmung** liegt beim Nachlassgläubiger und beim Erben, S. 1, beide sind zum Termin zu laden, S. 2,[13] und zwar von Amts wegen.[14] Vor der Terminsbestimmung prüft das Nachlassgericht, ob nicht der Erbe bereits die eidesstattliche Versicherung abgegeben hat.[15] Gegen die Terminsbestimmung findet ein **Rechtsmittel** nicht statt,[16] weil insoweit nur eine verfahrensleitende Zwischenentscheidung des Nachlassgerichts gegeben ist.[17] In der Folge ist zur Terminsbestimmung **kein Beschluss** erforderlich,[18] eine **Verfügung** reicht aus. Die Terminsladung ist an den Erben und dem antragstellenden Nachlassgläubiger bekanntzumachen, und zwar dem Erben durch förmliche Zustellung,[19] dem Nachlassgläubiger durch formlose Ladung.[20]

5 **4. Protokoll über Abgabe der eidesstattlichen Versicherung nach § 2006 BGB.** Gegenstand der eidesstattlichen Versicherung ist die Vollständigkeit der angegebenen Nachlassgegenstände, § 2006 Abs. 1 BGB, womit ausschließlich die **Aktiva** gemeint sind, nicht auch die Passiva,[21] bezogen auf den Zeitpunkt des Erbfalls. Werte müssen nicht angegeben werden,[22] die bloße Angabe der Nachlassaktiva reicht aus. Die eidesstattliche Versicherung kann auch durch den gesetzlichen Vertreter abgegeben werden.[23]

6 Die eidesstattliche Versicherung ist zu **Protokoll des Nachlassgerichts** zu erklären, vgl. § 2006 Abs. 1 BGB, wobei der Erbe die eidesstattliche Versicherung in Person leisten muss, S. 4 iVm § 478 ZPO. Zur exklusiven Zuständigkeit des Nachlassgerichts → Rn. 3; die eidesstattliche Versicherung kann nicht vor einem Notar abgegeben werden. Die Anwesenheit des Gläubigers im Termin ist nicht erforderlich, S. 3. Vor Abgabe der eidesstattlichen Versicherung hat der

---

8 Ebenso Prütting/Helms/*Fröhler* § 361 Rn. 10.
9 Vgl. auch Muster bei GForm-FamFG/*Poller* § 361 Rn. 1.
10 Bahrenfuss/*Schaal* § 361 Rn. 4.
11 Vgl. Burandt/Rojahn/*Joachim* § 2006 Rn. 6 BGB; Keidel/*Zimmermann* § 361 Rn. 3.
12 Burandt/Rojahn/*Gierl* § 361 Rn. 2 FamFG; ebenso Prütting/Helms/*Fröhler* § 361 Rn. 4 und 5.
13 Vgl. MüKoBGB/*Küpper* BGB § 2006 Rn. 4.
14 MüKoBGB/*Küpper* BGB § 2006 Rn. 4; Keidel/*Zimmermann* § 361 Rn. 10.
15 Bahrenfuss/*Schaal* § 361 Rn. 10.
16 Ebenso MüKoBGB/*Küpper* § 2006 Rn. 4, sowie Prütting/Helms/*Fröhler* § 361 Rn. 15.
17 Ebenso Prütting/Helms/*Fröhler* § 361 Rn. 15.
18 AA Bahrenfuss/*Schaal* § 361 Rn. 11, die Terminsbestimmung erfolge durch Beschluss.
19 Prütting/Helms/*Fröhler* § 361 Rn. 11.
20 Keidel/*Zimmermann* § 361 Rn. 10; aA Bahrenfuss/*Schaal* § 361 Rn. 11, der für den Erben und den antragstellenden Nachlassgläubiger die förmliche Zustellung verlangt.
21 MüKoBGB/*Küpper*, 7. Aufl. 2017, § 2006 Rn. 3; Prütting/Helms/*Fröhler* § 361 Rn. 9; Bahrenfuss/*Schaal* § 361 Rn. 2 und 18.
22 MüKoBGB/*Küpper* BGB § 2006 Rn. 3; Bahrenfuss/*Schaal* § 361 Rn. 18.
23 Siehe auch Bahrenfuss/*Schaal* § 361 Rn. 17.

Rechtspfleger den Erben in angemessener Weise über die Bedeutung der eidesstattlichen Versicherung zu **belehren**, S. 4 iVm § 480 ZPO.[24] Das Protokoll wird durch die **Unterschrift** des Erben und des Rechtspflegers abgeschlossen.

Die **Formel** der eidesstattlichen Versicherung orientiert sich regelmäßig am Wortlaut des § 2006 Abs. 1 BGB und lautet dahin gehend, dass der Erbe die Nachlassgegenstände so vollständig angegeben hat, als er dazu imstande war.[25] Eine Modifikation der Formel empfiehlt sich für den Fall der Bezugnahme auf ein bereits vorhandenes Inventar, § 2004 BGB, oder bei Inventarerrichtung durch einen Dritten.[26] 7

Im Termin besteht noch die Möglichkeit, das Inventar zu **vervollständigen**, vgl. § 2006 Abs. 2 BGB. 8

Nach Protokollerrichtung übersendet das Nachlassgericht dem antragstellenden Nachlassgläubiger eine **Abschrift** des Protokolls.[27] 9

5. Erbe verweigert Abgabe der eidesstattlichen Versicherung, § 2006 Abs. 3 BGB. Verweigert der Erbe die Abgabe der eidesstattlichen Versicherung im Termin oder erscheint der Erbe unentschuldigt nicht im anberaumten Termin, **haftet der Erbe** gegenüber dem **antragstellenden Gläubiger unbeschränkt**, vgl. § 2006 Abs. 3 S. 1 und S. 2 BGB.[28] Erzwingungshaft kommt jedoch nicht in Betracht, da der Erbe zur Abgabe der eidesstattlichen Versicherung nicht gezwungen werden kann.[29] 10

6. Rechtsmittel. Zur **Unanfechtbarkeit** der **Terminsbestimmung** bzw. **Ladung** → Rn. 4;[30] insoweit liegt nur eine verfahrensleitende Zwischenentscheidung des Nachlassgerichts vor,[31] die nicht der Anfechtung unterliegt. 11

Gegen die **Ablehnung**, einen Termin zu bestimmen, kann hingegen befristete Beschwerde eingelegt werden, §§ 58 ff., ebenso gegen die Abnahme der eidesstattlichen Versicherung selbst.[32] Die Ablehnung der Terminsbestimmung hat mit Beschluss zu erfolgen.[33] 12

III. Kosten

Die **Gebühr** für das Verfahren zur Abnahme der eidesstattlichen Versicherung nach § 2006 BGB bestimmt sich nach dem Hauptabschnitt 5 Abschnitt 2 des KV GNotKG, so die zweite Anmerkung zur Vorbemerkung 1.2 KV GNotKG. Für das Verfahren auf Abnahme der eidesstattlichen Versicherung setzt das Nachlassgericht eine **0,5 Verfahrensgebühr** nach KV Nr. 15212 Nr. 1 GNotKG an.[34] Wie das Verfahren endet, mit Abnahme der eidesstattlichen Versicherung oder durch Antragsrücknahme oder Zurückweisung, wirkt sich auf die Verfahrensgebühr nicht aus. Die Gebühr entsteht bereits mit Eingang des Antrags.[35] **Als Geschäftswert** soll das Interesse des Antragstellers an der Bekräftigung des 13

24 Vgl. GForm-FamFG/*Poller* § 361 Rn. 7.
25 Vgl. Muster bei GForm-FamFG/*Poller* § 361 Rn. 6.
26 MüKoBGB/*Küpper* BGB § 2006 Rn. 7; Keidel/*Zimmermann* § 361 Rn. 13.
27 Ebenso Bahrenfuss/*Schaal* § 361 Rn. 19.
28 Vgl. MüKoBGB/*Küpper* BGB § 2006 Rn. 6.
29 Keidel/*Zimmermann* § 361 Rn. 16.
30 Ebenso Prütting/Helms/*Fröhler* § 361 Rn. 15; Keidel/*Zimmermann* § 361 Rn. 11; Bahrenfuss/*Schaal* § 361 Rn. 20.
31 Ebenso Prütting/Helms/*Fröhler* § 361 Rn. 15; Bahrenfuss/*Schaal* § 361 Rn. 20.
32 Prütting/Helms/*Fröhler* § 361 Rn. 14; Keidel/*Zimmermann* § 361 Rn. 11; Bahrenfuss/*Schaal* § 361 Rn. 20.
33 Bahrenfuss/*Schaal* § 361 Rn. 11.
34 Vgl. Korintenberg/*Klüsener* KV 15212 GNotKG Rn. 1 und 10.
35 Korintenberg/*Klüsener* KV 15212 GNotKG Rn. 4.

Inventars maßgeblich sein, idR ein Bruchteil des Wertes der Hauptsache, § 36 Abs. 1, 3 GNotKG.[36] Kostenschuldner ist der Antragsteller, § 22 Abs. 1 GNotKG.

§ 362 Stundung des Pflichtteilsanspruchs

Für das Verfahren über die Stundung eines Pflichtteilsanspruchs (§ 2331a in Verbindung mit § 1382 des Bürgerlichen Gesetzbuchs) gilt § 264 entsprechend.

I. Allgemeines

1 Die Bestimmung regelt die nachlassgerichtliche Stundung des Pflichtteilsanspruchs durch Verweisung auf die §§ 2331a, 1382 BGB, eine Verweisungstechnik, die bereits für die Praxisrelevanz[1] entsprechender Verfahren spricht. Unterschieden wird zwischen isolierten Stundungsverfahren über nicht bestrittene bzw. nicht rechtshängige Pflichtteilsansprüche, deren Erledigung dem Nachlassgericht obliegt, vgl. § 2331a Abs. 2 S. 1 BGB und § 362, und Verfahren über bestrittene oder bereits rechtshängige Pflichtteilsansprüche, über die das Prozessgericht streitwertabhängig durch Urteil befindet.[2] Eine identische Unterscheidung gilt für das familiengerichtliche Verfahren, vgl. § 1382 Abs. 1 BGB.

II. Stundung des Pflichtteilsanspruchs nach § 2331a BGB

2 **1. Ausgangslage.** Die Ausgangslage kann nicht anders als menschlich und wirtschaftlich belastend geschildert werden: auf der einen Seite der enterbte, auf den Pflichtteil zurückgesetzte Angehörige, etwa ein Abkömmling, der Ehegatte

36 Korintenberg/*Klüsener* KV 15212 GNotKG Rn. 36; Prütting/Helms/*Fröhler* § 361 Rn. 17; Bormann/Diehn/*Sommerfeldt* KV 15212 GNotKG Rn. 8; aA MüKoBGB/*Küpper* § 2006 Rn. 7: Wert sämtlicher Nachlassgegenstände ohne Abzug von Verbindlichkeiten.

1 Vgl. auch Staudinger/*Olshausen* BGB § 2331a Rn. 4: seltene Anwendung, dennoch großes Anwendungspotential. Ähnlich Prütting/Helms/*Fröhler* § 362 Rn. 3.

2 Vgl. Erman/*Röthel* BGB § 2331a Rn. 7; Staudinger/*Olshausen* BGB § 2331a Rn. 22.

oder die Eltern des Erblassers,[3] auf der anderen Seite der Erbe, an den die Erfüllung des Pflichtteilsanspruchs herangetragen wird.[4] Der Pflichtteil besteht in der Hälfte des Wertes des gesetzlichen Erbteils, § 2303 Abs. 1 S. 2 BGB, entsteht mit dem Erbfall und ist vererblich sowie übertragbar, § 2317 Abs. 1 und 2 BGB. Der Erbe sieht sich mit der sofortigen Erfüllung des Pflichtteilsanspruchs konfrontiert,[5] was auch Eingang in die Regelung nach § 2331a Abs. 1 S. 1 BGB fand.

2. Interessenausgleich durch Pflichtteilsstundung. Der Erbe kann die Stundung des Pflichtteils verlangen, wenn die sofortige Erfüllung des gesamten Anspruchs für den Erben wegen der Art der Nachlassgegenstände eine **unbillige Härte** wäre, § 2331a Abs. 1 S. 1 BGB. Allein unbillige Härte, die den Erben trifft, reicht jedoch für die Stundungsentscheidung nicht aus, vielmehr gilt es auch, so § 2331a Abs. 1 S. 2 BGB, die **Interessen des Pflichtteilsberechtigten** in angemessener Weise zu berücksichtigen. Beide Bereiche sind auszutarieren, beide Interessen im Wege einer **doppelten Billigkeitsentscheidung**[6] zum Ausgleich zu bringen,[7] worin die **salomonische Qualität** des Beschlusses liegt, die dem Nachlassgericht abverlangt wird. Mit der Pflichtteilsstundung erlangt der Erbe Zeit und Gestaltungsspielraum. Verhindert werden sollen die Aufgabe des Familienheimes, die Veräußerung eines existentiellen Wirtschaftsgutes bzw. die Zerstörung von Familienbetrieben.[8] Dem Stundungsverfahren kommt eine **konservierende und schützende Funktion** zu. Umgekehrt muss dem Pflichtteilsberechtigten mit der Stundung seines Anspruchs Sicherheit dahin gehend verschafft werden, dass der Nachlass nicht zu seinem Nachteil aufgebraucht wird.[9] Dies kann[10] durch Bereitstellung entsprechender Sicherheiten (etwa Grundpfandrechte) oder durch Ausgleichsgewährung geschehen, beispielsweise durch das Angebot einer besonderen Verzinsung. Dazu zählt die Möglichkeit, die ratenweise[11] Abtragung des Pflichtteilsanspruchs zu gewähren. Demnach *Sicherung auf beiden Ebenen*: Absicherung gegen eine unbillige Härte und Absicherung gegen eine unbillige Beeinträchtigung des Pflichtteilsanspruchs. Der Interessenausgleich gilt nicht nur für den Pflichtteilsanspruch, sondern auch für den **Pflichtteilsergänzungsanspruch** und den **Pflichtteilsrestanspruch**, §§ 2325, 2305, 2307 BGB.[12] 3

3. Nicht streitiger Pflichtteilsanspruch, § 2331a Abs. 2 S. 1 BGB. Die nachlassgerichtliche Stundung des Pflichtteilsanspruchs betrifft nur **nicht bestrittene bzw. nicht rechtshängige Verfahren**, also isolierte Stundungen über Pflichtteilsansprüche, die weder dem Grund noch der Höhe nach bestritten sind.[13] Festgehalten ist dies in § 2331a Abs. 2 S. 1 BGB: für die Entscheidung über die Stun- 4

3 Zum Kreis der Pflichtteilsberechtigten vgl. § 2303 Abs. 1 S. 1 und Abs. 2 BGB.
4 Zum Interessengegensatz vgl. Staudinger/*Olshausen* BGB § 2331a Rn. 3.
5 Vgl. Staudinger/*Olshausen* BGB § 2331a Rn. 19.
6 Staudinger/*Olshausen* BGB § 2331a Rn. 13; MüKoBGB/*Lange* BGB § 2331a Rn. 5 und 9.
7 Zum Interessenausgleich vgl. MüKoBGB/*Lange* BGB § 2331a Rn. 2 und 5; Erman/*Röthel* BGB § 2331a Rn. 1.
8 Prütting/Helms/*Fröhler* § 362 Rn. 3; jurisPK-BGB/*Birkenheier* BGB § 2331a Rn. 38, die Zerschlagung von Unternehmen soll verhindert werden.
9 MüKoBGB/*Lange* BGB § 2331a Rn. 10.
10 Nicht aber stets und automatisch Sicherheitsleistung, vgl. Erman/*Röthel* BGB § 2331a Rn. 5.
11 MüKoBGB/*Lange* BGB § 2331a Rn. 11.
12 MüKoBGB/*Lange* BGB § 2331a Rn. 4; Prütting/Wegen/Weinreich/*Deppenkemper* BGB § 2331a Rn. 3; Staudinger/*Olshausen* BGB § 2331a Rn. 6.
13 Ebenso Burandt/Rojahn/*Gierl* § 362 Rn. 1; Erman/*Röthel* § 2331a Rn. 7.

dung ist, *wenn der Anspruch nicht bestritten wird*, das Nachlassgericht zuständig. Im Übrigen entscheidet streitwertabhängig das Prozessgericht[14].

5 **4. Stundungsberechtigung.** Die Berechtigung, die Stundung des Pflichtteils zu verlangen, liegt beim **Erben**, unabhängig von einer etwaigen eigenen Pflichtteilsberechtigung,[15] auch einem Vorerben[16] oder nur einem einzelnen Miterben,[17] bei einem **Nachlasspfleger**, einem **Nachlassverwalter** und einem **Nachlassinsolvenzverwalter**, nicht aber auch bei einem Testamentsvollstrecker.[18]

6 **5. Unbillige Härte für den Erben, § 2331a Abs. 1 S. 1 BGB.** Der Erbe kann die Stundung des Pflichtteils verlangen, wenn die sofortige Erfüllung des gesamten Anspruchs für den Erben wegen der **Art der Nachlassgegenstände** eine **unbillige Härte** wäre, etwa die Aufgabe des Familienheimes nach sich zöge oder die Veräußerung eines Wirtschaftsgutes zur Folge hätte, das für den Erben und seine Familie die wirtschaftliche Lebensgrundlage bildet, § 2331a Abs. 1 S. 1 BGB. Die Art der Nachlassgegenstände erlaubt es dem Erben nicht, den Pflichtteilsanspruch sofort zu erfüllen. Verantwortlich hierfür zeichnet ein Mangel verfügbarer flüssiger Mittel,[19] eine **Illiquidität,**[20] die den Erben in die Härtesituation zwingt. Verfügt der Erbe jedoch über eigenes, flüssiges Vermögen, kann er eine unbillige Härte nicht für sich reklamieren.[21] Dass der aktuelle Börsenkurs der Wertpapiere, die sich im Nachlass befinden, ungünstig ist, stellt noch keine unbillige Härte dar,[22] sofern nicht eine bloß vorübergehende Baisse handelt.[23] Ebenso wenig rechtfertigen große wirtschaftliche Probleme, die mit dem Pflichtteilsanspruch einhergehen,[24] eine unbillige Härte. Das Kriterium der unbilligen Härte charakterisiert die Norm als Regelung mit einem starken **Ausnahmecharakter,**[25] die nur dann zur Geltung kommt, sofern die wirtschaftliche Existenzgrundlage des Erben und seiner Familie in Gefahr steht.[26] Eine Kreditaufnahme kann dem Erben zugemutet werden, spricht also nicht für unbillige Härte.[27]

7 **6. Angemessene Berücksichtigung der Interessen des Pflichtteilsberechtigten, § 2331a Abs. 1 S. 2 BGB.** Nicht nur die unbillige Härte, die den Erben trifft, bildet die Richtschnur für die nachlassgerichtliche Entscheidung, sondern auch die **Interessen des Pflichtteilsberechtigten**, die in angemessener Weise zu berücksichtigen sind, § 2331a Abs. 1 S. 2 BGB. Beide Interessen sind im Wege einer

---

14 Vgl. Erman/*Röthel* BGB § 2331a Rn. 7; Staudinger/*Olshausen* BGB § 2331a Rn. 22; MüKoBGB/*Lange* BGB § 2331a Rn. 15.

15 Auch der nicht zum Kreis der Pflichtteilsberechtigten zählende Erbe kann die Pflichtteilsstundung verlangen, vgl. Erman/*Röthel* BGB § 2331a Rn. 2; Staudinger/*Olshausen* BGB § 2331a Rn. 7 bis 9; jurisPK-BGB/*Birkenheier* BGB § 2331a Rn. 29.

16 Keidel/*Zimmermann* § 362 Rn. 6.

17 Keidel/*Zimmermann* § 362 Rn. 6.

18 MüKoBGB/*Lange* BGB § 2331a Rn. 3 und 14; Erman/*Röthel* BGB § 2331a Rn. 2; Bumiller/Harders/Schwamb/*Harders* § 362 Rn. 3; Keidel/*Zimmermann* § 362 Rn. 7.

19 jurisPK-BGB/*Birkenheier* BGB § 2331a Rn. 18.

20 Staudinger/*Olshausen* BGB § 2331a Rn. 15; Erman/*Röthel* BGB § 2331a Rn. 4.

21 jurisPK-BGB/*Birkenheier* BGB § 2331a Rn. 20; Staudinger/*Olshausen* BGB § 2331a Rn. 15; Erman/*Röthel* § 2331a Rn. 4.

22 Staudinger/*Olshausen* BGB § 2331a Rn. 16; Erman/*Röthel* BGB § 2331a Rn. 4.

23 Erman/*Röthel* BGB § 2331a Rn. 4.

24 MüKoBGB/*Lange* BGB § 2331a Rn. 7.

25 MüKoBGB/*Lange* BGB § 2331a Rn. 6.

26 Vgl. auch MüKoBGB/*Lange* BGB § 2331a Rn. 8.

27 MüKoBGB/*Lange* BGB § 2331a Rn. 8.

doppelten Billigkeitsentscheidung[28] zum Ausgleich zu bringen[29] (zur salomonischen Qualität des Beschlusses → Rn. 3). Bei der angemessenen Berücksichtigung der Interessen des Pflichtteilsberechtigten ist darauf zu achten, dass dessen Anspruch nicht ausgehöhlt oder gefährdet, sondern angemessen geschützt[30] wird. Ins Gewicht fallen müssen neben den persönlichen Einkommens- und Vermögensverhältnisse des Pflichtteilsberechtigten[31] auch das Verhalten des Erben. Die doppelte Billigkeitsprüfung gebietet es, Vorkehrungen dagegen zu treffen, dass der Nachlass durch den Erben aufgezehrt oder verschleudert wird.[32] Die Einkommenssituation und die Vermögenslage[33] des Pflichtteilsberechtigten müssen in gleicher Weise Eingang finden in die Entscheidung des Nachlassgerichts.

III. Alternativen: rechtsgeschäftliche Pflichtteilsstundungen

Alternativ stehen dem künftigen Erben und Pflichtteilsberechtigten die Möglichkeiten einer **rechtsgeschäftlichen Pflichtteilsstundung** offen, beispielsweise in Gestalt eines **beschränkten Pflichtteilsverzichts**, § 2346 Abs. 2 BGB, oder in Gestalt eines **notariell beurkundeten Vertrags**, geschlossen unter künftigen gesetzlichen Erben bzw. künftigen Pflichtteilsberechtigten über den gesetzlichen Erbteil oder den Pflichtteil, § 311b Abs. 5 BGB,[34] oder in Form eines **Erlassvertrages**, § 397 BGB.[35] Entsprechende Vereinbarungen können vor oder nach dem Erbfall getroffen werden.[36] 8

IV. Das nachlassgerichtliche Verfahren zur Stundung des Pflichtteilsanspruchs, § 362

1. Zuständigkeiten. Bereits § 2331a Abs. 2 S. 1 BGB spricht von der sachlichen Zuständigkeit des **Nachlassgerichts**, sofern der **Pflichtteilsanspruch nicht bestritten** wird.[37] Gegeben ist dann ein sog. „isoliertes Stundungsverfahren“,[38] über das das Nachlassgericht im Rahmen des Amtsermittlungsgrundsatzes (§ 26) mit den Verfahrensinstrumentarien des FamFG entscheidet.[39] Im Falle eines nur teilweise streitigen Pflichtteilsanspruchs kann das Nachlassgericht über den nicht strittigen Teil des Pflichteilsanspruchs entscheiden, im Übrigen nicht.[40] Wird der Anspruch nach Antragstellung beim Nachlassgericht beim Prozessgericht rechtshängig, wird der Antrag **unzulässig**.[41] Die Begründung 9

28 Staudinger/*Olshausen* BGB § 2331a Rn. 13; MüKoBGB/*Lange* BGB § 2331a Rn. 9.
29 Zum Interessenausgleich vgl. MüKoBGB/*Lange* BGB § 2331a Rn. 2 und 5; Erman/*Röthel* BGB § 2331a Rn. 1.
30 Zum Schutz des Pflichtteilsanspruchs vgl. MüKoBGB/*Lange* BGB § 2331a Rn. 9.
31 Staudinger/*Olshausen* BGB § 2331a Rn. 19.
32 MüKoBGB/*Lange* BGB § 2331a Rn. 10.
33 MüKoBGB/*Lange* BGB § 2331a Rn. 11.
34 Muster vgl. BeckFormB ErbR/*Joachim* § 14, Vereinbarung der Stundung eines Pflichtteilsanspruchs.
35 Staudinger/*Olshausen* BGB § 2331a Rn. 34.
36 Vgl. Staudinger/*Olshausen* BGB § 2331a Rn. 33 ff.
37 GForm-FamFG/*Poller* § 362 Rn. 3; Prütting/Helms/*Fröhler* § 362 Rn. 2; Staudinger/*Olshausen* BGB § 2331a Rn. 24.
38 Erman/*Röthel* BGB § 2331a Rn. 6 und 7.
39 Vgl. Prütting/Helms/*Fröhler* § 362 Rn. 2.
40 MüKoBGB/*Lange* BGB § 2331a Rn. 15.
41 Ebenso jurisPK-BGB/*Birkenheier* BGB § 2331a Rn. 62; Prütting/Wegen/Weinreich/*Deppenkemper* § 2331a Rn. 6; Burandt/Rojahn/*Gierl* § 362 Rn. 1; MüKoBGB/*Lange* § 2331a Rn. 14; GForm-FamFG/*Poller* § 362 Rn. 12.

hierfür ist darin zu suchen, dass das Rechtsschutzinteresse wegfällt.[42] Über den Antrag kann dann nicht mehr das Nachlassgericht befinden, sondern nur noch das Prozessgericht.[43]

10 Die **örtliche Zuständigkeit** des Nachlassgerichts folgt aus § 343, die funktionelle Zuständigkeit liegt beim **Rechtspfleger**, § 3 Nr. 2 lit. c RpflG.[44]

11 **2. Antrag und Antragsberechtigung.** Verständlicherweise zählt das nachlassgerichtliche Verfahren zur Stundung des Pflichtteilsanspruchs nicht zu den Amts-, sondern zu den **Antragsverfahren** des FamFG. Manifest wird dies auch in § 2331a Abs. 1 S. 1 BGB, danach kann uU die Stundung des Pflichtteils *verlangt* werden.[45] Antragsgegner ist der Pflichtteilsberechtigte.[46] Die **Antragsberechtigung** deckt sich mit der oben dargelegten Stundungsberechtigung. Der Antrag[47] kann von einem **Erben** bzw. einem einzelnen **Miterben** gestellt werden,[48] und zwar unabhängig von einer etwaigen eigenen Pflichtteilsberechtigung,[49] sowie von einem **Nachlasspfleger**,[50] einem **Nachlassverwalter** oder einem **Nachlassinsolvenzverwalter**, nicht aber auch von einem Testamentsvollstrecker,[51] weil dem die Regelung in § 2213 Abs. 1 S. 3 BGB entgegensteht, oder von einem Beschenkten, gegen den sich Pflichtteilsergänzungsansprüche richten.[52] Danach kann ein Pflichtteilsanspruch nur gegen den Erben geltend gemacht werden, auch wenn dem Testamentsvollstrecker die Verwaltung des Nachlasses zusteht.

12 Häufigster Anwendungsfall in der Praxis sind Anträge der Erben, die im Rahmen ihres Sachvortrages gehalten sind, die eigene **Vermögenslage** und die Vermögenslage des Pflichtteilsberechtigten zu schildern, um dem Antrag zum Erfolg zu verhelfen.

13 Im Antrag ist ferner die **doppelte Billigkeitsprüfung** vorzunehmen, orientiert an den Interessen des Erben und des Pflichtteilsberechtigten. Diesem Zweck zugeordnet ist der Ausblick auf eine baldige Verbesserung der Vermögenssituation des Erben, etwa im Hinblick auf einen bald fälligen Bausparvertrag.[53] Der Antrag sollte bereits eine Aussage über **Sicherheiten** enthalten, die der Erbe anbietet (Eintragung Grundpfandrecht) oder von denen der Erbe Abstand neh-

42 Staudinger/*Olshausen* BGB § 2331a Rn. 29; Burandt/Rojahn/*Gierl* § 362 Rn. 1.
43 jurisPK-BGB/*Birkenheier* BGB § 2331a Rn. 62.
44 Vgl. MüKoBGB/*Lange* BGB § 2331a Rn. 14; Prütting/Helms/*Fröhler* § 362 Rn. 5; GForm-FamFG/*Poller* § 362 Rn. 7.
45 Ebenso Prütting/Helms/*Fröhler* § 362 Rn. 12; vgl. auch Prütting/Wegen/Weinreich/*Deppenkemper* BGB § 2331a Rn. 6.
46 Prütting/Helms/*Fröhler* § 362 Rn. 12.
47 Antragsmuster vgl. GForm-FamFG/*Poller* § 362 Rn. 1.
48 Eine gemeinsame Antragstellung durch alle Erben ist nicht erforderlich, § 2038 Abs. 1 S. 2 BGB, vgl. Staudinger/*Olshausen* BGB § 2331a Rn. 25; GForm-FamFG/*Poller* § 362 Rn. 3.
49 Auch der nicht zum Kreis der Pflichtteilsberechtigten zählende Erbe kann die Pflichtteilsstundung verlangen, Erman/*Röthel* BGB § 2331a Rn. 2; Staudinger/*Olshausen* BGB § 2331a Rn. 7 bis 8; Prütting/Helms/*Fröhler* § 362 Rn. 9; Burandt/Rojahn/*Gierl* § 362 Rn. 2.
50 Ob jedoch insoweit der Nachweis einer unbilligen Härte gelingen kann, dürfte fraglich sein, Keidel/*Zimmermann* § 362 Rn. 11.
51 MüKoBGB/*Lange* BGB § 2331a Rn. 3 und 14; Erman/*Röthel* BGB § 2331a Rn. 2; GForm-FamFG/*Poller* § 362 Rn. 3; FormB-ErbR/*Riedel* § 4 Rn. 283; Prütting/Helms/*Fröhler* § 362 Rn. 9; Staudinger/*Olshausen* BGB § 2331a Rn. 25; Keidel/*Zimmermann* § 362 Rn. 7.
52 jurisPK-BGB/*Birkenheier* BGB § 2331a Rn. 32.
53 Vgl. auch das Muster eines Stundungsantrags bei FormB-ErbR/*Riedel* § 4 Rn. 284.

men möchte,[54] und eine Aussage über eine etwaige **Verzinsung** des Pflichtteils[55] treffen.

Den Antrag kann auch ein **einzelner Miterbe** stellen, wobei darauf zu achten ist, dass die einem einzelnen Miterben gewährte Pflichtteilsstundung nach Nachlassteilung[56] nicht auch für die anderen Miterben gilt.[57] Dies leuchtet auch deshalb ein, weil die doppelte Billigkeitsprüfung individuell vorzunehmen ist, ausgerichtet an den spezifischen Interessen des Erben und des Pflichtteilsberechtigten. Eine pauschale Betrachtungsweise könnte dem nicht gerecht werden.[58] 14

3. Gütliche Einigung, § 36 Abs. 1 S. 2. Weil die Dispositionsbefugnis der Beteiligten tangiert ist, steht der **Versuch einer gütlichen Einigung** im Raum. Das Gericht soll auf eine gütliche Einigung hinwirken, § 36 Abs. 1 S. 2,[59] was auch im Rahmen eines Termins geschehen kann, einer mündlichen Verhandlung, § 32 Abs. 1. Über eine entsprechende gütliche Einigung im Termin ist eine **Niederschrift** anzufertigen,[60] § 36 Abs. 2 S. 1,[61] die nach den ZPO-Protokollierungsvorschriften zu gestalten ist, § 36 Abs. 2 S. 2 iVm §§ 159 ff. ZPO.[62] In der gütlichen Einigung sind Regelungen über den Schuldbetrag, die Stundungs- und Zahlungsmodalitäten, etwaige Sicherungen und die Kosten zu treffen.[63] Bei Beteiligung eines Betreuten bzw. eines Minderjährigen kommt die Notwendigkeit einer **betreuungs- bzw. familiengerichtlichen Genehmigung** in Betracht, sofern die gütliche Einigung Züge eines Erlassvertrages trägt[64] 15

4. Entscheidung durch Beschluss. Das Nachlassgericht entscheidet durch **begründeten** und mit **Rechtsmittelbelehrung** versehenen **Beschluss**, §§ 38, 39,[65] dessen Wirksamkeit erst mit **Rechtskraft** eintritt. Dies ergibt sich aus der Verweisung in § 362 auf § 1382 BGB. 16

In den Verfahren nach § 1382 und damit auch § 2331a BGB wird die Entscheidung des Gerichts erst mit **Rechtskraft** wirksam, § 264 Abs. 1 S. 1.[66] 17

Das **Abänderungsverbot** nach § 264 Abs. 1 S. 2 gilt allerdings nicht, da die §§ 2331a Abs. 2 S. 2, 1382 Abs. 6 BGB die antragsgemäße Aufhebung sowie Abänderung ausdrücklich vorsehen. 18

Der stattgebende Beschluss trifft eine Aussage über den gestundeten Betrag, den **Zeitraum** der Stundung sowie die **Zahlungsmodalitäten**, sofern **Ratenzahlungen** angeordnet werden.[67] Im Falle von Ratenzahlungen wird eine **Verfallklausel** 19

---

54 FormB-ErbR/*Riedel* § 4 Rn. 284.
55 Vgl. FormB-ErbR/*Riedel* § 4 Rn. 284; Keidel/*Zimmermann* § 362 Rn. 13.
56 Vor Teilung des Nachlasses wirkt die Stundungsvereinbarung auch für die anderen Miterben; vor Teilung kann nur in den gesamten Nachlass vollstreckt werden.
57 Vgl. FormB-ErbR/*Riedel* § 4 Rn. 278.
58 Ebenso FormB-ErbR/*Riedel* § 4 Rn. 278.
59 Siehe auch Prütting/Helms/*Fröhler* § 362 Rn. 13; MüKoBGB/*Lange* BGB § 2331a Rn. 14.
60 Vgl. Staudinger/*Olshausen* BGB § 2331a Rn. 26.
61 Unverständlich insofern Prütting/Wegen/Weinreich/*Deppenkemper* BGB § 2331a Rn. 6, die das Protokoll nach § 264 Abs. 2 erstellen wollen.
62 Vgl. Bumiller/Harders/Schwamb/*Harders* § 362 Rn. 4; GForm-FamFG/*Poller* § 362 Rn. 8.
63 Staudinger/*Olshausen* BGB § 2331a Rn. 26.
64 Staudinger/*Olshausen* BGB § 2331a Rn. 26; MüKoBGB/*Lange* BGB § 2331a Rn. 14.
65 Vgl. Prütting/Helms/*Fröhler* § 362 Rn. 14; Staudinger/*Olshausen* BGB § 2331a Rn. 27.
66 Siehe Prütting/Helms/*Fröhler* § 362 Rn. 14.
67 Zur Möglichkeit von Ratenzahlungen vgl. MüKoBGB/*Lange* BGB § 2331a Rn. 11.

sinnvoll zu sein,[68] um Vorsorge für den Fall zu treffen, dass der Erbe mit Ratenzahlungen in Verzug gerät. Dann ist die jeweilige Restschuld zur Zahlung fällig. Möglich ist auch der Erlass einer **einstweiligen Anordnung** nach den §§ 49 ff., um frühzeitig ein Veräußerungsverbot zu sichern[69] bzw. eine **vorläufige Stundung** zu gewährleisten,[70] die einer späteren Stundung den Weg ebnet. Ebenso kann der Pflichtteilsanspruch nur **teilweise gestundet** werden, nicht zwingend in voller Höhe.[71] Eine gestundete Pflichtteilsforderung hat der Schuldner zu **verzinsen**, § 2331a Abs. 2 S. 2 BGB iVm § 1382 Abs. 2 BGB. Über Höhe (Zinssatz)[72] und Fälligkeit der Zinsen entscheidet das Nachlassgericht nach billigem Ermessen, § 2331a Abs. 2 S. 2 BGB iVm § 1382 Abs. 4 BGB.[73] Im Beschluss kann auf Antrag auch die Verpflichtung des Erben zur Zahlung einer **Ausgleichsforderung** ausgesprochen werden, § 362 iVm § 264 Abs. 2. Auf Antrag kann das Nachlassgericht anordnen, dass der Erbe für die gestundete Forderung **Sicherheit** zu leisten hat, § 2331a Abs. 2 S. 2 BGB iVm § 1382 Abs. 3 BGB.[74]

20 Der stattgebende bzw. zurückweisende Beschluss ist **förmlich zuzustellen.**[75]

21 **5. Aufhebung oder Abänderung einer rechtskräftigen Entscheidung, §§ 2331a Abs. 2 S. 2, 1382 Abs. 6 BGB.** Eine Besonderheit ergibt sich aus der Verweisung in § 2331a Abs. 2 S. 2 BGB auf § 1382 Abs. 6 BGB. Die Verweisung ermöglicht dem **Nachlassgericht** die **Aufhebung** oder **Abänderung** der rechtskräftigen Entscheidung über die Stundung des Pflichtteilsanspruchs, sofern sich die Verhältnisse nach der Entscheidung wesentlich geändert haben.[76] Das Abänderungsverbot des § 264 Abs. 1 S. 2 gilt im nachlassgerichtlichen Pflichtteilsstundungsverfahren nicht, es erfasst auch gerichtliche Vergleiche.[77]

V. Rechtsmittel

22 Gegen die nachlassgerichtliche Entscheidung – Bewilligung oder Ablehnung der Stundung – ist die **befristete Beschwerde** zulässig, §§ 58 ff.,[78] einzulegen binnen einer Frist von einem Monat nach Bekanntgabe des Beschlusses, § 63 Abs. 1. Nichts anderes gilt für die nachlassgerichtliche Entscheidung, die in einer einstweiligen Anordnung besteht, auch insoweit ist die befristete Beschwerde zulässig.[79]

---

68 Für Verfallklausel auch Prütting/Wegen/Weinreich/*Deppenkemper* BGB § 2331a Rn. 6; Keidel/*Zimmermann* § 362 Rn. 13.
69 Prütting/Wegen/Weinreich/*Deppenkemper* § 2331a Rn. 6; GForm-FamFG/*Poller* § 362 Rn. 13.
70 Zur Möglichkeit einer vorläufigen Stundung vgl. Prütting/Helms/*Fröhler* § 362 Rn. 18; Keidel/*Zimmermann* § 362 Rn. 12.
71 Vgl. Prütting/Wegen/Weinreich/*Deppenkemper* § 2331a Rn. 5; Staudinger/*Olshausen* § 2331a Rn. 20.
72 Etwa 5 % über dem jeweiligen Basiszinssatz, vgl. GForm-FamFG/*Poller* § 362 Rn. 4, gesetzliche Verzinsung nach § 288 Abs. 1 S. 2 BGB.
73 Ebenso Staudinger/*Olshausen* BGB § 2331a Rn. 22.
74 Vgl. Staudinger/*Olshausen* BGB § 2331a Rn. 27. In Betracht kommen kann die Eintragung eines Grundpfandrechts, vgl. auch Keidel/*Zimmermann* § 362 Rn. 13.
75 Prütting/Helms/*Fröhler* § 362 Rn. 14.
76 Ebenso Erman/*Röthel* BGB § 2331a Rn. 9; Staudinger/*Olshausen* § 2331a Rn. 32.
77 Strittig, wie hier *Bumiller/Harders/Schwamb* § 362 Rn. 6; aA Keidel/*Zimmermann* § 362 Rn. 17: Befugnis erstrecke sich nicht auf Vergleiche, weil dieser keine rechtskräftige Entscheidung sei.
78 Erman/*Röthel* BGB § 2331a Rn. 7; Prütting/Helms/*Fröhler* § 362 Rn. 20; MüKo-BGB/*Lange* BGB § 2331a Rn. 14; Keidel/*Zimmermann* § 362 Rn. 16.
79 Keidel/*Zimmermann* § 362 Rn. 16.

VI. Kosten

Für das Verfahren fällt eine **2,0 Verfahrensgebühr** an, vgl. KV Nr. 12520 GNotKG, die sich uU auf eine 0,5 **Verfahrensgebühr** reduzieren kann,[80] vgl. KV Nr. 12521 GNotKG, sofern das Verfahren ohne Endentscheidung, durch Antragsrücknahme oder durch Endentscheidung ohne Begründung endet, vgl. KV Nr. 12521 Nr. 1–3 GNotKG. Maßgeblich ist die Tabelle A. Die Gebühr entsteht mit Eingang des Antrags. Wie viele Verfahrensgebühren anfallen, richtet sich nach der Zahl der betroffenen Pflichtteilsansprüche, nicht nach der Zahl der gestellten Anträge. Für den Erlass einer **einstweiligen Anordnung**, mit der eine vorläufige Stundung ausgesprochen wird, fällt eine eigenständige 1,5 Verfahrensgebühr nach KV Nr. 16111 GNotKG an. Das **Abänderungs- bzw. Aufhebungsverfahren** generiert eine neue Verfahrensgebühr nach KV Nr. 12520 GNotKG. 23

Eine besondere **Wertvorschrift** ist nicht ersichtlich, weshalb die allgemeine Regelung nach § 36 Abs. 1 GNotKG heranzuziehen ist.[81] Regelmäßig sind 10 % der Pflichtteilsforderung maßgeblich, im Verfahren, gerichtet auf Erlass einer einstweiligen Anordnung, nur 5 % der Pflichtteilsforderung. 24

Kostenschuldner ist der Antragsteller des Verfahrens, § 22 Abs. 1 GNotKG. 25

Abschnitt 3 Verfahren in Teilungssachen

Vorbemerkung zu §§ 363–373 (Verfahren in Teilungssachen)

I. Teilungsmodalitäten

Da Erbengemeinschaften nicht auf Dauer, sondern auf Zeit angelegt sind, müssen sie **auseinandergesetzt** werden. Grundsätzlich hat jeder Miterbe einen schuldrechtlichen Teilungsanspruch (§ 2042 Abs. 1 BGB). Dieser richtet sich gegen die anderen Miterben und ist inhaltlich auf Mitwirkung bei der vollständigen Nachlassteilung gerichtet. Gesetzliche Teilungsmodalitäten sehen die §§ 2042 Abs. 2 BGB iVm 752 ff. BGB und §§ 2046 ff. vor. Diese gesetzlichen Teilungsregeln gelten allerdings nur subsidiär, die Miterben können sich darüber hinwegsetzen und abweichend davon die Nachlassauseinandersetzung vereinbaren.[1] Anders ist es, wenn der Erblasser eine Teilungsanordnung verfügt hat (§ 2048 BGB), denn diese bindet mit schuldrechtlicher Wirkung sowohl die Miterben[2] als auch einen Testamentsvollstrecker (§ 2204 Abs. 1 BGB). Anspruch auf Teilung haben auch der Erwerber (§ 2033 Abs. 1 BGB) eines Erbteils,[3] der Vertragspfandgläubiger nach Eintritt der Verkaufsberechtigung (§ 1258 Abs. 2 BGB), der Vollstreckungsgläubiger mit Pfändungspfandrecht an einem Miterbenanteil nach Überweisung (§§ 829, 835, 836, 857, 859 Abs. 2 ZPO), der Insolvenzverwalter an Stelle des insolventen Miterben, der Testamentsvollstrecker, der den Anteil eines einzelnen Miterben verwaltet sowie ein Nießbraucher (§ 1066 Abs. 2 BGB). Hat der Erblasser allerdings für den gesam- 1

80 Vgl. Prütting/Helms/*Fröhler* § 362 Rn. 23.

81 Ebenso Burandt/Rojahn/*Gierl* § 362 Rn. 2, Geschäftswert nach § 36 GNotKG; vgl. auch Keidel/*Zimmermann* § 362 Rn. 19, Geschäftswert nach § 36 GNotKG; aA hingegen Prütting/Wegen/Weinreich/*Deppenkemper* § 2331a Rn. 7: Geschäftswert nach § 102 GNotKG. Ohne Aussage zum Geschäftswert hingegen GForm-FamFG/*Poller* § 362 Rn. 14.

1 BGH NJW 1985, 51; 1986, 931.

2 BGH NJW 2002, 2712.

3 BGH NJW 1986, 931.

ten Nachlass Testamentsvollstreckung angeordnet, obliegt die Erbteilung grundsätzlich dem Abwicklungsvollstrecker (§ 2204 Abs. 1 BGB). Die Miterben können in diesem Fall, abweichend von § 2042 Abs. 1 BGB, nur vom Testamentsvollstrecker die Auseinandersetzung verlangen. Die Auseinandersetzung durch Vermittlung eines Notars nach §§ 363 ff. ist ausgeschlossen (§ 363 Abs. 1 Hs. 2).[4] Der Auseinandersetzungsanspruch ist unverjährbar (§ 2042 Abs. 2 iVm § 758 BGB).

II. Nachlassteilung durch die Miterben

2 Ist die Nachlassauseinandersetzung nicht Aufgabe eines Testamentsvollstreckers, so liegt sie in den Händen der Miterben. Sie können wählen, ob die Teilung

- durch **einvernehmlichen Erbteilungsvertrag** mit anschließendem Vollzug durch dingliche Rechtsgeschäfte (zB Auflassung von Grundstücken nach §§ 873, 925 BGB, Übereignung beweglicher Sachen nach §§ 929 ff. BGB, Abtretung von Forderungen nach § 398 BGB) oder
- im Wege einer **streitigen Erbteilungsklage**

erfolgen soll.

3 Die privatautonome Auseinandersetzung der Erbengemeinschaft als Gesamthandgemeinschaft durch Erbteilungsvertrag setzt einen Konsens aller Miterben voraus. In seiner Rechtsnatur ist der Erbteilungsvertrag ein (schuldrechtliches) Kausalgeschäft, so dass dessen Vollzug zusätzlich durch dingliche Rechtsgeschäfte erfolgen muss. In der Praxis scheitert die einvernehmliche Nachlassteilung durch Erbteilungsvertrag oft daran, dass sich die Miterben über Teilungsmodalitäten nicht einigen können. Um eine streitige Auseinandersetzung durch eine auf §§ 2042 Abs. 2 iVm 752 ff. BGB gestützte Erbteilungsklage[5] zu verhindern, können sie **notarielle Vermittlung** beantragen (vgl. §§ 344 Abs. 4a, 363). Das Verfahren in Teilungssachen nach §§ 363 ff. ist ein reines Vermittlungsverfahren. Verfahrensziel ist es, dass ein vom Notar anzufertigender Auseinandersetzungsplan von allen Miterben angenommen wird.

§ 363 Antrag

(1) Bei mehreren Erben hat der Notar auf Antrag die Auseinandersetzung des Nachlasses zwischen den Beteiligten zu vermitteln; das gilt nicht, wenn ein zur Auseinandersetzung berechtigter Testamentsvollstrecker vorhanden ist.

(2) Antragsberechtigt ist jeder Miterbe, der Erwerber eines Erbteils sowie derjenige, welchem ein Pfandrecht oder ein Nießbrauch an einem Erbteil zusteht.

(3) In dem Antrag sollen die Beteiligten und die Teilungsmasse bezeichnet werden.

4 MüKoBGB/*Zimmermann* BGB § 2204 Rn. 1.
5 Vgl. Keidel/*Zimmermann* FamFG § 363 Rn. 15.

I. Stellung des Notars

1 Im Verfahren in Teilungssachen nimmt der Notar in erster Linie eine vermittelnde Funktion ein.[1] Zusätzlich kann er formbedürftige Vereinbarungen der Beteiligten (zB Auflassung) beurkunden. Ergeben sich zwischen den Miterben Streitpunkte über die Nachlassteilung, darf er darüber keine Streitentscheidung, etwa nach billigem Ermessen, treffen. In diesem Fall hat er vielmehr das Verfahren auszusetzen (§ 370 S. 1). Bei einer Einigung aller Miterben hat er einen Auseinandersetzungsplan anzufertigen (§ 368 Abs. 1 S. 1). Er hat auch die Möglichkeit, die (dingliche) Auseinandersetzung durch Aufnahme entsprechender Erklärungen (zB Abtretungserklärungen) in den Plan zu bewirken.

II. Zuständigkeit; Kosten

2 Das Gesetz vom 26.6.2013[2] hat mit Wirkung vom 1.9.2013 Teilungssachen nach § 342 Abs. 2 Nr. 1 (Auseinandersetzung eines Nachlasses oder eines Gesamtguts), für die bis dahin die Nachlassgerichte zuständig waren, funktionell auf den Notar übertragen (§ 20 Abs. 1 S. 2 BNotO, §§ 363 Abs. 1, 492). Die örtliche Zuständigkeit richtet sich nach § 344 Abs. 4a. Danach ist jeder Notar, der seinen Amtssitz im Bezirk des letzten gewöhnlichen Aufenthalts[3] des Erblassers hatte, zuständig (§ 344 Abs. 4a S. 1). Hatte der Erblasser keinen gewöhnlichen Aufenthalt im Inland, ist jeder Notar zuständig, der seinen Amtssitz im Bezirk eines Amtsgerichts hat, in dessen Bezirk sich Nachlassgegenstände befinden (§ 344 Abs. 4a S. 2). Bei mehrfacher örtlicher Zuständigkeit ist nach § 344 Abs. 4a S. 3 der Notar alleinzuständig, bei dem zuerst ein Antrag nach § 363 eingeht (vergleichbar mit § 2). Vereinbarungen der Beteiligten über eine Notarwahl sind im Rahmen des § 344 Abs. 4a möglich.[4] Nach § 105 folgt die internationale Zuständigkeit, auch wenn sich Nachlassgegenstände im Ausland befinden, der örtlichen nach § 344 Abs. 4a.

3 In Teilungssachen nach § 342 Abs. 2 Nr. 1 werden die Notarkosten nach KV 23900–23903 GNotKG (Gebühren) sowie KV 32000–32015 GNotKG (Auslagen) abgerechnet.

III. Rechtsschutzbedürfnis

4 Die Auseinandersetzungsvermittlung durch den Notar im Verfahren nach §§ 363 ff. ist natürlich nur möglich, wenn eine Erbengemeinschaft (§ 2032 BGB) besteht. Eine solche ist nicht vorhanden zwischen Vor- und Nacherben, Pflichtteilsberechtigten oder Vermächtnisnehmern und Erben. Ferner ist das Vermittlungsverfahren unzulässig, wenn

- die Gemeinschaft bereits vollständig auseinandergesetzt ist (zB durch Übertragung aller Miterbenanteile auf einen Miterben oder durch Bildung einer Bruchteilsgemeinschaft)[5]
- ein zur Auseinandersetzung befugter Testamentsvollstrecker vorhanden ist (Abs. 1 Hs. 2)
- nach § 2048 S. 2 ein Dritter zur Auseinandersetzung befugt ist
- bei Gericht bereits eine Erbteilungsklage anhängig ist
- der Nachlass von einem Nachlass- oder Insolvenzverwalter verwaltet wird.

1 BeckOK FamFG/*Schlögel* § 363 Rn. 4; MüKoFamFG/*J. Mayer* § 363 Rn. 4.
2 BGBl. 2018 I 1800.
3 Dazu: BeckOK FamFG/*Schlögel* § 343 Rn. 5–9.
4 Vgl. BT-Drs. 17/1469, 21.
5 BeckOK FamFG/*Schlögel* § 363 Rn. 8; Keidel/*Zimmermann* § 363 Rn. 25.

IV. Antrag

5 Das Vermittlungsverfahren nach §§ 363 ff. ist ein Antragsverfahren (§ 23), in dem die Dispositionsmaxime gilt. Die Zulässigkeitsvoraussetzungen des verfahrenseinleitenden Antrags richten sich nach Buch 1 FamFG. Dessen Vorschriften sind entsprechend auch auf das Verfahren in Teilungssachen nach § 342 Abs. 1 Nr. 1 vor dem Notar anzuwenden (§ 492 Abs. 1 S. 1). Der Antragsteller muss beteiligten- und verfahrensfähig sein (§§ 8, 9, 492 Abs. 1 S. 1); Anwaltszwang besteht nicht (§§ 10 Abs. 1, 492 Abs. 1 S. 1). Der Antrag kann schriftlich oder zu Niederschrift des Notars (§§ 25, 492 Abs. 1 S. 1) gestellt und soll vom Antragsteller unterschrieben werden (§§ 23 Abs. 1 S. 5, 492 Abs. 1 S. 1). Der Notar soll den Antrag den übrigen Beteiligten (§§ 7, 492 Abs. 1 S. 1) übermitteln (§§ 23 Abs. 2, 492 Abs. 1 S. 1). Inhaltlich soll der Antrag den Erblasser, die Beteiligten und die Teilungsmasse bezeichnen (Abs. 3).[6]

6 Ein mangelhafter Antrag wird, wenn der Mangel nicht fristgerecht behoben wird, vom Notar durch Beschluss zurückgewiesen (§§ 28 Abs. 1, 38, 492 Abs. 1 S. 1). Der Antrag kann bis zum Bestätigungsbeschluss des Notars (vgl. §§ 366 Abs. 2, 368 Abs. 1 S. 3) zurückgenommen werden (§§ 22, 492 Abs. 1 S. 1).

7 Antragsberechtigt ist jeder Miterbe, der Erwerber eines Erbanteils sowie bei der Belastung eines Erbanteils mit Vertrags- oder Pfändungspfandrecht oder Nießbrauch, auch der Pfandgläubiger bzw. der Nießbraucher (Abs. 2).

§ 364 [aufgehoben]

§ 365 Ladung

(1) [1]Der Notar hat den Antragsteller und die übrigen Beteiligten zu einem Verhandlungstermin zu laden. [2]Die Ladung durch öffentliche Zustellung ist unzulässig.

(2) [1]Die Ladung soll den Hinweis darauf enthalten, dass ungeachtet des Ausbleibens eines Beteiligten über die Auseinandersetzung verhandelt wird und dass die Ladung zu dem neuen Termin unterbleiben kann, falls der Termin vertagt oder ein neuer Termin zur Fortsetzung der Verhandlung anberaumt werden sollte. [2]Sind Unterlagen für die Auseinandersetzung vorhanden, ist in der Ladung darauf hinzuweisen, dass die Unterlagen in den Geschäftsräumen des Notars eingesehen werden können.

1 Das Auseinandersetzungsverfahren beginnt mit einer Terminsbestimmung durch den Notar. Zu diesem Termin sind die Beteiligten (Antragsteller und übrige Beteiligte) zu laden (Abs. 1 S. 1). Ein schriftliches Verfahren ist unzulässig.[1] Zwischen dem Zugang der Ladung und dem Termin soll eine „angemessene" Frist liegen (§§ 32 Abs. 2, 492 Abs. 1 S. 1). Damit der Anspruch auf rechtliches Gehör (Art. 103 GG) nicht verletzt wird, dürften zwei Wochen Ladungsfrist angemessen sein.[2] Eine zu kurz bemessene Ladungsfrist kann, da es sich um keine gesetzliche Frist handelt, nicht mit der Beschwerde gerügt werden. Außerdem ist die Ladung als verfahrensleitende Maßnahme keine beschwerdefähige Ent-

6 Vgl. das Antragsmuster bei *Firsching/Graf* NachlassR Rn. 4.910.
1 Keidel/*Zimmermann* § 365 Rn. 5.
2 Keidel/*Zimmermann* § 365 Rn. 3, 4.

scheidung (§§ 58 Abs. 1, 492 Abs. 1 S. 1). Auch bei einer sehr kurz bemessenen Ladungsfrist treten die Säumnisfolgen des § 366 Abs. 3 ein.[3]

Die Ladung ist den Beteiligten oder deren Bevollmächtigten bekannt zu geben (§§ 15 Abs. 1, 492 Abs. 1 S. 1). Die Bekanntgabe wird regelmäßig durch Zustellung nach den Vorschriften der ZPO erfolgen (§§ 15 Abs. 2, 492 Abs. 1 S. 1 iVm §§ 166 ff. ZPO). Der Notar kann auch das persönliche Erscheinen von Beteiligten anordnen (§§ 33 Abs. 1, 492 Abs. 1 S. 1). Eine öffentliche Zustellung ist ausgeschlossen (Abs. 1 S. 2). Ist ein Beteiligter unbekannten Aufenthalts, muss deshalb vom Betreuungsgericht (§ 340) ein Abwesenheitspfleger (§ 1911 BGB) bestellt werden. Die Ladung ist in diesem Fall dem Pfleger zuzustellen.[4] Die Beteiligten müssen die Ladung nicht befolgen, ihre Teilnahme am Termin kann nicht erzwungen werden. In der Ladung ist auf die Folgen des Nichterscheinens hinzuweisen (Abs. 2 S. 1). Mit den im Termin Erschienenen kann der Notar verhandeln, eine Auseinandersetzungsvereinbarung, die auch die Nichterschienenen bindet, ist aber nicht möglich. 2

§ 366 Außergerichtliche Vereinbarung

(1) [1]Treffen die erschienenen Beteiligten vor der Auseinandersetzung eine Vereinbarung, insbesondere über die Art der Teilung, hat der Notar die Vereinbarung zu beurkunden. [2]Das Gleiche gilt für Vorschläge eines Beteiligten, wenn nur dieser erschienen ist.

(2) [1]Sind alle Beteiligten erschienen, hat der Notar die von ihnen getroffene Vereinbarung zu bestätigen. [2]Dasselbe gilt, wenn die nicht erschienenen Beteiligten ihre Zustimmung zu einer gerichtlichen Niederschrift oder in einer öffentlich beglaubigten Urkunde erteilen.

(3) [1]Ist ein Beteiligter nicht erschienen, hat der Notar, wenn der Beteiligte nicht nach Absatz 2 Satz 2 zugestimmt hat, ihm den ihn betreffenden Inhalt der Urkunde bekannt zu geben und ihn gleichzeitig zu benachrichtigen, dass er die Urkunde in den Geschäftsräumen des Notars einsehen und eine Abschrift der Urkunde fordern kann. [2]Die Bekanntgabe muss den Hinweis enthalten, dass sein Einverständnis mit dem Inhalt der Urkunde angenommen wird, wenn er nicht innerhalb einer von dem Notar zu bestimmenden Frist die Anberaumung eines neuen Termins beantragt oder wenn er in dem neuen Termin nicht erscheint.

(4) Beantragt der Beteiligte rechtzeitig die Anberaumung eines neuen Termins und erscheint er in diesem Termin, ist die Verhandlung fortzusetzen; anderenfalls hat der Notar die Vereinbarung zu bestätigen.

3 Keidel/*Zimmermann* § 365 Rn. 4; differenzierend: BeckOK FamFG/*Schlögel* § 365 Rn. 2.

4 BeckOK FamFG/*Schlögel* § 365 Rn. 2.

I. Vermittlungsverfahren

1 Das Vermittlungsverfahren gliedert sich in zwei Abschnitte. Im ersten Abschnitt werden vorbereitende Vereinbarungen über die Auseinandersetzung getroffen. Möglich sind zB Vereinbarungen über Teilungsmodalitäten (zB Teilung in Natur, Schätzung und Verkauf bzw. Versteigerung von Nachlassgegenständen oder Übernahme von Nachlassverbindlichkeiten durch Miterben). Im zweiten Schritt wird dann die endgültige Teilung selbst (zB wer soll welche Beträge erhalten) nach Maßgabe eines Auseinandersetzungsplans (§ 368) vereinbart. Ob das Vermittlungsverfahren Erfolg hat und sein Ziel erreicht, hängt davon ab, wie die Beteiligten sich verhalten. Folgende Konstellationen sind möglich:

2 **1. Alle Beteiligten erscheinen zum Verhandlungstermin.** Sind zum Verhandlungstermin alle Beteiligten erschienen und kommt eine Einigung insbesondere über die Art der Teilung zustande, hat der Notar die Vereinbarung zu beurkunden (Abs. 1 S. 1). Auch eine Teileinigung ist möglich (§ 370 S. 2). Im Anschluss hat der Notar die Vereinbarung durch Beschluss zu bestätigen (§§ 38, 366 Abs. 2 S. 1, 492). Lehnt der Notar die Bestätigung ab, findet dagegen die befristete Beschwerde statt (§§ 58, 372 Abs. 2). Auch der Bestätigungsbeschluss selbst ist mit der Einschränkung des § 372 Abs. 2 beschwerdefähig. Der Bestätigungsbeschluss ersetzt keine materielle Genehmigung (zB nach §§ 1821, 1822 BGB).

3 **2. Alle Beteiligten erscheinen zum Verhandlungstermin, aber sie einigen sich nicht.** Dieser Fall liegt vor, wenn auch nur ein Beteiligter seine Zustimmung verweigert. Der Notar verfährt dann folgendermaßen: Er nimmt über die streitigen Punkte eine Niederschrift auf und setzt das Verfahren durch Beschluss aus (§§ 38, 370 S. 1, 492). Die Beteiligten sind dann auf den Rechtsweg verwiesen und können Erbteilungs- oder Feststellungsklage erheben.

4 **3. Kein Beteiligter erscheint zum Verhandlungstermin.** Erscheint kein Beteiligter zum Termin, dann bestimmt der Notar durch Beschluss das Ruhen des Verfahrens.[1] Ein Eintritt in die mündliche Verhandlung (vgl. KV Nr. 23901 GNotKG) ist in diesem Fall nicht erfolgt. Auf Antrag des Antragstellers kann das Verfahren fortgesetzt werden.[2]

5 **4. Nur ein Beteiligter erscheint zum Verhandlungstermin.** Der Erschienene kann vorbereitende Maßnahmen (zB Art der Teilung) vorschlagen. Seine Vorschläge beurkundet der Notar (Abs. 1 S. 2). Die säumigen Beteiligten können dazu (formgerecht) ihre Zustimmung erteilen (Abs. 2 S. 2). In diesem Fall bestätigt der Notar die Auseinandersetzungsvereinbarung durch Beschluss (Abs. 2). Andernfalls, wenn einzelne Beteiligte nicht zustimmen, verfährt der Notar nach Abs. 3.

6 **5. Ein Teil der Beteiligten erscheint zum Verhandlungstermin.** Auch in diesem Fall beurkundet der Notar eine Vereinbarung über vorbereitende Maßnahmen (Abs. 1 S. 2) und verfährt nach Abs. 3. Sind sich die Erschienenen nicht einig, ist das Verfahren gescheitert.

1 BeckOK FamFG/*Schlögel* § 366 Rn. 8.
2 Keidel/*Zimmermann* § 366 Rn. 10.

II. Benachrichtigung nicht erschienener Beteiligter; Fiktion

Den im Termin nicht erschienenen Beteiligten hat der Notar über die Beurkundung und den Inhalt einer Vereinbarung („Urkunde)" oder eines Vorschlags zu benachrichtigen (Abs. 3 S. 1). Die Bekanntmachung muss den Hinweis enthalten, dass das Einverständnis des Beteiligten mit dem Inhalt der Urkunde fingiert wird, wenn er nicht innerhalb einer vom Notar zu setzenden Frist die Anberaumung eines neuen Termins beantragt oder in diesem Termin nicht erscheint (Abs. 3 S. 2). Die Frist und deren Dauer bestimmt der Notar durch Beschluss. Dagegen findet die sofortige Beschwerde statt (§ 372 Abs. 1 iVm §§ 567ff. ZPO). 7

III. Beurkundung einer Vereinbarung

Eine Vereinbarung der Beteiligten hat der Notar zu beurkunden. Anzuwenden sind die Vorschriften über die Beurkundung von Willenserklärungen (§§ 6–16, 22–26 BeurkG). Die Urkunde muss vom Notar und den Beteiligten eigenhändig unterschrieben werden (§ 13 Abs. 1 S. 1, Abs. 3 BeurkG). Der Notar hat auch Vereinbarungen zu beurkunden, die ihm aus der Sicht einzelner Beteiligter unbillig erscheinen.[3] 8

IV. Bestätigungsbeschluss

Die Vereinbarung über vorbereitende Maßnahmen ist vom Notar durch Beschluss zu bestätigen (§§ 38, 492). Sinn und Zweck des Bestätigungsbeschlusses bestehen darin, dass mit ihm eine anfechtbare Entscheidung existiert. Wird er rechtskräftig, kann daraus vollstreckt werden (§ 371 Abs. 2). Gegen den Beschluss ist die befristete Beschwerde statthaft, die aber nur auf Verfahrensfehler gestützt werden kann (§§ 58, 372 Abs. 2). 9

V. Kosten

Die Notargebühren sind in KV Nr. 23900–23903 GNotKG geregelt; der Geschäftswert bestimmt sich nach § 118a GNotKG. 10

§ 367 Wiedereinsetzung

War im Fall des § 366 der Beteiligte ohne sein Verschulden verhindert, die Anberaumung eines neuen Termins rechtzeitig zu beantragen oder in dem neuen Termin zu erscheinen, gelten die Vorschriften über die Wiedereinsetzung in den vorigen Stand (§§ 17, 18 und 19 Abs. 1) entsprechend.

Die Vorschrift knüpft daran an, dass ein Beteiligter unverschuldet die vom Notar nach § 366 Abs. 3 gesetzte Frist zur Beantragung eines neuen Termins versäumt bzw. im neu anberaumten Termin nach § 366 Abs. 4 nicht erscheint. Über die Verweisung in § 368 Abs. 2 S. 2 gilt sie auch, wenn ein Beteiligter im Verhandlungstermin über den Auseinandersetzungsplan nicht erscheint. Das fehlende Verschulden (Vorsatz oder Fahrlässigkeit) ist nach §§ 17, 18, 19 Abs. 1 iVm § 492 zu beurteilen. Das Nichtverschulden muss feststehen.[1] Über den Wiedereinsetzungsantrag entscheidet der Notar durch Beschluss (§§ 38, 492 Abs. 1 S. 2). Gegen die Ablehnung der Wiedereinsetzung findet die soforti- 1

3 Keidel/*Zimmermann* § 366 Rn. 43.
1 BGH NJW 1992, 574.

ge Beschwerde des Antragstellers statt (§ 372 Abs. 1 iVm §§ 567 ff. ZPO). Die Bewilligung der Wiedereinsetzung können die anderen Beteiligten mit der sofortigen Beschwerde angreifen.[2] Wird Wiedereinsetzung bewilligt, so verliert ein bereits erlassener Bestätigungsbeschluss automatisch seine Wirkungen und muss deshalb nicht gesondert aufgehoben werden.[3]

§ 368 Auseinandersetzungsplan; Bestätigung

(1) [1]Sobald nach Lage der Sache die Auseinandersetzung stattfinden kann, hat der Notar einen Auseinandersetzungsplan anzufertigen. [2]Sind die erschienenen Beteiligten mit dem Inhalt des Plans einverstanden, hat der Notar die Auseinandersetzung zu beurkunden. [3]Sind alle Beteiligten erschienen, hat der Notar die Auseinandersetzung zu bestätigen; dasselbe gilt, wenn die nicht erschienenen Beteiligten ihre Zustimmung zu gerichtlichem Protokoll oder in einer öffentlich beglaubigten Urkunde erteilen.
(2) [1]Ist ein Beteiligter nicht erschienen, hat der Notar nach § 366 Abs. 3 und 4 zu verfahren. [2]§ 367 ist entsprechend anzuwenden.

I. Planerstellung

1 Ist das Verfahren soweit fortgeschritten, dass die Auseinandersetzung erfolgen kann, ist vom Notar ein Auseinandersetzungsplan zu erstellen. Ob dieser Zeitpunkt der Teilungsreife gekommen ist, hat der Notar nach seinem Ermessen zu bestimmen.[1] Dieses Stadium wird insbesondere dann erreicht sein, wenn ein Bestätigungsbeschluss über vorbereitende Maßnahmen nach § 366 Abs. 1 rechtskräftig geworden ist. Bei dem Plan handelt sich um einen Vorschlag, der die Grundlage für die Auseinandersetzung bildet. Er ist schriftlich und gesondert vom Verhandlungsprotokoll anzufertigen. Die Verantwortung und Haftung für den Plan trägt der Notar.[2] Der Auseinandersetzungsplan hat die Miterben, ihre Erbquoten sowie den Aktiv- und Passivbestand des Nachlasses detailliert aufzuführen. Darzustellen sind auch Verwertungsmaßnahmen wie zB die Übernahme von Nachlassgegenständen durch Miterben und die Berichtigung von Nachlassverbindlichkeiten. Auch dingliche Vollzugserklärungen kann der Plan enthalten.[3] Für den Notar sind bei der Planerstellung rechtskräftige Bestätigungsbeschlüsse über vorbereitende Maßnahmen nach § 366 Abs. 1 bindend. Die Beteiligten können aber einvernehmlich davon abweichende Vorschläge unterbreiten.[4] Auch die gesetzlichen Teilungsregelungen, wie zB §§ 752, 753, 2042 Abs. 2, 2046 BGB, binden den Notar.[5] Das Gleiche gilt für Teilungsanordnungen des Erblassers (§ 2048 BGB).

---

2 BT-Drs. 16/6308, 283.
3 BeckOK FamFG/*Schlögel* § 367 Rn. 5.
1 BeckOK FamFG/*Schlögel* § 368 Rn. 1.
2 Keidel/*Zimmermann* § 368 Rn. 12.
3 Keidel/*Zimmermann* § 368 Rn. 3; BeckOK FamFG/*Schlögel* § 368 Rn. 3.
4 Prütting/Helms/*Fröhler* § 368 Rn. 12.
5 Keidel/*Zimmermann* § 368 Rn. 10.

II. Terminsbestimmung

Über den Auseinandersetzungsplan hat der Notar in einem Verhandlungstermin (§ 365) mit den Beteiligten zu verhandeln. Dieser Termin wird idR im Anschluss an einen Termin über vorbereitende Vereinbarungen nach § 366 Abs. 1 stattfinden. Erscheint zum Termin keiner der Beteiligten, ist durch Beschluss das Ruhen des Verfahrens anzuordnen. Sind nicht alle Beteiligten zum Termin erschienen und erzielen die Erschienenen keine Einigung, ist das Verfahren nach § 370 auszusetzen. Sind die erschienen Beteiligten aber mit dem Inhalt des Plans einverstanden, hat der Notar die Auseinandersetzung zu beurkunden (Abs. 1 S. 2). Hinsichtlich der nichterschienenen Beteiligten verfährt der Notar nach Abs. 2 S. 1 iVm § 366 Abs. 3 und 4. 2

III. Beurkundung

Die notarielle Urkunde hat vor allem die schuldrechtlichen Teilungsvereinbarungen der Beteiligten zu beinhalten. Diese sind möglichst mit vollstreckungsfähigem Inhalt aufzunehmen.[6] Auch die dazu erforderlichen dinglichen Vollzugserklärungen sollten mitaufgenommen werden. Gemeint sind zB Einigungen nach § 398 BGB (Forderungsabtretungen), § 929 BGB (Übereignung beweglicher Sachen) sowie § 2033 BGB (Erbanteilsübertragung). Der Notar ist ferner zur Entgegenahme der Auflassungserklärungen (§§ 873, 925 BGB), die in die Urkunde aufgenommen werden können, zuständig. Eintragungsbewilligungen nach § 19 GBO und andere Vereinbarungen zwischen den Beteiligten (zB Ausgleichszahlungen) können inhaltlich ebenfalls beurkundet werden. 3

IV. Bestätigung

Sind alle Beteiligten erschienen und sich einig, hat der Notar die Auseinandersetzung zu bestätigen (Abs. 1 S. 3 Hs. 1). Das Gleiche gilt, wenn die Nichterschienen formgerecht nach Abs. 1 S. 3 Hs. 2 zustimmen oder ihre Zustimmung nach §§ 38, 368 Abs. 2 iVm § 366 Abs. 3, 4 fingiert wird. Die Bestätigung erfolgt durch Beschluss (§§ 38, 491 Abs. 1). Mit formeller Rechtskraft hat die bestätigte Auseinandersetzung für alle Beteiligten die Wirkungen einer vertraglichen Vereinbarung (§ 371 Abs. 1). Aus ihr kann vollstreckt werden (§ 371 Abs. 2). 4

§ 369 Verteilung durch das Los

Ist eine Verteilung durch das Los vereinbart, wird das Los, wenn nicht ein anderes bestimmt ist, für die nicht erschienenen Beteiligten von einem durch den Notar zu bestellenden Vertreter gezogen.

Eine Losziehung kommt zur Ausführung einer bestätigten Vereinbarung über die Auseinandersetzung in Betracht. Aber auch vor Aufstellung des Teilungsplans ist § 369 anwendbar, wenn sich zB die Beteiligten über die Verteilung persönlicher Gegenstände des Erblassers nicht einigen können.[1] Es muss dabei immer um die Bestimmung des Empfängers gehen.[2] Die Bestellung eines Vertreters für einen Beteiligten setzt voraus, dass dieser im Termin trotz ordnungsgemäßer 1

6 Vgl. dazu Keidel/*Zimmermann* § 368 Rn. 50.
1 MüKoFamFG/*Grziwotz* § 369 Rn. 3.
2 BeckOK FamFG/*Schlögel* § 369 Rn. 1.

Ladung nicht erschienen ist. Die Bestellung nimmt der Notar auf Antrag durch Beschluss vor (§§ 38, 491 Abs. 1). Ein Ermessenspielraum besteht nicht.[3] Der Bestellte ist bei der Losziehung gesetzlicher Vertreter des Nichterschienenen, zu weiteren Maßnahmen bzw. Erklärungen ist er aber nicht befugt. Lehnt der Notar die Vertreterbestellung ab, findet dagegen die Beschwerde statt (§§ 58 ff.). Gegen die Bestellung selbst ist die Beschwerde grds. unzulässig; sie ist nur insoweit zulässig, als die Voraussetzungen für die Bestellung nicht gegeben waren.[4]

§ 370 Aussetzung bei Streit

[1]Ergeben sich bei den Verhandlungen Streitpunkte, ist darüber eine Niederschrift aufzunehmen und das Verfahren bis zur Erledigung der Streitpunkte auszusetzen. [2]Soweit unstreitige Punkte beurkundet werden können, hat der Notar nach den §§ 366 und 368 Abs. 1 und 2 zu verfahren.

1 Da der Notar im Verfahren nur eine vermittelnde Stellung einnimmt, ist, wenn zwischen den Beteiligten Streit über einzelne Punkte besteht, das Auseinandersetzungsverfahren (§ 368) oder das vorbereitende Verfahren (§ 366) auszusetzen. Auszusetzen ist das Verfahren aber nur, wenn vom Streit Fragen, die für die Auseinandersetzung bedeutsam sind (zB Wirksamkeit einer letztwilligen Verfügung oder die Nachlasszugehörigkeit eines Gegenstandes), betroffen sind.[1] Der Streit zwischen den Beteiligten oder der Widerspruch eines Beteiligten muss ferner im Termin erfolgen. Die vom Notar darüber aufzunehmende Niederschrift ist nach den Vorschriften des BeurkG zu errichten.[2] Die Aussetzung des Verfahrens hat der Notar (kein Ermessen) durch Beschluss anzuordnen. Bezieht sich der Streit nur auf Teile des Nachlasses, ist die Aussetzung darauf zu beschränken. Gegen den Beschluss findet die sofortige Beschwerde statt (§§ 492 Abs. 1, 21 Abs. 2 iVm §§ 567 ff. ZPO). Wenn der Streit durch Einigung oder Gerichtsurteil beigelegt wird, ist das Verfahren auf Antrag fortzusetzen.

§ 371 Wirkung der bestätigten Vereinbarung und Auseinandersetzung; Vollstreckung

(1) Vereinbarungen nach § 366 Abs. 1 sowie Auseinandersetzungen nach § 368 werden mit Rechtskraft des Bestätigungsbeschlusses wirksam und für alle Beteiligten in gleicher Weise verbindlich wie eine vertragliche Vereinbarung oder Auseinandersetzung.

(2) [1]Aus der Vereinbarung nach § 366 Abs. 1 sowie aus der Auseinandersetzung findet nach deren Wirksamwerden die Vollstreckung statt. [2]Die §§ 795 und 797 der Zivilprozessordnung sind anzuwenden.

1 Der Bestätigungsbeschluss des Notars nach § 366 Abs. 1 (vorbereitende Vereinbarung) oder § 368 Abs. 1 (Auseinandersetzungsvereinbarung) wird erst mit seiner formellen Rechtskraft wirksam. Zwischen den Beteiligten wirkt die Vereinbarung wie eine vertraglich zustande gekommene (Abs. 1). Das bedeutet,

3 *Bumiller/Harders/Schwamb* § 369 Rn. 2.
4 Keidel/*Zimmermann* § 369 Rn. 12.
1 OLG Schleswig FGPrax 2013, 30; vgl. auch Keidel/*Zimmermann* § 370 Rn. 2.
2 BT-Drs. 16/6308, 284.

dass der Bestätigungsbeschluss keine materielle Rechtskraft entfaltet und die Beteiligten die Vereinbarung jederzeit ändern können.[1] Nach Abs. 2 S. 1 findet aus der wirksamen Vereinbarung (§§ 366 Abs. 1, 368) die Vollstreckung statt. Einer Unterwerfungserklärung der Beteiligten, wie dies § 794 Abs. 1 Nr. 5 ZPO verlangt, bedarf es deshalb nicht.[2] Nach Abs. 2 richtet sich die Vollstreckung nach § 795 ZPO iVm §§ 724–793 und §§ 795a–800 ZPO. Grundlage der Vollstreckung ist eine vollstreckbare Ausfertigung der bestätigten Vereinbarung, die der Notar erteilt (§ 797 Abs. 1 ZPO).

§ 372 Rechtsmittel

(1) Ein Beschluss, durch den eine Frist nach § 366 Abs. 3 bestimmt wird, und ein Beschluss, durch den über die Wiedereinsetzung entschieden wird, ist mit der sofortigen Beschwerde in entsprechender Anwendung der §§ 567 bis 572 der Zivilprozessordnung anfechtbar.

(2) Die Beschwerde gegen den Bestätigungsbeschluss kann nur darauf gegründet werden, dass die Vorschriften über das Verfahren nicht beachtet wurden.

I. Anfechtbarkeit von Zwischenentscheidungen des Notars

Gegen den Fristsetzungsbeschluss des Notars nach § 366 Abs. 3 (außergerichtliche Vereinbarung) sowie seine Entscheidung über die Wiedereinsetzung in den vorigen Stand findet die **sofortige Beschwerde** statt (§ 371 Abs. 1 iVm §§ 567 ff. ZPO). Da § 368 Abs. 2 S. 1 auf § 366 Abs. 3 verweist, gilt dies auch für die entsprechenden Entscheidungen im Auseinandersetzungsverfahren. Über das Rechtsmittel ist im entformalisierten Verfahren der ZPO-Beschwerde zu entscheiden.[1] **Beschwerdeberechtigt** sind die durch die Entscheidung in ihren Rechten nachteilig betroffenen Beteiligten. Die Fristsetzung nach §§ 366 Abs. 3, 368 Abs. 2 beschwert danach nur den Beteiligten, dem die Frist gesetzt wurde. 1

II. Anfechtbarkeit des Bestätigungsbeschlusses des Notars

Gegen den Bestätigungsbeschluss des Notars findet als Endentscheidung die (befristete) Beschwerde statt (§§ 58 ff.). Abs. 2 schränkt jedoch ein: Mit der Beschwerde kann nur die **Verletzung von Verfahrensvorschriften** gerügt werden. Einwendungen, die sich gegen den Inhalt oder die Gültigkeit der bestätigten Vereinbarung richten, sind ausgeschlossen. Sie können nur mit der Klage zum Prozessgericht verfolgt werden. Relevante Verfahrensfehler können zB verursacht worden sein 2

- bei der **Einleitung** des Vermittlungsverfahrens (§ 363)
- durch fehlerhafte Vertretung nicht verfahrensfähiger Beteiligter
- durch **übersehene** betreuungs- oder familiengerichtliche **Genehmigungen**
- durch Verletzung **zwingender Vorschriften des BeurkG** oder
- bei der Einleitung eines Säumnisverfahrens.[2]

Unstatthaft ist die Beschwerde gegen privatrechtliche Auseinandersetzungsverträge, die der Notar außerhalb des Verfahrens (§§ 363 ff.) beurkundet hat. 3

1 *Bumiller/Harders/Schwamb* § 371 Rn. 5.
2 MüKoFamFG/*Grziwotz* § 371 Rn. 12.
1 BT-Drs. 16/6308, 284.
2 Vgl. OLG Zweibrücken BeckRS 2016, 4432.

4 Die Beschwerdeberechtigung richtet sich nach § 59 Abs. 1. Eine erfolgreiche Beschwerde führt zur Aufhebung des Bestätigungsbeschluss.

§ 373 Auseinandersetzung einer Gütergemeinschaft

(1) Auf die Auseinandersetzung des Gesamtguts nach der Beendigung der ehelichen, lebenspartnerschaftlichen oder der fortgesetzten Gütergemeinschaft sind die Vorschriften dieses Abschnitts entsprechend anzuwenden.

(2) Für das Verfahren zur Erteilung, Einziehung oder Kraftloserklärung von Zeugnissen über die Auseinandersetzung des Gesamtguts einer ehelichen, lebenspartnerschaftlichen oder fortgesetzten Gütergemeinschaft nach den §§ 36 und 37 der Grundbuchordnung sowie den §§ 42 und 74 der Schiffsregisterordnung gelten § 345 Abs. 1 sowie die §§ 352, 352a, 352c bis 353 und 357 entsprechend.

1 Nach Beendigung der ehelichen Gütergemeinschaft (§§ 1415 ff. BGB) bzw. der fortgesetzten Gütergemeinschaft (§§ 1483 ff. BGB) ist das gesamthänderisch gebundene Gesamtgut auseinanderzusetzen (§§ 1474, 1497 BGB). Nur darauf bezieht sich das Auseinandersetzungsverfahren nach §§ 363 ff. und nicht auf sonstige güterrechtliche Vermögensmassen, wie zB das Sonder- oder Vorbehaltsgut.

2 Beendigungsgründe für die eheliche Gütergemeinschaft sind zB

- der Tod eines Ehegatten
- Scheidung oder Aufhebung der Ehe (§§ 1564 ff., §§ 1313 ff. BGB).

3 Die fortgesetzte Gütergemeinschaft endet mit

- ihrer Aufhebung durch den überlebenden Ehegatten (§ 1492 BGB)
- dem Tod des überlebenden Ehegatten (§ 1494 BGB)
- der Wiederverehelichung des überlebenden Ehegatten (§ 1493 BGB).

4 Die Teilungsversteigerung (§§ 180 ff. ZVG) eines zum Gesamtgut gehörenden Grundstücks steht der Durchführung eines Auseinandersetzungsverfahrens nach §§ 363 ff., das sich auf den Versteigerungserlös bezieht, nicht entgegen.[1]

5 Für das Auseinandersetzungsverfahren ist der Notar funktionell zuständig (§ 23a Abs. 3 GVG, § 20 Abs. 1 S. 2 BNotO). Die örtliche Zuständigkeit regelt, wenn ein Anteil am Gesamtgut zum Nachlass gehört, § 344a Abs. 4a S. 1, 5. Im Übrigen richtet sie sich nach § 344 Abs. 5 iVm § 122. Für das Verfahren gelten nach Abs. 1 die Vorschriften der §§ 363–372 entsprechend. Die Vermittlung der Auseinandersetzung durch den Notar erfolgt nur auf Antrag (§ 363).

1 BayObLG NJW 1957, 386.

Buch 5 Verfahren in Registersachen, unternehmensrechtliche Verfahren

Abschnitt 3 Registersachen

Unterabschnitt 1 Verfahren

§ 378 Vertretung; notarielle Zuständigkeit; Verordnungsermächtigung

(1) [1]Für Erklärungen gegenüber dem Register, die zu der Eintragung erforderlich sind und in öffentlicher oder öffentlich beglaubigter Form abgegeben werden, können sich die Beteiligten auch durch Personen vertreten lassen, die nicht nach § 10 Abs. 2 vertretungsberechtigt sind. [2]Dies gilt auch für die Entgegennahme von Eintragungsmitteilungen und Verfügungen des Registers.

(2) Ist die zu einer Eintragung erforderliche Erklärung von einem Notar beurkundet oder beglaubigt, gilt dieser als ermächtigt, im Namen des zur Anmeldung Berechtigten die Eintragung zu beantragen.

(3) [1]Anmeldungen in Registersachen mit Ausnahme der Genossenschafts- und Partnerschaftsregistersachen sind vor ihrer Einreichung für das Registergericht von einem Notar auf Eintragungsfähigkeit zu prüfen. [2]In Handelsregistersachen sind sie zudem bei einem Notar zur Weiterleitung an die für die Eintragung zuständige Stelle einzureichen.

(4) [1]Die Landesregierungen werden ermächtigt, durch Rechtsverordnung zu bestimmen, dass Notare neben den elektronischen Anmeldungen bestimmte darin enthaltene Angaben in strukturierter maschinenlesbarer Form zu übermitteln haben, soweit nicht durch das Bundesministerium der Justiz und für Verbraucherschutz nach § 387 Absatz 2 entsprechende Vorschriften erlassen werden. [2]Die Landesregierungen können die Ermächtigung durch Rechtsverordnung auf die Landesjustizverwaltungen übertragen.

[§ 378 Abs. 3 ab 1.1.2024:]

(3) [1]Anmeldungen in Registersachen mit Ausnahme der Genossenschafts- und Partnerschaftsregistersachen sind vor ihrer Einreichung für das Registergericht von einem Notar auf Eintragungsfähigkeit zu prüfen. [2]In Handels- und Gesellschaftsregistersachen sind sie zudem bei einem Notar zur Weiterleitung an die für die Eintragung zuständige Stelle einzureichen.

Literatur:

Attenberger, § 378 Abs. 3 FamFG nF und § 15 Abs. 3 GBO nF – Notarielle Prüfung auf Eintragungsfähigkeit als Eintragungsvoraussetzung im Register- und Grundbuchverfahren und ausschließliche Einreichung über den Notar im Handelsregisterverfahren, MittBayNot 2017, 335; *Diehn/Rachlitz*, Notarielle Prüfungspflichten im Grundbuch- und Registerverkehr, DNotZ 2017, 487; *Krafka*, Registerrechtliche Neuerungen durch das FamFG, NZG 2009, 650; *Meyer/Bormann*, Klarstellende Regelungen zur Vertretung im Grundbuch- und Registerverfahren, RNotZ 2009, 470; *Schaub*, Stellvertretung bei Handelsregisteranmeldungen, MittBayNot 1999, 539; *von Werder/Hobuß*, Handelsregisteranmeldung der Gründung einer Kapitalgesellschaft sowie späterer Kapitalmaßnahmen: Kompetenzen des Notars nach § 378 FamFG, BB 2018, 1031; *Weber*, Von der Identitätskontrolle zur materiellen Richtigkeit – die neuen Prüfpflichten im Grundbuch- und Registerverkehr, RNotZ 2017, 427; *Zimmer*, Neue Prüfungspflichten des Notars – oder alles beim Alten?, NJW 2017, 1909.

I. Allgemeines zur Vorschrift

1 Die Vorschrift enthält in den ersten beiden Absätzen hinsichtlich der **Vertretung in Registersachen** eine Sonderregelung zu den allgemeinen Vorschriften in §§ 10 f. Die Absätze 3 und 4 sehen weiterhin Regelungen zur **Zuständigkeit der Notare im Registerverfahren** vor.[1] Der Notar führt danach eine Art „Vorverfahren" zum registergerichtlichen Eintragungsverfahren durch und prüft dabei zur Entlastung der Registergerichte die Registeranmeldung gem. Abs. 3 S. 1 nicht nur auf ihre Eintragungsfähigkeit, vielmehr hat er diese mitsamt seinem Prüfergebnis gemäß Abs. 3 S. 2 auch direkt beim Registergericht einzureichen. Diese im Jahr 2017 gesetzlich kodifizierte Einbindung der Notare in das Registerverfahren ist in der Sache keine wirkliche Neuerung, vielmehr bildet sie letztlich nur die schon lange zuvor praktizierte Rechtswirklichkeit ab.[2] In Abs. 4 findet sich schließlich eine Ermächtigung an die Länder, durch Rechtsverordnungen Regelungen zur elektronisch strukturierten Aufbereitung der Anmeldedaten durch den Notar zu schaffen.

II. Vertretung in Registersachen

2 **1. Allgemeines.** Abs. 1 erweitert in seinem Anwendungsbereich die Möglichkeit der Vertretung in Registersachen über die allgemeinen Grundsätze nach §§ 10 f. (in Handels-, Genossenschafts- und Partnerschaftsregistereintragungen ergänzt um die Vorschrift des § 12 Abs. 1 S. 2 HGB, ggf. in Verbindung mit § 156 Abs. 1 S. 2 GenG und § 5 Abs. 2 PartGG) hinaus. Dies setzt nach Abs. 1 S. 1 voraus, dass es sich um eine **eintragungserhebliche Erklärung** gegenüber „dem Register", dh der registerführenden Stelle, handelt, die zudem in **öffentlicher oder öffentlich beglaubigter Form** einzureichen ist,[3] erfasst wird gemäß Abs. 1 S. 2 weiterhin die Entgegennahme von Eintragungsmitteilungen und Verfügungen des Registers.

3 **2. Anwendungsbereich von Abs. 1 – zulässige Vertretungshandlungen.** § 378 und insbesondere auch dessen Abs. 1 gelten bereits ausweislich des Gesetzes-

1 Eingeführt durch das Gesetz zur Neuordnung der Aufbewahrung von Notariatsunterlagen und zur Einrichtung des Elektronischen Urkundenarchivs bei der Bundesnotarkammer sowie zur Änderung weiterer Gesetze v. 1.6.2017, BGBl. 2017 I 1396.

2 Vgl. dazu BT-Drs. 18/10607, 108: „Rechtswirklichkeit und geschriebenes Recht in Einklang" bringen.

3 Zur Entstehungsgeschichte der Norm vgl. *Krafka* NZG 2009, 650 ff.

wortlautes nur für **Registersachen iSd** § 374 und damit nicht für unternehmensrechtliche Verfahren (§ 375), Zwangsgeldverfahren (§§ 388 ff.) und Löschungs- und Auflösungsverfahren (§§ 393 ff.). Für diese Verfahren bleibt es in der Folge bei der Anwendung der allgemeinen Grundsätze nach §§ 10 f. Diesen allgemeinen Grundsätzen folgend kommt auch im Registerverfahren eine Vertretung generell nur in Betracht, soweit nicht eine höchstpersönliche Erklärung in Rede steht,[4] im Übrigen ist dort aber eine Vertretung uneingeschränkt und durch einen beliebig zu wählenden Vertreter möglich. Maßgebender Zeitpunkt für das Vorliegen von Vertretungsmacht ist dabei analog § 130 Abs. 2 BGB der Zeitpunkt des Zugangs der Anmeldung bei Registergericht, ein Fortwähren der Vertretungsmacht bis zum Registervollzug ist hingegen nicht erforderlich.[5]

Aktive Vertretungshandlungen iSd Abs. 1 S. 1 betreffen insbesondere Anmeldungen zur Eintragung in das Handelsregister (§ 12 Abs. 1 HGB) sowie in die weiteren Register (§ 157 GenG, § 5 Abs. 2 PartGG, § 77 BGB und § 1558 BGB). Neben den diesbezüglichen Anmeldungen werden weiterhin auch die jeweils (nach dem einschlägigen materiellen Recht) erforderlichen Eintragungsgrundlagen erfasst, mithin Verträge, Beschlüsse und sonstige Erklärungen.[6] Als actus contrarius gilt gleiches auch für die Rücknahme derartiger Anmeldungen.[7] 4

Tatbestandlich nicht erfasst wird hingegen die Einreichung von Unterlagen, bezüglich derer einfache Schriftform ausreicht und mit denen eine Registereintragung nicht verbunden ist (vgl. in Handelsregistersachen etwa § 61 S. 1 UmwG, § 106 AktG, § 130 Abs. 5 Alt. 2 AktG), auch insoweit bleibt es daher bei Geltung der allgemeinen Grundsätze nach §§ 10 f.[8] 5

Neben der Entgegennahme von Eintragungsmitteilungen werden als **passive Vertretungshandlungen iSd Abs. 1 S. 2** über den Gesetzeswortlaut hinaus auch Beschlüsse des Registergerichts jeglicher Art erfasst, den im Gesetzeswortlaut allein genannten „Verfügungen" kommt insoweit nach allgemeiner Auffassung nur Beispielcharakter zu. Schon nach dem Wortlaut des Gesetzes nicht erfasst und daher allein anhand der allgemeinen Grundsätze nach §§ 10 f. zu beurteilen ist hingegen die Einlegung von Rechtsmitteln.[9] 6

III. Antragsrecht der Notare (Abs. 2)

Abs. 2 enthält – wie auch die Parallelnorm in § 15 Abs. 2 GBO – eine **Vollmachtsvermutung** zugunsten deutscher Notare im Hinblick auf die Vertretung im Registereintragungsverfahren. 7

1. Voraussetzungen des notariellen Antragsrechts. Die Norm ist nach allgemeiner Auffassung nur auf **deutsche Notare, ihre amtlichen Vertreter und Notariatsverwalter** (§§ 56 ff. BNotO) anzuwenden. Dies ergibt sich daraus, dass Abs. 2 eine im öffentlichen Recht wurzelnde Vollzugsvollmacht handelt, die an das Amt des (deutschen) Notars anknüpft und daher für diesen mit seinem Ausscheiden aus dem Amt endet.[10] In der Folge ebenfalls berechtigt ist aber der **folgende Amtsinhaber**, ein Vertreter einer der beiden Notare und auch ein No- 8

4 Vgl. *Schaub* MittBayNot 1999, 539 (542); ausführlich dazu von *Werder/Hobuß* BB 2018, 1031 ff.
5 OLG Zweibrücken FGPrax 2014, 83 (84); BeckOK FamFG/*Otto* § 378 Rn. 2.
6 Vgl. *Meyer/Bormann* RNotZ 2009, 470 (474).
7 Vgl. Keidel/*Heinemann*, § 378 Rn. 2.
8 MüKoFamFG/*Krafka*, § 378 Rn. 3.
9 Vgl. dazu ausführlich MüKoFamFG/*Krafka*, § 378 Rn. 4.
10 Keidel/*Heinemann* § 378 Rn. 4.

tariatsverwalter.[11] Ein gesonderter Nachweis der Vertreterbestellung ist jedenfalls für den vom vertretenen Notar angestoßenen Registervollzug grundsätzlich nicht erforderlich.[12]

9 Weitere Voraussetzung der Vollmachtsvermutung nach Abs. 2 ist, dass der Notar eine zur **Registereintragung erforderliche Erklärung beurkundet** (§ 128 BGB) **oder beglaubigt** (§ 129 BGB) hat. Wie auch im Rahmen des Abs. 1 zählt dazu die gesamte Eintragungsgrundlage, mithin auch Verträge, Beschlüsse und sonstige Erklärungen, die Eingang ins Register finden sollen.[13]

10 Entgegen der früheren Rechtslage (vgl. § 129 FGG) ohne Belang ist für die Anwendbarkeit der Vollmachtsvermutung, ob hinsichtlich der betreffenden Registeranmeldung eine (zwangsgeldbewehrte) **Pflicht zur Anmeldung** besteht oder lediglich eine **fakultative Anmeldung** in Rede steht.[14] In der Folge erstreckt sich die Ermächtigung des Notars nun beispielsweise auch auf die Anmeldung von Satzungsänderungen oder auch einer von ihm beurkundeten Ausgliederung nach dem UmwG.[15] Ebenfalls ohne Belang ist im Hinblick auf die Anwendbarkeit von Abs. 2, ob die betreffende Erklärung **beurkundungs- bzw. beglaubigungsbedürftig** ist; auch ein fakultativ zur Beurkundung/Beglaubigung herangezogener Notar gilt mithin als bevollmächtigt, eine bloße Entwurfstätigkeit reicht demgegenüber nicht aus.[16] Sind mehrere Notare in die Schaffung der Eintragungsgrundlage eingebunden gewesen, gelten sie jeweils einzeln im Umfang ihrer jeweiligen Amtstätigkeit als bevollmächtigt.[17]

11 **2. Rechtsfolgen des notariellen Antragsrechts.** Bei Vorliegen der Voraussetzungen des Abs. 2 gilt der Notar als **zur Antragstellung wie auch zur Beschwerdeführung gesetzlich ermächtigt, ausgenommen** sind allerdings **höchstpersönliche Erklärungen** wie Versicherungserklärungen nach § 8 Abs. 2 und 3 GmbH und § 39 Abs. 3 GmbHG oder auch bei Umwandlungsvorgängen nach § 16 Abs. 2 UmwG. In diesen Fällen ist umstritten, ob der Notar insgesamt, dh auch mit Blick auf die Stellung des Antrags von einer Vertretung ausgeschlossen ist oder ob nur die höchstpersönliche Erklärung selbst durch den Verpflichteten (ggf. auch formlos)[18] abgegeben werden muss.[19] Soweit eine Vertretung möglich ist, steht es dem Notar selbstverständlich jederzeit frei, sich von dem/den Beteiligten auch ausdrücklich entsprechend bevollmächtigen zu lassen.

12 **Ein eigenes Antrags- bzw. Beschwerderecht** des Notars begründet Abs. 2 hingegen nicht..[20] In der Folge ist die Vermutung der (gewillkürten) Vertretungsmacht formlos **widerlegbar**, die Anmeldeberechtigten können die Vertretungsmacht des Notars durch Erklärung gegenüber dem Registergericht jederzeit beliebig **einschränken oder gar vollständig ausschließen.**[21]

---

11 BeckOK FamFG/*Otto* § 378 Rn. 12; Keidel/*Heinemann*, § 378 Rn. 4.
12 OLG Hamm FGPrax 2011, 91; BeckOK FamFG/*Otto* § 378 Rn. 12.
13 Ausführlich dazu BeckOK FamFG/*Otto* § 378 Rn. 13; Keidel/*Heinemann*, § 378 Rn. 5.
14 BT-Drs. 16/6308, 285.
15 Keidel/*Heinemann*, § 378 Rn. 5.
16 BeckOK FamFG/*Otto* § 378 Rn. 15.
17 BeckOK FamFG/*Otto* § 378 Rn. 15.
18 Vgl. dazu ausführlich *von Werder/Hobuß* BB 2018, 1031 (1035 f.).
19 Vgl. OLG Oldenburg FGPrax 2011, 311; ausführlich dazu MüKoFamFG/*Krafka*, § 378 Rn. 9; Keidel/*Heinemann*, § 378 Rn. 11 jeweils mit weiteren Nachweisen.
20 Vgl. KG NJW 1959, 1086 (1087) zu § 129 Abs. 1 S. 1 FGG, ferner MüKoFamFG/*Krafka*, § 378 Rn. 9.
21 Vgl. OLG München NJW 2015, 1616 (1617); Keidel/*Heinemann* § 378 Rn. 9; aA Schulte-Bunert/Weinreich/*Nedden-Boeger* § 378 Rn. 12 ff., der von einer unwiderleglichen Fiktion gesetzlicher Vertretungsmacht ausgeht.

Von einem Handeln aufgrund (gesetzlich fingierter) Vollmacht zu unterscheiden ist eine **bloße Botentätigkeit des Notars.** Hat dieser die Eintragungsgrundlagen mitsamt Registeranmeldung beurkundet bzw. beglaubigt, ist ein Handeln als Vertreter an sich nicht erforderlich, der Notar kann sich vielmehr darauf beschränken, im Rahmen der elektronischen Übermittlung an das Registergericht als (Erklärungs-)Bote zu handeln. Die allein bei Beurkundungen nach §§ 6 ff. BeurkG, nicht hingegen bei Beglaubigungen nach § 40 BeurkG bestehende Vollzugspflicht nach § 53 BeurkG ist in diesem Kontext ohne Präjudiz, der Notar kann ihr auch durch eine Übermittlung als Bote genügen.[22] In jedem Fall sollte der Notar stets **ausdrücklich klarstellen,** in welcher Funktion er die Anmeldung vornimmt.[23] 13

Will der Notar von der Ermächtigung nach Abs. 2 Gebrauch machen, muss er lediglich die von ihm beurkundete oder beglaubigte Erklärung vorlegen, einen Nachweis seiner Vollmacht bedarf es hingegen nicht.[24] Im Anwendungsbereich des Abs. 2 hat eine in der Urkunde ausdrücklich erteilte Vollzugsvollmacht grundsätzlich nur präzisierende Funktion.[25] Der Antrag muss sich im Anwendungsbereich des Abs. 2 aber mit dem Inhalt der beurkundeten/beglaubigten Erklärung decken, Abweichungen, Änderungen oder Ergänzungen sollen allenfalls im Ausnahmefall durch Annahme einer Annexkompetenz möglich sein.[26] Ist weitergehend eine Änderung bzw. Ergänzung der betreffenden Erklärungen erforderlich, bedarf der Notar hierfür einer ergänzenden rechtsgeschäftlichen (Vollzugs-)Vollmacht.[27] Im Anwendungsbereich des Abs. 2 erstreckt sich die Vertretungsmacht dabei auf **alle Verfahrenshandlungen, die erforderlich sind,** um die Registereintragung herbeizuführen.[28] Erfasst sind demnach auch Antragsberichtungen oder auch Erklärungen über den getrennten Vollzug.[29] In der Folge sind Eintragungen nicht nur nach § 383 Abs. 1 den Beteiligten, sondern auch[30] dem vertretenden Notar **bekannt zu geben.**[31] 14

§ 24 Abs. 3 S. 1 BNotO sieht anknüpfend an die Vollmachtsvermutung nach Abs. 2 (sowie nach § 15 Abs. 2 GBO) auch eine Ermächtigung für den Notar vor, die von ihm im Namen des/der Beteiligten gestellten **Anträge zurückzunehmen.**[32] 15

Abs. 2 berechtigt den vertretenden Notar weiterhin, für die Anmeldeberechtigten **Beschwerde gemäß §§ 58 ff.** oder auch **Erinnerung gemäß § 11 RPflG** gegen einen den Antrag zurückweisenden Beschluss (§ 382 Abs. 3) oder auch eine Zwischenverfügung (§ 382 Abs. 4) einzulegen.[33] Im Zweifel ist davon auszugehen, dass der Notar eine Beschwerde im Namen aller Beschwerdeberechtigter 16

22 Keidel/*Heinemann*, § 378 Rn. 18.
23 Keidel/*Heinemann*, § 378 Rn. 18 mit Beispielen für bestenfalls zu vermeidende, weil unklare Formulierungen. Im Zweifelsfall soll von einem Vertreterhandeln auszugehen sein, ebenso Haußleiter/*Schemmann* § 378 Rn. 19; für ein Handeln als bloßer Bote hingegen Schulte-Bunert/Weinreich/*Nedden-Boeger* § 378 Rn. 28.
24 BeckOK FamFG/*Otto* § 378 Rn. 17.
25 LG Offenburg NJOZ 2018, 1943 (1944); ausführlich dazu Keidel/*Heinemann* § 378 Rn. 17.
26 Ausführlich dazu Schulte-Bunert/Weinreich/*Nedden-Boeger* § 378 Rn. 26 f.
27 Vgl. Haußleiter/*Schemmann* § 378 Rn. 23.
28 Ausführliche Kasuistik dazu bei BeckOK FamFG/*Otto* § 378 Rn. 18; Keidel/*Heinemann* § 378 Rn. 10.
29 BeckOK FamFG/*Otto* § 378 Rn. 18.
30 Für eine Bekanntgabe allein an den vertretenden Notar Schulte-Bunert/Weinreich/*Nedden-Boeger* § 378 Rn. 36.
31 BeckOK FamFG/*Otto* § 378 Rn. 18; Keidel/*Heinemann* § 378 Rn. 12.
32 Vgl. MüKoFamFG/*Krafka*, § 378 Rn. 12.
33 Bumiller/Harders/*Harders*, § 378 Rn. 5.

einlegt bzw. eingelegt hat.[34] Umstritten ist, ob er Notar auch zur Einlegung einer Rechtsbeschwerde berechtigt ist.[35]

IV. Vorprüfung durch einen Notar (Abs. 3 S. 1)

17 **1. Filterfunktion der Notare.** Die Einschaltung der Notare im Anmeldeverfahren sorgt seit jeher für eine **erhebliche Entlastung der Gerichte,** da diese eine **rechtliche Filterfunktion** für den Richter/den Rechtspfleger wahrnehmen. Der Notar sorgt zuverlässig dafür, dass die Wünsche der Beteiligten Eingang in rechtförmliche Anträge finden und so unzulässige, sachwidrige oder missverständliche Anträge von den Gerichten ferngehalten werden.[36]

18 Während diese Filter- und Entlastungsfunktion des Notars bis zum Jahr 2017 vorrangig ein Reflex der beurkundungsrechtlichen Pflichten des Notars war,[37] hat der Gesetzgeber diese mit der neu geschaffenen Regelung des Abs. 3 S. 1 – ebenso wie in der Parallelnorm für das Grundbuchverfahren in § 15 Abs. 3 GBO – **registerverfahrensrechtlich verselbstständigt.**

19 **2. Anwendungsbereich.** Der Anwendungsbereich der Regelung des Abs. 3 S. 1 ist gegenüber § 374 nochmals weiter eingeschränkt, sie gilt ausdrücklich nicht für Anmeldungen zu Genossenschafts- und Partnerschaftsregister und damit **nur für Anmeldungen zum Handelsregister, Vereinsregister und Güterrechtsregister.**[38]

20 Anknüpfend an die in § 68 BeurkG vorgesehene, in der heutigen Rechtswirklichkeit eigentlich nur noch historisch zu erklärende[39] Ermächtigung der Länder, durch Landesrecht anderen Personen als den Notaren Beglaubigungszuständigkeiten zu übertragen, sieht **§ 486 Abs. 3** vor, dass bei von diesen **„Hilfsbeglaubigungsstellen"** vorgenommenen Beglaubigungen die Vorprüfung nach Abs. 3 generell entfällt. In Anbetracht der Tatsache, dass es sich bei den nach § 68 BeurkG ermächtigten Stellen durchgehend nicht um Juristen und damit um nicht hinreichend rechtlich qualifizierte Personen handelt, erscheint die Ausnahme von der Vorprüfungspflicht durchaus lebensnah, wären diese Stellen

---

34 MüKoFamFG/*Krafka*, § 378 Rn. 13.

35 So jedenfalls, wenn der Notar im ersten Rechtszug einen Antrag gestellt hat MüKoFamFG/*Krafka*, § 378 Rn. 13; Keidel/*Heinemann*, § 378 Rn. 16; anders die wohl überwiegende Auffassung vgl. BeckOK FamFG/*Otto* § 378 Rn. 18; Schulte-Bunert/Weinreich/*Nedden-Boeger* § 378 Rn. 35, da der Gesetzgeber die vormals in § 29 Abs. 1 S. 3 FGG enthaltene Ausnahme in § 10 Abs. 4 FamFG nicht übernommen habe.

36 So weitgehend wörtlich die Gesetzesbegründung in BT-Drs. 18/10607, 106, wo zudem auch vom Notar als „externer Rechtsantragsstelle des Gerichts" die Rede ist sowie darauf bezugnehmend BT-Drs. 18/11636, 13.

37 Zu den Pflichten des Notars im Rahmen von Beurkundungen und Beglaubigungen nach dem Beurkundungsgesetz vgl. ausführlich BeckOK FamFG/*Otto* § 378 Rn. 23 ff.; ferner *Zimmer* NJW 2017, 1909 (1909 ff.). Während im Bereich der Beurkundungen und vom Notar zum Zwecke der Beglaubigung erstellten Erklärungen ein weitgehender Gleichlauf zwischen den beurkundungsgesetzlichen und registerverfahrensrechtlichen Vorgaben besteht, gehen Letztere im Hinblick auf Beglaubigungen ohne Entwurf zumindest teilweise über die Vorgaben des Beurkundungsgesetzes hinaus.

38 Zu Recht kritisch bezüglich der Herausnahme jedenfalls der Anmeldungen zum Partnerschaftsregister aus dem Anwendungsbereich von Abs. 3 S. 1 BeckOK FamFG/*Otto* § 378 Rn. 33.

39 Mit gutem Grund haben nur Baden-Württemberg, Hessen, Rheinland-Pfalz und stark eingeschränkt Niedersachsen von der Ermächtigung des § 68 BeurkG Gebrauch gemacht, vgl. dazu ausführlich Armbrüster/Preuß/Renner/*Rezori* BeurkG § 68 Rn. 6 ff.

zu einer solchen doch schon dem Grunde nach nicht befähigt. Aktuell mögen entsprechende behördliche Beglaubigungen zumindest im Registerbereich noch keine praktische Relevanz haben, weil die Hilfsbeglaubigungsstellen die Anforderungen des § 12 HGB technisch nicht erfüllen können und damit ggf. ergänzend die Einbindung eines Notars erforderlich ist, die praktischen Erfahrungen aus dem Grundbuchbereich zeigen aber, dass den Grundbuchämtern durch fehlerhafte und/oder unvollständige und damit jedenfalls zunächst nicht vollzugsfähige Grundbucherklärungen **erheblicher Mehraufwand** entsteht, von möglichen, dem Bürger gerade bei komplexeren Grundbucherklärungen wie der Löschung von beschränkt dinglichen Rechten oder auch Rangrücktritten **drohende Schäden** gar nicht erst zu sprechen, eine sonst regelmäßig durch den Notar geleistete **Beratung über rechtliche Gefahren und Fallstricke** sowie mögliche und bessere Alternativgestaltungen unterbleibt zwangsläufig. All das macht augenscheinlich, dass die Idee der „Hilfsbeglaubigungsstelle" nach § 68 BeurkG dem Grunde nach überholt ist und nochmals verstärkt **kritisch hinterfragt werden sollte.**

Auch für den Notar ist das Prüfverfahren nach Abs. 3 S. 1 insgesamt wie auch das **Anfertigen eines entsprechenden Prüfvermerks entbehrlich,** wenn die Anmeldung in einer nach §§ 6 ff. BeurkG erstellten **(Niederschrifts-)Urkunde** enthalten ist, hatte der beurkundende Notar in diesem Fall doch die umfassenden Pflichten des § 17 BeurkG zu erfüllen, in welchen das Prüfprogramm des Abs. 3 regelmäßig aufgeht.[40] Gleiches gilt grundsätzlich auch, soweit der beglaubigende (deutsche) Notar auch **den Entwurf gefertigt** hat, treffen ihn doch auch dann die Pflichten nach § 17 BeurkG.[41] 21

3. Prüfungsumfang. Schon nach dem im Vergleich zu § 15 Abs. 3 GBO eindeutig formulierten Gesetzeswortlaut unterliegen der Prüfung auf Eintragungsfähigkeit **nur die Anmeldungen selbst,**[42] die nach den einschlägigen Verfahrensbestimmungen[43] stets in öffentlich-beglaubigter Form vorzulegen sind. **Nicht erfasst** sind in der Folge lediglich beim Register einzureichende Unterlagen außerhalb einer Anmeldung (vgl. § 72 BGB) oder auch Erklärungen und andere Dokumente, die einer Anmeldung lediglich beizufügen sind.[44] 22

Zur Erreichung des Gesetzeszwecks, dass nur eindeutig gefasste und vollzugsfähige Anträge gestellt werden, hat der Notar zu prüfen, ob der Text der ihm vorgelegten **Anmeldung isoliert für sich betrachtet seine im zugedachte Funktion im Eintragungsverfahren erfüllen kann.**[45] Der Notar hat mithin die Zwecktauglichkeit des vorgelegten Textes als Grundlage des Registereintrags zu überprüfen, eine Zweckmäßigkeitsprüfung findet hingegen nicht statt.[46] 23

Inhaltlich hat der Notar darauf zu achten, dass **nur registerfähige Tatsachen angemeldet** werden. Die Frage der Registerfähigkeit stellt sich dabei sowohl in formeller als auch zumindest im Grundsatz in materieller Hinsicht. Während es **in formeller Hinsicht** darum geht, dass die Eintragung abstrakt, dh für sich be- 24

40 Bumiller/Harders/*Harders* § 378 Rn. 13; zu § 15 Abs. 3 GBO vgl. ferner OLG Schleswig DNotZ 2017, 862 (865).
41 Zu § 15 Abs. 3 GBO OLG Celle DNotZ 2018, 449 (453 f.); ferner Keidel/*Heinemann* § 378 Rn. 25.
42 Dem Gesetzgeber geht insoweit darum, dass „sachgerecht abgefasste Anmeldungen eingereicht werden", vgl. BT-Drs. 18/10607, 109.
43 Vgl. § 12 Abs. 1 HGB, § 77 BGB, § 1560 BGB.
44 BeckOK FamFG/*Otto* § 378 Rn. 36 mit Beispielen.
45 Vgl. Bundesnotarkammer Rundschreiben 5/2017, S. 3; ferner *Attenberger* MittBayNot 2017, 335 (338 f.).
46 BeckOK FamFG/*Otto* § 378 Rn. 40.

trachtet, überhaupt möglich ist und insoweit zwischen eintragungspflichten, eintragungsfähigen und nicht eintragungsfähigen Tatsachen und Umständen zu differenzieren ist,[47] hat sich der Notar im Rahmen der **materiellen Kontrolle** zumindest im Grundsatz auch mit den Inhalten des ihm vorliegenden Textes zu beschäftigen.[48] Eingedenk der Tatsache, dass der Gesetzgeber mit der Schaffung von Abs. 3 S. 1 allein eine bereits zuvor gängige Rechtspraxis kodifizieren, nicht jedoch eine grundlegende Erweiterung der notariellen Aufgaben und Pflichten schaffen wollte,[49] darf die **materielle Komponente der Vorprüfung jedoch nicht überdehnt werden.** Es hat – auch um eine sinnvolle Aufgabenverteilung zwischen Notar und dem Registergericht sicherzustellen – zu genügen, dass die Anmeldung jedenfalls im Wege der Auslegung zu einem eintragungsfähigen Inhalt führen kann. Bezüglich der beizufügenden und von ihm nicht zu prüfenden (→ Rn. 22) weiteren Dokumente und etwaiger Voreintragungen im Register darf der Notar davon ausgehen, dass sie das Ergebnis seiner Prüfung stützen und zur Begründung der Eintragung genügen werden,[50] sind doch **außerhalb der Anmeldung liegende Umstände generell von der Prüfungspflicht nicht erfasst.**[51]

25 **4. Zuständigkeit.** Wie auch die Vollmachtsvermutung nach Abs. 2 richtet sich die Pflicht zur Vorprüfung nach Abs. 3 S. 1 allein an **deutsche Notarinnen und Notare.**[52] Dies erklärt sich schon daraus, dass der deutsche Gesetzgeber aus kompetenziellen Gründen nur deutsche Amtsträger mittels der Vorprüfung in das staatliche System der vorsorgenden Rechtspflege einbinden kann, auch eine entsprechende Überwachung der Aufgabenerfüllung beschränkt sich zwangsläufig auf den deutschen Rechtskreis.[53] Weiterhin setzt die dem Notar abgeforderte inhaltliche Prüfung vertiefte Kenntnisse des deutschen (Register-)Rechts voraus, die bei einem ausländischen Notar in den meisten Fällen schon nicht vorhanden sein werden, jedenfalls aber nicht mit registertauglichen Mitteln überprüft werden könnten.[54]

26 Abs. 3 lässt die Frage offen, welchem Notar die Vorprüfung obliegt, wenn in die Erstellung und Beurkundung/Beglaubigung einer Handelsregisteranmeldung **mehrere Notare involviert** sind. Klar ist jedenfalls, dass jeder an dem betreffenden Vorgang beteiligte Notar prüfungsberechtigt ist. Aus Sicht des Registergerichts ist es – auch zur Erfüllung des Gesetzeszwecks – aber letztlich entscheidend, dass die Vorprüfung zumindest durch einen Notar erfolgt ist und dieser das Ergebnis seiner Prüfung auch hinreichend verlautbart hat.[55] Es mag sich in vielen Fällen anbieten, dass der **die Anmeldung vollziehende Notar** die Prüfung samt Dokumentation vornimmt, zwingend ist dies aber nicht, vielmehr kann es auch sinnvoll sein, dass die Vollzugsfähigkeit gleich bei Erstellung oder Erstbeglaubigung der Anmeldung überprüft wird.[56]

---

47 BeckOK FamFG/*Otto* § 378 Rn. 43 ff.; *Weber* RNotZ 2017, 427 (435) jeweils mit einer Vielzahl praktischer Beispiele.
48 BeckOK FamFG/*Otto* § 378 Rn. 47 ff.
49 BeckOK FamFG/*Otto* § 378 Rn. 48.
50 BeckOK FamFG/*Otto* § 378 Rn. 49.
51 Vgl. BT-Drs. 18/10607, 109.
52 MüKoFamFG/*Krafka* § 378 Rn. 16; unklar ist die Rechtslage bei Beglaubigungen durch Konsularbeamte nach § 10 Abs. 1 KonsularG, vgl. *Weber* RNotZ 2017, 427 (430).
53 *Attenberger* MittBayNot 2017, 335 (340).
54 BeckOK FamFG/*Otto* § 378 Rn. 54.
55 Vgl. MüKoFamFG/*Krafka* § 378 Rn. 16.
56 Vgl. BeckOK FamFG/*Otto* § 378 Rn. 58 f.; noch stärker den Vollzugsnotar in den Blick nehmend hingegen *Attenberger* MittBayNot 2017, 335 (340).

5. Nachweis der Prüfung – Prüfungsergebnis. Der Notar hat das Ergebnis seiner Prüfung der Eintragungsfähigkeit (generisch positiv oder negativ) für das Registergericht zu dokumentieren. Er fertigt dazu jedenfalls bei Vornahme einer Unterschriftsbeglaubigung ohne Entwurf (zum Eigenentwurf des beglaubigenden Notars → Rn. 21) – unabhängig vom Ausgang seiner Prüfung – einen Vermerk für das Gericht.[57] Auch wenn der Notar zum Ergebnis kommt, dass die Anmeldung eintragungsfähig ist, macht ein entsprechender Vermerk durchaus Sinn, geht es insoweit letztlich doch schlicht um eine Ausprägung des im deutschen System der vorsorgenden Rechtspflege langjährig bewährten **Vier-Augen-Prinzips** und dessen verfahrensmäßige Dokumentation. Auch wenn der Richter/Rechtspfleger selbstverständlich nicht an das Prüfungsergebnis des Notars gebunden ist (→ Rn. 31), kann die Einschätzung des Notars dennoch eine wertvolle Unterstützung im Rahmen des Eintragungsvorgangs sein.[58] Der Vermerk sollte auch erkennen lassen, welcher Notar die Prüfung auf Eintragungsfähigkeit vorgenommen hat, was insbesondere bei Beteiligung mehrerer Notare sicherstellt, dass die Prüfung – wie erforderlich aber zugleich auch ausreichend (→ Rn. 26) – zumindest von einem Amtsträger vorgenommen wird. 27

Die Dokumentation der Prüfung muss **nicht zwingend in der notariellen Urkunde selbst** erfolgen, vielmehr kann diese grundsätzlich auch in einem der Anmeldung beigefügten **Begleitschreiben** enthalten sein. Jedenfalls wenn Beglaubigung und Prüfung durch denselben Amtsträger erfolgen, erscheint es aus Sicht der (Register-)Praxis jedoch vorzugswürdig, den Prüfvermerk unmittelbar an die Unterschrift unter dem Anmeldetext und den Beglaubigungsvermerk anschließen zu lassen.[59] Umstritten ist zumindest für das FamFG, ob der Vermerk der **Form einer öffentlichen Urkunde** bedarf, dh letztlich die Form eines Vermerks nach § 39 BeurkG bzw. § 39a BeurkG, kennt das FamFG doch keine Regelung entsprechend § 29 Abs. 1 S. 2 GBO.[60] 28

Kommt der Notar im Rahmen seiner Prüfung zum Ergebnis, dass die ihm vorliegende Anmeldung im vorbeschriebenen Sinne **eintragungsfähig** ist, kann wie folgt formuliert werden: 29

▶ „Die vorstehend unterschriebene Anmeldung habe ich nach Abs. 3 S. 1 auf Eintragungsfähigkeit geprüft" (folgen Ort, Datum, Unterschrift mit Amtsbezeichnung und Siegel).[61] ◀

Kommt der Notar demgegenüber zum Ergebnis, dass er zumindest **Zweifel an der Eintragungsfähigkeit** hat oder hält er diese sogar für **nicht gegeben** und besteht der Auftraggeber dennoch auf der textlich unveränderten Weitergabe der Anmeldung an das Gericht, kann wie folgt formuliert werden: 30

▶ „Die vorstehend unterschriebene Anmeldung habe ich nach § 378 Abs. 3 S. 1 FamFG auf Eintragungsfähigkeit geprüft. Ich habe Zweifel hinsichtlich der Eintra-

57 Vgl. Bundesnotarkammer, Rundschreiben 05/2017, 6 ff.; *Diehn/Rachlitz* DNotZ 2017, 487 (497); *Weber* MittBayNot 2017, 578 (579); abweichend Keidel/*Heinemann* § 378 Rn. 33 f. mwN: Nur Vermerk von Zweifeln entsprechend § 17 Abs. 2. S. 2 BeurkG; generell gegen eine Vermerkpflicht *Zimmer* NJW 2017, 1909 (1912).

58 Keidel/*Heinemann* § 378 Rn. 33 ist allerdings zuzugeben, dass dem Prüfvermerk bei mangelnder Eintragungsfähigkeit wohl regelmäßig noch größere Bedeutung zukommt.

59 BeckOK FamFG/*Otto* § 378 Rn. 71.

60 Dennoch eine öffentliche Urkunde fordernd *Attenberger* MittBayNot 2017, 335 (344); *Rachlitz* DNotZ 2017, 862 (870); *Weber* RNotZ 2017, 427 (436); anders und sogar eine telefonische Auskunft des Notars genügen lassend Keidel/*Heinemann* § 378 Rn. 35 mwN. Großzügiger auch für § 15 Abs. 3 GBO OLG Celle DNotZ 2018, 449 (454): Ggf. auch „formlose Bestätigung im Antragsschreiben".

61 So der Vorschlag der Bundesnotarkammer in Rundschreiben 5/2017, 8.

gungsfähigkeit der Anmeldung“ oder stärker: „Ich halte die Anmeldung für nicht eintragungsfähig“ (folgen Ort, Datum, Unterschrift mit Amtsbezeichnung und Siegel).[62] ◀

31 **6. Registerverfahren.** Die notarielle Prüfung nach Abs. 3 ist **Verfahrensvoraussetzung.**[63] Das Gericht ist allerdings selbstverständlich an das Prüfergebnis des Notars **nicht gebunden,** sondern vielmehr zu einer **umfassenden und eigenverantwortlichen Prüfung der Anmeldung** verpflichtet.[64]

32 **7. Dienstrecht und Haftung.** Die Erfüllung der Prüfpflicht ist Dienstpflicht des Notars, etwaige Pflichtverletzungen können mit den Mitteln des Disziplinarrechts geahndet werden.[65] Die betreffenden, dem Verfahrensrecht entstammenden Pflichten sind allerdings **nicht drittschützend,** sondern bestehen vielmehr **ausschließlich gegenüber dem Registergericht.**[66] Die Beteiligten können daher aus einer Verletzung der Prüfpflicht nach Abs. 3[67] und daraus etwaig resultierenden Verfahrensverzögerungen **keinesfalls Amtshaftungsansprüche** geltend machen.

33 **8. Kosten.** Die Prüfung nach Abs. 3 löst **grundsätzlich keine gesonderten Gebühren** aus, dies gilt insbesondere für den Fall, dass der prüfende Notar die betreffende Erklärung beurkundet, beglaubigt oder entworfen hat.[68] **Anders ist dies nur,** wenn ein Notar beauftragt wird, **isoliert** (dh ohne Beurkundung, Beglaubigung oder Entwurfstätigkeit) **die Prüfung der Anmeldung vorzunehmen.** (Nur) in diesem Fall fällt eine Gebühr von 20 EUR nach KV Nr. 22124 Nr. 2 GNotKG an. Reicht der prüfende Notar die Anmeldung beim Registergericht ein, wird die Gebühr nach Gebühr nach KV Nr. 22124 GNotKG **insgesamt nur einmal** erhoben.[69]

V. Einreichung der Anmeldung bei einem Notar und Weiterleitung an die zuständige Stelle (Abs. 3 S. 2)

34 **1. Anwendungsbereich. In Handelsregistersachen** (**§ 374 Nr. 1**) müssen Anmeldungen **durch einen Notar eingereicht** werden. Abs. 3 S. 2 schafft insoweit eine Bündelung der Einreichungsvorgänge bei den Notarinnen und Notaren, die angesichts des bereits seit dem Jahr 2007 ausschließlich elektronischen Anmeldeverfahrens im Handelsregisterverkehr letztlich nur die bereits seit vielen Jahren bestehenden tatsächlichen Verhältnisse nachbildet. Die **vorstehende Verpflichtung besteht aus rechtlicher Sicht nicht** in Genossenschaftsregister-, Partnerschaftsregister-, Vereinsregister- und Güterrechtsregistersachen (**§ 374 Nr. 2–5**) sowie im Anwendungsbereich des **§ 486 Abs. 3** für die durch „Hilfsbeglaubigungsstellen“ im Sinne des § 68 BeurkG vorgenommene Beglaubigungen. Soweit es bei derartigen Beglaubigungen durch „Hilfsbeglaubigungsstellen“ um **Handelsregisteranmeldungen** geht, besteht wegen des Erfordernisses der elektronischen Einreichung nach § 12 HGB – ebenso wie in **Genossenschaftsregis-**

62 So der Vorschlag der Bundesnotarkammer in Rundschreiben 5/2017, 8.
63 Jeweils zu § 15 Abs. 3 GBO OLG Celle DNotZ 2018, 449 (450), OLG Schleswig DNotZ 2017, 862 (862 f.); abweichend Keidel/*Heinemann* § 378 Rn. 36.
64 Vgl. BT-Drs. 18/10607, S. 110; Keidel/*Heinemann* § 378 Rn. 37.
65 Vgl. MüKoFamFG/*Krafka*, § 378 Rn. 26.
66 BT-Drs. 18/10607, 109; *Diehn/Rachlitz* DNotZ 2017, 487 (496).
67 Anders selbstverständlich, wenn der Notar beispielsweise im Rahmen einer Beurkundung, der Erstellung eines Entwurfs einer zu beglaubigenden Erklärung oder auch eines besonderen Betreuungsauftrags weitergehende Amtspflichten übernommen hat, vgl. Keidel/*Heinemann* § 378 Rn. 39.
68 Vgl. dazu Anm. 1 und 2 zu KV Nr. 22124 GNotKG.
69 Vgl. Anm. 3 zu KV Nr. 22124 GNotKG sowie Keidel/*Heinemann* § 378 Rn. 40.

ter- und Partnerschaftsregistersachen[70] – aber faktisch ohnehin das Erfordernis einer Einbindung des Notars. In Vereins- und Güterrechtsregistersachen können die Beteiligten die Anmeldungen hingegen auch selbst in Papier an das Registergericht weiterleiten.[71]

Angesichts der vorbeschriebenen Umstände erschiene es konsequent und dem übergreifenden Interesse an einer weiteren Fortentwicklung und Effektivierung des elektronischen Rechtsverkehrs dienlich, eine **notarielle Weiterleitungspflicht einheitlich in allen Registersachen** vorzusehen.[72] 35

2. Verfahren der Einreichung. Der Notar agiert im Rahmen der Weiterleitung der Registeranmeldungen in elektronischer Form[73] als **„Kommunikationsmittler"** und zugleich auch als **„Medienbruchstelle"**.[74] Zuständig ist jeder deutsche Notar, unabhängig davon, ob er die Anmeldung entworfen, beurkundet, beglaubigt oder nach Abs. 3 S. 1 geprüft hat oder nicht.[75] Er hat dabei die Anmeldungen nicht nur **in elektronisch beglaubigte Dokumente umzuwandeln**, vielmehr hat er die anzumeldenden Daten **in strukturierter Form dem Registergericht aufzubereiten und zu übermitteln** (→ Rn. 37 [Abs. 4]). Neben der zuverlässigen Erfassung der Registerdaten durch den Notar ist insbesondere auch deren Übermittlung in strukturierter, maschinenlesbarer Form Ausdruck der bereits beschriebenen **Entlastungsfunktion** des Notars für das Registergericht. Dieses kann die übermittelten Strukturdaten unmittelbar weiterverarbeiten und nach ergänzender eigener Prüfung direkt in das Register übernehmen.[76] 36

VI. Verordnungsermächtigung – Verpflichtung zur Datenaufbereitung (Abs. 4)

Nachdem bis zum Jahr 2017 im Registerrecht[77] eine ausdrückliche bundesgesetzliche **Ermächtigungsgrundlage für die Länder zur Vorgabe einer** vorstehend bereits beschriebenen **einheitlichen Datenstruktur** gefehlt hatte, hat der Gesetzgeber im Zuge der Ergänzung des § 378 in dessen neuen Abs. 4 Abhilfe geschaffen.[78] 37

70 Vgl. § 5 Abs. 2 PartGG, § 11 Abs. 4 GenG.
71 BeckOK FamFG/*Otto* § 378 Rn. 86.
72 Zutreffend Keidel/*Heinemann* § 378 Rn. 41.
73 Genügt die Anmeldung dieser Form nicht, ist den Beteiligten per Zwischenverfügung die formgerechte Einreichung über einen Notar aufzugeben, vgl. Keidel/*Heinemann* § 378 Rn. 42.
74 Vgl. BT-Drs. 18/10607, 106 f.
75 Keidel/*Heinemann* § 378 Rn. 42.
76 Vgl. BT-Drs. 18/10607, 107; Keidel/*Heinemann* § 378 Rn. 43.
77 Anders dagegen bereits zuvor im Bereich des Grundbuchs, vgl. § 135 Abs. 1 S. 2 Nr. 4b GBO.
78 Vgl. BeckOK FamFG/*Otto* § 378 Rn. 87 f.

Zivilprozessordnung

In der Fassung der Bekanntmachung vom 5. Dezember 2005
(BGBl. I S. 3202, ber. 2006 I S. 431 und 2007 I S. 1781)
(FNA 310-4)
zuletzt geändert durch Art. 1-3 G zum Ausbau des elektronischen Rechtsverkehrs mit den Gerichten und zur Änderung weiterer Vorschriften vom 5. Oktober 2021 (BGBl. I S. 4607)
– Auszug –

§ 794 Weitere Vollstreckungstitel[1]

(1) Die Zwangsvollstreckung findet ferner statt:

1. aus Vergleichen, die zwischen den Parteien oder zwischen einer Partei und einem Dritten zur Beilegung des Rechtsstreits seinem ganzen Umfang nach oder in Betreff eines Teiles des Streitgegenstandes vor einem deutschen Gericht oder vor einer durch die Landesjustizverwaltung eingerichteten oder anerkannten Gütestelle abgeschlossen sind, sowie aus Vergleichen, die gemäß § 118 Abs. 1 Satz 3 oder § 492 Abs. 3 zu richterlichem Protokoll genommen sind;

2. aus Kostenfestsetzungsbeschlüssen;

2a. (aufgehoben)

2b. (weggefallen)

3. aus Entscheidungen, gegen die das Rechtsmittel der Beschwerde stattfindet;

3a. (aufgehoben)

4. aus Vollstreckungsbescheiden;

4a. aus Entscheidungen, die Schiedssprüche für vollstreckbar erklären, sofern die Entscheidungen rechtskräftig oder für vorläufig vollstreckbar erklärt sind;

4b. aus Beschlüssen nach § 796b oder § 796c;

5. aus Urkunden, die von einem deutschen Gericht oder von einem deutschen Notar innerhalb der Grenzen seiner Amtsbefugnisse in der vorgeschriebenen Form aufgenommen sind, sofern die Urkunde über einen Anspruch errichtet ist, der einer vergleichsweisen Regelung zugänglich, nicht auf Abgabe einer Willenserklärung gerichtet ist und nicht den Bestand eines Mietverhältnisses über Wohnraum betrifft, und der Schuldner sich in der Urkunde wegen des zu bezeichnenden Anspruchs der sofortigen Zwangsvollstreckung unterworfen hat;

6. aus für vollstreckbar erklärten Europäischen Zahlungsbefehlen nach der Verordnung (EG) Nr. 1896/2006;

7. aus Titeln, die in einem anderen Mitgliedstaat der Europäischen Union nach der Verordnung (EG) Nr. 805/2004 des Europäischen Parlaments und des Rates vom 21. April 2004 zur Einführung eines Europäischen

---

1 Beachte hierzu § 66 Abs. 4 SGB X:
„**§ 66 Vollstreckung.** (4) [1]Aus einem Verwaltungsakt kann auch die Zwangsvollstreckung in entsprechender Anwendung der Zivilprozessordnung stattfinden. [2]Der Vollstreckungsschuldner soll vor Beginn der Vollstreckung mit einer Zahlungsfrist von einer Woche gemahnt werden. [3]Die vollstreckbare Ausfertigung erteilt der Behördenleiter, sein allgemeiner Vertreter oder ein anderer auf Antrag eines Leistungsträgers von der Aufsichtsbehörde ermächtigter Angehöriger des öffentlichen Dienstes. [4]Bei den Versicherungsträgern und der Bundesagentur für Arbeit tritt in Satz 3 an die Stelle der Aufsichtsbehörden der Vorstand."

Vollstreckungstitels für unbestrittene Forderungen als Europäische Vollstreckungstitel bestätigt worden sind;
8. aus Titeln, die in einem anderen Mitgliedstaat der Europäischen Union im Verfahren nach der Verordnung (EG) Nr. 861/2007 des Europäischen Parlaments und des Rates vom 11. Juli 2007 zur Einführung eines europäischen Verfahrens für geringfügige Forderungen (ABl. L 199 vom 31.7.2007, S. 1; L 141 vom 5.6.2015, S. 118), die zuletzt durch die Verordnung (EU) 2015/2421 (ABl. L 341 vom 24.12.2015, S. 1) geändert worden ist, ergangen sind;
9. aus Titeln eines anderen Mitgliedstaats der Europäischen Union, die nach der Verordnung (EU) Nr. 1215/2012 des Europäischen Parlaments und des Rates vom 12. Dezember 2012 über die gerichtliche Zuständigkeit und die Anerkennung und Vollstreckung von Entscheidungen in Zivil- und Handelssachen zu vollstrecken sind.

(2) Soweit nach den Vorschriften der §§ 737, 743, des § 745 Abs. 2 und des § 748 Abs. 2 die Verurteilung eines Beteiligten zur Duldung der Zwangsvollstreckung erforderlich ist, wird sie dadurch ersetzt, dass der Beteiligte in einer nach Absatz 1 Nr. 5 aufgenommenen Urkunde die sofortige Zwangsvollstreckung in die seinem Recht unterworfenen Gegenstände bewilligt.

§ 796b Vollstreckbarerklärung durch das Prozessgericht

(1) Für die Vollstreckbarerklärung nach § 796a Abs. 1 ist das Gericht als Prozessgericht zuständig, das für die gerichtliche Geltendmachung des zu vollstreckenden Anspruchs zuständig wäre.

(2) [1]Vor der Entscheidung über den Antrag auf Vollstreckbarerklärung ist der Gegner zu hören. [2]Die Entscheidung ergeht durch Beschluss. [3]Eine Anfechtung findet nicht statt.

§ 796c Vollstreckbarerklärung durch einen Notar

(1) [1]Mit Zustimmung der Parteien kann ein Vergleich ferner von einem Notar, der seinen Amtssitz im Bezirk eines nach § 796a Abs. 1 zuständigen Gerichts hat, in Verwahrung genommen und für vollstreckbar erklärt werden. [2]Die §§ 796a und 796b gelten entsprechend.

(2) [1]Lehnt der Notar die Vollstreckbarerklärung ab, ist dies zu begründen. [2]Die Ablehnung durch den Notar kann mit dem Antrag auf gerichtliche Entscheidung bei dem nach § 796b Abs. 1 zuständigen Gericht angefochten werden.

§ 797 Verfahren bei vollstreckbaren Urkunden[1]

(1) Die vollsteckbare Ausfertigung wird erteilt bei
1. gerichtlichen Urkunden von dem Urkundsbeamten der Geschäftsstelle des die Urkunde verwahrenden Gerichts,
2. notariellen Urkunden von
   a) dem die Urkunde verwahrenden Notar,
   b) der die Urkunde verwahrenden Notarkammer oder
   c) dem die Urkunde verwahrenden Amtsgericht.

(2) Die Entscheidung über die Erteilung einer weiteren vollstreckbaren Ausfertigung wird getroffen bei

1 Vgl. hierzu § 60 SGB VIII und §§ 52 und 54 BeurkG.

1. **gerichtlichen Urkunden von dem die Urkunde verwahrenden Gericht,**
2. **notariellen Urkunden von**
   a) **dem die Urkunde verwahrenden Notar,**
   b) **der die Urkunde verwahrenden Notarkammer oder**
   c) **dem die Urkunde verwahrenden Amtsgericht.**

(3) Die Entscheidung über Einwendungen, welche die Zulässigkeit der Vollstreckungsklausel und die Zulässigkeit der Erteilung einer weiteren vollstreckbaren Ausfertigung betreffen, wird getroffen bei

1. **gerichtlichen Urkunden von dem die Urkunde verwahrenden Gericht,**
2. **notariellen Urkunden von dem Amtsgericht,**
   a) **in dessen Bezirk der die Urkunde verwahrende Notar seinen Amtssitz hat,**
   b) **in dessen Bezirk die die Urkunde verwahrende Notarkammer ihren Sitz hat oder**
   c) **das die Urkunde verwahrt.**

(4) Auf die Geltendmachung von Einwendungen, die den Anspruch selbst betreffen, ist § 767 Absatz 2 nicht anzuwenden.

(5) [1]Das Gericht, bei dem der Schuldner im Inland seinen allgemeinen Gerichtsstand hat, ist zuständig für

1. **Klagen auf Erteilung der Vollstreckungsklausel,**
2. **Klagen, durch welche die den Anspruch selbst betreffenden Einwendungen geltend gemacht werden, und**
3. **Klagen, durch welche der bei der Erteilung der Vollstreckungsklausel als bewiesen angenommene Eintritt der Voraussetzung für die Erteilung der Vollstreckungsklausel bestritten wird.**

[2]Hat der Schuldner im Inland keinen allgemeinen Gerichtsstand, so ist das Gericht zuständig, bei dem nach § 23 gegen den Schuldner Klage erhoben werden kann.

(6) Auf Beschlüsse nach § 796c sind die Absätze 1 bis 5 entsprechend anzuwenden.

Literatur:

Bohrer, Notarielle Form, Beurkundung und elektronischer Rechtsverkehr, DNotZ 2008, 39 (44); *Grimm*, Notarielle Urkunden für Einsteiger – die Grundschuld, MittBaxNot 2021, 302; *Heinemann*, Die Reform der freiwilligen Gerichtsbarkeit durch das FamFG und ihre Auswirkungen auf die notarielle Praxis, DNotZ 2009, 6 (36); *Kraf-ka/Seeger*, Autonome Vertragsgestaltung – Teil 1, ZNotP 2011, 445; *Müller*, Notarielle Vollstreckungstitel, RNotZ 2010, 167; *Paulus*, Rechtsschein der Prozessvollmacht, NJW 2003, 1692; *Pautsch*, Die Errichtung vollstreckbarer Urkunden über öffentlich-rechtliche Ansprüche – Rechtliche Zulässigkeit und Vollstreckungsrechtsweg, NVwZ 2019, 605; *Volmer*, Die Kündigung der Sicherungsgrundschuld nach dem Risikobegrenzungsgesetz, MittBayNot 2009, 1 (7); *Winkler*, Die vollstreckbare Ausfertigung in der notariellen Praxis, RNotZ 2019, 117; *Zenker*, Zur Vollstreckbarkeit von Unterhaltsvergleichen mit Anpassungsklausel, FamRZ 2006, 1248.

I. Normzweck

§ 794 ZPO knüpft an § 704 ZPO durch Nennung weiterer zur Zwangsvollstreckung geeigneter Titel an, auf die gemäß § 795 ZPO die §§ 704–793 entsprechend anwendbar sind – dies gilt insbes. für die Normen zur Vollstreckungsklausel und Zustellung, soweit in den §§ 795a ff. keine besonderen Regelungen gelten. Zusätzlich ist § 794 die einzige materielle Regelung zur vollstreckbaren Urkunde. Speziell die Nr. 4a, 4b und 5 dienen der einvernehmlichen Streitbeilegung außerhalb eines gerichtlichen Verfahrens. 1

II. Vollstreckbarerklärung des Anwaltsvergleichs (§§ 794 Abs. 1 Nr. 4b, 796a ff.)

1. Normzweck. Die Regelung, erstmals als § 1044b mWv 1.4.1991 eingeführt, sollte neben der Urkunde nach § 794 Abs. 1 Nr. 5 zu einer Entlastung der Gerichte führen und für die Beteiligten eine Zeitersparnis mit sich bringen. Jedoch hat die Norm kaum praktische Bedeutung erlangt, da die Vollstreckbarerklä- 2 rung des Anwaltsvergleichs im Gegensatz zur notariellen Urkunde deutlich aufwendiger zu erlangen ist.[2]

3 Da die Vollstreckbarerklärung durch den Notar nur mit Zustimmung aller Parteien (→ Rn. 15) erfolgen kann, kann die Vollstreckbarerklärung des Notars als **europäischer Vollstreckungstitel** für unbestrittene Forderungen durch den Notar bestätigt werden (Art. 25 Abs. 1, Art. 3 Abs. 1 UAbs. 2 lit. d, Art. 4 Nr. 3 lit. a EuVTVO, § 1079).[3]

4 **2. Titel nach § 794 Abs. 1 Nr. 4b.** Der **Beschluss**, mit dem ein deutsches Gericht oder ein Notar einen Anwaltsvergleich für vollstreckbar erklärt, und nicht der Anwaltsvergleich selbst ist der zur Zwangsvollstreckung geeignete Titel, soweit die weiteren Voraussetzungen der Zwangsvollstreckung vorliegen.

5 **3. Voraussetzungen für Vollstreckbarerklärung (§ 796a). a) Vergleichsinhalt samt Unterwerfungserklärung.** Jeder außergerichtliche Vergleich iSd § 779 BGB hinsichtlich einer Forderung aus dem Bereich der ordentlichen Gerichtsbarkeit, der freiwilligen Gerichtsbarkeit und der Arbeitsgerichtsbarkeit (vgl. § 62 Abs. 2 S. 1 ArbGG) unterliegt den §§ 796a ff., **nicht** jedoch Vergleiche über Ansprüche aus dem Bereich der Verwaltungsgerichtsbarkeit, da § 168 VwGO keine mit § 794 Abs. 1 Nr. 4b vergleichbare Regelung kennt.

6 Mit dem Vergleich muss insbes. ein **Streit beigelegt** werden und der darin geregelte Anspruch muss einer vergleichsweisen Regelung zugänglich sein. Nicht möglich ist ein Vergleich mit dem Inhalt nach § 796a Abs. 2 (→ Rn. 40 ff.), aber ein Vergleich kann den Bestand eines Mietverhältnisses betreffen. Zudem sind die materiellrechtlichen Voraussetzungen beim Vergleichsabschluss einzuhalten.

7 **b) Abschluss des Vergleichs.** Der Vergleich ist durch zugelassene **Rechtsanwälte** (§§ 4 ff., 106 ff. BRAO) abzuschließen, nur diese sind handlungsfähig und müssen im Namen ihrer Mandanten handeln. Umstritten ist, ob die Rechtsanwälte den Vergleich auch aushandeln müssen oder ob die Unterschrift unter einen von den Parteien ausgehandelten Vergleich ausreicht.

8 Die **Vertretungsmacht** der Rechtsanwälte bestimmt sich nach den §§ 167 ff. BGB. Bei einem Handeln ohne Vertretungsmacht, kann die Erklärung durch die betroffene Partei bis zur Niederlegung genehmigt werden.

9 Bezüglich des Anspruchs, der im Vergleich begründet, anerkannt oder bestätigt wird, hat sich der Schuldner der sofortigen Zwangsvollstreckung zu **unterwerfen** (→ Rn. 53 ff.). Die Unterwerfung kann sich auch nur auf Teile des Vergleichs beschränken.

10 **c) Form des Vergleichs.** Der Vergleich muss die **Form** einhalten, die die entsprechende materiellrechtliche Norm vorsieht. Mangels Formvorschrift ist der Anwaltsvergleich formlos wirksam, aber wegen dessen Niederlegungsfähigkeit bedarf der Vergleich der Schriftform: alle Erklärung, die zum Vergleich gehören, müssen in einer einheitlichen Urkunde erfasst sein (§ 126 Abs. 2 S. 1 BGB). Die Unterzeichnung muss nicht gleichzeitig erfolgen. Die Unterzeichnung ist auch im Wege des Umlaufverfahrens möglich.

11 Soweit eine materielle Norm die notarielle Beurkundung vorsieht (zB § 7 Abs. 1 VersAusglG), ist ein Anwaltsvergleich **ausgeschlossen**. Der Anwaltsvergleich ersetzt somit nicht eine notarielle Beurkundung. § 127a BGB findet weder auf den Anwaltsvergleich noch auf den Beschluss der Vollstreckbarerklärung Anwendung.

2 MüKoZPO/*Wolfsteiner* § 796a Rn. 1.
3 Zu weiteren Details s. *Müller* RNotZ 2010, 167.

d) Niederlegung. Die **Niederlegung** der Urschrift der Urkunde kann nur und ausschließlich (§ 802) bei dem Amtsgericht erfolgen, bei dem eine der Parteien im Zeitpunkt des Vergleichsabschlusses ihren allgemeinen Gerichtsstand hat, oder bei einem Notar, der seinen Amtssitz (nicht Amtsbereich oder gar Amtsbezirk) im Bereich des zuständigen Amtsgerichts hat. Eine Zuständigkeitsvereinbarung ist unzulässig. 12

Jede Partei kann den **Antrag** auf Niederlegung beim Amtsgericht bzw. auf Verwahrung beim Notar selbst stellen, Anwaltszwang besteht nicht. Der Antrag hat den Tag des Zustandekommens des Vergleichs zu enthalten. Der **Notar** hat zusätzlich noch bei der Entgegennahme des Vergleichs zur Verwahrung zu prüfen, ob die Parteien der Niederlegung bei ihm zugestimmt haben. Gleichzeitig hat der Notar zur Vermeidung unnötiger Kosten bereits zu diesem Zeitpunkt zu prüfen, ob eine (spätere) Vollstreckbarerklärung in Betracht kommt. 13

4. Verfahren für Vollstreckbarerklärung. a) Verfahren. Der Notar, der den Vergleich verwahrt und nur der, ist zugleich für die Vollstreckbarerklärung aller im Vergleich regelbaren Ansprüche **zuständig** (§ 796c Abs. 1 S. 1). Der Notar tritt an die Stelle des nach § 796b zuständigen Prozessgerichts[4] und somit ist das Verfahren ein streitiges Verfahren der ordentlichen Gerichtsbarkeit, welcher sich nach der ZPO bestimmt. Da die Vollstreckbarerklärung materielle Rechtskraft entfaltet, gilt auch für den Notar das Spruchrichterprivileg.[5] Der Anwaltsnotar, der selbst am Vergleich beteiligt ist, ist nach § 41 Nr. 4 ausgeschlossen. 14

Eine der Parteien hat die Vollstreckbarerklärung zu beantragen und alle Parteien müssen **zugestimmt** haben (§§ 796c Abs. 1, 796b Abs. 1). Diese Zustimmung liegt idR bereits in der Zustimmung zur notariellen Verwahrung. Die Zustimmung kann auch nachträglich erklärt werden, soweit sie im Zeitpunkt der Entscheidung vorliegt. Eine Zustimmung scheidet aus, wenn die Voraussetzungen für die Vollstreckbarerklärung zwischen den Beteiligten streitig sind. 15

Vor der Entscheidung über die Vollstreckbarerklärung ist den Parteien **rechtliches Gehör** zu gewähren (§§ 796c Abs. 1 S. 2, 796b Abs. 2 S. 1). 16

b) Prüfungsumfang. Der Notar hat zu prüfen, ob eine ordnungsgemäße Verwahrung erfolgte, der Vergleich wirksam geschlossen wurde, Ablehnungsgründe nach § 796a Abs. 3 vorliegen, die Ansprüche vergleichsfähig sind und der Vergleich einen vollstreckungsfähigen Inhalt hat. Dagegen hat der Notar rechtsvernichtende Einwendungen **nicht** zu beachten, diese sind mit der Vollstreckungsabwehrklage geltend zu machen. Von einer ordnungsgemäßen Bevollmächtigung der Rechtsanwälte ist auszugehen (§ 88 Abs. 1). 17

c) Entscheidung, Rechtsmittel. Der **Beschluss** über die Vollstreckbarerklärung ist unanfechtbar und ist mangels Verkündung nur mit Zustellung an die Beteiligten bzw. deren Bevollmächtigte wirksam (§ 329 Abs. 3). Eine ablehnende Entscheidung ist zu begründen und wegen § 20 Abs. 1 S. 2 BNotO zuzustellen. Gegen die Ablehnung ist ein Antrag auf gerichtliche Entscheidung zulässig (§ 796c Abs. 2). 18

Die Vollstreckbarerklärung ist sowohl in das **Urkundenverzeichnis** als auch in die Urkundensammlung aufzunehmen (§ 7 Abs. 1 Nr. 4 NotAktVV). 19

d) Sonstiges. Der Notar ist auch für die **Vollstreckungsklausel** zuständig (§ 797 Abs. 6, 2). IÜ zu den vollstreckungsrechtlichen Punkten → Rn. 84 ff. 20

Für das Verfahren der Vollstreckbarerklärung entsteht die Gebühr nach KV Nr. 23800 GNotKG und für die Erteilung der vollstreckbaren Ausfertigung 21

4 BGH NJOZ 2021, 726.
5 BGH NJOZ 2021, 554.

die Gebühr nach KV Nr. 23803 GNotKG. Der Kostenschuldner bestimmt sich nach §§ 91 ff. entsprechend. Mangels Vereinbarung im Vergleich gilt § 98.

III. Weitere Vollstreckbarerklärungen/Bestätigungen

22 **1. Vollstreckbarerklärung eines Schiedsspruchs.** Ein Schiedsspruch kann nach § 1053 Abs. 4 S. 1 nicht nur durch das zuständige Gericht gemäß § 1060, sondern mit Zustimmung der Parteien auch durch einen Notar für vollstreckbar erklärt werden, um die Gerichte zu entlasten.[6] Der Notar ist nicht zu einer Mitwirkung verpflichtet, zumal die notarielle Tätigkeit nicht der Tätigkeit des Spruchrichters entspricht, so dass §§ 41 ff. ZPO und § 839 Abs. 2 BGB nicht anzuwenden sind.[7]

23 Neben der **Zustimmung** der Parteien bedarf es der Vorlage des Schiedsspruchs in beglaubigter Abschrift (§ 1064 Abs. 1). Im Gegensatz zum Anwaltsvergleich bedarf es im Schiedsspruch **keiner** Unterwerfungserklärung. **Zuständig** ist der Notar, der im Schiedsspruch selbst bezeichnet ist, andernfalls diejenigen, die ihren Amtssitz im Bezirk des nach § 1062 Abs. 1, 2 zuständigen OLG haben. Der Notar hat die Vollstreckbarerklärung abzulehnen, wenn Gründe hierfür nach § 1053 Abs. 4 S. 2 vorliegen.

24 Die Vollstreckbarerklärung sowie deren Ablehnung ergehen als **Beschluss** mit Kostenentscheidung nach §§ 91 ff. analog (Gebühr nach KV Nr. 23801 GNotKG). Der ablehnende Beschluss ist zu begründen. Der jeweilige Beschluss ist den Parteien zuzustellen (§ 20 Abs. 1 S. 2 BNotO, § 329 Abs. 3).

25 Gegen die Vollstreckbarerklärung ist kein Rechtsbehelf vorgesehen, es bleibt nur der Weg über die Aufhebung des Schiedsspruchs gemäß § 1059. Gegen die Ablehnung ist ein Antrag auf gerichtliche Entscheidung zulässig (§ 1062 Abs. 1 Nr. 4 Alt. 2).

26 Umstritten ist, ob die notarielle Vollstreckbarerklärung ein Vollstreckungstitel iSd § 794 Abs. 1 Nr. 4a ist oder nicht; Einigkeit besteht aber darüber, dass die Erklärung ein Vollstreckungstitel ist.[8] Eine Willenserklärung, zu deren Abgabe der Schiedsspruch verurteilt, gilt erst mit dessen Vollstreckbarerklärung als abgegeben.[9]

27 Eine Bestätigung der Vollstreckbarerklärung als europäischer Vollstreckungstitel ist nach Art. 2 Abs. 2 lit. d EuVTVO **nicht zulässig**.[10]
IÜ → Rn. 2 ff.

28 **2. Vollstreckbarerklärung einer ausländischen Urkunde.** Eine Vollstreckung im Inland mit einem ausländischen Titel ist nur möglich, wenn die Zwangsvollstreckung **zugelassen** worden ist (vgl. §§ 722 f., 1061 ff. ZPO, § 110 FamFG, § 64 AUG), soweit es sich nicht um einen Europäischen Vollstreckungstitel über unbestrittenen Forderungen gemäß § 1082 ZPO iVm Art. 1 ff. EuVTVO handelt (vgl. auch § 1093 ZPO iVm Art. 1 ff. EuMVVO; § 1107 ZPO iVm Art. 1 ff. EuGFVO, Art. 17 EuUntGVVO). Für nach dem 10.1.2015 errichtete Titel gilt die neugefasste VO (EU) Nr. 1215/2012 vom 12.12.2012 (EuGVVO); auch EuUntGVVO wurde vereinfacht. Danach kann mit einem Titel aus einem EU-Mit-

---

6 BT-Drs. 13/5274, 55.
7 Musielak/Voit/*Voit* BGB § 1053 Rn. 14.
8 Stellvertretend Musielak/Voit/*Voit* § 1053 Rn. 14; BeckOK ZPO/*Wilske/Markert* BGB § 1053 Rn. 22.
9 OLG München NJOZ 2016, 1709.
10 MüKoZPO/*Adolphsen* § 1079 Rn. 6.

gliedstaat ohne Anerkennungs- oder Vollstreckbarerklärungsverfahren in einem anderen Mitgliedstaat vollstreckt werden.[11]

29 Eine Urkunde aus einem anderen EU-Mitgliedstaat ist vollstreckbar, wenn die Urkunde im Ursprungsmitgliedstaat vollstreckbar ist und nicht im Verwendungsmitgliedstaat der öffentlichen Ordnung offensichtlich widerspricht (Art. 58 Abs. 1, 2 EuGVVO). Nach Art. 58 Abs. 1 S. 3 EuGVVO gelten die §§ 39–41, 46–57 EuGVVO entsprechend.

30 Daneben steht dem Gläubiger der Weg der VO (EU) Nr. 805/2004 (EuVTVO) iVm §§ 1082 ff. ZPO offen (Art. 27 EuVTVO). Zu beachten ist, dass diese Verordnung nach Art. 2 Abs., 3 EuVTVO nicht Dänemark erfasst und nur ab dem 21.10.2005 errichtete Titel gemäß Art. 33 EuVTVO erfasst. Nach Art. 25 EuVTVO ist eine Urkunde aus einem anderen EU-Mitgliedstaat nach Bestätigung als Europäischer Vollstreckungstitel vollstreckbar (vgl. auch §§ 1082 ff.).

31 **3. Bestätigung einer deutschen Urkunde (§§ 1079 ff. ZPO).** Eine deutsche Urkunde bedarf zur Zwangsvollstreckung innerhalb der EU einer Bestätigung gemäß § 1079 ZPO iVm Art. 25 EuVTVO (zum Geltungsbereich → Rn. 28 ff.). Bei einer notariellen Urkunde gibt der verwahrende Notar diese Bestätigung ab. Eine Bestätigung ist nicht zulässig für den Anwaltsvergleich bzw. Schiedsspruch, da dies keine öffentliche Urkunden iSd Art. 4 EuVTVO sind. Gemäß Art. 25 Abs. 3 EuVTVO gelten Art. 5–11, 20–23 EuVTVO, mit Ausnahme von Art. 6 Abs. 1, 21 Abs. 1 EuVTVO, entsprechend.

32 Die Bestätigung ist ohne vorherige Schuldneranhörung auszustellen (§ 1080 Abs. 1 S. 1). Dem Schuldner ist eine Ausfertigung der Bestätigung zuzustellen (§ 1080 Abs. 1 S. 2). Ein Antrag auf Berichtigung oder Widerruf der Bestätigung hat der Schuldner beim Notar zu stellen, der diesen Antrag unverzüglich an das Amtsgericht, in dessen Bezirk der Notar seinen Amtssitz hat, zur Entscheidung weiterleitet (§ 1081 Abs. 1 S. 3, 4). Beim Antrag auf Widerruf hat der Schuldner die Notfrist des § 1081 Abs. 2 zu beachten. Lehnt der Notar die Bestätigung ab, steht dem Gläubiger die Beschwerde nach § 1080 Abs. 2 iVm § 54 BeurkG zu.

IV. Vollstreckbare Urkunde (§§ 794 Abs. 1 Nr. 5, Abs. 2, 797)

33 **1. Normzweck.** Der Gesetzgeber hat die Vollstreckungsunterwerfung in einer notariellen Urkunde dem Urteil und dem gerichtlichen Vergleich als Vollstreckungstitel gleichgestellt, um insbes. die Justiz durch eine geringere Anzahl an Verfahren zu entlasten. Der Vorteil für den Gläubiger besteht darin, dass die Errichtung einer notariellen Urkunde nicht so zeitintensiv und aufwendig ist wie eine entsprechende Zivilklage und für den Gläubiger trotzdem die Durchsetzung eines materiellrechtlichen Anspruchs erleichtert. Für den Schuldner liegt der Vorteil darin, dass die Urkunde nicht so kostenintensiv ist wie ein Zivilverfahren.

34 **2. Voraussetzungen für Urkunde als Vollstreckungstitel. a) Erstellungszuständigkeit.** Für die Erstellung einer Urkunde iSd § 807 Abs. 1 Nr. 5 zuständig sind zum einen deutsche Gerichte im Rahmen des § 62 BeurkG sowie deutsche Notare nach § 20 Abs. 1 S. 1 BNotO, jeweils innerhalb der Grenzen ihrer Befugnisse (vgl. §§ 10a f. BNotO iVm § 2 BeurkG). Die Zuständigkeit der Notare ist eine Allzuständigkeit. Ein Verstoß gegen §§ 10, 10a BNotO berührt nicht die Wirksamkeit der Urkunde (§ 2 BeurkG), anders dagegen bei einer Beurkundung

11 Details hierzu in *Steinert/Theede/Knop* Zwangsvollstreckung B Rn. 43 ff.

im Ausland.[12] Der Notar hat Amtspflichten nicht nur gegenüber dem Schuldner zu beachten, sondern auch gegenüber dem Gläubiger.[13]

35 Außerdem zuständig sind **Konsularbeamte** nach § 10 KonsG und **Jugendämter** nach §§ 59, 60 SGB VIII (insbes. Vaterschaftsanerkennung, Unterhaltsverpflichtung, Sorgerechtserklärung usw), → BNotO § 20 Rn. 13.

36 **b) Urkunde, Form, Umfang.** Die Urkunden sind formgerecht zu errichten, dh die notarielle Urkunde muss dem **BeurkG** entsprechen (vgl. dazu Kommentierung zu §§ 6 ff. BeurkG). Die Errichtung der Urkunde entspricht dem Erkenntnisverfahren nach der ZPO:[14] Die Beurkundungsverhandlung ersetzt insoweit die mündliche Verhandlung[15] und die Niederschrift über die Vollstreckungsunterwerfung den Urteilstenor. Da die Zwangsvollstreckung nicht aus der Unterwerfungserklärung stattfindet, sondern aus der notariellen Urkunde,[16] müssen in der Urkunde die Angaben nach § 313 Abs. 1 Nr. 1, 4 und teilweise Nr. 6 enthalten sein.

37 Der gesamte notwendige **Inhalt** der Unterwerfungserklärung (Bezeichnung des Schuldners, des Gläubigers, des Anspruchs, alle Umstände, von denen die Zwangsvollstreckung abhängig sein soll) ist zu beurkunden.[17] Verweise sind nur im Rahmen der §§ 9a, 13 BeurkG zulässig. Soweit die materiellrechtliche Erklärung des Schuldners nicht beurkundungspflichtig ist, ist nur die Unterwerfungserklärung formbedürftig. Bei einer Nachverpfändungserklärung reicht es aus, wenn die ursprüngliche Grundschuldbestellungsurkunde gemäß § 13a BeurkG durch Bezugnahme zum Gegenstand der Nachverpfändungserklärung mit Vollstreckungsunterwerfung gemacht wird, da auch die in § 13a BeurkG vorgesehene Beurkundungsform eine vollgültige Form der Beurkundung von Willenserklärungen und damit auch uneingeschränkt für die Beurkundung der Zwangsvollstreckungsunterwerfung zulässig ist.[18]

38 Ein teilweiser Formverstoß führt nicht zur Teilunwirksamkeit der Unterwerfungserklärung, § 139 BGB ist nicht anwendbar.[19]

39 **c) Urkundsgegenstand. aa) Anspruchsinhalt.** Die Unterwerfung kann bezüglich aller privatrechtlichen und öffentlich-rechtlichen **Ansprüche** erklärt werden, die einer vergleichsweisen Regelung zugänglich sind,[20] also Ansprüche auf Geld, Herausgabe, Vornahme von Handlungen, auf Duldung oder auf Unterlassung. Wichtig ist, dass der Anspruch selbst nicht in derselben Urkunde begründet werden kann, jedoch nicht muss[21] und dass der Schuldner den Inhalt und die Reichweite der gegen ihn vollstreckbaren Urkunde festlegt.[22]

40 Als zulässiger Urkundsinhalt **ausgenommen** sind Ansprüche auf Abgabe einer Willenserklärung (§ 894 ZPO setzt einen der Rechtskraft fähigen Titel voraus) und Streitigkeiten über den Bestand eines Mietverhältnisses über Wohnraum, soweit sich der Anspruch daraus gegen den Mieter richtet.[23] Dazu gehören die

12 BGH NJW 1998, 2830 (Ls.).
13 BGH BeckRS 21498 Rn. 20.
14 *Krafka/Seeger* ZNotP 2011, 445.
15 *Bohrer* DNotZ 2008, 39 (44).
16 BVerwG NJW 1996, 608 (611).
17 OLG Oldenburg NJW 2015, 709; LG Osnabrück BeckRS 2011, 20345; MüKoZPO/*Wolfsteiner* § 794 Rn. 199.
18 OLG Hamm NJOZ 2017, 619.
19 BGH NJW 1985, 2423; BeckOK ZPO/*Hoffmann*, 43. Ed. 1.12.2021, § 794 Rn. 43; MüKoZPO/*Wolfsteiner* § 794 Rn. 200.
20 BGH NJW-RR 2006, 645 (646) Rn. 8.
21 BGH NJW 1979, 928.
22 MüKoZPO/*Wolfsteiner* § 794 Rn. 165.
23 MüKoZPO/*Wolfsteiner* § 794 Rn. 220.

Wirksamkeit bzw. Unwirksamkeit eines (Unter-)Mietverhältnisses, unabhängig von der Anspruchsgrundlage oder davon, ob die Frage des Bestands nur eine Vorfrage eines anderen Leistungsanspruchs ist. Mit Wohnraum sind Räume gemeint, die dem privaten Aufenthalt von Menschen dienen und zu diesem Zweck vermietet werden.[24] Entscheidend ist die vertraglich vereinbarte Nutzung und nicht die tatsächliche Nutzung der Räume.[25] Somit ist eine Unterwerfung durch den Mieter bezüglich des Anspruchs auf Räumung, Überlassung oder Herausgabe von Wohnraum bei Streit über den Bestand des Mietverhältnisses nicht zulässig.

Bei einem **Mischmietvertrag** erfolgt eine Aufteilung des Mietverhältnisses, soweit die Mieträume in Wohn- und Gewerberäume trennbar sind. Mangels Trennbarkeit ist der Schwerpunkt des Mietverhältnisses maßgeblich.[26] 41

Zulässig ist dagegen die Unterwerfung bezüglich des **Zahlungsanspruchs** aus einem unstreitigen Mietverhältnis oder eines Räumungs-/Herausgabeanspruchs nach der unstreitigen Beendigung eines Mietverhältnisses. 42

Ebenfalls zulässig ist die Begründung eines **Anspruchs auf Räumung** durch den Eigentümer im Rahmen der Veräußerung seines Grundstücks.[27] Nach rechtswirksamem Rücktritt von einem Grundstückskaufvertrag und der daraufhin erfolgenden Rückabwicklung samt vereinbarter Nutzungsvereinbarung zwischen den Parteien ist ebenfalls kein Mietvertrag über Wohnraum, sondern die Nutzungsvereinbarung dient nur der Rückabwicklung des Vertrags und eine entsprechende Vollstreckungsunterwerfung ist zulässig.[28] 43

Beispiele: 44

- Die Unterwerfung bezüglich des Duldungsanspruchs aus §§ 1113/1191, 1147 BGB und die Unterwerfung bezüglich der persönlichen Haftung aus §§ 780, 781 BGB können in einer Urkunde erklärt werden; die rechtliche Bewertung, dass es sich um zwei selbstständige Ansprüche handelt, ändert sich dadurch nicht.
- Die Unterwerfung bezüglich des Kaufpreisanspruchs ist nicht zugleich eine Unterwerfung bezüglich (sekundärer) Schadensersatzansprüche.[29]
- Unterwerfung wegen einer Bürgschaftsschuld ist weder zugleich Unterwerfung wegen der durch § 765 BGB gesicherten Forderung noch wegen einer neuen Forderung, soweit keine Auswechslung der zu sichernden Forderung vereinbart wurde.[30]

bb) Durchsetzbarkeit. Der Anspruch darf weder gegen die guten Sitten nach § 138 BGB noch gegen ein gesetzliches Verbot nach § 134 BGB verstoßen, zB keine wirksame Unterwerfung im Bauträgervertrag, wenn der Notar ermächtigt wird, die Zwangsvollstreckungsklausel ohne besondere Nachweise zu erteilen und damit verstößt die Unterwerfungserklärung gegen §§ 3, 12 MaBV[31] und dies kann über § 767 geltend gemacht werden. Der Anspruch darf auch nicht aus einer unvollkommenen Verbindlichkeit herrühren (zB Spiel, Wette) oder mangels Form nicht wirksam begründet sein. 45

24 BGH NJW 1997, 1845.
25 OLG Frankfurt/M. NJOZ 2008, 4473 (4474).
26 BGH NJW 2014, 2864; *Müller* RNotZ 2010, 167 (170).
27 MüKoZPO/*Wolfsteiner* § 794 Rn. 223.
28 AG Dillenburg BeckRS 2019, 36947.
29 OLG Hamm NJW-RR 1996, 1024; BGH NJW 1980, 1050 (1051).
30 BGH NJW-RR 1989, 509 (510); NJW 1980, 1050 (1051).
31 BGH NJW 1999, 51; OLG München MittBayNot 2009, 462.

46 cc) **Bestimmtheit usw.** Der Anspruch muss in der Urkunde bestimmt genug bezeichnet sein.[32] Neben der Person des Schuldners und des Gläubigers, der zumindest bestimmbar sein muss, bedarf es der bestimmten Angabe des vollstreckbaren Anspruchs, so dass die Urkunde über einen vollstreckungsfähigen Inhalt verfügt. Bei Personenmehrheit auf Schuldner- oder Gläubigerseite bedarf es zwingend der Angabe eines Gemeinschaftsverhältnisses.

47 Zu beachten ist auch, dass grds. Schuldner und Gläubiger nicht identisch sein können. Dies gilt ausnahmsweise nicht bei dinglichen Rechten, die als Eigentümerrechte zugelassen sind, und im Falle von anerkannten Sondervermögen, zB Vorerbschaft.[33]

48 Insoweit nicht ausreichend mit der Folge, dass die Unterwerfungserklärung nichtig ist,[34] ist es, sich „wegen aller Ansprüche, die einer Unterwerfung zugänglich sind[35] oder „wegen der in der Urkunde eingegangenen Zahlungsverpflichtungen, die eine bestimmte Geldsumme zum Gegenstand haben"[36] der Zwangsvollstreckung zu unterwerfen, zumal iÜ die bloße Bestimmbarkeit des Anspruchs nicht ausreicht. Der Anspruch und dessen Höhe müssen sich aus der Urkunde selbst ergeben.[37]

49 Bedingungen des Anspruchs stehen der Unterwerfungserklärung nicht entgegen. Der Schuldner kann sich auch bezüglich eines künftigen Anspruchs der Zwangsvollstreckung unterwerfen (zB nach einem wirksamen Vertragsangebot).[38]

50 **Beispiele:**

- Zahlungsansprüche sind betragsmäßig zu bezeichnen oder müssen sich aus der Urkunde errechnen lassen.[39] Wertsicherungsklauseln sind bestimmt genug bei Bezugnahme auf den Lebenshaltungskostenpreisindex des Statistischen Bundesamts,[40] da dieser offenkundig iSd § 291 ist.
- Zinsansprüche sind mit der Zinshöhe (ausreichend ist eine Anknüpfung an den Basiszinssatz des § 247 BGB ohne Angabe eines Höchstzinssatzes;[41] beachte insoweit auch Art. 229 § 7 Abs. 1 S. 1 Nr. 2 EGBGB), deren Berechnungsweise (zB jährlich oder monatlich) und mit deren Zinsbeginn zu bezeichnen. Als Zinsbeginn genügt neben einem konkreten Datum auch die Formulierung „ab heute", „ab Bewilligung" oder „ab Grundbucheintragung".[42] Dies gilt auch für potenzielle Verzugszinsen. Der Zinsbeginn bei Kaufpreisfälligkeit und damit die Bestimmung des Zinsbeginns anhand von Umständen, die nicht offenkundig sind oder nicht aus der Urkunde ersichtlich ist, ist zu unbestimmt für die Zwangsvollstreckung.[43] Damit bedarf es für die Unterwerfung bezüglich der Zinsen idR immer der Angabe eines konkreten Datums. Dies gilt entsprechend auch für sonstige Nebenleistungen einer Geldforderung. Die Unterwerfung wegen Zinsen unter Angabe eines Höchstzinssatzes ist bestimmt genug, soweit nur die Höhe des Zinsan-

32 BGH NJW 2015, 1181, vgl. dazu BLAHG/ZPO § 794 Rn. 22 ff.
33 MüKoZPO/*Wolfsteiner* § 794 Rn. 187.
34 BGH NJW 2015, 1181 Rn. 13 ff.
35 BGH NJW 2015, 1181 Rn. 9 ff.
36 BGH NJW 2015, 1181 Rn. 20.
37 OLG München BeckRS 2012, 08409.
38 BGH NJW 1976, 567 (568).
39 BGH NJW-RR 2000, 1358 (1359).
40 BGH NJW 2007, 294; NJW-RR 2005, 366.
41 BGH NJW 2006, 1341.
42 BGH NJW-RR 2000, 1358 (1359).
43 OLG Düsseldorf NJW-RR 1988, 698.

spruches bedingt ist, nicht aber die Unterwerfungserklärung unter einer Bedingung erfolgt.[44]

- Nicht bestimmt genug ist eine Anrechnungsklausel bei einem Zahlungsanspruch, wenn sich die anzurechnenden Beträge nicht aus der Urkunde ergeben.[45]
- Zahlungsansprüche mit Bezugnahme auf außerhalb der Urkunde liegende Umstände (zB Besoldungstabelle) sind zu unbestimmt;[46] anders ist dies für Kindesunterhalt: die Bezeichnung von Unterhaltsansprüchen in dynamischer Form als Prozentsatz des jeweiligen Mindestunterhalts gemäß § 1612a BGB ist bestimmt genug, da insoweit auf offenkundige Umstände außerhalb der Urkunde Bezug genommen wird (zum Unterhaltsanspruch → Rn. 80 f., 95); dies gilt neben Kindesunterhalt für Bezugnahmen auf BGBl. oder auf Grundbucheintragungen.[47]
- Zu unbestimmt ist die Unterwerfung wegen unbezifferter Kosten eines Rechtsstreits.[48]
- Bei einer Unterwerfung gegenüber dem jeweiligen Gläubiger steht der Anspruch aus dem Schuldversprechen auch nur dem Grundschuldgläubiger zu und ein Rechtsnachfolger des Schuldversprechensgläubiger muss für die Klauselumschreibung seine Gläubigerstellung bezüglich der Grundschuld nachweisen.[49]
- Bei Herausgabeansprüchen muss die herauszugebende Sache so genau bezeichnet werden, dass sie durch das Vollstreckungsorgan (Gerichtsvollzieher, vgl. § 883) eindeutig identifiziert werden kann.[50]

dd) Unterwerfung unter sofortige Zwangsvollstreckung. Der Schuldner des Anspruchs hat sich der sofortigen Zwangsvollstreckung in sein gesamtes Vermögen oder in einen bestimmten Vermögensteil zu unterwerfen, damit die notarielle Urkunde zu einem zur Vollstreckung geeigneten Titel wird (Einzelheiten → Rn. 53 ff.). 51

ee) Altes Recht. Die Beschränkungen des § 794 Abs. 1 Nr. 5 wurden zum 1.1.1999 aufgehoben und insoweit dem kurz zuvor eingeführten Anwaltsvergleich gleichgestellt. Nach Art. 3 Abs. 4 und Art. 4 Abs. 1 des 2. ZwVÄndG bleiben Urkunden wirksam, die vor dem 1.1.1999 errichtet wurden, und zwar mit dem Inhalt nach § 794 Abs. 1 Nr. 5 aF Der Zeitpunkt der Errichtung bestimmt sich nach § 13 BeurkG (→ BeurkG § 13 Rn. 5 ff.). 52

3. Unterwerfung unter sofortige Zwangsvollstreckung. a) Rechtsnatur. Die Unterwerfungserklärung ist keine materiellrechtliche Verfügung, sondern eine einseitige **Prozesshandlung**, die nicht der Annahme des Gläubigers bedarf – gerichtet auf die Schaffung eines Zwangsvollstreckungstitels – und unabhängig von der zugrundeliegenden schuldrechtlichen Verpflichtung zur Unterwerfung.[51] Beides unterliegt bei formularmäßiger Verwendung der Überprüfung nach §§ 305 ff. BGB (→ Rn. 75 ff.). 53

b) Prozesshandlungsvoraussetzungen. Der Schuldner muss im Zeitpunkt seiner Erklärung vor dem Notar nach einer Meinung **rechts- und geschäftsfähig**[52] 54

44 NJW 1983, 2262 (2263).
45 BGH NJW 2006, 695; *Zenker* FamRZ 2006, 1248.
46 BGH NJW 2010, 1365 (1366).
47 BGH NJW-RR 2005, 366; 2000, 1358 (1359); NJW 1995, 1162.
48 MüKoZPO/*Wolfsteiner* § 794 Rn. 176.
49 BGH NJW 2008, 918.
50 BGH NJW 2015, 2812 (2815).
51 BGH NJW-RR 2008, 1075 (1076); NJW 1985, 2423.
52 Stellvertretend MüKoZPO/*Wolfsteiner* § 794 Rn. 153 f.

(insbes. damit die Handlungsvoraussetzungen für das materielle und prozessuale Recht übereinstimmen) bzw. nach einer anderen Meinung partei- und prozessfähig[53] sein. Seine Erklärung ist als Prozesshandlung nicht anfechtbar und nicht widerruflich. Die Unterwerfung ist der Auslegung zugänglich,[54] aber die Umstände, die zur Auslegung herangezogen werden, müssen sich aus der Urkunde selbst ergeben.

55 c) **Erklärung und Umfang**[55] Mit der Unterwerfung unter die sofortige Zwangsvollstreckung ist gemeint, dass es vor der Zwangsvollstreckung keines gerichtlichen Verfahrens mehr bedarf. Die Unterwerfung ist stets **ausdrücklich** zu erklären, eine stillschweigende Abgabe der Erklärung kann es nicht geben. Umstritten ist, ob in einer bloßen Angebotsannahme eine Unterwerfungserklärung enthalten ist, wenn in dem Angebot eine Unterwerfung erklärt wurde.[56]

56 Eine **Beschränkung** hinsichtlich Zeit/Ort/Gegenstand der Zwangsvollstreckung ist zulässig, genauso auch der Verzicht des Schuldners auf den Nachweis der Anspruchsentstehung und dessen Fälligkeit,[57] wie dies typischerweise bei Grundschulden und bezüglich des Kaufpreisanspruchs bei einem Grundstückskaufvertrag erfolgt. Bei abstrakten Sicherheiten (zB Grundschuld) muss zwischen der Verwendungsbeschränkung in der Sicherungsabrede und Vollstreckungsbeschränkungen unterschieden werden.[58] **Nicht zulässig** ist es, dass der Schuldner in der Urkunde andere Nachweise als die Urkunden des § 726 Abs. 1 für ausreichend erklärt.

57 Die Urkunde führt grds. nicht zu einer **Beweislastumkehr**;[59] anders ist dies jedoch bei einem abstrakten Schuldanerkenntnis nach §§ 780, 781 BGB.

58 d) **Stellvertretung.** Die **Vertretung** ist zulässig, da die Unterwerfungserklärung nicht (höchst-)persönlich abzugeben ist. Maßgebend für die Vollmacht sind nach einer Meinung §§ 164 ff. BGB[60] bzw. nach einer anderen Meinung als Prozesshandlung §§ 78 ff. ZPO bzw. § 11 FamFG mit Ausnahme des § 79 ZPO bzw. § 10 FamFG.[61] Letztere Meinung führt uU dazu, dass sich die Vertretung hinsichtlich der materiellen Rechtslage in einer Urkunde anders beurteilt als die Vertretung bezüglich der Unterwerfungserklärung.

59 Die **Vertretungsmacht** kann sich aus Gesetz oder aus einer entsprechenden Vollmacht ergeben. Auch eine Prokura gewährt die Vertretungsmacht zur Abgabe einer Unterwerfungserklärung (§ 49 Abs. 1 HGB). Eine Befreiung von den Beschränkungen des § 181 BGB in einer Vollmacht ist nicht generell ausgeschlossen. Sie kommt insbes. dann in Betracht, wenn die Vollmacht für die Unterwerfungserklärung Teil einer Vollmacht für das zugrundeliegende materielle Rechtsgeschäft ist und der Vollmachtnehmer beide Erklärungen in einer Urkunde erklärt. **Nicht zulässig** ist es, dass der Schuldner den Gläubiger zur Unterwerfung bevollmächtigt.[62] Kraft Gesetzes befugt, die Unterwerfung zu erklären, sind der Testamentsvollstrecker nach §§ 2205, 2206 BGB, der Nachlassverwal-

53 BeckOK ZPO/*Hoffmann*, 43. Ed. 1.12.2021, § 794 Rn. 44.
54 BGH NJW 2008, 3363 Rn. 7; DNotZ 2011, 264.
55 Vgl. dazu BLAHG/ZPO § 794 Rn. 37 ff.
56 OLG Celle DNotI-Report 2005, 93; Lösungen in MüKoZPO/*Wolfsteiner* § 794 Rn. 194.
57 BGH NJW-RR 2006, 567.
58 BGH DNotZ 2011, 264.
59 BGH MittBayNot 2001, 386.
60 MüKoZPO/*Wolfsteiner* § 794 Rn. 157.
61 BGH NJW 2004, 839 (844); NJW 2008, 2266 (2268), LG Münster RNotZ 2009, 169 (170).
62 MüKoZPO/*Wolfsteiner* § 794 Rn. 159.

ter nach §§ 1984, 1985 BGB, der Insolvenzverwalter nach §§ 80, 90 InsO und der allein verwaltende Ehegatte bei der Gütergemeinschaft.

Auf die Grundsätze zur **Rechtscheinvollmacht** kann sich der Gläubiger nicht berufen.[63] 60

Bei einer Vertretung **ohne Vertretungsmacht**, die nach § 89 analog zulässig ist, wird die Unterwerfungserklärung erst mit deren Genehmigung wirksam (§§ 180, 185 BGB analog).[64] Eine fehlende Vollmacht oder Genehmigung kann im Rahmen der Klauselerinnerung gerügt werden. 61

Der **Nachweis** der Vollmacht bzw. der Genehmigung ist grds. formfrei möglich, also schriftlich wegen § 80.[65] Trotzdem muss der Nachweis wegen § 726 entsprechend als öffentliche bzw. öffentlich beglaubigte Urkunde im Klauselerteilungsverfahren erfolgen.[66] Ohne formgerechten Nachweis darf die vollstreckbare Ausfertigung nicht erteilt werden, wenn der formgerechte Nachweis erst im Klauselerteilungsverfahren erfolgt. Zudem ist dann auch die Zustellung der Vollmachtsurkunde zusammen mit der qualifizierten Vollstreckungsklausel erforderlich.[67] 62

Beispiele: 63

- Eine Vollmacht zur Beleihung eines (Kauf-)Objektes ermächtigt nur zu einer Grundpfandrechtsbestellung, aber nicht auch zur Abgabe einer Unterwerfungserklärung nach § 800, da die Unterwerfungsklausel ein selbstständiges prozessuales Nebenrecht ist.[68]
- → Rn. 75 ff.

e) Verstöße und deren Folgen. aa) Allgemeines. Die Unterwerfungserklärung ist **unabhängig** von materiellrechtlichen Erklärungen in der Urkunde[69] und hat ihrerseits auch keine **Auswirkungen** auf die materielle Rechtslage, zB die Nichtigkeit einer beurkundeten Schuldverpflichtung iSd §§ 780, 781 BGB oder die Formunwirksamkeit des der Unterwerfung zugrundliegenden materiellen Anspruchs führen nicht zur Unwirksamkeit der Unterwerfungserklärung. Dies gilt auch bei formunwirksamen, materiellrechtlichen Erklärungen[70] und auch dann, wenn die Erklärungen zur Unterwerfung und zum materiellen Recht in einer Urkunde verbunden sind. 64

Bei **Teilunwirksamkeit** der Unterwerfungserklärung gilt § 139 BGB nicht, so dass die Unwirksamkeit nicht die gesamte Unterwerfungserklärung erfasst und die Zwangsvollstreckung aus dem wirksamen Teil der Unterwerfungserklärung zulässig ist.[71] 65

bb) Unwirksamkeit aus materiellem Recht. Zur Unwirksamkeit der Unterwerfungserklärung führt die fehlende Konkretisierung/Bestimmbarkeit des Anspruchs,[72] ein Verstoß gegen §§ 3, 12 MaBV[73] oder der Verstoß gegen das Rechtsberatungsgesetz, da die Nichtigkeit eines Treuhandvertrags wegen Art. 1 66

63 BGH NJW 2003, 1594 (1595); NJW 2004, 839 (841); MittBayNot 2008, 204 (205).
64 BGH NJW-RR 2007, 358 (359); OLG Braunschweig BeckRS 2013, 05405.
65 BGH NJW 2004, 839 (841); NJW-RR 2010, 67 (68).
66 BGH NJW 2008, 2266; BayOBLG BayObLGZ 1964, 75 (76) = DNotZ 1964, 573.
67 BGH NJW 2008, 2266 (2267) Rn. 9, 13; MittBayNot 2007, 337.
68 OLG Düsseldorf OLGZ 1988, 297 (298).
69 BGH NJW-RR 2008, 1075 (1076); NJW 2003, 1594 (1595).
70 BGH NJW 1994, 2755 (2756).
71 BGH NJW 1985, 2423; MüKoZPO/*Wolfsteiner* § 794 Rn. 200.
72 BGH NJW-RR 2012, 1342; NJW 2015, 1181.
73 BGH NJW 2002, 138.

§ 1 Abs. 1 Nr. 1 RBerG iVm § 134 BGB auf die Vollmacht zur Abgabe der Unterwerfungserklärung durchschlägt.[74] Dagegen führt der Einwand, der Unterwerfungserklärung lag kein materiellrechtlicher Anspruch zugrunde, nicht zur Unwirksamkeit und ist als solches ausgeschlossen (zur Geltendmachung über § 767 → Rn. 92, 94).

67 cc) **Unwirksamkeit aus prozessualem Recht.** Die Unterwerfungserklärung ist unwirksam, wenn der Gläubiger oder der Anspruch nicht hinreichend bestimmt bezeichnet sind[75] oder wenn die Vollmacht nicht ordnungsgemäß nachgewiesen wurde.[76]

68 dd) **Treuwidrige Berufung auf Unwirksamkeit, § 242 BGB.** Der Geltendmachung der Unwirksamkeit kann § 242 BGB entgegenstehen, soweit eine Verpflichtung zur persönlichen Unterwerfung besteht.[77]

69 **f) Grundpfandrechte und die Besonderheit des § 800.** Bei Grundpfandrechten kann sich der Schuldner wegen des **Anspruchs aus dem Grundpfandrecht** der sofortigen Zwangsvollstreckung unterwerfen. Dazu bedarf es der Angabe des Grundpfandrechts und des Belastungsgegenstands.[78] Erfolgt die Unterwerfung nur wegen eines Teils des Grundpfandrechts, so muss dieser Teil bestimmt genug bezeichnet sein (zB wegen eines „zuletzt zu zahlenden Teilbetrags in Höhe von").

70 Bei der **Hypothek** ist in der Urkunde zwischen der Hypothek und der gesicherten Forderung zu unterscheiden. Der Schuldner kann sich in einer Urkunde bezüglich beider Ansprüche der sofortigen Zwangsvollstreckung unterwerfen.

71 Bei der Sicherungsgrundschuld ist der zwingende **§ 1193 Abs. 2 S. 2 BGB** zu beachten, andernfalls kann das Grundbuchamt die Eintragung verweigern.[79] Der Schuldner kann auf den Schutz des § 1193 Abs. 2 S. 2 BGB nicht verzichten.[80] Zugleich ist in der Grundschuldbestellungsurkunde die Erklärung unter die sofortige Vollstreckung bezüglich der gesicherten Forderung möglich; in der Regel enthält die Bestellungsurkunde ein abstraktes Schuldversprechen samt Unterwerfung, für das die Beschränkung des § 1193 BGB nicht gilt. Die Kündigung ist grds. bei der Klauselerteilung durch den Gläubiger nachzuweisen, § 726. Ein Verzicht des Schuldners auf den Nachweis der Kündigung ist jedoch zulässig.[81]

72 Der Eigentümer kann sich auch bei der Bestellung einer Eigentümergrundschuld der Vollstreckung unterwerfen. § 1197 Abs. 1 BGB greift erst im Zwangsversteigerungsverfahren ein.[82] Ein Schuldverhältnis iSd §§ 780, 781 BGB kann bei der Bestellung einer Eigentümergrundschuld nicht begründet werden, eine entsprechende Regelung in der Urkunde ist nur als Angebot an den zukünftigen Grundschulderwerber zu verstehen,[83] das aber mangels noch nicht feststehendem Gläubiger nicht wirksam ist.[84]

---

74 BGH NJW 2003, 1594 (1595).
75 BGH NJW-RR 2004, 1135 (1136); NJW 1957, 23.
76 BGH BeckRS 2012, 17947 Rn. 9.
77 BGH NJW 2010, 1144 (1145); 2007, 1813 (1814); 2005, 1576 (1577).
78 MüKoZPO/*Wolfsteiner* § 794 Rn. 242.
79 BGH NJW 2014, 1450.
80 LG Memmingen RPfleger 2013, 691.
81 BGH BWNotZ 2020, 421; DNotZ 2021, 692; DNotZ 2009, 103; LG Münster BeckRS 2018, 34763.
82 BGH NJW 1975, 1356 (1357).
83 BGH NJW 1976, 567 (568).
84 MüKoZPO/*Wolfsteiner* § 794 Rn. 242; aA BeckOK ZPO/*Hoffmann*, 43. Ed. 1.12.2021, § 794 Rn. 50.1.

Der Rechtsnachfolger des Gläubigers bedarf der **Klauselumschreibung** nach § 727. Dies gilt grds. auch bei der Rechtsnachfolge auf Schuldnerseite. Nach § 800 kann sich der Schuldner als Eigentümer der Zwangsvollstreckung auch für und gegen den jeweiligen/künftigen Eigentümer unterwerfen; dies gilt nur für Grundpfandrechte und nicht für Reallasten. Wegen §§ 727, 325 ist eine Urkunde gegen den jeweiligen Eigentümer nicht notwendig und die Bedeutung des § 800 ist mittlerweile unklar, aber weiterhin gängige Praxis.[85] 73

Für die Unterwerfung nach § 800 bedarf es zusätzlich einer Erklärung (die bloße Bezugnahme auf § 800 reicht nicht aus) und der expliziten Grundbucheintragung. Eine Eintragung über § 874 BGB ist unzulässig.[86] 74

g) **Sonstige Besonderheiten.** aa) **AGB.** Während die Rechtsprechung die §§ 305 ff. BGB auch bezüglich verfahrensrechtlicher Erklärungen, und damit auf die Unterwerfungserklärung, für anwendbar erachtet,[87] wird dies in der herrschenden Lehre abgelehnt.[88] Einigkeit besteht darüber, dass die Vereinbarung des Schuldners mit dem Gläubiger, dass sich der Schuldner der sofortigen Zwangsvollstreckung unterwirft, der Klauselkontrolle nach §§ 305 ff. BGB unterliegt. Dazu gilt: 75

Der formularmäßige Vordruck zur Grundschuldbestellung mit abstrakten Schuldversprechen und den dazugehörigen Unterwerfungserklärungen verstoßen grds. nicht gegen §§ 305 ff. BGB:[89] sie sind weder überraschend iSd § 305c Abs. 1 BGB, noch stellen sie eine unangemessene Benachteiligung iSd § 307 Abs. 2 BGB dar, zumal die Unterwerfungserklärung explizit im Gesetz vorgesehen ist. Dies gilt auch bei einer Beweislastumkehr beim abstrakten Schuldanerkenntnis.[90] IÜ liegt kein Verstoß gegen § 309 Nr. 12 BGB vor, da die Unterwerfungserklärung bezüglich eines Grundpfandrechts an sich nicht zur Beweislastumkehr führt.[91] Die Unterwerfung bezüglich §§ 780, 781 BGB bei der Grundschuldbestellung ist nicht nur kein Verstoß gegen §§ 305 ff. BGB, sondern auch kein Verstoß gegen § 496 Abs. 3 BGB, der auch nicht analog auf abstrakte Schuldanerkenntnisse anwendbar ist.[92] 76

Bei **Werkverträgen** bzw. **Bauträgerverträgen** gelten folgende Besonderheiten: Eine formularmäßige Unterwerfungserklärung wegen der Werklohnraten in Abhängigkeit vom Baufortschritt ist in Bauverträgen stets unwirksam.[93] Diese Unterwerfung ist aber auch in sonstigen Werkverträgen unwirksam, wenn in der Urkunde auf den Nachweis der Fälligkeit verzichtet wurde (wegen der Gefahr der Vorleistung durch den Auftraggeber, die dem Gesetz fremd ist und somit gegen § 307 Abs. 2 Nr. 1 BGB verstößt)[94] oder wenn der Nachweis der Fälligkeit durch einen mit dem Bauunternehmer verbundenen Architekten oder Bauleiter geführt werden soll (dies stellt keinen objektiven Nachweis dar, die Erklärung des Architekten/Bauleisters gilt wegen des Näheverhältnisses zum Bauunternehmer als dessen Behauptung).[95] 77

85 Vgl. dazu MüKoZPO/*Wolfsteiner* § 800 Rn. 1 f.
86 LG Essen DNotZ 1957, 670.
87 BGH NJW 2010, 2041; 2002, 138; OLG Stuttgart NJW 1979, 222 (223).
88 MüKoZPO/*Wolfsteiner* § 794 Rn. 138; *Paulus* NJW 2003, 1692.
89 MüKoBGB/*Wurmnest* BGB § 307 Rn. 208 ff.
90 BGH NJW 2010, 2041 (2043); 1987, 904 (907).
91 BGH MittBayNot 2001, 386.
92 HM; BGH NJW 2005, 1576 (1578).
93 BGH NJW 1999, 51.
94 MüKoBGB/*Wurmnest* BGB § 307 Rn. 158.
95 OLG München MittBayNot 2009, 462; BGH NJW 2002, 138 (139).

78 **bb) Insolvenz des Schuldners.** Die Unterwerfung ist auch im laufenden Insolvenzverfahren durch Schuldner zu erklären,[96] für die ggf. erforderliche Grundbucheintragung bedarf es der Mitwirkung des Insolvenzverwalters, da der Schuldner nicht mehr verfügungsbefugt und damit auch nicht mehr antragsbefugt nach § 13 GBO ist.[97] Alternativ kann der Insolvenzverwalter die Unterwerfung erklären, jedoch nur im eigenen Namen und nicht namens des Insolvenzschuldners.[98]

79 **cc) GbR.** Durch die Unterwerfung durch alle (namentlich bezeichneten) Gesellschafter ist sowohl die Zwangsvollstreckung in das Vermögen der Gesellschaft als auch der einzelnen Gesellschafter zulässig.[99] Die Zustellung der Vollstreckungsklausel reicht an den bzw. die vertretungsberechtigten Geschäftsführer der GbR bzw. mangels Geschäftsführer an einen Gesellschafter.[100]

80 **dd) Unterhaltsansprüche.** Die Unterwerfung kann wegen fester Unterhaltsbeträge als auch wegen dynamisierter Unterhaltsbeträge nach § 1612a BGB erklärt werden. Die Bezeichnung von Unterhaltsansprüchen in dynamischer Form als Prozentsatz des jeweiligen Mindestunterhalts gemäß § 1612a BGB ist bestimmt genug, da insoweit auf offenkundige Umstände außerhalb der Urkunde Bezug genommen wird. Die Beschränkung des § 249 FamFG ist nicht zu beachten. Unwirksam ist eine Unterwerfung wegen Unterhaltsansprüchen, wenn hierbei pauschal auf die Düsseldorfer Tabelle verwiesen wird.[101]

81 Die nachträgliche Abänderung (auch rückwirkend) kann nicht über § 240 FamFG, sondern nur über § 239 FamFG erfolgen (→ Rn. 95). Soweit dem Kind auch nach Eintritt der Volljährigkeit Unterhalt zu zahlen ist, kann der Einwand der fehlenden Minderjährigkeit gegen die Zwangsvollstreckung aus der notariellen Urkunde nicht erhoben werden (§ 244 FamFG).

82 **ee) § 1365 BGB.** Nicht zur Unwirksamkeit führt § 1365 BGB, da die Unterwerfung nicht dessen Zustimmungserfordernis unterliegt, weil durch die Unterwerfungserklärung der Vermögensbestand nicht berührt wird.[102]

83 **4. § 794 Abs. 2.** In den Fällen der §§ 737, 743, 745 Abs. 2, 748 Abs. 2 bedarf der Gläubiger zur Zwangsvollstreckung in diese Sondervermögen neben einem Leistungstitel auch einen Duldungstitel bezüglich aller Ansprüche, die Gegenstand eines Leistungstitels sein können. Als Duldungstitel kommt über § 794 Abs. 2 auch eine notarielle Urkunde mit Unterwerfung unter den Duldungsanspruch in Betracht. Die Norm ist neben den genannten Fällen auch auf § 748 Abs. 3 anwendbar.

84 **5. Vollstreckungsklausel, Wartefrist usw (§ 795).** Zur Zwangsvollstreckung bedarf es der Vorlage einer vollstreckbaren Ausfertigung beim jeweiligen Vollstreckungsorgan, die der Notar im Rahmen des § 52 BeurkG iVm §§ 797 Abs. 1 Nr. 2a, 802, 724 ff. erteilt. Zuständig für die Erteilung ist der verwahrende Notar, also der Urkundsnotar nach § 45 Abs. 1 BeurkG oder der verwahrende Notar gemäß § 45 Abs. 4 BNotO oder der Amtsnachfolger nach § 51 Abs. 1 BNotO. Nur wenn die Urkunde bei der Notarkammer oder bei Gericht verwahrt wird, ist die Notarkammer bzw. das Gericht zuständig, § 797 Abs. 1 Nr. 2 b, c (zB § 346 FamFG, § 34 Abs. 2, 3 BeurkG, §§ 45 Abs. 2, 51 Abs. 1, 4 BNotO).

96 OLG Hamm MittBayNot 2013, 407 (408).
97 DNotI-Report 2006, 85 (87).
98 OLG Hamm MittBayNot 2013, 407 (408).
99 BGH NJW 2004, 3632 (3634).
100 BGH NJW 2011, 615 (617); 2006, 2191 (2192).
101 OLG Koblenz MittRHNotK 1988, 45.
102 BGH NJW 2008, 3363 (3364) Rn. 13.

Zur Erteilung einer Klausel bedarf es eines Antrags des Gläubigers nach § 724, der teilweise von § 51 Abs. 1 Nr. 1, 2 BeurkG überlagert wird. Die Schuldnererklärung nach § 51 Abs. 2 BeurkG ist bis zur Erteilung der Ausfertigung an den Gläubiger[103] frei widerruflich. Eine Anhörung des Schuldners erfolgt nicht bei der einfachen Klausel nach § 730, bei einer qualifizierten Klausel ist die Anhörung möglich und wird durch den Notar in einem dem Gläubiger zuzustellenden Beschluss angeordnet. Schließlich bedarf es zur Klauselerteilung noch des Vorhandenseins einer wirksamen, geeigneten Urkunde mit Vollstreckungsunterwerfung. 85

Für den Fall der Klausel nach § 726 bedarf es ggf. auch eines **formgerechten Nachweises** über Entstehen und Fälligkeit. Dies gilt grds. auch für eine Sicherungsgrundschuld (§ 1193 Abs. 1 BGB). Ein Verzicht auf den Nachweis in der Urkunde ist zulässig und verstößt weder gegen § 1193 Abs. 2 S. 2 BGB noch gegen §§ 307 ff. BGB;[104] iÜ ist § 726 dispositiv. 86

Bei § 727 kann bei der Rechtsnachfolge auf Gläubigerseite auf die Grundbucheintragung zurückgegriffen werden, da dadurch die Rechtsnachfolge offenkundig ist (vgl. § 799). Dies gilt nicht für Briefgrundschulden, die außerhalb des Grundbuchs wirksam abgetreten wurden. 87

Für die Erteilung einer **weiteren vollstreckbaren Ausfertigung** nach § 733 ist seit dem 1.9.2013 ebenfalls der Notar zuständig[105] (§ 797 Abs. 2 Nr. 2). Dies gilt auch für vor dem 1.9.2013 errichtete Urkunden. 88

Für die Klauselerteilung nach §§ 724 ff., 733 entsteht eine Gebühr nach Nr. 23803 KV GNotKG (§ 118 GNotKG). Der Notar ist berechtigt, die Klauselerteilung zu verweigern, bis seine **Kosten** bezahlt sind (§ 11 GNotKG). 89

Der Beschluss, mit dem der Notar die Klauselerteilung **ablehnt**, erwächst in formelle Rechtskraft gemäß § 54 Abs. 2 S. 1 BeurkG iVm § 63 Abs. 1 FamFG und es ist deswegen zwischen der Zurückweisung wegen Unzulässigkeit und wegen Unbegründetheit unterscheiden. Zudem muss der Beschluss eine Rechtsmittelbelehrung enthalten.[106] 90

Vor Beginn der Zwangsvollstreckung ist die 2-Wochen-Frist des § 798 zu beachten. Maßgebend für die Fristberechnung ist die Zustellung der in § 750 Abs. 2 genannten Unterlagen (vollstreckbare Ausfertigung der Urkunde, ggf. Urkunden nach §§ 726, 727). Ein Verstoß gegen die **Wartefrist** wird mit Ablauf der Frist geheilt, so dass ein Fristverstoß idR nicht erfolgreich mit der Vollstreckungserinnerung nach § 766 gerügt werden kann. 91

6. Rechtsbehelfe (§ 797). Gegen die **Klauselerteilung** stehen dem Schuldner die Rechtsbehelfe nach §§ 732, 767, 768 unter Beachtung von §§ 797 Abs. 3 S. 1, 5, 800 Abs. 3 gegen den Gläubiger (und nicht gegen den Notar) zu. 92

Dem Gläubiger steht gegen die **Ablehnung der Klauselerteilung** neben der Klage nach §§ 731, 797 Abs. 5 Nr. 1 gegen den Schuldner (nicht gegen den Notar) die Beschwerde nach § 54 BeurkG zu (fristgerechte Einlegung beim Notar, der entweder der Beschwerde abhilft oder die Beschwerde mit seinem Nichtabhilfebeschluss dem zuständigen LG vorlegt, § 64 Abs. 2 FamFG). Dem Gläubiger steht keine Beschwerde nach § 15 Abs. 2 BNotO zu, da die Ablehnung der Klauselerteilung zum einen keine Amtsverweigerung darstellt und § 54 BeurkG zum anderen lex spezialis zu § 15 BNotO ist. 93

103 BayObLG DNotZ 2003, 847.
104 *Volmer* MittBayNot 2009, 1 (7).
105 BT-Drs. 17/1469, 15.
106 *Heinemann* DNotZ 2009, 6 (36).

94 Um materiellrechtliche Einwände zu erheben, steht dem Schuldner die Vollstreckungsabwehrklage nach § 767 zu. Die örtliche Zuständigkeit richtet sich ausschließlich nach § 797 Abs. 5 Nr. 2 bzw., §§ 800 Abs. 3, 802. Die Klage des Schuldners richtet sich gegen den Gläubiger und ist begründet, wenn und soweit der Anspruch materiellrechtlich nicht besteht, einredebehaftet ist oder nicht dem Beklagten zusteht.[107] Die ordnungsgemäße Urkundenerrichtung ist nicht Prüfungsgegenstand der Klage.[108] Der Schuldner ist mit seinen Einwänden nicht nach § 767 Abs. 2 präkludiert (§ 797 Abs. 4).

95 Enthält die Urkunde die Verpflichtung zur Zahlung von künftig fällig werdenden, wiederkehrenden Leistungen, so kann jeder Teil auf Abänderung der Urkunde klagen, § 239 FamFG, § 323a (→ Rn. 81). Soweit der Schuldner die Reduzierung seiner Zahlungsverpflichtung begehrt, bleibt ihm nur die gerichtliche Abänderung; nicht möglich ist eine einseitige Reduzierung durch eine neue notarielle Urkunde.[109]

96 Die Titelgegenklage nach § 767 analog oder das Verfahren nach § 732 stehen dem Schuldner zu, wenn er gegen die prozessuale Unwirksamkeit der Urkunde[110] oder gegen eine fehlende Vollmacht vorgehen will.[111]

107 BGH NJW 2008, 3640.
108 BGH NJW-RR 1999, 1080 (1081); DNotZ 1993, 235.
109 AG Halle BeckRS 2008, 26196.
110 BGH NJW 2015, 1181; MittBayNot 2010, 378 (382); NJW-RR 2004, 1135 (1136).
111 BGH NJW 2003, 1594.

Grundbuchordnung

In der Fassung der Bekanntmachung vom 26. Mai 1994 (BGBl. I S. 1114)
(FNA 315-11)
zuletzt geändert durch Art. 28 G zum Ausbau des elektronischen Rechtsverkehrs mit den Gerichten und zur Änd. weiterer Vorschriften vom 5. Oktober 2021 (BGBl. I S. 4607)
– Auszug –

§ 15 Vollmachtsvermutung des Notars

(1) [1]Für die Eintragungsbewilligung und die sonstigen Erklärungen, die zu der Eintragung erforderlich sind und in öffentlicher oder öffentlich beglaubigter Form abgegeben werden, können sich die Beteiligten auch durch Personen vertreten lassen, die nicht nach § 10 Abs. 2 des Gesetzes über das Verfahren in Familiensachen und in den Angelegenheiten der freiwilligen Gerichtsbarkeit vertretungsbefugt sind. [2]Dies gilt auch für die Entgegennahme von Eintragungsmitteilungen und Verfügungen des Grundbuchamtes nach § 18.

(2) Ist die zu einer Eintragung erforderliche Erklärung von einem Notar beurkundet oder beglaubigt, so gilt dieser als ermächtigt, im Namen eines Antragsberechtigten die Eintragung zu beantragen.

(3) [1]Die zu einer Eintragung erforderlichen Erklärungen sind vor ihrer Einreichung für das Grundbuchamt von einem Notar auf Eintragungsfähigkeit zu prüfen. [2]Dies gilt nicht, wenn die Erklärung von einer öffentlichen Behörde abgegeben wird.

Literatur:

Attenberger, § 378 Abs. 3 FamFG nF und § 15 Abs. 3 GBO nF – Notarielle Prüfung auf Eintragungsfähigkeit als Eintragungsvoraussetzung im Register- und Grundbuchverfahren und ausschließliche Einreichung über den Notar im Handelsregisterverfahren, MittBayNot 2017, 335; *Böttcher*, Das Grundbuchverfahren nach dem FamFG, Rpfleger 2011, 53; *Diehn/Rachlitz*, Notarielle Prüfungspflichten im Grundbuch- und Registerverkehr, DNotZ 2017, 487; *Meyer/Bormann*, Klarstellende Regelungen zur Vertretung im Grundbuch- und Registerverfahren, RNotZ 2009, 470; *Weber*, Von der Identitätskontrolle zur materiellen Richtigkeit – die neuen Prüfpflichten im Grundbuch- und Registerverkehr, RNotZ 2017, 427; *Zimmer*, Neue Prüfungspflichten des Notars – oder alles beim Alten?, NJW 2017, 1909.

I. Normzweck und Anwendungsbereich

1 Abs. 1 stellt gegenüber der für die Verfahren der freiwilligen Gerichtsbarkeit grundsätzlich geltenden allgemeinen Vertretungsregelung in § 10 Abs. 2 FamFG klar, dass im Grundbuchverfahren keinerlei Einschränkungen hinsichtlich der Vertretung im Verfahren sowie bei verfahrensbestimmenden Handlungen und Erklärungen in der ersten Instanz bestehen.

2 Abs. 2 trägt dem Umstand Rechnung, dass der **Grundbuchverkehr** in der Praxis ohnehin weitgehend **unter maßgeblicher Mitwirkung des Notars** abgewickelt wird. Wie auch § 24 BNotO und § 53 BeurkG zeigen, stellt der Vollzug der von ihm beurkundeten und beglaubigten Erklärungen der Beteiligten in Grundbuch und Register einen wesentlichen Teil der gesetzlichen Zuständigkeiten des Notars auf dem Gebiet der vorsorgenden Rechtspflege dar.[1] Zur Verfahrensvereinfachung **befreit Abs. 2 den Notar, bei einem Handeln als Vertreter im Grundbuchverkehr seine Verfahrensbevollmächtigung nachzuweisen.** § 24 Abs. 3 BNotO ergänzt die Vorschrift hinsichtlich einer Antragsrücknahme.

3 Ähnlich wie die Parallelnorm in **§ 378 Abs. 3 FamFG** verpflichtet Abs. 3 den Notar, die **„zur Eintragung erforderlichen Erklärungen" auf ihre Eintragungsfähigkeit zu prüfen** und damit für das Grundbuchamt zu filtern, was zu einer **erheblichen Entlastung** desselben führt.

II. Vertretung im Grundbuchverfahren (Abs. 1)

4 Abs. 1 stellt klar, dass § 10 FamFG **für öffentlich beurkundete und beglaubigte im Grundbuch eintragungsbedürftige Erklärungen nicht gilt.** In der Folge ist im Grundbuchverfahren eine Vertretung durch Bevollmächtigte uneingeschränkt möglich, Gleiches gilt für eine vollmachtlose Vertretung.[2] Neben der Eintragungsbewilligung iSd § 19 wird insbesondere auch die Zustimmung des Eigentümers zur Löschung von Grundpfandrechten nach § 27, nicht hingegen die Einigung iSd § 20 erfasst, für diese gelten allein die Vorschriften des materiellen Rechts.[3]

5 **Umstritten** ist die Anwendbarkeit des Abs. 1 im Hinblick auf den reinen, keine weiteren Verfahrenserklärungen enthaltenden **Grundbuchantrag iSd § 13.** Richtigerweise wird dieser von Abs. 1 nur erfasst, wenn er ebenfalls beurkundet oder beglaubigt ist, ist rechtfertigender Sachgrund für die Abweichung von § 10 FamFG doch die **durch den Notar gewährleistete Qualitätssicherung** für die Beteiligten wie auch das Grundbuchamt.[4] Das zu Grunde gelegt gelten für schriftliche Anträge sowie für solche zur Protokoll der Geschäftsstelle die Beschränkungen des § 10 Abs. 2 FamFG.[5] Vorstehende Grundsätze gelten entsprechend für die Antragsrücknahme.[6] **Abs. 1 S. 2** erstreckt die erweiterten Vertretungs-

1 Bauer/Schaub/*Wilke* § 15 Rn. 1a mit weitergehendem Verweis auf § 15 BNotO, der zumindest in Teilbereichen jedenfalls jenseits der Betreuung iSd § 24 BNotO auch eine Vollzugspflicht des Notars begründet.
2 Bauer/Schaub/*Wilke* § 15 Rn. 5a.
3 *Meyer/Bormann* RNotZ 2009, 470 (473).
4 Bauer/Schaub/*Wilke* GBO, § 15 Rn. 5a; *Meyer/Bormann* RNotZ 2009, 470 (474): abweichend und weitergehend *Böttcher* Rpfleger 2011, 53 (58); grundsätzlich gegen eine Anwendung von § 15 GBO *Schöner/Stöber* Grundbuchrecht Rn. 178.
5 Bauer/Schaub/*Wilke* § 15 Rn. 5a; abweichend OLG München FGPrax 2012, 194 (195) hinsichtlich eines Antrags auf Eintragung einer Zwangssicherungshypothek.
6 *Meyer/Bormann* RNotZ 2009, 470 (473).

möglichkeiten schließlich auch auf die Entgegennahme von Eintragungsmitteilungen sowie von Zwischenverfügungen des Grundbuchamtes nach § 18.

III. Vollmachtsvermutung für den Notar (Abs. 2)

Die Vermutung[7] des Abs. 2 gilt nur für Anträge, die von einem Notar in Vertretung und damit im Namen des/der Beteiligten gestellt werden. Weiterhin muss der vertretungswillige Notar die zur beantragten Eintragung erforderliche(n) Erklärung(en) selbst beurkundet oder beglaubigt haben. 6

1. Voraussetzungen in persönlicher und sachlicher Hinsicht. **In persönlicher Hinsicht** setzt die Vollmachtsvermutung des Abs. 2 voraus, dass ein **amtierender deutscher Notar** tätig wird, knüpft der Tatbestand doch an die besonderen Amtspflichten des nationalen deutschen Rechts an (vgl. etwa § 24 Abs. 3 BNotO), dies gilt selbst dann, wenn die von einem ausländischen Notar errichtete Urkunde im Übrigen grundbuchlich vollzugsfähig ist.[8] Irrelevant ist, welcher Spielart der Notariatsverfassung der Amtsträger angehört, der Anwaltsnotar kann die Vermutung des Abs. 2 jedoch nur dann für sich in Anspruch nehmen, wenn er tatsächlich als Notar aktiv wird und auftritt (vgl. dazu auch § 24 Abs. 2 BNotO). Reine Rechtsanwälte und (andere) Gerichtspersonen werden hingegen in keinem Fall erfasst.[9] 7

Die Vermutungswirkung greift so lange ein, wie die **Bestellung iSd § 1 BNotO rechtswirksam** Bestand hat und endet mithin mit dem Erlöschen des Amts nach § 47 BNotO. Das (vorübergehende) Gebot, sich der persönlichen Amtsausübung zu enthalten (vgl. §§ 8 Abs. 1 S. 2, 44 Abs. 1 S. 2, 55 Abs. 2 S. 1 BNotO) hat insoweit hingegen keinerlei Auswirkungen.[10] **Dem Notar gleich stehen der Notarvertreter wie auch der Notariatsverwalter**, nicht jedoch der nur in Bürogemeinschaft verbundene Sozius. Mit dem Erlöschen des Amtes geht die Berechtigung zur Antragstellung auf den **Amtsnachfolger** über.[11] 8

In sachlicher Hinsicht ist die Vollmachtsvermutung nach Abs. 2 nur anwendbar, wenn der Notar als **Vertreter** des/der Beteiligten auftritt, nicht hingegen, wenn er einen von diesen/diesem selbst erklärten und damit für den Notar fremden Antrag als **Bote** an das Grundbuchamt übermittelt.[12] 9

Zur Vermeidung von Missverständnissen erscheint es geboten, im Antragsschreiben hinreichend deutlich zu machen, in welcher Funktion der Notar auftritt.[13] Gleiches gilt für die Frage, für wen der Notar wie auftritt. Insbesondere wenn mehrere Beteiligte vorhanden sind, bedarf es besonderer Gründlichkeit bei der Antragstellung. Häufig erfolgt diese im Namen sowohl des/der Betroffenen als auch des/der Begünstigten, zwingend ist jedoch auch das nicht. Weil bei Fehlen einer entsprechenden Klarstellung und entgegenstehender Anhaltspunkte in der vorzulegenden Urkunde (wie etwa eigene Anträge bei einer Mehrzahl 10

---

7 Zum Verhältnis zu rechtsgeschäftlich erteilten Vollmachten und insbesondere auch zu Mitarbeitervollmachten vgl. KEHE/*Volmer* § 15 Rn. 64 ff.
8 KEHE/*Volmer* GBO, § 15 Rn. 15; BeckOK GBO/*Reetz* § 15 Rn. 23.
9 BeckOK GBO/*Reetz* § 15 Rn. 22, 23.
10 Bauer/Schaub/*Wilke* § 15 Rn. 7.
11 Ausführlich und mit weiteren Nachweisen KEHE/*Volmer* § 15 Rn. 16; vgl. ferner OLG München FGPrax 2014, 244.
12 Zur Abgrenzung von Vertretung und (bloßer) Botenschaft vgl. BeckOK GBO/*Reetz* § 15 Rn. 46.
13 Ausführliche Kasuistik zum Umgang mit in diesem Sinne nicht hinreichend deutlichen Anträgen bei Bauer/Schaub/*Wilke* § 15 Rn. 8 f. sowie KEHE/*Volmer* § 15 Rn. 37 ff.; zum Gebot der deutlichen Formulierung ferner Rn. 52 f.

von Beteiligten, die aber nur von einzelnen Antragsberechtigten erklärt sind)[14] im Grundsatz zu vermuten ist, dass der Antrag im Namen aller Antragsberechtigter gestellt ist,[15] ist auch insoweit auf eine **sorgfältige Formulierung des Antrags/der Anträge** zu achten.

11 Wegen der unterschiedlich weit reichenden Dispositionsbefugnis des Notars über den betreffenden Antrag (insbesondere mit Blick auf eine Antragsrücknahme; → Rn. 21) ist der Umfang mit Fällen problematisch, in denen eine **Antragstellung durch den Notar neben gleichlautende Eigenanträge der Beteiligten in der betreffenden Urkunde tritt.** Solange der Notar nicht ausdrücklich als Bote auftritt und/oder die Anträge der Beteiligten durch diese oder auch den Notar explizit gestellt werden, soll nach teilweise vertretener Auffassung im Ergebnis nur der Antrag des Notars als gestellt gelten.[16] Davon abweichend wird teilweise umgekehrt von einem Vorrang der von den Antragsberechtigten selbst gestellten Anträge ausgegangen,[17] teilweise wird von einem Nebeneinander der verschiedenen Anträge ausgegangen.[18]

12 Weiterhin ist in sachlicher Hinsicht erforderlich, dass der Notar die **für die Eintragung erforderliche Erklärung** gemäß den gesetzlichen Vorschriften (insbesondere des BeurkG) **beurkundet oder beglaubigt** hat.[19] Eine bloße Beratung reicht insoweit ebenso wenig aus wie das Entwerfen der betreffenden Urkunde oder auch die Vornahme einer bloßen Abschriftsbeglaubigung der betreffenden Urkunde.[20] Waren **mehrere Notare** in die Errichtung der betreffenden Urkunde(n) **involviert,** gilt die Vollmachtsvermutung nach Abs. 2 für jeden von ihnen.[21] Widersprechen sich die von diesen gestellten Anträge ist umstritten, ob insoweit der Prioritätsgrundsatz des § 17 zum Einsatz kommen soll,[22] oder ob diese unwirksam bzw. unbeachtlich sein sollen.[23]

13 Schließlich muss die betreffende Erklärung aus grundbuchverfahrensrechtlicher Sicht **für die beantragte Eintragung erforderlich** sein. Die Vollmachtsvermutung nach Abs. 2 bezieht sich daher **allein auf die unmittelbaren Eintragungsgrundlagen. Zu diesen zählen** die Eintragungsbewilligung nach § 19, die Auflassung nach § 20, die Abtretungs- und Verpfändungserklärung nach § 26, die Zustimmungserklärung nach §§ 22 Abs. 2, 27 sowie die Unterwerfungserklärung nach §§ 794 Abs. 1 Nr. 5, 800 ZPO.[24] **Nicht dazu zählen hingegen** das materiellrechtliche Grundgeschäft sowie der reine Eintragungsantrag und solche Erklä-

---

14 Vgl. zum Antrag auf Eintragung einer Auflassungsvormerkung OLG Jena FGPrax 2002, 150; ferner Bauer/Schaub/*Wilke* § 15 Rn. 9, der darauf hinweist, dass umgekehrt auch der Klarstellung bedarf, wenn ein Antrag auch im Namen eines Beteiligten gestellt werden soll, für den ein eigener Antrag nicht beurkundet worden ist.

15 Vgl. BayObLG RNotZ 2003, 183 (184); ferner BeckOK GBO/*Reetz* § 15 Rn. 40.

16 Siehe dazu ausführlich KEHE/*Volmer* § 15 Rn. 40 ff.; ferner *Schöner/Stöber* Grundbuchrecht Rn. 183.

17 OLG Hamm OLGZ 1988, 260 (262); tendenziell auch BeckOK GBO/*Reetz* § 15 Rn. 47, der allerdings zu Recht darauf hinweist, dass es letztlich Aufgabe des Notars ist, den Antrag/die Anträge hinreichend klar zu formulieren.

18 Vgl. BayObLG BayObLGZ 1955, 48 (53 f.); zu den daraus ggf. resultierenden praktischen Problemen *Schöner/Stöber* Grundbuchrecht Rn. 183.

19 Bauer/Schaub/*Wilke* § 15 Rn. 10.

20 BeckOK GBO/*Reetz* § 15 Rn. 29 mwN; zur Abschriftsbeglaubigung ferner KEHE/*Volmer* § 15 Rn. 20.

21 BeckOK GBO/*Reetz* § 15 Rn. 25.

22 So ferner Bauer/Schaub/*Wilke* § 15 Rn. 11; BeckOK GBO/*Reetz* § 15 Rn. 25.

23 So KEHE/*Volmer* § 15 Rn. 16 mit Verweis auf § 13 Rn. 30.

24 BeckOK GBO/*Reetz* § 15 Rn. 27; *Schöner/Stöber* Grundbuchrecht Rn. 179.

rungen, die sich nur mittelbar auf die Eintragung beziehen wie Vollmachten, Genehmigungen und Registerbescheinigungen.[25]

2. Entfallen der Vollmachtsvermutung. Die Vollmachtsvermutung nach Abs. 2 kann im Einzelfall **aufgrund** von bereits anfänglich vorliegenden Umständen (**Widerlegung**) oder auch infolge nachträglicher Erklärung (**Widerruf**) ausgeschlossen sein. Weiterhin wird teilweise für möglich gehalten, dass die Beteiligten die vermutete Vollmacht durch Erklärung **beschränken**. 14

Da Abs. 2 nur eine **gesetzliche Vermutung**, nicht hingegen eine gesetzliche Fiktion begründet, ist es dem/den Beteiligten bis zum Vollzug der Eintragung im Grundbuch jederzeit möglich, diese durch eine entsprechende Erklärung (sei es in der Urkunde oder den anderen Eintragungsunterlagen oder auch direkt gegenüber dem Grundbuchamt) zu **widerlegen**.[26] Dies erfordert allerdings grundsätzlich eindeutig nach außen erkennbare Umstände.[27] Ein Ausschluss der Vollmachtsvermutung kraft Sinnzusammenhangs ist nur im Ausnahmefall anzunehmen, insbesondere bedeuten die Erteilung einer rechtsgeschäftlichen Vollzugsvollmacht – unabhängig von ihrem Umfang und ihrer Reichweite – sowie Erklärungen zur (Nicht-)Kostentragung bzw. zum Nichtvorliegen eines Antrags regelmäßig keine Widerlegung der Vollmachtsvermutung.[28] 15

Dem/den Beteiligten steht es bis zum Vollzug der Eintragung im Grundbuch auch jederzeit frei, die (vermutete) Verfahrensvollmacht zu **widerrufen**.[29] Im Widerruf einer ausdrücklich erteilten rechtsgeschäftlichen Vollzugsvollmacht wird regelmäßig auch auf Beseitigung der Wirkung des Abs. 2 gerichtet sein. Der Widerruf ist vom Grundbuchamt aber erst dann zu berücksichtigen, wenn dieser ihm zugegangen ist, bis dahin wirkt auch die Vermutung des Abs. 2 fort.[30] Er bedarf gemäß § 31 S. 3 der **Form des § 29 Abs. 1 S. 1**. 16

Tod, nachträglich[31] eintretende Geschäftsunfähigkeit eines Beteiligten oder auch das nachträgliche Entfallen seiner Vertretungsberechtigung[32] **berühren die Vermutungswirkung nach Abs. 2 grundsätzlich nicht**.[33] Mit Eröffnung des Insolvenzverfahrens erlöschen die von dem Gemeinschulder erteilten Vollmachten (§§ 115 Abs. 1, 117 InsO), das gilt auch für die nach Abs. 2 vermutete Vollmacht.[34] 17

Im Wege eines **Erst-Recht-Schlusses** wird schließlich davon ausgegangen, dass es nicht nur möglich sein muss, die Vermutung des Abs. 2 ganz auszuschließen, vielmehr soll es auch möglich sein, die Vollmachtswirkung **in einzelner Hinsicht jedenfalls explizit einzuschränken**, etwa mit Blick auf einzelne Wirkungen des Abs. 2 wie die Übermittlung von Vollzugsnachrichten allein an den Notar oder auch die Rücknahme oder Änderung von gemäß § 15 gestellten Anträgen.[35] 18

25 KEHE/*Volmer* § 15 Rn. 19.
26 BeckOK GBO/*Reetz* § 15 Rn. 48 f.
27 *Schöner/Stöber* Grundbuchrecht Rn. 174.
28 Ausführliche Kasuistik bei KEHE/*Volmer* § 15 Rn. 25 f.
29 Vgl. Bauer/Schaub/*Wilke* § 15 Rn. 17.
30 Bauer/Schaub/*Wilke* § 15 Rn. 17.
31 Anders dagegen zum Schutz des Geschäftsunfähigen bei anfänglicher Geschäftsunfähigkeit, vgl. BeckOK GBO/*Reetz* § 15 Rn. 54.
32 Anders beim Erlöschen der vertretenen juristischen Person als solcher, vgl. BeckOK GBO/*Reetz* § 15 Rn. 55.
33 Bauer/Schaub/*Wilke* § 15 Rn. 18; ferner BeckOK GBO/*Reetz* § 15 Rn. 54 f. mit weiteren Einzelfällen.
34 Vgl. BayObLG FGPrax 2003, 289 f.; BeckOK GBO/*Reetz* § 15 Rn. 57 mwN.
35 So Bauer/Schaub/*Wilke* § 15 Rn. 16, ebenso KEHE/*Volmer* § 15 Rn. 27.

Die obergerichtliche Rechtsprechung steht diesem Ansatz – soweit ersichtlich – weitgehend kritisch gegenüber.[36]

IV. Rechtswirkungen der Vollmachtsvermutung nach Abs. 2

19 **1. Nachweiserleichterung – Grenzen der gesetzlichen Vermutung.** Im Anwendungsbereich von Abs. 2 hat das Grundbuchamt grundsätzlich für das gesamte Eintragungsverfahren von der Handlungsberechtigung des Antragstellers auszugehen.[37]

20 Dabei sind allerdings folgende **Grenzen der Vollmachtsvermutung** zu beachten: Beim Gebrauch der (vermuteten) Vollmacht nach Abs. 2 muss der Notar den **Antrag in Übereinstimmung mit den ihm vorliegenden urkundsbezogenen Eintragungsunterlagen** (insbesondere der Eintragungsbewilligung) stellen. Eine Abweichung von diesen ist dem Notar nur bei Vorliegen einer besonderen rechtsgeschäftlichen Vollzugsvollmacht gestattet.[38] Abs. 2 gestattet hingegen weder die Ersetzung fehlender Eintragungsunterlagen noch die Vornahme einer Rangbestimmung im Antrag, wenn eine solche in der Eintragungsbewilligung nicht enthalten ist.[39] Soweit die Erklärungen der Beteiligten nicht entgegenstehen, ist es dem Notar aber möglich, eine **Bestimmung gemäß § 16 Abs. 2** zu treffen, ebenso kann er bei einer Mehrzahl von einander unabhängiger Anträge und Eintragungsbewilligungen (zunächst) nur **einen Teil der Anträge stellen**, soweit es den Beteiligten nicht auf eine gemeinsame Erledigung der Anträge ankommt.[40] Weiterhin ist der Notar berechtigt, einen unvollständigen Antrag eines Beteiligten durch einen vollständigen zu ersetzen und durch Erläuterung des gestellten Antrag **mehrdeutige Erklärungen des/der Beteiligten klarzustellen.**[41]

21 Wie **§ 24 Abs. 3 S. 1 BNotO** klarstellt, ist der Notar nach Abs. 2 auch ermächtigt, einen von ihm gestellten **Antrag zurückzunehmen**, bei einer Mehrzahl von Anträgen kann sich die Rücknahme auch auf einzelne beschränken (jedenfalls soweit kein Bewilligungsverbund im Sinne von § 16 Abs. 2 vorliegt). Ggf. zusätzlich gestellte Anträge des/der Beteiligten selbst kann der Notar hingegen nur bei Vorliegen einer rechtsgeschäftlichen Vollmacht zurücknehmen.[42] Insoweit zeigt sich nochmals, dass bei Antragstellung unbedingt auf **genaue und eindeutige Formulierungen** zu achten ist.

22 **2. Bekanntmachung der Entscheidung des Grundbuchamtes.** Die auf den Antrag des Notars hin ergehende Entscheidung des Grundbuchamtes muss nach § 55 jedenfalls nach der obergerichtlichen Rechtsprechung)[43] zwingend diesem bekanntgegeben werden.[44] Eine Bekanntgabe an den Antragsberechtigten ist unwirksam.[45]

---

36 Vgl. OLG Frankfurt DNotZ 2013, 21 (22 f.,); OLG Brandenburg RNotZ 2008, 224 (225 f.); OLG Düsseldorf NJW-RR 2001, 1023 (1024) jeweils zu Vollzugsbenachrichtigungen.

37 Vgl. Bauer/Schaub/*Wilke* § 15 Rn. 21.

38 BeckOK GBO/*Reetz* § 15 Rn. 31; ausführlich dazu ferner *Schöner/Stöber* Grundbuchrecht Rn. 184 ff.

39 KEHE/*Volmer* § 15 Rn. 54, 57.

40 KEHE/*Volmer* § 15 Rn. 58 f.

41 KEHE/*Volmer* § 15 Rn. 60.

42 Ausführlich dazu Bauer/Schaub/*Wilke*, § 15 Rn. 23.

43 S. KEHE/*Volmer* § 15 Rn. 74.

44 Bauer/Schaub/*Wilke* § 15 Rn. 28, dies gilt unabhängig davon, ob der Notar als Vertreter aufgrund rechtsgeschäftlicher Vollzugsvollmacht oder aufgrund der Vermutung nach Abs. 2 oder nur als Bote gehandelt hat.

45 Ausführlich dazu KEHE/*Volmer* § 15 Rn. 74; konsequenterweise kritisch Bauer/Schaub/*Wilke* § 15 Rn. 28.

3. Rechtsmittel. Ist der Notar als Vertreter des/der Beteiligten aufgetreten, kann er – wiederum (nur) in deren Namen – **Rechtsmittel gegen die Entscheidung des Grundbuchamtes** einlegen. Hat der Notar hingegen als Bote gehandelt, bedarf er dafür einer besonderen rechtsgeschäftlichen Vollmacht.[46] 23

4. Kosten. Kostenschuldner des Grundbuchamtes sind im Grundsatz nur die Beteiligten, der Notar wird durch deren Vertretung im Eintragungsverfahren nicht zum Kostenschuldner iSd § 22 GNotKG. Soweit der Notar im Einzelfall weitergehend eine Kostenübernahme nach § 27 Nr. 2 GNotKG erklärt, steht dem § 14 Abs. 4 BNotO berufsrechtlich nicht entgegen. Die Kostenrechnung ist grundsätzlich allein dem Kostenschuldner bekannt zu geben, anders hingegen eine Vorschussforderung gemäß § 13 GNotKG, die im Falle der Vertretung an den Notar zu richten ist.[47] 24

V. Prüfung der Eintragungsfähigkeit (Abs. 3)

1. Grundlagen und Hintergründe. Die Einschaltung der Notare im Grundbuchverfahren sorgt seit jeher für eine **erhebliche Entlastung der Gerichte**, da diese eine **rechtliche Filterfunktion** für den Richter/den Rechtspfleger wahrnehmen. Der Notar sorgt zuverlässig dafür, dass die Wünsche der Beteiligten Eingang in rechtförmliche Anträge finden und so unzulässige, sachwidrige oder missverständliche Anträge von den Gerichten ferngehalten werden.[48] Während diese Filter- und Entlastungsfunktion des Notars bis zum Jahr 2017 vorrangig ein Reflex der beurkundungsrechtlichen Pflichten des Notars war,[49] hat der Gesetzgeber diese mit der neu geschaffenen Regelung des Abs. 3 **grundbuchverfahrensrechtlich verselbstständigt.** 25

2. Sachlicher Anwendungsbereich. Die Prüfpflicht nach Abs. 3 S. 1 gilt in Anknüpfung an § 29 (nur) **für die zu einer Eintragung erforderlichen Erklärungen**, insoweit kann auf die Ausführungen zu Abs. 1 (→ Rn. 4 f.) sowie zu Abs. 2 (→ Rn. 13) weitgehend Bezug genommen werden. **Nicht erfasst** von der Prüfpflicht werden danach insbesondere **ergänzende Dokumente** wie Vollmachten und Genehmigungen im Zusammenhang mit der eigentlichen Grundbucherklärung.[50] Von der Prüfpflicht sind nach **Abs. 3 S. 2** ferner solche zur Eintragung erforderlichen Erklärungen ausgenommen, die von einer öffentlichen Behörde abgegeben werden, dazu sind insbesondere Eintragungserklärungen der Sparkassen (insbesondere Löschungsbewilligungen) zu zählen.[51] 26

46 Vgl. dazu KEHE/*Volmer* § 15 Rn. 75 f. mit weiteren Nachweisen und Details.

47 Vgl. dazu Bauer/Schaub/*Wilke* § 15 Rn. 31 f.; KEHE/*Volmer* § 15 Rn. 77.

48 So weitgehend wörtlich die Gesetzesbegründung in BT-Drs. 18/10607, 106, wo zudem auch vom Notar als „externer Rechtsantragsstelle des Gerichts“ die Rede ist sowie darauf bezugnehmend BT-Drs. 18/11636, 13.

49 Zu den Pflichten des Notars im Rahmen von Beurkundungen und Beglaubigungen nach dem Beurkundungsgesetz vgl. ausführlich BeckOK FamFG/*Otto* FamFG § 378 Rn. 23 ff.; ferner *Zimmer* NJW 2017, 1909 (1909 ff.). Während im Bereich der Beurkundungen und vom Notar zum Zwecke der Beglaubigung erstellten Erklärungen ein weitgehender Gleichlauf zwischen den beurkundungsgesetzlichen und grundbuchverfahrensrechtlichen Vorgaben besteht, gehen letztere im Hinblick auf Beglaubigungen ohne Entwurf zumindest teilweise über die Vorgaben des BeurkG hinaus.

50 Bauer/Schaub/*Wilke* § 15 Rn. 38; *Attenberger* MittBayNot 2017, 335 (338 f.); *Diehn/Rachlitz* DNotZ 2017, 487 (495).

51 Vgl. Bauer/Schaub/*Wilke* § 15 Rn. 38.

27 Anknüpfend an die in § 68 BeurkG vorgesehene, in der heutigen Rechtswirklichkeit eigentlich nur noch historisch zu erklärende[52] Ermächtigung der Länder, durch Landesrecht anderen Personen als den Notaren Beglaubigungszuständigkeiten zu übertragen, sieht § 143 **Abs. 4** vor, dass bei von diesen **„Hilfsbeglaubigungsstellen"** vorgenommenen Beglaubigungen die Vorprüfung nach Abs. 3 generell entfällt. In Anbetracht der Tatsache, dass es sich bei den nach § 68 BeurkG ermächtigten Stellen durchgehend nicht um Juristen und damit um nicht hinreichend rechtlich qualifizierte Personen handelt, erscheint die Ausnahme von der Vorprüfungspflicht durchaus lebensnah, wären diese Stellen zu einer solchen doch schon dem Grunde nach nicht befähigt. Während Beglaubigungen durch derartige Hilfsbeglaubigungsstellen im Registerbereich derzeit aus technischen Gründen keine Relevanz haben, zeigen die praktischen Erfahrungen aus dem Grundbuchbereich aber, dass den Grundbuchämtern durch fehlerhafte und/oder unvollständige und damit jedenfalls zunächst nicht vollzugsfähige Grundbucherklärungen **erheblicher Mehraufwand** entsteht. von möglichen, dem Bürger gerade bei komplexeren Grundbucherklärungen wie der Löschung von beschränkt dinglichen Rechten oder auch Rangrücktritten **drohende Schäden** gar nicht erst zu sprechen, eine sonst regelmäßig durch den Notar geleistete **Beratung über rechtliche Gefahren und Fallstricke** sowie mögliche und bessere Alternativgestaltungen unterbleibt zwangsläufig. All das macht augenscheinlich, dass die Idee der „Hilfsbeglaubigungsstelle" nach § 68 BeurkG dem Grunde nach überholt ist und nochmals verstärkt **kritisch hinterfragt werden sollte.**

28 Auch für den Notar ist das Prüfverfahren nach Abs. 3 S. 1 insgesamt wie auch das **Anfertigen eines entsprechenden Prüfvermerks entbehrlich,** wenn die Anmeldung in einer nach §§ 6 ff. BeurkG erstellten **(Niederschrifts-)Urkunde** enthalten ist, hatte der beurkundende Notar in diesem Fall doch die umfassenden Pflichten des § 17 BeurkG zu erfüllen, in welchen das Prüfprogramm des Abs. 3 regelmäßig aufgeht.[53] Gleiches gilt grundsätzlich auch, soweit der beglaubigende (deutsche) Notar auch **den Entwurf gefertigt** hat, treffen ihn doch auch dann die Pflichten nach § 17 BeurkG.[54]

29 **3. Persönlicher Anwendungsbereich.** Wie auch die Vollmachtsvermutung nach Abs. 2 richtet sich die Pflicht zur Vorprüfung nach Abs. 3 S. 1 allein an **deutsche Notarinnen und Notare.**[55] Dies erklärt sich schon daraus, dass der deutsche Gesetzgeber aus kompetenziellen Gründen nur deutsche Amtsträger mittels der Vorprüfung in das staatliche System der vorsorgenden Rechtspflege einbinden kann, auch eine entsprechende Überwachung der Aufgabenerfüllung beschränkt sich zwangsläufig auf den deutschen Rechtskreis. Weiterhin setzt die dem Notar abgeforderte inhaltliche Prüfung vertiefte Kenntnisse des deutschen (Grundbuch-)Rechts voraus, die bei einem ausländischen Notar in den meisten Fällen schon nicht vorhanden sein werden, jedenfalls aber nicht mit registertauglichen Mitteln überprüft werden könnten.[56]

52 Mit gutem Grund haben nur Baden-Württemberg, Hessen, Rheinland-Pfalz und stark eingeschränkt Niedersachsen von der Ermächtigung des § 68 BeurkG Gebrauch gemacht, vgl. dazu ausführlich Armbrüster/Preuß/Renner/*Rezori* § 68 BeurkG Rn. 6 ff.

53 OLG Schleswig DNotZ 2017, 862 (865); Bauer/Schaub/*Wilke* § 15 Rn. 41.

54 OLG Celle DNotZ 2018, 449 (453 f.); BeckOK GBO/*Reetz* § 15 Rn. 90a.

55 DNotI-Report 2017, 89 (91); BeckOK GBO/*Reetz* § 15 Rn. 81; unklar ist die Rechtslage bei Beglaubigungen durch Konsularbeamte nach § 10 Abs. 1 KonsularG, vgl. *Weber* RNotZ 2017, 427 (430).

56 BeckOK GBO/*Reetz* § 15 Rn. 81.

Abs. 3 lässt die Frage offen, welchem Notar die Vorprüfung obliegt, wenn in die Erstellung und Beurkundung/Beglaubigung einer Grundbucherklärung mehrere Notare involviert sind. Klar ist jedenfalls, dass jeder an dem betreffenden Vorgang beteiligte Notar prüfungsberechtigt ist. Aus Sicht des Grundbuchamtes ist es – auch zur Erfüllung des Gesetzeszwecks – aber letztlich entscheidend, dass die Vorprüfung zumindest durch einen Notar erfolgt ist und dieser das Ergebnis seiner Prüfung auch hinreichend verlautbart hat.[57] Es mag sich in vielen Fällen anbieten, dass der die Grundbucherklärung einreichende Notar die Prüfung samt Dokumentation vornimmt, zwingend ist dies aber nicht, vielmehr kann es auch sinnvoll sein, dass die Vollzugsfähigkeit gleich bei Erstellung oder Erstbeglaubigung der Grundbucherklärung überprüft wird.[58] 30

4. Inhalt, Umfang und Ergebnis der Prüfungspflicht. Gegenstand der Prüfung ist nur die Ordnungsgemäßheit der Erklärung. Eintragungsfähigkeit ist danach gegeben, wenn im jeweils maßgebenden Einzelfall Eintragungshindernisse nicht bestehen. Der Notar hat danach zu prüfen, ob die ihm vorliegende Erklärung isoliert für sich betrachtet geeignet ist, den gewünschten Rechtserfolg herbeizuführen.[59] In der Folge muss der Notar zur Durchführung dieser Prüfung insbesondere auch nicht ins Grundbuch oder gar in die Grundakte Einsicht nehmen.[60] **Außerhalb der Grundbucherklärung liegende Umstände und sonstige Eintragungsvoraussetzungen** sind allein vom Grundbuchamt zu prüfen und liegen damit auch außerhalb des Prüfungsumfangs des Notars. Dazu zählen insbesondere Fragen der Verfügungsberechtigung/Bewilligungsbefugnis und der ordnungsgemäßen Vertretung (falls ein Betroffener nicht selbst handelt) sowie sonstige Wirksamkeitsvoraussetzungen wie das etwaige Erfordernis einer staatlichen Genehmigung des betreffenden Rechtsaktes.[61] 31

Der Notar hat das **Ergebnis seiner Prüfung** der Eintragungsfähigkeit (generisch positiv oder negativ) **für das Grundbuchamt zu dokumentieren.** Er fertigt dazu zumindest bei Vornahme einer Unterschriftsbeglaubigung ohne Entwurf – unabhängig vom Ausgang seiner Prüfung – einen **Vermerk** für das Gericht,[62] der jedenfalls im Grundbuchverfahren der **Form des § 29 Abs. 1 S. 2** entsprechen und daher ein beigedrücktes Siegel enthalten muss.[63] Auch wenn der Notar zum Ergebnis kommt, dass die Anmeldung eintragungsfähig ist, macht ein entsprechender Vermerk durchaus Sinn, geht es insoweit letztlich doch schlicht um eine Ausprägung des im deutschen System der vorsorgenden Rechtspflege langjährig bewährten **Vier-Augen-Prinzips** und dessen verfahrensmäßige Dokumentation. Auch wenn der Richter/Rechtspfleger selbstverständlich nicht an das Prüfungsergebnis des Notars gebunden ist (→ Rn. 36), kann die Einschätzung 32

57 Vgl. BeckOK GBO/*Reetz* § 15 Rn. 79; Bauer/Schaub/*Wilke* § 15 Rn. 42.

58 Vgl. BeckOK GBO/*Reetz* § 15 Rn. 80; noch stärker den Vollzugsnotar in den Blick nehmend hingegen *Attenberger* MittBayNot 2017, 335 (340).

59 Bundesnotarkammer, Rundschreiben 05/2017, S. 5; ferner BeckOK GBO/*Reetz* § 15 Rn. 85.

60 So schon die Gesetzesbegründung, siehe BT-Drs. 18/10607, 111.

61 BeckOK GBO/*Reetz* § 15 Rn. 85 f.; *Attenberger* MittBayNot 2017, 335 (338 f.); *Diehn/Rachlitz* DNotZ 2017, 487 (495 f.).

62 Vgl. Bundesnotarkammer, Rundschreiben 05/2017, S. 6 ff.; *Diehn/Rachlitz* DNotZ 2017, 487 (497); abweichend zu § 378 Abs. 3 FamFG Keidel/*Heinemann* § 378 Rn. 33 f. mwN: Nur Vermerk von Zweifeln entsprechend § 17 Abs. 2. S. 2 BeurkG; generell gegen eine Vermerkpflicht *Zimmer* NJW 2017, 1909 (1912).

63 Vgl. DNotI-Report 2017, 89 (93); OLG Schleswig DNotZ 2017, 862 (864); BeckOK GBO/*Reetz*, § 15 Rn. 88 f.; großzügiger auch für das Grundbuchverfahren: OLG Celle DNotZ 2018, 449 (454): Ggf. auch „formlose Bestätigung im Antragsschreiben"; gegen eine Anwendung von § 29 auf den Prüfvermerk auch Bauer/Schaub/*Wilke* § 15 Rn. 44 sowie *Schöner/Stöber* Grundbuchrecht Rn. 180c.

des Notars dennoch eine wertvolle Unterstützung im Rahmen des Eintragungsvorgangs sein.[64] Der Vermerk sollte auch erkennen lassen, welcher Notar die Prüfung auf Eintragungsfähigkeit vorgenommen hat, was insbesondere bei Beteiligung mehrerer Notare sicherstellt, dass die Prüfung – wie erforderlich aber zugleich auch ausreichend (→ Rn. 30)[65] – zumindest von einem Amtsträger vorgenommen wird.

33 Die Dokumentation der Prüfung muss **nicht zwingend in der notariellen Urkunde selbst** erfolgen, vielmehr kann diese grundsätzlich auch in einem der Anmeldung beigefügten **Begleitschreiben** enthalten sein, jedenfalls im Grundbuchverfahren ist aber auch dann die Form des § 29 Abs. 1 S. 2 zu wahren und daher ein Siegel beizudrücken.[66] Jedenfalls wenn Beglaubigung und Prüfung durch denselben Amtsträger erfolgen, erscheint es jedoch aus Sicht der (Grundbuch-)Praxis vorzugswürdig, den Prüfvermerk unmittelbar an die Unterschrift unter dem Erklärungstext und den Beglaubigungsvermerk anschließen zu lassen.

34 Kommt der Notar im Rahmen seiner Prüfung zum Ergebnis, dass die ihm vorliegende Anmeldung im vorbeschriebenen Sinne **eintragungsfähig** ist, kann wie folgt formuliert werden:

▶ Die vorstehend unterschriebene Erklärung habe ich nach § 15 Abs. 3 GBO auf Eintragungsfähigkeit geprüft [folgen Ort, Datum, Unterschrift mit Amtsbezeichnung und Siegel].[67] ◀

35 Kommt der Notar demgegenüber zum Ergebnis, dass er zumindest **Zweifel** an der **Eintragungsfähigkeit** hat oder hält er diese sogar **für nicht gegeben** und besteht der Auftraggeber dennoch auf der textlich unveränderten Weitergabe der Erklärung an das Grundbuchamt, kann wie folgt formuliert werden:

▶ Die vorstehend unterschriebene Erklärung habe ich nach § § 15 Abs. 3 GBO auf Eintragungsfähigkeit geprüft. Ich habe Zweifel hinsichtlich der Eintragungsfähigkeit der Erklärung" oder stärker: „Ich halte die Erklärung für nicht eintragungsfähig [folgen Ort, Datum, Unterschrift mit Amtsbezeichnung und Siegel].[68] ◀

36 **5. Verfahren beim Grundbuchamt.** Die notarielle Prüfung nach Abs. 3 ist **Eintragungsvoraussetzung**, im Falle ihres Fehlens liegt ein (behebbares) Eintragungshindernis iSd § 18 vor, das vom Grundbuchamt durch eine Zwischenverfügung zu beanstanden ist.[69] Liegt der Prüfvermerk des Notars vor, ist das Gericht selbstverständlich an dessen Prüfergebnis **nicht gebunden**, sondern vielmehr zu einer **umfassenden und eigenverantwortlichen Prüfung des Antrags** verpflichtet.[70]

37 **6. Dienstrecht und Haftung.** Die Erfüllung der Prüfpflicht ist Dienstpflicht des Notars, etwaige Pflichtverletzungen können mit den Mitteln des Disziplinarrechts geahndet werden.[71] Die betreffenden, dem Verfahrensrecht entstammen-

---

64 Keidel/*Heinemann* FamFG § 378 Rn. 33 ist allerdings zuzugeben, dass dem Prüfvermerk bei mangelnder Eintragungsfähigkeit wohl regelmäßig noch größere Bedeutung zukommt.
65 BeckOK GBO/*Reetz* § 15 Rn. 88.2.
66 BeckOK GBO/*Reetz* § 15 Rn. 89.
67 So der Vorschlag der Bundesnotarkammer in Rundschreiben 5/2017, 8.
68 So der Vorschlag der Bundesnotarkammer in Rundschreiben 5/2017, 8.
69 OLG Celle DNotZ 2018, 449 (450), OLG Schleswig DNotZ 2017, 862 (862 f.); BeckOK GBO/*Reetz* § 15 Rn. 88; abweichend zu § 378 Abs. 3 FamFG Keidel/*Heinemann* § 378 Rn. 36.
70 Vgl. BT-Drs. 18/10607, 110; Keidel/*Heinemann* FamFG § 378 Rn. 36.
71 Vgl. KEHE/*Volmer* § 15 Rn. 86; zu § 378 Abs. 3 FamFG ferner MüKoFamFG/*Krafka* FamFG § 378 Rn. 26.

den Pflichten sind allerdings nicht drittschützend, sondern bestehen vielmehr ausschließlich gegenüber dem Grundbuchamt.[72] Die Beteiligten können daher aus einer Verletzung der Prüfpflicht nach Abs. 3[73] und daraus etwaig resultierenden Verfahrensverzögerungen keinesfalls Amtshaftungsansprüche geltend machen.

7. Kosten. Für die notarielle Prüfung nach Abs. 3 sollen nach dem Willen des Gesetzgebers möglichst keine (zusätzlichen) Gebühren entstehen.[74] Anders ist dies nur, wenn ein Notar beauftragt wird, isoliert (dh ohne Beurkundung, Beglaubigung oder Entwurfstätigkeit) die Prüfung der Anmeldung vorzunehmen. (Nur) in diesem Fall fällt eine Gebühr von 20 EUR nach KV Nr. 22124 Nr. 2 GNotKG an. Reicht der prüfende Notar die Anmeldung beim Registergericht ein, wird die Gebühr nach KV Nr. 22124 GNotKG insgesamt nur einmal erhoben.[75] 38

§ 133a Erteilung von Grundbuchabdrucken durch Notare; Verordnungsermächtigung

(1) [1]Notare dürfen demjenigen, der ihnen ein berechtigtes Interesse im Sinne des § 12 darlegt, den Inhalt des Grundbuchs mitteilen. [2]Die Mitteilung kann auch durch die Erteilung eines Grundbuchabdrucks erfolgen.

(2) Die Mitteilung des Grundbuchinhalts im öffentlichen Interesse oder zu wissenschaftlichen und Forschungszwecken ist nicht zulässig.

(3) [1]Über die Mitteilung des Grundbuchinhalts führt der Notar ein Protokoll. [2]Dem Eigentümer des Grundstücks oder dem Inhaber eines grundstücksgleichen Rechts ist auf Verlangen Auskunft aus diesem Protokoll zu geben.

(4) Einer Protokollierung der Mitteilung bedarf es nicht, wenn

1. die Mitteilung der Vorbereitung oder Ausführung eines sonstigen Amtsgeschäfts nach § 20 oder § 24 Absatz 1 der Bundesnotarordnung dient oder

2. der Grundbuchinhalt dem Auskunftsberechtigten nach Absatz 3 Satz 2 mitgeteilt wird.

(5) [1]Die Landesregierungen werden ermächtigt, durch Rechtsverordnung zu bestimmen, dass abweichend von Absatz 1 der Inhalt von Grundbuchblättern, die von Grundbuchämtern des jeweiligen Landes geführt werden, nicht mitgeteilt werden darf. [2]Dies gilt nicht, wenn die Mitteilung der Vorbereitung oder Ausführung eines sonstigen Amtsgeschäfts nach § 20 oder § 24 Absatz 1 der Bundesnotarordnung dient. [3]Die Landesregierungen können die Ermächtigung durch Rechtsverordnung auf die Landesjustizverwaltungen übertragen.

Literatur:

Böhringer, Isolierte Grundbucheinsicht durch Notar für Dritte, DNotZ 2014, 16; *Grziwotz*, Das Recht auf Grundbucheinsicht, MRD 2013, 433; *Preuß*, Das Gesetz zur Übertragung von Aufgaben im Bereich der freiwilligen Gerichtsbarkeit auf Notare, DNotZ 2013, 740; *Püls*, Die Grundbucheinsicht durch Notare im Lichte der Aufga-

72 BT-Drs. 18/10607, 109; *Diehn/Rachlitz* DNotZ 2017, 487 (496).

73 Anders selbstverständlich, wenn der Notar beispielsweise im Rahmen einer Beurkundung, der Erstellung eines Entwurfs einer zu beglaubigenden Erklärung oder auch eines besonderen Betreuungsauftrags weitergehende Amtspflichten übernommen hat, vgl. zum FamFG Keidel/*Heinemann* FamFG § 378 Rn. 39.

74 Vgl. BT-Drs. 17/11636, 14 sowie Anm. 1 und 2 zu KV Nr. 22124 GNotKG.

75 Vgl. Anm. 3 zu KV Nr. 22124 GNotKG sowie BeckOK GBO/*Reetz* § 15 Rn. 92.

benübertragung, NotBZ 2013, 329; *Völzmann*, Die Zulässigkeit sog. „isolierter Grundbucheinsichten" durch Notare, DNotZ 2011, 164.

I. Allgemeines/Normzweck

1 Die im Jahr 2013 geschaffene[1] Norm dient der **Entlastung der Grundbuchämter**. Eine unter den Voraussetzungen des § 12 zulässige Grundbucheinsicht kann danach auch über einen Notar vorgenommen werden. Sie steht in engem Zusammenhang mit § 43 Abs. 2 S. 1 GBV, der die Notare bei der Grundbucheinsicht von der Darlegung eines berechtigten Interesses befreit. Während auch § 43 Abs. 2 S. 2 GBV erkennbar davon ausgeht, dass der Notar dem Eigentümer den Grundbuchinhalt mitteilen darf, erweitert § 133a diese Befugnis zur Mitteilung mit Ausnahme der in dessen Abs. 2 genannten Einsichtszwecke auf alle nach § 12 Einsichtsberechtigten. Die Befugnis nach Abs. 1 besteht unabhängig vom Vorliegen eines Amtsgeschäfts, insbesondere ist auch eine sog. isolierte Grundbucheinsicht möglich (zu dieser → Rn. 5, 17).

II. Mitteilung des Grundbuchinhaltes

2 § 133a ermächtigt den Notar (allein), den **eingesehenen Grundbuchinhalt demjenigen mitzuteilen**, dh an ihn weiterzugeben, der ihm ein **berechtigtes Interesse im Sinne des § 12 dargelegt** hat.

3 **1. Voraussetzungen der Einsicht und Mitteilung des Grundbuchinhaltes durch den Notar.** Im Hinblick auf die einer derartigen Mitteilung zwangsläufig vorausgehende Grundbucheinsicht gelten hingegen die **allgemeinen Grundsätze der § 12, § 43 GBV**. Zwar entbindet § 43 Abs. 2 S. 1 GBV den Notar von der Darlegung eines berechtigten Interesses, auch er benötigt aber ein solches und hat über dessen Vorliegen eigenverantwortlich zu entscheiden. Auch der Notar hat mithin **kein freies Einsichtsrecht in das Grundbuch**.[2]

4 Ein berechtigtes Interesse des Notars ist **regelmäßig gegeben**, wenn er die Einsicht aufgrund seines Amtes bzw. in Ausübung seiner notariellen Tätigkeit (vgl. dazu auch die Regelungen in Abs. 4 Nr. 1 und Abs. 5 S. 2) vornimmt. Dies ist insbesondere der Fall, wenn er im Rahmen der Beurkundung von Grundstücksgeschäften in Erfüllung seiner Pflichten aus § 21 BeurkG Einsicht in das Grundbuch nimmt.[3] Gleiches gilt aber auch für alle anderen Urkundstätigkeiten iSd §§ 10a, 20 BNotO sowie sämtliche Betreuungstätigkeiten auf dem Gebiet der vorsorgenden Rechtspflege iSd § 24 BNotO.[4]

---

1 Eingeführt durch das Gesetz zur Übertragung von Aufgaben im Bereich der freiwilligen Gerichtsbarkeit auf Notare vom 26.6.2013, BGBl. I 800; zur Entstehungsgeschichte siehe KEHE/*Püls* § 133a Rn. 1 ff.; ferner *Preuß* DNotZ 2013, 740 ff.
2 Vgl. BeckOK GBO/*Otto* § 133a Rn. 1; *Grziwotz* MDR 2013, 433 (435).
3 Bauer/Schaub/*Waldner* § 133a Rn. 3.
4 Bauer/Schaub/*Waldner* § 133a Rn. 4.

Besteht ein derartiger Zusammenhang mit einem anderen notariellen Geschäft nicht (sog. **„isolierte Grundbucheinsicht"**),[5] ergibt sich die Berechtigung des Notars zur Grundbucheinsicht letztlich aus dem ihm im Rahmen des § 133a **erteilten Auftrag.**[6] Dabei wird sich der Notar vom Informationswilligen vorab dessen letztlich entscheidendes (berechtigtes) Interesse im Sinne des § 12 (→ Rn. 2) darlegen lassen. Die Einsicht durch den Notar ist dabei auch in Zweifelsfällen zulässig, vielfach wird erst die Kenntnis des Grundbuchinhalts eine finale Einschätzung dazu ermöglichen, ob das dem Notar Dargelegte im Hinblick auf § 12 wirklich stichhaltig ist.[7] Eine Einsichtnahme durch den Notar scheidet daher in diesen Fällen nur dann aus, wenn der Informationswillige schon nach seinem Vortrag kein berechtigtes Interesse im Sinne des § 12 haben kann.[8] 5

Der Inhaber des berechtigten Interesses iSd § 12 kann sich auch **durch einen Bevollmächtigten vertreten** lassen, entscheidend ist insoweit dann allein das Informationsinteresse des Vollmachtgebers. Eine bestimmte Form ist für die Vollmacht dabei nicht vorgesehen, der Notar muss sich ihrer Existenz nur hinreichend versichern.[9] Diese Grundsätze gelten auch, soweit ein Notar **auf Ersuchen und Bitte eines anderen Kollegen** eine Grundbucheinsicht vornimmt. Der Einsicht nehmende Notar kann dabei darauf vertrauen, dass sich der die Einsicht veranlassende Kollege seine Amtspflichten wahrt, allein Letzterer hat über die Verwendbarkeit der so erhaltenen Informationen gegenüber dem anfragenden Bürger zu entscheiden.[10] Nachdem der Gesetzgeber mit Wirkung zum 6.12.2019 die **Zulassung der Notarinnen und Notare zum (uneingeschränkten) automatisierten Grundbuchabrufverfahren** durch die in § 133 Abs. 2 S. 4[11] klargestellte Nichtanwendbarkeit von § 133 Abs. 2 S. 3 Nr. 1 nochmals spürbar erleichtert hat und sich damit die zuvor bezüglich der Anforderungen dieses Tatbestands geführten, dem Amt des Notars nicht ansatzweise gerecht werdenden Diskussionen[12] erfreulicherweise erledigt haben, dürfte diese Thematik aber **nochmals stark an praktischer Relevanz verloren** haben.[13] 6

Einsichtnahmen im öffentlichen Interesse oder zu wissenschaftlichen und Forschungszwecken können nach **Abs. 2** ausschließlich über das Grundbuchamt selbst erfolgen, der Notar ist insoweit nicht zuständig. 7

2. Modalitäten der Mitteilung des Grundbuchinhaltes durch den Notar. Hält der Notar die an ihn herangetragene Mitteilung des Grundbuchinhaltes für zulässig, kann diese – nach dem Ermessen des Notars und den Wünschen des Einsichtsbegehrenden – **auf unterschiedlichste Weise** erfolgen: Etwa durch mündliche Auskunft/Erläuterung, durch Einsichtnahme direkt in der Notarstelle, 8

5 Ausführlich dazu *Völzmann* DNotZ 2011, 164 ff. (noch vor Einführung von § 133a GBO).
6 Vgl. BeckOK GBO/*Otto* § 133a Rn. 5 f.
7 KEHE/*Püls* § 133a GBO Rn. 5.
8 BeckOK GBO/*Otto* § 133a Rn. 8.
9 BeckOK GBO/*Otto* § 133a Rn. 10, *Püls* NotBZ 2013, 329 (333).
10 BeckOK GBO/*Otto* § 133a Rn. 11.
11 Geschaffen durch das Gesetz zur Änderung von Vorschriften über die außergerichtliche Streitbeilegung in Verbrauchersachen und zur Änderung weiterer Gesetze, vom 30.11.2019, BGBl. 2019 I 1942.
12 Vgl. dazu BGH DNotZ 2018, 431 ff. mit Anmerkung *Büttner/Seebach*, ausführlich dazu BeckOK GBO/*Wilsch* § 133 Rn. 7a.
13 Zuvor bereits auf die abnehmende praktische Relevanz hinweisend KEHE/*Püls* § 133a GBO Rn. 16.

durch Übersendung des Datenbestands in elektronischer Form oder aber – wie Abs. 1 S. 2 zeigt – auch durch Erteilung eines Grundbuchabdrucks.[14]

9 In der Regel wird die Einsichtsgewährung durch Übergabe eines Abdrucks aus dem elektronischen Grundbuch erfolgen. Nach § 85 S. 1 GBV ist der Grundbuchabdruck mit der Aufschrift „Abdruck" und dem Hinweis auf das Datum des Abrufs der Grundbuchdaten zu versehen, er kann nach § 85 S. 3 GBV auch elektronisch übermittelt werden. Ein solcher Abdruck steht einem dem Grundbuchamt vorbehaltenen „amtlichen Ausdruck" aber nach § 85 S. 2 GBV nur gleich, wenn er die Kennzeichnung „beglaubigter Ausdruck" trägt, einen vom Notar unterschriebenen Beglaubigungsvermerk enthält und mit dem Amtssiegel des Notars versehen ist.[15] Der amtliche Ausdruck hat wiederum die Beweiskraft einer beglaubigten Abschrift des Grundbuchinhaltes (§ 139).

10 Vorstehender Vermerk kann wie folgt formuliert werden:[16]

▶ Beglaubigter Ausdruck des Grundbuchs – Aufgrund Einsicht in das Grundbuch bescheinige ich, dass der nachfolgend beigefügte Abdruck[17] mit dem heute eingesehenen Grundbuchstand übereinstimmt [Datum, Unterschrift des Notars, Siegel]. ◀

11 Ein beglaubigter Ausdruck kann auch durch Beifügung eines einfachen elektronischen Zeugnisses gemäß § 39a BeurkG (Signatur anstelle von Siegel und Unterschrift) hergestellt werden.[18]

12 Die Formulierung könnte insoweit wie folgt lauten:[19]

▶ Elektronisch beglaubigter Grundbuchauszug – Aufgrund Einsicht in das Grundbuch bescheinige ich, dass die in dieser Datei enthaltenen Bilddaten mit dem heute von mir eingesehenen Grundbuchstand übereinstimmen [Datum, Unterschrift des Notars, Amtssitz etc]; unter Beifügung einer elektronischen Signatur. ◀

13 Der Notar kann die Einsicht schließlich auch direkt im Notariat gewähren, ein korrespondierender Anspruch des Einsichtsbegehrenden besteht insoweit aber nicht.[20]

14 **3. Rechtsmittel.** Verweigert der Notar auf ausdrückliches Ansuchen um Einsicht und Mitteilung des Grundbuchinhaltes seine Mitwirkung, ist wie auch sonst bei einer Verweigerung notarieller Amtstätigkeit die Beschwerde zum Landgericht nach § 15 BNotO statthaft, das Verfahren nach §§ 71 ff. ist demgegenüber nicht eröffnet.[21] Soweit im Rahmen einer derartigen Beschwerde über die Berechtigung einer isolierten Grundbucheinsicht zu befinden ist, ist der Prüfungsumfang des Beschwerdegerichts stark reduziert und beschränkt sich letztlich auf eine Willkürkontrolle, handelt es sich bei der isolierten Grundbucheinsicht doch regelmäßig nicht um eine Urkundstätigkeit iSd § 15 Abs. 1 BNotO,

14 Ausführlich dazu BeckOK GBO/*Otto* § 133a Rn. 20 ff.
15 BeckOK GBO/*Otto* § 133a Rn. 21 ff.
16 Nach *Püls* NotBZ 2013, 329 (331), der allerdings noch von einem „beglaubigten Abdruck des Grundbuchs" sprach; anders nunmehr KEHE/*Püls* § 85 GBV Rn. 4.
17 Begrifflich ist die Unterscheidung zwischen Abdruck und Ausdruck in GBO und GBV nicht konsequent umgesetzt, der Notar ist jedoch nach Abs. 1 S. 2 für die Erteilung von Abdrucken zuständig.
18 BeckOK GBO/*Otto* § 133a Rn. 25; *Preuß* DNotZ 2013, 740 (752).
19 Nach *Püls* NotBZ 2013, 329 (331).
20 BeckOK GBO/*Otto* § 133a Rn. 26.
21 BeckOK GBO/*Otto* § 133a Rn. 15.

sondern vielmehr um eine **sonstige Betreuungstätigkeit** auf dem Gebiet der vorsorgenden Rechtspflege iSd § 24 BNotO.[22]

Gegen eine erfolgte Einsichtnahme und/oder eine Mitteilung des Grundbuchinhaltes haben der Eigentümer und sonst im Grundbuch eingetragene Personen kein Beschwerderecht, insoweit gelten die gleichen Grundsätze wie im Rahmen des § 12.[23] Die ordnungsgemäße Erfüllung der aus §§ 133a, 12 folgenden (Amts-)Pflichten wird aber regelmäßig **im Rahmen der Dienstprüfungen überprüft**.[24] 15

III. Protokollierung über die Mitteilung

Der Notar ist verpflichtet, nach Maßgabe der Abs. 3 und 4 ein **Protokoll über die Mitteilung des Grundbuchinhaltes** (nicht hingegen über die Grundbucheinsicht durch ihn selbst)[25] zu führen, die Modalitäten des Protokolls ergeben sich aus **§ 85a Abs. 1 GBV**. Der Eigentümer und der Inhaber eines grundstücksgleichen Rechts haben **nach Abs. 3 S. 2 ein Auskunftsrecht** bezüglich dieses Protokolls. 16

Das Protokoll dient der vorbeschriebenen (→ Rn. 15) Überprüfung der Pflichterfüllung durch den Notar im Rahmen der Dienstprüfungen[26] und soll insbesondere auch die Erfüllung des Informationsinteresses nach Abs. 3 S. 2 sicherstellen. Während Abs. 3 die Führung des Protokolls als Regelfall erscheinen lässt, zeigt ein Blick auf Abs. 4, dass die **Protokollierung in der Praxis doch eher der Ausnahmefall ist und letztlich nur im Falle der isolierten Grundbucheinsicht** zu erfolgen hat. Angesichts der vorbeschriebenen Gesetzeszwecke allenfalls klarstellenden Charakter hat dabei die Regelung in **Abs. 4 Nr. 2**, eine Protokollierung wäre in den dort genannten Fällen einer Mitteilung des Grundbuchinhaltes allein an den Eigentümer oder sonst dinglich Berechtigten offensichtlich unnötiger Formalismus.[27] Relevant ist hingegen die weitere Ausnahme von der Protokollierungspflicht nach **Abs. 4 Nr. 1**. Auch wenn eine Mitteilung an eine andere, nach § 12 berechtigte Person erfolgt, ist eine Protokollierung nicht erforderlich, wenn die Mitteilung im Rahmen eines (sonstigen) Amtsgeschäfts erfolgt (→ Rn. 4). 17

Noch ungeklärt ist, wer im Rahmen der **„Amtshilfe" unter Notaren** ggf. protokollierungspflichtig ist. Es spricht viel dafür, dass jedenfalls der Notar zur Protokollierung verpflichtet ist, der die Einsichtnahme durch einen anderen Kollegen veranlasst, der unmittelbar Einsicht nehmende Notar sollte bis zu einer Klärung der Rechtslage zumindest aus Gründen der Vorsicht ebenfalls protokollieren.[28] 18

IV. Landesrechtliche Beschränkungen

Abs. 5 S. 1 sieht eine Ermächtigung zugunsten der jeweiligen Landesregierung (mit der Möglichkeit der Delegation an die jeweilige Landesjustizverwaltung 19

22 So bereits BT-Drs. 17/17136, 20 f.; vgl. ferner KEHE/*Püls* § 133a Rn. 10; *Böhringer* DNotz 2014, 16 (23). Zur Verweigerung der Amtstätigkeit sowie zum Prüfungsmaßstab im Rahmen der Beschwerde nach § 15 BNotO allgemein Frenz/Miermeister/*Frenz* BNotO § 15 Rn. 24 ff., 43 ff.

23 BeckOK GBO/*Otto* § 133a Rn. 17.

24 Vgl. etwa OLG Celle MittBayNot 2012, 65 f.; OLG Celle RNotZ 2011, 367 ff.; ausführlich dazu Bauer/Schaub/*Waldner* § 133a Rn. 4.

25 Vgl. dazu KEHE/*Püls* § 133a Rn. 12.

26 Vgl. § 85a Abs. 2 S. 1 GBV.

27 Zu Recht kritisch daher Bauer/Schaub/*Waldner* § 133a Rn. 3.

28 So auch BeckOK GBO/*Otto* § 133a Rn. 28.

nach Abs. 5 S. 3) vor, die **Grundbucheinsicht für Notare durch Rechtsverordnung zu beschränken.** Wie sich aus der Rückausnahme in Abs. 5 S. 2 ergibt, gilt diese Beschränkungsmöglichkeit aber nur für isolierte Grundbucheinsichten, eine Einsicht im Rahmen der Urkunds- oder Betreuungstätigkeit muss dem Amtsträger hingegen in jedem Fall erlaubt und möglich sein. Eine Beschränkung nach S. 1 – die bislang in der Grundbuchpraxis in Deutschland noch nie erfolgt ist – wirkte ggf. **grundbuch-, nicht hingegen notarbezogen und damit länderübergreifend.** Sie würde danach zwar einheitlich für alle zum automatisierten Grundbuchabrufverfahren zugelassenen Notarinnen und Notare, zugleich aber auch beschränkt auf das betreffende Land gelten.[29]

V. Kosten

20 **Im Rahmen eines Beurkundungsverfahrens** steht dem Notar für die Mitteilung des Grundbuchinhaltes keine Gebühr, sondern vielmehr nur der Auslagentatbestand nach KV Nr. 32011 GNotKG zu. **Bei einer isolierten Grundbucheinsicht** erhält der Notar neben diesen Auslagen eine Gebühr nach KV Nr. 25209 GNotKG für jedes einzusehende Grundbuchblatt. Soweit ein entsprechender Antrag vorliegt, erhält der Notar für einen (einfachen) Abdruck des Grundbuches in beiden Fällen eine Gebühr nach KV Nr. 25210 GNotKG in Höhe von 10 EUR bzw. bei Erstellen eines beglaubigten Abdrucks nach Nr. KV 25211 GNotKG in Höhe von 15 EUR. Für die Übermittlung eines (einfachen) Ausdrucks in elektronischer Form nach § 85 S. 3 GBV fällt eine Gebühr nach KV Nr. 25212 GNotKG in Höhe von 5 EUR an.[30]

29 Bauer/Schaub/*Waldner* § 133a Rn. 5.
30 Ausführlich dazu Bormann/Diehn/Sommerfeldt/*Diehn* GNotKG KV 25210 Rn. 4 ff.

Bürgerliches Gesetzbuch (BGB)

In der Fassung der Bekanntmachung vom 2. Januar 2002
(BGBl. I S. 42, ber. S. 2909 und 2003 I S. 738)
(FNA 400-2)
zuletzt geändert durch Art. 6 G zur Einführung einer zivilprozessualen Musterfeststellungsklage vom 12. Juli 2018 (BGBl. I S. 1151)
– Auszug –

Buch 1 Allgemeiner Teil

Abschnitt 3 Rechtsgeschäfte

Titel 2 Willenserklärung

§ 125 Nichtigkeit wegen Formmangels

[1]Ein Rechtsgeschäft, welches der durch Gesetz vorgeschriebenen Form ermangelt, ist nichtig. [2]Der Mangel der durch Rechtsgeschäft bestimmten Form hat im Zweifel gleichfalls Nichtigkeit zur Folge.

I. Formfreiheit und Formvorschriften

Im Zivilrecht gilt der Grundsatz der Formfreiheit, um den Abschluss von Rechtsgeschäften zu vereinfachen. Dieser Grundsatz wird nur dann eingeschränkt, wenn eine Norm eine bestimmte Form vorschreibt oder die Vertragsparteien eine bestimmte Form rechtsgeschäftlich vereinbaren. Die gesetzlichen Formvorschriften bezwecken dabei den Schutz vor Übereilung bei bedeutsamen Rechtsgeschäften und damit den Schutz des Erklärenden vor vorschneller Bindung und unbedachten Willensäußerungen (zB §§ 311b, 518 Abs. 1, 761, 780, 781, 1945). Mit Formvorschriften kann neben der Warnfunktion auch eine Beweis- (zB §§ 1410, 2231 Nr. 1, 2276), Informations- (vgl. zB §§ 492, 550), Beratungs- (bei notarieller Beurkundung, vgl. § 17 BeurkG) und Kontrollfunktion (zur Sicherstellung einer behördlichen Überwachung, zB § 34 WpHG) angestrebt werden. 1

Die vorgeschriebene Form ist auch dann einzuhalten, wenn der mit der Formvorschrift verbundene Zweck, der insoweit nur das gesetzgeberische Motiv für die Ausnahme von der Formfreiheit darstellt, bereits anderweitig erreicht wird.[1] 2

1 BAG NJW 2005, 844.

II. Voraussetzungen

3 **1. Formvorschrift.** Der Grundsatz der Formfreiheit von Rechtsgeschäften im Privatrecht findet etliche Ausnahmen im Gesetz (also jede Rechtsnorm, Art. 2 EGBGB), die **verschiedene Arten** der Formbedürftigkeit vorsehen:

- Textform nach § 126b (lesbare Erklärung, auf dauerhaften Datenträger, Nennung der Person des Erklärenden),
- Schriftform nach § 126 (eigenhändige Unterzeichnung einer schriftlichen Urkunde),
- elektronische Form nach § 126a (elektronisches Dokument, dem der Aussteller seinen Namen hinzufügt und mit qualifizierter elektrischer Signatur versieht),
- öffentliche Beglaubigung nach § 129 (s. dort), notarielle Beurkundung mit der Besonderheit des § 128 (s. dort),
- Protokollierung eines gerichtlichen Vergleichs nach § 127a.

Zusätzlich gibt es noch Modifizierungen bei einzelnen Rechtsgeschäften:

- Erfordernis der gleichzeitigen Anwesenheit der Beteiligten (zB in §§ 925, 1410),
- der persönlichen Mitwirkung ohne die Möglichkeit der Stellvertretung (zB in §§ 1311, 2064)
- und der besonderen Form des eigenhändigen Testaments nach §§ 2231 Nr. 2, 2247.

§ 125 gilt nur, wenn die Formvorschrift die **Gültigkeit** des Rechtsgeschäfts von der Einhaltung der Form abhängig macht.[2]

4 § 125 gilt über § 59 Abs. 1 VwVfG auch für **öffentlich-rechtliche Verträge.**[3] Bei mittelbarem Zwang zum Vertragsschluss finden die Formvorschriften analog Anwendung (→ § 311b Rn. 31).[4]

5 **2. Umfang des Formerfordernisses. a) Rechtsgeschäft.** Eine Formvorschrift erstreckt sich immer auf das gesamte **Rechtsgeschäft** samt aller seinen Inhalt bestimmenden Abreden, also auf alle Vereinbarungen der Parteien zu dem Rechtsgeschäft[5] inklusive der Individualisierung der Parteien. Soweit ein Vertreter handelt, muss sich dies zweifelsfrei aus der Urkunde ergeben.

6 Zu einem Rechtsgeschäft gehören selbstverständlich auch alle **Nebenabreden,**[6] sofern der Vertrag nicht ohne diese geschlossen worden wäre.[7] Eine **Ausnahme** besteht nur dann, wenn der Formzweck die Einhaltung der Form für die Nebenabrede nicht erfordert[8] oder wenn die Nebenabrede den formwirksamen Inhalt des Vertrags lediglich erläutern soll[9] oder wenn die Nebenabrede nur völlig unwesentliche Punkte regelt.[10] Gerade beim Grundstückskaufvertrag kommt der notariellen Beurkundung für Vereinbarungen über die Beschaffenheit der Kaufsache nach § 434 Abs. 1 S. 1 eine Zäsurwirkung zu, d.h. Angaben zur Beschreibung eines Grundstücks im Vorfeld des Vertragsschlusses, die sich im no-

2 BGH NJW 2001, 600 (601).
3 OLG Köln BeckRS 2019, 12144 = MittBayNot 2019, 615.
4 BGH NJW 1987, 54.
5 BGH NJW 2005, 1356; NJW 2003, 1248; NJW-RR 1994, 778 (779).
6 BGH BGHZ 116, 254; BeckRS 2011, 26367.
7 BGH NJW 2019, 2317; 1981, 222; OLG Rostock BeckRS 2019, 33902; OLG Brandenburg BeckRS 2019, 13885.
8 BGH NJW 1996, 2792 (2793); NJW 1977, 1151.
9 BGH NJW 2005, 884 (885); BeckRS 2011, 26367 Rn. 24.
10 BGH NJW 2008, 1661 (1662). Für weitere Details s. MüKoBGB/*Einsele* § 125 Rn. 14.

tariellen Vertrag nicht wieder finden, stellen idR keine Beschaffenheitsvereinbarung dar.[11]

7 Die Formvorschriften gelten grds. auch für **Vorverträge** (also ein schuldrechtlicher Vertrag, durch den sich mindestens eine Partei verpflichtet, den Hauptvertrag abzuschließen), diese bedürfen also der Form des Hauptvertrags,[12] da andernfalls durch die Bindungswirkung des Vorvertrags der Zweck der Form vor Übereilung umgangen werden könnte.[13] Bezweckt die Formvorschrift nur die Klarstellung- und Beweisfunktion, so ist der Vorvertrag formlos wirksam, da der formgerechte Hauptvertrag dem Zweck der Formvorschrift Genüge tut.[14]

8 Die **Vertragsübernahme** ist formbedürftig, wenn der zu übernehmende Vertrag selbst formbedürftig ist.[15]

9 Eine **Vollmacht** bedarf nach § 167 Abs. 2 nicht der für das Geschäft vorgeschriebenen Form.[16] Eine Ausnahme davon ist in § 492 Abs. 2 beim Verbraucherdarlehen geregelt. Eine weitere Ausnahme gilt dann, wenn die Bevollmächtigung zur Umgehung der Formvorschrift führt bzw. der Zweck der Formvorschrift eine Ausnahme erfordert. Dies ist der Fall, wenn der Vollmachtgeber bereits durch die Vollmachtserteilung rechtlich und tatsächlich wie durch die Vornahme des Rechtsgeschäfts selbst gebunden wird (zB unwiderrufliche Vollmacht für einen Grundstückskaufvertrag).[17]

10 **Anfechtung** gemäß § 140 Abs. 1 und Bestätigung eines anfechtbaren Rechtsgeschäfts gemäß § 144 sind formlos möglich. Dies gilt grds. auch für **Zustimmungen** nach §§ 182 ff.,[18] soweit nicht ausnahmsweise das Gesetz auch für eine Zustimmung eine bestimmte Form vorschreibt (zB § 71 II ZVG, §§ 1516 Abs. 2 S. 3, 1517 Abs. 1 S. 2, 1750 Abs. 1 S. 2) oder mit der Einwilligung das formbedürftige Rechtsgeschäft vorweggenommen wird.[19] Die Rechtsprechung zur Formbedürftigkeit der Vollmacht wird insoweit auf die Einwilligung übertragen, nicht aber auf die Genehmigung.[20] Soweit ein formnichtiges Rechtsgeschäft bestätigt oder genehmigt wird, kann darin eine Neuvornahme liegen, so dass Bestätigung bzw. Genehmigung nun formbedürftig ist.[21]

11 **b) Sonderfall des verbundenen/zusammengesetzten Geschäfts.** Auch soweit mehrere Rechtsgeschäfte, von denen mindestens eines formbedürftig ist, von den Parteien zu einem Rechtsgeschäft verbunden werden (zB Ehe- und Erbvertrag), so sind alle **verbundenen Verträge** formbedürftig. Diese Verbindung zu einem Rechtsgeschäft liegt vor, wenn die Verträge nach dem Willen der Beteiligten „miteinander stehen und fallen" sollen.[22] Nicht erforderlich ist, dass die Be-

11 BGH NJW 2018, 1954; OLG Rostock BeckRS 2019, 33902.
12 BGH NJW 1975, 1170; OLG Dresden NJOZ 2020, 797.
13 BGH NJW 1986, 1983 (1984); NJW 1973, 1839; BAG BeckRS 2010, 66136 Rn. 25.
14 BGH NJW 2017, 1817; BAG NJW 1977, 318.
15 BGH NJW 1999, 2664 [2666]; anders MüKoBGB/*Einsele* § 125 Rn. 18 aE, danach ist die Vertragsübernahme formbedürftig, wenn dies dem Zweck der Formvorschrift entspricht, also wenn der Übernehmer vor einer Übereilung gewarnt werden soll oder die Formvorschrift der Beweisfunktion dient.
16 St. Rspr., vgl. BGH NJW 1998, 1857 (1858) mwN.
17 BGH NJW 1952, 1210 (1211); MüKoBGB/*Einsele* § 125 Rn. 20 ff.
18 BGH NJW 1998, 1484.
19 BGH DNotZ 1999, 40.
20 BGH NJW 1994, 1344; MüKoBGB/*Einsele* § 125 Rn. 25.
21 MüKoBGB/*Einsele* § 125 Rn. 42.
22 BGH NJW 1992, 3237 (3238).

teiligten aller Verträge personengleich sind (zu weiteren Details → § 311b Rn. 29 f.).[23]

12 c) **Änderung/Aufhebung des Rechtsgeschäfts.** Auch **Änderungen und Ergänzungen** unterliegen der gleichen Form wie der Abschluss des Rechtsgeschäfts (→ § 311b Rn. 20, 26.[24] Änderungen sind ausnahmsweise formfrei möglich, wenn diese nur der Behebung von nachträglich aufgetretenen Abwicklungsschwierigkeiten dienen.[25] Um erhebliche Rechtsschwierigkeiten beim Grundstückskaufvertrag zu vermeiden, sollten hier alle Vertragsänderungen notariell beurkundet werden.[26]

13 Die **Aufhebung** eines Rechtsgeschäfts (→ § 311b Rn. 28; → § 925 Rn. 62) bedarf grds. keiner Form,[27] auch wenn der Abschluss des betroffenen Rechtsgeschäfts formbedürftig ist, aber nur soweit sich nichts anderes aus dem Gesetz ergibt (zB §§ 2290 Abs. 4, 2348 iVm 2351) oder der Vertrag über die Aufhebung nicht seinerseits neue, über die bloße Aufhebung hinausgehende, formbedürftige Vereinbarungen enthält, zB Rückgewähransprüche begründen.[28]

14 **3. Formmangel.** Alle beteiligten Parteien müssen die **vorgeschriebene Form** einhalten. Dies gilt für Vertragsangebot und Annahme, also das gesamte Rechtsgeschäft, soweit sich die Formvorschrift nicht nur auf die Willenserklärung einer Partei bezieht (zB §§ 780, 781, 1154 Abs. 1 S. 2). Ein **Formmangel** liegt vor, wenn die Form überhaupt nicht eingehalten wird – unabhängig, ob dies aus Unkenntnis (etwas anderes gilt bei einem in der DDR abgeschlossenen, formnichtigen Grundstückskaufvertrag)[29] oder mit Absicht passiert –, die Form bezüglich formbedürftiger Nebenabreden nicht eingehalten wird oder wenn die gesetzlichen Mindestanforderungen der Formvorschrift unterschritten werden.

15 Dagegen ersetzt die **strengere Form** stets die mildere Form und stellt insoweit keinen Verstoß dar, vgl. §§ 126 Abs. 4, 127 Abs. 1, 127a, 129 Abs. 2. Die Schriftform kann ausnahmsweise nicht durch die elektronische Form ersetzt werden, wenn dies die jeweilige Formvorschrift so vorsieht (zB § 766 S. 2).

16 Soweit die Form nur durch eine **zuständige Stelle** gewahrt werden kann, so liegt bei einem Verstoß gegen die Zuständigkeit auch ein Formmangel vor (→ § 128 Rn. 12; → § 129 Rn. 9; → § 925 Rn. 21 ff.; → § 311b Rn. 12).

III. Rechtsfolge

17 **1. Nichtigkeit.** Die Nichtbeachtung der **Formvorschrift** führt zur **Nichtigkeit** des Rechtsgeschäfts nach § 125 S. 1 von Anfang an. Diese rechtshemmende Einwendung ist von Amts wegen zu beachten und die Rechtsfolge des S. 1 kann weder abbedungen noch beschränkt werden. Soweit nur ein Teil des Rechtsgeschäfts gegen die Formvorschrift verstößt, so gilt § 139 BGB und im Zweifel erstreckt sich die Nichtigkeit auf das gesamte Rechtsgeschäft. Eine salvatorische Klausel im Vertrag kehrt die Vermutung des § 139 um.[30]

18 Lediglich bei vollzogenen Arbeits- und Gesellschaftsverträgen kann die Nichtigkeit **nur ex nunc** geltend gemacht werden (Lehre vom faktischen Arbeitsverhältnis bzw. Lehre von der fehlerhaften Gesellschaft).

23 BGH NJW 1989, 899; MüKoBGB/*Einsele* § 125 Rn. 33.
24 BGH NJW-RR 1994, 778 (779).
25 BGH NJW 2001, 1932; NJW 1998, 1482 (1483).
26 MüKoBGB/*Einsele* § 125 Rn. 15.
27 OLG Karlsruhe NJW-RR 2004, 1305.
28 OLG Rostock IMR 2021, 2170.
29 Vgl. BGH NJW 1994, 655 (656).
30 BGH NJW 2010, 1660; NJW 2000, 2017.

Die Nichtigkeit tritt auch dann ein, wenn keinem Beteiligten die Formbedürftigkeit des Rechtsgeschäfts bekannt war oder wenn eine Partei bei der anderen fahrlässig einen Irrtum über die Formbedürftigkeit erregt bzw. unterhalten hat[31] oder wenn allen Vertragspartnern das Formerfordernis bewusst war, aber trotzdem die Form nicht eingehalten wurde (zB Schwarzkauf).[32] 19

Die Nichtigkeit bewirkt zudem, dass keine **Erfüllungsansprüche** aus dem formnichtigen Vertrag entstehen. Soweit bereits Leistungen aufgrund des formnichtigen Vertrags erbracht worden sind, so können diese über das **Bereicherungsrecht** zurückgefordert werden. § 814 BGB steht nicht entgegen, soweit die Leistung zur Erlangung der Gegenleistung erbracht wurde.[33] Die Frage, inwieweit Schadensersatzansprüche – gerichtet auf das negative Interesse – bestehen, beantwortet sich nach dem Gesetz (zB §§ 280 ff., 823 Abs. 2 BGB iVm § 263 StGB).[34] 20

2. Ausnahmen. Der Formverstoß führt nur **ausnahmsweise** nicht zur Nichtigkeit des Rechtsgeschäfts, wenn ein Gesetz eine andere Rechtsfolge anordnet (lex specialis zu S. 1: §§ 550, 578 Abs. 1, 581 Abs. 2, 585a, 1154 Abs. 2). Beim Verbraucherdarlehensvertrag wird die Nichtigkeit nach § 494 Abs. 1 durch § 494 Abs. 2 und 3 eingeschränkt. 21

3. Heilung. Eine **Heilung** der mangelhaften Form kann nur erfolgen, soweit das Gesetz eine Heilung ausdrücklich vorsieht (zB §§ 311b Abs. 1 S. 2, 494 Abs. 2 S. 1, 501 Abs. 3 S. 2, 518 Abs. 2, 766 S. 3, 2301 Abs. 2 BGB, § 15 Abs. 4 S. 2 GmbHG) und erfolgt idR durch **Erfüllung** des Vertrags und bei Vorschriften, die auch dem Beweisinteresse Dritter dienen, durch Eintragung in einem öffentlichen Register (zB § 242 Abs. 1 AktG, § 20 Abs. 1 Nr. 4 UmwG). Die Heilung wirkt ex nunc; für den Zeitraum zwischen formnichtigen Vertragsschluss und Heilung gilt § 141 Abs. 2 entsprechend.[35] Durch die Heilung wird das gesamte, von den Parteien gewollte Rechtsgeschäft wirksam,[36] soweit der Vertrag nicht aus anderen Gründen nichtig oder unwirksam ist. Bei formnichtigen, verbundenen Geschäften tritt die Heilung erst mit der Erfüllung aller Verträge ein.[37] 22

Den Heilungsvorschriften lässt sich kein allgemeiner Grundsatz der Heilung eines formnichtigen Rechtsgeschäfts durch Erfüllung entnehmen.[38] Jedoch ist eine **analoge Anwendung** nicht generell ausgeschlossen (zu § 311b Abs. 1 S. 2 s. BGH NJW 1982, 759). Diskutiert wird die analoge Anwendung des § 311b Abs. 1 S. 2 auf § 2371 und § 518 Abs. 2 auf Leibrentenverträge.[39] Ein formgerechter Hauptvertrag soll den formnichtigen Vorvertrag über einen Grundstückskauf heilen, soweit die Vertragsparteien identisch sind.[40] Auf formnichtige Beschlüsse einer GmbH-Gesellschafterversammlung ist § 242 Abs. 1 AktG analog anwendbar.[41] 23

31 BGH NJW 1965, 812 (813).
32 BGH NJW-RR 1994, 778, aber BGH NJW 1980, 451 – ggf. keine Nichtigkeit wegen Treu und Glaubens.
33 BGH NJW 1976, 237.
34 Details hierzu MüKoBGB/*Einsele* § 125 Rn. 54 f.
35 BGH BGHZ 54, 56 = NJW 1970, 1541.
36 BGH NJW 1978, 1577.
37 BGH NJW 2000, 2017.
38 BGH NJW 1967, 1128 (1131), str.; zur dogmatischen Einordung s. MüKoBGB/*Einsele* § 125 Rn. 48.
39 Zum Streitstand s. MüKoBGB/*Einsele* § 125 Rn. 49.
40 BGH NJW 2012, 3171 (3172); BGH NJW 2004, 3626.
41 BGH DNotZ 1996, 684.

24 **4. Ausnahme von Nichtigkeit wegen Treu und Glauben (§ 242).** Nur ausnahmsweise kommt ein Außerachtlassen einer Formvorschrift aus Gründen der Einzelfallgerechtigkeit und zur Vermeidung schlechthin untragbarer Ergebnisse in Betracht,[42] mit der Folge, dass das Rechtsgeschäft zwar weiterhin formnichtig, aber als gültig zu behandeln ist und beiderseitige Erfüllungsansprüche bestehen, soweit dies auch dem Willen der schutzbedürftigen Partei entspricht.

25 Grundvoraussetzung ist stets, dass die Partei, die am formnichtigen Geschäft festhalten will, auf dessen Bestand in schutzwürdiger Weise vertraut haben muss[43] und dass das Rechtsgeschäft nur und ausschließlich am Formmangel leidet.

26 Ob ein „schlechthin untragbares Ergebnis" vorliegt, ist eine Frage der richterlichen Würdigung aller maßgeblichen Umstände des konkreten Lebenssachverhaltes. Dabei sind das Interesse an der Rechtssicherheit und das Interesse der materiellen Gerechtigkeit gegeneinander abzuwägen.[44] Ein schlechthin untragbares Ergebnis kommt nur in Betracht, wenn kein anderer Interessenausgleich der Parteien möglich ist und nur die Erfüllung des formnichtigen Vertrags den berechtigten Interessen des betroffenen Teils gerecht wird. Dies scheidet aus, wenn dem betroffenen Vertragspartner andere Ansprüche (zB auf Schadensersatz, wegen Bereicherung) zustehen.[45] Im Erbrecht und bei formbedürftigen Verfügungen ist eine Anwendung des § 242 nur in krass liegenden Ausnahmefällen möglich.[46]

27 Dabei haben sich folgende Fallgruppen in Rechtsprechung und Literatur herausgebildet:

1. besonders schwerwiegende Treuepflichtverletzung: Begeht eine Partei eine besonders schwere Treupflichtverletzung gegenüber der anderen Vertragspartei, so hilft § 242 über die Formnichtigkeit hinweg.[47] Für die Rspr. unterfällt auch arglistiges Verhalten unter diese Fallgruppe, nach der Literatur ist dies eine eigene Fallgruppe. Auch bei einer Vorteilsziehung über längere Zeit aus Vertrag, der eine Formvorschrift außer § 311b verletzt, und soweit der anderen Partei bei Geltendmachung der Formnichtigkeit ein bereicherungsrechtlicher Ausgleich nicht zusteht, ist der Vertrag als gültig anzusehen.[48]
2. unmittelbare Existenzgefährdung: Soweit die Nichterfüllung oder Rückabwicklung des formnichtigen Vertrags die wirtschaftliche Existenz der Partei, die gutgläubig auf die Formwirksamkeit vertraut hat, zumindest gefährdet, ist der Vertrag als gültig zu behandeln.[49]
3. Arglist: Hält eine Partei die andere von der Wahrung der Form arglistig (bloße schuldhafte Verursachung reicht nicht aus) ab, um sich später auf den Formmangel zu berufen, so ist der Vertrag als gültig anzusehen.[50]

42 BGH NJW 1996, 2503 (2504).
43 Grüneberg/*Ellenberger* § 125 Rn. 25.
44 BeckOK BGB/*Wendtland*, 60. Ed. 1.11.2021, § 125 Rn. 26.
45 BGH NJW 1965, 812 (813 f.).
46 OLG Köln NJW-RR 2006, 225.
47 LAG München BeckRS 2020, 38396; Bsp. in Grüneberg/*Ellenberger* § 125 Rn. 29, 30.
48 BGH NJW 1996, 1467 (1470); OVG Lüneburg NJW 1992, 1404 (1406); MüKoBGB/*Einsele* § 125 Rn. 60, 67.
49 BGH NJW 1972, 1189; MüKoBGB/*Einsele* § 125 Rn. 58.
50 Grüneberg/*Ellenberger* § 125 Rn. 28; MüKoBGB/*Einsele* § 125 Rn. 62 mwN.

Eine Berufung auf § 242 kommt nicht in Betracht, wenn mit der Form Dritte bzw. die Allgemeinheit geschützt werden soll, namentlich im Sachenrecht.[51] 28

IV. Auslegung

Die Auslegung erfolgt wie formfreie Willenserklärungen nach §§ 133, 157.[52] Aber nach Auslegung der abgegebenen Erklärung unter Berücksichtigung aller Umstände muss die ausgelegte Erklärung der Form genügen. Dies ist nach ständiger Rechtsprechung. nur bei einer **Andeutung** in der Urkunde der Fall[53], dies gilt insbesondere bei einem Testament.[54] Die Andeutungstheorie gilt nicht für die ergänzende Vertragsauslegung und nicht bei einer unabsichtlichen Falschbezeichnung in der Urkunde, da diese nicht schadet.[55] Bei wissentlicher Falschbezeichnung gilt § 117. 29

V. Beweislast

Die Richtigkeit und Vollständigkeit einer echten Urkunde wird **widerlegbar vermutet**,[56] so dass derjenige, der sich auf Abreden außerhalb der Urkunde beruft, die Darlegungs- und Beweislast dafür trägt.[57] 30

Wer Rechte bzw. Ansprüche aus einem formbedürftigen Rechtsgeschäft geltend macht, trägt die **Darlegungs- und Beweislast** für die Einhaltung der betroffenen Formvorschrift. Die Darlegungs- und Beweislast für die Aufrechterhaltung eines formnichtigen Rechtsgeschäfts nach § 242 trägt derjenige, der Rechte aus dem formnichtigen Geschäft herleiten will.[58] 31

VI. Rechtsgeschäftlich vereinbarte Form

Die Vertragsparteien können für ein formloses Rechtsgeschäft eine bestimmte Form **rechtsgeschäftlich vereinbaren**.[59] Diese Vereinbarung ist ihrerseits formlos möglich, auch durch die wirksame Einbeziehung von AGB. Der Parteiwille entscheidet darüber, ob die Einhaltung der vereinbarten Form konstitutive oder nur deklaratorische Wirkung haben soll. Durch § 125 S. 2 ist im Zweifel von einer konstitutiven Wirkung auszugehen, soweit die Form nicht nur zu Beweiszwecken einzuhalten ist. Dies ist durch Auslegung zu ermitteln.[60] 32

Ein Formverstoß gegen eine konstitutive Formvereinbarung hat dann die gleichen Wirkungen wie ein Verstoß gegen eine gesetzliche Formvorschrift. Jedoch ist durch Auslegung zu ermitteln, ob in der Nichteinhaltung der vereinbarten Form zugleich auch die **konkludente Aufhebung** der Formvereinbarung liegt, 33

51 MüKoBGB/*Einsele* § 125 Rn. 66.
52 Str., vgl. dazu HK-BGB/*Staudinger* § 925 Rn. 6.
53 BGH NJW 2011, 218 (219); nach aA ist nicht die Andeutungstheorie maßgebend, sondern die Frage, ob der durch Auslegung ermittelte Parteiwille formwirksam ist, vgl. dazu MüKoBGB/*Einsele* § 125 Rn. 37 f.
54 OLG München BeckRS 2019, 27683.
55 BGH NJW 1983, 1610; NJW 2008, 1658; NJW 2002, 1038; Grüneberg/*Ellenberger* § 133 Rn. 19.
56 BGH NJW 2002, 3164 (Ls.).
57 OLG Brandenburg BeckRS 2012, 21918; KG BeckRS 2002, 30261681; BGH NJW 1980, 1681 (1682); MüKoBGB/*Einsele* § 125 Rn. 40.
58 BeckOK BGB/*Wendtland*, 60. Ed. 1.11.2011, § 125 Rn. 31 f.
59 Zum Umfang der Formvereinbarung s. BeckOK BGB/*Wendtland* § 125 Rn. 13.
60 BAG NJW 2021, 2457; BGH NJW 2001, 600 (602); Bsp. für ein deklaratorisches Formerfordernis in MüKoBGB/*Einsele* § 125 Rn. 69, vgl. dazu LAG Köln BeckRS 2019, 32377.

zumal die Aufhebung wie die Vereinbarung formlos erfolgen kann.[61] Dies gilt auch bei einer Vereinbarung über AGB, da eine beiderseitige Nichtbeachtung der vereinbarten Form eine konkludente Individualabrede zur Aufhebung der Formvereinbarung mit Vorrang vor der AGB-Regelung beinhalten kann.[62]

34 Gemäß der Sonderregel des § 154 Abs. 2 BGB gilt ein Vertrag im Zweifel als noch nicht geschlossen, soweit der Vertrag nicht der vereinbarten Form entspricht.

35 Die **Ausnahmen** von der Nichtigkeit nach § 242 BGB gelten grds. auch hier.[63] Dies gilt aber nicht, soweit die Parteien den Vertrag als wirksam zustande gekommen betrachten und durchführen.[64]

36 Hat die Vereinbarung nur deklaratorische Wirkung, der Inhalt des Vertrags soll also nur zu Beweiszwecken fixiert werden, so führt ein Verstoß nicht zur Nichtigkeit.[65]

§ 128 Notarielle Beurkundung

Ist durch Gesetz notarielle Beurkundung[1] eines Vertrags vorgeschrieben, so genügt es, wenn zunächst der Antrag und sodann die Annahme des Antrags von einem Notar beurkundet wird.

I. Normzweck

1 Die Norm erleichtert die notarielle Beurkundung eines Vertrags, da neben der gleichzeitigen Beurkundung von Angebot und Annahme auch deren sukzessive Beurkundung ermöglicht wird.

2 Die notarielle Beurkundung **ersetzt** sowohl die öffentliche Beglaubigung (§ 129 Abs. 2), als auch Schriftform (§ 126 Abs. 4) und ist eine öffentliche Urkunde mit der Beweiskraft nach § 415 ZPO, dh die Beweiskraft erstreckt sich darauf, dass die in der Urkunde genannte Person vor dem beurkundenden Notar die Erklärung mit dem beurkundeten Inhalt abgegeben hat. § 415 ZPO schließt insoweit den Grundsatz der freien Beweiswürdigung nach § 286 ZPO aus. Da die

---

61 BGH NJW 1991, 1750.
62 BGH NJW-RR 1995, 179. Details zur Aufhebung und zum Meinungsstreit: BeckOK BGB/*Wendtland*, 60. Ed. 1.11.2011, § 125 Rn. 14; MüKoBGB/*Einsele* § 125 Rn. 70 f.
63 BGH NJW-RR 1987, 1073 (1074); OLG Koblenz NJW-RR 2006, 554 (555).
64 BGH NJW-RR 1987, 1073 (1074).
65 BGH NJW 1968, 1378 (1379).
1 Beachte das BeurkG.

Richtigkeit und Vollständigkeit einer Urkunde widerlegbar vermutet wird,[2] trägt derjenige, der sich auf Abreden außerhalb der Urkunde beruft, die Darlegungs- und Beweislast dafür.[3] IÜ ist gemäß § 415 Abs. 2 ZPO nur der Gegenbeweis zulässig, dass der beurkundete Vorgang nicht richtig beurkundet wurde. Dieser Gegenbeweis kann nicht durch das bloße Erwecken von Zweifeln[4] oder durch Parteivernehmung geführt werden, vgl. § 445 Abs. 2 ZPO.[5]

II. Anwendungsbereich

1. Zweck von Formvorschriften. Der Grundsatz der Formfreiheit von Rechtsgeschäften findet etliche **Ausnahmen** im Gesetz, die verschiedene Arten der Formbedürftigkeit vorsehen. Geregelt sind verschiedene Formen zur notariellen Beurkundung, die neben der Beurkundung nur eines Angebots (zB §§ 518 Abs. 1, 2301 Abs. 1) und der Beurkundung einzelner Erklärungen (zB §§ 1516 Abs. 2 S. 2, 1626d Abs. 1, 2282 Abs. 3, 2291 Abs. 2, 2296 Abs. 2 S. 1) auch die Beurkundung von Verträgen, also des Vertragsangebots samt Annahme, vorschreiben. 3

Zweck der Formvorschriften ist der **Schutz** eines oder aller Beteiligten und idR Pflicht bei Willenserklärungen von größerer Tragweite (→ § 125 Rn. 1). Dies spiegelt sich auch in § 17 BeurkG wider: Der Notar hat die Beteiligten nach Prüfung und Beratung über die **rechtliche Tragweite** des Rechtsgeschäfts zu belehren. 4

Ziel der Beurkundungspflicht durch einen Notar sind eine Übereinstimmung von Wille und Erklärung, eindeutige und klare Formulierungen, eine ordnungsgemäße Durchführung des Vertrags und die Verhinderung, dass das Rechtsgeschäft an förmlichen Hindernissen scheitert.[6] 5

Der Zweck und das Ziel der Beurkundungspflicht von Verträgen werden nicht nur dann erfüllt, wenn die Willenserklärungen **gleichzeitig** vor einem Notar abgegeben werden, sondern auch bei einer **sukzessiven Beurkundung** der Erklärungen vor dem gleichen oder auch vor verschiedenen Notaren (§ 128). 6

2. Vorschriften zur notariellen Beurkundung von Verträgen. **Eine Beurkundung** von Verträgen ordnen an §§ 311b Abs. 1 S. 1, Abs. 3, Abs. 5 S. 2, 1491 Abs. 2 S. 2, 1501 Abs. 2 S. 2, 2033 Abs. 1 S. 2, 2348, 2351, 2371, 2385 Abs. 1 BGB, §§ 2 Abs. 1 S. 1, 15 Abs. 3, Abs. 4 GmbHG, § 7 Abs. 1 VersAusglG, § 11 Abs. 2 ErbbauRG, § 4 Abs. 3 WEG. 7

3. Keine gleichzeitige Anwesenheit der Beteiligten. Die Beurkundung ist jedoch nur dann nach § 128 BGB sukzessiv möglich, soweit nicht die gleichzeitige Anwesenheit erforderlich ist (§§ 1410, 2276 Abs. 1 S. 1, 2290 Abs. 4 BGB, § 7 Abs. 3 VersAusglG). § 925 Abs. 1 BGB und § 4 Abs. 2 S. 1 WEG verlangen zwar die gleichzeitige Anwesenheit der Beteiligten, aber für die materielle Wirksamkeit der Erklärungen nicht die notarielle Beurkundung. Aber da diese durch §§ 20, 29 GBO erforderlich ist, findet § 128 auch insoweit keine Anwendung. 8

4. Vertragliche Vereinbarung. Bei einer vertraglich vereinbarten Beurkundungspflicht ist primär der **Parteiwille** maßgebend, ob auch § 128 gelten soll. Ist der Wille der Beteiligten nicht feststellbar, so gilt im Zweifel § 128 auch für eine rechtsgeschäftlich vereinbarte notarielle Beurkundung. 9

2 BGH NJW-RR 1998, 1065 (1066).
3 OLG Brandenburg BeckRS 2012, 21918; BGH NJW 1980, 1681 (1682).
4 BGH BGHZ 16, 217 (227).
5 BGH NJW 1965, 1714.
6 BeckOK BGB/*Wendtland*, 60. Ed. 1.11.2011, § 128 Rn. 1.

10 **5. Besonderheit des § 873 Abs. 2.** § 128 BGB gilt auch im Rahmen einer notariellen Beurkundung, die zwar nicht gesetzlich vorgeschrieben ist, die aber die Bindungswirkung des § 873 Abs. 2 BGB für Rechtsgeschäfte nach den §§ 873 ff. BGB herbeiführen soll und insoweit als solche zugelassen ist. Dies ist insbes. bedeutsam im Rahmen der notariellen Beurkundung bezüglich Erbbaurechte.

III. Art und Weise der Beurkundung

11 Das Verfahren der notariellen Beurkundung als solches ist im **BeurkG** geregelt. Bei der Beurkundung durch einen Notar bezeugt dieser, dass die in der Urkunde genannte Person bzw. Personen eine Erklärung mit dem beurkundeten Inhalt vor dem Notar abgegeben hat bzw. haben (vgl. §§ 6 ff. BeurkG und die dortige Kommentierung).

12 **1. Zuständigkeit.** Für die Beurkundung ist neben dem deutschen **Notar** auch der deutsche **Konsularbeamte** im Rahmen seiner Befugnisse nach §§ 10 ff., 19, 24 KonsG zuständig. Deren Urkunden stehen der von einem inländischen Notar aufgenommen Urkunde gleich (§ 10 Abs. 2 KonsG).

13 **2. Sukzessive Beurkundung.** § 128 gewährt den Beteiligten mehr **Spielraum**, da neben der gleichzeitigen Beurkundung auch die sukzessive Beurkundung erst des Angebots und im Anschluss die Beurkundung der Annahme ermöglicht wird. Dabei können die Beurkundungen auch durch verschiedene Notare erfolgen.

14 **3. Empfangsbedürftige Willenserklärungen.** Grds. sind Angebot und Annahme empfangsbedürftige Willenserklärungen, die dem Empfänger für ihre Wirksamkeit zugehen müssen (vgl. § 130 Abs. 1 S. 1). Bei einer Abgabe einer Willenserklärung unter Abwesenden bedarf es für den **Zugang** beim Empfänger die Aushändigung einer Ausfertigung an diesen,[7] die Übersendung einer beglaubigten Abschrift reicht nicht aus.

15 Für den Fall der sukzessiven Beurkundung kommt der Vertrag gemäß § 152 S. 1 bereits mit der Beurkundung der Annahmeerklärung **zustande**, soweit sich Angebot und Annahme decken und soweit die Beteiligten nichts anderes bestimmt haben.

16 Eine **anderweitige Bestimmung** liegt konkludent in der Bestimmung einer Annahmefrist durch den Antragenden dahin gehend, dass erst mit der Kenntnis des Antragenden von der Annahmeerklärung der Vertrag geschlossen wird.[8] Im Hinblick auf die Vertragsgestaltung empfiehlt sich eine konkrete Regelung, soweit die Beteiligten von § 152 S. 1 abweichen wollen.

§ 129 Öffentliche Beglaubigung

(1) [1]Ist durch Gesetz für eine Erklärung öffentliche Beglaubigung vorgeschrieben, so muss die Erklärung schriftlich abgefasst und die Unterschrift des Erklärenden von einem Notar beglaubigt werden. [2]Wird die Erklärung von dem Aussteller mittels Handzeichens unterzeichnet, so ist die im § 126 Abs. 1 vorgeschriebene Beglaubigung des Handzeichens erforderlich und genügend.

(2) Die öffentliche Beglaubigung wird durch die notarielle Beurkundung der Erklärung ersetzt.

7 BGH NJW 1995, 2217 (Ls.).
8 BGH NJW-RR 1989, 198 (199).

[§ 129 ab 1.8.2022:]

§ 129 Öffentliche Beglaubigung

(1) [1]Ist für eine Erklärung durch Gesetz öffentliche Beglaubigung vorgeschrieben, so muss die Erklärung

1. in schriftlicher Form abgefasst und die Unterschrift des Erklärenden von einem Notar beglaubigt werden oder

2. in elektronischer Form abgefasst und die qualifizierte elektronische Signatur des Erklärenden von einem Notar beglaubigt werden.

[2]In dem Gesetz kann vorgesehen werden, dass eine Erklärung nur nach Satz 1 Nummer 1 oder nach Satz 1 Nummer 2 öffentlich beglaubigt werden kann.

(2) Wurde eine Erklärung in schriftlicher Form von dem Erklärenden mittels notariell beglaubigten Handzeichens unterzeichnet, so erfüllt die Erklärung auch die Anforderungen nach Absatz 1 Satz 1 Nummer 1.

(3) Die öffentliche Beglaubigung wird durch die notarielle Beurkundung ersetzt.

I. Normzweck

1 Die Norm ermöglicht die **zuverlässige Feststellung** der Person eines Erklärenden. Die Form der amtlichen Mitwirkung ist bei der Beglaubigung im Gegensatz zur notariellen Beurkundung einfacherer und es werden auch nicht dieselben Zwecke und Ziele (insbes. der Schutz vor Übereilung) verfolgt.

2 Die öffentliche Beglaubigung wird durch die öffentliche Beurkundung und durch den Abschluss eines Prozessvergleichs (§ 127a) nach § 129 Abs. 2 ersetzt. Der Beglaubigungsvermerk ist eine **öffentliche Urkunde** mit der Beweiskraft nach § 415 ZPO (→ § 128 Rn. 2), während die Erklärung selbst eine Privaturkunde iSd § 416 ZPO ist.[1] Da aber durch die öffentliche Beglaubigung die Echtheit der Unterschrift feststeht, hat die Schrift über der Unterschrift die Vermutung der Echtheit für sich (§ 440 Abs. 2 ZPO). Diese Vermutung kann aber widerlegt werden, insbes. wenn die Urkunde nachträglich geändert oder ergänzt wird (vgl. § 419 ZPO).[2]

II. Anwendungsbereich

3 § 129 regelt nur die Art und Weise der Beglaubigung, ergänzt durch §§ 39 ff. BeurkG. Wann eine öffentliche Beglaubigung einer Willenserklärung oder auch Verfahrenserklärung[3] iSd § 129 erforderlich ist oder zumindest verlangt werden kann, wird im Gesetz geregelt:

4 Die Unterschriftsbeglaubigung wird **angeordnet** in §§ 77, 411 S. 1, 1355 Abs. 3 S. 2, 1491 Abs. 1 S. 2, 1492 Abs. 1 S. 2, 1560 S. 2, 1617 Abs. 1 S. 2, 1617a Abs. 2 S. 3, 1617b Abs. 2 S. 2, 1617c Abs. 1 S. 3, 1618 S. 5, 1945, 1955 S. 2, 2198 Abs. 1 S. 2 BGB, § 12 HGB, §§ 29 Abs. 1 S. 1, 30, 31 S. 1 GBO, §§ 726 Abs. 1, 727 Abs. 1, 728, 729, 751 Abs. 2, 756 Abs. 1 ZPO, §§ 366 Abs. 2 S. 2, 368 Abs. 1 S. 3 FamFG. Dies sind insbes. Fälle, in denen eine Erklärung gegen-

1 LG Duisburg BeckRS 2021, 672.
2 OLG Brandenburg FGPrax 2010, 210; MüKoBGB/*Einsele* § 129 Rn. 5.
3 OLG Düsseldorf OLGZ 1984, 259 (262).

über einer Behörde abzugeben ist und die Identität des Erklärenden zuverlässig festgestellt werden muss.

5 § 129 BGB gilt auch dann, wenn ein Beteiligter die Beglaubigung verlangen kann (vgl. §§ 371 S. 2, 403 S. 1, 1035 S. 2, 1154 Abs. 1 S. 2, 1155, 2120 S. 2, 2121 Abs. 1 S. 2, 2215 Abs. 2).

6 Bei einer vertraglich vereinbarten Beglaubigungspflicht gilt § 129 analog. Die Erklärung einer Behörde im Rahmen ihrer Amtstätigkeit bedarf keiner weiteren Beglaubigung.[4]

III. Art und Weise der Beglaubigung

7 Die öffentliche Beglaubigung ist nach § 129 Abs. 1 S. 1 ein **Zeugnis**, ausgestellt durch eine Urkundsperson, über die Identität des Unterschrift Anerkennenden bzw. Vollziehenden, dh eine schriftliche Erklärung wird von dem Erklärenden unterschrieben und diese Unterschrift von einem Notar beglaubigt und es erfolgt somit eine Zuordnung der Unterschrift zu einer bestimmten Person. Das Verfahren selbst ist in den §§ 39 ff. BeurkG geregelt.

8 Im Beglaubigungsvermerk ist die Person, die die Unterschrift vor dem Notar vollzogen oder anerkannt hat, genau zu bezeichnen. Eine Prüfung des Erklärungsinhalts erfolgt nur dahin gehend, ob Gründe vorliegen, die eine Amtstätigkeit des Notars versagen (§ 40 Abs. 2 BeurkG). Jedoch sollte bei einer Beglaubigung einer Unterschrift ohne dazugehörige Erklärung (sog. Blankounterschrift), soweit ein Bedarf hieran dargelegt wurde, im Beglaubigungsvermerk angegeben werden, dass bei der Beglaubigung kein durch die Unterschrift gedeckter Text vorhanden war (§ 40 Abs. 5 BeurkG).[5] Zusätzlich bedarf es zur Vorlage beim Grundbuchamt des Vermerks nach § 15 Abs. 3 GBO und beim Handelsregister nach § 378 Abs. 3 FamFG, soweit die Erklärung nicht durch den Notar entworfen wurde.

9 **Zuständig** für die öffentliche Beglaubigung sind neben den Notaren und den Konsularbeamten nach §§ 10 Abs. 1 Nr. 2, 19, 24 KonsG, in den Fällen des § 6 BtBG auch die Urkundspersonen der Betreuungsbehörde[6] und in den Fällen der §§ 41–43, 45 PStG die Standesbeamten. In den Fällen des § 6 BtBG ist zwar § 129 BGB erfüllt, aber nicht § 29 Abs. 1 S. 2 GBO (OLG Köln FGPrax 2019, 255). Eine Beglaubigung durch eine Verwaltungsbehörde (vgl. § 34 VwVfG) genügt nicht den Anforderungen des § 129 (→ BeurkG § 40 Rn. 2).[7]

10 Eine empfangsbedürftige Willenserklärung, die in der Form der öffentlichen Beglaubigung abgegeben werden muss, wird erst wirksam, wenn sie dem Empfänger auch in dieser Form **zugegangen** ist (§ 130 Abs. 1 S. 1). Die Übersendung einer bloßen Kopie ist nicht ausreichend.[8]

11 Soweit die Erklärung durch den Erklärenden nicht unterschrieben wird, sondern mittels **Handzeichen** unterzeichnet wird, genügt die im § 126 Abs. 1 vorgeschriebene Beglaubigung dieses Handzeichens (§ 129 Abs. 1 S. 2).

IV. Onlinebeurkundung

12 Ab 1.8.2022 und damit zur Einführung der Onlinebeurkundung im Bereich des Gesellschaftsrechts (Online-Bargründung einer GmbH, Handelsregisteranmel-

4 BGH NJW-RR 2011, 953; aA MüKoBGB/*Einsele* § 129 Rn. 4 mwN.
5 BeckOK BGB/*Wendtland*, 60. Ed. 1.11.2011, § 129 Rn. 5.
6 Dies genügt nach BGH NJW 2011, 1766 auch für § 29 GBO.
7 BeckOK BGB/*Wendtland*, 60. Ed. 1.11.2011, § 129 Rn. 5; MüKoBGB/*Einsele* § 129 Rn. 4.
8 BayObLG DtZ 1992, 284 (285).

dung) wird auch § 129 BGB entsprechend geändert. Neben der bisherigen Möglichkeit der öffentlichen Beglaubigung (Abs. 1 S. 1 Nr. 1 kF) besteht dann auch die Möglichkeit der digitalen Unterschriftsbeglaubigung (Abs. 1 S. 1 Nr. 2 kF). Nach Abs. 1 S. 2 kF kann der Gesetzgeber bei Anordnung der Form entscheiden, welche Variante zulässig sein soll.

Die Unterschriftsbeglaubigung erfolgt über eine qualifizierte Signatur des No- 13
tars. Damit wird wiederum eine Unterschriftenbeglaubigung unter einer Mail oÄ *nicht* möglich sein, sondern es ist die webbasierte Anwendung der Bundesnotarkammer zu verwenden.

Titel 5 Vertretung und Vollmacht

§ 164 Wirkung der Erklärung des Vertreters

(1) [1]Eine Willenserklärung, die jemand innerhalb der ihm zustehenden Vertretungsmacht im Namen des Vertretenen abgibt, wirkt unmittelbar für und gegen den Vertretenen. [2]Es macht keinen Unterschied, ob die Erklärung ausdrücklich im Namen des Vertretenen erfolgt oder ob die Umstände ergeben, dass sie in dessen Namen erfolgen soll.

(2) Tritt der Wille, in fremdem Namen zu handeln, nicht erkennbar hervor, so kommt der Mangel des Willens, im eigenen Namen zu handeln, nicht in Betracht.

(3) Die Vorschriften des Absatzes 1 finden entsprechende Anwendung, wenn eine gegenüber einem anderen abzugebende Willenserklärung dessen Vertreter gegenüber erfolgt.

§ 165 Beschränkt geschäftsfähiger Vertreter

Die Wirksamkeit einer von oder gegenüber einem Vertreter abgegebenen Willenserklärung wird nicht dadurch beeinträchtigt, dass der Vertreter in der Geschäftsfähigkeit beschränkt ist.

I. Allgemeines

§ 164 ist die zentrale Grundnorm des Stellvertretungsrechts und ermöglicht, 1
dass Willenserklärungen im Namen von und mit Rechtswirkung für andere Personen abgegeben werden können.[1]

II. Anwendungsbereich

Die §§ 164 ff. erfassen nicht nur die rechtsgeschäftliche, sondern auch die ge- 2
setzliche und organschaftliche Vertretung.[2] Sie gelten unmittelbar für Willenser-

1 BeckOGK/*Huber* § 164 Rn. 1.
2 BeckOK BGB/*Schäfer* § 164 Rn. 2.

klärungen, werden jedoch auf geschäftsähnliche Handlungen (zB Mahnung) entsprechend angewendet.[3] Keine Anwendung finden sie auf **Realakte** als reine Tathandlungen (zB Besitzerwerb).[4]

3 Die Stellvertretung bei **Prozesshandlungen** sowie im **Verwaltungsverfahren** ist im jeweiligen Verfahrensrecht spezialgesetzlich geregelt (zB §§ 80 ff. ZPO, §§ 14, 16, 17 VwVfG), auf die allgemeinen Prinzipien des Stellvertretungsrechts der §§ 164 ff. kann jedoch ergänzend zurückgegriffen werden.[5]

4 Keine Anwendung finden die Stellvertretungsregelungen im Bereich der **unerlaubten Handlungen** sowie bei **vertraglichen Pflichtverletzungen**, da insoweit spezielle Zurechnungsnormen (zB § 31 oder § 278) existieren.[6]

III. Voraussetzungen

5 **1. Zulässigkeit der Stellvertretung.** Eine Stellvertretung ist grundsätzlich bei jeder Abgabe von Willenserklärungen zulässig, sofern nicht ausnahmsweise eine höchstpersönliche Vornahme vorgeschrieben ist.[7] Ein Verstoß gegen die **Höchstpersönlichkeit** führt zur Unwirksamkeit des Rechtsgeschäfts ohne Möglichkeit der Genehmigung nach § 177.[8]

6 Eine Höchstpersönlichkeit oder der Ausschluss bestimmter Stellvertreter kann sich zum einen aus rechtsgeschäftlicher Vereinbarung ergeben (**gewillkürte Höchstpersönlichkeit**).[9] Zum anderen hat der Gesetzgeber – vorwiegend im Familien- und Erbrecht – für bestimmte Willenserklärungen **gesetzlich angeordnet**, dass sie aufgrund ihrer Wichtigkeit höchstpersönlich abgegeben werden müssen (zB Eheschließung, Einwilligung zur Adoption, Testament, Erbvertrag, Erb-, Pflichtteils- und Zuwendungsverzicht oder Prokura).[10] Gleiches gilt für die Abgabe bestimmter Versicherungen gegenüber dem Registergericht bei Anmeldungen zum Handelsregister.[11] Darüber hinaus wird bei einzelnen Rechtsgeschäften eine gesetzliche Höchstpersönlichkeit kraft Natur des Rechtsgeschäfts angenommen (zB Verlöbnis oder güterrechtliche Zustimmungserklärungen).[12]

7 Eine Stellvertretung bei Rechtsgeschäften, die nach dem Gesetz bei **gleichzeitiger Anwesenheit** geschlossen werden müssen (zB Auflassung, → § 925 Rn. 28 ff., oder Eheverträge, → § 1410 Rn. 16 ff.), ist hingegen möglich, da damit keine Höchstpersönlichkeit verbunden ist.[13] Auch die **Unterwerfung unter die sofortige Zwangsvollstreckung** (→ ZPO § 794 Rn. 7 ff.) kann unproblematisch durch einen Vertreter erfolgen.[14]

8 **2. Abgabe einer eigenen Willenserklärung (Repräsentationsprinzip).** Eine wirksame Stellvertretung erfordert stets, dass der Stellvertreter eine eigene Willenserklärung abgibt; sofern lediglich fremde Willenserklärungen übermittelt wer-

---

3 BGH NJW 2006, 687 (688).
4 BGH NJW 1960, 860 (861).
5 MüKoBGB/*Schubert* § 164 Rn. 104, 106.
6 BeckOK BGB/*Schäfer* § 164 Rn. 5.
7 HK-BGB/*Dörner* § 164 Rn. 3.
8 BGH NJW 1971, 428 (429).
9 BGH NJW 1987, 650; NJW 1993, 1329 (1330).
10 MüKoBGB/*Schubert* Rn. 100.
11 Vgl. im Einzelnen: BeckNotar-HdB/*Reetz* § 27 Rn. 12.
12 NK-BGB/*Stoffels* § 164 Rn. 44.
13 BGH NJW 1959, 883.
14 BGH NJW 2008, 2266 (2267).

den, liegt eine **Botenschaft** vor.[15] Entscheidend für die Abgrenzung ist der objektive Empfängerhorizont des Erklärungsempfängers.[16]

Gemäß § 165 schadet es der Wirksamkeit der abgegebenen Willenserklärung nicht, wenn der Stellvertreter selbst in der **Geschäftsfähigkeit beschränkt** ist. Ausgeschlossen ist lediglich eine Stellvertretung durch **Geschäftsunfähige**.[17] 9

3. Handeln im fremden Namen (Offenkundigkeitsprinzip). § 164 Abs. 1 S. 1 fordert, dass die Willenserklärung ausdrücklich im Namen des Vertretenen abgegeben wird. Entscheidend ist der **objektive Empfängerhorizont**.[18] Im Zweifel wird die Willenserklärung dem Handelnden gemäß § 164 Abs. 2 als eigene Willenserklärung zugerechnet, so dass ihn auch die Rechtswirkungen treffen.[19] Wenn der Handelnde aus Empfängersicht im fremden Namen handelt, obwohl er nicht den entsprechenden inneren Willen hat, liegt gleichwohl eine Stellvertretung vor.[20] Insoweit besteht jedoch die Möglichkeit der Anfechtung gemäß § 119 Abs. 1.[21] 10

Gemäß § 164 Abs. 1 S. 2 muss die Willenserklärung **nicht ausdrücklich** im Namen des Vertretenen abgegeben werden, sondern es genügt, wenn sich dies aus den Umständen ergibt. Entscheidend sind insbesondere die dem Rechtsverhältnis zugrunde liegenden Lebensverhältnisse, die Interessenlage, der Geschäftsbereich des Erklärungsgegenstandes sowie typische Verhaltensweisen.[22] Im Zweifel wird bei **unternehmensbezogenen Geschäften** davon ausgegangen, dass der Inhaber des Unternehmens Vertragspartner werden soll.[23] 11

Eine weitere Ausnahme vom Offenkundigkeitsprinzip besteht bei Bargeschäften des täglichen Lebens, wenn es für die Vertragschließenden aus Empfängersicht ohne Bedeutung ist, ob im eigenen oder fremden Namen gehandelt wird (sog. **Geschäft für den, den es angeht**).[24] Ebenfalls zulässig ist, wenn der Vertreter zwar im fremden Namen handelt, den Vertretenen aber erst **nachträglich bestimmt** bzw. benennt.[25] 12

Vom Handeln im fremden Namen zu unterscheiden ist das **Handeln unter fremdem Namen**. Insoweit liegt ein Eigengeschäft des Handelnden vor, wenn der Erklärungsempfänger keiner Fehlvorstellung über die Identität des Handelnden unterliegt, weil er genau mit diesem das Geschäft abschließen wollte.[26] Wird jedoch beim Erklärungsempfänger der Anschein erweckt, dass er tatsächlich mit dem Namensträger ein Geschäft abschließt und wird insoweit über die Identität des Handelnden eine Fehlvorstellung hervorgerufen, finden die Regelungen über die Stellvertretung Anwendung, so dass es auf das Bestehen einer Vertretungsmacht bzw. eine nachträgliche Genehmigung gemäß § 177 durch den Namensträger ankommt.[27] 13

4. Vertretungsmacht. Schließlich erfordert eine wirksame Stellvertretung, dass der Stellvertreter innerhalb der ihm zustehenden **Vertretungsmacht** handelt. 14

15 BGH NJW 1954, 797 (798).
16 BGH NJW 1961, 2251 (2253).
17 BGH NJW 1970, 806 (808).
18 BGH NJW-RR 2006, 109 (110).
19 BGH NJW 1974, 37 (39).
20 BGH NJW 1961, 2251 (2253).
21 BeckOGK/*Huber* BGB § 164 Rn. 51.
22 BGH NJW 1994, 1649 (1650).
23 BGH NJW 2008, 1214.
24 BGH NJW 2016, 1887 (1888).
25 BGH NJW 1989, 164 (166).
26 BGH NJW 2011, 2421 (2422).
27 BGH NJW 2011, 2421 (2422).

Eine Vertretungsmacht kann sich entweder aus Gesetz oder gemäß § 167 aus einer rechtsgeschäftlich erteilten Vollmacht (Legaldefinition in § 166 Abs. 2 S. 1) ergeben (zum Nachweis → BeurkG § 12 Rn. 1 ff.). Anderenfalls finden die Vorschriften über den Vertragsschluss durch einen Vertreter ohne Vertretungsmacht nach den §§ 177 ff. Anwendung.

15 Das Risiko des Missbrauchs der Vertretungsmacht trägt grundsätzlich der Vertretene.[28] Ausnahmen von diesem Grundsatz bestehen jedoch, wenn Stellvertreter und Geschäftsgegner bewusst zum Nachteil des Vertretenen zusammenwirken (Kollusion gemäß § 138)[29] oder wenn der Geschäftsgegner aufgrund einer – massive Verdachtsmomente voraussetzenden – objektiven Evidenz des Missbrauches begründete Zweifel haben muss, dass der Stellvertreter innerhalb seiner Vertretungsmacht handelt.[30] In letzterem Fall besteht jedoch die grundsätzliche Möglichkeit der Nachgenehmigung gemäß § 177.[31]

IV. Rechtsfolge

16 Im Fall der wirksamen Stellvertretung wirkt die vom Vertreter abgegebene Willenserklärung unmittelbar für und gegen den Vertretenen.[32] Der Vertreter wird grundsätzlich nicht vertraglich verpflichtet, er kann jedoch nach § 311 Abs. 3 oder aus unerlaubter Handlung haften.[33]

V. Beweislast

17 Beweispflichtig ist grundsätzlich die Partei, die sich auf eine wirksame Stellvertretung beruft.[34]

§ 166 Willensmängel; Wissenszurechnung

(1) Soweit die rechtlichen Folgen einer Willenserklärung durch Willensmängel oder durch die Kenntnis oder das Kennenmüssen gewisser Umstände beeinflusst werden, kommt nicht die Person des Vertretenen, sondern die des Vertreters in Betracht.

(2) [1]Hat im Falle einer durch Rechtsgeschäft erteilten Vertretungsmacht (Vollmacht) der Vertreter nach bestimmten Weisungen des Vollmachtgebers gehandelt, so kann sich dieser in Ansehung solcher Umstände, die er selbst kannte, nicht auf die Unkenntnis des Vertreters berufen. [2]Dasselbe gilt von Umständen, die der Vollmachtgeber kennen musste, sofern das Kennenmüssen der Kenntnis gleichsteht.

I. Allgemeines

1 Die Vorschrift dient dem Schutz des Rechtsverkehrs und regelt die Folgen von Willensmängeln sowie einer Wissenszurechnung bei arbeitsteiligem Zusammenwirken von Vertretenem und Vertreter.[1]

---

28 BGH NJW 1999, 2883.
29 BGH NZG 2014, 389 (390).
30 BGH NJW 1999, 2883; zu den Prüfungspflichten eines Notars vor einer Beurkundung aufgrund Vorsorgevollmacht: *Staschelt* RNotZ 2020, 61 (73 ff.).
31 BGH NJW 1999, 2266 (2268).
32 MüKoBGB/*Schubert* § 164 Rn. 233.
33 HK-BGB/*Dörner* § 164 Rn. 12.
34 BGH NJW 1986, 1675.
1 Vgl. MüKoBGB/*Schubert* § 166 Rn. 1.

II. Willensmängel und Wissenszurechnung des Vertreters (Abs. 1)

Abs. 1 ordnet für Willensmängel (§§ 116–123) sowie die Kenntnis oder das Kennenmüssen (vgl. § 122 Abs. 2) bestimmter Umstände (zB Auslegung von Willenserklärungen,[2] Kenntnis von Sachmängeln gemäß § 442,[3] subjektive Voraussetzungen eines Verbotsgesetzes iSd § 134[4] oder Sittenwidrigkeit iSd § 138)[5] an, dass ausschließlich auf die Person des Vertreters abzustellen ist und somit eine **Zurechnung zum Vertretenen** erfolgt. Die Rechtsprechung wendet die Vorschrift analog auf **Wissensvertreter** an, die ohne Vertretungsmacht eigenverantwortlich für den Geschäftsherrn handeln und im Rechtsverkehr als dessen Repräsentanten bestimmte Aufgaben in eigener Verantwortung erledigen.[6] 2

Zum Schutz der Vertragspartner erfolgt bei Personengesellschaften oder juristischen Personen eine **Wissenszusammenrechnung** des Wissens von Organen und Mitarbeitern hinsichtlich solcher Vorgänge, deren Relevanz für spätere Geschäftsvorgänge innerhalb des Organisationsbereichs vom Wissenden erkennbar ist und die dokumentiert, verfügbar gehalten und an andere Personen innerhalb des Organisationsbereichs weitergegeben werden müssen.[7] Bei Personengesellschaften erfolgt jedoch einschränkend keine Wissenszurechnung Verstorbener oder ehemaliger Gesellschafter.[8] 3

Entsprechende Anwendung soll Abs. 1 finden, wo die Umstände zwar keine Relevanz für die Folgen von Willenserklärungen, sondern für den **Eintritt anderweitiger Rechtsfolgen** haben (zB verschärfte Haftung gemäß § 819 Abs. 1 oder § 990 Abs. 1).[9] 4

III. Willensmängel in der Person des Vertretenen (Abs. 2)

Bei einem rechtsgeschäftlich bestellten Vertreter, der nach bestimmten Weisungen des Vertretenen handelt, wird nach Abs. 2 im Hinblick auf Kenntnis und Kennenmüssen nicht nur das Wissen des Vertreters berücksichtigt, sondern auch das **Wissen des Vertretenen**. Denn der Vertretene soll sich nicht hinter der Gutgläubigkeit des seine Weisungen befolgenden Vertreters verstecken dürfen.[10] 5

Ob die Vorschrift auch analog auf die **Zurechnung von Willensmängeln** anwendbar ist, wurde vom BGH ausdrücklich noch nicht entschieden und ist höchst streitig.[11] Lediglich bei der arglistigen Täuschung gemäß § 123 Abs. 1 hat die Rechtsprechung eine Anwendbarkeit bislang bejaht.[12] 6

§ 167 Erteilung der Vollmacht

(1) Die Erteilung der Vollmacht erfolgt durch Erklärung gegenüber dem zu Bevollmächtigenden oder dem Dritten, dem gegenüber die Vertretung stattfinden soll.

2 BGH NJW 2000, 2272 (2273).
3 BGH NJW 2000, 1405 (1406).
4 BayObLGZ 1992, 344 (348).
5 BGH NJW 1992, 899 (900).
6 BGH NJW 1992, 1099 (1100).
7 BGH NJW 2001, 2535 (2536).
8 BGH NJW 1995, 2159 (2160).
9 Palandt/*Ellenberger* § 166 Rn. 9 mwN.
10 BGH NJW 1969, 925 (927).
11 BGH NJW 2000, 2268 (2269) mwN; MüKoBGB/*Schubert* § 166 Rn. 107.
12 BGH NJW 1969, 925 (927).

(2) Die Erklärung bedarf nicht der Form, welche für das Rechtsgeschäft bestimmt ist, auf das sich die Vollmacht bezieht.

I. Allgemeines

1 Die Vorschrift regelt als Wirksamkeitsvoraussetzung einer Vollmacht, gegenüber wem diese zu erteilen ist und welcher Form sie bedarf. Der Begriff der **Vollmacht** ist in § 166 Abs. 2 S. 1 legal definiert; es handelt sich um eine rechtsgeschäftlich erteilte Vertretungsmacht.

II. Erteilung (Abs. 1)

2 Die Erteilung einer Vollmacht erfolgt durch einseitige empfangsbedürftige Willenserklärung, die keiner Annahme bedarf.[1] Die Vollmacht kann gegenüber dem Bevollmächtigten als **Innenvollmacht** oder gegenüber dem Dritten, demgegenüber die Vertretung stattfinden soll, als **Außenvollmacht** erteilt werden. Ebenfalls möglich ist eine Erteilung durch öffentliche Bekanntmachung,[2] durch Vertrag[3] oder durch Verfügung von Todes wegen.[4] Die Vollmacht kann auch konkludent erteilt werden.[5]

3 Vollmachten basieren regelmäßig kausal auf einem Grundgeschäft (zB Auftrag, Geschäftsbesorgungs-, Dienst-, Arbeits-, Werk- oder Gesellschaftsvertrag)[6] und sind nach dem **Abstraktionsprinzip** von dessen Bestand unabhängig.[7] Sie können jedoch auch als **isolierte Vollmachten** erteilt werden.[8]

4 **1. Person des Vollmachtgebers.** Vollmachtgeber kann jede rechts- und geschäftsfähige natürliche oder juristische Person sein.[9] **Beschränkt Geschäftsfähige** können eine Vollmacht nur gemäß den allgemeinen Regelungen zur Geschäftsfähigkeit erteilen, so dass die Erteilung immer der Einwilligung des gesetzlichen Vertreters nach § 111 bedarf, wenn es sich bei dem Vertretergeschäft nicht um ein lediglich rechtlich vorteilhaftes handelt.[10] **Geschäftsunfähige** kön-

1 BGH NJW-RR 2007, 1202 (1203).
2 MüKoBGB/*Schubert* § 167 Rn. 12.
3 OLG Karlsruhe NJW-RR 1986, 100 (101).
4 OLG Köln NJW-RR 1992, 1357.
5 BGH NJW 2013, 1873 (1874).
6 BeckOK BGB/*Schäfer* § 167 Rn. 1 f.
7 OLG Hamm NJW 1992, 1174 (1175); eine Gesamtnichtigkeit wird im Ausnahmefall angenommen bei einer sowohl Grundgeschäft als auch Vollmacht betreffenden Fehleridentität des Unwirksamkeitsgrundes (BGH NJW 2003, 1594) oder einer Anwendung von § 139 (BGH NJW 1992, 3237 (3238)).
8 BGH NJW 1981, 1727 (1728).
9 MüKoBGB/*Schubert* § 167 Rn. 3; Einschränkungen bestehen nur bei den handelsrechtlichen Vollmachten der §§ 48 ff., 54 ff. HGB.
10 MüKoBGB/*Schubert* § 167 Rn. 3.

nen gemäß § 105 Abs. 1 grundsätzlich keine Vollmacht erteilen; § 105a findet keine Anwendung.[11]

2. Person des Bevollmächtigten. Als Bevollmächtigter kommt jede natürliche oder juristische Person in Betracht.[12] Eine **beschränkte Geschäftsfähigkeit** des Vertreters schadet gemäß § 165 dem wirksamen Vertreterhandeln nicht. Ein **Geschäftsunfähiger** kann als Bevollmächtigter keine wirksame Willenserklärungen abgeben, wobei streitig ist, ob die einem Geschäftsunfähigen erteilte Vollmacht bis zum Eintritt der Geschäftsfähigkeit schwebend unwirksam ist.[13] 5

III. Form (Abs. 2)

1. Grundsatz. Die Vollmacht kann gemäß § 166 Abs. 2 **grundsätzlich formfrei** erteilt werden, auch wenn das Rechtsgeschäft, für das sie bestimmt ist, eine strengere Form fordert.[14] 6

2. Ausnahmen. Von diesem Grundsatz bestehen gleichwohl verschiedene materiellrechtliche und verfahrens-rechtliche Ausnahmen. 7

a) **Rechtsgeschäftlich vereinbarte Form.** Die Parteien eines Rechtsgeschäfts können jederzeit bestimmen, dass eine zu erteilende Vollmacht bestimmten Formanforderungen genügen muss (**gewillkürte Formbedürftigkeit**); Gleiches gilt für Formerfordernisse in Satzungen juristischer Personen.[15] § 125 S. 2 findet dabei auch auf die Vollmacht Anwendung (→ § 125 Rn. 9).[16] 8

b) **Gesetzliche Formvorschriften.** Der Gesetzgeber hat verschiedene **materiellrechtliche Formvorschriften** vorgesehen, zB für die Vorsorgevollmacht (§§ 1904 Abs. 5 S. 2, 1906 Abs. 5 S. 1 und 1906 a Abs. 5 S. 1), die Vollmacht zum Abschluss eines Verbraucherdarlehensvertrags (§ 492 Abs. 4 S. 2), die Vollmacht zur erbrechtlichen Ausschlagung oder Anfechtung (§§ 1945 Abs. 3, 1955 S. 2) oder die Vollmacht zur Ablehnung der fortgesetzten Gütergemeinschaft (§ 1484 Abs. 2 S. 1). 9

Weiterhin sieht das **Gesellschaftsrecht** für bestimmte Gründungs- und Stimmrechtsvollmachten gesetzliche Formvorschriften vor (zB § 2 Abs. 1 GmbHG, § 47 Abs. 3 GmbHG, § 23 Abs. 1 AktG, § 134 Abs. 3 AktG oder § 135 AktG). 10

c) **Verfahrensrechtliche Nachweisvorschriften.** Von materiellrechtlichen Formvorschriften zu unterscheiden sind gesetzliche Vorschriften zum **Nachweis der Vollmacht** gegenüber Gerichten, zB dem Grundbuchamt (§ 29 Abs. 1 S. 1 GBO), dem Handelsregister (§ 12 Abs. 1 S. 2 HGB) oder dem Prozessgericht (§ 80 ZPO, § 11 FamFG, §§ 71 Abs. 2, 81 Abs. 3 ZVG, § 67 Abs. 6 VWGO und § 62 Abs. 6 FGO). Die Einhaltung der Form ist hierbei keine Wirksamkeits-, sondern Verfahrensvoraussetzung.[17] 11

Die formfrei erteilte Vollmacht kann in diesem Fall durch eine der Form entsprechende **Vollmachtbestätigung** nachgewiesen werden.[18] Der Vertreter hat einen klagbaren Anspruch gegen den Vertretenen auf Erteilung der formgerechten Bestätigung.[19] 12

---

11 MüKoBGB/*Schubert* § 167 Rn. 3; ausnahmsweise zulässig ist die Bevollmächtigung eines Rechtsanwalts für ein Betreuungsverfahren: BGH NJW 2014, 215.
12 Eine Ausnahme gilt für die Prokura gemäß § 48 HGB, da diese nur einer natürlichen Person erteilt werden kann: Baumbach/Hopt/*Hopt* HGB § 48 Rn. 1.
13 NK-BGB/*Ackermann* § 167 Rn. 13 mwN.
14 BGH NJW 2016, 2177 (2179).
15 MüKoBGB/*Schubert* § 167 Rn. 14.
16 MüKoBGB/*Schubert* § 167 Rn. 14.
17 OLG Hamm RNotZ 2016, 103 (104).
18 BGH NJW 1959, 883.
19 *Schöner/Stöber* GrundbuchR Rn. 3536.

13 d) **Teleologische Reduktion.** Eine weitere Ausnahme von der Formfreiheit der Vollmacht macht die Rechtsprechung, wenn der Vertretene durch die Erteilung der Vollmacht rechtlich oder tatsächlich in gleicher Weise gebunden wird wie durch den späteren Abschluss des formbedürftigen Vertretergeschäfts.[20] Hierzu wurden Fallgruppen[21] entwickelt, die in der Praxis zumeist die Vorschrift des § 311b Abs. 1 S. 1 (Formgebot der notariellen Beurkundung für Grundstücksgeschäfte) betreffen.

14 Eine **unwiderrufliche Vollmacht** zum Erwerb oder zur Veräußerung von Immobilien bedarf demnach immer der Beurkundung (zu den Kosten → GNotKG § 98 Rn. 7).[22]

15 Eine Beurkundungsbedürftigkeit wird weiter angenommen, wenn eine widerrufliche Vollmacht zum Erwerb oder zur Veräußerung von Immobilien faktisch wie eine unwiderrufliche Vollmacht wirkt.[23] Hierbei sind immer die Gesamtumstände, insbesondere auch die zeitlichen Abläufe, zu würdigen.[24] Alleine die Befreiung vom Selbstkontrahierungsverbot des § 181 reicht in jedem Fall nicht aus, um eine Formbedürftigkeit der Vollmacht zu begründen.[25] Eine Formbedürftigkeit wird zB angenommen, wenn die Vollmacht nahezu ausschließlich im Interesse des Bevollmächtigten erteilt wird oder das Interesse des Bevollmächtigten zumindest dem des Geschäftsherrn gleichzusetzen ist,[26] wenn der Vollmachtgeber unter zeitlichen Umständen praktisch keine Möglichkeit zum Widerruf der Vollmacht hat,[27] wenn der Vollmachtgeber gesundheitsbedingt nicht handlungsfähig ist[28] oder wenn der Bevollmächtigte bei Nichtvorname des Rechtsgeschäfts eine Vertragsstrafe verwirken würde.[29]

16 Das **Grundverhältnis zur Vollmacht** ist in jedem Fall mitzubeurkunden, da es ebenfalls dem Anwendungsbereich des § 311b Abs. 1 S. 1 unterfällt.[30]

17 Zum Teil wird auch bei **Vorsorgevollmachten** eine teleologische Reduktion vorgenommen und eine notarielle Beurkundung gefordert, da der Vollmachtgeber diese nach Eintritt der Geschäftsunfähigkeit faktisch nicht mehr widerrufen kann.[31]

IV. Inhalt und Umfang

18 Inhalt und Umfang der Vollmacht sind nach den allgemeinen Auslegungsregeln (§§ 133, 157) zu ermitteln,[32] sofern nicht der Inhalt ausnahmsweise gesetzlich festgelegt ist (zB Prokura oder Handlungsvollmacht). Da insoweit auf den **Empfängerhorizont** abzustellen ist, kommt es bei der Außenvollmacht in erster Linie auf die Sicht des Geschäftsgegners an,[33] bei der reinen Innenvollmacht auf die Sicht des Bevollmächtigten.[34]

20 BGH NJW 1979, 2306; *Rösler* NJW 1999, 1150 (1151).
21 MüKo/*Schubert* § 167 Rn. 20.
22 BGH NJW 2008, 845; NJW 1952, 1210.
23 BGH NJW 1979, 2306 (2307).
24 OLG Frankfurt/M. NJW-RR 2013, 722 (723).
25 BGH NJW 1979, 2306 (2307).
26 BGH NJW-RR 1991, 429 (431).
27 OLG Frankfurt/M. NJW-RR 2013, 722 (723), wobei hier ein Zeitraum von 17 Tagen als unschädlich angesehen wurde.
28 BGH DNotZ 1966, 92.
29 Vgl. BGH NJW 1971, 557.
30 BGH NJW 1997, 312 (313); BayObLG NJW-RR 1996, 848.
31 HK-BetreuungsR/*Jurgeleit* § 1896 Rn. 21.
32 BGH NZG 2009, 57 (60).
33 BGH NJW-RR 2000, 745 (746).
34 BGH NJW 2010, 1203 (1204).

Bei **Grundbuch- oder Registervollmachten** sind der Auslegung durch das Verfahrensrecht Grenzen gesetzt, da außerhalb der Erklärung liegende Umstände zur Auslegung nur ausnahmsweise herangezogen werden dürfen.[35] Auslegungsschwierigkeiten bei Vollmachten ergeben sich in der Praxis oftmals aufgrund inhaltlich unzureichender Formulierungen, gerade auch wenn Vollmachten bei Grundbuchämtern oder Registergerichten verwendet werden und der Prüfungsumfang demgemäß eingeschränkt ist.[36] 19

Vollmachten können grundsätzlich so gestaltet werden, dass sie im **Außenverhältnis** im Rechtsverkehr unbeschränkt gelten und eine rechtliche Bindung des Bevollmächtigten bzw. Einschränkungen der Vollmacht nur im **Innenverhältnis** zwischen Vollmachtgeber und Bevollmächtigtem bestehen.[37] Bei Unklarheiten ist im Zweifel davon auszugehen, dass eine Beschränkung im Außenverhältnis vorliegt.[38] Das Innenverhältnis schlägt zudem auf das Außenverhältnis durch, wenn ein Fall des kollusiven Zusammenwirkens zwischen Vertreter und Drittem vorliegt[39] oder wenn der Missbrauch der Vollmacht wegen Überschreitung des Innenverhältnisses positiv bekannt oder objektiv evident ist.[40] Dies gilt auch für das Grundbuchamt.[41] 20

Eine Vollmacht kann erteilt werden als **Generalvollmacht** mit umfassender Vertretungsbefugnis für alle Arten von Rechtsgeschäften, als **Spezialvollmacht** zur Vornahme lediglich bestimmter Rechtsgeschäfte oder auch als **Art- oder Gattungsvollmacht** zur Vornahme von Rechtsgeschäften einer bestimmten Art oder eines bestimmten Funktionskreises.[42] 21

Ob die Vollmacht auch zur Erteilung einer **Untervollmacht** ermächtigt, ist im Einzelfall auf Grundlage des Willens und Interesses des Geschäftsherrn zu ermitteln.[43] Sofern die Vollmacht nicht auf einem besonderen Vertrauensverhältnis beruht, ist im Zweifel von der Befugnis zur Untervollmachterteilung auszugehen.[44] Die Untervollmacht kann erteilt werden entweder durch Bevollmächtigung des Untervertreters im Namen des Geschäftsherrn[45] oder aber im Namen des Vertreters.[46] Der Umfang der Untervollmacht kann nicht über den der Hauptvollmacht hinausgehen.[47] 22

§ 168 Erlöschen der Vollmacht

[1]Das Erlöschen der Vollmacht bestimmt sich nach dem ihrer Erteilung zugrunde liegenden Rechtsverhältnis. [2]Die Vollmacht ist auch bei dem Fortbestehen des Rechtsverhältnisses widerruflich, sofern sich nicht aus diesem ein anderes er-

35 OLG München NJOZ 2013, 485 (486); OLG Hamm FGPrax 2005, 240 (241).
36 Ausführliche Beispiele bei BeckNotar-HdB/*Reetz* § 27 Rn. 36 ff. mwN.
37 OLG Frankfurt aM NJOZ 2012, 41 (42).
38 OLG Frankfurt aM NJOZ 2012, 41 (42).
39 BGH NJW 1989, 26 (27); HK-BGB/*Dörner* § 167 Rn. 9.
40 BGH NJW 1999, 2883; HK-BGB/*Dörner* § 167 Rn. 9.
41 OLG München NJW-RR 2013, 1174 (1176).
42 MüKoBGB/*Schubert* § 167 Rn. 65 f.
43 OLG München FGPrax 2013, 257 (258); OLG Hamm RnotZ 2013, 385.
44 BayObLGZ 2001, 279 (285); OLG München NJW-RR 2015, 1230 (1231); OLG Frankfurt/M. VersR 1976, 172 (173).
45 BGH NJW 1977, 1535 (1536).
46 BGH NJW 1960, 1565 (1566); aA die Literatur, vgl. MüKoBGB/*Schubert* § 167 Rn. 82 mwN.
47 BGH NJW 2017, 3373 (3374).

gibt. [3]Auf die Erklärung des Widerrufs findet die Vorschrift des § 167 Abs. 1 entsprechende Anwendung.

§ 169 Vollmacht des Beauftragten und des geschäftsführenden Gesellschafters

Soweit nach den §§ 674, 729 die erloschene Vollmacht eines Beauftragten oder eines geschäftsführenden Gesellschafters als fortbestehend gilt, wirkt sie nicht zugunsten eines Dritten, der bei der Vornahme eines Rechtsgeschäfts das Erlöschen kennt oder kennen muss.

I. Allgemeines

1 Die Vorschrift enthält verschiedene Regelungen zum Erlöschen der Vollmacht, umfasst das Erlöschen gleichwohl nicht erschöpfend.[1]

II. Erlöschen der Vollmacht (S. 1)

2 **1. Erlöschen nach dem Inhalt der Vollmacht.** Ohne dass dies in § 168 explizit geregelt wird, ist für das Erlöschen der Vollmacht in erster Linie ihr Inhalt maßgeblich.[2] Die Vollmacht kann insbesondere durch zeitliche Begrenzung oder Eintritt einer auflösenden oder aufschiebenden **Bedingung** erlöschen.[3] Eine Vollmacht kann auch durch **Erledigung** erlöschen, wenn das Vertretergeschäft abgeschlossen wurde oder es endgültig nicht mehr abgeschlossen werden kann.[4]

3 Ob eine **Untervollmacht** mit dem Erlöschen der Hauptvollmacht erlischt, muss im Einzelfall entsprechend dem Interesse des Geschäftsherrn beurteilt werden.[5]

4 **2. Erlöschen durch Verzicht.** Die Vollmacht kann durch einseitigen Verzicht seitens des Bevollmächtigten erlöschen.[6]

5 **3. Erlöschen aufgrund Gesetzes.** § 117 Abs. 1 InsO enthält einen besonderen gesetzlichen Erlöschensgrund für vom Insolvenzschuldner erteilte Vollmachten bei **Eröffnung des Insolvenzverfahrens**, wenn sich diese auf zur Insolvenzmasse gehörendes Vermögen beziehen.

6 **4. Erlöschen nach dem Inhalt des Grundgeschäfts.** Sofern sich ein Erlöschen der Vollmacht nicht anderweitig ergibt, bestimmt § 168 S. 1 ergänzend, dass in

1 MüKoBGB/*Schubert* § 168 Rn. 1.
2 Palandt/*Ellenberger* § 168 Rn. 1; HK-BGB/*Dörner* § 168 Rn. 2.
3 MüKoBGB/*Schubert* § 168 Rn. 31.
4 MüKoBGB/*Schubert* § 168 Rn. 32.
5 OLG Frankfurt/M. NJW-RR 2014, 1503 (1505).
6 OVG Hamburg NVwZ 1985, 350.

Abweichung vom Abstraktionsgrundsatz das Grundgeschäft heranzuziehen ist.[7] Regelmäßig wird insoweit eine Löschung der Vollmacht angenommen, wenn das Grundverhältnis (zB Auftrag, Geschäftsbesorgungs-, Dienst-, Arbeits-, Werk- oder Gesellschaftsvertrag) endet, etwa durch Zeitablauf, Bedingungseintritt, Kündigung, Rücktritt oder auf andere Weise.[8]

Trotz Erlöschens des Grundverhältnisses bestimmt § 169 bei reinen Innenvollmachten,[9] dass in den Fällen eines lediglich **fingierten Fortbestehens des Grundverhältnisses** gemäß § 674 (Auftrag), § 675 (Geschäftsbesorgungsvertrag) oder § 729 (Gesellschaft bürgerlichen Rechts) auch der Fortbestand der Vollmacht fingiert wird.[10] Dies gilt jedoch nur dann, wenn der Geschäftsgegner das Erlöschen des Grundverhältnisses bei Wirksamwerden der Vertretererklärung nicht kannte oder kennen musste.[11] 7

5. Erlöschen wegen der Person des Bevollmächtigen. Der **Tod des Bevollmächtigten** führt regelmäßig wegen § 673 S. 1 zum Erlöschen der Vollmacht.[12] Im Einzelfall kann sich jedoch bei entsprechender Interessenlage ein abweichendes Auslegungsergebnis ergeben, so etwa bei der Erteilung einer Auflassungsvollmacht an den Vertragspartner.[13] 8

Der **Verlust der Geschäftsfähigkeit** des Bevollmächtigten führt nur dann zum Erlöschen der Vollmacht, wenn diese dauerhaft besteht.[14] 9

Die einer **juristischen Person oder Personengesellschaft** erteilte Vollmacht erlischt grundsätzlich mit dem Erlöschen der Gesellschaft.[15] 10

Die **Insolvenz** des **Bevollmächtigten** hat keinen Einfluss auf die erteilte Vollmacht, sondern führt allenfalls zur Kündigungsmöglichkeit des Grundverhältnisses.[16] Bei gesellschaftsrechtlichen Umwandlungsmaßnahmen bezüglich des Bevollmächtigten kommt es auf den Einzelfall an.[17] 11

6. Erlöschen wegen der Person des Vollmachtgebers. Der **Tod des Vollmachtgebers** führt gemäß § 672 grundsätzlich nicht zu einem Erlöschen der Vollmacht, wenn ihr ein Auftrag oder ein Geschäftsbesorgungsvertrag zugrunde liegt.[18] Vollzugsvollmachten an den Notar wirken immer über den Tod hinaus.[19] 12

Da eine Auslegung im Einzelfall auch zu anderen Ergebnissen führen kann (zB bei einer reinen Vorsorgevollmacht),[20] sollte immer eine ausdrückliche Bestimmung zur Vollmachtfortwirkung über den Tod des Vollmachgebers hinaus aufgenommen werden (sog. **transmortale Vollmacht**).[21] Eine Vollmacht kann auch auf den Zeitpunkt des Todes des Vollmachtgebers erteilt werden, und zwar ohne Einhaltung der erbrechtlichen Formvorschriften (sog. **postmortale Vollmacht**),[22] insbesondere auch durch letztwillige Verfügung.[23] Der Bevoll- 13

7 BeckOK BGB/*Schäfer* § 168 Rn. 3.
8 BeckNotar-HdB/*Reetz* F Rn. 92.
9 BeckOK BGB/*Schäfer* § 169 Rn. 8.
10 MüKoBGB/*Schubert* § 169 Rn. 5.
11 NK-BGB/*Ackermann* § 169 Rn. 5.
12 MüKoBGB/*Schubert* § 168 Rn. 9 mwN.
13 BayObLG MittBayNot 1989, 308.
14 BeckOK BGB/*Schäfer* § 168 Rn. 6.
15 MüKoBGB/*Schubert* § 168 Rn. 10.
16 NK-BGB/*Ackermann* § 168 Rn. 28.
17 NK-BGB/*Ackermann* § 168 Rn. 26.
18 OLG Frankfurt aM NJOZ 2012, 1873 (1874).
19 LG Aschaffenburg MittBayNot 1971, 370.
20 OLG München ZEV 2014, 615 (616).
21 BeckNotar-HdB/*Reetz* F Rn. 63.
22 BGH NJW 1987, 840; MüKoBGB/*Schubert* § 168 Rn. 47 ff.
23 OLG Köln NJW 1950, 702.

mächtigte ist nach dem Tod des Vollmachtgebers, unabhängig ob es sich um eine postmortale oder transmortale Vollmacht handelt, Vertreter der Erben,[24] welche somit für den Widerruf zuständig sind.[25] Die Vollmacht berechtigt grundsätzlich auch zu Handlungen gegenüber dem Grundbuchamt und dem Registergericht.[26]

14 Der Eintritt der **Geschäftsunfähigkeit** des Vollmachtgebers hat grundsätzlich keinen Einfluss auf die Wirksamkeit der Vollmacht.[27] Nach ganz hM führt der Eintritt der Geschäftsunfähigkeit auch nicht dazu, dass der Bevollmächtigte fortan den Beschränkungen eines gesetzlichen Vertreters (zB §§ 1641, 1643, 1821, 1822) unterworfen ist.[28]

15 Ist die Vollmacht von einer **juristischen Person oder Personengesellschaft** erteilt, so erlischt sie mit deren Erlöschen und nicht schon mit der Liquidation.[29]

16 Die Vollmacht erlischt grundsätzlich nicht mit dem Ende der gesetzlichen oder organschaftlichen Vertretungsmacht eines die **Vollmacht erteilenden Vertreters**.[30]

III. Widerruf der Vollmacht (S. 2, 3)

17 **1. Widerrufliche Vollmacht.** Die widerrufliche Vollmacht als **gesetzlicher Regelfall** kann vom Vollmachtgeber grundsätzlich jederzeit frei widerrufen werden, sei es ausdrücklich oder konkludent.[31] Bei dem Widerruf handelt es sich um eine **empfangsbedürftige Willenserklärung**, für die nach S. 3 die Regelungen zu § 167 Anwendung finden (→ § 167 Rn. 2). Der Widerruf führt zum Erlöschen der Vollmacht mit Wirkung ex nunc.[32]

18 **2. Unwiderrufliche Vollmacht.** Eine unwiderrufliche Vollmacht kann nur aufgrund einer **vertraglichen Abrede** erteilt werden, nicht durch einseitigen Verzicht auf die Widerruflichkeit.[33] Die Unwiderruflichkeit kann sich im Einzelfall auch stillschweigend aus den Umständen ergeben, zB wenn die Vollmacht allein im Interesse des Bevollmächtigten erteilt wird.[34]

19 Eine Unwiderruflichkeit der Vollmacht ist **ausgeschlossen** bei Generalvollmachten[35] oder bei Vollmachten, die ausschließlich im Interesse des Vollmachtgebers erteilt werden.[36]

20 Eine Formbedürftigkeit der unwiderruflichen Vollmacht kann sich aus einer teleologischen Reduktion des § 167 Abs. 1 ergeben (→ § 167 Rn. 2 ff.).

21 Auch die unwiderrufliche Vollmacht ist jederzeit wegen eines **wichtigen Grundes** widerrufbar.[37]

---

24 BGH NJW 1983, 1487 (1489).
25 OLG Hamburg DNotZ 1967, 30 (31).
26 OLG Hamburg DNotZ 1967, 30 (31); OLG Frankfurt aM ZEV 2012, 377 (378).
27 OLG Köln NJW-RR 2001, 652 (653); MüKoBGB/*Schubert* § 168 Rn. 11.
28 RGZ 88, 345 (350 f.); 106, 185 (186 f.); DNotI-Report 2003, 113 mwN; *Schöner/Stöber* GrundbuchR Rn. 3568; MüKoBGB/*Schubert* § 168 Rn. 12; aA OLG Köln NJW-RR 2001, 652 (653).
29 OLG Dresden DNotZ 2009, 305.
30 OLG München NZG 2017, 818 (820).
31 NK-BGB/*Ackermann* § 168 Rn. 5; zu den Kosten eines notariellen Widerrufs → GNotKG § 98 Rn. 3).
32 BGH NJW 2017, 3373 (3374).
33 BGH NJW 1988, 2603 (2604).
34 BGH NJW-RR 1991, 439 (442); zu weiteren Fällen vgl. Palandt/*Ellenberger* § 168 Rn. 6.
35 BGH NJW 2011, 66 (67).
36 Vgl. BGH NJW 1988, 2603.
37 BGH NJW 1997, 3437 (3440).

IV. Beweislast

Die Beweislast für das Erlöschen der Vollmacht trifft denjenigen, der sich darauf beruft.[38] 22

§ 170 Wirkungsdauer der Vollmacht

Wird die Vollmacht durch Erklärung gegenüber einem Dritten erteilt, so bleibt sie diesem gegenüber in Kraft, bis ihm das Erlöschen von dem Vollmachtgeber angezeigt wird.

§ 171 Wirkungsdauer bei Kundgebung

(1) Hat jemand durch besondere Mitteilung an einen Dritten oder durch öffentliche Bekanntmachung kundgegeben, dass er einen anderen bevollmächtigt habe, so ist dieser auf Grund der Kundgebung im ersteren Falle dem Dritten gegenüber, im letzteren Falle jedem Dritten gegenüber zur Vertretung befugt.

(2) Die Vertretungsmacht bleibt bestehen, bis die Kundgebung in derselben Weise, wie sie erfolgt ist, widerrufen wird.

§ 172 Vollmachtsurkunde

(1) Der besonderen Mitteilung einer Bevollmächtigung durch den Vollmachtgeber steht es gleich, wenn dieser dem Vertreter eine Vollmachtsurkunde ausgehändigt hat und der Vertreter sie dem Dritten vorlegt.

(2) Die Vertretungsmacht bleibt bestehen, bis die Vollmachtsurkunde dem Vollmachtgeber zurückgegeben oder für kraftlos erklärt wird.

§ 173 Wirkungsdauer bei Kenntnis und fahrlässiger Unkenntnis

Die Vorschriften des § 170, des § 171 Abs. 2 und des § 172 Abs. 2 finden keine Anwendung, wenn der Dritte das Erlöschen der Vertretungsmacht bei der Vornahme des Rechtsgeschäfts kennt oder kennen muss.

I. Allgemeines

Die §§ 170–173 schützen den guten Glauben des Rechtsverkehrs an nach außen bekanntgegebene Vollmachten im Wege einer gesetzlichen Rechtsscheinhaftung des Vertretenen.[1] 1

38 BGH NJW-RR 2017, 58.
1 BGH NJW 1985, 730.

II. Anwendungsbereich

2 Die Vorschriften finden weder auf die gesetzliche oder die organschaftliche Stellvertretung[2] noch auf Prozessvollmachten Anwendung.[3] Die Rechtsscheinhaftung erfasst auch nichtige **Vollmachten.**[4] Auf von beschränkt geschäftsfähigen Personen erteilte Vollmachten finden sie hingegen keine Anwendung.[5]

3 Auch im Verhältnis zwischen **Vertreter und Vertretenem** sind die Vorschriften der §§ 170–173 nicht anwendbar und begründen keinen Rechtsschein.[6]

III. Außenvollmacht (§ 170)

4 Nach § 170 gilt eine durch Erklärung gegenüber einem Dritten erteilte Außenvollmacht[7] solange als in Kraft, bis dem Dritten das Erlöschen von dem Vollmachtgeber angezeigt wird. Auf die den Rechtsschein der Vollmacht beendende **Erlöschensanzeige** sind die allgemeinen Regelungen über Willenserklärungen anzuwenden.[8] Die Erlöschensanzeige wird mit Zugang wirksam.[9]

IV. Kundgabe einer Innenvollmacht (§ 171)

5 § 171 Abs. 1 begründet den Rechtsschein des Fortbestandes einer bereits erloschenen Innenvollmacht, wenn deren Erteilung an einen Dritten oder durch öffentliche Bekanntmachung kundgegeben wurde. Die **Kundgabe** stellt eine geschäftsähnliche Handlung dar, auf welche die Vorschriften über Willenserklärungen entsprechend anzuwenden sind.[10]

6 Die **Kundgabe an einen Dritten** bedarf sowohl einer zielgerichteten Erklärung als auch eines Zugangs[11] und wirkt ausschließlich zugunsten des Dritten.[12] Die **Kundgabe durch öffentliche Bekanntmachungen** an eine unbestimmte Anzahl von Personen (zB Zeitungsanzeige, Aushang oder Handwurfsendung)[13] bedarf keines Zugangs[14] und wirkt zugunsten jedermann.[15]

7 Der Rechtsschein wird nach § 171 Abs. 2 beendet, wenn die Kundgabe in derselben Weise widerrufen wird. Der **Widerruf** gegenüber einem bestimmten Dritten bedarf dabei nicht der gleichen Form wie die Kundgabe selbst.[16] Auch der Widerruf einer Kundgabe durch öffentliche Bekanntmachung bedarf nicht des gleichen Mediums, muss aber im Wesentlichen denselben Personenkreis ansprechen.[17] Daneben besteht auch die Möglichkeit einer Anfechtung der Kundgabe nach den allgemeinen Regelungen.[18]

2 MüKoBGB/*Schubert* § 170 Rn. 4.
3 BGH NJW 2005, 2985 (2986).
4 BGH NJW 2006, 1952.
5 BGH NJW 1977, 622 (623).
6 BGH NJW 2012, 3424 (3425).
7 Einschränkend auf wirksame Vollmachten zum Teil die Literatur, vgl. MüKoBGB/*Schubert* § 170 Rn. 7 mwN.
8 BeckOK BGB/*Schäfer* § 170 Rn. 8 f.
9 BeckOK BGB/*Schäfer* § 170 Rn. 10.
10 NK-BGB/*Ackermann* § 171 Rn. 2.
11 NK-BGB/*Ackermann* § 171 Rn. 3.
12 BeckOK BGB/*Schäfer* § 171 Rn. 10.
13 BeckOK BGB/*Schäfer* § 171 Rn. 8.
14 NK-BGB/*Ackermann* § 171 Rn. 3.
15 BeckOK BGB/*Schäfer* § 171 Rn. 10.
16 MüKoBGB/*Schubert* § 171 Rn. 16.
17 NK-BGB/*Ackermann* § 171 Rn. 6.
18 BeckOK BGB/*Schäfer* § 171 Rn. 11.

V. Aushändigung einer Vollmachtsurkunde (§ 172)

Ein Rechtsschein des Fortbestands der Vollmacht trotz zwischenzeitlichen Erlöschens wird nach § 172 Abs. 1 begründet, wenn der Vollmachtgeber dem Vertreter eine Vollmachtsurkunde ausgehändigt hat und dieser sie dem Dritten bei Geschäftsabschluss vorlegt.[19] Erforderlich ist ein **bewusstes Inverkehrbringen** durch den Vollmachtgeber, so dass für gestohlene oder abhanden gekommene Vollmachtsurkunden kein Rechtsschein erzeugt wird, selbst wenn ein Verschulden des Vollmachtgebers vorliegt.[20] **Blankettvollmachten** sind jedoch von § 172 Abs. 1 erfasst.[21] 8

Ein Aushändigen liegt auch vor, wenn aufgrund entsprechender Weisung **notarielle Ausfertigungen** an Dritte erteilt werden (→ BeurkG § 51 Rn. 5).[22] 9

Die Vollmachtsurkunde muss in Urschrift oder Ausfertigung gemäß § 47 BeurkG vorgelegt werden.[23] Ausreichend ist dabei, wenn die Urkunde der **sinnlichen Wahrnehmung** des Dritten unmittelbar zugänglich gemacht wird, ohne dass es der tatsächlichen Einsichtnahme bedarf.[24] 10

Sofern aufgrund der Vollmacht **mehrere Geschäfte** vorgenommen werden können, genügt bei einem späteren Vertretergeschäft die Bezugnahme auf die bereits früher vorgelegte Vollmacht.[25] 11

§ 172 findet keine Anwendung, wenn sich die **Nichtigkeit der Vollmacht** unmittelbar aus der Urkunde ergibt.[26] 12

Der Rechtsschein kann nach § 172 Abs. 2 entweder durch Rückgabe der Vollmachtsurkunde oder durch Kraftloserklärung gemäß § 176 beseitigt werden. Eine Rückgabe im Sinne der Vorschrift erfordert die **willentliche Besitzübergabe** an den Vollmachtgeber.[27] Die Aushändigung an Dritte (zB Notar oder Grundbuchamt) genügt nicht.[28] Zurückgegeben werden müssen sämtliche Urschriften oder Ausfertigungen der Vollmacht.[29] 13

Nach herrschender Meinung soll als zusätzliche Möglichkeit zur Beseitigung des Rechtsscheins auch ein **Widerruf** entsprechend § 171 Abs. 2 genügen.[30] 14

VI. Bösgläubigkeit des Dritten (§ 173)

Der Dritte kann sich gemäß § 173 nicht auf den Fortbestand der erloschenen Vollmacht kraft Rechtsscheins berufen, wenn er das Erlöschen bei Vornahme des Rechtsgeschäfts **kennt oder kennen muss**. Über den Wortlaut hinaus ist die Vorschrift auch anwendbar, wenn die Vollmacht von Anfang an unwirksam war oder nachträglich beschränkt wurde.[31] 15

19 BGH NJW 2008, 3355.
20 BGH NJW 1975, 2101 (2102).
21 BGH NJW 1996, 1467 (1469).
22 KG WM 2015, 1060 (1062).
23 BGH NJW 1988, 697 (698).
24 BGH NJW 1988, 697, (698).
25 BGH NJW-RR 2005, 1418 (1419).
26 OLG Karlsruhe NJW 2003, 2690.
27 NK-BGB/*Ackermann* § 172 Rn. 10.
28 MüKoBGB/*Schubert* § 172 Rn. 26 mit Verweis auf KG OLGE 28, 37 für eine zu den Grundakten gereichte Urkunde.
29 NK-BGB/*Ackermann* § 172 Rn. 10.
30 OLG Stuttgart DNotZ 1952, 183 (184); MüKoBGB/*Schubert* § 172 Rn. 27 mwN.
31 BGH NJW 1985, 730; MüKoBGB/*Schubert* § 173 Rn. 2.

16 Die Kenntnis als positives Wissen muss sich gerade auf das Fehlen der Vertretungsmacht beziehen, nicht ausreichend ist die Kenntnis der den Mangel der Vertretungsmacht begründenden Umstände.[32]

17 Ein **Kennenmüssen** liegt vor, wenn die Unkenntnis des Dritten auf einer Außerachtlassung der im Verkehr erforderlichen Sorgfalt beruht.[33] Grundsätzlich besteht dabei keine allgemeine Überprüfungs- und Nachforschungspflicht des Dritten.[34] Ein Kennenmüssen kann jedoch vorliegen, wenn sich aus der Vollmachtsurkunde oder den Gesamtumständen des Grundgeschäftes Anlass ergibt, an der Wirksamkeit der Vollmacht zu zweifeln.[35]

18 Hinsichtlich des für die Bösglaubigkeit **relevanten Zeitpunkts** bestehen unterschiedliche Auffassungen darüber, ob auf den Abschluss des Rechtsgeschäfts oder das Wirksamwerden der Willenserklärungen abzustellen ist.[36]

VII. Duldungs- und Anscheinsvollmacht

19 Über die gesetzlichen Rechtsscheintatbestände hinaus hat die **Rechtsprechung** die Rechtsinstitute der Duldungs- und Anscheinsvollmacht entwickelt.[37] Eine **Duldungsvollmacht** liegt vor, wenn der Vertretene es willentlich geschehen lässt, dass ein anderer für ihn wie ein Vertreter auftritt, und der Geschäftspartner dieses Dulden nach Treu und Glauben dahin versteht und auch verstehen darf, dass der als Vertreter handelnde zu den vorgenommenen Erklärungen bevollmächtigt ist.[38] Eine **Anscheinsvollmacht** liegt vor, wenn der Vertretene das Handeln des Scheinvertreters nicht kennt, er es aber bei pflichtgemäßer Sorgfalt hätte erkennen und verhindern können und der Geschäftspartner annehmen durfte, der Vertretene kenne und billige das Handeln des Vertreters.[39]

20 Auch bei der Duldungs- und Anscheinsvollmacht ist § 173 entsprechend anzuwenden, so dass **Bösgläubigkeit** den Rechtsschein beseitigt.[40]

VIII. Beweislast

21 Wer aus einer Rechtsscheinvollmacht Rechte herleitet, ist nach allgemeinen Grundsätzen beweispflichtig.[41]

§ 174 Einseitiges Rechtsgeschäft eines Bevollmächtigten

[1]Ein einseitiges Rechtsgeschäft, das ein Bevollmächtigter einem anderen gegenüber vornimmt, ist unwirksam, wenn der Bevollmächtigte eine Vollmachtsurkunde nicht vorlegt und der andere das Rechtsgeschäft aus diesem Grunde unverzüglich zurückweist. [2]Die Zurückweisung ist ausgeschlossen, wenn der Vollmachtgeber den anderen von der Bevollmächtigung in Kenntnis gesetzt hatte.

32 BGH NJW 2004, 2090.
33 BGH NJW 1985, 730.
34 BGH NJW 2001, 3774 (3775).
35 MüKoBGB/*Schubert* § 173 Rn. 5 unter Bezugnahme auf BGH NJW 1985, 730.
36 MüKoBGB/*Schubert* § 173 Rn. 7 ff. mwN.
37 Ausführlich hierzu MüKoBGB/*Schubert* § 167 Rn. 106 ff., 111 ff.
38 BGH NJW 2011, 2421 (2422).
39 BGH NJW 2016, 2024 (2030).
40 HK-BGB/*Dörner* § 173 Rn. 8; MüKoBGB/*Schubert* § 167 Rn. 22.
41 HK-BGB/*Dörner* § 173 Rn. 11.

I. Allgemeines

1 Die Vorschrift schützt den Erklärungsempfänger einseitiger Rechtsgeschäfte eines Vertreters vor der Ungewissheit, ob der Erklärende tatsächlich Vertretungsmacht besitzt und der Vertretene die Erklärung gegen sich gelten lassen muss, indem es dem Erklärungsempfänger bei Nichtvorlage der Vollmachtsurkunde ein Zurückweisungsrecht gewährt.[1]

II. Anwendungsbereich

2 § 174 gilt für alle einseitigen empfangsbedürftigen Willenserklärungen,[2] für geschäftsähnliche Handlungen,[3] für die Annahme eines Vertragsangebots[4] sowie für Boten.[5] Die Vorschrift findet weder Anwendung auf gesetzliche[6] noch auf organschaftliche Stellvertreter.[7]

III. Voraussetzungen

3 Der Bevollmächtigte muss die **Vollmachtsurkunde** in Urschrift oder Ausfertigung vorlegen; die Vorlage beglaubigter Abschriften, Fotokopien oder Telefaxkopien reicht nicht aus.[8] Der Erklärungsempfänger hat im Falle der fehlenden Vollmachtsurkunde das Rechtsgeschäft **unverzüglich zurückzuweisen.** Unverzüglich bedeutet dabei iSv § 121 BGB „ohne schuldhaftes Zögern", wobei die genaue Frist von den Umständen des Einzelfalles abhängt.[9] Aus der Zurückweisungserklärung muss sich zweifelsfrei ergeben, dass die einseitige Erklärung wegen der fehlenden Vollmachtsurkunde zurückgewiesen wird.[10] Sie kann auch mit einer Erklärung nach § 180 S. 2 verbunden werden.[11]

4 Die Zurückweisung ist nach S. 2 **ausgeschlossen**, wenn der Erklärungsempfänger vom Vollmachtgeber über das Bestehen der Vollmacht in Kenntnis gesetzt wurde, sei es auch formlos oder konkludent.[12]

IV. Rechtsfolge

5 Eine ordnungsgemäße Zurückweisung führt zur **Unwirksamkeit des Rechtsgeschäfts**, ohne dass eine Möglichkeit der Heilung oder Genehmigung entsprechend § 177 BGB besteht.[13]

---

1 OLG Düsseldorf NZG 2004, 141 (143).
2 BGH NJW 1981, 1210, insbesondere auch für die Vermittlung einer per Gerichtsvollzieher zugestellten Willenserklärung.
3 BGH NJW 2001, 289; Palandt/*Ellenberger* § 174 Rn. 2 mwN.
4 BGH NJW-RR 2007, 1705 (1706); grundsätzlich jedoch nicht für die Abgabe eines Vertragsangebots: BGH NJW-RR 2011, 335 (336).
5 BGH NJW-RR 2007, 1705 (1706).
6 BGH NJW 2002, 1194 (1195).
7 BAG NZA 2007, 377; eine Ausnahme gilt nur bei der Gesellschaft bürgerlichen Rechts: BGH NJW 2002, 1194 (1195).
8 BGH NJW 1981, 1210; NJW-RR 2018, 116.
9 Vgl. Palandt/*Ellenberger* § 174 Rn. 6 mwN.
10 BAG NJW 1981, 2374.
11 BGH NJW 2013, 297 (298).
12 OLG Frankfurt/M. NJW-RR 1996, 10; vgl. zu Einzelfällen Palandt/*Ellenberger* § 174 Rn. 7 mwN.
13 BAG NZA-RR 2007, 571 (575).

V. Beweislast

6 Die Beweislast für die Rechtzeitigkeit der Zurückweisung trägt der Zurückweisende.[14]

§ 175 Rückgabe der Vollmachtsurkunde

Nach dem Erlöschen der Vollmacht hat der Bevollmächtigte die Vollmachtsurkunde dem Vollmachtgeber zurückzugeben; ein Zurückbehaltungsrecht steht ihm nicht zu.

§ 176 Kraftloserklärung der Vollmachtsurkunde

(1) [1]Der Vollmachtgeber kann die Vollmachtsurkunde durch eine öffentliche Bekanntmachung für kraftlos erklären; die Kraftloserklärung muss nach den für die öffentliche Zustellung einer Ladung geltenden Vorschriften der Zivilprozessordnung veröffentlicht werden. [2]Mit dem Ablauf eines Monats nach der letzten Einrückung in die öffentlichen Blätter wird die Kraftloserklärung wirksam.

(2) Zuständig für die Bewilligung der Veröffentlichung ist sowohl das Amtsgericht, in dessen Bezirk der Vollmachtgeber seinen allgemeinen Gerichtsstand hat, als das Amtsgericht, welches für die Klage auf Rückgabe der Urkunde, abgesehen von dem Wert des Streitgegenstands, zuständig sein würde.

(3) Die Kraftloserklärung ist unwirksam, wenn der Vollmachtgeber die Vollmacht nicht widerrufen kann.

I. Allgemeines

1 Die Vorschriften der §§ 175, 176 bezwecken den Schutz des Vollmachtgebers vor dem Missbrauch der Vollmachtsurkunde.[1]

II. Anspruch auf Rückgabe (§ 175)

2 § 175 gewährt dem Vollmachtgeber nach Erlöschen der Vollmacht einen eigenständigen Anspruch auf Rückgabe der Vollmachtsurkunde, dh der Urschrift und sämtlicher Ausfertigungen.[2] Nach herrschenden Lehre ergibt sich aus dieser Vorschrift auch ein Anspruch gegen Dritte.[3] Die Geltendmachung von Zurückbehaltungsrechten ist nach § 172 S. 2 ausgeschlossen.[4]

3 Wenn bei Vollmachten, die durch mehrere Vollmachtgeber erteilt wurden, nur einzelne Vollmachtgeber die Rückgabe verlangen, besteht ein Anspruch darauf, dass auf der Vollmachtsurkunde ein Erlöschensvermerk angebracht wird.[5]

III. Kraftloserklärung (§ 176)

4 Gerade auch für den Fall der Nichterfüllung des Rückgabeanspruchs aus § 175 ist in § 176 ein Verfahren zur Kraftloserklärung einer Vollmachtsurkunde vor-

14 BGH NJW 2001, 220 (221).
1 KG NJW 1957, 754 (755).
2 BGH NJW 1988, 697 (698).
3 NK-BGB/*Ackermann* § 175 Rn. 6 mwN.
4 OLG Köln MDR 1993, 512.
5 BGH NJW 1990, 507 (508).

gesehen. Die Kraftloserklärung ist nach § 176 Abs. 2 nur zulässig, wenn auch die Vollmacht widerrufbar ist.

Über den Antrag des Vollmachtgebers auf Kraftloserklärung entscheidet nach § 176 Abs. 2 das zuständige Amtsgericht im Verfahren nach §§ 466 ff. FamFG (zur Kostenpflicht → GNotKG § 1 Rn. 4). 5

Die Kraftloserklärung steht in ihrer Wirkung der Rückgabe nach § 172 Abs. 2 gleich.[6] Die Wirkung tritt gemäß § 176 Abs. 1 S. 2 nach Ablauf eines Monats nach der Veröffentlichung ein. 6

§ 177 Vertragsschluss durch Vertreter ohne Vertretungsmacht

(1) Schließt jemand ohne Vertretungsmacht im Namen eines anderen einen Vertrag, so hängt die Wirksamkeit des Vertrags für und gegen den Vertretenen von dessen Genehmigung ab.

(2) [1]Fordert der andere Teil den Vertretenen zur Erklärung über die Genehmigung auf, so kann die Erklärung nur ihm gegenüber erfolgen; eine vor der Aufforderung dem Vertreter gegenüber erklärte Genehmigung oder Verweigerung der Genehmigung wird unwirksam. [2]Die Genehmigung kann nur bis zum Ablauf von zwei Wochen nach dem Empfang der Aufforderung erklärt werden; wird sie nicht erklärt, so gilt sie als verweigert.

§ 178 Widerrufsrecht des anderen Teils

[1]Bis zur Genehmigung des Vertrags ist der andere Teil zum Widerruf berechtigt, es sei denn, dass er den Mangel der Vertretungsmacht bei dem Abschluss des Vertrags gekannt hat. [2]Der Widerruf kann auch dem Vertreter gegenüber erklärt werden.

§ 179 Haftung des Vertreters ohne Vertretungsmacht

(1) Wer als Vertreter einen Vertrag geschlossen hat, ist, sofern er nicht seine Vertretungsmacht nachweist, dem anderen Teil nach dessen Wahl zur Erfüllung oder zum Schadensersatz verpflichtet, wenn der Vertretene die Genehmigung des Vertrags verweigert.

(2) Hat der Vertreter den Mangel der Vertretungsmacht nicht gekannt, so ist er nur zum Ersatz desjenigen Schadens verpflichtet, welchen der andere Teil dadurch erleidet, dass er auf die Vertretungsmacht vertraut, jedoch nicht über den Betrag des Interesses hinaus, welches der andere Teil an der Wirksamkeit des Vertrags hat.

(3) [1]Der Vertreter haftet nicht, wenn der andere Teil den Mangel der Vertretungsmacht kannte oder kennen musste. [2]Der Vertreter haftet auch dann nicht, wenn er in der Geschäftsfähigkeit beschränkt war, es sei denn, dass er mit Zustimmung seines gesetzlichen Vertreters gehandelt hat.

6 Palandt/*Ellenberger* § 176 Rn. 1.

I. Allgemeines

1 Die Vorschriften der §§ 177–179 regeln die Rechtsfolge eines Vertragsschlusses durch einen Stellvertreter, der ohne oder außerhalb seiner Vertretungsmacht handelt. Der Gesetzgeber hat sich ausdrücklich nicht für die generelle Unwirksamkeit eines Vertretergeschäfts ohne Vertretungsmacht entschieden, um den Vertragsparteien eine gewisse Flexibilität zu ermöglichen, gerade in Fällen, in denen das Vertretergeschäft den Interessen des Vertretenen entspricht.[1]

II. Anwendungsbereich

2 Die Vorschriften finden auf den Abschuss aller Verträge Anwendung, sofern eine Stellvertretung nicht ausgeschlossen ist (→ § 164 Rn. 9).[2] Sie werden analog angewendet bei Boten ohne Botenmacht,[3] unberechtigtem Auftreten als gesetzlicher Verwalter fremden Vermögens (zB Insolvenzverwalter oder Testamentsvollstrecker),[4] Handeln für eine erst entstehende Personengesellschaft oder juristische Person,[5] Missbrauch der Vertretungsmacht, ohne dass die Grenze zur Kollusion überschritten sind (→ § 164 Rn. 15),[6] Fehlen der nachträglichen Benennung des Vertretenen (→ § 164 Rn. 12)[7] sowie Identitätstäuschungen (→ § 164 Rn. 13).[8]

III. Voraussetzungen

3 § 177 Abs. 1 setzt voraus, dass im Rahmen des Vertragsschlusses wirksame Willenserklärungen abgegeben wurden, dh der vollmachtlose Vertreter zumindest beschränkt geschäftsfähig und das Vertretergeschäft nicht anderweitig nichtig war (zB gemäß §§ 134, 138).[9]

4 Ein Handeln ohne Vertretungsmacht liegt vor, wenn die Vertretungsmacht von vornherein nicht wirksam erteilt oder durch Anfechtung oder Widerruf nachträglich entfallen ist,[10] die Vertretungsmacht bewusst oder unbewusst überschritten[11] oder von einer bestehenden Vertretungsmacht unbewusst oder bewusst kein Gebrauch gemacht wird.[12]

---

1 BeckOK BGB/*Schäfer* § 177 Rn. 1.
2 BGH NJW 1971, 428 (429).
3 OLG Oldenburg NJW 1978, 951.
4 RGZ 80, 416 (417); NK-BGB/*Ackermann* § 177 Rn. 10 mwN.
5 BGH NJW 1974, 1905; NJW 1984, 2164 (2165).
6 BGH NJW 1999, 2266 (2268); BeckOK BGB/*Schäfer* § 177 Rn. 15 mwN.
7 BGH NJW 1995, 1739 (1742).
8 BGH NJW 2011, 2421 (2422).
9 HK-BGB/*Dörner* § 177 Rn. 2; insbesondere darf auch keine Rechtsscheinsvollmacht bestehen, MüKoBGB/*Schubert* § 177 Rn. 10.
10 Palandt/*Ellenberger* § 177 Rn. 1.
11 MüKoBGB/Schubert § 177 Rn. 11; ein teilbares Vertretergeschäft ist dabei nach Maßgabe des § 139 wirksam, vgl. BGH NJW 1970, 240 (241).
12 BGH DNotZ 1968, 407 (408).

Maßgeblicher Zeitpunkt für das Bestehen der Vertretungsmacht ist der Zeitpunkt der Abgabe der Willenserklärung durch den Vertreter.[13] 5

IV. Rechtsfolge

1. Schwebende Unwirksamkeit. Ein durch einen Vertreter ohne Vertretungsmacht geschlossener Vertrag ist zunächst schwebend unwirksam.[14] Während der Schwebezeit bestehen keine klagbaren Ansprüche zwischen den Parteien.[15] 6

Der Vertrag wird durch Genehmigung (§§ 182, 184) wirksam, bei Verweigerung der Genehmigung endgültig unwirksam.[16] Ohne gesonderte Vereinbarung besteht gegen den Vertretenen kein Anspruch auf Erteilung der Genehmigung.[17] 7

2. Widerrufsrecht des anderen Teils (§ 178). Die Vorschrift des § 178 dient dem Schutz des Vertragspartners, dem der Mangel der Vertretungsmacht nicht bekannt war, indem es ihm während der Schwebephase ein Widerrufsrecht gewährt.[18] 8

Der Widerruf als formfreie einseitige empfangsbedürftige Willenserklärung[19] muss – zumindest konkludent[20] – erkennen lassen, dass der Geschäftsgegner gerade wegen der fehlenden Vertretungsmacht nicht am Vertrag festhalten will.[21] Der Widerruf macht den Vertrag endgültig unwirksam.[22] 9

In der notariellen Praxis spielt die Vorschrift keine entscheidende Rolle, da der Umstand der vollmachtlosen Vertretung in die notarielle Niederschrift aufzunehmen ist (zur notariellen Prüfungspflicht → BeurkG § 12 Rn. 1 und → BeurkG § 17 Rn. 1 ff.).[23] 10

3. Genehmigung (§§ 182, 184). Die Genehmigung als einseitige empfangsbedürftige Willenserklärung kann gemäß § 182 Abs. 1 wahlweise gegenüber dem Vertreter oder dem Geschäftsgegner erklärt werden.[24] Mangels Höchstpersönlichkeit kann auch ein vollmachtlos Vertretener, ein gesetzlicher Vertreter, ein Bevollmächtigter oder ein Gesamt- oder Sonderrechtsnachfolger genehmigen.[25] 11

Die Genehmigung kann gemäß § 182 Abs. 2 formfrei erfolgen.[26] 12

Die Genehmigung kann auch konkludent erklärt werden, wenn sich der Vertretene zumindest der Möglichkeit bewusst war, durch sein Handeln eine in seinem Namen abgegebene Erklärung zu genehmigen.[27] Bloßes Schweigen des Vertretenen reicht grundsätzlich nicht aus,[28] sondern allenfalls aufgrund handelsrechtlicher Besonderheiten[29] oder wenn nach Treu und Glauben das 13

---

13 OLG Frankfurt/M. OLGZ 1984, 11 (12).
14 BGH NJW 2004, 2382 (2383).
15 BGH NJW 1999, 1329; NJW 1976, 104 (105).
16 BGH NJW 1999, 3704.
17 BGH NJW 1990, 508 (509).
18 Jauernig/*Mansel* § 178 Rn. 1.
19 BeckOK BGB/*Schäfer* § 178 Rn. 2.
20 BGH NJW 1988, 1199 (1200).
21 BGH NJW 1965, 1714.
22 MüKoBGB/*Schubert* § 178 Rn. 10.
23 Beck Notar-HdB/*Reetz*, F Rn. 10.
24 BGH NJW 1953, 58.
25 BGH NJW-RR 1994, 291 (293); Palandt/*Ellenberger* § 177 Rn. 6 mwN.
26 BGH NJW 1998, 1857 (1858): eine teleologische Reduktion vergleichbar § 167 Abs. 2 wird dabei ausdrücklich abgelehnt.
27 BGH NJW 2002, 2863 (2864).
28 BGH NJW 1967, 1039 (1040).
29 BGH NJW 1990, 386: kaufmännisches Bestätigungsschreiben; BGH NJW-RR 2006, 1106 (1107): § 75h HGB.

Äußern eines abweichenden Willens geboten gewesen wäre (beredtes Schweigen).[30]

14 Eine **Teilgenehmigung** sowie eine **Genehmigung unter Einschränkungen** oder Erweiterungen ist grundsätzlich nicht möglich, sondern allenfalls bei einer Teilbarkeit des Vertretergeschäfts (§ 139).[31]

15 Die Genehmigung entfaltet gemäß § 184 Abs. 1 **Rückwirkung** und führt dazu, dass das Rechtsgeschäft auf den Zeitpunkt der Vornahme der Handlung des vollmachtlos Vertretenen als wirksam angesehen wird.[32] Keine Rückwirkung wird jedoch angenommen für den Zeitpunkt des Verjährungsbeginns sowie für den Verzugseintritt.[33] Auch **steuerrechtlich** ist die zivilrechtliche Rückwirkung grundsätzlich nicht relevant.[34]

V. Aufforderung zur Genehmigung (§ 177 Abs. 2)

16 Da der Zustand der schwebenden Unwirksamkeit grundsätzlich unbegrenzt fortdauert, kann der Geschäftsgegner sich **Klarheit verschaffen**, indem er den Vertretenen zur Erklärung über die Genehmigung auffordert.[35]

17 Gemäß § 177 Abs. 2 S. 2 gilt die Genehmigung als **verweigert**, wenn sie nicht bis zum Ablauf von zwei Wochen nach dem Eingang der Aufforderung erklärt wird, wobei Geschäftsgegner und Vertretener die Frist einvernehmlich abändern können oder der Geschäftsgegner diese sogar einseitig verlängern kann.[36] Bei **mehreren Geschäftsgegnern** muss die Aufforderung zur Genehmigung im Zweifel von allen abgegeben werden.[37]

18 Die **Anforderung einer Genehmigungserklärung durch den Notar** stellt im Regelfall keine Aufforderung im Sinne des § 177 Abs. 2 dar, wenn nicht besondere Umstände oder entsprechende Vollzugsvereinbarungen vorliegen.[38]

19 Gemäß § 177 Abs. 2 S. 1 Hs. 2 führt die Aufforderung zur Genehmigung dazu, dass die Genehmigung fortan nur noch **unmittelbar gegenüber dem Geschäftsgegner** erklärt werden kann und zwischenzeitlich erfolgte Erklärungen dem Vertreter gegenüber unwirksam werden.[39]

VI. Haftung des Vertreters ohne Vertretungsmacht (§ 179)

20 Zum Schutz des Vertrauens des Geschäftsgegners in das tatsächliche Bestehen einer Vertretungsmacht ist in § 179 eine **gesetzliche Garantiehaftung** des vollmachtlosen Vertreters vorgesehen.[40] § 179 wird **entsprechend** angewendet, wenn der Eindruck einer bestimmten Haftungssituation erweckt wird (zB Nichtverwendung eines Rechtsformzusatzes)[41] oder wenn im Einzelfall die Grenzen der Rechtsfähigkeit überschritten werden (zB des Betriebsrats).[42]

21 **1. Voraussetzungen.** Haftungsvoraussetzung sind gemäß § 179 Abs. 1 ein Handeln des Vertreters ohne oder außerhalb seiner Vertretungsmacht (→ § 164

30 BGH NJW 1996 (919); Palandt/*Ellenberger* § 177 Rn. 6 mwN.
31 MüKoBGB/*Schubert* § 177 Rn. 45 f.; OLG Hamm DNotZ 2002, 266.
32 OLG Stuttgart NJW 1973, 629 (630).
33 OLG Rostock OLG-NL 2003, 3 (4); BGH GRUR 2015, 187 (189).
34 Vgl. BFH DStRE 1999, 639 (640); NdsFG DStRE 2007, 1325.
35 BGH NJW 2000, 3128 (3129).
36 MüKoBGB/*Schubert* § 177 Rn. 28.
37 BGH NJW 2004, 2382.
38 BGH NJW 2001, 1647 (1648); OLG Frankfurt/M. NJW-RR 2000, 751.
39 MüKoBGB/*Schubert* § 177 Rn. 27.
40 BGH NJW 2009, 215 (216).
41 BGH NJW 2009, 215.
42 BGH NJW 2013, 464 (468).

Rn. 14) sowie die Verweigerung der Genehmigung des Vertrages durch den Vertretenen (auch gemäß § 177 Abs. 2 S. 2).[43]

Eine Anwendbarkeit der Vorschrift scheidet mangels **Kausalität** aus, wenn das Vertretergeschäft bereits aus anderen Gründen nichtig ist (zB §§ 125, 134, 138)[44] oder wenn ein Widerruf nach § 178 erfolgt ist.[45] 22

Anfechtungs- oder Widerrufsrechte schließen zwar die Vertreterhaftung nicht aus, können aber vom vollmachtlosen Vertreter selbst ausgeübt werden.[46] 23

Der Unterbevollmächtigte haftet nicht nur für Mängel der **Untervollmacht**, sondern – falls er die mehrstufige Vertretung nicht offenlegt – auch für Mängel der Hauptvollmacht.[47] 24

2. Rechtsfolgen. a) Vertragserfüllung oder Schadensersatz (**§ 179 Abs. 1**). Sofern der Vertreter den Mangel der Vertretungsmacht gekannt hat, haftet er gemäß § 170 Abs. 1 dem Geschäftsgegner im Sinne einer **echten Wahlschuld** (§§ 262 ff.)[48] auf Erfüllung oder auf Schadensersatz. 25

Bei dem **Erfüllungsanspruch** handelt es sich um einen Anspruch kraft Gesetzes, der den vollmachtlosen Vertreter nicht zur Vertragspartei macht, dem Geschäftsgegner jedoch einen inhaltsgleichen Anspruch gewährt.[49] Der vollmachtlos Vertretene kann seinerseits Einwendungen und Einreden, die auch dem Vertreter zustehen würden, geltend machen (zB Zurückbehaltungs- oder Anfechtungsrechte).[50] 26

Der **Schadensersatzanspruch** umfasst das positive Erfüllungsinteresse.[51] Der Anspruch gewährt keine Naturalrestitution, sondern ist lediglich auf Geldersatz (§ 251) gerichtet; die Schadensberechnung erfolgt gemäß der Differenztheorie[52] und kann konkret oder abstrakt erfolgen.[53] 27

Der Anspruch aus § 179 Abs. 1 **verjährt** in der Frist, die auch für den Erfüllungsanspruch aus dem Vertrag gegolten hätte, unabhängig davon, ob der Erfüllungsanspruch oder Schadensersatzanspruch geltend gemacht wird.[54] 28

b) Vertrauensschaden (**§ 179 Abs. 2**). Sofern der vollmachtlose Vertreter den Mangel seiner Vertretungsmacht nicht kannte, haftet er nach § 179 Abs. 2 nur auf das **negative Interesse**, der Höhe nach begrenzt durch den Betrag des positiven Interesses.[55] Zu ersetzen sind dabei alle Vermögensnachteile, die dem Geschädigten dadurch entstanden sind, dass er auf die Gültigkeit der Erklärung vertraut und sich bei einem weiteren Verhalten danach gerichtet hat.[56] 29

c) Haftung des Vertretenen. Neben der Haftung des vollmachtlosen Vertreters kann sich nach den Umständen des Einzelfalles auch eine Haftung des Vertretenen aus culpa in contrahendo ergeben.[57] 30

---

43 Palandt/*Ellenberger* § 179 Rn. 2.
44 MüKoBGB/*Schubert* § 179 Rn. 33 mwN.
45 BGH NJW 1988, 1199 (1200).
46 BGH NJW-RR 1991, 1074 (1075).
47 BGH NJW 1977, 1535.
48 RGZ 154, 58 (61 f.).
49 BGH NJW 1991, 39 (40); NJW 1971, 429 (430).
50 BGH NJW 2004, 774; NJW 2002, 1867 (1868); NJW 1971, 429 (430).
51 NK-BGB/*Ackermann* § 179 Rn. 18.
52 MüKoBGB/*Schubert* § 179 Rn. 47; BeckOK BGB/*Schäfer* § 179 Rn. 23.
53 BeckOK BGB/*Schäfer* § 179 Rn. 23.
54 BGH NJW 1979, 1161 (1162).
55 NK-BGB/*Ackermann* § 179 Rn. 22.
56 BGH NJW 1984, 1950 (1951).
57 BGH NJW 1985, 1778 (1780 f.).

31 3. **Beweislast.** Die Beweislast für das Handeln im fremden Namen trifft den Geschäftsgegner, die Beweislast für die Vertretungsmacht den Vertreter.[58]

§ 180 Einseitiges Rechtsgeschäft

[1]Bei einem einseitigen Rechtsgeschäft ist Vertretung ohne Vertretungsmacht unzulässig. [2]Hat jedoch derjenige, welchem gegenüber ein solches Rechtsgeschäft vorzunehmen war, die von dem Vertreter behauptete Vertretungsmacht bei der Vornahme des Rechtsgeschäfts nicht beanstandet oder ist er damit einverstanden gewesen, dass der Vertreter ohne Vertretungsmacht handele, so finden die Vorschriften über Verträge entsprechende Anwendung. [3]Das Gleiche gilt, wenn ein einseitiges Rechtsgeschäft gegenüber einem Vertreter ohne Vertretungsmacht mit dessen Einverständnis vorgenommen wird.

I. Allgemeines

1 Die Vorschrift schützt den Erklärungsempfänger einseitiger Rechtsgeschäfte oder anderweitig davon betroffene Dritte vor der Ungewissheit über die Rechtswirksamkeit einer von einem Vertreter ohne Vertragungsmacht vorgenommenen Handlung bis zur Erteilung der Genehmigung oder deren Verweigerung.[1]

II. Anwendungsbereich

2 Der Vorschrift unterfallen sämtliche einseitigen Rechtsgeschäfte, unabhängig davon, ob es sich um empfangsbedürftige (zB Anfechtung, Rücktritt, Kündigung, Stimmabgaben in Gesellschafterversammlungen),[2] nicht empfangsbedürftige (zB Eigentumsaufgabe, Aneignung, Auslobung) oder amtsempfangsbedürftige Willenserklärungen[3] (zB Aufgabe des Eigentums, Verzicht des Finders, Bestellung einer Eigentümergrundschuld, Erklärungen gegenüber der Hinterlegungsstelle) handelt.[4]

3 Entsprechende Anwendung findet die Vorschrift auf geschäftsähnliche Handlungen (zB Mahnung, werkvertragliche Abnahme).[5] Prozesshandlungen sind von der Vorschrift nicht erfasst (insbesondere die Unterwerfung unter die sofortige Zwangsvollstreckung).[6]

---

58 BGH NJW-RR 2005, 1585 (1586).
1 BeckOK BGB/*Schäfer* § 180 Rn. 1.
2 Unabhängig davon, ob es sich um eine Einpersonen- oder Mehrpersonengesellschaft handelt: OLG Frankfurt/M. DNotZ 2003, 459 (460).
3 BPatG NJW 1964, 615 (616).
4 NK-BGB/*Ackermann* § 180 Rn. 2.
5 BGH NJW 2006, 687 (688).
6 Diesbezüglich greift die Spezialregelung des § 89 ZPO ein: MüKoBGB/*Schubert* § 180 Rn. 4.

III. Rechtsfolge

1. Nichtigkeit (S. 1). Einseitige nicht empfangsbedürftige Rechtsgeschäfte eines Vertreters ohne Vertretungsmacht sind nach S. 1 in jedem Fall nichtig und können nicht genehmigt werden. Das Gleiche gilt nach herrschender Lehre für einseitige amtsempfangsbedürftige Rechtsgeschäfte.[7] 4

Bei einseitigen empfangsbedürftigen Rechtsgeschäften ist nach S. 2 zu differenzieren. Wenn der Erklärungsempfänger die behauptete Vertretungsmacht nicht beanstandet oder er einverstanden ist, finden die §§ 177 ff. BGB entsprechende Anwendung und das einseitige Rechtsgeschäft ist schwebend unwirksam mit der Möglichkeit der nachträglichen Genehmigung.[8] Liegen die Voraussetzungen des S. 2 nicht vor, ist auch das einseitige empfangsbedürftige Rechtsgeschäft eines Vertreters ohne Vertretungsmacht nichtig. 5

2. Ausnahmen bei einseitig empfangsbedürftigen Rechtsgeschäften (S. 2). a) Keine Beanstandung (S. 2 Alt. 1). Die Anwendbarkeit der Alt. 1 setzt voraus, dass der vollmachtlose Vertreter ausdrücklich oder konkludent seine Vertretungsmacht behauptet, was bei Geltendmachung fremder Ansprüche regelmäßig der Fall ist.[9] 6

Eine **Kenntnis** des Erklärungsempfängers von der fehlenden Vertretungsmacht schließt die Anwendbarkeit der Alt. 1 aus, so dass in diesem Fall nur die Alt. 2 in Betracht kommen kann.[10] Daraus folgt zugleich, dass es bei der Alt. 1 nicht auf die Kenntnis des Erklärungsempfängers ankommt.[11] 7

Die **Beanstandung** erfolgt durch ausdrückliche Zurückweisung des vorgenommenen Rechtsgeschäfts gerade wegen der bezweifelten Vollmacht.[12] Bei einem Rechtsgeschäft unter Abwesenden hat die Beanstandung unverzüglich im Sinne des § 174 S. 1 zu erfolgen.[13] Bei Erklärung unter Anwesenden ist streitig, ob die Beanstandung nicht sogar sofort erfolgen muss.[14] 8

b) Einverständnis (S. 2 Alt. 2). Ein **Einverständnis** des Erklärungsempfängers zum Handeln des Vertreters ohne Vertretungsmacht muss spätestens bei Zugang des einseitigen Rechtsgeschäfts vorliegen.[15] Das Einverständnis kann ausdrücklich oder konkludent, nicht aber durch Schweigen erfolgen.[16] Voraussetzung ist stets eine **Kenntnis** vom Fehlen der Vertretungsmacht oder zumindest das für möglich halten, nicht jedoch fahrlässige Unkenntnis.[17] 9

IV. Passive Stellvertretung (S. 3)

Bei passiver Stellvertretung gelten ebenfalls die §§ 177, 179 BGB analog, wenn ein einseitiges empfangsbedürftiges Rechtsgeschäft gegenüber einem vollmachtlos handelnden Empfangsvertreter vorgenommen wird und dieser einverstanden ist. 10

7 BGH NJW 2016, 3032 (3034).
8 BAG NJW 1987, 1038 (1039).
9 BGH NJW 2010, 2950 (2951 f.).
10 MüKoBGB/*Schubert* § 180 Rn. 9.
11 MüKoBGB/*Schubert* § 180 Rn. 9.
12 BGH BB 1969, 293.
13 BGH NJW 2013, 297 (298).
14 Vgl. MüKoBGB/*Schubert* § 180 Rn. 11 mwN.
15 MüKoBGB/*Schubert* § 180 Rn. 12.
16 BeckOK BGB/*Schäfer* § 180 Rn. 8.
17 MüKoBGB/*Schubert* § 180 Rn. 12.

§ 181 Insichgeschäft

Ein Vertreter kann, soweit nicht ein anderes ihm gestattet ist, im Namen des Vertretenen mit sich im eigenen Namen oder als Vertreter eines Dritten ein Rechtsgeschäft nicht vornehmen, es sei denn, dass das Rechtsgeschäft ausschließlich in der Erfüllung einer Verbindlichkeit besteht.

I. Allgemeines

1 Die Vorschrift dient dem Schutz des Vertretenen vor einem Interessenkonflikt seines Vertreters bei Insichgeschäften (Selbstkontrahieren oder Doppel- bzw. Mehrfachvertretung).[1]

II. Anwendungsbereich

2 § 181 findet grundsätzlich für alle **privatrechtlichen Rechtsgeschäfte** Anwendung, dh sowohl für schuldrechtliche als auch für dingliche, familien- und erbrechtliche Rechtsgeschäfte sowie im Gesellschaftsrecht.[2] Vom Anwendungsbereich erfasst sind neben Verträgen auch einseitige empfangsbedürftige Rechtsgeschäfte[3] und rechtsgeschäftsähnliche Erklärungen (zB Mahnung).[4]

3 Im Bereich des **öffentlichen Rechts** findet § 181 Anwendung auf öffentlichrechtliche Verträge (§ 62 VwVfG)[5] sowie bei der Tätigung von privatrechtlichen Rechtsgeschäften.[6]

4 Auf **Prozesshandlungen** findet § 181 keine unmittelbare Anwendung.[7] Es gilt jedoch der allgemeine Grundsatz der Unzulässigkeit einer Vertretung beider Parteien.[8] In der freiwilligen Gerichtsbarkeit findet § 181 Anwendung bei echten Streitverfahren,[9] nicht aber bei einfachen verfahrensrechtlichen Erklärungen wie **Handelsregister- oder Grundbuchanmeldungen.**[10] Sofern jedoch Erklärungen gegenüber dem Grundbuchamt der Verwirklichung des materiellen Grundstücksrechts dienen und nach § 875 auch gegenüber dem Grundstückseigentümer abgegeben werden können (zB Löschungsbewilligung), ist § 181 analog anwendbar.[11]

1 BGH NJW 1972, 2262 (2263).
2 MüKoBGB/*Schubert* § 181 Rn. 16 ff.
3 BGH NJW-RR 1991, 1441.
4 BeckOK BGB/*Schäfer* § 181 Rn. 6.
5 NK-BGB/*Stoffels* § 181 Rn. 13.
6 MüKoBGB/*Schubert* § 181 Rn. 20.
7 BGH NJW 1964, 1129 (1130).
8 BGH NJW 1996, 658.
9 BayObLG NJW 1962, 964.
10 BayObLGZ 1977, 76 (78); BeckNotar-HdB/*Reetz* § 27 Rn. 133.
11 BGH NJW 1980, 1577; OLG München RNotZ 2012, 506 (508).

§ 181 gilt nicht nur für rechtsgeschäftliche Vertreter, sondern auch für gesetzliche[12] und organschaftliche Stellvertreter[13] sowie für Vertreter ohne Vertretungsmacht.[14] Auch auf Verwalter fremder Vermögen (zB Testamentsvollstrecker, Insolvenzverwalter, WEG-Verwalter) ist die Vorschrift anzuwenden.[15] 5

III. Voraussetzungen

§ 181 erfasst zwei verschiedene Formen des Insichgeschäfts: zum einen das Handeln im Namen des Vertretenen mit sich im eigenen Namen (**Selbstkontrahieren**) und zum anderen das Handeln als Vertreter eines Dritten im Namen des Vertretenen (**Mehrfach- oder Doppelvertretung**). 6

Die Vorschrift verlangt **keinen materiellen Interessenkonflikt**, sondern lässt die unzulässige formale Beteiligung derselben Person auf beiden Seiten ausreichen.[16] Eine analoge Anwendbarkeit auf mögliche Interessenkonflikte im Allgemeinen wird abgelehnt.[17] 7

§ 181 findet keine Anwendung, wenn im Rahmen eines Vertragsschlusses keine gegenläufigen, sondern parallele Willenserklärungen gegenüber einem Dritten abgegeben werden, dh wenn Vertreter und Vertretene **auf derselben Seite des Rechtsgeschäfts** stehen.[18] 8

Die Vorschrift findet auch im Fall der **Gesamtvertretung** Anwendung.[19] Anerkanntermaßen können die Gesamtvertretungsberechtigten jedoch einzelne Gesamtvertreter zur Alleinvertretung berechtigen, wobei dies ausdrücklich erfolgen muss und nicht im Wege der Umdeutung einer unzulässigen Erklärung durch Gesamtvertreter angenommen werden kann.[20] 9

§ 181 wird entsprechend angewendet, wenn der Vertreter einen **Untervertreter** bestellt und anschließend das Rechtsgeschäft mit sich selbst abschließen lässt.[21] 10

IV. Zulässige Insichgeschäfte

1. Rechtsgeschäftliche Gestattung. Ein Insichgeschäft des Vertretenen ist zulässig, wenn der Vertreter ihm dies gestattet hat, sei es durch entsprechende **Regelung in der Vollmacht oder durch besondere einseitig empfangsbedürftige Willenserklärung.**[22] Die Gestattung kann sich sowohl auf einen konkreten Einzelfall als auch auf eine unbestimmte Vielzahl und Art von Rechtsgeschäften beziehen.[23] 11

Die Gestattung kann **formfrei** erfolgen.[24] Sie kann ausdrücklich oder konkludent erklärt werden,[25] zB bei Mitarbeitervollmachten in notariellen Kaufverträ- 12

12 BGH NJW 1960, 2285.
13 BGH NJW 1971, 1355 (1356).
14 BayObLG Rpfleger 1988, 61.
15 NK-BGB/*Stoffels* § 181 Rn. 11; für den Testamentsvollstrecker: BGH NJW 1959, 1429; für den Insolvenzverwalter: BGH NJW 1991, 982 (983); für den WEG-Verwalter: KG NJW-RR 2004, 1161 (1162).
16 BGH NJW 1991, 982 (983).
17 Vgl. BGH NJW 1984, 2085.
18 BGH NJW-RR 2017, 1317 (1319).
19 BGH NJW 1992, 618.
20 BGH NJW 1992, 618.
21 BGH NJW 1991, 691 (692).
22 BGH NJW 1954, 1157; Palandt/*Ellenberger* § 181 Rn. 17.
23 BeckOGK/*Fröhler* BGB § 181 Rn. 345 f.
24 BGH NJW 1979, 2306 (2307).
25 BGH NJW 1983, 1186 (1188).

gen zur Erklärung der Auflassung[26] (zur Zulässigkeit → BeurkG § 17 Rn. 39) oder bei Erteilung eines Ersteigerungsauftrags an den Versteigerer.[27]

13 Bei Zweifeln im Rahmen der **Auslegung** ist nicht von einer Befreiung des § 181 auszugehen,[28] zB spricht die Erteilung einer Generalvollmacht oder einer Vollmacht für alle Rechtsgeschäfte, bei denen die Gesetze eine Vertretung zulassen, nicht ohne Weiteres für eine Befreiung.[29]

14 **Organen juristischer Personen** kann generell eine Gestattung in der Satzung oder auf Grundlage einer Satzungsermächtigung durch das Bestellungsorgan gewährt werden.[30] Beschränkungen ergeben sich für Vorstandsmitglieder einer Aktiengesellschaft aus § 112 AktG sowie für Vorstandsmittglieder einer Genossenschaft aus § 29 Abs. 1 GenG. Diese Grundsätze gelten bei **Personenhandelsgesellschaften** entsprechend.[31] Bei einer GmbH & Co. KG kann dem Geschäftsführer der Komplementär-GmbH die Gestattung nur durch die Kommanditgesellschaft gewährt werden.[32]

15 Einem **gesetzlichen Vertreter** kann die Gestattung nicht durch das zuständige Gericht erteilt werden, sondern nur durch einen Ergänzungspfleger.[33]

16 **2. Gesetzliche Gestattung.** Insichgeschäfte sind zum Teil auch aufgrund einer gesetzlichen Gestattung zulässig (zB § 125 Abs. 2 S. 2 HGB, § 87 Abs. 1 AktG oder § 10 Abs. 3 BBiG).[34] Gesetzliche Gestattungen können sich auch aus kirchenrechtlichen Vorschriften ergeben.[35]

17 **3. Erfüllung einer Verbindlichkeit.** Ein Insichgeschäft ist nach § 181 weiterhin zulässig, wenn es ausschließlich in der Erfüllung einer Verbindlichkeit besteht. Unerheblich ist, ob die Verbindlichkeit auf **Rechtsgeschäft oder Gesetz** beruht.[36] Die Verbindlichkeit muss voll wirksam, fällig und einredefrei sein.[37]

18 Eine Verbindlichkeit, die erst bei Erfüllung aufgrund einer **Heilungsvorschrift** (zB § 518 Abs. 2 oder § 311b Abs. 1 S. 2) wirksam wird, reicht nicht aus.[38]

19 **Leistungen an Erfüllungs statt bzw. erfüllungshalber** sind von der Vorschrift nicht erfasst, demgegenüber jedoch **Aufrechnungen und Hinterlegungen.**[39]

20 **4. Erkennbarkeit.** Insichgeschäfte sind grundsätzlich nur dann zulässig, wenn sie **nach außen hinreichend manifestiert** werden.[40] Bei nicht formbedürftigen Verpflichtungsgeschäften ergibt sich dies bereits aus den nachgelagerten Handlungen, zB der Erfüllung.[41] Bei formbedürftigen Rechtsgeschäften ergibt sich das Insichgeschäft grundsätzlich aus der Urkunde.[42] Bei sonstigen Verfügungs-

26 KG JW 1937, 471.
27 BGH NJW 1983, 1186 (1887).
28 BeckOK BGB/*Schäfer* § 181 Rn. 33.
29 KG JR 1952, 438.
30 BGH NJW 1983, 1676.
31 Vgl. BGH MDR 1970, 398.
32 BGH NJW 1972, 623.
33 BGH NJW 1956, 1433 (1434); NJW-RR 2015, 1222; MüKoBGB/*Schubert* § 181 Rn. 91.
34 BeckOK BGB/*Schäfer* § 181 Rn. 38, auch mit dem Hinweis auf § 1009 Abs. 2, wo die Einordnung streitig ist.
35 BayObLGZ 1973, 328.
36 NK-BGB/*Stoffels* § 181 Rn. 46.
37 Palandt/*Ellenberger* § 181 Rn. 22.
38 RGZ 94, 147 (150); Palandt/*Ellenberger* § 181 Rn. 22.
39 NK-BGB/*Stoffels* § 181 Rn. 46.
40 BGH NJW 1991, 1730.
41 MüKoBGB/*Schubert* § 181 Rn. 102.
42 OLG Düsseldorf MDR 1977, 1018.

geschäften muss aus Gründen des Verkehrsschutzes die Manifestation durch Dritte wahrnehmbar sein.[43]

5. Teleologische Reduktion. Die Rechtsprechung hat weitere Ausnahmen von der Anwendbarkeit des § 181 entwickelt. 21

a) Lediglich rechtlich vorteilhafte Rechtsgeschäfte. Vom Anwendungsbereich der Vorschrift ausgenommen sind Insichgeschäfte, die dem Vertretenen einen lediglich rechtlichen Vorteil gewähren, da mangels Vermögensgefährdung des Vertretenen keine Schutzbedürftigkeit besteht.[44] 22

Zur Beurteilung ist auf die von der Rechtsprechung zu § 107 entwickelten Grundsätze zurückzugreifen.[45] Gestattet sind demnach rechtlich zumindest neutrale Geschäfte,[46] insbesondere Schenkungen.[47] Ein rechtlicher Nachteil kann jedoch vorliegen, wenn aus dem Geschäft zwar keine dingliche Haftung folgt, jedoch eine persönliche Haftung mit dem sonstigen Vermögen.[48] Dies ist zB der Fall beim Erwerb von Wohnungseigentum,[49] bei einer Schenkung unter Nießbrauchvorbehalt mit Modifikation des gesetzlichen Regelungsinhalts,[50] bei einem im Hinblick auf die Rückabwicklung nicht nur bereicherungsrechtlich ausgestalteten Rückforderungsrecht[51] oder bei vermietetem Grundbesitz.[52] 23

b) Ein-Personen-GmbH. Aufgrund der Neufassung des § 35 Abs. 3, S. 1 GmbHG ist § 181 auch bei der Ein-Personen-GmbH für den alleingeschäftsführenden Alleingesellschafter anzuwenden.[53] 24

c) Gesellschaftsrechtliche Beschlüsse. Die Rechtsprechung wendet § 181 nicht auf Gesellschafterbeschlüsse im Rahmen der Geschäftsführung und der laufenden gemeinsamen Gesellschaftsangelegenheiten an.[54] Im Falle von Grundlagenbeschlüssen, zB bei Satzungsänderungen, findet die Vorschrift jedoch Anwendung.[55] 25

d) WEG-Verwalter. Der WEG-Verwalter ist bei Erteilung seiner Zustimmung nach § 12 Abs. 1 WEG nicht an § 181 gebunden, wenn er zugleich Kaufvertragspartei ist, unabhängig davon, ob als Käufer[56] oder Verkäufer.[57] 26

V. Rechtsfolge

Ein Rechtsgeschäft, das unter Verstoß gegen § 181 vorgenommen wird, ist nicht nichtig, sondern schwebend unwirksam.[58] Bei einseitigen Rechtsgeschäf- 27

43 RGZ 116, 198 (202); MüKoBGB/*Schubert* § 181 Rn. 103.
44 BGH NJW 2017, 3516 (3517).
45 NK-BGB/*Stoffels* § 181 Rn. 22; zu den einzelnen lediglich vorteilhaften Rechtsgeschäften: Palandt/*Ellenberger* § 107 Rn. 2 ff.
46 BeckOK BGB/*Schäfer* § 181 Rn. 19.
47 BGH NJW 1975, 1885 (1886).
48 BGH NJW 2005, 415 (417); NJW 2010, 3643.
49 BGH NJW 2010, 3643.
50 BGH NJW 2005, 415.
51 OLG Dresden MittBayNot 1996, 288.
52 BGH NJW 2005, 1430 (1431).
53 BGH NJW 2000, 664 (665).
54 BGH NJW 1976, 49 (50).
55 BGH NJW 1989, 168; im Einzelnen teilweise streitig: vgl. etwa BeckOGK/*Fröhler* BGB § 181 Rn. 53 ff.
56 KG NJW-RR 2004, 1161.
57 OLG Düsseldorf NJW 1985, 390.
58 BGH NJW 1976, 104 (105); NJW-RR 1994, 291 (292).

ten findet wiederum § 180 entsprechend Anwendung.[59] Es besteht die Möglichkeit der Genehmigung entsprechend § 177 (→ § 177 Rn. 10ff.).[60]

VI. Beweislast

28 Die Beweislast für die Wirksamkeit des Insichgeschäfts trägt derjenige, der sie für sich geltend macht.[61]

Buch 2 Recht der Schuldverhältnisse

Abschnitt 3 Schuldverhältnisse aus Verträgen

Titel 1 Begründung, Inhalt und Beendigung

Untertitel 1 Begründung

§ 311b Verträge über Grundstücke, das Vermögen und den Nachlass

(1) [1]Ein Vertrag, durch den sich der eine Teil verpflichtet, das Eigentum an einem Grundstück zu übertragen oder zu erwerben, bedarf der notariellen Beurkundung. [2]Ein ohne Beachtung dieser Form geschlossener Vertrag wird seinem ganzen Inhalt nach gültig, wenn die Auflassung und die Eintragung in das Grundbuch erfolgen.

(2) Ein Vertrag, durch den sich der eine Teil verpflichtet, sein künftiges Vermögen oder einen Bruchteil seines künftigen Vermögens zu übertragen oder mit einem Nießbrauch zu belasten, ist nichtig.

(3) Ein Vertrag, durch den sich der eine Teil verpflichtet, sein gegenwärtiges Vermögen oder einen Bruchteil seines gegenwärtigen Vermögens zu übertragen oder mit einem Nießbrauch zu belasten, bedarf der notariellen Beurkundung.

(4) [1]Ein Vertrag über den Nachlass eines noch lebenden Dritten ist nichtig. [2]Das Gleiche gilt von einem Vertrag über den Pflichtteil oder ein Vermächtnis aus dem Nachlass eines noch lebenden Dritten.

(5) [1]Absatz 4 gilt nicht für einen Vertrag, der unter künftigen gesetzlichen Erben über den gesetzlichen Erbteil oder den Pflichtteil eines von ihnen geschlossen wird. [2]Ein solcher Vertrag bedarf der notariellen Beurkundung.

Literatur:

Berchtold, Die Heilung gemäß § 311b Abs. 1 S. 2 BGB bei mehreren formbedürftigen Vereinbarungen, BWNozZ 2019, 4; *Droste*, Die Ausbietungsgarantie in der notariellen Praxis, MittRhNotK 1995, 37; *Gordon*, Die Auflassung als Grenze der notariellen Beratung, BWNotZ 2018, 120; *Hagen*, Grundstückskauf, Form, DNotZ 1984, 267; *Herrler*, Gefahr unbemerkter Beschaffenheitsvereinbarungen im Immobilienkaufvertrag, NJW 2016, 1767; *Müller*, Beurkundungsbedürftigkeit verbundener Verträge bei Grundstücksgeschäften, NJW 2021, 2477; *Opgenhoff*, Gestaltungsfragen bei der Beurkundung zusammengesetzter Verträge, RNotZ 2006, 257; *Roemer*, Die Formbedürftigkeit von Änderungen eines Grundstückskaufvertrags nach Auflassung, RNotZ 2019, 192; *Schotten/Schmellenkamp*, Zur materiell-rechtlichen Wirksamkeit von Verträgen über Grundbesitz in der ehemaligen DDR, die vor der Vereinigung in den alten Bundesländern beurkundet worden sind, DNotZ 1992, 203; *Seeger*, Die „einseitige Abhängigkeit“ – zum Umfang der Beurkundungsbedürftigkeit zusammengesetzter Grundstücks-

59 BayObLG NJW-RR 2003, 663.
60 BGH NJW 1976, 104 (105).
61 MüKo BGB/*Schubert* § 181 Rn. 105.

geschäfte, MittBayNot 2003, 11 (20 f.); *Weber,* Beurkundungspflichten nach § 311b Abs. 1 BGB bei zusammengesetzten Verträgen – Versuch einer Systematisierung und Typisierung, RNotZ 2016, 377; *Wesser/Saalfrank*, Formfreier Grundstückserwerb durch Miterben, NJW 2003, 2937; *Wolf,* Rechtsgeschäfte im Vorfeld von Grundstücksübertragungen und ihre eingeschränkte Beurkundungsbedürftigkeit, DNotZ 1995, 179 (194).

I. Regelungsbereich

§ 311b BGB beinhaltet drei **Regelungsbereiche:** 1

- Verpflichtungsverträge zum Erwerb oder zur Übertragung von Grundstücken in Abs. 1,
- Verpflichtungsverträge über zukünftiges bzw. gegenwärtiges Vermögen in Abs. 2 und 3
- sowie Verträge über den Nachlass eines lebenden Dritten in Abs. 4 und 5.

Abs. 1,[1] der seit dem 1.7.1973 in dieser Fassung gültig ist, dient insbes. dem Schutz vor Übereilung hinsichtlich **Grundstücksverträgen** (iÜ → § 125 Rn. 1) und bezweckt den Schutz beider Beteiligten: der Veräußerer soll vor einer unbedachten Veräußerung als solches und vor unüberlegter Preisgabe und der Erwerber vor benachteiligenden bzw. unangemessenen Anschaffungsbedingungen geschützt werden.[2] Außerdem dient die Norm der Beweis- und Gültigkeitsfunktion und es besteht eine Pflicht zur sachkundigen Beratung durch den Notar (§ 17 BeurkG). Wie andere Formvorschriften gilt die Norm als abstrakte Schutzvorschrift wegen ihrer außerordentlichen Bedeutsamkeit auch dann, wenn die Vertragsparteien nicht den Schutz bedürfen (→ § 125 Rn. 2).[3] Die Vorschrift beinhaltet zudem eine Heilungsmöglichkeit, um dem Interesse des Rechtsverkehrs am Bestand der sachenrechtlichen Lage trotz fehlender wirksamer Verpflichtung Rechnung zu tragen. 2

Abs. 2 und 3 schützen die wirtschaftliche und persönliche Unabhängigkeit des sich Verpflichtenden. Während Abs. 2 bei einem Verpflichtungsvertrag über **zukünftiges Vermögen** die Nichtigkeit dieses Vertrags anordnet, verlangt Abs. 3 bei der Verpflichtung über **gegenwärtiges Vermögen** die notarielle Beurkundung des Vertrags. 3

Abs. 4 ordnet die Nichtigkeit eines Vertrags über den **Nachlass** eines lebenden Dritten an. Solch ein Vertrag kann nur im Rahmen des Abs. 5 wirksam zwi- 4

1 Zur rechtsgeschichtlichen Entwicklung OLG Stuttgart NotBZ 2018, 191; MüKoBGB/*Kanzleiter* § 311b Rn. 2.
2 *Hagen* DNotZ 1984, 267.
3 Vgl. BGH NJW 1970, 999 (1000 f.).

schen den zukünftigen Erben abgeschlossen werden. Geschützt werden soll vor der sittlich verwerflichen Spekulation auf den baldigen Tod eines Dritten.[4]

5 Abs. 2 und 4 sind selbstständige **Nichtigkeitsgründe**, die eine leichtfertige Vermögensverschleuderung verhindern sollen, also vor der übermäßigen Einschränkung der wirtschaftlichen Bewegungsfreiheit des sich Verpflichtenden schützen sollen, um dessen freie Entfaltung seiner Persönlichkeit zu gewährleisten.

II. Abs. 1

6 **1. Voraussetzungen des Abs. 1 S. 1. a) Vertragsgegenstand.** Abs. 1 S. 1 erfasst neben Grundstücken auch ideelle Miteigentumsanteile, Wohnungseigentum nach § 4 Abs. 3 WEG, Erbbaurechte nach § 11 Abs. 2 ErbbauRG, Wohnungserbbaurechte und Gebäudeeigentum nach Art. 231 § 5 EGBGB (da dieses gerade kein Grundstücksbestandteil ist) und zwar unerheblich davon, ob über eigenen oder fremden Grundbesitz kontrahiert wird.[5] Ebenfalls erfasst werden Verpflichtungsverträge über Anwartschaftsrechte (→ Rn. 28, 33), über die Abtretung von Restitutionsansprüchen gemäß § 3 Abs. 1 S. 2 VermG, die Grundstücke, Gebäude oder Unternehmen betreffen (hier Heilung nach § 3 Abs. 1 S. 2 VermG und nicht nach Abs. 1 S. 2) und Lotterieverträge über ein noch zu beschaffendes Grundstück. Der Vertrag muss sich dabei stets auf ein konkretes Objekt als Vertragsgegenstand beziehen.

7 **Nicht** der Form des Abs. 1 S. 1 unterliegen Verträge über Scheinbestandteile nach § 95 und über wesentliche Bestandteile nach § 94, über die Verpflichtung zur Abtretung des Eigentumsverschaffungsanspruchs (→ Rn. 33),[6] über den Kauf eines Fertighauses, wenn kein Zusammenhang mit dem Grundstückserwerb besteht[7] (→ Rn. 34) und über den Verkauf von Mitgliedschaftsrechten an Gesellschaften, auch dann, wenn das Vermögen im Wesentlichen aus Grundbesitz besteht oder alle Anteile veräußert werden.[8] Zur Gewährleistung der Rechtssicherheit ist hier eine klare Abgrenzung zwischen einem Verpflichtungsvertrag über Grundbesitz und über Gesellschaftsanteile erforderlich.[9] Eine Ausnahme von der Nichtanwendbarkeit des Abs. 1 S. 1 gilt nur, soweit auf diesem Weg die Formvorschrift umgangen werden soll, also die Gesellschaft nur gegründet wurde, um Grundbesitz durch die Anteilsübertragung „einfacher" übertragen zu können.[10] Eine weitere Ausnahme gilt dann, wenn sich die Parteien im Vertrag zur Anteilsübertragung zugleich auch zur Übertragung von Grundbesitz verpflichten (→ Rn. 43).

8 **b) Schuldrechtliches Rechtsgeschäft.** Erforderlich ist ein schuldrechtlicher Vertrag zur Verpflichtung zur Übertragung oder zum Erwerb eines Vertragsgegenstands (zB Kauf, Tausch, Schenkung, insoweit geht Abs. 1 S. 1 über die Form des § 518 Abs. 1 hinaus, auch Dienstvertrag, Bauträgervertrag, freiwillige Grundstücksversteigerung).[11] **Nicht** erfasst werden Verfügungsgeschäfte (bezüglich der Vertragsgegenstände gelten §§ 873, 925, dazu gehören auch die Abtretung des Übereignungsanspruchs), Verfügungen von Todes wegen (abschlie-

4 BGH DNotZ 1997, 122; mehr Details zum Normzweck MüKoBGB/*Krüger* § 311b Rn. 87 ff.
5 OLG München NJW 1984, 243.
6 BGH NJW 1994, 1344 (1346).
7 BGH NJW 1980, 829.
8 BGH DNotZ 1998, 908 (910).
9 AA MüKoBGB/*Kanzleiter* § 311b Rn. 14 Fn. 23.
10 OLG Hamm DNotZ 2000, 384 (385 f.).
11 BGH DNotZ 1999, 342 (343 f.).

ßend in den §§ 1922 ff. geregelt) und Verpflichtungen kraft Gesetzes und kraft eines selbstständigen Rechtsgrunds (zB § 667 bei Auftrag bzw. Geschäftsbesorgung,[12] → Rn. 36). Abs. 1 S. 1 gilt entsprechend für einseitige Rechtsgeschäfte (zB Stiftung nach § 82[13], Auslobung nach § 657).

Abs. 1 S. 1 erfasst sowohl Rechtsgeschäfte aus dem **Privatrecht** als auch den öffentlich-rechtlichen **Vertrag nach § 62 VwVfG,** soweit der Vertrag nicht ausnahmsweise durch eine speziellere Norm formbedürftig (zB § 123 Abs. 3 BauGB für den Erschließungsvertrag, auch im Rahmen eines Vorvertrags) oder formfrei ist (zB § 110 BauGB). Die Verpflichtung zur Flächenabtretung im Vorgriff auf ein späteres Umlegungsverfahren ist formbedürftig.[14] 9

c) **Übertragung bzw. Erwerb von Eigentum.** Inhalt des Vertrags ist die **Verpflichtung zur Übertragung** (also die Mitwirkung des Veräußerers an dem Eigentumswechsel, Begriff ist weit auszulegen und erfasst jede Verpflichtung zur Weggabe von Grundbesitz) oder zum Erwerb (also jede Rechtshandlung zur Erlangung des Eigentums) von Eigentum an einem Vertragsgegenstand als Haupt- oder Nebenpflicht und gegenüber dem Vertragspartner oder gegenüber einem Dritten. **Nicht** ausreichend ist die Verpflichtung zur Belastung eines Grundstücks (mit Ausnahme der Verpflichtung zur Belastung eines Grundstücks mit einem dinglichen Vorkaufsrecht oder Erbbaurecht), soweit die Belastungsverpflichtung nicht zu einer faktischen Veräußerungsverpflichtung führt. 10

Um den Erwerb bzw. die Übertragung von Eigentum handelt es sich bei jedem **Rechtsträgerwechsel** aufgrund eines Rechtsgeschäfts (also eine rechtsgeschäftliche Übertragung von einer Rechtsperson auf eine andere Rechtsperson, jede Änderung der Eigentumszuordnung); Personengleichheit schadet nicht.[15] Dies liegt auch bei der bloßen Änderung der Eigentumsart (zB von Gesamthands- auf Bruchteilseigentum), oder bei der Verpflichtung zur der Einbringung in eine Gesellschaft vor, soweit nicht nur Nutzungen des Grundbesitzes eingebracht werden.[16] Dagegen **nicht** bei bloßer Namens- oder Rechtsformänderung (zB Umwandlung einer oHG in GbR, Formwechsel), bei Änderung der Zuordnung im Organisationsbereich des Eigentümers, bei dem Eigentumsübergang kraft Gesetzes (zB Verschmelzung oder Spaltung nach UmwG) oder durch Anwachsung mangels Rechtsgeschäft (zB das Ausscheiden eines Gesellschafters aus einer Personengesellschaft),[17] da hier der Rechtsträger unter Wahrung seiner Identität fortbesteht. Eine formbedürftige Verpflichtung zu einem Eigentumswechsel liegt nicht vor bei der Übernahme des Vermögens einer Personengesellschaft durch den letzten Gesellschafter,[18] bei einem Auseinandersetzungsvertrag, der vollumfänglich und uneingeschränkt den §§ 731, 752, 753 entspricht[19] (bei der kleinsten Abweichung ist der Vertrag formbedürftig) und bei Abschichtungsverträgen einer Erbengemeinschaft in Anlehnung an § 738.[20] 11

d) **Reichweite der Beurkundungspflicht.** Der **Vertrag im Ganzen** ist samt aller Nebenabreden (→ § 125 Rn. 6) und sonstigen Vereinbarungen (zB vom Gesetz abweichende Regelung zur Kosten- oder Steuertragung;[21] Gewährleistungsaus- 12

12 BGH NJW 2002, 2560.
13 OLG Köln BeckRS 2019, 24203.
14 VGH Mannheim NJW-RR 1995, 721.
15 BeckOK BGB/*Gehrlein*, 45. Ed. 1.11.2017, § 311b Rn. 6.
16 BGH FHZivR 13 Nr. 1062; MüKoBGB/*Kanzleiter* § 311b Rn. 40.
17 DNotI-Report 2015, 121.
18 BGH NJW 1990, 1171.
19 BGH NJW 2002, 2560.
20 BGH NJW 1998, 1557; *Wesser/Saalfrank* NJW 2003, 2937.
21 BGH MittBayNot 1993, 359 (360).

schluss, Einräumung von Rücktrittsrechten, zugesicherte Eigenschaften usw)[22] notariell zu beurkunden; der notariellen Beurkundung steht der Abschluss eines gerichtlichen Vergleichs gleich (§ 127a). Dies gilt auch für zusammengesetzte Verträge (→ Rn. 29 f.). Das Formerfordernis erfasst nicht bloße Erläuterungen. Im Vertrag selbst sind die beteiligten Parteien (zur Stellvertretung → § 925 Rn. 29 f.), der Vertragsgegenstand (grundbuchmäßig oder katastermäßig) und ggf. die Gegenleistung hinreichend bestimmt zu bezeichnen. Eine unabsichtliche Falschbezeichnung des Vertragsgegenstands schadet nicht (→ § 125 Rn. 29). Das Formerfordernis gilt auch dann, wenn eine **Bedingung** oder Befristung vereinbart wird, soweit es sich nicht um eine Rechtsbedingung handelt und unabhängig davon, in wessen Machtbereich der Bedingungseintritt fällt.[23] Nur soweit unwesentliche Vertragsbestandteile nicht beurkundet worden sind, kann über § 139 das Beurkundete wirksam sein,[24] eine Heilung der formnichtigen Abreden kann nur nach Abs. 1 S. 2 erfolgen. Die Vertragsparteien können nicht auf die Einhaltung der Form verzichten.

13 Die Grundlage des formbedürftigen Vertrags unterliegt **nicht** der Formbedürftigkeit.[25] Somit müssen bei Übernahme einer Verbindlichkeit oder Baugenehmigungsplanung einzelne Unterlagen als Identifizierungsbehelf nicht mitbeurkundet werden.[26] Anders dagegen die Baubeschreibung, diese ist Teil der Urkunde, wenn der Vertrag selbst eine Bauverpflichtung enthält, zB Bauträgervertrag.[27]

14 Bei einem Grundstückskaufvertrag führen **vorvertragliche Vereinbarungen/** Angaben, die nicht beurkundet werden, nicht zur Beschaffenheitsvereinbarung nach § 434 Abs. 1 S. 1[28] und der im notariellen Vertrag vereinbarte Haftungsausschluss gilt auch für vorvertragliche Angaben, soweit diese Angaben in der Urkunde nicht angedeutet werden. Beim Verbraucherbauvertrag ist § 650k zu beachten, mit der Folge, dass der notarielle Vertrag anhand der vorvertraglichen Informationen auszulegen ist.

15 Die **Beurkundung** muss den gesetzlichen Vorgaben (§ 128 BGB; BeurkG) entsprechen, insbes. ist bei der Beteiligung von Verbrauchern § 17 Abs. 2a BeurkG (→ BeurkG § 17 Rn. 70 ff.) und bei echten Verweisungen in der Urkunde auf andere Urkunden, Karten usw §§ 9, 9a, 13 BeurkG zu beachten. Soweit in der Urkunde auf andere Urkunden usw bezuggenommen wird, die aber lediglich der Erläuterung oder Identifizierung dienen, sind diese nicht mitzubeurkunden.

16 **2. Rechtsfolge des Abs. 1 S. 1.** Bei einem **Formverstoß** ist der Vertrag nichtig. Dieses Wirksamkeitshindernis ist von Amts wegen zu berücksichtigen. Wurde ein Scheingeschäft notariell beurkundet, so ist das Scheingeschäft nach § 117 nichtig und das eigentlich gewollte Rechtsgeschäft ist formnichtig (Schwarzkauf, → § 125 Rn. 19).[29] Dagegen führt eine unbewusste, versehentliche Falschbezeichnung nicht zur Formnichtigkeit (→ § 125 Rn. 29).[30] Von der Nichtigkeit berührt sind nur die schuldrechtlichen Regelungen, nicht aber die gleichzeitig erklärte Auflassung oder Auflassungsvollmacht.[31] Die Auflassungs-

22 BGH NJW 1981, 222.
23 MüKoBGB/*Kanzleiter* § 311b Rn. 34; aA Palandt/*Ellenberger* § 311b Rn. 11.
24 BGH NJW 1981, 222.
25 MüKoBGB/*Kanzleiter* § 311b Rn. 49.
26 BGH NJW-RR 2001, 953 (954).
27 BGH NJW 2005, 1356.
28 BGH NJW 2016, 1815; *Herrler* NJW 2016, 1767; OLG München RNotZ 2020, 247.
29 BGH NJW-RR 2017, 114.
30 BGH NJW 2008, 1658.
31 BGH WM 1964, 182; NJW-RR 1988, 762.

vollmacht ist nach § 139 dann nicht von der Formnichtigkeit erfasst, wenn diese unwiderruflich erteilt wurde und die Auflassungsvollmacht als selbstständig gewollt anzusehen ist.[32]

Rechtsfolge der Nichtigkeit ist, dass bereits auf dem Vertrag hin erfolgte Verfügungen nach §§ 812 ff. rückabgewickelt werden können und Schadensersatzansprüche bestehen können. Soweit nur einzelne Vertragsabreden formnichtig sind, richtet sich die Gesamt- bzw. Teilnichtigkeit nach § 139.[33] 17

Eine Berufung auf den Formmangel ist nur ausnahmsweise nach § 242 ausgeschlossen (→ § 125 Rn. 24 f.).[34] 18

3. Heilung nach Abs. 1 S. 2. Die Heilung setzt voraus, dass der Vertrag vollzogen wird und der Formmangel der einzige Nichtigkeitsgrund des Vertrags ist, nicht erforderlich ist die Erbringung der vereinbarten Gegenleistung oder die Unkenntnis der Vertragsparteien von dem Formmangel. Mit Vollzug sind die dinglichen Verfügungsgeschäfte nach §§ 873, 925 gemeint, also wirksame Auflassung (samt aller zur Wirksamkeit erforderlichen Genehmigungen) in Erfüllung des nichtigen Vertrags samt dazugehöriger Grundbucheintragung beim richtigen Vertragsgegenstand,[35] wobei die Auflassung nur gleichzeitig oder später mit dem schuldrechtlichen Vertrag, aber nicht früher, erklärt sein darf. Die Eintragung einer Auflassungsvormerkung oder nur die Stellung des Eintragungsantrags auf Eigentumswechsel reichen nicht aus. Der Verpflichtungsvertrag über die Bestellung eines Erbbaurechts oder eines dinglichen Vorkaufsrechts wird mit der Eintragung des jeweiligen Rechts im Grundbuch geheilt. Die Heilung wird weder durch einen eingetragenen Widerspruch noch durch eine Klageerhebung, aber durch ein Erwerbsverbot nach §§ 135, 136 verhindert. Mit der Aufhebung des Erwerbsverbots tritt rückwirkend Heilung ein.[36] Die Heilung tritt auch bei einem Rechtserwerb über § 892 ein. 19

Mit Eintritt der Heilung gilt der gesamte Verpflichtungsvertrag samt Nebenabreden, Änderungen und Ergänzungen ohne Rückwirkung (ex nunc) als wirksam, andere Nichtigkeitsgründe werden von der Heilung nicht erfasst. Eine Auflassungsvormerkung bleibt wirkungslos.[37] Nicht geheilt werden dagegen formnichtige, vor Abschluss des eigentlichen Vertrags getroffene Abreden, wenn diese Abreden keinen Eingang in den Vertrag gefunden haben.[38] 20

Die Heilungsnorm gilt entsprechend für formnichtigen Vorvertrag, Maklervertrag und Kaufverträge über ausländische Grundstücke.[39] Aus der Möglichkeit der Heilung kann kein allgemeiner Grundsatz der Heilung abgeleitet werden (→ § 125 Rn. 23). 21

Mit dem Vertragsvollzug werden auch weitere nicht erfüllte Formvorschriften geheilt, wenn diese geringer oder gleichwertig zu Abs. 1 S. 1 sind und deren Schutzzweck denen des Abs. 1 S. 1 entsprechen (zB § 761 BGB, § 15 Abs. 4 S. 1 GmbHG). 22

Eine Heilung ist **nicht zulässig** bei der Übereignung an einen nicht am Vertrag beteiligten Dritten.[40] Der Eigentumswechsel führt auch dann nicht zur Heilung, 23

---

32 BGH NJW-RR 1988, 762; NJW-RR 2020, 962.
33 Vgl. bsphaft dazu OLG Hamburg NJOZ 2021, 135 (Rn. 28 ff.); OLG Celle NJOZ 2020, 144 (Rn. 18 ff.).
34 BGH DNotZ 2005, 120.
35 BGH NJW-RR 2003, 1136; OLG Hamm NJW-RR 2016, 27 Rn. 39.
36 OLG München OLGZ 1969, 196.
37 BGH NJW 1983, 1543.
38 OLG Naumburg NJ 2020, 352.
39 MüKoBGB/*Kanzleiter* § 311b Rn. 80, 82.
40 BGH NJW 2004, 3626.

wenn ein formnichtiges, bereits erloschenes Vertragsangebot angenommen wurde.[41] Heilung tritt auch bei einer Veräußerungskette hinsichtlich aller Zwischengeschäfte ein, wenn der Letzterwerber das Eigentum erwirbt.[42] Bei einem Vertrag über mehrere Vertragsgegenstände tritt die Heilung erst ein, wenn der Erwerber alle Vertragsgegenstände nach §§ 873, 925 erworben hat.[43]

24 **4. Altes Recht.** Bei Verträgen, die vor dem 27.2.1980 geschlossen wurden, gilt die Heilungsmöglichkeit nach dem Beurkundungsänderungsgesetz. Bei Verträgen, die vor dem 3.10.1990 im Gebiet der neuen Bundesländer geschlossen wurden, gilt weiterhin das ZGB nach Art. 230, 232 § 1 EGBGB. Soweit Verträge bis zum 3.10.1990 im Gebiet der Bundesrepublik über einen Vertragsgegenstand im Gebiet der neuen Bundesländer beurkundet oder beglaubigt wurden, greift Art. 231 § 7 Abs. 1 EGBGB.[44]

25 **5. Auslandsbezug.** Bei Auslandsbezug gilt Art. 3 Abs. 1 EGBGB: die Formvorschrift gilt für Verpflichtungsverträge über inländischen Grundbesitz (Art. 11 Abs. 1 Alt. 1 EGBGB). Bei einem Vertrag über ein inländisches Grundstück im Ausland gilt die jeweilige Ortsform, da Abs. 1 S. 1 keine zwingende Formvorschrift ist (Art. 11 Abs. 1 Alt. 2, Abs. 4 EGBGB), soweit damit nicht eine bloße Umgehung von Abs. 1 S. 1 bezweckt wird. Bei einem Verpflichtungsvertrag über ein ausländisches Grundstück im Inland ist Abs. 1 S. 1 zu beachten, wenn das deutsche Recht als Wirkungs-/Formstatut maßgeblich ist,[45] (vgl. Art. 3 Rom I-VO). Problematisch ist jeweils, inwieweit der Schutzzweck der Norm durch die Anwendung der Ortsform vereitelt werden kann bzw. wird.[46] Zu beachten ist außerdem, dass zur Verwendung der deutschen Urkunde im Ausland eine Apostille oder eine Legalisation erforderlich ist (Details hierzu finden sich auf der Homepage des Auswärtigen Amtes unter dem Stichwort „Internationaler Urkundenverkehr").

26 **6. Einzelfälle.** Auch Vertragsänderungen oder Ergänzungen unterfallen der Norm (zB Erlass, Ermäßigung/Erhöhung oder Stundung des Kaufpreises, Regelung zur Anrechnung oder Aufrechnung oder Änderung der Leistungszeit),[47] auch dann, wenn die Änderung/Ergänzung nur unwesentlich ist, zumal eine Unterscheidung in wesentliche und unwesentliche Änderungen sowohl subjektiv als auch objektiv schwierig und zweifelhaft ist und damit nicht praktikabel.[48] Die Änderung ist nicht formbedürftig, wenn keine Erweiterung der Verpflichtung damit einhergeht, nur Abwicklungsschwierigkeiten beseitigt werden, ohne den Inhalt der Leistungspflicht zu verändern.[49] Ebenfalls nicht formbedürftig ist die Änderung, wenn der Kaufvertrag samt Auflassung bereits durch Eigentumsumschreibung vollzogen wurde.[50]

27 Umstritten ist, inwieweit die Änderung formbedürftig ist, wenn die Änderung nach bereits erklärter Auflassung, aber vor der Eigentumsumschreibung im Grundbuch erfolgt: Nach ständiger Rechtsprechung des BGH[51] ist diese Änderung nicht formbedürftig, da die erklärte Auflassung zu einer zeitlichen Zäsur

41 BGH NJW-RR 2017, 114.
42 MüKoBGB/*Kanzleiter* § 311b Rn. 80.
43 BGH NJW 2000, 2017.
44 *Schotten/Schmellenkamp* DNotZ 1992, 203.
45 BGH NJW 1979, 1773.
46 MüKoBGB/*Kanzleiter* § 311b Rn. 9.
47 BGH NJW 1982, 434; OLG Stuttgart RNotZ 2018, 316.
48 MüKoBGB/*Kanzleiter* § 311b Rn. 58.
49 BGH MittBayNot 1999, 177.
50 KG BeckRS 2019, 4675.
51 Stellvertretend in BeckRS 1971, 30853153 und BeckRS 2019, 38982 = DNotZ 2020, 740.

führt – damit sei die Verpflichtung des Veräußerers aus dem Vertrag vollumfänglich erfüllt. Diese Meinung begegnet Bedenken, da die Leistung nicht bereits mit der Leistungshandlung, sondern erst mit Eintritt des Leistungserfolgs bewirkt ist.[52] Nach dem OLG Stuttgart[53] ist diese Änderung jedenfalls dann formbedürftig, wenn die Auflassung zusammen mit dem Kaufvertrag beurkundet wurde und der Erwerber die Eigentumsumschreibung im Grundbuch beantragt, die Parteien den Notar aber anweisen, eine die Auflassung beinhaltende Ausfertigung der Urkunde erst mit Nachweis der Kaufpreiszahlung zu erteilen, weil zum einen Abs. 1 S. 1 keine entsprechende Formerleichterung enthält und zum anderen widerspricht die Formfreiheit der Warnfunktion und dem Übereilungsschutz des Abs. 1 S. 1. Zudem ist der Käufer idR schutzbedürftiger als der Veräußerer.[54]

Eine **Vertragsaufhebung** ist ausnahmsweise formbedürftig, soweit der Vertrag bereits vollzogen wurde, da dann mit der Aufhebung eine neue Verpflichtung begründet wird.[55] Ebenso formbedürftig ist die Aufhebung, wenn bereits ein Anwartschaftsrecht entstanden ist[56] und das Anwartschaftsrecht nicht zugleich aufgegeben wird.[57] Zur Aufhebung der Auflassung → § 925 Rn. 62. 28

Zwei Verträge, die eine rechtliche Einheit darstellen und von denen nur ein Vertrag beurkundungspflichtig ist, sind insgesamt formbedürftig (sog. **zusammengesetzte/verbundene Verträge**). Eine rechtliche Einheit liegt vor, wenn die Verträge miteinander „stehen und fallen" sollen,[58] eine Identität der Vertragsparteien ist nicht erforderlich.[59] Dazu reicht ein wirtschaftlicher oder tatsächlicher Zusammenhang nicht aus.[60] Letztlich entscheidend ist, ob nach Parteiwillen die Verträge nur zusammen gelten sollen oder der Vertrag iSd Abs. 1 S. 1 von dem anderen Vertrag (einseitig) abhängig ist. Auf die Reihenfolge der Vertragsabschlüsse kommt es dabei nicht an.[61] Die Vereinbarung einer Bedingung reicht nicht aus, damit der für den Eintritt der Bedingung abzuschließenden Vertrag formbedürftig wird.[62] Diese Abhängigkeit bewirkt den Formzwang für beide Verträge, unabhängig davon, ob die Verträge zusammen/einheitlich oder getrennt beurkundet werden. Bei einer getrennten Beurkundung ist der Verknüpfungswille in der zuletzt errichteten Urkunde zu verlautbaren,[63] jedoch sollte der beurkundende Notar den Verknüpfungswillen der Parteien in beiden Urkunden aufnehmen und in jeder Urkunde auf die jeweils andere verweisen.[64] Ist nur der andere Vertrag von dem Vertrag iSd Abs. 1 S. 1 abhängig, löst dies für den anderen Vertrag keine Beurkundungspflicht aus.[65] Ein vereinbartes Rück- 29

52 Vgl. dazu MüKoBGB/*Kanzleiter* § 311b Rn. 57.
53 OLG Stuttgart RNotZ 2018, 316.
54 OLG Stuttgart DNotZ 1970, 405.
55 BGH NJW 1982, 1639; OLG Rostocvk IMR 2021, 2170.
56 BGH NJW 1982, 1639 (1640).
57 BGH NJW 1993, 3323 (3325).
58 BGH NJW 1994, 721 (722); NJW 2021, 2510.
59 BGH NJW-RR 1991, 1031 (1032).
60 BGH NJW-RR 199, 1031 (1032).
61 BGH NJW-RR 2009, 953 Rn. 1.
62 BGH NJW 2021, 2510; aA *Grziwotz* MittBayNit 2019, 618.
63 BGH NJW 1988, 1781.
64 *Seeger* MittBayNot 2003, 11 (20 f.).
65 BGH DNotI-Report 2002, 124.

trittsrecht für nur einen Vertrag und nicht für beide steht der Annahme einer rechtlichen Einheit nicht entgegen.[66]

30 Beispiele für zusammengesetzte Verträge:

- Grundstückskaufvertrag und Treuhandauftrag zur Renovierung des aufstehenden Gebäudes;[67]
- Kaufvertrag und Darlehensvertrag, soweit das Darlehen ein Teil der Gegenleistung darstellt;[68]
- Kaufvertrag und Bürgschaft/Schuldanerkenntnis oÄ;[69]
- zwei durch Verrechnungsabrede verklammerte Kaufverträge;[70]
- Übertragung des Betriebsgrundstücks zusammen mit einem Unternehmenskaufvertrag;
- Kaufvertrag und Baubetreuungsvertrag;[71]
- Kaufvertrag und Bauvertrag, wenn der Grundstückserwerb vom Bauvertrag abhängt;[72]
- von Grundstücksvertrag abhängige Geschäftsanteilsabtretung;[73]
- Verkaufsangebot mit Pachtvertrag;[74]
- Kaufvertrag mit vorgeschaltetem Mietvertrag;[75]
- Kauf von Brauerei und Bierbezugsvertrag;[76]
- alle Verträge im Zusammenhang mit Bauherrenmodell (zB Kaufvertrag und Treuhand- oder Baubetreuungsvertrag oder Vollmacht für Treuhänder);
- Leistungen an Dritte, wenn dem Vertragsgegner ein Anspruch auf Bewirkung der Leistung eröffnet wird;[77]
- Vereinbarung mit Dritten, wenn die Abrede im Zusammenhang mit Grundstücksgeschäft steht;[78]
- ein städtebaulicher Vertrag und die Verpflichtung zur Übertragung der Straßenflächen.[79]

31 Ein Vertrag, der keine konkrete Übertragungs- oder Erwerbspflicht enthält, ist dann formbedürftig, wenn mit der Nichtveräußerung bzw. dem Nichterwerb wirtschaftliche Nachteile verbunden sind, die zu einem faktischen Zwang zum Geschäftsabschluss und damit zu einer mittelbaren Verpflichtung iSd Abs. 1 S. 1 führen. Dies betrifft jede Vereinbarung, die über den Ersatz nachgewiesener

66 BGH NJW-RR 2009, 953; NJW 2000, 951. – Zur Pflicht des Notars zur Nachfrage, ob ein formbedürftiger Vertrag von einem anderen Vertrag abhängig ist und zu den damit verbundenen Gestaltungsmöglichkeiten: *Opgenhoff* RNotZ 2006, 257 und *Weber* RNotZ 2016, 377.

67 BGH NJW-RR 1993, 1421; → Rn. 36.

68 BGH DNotZ 1994, 303 (304); 1985, 279.

69 BGH NJW 1994, 2885.

70 BGH NJW-RR 1989, 1492 (1493).

71 BGH NJW-RR 2009, 953 Rn. 16.

72 OLG Koblenz NJW-RR 2014, 982 (983 f.); BGH DNotI-Report 2010, 194; dies gilt aber nicht, wenn die Vertragsparteien nicht identisch sind, BGH NJW 2002, 2559.

73 BGH NJW 2001, 226.

74 BGH NJW 1988, 2880.

75 OLG München NJW-RR 1987, 1042.

76 MüKoBGB/*Kanzleiter* § 311b Rn. 55.

77 OLG Brandenburg NJW-RR 1996, 978 (979).

78 BGH NJW-RR 1989, 198 (199).

79 LG Dresden NotBZ 2004, 444. – Weitere Beispiele finden sich in BeckOK BGB/*Gehrlein* § 311b Rn. 26 und MüKoBGB/*Kanzleiter* § 311b Rn. 55 f.

oder angemessen pauschalierter Aufwendungen hinausgeht.[80] Dies gilt auch für einen Maklervertrag, der mit der Veräußerungs-/Erwerbspflicht gekoppelt ist.[81]

Ein Vertrag über eine **negative** Verpflichtung ist formfrei, soweit die negative Verpflichtung nicht tatsächlich eine positive Verpflichtung ist.[82] 32

Die Verpflichtung zur Verfügung über den **Eigentumsverschaffungsanspruch** unterliegt nicht der Form des Abs. 1 S. 1.[83] Die Verfügung selbst erfolgt als Abtretung nach §§ 398 ff. und nicht über §§ 873, 925.[84] Dagegen ist die Verpflichtung zur Verfügung über ein Anwartschaftsrecht formbedürftig.[85] Die Verfügung selbst erfolgt nach §§ 873, 925 bzw. §§ 875, 877. 33

Der Erwerbsvertrag für ein **Fertighaus** ist formbedürftig, wenn ein rechtlicher Zusammenhang mit dem Grundstückskaufvertrag besteht, also beide Verträge zusammen „stehen und fallen" sollen (→ Rn. 29). Ein Fertighausvertrag ohne jeglichen Bezug zu einem Grundstücksvertrag ist nicht formbedürftig.[86] 34

Auch die Schuld(mit)übernahme einer Erwerbs-/Veräußerungspflicht nach **§§ 414 ff.** ist formbedürftig (nicht bei Übernahme der Kaufpreisschuld) sowie der Wechsel der Vertragspartner. 35

Auftrag bzw. Geschäftsbesorgung (zB Treuhand) sind grds. formlos (→ Rn. 8), da sich die Verpflichtung aus § 667 nicht aus dem Vertrag, sondern aus dem Gesetz heraus begründet (zB wenn Beauftragter als Organ des Auftraggebers im eigenen Namen gehandelt hat).[87] Dies gilt auch, wenn der Auftragnehmer nur Zwischenerwerber ist und als solcher nicht schutzbedürftig ist.[88] Eine Ausnahme von der Formfreiheit gilt dann, wenn bereits mit dem Auftrag oder der Geschäftsbesorgung von Beauftragten und Auftraggeber zumindest bedingte Pflichten iSd Abs. 1 S. 1 eingegangen werden.[89] Ein Formverstoß wird bereits mit dem Erwerb durch Auftragnehmer geheilt und nicht erst mit der Übertragung an den Auftraggeber.[90] 36

Verpflichtung zur Teilung nach **§ 3 WEG**, zur Übertragung von Sondereigentum, zur isolierten Übertragung eines Miteigentumsanteils und zur Umwandlung von Gemeinschaftseigentum in Sondereigentum und umgekehrt sind jeweils formbedürftig, nicht aber die Teilung nach § 8 WEG. Die Verpflichtung zur Bestellung eines **Erbbaurechts** und zur Veräußerung des Erbbaurechts sind nach § 11 Abs. 2 ErbbauRG ebenfalls formbedürftig. 37

80 MüKoBGB/*Kanzleiter* § 311b Rn. 36; zB Maklervergütung – BGH NJW-RR 1992, 817 (818); Vertragsstrafe – BGH NJW 1970, 1915; Umbauentgeltvereinbarung vor Vertragsschluss – OLG Hamm DNotZ 1992, 423; Zahlungsverpflichtung als Gegenleistung für die Verlängerung einer Annahmefrist für ein Verkaufsangebot, auch wenn diese Zahlung später auf den Kaufpreis angerechnet wird – BGH NJW 2004, 3626; Verfall der Anzahlung – BGH NJW 1979, 307; Beratungsgebühr für Anlageberater bei Bauherrenmodell – BGH NJW-RR 1993, 667; Verpflichtung in Treuhandauftrag – BGH NJW 1992, 3237 (3238).
81 BGH NJW-RR 1990, 340.
82 MüKoBGB/*Kanzleiter* § 311b Rn. 20.
83 MüKoBGB/*Einsele* § 125 Rn. 17; nach aA enthält die Verpflichtung zum Erwerb eines Eigentumsverschaffungsanspruchs eine mittelbare Verpflichtung zum Grundstückserwerb und ist daher formbedürftig, vgl. MüKoBGB/*Kanzleiter* § 311b Rn. 16.
84 MüKoBGB/*Kanzleiter* § 925 Rn. 41.
85 MüKoBGB/*Kanzleiter* § 311b Rn. 16.
86 OLG Naumburg NJW-RR 2011, 743 (744).
87 BGH NJW 1981, 1267; BWNotZ 2011, 144; BFH DStR 2021, 1703; aA *Schwab* JUS 2021, 789.
88 BGH NJW 1987, 2071.
89 BGH NJW 1996, 1960, MüKoBGB/*Kanzleiter* § 311b Rn. 22 Fn. 66.
90 BGH NJW 1994, 3346.

38 Formbedürftig sind die Verpflichtung zur Bestellung eines dinglichen **Vorkaufsrechts**[91] (die Bestellung nach § 873 ist wiederum formfrei möglich), die Begründung eines Wiederkaufsrechts,[92] eines Ankaufsrechts bzw. eines Optionsrechts.[93] Dagegen ist die **Ausübung** von Vorkaufsrechten,[94] Wiederkaufsrechten,[95] die Erklärung von Optionsrechten[96] und die Vereinbarung eines rechtsgeschäftlichen Vorkaufsrechts formfrei möglich.

39 Eine **Vollmacht** ist grds. formlos (§ 167 Abs. 2),[97] ausnahmsweise aber formbedürftig zusammen mit dem Grundgeschäft bei Unwiderruflichkeit (→ § 125 Rn. 9; maßgebend ist nach § 168 S. 2 das Grundgeschäft, das den Widerruf der Vollmacht untersagt),[98] als Bestandteil eines formbedürftigen Vertrags, soweit nicht der bloße Vertragsvollzug gesichert wird,[99] als Auflassungsvollmacht[100] und ausnahmsweise bei Widerruflichkeit, wenn der Vollmachtnehmer nur nach Weisung der anderen Vertragspartei handeln darf oder der Vollmachtgeber wegen körperlicher Gebrechen vom Vollmachtnehmer abhängig ist oder der Vertragsschluss innerhalb kürzester Frist beabsichtigt ist.[101] Bei Verstoß gegen Form bei Vollmacht handelt der Vollmachtnehmer als Vertreter ohne Vertretungsmacht und der geschlossene Vertrag ist schwebend unwirksam (§ 177 Abs. 1).

40 **Vertragsangebot** und Annahme zu einem Vertrag iSd Abs. 1 S. 1 sind formbedürftig.[102] Eine Besonderheit gilt bei einem unwiderruflichen Angebot mit dem Vorbehalt des Widerrufs, der ein befristetes Angebot zur Folge hat, da hier die Rücknahme des Widerrufs keiner Form bedarf.[103]

41 Ein **Vorvertrag** bedarf der Form[104] samt dazugehörigem Hauptvertrag. Ein formnichtiger Vorvertrag wird durch einen wirksamen, inhaltlich deckungsgleichen Hauptvertrag geheilt, Abs. 1 S. 2 entsprechend.[105]

42 Der Abschluss einer **Ausbietungsgarantie**,[106] ein Versteigerungsauftrag und ein Ersteigerungsauftrag[107] sind formbedürftig. Nicht formbedürftig ist eine Ausbietungsgarantie als Ausfallverhütungspflicht, dh es besteht gerade keine Pflicht zum Bieten.[108] Formbedürftig ist auch die **freiwillige Grundstücksversteigerung**.[109]

43 Der Vertrag über die Beteiligung an einem **geschlossenen Immobilienfonds** unterliegt nicht Abs. 1 S. 1.[110] Eine Ausnahme gilt beim Vertrag über den Beitritt zu einem geschlossenen Immobilienfonds dann, wenn die Gesellschaft erst

91 BGH NJW 2016, 2035; anders noch BGH NJW-RR 1991, 205 (206).
92 BGH NJW 2006, 2843.
93 BGH NJW 2006, 2843; OLG Brandenburg NJW-RR 1999, 741.
94 BGH NJW 2014, 850.
95 BGH DNotZ 2000, 457 (458).
96 BGH NJW 2006, 2843 Rn. 20.
97 BGH NJW 2016, 2177 Rn. 31; OLG Celle RNotZ 2019, 633.
98 BayObLG NJW-RR 1996, 848.
99 OLG Celle RNotZ 2019, 633.
100 HM, BGH NJW-RR 1989, 1099.
101 OLG Schleswig NJW-RR 2001, 733.
102 Keine Annahme durch Schweigen: BGH NJW-RR 2017, 114 Rn. 13.
103 BGH NJW-RR 2004, 952.
104 OLG Stuttgart NJW-RR 2009, 1312 (1313).
105 BGH NJW-RR 1993, 522.
106 BGH NJW 1990, 1662; NJW-RR 1993, 14; OLG Celle DNotZ 1992, 302.
107 BGH NJW 1983, 566.
108 AG Hannover FHZivR 25 Nr. 722; BGH NJW-RR 1993, 14. Details zur Ausbietungsgarantie finden sich in *Droste* MittRhNotK 1995, 37.
109 BNotK DNotZ 2005, 161.
110 Palandt/*Ellenberger* § 311b Rn. 9.

Grundbesitz erwerben soll und sich der Beitretende zum Miterwerb verpflichtet.[111]

Strittig ist, ob die Verpflichtung zur Übertragung von Grundbesitz in der Satzung einer **Genossenschaft** formfrei möglich ist.[112] 44

Wird in einem Kaufvertrag die Kaufpreiszahlung bestätigt, obwohl diese erst nach der Beurkundung erfolgen soll, ist die Bestätigung eine sog. **Vorausquittung**, die nicht die Formnichtigkeit des Kaufvertrags zur Folge hat.[113] 45

Nicht formbedürftig sind die Erklärung von Übernahmerechten nach § 1477 Abs. 2,[114] Erklärung des Mieters nach § 577,[115] Bau-/Architektenvertrag im Vorgriff auf Grundstückserwerb,[116] Absichtserklärungen und sonstige Vorstufen zu einem Vertrag (zB **Letter of Intent**),[117] Instruction to Proceed,[118] soweit die Vereinbarung nicht bereits zum mittelbaren Druck zum Vertragsschluss führt), sowie eine **Bürgschaft** oder Garantie (auch dann nicht, wenn durch die Haftung auch Grundbesitz betroffen ist, da es sich nicht um eine eigene Verpflichtung handelt), soweit es nicht Teil eines zusammengesetzten Vertrags ist (→ Rn. 29 f.). 46

Weiterhin nicht formbedürftig sind Einwilligung bzw. **Genehmigung** nach §§ 182 ff.,[119] eine Fristsetzung nach § 323 Abs. 1, die Erklärung von **Gestaltungsrechten** (zB Anfechtung oder Rücktritt), ein Verzicht oder Erlass, sowie eine Bestätigung nach § 141 BGB, die nur dann nach Abs. 1 S. 1 formbedürftig ist, wenn mit der Bestätigung eine unwirksame Verpflichtung neu begründet wird. 47

Formbedürftig sind dagegen eine Verpflichtung des Nacherben zur Zustimmung zu Grundstücksveräußerung des Vorerben, eine Verpflichtung, einen Grundbuchberichtigungsanspruch nicht geltend zu machen, ein Sale-and-lease-back-Vertrag,[120] ein Baubetreuungsvertrag (Bauherrenmodell) wegen der Erwerbspflicht des Bauherrn,[121] eine Reservierungsvereinbarung, die eine Veräußerungspflicht enthält,[122] sowie ein an Veräußerer erteilter Planungsauftrag/Bauauftrag an Vermittler.[123] 48

III. Verpflichtung über Vermögen (Abs. 2 und 3)

1. Gemeinsame Voraussetzungen. Gemeinsame Voraussetzung für Abs. 2 und 3 ist ein **Verpflichtungsvertrag** oder auch eine einseitige Erklärung jeder Art von einer natürlichen oder juristischen Person über das eigene **Vermögen**, gerichtet auf die (Sicherungs-)Übertragung desselben oder auf Bestellung eines Nießbrauchs, also auf eine Verpflichtung zur Verfügung über das eigene Vermögen „in Bausch und Bogen" (RGZ 76, 1). Auf die Vereinbarung einer Gegenleistung kommt es nicht an. Erfasst werden somit Kaufverträge, Schenkungen, Leibrentenversprechen, aber **nicht** Verfügungsgeschäfte (auch nicht Vor- 49

111 MüKoBGB/*Kanzleiter* § 311b Rn. 14 aE.
112 HM, vgl. BGH NJW 1978, 2505; aA MüKoBGB/*Kanzleiter* § 311b Rn. 24.
113 BGH NJW 2011, 2785.
114 OLG München FamRZ 1988, 1275.
115 MüKoBGB/*Häublein* § 577 Rn. 20.
116 OLG Köln NJW-RR 1990, 1110 (1112).
117 *Wolf* DNotZ 1995, 179 (194).
118 OLG Frankfurt OLGR 2000, 112 (Ls.).
119 BGH DNotZ 1994, 764.
120 LG Düsseldorf WM 89, 1127.
121 BGH NJW-RR 1990, 340.
122 BGH NJW-RR 2008, 824 (825).
123 OLG Düsseldorf NJW-RR 1993, 667.

ausabtretung von Forderungen), familien- und erbrechtliche Verträge, die Verpflichtung zur Verpfändung, die Beauftragung eines Treuhänders mit Verwaltung (RGZ 72, 116), der Bürgschaftsvertrag[124] und Sondervermögen (zB oHG-Vermögen). Ebenfalls nicht erfasst werden Verpflichtungsverträge, die der Schuldner nur durch die Inanspruchnahme seines zukünftigen, pfändbaren Arbeitseinkommens begleichen kann.

50 Der Vertrag muss das **gesamte Vermögen** oder einen Bruchteil (als Quote oder Prozentsatz) davon erfassen, also alle Aktiva des sich Verpflichtenden – auch soweit zugleich Verbindlichkeiten übernommen werden. Ein solcher Vertrag liegt **nicht** vor, wenn nur über einen einzelnen Vermögensgegenstand ein Verpflichtungsvertrag geschlossen wird, auch dann, wenn dieser Vermögensgegenstand fast das gesamte Vermögen des sich Verpflichtenden ausmacht.[125]

51 Bei juristischen Personen sind Abs. 2, 3 **nicht anwendbar**, soweit die Verpflichtung im Rahmen einer Umwandlung erfolgt. Das UmwG hat insoweit Vorrang vor dem BGB (§ 4 Abs. 1 S. 2 UmwG).

52 **2. Rechtsfolge des Abs. 2.** Abs. 2 ordnet für die Verpflichtung über zukünftiges Vermögen die **Nichtigkeit** ohne Heilungsmöglichkeit an, ggf. kommt eine Umdeutung nach § 140 in einen Erbvertrag in Betracht, wenn das Vermögen erst mit dem Tod des Verpflichteten übergehen soll.[126] Soweit wirksame Verfügungen vorgenommen worden sind, finden §§ 812ff. Anwendung. Ggf. besteht ein Anspruch auf Schadensersatz aus §§ 311 Abs. 2, 241 Abs. 2, 280.

53 **3. Rechtsfolge des Abs. 3.** Abs. 3 ordnet die Beurkundungspflicht (zum Schutz vor Übereilung)[127] an, sonst ist der Vertrag über gegenwärtiges Vermögen nach § 125 S. 1 **nichtig**. Eine Heilung sieht das Gesetz nicht vor.[128] Beim Zusammentreffen von Abs. 3 mit anderen Formvorschriften, für die eine Heilung zulässig ist, heilt der Vertragsvollzug nicht den Verstoß gegen Abs. 3, möglich ist aber eine Umdeutung in ein Einzelrechtsgeschäft.

54 Treffen Verpflichtungen über zukünftiges und gegenwärtiges Vermögen in einem Vertrag zusammen, so ist im Zweifel gemäß § 139 von der **Gesamtnichtigkeit** des Vertrags auszugehen, soweit die Auslegung nicht etwas anderes ergibt.

IV. Verträge nach Abs. 4 und 5

55 **1. Voraussetzungen des Abs. 4.** Erfasst werden alle **Verpflichtungsverträge**, die auf Verfügung bezüglich eines **Erbteils**, eines Pflichtteils oder Vermächtnisses gerichtet sind. Die Vorschrift ist nicht auf die Verpflichtung zur Übertragung oder zur Belastung mit einem Nießbrauch beschränkt. Erfasst wird auch die Verpflichtung zur Testamentsanfechtung. Wichtig ist zusätzlich, dass der Vertrag sich auf den Nachlass eines nach der Vorstellung der Vertragsparteien **lebenden Dritten** richtet. Abs. 4 gilt sowohl für Verpflichtungen hinsichtlich des gesamten Nachlasses sowie hinsichtlich eines Anteils bzw. Bruchteils davon.[129]

56 Abs. 4 gilt zudem für eine unwiderrufliche **Vollmacht** des Erben über den Nachlass aufgrund der damit verbundenen Missbrauchsgefahr[130] (→ § 125 Rn. 9).

124 BGH NJW 1989, 1276.
125 BGH NJW 1957, 1514; str., *Dierksmeier* GmbHR 2021, 908.
126 BGH NJW 1953, 182.
127 BGH NJW 1957, 1514.
128 BGH FamRZ 2016, 1923.
129 BGH NJW 1958, 705.
130 MüKoBGB/*Krüger* § 311b Rn. 113.

Abs. 4 erfasst dagegen **nicht** Verträge des zukünftigen Erblassers selbst, Verträge eines Nacherben nach dem Tod des Erblassers über sein Anwartschaftsrecht (dies ist gerade kein Vertrag über das Vermögen des Vorerben als zukünftigen Erblassers, sondern ein Vertrag über die eigene Rechtsposition und ein Vertrag über das Vermögen des bereits verstorbenen Erblassers),[131] Verträge zur Verpflichtung vom zukünftigen Erblasser keine Zuwendungen anzunehmen, Verträge über einzelne Nachlassgegenstände (sofern diese nicht bei Vertragsschluss den zukünftigen Nachlass wertmäßig erschöpfen)[132] und Versprechen, aus dem Nachlass eine bestimmte Rente zu erbringen, die sich nicht am Nachlasswert orientiert.[133] Auch der Abschluss einer Bürgschaft ist nicht speziell auf zukünftigen Nachlass gerichtet. 57

2. Rechtsfolge des Abs. 4. Ein Vertrag mit dem Inhalt des Abs. 4 ist **nichtig**, auch mit Zustimmung des Erblassers. Ebenso nichtig sind Verfügungen aufgrund dieser Verpflichtung.[134] In Betracht kommt bei einem Vertrag der Schlusserben vor dem Tod des überlebenden Ehegatten bei gemeinschaftlichen Testament eine Umdeutung in einen Erbverzichtsvertrag, wenn der überlebende Ehegatte mitwirkt.[135] Eine Umdeutung kommt auch bei einem Abfindungsvertrag bei Mitwirkung des Erblassers in Betracht. 58

3. Besonderheit des Abs. 5. **Gültig** sind Verpflichtungsverträge über den gesetzlichen Erbteil oder Pflichtteil zwischen zukünftigen gesetzlichen Erben, unabhängig davon, ob die Vertragsparteien tatsächlich gesetzliche Erben werden, soweit der Vertrag notariell beurkundet wird (sog Erbschaftsvertrag). Dies gilt entsprechend auch bis zur Höhe des gesetzlichen Erbteils für Verträge über ein testamentarisches Erbe[136] oder ein Vermächtnis.[137] 59

Wird der Verpflichtete nicht Erbe, so richten sich die **Rechtsfolgen** der Vertragsstörung primär nach der vertraglichen Vereinbarung, sekundär nach dem Ergebnis einer ergänzenden Vertragsauslegung und tertiär als Nichteintritt einer Bedingung.[138] 60

Buch 3 Sachenrecht

Abschnitt 3 Eigentum

Titel 2 Erwerb und Verlust des Eigentums an Grundstücken

§ 925 Auflassung

(1) [1]Die zur Übertragung des Eigentums an einem Grundstück nach § 873 erforderliche Einigung des Veräußerers und des Erwerbers (Auflassung) muss bei gleichzeitiger Anwesenheit beider Teile vor einer zuständigen Stelle erklärt werden. [2]Zur Entgegennahme der Auflassung ist, unbeschadet der Zuständigkeit weiterer Stellen, jeder Notar zuständig. [3]Eine Auflassung kann auch in einem gerichtlichen Vergleich oder in einem rechtskräftig bestätigten Insolvenzplan oder Restrukturierungsplan erklärt werden.

131 BGH NJW 1962, 1910.
132 BGH MDR 1960, 575.
133 BGH NJW 1958, 705.
134 BGH WM 1962, 1910.
135 BGH NJW 1974, 43.
136 BGH NJW 1988, 2726.
137 Str., vgl. Meinungsstand in MüKoBGB/*Krüger* § 311b Rn. 121 Fn. 465.
138 AA: Wegfall der Geschäftsgrundlage, MüKoBGB/*Krüger* § 311b Rn. 124.

(2) Eine Auflassung, die unter einer Bedingung oder einer Zeitbestimmung erfolgt, ist unwirksam.

Literatur:

Hager, Die Anwartschaft des Auflassungsempfängers, JuS 1991, 1; *Kanzleiter,* Der Umfang der Beurkundungsbedürftigkeit bei verbundenen Rechtsgeschäften, DNotZ 1994, 275; *Kanzleiter.,* Vor dem Notar erklärte Auflassung ohne Unterschrift, DNotZ 2007, 220 (222); *Roemer* RNotZ 2019, 192; *Weber/Wesiack* DNotZ 2019, 164.

I. Normzweck

1 § 925 **ergänzt** bzw. modifiziert im Zusammenspiel mit § 20 GBO den § 873 Abs. 1 für den Fall der rechtsgeschäftlichen Eigentumsübertragung an Grundstücken. Die besondere Bedeutung der Grundstücksübereignung wird dadurch betont, dass der Gesetzgeber diese Einigung als Auflassung legaldefiniert hat.

2 Mit der Vorschrift wird neben dem **Schutz vor Übereilung** der Zweck verfolgt, dass durch die Formalisierung und der Bedingungs- und Befristungsfeindlichkeit eine einwandfreie und klare **Einigung** gewährleistet ist und die Gefahr von Missverständnissen geringgehalten wird. Damit wird zudem die Übereinstimmung der materiellrechtlichen Eigentümerstellung und dem formellen Grundbuchstand gesichert.[1]

II. Anwendungsbereich

3 **1. Mögliche Gegenstände der Auflassung. a) Grundstücke.** Ein Grundstück ist ein abgegrenzter Teil der Erdoberfläche, der anders als das Flurstück, das im Vermessungsamt eine eigene Flurstücksnummer erhält, im Grundbuchblatt nach § 3 Abs. 1 S. 1 GBO bzw. im hierfür bestimmten Datenspeicher nach §§ 128 Abs. 1 S. 1, 129 Abs. 1 S. 1 GBO als eigenständiges Grundstück – bestehend aus mindestens einem Flurstück – eingetragen ist oder nach § 3 Abs. 2

1 *Kanzleiter* DNotZ 1994, 275.

GBO eingetragen werden kann und in diesem Fall bis zur Eintragung ein sog. buchungsfreies Grundstück ist.

Unerheblich für die Anwendung des § 925 ist eine öffentlich-rechtliche Widmung des Grundstücks;[2] Art. 126 EGBGB regelt die Übereignung durch ein entsprechendes Landesgesetz und betrifft nicht den Fall der rechtsgeschäftlichen Übereignung. 4

Buchungsfreie Grundstücke sind, soweit nicht auch der Erwerber vom Buchungszwang gemäß § 3 Abs. 2 GBO, Art. 127 EGBGB befreit ist, vor der Eintragung des Eigentumsübergangs im Grundbuch einzutragen. Streitig ist insoweit, ob diese Eintragung nur eine verfahrensrechtliche Eintragungsvoraussetzung gemäß § 39 Abs. 1 GBO darstellt (RGZ 164, 385 [387]) oder ob es sich um eine materiellrechtliche Voraussetzung für den Eigentumsübergang nach §§ 873, 925 handelt.[3] 5

Streitig ist, ob die Übereignung von **Kirchengrundstücken** im Rahmen von Veränderungen kirchlicher Körperschaften dem § 925 entsprechen muss oder aufgrund des verfassungsrechtlich garantierten Selbstverwaltungsrechts nach Art. 140 GG iVm Art. 137 Abs. 3 WRV durch ein Kirchengesetz erfolgen kann.[4] 6

b) Reale Grundstücksteile. Auch ein realer **Grundstücksteil** kann Gegenstand einer Auflassungserklärung sein. Voraussetzung ist, dass der noch nicht vermessene und noch nicht im Grundbuch abgeschriebene Grundstücksteil hinreichend bestimmt ist und damit dem sachenrechtlichen Bestimmtheitsgrundsatz entspricht.[5] Nicht ausreichend ist die bloße grundbuchmäßige Angabe des Gesamtgrundstücks, die Vorlage eines Planes ohne nähere Beschreibung[6] oder die bloße Angabe der ungefähren Größe und Lage ohne Plan.[7] Hinreichend bestimmt ist ein realer Grundstücksteil aber bei Beschreibung nach Größe, Lage und Zuschnitt samt Bezugnahme auf eine Planskizze.[8] 7

Zur Abgabe der Auflassungserklärung kann wegen **§ 894 ZPO** erst verurteilt werden, wenn die Teilfläche zweifelsfrei bestimmt und festgelegt werden kann; die Anforderungen gehen über die sachenrechtliche Bestimmtheit hinaus.[9] Die Verurteilung zur Abgabe der Eintragungsbewilligung nach § 19 GBO ist außerdem noch vom Vorliegen eines Fortführungsnachweises abhängig. 8

c) Miteigentumsanteile. Über Miteigentumsanteile (bzw. ideelle Bruchteile) kann nach §§ 747 S. 1, 1008 selbstständig verfügt werden. Ein **Miteigentumsanteil** ist somit rechtlich selbstständig und kann Gegenstand einer Auflassung sein. Nicht rechtlich selbstständig ist dagegen ein **Gesamthandsanteil** an einem Grundstück.[10] 9

d) Grundstücksgleiche Rechte. Selbstständiges **Gebäudeeigentum** in den neuen Bundesländern (Art. 233 § 4 Abs. 1 S. 1, Abs. 7 EGBGB) und **Bergwerkseigentum** (§ 9 Abs. 1 BBergG) unterliegt Immobiliarsachenrecht und somit gilt im Rahmen einer Übereignung auch § 925. Auf die Übertragung von Erbbaurechten findet § 925 keine Anwendung (§ 11 Abs. 1 S. 1 ErbbauRG). 10

---

2 BGH NJW 1969, 1437.

3 Vgl. dazu BeckOK BGB/*Grün*, 60. Ed. 1.11.2021, § 925 Rn. 9; BeckOK GBO/*Holzer*, 44. Ed. 1.11.2021, GBO § 3 Rn. 29 f.

4 BeckOK BGB/*Grün* § 925 Rn. 8 mwN; MüKoBGB/*Kanzleiter* § 925 Rn. 13 Fn. 38.

5 BGH BeckRS 2019, 28500; NJW 1984, 1959.

6 BayObLG NJW-RR 1986, 505 (506).

7 OLG München DNotZ 1971, 544.

8 BGH BeckRS 2012, 6466.

9 StRspr., vgl. BGH NJW 1984, 1959 (1960).

10 Vgl. §§ 719 Abs. 1, 1419 Abs. 1, 2033 Abs. 2 BGB.

11 **2. Rechtsgeschäftliche Eigentumsübertragung.** § 925 gilt nur für Rechtsgeschäfte und nicht für andere Arten des Eigentumserwerbs an Grundstücken, also weder für den Erwerb kraft Gesetzes (zB Gesamtrechtsnachfolge nach § 1922 Abs. 1, Aneignung gemäß §§ 927 Abs. 2, 928 Abs. 1 BGB, Art. 129 EGBGB, Ersitzung nach § 900 Abs. 1 S. 1, Anwachsung – oder aufgrund Verwaltungsakt zB nach § 61 FlurBG oder § 72 BauGB) noch für den Erwerb kraft Hoheitsakt (zB durch Zuschlag im Wege der Zwangsversteigerung nach § 90 ZVG) oder einem indirekten Grundstückserwerb (zB durch Erbanteilsübertragung oder Gesamtrechtsnachfolgen im Rahmen des UmwG bei Verschmelzung oder Spaltung). Nicht maßgebend ist, wie der schuldrechtliche Anspruch auf Eigentumsübertragung entstanden ist.

12 Nur die dingliche Einigung nach § 873 Abs. 1, die auf die **Übertragung des Eigentums** an einem Auflassungsgegenstand gerichtet ist, bedarf der Form des § 925 BGB. Dies liegt immer dann vor, wenn der Eigentümer wechselt, also wenn ein Wechsel des Rechtsträgers oder ein Wechsel von Sondervermögen oder ein Wechsel der Eigentumsart erfolgt.

13 Ein **Rechtsträgerwechsel** ist bei Personenverschiedenheit des Veräußerers und des Erwerbers gegeben, maßgebend ist hierbei eine formelle Betrachtungsweise (Vorgründungsgesellschaft und Vorgesellschaft sind nicht identisch;[11] ebenso GmbH und deren Alleingesellschafter). Kein Wechsel in der Rechtsträgerschaft liegt vor, wenn sich die Rechtsform identitätswahrend ändert (zB Umwandlung nach §§ 190 ff. UmwG, Umwandlung von GbR in KG), wenn sich die Vorgesellschaft zur Kapitalgesellschaft entwickelt[12] bzw. der nicht rechtsfähige Verein zum eingetragenen Verein wandelt oder wenn der Eigentümer eine organisatorische Änderung vornimmt (zB Zuweisung an eine andere Zweigniederlassung oder Zuweisung an ein anderes Ressort bei einer öffentlichen Körperschaft).

14 Ein Wechsel auf ein anderes Sondervermögen liegt vor, wenn das Eigentum von einer (weiterbestehenden) Gesamthandsgemeinschaft auf eine andere, auch personengleiche Gesamthandsgemeinschaft übertragen wird.[13] **Keine** Auflassung ist bei der Begründung der Gütergemeinschaft, da das Eigentum eines Ehegatten kraft Gesetzes in das Gesamtgut übergeht, und beim späteren Erwerb durch einen Ehegatten erforderlich, soweit der Grundbesitz nicht zu Vorbehaltsgut erklärt wird (vgl. §§ 1416, 1418 BGB).

15 Ein **Wechsel der Eigentumsart** liegt vor, wenn sich das Anteilsverhältnis ändert, sei es durch Änderung von Gesamthandseigentum in Bruchteilseigentum oder Alleineigentum oder umgekehrt (zB Erbauseinandersetzung, Einbringung eines Grundstücks in eine Gesellschaft, Auseinandersetzung des Gesamtguts einer Gütergemeinschaft). **Kein Wechsel** liegt in den Fällen der An- bzw. Abwachsung vor (zB Gesellschafteraustritt bzw. -beitritt bei Personengesellschaft; Ausscheiden eines Miterben aus Erbengemeinschaft; Ausscheiden aller Gesellschafter unter Übernahme des Gesellschaftsvermögens durch den letzten Gesellschafter im Wege der Gesamtrechtsnachfolge, vgl. § 738).

16 **3. Einzelfälle/Sonderfälle.** a) **WEG.** Bei **WEG** handelt es sich um Miteigentumsanteile an einem Grundstück verbunden mit Sondereigentum. Somit unterliegen Änderungen an den Miteigentumsanteilen und bezüglich des gesamten Grundstücks auch § 925. Für die Begründung nach § 3 WEG, für die Aufhebung von Wohnungseigentum, für die Übertragung von Sondereigentum, für die isolierte Übertragung eines Miteigentumsanteils und zur Umwandlung von

11 BGH NJW 1984, 2164.
12 Zur Vor-GmbH BGH NJW 1966, 1311 (1312).
13 OLG Hamm DNotZ 1958, 416.

Gemeinschaftseigentum in Sondereigentum und umgekehrt ist § 925 anwendbar (vgl. § 4 Abs. 2 S. 1 WEG), nicht jedoch für die Teilung nach § 8 WEG. Eine Verfügung über den Miteigentumsanteil erfasst kraft Gesetzes auch das dazugehörige Sondereigentum.[14]

b) **Erbbaurecht.** Die Begründung, Übertragung oder Belastung eines Erbbaurechts unterliegt nicht der Form des § 925 (vgl. § 11 Abs. 1 ErbbauRG). 17

c) **Erbrecht.** Ein **Vermächtnis** hat ebenso wie eine Teilungsanordnung des Erblassers keine dingliche Wirkung und bedarf der Erfüllung, soweit ein Auflassungsgegenstand betroffen ist, durch die Auflassung nach §§ 873, 925.[15] 18

Der **Erbschaftskauf** nach § 2375 bedarf ebenso der Erfüllung durch Übertragung der einzelnen Vermögensgegenstände, mithin nach §§ 873, 925 bei Auflassungsgegenständen. Dagegen vollzieht sich der Eigentumswechsel bei **Erbanteilsübertragungen**, auch dann, wenn der Nachlass nur noch aus Grundstücken besteht, kraft Gesetzes, einer Auflassung bedarf es nicht. 19

Die **Erbauseinandersetzung** bedarf, soweit Auflassungsgegenstände betroffen sind, der Form des § 925. Eine Vereinbarung zwischen Vor- und Nacherben über die Freigabe eines Grundstücks aus der Nacherbfolge sollte zur Sicherheit den Anforderungen des § 925 entsprechen; die Zustimmung der Ersatznacherben ist entbehrlich.[16] 20

III. Form

1. **Zuständigkeit.** Die **zuständige Stelle** nach Abs. 1 S. 1 bestimmt sich für in Bundesgebiet gelegene Auflassungsgegenstände gemäß Art. 11 Abs. 4, 43 Abs. 1 EGBGB nach deutschem Recht[17] und somit bestimmt sich die Zuständigkeit wie folgt.[18] 21

a) **Notar (Abs. 1 S. 1).** Zuständig ist jeder deutsche **Notar**, unabhängig von seinem Amtsbereich. 22

b) **Gericht (Abs. 1 S. 3).** Weiterhin ist auch jedes deutsche **Gericht** für die Entgegennahme der Auflassungserklärungen zuständig, wenn das Gericht in einem Verfahren tätig ist, in dem ein gerichtlicher Vergleich abgeschlossen werden kann. Die früher herrschende Meinung, dass nur die ordentliche Gerichtsbarkeit zuständig ist, wurde zugunsten der Zuständigkeit auch für die anderen Gerichtsbarkeiten aufgegeben, so dass nun alle Gerichtsbarkeiten gleichrangig und gleichwertig sind (Art. 95 GG, §§ 17 Abs. 2, 17a GVG).[19] **Nicht zulässig** ist die Erklärung einer Auflassung in einem Anwaltsvergleich nach § 796a ZPO, in einem Schiedsspruch nach § 1053 ZPO und in der (Schrift-)Form des § 278 Abs. 6 ZPO, § 36 Abs. 3 FamFG.[20] 23

c) **Insolvenzplan (Abs. 1 S. 3).** In einem **Insolvenzverfahren** kann die Befriedigung der beteiligten Gläubiger und die Verwertung samt Verteilung der Insolvenzmasse auch durch einen Insolvenzplan nach §§ 217 ff. InsO festgelegt werden. Im gestaltenden Teil des Insolvenzplans kann auch die Übereignung von Auflassungsgegenständen geregelt werden. 24

14 OLG Düsseldorf BeckRS 2019, 17494 = FGPrax 2019, 250.
15 OLG Saarbrücken RNotZ 2020, 45 – Zur Anerkennung von Vindikationslegaten nach ausländischem Erbrecht.
16 OLG München DNotZ 2020, 134.
17 MüKoBGB/*Kanzleiter* § 925 Rn. 56.
18 *Kanzleiter* DNotZ 2007, 220 (222).
19 BVerwG NJW 1995, 2179.
20 OLG Düsseldorf NJW-RR 2006, 1609.

25 Damit die Auflassung im Insolvenzplan der Form des § 925 entspricht, muss der Insolvenzplan gemäß §§ 248 Abs. 1, 254 Abs. 1 InsO gerichtlich bestätigt und diese Bestätigung rechtskräftig sein.

26 d) **Konsulat (Abs. 1 S. 1).** Im Ausland ist der deutsche **Konsularbeamte** (Berufskonsularbeamter mit Befähigung zum Richteramt, außerdem Berufskonsularbeamte ohne Befähigung zum Richteramt und Honorarkonsularbeamte mit entsprechender Ermächtigung) die zuständige Stelle (§§ 12 Nr. 1, 19 Abs. 1, 2 Nr. 2, 24 KonsG). Dagegen reicht die Beurkundung der Auflassung vor einem ausländischen Notar über ein inländisches Grundstück nicht aus.[21]

27 **2. Beurkundung.** Da § 925 neben den in → Rn. 28 ff., 33 genannten Voraussetzungen gerade nicht die notarielle Beurkundung verlangt, wird die Wirksamkeit der Auflassung **nicht** durch eine unwirksame notarielle Beurkundung berührt (→ Rn. 60).[22] Anders verhält es sich bei der Auflassung in einem gerichtlichen Vergleich, dieser muss zu seiner Wirksamkeit und damit auch zu einer wirksamen Auflassung den Protokollierungsvorschriften der §§ 159 ff. ZPO entsprechen.[23]

28 **3. Gleichzeitige Anwesenheit.** Das Erfordernis der gleichzeitigen Anwesenheit von Veräußerer und Erwerber schließt eine sukzessive Beurkundung der Erklärungen nach § 128 aus. Dagegen ist eine **persönliche** Anwesenheit der Beteiligten nicht erforderlich, so dass die Abgabe der Erklärung im Rahmen der Stellvertretung gemäß §§ 164 ff. zulässig und möglich ist. Nicht möglich ist dagegen die Überbringung der Auflassungserklärung durch einen **Boten**, da es dann der Abgabe der Erklärung gegenüber der zuständigen Stelle mangelt.

29 Für eine wirksame **Stellvertretung** genügt, dass der Vertretene bestimmt genug bezeichnet ist (andernfalls ist die Auflassung unwirksam)[24] und dass der Vollmachtgeber die Vollmacht zumindest formlos erteilt hat (zu Ausnahmen → § 125 Rn. 9). Für den Grundbuchvollzug bedarf die Vollmacht allerdings der Form des § 29 GBO. Eine nachträgliche, der Form des § 29 GBO entsprechende Bestätigung der Vollmacht reicht aus, um die verfahrensrechtlichen Vorgaben zu erfüllen. Soweit im Rahmen der Vertretung ein Insichgeschäft vorliegt, bedarf es einer Befreiung des Vertreters von den Beschränkungen des § 181, soweit die Auflassung nicht der Erfüllung einer Verbindlichkeit dient oder lediglich rechtlich vorteilhaft für den Vertretenen ist. Das Grundbuchamt ist verpflichtet, die Wirksamkeit und den Inhalt der Vollmacht zu prüfen.[25]

30 Soweit ein Vertreter **ohne Vertretungsmacht** gehandelt hat, bedarf es, damit die Auflassung (rückwirkend) wirksam wird, der formlosen Genehmigung (→ § 125 Rn. 10) des Vertretenen und den Zugang der Genehmigung beim anderen Vertragsteil. Erklärt ein **Nichtberechtigter** die Auflassung, wirkt die Erklärung nur dann für und gegen den Berechtigten, wenn dieser in die Erklärung des Nichtberechtigten eingewilligt hat oder die Erklärung genehmigt. Für die Verfügung eines Nichtberechtigten gelten zudem §§ 892, 185 Abs. 2 Alt. 2 und 3. Handelt ein Berechtigter zugleich auch als Nichtberechtigter oder Vertreter ohne Vertretungsmacht kommt es, anders als beim Handeln eines Bevollmächtigten, auf eine Bezeichnung des Weiteren Berechtigten in der Auflassung nicht an.[26]

21 KG NJW-RR 1986, 1462.
22 BGH NJW 1957, 459.
23 BGH NJW 1955, 705.
24 LG Aurich NJW-RR 1987, 850.
25 OLG Düsseldorf RNotZ 2020, 568.
26 LG Aurich NJW-RR 1987, 850.

Streitig ist, ob das **Handeln** unter fremden **Namen** zur Unwirksamkeit der Auflassung (RGZ 106, 198) oder mit Genehmigung zu einer wirksamen Auflassung führt.[27] 31

Eine Ausnahme von der gleichzeitigen Anwesenheit liegt in der **Verurteilung** eines Beteiligten zur Abgabe der Auflassungserklärung (§ 894 ZPO). Hier hat der andere (erst, sonst ist diese Erklärung formunwirksam)[28] nach Eintritt der Rechtskraft des Urteils bei einer zuständigen Stelle seine Willenserklärung abzugeben.[29] Mit dieser einseitigen Auflassungserklärung und der über das rechtskräftige Urteil fingierten Auflassungserklärung kommt die Auflassung zustande. Streitig ist, ob das rechtskräftige Urteil der zuständigen Stelle bei der Beurkundung vorgelegt werden muss,[30] oder ob die bloße Existenz des rechtskräftigen Urteils ausreicht.[31] Erfolgte die Verurteilung Zug um Zug, so tritt die Fiktion der Abgabe der Willenserklärung erst mit dem Eintritt der Rechtskraft des Urteils und der Erteilung einer qualifizierten Vollstreckungsklausel ein (§ 894 S. 2 ZPO).[32] 32

4. Erklärung der Auflassung. Die Beteiligten haben die Auflassung vor der zuständigen Stelle zu „erklären", damit ist die **Abgabe der Willenserklärung** gemeint, es genügt neben der mündlichen Erklärung auch eine konkludente Abgabe der Erklärung. Weder eine fehlende Unterschrift der Beteiligten unter der notariellen Urkunde noch ein Verstoß gegen § 17 Abs. 1 S. 1 BeurkG wirken sich auf die materiellrechtliche Wirksamkeit der Auflassung aus. 33

IV. Inhalt der Auflassung

1. Einig sein. Veräußerer und Erwerber müssen sich darüber **einig sein**, dass das Eigentum des Veräußerers an einem hinreichend bestimmten Auflassungsgegenstand auf den Erwerber übergehen soll. In den Erklärungen muss der Wille der Beteiligten zur Übertragung und zum Erwerb zum Ausdruck kommen, außerdem muss Klarheit über die Person des Veräußerers herrschen.[33] Für die Erklärungen gelten die **allgemeinen Grundsätze** der §§ 104 ff. zur Geschäftsfähigkeit, Irrtum, Auslegung usw,[34] insbes. schadet eine Falschbezeichnung des Auflassungsgegenstands nicht (→ § 125 Rn. 29).[35] Nicht möglich ist eine Auslegung oder Umdeutung einer Auflassung eines Grundstücks in die Auflassung eines ideellen Bruchteils.[36] Dagegen ist die Auflassung dahin gehend auslegungsfähig, dass ein Ersatzgrundstück, das an die Stelle des in der Auflassung bezeichneten Grundstücks getreten ist (zB im Flurbereinigungs- oder Umlegungsverfahren), von der Auflassung erfasst wird.[37] 34

2. Mehrere Erwerber. Erwerben mehrere Personen, so bedarf es der Angabe eines zulässigen **Anteilsverhältnisses** (Bruchteile, Gesamthand), vgl. § 47 GBO für das Grundbuchverfahren. Die Angabe erfolgt in der Auflassung – übereinstim- 35

27 MüKoBGB/*Kanzleiter* § 925 Rn. 18.
28 BayObLG WM 1983, 1118.
29 OLG München BeckRS 2020, 594.
30 Stellvertretend BayObLG FGPrax 2005, 178; OLG München MittBayNot 2021, 253.
31 Stellvertretend MüKoBGB/*Kanzleiter* § 925 Rn. 19; zum Meinungsstand: OLG Hamm BeckRS 2014, 5141 mwN.
32 OLG München BeckRS 2013, 17940 = NJOZ 2014, 130.
33 OLG Hamm BeckRS 2019, 5530 – Vorerbe veräußert im Glauben, er sei Testamentsvollstrecker und nicht Erbe.
34 MüKoBGB/*Kanzleiter* § 925 Rn. 21 f.
35 BGH NJW 2002, 1038; OLG München BeckRS 2020, 594.
36 OLG Frankfurt Rpfleger 1975, 174 = FHZivR 21 Nr. 2594.
37 OLG Frankfurt NJW-RR 1996, 974.

mend durch Veräußerer und Erwerber.[38] Auch diesbezüglich ist die Auflassung der Auslegung und Umdeutung fähig: Zulässig ist die Bezugnahme auf das in der gleichen Urkunde beim Verpflichtungsgeschäft bestimmte Anteilsverhältnis.[39] Umdeutung kommt in Betracht, wenn ein unzulässiges Anteilsverhältnis vereinbart wurde, weil ein unrichtiger Güterstand der Erwerber zugrunde gelegt wurde.[40]

36 Bei Erwerbern, die in **Gütergemeinschaft** leben und zum Gesamtgut erwerben wollen, genügt wegen § 1416 Abs. 1 S. 2 bereits die Auflassung zu (unzulässigen) Bruchteilen,[41] da sich das Erwerbsverhältnis bereits aus dem Gesetz ergibt.

37 Seit dem Urteil des BGH[42] vom 29.1.2001 ist der Erwerb durch eine **rechtsfähige GbR** kein Fall mehr durch mehrere Erwerber (zu den Anforderungen beim Erwerb durch eine GbR: BGH NJW 2011, 1958). Im Hinblick auf § 47 Abs. 2 S. 1 GBO bedarf es für den grundbuchamtlichen Vollzug der Angabe der Gesellschafter, da über diese die Identifizierung der GbR erfolgt.[43] Insoweit weicht das materielle Recht (hier reicht die Bezeichnung der GbR als Erwerberin aus) vom formellen Recht ab. Ein Nachweis über die rechtlichen Verhältnisse der GbR erfolgt nach nun hM durch Erklärung der für die Gesellschaft Handelnden; die Form des § 29 GBO muss hierfür nicht gewahrt werden.[44]

38 Wurde in der Auflassung kein Anteilsverhältnis angegeben oder soll dieses nachträglich geändert werden, so kann dies durch **Ergänzung** der Auflassung unter Beteiligung aller Vertragsteile erfolgen.[45] Eine Änderung bzw. Ergänzung einseitig nur durch die Erwerber reicht nur dann aus, wenn der Veräußerer den Erwerber entsprechend bevollmächtigt oder ermächtigt hat.[46]

39 **3. Bedingungs- und Befristungsfeindlichkeit (Abs. 2).** Da der Rechtsverkehr an der Rechtssicherheit des Grundstücksverkehrs interessiert ist und die Auflassung eine klare und einwandfreie Eintragungsgrundlage sein soll, ist die Auflassung **bedingungs- und befristungsfeindlich**, um einen Schwebezustand zu verhindern und um Zweifel über die Wirksamkeit auszuschließen. Bei einem Verstoß ist die Auflassung unwirksam und eine Heilung ist nicht vorgesehen.

40 Abs. 2 gilt nur für die Auflassung als solche, nicht aber für eine Vollmacht und auch nicht für das zugrundeliegende Verpflichtungsgeschäft, auch dann, wenn dieses zusammen mit der Auflassung in einer Urkunde erfasst wird. Jedoch muss sich aus der Urkunde ergeben, dass sich die Bedingung oder Befristung nicht auf die Auflassung bezieht.[47]

41 Zur **Unwirksamkeit** führen folgende Regelungen:[48]

- Rücktritts- oder Widerrufsrecht bezüglich der Auflassung,
- Bedingung der Wirksamkeit des Verpflichtungsgeschäfts,[49]

38 BGH NJW 1982, 1097.
39 OLG Düsseldorf DNotZ 1977, 611.
40 BayObLG BayObLGZ 1983, 118.
41 BGH NJW 1982, 1097.
42 BGH NJW 2001, 1056.
43 BGH NJW 2011, 1958 (1959).
44 BGH NJW 2011, 1958 mwN.
45 OLG Düsseldorf DNotZ 1979, 219.
46 OLG Köln Rpfleger 1980, 16 = FHZivR 26 Nr. 2185.
47 KG FGPrax 2006, 99.
48 MüKoBGB/*Kanzleiter* § 925 Rn. 27.
49 OLG Celle DNotZ 1974, 731.

- Vorbehalt der Eheschließung/Ehescheidung,[50]
- Widerrufsvorbehalt in einem gerichtlichen Vergleich.[51]

Nicht zur Unwirksamkeit der Auflassung führen **Rechtsbedingungen**, wie das Erfordernis der Genehmigung des Vertretenen bzw. Berechtigten oder der Entstehung einer Erwerbergesellschaft, soweit diese nicht ausnahmsweise zur rechtsgeschäftlichen, aber unzulässigen Bedingung erhöht werden. 42

Zulässig sind Vereinbarungen in der Urkunde über das Hinausschieben des Grundbuchvollzugs der wirksamen Auflassung. Eine Bestimmung nach § 16 Abs. 2 GBO ist eine Regelung zum Vollzug der Auflassung und keine Bedingung und führt nicht zur Unwirksamkeit der Auflassung.[52] Ebenfalls nur den Vollzug regelnd und damit zulässig ist die Anweisung an den Notar, den Eintragungsantrag erst nach Bestätigung des Veräußerers über die Kaufpreiszahlung zu stellen. Alternativ kann in der Urkunde klargestellt werden, dass die Auflassung nicht zugleich die nach § 19 GBO erforderliche Eintragungsbewilligung enthält oder die Bestimmung, dass von der Urkunde nur Ausfertigungen und Abschriften ohne die Auflassung zu erteilen sind, bis die Kaufpreiszahlung dem Notar bestätigt wird.[53] 43

V. Wirkungen der Auflassung

1. Weiterverfügung durch Erwerber. In der Auflassung liegt für den Erwerber zugleich die Einwilligung nach § 185 Abs. 1 des Veräußerers, dass der Erwerber über den Auflassungsgegenstand zugunsten eines Dritten verfügen kann (sog. **Weiterverfügungsermächtigung** und **Kettenauflassung**),[54] soweit nicht ausnahmsweise etwas anderes durch die Parteien bestimmt wurde oder sich aus den Umständen ergibt. Eine Weiterverfügungsermächtigung liegt nicht vor, wenn die Rechtsstellung des Veräußerers durch die weitere Auflassung beeinträchtigt wird,[55] zB wenn im Rahmen der ersten Veräußerung noch eine Kaufpreisschuld besteht,[56] wenn die Weiterveräußerung einer vertraglichen Zweckbestimmung zuwiderläuft oder wenn die Weiterverfügungsermächtigung inhaltlich begrenzt wurde.[57] 44

2. Bindungswirkung (§ 873 Abs. 2). Die Einigung nach § 873 Abs. 1 ist grds. bis zum Eintritt der Bindungswirkung des § 873 Abs. 2 frei widerruflich. Nach nun herrschender Meinung gilt § 873 Abs. 2 auch für die Auflassung, die eine Einigung nach § 873 Abs. 1 mit der Form des § 925 ist, so dass mit deren Beurkundung die Vertragsparteien an ihre Erklärungen gebunden sind.[58] Folge der Bindungswirkung ist, dass eine Partei ihre Erklärung nicht mehr einseitig widerrufen kann, sondern die Auflassung nur noch einvernehmlich bis zur Eigentumsumschreibung im Grundbuch aufgehoben werden kann (→ § 125 Rn. 13). Dies gilt auch dann, wenn das zugrunde liegende Verpflichtungsgeschäft von Anfang an oder später unwirksam wird und die Auflassung im Wege der ungerechtfertigten Bereicherung zurückzugewähren ist. 45

50 LG Aachen Rpfleger 1979, 61 = FHZivR 25 Nr. 2377.
51 BGH NJW 1984, 312.
52 MüKoBGB/*Kanzleiter* § 925 Rn. 29.
53 Abl. dazu MüKoBGB/*Kanzleiter* § 925 Rn. 30, der zum Schutz des Veräußerers die getrennte Beurkundung von Verpflichtungsgeschäft und Auflassung empfiehlt.
54 OLG Hamm MittBayNot 2001, 394.
55 Details hierzu in MüKoBGB/*Kanzleiter* § 925 Rn. 44.
56 BayObLG NJW 1971, 514.
57 BGH NJW 1989, 521.
58 BGH NJW 1982, 1639.

46 Die Bindungswirkung des § 873 Abs. 2 schützt den Erwerber nicht vor weiteren Verfügungen des Veräußerers oder vor dem Wegfall seiner Verfügungsbefugnis, da die Auflassung allein die Verfügungsgewalt des Veräußerers nicht beschränkt.[59] Einen Schutz des Erwerbers bieten ein Eintragungsantrag des Erwerbers durch § 17 GBO (ein Eintragungsantrag des Veräußerers reicht nicht aus, da dieser ohne den Erwerber jederzeit zurückgenommen werden kann) und durch § 878 sowie die Eintragung einer Vormerkung zur Sicherung des Übereignungsanspruchs nach § 883. Die Vormerkung schützt sowohl vor dem Wegfall der Verfügungsbefugnis als auch vor widersprechenden Verfügungen des Veräußerers.

47 **3. Rechtsstellung des Erwerbers.** Die Auflassung als solches ist kein Recht iSd § 823 Abs. 1,[60] gewährt kein Recht zum Besitz iSd § 986[61] und ist noch kein dingliches Anwartschaftsrecht (→ Rn. 49). Daher bietet die reine Auflassung dem Erwerber **keinen Schutz** insbes. vor dem Eintritt von Verfügungsbeschränkungen des Veräußerers. Die Auflassung als solches ist auch nicht übertragbar, pfändbar oder verpfändbar. Etwas anderes gilt für den Eigentumserschaffungsanspruch (→ Rn. 56) und das Anwartschaftsrecht (→ Rn. 51 ff.).

48 Verstirbt der Veräußerer so gehen auch die Rechte und Pflichten aus der Auflassung auf seine Erben über (§ 1922).

49 Mit der bindenden Auflassung und dem Stellen des Eintragungsantrags durch den Erwerber beim Grundbuchamt oder der Eintragung einer wirksamen Auflassungsvormerkung für den Erwerber **entsteht** für diesen ein **Anwartschaftsrecht** – eine selbstständige, verkehrsfähige Vorstufe zum Volleigentum, also ein wesensgleiches Minus zum Vollrecht, da dann von dem mehraktigen Tatbestand des Eigentumserwerbs so viele Erfordernisse erfüllt sind, dass der Veräußerer die Entstehung des Vollrechts beim Erwerber nicht mehr einseitig zerstören kann.[62]

50 Das **Anwartschaftsrecht erlischt**, wenn eine der Entstehungsvoraussetzungen wegfällt, sei es, weil der Eintragungsantrag zurückgenommen oder durch das Grundbuchamt zurückgewiesen wird oder weil die Auflassung vertraglich aufgehoben wird oder die Vormerkung erlischt.[63]

51 Für das Anwartschaftsrecht gelten die Vorschriften, die für das Volleigentum anwendbar sind. Es ist zudem ein sonstiges Recht iSd §§ 823 ff. Das bedeutet ua, dass das Anwartschaftsrecht übertragbar, vererblich, verpfändbar und pfändbar ist:

52 Die **Übertragung** des Anwartschaftsrechts erfolgt gemäß §§ 873 Abs. 1, 925 durch Erklärung der Auflassung.[64] Der Erwerber verfügt im Rahmen einer Weiterveräußerung (→ Rn. 44) über den Auflassungsgegenstand als Nichtberechtigter und über das Anwartschaftsrecht als Berechtigter. Das Verpflichtungsgeschäft zur Übertragung bedarf der Form des § 311b Abs. 1 S. 1. Ein gutgläubiger Erwerb des Anwartschaftsrecht kommt nur beim Ersterwerb in Betracht (§ 892 Abs. 1).

53 Die **Verpfändung** des Anwartschaftsrechts erfolgt mangels Grundbucheintragung durch Auflassung, § 1274. Eine Verpfändungsanzeige ist nicht erforderlich, da es sich gerade nicht um eine Forderung handelt (§ 1280). Wird der Er-

59 BGH NJW 1966, 1019.
60 BGH NJW 1966, 1019.
61 OLG Celle NJW 1958, 870.
62 BGH NJW 1991, 2019; generell zum Meinungsstand beim Anwartschaftsrecht *Hager* JuS 1991, 1.
63 Vgl. BGH DNotZ 1976, 96.
64 BGH NJW 1991, 2019.

werber als Eigentümer im Grundbuch eingetragen, erwirbt der Pfandgläubiger eine Sicherungshypothek am Auflassungsgegenstand, die im Rahmen der Grundbuchberichtigung eingetragen wird (§ 1287 S. 2 Hs. 1 analog).[65]

Die Pfändung des Anwartschaftsrechts erfolgt über §§ 857, 829 ff. ZPO. Da es sich um ein drittschuldnerloses Recht handelt, wird die Pfändung wirksam mit Zustellung des Pfändungsbeschlusses an den Erwerber als Vollstreckungsschuldner (§ 857 Abs. 2 ZPO).[66] Auch hier wandelt sich das Pfändungspfandrecht mit der Eintragung des Erwerbers im Grundbuch in eine Sicherungshypothek nach §§ 857 Abs. 1, 848 Abs. 2 S. 2 ZPO entsprechend. Die Sicherungshypothek wird im Wege der Grundbuchberichtigung eingetragen. 54

Sowohl eine wirksame Verpfändung als auch Pfändung kann im Wege der Grundbuchberichtigung bei der Auflassungsvormerkung eingetragen werden.[67] 55

Zur Verfügung über den schuldrechtlichen Anspruch auf Eigentumsübertragung → § 311b Rn. 33. 56

VI. Zusätzliche Genehmigungen zur Auflassung

Ist für die Auflassung eine behördliche oder gerichtliche Genehmigung oder die Zustimmung des Ehegatten des Veräußerers (§§ 1365, 1424, 1453) erforderlich, so ist die Auflassung bis zur Entscheidung über die Genehmigung schwebend unwirksam. Ein Erfordernis einer gerichtlichen Genehmigung bestimmt sich nach §§ 1643, 1821, 1822, 1908i, 1915 BGB, § 2 GrStVG. Die wichtigsten behördlichen Genehmigungen sind in den §§ 1, 2 GVO, §§ 22, 51, 109, 144, 169 BauGB geregelt.[68] 57

Die Vorlage der steuerlichen Unbedenklichkeitsbescheinigung und des Negativzeugnisses über das gesetzliche Vorkaufsrecht nach §§ 24 ff. BauGB sind zwar formell-rechtlich für den Grundbuchvollzug nötig, aber diese Bescheinigungen sind keine materiellrechtlichen Voraussetzungen für die Wirksamkeit der Auflassung oder den Eigentumsübergang (§ 22 GrEStG). 58

Das Grundbuchamt hat selbstständig zu prüfen, ob und welche Genehmigungen und Bescheinigungen erforderlich sind. Bei berechtigten Zweifeln des Grundbuchamts an der Genehmigungsfreiheit kann ein entsprechendes Negativzeugnis verlangt werden.[69] 59

VII. Weitere Voraussetzungen der Eigentumsübertragung

Die Eigentumsübertragung ist ein mehraktiges Rechtsgeschäft nach § 873 Abs. 1 und erfordert materiellrechtlich neben der Auflassung die Eintragung des Erwerbers als Eigentümer im Grundbuch. Formell-rechtlich bedarf es eines Eintragungsantrags nach § 13 GBO, der Eintragungsbewilligung des Veräußerers nach § 19 GBO (die regelmäßig in der Auflassung enthalten ist, soweit nicht in der Urkunde etwas anderes bestimmt ist), der wirksamen Auflassung nach § 20 GBO und der Veräußerer muss als Eigentümer bereits im Grundbuch grds. eingetragen sein (§ 39 Abs. 1 GBO). Die Formerfordernisse regelt § 29 GBO. Die gleichzeitige Anwesenheit (→ Rn. 28) ist eine andere Tatsache der Eintragung, die dem Grundbuchamt nur über eine Beurkundung nachgewiesen werden kann, weshalb eine Unterschriftsbeglaubigung für die Auflassungserklärung nicht ausreicht (OLG Braunschweig RNotZ 2019, 464). Eine Besonder- 60

65 BGH NJW 1968, 493 (495).
66 BGH NJW 1968, 493.
67 BayObLG DNotZ 1997, 337 (338).
68 Weitere Genehmigungen in MüKoBGB/*Kanzleiter* § 925 Rn. 49.
69 OLG Frankfurt FGPrax 2017, 155.

heit regelt § 30 GBO: Eine Bewilligung kann in einem Eintragungsantrag gesehen werden, wenn der Antrag der Form des § 29 Abs. 1 S. 2 GBO entspricht. In einer Bewilligung steckt aber nicht zugleich ein Eintragungsantrag.

61 Mit Eigentumsübertragung tritt ggf. eine Heilung nach §§ 311b Abs. 1 S. 2, 518 Abs. 2 ein, die Auflassung als solches reicht dafür nicht aus (→ § 311b Rn. 19 ff.).

VIII. Aufhebung der Auflassung

62 Die Aufhebung der Auflassung kann bis zur Eintragung der Eigentumsumschreibung einvernehmlich erfolgen (zur Aufhebung der zugrundeliegenden Verpflichtung → § 311b Rn. 28) und bedarf nicht der Form der Auflassung, da es zur Verhinderung des Grundbuchvollzugs ausreicht, wenn das Grundbuchamt irgendwie und nicht in der Form des § 29 GBO Kenntnis von der Aufhebung der Auflassung Kenntnis erhält.[70]

Buch 4 Familienrecht

Abschnitt 1 Bürgerliche Ehe

Titel 6 Eheliches Güterrecht

Untertitel 2 Vertragliches Güterrecht

Kapitel 1 Allgemeine Vorschriften

§ 1410 Form

Der Ehevertrag muss bei gleichzeitiger Anwesenheit beider Teile zur Niederschrift eines Notars geschlossen werden.

Literatur:
Kanzleiter, DNotZ 1994, 275; *Kanzleiter*, NJW 1997, 217; Kanzleiter, NJW 1999, 1612.

70 BayObLG NJW 1967, 1283 (1284); MüKoBGB/*Kanzleiter* § 925 Rn. 33.

I. Normzweck

Die Beurkundungspflicht bei Eheverträgen dient insbes. dazu, den Beteiligten die **Bedeutung und Tragweite** der uU komplexen und weit in die Zukunft gerichteten vertraglichen Regelungen zu vergegenwärtigen. Die notarielle Beurkundung soll darüber hinaus vor einem **übereilten Abschluss** des Vertrags schützen und die Rechtswirksamkeit der vertraglichen Regelungen – insbes. auch im Hinblick auf die Maßstäbe der gerichtlichen Wirksamkeitskontrolle – gewährleisten.[1] 1

II. Anwendungsbereich

1. Ehevertragliche Regelungen. Eheverträge unterliegen der Beurkundungspflicht. Gemeint ist hierbei nur der Ehevertrag im engeren Sinne, mithin allein die Regelungen über die güterrechtlichen Verhältnisse zwischen den Ehegatten. Vereinbarungen beispielsweise über die Art und Weise der Vermögensauseinandersetzung fallen grundsätzlich nicht unter die Beurkundungspflicht des § 1410, außer es handelt sich im Einzelfall um eine Nebenabrede zu güterrechtlichen Regelungen (→ Rn. 15).[2] Ebenfalls von der Beurkundungspflicht erfasst sind Vereinbarungen, die bindend auf den Abschluss eines Ehevertrags gerichtet sind, (bspw. ein entsprechender Vorvertrag) sowie die Abänderung und Aufhebung güterrechtlicher Regelungen (→ Rn. 12, 16).[3] 2

2. Vollmacht zum Abschluss eines Ehevertrages, Nachgenehmigung des Vertrages. Die in § 1410 statuierte Pflicht zur gleichzeitigen Anwesenheit beider Beteiligten führt trotz bestehender vehementer Kritik[4] **nicht dazu**, dass Eheverträge **höchstpersönlich** abgeschlossen werden müssen, mit der Folge, dass eine Vertretung zulässig ist. Die Verträge können somit sowohl durch Bevollmächtige, als auch durch vollmachtlose Vertreter mit Nachgenehmigung wirksam geschlossen werden. 3

Dabei bedürfen widerrufliche **Vollmachten** für den Abschluss eines Ehevertrags – genauso wie General- und Vorsorgevollmachten – wegen der eindeutigen Aussage des § 167 Abs. 2 keiner notariellen Beurkundung.[5] Auch eine erteilte Befreiung von den Beschränkungen des § 181 führt als solche noch nicht zur Formbedürftigkeit der Vollmacht.[6] Die **nachträgliche Genehmigung** zum Abschluss eines Ehevertrags durch einen vollmachtlosen Vertreter ist wegen § 182 Abs. 2 ebenfalls formfrei zulässig.[7] Folglich kann ein Ehegatte seinen Partner beim Abschluss ehevertraglicher Vereinbarungen aufgrund privatschriftlicher Vollmacht sowie als vollmachtloser Vertreter mit anschließender privatschriftlicher Genehmigung wirksam vertreten.[8] Trotz Zulässigkeit der Beurkundung eines Ehevertrags mit einem privatschriftlich bevollmächtigten oder vollmachtlosen Ehepartner ist von dieser Vorgehensweise wegen der Pflicht des Notars zur Belehrung und Beratung aller Vertragsbeteiligten gemäß § 17 Abs. 1 BeurkG abzuraten. Neben der Untergrabung des Schutzzwecks des § 1410 sprechen 4

---

1 MüKoBGB/*Münch* § 1410 Rn. 1 f.; BeckOK BGB/*Scheller* § 1410 Rn. 1.
2 BeckOK BGB/*Scheller* § 1410 Rn. 2.
3 Palandt/*Siede* § 1410 Rn. 1; BeckOK BGB/Siede/*Cziupka* § 1410 Rn. 2.
4 U.a. *Gerber* Sonderheft DNotZ 1998, 288 (294); *Kanzleiter* NJW 1999, 1612 (1613); MüKoBGB/*Münch* § 1410 Rn. 6.
5 BGHZ 138, 239; BGH NJW 1998, 1857 (1858).
6 BeckOK BGB/*Scheller* § 1410 Rn. 3.
7 BGH NJW 1998, 1857 (1858); MüKoBGB/*Münch* § 1410 Rn. 6.
8 BGHZ 138, 239; BeckOK BGB/*Scheller* § 1410 Rn. 3.

auch die erheblichen Interessenkonflikte des Vertreterehegattens gegen die Beurkundung des Ehevertrags mit nur einem Vertragspartner.[9]

5 **3. Regelungen über den Versorgungsausgleich (§ 7 VersAusglG).** § 7 Abs. 1 VersAusglG stellt klar, dass **Regelungen über den Versorgungsausgleich**, welche vor Rechtskraft der Scheidung (bspw. in einer Scheidungsvereinbarung) geschlossen werden, der notariellen Beurkundung bedürfen. Über § 7 Abs. 3 VersAusglG und § 1408 Abs. 2 BGB kommt die Formvorschrift des § 1410, mithin auch die Pflicht zur notarielle Beurkundung bei gleichzeitiger Anwesenheit der Beteiligten zur Anwendung. Allerdings wird die strengere Form der gleichzeitigen Anwesenheit beider Vertragsteile wiederum durch die Möglichkeit der Vertretung entschärft.[10]

6 **Absprachen über die Entscheidung bezüglich des Versorgungsausgleichs nach rechtskräftiger Scheidung** haben einen anderen Inhalt als solche davor. Während Vereinbarungen vor Scheidung einen Rechtsgrund schaffen und die gesetzlichen Regelungen abändern, konkretisieren Absprachen nach rechtskräftiger Scheidung den Vollzug des gefundenen Ausgleichs und unterliegen aus diesem Grund nicht der Formvorschrift des § 7 VersAusglG. Abänderungen von formbedürftigen Versorgungsausgleichsvereinbarungen sind demnach wiederum beurkundungsbedürftig, denn dbegründen einen neuen, abgeänderten Schuldgrund.[11]

7 **4. Lebenspartnerschaftsverträge.** Von August 2001 bis einschließlich September 2017 bestand für gleichgeschlechtliche Partner die Möglichkeit der Eingehung einer Lebenspartnerschaft.[12] Seit Oktober 2017 können Lebenspartnerschaften wegen der Einführung des Rechts auf Eheschließung für Personen gleichen Geschlechts und entsprechender Anpassung des § 1353 Abs. 1 nicht mehr begründet werden.[13] Nach § 20a LPartG kann die Lebenspartnerschaft nun in eine Ehe umgewandelt werden. Wird eine bestehende Lebenspartnerschaft nicht in eine Ehe umgewandelt, so ist für diese Partnerschaft weiterhin das LPartG maßgeblich.[14]

8 Die güterrechtlichen Verhältnisse von eingetragenen Lebenspartnern können nach § 7 LPartG durch einen **Lebenspartnerschaftsvertrag** geregelt werden. § 7 S. 2 LPartG verweist unter anderem auf § 1410 BGB, weshalb ein derartiger Vertrag bei gleichzeitiger Anwesenheit beider Beteiligten durch notarielle Beurkundung zu schließen ist.

9 **5. Eheverträge im Anwendungsbereich der EU-Güterrechtsverordnung.** Für ehevertragliche Regelungen mit grenzüberschreitendem Sachverhalt, die ab dem 29.1.2019 geschlossen werden, sowie bei ab diesem Zeitpunkt getroffenen güterrechtlichen Rechtswahlen ist die **EuGüVO** sowie die **EuGüVO (Part)** zu beachten.[15] Bei nach deutschem Recht nunmehr möglichen gleichgeschlechtlichen Ehen findet die EuGüVO Anwendung; Lebenspartnerschaften fallen hingegen in den sachlichen Anwendungsbereich der EuGüVO (Part).[16]

---

9 Krit. auch MüKoBGB/*Münch* § 1410 Rn. 6; BeckOK BGB/*Scheller* § 1410 Rn. 3.
10 MüKoBGB/*Weber* VersAusglG § 7 Rn. 4; Palandt/*Siede* VersAusglG § 7 Rn. 1 ff.; zur Möglichkeit der Vertretung u.a. auch *Schramm* NJW-Spezial 2009, 292.
11 MüKoBGB/*Weber* VersAusglG § 7 Rn. 6.
12 S. zur Historie u.a. BeckOK BGB/*Hahn* LPartG § 1 Rn. 1-5.
13 MüKoBGB/*Duden* LPartG § 1 Rn. 1.
14 BeckOK BGB/*Hahn* LPartG § 1 Rn. 6.
15 S.a. *Weber* DNotZ 2016, 659 (683); Palandt/*Thorn* EuGüVo Vorb. Rn. 1.
16 *Döbereiner* MittBayNot 2018, 405 (423); Palandt/*Thorn* EuGüVo Art. 1 Rn. 2, EuGüVO (Part) Vorb. Rn. 2.

Art. 25 legt die Form für Vereinbarungen über den ehelichen Güterstand fest. Für Güterstandsvereinbarungen gilt demnach grundsätzlich die Schriftform. Abs. 2 der Norm verweist auf zusätzlich einzuhaltende Formvorschriften des gewöhnlichen Aufenthaltsstaates eines oder beider Ehegatten. Falls das materiell rechtlich anzuwendende Recht zusätzliche Formvorschriften vorsieht, sind nach Abs. 3 diese neben Abs. 1 und ggf. Abs. 2 zu beachten.[17] 10

Sobald demnach einer der Ehegatten seinen **gewöhnlichen Aufenthalt in Deutschland** hat, gilt die Pflicht zur notariellen Beurkundung nach § 1410. Ein Rückgriff auf die Ortsform bei Eheschließungen im Ausland ist wegen des abschließenden Charakters des Art. 25 EuGüVO nicht mehr möglich.[18] Bei Eheverträgen außerhalb des Anwendungsbereichs der EuGüVO kann hingegen gemäß Art. 11 EGBGB auch die Ortsform genügen. 11

III. Reichweite der Beurkundungspflicht

1. Aufeinandertreffen verschiedener Formerfordernisse innerhalb des Ehevertrags, Änderungen sowie Aufhebung des Ehevertrags. Enthält ein Ehevertrag im weiteren Sinne formbedürftige und formfreie Regelungen (formfrei sind bspw. Regelungen über die Ehewohnung [§ 1568a], Haushaltsgegenstände [§ 1568b], Trennungsunterhalt [§ 1361 BGB] oder den Kindesunterhalt [§§ 1601 ff.]), die in einem untrennbaren Zusammenhang stehen, wird dieser **insgesamt formbedürftig.**[19] Davon ist auszugehen, wenn die Vertragsparteien die formfreien Regelungen nur zusammen mit den formbedürftigen Regelungen treffen wollen. 12

Die Formbedürftigkeit umfasst auch Vereinbarungen, mit denen einzelne Regelungen des notariellen Ehevertrags **abgeändert** werden. Dies gilt selbst dann, wenn die Änderungen nur einen Vertragsgegenstand betreffen, der an sich formfrei ist, wenn dieser wiederum mit dem formbedürftigen Teil steht und fällt.[20] Eine **Ausnahme zur Beurkundungspflicht von Änderungen** ehevertraglicher Regelungen wird nur bei unwesentlichen Modifikationen, die der Beseitigung unvorhergesehener Schwierigkeiten der Vertragsabwicklung dienen, gemacht. Formfrei abänderbar sind zudem allgemein geringfügige Abänderungen.[21] 13

Auch die **Aufhebung** eines Ehevertrags stellt eine ehevertragliche Reglung dar und ist daher beurkundungspflichtig.[22] 14

2. Mit dem Ehevertrag in Verbindung stehende Regelungen. Nicht einheitlich beantwortet wird die Frage, ob auch **Vereinbarungen**, die mit einem **Ehevertrag in Verbindung stehen**, beurkundungspflichtig sind.[23] Überwiegend wird dies bejaht und die zu § 311b entwickelten Grundsätze entsprechend angewendet.[24] Nur bei einer Ausdehnung der Beurkundungspflicht auch auf mit dem Ehevertrag „verbundene Rechtsgeschäfte" kann der durch § 1410 bezweckten Schutz-, Warn-, und Gültigkeitsfunktion hinreichend Genüge getan werden. Bei der Klärung, ob die Regelungen mit dem Ehevertrag in Verbindung stehen, ist zu prüfen, ob beide Vereinbarungen einen inneren Zusammenhang aufweisen 15

---

17 BeckOK BGB/*Wiedemann* EuGüVO Art. 25 Rn. 5 ff.
18 *Döbereiner* MittBayNot 2018, 405 (421).
19 OLG Bremen MittBayNot 2010, 480 (481).
20 BeckOK BGB/*Scheller* § 1410 Rn. 2; OLG Bremen MittBayNot 2010, 480 (481).
21 OLG Bremen MittBayNot 2010, 480 (481); *Brem* FamRZ 2011, 304.
22 OLG Frankfurt FamRZ 2001, 1523 (1524); BeckOK BGB/*Scheller* § 1410 Rn. 2.
23 Zur Thematik u.a. BeckOK BGB/*Scheller* § 1410 Rn. 5.
24 Dies dürfte auch die Ansicht des BGH sein, s. BGH FamRZ 2002, 1179 (1180); s.a. Palandt/*Siede* § 1410 Rn. 3; MüKoBGB/*Münch* § 1410 Rn. 5.

und miteinander „stehen und fallen" sollen.[25] Unter Anwendung dieser Grundsätze hat beispielsweise das OLG Hamm ein abstraktes deklaratorisches Schuldanerkenntnis in einem Ehevertrag als beurkundungspflichtig erachtet.[26] Die Gegenauffassung argumentiert mit dem Aspekt der Rechtssicherheit sowie einer fehlenden Heilungsmöglichkeit des Formmangels.[27] Wegen der bestehenden Unsicherheiten sollte der sicherste Weg empfohlen und zu einer Beurkundung der mit dem Ehevertrag verbundenen Regelungen geraten werden.

16 **3. Verpflichtung auf Abschluss eines Ehevertrags.** Auch die Frage, ob Verpflichtungen gegenüber einem Dritten auf Abschluss eines Ehevertrags beurkundungsbedürftig sind, ist umstritten. Bei Bejahung bedürfte insbes. auch die Verpflichtung in einem Gesellschaftsvertrag, einen Ehevertrag bestimmten Inhalts abzuschließen („Güterstandsklausel"), der notariellen Beurkundung. Eine Beurkundungspflicht wird auch hier von Teilen der Literatur bejaht.[28] Gegen diese Ansicht spricht jedoch zum einen bereits der Zweck des § 1410, der vor einem übereilten Abschluss eines Ehevertrags schützen möchte. Die Güterstandsklausel wird nicht in einem Ehevertrag festgehalten, sondern begründet lediglich Verpflichtungen gesellschaftsrechtlicher Art. Durch die Klausel ist zum anderen kein Abschluss eines Ehevertrags erzwingbar; vielmehr kann lediglich mittelbar Druck auf den Gesellschafter ausgeübt werden – zumal der Ehegatte des Gesellschafters an dieser Vereinbarung regelmäßig nicht beteiligt ist.[29] Wegen der unklaren Rechtslage sollte aber auch hier der sicherste Weg gewählt und der Gesellschaftsvertrag beurkundet werden (was für allem bei grundsätzlich formfrei abzuschließenden KG eine Rolle spielen würde).[30]

IV. Gleichzeitige Anwesenheit

17 Die Pflicht zur gleichzeitigen Anwesenheit verhindert die Beurkundung eines Angebots und späterer Annahme. Nicht verlangt wird hingegen höchstpersönliches Erscheinen, weshalb eine Vertretung möglich ist (→ Rn. 3 ff.).

18 Es ist jedoch darauf zu achten, dass nach den Rechtsprechungsgrundsätzen des BGH zur Inhaltskontrolle von Eheverträgen auch die Umstände, unter denen dieser abgeschlossen wurde, bei einer Gesamtabwägung nach § 138 einzubeziehen sind.[31] Nicht zuletzt aus diesem Grund ist von einer Beurkundung mit Vertretung eines Ehegatten in der Regel abzuraten.

V. Ehe- und Erbvertrag

19 Bei einem gemeinsam beurkundeten Ehe- und Erbvertrag erklärt § 2276 Abs. 2 die für den Ehevertrag erforderliche Form für ausreichend. Diese Erleichterung bezieht sich jedoch lediglich auf Verfahrensvorschriften, nicht hingegen auf die Formvorschriften des materiellen Rechts.[32] Damit gilt vor allem die Pflicht zur persönlichen Anwesenheit des Erblassers nach § 2274 auch bei einem Ehe- und Erbvertrag mit der Folge, dass eine Vertretung nicht zulässig ist, wenn beide

25 BeckOK BGB/*Scheller* § 1410 Rn. 5.
26 OLG Hamm FamFR 2013, 511.
27 So *Kanzleiter* DNotZ 1994, 275 (279 f.); *Kanzleiter* NJW 1997, 217.
28 U.a. *Gassen* RNotZ 2004, 424 (439); *Brambring* DNotZ 2008, 724.
29 *Hölscher* NJW 2016, 3057 (3058 f.); *Kuhn* BWNotZ 2008, 86; BeckOK BGB/*Scheller* § 1410 Rn. 2b, Palandt/*Siede* § 1410 Rn. 1.
30 Daran anschließend stellt sich die Frage, ob sich ein Verstoß lediglich auf die ehevertragliche Bestimmung auswirken oder den ganzen Gesellschaftsvertrag berühren würde.
31 MüKoBGB/*Münch* § 1410 Rn. 6.
32 BeckOK BGB/*Litzenburger* § 2276 Rn. 9; Palandt/*Weidlich* § 2276 Rn. 6.

Ehegatten auch erbvertragliche Verfügungen treffen. § 2276 Abs. 2 befreit zudem lediglich von der Einhaltung der §§ 28–34 BeurkG, nicht hingegen von § 27 BeurkG, weil auch diese Norm wiederum materiellrechtlichen Charakter hat. Eine wesentliche Bedeutung kommt dieser Erleichterung somit nicht zu.[33]

VI. Verstoß

Ein Verstoß gegen die Formvorschrift des § 1410 führt nach § 125 zur Nichtigkeit des Vertrags. Die Heilung des Formmangels, etwa durch Eintragung in das Güterrechtsregister oder durch Erfüllung, ist ausgeschlossen.[34] 20

Die Formnichtigkeit einer nachträglichen Änderung kann unter den Voraussetzungen des § 139 auch zur Nichtigkeit des gesamten Ehevertrags führen und dies selbst dann, wenn eine an und für sich formfreie Regelung unter Missachtung des Formerfordernisses modifiziert wird.[35] 21

Bei einem gemeinsamen Ehe- und Erbvertrag bleiben die beiden Urkundenbestandteile rechtlich selbstständig. Entscheidend bei Formunwirksamkeit eines Teils ist damit der mutmaßliche Wille der Vertragsbeteiligten (§ 139). Zu klären ist dabei, inwieweit die Unwirksamkeit des einen Teils auch die Unwirksamkeit des anderen Teils zur Folge haben sollte. 22

Abschnitt 2 Verwandtschaft

Titel 7 Annahme als Kind

Untertitel 1 Annahme Minderjähriger

§ 1750 Einwilligungserklärung

(1) [1]Die Einwilligung nach §§ 1746, 1747 und 1749 ist dem Familiengericht gegenüber zu erklären. [2]Die Erklärung bedarf der notariellen Beurkundung. [3]Die Einwilligung wird in dem Zeitpunkt wirksam, in dem sie dem Familiengericht zugeht.

(2) [1]Die Einwilligung kann nicht unter einer Bedingung oder einer Zeitbestimmung erteilt werden. [2]Sie ist unwiderruflich; die Vorschrift des § 1746 Abs. 2 bleibt unberührt.

(3) [1]Die Einwilligung kann nicht durch einen Vertreter erteilt werden. [2]Ist der Einwilligende in der Geschäftsfähigkeit beschränkt, so bedarf seine Einwilligung nicht der Zustimmung seines gesetzlichen Vertreters. [3]Die Vorschrift des § 1746 Abs. 1 Satz 2, 3 bleibt unberührt.

(4) [1]Die Einwilligung verliert ihre Kraft, wenn der Antrag zurückgenommen oder die Annahme versagt wird. [2]Die Einwilligung eines Elternteils verliert ferner ihre Kraft, wenn das Kind nicht innerhalb von drei Jahren seit dem Wirksamwerden der Einwilligung angenommen wird.

§ 1752 Beschluss des Familiengerichts, Antrag

(1) Die Annahme als Kind wird auf Antrag des Annehmenden vom Familiengericht ausgesprochen.

33 BeckOK BGB/*Litzenburger* § 2276 Rn. 9.
34 Palandt/*Siede* § 1410 Rn. 1; BeckOK BGB/*Scheller* § 1410 Rn. 8.
35 OLG Bremen MittBayNot 2010, 480.

(2) [1]Der Antrag kann nicht unter einer Bedingung oder einer Zeitbestimmung oder durch einen Vertreter gestellt werden. [2]Er bedarf der notariellen Beurkundung.

§ 1762 Antragsberechtigung; Antragsfrist, Form

(1) [1]Antragsberechtigt ist nur derjenige, ohne dessen Antrag oder Einwilligung das Kind angenommen worden ist. [2]Für ein Kind, das geschäftsunfähig oder noch nicht 14 Jahre alt ist, und für den Annehmenden, der geschäftsunfähig ist, können die gesetzlichen Vertreter den Antrag stellen. [3]Im Übrigen kann der Antrag nicht durch einen Vertreter gestellt werden. [4]Ist der Antragsberechtigte in der Geschäftsfähigkeit beschränkt, so ist die Zustimmung des gesetzlichen Vertreters nicht erforderlich.

(2) [1]Der Antrag kann nur innerhalb eines Jahres gestellt werden, wenn seit der Annahme noch keine drei Jahre verstrichen sind. [2]Die Frist beginnt

a) in den Fällen des § 1760 Abs. 2 Buchstabe a mit dem Zeitpunkt, in dem der Erklärende zumindest die beschränkte Geschäftsfähigkeit erlangt hat oder in dem dem gesetzlichen Vertreter des geschäftsunfähigen Annehmenden oder des noch nicht 14 Jahre alten oder geschäftsunfähigen Kindes die Erklärung bekannt wird;
b) in den Fällen des § 1760 Abs. 2 Buchstabe b, c mit dem Zeitpunkt, in dem der Erklärende den Irrtum oder die Täuschung entdeckt;
c) in dem Falle des § 1760 Abs. 2 Buchstabe d mit dem Zeitpunkt, in dem die Zwangslage aufhört;
d) in dem Falle des § 1760 Abs. 2 Buchstabe e nach Ablauf der in § 1747 Abs. 2 Satz 1 bestimmten Frist;
e) in den Fällen des § 1760 Abs. 5 mit dem Zeitpunkt, in dem dem Elternteil bekannt wird, dass die Annahme ohne seine Einwilligung erfolgt ist.

[3]Die für die Verjährung geltenden Vorschriften der §§ 206, 210 sind entsprechend anzuwenden.

(3) Der Antrag bedarf der notariellen Beurkundung.

I. Anwendungsbereich und Normzweck

Durch die Pflicht zur **Beurkundung der Einwilligungserklärungen** der an einer Adoption beteiligten Personen soll diesen die Bedeutung ihrer Rechtshandlungen vergegenwärtigt, die Tragweite einer ausgesprochenen Adoption erläutert und vor übereiltem Handeln geschützt werden.[1] 1

Neben den Einwilligungserklärungen ist bei einer **Minderjährigenadoption** gemäß § 1752 Abs. 1 und 2 S. 2 auch **der Antrag des Annehmenden** an das Familiengericht notariell zu beurkunden. Bei einer **Erwachsenenadoption** bedürfen gemäß §§ 1768 Abs. 1 S. 1, 1767 Abs. 2 S. 1, 1752 Abs. 2 S. 2 sowohl der **Antrag des Annehmenden als auch des Anzunehmenden** der notariellen Beurkundung. 2

Wird die **Aufhebung des Annahmeverhältnisses** begehrt, so unterliegt auch dieser Antrag der Beurkundungspflicht (§ 1767 Abs. 2 S. 1 iVm § 1762 Abs. 3). 3

Das Erfordernis der notariellen Beurkundung der Anträge dient ebenso in erster Linie dem **Übereilungsschutz** sowie der Gewährleistung einer sachkundigen Beratung und Belehrung.[2] 4

II. Zu beurkundende Einwilligungserklärungen

1. Minderjährigenadoption. a) Allgemeines. Dem Formerfordernis des § 1750 Abs. 1 S. 2 unterliegen sämtliche für die Adoption eines Minderjährigen notwendigen Einwilligungserklärungen, mithin die Erklärung des anzunehmenden Kindes (§ 1746 Abs. 1), der Eltern des Kindes (§ 1747 BGB) und des Ehegattens des Annehmenden (§ 1749). Die Einwilligungen können vor oder nach Antragstellung abgegeben werden, haben jedoch spätestens bei Erlass des Annahmebeschlusses formwirksam vorzuliegen.[3] Dem Familiengericht muss eine Ausfertigung der Urkunde zugehen, eine beglaubigte Abschrift reicht nicht aus.[4] 5

b) Einwilligung des anzunehmenden Kindes. Zur Wahrung des **Selbstbestimmungsrechts des Kindes** ist gemäß § 1746 Abs. 1 dessen Einwilligung erforderlich. Ohne die Einwilligung des Kindes kann die Adoption nicht ausgesprochen werden.[5] 6

Ist das Kind noch **keine 14 Jahre** alt oder **geschäftsunfähig**, kann nur der **gesetzliche Vertreter** die Einwilligung erteilen (§ 1746 Abs. 1 S. 2). Der Bestellung einer Ergänzungspflegschaft bedarf es auch dann nicht, wenn die Eltern sowohl die Einwilligung nach § 1746 Abs. 1 als gesetzliche Vertreter des Kindes, als auch die Einwilligung nach § 1747 abgeben, weil es sich hierbei nicht um gegeneinander gerichtete, sondern vielmehr um parallele Erklärungen handelt.[6] Dies zeigt sich auch an § 1746 Abs. 3 Hs. 2, der anordnet, dass das Erfordernis der Einwilligung der Eltern als gesetzliche Vertreter des Kindes entfällt, wenn diese ihre Erklärung nach § 1747 unwiderruflich und formgerecht abgegeben haben.[7] 7

Ein anzunehmendes Kind, das **älter als 14 Jahre** und nicht geschäftsunfähig ist, hat die Einwilligung höchstpersönlich zu erklären, wobei es hierzu der **Zustimmung** seines gesetzlichen Vertreters bedarf (§ 1746 Abs. 1 S. 3). Diese Zustim- 8

1 BeckOK/*Pöcker* § 1750 Rn. 1.
2 Ua KG BeckRS 2014, 10072 mwN.
3 MüKoBGB/*Maurer* § 1746 Rn. 9.
4 Palandt/*Götz* § 1750 Rn. 2.
5 S. ua BayOblG FamRZ 1997, 576.
6 BeckOK/*Pöcker* § 1746 Rn. 3.2.
7 BeckOK/*Pöcker* § 1746 Rn. 5.

mung ist **unwiderruflich**[8] und unterliegt analog § 182 Abs. 2 **nicht der Beurkundungspflicht.**[9] Haben die Eltern bereits ihre Einwilligung nach § 1747 formgerecht erteilt, so entfällt auch hier das zusätzliche Zustimmungserfordernis über § 1746 Abs. 3 Hs. 2.[10]

9 Für die Beurteilung der **Altersgrenze** kommt es grds. auf den Zeitpunkt der Wirksamkeit des Adoptionsbeschlusses, nicht auf den Zeitpunkt der Erklärung der Einwilligung, an. Die einmal durch den gesetzlichen Vertreter abgegebene Einwilligung bleibt aber auch dann wirksam, wenn das Kind im Laufe des Verfahrens 14 Jahre alt wird.[11]

10 Hat das anzunehmende Kind das 14. Lebensjahr vollendet, so kann es die erteilte **Einwilligung** gemäß § 1746 Abs. 2 S. 1 bis zur Wirksamkeit des Ausspruchs der Annahme durch das Familiengericht diesem gegenüber **widerrufen.**[12] Damit gilt die generelle Unwiderruflichkeit der Einwilligungserklärungen (s. § 1750 Abs. 2 S. 1) in diesem Fall nicht. Für eine – durch den gesetzlichen Vertreter abgegebene – Einwilligung eines Kindes, unter 14 Jahren besteht die Widerrufsmöglichkeit nach dem eindeutigen Wortlaut des § 1746 Abs. 2 S. 1 hingegen nicht.[13]

11 Der Widerruf bedarf der **öffentlichen Beurkundung** (§ 1746 Abs. 2 S. 2) und kann damit vor dem Notar, aber auch dem Jugendamt erfolgen (§ 59 Abs. 1 S. 1 Nr. 6 SGB VIII).[14] Eine Zustimmung des gesetzlichen Vertreters zum Widerruf ist laut § 1746 Abs. 3 S. 2 nicht erforderlich.

12 **c) Einwilligung der Eltern des anzunehmenden Kindes.** Nach § 1747 Abs. 1 ist die notariell beurkundete **Einwilligung der Eltern** des anzunehmenden Kindes erforderlich. Es handelt sich um **höchstpersönliche Erklärungen**, eine Vertretung ist damit ausgeschlossen (§ 1750 Abs. 3 S. 1). Eine einmal abgegebene Einwilligung der Eltern kann zudem ab deren Zugang beim Familiengericht nicht mehr widerrufen werden (§ 1750 Abs. 2 S. 2 Hs. 1).

13 **Vater** ist dabei nach § 1747 Abs. 1 S. 2 iVm § 1592, wer bei Geburt mit der Mutter des Kindes verheiratet ist oder die Vaterschaft anerkannt hat sowie derjenige, der der Mutter während der Empfängniszeit beigewohnt hat (§ 1600d Abs. 2 S. 1) und dies glaubhaft macht.[15] Auch ein Samenspender als rein biologischer und (noch) nicht rechtlicher Vater kann Vater iSd § 1747 Abs. 1 S. 2 sein, wenn er seine Vaterstellung glaubhaft macht.[16] Die Einwilligung des möglichen biologischen Vaters ist damit nur dann erforderlich, wenn er sich aktiv am Adoptionsverfahren beteiligt und dem Verfahren unter Berufung auf seine mögliche Vaterschaft beitritt. Ohne eine entsprechende Glaubhaftmachung entfällt das Einwilligungserfordernis des Vaters.[17] **Mutter** ist die Frau, die das Kind geboren hat (§ 1591). Damit muss auch eine Leihmutter einwilligen.[18]

14 Das Gericht muss von Amts wegen versuchen, die Identität der Eltern zu ermitteln. Dieser Ermittlungsgrundsatz wird in Fällen einer anonymen Samenspende jedoch weniger streng gehandhabt, weil der leibliche Vater die rechtliche Vater-

---

8 S. § 130 Abs. 1 und 3 BGB; Palandt/*Götz* § 1746 Rn. 6.
9 Palandt/*Götz* § 1746 Rn. 4.
10 BeckOK/*Pöcker* § 1746 Rn. 5.
11 MüKoBGB/*Maurer* § 1746 Rn. 10.
12 MüKoBGB/*Maurer* § 1746 Rn. 11.
13 MüKoBGB/*Maurer* § 1750 Rn. 34.
14 Palandt/*Götz* § 1746 Rn. 6; *Zimmermann* NZFam 2015, 484 (487 f.).
15 Palandt/*Götz* § 1747 Rn. 3.
16 BGH NJW 2013, 2589.
17 BGH NJW 2015, 1820; Palandt/*Götz* § 1747 Rn. 3.
18 BeckOK BGB/*Pöcker* § 1747 Rn. 3.

stellung von vornherein nicht annehmen will.[19] Grundsätzlich kann erst nach erfolglosen Ermittlungen durch das Gericht von einer Einwilligung nach § 1747 Abs. 4 abgesehen werden.[20]

Grundsätzlich kann die Einwilligung zur Wahrung einer schonenden Überlegungsfrist erst **acht Wochen nach der Geburt** des anzunehmenden Kindes erteilt werden.[21] Keine Voraussetzung ist, dass die einwilligenden Elternteile die annehmende Person kennen (§ 1747 Abs. 2), die Adoptionsbewerber müssen aber bereits feststehen.[22] 15

Bei **nicht miteinander verheirateten Eltern**, denen die **elterliche Sorge nicht gemeinsam** zusteht, kann der Vater nach § 1747 Abs. 3 Nr. 1 abweichend von der Achtwochenfrist die Einwilligung zur Adoption bereits vor der Geburt erteilen. Eine Einwilligung vor der Geburt ist selbst dann möglich, wenn die Person des Annehmenden zu diesem Zeitpunkt noch nicht bekannt sein sollte und es sich damit um eine Blankoeinwilligung handelt, weil davon ausgegangen wird, dass der Vater keine Verantwortung für das Kind übernehmen möchte und daher nicht schutzbedürftig ist.[23] § 1747 Abs. 3 Nr. 1 spricht von einer Einwilligung **vor der Geburt** des anzunehmenden Kindes, allerdings wird teilweise auch eine Einwilligung **vor Zeugung**, insbes. für Samenspenden und einer geplanten Adoption durch den Lebenspartner der Mutter, befürwortet.[24] 16

Ein **Verzicht auf Übertragung des Sorgerechts** ist bei nicht miteinander verheirateten Eltern, denen die elterliche Sorge nicht gemeinsam zusteht nach § 1747 Abs. 3 Nr. 2 ebenfalls zulässig, um eine alsbaldige Adoption zu ermöglichen[25]. Dieser Verzicht ist in öffentlich beurkundeter Form abzugeben, mithin vor einem Notar oder dem Jugendamt, gemäß § 59 Abs. 1 S. 1 Nr. 7 SGB VIII. Trotz Verzicht auf die Übertragung des Sorgerechts bedarf es weiter der Einwilligung des Vaters in die Adoption. Für die Erklärung der Einwilligung gilt der letzte Halbsatz des § 1747 Abs. 3 Nr. 2 nicht, weshalb diese wiederum der notariellen Beurkundung bedarf.[26] 17

d) Einwilligung des Ehegattens. Bei der Annahme eines Kindes **durch einen Ehegatten allein** (v.a. bei Stiefkindadoptionen), wird die Einwilligung des anderen Ehegattens benötigt (§ 1749 Abs. 1 S. 1). Hierdurch soll sichergestellt werden, dass die Auswirkungen der Adoption auf die ehelichen Lebensverhältnisse erläutert und der Ehepartner hinreichend eingebunden wird.[27] Die Einwilligung muss in eine bestimmte Adoption erfolgen, Blankozustimmungen sind nicht wirksam. Nach § 1749 Abs. 2 wird die Einwilligung des Ehegatten dann nicht verlangt, wenn er zur Abgabe der Erklärung nicht in der Lage oder sein Aufenthalt unbekannt ist. 18

Hat der betroffene Ehegatte seine Einwilligung bereits als gesetzlicher Vertreter des anzunehmenden Kindes nach § 1746 oder als dessen Vater/Mutter nach § 1747 erteilt, so ist hierin idR auch die Einwilligung als Ehegatte zu sehen.[28] 19

19 BeckOK BGB/*Pöcker* § 1747 Rn. 8.
20 BGH NJW 2015, 1820 Rn. 5.
21 S. hierzu auch *Zimmermann* NZFam 2015, 484 (488).
22 BeckOK BGB/*Pöcker* § 1747 Rn. 10.
23 MüKoBGB/*Maurer* § 1747 Rn. 82; BeckOK BGB/*Pöcker* § 1747 Rn. 13.
24 *Siegfried* FPR 2005, 120 (122); zur parallelen Frage der Anerkennung der Vaterschaft vor Zeugung des Kindes analog § 1594 Abs. 4 BGB u.a. *Roth* DNotZ 2003, 805 (808).
25 Palandt/*Götz* § 1747 Rn. 6.
26 BeckOK BGB/*Pöcker* § 1747 Rn. 15.
27 BeckOK BGB/*Pöcker* § 1749 Rn. 1.
28 BeckOK BGB/*Pöcker* § 1749 Rn. 2.

20 Die Einwilligung eines eventuellen Ehegattens des Anzunehmenden bei Minderjährigenehen wurde durch das Gesetz zur Bekämpfung von Kinderehen aus § 1749 BGB gestrichen, weil nur Volljährige die Ehe schließen können (§ 1303 S. 1 nF).[29] Ehen von Personen zwischen 16 und 18 Jahren sind jedoch nicht unwirksam, sondern nur aufhebbar (§§ 1303 S. 2, 1314 Abs. 1 Nr. 1 nF) und damit durchaus noch denkbar. Ob in diesen Fällen zum Schutz des Ehegatten des Anzunehmenden trotz Wegfall des § 1749 Abs. 2 BGB eine Einwilligung gefordert werden kann, ist umstritten.[30]

21 **2. Erwachsenenadoption.** Bei einer Erwachsenenadoption gilt die Formvorschrift des § 1750 Abs. 1 S. 2 über § 1767 Abs. 2 S. 1 gleichermaßen.[31]

22 Der Einwilligung des Anzunehmenden nach § 1746 Abs. 1 bedarf es gemäß § 1768 Abs. 1 S. 2 nicht, weil bei der Erwachsenenadoption an die Stelle der Einwilligung der Antrag des Anzunehmenden tritt (§§ 1768 Abs. 1 S. 1, 1772 Abs. 2 S. 2).[32]

23 Eine Einwilligung der Eltern des Anzunehmenden nach § 1747 ist bei einer Erwachsenenadoption ebenfalls nicht zu fordern, denn mit Eintritt der Volljährigkeit endet die elterliche Sorge.[33] Selbst in kindschaftsrechtlichen Angelegenheiten kann ein volljähriges Kind ohne Einwilligung der Eltern autonom entscheiden, wie § 1768 Abs. 1 S. 2, der die Unanwendbarkeit des § 1747 bei einer Erwachsenenadoption statuiert, ausdrücklich klarstellt.[34]

24 Erfolgt die Annahme allein durch einen Ehegatten, ist jedoch die Einwilligung des Ehegattens des Annehmenden über §§ 1767 Abs. 2 S. 1, 1749 Abs. 1 erforderlich. Die Einwilligung muss höchstpersönlich abgegeben werden und ist unwiderruflich. Anders als bei der Minderjährigenadoption ist bei der Volljährigenadoption auch die Einwilligung des Ehegatten des Anzunehmenden erforderlich, wie § 1767 Abs. 2 S. 2 klarstellt.[35]

III. Antrag auf Annahme als Kind und Aufhebung des Annahmeverhältnisses

25 **1. Minderjährigenadoption. a) Antrag auf Annahme als Kind.** Nach § 1752 Abs. 1 S. 1 wird die Annahme als Kind auf Antrag des Annehmenden durch das Familiengericht ausgesprochen. Dieser Antrag bedarf nach § 1752 Abs. 2 S. 2 der notariellen Beurkundung.[36]

26 Anders als die Einwilligungen der Eltern des Anzunehmenden und des Ehegatten des Annehmenden, kann der Antrag des Annehmenden bis zur Wirksamkeit

29 Vgl. BT-Drs. 18/12086, 23.
30 Abl. BeckOK BGB/*Pöcker* § 1749 Rn. 3 wegen der eindeutigen gesetzgeberischen Haltung; bejahend MüKoBGB/*Maurer* § 1749 Rn. 4; *Schwab* FamRZ 2017, 1369 (1373).
31 MüKoBGB/*Maurer* § 1750 Rn. 2.
32 *Zimmermann* NZFam 2015, 1134 (1135).
33 Die Eltern werden jedoch auch bei einer Erwachsenenadoption angehört, s. hierzu auch *Zimmermann* NZFam 2015, 1134 (1135); BVerfG BeckRS 2007, 28247.
34 Zur Verfassungsmäßigkeit des § 1768 BGB s. OLG Zweibrücken BeckRS 2009, 87128; s.a. *Brandt* RNotZ 2013, 476 (478).
35 Seit Streichung des Einwilligungserfordernisses in § 1749 Abs. 2 BGB für die Annahme eines Volljährigen in § 1767 Abs. 2 BGB aufgenommen; s. hierzu auch Ausführungen in BeckOK BGB/*Pöcker* BGB § 1767 Rn. 11.
36 BayObLG BeckRS 2010, 08892; KG BeckRS 2014, 10072.

des Adoptionsbeschlusses[37] **formlos zurückgenommen** werden.[38] Mit Rücknahme des Antrags verlieren die erteilten Einwilligungen ihre Kraft (§ 1750 Abs. 4 S. 1).

Antrag und Rücknahme des Antrags sind höchstpersönliche Rechte und dürfen nicht durch einen Vertreter erklärt werden. Die Weiterleitung des Antrags kann durch einen Dritten erfolgen, wird aber in der Praxis regelmäßig vom beurkundenden Notar übernommen, was auch im Hinblick auf § 1753 Abs. 2 zu empfehlen ist.[39] 27

b) Antrag auf Aufhebung des Annahmeverhältnisses. Auch die **Aufhebung der Annahme als Kind** erfolgt auf **Antrag** (§ 1760 Abs. 1) und bedarf gemäß § 1762 Abs. 3 der **notariellen Beurkundung**. Die Gründe für eine Aufhebung sind abschließend in §§ 1760 und 1763 geregelt, wie § 1759 klarstellt. 28

Antragsberechtigt ist gemäß § 1762 Abs. 1 S. 1 der Beteiligte, dessen Antrag oder Einwilligung erforderlich gewesen wäre, aber bei Ausspruch der Adoption nicht vorlag oder unwirksam war.[40] **Nicht antragsberechtigt** ist jedoch der Ehegatte des Annehmenden, dessen Einwilligung nicht vorliegt, denn § 1760 Abs. 1 erwähnt diesen Beteiligten ausdrücklich nicht.[41] 29

Für ein angenommenes Kind, das noch nicht 14 Jahre alt oder das geschäftsunfähig ist, kann der Antrag durch dessen gesetzlichen Vertreter gestellt werden (§ 1762 Abs. 1 S. 2). Ein Kind, das älter als 14 Jahre ist und das in die Adoption nicht eingewilligt hat, kann den Antrag selbst stellen. Eine Zustimmung des gesetzlichen Vertreters ist in diesem Fall gemäß § 1762 Abs. 1 S. 3 nicht erforderlich. 30

Auch hier ist der Antrag persönlich innerhalb der Frist des § 1762 Abs. 2 zu stellen, eine Vertretung (mit Ausnahme der Antragstellung durch den gesetzlichen Vertreter) ist nicht zulässig.[42] 31

2. Erwachsenenadoption. a) Antrag auf Annahme. Nach § 1768 Abs. 1 erfolgt die Annahme eines Volljährigen auf höchstpersönlichen **Antrag des Annehmenden und des Anzunehmenden** durch das Familiengericht. Eine Vertretung ist nicht zulässig.[43] Über § 1767 Abs. 2 S. 1 kommt auch hier die **Formvorschrift** des § 1752 Abs. 2 S. 2 zur Anwendung.[44] Eine gleichzeitige Beurkundung der beiden Anträge ist nicht zwingend erforderlich. 32

Wird eine **Volladoption** nach § 1772 begehrt, so muss auch dies im beurkundeten Antrag enthalten sein. Fehlt das Begehren auf Ausspruch einer Adoption mit starker Wirkung, kann auch keine Adoption mit schwacher Wirkung ausgesprochen werden, weil es sich um kein Minus handelt. Die Stellung eines hilfsweisen Antrags auf Ausspruch einer Adoption mit schwacher Wirkung[45] ist hingegen trotz der Bedingungsfeindlichkeit des Antrags (§ 1752 Abs. 2 S. 1) möglich, weil es sich um eine Potestativbedingung handelt. 33

Auch bei der Volljährigenadoption kann jeder **Antrag** bis zur Wirksamkeit des Adoptionsbeschlusses **formlos zurückgenommen** werden. Die beiden Anträge 34

37 OLG Düsseldorf FamRZ 1997, 117; BeckOK BGB/*Pöcker* BGB § 1752 Rn. 3; aA Palandt/*Götz* § 1752 Rn. 6, laut dem der Antrag nur bis zum Ausspruch der Annahme zurückgenommen werden kann.
38 BayObLGZ 1982, 318.
39 MüKoBGB/*Maurer* § 1752 Rn. 23.
40 MüKoBGB/*Maurer* § 1762 Rn. 2.
41 OLG Nürnberg FPR 2002, 457 (458).
42 Palandt/*Götz* § 1762 Rn. 1.
43 S.a. *Brandt* RNotZ 2013, 459 (477).
44 MüKoBGB/*Maurer* § 1768 Rn. 8.
45 S. ua *Brandt* RNotZ 2013, 459 (477).

des Annehmenden und des Anzunehmenden stehen in keiner Verbindung zueinander und können einzeln zurückgenommen werden.[46]

35 **b) Antrag auf Aufhebung des Annahmeverhältnisses.** Nach § 1771 S. 1 kann das Familiengericht die Annahme als Kind auf Antrag des Annehmenden und des Angenommenen bei einer schwachen Adoption aufheben, wenn ein wichtiger Grund vorliegt. Die Aufhebung auf Antrag allein eines Beteiligten ist damit nicht möglich.[47] Eine Antragsfrist besteht bei Aufhebung aus wichtigem Grund nicht.[48]

36 Zudem kann nach §§ 1771 S. 2 und 1772 Abs. 2 auf die Aufhebungsgründe des § 1760 sinngemäß zurückgegriffen werden. Die Antragsfähigkeit ergibt sich hier aus §§ 1767 Abs. 2 S. 1, 1762.

37 Bei der Adoption mit starker Wirkung ist eine Aufhebung allein nach den Maßstäben des § 1760, nicht hingegen aus wichtigem Grund zulässig. Die leiblichen Eltern des anzunehmenden Volljährigen haben kein Antragsrecht.[49]

IV. Adoption mit Auslandsbezug

38 Bei einer Adoption oder einer Aufhebung der Adoption im Inland mit Auslandsbezug ist das anwendbare Recht nunmehr allein nach **Art. 22 EGBGB** zu ermitteln. Art. 23 EGBGB gilt seit dem 31.3.2020 für Adoptionen nicht mehr.

Buch 5 Erbrecht

Abschnitt 2 Rechtliche Stellung des Erben

Titel 4 Mehrheit von Erben

Untertitel 1 Rechtsverhältnis der Erben untereinander

§ 2033 Verfügungsrecht des Miterben

(1) [1]Jeder Miterbe kann über seinen Anteil an dem Nachlass verfügen. [2]Der Vertrag, durch den ein Miterbe über seinen Anteil verfügt, bedarf der notariellen Beurkundung.

(2) Über seinen Anteil an den einzelnen Nachlassgegenständen kann ein Miterbe nicht verfügen.

46 MüKoBGB/*Maurer* § 1768 Rn. 9.
47 BGH NJW 1988, 1139.
48 OLG Schleswig NJW-RR1995, 583 (584); BeckOK BGB/*Pöcker* § 1771 Rn. 3.
49 Palandt/*Götz* § 1772 Rn. 4.

I. Zweck der notariellen Beurkundung

Verfügungen über einen Erbanteil und die schuldrechtliche Verpflichtung zur Übertragung dieses Anteils am Nachlass bzw. einer Erbschaft bedürfen gemäß §§ 2033 Abs. 1, 2371, 2385 Abs. 1 der notariellen Beurkundung. Durch das Formerfordernis sollen die Vertragsbeteiligten vor einem übereilten Verlust und Erwerb eines Gesamtrechts bewahrt werden.[1] Häufig ist im Einzelnen nicht genau bekannt, was sich im Nachlass befindet und welchen Wert dieser mit seinen gebrauchten, nur schwer schätzbaren Gegenständen hat. Die notarielle Beurkundung soll einer unüberlegten Gesamtabwicklung durch sachkundige Beratung entgegentreten. Durch die Beurkundung des Verfügungsgeschäfts wird zudem der Zeitpunkt des Übergangs des Rechts zweifelsfrei manifestiert, was im Hinblick auf den Beginn der Haftung des Erwerbers von zentraler Bedeutung ist. Zugleich erleichtert die Beurkundung den Nachweis des Erwerbs für den Käufer gegenüber Dritten und dient der beweiskräftigen Dokumentation des Vertragsinhalts.[2] 1

II. Schuldrechtliches Verpflichtungsgeschäft zur Übertragung einer Erbschaft bzw. eines Erbteils, § 2371 und ähnlichen Verträgen § 2385

Während § 2033 Abs. 1 Verfügungen über einen Nachlassanteil und deren Form regelt, wird das formbedürftige schuldrechtliche Verpflichtungsgeschäft über einen Erbschaftskauf, einen Erbteilskauf und ähnliche Verträge in §§ 2371 und 2385 normiert. Diese lauten: 2

§ 2371 Form

Ein Vertrag, durch den der Erbe die ihm angefallene Erbschaft verkauft, bedarf der notariellen Beurkundung.

§ 2385 Anwendung auf ähnliche Verträge

(1) Die Vorschriften über den Erbschaftskauf finden entsprechende Anwendung auf den Kauf einer von dem Verkäufer durch Vertrag erworbenen Erbschaft sowie auf andere Verträge, die auf die Veräußerung einer dem Veräußerer angefallenen oder anderweit von ihm erworbenen Erbschaft gerichtet sind.

(2) [1]Im Falle einer Schenkung ist der Schenker nicht verpflichtet, für die vor der Schenkung verbrauchten oder unentgeltlich veräußerten Erbschaftsgegenstände oder für eine vor der Schenkung unentgeltlich vorgenommene Belastung dieser Gegenstände Ersatz zu leisten. [2]Die in § 2376 bestimmte Verpflichtung zur Gewährleistung wegen eines Mangels im Recht trifft den Schenker nicht; hat der Schenker den Man-

1 MüKoBGB/*Gergen* § 2033 Rn. 2.
2 *Muscheler* RNotZ 2009, 65 (66); MüKoBGB/*Musielak* BGB § 2371 Rn. 1; BeckOK BGB/*Litzenburger* BGB § 2371 Rn. 1.

gel arglistig verschwiegen, so ist er verpflichtet, dem Beschenkten den daraus entstehenden Schaden zu ersetzen.

3 **1. Erfasste Rechtsgeschäfte. a) Erbschaftskauf.** Umfasst vom Regelungsbereich des § 2371 ist zum einen die Verpflichtung des Alleinerben auf **Übertragung der gesamten Erbschaft** (Erbschaftskauf), mithin aller Sachen, Rechte, Werte und Verbindlichkeiten, die dem Erben durch die Erbschaft angefallen sind. Der Erwerber verpflichtet sich zur Zahlung eines Gesamtkaufpreises und dazu, die mit der Erbschaft verbundene Abwicklung anstelle des verkaufenden Erben zu übernehmen.. Beim Erbschaftskauf handelt es sich um einen schuldrechtlichen Kaufvertrag.[3] Auch der Verkauf eines **bestimmten Bruchteils der Erbschaft** durch den Alleinerben ist zulässig[4] und unterliegt der notariellen Beurkundungspflicht.[5] Der Verkauf einzelner Nachlassgegenstände durch den Alleinerben, die den ganzen oder nahezu **ganzen Nachlass** ausmachen, soll (was allerdings nicht unumstritten ist)[6] ebenfalls beurkundungspflichtig sein, wenn der Käufer entsprechend § 1365 von diesem Umstand Kenntnis hat oder die Umstände kennt, aus denen sich ergibt, dass es sich bei den zu verkaufenden Gegenständen um fast den gesamten Nachlass handelt.[7] Begründet wird die Ausdehnung der Beurkundungspflicht mit dem, auch in diesem Fall bestehenden Schutzbedürfnis der Nachlassgläubiger. Die schon **erfüllte Nachlassteilung** hindert nach überwiegender Auffassung den Abschluss eines schuldrechtlichen Erbschaftskaufs nicht.[8]

4 **b) Erbteilskauf.** Der Formvorschrift des § 2371 unterliegt daneben über § 1922 Abs. 2 auch der **Verkauf des Erbteils durch einen Miterben** (Erbteilskauf).[9] Der Verkauf kann auch auf einen Bruchteil des Erbteils beschränkt werden.[10] Bei einem Erbteilskauf handelt es sich im Gegensatz zum Erbschaftskauf um einen Rechtskauf nach § 453.[11]

5 **c) Verkauf einer Erbschaft/eines Erbteils durch Vor- oder Nacherben.** Der Verkauf des **Anwartschaftsrechts an einem Erbteil oder einer Erbschaft** durch einen Nacherben[12] fällt zudem ebenso unter § 2371 wie der **Verkauf durch den Vorerben**, auch wenn Letzteres aus Haftungsgründen (§ 2376 Abs. 1) nur bei entsprechender Befreiung nach den §§ 2112 ff. erfolgen sollte.[13]

6 **d) Ähnliche Verträge nach § 2385.** Die Vorschriften über den Erbschaftskauf (insbes. die Beurkundungspflicht nach § 2371) sind auch **auf andere Rechtsgeschäfte**, die die Veräußerung einer Erbschaft oder eines Erbteils zum Gegen-

3 BeckOK BGB/*Litzenburger* BGB § 2371 Rn. 2, 5; Palandt/*Weidlich* BGB § 2371 Rn. 1.

4 Durch den Verkauf eines Teils der Erbschaft entsteht keine Erbengemeinschaft zwischen Käufer und Verkäufer. Wird im Erbschaftskaufvertrag hierzu keine Regelung getroffen, gilt Gemeinschaftsrecht nach §§ 741 ff. BGB, s. hierzu auch BeckOK BGB/*Litzenburger* BGB § 2371 Rn. 5.

5 BGH NJW 1963, 1610; *Muscheler* RNotZ 2009, 65.

6 Palandt/*Weidlich* § 2371 Rn. 1; BeckOK BGB/*Litzenburger* BGB § 2371 Rn. 6 jeweils mit Kritik an der hM.

7 BGH BeckRS 1965, 31176041; *Neusser* MittRhNotK 1979, 143; s. zur Thematik des § 1365 BGB bei anderen Rechtsgeschäften als dem Grundstücksverkauf auch *Brambring* FamFR 2012, 483; Palandt/*Siede* § 1365 Rn. 4.

8 RGZ 134, 296 (298 f.); BeckOK BGB/*Litzenburger* BGB § 2371 Rn. 12; aA *Muscheler* RNotZ 2009, 65.

9 BeckOK BGB/*Müller-Christmann* § 1922 Rn. 14.

10 BGH NJW 1963, 1610; BeckOK BGB/*Litzenburger* § 2371 Rn. 7.

11 S. ua BeckOK BGB/*Litzenburger* § 2371 Rn. 2.

12 Dieser bedarf keiner Zustimmung durch etwaige Ersatznacherben.

13 BeckOK BGB/*Litzenburger* § 2371 Rn. 4.

stand haben, anzuwenden. Bei der Vorschrift handelt es sich damit explizit um eine Umgehungsvorschrift.[14]

§ 2385 Abs. 1 nennt ausdrücklich den **Kauf einer Erbschaft vom Erbschaftskäufer.** Erfasst sind auch der **Wiederkauf** einer Erbschaft durch den Erben, der **Tausch**, die Verpflichtung zur Hingabe einer Erbschaft **an Zahlung** statt oder der **Vergleich** von Erbanwärtern über die Verteilung der Anteile ohne Beachtung der gesetzlichen oder testamentarischen Quoten[15] und der **Auslegungsvertrag** über die verbindliche Interpretation einer Verfügung von Todes wegen.[16] Ob die Belastung einer Erbschaft mit einem **Nießbrauch** unter die Vorschrift fällt, ist umstritten und abzulehnen, da hier nicht die Verfügungsmöglichkeit über den Nachlass im Vordergrund steht.[17] 7

Für **Schenkungen** einer Erbschaft, welche ebenfalls Veräußerungsverträge iSd § 2385 Abs. 1 darstellen, ist zu beachten, dass § 518 Abs. 1 lediglich die notarielle Beurkundung des Schenkungsversprechens verlangt, während § 2385 BGB auf § 2371 verweist und daher der gesamte Schenkungsvertrag dem Formerfordernis unterliegt.[18] 8

e) Vollmachten. Eine **Vollmacht** für einen Erbschafts- oder Erbteilskauf bedarf generell wegen § 167 Abs. 2 nicht der notariellen Beurkundung. Bei unwiderruflich erteilten Vollmachten wird hingegen die Beurkundungsbedürftigkeit bejaht, weil diese die Wirkungen eines Erbschafts-/Erbteilskaufs bindend nach sich ziehen und damit aus Schutzzwecken die Belehrungspflicht vorzuverlagern ist. Laut Rechtsprechung bedarf es auch dann einer Beurkundung der Vollmacht, wenn in ihr eine Befreiung von den Beschränkungen des § 181 enthalten ist.[19] Auch wenn diese Ansicht abzulehnen ist,[20] sollte wegen des Gebots des sichersten Wegs eine Beurkundung der Vollmacht angestrebt werden. 9

2. Nicht erfasste Rechtsgeschäfte. Nicht von der Beurkundungspflicht der **§§ 2371, 2385 erfasst** sind hingegen vor allem der Kauf des Nachlassaktiva ohne die Nachlassverbindlichkeiten,[21] der Kauf einzelner Nachlassgegenstände (außer diese stellen fast den gesamten Nachlass dar, → Rn. 3), der wegen § 311b Abs. 4 nichtige Kauf einer künftigen Erbschaft zu Lebzeiten des Erblassers (soweit nicht die Ausnahme des § 311b Abs. 5 greift) oder der Auseinandersetzungsvertrag über die Erbschaft.[22] Auch die **Verpflichtung zur Sicherungsübereignung oder zur Verpfändung einer Erbschaft** wird von § 2385 nicht erfasst, weil es hier wiederum nicht um die Veräußerung der Erbschaft, sondern um die Sicherung des Vertragspartners geht.[23] Die schuldrechtliche Abschichtungsvereinbarung bedarf ebenso nicht der Beurkundung über §§ 2385, 2371. Diese ist selbst dann formfrei möglich, wenn zum Nachlass ein Grundstück oder GmbH-Anteile gehört. Eine Beurkundungspflicht wird hier nur dann be- 10

14 BeckOK BGB/*Litzenburger* § 2385 Rn. 1.
15 MüKoBGB/*Musielak* § 2385 Rn. 2; Palandt/*Weidlich* § 2385 Rn. 2.
16 BGH NJW 1986, 1812 (1813).
17 Palandt/*Weidlich* § 2385 Rn. 1; BeckOK BGB/*Litzenburger* § 2385 Rn. 4; aA MüKoBGB/*Musielak* § 2385 Rn. 2.
18 MüKoBGB/*Musielak* § 2385 Rn. 5; weniger deutlich MüKoBGB/*Gergen* § 2033 Rn. 23.
19 BeckOK BGB/*Litzenburger* § 2371 Rn. 17.
20 S. zur Thematik *Keim* RNotZ 2003, 375 (382).
21 *Muscheler* RNotZ 2009, 65.
22 BeckOK BGB/*Litzenburger* § 2385 Rn. 4.
23 Ähnliche Argumentation wie bei der Belastung einer Erbschaft mit einem Nießbrauchsrecht; *Muscheler* RNotZ 2009, 65.

jaht, wenn dem ausscheidenden Erben ein Grundstück oder ein GmbH-Anteil versprochen wird.[24]

11 **3. Reichweite der Beurkundungspflicht.** Sämtliche Vereinbarungen, die die Übertragung eines Anteils an einem Nachlass oder den gesamten Nachlass zum Inhalt haben, unterliegen der notariellen Beurkundungspflicht. So sind bei der Verpflichtung zur Übertragung eines Erbteils mit der Maßgabe ihn zurückverlangen zu können, beide Teile des Rechtsgeschäfts beurkundungsbedürftig.[25]

12 Auch **Nebenabreden**, die so bedeutsam für den Vertrag sind, dass dieser mit den zusätzlichen Vereinbarungen stehen und fallen soll,[26] sowie ein **Vorvertrag** sind beurkundungspflichtig.[27] Bei der Frage der Reichweite des Formerfordernisses kann auf die zu § 311b Abs. 1 für den Immobilienkauf entwickelten Grundsätze zurückgegriffen werden.[28] Auch die **nachträgliche Änderung** und die **Aufhebung eines Erbschaftskaufs** unterliegen dem Formzwang.[29] Die Formpflicht bei der Aufhebung des Erbschaftskaufs ist nicht unumstritten,[30] jedoch zu bejahen, weil die Vorschrift nicht nur dem Übereilungsschutz sondern auch der Rechtssicherheit der Nachlassgläubiger dient.

13 **4. Rechtsfolgen eines Verstoßes. a) Nichtigkeit des schuldrechtlichen Vertrags und Umdeutung.** Bei Nichtbeachtung der Formvorschrift des § 2371 ist das entsprechende Verpflichtungsgeschäft gemäß § 125 **nichtig**. Eine formlos geschlossene Nebenabrede ist unwirksam; ob diese Unwirksamkeit zur Nichtigkeit des gesamten Vertrags führt, ist nach den Grundsätzen des § 139 zu beurteilen.[31]

14 Bei Gesamtnichtigkeit kommt eventuell eine **Umdeutung** nach § 140 in Betracht. Allerdings ist die Umdeutung in eine formfreie Abschichtungsvereinbarung (→ Rn. 22) dann nicht zulässig, wenn sich die Vertragsbeteiligten für eine notarielle Beurkundung entschieden haben.[32]

15 **b) Heilung des Formmangels.** Die Heilung des Formmangels des Verpflichtungsgeschäfts durch formwirksame Verfügung entsprechend § 311b Abs. 1 S. 2 wird bei **Erbschaftskäufen**, bei denen die einzelnen Nachlassgegenstände übertragen werden, überwiegend **abgelehnt**.[33] Es kann in diesem Fall bereits kein einheitlicher Heilungszeitpunkt bestimmt werden, daneben unterliegt die Verfügung zumeist keinem Formzwang.[34]

16 Bei der **Übertragung eines Erbteils bejaht** ein Teil der Literatur[35] entgegen der Rechtsprechung[36] hingegen eine Analogie zu § 311b Abs. 1 S. 2, wenn die Erfüllung durch einen formwirksamen notariell beurkundeten Vertrag erfolgt. Dafür spräche der Schutz der Miterben und der Nachlassgläubiger, denn sowohl für das Vorkaufsrecht nach § 2034 als auch die Haftung des Käufers nach

24 *Keim* RNotZ 2003, 375 (386).
25 OLG Koblenz BeckRS 2011, 23287.
26 BGH NJW 1967, 1128 (1129).
27 BeckOK BGB/*Litzenburger* § 2371 Rn. 17.
28 BGH NJW 1967, 1128 (1129); *Muscheler* RNotZ 2009, 65 (66); *Keim* RNotZ 2003, 375 (382).
29 BeckOK BGB/*Litzenburger* § 2371 Rn. 17; Palandt/*Weidlich* § 2371 Rn. 2.
30 S. u.a. *Zarnekow* MittRhNotK 1969, 620 (624).
31 BHG NJW 1967, 1128 (1129); BeckOK BGB/*Litzenburger* § 2371 Rn. 18.
32 OLG Dresden ZErb 2003, 184.
33 BGH DNotZ 1971, 37; OLG Köln ZEV 2000, 240; MüKoBGB/*Musielak* § 2371 Rn. 6; Palandt/*Weidlich* § 2371 Rn. 2.
34 BeckOK BGB/*Litzenburger* § 2371 Rn. 21.
35 ZB *Keller* ZEV 1995, 427 (431); *Brox/Walker* Erbrecht Rn. 799.
36 BGH NJW 1967, 1128 (1131); BGH NJW 1971, 37.

§ 2382 bedarf es eines wirksamen Verpflichtungsgeschäfts.[37] Für diese Sichtweise fehlt es jedoch an einer planwidrigen Regelungslücke.[38]

Bei der **Schenkung einer Erbschaft** nach § 2385 ist eine Heilung nach § 518 Abs. 2 nicht möglich, weil sich diese Vorschrift nur auf das Schenkungsversprechen und nicht auf den gesamten wegen § 2371 beurkundungspflichtigen Vertrag bezieht.[39] 17

III. Verfügungen über einen Erbteil (§ 2033) sowie über eine Erbschaft

1. Von § 2033 umfasste Verfügungsgeschäfte. a) Verfügungsgeschäft bei Erbschafts- und Erbteilskäufen. § 2033 Abs. 1 S. 2 regelt die einzuhaltende Form für die **Verfügung eines Miterben über seinen Anteil** am Nachlass vor Auseinandersetzung. Die einzelnen Nachlassgegenstände gehen bei einem Erbteilskauf im Wege der **Universalsukzession** durch Abtretung des Erbteils auf den Erwerber über. Etwaige, für die Übertragung der einzelnen Gegenstände zu beachtenden Formvorschriften sind nicht einzuhalten.[40] Dies gilt für alle Verfügungen über einen Erbteil, selbst wenn das schuldrechtliche Rechtsgeschäft formlos möglich ist.[41] **Nach Auseinandersetzung** kann der schuldrechtliche Erbteilskauf nur durch Einzelübertragung sämtlicher Gegenstände, die der verkaufende Miterbe zugewiesen bekommen hat, erfüllt werden.[42] 18

Das **Verfügungsgeschäft zu einem schuldrechtlichen Erbschaftskauf** fällt nicht unter § 2033 Abs. 1. Vielmehr sind hier alle Nachlassgegenstände einzeln im Wege der Singularsukzession zu übertragen und die jeweils für den Gegenstand relevanten Formvorschriften einzuhalten. Selbiges gilt für eine Verfügung der **Erbengemeinschaft**, die mangels Miterbeneigenschaft nicht von § 2033 Abs. 1 erfasst ist.[43] 19

§ 2033 Abs. 1 gilt ausschließlich für Verfügungen über Anteile am Nachlass, mithin für die vom Erblasser festgesetzte **Berechtigung am Gesamthandsvermögen**. Den **Anteil an einzelnen Nachlassgegenständen** können die Miterben nicht wirksam übertragen, wie § 2033 Abs. 2 ausdrücklich klarstellt und Verfügungen über **einzelne Nachlassgegenstände** sind bis zur Auseinandersetzung durch alle Miterben gemeinsam zu treffen (§ 2040 Abs. 1). 20

Die Erbteilsübertragung ist auch dann möglich, wenn sich nur mehr ein **einzelner Gegenstand** im Nachlass befindet.[44] Genauso ist eine Verfügung über einen **Bruchteil des Nachlassanteils** wirksam.[45] **Ein künftiger Miterbenanteil** kann hingegen nicht übertragen werden, weil er erst mit dem Erbfall entsteht.[46] Über den Anspruch auf das anteilige **Auseinandersetzungsguthaben** kann zur Verhinderung eines Auseinanderfallens des Anteils an der Erbengemeinschaft und des Vermögensanspruchs am Auseinandersetzungsguthaben bis zur Auseinandersetzung des Nachlasses ebenfalls nicht dinglich verfügt werden.[47] 21

37 RGZ 60, 126 (131); RGZ 170, 203 (206).
38 BeckOK BGB/*Litzenburger* § 2371 Rn. 21.
39 OLG Köln ZEV 2000, 240; MüKoBGB/*Musielak* § 2385 Rn. 5.
40 BeckOK BGB/*Lohmann* § 2033 Rn. 7.
41 MüKoBGB/*Gergen* § 2033 Rn. 20.
42 BeckOK BGB/*Litzenburger* § 2371 Rn. 12; RGZ 134, 296 (299).
43 BeckOK BGB/*Lohmann* § 2033 Rn. 2; MüKoBGB/*Gergen* § 2033 Rn. 5.
44 BGH NJW 1969, 92.
45 BayObLG NJW-RR 1991, 1030 mwN.
46 MüKoBGB/*Gergen* § 2033 Rn. 5; ein entsprechender schuldrechtlicher Vertrag kann im Rahmen des § 311b Abs. 5 BGB hingegen auch schon vor Ableben des Erblassers geschlossen werden.
47 BeckOK BGB/*Lohmann* § 2033 Rn. 4; RGZ 60, 126 (131).

22 b) **Abschichtungsvereinbarungen.** Vereinbarungen, aufgrund derer Miterben einvernehmlich und zumeist gegen eine Abfindung aus der Erbengemeinschaft ausscheiden, stellen keine Verfügung über einen Nachlassanteil dar, denn die Erben scheiden aus, die Anteile verbleiben in der Erbengemeinschaft und wachsen kraft Gesetzes den übrigen Erben an.[48] Mangels Verfügung über den Erbanteil gemäß § 2033 Abs. 1 BGB sind diese Vereinbarungen laut Rechtsprechung nicht beurkundungspflichtig und auch das zugrunde liegende Verpflichtungsgeschäft nicht formbedürftig (→ Rn. 10)[49] Diese Konstruktion wird nicht zuletzt wegen der Umgehung der Formerfordernisse von der Literatur kritisiert.[50] Der BGH tritt dem entgegen und stellt dabei vor allem darauf ab, dass der Schutz der Formvorschrift einem außerhalb der Erbengemeinschaft stehendem Erwerber zukommen soll und daher bei einer **Anwachsung des Anteils** nicht erforderlich sei.[51]

23 c) **Vollmachten.** Hinsichtlich des Formerfordernisses bei erteilten **Vollmachten** zur Verfügung über einen Erbanteil kann auf die Ausführungen in → Rn. 9 verwiesen werden.

24 **2. Reichweite der Beurkundungspflicht.** § 2033 Abs. 1 S. 2 normiert eine Beurkundungspflicht für sämtliche **Verfügungen** über den Nachlassanteil, mithin vor allem für die Übertragung eines Anteils, dessen Verpfändung oder die Bestellung eines Nießbrauchs an einem Erbteil.[52] Die **Änderung** eines dinglichen Erbteilsübertragungsvertrags bedarf der notariellen Form, **nicht** hingegen dessen **Aufhebung.**[53]

25 **3. Rechtsfolgen eines Verstoßes. Formmängel beim Verpflichtungsgeschäft** führen grds. **nicht** zur Unwirksamkeit des **Verfügungsgeschäfts**, begründen aber einen Rückgewähranspruch. Eine aus der Unwirksamkeit des Verpflichtungsgeschäfts resultierende Nichtigkeit der Verfügung kommt nur in Ausnahmefällen bei Annahme einer rechtlichen Einheit (§ 139) in Betracht.[54]

26 Eine Heilung des formnichtigen Verpflichtungsgeschäfts mit formwirksamen Vollzug ist nach umstrittener Ansicht der Rechtsprechung nicht möglich (→ Rn. 15 f.). Bei Formnichtigkeit des Verfügungsgeschäfts ist dieses nach § 125 nichtig.

IV. Formvorschriften der EuErbVO

27 Die schuldrechtlichen Verpflichtungen über einen Erbschafts-/Erbteilskauf, bei denen grds. die Vorschriften des Kaufvertrags zur Anwendung gelangen, richten sich nach der Rom I-VO, während das Vollzugsgeschäft dem jeweiligen Vermögensrechtsstatut unterliegt. Ob und mit welchen Konsequenzen die Erbschaft auf einen Dritten übertragen werden kann, ist hingegen im Geltungsbereich der EuErbVO nach dem dort festgelegten Erbstatut zu beurteilen.[55]

48 S. u.a. *Hartlich* RNotZ 2018, 285 (286, 287); BGH NJW 1998, 1557 (1558).
49 S. u.a. *Keim* RNotZ 2003, 375 (386).
50 *Keim* RNotZ 2003, 375 (386); einige Autoren erachten eine derartige Konstellation für zulässig, fordern aber eine Beurkundungspflicht für Abschichtungsvereinbarungen analog § 2033 BGB, s. zB *Reimann* ZEV 1998, 213 (214); s. zur Thematik auch *v. Venrooy* DNotZ 2012, 119 (123).
51 BGH NJW 1998, 1557 (1558); s.a. *Hartlich* RNotZ 2018, 285 (286, 287)).
52 BeckRS 2016, 06247; BeckOK BGB/*Lohmann* § 2033 Rn. 5.
53 MüKoBGB/*Gergen* § 2033 Rn. 22.
54 BeckOK BGB/*Litzenburger* § 2371 Rn. 10; BGH NJW-RR 2005, 808.
55 BeckOK BGB/*Litzenburger* § 2371 Rn. 2.

Abschnitt 4 Erbvertrag

§ 2276 Form

(1) [1]Ein Erbvertrag kann nur zur Niederschrift eines Notars bei gleichzeitiger Anwesenheit beider Teile geschlossen werden. [2]Die Vorschriften des § 2231 Nr. 1 und der §§ 2232, 2233 sind anzuwenden; was nach diesen Vorschriften für den Erblasser gilt, gilt für jeden der Vertragschließenden.

(2) Für einen Erbvertrag zwischen Ehegatten oder zwischen Verlobten, der mit einem Ehevertrag in derselben Urkunde verbunden wird, genügt die für den Ehevertrag vorgeschriebene Form.

§ 2282 Vertretung, Form der Anfechtung

(1) Die Anfechtung kann nicht durch einen Vertreter des Erblassers erfolgen.

(2) Für einen geschäftsunfähigen Erblasser kann sein Betreuer den Erbvertrag anfechten; die Genehmigung des Betreuungsgerichts ist erforderlich.

(3) Die Anfechtungserklärung bedarf der notariellen Beurkundung.

§ 2296 Vertretung, Form des Rücktritts

(1) Der Rücktritt kann nicht durch einen Vertreter erfolgen.

(2) [1]Der Rücktritt erfolgt durch Erklärung gegenüber dem anderen Vertragschließenden. [2]Die Erklärung bedarf der notariellen Beurkundung.

I. Anwendungsbereich und Zweck der Formvorschriften

Die Pflicht zur notariellen Beurkundung eines Erbvertrages gemäß § 2276 Abs. 1 S. 1 BGB dient vor allem der Gewährleistung sachkundiger Beratung und der wirksamen Errichtung von uU weit in die Zukunft gerichteten und komplexen letztwilligen Verfügungen, aber auch dem Schutz vor einem übereilten Vertragsabschluss sowie zu Beweissicherungszwecken.[1] 1

Der Rücktritt vom Erbvertrag und die Anfechtung erbvertraglicher Regelungen durch den Erblasser unterliegen wegen §§ 2296 Abs. 2 S. 2, 2282 Abs. 3 ebenfalls der Beurkundungspflicht. Das Formverlangen schützt auch bei Rücktritten und Anfechtungen von Erbverträgen vor übereiltem Handeln durch rechtskundige Beratung und Belehrung.[2] Darüber hinaus soll der Erblasser im Rahmen 2

1 MüKoBGB/*Musielak* § 2276 Rn. 1.
2 *Kanzleiter* DNotZ 1999, 122 (125).

eines Rücktritts Sicherheit über seine wiedererlangte Testierfreiheit haben und den Wegfall der eingegangenen bindenden Verfügungen nachweisen können.[3]

3 Nach § 2301 Abs. 1 S. 1 sind auf ein **Schenkungsversprechen**, das unter der Bedingung erteilt wird, dass der **Beschenkte den Schenker überlebt**, ebenfalls die Vorschriften über Verfügungen von Todes wegen anzuwenden, um die Formvorschriften des Erbrechts nicht missbräuchlich umgehen zu können.[4]

II. Errichtung eines Erbvertrags

4 **1. Niederschrift eines Notars. a) Allgemeines.** Nach § 2276 Abs. 1 S. 1 kann ein Erbvertrag nur zur Niederschrift eines Notars geschlossen werden. Die Errichtung zur Niederschrift des Notars ist nach §§ 2276 Abs. 1 S. 2, 2232 durch Erklärung der Vertragsparteien gegenüber dem Notar sowie durch Übergabe einer verschlossenen oder offenen Schrift möglich. Diese Errichtungsformen gelten sowohl für den Erblasser als auch für den anderen Vertragsteil und für letzteren selbst dann, wenn er die vertragsmäßigen Verfügungen lediglich annimmt. Erblasser und Vertragspartner können sich jeweils **unterschiedlicher Errichtungsarten** bedienen.[5]

5 **b) Erklärung gegenüber dem Notar.** Die Erklärung gegenüber dem Notar wird **in der Regel mündlich** erfolgen, was jedoch nicht zwingend erforderlich ist.

6 Der Erblasser muss seinen letzten Willen nicht zusammenhängend erklären,[6] es ist ausreichend, wenn er auf die Fragen des Notars antwortet und dieser dadurch den gewünschten Inhalt der erbvertraglichen Verfügungen ermitteln kann.[7] Die Abgabe einer mündlichen Erklärung darf zudem dadurch erfolgen, dass der Notar einen **vorbereiteten Text verliest** und der Erblasser am Ende bestätigt, dass diese Urkunde seinem Willen entspricht.[8] Die geforderte mündliche Erklärung des Erblassers kann mit der Genehmigung der Urkunde nach § 13 Abs. 1 BeurkG zusammenfallen, ist jedoch inhaltlich von dieser zu trennen.[9] Das reine Leisten der Unterschrift unter dem Vermerk ist nicht als mündliche Erklärung anzusehen.[10]

7 Die Kundgabe der gewünschten erbvertraglichen Verfügungen kann neben einer mündlichen Erklärung auch **in jeder anderen Art und Weise** erfolgen, insbes. in Form nonverbaler Kommunikation. Möglich sind unter anderem Gebärden und schriftliche Äußerungen der Beteiligten. Der Notar hat sich dabei in besonderem Maße zu vergewissern, dass er den geäußerten Willen richtig erfasst.[11]

8 Vermag der Erblasser oder der Vertragspartner **nicht zu lesen**, kann der Erbvertrag verpflichtend nur durch Erklärung gegenüber dem Notar erfolgen (§§ 2276 Abs. 1 S. 2, 2233 Abs. 2); die Übergabe einer Schrift ist in diesen Fällen nicht zulässig.

9 Ein **Vermerk** über die Form der Erklärung des letzten Willens durch den Erblasser gegenüber dem Notar in der **Niederschrift** ist nicht zwingend erforderlich.

---

3 S. hierzu *Weidlich* MittBayNot 2018, 425 (428); *Aumüller* MittBayNot 2018, 368.
4 MüKoBGB/*Musielak* § 2301 Rn. 1.
5 BeckOK BGB/*Litzenburger* § 2276 Rn. 3 f.
6 MüKoBGB/*Sticherling* § 2232 Rn. 8.
7 S. u.a. BayObLG MittRhNotK 1999, 349 (350).
8 S. u.a. BGH NJW 1962, 1149.
9 BeckOK BGB/*Litzenburger* § 2232 Rn. 4.
10 U.a. KG DNotZ 1960, 485.
11 BeckOK BGB/*Litzenburger* § 2232 Rn. 5.

Gerade bei nonverbaler Kommunikation ist es jedoch ratsam, auch die Art und Weise der Inhaltsermittlung in die Niederschrift aufzunehmen.[12]

c) **Übergabe einer verschlossenen oder offenen Schrift.** Daneben kann zur Niederschrift des Notars auch eine offene oder verschlossene Schrift übergeben und dem Notar mitgeteilt werden, dass diese Schrift den letzten Willen enthält. 10

Die Erklärung darf mündlich, schriftlich oder durch Mimik und Gestik abgegeben werden.[13] Das Schriftstück muss nicht vom Erblasser oder dem Notar geschrieben sein; wer der Urheber des Dokuments ist, ist irrelevant.[14] Auch ein Datum und eine Unterschrift muss das Dokument nicht zwingend enthalten. Nicht abschließend geklärt ist, ob der Erblasser vom Inhalt des Schriftstücks Kenntnis haben muss. Aus Gründen der Rechtssicherheit sollte es jedoch ausreichend sein, wenn der Erblasser die Möglichkeit hatte, vom Inhalt der Schrift Kenntnis zu erlangen. Zu überprüfen ist dies vom Notar nicht.[15] 11

In der Urkunde muss dann gemäß § 30 BeurkG festgehalten werden, dass dem Notar die Schrift übergeben wurde und der Erblasser (mündlich) erklärte, dass es sich dabei um seinen letzten Willen handle. In der Niederschrift soll zudem vermerkt werden, ob die Schrift offen oder verschlossen übergeben wurde. Bei der Übergabe einer offenen Schrift soll der Notar vom Inhalt der erbvertraglichen Verfügung Kenntnis nehmen, deren Rechtswirksamkeit prüfen und darüber belehren (s. § 30 S. 4 BeurkG, der auf § 17 BeurkG verweist).[16] Das Schriftstück muss nicht verlesen, jedoch der Niederschrift beigefügt werden. Die Schrift ist kein Bestandteil der Urkunde und daher nicht zwingend durch Siegel und Faden mit dieser zu verbinden, auch wenn eine derartige Vorgehensweise zweckmäßig erscheint.[17] 12

2. Gleichzeitige Anwesenheit. Zum Abschluss eines Erbvertrages müssen nach § 2276 Abs. 1 S. 1 alle Beteiligten gleichzeitig anwesend sein, weshalb die Beurkundung mittels Angebots und Annahme nicht möglich ist. Hiervon nicht ausgeschlossen ist hingegen die Vertretung der Beteiligten, allerdings verlangt § 2274 BGB die höchstpersönliche Anwesenheit des Erblassers. Derjenige Vertragspartner, der selbst keine erbvertraglichen Verfügungen trifft, sondern ausschließlich diese Zuwendungen annimmt, kann damit vertreten werden. Trifft der die Zuwendung Annehmende aber selbst erbvertragliche Verfügungen ist er Erblasser und muss damit höchstpersönlich anwesend sein. Dies gilt über §§ 2299, 2232 auch für einseitigen Verfügungen des Annehmenden im Erbvertrag.[18] 13

3. Beteiligung Minderjähriger bei der Errichtung eines Erbvertrags. § 2275 legt fest, dass der Erblasser als Vertragschließender erbvertraglich bindender Regelungen unbeschränkt geschäftsfähig sein muss. Geschäftsunfähige können damit keinen Erbvertrag schließen. Minderjährige, die das 16. Lebensjahr vollendet haben, dürfen gemäß § 2229 Abs. 1 zwar Testamente errichten, nicht hin- 14

12 BeckOK BGB/*Litzenburger* § 2232 Rn. 4, 6.
13 MüKoBGB/*Sticherling* § 2232 Rn. 22.
14 BeckOK BGB/*Litzenburger* § 2232 Rn. 13.
15 RGZ 76, 94; aA Palandt/*Weidlich* § 2232 Rn. 3; MüKoBGB/*Sticherling* § 2232 Rn. 31.
16 BeckOK BGB/*Litzenburger* § 2232 Rn. 15. Siehe zur Thematik auch DNotI 2020, 50 ff.
17 MüKoBGB/*Sticherling* § 2232 Rn. 33.
18 BeckOK BGB/*Litzenburger* § 2276 Rn. 6.

gegen Erbverträge schließen.[19] §§ 2275 Abs. 2 und 3 sind mit dem Gesetz zur Bekämpfung von Kinderehen weggefallen.

15 Damit einher geht die Frage, ob auch der minderjährige Vertragsbeteiligte, der erbvertraglich bindende Verfügungen annimmt und daneben nur einseitige Verfügungen trifft, von § 2275 erfasst ist, was überwiegend bejaht wird.[20] Überzeugender erscheint jedoch die Gegenauffassung, die die Testierfähigkeit nach § 2229 genügen lassen.[21]

16 Für den anderen Vertragschließenden, der selbst keine Verfügungen trifft, sondern diese nur annimmt, gilt hingegen unumstritten die Beschränkung des § 2275 nicht. Vielmehr sind hier die allgemeinen Regeln zur Wirksamkeit von Willenserklärungen heranzuziehen. Nimmt der beschränkt Geschäftsfähige ausschließlich die vertragsmäßigen Verfügungen an, so handelt es sich um ein rechtlich neutrales Geschäft. Für den Minderjährigen entstehen keine Rechte und Pflichten, mit seiner Annahme wird lediglich die Bindung des Erblassers herbeigeführt. Der Zustimmung durch den gesetzlichen Vertreter bedarf es daher nicht[22] und das selbst dann, wenn die Zuwendung mit Auflagen oder Beschwerungen verknüpft wird, denn auf den Inhalt der Verfügungen des Erblassers kommt es nicht an. Der beschränkt Geschäftsfähige wird mit Abschluss des Erbvertrags nicht beschwert, weil er die Erbschaft ausschlagen kann. Übernimmt der Minderjährige in der Erbvertragsurkunde hingegen bereits Verpflichtungen, so ist die Zustimmung des gesetzlichen Vertreters erforderlich. Die Zustimmung muss zwingend vor dem Tod des Erblassers erteilt werden.[23]

17 Für die Annahme der erbvertraglichen Verfügungen verweist § 2276 Abs. 1 S. 2 auf die §§ 2232, 2233. Die Niederschrift kann durch mündliche Erklärung des Minderjährigen sowie durch Übergabe einer offenen Schrift, nicht hingegen einer verschlossenen Schrift, erfolgen, wie § 2233 Abs. 1 klarstellt. Hierdurch soll vor unberechtigter Beeinflussung eines Dritten geschützt werden.[24]

18 **4. Umfang der Beurkundungspflicht.** Die Reichweite der Beurkundungspflicht ist umstritten: Einer Ansicht nach sind allein die vertragsmäßigen Verfügungen des Erblassers und die Annahmeerklärung durch den anderen Vertragsteil formbedürftig. Sonstige mit den Verfügungen in Zusammenhang stehende Vereinbarungen, wie bspw. eine Gegenleistung, müssen hingegen nicht beurkundet werden.[25] Die andere Ansicht spricht sich für eine Beurkundung des gesamten Vertrages aus, wenn der verbundene Vertrag mit dem Erbvertrag stehen und fallen soll.[26] Letzteres entspricht auch der überwiegenden Meinung bei Verträgen in Verbindung mit einem Ehevertrag. Dort wird eine Beurkundungspflicht zur Wahrung der angestrebten Schutz-, Warn-, und Gültigkeitsfunktion großteils befürwortet.[27] Eine unterschiedliche Handhabung ist wegen der parallelen Zielrichtungen beider Vorschriften nicht logisch und daher auch im Rahmen von Erbverträgen eine Beurkundung der mit den Verfügungen in Zusammenhang stehenden Regelungen anzuraten.

---

19 Ehegatten können nach § 2265 BGB gemeinschaftliche Testamente errichten. Da man die Ehe nur mehr ab Eintritt der Volljährigkeit schließen kann – § 1303 BGB nF –, können Minderjährige generell auch keine gemeinschaftlichen Testamente verfassen.
20 BeckOK BGB/*Litzenburger* § 2275 Rn. 4 mwN.
21 Reimann/Bengel/Mayer/*J. Mayer* § 2299 Rn. 10 mwN.
22 MüKoBGB/*Musielak* § 2275 Rn. 6.
23 BGH NJW 1978, 1159.
24 MüKoBGB/*Musielak* § 2276 Rn. 4.
25 BeckOK BGB/*Litzenburger* § 2276 Rn. 1; *Kanzleiter* NJW 1997, 217.
26 U.a. Palandt/*Weidlich* § 2276 Rn. 9.
27 Palandt/*Siede* § 1410 Rn. 3.

5. Gemeinsamer Ehe- und Erbvertrag. Bei einem **gemeinsam beurkundeten Ehe- und Erbvertrag** genügt nach § 2276 Abs. 2 die für den Ehevertrag vorgeschriebene Form (→ § 1410 Rn. 18). Die Erleichterung bezieht sich allerdings nur auf Verfahrensvorschriften (§§ 28-33 BeurkG), nicht auf materiellrechtliche Formvorschriften. Daher gelten auch hier die §§ 2274, 2275, 2232 und 2233.[28] 19

Es ist weiter zu beachten, dass ein Ehe- und Erbvertrag nicht durch Übergabe einer Schrift errichtet werden kann, weil bei Eheverträgen diese Errichtungsmöglichkeit nicht besteht und keine entsprechende Formerleichterung vorgesehen ist.[29] 20

III. Rücktritt vom Erbvertrag

Ist ein **Rücktritt** vom Erbvertrag nach den Regelungen der §§ 2293–2295 zulässig, hat ein solcher **zu Lebzeiten** des anderen Vertragschließenden durch **Erklärung** gegenüber diesem zu erfolgen (§ 2296 Abs. 2 S. 1). Die Erklärung bedarf der notariellen Beurkundung und muss höchstpersönlich abgegeben werden (§ 2296 Abs. 1 und 2 S. 2). **Nach dem Tod** des anderen Vertragschließenden kann der Erblasser, dem ein Rücktrittsrecht zusteht, die vertragsgemäßen Verfügungen durch Testament aufheben (§ 2297 S. 1). 21

Die Rücktrittserklärung muss **verpflichtend notariell beurkundet** werden, davon abweichende Regelungen können nicht wirksam getroffen werden.[30]Dies gilt auch dann, wenn der Erbvertrag mit einem anderen Vertrag verbunden wurde.[31] Der Erblasser kann innerhalb des Rahmens der §§ 2293–2295 frei entscheiden, ob er von einzelnen Regelungen oder dem gesamten Erbvertrag zurücktreten möchte. Die Nennung von Gründen ist nicht zwingend erforderlich.[32] 22

Bei der Rücktrittserklärung handelt es sich um eine **empfangsbedürftige Willenserklärung**, der Zugang kann gemäß § 132 Abs. 1 durch die Zustellung mittels Gerichtsvollzieher ersetzt werden.[33] Bei mehreren Vertragspartnern muss sie jedem einzeln zugehen. Grundsätzlich ist es unschädlich, wenn der Erblasser nach Abgabe der Rücktrittserklärung, aber vor deren Zugang, verstirbt (§ 130 Abs. 2), allerdings darf die Erklärung nicht so lange Zeit nach dem Tod des Erblassers zugestellt werden, dass der Vertragspartner mit einem Rücktritt nicht mehr rechnen musste.[34] Zuzugehen hat eine **Ausfertigung der Rücktrittserklärung**, eine beglaubigte Abschrift reicht nicht aus.[35] Nach dem Tod des Erblassers kann dieser Mangel nicht mehr geheilt werden. 23

Bei dem Rücktritt vom Erbvertrag handelt es sich um eine **erbfolgerelevante Verfügung**, die beim Testamentsregister anzumelden ist (§ 34a BeurkG, § 78b Abs. 2 BNotO). In die **amtliche Verwahrung** ist die Urkunde jedoch nicht zu geben, weil es sich nicht um einen Erbvertrag handelt (§ 34 Abs. 2 BeurkG). Nach 24

28 Palandt/*Weidlich* § 2276 Rn. 6.
29 BeckOK BGB/*Litzenburger* § 2276 Rn. 9.
30 OLH Hamm DNotZ 1999, 122 (125).
31 Siehe zur Thematik: *Kanzleiter* DNotZ 1999, 122 (124).
32 MüKoBGB/*Musielak* § 2296 Rn. 6.
33 MüKoBGB/*Musielak* § 2296 Rn. 7.
34 S. zur Thematik auch *Weidlich* MittBayNot 2018, 425 (426); der BGH einen Zeitablauf von 7 Monaten zwischen Erbfall und Zugang als schädlich angesehen, BGH NJW 1968, 496 (499), das OLG Karlsruhe einen Zeitablauf von 4,5 Monaten, OLG Karlsruhe ErbR 2014, 35 (36).
35 S. u.a. BGH NJW 1960, 33; BGH NJW 1962, 736; Palandt/*Weidlich* BGB § 130 Rn. 10.

dem Erbfall ist dem Nachlassgericht jedoch eine beglaubigte Abschrift einzureichen (§ 34a Abs. 3 S. 2 BeurkG).[36]

IV. Anfechtung eines Erbvertrages durch den Erblasser

25 Liegen die Voraussetzungen der §§ 2078, 2079 vor, so kann der Erblasser die **erbvertraglichen Verfügungen anfechten** (§ 2281 Abs. 1). Einseitige Verfügungen müssen nicht angefochten werden, weil diese jederzeit widerruflich sind (§§ 2253 ff.). Die Anfechtungsmöglichkeit Dritter ist in § 2285 geregelt. Nach überwiegender Auffassung gilt die Vorschrift auch für die Anfechtung wechselbezüglicher Verfügungen.[37]

26 Die **Anfechtungserklärung** muss persönlich abgegeben werden und bedarf bei der Anfechtung durch den Erblasser der **notariellen Beurkundung** (§ 2282 Abs. 1, 3). Die Form unterscheidet sich von Anfechtungen Dritter, welche auch formlos erklärt werden können, da hier nicht vor übereiltem Handeln geschützt werden muss. Die Anfechtungserklärung bedarf keiner Begründung,[38] muss aber erkennen lassen, welche Verfügung angefochten wird.[39] Auf die Jahresfrist gemäß § 2283 Abs. 1 ist zu achten. Eine Ausfertigung der Erklärung muss vor dessen Tod dem Vertragspartner zugehen, nach dessen Tod ist sie dem Nachlassgericht gegenüber zu erklären (§ 2281 Abs. 2).

V. Schenkungsversprechen von Todes wegen

27 Bei **Schenkungsversprechen**, die unter der **Bedingung** erteilt sind, dass der **Beschenkte den Schenker überlebt**, finden die Formvorschriften für Verfügungen von Todes wegen Anwendung (§ 2301 Abs. 1 S. 1). Unter die Norm fallen damit weder Schenkungen ohne diese Überlebensbedingungen noch bereits vollzogene Schenkungen auf den Todesfall.[40]

28 Ob als Rechtsfolge lediglich auf die **Formvorschriften** des **Erbvertrages** oder auch auf die Vorschriften des Testaments verwiesen wird, ist nicht mit abschließender Sicherheit geklärt.[41] Würde auch auf die Formvorschriften für Testamente verwiesen werden, könnte ein Schenkungsversprechen ohne notarielle Beurkundung bei persönlicher Anwesenheit des Schenkers abgegeben werden. Sicher ist, dass in diesem Fall keine erbvertragliche Bindung begründet wird, was bei Einhaltung des § 2276 der Fall wäre.[42] Zur Wahrung des Grundsatzes des sichersten Weges sollte zur notariellen Beurkundung geraten werden.

VI. Folgen eines Verstoßes

29 Bei Verstoß gegen die einzuhaltende Form des § 2276 ist der Erbvertrag nach **§ 125 nichtig**. Auch die eventuell im Erbvertrag enthaltenen einseitigen Verfügungen sind dann als Bestandteil des Erbvertrags unwirksam, können aber in ein Testament **umgedeutet** werden, wenn dessen Voraussetzungen vorliegen. Haben beide Beteiligten verfügt, kommt zudem die Umdeutung in ein gemein-

36 BeckOK BGB/*Litzenburger* § 2296 Rn. 4.
37 OLG Düsseldorf DNotZ 1972, 42.
38 BayObLG FamRZ 1989, 1346 (1348).
39 BayObLG FamRZ 1992, 226.
40 BeckOK BGB/*Litzenburger* § 2301 Rn. 2.
41 Reimann/Bengel/Mayer/*Reimann* § 2301 Rn. 5 geht davon aus, dass nur auf die Vorschriften des Erbvertrages verwiesen wird; ebenso Palandt/*Weidlich* § 2301 Rn. 6; laut MüKoBGB/*Musielak* § 2301 Rn. 13 sprechen die besseren Argumente für die Anwendbarkeit der Testamentsvorschriften.
42 BeckOK BGB/*Litzenburger* § 2301 Rn. 7.

schaftliches Testament in Betracht, wenn die Beteiligten miteinander verheiratet sind. Im Übrigen kann der Erbvertrag auch hinsichtlich erbvertraglicher Verfügungen uU in ein Einzeltestament umgedeutet werden.[43]

Der formwirksame Rücktritt von einem Erbvertrag oder dessen formunwirksame Anfechtung sind ebenfalls nach § 125 nichtig. 30

Abschnitt 7 Erbverzicht

§ 2348 Form

Der Erbverzichtsvertrag bedarf der notariellen Beurkundung.

[§ 2348 ab 1.1.2023]
§ 2348 Form
Der Vertrag nach § 2346 bedarf der notariellen Beurkundung.

I. Normzweck

1 § 2348 verlangt für Erbverzichtsverträge die notarielle Beurkundung. Zweck dieser Formvorschrift ist die fachkundige Beratung und **Belehrung** über die weitreichenden und erheblichen Folgen eines derartigen Verzichtsvertrages. Zudem soll vor übereiltem Handeln der Beteiligten geschützt und der Beweisfunktion Genüge getan werden.[1]

II. Anwendungsbereich

2 **1. Erfasste Verzichtsverträge.** In gleicher Weise wie für Erbverzichtsverträge wird wegen § 2346 Abs. 2 auch für **Pflichtteilsverzichtsverträge** und gemäß § 2352 für **Zuwendungsverzichtsverträge** die notarielle Beurkundung gefordert. Die **Aufhebung** derartiger Verzichte unterliegt ebenfalls der Formvorschrift des § 2348, wie § 2351 klarstellt. Auch wenn § 2352 für den Zuwendungsverzicht nicht auf § 2351 verweist, gilt diese Vorschrift entsprechend für dessen Aufhebung.[2]

43 MüKoBGB/*Musielak* § 2299 Rn. 3.
1 BeckOK BGB/*Litzenburger* § 2348 Rn. 1; MüKoBGB/*Wegerhoff* § 2348 Rn. 1.
2 BGH NJW-RR 2008, 747.

3 Bei der Vereinbarung, einen **Pflichtteilsanspruch nicht geltend zu machen,** gilt die Form des § 2348 wegen der einem Pflichtteilsverzicht entsprechenden Rechtsfolge analog.[3]

4 Die **Zustimmung des Vertragserben** zu einer ihn beeinträchtigenden Schenkung nach § 2287 bedarf nach Auffassung der Rechtsprechung ebenfalls der Form des § 2348.[4] Dies wird zum Schutz des Vertragserben wegen der parallelen Rechtsfolge einer derartigen Zustimmung mit einem teilweisen Erbverzicht gefordert.

5 **2. Zugrunde liegendes Kausalgeschäft. a) Allgemeines.** Bei Erb-, Pflichtteils- und Zuwendungsverzichtsverträgen handelt es sich um **abstrakt erbrechtliche Verfügungsgeschäfte,**[5] die eines **schuldrechtlichen Kausalgeschäfts** bedürfen, um kondikitonsfest zu sein.[6] Bei einem unentgeltlichen Verzicht liegt die causa darin, dass sich der Verzichtende zur Abgabe des Verzichts verpflichtet. Soll eine Abfindung geleistet werden, so kann der Rechtsgrund auch in einem gegenseitigen Vertrag bestehen.

6 Um eine Umgehung des Zwecks der Formvorschrift des § 2348 zu verhindern, unterliegt auch die schuldrechtliche Verpflichtung auf den Abschluss eines derartigen Vertrags in analoger Anwendung des § 2348 der **Beurkundungspflicht.**[7] Dafür spricht nicht zuletzt auch ein Vergleich mit der Behandlung von Vorverträgen. Bei Vorverträgen über Grundstückskäufe wird zum Schutz der Beteiligten bereits § 311b Abs. 1 S. 1 angewandt, bei solchen über einen Erbteilskauf die Formvorschrift des § 2371. Bei einem schuldrechtlichen Vertrag, der zum Abschluss eines Erbverzichts verpflichtet, kann daher nichts anderes gelten.[8] Mittels eines formlos geschlossenen Verpflichtungsgeschäfts könnte auf Abgabe eines Erbverzichts geklagt und so die angestrebten Zwecke untergraben werden.[9]

7 In der Praxis wird zumeist gleich der abstrakte Verzicht beurkundet, die Begründung einer Verpflichtung zu einem Verzicht ist daher in diesen Fällen nicht mehr erforderlich. In der Urkunde wird dann für den Verzicht lediglich konkludent ein Rechtsgrund vereinbart.[10]

8 **b) Verpflichtung zur Aufhebung eines Erb-/Pflichtteils-/Zuwendungsverzichts.** Auch der Aufhebung eines Erb-, Pflichtteils- oder Zuwendungsverzichts liegt ein Kausalgeschäft zugrunde. Dieses Kausalgeschäft bedarf grds. der **notariellen Beurkundung,** da andernfalls die formbedürftige Aufhebung des Verzichts durch eine formfreie schuldrechtliche Aufhebungsvereinbarung und Kondiktion des Verzichts als Verfügungsgeschäft ohne Rechtsgrund erfolgen könnte, was zu einer Untergrabung der Schutzfunktion des § 2351 führen würde.[11] Ist allerdings das Kausalgeschäft für den Verzicht **noch nicht erfüllt,** so kann

3 BeckOK BGB/*Litzenburger* § 2348 Rn. 4; KG OLGZ 1974, 263 (265).
4 BGHZ 108, 252 (255); MüKoBGB/*Wegerhoff* § 2348 Rn. 2; s. zu dieser Thematik auch *Spanke* ZEV 2006, 485; aA *Kanzleiter* DNotZ 1990, 776.
5 BGH NJW-RR 2012, 332; *v. Proff zu Irnich* DNotZ 2017, 84; MüKoBGB/*Wegerhoff* § 2346 Rn. 2.
6 BGH NJW-RR 2012, 332; *v. Proff zu Inrich* DNotZ 2017, 84 f.; *Keller* ZEV 2005, 229; *Kuchinke* NJW 1983, 2358.
7 *v. Proff zu Inrich* DNotZ 2017, 84 (97 ff); offengelassen in BGH ZEV 2012, 145 (146) mwN.
8 *Keller* ZEV 2009, 225 (231).
9 OLG Köln ZEV 2011, 384 (386).
10 *v. Proff zu Irnich* DNotZ 2017, 84 (98) mwN.
11 BeckOK BGB/*Litzenburger* § 2351 Rn. 3.

dieses formfrei aufgehoben werden, weil in diesem Fall keine Umgehungsgefahr besteht.[12]

Bei der **Aufhebung der schuldrechtlichen Aufhebungsvereinbarung** ist ebenfalls zu unterscheiden: Ist die schuldrechtliche Aufhebungsvereinbarung noch nicht erfüllt, so kann diese formfrei aufgehoben werden. Nach Erfüllung des Aufhebungsvertrags entstünde durch die formfreie Aufhebungsvereinbarung über die Aufhebung ein Kondiktionsanspruch und die Verpflichtung auf Abschluss eines neuen Verzichts, weshalb hier zur Wahrung des Schutzzwecks des § 2351 wiederum das Formerfordernis greift.[13] 9

c) Rechtsgrundabreden. Nicht der Beurkundungspflicht unterliegen hingegen **reine Rechtsgrundabreden**, bei welchen nicht unmittelbar die Verpflichtung zum Abschluss eines Erb-/Pflichtteilsverzichtsvertrags begründet wird. Zahlt der Vater beispielsweise an seinen Sohn einen Geldbetrag, damit dieser auf seinen Pflichtteil verzichtet, so verpflichtet sich der Sohn hier nicht zum Abschluss eines Verzichts. Der Verzicht ist lediglich der Grund für den Erhalt der Abfindung und bedarf daher mangels Verpflichtung nicht der Formvorschrift des § 2348.[14] Nur wenn eine Abfindungsvereinbarung auch unmittelbar die Verpflichtung zu einem Erbverzicht begründet, bedarf diese Vereinbarung der notariellen Beurkundung. 10

3. Stillschweigende Verzichte. Stillschweigende Erb- oder Pflichtteilsverzichte sind nach der Rechtsprechung anerkannt.[15] Ob ein derartiger Verzicht erklärt wurde, wird nach den Regeln der Vertragsauslegung ermittelt und muss zur Wahrung des Formerfordernisses des § 2348 in der notariellen Urkunde zumindest angedeutet sein.[16] So wurde bspw. eine Klausel, durch die ein Abkömmling in einem Übernahmevertrag mit Erhalt eines Geldbetrags „vom elterlichen Vermögen unter Lebenden und von Todes wegen ein für alle Male abgefunden" ist, als Erbverzicht ausgelegt[17] und eine gegenseitige Einsetzung von Ehegatten als Alleinerben in einem Erbvertrag mit einem gemeinsamen, am Vertrag beteiligten Kind als Schlusserben als stillschweigender Verzicht des Kindes auf sein Pflichtteilsrecht nach dem zuerst versterbenden Ehegatten.[18] 11

Die Anerkennung derartiger stillschweigender Verzichte wird in der Literatur wegen der Untergrabung des Schutzzwecks des § 2348 und der damit einhergehenden Rechtsunsicherheit kritisiert.[19] Aus Gründen der Rechtsklarheit und der Wahrheitserforschungspflicht nach § 17 BeurkG sollte sich nicht auf dieses Rechtsinstitut gestützt und entsprechende Verzichte explizit in die notariellen Urkunden aufgenommen werden. 12

III. Umfang der Beurkundungspflicht

1. Kausalgeschäft. Der gesamte schuldrechtliche Vertrag – einschließlich etwaiger Gegenleistungen – unterliegt der Formvorschrift des § 2348 analog.[20] Wie bereits dargestellt (→ Rn. 10), bedarf die schuldrechtlich vereinbarte Abfindungsregelung als Gegenleistung für einen Verzicht jedoch nur dann der Beur- 13

12 *v. Proff zu Irnich* DNotZ 2017, 84 (100).
13 BeckOK BGB/*Litzenburger* § 2351 Rn. 3.
14 S. hierzu a. *Keller* ZEV 2009, 225 (231); OLG Stuttgart BeckRS 2012, 02919.
15 Ua BGH NJW 1957, 422.
16 *Keim* ZEV 2001, 1 (2).
17 OLG Hamm BeckRS 2014, 17377.
18 BGH NJW 1957, 422.
19 ZB *Keller* ZEV 2005, 229 (230) mwN; BeckOK BGB/*Litzenburger* § 2346 Rn. 9; *Reul* MittRhNotK 1997, 373 (378); *Keim* ZEV 2001, 1 (3 f.).
20 U.a. *v. Proff zu Irnich* DNotZ 2017, 84 (97 f.).

kundung, wenn sie eine Verpflichtung zu einem Erbverzichtsvertrag begründet, nicht hingegen, wenn es sich um eine reine Rechtsgrundabrede handelt.

14 Da der gesamte schuldrechtliche Vertrag formbedürftig ist, reicht die **Beurkundung der Willenserklärung** des Verzichtenden ebenfalls **nicht aus**.

15 Hinsichtlich des Umfangs der Beurkundungspflicht kann auf die für § 311b **entwickelten Grundsätze** zurückgegriffen werden.[21]

16 Sind auf das Kausalgeschäft mehrere Formvorschriften – bspw. auch §§ 311b Abs. 1, 518 – anwendbar, so müssen sämtliche Vorgaben beachtet werden.[22]

17 Die Verpflichtung zur **persönlichen Anwesenheit** des Erblassers nach § 2347 Abs. 2 S. 1 gilt beim Kausalgeschäft, anders als § 2348 BGB, nicht analog.[23] Falls der Erblasser daher nicht persönlich anwesend ist, kann zwar kein Erbverzichtsvertrag wirksam abgegeben werden, wohl jedoch die Verpflichtung auf den Abschluss eines solchen Vertrages. Aus diesem Kausalgeschäft hat der Erblasser dann einen Anspruch auf Abgabe einer formwirksamen Verzichtserklärung.[24]

18 **2. Abstraktes Verfügungsgeschäft.** Da nach dem Wortlaut des § 2348 der Erbverzichtsvertrag zu beurkunden ist, reicht die Beurkundung der Willenserklärung des Verzichtenden nicht. Vielmehr müssen die **Erklärungen beider Vertragsparteien** formgerecht erklärt werden.[25]

19 Die Pflicht zur **höchstpersönlichen Mitwirkung** (ausschließlich) des Erblassers wird in § 2347 Abs. 2 S. 1 Hs. 1 geregelt. Bei fehlender höchstpersönlicher Anwesenheit des Erblassers ist der abstrakte Verzicht unwirksam, nicht hingegen das zugrunde liegende Verpflichtungsgeschäft (→ Rn. 17). Der Verzichtende kann sich hingegen vertreten lassen.

20 **Gleichzeitige Anwesenheit** ist nach dem Wortlaut des § 2348 **nicht erforderlich**, getrennte Beurkundung von Angebot und Annahme (§ 128) somit möglich.[26] Allerdings ist zu beachten, dass § 153 aus Gründen der Rechtssicherheit bei einem Erb- und Zuwendungsverzicht nicht gilt. Die Beurkundung der Annahme des Verzichts muss daher vor Eintritt des Erbfalls erfolgt sein.[27] Bei einem reinen Pflichtteilsverzicht und dem Verzicht auf ein Vermächtnis ist eine derartige Einschränkung nicht erforderlich, weil es sich hier lediglich um schuldrechtliche Ansprüche handelt, die keine unmittelbare Auswirkung auf die Erbfolge haben.[28]

21 Auf die **nachträgliche Genehmigung** des Verzichtenden ist § 2348 wegen § 182 Abs. 2 nicht anzuwenden. Auch für eine **Vollmacht** gilt § 2348 wegen § 167 Abs. 2 nicht, außer es handelt sich um eine unwiderruflich erteilte Vollmacht, die wegen der bestehenden Bindung dem Formzwang des Hauptgeschäfts unterworfen wird.[29]

22 Von § 2348 ist grds. nur das abstrakte Verfügungsgeschäft des Verzichts erfasst, **nicht hingegen** etwaige **dingliche Vollzugsgeschäfte**, die mit dem Verzicht in Zusammenhang stehen (bspw. Abfindungsvereinbarungen).[30]

21 BeckOK BGB/*Litzenburger* § 2348 Rn. 7.
22 *Keller* ZEV 2005, 229 (232).
23 U.a. OLG Düsseldorf mAnm *Weidlich* ZEV 2011, 529 (531); MüKoBGB/*Wegerhoff* § 2347 Rn. 2.
24 OLG Düsseldorf ZEV 2014, 265; OLG Düsseldorf ZEV 2011, 529 (531).
25 U.a. *Keller* ZEV 2005, 229 (230).
26 BeckOK BGB/*Litzenburger* § 2348 Rn. 6.
27 BGH NJW 1997, 521; BeckOK BGB/*Litzenburger* § 2348 Rn. 6.
28 *J. Mayer* MittBayNot 1997, 85.
29 BeckOK BGB/*Litzenburger* § 2348 Rn. 5.
30 Palandt/*Weidlich* BGB § 2348 Rn. 1.

Bei einem auf den Erhalt einer Abfindungsleistung aufschiebend bedingten Erbverzicht ist die Bedingung zwar Teil des abstrakten erbrechtlichen Verfügungsgeschäfts und muss daher – wenn auch unvollkommen – in der Verzichtsurkunde Ausdruck finden. Die Form der Vollzugsgeschäfte ist jedoch für jedes Verfügungsgeschäft gesondert zu beurteilen (also für Verzicht und Gegenleistung isoliert), auch wenn beide auf einem gemeinsamen Kausalgeschäft beruhen.[31] 23

3. Vereinbarung einer Geschäftseinheit nach § 139 analog. Nach überwiegender Auffassung soll auch eine **Verknüpfung** des abstrakten Verzichtsvertrags mit dem zugrunde liegenden Kausalgeschäft analog § 139 BGB möglich sein.[32] Wird von einer derartigen Einheit ausgegangen, so ist der einheitliche Gesamtvertrag nach § 2348 beurkundungspflichtig, mithin auch das Verfügungsgeschäft der Abfindung. 24

Die Annahme einer derartigen **rechtlichen Einheit** wird jedoch nur im Einzelfall bei Vorliegen konkreter Anhaltspunkte bejaht. Ein rein wirtschaftlicher Zusammenhang zwischen der schuldrechtlichen Abfindungsvereinbarung und dem abstrakten Verzichtsvertrag reicht hierfür nicht aus.[33] Von solchen Gestaltungen ist wegen der Missachtung des Abstraktionsprinzips abzuraten, zumal die Kopplung von abstraktem Verzicht und Abfindung durch die Vereinbarung einer Bedingung erreicht werden kann. 25

IV. Rechtsfolgen bei Formmängeln

1. Formnichtiges Kausalgeschäft. Ein **formunwirksames Kausalgeschäft** ist nach § 125 **unwirksam.** Die Unwirksamkeit eines Teils des Verpflichtungsgeschäfts (insbes. der schuldrechtlichen Abfindungsvereinbarung) führt nach § 139 im Zweifel zur Unwirksamkeit der schuldrechtlichen Verzichtsvereinbarung.[34] 26

Auch wenn der BGH die Frage bislang offengelassen hat,[35] wird davon ausgegangen, dass das formnichtige Kausalgeschäft durch den **formgerechten Abschluss des Verfügungsgeschäfts geheilt** werden kann. Dabei wird sich zumeist auf eine Gesamtanalogie zu den §§ 311b Abs. 1 S. 2, 518 Abs. 2, 766 S. 3, § 15 Abs. 4 S. 2 GmbHG gestützt.[36] Ebenso wie bei § 311b wird eine rechtskundige Beratung durch das formgerecht abgeschlossene Verfügungsgeschäft hinreichend sichergestellt. Auch das Interesse an einer rechtssicheren Umgestaltung der erbrechtlichen Rechtslage rechtfertigt die Annahme der Heilung des Rechtsmangels, insbes. in Analogie zu § 311b Abs. 1 S. 2. 27

Verpflichtet das formunwirksame Kausalgeschäft auch zu einer Gegenleistung, so muss jedoch nicht nur der abstrakte Verzicht formgerecht erklärt, sondern auch die weitere Pflicht formgerecht erfüllt werden. Wird nur eines der Erfüllungsgeschäfte formgerecht vollzogen, so tritt nur teilweise Heilung ein.[37] 28

Geheilt wird zudem nur der sich aus § 2348 analog ergebende Formmangel, nicht hingegen Mängel weiterer beim Kausalgeschäft anzuwendender Formvorschriften. Die Heilung des gesamten Vertrags ist nur dann möglich, wenn die 29

31 BGH ZEV 2012, 145 mAnm *Keim*; MüKoBGB/*Wegerhoff* § 2348 Rn. 2; *v. Proff zu Irnich* DNotZ 2017, 84 (99).
32 Palandt/*Weidlich* § 2346 Rn. 10; *Keller* ZEV 2005, 229 (230); *v. Proff zu Irnich* DNotZ 2017, 84 (86 f.); aA u.a. *Schotten* DNotZ 1998, 163, (167 f.).
33 U.a. OLG Düsseldorf ZEV 2014, 265 (265 f.).
34 *v. Proff zu Irnich* DNotZ 2017, 84 (100).
35 BGH ZEV 2012, 145 mAnm *Keim*.
36 OLG Stuttgart BeckRS 2012, 02919; BeckOK BGB/*Litzenburger* § 2348 Rn. 10.
37 *v. Proff zu Irnich* DNotZ 2017, 84 (100 f.).

Voraussetzungen aller Heilungsnormen (zB auch die des § 518 Abs. 2) erfüllt sind.[38]

30 **2. Formnichtiger abstrakter Erb-/Pflichtteils-/Zuwendungsverzichtsvertrag.** Die Formnichtigkeit des Verpflichtungsgeschäfts führt wegen des Abstraktionsprinzips nicht zur Unwirksamkeit des Verfügungsgeschäfts. Etwas anderes gilt nur bei Annahme eines einheitlichen Rechtsgeschäfts nach § 139 analog (→ Rn. 24 f.).

31 Wird die Pflicht zur notariellen Beurkundung im Rahmen des abstrakten Verzichtsvertrags nicht eingehalten, so ist der Vertrag unheilbar nichtig (§ 125) § 311b Abs. 1 S. 2 gilt für einen Erbvertrag selbst dann nicht, wenn dieser mit einem Immobilienvertrag verbunden ist.[39]

32 Ein formunwirksam vereinbarter abstrakter Verzichtsvertrag kann uU jedoch in eine schuldrechtliche Verpflichtung auf Annahme eines Verzichts umgedeutet werden (§ 140). Dies kann insbes. angenommen werden, wenn ein bei Abschluss des Verzichtsvertrags nicht anwesender Erblasser den Vertrag notariell beurkundet nachgenehmigt, was dann als Annahme umzudeuten ist.[40]

V. Formvorschriften für Verzichtsverträge im Rahmen der EuErbVO

33 Erb- und Pflichtteilsverzichte werden unter dem Begriff des Erbvertrags iSd der EuErbVO gefasst. Sie unterliegen im Anwendungsbereich der Verordnung dem Formstatut des Art. 27 EuErbVO.

38 *v. Proff zu Irnich* DNotZ 2017, 84 (100 f.).
39 MüKoBGB/*Wegerhoff* § 2348 Rn. 8.
40 *v. Proff zu Irnich* DNotZ 2017, 84 (100).

Gesetz über das Wohnungseigentum und das Dauerwohnrecht (Wohnungseigentumsgesetz – WEG)

In der Fassung der Bekanntmachung vom 12. Januar 2021
(BGBl. I S. 34)
– Auszug –

§ 4 Formvorschriften

(1) Zur Einräumung und zur Aufhebung des Sondereigentums ist die Einigung der Beteiligten über den Eintritt der Rechtsänderung und die Eintragung in das Grundbuch erforderlich.

(2) [1]Die Einigung bedarf der für die Auflassung vorgeschriebenen Form. [2]Sondereigentum kann nicht unter einer Bedingung oder Zeitbestimmung eingeräumt oder aufgehoben werden.

(3) Für einen Vertrag, durch den sich ein Teil verpflichtet, Sondereigentum einzuräumen, zu erwerben oder aufzuheben, gilt § 311b Absatz 1 des Bürgerlichen Gesetzbuchs entsprechend.

Literatur:

Böttcher, Entwicklungen beim Erbbaurecht und Wohnungseigentum 2014, ZNotP 2014, 42; *Karczewski*, Der neue alte Bauträgervertrag, NZBau 2018, 328 ff.; *Ott*, Sondernutzungsrechte in der notariellen Praxis, NZM 2017, 1 ff.

I. Allgemeines

1 **Wohnungseigentum** ist nach der gesetzlichen Begriffsbestimmung aus § 1 Abs. 2 das Sondereigentum an einer Wohnung in Verbindung mit dem Miteigentumsanteil an dem gemeinschaftlichen Eigentum, zu dem es gehört. Für **Teileigentum** gilt nach § 1 Abs. 3 das Entsprechende mit der Maßgabe, dass das Sondereigentum insoweit nur Räume betrifft, die nicht zu Wohnzwecken dienen. Durch das am 1.12.2020 in Kraft getretene Wohnungseigentumsmodernisierungsgesetz (WEMoG) ergeben sich gegenüber dem zuvor geltenden Recht zahlreiche Änderungen, die neben der Binnenorganisation der Gemeinschaft insbesondere auch die Rechtsfähigkeit der Wohnungseigentümergemeinschaft und den Umfang des Sondereigentums betreffen und damit für die notarielle Gestaltungspraxis von Bedeutung sind.

2 Die Besonderheit des Wohnungseigentums besteht in der Durchbrechung des Grundsatzes aus den §§ 93 ff. BGB, wonach wesentliche Bestandteile eines Grundstückes nicht sonderrechtsfähig sind. Die Regelungen des WEG ermöglichen es, bestimmte Räume eines Bauwerkes als **Sondereigentum** einzelnen Miteigentumsanteilen zuzuordnen. Durch das WEMoG wurde nunmehr die Möglichkeit geschaffen, auch an Stellplätzen und anderen Freiflächen (beispielsweise Terrassen oder Gartenflächen) Sondereigentum zu begründen.

II. Einräumung und Aufhebung von Wohnungs- und Teileigentum

3 Das WEG stellt zwei Varianten zur Einräumung von Wohnungs- und Teileigentum zur Verfügung. In § 3 ist der **Teilungsvertrag** zwischen mehreren Miteigentümern vorgesehen und in § 8 die gegenüber dem Grundbuchamt abzugebende **Teilungserklärung** durch einen Alleineigentümer. Nach Abs. 3 gilt für einen Vertrag, durch den sich ein Teil verpflichtet, Sondereigentum einzuräumen oder aufzuheben, die Formvorschrift des § 311b Abs. 1 BGB entsprechend.

4 Durch das WEMoG wurde in § 9a Abs. 1 S. 2 nunmehr eine gesetzliche Regelung zur Bestimmung des Zeitpunkts des Entstehens der Wohnungseigentümergemeinschaft aufgenommen. Nach dieser Regelung entsteht die Gemeinschaft der Wohnungseigentümer mit Anlegung der Wohnungsgrundbücher. Für die Teilung nach § 8 ergibt sich durch das neue Recht damit eine erhebliche Änderung, da das Entstehen einer Ein-Personen-Gemeinschaft möglich wird. Nach der alten Rechtslage entstand die Gemeinschaft bei der Teilung nach § 8 durch die erste Besitzübergabe, sofern für den Erwerber eine Auflassungsvormerkung im Grundbuch eingetragen war (werdende Wohnungseigentümergemeinschaft).[1] Nach der Neuregelung kommt es allein auf die Anlegung der Wohnungsgrundbücher an, so dass der Zeitpunkt des Entstehens der Gemeinschaft bei der Teilung nach § 8 in der Regel vorverlegt wird, jedoch bei Verzögerung der Anlegung der Grundbücher gegenüber der bisher geltenden Rechtslage auch hinausgeschoben werden kann.

5 **1. Einräumung von Sondereigentum nach § 3 WEG oder § 8 WEG.** Die Formvorschrift des § 4 bezieht sich zunächst nur auf die **vertragliche Einräumung von Sondereigentum** nach § 3. Entsprechend der Regelung für die Begründung von Rechten an Immobilien in § 873 BGB ist auch für die Einräumung und Aufhebung des Sondereigentums nach § 3 die **Einigung der Beteiligten** über den Eintritt der Rechtsänderung und die **Eintragung in das Grundbuch** erforderlich. Die Einigung über die Einräumung und auch die Aufhebung des Sondereigentums bedarf nach Abs. 2 S. 1 der für die Auflassung vorgeschriebenen Form

1 Vgl. BGH 5.6.2008 – V ZB 85/07, NJW 2008, 2639.

(→ BGB § 925 Rn. 21 ff.). Nach Abs. 2 S. 2 darf Sondereigentum nicht unter einer Bedingung oder Zeitbestimmung eingeräumt oder aufgehoben werden.

Durch § 8 wird eine **Vorratsteilung** durch den Alleineigentümer ermöglicht, die im Hinblick auf einfaches Bruchteilseigentum nicht möglich wäre.[2] Denkbar sind auch Kombinationen der Aufteilung nach § 3 und § 8.[3] Kommt sowohl eine Aufteilung nach § 3 als auch nach § 8 in Betracht, kann die Aufteilung nach § 8 insbesondere aus Kostengesichtspunkten vorteilhaft sein. Denn für die Aufteilung nach § 8 ist nicht die Form des Abs. 1 einzuhalten. Damit genügt im Hinblick auf § 29 GBO die Einreichung der Teilungserklärung in öffentlich beglaubigter Form, so dass Kostenvorteile entstehen, wenn der Notar lediglich eine Unterschriftsbeglaubigung vornimmt. 6

Gleichwohl kann sich auch die Anfertigung einer notariellen Niederschrift für eine Teilungserklärung nach § 8 anbieten, wenn Wohnungseigentumseinheiten bereits vor der Anlegung der Wohnungsgrundbücher veräußert werden sollen oder eine Baubeschreibung mit der Teilungserklärung mitbeurkundet wird. Denn in diesem Fall kann auf die beurkundete Teilungserklärung bzw. die Baubeschreibung nach § 13a BeurkG Bezug genommen werden. Eine entsprechende Bezugnahme wäre nicht möglich, wenn für die Teilungserklärung keine notarielle Niederschrift erstellt wird. 7

2. Inhalt der Teilungsurkunde. Bei der **Gestaltung der Teilungsurkunde** – Teilungsvertrag oder Teilungserklärung jeweils nebst Gemeinschaftsordnung – sollte zur Vermeidung von Unklarheiten bei der späteren Auslegung der Teilungsurkunde und insbesondere im Hinblick auf späteren Änderungsbedarf auf eine übersichtliche Gliederung und die deutliche Unterscheidung der verschiedenen Regelungsebenen geachtet werden. 8

Regelungstechnisch ist im Hinblick auf Wohnungs- und Teileigentum zwischen der **sachenrechtlichen Ebene** und der **Ebene des Gemeinschaftsverhältnisses** der Wohnungs- oder Teileigentümer untereinander zu unterscheiden. Sowohl der **Teilungsvertrag** nach § 3 als auch die **Teilungserklärung** nach § 8 betreffen ausschließlich die sachenrechtliche Einräumung von Wohnungs- oder Teileigentum. Insoweit wird ausschließlich das sachenrechtliche Grundverhältnis der Wohnungseigentümer im Hinblick auf die Grenzen des Sondereigentums der einzelnen Wohnungs- und Teileigentümer und die Abgrenzung des Sondereigentums zum Gemeinschaftseigentum geregelt. 9

Neben dem sachenrechtlichen Grundverhältnis steht regelungstechnisch die **Gemeinschaftsordnung** als Grundordnung der Gemeinschaft der Wohnungseigentümer im Sinne des § 10, die jedoch nicht zum sachenrechtlichen Entstehen des Wohnungs- oder Teileigentums erforderlich ist. 10

Bei der **Gemeinschaftsordnung** handelt es sich um nur **schuldrechtliche Vereinbarungen** der Miteigentümer, die aber durch die Eintragung im Grundbuch verdinglicht werden können.[4] Ohne die Eintragung im Grundbuch verbleibt es für diese Vereinbarungen bei der nur schuldrechtlichen Wirkung zwischen den Beteiligten. 11

a) Voraussetzungen für das Entstehen des Wohn- oder Teileigentums. aa) Grundstück und Belastungen des Grundstücks. Wohnungs- und Teileigentum kann nur an einem Grundstück im rechtlichen Sinne eingeräumt werden, so dass gegebenenfalls vor der Begründung des Wohnungs- und Teileigentums noch eine Vereinigung von mehreren Grundstücken gemäß § 890 BGB zu 12

2 MüKoBGB/*Karsten Schmidt* BGB § 1008 Rn. 4.
3 Hügel/Scheel/*Müller* Wohnungseigentum-HdB § 2 Rn. 5.
4 BGH 11.5.2012 – V ZR 189/11, NZM 2012, 613 (613).

erfolgen hat. Nach § 30 kann auch ein Erbbaurecht in Wohnungs- und Teileigentum aufgeteilt werden (Wohnungserbbaurecht).

13 Bestehen **Belastungen** des noch nicht aufgeteilten Grundstückes, so ist keine Zustimmung der Berechtigten zur Aufteilung nach Maßgabe der §§ 876, 877 BGB erforderlich, wenn sich die Belastungen auf das gesamte Grundstück beziehen.[5] Ist Belastungsgegenstand hingegen ein einzelner Miteigentumsanteil an dem ungeteilten Grundstück und erfolgt die Einräumung des Wohnungs- oder Teileigentums nach § 3, so ist eine Zustimmung der Berechtigten nach §§ 876, 877 BGB erforderlich.[6]

14 **bb) Miteigentumsanteil.** Bei der Einräumung von Sondereigentum muss mit jedem Miteigentumsanteil mindestens eine **Sondereigentumseinheit** verbunden werden.[7] Es ist damit insbesondere nicht möglich, einzelne Miteigentumsanteile als **isolierte Miteigentumsanteile** neben den mit Sondereigentumsanteilen verbundenen Miteigentumsanteilen bestehen zu lassen. Isolierte Miteigentumsanteile, denen keine Sondereigentumseinheiten zugewiesen sind, können in der Teilungsurkunde nicht vorgesehen werden. Es können mit einem Miteigentumsanteil aber mehrere Sondereigentumseinheiten verbunden werden. Da Stellplätze nach § 3 Abs. 1 S. 2 als Räume gelten, kann auch ein isolierter Stellplatz einem Miteigentumsanteil als alleiniges Sondereigentum zugewiesen werden. Hinsichtlich des durch das WEMoG geschaffenen Sondereigentums an Freiflächen ist zu beachten, dass das Sondereigentum nach § 3 Abs. 2 nur dann auf eine Freifläche erstreckt werden kann, wenn zugleich Räume als Sondereigentum zugewiesen werden, die wirtschaftlich als die Hauptsache anzusehen sind. Die Verbindung von Sondereigentum an Freiflächen mit einem Miteigentumsanteil ohne die Einräumung von Sondereigentum an Räumen ist damit nicht möglich. Keine Anhaltspunkte ergeben sich aus der Gesetzesbegründung oder dem Wortlaut und der Systematik für die Frage, ob Stellplätze, die nach der Regelung des § 3 Abs. 1 S. 2 als Räume gelten, auch als Räume im Sinne des § 3 Abs. 2 angesehen werden können und damit ohne echte Räume in einem Bauwerk mit Freiflächen zu Sondereigentum verbunden werden können.[8] Hinsichtlich der Voraussetzung, dass die Räume gegenüber der Freifläche die Hauptsache darstellen müssen, dürfte dies aber regelmäßig hinsichtlich der als Räume fingierten Stellplätze zu verneinen sein.

15 Die Wahl der Größe der einzelnen Miteigentumsanteile ist nicht unbedeutend. Sofern in der Gemeinschaftsordnung keine abweichende Regelung vorgesehen ist, bestimmen sich die Anteile der **Nutzungen und Lasten** gem. § 16 nach den Verhältnissen der Miteigentumsanteile. Nach § 9a Abs. 4trifft den einzelnen Wohnungseigentümer zudem eine **anteilige Haftung** für Verbindlichkeiten der Gemeinschaft, die sich ebenfalls nach den Miteigentumsanteilen richtet und auch nicht im Rahmen der Gemeinschaftsordnung abbedungen werden kann.

16 **cc) Sondereigentum – Gemeinschaftseigentum.** Nach dem Grundsatz aus § 13 Abs. 1 kann jeder Wohnungseigentümer mit seinem Sondereigentum grundsätzlich nach Belieben verfahren. Sowohl im Hinblick auf die sich aus dem Sondereigentum ergebenden Herrschaftsrechte als auch im Hinblick auf Instandhaltungskosten ist die **Abgrenzung des Sondereigentums** vom Gemeinschaftseigentum von besonderer Bedeutung.

5 MüKoBGB/*Commichau* WEG § 4 Rn. 26.
6 BGH 9.2.2012 – V ZB 95/11, NJW 2012, 1226 (Ls.).
7 Bärmann/Seuß/*Schneider* WE-Praxis § 2 Rn. 46.
8 Vgl. hierzu: *Lehmann-Richter/Wobst* WEG-Reform 2020 § 16 Rz. 1683, S. 398.

Das Sondereigentum entsteht durch die **Zuordnung in der Teilungsurkunde** (Teilungsvertrag oder Teilungserklärung). Hierzu bedarf es der Bezeichnung des Sondereigentums in der Teilungsurkunde sowie der korrespondierenden Bezeichnung im Aufteilungsplan. Die in der Teilungsurkunde nicht als Sondereigentum einem Miteigentümer zugeordneten Räume bilden automatisch das Gemeinschaftseigentum. Wohnungs- und Teileigentum kann an bereits errichteten oder noch zu errichtenden Gebäuden eingeräumt werden.[9] 17

Die teilenden Miteigentümer können den Miteigentumsanteilen hierbei das Sondereigentum in dem vom WEG in § 5 Abs. 1 und 2 vorgegebenen Rahmen zuordnen.[10] Sondereigentumsfähig sind grundsätzlich Gebäudeteile, Stellplätze und Freiflächen. Freiflächen können nach § 3 Abs. 2 nur als Annex zu Räumen den Status als Sondereigentum erlangen. 18

b) Gemeinschaftsordnung und Beschlüsse der Wohnungseigentümergemeinschaft. Bei der **Gemeinschaftsordnung** handelt es sich um Vereinbarungen der Wohnungseigentümer gemäß § 10. Die Gemeinschaftsordnung wird oftmals bei der Einräumung des Wohnungs- oder Teileigentums in die Teilungsurkunde mit aufgenommen. Nach § 10 Abs. 3 entfalten Vereinbarungen, durch die die Wohnungseigentümer ihr Verhältnis untereinander in Ergänzung oder Abweichung von Vorschriften des WEG regeln, sowie Änderungen und Aufhebungen von diesen Vereinbarungen nur dann Wirkungen gegen Sondernachfolger, wenn sie als Inhalt des Sondereigentums im Grundbuch eingetragen sind. 19

Wird nicht zugleich mit der Begründung von Wohnungseigentum eine Gemeinschaftsordnung festgelegt, gelten für die Gemeinschaft die **allgemeinen Regelungen gem.** §§ 10 ff. Da Wohnungseigentum in der Gestaltung sehr vielfältig eingesetzt werden kann, sollte jedoch in der Regel eine für die sich individuell ergebenden Anforderungen der jeweiligen Wohnungseigentümergemeinschaft angepasste Gemeinschaftsordnung erstellt werden. 20

Neben der Einräumung von Sondereigentum durch die Teilungserklärung kann einzelnen oder mehreren Wohnungs- oder Teileigentümern über die Gemeinschaftsordnung das Recht eingeräumt werden, abweichend von der Regel des § 16 Abs. 1 S. 3 Teile des Gemeinschaftseigentums allein zu benutzen.[11] Derartige **Sondernutzungsrechte** werden durch Vereinbarungen der Wohnungseigentümer begründet.[12] Wesensmerkmal von Sondernutzungsrechten ist, dass sie dem begünstigten Wohnungseigentümer unter Ausschluss der übrigen Wohnungseigentümer (negative Komponente) das Recht zur Nutzung von Teilen des Gemeinschaftseigentums zuweisen (positive Komponente).[13] Dem teilenden Eigentümer kann in der Gemeinschaftsordnung vorbehalten werden, nachträglich an Flächen des Gemeinschaftseigentums noch Sondernutzungsrechte zu begründen.[14] 21

In entsprechender Anwendung der §§ 877, 876 BGB bedarf die Änderung der Gemeinschaftsordnung der Zustimmung der dinglich Berechtigten und Vormerkungsberechtigten, wenn eine Verdinglichung durch Grundbucheintragung erfolgen soll. Aus § 5 Abs. 4 S. 2 ergeben sich jedoch bezüglich bestimmter Gläubiger Einschränkungen des grundsätzlich bestehenden Zustimmungsvorbehaltes. 22

---

9 Bärmann/Seuß/*Schneider* WE-Praxis § 2 Rn. 43.
10 Zu den Einzelheiten der Abgrenzung: *Bärmann* § 5 Rn. 49 ff.; *Müller* Wohnungseigentum C. Rn. 13 ff.
11 BGH 10.5.2012 – V ZB 279/11, DNotZ 2012, 769 (770).
12 BGH 28.10.2016 – V ZR 91/16, NJW 2017, 1167 (1167).
13 BGH 23.3.2018 – V ZR 65/17, MittBayNot 2019, 41 (42).
14 BGH 20.1.2012 – V ZR 125/11, NJW-RR 2012, 711.

23 Abzugrenzen sind Vereinbarungen von den **Beschlüssen** der Wohnungseigentümergemeinschaft.[15] Beschlüsse der Gemeinschaft sind nur zulässig, wenn die Kompetenz zur Beschlussfassung durch Gesetz oder Vereinbarung begründet wurde.[16] Vor der Neufassung des § 10 Abs. 3 durch das WEMoG bedurften nur Vereinbarungen sowie die Abänderung oder Aufhebung von Vereinbarungen der Eintragungen in das Grundbuch, um gegen Sondernachfolger Wirkung zu entfalten. Beschlüsse entfalteten diese Wirkung hingegen auch ohne Eintragung im Grundbuch aus sich heraus. Nunmehr differenziert das Gesetz in § 10 Abs. 3 danach, ob ein Beschluss aufgrund einer Vereinbarung gefasst wird oder aufgrund einer gesetzlichen Beschlusskompetenz. Nur die aufgrund gesetzlicher Beschlusskompetenz gefassten Beschlüsse entfalten nach § 10 Abs. 3 S. 2 auch Wirkung gegen Sondernachfolger, ohne dass es der Eintragung im Grundbuch bedarf. Diese Wirkung haben auch Beschlüsse, die aufgrund einer im Gesetz und zugleich in der Gemeinschaftsordnung vorgesehenen Kompetenz gefasst wurden. Demgegenüber wirken Beschlüsse aufgrund von Vereinbarungen, für die nach dem Gesetz keine Beschlusskompetenz vorgesehen ist, gegenüber Sondernachfolgern nur bei erfolgter Eintragung im Grundbuch.

III. Nachträgliche Änderungen betreffend das Wohnungs- und Teileigentum

24 Solange der teilende Eigentümer noch alleiniger Eigentümer sämtlicher unbelasteter Einheiten ist, können sämtliche denkbaren Anpassungen durch **einseitige Erklärung** umgesetzt werden. Erfolgt die Einräumung des Wohnungseigentums nach § 3 oder sind bereits dingliche Rechte oder Vormerkungen an den nach § 8 geteilten Wohnungseigentumseinheiten eingetragen, bedarf eine Anpassung gegebenenfalls der **Mitwirkung der Miteigentümer** bzw. des **Erbwerbers** oder **der dinglich Berechtigten**.

25 Bei der Gestaltung von Änderungen an der sachenrechtlichen Zuordnung ist zu berücksichtigen, dass Gestaltungsfehler auch nach langer Zeit noch Konsequenzen haben können. Denn ein gutgläubiger Erwerb wird oftmals trotz erfolgter Eintragung der Änderungen im Grundbuch wegen der **inhaltlichen Unzulässigkeit** ausscheiden.[17]

26 **1. Änderungen der Abgrenzung zwischen Sonder- und Gemeinschaftseigentum.** Soll **Sondereigentum in Gemeinschaftseigentum** umgewandelt werden oder **Gemeinschaftseigentum in Sondereigentum**, ist eine Änderung des Teilungsvertrages bzw. der Teilungserklärung erforderlich. Betroffen ist insoweit die sachenrechtliche Zuordnung, die nur durch Mitwirkung sämtlicher Wohnungs- und Teileigentümer in der Form des § 4 Abs. 2 verändert werden kann.[18] Zur Abänderung ist insoweit insbesondere keine Vereinbarung im Sinne des § 10 ausreichend.[19] Nicht ausreichend ist daher auch die Ermächtigung zur Abänderung der sachenrechtlichen Zuordnung im Rahmen der Gemeinschaftsordnung (Vereinbarungen).[20]

15 Hierzu Hügel/Scheel/*Hügel* Wohnungseigentum-HdB § 5 Rn. 20.
16 BGH 20.9.2000 – V ZB 58/99, NJW 2000, 3500 (Ls.).
17 Vgl. BGH 1.10.2004 – V ZR 210/03, NZM 2004, 876 (Ls.).
18 *Müller* Wohnungseigentum C. Rn. 28.
19 BGH 4.4.2003 – V ZR 322/02, NJW 2003, 2165 (2166).
20 Bärmann/Seuß/*Schneider* WE-Praxis § 2 Rn. 191 mwN.

Gemäß §§ 876, 877 BGB ist die **Zustimmung der Drittberechtigten** zu einer entsprechenden Änderung erforderlich, wenn die Rechtsstellung der Drittberechtigten durch die Umwandlung betroffen wird.[21] 27

Für den teilenden Eigentümer besteht oftmals ein erhebliches praktisches Bedürfnis, auch nach Veräußerung der ersten Wohnungseigentumseinheiten auf Änderungsbedürfnisse reagieren zu können und hierzu die Möglichkeit zur Abänderung der Teilungserklärung eingeräumt zu bekommen. Vor dem Hintergrund der Unzulässigkeit der **Ermächtigung des teilenden Eigentümers** zur Abänderung des sachenrechtlichen Grundverhältnisses im Rahmen der Gemeinschaftsordnung,[22] kann dem teilenden Eigentümer eine entsprechende Rechtsmacht nur durch eine **rechtsgeschäftliche Vollmacht** eingeräumt werden. Eine entsprechende Änderungsvollmacht wird regelmäßig in den Erwerbsverträgen vorgesehen.[23] Bei der Gestaltung dieser Vollmachten ist insbesondere auf die Bestimmtheit und eine transparente Bindung des teilenden Eigentümers im Innenverhältnis zu achten.[24] Durch diese Vollmachten in den Erwerbsverträgen wird jedoch nicht das Problem gelöst, dass insbesondere die nach Abschluss des Erwerbsvertrages im Grundbuch eingetragenen Finanzierungsgläubiger ebenfalls der Änderung zustimmen müssen.[25] 28

Insbesondere bei der sukzessiven Errichtung von Mehrhausanlagen kann das Bedürfnis bestehen, nach der erstmaligen Aufteilung weitere Wohnungseigentumseinheiten zu begründen. Insoweit genügt hier die bloße Änderungsvollmacht des Bauträgers nicht aus, da zur Begründung der neuen Wohnungseigentumseinheiten auch Miteigentumsanteile benötigt werden. Zur Lösung dieser praktischen Schwierigkeit bieten sich insbesondere zwei Lösungsansätze an.[26] Zum einen können sich die Erwerber in den Erwerbsverträgen verpflichten, nach Realisierung der weiteren Bauabschnitte Miteigentumsanteile an den Bauträger abzugeben.[27] Vorzugswürdig – jedoch auch nicht frei von praktischen Problemen – scheint es jedoch zu sein, dass sich der Bauträger einen überdimensionierten Miteigentumsanteil vorbehält, der mit Sondereigentum verbunden wird. Von diesem Miteigentumsanteil können dann bei Bedarf weitere Miteigentumsanteile abgespalten werden.[28] 29

2. Unterteilung und Vereinigung von Wohnungs- und Teileigentum. In analoger Anwendung des § 8 ist es einem einzelnen Wohnungseigentümer möglich, sein **Wohnungseigentum ohne Mitwirkung** der anderen Wohnungseigentümer oder von Grundpfandrechtsberechtigten **zu unterteilen.**[29] Hierbei wird der dem Wohnungseigentümer zuzuordnende Miteigentumsanteil unterteilt und es wird das Sondereigentum auf die beiden neuen Miteigentumsanteilen verteilt. 30

21 BGH 14.6.1984 – V ZB 32/82, NJW 1984, 2409 (2410); Hügel/Scheel/*Müller* Wohnungseigentum-HdB § 2 Rn. 153; Bärmann/Seuß/*Schneider* WE-Praxis § 2 Rn. 190.
22 Bärmann/Seuß/*Schneider* WE-Praxis § 2 Rn. 253.
23 Muster einer solchen Vollmacht: Hügel/Scheel/*Hügel* Wohnungseigentum-HdB § 18 Rn. 4.
24 OLG München 7.11.2012 – 34 Wx 208/12, NZM 2013, 91.
25 Bärmann/Seuß/*Schneider* WE-Praxis § 2 Rn. 192.
26 Hierzu BeckNotar-HdB/*Rapp* Teil A III Rn. 36 ff.
27 Zu den sich hierbei ergebenden Problemen: BeckNotar-HdB/*Rapp* Teil A III Rn. 37.
28 Zu den Einzelheiten dieses Ansatzes: BeckNotar-HdB/*Rapp* Teil A III Rn. 38 ff.
29 BGH 5.10.1998 – II ZR 182/97, NJW 1998, 3711 (3712); *Müller* Wohnungseigentum C. Rn. 48; Hügel/Scheel/*Müller* Wohnungseigentum-HdB § 2 Rn. 123.

31 Das gesamte Sondereigentum muss jedoch zur Wirksamkeit der Unterteilung aufgeteilt werden.[30] Es darf zudem kein Miteigentumsanteil entstehen, dem kein Sondereigentum zugewiesen ist. Auch ist bei der Aufteilung zu beachten, dass Freiflächen nicht isoliert Sondereigentumsfähig sind, sondern nur als Annex zu Räumen. Sofern zur Realisierung der Unterteilung Sondereigentum in Gemeinschaftseigentum überführt werden muss, müssen alle Wohnungseigentümer mitwirken (sog. „Vorflurproblematik“).[31] Da sich die Unterteilung nicht nachteilig auf Drittberechtigte auswirkt, ist keine Zustimmung der Drittberechtigten zur Unterteilung notwendig.[32]

32 In analoger Anwendung des § 890 BGB können Wohnungs- und Teileigentumseinheiten, die im Eigentum derselben Person stehen, durch Erklärung gegenüber dem Grundbuchamt auch vereinigt werden.[33] Die Zustimmung von Drittberechtigten ist insoweit nicht erforderlich.

33 **3. Änderung der Qualifikation als Wohnungs- oder Teileigentum.** Bei der Umwandlung von Wohnungs- in Teileigentum oder umgekehrt handelt es sich um eine Änderung der Gemeinschaftsordnung (Vereinbarungen der Wohnungseigentümer) im Sinne der §§ 5 Abs. 4, 10 Abs. 1 und Abs. 3.[34] Damit ist grundsätzlich eine Mitwirkung sämtlicher Wohnungseigentümer erforderlich. In die Gemeinschaftsordnung kann jedoch die Ermächtigung der einzelnen Wohnungseigentümer aufgenommen werden – ohne Mitwirkung der anderen Wohnungseigentümer – die Änderung der Qualifikation vorzunehmen.[35] Bei der Formulierung der Ermächtigung ist auf die Bestimmtheit (Inhalt, Zweck und Ausmaß)[36] zu achten und darauf, dass Voraussetzungen der Ermächtigung dem Grundbuchamt auch nach § 29 GBO nachgewiesen[37] werden können.

34 **4. Einräumung und Aufhebung von Sondernutzungsrechten.** Sondernutzungsrechte werden durch Vereinbarungen der Wohnungseigentümer nach § 10 begründet (→ Rn. 19 ff.). Eine auch materielle Aufhebung des Sondernutzungsrechtes erfordert ebenfalls eine Vereinbarung, wohingegen die Löschung des Rechts im Grundbuch bereits durch einseitige Aufhebungserklärung des Berechtigten erfolgen können soll.[38]

35 Von praktischer Bedeutung ist ferner die nachträgliche Zuweisung von Sondernutzungsrechten durch den teilenden Eigentümer.[39] Die Gestaltungspraxis hat für die nachträgliche Zuordnung von Sondernutzungsrechten drei Gestaltungsmöglichkeiten entwickelt.[40] Nach einer Variante werden sämtliche noch zuzuordnenden Sondernutzungsrechte mit einer Wohnungseigentumseinheit des teilenden Eigentümers verbunden. Bei Veräußerung von Einheiten kann der teilende Eigentümer dann nach Bedarf Sondernutzungsrechte aus seinem Vorrat abspalten. Die beiden anderen Gestaltungen berechtigen den teilenden Eigentümer jeweils nachträglich zur Zuordnung der Sondernutzungsrechte.[41]

30 BayObLG 7.12.1995 – 2Z BR 90/95, NJW-RR 1996, 721 (722).
31 BGH 5.10.1998 – II ZR 182/97, NJW 1998, 3711 (3712).
32 Hügel/Scheel/*Müller* Wohnungseigentum-HdB § 2 Rn. 125.
33 OLG Düsseldorf 30.11.2015 – I-3 Wx 272/15, ZWE 2016, 165 (165).
34 Hügel/Scheel/*Müller* Wohnungseigentum-HdB § 2 Rn. 176.
35 BayObLG 6.12.2000 – 2Z BR 89/00, RNotZ 2001, 118 (Ls.); OLG München 5.7.2013 – 34 Wx 155/13, ZWE 2013, 355 (356); ZWE 2014, 121; *Böttcher* ZNotP 2015, 42 (52).
36 OLG München 15.5.2017 – 34 Wx 207/16, MittBayNot 2017, 478 (480).
37 OLG München 11.11.2013 – 34 WX 335/13, ZWE 2014, 121 (122).
38 BGH 13.9.2000 – V ZB 14/00, NTM 2000, 1187 (Ls.).
39 Hierzu *Ott* NZM 2017, 1 ff.
40 BeckNotar-HdB/*Rapp* Teil A III Rn. 60 ff.
41 OLG Hamm 12.6.2012 – 15 Wx 99/11, RNotZ 2012, 500 (501).

IV. Veräußerungen

Im Hinblick auf Wohnungs- und Teileigentum ist neben der vollständigen Übertragung der Wohnungs- und Teileigentumseinheit auch die isolierte Übertragung von Sondereigentum oder die isolierte Übertragung von Sondernutzungsrechten an andere Wohnungseigentümer denkbar. 36

1. Übertragung der Wohnungseigentumseinheit. Bei der **Veräußerung von Wohnungseigentum** ist zunächst zu unterscheiden, ob der Ersterwerb nach Erstellung der Anlage oder ein Zweiterwerb zu einem späteren Zeitpunkt vorliegt. Für das Verpflichtungsgeschäft gilt in jedem Fall § 311b BGB, für die dingliche Rechtsänderung bedarf es der Auflassung nach § 925 BGB. Bei dem Ersterwerb (Bauträgervertrag) sind insbesondere werkvertragliche[42] Besonderheiten zu berücksichtigen sowie die Sicherungsmechanismen der MaBV. Bei dem Zweiterwerb handelt es sich dann wieder um einen typischen Kaufvertrag iSd §§ 433 ff. BGB. Bei Überlassungsverträgen, die mit Minderjährigen geschlossen werden, ist zu berücksichtigen, dass aufgrund des Eintritts des Erwerbers in die Miteigentümergemeinschaft regelmäßig die Mitwirkung eines Ergänzungspflegers nach § 1909 BGB erforderlich sein wird.[43] In der Teilungserklärung kann die Veräußerung von einer Zustimmung abhängig gemacht werden (→ § 12 Rn. 1 ff.). 37

Bezüglich der **Beschreibung des Vertragsgegenstands** ist von Bedeutung, ob die Begründung des Wohnungseigentums bereits im Grundbuch vollzogen ist. Liegt bei der Veräußerung nur die beurkundete Teilungsurkunde vor, muss der Inhalt der Teilungsurkunde auch zum Inhalt des Veräußerungsvertrages gemacht werden. Liegt die Teilungsurkunde in nach §§ 8 ff. BeurkG beurkundeter Form vor, so ist eine Verweisung nach § 13a BeurkG möglich. Sobald die Begründung des Wohnungseigentums im Grundbuch vollzogen ist, muss die Teilungsurkunde nicht mehr herangezogen werden.[44] Denn durch die Eintragung im Grundbuch ist ein sachenrechtlich wirksames Rechtsverhältnis entstanden. Die Beschreibung des Vertragsgegenstandes hat jedoch den Anforderungen des § 28 GBO zu genügen. 38

Bei der Gestaltung von Kaufverträgen über Wohnungseigentum ist zu berücksichtigen, dass einem **Mieter** nach § 577 BGB ein **Vorkaufsrecht** zustehen kann, sofern nach Überlassung an den Mieter Wohnungseigentum begründet wurde. 39

2. Übertragung des Sondereigentums. Auch ohne die gleichzeitige Übertragung von Miteigentumsanteilen kann Sondereigentum von einem Wohnungseigentümer auf einen anderen Wohnungseigentümer übertragen werden.[45] Insoweit handelt es sich um eine **Änderung des Inhalts** der an der Übertragung beteiligten Miteigentumsanteile.[46] Unzulässig ist jedoch die vollständige Übertragung des Sondereigentums, sofern dadurch ein isolierter Miteigentumsanteil ohne Sondereigentum verbleiben würde. Analog § 4 Abs. 2 ist die Rechtsänderung in das Grundbuch einzutragen. Für die dingliche Übertragung des Sondereigentums ist die Form des § 4 Abs. 1 zu beachten. Das Verpflichtungsgeschäft bedarf gemäß § 4 Abs. 3 der Form des § 311b Abs. 1 BGB. 40

Bestehen dingliche Belastungen der abgebenden Wohnungseigentumseinheit, ist eine Zustimmung der Rechtsinhaber gemäß §§ 876, 877 BGB erforderlich. 41

42 Hierzu *Karczewski* NZBau 2018, 328 ff.
43 BGH 30.9.2010 – V ZB 206/10, NJW 2010, 3643 (Ls.).
44 BGH 4.3.1994 – V ZR 241/92, NJW 1994, 1347 (Ls.).
45 OLG München 6.6.2017 – 34 Wx 440/16, NZM 2018, 128 (129).
46 Hügel/Scheel/*Müller* Wohnungseigentum-HdB § 2 Rn. 146.

42 3. Übertragung von Sondernutzungsrechten. Zwischen den Wohnungs- und Teileigentümern können Sondernutzungsrechte übertragen werden. Für die Wirksamkeit der Übertragung eines verdinglichten Sondernutzungsrechtes ist gem. §§ 873, 877 BGB die dingliche Einigung zwischen den beteiligten Eigentümern und die Eintragung im Grundbuch erforderlich.[47] Ferner ist die Zustimmung der an der übergebenden Wohnungs- oder Teileigentumseinheit dinglich Berechtigten erforderlich.[48] Eine Zustimmung der übrigen Wohnungseigentümer oder der an den anderen Wohnungseigentumseinheiten dinglich Berechtigten ist hingegen nicht erforderlich.

§ 7 Grundbuchvorschriften

(1) [1]Im Fall des § 3 Absatz 1 wird für jeden Miteigentumsanteil von Amts wegen ein besonderes Grundbuchblatt (Wohnungsgrundbuch, Teileigentumsgrundbuch) angelegt. [2]Auf diesem ist das zu dem Miteigentumsanteil gehörende Sondereigentum und als Beschränkung des Miteigentums die Einräumung der zu den anderen Miteigentumsanteilen gehörenden Sondereigentumsrechte einzutragen. [3]Das Grundbuchblatt des Grundstücks wird von Amts wegen geschlossen.

(2) [1]Zur Eintragung eines Beschlusses im Sinne des § 5 Absatz 4 Satz 1 bedarf es der Bewilligungen der Wohnungseigentümer nicht, wenn der Beschluss durch eine Niederschrift, bei der die Unterschriften der in § 24 Absatz 6 bezeichneten Personen öffentlich beglaubigt sind, oder durch ein Urteil in einem Verfahren nach § 44 Absatz 1 Satz 2 nachgewiesen ist. [2]Antragsberechtigt ist auch die Gemeinschaft der Wohnungseigentümer.

(3) [1]Zur näheren Bezeichnung des Gegenstands und des Inhalts des Sondereigentums kann auf die Eintragungsbewilligung oder einen Nachweis gemäß Absatz 2 Satz 1 Bezug genommen werden. [2]Veräußerungsbeschränkungen (§ 12) und die Haftung von Sondernachfolgern für Geldschulden sind jedoch ausdrücklich einzutragen.

(4) [1]Der Eintragungsbewilligung sind als Anlagen beizufügen:

1. eine von der Baubehörde mit Unterschrift und Siegel oder Stempel versehene Bauzeichnung, aus der die Aufteilung des Gebäudes und des Grundstücks sowie die Lage und Größe der im Sondereigentum und der im gemeinschaftlichen Eigentum stehenden Teile des Gebäudes und Grundstücks ersichtlich ist (Aufteilungsplan); alle zu demselben Wohnungseigentum gehörenden Einzelräume und Teile des Grundstücks sind mit der jeweils gleichen Nummer zu kennzeichnen;
2. eine Bescheinigung der Baubehörde, dass die Voraussetzungen des § 3 Abs. 2 vorliegen.

[2]Wenn in der Eintragungsbewilligung für die einzelnen Sondereigentumsrechte Nummern angegeben werden, sollen sie mit denen des Aufteilungsplans übereinstimmen.

(5) Für Teileigentumsgrundbücher gelten die Vorschriften über Wohnungsgrundbücher entsprechend.

47 BGH 3.7.2008 – V ZR 20/07, NZM 2008, 732 (734).
48 *Ott* NZM 2017, 1 (6).

Literatur:
Böttcher, Entwicklungen beim Erbbaurecht und Wohnungseigentum 2017, ZNotP 2018, 1.

I. Eintragungsbewilligung

Das Wohnungseigentum entsteht erst mit der Eintragung im Grundbuch. Hierzu ist dem Grundbuchamt die in der Teilungsurkunde enthaltene Eintragungsbewilligung vorzulegen. Entsprechend der Regelung des § 874 BGB kann nach Abs. 3 zur näheren Bezeichnung des Gegenstandes und des Inhalts des Sondereigentums bei der Eintragung im Grundbuch auf die Eintragungsbewilligung Bezug genommen werden. Im Hinblick auf in der Gemeinschaftsordnung vorgesehene Veräußerungsbeschränkungen nach § 12 und die Haftung von Sondernachfolgern für Geldschulden genügt diese Bezugnahme jedoch nicht. Nach § 7 Abs. 3 S. 2 sind diese Vereinbarungen im Grundbuch einzutragen (→ WEG § 12 Rn. 2). 1

Neben den klassischen Genehmigungsvorbehalten sind bei der Einräumung von Sondereigentum die besonderen Genehmigungsvorbehalte für die Einräumung von Wohnungs- oder Teileigentum in Fremdenverkehrsgebieten aus Satzungen der Gebietskörperschaften iVm § 22 BauGB und Genehmigungsvorbehalte gem. § 172 Abs. 1 S. 4 BauGB in sozialen Erhaltungsgebieten zu beachten. 2

Bei der Einräumung von Wohnungs- und Teileigentum nach § 3 WEG können die Grundbuchämter wohl auch die Vorlage einer steuerlichen Unbedenklichkeitsbescheinigung fordern, unabhängig davon, ob es durch die Einräumung zugleich zu einer Verschiebung von Miteigentumsquoten kommt.[1] 3

II. Eintragung von Beschlüssen in das Grundbuch

Vor Inkrafttreten des WEMoG erlangten Beschlüsse auch dann Geltung gegen Sondernachfolger, wenn diese nicht im Grundbuch eingetragen wurden. Nunmehr hängt die Wirkung von Beschlüssen gegenüber Sondernachfolgern, die aufgrund einer Vereinbarung gefasst werden, nach § 10 Abs. 3 S. 1 von der Eintragung im Grundbuch ab (→ WEG § 12 Rn. 2). Neben den einzelnen Wohnungseigentümern ist nach § 7 Abs. 2 S. 2 auch die Gemeinschaft der Wohnungseigentümer antragsberechtigt. 4

Um die Eintragung zu erleichtern, sieht § 7 Abs. 2 S. 1 vor, dass die Eintragung der Beschlüsse nicht von allen Wohnungseigentümern bewilligt werden muss. Vergleichbar der Regelung zum Nachweis der Verwaltereigenschaft, genügt es für die Eintragung, wenn dem Grundbuchamt eine Niederschrift über den Beschlussinhalt mit den öffentlich beglaubigten Unterschriften der in § 24 Abs. 6 S. 2 genannten Personen vorgelegt wird. Liegt kein Beschluss der Gemeinschaft vor, sondern wurde der Beschluss durch ein Gerichtsurteil ersetzt, ist eine Ausfertigung oder beglaubigte Abschrift des Urteils vorzulegen. Für Beschlüsse, die ohne förmliche Versammlung gefasst werden, ist keine Sonderregelung vorgesehen. Insoweit besteht die Besonderheit, dass es keinen Versammlungsvorsitzen- 5

1 Schöner/Stöber GrundbuchR Rn. 2859.

den gibt, der die Niederschrift unterzeichnen könnte. Hinsichtlich des Nachweises der Verwalterbestellung wurde in der Vergangenheit vertreten, dass bei der Beschlussfassung außerhalb einer Versammlung § 26 Abs. 3 aF nicht gelte, so dass die Unterschriften sämtlicher Wohnungseigentümer zu beglaubigen seien.[2] Demgegenüber wird die Ansicht vertreten, dass bei der Beschlussfassung außerhalb einer Versammlung an die Stelle der Unterschrift des Versammlungsvorsitzenden lediglich die Unterschrift des jeweiligen Beschlussinitiators tritt.[3]

6 Nach § 48 Abs. 1 gelten die neuen Vorschriften auf für Altbeschlüsse. Die Nichteintragung ist jedoch nach § 48 Abs. 1 S. 2 für alle Sondernachfolger unbeachtlich, die bis zum 31.12.2025 Wohnungseigentum erwerben. Um die Eintragung von Altbeschlüssen zu erleichtern, besteht nach § 48 Abs. 1 S. 3 bis zum 31.12.2025 ein Anspruch, dass Altbeschlüsse erneut gefasst werden.

III. Aufteilungsplan und Abgeschlossenheitsbescheinigung

7 Nach Abs. 4 sind der Eintragungsbewilligung der Aufteilungsplan und die Abgeschlossenheitsbescheinigung beizufügen, wobei insoweit aber keine Beifügung im Sinne des § 9 Abs. 1 S. 2 BeurkG gemeint ist. Gleichwohl kommt dem Aufteilungsplan neben der reinen grundbuchverfahrensrechtlichen Bedeutung auch eine materielle Wirkung zu, da der Plan die sachenrechtliche Bestimmtheit sichert und gleichsam die Flurkarte des Wohnungseigentums darstellt. Entsprechend der Vorgaben des BeurkG muss der Aufteilungsplan damit regelmäßig Bestandteil der Teilungsurkunde werden, wobei auf die von der Baubehörde erteilte Abgeschlossenheitsbescheinigung samt der von ihr mit Unterschrift und Siegel versehenen Bauzeichnung nach § 13a BeurkG verwiesen werden kann. Aber auch bei einer entsprechenden Bezugnahme und einen Verzicht auf die Beifügung der Unterlagen sollten die Pläne – gegebenenfalls im verkleinerten Maßstab – zu Dokumentationszwecken der Teilungsurkunde beigefügt werden, um die Verständlichkeit bei der praktischen Handhabung sicherzustellen. Der Aufteilungsplan und die Abgeschlossenheitsbescheinigung werden vom Grundbuchamt zum ersten Wohnungsgrundbuch genommen, auf welches dann in den übrigen Wohnungsgrundbüchern nach § 24 Abs. 3 GBV verwiesen wird.

8 **1. Aufteilungsplan.** Nach der Legaldefinition des Abs. 4 S. 1 Nr. 1 handelt es sich bei dem **Aufteilungsplan** um eine von der Baubehörde mit Unterschrift und Siegel oder Stempel versehene Bauzeichnung, aus der die Aufteilung des Gebäudes sowie die Lage und Größe der im Sondereigentum und der im gemeinschaftlichen Eigentum stehenden Teile des Gebäudes und des Grundstücks ersichtlich ist.

9 Aus dem Aufteilungsplan ergibt sich die Aufteilung des Grundstücks in Sonder- und Gemeinschaftseigentum. Die insoweit erforderliche Bauzeichnung des Gebäudes muss Grundrisszeichnungen und Schnitte und Ansichten des Gebäudes beinhalten. Zu beachten ist, dass das gesamte Gebäude – einschließlich der Kellerräume und etwaiger Spitzböden – in der Grundrisszeichnung dargestellt sein müssen. Ferner ist nunmehr zwingend ein Lageplan des Grundstücks im Maßstab 1:100 beizufügen, da auch Freiflächen und Stellplätze grundsätzlich sondereigentumsfähig sind.

10 Für Stellplätze in Garagen war nach altem Recht eine dauerhafte Markierung erforderlich. Diese Anforderung ist nunmehr entfallen. Nach § 3 Abs. 3 soll

2 BayObLG 23.1986 – BReg. 2 Z 14/85, NJW-RR 1986, 565; wohl auch KG 28.8.2012 – 1 W 30/12, ZWE 2012, 426.

3 *Lehmann-Richter/Wobst* WEG-Reform 2020 § 17 Rz. 1775, S. 421 f.; zu § 26 Abs. 3 aF: *Schmidt*, ZWE 2015, 105 (108 f.).

Sondereigentum nur eingeräumt werden, wenn Stellplätze und Freiflächen durch Maßangaben im Aufteilungsplan bestimmt sind. Diese Anforderung soll an die für Räume geltende Anforderung der Abgeschlossenheit treten.[4] Nach der Gesetzesbegründung muss sich aus dem Plan in der Regel die Länge und Breite der Fläche sowie ihr Abstand zu den Grundstücksgrenzen ergeben.[5] In der Abgeschlossenheitsbescheinigung ist künftig zu bescheinigen, dass diese Vorgaben eingehalten sind.

Die Beschreibung des Sondereigentums in der Teilungserklärung muss ferner mit dem Aufteilungsplan übereinstimmen. Ein bestehender Widerspruch zwischen der Teilungserklärung und dem Aufteilungsplan hindert das Entstehen von Sondereigentum.[6] 11

2. Abgeschlossenheitsbescheinigung. Nach § 3 Abs. 2 S. 1 soll Sondereigentum nur eingeräumt werden, wenn die Wohnungen oder sonstigen Räume in sich abgeschlossen sind. Verfahrensrechtlich wird diese Anforderung über Abs. 4 Nr. 2 abgesichert, wonach der Eintragungsbewilligung die Abgeschlossenheitsbescheinigung beizufügen ist. 12

Nach Ziffer 5 lit. a der AVA[7] gilt folgende Definition der Abgeschlossenheit: Abgeschlossene Wohnungen sind solche, die baulich vollkommen von fremden Wohnungen und Räumen abgeschlossen sind, zB durch Wände und Decken, die den Anforderungen der Bauaufsichtsbehörden (Baupolizei) an Wohnungstrennwände und Wohnungstrenndecken entsprechen und einen eigenen abschließbaren Zugang unmittelbar vom Freien, von einem Treppenhaus oder einem Vorraum haben. Zu abgeschlossenen Wohnungen können zusätzliche Räume außerhalb des Wohnungsabschlusses gehören. Wasserversorgung, Ausguss und WC müssen innerhalb der Wohnung liegen. Zusätzliche Räume, die außerhalb des Wohnungsabschlusses liegen, müssen verschließbar sein.[8] Nach Ziffer 5 lit. b AVA gelten die vorstehenden Erfordernisse sinngemäß für nicht zu Wohnzwecken dienende Räume. 13

IV. Anforderungen bei Änderungen der Teilungserklärung

Bei Änderungen der Teilungserklärung muss jeweils nach Sinn und Zweck des Aufteilungsplanes und der Abgeschlossenheitsbescheinigung ermittelt werden, ob dem Grundbuchamt zur Eintragung der Änderung neue Pläne einzureichen sind. 14

- Bei Änderungen, die die **Abgrenzung des Sondereigentums vom Gemeinschaftseigentum** betreffen, ist dem Grundbuchamt grundsätzlich ein neuer Aufteilungsplan und eine aktualisierte Abgeschlossenheitsbescheinigung vorzulegen.[9]
- Bei der **Vereinigung von Wohnungs- und Teileigentumseinheiten** ist die Vorlage einer neuen Abgeschlossenheitsbescheinigung und eines neuen Aufteilungsplanes nicht erforderlich. Die neu entstehende Einheit muss nach der Zusammenlegung keine in sich abgeschlossene Einheit bilden, sofern

4 BT-Drs. 19/18791, 39.
5 BT-Drs. 19/18791, 39.
6 *Böttcher* ZNotP 2018, 1 (4).
7 Vgl. Nr. 5a der Allgemeinen Verwaltungsvorschrift für die Ausstellung von Bescheinigungen gemäß § 7 Abs. 4 Nr. 2 und § 32 Abs. 2 Nr. 2 des Wohnungseigentumsgesetzes v. 19.3.1974 (BAnz. Nr. 58 v. 23.3.1974).
8 Vgl. Nr. 5a der Allgemeinen Verwaltungsvorschrift für die Ausstellung von Bescheinigungen gemäß § 7 Abs. 4 Nr. 2 und § 32 Abs. 2 Nr. 2 des Wohnungseigentumsgesetzes v. 19.3.1974 (BAnz. Nr. 58 v. 23.3.1974).
9 Bärmann/Seuß/*Schneider* WE-Praxis § 2 Rn. 251.

die früheren Sondereigentumseinheiten für sich genommen abgeschlossen waren.[10]

- Bei der Unterteilung von Wohnungs- oder Teileigentum ist dem Grundbuchamt ein aktualisierter Aufteilungsplan sowie eine entsprechende Abgeschlossenheitsbescheinigung vorzulegen.[11] Es genügt, wenn sich diese Unterlagen auf die durch die Unterteilung entstehenden Einheiten beziehen.[12]
- Bei der Übertragung von Sondereigentum auf einen anderen Wohnungseigentümer ist dem Grundbuchamt grundsätzlich ein aktualisierter Aufteilungsplan und eine neue Abgeschlossenheitsbescheinigung vorzulegen, es sei denn, es werden in sich abgeschlossene Räume übertragen.[13]
- Bei der Umwandlung von Wohnungs- in Teileigentum oder umgekehrt ist kein neuer Aufteilungsplan vorzulegen, da keine Änderungen bezüglich der Grenzen des Sondereigentums eintreten.[14] Sofern Teileigentum in Wohnungseigentum umgewandelt wird, ist jedoch die Vorlage einer neuen Abgeschlossenheitsbescheinigung erforderlich, da an die Abgeschlossenheit von Wohnungseigentum strengere Anforderungen gestellt werden als an die Abgeschlossenheit von Teileigentum.[15]

§ 12 Veräußerungsbeschränkung

(1) Als Inhalt des Sondereigentums kann vereinbart werden, dass ein Wohnungseigentümer zur Veräußerung seines Wohnungseigentums der Zustimmung anderer Wohnungseigentümer oder eines Dritten bedarf.

(2) [1]Die Zustimmung darf nur aus einem wichtigen Grund versagt werden. [2]Durch Vereinbarung gemäß Absatz 1 kann dem Wohnungseigentümer darüber hinaus für bestimmte Fälle ein Anspruch auf Erteilung der Zustimmung eingeräumt werden.

(3) [1]Ist eine Vereinbarung gemäß Absatz 1 getroffen, so ist eine Veräußerung des Wohnungseigentums und ein Vertrag, durch den sich der Wohnungseigentümer zu einer solchen Veräußerung verpflichtet, unwirksam, solange nicht die erforderliche Zustimmung erteilt ist. [2]Einer rechtsgeschäftlichen Veräußerung steht eine Veräußerung im Wege der Zwangsvollstreckung oder durch den Insolvenzverwalter gleich.

(4) [1]Die Wohnungseigentümer können beschließen, dass eine Veräußerungsbeschränkung gemäß Absatz 1 aufgehoben wird. [2]Ist ein Beschluss gemäß Satz 1 gefasst, kann die Veräußerungsbeschränkung im Grundbuch gelöscht werden. [3]§ 7 Absatz 2 gilt entsprechend.

I. Allgemeines

1 Das Wohnungseigentum ist grds. frei veräußerlich. Durch Vereinbarung der Wohnungseigentümer im Sinne des § 10 Abs. 1 kann jedoch vorgesehen werden, dass für die Veräußerung ein Zustimmungsvorbehalt gelten soll. Sofern ein entsprechender Zustimmungsvorbehalt vereinbart wurde, sind die Veräußerung und das Verpflichtungsgeschäft bis zur Erklärung der Zustimmung schwebend

---

10 OLG Düsseldorf 30.11.2015 – I-3 Wx 272/15, ZWE 2016, 165 (165).
11 OLG München 30.8.2018 – 34 Wx 66/18, ZWE 2018, 442 (444).
12 Hügel/Scheel/*Müller* Wohnungseigentum-HdB § 2 Rn. 124.
13 OLG Zweibrücken 23.2.2001 – 3 W 39/01, FGPrax 2001, 105 (106).
14 OLG Bremen 27.11.2001 – 3 W 52/01, ZWE 2002, 229 (Ls.).
15 KG 23.4.2013 – 1 W 343/12, ZWE 2013, 322 (Ls.).

unwirksam. Die Zustimmung darf jedoch nach Abs. 2 S. 1 **nur aus wichtigem Grund** versagt werden.[1] Mit der Regelung des Abs. 4 wurde die Kompetenz der Eigentümerversammlung geschaffen, den **Zustimmungsvorbehalt** durch Beschluss **aufzuheben**.

Durch das WEMoG ist nunmehr in § 7 Abs. 3 S. 2 WEG geregelt worden, dass Veräußerungsbeschränkungen nach § 12 ausdrücklich in das Grundbuch eingetragen werden müssen. Eine Bezugnahme auf die Eintragungsbewilligung genügt insoweit nicht mehr. Die Frage, ob die unter Verstoß gegen § 3 Abs. 2 Hs. 2 WGV nicht erfolgte **ausdrückliche Eintragung** der Veräußerungsbeschränkung materiell Auswirkungen hat,[2] ist damit erledigt. Ohne die Eintragung im Grundbuch ist die Veräußerungsbeschränkung unwirksam. 2

II. Veräußerung von Wohnungseigentum

Unter einer Veräußerung wird **die entgeltliche oder unentgeltliche rechtsgeschäftliche Übertragung** unter Lebenden auf einen neuen Rechtsträger verstanden.[3] Nach Abs. 3 S. 2 steht der rechtsgeschäftlichen Veräußerung die Veräußerung in der Zwangsversteigerung oder durch den Insolvenzverwalter gleich. Eine Belastung des Wohnungseigentums kann nicht von der Zustimmung nach § 12 abhängig gemacht werden.[4] 3

Um eine **Beleihbarkeit der Wohnungseigentumseinheiten** nicht zu erschweren, dürfte es bei der Gestaltung der Gemeinschaftsordnung vorzugswürdig sein, jedenfalls den Fall der Veräußerung im Rahmen einer Zwangsversteigerung nicht dem Zustimmungsvorbehalt zu unterwerfen. 4

Auch die **Unterteilung von Wohnungseigentum** soll nach umstrittener Ansicht durch eine entsprechende Regelung in der Gemeinschaftsordnung von einer Zustimmung nach § 12 abhängig gemacht werden können.[5] Das Zustimmungserfordernis aus § 12 gilt ebenfalls im Fall der Übertragung von **Sondereigentum** auf einen anderen Wohnungseigentümer. Auch die Übertragung von **Sondernutzungsrechten** kann mit einem Zustimmungsvorbehalt versehen werden.[6] 5

III. Zustimmungsberechtigter und Nachweis der Zustimmung

Der Zustimmungsvorbehalt aus § 12 Abs. 1 kann die **anderen Wohnungseigentümer** oder **einen Dritten** berechtigen. Sofern die Wohnungseigentümer zustimmungsberechtigt sein sollen, ist klarzustellen, ob alle anderen Wohnungseigentümer jeweils die Zustimmung zur Veräußerung erteilen müssen oder ob ein Mehrheitsbeschluss ausreichen soll. Regelmäßig wird die Veräußerungszustimmung in der Gemeinschaftsordnung auf den Verwalter übertragen. 6

Zum Nachweis gegenüber dem Grundbuchamt muss die materiellrechtlich formfreie Zustimmung in der Form des § 29 GBO vorgelegt werden. Ferner ist bei der Zustimmung durch den Verwalter eine notariell beglaubigte Fassung des Protokolls der Eigentümerversammlung, in dem der Beschluss über die Be- 7

1 Zu den Fallgruppen: Hügel/Scheel/*Grüner* Wohnungseigentum-HdB § 15 Rn. 72 ff.
2 Vgl. hierzu die Darstellung im DNotI-Report 2005, 20 (20).
3 Palandt/*Wicke* WEG § 12 Rn. 3; zu einzelnen Rechtsgeschäften: Hügel/Scheel/*Grüner* Wohnungseigentum-HdB § 15 Rn. 22 ff.
4 OLG München 29.6.2016 – 34 Wx 27/16, ZWE 2016, 337.
5 OLG München 23.7.2013 – 34 Wx 210/13, RNotZ 2013, 549; Bärmann/Seuß/*Schneider* WE-Praxis § 2 Rn. 254; aA Hügel/Scheel/*Grüner* Wohnungseigentum-HdB § 15 Rn. 14.
6 Hügel/Scheel/*Grüner* Wohnungseigentum-HdB § 15 Rn. 13.

stellung des Verwalters gefasst wurde, vorzulegen (vgl. §§ 24 Abs. 6, 26 Abs. 4).

8 Die einmal vom Verwalter erteilte Zustimmung zur Veräußerung bleibt auch wirksam, wenn die Bestellung des Verwalters vor dem in § 878 BGB genannten Zeitpunkt endet.[7] Sobald das Verpflichtungsgeschäft durch die Zustimmung wirksam geworden ist, kann die Zustimmung im Hinblick auf das dingliche Rechtsgeschäft nicht mehr widerrufen werden.[8]

7 BGH 11.10.2012 – V ZB 2/12, NJW 2013, 299 (Ls.).
8 BGH 29.6.2017 – V ZB 144/16, DNotZ 2018, 440 (445).

Gesetz über das Erbbaurecht (Erbbaurechtsgesetz – ErbbauRG)

Vom 15. Januar 1919 (RGBl.S. 72, ber. S. 122)
(BGBl. III/FNA 403-6)
zuletzt geändert durch Art. 4 Abs. 7 G zur Einführung eines Datenbankgrundbuchs vom 1. Oktober 2013 (BGBl. I S. 3719)

§ 11 [Anwendung anderer Vorschriften]

(1) [1]Auf das Erbbaurecht finden die sich auf Grundstücke beziehenden Vorschriften mit Ausnahme der §§ 925, 927, 928 des Bürgerlichen Gesetzbuchs sowie die Vorschriften über Ansprüche aus dem Eigentum entsprechende Anwendung, soweit sich nicht aus diesem Gesetz ein anderes ergibt. [2]Eine Übertragung des Erbbaurechts, die unter einer Bedingung oder einer Zeitbestimmung erfolgt, ist unwirksam.

(2) Auf einen Vertrag, durch den sich der eine Teil verpflichtet, ein Erbbaurecht zu bestellen oder zu erwerben, findet der § 311b Abs. 1 des Bürgerlichen Gesetzbuchs entsprechende Anwendung.

Literatur:

Ott, Das Sicherungsbedürfnis von Dienstbarkeitsberechtigten bei der Bestellung eines Erbbaurechts, DNotZ 2015, 341; *Rapp*, Das Erbbaurecht im Rangkonflikt mit Dienstbarkeiten – zugleich Anmerkung zum Urteil des OLG Hamm vom 27.6.2013, 22 U 165/12, und zum Beschluss des OLG Hamm vom 24.7.2013, I-15 W 172/13, MittBayNot 2014, 412.

I. Allgemeines

1 Nach § 94 BGB handelt es sich bei einem fest mit dem Boden verbundenen Bauwerk regelmäßig um den wesentlichen Bestandteil eines Grundstückes, so dass das Bauwerk nicht sonderrechtsfähig ist. Durch die Bestellung eines Erbbaurechtes kann hingegen die Rechtszuständigkeit hinsichtlich des Grundstückes und des Bauwerks auseinanderfallen, da das Bauwerk nach § 12 zum wesentlichen Bestandteil des Erbbaurechts wird.

2 Das Erbbaurecht stellt eine besondere Belastung des Grundstücks dar, auf die nach § 11 Abs. 1 die sich auf Grundstücke beziehenden Vorschriften sowie die Vorschriften über Ansprüche aus dem Eigentum entsprechende Anwendung finden. Der Verweis auf die sich auf Grundstücke beziehenden Vorschriften bezieht dabei nicht nur die Vorschriften des BGB ein, sondern alle bundes- und landesrechtlichen Vorschriften, die sich auf Grundstücke beziehen.[1]

II. Erbbaurechtsbestellungsvertrag

3 Der Vertrag über die **Bestellung eines Erbbaurechts** beinhaltet regelmäßig mindestens drei Regelungsbereiche. Neben dem Verpflichtungsgeschäft und der eigentlichen Bestellung des dinglichen Rechts findet sich – jedenfalls bei der entgeltlichen Bestellung eines Erbbaurechtes – noch die Vereinbarung eines Erbbauzinses sowie die dingliche Absicherung dieser Zahlungsverpflichtung in dem Erbbaurechtsbestellungsvertrag. Oftmals finden sich noch weitere Regelungen in dem Erbbaurechtsvertrag, die sich auf die wechselseitige Einräumung von Vorkaufsrechten oder weitere schuldrechtliche Vereinbarungen zum Erbbaurecht beziehen.

4 **1. Verpflichtung zur Bestellung eines Erbbaurechts.** Nach § 11 Abs. 2 bedarf ein Vertrag, der die Verpflichtung zur Bestellung oder den Erwerb eines Erbbaurechts zum Gegenstand hat, in entsprechender Anwendung des § 311b BGB der notariellen Beurkundung. Der Vertrag über die Bestellung eines Erbbaurechts gegen Zahlung des Erbbauzinses ist regelmäßig als rechtskaufähnlicher Vertrag einzuordnen.[2] Damit trifft den Grundstückseigentümer die Sach- und Rechtsmängelhaftung aus § 453 Abs. 3 iVm §§ 434 ff.[3] Der formnichtig geschlossene Verpflichtungsvertrag wird in entsprechender Anwendung des § 311b Abs. 1 S. 2 BGB wirksam mit Einigung über die Bestellung des Erbbaurechts nach § 873 BGB und Eintragung im Grundbuch.

5 **2. Dingliche Bestellung des Erbbaurechts.** Das Erbbaurecht entsteht gem. § 873 Abs. 1 BGB durch **Einigung** zwischen dem Grundstückseigentümer und dem Berechtigten sowie die **Eintragung** des Erbbaurechts im Grundbuch.

6 Da § 925 BGB nach § 11 nicht anwendbar ist, kann die materielle Einigung nach § 873 BGB grundsätzlich wirksam ohne Beachtung einer besonderen **Form** geschlossen werden. Im Hinblick auf die Erforderlichkeit, den Nachweis der Einigung gem. § 20 GBO gegenüber dem Grundbuchamt zu führen, muss diese jedoch gem. § 29 GBO mindestens in öffentlich beglaubigter Form vorliegen. Im Regelfall wird die dingliche Einigung im notariell zu beurkundenden Erbbaurechtsvertrag mit enthalten sein. Nach umstrittener Ansicht soll sich die Beurkundungsbedürftigkeit des Kausalgeschäfts aufgrund der Geschäftseinheit auch auf die in derselben Urkunde erklärte dingliche Einigung erstrecken.[4] Im Fall der Abtrennung der dinglichen Einigung genügt demgegenüber die Form gem. § 29 GBO.[5]

7 Die Eintragung des Erbbaurechts erfolgt als Belastung in Abteilung II des Grundstücksgrundbuchs. Für das Erbbaurecht wird zudem ein Erbbaugrundbuch angelegt, in dessen Abteilung I der Erbbauberechtigte eingetragen wird.

1 MüKoBGB/*Heinemann* ErbbauRG § 11 Rn. 3.
2 Ingenstau/Hustedt/*Bardenhewer* § 11 Rn. 39.
3 MüKoBGB/*Heinemann* ErbbauRG § 11 Rn. 8b f.
4 Ingenstau/Hustedt/*Bardenhewer* § 11 Rn. 41; *v. Oefele/Winkler/Schlögel* ErbbauR-HdB § 5 Rn. 30 aA *Böttcher* ErbbauR VI. Rn. 379.
5 OLG Oldenburg 31.10.1984 – 5W 66/84, DNotZ 1985, 712; *v. Oefele/Winkler/Schlögel* ErbbauR-HdB § 5 Rn. 20.

Im Hinblick auf die Ausgestaltung des Erbbaurechtes ist zwischen den Mindestvoraussetzungen für das Entstehen des Erbbaurechts nach § 1 und dem vertragsmäßigen Inhalt nach §§ 2–8, 27 Abs. 1 S. 2 und 32 Abs. 1 S. 2 zu unterscheiden. 8

a) **Gesetzlicher Inhalt des Erbbaurechts.** Nach § 1 Abs. 1 kann ein Grundstück in der Weise belastet werden, dass demjenigen, zu dessen Gunsten die Belastung erfolgt, das veräußerliche und vererbliche Recht zusteht, auf oder unter der Oberfläche des Grundstücks ein Bauwerk zu haben. Insoweit handelt es sich um die Aufzählung der Mindestvoraussetzungen, über die sich der Grundstückseigentümer und der künftige Erbbauberechtigte für das wirksame Entstehen eines Erbbaurechts geeinigt haben müssen. 9

Im Hinblick auf die Beleihbarkeit des Erbbaurechts legt das Gesetz Wert auf die Beständigkeit des Erbbaurechts. Das Erbbaurecht ist daher entsprechend der gesetzlichen Vorgaben zwingend **veräußerlich** und **vererblich** ausgestaltet. Zudem kann ein Erbbaurecht nach § 1 Abs. 4 S. 1 nicht unter einer **auflösenden Bedingung** bestellt werden. Da das Erbbaurecht zudem nach § 10 an ausschließlich erster **Rangstelle** im Grundbuch bestellt werden muss, kann das Erbbaurecht auch nicht im Rahmen einer Zwangsversteigerung untergehen. 10

aa) **Berechtigter des Erbbaurechts.** Ein Erbbaurecht kann grundsätzlich nur zugunsten einer natürlichen oder juristischen Person bestellt werden. Eine Bestellung des Erbbaurechts als subjektiv dingliches Recht ist nicht möglich. Zulässig ist, dass sich der Grundstückseigentümer selbst ein Eigentümer-Erbbaurecht bestellt.[6] 11

Auch Gesamtberechtigungen am Erbbaurecht in Form der gesamthänderischen Berechtigung oder der Berechtigung nach Bruchteilen sind möglich. Ob die Bestellung eines Erbbaurechts für mehrere Berechtigte als Gesamtgläubiger nach § 428 BGB zulässig ist, kann als noch nicht als abschließend geklärt bezeichnet werden.[7] Bei der Bestellung für Gesamtberechtigte ist im Hinblick auf § 47 GBO auf die eindeutige Bezeichnung der jeweiligen Gesamtberechtigung zu achten. 12

bb) **Belastungsgegenstand.** Belastungsgegenstand des Erbbaurechts ist grundsätzlich **ein ganzes Grundstück** im Rechtssinne. Auch die Bestellung eines (Unter)Erbbaurechtes an einem (Ober)Erbbaurecht ist zulässig.[8] Ebenfalls ist mittlerweile das nicht ausdrücklich im ErbbauRG geregelte, jedoch in § 6a GBO genannte, Gesamterbbaurecht an mehreren Grundstücken anerkannt.[9] Noch ungeklärt ist die Zulässigkeit der Bestellung mehrerer Einzelerbbaurechte an jeweils einem unselbstständigen Teil eines Bauwerks, das sich über mehrere Grundstücke erstreckt (Nachbarerbbaurecht).[10] 13

Abzugrenzen vom Belastungsgegenstand ist die Frage der Bestimmung des **Ausübungsbereichs** des Erbbaurechtes als Rechtsinhalt. So muss sich das Erbbaurecht nicht auf sämtliche Bauwerke auf dem mit dem Erbbaurecht belasteten Grundstück erstrecken. Sofern sich mehrere Gebäude auf einem Grundstück befinden, kann sich das Erbbaurecht zulässigerweise auch auf eines oder mehrere dieser Gebäude beziehen.[11] Die nicht im Ausübungsbereich des Erbbaurechts liegenden Bauwerke verbleiben dann als wesentliche Bestandteile 14

6 Ingenstau/Hustedt/*Hustedt* § 1 Rn. 48.
7 Vgl. hierzu MüKoBGB/*Heinemann* ErbbauRG § 1 Rn. 63 ff.; Ingenstau/Hustedt/*Hustedt* § 1 Rn. 52 ff.
8 BGH 22.2.1974 – V ZR 67/72, NJW 1974, 1137 (Ls.).
9 *v. Oefele/Winkler/Schlögel* ErbbauR-HdB § 3 Rn. 39.
10 Hierzu siehe *v. Oefele/Winkler/Schlögel* ErbbauR-HdB § 3 Rn. 71.
11 *v. Oefele/Winkler/Schlögel* ErbbauR-HdB § 2 Rn. 31.

des Grundstücks im Eigentum des Grundstückseigentümers.[12] Belastungsgegenstand ist dann dennoch das ganze Grundstück, wobei jedoch der Ausübungsbereich des Erbbaurechts auf einen Teilbereich beschränkt ist. Nicht möglich ist hingegen die Bestellung mehrerer Erbbaurechte bezüglich verschiedener Bauwerke auf einem Grundstück.

15 Praktisch sehr bedeutsam ist die Regelung der vom Erbbaurecht mit umfassten **Nebenflächen.** Nach § 1 Abs. 2 kann das Erbbaurecht auf einen für das Bauwerk nicht erforderlichen Teil des Grundstücks erstreckt werden, sofern das Bauwerk wirtschaftlich die Hauptsache bleibt. Die Erstreckung des Erbbaurechts auf Nebenflächen ist regelmäßig insbesondere im Hinblick auf die Zuwegung, Parkplätze und die Ver- und Entsorgung des Bauwerks erforderlich. Ohne die Erstreckung wären Bestellungen von Dienstbarkeiten zur Absicherung der entsprechenden Rechte erforderlich. Damit die Erstreckung auf Nebenflächen zum dinglichen Rechtsinhalt wird, ist eine dem Bestimmtheitsgebot genügende Einigung des Grundstückseigentümers mit dem Erbbauberechtigten erforderlich.[13]

16 cc) **Bauwerk.** Dem Erbbauberechtigten muss das Recht eingeräumt werden, auf dem Grundstück ein Bauwerk zu haben. Das Erbbaurecht kann sich auf bereits errichtete Bauwerke oder noch zu errichtende Bauwerke beziehen. Auch die Anzahl der dem Erbbaurecht zugeordneten Bauwerke ist nicht begrenzt.

17 Nach § 12 Abs. 1 S. 1 und S. 2 wird das Bauwerk durch das Entstehen des Erbbaurechts bzw. durch die Errichtung des Bauwerkes zum **wesentlichen Bestandteil des Erbbaurechts.** Die Bestellung eines Erbbaurechtes ist damit geeignet, auch nach der Errichtung eines Bauwerkes die Eigenschaft des Bauwerkes als wesentlicher Bestandteil des Grundstücks aufzuheben und das Bauwerk damit unabhängig vom Grundstück als Bestandteil des Erbbaurechts verkehrsfähig zu machen.

18 Das Erbbaurecht entsteht jedoch nicht, wenn sich die Einigung tatsächlich nicht auf das Haben eines Bauwerkes bezieht oder das Bauwerk ungenügend bestimmt ist.[14] Nachdem zunächst sehr strenge Anforderungen an die Bestimmtheit des oder der Bauwerke angelegt wurden, soll es nunmehr genügen, wenn vereinbart ist, dass der Erbbauberechtigte berechtigt ist, jede baurechtlich zulässige Art von Bauwerken zu errichten.[15] Es dürfte jedoch insbesondere im Interesse des Grundstückseigentümers anzustreben sein, eine Konkretisierung der zulässigen Bauwerke im Hinblick auf Anzahl und Gestaltung in die dingliche Einigung aufzunehmen.

19 Unter einem Bauwerk ist eine unbewegliche, durch Verwendung von Arbeit und Material in Verbindung mit dem Erdboden hergestellte Sache zu verstehen.[16] Ein Bauwerk, welches keine Verbindung zum Grundstück hat und sich nur auf dem Grundstück befindet, kann nicht wesentlicher Bestandteil eines Erbbaurechts werden.[17]

20 Die Beschränkung des Erbbaurechts auf einen Teil eines Gebäudes, insbesondere ein Stockwerk, ist nach § 1 Abs. 3 unzulässig.

12 BeckNotar-HdB A IV Rn. 27.
13 Ingenstau/Hustedt/*Hustedt* § 1 Rn. 42.
14 MüKoBGB/*Heinemann* ErbbauRG § 1 Rn. 8.
15 BGH 22.4.1994 – V ZR 183/93, DNotZ 1994, 886 (Ls.); 19.12.2014 – V ZR 81/14, BeckRS 2015, 2885, Rn. 10.
16 *v. Oefele/Winkler/Schlögel* ErbbauR-HdB § 2 Rn. 7 mwN.
17 Zu Einzelfällen: *v. Oefele/Winkler/Schlögel* ErbbauR-HdB § 2 Rn. 11 ff.; Ingenstau/Hustedt/*Hustedt* § 1 Rn. 78 Rn. 80; *Böttcher* ErbbauR IV. Rn. 7ff.

dd) Erste Rangstelle. Das Erbbaurecht entsteht nach der unabdingbaren Vorschrift des § 10 nur, wenn es im Grundstücksgrundbuch an **ausschließlich erster Rangstelle** eingetragen wird. Schädlich sind insoweit jedoch nur vorgehende Rechte, die rangfähig im Sinne des § 879 BGB sind. 21

Zu Konflikten mit dem notwendigen Vorrang des Erbbaurechts kann es bei der Voreintragung **existenznotwendiger Dienstbarkeiten** kommen. Denn selbst die Bestellung eines inhaltsgleichen Rechts am Erbbaurecht führt nicht zu einer vollständigen Absicherung des Dienstbarkeitsberechtigten, da die Dienstbarkeit beim Heimfall (vgl. § 33 Abs. 1 S. 3) und bei der Beendigung des Erbbaurechts erlischt. Im Rang nach dem Erbbaurecht ist die Dienstbarkeit zudem mit dem bei Beendigung dann nach § 28 vorrangig gesicherten Entschädigungsanspruch des Erbbauberechtigten konfrontiert. Eine Absicherung des Dienstbarkeitsberechtigten muss daher zum einen im Hinblick auf die Wiedereinräumung der Dienstbarkeit nach dem Heimfall und die Vorrangigkeit der Dienstbarkeit gegenüber der Entschädigungsforderung im Fall der Beendigung des Erbbaurechts erfolgen.[18] 22

b) Vertragsmäßiger Inhalt des Erbbaurechts. Das Erbbaurechtsgesetz bietet den Vertragsbeteiligten mögliche Regelungen in den Vorschriften der §§ 2–8, 27 Abs. 1 S. 2 und 32 Abs. 1 S. 2 an, die zum Inhalt des Erbbaurechts gemacht werden können. Zum Inhalt des Erbbaurechts werden diese Regelungen durch Einigung und Eintragung nach § 873 BGB. Da diese Regelungen auch rein schuldrechtlich vereinbart werden können, muss in der Erbbaurechtsbestellungsurkunde klar zum Ausdruck kommen, ob die jeweilige Regelung als vertragsmäßiger Inhalt des Erbbaurechts verdinglicht werden oder nur schuldrechtlich zwischen den Beteiligten gelten soll. 23

Die **dingliche Wirkung**, die sich auch ein Sonderrechtsnachfolger entgegen halten lassen muss, ist jedoch auf die vertraglich vereinbarte Verpflichtung beschränkt.[19] Ergeben sich aus den dinglich vereinbarten Verpflichtungen konkrete Ansprüche, so kommt diesen keine dingliche Wirkung zu. Der Grundstückseigentümer kann damit beispielsweise den gegen den Erbbauberechtigten aufgrund des Eintritts eines konkreten Heimfallgrundes entstandenen Heimfallanspruch nicht gegenüber einem Sonderrechtsnachfolger geltend machen. Das Stammrecht, aus dem der Heimfallanspruch bei Vorliegen eines konkreten Grundes entsteht, wirkt demgegenüber auch gegenüber dem Erwerber. Dem einmal entstandenen Anspruch kommt jedoch keine den Sonderrechtsnachfolger bindende dingliche Wirkung zu.[20] 24

c) Sonstige schuldrechtliche Vereinbarungen. Vereinbarungen des Grundstückseigentümers mit dem Erbbauberechtigten, die nicht den vertragsmäßigen Inhalt des Erbbaurechts berühren, haben keine dingliche Wirkung, da sie nicht zum Inhalt des Erbbaurechtes gemacht werden können. Vor diesem Hintergrund ist für diese Vereinbarungen jeweils eine gesonderte dingliche Absicherung beispielsweise durch Vormerkungen, Hypotheken oder Reallasten zu prüfen. 25

3. Erbbauzinsreallast. Über Höhe, Gegenstand und Art und Weise der Erfüllung der **Gegenleistung**, die vom Erbbaurechtsberechtigten für die Bestellung des Erbbaurechts geleistet wird, können sich die Beteiligten frei verständigen. Derartige Vereinbarungen über das Entgelt können jedoch nicht zum Inhalt des Erbbaurechtes gemacht werden. 26

---

18 Zu möglichen Gestaltungen OLG Hamm 27.6.2013 – 22 U 165/12, RNotZ 2013, 605; *Ott* DNotZ 2015, 341; *Rapp* MittBayNot 2014, 412.
19 Ingenstau/Hustedt/*Hustedt* § 2 Rn. 2.
20 BGH 6.11.2015 – V ZR 165/14, DNotZ 2016, 448 (Ls.).

27 Die Beteiligten sind frei, eine **Einmalzahlung** zu vereinbaren oder aber auch die **unentgeltliche Bestellung** des Erbbaurechts. Regelmäßig wird von den Beteiligten jedoch ein Entgelt in Form von wiederkehrenden Leistungen vereinbart, die in § 9 als **Erbbauzins** bezeichnet werden. Im Hinblick auf das Vorliegen eines kreditähnlichen Rechtsgeschäfts durch die Vereinbarung eines Erbbauzinses sind bei Erwerb eines Erbbaurechts durch eine Gemeinde ggf. Genehmigungsvorbehalte der Kommunalaufsicht zu beachten.[21]

28 Für die Absicherung dieser Zahlungsverpflichtungen des Erbbauberechtigten sieht § 9 die Belastung des Erbbaurechts mit einem **reallastartigen Recht** vor, auf welches die Vorschriften der §§ 1105 ff. BGB entsprechend anwendbar sind, obgleich den Beteiligten aber auch gestattet ist, rein schuldrechtlich wirkende Vereinbarungen über zu leistende Erbbauzinszahlungen zu treffen.

29 Die Entstehung der **Erbbauzinsreallast** folgt den allgemeinen Regeln für dingliche Rechte gem. §§ 873, 874 BGB. Es handelt sich bei der Erbbauzinsreallast zwingend um ein subjektiv dingliches Recht für den jeweiligen Grundstückseigentümer.[22] Nach § 9 Abs. 2 können noch nicht fällige Ansprüche auf Zahlung des Erbbauzinses nicht vom Eigentum am Grundstück getrennt werden.

30 a) **Rang der Erbbauzinsreallast.** Da die Erbbauzinsreallast eine **Belastung des Erbbaurechtes** darstellt, kommt es im Hinblick auf die Werthaltigkeit vor allem auf die **Rangstelle** des Rechts an. Insoweit kann sich ein Konflikt zwischen dem aus der Reallast berechtigten Grundstückseigentümer und Grundpfandrechtsgläubigern ergeben.[23] Denn ein Grundpfandrechtsgläubiger wird regelmäßig eine Rangstelle vor der Erbbauzinsreallast beanspruchen. Im Fall einer Zwangsversteigerung aus einem der Reallast im Rang vorgehenden Grundpfandrecht würde die Reallast aber durch den Zuschlag nach § 52 Abs. 1 ZVG grundsätzlich entfallen. Der Ersteher würde daher ein **Erbbaurecht ohne Erbbauzinsreallast** erwerben können. In einem solchen Fall soll der Grundstückseigentümer die ggfs. nach § 5 erforderliche Zustimmung auch nicht von der Wiedereinräumung des Rechts abhängig machen können (→ § 15 Rn. 7).

31 Vor diesem Hintergrund erweist sich der Rangrücktritt hinter Grundpfandrechte als problematisch für den aus der Reallast berechtigten Grundstückseigentümer. Zur Lösung dieses Konflikts wurden in der Vergangenheit sogenannte **Stillhaltevereinbarungen** zwischen Grundstückseigentümer und Grundpfandrechtsgläubiger abgeschlossen, die darauf abzielten, dass die Reallast des Grundstückseigentümers trotz Nachrangigkeit in der Zwangsversteigerung bestehen blieb.[24]

32 Nach dem im Jahr 1994[25] eingefügten § 9 Abs. 3 Nr. 1 kann jedoch **als Inhalt der Erbbauzinsreallast** vereinbart werden, dass die Reallast abweichend von § 52 Abs. 1 ZVG in der Zwangsversteigerung **mit ihrem Hauptanspruch bestehen bleibt.**[26] Der Konflikt zwischen Grundstückseigentümer und Grundpfandrechtsgläubiger kann damit durch die Begründung einer zwangsversteigerungsfesten Reallast aufgelöst werden. Bei Erbbauzinsreallasten, für die keine Abweichung von § 52 Abs. 1 ZVG vereinbart ist, verbleibt es jedoch bei der Konfliktsituation. Für diese Rechte muss entweder auf die Stillhaltevereinbarungen zwischen Grundstückseigentümer und Grundpfandrechtsgläubiger zurückgegriffen werden oder der Inhalt der Erbbauzinsreallast muss im Sinne des § 9 Abs. 3

21 Vgl. BGH 22.1.2016 – V ZR 27/14, NJW 2016, 3162.
22 MüKoBGB/*Heinemann* ErbbauRG § 9 Rn. 7.
23 Hierzu DNotI-Report 2005, 91 ff.
24 Ingenstau/Hustedt/*Hustedt* § 9 Rn. 137 ff.
25 G. v. 21.9.1994, BGBl. 2014 I 2457 (2489).
26 Hierzu *v. Oefele/Winkler/Schlögel* ErbbauR-HdB § 6 Rn. 28.

Nr. 1 angepasst werden. Soll eine entsprechende Inhaltsänderung der Reallast nachträglich begründet werden, ist die Zustimmung der Inhaber der der Reallast vorgehenden dinglichen Rechte erforderlich.[27]

b) Anpassungsklauseln. Aufgrund der regelmäßig vereinbarten langen Laufzeit des Erbbaurechts sind Regelungen für die Anpassung des Erbbauzinses und die dingliche Absicherung der Anpassung von erheblicher wirtschaftlicher Bedeutung für die Beteiligten. Nachdem es zunächst nicht möglich war, Anpassungsklauseln als dinglichen Inhalt der Erbbauzinsreallast zu vereinbaren,[28] sieht § 1105 Abs. 1 S. 2 BGB seit 1998 nunmehr auch die Möglichkeit der Vereinbarung einer Anpassungsklausel als Inhalt der Reallast vor. Die Behelfskonstruktion über die Vereinbarung schuldrechtlicher Anpassungsklauseln mit Vormerkungsabsicherung ist damit nicht mehr erforderlich. 33

Im Hinblick auf die Wirksamkeit von Anpassungsklauseln kann das Preisklauselgesetz zu beachten sein. Seit 2007 ist jedoch der Genehmigungsvorbehalt für Ausnahmen vom Preisklauselverbot entfallen und in § 8 PreisklG die schwebende Wirksamkeit der Preisklauseln bis zur rechtskräftigen Feststellung eines Verstoßes gegen das Gesetz angeordnet. Eine Prüfungsbefugnis des Grundbuchamtes ist aufgrund der schwebenden Wirksamkeit der Preisklauseln eher abzulehnen.[29] 34

III. Übertragung und Beendigung des Erbbaurechts

Im Hinblick auf die Sicherstellung der Beleihbarkeit ist eine Kündigung des Erbbaurechts oder der Rücktritt vom Erbbaurechtsvertrag nicht möglich, sobald das Erbbaurecht im Grundbuch eingetragen ist. Das einmal entstandene Erbbaurecht soll bis zum Ablauf der vereinbarten Laufzeit Bestand haben. 35

Eine Beendigung des Erbbaurechtes erfolgt entweder durch Zeitablauf nach §§ 27 ff. oder durch rechtsgeschäftliche Aufhebung des Erbbaurechtes. 36

1. Die Beendigung des Erbbaurechts durch Zeitablauf oder Aufhebung. Das Erbbaurecht erlischt nach Ablauf der vertraglich vereinbarten Laufzeit von selbst. Das Grundbuch wird durch die Beendigung unrichtig. Nach § 12 Abs. 3 werden die Bestandteile des Erbbaurechts Bestandteile des Grundstücks. Nach § 28 lastet die durch die Beendigung entstehende Entschädigungsforderung auf dem Grundstück an Stelle des Erbbaurechts und mit dessen Rang. 37

Das Grundgeschäft der rechtsgeschäftlichen Aufhebung des Erbbaurechts ist entsprechend einhelliger Meinung in der Literatur nach § 11 Abs. 2 iVm § 311b BGB beurkundungsbedürftig.[30] Die Aufgabe des Rechts erfolgt entsprechend der Regelungen der §§ 875, 876 BGB. Nach § 26 ist die Zustimmung des Grundstückseigentümers erforderlich. Sofern das Erbbaurecht mit Rechten Dritter belastet ist, bedarf die Aufhebung nach § 876 BGB der Zustimmung der Dritten. 38

2. Übertragung. Nach § 1 Abs. 1 ist das Erbbaurecht veräußerlich. Der Erbbauberechtigte ist damit in der Lage, das Erbbaurecht auf eine andere Person zu übertragen. Mit der Übertragung erfolgt keine Inhaltsänderung des Erbbaurechts. 39

Das Verpflichtungsgeschäft bedarf nach § 11 Abs. 2 iVm § 311b BGB der notariellen Beurkundung. Ein ohne Beachtung dieser Form geschlossener Vertrag 40

27 Ingenstau/Hustedt/*Hustedt* § 9 Rn. 140.
28 Ingenstau/Hustedt/*Hustedt* § 9 Rn. 38 ff.
29 MüKoBGB/*Heinemann* ErbbauRG § 9 Rn. 53; *Schöner/Stöber* GrundbuchR Rn. 3272; abweichend OLG Celle 14.9.2009 – 4 W 220/07, DNotZ 2008, 779.
30 Vgl. *v. Oefele/Winkler/Schlögel* ErbbauR-HdB § 5 Rn. 197.

wird gem. § 11 Abs. 1 iVm § 311b Abs. 1 S. 2 BGB seinem ganzen Inhalt nach gültig, wenn die Einigung vorliegt und die Eintragung im Erbbaurechtsgrundbuch erfolgt ist.

41 Da § 925 BGB nicht anwendbar ist, ist die dingliche Einigung gem. § 873 BGB materiell grundsätzlich formfrei möglich, wobei jedoch formell regelmäßig die Form nach §§ 20, 29 GBO einzuhalten ist. Ist der Zustimmungsvorbehalt (→ § 15 Rn. 1 ff.) zu einer Veräußerung gem. § 5 zum Inhalt des Erbbaurechts gemacht worden, muss auch die Zustimmung in der Form des § 29 GBO vorgelegt werden.

42 3. **Heimfall.** Nach § 2 Nr. 4 kann eine Verpflichtung des Erbbauberechtigten, das Erbbaurecht beim Eintreten bestimmter Voraussetzungen auf den Grundstückseigentümer zu übertragen (Heimfall) zum vertragsmäßigen Inhalt des Erbbaurechts gemacht werden. Die Voraussetzungen, unter denen das Heimfallrecht ausgeübt werden kann, können der Grundstückseigentümer und der Erbbauberechtigte vereinbaren.[31]

43 Durch den Heimfall erlischt das Erbbaurecht nicht und das Erbbaurecht fällt auch nicht automatisch auf den Grundstückseigentümer zurück. Vielmehr steht dem Grundstückseigentümer nur ein Anspruch auf Übertragung des Erbbaurechtes zu. Aufgrund des Heimfallanspruchs wird der Erbbauberechtigte, der den Heimfall verursacht hat, allerdings lediglich schuldrechtlich verpflichtet, das Erbbaurecht auf den Grundstückseigentümer zu übertragen.[32] Ein Sonderrechtsnachfolger muss den in der Person seines Rechtsvorgängers begründeten Heimfallanspruch damit nicht gegen sich gelten lassen.

44 Soweit das Erbbaurecht mit Hypotheken, Grund- und Rentenschulden oder Reallasten belastet ist, bleiben diese beim Heimfall nach § 33 Abs. 1 S. 1 bestehen. Ebenfalls ein Dauerwohnrecht bleibt nach § 42 Abs. 2 WEG bestehen. Andere auf dem Erbbaurecht lastende Rechte erlöschen hingegen beim Heimfall.

IV. Änderung des Inhalts des Erbbaurechts

45 Auch nach Bestellung des Erbbaurechts kann der gesetzliche oder vertragsmäßige Inhalt des Erbbaurechts geändert werden. Keine Änderung des Erbbaurechts stellt demgegenüber eine Änderung bezüglich des Erbbauzinses dar, da diese Regelung nicht zum Inhalt des Erbbaurechts gehört.

46 Die zur dinglichen Rechtsänderung nach § 11 Abs. 1 erforderliche Einigung gem. § 873 BGB ist an keine Form gebunden. Dem Grundbuchamt muss die Einigung jedoch in der Form des § 29 GBO nachgewiesen werden. Voraussetzung der Wirksamkeit der dinglichen Rechtsänderung ist die Eintragung im Grundbuch.

47 Im Hinblick auf die Formbedürftigkeit des der Änderung eines bereits im Grundbuch eingetragenen Erbbaurechts zugrunde liegenden Verpflichtungsgeschäfts wird überwiegend danach differenziert, ob die Inhaltsänderung einer Teil-Aufhebung oder Teil-Neubestellung gleichkommt.[33] In diesen Fällen soll das Verpflichtungsgeschäft der Form des § 311b BGB bedürfen. Andernfalls soll kein Formzwang bestehen. Aufgrund der Unschärfe der Abgrenzung sollte sicherheitshalber der Änderungsvertrag stets beurkundet werden.[34] Vor Eintragung des Erbbaurechts im Grundbuch ist die Verpflichtung zur Inhaltsänderung nach § 11 Abs. 2 formbedürftig.

---

31 Zu einzelnen Heimfallgründen: Ingenstau/Hustedt/*Hustedt* § 2 Rn. 65 ff.
32 BGH 6.11.2015 – V ZR 165/14, DNotZ 2016, 448 (Ls.).
33 MüKoBGB/*Heinemann* ErbbauRG § 11 Rn. 36 mwN.
34 Vgl. *Böttcher* ErbbauR VIII. Rn. 641.

Die am Erbbaurecht dinglich Berechtigten müssen der Inhaltsänderung nach § 11 Abs. 1, §§ 877, 876 BGB zustimmen, wenn sich durch die Änderung ihre Rechtsstellung verschlechtert.[35] Auch die im Grundstücksgrundbuch eingetragenen dinglich Berechtigten müssen der Inhaltsänderung des im Rang vorgehenden Erbbaurechts zustimmen, wenn der Inhalt des Erbbaurechts erweitert wird.[36] 48

§ 15 [Zustimmung des Grundstückseigentümers]

In den Fällen des § 5 darf der Rechtsübergang und die Belastung erst eingetragen werden, wenn dem Grundbuchamte die Zustimmung des Grundstückseigentümers nachgewiesen ist.

I. Normzweck

Nach § 5 Abs. 1 kann als Inhalt des Erbbaurechtes vereinbart werden, dass der Erbbauberechtigte zur Veräußerung des Erbbaurechts der Zustimmung des Grundstückseigentümers bedarf. 1

II. Gegenstand des Zustimmungsvorbehalts

Eine zustimmungspflichtige Veräußerung ist grundsätzlich jede Übertragung des Erbbaurechts durch Rechtsgeschäft unter Lebenden auf einen neuen Rechtsinhaber.[1] Bei der Gestaltung des Zustimmungsvorbehaltes bleibt es den Vertragsbeteiligten jedoch unbenommen, bestimmte Rechtsgeschäfte oder Veräußerungen an bestimmte Personen von der Zustimmungspflicht auszunehmen. 2

Nach § 5 Abs. 2 S. 1 kann auch der Zustimmungsvorbehalt des Grundstückseigentümers zu der Belastung des Erbbaurechts mit einer Hypothek, Grund- und Rentenschuld oder einer Reallast zum Inhalt des Erbbaurechts gemacht werden. 3

Wenn ein entsprechender Zustimmungsvorbehalt zum Inhalt des Erbbaurechts gemacht worden ist, sind nach § 6 Abs. 1 die Verfügung über das Erbbaurecht sowie das Verpflichtungsgeschäft bis zur Erteilung der Zustimmung schwebend unwirksam. Voraussetzung hierfür ist jedoch, dass der Zustimmungsvorbehalt tatsächlich durch Eintragung im Grundbuch zum Inhalt des Erbbaurechtes geworden ist und nicht nur schuldrechtlich vereinbart wurde.[2] 4

Der Zustimmungsvorbehalt soll das berechtigte Interesse des Grundstückseigentümers an der Person des Erbbauberechtigten schützen.[3] Der Grundstückseigentümer hat ferner ein berechtigtes Interesse, eine übermäßige Belastung des Erbbaurechtes zu verhindern, weil die in § 5 Abs. 2 aufgeführten Belastungen 5

35 OLG Frankfurt 27.5.2003 – 20 W 462/02, NJOZ 2003, 3226 (3228); DNotI-Report 2012, 197 (198 ff.).
36 BayObLG 22.12.1959 – Breg. 2 Z 192/59, NJW 1960, 1155 (1156).
1 OLG Düsseldorf 20.6.2013 – 3 Wx 85/12, RNotZ 2013, 542.
2 MüKoBGB/*Heinemann* ErbbauRG § 5 Rn. 2.
3 MüKoBGB/*Heinemann* ErbbauRG § 5 Rn. 1.

des Erbbaurechtes beim Heimfall nach § 33 bestehen bleiben. Da auch Dauerwohnrechte nach § 42 Abs. 2 WEG beim Heimfall bestehen bleiben, kann nach überwiegender Ansicht auch insoweit über den Wortlaut des § 5 Abs. 2 hinaus ein Zustimmungsvorbehalt vereinbart werden.[4] Auf Belastungen anderer Art findet § 5 keine Anwendung.

III. Anspruch auf Zustimmung nach § 7 Abs. 1

6 Aus § 7 Abs. 1 kann sich ein **Anspruch** des Erbbauberechtigten **auf Erteilung der Zustimmung** durch den Grundstückseigentümer ergeben, wenn durch die Veräußerung der mit der Bestellung des Erbbaurechts verfolgte Zweck nicht wesentlich beeinträchtigt oder gefährdet wird und die Persönlichkeit des Erwerbers Gewähr für eine ordnungsmäßige Erfüllung der sich aus dem Erbbaurechtsinhalt ergebenden Verpflichtungen bietet. Entsprechendes gilt für die Zustimmung zur Belastung, wenn diese mit den Regeln einer ordnungsgemäßen Wirtschaft vereinbar ist und der mit der Bestellung des Erbbaurechts verfolgte Zweck nicht wesentlich beeinträchtigt oder gefährdet wird.

7 Der Grundstückseigentümer darf jedoch seine Zustimmung versagen, wenn der Erwerber nicht bereit ist, in die schuldrechtlichen Vereinbarungen des Erbbaurechtsbestellungsvertrages einzutreten.[5] Eine Verpflichtung des Erwerbers, eine im Rahmen der Zwangsversteigerung durch Zuschlag erloschene Erbbauzinsreallast neu zu begründen, besteht jedoch nicht. Aufgrund der Verweigerung des Erwerbers zur Begründung eines entsprechenden Rechts darf der Grundstückseigentümer seine Zustimmung nicht verweigern.[6]

IV. Nachweis der Zustimmung und Widerruflichkeit der Zustimmung

8 Nach § 15 ist der **Nachweis der Zustimmung** gem. § 5 in der Form des § 29 GBO Voraussetzung für die Eintragung im Grundbuch. Insbesondere für die Gestaltung von Verträgen, die die Veräußerung eines Erbbaurechtes zum Gegenstand haben, war die Frage der Widerruflichkeit der Zustimmung des Grundstückseigentümers lange Zeit von erheblicher praktischer Bedeutung. Der BGH hat nunmehr hierzu entschieden, dass die vom Grundstückseigentümer erteilte Zustimmung unwiderruflich wird, sobald die schuldrechtliche Vereinbarung über die Veräußerung wirksam geworden ist.[7] Die sich aus einer möglicherweise gespaltenen Zustimmung ergebenden Gefahren dürften daher für die Vertragsgestaltung überwunden sein.

9 Sofern die Belastung des Erbbaurechtes nach dem Erbbaurechtsvertrag der Zustimmung des Grundstückseigentümers bedarf, muss der Notar den Erwerber darauf hinweisen, dass der Grundstückseigentümer der Veräußerung zustimmen und die Zustimmung zur Belastung verweigern könnte.[8] Gleiches gilt für den Fall, dass die Veräußerung nicht der Zustimmung des Grundstückseigentümers bedarf, wohl aber die Belastung des Erbbaurechts. In diesen Fällen droht die Vertragsabwicklung zu scheitern, sofern der Erwerber den Kaufpreis finanziert und eine Belastung des Erbbaurechts Bedingung für die Finanzierung ist. Durch Aufnahme der Zustimmung zur Belastung als Voraussetzung der Fälligkeit des Kaufpreises kann der Erwerber geschützt werden, sich gegenüber dem

---

4 Ingenstau/Hustedt/*Hustedt* § 5 Rn. 28 mwN.
5 BGH 13.7.2017 – V ZB 186/15, DNotZ 2018, 58 (Ls.).
6 OLG Düsseldorf 20.6.2013 – I-3 Wx 85/12, NJOZ 2013, 1722 (Ls.).
7 BGH 29.6.2017 – V ZB 144/16, RNotZ 2017, 654 (656).
8 Vgl. hierzu BGH 2.6.2005 – III ZR 306/04, DNotZ 2005, 847 ff.; OLG Hamm 1.6.2012 – 11 U 45/11, BeckRS 2012, 18125.

Verkäufer im Fall der verweigerten Zustimmung des Eigentümers zur Belastung wegen einer gescheiterten Finanzierung des Kaufpreises schadensersatzpflichtig zu machen.

Gesetz betreffend die Gesellschaften mit beschränkter Haftung (GmbHG)

in der Fassung der Bekanntmachung vom 20. Mai 1898 (RGBl. S. 846)

BGBl. III/FNA 4123-1
zuletzt geändert durch Art. 64 PersonengesellschaftsrechtsmodernisierungsG (MoPeG) vom 10.8.2021 (BGBl. I S. 3436)
– Auszug –

§ 2 Form des Gesellschaftsvertrags

(1) [1]Der Gesellschaftsvertrag bedarf notarieller Form. [2]Er ist von sämtlichen Gesellschaftern zu unterzeichnen.

(1a) [1]Die Gesellschaft kann in einem vereinfachten Verfahren gegründet werden, wenn sie höchstens drei Gesellschafter und einen Geschäftsführer hat. [2]Für die Gründung im vereinfachten Verfahren ist das in der Anlage bestimmte Musterprotokoll zu verwenden. [3]Darüber hinaus dürfen keine vom Gesetz abweichenden Bestimmungen getroffen werden. [4]Das Musterprotokoll gilt zugleich als Gesellschafterliste. [5]Im Übrigen finden auf das Musterprotokoll die Vorschriften dieses Gesetzes über den Gesellschaftsvertrag entsprechende Anwendung.

(2) Die Unterzeichnung durch Bevollmächtigte ist nur auf Grund einer notariell errichteten oder beglaubigten Vollmacht zulässig.

[§ 2 ab 1.8.2022:]

§ 2 Form des Gesellschaftsvertrags

(1) [1]Der Gesellschaftsvertrag bedarf notarieller Form. [2]Er ist von sämtlichen Gesellschaftern zu unterzeichnen.

(1a) [1]Die Gesellschaft kann in einem vereinfachten Verfahren gegründet werden, wenn sie höchstens drei Gesellschafter und einen Geschäftsführer hat. [2]Für die Gründung im vereinfachten Verfahren ist das in Anlage 1 bestimmte Musterprotokoll zu verwenden. [3]Darüber hinaus dürfen keine vom Gesetz abweichenden Bestimmungen getroffen werden. [4]Das Musterprotokoll gilt zugleich als Gesellschafterliste. [5]Im Übrigen finden auf das Musterprotokoll die Vorschriften dieses Gesetzes über den Gesellschaftsvertrag entsprechende Anwendung.

(2) Die Unterzeichnung durch Bevollmächtigte ist nur auf Grund einer notariell errichteten oder beglaubigten Vollmacht zulässig.

(3) [1]Die notarielle Beurkundung des Gesellschaftsvertrags sowie im Rahmen der Gründung der Gesellschaft gefasste Beschlüsse der Gesellschafter können im Fall einer Gründung ohne Sacheinlage auch mittels Videokommunikation gemäß den §§ 16a bis 16e des Beurkundungsgesetzes erfolgen. [2]In diesem Fall genügen abweichend von Absatz 1 Satz 2 für die Unterzeichnung die qualifizierten elektronischen Signaturen der mittels Videokommunikation an der Beurkundung teilnehmenden Gesellschafter. [3]Die Gründung mittels Videokommunikation kann auch im Wege des vereinfachten Verfahrens nach Absatz 1a oder unter Verwendung der in Anlage 2 bestimmten Musterprotokolle erfolgen. [4]Bei Verwendung der in Anlage 2 bestimmten Musterprotokolle gilt Absatz 1a Satz 3 bis 5 entsprechend.

Literatur:

Bader, Der Schutz des guten Glaubens in Fällen mit Auslandsberührung, MittRhNotK 1994, 161; *Berge*, Der Gründungsaufwand bei der GmbH, GmbHR 2020, 82; *Förl*, Die neue Teilbarkeit von Geschäftsanteilen – einfach (und) gut?, RNotZ 2008, 409; *Freier*, Vertretungsnachweise bei Gesellschaften aus dem britischen und amerikanischen Rechtskreis, NotBZ 2018, 444; *Heinze*, Die Vermeidung von Sachgründungen und -kapitalerhöhungen bei der GmbH, NJW 2020, 3768; *Kölmel*, Der Minderjährige in der notariellen Praxis – Grundlagen, RNotZ 2010, 1 (10); *Lautner*, Alles wieder beim Alten? – Die gesetzliche Neuregelung zur Teilnahme der Gesellschaft bürgerlichen Rechts am Grundstücksverkehr, DNotZ 2009, 650; *Mödl*, Die ausländische Kapitalgesellschaft in der notariellen Praxis, RNotZ 2008, 1; *Leitzen*, Öffentlich-rechtliche Genehmigungen in GmbH-Registerverfahren nach dem MoMiG, GmbHR 2009, 480; *Pfeiffer*, Vollmacht und Vertretungsnachweis bei Auslandsbezug im deutschen Handelsregisterverfahren, Rpfleger 2012, 240; *Priester*, Kaskaden-Gründung im GmbH-Recht, DStR 2016, 1555; *Schmelter/Greger*, Notarielle Hinweise bei GmbH-Gründungen, MittBayNot 2021, 201; *Stiegler*, Zustimmungspflichtige Verwaltungssitzverlegung?, NZG 2021, 705; *Suttmann*, Zum grundbuchrechtlichen Nachweis der Vertretungsbefugnis bei ausländischen Gesellschaften, notar 2014, 273; *Wachter*, Vertretungsfragen bei der Gründung einer Einpersonen-GmbH, GmbHR 2003, 660; *Weber*, GmbH-Gründung und Auslandsbeurkundung, MittBayNot 2018, 215; *Wälzholz/Bachner*, Probleme der sogenannten Stafetten-Gründung von Kapitalgesellschaften, NZG 2006, 361.

I. Gründung einer GmbH

1 **1. Notarielle Form/Umfang der Beurkundungspflicht.** Die Gründung einer GmbH muss gemäß Abs. 1 notariell beurkundet werden, und zwar als Beurkundung von Willenserklärungen (§§ 6 ff. BeurkG).[1] Die notarielle Urkunde (Gründungsprotokoll) enthält typischerweise die eigentliche Errichtungserklärung, die Feststellung des Gesellschaftsvertrags (regelmäßig als Anlage gemäß § 9 Abs. 1 S. 2 BeurkG beigefügt), die notariellen Belehrungen[2] sowie eine Änderungs- und Vollzugsvollmacht, häufig auch die Geschäftsführerbestellung.[3]

2 Der Umfang der Beurkundungspflicht erstreckt sich auf den Mindestinhalt gemäß § 3 sowie sämtliche sonstigen Satzungsbestimmungen mit körperschaftlicher Wirkung, die nach dem Willen der Beteiligten gelten sollen[4] (zur Abgrenzung von körperschaftlichen zu sonstigen Bestimmungen → Rn. 44 ff.). Anders als bei § 311b BGB oder § 15 Abs. 4 besteht keine Pflicht zur Beurkundung sämtlicher Nebenabreden.[5]

3 Fehlende Mindestinhalte des Gesellschaftsvertrags (§ 3 Abs. 1) führen zur Nichtigkeit des Gründungsgeschäfts.[6] Sofern sonstige körperschaftliche Satzungsbestandteile nicht mitbeurkundet wurden, die nach dem Willen der Beteiligten Bestandteil der Satzung sein sollen, gilt nach herrschender Meinung § 125 S. 1 BGB iVm § 139 BGB.[7] Ein Formmangel wird allerdings durch die Eintragung der Gesellschaft in das Handelsregister geheilt.[8]

4 Eine Beurkundung von Angebot und Annahme ist nicht zulässig.[9] Eine sukzessive Beurkundung derselben Niederschrift[10] oder in getrennten, gemäß § 13a BeurkG inhaltlich aufeinander verweisenden Niederschriften[11] ist gestattet, da keine Gleichzeitigkeit vorgeschrieben ist;[12] auch kann bei Mehrpersonen-

1 AG Charlottenburg GmbHR 2016, 223; Baumbach/Hueck/*Fastrich* § 2 Rn. 8.
2 Hierzu *Schmelter/Greger* MittBayNot 2021, 201.
3 Zu den Vorteilen gegenüber einer Bestellung im Gesellschaftsvertrag selbst vgl. MVHdB I GesellschaftsR/*Böhm/Frowein* Form. IV. 1 Anm. 14 mwN. Die Geschäftsführer können alternativ auch im Anschluss an die Gründungsbeurkundung im Wege eines (privatschriftlichen) Gesellschafterbeschlusses bestellt werden.
4 *Wicke* GmbHG § 2 Rn. 5; MüKoGmbHG/*Heinze* § 2 Rn. 38.
5 BGH NJW-RR 1993, 607; NZG 2010, 988.
6 Baumbach/Hueck/*Fastrich* § 3 Rn. 22 f.; MüKoGmbHG/*Heinze* § 2 Rn. 174.
7 Vgl. Lutter/Hommelhoff/*Bayer* § 9c Rn. 11; Scholz/*Veil* § 9c Rn. 23. Gegen eine Anwendung des § 139 BGB auf Gesellschaftsverträge MüKoGmbHG/*Wicke* § 9c Rn. 7, 26 ff.
8 RGZ 114, 77 (80 f.); Baumbach/Hueck/*Fastrich* § 2 Rn. 15.
9 Habersack/Casper/*Ulmer/Löbbe* § 2 Rn. 14.
10 RG JW 1908, 520 (521).
11 Baumbach/Hueck/*Fastrich* § 2 Rn. 10.
12 Habersack/Casper/*Ulmer/Löbbe* § 2 Rn. 14. Mit der letzten Unterzeichnung ist die Satzung wirksam festgestellt; Zugang der Beitrittserklärung bei den anderen Gründern ist nicht erforderlich (§ 152 BGB).

GmbHs eine Vertretung ohne Vertretungsmacht mit nachfolgender Genehmigung des Vertretenen in Betracht kommen (→ Rn. 7).

5 Die Beurkundung der GmbH-Gründung muss als statusrelevanter Vorgang nach herrschender Meinung durch einen deutschen Notar oder Konsularbeamten (§ 10 KonsG) erfolgen; eine Beurkundung durch einen ausländischen Notar ist nicht zulässig.[13] Die gegenteilige Auffassung des Kammergerichts,[14] wonach jedenfalls auch eine Beurkundung durch einen Notar in Bern ausreichend sei, ist abzulehnen.[15] Auch hier heilt die Eintragung der Gesellschaft in das Handelsregister einen solchen Mangel.[16] Die Beurkundung des Gesellschaftsvertrags in einer fremden Sprache gemäß § 5 Abs. 2 BeurkG ist zulässig, sofern der Handelsregisteranmeldung eine deutsche Übersetzung beigefügt wird;[17] diese kann der beurkundende Notar erstellen (§ 50 Abs. 1 BeurkG).

6 **2. Vertretung; Vollmacht.** Nach Abs. 2 muss eine Vollmacht zur Gründung einer GmbH notariell beurkundet (§§ 6 ff. BeurkG) oder beglaubigt (§§ 39, 40 BeurkG) sein. Bei Behörden ist eine Vollmacht in öffentlicher Urkunde ausreichend.[18] Gesetzliche Vertreter und Organe einer juristischen Person bedürfen keiner Vollmacht, müssen ihre gesetzliche Vertretungsmacht aber in geeigneter Form nachweisen (→ Rn. 48).[19] Auch die Gründung auf Grundlage einer Prokura ist nach ganz herrschender Meinung möglich.[20] Handelt ein Gründer gleichzeitig als Vertreter eines anderen oder bevollmächtigen mehrere Gesellschafter denselben Vertreter, bedarf die Befreiung vom Verbot des Selbstkontrahierens (§ 181 BGB) der Form des Abs. 2.[21] Wird die GmbH trotz eines Formmangels der Vollmacht im Handelsregister eingetragen, wird dieser geheilt.[22] Dies gilt auch bei einem vollständigen Fehlen der Vollmacht.[23]

7 Der beurkundende Notar hat die Wirksamkeit der Vollmacht zu prüfen (§ 17 BeurkG) und auf etwaige Mängel hinzuweisen.[24] Die Vollmacht muss die Berechtigung zur Vornahme der Gründung eindeutig erkennen lassen, wozu eine Generalvollmacht ausreicht,[25] nicht hingegen eine gewöhnliche Handlungsvollmacht.[26] Nicht erforderlich ist, dass die Vollmacht Vorgaben zum Satzungsinhalt oder der Höhe der Einlage enthält.[27] Fehlt es der Vollmacht an der erforderlichen Form, ist diese nichtig (§ 125 S. 1 BGB), da die Form Wirksamkeitsvoraussetzung der Vollmacht ist.[28] Soweit es um die Gründung einer Mehrpersonen-GmbH geht, ist die ohne wirksame Vollmacht abgegebene Willenserklärung und damit auch der Gesellschaftsvertrag schwebend unwirksam (§ 177 BGB). Nach herrschender Meinung hat die Genehmigung des Vertrete-

13 AG Charlottenburg GmbHR 2016, 223. Ausführlich MüKoGmbHG/*Heinze* § 2 Rn. 44 ff.; Rn. 56c.
14 KG DStR 2018, 534.
15 Überzeugend *Weber* MittBayNot 2018, 215.
16 Vgl. *Wicke* GmbHG § 2 Rn. 5.
17 LG Düsseldorf GmbHR 1999, 609; ausführlich *Krafka* RegisterR-HdB Rn. 916.
18 OLG Düsseldorf MittRhNotK 1997, 436; MüKoGmbHG/*Heinze* § 2 Rn. 67.
19 *Wicke* GmbHG § 2 Rn. 7; MüKoGmbHG/*Heinze* § 2 Rn. 71.
20 Vgl. BGH NJW 1992, 975.
21 *Wicke* GmbHG § 2 Rn. 8; MüKoGmbHG/*Heinze* § 2 Rn. 70.
22 *Wicke* GmbHG § 2 Rn. 9; Baumbach/Hueck/*Fastrich* § 2 Rn. 23.
23 Ausführlich DNotI-Report 2018, 177 ff.
24 *Pfeiffer* Rpfleger 2012, 240 (243); ausführlich Staudinger/*Hertel* BeurkG § 12 Rn. 340 ff.
25 OLG Frankfurt MittBayNot 2017, 508.
26 Baumbach/Hueck/*Fastrich* § 2 Rn. 21.
27 KGJ 19 (1900), 17 (19).
28 MüKoGmbHG/*Heinze* § 2 Rn. 72 mwN.

nen der Form des Abs. 2 zu entsprechen.[29] Bei Gründung einer Einpersonen-GmbH kann wegen § 180 BGB nach ganz herrschender Meinung nicht nachträglich genehmigt werden; es bleibt nur die Neuvornahme (§ 141 BGB).[30]

8 Nicht erforderlich ist, dass die Vollmacht in notarieller Form im Beurkundungstermin vorliegt; sie kann dem Notar nachgereicht werden, sofern sie zum Zeitpunkt der notariellen Beurkundung der GmbH-Gründung bereits existiert.[31] Zum Nachweis, dass die Vollmacht bereits formgerecht erteilt worden ist, wird sich der beurkundende Notar in der Regel zumindest eine Kopie der Vollmacht einschließlich des Beglaubigungsvermerks vorlegen lassen.[32] Entsprechend sind Fälle zu behandeln, in denen eine formgerechte Gründungsvollmacht existiert und eine entsprechende Kopie dem Notar vorliegt, der notwendige Echtheitsnachweis (Legalisation bzw. Apostille) hingegen noch nicht existiert.[33]

9 Da die Gerichtssprache deutsch ist (§ 184 GVG), muss eine in einer anderen Sprache verfasste Gründungsvollmacht dem Handelsregister grundsätzlich in öffentlich beglaubigter Übersetzung vorgelegt werden.[34] Das Vorliegen der Übersetzung der Gründungsvollmacht ist keine Voraussetzung für deren formgerechte Erteilung, muss aber für die Eintragung in das Handelsregister vorgelegt werden.[35] In der Praxis haben sich zweisprachige Vollmachten mit der klarstellenden Formulierung etabliert, dass die Vollmacht in deutscher Sprache erstellt ist und die fremdsprachige Version nur die unverbindliche Übersetzung darstellt.[36]

10 Bei einer Beurkundung oder Beglaubigung der Vollmacht durch einen ausländischen Notar muss sich die Identität des die Vollmacht Unterzeichnenden aus dem Beglaubigungsvermerk eindeutig feststellen lassen muss.[37] Des Weiteren sind zum Nachweis der Echtheit der ausländischen Urkunde grundsätzlich Legalisation bzw. Apostille notwendig, sofern dies nicht aufgrund staatsvertraglicher Regelungen entbehrlich ist (ausführlich → Rn. 61 ff.). Die Unterzeichnung der Vollmacht im Ausland kann alternativ durch einen deutschen Konsul beglaubigt werden (§ 10 KonsularG).

---

29 *Wicke* GmbHG § 2 Rn. 8 mwN; BeckNotar-HdB/*Mayer*/*Weiler* D.I. GmbH 1. Teil IV. Rn. 31. Zur Belehrungspflicht des Notars in diesem Zusammenhang BGH DStR 2005, 487 (488).

30 OLG Stuttgart GmbHR 2015, 487; OLG Frankfurt FGPrax 2017, 73. AA Scholz/*Cramer* § 2 Rn. 37.

31 Scholz/*Cramer* § 2 Rn. 31 mwN; *Wachter* GmbHR 2003, 660 (662).

32 *Wachter* GmbHR 2003, 660 (662). Die Eintragung der Gesellschaft im Handelsregister kann in diesem Fall erst dann erfolgen, wenn die formgerecht erteilte Vollmacht im Original vorliegt.

33 Scholz/*Cramer* § 2 Rn. 32; *Wachter* GmbHR 2003, 660 (662).

34 MünchHdb GesR III/*Freitag* § 5 Rn. 45b. Etwas anderes gilt nur in dem Fall, dass das Gericht der entsprechenden Sprache mächtig ist (§ 185 Abs. 3 GVG).

35 *Wachter* GmbHR 2003, 660 (662). Das Registergericht kann entsprechend § 142 Abs. 3 ZPO die Übersetzung einer fremdsprachigen Urkunde durch einen amtlich anerkannten Übersetzer verlangen; die Unterschrift des Übersetzers unter seinem Übersetzungsvermerk ist öffentlich zu beglaubigen, vgl. KG NZG 2012, 1352 (1353). Unter den Voraussetzungen des § 50 BeurkG kann der beurkundende Notar alternativ selbst die Übersetzung anfertigen. Liegen die Voraussetzungen des § 50 BeurkG nicht vor, wird in der registerrechtlichen Praxis auch eine auf § 24 BNotO gestützte Bestätigung des einreichenden Notars akzeptiert, in der dieser darauf hinweist, dass er die Übersetzung angefertigt hat und die Vollständigkeit und Richtigkeit bestätigt, vgl. BeckNotar-HdB/*Zimmermann* § 28 Rn. 46.

36 *Pfeiffer* Rpfleger 2012, 240 (246); BeckOF Vertrag/*Schervier* 7.8.11.1 Rn. 8.

37 MüKoGmbHG/*Heinze* § 2 Rn. 67.

3. Sachgründung. Soll eine Einlage als Sacheinlage erfolgen, bedarf dies einer ausdrücklichen Normierung im Gesellschaftsvertrag.[38] Dort sind der genau bezeichnete[39] Gegenstand der Sacheinlage, der „Nennbetrag des Geschäftsanteils, auf den sich die Sacheinlage bezieht" (dh der Wert der Sacheinlage muss den Nennwert des oder der Geschäftsanteile, auf die sie eingebracht wird, abdecken) sowie die Person des einbringenden Gesellschafters[40] festzusetzen (→ Rn. 47). Sacheinlagefähig ist analog § 27 Abs. 2 AktG jeder Vermögensgegenstand mit feststellbarem wirtschaftlichem Wert.[41] Dienstleistungen sind analog § 27 Abs. 2 AktG nicht einlagefähig.[42] Nicht einlagefähig sind auch Ansprüche gegen den einbringenden Gesellschafter selbst, weil mit der Einbringung einer solchen Forderung lediglich die gesellschaftsrechtliche Verpflichtung gegen eine schuldrechtliche ausgetauscht würde.[43] Von der gesellschaftsvertraglichen Sacheinlagevereinbarung zu unterscheiden ist das Vollzugsgeschäft; dieses kann mit der Gesellschaftsgründung in gleicher Urkunde vorgenommen werden.[44] In der Praxis erfolgt aus Beschleunigungsgründen alternativ zur Sachgründung häufig eine Bargründung mit anschließender Kapitalerhöhung nebst (korporativem) Sachagio.[45] 11

4. Zustimmung des Ehegatten (§ 1365 BGB)/der Gesellschafter (§ 179a AktG, § 49 Abs. 2). Bei Vorliegen des gesetzlichen Güterstandes der Zugewinngemeinschaft kann bei deutschem Güterrecht unterliegenden Ehepaaren gemäß § 1365 BGB die Zustimmung des anderen Ehegatten erforderlich sein, wenn der eine – für die Mitgründer erkennbar – sein gesamtes Vermögen als Einlage in die Gesellschaft einbringen will (→ § 15 Rn. 39 f.).[46] Dies gilt nach herrschender Meinung jedoch nicht bei der Bargründung, da die bloße Verpflichtung zu einer Geldzahlung – selbst wenn zur Erfüllung das gesamte Vermögen herangezogen werden muss – nicht von der Verfügungsbeschränkung umfasst ist.[47] Eine Belehrungspflicht des Notars besteht im Fall einer Bargründung deshalb nicht.[48] Bei Sacheinlagen ist die Anwendbarkeit von § 1365 BGB hingegen allgemein anerkannt.[49] Es soll eine Belehrungspflicht des Notars, aber nur in Ausnahmefällen eine Nachforschungspflicht bestehen.[50] Bei ausländischem Güterrecht unterliegenden Ehepaaren kann sich ein Erfordernis der Zustimmung 12

---

38 Muster bei WürzNotar-HdB/*Wilke* Teil 5 Kap. 3 Rn. 56; MVHdB I GesellschaftsR/*Böhm*/*Frowein* Form. IV. 7.
39 Baumbach/Hueck/*Fastrich* § 5 Rn. 45 mwN; Heckschen/Heidinger/*Heckschen* GmbH-Gestaltungspraxis Kap. 4 Rn. 226 ff.
40 Vgl. *Wicke* GmbHG § 5 Rn. 12; Baumbach/Hueck/*Fastrich* § 5 Rn. 44.
41 BGH NZG 2004, 910; Baumbach/Hueck/*Fastrich* § 5 Rn. 23 ff., Wachter/*Wachter* AktG § 27 Rn. 5 ff.
42 BGH NZG 2009, 463.
43 BGH NZG 2009, 463 (464); *Wicke* GmbHG § 5 Rn. 11.
44 Vgl. MVHdB I GesellschaftsR/*Böhm*/*Frowein* Form. IV. 7 Anm. 4.
45 Vgl. hierzu *Heinze* NJW 2020, 3768.
46 Baumbach/Hueck/*Fastrich* § 1 Rn. 27.
47 Allgemein zum Streitstand BGH FamRZ 2008, 1435; BGH FamRZ 1983, 455; Staudinger/*Thiele* BGB § 1365 Rn. 6 mwN; MüKoBGB/*Koch* § 1365 Rn. 43. Konkret im Zusammenhang mit der Bargründung einer GmbH und gegen eine Anwendung von § 1365 BGB MüKoGmbHG/*Heinze* § 2 Rn. 83. AA Staudinger/*Thiele* BGB § 1365 Rn. 59 ff., der sich für eine Anwendung von § 1365 BGB in diesem Fall ausspricht.
48 Vgl. MüKoGmbHG/*Heinze* § 2 Rn. 83 e contrario.
49 MüKoGmbHG/*Heinze* § 2 Rn. 83 mwN.
50 MüKoGmbHG/*Heinze* § 2 Rn. 83.

durch den Ehegatten aus dem anwendbaren ausländischen Güterrecht ergeben.[51]

13 Sofern eine Gesellschaft ihr ganzes bzw. wesentliches Vermögen als Einlage einbringt, ist die Zustimmung der Gesellschafter gemäß § 179a AktG bzw. § 49 Abs. 2 erforderlich (→ AktG § 179a Rn. 1 ff.).

14 **5. Genehmigung.** Die Gründung einer GmbH bedarf grundsätzlich keiner Genehmigung. Ausnahmsweise können sich Genehmigungserfordernisse aus öffentlich-rechtlichen Normen ergeben, die bei der Verwirklichung des satzungsmäßigen Unternehmensgegenstandes anwendbar sind.[52] Ausnahmen können sich auch aus den Vorschriften zum Firmengebrauch[53] sowie aus Spezialgesetzen ergeben, wobei für die Praxis insbesondere § 43 Abs. 1 KWG und § 3 Abs. 5 KAGB hervorzuheben sind.[54] Es kann sich empfehlen, dass der Notar auf die bestehende Rechtslage hinweist.[55]

15 **6. Mitteilungspflichten; Voraussetzung für Aushändigung der Urkunde.** Der Notar muss eine Abschrift der Gründungsurkunde innerhalb von zwei Wochen nach Beurkundung an das Finanzamt übermitteln (§ 54 Abs. 1, 2 EStDV). Nach § 54 Abs. 3 EstDV dürfen den Beteiligten die Urschrift, eine Ausfertigung oder beglaubigte Abschrift der Urkunde erst ausgehändigt werden, wenn die Abschrift der Urkunde an das Finanzamt abgesandt ist; die Übersendung einer einfachen Abschrift kann bereits zuvor erfolgen. Wird bei einer Sachgründung ein Grundstück eingebracht, ist § 18 GrEStG zu beachten (→ § 15 Rn. 44). Die Gesellschaft trifft gemäß § 20 Abs. 1 S. 1 GwG die Pflicht, dem Transparenzregister den wirtschaftlich Berechtigten mitzuteilen.

16 **7. Handelsregisteranmeldung.** Die Gründung der GmbH muss in notariell beglaubigter Form (§ 12 Abs. 1 HGB) zu dem Handelsregister angemeldet werden, in dessen Zuständigkeitsbereich die Gesellschaft ihren satzungsmäßigen Sitz hat (§ 7 Abs. 1), und zwar gemäß § 78 durch sämtliche Geschäftsführer. Die Anmeldung darf erst erfolgen, wenn auf jeden Geschäftsanteil ein Viertel des Nennbetrags und insgesamt mindestens die Hälfte des Stammkapitals eingezahlt ist. Sacheinlagen müssen gemäß § 7 Abs. 3 vollständig und endgültig erbracht sein.[56] Da der maßgebliche Zeitpunkt für die Richtigkeit der Angaben der Zugang beim Handelsregister ist,[57] kann die Beglaubigung der Unterschriften unmittelbar nach der Beurkundung der Gesellschaftsgründung erfolgen, wobei der Notar die Anmeldung sodann treuhänderisch verwahrt und an das

---

51 Vgl. hierzu *Bader* MittRhNotK 1994, 161. Der sicherste Weg dürfte nicht selten die vorsorgliche Einholung der Zustimmung des Ehegatten sein.

52 S. die Beispiele für derartige Genehmigungs-, Erlaubnis- oder sonstige Erfordernisse in Rn. 88 ebenda. Vgl. auch MVHdB I GesellschaftsR/*Böhm/Frowein* Form. IV. 1. Anm. 16 zur Fusionskontrolle.

53 Im Recht der freien Berufe sehen einige Vorschriften vor, dass ein bestimmter Firmenzusatz, wie die Berufsbezeichnung, nur dann geführt werden darf, wenn die entsprechende Zulassung erteilt oder die Anerkennung ausgesprochen worden ist, etwa bei Rechtsanwaltsgesellschaften (§ 59k Abs. 2 BRAO), bei Steuerberatergesellschaften (§§ 43 Abs. 4, 53 StBerG) und bei Wirtschaftsprüfungsgesellschaften (§§ 27, 31, 133 WPO). Vgl. Heckschen/Heidinger/*Heckschen* GmbH-Gestaltungspraxis Kap. 2 Rn. 79 ff. Ausführlich *Leitzen* GmbHR 2009, 480 (482 f.).

54 Vgl. Heckschen/Heidinger/*Heckschen* GmbH-Gestaltungspraxis Kap. 2 Rn. 79 ff.

55 Vgl. den Formulierungsvorschlag bei Heckschen/Heidinger/*Heckschen* Kap. 2 Rn. 87. Vgl. auch MVHdB I GesellschaftsR/*Böhm/Frowein* Form. IV. 1. Anm. 15 zur Fusionskontrolle.

56 Bei Grundstücken genügt nach hM der bindende und rangwahrende Antrag auf Eigentumsumschreibung nebst Auflassung und Eintragungsbewilligung (→ § 55 Rn. 30 f.).

57 KG NZG 2021, 747 (749).

Registergericht weiterleitet, wenn ihm die Leistung der Einlagen durch die Geschäftsführer angezeigt wurde.[58]

17 In der Anmeldung müssen die Geschäftsführer gemäß § 8 Abs. 2 versichern, dass die von den Gesellschaftern übernommenen Einlagen bewirkt sind, sich endgültig in der freien Verfügung der Geschäftsführer befinden und, abgesehen von einem ggf. im Gesellschaftsvertrag festgesetzten Gründungsaufwand, nicht durch Verbindlichkeiten vorbelastet sind.[59] Soweit das Stammkapital nicht vollständig geleistet wurde, muss der Gesamtbetrag der geleisteten Einlagen bezeichnet werden und erkennbar sein, welcher Gesellschafter welche Einlageleistungen auf welche Geschäftsanteile geleistet hat.[60] Zudem muss jeder Geschäftsführer für sich[61] versichern, dass in seiner Person keine Umstände nach § 6 Abs. 2 S. 2 Nr. 2 und 3 sowie S. 3 vorliegen und er über seine unbeschränkte Auskunftspflicht gegenüber dem Gericht belehrt worden ist. Die Abgabe dieser Versicherungen ist höchstpersönlich, so dass insoweit keine Vertretung möglich ist.

18 Der Anmeldung sind die in § 8 Abs. 1 genannten Anlagen in der Form des § 12 Abs. 2 HGB beizufügen. Zudem sind in der Anmeldung gemäß § 8 Abs. 4 (i) die inländische Geschäftsanschrift und die Lage der Geschäftsräume (§ 24 Abs. 2 HRV) sowie (ii) die allgemeine Vertretungsregelung und die konkrete Vertretungsbefugnis der einzelnen Geschäftsführer anzugeben.

19 **8. Kosten.** Für die Beurkundung der Gründung einer Mehrpersonen-GmbH fällt eine 2,0 Gebühr nach KV Nr. 21100 GNotKG an, mindestens 120 EUR (§ 109 Abs. 1 S. 1 GNotKG). Bei Gründung einer Einpersonen-GmbH ist eine 1,0 Gebühr nach KV Nr. 21200 GNotKG zu erheben, mindestens 60 EUR. Der Geschäftswert bestimmt sich nach dem Wert der Einlagen aller Gesellschafter (§ 97 Abs. 1 GNotKG). Maßgebend ist der Wert sämtlicher versprochener Leistungen der Gesellschafter.[62] Der Geschäftswert beträgt mindestens 30.000 EUR und höchstens 10 Mio. EUR (§ 107 Abs. 1 S. 1 GNotKG). Werden einem Gesellschafter nach § 3 Abs. 2 Verpflichtungen auferlegt, so rechnen diese mit.[63]

20 Die Bestellung der Geschäftsführer im Gesellschaftsvertrag ist gegenstandsgleich und nicht besonders zu bewerten.[64] Wird die Geschäftsführerbestellung (wie üblich) durch Gesellschafterbeschluss beurkundet, ist diese gesondert zu bewerten (§ 110 Nr. 1 GNotKG) und als Beschluss mit unbestimmtem Geschäftswert mit 1 % des Stammkapitals der Gesellschaft, mindestens 30.000 EUR (§ 108 Abs. 1 S. 1 iVm § 105 Abs. 4 Nr. 1 GNotKG) anzusetzen, und als weiterer Verfahrensgegenstand zu dem Wert des Gesellschaftsvertrags hinzuzurechnen (§ 35 Abs. 1 GNotKG).[65] Der Gebührenansatz für den Beschluss beträgt – sowohl bei Ein- als auch bei Mehrpersonen-GmbH – 2,0 (KV

58 Vgl. KG NZG 2021, 747 (749); *Wicke* GmbHG § 8 Rn. 11; aA die örtliche Praxis des AG Kassel, wonach die Erklärung bereits zum Zeitpunkt ihrer Abgabe beim Notar richtig sein müsse.

59 BGH NJW 1981, 1373; OLG Frankfurt NJW-RR 1992, 1253; *Berge* GmbHR 2020, 82 (84).

60 OLG Düsseldorf DNotZ 2021, 76; OLG Hamm GmbHR 2011, 652; OLG Frankfurt NJW-RR 1992, 1253.

61 OLG Frankfurt DNotZ 2016, 554.

62 MüKoGmbHG/*Heinze* § 2 Rn. 258.

63 MüKoGmbHG/*Heinze* § 2 Rn. 258 mwN.

64 BeckNotar-HdB/*Mayer*/*Weiler* D.I. GmbH Rn. 285.

65 *Wicke* GmbHG § 2 Rn. 21; MüKoGmbHG/*Heinze* § 2 Rn. 262. Das gilt auch dann, wenn in einer Beschlussfassung mehrere Geschäftsführer bestellt werden (vgl. § 109 Abs. 2 S. 1 Nr. 4 d GNotKG).

Nr. 21100 GNotKG).[66] Trotz der höheren Kosten ist grundsätzlich die Geschäftsführerbestellung durch Gesellschafterbeschluss aus Gründen der Rechtsklarheit vorzugswürdig gegenüber einer Bestellung als Bestandteil der Satzung.[67]

21 Für eine von dem Notar entworfene Anmeldung der Gründung zum Handelsregister fällt eine 0,5-Gebühr nach KV Nr. 24102 GNotKG aus dem Geschäftswert des einzutragenden Stammkapitals an, der mindestens 30.000 EUR und höchstens 1 Mio. EUR beträgt (§§ 105, 106 GNotKG). Bei bloßer Beglaubigung der Unterschrift unter einem anderweitig gefertigten Entwurf entsteht eine 0,2-Gebühr nach KV Nr. 25100 GNotKG (mindestens 20 EUR, höchstens 70 EUR). Da die Eintragungsunterlagen nur in elektronischer Form eingereicht werden können, müssen XML-Strukturdaten erstellt werden, wofür eine Vollzugsgebühr von 0,2 nach KV Nr. 22114 GNotKG zu erheben ist (bzw. von 0,5 gemäß KV Nr. 22125 GNotKG bei einem Fremdentwurf), höchstens 125 EUR (bzw. 250 EUR). Der Entwurf bzw. die Prüfung der Gesellschafterliste nach § 8 Abs. 1 Nr. 3 löst eine Gebühr von 0,5 aus, bei der Einpersonen-GmbH von 0,3 aus dem Wert des Beurkundungsverfahrens (Gesellschaftsvertrag samt Beschlussbeurkundung), höchstens 250 EUR (KV Nr. 22110, 22111 GNotKG).[68] Wird der Notar angewiesen, die Anmeldung erst nach Bestätigung der Einzahlung des Stammkapitals einzureichen, löst dies eine 0,5-Betreuungsgebühr nach KV Nr. 22200 Nr. 3 GNotKG aus.[69] Übernimmt der Notar auftragsgemäß die Einholung der Stellungnahme der Industrie- und Handelskammer zur Klärung der Zulässigkeit der beabsichtigten Firmierung, fällt für diese Vollzugstätigkeit eine Gebühr von 0,5, höchstens 50 EUR nach KV Nr. 22112 GNotKG an, bei einer Einpersonen-GmbH eine Gebühr von 0,3, höchstens 50 EUR.[70]

22 Für die Beurkundung einer Vollmacht oder einer Zustimmungserklärung zur Gründung der GmbH fällt eine 1,0 Gebühr nach KV Nr. 21200 GNotKG an, mindestens 60 EUR. Entsprechendes gilt für die Beglaubigung einer Vollmacht oder Zustimmungserklärung, wenn der Notar selbst den Entwurf gefertigt hat. Wird dagegen nur die Unterschrift unter einem bereits anderweitig gefertigten Entwurf beglaubigt, so ist eine 0,2 Gebühr nach KV Nr. 25100 GNotKG zu erheben, mindestens 20 EUR und höchstens 70 EUR. Der Geschäftswert ist nach der Hälfte des Wertes des Geschäftsanteils des betreffenden Gesellschafters zu bestimmen (§ 98 Abs. 1 GNotKG) und beträgt höchstens 1 Mio. EUR (§ 98 Abs. 4 GNotKG).

23 Die Kosten der Sachgründung entsprechen grundsätzlich denen der Bargründung. Enthält die Urkunde gleichzeitig die Erfüllung der Einlageverpflichtung mit der entsprechenden Übertragung der Vermögensgegenstände auf die GmbH (etwa die Erklärung der Auflassung von Grundstücken an die Gesellschaft), ist dies gegenstandsgleich mit dem Gründungsvertrag und nicht gesondert zu be-

66 Wegen der unterschiedlichen Gebührensätze von Gründungserklärung (1,0) und Beschluss (2,0) bei der Einpersonen-Gründung entstehen nach § 94 Abs. 1 GNotKG grundsätzlich gesondert zu berechnende Gebühren, jedoch nicht mehr als die nach dem höchsten Gebührensatz berechnete Gebühr aus dem Gesamtbetrag der Werte; vgl. hierzu *Diehn* Notarkostenberechnungen Rn. 1168 ff.

67 Vgl. MVHdB I GesellschaftsR/*Böhm/Frowein* Form. IV. 1 Anm. 14. Andernfalls könnte sich die Frage stellen, ob mit der Bestellung ein Sonderrecht auf Geschäftsführung verbunden ist; zudem würde bei einem späteren Geschäftsführerwechsel die Satzung unrichtig.

68 Die Erstellung bzw. die Prüfung der Gesellschafterliste ist eine Vollzugstätigkeit zur Gründung (BGH ZIP 2019, 1476).

69 *Tiedtke* Streifzug durch das GNotKG Rn. 1240 f.

70 MüKoGmbHG/*Heinze* § 2 Rn. 261a.

werten (§ 109 Abs. 1 S. 4 Nr. 2 GNotKG).[71] Bei Gründung einer Einpersonen-GmbH mittels Sachgründung ist die Vertragsgebühr nach 2,0 gemäß KV Nr. 21100 GNotKG zu erheben, wenn zur Bewirkung der Einlagen vertragliche Vereinbarungen mit der Gesellschaft in Gründung beurkundet werden (zB Einbringungsvertrag, Auflassung).[72] Der Geschäftswert bestimmt sich nach § 97 Abs. 1 GNotKG nach dem Wert der Einlagen aller Gesellschafter. Maßgebend ist der Wert sämtlicher versprochener Leistungen der Gesellschafter, einschließlich der Sacheinlagen, jedoch ohne Schuldenabzug (§ 38 GNotKG); bei der Bewertung von Grundeigentum sind die in § 46 GNotKG enthaltenen Bestimmungen zu beachten.[73]

Die Eintragungsgebühr beträgt bei Bargründungen grundsätzlich und unabhängig von der Höhe des Stammkapitals der Gesellschaft 150 EUR (§ 1 HRegGebV, GV 2100 HRegGebV). Sofern mindestens eine Sacheinlage geleistet wird, beträgt die Gebühr für die Eintragung der GmbH ins Handelsregister 240 EUR (§ 1 HRegGebV, GV 2101 HRegGebV). 24

II. Gesellschaftsvertrag und Gesellschafter

1. Inhalt des Gesellschaftsvertrags. Der Gesellschaftsvertrag muss mindestens die nach § 3 Abs. 1 obligatorischen Angaben enthalten (→ Rn. 26 ff.).[74] Es genügt nicht, wenn diese zwar in der Mantelurkunde, nicht aber in der davon getrennten Satzung enthalten sind.[75] Daneben werden regelmäßig Regelungen zu Geschäftsführung und Vertretung (einschließlich (Ermächtigung zur) Befreiung von § 181 BGB und Liquidatoren), Vinkulierung von Geschäftsanteilen (§ 15 Abs. 5), Dauer der Gesellschaft, Geschäftsjahr, Bekanntmachungen, salvatorischer Klausel und Gründungsaufwand in die Gründungssatzung aufgenommen. 25

a) Zwingende Regelungsgegenstände. aa) Firma und Sitz der Gesellschaft (§ 3 Abs. 1 Nr. 1). Die Zulässigkeit der Firma richtet sich nach den allgemeinen Bestimmungen (§§ 17, 18 HGB); nach § 4 ist ein Rechtsformhinweis zu führen. § 4a lässt freie Sitzwahl innerhalb Deutschlands ohne Anknüpfung an den tatsächlichen Verwaltungssitz zu.[76] Sitz muss eine politische Gemeinde sein;[77] nach herrschender Meinung ist ein Mehrfachsitz allenfalls in Ausnahmefällen möglich.[78] 26

bb) Gegenstand des Unternehmens (§ 3 Abs. 1 Nr. 2). Der Gegenstand des Unternehmens beschreibt den Bereich und die Art der Tätigkeit der Gesellschaft.[79] Nach herrschender Meinung muss der Unternehmensgegenstand soweit präzisiert sein, dass der Schwerpunkt der Tätigkeit erkennbar ist und interessierte Geschäftsbeteiligte dem Gesellschaftsvertrag unter Berücksichtigung der Verkehrsanschauung entnehmen können, in welchem Geschäftszweig und in wel- 27

71 MüKoGmbHG/*Heinze* § 2 Rn. 256 mwN.
72 MüKoGmbHG/*Heinze* § 2 Rn. 257 mwN.
73 MüKoGmbHG/*Heinze* § 2 Rn. 258.
74 Muster eines einfachen Gesellschaftsvertrages einer GmbH bei WürzNotar-HdB/*Wilke* Teil 5 Kap. 3 Rn. 1; MVHdB I GesellschaftsR/*Böhm/Frowein* Form. IV. 2 Anm. 1.
75 Vgl. OLG Hamm NJW 1987, 263; *Wicke* GmbHG § 3 Rn. 2 mwN.
76 Baumbach/Hueck/*Fastrich* § 4a Rn. 1.
77 Baumbach/Hueck/*Fastrich* § 4a Rn. 3; die Aufnahme einer Regelung betreffend den Verwaltungssitz in die Satzung befürwortend *Stiegler* NZG 2021, 705.
78 Ausf. MüKoGmbHG/*Heinze* § 4a Rn. 17 mwN. Generell gegen die Zulässigkeit eines Mehrfachsitzes *Krafka* RegisterR-HdB Rn. 355.
79 Baumbach/Hueck/*Fastrich* § 3 Rn. 7; ausführlich MüKoGmbHG/*Wicke* § 3 Rn. 9 ff.

cher Art die Gesellschaft aktiv werden will.[80] Allgemeine Angaben wie „Handel mit Waren aller Art" oder „Erbringung von Dienstleistungen aller Art" hat die Rechtsprechung für unzulässig erachtet.[81] Im Allgemeinen ist eine geschäftszweigmäßige Bezeichnung erforderlich und ausreichend, etwa „Handel mit Webwaren" oder „Betrieb von Gaststätten".[82] Auch „Verwaltung von Vermögen jeder Art" oder „Beteiligung an anderen Unternehmen" kann eine individualisierte Bestimmung des Unternehmensgegenstands sein, wenn der Umfang der beabsichtigten Tätigkeit dem entspricht.[83]

28 Wenn die GmbH Aktivitäten indirekt über andere Gesellschaften verfolgen bzw. sich sonst an anderen Unternehmen beteiligen soll, ist nach herrschender Meinung eine sog. Beteiligungsklausel erforderlich („Die Gesellschaft darf sich an anderen Unternehmen beteiligen").[84]

29 Der Gegenstand des Unternehmens (§ 3 Abs. 1 Nr. 2) ist vom Zweck der GmbH (§ 1) zu unterscheiden. Zweck der GmbH ist regelmäßig die Gewinnerzielung.[85] Der Zweck muss nach herrschender Meinung zwingend im Gesellschaftsvertrag genannt werden, wenn er ausnahmsweise nicht in der Gewinnerzielung besteht; andernfalls besteht keine Notwendigkeit der Erwähnung.[86]

30 **cc) Stammkapital (§ 3 Abs. 1 Nr. 3).** § 3 Abs. 1 Nr. 3 schreibt vor, dass die Satzung zwingend den Betrag des Stammkapitals nennen muss. Dieses beträgt gemäß § 5 Abs. 1 mindestens 25.000 EUR.

31 **dd) Übernahmeerklärungen (§ 3 Abs. 1 Nr. 4).** Bei der Gründung der Gesellschaft[87] zählen auch Zahl und Nennbeträge der Geschäftsanteile, die die einzelnen – namentlich zu bezeichnenden[88] – Gesellschafter gegen Einlage auf das Stammkapital übernehmen, zum Mindestinhalt des Gesellschaftsvertrages (§ 3 Abs. 1 Nr. 4). Es genügt nicht, wenn diese Angaben in der Mantelurkunde, nicht aber in der davon getrennten Satzung enthalten sind.[89] Die Zeichnung gleich mehrerer Anteile durch denselben Gesellschafter (vgl. § 5 Abs. 2 S. 2) – bis hin zur Bildung von 1 Euro-Geschäftsanteilen (vgl. § 5 Abs. 2 S. 1) – ist weit verbreitet. Die Nummerierung der Geschäftsanteile in der Gründungsurkunde ist (im Gegensatz zu der einzureichenden Gesellschafterliste, in welche eine Nummerierung zwingend ist) zwar nicht notwendig, jedoch zweckmäßig.[90]

32 **ee) Sonstige zwingende Bestimmungen.** Weitere zwingende Inhalte des Gesellschaftsvertrags können sich im Einzelfall aus Vorschriften außerhalb des GmbHG ergeben, etwa bei Rechtsanwaltsgesellschaften nach dem Berufsrecht.

---

80 MüKoGmbHG/*Wicke* § 3 Rn. 13 mwN.
81 BayObLG GmbHR 1994, 705; 1996, 360; 2003, 414.
82 Baumbach/Hueck/*Fastrich* § 3 Rn. 8.
83 OLG Düsseldorf NJW 1970, 815; MüKoGmbHG/*Wicke* § 3 Rn. 16.
84 Vgl. *Wicke* GmbHG § 3 Rn. 6.
85 Vgl. MüKoGmbHG/*Fleischer* § 1 Rn. 8.
86 MüKoGmbHG/*Fleischer* § 1 Rn. 12 f. mit Bezugnahme auf BGHZ 105, 324 (331).
87 Bei späteren Änderungen des Gesellschaftsvertrags können die Angaben entfallen, vgl. *Wicke* GmbHG § 3 Rn. 14 mwN. Das gilt nach hM unabhängig vom Stand der Einlagenleistung, vgl. BayObLG NJW-RR 1997, 485; Baumbach/Hueck/*Fastrich* § 3 Rn. 18; aA OLG Hamm OLGZ 1984, 266. Nach hM ist die Festsetzung von Sacheinlagen auch bei späteren Satzungsänderungen grundsätzlich beizubehalten, wobei streitig ist, ob dies für eine Dauer von fünf oder zehn Jahren gilt; vgl. Baumbach/Hueck/*Fastrich* § 5 Rn. 49. Kritisch *Wicke* GmbHG § 5 Rn. 13.
88 AllgM, vgl. Baumbach/Hueck/*Fastrich* § 3 Rn. 16 mwN. Das gilt auch für die Einpersonen-GmbH. Neben dem Namen bzw. der Firma sind in der Satzung keine weiteren Angaben zu den Gesellschaftern erforderlich; diese können der bei der Anmeldung einzureichenden Gesellschafterliste entnommen werden.
89 OLG Hamm NJW 1987, 263; *Wicke* GmbHG § 3 Rn. 2.
90 WürzNotar-HdB/*Wilke* Teil 5 Kap. 3 Rn. 51 mwN.

b) Weitere Regelungsgegenstände. aa) Geschäftsführung und Vertretung; Befreiung von § 181 BGB; Liquidatoren. Gemäß § 6 Abs. 1 hat die GmbH einen oder mehrere Geschäftsführer. Sind mehrere Geschäftsführer bestellt, sind sie gemäß § 35 Abs. 2 alle nur gemeinschaftlich zur Vertretung befugt. Diese Regelung wird in der Praxis regelmäßig abbedungen, und zwar entweder zugunsten der Einzelvertretungsbefugnis der Geschäftsführer oder – überwiegend – zur Gesamtvertretungsbefugnis zweier Geschäftsführer bzw. eines Geschäftsführers gemeinsam mit einem Prokuristen. Alternativ oder zusätzlich kann die Satzung auch eine Ermächtigung vorsehen, dass die Gesellschafterversammlung einzelnen oder mehreren Geschäftsführern eine von der allgemeinen Vertretungsregelung abweichende Vertretungsbefugnis erteilen kann. 33

Die Beschränkungen der § 181 Alt. 1 und Alt. 2 BGB gelten für sämtliche Geschäftsführer, gemäß § 35 Abs. 3 S. 1 auch für einen alleinigen Geschäftsführer, der einziger Gesellschafter ist. Sollen die Geschäftsführer generell von den Beschränkungen der § 181 Alt. 1 und/oder Alt. 2 BGB befreit werden, bedarf es dazu einer Satzungsgrundlage. Die Befreiung kann entweder in der Satzung selbst erteilt werden oder eine entsprechende Ermächtigung der Gesellschafterversammlung in die Satzung aufgenommen werden.[91] 34

Im Falle der Liquidation der Gesellschaft wird diese durch sämtliche Liquidatoren (in der Regel die bisherigen Geschäftsführer) gemeinschaftlich vertreten, §§ 66 Abs. 1, 68 Abs. 1 S. 2. Abweichende Regelungen der Vertretungsbefugnis bedürfen gemäß § 68 Abs. 1 S. 2 eines einfachen Gesellschafterbeschlusses, ohne dass hierfür eine Satzungsgrundlage erforderlich ist.[92] Befreiungen von § 181 BGB sind auch bei Liquidatoren möglich, bedürfen allerdings einer Satzungsgrundlage.[93] Nicht abschließend geklärt ist, ob hierfür eine ausdrückliche auf Liquidatoren abstellende satzungsmäßige Ermächtigung erforderlich ist („Die Regelungen zur Vertretung durch die Geschäftsführung gelten in der Liquidation entsprechend"),[94] so dass sich einstweilen eine vorsorgliche Aufnahme empfiehlt. Eine für die Geschäftsführer bestimmte Einzelvertretungsmacht oder Befreiung von § 181 BGB endet mit dem Liquidationsstadium der Gesellschaft und setzt sich auch dann nicht fort, wenn die bisherigen Geschäftsführer nunmehr Liquidatoren der Gesellschaft sind.[95] Anders als bei Geschäftsführern erstarkt eine Gesamtvertretungsbefugnis nicht zur Alleinvertretungsbefugnis, wenn mit Ausnahme eines Liquidators sämtliche anderen Liquidatoren aus dem Amt scheiden.[96] 35

bb) Wettbewerbsverbot. Der Geschäftsführer einer GmbH unterliegt während seiner Tätigkeit als Geschäftsführer grundsätzlich einem gesetzlichen Wettbewerbsverbot, es sei denn, dass den Gesellschaftern dessen anderweitige Tätigkeit bei der Bestellung bekannt war.[97] Gesellschafter unterliegen grundsätzlich dann einem gesetzlichen Wettbewerbsverbot, wenn sie einen bestimmenden Einfluss auf die GmbH haben oder haben können und es sich um eine personalistische GmbH handelt – Einzelheiten sind umstritten.[98] Der Alleingesellschaf- 36

91 Heckschen/Heidinger/*Heckschen* GmbH-Gestaltungspraxis Kap. 6 Rn. 446.
92 OLG Frankfurt am Main BeckRS 2012, 7403.
93 OLG Frankfurt NZG 2019, 1295.
94 Dafür: OLG Frankfurt NZG 2019, 1295; OLG Köln DStR 2016, 2869; dagegen: OLG Zweibrücken GmbHR 2011, 1209; OLG Hamm BeckRS 2016, 129777. Vgl. *Wicke* GmbHG § 68 Rn. 2 ff.
95 BGH NZG 2009, 72; OLG Frankfurt NZG 2019, 1295.
96 BGH NJW 1993, 1654.
97 OLG Stuttgart GmbHR 2017, 913; *Altmeppen* GmbHG § 43 Rn. 31.
98 BGH GmbHR 1984, 203; zum Streitstand MüKoGmbHG/*Merkt* § 13 Rn. 214 ff.

ter-Geschäftsführer einer GmbH unterliegt jedoch weder als Geschäftsführer noch als Gesellschafter einem Wettbewerbsverbot.[99]

37 Soll ein Geschäftsführer oder Gesellschafter generell vom Wettbewerbsverbot befreit werden, ist nach herrschender Meinung eine Befreiung unmittelbar in der Satzung oder eine satzungsmäßige Öffnungsklausel erforderlich, die die Gesellschafter ermächtigt, durch Beschluss eine solche Befreiung zu erteilen.[100]

38 cc) **Vinkulierung (§ 15 Abs. 5).** Um die Übertragung von Geschäftsanteilen an Dritte zu kontrollieren, kann die Satzung einen Genehmigungsvorbehalt (Vinkulierung) zur Anteilsübertragung gemäß § 15 Abs. 5 vorsehen. Ein gutgläubiger lastenfreier Erwerb an vinkulierten Geschäftsanteilen ist nicht möglich.[101] Nach herrschender Meinung kann die Anteilsübertragung auch völlig ausgeschlossen werden.[102]

39 Eine mittelbare (und von der Vinkulierung nicht erfasste) Anteilsübertragung kann durch die Veräußerung der Geschäftsanteile der Inhabergesellschaft, durch Erbfolge oder auch im Wege von Umwandlungsmaßnahmen oder An- und Abwachsungen erfolgen. Derartige Fälle mittelbarer Anteilsveräußerung (sog. „change of control") können durch eine Einziehungs- und Zwangsabtretungsklausel adressiert werden.[103]

40 dd) **Gerichtsstandsklausel; Schiedsvereinbarung.** Hinsichtlich Klagen, die das Gesellschaftsverhältnis betreffen, kann die Satzung den satzungsmäßigen Sitz der Gesellschaft als (ausschließlichen) Gerichtsstand festlegen.[104] Zudem kann in der Satzung für alle Streitigkeiten aus dem Gesellschaftsverhältnis die Zuständigkeit eines Schiedsgerichts bestimmt werden.[105] Bei einer nachträglichen Aufnahme einer solchen Schieds- oder Gerichtsstandsklausel in die Satzung ist die Zustimmung sämtlicher Gesellschafter erforderlich.[106]

41 ee) **Gründungsaufwand.** Sollen (wie üblich) die Gründungskosten analog § 26 Abs. 2 AktG von der Gesellschaft getragen werden, muss dies in die Satzung aufgenommen werden.[107] Bei Vorratsgesellschaften kann die Übernahme auch erst bei wirtschaftlicher Neugründung erfolgen.[108] Dabei müssen der Gesamtbetrag in Euro sowie die einzelnen Kostenpositionen so genau bezeichnet werden, dass Dritte ohne Weiteres allein aus der Satzungsformulierung erkennen können, ob bestimmte Kosten von der Gesellschaft erstattet werden.[109] Im Einzelnen können die Kosten für die Beurkundung und die Handelsregistereintragung (zusammenfassend typischerweise als „Notar- und Gerichtskosten" bezeichnet), die Gewerbeanmeldung, die Kontoeröffnung, etwaige Steuern sowie (angemessene) Aufwendungen für Rechtsanwälte, Steuerberater, Wirtschafts-

99 BGH GmbHR 2008, 257.
100 Scholz/*Schneider* § 43 Rn. 187.
101 BGH NZG 2011, 1268 (1270).
102 BayObLG NJW-RR 1989, 687 (688).
103 Heckschen/Heidinger/*Heckschen* GmbH-Gestaltungspraxis Kap. 4 Rn. 406 ff.
104 MüKoGmbHG/*Merkt* GmbHG § 13 Rn. 57.
105 BGH NJW 2009, 1962.
106 BGH NJW 2009, 1962 (1964); Michalski/Heidinger/Leible/J.Schmidt/*Lieder* § 13 Rn. 79.
107 BGH NJW 1989, 1610; ausführlich DNotI-Report 2020, 67 ff.
108 Die Gründungskosten können dabei nur einmal angesetzt werden, dh entweder bei Gründung oder wirtschaftlicher Neugründung, OLG Stuttgart AG 2013, 95 (zur AG).
109 OLG Celle NJW-RR 2016, 865; KG GmbHR 2012, 856; LG Essen GmbHR 2003, 471. Nach OLG Zweibrücken RNotZ 2014, 326 (328) genügen „Beratungskosten" und „Veröffentlichungskosten" nicht diesen Anforderungen.

prüfer und/oder Unternehmensberater[110] sowie die Bewertung der Sacheinlagen in Ansatz gebracht werden.[111] Ob daneben auch eine (angemessene) Vergütung an die Gründer für Leistungen im Zusammenhang mit der Gründung angesetzt werden kann, ist umstritten.[112]

Nach häufiger Registerpraxis werden bei einer GmbH bei einem Stammkapital von 25.000 EUR regelmäßig Gründungskosten in Höhe von 10 % des Stammkapitals ohne weitere Nachweise anerkannt, wenngleich dies nicht für alle Registergerichte gilt.[113] Darüber hinausgehende Kosten können angesetzt werden, müssen dem Register jedoch als angemessen nachgewiesen werden.[114] Bei einer typischen Einpersonen-GmbH-Gründung dürfte die Festsetzung eines satzungsmäßig übernommenen Gründungsaufwands von 1.500 EUR die Regel sein. 42

Die Festsetzungen zu den Gründungskosten müssen nach herrschender Meinung in der Rechtsprechung mindestens fünf Jahre in der Satzung verbleiben,[115] nach Auffassung des OLG Celle[116] und des OLG Oldenburg[117] sogar für mindestens zehn bzw. 30 Jahre. 43

c) **Abgrenzung von körperschaftlichen und schuldrechtlichen Bestimmungen.** Körperschaftliche Regelungen im Gesellschaftsvertrag (sog. echte Satzungsbestandteile) sind von sonstigen Abreden der Gesellschafter zu unterscheiden, die zwar im Text der Satzungsurkunde enthalten sind, die aber nur die Qualität schuldrechtlicher Vereinbarungen oder einfacher Gesellschafterbeschlüsse haben (sog. unechte Satzungsbestandteile).[118] Während echte Satzungsbestandteile auch zukünftige Gesellschafter sowie Dritte binden,[119] wirken unechte Satzungsbestandteile nur zwischen den Parteien.[120] 44

Die Abgrenzung betrifft u.a. die folgenden Fragekreise:[121] Nach herrschender Meinung unterliegen die Regelungen des Gesellschaftsvertrags der objektiven Auslegung, schuldrechtliche Bestimmungen hingegen den allgemeinen Auslegungsregeln für Verträge (§§ 133, 157 BGB).[122] Letztere können als unechte Satzungsbestandteile grundsätzlich formfrei durch Vertrag der Beteiligten[123] geändert oder aufgehoben werden mit der Wirkung, dass dann die beim Handels- 45

110 OLG Hamburg DNotZ 2011, 457. Die Kosten müssen dabei in direktem Zusammenhang mit der Gründung stehen, vgl. hierzu *Berge* GmbHR 2020, 82 (85). Vor diesem Hintergrund ist eine pauschale Formulierung „sonstige Beratungskosten" nicht zulässig; vgl. OLG Zweibrücken GmbHR 2014, 427.

111 Heckschen/Heidinger/*Heckschen* GmbH-Gestaltungspraxis Kap. 4 Rn. 759; ausführlich *Berge* GmbHR 2020, 82 ff.

112 Dafür OLG Hamburg DNotZ 2011, 457; dagegen OLG Celle NJW-RR 2016, 865.

113 Vgl. Hierzu DNotI-Report 2020, 67 ff. Zu beachten ist insbesondere, dass bei vielen Registern Gründungskosten von über 2.500 EUR unabhängig von der Höhe des Stammkapitals nur bei Nachweis bzw. detaillierter Aufschlüsselung akzeptiert werden.

114 BeckNotar-HdB/*Mayer*/*Weiler* D.I. GmbH Rn. 188.

115 OLG München NZG 2010, 1302; LG Berlin GmbHR 1993, 590.

116 OLG Celle NZG 2018, 308.

117 OLG Oldenburg NZG 2016, 1265, das letztlich aber offen lässt, ob die Frist zehn oder 30 Jahre bemisst.

118 Baumbach/Hueck/*Fastrich* § 3 Rn. 53 ff.; Heckschen/Heidinger/*Heckschen* GmbH Gestaltungspraxis Kap. 4 Rn. 44.

119 Baumbach/Hueck/*Fastrich* § 2 Rn. 31.

120 Baumbach/Hueck/*Fastrich* § 2 Rn. 32; § 3 Rn. 56.

121 Ausführlich MüKoGmbHG/*Wicke* § 3 Rn. 104 ff.

122 OLG Frankfurt NZG 2019, 307; *Wicke* GmbHG § 2 Rn. 4; Baumbach/Hueck/*Fastrich* § 2 Rn. 29 ff.

123 OLG Frankfurt NZG 2019, 307; Baumbach/Hueck/*Fastrich* § 3 Rn. 54.

register hinterlegte Satzung eine alte Rechtslage wiedergibt; die Anpassung der Satzung selbst ist nur im Wege der Satzungsänderung gemäß § 53 möglich. Nur für unechte Satzungsbestimmungen kommen darüber hinaus bürgerlich-rechtliche Vertragsregeln, insbesondere die AGB-Kontrolle zur Anwendung.[124]

46 Soweit Regelungen vorliegen, für die beide Gestaltungsformen in Betracht kommen,[125] entscheidet nach herrschender Meinung der (durch objektive Auslegung zu ermittelnde)[126] Parteiwille der Beschließenden.[127] Nach wohl herrschender Meinung indiziert die Aufnahme einer Bestimmung in den Gesellschaftsvertrag in der Regel das Vorliegen einer echten Satzungsbestimmung.[128] In der Praxis erfolgt teilweise zur Vermeidung von Unklarheiten eine ausdrückliche Klarstellung für die entsprechende Bestimmung im Gesellschaftsvertrag. Darüber hinaus steht es den Gesellschaftern grundsätzlich frei, schuldrechtliche Vereinbarungen außerhalb der Satzung zu vereinbaren.[129] Die möglichen Inhalte sind vielfältig;[130] die Grenzen sind im Einzelnen umstritten.[131]

47 **2. Gesellschafter.** Gesellschafter und Gründer einer GmbH kann jede natürliche oder juristische Person sowie rechtsfähige Personengesellschaft[132] sein, inwie ausländische[133] Person und auch solche des öffentlichen Rechts im Rahmen ihres Aufgaben- und Wirkungsbereichs.[134] Gründer kann nur sein, wer mindestens einen Geschäftsanteil unter Begründung einer Einlagepflicht zu seinen Lasten übernimmt (§ 3 Abs. 1 Nr. 4).

48 Die Existenz und Vertretung von Gesellschaften bzw. juristischen Personen des Privatrechts als Gründungsgesellschafter ist gegenüber dem Handelsregister im Grundsatz durch Vorlage eines amtlichen Ausdrucks oder einer notariellen Bescheinigung nach § 21 Abs. 1 Nr. 1 BNotO nachzuweisen; alternativ genügt entsprechend § 34 GBO auch die Bezugnahme auf das elektronische Register[135] (zu ausländischen Gesellschaften → Rn. 61 ff.). Bei juristischen Personen des öffentlichen Rechts ergibt sich die Vertretungsbefugnis häufig aus den für diese geltenden Bestimmungen; der Vertretungsnachweis kann regelmäßig auch durch (gesiegelte) Eigenbestätigung[136] oder sonstige Legitimationsurkunde geführt werden.[137] Wird ein Betreuer, Insolvenzverwalter oder Testamentsvollstre-

124 Ausführlich Heckschen/Heidinger/*Heckschen* GmbH-Gestaltungspraxis Kap. 4 Rn. 44.
125 Hierzu MüKoGmbHG/*Wicke* § 3 Rn. 124 ff.
126 MüKoGmbHG/*Wicke* § 3 Rn. 124.
127 Vgl. Baumbach/Hueck/*Fastrich* § 3 Rn. 55 mwN; Heckschen/Heidinger/*Heckschen* GmbH-Gestaltungspraxis Kap. 4 Rn. 53 mwN.
128 MüKoGmbHG/*Wicke* § 3 Rn. 124 mwN; aA Baumbach/Hueck/*Fastrich* § 3 Rn. 55 mwN.
129 MüKoGmbHG/*Wicke* § 3 Rn. 128; ausführlich Heckschen/Heidinger/*Heckschen* GmbH-Gestaltungspraxis Kap. 4 Rn. 1 ff., 48 ff. Häufiges Motiv für den Abschluss von Nebenabreden ist die Vermeidung von Publizität (Rn. 46 ebenda).
130 MüKoGmbHG/*Wicke* § 3 Rn. 131 f. mwN; ausführlich Heckschen/Heidinger/*Heckschen* GmbH-Gestaltungspraxis Kap. 4 Rn. 1 ff.
131 Vgl. BGH NJW 2010, 3718; Heckschen/Heidinger/*Heckschen* GmbH-Gestaltungspraxis Kap. 4 Rn. 49, 55 mwN.
132 OLG Frankfurt DB 2002, 316: MüKoGmbHG/*Fleischer* § 1 Rn. 56.
133 OLG Frankfurt DB 2002, 316; vgl. *Wicke* GmbHG § 1 Rn. 12.
134 Zu den Grenzen aus ihrem öffentlich-rechtlichen Aufgabenbereich und Wirkungskreis BGHZ 20, 119 (123).
135 *Krafka* RegisterR-HdB Rn. 915.
136 MüKoGmbHG/*Herrler* § 8 Rn. 14. Der Nachweis über die Vertretungsbefugnis ist geführt, wenn die unterschriebene Erklärung mit dem Siegel des öffentlich-rechtlichen Rechtsträgers versehen ist; vgl. KG BeckRS 2013, 3801; vgl. auch OLG München ZfIR 2020, 590.
137 *Hüffer/Koch* AktG § 23 Rn. 13.

cker tätig, ist die Bestallungsurkunde im Original oder in Ausfertigung vorzulegen.[138]

49 a) **Vor-GmbH (Stafettengründung/Kaskadengründung).** Die Vor-GmbH, die mit Abschluss des notariellen Gesellschaftsvertrags entsteht,[139] kann zwar nicht an sich selbst beteiligt sein,[140] jedoch ihrerseits eine GmbH oder andere Gesellschaft gründen.[141] In der Praxis wird zuweilen eine Gründung in derselben Urkunde vorgenommen. Hiergegen wird vorgebracht, dass die Muttergesellschaft zumindest eine logische Sekunde vor Gründung ihrer Tochtergesellschaft bestehen müsse.[142] Der sicherste Weg dürfte darin bestehen, separate Niederschriften anzufertigen, zumal die Zusammenfassung in einer Urkunde grundsätzlich keine Kostenvorteile hat.

50 Notwendige Voraussetzung für die Beteiligung der Vor-GmbH ist, dass diese bereits einen Geschäftsführer bestellt hat, da nur dieser die Vor-GmbH vertreten kann.[143] Zu beachten ist dessen eingeschränkte Geschäftsführungs- und Vertretungsbefugnis, die nach herrschender Meinung grundsätzlich auf die zur Entstehung der GmbH erforderlichen Handlungen beschränkt ist,[144] es sei denn, die Geschäftsführer sind durch eine entsprechende Satzungsregelung, Bestimmung in der Gründungsurkunde oder einen einstimmigen Gesellschafterbeschluss[145] zu weitergehenden Rechtsgeschäften ermächtigt. Ist die Vor-GmbH die einzige Gründungsgesellschafterin, muss die Ermächtigung wegen § 180 BGB vor Beurkundung der Gründung der Tochter-GmbH erfolgen.[146]

51 Nach der Rechtsprechung steht das Gebot der effektiven Kapitalaufbringung bei der Vor-GmbH einer Stafettengründung nicht entgegen, da die Übernahme der Einlagepflicht an der Tochtergesellschaft durch die Vor-GmbH gerade nicht zu einem Rückfluss der Einlagen an die Gründer führt.[147] Zu beachten ist allerdings, dass das Vermögen der Vor-GmbH zur Aufbringung des Stammkapi-

---

138 MüKoGmbHG/*Herrler* § 8 Rn. 14.
139 BGH GmbHR 1984, 316 (317). Statt vieler: *Wicke* GmbHG § 11 Rn. 3.
140 MüKoGmbHG/*Heinze* § 2 Rn. 101.
141 Für die Vor-AG ausdrücklich KG DStR 2004, 1493; für die Vor-GmbH *Priester* DStR 2016, 1555; Baumbach/Hueck/*Fastrich* § 1 Rn. 31 mwN; MüKoGmbHG/*Fleischer* § 1 Rn. 55. Das gilt nach hM auch für die Einpersonen-Vor-GmbH, vgl. *Priester* DStR 2016, 1555; *Wälzholz/Bachner* NZG 2006, 361 (365) mwN.
142 Heckschen/Heidinger/*Berkefeld* GmbH-Gestaltungspraxis Kap. 11 Rn. 322.
143 Ausführlich DNotI-Report 2019, 32 ff.
144 Vgl. BGHZ 80, (129) (139); Baumbach/Hueck/*Fastrich* § 11 Rn. 19 mwN. Bei Sachgründungen sind vom Zweck der Vorgesellschaft auch alle zur Erhaltung des Wertes der eingebrachten Gegenstände notwendigen Sacheinlagegeschäfte und Handlungen umfasst. Wird ein bereits bestehendes Unternehmen im Wege der Sacheinlage in die Gesellschaft eingebracht, ist vom Vorgesellschaftszweck auch die Ausübung des Geschäftsbetriebes des Unternehmens und damit die Aufnahme werbender Tätigkeit umfasst. Vgl. ausführlich MüKoGmbHG/*Merkt* § 11 Rn. 17.
145 Ein solcher kann grundsätzlich auch formlos und sogar konkludent erfolgen, vgl. BGH NJW 1981, 1373. Sofern die Vor-GmbH ihrerseits eine GmbH gründet, ist wegen § 2 Abs. 2 GmbHG notarielle Beurkundung bzw. Beglaubigung der diesbezüglichen Erweiterung der Vertretungsmacht erforderlich.
146 DNotI-Report 2015, 73 (74). Ausführlich *Priester* DStR 2016, 1555 (1556) mwN.
147 KG Berlin NZG 2004, 826; vgl. ferner BGH DNotZ 1993, 616 (619); ausführlich DNotI-Report 2015, 73 ff.

tals der Tochtergesellschaft ausreichen muss.[148] Auch handelt es sich bei einer Stafettengründung um keine verdeckte Sacheinlage.[149]

52 Der Nachweis der Existenz der Vor-GmbH kann mangels Eintragung in das Handelsregister nur durch Vorlage des notariellen Gründungsprotokolls erfolgen.[150] Zur Vertretung der Vor-GmbH im Rechtsverkehr sind ihre Geschäftsführer in vertretungsberechtigter Zahl berufen.[151] Des Weiteren wird in der Praxis regelmäßig ein Nachweis für das (Fort-)Bestehen der Eintragungsabsicht[152] verlangt werden.[153] Insoweit sind relevant: die Vorlage der Handelsregisteranmeldung in beglaubigter Abschrift, die Erklärung der Gründungsgesellschafter in öffentlich beglaubigter Form oder des die Eintragung betreibenden Notars in Form der Eigenurkunde.[154]

53 b) **AG/Vor-AG.** Bei Gründung einer GmbH durch eine AG ist zu beachten, dass Vorstandsmitglieder nicht zu Insichgeschäften befugt sind (§ 112 AktG).[155] Nicht abschließend geklärt ist, ob ein solches Insichgeschäft vorliegt, wenn ein Vorstandsmitglied zum Geschäftsführer der Tochter-GmbH bestellt werden soll mit der Folge, dass in einem solchen Fall die AG durch den Aufsichtsrat vertreten wird (§ 112 AktG).[156] Auch die Vor-AG ist tauglicher Gründer einer GmbH, wobei sich eine satzungsmäßige Aufnahme der Gründung als Sachübernahme nach § 27 AktG empfehlen kann (→ AktG § 23 Rn. 36).

54 c) **GbR, Erbengemeinschaft.** Auch die Gründung einer GmbH durch eine GbR[157] ist anerkannt. Wegen des (noch) fehlenden Registers sind jeweils sämtliche Gesellschafter bzw. Mitglieder in der Gründungsurkunde zu nennen.[158] Die wohl herrschender Meinung spricht auch der Erbengemeinschaft Gründungsfähigkeit zu, was allerdings zweifelhaft ist.[159]

55 Nach der Rechtsprechung bestehen je nach Ausgestaltung des Gesellschaftsvertrages unterschiedlich strenge Anforderungen an den Nachweis: In dem gesetzlichen Regelfall der Gesamtvertretung der Gesellschaft (§§ 714, 709 Abs. 1 BGB) soll es genügen, wenn die Gesellschaft und ihre Gesellschafter in der Erklärung benannt sind und die für die Gesellschaft Handelnden erklä-

148 Vgl. DNotI-Report 2015, 73 (75).

149 KG Berlin NZG 2004, 826; ebenso DNotI-Report 2015, 73 ff. unter Verweis auf BGH DNotZ 1993, 616 (619). Dies wird allerdings von einigen Handelsregistern anders beurteilt, so dass eine Abstimmung mit dem örtlichen Handelsregister empfehlenswert ist.

150 Vgl. Heckschen/Heidinger/*Heckschen* GmbH-Gestaltungspraxis Kap. 3 Rn. 13.

151 MüKoGmbHG/*Merkt* § 11 Rn. 60. Vgl. Heckschen/Heidinger/*Heckschen* GmbH-Gestaltungspraxis Kap. 3 Rn. 11 ff. für Probleme des Nachweises der Vertretungsmacht der Vor-GmbH gegenüber dem Grundbuchamt.

152 Zu den Folgen der Aufgabe der Eintragungsabsicht MüKoGmbHG/*Merkt* § 11 Rn. 221.

153 Vgl. Heckschen/Heidinger/*Heckschen* GmbH-Gestaltungspraxis Kap. 3 Rn. 11.

154 Vgl. Heckschen/Heidinger/*Heckschen* GmbH-Gestaltungspraxis Kap. 3 Rn. 12.

155 Vgl. hierzu BGH BeckRS 2019, 3062.

156 Vgl. hierzu BGH BeckRS 2019, 3062; LG Berlin NJW-RR 1997, 1534; OLG München NZG 2012, 710; Wachter/*Wachter* AktG § 23 Rn. 20.

157 BGH NJW 1981, 682; *Krafka* RegisterR-HdB Rn. 921. Dies ergibt sich nunmehr auch aus den Normen zur Gründungs-Gesellschafterliste, vgl. § 40 Abs. 1 S. 2 iVm § 8 Abs. 1 Nr. 3 GmbHG.

158 OLG Hamm NJW-RR 1996, 482 (484) (für die BGB-Gesellschaft); *Wicke* GmbHG § 1 Rn. 11; *Krafka* RegisterR-HdB Rn. 922.

159 Vgl. MüKoGmbHG/*Fleischer* § 1 Rn. 58 mwN; Baumbach/Hueck/*Fastrich* § 1 Rn. 36 mwN; s. auch OLG Hamm BB 1975, 292 (293). Zweifel an der Gründerfähigkeit der Erbengemeinschaft bei *K. Schmidt* GesR § 34 II 1 S. 1000.

ren, dass sie deren alleinige Gesellschafter sind.[160] Berufen sich die Gesellschafter hingegen auf eine hiervon abweichende Vertretungsbefugnis, ist diese nachzuweisen.[161] Es ist umstritten, ob und in welcher Form dieser Nachweis durch Vorlage des Gesellschaftsvertrags erfolgen kann.[162] Die Anforderungen der Rechtsprechung sind insoweit streng.[163] Vor diesem Hintergrund wird als sicherster Weg die Gründung durch sämtliche GbR-Gesellschafter empfohlen.[164]

d) OHG; KG; GmbH & Co. KG. Eine OHG wird gemäß § 125 HGB durch jeden ihrer Gesellschafter vertreten, die mangels abweichender Regelung im Gesellschaftsvertrag Einzelvertretungsbefugnis haben (§ 125 HGB). Eine KG wird (zwingend)[165] von ihren Komplementären vertreten (§ 170 HGB), denen mangels abweichender Regelung im Gesellschaftsvertrag Einzelvertretungsbefugnis zusteht (§§ 161 Abs. 2, 125 HGB). Eine GmbH & Co. KG wird entsprechend durch ihre Komplementär-GmbH und deren Organe vertreten. Dies gilt auch bei Einheitsgesellschaften.[166] Ein Nachweis dafür, dass keine abweichende Regelung getroffen wurde, etwa durch Vorlage des Gesellschaftsvertrags, muss regelmäßig nicht geführt werden.[167] 56

e) OHG/KG in Gründung. OHG i.G. und KG i.G. (ggf. in Gestalt einer GmbH & Co. KG i.G., → Rn. 79) sind als Rechtsträger taugliche Gründer einer GmbH.[168] Dabei ist zu unterscheiden, ob die Gesellschaft auf den Betrieb eines Handelsgewerbes gerichtet ist und somit im Verhältnis zu Dritten bereits vor Registereintragung mit Geschäftsbeginn als OHG bzw. KG entsteht (§§ 161, 123 HGB) oder ob sie vermögensverwaltend tätig sein wird und vor Eintragung bloße GbR ist. Letztere wird nach herrschender Meinung als GbR bis zur Eintragung durch sämtliche Gesellschafter vertreten (zum Nachweis der Vertretung → Rn. 55).[169] Nicht abschließend geklärt ist, wie die Vertretungsbefugnis bei der auf ein Handelsgewerbe gerichteten OHG/KG vor Handelsregistereintragung nachgewiesen werden kann.[170] Nach Auffassung des Kammergerichts[171] ist hierbei die Vorlage des Gesellschaftsvertrags erforderlich.[172] 57

f) Minderjähriger; Betreuter. Minderjährige bedürfen nach §§ 107, 108 BGB bei der Abgabe einer auf die Gründung einer GmbH gerichteten Willenserklä- 58

160 Im Zusammenhang mit dem Nachweis der Vertretungsmacht einer GbR gegenüber dem Grundbuchamt BGH NJW 2011, 1958 (1959 f.) und der Maßgeblichkeit von § 20 GBO anstelle von § 29 GBO; KG NZG 2017, 1190. In diesem Fall sollen in der Satzung sowohl die GbR als auch ihre Gesellschafter genannt werden, Baumbach/Hueck/*Fastrich* § 1 Rn. 33.

161 Vgl. KG NZG 2017, 1190 (1191). Im Zusammenhang mit dem Nachweis der Vertretungsmacht einer GbR gegenüber dem Grundbuchamt wurde ein Nachweis in der Form des § 29 Abs. 1 GBO verlangt.

162 Dafür etwa *Lautner* DNotZ 2009, 650 (661 f.) unter analoger Anwendung von § 172 BGB. Ablehnend KG NZG 2017, 1190 (1191) mwN. Dabei wird ausdrücklich offengelassen, ob hiervon ausnahmsweise bei kürzlich abgeschlossenen Gesellschaftsverträgen abgewichen werden kann.

163 Vgl. OLG München NZG 2011, 1144 (1145).

164 DNotI-Report 2019, 129 (130).

165 BGH NJW 1964, 1624.

166 KG NZG 2019, 1260.

167 KG NZG 2019, 1260.

168 Vgl. DNotI-Report 2002, 185.

169 OLG Rostock BeckRS 2011, 1454; vgl. DNotI-Report 2002, 185 (186). Nach Ansicht des OLG Hamm NZG 2011, 300 kann auch die vermögensverwaltende OHG/KG i.G. allein durch den Komplementär vertreten werden.

170 Vgl. hierzu DNotI-Report 2015, 11.

171 KG FGPrax 2015, 10.

172 Der gegenüber dem Handelsregister gemäß § 12 Abs. 1 S. 2 HGB in öffentlich beglaubigter Form vorzulegen ist, vgl. OLG Frankfurt OLGZ 1973, 270.

rung der Einwilligung ihres gesetzlichen Vertreters. Der Nachweis der Elternstellung kann insbesondere durch Geburtsurkunde[173] oder Familienstammbuch[174] geführt werden. Regelmäßig ist wegen § 24 eine familiengerichtliche Genehmigung nach § 1822 Nr. 10 BGB,[175] nach herrschender Meinung auch gemäß § 1822 Nr. 3 BGB erforderlich.[176] Bei Beteiligung auch des gesetzlichen Vertreters als Gründergesellschafter oder als Vertreter für einen anderen Gesellschafter muss nach §§ 181, 1795 Abs. 2, 1629 Abs. 2, 1909 BGB ein Ergänzungspfleger bestellt werden.[177] Die Beteiligung eines Betreuten an der Gründung erfordert die Zustimmung des Betreuers, wenn das Vormundschaftsgericht einen Einwilligungsvorbehalt angeordnet hat (§§ 1903, 1908 Abs. 1 BGB).[178]

59 Fehlt eine familien- bzw. betreuungsgerichtliche Genehmigung oder hat ein beschränkt Geschäftsfähiger bzw. ein unter Einwilligungsvorbehalt stehender Betreuter ohne Mitwirkung des gesetzlichen Vertreters oder Betreuers gehandelt, ist das Errichtungsgeschäft bei der Einpersonengründung nichtig (§§ 1831, 1903 Abs. 1, 1908i Abs. 1, 111 BGB),[179] bei der Mehrpersonengründung schwebend unwirksam (§§ 1829, 1903 Abs. 1, 1908i Abs. 1, 108 BGB).[180]

60 g) **Ausländer.** Ausländische (natürliche wie juristische) Personen sind taugliche Gründer einer GmbH.[181] Die zuweilen genannte[182] Prüfungsbefugnis des Bundesministeriums für Wirtschaft und Energie wegen Gefährdung der öffentlichen Ordnung oder Sicherheit nach § 15 Abs. 2 AWG iVm §§ 55 Abs. 1 S. 1, 57 S. 1 AWV besteht allerdings nur beim Erwerb von Unternehmensbeteiligungen durch Unionsfremde, jedoch nicht bei der Gründung.[183]

61 Der Nachweis der Existenz und der Vertretungsberechtigung ausländischer Gesellschaften ist im Grundsatz wie bei einer deutschen Gesellschaft zu führen, dh durch Vorlage eines amtlichen Registerausdrucks oder einer notariellen Bescheinigung. Sofern Derartiges im Recht des ausländischen Rechtsträgers nicht bekannt bzw. in seinen rechtlichen Voraussetzungen oder Wirkungen nicht vergleichbar ist, ist der Nachweis über einen im dortigen Recht verfügbaren Existenz- und Vertretungsnachweis zu führen, der einem amtlichen Registerausdruck bzw. einer notariellen Bescheinigung gemäß § 21 BNotO möglichst nahe

173 *Hüffer/Koch* AktG § 23 Rn. 13.
174 *Kölmel* RNotZ 2010, 1 (10).
175 Vgl. BGH NJW 1989, 1926; *Wicke* GmbHG § 1 Rn. 9.
176 Vgl. BGH ZEV 2003, 375; MüKoGmbHG/*Fleischer* § 1 Rn. 49 mwN. Streitig ist, ob § 1822 Nr. 3 BGB unabhängig vom verfolgten Gesellschaftszweck anzuwenden ist oder nur dann, wenn die GmbH auf den Betrieb eines Erwerbsgeschäfts gerichtet ist.
177 OLG München NZG 2010, 862; Baumbach/Hueck/*Fastrich* § 1 Rn. 25 mwN.
178 MüKoGmbHG/*Fleischer* § 1 Rn. 50.
179 MüKoGmbHG/*Heinze* § 2 Rn. 91. AA Scholz/*Cramer* § 2 Rn. 51.
180 Baumbach/Hueck/*Fastrich* § 2 Rn. 25 mit weiteren Ausführungen in Rn. 26 ff.
181 MüKoGmbHG/*Fleischer* § 1 Rn. 53; MüKoGmbHG/*Heinze* § 2 Rn. 82 mit Bezug zu etwaigen unzulässigen Gesellschaftszwecken aufgrund von § 134 BGB iVm § 21 AufenthG; hierzu auch *Krafka* RegisterR-HdB Rn. 923.
182 Vgl. *Wicke* GmbHG § 1 Rn. 8; MüKoGmbHG/*Heinze* § 2 Rn. 82.
183 Baumbach/Hueck/*Fastrich* § 1 Rn. 29 mwN; MüKoGmbHG/*Fleischer* § 1 Rn. 53 mwN. Es kann sich ein Hinweis des Notars empfehlen, dass die Beteiligung an der Gesellschaft durch gebietsfremde, grenzüberschreitende Zahlungen sowie Rechts- oder Sacheinbringungen in Gesellschaften nach dem Außenwirtschaftsgesetz in Verbindung mit der Außenwirtschaftsordnung meldepflichtig sein können, vgl. die Formulierung bei MVHdB I GesellschaftsR/*Böhm/Frowein* Form. IV. 1.

kommt.[184] Zum Beweis der Echtheit ist eine Legalisation erforderlich (vgl. § 438 Abs. 2 ZPO); sie ist entbehrlich, wenn gemäß dem Haager Übereinkommen vom 5.10.1961 die Anbringung einer Apostille durch die zuständige Behörde des ausländischen Staates genügt;[185] teilweise ist auch eine Apostille entbehrlich.[186] Das Registergericht kann entsprechend § 142 Abs. 3 ZPO eine beglaubigte Übersetzung fremdsprachiger Urkunden verlangen (→ Rn. 9).

Es ist allgemeine Meinung, dass der deutsche Notar aufgrund einer Einsichtnahme in ein ausländisches Register befugt ist, eine Vertretungsbescheinigung entsprechend § 21 BNotO für eine ausländische Gesellschaft auszustellen, wenn das ausländische Register seiner rechtlichen Bedeutung nach dem deutschen Handelsregister entspricht.[187] In der Praxis hat es sich durchgesetzt, dass der Notar, der die Gründung beurkundet, die Vertretungsberechtigung der Handelnden durch Notarbescheinigung aufgrund elektronischer Registereinsicht bescheinigt, sofern nicht bereits der ausländische Notar eine den registerrechtlichen Anforderungen genügende Vertretungsbescheinigung erstellt hat.[188] Dies ist – mit der wichtigen Ausnahme des angloamerikanischen Rechtskreises – bei vielen ausländischen Registern möglich.[189] Sofern eine ausländische Gesellschaft mit einer Zweigniederlassung im deutschen Handelsregister eingetragen ist, kann der Nachweis der Vertretungsmacht hierüber geführt werden;[190] der Nachweis der Existenz der Gesellschaft ist auf dieser Grundlage allerdings nicht möglich.[191] 62

Der englische Rechtskreis kennt kein allgemeines Handelsregister im kontinental-europäischen Sinne.[192] Als Nachweismöglichkeit der Vertretung einer englischen Gesellschaft hat sich die Vertretungsbescheinigung eines englischen Notars etabliert.[193] Dieser darf seine Erkenntnisse dabei nicht nur durch Einsicht in das beim Companies House geführte Register erworben haben, da diesem keine dem deutschen Handelsregister vergleichbare Publizitätswirkung zukommt.[194] Nach herrschender Meinung reicht daher eine Bescheinigung des Companies House nur als Nachweis für die Existenz der Gesellschaft aus, nicht 63

184 Ausführlich *Mödl* RNotZ 2008, 1 (11 ff.); vgl. auch OLG Köln MittRhNotK 1988, 181. Umfangreiche Darstellungen bei Reithmann/Martiny/*Hausmann* IntVertragsR Rn. 7.195 ff.; Würzburger NotarHdb/*Heggen* Teil 7 Kap. 6 Rn. 21ff.; *Süß/Wachter*, HdB des internationalen GmbH-Rechts, S. 413 ff.

185 BGBl. II 1965 876. Übersicht der Beitrittsstaaten abrufbar auf der Homepage des Deutschen Notarinstituts (http://www.dnoti.de) unter „Arbeitshilfen – IPR und ausländisches Recht – Legalisation und Apostille“ (Stand 10.6.2019).

186 Dies gilt für notarielle Urkunden im Verhältnis zu Belgien, Dänemark, Frankreich, Italien und Österreich.

187 OLG Schleswig DNotZ 2008, 709 (710) mwN; WürzNotar-HdB/*Heggen* Teil 7 Kap. 6 Rn. 2 mwN; Staudinger/*Hertel* BeurkG Rn. 348.

188 Heckschen/Heidinger/*Heckschen* GmbH-Gestaltungspraxis Kap. 2 Rn. 29.

189 Insbesondere Belgien, Frankreich, Italien, Luxemburg, Niederlande (in Verbindung mit der Satzung), Österreich, Schweiz und Spanien. Im Falle der Niederlande handelt es sich technisch um eine Vertretungsbestätigung auf Grundlage von § 24 BNotO.

190 KG RNotZ 2013, 426 (428).

191 KG RNotZ 2004, 98 (100); *Suttmann* notar 2014, 273 (274).

192 Ausführlich Reithmann/Martiny/*Hausmann* IntVertragsR Rn. 7.208 ff.

193 Reithmann/Martiny/*Hausmann* IntVertragsR Rn. 7.211. Ausführlich WürzNotar-HdB/*Heggen* Teil 7 Kap. 6 Rn. 40.

194 OLG Nürnberg DNotZ 2014, 626; OLG Düsseldorf NZG 2019, 1423 (1424). Notwendig sei darüber hinaus ein Einblick in weitere Unterlagen (Memorandum, Articles of Association und Minute Book). Die Bescheinigung muss nachvollziehbare Angaben zu den tatsächlichen Grundlagen der notariellen Feststellungen enthalten.

jedoch für den Nachweis der Vertretungsbefugnis, und zwar auch dann nicht, wenn der einzige bzw. sämtliche Geschäftsführer der Gesellschaft handeln.[195] Unklar ist, ob bei Erfüllung vorgenannter Anforderungen auch eine entsprechende Vertretungsbestätigung eines deutschen Notars (§ 24 BNotO) genügen kann.[196]

64 Ein dem deutschen Handelsregister vergleichbares Register ist auch in den einzelnen Staaten der USA unbekannt.[197] Die Existenz einer Kapitalgesellschaft wird durch ein vom Secretary of State des betreffenden Staates ausgestelltes „Certificate of Incorporation" und ein „Certificate of Good Standing" nachgewiesen.[198] Der Secretary der Gesellschaft bestätigt typischerweise zusätzlich, dass der für die Gesellschaft Handelnde ausdrücklich aufgrund wirksamen Verwaltungsratsbeschlusses, der in Abschrift beigefügt ist, ermächtigt ist, das betreffende Geschäft vorzunehmen.[199] Eine der deutschen notariellen Bescheinigung nach § 21 BNotO vergleichbare Bescheinigung reicht nicht aus, weil der US-Notary Public innerstaatlich hierzu nicht die Befugnisse hat und aufgrund seiner Stellung hierzu auch keine verlässliche Auskunft geben kann.[200]

65 h) **Testamentsvollstrecker.** Die herrschende Meinung lehnt die Gründereigenschaft des Testamentsvollstreckers mit Wirkung für die Erben aufgrund der bestehenden Haftungsrisiken ab, sofern diese nicht ausdrücklich zustimmen.[201]

66 **3. Änderungen des Gesellschaftsvertrags und Gesellschafterwechsel vor Eintragung.** Änderungen des Gesellschaftsvertrages vor Eintragung der GmbH bedürfen nach herrschender Meinung der Zustimmung sämtlicher Gesellschafter[202] und sind zwingend nach §§ 6 ff. BeurkG zu beurkunden.[203] Die registerrechtliche Behandlung einer vor der Eintragung der GmbH vorgenommenen Änderung des Gesellschaftsvertrags ist nicht abschließend geklärt. Weitgehende Einigkeit besteht darüber, dass dem Registergericht auch bei der Erstanmeldung nach Gesellschaftsvertragsänderung in entsprechender Anwendung von § 54 Abs. 1 S. 2 eine mit Notarbescheinigung versehene vollständige Fassung des Gesellschaftsvertrags vorzulegen ist; teilweise wird von Registergerichten bei Änderungen nach Erstanmeldung ergänzend eine förmliche Anmeldung der Änderungen verlangt.[204]

195 OLG Nürnberg DNotZ 2014, 626; BayObLG NZG 2003, 290; OLG Hamm NJW-RR 1995, 469; aA OLG Rostock NZG 2010, 618; vgl. ferner KG NZG 2004, 49 (51) sowie OLG Dresden DNotZ 2008, 146.

196 Ablehnend für das Grundbuchverfahren OLG Düsseldorf NZG 2015, 199; bejahend für das Handelsregisterverfahren OLG Düsseldorf NZG 2019, 1423 (1424).

197 BeckNotar-HdB/*Zimmermann* H. 2. Teil IX. Rn. 317U; zur Bedeutung des Secretary of State MünchHdB GesR VI/*Süß*, 4. Auflage 2013, § 47 Rn. 582.

198 BeckNotar-HdB/*Zimmermann* H. 2. Teil IX. Rn. 317U; WürzNotar-HdB/*Heggen* Teil 7 Kap. 6 Rn. 125.

199 BeckNotar-HdB/*Zimmermann* H. 2. Teil IX. Rn. 317U; ausführlich Reithmann/Martiny/*Hausmann* IntVertragsR Rn. 7.348; WürzNotar-HdB/*Heggen* Teil 7 Kap. 6 Rn. 126 ff.

200 *Freier* NotBZ 2018, 444 ff.

201 Baumbach/Hueck/*Fastrich* § 1 Rn. 46 mwN. Für eine vermittelnde Ansicht MüKoGmbHG/*Heinze* § 2 Rn. 103; *Wicke* GmbHG § 1 Rn. 11.

202 Baumbach/Hueck/*Fastrich* § 11 Rn. 8. Ungeklärt ist, ob alternativ auch eine Satzungsänderung gemäß § 53 GmbHG beschlossen werden kann, die erst nach Eintragung der GmbH wirksam werden soll (dafür *Wicke* GmbHG § 55 Rn. 3; dagegen *Altmeppen* GmbHG § 55 Rn. 9; jeweils mwN).

203 Staudinger/*Hertel* BeurkG B. XI. Rn. 600.

204 Ausführlich Heckschen/Heidinger/*Heidinger* GmbH-Gestaltungspraxis Kap. 3 Rn. 93 mwN.

Das Erfordernis der Zustimmung sämtlicher Gesellschafter und der notariellen Beurkundung gilt auch für den Gesellschafterwechsel, das Ausscheiden eines Gründers und den Beitritt eines neuen Gesellschafters im Stadium der Vor-GmbH.[205] Diese Vorgänge sind im Gründungsstadium daher durch einen von allen Gründern geschlossenen, notariell beurkundeten satzungsändernden Vertrag möglich.[206] Sofern diese Gestaltungsform gewählt wird, ist unklar, ob den Notar die Verpflichtung nach § 54 Abs. 1 EStDV (→ Rn. 15) trifft; die Praxis rät sicherheitshalber zur Befolgung derselben.[207] Alternativ ist eine auf die Eintragung der GmbH aufschiebend bedingte Anteilsabtretung denkbar.[208] 67

III. Gründung im vereinfachten Verfahren (Musterprotokoll)

Die Gründung im vereinfachten Verfahren ist nur beim Vorliegen der Voraussetzungen nach Abs. 1a S. 1 (höchstens drei Gesellschafter;[209] nur ein Geschäftsführer) möglich und setzt die Verwendung eines der in der Anlage zum GmbHG enthaltenen Musterprotokolle voraus (Abs. 1a S. 2). Diese enthalten neben dem Gründungsmantel Satzung, Liste der Gesellschafter und Bestellung des Geschäftsführers in einer einzigen Urkunde. Die Bargründung ist bei Verwendung eines gesetzlichen Musterprotokolls zwingend; die Sachgründung ist unzulässig (vgl. jeweils Nr. 3 der Musterprotokolle).[210] 68

Bei Gründung im vereinfachten Verfahren[211] gilt ein Verbot der Abweichung vom Text des Musterprotokolls. Über die von den Musterprotokollen vorgesehen Ergänzungen bzw. Abänderungen hinausgehende Abweichungen sind unzulässig (vgl. Abs. 1a S. 3) und schließen die Gründung im vereinfachten Verfahren mit den damit einhergehenden Privilegierungen aus.[212] Umformulierungen sind grundsätzlich nicht statthaft;[213] die Rechtsprechung lässt allerdings völlig unbedeutende Abwandlungen bei Zeichensetzung, Satzstellung und Wortwahl zu, die keinerlei Auswirkungen auf den Inhalt haben.[214] 69

---

205 Zum Ausscheiden BGH NJW 1956, 1435; zum Beitritt BGH NJW 1955, 219; zum Gesellschafterwechsel BGH NJW-RR 2005, 469 (470); MüKoGmbHG/*Merkt* § 11 Rn. 36.

206 *Wicke* GmbHG § 2 Rn. 6 mwN Muster bei MVHdB I GesellschaftsR/*Böhm/Frowein* Form. IV. 14.

207 MVHdB I GesellschaftsR/*Böhm/Frowein* Form. IV. 14 Anm. 7.

208 Heckschen/Heidinger/*Heidinger* GmbH-Gestaltungspraxis Kap. 3 Rn. 96; MVHdB I GesellschaftsR/*Böhm/Frowein* Form. IV. 14 Anm. 1 mwN. Ausführlich zur Frage nach der Übertragbarkeit von Geschäftsanteilen im Gründungsstadium MüKoGmbHG/*Merkt* § 11 Rn. 40 mwN.

209 Diese Begrenzung kann indessen dadurch „umgangen" werden, dass ein Gründer einer vierten Person aufschiebend bedingt auf den Zeitpunkt der Eintragung der mit Musterprotokoll gegründeten GmbH einen Teilgeschäftsanteil überträgt; die Kosten der Abtretung zehren jedoch praktisch den Kostenvorteil gegenüber einer regulären Vierpersonengründung auf. Vgl. Heckschen/Heidinger/*Heidinger/Knaier* GmbH-Gestaltungspraxis Kap. 2 Rn. 161.

210 Zu den umstrittenen Folgen eines Verstoßes *Wicke* GmbHG § 2 Rn. 15; BeckNotar-HdB/*Mayer/Weiler* D.I. GmbH Rn. 231 mwN.

211 Das gilt nicht für Satzungsänderungen nach erfolgter Eintragung, vgl. Baumbach/Hueck/*Fastrich* § 2 Rn. 50 f. mwN.

212 OLG Stuttgart GWR 2020, 472; *Krafka* RegisterR-HdB Rn. 941e mwN; Baumbach/Hueck/*Fastrich* § 2 Rn. 50.

213 Baumbach/Hueck/*Fastrich* § 2 Rn. 51.

214 Vgl. OLG München GmbHR 2010, 1262; OLG Düsseldorf DStR 2011, 2106 (2107). Vgl. insoweit § 105 Abs. 6 S. 2 GNotKG, wonach „reine sprachliche Abweichungen vom Musterprotokoll" zulässig sind.

70 Diese engen Vorgaben machen es unmöglich, eine Vielzahl sinnvoller oder in der Praxis als notwendig angezeigter Regelungen (→ Rn. 33 ff.) in eine Satzung in Form des Musterprotokolls aufzunehmen; das gilt insbesondere im Hinblick auf die Mehrpersonen-GmbH.[215] Bis zur Klärung noch zahlreicher offener Streitfragen[216] wird indes auch bei Einpersonen-GmbHs von der Gründung im vereinfachten Verfahren abgeraten.[217]

71 Nach Nr. 7 der Musterprotokolle ist es dem Notar erlaubt, den Beteiligten (Belehrungs-) Hinweise zu geben.[218] Der Notar hat auch bei der Musterprotokollgründung die umfassenden Belehrungspflichten nach § 17 BeurkG, §§ 1, 14 BNotO zu erfüllen; zusätzlich muss über die Risiken und Gefahren im Zusammenhang mit dem Musterprotokoll, insbesondere über fehlende oder unzureichende Regelungen, aufgeklärt werden.[219] Die Hinweise des Notars werden sich dabei mit Ausnahme der Hinweise zu fehlenden Regelungen grundsätzlich nicht von den Hinweisen unterscheiden, die er bei der Gründung einer GmbH im klassischen Wege zu erteilen hat.[220] Obwohl nicht ausdrücklich geregelt, ist es von der registerrechtlichen Praxis anerkannt, dass dort zusätzlich notwendige beurkundungsrechtliche Feststellungen in das Protokoll mit aufgenommen werden können.[221]

IV. Online-Gründung/Gründung per Videokommunikation

72 Ab dem 1.8.2022 wird gemäß § 2 Abs. 3 nF unter bestimmten Voraussetzungen die Gründung einer GmbH im Wege einer Videokonferenz möglich sein. Ausführlich hierzu die Kommentierung zu § 16a ff. BeurkG.

V. Vorvertrag

73 Der Vorvertrag, durch den sich mehrere Personen zur Gründung einer GmbH verpflichten,[222] bedarf wie der Gesellschaftsvertrag selbst der notariellen Form des Abs. 1.[223] Nach herrschender Meinung gilt Abs. 2 entsprechend für die Form einer auf den Abschluss eines Vorvertrages gerichteten Vollmacht.[224]

74 Es ist fraglich, ob der Beurkundung des Vorvertrages durch einen ausländischen Notar dieselben Bedenken wie der Beurkundung der Gesellschaftsgründung selbst entgegenstehen (→ Rn. 5). Dies wird von der herrschenden Meinung bejaht; dagegen spricht allerdings, dass einem Vorvertrag als mehrseitig verpflichtendem Vertrag nicht zwangsläufig ein „gesellschaftsrechtlich-konstitutives"

215 *Wicke* GmbHG § 2 Rn. 16; Heckschen/Heidinger/*Heidinger/Knaier* GmbH-Gestaltungspraxis Kap. 2 Rn. 147. Aus diesem Grund ist das Musterprotokoll auch nicht zur Gründung einer gemeinnützigen GmbH geeignet, vgl. Heckschen/Heidinger/*Heidinger/Knaier* GmbH-Gestaltungspraxis Kap. 2 Rn. 154 mwN.

216 Ausführlich Heckschen/Heidinger/*Heidinger/Knaier* GmbH-Gestaltungspraxis Kap. 2 Rn. 158 ff.

217 So ausdrücklich Heckschen/Heidinger/*Heidinger/Knaier* GmbH-Gestaltungspraxis Kap. 2 Rn. 257.

218 Hierzu Heckschen/Heidinger/*Heidinger/Knaier* GmbH-Gestaltungspraxis Kap. 2 Rn. 173 ff.

219 Heckschen/Heidinger/*Heidinger/Knaier* GmbH-Gestaltungspraxis Kap. 2 Rn. 144.

220 Heckschen/Heidinger/*Heidinger/Knaier* GmbH-Gestaltungspraxis Kap. 2 Rn. 175. Musterformulierung bei MVHdB I GesellschaftsR/*Böhm/Frowein* Form. IV. 15 Anm. 17 für die Errichtung einer UG mit Musterprotokoll; Heckschen/Heidinger/*Heidinger/Knaier* GmbH-Gestaltungspraxis Kap. 2 Rn. 259.

221 *Krafka* RegisterR-HdB Rn. 941e mwN.

222 Vgl. das Muster bei MVHdB I GesellschaftsR/*Böhm/Frowein* Form. IV. 13.

223 BGH DNotZ 1988, 504; Baumbach/Hueck/*Fastrich* § 2 Rn. 33 mwN.

224 Baumbach/Hueck/*Fastrich* § 2 Rn. 33.

Element innewohnt.[225] Als sicherster Weg dürfte sich gleichwohl die Beurkundung vor einem deutschen Notar anbieten.

VI. Vorratsgesellschaft; Mantelgesellschaft

Anstelle einer Neugründung können Unternehmensgründer eine GmbH auch dadurch „gründen", dass sie sich bereits existierender Gesellschaften bedienen. Je nach Historie der GmbH wird hierbei von einer Vorrats- bzw. Mantelgesellschaft gesprochen. 75

Die Vorratsgesellschaft ist eine zur Weiterveräußerung gegründete Gesellschaft, die niemals unternehmerisch tätig war und bei der die Gründer von Anfang an die Absicht hatten, die Gesellschaft nicht oder nicht in absehbarer Zeit mit einem Unternehmen auszustatten; ihre Verwendung dient einzig der Abkürzung des Gründungsvorgangs.[226] Die offene Vorratsgründung bei der GmbH ist zulässig.[227] Eine solche liegt vor, wenn der Charakter der Gesellschaft, als Mantel für die spätere Aufnahme eines Geschäftsbetriebs zu dienen, bei der Bezeichnung des Unternehmensgegenstands deutlich zum Ausdruck gebracht wird („Verwaltung des eigenen Vermögens der Gesellschaft");[228] andernfalls liegt eine unzulässige Scheinbestimmung (§ 117 BGB) vor.[229] Da es sich bei der Ausstattung einer Vorratsgesellschaft mit einem Unternehmen und der erstmaligen Aufnahme ihres Geschäftsbetriebs um eine wirtschaftliche Neugründung[230] handelt, kommen die Gründungsvorschriften einschließlich der registerrechtlichen Kontrolle entsprechend zur Anwendung.[231] Sämtliche Geschäftsführer der Gesellschaft haben die Tatsache der wirtschaftlichen Neugründung, dh die Aufnahme der wirtschaftlichen Tätigkeit, offenzulegen und die in §§ 8 Abs. 2, 7 Abs. 2, 3 vorgesehene Versicherung abzugeben.[232] 76

Unter der sogenannten Mantelverwendung wird demgegenüber die Reaktivierung einer früher bereits aktiven GmbH verstanden, deren Geschäftsbetrieb zwischenzeitlich ruht und deren Unternehmensgegenstand nicht mehr verfolgt wird.[233] Die Tatbestandsvoraussetzungen für das Vorliegen einer solchen Gesellschaft sind im Einzelnen umstritten.[234] Modellvorstellung des BGH für eine Mantelverwendung ist eine GmbH, die den Geschäftsbetrieb endgültig eingestellt hat und über kein nennenswertes Gesellschaftsvermögen mehr verfügt, deren Anteile von Dritten erworben werden und die sodann als Rechtsträgerin für ein völlig anderes Unternehmen verwendet wird.[235] Die grundsätzliche Zulässigkeit der Verwendung einer solchen Gesellschaft ist mittlerweile unbestrit- 77

225 Vgl. *Altmeppen* GmbHG § 2 Rn. 52.
226 Heckschen/Heidinger/*Heckschen/Kreußlein* GmbH-Gestaltungspraxis Kap. 3 Rn. 197.
227 BGH NJW 1992, 1824 für die AG; BGH NJW 2003, 892 für die GmbH.
228 Baumbach/Hueck/*Fastrich* § 3 Rn. 11a mwN.
229 HM, statt vieler MüKoGmbHG/*Wicke* § 2 Rn. 28.
230 Sowohl die Wiederverwendung eines leeren Mantels als auch die erstmalige Verwendung einer Vorratsgesellschaft stellen nach dem BGH eine wirtschaftliche Neugründung der Gesellschaft dar, vgl. BGH GmbHR 2012, 630; 2011, 1032; 2010, 474 mwN.
231 MüKoGmbHG/*Wicke* § 3 Rn. 30; 38; Baumbach/Hueck/*Fastrich* § 3 Rn. 12.
232 *Altmeppen* GmbHG § 3 Rn. 65. Vgl. das Musterformular bei MVHdB I GesellschaftsR/*Böhm/Frowein* Form. IV. 10 Anm. 12; vgl. die Formulierungen bei *Krafka* RegisterR-HdB Rn. 1109c; WürzNotar-HdB/*Wilke*, Teil 5 Kap. 3 Rn. 95.
233 Vgl. Baumbach/Hueck/*Fastrich* § 3 Rn. 13; MüKoGmbHG/*Wicke* § 3 Rn. 29.
234 Ausführlich Heckschen/Heidinger/*Heckschen/Kreußlein* GmbH-Gestaltungspraxis Kap. 3 Rn. 180 ff. mwN.
235 Baumbach/Hueck/*Fastrich* § 3 Rn. 13e.

ten.[236] Nach dem BGH[237] sind auch hier die Gründungsvorschriften im Fall einer wirtschaftlichen Neugründung einschließlich der registerrechtlichen Kontrolle entsprechend anzuwenden, um eine hinreichende Kapitalausstattung der Gesellschaft zu gewährleisten; die Altmantel-Gründung ist als solche explizit durch sämtliche Geschäftsführer offenzulegen.[238] In der Literatur wird über Ausnahmeregelungen in Konzernsachverhalten diskutiert, die in der Rechtsprechung allerdings nicht anerkannt sind.[239] Als problematisch wird die Frage angesehen, wann eine diese Rechtsfolgen auslösende wirtschaftliche Neugründung überhaupt vorliegt; Schwierigkeiten bestehen insbesondere bei der Abgrenzung zur Umorganisation oder Sanierung.[240]

78 Die Grundsätze der wirtschaftlichen Neugründung können auch bei einer GmbH in Liquidation Anwendung finden.[241] Bei der Beurteilung, ob ein „leerer Gesellschaftsmantel" vorliegt, kommt es nicht darauf an, ob noch ein operatives Geschäft betrieben wird, sondern ob noch Aktivitäten im Zusammenhang mit der Abwicklung des Geschäftsbetriebs erfolgen.[242] Die Fortsetzung einer GmbH in Liquidation kommt nur in Betracht, wenn die Gesellschaft nicht überschuldet und das Gesellschaftsvermögen noch nicht an die Gesellschafter verteilt worden ist.[243]

VII. Gründung einer GmbH & Co. KG

79 Als Kommanditgesellschaft entsteht die GmbH & Co. KG im Außenverhältnis grundsätzlich erst mit ihrer Eintragung in das Handelsregister. Soweit die KG ein Handelsgewerbe (dh insbesondere nicht reine Vermögensverwaltung) betreibt, kann sie schon zuvor durch Aufnahme ihrer Geschäftstätigkeit iSv §§ 161 Abs. 2, 123 Abs. 2, 1 Abs. 2 HGB entstehen; in diesem Fall kommt der Eintragung nur noch deklaratorische Wirkung zu (zur KG i.G. → Rn. 57).

80 Die Errichtung einer GmbH & Co. KG setzt die Existenz einer die Komplementärstellung einnehmenden GmbH voraus. Nach herrschender Meinung ist die Vor-GmbH (im Gegensatz zur Vorgründungsgesellschaft)[244] komplementärfähig.[245] Die Eintragung der Vor-GmbH als Komplementärin in das Handelsregister ist jedoch nur mit erheblichem Aufwand möglich.[246] Aus Gründen der Praktikabilität und Kostenersparnis sollte die Eintragung der KG grundsätzlich erst nach Eintragung der GmbH vorgenommen werden.[247]

81 Da zwischen KG- und GmbH-Vertrag streng zu unterscheiden ist, gleichzeitig aber potenzielle Wechselwirkungen zu beachten sind, sind beide Vertragswerke inhaltlich genau aufeinander abzustimmen.[248] Der Gesellschaftsvertrag der KG

---

236 Baumbach/Hueck/*Fastrich* § 3 Rn. 13; MüKoGmbHG/*Wicke* § 3 Rn. 29.

237 BGH NZG 2003, 972 (Altmantel-Verwendung); bestätigt in NJW 2010, 1459. Zur Rechtsprechungskritik Habersack/Casper/Löbbe/*Ulmer*/*Löbbe* § 3 Rn. 148 ff.

238 BGH NJW 2003, 3198; 2012, 1875; MüKoGmbHG/*Wicke* § 3 Rn. 38.

239 *Habersack*/Casper/Löbbe/*Ulmer*/*Löbbe* § 3 Rn. 140; 165 f. mwN.

240 *Wicke* GmbHG § 3 Rn. 11, 30 mwN; Baumbach/Hueck/*Fastrich* § 3 Rn. 13e.

241 BGH NJW-RR 2014, 416 mwN; KG DStR 2012, 1817.

242 KG DStR 2012, 1817 (1819).

243 DNotI-Report 2021, 81 (82 ff.).

244 MüKoGmbHG/*Merkt* § 11 Rn. 227.

245 BGH GmbHR 1981, 114; Baumbach/Hueck/*Fastrich* § 11 Rn. 16, 68.

246 *Krafka* RegisterR-HdB Rn. 818; 820.

247 *Krafka* RegisterR-HdB Rn. 817.

248 Oetker/*Oetker* HGB § 161 Rn. 89. Besondere Bedeutung kommt der Befreiung von den Beschränkungen des § 181 BGB zu, vgl. BeckHdB PersG/*Watermeyer* § 13 C Rn. 37 f.

ist grundsätzlich nicht beurkundungspflichtig, es sei denn, dass dieser eine Regelung enthält, die aus sich selbst heraus eine Beurkundungspflicht auslöst bzw. im Zusammenhang mit einem beurkundungspflichtigen Geschäft abgeschlossen wird, das mit diesem „steht oder fällt“. Dies kann je nach Ausgestaltung insbesondere bei einer sog. Gleichlaufklausel gemäß § 15 Abs. 4 der Fall sein, sofern hieraus eine Verpflichtung zur Abtretung der Anteile an der Komplementär-GmbH resultiert.[249]

Die in der Praxis besonders relevante Einheits-GmbH und Co. KG[250] (in der die KG selbst Alleingesellschafterin ihrer Komplementär-GmbH ist) kann dadurch geschaffen werden, dass die (zukünftigen) Kommanditisten zunächst eine GmbH errichten, welche unter Übernahme der Komplementärfunktion gemeinsam mit ihren Gesellschaftern die GmbH & Co. KG gründet, wobei die GmbH selbst keinen Kommanditanteil erhält. Anschließend übertragen die GmbH-Gesellschafter ihre Anteile an der Komplementär-GmbH auf die KG, die hierdurch zur Alleingesellschafterin ihrer einzigen Komplementärin wird. Alternativ kann zunächst eine KG gegründet werden und diese ihrerseits eine (Einmann-)GmbH errichten, welche sodann die alleinige Komplementärstellung übernimmt.[251] 82

Der Unternehmensgegenstand der reinen Komplementär-GmbH ist auf die Geschäftsführung und Haftungsübernahme in der betreffenden KG gerichtet und muss nach herrschender Meinung den Tätigkeitsbereich der KG selbst nicht enthalten.[252] Soll eine bereits bestehende GmbH Komplementärin einer KG werden, muss diese Geschäftsführungsfunktion zu ihrem Unternehmensgegenstand gehören;[253] ggf. ist eine Satzungsänderung erforderlich. Die „neutrale“ Angabe, die Gesellschaft übernehme die Geschäftsführung und Vertretung für andere Unternehmen, ist als Unternehmensgegenstand nicht ausreichend.[254] Vielmehr muss als Unternehmensgegenstand „die Übernahme der Funktion einer persönlich haftenden Gesellschafterin in der KG in Firma […]“ angegeben werden.[255] 83

§ 5a Unternehmergesellschaft

(1) Eine Gesellschaft, die mit einem Stammkapital gegründet wird, das den Betrag des Mindeststammkapitals nach § 5 Abs. 1 unterschreitet, muss in der Firma abweichend von § 4 die Bezeichnung „Unternehmergesellschaft (haftungsbeschränkt)" oder „UG (haftungsbeschränkt)" führen.

(2) Abweichend von § 7 Abs. 2 darf die Anmeldung erst erfolgen, wenn das Stammkapital in voller Höhe eingezahlt ist. Sacheinlagen sind ausgeschlossen.

(3) [1]In der Bilanz des nach den §§ 242, 264 des Handelsgesetzbuchs aufzustellenden Jahresabschlusses ist eine gesetzliche Rücklage zu bilden, in die ein Vier-

249 BeckHd BPersG/*Watermeyer* § 13 B Rn. 23. Keine Formbedürftigkeit nach § 15 Abs. 4 S. 1 GmbHG liegt vor, wenn der KG-Vertrag zu diesem Zweck nur Verfügungsbeschränkungen und keine unmittelbare Verpflichtungen zur Parallelabtretung enthält.
250 Zu weiteren Gestaltungsformen vgl. Oetker/*Oetker* HGB § 161 Rn. 75 ff. mwN.
251 Oetker/*Oetker* HGB § 161 Rn. 79; zu Fragen des Gläubigerschutzes Rn. 99 ff.
252 MüKoHGB/*Grunewald* § 161 Rn. 56 mwN; sympathisierend BayObLG NJW-RR 1996, 413 (414).
253 MüKoHGB/*Grunewald* § 161 Rn. 56 mwN.
254 BayObLG NJW 1976, 1694.
255 BayObLG NJW-RR 1996, 413 mwN (obiter dictum).

tel des um einen Verlustvortrag aus dem Vorjahr geminderten Jahresüberschusses einzustellen ist. [2]Die Rücklage darf nur verwandt werden

1. für Zwecke des § 57c;

2. zum Ausgleich eines Jahresfehlbetrags, soweit er nicht durch einen Gewinnvortrag aus dem Vorjahr gedeckt ist;

3. zum Ausgleich eines Verlustvortrags aus dem Vorjahr, soweit er nicht durch einen Jahresüberschuss gedeckt ist.

(4) Abweichend von § 49 Abs. 3 muss die Versammlung der Gesellschafter bei drohender Zahlungsunfähigkeit unverzüglich einberufen werden.

(5) Erhöht die Gesellschaft ihr Stammkapital so, dass es den Betrag des Mindeststammkapitals nach § 5 Abs. 1 erreicht oder übersteigt, finden die Absätze 1 bis 4 keine Anwendung mehr; die Firma nach Absatz 1 darf beibehalten werden.

Literatur:

Ries/Schulte, Die UG wird erwachsen: Das Erstarken der Unternehmergesellschaft zur Voll-GmbH, NZG 2018, 571.

I. Errichtung

1 Abweichend von § 5 Abs. 1 lässt § 5a Abs. 1 die Gründung mit geringerem als dem gesetzlichen GmbH-Mindeststammkapital zu. In einem solchen Fall ist der Firmenzusatz „Unternehmergesellschaft (haftungsbeschränkt)" oder „UG (haftungsbeschränkt)" zu führen.[1] Die UG unterliegt in Ermangelung abweichender Sonderregelungen grundsätzlich denselben Regeln wie die GmbH. Das zulässige Mindeststammkapital der Unternehmergesellschaft beträgt 1 EUR (vgl. § 5 Abs. 2 S. 1). Nach einer Entscheidung des OLG Frankfurt am Main kann eine UG auch durch Kapitalherabsetzung bei einer Vor-GmbH gegründet werden.[2] Eine Sachgründung ist nicht statthaft (Abs. 2 S. 2). Der Notar sollte die an der Gründung Beteiligten über UG-spezifische Risiken belehren.[3]

2 Nach Abs. 2 S. 1 ist in Abweichung von § 7 Abs. 2 eine Volleinzahlung der (Bar-)Einlagen vor Eintragung ins Handelsregister notwendig. Das hat zur Folge, dass eine UG mit einem Stammkapital von über 12.499 EUR kaum attraktiv ist, da mit Mitteln in Höhe von 12.500 EUR bereits eine reguläre GmbH gegründet werden kann.[4] Ein Verstoß gegen das Verbot der Sacheinlage (Abs. 2 S. 2) im Gesellschaftsvertrag führt zur Nichtigkeit (§ 134 BGB) und hindert die Eintragung ins Handelsregister; eine gleichwohl erfolgte Eintragung führt zu einer Bareinlageverpflichtung.[5]

3 Die grundsätzliche Zulässigkeit der UG (haftungsbeschränkt) & Co. KG[6] ist von der herrschenden Meinung mittlerweile anerkannt.[7] Nicht abschließend geklärt ist allerdings, ob aus der Pflicht zur Rücklagenbildung folgt, dass die

1 Auch die Abkürzung „gUG (haftungsbeschränkt)" bei einer gemeinnützigen UG ist zulässig, vgl. BGH GWR 2020, 379.

2 OLG Frankfurt GmbHR 2011, 984; dagegen Baumbach/Hueck/*Fastrich* § 5a Rn. 17.

3 Vgl. den Formulierungsvorschlag bei Heckschen/Heidinger/*Heckschen/Strnad* GmbH-Gestaltungspraxis Kap. 5 Rn. 36.

4 *Wicke* GmbHG § 5a Rn. 7; MüKoGmbHG/*Rieder* § 5a Rn. 18.

5 Baumbach/Hueck/*Fastrich* § 5a Rn. 11 mwN; *Wicke* GmbHG § 5a Rn. 8 mwN.

6 Zur Gründung einer UG (haftungsbeschränkt) & Co. KG vgl. Heckschen/Heidinger/*Heckschen/Strnad* GmbH-Gestaltungspraxis Kap. 5 Rn. 117.

7 KG NZG 2009, 1159; Heckschen/Heidinger/*Heckschen/Strnad* GmbH-Gestaltungspraxis Kap. 5 Rn. 84 mwN; 109 mwN.

UG nicht Komplementärin einer KG sein kann, wenn sie – wie oft – nicht vermögensmäßig an der Gesellschaft beteiligt ist.[8]

Für die Form der Gründung gelten die allgemeinen Regeln der GmbH (dh Errichtung durch Gründungs- oder Musterprotokoll, → § 2 Rn. 1 ff., 68 ff.). Für die Errichtung der UG besteht bei Verwendung des Musterprotokolls (→ § 2 Rn. 68 ff.) die Kostenprivilegierung über § 105 Abs. 6 GNotKG. Bei Verwendung des Musterprotokolls sollte der Notar besonders auf fehlende Regelungen hinweisen (→ § 2 Rn. 71). Das Musterprotokoll ist (wie bei der GmbH) auch für die UG (haftungsbeschränkt) in vielen Fällen wegen der geringen Regelungstiefe nicht zu empfehlen (→ § 2 Rn. 70). 4

II. Änderungen des Gesellschaftsvertrags; Kapitalerhöhungen

Änderungen des Gesellschaftsvertrags der UG unterliegen grundsätzlich den allgemeinen Regeln, insbesondere §§ 53 ff. Soweit die UG nach dem Musterprotokoll gegründet wurde, kann die Gesellschaftsvertragsänderung unter der Voraussetzung, dass deren inhaltliche Änderung bereits im Musterprotokoll möglich gewesen wäre, hinsichtlich der Kosten ebenfalls privilegiert sein (→ § 53 Rn. 43 ff.). Hinsichtlich Kapitalerhöhungen bei der UG wird auf nachstehende → Rn. 6 f. sowie → § 55 Rn. 36 verwiesen. 5

III. Erreichen des Mindeststammkapitals von 25.000 EUR

Die Anwendung der Sondervorschriften für die UG endet ab Erreichen eines Mindeststammkapitals von 25.000 EUR. Eine solche Erhöhung des Stammkapitals kann durch Übertragung eines anderen Rechtsträgers im Wege der Verschmelzung oder Spaltung auf die UG[9] oder im Wege einer Kapitalerhöhung aus Gesellschaftsmitteln, durch normale Barkapitalerhöhung, ggf. in Form des genehmigten Kapitals, und nach herrschender Meinung auch durch Sachkapitalerhöhung erfolgen (→ § 55 Rn. 36).[10] 6

Die Kapitalerhöhung aus Gesellschaftsmitteln ist wegen des Erfordernisses einer testierten Bilanz nach § 57e sowie der damit verbundenen Kosten und des Aufwands insbesondere bei kleinen Gesellschaften selten und die effektive Kapitalerhöhung in der Praxis der Regelfall.[11] Nach herrschende Meinung ist für eine Kapitalerhöhung auf 25.000 EUR oder mehr keine Voll-, sondern nur eine Mindesteinzahlung nach §§ 56a, 57 Abs. 2, 7 Abs. 2 S. 1, 2 erforderlich.[12] Die Kosten der Kapitalerhöhung können nicht als Gründungskosten auf die GmbH abgewälzt werden, da die GmbH kein neuer Rechtsträger, sondern mit der UG identisch ist.[13] 7

§ 15 Übertragung von Geschäftsanteilen

(1) Die Geschäftsanteile sind veräußerlich und vererblich.

8 Vgl. *Wicke* GmbHG § 5a Rn. 19; Baumbach/Hueck/*Fastrich* § 5a Rn. 36.

9 Einzelheiten bei *Ries/Schulte* NZG 2018, 571 (573); Baumbach/Hueck/*Fastrich* § 5a Rn. 18.

10 BGH DStR 2011, 998; *Wicke* GmbHG § 5a Rn. 14.

11 *Ries/Schulte* NZG 2018, 571 (572).

12 OLG München NZG 2012, 104; OLG Hamm RNotZ 2011, 439 (440); Baumbach/Hueck/*Fastrich* § 5a Rn. 33 mwN; MüKoGmbHG/*Rieder* § 5a Rn. 40 mwN.

13 OLG Celle NZG 2018, 261. Daher kommt auch ein Rechtsformwechsel von der UG in die GmbH nicht in Betracht, auch eine Rechtsnachfolge liegt nicht vor.

(2) Erwirbt ein Gesellschafter zu seinem ursprünglichen Geschäftsanteil weitere Geschäftsanteile, so behalten dieselben ihre Selbständigkeit.

(3) Zur Abtretung von Geschäftsanteilen durch Gesellschafter bedarf es eines in notarieller Form geschlossenen Vertrags.

(4) [1]Der notariellen Form bedarf auch eine Vereinbarung, durch welche die Verpflichtung eines Gesellschafters zur Abtretung eines Geschäftsanteils begründet wird. [2]Eine ohne diese Form getroffene Vereinbarung wird jedoch durch den nach Maßgabe des vorigen Absatzes geschlossenen Abtretungsvertrag gültig.

(5) Durch den Gesellschaftsvertrag kann die Abtretung der Geschäftsanteile an weitere Voraussetzungen geknüpft, insbesondere von der Genehmigung der Gesellschaft abhängig gemacht werden.

Literatur:

Bader, Der Schutz des guten Glaubens in Fällen mit Auslandsberührung, MittRhNotK 1994, 161; *Bayer*, Übertragung von GmbH-Geschäftsanteilen im Ausland nach der MoMiG-Reform, GmbHR 2013, 897; *Busch*, Joint-Ventures in der notariellen Praxis, RNotZ 2020, 249; *Felix*, Notarkosten im Gesellschaftsrecht – Teil I – Von der (A)nteilsabtretung bis zum (Z)ustimmungsbeschluss, RNotZ 2018, 306; *Heckschen*, Die umwandlungsrechtliche Universalsukzession und ihre haftungsrechtliche Kompensation, GmbHR 2017, 953; *Heidenhain*, Umfang der Beurkundungspflicht bei der Verpfändung von GmbH-Geschäftsanteilen, GmbHR 1996, 275; *Hermanns*, Beurkundungspflichten, Beurkundungsverfahren und Beurkundungsmängel unter besonderer Berücksichtigung des Unternehmenskaufvertrages, DNotZ 2013, 9; *Hermanns*, Der Gesellschaftsanteil als Mittel der Kreditsicherung – Fragen für die notarielle Praxis, RNotZ 2012, 490; *Hilgard*, Break-up Fees beim Unternehmenskauf, BB 2008, 286; *Hoger/Baumann*, Der M&A-Vertrag bei Abschluss einer W&I-Versicherung, NZG 2017, 811; *Kempermann*, Die Formbedürftigkeit der Abtretung einer Beteiligung an einer GmbH & Co KG, NJW 1991, 684; *Leitzen*, Änderungsverträge aus notarieller Perspektive, BWNotZ 2012, 86; *Leyendecker/Mackensen*, Beurkundung des Equity Commitment Letter beim Unternehmenskauf, NZG 2012, 129; *Lichtenberger*, Zum Umfang des Formzwangs und zur Belehrungspflicht, DNotZ 1988, 531; *Rasner/Möllering*, Beurkundung von W&I-Policen beim Unternehmenskauf, BB 2019, 2120; *Reymann*, Die Verpfändung von GmbH-Geschäftsanteilen, DNotZ 2005, 425; *Schindeldecker*, Insichgeschäfte im Gesellschaftsrecht – Anwendungsfälle und praktische Lösungen für die notarielle Praxis, RNotZ 2015, 533; *Seel*, Verweisungsprobleme bei der Geschäftsanteilsverpfändung, GmbHR 2004, 180; *Thelen*, Beteiligungsverträge in der notariellen Praxis, RNotZ 2020, 121; *Thelen/Hermanns*, Die Vorlage der Vollmachtsurkunde bei der Beurkundung, DNotZ 2019, 725; *Weber*, Beurkundungspflichten nach § 311b Abs. 1 BGB bei zusammengesetzten Verträgen – Versuch einer Systematisierung und Typisierung, RNotZ 2016, 377; *von Werder/Hobuß*, Mit-Beurkundung von Drittvereinbarungen im Rahmen von GmbH-Share Deals?, BB 2021, 1612; *von Werder/Scheder-Bieschin*, Reichweite der Beurkundungspflicht bei der Veräußerung von Anteilen an einer ausländischen GmbH, BB 2019, 2632; *Wiesbrock*, Formerfordernisse beim Unternehmenskauf, DB 2002, 2311.

I. Notarielle Beurkundung des Verpflichtungsgeschäfts (Abs. 4)

1 **1. Vereinbarung einer Anteilsabtretung.** Gemäß Abs. 4 bedarf jede Vereinbarung, durch welche die Verpflichtung zur Abtretung eines GmbH-Geschäftsanteils begründet wird, der notariellen Form, und zwar als Beurkundung von Willenserklärungen (§§ 6 ff. BeurkG). Kauf, Schenkung oder Vergleich sind als rechtsgeschäftliche Vereinbarungen daher beurkundungspflichtig, nicht hingegen die Auslobung (§ 657 BGB) oder die Teilungsanordnung des Erblassers (§ 2048 BGB) als einseitige Rechtsgeschäfte.

2 **2. Umfang des Beurkundungserfordernisses. a) Vollständigkeitsgrundsatz/zusammengesetzte Rechtsgeschäfte.** Die Rechtsprechung zu Abs. 4 ist durch eine Vielzahl von gerichtlichen Entscheidungen mit divergierenden Begrifflichkeiten geprägt, deren extensive Interpretation des Umfangs der Beurkundungspflicht in Anlehnung an § 311b Abs. 1 BGB mit dem Schutzzweck von Abs. 4

(Erschwerung des spekulativen Handels mit GmbH-Geschäftsanteilen) in Teilen nur noch schwer zu vereinbaren ist.[1] Vor dem Hintergrund dieser Rechtsprechung ist die Praxis dazu übergegangen, als rechtssichersten Weg die von der Rechtsprechung zu § 311b Abs. 1 BGB entwickelten Maßstäbe grundsätzlich auch bei Abs. 4 anzuwenden, soweit keine spezifischen Entscheidungen für Abs. 4 vorliegen.[2]

3 Die Beurkundungspflicht nach Abs. 4 umfasst danach sämtliche Abreden, die nach dem Willen der Beteiligten Bestandteil der Vereinbarung über die Verpflichtung zur Abtretung von GmbH-Geschäftsanteilen sein sollen (sog. Vollständigkeitsgrundsatz).[3]

4 Die Beurkundungspflicht erstreckt sich dabei nach den Grundsätzen über zusammengesetzte Rechtsgeschäfte auch auf andere, an sich formlose bzw. jedenfalls nicht beurkundungspflichtige Rechtsgeschäfte, vorausgesetzt (i) der nach Abs. 4 beurkundungspflichtige Vertrag und das andere Rechtsgeschäft sind wechselseitig voneinander abhängig oder (ii) der nach Abs. 4 beurkundungspflichtige Vertrag ist (einseitig) abhängig von dem anderen Rechtsgeschäft.[4] Grund hierfür ist, dass in diesen Fällen der andere Vertrag durch die Abhängigkeit Inhalt auch des nach Abs. 4 beurkundungspflichtigen Vertrags ist. Demgegenüber löst die einseitige Abhängigkeit des anderen Rechtsgeschäfts von dem nach Abs. 4 beurkundungspflichtigen Vertrag keine Beurkundungspflicht aus, da das andere Rechtsgeschäft hierdurch nicht zum Inhalt des beurkundungspflichtigen Rechtsgeschäfts wird.[5]

5 Dass an den voneinander abhängigen Rechtsgeschäften unterschiedliche Parteien beteiligt sind, steht einer Beurkundungspflicht nicht entgegen.[6] Und auch wenn das an sich nicht beurkundungspflichtige Geschäft vor der Beurkundung des beurkundungspflichtigen Vertrags abgeschlossen wird, kann bei Vorliegen einer Abhängigkeit auch eine Beurkundungspflicht des anderen, an sich formfreien Rechtsgeschäfts in Betracht kommen.[7]

6 Maßgeblich ist die zeitliche Reihenfolge nach der Rechtsprechung des BGH für die Feststellung der Abhängigkeit: Wird der beurkundungspflichtige Vertrag zuerst abgeschlossen, ist Maßstab, ob nach dem Willen der Parteien des beurkundungspflichtigen Vertrags dieser von dem anderen, zeitlich nachfolgenden Rechtsgeschäft abhängt.[8] Wird hingegen das andere, an sich formfreie Rechtsgeschäft vor Abschluss des beurkundungspflichtigen Vertrags geschlossen, ist maßgeblich, ob nach dem Verständnis der Parteien des an sich nicht beurkundungspflichtigen Rechtsgeschäfts der beurkundungspflichtige Vertrag nach dem Willen der an dem beurkundungspflichtigen Vertrag Beteiligten von dem zeitlich vorangehenden Rechtsgeschäft abhängt.[9]

1 Vgl. etwa BGH NJW 1986, 2642; 1996, 3338 (3339); vgl. hierzu auch OLG Frankfurt BeckRS 2015, 11018 Tz. 60.
2 Wie hier BeckNotar-HdB/*Mayer/Weiler* D.I. GmbH 6. Teil II. Rn. 451; *Ulmer/Casper/Löbbe* § 15 Rn. 82; eine Übersicht zum Meinungsspektrum mit zahlreichen Nachweisen geben *von Werder/Hobuß*, BB 2021, 1612 (1613).
3 Vgl. BGH NJW 1986, 2642; 1996, 3338 (3339); 2002, 142; OLG Frankfurt BeckRS 2015, 11018 Tz. 60.
4 BGH NJW 2000, 951; 2002, 2559 (2560); DNotZ 2011, 196; vgl. hierzu auch DNotI-Report 2019, 169 (170 ff.) (zu § 311b Abs. 1 BGB).
5 BGH NJW 2002, 2559 (2560); RNotZ 2021, 339.
6 BGH NJW 1980, 829 (830); DNotZ 2011, 196.
7 BGH NJW 2002, 2559 (2560); DNotZ 2011, 196.
8 BGH NJW 2002, 2559 (2560).
9 BGH DNotZ 2011, 196 (198).

Voraussetzung für das Vorliegen einer Abhängigkeit ist dabei stets, dass die Rechtsgeschäfte nach dem Willen der Parteien eine rechtliche Einheit bilden, dh dass das Wirksamkeitsschicksal des einen Rechtsgeschäfts an das des anderen Rechtsgeschäfts geknüpft ist und diese ein gemeinsames Nichtigkeits- bzw. Rückabwicklungsschicksal teilen.[10] Entscheidend ist also, ob die Rechtsgeschäfte nach dem Parteiwillen miteinander „stehen und fallen", dh ob der nach Abs. 4 beurkundungspflichtige Vertrag nur dann gelten soll, wenn auch das andere Geschäft wirksam ist und bleibt.[11] Hierbei reicht es aus, wenn eine der Parteien einen solchen Einheitlichkeitswillen hat und dieser von der Gegenseite erkannt und gebilligt oder zumindest hingenommen wird.[12] Die Niederlegung von Rechtsgeschäften in getrennten Urkunden begründet dabei eine – widerlegbare – Vermutung, dass die Rechtsgeschäfte nicht rechtlich voneinander abhängig sind.[13] 7

Liegt danach ein Einheitlichkeitswillen vor, erstreckt sich die Beurkundungspflicht auf beide Rechtsgeschäfte, die gemeinsam in einer Niederschrift oder getrennt in mehreren Niederschriften beurkundet werden können.[14] Als Teil der rechtsgeschäftlichen Vereinbarung der Parteien muss dabei auch das Abhängigkeitsverhältnis der beiden Rechtsgeschäfte notariell beurkundet werden.[15] Nicht abschließend geklärt ist, ob diese sog. „Verknüpfungsabrede", dem Reichsgericht[16] folgend, in einer[17] der Urkunden oder in beiden[18] Urkunden zum Ausdruck kommen muss; bis zu einer abschließenden Klärung kann sich letzteres als sicherster Weg empfehlen.[19] 8

b) Umfang der Vorlesungs- und Beifügungspflicht („Bezugnahmen"). Hinsichtlich der Frage, in welchem Umfang zur Erfüllung des Beurkundungserfordernisses ein Beifügen und/oder Vorlesen von im Vertrag in Bezug genommenen Dokumenten erforderlich ist, wird auf die Vorschriften der §§ 13, 13a und 14 BeurkG und die diesbezügliche Literatur verwiesen.[20] 9

3. Praxisfälle zum Umfang der Beurkundungspflicht. a) Noch nicht final ausgehandeltes Drittgeschäft/Teilabhängigkeit. Mitunter machen die Beteiligten einen Anteilskaufvertrag von einem Drittgeschäft abhängig, dessen Inhalt zum Zeitpunkt der Beurkundung des Anteilskaufvertrags noch nicht vollständig ausverhandelt ist (etwa, wenn nur ein sog. Term Sheet vorliegt). Dabei gilt, dass die Beurkundungspflicht sich nur auf das bisher tatsächlich Vereinbarte erstreckt.[21] Kommt das Drittgeschäft später vollständig zustande, ist es nur dann zu beurkunden, wenn es aus sich heraus beurkundungspflichtig ist oder es Änderungen gegenüber dem ursprünglich bereits beurkundeten Vereinbarten gibt, 10

10 Instruktiv *Weber* RNotZ 2016, 377 ff.
11 BGH NJW 2002, 2559 (2560); DNotZ 2011, 196.
12 BGH NJW 1992, 3237 (3238); NJW-RR 2009, 953 (954).
13 BGH RNotZ 2021, 339 (341); NJW-RR 2003, 1565 (1566); ZIP 2021, 738.
14 BGH NJW 1988, 1781 (1782).
15 BGH NJW 1994, 721 (722); 2000, 951.
16 RG JW 1925, 2602.
17 BGH NJW 1988, 1781 (1782) (für Änderungsurkunde); weitere Nachweise in BGH NJW-RR 2003, 1565 (1568).
18 OLG Hamm DNotI-Report 1996, 164 (165); weitere Nachweise in BGH NJW-RR 2003, 1565 (1568).
19 So ausdrücklich BGH NJW-RR 2003, 1565 (1568).
20 Vgl. hierzu die Kommentierungen zu §§ 13, 13a und 14 BeurkG. Ausführlich hierzu auch *Hauschild/Kallrath/Wachter* Notar-HdB § 9 Rn. 96 ff. und § 11 Rn. 1 ff.; *Rothmann*, Beurkundung und Bezugnahme – Zum verfahrensrechtlichen Umgang mit komplexen Vertragswerken.
21 BGH NJW-RR 2006, 1292.

die unter dem Gesichtspunkt der Vertragsänderung zu beurkunden sind (→ Rn. 12).[22]

11 Allgemein gilt, dass stets nur die Teile des Drittgeschäfts beurkundungspflichtig sind, von denen die Wirksamkeit des Anteilskaufvertrags nach dem Willen der Parteien abhängt.[23] Stellen die Parteien eines Anteilskaufvertrags diesen beispielsweise unter die aufschiebende Bedingung des Abschlusses eines Drittvertrags, ohne dass der Anteilskaufvertrag nach dem Willen der Parteien auch von der Wirksamkeit des Drittgeschäfts abhängig sein soll, etwa weil der Verkäufer des Anteilkaufvertrages nicht das Risiko von Mängeln des Drittgeschäfts tragen will, hängt die Wirksamkeit des Anteilskaufvertrags allein von der Tatsache des Abschlusses des Drittgeschäfts ab. In einem solchen Fall genügt es, in die Niederschrift die Bedingung aufzunehmen und den Inhalt des Drittvertrags nur so weit wiederzugeben, als dieser für die Wirksamkeit des Anteilskaufvertrags von Bedeutung ist, ohne dass der Drittvertrag im Übrigen vollständig beurkundet werden müsste.[24]

12 **b) Vertragsänderung, Bedingungsverzicht** (waiver). Änderungen eines nach Abs. 4 formbedürftigen Vertrags sind nach der Rechtsprechung des BGH grundsätzlich notariell zu beurkunden,[25] es sei denn, dass die Änderungen rein redaktioneller oder klarstellender Natur sind.[26] Die Frage, ob auch Änderungen, die die Veräußerungs- oder Erwerbspflicht weder unmittelbar noch mittelbar verschärfen oder erweitern, formfrei möglich sind, hat der BGH ausdrücklich offen gelassen.[27] Änderungen, die der Beseitigung von so nicht vorhergesehenen Abwicklungsschwierigkeiten dienen und den Inhalt der gegenseitigen Leistungspflichten im Kern unberührt lassen, sind nicht formbedürftig;[28] Einzelheiten sind umstritten.[29] Eine formfreie Änderung ist möglich, wenn diese nach der Wirksamkeit der Anteilsabtretung vorgenommen wird, dh nachdem die Inhaberschaft an den übertragenen Geschäftsanteilen auf den Erwerber übergegangen ist.[30] Sofern die Abtretung unter einer aufschiebenden Bedingung erklärt wurde, unterliegen Änderungen des Vertrags der Beurkundungspflicht bis zum Zeitpunkt des Bedingungseintritts.[31]

13 Der einseitige Verzicht der begünstigten Partei auf eine der Abtretung beigefügte aufschiebende Bedingung (*waiver*) ist nach dem BGH formfrei möglich, weil darin keine der Form des § 15 unterliegende Vertragsänderung zu sehen ist.[32] Eine vertragliche Einigung über einen Bedingungsverzicht ist laut BGH jedoch als Vertragsänderung nach Abs. 4 formbedürftig;[33] hiervon zu unterscheiden ist

---

22 *Lichtenberger* DNotZ 1988, 531 (541); *Weber* RNotZ 2016, 377 (382).
23 BGH RNotZ 2021, 339 (342); OLG Hamm DNotZ 1996, 1048 (1049); ausführlich *Weber* RNotZ 2016, 377 (382 f.).
24 BGH RNotZ 2021, 339 (341 f.); OLG Hamm DNotZ 1996, 1048 (1049); *Weber* RNotZ 2016, 377 (383).
25 BGH NJW-RR 1989, 291 (292).
26 OLG München NJW 1967, 1326 (1328).
27 BGHZ 66, 270 (Fristverlängerung eines vertraglichen Rücktrittsrechts jedenfalls formfrei möglich).
28 BGH NJW 2001, 1932 (zu § 311b Abs. 1 BGB).
29 Formbedürftig: Teilerlass des Kaufpreises oder langfristige Stundung (BGH NJW 1982, 434). Formfrei: Festlegung eines anderen Zahlungswegs (BGH NJW 1998, 1482 (1483)). Zum Ganzen Palandt/*Grüneberg* BGB § 311b Rn. 43.
30 BGH NJW 1959, 1433 (1434).
31 Vgl. BGH NJW-RR 1989, 291 (292); DNotI-Gutachten 152278; *Leitzen* BWNotZ 2012, 86 (91); Kölner GesR-HdB/*Hermanns* Kap. 2 Rn. 879.
32 BGH NJW-RR 1989, 291 (292); NJW 1994, 3227 (3228 f.).
33 BGH NJW-RR 1989, 291 (292); NJW 1994, 3227 (3228 f.).

ein – formlos möglicher – beidseitiger Verzicht, wenn dies im Anteilskaufvertrag vorgesehen ist.[34]

14 c) **Abtretung.** Die Abtretung eines Anspruchs auf Übertragung eines GmbH-Geschäftsanteils ist nach der Rechtsprechung des BGH stets notariell zu beurkunden.[35]

15 d) **Aufhebungsvertrag.** Eine Vereinbarung über die Aufhebung einer noch nicht erfüllten Verpflichtung, GmbH-Anteile zu übertragen, bedarf nach einhelliger Auffassung grundsätzlich nicht der notariellen Form, solange kein dinglicher Vollzug erfolgt ist, dh die Inhaberschaft an den Geschäftsanteilen noch nicht auf den Erwerber übergegangen ist.[36] Dies gilt grundsätzlich auch dann, wenn die Abtretung bereits erklärt wurde, aber noch nicht wirksam geworden ist, etwa weil eine aufschiebende Bedingung noch nicht eingetreten ist.[37] Ungeklärt ist allerdings, ob die Aufhebungsvereinbarung bei Abs. 4 – wie beim Grundstückskaufvertrag[38] – dann der notariellen Form unterliegt, wenn auf Seiten des Erwerbers bereits ein Anwartschaftsrecht entstanden ist, dh der Verkäufer den Anteilserwerb des Käufers nicht mehr einseitig verhindern kann.[39] Als sicherster Weg kann sich hier eine notarielle Beurkundung empfehlen. Wurde die Abtretung bereits vollzogen, dh hat ein Wechsel der Anteilsinhaberschaft stattgefunden, handelt es sich bei der „Aufhebung" in Wahrheit um eine Rückübertragungsverpflichtung, die ohne Weiteres der notariellen Form des Abs. 4 unterliegt.[40]

16 e) **Vorverträge und Absichtserklärungen (letter of intent, memorandum of understanding, term sheet).** Besteht bei Abschluss eines Vorvertrags bzw. einer Absichtserklärung nach dem Wortlaut der Erklärung oder nach dem durch Auslegung zu ermittelnden Willen der Parteien ein Rechtsbindungswille hinsichtlich der Verpflichtung zum Abschluss eines Vertrags nach Abs. 4, ist diese Erklärung bereits beurkundungsbedürftig; andernfalls besteht keine Beurkundungspflicht.[41] Regelmäßig dürfte kein entsprechender Rechtsbindungswille der Beteiligten vorhanden sein.[42] Dessen ungeachtet empfiehlt sich stets eine diesbezügliche Klarstellung in Vorvertrag bzw. Absichtserklärung.

17 f) **Break-up Fees, Maklerklauseln, Vertragsstrafen.** Im Zusammenhang mit Grundstückskaufverträgen gilt der notarielle Formzwang nach der Rechtsprechung auch für einen Vertrag, mit dem über die Vereinbarung eines empfindlichen Nachteils ein mittelbarer Zwang ausgeübt wird, eine Immobilie zu erwerben oder zu veräußern.[43] Formfrei kann daher nicht zugesagt werden, bei Nichtzustandekommen des Hauptvertrags einen ins Gewicht fallenden Betrag zu zahlen, der zu einem unangemessen Druck auf die Entschließungsfreiheit und damit zu einem faktischen Verkaufs- bzw. Erwerbszwang führt.[44]

18 Bei Abs. 4 gelten diese Grundsätze nach der Rechtsprechung des BGH ausdrücklich nicht.[45] Nach herrschender Meinung sind danach Makler-, Entschä-

34 Vgl. BGH NJW-RR 1989, 291 (292); NJW 1994, 3227 (3228 f.).
35 BGH NJW 1980, 1100 (1101).
36 MüKoGmbHG/*Reichert*/*Weller* § 15 Rn. 104.
37 Vgl. BGH NJW 1959, 1433 (1434).
38 Vgl. hierzu BeckNotar-HdB/*Herrler* A.I. Grundstückskauf 9.Teil I. Rn. 942 ff.
39 So etwa BeckGmbH-HdB/*Schacht* § 12 Rn. 33; vgl. hierzu auch DNotI-Gutachten 105771.
40 Vgl. BGH NJW 1982, 1639 (zu § 313 S. 1 BGB aF).
41 BeckFormB M&A/*Seibt* Formular B.VIII.
42 Zutreffend Scholz/*Seibt GmbHG* § 15 Rn. 50, 53.
43 BGH NJW 1970, 1915 (1916); 1979, 307 (308); 1981, 2293.
44 BGH NJW 1987, 54.
45 BGH NJW-RR 1998, 1270 (1271); *Hilgard* BB 2008, 286.

digungs- und Vertragsstrafeklauseln im Vorfeld des eigentlichen Vertrags jedenfalls dann nicht beurkundungspflichtig, wenn eine Entschädigung zu zahlen ist, die am wirklichen Aufwand orientiert ist.[46] Wird diese Grenze überschritten und entsteht damit zusätzlich ein Zwang zum Vertragsschluss, bedürfen solche Vereinbarungen aber möglicherweise einer Beurkundung, so dass man im Sinne des sichersten Weges zur Einhaltung der notariellen Form raten kann.[47]

19 g) **Vorkaufsrechte, Call- und Put-Optionen.** Bei Vorkaufs-, Verkaufs- (*put option*) und Erwerbsrechten (*call option*) handelt es sich um Vereinbarungen, durch die eine Person das Recht erhält, bei Eintritt bestimmter Umstände durch einseitige Erklärung den Abschluss eines Vertrags zu bewirken, mit dem die Pflicht zur Übertragung von Geschäftsanteilen begründet wird und die daher – ebenso wie deren Aufhebung – beurkundungsbedürftig sind.[48] Die spätere Ausübungserklärung bedarf grundsätzlich aber nicht der notariellen Form (vgl. § 464 Abs. 1 S. 2 BGB), sofern sich der Erklärungsinhalt lediglich auf die Ausübung des inhaltlich bereits aufeinander konkretisierten, auf die Übertragung von Geschäftsanteilen gerichteten Vertrages erstreckt.

20 h) **Angebot und Annahme.** Angebot und Annahme einer Vereinbarung zur Abtretung von GmbH-Geschäftsanteilen können getrennt erklärt werden. In diesem Fall sind sowohl das Angebot als auch die Annahme beurkundungsbedürftig. Zu beachten ist, dass Angebot und Annahme zu ihrer Wirksamkeit des Zugangs bei der anderen Partei erfordern (§ 130 Abs. 1 BGB), dh des Zugangs einer Ausfertigung gemäß § 47 BeurkG.[49]

21 i) **Finanzierungszusagen, Equity bzw. Debt Commitment Letter.** Im Zusammenhang mit einer Unternehmenstransaktionen wird zuweilen von dritter Seite eine Erklärung abgegeben, dem Erwerber die für den Vertragsvollzug erforderlichen Mittel zur Verfügung zu stellen, sei es in Form von Eigen- (*equity*) oder Fremdkapital (*debt*). Werden solche Erklärungen außerhalb der eigentlichen Kaufvertragsurkunde abgegeben, stellt sich die Frage der Beurkundungspflicht dieser als Finanzierungszusage bzw. Equity bzw. Debt Commitment Letter bezeichneten Erklärungen. Gemäß den allgemeinen Grundsätzen (→ Rn. 2 ff.) ist entscheidend, ob der die entsprechende Erklärung Abgebende davon ausgeht, dass der Unternehmenskaufvertrag nach dem Willen der an ihm Beteiligten nur zusammen mit der (an sich formfreien) Erklärung gelten soll, dh der Unternehmenskaufvertrag mit dieser „steht und fällt".[50]

22 Die Funktion eines Debt Commitment Letters bzw. einer Fremdfinanzierungszusage besteht typischerweise darin, dass der Käufer die Finanzierung seiner Kaufvertragspflichten sicherstellt, ohne dass der Fremdkapitalgeber hierfür dem Verkäufer gegenüber eine Zusage übernimmt oder übernehmen möchte. Insoweit ist die Situation der bei einem Grundstückskaufvertrag vergleichbar, bei der das Finanzierungsrisiko allein beim Käufer liegt und der Verkäufer die Wirksamkeit des Grundstückskaufvertrags regelmäßig nicht davon abhängig machen will, ob und wie sich der Käufer die erforderlichen Mittel beschafft.[51]

46 OLG München NZG 2013, 257; LG Paderborn NZG 2000, 899 mit Anm. *Gehling*; *Hilgard* BB 2008, 286.
47 Vgl. LG Paderborn NZG 2000, 899 mit Anm. *Gehling*; *Hilgard* BB 2008, 286 (289).
48 OLG München DB 1995, 316.
49 BGH NJW 1995, 2217.
50 Vgl. die zum Grundstückskaufvertrag ergangenen Entscheidungen BGH DNotZ 2011, 196; NJW 1986, 1983 (1984); BeckRS 1984, 31070813.
51 BGH NJW 1986, 1983 (1984); *Weber* RNotZ 2016, 377 (379); *von Werder/Hobuß*, BB 2021, 1612 (1615); aA *Hermanns* DNotZ 2013, 9 (16 f.).

Vor diesem Hintergrund dürfte mangels Verknüpfung regelmäßig keine Beurkundungspflicht bei einem Debt Commitment Letter/einer Fremd-Finanzierungszusage bestehen.

Auch beim Equity Commitment Letter dürfte eine Beurkundungsbedürftigkeit nicht selten ausscheiden: Zwar wird ein solcher häufig deswegen abgeschlossen, weil der Verkäufer keinen Vertrag mit einem mittelosen Akquisitionsvehikel schließen, sondern mit einem „*hard commitment*" eine Absicherung von Kaufpreis- und Schadensersatzansprüchen gegenüber einer Gesellschaft mit solider Bilanz ein vertragskonformes Verhalten sichergestellt wissen will.[52] Gleichwohl wird der Verkäufer häufig nicht die Wirksamkeit des Kaufvertrags von der Wirksamkeit des Equity Commitment Letters abhängig machen wollen.[53] Dessen ungeachtet sind als Equity Commitment Letter bezeichnete Dokumente in der Praxis nicht selten derart vage und unverbindlich ausgestaltet, dass eine Wirksamkeitsverknüpfung zwischen Vertrag und Commitment Letter fernliegend erscheint. Angesichts des uneinheitlichen Meinungsbildes kann sich als sicherster Weg eine Beurkundung der Finanzierungserklärung anbieten.[54] 23

j) Zusicherung der Muttergesellschaft hinsichtlich der Übertragung der Geschäftsanteile (parent company guarantee). Die Erklärung einer Muttergesellschaft, dafür einzustehen, dass die Tochtergesellschaft einen GmbH-Geschäftsanteilskaufvertrag abschließen wird, unterliegt nach der Rechtsprechung des OLG München dem Erfordernis der notariellen Beurkundung gemäß Abs. 4.[55] 24

k) Gewährleistungsversicherung (W&I Insurance). Mit einer Gewährleistungsversicherung (sog. W&I-Insurance) werden Gewährleistungs- und Freistellungsansprüche (*warranties and indemnities*) in einem Unternehmenskaufvertrag von einem Versicherungsunternehmen versichert, welches damit einen Teil der Haftung übernimmt, die ansonsten der Verkäufer trüge.[56] Der Abschluss der Versicherungspolice erfolgt dabei typischerweise zeitgleich mit oder kurz nach Abschluss des Kaufvertrags, da sich einzelne Regelungen des Unternehmenskaufvertrages, nach denen sich die Versicherungspolice richtet, bis zum Schluss der Verhandlungen des Unternehmenskaufvertrages ändern können.[57] 25

Das Risiko der Wirksamkeit der W&I Insurance wird jedenfalls aus Sicht des Verkäufers dabei regelmäßig allein beim Käufer liegen. Der Verkäufer hat in der Regel kein Interesse daran, dass die Unwirksamkeit der vom Käufer endverhandelten und abgeschlossenen Versicherung auf die Wirksamkeit des Kaufvertrags durchschlägt, so dass es typischerweise an einem vom Verkäufer gebilligten Einheitlichkeitswillen fehlt und somit keine Beurkundungspflicht bezüglich der W&I Insurance besteht.[58] 26

l) Schiedsvereinbarungen und -ordnungen. Im Zusammenhang mit einem Unternehmenskaufvertrag abgeschlossene Schiedsvereinbarungen, die dem Schiedsgericht auch die Entscheidung des Streits über die Wirksamkeit des Unternehmenskaufvertrags übertragen, bedürfen nicht der Beurkundung.[59] Es ist 27

52 Hauschild/Kallrath/Wachter/*Burmeister* Notar-HdB § 23 Rn. 16; *Hermanns* DNotZ 2013, 9 (15 ff.); *von Werder/Hobuß*, BB 2021, 1612 (1615).
53 Vgl. BGH NJW 1986, 1983 (1984); *Leyendecker/Mackensen* NZG 2012, 129 (134).
54 Hauschild/Kallrath/Wachter/*Burmeister* Notar-HdB § 23 Rn. 16.
55 OLG München MittBayNot 1996, 385 (386).
56 Instruktiv *Hoger/Baumann* NZG 2017, 811 ff.
57 BeckHdB M&A/*Wiegand* § 84 Rn. 18.
58 Hauschild/Kallrath/Wachter/*Burmeister* Notar-HdB § 23 Rn. 17; *Rasner/Möllering* BB 2019, 2120 ff.; *von Werder/Hobuß*, BB 2021, 1612 (1617).
59 BGH NJW 2014, 3652.

allein die Schriftform des § 1031 ZPO zu beachten. Schiedsgerichtsordnungen, auf die in solchen Schiedsvereinbarungen Bezug genommen wird, müssen nicht beurkundet werden, auch dann nicht, wenn die Schiedsvereinbarung Teil einer notariellen Urkunde ist.[60]

28 m) **Negative Verpflichtung.** Die Verpflichtung, einen Geschäftsanteil generell, innerhalb eines bestimmten Zeitraums oder unter bestimmten Bedingungen nicht zu veräußern, unterliegt nicht der Form des Abs. 4.[61] Eine Beurkundungspflicht kann demgegenüber dann vorliegen, wenn sich die negative Verpflichtung aufgrund einer Zwangslage faktisch als positive Veräußerungspflicht gegenüber dem erwerbswilligen Vertragspartner darstellt oder die negative Verpflichtung anderweitig mit einer positiven Veräußerungs- oder Erwerbspflicht verknüpft ist.[62]

29 n) **Gesellschaftervereinbarungen; Beteiligungsverträge.** Bei einer Gesellschaftervereinbarung handelt es sich um einen Vertrag zwischen (sämtlichen oder einigen) Gesellschaftern einer Gesellschaft, mit oder ohne Beteiligung der Gesellschaft selbst, durch die in Ergänzung zum Gesellschaftsvertrag Rechte und Pflichten der Beteiligten mit Blick auf die Gesellschaft begründet werden.[63] Ein Beteiligungsvertrag ist ein spezieller Fall einer Gesellschaftervereinbarung, nämlich eine, die im Zusammenhang mit der Beteiligung eines Investors an einer Gesellschaft geschlossen wird.[64]

30 Ob eine Gesellschaftervereinbarung beurkundungspflichtig ist, hängt von den in ihr geregelten Inhalten ab.[65] Häufig ergibt sich eine Beurkundungspflicht aus Abs. 4.[66] Auch für die Frage, ob eine Änderung oder Aufhebung einer Gesellschaftervereinbarung beurkundungsbedürftig ist, gelten die allgemeinen Grundsätze (→ Rn. 12 und 15). Ist eine Gesellschaftervereinbarung wegen Abs. 4 beurkundungsbedürftig, wird vor diesem Hintergrund regelmäßig auch eine Änderung oder Aufhebung zu beurkunden sein.[67]

31 Kostenrechtlich ist zu beachten, dass bei Gesellschaftervereinbarungen der Höchstwert von 10 Mio. EUR gemäß § 107 Abs. 1 S. 1 GNotKG aufgrund der typischerweise enthaltenen schuldrechtlichen Vereinbarungen regelmäßig nicht einschlägig sein wird,[68] so dass es beim Höchstgeschäftswert von 60 Mio. EUR (§ 35 Abs. 2 GNotKG) bleibt.

32 **4. Vereinbarungen zur mittelbaren Übertragung von Geschäftsanteilen, insbesondere GbR und Einheits-KG.** Vereinbarungen zur mittelbaren Übertragung von GmbH-Geschäftsanteilen dergestalt, dass Anteile an einer GbR oder Einheits-KG zu übertragen sind, die GmbH-Anteile halten, sind nach der Rechtsprechung des BGH grundsätzlich nicht nach Abs. 4 beurkundungspflichtig.[69] Etwas anderes kann aber dann gelten, wenn der Haupt- oder alleinige Zweck der GbR oder Einheits-KG im Halten der GmbH-Anteile liegt,[70] was allerdings selten der Fall sein dürfte.

60 BGH NJW 2014, 3652.
61 Vgl. BGH NJW 1963, 1602 (1603); 1988, 1716 (jeweils zu § 313 BGB aF) Michalski/Heidinger/Leible/J.Schmidt/*Ebbing* § 15 Rn. 61.
62 Vgl. BGH BeckRS 1973, 31123674; WM 1974, 19.
63 *Thelen* RNotZ 2020, 121 (123).
64 *Thelen* RNotZ 2020, 121.
65 Vgl. hierzu *Busch* RNotZ 2020, 249 (275 ff.).
66 Vgl. ausführlich *Thelen* RNotZ 2020, 121 (139 f.).
67 So auch (bzgl. Änderungen) *Thelen* RNotZ 2020, 121 (137 f.).
68 Vgl. LG München I MittBayNot 2019, 193 (198); *Diehn*, Notarkostenberechnungen, Rn. 1355a.
69 BGH NZG 2008, 377.
70 BGH NZG 2008, 377.

5. Formmangel/Heilung eines Formmangels. Eine nach Abs. 4 wegen Formmangels nichtige Vereinbarung wird nach Abs. 4 S. 2 durch eine wirksame, der Form des Abs. 3 entsprechende dingliche Abtretung geheilt und damit ebenfalls wirksam. Voraussetzung ist, dass zum Zeitpunkt des Abschlusses des Abtretungsvertrags die Willensübereinstimmung der Beteiligten hinsichtlich des Verpflichtungsgeschäfts noch besteht.[71] Die Heilung tritt sodann mit Wirkung für die Zukunft mit dem Zeitpunkt des Wirksamwerdens der Abtretung ein, bei einer aufschiebend bedingten Abtretung folglich mit Bedingungseintritt.[72] Die Heilungswirkung des Abs. 4 S. 2 erstreckt sich auf den gesamten schuldrechtlichen Vertrag, einschließlich nur privatschriftlich vereinbarter Nebenabreden,[73] erfasst allerdings nur Formverstöße, nicht aber sonstige Mängel des Verpflichtungsvertrags.[74] Eine Heilung nach Abs. 4 S. 2 ist auch dann möglich, wenn Verpflichtung und (ggf. aufschiebend bedingt erklärte) Abtretung wie häufig Teil derselben notariellen Urkunde sind.[75] Dies ist in der Praxis insbesondere dann relevant, wenn die schuldrechtliche Verpflichtung wegen eines Verstoßes gegen den Vollständigkeitsgrundsatz formnichtig ist: Da der Vollständigkeitsgrundsatz für die dingliche Abtretung nicht gilt und ein Verstoß hiergegen die Abtretung nicht formunwirksam macht, kann die insoweit formwirksame Abtretung den Formmangel des Verpflichtungsgeschäfts heilen.[76] 33

6. Kosten. Für die Beurkundung des Anteilskaufvertrags fällt eine Gebühr von 2,0 nach KV Nr. 21100 GNotKG an, mindestens 120 EUR. Bei Beurkundung in fremder Sprache entsteht nach KV Nr. 26001 GNotKG eine zusätzliche Gebühr in Höhe von 30 % der Gebühr des Beurkundungsverfahrens, maximal 5.000 EUR. Für die Erstellung der Gesellschafterliste ist gemäß KV Nr. 22110 GNotKG eine 0,5 Gebühr (gemäß KV Nr. 22113 GNotKG maximal 250 EUR, wenn keine Vollzugstätigkeiten nach Nr. 4–11 der KV Vorb. 2.2.1.1 Abs. 1 S. 2 GNotKG hinzutreten) zu berechnen, zuzüglich einer 0,2 Gebühr (maximal 125 EUR) für die elektronische Übermittlung an das Handelsregister. Wenn durch den Notar für die Erstellung der Gesellschafterliste „Umstände außerhalb der Urkunde zu prüfen sind", entsteht zudem eine Betreuungsgebühr von 0,5 nach KV Nr. 22200 GNotKG. Entscheidend für die Frage des Vorliegens solcher Umstände ist, ob der Notar eine eigenständige Prüfung vorzunehmen hat, was nicht der Fall ist, wenn es nur um eine bloße Kenntnisnahme geht,[77] etwa die Überwachung des Eintritts eines bestimmten Datums[78] oder den Empfang einer von den Parteien übereinstimmenden Bestätigung über den Vollzugseintritt.[79] Für die Erhebung von Gebühren für die Aufbewahrung eines Datenträgers zu Beweiszwecken im Zusammenhang mit einem Anteilskaufvertrag, in 34

71 BGH NJW 1994, 3227 (3229); OLG Hamburg MittBayNot 2007, 514 (517).
72 BGH GmbHR 2008, 1229; DStR 1998, 1026 (1027). Zu beachten ist in diesem Zusammenhang, dass der Zeitpunkt der Heilungswirkung (Zeitpunkt des Wirksamwerdens der Abtretung) vom Zeitpunkt der fortwirkenden Willensübereinstimmung (Zeitpunkt der Abtretungserklärung) zu unterscheiden ist, vgl. *Ulmer/Habersack/Löbbe* § 15 Rn. 103.
73 BGH NJW-RR 1987, 807; OLG Hamburg MittBayNot 2007, 514 (516).
74 *Wicke* GmbHG § 15 Rn. 18.
75 BGH NJW 1983, 1843.
76 OLG Frankfurt MittBayNot 2012, 401.
77 LG Düsseldorf BeckRS 2018, 11896.
78 LG Düsseldorf BeckRS 2018, 11896.
79 *Tiedtke* Streifzug durch das GNotKG Rn. 1315. Eine Betreuungsgebühr fällt demgegenüber bspw. an, wenn der Notar einen Nachweis über die Tatsachen einer aufschiebenden Bedingung erhält, etwa einen Kontoauszug, der die Zahlung einer bestimmten Summe auf ein bestimmtes Konto ausweist, da der Notar hier prüfen muss, ob die Voraussetzungen der aufschiebenden Bedingung vorliegen.

der Praxis häufig im Hinblick auf den Datenrauminhalt oder sonstige Offenlegungen gegenüber dem Erwerber anzutreffen, ist ein Gebührenvertrag nach § 24 BNotO, § 126 GNotKG zu schließen.[80]

35 Der Geschäftswert bemisst sich beim Anteilskaufvertrag nach Maßgabe der §§ 97 Abs. 3, 54 GNotKG, wonach sich der Wert nach dem Kaufpreis zuzüglich vorbehaltener Nutzungen und sonstiger Leistungen des Käufers oder dem Wert der veräußerten Anteile (§ 54 GNotKG) ermittelt, je nachdem, welcher Wert höher ist. Als sonstige, dem Kaufpreis hinzuzurechnende Leistungen sind insbesondere sog. Earn-out-[81] und Mehrerlösklauseln[82] zu berücksichtigen, bei denen abhängig vom Wahrscheinlichkeitsgrad des Eintritts auch nur ein Teilbetrag des variablen Kaufpreises angesetzt werden kann.[83] Nicht zu folgen ist der Ansicht, wonach ein selbstständiges Garantieversprechen nach § 311 BGB, das in Unternehmenstransaktionen regelmäßig im Rahmen der Gewährleistung vereinbart wird, einen nach § 36 GNotKG gesondert zu bewertenden Beurkundungsgegenstand darstellt.[84] Auf die Bewertung des Verkehrswerts des Geschäftsanteils nach § 54 GNotKG kommt es nur an, wenn der Verkauf „unter Wert" erfolgt.[85] Nach herrschender Meinung ist bei dem Verkauf einer gewerblich geprägten GmbH regelmäßig davon auszugehen, dass Kaufpreis und sonstige Leistung dem Wert des Geschäftsanteils entspricht, so dass eine Wertermittlung nach § 54 GNotKG nur bei gegenteiligen Anhaltspunkten erforderlich ist.[86]

36 Der Höchstgeschäftswert beträgt 60 Mio. EUR (§ 35 Abs. 2 GNotKG), bei einer Anteilsveräußerung zwischen verbundenen Unternehmen 10 Mio. EUR, es sei denn, dass es sich bei der veräußerten Gesellschaft um eine überwiegend vermögensverwaltende Gesellschaft handelt (§ 107 Abs. 2 GNotKG) – was insbesondere bei reinen Holdinggesellschaften der Fall ist. In Fällen, in denen die Wahl deutschen Rechts im Anteilskaufvertrag nicht nur das Verständnis der Rechtsauffassung der Parteien wiedergibt,[87] was durch eine Formulierung wie „Die Parteien haben das gemeinsame Verständnis (…)" zum Ausdruck kommen muss, erhöht sich wegen § 104 Abs. 3 GNotKG der Geschäftswert um 30 %, maximal jedoch auf den Höchstgeschäftswert.

37 Der Höchstgeschäftswert bezieht sich auf den Gesamtgeschäftswert der notariellen Niederschrift und nicht auf den Wert eines Einzelgegenstandes, so dass eine Überschreitung des Höchstgeschäftswertes durch Addition verschiedener Geschäftswerte nicht möglich ist und auch insoweit die Höchstwertgrenze

---

80 LG Düsseldorf RNotZ 2020, 304; Korintenberg/*Bormann* GNotKG § 126 Rn. 11a. Die Beteiligten haben hinsichtlich der Gebühr Vertragsfreiheit, wobei diese angemessen sein muss (§ 126 Abs. 1 S. 3 GNotKG). AA *Diehn*, Notarkostenberechnungen, Rn. 323, der von einer Kostbarkeit ausgeht und deshalb die Erhebung einer Verwahrungsgebühr nach Nr. 25301 KV GNotKG befürwortet.

81 Als *earn out* wird eine Vereinbarung bezeichnet, bei dem ein zusätzlicher variabler Kaufpreis bei Erreichen bestimmter Zielvereinbarungen (zB EBITDA, Umsatz) entsteht.

82 Eine Mehrerlösklausel verpflichtet den Käufer im Falle der Weiterveräußerung innerhalb bestimmter Fristen zur Abführung eines Teils des Mehrerlöses an den Verkäufer.

83 *Felix* RNotZ 2018, 306 (311).

84 LG Baden-Baden 14.10.2021 – 1 AR 101/2021; Bormann/Diehn/Sommerfeld/*Diehn* § 86 GNotKG Rn. 4; aA aber *Felix* RNotZ 2018, 306 (311).

85 NK-GK/*Leiß* GNotKG § 54 Rn. 36.

86 Korintenberg/*Tiedtke* GNotKG § 54 Rn. 11; *Tiedke* Streifzug durch das GNotKG Rn. 1275.

87 Korintenberg/*Diehn* GNotKG § 104 Rn. 4.

gilt.[88] Zu beachten ist jedoch, dass gemäß § 93 Abs. 2 GNotKG von getrennten Niederschriften auszugehen ist, für die der Höchstgeschäftswert jeweils gesondert zum Ansatz zu bringen ist, wenn mehrere Beurkundungsgegenstände „ohne sachlichen Grund“ in einer Urkunde zusammengefasst werden. Eine solche sachwidrige Zusammenfassung hat der BGH etwa bei der Beurkundung von Zustimmungsbeschlüssen zur Aufhebung von Unternehmensverträgen mit unterschiedlichen Konzerntöchtern bejaht.[89] Diese Rechtsprechung lässt sich indes nicht ohne Weiteres auf Kaufverträge übertragen, bei denen verschiedene Konzerngesellschaften eine Gesamtheit von Vermögensgegenständen veräußern (insbesondere bei sog. Portfoliotransaktionen). Hier ergibt sich der Sachzusammenhang nämlich häufig daraus, dass es sich aus Sicht der Beteiligten um eine einheitlich verhandelte Transaktion handelt, bei der keine der Beteiligten das Risiko eingehen würde, die unterschiedlichen Vermögensgegenstände ohne Verknüpfung in getrennten Urkunden zu veräußern.

II. Notarielle Beurkundung der Anteilsabtretung (Abs. 3)

1. Notarielle Form. Der Abschluss eines Abtretungsvertrags von Geschäftsanteilen ist gemäß Abs. 3 notariell zu beurkunden, und zwar als Beurkundung von Willenserklärungen (§§ 6 ff. BeurkG). Häufig sind das schuldrechtliche Verpflichtungsgeschäft und der dingliche (ggf. aufschiebend bedingte) Abtretungsvertrag Bestandteil eines einheitlichen Vertragswerks und werden somit zeitgleich in derselben notariellen Urkunde abgeschlossen. Jedoch ist es bei großen Unternehmenstransaktionen mit einer Vielzahl von Vollzugsbedingungen nicht ungewöhnlich, dass der dingliche Abtretungsvertrag in separater Urkunde erst zum Zeitpunkt des Vertragsvollzugs (*closing*) geschlossen wird, wenn Gewissheit hinsichtlich des Vorliegens der Vollzugsbedingungen besteht. 38

2. Kosten. Sofern die Abtretung (ggf. aufschiebend bedingt) bereits im Anteilskaufvertrag enthalten ist, entsteht hierfür keine zusätzliche Gebühr (§ 109 Abs. 1 S. 2 GNotkG). Wird die Abtretung isoliert vom Anteilskaufvertrag beurkundet, fällt hierfür eine 0,5 Gebühr nach KV Nr. 21101 GNotKG an, wenn derselbe oder ein mit ihm am Amtssitz zur gemeinsamen Berufsausübung verbundener Notar[90] bereits den Anteilskaufvertrag beurkundet hat. Der Geschäftswert bestimmt sich nach den §§ 97, 54 GNotKG wie beim Anteilskaufvertrag (→ Rn. 35). Wird die Abtretung von einem anderen Notar als der Anteilskaufvertrag beurkundet, fällt eine 1,0 Gebühr nach KV Nr. 21102 GNotKG an. Liegt der Abtretung kein beurkundetes Rechtsgeschäft zugrunde, etwa im Falle einer Verpfändung (→ Rn. 57 ff.) oder wenn der schuldrechtliche Vertrag im Ausland ohne Beteiligung eines Notars geschlossen wurde, ist eine 2,0 Gebühr zu erheben. 39

III. Veräußerer und Erwerber

1. Besondere Merkmale bei Veräußerer und Erwerber. Gesellschafter einer GmbH kann jede natürliche oder juristische Person sowie Personenhandelsgesellschaft[91] sein, in- wie ausländische[92] Person und auch solche des öffentlichen Rechts im Rahmen ihres Aufgaben- und Wirkungsbereichs.[93] Einzelheiten zu 40

88 Korintenberg/*Bormann* GNotKG § 35 Rn. 19.
89 BGH NZG 2018, 35.
90 Siehe hierzu Vorbemerkung 2 Abs. 1 KV GNotKG.
91 OLG Frankfurt DB 2002, 316; MüKoGmbHG/*Fleischer* § 1 Rn. 56.
92 OLG Frankfurt DB 2002, 316; vgl. *Wicke* GmbHG § 1 Rn. 12.
93 Zu den Grenzen aus ihrem öffentlich-rechtlichen Aufgabenbereich und Wirkungskreis BGHZ 20, 119 (123).

den insoweit zu beachtenden Besonderheiten finden sich in der Kommentierung zu § 2 (→ § 2 Rn. 49 ff.).

41 **2. Zustimmung des Ehegatten (§ 1365 BGB)/der Gesellschafter (§ 179a AktG, § 49 Abs. 2).** Bei Vorliegen des gesetzlichen Güterstandes der Zugewinngemeinschaft kann bei dem deutschen Güterrecht unterliegenden Ehepaaren gemäß § 1365 BGB die Zustimmung des anderen Ehegatten erforderlich sein, wenn der Veräußerer – für den Erwerber erkennbar – sein gesamtes bzw. wesentliches Vermögen veräußert. Dies kann nach der Rechtsprechung des BGH bei einer Veräußerung von 85 % oder mehr des Vermögens der Fall sein;[94] eine Gegenleistung ist dabei nicht zu berücksichtigen.[95] Hat sich ein Ehegatte ohne eine erforderliche Zustimmung des anderen Ehegatten verpflichtet, kann er oder sie die Verpflichtung nur mit Einwilligung des anderen Ehegatten erfüllen (§ 1365 Abs. 1 S. 2 BGB). Bei ausländischem Güterrecht unterliegenden Ehepaaren kann sich ein Erfordernis der Zustimmung durch den Ehegatten aus dem anwendbaren ausländischen Güterrecht ergeben.[96]

42 Sofern eine Gesellschaft ihr ganzes bzw. wesentliches Vermögen veräußert, ist die Zustimmung der Gesellschafter gemäß § 179a AktG bzw. § 49 Abs. 2 erforderlich (→ AktG § 179a Rn. 1 ff.).

43 **3. Fusionskontrolle; Investitionsprüfung.** Zusammenschlüsse zwischen Unternehmen können bei Überschreiten bestimmter Umsatzschwellen der kartellrechtlichen Fusionskontrolle unterliegen. Sie dürfen dann erst nach erfolgter Freigabe vollzogen werden. Unternehmenskäufe, durch die Investoren mit Sitz außerhalb der EU bzw. des EFTA-Raums mindestens 10 % der Stimmrechte an einem in Deutschland ansässigen Unternehmen erlangen, können unter bestimmten Umständen Gegenstand einer AWG/AWV-Investitionsprüfung durch das Bundesministerium für Wirtschaft und Energie (BMWi) sein.[97]

IV. Vertretung/Vollmacht

44 Der Notar ist gemäß § 12 BeurkG iVm § 17 Abs. 1 BeurkG bei Beurkundungen, an denen Vertreter beteiligt sind, verpflichtet, die Existenz des Vertretenen und die Vertretungsmacht des Vertreters zu prüfen.[98] Dies erfordert grundsätzlich die Vorlage schriftlicher[99] Vollmachten/Genehmigungen, ggf. mit Existenz- und Vertretungsbescheinigung, soweit sich der Notar nicht durch Registereinsicht von der ordnungsgemäßen Existenz und Vertretung überzeugen kann (→ § 2 Rn. 6 ff.). Werden Existenz- oder Vertretungsbescheinigungen nicht beigebracht, hat der Notar die sich daraus ergebenden Bedenken mit den Beteiligten zu erörtern (§ 17 Abs. 2 S. 1 BeurkG). Verlangen diese dennoch die Beurkundung, hat der Notar das Geschäft zu beurkunden, hat dann allerdings gemäß § 17 Abs. 2 S. 2 BeurkG einen darauf bezogenen Hinweis in die Niederschrift aufzunehmen, insbesondere wenn er an der Wirksamkeit des Geschäfts zweifelt.[100] Bei Behörden ist eine Vollmacht in öffentlicher Urkunde ausreichend.[101] Gesetzliche Vertreter und Organe einer juristischen Person bedürfen

94 BGH NJW 1980, 2350 (2351).
95 Palandt/*Brudermüller* § 1365 Rn. 6.
96 Vgl. hierzu *Bader* MittRhNotK 1994, 161. Der sicherste Weg dürfte nicht selten die vorsorgliche Einholung der Zustimmung des Ehegatten sein.
97 Einzelheiten unter https://www.bmwi.de/Redaktion/DE/Artikel/Aussenwirtschaft/investitionspruefung.html.
98 BGH NJW-RR 2018, 443 (444).
99 *Thelen/Hermanns* DNotZ 2019, 725 (736).
100 BGH NJW 1993, 2744 (2745).
101 MüKoGmbHG/*Heinze* § 2 Rn. 67.

keiner Vollmacht, müssen ihre gesetzliche Vertretungsmacht aber in geeigneter Form nachweisen (→ § 2 Rn. 6 ff.).

Sofern ein Vertreter beim Vertragsschluss mehr als eine Partei vertreten soll, ist das Verbot der Mehrfachvertretung gemäß § 181 Alt. 2 BGB zu beachten.[102] Hiervon werden die Vertreter in Vollmachten regelmäßig befreit, wobei zu beachten ist, dass für eine wirksame Befreiung auch die Unterzeichner der Vollmacht von den Beschränkungen des § 181 Alt. 2 BGB befreit sein müssen, um ihrerseits die Vertreter von § 181 Alt. 2 BGB befreien zu können. Bei ausländischen Gesellschaften ist zu prüfen, ob nach deren Personalstatut eine § 181 BGB vergleichbare Beschränkung der gesetzlichen Vertretungsorgane besteht,[103] die dazu führen kann, dass eine Befreiung von § 181 BGB nicht möglich ist.[104] 45

V. Anzeigepflichten

1. Finanzamt. Bei einer Veräußerung von GmbH-Anteilen muss der Notar dem für die GmbH zuständigen Finanzamt gemäß § 54 EStDV unter Kennzeichnung mit der Steuernummer der betroffenen Gesellschaft eine beglaubigte Abschrift der Urkunde übersenden. Erst danach darf er den Beteiligten Ausfertigungen und beglaubigte Abschriften aushändigen; einfache Abschriften können aber schon zuvor verteilt werden. § 54 EStDV erfasst neben Verfügungsgeschäften auch Verpflichtungsgeschäfte über GmbH-Anteile. Verpfändungen müssen nicht angezeigt werden. Hält die GmbH selbst oder mittelbar Grundbesitz, hat der Notar zudem im Hinblick auf etwaig anfallende Grunderwerbssteuer eine Anzeigepflicht nach § 18 Abs. 2 S. 2 GrEStG. Diese Anzeige muss vollständig und spätestens innerhalb von zwei Wochen nach Beurkundung erfolgen; andernfalls kann es bei Anfallen von Grunderwerbssteuer der Rückabwicklung des Vertrags dazu kommen, dass die Regelungen zur Nichtfestsetzung bzw. Aufhebung der Steuerfestsetzung nach § 16 Abs. 1–4 GrEStG nicht anwendbar sind (§ 16 Abs. 5 GrEStG). 46

2. Gesellschafterliste. Nach Wirksamwerden der Geschäftsanteilsabtretung hat der Notar gemäß § 40 Abs. 2 unverzüglich eine Gesellschafterliste zum Handelsregister einzureichen und eine Abschrift der neuen Gesellschafterliste an die Gesellschaft zu übermitteln (→ § 40 Rn. 1 ff.). 47

VI. Geschäftsanteilsveräußerungen mit Auslandsbezug

Bei der Beurkundung von Anteilsabtretungen mit Auslandsbezug ist zwischen dem schuldrechtlichen Verpflichtungsgeschäft und seiner Form einerseits (Abs. 4) sowie dem dinglichen Verfügungsgeschäft und seiner Form andererseits (Abs. 3) zu unterscheiden. 48

1. Verpflichtungsgeschäft. Das auf das Verpflichtungsgeschäft anwendbare Recht richtet sich nach dem Schuldvertragsstatut und unterliegt gemäß Art. 3 Abs. 1 Rom I-VO[105] grundsätzlich der Rechtswahl der Parteien. In Ermangelung einer Rechtswahl bestimmt sich das anwendbare Recht nach Art. 4 Rom I-VO. Da der Anteilskaufvertrag nicht im Katalog des Art. 4 Abs. 1 Rom I-VO enthalten ist, ist Art. 4 Abs. 2 Rom I-VO maßgeblich, dh der Vertrag unterliegt 49

102 Hierzu instruktiv *Schindeldecker* RNotZ 2015, 533 ff.
103 ZB in Österreich, der Schweiz oder in Spanien.
104 Vgl. hierzu Hauschild/Kallrath/Wachter/*Burmeister* Notar-HdB § 23 Rn. 34.
105 Verordnung (EG) Nr. 593/2008 des Europäischen Parlaments und des Rates vom 17.6.2008 über das auf vertragliche Schuldverhältnisse anzuwendende Recht (Rom I), ABl. Nr. L 177 S. 6, ber. 2009 Nr. L 309 S. 87.

dem Recht des Staates, in dem die Partei, welche die „für den Vertrag charakteristische Leistung zu erbringen hat", ihren gewöhnlichen Aufenthalt hat. Bei der Übertragung von Geschäftsanteilen wird dies regelmäßig der gewöhnliche Aufenthaltsort des Zedenten (dh des Verkäufers) sein.[106]

50 Für die Form des Verpflichtungsgeschäfts gilt Art. 11 Abs. 1 und Abs. 2 Rom I-VO.[107] Danach ist das Verpflichtungsgeschäft formgültig, wenn es die Formerfordernisse des auf das Geschäft anzuwendenden materiellen Rechts oder die Formerfordernisse des Rechts des Staates, in dem es geschlossen wird, erfüllt. Gilt für das Verpflichtungsgeschäft deutsches Recht, findet gemäß Art. 11 Abs. 1 Alt. 1 Rom I-VO die Formvorschrift des Abs. 4 Anwendung. Dies soll auch dann gelten, wenn es sich um eine Verpflichtung zur Übertragung von Anteilen an einer ausländischen Gesellschaft handelt, die einer deutschen GmbH vergleichbar ist; man wird also auch in einer solchen Konstellation vorsorglich von einem notariellen Formerfordernis ausgehen müssen.[108]

51 Fraglich ist, ob die Form des Verpflichtungsgeschäfts auch einer vom sonstigen Schuldvertragsstatut abweichenden Teilrechtswahl zugänglich ist. Dafür spricht, dass gemäß Art. 3 Abs. 1 S. 2 Rom I-VO eine Rechtswahl ausdrücklich nur für einen Teil des Vertrags getroffen werden kann.[109] In Ermangelung einschlägiger Rechtsprechung und der hieraus resultierenden Unsicherheit ist diese Frage für die Praxis als ungeklärt anzusehen.[110]

52 Alternativ zu der Einhaltung der Formvorschriften des Schuldvertragsstatuts genügt gemäß Art. 11 Abs. 1 Alt. 2 Rom I-VO die Einhaltung der Ortsform. Ein GmbH-Anteilskaufvertrag kann nach der Ortsform daher auch ohne notarielle Beurkundung und sogar mündlich wirksam geschlossen werden.[111] Voraussetzung ist aber, dass das Recht am Ort des Vertragsschlusses ein vergleichbares Rechtsgeschäft vorsieht, was regelmäßig der Fall ist, sofern es in dieser Rechtsordnung eine der deutschen GmbH vergleichbare Gesellschaftsform gibt.[112] In der Praxis wird nichtsdestoweniger empfohlen, aus Vorsichtsgründen die Formvorschriften des Schuldvertragsstatuts einzuhalten.[113] Dem ist jedenfalls bei einem Auseinanderfallen von Ortsrecht und Personalstatut der GmbH, deren Anteile übertragen werden, zuzustimmen, da die Voraussetzungen der Anwendung des Ortsrechts im Einzelnen umstritten sind.

53 Ist nach dem Ergebnis der kollisionsrechtlichen Prüfung für den Abschluss des Anteilskaufvertrages eine notarielle Beurkundung gemäß Abs. 4 erforderlich, kann diese entweder vor einem deutschen Notar oder grundsätzlich auch einem ausländischen Notar erfolgen, sofern die ausländische Beurkundung der deutschen gleichwertig ist.[114] Angesichts der strengen Substitutionsmaßstäbe wurde

---

106 BGH NJW 1987, 1141; MüKoGmbHG/*Reichert/Weller* § 15 Rn. 165.

107 Zum Verhältnis von Art. 11 EGBGB zu Art. 11 Rom I-VO MüKoBGB/*Spellenberg* Bd. 11 EGBGB Art. 11 Rn. 7 ff.

108 OLG Celle NJW-RR 1992, 1126 (1127), hierzu tendierend ebenfalls BGH DB 2004, 2631 (2633); aA OLG München NJW 1993, 998 (999); ausführlich *von Werder/Scheder-Bieschin* BB 2019, 2632 ff.

109 In diese Richtung tendierend auch BGH NZG 2005, 41 (43) zu Art. 27 Abs. 1 S. 3 EGBGB aF.

110 MüKoGmbHG/*Reichert/Weller* § 15 Rn. 168; *von Werder/Scheder-Bieschin* BB 2019, 2632 (2635 f.).

111 Beispiele bei Michalski/Heidinger/Leible/J.Schmidt/*Ebbing* GmbHG § 15 Rn. 97.

112 Michalski/Heidinger/Leible/J.Schmidt/*Ebbing* GmbHG § 15 Rn. 97.

113 MüKoGmbHG/*Reichert/Weller* § 15 Rn. 167; Michalski/Heidinger/Leible/J. Schmidt/*Ebbing* GmbHG § 15 Rn. 97.

114 BGH NZG 2014, 219 (221).

die Substitutierbarkeit deutscher Notare von der Rechtsprechung bisher nur bezüglich weniger ausländischer Notare bzw. Notariatsformen bejaht.[115]

2. Verfügungsgeschäft. Die Voraussetzungen des dinglichen Verfügungsgeschäfts der Abtretung sind nach dem Personalstatut der GmbH zu beurteilen und bestimmen sich für Geschäftsanteile an einer deutschen GmbH auch bei einer Übertragung im Ausland ausschließlich nach deutschem materiellen Recht (§§ 398, 413 BGB).[116] 54

Hinsichtlich der Form des Verfügungsgeschäfts gilt Art. 11 Abs. 1 Alt. 1 55
EGBGB, wonach ein Rechtsgeschäft formgültig ist, wenn es die Formerfordernisse des Rechts, das auf das seinen Gegenstand bildende Rechtsverhältnis anzuwenden ist, erfüllt. Bei einer deutschen GmbH ist somit für eine wirksame Abtretung die Form des Abs. 3 zu erfüllen.[117] Zur Wahrung der Form des Abs. 3 genügt die Beurkundung durch einen ausländischen Notar, sofern die ausländische Beurkundung der deutschen gleichwertig ist (zur Gleichwertigkeit des ausländischen Notars → Rn. 53).[118]

Es ist umstritten, ob bei der Abtretung deutscher GmbH-Anteile im Ausland al- 56
ternativ auf die Ortsform (Art. 11 Abs. 1 Alt. 2 EGBGB) abgestellt werden kann.[119] Für die Praxis ist auf das hohe Risiko hinzuweisen, das mit der Ortsformanknüpfung verbunden ist.[120] Solange sich der BGH nicht ausdrücklich positiv zu einer Ortsformanknüpfung bei Anteilsabtretungen geäußert hat,[121] ist eine rechtssichere Anteilsübertragung bei Auslandsbeurkundungen nur bei einer Beachtung von Art. 11 Abs. 1 Alt. 1 EGBGB gewährleistet.[122]

115 MüKoGmbHG/*Reichert*/*Weller* § 15 Rn. 147. Historische Rechtsprechungsübersicht bei *Bayer* GmbHR 2013, 897 ff.

116 *Wicke* GmbHG § 15 Rn. 20 mwN; vertiefend MüKoGmbHG/*Reichert*/*Weller* § 15 Rn. 135.

117 *Wicke* GmbHG § 15 Rn. 20 mwN; ausführlich MüKoGmbHG/*Reichert*/*Weller* § 15 Rn. 136 ff. Das gilt auch dann, wenn die GmbH ihren Verwaltungssitz im Ausland hat (vgl. § 4a GmbHG), vgl. Lutter/Hommelhoff/*Bayer* GmbHG § 15 Rn. 27 mwN.

118 *Ulmer*/*Casper*/*Löbbe* GmbHG Großkommentar § 15 Rn. 139.

119 Dafür MüKoGmbHG/*Reichert*/*Weller* § 15 Rn. 153 ff., 158; Scholz/*Seibt* § 15 Rn. 82. Dagegen *Wicke* GmbHG 3 § 15 Rn. 20; Lutter/Hommelhoff/*Bayer* GmbHG § 15 Rn. 35 f. mwN.

120 MüKoGmbHG/*Reichert*/*Weller* § 15 Rn. 159.

121 Vgl. BGHZ 80, 76 (78). Der BGH hat zwar in einem obiter dictum befunden, dass „viel für [die] Richtigkeit" der Ortformanknüpfung auch bei gesellschaftsrechtlichen Vorgängen spreche, ohne sich jedoch eingehend damit auseinander zu setzen. In der Literatur ist diese Aussage in Verbindung mit dem vom BGH eingeschlagenen Weg der Substitution teilweise als Zeichen der „Reserviertheit" gegenüber der Ortsformanknüpfung verstanden worden, vgl. MüKoGmbHG/*Reichert*/*Weller* § 15 Rn. 153.

122 MüKoGmbHG/*Reichert*/*Weller* § 15 Rn. 159; Scholz/*Seibt* § 15 Rn. 84; *von Werder*/*Scheder-Bieschin* BB 2019, 2632 (2634).

VII. Verpfändung/Treuhand/Nießbrauch

57 **1. Verpfändung.** Da gemäß § 1274 BGB die Bestellung eines Pfandrechts nach den „für die Übertragung des Rechts geltenden Vorschriften" erfolgt, bedarf die Verpfändung von Geschäftsanteilen gemäß Abs. 3 der notariellen Beurkundung, wobei Abtretungsbeschränkungen nach Abs. 5 zu beachten sind. Die Verpflichtung zur Verpfändung unterliegt aber nicht der Form des Abs. 4. Eine Verpfändung künftiger Geschäftsanteile ist zulässig.[123] Entsprechend § 46 Nr. 4 ist grundsätzlich eine Teilverpfändung zulässig, wobei sich als Alternative eine vorherige Teilung der Geschäftsanteile anbietet.[124]

58 Wegen der sich allein aus § 1274 BGB, Abs. 3 ergebenden Beurkundungspflicht gilt bei Verpfändungen weder der Vollständigkeitsgrundsatz des Abs. 4 (→ Rn. 2 ff.) noch die Grundsätze über zusammengesetzte Verträge (→ Rn. 2 ff.), so dass nach ganz herrschender Meinung Nebenabreden nicht dem Formzwang unterliegen.[125] Die Aufhebung des Pfandrechts bedarf nicht der notariellen Form.[126]

59 Mindestinhalt der Verpfändungsurkunde ist die Bezeichnung des verpfändeten Geschäftsanteils und der zu sichernden Forderung sowie die Bestellung des Pfandrechts.[127] Es genügt, wenn die zu sichernde Forderung hinreichend bestimmbar ist.[128] Der der Forderung zugrunde liegende Vertrag ist nach ganz herrschender Meinung daher grundsätzlich nicht mit zu beurkunden.[129] Etwas anderes kann bei einer „echten", dh bei einer über Identifizierungs- und Beweiszwecke hinausgehenden, inhaltlichen Bezugnahme in der Verpfändungsurkunde auf Bestimmungen des Kreditvertrags gelten, die gemäß § 13a BeurkG eine notarielle Niederschrift voraussetzt.

60 Wenngleich es zur Wirksamkeit der Verpfändung der GmbH-Anteile selbst keiner Anzeige gemäß § 1280 BGB bedarf,[130] enthalten Verpfändungsurkunden vor dem Hintergrund von regelmäßig mitverpfändeten Forderungen gleichwohl häufig eine Anzeige nach § 1280 BGB.[131] Die Verpfändung von Geschäftsanteilen ist nicht in die Gesellschafterliste (§ 40) einzutragen; auch eine freiwillige Eintragung ist nicht möglich.[132] Zur Verwertung des Pfandrechts ist gemäß § 1277 S. 1 BGB ein vollstreckbarer Titel erforderlich, der durch eine Zwangsvollstreckungsunterwerfung gemäß § 794 Abs. 1 Nr. 5 ZPO in der Verpfändungsurkunde geschaffen werden kann; alternativ ist ein Verzicht auf den Vollstreckungstitel möglich (§ 1277 S. 1 aE BGB), was der gängigen Praxis entspricht.

61 **2. Treuhand.** Merkmal der Treuhand ist die Verpflichtung des Treuhänders, den Treuhandgegenstand nach Beendigung des Treuhandverhältnisses auf den Treugeber zu übertragen. Damit stellt sich bei Treuhandverhältnissen an GmbH-Anteilen die Frage der notariellen Formbedürftigkeit. Nach einer hierzu

---

123 *Wicke* GmbHG § 15 Rn. 28.
124 *Wicke* GmbHG § 15 Rn. 28.
125 RGZ 58, 223 (224); *Hermanns* RNotZ 2012, 490 (492); *Heidenhain* GmbHR 1996, 275 (277); *Seel* GmbHR 2004, 180 (181).
126 *Reymann* DNotZ 2005, 425 (457).
127 Heckschen/Heidinger/*Heidinger/Blath* GmbH-Gestaltungspraxis Kap. 13 Rn. 97; *Heidenhain* GmbHR 1996, 275 (276); Palandt/*Wicke* BGB § 1274 Rn. 2.
128 RGZ 136, 422 (424 ff.); MüKoBGB/*Damrau* § 1204 Rn. 23.
129 Heckschen/Heidinger/*Heidinger/Blath* Kap. 13 Rn. 97 ff.; *Hermanns* RNotZ 2012, 490 (491); *Seel* GmbHR 2004, 180 (181); *Reymann* DNotZ 2005, 425 (428).
130 RGZ 57, 414 (415).
131 MüKoGmbHG/*Reicher/Weller* § 15 Rn. 287.
132 *Wicke* GmbHG § 40 Rn. 5a.

ergangenen Grundsatzentscheidung des BGH unterliegen Treuhandverträge stets dem Formzwang des Abs. 4 GmbHG, es sei denn, der Treuhandvertrag wird vor Beurkundung des Gründungsvertrags der GmbH geschlossen.[133] Somit ist es im Ergebnis für die Frage der Formbedürftigkeit unerheblich, ob die in Rede stehende Treuhand als Übertragungstreuhand (Treugeber überträgt Treuhänder Geschäftsanteil), Vereinbarungstreuhand (Treuhänder hält den von ihm gehaltenen Geschäftsanteil künftig für den Treugeber) oder Erwerbstreuhand (Treuhänder erwirbt Geschäftsanteil im Auftrag des Treugebers) zu qualifizieren ist.[134] Abtretung und Rückabtretung sind jeweils nach Abs. 3 zu beurkunden, die Rückabtretung jedoch dann nicht, wenn die Abtretung auflösend bedingt auf die Beendigung des Treuhandverhältnisses erfolgt.[135]

3. **Nießbrauch.** Da gemäß § 1069 Abs. 1 BGB auch die Bestellung eines 62
Nießbrauchs nach den „für die Übertragung des Rechts geltenden Vorschriften" erfolgt, ist hierbei die notarielle Form des Abs. 3 zu beachten; Abs. 4 gilt hingegen nicht. Ein Nießbrauch an Geschäftsanteilen ist nicht in der Gesellschafterliste (§ 40) zu vermerken; auch hier scheidet eine freiwillige Eintragung aus.[136]

VIII. GmbH & Co. KG

Bei der Veräußerung einer Kommanditbeteiligung an einer GmbH & Co. KG, 63
die grundsätzlich formfrei erfolgen kann, wird regelmäßig auch die entsprechende Beteiligung an der Komplementär-GmbH veräußert. Dies kann sich insbesondere aus sog. Synchronisationsklauseln im KG-Vertrag oder Gesellschaftsvertrag der GmbH ergeben, die eine proportionale Übertragung der jeweils anderen Beteiligungsart bei jeder Beteiligungsveräußerung vorsehen. Ob neben der Veräußerung der GmbH-Anteile auch die Abtretung der KG-Anteile in notarieller Form zu erfolgen hat, ist nach dem allgemeinen Grundsatz über die Beurkundungspflicht von zusammengesetzten Rechtsgeschäften (→ Rn. 2 ff.) zu beantworten, deren Gültigkeit der BGH mit Blick auf die Veräußerung von Beteiligungen an der GmbH & Co. KG ausdrücklich bejaht hat.[137] Entscheidend ist daher, ob die Veräußerung der GmbH-Anteile nach dem Willen der Beteiligten nur zusammen mit der Veräußerung der KG-Anteile gelten soll. Da dies vor dem Hintergrund des funktionalen Zusammenhangs der Gesellschaften regelmäßig der Fall sein dürfte, kann grundsätzlich von einer Beurkundungspflicht auch bei der Veräußerung der Kommanditbeteiligung ausgegangen werden. Die Grundsätze über zusammengesetzte Rechtsgeschäfte können sich nach dem BGH dabei nicht nur auf die Verpflichtung zur, sondern auch auf die Übertragung der Kommanditanteile erstrecken,[138] so dass regelmäßig sowohl das Verpflichtungs- als auch das Verfügungsgeschäft bei der Veräußerung einer Kommanditbeteiligung an einer GmbH & Co. KG zu beurkunden sind. Jedoch heilt die formwirksame Übertragung des GmbH-Anteils gemäß BGH auch die formunwirksame Veräußerung des Kommanditanteils an einer GmbH & Co. KG.[139]

133 BGH NZG 2006, 590.
134 BGH NZG 2006, 590; *Wicke* GmbHG § 15 Rn. 31.
135 *Wicke* GmbHG § 15 Rn. 31.
136 *Wicke* GmbHG § 40 Rn. 5a.
137 BGH NJW 1986, 2642 (2643).
138 BGH NJW 1986, 2642 (2643); aA *Wiesbrock* DB 2002, 2311 (2313).
139 BGH NJW-RR 1992, 991; OLG Frankfurt 28.1.2002 – 20 W 599/99; aA *Kempermann* NJW 1991, 684 (685).

64 Bei der Verpfändung von Anteilen an einer GmbH & Co. KG (zur Verpfändung allgemein → Rn. 57 ff.) ist zu beachten, dass sich die Beurkundungspflicht hinsichtlich der GmbH-Anteile allein aus Abs. 3 und nicht aus Abs. 4 ergibt. Die Verpfändung der Kommanditanteile ist daher anders als bei der Anteilsübertragung nicht zwingend notariell zu beurkunden.[140]

IX. Erwerb einer Vorratsgesellschaft

65 Zu den Besonderheiten bei einer Beurkundung über den Erwerb einer sog. Vorratsgesellschaft siehe die Kommentierung bei § 2 (→ § 2 Rn. 75 ff.).

X. Abtretungsbeschränkungen (Abs. 5)

66 Gemäß Abs. 5 kann der Gesellschaftsvertrag die Abtretung von Geschäftsanteilen an bestimmte Voraussetzungen knüpfen. Nach herrschender Meinung kann die Anteilsübertragung auch völlig ausgeschlossen werden.[141] Eine solche Satzungsregelung hat dingliche Wirkung; ein gutgläubiger lastenfreier Erwerb an vinkulierten Geschäftsanteilen ist ohne entsprechend erforderliche Zustimmung nicht möglich.[142] Insbesondere kann die Abtretung von der Zustimmung der Gesellschaft oder der Gesellschafter gemäß §§ 182 ff. BGB abhängig gemacht werden, die als Einwilligung vor oder als Genehmigung nach der Abtretung erfolgen kann.[143] In der Einpersonen-GmbH sind derartige Beschränkungen unbeachtlich bzw. erfüllt;[144] dasselbe gilt bei einer Zweipersonen-GmbH, wenn der eine Gesellschafter sämtliche Geschäftsanteile an den anderen Gesellschafter überträgt[145] und allgemein, wenn sämtliche Gesellschafter an einer Abtretung teilnehmen.[146]

67 Abs. 5 erfasst sämtliche rechtsgeschäftlichen Abtretungen, einschließlich Verpfändungen, Nießbrauch und Treuhandabreden (→ Rn. 57 ff.). Eine gesetzliche oder mittelbare (und damit jeweils von Abs. 5 nicht erfasste) Anteilsübertragung kann durch die Veräußerung der Geschäftsanteile des Gesellschafters der betreffenden GmbH (sog. „change of control"),[147] durch Erbfolge oder auch im Wege von Umwandlungsmaßnahmen[148] oder An- und Abwachsungen erfolgen. Derartige Vorgänge können aber über Einziehungs- bzw. Zwangsabtretungsklausel adressiert und ein „Leerlaufen" der Vinkulierungsregelung verhindert oder eingeschränkt werden.[149]

---

140 Heckschen/Heidinger/*Heidinger/Blath* GmbH-Gestaltungspraxis Kap. 13 Rn. 100; Scholz/*Seibt GmbHG* § 15 Rn. 174.
141 BayObLG NJW-RR 1989, 687 (688).
142 BGH NZG 2011, 1268 (1270).
143 BGH NJW 1965, 1376 (1377); OLG Celle GmbHR 1999, 131.
144 BGH NJW-RR 1991, 926 (928).
145 OLG Hamm NZG 1999, 600 (601).
146 Vgl. BGH NJW 1955, 220.
147 Vgl. hierzu OLG Naumburg NZG 2004, 775 (778).
148 Vgl. hierzu OLG Hamm GmbHR 2014, 935 ff. mAnm *Wachter* (Nichtzulassungsbeschwerde zurückgewiesen durch BGH 16.12.2014 – II ZR 184/14 (nv), vgl. *Heckschen* GmbHR 2017, 953 (958 f.).
149 Heckschen/Heidinger/*Heckschen* GmbH-Gestaltungspraxis Kap. 4 Rn. 406 ff.

§ 40 Liste der Gesellschafter, Verordnungsermächtigung

(1) [1]Die Geschäftsführer haben unverzüglich nach Wirksamwerden jeder Veränderung in den Personen der Gesellschafter oder des Umfangs ihrer Beteiligung eine von ihnen unterschriebene Liste der Gesellschafter zum Handelsregister einzureichen, aus welcher Name, Vorname, Geburtsdatum und Wohnort derselben sowie die Nennbeträge und die laufenden Nummern der von einem jeden derselben übernommenen Geschäftsanteile sowie die durch den jeweiligen Nennbetrag eines Geschäftsanteils vermittelte jeweilige prozentuale Beteiligung am Stammkapital zu entnehmen sind. [2]Ist ein Gesellschafter selbst eine Gesellschaft, so sind bei eingetragenen Gesellschaften in die Liste deren Firma, Satzungssitz, zuständiges Register und Registernummer aufzunehmen, bei nicht eingetragenen Gesellschaften deren jeweilige Gesellschafter unter einer zusammenfassenden Bezeichnung mit Name, Vorname, Geburtsdatum und Wohnort. [3]Hält ein Gesellschafter mehr als einen Geschäftsanteil, ist in der Liste der Gesellschafter zudem der Gesamtumfang der Beteiligung am Stammkapital als Prozentsatz gesondert anzugeben. [4]Die Änderung der Liste durch die Geschäftsführer erfolgt auf Mitteilung und Nachweis.

(2) [1]Hat ein Notar an Veränderungen nach Absatz 1 Satz 1 mitgewirkt, hat er unverzüglich nach deren Wirksamwerden ohne Rücksicht auf etwaige später eintretende Unwirksamkeitsgründe die Liste anstelle der Geschäftsführer zu unterschreiben, zum Handelsregister einzureichen und eine Abschrift der geänderten Liste an die Gesellschaft zu übermitteln. [2]Die Liste muss mit der Bescheinigung des Notars versehen sein, dass die geänderten Eintragungen den Veränderungen entsprechen, an denen er mitgewirkt hat, und die übrigen Eintragungen mit dem Inhalt der zuletzt im Handelsregister aufgenommenen Liste übereinstimmen.

(3) Geschäftsführer, welche die ihnen nach Absatz 1 obliegende Pflicht verletzen, haften denjenigen, deren Beteiligung sich geändert hat, und den Gläubigern der Gesellschaft für den daraus entstandenen Schaden als Gesamtschuldner.

(4) Das Bundesministerium der Justiz und für Verbraucherschutz wird ermächtigt, durch Rechtsverordnung mit Zustimmung des Bundesrates nähere Bestimmungen über die Ausgestaltung der Gesellschafterliste zu treffen.

(5) [1]Die Landesregierungen werden ermächtigt, durch Rechtsverordnung zu bestimmen, dass bestimmte in der Liste der Gesellschafter enthaltene Angaben in strukturierter maschinenlesbarer Form an das Handelsregister zu übermitteln sind, soweit nicht durch das Bundesministerium der Justiz und für Verbraucherschutz nach § 387 Absatz 2 des Gesetzes über das Verfahren in Familiensachen und in den Angelegenheiten der freiwilligen Gerichtsbarkeit entsprechende Vorschriften erlassen werden. [2]Die Landesregierungen können die Ermächtigung durch Rechtsverordnung auf die Landesjustizverwaltungen übertragen.

[§ 40 Abs. 1 und 2 ab 1.8.2022 bis 31.12.2023:]

(1) [1]Die Geschäftsführer haben unverzüglich nach Wirksamwerden jeder Veränderung in den Personen der Gesellschafter oder des Umfangs ihrer Beteiligung eine von ihnen unterschriebene oder mit ihrer qualifizierten elektronischen Signatur versehene Liste der Gesellschafter zum Handelsregister einzureichen, aus welcher Name, Vorname, Geburtsdatum und Wohnort derselben sowie die Nennbeträge und die laufenden Nummern der von einem jeden derselben übernommenen Geschäftsanteile sowie die durch den jeweiligen Nennbetrag eines Geschäftsanteils vermittelte jeweilige prozentuale Beteiligung am Stammkapital zu entnehmen sind. [2]Ist ein Gesellschafter selbst eine Gesellschaft, so sind bei eingetragenen Gesellschaften

in die Liste deren Firma, Satzungssitz, zuständiges Register und Registernummer aufzunehmen, bei nicht eingetragenen Gesellschaften deren jeweilige Gesellschafter unter einer zusammenfassenden Bezeichnung mit Name, Vorname, Geburtsdatum und Wohnort. [3]Hält ein Gesellschafter mehr als einen Geschäftsanteil, ist in der Liste der Gesellschafter zudem der Gesamtumfang der Beteiligung am Stammkapital als Prozentsatz gesondert anzugeben. [4]Die Änderung der Liste durch die Geschäftsführer erfolgt auf Mitteilung und Nachweis.

(2) [1]Hat ein Notar an Veränderungen nach Absatz 1 Satz 1 mitgewirkt, hat er unverzüglich nach deren Wirksamwerden ohne Rücksicht auf etwaige später eintretende Unwirksamkeitsgründe die Liste anstelle der Geschäftsführer zu unterschreiben oder mit seiner qualifizierten elektronischen Signatur zu versehen, zum Handelsregister einzureichen und eine Abschrift der geänderten Liste an die Gesellschaft zu übermitteln. [2]Die Liste muss mit der Bescheinigung des Notars versehen sein, dass die geänderten Eintragungen den Veränderungen entsprechen, an denen er mitgewirkt hat, und die übrigen Eintragungen mit dem Inhalt der zuletzt im Handelsregister aufgenommenen Liste übereinstimmen.

[§ 40 Abs. 1 ab 1.1.2024:]

§ 40 Liste der Gesellschafter, Verordnungsermächtigung

(1) [1]Die Geschäftsführer haben unverzüglich nach Wirksamwerden jeder Veränderung in den Personen der Gesellschafter oder des Umfangs ihrer Beteiligung eine von ihnen unterschriebene oder mit ihrer qualifizierten elektronischen Signatur versehene Liste der Gesellschafter zum Handelsregister einzureichen, aus welcher Name, Vorname, Geburtsdatum und Wohnort derselben sowie die Nennbeträge und die laufenden Nummern der von einem jeden derselben übernommenen Geschäftsanteile sowie die durch den jeweiligen Nennbetrag eines Geschäftsanteils vermittelte jeweilige prozentuale Beteiligung am Stammkapital zu entnehmen sind. [2]Ist ein Gesellschafter selbst eine juristische Person oder rechtsfähige Personengesellschaft, sind in die Liste deren Firma oder Name, Sitz und, soweit gesetzlich vorgesehen, das zuständige Registergericht und die Registernummer aufzunehmen. [3]Eine Gesellschaft bürgerlichen Rechts kann nur in die Liste eingetragen und Veränderungen an ihrer Eintragung können nur vorgenommen werden, wenn sie in das Gesellschaftsregister eingetragen ist. [4]Hält ein Gesellschafter mehr als einen Geschäftsanteil, ist in der Liste der Gesellschafter zudem der Gesamtumfang der Beteiligung am Stammkapital als Prozentsatz gesondert anzugeben. [5]Die Änderung der Liste durch die Geschäftsführer erfolgt auf Mitteilung und Nachweis.

Literatur:

Schmidt, Gesellschafterliste im Sinne § 40 GmbHG, NZG 2021, 181; *Thelen/Hermanns*, Die Vorlage der Vollmachtsurkunde bei der Beurkundung, DNotZ 2019, 725; *Wachter*, Neuregelungen bei der GmbH-Gesellschafterliste, GmbHR 2017, 1177, *Wanner-Laufer*, Einreichungsrecht für Gesellschafterlisten nach § 40 GmbHG, NZG 2021, 960.

I. Funktion der Gesellschafterliste

1 Durch die beim Handelsregister gemäß § 8 Abs. 1 Nr. 3 und § 40 Abs. 1 S. 1 einzureichende und für jedermann einsehbare Gesellschafterliste soll Transparenz über die Beteiligungsstrukturen an der GmbH geschaffen werden.[1]

II. Inhalt der Gesellschafterliste

2 **1. Pflichtangaben.** Der Inhalt der Gesellschafterliste ist in den Abs. 1 S. 1 sowie der vom Bundesjustizministerium erlassenen Gesellschafterlistenverordnung (GesLV) zwingend vorgeschrieben. Danach müssen in der Gesellschafterliste anhand vorgegebener Merkmale (i) sämtliche Inhaber von Geschäftsanteilen an der GmbH, (ii) deren jeweilige Gesamtbeteiligung an der GmbH sowie (iii) die von diesen im Einzelnen gehaltenen Geschäftsanteile aufgeführt werden.

3 **a) Laufende Nummerierung der Geschäftsanteile.** Die Geschäftsanteile sind fortlaufend und in eindeutiger Zuordnung zu den Gesellschaftern zu nummerieren, § 1 Abs. 1 S. 1 GesLV, wobei die Nummerierung nicht zusammenhängend sein muss.[2] Hält ein Gesellschafter mehrere gleichartige Geschäftsanteile, so kann die Nummerierung in einer Zeile zusammengefasst werden, § 1 Abs. 1 S. 2 GesLV, was insbesondere bei Stückelung der Anteile auf kleine Nennbeträge der einzig praktisch gangbare Weg sein dürfte. Dabei ist es auch zulässig, bei der Gliederung nach Gesellschaftern sowohl nur einzelne als auch alle Geschäftsanteile zusammenzufassen.[3] Diese Möglichkeit der Zusammenfassung besteht selbst dann, wenn die Geschäftsanteile unterschiedliche Nennbeträge haben,[4] solange die Nennbeträge der einzelnen Geschäftsanteile eindeutig ersichtlich sind. Die Gesellschafterliste kann sowohl nach Geschäftsanteilen als auch nach Gesellschaftern sortiert werden (§ 1 Abs. 1 S. 4 GesLV).

1 BT-Drs. 18/11555, 172.
2 Begr. GesLV, BR-Drs. 105/18, 7.
3 Begr. GesLV, BR-Drs. 105/18, 7.
4 Begr. GesLV, BR-Drs. 105/18, 7.

4 Vor diesem Hintergrund sind die nachfolgenden beispielhaften auszugsweisen Darstellungen allesamt zulässig. Es liegt allein im Ermessen des Listenerstellers, welche Darstellung bevorzugt wird.

Variante 1:

Lfd. Nr.	Gesellschafter	Nennbetrag	Anteil am Stammkapital
1–12.500	Max Meier, geb. am 1.1.1990, wohnhaft in München	je EUR 1	je 0,004 %
12.501–13.000	Klara Kell, geb. am 17.12.1980, wohnhaft in Frankfurt am Main	je EUR 1	je 0,004 %
13.001–25.000	Max Meier, geb. am 1.1.1990, wohnhaft in München	je EUR 1	je 0,004 %

Variante 2:

Lfd. Nr.	Nennbetrag	Anteil am Stammkapital	Gesellschafter
1–12.500, 13.001–25.000	je EUR 1	je < 1 %	Max Meier, geb. am 1.1.1990, wohnhaft in München
12.501–13.000	je EUR 1	je < 1 %	Klara Kell, geb. am 17.12.1980, wohnhaft in Frankfurt am Main

Variante 3:

Gesellschafter	Lfd. Nr.	Nennbetrag	Anteil am Stammkapital
Max Meier, geb. am 1.1.1990, wohnhaft in München	1–12.500, 13.001–25.000	je EUR 1	je 0,004 %
Klara Kell, geb. am 17.12.1980, wohnhaft in Frankfurt am Main	12.501–13.000	je EUR 1	je 0,004 %

5 Die Nummerierung der Geschäftsanteile darf ausschließlich unter Verwendung von ganzen arabischen Zahlen in Einzelnummern (etwa 1, 2, 3) oder in bestimmten, von der GesLV erlaubten Fällen mit ganzen arabischen Zahlen in dezimaler Gliederung (sog. Abschnittsnummern, etwa 1.1, 1.2, 2.1, 2.2) erfolgen.[5] Erlaubte Fälle der Nutzung von Abschnittsnummern sind die Neuschaffung oder Teilung von Geschäftsanteilen (→ Rn. 7).

5 Die zulässige Anzahl von Gliederungsebenen bei Abschnittsnummern ist in der GesLV nicht geregelt. Laut Begr. GesLV, BR-Drs. 105/18, 9 kann bei einer „zu weitgehenden Verwendung von Abschnittsnummern" das Registergericht die Gesellschafterliste beanstanden.

aa) Neunummerierung von Geschäftsanteilen. Gemäß § 1 Abs. 2 GesLV ist es unzulässig, eine einmal vergebene Nummer eines Geschäftsanteils neu zu vergeben. Auch darf die für einen Geschäftsanteil einmal vergebene Nummer später nicht mehr geändert werden, sofern nicht die GesLV eine neue Nummerierung ausdrücklich anordnet (→ Rn. 8). Anders ist dies jeweils nur im Rahmen einer Erstellung einer Bereinigungsliste (→ Rn. 8). 6

bb) Nummerierung bei Teilung, Zusammenlegung oder Neuschaffung von Geschäftsanteilen. Wenn Geschäftsanteile neu geschaffen, zusammengelegt oder geteilt werden, ist anstelle der alten Nummer eine neue fortlaufende Nummer zu vergeben, § 1 Abs. 3 GesLV. Es muss jeweils die nächste freie ganze arabische Zahl vergeben werden. Beispiel: Bei Teilung des einzigen Geschäftsanteils mit lfd. Nr. 1 entstehen die Geschäftsanteile mit lfd. Nr. 2 und 3. Lfd. Nr. 1 entfällt ersatzlos. Ein klarstellender Vermerk (zB „aufgehoben") ist unzulässig.[6] Ggf. kann ein entsprechender Vermerk in die Veränderungsspalte der neu entstandenen Geschäftsanteile aufgenommen werden. Werden neue Geschäftsanteile geschaffen oder Geschäftsanteile geteilt, können die neu entstandenen Geschäftsanteile auch durch Abschnittsnummern gegliedert werden, um die Herkunft der Geschäftsanteile zu verdeutlichen. Bei der Teilung des einzigen Geschäftsanteils mit lfd. Nr. 1 können daher alternativ zum vorgenannten Weg die Geschäftsanteile auch mit lfd. Nr. 1.1 und 1.2 vergeben werden, wobei die lfd. Nr. 1 wiederum ersatzlos entfällt (vgl. § 1 Abs. 3 S. 3 GesLV aE).[7] 7

cc) Bereinigungsliste. Nach § 1 Abs. 4 GesLV ist eine Neunummerierung der Geschäftsanteile zulässig, wenn die Gesellschafterliste aufgrund der bisherigen Nummerierung unübersichtlich würde oder geworden ist, wobei dem Listenersteller ein tatbestandlicher Ermessensspielraum bei der Beurteilung einzuräumen sein dürfte.[8] In einem solchen Fall kann eine vollständige Neunummerierung der Geschäftsanteile ohne Rücksicht darauf erfolgen, ob oder wie die jeweilige Nummer in der Vergangenheit bereits vergeben war.[9] In der Veränderungsspalte ist die Tatsache der Bereinigung sowie die bisherige Nummerierung zu vermerken, § 2 Abs. 2 GesLV. Zu beachten ist, dass eine solche Bereinigung der Nummerierung nur aus Anlass einer Veränderung nach Abs. 1 durch den jeweils zuständigen Listenersteller erfolgen darf.[10] 8

b) Angaben zum Geschäftsanteil (Nennbetrag und Anteil am Stammkapital). In der Gesellschafterliste müssen in jeweils separaten Spalten der Nennbetrag jedes Geschäftsanteils sowie die durch jeden Geschäftsanteil vermittelte prozentuale Beteiligung aufgeführt werden, § 4 Abs. 5 GesLV. Die Angabe der prozentualen Beteiligung muss zwingend in Prozent erfolgen; eine Angabe zB als Bruch ist nicht zulässig.[11] Die Prozentangaben dürfen nach dem kaufmännischen Prinzip auf eine Nachkommastelle gerundet werden, jedoch sind Abrundungen auf 0,0 %, 25,0 %, 50,0 % unzulässig, § 4 Abs. 1 S. 1, 2 GesLV. Alternativ zur Rundung können die Nachkommastellen mit Ausnahme der ersten Nachkommastelle auch schlicht weggelassen werden, § 4 Abs. 1 S. 3 GesLV, wobei auch hier durch das Weglassen keine Angabe als 0,0 %, 25,0 %, 50,0 % erfolgen darf. Innerhalb einer Gesellschafterliste muss konsequent nach demselben Prinzip gerundet oder weggelassen werden.[12] Wird eine neue Gesell- 9

6 Begr. GesLV, BR-Drs. 105/18, 11.
7 Begr. GesLV, BR-Drs. 105/18, 7; MüKoGmbHG/*Heidinger* § 40 Rn. 79.
8 MüKoGmbHG/*Heidinger* § 40 Rn. 85 mwN.
9 Begr. GesLV, BR-Drs. 105/18, 8.
10 Begr. GesLV, BR-Drs. 105/18, 9.
11 Begr. GesLV, BR-Drs. 105/18, 11.
12 Begr. GesLV, BR-Drs. 105/18, 12.

schafterliste erstellt, steht es im Ermessen des Listenerstellers, ob er dem Prinzip der letzten Liste folgt oder der neuen Liste ein anderes zulässiges Prinzip zugrunde legt.[13] Sofern Zahlen gerundet oder weggelassen werden, kann dies in der Gesellschafterliste vermerkt werden, zwingend erforderlich ist dies aber nicht.[14] Die Summe der so dargestellten Prozentangaben muss nicht 100 % ergeben, § 4 Abs. 3 GesLV. Wenn der Anteil eines Geschäftsanteils am Stammkapital geringer als 1 % ist, genügt gemäß § 4 Abs. 4 GesLV auch eine solche Darstellung („< 1 %" bzw. „kleiner 1 %").

10 c) **Angaben zu den Gesellschaftern. aa) Natürliche Personen.** Bei natürlichen Personen sind Nachname, Vorname,[15] Geburtsdatum und Wohnort, also die politische Gemeinde, anzugeben. Nicht erforderlich ist die Nennung der genauen Adresse, auch nicht bei größeren Städten.[16] Bei Zugehörigkeit der Geschäftsanteile zum gewerblichen Vermögen von eingetragenen Einzelkaufleuten sind Firma, Sitz, zuständiges Register und Registernummer anzugeben.[17]

11 bb) **Juristische Personen und Personenmehrheiten.** Bei Gesellschaften sind gemäß Abs. 1 S. 2 Firma, Satzungssitz, zuständiges Register und Registernummer anzugeben. Hiervon erfasst sind auch eingetragene Vereine, Stiftungen[18] und Genossenschaften. Eine Zweigniederlassung soll nicht eintragungsfähig sein, sondern nur die Gesellschaft selbst.[19] Bei nicht in ein Register eingetragenen Gesellschaften (etwa einer BGB-Gesellschaft) oder einem nicht rechtsfähigen Verein sind diese unter einer zusammenfassenden Bezeichnung[20] sowie die jeweiligen Gesellschafter/Mitglieder mit Nachnamen, Vornamen, Geburtsdatum und Wohnort anzugeben. Für Publikumsgesellschaften mit einem großen und möglicherweise häufig wechselnden Gesellschafterkreis ist keine Ausnahme vorgesehen.[21] Dasselbe gilt für die Vor-GmbH, bei der mangels Eintragung ebenfalls sämtliche Gesellschafter mit Namen, Vornamen, Geburtsdatum und Wohnort aufzuführen sind. Bei sonstigen Personenmehrheiten, die Anteile an einer GmbH halten, insbesondere bei einer Gütergemeinschaft, Erbengemeinschaft oder Bruchteilsgemeinschaft, sind ebenfalls alle Mitglieder mit Namen, Vornamen, Geburtsdatum und Wohnort und einem entsprechenden Zusatz („in Erbengemeinschaft"; „in Gütergemeinschaft", „in Bruchteilsgemeinschaft") zu nennen.[22] Die vorgenannten Grundsätze gelten entsprechend für ausländische Gesellschaften und sonstige ausländische Personenmehrheiten,[23] wobei beim Satzungssitz neben der politischen Gemeinde auch das Land anzugeben ist. Bei ausländischen Registern ist regelmäßig die offizielle Bezeichnung des Registers in der jeweiligen Sprache und keine deutsche Übersetzung anzugeben (etwa „Kamer van Koophandel" bei den Niederlanden oder „Companies House"

13 Begr. GesLV, BR-Drs. 105/18, 12.
14 Begr. GesLV, BR-Drs. 105/18, 12.
15 Nach hM genügt die Angabe eines Vornamens, vgl. MüKoGmbHG/*Heidinger* § 40 Rn. 30.
16 Baumbach/Hueck/*Noack* § 40 Rn. 12; siehe auch Begr. GesLV, BR-Drs. 105/18, 8.
17 *Schmidt/Tondorf*, Praxis der Handelsregisteranmeldung, S. 294.
18 Hier ist das von der Stiftungsaufsicht geführte Stiftungsverzeichnis nebst Verzeichnisnummer zu nennen.
19 Vgl. OLG Celle NJW-RR 2000, 701; aA OLG Bremen NZG 2013, 144.
20 Bei namenlosen GbRs wird die Angabe: „Gesellschaft bürgerlichen Rechts, bestehend aus..." empfohlen.
21 BT-Drs. 18/11555, 173.
22 Michalski/Heidinger/Leible/J.Schmidt//*Terlau* § 40 Rn. 8.
23 BT-Drs. 18/11555, 173.

beim Vereinigten Königreich). Bei Körperschaften und Anstalten des öffentlichen Rechts genügt die Angabe von Namen und Sitz.[24]

cc) Treuhandkonstruktionen. In Treuhandkonstruktionen ist der Treuhänder in die Gesellschafterliste einzutragen, da er rechtlicher Inhaber im Außenverhältnis ist.[25] 12

dd) Eigene Geschäftsanteile der GmbH. Bei Ausweis eigener Geschäftsanteile der GmbH in der Gesellschafterliste gibt es keine Besonderheiten. Die GmbH ist als Inhaberin der Geschäftsanteile unter Nennung der vorgeschriebenen Angaben aufzuführen.[26] 13

d) Gesamtumfang der Beteiligung. Hält – wie in der Praxis oft der Fall – ein Gesellschafter mehr als einen Geschäftsanteil, ist in der Gesellschafterliste der Gesamtumfang der Beteiligung dieses Gesellschafters als Prozentsatz gesondert auszuweisen, Abs. 1 S. 4. Diese Angabe kann gemäß § 4 Abs. 5 GesLV entweder in einer separaten Spalte unmittelbar neben den anderen Angaben aufgeführt werden oder in an die Gesellschafterliste anschließenden separaten Zeilen. Diese können von der Gesellschafterliste abgesetzt sein, müssen aber in demselben Dokument enthalten sein.[27] Wird die Variante mit separaten Zeilen gewählt, kann der Gesamtumfang wie folgt dargestellt werden: 14

Gesamtumfang der prozentualen Beteiligung der Gesellschafter am Stammkapital der Gesellschaft:

Gesellschafter	Gesamtumfang
Max Meier, geb. am 1.1.1990, wohnhaft in München	98 %
Klara Kell, geb. am 17.12.1980, wohnhaft in Frankfurt am Main	2 %

Zu beachten ist, dass die Errechnung der Gesamtbeteiligung nicht auf Grundlage gerundeter Zahlen erfolgen darf, § 4 Abs. 2 S. 1 GesLV. Für die Rundung der Nachkommastellen im Rahmen des Gesamtumfangs der Beteiligungen gelten dieselben Vorgaben wie für die einzelnen Geschäftsanteile (→ Rn. 9). 15

Beim Gesamtumfang sind jeweils nur die direkt an der Gesellschaft beteiligten Gesellschafter aufzuführen, nicht die ggf. ihrerseits hinter den Gesellschaftern stehenden Personen.[28] Steht ein Geschäftsanteil mehreren Gesellschaftern in gesamthänderischer Verbundenheit zu, ist daher nur der Umfang der prozentualen Beteiligung der Gesamthandsgemeinschaft anzugeben.[29] Da nur auf die direkten Gesellschafter abzustellen ist, spielt es ebenfalls keine Rolle, wenn eine Person an mehreren Gesellschaftern beteiligt ist; es erfolgt keine Zurechnung.[30] 16

2. Sonstige Angaben. Gesetzlich nicht vorgeschriebene Angaben sind unzulässig, auch wenn sie hilfreich sein mögen. Das gilt beispielsweise für Verfügungsbeschränkungen (bei Minderjährigkeit oder Testamentsvollstreckung), Verpfändung, Zwangsvollstreckung, Insolvenz oder Nießbrauch.[31] 17

24 *Wachter* GmbHR 2017, 1177 (1181).
25 *Wicke* GmbHG § 40 Rn. 5a.
26 *Wicke* GmbHG § 40 Rn. 5.
27 Begr. GesLV, BR-Drs. 105/18, 13.
28 Begr. GesLV, BR-Drs. 105/18, 12.
29 Begr. GesLV, BR-Drs. 105/18, 12.
30 DNotI-Report 2018, 105 (108).
31 MüKoGmbHG/*Heidinger* § 40 Rn. 46 f.

18 **3. Veränderungen. a) Maßgebliche Veränderungen.** Eine neue Gesellschafterliste ist gemäß Abs. 1 unverzüglich nach Wirksamwerden jeder Veränderung (i) in den Personen der Gesellschafter oder (ii) des Umfangs ihrer Beteiligung einzureichen. Eine solche Veränderung liegt somit stets bei Änderung einer in der Gesellschafterliste zu machenden Pflichtangabe (→ Rn. 2 ff.) vor, etwa bei Änderungen der Gesellschafterstruktur durch Einzel- oder Gesamtrechtsnachfolge, Änderungen bei den Geschäftsanteilen infolge einer Kapitalerhöhung, bei Namensänderungen oder (Wohn-)Sitzverlegungen von Gesellschaftern, aber auch dann, wenn sich bei einem Gesellschafter einer BGB-Gesellschaft, die Anteile an der GmbH hält, eine der Pflichtangaben ändert.[32] Keine in einer Einreichungspflicht resultierende Änderung liegt hingegen vor, wenn sich nur Daten bezüglich der GmbH selbst ändern (etwa deren Firma oder Satzungssitz). Gleichwohl kann die Einreichung einer entsprechend aktualisierten Gesellschafterliste in solchen Fällen durchaus zweckmäßig sein.[33]

19 Die Nummerierung der Geschäftsanteile in der neuen Gesellschafterliste muss grundsätzlich der Nummerierung in der aktuellen Gesellschafterliste entsprechen (→ Rn. 3 ff.).

20 **b) Mehrere Veränderungen.** Mehrere Veränderungen dürfen nur dann zusammen in einer Gesellschafterliste eingetragen werden, wenn sie gleichzeitig erfolgt sind.[34] Andernfalls sind die Änderungen in mehreren Gesellschafterlisten nachzuvollziehen, die in chronologischer Reihenfolge zum Handelsregister einzureichen sind.[35] Dies gilt auch dann, wenn zwischen den – etwa in derselben Niederschrift aufgenommenen – Veränderungen nur eine (logische) Sekunde liegt.[36]

21 **c) Veränderungsspalte.** Veränderungen gemäß Abs. 1 (→ Rn. 18 ff.) werden nach Maßgabe der Vorgaben der GesLV in eine Veränderungsspalte eingefügt, die als separate Spalte neben den anderen Spalten der Gesellschafterliste steht. Dabei dürfen nur Änderungen gegenüber der zuletzt beim Handelsregister eingereichten Liste in die Veränderungsspalte eingetragen werden.[37] Unzulässig ist insbesondere die früher teilweise verfolgte Praxis, veraltete Angaben in der neuen Gesellschafterliste durch Streichung bzw. Rötung kenntlich zu machen, § 3 GesLV. Eine zum Handelsregister eingereichte Gesellschafterliste muss nur dann eine Veränderungsspalte enthalten, wenn es Veränderungen gibt, die in die Veränderungsspalte eingetragen werden.[38]

22 Die GesLV unterscheidet zwischen Muss-, Soll- und Kann-Angaben in der Veränderungsspalte. Zwingend in die Veränderungsspalte einzutragen ist die Erstellung einer Bereinigungsliste sowie im Falle einer Änderung der Nummerierung der Geschäftsanteile (zu deren Voraussetzungen und Zulässigkeit → Rn. 3 ff.) die alten Nummern der Geschäftsanteile, § 2 Abs. 2 GesLV. Zudem

32 MüKoGmbHG/*Heidinger* § 40 Rn. 130.
33 Zum Einreichungsrecht für Gesellschafterlisten: *Wanner-Laufer* NZG 2021, 960.
34 OLG Düsseldorf NZG 2019, 821; DNotI-Report 2011, 25; *Schmidt* NZG 2021, 181 (183).
35 OLG Düsseldorf NZG 2019, 821; OLG Köln NZG 2013, 1431; *Wicke* GmbHG § 40 Rn. 4.
36 Ein Beispiel wäre die Teilung von Geschäftsanteilen mit anschließender Anteilsübertragung, vgl. OLG Köln NZG 2013, 1431; ebenso DNotI-Report 2018, 105; aA *Schmidt* NZG 2021, 181 (183).
37 Begr. GesLV, BR-Drs. 105/18, 9.
38 Begr. GesLV, BR-Drs. 105/18, 9.

„sollte"[39] in die Veränderungsspalte eine Teilung, Zusammenlegung und Einziehung[40] von Geschäftsanteilen, eine Kapitalerhöhung oder -herabsetzung sowie Anteilsübergänge vermerkt werden, § 2 Abs. 3 GesLV. In der Praxis dürfte sich dabei eine möglichst nahe Anlehnung an die Terminologie des § 2 Abs. 3 GesLV empfehlen. Sonstige Veränderungen iSv § 40 können in die Veränderungsspalte eingetragen werden. Andere Umstände, die keine Veränderung iSv § 40 darstellen, dürfen nicht in die Veränderungsspalte eingetragen werden, § 2 Abs. 1 GesLV.

d) Wirksamwerden einer Veränderung. Die Gesellschafterliste ist unverzüglich nach Wirksamwerden der Veränderung beim Handelsregister einzureichen, dh ohne schuldhaftes Zögern (§ 121 BGB). Der Listenersteller muss nach seinem pflichtgemäßen Ermessen von der Wirksamkeit der in Rede stehenden Veränderung überzeugt sein.[41] Der Listenersteller entscheidet somit beispielsweise nach pflichtgemäßem Ermessen darüber, welche Existenz- und Vertretungsnachweise er bei Beteiligung von ausländischen Gesellschaften für erforderlich hält (→ § 2 Rn. 60 ff.).[42] Bei einer Genehmigungserklärung dürfte es vor diesem Hintergrund etwa gleichermaßen vertretbar sein, eine privatschriftliche Genehmigung ausreichen zu lassen oder eine unterschriftsbeglaubigte, ggf. mit Apostille versehene Erklärung zu verlangen.[43] 23

Der Listenersteller kann die Gesellschafterliste bereits vor Wirksamwerden der Änderung erstellen (und mit entsprechendem Datum versehen), solange die Einreichung der Liste erst nach Wirksamwerden der Änderung erfolgt.[44] Inhaltlich muss die Liste nach der Rechtsprechung des BGH dem Sachstand und den gesetzlichen Anforderungen zum Zeitpunkt der Aufnahme (dh zum Zeitpunkt der Prüfung durch das Register) entsprechen, insbesondere muss die Liste an die zu diesem Zeitpunkt letzte aufgenommene Liste anknüpfen.[45] 24

4. Muster für Gesellschafterliste. Eine den Vorgaben der §§ 8 Abs. 1 Nr. 3, 40 Abs. 1 S. 1 sowie der GesLV entsprechende Gesellschafterliste kann beispielsweise wie folgt aussehen: 25

39 Da die GesL je nach Tatbestand zwischen „sollte eingetragen werden" und „sind einzutragen" unterscheidet, darf bei einem diesbezüglichen Fehlen keine Zurückweisung der Liste erfolgen, vgl. NGZ 2020, 638.
40 Zur Gestaltung der Gesellschafterliste nach Einziehung vgl. DNotI-Abruf-Nr. 174879.
41 RegE MoMiG BR-Drs. 354/07, 101.
42 *Wachter* DNotZ 2014, 540 (543 f.). Der Notar darf grundsätzlich auf privatschriftliche Vollmachten vertrauen, vgl. *Thelen/Hermanns* DNotZ 2019, 725 (736).
43 *Wachter* DNotZ 2014, 540 (543).
44 OLG Jena NZG 2011, 909.
45 BGH NJW 2018, 2794 (mit ablehnender Anmerkung *Cziupka*).

Gesellschafterliste der
A-GmbH, Frankfurt am Main
(Amtsgericht Frankfurt am Main, HRB 1234)

Lfd. Nr.	Gesellschafter	Nennbetrag	Anteil am Stammkapital	Veränderung
1–12.500	Max Meier, geb. am 1.1.1990, wohnhaft in München	je EUR 1	je < 1 %	
12.501–13.000	B-GmbH, Frankfurt am Main (Amtsgericht Frankfurt am Main, HRB 4321)	je EUR 1	je < 1 %	Anteilsübergang
13.001–25.000	Max Meier, geb. am 1.1.1990, wohnhaft in München	je EUR 1	je < 1 %	
Stammkapital der Gesellschaft: EUR 25.000				

Gesamtumfang der prozentualen Beteiligung der Gesellschafter am Stammkapital der Gesellschaft:

Gesellschafter	Gesamtumfang
Max Meier, geb. am 1.1.1990, wohnhaft in München	98 %
B-GmbH, Frankfurt am Main (Amtsgericht Frankfurt am Main, HRB 4321)	2 %

III. Einreichungspflicht und Einreichungszuständigkeit

26 Nach Wirksamwerden jeder Änderung der Beteiligungsrechte muss unverzüglich eine Gesellschafterliste zum Handelsregister eingereicht werden (→ Rn. 23 f.). Ziel ist es, die Veränderungen der Geschäftsanteile und des Gesellschafterbestandes lückenlos nachvollziehbar zu machen.[46]

27 **1. Geschäftsführer (Abs. 1 S. 1).** Die Geschäftsführer sind bei allen Veränderungen iSv Abs. 1 zur Einreichung einer neuen Liste verpflichtet, sofern nicht ein Notar gemäß Abs. 2 zur Einreichung verpflichtet ist (→ Rn. 29 ff.). Änderungen sonstiger Angaben in der Gesellschafterliste, dh solche, die keine Änderungen iSv Abs. 1 sind, etwa die Firma der GmbH, kann der Geschäftsführer durch Einreichung einer neuen Gesellschafterliste aktualisieren, ohne allerdings hierzu verpflichtet zu sein.[47]

28 Eine von den Geschäftsführern einzureichende Gesellschafterliste ist von diesen in vertretungsberechtigter Zahl zu unterschreiben und als einfache elektronische Aufzeichnung zum Handelsregister einzureichen (§ 12 Abs. 2 HGB).[48] Dies gilt auch in der Insolvenz.[49] Eine unechte Gesamtvertretung ist nach der Recht-

46 MüKoGmbHG/*Heidinger* § 40 Rn. 5.
47 Lutter/Hommelhoff/*Bayer* § 40 Rn. 10.
48 Eine Einreichung in öffentlich beglaubigter Form ist nicht erforderlich und wegen der damit verbundenen Kosten auch nicht zulässig.
49 *Wicke* GmbHG § 40 Rn. 7.

sprechung nicht zulässig, so dass eine Mitwirkung von Prokuristen nicht möglich ist.[50] Auch ist es nicht zulässig, dass die Geschäftsführer einen rechtsgeschäftlichen Vertreter zur Zeichnung der Gesellschafterliste bevollmächtigen.[51]

29 **2. Notar (Abs. 2). a) Einreichung der Gesellschafterliste.** Gemäß Abs. 2 ist der Notar zur Einreichung einer neuen Gesellschafterliste verpflichtet bei sämtlichen Veränderungen iSv Abs. 1, an denen er in amtlicher Eigenschaft „mitgewirkt" hat. Andere Notare, die nicht selbst an den Veränderungen beteiligt waren, sind nicht zur Einreichung befugt.

30 Stellt der Notar beim Erstellen einer Liste nach Abs. 2 fest, dass es weitere Änderungen iSv Abs. 1 gab, die bisher nicht in der Gesellschafterliste reflektiert sind, so muss er die insoweit zur Einreichung Verpflichteten dazu anhalten, zunächst eine entsprechend aktualisierte Liste einzureichen. Angesichts der klaren Kompetenzzuweisung in § 40 dürfte es dem Notar nicht gestattet sein, derartige Veränderung im Rahmen seiner Liste zu berücksichtigen.[52] Sonstige Änderungen, dh solche, die keine Änderungen iSv Abs. 1 sind, etwa eine Änderung der Firma der GmbH, kann und sollte der Notar hingegen aus Anlass einer aktualisierten Liste berücksichtigen.

31 Ein die Einreichungspflicht auslösendes „Mitwirken" des Notars liegt nach der Rechtsprechung immer dann vor, wenn der Notar selbst die Urkunde, die eine Veränderung herbeigeführt hat, entweder beurkundet oder entworfen und anschließend die Unterschrift unter die Handelsregisteranmeldung beglaubigt hat.[53] Keine Einreichungspflicht des Notars besteht bei einer Unterschriftsbeglaubigung eines Fremdentwurfs.[54] Bei einer nur mittelbaren Mitwirkung des Notars (zB Firmenänderung eines GmbH-Gesellschafters) besteht ebenfalls keine Einreichungspflicht, unabhängig davon, ob der Notar konkrete Kenntnis von der Notwendigkeit einer neuen Liste hat.[55] Jedoch besteht in beiden Fällen eine Einreichungsbefugnis.[56]

32 Steht bei einem Anteilskaufvertrag die Anteilsübertragung unter einer aufschiebenden Bedingung, oder ist für die Wirksamkeit der Anteilsübertragung eine Genehmigung erforderlich, trifft den Notar eine diesbezügliche Überwachungspflicht.[57] Da der Notar keine gesetzlichen Auskunftsrechte gegenüber den Beteiligten hat, sollten entsprechende Mitteilungspflichten der Beteiligten in die Urkunde aufgenommen werden.[58] Der Notar hat dabei darauf zu achten, dass diese Mitteilungspflichten derart ausgestaltet sind, dass der Notar auf dieser Grundlage ohne Weiteres objektiv nachvollziehen kann, ob die Änderung wirksam geworden ist. Der Notar darf dabei auf die Echtheit und Richtigkeit von den Beteiligten übermittelter Bestätigungen grundsätzlich vertrauen.[59] Keine Überwachungspflicht trifft den Notar hingegen, wenn eine Änderung, an der er mitgewirkt hat, unter einer auflösenden Bedingung steht. Bei deren Eintritt sind die Geschäftsführer zur Einreichung einer neuen Liste verpflichtet.[60]

50 OLG Jena NZG 2011, 909.
51 OLG Jena NZG 2011, 909.
52 Vgl. OLG Köln NZG 2013, 1431 zum Erfordernis einer chronologischen Einreichung; aA *Wicke* GmbHG § 40 Rn. 9.
53 OLG München BeckRS 2010, 17926; OLG Hamm DNotZ 2014, 540.
54 OLG Hamm NJW-RR 2010, 390 (391); OLG Hamm DNotZ 2014, 540.
55 OLG Hamm ZIP 2012, 425; DNotZ 2014, 540 (anders noch NJW-RR 2010, 390: Einreichungspflicht).
56 Vgl. OLG Hamm DNotZ 2014, 540.
57 *Wicke* GmbHG § 40 Rn. 15.
58 *Wicke* GmbHG § 40 Rn. 15.
59 Lutter/Hommelhoff/*Bayer* § 40 Rn. 87.
60 RegE MoMiG BR-Drs. 354/07, 101.

33 Sind mehrere Notare an einer Änderung dergestalt beteiligt, dass bei ihnen allen ein Mitwirken iSv Abs. 2 vorliegt (zB bei Beurkundung von Angebot und Annahme), ist nach herrschender Meinung mangels eines anderweitigen Vollzugsauftrags der Beteiligten der Notar einreichungspflichtig, der an dem letzten für die Wirksamkeit maßgeblichen Akt mitgewirkt hat.[61] Die anderen beteiligten Notare sind gleichwohl zur Einreichung berechtigt.[62] Hat ein gleichwertiger ausländischer Notar an einer Änderung iSv Abs. 1 mitgewirkt, ist er nach der Rechtsprechung des BGH zur Einreichung einer neuen Liste berechtigt, aber nicht verpflichtet.[63]

34 **b) Notarbescheinigung.** Gemäß Abs. 2 S. 2 muss die vom Notar erstellte Liste mit der Bescheinigung des Notars versehen sein, „dass die geänderten Eintragungen den Veränderungen entsprechen, an denen er mitgewirkt hat, und die übrigen Eintragungen mit dem Inhalt der zuletzt im Handelsregister aufgenommenen Liste übereinstimmen." Diese Formulierung kann der Notar regelmäßig übernehmen. Teilweise wird ihm dies allerdings nicht möglich sein, etwa weil die letzte im Handelsregister aufgenommene Liste nicht den aktuellen gesetzlichen Vorgaben (zB hinsichtlich der Darstellung des Gesamtumfangs der Beteiligung) entspricht und der Notar daher weitergehende Anpassungen vornehmen muss. In einem solchen Fall ist dem Notar ein einschränkender Hinweis gestattet.[64] Dieser kann beispielsweise lauten: „Ich bescheinige hiermit, dass die geänderten Eintragungen den Veränderungen entsprechen, an denen ich als Notar mitgewirkt habe, und die übrigen Eintragungen – unter Berücksichtigung der Anforderungen des § 40 GmbHG – mit dem Inhalt der zuletzt im Handelsregister aufgenommenen Liste übereinstimmen." Zudem kann die Bestätigung das Datum der zuletzt im Handelsregister aufgenommenen Liste sowie eine Bezugnahme zur Urkunde des Notars enthalten.

35 Bei der Gesellschafterliste mit notarieller Bescheinigung nach Abs. 2 S. 2 handelt es sich um einen Vermerk gemäß § 39 BeurkG, der vom Notar zu unterschreiben und siegeln ist. Es genügt eine gesiegelte Unterschrift des Notars für die Unterzeichnung von Gesellschafterliste und Bescheinigung, sofern sich die Bescheinigung unmittelbar an die Gesellschafterliste anschließt.[65] Dieses Dokument ist elektronisch in öffentlich beglaubigter Form einzureichen (§ 39a BeurkG),[66] wobei die Übersendung einer Abschrift, in der die Unterschrift mit „gez." und das Siegel mit „L.S." angegeben ist, ausreicht.[67] Die Bescheinigung kann auch elektronisch nach § 39a BeurkG errichtet werden, indem der Notar das Zeugnis qualifiziert elektronisch signiert und es als Ersatz des Siegels mit einer Bestätigung der Notareigenschaft verbindet.[68]

36 **c) Abschrift an Gesellschaft.** Der Notar hat der Gesellschaft gemäß Abs. 2 S. 1 eine Abschrift der beim Handelsregister eingereichten Liste zu übermitteln.

37 **3. Sonstige Einreichungsbefugnis.** § 40 regelt, in welchen Situationen die Geschäftsführer und der Notar eine Einreichungspflicht haben. Davon zu unterscheiden ist die Frage, ob in anderen Situationen eine freiwillige Einreichungs-

61 Lutter/Hommelhoff/*Bayer* § 40 Rn. 83.
62 OLG München NZG 2013, 822.
63 BGHZ 199, 270.
64 OLG Stuttgart NZG 2011, 752 (753).
65 OLG München NZG 2009, 797 (798).
66 OLG Jena GmbHR 2010, 760.
67 LG Trier BeckRS 2009, 29605.
68 KG NJW-RR 2012, 59.

befugnis besteht.[69] Sie ist im Gesetz nicht geregelt. Die Rechtsprechung entscheidet nach den Umständen des Einzelfalls.

a) Geschäftsführer. Den Geschäftsführern ist angesichts des Transparenzzwecks von § 40 immer dann eine Einreichungsbefugnis zuzuerkennen, wenn hierfür ein berechtigtes Interesse besteht und § 40 oder die GesLV einer solchen Einreichung nicht entgegenstehen.[70] Das kann insbesondere der Fall sein, wenn sich sonstige Angaben in der Gesellschafterliste ändern, die keine Veränderung iSv § 40 darstellen, etwa eine Änderung der Firma der GmbH, oder wenn die Geschäftsführung Kenntnis von der Fehlerhaftigkeit einer notariellen Liste erhält (→ Rn. 18 ff.). Zulässig ist außerdem, dass die Geschäftsführung die alte Gesellschafterliste freiwillig an neue gesetzliche Anforderungen anpasst, beispielsweise an Neuregelungen in § 40 oder der GesLV.[71] Unzulässig ist demgegenüber etwa die anlasslose Bereinigung der Nummerierung der Geschäftsanteile, weil dies nach der GesLV nur aus Anlass einer Veränderung nach Abs. 1 gestattet ist (→ Rn. 8). 38

b) Notar. Der Notar ist unabhängig von einer aus Abs. 2 resultierenden Einreichungspflicht stets einreichungsbefugt, wenn er unmittelbar oder mittelbar an Änderungen von Angaben in der Gesellschafterliste beteiligt ist, etwa wenn er Firmen- oder Sitzänderungen bei einer Gesellschafterin (→ Rn. 18) oder der GmbH (→ Rn. 30) beurkundet. Auch der gleichwertige ausländische Notar ist einreichungsbefugt, aber nicht dazu verpflichtet (→ Rn. 33). Ohne eine (unmittelbare oder mittelbare) Beteiligung dürfte dem Notar eine Einreichung hingegen nicht gestattet sein, weil dies der in Abs. 1 statuierten höchstpersönlichen Regelzuständigkeit der Geschäftsführung zuwiderliefe.[72] 39

IV. Wirkung der geänderten Gesellschafterliste

Mit der MoMiG-Reform hat die Gesellschafterliste eine erhebliche Aufwertung erfahren. Gemäß § 16 Abs. 1 S. 1 gelten im Verhältnis zur GmbH grundsätzlich nur diejenigen Personen als Gesellschafter, die in der aktuellen beim Handelsregister aufgenommenen Liste eingetragen sind. Dies ist insbesondere für Gesellschafterbeschlüsse wichtig, bei deren Beschlussfassung stets die aktuell beim Handelsregister aufgenommene Gesellschafterliste eingesehen werden sollte. Zudem ist unter bestimmten Voraussetzungen ein gutgläubiger Erwerb von Geschäftsanteilen vom Nichtberechtigten gemäß § 16 Abs. 3 möglich, wenn dieser als Berechtigter in der Liste eingetragen ist. 40

V. Berichtigung fehlerhafter Listen

Wird ein Fehler in einer im Handelsregister aufgenommenen Gesellschafterliste bemerkt, so sind die Geschäftsführer im Falle einer notariellen Liste zur Einreichung einer neuen Liste berechtigt; bei einer einfachen Gesellschafterliste sind sie hierzu verpflichtet.[73] Im Falle einer unrichtigen notariellen Liste ist daneben der Notar zur Einreichung einer korrigierten Liste berechtigt und verpflichtet.[74] Der Notar kann dabei entweder eine neue, korrekte Liste oder die mit Nach- 41

69 BGHZ 199, 270, Rn. 12.
70 Zum Einreichungsrecht für Gesellschafterlisten: *Wanner-Laufer* NZG 2021, 960.
71 OLG Düsseldorf GmbHR 2020, 906; *Schmidt* NZG 2021, 181 (182); aA KG NZG 2020, 746.
72 Zur Höchstpersönlichkeit der Einreichungspflicht der Geschäftsführung, insbesondere dem Verbot der Einschaltung von Vertretern vgl. OLG Jena NZG 2011, 909.
73 BGH NZG 2014, 184.
74 OLG Nürnberg NZG 2018, 312; OLG Rostock FGPrax 2017, 168; Lutter/Hommelhoff/*Bayer* § 40 Rn. 90; aA *Schmidt* NZG 2021, 181 (182 f.).

tragsvermerk gemäß § 44a Abs. 2 BeurkG korrigierte Liste einreichen.[75] Wählt der Notar die zweite Variante, muss auch die elektronisch beglaubigte Abschrift der berichtigten Liste einen Berichtigungsvermerk gemäß § 44a Abs. 2 BeurkG enthalten, der Umstand und Zeitpunkt der Berichtigung erkennen lässt.[76] Eine Löschung einer im Handelsregister aufgenommenen Liste ist, auch bei Fehlerhaftigkeit, nicht zulässig.[77]

VI. Kosten

42 Die Erstellung einer notariellen Liste ist eine Vollzugstätigkeit des Notars. Es entsteht nach KV Nr. 22100 GNotKG eine Gebühr von 0,5 (bzw. 0,3 gemäß KV Nr. 22111 GNotKG, wenn die Gebühr für die Haupttätigkeit geringer als 2,0 ist) aus dem Geschäftswert der Haupttätigkeit (§ 112 GNotKG), höchstens 250 EUR je Liste (KV Nr. 22113 GNotKG), wenn keine Vollzugstätigkeiten nach KV Nr. 4 bis 11 der Vorb. 2.2.1.1 Abs. 1 S. 2 GNotKG hinzutreten. Zudem kann eine Betreuungsgebühr von 0,5 nach KV Nr. 22200 GNotKG hinzukommen (→ § 15 Rn. 40). Für die elektronische Einreichung beim Handelsregister entsteht für die XML-Strukturierung eine weitere Gebühr von 0,2 nach KV Nr. 22114 GNotKG, höchstens 125 EUR.

43 Entwirft der Notar eine einfache Gesellschafterliste für die Geschäftsführer, entsteht eine Entwurfsgebühr nach KV Nr. 24101 GNotKG in Höhe einer Gebühr von 1,0 aus einem Geschäftswert von 10–20 % des Stammkapitals (§ 36 GNotKG),[78] mindestens 60 EUR. Für den elektronischen Vollzug entsteht auch hier eine zusätzliche Gebühr von 0,2 nach KV Nr. 22114 GNotKG, höchstens 125 EUR.

§ 53 Form der Satzungsänderung

(1) Eine Abänderung des Gesellschaftsvertrags kann nur durch Beschluß der Gesellschafter erfolgen.

(2) [1]Der Beschluß muß notariell beurkundet werden, derselbe bedarf einer Mehrheit von drei Vierteilen der abgegebenen Stimmen. [2]Der Gesellschaftsvertrag kann noch andere Erfordernisse aufstellen.

(3) Eine Vermehrung der den Gesellschaftern nach dem Gesellschaftsvertrag obliegenden Leistungen kann nur mit Zustimmung sämtlicher beteiligter Gesellschafter beschlossen werden.

Literatur:

Boor, Gewinnabführungs- und Beherrschungsverträge in der notariellen Praxis, RNotZ 2017, 65; *Gerauer*, Ladungsmängel und Nichtigkeitsfolge im Beschlussmängelrecht der GmbH, NZG 2019, 137; *Gerber*, Anmeldung: Keine Regelung über Gründungskosten in der Satzung einer GmbH bei Übernahme durch Gründer, GmbHR 2010, 589; *Grotheer*, Satzungsänderungsbeschlüsse in der GmbH und besondere Formvorschriften, RNotZ 2015, 4; *Göhmann/Winnen*, Anforderungen an die Beendigung von Unternehmensverträgen mit einer abhängigen GmbH, RNotZ 2015, 53; *Heckschen/Strnad*, Aktuelles zum grenzüberschreitenden Formwechsel und seiner praktischen Umsetzung, notar 2018, 83; *Hermanns*, Die notarielle Beurkundung von Beherrschungs-

75 OLG Nürnberg NZG 2018, 312.
76 OLG Nürnberg NZG 2018, 312.
77 KG NJW-RR 2016, 1320.
78 Vgl. LG Bielefeld Beschl. v. 19.8.2016 – 23 T 101/16 (nv); Korintenberg/*Tiedtke* GNotKG Anlage 1 Teil 2 Vorbemerkung 2.2.1.1 Rn. 34b.

und Ergebnisabführungsverträgen, RNotZ 2015, 632; *Hitzel*, Die Beurkundung satzungsändernder Beschlüsse bei der GmbH, NZG 2020, 1174; *Hoene/Eickmann*, Zur Formbedürftigkeit von Wandeldarlehen, GmbHR 2017, 854; *Krafka*, Die Anmeldung und die Eintragung von Gesellschaftsvertrags- und Satzungsänderungen im Register, NZG 2019, 81; *Lange*, „Verschollene" Beteiligte bei der GmbH – eine Herausforderung für die Beurkundungspraxis, notar 2017, 28; *Lange*, Der Leiter der GmbH-Gesellschafterversammlung, NJW 2015, 3190; *Lieder/Bialluch*, Der eingeschriebene Brief im Gesellschaftsrecht, NZG 2017, 9; *Nordholtz/Hupka*, Die Beurkundung von Änderungen eines GmbH-Gesellschaftsvertrages – Tatsachenprotokoll vs. Niederschrift von Willenserklärungen, DNotZ 2018, 404; *Schulte*, Die neuen „Corona"-Regelungen im GmbH-Recht im Praxistest und im Registerverfahren, GmbHR 2020, 689; *Wachter*, Festsetzung des Gründungsaufwands in der GmbH-Satzung, NZG 2010, 734; *Wertenbruch*, Wahl und Feststellungskompetenz des Versammlungsleiters der GmbH-Gesellschafterversammlung, GmbHR 2020, 875.

I. Notarielle Form und Anmeldung zum Handelsregister

1 **1. Notarielle Beurkundung.** Satzungsänderungen bedürfen zu ihrer Wirksamkeit nach Abs. 2 S. 1 der notariellen Beurkundung des satzungsändernden Beschlusses der Gesellschafter. Unterbleibt eine notarielle Beurkundung, ist der Beschluss analog § 241 Nr. 2 AktG nichtig.[1] Weitere, neben der Satzungsänderung in der Gesellschafterversammlung erfolgende Beschlüsse müssen grundsätzlich nicht notariell beurkundet werden.[2] Nach der Rechtsprechung des BGH ist die Beurkundung einer Satzungsänderung durch einen ausländischen Notar zulässig, sofern die ausländische Beurkundung der deutschen gleichwertig ist (zur Gleichwertigkeit → § 15 Rn. 51).[3]

2 Die Beurkundung kann nach ganz herrschender Meinung als Beurkundung von Willenserklärungen nach §§ 6 ff. BeurkG[4] oder als Tatsachenprotokoll nach §§ 36 ff. BeurkG erfolgen.[5] Es ist auch zulässig, die Beurkundung von Willenserklärungen und Tatsachen in eine Urkunde aufzunehmen (→ BeurkG § 36 Rn. 13). Dies kann zweckmäßig sein, wenn neben der Änderung des Gesellschaftsvertrages zugleich eine Willenserklärung abgegeben wird, die zwingend nach §§ 6 ff. BeurkG zu protokollieren ist, beispielsweise ein Anfechtungsverzicht (→ AktG § 130 Rn. 29).[6] Die Wahl des Beurkundungsverfahrens liegt im pflichtgemäßen Ermessen des Notars, ein gesetzliches Rang- oder Spezialitätsverhältnis besteht nicht.[7]

3 Eine Beurkundung von Willenserklärungen nach §§ 6 ff. BeurkG ist in der Praxis insbesondere ratsam, wenn ein überschaubarer Gesellschafterkreis besteht oder eine einstimmige Entscheidung erwartet wird.[8] Die Beurkundung von Willenserklärungen geht über die gesetzlichen Erfordernisse hinaus und führt für die Beteiligten zu einer höheren Rechtssicherheit.[9] Im Gegensatz zur Tatsachenbeurkundung hat der Notar die erschienenen Beteiligten festzustellen (§ 10 BeurkG), ihre Vertretungsberechtigung zu prüfen und die Nachweise für die Vertretung der Niederschrift beizufügen (§§ 12, 17 BeurkG), die zu beurkundenden Willenserklärungen zu verlesen (§ 13 BeurkG) und das Protokoll von den Beteiligten unterschreiben zu lassen (§ 13 BeurkG).

4 Ein Tatsachenprotokoll nach §§ 36 ff. BeurkG bietet sich an, wenn eine Vielzahl an Gesellschaftern beteiligt ist oder einstimmige Beschlüsse nicht zu erwarten sind. Die Voraussetzungen der §§ 6 ff. BeurkG sind nicht einzuhalten, maßgeblich ist § 37 BeurkG, so dass insbesondere kein Beifügen und Überprüfen der Vertretungsberechtigung (§§ 12, 17 BeurkG) und kein Verlesen (§ 13 BeurkG) erfolgen muss. Da eine Unterschrift der Erschienenen – auch der den

1 *Wicke* GmbHG § 53 Rn. 13; Michalski/Heidinger/Leible/J.Schmidt/*Hoffmann* GmbHG § 54 Rn. 43.
2 BGH DStR 2015, 1819 (1820 f.).
3 Vgl. BGH NJW 2015, 336 (337) (zu § 130 AktG); *Wicke* GmbHG § 53 Rn. 13.
4 OLG Köln NJW-RR 1993, 223; Baumbach/Hueck/*Zöllner/Noack* GmbHG § 53 Rn. 70.
5 OLG Celle NZG 2017, 422; *Wicke* GmbHG § 53 Rn. 13; Würzburger NotarHdb/*Wilke* Teil 5 Kap. 3 Rn. 142.
6 Vgl. hierzu *Nordholtz/Hupka* DNotZ 2018, 404 (411 f.); *Grotheer* RNotZ 2015, 4 (6 ff.); *Hitzel* NZG 2020, 1176 ff.
7 *Grotheer* RNotZ 2015, 4 (5).
8 *Grotheer* RNotZ 2015, 4.
9 Vgl. BayObLGZ 1991, 371; *Nordholtz/Hupka* DNotZ 2018, 404 (407 f.).

Beschluss ablehnenden – in § 37 BeurkG nicht vorgesehen ist, kann der Notar die Niederschrift nach der Versammlung ohne Mitwirkung Dritter anfertigen und ändern (→ BeurkG § 37 Rn. 9 f.).[10] Dem Notar obliegen im Rahmen der §§ 36 ff. BeurkG keine Prüfungs- und Belehrungspflichten nach §§ 6 ff. BeurkG, da diese nur auf die Beurkundung von Willenserklärungen Anwendung finden. Anderes gilt jedoch dann, wenn er von den Beteiligten gesondert beauftragt wurde (§ 24 BNotO), auch eine Beratung vorzunehmen (→ BeurkG § 36 Rn. 14 sowie → AktG § 130 Rn. 9).

2. Inhalt der Niederschrift. Der aus verfahrensrechtlicher Sicht erforderliche Mindestinhalt ergibt sich bei GmbH-Gesellschafterversammlungen abschließend aus den §§ 6 ff. oder §§ 36 ff. BeurkG, je nachdem, ob eine Beurkundung von Willenserklärungen oder Tatsachen erfolgt. Eine § 130 AktG entsprechende Vorschrift kennt das GmbHG nicht. 5

In die Niederschrift sind sämtliche Vorgänge aufzunehmen, die für die protokollierten Beschlüsse der Gesellschafterversammlung und deren Wirksamkeit unmittelbar von Bedeutung sein können,[11] insbesondere mit Blick auf Anfechtungs- und Nichtigkeitsklagen und Eintragungen in das Handelsregister. Aus den Vorgaben des GmbHG betreffend die Wirksamkeit satzungsändernder Beschlüsse der Gesellschafterversammlung kann sich die Aufnahme folgender Vorgänge in die Niederschrift anbieten:[12] 6

- Bezeichnung der Gesellschaft und des beschlussfassenden Gremiums (Gesellschafterversammlung); 7
- Beifügen der aktuellen Gesellschafterliste;[13]
- Angaben zur Anwesenheit (ggf. auch zu Vertretungen[14] und Anzahl der von den Anwesenden gehaltenen Stimmen);[15]
- Angaben zur Einberufung;[16]
- Wortlaut des Beschlussgegenstandes (dh Wortlaut der beantragten Satzungsänderung);
- Angaben zur Beschlussfassung;
- Angaben zur Abstimmungsart: konkrete Abstimmungsweise (zB Zuruf, Handheben, Stimmzettel) einschließlich des angewandten Verfahrens zur

10 *Nordholtz/Hupka* DNotZ 2018, 404 (409).

11 Vgl. OLG Düsseldorf NZG 2003, 816 (819) (zur AG); *Lerch* BeurkG § 37 Rn. 2; *Winkler* BeurkG § 37 Rn. 4.

12 Vgl. Baumbach/Hueck/*Zöllner/Noack* § 53 Rn. 72; *Krafka* RegisterR-HdB Rn. 1025 ff.

13 Nach hM ist vom Registergericht zu prüfen, ob Gesellschafter iSv § 16 Abs. 1 GmbHG abgestimmt haben (vgl. OLG Köln MittRhNotK 1989, 274; OLG Düsseldorf NJW-RR 1995, 233 (234); KG DStR 1997, 1544, (1545); aA BayObLG GmbHR 1992, 304 (305)).

14 Sofern keiner der Gesellschafter persönlich abgestimmt hat oder wirksam vertreten war, ist die Beschlussfassung nichtig, so dass vom Registergericht nach hM zu prüfen ist, ob zumindest eine Stimmabgabe in zulässiger Weise erfolgt ist (so OLG Köln MittRhNotK 1989, 274; aA BayObLG GmbHR 1992, 304; hierzu *Krafka* RegisterR-HdB Rn. 1029). Dies erfordert beim Tatsachenprotokoll jedoch keine Vorlage von Vertretungsnachweisen gegenüber dem Registergericht, sofern die Niederschrift entsprechende Feststellungen enthält. Vorgelegte Vertretungsnachweise sind vom Registergericht vollumfänglich zu prüfen, unabhängig davon, ob die Vorlage rechtlich erforderlich war (zum Ganzen *Krafka* RegisterR-HdB Rn. 1029).

15 Insbesondere bei gesellschaftsvertraglicher Abweichung von § 47 Abs. 2 GmbHG.

16 Eine fehlerhafte Ladung einzelner Gesellschafter kann zur Nichtigkeit oder Anfechtbarkeit des Beschlusses führen, vgl. näher *Krafka* RegisterR-HdB Rn. 1028). Bei Universalversammlungen kann alternativ ein entsprechender Form- und Fristverzicht erklärt werden, der die Zustimmung sämtlicher Gesellschafter erfordert.

Ermittlung des Abstimmungsergebnisses (dh Ermittlung durch Ja- und Nein-Stimmen oder Anwendung der Subtraktionsmethode);
- Angaben zum Abstimmungsergebnis: Zahl der Ja- und Nein-Stimmen;[17] bei Subtraktionsmethode zusätzlich Angabe der aktuellen Präsenz, der Enthaltungen, der ungültigen und einem Stimmverbot unterliegenden Stimmen);[18]
- ggf. Feststellung des Abstimmungsergebnisses durch Versammlungsleiter (→ Rn. 27 ff.);[19] ggf. Meinungsverschiedenheiten der anwesenden Gesellschafter über Abstimmungsergebnis;[20]
- ggf. Angaben zu weiteren nach dem Gesellschaftsvertrag für die Wirksamkeit erforderlichen Voraussetzungen (zB Mindestquorum; Zustimmung bestimmter Gesellschafter).[21]

8 Im Zweifel kann sich der Notar an den Vorgaben des § 130 AktG orientieren, etwa bei Widersprüchen, Verzichten auf die Rüge formeller Mängel oder Auskunftsverlangen (→ AktG § 130 Rn. 1 ff.). Auch können in die Niederschrift Vorgänge aufgenommen werden, die für die Beschlüsse der Gesellschafterversammlung und deren Wirksamkeit nicht unmittelbar von Bedeutung sind.[22] Dies steht im pflichtgemäßen Ermessen des Notars.[23]

9 **3. Anmeldung zum und Eintragung im Handelsregister.** Die Satzungsänderung ist gemäß § 54 zum Handelsregister anzumelden, und zwar von den Geschäftsführern in vertretungsberechtigter Zahl.[24] Erst mit der Eintragung in das Handelsregister entfaltet die Satzungsänderung bindende Wirkung (§ 54 Abs. 3). Die Anmeldung durch Prokuristen ist nur im Wege organschaftlicher („unechter") Gesamtvertretung zulässig.[25] Die Anmeldung von Satzungsänderungen betreffend das Stammkapital gemäß § 78 müssen durch alle Geschäftsführer gemeinsam erfolgen. Die Anmeldung kann, soweit mit ihr nicht zugleich strafbewehrte Erklärungen oder Versicherungen abgegeben werden (etwa bei einer Kapitalerhöhung), aufgrund einer Bevollmächtigung auch durch Dritte vorgenommen werden, beim beurkundenden Notar genügt eine Eigenurkunde nach § 378 Abs. 2 FamFG.[26] In der Liquidation sind Satzungsänderungen durch die Liquidatoren anzumelden.[27] In der Insolvenz bleibt die Geschäftsführung für die Anmeldung von Satzungsänderungen auch im Insolvenzverfahren zuständig, sofern diese nicht die Insolvenzmasse betreffen (etwa Änderungen der Firma, die vom Insolvenzverwalter anzumelden sind).[28], [29]

17 Enthaltungen sind keine Nein-Stimmen, sondern nicht abgegebene Stimmen, vgl. BGH DStR 1995, 1232 (1235).
18 Das Registergericht muss prüfen können, ob der Beschluss die erforderliche Mehrheit erhalten hat. Der Notar ist nicht zur Richtigkeitsprüfung im Wege einer eigenen Zählung verpflichtet.
19 Ist das Beschlussergebnis (dh Bejahung oder Ablehnung des Beschlussgegenstands) nicht festgestellt worden, darf der Notar nach hM hierüber keine eigene Feststellung treffen, vgl. Baumbach/Hueck/*Zöllner/Noack* § 53 Rn. 73.
20 Baumbach/Hopt/*Zöllner/Noack* § 53 Rn. 72.
21 Der Notar kann sich auf die Wiedergabe entsprechender Feststellungen in der Versammlung beschränken.
22 *Lerch* BeurkG § 37 Rn. 2.
23 Vgl. OLG Stuttgart Beschl. v. 3.12.2008 – 20 W 12/08, Rn. 220 (zur AG).
24 *Wicke* GmbHG § 54 Rn. 4; Habersack/Casper/Löbbe/*Ulmer/Casper* GmbHG § 54 Rn. 12.
25 Baumbach/Hueck/*Zöllner/Noack* GmbHG § 54 Rn. 2; *Krafka* RegisterR-HdB Rn. 1018.
26 Baumbach/Hueck/*Zöllner/Noack* GmbHG § 54 Rn. 3 mwN.
27 *Wicke* GmbHG § 54 Rn. 2; Baumbach/Hueck/*Zöllner/Noack* GmbHG § 54 Rn. 2.
28 LG Essen ZIP 2009, 1583.
29 Baumbach/Hueck/*Zöllner/Noack* GmbHG § 54 Rn. 2.

Soweit Satzungsbestandteile nach § 10 von der Satzungsänderung inhaltlich betroffen sind, sind diese in der Anmeldung schlagwortartig zu nennen,[30] im Übrigen genügt eine Bezugnahme auf den Gesellschafterbeschluss.[31] Der Anmeldung sind nach § 39a BeurkG iVm § 12 Abs. 2 HGB die elektronisch beglaubigte Abschrift des Gesellschafterbeschlusses und die – auch im Fall einer vollständigen Satzungsneufassung – geänderte Fassung des Gesellschaftsvertrages in vollem Wortlaut[32] nebst notarieller Bescheinigung nach § 54 Abs. 1 S. 2 beizufügen. Bestehen Zustimmungserfordernisse einzelner Gesellschafter, sind auch deren Zustimmungen zu übermitteln, sofern sich diese nicht bereits aus der notariellen Niederschrift ergeben.[33] 10

II. Satzungsänderung

Satzungsänderungen im Sinne des § 53 sind solche, die Bestandteile der Satzung – gleich ob obligatorisch oder fakultativ (→ § 2 Rn. 25 ff.) – ändern.[34] Auch soweit nicht körperschaftliche, sondern rein schuldrechtliche Satzungsbestandteile (→ § 2 Rn. 44 ff.) geändert oder rein redaktionelle Änderungen (→ § 15 Rn. 12) vorgenommen werden, findet § 53 Anwendung.[35] 11

1. Befristete/bedingte Satzungsänderung. Befristete Satzungsänderungen sind möglich und gelten nur in dem Zeitraum ab Eintragung bis Ablauf der Befristung.[36] Demgegenüber geht die herrschenden Meinung mit dem Argument der Rechtssicherheit von der Unzulässigkeit bedingter Satzungsänderungen aus.[37] Die Anweisung an den Geschäftsführer oder Notar, eine Satzungsänderung nur unter bestimmten Voraussetzungen oder in einer bestimmten Reihenfolge anzumelden, wird von der herrschenden Meinung für zulässig erachtet, sofern dem Geschäftsführer oder Notar kein Ermessen eingeräumt wird, da dies die Satzungsautonomie der Gesellschafter unterliefe.[38] Zwischen Beschlussfassung und Anmeldung darf nach wohl herrschende Lehre wegen des Verbots der Vorratsänderung nicht mehr als ein Jahr liegen.[39] 12

2. Redaktionelle Änderungen der Satzung. Redaktionelle Änderungen der Satzung können auf sprachlichen Korrekturen oder außerhalb der Satzung liegenden Änderungen beruhen, die den Satzungstext der Satzungsrealität anpassen. Mangels § 179 Abs. 1 S. 2 AktG entsprechenden Regelungen geht die herrschende Meinung davon aus, dass die Kompetenz zur Satzungsänderung zwingend bei der Gesellschafterversammlung liegt.[40] Das OLG München hat als 13

30 Scholz/*Priester* § 54 Rn. 11 mwN; ausführlich *Krafka* NZG 2019, 81.
31 *Krafka* RegisterR-HdB Rn. 1019 mit weiteren Einzelheiten.
32 *Wicke* GmbHG § 54 Rn. 5; Michalski/Heidinger/Leible/J.Schmidt/*Hoffmann* GmbHG § 54 Rn. 21.
33 MüKoGmbHG/*Harbarth* § 54 Rn. 41; *Wicke* GmbHG § 54 Rn. 5. Nach im Schrifttum teilweise vertretener Auffassung sind die Register befugt, Zustimmungserklärungen in Schriftform oder öffentlich beglaubigter Form zu verlangen, vgl. *Boor* RNotZ 2017, 65 (74).
34 Lutter/Hommelhoff/*Bayer* GmbHG § 53 Rn. 1.
35 Ausführlich dazu MüKoGmbHG/*Harbarth* § 53 Rn. 31 ff.; Heckschen/Heidinger/*Heckschen* Kap. 9 Rn. 3 ff.
36 Baumbach/Hueck/*Zöllner*/*Noack* § 53 Rn. 58.
37 MüKoGmbHG/*Harbarth* § 53 Rn. 168; aA *Wicke* GmbHG § 53 Rn. 9; differenzierend Scholz/*Priester* § 53 Rn. 185, der auf die Rechtsklarheit der Regelung und Nachweisbarkeit gegenüber dem Handelsregister abstellt.
38 Vgl. *Wicke* GmbHG § 53 Rn. 9.
39 *Wicke* GmbHG § 53 Rn. 9.
40 *Krafka* RegisterR-HdB Rn. 1011 f.; Lutter/Hommelhoff/*Bayer* GmbHG § 53 Rn. 35; aA MüKoGmbHG/*Harbarth* § 53 Rn. 56; Heckschen/Heidinger/*Heckschen* Kap. 9 Rn. 7 mwN.

Ausnahme hiervon eine Delegation im Rahmen eines genehmigten Kapitals zugelassen.[41]

14 **3. Satzungsdurchbrechung.** Satzungsdurchbrechungen sind Gesellschafterbeschlüsse, die Satzungsbestimmungen zuwiderlaufen.[42] Soll durch eine Satzungsdurchbrechung eine Satzungsbestimmung über den Einzelfall hinaus geändert werden, dh Dauerwirkung entfalten (sog. zustandsbegründende Satzungsdurchbrechungen), müssen diese im Wege einer formellen Satzungsänderung gemäß §§ 53, 54 erfolgen.[43] (Punktuelle) Satzungsdurchbrechungen, die sich in der Einzelmaßnahme erschöpfen, bedürfen zwar eines Beschlusses mit satzungsändernder Mehrheit, aber weder einer notariellen Beurkundung[44] noch einer Handelsregistereintragung.[45] Eine Beurkundung kann gleichwohl zweckmäßig sein, um die Satzungsdurchbrechung nicht der Anfechtbarkeit durch nicht zustimmende Gesellschafter auszusetzen.[46]

15 **4. Öffnungsklauseln.** Sieht die Satzung Öffnungsklauseln für bestimmte Regelungen vor, wonach diese durch Gesellschafterbeschluss abweichend geregelt werden können, muss die Form des § 53 nicht beachtet werden.[47] Die Öffnungsklausel selbst muss zulässig und ausreichend bestimmt sein und bedarf eines notariell beurkundeten Beschlusses mit satzungsändernder Mehrheit, in qualifizierten Fällen (→ Rn. 29) der Einstimmigkeit.

16 **5. Pflicht zur Satzungsänderung/Stimmbindungsverträge. a) Verpflichtung der Gesellschaft.** Die Geschäftsführer einer GmbH als deren gesetzliche Vertreter können nach allgemeiner Meinung eine Verpflichtung der Gesellschaft zur Satzungsänderung gegenüber Dritten wirksam nur auf Grundlage eines entsprechenden, konkreten Ermächtigungsbeschlusses der Gesellschafter mit satzungsändernder Mehrheit eingehen.[48] Ungeklärt ist, ob ein solcher Ermächtigungsbeschluss zum Schutz hinzutretender Gesellschafter der notariellen Form des § 53 BeurkG und/oder einer Handelsregistereintragung bedarf.[49] Die wohl herrschende Meinung verneint dies, da der notariellen Form bei Satzungsänderungsbeschlüssen lediglich Beweisfunktion zukomme und sich ein hinzutretender Dritter ohne Weiteres, und in der Praxis nicht unüblich, durch eine entsprechende vertragliche Garantie schützen könne.[50]

17 **b) Verpflichtung der Gesellschafter/Stimmbindungsverträge.** Gesellschafter einer GmbH können sich untereinander,[51] nach herrschender Meinung auch gegenüber Nichtgesellschaftern,[52] dazu verpflichten, ihr Stimmrecht in der Gesell-

41 OLG München DStR 2012, 370 zur Übertragung der Zuständigkeit auf den Geschäftsführer beim genehmigten Kapital.
42 DNotI-Report 01/2014, 1.
43 OLG Köln NZG 2019, 306; OLG Frankfurt NZG 2019, 307; vgl. auch BGH NJW 1993, 2246; *Wicke* GmbHG § 53 Rn. 19.
44 OLG Frankfurt NZG 2019, 307; vgl. DNotI-Report 2014, 1 (2) mwN.
45 Scholz/*Priester* GmbHG § 53 Rn. 30a.
46 Vgl. BGH NZG 2003, 127 (128); OLG Köln NZG 2019, 306; *Wicke* GmbHG § 53 Rn. 19.
47 BGH BeckRS 2019, 16054; Baumbach/Hueck/*Zöllner/Noack* GmbHG § 53 Rn. 27.
48 MüKoGmbHG/*Harbarth* § 53 Rn. 136; Michalski/Heidinger/Leible/J.Schmidt/*Hoffmann* GmbHG § 53 Rn. 49.
49 Befürwortend Lutter/Hommelhoff/*Bayer* GmbHG § 53 Rn. 40; Scholz/*Priester* GmbHG § 53 Rn. 35; *Hoene/Eickmann* GmbHR 2017, 854.
50 Vgl. MüKoGmbHG/*Harbarth* § 53 Rn. 137 mwN.
51 Baumbach/Hueck/*Zöllner/Noack* GmbHG § 47 Rn. 113; MüKoGmbHG/*Harbarth* § 53 Rn. 143.
52 So Baumbach/Hueck/*Zöllner/Noack* GmbHG § 47 Rn. 113; aA MüKoGmbHG/*Harbarth* § 53 Rn. 143.

schaft in einer bestimmten Weise auszuüben. Eine besondere Form ist für derartige Stimmbindungsverträge grundsätzlich nicht erforderlich,[53] nach Auffassung des OLG Köln[54] auch dann nicht, wenn sich eine Stimmbindung auf eine Satzungsänderung bezieht, da die Beweisfunktion des Abs. 2 nicht berührt werde.

6. Satzungsänderungen im Gründungsstadium. Zu den Besonderheiten bei Satzungsänderungen im Gründungsstadium siehe die Kommentierung zu § 2 (→ § 2 Rn. 66 f.). 18

III. Satzungsändernder Gesellschafterbeschluss

1. Zuständigkeit. Eine Satzungsänderung kann ausschließlich durch Gesellschafterbeschluss in der Gesellschafterversammlung herbeigeführt werden, eine Delegation auf andere Organe der GmbH oder Dritte ist grundsätzlich unzulässig.[55] Zusätzliche Zustimmungserfordernisse einzelner Gesellschafter können in der Satzung vorgesehen werden (→ Rn. 10). Analog § 179 Abs. 1 S. 2 AktG hat das OLG München eine Delegation der Satzungsänderungskompetenz für redaktionelle Änderungen im Rahmen des genehmigten Kapitals für zulässig erachtet (→ Rn. 13).[56] 19

2. Einberufung. Die Einberufung der Gesellschafterversammlung ist nach § 49 Abs. 1 durch jeden Geschäftsführer unabhängig von den Satzungsregelungen allein möglich.[57] Neben der Geschäftsführung können auch andere Organe einberufungsbefugt sein, insbesondere der mitbestimmte Aufsichtsrat gemäß § 52 Abs. 1 GmbHG iVm § 111 Abs. 3 AktG oder ein Beirat mit satzungsmäßigem Einberufungsrecht. Die Gesellschafter können die Gesellschafterversammlung grundsätzlich nur unter den Voraussetzungen des § 50 Abs. 3 einberufen, es sei denn, die Satzung sieht weitergehende Rechte vor.[58] 20

Zu laden sind alle Gesellschafter iSd § 16 Abs. 1 unter der letzten vom Gesellschafter mitgeteilten Postanschrift.[59] Rechtsnachfolger, insbesondere Erben, sind von der Gesellschaft nur als solche zu laden, wenn sie der Gesellschaft bekannt sind. Die Einberufung erfolgt vorbehaltlich anderer Regelungen in der Satzung[60] mittels Einschreiben (§ 51 Abs. 1 S. 1).[61] Die Ladung muss vom Einberufenden unterschrieben sein.[62] Die Ladungsfrist beträgt ebenfalls vorbehalt- 21

53 BGH ZIP 1983, 432 (433).
54 OLG Köln BeckRS 2003, 4618; zustimmend Baumbach/Hueck/*Zöllner/Noack* GmbHG § 47 Rn. 113; MüKoGmbHG/*Harbarth* § 53 Rn. 143; jeweils mit Nachweisen zur Gegenmeinung.
55 *Wicke* GmbHG § 53 Rn. 4; Scholz/*Priester* GmbHG § 53 Rn. 62.
56 OLG München NZG 2012, 426 (427).
57 BayObLG NZG 1999, 1063; *Wicke* GmbHG § 49 Rn. 2. Entscheidend ist, wer tatsächlich Geschäftsführer ist, nicht, wer als solcher im Handelsregister eingetragen ist (keine analoge Anwendung von § 121 Abs. 2 S. 2 AktG), vgl. BGH NJW 2017, 1471.
58 MüKoGmbHG/*Liebscher* § 49 Rn. 28; *Wicke* GmbHG § 49 Rn. 3.
59 Zur Problematik nicht erreichbarer Beteiligter *Lange* notar 2017, 28. Nach Auffassung des OLG Düsseldorf (NJW-RR 2018, 936) soll trotz ordnungsgemäßer Ladung an die letzte bekannte Adresse ein Einladungsmangel vorliegen, wenn bekannt ist, dass diese Ladung die Gesellschafter voraussichtlich nicht erreichen wird und eine Möglichkeit besteht, diese per E-Mail zu erreichen (ablehnend *Gerauer* NZG 2019, 137).
60 *Wicke* GmbHG § 51 Rn. 2, 10; Habersack/Casper/Löbbe/*Hüffer/Schürnbrand* GmbHG § 51 Rn. 4 f., 37.
61 Einwurf-Einschreiben genügt, vgl. BGH NZG 2016, 1417; *Lieder/Bialluch* NZG 2017, 9 (15).
62 BGH NZG 2006, 349 (350).

lich anderslautender Regelungen in der Satzung mindestens eine Woche (§ 51 Abs. 1 S. 2) und beginnt nach herrschender Meinung mit Ablauf des Tages, an dem die Ladung jedem Gesellschafter unter normalen Umständen erwartbar hätte zugehen sollen.[63] Die Postlaufzeit ist somit zur Einberufungsfrist hinzuzurechnen. Nicht abschließend geklärt ist, ob der Absender dabei grundsätzlich auf die von der Deutschen Post[64] angegebenen regulären Brieflaufzeiten vertrauen darf.[65] Soll beispielsweise eine Versammlung an einem Freitag stattfinden, und beträgt der Postlauf bei sämtlichen Gesellschaftern zwei Tage, so ist die Ladungsfrist eingehalten, wenn die Einladungen am Mittwoch der vorangegangenen Woche vor Briefkastenleerung bzw. Annahmeschluss aufgegeben wurden.

22 Die Ladung muss Versammlungszeitpunkt, Versammlungsort[66] und die Tagesordnung enthalten. Die Tagesordnung kann gemäß § 51 Abs. 4 bis zu drei Tage vor der Versammlung (vorbehaltlich anderslautender Satzungsregelungen ebenfalls durch eingeschriebenen Brief)[67] nachgereicht werden, wobei auch hier der Postlauf bei sämtlichen Gesellschaftern hinzuzurechnen ist (→ Rn. 21). Die Tagesordnung muss die Beschluss- und Beratungsgegenstände so genau bezeichnen, dass sich der Empfänger ein Bild machen kann, worum es geht,[68] wobei eine genaue Angabe der Beschlussanträge nicht erforderlich ist.[69] Die Ladung unter dem Tagesordnungspunkt „Verschiedenes" ist für eine Beschlussfassung nicht ausreichend.[70] Die Ladung muss bei einer Änderung des Gesellschaftsvertrags inhaltlich einen klaren Verweis auf die beabsichtigte Satzungsänderung enthalten und diese inhaltlich näher beschreiben, aber weder Wortlaut noch vollständigen Entwurf beinhalten.[71] Für die Gesellschafter muss deutlich erkennbar sein, welchen Regelungsgehalt die beabsichtigte Satzungsänderung hat, so dass sowohl die betreffende Regelung als auch der beabsichtigte Inhalt bzw. bei Kapitalmaßnahmen das Ausmaß zum Ausdruck kommen muss.[72]

23 Die nicht ordnungsgemäße Ladung eines Gesellschafters kann zur Nichtigkeit oder Anfechtbarkeit der in der Versammlung gefassten Beschlüsse führen,[73] es sei denn, dass ausgeschlossen werden kann, dass die Beschlussfassung durch den Fehler beeinflusst wurde.[74] Bei Vollversammlungen (Universalversammlungen) nach § 51 Abs. 3 können die Gesellschafter auf die Einhaltung von Form und Frist der Ladung verzichten, was ein ausdrückliches oder jedenfalls kon-

63 *Wicke* GmbHG § 51 Rn. 6 mit weiteren Einzelheiten.
64 Abrufbar unter www.deutschepost.de.
65 Dafür OLG München NJW-RR 2016, 555 (556); vgl. auch BGH NJW 2011, 458 (mit Bezug auf gerichtliche Fristen); dagegen OLG Jena NZG 2018, 992 (zweitägige Postlaufzeit im Inland unabhängig von Angabe der Deutschen Post).
66 Dieser bemisst sich an den Satzungsregelungen und befindet sich im Übrigen analog § 121 Abs. 5 S. 1 AktG am Sitz der Gesellschaft. Die Angabe des Versammlungsorts muss unter Angabe der genauen Adresse und der genauen Räumlichkeit erfolgen. Verfügt die Gesellschaft nicht über geeignete Räumlichkeiten, ist an einen den Gesellschaftern zumutbaren Ort zu laden. Einzelheiten bei Heckschen/Heidinger/*Heckschen* GmbH-Gestaltungspraxis Kap. 8 Rn. 46 f.
67 BGH NZG 2006, 349 (350).
68 OLG Düsseldorf NZG 2000, 1180 (1182).
69 OLG Düsseldorf GmbHR 2008, 262.
70 OLG München GmbHR 1994, 259.
71 OLG Stuttgart NZG 2000, 159.
72 *Wicke* GmbHG § 53 Rn. 6; Michalski/Heidinger/Leible/J.Schmidt/*Hoffmann* GmbHG § 53 Rn. 61.
73 BGH NJW 1962, 538; NZG 2005, 69; BeckRS 2019, 16054.
74 BGH NZG 2014, 621.

kludentes Einvernehmen sämtlicher Gesellschafter und nicht lediglich die Teilnahme an der Gesellschafterversammlung voraussetzt.[75]

3. **Vertretung.** Die Gesellschafter können sich bei der Ausübung ihres Stimmrechts vertreten lassen.[76] Allerdings kann die Satzung den Kreis der zulässigen Vertreter einschränken;[77] verbreitet ist dabei eine Beschränkung auf Mitgesellschafter oder Angehörige von Berufen mit Verschwiegenheitsverpflichtung. Die Stimmrechtsausübung durch einen Boten ist nur zulässig, wenn die Satzung dies gestattet.[78] Wird ein anderer Gesellschafter oder ein Dritter von mehreren Gesellschaftern bevollmächtigt, muss dieser bei Grundlagenbeschlüssen[79] (insbesondere Satzungsänderungen) von den Beschränkungen des § 181 BGB befreit werden.[80] Eltern, die neben ihren Kindern Gesellschafter derselben Gesellschaft sind, können ihre minderjährigen Kinder nicht vertreten; es bedarf der Bestellung eines Ergänzungspflegers.[81] 24

Für die Form der Vollmacht ist in § 47 Abs. 3 dispositiv[82] Textform (§ 126b BGB) vorgeschrieben; dies gilt auch bei satzungsändernden Beschlüssen.[83] Die Textform ist nicht Wirksamkeitsvoraussetzung, sondern Legitimationsnachweis.[84] Der Textform bedarf es nicht, wenn die Vollmacht sämtlichen Gesellschaftern bekannt ist und kein Widerspruch erhoben wird.[85] Auch eine nachträgliche Genehmigung eines Vertreters ohne Vertretungsmacht in Textform ist bei Vorliegen der Voraussetzungen des § 180 S. 2 BGB möglich (auch bei der Einpersonen-GmbH),[86] die aber keine Rückwirkung entfaltet.[87] 25

Erfolgt die Niederschrift des Satzungsänderungsbeschlusses als Tatsachenprotokoll gemäß §§ 36, 37 BeurkG, erfolgt keine Prüfung der Vertretungsverhältnisse und keine Beifügung von Vollmachten zur Niederschrift durch den Notar, der dann allein die diesbezüglichen in der Versammlung getroffenen Feststellungen wiedergibt. Im Fall einer Beurkundung nach §§ 6 ff. BeurkG ist der Notar gemäß §§ 12, 17 BeurkG zu einer umfassenden Prüfung der Vertretung verpflichtet, bei juristischen Personen ggf. mit Existenz- und Vertretungsbescheinigung, soweit sich der Notar nicht durch Registereinsicht von der ordnungsgemäßen Existenz und Vertretung überzeugen kann (ausführlich → § 15 Rn. 42 f.). 26

---

75 BGH NZG 2009, 385; Heckschen/Heidinger/*Heckschen* GmbH-Gestaltungspraxis Kap. 8 Rn. 50 f.
76 *Wicke* GmbHG § 53 Rn. 5; Michalski/Heidinger/Leible/J.Schmidt/*Hoffmann* GmbHG § 53 Rn. 62 f.
77 RGZ 80, 385 (388); OLG Brandenburg GmbHR 1998, 1037 (1038).
78 *Wicke* GmbHG § 47 Rn. 9.
79 Heckschen/Heidinger/*Heckschen* GmbH-Gestaltungspraxis Kap. 8 Rn. 147; MüKoGmbHG/*Harbarth* § 53 Rn. 63.
80 BGH NJW 1989, 168 (169); *Wicke* GmbHG § 53 Rn. 5; Habersack/Casper/Löbbe/*Ulmer*/*Casper* GmbHG § 53 Rn. 64 f.
81 Baumbach/Hueck/*Zöllner*/*Noack* GmbHG § 53 Rn. 81; MüKoGmbHG/*Harbarth* § 53 Rn. 84; *Wicke* GmbHG § 53 Rn. 5.
82 Heckschen/Heidinger/*Heckschen* GmbH-Gestaltungspraxis Kap. 4 Rn. 336. Die Satzung kann daher auch formlose, schriftliche oder beglaubigte Vollmachten vorschreiben.
83 *Schulte* GmbHR 2020, 689 (690).
84 BGH NJW 1968, 743 (745).
85 BGH NJW 1968, 743 (745); KG NZG 2000, 787 (788); *Wicke* GmbHG § 47 Rn. 9.
86 OLG München BB 2010, 2787; OLG Frankfurt NZG 2003, 415; OLG Celle NZG 2007, 391.
87 OLG Celle NZG 2007, 391.

27 **4. Mehrheitserfordernis. a) Dreiviertel-Stimmenmehrheit.** Grundsätzlich ist für eine Satzungsänderung die Mehrheit von drei Vierteln der abgegebenen Stimmen erforderlich. Gesetzliche Anforderungen an die Präsenz der Gesellschafter oder an die Kapitalquote bestehen nicht,[88] können in der Satzung aber vorgesehen werden.[89] Die Stimmen der Gesellschafter spiegeln vorbehaltlich anderer Satzungsregelungen ihre jeweilige Kapitalbeteiligung.[90] Die Mehrheit ist an der Zahl der wirksam in der Versammlung abgegebenen Stimmen zu messen, wobei Enthaltungen nicht als abgegebene Stimmen zählen.[91] Auch insoweit sind gegenteilige Satzungsbestimmungen vorrangig.

28 Gesetzlich nicht erforderlich, praktisch dennoch ratsam ist bei einem größeren Gesellschafterkreis bzw. wenn einstimmige Beschlüsse nicht zwingend zu erwarten sind die Leitung der Gesellschafterversammlung durch einen Versammlungsleiter.[92] Sofern die Satzung keine Bestimmungen über einen Versammlungsleiter enthält, kann dieser nach herrschender Meinung mit einfacher Mehrheit gemäß § 47 Abs. 1 gewählt werden.[93] In der Praxis ist es empfehlenswert, den Versammlungsleiter und dessen Feststellungskompetenz in der Satzung zu bestimmen.[94] Dies deshalb, weil diesem nach allgemeiner Meinung dann qua Amtes eine Beschlussfeststellungskompetenz zukommt:[95] Stellt der Versammlungsleiter die Gesellschafterbeschlüsse fest, sind diese für das Registergericht vorläufig verbindlich.[96] Ob dies auch bei einem ohne Satzungsgrundlage gewählten Versammlungsleiter der Fall, ist umstritten.[97] Dem durch einen Versammlungsleiter festgestellten Beschluss steht nach der Rechtsprechung die notarielle Beurkundung gemäß §§ 6 ff. BeurkG gleich.[98]

29 **b) Qualifizierte Mehrheit.** Für Satzungsänderungen nach Abs. 3 und weitere Fälle der qualifizierten Satzungsänderung ist daneben eine Zustimmung sämtlicher Gesellschafter bzw. jedenfalls der betroffenen Gesellschafter erforderlich. Sind in der Satzung einzelnen Gesellschaftern Sonderrechte eingeräumt, können diese nach § 35 BGB nur mit Zustimmung der betroffenen Gesellschafter aufgehoben werden; dies gilt auch für das Erfordernis der Zustimmung aller Gesellschafter. Bestehen dingliche Rechte Dritter an dem Geschäftsanteil, müssen diese nach herrschender Meinung ebenfalls zustimmen, sofern das dingliche Recht durch die Satzungsänderung betroffen ist.[99]

30 **aa) Mehrleistungen.** Die Erweiterung von Pflichten der Gesellschafter kann nach Abs. 3 nur unter Zustimmung der betroffenen Gesellschafter erfolgen. Der Begriff der Mehrleistung ist teleologisch weit auszulegen, da die Haftung der Gesellschafter in der GmbH gerade beschränkt sein soll. In Betracht kommen

88 Baumbach/Hueck/*Zöllner*/*Noack* GmbHG § 53 Rn. 61; *Wicke* GmbHG § 53 Rn. 8.
89 Baumbach/Hueck/*Zöllner*/*Noack* GmbHG § 53 Rn. 63; *Wicke* GmbHG § 53 Rn. 8.
90 *Krafka* RegisterR-HdB Rn. 1012.
91 BGH DStR 1995, 1232 (1235).
92 *Lange* NJW 2015, 3190; *Wertenbruch* GmbHR 2020, 875.
93 *Wertenbruch* GmbHR 2020, 875.
94 *Lange* NJW 2015, 3190 (3191).
95 *Lange* NJW 2015, 3190 (3193); Heckschen/Heidinger/*Heckschen* GmbH-Gestaltungspraxis Kap. 8 Rn. 197; **aA.**
96 *Krafka* RegisterR-HdB Rn. 1027.
97 Bejahend *Wertenbruch* GmbHR 2020, 875; ablehnend etwa KG NZG 2016, 384 (385) unter Verweis auf die fehlende Regelung der Versammlungsleitung im GmbHG entsprechend § 130 AktG.
98 BayObLGZ 1991, 371; *Krafka* RegisterR-HdB Rn. 1027.
99 *Wicke* GmbHG § 53 Rn. 18 mwN; aA Scholz/*Priester* GmbHG § 53 Rn. 99.

daher Mehrleistungen verschiedener Art (Zahlungs-, Leistungs- und Unterlassungspflichten)[100] und verschiedenen Umfangs, die Haupt- und Nebenpflichten betreffen können. Dies betrifft insbesondere Nachschusspflichten, verkürzte Zahlungsfristen, Einschränkung der Teilbarkeit der Geschäftsanteile, Änderung der Gewinnverteilung und die Einziehung von Geschäftsanteilen.[101]

bb) Entzug von Sonderrechten. Sollen in der Satzung verankerte (korporative) Sonderrechte einzelner Gesellschafter aufgehoben werden, ist dies nur mit der Zustimmung der betroffenen Gesellschafter möglich (§ 35 BGB).[102] Dasselbe gilt spiegelbildlich, wenn lediglich ein Teil der Gesellschafter begünstigt wird, etwa durch Veränderung des Gewinnbezugsrechts oder der Liquidationsquote.[103] 31

cc) Gesellschaftszweck. Vom Gegenstand des Unternehmens zu unterscheiden ist der Zweck der Gesellschaft, der nach herrschender Meinung analog § 33 Abs. 1 S. 2 BGB und damit abweichend von Abs. 2 S. 1 nur unter Zustimmung sämtlicher Gesellschafter geändert werden kann (→ § 2 Rn. 29).[104] 32

dd) Vinkulierung (§ 15 Abs. 5). Sollen Geschäftsanteile nachträglich vinkuliert werden, bedarf dies analog § 180 Abs. 2 AktG der Zustimmung sämtlicher betroffener Gesellschafter (→ § 15 Rn. 63 f.). 33

ee) Schiedsklausel. Die nachträgliche Aufnahme von Schiedsklauseln bedarf der Zustimmung aller Gesellschafter (→ § 2 Rn. 40).[105] 34

5. Aufhebung. Die Aufhebung eines Satzungsänderungsbeschlusses ist – vor dessen Eintragung in das Handelsregister – nach herrschender Meinung mit einfacher Mehrheit möglich und bedarf nicht der Form des Abs. 2, wobei jedoch teilweise empfohlen wird, dass dieser hinsichtlich der Mehrheitserfordernisse sicherheitshalber den gleichen Anforderungen genügen sollte wie der aufzuhebende Beschluss.[106] 35

IV. Einzelne Regelungsgegenstände von Satzungsänderungen

1. Änderung des Sitzes der Gesellschaft. Eine GmbH kann ihren Satzungssitz innerhalb Deutschlands durch satzungsändernden Beschluss verlegen. Eine Sitzverlegung in der Insolvenz oder nach Auflösungsbeschluss zum Zwecke der Liquidation ist nur zulässig, wenn die Sitzverlegung dem Zweck der Auflösung nicht widerspricht.[107] Die Verlegung des Satzungssitzes ins Ausland mit einhergehendem Rechtsformwechsel ist vom OLG Frankfurt[108] in Anlehnung an die Rechtsprechung des EuGH[109] für zulässig erklärt worden. Die Einzelheiten sind bisher in weiten Teilen unklar, hinsichtlich zahlreicher Einzelfragen umstritten 36

100 MünchHdB Ges III/*Marquardt* § 22 Rn. 39.
101 Würzburger NotarHdB/*Wilke* Teil 5 Kap. 3 Rn. 149 mwN.
102 *Wicke* GmbHG § 53 Rn. 16; Habersack/Casper/Löbbe/*Ulmer/Casper* GmbHG § 53 Rn. 136.
103 *Wicke* GmbHG § 53 Rn. 17; Habersack/Casper/Löbbe/*Ulmer/Casper* GmbHG § 53 Rn. 135.
104 *Wicke* GmbHG § 1 Rn. 2; Baumbach/Hueck/*Zöllner/Noack* GmbHG § 53 Rn. 29 mwN; MüKoGmbHG/*Fleischer* § 1 Rn. 15 mwN und der Nennung von Ausnahmen; aA Heckschen/Heidinger/*Heckschen* GmbH-Gestaltungspraxis Kap. 9 Rn. 91.
105 Michalski/Heidinger/Leible/J.Schmidt/*Lieder* GmbHG § 13 Rn. 78.
106 BeckNotar-HdB/*Mayer/Weiler* Kap. D.I GmbH 3. Teil V, Rn. 337.
107 Vgl. KG DB 2018, 2238 (zur Liquidation); KG RNotZ 2011, 562 (zur Insolvenz).
108 OLG Frankfurt DNotZ 2017, 381.
109 Zuletzt EuGH NZG 2017, 1308.

und werden registerrechtlich nicht einheitlich gehandhabt.[110] Der umgekehrte Fall der Verlegung des Satzungssitzes einer ausländischen Gesellschaft nach Deutschland ist als Errichtung einer (deutschen) GmbH im Wege des Rechtsformwechsels zu qualifizieren. Nach wohl überwiegender, allerdings umstrittener Ansicht bedarf dies der Beurkundung (auch) durch einen deutschen Notar (→ § 2 Rn. 60 f.).

37 **2. Änderung des Geschäftsjahres.** Ist im Handelsregister keine Regelung bezüglich des Geschäftsjahres vorhanden, gilt das Kalenderjahr als Geschäftsjahr.[111] Die Änderung des Geschäftsjahres erfordert eine Satzungsänderung und Eintragung im Handelsregister.[112] Abzustellen ist mit der ganz herrschenden Meinung aus Verkehrsschutzgründen ausschließlich auf die Eintragung und nicht auf den Zeitpunkt des Beschlusses oder der Antragstellung beim Registergericht.[113] Für die Änderung des Geschäftsjahres auf einen vom Kalenderjahr abweichenden Zeitraum ist aufgrund der § 4a Abs. 1 Nr. 2 S. 2 EStG, § 7 Abs. 4 S. 3 KStG das Einvernehmen des Finanzamtes einzuholen; ohne ein solches bleibt die Satzungsänderung zwar formal wirksam, entfaltet aber keine steuerlichen Wirkungen. Die Bildung zweier aufeinander folgender Rumpfgeschäftsjahre ist grundsätzlich unzulässig.[114]

38 **3. Satzungsregelungen zu Gründungsaufwand/Sacheinlagen/Übernahmeerklärungen.** Soweit Satzungsregelungen zum Gründungsaufwand gestrichen werden sollen (→ § 2 Rn. 41 ff.),[115] ist jedenfalls die vom OLG München vertretene Frist von fünf Jahren[116] zur Streichung entsprechender Bestimmungen zu beachten, entgegen der Auffassung des OLG Oldenburg (30 Jahre)[117] und des OLG Celle (jedenfalls zehn Jahre).[118] Für Sacheinlagen ist die Frist ebenfalls umstritten und wird in Analogie zu den Verjährungsfristen nach § 9 Abs. 2 überwiegend auf zehn,[119] teilweise analog §§ 26 Abs. 5, 27 Abs. 5 AktG auf 30 Jahre bestimmt.[120] Die Gründungsregelungen bezüglich Zahl und Nennbeträgen der Geschäftsanteile, die von den Gesellschaftern übernommen werden (§ 3 Abs. 1 Nr. 4), unterliegen keiner Frist und können unmittelbar nach Eintragung der Gesellschaft im Wege der Satzungsänderung entfernt werden.[121]

110 Einzelheiten nebst Prüfschema bei *Heckschen/Strnad* notar 2018, 83 (86 f.).
111 Rowedder/Schmidt-Leithoff/*Schnorbus* GmbHG § 53 Rn. 31.
112 Wie hier Scholz/*Priester* GmbHG § 53 Rn. 139 mwN.
113 Vgl. Scholz/*Priester* GmbHG § 54 Rn. 55 mwN.
114 DNotI-Report 2018, 68.
115 Statt vieler Scholz/*Priester* GmbHG § 53 Rn. 21 ff. mwN.
116 OLG München NZG 2010, 1302; MüKoGmbHG/*Harbarth* § 53 Rn. 199, der dies mit einer Analogie zu § 26 Abs. 4 AktG im Gegensatz zu einer Analogie zu § 26 Abs. 5 AktG begründet. Ebenso für eine fünfjährige Frist Habersack/Casper/Löbbe/*Ulmer/Casper* GmbHG § 5 Rn. 208; *Wachter* NZG 2010, 734 (737).
117 OLG Oldenburg NZG 2016, 1265, das einen Rückgriff auf Verjährungsvorschriften nicht für geboten hält.
118 OLG Celle NZG 2018, 308, das mindestens zehn Jahre als Frist annimmt und explizit auf die seit LG Berlin GmbHR 1993, 590 von fünf auf zehn Jahre verlängerte Verjährungsfrist des § 9 Abs. 2 AktG aF abstellt. Ebenso für zehnjährige Frist Scholz/*Veil* § 5 Rn. 112; Henssler/Strohn/*Schäfer* GmbHG § 5 Rn. 29; Baumbach/Hueck/*Fastrich* § 5 Rn. 57; Rowedder/Schmidt-Leithoff/*C. Schmidt-Leithoff* GmbHG § 5 Rn. 70; *Gerber* GmbHR 2010, 589 (591).
119 Scholz/*Priester* GmbHG § 53 Rn. 24; Habersack/Casper/Löbbe/*Ulmer/Casper* GmbHG § 5 Rn. 139.
120 LG Hamburg GmbHR 1968, 207.
121 Baumbach/Hueck/*Zöllner/Noack* GmbHG § 3 Rn. 18; Habersack/Casper/Löbbe/*Ulmer/Löbbe* GmbHG § 3 Rn. 32.

4. Auflösung der Gesellschaft. Der Beschluss, die Gesellschaft aufzulösen, ist grundsätzlich keine Satzungsänderung, wird aber zu einer solchen, wenn die Gesellschaft per Satzungsbestimmung auf Zeit errichtet wurde.[122] Ist die Gesellschaft als unauflöslich errichtet, bedarf es einer Zustimmung sämtlicher Gesellschafter, auch wenn es sich um keine Satzungsänderung handelt.[123] 39

5. Weitere Regelungsgegenstände einer Satzungsänderung. Für weitere Regelungsgegenstände von Satzungsänderungen → § 2 Rn. 33 ff.). 40

V. Kosten

Für das Beurkundungsverfahren im Zusammenhang mit einer Satzungsänderung fällt eine 2,0 Gebühr nach KV Nr. 21100 GNotKG an, und zwar unabhängig davon, ob es sich um eine Einpersonen- oder um eine Mehrpersonen-GmbH handelt. Bisweilen wird daneben eine Gebühr nach Nr KV. 24203 GNotKG anfallen für eine Beratung bei der Vorbereitung oder Durchführung der Gesellschafterversammlung, die je nach Umfang zwischen 0,5–2,0 liegt. Ggf. ist eine Auswärtsgebühr in Ansatz zu bringen (KV Nr. 26002 GNotKG). Bei Beurkundung in fremder Sprache entsteht nach KV Nr. 26001 GNotKG eine zusätzliche Gebühr in Höhe von 30 % der Gebühr des Beurkundungsverfahrens, maximal 5.000 EUR. 41

Unabhängig davon, ob einzelne Regelungen des Gesellschaftsvertrags geändert werden oder eine vollständige Neufassung erfolgt, handelt es sich um einen einheitlichen Beschluss, dessen Geschäftswert nach § 108 Abs. 1 iVm § 105 Abs. 4 GNotKG mit 1 % des Stammkapitals anzusetzen ist. Sofern gleichzeitig eine Änderung des Stammkapitals beschlossen wird, handelt es sich hierbei hingegen um einen gegenstandsverschiedenen Beschluss. Dieser ist mit dem Erhöhungsbetrag zu bewerten (§ 105 Abs. 1 Nr. 3 GNotkG), wozu ein etwaiges Aufgeld und auch eine Leistung in die freie Kapitalrücklage hinzuzurechnen ist.[124] Der Geschäftswert beträgt stets mindestens 30.000 EUR (§ 108 Abs. 2 S. 2, 105 Abs. 1 S. 2 GNotKG) und höchstens 5 Mio. EUR (§ 108 Abs. 5 GNotKG).[125] Hinzu kommt eine 0,5 Gebühr nach KV Nr. 24102, 21201 GNotKG (bei Eigenurkunde nach Nr. 25204 KV GNotKG) für die Handelsregisteranmeldung[126] zuzüglich einer 0,2 Gebühr für die XML-Strukturierung nach KV Nr. 22114 GNotKG; die Fertigung der neuen Satzung mit Bescheinigung ist gebührenfrei. Der Geschäftswert der Registeranmeldung entspricht regelmäßig dem des Beschlusses, höchstens aber 1 Mio. EUR (§ 105 GNotKG). 42

VI. Satzungsänderungen einer im vereinfachten Verfahren gegründeten GmbH/UG (haftungsbeschränkt)

1. Besonderheiten. Sofern die Gründung im vereinfachten Verfahren erfolgt, unterliegt das Musterprotokoll hinsichtlich der Änderung einzelner Bestimmun- 43

---

122 Baumbach/Hueck/*Haas* GmbHG § 60 Rn. 18.
123 Baumbach/Hueck/*Haas* GmbHG § 60 Rn. 18 mwN; Michalski/Heidinger/Leible/J.Schmidt/*Nerlich* GmbHG § 60 Rn. 37.
124 OLG München NZG 2018, 429; WürzbNotar-HdB/*Wilke* Teil 5 Kap. 3 Rn. 143.
125 *Tiedtke* Streifzug durch das GNotKG Rn. 1389 f.
126 Wird die Satzung gleichzeitig in mehreren Punkten geändert und werden diese Änderungen zur Eintragung angemeldet, liegt nur eine Anmeldung vor, und zwar nach hM auch dann, wenn verschiedene Tatbestände des § 10 GmbHG betroffen sind, vgl. OLG Hamm FGPrax 2017, 138; aA *Tiedtke* Streifzug durch das GNotKG Rn. 1432. Bei einer gleichzeitig angemeldeten Änderung des Stammkapitals handelt es sich stets um mehrere Gegenstände, ausführlich BeckOK KostR/*Bachmayer* § 111 GNotkG Rn. 31 ff.

gen inhaltlich keinen Sonderregelungen. Privilegierungen ergeben sich lediglich bzgl. der Kosten (→ Rn. 46). Nicht abschließend geklärt ist, wie die Änderung des Musterprotokolls vorzunehmen ist. Nach Auffassung des OLG Karlsruhe ist eine solche nicht durch eine bloße Änderung des Gründungsprotokolls im Hinblick auf den durch Beschluss geänderten Inhalt, sondern ggf. auch durch textliche Anpassung vorzunehmen, da andernfalls eine sachlich unzutreffende Aussage getätigt würde.[127]

44 Bei einer nach Musterprotokoll gegründeten Gesellschaft stellt sich regelmäßig die Frage nach der Abberufung des Geschäftsführers oder der Änderung seiner Vertretungsmacht, da nach Nr. 4 der Musterprotokolle als Geschäftsführer nur eine einzige (natürliche) Person bestellt werden kann, welche zwingend von den Beschränkungen des § 181 BGB befreit ist. Die dogmatische Einordnung dieser Bestellung ist unklar, was zu praktischen Problemen hinsichtlich ihrer Abänderbarkeit führt.[128] Die wohl herrschende Meinung ordnet sie als unechten Satzungsbestandteil ein,[129] der nur die Vertretungsmacht des ersten bestellten Geschäftsführers zum Inhalt hat.[130] Nach Auffassung des OLG Nürnberg erlischt diese Befreiung, wenn ein zweiter Geschäftsführer bestellt wird.[131]

45 Ist eine inhaltlich andere oder weitergehende Regelung als im Musterprotokoll beabsichtigt, ist die Erstellung einer individuellen Satzung schon für die Errichtung der UG zu empfehlen. Die Erstellung einer individuellen Satzung ist kostengünstiger als die Verwendung des Musterprotokolls mit einer anschließenden Satzungsänderung.[132]

46 **2. Kostenprivileg.** Satzungsänderungen von Musterprotokollen können nach § 105 Abs. 6 S. 1 Nr. 2 GNotKG kostenrechtlich privilegiert sein.[133] Der Geschäftswert beträgt dann 1 % des Stammkapitals, höchstens 5 Mio. EUR. Voraussetzung dafür ist, dass die mit der Satzungsänderung getroffene Regelung bereits im Musterprotokoll bei Errichtung der Gesellschaft durch diese hätte getroffen werden können.[134] Vom Musterprotokoll abweichende, dh nach diesem nicht zulässige Inhalte sind von der Kostenprivilegierung nicht erfasst.

VII. Unternehmensverträge

47 Die Zulässigkeit von Unternehmensverträgen bei GmbHs ist trotz fehlender gesetzlicher Regelung allgemein anerkannt.[135] Bei einem Unternehmensvertrag handelt es sich nach der Definition des BGH um einen „gesellschaftsrechtlichen Organisationsvertrag, der satzungsgleich den rechtlichen Status der Gesellschaft ändert".[136] Vor diesem Hintergrund sind bei einer GmbH als Organgesellschaft eines Unternehmensvertrags die Regelungen der §§ 53 ff. unmittelbar anwend-

127 OLG Karlsruhe RNotZ 2018, 497; aA WürzbNotar-HdB/*Wilke* Teil 5 Kap. 3 Rn. 145.
128 Ausführlich Heckschen/Heidinger/*Heidinger/Knaier* GmbH-Gestaltungspraxis Kap. 2 Rn. 178 ff.
129 Heckschen/Heidinger/*Heidinger/Knaier* GmbH-Gestaltungspraxis Kap. 2 Rn. 184 mwN; Michalski/Heidinger/Leible/J.Schmidt/*J. Schmidt* GmbHG § 2 Rn. 113.
130 Heckschen/Heidinger/*Heidinger/Knaier* GmbH-Gestaltungspraxis Kap. 2 Rn. 186 f. mwN.
131 OLG Nürnberg NZG 2016, 153; aA WürzbNotar-HdB/*Wilke* Teil 5 Kap. 3 Rn. 147.
132 Heckschen/Heidinger/*Heckschen/Strnad* Kap. 5 Rn. 40.
133 OLG Karlsruhe GmbHR 2018, 642 (643); MüKoGmbHG/*Heinze* § 2 Rn. 226.
134 *Wicke* GmbHG § 2 Rn. 19.
135 MüKoGmbHG/*Harbarth* § 53 Rn. 145; Habersack/Casper/Löbbe/*Ulmer/Casper* GmbHG § 53 Rn. 152.
136 BGH NJW 1988, 1326.

bar.[137] Die in der Praxis am häufigsten anzutreffenden Unternehmensverträge sind die häufig steuerlich motivierten Beherrschungs- und/oder Gewinnabführungsverträge.

1. Abschluss eines Unternehmensvertrags. a) Abschluss durch die beteiligten Unternehmen. Der Unternehmensvertrag ist jeweils von den organschaftlichen Vertretern der beteiligten Unternehmen in vertretungsberechtigter Zahl abzuschließen. Stellvertretung ist möglich; § 181 BGB ist zu beachten (→ § 15 Rn. 43).[138] Da es sich bei einem Unternehmensvertrag um ein Grundlagengeschäft der Unternehmen handelt, ist eine Unterzeichnung durch Prokuristen nur im Rahmen der organschaftlichen („unechten") Gesamtvertretung ausreichend.[139] Für den Unternehmensvertrag ist Schriftform erforderlich.[140] Der Unternehmensvertrag ist gemäß § 15 Abs. 4 notariell zu beurkunden, wenn er Umtausch- und Abfindungsangebote zugunsten außenstehender Gesellschafter mit GmbH-Anteilen vorsieht.[141] 48

b) Anforderungen betreffend die Zustimmung auf Seiten einer GmbH als Organgesellschaft. Zu seiner Wirksamkeit bedarf ein Unternehmensvertrag gemäß Abs. 2 S. 1 der Zustimmung der Gesellschafterversammlung der GmbH als Organgesellschaft mit einer Mehrheit von mindestens drei Vierteln der abgegebenen Stimmen, die notariell zu beurkunden ist.[142] Der Organträger ist stimmberechtigt; § 47 Abs. 4 S. 2 findet keine Anwendung.[143] Der Unternehmensvertrag ist dem Zustimmungsbeschluss beizufügen, wobei eine unechte Bezugnahme zu Beweiszwecken genügt und ein Verlesen nicht erforderlich ist.[144] Nach ganz herrschender Meinung[145] ist wegen der Eingriffsintensität von Unternehmensverträgen zudem die Zustimmung jedes Gesellschafters erforderlich; für diese ist grundsätzlich Textform ausreichend.[146] Aufgrund des Einstimmigkeitsprinzips sind die §§ 304, 305 AktG[147] einerseits und die §§ 293a ff. AktG andererseits nach ganz herrschender Meinung nicht auf eine GmbH als Organgesellschaft anwendbar.[148] 49

c) Anforderungen betreffend die Zustimmung auf Seiten des Organträgers. Obwohl der Abschluss eines Unternehmensvertrags auf Seiten des Organträgers 50

137 Teilgewinnabführungsverträge mit einer GmbH unterliegen nach BGH NZG 2019, 1149 nicht den §§ 53 ff. GmbHG, wenn diese keine „satzungsüberlagernde Wirkung" haben. Das ist jedenfalls der Fall, so lange nicht der überwiegende Teil des Gewinns abgeführt wird.
138 *Hermanns* RNotZ 2015, 632 (633).
139 *Hermanns* RNotZ 2015, 632.
140 DNotI-Gutachten Nr. 147267; Habersack/Casper/Löbbe/*Casper* GmbHG Anhang nach § 77 Rn. 203.
141 DNotI-Gutachten Nr. 147267.
142 MüKoGmbHG/*Harbarth* § 53 Rn. 149.
143 BGH NJW 1989, 295 (297); Ulmer/Habersack/Löbbe/*Ulmer*/*Casper* GmbHG § 53 Rn. 157.
144 *Göhmann*/*Winnen* RNotZ 2015, 53 (55).
145 DNotI-Report 2017, 115.
146 MüKoGmbHG/*Harbarth* § 53 Rn. 66. Die Handelsregister sind nach teilweise im Schrifttum vertretener Auffassung allerdings befugt, Zustimmungserklärungen in Schriftform oder öffentlich beglaubigter Form zu verlangen, vgl. *Boor* RNotZ 2017, 65 (74).
147 Die §§ 304, 305 AktG sollen aber anwendbar sein, wenn satzungsmäßig eine qualifizierte Mehrheit für den Zustimmungsbeschluss ausreicht, ausführlich DNotI-Report 2017, 115.
148 DNotI-Report 2017, 115; Habersack/Casper/Löbbe/*Casper* Anhang nach § 77 Rn. 206.

keine Satzungsänderung darstellt,[149] ist nach Auffassung des BGH aufgrund der für den Organträger mit dem Abschluss eines Unternehmensvertrags verbundenen Risiken ein diesbezüglicher Zustimmungsbeschluss der Gesellschafter des Organträgers erforderlich.[150] Für diesen Zustimmungsbeschluss ist die Schriftform ausreichend; eine notarielle Beurkundung ist nicht erforderlich, sofern es sich bei dem Organträger nicht um eine AG oder KGaA handelt (§ 130 Abs. 1 AktG).[151] Dem Zustimmungsbeschluss ist eine Abschrift des Vertrags beizufügen zum Nachweis, dass der Vertragstext mit dem Gegenstand der Zustimmung übereinstimmt.[152] Die Mehrheitserfordernisse sind von der Rechtsform des Organträgers abhängig, wobei bei einer AG oder KGaA eine Mehrheit von drei Vierteln des vertretenen Kapitals (§ 293 Abs. 2 S. 2 AktG) und bei einer GmbH von drei Vierteln der abgegebenen Stimmen erforderlich ist[153] und bei Personengesellschaften regelmäßig die Zustimmung sämtlicher Gesellschafter erforderlich sein soll.[154] Soweit auf Seiten des Organträgers Verzichte nach §§ 293a Abs. 3 bzw. 293b Abs. 2 AktG erklärt werden, muss dies in öffentlich beglaubigter Form erfolgen. §§ 293a, 293b AktG gelten für den Organträger, wenn dieser eine AG oder KGaA ist, nach wohl herrschender Meinung analog auch für Unternehmen jeder Rechtsform, die als Organträger einen Unternehmensvertrag mit einer AG oder KGaA als Organgesellschaft schließen.[155]

51 d) **Eintragung im Handelsregister.** Als Satzungsänderung ist der Abschluss eines Unternehmensvertrags gemäß § 54 Abs. 3 erst mit Eintragung im Handelsregister der GmbH als Organgesellschaft wirksam.[156] Die Anmeldung kann von den organschaftlichen Vertretern oder dem den Zustimmungsbeschluss beurkundenden Notar gemäß § 378 Abs. 2 FamFG vorgenommen werden.[157] Der Anmeldung sind dabei neben dem Unternehmensvertrag die Zustimmungsbeschlüsse der Organgesellschaft sowie des Organträgers und ggf. Zustimmungserklärungen von weiteren Gesellschaftern beizufügen,[158] soweit sich diese nicht bereits aus den Zustimmungsbeschlüssen ergeben. Bei dem Organträger bedarf es keiner Anmeldung und Eintragung in das Handelsregister.[159]

52 **2. Änderung eines Unternehmensvertrags.** Bei einer Änderung eines Unternehmensvertrags sind nach allgemeiner Meinung dieselben Voraussetzungen zu erfüllen wie bei dessen Abschluss.[160] Anders als eine Aufhebung können Änderungen eines Unternehmensvertrags auch unterjährig vorgenommen werden.[161]

53 **3. Beendigung eines Unternehmensvertrags.** Die Beendigung eines Unternehmensvertrags kann im Wege der Kündigung von einem der beiden beteiligten Unternehmen oder durch einvernehmliche Aufhebung erfolgen, wofür jeweils die Schriftform und Unterzeichnung durch die organschaftlichen Vertreter erforderlich ist.[162] Da die außerordentliche Vertragskündigung nicht selten Aus-

149 Habersack/Casper/Löbbe/*Casper* Anhang nach § 77 Rn. 207.
150 BGH NJW 1989, 295.
151 BGH NJW 1989, 295 (298).
152 *Göhmann/Winnen* RNotZ 2015, 53 (55).
153 BGH NJW 1989, 295 (298).
154 LG Mannheim AG 1995, 142.
155 *Boor* RNotZ 2017, 65 (77).
156 Vgl. BGH NJW 1989, 295.
157 OLG Frankfurt BeckRS 2011, 20300.
158 BGH NJW 1989, 295 (299).
159 *Krafka* RegisterR-HdB Rn. 1111.
160 MüKoGmbHG/*Harbarth* § 53 Rn. 162; MünchHdB GesR III/*Kiefner* § 70 Rn. 32.
161 BGH NZG 2013, 53 (56); DNotI-Report 2016, 160.
162 BeckOF Vertrag/*Herzog* 7.12.2.3 Rn. 10.

legungsfragen hinsichtlich des Kündigungsgrunds aufwirft und die ordentliche Kündigung fristgebunden ist, ist in der Praxis die Vertragsaufhebung die Regel.[163]

54 **a) Anforderungen auf Seiten der GmbH als Organgesellschaft.** Die Aufhebung oder Kündigung eines im Handelsregister eingetragenen Unternehmensvertrags bedarf seitens einer GmbH als Organgesellschaft eines Zustimmungsbeschlusses der Gesellschafterversammlung in notarieller Form mit einer Mehrheit von drei Vierteln der abgegebenen Stimmen.[164] § 47 Abs. 4 S. 2 findet auch hier keine Anwendung.[165] Es ist umstritten, ob es daneben der Zustimmung sämtlicher Gesellschafter[166] oder nur solcher, deren Ausgleichs- oder Abfindungsansprüche betroffen sind,[167] bedarf (zur Form der Zustimmungserklärungen → Rn. 49). Bis zu einer höchstrichterlichen Klärung dürfte es sich empfehlen, die Zustimmung sämtlicher Gesellschafter einzuholen.[168] Der Vertrag kann nach der Rechtsprechung des BGH grundsätzlich nur zum Ende des Geschäftsjahrs oder zum Ende des vertraglich bestimmten Abrechnungszeitraums aufgehoben werden;[169] ggf. ist durch Änderung des Geschäftsjahres im Wege einer Satzungsänderung ein Rumpfgeschäftsjahr zu bilden.[170] Die Beendigung ist zum Handelsregister anzumelden, wirkt nach der Rechtsprechung des BGH aber nicht konstitutiv, sondern nur deklaratorisch.[171] Sofern der Unternehmensvertrag noch nicht eingetragen ist, genügt nach herrschender Meinung für die Aufhebung ein Beschluss mit einfacher Mehrheit, der nicht zu beurkunden ist, wobei eine Zustimmung von Gesellschaftern nicht erforderlich sein soll.[172]

55 **b) Anforderungen auf Seiten des Organträgers.** Nach ganz herrschender Meinung ist für die Aufhebung oder Kündigung eines Unternehmensvertrags seitens des Organträgers kein Zustimmungsbeschluss erforderlich.[173] Teilweise wird empfohlen, vorsorglich einen schriftlichen, nicht zu beurkundenden Zustimmungsbeschluss mit qualifizierter Mehrheit zu fassen.[174]

§ 55 Erhöhung des Stammkapitals

(1) Wird eine Erhöhung des Stammkapitals beschlossen, so bedarf es zur Übernahme jedes Geschäftsanteils an dem erhöhten Kapital einer notariell aufgenommenen oder beglaubigten Erklärung des Übernehmers.

(2) [1]Zur Übernahme eines Geschäftsanteils können von der Gesellschaft die bisherigen Gesellschafter oder andere Personen, welche durch die Übernahme ihren Beitritt zu der Gesellschaft erklären, zugelassen werden. [2]Im letzteren Fall sind außer dem Nennbetrag des Geschäftsanteils auch sonstige Leistungen, zu

163 *Boor* RNotZ 2017, 65 (84).
164 BGH DStR 2011, 1576; vgl. MüKoGmbHG/*Harbarth* § 53 Rn. 164.
165 BGH DStR 2011, 1576 (1578).
166 *Boor* RNotZ 2017, 65 (81) mwN.
167 MüKoGmbHG/*Harbarth* § 53 Rn. 159.
168 Ebenso BeckOF Vertrag/*Herzog* 7.12.2.3 Rn. 5.
169 BGH DNotZ 2015, 712.
170 Sofern die Änderung auf ein nicht dem Kalenderjahr entsprechendes Geschäftsjahr erfolgt, ist hierfür das Einvernehmen des Finanzamts erforderlich, → Rn. 37. Die Satzungsänderung muss zur Wirksamkeit im Handelsregister spätestens am letzten Tag des alten Geschäftsjahrs eingetragen sein, → Rn. 37.
171 BGH DNotZ 1992, 721 (725).
172 MüKoGmbHG/*Harbarth* § 53 Rn. 163.
173 BeckOF Vertrag/*Herzog* 7.12.2.3 Rn. 6; MüKoGmbHG/*Harbarth* § 53 Rn. 158.
174 Vgl. hierzu DNotI-Report 2012, 42 (46).

welchen der Beitretende nach dem Gesellschaftsvertrag verpflichtet sein soll, in der in Absatz 1 bezeichneten Urkunde ersichtlich zu machen.

(3) Wird von einem der Gesellschaft bereits angehörenden Gesellschafter ein Geschäftsanteil an dem erhöhten Kapital übernommen, so erwirbt derselbe einen weiteren Geschäftsanteil.

(4) Die Bestimmungen in § 5 Abs. 2 und 3 über die Nennbeträge der Geschäftsanteile sowie die Bestimmungen in § 19 Abs. 6 über die Verjährung des Anspruchs der Gesellschaft auf Leistung der Einlagen sind auch hinsichtlich der an dem erhöhten Kapital übernommenen Geschäftsanteile anzuwenden.

Literatur:

Heinze, Die Vermeidung von Sachgründungen und -kapitalerhöhungen bei der GmbH, NJW 2020, 3768; *Hoene/Eickmann*, Zur Formbedürftigkeit von Wandeldarlehen, GmbHR 2017, 854; *Krampen-Lietzke*, Analoge Anwendung des § 55 GmbHG auf den Übernahmeverpflichtungsvertrag? – Zur Formbedürftigkeit der Kapitalausstattung der GmbH, RNotZ 2016, 20; *Leuering/Simon*, Die Bis-zu-Kapitalerhöhung im GmbH-Recht, NJW-Spezial 2005, 363; *Saß*, Die Kapitalerhöhung bei der GmbH – Ein Überblick, RNotZ 2016, 213 (214).

I. Notarielle Form und Anmeldung zum Handelsregister

1 Bei einer Kapitalerhöhung handelt es sich um eine Erhöhung der in der Satzung ausgewiesenen Stammkapitalziffer, die als Satzungsänderung zu ihrer Wirksamkeit der notariellen Beurkundung des satzungsändernden Beschlusses nach § 53 Abs. 2 S. 1 und gemäß § 54 Abs. 3 der Eintragung in das Handelsregister der Gesellschaft bedarf (→ § 53 Rn. 1 ff.). Hinsichtlich Einberufung, Form, Verfahren und Mehrheit des Kapitalerhöhungsbeschlusses gelten entsprechend die allgemeinen Anforderungen für Satzungsänderungsbeschlüsse (→ § 53

Rn. 19 ff.).[1] Zu den Besonderheiten bei Kapitalerhöhungen im Gründungsstadium siehe die Kommentierung zu § 2 (→ § 2 Rn. 66).

In den §§ 55–57o werden weitere neben §§ 53, 54 bei einer Kapitalerhöhung zu beachtende Vorgaben gemacht, abhängig davon, um welche Art von Kapitalerhöhung es sich handelt. §§ 55–57a regeln die effektive Kapitalerhöhung (dh eine Kapitalerhöhung durch Zuführung neuer Mittel), die als Barkapitalerhöhung (gesetzlicher Regelfall), Sachkapitalerhöhung (§ 56) und/oder in der Form eines genehmigten Kapitals (§ 55a) erfolgen kann. Eine bedingte Kapitalerhöhung (§ 192 AktG) ist nicht zulässig. Eine Kapitalerhöhung kann auch im Wege der Umwandlung von Rücklagen der Gesellschaft in Stammkapital erfolgen (Kapitalerhöhung aus Gesellschaftsmitteln); in diesem Fall sind die §§ 57c–57o zu beachten. 2

1. Inhalt der Niederschrift. Neben dem Beschluss zur Erhöhung des Stammkapitals (→ Rn. 1) enthält die Niederschrift typischerweise den Zulassungsbeschluss (ggf. nebst Bezugsrechtsausschluss) hinsichtlich der zugelassenen Übernehmer (→ Rn. 13 f.) sowie die Übernahmeerklärung bzw. den Übernahmevertrag zwischen GmbH und den Übernehmern (→ Rn. 15). Es ist ferner üblich, zusätzlich zu dem eigentlichen Kapitalerhöhungsbeschluss einen Beschluss über die (redaktionelle) Anpassung des Gesellschaftsvertrags an die beschlossene Erhöhung zu fassen; rechtlich erforderlich ist dies aber nicht.[2] 3

a) **Kapitalerhöhungsbeschluss. aa) Erhöhung des Stammkapitals.** Der Beschluss zur Erhöhung des Stammkapitals muss zwingend den Betrag enthalten, um den das Stammkapital erhöht wird.[3] Dieser muss, wie auch die Nennbeträge der im Rahmen der Kapitalerhöhung neu ausgegebenen Geschäftsanteile, auf volle Euro lauten und mindestens 1 EUR betragen (Abs. 4, § 5 Abs. 2, 3). Es ist zulässig, im Kapitalerhöhungsbeschluss einen Minimalbetrag und/oder einen Maximalbetrag der Kapitalerhöhung (Bis-zu-Kapitalerhöhung) anzugeben.[4] Der konkrete Betrag hängt dann vom Umfang der Übernahmen ab und steht fest mit der Anmeldung der Kapitalerhöhung, die auf einen bestimmten Betrag lauten muss.[5] Nach ganz herrschender Meinung muss bei einer Bis-zu-Kapitalerhöhung im Beschluss eine Frist für die Übernahme des erhöhten Stammkapitals gesetzt werden, die maximal sechs Monate betragen darf.[6] Ohne eine solche Frist muss die Kapitalerhöhung unverzüglich durchgeführt werden.[7] Solange diese Frist beachtet und in der Anmeldung hierauf hingewiesen wird, kann eine Bis-zu-Kapitalerhöhung nach herrschender Meinung in mehreren Schritten ausgenutzt werden.[8] Der Wortlaut des neuen Gesellschaftsvertrags muss nicht zwingend im Erhöhungsbeschluss genannt werden[9] (was bei einer Bis-zu-Kapitalerhöhung auch nicht möglich wäre) und ist entsprechend dem angemeldeten 4

1 *Wicke* GmbHG § 55 Rn. 10.
2 BGH NZG 2008, 73 (74). Es ist insbesondere auch nicht erforderlich, die in der Satzung ggf. noch enthaltenen Angaben über die von den Gründern übernommenen Geschäftsanteile zu entfernen, auch wenn dies zweckmäßig sein mag, vgl. *Saß* RNotZ 2016, 213 (215).
3 OLG München NZG 2009, 1274 (zur AG).
4 OLG München NZG 2009, 1274 (zur AG).
5 OLG Hamburg AG 2000, 326 (327) (zur AG).
6 OLG München NZG 2009, 1274 (1275) (zur AG).
7 OLG München NZG 2009, 1274 (1275) (zur AG).
8 *Krafka* RegisterR-HdB Rn. 1415; offen gelassen von OLG München NZG 2009, 1274 (1275) (zur AG).
9 BGH NZG 2008, 73 (74).

Betrag vom Notar in der der Handelsregisteranmeldung beizufügenden notariellen Bescheinigung zu bestätigen.[10]

5 bb) **Ausgabebetrag.** Der Betrag, für den die neuen Geschäftsanteile an die Übernehmer ausgegeben werden (Ausgabebetrag), muss mindestens dem beschlossenen Erhöhungsbetrag entsprechen.[11] Soll von den Übernehmern ein Mehrbetrag gegenüber dem beschlossenen Erhöhungsbetrag gezahlt werden (sog. Aufgeld oder Agio, § 272 Abs. 2 Nr. 1 bzw. Nr. 4 HGB), muss dies entweder im Kapitalerhöhungsbeschluss festgelegt oder durch zwischen den Gesellschaftern schuldrechtlich verabredete Zuzahlungspflicht vereinbart werden;[12] eine explizite Klarstellung, ob es sich um ein korporatives (§ 272 Abs. 2 Nr. 1 HGB) oder schuldrechtliches (§ 272 Abs. 2 Nr. 4 HGB) Agio handelt, empfiehlt sich.[13] Der Ausgabebetrag muss nach sachlichen Kriterien ermittelt werden, die gewährleisten, dass der Ausgabebetrag den inneren Wert der Anteile widerspiegelt; andernfalls ist der Erhöhungsbeschluss anfechtbar.[14] Bei Zustimmung sämtlicher Gesellschafter kann als Ausgabebetrag der Nennwert oder ein beliebiger höherer Wert festgesetzt werden.[15]

6 cc) **Ausgabe neuer/Aufstockung bestehender Geschäftsanteile; Einzahlung des bisherigen Kapitals.** Eine Kapitalerhöhung kann durch Ausgabe neuer oder Aufstockung bestehender Geschäftsanteile vollzogen werden.[16] Sie erfolgt gemäß Abs. 3 grundsätzlich durch Ausgabe neuer Geschäftsanteile, wobei zeichnende Gesellschafter einen weiteren Geschäftsanteil erhalten. Die Geschäftsanteile müssen auf volle Euro lauten, mindestens 1 EUR betragen und können unterschiedliche Nennbeträge haben; die Summe der Nennbeträge muss mit dem Erhöhungskapital übereinstimmen (Abs. 4, § 5 Abs. 2, 3). Soll ein Gesellschafter mehr als einen neuen Geschäftsanteil übernehmen oder soll die Kapitalerhöhung durch Aufstockung bestehender Geschäftsanteile erfolgen, ist dies im Kapitalerhöhungsbeschluss festzusetzen.[17] Eine Aufstockung bestehender Geschäftsanteile setzt voraus, dass die bestehenden Geschäftsanteile entweder voll eingezahlt sind, noch dem Gründer zustehen oder eine Haftung wegen Fristablaufs (§ 22 Abs. 3) ausscheidet.[18] Eine Ausgabe neuer und eine Aufstockung bestehender Geschäftsanteile kann kombiniert werden.[19]

7 Im Übrigen setzt eine Kapitalerhöhung bei einer GmbH anders als im Aktienrecht (§ 182 Abs. 4 AktG) nicht voraus, dass das bisherige Stammkapital voll eingezahlt ist.[20] Sofern neue Gesellschafter im Rahmen der Kapitalerhöhung beitreten, empfiehlt sich gleichwohl eine entsprechende Feststellung in der Niederschrift, da die neu eintretenden Gesellschafter gemäß § 24 auch für Rückstände auf bereits bestehende Geschäftsanteile haften.[21]

10 *Wicke* GmbHG § 55 Rn. 5. Eine Ermächtigung etwa der Geschäftsführung, zur Anpassung der Satzung ist nicht erforderlich (vgl. *Leuering/Simon* NJW-Spezial 2005, 363 (364)) und nach hM auch nicht zulässig; vereinzelt wird demgegenüber ein gesonderter Gesellschafterbeschluss über die Fassungsänderung für erforderlich gehalten; vgl. ausführlich DNotI-Report 2019, 99 f.
11 Baumbach/Hueck/*Zöllner/Fastrich* GmbHG § 55 Rn. 13.
12 BGH NZG 2008, 73 (74); BayObLG NZG 2002, 583.
13 Ausführlich *Szalai/Kreußlein* notar 2019, 223 (227 ff.).
14 OLG Stuttgart NZG 2000, 156 (157).
15 Baumbach/Hueck/*Zöllner/Fastrich* GmbHG § 55 Rn. 13.
16 Vgl. BGH NJW 2013, 2428.
17 Scholz/*Priester* GmbHG § 55 Rn. 25.
18 BGH NJW 2013, 2428; *Saß* RNotZ 2016, 213 (215).
19 Scholz/*Priester* GmbHG § 55 Rn. 25.
20 BeckFormB BHW/*Wentrup*, Form. IX 35 Anm. 1.
21 BeckFormB BHW/*Wentrup*, Form. IX 35 Anm. 3.

Sollen die im Rahmen der Kapitalerhöhung ausgegebenen Geschäftsanteile andere Rechte oder Pflichten als die bisher ausgegebenen Geschäftsanteile gewähren, muss dies im Rahmen des Kapitalerhöhungsbeschlusses festgesetzt werden.[22] Da derartige andere Rechte und Pflichten nur durch Satzungsänderung geschaffen werden können, müssen diese Abweichungen auch in den zum Handelsregister einzureichenden Gesellschaftsvertrag aufgenommen werden.[23] Die Nummerierung der neu ausgegebenen Geschäftsanteile ist im Kapitalerhöhungsbeschluss (im Gegensatz zu der einzureichenden Gesellschafterliste, in welcher eine Nummerierung zwingend ist) nicht notwendig.[24] 8

dd) **Übernehmer.** Der Kapitalerhöhungsbeschluss muss, auch bei Teileinzahlungen, grundsätzlich keine Angaben über die Person der Übernehmer enthalten.[25] Dasselbe gilt für den mit der Handelsregisteranmeldung einzureichenden Gesellschaftsvertrag.[26] Eine Nennung der Person des Übernehmers im Kapitalerhöhungsbeschluss (nicht aber im Gesellschaftsvertrag) ist dann erforderlich, wenn die Kapitalerhöhung durch Aufstockung bestehender Geschäftsanteile erfolgt (→ Rn. 6).[27] 9

ee) **Art der Kapitalerhöhung.** Sofern anstelle des gesetzlichen Regelfalls einer effektiven Barkapitalerhöhung die Kapitalerhöhung ganz oder teilweise als Sachkapitalerhöhung (→ Rn. 28 ff.) oder Kapitalerhöhung aus Gesellschaftsmitteln (→ Rn. 31 f.) durchgeführt werden soll, ist dies im Erhöhungsbeschluss ausdrücklich festzulegen.[28] 10

ff) **DM-Stammkapital.** Gemäß § 1 EGGmbHG können GmbHs ein auf DM lautendes Stammkapital beibehalten. Eine wichtige Ausnahme hiervon enthält § 1 Abs. 1 S. 4 EGGmbHG: Eine Änderung des Stammkapitals ist nur dann eintragungsfähig, wenn das Stammkapital der Gesellschaft auf Euro lautet. Zur Beseitigung dieser Registersperre sind zwei Gesellschafterbeschlüsse erforderlich: (i) ein Gesellschafterbeschluss betreffend die Umrechnung des DM-Betrags in einen Euro-Betrag (§ 1 Abs. 3 S. 1 EGGmbHG) und anschließend (ii) ein Gesellschafterbeschluss betreffend die Glättung des hieraus resultierenden EUR-Betrags auf einen auf volle Euro lautenden Betrags.[29] Während für die Umrechnung ein einfacher Gesellschafterbeschluss gemäß § 47 Abs. 1 ausreicht (§ 1 Abs. 3 S. 1 EGGmbHG), handelt es sich bei der Glättung regelmäßig um eine effektive Barkapitalerhöhung,[30] für die – abgesehen vom Erhöhungsbetrag, der ausnahmsweise nicht auf volle Euro lauten muss – die allgemeinen Regeln für eine Kapitalerhöhung gemäß §§ 55 ff. gelten.[31] Diese Umstellungsbeschlüsse müssen die einzelnen Schritte und ihre Auswirkungen auf die einzelnen Geschäftsanteile und den Gesamtbetrag des Stammkapitals genau ausweisen, insbesondere die neuen Euro-Nennbeträge der Geschäftsanteile und den diesen 11

22 Scholz/*Priester* GmbHG § 55 Rn. 25.
23 *Wicke* GmbHG § 55 Rn. 7.
24 Baumbach/Hueck/*Zöllner/Fastrich* GmbHG § 55 Rn. 12.
25 BayObLG NJW 1982, 1400 (1401).
26 Baumbach/Hueck/*Zöllner/Fastrich* GmbHG § 55 Rn. 12.
27 *Wicke* GmbHG § 55 Rn. 8.
28 *Saß* RNotZ 2016, 213 (214).
29 OLG Düsseldorf NZG 2019, 1271; Baumbach/Hueck/*Zöllner/Fastrich* GmbHG § 55 Rn. 55.
30 Eine im Grundsatz auch denkbare Kapitalherabsetzung oder Kapitalerhöhung aus Gesellschaftsmitteln wird regelmäßig aufgrund der bei diesen zu beachtenden Voraussetzungen nicht in Betracht kommen, vgl. ausführlich Rowedder/Schmidt-Leithoff/*Schmidt-Leithoff* § 1 EGGmbHG Rn. 15 ff.
31 OLG Düsseldorf NZG 2019, 1271; *Krafka* RegisterR-HdB Rn. 1081 ff.

entsprechenden Euro-Gesamtbetrag des Stammkapitals.[32] Sofern die Glättung nicht proportional erfolgt, ist die Zustimmung sämtlicher Gesellschafter erforderlich.[33]

12 gg) **Anzeigepflicht des Notars.** Gemäß § 54 Abs. 1 EStDV muss der den Kapitalerhöhungsbeschluss beurkundende Notar dem Finanzamt (Körperschaftsteuerstelle) eine beglaubigte Abschrift der Urkunde senden. Erst danach dürfen den Beteiligten Ausfertigungen oder beglaubigte Abschriften ausgehändigt werden.

13 b) **Zulassungsbeschluss; Bezugsrechtsausschluss.** Nach herrschender Meinung ist neben dem Kapitalerhöhungsbeschluss stets auch ein (formfreier und grundsätzlich mit einfacher Mehrheit zu fassender) Zulassungsbeschluss gemäß Abs. 2, § 47 Abs. 1 erforderlich, der bestimmt, wer Übernehmer der Kapitalerhöhung ist.[34] Dieser Beschluss kann, muss aber nicht Teil der Niederschrift über die Kapitalerhöhung sein. Der Zulassungsbeschluss ist nach herrschender Meinung inhaltlich dergestalt gebunden, dass die bisherigen Gesellschafter[35] bei einer Kapitalerhöhung ein gesetzliches Bezugsrecht entsprechend ihrem Anteil haben.[36] Für die Ausübung des Bezugsrechts kann eine angemessene Frist gesetzt werden.[37] Wird ein Bezugsrecht nicht ausgeübt, fällt es den übrigen Bezugsberechtigten proportional zu.[38]

14 Sofern ein Bezugsberechtigter ohne dessen Zustimmung von einer Kapitalerhöhung ausgeschlossen werden soll, muss dies nach herrschender Meinung analog § 186 Abs. 4 S. 2 AktG in der Tagesordnung besonders angekündigt und in der Versammlung schriftlich erläutert werden[39] und analog § 186 Abs. 3 S. 1 AktG als Teil des Kapitalerhöhungsbeschlusses erfolgen, der jedenfalls mit einer Dreiviertel-Stimmenmehrheit,[40] nach teilweise vertretener Auffassung zusätzlich mit einer Dreiviertel-Kapitalmehrheit zu fassen ist.[41] Ein Bezugsrechtsausschluss muss im objektiven Interesse der Gesellschaft liegen und darf nicht unverhältnismäßig sein.[42] Anders als bei der AG kann die Satzung der GmbH nach ganz herrschender Meinung einen Bezugsrechtsausschluss vorsehen.[43]

15 c) **Übernahme der Geschäftsanteile (Übernahmeerklärung; Übernahmevertrag).** Die Übernahme der im Rahmen der Kapitalerhöhung ausgegebenen oder aufgestockten Geschäftsanteile erfolgt auf Grundlage eines (körperschaftlichen) Übernahmevertrags, der sich aus der Übernahmeerklärung des Übernehmers

32 OLG Hamm FGPrax 2011, 244.
33 Rowedder/Schmidt-Leithoff/*Schmidt-Leithoff* § 1 EGGmbHG Rn. 32.
34 Rowedder/Schmidt-Leithoff/*Schnorbus* GmbHG § 55 Rn. 30. Ein Stimmverbot nach § 47 Abs. 4 GmbHG besteht nach hM nicht, aA Baumbach/Hueck/*Zöllner/Fastrich* GmbHG § 55 Rn. 29. Nach aA ist ein Zustimmungsbeschluss nur bei einem Bezugsrechtsausschluss erforderlich, vgl. Baumbach/Hueck/*Zöllner/Fastrich* GmbHG § 55 Rn. 8, 28.
35 Die Gesellschaft selbst und von ihr abhängige und/oder in Mehrheitsbesitz stehende Unternehmen haben kein Bezugsrecht, da sie keine Übernehmer sein können (→ Rn. 13 f.). Die Bezugsrechte verteilen sich auf die anderen Gesellschafter entsprechend ihrem Beteiligungsverhältnis, vgl. Baumbach/Hueck/*Zöllner/Fastrich* GmbHG § 55 Rn. 22.
36 BGH NZG 2005, 552.
37 Diese muss analog § 186 Abs. 1 S. 2 AktG mindestens zwei Wochen betragen, vgl. Baumbach/Hueck/*Zöllner/Fastrich* GmbHG § 55 Rn. 23.
38 *Wicke* GmbHG § 55 Rn. 11.
39 *Wicke* GmbHG § 55 Rn. 11.
40 Scholz/*Priester* GmbHG § 55 Rn. 61.
41 Baumbach/Hueck/*Zöllner/Fastrich* GmbHG § 55 Rn. 25.
42 *Wicke* GmbHG § 55 Rn. 11; *Saß* RNotZ 2016, 213 (216).
43 Scholz/*Priester* GmbHG § 55 Rn. 70.

und der Annahmeerklärung der GmbH zusammensetzt.[44] Durch den Übernahmevertrag verpflichtet sich der Übernehmer zur (grundsätzlich sofortigen) Übernahme des Geschäftsanteils und der Erbringung der vorgesehenen Einlage.[45]

aa) Übernehmer. Übernehmer kann jeder sein, der Gesellschafter der GmbH sein kann (→ § 2 Rn. 47 ff.) und im Zulassungsbeschluss als Übernehmer zugelassen wurde (→ Rn. 13 f.). Neben den bisherigen Gesellschaftern können somit auch außenstehende Personen Übernehmer sein. Die GmbH selbst darf im Rahmen der Kapitalerhöhung keine Geschäftsanteile übernehmen.[46] Dasselbe gilt nach herrschender Meinung analog § 56 Abs. 2 S. AktG bei von ihr abhängigen und/oder in Mehrheitsbesitz stehenden Unternehmen.[47] Auch kann die Satzung besondere Eigenschaften der Gesellschafter festlegen, die zu beachten sind.[48] 16

bb) Übernahmeerklärung. Die Übernahmeerklärung des Übernehmers muss gemäß Abs. 2 in notariell beglaubigter oder beurkundeter (§§ 6 ff. BeurkG) Form erfolgen. Die Übernahmeerklärung ist häufig Teil der Niederschrift über die Kapitalerhöhung;[49] sie kann aber auch außerhalb der Niederschrift vor oder nach dem Kapitalerhöhungsbeschluss erklärt werden.[50] Die Übernahmeerklärung muss sich auf eine bestimmte Kapitalmaßnahme beziehen,[51] die betragsmäßige Bezifferung der übernommenen Geschäftsanteile enthalten und ein ggf. vereinbartes Agio bezeichnen.[52] Wenn bei einer Barkapitalerhöhung mehr als ein Viertel des Nennbetrags der Geschäftsanteile zu leisten ist (→ Rn. 19), ist dies in der Übernahmeerklärung festzulegen.[53] Bei neuen Gesellschaftern sind gemäß Abs. 2 S. 2 auch sonstige Leistungen, zu welchen der Beitretende nach dem Gesellschaftsvertrag verpflichtet sein soll, in der Übernahmeerklärung ersichtlich zu machen. Schuldrechtliche Nebenabreden werden hingegen nicht von der Reichweite des Formzwangs des § 55 erfasst.[54] Die Nummerierung der übernommenen Geschäftsanteile ist bei der Übernahmeerklärung regelmäßig nicht notwendig, soweit dies nicht ausnahmsweise zu Identifizierungszwecken erforderlich ist.[55] Die Übernahmeerklärung kann mit einer Frist verbunden 17

44 BGH NZG 1999, 495.
45 Die Gesellschaft ist aufgrund des Übernahmevertrags ihrerseits nicht zur Durchführung der Kapitalerhöhung verpflichtet BGH NJW 1999, 1252 (1253). Sofern nach angemessener Frist keine Eintragung zustande kommt, kann der Übernehmer nach hM zurücktreten, vgl. LG Hamburg WM 1995, 338; Scholz/*Priester* GmbHG § 55 Rn. 84.
46 BGHZ 15, 391.
47 Einzelheiten sind umstritten, vgl. Scholz/*Priester* GmbHG § 55 Rn. 112; Baumbach/Hueck/*Zöllner/Fastrich* GmbHG § 55 Rn. 19; MüKoGmbH/*Lieder* § 55 Rn. 120.
48 Scholz/*Priester* GmbHG § 55 Rn. 105.
49 In diesem Fall genügt die Bezugnahme auf den Kapitalerhöhungsbeschluss, sofern sich die erforderlichen Angaben hieraus ergeben, vgl. *Saß* RNotZ 2016, 213 (216, 221).
50 *Wicke* GmbHG § 55 Rn. 12. Dies gilt nach OLG Frankfurt (BeckRS 2015, 11018) auch dann, wenn die Übernahmeerklärung Teil eines verbundenen Geschäfts nach § 15 Abs. 4 GmbHG ist.
51 Bestimmbarkeit der in der Übernahmeerklärung in Bezug genommenen Kapitalmaßnahme ist ausreichend, Baumbach/Hueck/*Zöllner/Fastrich* GmbHG § 55 Rn. 33.
52 *Wicke* GmbHG § 55 Rn. 14.
53 Baumbach/Hueck/*Zöllner/Fastrich* GmbHG § 55 Rn. 33.
54 BGH NJW 1977, 1151.
55 *Wicke* GmbHG § 55 Rn. 14.

werden, bis wann die Kapitalerhöhung eingetragen sein muss;[56] im Übrigen ist sie bedingungs- und befristungsfeindlich.[57]

18 cc) **Annahmeerklärung.** Die Annahmeerklärung der Gesellschaft, vertreten durch die Gesellschafter,[58] unterliegt keinem Formerfordernis und kann auch konkludent erfolgen, was bei einer gemeinsamen Beurkundung von Kapitalerhöhungsbeschluss und Übernahmeerklärung regelmäßig der Fall ist.[59] Sie muss im Gegensatz zur Übernahmeerklärung dem Handelsregister nicht nachgewiesen werden.[60] Sofern bisherige Gesellschafter Geschäftsanteile übernehmen, ist § 181 BGB zu beachten:[61] Bei mehreren Gesellschaftern kann nach ganz herrschender Meinung eine wirksame Annahmeerklärung durch die jeweils anderen Gesellschaftern erfolgen.[62] Beteiligen sich sämtliche Gesellschafter, sieht die ganz herrschende Meinung in dem Kapitalerhöhungsbeschluss eine konkludente Befreiung von § 181 BGB.[63] Bei einer Ein-Personen-GmbH findet § 181 BGB mangels Interessenkonflikts keine Anwendung.[64]

19 d) **Leistung der Einlage (§ 56a).** Gemäß §§ 56a, 7 Abs. 2 S. 1 muss vor der Eintragung ins Handelsregister auf jeden ausgegebenen oder aufgestockten Geschäftsanteil mindestens ein Viertel des Erhöhungsbetrags zur freien Verfügung der Geschäftsführung eingezahlt sein, sofern der übrige Betrag nicht gemäß Erhöhungsbeschluss oder Gesellschaftsvertrag ebenfalls eingezahlt sein muss.[65] Sacheinlagen müssen vor der Eintragung vollständig bewirkt sein (§§ 56a, 7 Abs. 3), wobei die Leistung grundsätzlich aufschiebend bedingt auf Eintragung der Kapitalerhöhung erklärt werden kann (zu Grundstücken → Rn. 29 ff.). Die Leistung der Einlage hat regelmäßig nur dann Erfüllungswirkung, wenn sie nach Beurkundung des Kapitalerhöhungsbeschlusses und Abschluss des Übernahmevertrags erfolgt.[66] Der Notar muss hierüber belehren.[67] Unter engen Voraussetzungen erkennt die Rechtsprechung ausnahmsweise auch frühere Leistungen an.[68] Soll der Einlagebetrag sogleich als Darlehen an die Gesellschafter zurückfließen (sog. Hin- und Herzahlen), sind die Voraussetzungen der §§ 56a, 19 Abs. 5 zu beachten.[69]

20 **2. Vertretung; Vollmacht.** Für den Kapitalerhöhungsbeschluss ist im Grundsatz eine schriftliche Vollmacht erforderlich und ausreichend (→ § 53 Rn. 9). Die

56 BGH NJW 1999, 1252.
57 Baumbach/Hueck/*Zöllner*/*Fastrich* GmbHG § 55 Rn. 33.
58 Die Gesellschafter können dritte Personen etwa einen Geschäftsführer, durch Beschluss mit einfacher Mehrheit hierzu ermächtigen BGH NJW 1968, 398. Der Zugang der Annahmeerklärung dürfte regelmäßig entbehrlich sein (§ 151 BGB), vgl. Scholz/*Priester* GmbHG § 55 Rn. 95.
59 *Wicke* GmbHG § 55 Rn. 12; *Saß* RNotZ 2016, 213 (217).
60 *Krafka* RegisterR-HdB Rn. 1046.
61 BGH NJW 1968, 398.
62 Scholz/*Priester* GmbHG § 55 Rn. 76. Nach aA ist ein Befreiungsbeschluss erforderlich, der aber regelmäßig konkludent im Rahmen des Zulassungsbeschlusses erfolgt, vgl. MüKoGmbH/*Lieder* § 55 Rn. 138.
63 Dasselbe gilt für eine Kapitalerhöhung bei einer Ein-Personen-GmbH, *Wicke* GmbHG § 55 Rn. 13.
64 Allg. Meinung, vgl. *Saß* RNotZ 2016, 213 (217) mwN.
65 BGH NJW 2013, 2428.
66 BGH NJW 2013, 2428 (2429).
67 BGH NZG 2008, 512.
68 BGH NJW 2013, 2428 (2429); NJW 2007, 515; NJW 2004, 2592.
69 Hierzu *Saß* RNotZ 2016, 213 (218 f.).

Vollmacht für die Übernahmeerklärung muss analog Abs. 3 notariell beglaubigt oder beurkundet sein.[70]

3. Anmeldung zum Handelsregister (§§ 54, 57). Die Kapitalerhöhung ist gemäß §§ 54, 57 zum Handelsregister anzumelden. Der Anmeldung sind neben beglaubigten Abschriften des Erhöhungsbeschlusses, der Übernahmeerklärung(en) und der neuen Satzung mit Notarbescheinigung eine Abschrift der Übernehmerliste (§ 57 Abs. 3 Nr. 2)[71] beizufügen. Ein etwaiges Hin- und Herzahlen (→ Rn. 19) ist offenzulegen (§ 56a). Nach Eintragung der Kapitalerhöhung ist die notarielle Gesellschafterliste einzureichen.[72] Mit Eintragung im Handelsregister wird die Kapitalerhöhung wirksam (§ 54 Abs. 3). Zu diesem Zeitpunkt entstehen die im Rahmen der Kapitalerhöhung ausgegebenen oder aufgestockten Geschäftsanteile.[73] 21

Die Anmeldung zum Handelsregister muss gemäß § 78 durch sämtliche Geschäftsführer erfolgen. Da die Geschäftsführer mit der Anmeldung zugleich eine strafbewehrte Versicherung gemäß § 57 Abs. 2 abgegeben müssen, dass der Betrag der Einzahlung endgültig zur freien Verfügung der Geschäftsführung für die Zwecke der Gesellschaft eingezahlt und auch in der Folge nicht an den Einleger zurückgezahlt worden ist,[74] ist insoweit keine Bevollmächtigung Dritter möglich; dasselbe gilt für die notarielle Eigenurkunde nach § 378 Abs. 2 FamFG.[75] Sofern keine Volleinzahlung erfolgt, muss die Versicherung der Geschäftsführer genau erkennen lassen, welcher Betrag auf welchen Geschäftsanteil eingezahlt wurde.[76] 22

4. Pflicht zur Kapitalerhöhung; Pflicht zur Übernahme von Geschäftsanteilen. Grundsätzlich besteht keine Pflicht der Gesellschaft, der Gesellschafter[77] oder Dritter, eine Kapitalerhöhung durchzuführen oder neue Geschäftsanteile zu zeichnen.[78] Diese können sich hierzu aber verpflichten. 23

a) Verpflichtung der Gesellschaft. Die Geschäftsführer einer GmbH als deren gesetzliche Vertreter können eine Verpflichtung der Gesellschaft zu einer Kapitalerhöhung gegenüber Dritten wirksam nur auf Grundlage eines entsprechenden, konkreten Ermächtigungsbeschlusses der Gesellschafter mit satzungsändernder Mehrheit eingehen (→ § 53 Rn. 16 f.).[79] 24

b) Verpflichtung der Gesellschafter/eines Dritten. Gesellschafter einer GmbH können sich untereinander,[80] nach herrschender Meinung auch gegenüber 25

---

70 *Wicke* GmbHG § 55 Rn. 12. Die Form ist Wirksamkeitsvoraussetzung der Vollmacht, vgl. Baumbach/Hueck/*Zöllner/Fastrich* GmbHG § 55 Rn. 32.

71 Die Angaben in der Übernehmerliste zu den Übernehmern sollten den Angaben in der Gesellschafterliste entsprechen (→ § 40 Rn. 1 ff.); bei einer Aufstockung muss neben dem neuen Nennbetrag auch der entsprechende Aufstockungsbetrag ausgewiesen sein.

72 Diese kann nach hM auch bereits mit der Anmeldung der Kapitalerhöhung eingereicht werden, vgl. *Krafka* RegisterR-HdB Rn. 1051a.

73 BGH NJW 1977, 1196 (1197).

74 BGH NJW 2002, 1716.

75 Baumbach/Hueck/*Zöllner/Noack* GmbHG GmbHG § 54 Rn. 3 mwN.

76 OLG Hamm BeckRS 2011, 11184.

77 Eine Pflicht des Gesellschafters zur Zustimmung zu einer Kapitalmaßnahme kann in engen Ausnahmefällen etwa einer Sanierungssituation, bestehen, vgl. hierzu Rowedder/Schmidt-Leithoff/*Schnorbus* GmbHG § 55 Rn. 21.

78 Baumbach/Hueck/*Zöllner/Fastrich* GmbHG GmbHG § 55 Rn. 41; *Wicke* GmbHG § 55 Rn. 10.

79 Baumbach/Hueck/*Zöllner/Fastrich* GmbHG GmbHG § 55 Rn. 40.

80 Baumbach/Hueck/*Zöllner/Fastrich* GmbHG GmbHG § 55 Rn. 40; Baumbach/Hueck/*Zöllner/Noack* GmbHG § 47 Rn. 113; MüKoGmbHG/*Harbarth* § 53 Rn. 143.

Nichtgesellschaftern,[81] dazu verpflichten, eine Kapitalerhöhung durchzuführen und dabei Geschäftsanteile zu übernehmen. Eine besondere Form ist hierfür nach herrschender Meinung nicht erforderlich, die § 53 Abs. 2 S. 1 (→ § 53 Rn. 17) und § 55 Abs. 1 für nicht anwendbar hält.[82] Sofern sich Dritte, die bislang nicht Gesellschafter sind, zur Übernahme von Geschäftsanteilen bei einer Kapitalerhöhung verpflichten, ist nach herrschender Meinung hingegen die Form des Abs. 1 zu beachten.[83]

26 **5. Änderung; Aufhebung.** Hinsichtlich Änderung und Aufhebung eines Kapitalerhöhungsbeschlusses gelten die allgemeinen Regeln für Änderungen/Aufhebungen von Satzungsänderungsbeschlüssen (→ § 53 Rn. 35 ff.). Eine Zustimmung der Geschäftsführer oder der Übernehmer ist nicht erforderlich.[84]

II. Kosten

27 Hinsichtlich der bei einer Kapitalerhöhung bezüglich des Kapitalerhöhungsbeschlusses entstehenden Kosten wird auf die Kommentierung zu § 53 verwiesen (→ § 53 Rn. 41 f.). Kapitalerhöhung, diesbezüglicher satzungsändernder Beschluss, Zulassungsbeschluss und Bezugsrechtsausschluss sind gegenstandsgleich und nicht gesondert in Ansatz zu bringen.[85] Für den Fall, dass die Übernahmeerklärung Teil der notariellen Niederschrift ist, fällt für diese als gesonderten Beurkundungsgegenstand (§ 110 Nr. 1 GNotKG) eine 1,0-Gebühr nach KV Nr. 21200 GNotKG an (wobei § 94 GNotKG zu beachten ist), bei einer Beglaubigung eine 0,2 Gebühr (KV Nr. 25100 GNotKG).[86] Für die Erstellung der Übernehmerliste und der Gesellschafterliste fällt insgesamt eine 0,5 Vollzugsgebühr nach KV Nr. 22110, 22113 GNotKG an, höchstens 500 EUR (250 EUR je Liste).[87] Hinsichtlich der Handelsregisteranmeldung wird auf § 53 (→ § 53 Rn. 42) verwiesen. Wird der Notar angewiesen, die Anmeldung erst nach Bestätigung der Einzahlung der Einlage einzureichen, ist eine Betreuungsgebühr nach KV Nr. 22200 Nr. 3 GNotKG zu erheben.

III. Sachkapitalerhöhung (§ 56)

28 Sollen Sacheinlagen geleistet werden, müssen Kapitalerhöhungsbeschluss und Übernahmeerklärung gemäß § 56 Abs. 1 den genau bezeichneten Gegenstand und den Nennbetrag des Geschäftsanteils festsetzen, auf den sich die Sacheinlage bezieht, sowie die Person des einbringenden Gesellschafters. Bezüglich der Einlagefähigkeit gelten im Grundsatz die für die Gründung geltenden Regeln (→ § 2 Rn. 11), dh einlagefähig sind analog § 27 Abs. 2 AktG alle Vermögensgegenstände mit feststellbarem wirtschaftlichen Wert.[88] Auch Forderungen des

81 Baumbach/Hueck/*Zöllner*/*Fastrich* GmbHG GmbHG § 55 Rn. 40; Scholz/*Priester* GmbHG § 55 Rn. 116; aA MüKoGmbHG/*Harbarth* § 53 Rn. 143.
82 OLG München NZG 2005, 756 (757); Baumbach/Hueck/*Zöllner*/*Fastrich* GmbHG § 55 Rn. 40; Scholz/*Priester* GmbHG § 55 Rn. 117; ausführlich *Hoene*/*Eickmann* GmbHR 2017, 854.
83 OLG München NZG 2005, 756 (757); *Krampen-Lietzke* RNotZ 2016, 20; aA Scholz/*Priester* GmbHG § 55 Rn. 117.
84 MüKoGmbHG/*Lieder* § 55 Rn. 60 ff.
85 *Tiedtke* Streifzug durch das GNotKG Rn. 1376.
86 Der Geschäftswert ist mit dem Wert des übernommenen Geschäftsanteils anzusetzen, dh dem Ausgabebetrag einschließlich Aufgeld und Leistungen in die Kapitalrücklage (→ § 53 Rn. 42).
87 Eine gesonderte Betreuungsgebühr für die Gesellschafterliste ist nach hM grundsätzlich nicht zu erheben, vgl. *Tiedtke* Streifzug durch das GNotKG Rn. 1363 ff.; aA aber LG Düsseldorf RNotZ 2018, 115.
88 BGH NZG 2004, 910.

Übernehmers gegen die Gesellschaft (sog. *debt equity swap*) sind nach herrschender Meinung einlagefähig, soweit sie bei Einreichung der Handelsregisteranmeldung bereits entstanden und durch entsprechendes Vermögen der Gesellschaft gedeckt sind.[89] In der Praxis erfolgt aus Beschleunigungsgründen alternativ zur Sachkapitalerhöhung häufig eine Barkapitalerhöhung nebst (korporativem) Sachagio.[90]

29 Der Übernahmevertrag kann – über Abs. 1 hinaus – beurkundungsbedürftig sein, wenn die Übertragungsverpflichtung dies vorschreibt, insbesondere bei Grundstücken (§ 311b Abs. 1 S. 1 BGB) und GmbH-Anteilen (§ 15 Abs. 4). Die Zustimmung eines Ehegatten (§ 1365 BGB) oder der Gesellschafterversammlung kann erforderlich sein (→ § 2 Rn. 12). Von dem gesellschaftsvertraglichen Übernahmevertrag zu unterscheiden ist das Vollzugsgeschäft (sog. Einbringungsvertrag). Dieser kann, sofern nicht eine besondere Formvorschrift wie § 925 BGB oder § 15 Abs. 3 anwendbar ist, grundsätzlich formlos erfolgen und in derselben Niederschrift oder als gesonderter Vertrag erklärt werden.[91]

30 Die Handelsregisteranmeldung kann gemäß §§ 56a, 7 Abs. 2 S. 1 und Abs. 3 erfolgen, wenn die Sacheinlagen vollständig zur freien Verfügung der Geschäftsführung bewirkt sind, was gemäß § 57 Abs. 2 zu versichern ist. Bei Grundstücken genügt nach herrschender Meinung der bindende und rangwahrende Antrag auf Eigentumsumschreibung nebst Auflassung und Eintragungsbewilligung.[92] Der Handelsregisteranmeldung sind neben den allgemeinen Unterlagen gemäß § 57 Abs. 3 Nr. 3 zusätzlich Übernahme- und Einbringungsvertrag beizufügen, sofern diese nicht in der Niederschrift über die Kapitalerhöhung enthalten sind. Daneben ist eine Werthaltigkeitsbescheinigung eines Steuerberaters oder Wirtschaftsprüfers einzureichen.[93] Ein Sacherhöhungsbericht ist nach herrschender Meinung nicht erforderlich,[94] wird von einzelnen Registern aber verlangt.[95]

31 Bei der Einbringung eines Grundstücks besteht neben § 54 Abs. 1 EStDV eine Anzeigepflicht des Notars nach § 18 Abs. 2 GrEStG (→ § 15 Rn. 44). Die Kosten der Sachkapitalerhöhung entsprechen im Grundsatz denen der Barkapitalerhöhung. Übernahmeerklärung und Einbringungsvertrag sind derselbe Gegenstand (für den eine 2,0 Gebühr nach KV Nr. 21100 GNotKG entsteht), wenn diese in derselben Niederschrift beurkundet werden.[96]

IV. Kapitalerhöhung aus Gesellschaftsmitteln (§§ 57c–57o)

32 Bestehende Kapital- oder Gewinnrücklagen der Gesellschaft können im Wege der Kapitalerhöhung aus Gesellschaftsmitteln nach Maßgabe der §§ 57c–57o in Stammkapital der Gesellschaft umgewandelt werden. Im Rahmen des Kapitalerhöhungsbeschlusses (→ Rn. 26 ff.) muss neben der Erhöhung durch Gesellschaftsmittel und dem entsprechenden Erhöhungsbetrag die zugrundeliegende

89 *Wicke* GmbHG § 56 Rn. 3.
90 Vgl. hierzu *Heinze,* NJW 2020, 3768.
91 OLG Köln NJW-RR 1996, 1250 (1251).
92 *Wicke* GmbHG § 56a Rn. 3; *Saß* RNotZ 2016, 213 (222).
93 OLG Köln NJW-RR 1996, 1250 (1251).
94 OLG Köln NJW-RR 1996, 1250 (1251); *Krafka* RegisterR-HdB Rn. 1056.
95 OLG Stuttgart GmbHR 1982, 110 (112); OLG Thüringen GmbHR 1994, 710 (712).
96 *Tiedtke* Streifzug durch das GNotKG Rn. 1380.

Bilanz (§ 57c Abs. 3)[97] bezeichnet und festgelegt werden, ob die Kapitalerhöhung durch Bildung neuer und/oder Ausgabe bestehender Geschäftsanteile erfolgt. Sofern Geschäftsanteile nicht voll eingezahlt sind, ist insoweit nur eine Aufstockung möglich (§ 57l Abs. 2 S. 2). Die Geschäftsanteile stehen den Gesellschaftern[98] zwingend im Verhältnis ihrer bisherigen Beteiligung zu (§ 57j S. 1); einen Zulassungsbeschluss oder Bezugsrechtsausschluss gibt es daher nicht.

33 Die Kapitalerhöhung aus Gesellschaftsmitteln ist gemäß §§ 57, 57i, 78 von sämtlichen Geschäftsführern zum Handelsregister mit einer Versicherung gemäß § 57i Abs. 1 S. 2 anzumelden. Neben beglaubigten Abschriften des Kapitalerhöhungsbeschlusses und der neuen Satzung mit Notarbescheinigung ist eine Abschrift der Bilanz[99] beizufügen. Zudem ist eine neue notarielle Gesellschafterliste (→ Rn. 8), aber keine Übernehmerliste einzureichen. Neben der Anzeigepflicht des Notars nach § 54 Abs. 1 EStDV (→ Rn. 12) besteht eine Anzeigepflicht der Gesellschaft an das Finanzamt nach § 4 KapErhStG; hierüber sollte der Notar belehren.

V. Genehmigtes Kapital (§ 55a)

34 Gemäß § 55a kann die Geschäftsführung in der Satzung der Gesellschaft für bis zu fünf Jahre zu einer effektiven Kapitalerhöhung (Bar- oder Sachkapitalerhöhung)[100] ermächtigt werden. Der Erhöhungsbetrag darf maximal halb so hoch sein wie das Stammkapital zum Zeitpunkt der Eintragung der Ermächtigung (§ 55a Abs. 1 S. 2). Als Satzungsänderung ist eine solche Ermächtigung gemäß §§ 53, 54 zu beschließen und zum Handelsregister durch die organschaftlichen Vertreter (unechte Gesamtvertretung ist ausreichend, § 78 gilt nicht)[101] anzumelden (→ § 53 Rn. 1 ff.). Nach der Rechtsprechung des OLG München kann dabei die Geschäftsführung zur Anpassung der Stammkapitalziffer analog § 179 Abs. 1 S. 2 AktG ermächtigt werden.[102]

35 Die Ausnutzung des genehmigten Kapitals liegt im pflichtgemäßen Ermessen der Geschäftsführung.[103] Dieser (keiner besonderen Form unterliegende und grundsätzlich einstimmig zu fassende) Beschluss der Geschäftsführung unterliegt, in den Grenzen der satzungsmäßigen Ermächtigung, denselben inhaltlichen Vorgaben wie der ansonsten von der Gesellschafterversammlung zu fassende Kapitalerhöhungsbeschluss (→ Rn. 4 ff.). Auch im Übrigen gelten hinsichtlich der Durchführung der Kapitalerhöhung die allgemeinen Vorschriften, insbesondere bezüglich Übernahme (→ Rn. 15) und Einbringung (→ Rn. 19).

97 Die Bilanz muss gemäß §§ 57e, 57f GmbHG zwingend geprüft, festgestellt und mit uneingeschränktem Bestätigungsvermerk versehen und darf nicht älter als acht Monate sein.
98 Dies gilt auch für eigene Geschäftsanteile der Gesellschaft.
99 Bei einer Sonderbilanz nach § 57f GmbHG ist zusätzlich die letzte Jahresbilanz beizufügen, sofern noch nicht zum Bundesanzeiger eingereicht, § 57i Abs. 1 S. 1 GmbHG.
100 Eine Ermächtigung zu einer Sachkapitalerhöhung bedarf einer ausdrücklichen Festsetzung in der Satzung.
101 Scholz/*Priester* GmbHG § 55a Rn. 11.
102 OLG München ZIP 2012, 331.
103 Nach hM können die Geschäftsführer von den Gesellschaftern zur Durchführung der Kapitalerhöhung angewiesen werden können, vgl. Baumbach/Hueck/*Zöllner/Fastrich* GmbHG § 55a Rn. 12a; aA *Wicke* GmbHG § 55a Rn. 7. Der Ermächtigungsbeschluss kann einen Zustimmungsvorbehalt der Gesellschafterversammlung oder eines Beirats/Aufsichtsrats vorsehen, vgl. Baumbach/Hueck/*Zöllner/Fastrich* GmbHG § 55a Rn. 12a; *Wicke* GmbHG § 55a Rn. 7.

Ein Bezugsrechtsausschluss bedarf einer ausdrücklichen satzungsmäßigen Ermächtigung.[104] Die Durchführung der Kapitalerhöhung ist gemäß §§ 57, 78 durch sämtliche Geschäftsführer zum Handelsregister anzumelden (→ Rn. 33).[105] Die Anmeldung der Ermächtigung und die Anmeldung der Ausnutzung können nach herrschender Meinung nicht miteinander verbunden werden.[106]

VI. Kapitalerhöhung bei der UG

Im Ausgangspunkt gelten für Kapitalerhöhungen bei einer UG dieselben Regeln wie für die reguläre GmbHG gemäß §§ 55 ff.[107] Bei einer nach Musterprotokoll errichteten UG muss die Satzung durch einen weiteren Satzungsänderungsbeschluss über die Kapitalziffer hinaus angepasst werden.[108] Besonderheiten sind bei Kapitalerhöhungen auf ein Stammkapital von unter 25.000 EUR zu beachten: Diese dürfen nicht als Sachkapitalerhöhungen durchgeführt werden (§ 5a Abs. 2 S. 2, → § 5a Rn. 6); es gilt das Volleinzahlungsgebot des § 5a Abs. 2 S. 1 (→ § 5a Rn. 7). Kostenrechtlich gilt auch bei Kapitalerhöhungen einer UG der Mindestgeschäftswert von 30.000 EUR, da sich § 105 Abs. 6 GNotKG nur auf Beschlüsse ohne bestimmten Geldwert bezieht. Zu Kapitalerhöhungen auf ein Stammkapital von mindestens 25.000 EUR → § 5a Rn. 6. 36

104 *Wicke* GmbHG § 55a Rn. 13.

105 Einer Beifügung des Durchführungsbeschlusses bedarf es nicht, jedoch müssen die notwendigen Angaben bezüglich Kapitalerhöhung und Ausgabe der Geschäftsanteile vollständig in der Handelsregisteranmeldung enthalten sein, vgl. *Krafka* RegisterR-HdB Rn. 1070a.

106 MüKoGmbH/*Lieder* § 55a Rn. 19.

107 Vgl. BGH DNotZ 2011, 705.

108 OLG München DNotZ 2010, 939 (940).

Aktiengesetz

Vom 6. September 1965 (BGBl. I S. 1089)
(FNA 4121-1)
zuletzt geändert durch Art. 61 PersonengesellschaftsrechtsmodernisierungsG (MoPeG) vom 10. August 2021 (BGBl. I S. 3436)
– Auszug –

§ 23 Feststellung der Satzung

(1) [1]Die Satzung muß durch notarielle Beurkundung festgestellt werden. [2]Bevollmächtigte bedürfen einer notariell beglaubigten Vollmacht.

(2) In der Urkunde sind anzugeben

1. die Gründer;

2. bei Nennbetragsaktien der Nennbetrag, bei Stückaktien die Zahl, der Ausgabebetrag und, wenn mehrere Gattungen bestehen, die Gattung der Aktien, die jeder Gründer übernimmt;

3. der eingezahlte Betrag des Grundkapitals.

(3) Die Satzung muß bestimmen

1. die Firma und den Sitz der Gesellschaft;

2. den Gegenstand des Unternehmens; namentlich ist bei Industrie- und Handelsunternehmen die Art der Erzeugnisse und Waren, die hergestellt und gehandelt werden sollen, näher anzugeben;

3. die Höhe des Grundkapitals;

4. die Zerlegung des Grundkapitals entweder in Nennbetragsaktien oder in Stückaktien, bei Nennbetragsaktien deren Nennbeträge und die Zahl der Aktien jeden Nennbetrags, bei Stückaktien deren Zahl, außerdem, wenn mehrere Gattungen bestehen, die Gattung der Aktien und die Zahl der Aktien jeder Gattung;

5. ob die Aktien auf den Inhaber oder auf den Namen ausgestellt werden;

6. die Zahl der Mitglieder des Vorstands oder die Regeln, nach denen diese Zahl festgelegt wird.

(4) Die Satzung muß ferner Bestimmungen über die Form der Bekanntmachungen der Gesellschaft enthalten.

(5) [1]Die Satzung kann von den Vorschriften dieses Gesetzes nur abweichen, wenn es ausdrücklich zugelassen ist. [2]Ergänzende Bestimmungen der Satzung sind zulässig, es sei denn, daß dieses Gesetz eine abschließende Regelung enthält.

Literatur:

Hauschild/Böttcher, Schiedsvereinbarungen in Gesellschaftsverträgen, DNotZ 2012, 577; *Heskamp*, Schiedsvereinbarung in Gesellschaftsverträgen, RNotZ 2012, 415; *Pfeiffer*, Vollmacht und Vertretungsnachweis bei Auslandsbezug im deutschen Handelsregisterverfahren, Rpfleger 2012, 240; *Priester*, Kaskaden-Gründung im GmbH-Recht, DStR 2016, 1555; *Schaefer/Steiner/Link*, Die wirtschaftliche Neugründung bei Verwendung von Börsenmänteln und ihre registerrechtlichen Voraussetzungen, DStR 2016, 1166; *Wälzholz/Bachner*, Probleme der sogenannten Stafetten-Gründung von Kapitalgesellschaften, NZG 2006, 361; *Weber*, GmbH-Gründung und Auslandsbeurkundung, MittBayNot 2018, 215.

I. Gründung einer AG

1. Notarielle Form/Umfang der Beurkundungspflicht. Die Gründung einer AG muss gemäß § 23 notariell beurkundet werden, und zwar als Beurkundung von Willenserklärungen (§§ 6 ff. BeurkG).[1] Die notarielle Urkunde (Gründungsprotokoll) enthält typischerweise[2] die eigentliche Errichtungserklärung, die Feststellung der Satzung (regelmäßig als Anlage gemäß § 9 Abs. 1 S. 2 BeurkG beigefügt), die Übernahmeerklärungen der Gründer (→ Rn. 25), die notariellen Belehrungen sowie eine Änderungs- und Vollzugsvollmacht, zudem die Bestellung des ersten Aufsichtsrats und ggf. des Abschlussprüfers, die gemäß § 30 ebenfalls in notarieller Form erfolgen müssen (→ Rn. 7 f.). Satzung und Übernahmeerklärungen der Gründer müssen zwingend in derselben Urkunde enthalten sein.[3] 1

1 Wachter/*Wachter* AktG § 23 Rn. 14.
2 Vgl. die Muster bei MVHdB GesellschaftsR/*Favoccia* Form. V. 1 Anm. 8; BeckOF Vertrag/*Pfisterer* 7.9.1.1 Rn. 3.
3 K. Schmidt/Lutter/*Seibt* AktG § 23 Rn. 15.

2 Der Umfang der Beurkundungspflicht betreffend die Satzung erstreckt sich auf den Mindestinhalt gemäß § 23 sowie sämtliche sonstigen Satzungsbestimmungen mit körperschaftlicher Wirkung, die nach dem Willen der Beteiligten gelten sollen[4] (zur Abgrenzung von körperschaftlichen zu sonstigen Bestimmungen → Rn. 45). Anders als bei § 311b BGB oder § 15 Abs. 4 GmbHG besteht keine Pflicht zur Beurkundung sämtlicher Nebenabreden.[5]

3 Fehlende Mindestinhalte der Satzung führen stets zur Nichtigkeit des Gründungsgeschäfts.[6] Sofern sonstige körperschaftliche Satzungsbestandteile nicht mitbeurkundet wurden, die nach dem Willen der Beteiligten Bestandteil der Satzung sein sollen, gilt nach herrschender Meinung § 125 S. 1 BGB iVm § 139 BGB.[7] Ein Formmangel wird allerdings durch die Eintragung der Gesellschaft in das Handelsregister geheilt.[8]

4 Eine Beurkundung von Angebot und Annahme ist nicht zulässig.[9] Eine sukzessive Beurkundung derselben Niederschrift[10] oder in getrennten, gemäß § 13a BeurkG inhaltlich aufeinander verweisenden Niederschriften[11] ist möglich, da keine Gleichzeitigkeit vorgeschrieben ist;[12] auch kann bei Mehrpersonen-AGs eine Vertretung ohne Vertretungsmacht mit nachfolgender Genehmigung des Vertretenen in Betracht kommen (→ GmbHG § 2 Rn. 7).

5 Die Beurkundung der AG-Gründung muss als statusrelevanter Vorgang nach herrschender Meinung durch einen deutschen Notar oder Konsularbeamten (§ 10 KonsG) erfolgen; eine Beurkundung durch einen ausländischen Notar ist nach herrschender Meinung entgegen der gegenteiligen Auffassung des Kammergerichts[13] nicht zulässig (→ GmbHG § 2 Rn. 5).[14] Die Beurkundung der Satzung in einer fremden Sprache gemäß § 5 Abs. 2 BeurkG ist zulässig, sofern der Handelsregisteranmeldung eine deutsche Übersetzung beigefügt wird;[15] diese kann der beurkundende Notar erstellen (§ 50 Abs. 1 BeurkG).

6 **2. Vertretung; Vollmacht.** Nach Abs. 1 S. 1 muss eine Vollmacht zur Gründung einer AG notariell beglaubigt (§§ 39, 40 BeurkG) oder beurkundet sein (§§ 6 ff. BeurkG). Bei Behörden ist eine Vollmacht in öffentlicher Urkunde ausreichend.[16] Gesetzliche Vertreter und Organe einer juristischen Person bedürfen keiner Vollmacht, müssen ihre gesetzliche Vertretungsmacht aber in geeigneter Form nachweisen (etwa Bestallungsurkunde oder Registerauszug; → Rn. 48).[17] Auch die Gründung auf Grundlage einer Prokura ist nach ganz herrschender

4 GroßkommAktG/*Röhricht/Schall* § 23 Rn. 63.
5 GroßkommAktG/*Röhricht/Schall* § 23 Rn. 63.
6 Zöllner/Noack/*Arnold* AktG § 38 Rn. 26 f.
7 Zöllner/Noack/*Arnold* AktG § 23 Rn. 159. Die in diesem Zusammenhang bisweilen zitierte Entscheidung RGZ 114, 77 (80 f.) betrifft die Anwendbarkeit des § 139 BGB nach Eintragung der Gesellschaft.
8 Vgl. RGZ 114, 77 (80 f.); *Hüffer/Koch* AktG § 23 Rn. 42.
9 Spindler/Stilz/*Limmer* AktG § 23 Rn. 6.
10 RG JW 1908, 520 (521).
11 *Hüffer/Koch* AktG § 23 Rn. 9.
12 *Hüffer/Koch* AktG § 23 Rn. 9. Mit der letzten Unterzeichnung ist die Satzung wirksam festgestellt; Zugang der Beitrittserklärung bei den anderen Gründern ist nicht erforderlich (§ 152 BGB).
13 KG DStR 2018, 534 (zur GmbH).
14 AG Charlottenburg GmbHR 2016, 223 (zur GmbH). Ausführlich Spindler/Stilz/*Limmer* AktG § 23 Rn. 11.
15 LG Düsseldorf GmbHR 1999, 609 (zur GmbH); ausführlich *Krafka* RegisterR-HdB Rn. 916 (zur GmbH).
16 OLG Düsseldorf MittRhNotK 1997, 436 (zur GmbH); *Hüffer/Koch* AktG § 23 Rn. 13.
17 Ausführlich Spindler/Stilz/*Limmer* AktG § 23 Rn. 13b.

Meinung möglich.[18] Handelt ein Gründer gleichzeitig als Vertreter eines anderen oder bevollmächtigen mehrere Gründer denselben Vertreter, bedarf die Befreiung vom Verbot des Selbstkontrahierens (§ 181 BGB) der Form des Abs. 2 S. 2.[19] Für weitere Einzelheiten zur Vollmacht siehe die Ausführungen in → GmbHG § 2 Rn. 6, 33 ff., die gleichermaßen für die AG gelten.

3. Bestellung des ersten Aufsichtsrats/Abschlussprüfers (§ 30 Abs. 1). Der erste Aufsichtsrat und ggf. der erste Abschlussprüfer (§ 319 HGB)[20] werden gemäß § 30 Abs. 1 S. 1 von den Gründern per Beschluss mit einfacher Mehrheit bestellt und nicht wie später im Rahmen einer Hauptversammlung. Aufgrund der hierfür gemäß § 30 Abs. 1 S. 2 vorgeschriebenen notariellen Form sind diese Bestellungen typischerweise ebenfalls Teil des Gründungsprotokolls. 7

Von den Gründern ist die gemäß § 95 Abs. 1 S. 2 gesetzlich oder satzungsmäßig vorgeschriebene Zahl an Aufsichtsratsmitgliedern zu bestellen; mitbestimmungsrechtliche Vorschriften zur Zusammensetzung finden gemäß § 31 Abs. 2 keine Anwendung. Hinsichtlich der persönlichen Voraussetzungen für Aufsichtsratsmitglieder gelten die §§ 100, 105. Bei der Beschlussfassung sind auch zur Wahl stehende Gründer stimmberechtigt;[21] Vertretung ist möglich (§ 134 Abs. 3). Die gewählten Mitglieder müssen zur Wirksamkeit ihrer Bestellung die Wahl annehmen. Die Erklärung der Annahme bedarf nicht der Form des § 30 Abs. 1 S. 2, kann bei Anwesenheit der Gewählten zu Dokumentationszwecken aber in die Niederschrift aufgenommen werden. 8

Wenn in der Satzung als Gegenstand einer Sacheinlage oder Sachübernahme die Einbringung oder Übernahme eines Unternehmens oder eines Teils hiervon festgesetzt wird, ist bei der Bestellung des ersten Aufsichtsrats § 31 zu beachten. 9

4. Sachgründung. Soll eine Einlage als Sacheinlage erfolgen, bedarf dies einer ausdrücklichen Normierung in der Satzung.[22] Dort sind der genau bezeichnete Gegenstand der Sacheinlage, der Ausgabebetrag, der Nennbetrag, bei Stückaktien die Zahl der bei der Sacheinlage zu gewährenden Aktien, sowie die Person des einbringenden Aktionärs festzusetzen.[23] Sacheinlagefähig ist gemäß § 27 Abs. 2 jeder Vermögensgegenstand mit feststellbarem wirtschaftlichem Wert; Dienstleistungen sind nicht sacheinlagefähig. Nicht einlagefähig sind auch Ansprüche gegen den einbringenden Aktionär selbst, weil mit der Einbringung einer solchen Forderung lediglich die körperschaftliche Verpflichtung gegen eine schuldrechtliche ausgetauscht würde.[24] Festsetzungen von Sacheinlagen sind auch bei späteren Satzungsänderungen grundsätzlich beizubehalten und können frühestens nach Ablauf von dreißig Jahren seit Eintragung der Gesellschaft im Handelsregister beseitigt werden (§ 27 Abs. 5, § 26 Abs. 5). Von der Sacheinlagevereinbarung zu unterscheiden ist das Vollzugsgeschäft; dieses kann mit der Gesellschaftsgründung in gleicher Urkunde vorgenommen werden.[25] 10

18 BGH NJW 1992, 975; aA Schmidt/Lutter/*Seibt* AktG § 23 Rn. 20.
19 Zöllner/Noack/*Arnold* AktG § 23 Rn. 48.
20 Dies ist nach hM entbehrlich, wenn es sich bei der AG im ersten Voll- oder Rumpfgeschäftsjahr voraussichtlich um eine kleine Kapitalgesellschaft gemäß § 267 HGB handelt, vgl. Wachter/*Wachter* AktG § 30 Rn. 26. Eine fehlende Bestellung des Abschlussprüfers ist kein Eintragungshindernis, vgl. *Krafka* RegisterR-HdB Rn. 1298.
21 GroßkommAktG/*Röhricht/Schall* § 30 Rn. 6.
22 Muster bei MVHdB GesellschaftsR/*Favoccia* Form. V. 10.
23 Wachter/*Wachter* AktG § 27 Rn. 28; Muster bei MVHdB GesellschaftsR/*Favoccia* Form. V. 10.
24 BGH NZG 2009, 463 (464).
25 Vgl. MVHdB GesellschaftsR/*Favoccia* Form. V. 10. Die Gesellschaft wird dann von ihren Gründern vertreten und nicht wie bei einer späteren Erfüllung durch ihren Vorstand, vgl. MüKoAktG/*Pentz* § 27 Rn. 17.

11 **5. Zustimmung des Ehegatten (§ 1365 BGB)/der Gesellschafter (§ 179a, § 49 Abs. 2 GmbHG).** Bei Vorliegen des gesetzlichen Güterstandes der Zugewinngemeinschaft kann bei deutschem Güterrecht unterliegenden Ehepaaren gemäß § 1365 BGB die Zustimmung des anderen Ehegatten erforderlich sein, wenn der eine – für die Mitgründer erkennbar – sein gesamtes Vermögen als Einlage in die Gesellschaft einbringen will (→ GmbHG § 2 Rn. 12 und → GmbHG § 15 Rn. 39). Sofern eine Gesellschaft ihr ganzes bzw. wesentliches Vermögen als Einlage einbringt, ist die Zustimmung der Gesellschafter gemäß § 179a AktG bzw. § 49 Abs. 2 GmbHG erforderlich (→ § 179a Rn. 1 ff.).

12 **6. Genehmigung.** Die Gründung einer AG bedarf grundsätzlich keiner Genehmigung. Ausnahmsweise können sich Genehmigungserfordernisse aus öffentlich-rechtlichen Normen ergeben, die bei der Verwirklichung des satzungsmäßigen Unternehmensgegenstandes anwendbar sind.[26] Ausnahmen können sich auch aus den Vorschriften zum Firmengebrauch[27] sowie aus Spezialgesetzen ergeben, wobei für die Praxis insbesondere § 43 Abs. 1 KWG und § 3 Abs. 5 KAGB hervorzuheben sind.[28] Es kann sich empfehlen, dass der Notar auf die bestehende Rechtslage hinweist.[29]

13 **7. Mitteilungspflichten; Voraussetzung für Aushändigung der Urkunde.** Der Notar muss eine Abschrift der Gründungsurkunde innerhalb von zwei Wochen nach Beurkundung an das Finanzamt übermitteln (§ 54 Abs. 1, 2 EStDV). Nach § 54 Abs. 3 EStDV dürfen den Beteiligten die Urschrift, eine Ausfertigung oder beglaubigte Abschrift der Urkunde erst ausgehändigt werden, wenn die Abschrift der Urkunde an das Finanzamt abgesandt ist; die Übersendung einer einfachen Abschrift kann bereits zuvor erfolgen. Wird bei einer Sachgründung ein Grundstück eingebracht, ist § 18 GrEStG zu beachten (→ GmbHG § 15 Rn. 44).

14 Ist einer der Gründer ein Unternehmen und gehören diesem mehr als 25 % der Aktien iSd § 20 oder eine Mehrheitsbeteiligung iSd § 16 Abs. 1, muss dies der entsprechende Gründer der Gesellschaft unverzüglich schriftlich mitteilen (§ 20 Abs. 1 S. 1), die dies in den Gesellschaftsblättern bekannt zu machen hat (§ 20 Abs. 6 S. 1). Gehören alle Aktien allein oder neben der Gesellschaft einem Aktionär, ist gemäß § 42 unverzüglich eine entsprechende Mitteilung unter Angabe von Name, Vorname, Geburtsdatum und Wohnort des entsprechenden Aktionärs zum Handelsregister einzureichen. Die Gesellschaft trifft gemäß § 20 Abs. 1 S. 1 GwG die Pflicht, dem Transparenzregister den wirtschaftlich Berechtigten mitzuteilen.

15 **8. Handelsregisteranmeldung.** Die Gründung der AG muss in notariell beglaubigter Form (§ 12 Abs. 1 HGB) zu dem Handelsregister angemeldet werden, in dessen Zuständigkeitsbereich die Gesellschaft ihren satzungsmäßigen Sitz hat (§ 14), und zwar gemäß § 36 Abs. 1 durch sämtliche Gründer sowie sämtliche Mitglieder des Vorstands und des Aufsichtsrats. Die Anmeldung darf gemäß § 36 Abs. 2 erst erfolgen, wenn auf jede Aktie der vom Vorstand eingeforderte

---

26 *Krafka* RegisterR-HdB Rn. 1317.

27 Im Recht der freien Berufe sehen einige Vorschriften vor, dass ein bestimmter Firmenzusatz, wie die Berufsbezeichnung, nur dann geführt werden darf, wenn die entsprechende Zulassung erteilt oder die Anerkennung ausgesprochen worden ist etwa bei Rechtsanwaltsgesellschaften (§ 59k Abs. 2 BRAO), bei Steuerberatergesellschaften (§§ 43 Abs. 4, 53 StBerG) und bei Wirtschaftsprüfungsgesellschaften (§§ 27, 31, 133 WPO).

28 Vgl. Heckschen/Heidinger/*Heckschen* Kap. 2 Rn. 79 ff.

29 Vgl. den Formulierungsvorschlag bei Heckschen/Heidinger/*Heckschen* Kap. 2 Rn. 87.

Betrag ordnungsgemäß eingezahlt worden ist (§ 54 Abs. 3), der gemäß § 36a Abs. 1 mindestens ein Viertel des geringsten Ausgabebetrags sowie ein etwaiges Aufgeld in voller Höhe umfassen muss. Da der maßgebliche Zeitpunkt für die Richtigkeit der Angaben der Zugang beim Handelsregister ist,[30] kann die Beglaubigung der Unterschriften unmittelbar nach der Beurkundung der Gesellschaftsgründung erfolgen, wobei der Notar die Anmeldung sodann treuhänderisch verwahrt und an das Registergericht weiterleitet, wenn ihm die Leistung der Einlagen vom Vorstand angezeigt wurde.[31]

Sacheinlagen müssen nach wohl herrschender Meinung gemäß § 36 Abs. 2 S. 2 vor der Anmeldung verpflichtend begründet worden sein mit der Maßgabe, dass sie spätestens innerhalb von fünf Jahren ab Eintragung der AG in das Handelsregister zu erfüllen sind, vorausgesetzt sie sind – wie häufig – durch dingliches Rechtsgeschäft zu bewirken; ansonsten sind sie vollständig vor der Anmeldung zu leisten.[32] Nach aA müssen Sacheinlagen wie bei der GmbH vor der Anmeldung vollständig und endgültig erbracht sein (→ GmbHG § 2 Rn. 16).[33] Bei einer Sachgründung ohne externe Prüfung ist § 37a zu beachten. 16

In der Anmeldung muss jedes Vorstandsmitglied für sich[34] versichern, dass in seiner Person keine Umstände nach § 76 Abs. 3 S. 2 Nr. 2 und 3 sowie S. 3 vorliegen und es über seine unbeschränkte Auskunftspflicht gegenüber dem Gericht belehrt worden ist. Ferner ist von sämtlichen anmeldenden Personen gemäß § 37 Abs. 1 zu versichern, dass die Voraussetzungen der §§ 36 Abs. 2, 36a erfüllt sind, und nachzuweisen, dass der eingezahlte Betrag endgültig zur freien Verfügung des Vorstands steht. Soweit das Grundkapital nicht in voller Höhe geleistet wurde, muss der auf jede Aktie eingeforderte und ordnungsgemäß eingezahlte Betrag genau bezeichnet werden, so dass klar erkennbar ist, welcher Gründer welche Einlageleistungen auf welche Aktie bewirkt hat.[35] Die Abgabe dieser Versicherungen ist höchstpersönlich, so dass insoweit keine Vertretung möglich ist; auch eine Anmeldung durch den Notar gemäß § 378 Abs. 2 FamFG scheidet insoweit aus. 17

Der Anmeldung sind die in § 37 Abs. 4 genannten Anlagen in der Form des § 12 Abs. 2 HGB beizufügen. Zudem sind in der Anmeldung gemäß § 37 Abs. 3 (i) die inländische Geschäftsanschrift und die Lage der Geschäftsräume (§ 24 Abs. 2 HRV) sowie (ii) die allgemeine Vertretungsregelung und die konkrete Vertretungsbefugnis der einzelnen Vorstandsmitglieder anzugeben. 18

9. Kosten. Für die Beurkundung der Gründung der Mehrpersonen-AG fällt eine 2,0 Gebühr nach KV Nr. 21100 GNotKG an, mindestens 120 EUR (§ 109 Abs. 1 S. 1 GNotKG). Bei Gründung einer Einpersonen-AG ist eine 1,0 Gebühr nach KV Nr. 21200 GNOtKG zu erheben, mindestens 60 EUR. Der Geschäftswert bestimmt sich gemäß § 97 Abs. 1 GNotKG nach dem Wert des Grundkapitals oder dem Ausgabebetrag der Aktien; der höhere Wert ist maßgebend.[36] Der Geschäftswert beträgt höchstens 10 Mio. EUR (§ 107 Abs. 1 S. 1 GNotKG). 19

30 KG NZG 2021, 747 (749).
31 Spindler/Stilz/*Döbereiner* AktG § 37 Rn. 3; aA die örtliche Praxis des AG Kassel, wonach die Erklärung bereits zum Zeitpunkt ihrer Abgabe beim Notar richtig sein müsse.
32 *Hüffer/Koch* AktG § 36a Rn. 4.
33 Wachter/*Wachter* AktG § 36a Rn. 14.
34 OLG Frankfurt DNotZ 2016, 554.
35 OLG Hamm GmbHR 2011, 652; OLG Frankfurt NJW-RR 1992, 1253 (jeweils zur GmbH); *Hüffer/Koch* AktG § 37 Rn. 3.
36 *Tiedtke* Streifzug durch das GNotKG Rn. 1581.

20 Wird die Bestellung des ersten Aufsichtsrats und ggf. des Abschlussprüfers mitbeurkundet, sind diese Beschlussfassungen gesondert zu bewerten (§ 110 Nr. 1 GNotKG) und jeweils mit unbestimmtem Geschäftswert mit 1 % des Grundkapitals der Gesellschaft, mindestens 30.000 EUR (§ 108 Abs. 1 S. 1 iVm § 105 Abs. 4 Nr. 1 GNotKG) anzusetzen, und als weitere Verfahrensgegenstände zum Geschäftswert hinzuzurechnen (§ 35 Abs. 1 GNotKG).[37] Der Gebührenansatz für die Beschlüsse beträgt – sowohl bei Ein- als auch bei Mehrpersonen-AG – 2,0 (KV Nr. 21100 GNotKG).[38]

21 Für eine von dem Notar entworfene Anmeldung der Gründung zum Handelsregister fällt eine 0,5-Gebühr nach Nr. 24102 aus dem Geschäftswert des einzutragenden Grundkapitals an, der mindestens 30.000 EUR und höchstens 1 Mio. EUR beträgt (§§ 105, 106 GNotKG). Bei bloßer Beglaubigung der Unterschrift unter einem anderweitig gefertigten Entwurf entsteht eine 0,2-Gebühr nach Nr. 25100 KV GNotKG (mindestens 20 EUR, höchstens 70 EUR). Da die Eintragungsunterlagen nur in elektronischer Form eingereicht werden können, müssen XML-Strukturdaten erstellt werden, wofür eine Vollzugsgebühr von 0,2 nach KV Nr. 22114 GNotKG zu erheben ist (bzw. von 0,5 gemäß KV Nr. 22125 GNotKG bei einem Fremdentwurf), höchstens 125 EUR (bzw. 250 EUR). Wird der Notar angewiesen, die Anmeldung erst nach Bestätigung der Einzahlung des Grundkapitals einzureichen, löst dies eine 0,5-Betreuungsgebühr nach KV Nr. 22200 Nr. 3 GNotKG aus. Übernimmt der Notar auftragsgemäß die Einholung der Stellungnahme der Industrie- und Handelskammer zur Klärung der Zulässigkeit der beabsichtigten Firmierung, fällt für diese Vollzugstätigkeit eine Gebühr von 0,5, höchstens 50 EUR nach KV Nr. 22112 GNotKG an, bei einer Einpersonen-AG eine Gebühr von 0,3, höchstens 50 EUR.

22 Für die Beurkundung einer Vollmacht oder einer Zustimmungserklärung zur Gründung der AG fällt eine 1,0 Gebühr nach KV Nr. 21200 GNotKG an, mindestens 60 EUR. Entsprechendes gilt für die Beglaubigung einer Vollmacht oder Zustimmungserklärung, wenn der Notar selbst den Entwurf gefertigt hat. Wird dagegen nur die Unterschrift unter einem bereits anderweitig gefertigten Entwurf beglaubigt, so ist eine 0,2 Gebühr nach KV Nr. 25100 GNotKG zu erheben, mindestens 20 EUR und höchstens 70 EUR. Der Geschäftswert ist nach der Hälfte des Wertes der Aktien des betreffenden Aktionärs zu bestimmen (§ 98 Abs. 1 GNotKG) und beträgt höchstens 1 Mio. EUR (§ 98 Abs. 4 GNotKG).

23 Die Kosten der Sachgründung entsprechen grundsätzlich denen der Bargründung. Enthält die Urkunde gleichzeitig die Erfüllung der Einlageverpflichtung mit der entsprechenden Übertragung der Vermögensgegenstände auf die AG (etwa die Erklärung der Auflassung von Grundstücken an die Gesellschaft), ist dies gegenstandsgleich mit dem Gründungsvertrag und nicht gesondert zu bewerten (§ 109 Abs. 1 S. 4 Nr. 2 GNotKG).[39] Bei Gründung einer Einpersonen-AG mittels Sachgründung ist die Vertragsgebühr nach 2,0 gemäß KV Nr. 21100 GNotKG zu erheben, wenn zur Bewirkung der Einlagen vertragliche Vereinbarungen mit der Gesellschaft in Gründung beurkundet werden (zB Einbringungs-

37 *Tiedtke* Streifzug durch das GNotKG Rn. 1588, 1590.

38 Wegen der unterschiedlichen Gebührensätze von Gründungserklärung (1,0) und Beschluss (2,0) bei der Einpersonen-Gründung entstehen nach § 94 Abs. 1 GNotKG grundsätzlich gesondert zu berechnende Gebühren, jedoch nicht mehr als die nach dem höchsten Gebührensatz berechnete Gebühr aus dem Gesamtbetrag der Werte; vgl. hierzu *Diehn* Notarkostenberechnungen Rn. 1168 ff.

39 *Tiedtke* Streifzug durch das GNotKG Rn. 1612.

vertrag, Auflassung).[40] Der Geschäftswert bestimmt sich bei einer Sacheinlage nach dem Wert der Sacheinlage, jedoch ohne Schuldenabzug (§ 38 GNotKG); bei der Bewertung von Grundeigentum sind die in § 46 GNotKG enthaltenen Bestimmungen zu beachten.[41]

Die Eintragungsgebühr beträgt bei Bargründungen grundsätzlich und unabhängig von der Höhe des Grundkapitals der Gesellschaft 300 EUR (§ 1 HRegGebV, GV 2102 HRegGebV). Sofern mindestens eine Sacheinlage geleistet wird, beträgt die Gebühr für die Eintragung der AG ins Handelsregister 360 EUR (§ 1 HRegGebV, GebVerz. 2103). 24

II. Satzung/Gründer/Übernahmeerklärungen

1. Inhalt der Satzung; Satzungsstrenge (Abs. 3 bis 5). Die Satzung muss mindestens die nach Abs. 3 und 4 obligatorischen Angaben enthalten (→ Rn. 25 ff.). Es genügt nicht, wenn diese in der Mantelurkunde, nicht aber in der davon getrennten Satzung enthalten sind.[42] Daneben werden regelmäßig Regelungen zu Geschäftsführung und Vertretung (einschließlich (Ermächtigung zur) Befreiung von § 181 Alt. 2 BGB[43] und Abwickler), Aufsichtsrat (einschließlich Satzungsänderungsbefugnis), Hauptversammlung, Geschäftsjahr und Gründungsaufwand in die Gründungssatzung aufgenommen. 25

Gemäß Abs. 5 S. 1 darf von Bestimmungen des AktG die Satzung betreffend nur abgewichen werden, wenn dies durch das AktG ausdrücklich zugelassen ist. Ergänzende Bestimmungen dürfen gemäß Abs. 5 S. 2 nur dann erfolgen, wenn das AktG hierzu keine abschließende Regelung enthält. Zweck dieser als Satzungsstrenge bezeichneten Vorgaben ist die Förderung der Verkehrsfähigkeit von Aktien durch Standardisierung und Ausschluss von ungewöhnlichen und überraschenden Satzungsbestimmungen.[44] 26

a) Zwingende Regelungsgegenstände. aa) Firma und Sitz der Gesellschaft (Abs. 3 Nr. 1). Die Zulässigkeit der Firma richtet sich nach den allgemeinen Bestimmungen (§§ 17, 18 HGB); nach § 4 ist ein Rechtsformhinweis zu führen. § 5 lässt freie Sitzwahl innerhalb Deutschlands ohne Anknüpfung an den tatsächlichen Verwaltungssitz zu.[45] Sitz muss eine politische Gemeinde sein;[46] nach herrschender Meinung ist ein Mehrfachsitz allenfalls in Ausnahmefällen möglich.[47] 27

bb) Gegenstand des Unternehmens (Abs. 3 Nr. 2). Der Gegenstand des Unternehmens beschreibt den Bereich und die Art der Tätigkeit der Gesellschaft.[48] Zweck der Angabe ist die Information des Rechtsverkehrs über die Geschäftstätigkeit der Gesellschaft, die Begrenzung der Geschäftsführungsbefugnisse des Vorstands und der Schutz der Aktionäre.[49] Nach herrschender Meinung muss der Unternehmensgegenstand soweit präzisiert sein, dass der Schwerpunkt der Tätigkeit erkennbar ist und interessierte Geschäftsbeteiligte der Satzung unter 28

40 *Tiedtke* Streifzug durch das GNotKG Rn. 1612.
41 *Tiedtke* Streifzug durch das GNotKG Rn. 1582.
42 Vgl. OLG Hamm NJW 1987, 263 (zur GmbH).
43 Allgemeine satzungsmäßige Befreiung von § 181 Alt. 1 BGB ist bei der AG wegen § 112 AktG nach hM nicht möglich, vgl. *Krafka* RegisterR-HdB Rn. 1301.
44 Wachter/*Wachter* AktG § 23 Rn. 54.
45 Grigoleit/*Wicke* AktG § 5 Rn. 1.
46 K. Schmidt/Lutter/*Seibt* AktG § 23 Rn. 31.
47 Ausführlich MüKoAktG/*Heider* § 5 Rn. 29 mwN. Generell gegen die Zulässigkeit eines Mehrfachsitzes *Krafka* RegisterR-HdB Rn. 355.
48 Ausführlich MüKoAktG/*Pentz* § 23 Rn. 69 ff.
49 Wachter/*Wachter* AktG § 23 Rn. 34.

Berücksichtigung der Verkehrsanschauung entnehmen können, in welchem Geschäftszweig und in welcher Art von Geschäften die Gesellschaft aktiv werden will.[50] Insbesondere sind gemäß Abs. 3 Nr. 2 die Art der Erzeugnisse und Waren, die hergestellt und gehandelt werden sollen, in der Satzungsbestimmung näher anzugeben. Allgemeine Angaben wie „Handel mit Waren aller Art" oder „Erbringung von Dienstleistungen aller Art" hat die Rechtsprechung als unzulässig erachtet.[51] Im Allgemeinen ist eine geschäftszweigmäßige Bezeichnung erforderlich und ausreichend, etwa „Handel mit Webwaren" oder „Betrieb von Gaststätten".[52] Demgegenüber kann auch „Verwaltung von Vermögen jeder Art" oder „Beteiligung an anderen Unternehmen" eine individualisierte Bestimmung des Unternehmensgegenstands sein, wenn der Umfang der beabsichtigten Tätigkeit dem entspricht.[53]

29 Wenn die AG Aktivitäten indirekt über andere Gesellschaften verfolgen bzw. sich sonst an anderen Unternehmen beteiligen soll, ist nach herrschender Meinung eine sog. Beteiligungsklausel erforderlich („Die Gesellschaft darf sich an anderen Unternehmen beteiligen.").[54]

30 Der Gegenstand des Unternehmens (Abs. 3 Nr. 2) ist vom Zweck der AG zu unterscheiden. Zweck der AG ist regelmäßig die Gewinnerzielung.[55] Der Zweck muss nach herrschender Meinung zwingend in der Satzung genannt werden, wenn er ausnahmsweise nicht in der Gewinnerzielung besteht; andernfalls besteht keine Notwendigkeit der Erwähnung.[56]

31 **cc) Grundkapital (Abs. 3 Nr. 3 und 4).** Abs. 3 Nr. 3 und 4 schreiben vor, dass die Satzung zwingende Angaben zum Grundkapital enthalten muss. Dabei ist die Höhe des Grundkapitals zu nennen (Abs. 3 Nr. 3), das gemäß § 7 mindestens 50.000 EUR betragen muss. Ferner muss die Satzung die Art und Weise der Zerlegung des Grundkapitals in Aktien angeben (Abs. 3 Nr. 4). Dazu gehört, ob das Grundkapital gemäß § 8 in Nennbetrags- oder Stückaktien zerlegt ist; Mischformen sind nicht gestattet.[57] Bei Nennbetragsaktien sind die Nennbeträge der einzelnen Aktien und die Zahl der Aktien jedes Nennbetrags anzugeben, der jeweils mindestens 1 EUR betragen muss (§ 8 Abs. 2). Bei Stückaktien ist deren Zahl anzugeben, wobei der auf die einzelne Aktie entfallende anteilige Betrag 1 EUR nicht unterschreiten darf (§ 8 Abs. 3 S. 2). Wenn mehrere Gattungen von Aktien bestehen, dh Aktien verschiedene Rechte gewähren (§ 11), muss die Satzung die Gattungen der Aktien einschließlich der für die jeweilige Gattung maßgeblichen Rechte und Pflichten und die Zahl der Aktien jeder Gattung bestimmen.

32 **dd) Namens- und/oder Inhaberaktien (Abs. 3 Nr. 5).** Die Satzung muss angeben, ob die Aktien auf den Inhaber (Inhaberaktien) und/oder auf den Namen (Namensaktien) ausgestellt werden, Abs. 3 Nr. 5. Regelfall ist die Namensaktie (§ 10 Abs. 1 S. 1, Abs. 2). Unter den Voraussetzungen des § 10 Abs. 1 S. 2 können auch Inhaberaktien ausgestellt werden. Gemäß § 10 Abs. 5 kann der Anspruch des Aktionärs auf Verbriefung seines Anteils ausgeschlossen oder einge-

---

50 Wachter/*Wachter* AktG § 23 Rn. 35; ausführlich MüKoAktG/*Pentz* § 23 Rn. 79 ff.
51 BayObLG GmbHR 1994, 705; 1996, 360; 2003, 414.
52 Wachter/*Wachter* AktG § 23 Rn. 35.
53 MüKoAktG/*Pentz* § 23 Rn. 80.
54 Vgl. MüKoAktG/*Winner* § 179 Rn. 244.
55 Wachter/*Wachter* AktG § 23 Rn. 36.
56 Grigoleit/*Vedder* AktG § 23 Rn. 29.
57 LG München I AG 2015, 639 (640).

schränkt werden; auch in diesem Fall ist die Angabe des Abs. 3 Nr. 5 zwingend erforderlich.[58]

ee) Zahl der Vorstandsmitglieder (Abs. 3 Nr. 6). Die Satzung muss die Zahl der Mitglieder des Vorstands oder die Regeln, nach denen diese Zahl festgelegt wird, enthalten (Abs. 3 Nr. 6). Gemäß § 76 Abs. 2 kann der Vorstand aus einer oder mehreren natürlichen Personen bestehen; bei einem Grundkapital von mehr als EUR 3 Mio. besteht er aus mindestens zwei Personen, sofern die Satzung nichts Abweichendes bestimmt. Sofern eine mitbestimmungsrechtliche Pflicht zur Bestellung eines Arbeitsdirektors besteht, muss die Zahl der Vorstandsmitglieder mindestens zwei betragen (vgl. § 76 Abs. 2 S. 3). 33

Die Satzung kann entweder die genaue Zahl der Vorstandsmitglieder oder eine Mindest- und/oder Höchstzahl festlegen.[59] In letzterem Fall obliegt die Festlegung der Zahl der Vorstandsmitglieder dem Aufsichtsrat (§ 84). Eine typische Formulierung lautet: „Der Vorstand besteht aus einer oder mehreren Personen." Alternativ zu einer Zahl kann die Satzung die Regeln der Festlegung bestimmen, dh ob die Zahl von der Hauptversammlung oder dem Aufsichtsrat festgelegt wird.[60] 34

ff) Bekanntmachungen (Abs. 4). Gemäß Abs. 4 muss die Satzung Bestimmungen über die Form der Bekanntmachung der Gesellschaft enthalten. Pflichtbekanntmachungen der Gesellschaft müssen gemäß § 25 zwingend im Bundesanzeiger erfolgen. Vor diesem Hintergrund bestimmen die Satzungen regelmäßig den Bundesanzeiger als alleiniges Medium für sämtliche Bekanntmachungen der Gesellschaft. Es besteht die Möglichkeit, neben dem Bundesanzeiger weitere Medien (etwa Tageszeitungen) oder Formen (etwa eingeschriebener Brief) für Bekanntmachungen der Gesellschaft zu bestimmen oder für freiwillige Bekanntmachungen andere Medien als den Bundesanzeiger festzulegen.[61] 35

gg) Sachübernahme; sonstige zwingende Bestimmungen. Ist seitens der Gründer zum Zeitpunkt der Beurkundung der Gründungssatzung verabredet, dass die Gesellschaft Vermögensgegenstände gegen eine Vergütung, die nicht in Aktien der Gesellschaft besteht, übernehmen soll (Sachübernahme), muss in der Satzung der Gegenstand der Sachübernahme, die Person, von der die Gesellschaft den Gegenstand erwirbt, und die zu gewährende Vergütung bezeichnet werden (§ 27 Abs. 1). 36

Weitere zwingende Inhalte der Satzung können sich im Einzelfall aus Vorschriften außerhalb des AktG ergeben, etwa bei Immobilien-AGs nach dem REITG oder bei Rechtsanwaltsgesellschaften nach dem Berufsrecht. 37

b) Weitere Regelungsgegenstände. aa) Vertretungsbefugnis; Befreiung von § 181 Alt. 2 BGB; Abwickler. Besteht der Vorstand aus mehreren Personen, sind gemäß § 78 Abs. 2 sämtliche Vorstandsmitglieder gemeinschaftlich zur Vertretung der Gesellschaft befugt, wenn die Satzung nichts anderes bestimmt. Diese Regelung wird in der Praxis regelmäßig abbedungen, und zwar entweder zugunsten der Einzelvertretungsbefugnis eines Vorstandsmitglieds oder – häufiger – zur Gesamtvertretungsbefugnis zweier Vorstandsmitglieder bzw. eines Vorstandsmitglieds gemeinsam mit einem Prokuristen (§ 78 Abs. 2 S. 1). Alternativ oder zusätzlich kann die Satzung auch eine Ermächtigung vorsehen, dass der Aufsichtsrat einzelnen oder mehreren Vorstandsmitgliedern Einzel- oder Gesamtvertretungsbefugnis erteilen kann (§ 78 Abs. 3 S. 2). 38

58 Wachter/*Wachter* AktG § 23 Rn. 43.
59 Wachter/*Wachter* AktG § 23 Rn. 46.
60 BGH NZG 2002, 817 (818).
61 Grigoleit/*Vedder* AktG § 23 Rn. 34.

39 Die Beschränkung des § 181 Alt. 2 BGB gilt für sämtliche Vorstandsmitglieder.[62] Sollen die Vorstandsmitglieder hiervon generell befreit werden, bedarf es dazu einer Satzungsgrundlage. Die Befreiung kann entweder in der Satzung selbst erteilt oder eine entsprechende Ermächtigung des Aufsichtsrats in die Satzung aufgenommen werden.[63] Eine satzungsmäßige Befreiung von § 181 Alt. 1 BGB ist demgegenüber nicht möglich, da nach ganz herrschender Meinung hinsichtlich des Selbstkontrahierens § 112 die speziellere Vorschrift ist.[64]

40 Im Falle der Abwicklung der Gesellschaft wird diese durch sämtliche Abwickler (in der Regel die bisherigen Vorstandsmitglieder) gemeinschaftlich vertreten, §§ 265, 269. Abweichende Regelungen der Vertretungsbefugnis können gemäß § 269 Abs. 2 entweder in der Satzung enthalten sein oder durch einfachen Hauptversammlungsbeschluss bestimmt werden, ohne dass für einen solchen Hauptversammlungsbeschluss eine Satzungsgrundlage erforderlich ist. Eine Befreiung von § 181 Alt. 2 BGB ist auch bei Abwicklern möglich, bedarf allerdings einer Satzungsgrundlage.[65] Nicht abschließend geklärt ist, ob hierfür eine ausdrückliche auf die Abwicklung abstellende satzungsmäßige Ermächtigung erforderlich ist („Die Regelungen zur Vertretung durch den Vorstand gelten in der Abwicklung entsprechend"),[66] so dass sich einstweilen eine vorsorgliche Aufnahme empfiehlt. Eine für ein Vorstandsmitglied bestimmte Einzelvertretungsmacht oder Befreiung von § 181 Alt. 2 BGB endet mit dem Liquidationsstadium der Gesellschaft und setzt sich auch dann nicht fort, wenn die bisherigen Vorstandsmitglieder nunmehr Abwickler der Gesellschaft sind.[67] Anders als beim Vorstand erstarkt eine Gesamtvertretungsbefugnis nicht zur Alleinvertretungsbefugnis, wenn mit Ausnahme eines Abwicklers sämtliche anderen Abwickler aus dem Amt scheiden.[68]

41 bb) **Aufsichtsrat.** Gemäß § 95 besteht der Aufsichtsrat aus drei Mitgliedern, wobei die Satzung (unter Beachtung der Höchstzahlen des § 95 S. 4 und ggf. anwendbarer mitbestimmungsrechtlicher Vorgaben) eine höhere, aber keine niedrigere Zahl festsetzen kann. Außerhalb des Mitbestimmungsrechts ist es nicht (mehr) erforderlich, dass die Zahl der Mitglieder durch 3 teilbar sein muss. Die Satzung kann eine von § 102 abweichende kürzere, aber nicht längere Amtszeit vorsehen (§ 102). Häufig enthält die Satzung eine Bestimmung gemäß § 179 Abs. 1 S. 2, wonach der Aufsichtsrat befugt ist, Änderungen der Satzung, die nur die Fassung betreffen, zu beschließen.

42 cc) **Gerichtsstandsklausel; Schiedsvereinbarung.** Hinsichtlich Klagen, die das Gesellschaftsverhältnis betreffen, kann die Satzung den satzungsmäßigen Sitz der Gesellschaft als (ausschließlichen) Gerichtsstand festlegen.[69] Die Zuständigkeit eines Schiedsgerichts in der Satzung einer Aktiengesellschaft kann nach herrschender Meinung nur für Streitgegenstände festgelegt werden, für die das Aktienrecht nicht die Zuständigkeit staatlicher Gerichte anordnet.[70]

62 *Hüffer/Koch* AktG § 78 Rn. 6.
63 MüKoAktG/*Spindler* AktG § 78 Rn. 128.
64 Vgl. Kölner Komm AktG/*Mertens/Cahn* AktG § 78 Rn. 71 mwN.
65 Vgl. OLG Frankfurt NZG 2019, 1295; *Hüffer/Koch* AktG § 269 Rn. 5.
66 Dafür: OLG Frankfurt NZG 2019, 1295; OLG Köln DStR 2016, 2869; dagegen: OLG Zweibrücken GmbHR 2011, 1209; OLG Hamm BeckRS 2016, 129777.
67 BGH NZG 2009, 72; OLG Frankfurt NZG 2019, 1295.
68 BGH NJW 1993, 1654.
69 BGH NJW 1994, 51.
70 Spindler/Stilz/*Dörr* AktG § 246 Rn. 10; ausführlich *Heskamp* RNotZ 2012, 415 (424 ff.); allgemein von einer Schiedsvereinbarung in der Satzung einer AG abratend *Hauschild/Böttcher* DNotZ 2012, 577 (587).

dd) Gründungsaufwand. Sollen (wie üblich) die Gründungskosten gemäß § 26 Abs. 2 von der Gesellschaft getragen werden, muss dies in die Satzung aufgenommen werden. Bei Vorratsgesellschaften kann die Übernahme auch erst bei wirtschaftlicher Neugründung erfolgen.[71] Dabei ist die Nennung des Gesamtbetrags der Gründungskosten in Euro erforderlich und ausreichend. Anders als bei der GmbH müssen die einzelnen zugrunde liegenden Kostenpositionen in der Satzung nicht aufgeführt werden; diese sind vielmehr im Rahmen der der Anmeldung gemäß § 37 Abs. 4 Nr. 2 beizufügenden Berechnung des Gründungsaufwands aufzuschlüsseln.[72] Im Einzelnen können die Kosten für die Beurkundung, die Handelsregistereintragung, die Gründungsprüfung, den Druck von Aktien, die Gewerbeanmeldung, die Kontoeröffnung, etwaige Steuern sowie (angemessene) Aufwendungen für Rechtsanwälte, Steuerberater, Wirtschaftsprüfer und Unternehmensberater sowie die Bewertung von Sacheinlagen in Ansatz gebracht werden.[73] 43

Die Festsetzungen zu den Gründungskosten dürfen aus der Satzung gemäß § 26 Abs. 5 frühestens 30 Jahre seit Eintragung der AG im Handelsregister beseitigt werden. 44

c) Abgrenzung von körperschaftlichen und schuldrechtlichen Bestimmungen. Körperschaftliche Regelungen in der Satzung (sog. echte Satzungsbestandteile) sind von sonstigen Abreden der Gründer/Aktionäre zu unterscheiden, die zwar im Text der Satzungsurkunde enthalten sind, die aber nur die Qualität schuldrechtlicher Vereinbarungen oder einfacher Beschlüsse haben (sog. unechte Satzungsbestandteile).[74] Während körperschaftliche Satzungsbestandteile auch zukünftige Aktionäre sowie Dritte binden,[75] wirken unechte Satzungsbestandteile nur zwischen den Parteien.[76] Für weitere Einzelheiten wird auf die Kommentierung zu § 2 GmbHG (→ GmbHG § 2 Rn. 44 ff.) verwiesen. 45

2. Gründer (Abs. 2 Nr. 1). Gemäß Abs. 2 Nr. 1 müssen in der Gründungsurkunde die Gründer der AG angegeben werden. Gründer sind die Personen, die die Satzung feststellen (§ 28). Gründer kann nur sein, wer mindestens eine Aktie unter Begründung einer Einlagepflicht zu seinen Lasten übernimmt (§ 2). 46

Tauglicher Gründer einer AG ist jede natürliche oder juristische Person sowie rechtsfähige Personengesellschaft,[77] in- wie ausländische[78] Person und auch solche des öffentlichen Rechts im Rahmen ihres Aufgaben- und Wirkungsbereichs.[79] 47

Die Existenz und Vertretung von Gesellschaften bzw. juristischen Personen des Privatrechts als Gründer ist gegenüber dem Handelsregister im Grundsatz durch Vorlage eines amtlichen Ausdrucks oder einer notariellen Bescheinigung nach § 21 Abs. 1 Nr. 1 BNotO nachzuweisen; alternativ genügt entsprechend § 34 GBO auch die Bezugnahme auf das elektronische Register.[80] Bei juristischen Personen des öffentlichen Rechts ergibt sich die Vertretungsbefugnis häu- 48

71 Die Gründungskosten können dabei nur einmal angesetzt werden, dh entweder bei Gründung oder wirtschaftlicher Neugründung, OLG Stuttgart AG 2013, 95.
72 MüKoAktG/*Pentz* AktG § 26 Rn. 34.
73 GroßkommAktG/*Röhricht/Schall* § 26 Rn. 32 f.
74 Spindler/Stilz/*Limmer* AktG § 23 Rn. 4.
75 Wachter/*Wachter* AktG § 23 Rn. 7.
76 Spindler/Stilz/*Limmer* AktG § 23 Rn. 4.
77 Grigoleit/*Vedder* AktG § 2 Rn. 8.
78 Zöllner/Noack/*Dauner-Lieb* AktG § 2 Rn. 6.
79 Zu den Grenzen aus ihrem öffentlich-rechtlichen Aufgabenbereich und Wirkungskreis BGHZ 20, 119 (123).
80 *Krafka* RegisterR-HdB Rn. 915.

fig aus den für diese geltenden Bestimmungen; der Vertretungsnachweis kann regelmäßig auch durch (gesiegelte) Eigenbestätigung[81] oder sonstige Legitimationsurkunde geführt werden.[82] Wird ein Betreuer, Insolvenzverwalter oder Testamentsvollstrecker tätig, ist die Bestallungsurkunde im Original oder in Ausfertigung vorzulegen.[83] Für Einzelheiten zum Existenz- und Vertretungsnachweis bei ausländischen Gesellschaften → GmbHG § 2 Rn. 62.

49 a) **AG.** Bei Gründung einer AG durch eine andere AG ist zu beachten, dass Vorstandsmitglieder nicht zu Insichgeschäften befugt sind (§ 112).[84] Nicht abschließend geklärt ist, ob ein solches Insichgeschäft vorliegt, wenn ein Vorstandsmitglied zum ersten Aufsichtsrat der Tochter-AG bestellt werden soll mit der Folge, dass in einem solchen Fall die AG durch den Aufsichtsrat vertreten wird (§ 112).[85]

50 b) **Vor-AG (Stafettengründung/Kaskadengründung).** Die Vor-AG, die mit Abschluss der notariellen Gründungsurkunde entsteht,[86] kann zwar nicht an sich selbst beteiligt sein,[87] jedoch ihrerseits eine AG oder eine andere Gesellschaft gründen.[88] Notwendige Voraussetzung für die Beteiligung der Vor-AG ist, dass diese bereits einen Vorstand bestellt hat, da nur dieser die Vor-AG vertreten kann.[89] Es kann sich die satzungsmäßige Aufnahme der Tochtergründung als Sachübernahme nach § 27 empfehlen.[90] Für weiteren Einzelheiten → GmbHG § 2 Rn. 53.

51 c) **Sonstige Gründer.** Auch Vor-GmbH,[91] GbR,[92] Erbengemeinschaft (hM),[93] nichtrechtsfähiger Verein,[94] OHG/KG i.G.,[95] Minderjährige,[96] Betreute[97] und ausländische (natürliche wie juristische) Personen[98] kommen als Gründer einer AG in Betracht, der Testamentsvollstrecker nur mit ausdrücklicher Zustimmung sämtlicher Erben.[99] Hinsichtlich der insoweit zu beachtenden Besonderheiten einschließlich relevanter Vertretungsnachweise wird auf die Kommentierung zu § 2 GmbHG (→ GmbHG § 2 Rn. 47 ff.) verwiesen.

52 **3. Übernahmeerklärungen der Gründer (Abs. 2 Nr. 2).** Neben der Feststellung der Satzung müssen in der Gründungsurkunde die Erklärungen der Gründer zur Übernahme der Aktien der Gesellschaft unter Angabe der in Abs. 2 Nr. 2

81 MüKoGmbHG/*Herrler* § 8 Rn. 14; Der Nachweis über die Vertretungsbefugnis ist geführt, wenn die unterschriebene Erklärung mit dem Siegel des öffentlich-rechtlichen Rechtsträgers versehen ist; vgl. KG BeckRS 2013, 3801.
82 *Hüffer/Koch* AktG § 23 Rn. 13.
83 MüKoGmbHG/*Herrler* § 8 Rn. 14.
84 Vgl. hierzu BGH BeckRS 2019, 3062.
85 Vgl. BGH BeckRS 2019, 3062; LG Berlin NJW-RR 1997, 1534; OLG München NZG 2012, 710 (jeweils zu GmbH-Gründung); Wachter/*Wachter* AktG § 23 Rn. 20.
86 Zöllner/Noack/*Arnold* AktG § 41 Rn. 16.
87 Grigoleit/*Grigoleit/Rachlitz* AktG § 56 Rn. 3.
88 KG DStR 2004, 1493. Das gilt nach hM auch für die Ein-Personen-Vor-AG, vgl. *Wälzholz/Bachner* NZG 2006, 361 (365) mwN.
89 Zöllner/Noack/*Arnold* AktG § 41 Rn. 29.
90 *Wälzholz/Bachner* NZG 2006, 361 (365).
91 GroßkommAktG/*Bachmann* § 2 Rn. 23.
92 MüKoAktG/*Heider* § 2 Rn. 17.
93 Spindler/Stilz/*Drescher* AktG § 2 Rn. 12.
94 Grigoleit/*Vedder* AktG § 2 Rn. 6.
95 Vgl. DNotI-Report 2002, 185.
96 Zöllner/Noack/*Arnold* AktG § 2 Rn. 7.
97 Grigoleit/*Vedder* AktG § 2 Rn. 3.
98 MüKoAktG/*Heider* § 2 Rn. 12, 15.
99 Baumbach/Hueck/*Fastrich* § 1 Rn. 46 mwN.

vorgeschriebenen Punkte enthalten sein. Übernahmeerklärungen dürfen weder bedingt noch befristet sein.[100]

53 Gemäß Abs. 2 Nr. 2 sind im Rahmen der Übernahmeerklärung detaillierte Angaben über die von jedem Gründer übernommenen Aktien zu machen (→ Rn. 52). Bei Nennbetragsaktien (§ 8 Abs. 2) ist anzugeben, wie viele Aktien (ggf. je Gattung) der jeweilige Gründer zu welchem Nennbetrag und zu welchem Ausgabebetrag (§ 9) übernommen hat. Bei Stückaktien (§ 8 Abs. 3) ist die Zahl der Aktien (ggf. je Gattung) je Gründer und der jeweilige Ausgabetrag (§ 9) zu nennen. Werden Namens- und Inhaberaktien ausgegeben, ist nach herrschender Meinung deren genaue Zuordnung zu den jeweiligen Gründern erforderlich.[101]

54 **4. Eingezahlter Betrag (Abs. 2 Nr. 3).** In der Gründungsurkunde ist gemäß Abs. 2 Nr. 3 der zum Zeitpunkt der Übernahmeerklärung bereits eingezahlte Betrag des Grundkapitals anzugeben. Da zu diesem Zeitpunkt das Grundkapital noch nicht eingezahlt sein darf, entfällt diese Angabe typischerweise.[102]

55 **5. Gründerwechsel und Änderungen der Satzung vor Eintragung.** Sämtliche Änderungen der Satzung vor Eintragung der AG bedürfen nach herrschender Meinung der Zustimmung sämtlicher Gründer[103] und sind zwingend nach §§ 6 ff. BeurkG zu beurkunden.[104] Die registerrechtliche Behandlung einer vor der Eintragung der AG vorgenommenen Änderung der Satzung ist nicht abschließend geklärt. Weitgehende Einigkeit besteht darüber, dass dem Registergericht auch bei der Erstanmeldung nach Satzungsänderung in entsprechender Anwendung von § 181 Abs. 1 S. 2 eine mit Notarbescheinigung versehene vollständige Fassung der Satzung vorzulegen ist; teilweise wird von Registergerichten bei Änderungen nach Erstanmeldung ergänzend eine förmliche Anmeldung der Änderungen verlangt.[105]

56 Das Erfordernis der Zustimmung sämtlicher Gründer und der notariellen Beurkundung gilt auch für den Wechsel von Gründern, das Ausscheiden eines Gründers und den Beitritt eines neuen Gründers im Stadium der Vor-AG.[106] Diese Vorgänge sind im Gründungsstadium daher durch einen von allen Gründern geschlossenen, notariell beurkundeten satzungsändernden Vertrag möglich.[107] Sofern diese Gestaltungsform gewählt wird, ist unklar, ob den Notar die Verpflichtung nach § 54 Abs. 1 EStDV (→ Rn. 13) trifft; die Praxis rät sicherheitshalber hierzu.[108] Alternativ ist eine auf die Eintragung der AG aufschiebend bedingte Abtretung denkbar.[109]

100 Wachter/*Wachter* AktG § 23 Rn. 25.
101 Wachter/*Wachter* AktG § 23 Rn. 29.
102 Grigoleit/*Vedder* AktG § 23 Rn. 22.
103 GroßkommAktG/*Ehricke* § 41 Rn. 126. Ungeklärt ist, ob alternativ auch eine Satzungsänderung gemäß § 179 AktG beschlossen werden kann, die erst nach Eintragung der AG wirksam werden soll (dafür GroßkommAktG/*Ehricke* AktG § 41 Rn. 127 mit Darstellung und Nachweisen zum Streitstand).
104 Staudinger/*Hertel* BeurkG B. XI. Rn. 600.
105 Ausführlich Heckschen/Heidinger/*Heidinger* Kap. 3 Rn. 93 mwN (zur GmbH).
106 Zum Ausscheiden BGH NJW 1956, 1435; zum Beitritt BGH NJW 1955, 219; zum Gesellschafterwechsel BGH NJW-RR 2005, 469 (470); jeweils zur GmbH.
107 GroßkommAktG/*Ehricke* AktG § 41 Rn. 63.
108 MVHdB GesellschaftsR/*Böhm*/*Frowein* Form. IV. 14 Anm. 7 (zur GmbH).
109 GroßkommAktG/*Ehricke* § 41 Rn. 65.

III. Vorvertrag

57 Der Vorvertrag, durch den sich mehrere Personen zur Gründung einer AG verpflichten, bedarf wie die Gründungssatzung der AG selbst der notariellen Form des Abs. 1.[110] Nach herrschender Meinung gilt Abs. 1 S. 2 entsprechend für die Form einer auf den Abschluss eines Vorvertrags gerichteten Vollmacht.[111] Es ist fraglich, ob der Beurkundung des Vorvertrages durch einen ausländischen Notar dieselben Bedenken wie der Beurkundung der Gründungssatzung selbst entgegenstehen (→ Rn. 5). Dies wird von der herrschenden Meinung bejaht; dagegen spricht allerdings, dass einem Vorvertrag als mehrseitig verpflichtendem Vertrag nicht zwangsläufig ein „gesellschaftsrechtlich-konstitutives" Element innewohnt. Als sicherster Weg dürfte sich gleichwohl die Beurkundung vor einem deutschen Notar anbieten.

IV. Vorratsgesellschaft; Mantelgesellschaft

58 Anstelle einer Neugründung können Unternehmensgründer eine AG auch dadurch „gründen", dass sie sich bereits existierender Gesellschaften bedienen.[112] Je nach Historie der AG wird hierbei von einer Vorrats- bzw. Mantelgesellschaft gesprochen. Nach ganz herrschender Meinung haben sämtliche Mitglieder des Vorstands und des Aufsichtsrats die Tatsache der wirtschaftlichen Neugründung, dh die Aufnahme der wirtschaftlichen Tätigkeit, offenzulegen und die in §§ 36, 37 vorgesehene Versicherung abzugeben.[113] In welchem Umfang die Gründungsvorschriften im Übrigen Anwendung finden, ist im Einzelnen umstritten.[114] Zu weiteren Einzelheiten → GmbHG § 2 Rn. 75 ff.

§ 130 Niederschrift

(1) [1]Jeder Beschluß der Hauptversammlung ist durch eine über die Verhandlung notariell aufgenommene Niederschrift zu beurkunden. [2]Gleiches gilt für jedes Verlangen einer Minderheit nach § 120 Abs. 1 Satz 2, § 137. [3]Bei nichtbörsennotierten Gesellschaften reicht eine vom Vorsitzenden des Aufsichtsrats zu unterzeichnende Niederschrift aus, soweit keine Beschlüsse gefaßt werden, für die das Gesetz eine Dreiviertel- oder größere Mehrheit bestimmt.

(2) [1]In der Niederschrift sind der Ort und der Tag der Verhandlung, der Name des Notars sowie die Art und das Ergebnis der Abstimmung und die Feststellung des Vorsitzenden über die Beschlußfassung anzugeben. [2]Bei börsennotierten Gesellschaften umfasst die Feststellung über die Beschlussfassung für jeden Beschluss auch

1. **die Zahl der Aktien, für die gültige Stimmen abgegeben wurden,**
2. **den Anteil des durch die gültigen Stimmen vertretenen Grundkapitals am eingetragenen Grundkapital,**
3. **die Zahl der für einen Beschluss abgegebenen Stimmen, Gegenstimmen und gegebenenfalls die Zahl der Enthaltungen.**

[3]Abweichend von Satz 2 kann der Versammlungsleiter die Feststellung über die Beschlussfassung für jeden Beschluss darauf beschränken, dass die erforderliche

110 BGH DNotZ 1988, 504; Grigoleit/*Vedder* AktG Vor § 23 Rn. 2.
111 Grigoleit/*Vedder* AktG Vor § 23 Rn. 2.
112 BGH NJW 1992, 1824 für die AG; BGH NJW 2003, 892 für die GmbH.
113 *Krafka* RegisterR-HdB Rn. 1594b; DNotI-Report 2012, 93.
114 Ausführlich Spindler/Stilz/*Limmer* AktG § 23 Rn. 46 f.; DNotI-Report 2012, 93 ff.; *Schaefer/Steiner/Link* DStR 2016, 1166.

Mehrheit erreicht wurde, falls kein Aktionär eine umfassende Feststellung gemäß Satz 2 verlangt.

(3) Die Belege über die Einberufung der Versammlung sind der Niederschrift als Anlage beizufügen, wenn sie nicht unter Angabe ihres Inhalts in der Niederschrift aufgeführt sind.

(4) [1]Die Niederschrift ist von dem Notar zu unterschreiben. [2]Die Zuziehung von Zeugen ist nicht nötig.

(5) Unverzüglich nach der Versammlung hat der Vorstand eine öffentlich beglaubigte, im Falle des Absatzes 1 Satz 3 eine vom Vorsitzenden des Aufsichtsrats unterzeichnete Abschrift der Niederschrift und ihrer Anlagen zum Handelsregister einzureichen.

(6) Börsennotierte Gesellschaften müssen innerhalb von sieben Tagen nach der Versammlung die festgestellten Abstimmungsergebnisse einschließlich der Angaben nach Absatz 2 Satz 2 auf ihrer Internetseite veröffentlichen.

Literatur:

Hauschild, Protokollierung im Rampenlicht – Ein Survival Kit für die notarielle Betreuung einer Publikumshauptversammlung, notar 2015, 271; *Hauschild/Zetzsche*, Notar und virtuelle Hauptversammlung, AG 2020 Heft 15, 557; *Heckschen*, Die „kleine AG" und Deregulierung des Aktienrechts – Eine kritische Bestandsaufnahme, DNotZ 1995, 275; *Hoffmann-Becking*, Wirksamkeit der Beschlüsse der Hauptversammlung bei späterer Protokollierung, FS Hellwig 2010, 153; *Krieger*, Berichtigung von Hauptversammlungsprotokollen, NZG 2003, 366; *Lieder/Bialluch*, Der eingeschriebene Brief im Gesellschaftsrecht, NZG 2017, 9; *Mühe*, Änderungen von Anleihebedingungen – Herausforderungen und praktische Erfahrungen bei der Durchführung von Gläubigerabstimmungen, BKR 2017, 50; *Otto*, Gläubigerversammlungen nach dem SchVG – Ein neues Tätigkeitsgebiet für Notare, DNotZ 2012, 809; *Seibt*, Praxisfragen der außerinsolvenzlichen Anleihenrestrukturierung nach dem SchVG, ZIP 2016, 997.

I. Überblick

1 § 130 hat die Niederschrift über die Hauptversammlung einer AG[1] zum Inhalt. Danach muss über jede Beschlussfassung der Hauptversammlung sowie bestimmte Minderheitsverlangen eine Niederschrift angefertigt werden, die zum Handelsregister einzureichen ist (Abs. 5).

2 § 130 dient der Rechtssicherheit und Transparenz und soll die Willensbildung in der Hauptversammlung dokumentieren, damit keine Unklarheiten über Annahme oder Ablehnung von Anträgen und die gestellten Anträge bestehen.[2] Die Niederschrift ist ein Ergebnisprotokoll, was als Gegensatz zu einem Wortprotokoll zu verstehen ist.[3]

II. Pflicht zur Erstellung einer Niederschrift (Abs. 1)

3 Gemäß Abs. 1 besteht seitens der Gesellschaft die Pflicht, über sämtliche Beschlussfassungen der Hauptversammlung sowie Verlangen auf Einzelentlastung von Vorstands- oder Aufsichtsratsmitgliedern nach § 120 Abs. 1 S. 2 und zur Wahl von Aufsichtsratsmitgliedern nach § 137 eine Niederschrift aufzunehmen.

4 Diese Pflicht besteht bei sämtlichen Beschlussfassungen der Hauptversammlung und gilt auch bei Universalversammlungen und Einpersonen-Aktiengesellschaften.[4] Entscheidend für die Protokollierungspflicht ist allein die Beschlussform; Gegenstand, Inhalt, Art und Ergebnis des Beschlusses sind ohne Bedeutung.[5] Sachbeschlüsse, Wahlbeschlüsse oder Verfahrensbeschlüsse zur Geschäftsordnung bedürfen somit gleichsam der Protokollierung.[6] Auch abgelehnte Beschlussanträge sind protokollierungspflichtig.[7] Hauptversammlungen, bei denen keine Beschlussfassung oder kein Verlangen nach §§ 120, 137 erfolgt, bedürfen demgegenüber keiner Niederschrift.[8] Bei einem Verlangen nach §§ 120, 137 besteht eine Protokollierungspflicht unabhängig davon, ob Beschlüsse gefasst werden.

III. Form der Niederschrift (Abs. 1)

5 Bei börsennotierten Gesellschaften ist stets eine notarielle Niederschrift erforderlich (Abs. 1 S. 1). Bei nicht börsennotierten Gesellschaften genügt ausnahmsweise eine vom Aufsichtsratsvorsitzenden unterschriebene Niederschrift, wenn das Gesetz (nicht aber lediglich die Satzung) keine Dreiviertel- oder größere

1 Ebenso gilt dies für die KGaA (§ 278 Abs. 3 AktG) und den Versicherungsverein aG (§ 191 VAG).
2 BGH NJW 1994, 3094; 2015, 336 (337); 2018, 52 (54).
3 BGH NJW 1994, 3094 (3095); Spindler/Stilz/*Wicke* AktG § 130 Rn. 1.
4 Grigoleit/*Herrler* AktG § 130 Rn. 2.
5 K. Schmidt/Lutter/*Ziemons* AktG § 130 Rn. 10.
6 Spindler/Stilz/*Wicke* AktG § 130 Rn. 5.
7 Kölner Komm AktG/*Noack*/*Zetzsche* AktG § 130 Rn. 115; *Hüffer*/*Koch* AktG § 130 Rn. 2.
8 Wachter/*Wachter* AktG § 130 Rn. 10.

Mehrheit bei der Beschlussfassung bestimmt, im Übrigen bedarf es auch hier einer notariellen Niederschrift (Abs. 2 S. 3).

Ungeklärt ist, ob die Pflicht zur notariellen Beurkundung bei nichtbörsennotierten Gesellschaften[9] nur dann gilt, wenn das Gesetz[10] zur Beschlussfassung Dreiviertel- und größere Kapitalmehrheiten bestimmt (etwa Satzungsänderung gemäß § 179 Abs. 2 S. 1),[11] oder auch bei erforderlichen Dreiviertel- und größeren Stimmmehrheiten (etwa Abberufung eines Aufsichtsratsmitglieds gemäß § 103 Abs. 1 S. 2).[12] Bis zu einer abschließenden Klärung ist angesichts der Nichtigkeitsfolge (§ 241) stets eine notarielle Protokollierung zu empfehlen.[13] 6

Nach der Rechtsprechung des BGH kann die Niederschrift einer Hauptversammlung, auf der sowohl beurkundungspflichtige als auch sonstige Beschlüsse gefasst werden, in ein notarielles und ein privatschriftliches Protokoll aufgespalten werden.[14] 7

1. Notarielle Form. Die Niederschrift kann von dem Notar als Niederschrift von Willenserklärungen (§§ 6 ff. BeurkG) oder Tatsachen (§§ 36 ff. BeurkG) errichtet werden (zu den Erwägungen → GmbHG § 53 Rn. 2 ff.), wobei der Notar die Vorgaben des Abs. 2–4 jeweils ergänzend zu beachten hat.[15] 8

In der Regel wird der Notar ein Tatsachenprotokoll erstellen.[16] Dabei finden die §§ 1–5 BeurkG sowie die §§ 44–54 BeurkG uneingeschränkte Anwendung, so dass insbesondere die Mitwirkungsverbote des § 3 BeurkG zu beachten sind (→ BeurkG § 3 Rn. 1 ff.) und erkennbar unerlaubte oder unredliche Zwecke den Notar zur Ablehnung der Beurkundung verpflichten (§ 4 BeurkG; § 14 Abs. 2 BNotO). Im Übrigen ist der Notar zur Beurkundung verpflichtet (§ 15 Abs. 1 BNotO) und darf eine Protokollierung nicht etwa deswegen ablehnen, weil ein Beschluss aus seiner Sicht nichtig oder anfechtbar ist.[17] Sofern der Notar keine entsprechende Betreuung nach § 24 BNotO übernimmt, treffen ihn nach der Rechtsprechung des BGH keine über §§ 1 ff., 36 ff. BeurkG hinausgehenden Prüfungs- oder Belehrungspflichten.[18] Insbesondere ist der Notar ohne gesonderten Auftrag nicht zur Prüfung der Ordnungsgemäßheit der Einberufung oder der Ermittlung der Abstimmungsergebnisse verpflichtet.[19] Maßgeblich sind beim Tatsachenprotokoll (neben den Vorgaben des AktG und der §§ 1–5 BeurkG) alleine die §§ 36 ff. BeurkG, so dass insbesondere kein Beifügen und Überprüfen der Identität und der Vertretungsberechtigung (§§ 10, 12, 17 BeurkG) und kein Verlesen (§ 13 BeurkG) erfolgen muss.[20] 9

Da eine Unterschrift der Erschienenen – auch der den Beschluss ablehnenden Personen – bei einem Tatsachenprotokoll nicht vorgesehen ist (§ 37 BeurkG), kann der Notar die Niederschrift ohne Mitwirkung Dritter anfertigen. Dies 10

---

9 Streitig ist, ob diese Erleichterung auch für nicht börsennotierte SEs mit Sitz in Deutschland gilt (dafür Spindler/Stilz/*Wicke* AktG § 130 Rn. 37; dagegen Wachter/*Wachter* AktG § 130 Rn. 26 mwN).

10 Etwaige Satzungsbestimmungen sind in diesem Zusammenhang ohne Bedeutung.

11 So OLG Karlsruhe NZG 2013, 1261; MüKoAktG/*Kubis* § 130 Rn. 24.

12 So OLG Köln DNotZ 2008, 789; *Heckschen* DNotZ 1995, 275 (283).

13 *Wicke* DNotZ 2008, 791 (792); Spindler/Stilz/*Wicke* AktG § 130 Rn. 37.

14 BGH NZG 2015, 867.

15 Vgl. BGH NZG 2009, 342; OLG Frankfurt BeckRS 2009, 11045.

16 Hinsichtlich der Protokollierung sonstiger während der Hauptversammlung abgegebener Erklärungen → Rn. 27, 29.

17 BGH NJW 2015, 336 (338); Wachter/*Wachter* AktG § 130 Rn. 24.

18 Vgl. BGH NJW 2015, 336.

19 BGH NZG 2009, 342.

20 Nach Ansicht des OLG München DNotZ 2011, 142 ist der Notar zur Feststellung der Identität aber befugt, insbesondere bei Widersprüchen von Aktionären.

kann der Notar nach freiem Ermessen während oder (oftmals zweckmäßiger) nach der Hauptversammlung tun.[21] Üblicherweise erstellt der Notar vor der Versammlung einen Entwurf, der vom Notar in der Versammlung ergänzt und unmittelbar nach Ende der Hauptversammlung vorsorglich (und vorbehaltlich einer Entäußerungsabsicht) unterschrieben wird.[22] Im Anschluss an die Hauptversammlung wird die finale Fassung der Niederschrift in der Geschäftsstelle erstellt und vom Notar unterschrieben (zu Errichtung und Änderung der Niederschrift → BeurkG § 37 Rn. 1 ff.). Nach Inverkehrgabe der Niederschrift durch den Notar kann die Niederschrift unter den Voraussetzungen des § 44a Abs. 2 BeurkG geändert werden (→ BeurkG § 37 Rn. 9 f.).

11 Die notarielle Niederschrift ist bei Hauptversammlungen im Inland von einem deutschen und bei Hauptversammlungen im Ausland von einem (gleichwertigen) ausländischen Notar zu errichten,[23] wobei eine Unterstützung durch einen deutschen Notar möglich ist (§ 11a BNotO). Der ausländische Notar hat neben den Vorgaben des Abs. 2–4 die für ihn geltenden berufsrechtlichen Normen zu beachten; die Vorschriften des BeurkG gelten für ihn nicht. Zum Handelsregister ist bei Beurkundung in fremder Sprache nach herrschender Meinung eine vollständige beglaubigte Übersetzung einzureichen.[24]

12 Die Beurkundung von Hauptversammlung durch mehrere Notare ist zulässig, sowohl sukzessive als auch parallel.[25] Jeder Notar errichtet dabei eine eigene Niederschrift. Auch kann ein weiterer Notar rein vorsorglich beauftragt werden für den Fall, dass der andere Notar die Niederschrift nicht fertigstellen kann.[26]

13 **2. Privatschriftliche Protokollierung.** Ist eine notarielle Beurkundung entbehrlich, kann die Niederschrift vom Aufsichtsratsvorsitzenden (nach herrschender Meinung hilfsweise von dessen Stellvertreter) errichtet und unterschrieben werden. Diese kann nach herrschender Meinung auch nach Einreichen beim Handelsregister von dem Unterzeichner korrigiert und erneut eingereicht werden.[27] Nicht abschließend geklärt ist, ob der Versammlungsleiter anstelle des Aufsichtsratsvorsitzenden die Protokollierung vornehmen muss, wenn der Aufsichtsratsvorsitzende (oder dessen Stellvertreter) nicht Versammlungsleiter oder nicht anwesend ist.[28]

14 **3. Formverstoß.** Ein Verstoß gegen die Formvorschrift des Abs. 1 führt zur Nichtigkeit der betroffenen Hauptversammlungsbeschlüsse (§ 241 Nr. 2). Dies gilt nach ganz herrschender Meinung auch bei privatschriftlichen Protokollierungen gemäß Abs. 1 S. 3.[29] Bei eintragungspflichtigen Beschlüssen ist Heilung durch Eintragung im Handelsregister möglich (§ 242). Die Nichtigkeitsfolge gilt nicht bei nicht formgerecht protokollierten Minderheitsverlangen nach §§ 120, 137.[30]

21 BGH NZG 2009, 342 (343).
22 Nach hM kann diese Fassung bei nicht erfolgender weiterer Fassung als finale Niederschrift angesehen werden; der BGH hat diese Frage ausdrücklich offengelassen, vgl. BGH NZG 2009, 342 (344).
23 BGH NJW 2015, 336.
24 Wachter/*Wachter* AktG § 130 Rn. 20, aA K. Schmidt/Lutter/*Ziemons* AktG § 130 Rn. 51.
25 OLG Frankfurt BeckRS 2009, 11045.
26 Spindler/Stilz/*Wicke* AktG § 130 Rn. 23a.
27 *Krieger* NZG 2003, 366 (371 f.); Spindler/Stilz/*Wicke* AktG § 130 Rn. 27.
28 So OLG Karlsruhe NZG 2013, 1261 und OLG Frankfurt ZIP 2019, 1168; offengelassen von OLG Köln DNotZ 2008, 789.
29 So etwa OLG Köln DNotZ 2008, 789.
30 BGH AG 2009, 285 (286); MüKoAktG/*Kubis* § 130 Rn. 89.

IV. Inhalt der Niederschrift (Abs. 2–4)

Der Inhalt der Niederschrift ergibt sich aus Abs. 2–4 sowie weiteren Vorschriften des AktG. Bei einem notariellen Tatsachenprotokoll sind zusätzlich die Anforderungen des § 37 BeurkG (→ BeurkG § 37 Rn. 1 ff.) zu beachten, bei einer notariellen Niederschrift von Willenserklärungen die §§ 6 ff. BeurkG. Das Gesetz unterscheidet zwingende Inhalte der Niederschrift mit Nichtigkeitsfolge (→ Rn. 16 ff.) und ohne Nichtigkeitsfolge (→ Rn. 28 ff.). 15

1. Zwingender Inhalt mit Nichtigkeitsfolge. Gemäß § 241 Nr. 2 ist Voraussetzung für eine wirksame Beschlussfassung, dass die nach Abs. 1 zu fertigende Niederschrift den inhaltlichen Vorgaben der Abs. 2 S. 1 und Abs. 4 entspricht. 16

a) Ort und Tag der Verhandlung. In der Niederschrift sind Ort und Tag der Verhandlung anzugeben (Abs. 2 S. 1). Wie bei § 9 Abs. 2 BeurkG (→ BeurkG § 9 Rn. 12) und § 37 Abs. 2 BeurkG (→ BeurkG § 37 Rn. 4) ist mit Ort die politische Gemeinde gemeint.[31] Nach ganz herrschender Meinung ist die Angabe der vollständigen Postanschrift des Versammlungsorts nicht erforderlich, aber zweckmäßig, um die ordnungsgemäße Ladung zu dokumentierten.[32] Bei einer Online-Teilnahme von Aktionären (§ 118) gibt es insoweit keine Besonderheiten: Ort der Versammlung ist der Ort, an dem sich Versammlungsleiter und Notar befinden.[33] Bei einer virtuellen Hauptversammlung führt die Abwesenheit des Notars nicht zur Unwirksamkeit der Beurkundung. Die Niederschrift bezieht sich in diesem Fall allein auf das, was der Notar sowie alle elektronisch zugeschalteten Teilnehmer der virtuellen Hauptversammlung auf ihren Bildschirmen wahrnehmen können.[34] Der Tag ist, wie bei § 9 Abs. 2 BeurkG (→ BeurkG § 9 Rn. 12) und § 37 Abs. 2 BeurkG (→ BeurkG § 37 Rn. 4), kalendermäßig anzugeben, bei mehreren Tagen der entsprechende Zeitraum (zB „26. bis 29.9.2019"); in letzterem Fall muss aus der Niederschrift nach herrschender Meinung ersichtlich sein, an welchem konkreten Tag die protokollierten Beschlüsse jeweils gefasst wurden.[35] Nach herrschender Meinung ist weder die Angabe des Wochentags (zB Mittwoch) noch der Uhrzeit erforderlich, wobei die Angabe der Uhrzeit von Beginn und Ende der üblichen Handhabung entspricht.[36] 17

b) Name des Notars/Aufsichtsratsvorsitzenden. Abs. 2 S. 1 schreibt ferner die Angabe des Namens des Notars vor. Hierbei ist zwingende Mindestangabe nach ganz herrschender Meinung nur der Nachname bzw. Doppelnachname des Notars, wie er sich aus dem Personenstandsregister ergibt und beim Landgerichtspräsidenten hinterlegt sein muss (§ 1 DONot).[37] Zweckmäßig und üblich ist jedoch die Angabe des Vor- und Nachnamens, der Amtsbezeichnung (zB Notar oder Notarvertreter) und des Amtssitzes (zB Frankfurt am Main). 18

---

31 Spindler/Stilz/*Wicke* AktG § 130 Rn. 43.
32 Grigoleit/*Herrler* AktG § 130 Rn. 30 mwN; aA (Postanschrift erforderlich) K. Schmidt/Lutter/*Ziemons* AktG § 130 Rn. 10.
33 Spindler/Stilz/*Wicke* AktG § 130 Rn. 43.
34 *Hauschild/Zetzsche* AG 2020 Heft 15, 557 (560).
35 *Hüffer/Koch* AktG § 130 Rn. 15 mwN. Ob das Fehlen dieser Angabe zur Nichtigkeit des jeweiligen Beschlusses führt, ist nicht abschließend geklärt; ablehnend Spindler/Stilz/*Wicke* AktG § 130 Rn. 43 mwN.
36 Wachter/*Wachter* AktG § 130 Rn. 36 mwN.
37 Vgl. KG DNotZ 2003, 794; OLG Köln FamRZ 1978, 680; aA (Vor- und Nachname) K. Schmidt/Lutter/*Ziemons* AktG § 130 Rn. 9 unter Berufung auf § 37 Abs. 1 S. 1 Nr. 1 BeurkG, der nach allgemeiner Auffassung die Nennung des Vornamens aber gerade nicht vorschreibt (vgl. OLG Frankfurt MittBayNot 1986, 274; LG Nürnberg-Fürth DNotZ 1971, 764).

19 Bei privatschriftlichen Protokollen ist entsprechend der Name des Aufsichtsratsvorsitzenden (bzw. seines Stellvertreters) anzugeben. Die Angabe seiner Adresse ist nach ganz herrschender Meinung mangels gesetzlicher Grundlage nicht erforderlich.[38]

20 c) **Art der Abstimmung.** Die Niederschrift muss die Art der Abstimmung enthalten. Nach der Rechtsprechung des BGH ist damit jedenfalls die Beschreibung der konkreten Abstimmungsweise (zB Zuruf, Handheben, Stimmzettel)[39] gemeint, nach der instanzgerichtlichen Rechtsprechung zudem das angewandte Verfahren zur Ermittlung des Abstimmungsergebnisses (dh Ermittlung durch Ja- und Nein-Stimmen[40] oder Anwendung des Subtraktionsverfahrens)[41] sowie die Angabe der konkreten Stimmenzählung[42] (zB durch Stimmenzähler, Versammlungsleiter, EDV-Anlage).[43] Die Angabe „Einstimmig" ist als Beurkundung der Art der Abstimmung ausreichend.[44] Der Rechtsgrund für die Art der Abstimmung muss nicht in der Niederschrift bezeichnet werden.[45]

21 Nach wohl herrschender Lehre, der die Rechtsprechung soweit ersichtlich nicht folgt,[46] soll die Art der Abstimmung zudem die Angabe (i) der konkreten Ermittlung der Stimmenzahl der einzelnen Aktionäre (zB Barcode auf Stimmabschnitt) sowie (ii) der konkreten Maßnahmen zur Beachtung von Stimmverboten (zB Aufforderung des Vorsitzenden, nicht abzustimmen) erfassen.[47] Eine entsprechende Protokollierung dürfte sich vorsorglich empfehlen.

22 d) **Ergebnis der Abstimmung.** Nach Abs. 2 S. 1 ist das Ergebnis der Abstimmung zwingender Inhalt der Niederschrift. Nach der Rechtsprechung des BGH umfasst dies die Angabe (i) des rechtlichen Ergebnisses der Abstimmung (dh Annahme oder Ablehnung des Beschlusses) sowie (ii) des zahlenmäßigen Ergebnisses der Abstimmung (dh Anzahl der Ja- und Nein-Stimmen;[48] bei Anwendung der Subtraktionsmethode nach herrschender Meinung zusätzlich auch Angabe der Enthaltungen, der ungültigen und gesperrten Stimmen sowie der aktuellen Präsenz).[49] Nicht ausreichend ist die prozentuale Angabe der Ja- und Nein-Stimmen.[50]

23 Sofern bei einer Beschlussfassung neben der Stimmenmehrheit (vgl. Abs. 1) zusätzlich eine Kapitalmehrheit erforderlich ist, muss in der Niederschrift auch das durch die Stimmen vertretene Grundkapital angegeben werden.[51] Ungeklärt ist, ob bei einer getrennten Abstimmung nach Aktiengattungen in der Nieder-

38 Wachter/*Wachter* AktG § 130 Rn. 39 mwN; aA K. Schmidt/Lutter/*Ziemons* AktG § 130 Rn. 9.
39 BGH NJW 2018, 52.
40 Enthaltungen sind keine Nein-Stimmen, sondern nicht abgegebene Stimmen, vgl. BGH DStR 1995, 1232 (1235).
41 OLG Düsseldorf NZG 2003, 816 (817 f.); LG München I NZG 2012, 1310.
42 Der Notar ist nicht zur Beaufsichtigung der Stimmauszählung verpflichtet, vgl. BGH NJW 2009, 2207 (2209).
43 OLG Düsseldorf NZG 2003, 816 (817 f.); OLG Stuttgart NZG 2004, 822.
44 OLG Frankfurt ZIP 2019, 1168.
45 BGH NJW 2018, 52.
46 Vgl. BGH NJW 2018, 52.
47 K. Schmidt/Lutter/*Ziemons* AktG § 130 Rn. 13 ff. mwN; die hL ablehnend Spindler/Stilz/*Wicke* AktG § 130 Rn. 45 f. mwN.
48 BGH NJW 2018, 52; LG München I NZG 2012, 1310; KG AG 2009, 118 (119).
49 Wachter/*Wachter* AktG § 130 Rn. 47.
50 BGH NJW 2018, 52.
51 Wachter/*Wachter* AktG § 130 Rn. 49.

schrift auch das Ergebnis der einzelnen Abstimmungen nach Gattung gesondert ausgewiesen werden muss.[52]

e) Feststellung des Vorsitzenden über die Beschlussfassung. Gemäß Abs. 2 S. 1 muss die Niederschrift die Feststellung des Vorsitzenden über die Beschlussfassung angeben. Damit ist die ausdrückliche Feststellung des Vorsitzenden gemeint, ob der Beschlussantrag angenommen oder abgelehnt wurde. Diese Feststellung durch den Vorsitzenden und deren Angabe in der Niederschrift ist nach allgemeiner Auffassung zwingend für die Wirksamkeit der Beschlussfassung. Dabei muss eine konkrete Bezugnahme auf den Beschlussvorschlag erfolgen, dessen genauer Wortlaut in der Niederschrift enthalten sein muss.[53] Eine Bezugnahme auf den der Niederschrift beigefügten Einberufungsbeleg ist insoweit ausreichend.[54] 24

f) Unterschrift des Notars / Aufsichtsratsvorsitzenden. Eine notarielle Niederschrift muss zu ihrer Wirksamkeit zwingend vom Notar eigenhändig unterschrieben sein (Abs. 4, § 13 Abs. 3 BeurkG), wobei Zeichnung mit dem Nachnamen ausreichend ist (§ 1 S. 2 DONot). Das privatschriftliche Protokoll muss zu seiner Wirksamkeit vom Aufsichtsratsvorsitzenden (bzw. seinem Stellvertreter) eigenhändig unterschrieben sein (→ Rn. 13). 25

Die Niederschrift wird üblicherweise jedenfalls in einer Entwurfsfassung, jedoch ohne Entäußerung in den Rechtsverkehr durch den Notar unmittelbar nach Ende der Hauptversammlung unterschrieben (→ Rn. 10). Die Möglichkeit, die Niederschrift im Anschluss zu ändern, insbesondere die Entwurfsfassung in eine Reinschrift zu überführen und Korrekturen vorzunehmen, wird hierdurch nicht berührt, solange sich der Notar der Urkunde nicht entäußert hat (→ Rn. 10). Erst mit der Inverkehrgabe der unterschriebenen Niederschrift durch den Notar durch Ausfertigungen oder Abschriften sind gefasste Beschlüsse iSv §§ 241 Nr. 2 und 130 beurkundet.[55] Maßnahmen auf Grundlage dieser Beschlüsse wie beispielsweise die Auszahlung von Dividenden können ab diesem Zeitpunkt wirksam vorgenommen werden, sofern die übrigen Wirksamkeitsvoraussetzungen erfüllt sind.[56] Nach herrschender Meinung wirkt die Inverkehrgabe der unterschriebenen Niederschrift durch den Notar auf den Zeitpunkt der erstmaligen (vorsorglichen) Unterzeichnung der Niederschrift[57] bzw. auf den Zeitpunkt der Beschlussfassung[58] zurück, so dass zwischenzeitlich auf Grundlage der Beschlüsse vorgenommene Maßnahmen ebenfalls auf diesen Zeitpunkt rückwirkend wirksam werden. 26

g) Beurkundungsrechtliche Vorgaben bei notariellen Niederschriften. Je nachdem, ob der Notar die Niederschrift als Tatsachenprotokoll oder Beurkundung von Willenserklärungen errichtet (→ Rn. 8 ff.), sind zur Wirksamkeit der Urkunde über die Anforderungen des § 130 hinaus weitere Anforderungen zu beachten. Beim Tatsachenprotokoll sind die Vorgaben des § 37 Abs. 1 und 3 BeurkG (→ BeurkG § 37 Rn. 1 ff.) mit der Nichtigkeitsfolge bei Nichteinhaltung sanktioniert, deren zwingende Beachtung § 130 aber ohnehin vorschreibt. Bei der Beurkundung von Willenserklärungen sind zur Wirksamkeit der Nie- 27

52 Dafür Wachter/*Wachter* AktG § 130 Rn. 50; dagegen *Hüffer/Koch* AktG § 130 Rn. 20.
53 LG Frankfurt NZG 2008, 792; LG München AG 2021 Heft 06, 246.
54 OLG Frankfurt MittBayNot 2011, 165.
55 BGH NZG 2009, 342 (343).
56 Spindler/Stilz/*Wicke* AktG § 130 Rn. 60; *Hoffmann-Becking* FS Hellwig, 2010, 153.
57 Spindler/Stilz/*Wicke* AktG § 130 Rn. 25.
58 K. Schmidt/Lutter/*Ziemons* AktG § 130 Rn. 66.

derschrift zwingend die Beteiligten zu bezeichnen (§ 9 Abs. 1 Nr. 2 BeurkG) und den Beteiligten ist die Niederschrift vorzulesen (§ 13 Abs. 1 BeurkG).

28 **2. Weiterer zwingender Inhalt ohne Nichtigkeitsfolge.** Das Gesetz schreibt neben zwingenden Inhalten der Niederschrift mit Nichtigkeitsfolge weitere zwingende Inhalte vor, die bei der Protokollierung zu beachten sind, aber keine Nichtigkeit der Beschlüsse oder der Niederschrift zur Folge haben.

29 **a) Aktienrechtliche Inhalte.** Bestimmte Vorgänge in der Hauptversammlung sind zwingend in die Niederschrift aufzunehmen. Dies gilt insbesondere für nicht beantwortete Fragen (§ 131 Abs. 5) und Widersprüche[59] (zB nach § 245 Nr. 1 oder § 50 S. 1) von Aktionären. Der Beurkundung bedürfen auch bestimmte Zustimmungs- und Verzichtserklärungen von Aktionären (etwa gemäß § 285 Abs. 3 S. 2), die nach Maßgabe der §§ 6 ff. BeurkG zu beurkunden sind (→ BeurkG § 36 Rn. 13). Sofern für eine Erklärung notarielle Beglaubigung vorgeschrieben ist (etwa bei § 293a Abs. 3, § 293b Abs. 2 und § 293e Abs. 3), kann diese nicht durch ein Tatsachenprotokoll, aber durch eine Beurkundung nach §§ 6 ff. BeurkG ersetzt werden (§ 129 Abs. 2 BGB). Sonstige notwendige Erklärungen, für die keine bestimmte Form vorgeschrieben ist (etwa ein Bezugsrechtsverzicht), können im Rahmen eines Tatsachenprotokolls jedenfalls dokumentiert werden.[60]

30 In die Niederschrift sind zudem sämtliche Vorgänge aufzunehmen, die für die Beschlüsse der Hauptversammlung und deren Wirksamkeit unmittelbar von Bedeutung sein können,[61] insbesondere mit Blick auf Anfechtungs- und Nichtigkeitsklagen und Eintragungen in das Handelsregister.[62] In der Praxis finden sich häufig folgende Vorgänge im Hauptversammlungsprotokoll:[63]

31
- Name des Versammlungsleiters, der anwesenden Vorstands- und Aufsichtsratsmitglieder
- Uhrzeit des Beginns und des Endes der Versammlung, genaue postalische Anschrift der Versammlungslokalität, Ausführungen zur Lage der Präsenzzone
- Feststellungen des Versammlungsleiters zur ordnungsgemäßen Einberufung sowie zu Vorlagen und Berichten an die Hauptversammlung
- Nennung der in der Hauptversammlung ausliegenden Unterlagen (beispielsweise Teilnehmerverzeichnis, Jahresabschluss, Verträge, Berichte)
- Ordnungsmaßnahmen des Versammlungsleiters
- Anträge von Aktionären und deren Ergebnis, Liste und Reihenfolge der Redner, Feststellung, dass mit Schluss der Generaldebatte keine offenen Fragen mehr bestehen
- Ausführliche Feststellungen zum Abstimmungsverfahren und zur Beachtung von Stimmrechtsverboten.

32 **b) Beifügung von Belegen über die Einberufung.** Gemäß Abs. 3 sind der Niederschrift die Belege über die Einberufung der Versammlung beizufügen, wenn sie nicht unter Angabe ihres Inhalts in der Niederschrift aufgeführt sind. Dabei ist regelmäßig ein Ausdruck der Einberufung aus dem Bundesanzeiger beizufü-

59 Der Begriff des Widerspruchs ist weit zu verstehen und umfasst jede Erklärung eines Aktionärs, aus der deutlich wird, dass dieser die Protokollierung der Tatsache wünscht, dass er rechtliche Bedenken gegen den Beschluss anmeldet, vgl. BGH NJW 1994, 320 (321).
60 Spindler/Stilz/*Wicke* AktG 130 Rn. 11.
61 OLG Düsseldorf NZG 2003, 816 (819).
62 Wachter/*Wachter* AktG § 130 Rn. 60.
63 Vgl. K. Schmidt/Lutter/*Ziemons* AktG § 130 Rn. 38; Wachter/*Wachter* AktG § 130 Rn. 61.

gen (§§ 25, 121 Abs. 4 S. 1). Bei namentlicher Kenntnis der Aktionäre kann die Einberufung vorbehaltlich anderslautender Satzungsregelungen per Einschreiben[64] erfolgen, so dass der Niederschrift Kopien der Einladungsschreiben mit Versandnachweis beizufügen sind. Gestattet die Satzung eine Einberufung per E-Mail oder Fax, sind der Niederschrift Kopien der Einberufungsnachweise nebst Sendeberichten beizufügen.[65]

Bei einer Universalversammlung kann mit Zustimmung sämtlicher Aktionäre auf Form und Frist der Einberufung verzichtet werden, so dass in einem solchen Fall auch keine Beifügungspflicht besteht (vgl. § 121 Abs. 6). 33

c) Beifügung weiterer Anlagen. In bestimmten Fällen schreibt das Gesetz zu Beweiszwecken das Beifügen weiterer Anlagen vor, insbesondere bei Zustimmungsbeschlüssen zu Vermögensübertragungen im Ganzen (→ § 179a Rn. 10), Unternehmensverträgen und Umwandlungen. 34

d) Beurkundungsrechtliche Vorgaben. Das Beurkundungsgesetz schreibt dem Notar neben Vorschriften, die zur Nichtigkeit der Urkunde führen (→ Rn. 16 ff.), die Beachtung einer Reihe von weiteren Vorgaben für Zwecke der notariellen Niederschrift vor, ohne dass eine Nichtbeachtung eine Nichtigkeit der Urkunde nach sich zieht. 35

So soll der Notar bei seiner Unterschrift seine Amtsbezeichnung beifügen (§ 13 Abs. 3 S. 2 BeurkG). Bei einem Tatsachenprotokoll soll neben Ort und Tag der Wahrnehmungen auch Ort und Tag der Errichtung der Urkunde angegeben werden (§ 37 Abs. 2 BeurkG). Bei der Beurkundung von Willenserklärungen sind die §§ 6 ff. BeurkG zu beachten, es sollen also beispielsweise die Identitäten der Beteiligten, einschließlich Versammlungsleiter und Aktionäre, geprüft und in der Niederschrift festgestellt (§ 10 BeurkG) und Vertretungsnachweise der Niederschrift beigefügt werden (§ 12 BeurkG). 36

3. Weiterer zwingender Inhalt für börsennotierte Gesellschaften ohne Nichtigkeitsfolge. Bei börsennotierten AG muss die Feststellung des Vorsitzenden über die Beschlussfassung gemäß Abs. 2 S. 2 (und damit auch die Niederschrift) zudem enthalten (i) die Zahl der Aktien, für die gültige Stimmen abgegeben wurden (die Angabe der Gesamtzahl der gültigen Stimmen ist nicht erforderlich, wenngleich sie zweckmäßig sein kann), (ii) der Anteil des durch die gültigen Stimmen vertretenen Grundkapitals am eingetragenen Grundkapital sowie (iii) die Zahl der für einen Beschluss abgegebenen (gültigen) Stimmen (Ja-Stimmen), Gegenstimmen (Nein-Stimmen) und (bei Anwendung des Subtraktionsverfahrens) die Zahl der Enthaltungen. 37

Sofern kein Aktionär eine detaillierte Feststellung gemäß Abs. 2 S. 2 verlangt, kann sich der Versammlungsleiter auf die Feststellung beschränken, dass die erforderliche Mehrheit erreicht worden ist (Abs. 2 S. 3). Ungeklärt ist, ob eine detaillierte Darlegung nur bis zum Ende der Feststellung oder bis zum Ende der Versammlung geltend gemacht werden kann,[66] so dass Teile der Literatur zu zurückhaltendem Gebrauch der Beschränkungsmöglichkeit raten.[67] Auch bei einer verkürzten Feststellung nach Abs. 2 S. 3 müssen die Angaben nach Abs. 2 S. 2 auf der Internetseite veröffentlich werden (Abs. 6, → Rn. 41) und auch 38

---

64 Einwurf-Einschreiben genügt, vgl. BGH NZG 2016, 1417; *Lieder/Bialluch* NZG 2017, 9 (15).

65 Wachter/*Wachter* AktG § 130 Rn. 65; ausführlich Spindler/Stilz/*Wicke* AktG § 130 Rn. 57 ff.

66 Spindler/Stilz/*Wicke* AktG § 130 Rn. 54.

67 So etwa Wachter/*Wachter* AktG § 130 Rn. 56.

sämtliche zwingenden Angaben gemäß Abs. 2 S. 1 (→ Rn. 15 ff.) in der Niederschrift enthalten sein.[68]

39 **4. Fakultativer Inhalt der Niederschrift.** Der Niederschrift können über die gesetzlichen Vorgaben hinaus weitere Anlagen beigefügt werden, etwa das Teilnehmerverzeichnis, der Jahresabschluss, Berichte des Aufsichtsrats oder Dokumente von Aktionären über nicht beantwortete Fragen. Auch können in die Niederschrift Vorgänge aufgenommen werden, die für die Beschlüsse der Hauptversammlung und deren Wirksamkeit nicht unmittelbar von Bedeutung sind.[69] Dies steht im pflichtgemäßen Ermessen des Notars.[70]

V. Publizitätspflichten (Abs. 5 und 6)

40 **1. Einreichung der Niederschrift zum Handelsregister (Abs. 5).** Der Vorstand hat unverzüglich nach der Hauptversammlung (§ 121 Abs. 1 BGB) eine vollständige Abschrift der Niederschrift (einschließlich sämtlicher[71] [str.] Anlagen) dem Handelsregister in elektronischer Form zu übermitteln (Abs. 5, § 12 Abs. 2 HGB). Diese Abschrift muss bei einer notariellen Niederschrift eine öffentlich beglaubigte Abschrift eingereicht werden, bei einer privatschriftlichen Niederschrift genügt eine einfache Abschrift (Abs. 5). Bei notariellen Niederschriften soll ein Zeitraum von regelmäßig sechs bis acht Wochen für die Fertigstellung der finalen Niederschrift angemessen sein; bei privatschriftlichen Niederschriften wird der angemessene Zeitraum tendenziell etwas kürzer angesetzt.[72] Häufig wird der Notar mit der Einreichung als Bote beauftragt.[73] Die Pflicht zur Einreichung gemäß Abs. 5 besteht unabhängig neben einer etwaigen Anmeldepflicht (§ 12 Abs. 1 HGB), etwa einer Satzungsänderung.[74]

41 **2. Veröffentlichung der Abstimmungsergebnisse im Internet (Abs. 6).** Börsennotierte Gesellschaften müssen nach Abs. 6 innerhalb von sieben Tagen die festgestellten Abstimmungsergebnisse einschließlich der Angaben nach Abs. 2 S. 2 auf ihrer Internetseite veröffentlichen. Nach wohl herrschender Meinung ist nach Sinn und Zweck der Norm auch der Wortlaut der entsprechenden Beschlüsse (ggf. unter Bezugnahme auf den im Bundesanzeiger veröffentlichten Beschlussvorschlag) zu publizieren.[75] Die Angaben nach Abs. 2 S. 2 sind auch bei einer verkürzten Feststellung gemäß Abs. 3 S. 3 vollständig zu veröffentlichen.[76]

---

68 BGH NJW 2018, 52 (55).
69 *Lerch* BeurkG § 37 Rn. 2.
70 OLG Stuttgart Beschl. v. 3.12.2008 – 20 W 12/08, Rn. 220; Spindler/Stilz/*Wicke* AktG § 130 Rn. 14.
71 Nach LG München I NJW-RR 1990, 1124 (1125) müssen nur solche Anlagen eingereicht werden, die der Niederschrift zwingend beizufügen sind, nicht jedoch solche, die der Niederschrift überobligatorisch beigefügt wurden.
72 Spindler/Stilz/*Wicke* AktG § 130 Rn. 61 mwN; *Hauschild* notar 2015, 271 (281).
73 Die Botenstellung muss dem Register grundsätzlich nicht nachgewiesen werden, bei Zweifeln wird dem Register eine Befugnis zur Anforderung von Nachweisen zugestanden, vgl. Heinemann/*Keidel* FamFG § 378 Rn. 8. Die Vermutung des § 378 Abs. 2 FamFG greift nicht, wenn es nicht um eine Erklärung geht, die ins Register einzutragen ist. Auch ist kein Prüfvermerk gemäß § 378 Abs. 3 FamFG erforderlich, wenn es sich um keine Anmeldung handelt.
74 Wachter/*Wachter* AktG § 130 Rn. 72.
75 K. Schmidt/Lutter/*Ziemons* AktG § 130 Rn. 85 mwN; aA Wachter/*Wachter* AktG § 130 Rn. 78.
76 *Hüffer/Koch* § 130 Rn. 23b.

VI. Kosten

42 Für das Beurkundungsverfahren der Niederschrift fällt eine 2,0 Gebühr nach KV Nr. 21100 GNotKG an, und zwar unabhängig davon, ob es sich um eine Ein-Personen- oder um eine Mehr-Personen-Gesellschaft handelt. Bisweilen wird daneben eine Gebühr nach KV Nr. 24203 GNotKG anfallen für eine Beratung bei der Vorbereitung oder Durchführung der Hauptversammlung, die je nach Umfang zwischen 0,5–2,0 liegt. Ggf. ist eine Auswärtsgebühr in Ansatz zu bringen (KV Nr. 26002 GNotKG). Bei Einreichung durch den Notar ist zudem eine 0,3 Gebühr für die XML-Strukturierung zu erheben (KV Nr. 22114 GNotKG).

43 Der Geschäftswert für die Niederschrift beträgt stets mindestens 30.000 EUR (§§ 108 Abs. 2 S. 2, 105 Abs. 1 S. 2 GNotKG) und höchstens 5 Mio. EUR (§ 108 Abs. 5 GNotKG). Für Beschlüsse ohne Geldwert sind dabei 1 % des Grundkapitals und für Beschlüsse mit Geldwert der Geldwert anzusetzen (§§ 108 Abs. 1, 105 GNotKG),[77] dh bei Kapitalmaßnahmen der Erhöhungs- bzw. Herabsetzungsbetrag. Die einzelnen Beschlüsse sind grundsätzlich jeweils ein eigener Beurkundungsgegenstand, deren Werte zusammenzurechnen sind (§§ 35, 86 GNotKG), soweit sich nicht aus § 109 Abs. 2 S. 1 Nr. 4 GNotKG etwas anderes ergibt; stets gilt jedoch die Höchstwertbegrenzung hinsichtlich des Geschäftswerts nach § 108 Ab. 5 GNotKG.

VII. Niederschrift nach § 16 Abs. 3 SchVG

44 Gemäß § 5 SchVG können Anleihebedingungen vorsehen, dass diese durch Beschluss der Gläubiger geändert werden können, und zwar durch eine Gläubigerversammlung oder Abstimmung ohne Versammlung.[78] In beiden Fällen ist zur Gültigkeit der Beschlussfassung eine Niederschrift durch einen deutschen Notar erforderlich, sofern die Gläubigerversammlung im Inland stattfindet (§ 16 Abs. 3 S. 2 SchVG) bzw. bei einer Abstimmung ohne Versammlung der Geschäftssitz des Schuldners[79] im Inland liegt (vgl. §§ 18 Abs. 1 und 3, 16 Abs. 3 S. 2 SchVG).[80] Bei Beurkundung im Ausland ist eine gleichwertige Protokollierung erforderlich (§ 16 Abs. 3 S. 2 SchVG).[81]

45 Das Niederschriftserfordernis gilt wie bei Abs. 1 für jegliche Art von Beschlüssen (→ Rn. 5 ff.). Für die notarielle Niederschrift gelten Abs. 2–4 entsprechend (§ 16 Abs. 3 S. 3). Insoweit kann auf die diesbezüglichen Ausführungen verwiesen werden (→ Rn. 15 ff.). Streitig ist, ob sich der Verweis auf die erweiterte Feststellung des Vorsitzenden nach Abs. 2 S. 2 auf die Börsennotierung des Schuldners oder der Anleihe bezieht.[82] Bis zu einer Klärung wird in beiden Fällen eine erweiterte Feststellung zu empfehlen sein. Widersprüche von Aktionären müssen anders als bei einer Hauptversammlung nicht zur Niederschrift erklärt werden (arg. e. § 20 Abs. 2 SchVG). Da die notarielle Niederschrift aus

77 *Tiedke* Streifzug durch das GNotKG Rn. 1389 f.

78 Instruktiv *Mühe* BKR 2017, 50.

79 Veranneman/*Hofmeister* SchVG § 18 Rn. 34; Langenbucher/Bliesener/Spindler/*Bliesener/Schneider*, Bankrechtskommentar § 18 SchVG Rn. 15.

80 Bei einer Abstimmung ohne Versammlung muss der beurkundende Notar seinen Amtssitz nicht am Geschäftssitz des Schuldners haben. Entscheidend für die notarielle Zuständigkeit ist vielmehr der Ort, an dem sich der Abstimmungsleiter befindet (wobei der beurkundende Notar nach ganz hM bei einer Abstimmung ohne Versammlung auch die Funktion des Abstimmungsleiters übernehmen kann).

81 Die diesbezüglichen Voraussetzungen sind umstritten, vgl. hierzu Veranneman/*Wasmann/Steber* SchVG § 16 Rn. 26.

82 Hierzu Veranneman/*Wasmann/Steber* SchVG § 16 Rn. 27.

praktischen Gründen regelmäßig nur als Tatsachenprotokoll angefertigt werden kann, sind vom Notar ferner die §§ 1–5, 36 ff. BeurkG zu beachten (→ Rn. 8 ff. sowie → Rn. 27 ff.). In die Niederschrift sind gemäß den allgemeinen Grundsätzen zudem sämtliche Vorgänge aufzunehmen, die für die Beschlüsse und deren Wirksamkeit unmittelbar von Bedeutung sein können (→ Rn. 30 ff.). Weitere Vorgänge können von dem Notar nach pflichtgemäßem Ermessen in die Niederschrift aufgenommen werden (→ Rn. 39 ff.).

46 Bei einer Abstimmung ohne Versammlung muss Abstimmungsleiter regelmäßig ein Notar sein (§ 18 Abs. 2 SchVG). Dabei kann derselbe Notar – anders als bei einer Gläubigerversammlung – nach ganz herrschender Meinung gleichzeitig als Protokollant und Abstimmungsleiter fungieren.[83] Die Gläubigerversammlung bzw. Abstimmung ohne Versammlung erfüllen die Voraussetzungen an die Beschlussfähigkeit nur, wenn mindestens die Hälfte der ausstehenden Schuldverschreibungen vertreten sind (§ 15 Abs. 3 SchVG). In einem solchen Fall kann (bei Feststellung der mangelnden Beschlussfähigkeit durch den Vorsitzenden) eine zweite Versammlung einberufen werden, die zwingend eine Gläubigerversammlung sein muss (dh keine Abstimmung ohne Versammlung sein darf), und für die geringere Anforderungen bezüglich der Beschlussfähigkeit gelten (§ 15 Abs. 3 S. 3 SchVG). Streitig ist, ob bei einer Abstimmung ohne Versammlung der versammlungsleitende Notar für die Einberufung der zweiten Versammlung zuständig ist.[84] Der Praxis wird vor diesem Hintergrund eine gemeinsame Einberufung durch Notar und Emittent empfohlen.[85]

§ 179a Verpflichtung zur Übertragung des ganzen Gesellschaftsvermögens

(1) [1]Ein Vertrag, durch den sich eine Aktiengesellschaft zur Übertragung des ganzen Gesellschaftsvermögens verpflichtet, ohne daß die Übertragung unter die Vorschriften des Umwandlungsgesetzes fällt, bedarf auch dann eines Beschlusses der Hauptversammlung nach § 179, wenn damit nicht eine Änderung des Unternehmensgegenstandes verbunden ist. [2]Die Satzung kann nur eine größere Kapitalmehrheit bestimmen.

(2) [1]Der Vertrag ist von der Einberufung der Hauptversammlung an, die über die Zustimmung beschließen soll, in dem Geschäftsraum der Gesellschaft zur Einsicht der Aktionäre auszulegen. [2]Auf Verlangen ist jedem Aktionär unverzüglich eine Abschrift zu erteilen. [3]Die Verpflichtungen nach den Sätzen 1 und 2 entfallen, wenn der Vertrag für denselben Zeitraum über die Internetseite der Gesellschaft zugänglich ist. [4]In der Hauptversammlung ist der Vertrag zugänglich zu machen. [5]Der Vorstand hat ihn zu Beginn der Verhandlung zu erläutern. [6]Der Niederschrift ist er als Anlage beizufügen.

(3) Wird aus Anlaß der Übertragung des Gesellschaftsvermögens die Gesellschaft aufgelöst, so ist der Anmeldung der Auflösung der Vertrag in Ausfertigung oder öffentlich beglaubigter Abschrift beizufügen.

83 Langenbucher/Bliesener/Spindler/*Bliesener/Schneider* Bankrechts-Kommentar § 18 SchVG Rn. 15; *Otto* DNotZ 2012, 809 (821); *Mühe* BKR 2017, 50 (55).

84 Veranneman/*Hofmeister* SchVG § 18 Rn. 30. Nach hM kann der Notar die Versammlungsleitung in der zweiten Versammlung auf einen Dritten übertragen (vgl. OLG Karlsruhe WM 2016, 605 (613); *Seibt* ZIP 2016, 997 (1005)).

85 *Mühe* BKR 2017, 50 (55 f.).

Literatur:

Bredol/Natterer, Von Irrungen und Wirrungen bei der Veräußerung des „ganzen“ Vermögens einer Kommanditgesellschaft: Keine analoge Anwendung von § 179a AktG!, ZIP 2015, 1419; *Burmeister/Schmidt-Hern*, Beurkundungsbedürftigkeit des Zustimmungsbeschlusses bei einer Veräußerung des gesamten Vermögens einer Personengesellschaft?, NZG 2016, 580; *Deilmann/Messerschmidt*, Vorlage von Verträgen an die Hauptversammlung, NZG 2004, 977; *Eickelberg/Mühlen*, Versteckte Vorgaben für Unternehmenskaufverträge mit einer GmbH als Veräußerin, NJW 2011, 2476; *Eschwey*, Der wundersame Aufstieg des § 179a AktG – ein Stolperstein auch beim Grundstückskaufvertrag, MittBayNot 2018, 299; *Heckschen*, Die Formbedürftigkeit der Veräußerung des gesamten Vermögens im Wege des „asset deal“, NZG 2006, 772; *Heckschen/Strnad*, Gesellschaftsrecht, notar 2019, 406; *Heinze*, Zustimmungsbeschlüsse zur Transaktionsvorbereitung, NJW 2019, 1995; *Hüren*, Gesamtvermögensgeschäfte im Gesellschaftsrecht, RNotZ 2014, 77; *Leitzen*, Die analoge Anwendung von § 179 a AktG auf Gesellschaften mit beschränkter Haftung und Personengesellschaften in der Praxis, NZG 2012, 491; *Stellmann/Stoeckel*, Verpflichtung zur Übertragung des ganzen Vermögens einer Gesellschaft, WM 2011, 1983; *Weber*, Gesamtvermögensgeschäft und Gesellschafterbeschluss: Eine Studie des § 179a AktG am Beispiel von Grundstücksgeschäften, DNotZ 2018, 96; *Widder*, Notarieller Zustimmungsbeschluss bei Unternehmensverkauf durch GmbH-Holding?, Betriebs-Berater BB 20.2021, 1160; *Widder/Feigen*, Zum Verhältnis von § 179 a I 1 AktG (analog) und § 311 b III BGB bei der Beurkundungsbedürftigkeit von Anteilskaufverträgen, NZG 2018, 972.

I. Allgemeines

1 § 179a beschränkt die Vertretungsmacht des Vorstands einer Aktiengesellschaft dahin gehend, dass ein Vertrag, durch den die Gesellschaft außerhalb des UmwG zur Übertragung ihres gesamten (bzw. wesentlichen) Vermögens verpflichtet wird, nur mit Zustimmung der Hauptversammlung wirksam ist. Gemäß § 278 Abs. 3 gilt § 179a auch für die KGaA.

II. Verpflichtungsvertrag

2 § 179a erfasst nach seinem klaren Wortlaut nur Verpflichtungsverträge. Der dingliche Übertragungsakt ist auch ohne die Zustimmung der Aktionäre im Außenverhältnis wirksam.[1] Bei Ausbleiben der Zustimmung muss das Vermögen kondiziert oder ggf. bei Übertragung an Aktionäre nach § 62 Abs. 1 zurückgefordert werden.[2]

3 Solange der Zustimmungsbeschluss fehlt, ist das schuldrechtliche Verpflichtungsgeschäft schwebend unwirksam (analog § 177 Abs. 1 BGB).[3] Anders als bei § 1365 BGB (→ GmbHG § 15 Rn. 39) ist es im Rahmen von § 179a für die

1 BGHZ 82, 188 (197); BGH NJW 1991, 2564 (2565).
2 Spindler/Stilz/*Holzborn* § 179a Rn. 13.
3 Vgl. BGH NJW 1982, 1703 (1704); DNotZ 2003, 336 (337).

Unwirksamkeit nach ganz herrschender Meinung unerheblich, ob die andere Vertragsseite Kenntnis von den vermögensrechtlichen Umständen hat.[4]

III. Ganzes Gesellschaftsvermögen

4 Abs. 1 erfasst nicht nur Verträge über das Gesellschaftsvermögen in seiner Gesamtheit, sondern auch Rechtsgeschäfte über Einzelgegenstände, wenn nach ihrer Übertragung nur noch unbedeutende Vermögenswerte bei der Gesellschaft zurückbleiben,[5] wobei die Gegenleistung nicht zu berücksichtigen ist.[6] Nicht abschließend geklärt sind die hierfür maßgeblichen Kriterien. Der Praxis wird geraten, vorsorglich das jeweilige Vermögen sowohl qualitativ als auch quantitativ zu messen.[7] In qualitativer Hinsicht ist zu fragen, ob der Unternehmensgegenstand der Gesellschaft mit dem verbleibenden Betriebsvermögen selbstständig weitergeführt werden kann.[8] In quantitativer Hinsicht soll zu untersuchen sein, ob der Gesellschaft weniger als 85 % des Vermögens entzogen werden.[9] Werden beide Fragen bejaht, ist kein Zustimmungsbeschluss erforderlich, im Übrigen ist als rechtssicherster Weg die Einholung eines Zustimmungsbeschlusses empfehlenswert.[10]

IV. Beurkundungserfordernis nach § 311b Abs. 3 BGB

5 Der schuldrechtliche Übertragungsvertrag richtet sich hinsichtlich seiner Formerfordernisse grundsätzlich nach den für das jeweilige Geschäft geltenden Formvorschriften. Im Falle einer Veräußerung des ganzen (bzw. wesentlichen) Gesellschaftsvermögens ist zudem stets an § 311b Abs. 3 BGB zu denken, der eine notarielle Beurkundung des schuldrechtlichen Übertragungsvertrags erfordern kann. Nach der ständigen Rechtsprechung des BGH umfasst der Begriff des gesamten Vermögens bei § 311b Abs. 3 BGB nur Vermögensveräußerungen „in Bausch und Bogen", bei denen der Veräußernde keine sichere Vorstellung über den Umfang der Veräußerung hat.[11] Unter Verweis auf die Gesetzesbegründung zu § 179a[12] wird diese Rechtsprechung teilweise als überholt erachtet und argumentiert, dass die bei § 179a geltenden Kriterien (→ Rn. 4) bei § 311b Abs. 3 BGB ebenfalls Anwendung finden.[13] Bis zu einer abschließenden Klärung wird als rechtssicherster Weg bei Vorliegen der Voraussetzungen des § 179a BGB auch stets eine Beurkundung des Verpflichtungsgeschäfts nach § 311b Abs. 3 BGB zu empfehlen sein.[14]

---

4 *Stellmann/Stoeckle* WM 2011, 1983 (1986); kritisch *Eschwey* MittBayNot 2018, 299 (306 ff.).
5 BGH NJW 1982, 1703 (1704).
6 *Eschwey* MittBayNot 2018, 299 (306).
7 DNotI-Gutachten Nr. 168112.
8 BGH NJW 1982, 1703 (1704).
9 *Hüren* RNotZ 2014, 77 (82). Teilweise wird die Grenze bei 90 % (*Weber* DNotZ 2018, 96 (106)) bzw. 95 % (*Packi* S. 97 ff.) gezogen.
10 DNotI-Gutachten 168112.
11 BGH NJW 1957, 1514; NJW 1991, 353; ebenso OLG Düsseldorf NZG 2018, 297.
12 BT-Drs. 12/6699, 177.
13 Vgl. LG Düsseldorf RNotZ 2015, 664 (665); *Heckschen* NZG 2006, 772 (775 ff.); DNotI-Gutachten Nr. 89508; dagegen überzeugend *Widder/Feigen* NZG 2018, 972; ebenso OLG Düsseldorf BeckRS 2017, 133913.
14 *Eschwey* MittBayNot 2018, 299; *Leitzen* NZG 2012, 491 (495).

V. Zustimmungsbeschluss

1. Informationspflichten. a) Vor der Hauptversammlung. Ab dem Zeitpunkt der Einberufung der Hauptversammlung ist der schuldrechtliche Übertragungsvertrag gemäß Abs. 2 S. 1 in den Geschäftsräumen der Gesellschaft zur Einsicht der Aktionäre auszulegen und diesen auf Verlangen eine Abschrift zu erteilen. Alternativ kann der Vertrag auf der Internetseite der Gesellschaft zugänglich gemacht werden. Ist der Vertrag in einer Fremdsprache verfasst, ist den Aktionären eine vollständige deutsche Übersetzung bereitzustellen.[15] 6

Wird der Beschluss als Einwilligungsbeschluss vor Abschluss des Übertragungsvertrages gefasst, so muss ein Entwurf ausgelegt werden, der mit dem später abgeschlossenen Vertrag lückenlos übereinstimmen muss.[16] Auch wenn Teile der Literatur angesichts berechtigter Interessen der Praxis formelle bzw. redaktionelle Änderungen zulassen wollen,[17] wird die rechtssichere Variante sein, auf jegliche Änderungen zu verzichten. 7

b) In der Hauptversammlung. Der Vertrag muss gemäß Abs. 2 S. 5 in der Hauptversammlung ausgelegt werden, und zwar in ausreichender Stückzahl.[18] Der Vorstand hat den Vertrag mündlich zu erläutern und seine rechtliche und wirtschaftliche Bedeutung zu erklären.[19] Maßgeblich ist dabei, dass die Erläuterung die Aktionäre in die Lage versetzt, sich ein Urteil über die Angemessenheit der Gegenleistung zu bilden.[20] 8

2. Mehrheitserfordernisse. Soweit die Satzung nicht eine größere Mehrheit vorschreibt, bedarf der Beschluss gemäß §§ 179a Abs. 1 S. 1, 179 Abs. 2 S. 1 einer Dreiviertelmehrheit des vertretenen Grundkapitals sowie außerdem der Mehrheit der abgegebenen Stimmen gemäß § 133 Abs. 1.[21] 9

3. Notarielle Form. Da der Beschluss neben der Mehrheit der abgegebenen Stimmen zusätzlich eine Dreiviertelmehrheit des vertretenen Grundkapitals erfordert, muss gemäß § 130 Abs. 1 S. 3 sowohl bei börsennotierten als auch bei nicht börsennotierten Gesellschaften eine notarielle Niederschrift über den Zustimmungsbeschluss der Hauptversammlung aufgenommen werden. Dies kann als Beurkundung über Willenserklärungen (§§ 6 ff. BeurkG) oder Tatsachen (§§ 36 ff. BeurkG) erfolgen (→ § 130 Rn. 8). Zusätzlich zu den Erfordernissen des § 130 ist der Vertrag der Niederschrift als Anlage beizufügen, Abs. 2 S. 6. Anschließend ist die Niederschrift samt Anlagen, wie Niederschriften über Beschlüsse der Hauptversammlung es stets erfordern, gemäß § 130 Abs. 5 zum Handelsregister einzureichen (→ § 130 Rn. 40). 10

VI. Übertragende Auflösung (Abs. 3)

Abs. 3 behandelt die übertragende Auflösung. Der Zustimmungsbeschluss zur Vermögensübertragung und der Auflösungsbeschluss in Bezug auf den alten Rechtsträger sind separat zu fassen, können aber Gegenstand derselben Versammlung bzw. Niederschrift sein.[22] 11

---

15 OLG Dresden AG 2003, 433 (435); LG München I ZIP 2001, 1148 (1150).
16 BGHZ 82, 188 (194).
17 *Hüffer/Koch* § 179a Rn. 7; *Deilmann/Messerschmidt* NZG 2004, 977 (984).
18 K. Schmidt/Lutter/*Seibt* § 179a Rn. 20a.
19 MüKoAktG/*Stein* § 179a Rn. 63.
20 OLG Dresden AG 2003, 433 (435).
21 Nach allgemeiner Auffassung ist das Mehrheitserfordernis des § 179 Abs. 2 S. 1 AktG kumulativ zu § 133 Abs. 1 AktG zu beachten (BGH NJW 1975, 212). Zur Feststellung der erforderlichen Mehrheiten ist zweifache Zählung, aber nicht zweifache Abstimmung erforderlich (*Hüffer/Koch* § 179 Rn. 14).
22 *Hüffer/Koch* § 179a Rn. 20.

VII. Anwendung auf die GmbH

12 Nach der Rechtsprechung des BGH ist Abs. 1 nicht analog auf die GmbH anzuwenden.[23] Jedoch stellt die Verpflichtung zur Übertragung des ganzen Vermögens einer GmbH ein besonders bedeutsames Geschäft gemäß § 49 Abs. 2 GmbHG dar, zu dessen Vornahme die Geschäftsführer einen (nach herrschender Meinung formlosen)[24] zustimmenden Beschluss der Gesellschafterversammlung herbeiführen müssen.[25] Für diesen ist nach herrschender Meinung analog § 60 Abs. 1 S. 2 GmbHG eine Dreiviertel-Stimmenmehrheit erforderlich, wenn der Gesellschaftsvertrag hierzu keine Regelung enthält.[26] Ohne eine solchen Zustimmungsbeschluss kann der Vertragspartner dann keine Rechte aus dem Vertrag herleiten, wenn er den Missbrauch der Vertretungsmacht kennt oder sich ihm ein solcher aufdrängen muss.[27] Hinsichtlich der Frage, wann eine Übertragung des ganzen Vermögens vorliegt, die einen Zustimmungsbeschluss erforderlich macht, sind nach herrschender Meinung die bei § 179a entwickelten Grundsätze (→ Rn. 4) entsprechend heranzuziehen.[28]

VIII. Anwendung auf Personengesellschaften

13 Nach der Rechtsprechung des BGH findet Abs. 1 grundsätzlich auch auf Personengesellschaften analoge Anwendung.[29] Nicht abschließend geklärt ist die für den Zustimmungsbeschluss erforderliche Mehrheit, falls der Gesellschaftsvertrag hierzu keine Regelung enthält: Das OLG Köln[30] hält eine einfache Mehrheit für ausreichend, während das OLG Düsseldorf[31] eine Dreiviertelmehrheit fordert und nach der Rechtsprechung des OLG Hamm[32] die Zustimmung sämtlicher Gesellschafter erforderlich ist. Nach wohl herrschender Meinung sind die Informationspflichten des Abs. 2 nicht entsprechend auf Personengesellschaften anzuwenden.[33] Eine notarielle Beurkundung des Zustimmungsbeschlusses ist nach ganz herrschender Meinung nicht erforderlich, da auch (sonstige) Änderungen des Gesellschaftsvertrags bei Personengesellschaften nicht der notariellen Form unterliegen.[34] Zu denken ist aber ggf. an eine notarielle Beurkundung des Verpflichtungsgeschäfts, insbesondere nach Maßgabe von § 311b Abs. 3 BGB (→ Rn. 2).

---

23 BGH WM 2019, 636.
24 *Heckschen/Strnad* notar 2019, 406 (416); DNotI-Report 2019, 193 (194); *Widder* BB 20.2021, 1160 (1161 ff.); aA Lutter/Hommelhoff/*Bayer* § 53 Rn. 3. Ggf. kann eine – vom Zustimmungsbeschluss unabhängige – beurkundungspflichtige Änderung des Unternehmensgegenstands nach § 53 GmbHG erforderlich sein, um eine Unter- oder Überschreitung des Unternehmensgegenstands zu vermeiden (vgl. DNotI-Report 2019, 193 (194)).
25 BGH WM 2019, 636; *Widder* BB 20.2021, 1160 (1161 ff.).
26 *Heinze* NJW 2019, 1995 (1996); aA *Heckschen/Strnad* notar 2019, 406 (416): einfache Mehrheit ausreichend.
27 BGH WM 2019, 636.
28 *Heinze* NJW 2019, 1995 (1996).
29 BGH DNotZ 1995, 961; NJW 2005, 753 (754); *Leitzen* NZG 2012, 491 (495); *Heinze* NJW 2019, 1995 (1996).
30 OLG Köln BeckRS 2015, 10785.
31 OLG Düsseldorf NZG 2018, 297 (300).
32 OLG Hamm RNotZ 20007, 612.
33 Ausführlich *Bredol/Natterer* ZIP 2015, 1419 (1422 f.); *Eschwey* MittBayNot 2018, 299 (313 f.); aA DNotI- Gutachten 71698.
34 OLG Düsseldorf BeckRS 2017, 133913; *Burmeister/Schmidt-Hern* NZG 2016, 580 (581 f.); *Hüren* RNotZ 2014, 77 (90); *Leitzen* NZG 2012, 491 (494); *Packi* S. 285 f.; DNotI-Report 2017, 41 (43).

Umwandlungsgesetz (UmwG)

Vom 28. Oktober 1994 (BGBl. I S. 3210, ber. 1995 I S. 428)
FNA 4120-9-2
Zuletzt geändert durch
Art. 60 PersonengesellschaftsrechtsmodernisierungsG (MoPeG)
vom 10.8.2021 (BGBl. I S. 3436)
– Auszug –

§ 6 Form des Verschmelzungsvertrags

Der Verschmelzungsvertrag muß notariell beurkundet werden.

§ 13 Beschlüsse über den Verschmelzungsvertrag

(1) [1]Der Verschmelzungsvertrag wird nur wirksam, wenn die Anteilsinhaber der beteiligten Rechtsträger ihm durch Beschluß (Verschmelzungsbeschluß) zustimmen. [2]Der Beschluß kann nur in einer Versammlung der Anteilsinhaber gefaßt werden.

(2) Ist die Abtretung der Anteile eines übertragenden Rechtsträgers von der Genehmigung bestimmter einzelner Anteilsinhaber abhängig, so bedarf der Verschmelzungsbeschluß dieses Rechtsträgers zu seiner Wirksamkeit ihrer Zustimmung.

(3) [1]Der Verschmelzungsbeschluß und die nach diesem Gesetz erforderlichen Zustimmungserklärungen einzelner Anteilsinhaber einschließlich der erforderlichen Zustimmungserklärungen nicht erschienener Anteilsinhaber müssen notariell beurkundet werden. [2]Der Vertrag oder sein Entwurf ist dem Beschluß als Anlage beizufügen. [3]Auf Verlangen hat der Rechtsträger jedem Anteilsinhaber auf dessen Kosten unverzüglich eine Abschrift des Vertrags oder seines Entwurfs und der Niederschrift des Beschlusses zu erteilen.

Literatur:

Bungert/Leyendecker-Langner, Umwandlungsverträge und ausländische Arbeitnehmer – Umfang der arbeitsrechtlichen Pflichtangaben, ZIP 2014, 1112; *Goette*, Auslandsbeurkundungen im Kapitalgesellschaftsrecht, DStR 1996, 709; *Heckschen/Gassen*, Der Verzicht auf Anteilsgewähr bei Umwandlungsvorgängen aus gesellschafts- und steuerrechtlicher Sicht, GWR 2010, 101; *Kilian*, Registerrecht – Aktuelle Entwicklungen, notar 2021, 18; *Krause*, Wie lang ist ein Monat? – Fristberechnung am Beispiel des § 5 III UmwG, NJW 1999, 1448; *Melchior*, Vollmachten bei Umwandlungsvorgängen – Vertretungshindernisse und Interessenkollisionen, GmbHR 1999, 520.

I. Überblick

1 **1. Übertragung des Vermögens im Wege der Gesamtrechtsnachfolge.** Das UmwG ermöglicht Rechtsträgern, ihr Vermögen als Ganzes oder in Teilen im Wege der Gesamtrechtsnachfolge auf einen anderen Rechtsträger zu übertragen, ohne dass eine Zustimmung der Vertragspartner oder sonstigen Gläubiger erforderlich ist.

2 Der gesetzliche Grundfall ist hierbei die Verschmelzung, dh die Übertragung des gesamten Vermögens (also sämtlicher Aktiva und Passiva)[1] eines oder mehrerer Rechtsträger auf einen anderen Rechtsträger unter Auflösung des übertragenden Rechtsträgers ohne Liquidationsverfahren.[2] Die Verschmelzung ist in den §§ 2–122 geregelt (→ Rn. 4 ff.). Eine Übertragung von Teilen des Vermögens im Wege der Gesamtrechtsnachfolge ist als Spaltung gemäß §§ 123–173 möglich (→ Rn. 49 f.).

3 Im UmwG gilt der Grundsatz der Gesetzesstrenge (§ 1 Abs. 3): Abweichungen von gesetzlichen Vorgaben des UmwG sind nur bei ausdrücklicher gesetzlicher Zulassung, Ergänzungen nur bei nicht abschließenden gesetzlichen Regelungen gestattet.

4 **2. Verschmelzungsarten.** Eine Verschmelzung kann auf zwei Arten erfolgen: als Verschmelzung durch Aufnahme (§ 2 Nr. 1) oder Verschmelzung durch Neugründung (§ 2 Nr. 2). Bei der Verschmelzung durch Aufnahme (§§ 4–35) wird das Vermögen eines oder mehrerer Rechtsträger auf einen anderen bestehenden Rechtsträger übertragen.[3] Bei der Verschmelzung durch Neugründung (§§ 36–

1 Ob ein Vermögensgegenstand in der Bilanz erfasst ist, ist insoweit ohne Bedeutung, vgl. Semler/Stengel/Leonard/*Stengel* UmwG § 2 Rn. 35.
2 Die Firma des übertragenden Rechtsträgers darf gemäß § 18 UmwG vom übernehmenden Rechtsträger fortgeführt werden.
3 Der übernehmende Rechtsträger darf als Folge der Verschmelzung nicht untergehen, wie dies etwa bei einer Verschmelzung des einzigen Komplementärs auf die KG der Fall wäre, vgl. OLG Hamm DNotZ 2011, 230.

38) wird das Vermögen von zwei oder mehr Rechtsträgern auf einen neuen, dadurch gegründeten Rechtsträger übertragen. Die Verschmelzung durch Aufnahme ist der praktischen Bedeutung entsprechend als gesetzlicher Regelfall ausgestaltet.

3. Anteilsgewährung als Gegenleistung für Vermögensübertragung. Als Kompensation für die Übertragung des Vermögens gewährt das UmwG kraft Gesetzes den Anteilsinhabern des übertragenden Rechtsträgers Anteile an dem übernehmenden Rechtsträger (§ 20 Abs. 1 Nr. 3). Eine Anteilsgewährung findet nicht statt, wenn bei Verschmelzung von Kapitalgesellschaften[4] sämtliche[5] Anteilsinhaber des übertragenden Rechtsträgers hierauf verzichten (§§ 54 Abs. 1 S. 3, 68 Abs. 1 S. 3) sowie bei einhundertprozentigen Beteiligungsstrukturen (§§ 5 Abs. 2, 20 Abs. 1 Nr. 3) und Kapitalerhöhungsverboten (§§ 54 Abs. 1, 68 Abs. 1). Dann entfallen auch die diesbezüglichen Mindestinhalte im Verschmelzungsvertrag (vgl. § 5 Abs. 2). Die Vereinbarung anderer Gegenleistungen/Kompensationen ist nicht zulässig, soweit dies das UmwG nicht ausdrücklich anordnet (Barabfindung gemäß §§ 29 ff.; bare Zuzahlung gemäß § 15).[6] 5

Die an die Anteilsinhaber des übertragenden Rechtsträgers zu gewährenden Anteile am übernehmenden Rechtsträger werden bei einer Verschmelzung durch Aufnahme regelmäßig im Wege einer Kapitalerhöhung neu geschaffen. Alternativ können bereits bestehende Anteile verwendet werden (vgl. § 54 Abs. 1). Bei einer Verschmelzung durch Neugründung entstehen die zu gewährenden Anteile als Folge der Gründung des übernehmenden Rechtsträgers. 6

4. Bestandteile einer Verschmelzung. Der Verschmelzungsvertrag (→ Rn. 8) ist Kernstück und Grundlage jeder Verschmelzung. Dieser bedarf zu seiner Wirksamkeit regelmäßig bei sämtlichen an der Verschmelzung beteiligten Rechtsträgern eines Zustimmungsbeschlusses der Anteilsinhaber (→ Rn. 25). Ferner hat grundsätzlich eine Verschmelzungsprüfung mit Prüfungsbericht zu erfolgen (→ Rn. 35); zudem ist grundsätzlich ein Verschmelzungsbericht (→ Rn. 35) zu erstellen. Die Verschmelzung muss, wie auch eine ggf. im Zusammenhang mit dieser beschlossene Kapitalmaßnahme oder Satzungsänderung, zur Eintragung in das Handelsregister angemeldet werden (→ Rn. 37). Mit Eintragung in das Handelsregister des übernehmenden Rechtsträgers wird die Verschmelzung wirksam (§ 20 Abs. 1). 7

II. Verschmelzungsvertrag

Bei dem von den verschmelzenden Rechtsträgern abzuschließenden Verschmelzungsvertrag handelt sich um einen körperschaftlichen Organisationsakt, der zugleich schuldrechtliche Bindungen zwischen den Rechtsträgern begründet.[7] 8

1. Abschluss durch Vertretungsorgane/Bevollmächtigte. Gemäß § 4 Abs. 1 ist der Verschmelzungsvertrag von den Vertretungsorganen der verschmelzenden Rechtsträger zu schließen, dh deren organschaftlichen Vertretern in vertretungsberechtigter Zahl. Entsprechend den allgemeinen Regeln ist auch eine so- 9

---

4 Ungeklärt ist, ob ein solcher Verzicht auch bei anderen Gesellschaftsformen, etwa einer KG, möglich ist, dafür *Heckschen/Gassen* GWR 2010, 101 (102), dagegen Schmitt/Hörtnagl/*Hörtnagl/Ollech* UmwG § 54 Rn. 13. Dabei können sich auch steuerliche Fragen stellen, vgl. *Heckschen/Gassen* GWR 2010, 101 (103).

5 Ungeklärt ist, ob bei einem – nach allgemeiner Auffassung zulässigen – Teilverzicht die Zustimmung sämtlicher oder nur der verzichtenden Anteilsinhaber erforderlich ist, vgl. hierzu Widmann/Mayer/*Mayer* UmwG § 54 Rn. 51.2.

6 Semler/Stengel/Leonard/*Stengel* UmwG § 2 Rn. 41.

7 BeckOGK/*Wicke* UmwG § 4 Rn. 5.

genannte unechte Gesamtvertretung[8] zulässig, wenn dies im Gesellschaftsvertrag vorgesehen ist. Bei einer Mehrfachvertretung ist § 181 Alt. 2 BGB zu beachten. Ungeklärt ist, ob zu einer Befreiung von § 181 Alt. 2 BGB ein einfacher Gesellschafterbeschluss ausreicht oder eine Satzungsänderung erforderlich ist, wenn der Gesellschaftsvertrag keine entsprechende Ermächtigung vorsieht.[9]

10 Die organschaftlichen Vertreter können Dritte zur Vertretung beim Abschluss des Verschmelzungsvertrags bevollmächtigen, wofür auch eine Generalvollmacht,[10] nicht aber eine gewöhnliche Handlungsvollmacht[11] ausreicht. Die Vollmacht ist für Beurkundungs- und Registerzwecke schriftlich zu erteilen,[12] ggf. mit Existenz- und Vertretungsbescheinigung, soweit sich der Notar nicht durch Registereinsicht von der ordnungsgemäßen Existenz und Vertretung überzeugen kann (→ GmbHG § 2 Rn. 6 ff.). Dasselbe gilt für Genehmigungen bei vollmachtlosen Vertretern.[13] Eine notarielle Beglaubigung der Vollmacht/Genehmigung (§ 40 BeurkG) ist regelmäßig nicht erforderlich. Dies gilt nach ganz herrschender Meinung auch dann, wenn zur Durchführung der Verschmelzung beim übernehmenden Rechtsträger eine Kapitalerhöhung durchgeführt wird.[14] Anders ist dies nach herrschender Meinung aber bei einer Verschmelzung durch Neugründung einer Kapitalgesellschaft, weil hier die Gründungsvorschriften[15] Anwendung finden, die eine notarielle Beglaubigung vorsehen.[16]

11 **2. Verschmelzungsfähige Rechtsträger mit Sitz im Inland.** Beteiligte eines Verschmelzungsvertrags können ausschließlich die in § 3 aufgeführten Rechtsträger sein. Eine Verschmelzung von Rechtsträgern nach Maßgabe der §§ 1–122 ist nur zwischen Rechtsträgern mit satzungsmäßigem Sitz in Deutschland möglich (§ 1 Abs. 1). Sofern eine Verschmelzung unter Beteiligung eines ausländischen Rechtsträgers erfolgen soll, handelt es sich um eine grenzüberschreitende Verschmelzung, für die gesonderte Vorschriften gelten (→ Rn. 50). Auch das Vermögen einer bilanziell überschuldeten GmbH kann auf ihren Alleingesellschafter verschmolzen werden. Zu beachten ist, dass den Berater eines Umwandlungsvorgangs, bei dem Anhaltspunkte für eine Zahlungsunfähigkeit oder Überschuldung vorliegen, die Pflicht trifft, zu überprüfen, ob sich der Zielrechtsträger durch die Verschmelzung nicht selbst insolvenzantragspflichtig macht.[17] Regelungen zum Formwechsel zwischen verschiedenen Rechtsformen des Personengesellschaftsrechts enthält das UmwG nicht, da ein solcher sich nach den allgemeinen Regelungen des HGB vollzieht.[18]

12 **3. Inhalt des Verschmelzungsvertrags (§ 5). a) Mindestinhalt.** Jeder Verschmelzungsvertrag muss den gemäß § 5 vorgeschriebenen Mindestinhalt enthalten.

8 Etwa Vertretung einer GmbHG durch Geschäftsführer gemeinsam mit einem Prokuristen.
9 Für einfachen Gesellschafterbeschluss *Melchior* GmbHR 1999, 520 (525); für Satzungsänderung BeckOGK/*Wicke* UmwG § 4 Rn. 12.
10 BeckOGK/*Wicke* UmwG § 4 Rn. 13.
11 Semler/Stengel/Leonard/*Schröer/Greitemann* UmwG § 4 Rn. 8.
12 Widmann/Mayer/*Heckschen* UmwG § 6 Rn. 46.
13 BeckOGK/*Wicke* UmwG § 4 Rn. 14.
14 Semler/Stengel/Leonard/*Schröer/Greitemann* UmwG § 4 Rn. 10; für notarielle Beglaubigung der Vollmacht beim übertragenden Rechtsträger aber Widmann/Mayer/*Heckschen* UmwG § 6 Rn. 45.
15 § 2 Abs. 2 GmbHG; § 23 Abs. 1 S. AktG, § 280 Abs. 1 S. 3 AktG.
16 Widmann/Mayer/*Heckschen* UmwG § 6 Rn. 44; aA hinsichtlich Genehmigung (formfrei) BeckOGK/*Wicke* UmwG § 4 Rn. 14.
17 OLG Hamm GWR 2021, 51.
18 OLG Oldenburg NZG 2020, 992 (993).

Ggf. sind weitere rechtsform- bzw. konstellationsspezifische Mindestinhalte aufzunehmen (zB Abfindungsangebot gemäß § 29). Bei einer Verschmelzung zur Neugründung muss etwa die Satzung des neuen Rechtsträgers gemäß § 37 festgesetzt werden, bei einer Verschmelzung zur Aufnahme kann bei Ausgabe neuer Anteile[19] eine Sachkapitalerhöhung beim übernehmenden Rechtsträger erforderlich sein. Sofern bestimmte vorgeschriebene Mindestinhalte nicht einschlägig sind, empfehlen sich in der Praxis stets entsprechende Negativerklärungen, auch wenn diese (abgesehen von § 5 Abs. 1 Nr. 9) von der wohl herrschenden Meinung als nicht erforderlich angesehen werden.[20]

b) **Sonstiger Inhalt.** Neben dem umwandlungsrechtlichen Mindestinhalt 13
(→ Rn. 12) kann der Verschmelzungsvertrag unter Beachtung von § 1 Abs. 3 weitere Regelungen umfassen. Der Verschmelzungsvertrag kann insbesondere (bzw. muss bei Vorliegen eines fusionskontrollpflichtigen Zusammenschlusses) Bedingungen enthalten oder Rücktrittsrechte einräumen (§ 7), die zeitlich aber nur bis zur Eintragung der Verschmelzung Wirkung entfalten können.[21] Darüber hinaus muss der Verschmelzungsvertrag sämtliche Abreden enthalten, die nach dem Willen der Vertragsparteien Bestandteil der Vereinbarung über die Verschmelzung sein sollen (→ Rn. 15).

4. Notarielle Beurkundung des Verschmelzungsvertrags. Gemäß § 6 bedarf je- 14
der Verschmelzungsvertrag der notariellen Form, und zwar als Beurkundung von Willenserklärungen (§§ 6 ff. BeurkG). Hintergrund der Beurkundungspflicht ist der in § 311b Abs. 3 BGB statuierte Grundsatz, dass Verträge über die Übertragung des Vermögens einer Person die Einschaltung eines Notars erfordern.[22]

a) **Umfang der Beurkundungspflicht/Vollständigkeitsgebot.** Die Beurkundungs- 15
pflicht des § 6 umfasst den gesamten Verschmelzungsvertrag, dh neben dem Mindestinhalt (→ Rn. 12) sämtliche Abreden, die nach dem Willen der Vertragsparteien Bestandteil der Vereinbarung über die Verschmelzung sein sollen (sog. Vollständigkeitsgrundsatz).[23] Auch Verträge, von denen der Verschmelzungsvertrag abhängig ist, dh ohne die der Verschmelzungsvertrag nicht geschlossen würde, müssen nach den Grundsätzen über zusammengesetzte Verträge beurkundet werden (→ GmbHG § 15 Rn. 2).[24]

Sofern keine spezifischen Entscheidungen für den Beurkundungsumfang bei § 6 16
vorliegen, kann auf die umfangreiche Rechtsprechung zu § 311b Abs. 1 BGB, § 15 Abs. 4 GmbHG zurückgegriffen werden (ausführlich → GmbHG § 15 Rn. 2 ff.), wobei aufgrund der nicht identischen Schutzzwecke und Interessenslagen keine schematische Übernahme erfolgen kann.

b) **Aufhebung; Änderung; Bedingungsverzicht (waiver).** Bis zur Eintragung der 17
Verschmelzung im Register des übernehmenden Rechtsträgers kann der Verschmelzungsvertrag aufgehoben oder geändert werden, bis zur Zustimmung der Anteilsinhaber allein durch die Vertretungsorgane der beteiligten Rechtsträger. Nach diesem Zeitpunkt bedarf es für eine Änderung oder Aufhebung nach ganz

19 Wenn keine neuen Anteile ausgegeben werden (Konzernsachverhalte, Anteilsverzichte, Verwendung bestehender Anteile), ist eine Kapitalerhöhung nicht erforderlich.
20 BeckOGK/*Wicke* UmwG § 5 Rn. 4; strenger *Krafka* RegisterR-HdB Rn. 1173 (Negativerklärungen stets erforderlich).
21 NK-UmwR/*Böttcher* UmwG § 4 Rn. 16.
22 BR-Drs. 75/94, 83.
23 OLG Düsseldorf BeckRS 2017, 136416 Rn. 105.
24 Vgl. OLG Düsseldorf BeckRS 2017, 136416 Rn. 105.

herrschenden Meinung der Zustimmung der Anteilsinhaber.[25] Sowohl für die Vertragsänderung als auch für die entsprechende Zustimmung der Anteilsinhaber gelten dieselben Anforderungen wie für einen Neuabschluss, einschließlich der notariellen Form der §§ 6, 13.[26] Bezüglich der Formbedürftigkeit von Bedingungsverzichten → GmbHG § 15 Rn. 12.

18 Ungeklärt ist, ob die Aufhebung eines Verschmelzungsvertrags denselben Bestimmungen unterliegt wie der Abschluss eines Verschmelzungsvertrags[27] oder (ggf. formlose)[28] Beschlüsse der Anteilsinhaber der beteiligten Rechtsträger mit einfacher Mehrheit ausreichen,[29] so dass sich einstweilen eine Beachtung sämtlicher Vorgaben wie bei einem Neuabschluss empfehlen dürfte.

19 c) **Verpflichtung zur Verschmelzung; Vorverträge; Break-up Fees.** Auch eine Verpflichtung zum Abschluss eines Verschmelzungsvertrags unterliegt dem Beurkundungserfordernis von § 6 (→ GmbHG § 15 Rn. 16), wobei zur Wirksamkeit einer solchen Verpflichtung § 13 Abs. 1 beachtet werden muss.[30] Nach herrschender Meinung sind Entschädigungs- und Vertragsstrafeklauseln im Vorfeld des eigentlichen Vertrags (sog. Break-up Fees) jedenfalls dann nicht beurkundungspflichtig, wenn eine Entschädigung zu zahlen ist, die am wirklichen Aufwand orientiert ist.[31] Wird diese Grenze überschritten und entsteht damit zusätzlich ein Zwang zum Vertragsschluss, bedürfen solche Vereinbarungen aber möglicherweise einer Beurkundung, so dass man im Sinne des sichersten Weges zur Einhaltung der notariellen Form raten werden muss.[32]

20 d) **Heilung von Formmängeln (§ 20 Abs. 1 Nr. 4).** Mit Eintragung der Verschmelzung im Register des übernehmenden Rechtsträgers werden gemäß § 20 Abs. 1 Nr. 4 Mängel der notariellen Form des Verschmelzungsvertrags und bei Zustimmungs- und Verzichtserklärungen der Anteilsinhaber geheilt. Gemäß § 20 Abs. 2 berühren Mängel der Verschmelzung die Wirkungen der Eintragungen auch im Übrigen nicht.

21 **5. Zuleitung an Betriebsrat.** Der (vollständige)[33] Verschmelzungsvertrag muss gemäß § 5 Abs. 3 dem jeweils zuständigen Betriebsrat spätestens einen Monat vor dem Tag des Zustimmungsbeschlusses der Anteilsinhaber zugeleitet werden. Die Übersendung eines Entwurfs genügt, wenn der Verschmelzungsvertrag zu diesem Zeitpunkt noch nicht beurkundet ist. Der Praxis wird empfohlen, den Verschmelzungsvertrag vorsorglich allen in Betracht kommenden Betriebsräten (Betriebsrat, Gesamtbetriebsrat, Konzernbetriebsrat)[34] zu übermitteln, bei öffentlich-rechtlichen Rechtsträgern dem Personalrat.[35] Der Anmeldung der

25 BeckOGK/*Wicke* UmwG § 4 Rn. 40.
26 BeckOGK/*Wicke* UmwG § 4 Rn. 42 ff.
27 So Widmann/Mayer/*Mayer* UmwG § 4 Rn. 62.
28 Bei einer börsennotierten AG ist gemäß § 130 Abs. 1 AktG zwingend eine notarielle Niederschrift erforderlich.
29 So BeckOGK/*Wicke* UmwG § 4 Rn. 43.
30 BeckOGK/*Wicke* UmwG § 4 Rn. 25.
31 OLG München NZG 2013, 257; LG Paderborn NZG 2000, 899 mit Anm. *Gehling*.
32 Vgl. LG Paderborn NZG 2000, 899 mit Anm. *Gehling*.
33 OLG Naumburg GmbHR 2003, 1433, dh einschließlich sämtlicher im Zusammenhang stehender schuldrechtlicher Abreden (→ Rn. 15), vgl. BGHZ 82, 188 (194) (zu § 361 AktG aF).
34 Ein SE-Betriebsrat oder ein europäischer Betriebsrat sind bei inländischen Verschmelzungen nicht Adressat der Zuleitungspflicht, vgl. *Bungert/Leyendecker-Langner* ZIP 2014, 1112 (1115). Dem Wirtschaftsausschuss kann der Verschmelzungsvertrag gemäß § 106 BetrVG zuzuleiten sein, was aber keine Bedeutung für die Wirksamkeit der Verschmelzung und insbesondere für § 5 Abs. 3 UmwG hat.
35 BeckOGK/*Wicke* UmwG § 5 Rn. 148.

Verschmelzung zum Register ist gemäß § 17 Abs. 1 ein schriftlicher Nachweis über die Zuleitung beizufügen (in der Praxis regelmäßig ein datiertes unterschriebenes Empfangsbekenntnis).[36] Wenn kein Betriebsrat besteht,[37] ist dies gegenüber dem Handelsregister zu erklären.[38] Der Betriebsrat kann auf die Einhaltung der Monatsfrist, nicht aber auf die Zuleitung des Verschmelzungsvertrags als solche verzichten.[39]

Die Monatsfrist berechnet sich rückwärts analog §§ 186 ff. BGB. Findet die Versammlung am 2. Juni statt, beginnt die Frist somit am 1. Juni und endet nach herrschender Meinung am 1. Mai, 24:00 Uhr (§§ 187 Abs. 1, 188 Abs. 2 BGB), dh der Zugang (§ 130 Abs. 1 S. 1 BGB) an den Betriebsrat muss vor diesem Zeitpunkt erfolgt sein.[40] Da der 1. Mai ein Feiertag ist, muss die Zuleitung bereits am davorliegenden Werktag (dh ein Tag, der kein Samstag, Sonntag oder Feiertag ist) erfolgen (§ 193 BGB). Nach teilweise vertretener Auffassung[41] sind Tag der Beschlussfassung und Zuleitung jeweils fristauslösendes Ereignis, so dass die Zuleitungsfrist stets einen Tag früher endet, dh im Beispielsfall am 30. April, 24:00 Uhr oder ggf. an dem gemäß § 193 BGB davorliegenden Werktag. Bis zu einer abschließenden Entscheidung wird der Praxis zur Befolgung der strengeren Auffassung geraten.[42] 22

Bei Änderungen des Verschmelzungsvertrags nach Zuleitung wird eine neue Zuleitungspflicht nach § 5 Abs. 3 begründet, sofern es sich nicht um unwesentliche, insbesondere rein redaktionelle oder rechtstechnische Abänderungen handelt.[43] Im Zweifel sollte vorsorglich eine erneute Zuleitung erfolgen.[44] 23

6. Beurkundung im Ausland. Die Beurkundung eines Verschmelzungsvertrags muss als statusrelevanter Vorgang nach herrschender Meinung durch einen deutschen Notar oder Konsularbeamten (§ 10 KonsG) erfolgen; eine Beurkundung durch einen ausländischen Notar ist nach herrschender Meinung nicht zulässig.[45] Die gegenteilige Auffassung des Kammergerichts,[46] wonach jedenfalls auch eine Beurkundung durch einen Notar in Basel ausreichend sei, ist abzulehnen.[47] Jedoch heilt die Eintragung der Verschmelzung in das Handelsregister einen solchen Mangel (§ 20 Abs. 1 Nr. 4). 24

III. Zustimmungsbeschluss; Zustimmungs- und Verzichtserklärungen

1. Zustimmungsbeschluss (§ 13 Abs. 1). a) Versammlung der Anteilsinhaber. Für die Wirksamkeit des Verschmelzungsvertrags sind gemäß § 13 Abs. 1 grundsätzlich Zustimmungsbeschlüsse der Anteilsinhaber sämtlicher an der 25

36 Der Betriebsrat wird dabei vertreten von dem Vorsitzenden bzw. bei dessen Verhinderung dem Stellvertreter (§ 26 Abs. 2 S. 2 BetrVG).

37 Dasselbe gilt, wenn sich ein Betriebsrat erst innerhalb der Monatsfrist konstituiert, Widmann/Mayer/*Mayer* UmwG § 5 Rn. 263.

38 Nach ganz hM genügt hierfür einfache Schriftform, vgl. Widmann/Mayer/*Mayer* UmwG § 5 Rn. 263, aA AG Duisburg GmbHR 1996, 372 (eidesstattliche Versicherung erforderlich).

39 OLG Naumburg GmbHR 2003, 1433.

40 Widmann/Mayer/*Mayer* UmwG § 5 Rn. 256; *Krause* NJW 1999, 1448.

41 Vgl. zum Streitstand Semler/Stengel/Leonard/*Schröer/Greitemann* UmwG § 5 Rn. 144.

42 Widmann/Mayer/*Mayer* UmwG § 5 Rn. 256.

43 OLG Naumburg NZA-RR 1997, 177 (178 f.).

44 Semler/Stengel/Leonard/*Schröer/Greitemann* UmwG § 5 Rn. 147.

45 AG Charlottenburg Beschl. v. 26.10.2017 – 84 HRB 167838 B. Ausführlich BeckOGK/*Wicke* UmwG § 6 Rn. 18 ff.

46 KG RNotZ 2019, 236.

47 Überzeugend *Goette* DStR 1996, 709.

Verschmelzung beteiligter Rechtsträger zwingend erforderlich,[48] die in einer (ggf. auch virtuellen) Versammlung gefasst werden müssen.[49] Sofern bei einem der beteiligten Rechtsträger die Zustimmung eines Aufsichtsrats, Beirats oder sonstigen Organs erforderlich ist, gilt ein solches Zustimmungserfordernis nur im Innenverhältnis und hat keinen Einfluss auf die Wirksamkeit des Verschmelzungsvertrags.[50] Über die Zustimmung zum Verschmelzungsvertrag entscheiden im Außenverhältnis alleine die Anteilsinhaber; eine Delegation des Vertragsinhalts durch Anteilsinhaberbeschluss auf Geschäftsführungs- oder Aufsichtsorgane ist unzulässig.[51] Bei übernehmenden Aktiengesellschaften, die weniger als zwei Jahre bestehen, kann vor Beschlussfassung eine Nachgründung nach § 67 erforderlich sein.

26 Der Verschmelzungsbeschluss kann Bedingungen, Befristungen oder Anweisungen an das Vertretungsorgan oder den Notar enthalten, die Verschmelzung nur bei Vorliegen bestimmter Bedingungen oder erst zu einem bestimmten Zeitpunkt beim Handelsregister anzumelden.[52] Dem Vertretungsorgan oder Notar darf dabei kein eigener Entscheidungsspielraum eingeräumt werden.[53] Es sollte dabei deutlich zum Ausdruck kommen, ob es sich um Bedingungen oder Befristungen handelt, deren Vorliegen vom Handelsregister zu prüfen und diesem nachzuweisen sind, oder um allein im Innenverhältnis wirkende Anweisungen, die vom Prüfungsprogramm des Handelsregisters nicht erfasst werden sollen.

27 b) **Verschmelzungsvertrag oder Vertragsentwurf.** Der Zustimmungsbeschluss kann auf Grundlage der beurkundeten Fassung oder eines schriftlichen Entwurfs des Verschmelzungsvertrags erfolgen (§ 4 Abs. 2). In beiden Fällen muss der Verschmelzungsvertrag vollständig vorgelegt werden.[54] Wird ein Entwurf vorgelegt, muss dieser nach herrschender Meinung, von redaktionellen Änderungen abgesehen, entweder abgelehnt oder angenommen werden.[55] Andernfalls ist die Beschlussfassung anfechtbar, sofern nicht sämtliche Gesellschafter mit den Änderungen und der entsprechenden Beschlussfassung einverstanden sind. Es ist zulässig, dass die Anteilsinhaber verschiedenen alternativen Vertragsentwürfen zustimmen, wobei diese jeweils vollständig sein müssen und jeweils die Berichts- und Prüfungspflichten gemäß §§ 8 ff. sowie die Zuleitungspflicht an den Betriebsrats gemäß § 5 Abs. 3 erfüllen müssen.[56]

28 c) **Beschlussverfahren/Mehrheitserfordernis.** § 13 wird ergänzt durch weitere rechtsformspezifische Regelungen im UmwG zur Vorbereitung und Durchführung des Verschmelzungsbeschlusses, zB §§ 47 ff. bei der GmbH. Daneben gelten die allgemeinen gesetzlichen und satzungsmäßigen Regelungen zur Be-

48 Im Fall des § 62 Abs. 1, 4 UmwG ist ein Zustimmungsbeschluss ausnahmsweise entbehrlich.

49 Vgl. BGH BeckRS 2021, 31922, DNotI-Report 10/2020, 73 (75). Eine schriftliche Beschlussfassung ist daher nicht möglich, ggf. aber eine Telefon- oder Videokonferenz, sofern diese nach den allgemeinen Regeln statthaft ist, vgl. BeckOGK/*Rieckers/Cloppenburg* UmwG § 13 Rn. 40 ff.

50 Widmann/Mayer/*Mayer* UmwG § 4 Rn. 41; BeckOGK/*Rieckers/Cloppenburg* UmwG § 13 Rn. 3.

51 Schmitt/Hörtnagl/*Winter* UmwG § 13 Rn. 15.

52 Semler/Stengel/Leonard/*Gehling* UmwG § 13 Rn. 32.

53 BeckOGK/*Rieckers/Cloppenburg* UmwG § 13 Rn. 25.

54 Dh einschließlich sämtlicher im Zusammenhang stehender schuldrechtlicher Abreden, vgl. BGHZ 82, 188 (194) (zu § 361 AktG aF).

55 Semler/Stengel/Leonard/*Schröer/Greitemann* UmwG § 4 Rn. 19; Pöhlmann/Fandrich/Bloehs/*Fandrich* UmwG § 4 Rn. 16; aA BeckOGK/*Wicke* UmwG § 4 Rn. 20 (Änderungen zulässig, soweit „im Rahmen der Einladungsbekanntmachung").

56 BeckOGK/*Rieckers/Cloppenburg* UmwG § 13 Rn. 21.

schlussfassung für die jeweiligen beteiligten Rechtsträger, zB §§ 47 ff. GmbHG bei der GmbH. Ein Verzicht auf Form- und Fristerfordernisse für die Versammlung nach § 13 Abs. 1 ist zulässig, wenn ein solcher nach den allgemeinen Vorschriften möglich ist.[57] Zur Vorbereitung der Beschlussfassung der Anteilsinhaber sieht das UmwG den Verschmelzungsbericht sowie die Verschmelzungsprüfung mit Prüfungsbericht vor (→ Rn. 35).

Die für den Versammlungsbeschluss erforderliche Mehrheit ist rechtsformspezifisch in den §§ 39 ff. geregelt. Sieht ein Gesellschaftsvertrag eine größere Mehrheit für Satzungsänderungen vor, soll diese nach herrschender Meinung stets auch für Zustimmungsbeschlüsse zu einer Verschmelzung gelten.[58] Auch satzungsmäßige Mehrheitserfordernisse zur Auflösung der Gesellschaft können nach herrschender Meinung im Einzelfall auf die Verschmelzung anwendbar sein.[59] 29

d) Vertretung. Die Anteilsinhaber können Dritte zur Vertretung bei der Beschlussfassung bevollmächtigen, wenn dies nach den allgemeinen Vorschriften zur Beschlussfassung für den in Rede stehenden Rechtsträger möglich ist, wobei eine Generalvollmacht oder allgemeine Stimmrechtsvollmacht ausreichend sein kann.[60] Die Form der Vollmacht richtet sich grundsätzlich nach den allgemeinen gesetzlichen und satzungsmäßigen Regelungen für den jeweiligen Rechtsträger,[61] wobei bei einer Beurkundung der Versammlung nach §§ 6 ff. BeurkG die Vollmacht zu Beweiszwecken jedenfalls schriftlich zu erteilen ist (§ 17 BeurkG).[62] Dasselbe gilt für Genehmigungen bei vollmachtlosen Vertretern.[63] Bei einer Mehrfachvertretung ist § 181 Alt. 2 BGB zu beachten. § 47 Abs. 4 GmbHG ist bei Beschlüssen im Rahmen von Umwandlungen nicht anwendbar.[64] 30

Eine notarielle Beglaubigung der Vollmacht/Genehmigung (§ 40 BeurkG) ist nach herrschender Meinung bei einer Verschmelzung durch Neugründung erforderlich, weil hier die Gründungsvorschriften[65] Anwendung finden, die eine notarielle Beglaubigung vorsehen.[66] Nach ganz herrschender Meinung ist eine notarielle Beglaubigung hingegen nicht erforderlich, wenn zur Durchführung der Verschmelzung beim übernehmenden Rechtsträger eine Kapitalerhöhung durchgeführt wird.[67] 31

2. Weitere Zustimmungserklärungen. Gemäß § 13 Abs. 2 muss für die Wirksamkeit des Verschmelzungsvertrags die Zustimmung bestimmter Anteilsinhaber vorliegen, wenn die Abtretung der Anteile des übertragenden Rechtsträgers nach Gesetz oder Gesellschaftsvertrag von deren Genehmigung abhängt. Auf den übernehmenden Rechtsträger ist die Regelung nicht anwendbar.[68] § 13 Abs. 2 ist ebenfalls nicht anwendbar, wenn die Abtretung der Anteile nach dem Gesellschaftsvertrag von der Zustimmung eines anderen Organs oder der Ge- 32

57 BeckOGK/*Rieckers/Cloppenburg* UmwG § 13 Rn. 48.
58 Schmitt/Hörtnagl/*Hörtnagl/Ollech* UmwG § 65 Rn. 12.
59 Schmitt/Hörtnagl/*Hörtnagl/Ollech* UmwG § 65 Rn. 12.
60 *Melchior* GmbHR 1999, 520 (524).
61 BeckOGK/*Rieckers/Cloppenburg* UmwG § 13 Rn. 55.
62 Vgl. Widmann/Mayer/*Heckschen* UmwG § 6 Rn. 46.
63 Henssler/Strohn/*Heidinger* UmwG § 13 Rn. 15.
64 *Melchior* GmbHR 1999, 520 (524).
65 § 2 Abs. 2 GmbHG; § 23 Abs. 1 S. AktG, § 280 Abs. 1 S. 3 AktG.
66 Henssler/Strohn/*Heidinger* UmwG § 13 Rn. 13.
67 Henssler/Strohn/*Heidinger* UmwG § 13 Rn. 13; für notarielle Beglaubigung der Vollmacht beim übertragenden Rechtsträger aber Widmann/Mayer/*Heckschen* UmwG § 13 Rn. 108.1.
68 BeckOGK/*Rieckers/Cloppenburg* UmwG § 13 Rn. 94.

sellschaft selbst abhängt.[69] Nicht abschließend geklärt ist, ob § 13 Abs. 2 Anwendung findet, wenn die Übertragung der Anteile nach dem Gesellschaftsvertrag insgesamt ausgeschlossen ist.[70]

33 Vollmachten für Zustimmungs- und Verzichtserklärungen sind zu Beweiszwecken jedenfalls schriftlich zu erteilen (§ 17 BeurkG), bedürfen nach ganz herrschender Meinung aber nicht der notariellen Beglaubigung (§ 40 BeurkG).[71] Vertretung ohne Vertretungsmacht ist gemäß § 180 S. 1 BGB nicht möglich.

34 3. **Notarielle Form.** Die Zustimmungsbeschlüsse der Anteilseigner sind gemäß § 13 Abs. 3 S. 1 beurkundungspflichtig, und zwar als Beurkundung nach §§ 6 ff. BeurkG oder §§ 36 ff. BeurkG.[72] Der Verschmelzungsvertrag (oder sein Entwurf) ist dem Beschluss gemäß § 13 Abs. 3 S. 2 als nicht verlesungspflichtige,[73] nach herrschender Meinung unbeglaubigte[74] Anlage beizufügen.[75] Die Beifügung ist nicht erforderlich, wenn Verschmelzungsvertrag und Zustimmungsbeschluss in derselben Niederschrift beurkundet werden. Auch Zustimmungs- und Verzichtserklärungen einzelner Beteiligter können beurkundungspflichtig sein (§§ 8 Abs. 3, 9 Abs. 3, 13 Abs. 3, 54 Abs. 1 S. 3, 68 Abs. 1 S. 3), und zwar nach Maßgabe der §§ 6 ff. BeurkG. Sämtliche dieser Handlungen können, ggf. zusammen mit der Beurkundung des Verschmelzungsvertrags (→ Rn. 14), in einer notariellen Urkunde zusammengefasst werden, soweit dies im konkreten Fall zweckmäßig ist.

IV. Verschmelzungsbericht; Verschmelzungsprüfung; Prüfungsbericht

35 Zur Gewährleistung einer informierten Entscheidung der Anteilsinhaber über die Zustimmung zum Verschmelzungsvertrag sieht § 8 die Erstellung eines schriftlichen Verschmelzungsberichts vor, der von dem Vertretungsorgan des beteiligten Rechtsträgers in vertretungsberechtigter Zahl[76] zu unterschreiben ist. Darüber hinaus sehen die §§ 9–12 die Prüfung des Verschmelzungsvertrags und insbesondere des darin vorgesehenen Umtauschverhältnisses durch einen unabhängigen Sachverständigen vor, soweit sich dies aus den Vorschriften des UmwG ergibt, was abhängig von der Rechtsform der verschmelzenden Rechtsträger ist. Über das Ergebnis der Prüfung ist von dem Verschmelzungsprüfer ein schriftlicher Prüfungsbericht zu erstellen.

36 Das Erstellen eines Verschmelzungsberichts ist gemäß § 8 Abs. 3 nicht erforderlich, wenn sämtliche Anteilsinhaber hierauf in notariell beurkundeter Form (§§ 6 ff. BeurkG) verzichten oder sich sämtliche Anteile des übertragenden Rechtsträgers in der Hand des übernehmenden Rechtsträgers befinden. Dasselbe gilt gemäß § 9 Abs. 2 und 3 für die Verschmelzungsprüfung und gemäß § 12 Abs. 3 für den Prüfbericht.

---

69 Begr. RegE, BR-Drs. 75/94, 86.

70 Dafür Semler/Stengel/Leonard/*Gehling* UmwG § 13 Rn. 40; dagegen Schmitt/Hörtnagl/*Winter* UmwG § 13 Rn. 64.

71 BeckOGK/*Rieckers/Cloppenburg* UmwG § 13 Rn. 101; für notarielle Beglaubigung aber Widmann/Mayer/*Heckschen* UmwG § 13 Rn. 113, 114.1.

72 BeckOGK/*Wicke* UmwG § 6 Rn. 5.

73 Widmann/Mayer/*Heckschen* UmwG § 13 Rn. 233.

74 Semler/Stengel/Leonard/*Gehling* UmwG § 13 Rn. 47; aA Widmann/Mayer/*Heckschen* UmwG § 13 Rn. 233 (beglaubigte Abschrift erforderlich). Eine beglaubigte Abschrift ist jedenfalls zweckmäßig, weil dann der Verschmelzungsvertrag nicht gesondert eingereicht werden muss, vgl. OLG Karlsruhe NZG 1998, 433 (434).

75 Eine fehlende Beifügung berührt die Wirksamkeit des Verschmelzungsvertrags nicht und stellt auch kein Eintragungshindernis dar, vgl. BeckOGK/*Rieckers/Cloppenburg* UmwG § 13 Rn. 132.

76 BGH NZG 2007, 714 (716).

V. Anmeldung zum Register

1. Anmeldung. Gemäß § 16 Abs. 1 müssen die organschaftlichen Vertreter der an der Verschmelzung beteiligten Rechtsträger in vertretungsberechtigter Zahl die Verschmelzung zur Eintragung in das jeweils für sie zuständige Register in notariell beglaubigter Form (§ 12 Abs. 1 HGB) anmelden, wobei das Vertretungsorgan des übernehmenden Rechtsträgers zur Anmeldung für den übertragenden Rechtsträger befugt ist. Dabei müssen die an der Verschmelzung beteiligten Rechtsträger unter Angabe der Firma sowie des Sitzes und die Art der Verschmelzung (durch Aufnahme oder Neugründung) bezeichnet werden.[77] 37

Eine vorgeschriebene Reihenfolge der Anmeldungen der beteiligten Rechtsträger gibt es nicht.[78] Unechte Gesamtvertretung bei der Anmeldung ist zulässig.[79] Eine Anmeldung aufgrund einer von den organschaftlichen Vertretern erteilten Spezialvollmacht in notariell beglaubigter Form ist ebenfalls möglich (§ 12 Abs. 1 S. 2 HGB). Die Anmeldung kann auch vom beurkundenden Notar erfolgen (§ 378 Abs. 2 FamFG). 38

Soweit die Anteilsinhaber nicht einen notariell beurkundeten Klageverzicht erklärt haben oder eine Freigabeentscheidung gemäß § 16 Abs. 3 ergangen ist, müssen die Vertretungsorgane in vertretungsberechtigter Zahl (ggf. im Wege der unechten Gesamtvertretung) bei der Anmeldung die Negativerklärung des § 16 Abs. 2 abgeben. Die Abgabe der Negativerklärung durch einen Bevollmächtigten oder den Notar ist wegen Höchstpersönlichkeit nicht zulässig.[80] Die Negativerklärung bedarf der Schriftform und kann auch gesondert außerhalb der Anmeldung abgegeben werden.[81] 39

Eine im Zusammenhang mit einer Verschmelzung beim übernehmenden Rechtsträger beschlossene Kapitalerhöhung muss bei dem für diesen zuständigen Register unter Beachtung der besonderen Anmeldevorschriften für Kapitalerhöhungen angemeldet werden, dh bei der GmbH hat eine Anmeldung durch sämtliche Geschäftsführer (§ 78 GmbHG) und bei der AG durch den Vorstand und den Vorsitzenden des Aufsichtsrats (§ 188 Abs. 1 AktG) zu erfolgen. Die Versicherungen gemäß § 57 Abs. 2 GmbHG, § 188 Abs. 2 AktG müssen nicht abgegeben werden (§§ 55 Abs. 1, 69 Abs. 1); insoweit ist auch eine Anmeldung durch einen Bevollmächtigten oder Notar möglich. Die Kapitalerhöhung kann mit der Verschmelzung getrennt oder gemeinsam angemeldet werden, wobei der Praxis letzteres empfohlen wird.[82] Die Kapitalerhöhung ist zwingend vor der Verschmelzung einzutragen (§§ 55, 68). Erfolgt die Kapitalerhöhung im Wege einer gemischten Sacheinlage durch Einbringung eines Unternehmens, sind die prüfungsrelevanten Unterlagen des betreffenden Unternehmens beim Register einzureichen. Eine Pflicht zur Vorlage eines Wertgutachtens durch einen unabhängigen Wirtschaftsprüfer besteht jedoch nicht, ausreichend ist in aller Regel die Vorlage der Schlussbilanz des übertragenden Unternehmens.[83] 40

2. Anlagen. Gemäß § 17 sind den Anmeldungen sämtlicher beteiligter Rechtsträger als Anlagen beizufügen der Verschmelzungsvertrag (→ Rn. 8),[84] die Zu- 41

77 Semler/Stengel/Leonard/*Schwanna* UmwG § 16 Rn. 3.
78 Schmitt/Hörtnagl/*Winter* UmwG § 16 Rn. 15.
79 Schmitt/Hörtnagl/*Winter* UmwG § 16 Rn. 8.
80 *Melchior* GmbHR 1999, 520.
81 BeckOGK/*Rieckers/Cloppenburg* UmwG § 16 Rn. 27.
82 BeckOGK/*Rieckers/Cloppenburg* UmwG § 16 Rn. 21.
83 OLG Stuttgart FGPrax 2020, 180 (181); *Kilian* notar 2021, 18 (21).
84 Wenn der beurkundete Verschmelzungsvertrag den Zustimmungsbeschlüssen in beglaubigter Form beigefügt wurde, ist keine gesonderte Einreichung erforderlich, vgl. OLG Karlsruhe NZG 1998, 433 (434).

stimmungsbeschlüsse (→ Rn. 25), ggf. erforderliche Zustimmungserklärungen einzelner Anteilsinhaber (→ Rn. 32), ein Nachweis über die rechtzeitige Zuleitung des Verschmelzungsvertrags an den Betriebsrat (→ Rn. 21) sowie die Verschmelzungs- und Prüfungsberichte oder die entsprechenden Verzichtserklärungen (→ Rn. 25). Der Anmeldung beim übertragenden Rechtsträger[85] ist zudem eine Schlussbilanz (→ Rn. 42) beizufügen. Beurkundungspflichtige Anlagen müssen als beglaubigte Abschrift, sonstige Anlagen können als einfache Kopie eingereicht werden. Die Anlagen können gleichzeitig mit der Anmeldung abgegeben oder später nachgereicht werden.[86] Rechts- oder konstellationsspezifisch kann das Beifügen weitere Anlagen oder Erklärungen erforderlich sein.

42 **3. Acht-Monats-Frist/Schlussbilanz.** Gemäß § 17 Abs. 2 S. 4 darf das Registergericht die Verschmelzung nur eintragen, wenn die der Anmeldung beim übertragenden Rechtsträger beizufügende Schlussbilanz auf einen höchstens acht Monate vor der Anmeldung liegenden Stichtag aufgestellt ist. Dies kann insbesondere auch die reguläre Jahresbilanz sein.[87] Verlangt wird nur die Einreichung einer Bilanz, nicht eines Jahresabschlusses. Die Schlussbilanz muss gemäß § 245 HGB von allen für die Aufstellung zuständigen Organmitgliedern unterzeichnet sein, bei der GmbH von sämtlichen Geschäftsführern.[88]

43 Die Berechnung der Acht-Monats-Frist erfolgt nach der Rechtsprechung gemäß §§ 186 ff. BGB.[89] Ist Bilanzstichtag der 28. Februar, endet die Frist somit am 28. Oktober, 24:00 Uhr.[90] Handelt es sich bei Fristende um einen Samstag, Sonn- oder Feiertag, verlängert sich die Frist gemäß § 193 BGB auf den Ablauf des nächsten Werktags.[91]

44 Maßgeblich für die Fristwahrung der Acht-Monats-Frist ist eine wirksame Anmeldung (→ Rn. 42), die aber nicht unmittelbar eintragungsfähig sein muss.[92] Innerhalb der Frist müssen jedenfalls der Verschmelzungsvertrag, die Verschmelzungsbeschlüsse sowie ggf. erforderliche Zustimmungserklärungen beurkundet und beim Register eingereicht worden sein.[93] Die übrigen Anlagen und Erklärungen, die die Wirksamkeit des Umwandlungsvorgangs als solchen nicht betreffen, etwa der Verschmelzungsbericht oder die Negativerklärung nach § 16 Abs. 2, können später nachgereicht werden.[94] Nicht abschließend geklärt ist,

85 Wenn beim übernehmenden Rechtsträger eine Kapitalerhöhung zum Zwecke der Verschmelzung stattfindet, kann die Vorlage der Schlussbilanz auch beim übernehmenden Rechtsträger angezeigt sein, vgl. *Krafka* RegisterR-HdB 1179.
86 OLG Brandenburg GmbHR 2018, 523 (524).
87 Begr. RegE, BR-Drs. 75/94, S. 90.
88 *Krafka* RegisterR-HdB Rn. 1177.
89 OLG Köln GmbHR 1998, 1058; *Krafka* RegisterR-HdB Rn. 1178; nach der ganz hM in der Literatur ist eine Rückwärtsberechnung analog §§ 186 ff. BGB vorzunehmen, vgl. Semler/Stengel/Leonard/*Schwanna* UmwG § 16 Rn. 16 ff. (wodurch bei einer Anmeldung am 31. Oktober die Frist für den Bilanzstichtag der 28. Februar ist).
90 BGH NJW 1984, 1358; OLG Köln MittBayNot 1999, 87; siehe aber *Krafka* RegisterR-HdB Rn. 1178, wonach analog § 192 BGB auch eine Anmeldung am 31. Oktober noch ausreichend ist (dagegen ausdrücklich OLG Köln MittBayNot 1999, 87).
91 BGH NJW 1984, 1358; OLG Köln GmbHR 1998, 1058; bei Anwendung einer Rückwärtsberechnung entsprechend der hM in der Literatur findet § 193 BGB hingegen keine Anwendung, vgl. Semler/Stengel/Leonard/*Schwanna* UmwG § 16 Rn. 17.
92 OLG Jena NZG 2003, 43; OLG Brandenburg GmbHR 2018, 523.
93 OLG Brandenburg GmbHR 2018, 523 (524).
94 OLG Jena NZG 2003, 43 (45); OLG Brandenburg GmbHR 2018, 523 (524).

ob dies auch für die Schlussbilanz gilt, oder diese zwingend innerhalb der Acht-Monats-Frist eingereicht werden muss.[95]

VI. Anzeigepflichten des Notars

45 Gemäß § 54 Abs. 1 EStDV muss der den Verschmelzungsvertrag beurkundende Notar dem Finanzamt (Körperschaftsteuerstelle) eine beglaubigte Abschrift der Urkunde senden. Erst danach dürfen den Beteiligten Ausfertigungen oder beglaubigte Abschriften ausgehändigt werden. Sofern im Rahmen der Verschmelzung Grundbesitz auf den übernehmenden Rechtsträger übergeht, ist die zweiwöchige Anzeigepflicht nach § 18 GrEstG zu beachten (→ GmbHG § 15 Rn. 44).

VII. Kosten

46 Für die Beurkundung eines Verschmelzungsvertrags fällt eine 2,0 Gebühr nach KV Nr. 21100 GNotKG an, mindestens 120 EUR (§ 109 Abs. 1 S. 1 GNotKG). Bei Beurkundung in fremder Sprache entsteht nach KV Nr. 26001 GNotKG eine zusätzliche Gebühr in Höhe von 30 % der Gebühr des Beurkundungsverfahrens, maximal 5.000 EUR. Der Geschäftswert bestimmt sich nach dem Wert der gewährten Anteile oder dem Aktivvermögen des übertragenden Rechtsträgers ohne Schuldenabzug (§ 38 GNotKG) gemäß Verschmelzungsbilanz,[96] wobei der höhere Wert maßgeblich ist (§ 97 Abs. 3 GNotKG). Der Geschäftswert beträgt mindestens 30.000 EUR und höchstens 10 Mio. EUR (§ 107 Abs. 1 S. 1 GNotKG). Die Festlegung der Satzung bei einer Verschmelzung zur Neugründung ist nicht zu bewerten, jedoch eine etwaige Geschäftsführerbestellung.[97] Bei Verschmelzung mehrerer Rechtsträger liegen mehrere Verschmelzungsvorgänge vor (§ 86 Abs. 2 GNotKG), wobei der Höchstgeschäftswert von 60 Mio. EUR (§ 35 Abs. 2 GNotKG) greifen kann, sofern keine unsachgemäße Zusammenfassung vorliegt.[98]

47 Für die Beurkundung der Zustimmungsbeschlüsse fällt jeweils eine 2,0 Gebühr nach KV Nr. 21100 GNotKG an. Geschäftswert ist das Aktivvermögen (→ Rn. 46) ohne Schuldenabzug (§ 38 GNotKG) des übertragenden Rechtsträgers, auf den sich der Zustimmungsbeschluss bezieht. Der Geschäftswert beträgt höchstens 5 Mio. EUR (§ 108 Abs. 4 GNotKG). Wenn der Zustimmungsbeschluss des übernehmenden Rechtsträgers in derselben Urkunde gefasst wird wie der des übertragenden Rechtsträgers, ist die 2,0 Gebühr nur einmal zu erheben (§ 109 Abs. 3 Nr. 4 lit. g GNotKG). Bei einer Kapitalerhöhung ist der Erhöhungsbetrag zum Wert des Zustimmungsbeschlusses zu addieren.[99] Werden Zustimmungs- oder Verzichtserklärungen von Anteilsinhabern in derselben

95 Für Einreichung innerhalb der Acht-Monats-Frist LG Frankfurt am Main NZG 1998, 269; für Möglichkeit der Nachreichung nach Fristablauf OLG Jena NZG 2004, 43 (45).

96 Sofern der Notar sichere Kenntnis hat, dass sich das Aktivvermögen bis zum Beurkundungstag gegenüber der Verschmelzungsbilanz erhöht oder verringert hat, ist der aktuelle Wert zu berücksichtigen (*Tiedtke* Streifzug durch das GNotKG Rn. 1766). Grundbesitz ist mit dem Verkehrswert (§ 46 GNotKG) anzusetzen.

97 *Tiedtke* Streifzug durch das GNotKG Rn. 1765, 1781.

98 *Tiedtke* Streifzug durch das GNotKG Rn. 1773.

99 *Tiedtke* Streifzug durch das GNotKG Rn. 1780.

Niederschrift wie der Verschmelzungsvertrag[100] beurkundet, erfolgt für diese keine gesonderte Bewertung (§ 109 Abs. 1 GNotKG).[101]

48 Für die Anmeldungen der Verschmelzung zum Handelsregister fallen jeweils eine 0,5-Gebühr nach KV Nr. 21201 GNotKG an bei Entwurfsfertigung durch den Notar. Bei bloßer Beglaubigung der Unterschrift unter einem Fremdentwurf entsteht eine 0,2-Gebühr nach KV Nr. 25100 GNotKG (mindestens 20 EUR, höchstens 70 EUR). Der Geschäftswert ist nach § 105 Abs. 4 GNotKG abhängig von der Rechtsform zu bestimmen, bei einer Kapitalgesellschaft 1 % des Grund- bzw. Stammkapitals, mindestens 30.000 EUR. Bei einer Kapitalerhöhung ist der Erhöhungsbetrag hinzuzurechnen, mindestens 30.000 EUR. Der Höchstwert beträgt 1 Mio. EUR (§ 106 GNotKG). Da die Eintragungsunterlagen nur in elektronischer Form eingereicht werden können, müssen XML-Strukturdaten erstellt werden, wofür eine Vollzugsgebühr von 0,2 nach KV Nr. 22114 GNotKG zu erheben ist (bzw. von 0,5 gemäß KV Nr. 22125 GNotKG bei einem Fremdentwurf), höchstens 125 EUR. Für die Erstellung der Gesellschafterliste bei einer Kapitalerhöhung fällt eine 0,5 Vollzugsgebühr nach KV Nr. 22113 GNotKG an, höchstens 250 EUR.[102]

49 Für die Beurkundung oder den Entwurf einer Vollmacht fällt eine 1,0 Gebühr nach KV Nr. 21200 GNotKG an, mindestens 60 EUR. Der Geschäftswert ist nach § 98 GNotKG zu bestimmen und beträgt höchstens 1 Mio. EUR (§ 98 Abs. 4 GNotKG).

VIII. Grenzüberschreitende Verschmelzung

50 Für Verschmelzungen, bei der mindestens eine der beteiligten Gesellschaften aus dem EU/EWR-Ausland stammt, sind in den §§ 122a–122m spezielle Regelungen aufgestellt. Gemäß § 122a Abs. 2 gelten dabei grundsätzlich die dort bezeichneten Abschnitte des UmwG wie bei inländischen Verschmelzungen, es sei denn, dass die §§ 122a ff. etwas anderes vorschreiben. Die §§ 122a ff. finden grundsätzlich nur auf die an der grenzüberschreitenden Verschmelzung beteiligten deutschen Rechtsträger Anwendung. Verschmelzungen unter Beteiligung von ausländischen Gesellschaften, die nicht aus der EU/EWR sind, sind im UmwG nicht geregelt. Die Anwendbarkeit der §§ 122a ff. kann sich aber ggf. aus völkerrechtlichen Verträgen ergeben, wie etwa im Verhältnis zur USA.[103]

IX. Spaltung

51 Neben der Möglichkeit, im Wege der Verschmelzung das Vermögen als Ganzes auf einen anderen Rechtsträger zu übertragen, sieht das UmwG die Möglichkeit vor, Teile des Vermögens eines Rechtsträgers im Wege der Gesamtrechtsnachfolge auf einen oder mehrere andere Rechtsträger zu übertragen (Spaltung). Die Spaltung ist im UmwG in den §§ 123–173 geregelt. Im Rahmen des Spaltungs- und Übernahmevertrags (§ 126), der funktional dem Verschmelzungsvertrag

100 Bei einer Mitbeurkundung mit in getrennter Niederschrift beurkundeten Zustimmungsbeschlüssen erfolgt hingegen eine gesonderte Bewertung (§ 110 Nr. 1 GNotKG). Es wird eine 1,0 Gebühr nach KV Nr. 21100 GNotKG erhoben. Der Geschäftswert bestimmt sich nach § 98 GNotKG und beträgt höchstens 1 Mio. EUR.

101 *Tiedtke* Streifzug durch das GNotKG Rn. 1783.

102 Eine gesonderte Betreuungsgebühr für die Gesellschafterliste ist nach hM grundsätzlich nicht zu erheben, vgl. *Tiedtke* Streifzug durch das GNotKG Rn. 1803; aA aber LG Düsseldorf RNotZ 2018, 115.

103 BeckOGK/*Klett* UmwG § 122b Rn. 36.

entspricht, muss eine genaue Abgrenzung der übergehenden Aktiva und Passiva erfolgen (Bestimmtheitsgrundsatz).[104]

52 Wie die Verschmelzung kann die Spaltung jeweils zur Aufnahme oder zur Neugründung erfolgen. Das UmwG definiert drei zulässige Arten der Spaltung: (i) die Aufspaltung, bei der der übertragende Rechtsträger aufgelöst wird und sein gesamtes Vermögen auf verschiedene übernehmende Rechtsträger übertragen wird; (ii) die Abspaltung, bei der der übertragende Rechtsträger bestehen bleibt und Teile seines Vermögens auf einen oder mehrere Rechtsträger überträgt, die den Anteilsinhabern des übertragenden Rechtsträgers im Gegenzug Anteile an dem oder den übernehmenden Rechtsträgern gewähren; (iii) die Ausgliederung, die der Abspaltung entspricht, bei der die Anteile am übernehmenden Rechtsträger aber nicht den Anteilsinhabern des übertragenden Rechtsträgers, sondern dem übertragenden Rechtsträger selbst gewährt wird. Allen Spaltungsarten ist gemeinsam, dass an einer Spaltung nur ein übertragender Rechtsträger beteiligt sein kann und sämtliche an der Spaltung beteiligte Rechtsträger gemäß § 133 Abs. 1 S. 1 einer Haftung für die Altverbindlichkeiten des übertragenden Rechtsträgers unterliegen.

X. Vermögensübertragung

53 Die §§ 174–189 regeln als dritte Umwandlungsart die in der Praxis nur selten praktizierte Vermögensübertragung. Die Vermögensübertragung ist als Auffangtatbestand für spezielle Sonderkonstellationen konzipiert und soll Fälle erfassen, bei denen es wegen der Struktur der beteiligten Rechtsträger nicht zu einer Gewährung von Anteilen kommen kann und eine Verschmelzung oder Spaltung daher nicht möglich ist.

104 Vgl. BGH DNotZ 2008, 468; OLG Hamm NZG 2010, 623; ausführlich DNotI-Report 2019, 75 (76).

Gesetz über Kosten der freiwilligen Gerichtsbarkeit für Gerichte und Notare (Gerichts- und Notarkostengesetz – GNotKG)

Vom 23. Juli 2013 (BGBl. I S. 2586)
(FNA 361-6)
zuletzt geändert durch
Art. 47 PersonengesellschaftsrechtsmodernisierungsG (MoPeG)
vom 10.8.2021 (BGBl. I S. 3436)
– Auszug –

Kapitel 1 Vorschriften für Gerichte und Notare

Abschnitt 1 Allgemeine Vorschriften

§ 1 Geltungsbereich

(1) Soweit bundesrechtlich nichts anderes bestimmt ist, werden Kosten (Gebühren und Auslagen) durch die Gerichte in den Angelegenheiten der freiwilligen Gerichtsbarkeit und durch die Notare für ihre Amtstätigkeit nur nach diesem Gesetz erhoben.

(2) Angelegenheiten im Sinne des Absatzes 1 sind auch

1. Verfahren nach den §§ 98, 99, 132, 142, 145, 258, 260, 293c und 315 des Aktiengesetzes,
2. Verfahren nach § 51b des Gesetzes betreffend die Gesellschaften mit beschränkter Haftung,
3. Verfahren nach § 26 des SE-Ausführungsgesetzes,
4. Verfahren nach § 10 des Umwandlungsgesetzes,
5. Verfahren nach dem Spruchverfahrensgesetz,
6. Verfahren nach den §§ 39a und 39b des Wertpapiererwerbs- und Übernahmegesetzes über den Ausschluss von Aktionären,
7. Verfahren nach § 8 Absatz 3 Satz 4 des Gesetzes über die Mitbestimmung der Arbeitnehmer in den Aufsichtsräten und Vorständen der Unternehmen des Bergbaus und der Eisen und Stahl erzeugenden Industrie,
8. Angelegenheiten des Registers für Pfandrechte an Luftfahrzeugen,
9. Verfahren nach der Verfahrensordnung für Höfesachen,
10. Pachtkreditsachen nach dem Pachtkreditgesetz,
11. Verfahren nach dem Verschollenheitsgesetz,
12. Verfahren nach dem Transsexuellengesetz,
13. Verfahren nach § 84 Absatz 2 und § 189 des Versicherungsvertragsgesetzes,
14. Verfahren nach dem Personenstandsgesetz,
15. Verfahren nach § 7 Absatz 3 des Erbbaurechtsgesetzes,
16. Verteilungsverfahren, soweit sich die Kosten nicht nach dem Gerichtskostengesetz bestimmen,
17. Verfahren über die Bewilligung der öffentlichen Zustellung einer Willenserklärung und die Bewilligung der Kraftloserklärung von Vollmachten (§ 132 Absatz 2 und § 176 Absatz 2 des Bürgerlichen Gesetzbuchs),
18. Verfahren über Anordnungen über die Zulässigkeit der Verwendung von Verkehrsdaten,
19. Verfahren nach den §§ 23 bis 29 des Einführungsgesetzes zum Gerichtsverfassungsgesetz,

20. Verfahren nach § 138 Absatz 2 des Urheberrechtsgesetzes und
21. gerichtliche Verfahren nach § 335a des Handelsgesetzbuchs.

(3) [1]Dieses Gesetz gilt nicht in Verfahren, in denen Kosten nach dem Gesetz über Gerichtskosten in Familiensachen zu erheben sind. [2]In Verfahren nach der Verordnung (EU) Nr. 655/2014 des Europäischen Parlaments und des Rates vom 15. Mai 2014 zur Einführung eines Verfahrens für einen Europäischen Beschluss zur vorläufigen Kontenpfändung im Hinblick auf die Erleichterung der grenzüberschreitenden Eintreibung von Forderungen in Zivil- und Handelssachen werden Kosten nach dem Gerichtskostengesetz erhoben.

(4) Kosten nach diesem Gesetz werden auch erhoben für Verfahren über eine Beschwerde, die mit einem der in den Absätzen 1 und 2 genannten Verfahren im Zusammenhang steht.

(5) Soweit nichts anderes bestimmt ist, bleiben die landesrechtlichen Kostenvorschriften unberührt für

1. in Landesgesetzen geregelte Verfahren und Geschäfte der freiwilligen Gerichtsbarkeit sowie
2. solche Geschäfte der freiwilligen Gerichtsbarkeit, in denen nach Landesgesetz andere als gerichtliche Behörden oder Notare zuständig sind.

(6) Die Vorschriften dieses Gesetzes über die Erinnerung und die Beschwerde gehen den Regelungen der für das zugrunde liegende Verfahren geltenden Verfahrensvorschriften vor.

I. Allgemeines, Geltungsbereich

1 § 1 bestimmt den Geltungsbereich des GNotKG. Soweit bundesrechtlich nichts anderes bestimmt ist, können **Notare** für ihre notarielle Amtstätigkeit und Gerichte für Angelegenheiten der freiwilligen Gerichtsbarkeit (mit Ausnahme der Familiensachen, Abs. 3) und für Verfahren nach Abs. 2 nur Kosten nach dem GNotKG erheben. Dabei gilt, dass nur Kosten entstehen, wenn im GNotKG ein entsprechender Tatbestand enthalten ist, sonst ist die Tätigkeit, die Angelegenheit oder das Verfahren kostenfrei.[1] Dies gilt auch für notarielle Amtstätigkeiten, die keinem Gebührentatbestand unterfallen. Nur unter den engen Voraussetzungen des § 126 ist für den Notar ausnahmsweise eine Gebührenvereinbarung möglich. Unzulässig ist es, einen Tatbestand zulasten des Kostenschuldners analog anzuwenden (sog. Analogieverbot).

2 Der Begriff der **Kosten** umfasst die Gebühren (KV Teil 1 und 2 G) und Auslagen (Teil 3 des KV). Die Unterscheidung der Begriffe ist wichtig, wenn zwischen der Kostenfreiheit und der Gebührenfreiheit zu unterscheiden ist. Besteht nur Gebührenfreiheit (zB für die Beurkundung bzgl. Kindesunterhalt nach § 67 Abs. 1 Nr. 2 BeurkG iVm KV Vorm. 2 Abs. 3), dürfen zwar keine Gebühren, wohl aber Auslagen erhoben werden.[2] Bei Kostenfreiheit (vgl. § 2) dürfen weder Gebühren noch Auslagen erhoben werden.

3 Mit den Gebühren wird pauschal eine Tätigkeit, Angelegenheit oder Verfahren abgegolten; auf den individuellen, tatsächlichen Aufwand des Gerichts oder

1 BVerfG NJW 1996, 3146; BayObLG FamRZ 2004, 1603.
2 OLG Hamm ZNotP 2004, 39.

Notars kommt es nicht an. Dagegen werden mit den Auslagen die tatsächlichen Aufwendungen ersetzt.

II. Gerichtskosten

4 Hier ist der **Anwendungsbereich** des GNotKG von dem des GKG (für die streitige Zivilgerichtsbarkeit), dem des FamGKG (für Familiensachen nach § 111 FamFG, vgl. Abs. 3) und dem des JVKostG abzugrenzen. Das GNotKG erfasst somit Angelegenheiten der freiwilligen Gerichtsbarkeit, vgl. § 23a Abs. 2 Nr. 1–10 GVG,[3] sowie die explizit in Abs. 2 aufgeführten Verfahren. Die Einschränkung des Abs. 1 durch andere bundesrechtliche Regelungen führt dazu, dass für die betreffenden Tätigkeiten keine Kosten erhoben werden dürfen. Hierzu zählen zB § 13 Abs. 1 GBMaßnG, § 1 FamGKG.

5 **Angelegenheit** meint jedes förmlich eingeleitete Verfahren nach dem FamFG oder auch nach anderen Verfahrensvorschriften (zB GBO); dies gilt selbst dann, wenn zusätzlich die ZPO maßgebend ist (zB bei der Eintragung einer Zwangssicherungshypothek). Selbstverständlich sind mit Angelegenheit auch Neben- und Folgeverfahren gemeint, also zB ein Verfahren über Verfahrenskostenhilfe. Ebenfalls durch das GNotKG werden Beschwerdeverfahren erfasst, die in das Verfahren der freiwilligen Gerichtsbarkeit eingebettet sind, zB Beschwerden nach §§ 58 ff. FamFG.

III. Notarkosten

6 Sowohl Nur-Notare nach § 3 Abs. 1 BNotO als auch Anwaltsnotare nach § 3 Abs. 2 BNotO erheben ihre Gebühren und Auslagen **nur nach dem GNotKG**, soweit bundesrechtlich nichts anderes geregelt ist und soweit für die betreffende Amtstätigkeit ein Tatbestand existiert. Die Gebühren sind zu erheben, § 17 Abs. 1 S. 1 BNotO. Ein Gebührenerlass oder auch nur eine Gebührenermäßigung sind nur im engen Rahmen des § 17 Abs. 1 S. 2 BNotO zulässig.

7 Maßgebend ist stets die **notarielle Amtstätigkeit** iSd §§ 20–24 BNotO. Darin spiegelt sich auch die Pflicht zur persönlichen Amtsausübung wider. Dies führt dazu, dass Auskünfte oder Beratungsgespräche, die von Mitarbeitern erteilt bzw. geführt werden, können nicht mit einer Beratungsgebühr nach Nr. 24200 ff. KV abgerechnet werden und Urkundsentwürfe, die ausschließlich von Mitarbeitern gefertigt wurden, können nicht mit einer Entwurfsgebühr nach Nr. 24100 ff. KV abgerechnet werden. Dies gilt auch für den Bürovorsteher oder leitende Notarfachangestellte. Die Gebührentatbestände können aber durchaus auch durch die Tätigkeit der Mitarbeiter ausgelöst werden, aber immer nur, wenn eine Tätigkeit des Notars selbst hinzutritt.

8 Die Einschränkung des Abs. 1 durch andere bundesrechtliche Regelungen führt dazu, dass für die betreffenden Tätigkeiten **keine Kosten** erhoben werden dürfen. Hierzu zählen zB § 67 BeurkG, § 102 SachenRBerG.

9 Wird ein **Anwaltsnotar** nicht als Notar, sondern als Anwalt tätig, kann diese Tätigkeit nur nach dem RVG abgerechnet werden. Problematisch ist die **Abgrenzung** zwischen notarieller und anwaltlicher Tätigkeit ist insbesondere die Abgrenzung bei der Beratung von Mandanten und bei der Fertigung von Urkundsentwürfen, vgl. § 24 BNotO. Soweit damit notarielle Amtsgeschäfte iSd §§ 20–23 BNotO zumindest vorbereitet werden, vermutet § 24 Abs. 2 S. 1 BNotO, dass der Anwaltsnotar insoweit als Notar tätig wird und dann auch nur nach GNotKG abrechnen kann. Erfolgt die Beratung oder auch die Ent-

3 Zum Begriff: BeckOK KostR/*Neie*, 35. Ed. 1.7.2021, GNotKG § 1 Rn. 5 ff.

wurfsanfertigung im Hinblick auf eine einseitige Interessenvertretung, liegt eine nach RVG abzurechnende Tätigkeit vor.

IV. Landesrecht, Abs. 5

Landesrecht bleibt im Rahmen des Abs. 5 unberührt. Soweit die Länder dem Verfahren der freiwilligen Gerichtsbarkeit Geschäfte zuordnen können, ist es insoweit auch sachgerecht, ihnen auch die Regelung der Kosten zu überlassen.[4] IdR wird im Landesrecht eine bestimmte Angelegenheit der freiwilligen Gerichtsbarkeit oder eine bestimmte notarielle Amtstätigkeit zusätzlich einer anderen Behörde zugewiesen: eine Unterschriftsbeglaubigung können auch in Rheinland-Pfalz nach § 2 S. 1 iVm § 1 Abs. 1 S. 1 Nr. 1–4 BeglG RP Kommunalbehörden, in Hessen gemäß § 13 OGerG HE Ortsgerichtsvorsteher und in Baden-Württemberg nach § 35a Abs. 4 LFGG Ratschreiber vornehmen und ein Vermögensverzeichnis kann in etlichen Bundesländern auch der Gerichtsvollzieher aufnehmen.[5] Im Landesrecht kann dann auch das dazugehörige Kostenrecht geregelt werden. 10

V. Rechtsbehelfe des GNotKG, Abs. 6

Abs. 6 stellt insoweit klar, dass für die Rechtsbehelfe des GNotKG (Erinnerung und Beschwerde nach §§ 81 ff.) auch das GNotKG als lex specialis für das Verfahren maßgebend ist. Normen des FamFG oder der ZPO sind nur anwendbar, wenn die §§ 81 ff. darauf verweisen oder keine Regelung enthalten. 11

§ 2 Kostenfreiheit bei Gerichtskosten

(1) [1]Der Bund und die Länder sowie die nach Haushaltsplänen des Bundes oder eines Landes verwalteten öffentlichen Anstalten und Kassen sind von der Zahlung der Gerichtskosten befreit. [2]Bei der Vollstreckung wegen öffentlich-rechtlicher Geldforderungen ist maßgebend, wer ohne Berücksichtigung des § 252 der Abgabenordnung oder entsprechender Vorschriften Gläubiger der Forderung ist.

(2) Sonstige bundesrechtliche oder landesrechtliche Vorschriften, die eine sachliche oder persönliche Befreiung von Gerichtskosten gewähren, bleiben unberührt.

(3) [1]Soweit jemandem, der von Gerichtskosten befreit ist, Kosten des Verfahrens auferlegt werden, sind Kosten nicht zu erheben; bereits erhobene Kosten sind zurückzuzahlen. [2]Das Gleiche gilt, außer in Grundbuch- und Registersachen, soweit ein von der Zahlung der Kosten befreiter Beteiligter die Kosten des Verfahrens übernimmt.

(4) Die persönliche Kosten- oder Gebührenfreiheit steht der Inanspruchnahme nicht entgegen, wenn die Haftung auf § 27 Nummer 3 beruht oder wenn der Kostenschuldner als Erbe nach § 24 für die Kosten haftet.

(5) Wenn in Grundbuch- und Registersachen einzelnen von mehreren Gesamtschuldnern Kosten- oder Gebührenfreiheit zusteht, so vermindert sich der Gesamtbetrag der Kosten oder der Gebühren um den Betrag, den die befreiten Beteiligten den Nichtbefreiten ohne Berücksichtigung einer abweichenden schuldrechtlichen Vereinbarung aufgrund gesetzlicher Vorschrift zu erstatten hätten.

4 BT-Drs. 2/2545, 194.
5 Übersicht dazu in Toussaint/*Uhl* GvKostG § 12 Rn. 3.

I. Allgemeines

1 Die Norm regelt, wer von den Kosten, also den Gebühren und Auslagen, befreit ist, um ein unnötiges Hin- und Herzahlen zwischen den einzelnen Personen der öffentlichen Hand zu vermeiden. Die Kosten- bzw. Gebührenfreiheit betrifft nur und ausschließlich Gerichtskosten, aber nicht die Kosten für die notarielle Amtstätigkeit; hier greift nur § 91 ein. Normiert werden sachliche und persönliche Befreiungstatbestände. Regelungen außerhalb des GNotKG im Bundes- oder Landesrecht bestimmen teilweise Gebühren- und teilweise Kostenfreiheit.

II. Befreiungstatbestände

2 Bei **sachlichen Befreiungstatbeständen** außerhalb des GNotKG (vgl. Abs. 2, zB §§ 79, 151 BauGB, § 64 Abs. 2 SGB X) wird für die Frage der Kosten- bzw. Gebührenfreiheit auf den Verfahrensgegenstand abgestellt.

3 Bei **persönlichen Befreiungstatbeständen** ist der Kostenschuldner maßgebend. Von den Gerichtskosten sind nach Abs. 1 Bund, Länder und die nach Haushaltsplänen des Bundes oder eines Landes verwalteten öffentlichen Anstalten und Kassen[1] befreit. Letztere sind aber dann nicht befreit, wenn diese über einen eigenen Haushalt verfügen.[2] In den Kreis des Abs. 1 gehören auch unmittelbar den Bundesministerien nachgeordneten Bundesbehörden[3] sowie sämtliche Landesbehörden.

4 **Nicht** von Abs. 1 erfasst sind Gemeinden/Städte, Gemeindeverbände, Landkreise, Bezirke (in Bayern) und andere kommunale Zusammenschlüsse.[4] Ebenfalls nicht befreit sind juristische Personen, auch dann, wenn ein nach Abs. 1 Befreiter zu 100 % die Anteile an der juristischen Person hält.[5]

5 Die **Stadtstaaten** Berlin und Hamburg sind mangels Trennbarkeit in Landes- und Kommunalangelegenheiten stets nach Abs. 1 kostenbefreit. Bei Bremen, das aus den Städten Bremen und Bremerhaven besteht, ist zwischen kostenbefreiten Landes- und nicht befreiten Kommunalangelegenheiten zu unterscheiden.

6 Bei **Vollstreckungsmaßnahmen**, für die Kosten nach dem GNotKG entstehen (zB für die Eintragung einer Zwangssicherungshypothek ins Grundbuch), ist für die persönliche Kostenbefreiung nicht auf die Vollstreckungsbehörde, sondern auf den materiellrechtlichen Gläubiger abzustellen, Abs. 1 S. 2. § 252 AO wird insoweit nicht angewendet.

7 Nach Abs. 2 bleiben neben bundesrechtlichen Befreiungstatbeständen (zB §§ 79, 151 BauGB, § 64 Abs. 2 SGB X) auch landesrechtliche Normen unberührt.[6]

1 OLG Hamm JurBüro 2010, 542.
2 BGH JurBüro 1997, 373.
3 OLG Köln JurBüro 1997, 204.
4 BGH JurBüro 2009, 371.
5 Details hierzu in NK-GK/*Fackelmann* § 2 Rn. 16 ff.
6 Eine Übersicht zu landesspezifischen Gesetzen findet sich in NK-GK/*Fackelmann* § 2 Rn. 35 ff.

III. Rechtsfolge der Befreiungstatbestände

Greift ein sachlicher Kostenbefreiungstatbestand ein, dürfen Kosten generell nicht erhoben werden. Bei einem persönlichen Befreiungstatbestand werden die Kosten nicht vom Kostenbefreiten eingezogen.[7] Dies gilt auch jeweils für Gebühren bei Gebührenbefreiung. 8

Im Abs. 3 wird die Verfahrensweise geregelt. Kosten bzw. Gebühren sind nach S. 1 nicht zu erheben bzw. zurückzuzahlen, wenn die Kosten bereits erhoben und gezahlt wurden. Nach S. 2 gilt dies auch bei einer Kostenübernahme durch den Kosten- bzw. Gebührenbefreiten, vgl. § 27 Abs. 2. Für Grundbuch- und Registersachen (zum Begriff der Registersachen: § 374 FamFG) gilt neben Abs. 3 S. 1 auch Abs. 5: Haftet der Kosten- bzw. Gebührenbefreite allein für die Grundbuch- oder Registerkosten, verbleibt es bei der Kosten- bzw. Gebührenbefreiung. Ist der Kostenbefreite nur einer von mehreren nach § 32 Abs. 1 gesamtschuldnerisch haftenden Kostenschuldnern, reduziert sich der Gesamtbetrag der Kosten um den Betrag, den der Kostenbefreite dem Nichtbefreiten aufgrund gesetzlicher Vorschrift, zB §§ 426 Abs. 1, 448 Abs. 2 BGB,[8] § 788 ZPO, zu erstatten hätten.[9] Mit einer vertraglichen Kostenübernahme haften Befreiter und Nichtbefreiter als Gesamtschuldner; der Befreite hat insoweit auf seine Befreiung verzichtet. 9

IV. Ausnahmeregelung, Abs. 4

Eine persönliche Kosten- bzw. Gebührenbefreiung gilt nicht, wenn die Kostenhaftung auf § 27 Nr. 3 (Haftungsschuldner, zB nach §§ 25, 110, 128 HGB, §§ 426 Abs. 2, 1088, 1967 BGB)[10] beruht oder der eigentlich Befreite nach § 24 als Erbe haftet.[11] 10

§ 3 Höhe der Kosten

(1) Die Gebühren richten sich nach dem Wert, den der Gegenstand des Verfahrens oder des Geschäfts hat (Geschäftswert), soweit nichts anderes bestimmt ist.
(2) Kosten werden nach dem Kostenverzeichnis der Anlage 1 zu diesem Gesetz erhoben.

Literatur:

Bormann, Kostenrechtsmodernisierung: Notarkosten im Erbrecht, ZEV 2013, 425.

7 BGH MDR 2009, 653.
8 OLG Karlsruhe FGPrax 2006, 179.
9 Toussaint/*Zivier* GNotKG § 2 Rn. 20.
10 OLG Jena NotBZ 2016, 60.
11 LG Bad Kreuznach Rpfleger 1994, 26.

I. Allgemeines

1 Am System, am Primat[1] der Wertgebühren, prägend für die KostO,[2] hielt der Gesetzgeber fest, wie ein Blick auf Abs. 1 zeigt, eine Regelung, die die Wertgebühren zu den „Standardgebühr(en)“[3] erhebt. Daneben bestimmt Abs. 2, dass die Kosten nach dem Kostenverzeichnis der Anlage 1 erhoben werden, womit der Grundstein des Enumerationsprinzips[4] gelegt und die Trennung[5] von Paragrafen- und Kostentatbestandsbereich vollzogen wird, ein wesentliches Grundprinzip der Kostengesetze neuer Prägung.[6] Anders als in der KostO-Vorgängernorm[7], ist der Bewertungszeitpunkt nicht mehr in § 3 geregelt, sondern bleibt eigenen Bestimmungen vorbehalten, §§ 59,[8] 96.[9]

II. Wertgebühren (Abs. 1)

2 **1. Systematik der Wertgebühren.** Die Systematik gibt Abs. 1 vor. Die Gebühren richten sich nach dem Wert, den der Gegenstand des Verfahrens oder des Geschäfts hat (Geschäftswert). Damit steht die Gebühr in direkter Relation mit dem Geschäftswert, was bei geringen Werten nicht selten für eine Unterdeckung sorgt. Ein Ausgleich erfolgt bei hohen Geschäftswerten, also im Wege der Mischkalkulation, der Quersubventionierung,[10] vorausgesetzt, das Tätigkeitsfeld der Notarin bzw. des Notars beschränkt sich nicht nur auf Verfahren bzw. Geschäfte mit geringen Geschäftswerten, sondern weist auch Verfahren bzw. Geschäfte mit hohen Geschäftswerten auf. Dann kann der Ausgleich stattfinden und „eine angemessene Gesamtvergütung“[11] realisiert werden, stets orientiert am Justizgewährungsanspruch.[12] Mit welchem praktischen/zeitlichen Aufwand oder konkreten Schwierigkeiten ein Verfahren bzw. ein Geschäft verbunden ist, spielt im System der Wertgebühren keine Rolle.[13] Umfangreiche Recherchen bzw. Rechtfertigungen dazu, welcher Aufwand objektiv geboten gewesen wäre, bleiben dem System der Wertgebühren erspart. Eine Ausnahme gilt lediglich für Rahmengebühren, worunter Wertgebühren zu verstehen sind, deren Rahmen im Einzelfall durch den Notar ausgefüllt wird,[14] § 92, etwa im Bereich des vorzeitig beendeten Beurkundungsverfahrens, sofern bereits eine Bera-

1 *Bormann* ZEV 2013, 425.
2 Vgl. § 18 Abs. 1 S. 1 KostO.
3 Korintenberg/*Otto* § 3 Rn. 2; zum Grundsatz der Wertgebühr vgl. Korintenberg/*Reimann*, Einf. Rn. 29; Leipziger Kostenspiegel Rn. 1.13.
4 Zum Enumerationsprinzip vgl. *Fackelmann*, Notarkosten nach dem neuen GNotKG, Rn. 106 ff.
5 *Fackelmann* Rn. 5.
6 BT-Drs. 17/11471 (neu), 155: „Struktur aller modernen Justizkostengesetze“.
7 Vgl. § 18 Abs. 1 S. 1 KostO, die Gebühren wurden nach dem Wert berechnet, den der Gegenstand des Geschäfts zur Zeit der Fälligkeit hatte, vgl. auch BT-Drs. 17/11471 (neu), 155.
8 Gilt für Gerichtsgebühren.
9 Gilt für Notare.
10 Ganter/Hertel/Wöstmann/*Hertel*, Notarhaftungs-HdB Teil 1, Rn. 216.
11 FA-FamR-HdB/*Keske* Kapitel 17 Rn. 7.
12 Vgl. zum Justizgewährungsanspruch Korintenberg/*Reimann*, Einf. Rn. 15 und Rn. 20; Korintenberg/*Diehn* § 34 Rn. 1.
13 Vgl. zur Unabhängigkeit vom Aufwand auch *Fackelmann* Rn. 32.
14 *Fackelmann* Rn. 56.

tung oder eine Entwurfsfertigung zu konstatieren ist, vgl. KV Nr. 21301–21304.

3 In der Konsequenz des Wertgebührensystems schlagen gleichförmige Verfahren bzw. gleichartige Geschäfte mit *unterschiedlichen* Gebühren zu Buche,[15] da an den Geschäftswert angeknüpft wird, nicht pauschal an ein Verfahrens- oder ein Geschäftsmuster.

4 **2. Ausnahme: Auslagen.** Auslagen sind von Abs. 1 nicht erfasst, was bereits aus dem Wortlaut der Norm folgt. Von Auslagen ist dort nicht die Rede. Eine Verknüpfung mit dem Geschäftswert ergäbe auch kaum Sinn und hätte ein Gerechtigkeitsdefizit zur Folge. Die Auslagen[16] für den Notar (KV Nr. 32000–32015) lassen sich ohne größeren Aufwand ermitteln bzw. sind teilweise bereits pauschaliert, etwa die Dokumentenpauschale (KV Nr. 32001, 32002), die Pauschale für Entgelte für Post- und Telekommunikationsdienstleistungen (KV Nr. 32005) oder die Tag- und Abwesenheitsgelder bei Geschäftsreisen (KV Nr. 32008).[17] Hinzu kommt, dass der Geschäftswert keinerlei Einfluss auf die sonstigen Auslagen nehmen kann, die im Rahmen des Verfahrens bzw. des Geschäfts anfallen können, wobei vor allem die für die Dolmetscher- und Übersetzervergütungen (KV 32010) zu erwähnen sind. Diese sind in voller Höhe zu zahlen und an den Kostenschuldner weiterzugeben. Gleiches gilt für spezielle Haftpflichtversicherungsprämien (KV Nr. 32013), Abrufkosten für die webbasierte Einsichtnahme in das Grundbuch (KV Nr. 32011),[18] die Umsatzsteuer auf die Kosten (KV Nr. 32014) und die sonstigen Aufwendungen des Notars, die dieser aufgrund eines ausdrücklichen Auftrags für die Beteiligten erbringt (KV Nr. 32015), beispielsweise verauslagte Gerichtskosten oder die Gebühren des Zentralen Testamentsregisters.[19] Insoweit auf den Geschäftswert des Verfahrens bzw. des Geschäfts abzustellen, ginge an der Verfahrensrealität vorbei. Der Katalog der Auslagen ist geschlossen und Analogien nicht zugänglich.

5 **3. Weitere Ausnahme: „soweit nichts anderes bestimmt ist".** Eine Abweichung vom System der Wertgebühren ergibt sich, sofern eine Festgebühr[20] bestimmt ist, die ein Verfahren bzw. ein Geschäft mit einem festen, pauschalen Betrag abgilt. Da Festgebühren unabhängig vom Geschäftswert anfallen, entfällt die Bildung eines Geschäftswertes. Als „Gegensatz"[21] zur Wertgebühr konstruiert, kommt die Festgebühr vor allem bei standardisierten Vorgängen in Betracht, wobei sie begünstigend oder verzerrend wirken können,[22] abhängig davon, wie hoch der konkrete Verfahrens- bzw. Geschäftsaufwand ist. Überragende Bedeutung kommt den relevanten Vorgängen häufig nicht zu,[23] die mit einer Festgebühr belegt sind. Im notariellen Bereich sind beispielsweise KV Nr. 21300, 22124, 23800, 25101, 25103 sowie 25200 zu erwähnen.[24]

---

15 Vgl. zur identischen Situation bei Kosten in Familiensachen FA-FamR-HdB/*Keske* Kapitel 17 Rn. 7.
16 Streifzug durch das GNotKG Rn. 228 ff.
17 Streifzug durch das GNotKG Rn. 258, gestaffelt nach der Dauer (mehr als 4 Stunden, mehr als 4 bis 8 Stunden, mehr als 8 Stunden).
18 Streifzug durch das GNotKG Rn. 246.
19 Streifzug durch das GNotKG Rn. 242.
20 Zu den Festgebühren vgl. *Fackelmann* Rn. 27.
21 Korintenberg/*Reimann* Einf. Rn. 34.
22 Zu den Risiken einer Festgebühr vgl. Korintenberg/*Reimann* Einf. Rn. 34; *Fackelmann* Rn. 37 (hohe Geschäftswerte werden begünstigt, geringe Geschäftswerte werden benachteiligt); ebenso Korintenberg/*Diehn* § 34 Rn. 5.
23 Korintenberg/*Reimann* Einf. Rn. 36.
24 Korintenberg/*Diehn* § 34 Rn. 12.

6 Weitere Einschränkungen erfährt das System der Wertgebühr durch Höchstgebühren (beispielsweise KV Nr. 22112–22114) und durch Geschäftswertbegrenzungen und -obergrenzen, die rechtspolitischen Erwägungen geschuldet sind.[25] Begrenzungen ergeben sich aus den §§ 36 Abs. 2, 98 Abs. 3 und 4, 106 S. 1, 107 Abs. 1 S. 1 und Abs. 2, 108 Abs. 5, 120 S. 2 und 123 S. 2,[26] die Obergrenze liegt in Notarsachen bei 60 Mio. EUR, § 35 Abs. 2 (Tabelle B).

7 Schließlich greifen auch Anknüpfungsgebühren (Annexgebühren) in das System der Wertgebühren ein,[27] zumal sie nicht auf dem Geschäftswert basieren, sondern an die Höhe anderer Gebühren anknüpfen (beispielsweise 30 oder 50 % einer anderen Gebühr).

8 Das GNotKG kennt überdies Zeitgebühren, etwa eine Zusatzgebühr für jede angefangene halbe Stunde der Abwesenheit des Notars bei Tätigkeiten außerhalb der Geschäftsstelle des Notars, KV Nr. 26002.

9 **4. Wertermittlung. a) Mitwirkungspflicht der Beteiligten bei der Wertermittlung der Notarkosten, § 95.** Einen Teil des Wertgebührensystems bilden die Vorschriften, die eine Mitwirkungspflicht der Beteiligten bei der Wertermittlung statuieren. Für den Bereich der Notarkosten ist dies die Vorschrift in § 95,[28] für den Bereich der Gerichtskosten die Regelung in § 39. Nach § 95 Abs. 1 S. 1 sind die Beteiligten verpflichtet, bei der notariellen Wertermittlung mitzuwirken. Die Beteiligten trifft die Pflicht, die Erklärungen über tatsächliche Umstände vollständig und wahrheitsgemäß abzugeben, § 95 Abs. 1 S. 2. Daneben besteht die Pflicht, Auskunft über den Wert von Sachen, Nutzungen oder Verfügungen von Todes wegen zu geben.[29] Im Rahmen dieser Mitwirkungspflicht besteht auch Gelegenheit, über die relevanten Verbindlichkeiten Aufschluss zu geben, etwa bei Eheverträgen.[30] Die Angaben sind nicht ungeprüft zu übernehmen, sondern einer Verifizierung bzw. Plausibilitätskontrolle zu unterziehen.[31] Sollten die Beteiligten ihrer Mitwirkungspflicht nicht bzw. nicht vollständig nachkommen, kann der Notar den Wert nach billigem Ermessen bestimmen, § 95 Abs. 1 S. 3.[32] Die Wertbildung erfolgt dann im Wege einer Schätzung, die sich im Rahmen allgemeingültiger Überlegung bewegen und nicht übermäßig hoch ausfallen sollte,[33] um der Gefahr einer Erinnerung zu entgehen.

10 **b) Mitteilungspflicht des Notars von Amts wegen, § 39 Abs. 1.** Zum Wertgebührensystem zählt überdies die Mitteilungspflicht, die den Notar trifft. Die Regelung in § 39 Abs. 1 S. 1 verpflichtet den Notar, der einen Antrag bei Gericht einreicht, dem Gericht den Geschäftswert mitzuteilen, soweit dieser Geschäftswert für das Gericht von Bedeutung ist.[34] Ob der Notar den Antrag als Vertreter oder als Bote einreicht, spielt keine Rolle. In beiden Konstellationen ist der Notar verpflichtet, dem Gericht den Geschäftswert mitzuteilen. Vgl. im Übrigen § 39.

25 Korintenberg/*Reimann* Einf. Rn. 37.
26 *Fackelmann* Rn. 34.
27 Zu den Anknüpfungsgebühren vgl. Korintenberg/*Diehn* § 34 Rn. 15.
28 Zur Mitwirkungspflicht vgl. *Diehn/Volpert* NotarKostR Rn. 2765 ff.
29 *Diehn/Volpert* NotarKostR Rn. 2767.
30 *Diehn/Volpert* NotarKostR Rn. 2769.
31 Ein nicht überprüfter, zu niedriger Wert dürfte allerdings kaum als verbotene Geschäftswertvereinbarung iSv § 125 GNotKG zu werten sein, vgl. *Diehn/Volpert* NotarKostR Rn. 2772.
32 Ebenso *Diehn/Volpert* NotarKostR Rn. 2775.
33 Für Wertbildung mit Augenmaß auch *Diehn/Volpert* NotarKostR Rn. 2775.
34 Die Vorschrift ist dem früheren § 31a KostO nachgebildet, vgl. BT-Drs. 17/11471 (neu), 165.

c) **Auskunftspflicht des Gerichts,** § 39 **Abs. 2.** Umgekehrt trifft auch das Gericht eine Mitteilungspflicht gegenüber dem Notar, der den Antrag eingereicht hat. Sofern das Gericht einen Geschäftswert zugrunde legt, der vom mitgeteilten Geschäftswert abweicht, ist das Gericht von Amts wegen verpflichtet, den divergierenden Wert mitzuteilen, § 39 Abs. 2 S. 1.[35] Auf Ersuchen des Notars hat das Gericht auch Auskunft über die Umstände zu geben, die für die Geschäftswertbestimmung maßgeblich waren, § 39 Abs. 2 S. 2. Auf welche Weise das Gericht dem Notariat den divergierenden Wert mitteilt, telefonisch oder schriftlich, als förmliches Schreiben oder als einfache Mail, bleibt dem Gericht überlassen. Erreicht werden soll ein „Gleichlauf zwischen der gerichtlichen und der notariellen Geschäftswertbestimmung".[36] Vgl. im Übrigen § 39. 11

5. Höhe der Wertgebühr, § 34. Bei Gebühren, die sich nach dem Geschäftswert richten (Wertgebühren), bestimmt sich die Höhe der Gebühr nach der Tabelle A oder B, § 34 Abs. 1. Ob die Tabelle A oder B einschlägig ist, wird in der Überschrift der rechten Spalte der jeweiligen Kostenverzeichnisnummer (KV-Nr.) entschieden („Gebühr oder Satz der Gebühr nach § 34 – Tabelle ..."). Für Notarsachen gilt die Tabelle B,[37] die „deutlich stärker degressiv ausgestaltet ist"[38] als die Tabelle A. Richtigerweise kann von einer Wertgebührentabelle gesprochen werden, die in verschiedenen Stufen aufgebaut und deren Erhöhung im Vergleich mit der KostO moderat ausgefallen ist,[39] vgl. auch § 34 Abs. 3 iVm der Anlage 2. Vgl. im Übrigen § 34. 12

6. Bewertungszeitpunkt. Der Bewertungszeitpunkt ist nicht in § 3 geregelt, sondern in eigenen Bestimmungen. Soweit Gerichtskosten betroffen sind, ist dies § 59, für Notarkosten gilt § 96. Für die Wertberechnung ist der Zeitpunkt der Gebührenfälligkeit maßgebend, § 96, demnach der Zeitpunkt der Beendigung des notariellen Verfahrens. Bei Aktgebühren ist dies der Zeitpunkt der Beendigung des Geschäfts, § 10. Bei mehreren notariellen Tätigkeiten hinsichtlich desselben Gegenstandes können unterschiedliche Werte die Folge sein.[40] Auslagen werden allerdings sofort nach ihrer Entstehung fällig, § 10. 13

Für die Wertberechnung der Gerichtsgebühren ist auf den Zeitpunkt der jeweiligen den Verfahrensgegenstand betreffenden ersten Antragstellung abzustellen, § 59 S. 1. In Amtsverfahren ist dagegen der Zeitpunkt der Gebührenfälligkeit maßgeblich, §§ 59 S. 2, 8, 9. 14

III. Kostenverzeichnis, Abs. 2

1. Enumerationsprinzip. Mit dem Votum, dass Kosten nach dem Kostenverzeichnis der Anlage 1 zu erheben sind, entschied sich der Gesetzgeber für das Enumerationsprinzip,[41] das für mehr Kostentransparenz sorgen soll. Ob eine notarielle oder gerichtliche Tätigkeit eine Gebühr auslöst, richtet sich danach, ob das Kostenverzeichnis hierfür einen Gebührentatbestand bereithält. Auffangtatbestände sieht das Kostenverzeichnis nicht mehr vor,[42] so dass alle notariellen und gerichtlichen Tätigkeiten, die keinen expliziten Rückhalt im 15

35 Ohne Entsprechung im früheren Kostenrecht der KostO, vgl. BT-Drs. 17/11471 (neu), 165.
36 BT-Drs. 17/11471 (neu), 165.
37 Ebenso in Grundbuch- und in Nachlasssachen.
38 BT- Drs. 17/11471 (neu), 163; vgl. Korintenberg/*Diehn* § 34 Rn. 6.
39 *Bormann* ZEV 2013, 425 (426).
40 Korintenberg/*Hey'l* § 96 Rn. 8.
41 *Fackelmann* Rn. 106 ff.
42 *Fackelmann* Rn. 108.

Kostenverzeichnis finden, gebührenfrei sind.[43] Das Kostenverzeichnis enthält einen geschlossenen Katalog, der Analogien nicht zugänglich ist (Analogieverbot).

16 **2. Zitierweise, Zitiergebot.** Nachdem Abs. 2 auf das Kostenverzeichnis der Anlage 1 verweist, stellt sich die Frage, ob die Regelung auch unter das kostenrechtliche Zitiergebot fällt, demnach bei jeder Kostenrechnung Erwähnung finden muss. Erforderlich ist die Zitierung nicht,[44] die motivnahe Literatur hält die Zitierung sogar für „eher störend“,[45] was aber die obergerichtliche Rechtsprechung[46] nicht davon abhält, die Norm regelmäßig zu erwähnen. Gegen eine Zitierung des Abs. 2 iVm Anlage 1 spricht die Art und Weise, wie der Gesetzgeber in den Motiven mit der Norm umgeht. Eine entsprechende Zitierweise ist in den Motiven nicht angelegt[47] und erscheint daher zu Recht als unnötig.[48] Der bloße Rekurs auf die Kostenverzeichnisnummer reicht aus, um dem Zitiergebot gerecht zu werden.[49] Nach § 19 Abs. 2 Nr. 2 muss die angewandte Nummer des Kostenverzeichnisses in der notariellen Berechnung enthalten sein. Die Regelung in Abs. 2 ist in § 19 Abs. 2 nicht erwähnt.[50]

§ 4 Auftrag an einen Notar

Die Erteilung eines Auftrags an einen Notar steht der Stellung eines Antrags im Sinne dieses Kapitels gleich.

I. Allgemeines

1 Die Norm stellt grundsätzlich klar, dass die Bestimmungen des Kapitel 1 zum Antrag auch für den Auftrag an einen Notar gelten. Mit „Auftrag“ ist kein Auftrag nach §§ 662 ff. BGB gemeint, sondern das Ersuchen an den Notar um eine notarielle Amtstätigkeit.[1]

II. Auftrag

2 Auftrag ist jedes Ersuchen bzw. Ansuchen, das auf die Vornahme einer Amtstätigkeit durch einen Notar gerichtet ist, § 29 Nr. 1.[2] Damit werden ein öffentlich-rechtliches Auftragsverhältnis und zugleich auch der Kostenanspruch des Notars begründet. Der Auftraggeber ist gemäß § 29 Nr. 1 Kostenschuldner.[3]

---

43 *Fackelmann* Rn. 5.
44 Korintenberg/*Otto* § 3 Rn. 8.
45 Korintenberg/*Otto* Einf. KV Rn. 37.
46 Vgl. OLG Celle BeckRS 2019, 6731: „Nr. 25101 des Kostenverzeichnisses der Anlage 1 zu § 3 GNotKG“, ähnlich auch in der Rn. 25 der Entscheidung („Nr. 19110 des Kostenverzeichnisses der Anlage 1 zu § 3 Abs. 2 GNotKG“); ebenso vor dem Leitsatz der Entscheidung des OLG Köln ZEV 2019, 704; ebenso OLG München FGPrax 2019, 89: „Nr. 11101 Abs. 1 S. 2 KV GNotKG (Anlage 1 zu § 3 Abs. 2 GNotKG)“; auch OLG Köln NJOZ 2018, 1186: „Gebühr Nr. 14142 des Kostenverzeichnisses der Anlage 1 zu § 3 II GNotKG“.
47 Eine Zitierpflicht besteht daher nicht.
48 *Fackelmann* Rn. 386.
49 *Fackelmann* Rn. 386.
50 Zur abschließenden Regelung in § 19 GNotKG vgl. *Diehn/Volpert* NotarKostR Rn. 2813.
1 BGH NJW 1999, 2183 (2184).
2 Toussaint/*Uhl* GNotKG § 30 Rn. 2.
3 Toussaint/*Uhl* GNotKG § 30 Rn. 2, 8.

§ 5 Verweisung, Abgabe

(1) [1]Verweist ein erstinstanzliches Gericht oder ein Rechtsmittelgericht ein Verfahren an ein erstinstanzliches Gericht desselben oder eines anderen Zweiges der Gerichtsbarkeit, ist das frühere erstinstanzliche Verfahren als Teil des Verfahrens vor dem übernehmenden Gericht zu behandeln. [2]Gleiches gilt, wenn die Sache an ein anderes Gericht abgegeben wird.

(2) [1]Mehrkosten, die durch Anrufung eines Gerichts entstehen, zu dem der Rechtsweg nicht gegeben ist oder das für das Verfahren nicht zuständig ist, werden nur dann erhoben, wenn die Anrufung auf verschuldeter Unkenntnis der tatsächlichen oder rechtlichen Verhältnisse beruht. [2]Die Entscheidung trifft das Gericht, an das verwiesen worden ist.

(3) Verweist der Notar ein Teilungsverfahren an einen anderen Notar, entstehen die Gebühren für jeden Notar gesondert.

Die Norm regelt die Fälle der Verweisung und der Abgabe an ein anderes Gericht, insbes. nach §§ 17, 17a, 17b GVG, §§ 3, 4, 50, 273, 314 FamFG. Nach Abs. 1 bilden das Verfahren beim verweisenden bzw. abgebenden und beim übernehmenden Gericht eine kostenrechtliche Einheit, so dass alle Kosten nur einmal erhoben werden. § 5 korrespondiert mit § 4 GKG und § 6 Abs. 1, 3 FamFG. § 5 gilt nicht für eine Verfahrenstrennung nach § 20 FamFG und nicht bei einer Zurückverweisung an ein Gericht des unteren Rechtszugs. Abs. 2 regelt die Voraussetzungen für die Erhebung von Mehrkosten, die durch die Anrufung eines unzuständigen Gerichts entstanden sind. 1

Abs. 3 regelt eine Verweisung im Teilungsverfahren nach §§ 342 Abs. 2 Nr. 1, 363 ff. FamFG, für das die Notare nach § 23a Abs. 3 GVG zuständig sind. Nach § 492 Abs. 1 S. 1 FamFG sind für das notarielle Verfahren die für das Amtsgericht geltenden Vorschriften entsprechend anzuwenden und somit auch § 3 FamFG. Die Verfahren vor den verschiedenen Notaren werden kostenrechtlich jeweils als eigene Verfahren behandelt, der Geschäftswert bestimmt sich gemäß § 118a.[1] 2

§ 6 Verjährung, Verzinsung

(1) [1]Ansprüche auf Zahlung von Gerichtskosten verjähren in vier Jahren nach Ablauf des Kalenderjahres, in dem das Verfahren durch rechtskräftige Entscheidung über die Kosten, durch Vergleich oder in sonstiger Weise beendet ist. [2]Bei Betreuungen und Pflegschaften, die nicht auf einzelne Rechtshandlungen beschränkt sind (Dauerbetreuungen, Dauerpflegschaften), sowie bei Nachlasspflegschaften, Nachlass- oder Gesamtgutsverwaltungen beginnt die Verjährung hinsichtlich der Jahresgebühren am Tag vor deren Fälligkeit, hinsichtlich der Auslagen mit deren Fälligkeit. [3]Ansprüche auf Zahlung von Notarkosten verjähren in vier Jahren nach Ablauf des Kalenderjahres, in dem die Kosten fällig geworden sind.

(2) [1]Ansprüche auf Rückzahlung von Kosten verjähren in vier Jahren nach Ablauf des Kalenderjahres, in dem die Zahlung erfolgt ist. [2]Die Verjährung beginnt jedoch nicht vor dem jeweiligen in Absatz 1 bezeichneten Zeitpunkt. [3]Durch die Einlegung eines Rechtsbehelfs mit dem Ziel der Rückzahlung wird die Verjährung wie durch Klageerhebung gehemmt.

1 Details hierzu: BeckOK KostR/*Klahr*, 35. Ed. 1.10.2021, GNotKG § 5 Rn. 168 ff.

(3) [1]Auf die Verjährung sind die Vorschriften des Bürgerlichen Gesetzbuchs anzuwenden; die Verjährung wird nicht von Amts wegen berücksichtigt. [2]Die Verjährung der Ansprüche auf Zahlung von Kosten beginnt auch durch die Aufforderung zur Zahlung oder durch eine dem Schuldner mitgeteilte Stundung erneut; ist der Aufenthalt des Kostenschuldners unbekannt, so genügt die Zustellung durch Aufgabe zur Post unter seiner letzten bekannten Anschrift. [3]Bei Kostenbeträgen unter 25 Euro beginnt die Verjährung weder erneut noch wird sie oder ihr Ablauf gehemmt.

(4) Ansprüche auf Zahlung und Rückzahlung von Gerichtskosten werden nicht verzinst.

I. Allgemeines

1 § 6 regelt die Verjährung von Ansprüchen auf Zahlung von Gerichtskosten, von Notarkosten und auf Rückzahlung von Gerichts- bzw. Notarkosten, sowie die anwendbaren Vorschriften. Von der Verjährung ist die Nacherhebung von Gerichtskosten nach § 20 zu unterscheiden.

2 Die Verjährung ist wie im Privatrecht als Einrede ausgestaltet, Abs. 3 S. 1 aE. Als solche muss sich der Kostenschuldner auf die Verjährung berufen. Dadurch hat der Kostenbeamte für die Gerichtskosten als auch der Notar die Kosten zu erheben, auch wenn die Ansprüche bereits verjährt sind. Der Kostenschuldner kann sich jedoch ausnahmsweise nicht auf die eingetretene Verjährung berufen, wenn er während des Laufs der Verjährungsfrist die Kostenerhebung arglistig verhindert hat. Erhebt der Kostenschuldner nach der Kostenerhebung die Einrede der Verjährung, ist dies als Kostenerinnerung nach § 81 bezüglich der Gerichtskosten oder als Antrag auf ein Verfahren nach § 127 bezüglich der Notarkosten zu behandeln. Zu beachten ist, dass durch den Antrag im Rahmen der §§ 127 ff. die Verjährung nicht gehemmt wird, soweit nicht auch der Notar einen Antrag nach § 127 stellt oder die Zurückweisung des schuldnerischen Antrags beantragt.

II. Gerichtskosten, Abs. 1, 2, 4

3 Der Anspruch auf Zahlung der Gerichtskosten verjährt in vier Jahren. Die Frist beginnt entweder nach Ablauf des Kalenderjahres, in dem das Verfahren durch rechtskräftige Kostenentscheidung, durch Vergleich oder in sonstiger Weise beendet ist, oder bei Verfahren nach Abs. 1 S. 2 hinsichtlich der Jahresgebühren am Tag vor der Fälligkeit nach § 8 S. 1 und die Auslagen mit der Fälligkeit nach § 8 S. 2 zu laufen. Ansprüche auf Rückzahlung von Gerichtskosten verjähren ebenfalls in vier Jahren und zwar nach Ablauf des Kalenderjahres, in dem die Zahlung erfolgt ist, Abs. 2 S. 1. Sowohl Zahlungs- als auch Rückzahlungsansprüche werden nach Abs. 4 nicht verzinst.

III. Notarkosten, Abs. 2

4 Der Anspruch des Notars auf Zahlung seiner Kosten verjährt in vier Jahren nach Ablauf des Kalenderjahres, in dem die Kosten nach § 10 (→ § 10 Rn. 2 ff.)

fällig geworden sind, Abs. 1 S. 3. Rückzahlungsansprüche verjähren auch in vier Jahren nach Ablauf des Kalenderjahres, in dem die Zahlung erfolgt ist, Abs. 2 S. 1, jedoch tritt die Verjährung nicht vor der Verjährung des Kostenanspruch ein, Abs. 2 S. 2. Die Verzinsung der Ansprüche ist in §§ 88, 90 S. 3 geregelt. Die Zinsen verjähren nach Abs. 3. S. 1 iVm § 217 BGB zusammen mit der Hauptforderung.

Es bleibt auch dann bei der Verjährungsfrist von vier Jahren, wenn der Notar dem Kostenschuldner eine vollstreckbare Ausfertigung seiner Kostenrechnung zugestellt hat. § 197 Nr. 4 BGB ist nicht anwendbar.[1] 5

IV. Anwendbare Vorschriften, Abs. 3 S. 1

1. Allgemeines. Nach Abs. 3 S. 1 sind die §§ 194 ff. BGB sowie die §§ 187 ff. BGB für die Fristberechnung anzuwenden, soweit nicht § 6 den Beginn, die Frist, die Hemmung und den Neubeginn der Verjährung abweichend regelt. Somit führt die Erhebung der Einrede zu einem Leistungsverweigerungsrecht nach § 214 BGB und der Zahlungsanspruch ist nicht mehr durchsetzbar. Bei **mehreren Kostenschuldnern** ist die Frage der Verjährung für jeden Schuldner einzeln zu prüfen, insb. kann der Verjährungsbeginn verschieden sein.[2] Bei Gesamtschuldnern gilt § 45 Abs. 2 BGB. 6

2. Verjährungsneubeginn. Die Verjährung des Anspruchs auf Zahlung der Gerichts- bzw. Notarkosten beginnt zusätzlich zu §§ 212 ff. BGB erneut nach Abs. 3 S. 2 Alt. 1 durch den Zugang einer (ersten) **Aufforderung zur Zahlung** (also eines Kostenansatzes nach § 18, einer Mahnung nach § 5 Abs. 2 JBeitrO, einer notariellen Kostenberechnung, die § 19 entspricht[3] oder einer vollstreckbaren Ausfertigung der notariellen Kostenrechnung), soweit die Zahlungsaufforderung nach dem Verjährungsbeginn des Abs. 1 erfolgt. Im Kalenderjahr der Fälligkeit bleibt der Zugang der Zahlungsaufforderung für die Frage des Verjährungsbeginns ohne Wirkung. Ebenfalls zu einem Neubeginn der Verjährung führt eine dem Schuldner mitgeteilte Stundungserklärung nach Abs. 3 S. 2 Alt. 2, der insoweit § 205 BGB verdrängt. Die Entscheidung über eine Stundung muss der Notar selbst treffen. 7

3. Unbekannter Aufenthalt des Schuldners. Ausnahmsweise bedarf es für den Verjährungsbeginn nicht eines Zugangs der Zahlungsaufforderung beim Kostenschuldner, sondern die Zustellung durch **Aufgabe zur Post** unter der letzten bekannten Anschrift genügt nach Abs. 3 S. 2 Hs. 2, wenn der Aufenthalt des Schuldners nach einer Anschriftenänderung unbekannt ist. Ein Verschulden des Schuldners ist nicht erforderlich. Für den Kostengläubiger besteht keine Ermittlungspflicht, jedoch greift Abs. 3 S. 2 Hs. 2 **nicht** ein, wenn der Gläubiger die Unkenntnis selbst verschuldet hat (zB eine entsprechende Mitteilung des Schuldners wurde nicht zur Akte genommen oder wen nach einem Grundstückskauf die Übersendung an die Anschrift der Immobilie nicht versucht wurde). Der Postrücklauf solle als Nachweis zu den Akten genommen werden und der Zeitpunkt der Aufgabe zur Post vermerkt werden, § 184 Abs. 2 S. 4 ZPO analog. Die Verjährung beginnt mit dem Eintritt der Zustellfiktion (zwei Wochen nach Aufgabe zur Post) erneut. 8

4. Kleinbeträge, Abs. 3 S. 3. Fallen Gerichts- bzw. Notarkosten unter 25 EUR an, beginnt die Verjährung weder neu noch wird die Verjährung gehemmt. Dies gilt primär für die anfängliche Kostenhöhe. Reduziert sich der Kostenbetrag 9

1 AG OLG Zweibrücken MittBayNot 2000, 578.
2 OLG Düsseldorf JurBüro 2008, 210.
3 BGH MittBayNot 2006, 168.

durch eine Teilzahlung unter 25 EUR, so beginnt für diesen Kleinbetrag die Verjährung nach § 212 Abs. 1 Nr. 1 BGB neu und im Anschluss gilt Abs. 3 S. 3.[4]

§ 7 Elektronische Akte, elektronisches Dokument

In Verfahren nach diesem Gesetz sind die verfahrensrechtlichen Vorschriften über die elektronische Akte und über das elektronische Dokument anzuwenden, die für das dem kostenrechtlichen Verfahren zugrunde liegende Verfahren gelten.

1 Die Norm verweist allgemein auf die jeweiligen verfahrensrechtlichen Regelungen für das dem Kostenrecht zugrunde liegende Verfahren und entspricht insoweit § 5 GKG und § 8 FamGKG. Damit soll auch im Kostenrecht eine effiziente elektronische Bearbeitung ermöglicht werden, und zwar in dem Umfang, wie eine elektronische Bearbeitung des Hauptsacheverfahrens zulässig ist.[1] Über diese Verweisung sind insbes. §§ 14, 130 Abs. 3 FamFG, §§ 130a, 130b, 98, 298a ZPO, § 81 Abs. 4 GBO, §§ 39a, 4 BeurkG (und zukünftig § 55 BeurkG) anwendbar. Zur elektronischen Bearbeitung gehört nicht nur die elektronische Aktenführung durch die Gerichte oder Notare, sondern auch die elektronische Einreichung von Anträgen und Erklärungen durch die Beteiligten bei Gericht bzw. Notar.

§ 7a Rechtsbehelfsbelehrung

Jede Kostenrechnung, jede anfechtbare Entscheidung und jede Kostenberechnung eines Notars hat eine Belehrung über den statthaften Rechtsbehelf sowie über die Stelle, bei der dieser Rechtsbehelf einzulegen ist, über deren Sitz und über die einzuhaltende Form und Frist zu enthalten.

I. Allgemeines, Anwendungsbereich

1 Die Vorschrift bestimmt, dass alle gerichtlichen und notariellen Kosten(be)rechnungen nach §§ 18–20, 126 Abs. 3 eine Rechtsbehelfsbelehrung enthalten müssen, sowie jede anfechtbare, gerichtliche Entscheidung nach dem GNotKG. Dies ist, auch wenn dies im Gesetzgebungsverfahren umstritten war, auch bei notariellen Kostenberechnungen zwingend, zumal auf diese Weise der hoheitliche Charakter der Notarstätigkeit herausgestellt wird.[1]

4 Toussaint/*Zivier* GNotKG § 6 Rn. 15; Bormann/Diehn/Sommerfeldt/*Neie* GNotKG § 6 Rn. 46.

1 Details zu den erfassten Verfahren: NK-GK/*Fackelmann* GNotKG § 7 Rn. 8.

1 Zu den Hintergründen: Korintenberg/*Otto* § 7a Rn. 1.

II. Form der Belehrung

2 Die Rechtsbehelfsbelehrung muss sich auf jeder dem Kostenschuldner übersandten Kostenberechnung befinden. Eine gesonderte Rechtsbehelfsbelehrung bei der Erteilung einer vollstreckbaren Ausfertigung ist dagegen nicht erforderlich. Die Belehrung erfolgt stets in deutscher Sprache, auch dann, wenn die Urkunde selbst in einer fremden Sprache durch den Notar errichtet wurde. Umstritten ist, ob die Belehrung von der Unterschrift des Notars abgedeckt sein muss. Dies lässt sich der Vorschrift nicht entnehmen, insb. ist keine Schriftform vorgesehen. Es ist ausreichend, wenn die Kostenberechnung die Rechtsbehelfsbelehrung enthält, also räumlich mit der Kostenberechnung verbunden ist.[2]

III. Inhalt der Belehrung

3 Der statthafte Rechtsbehelf samt Form und Frist der Einlegung bei der zuständigen Stelle sind in der Rechtsbehelfsbelehrung zu benennen. Dies bedeutet für die Belehrung in der notariellen Kostenberechnung, dass diese folgende Angaben zu enthalten hat:

- Die Entscheidung des Landgerichts kann nach § 127 beantragt werden.
- Das nach §§ 127 Abs. 1, 130 Abs. 3 S. 1 iVm §§ 64 Abs. 1, 71 Abs. 1 S. 1 FamFG zuständige Landgericht ist mit vollständiger Anschrift zu benennen.
- Die Frist des § 127 Abs. 2 ist in verständlicher Weise zu bezeichnen. Enthält die Belehrung keinen entsprechenden Hinweis, ist dies bei Erteilung einer vollstreckbaren Ausfertigung der Kostenberechnung nachzuholen.
- Die Form des Antrags (schriftlich oder zur Niederschrift der Geschäftsstelle des Gerichts, § 130 Abs. 3 iVm § 25 Abs. 1 FamFG) ist darzustellen.

Auf die Möglichkeit der formlosen Beanstandung der Kostenberechnung gegenüber dem Notar kann, muss aber nicht hingewiesen werden. Dies gilt genauso auch für die Begründung des Rechtsbehelfs.

IV. Verstoß

4 Enthält die notarielle Kostenberechnung keine oder eine fehlerhafte Rechtsbehelfsbelehrung, so hat dies grds. keine Folgen. Soweit die Frist des § 127 Abs. 2 gilt, wird vermutetet, dass den Kostenschuldner an einem Fristversäumnis kein Verschulden trifft, § 130 Abs. 3 iVm § 17 Abs. 2 FamFG. Die Dienstaufsicht kann und wird ggf. den Notar anhalten, korrekte Rechtsbehelfsbelehrungen zu erteilen, um seine Amtspflichten zu erfüllen.

Abschnitt 2 Fälligkeit

§ 10 Fälligkeit der Notarkosten

Notargebühren werden mit der Beendigung des Verfahrens oder des Geschäfts, Auslagen des Notars und die Gebühren 25300 und 25301 sofort nach ihrer Entstehung fällig.

I. Allgemeines

1 Die Norm regelt die Fälligkeit der Notarkosten und unterscheidet dabei zwischen der Fälligkeit der Gebühren, der Gebühren nach Nr. 25300 und 25301 KV und der Auslagen. Neben § 10 enthält lediglich § 94 Abs. 3 S. 1 Sachen-

2 Zu den Möglichkeiten: Bormann/Diehn/Sommerfeldt/*Diehn* GNotKG § 7a Rn. 30 f.

RBerG eine Regelung zur Fälligkeit. Von der Fälligkeit ist die Entstehung der Kosten zu unterscheiden: Die einzelnen Gebühren und Auslagen selbst entstehen mit der Verwirklichung des jeweiligen Kostentatbestand.

2 Die Fälligkeit ist für jede einzelne notarielle Tätigkeit gesondert zu bestimmen, auch wenn es sich bei mehreren Tätigkeiten um einen wirtschaftlichen Vorgang handelt. Vor Eintritt der Fälligkeit kann der Notar einen Vorschuss nach § 15, unter Beachtung des § 16, erheben.

3 Der Fälligkeitszeitpunkt ist maßgebend für den Verjährungsbeginn nach § 6 Abs. 1 S. 3, für die Einforderung nach § 19, die Beitreibung nach § 89 und für den Bewertungszeitpunkt nach § 96.

II. Fälligkeit im Einzelnen

4 Die **Gebühren** werden, mit Ausnahme der Gebühren nach KV Nr. 25300 und 25301, mit der Beendigung des Verfahrens oder des Geschäfts fällig. Zu den notariellen Verfahren zählen neben dem Beurkundungsverfahren (vgl. KV Nr. 21100 ff.) und die sonstigen notariellen Verfahren (vgl. KV Nr. 23100 ff.). Zu den notariellen Geschäften zählen neben der reinen Entwurfsanfertigung und der Beratung auch die Vollzugs- und Betreuungstätigkeiten und die sonstigen notariellen Geschäfte nach KV Nr. 25100 ff., § 85 Abs. 1. Das Verfahren ist beendet, wenn das Verfahren vollständig durchgeführt wurde und somit das Verfahrensziel erreicht wurde, insb. bei Beglaubigungen und Niederschriften der Notar den Beglaubigungsvermerk bzw. Niederschrift unterzeichnet hat. Ein Geschäft ist beendet, wenn das jeweilige Geschäft vorgenommen wurde.[1] Die Gebühr für die vorzeitige Beendigung ist fällig, wenn feststeht, dass das Verfahren oder das Geschäft nicht mehr vollendet wird, insb. wenn der Auftrag zurückgenommen wird, vgl. KV Vorbem. 2.1.3 Abs. 1.

5 Die **Vollzugsgebühr** ist mit der Beendigung der jeweiligen Vollzugstätigkeit fällig. Dies setzt neben der Anforderung von Unterlagen auch deren Prüfung voraus bzw. die Erzeugung der Daten für KV Nr. 22114, 22115 und 22125. Die **Betreuungsgebühr** ist mit der Beendigung der jeweiligen Betreuungsgebühr fällig. Gemäß § 93 Abs. 1 entstehen die Vollzugs- bzw. die Betreuungsgebühr nur einmal, maßgebend ist dabei jeweils die Beendigung der ersten Vollzugs- bzw. Betreuungstätigkeit. Die **Zusatzgebühren** nach KV Nr. 26100 ff. werden zusammen mit der Hauptgebühr fällig.

6 Die Gebühr nach KV **Nr. 25300** wird mit jedem Vollzug der Auszahlung fällig und die Gebühr nach KV **Nr. 25301** wird bereits mit der Übergabe der Gegenstände an den Notar fällig.

7 Die **Auslagen** nach KV Nr. 32000 ff. sind sofort nach ihrem tatsächlichen Anfall fällig. Unerheblich ist dabei, ob das Verfahren oder das Geschäft beendet ist.

Abschnitt 3 Sicherstellung der Kosten

§ 11 Zurückbehaltungsrecht

[1]Urkunden, Ausfertigungen, Ausdrucke und Kopien sowie gerichtliche Unterlagen können nach billigem Ermessen zurückbehalten werden, bis die in der Angelegenheit entstandenen Kosten bezahlt sind. [2]Dies gilt nicht, soweit § 53 des Beurkundungsgesetzes der Zurückbehaltung entgegensteht.

1 OLG Jena BeckRS 2020, 25189.

§ 12 Grundsatz für die Abhängigmachung bei Gerichtskosten

In weiterem Umfang, als das Verfahrensrecht und dieses Gesetz es gestatten, darf die Tätigkeit des Gerichts von der Zahlung der Kosten oder von der Sicherstellung der Zahlung nicht abhängig gemacht werden.

§ 13 Abhängigmachung bei Gerichtsgebühren

[1]In erstinstanzlichen gerichtlichen Verfahren, in denen der Antragsteller die Kosten schuldet (§ 22 Absatz 1), kann die beantragte Handlung oder eine sonstige gerichtliche Handlung von der Zahlung eines Vorschusses in Höhe der für die Handlung oder der für das Verfahren im Allgemeinen bestimmten Gebühr abhängig gemacht werden. [2]Satz 1 gilt in Grundbuch- und Nachlasssachen jedoch nur dann, wenn dies im Einzelfall zur Sicherung des Eingangs der Gebühr erforderlich erscheint.

§ 14 Auslagen des Gerichts

(1) [1]Wird eine gerichtliche Handlung beantragt, mit der Auslagen verbunden sind, hat derjenige, der die Handlung beantragt hat, einen zur Deckung der Auslagen ausreichenden Vorschuss zu zahlen. [2]Das Gericht soll eine Handlung, die nur auf Antrag vorzunehmen ist, von der vorherigen Zahlung abhängig machen; § 13 Satz 2 gilt entsprechend.

(2) Die Herstellung und Überlassung von Dokumenten auf Antrag sowie die Versendung von Akten können von der vorherigen Zahlung eines die Auslagen deckenden Vorschusses abhängig gemacht werden.

(3) [1]Bei Handlungen, die von Amts wegen vorgenommen werden, kann ein Vorschuss zur Deckung der Auslagen erhoben werden. [2]Im gerichtlichen Verfahren nach dem Spruchverfahrensgesetz ist ein solcher Vorschuss zu erheben.

(4) Absatz 1 gilt nicht in Freiheitsentziehungssachen und für die Anordnung einer Haft.

§ 15 Abhängigmachung bei Notarkosten

Die Tätigkeit des Notars kann von der Zahlung eines zur Deckung der Kosten ausreichenden Vorschusses abhängig gemacht werden.

§ 16 Ausnahmen von der Abhängigmachung

Die beantragte Handlung darf nicht von der Sicherstellung oder Zahlung der Kosten abhängig gemacht werden,

1. soweit dem Antragsteller Verfahrenskostenhilfe bewilligt ist oder im Fall des § 17 Absatz 2 der Bundesnotarordnung der Notar die Urkundstätigkeit vorläufig gebührenfrei oder gegen Zahlung der Gebühren in Monatsraten zu gewähren hat,
2. wenn dem Antragsteller Gebührenfreiheit zusteht,
3. wenn ein Notar erklärt hat, dass er für die Kostenschuld des Antragstellers die persönliche Haftung übernimmt,

4. wenn die Tätigkeit weder aussichtslos noch ihre Inanspruchnahme mutwillig erscheint und wenn glaubhaft gemacht wird, dass
   a) dem Antragsteller die alsbaldige Zahlung der Kosten mit Rücksicht auf seine Vermögenslage oder aus sonstigen Gründen Schwierigkeiten bereiten würde oder
   b) eine Verzögerung dem Antragsteller einen nicht oder nur schwer zu ersetzenden Schaden bringen würde; zur Glaubhaftmachung genügt in diesem Fall die Erklärung des zum Bevollmächtigten bestellten Rechtsanwalts,
5. wenn aus einem anderen Grund das Verlangen nach vorheriger Zahlung oder Sicherstellung der Kosten nicht angebracht erscheint, insbesondere wenn die Berichtigung des Grundbuchs oder die Eintragung eines Widerspruchs beantragt wird oder die Rechte anderer Beteiligter beeinträchtigt werden.

§ 17 Fortdauer der Vorschusspflicht

[1]Die Verpflichtung zur Zahlung eines Vorschusses auf die Gerichtskosten bleibt bestehen, auch wenn die Kosten des Verfahrens einem anderen auferlegt oder von einem anderen übernommen sind. [2]§ 33 Absatz 1 gilt entsprechend.

I. Grundlagen und Systematik, Rechtsschutz

1 Von den Vorschriften des dritten Abschnitts, die der Sicherstellung der Notar- und Gerichtskosten dienen, sind die für **Notare** vor allem relevanten Vorschriften § 11 (Zurückbehaltungsrecht), § 15 (Kostenvorschuss) sowie § 16 (Ausnahmen von der Abhängigmachung). Bereits aus dem Wortlaut der jeweiligen Norm wird deutlich, dass die Vorschriften § 12 und § 13 betreffend die Abhängigmachung bei Gerichtskosten, § 14 (Auslagen) und § 17 (Fortdauer der Vorschusspflicht) ausschließlich für **Gerichte** Anwendung finden.

2 Der Gesetzgeber gibt dem Notar damit als **Druckmittel zum Erhalt seiner Kosten** unter bestimmten Voraussetzungen sowohl ein **Zurückbehaltungsrecht** (§ 11) als auch die Möglichkeit, seine Tätigkeit von einem **Kostenvorschuss** (§ 15) abhängig zu machen, wobei das Zurückbehaltungsrecht insbesondere aufgrund des **Vorrangs des § 53 BeurkG** dazu nur bedingt geeignet ist. Zudem kann iRd § 11, im Gegensatz zu § 15, nicht die gesamte notarielle Tätigkeit von der Zahlung der Kosten abhängig gemacht, sondern nur die dort genannten Unterlagen bzw. Dokumente zurückbehalten werden. Schließlich setzt § 11 **bereits fällige Gebühren** und damit ein abgeschlossenes Verfahren voraus, während der Vorschuss nach § 15 **zu jeder Zeit bis zur Vollendung** verlangt werden kann.

Restriktive Handhabung beider Normen in der notariellen Praxis ist zu begrüßen, da sowohl **Einreichungspflicht** (§ 53 BeurkG) als auch **Urkundsgewährungspflicht** (§ **15 BNotO**) **bedeutende notarielle Amtspflichten** darstellen. 3

Rechtsschutz besteht betreffend die **Ausübung des Zurückbehaltungsrechts** in Notarkostensachen nach §§ **127 ff.**, ebenso den **Inhalt einer Vorschussrechnung** betreffend sowie die **Ausnahmen von der Abhängigmachung** nach § 16; gegen die **Abhängigmachung** nach § 15 ist hingegen die **Beschwerde** nach § **15 Abs. 2 BNotO** statthaft.[1] 4

II. Zurückbehaltungsrecht des § 11

1. Allgemeines. Die, neben Notaren auch für Gerichte geltende, Vorschrift wird in der notariellen Praxis **nur selten angewendet**. Gründe liegen zum einen darin, dass Funktion der **Vorschrift als Druckmittel zugunsten des Notars zweifelhaft** erscheint, zum anderen die sich aus § 53 BeurkG ergebende **Vollzugspflicht**, aber auch die – davon abzugrenzende[2] – notarielle **Rechtsbetreuung iRd** § 24 BNotO **bedeutende Amtspflichten** darstellen. 5

2. Vorrang der notariellen Vollzugs- bzw. Einreichungspflicht. War das Verhältnis **zwischen Zurückbehaltungsrecht und Vollzugspflicht** bei Geltung der Vorgängernorm in der Kostenordnung (§ 10 KostO) noch umstritten, hat der Gesetzgeber diesen Streit durch § 11 S. 2 zugunsten eines **Vorrangs der notariellen Vollzugspflicht des § 53 BeurkG** beigelegt. Auch wenn dieser Vorrang teilweise kritisch gesehen und sogar ein Leerlaufen des Zurückbehaltungsrechts befürchtet wird,[3] dürfte der Notar in den allermeisten Fällen durch die Möglichkeit des Abhängigmachens der Tätigkeit von einem – jederzeit möglichen – Vorschuss nach § 15 ausreichend geschützt sein.[4] Verzichtet der Notar auf einen derartigen Vorschuss, erscheint es gerechtfertigt, dass der Notar bei bereits begonnenen Tätigkeiten im Hinblick auf § 11 S. 2 iVm § 53 BeurkG verpflichtet ist, Urkunden gegenüber dem Grundbuchamt und dem Registergericht auch zu vollziehen. Damit bleiben faktisch vom Zurückbehaltungsrecht des Notars lediglich die Abschriften an die Beteiligten umfasst, die dem Vollzug ihrer Urkunde in den meisten Fällen größere Bedeutung beimessen werden, als der Zusendung ihrer Abschriften;[5] anders bei den Gerichten, die mit der Zurückbehaltung bspw. von Erbscheinen oder Grundschuldbriefen größeren Druck bei den Kostenschuldnern ausüben können. 6

Von einer **teilweise in der Literatur vorgeschlagenen Klausel**, wonach der Notar angewiesen wird, die Urkunde erst zum Vollzug einzureichen, wenn neben dem Kaufpreis auch die Notargebühren beglichen sind, **wird nach hier vertretener Auffassung abgeraten.**[6] Der typische Anwendungsfall des § 53 BeurkG, in dem die Beteiligten **gemeinsam etwas anderes verlangen**, ist die Fälligkeitsmitteilung und sollte nicht die vordergründig den Interessen des Notars und nur nachrangig aufgrund seiner gesamtschuldnerischen Mithaftung auch diejenigen des Verkäufers dienende Regelung der Begleichung der Notarkosten sein. Eine solche Gestaltung dürfte eine gesetzeswidrige Umgehung des § 11 S. 2 darstellen, die auch nicht durch erhöhte Anforderungen an die Belehrungspflicht bzgl. der mit 7

---

1 Bormann/Diehn/Sommerfeldt/*Diehn* § 15 Rn. 6; Korintenberg/*Hey'l* GNotKG § 15 Rn. 12.

2 BeckOK KostR/*Kleba* BeurkG § 53 Rn. 5.

3 Vgl. *Wudy* NotBZ 2013, 201 (233).

4 Vgl. Begründung RegE BT-Drs. 17/11471 (neu), 14.11.2012, 156; Rohs/Wedewer/*Waldner* GNotKG § 11 Rn. 2.

5 Vgl. Renner/Otto/Heinze/*Klingsch* § 11 Rn. 11.

6 Dafür allerdings Renner/Otto/Heinze/*Klingsch* § 11 Rn. 11.

der Verzögerung verbundenen Gefahren zu rechtfertigen bzw. auszugleichen ist.[7]

8 **3. Inhalt/Gegenstand des Zurückbehaltungsrechts. Zurückbehaltungsrecht** besteht **nur in Bezug auf die Kosten** (§ 1 Abs. 1: Gebühren und Auslagen), die in **dieser Angelegenheit** entstanden (und fällig)[8] sind und nur **bezüglich der in S. 1 genannten Dokumente**, mithin weder in Bezug auf die notarielle Tätigkeit im Ganzen noch auf einzelne Vollzugs- oder Betreuungstätigkeiten. Der **Begriff Angelegenheit** ist **weiter** als der des **Beurkundungsgegenstandes** (§ 86 Abs. 1) und kann selbst über den Begriff des Verfahrens (§ 35 Abs. 1) hinausgehen; daher können auch **mehrere Urkunden noch dieselbe Angelegenheit** sein, solange sie eine **Konnexität** zueinander haben.[9] Geht man vom gleichzeitig erteilten Auftrag als Rahmen der Angelegenheit aus, können sogar der in **verschiedenen Terminen beurkundete Kaufvertrag und die Grundschuld** noch dieselbe Angelegenheit sein.[10] Vorschrift gilt sowohl für Dokumente, die aus Anlass des Geschäfts **eingereicht** als auch solche, die aus Anlass des Geschäfts **erst angefertigt** wurden.[11] Es kommt nicht darauf an, für wen die Dokumente bestimmt sind, so dass das Zurückbehaltungsrecht auch zB bei Grundschuldbriefen oder vollstreckbaren Ausfertigungen besteht, die **Dritten antragsgemäß zu übermitteln** sind;[12] anders nur, wenn der **Dritte einen eigenen Anspruch** hat.[13]

9 **Einschränkungen** bestehen jedoch, sobald notarielle Tätigkeiten **von Amts wegen durchzuführen** sind oder **spezielle Vorschriften der Norm des § 11** vorgehen. Unter ersteres fallen typischerweise die Ablieferung von Verfügungen von Todes wegen zur besonderen amtlichen Verwahrung (34 Abs. 1 S. 4 BeurkG), die Mitteilungspflichten an die das Zentrale Testamentsregister führende Registerbehörde (34a Abs. 1 BeurkG) und den Gutachterausschuss (§ 195 BauGB), aber auch steuerrechtliche Meldepflichten nach GrEStG (ua § 18 GrEStG) und EStDV.[14] Eine Vorschrift, die § 11 vorgeht, ist § 51 InsO, so dass das Zurückbehaltungsrecht im Fall der Insolvenz nicht besteht.[15] Liegen die Voraussetzungen des § 215 BGB vor, hindert sogar die Verjährung der Kostenforderung die Ausübung des Zurückbehaltungsrechts nicht.[16]

10 **4. Unzulässigkeit eines „verlängerten" Zurückbehaltungsrechts.** Das betrifft die in der notariellen Praxis anzutreffende Problematik, **inwieweit der beglaubigende Notar dem Vollzugsnotar des Kaufvertrags einen Treuhandauftrag erteilen darf**, wonach das Gebrauchmachen von der (Verwalter-)Zustimmung oder auch anderen Urkunden (Erklärungen Dritter, bspw. Lastenfreistellungserklärungen) von der Begleichung bzw. Sicherstellung der (Beglaubigungs-)kosten abhängig ist **(sog. verlängertes Zurückbehaltungsrecht)**.

11 Aus der **Sicht des Vollzugsnotars** ist die Situation seit Geltung des GNotKG klar: Für ihn gilt die Einreichungspflicht des § 53 BeurkG, die nach § 11 S. 2 Vorrang vor dem Zurückbehaltungsrecht hat.[17] Trotzdem darf er über eine von

7 AA Renner/Otto/Heinze/*Klingsch* § 11 Rn. 11 und BeckOK KostR/*Becker* GNotKG § 11 Rn. 18.2.
8 *Zivier* KostO § 11 Rn. 11; Korintenberg/*Klüsener* GNotKG § 11 Rn. 18; aA Rohs/Wedewer/*Waldner* GNotKG § 11 Rn. 3.
9 Renner/Otto/Heinze/*Klingsch* § 11 Rn. 6.
10 So Korintenberg/*Klüsener* GNotKG § 11 Rn. 27.
11 Korintenberg/*Klüsener* GNotKG § 11 Rn. 8, 9.
12 Korintenberg/*Klüsener* GNotKG § 11 Rn. 10.
13 Korintenberg/*Klüsener* GNotKG § 11 Rn. 20.
14 Vgl. Renner/Otto/Heinze/*Klingsch*, § 11 Rn. 13.
15 BGH NJW 2002, 2313.
16 Renner/Otto/Heinze/*Klingsch*, § 11 Rn. 8.
17 BGH MittBayNot 2015, 166.

einem Kollegen mit **Treuhandauflage** erhaltene (Verwalter-)Zustimmung nicht hinwegsehen, sondern sollte den Kollegen unter Zurückweisung um Rücknahme der Auflage bitten; über die – ebenso unzulässige – bloße **Bitte um Zahlungsvermittlung** darf sich grds. hinweggesetzt werden.[18]

Umstritten ist die Situation aus **Sicht des beglaubigenden Notars**: Ein **Zurückbehaltungsrecht des beglaubigenden Notars** nach § 11 dürfte nach hier vertretener **Auffassung im Grundsatz sogar bestehen – sowohl im Verhältnis zum Dritten (bspw. Verwalter) als auch zum beglaubigenden Notar sowie den Kaufvertragsparteien**: Zwar ist grds. alleiniger Kostenschuldner der Beglaubigungsgebühren der Auftraggeber der Beglaubigung (§ 29 Nr. 1) und damit der WEG-Verwalter (bzw. die durch ihn vertretene WEG); dieser handelt regelmäßig weder als Vertreter noch haften die Kaufvertragsparteien nach § 29 Nr. 2 oder § 30 Abs. 3, ebenso wenig der Vollzugsnotar nach § 29 Nr. 1, → § 29 Rn. 19.[19] Den Kaufvertragsbeteiligten als Dritten steht jedoch kein originärer, sondern nur ein ableitbarer Herausgabeanspruch zu (vgl. § 51 Abs. 2 BeurkG), so dass § 11 S. 1 Anwendung findet; § 53 BeurkG (und damit der Vorrang nach § 11 S. 2) gilt bei Beglaubigungen von Fremdentwürfen hingegen nicht (analog).[20] **Bedenklich an diesem Ergebnis** erscheint jedoch, dass auf diese Weise das Zurückbehaltungsrecht dazu führt, dass eine reine Kostentragungsregelung im Innenverhältnis (Erwerber trägt Kosten) Außenwirkung entfaltet und Dritte anstelle des unmittelbaren Kostenschuldners damit zur Kostenbegleichung veranlasst werden.[21] 12

Aus der – hier vertretenen – Zulässigkeit eines Zurückbehaltungsrechts folgt hingegen nicht – auch nicht iSe Erst-recht-Schlusses – die Zulässigkeit einer **Übersendung unter Treuhandauflage an den Vollzugsnotar**. Verzichtet der beglaubigende Notar (konkludent) durch Übersendung der Zustimmung an den Vollzugsnotar auf dieses Zurückbehaltungsrecht, erstreckt sich der nach § 11 S. 2 bestehende Vorrang der Einreichungspflicht – als gesetzgeberischer Gedanke – auch auf diesen Vorgang und führt damit zur **Unzulässigkeit der Treuhandauflage des beglaubigenden Notars** gegenüber seinem Kollegen.[22] Bringen derartige Treuhandauflagen den Notarkollegen nicht nur in einen Konflikt zwischen Einreichungspflicht und Erfüllung der Auflage, verstoßen sie auch **gegen Standes- und Berufsrecht (insbes. Gegen § 14 Abs. 3 S. 2 BNotO)** – und erfüllen streng dogmatisch, mit Ausnahme bei bloßer Bitte um Zahlungsvermittlung – sogar den Kostentatbestand der Betreuungsgebühr des KV Nr. 22201.[23] 13

18 BNotK Rundschreiben RS 9/2018, 7.

19 Vgl. zur KostO *Schneider/Karsten* RNotZ 2011, 238; dazu auch BNotK Rundschreiben RS 04/2020 v. 4.12.2020: anders nur im selten vorliegenden Fall einer ausdrücklichen und eindeutigen Übernahmeerklärung iSd § 29 GNotKG zur Beschleunigung der Abwicklung auf Initiative des beurkundenden Notars oder der Vertragsparteien.

20 So grds. auch Renner/Otto/Heinze/*Klingsch* § 11 Rn. 10; Bormann/Diehn/Sommerfeldt/*Diehn* § 11 Rn. 4, 7; für ein Zurückbehaltungsrecht des beglaubigenden Notars auch *Weber* Kölner Formularbuch WEG-Recht IV Rn. 252.

21 Ausführlich Korintenberg/*Tiedtke* KV 22201 Rn. 4a, vor allem in den Fällen, in denen es um etwaige über den Gebührenanspruch des beglaubigenden Notars hinausgehende Ansprüche (zB Gebühr des Verwalters bei Wohnungsverkauf/Verwaltervergütung) geht.

22 Im Ergebnis auch BNotK Rundschreiben RS 04/2020 unter Verweis auf RS 09/2018 vom 9.11.2018, S. 7; Rundschreiben der Notarkammer BW 2/2015, S. 5 und BeckOK KostR/*Becker* § 11 Rn. 19; zweifelnd, wohl aA Korintenberg/*Tiedtke* KV 22201 Rn. 4c; Renner/Otto/Heinze/*Klingsch* § 11 Rn. 10; *Wochner* ZNotP 1998, 489.

23 Vgl. Korintenberg/*Tiedtke* KV 22201 Rn. 4g.

Schließlich sollte nicht alleine aus der **Zulässigkeit eines Kostenvorschusses** in derartigen Fällen im Sinne eines Erst-recht-Schlusses bzw. als milderes Mittel die Zulässigkeit einer Treuhandauflage (oder eines Zurückbehaltungsrechts) gefolgert werden. Ebensowenig lässt sich die Zulässigkeit der Treuhandauflage daraus herleiten, dass schlussendlich „sowieso" materiellrechtlich der Käufer diese Kosten trägt, noch, dass das Zurückbehaltungsrecht durch Anweisung des Kostenschuldners nach § 51 Abs. 2 BeurkG, die Urkunden an Dritte zu senden, umgangen werden könne. Ersteres bezieht sich rein auf das Innenverhältnis und letzteres besteht bei einem bloß abgeleiteten Anspruch nach hier vertretener Auffassung auch gegenüber Dritten.[24] Auch nach Ansicht der Bundesnotarkammer ist die Frage der **materiellrechtlichen Kostentragung** von der **öffentlich-rechtlichen Kostenschuldnerschaft nach GNotKG streng zu trennen.**[25]

14 **5. Zurückbehaltung nach billigem Ermessen.** Ob und wie der Notar das Zurückbehaltungsrecht ausübt, steht in seinem **billigen, dh pflichtgemäßem Ermessen** – und muss die Interessen der Beteiligten angemessen berücksichtigen.[26] Liegt einer der **Fälle** des **§ 16** oder auch des **§ 17 Abs. 2 BNotO** vor oder hat der Notar auf sein Zurückbehaltungsrecht verzichtet, dürfte **Ermessen auf Null reduziert** und eine Zurückbehaltung damit grds. nicht zulässig sein.[27] Bei der **Interessensabwägung** zu berücksichtigen ist aber auch die Möglichkeit des Notars, sich für seine Kosten selbst einen Vollstreckungstitel zu beschaffen; ebenso, wenn der Eingang der Kosten mit Sicherheit zu erwarten ist, **anders als noch** in **§ 10 Abs. 2 Nr. 1 KostO**, der dann kein Ermessen vorsah. Auf der anderen Seite ist der Umstand zu berücksichtigen, dass die Beteiligten die Zurückbehaltung durch Zahlung jederzeit verhindern können.[28] **Keinen (bedeutenden) Einfluss auf die Ermessensausübung** dürfte nach hier vertretener Auffassung das **Verbot der Gebührenvereinbarung** (§ 125) sowie die **Gebührenerhebungspflicht** (§ 17 BNotO) haben; die Nichtausübung des Zurückbehaltungsrechts stellt keinen Verstoß gegen § 125 dar, da es sich dabei nicht um einen Gebührenverzicht an sich handelt.

III. Vorschuss, § 15 und Ausnahmen, § 16

15 **1. Allgemeines.** Vorschrift gibt dem Notar nicht nur die **Möglichkeit**, die Tätigkeit von der Zahlung eines Vorschusses **abhängig zu machen**, **sondern a majore ad minus auch einen Vorschuss zu fordern.**[29]

16 **Vorschuss kommt**, anders als angenommen, **in Notarpraxis häufig** vor, da meistens unmittelbar nach Beurkundung gemeinsam abgerechnet wird, obwohl Vollzugs- und Betreuungstätigkeiten noch nicht beendet und damit noch nicht

24 Vgl. BNotK Rundschreiben RS 9/2018 v. 9.11.2018, 7.

25 BNotK Rundschreiben RS 04/2020 v. 4.12.2020.

26 BeckOK KostR/*Becker* § 11 Rn. 16.

27 Str. ob § 16 direkt anwendbar ist oder nur iRd Ermessensausübung, wobei im Ergebnis gleich; vgl. zum früheren § 10 Abs. 2 KostO Renner/Otto/Heinze/*Klingsch* § 11 Rn. 14.

28 Vgl. dazu *Schwarz*, Die Zurückbehaltung von Urkundsabschriften und Unterlagen gemäß § 10 KostO (zur Vorgängervorschrift des § 10 KostO), MittBayNot 2004, 157.

29 Korintenberg/*Hey'l* § 15 Rn. 1; Renner/Otto/Heinze/*Klingsch*, § 15 Rn. 2; Bormann/Diehn/Sommerfeldt/*Diehn* § 15 Rn. 1.1.

fällig iSd §§ 10, 96 sind.[30] Inwieweit von dieser Praxis, die der Vermeidung mehrerer Rechnungen dient, bei sich ändernden **Umsatzsteuersätzen** abgewichen wird, wird sich zeigen. Da es für den relevanten Umsatzsteuersatz grds. entscheidend ist, wann der Notar seine Leistung erbracht bzw. vollendet hat (nicht Zeitpunkt der Rechnungsstellung, vgl. §§ 10, 13, 16 sowie Übergangsvorschrift des § 27 UStG) werden teilweise, bspw. in Fällen mit Vollzugs- bzw. Betreuungsgebühren, (mindestens) **zwei getrennte Kostenrechnungen** empfohlen.[31] Dem ist nach hier vertretener Auffassung **nicht zu folgen**. Da für Frage des anwendbaren Steuersatzes der **Zeitpunkt der Ausführung/Vollendung (nur) der notariellen Hauptleistung entscheidend** ist, kommt es allein auf das **Datum der Beurkundung** an; **Vollzugs- und Betreuungsgebühren sind typische Nebenleistungen (nebensächlich zur Hauptleistung und mit ihr eng zusammenhägend)**, die umsatzsteuerrechtlich das Schicksal der Hauptleistung teilen.[32] Mit Ausnahme dieser vorgenannten Fälle wird in der notariellen Praxis hingegen von der Vorschussmöglichkeit selten Gebrauch gemacht.

Möglichkeit der **Abhängigmachung der Tätigkeit vom Vorschuss** ist im Vergleich zum Zurückbehaltungsrecht das **umfassendere und praxistauglichere Sicherungsmittel** und zeigt, dass auch Urkundsgewährungspflicht des § 15 Abs. 1 BNotO als bedeutende Amtspflicht Einschränkungen unterliegt. 17

2. Weiter Anwendungsbereich. Notar kann (**„pflichtgemäßes Ermessen“**), muss aber nicht, einen Vorschuss verlangen bzw. seine Tätigkeit von einem Vorschuss abhängig machen. In der Art und Weise der Einforderung ist der Notar weitgehend frei. 18

In zeitlicher Hinsicht kann der Vorschuss grds. **immer und zu jeder Zeit (von der Entstehung bis zur Fälligkeit der Gebühr; danach nicht mehr)** verlangt werden, bspw. falls er erst im Verlauf von der unzuverlässigen Zahlungsmoral oder dem ausländischen Wohnsitz des Beteiligten erfährt.[33] Vorschuss kann nach einhelliger Ansicht selbst in den **Fällen des § 16** verlangt werden, da ausdrücklicher Wortlaut nur die Abhängigmachung verbietet.[34] **Empfehlenswert** dürfte jedoch sein, in den dort abschließend genannten Ausnahmefällen **regelmäßig auf einen Vorschuss zu verzichten**, da auch ohne ausdrückliche Abhängigmachung schutzwürdiger Schuldner zur Zahlung des Vorschusses im Fall des Anforderns verpflichtet ist, obwohl besonders im häufigen Fall der Nr. 1 des § 16 für den Notar in derartigen Fällen weit überwiegend **kein Zahlungsausfallrisiko** besteht. **Nichterhebung eines Vorschusses** stellt gegenüber weiteren Kostenschuldnern insoweit **keine Amtspflichtverletzung** iSd § 19 BNotO dar,[35] wobei im Fall einer – dem Notar bekannten – schlechten Vermögenslage bzw. drohenden Zahlungsunfähigkeit desjenigen, der im Innenverhältnis die Kosten zu tragen 19

---

30 Renner/Otto/Heinze/*Klingsch* § 15 Rn. 1; Bormann/Diehn/Sommerfeldt/*Diehn* § 15 Rn. 1; Fälligkeitszeitpunkt bei mehreren Vollzugs- und Betreuungstätigkeiten ist umstritten: für Fälligkeit bereits nach vollständiger Erledigung der ersten Tätigkeit: Bormann/Diehn/Sommerfeldt/*Diehn* § 10 Rn. 25; Korintenberg/*Hey'l* § 10 Rn. 6; für Fälligkeit erst nach Abschluss der letzten Tätigkeit: Renner/Otto/Heinze/*Klingsch* § 10 Rn. 7; Notarkasse, Streifzug, Rn. 1114.

31 So *Elsing* notarbüro 2020, 72.

32 So BeckOK KostR/*Berger* KV 32014 Rn. 4a; Bormann/Diehn/Sommerfeldt/*Diehn* KV 32014 Rn. 3a; vgl. *Wudy* notar 2021, 235 (239); LG Gera 30.11.2020 – 6 OH 36/18.

33 Dazu auch OLG Düsseldorf 6.2.2018 – NJOZ 2018, 1183; Korintenberg/*Hey'l* § 15 Rn. 3.

34 Bormann/Diehn/Sommerfeldt/*Diehn* § 16 Rn. 2; Korintenberg/*Hey'l* § 16 Rn. 1.

35 Renner/Otto/Heinze*Klingsch* § 15 Rn. 9; OLG Hamm – 15 W 319/03, NotBZ 2005, 114 (zu § 8 KostO).

hat, dann, insbes. mit Blick auf § 21, bei mehreren Kostenschuldnern ausnahmsweise über die gesamtschuldnerische Kostenhaftung **belehrt** werden sollte (vgl. zur erweiterten Belehrungspflicht nach § 14 Abs. 1 S. 2 BNotO analog, → § 21 Rn. 24.[36]

20 Vorschuss kann für die **gesamte Tätigkeit (Verfahren und Geschäfte)** verlangt werden und ist für **sämtliche Kosten** (§ 1: Gebühren und Auslagen) möglich; ebenso ist eine **Vorschussnachforderung** zulässig.[37] Notar kann auch geringeren Vorschuss als die voraussichtlich entstehenden Kosten anfordern. Vorschrift kennt auch **keine Bagatellgrenze**, unter der das Verlangen eines Kostenvorschusses unverhältnismäßig wäre, so dass Notar die Höhe im Rahmen des pflichtgemäßen Ermessens bestimmen kann. Nach einer Entscheidung des **OLG München**[38] kann die beantragte Eintragung im Grundbuch auch bei geringen Beträgen (hier: 16,50 EUR) von der Leistung eines Vorschusses abhängig gemacht werden; diese Entscheidung bezieht sich auf den Gerichtskostenvorschuss, kann aber – da für Notarkostenvorschuss ein großzügigerer Maßstab gilt – insoweit nach hier vertretener Auffassung bei Notarkosten erst recht herangezogen werden. Überschüsse sind vom Notar zurückzuzahlen.

21 **Einschränkungen bzw. Anwendungsvoraussetzungen** bestehen dahin gehend, dass zum einen ein **Auftrag** für das jeweilige Geschäft bereits vorliegen muss, so dass in der Kostenrechnung des Kaufvertrags für die erst später beurkundete Auflassung kein Kostenvorschuss verlangt werden kann;[39] zum anderen kann ein Vorschuss **nur gegen Kostenschuldner nach §§ 29 ff.** geltend gemacht werden, was dazu führt, dass zwar ein Vorschuss für die Treuhandgebühr (§ 113 Abs. 2) schon eingefordert werden kann, bevor der genaue Ablösebetrag endgültig feststeht, dann aber zu diesem Zeitpunkt noch nicht vom Gläubiger, der mangels Auftrags noch kein Kostenschuldner nach § 29 Nr. 1 ist. Zudem darf für die **Abhängigmachung der Kosten** von einem Vorschuss **kein Ausschlussgrund nach § 16** vorliegen,[40] wobei in der Praxis vor allem **§ 16 Nr. 1 bzw. § 17 Abs. 2 BNotO** vorkommen; Gebührenfreiheit nach **§ 16 Nr. 2** liegt bspw. im Fall des § 64 Abs. 2 S. 3 SGB X vor. Die Auffangklausel des § 16 Nr. 5 gibt dem Notar die nötige Flexibilität, um auf Einzelfälle zu reagieren.[41] Zudem muss **Einforderung des Vorschusses durch Rechnung** erfolgen, die den **Anforderungen des § 19** entspricht.[42] Dass es sich bei Teil der Kosten um einen Vorschuss handelt, muss aus der Rechnung dabei nicht hervorgehen.[43] Die Abhängigmachung der notariellen Tätigkeit hingegen, dh Versagung des beantragten Geschäfts bzw. Nicht(weiter)betreiben des Verfahrens bis Vorschusszahlung erfolgt, muss aus Kostenrechnung oder Schreiben klar ersichtlich sein.[44]

36 Vgl. Rohs/Wedewer/*Waldner* § 21 Rn. 38; KG 21.10.2011 – 9 W 195/10, DNotZ 2012, 290; vgl. dazu auch § 21 Rn. 24, wobei die bloße Nichterhebung eines Vorschusses keine unrichtige Sachbehandlung darstellt.
37 Korintenberg/*Hey'l* § 15 Rn. 10; evtl. Bormann/Diehn/Sommerfeldt/*Diehn* § 15 Rn. 1.
38 OLG München 2.1.2020 – 34 Wx 516/19, FGPrax. 2020, 96.
39 Korintenberg/*Hey'l* § 15 Rn. 5; Renner/Otto/Heinze/*Klingsch* § 15 Rn. 3.
40 Korintenberg/*Hey'l* § 15 Rn. 4.
41 Renner/Otto/Heinze/*Klingsch* § 16 Rn. 9.
42 Korintenberg/*Hey'l* § 15 Rn. 8; Verweis auf § 19.
43 Rohs/Wedewer/*Waldner* § 15 Rn. 6; *Diehn* Notarkostenberechnungen Rn. 50.
44 Korintenberg/*Hey'l* § 15 Rn. 3, 8.

Abschnitt 4 Kostenerhebung

§ 19 Einforderung der Notarkosten

(1) [1]Die Notarkosten dürfen nur aufgrund einer dem Kostenschuldner mitgeteilten, von dem Notar unterschriebenen Berechnung eingefordert werden. [2]Der Lauf der Verjährungsfrist ist nicht von der Mitteilung der Berechnung abhängig.

(2) Die Berechnung muss enthalten

1. eine Bezeichnung des Verfahrens oder Geschäfts,

2. die angewandten Nummern des Kostenverzeichnisses,

3. den Geschäftswert bei Gebühren, die nach dem Geschäftswert berechnet sind,

4. die Beträge der einzelnen Gebühren und Auslagen, wobei bei den jeweiligen Dokumentenpauschalen (Nummern 32000 bis 32003) und bei den Entgelten für Post- und Telekommunikationsdienstleistungen (Nummer 32004) die Angabe des Gesamtbetrags genügt, und

5. die gezahlten Vorschüsse.

(3) Die Berechnung soll enthalten

1. eine kurze Bezeichnung des jeweiligen Gebührentatbestands und der Auslagen,

2. die Wertvorschriften der §§ 36, 40 bis 54, 97 bis 108, 112 bis 124, aus denen sich der Geschäftswert für die jeweilige Gebühr ergibt, und

3. die Werte der einzelnen Gegenstände, wenn sich der Geschäftswert aus der Summe der Werte mehrerer Verfahrensgegenstände ergibt (§ 35 Absatz 1).

(4) Eine Berechnung ist nur unwirksam, wenn sie nicht den Vorschriften der Absätze 1 und 2 entspricht.

(5) Wird eine Berechnung durch gerichtliche Entscheidung aufgehoben, weil sie nicht den Vorschriften des Absatzes 3 entspricht, bleibt ein bereits eingetretener Neubeginn der Verjährung unberührt.

(6) Der Notar hat eine Kopie oder einen Ausdruck der Berechnung zu seinen Akten zu nehmen oder die Berechnung elektronisch aufzubewahren.

[§ 19 Abs. 1 ab 1.8.2022:]

(1) [1]Die Notarkosten dürfen nur aufgrund einer dem Kostenschuldner mitgeteilten, von dem Notar unterschriebenen oder mit seiner qualifizierten elektronischen Signatur versehenen Berechnung eingefordert werden. [2]Der Lauf der Verjährungsfrist ist nicht von der Mitteilung der Berechnung abhängig.

I. Allgemeines

1 Die Vorschrift nennt detailliert sämtliche **Voraussetzungen der notariellen Kostenrechnung** und wird so dem **Transparenzgebot** gerecht, wodurch Kostenschuldner die Prüfung der entstandenen Kosten erleichtert und zugleich dem Umstand Rechnung getragen wird, dass sich der Notar selbst eine Vollstreckungsklausel zur Zwangsvollstreckung erteilen darf (§ 89 GNotKG).[1] Neben Voraussetzungen in **Abs. 1** enthalten **Abs. 2 Muss- und Abs. 3 Sollvorschriften** den Inhalt von Kostenrechnungen betreffend. Da **kostenrechtliches Zitiergebot** jedoch im gesamten Umfang **zu beachtende Amtspflicht des Notars** ist (vgl. § 17 Abs. 1 S. 1 BNotO), sollten auch bloße Sollvorschriften des Abs. 3 unbedingt eingehalten werden, auch wenn deren Außerachtlassen die Kostenrechnung – anders als die Mussvorschriften der Abs. 1 und 2 (vgl. Abs. 4) – nicht unwirksam, sondern nur aufhebbar werden lässt (vgl. Abs. 5).[2] Notarsoftware erleichtert insoweit **automatische Erstellung der Kostenrechnung**, so dass sich Zeitaufwand weit überwiegend, auch durch beschränkte Anzahl an – ohne Absätze und Sätze – zitierpflichtigen Vorschriften, noch in Grenzen hält.[3]

2 Die zutreffende Feststellung von *Diehn*, dass Beanstandungen der Dienstaufsicht regelmäßig erst bei wiederholten oder groben Verstößen erfolgen, sollte nicht dazu verleiten, nur die Muss-Vorschriften ernst zu nehmen.[4] Diese Praxis der Dienstaufsicht wird dabei vor allem der Komplexität des Kostenrechts gerecht.

II. Vorgaben und Empfehlungen für notarielle Kostenrechnungen

3 Ziel einer **praxistauglichen Empfehlung** sollte sein, unter Einhaltung der gesetzgeberischen Vorgaben des § 19 und Vermeidung einer überladenen, zu detaillierten und zeitaufwändigen Darstellung eine für den Kostenschuldner **übersichtliche und transparente Kostenrechnung** zu erstellen – nicht zuletzt, um für den Notar Rechtssicherheit zu schaffen und die missbräuchliche Berufung auf eine Verletzung des Zitiergebots zu vermeiden.[5]

4 **1. Zwingend vorgeschriebene Anforderungen (Abs. 1) bzw. Mussvorschriften (Abs. 2).** Neben der nach **§ 7a GNotKG** erforderlichen **Rechtsbehelfsbelehrung und den umsatzsteuerrechtlichen Vorgaben des § 14 UStG (ua Ausstellungsdatum)**, die beide bei Fehlen bzw. Nichtbeachtung die Kostenberechnung mangels Verstoßes gegen das Zitiergebot des § 19 jedoch nicht unwirksam machen, wird im Rahmen der **zwingend einzuhaltenden Anforderungen des Abs. 1 eine vom Notar unterschriebene, dem Kostenschuldner – in Papierform als einfacher Brief**[6] (es genügen nach neuerer Rechtsprechung, selbst bei ausdrücklichem Wunsch des Kostenschuldners, **weder Fax noch E-Mail**[7]) **– mitgeteilte Berech-**

1 Vgl. Korintenberg/*Tiedtke* § 19 Rn. 2.
2 Bormann/Diehn/Sommerfeldt/*Neie* GNotKG § 19 Rn. 1.
3 Kritisch dazu *Diehn* Notarkostenberechnungen Rn. 101.
4 Vgl. *Diehn* Notarkostenberechnungen Rn. 107.
5 BT-Drs. 17/11471, 158; Bormann/Diehn/Sommerfeldt/*Neie* § 19 Rn. 23.
6 Bormann/Diehn/Sommerfeldt/*Neie* § 19 Rn. 10; Korintenberg/Tiedtke § 19 Rn. 20; kritisch dazu Rohs/Wedewer/*Wudy* GNotKG § 19 Rn. 42, wonach bei Einverständnis des Kostenschuldners auch eine mit elektr. Signatur versehene elektr. Übermittlung (Voraussetzungen des § 126a BGB) möglich ist, ebenso aA Dörndorfer/Wendtland/Gerlach/Diehn/*Richter/Szalai* § 19 Rn. 7, wonach Zugang des unterschriebenen Originals nicht zwingend ist und Mitteilung durch Scan per Mail ausreicht.
7 So LG Bremen 19.08.2020 – 4 T 396/19, wobei sich das Unterschriftserfordernis nicht auf die zu den Akten genommene Kopie erstreckt, Bormann/Diehn/Sommerfeldt/*Neie* § 19 Rn. 14a.

nung verlangt. Daran ändern auch der in Umsetzung der **Richtlinie 2014/55/EU** über die **elektronische Rechnungsstellung** bei öffentlichen Aufträgen ergangene **§ 3 Abs. 1 der E-Rechnungsverordnung** (ERechV) bzw. die entsprechenden landesrechtlichen Verordnungen nichts, da Notare nach Auffassung der Bundesnotarkammer **weder in den Anwendungsbereich der Regelungen fallen, noch Rechnungssteller iSd Verordung** sind.[8] Daher sind Notare auch nach Inkrafttreten des § 3 Abs. 1 ERechV am 27.11.2020 **weder verpflichtet noch berechtigt**, Rechnungen ausschließlich in elektronischer Form, selbst mit elektronischer Signatur, auszustellen bzw. zu übermitteln. Insoweit sieht der **Entwurf des Gesetzes zur Umsetzung der Digitalisierungsrichtlinie (DiRUG)**, über den der Bundestag am 10.6.2021 abschließend beschlossen hat, jedoch eine **Änderung** dahin gehend vor, dass die Kostenrechnung **künftig auch mit einer qualifizierten elektronischen Signatur** versehen werden kann, vgl. Art. 10 Nr. 2 DiRUG-E.[9]

Für jedes Amtsgeschäft ist eine **separate**, den Anforderungen des § 19 genügende, **Berechnung** zu erstellen. Der **Begriff Amtsgeschäft** ist dabei weiter als der des (Beurkundungs-)Gegenstandes, jedoch enger als der einer Angelegenheit iSd § 11, was dazu führt, dass Vollzugs- und Betreuungsgebühren mit dem Kaufvertrag eine Berechnung ergeben können, nicht jedoch die dazugehörige Grundschuld. **Mehrere Amtsgeschäfte** können zwar als separate Kostenrechnungen in einem Dokument zusammengefasst werden, nicht hingegen als eine Gesamtrechnung.[10] Umkehrschluss aus Abs. 6 verdeutlicht, dass vom **Notar eigenhändig unterschriebenes Original** der **Rechnung (in Papierform)** an Schuldner geht[11] und – nicht notwendig unterzeichnete – Kopie bzw. Ausdruck beim Notar verbleibt, wobei die Aufbewahrung in der Nebenakte oder elektronische Speicherung (bspw. als Berechnung in Notarsoftware) ausreicht und eine solche in der Urkundensammlung nicht erforderlich ist. 5

Unterschrift muss Berechnung räumlich abschließen;[12] **detaillierte Aufschlüsselung der Auslagen sowie Rechtsbehelfsbelehrung** darunter ist jedoch möglich,[13] ebenso genügt (wenn auch dienstrechtlich nicht zu empfehlen) für die Wirksamkeit nach umstr. Ansicht die Unterzeichnung (nur) der zwingenden (Mindest-)Anforderungen gem. § 19 Abs. 2;[14] nicht ausreichend ist hingegen die Unterzeichnung nur eines Begleitschreibens mit dem Gesamtbetrag.[15] **Gemeinsame Kostenrechnungen von Notarsozietäten und Bürogemeinschaften sind grds.** unzulässig, wobei bei Verwendung einer gemeinsamen Kopfleiste die **hervorgehobene Unterschrift des abrechnenden Notars** als alleinigem Kostengläubiger mit 6

---

8 BNotK, Rundschreiben Nr. 2/2020 v. 5.11.2020, Keine Pflicht zur elektronischen Ausstellung und Übermittlung der notariellen Kostenberechnung durch nationale Umsetzung der RiLi 2014/55/EU vom 16.4.2014 über die elektr. Rechnungsstellung bei öff. Aufträgen, insbes. nach der VO über die elektr. Rechnungsstellung im öff. Auftragswesen des Bundes (E-Rechnungsverordnung – ERechV) und nach entsprechenden landesrechtlichen Vorschriften.

9 BT-Drs. 19/28177, S. 30 v. 31.3.2021, geplantes Inkrafttreten des Gesetzes ist der 1.8.2022, vgl. Art. Art. 31 Abs. 1 DiRUG-E; dazu auch *Wudy* notar 2021, 235, 239.

10 Bormann/Diehn/Sommerfeldt/*Neie* § 19 Rn. 4; Renner/Otto/Heinze/*Klingsch* § 19 Rn. 2.

11 Faksimile oder Handzeichen reichen gerade nicht aus, Bormann/Diehn/Sommerfeldt/*Neie* § 19 Rn. 12.

12 Bormann/Diehn/Sommerfeldt/*Neie* § 19 Rn. 13; LG Münster 3.6.2020 – 5 OH 22/19.

13 AA Renner/Otto/Heinze/*Seifert*, § 7a Rn. 14.

14 LG Münster 3.6.2020 – 5 OH 22/19; a.A. Wudy notar 2021, 235 (239).

15 Korintenberg/*Tiedtke* § 19 Rn. 22 mwN.

Namensvordruck (zur Vermeidung einer Irreführung) den Anforderungen des § 19 genügen dürfte, auch im Hinblick auf die Erteilung einer Vollstreckungsklausel nur durch den Kostengläubiger selbst.[16] Teilweise wird noch der klarstellende Satz „**Kostengläubiger ist allein Notar B**“ empfohlen, wobei das nach hier vertretener Auffassung dann nicht notwendig ist.[17] Unterschreibt ein amtlich bestellter Vertreter (zB auch der als Vertreter bestellte Sozius) ist Klarstellung empfehlenswert, dass keine Mitberechtigung besteht, dh dass nur der die **Tätigkeit ausführende Notar Kostengläubiger** ist; der Vertreter muss diese Eigenschaft bei der Unterschrift zum Ausdruck bringen.[18] **Weder Notarangestellte** noch, nach umstr. Ansicht, der **Sozius** (ohne Vertreter zu sein), können die **Rechnung unterzeichnen**;[19] diese insoweit **restriktive Auslegung der KV Vorb. 2 Abs. 1** („derselbe Notar“) ergibt sich sowohl aus der Stellung der Norm im KV Notargebühren, der hinreichenden Bestimmtheit von Vollstreckungstiteln, als auch dem Sinn und Zweck, der in der Vermeidung eines Kostennachteils für den Schuldner liegt; Auswirkungen auf die Kostengläubigerschaft bestehen gerade nicht.[20] Aber selbst bei anderer Auffassung und ohne Beanstandung durch die Dienstaufsicht dürfte sich im Hinblick auf die drohende Rechtsfolge der Unwirksamkeit der Rechnung nach Abs. 4 eine Unterzeichnung nur durch den Sozius nicht empfehlen.

7 In Anspruch genommen werden können sämtliche **Kostenschuldner nach §§ 29 ff., mehrere Gesamtschuldner beliebig**, wobei sich in der Praxis regelmäßig an die Kostenverteilung im Innenverhältnis gehalten wird. Transparenz der Berechnung erfordert **eindeutige Erkennbarkeit des jeweils in Anspruch Genommenen** sowie **dessen Umfang bzw. Kostenanteil**; daher ist „Erbengemeinschaft nach Lisa Schmidt“ gerade nicht ausreichend.[21] Bei Gesamtschuldnern sollte nur dann auf Angabe des Umfangs verzichtet werden, wenn es sich um offensichtliche Gesamtschuldner kraft Gesetzes (§§ 30, 32), wie zB Ehegatten, handelt.[22] Der teilweise vorgeschlagene Hinweis auf die weitergehende Haftung iRd Gesamtschuldnerschaft (§ 32) bei Inanspruchnahme auf einen Teilbetrag ist nach hier vertretener Auffassung entbehrlich.[23]

8 **Inhaltlich zwingend (Abs. 2)** ist die **konkrete („schlagwortartige, aber unverwechselbare“)**[24] **Bezeichnung des Verfahrens oder Geschäfts (Nr. 1)**, zB „Schenkungsvertrag“ oder „Testament“, so dass abstrakte Nennungen wie „Vertrag“, aber auch die bloße Nennung der Paragrafenüberschrift nicht ausreichen.[25] Wortlautauslegung des **Abs. 2 Nr. 2 (angewandte Nummern des Kostenverzeichnisses)** lässt **Zitierung des Grundtatbestandes** bei davon abweichenden Gebührenhöhen zwar offen, Sinn und Zweck, ua Unverwechselbarkeit sowie Transparenz führt jedoch dazu, dass dieser in diesen Fällen mitzuzitieren ist, zB bei KV Nr. 22112 („kleine Vollzugsgebühr), da Grundtatbestand der Vollzugs-

16 Vgl. dazu auch Renner/Otto/Heinze/*Klingsch* § 19 Rn. 3, der zusätzliche Klarstellung auf Rechnung fordert; Korintenberg/*Tiedtke* § 19 Rn. 18; Rohs/Wedewer/*Wudy* GNotKG § 19 Rn. 80.
17 So aber WürzNotar-HdB/*Mayer* Teil 1 Rn. 76.
18 Vgl. zu letzterem Korintenberg/*Tiedtke* § 19 Rn. 18, 22.
19 AA *Diehn* Notarkostenberechnungen, Rn. 4 mit Hinweis auf KV Vorb. 2 Abs. 1, wonach GNotKG den Notar und den Sozius kostenrechtlich als eins behandeln würde.
20 Korintenberg/*Tiedtke* Vorb. 2 Rn. 7a; aA *Diehn* Notarkostenberechnungen, Rn. 4.
21 *Krauß* Rn. 5020.
22 Korintenberg/*Tiedtke*§ 19 Rn. 16; Bormann/Diehn/Sommerfeldt/*Neie* § 19 Rn. 18.
23 AA WürzNotar-HdB/*Mayer* Teil 1 Kap. 6, Rn. 105.
24 Renner/Otto/Heinze*Klingsch* § 19 Rn. 13.
25 Bormann/Diehn/Sommerfeldt/*Neie* § 19 Rn. 19.

gebühr (KV Nr. 22110 oder 22111) sonst unklar ist;[26] ebenso bei Beratungs- (KV Nr. 24200) und Entwurfsgebühr (KV Nr. 24100), zB KV Nr. 24200 iVm KV Nr. 21100); anders nur, wenn einziger Grundtatbestand bereits in Vorschrift genannt ist, wie zB KV Nr. 25101 („die Gebühr 25100 beträgt") oder auch KV Nr. 22115 („die Gebühr 22114 beträgt") und Schuldner dadurch sämtliche Informationen hat.[27] Nach **Abs. 2 Nr. 3** ist zwingend der **Gesamtgeschäftswert** anzugeben; notarielle Amtspflicht ist jedoch auch die **Angabe der Einzelwerte** (Abs. 3 Nr. 3). Führen in einer Rechnung verschiedene Geschäftswerte zu unterschiedlichen Gebühren, sind diese zu zitieren, anders wenn der Geschäftswert gleich ist (zB bei Betreuungs- und Vollzugsgebühren im Vergleich zum Kaufvertrag). Nach **Abs. 2 Nr. 4** sind, mit Ausnahme der KV Nr. 32000–32003 und KV Nr. 32004, die Beträge der jeweiligen Gebühren und Auslagen (v.a. für jede Handelsregister- und Grundbucheinsicht) **einzeln zu nennen. Abs. 2 Nr. 5** bezieht sich entsprechend des Wortlauts nur auf schon **gezahlte Vorschüsse** nach § 15, die separat von der eigentlichen Rechnung gefordert und bezahlt wurden und damit gerade nicht auf Vorschüsse, die zusammen mit der bereits fälligen (Beurkundungs-)gebühr gefordert werden. Über den Wortlaut hinaus dürfte Nr. 5 jedoch aus Schuldnerschutz- und Transparenzgründen sämtliche bereits geleistete (Teil-)Zahlungen umfassen.[28]

2. Als notarielle Amtspflichten einzuhaltende Sollvorschriften (Abs. 3). Sollvorschrift des Abs. 3 Nr. 1, der eine **Kurzbezeichnung** des **jeweiligen Gebührentatbestands und der Auslagen** erfordert, aber auch ausreichen lässt, **ergänzt Abs. 2 Nr. 1.** In Kombination mit der konkreten Bezeichnung des Verfahrens oder Geschäfts genügt hier bereits die Wiedergabe des Gesetzeswortlauts (zB Beurkundungsverfahren; Entwurf; Beglaubigung). Zitierung der abschließend in **Abs. 3 Nr. 2** aufgezählten **Wertvorschriften** lässt deren gemeinsame **Nennung** genügen; weder ist Nennung für jeden Gegenstand separat notwendig noch von Mindest- und Höchstwerten, wenn sie im konkreten Fall nicht erreicht werden (sonst schon), noch Details zu einer evtl. durchgeführten Vergleichsberechnung (§ 94) oder zur Vornahme einer Schätzung (§ 95). Nicht vergessen werden sollte jedoch die **Zitierung des § 121 für Beglaubigungen sowie § 119 für Entwürfe**, gefolgt von den weiteren entsprechenden Wertvorschriften (u.a. Bewertungs- sowie Geschäftswertvorschriften) im konkreten Fall. Ebenso ist beim isolierten Ansatz einer Betreuungsgebühr nach § 113 die jeweilige Wertvorschrift nach §§ 97 ff. zu bezeichnen.[29] Bei Vollmachten genügt die Zitierung von § 98, da auf die für Bewertung des Hauptgeschäfts relevanten Vorschriften nicht verwiesen wird.[30] 9

In der **notariellen Praxis uneinheitlich** wird die Zitierung der kostenrechtlichen **generalklauselartigen Vorschrift des § 97** gehandhabt. Obwohl § 97 eine Grundnorm darstellt und in § 19 Abs. 3 Nr. 2 ausdrücklich erwähnt ist, muss § 97 **nicht in sämtlichen Kostenrechnungen standardmäßig** erwähnt werden. **Kein Zitieren** ist bspw. notwendig in Fällen, in denen das GNotKG fiktive **Geschäftswerte** bestimmt (zB § 108 iVm § 105 Abs. 4 Nr. 1: 1 % des eingetragenen 10

26 Bormann/Diehn/Sommerfeldt/*Neie* § 19 Rn. 23.
27 LG Duisburg 28.7.2016 – 11 OH 19/16; LG Düsseldorf Beschl. v. 27.4.2017 – 25 T 187/16; Bormann/Diehn/Sommerfeldt/*Neie* § 19 Rn. 25; zu KV Nr. 22115 *Wudy* notar 2021, 235 (235).
28 Bormann/Diehn/Sommerfeldt/*Neie* § 19 Rn. 32.
29 OLG Hamm 29.1.2016 – I-15 W 279/15, NJOZ 2016, 1540.
30 Bormann/Diehn/Sommerfeldt/*Diehn* § 98 Rn. 4; *Diehn* Notarkostenberechnungen Rn. 59.

Grund- oder Stammkapitals)[31] oder auch **spezielle Regelungen**, zB § 100, **vorgehen.** § 97 ist häufig in Zusammenhang mit weiteren Vorschriften zu zitieren, da die Norm nur die Relevanz des Werts des Rechtsverhältnisses bestimmt; daher sind §§ 36 ff. ebenso mitzuzitieren, bei Kaufverträgen regelmäßig §§ 97, 46, 47.

11 **Abs. 3 Nr. 3** erfordert bei **Zusammenrechnung nach** § 35 die **Angabe der Einzelwerte** der verschiedenen Verfahrensgegenstände (§ 86) und **ergänzt damit Abs. 2 Nr. 3** (Angabe des Gesamtgeschäftswerts);[32] bspw. Aufschlüsselung des Werts der Generalvollmacht und der Patientenverfügung, einzelne Werte einer Scheidungsfolgenvereinbarung, aber auch Entwurf der Handelsregisteranmeldung verlangt jeweiligen Geschäftswert der einzelnen Tatsachen.[33] **Nicht erforderlich** ist hingegen die Zusammensetzung der Gegenleistung oder auch die Aufschlüsselung von Hinzurechnungen nach § 47 S. 2.[34]

12 **3. Weder „Muss" noch „Soll", aber empfehlenswert.** Über die (Mindest-)Anforderungen der Abs. 1–3 einer jeden Kostenrechnung hinausgehend ist die **Angabe des jeweiligen Gebührensatzes empfehlenswert** und auch von einigen Notarprogrammen vorgesehen. Zwar ist diese Angabe nicht zwingend, erhöht vor allem bei **Rahmengebühren** jedoch die Transparenz. **Ebenso erleichtert**, auch wenn für die konkrete Bezeichnung nach Abs. 2 Nr. 1 grds. nicht erforderlich, die **Angabe der Urkundennummer sowie das Datum des Vorgangs** (zB Testament vom 23.5.2020, UR Nr.) für den Schuldner die Nachprüfung; teilweise wird auch noch der **Leistungszeitpunkt bzw. -raum** angegeben, wobei hierauf nach hier vertretener Auffassung verzichtet werden kann, es sei denn, es kommt aufgrund unterschiedlicher **Umsatzsteuersätze** darauf an;[35] den Anforderungen des § 14 Abs. 4 S. 1 Nr. 6 UStG ist mit der **Angabe des Datums der Beurkundung, Beglaubigung, Beratung etc** als „Datum der Leistungserbringung" Genüge getan;[36] selbst ein Verstoß der Kostenberechnung gegen diese Vorschrift des § 14 Abs. 4 S. 1 Nr. 6 UStG (wie auch gegen andere umsatzsteuerrechtliche Vorgaben[37]) lässt sowohl die Wirksamkeit der Kostenberechnung nach § 19 als auch die Fälligkeit der Kosten unberührt.[38] Bei den in Abs. 2 Nr. 4 genannten Auslagen genügt die Angabe des Gesamtbetrags, wobei die **Angabe der Seitenzahl sowie der Anzahl an Dateien oder Scans** bei der Dokumentenpauschale empfohlen wird;[39] dann sollte aber nach hier vertretener Auffassung eine Aufschlüsselung aus Gründen der Übersichtlichkeit nach der Rechtsbehelfsbelehrung und nach der Unterschrift erfolgen. In Bezug auf die Gebühren lässt Abs. 2 Nr. 4 zwar die Nennung der jeweiligen Einzelgebühren ausreichen, wobei die Ausweisung des **Gesamtbetrages** zu empfehlen ist. Teilweise findet sich aus Transparenzgründen bereits am Ende der notariellen Urkunde nach den

31 Korintenberg/*Tiedtke* § 97 Rn. 2.
32 Bormann/Diehn/Sommerfeldt/*Neie* § 19 Rn. 40.
33 *Volpert* RNotZ 2015, 146 (148).
34 *Diehn* Notarkostenberechnungen Rn. 547; Bormann/Diehn/Sommerfeldt/*Diehn* § 19 Rn. 40.
35 Dazu Rohs/Wedewer/*Wudy* GNotKG § 19 Rn. 97, der diese Angaben empfiehlt. Für die Frage des anwendbaren Steuersatzes kommt es gerade nicht auf den Zeitpunkt der Rechnungsstellung, sondern auf den Zeitpunkt der Ausführung/Vollendung der notariellen (Haupt-)Leistung an, *Wudy* notar 2021, 235 (239); Bormann/Diehn/Sommerfeldt/Diehn KV 32014 Rn. 3a; LG Gera 30.11.2020 – 6 OH 36/18.
36 Vgl. *Hipler/Everts* RNotZ 2005, 423 (424).
37 Bormann/Diehn/Sommerfeldt/*Neie* § 19 Rn. 46; Korintenberg/Tiedtke § 19 Rn. 63.
38 OLG Rostock 25.1.2021 NotBZ 2021, 233, 234; *Wudy* notar 2021, 235 (238).
39 Bormann/Diehn/Sommerfeldt/*Neie* § 19 Rn. 29.

Unterschriften bzw. im Entwurf ein (vorläufiger) **Kostenansatz**, wodurch die Beteiligten bereits in einem frühen (Entwurfs-)Stadium die voraussichtlich entstehenden Kosten abschätzen können. **Nachteil dieser Vorgehensweise ist,** dass ein solcher Ansatz **immer nur vorläufig sein kann**, da sich noch Änderungen ergeben können und die final entstehenden Kosten regelmäßig erst mit oder sogar nach Beurkundung (zB Treuhandgebühren, Dokumentenpauschale) feststehen. Sind derartige **Kostenauskünfte fehlerbehaftet bzw. unzutreffend,** ist der Notar wegen § 125 trotzdem verpflichtet, die entstandenen Kosten zu erheben. Da somit in seltenen Fällen sogar Schadensersatzansprüche (wegen Amtspflichtverletzung) bestehen könnten, sollten derartige Ansätze **nur mit größter Sorgfalt** gehandhabt werden. Nicht zwingender Teil der Rechtsbehelfsbelehrung iSd § 7a GNotKG, **aber zu empfehlen** ist schließlich ein **Hinweis auf die form- und fristlose Beanstandungsmöglichkeit der Kostenrechnung gegenüber dem Notar.**[40] Ebenso nicht zwingend, aber zu empfehlen ist es, auch die Kopie der Kostenrechnung für die Akten mit einer Originalunterschrift zu versehen.[41]

4. Weder „Muss" noch „Soll" und für Kostenrechnung entbehrlich. Da nach § 19 Abs. 3 Nr. 2 die Angabe der Wertvorschrift selbst ausreichend ist, sollte aus Gründen der Übersichtlichkeit sowohl auf die **Zitierung nicht erforderlicher Vorschriften (zB §§ 29 ff., §§ 109–111, § 95 bei Schätzung oder § 94 bei Vergleichsberechnung)**[42] als auch auf **Tatbestandselemente**, die sich aus **Vorbemerkungen und Anmerkungen der KV-Nummern bzw. Gebührenziffern ergeben, Paragrafenabsätze, Sätze, Nummern grundsätzlich verzichtet werden** (anders noch die herrschende Meinung zur KostO).[43] Enthält die Wertvorschrift hingegen **verschiedene, zu differenzierende Absätze** (bspw. bei § 105; § 113), wird **Zitierung nach Absätzen jedoch teilweise empfohlen.**[44] Detaillierte **Nennung der jeweiligen Tätigkeiten der Vollzugs- bzw. Betreuungskataloge des KV** würde Verständlichkeit der Kostenrechnung regelmäßig nicht erhöhen; Nennung **der jeweiligen Ziffern der Vollzugs- und Betreuungskataloge** kann sich hingegen anbieten. Ebenso nicht zu zitieren sind **Mindest- und Höchstwertvorschriften,** es sei denn, sie kommen im jeweiligen Fall zur Anwendung, sowie **einzelne Gegenleistungen** (s. a. § 97 Abs. 3) und **Details zu notarieller Ermessensausübung** bspw. in Fällen des § 92 Abs. 1 oder § 36; ebenso wenig **Grundlagen und Details zur notariellen Vergleichsberechnung** nach § 94.[45] Die Wertvorschriften betreffend ist eine **gemeinsame Aufzählung der Paragrafen ausreichend,** eine **separate Nennung für jeden Gegenstand** nicht erforderlich.[46] Wird in derselben Kostenrechnung neben dem Beurkundungsverfahren auch die Vollzugs- bzw. Betreuungsgebühr abgerechnet, reicht die Zitierung der §§ 112 und 113 aus, es müssen dann nicht nochmal zusätzlich die Gebührenvorschriften für das Beurkundungsverfahren angegeben werden; anders jedoch bei isolierter Kostenrechnung über die Vollzugs- oder Betreuungsgebühr.[47] Vorschüsse müssen zwar nach **§ 19 Abs. 2 Nr. 5** in der Hauptrechnung transparent verrechnet werden, eine **Zitierung** des § 15 oder auch der **Zeitpunkt der Vorschusszahlung** sind jedoch entbehrlich; in der Rechnung selbst ist sowohl **Bezeichnung als Vorschuss** 13

40 *Tiedtke* Notarkasse, 162.
41 Korintenberg/*Tiedtke* § 19 Rn. 22.
42 Für § 94, Limmer/Hertel/Frenz/Mayer WürzNotar HdB Teil 1 Rn. 53.
43 *Grauel* RNotZ 2001, 174 (177).
44 *Felix* RNotZ 2018, 306 (312).
45 Zu Letzterem Rohs/Wedewer/*Wudy* GNotKG § 19 Rn. 109.
46 Vgl. *Volpert* RNotZ 2017, 291 (294), der gesonderte Nennung, v.a. bei Beteiligungsvereinbarungen, jedoch aus Transparenzgründen empfiehlt.
47 OLG Hamm 29.1.2016 – I-15 W 279/15; *Tiedkte/Sikora* DNotZ 2017, 673, 692.

als auch Zitierung des § 15 nicht erforderlich,[48] und um EDV-gestützte Rechnungserstellung nicht zu erschweren, nach hier vertretener Auffassung auch nicht zu empfehlen.[49] Obwohl nach § 19 Abs. 2 Nr. 2 die angewandten KV-Nummern enthalten sein müssen, kann nach zutreffender Auffassung für die Umsatzsteuer auf die Zitierung der KV Nr. 32014 verzichtet werden.[50]

§ 21 Nichterhebung von Kosten

(1) [1]Kosten, die bei richtiger Behandlung der Sache nicht entstanden wären, werden nicht erhoben. [2]Das Gleiche gilt für Auslagen, die durch eine von Amts wegen veranlasste Verlegung eines Termins oder Vertagung einer Verhandlung entstanden sind. [3]Für abweisende Entscheidungen sowie bei Zurücknahme eines Antrags kann von der Erhebung von Kosten abgesehen werden, wenn der Antrag auf unverschuldeter Unkenntnis der tatsächlichen oder rechtlichen Verhältnisse beruht.

(2) [1]Werden die Kosten von einem Gericht erhoben, trifft dieses die Entscheidung. [2]Solange das Gericht nicht entschieden hat, können Anordnungen nach Absatz 1 im Verwaltungsweg erlassen werden. [3]Eine im Verwaltungsweg getroffene Anordnung kann nur im Verwaltungsweg geändert werden.

I. Grundsätze

1 Entscheidend für die notarielle Praxis ist vor allem Satz 1 der – eng auszulegenden – Vorschrift, wonach Kosten (dh Gebühren und Auslagen, vgl. § 1), die bei richtiger Behandlung der Sache nicht entstanden wären, nicht erhoben werden dürfen. Vorschrift soll Notar zu sorgfältiger und sachgemäßer Amtsführung bewegen, um Kostengerechtigkeit zu erzielen – auf der anderen Seite aber auch Prozesswirtschaftlichkeit.[1] Insoweit ist restriktive Anwendung der Norm nur folgerichtig; weite Auslegung, die jeden kleinen Fehler des Notars sanktionieren würde, wäre auch mit dem Grundsatz des § 1 BNotO, der notariellen Unabhängigkeit der Amtsführung, nicht vereinbar. Diese Unabhängigkeit führt zu einem gewissen Beurteilungsspielraum des Notars zwischen mehreren Gestaltungsalternativen und hohen Anforderungen für die Annahme einer unrichtigen Sachbehandlung.[2] Die Rede ist bspw. von einem eklatanten Verstoß gegen ge-

48 Korintenberg/*Tiedtke* § 19 Rn. 35; Bormann/Diehn/Sommerfeldt/*Neie* § 19 Rn. 31.
49 AA Renner/Otto/Heinze/*Klingsch* § 19 Rn. 15.
50 BeckOK KostR/*Berger* KV 32014 Rn. 16.
1 BVerfG NJW 1991, 2077; OLG Celle DNotZ 1978, 755; *Zivier* KostR GNotKG § 21 Rn. 1; *Zivier* KostR § 21 Rn. 2; Renner/Otto/Heinze/*Wudy*, § 21 Rn. 4.
2 *Sikora/Tiedtke* DNotZ 2017, 673 (679); OLG Rostock 6.7.2005, NotBZ 2005, 339; OLG Düsseldorf 29.9.2016, ZNotP 2017, 37.

setzliche Normen oder **offensichtlichen Fehlern** des Notars;[3] **von offensichtlich schweren Verfahrensfehlern oder offensichtlich eindeutiger Verkennung** des materiellen Rechts;[4] teilweise wird eine Evidenzkontrolle durchgeführt.[5] Damit stellen gerade **nicht jedweder Verstoß** gegen Rechtsnormen oder auch die unrichtige Beurteilung obergerichtlich ungeklärter Rechtsfragen eine unrichtige Sachbehandlung dar, sondern nur **eindeutige Verfehlungen**[6] bzw. **„auf der Hand liegende kostentreibende Gestaltungen."**[7] Zudem scheidet der Einwand der Nicht- bzw. Schlechterfüllung (bürgerlich-rechtliche sowie öffentlich-rechtliche Leistungsstörungsgrundsätze) in diesem Zusammenhang aus.[8]

Statthafter Rechtsbehelf auf Rückzahlung, Aufhebung oder Reduzierung der Notarkosten ist § 127.[9] 2

II. Zusammenhang mit anderen Vorschriften, ua § 125 GNotKG, §§ 17 und 19 BNotO

Die Vorschrift des § 21 ist im Zusammenhang mit **§ 125 (Verbot der Gebührenvereinbarung)** zu sehen, was dazu führt, dass Kosten, die bei richtiger Sachbehandlung entstanden wären, erhoben werden müssen (**Kostenerhebungspflicht des § 17 Abs. 1 BNotO**), da § 21 – auf der anderen Seite – auch **nicht zu einem Kostenvorteil führen darf**. Das führt grds. (nur) zur **Erstattung bzw. Nichterhebung der Mehrkosten**, zB Kosten eines Nachtrags, die bei richtiger Behandlung der Sache nicht entstanden wären, **nicht hingegen zur Niederschlagung sämtlicher Kosten.**[10] Daher sind auch Kosten einer unwirksamen Beurkundung im Grundsatz entstanden.[11] Kosten, die entstanden sind, müssen auch erhoben werden. Beurkundet ein Notar bspw. ***nach Belehrung*** zulässigerweise die von verschiedenen Gestaltungsalternativen teurere, kann er grds. nicht – unter Berufung auf § 21 – nur die günstigere abrechnen.[12] ***Ohne Belehrung*** kann – je nach Einzelfall – ein Fall des § 21 vorliegen, wobei diese Vorgehensweise nicht systematisch und absichtlich praktiziert werden darf, da sonst ein **Anwendungsfall des § 125** vorliegen dürfte.[13] 3

Neben § 21 sind in **§ 17 BNotO** die Ausnahmefälle der Gebührenerhebungspflicht, dh **Gebührenerlass bzw. -ermäßigung**, abschließend genannt. Aus dem Wortlaut des § 17 Abs. 1 BNotO wird zudem deutlich, dass die Niederschlagung der Kosten bei Vorliegen der Voraussetzungen des § 21 durch den Notar zwingend vorzunehmen ist und es einer Zustimmung durch die Notarkammer bzw. (Länder-)Notarkasse gerade nicht bedarf.[14] Anders hingegen in den Fällen des § 17 Abs. 1 Hs. 2 BNotO, der durch das **Gesetz zur Modernisierung des no-** 4

---

3 Korintenberg/Tiedtke § 21 Rn. 1b; OLG Düsseldorf 31.1.2019, BeckRS 2019, 21802; vgl. auch OLG Frankfurt/M. 21.2.2017 – 20 W 327/15, WKRS 2017, 14677.
4 OLG Düsseldorf 10.12.2012; OLG Hamm 19.2.1979, DNotZ 1979, 678.
5 Renner/Otto/Heinze/*Wudy* § 21 Rn. 10.
6 Renner/Otto/Heinze/*Wudy* § 21 Rn. 10.
7 *Wudy* notar 2021, 62 (68).
8 *Wudy* notar 2021, 235, 239; zur Aufrechnung mit Amtshaftungsansprüchen § 19 BNotO → § 21 GNotKG Rn. 5.
9 Renner/Otto/Heinze/*Wudy* § 21 Rn. 36.
10 Notarkasse Streifzug KostO Rn. 1804.
11 OLG Düsseldorf 5.2.2019, BeckRS 2019, 21810.
12 Renner/Otto/Heinze/*Wudy* § 21 Rn. 30.
13 Dazu auch Renner/Otto/Heinze/*Wudy* Rn. 30; aA Rohs/Wedewer/*Waldner* § 21 Rn. 24.
14 Renner/Otto/Heinze/*Wudy* § 21 Rn. 30.

tariellen **Berufsrechts und weiterer Vorschriften**[15] (In Kraft getreten am 1.8.2021) neu gefasst wurde: Um eine Gebührenbefreiung oder -ermäßigung – **nur noch in seltenen Ausnahmefällen** – zu ermöglichen, soweit die Gebührenerhebung aufgrund außergewöhnlicher Umstände des Falls unbillig wäre (**Unbilligkeit aufgrund außergewöhnlicher Umstände**), bedarf es der Zustimmung durch die Notarkammer bzw. (Länder-)Notarkasse.[16] Aber selbst wenn eine derartige Zustimmung vorliegt – zB in den Fällen einer Pandemie[17] oder Naturkatastrophe – liegt bei Einforderung der (Mehr-)Kosten keine unrichtige Sachbehandlung vor. Der Notar hat dann eine **Ermäßigungsmöglichkeit** („Erlassen werden *können* die Mehrkosten (…)."); er muss im Rahmen seines **freien Ermessens** prüfen, ob außergewöhnliche Umstände vorliegen, die eine Gebührenerhebung unbillig erscheinen lassen, mit der Folge bspw. die entstandenen Mehrkosten der Vollmachtsbestätigung/Nachgenehmigung (dh Vollzugs-/ Beglaubigungskosten) oder der Auswärtsgebühr niederzuschlagen.[18]

5 **Vorschrift des § 19 BNotO**, die dem Geschädigten bei **Amtspflichtverletzung des Notars** die Möglichkeit von Schadensersatz gibt, **hat andere Voraussetzungen (u.a. Verschulden, Schaden) als § 21 GNotKG** und gibt grds. nur **Aufrechnungsmöglichkeit gegen Gebührenforderung** – und **steht so neben § 21**.[19] Liegt hingegen bereits keine Amtspflichtverletzung vor, scheidet aufgrund der insoweit **höheren Anforderungen des § 21** eine unrichtige Sachbehandlung grds. aus.[20] Liegt eine Amtspflichtverletzung hingegen vor, ist § 21 vorrangig, da eine Aufrechnung gegen eine Forderung, die wegen unrichtiger Sachbehandlung nicht geltend gemacht werden kann, ausscheidet.[21] **Abgrenzung teilweise umstritten**, besonders in den Fällen der unterbliebenen Kostenbelehrung. **Grundsatz:** Wären Kosten bei umfassender Belehrung entfallen, gilt § 21 (bspw. wenn Beteiligte von Beurkundung Abstand genommen hätten oder Geschäft gar nicht beurkundungspflichtig ist), sonst § 19 BNotO.

15 Gesetz zur Modernisierung des notariellen Berufsrechts und weiterer Vorschriften (BGBl. 2021 I 2154; besondere Näheverhältnisse reichen nach der Gesetzesbegründung nicht mehr aus, einen Gebührenerlass oder eine Gebührenermäßigung zu rechtfertigen, vgl. *Görk/Sander* BeckOK BNotO § 17 Rn. 47a.

16 BNotK Rundschreiben 09/2021, 3.

17 Vgl. für die Corona-Pandemie: bspw. Notarkammer Baden-Württemberg: Allg. Zustimmung zum Gebührenerlass nach § 17 Abs. 1 S. 2 BNotO in Fällen einer abweichenden Verfahrensgestaltung aufgrund der Coronavirus-Pandemie, Beschluss des Vorstands vom 30.3.2020, Sonderundschreiben Nr. 4/2020 vom 6.4.2020, zuletzt geändert durch Beschluss des Vorstands vom 18.10.2021.03, Sonderrundschreiben Nr. 5/2021 vom 18.10.2021; unter Verweis auf Sonderrundschreiben Nr. 3/2020 vom 19.03.2020 sowie FAQ Corona-Berufsrecht der Bundesnotarkammer.

18 Vgl. Diehn/*Seger*/*Diehn* BNotO Rn. 50; nach BeckOK BNotO/*Sander* § 17 Rn. 47 obliegt dem Notar im Fall der all. Zustimmung nur noch die Prüfung, ob ein von der Zustimmung erfasster Fall vorliegt; vgl. zu § 17 BNotO auch BMJV RegE v. 18.11.2020 zum Entwurf eines Gesetzes zur Modernisierung des notariellen Berufsrechts und zur Änderung weiterer Vorschriften sowie Gesetz zur Modernisierung des notariellen Berufsrechts und weiterer Vorschriften (BGBl. 2021 I 2154 die eine Neufassung des § 17 Abs. 1 S. 2 BNotO vorsehen.

19 Renner/Otto/Heinze/*Wudy* § 21 Rn. 22; Korintenberg/*Tiedtke* § 21 Rn. 8; aA KG 12.1.2021, notar 2021, 208 (verneint entgegen der hM die Aufrechnung), mablAnm *Waldner*.

20 Renner/Otto/Heinze/*Wudy* § 21 Rn. 23.

21 Renner/Otto/Heinze/*Wudy* § 21 Rn.

III. Verschiedene Fallgruppen und Leitgedanken

Die nachstehende Darstellung zeichnet **Grundsätze bzw. Leitlinien**, anstelle einer Aufzählung der zu § 21 unzählig vorliegenden Kasuistik. 6

Vorschrift spielt in der Praxis vor allem dann eine Rolle, wenn durch gewählte Vorgehensweise **unnötige, dh vermeidbare Kosten** entstanden sind bzw. bei **überflüssigen Kosten**, die bei richtiger Behandlung der Sache erst gar nicht entstanden wären, dh bei **Mehrkosten**. 7

Grundgedanke sollte sein, dass Vorschrift aufgrund des **weiten notariellen Beurteilungsspielraums** und der häufig verschiedenen vergleichbaren Gestaltungalternativen auf **eindeutige Fälle** beschränkt bleibt, dies auf der anderen Seite durch **gesteigerte Anforderungen an die (Kosten-)Belehrung** zur Erzielung einer **hohen Transparenz in der Gestaltung** ausgeglichen wird. Unrichtige Sachbehandlung liegt dann häufig nicht in der notariellen Urkundengestaltung selbst, als vielmehr – in bestimmten (Einzel-)Fällen – in der **unterbliebenen Belehrung über die Mehrkosten** (Fallgruppe c), wobei unter § 21 fallende Mehrkosten dann nur in denjenigen Fällen vorliegen können, in denen die Beteiligten bei umfassender Belehrung von der Beurkundung Abstand genommen bzw. die günstigere Gestaltung gewählt hätten;[22] teilweise wird selbst dann (nur) die Prüfung eines **Schadensersatzanspruches wegen Amtspflichtverletzung** nach **§ 19 BNotO** in Betracht gezogen (→ Rn. 5).[23] 8

Unter Berücksichtigung einer **restriktiven Normauslegung** und der **notariellen Amtspflicht zur Wahl des kostengünstigsten unter mehreren gleichgeeigneten** (dh gleichsicheren und zweckmäßigen) Gestaltungsalternativen (vgl. § 14 BNotO, § 17 BeurkG) sind vor allem **folgende Fallgruppen iRd § 21** zu unterscheiden: 9

1. Unnötige bzw. überflüssige Kosten. Im Rahmen dieser Fallgruppe wird insbesondere eine **Abgrenzung zu Konstellationen** vorgenommen, die aufgrund des **weiten gestalterischen Beurteilungsspielraums des Notars**[24] nicht unter § 21 fallen. **Ausnahmen vom Prinzip bzw. der Pflicht zur Wahl des kostengünstigsten Weges** werden bspw. bei der **Frage der Urkundengestaltung** gemacht, so dass der Notar **keinen Günstigkeitsvergleich** bzw. keine **Vergleichsberechnungen** anstellen muss und auch **keine Amtspflicht zu einer optimierten Urkundengestaltung** hat.[25] Daher ist der Notar insbes. nicht verpflichtet, **sachlich zusammenhängende Beurkundungsgegenstände unnatürlich in mehrere Urkunden zu trennen**, nur um erhöhte Vollzugs- oder Betreuungsgebühren zu vermeiden.[26] Dies nimmt der Gesetzgeber in Kauf,[27] was insbes. aus § 94 Abs. 2, aber auch § 311b BGB, der gegen eine Trennung spricht, deutlich wird.[28] **Dass keine Amtspflicht zur kostengünstigsten Gestaltung** besteht und der Notar nicht in jedem Fall verpflichtet ist, die kostengünstigste Variante zu wählen, **zeigen folgende Fälle:** 10

Bspw. Verteuerung der Vollzugsgebühr: Teurer Hausverkauf mit Löschung betragsmäßig geringer Grundschuld, wenn hohe Vollzugsgebühr aus dem gesamten Wert nur aufgrund Anforderung und Prüfung der Löschungsbewilligung 11

---

22 Bormann/Diehn/Sommerfeldt/*Diehn* § 21 Rn. 8; LG Hannover LSK 2004, 430252.
23 Vgl. dazu Korintenberg/*Bormann* § 125 Rn. 6; BeckOK BNotO/*Sander* § 17 Rn. 25.
24 Dazu OLG München FGPrax 2006, 42 und HK-GNotKG/*Macht* GNotKG § 21 Rn. 12, 16.
25 Korintenberg/*Tiedtke* § 112 Rn. 8; ähnlich Notarkasse Streifzug Rn. 3078.
26 Notarkasse Streifzug 3078; Renner/Otto/Heinze/*Wudy* Rn. 148.
27 Vgl. auch Begr. RegE BT-Drs. 17/11471, 190.
28 Korintenberg//*Tiedtke* § 113 Rn. 11a.

anfällt;[29] Ehevertrag mit Gütertrennung (Wert: 1 Mio. EUR) und Übertragung einer Immobilie (Wert: 100.000 EUR) zur Erfüllung des Zugewinnausgleichs, mit der Folge, dass einheitliche Vollzugs- bzw. Betreuungsgebühr sowie XML-Gebühr aus gesamtem Wert der Urkunde (1,1 Mio. EUR) zu berechnen sind. Ebenso: hohe Vollzugsgebühr entsteht nur wegen Einholung einer Genehmigung oder Löschungsbewilligung geringer Grundschuld, obwohl in diesen Fällen bloßer Entwurf deutlich günstiger wäre; kein § 21, wobei in derartigen Fällen der Notar jedoch auf **entstehende (Mehr-)Kosten hinweisen sollte** (→ Rn. 23 ff.).[30]

12 **Zusammenbeurkundung sachlich zusammengehörender Gegenstände kann** grds. **keine unrichtige Sachbehandlung** darstellen, selbst bei höheren Kosten im Vergleich zu getrennten Urkunden,[31] da der Notar angehalten ist, Vorteil der Gebührendegression (§ 35) bzw. des § 109 auszunutzen.

13 **Ähnlich in den Fällen der höheren XML-Gebühren bei Fremdentwürfen;** auch hier muss der Notar die Beteiligten **nicht darauf hinweisen,** die Einreichung bspw. beim Grundbuchamt kostensparend selbst zu tätigen, ebenso wenig die Empfehlung abgeben, den Entwurf selbst (durch Notar) zu fertigen, damit „lediglich“ eine 0,2 XML-Gebühr anfällt. Die systematische Empfehlung des Notars der Einreichung durch die Beteiligten würde sogar dem mit der Vorstrukturierung der Daten verfolgten Ziel der Entlastung der Gerichte und der Förderung des elektronischen Rechtsverkehrs zuwiderlaufen.[32] Dies zeigt auch das gänzliche Entfallen der XML-Gebühren in den Fällen der KV Nr. 25101 durch das KostRÄG 2021, v.a. Beglaubigung von Löschungszustimmungen bzw. -anträgen. Und auch der Anreiz des Notars, die Entwürfe kostengünstiger selbst zu fertigen, lässt sich der Gesetzesbegründung (in Bezug auf die Handelsregisteranmeldung) auch entnehmen.[33] Folgerichtig hat der Notar selbst dann, wenn als Alternative die Übermittlung ohne XML-Datei besteht, ein Ermessen darüber, ob er die erforderlichen Daten dem Gericht per XML-Datei übermittelt oder nicht.[34]

14 **Nicht unter § 21** fallen auch **Konstellationen,** in denen der Notar **zwischen mehreren Gestaltungsalternativen die teurere,** aber im Rahmen seines (weiten) **Beurteilungsspielraums sicherere bzw. zweckmäßigere** gewählt hat. Der Notar hat primär den Weg zu wählen, der dem Willen der Beteiligten die **gewollten rechtlichen Folgen** sichert, da die notariellen Prüfungs- und Belehrungspflichten **in erster Linie den sichersten Weg betreffen.**[35] Zu etwaigen **Hinweispflichten auf kostengünstigere Alternativen** in derartigen Fällen, die jedoch grds. nur bei

29 Vgl. ähnliches Bsp. bei Diehn Notarkostenberechnungen Rn. 404; vgl. auch Begr. RegE BT-Drs. 17/11471, 190.

30 Vgl. dazu auch LG Münster 3.6.2020 – 5 OH 22/19, wonach nur in ganz krassen Ausreißerfällen vom Notar eine getrennte Beurkundung ernsthaft in Erwägung zu ziehen sei (vollzugsbedürftiger Teil macht wertmäßig lediglich 1 % der Gesamturkunde aus) bzw. der Notar auf die Kosten hinzuweisen habe (*Wudy* Notar 2021, 235 (243).

31 *Diehn* Notarkostenberechnungen Rn. 1605.

32 Dazu auch Ländernotarkasse NotBZ 2014, 176; BT-Drs. 17/11471 (neu), 341.

33 Ländernotarkasse NotBZ 2014, 176.

34 LG Gera 5.2.2021 – 6 OH 7/20; LG Osnabrück 27.5.2020 – 9 OH 26/19, NdsRpfl 2020, 343; *Wudy* notar 2021, 235 (240); **aA** LG Duisburg 14.1.2021 BeckRS 2021, 14821: unrichtige Sachbehandlung, wenn – anstelle der automatisiert erstellten Strukturdatei – auch einfache elektronische Übertragung genügt hätte.

35 OLG Celle DNotZ 1972, 374; BeckOK BNotO/*Sander* § 17 Rn. 21.

mehreren zur Erreichung des gewünschten Zieles gleichgeeigneten und sicheren Gestaltungsvarianten bestehen, vgl. Fallgruppe 3.

Beispiele, in denen § 21 nicht vorliegt, wobei Details häufig umstr. sind: 15

- Das Entstehen zusätzlicher Kosten einer Vollmacht im Vergleich zur Genehmigung oder Vollmachtsbestätigung stellt grds. keine fehlerhafte Sachbehandlung dar, da die Vollmacht bereits für Rechtssicherheit und -klarheit im Zeitpunkt des Hauptvorgangs sorgt, weshalb dieses (rechtssicherere) Vorgehen eine andere rechtliche Qualität aufweist als Genehmigungen oder Bestätigungen;[36]
- neuer Kaufvertrag nach streitigem Rücktritt vom ersten Kaufvertrag, da ein Nachtrag nicht gleichsicher und sachdienlich gewesen wäre;[37]
- Teilungserklärung nach § 3 anstelle (kostengünstiger) nach § 8;[38]
- Beurkundung einer Erbauseinandersetzung anstelle einer günstigeren Erbteilsübertragung oder Abschichtung;[39]
- vorsorgliche Rechtswahl, wenn der nach ausländischem Recht geltende Güterstand nicht auf der Hand liegt,[40] wohl aber § 21 bei überflüssiger vorsorglicher Rechtswahlklausel, da dadurch wegen § 111 Nr. 4 Mehrkosten entstehen;[41] letzteres wird aufgrund der hohen Anforderungen an § 21 jedoch nur sehr selten, nach teilweise vertretener Ansicht nicht einmal in den Fällen der standardmäßigen Aufnahme einer Rechtswahl bzw. in Fällen ohne jeglichen Auslandsbezug vorliegen, wohl aber bei offensichtlich überflüssiger Rechtswahl im Kaufvertrag, wenn ohnehin deutsches Recht anwendbar ist;[42] wobei sich dann nach hier vertretener Auffassung – neben der ausführlichen Erörterung der Klausel mit den Beteiligten – ein ausdrücklicher Hinweis auf die damit verbundenen Mehrkosten empfiehlt; auch wenn ein solcher nicht verpflichtend sein dürfte, da im Hinblick auf den weiten Beurteilungsspielraum des Notars die Aufnahme einer Rechtswahl der rechtssicherere Weg sein dürfte (str.).
- Ebenso (vorsorgliche) Beurkundung eines Antrags auf Erteilung eines nicht erforderlichen Erbscheins, wobei der Notar aus § 17 BeurkG bzw. § 24 BNotO verpflichtet ist, die Beteiligten neben den erhöhten Kosten auch darauf hinzuweisen, dass Nachlassabwicklung eventuell auch ohne Erbschein, bspw. durch Bankvollmachten oder post-/transmortale Generalvollmachten möglich ist bzw. durch Nachfrage bei den Beteiligten zu ermitteln, ob sich Grundbesitz im Nachlass befindet;[43]
- ähnlich auch die Beurkundung einer Gütertrennung in Scheidungsvereinbarung, obwohl eine Vereinbarung über den Zugewinnausgleich nach § 1378 Abs. 3 S. 2 BGB kostengünstiger gewesen wäre; auch hier muss der Notar, um eine unrichtige Sachbehandlung zu vermeiden, den Beteiligten beide

36 Bormann/Diehn/Sommerfeldt/*Diehn* KV Vorb. 2.2.1.1 Rn. 52.
37 OLG Rostock NotBZ 2019, 196.
38 KG 12.1.2021 DNotZ 2021, 543 eine unrichtige Sachbehandlung ablehnend, wenn beide Alternativen möglich sind.
39 OLG Hamm 10.8.2016, BeckRS 2016, 17410.
40 LG Düsseldorf 15.11.2018 – 25 T 275/15; vgl. auch LG Magdeburg 29.1.2020 – 10 OH 13/19; *Wudy* notar 2020, 213 (218).
41 Renner/Otto/Heinze/*Wudy* § 21 Rn. 120b, aA wohl LG Magdeburg 29.1.2020 – 10 OH 13/19.
42 Dazu Korintenberg/*Tiedtke* § 21 Rn. 92.
43 Dazu auch LG Münster 15.5.2017, ZEV 2017, 522, mit Anm. *Neie*; Ländernotarkasse, Leipziger Kostenspiegel, Rn. 19.39.

Wege ausführlich erörtern, es sei denn, die Gütertrennung ist ausnahmsweise im jeweiligen Einzelfall der rechtssicherere Weg;[44]

- Im Fall des im **Grundstückskaufvertrag mitbeurkundeten GbR-Vertrags** liegt möglicher Anknüpfungspunkt für unrichtige Sachbehandlung weniger in der zulässigen Mitbeurkundung als vielmehr in notwendiger Erörterung u.a. zu Formerfordernissen und erhöhten Kosten.[45]
- Ebenso zu vorgenannter Fallgruppe gehört die durch die sog. Vorlageüberwachung entstehende **Betreuungsgebühr (KV Nr. 22200 Nr. 3) iRe GmbH-Gründung** (Anweisung zur Einreichung der im Termin zur Gründung beglaubigten Anmeldung erst nach Einzahlungsbestätigung), die aufgrund des insoweit bestehenden **Beurteilungsspielraums keine überflüssigen Kosten** darstellt;[46] Erörterung mit den Beteiligten über Möglichkeit der Kostenvermeidung durch spätere Beglaubigung ist jedoch empfehlenswert, wenn auch nicht erforderlich iSd § 21.
- Bei **Beglaubigung verschiedener Dokumente** ist der Notar nach hier vertretener Auffassung grds. **nicht verpflichtet**, allein aus Kostengründen (10 EUR Mindestgebühr pro Beglaubigung, KV Nr. 25102) diese zu einer **einzigen Beglaubigung zusammenzufassen**; Erörterung mit Beteiligten auch hier zu empfehlen.[47]
- Ebenso führen **jeweils neue Grundbuchauszüge** nach Eintragung der Vormerkung sowie Eigentumsumschreibung **nicht zu überflüssigen Kosten**.[48]

16 **Grds. nicht unter diese Fallgruppe** (aber möglicherweise unter Fallgruppe 3) fallen Konstellationen, in denen der Notar ein **schuldrechtliches Rechtsgeschäft mitbeurkundet** oder auch ein **an sich nicht formbedürftiges Rechtsgeschäft (mit-)beurkundet**; zB Grundschuldbestellung und Regelungen zum Innenverhältnis mit der Bank; Vermächtniserfüllung und weitere Regelungen zu schuldrechtlichem Vertrag, die über testamentarische Regelung hinausgehen; dingliche Rechte (zB Nießbrauch/Wohnungsrecht) und zusätzliche schuldrechtliche Vereinbarungen, die über Grundbucherklärungen hinausgehen;[49] Ausübung Vorkaufsrecht und abändernde schuldrechtliche Regelungen (zB neue Vormerkung; Änderung der Fälligkeit); Generalvollmacht und Mitbeurkundung des schuldrechtlichen Auftragsverhältnisses.[50]

17 **Mitbeurkundung führt in sämtlichen dieser Fälle zu höheren Kosten:** Zwar liegt, bis auf wenige Ausnahmen (zB wg. § 110 Nr. 2 lit. b bei subjektiv-dinglichen Rechten und Mitbeurkundung des schuldrechtlichen Veräußerungsvertrags), regelmäßig **Gegenstandsgleichheit** vor, jedoch führt **Mitbeurkundung der vertraglichen Vereinbarungen** (anders als eine bloße Bezugnahme in der Urkunde auf schuldrechtliche Vereinbarungen)[51] **zu erhöhtem Gebührensatz** (KV Nr. 21100: 2,0). Da zudem das schuldrechtliche Rechtsgeschäfts häufig formlos möglich ist und man insoweit an einem notwendigen Auftrag zweifeln könnte, dürfte sich nach hier vertretener Auffassung die **Erörterung** dieser Konstellation **mit den Beteiligten** sowie ein **Hinweis auf die damit verbundenen Mehrkosten dringend empfehlen**, um eine unrichtige Sachbehandlung bzw. eine

44 Dazu auch *Wudy* notar 2019, 247 (261); LG Frankfurt (Oder) 11.10.2018 – 19 OH 2/16 mit der Annahme einer unrichtigen Sachbehandlung.
45 Für § 21: LG Leipzig NotBZ 2020, 78; aA BeckOK BNotO/*Sacher* § 17 Rn. 21.
46 Vgl. auch Bormann/Diehn/Sommerfeldt/*Bormann* § 105 Rn. 41; aA Rohs/Wedewer/*Waldner* GNotKG § 105 Rn. 7.
47 Kritisch dazu LG Rostock 19.10.2020 – 10 OH 6/20.
48 LG Magdeburg 1.2.2021 – 10 OH 23/20.
49 Renner/Otto/Heinze/*Wudy* § 21 Rn. 28.
50 OLG Hamm 14.8.2008, RNotZ 2009, 417.
51 Korintenberg/*Tiedtke* GNotKG § 98 Rn. 29; OLG Stuttgart DNotZ 1986, 438.

Amtspflichtverletzung auszuschließen.[52] Dabei liegt die unrichtige Sachbehandlung dann – bei Vorleigen besonderer Umstände – nicht in der Mitbeurkundung auch der schuldrechtlichen Regelung, da diese aufgrund des Beurteilungsspielraums und der generellen Vorteile einer Beurkundung wohl noch zu rechtfertigen wäre, als vielmehr in der unterlassenen Belehrung über die Vor- und Nachteile dieser Gestaltung im konkreten Fall, die damit verbundenen Mehrkosten bzw. dem dann wohl auch fehlenden Auftrag (vgl. Fallgruppe 3, → Rn. 28).[53]

Anwendungsfälle dieser Fallgruppe der überflüssigen Kosten (und damit unrichtige Sachbehandlung) sind bspw.: 18

- **Gesellschaftsrecht:** Wegen § 180 BGB unwirksame Gründung einer Ein-Personen-GmbH durch einen Vertreter ohne Vertretungsmacht;[54] Mitbeurkundung eines Zustimmungsbeschlusses (im Rahmen einer Anteilsübertragung), obwohl alle Gesellschafter an Übertragung mitwirken und ein Beschluss dann nicht erforderlich (bzw. konkludent mitenthalten) ist;[55] dies würde nach höchstrichterlicher abschließender Klärung durch die BGH-Entscheidung im Jahr 2019[56] zur (verneinten) analogen Anwendung des § 179a AktG – bei Mitwirkung sämtlicher Gesellschafter – auch bei Beurkundung eines Zustimmungsbeschlusses bei Verpflichtung zur Übertragung des gesamten Vermögens einer GmbH gelten; da die Rechtslage insoweit auch nach der Entscheidung jedoch noch nicht abschließend geklärt ist, wird der rechtssicherste Weg immer noch die Mitbeurkundung sein, so dass – weder vor, noch nach der BGH-Entscheidung – bei Mitbeurkundung kein § 21 vorliegt;[57] Gleiches gilt bei Personen(handels-)gesellschaften; wirken nicht sämtliche Gesellschafter mit, stellt eine Beurkundung des zustimmenden Gesellschafterbeschlusses wohl keine unrichtige Sachbehandlung dar, auch wenn eine solche nicht erforderlich ist, ein Beschluss an sich („besonders bedeutsames Geschäft“) hingegen schon; empfehlenswert ist insoweit die Erörterung mit den Beteiligten.
- **Immobilienrecht:** Systematische Aufspaltung von Verträgen in Angebot und Annahme ohne sachlichen Grund;[58] nach hier vertretener Auffassung auch generelles Einholen einer Genehmigung nach GrdstVG oder Negativattest, obwohl diese zweifelsfrei erkennbar nicht notwendig, da offensichtlich genehmigungsfrei, sind;[59] bei (berechtigten) Zweifeln über Genehmigungsfreiheit jedoch kein § 21; unrichtige Sachbehandlung wird vertreten bei Abwicklung über Notaranderkonto ohne berechtigtes Sicherungsinteresse,[60] höhere (zutreffende) Anforderungen bejaht OLG Düsseldorf, wonach un-

52 Vgl. Korintenberg/*Tiedtke* GNotKG § 98 Rn. 29; Bormann/Diehn/Sommerfeldt/*Neie* § 21 Rn. 11.

53 In diese Richtung auch OLG Hamm 14.8.2008, RNotZ 2009, 417 (hohe Anforderungen an Belehrungspflicht).

54 OLG Schleswig 18.3.1993 – 9 W 26/93; Renner/Otto/Heinze/*Wudy* § 21 Rn. 76.

55 *Volpert* RNotZ 2015, 283; Korintenberg/*Tiedtke* § 21 Rn. 83a.

56 BGH 18.1.2019, BWNotZ 2019, 113; ausführlich zum Streitstand *Hüren* RNotZ 2014, 77 (88); vor der Entscheidung bei Mitbeurkundung ebenfalls kein § 21, OLG Dresden 17.5.2021 – 17 W 265/21.

57 OLG Celle 30.6.2021 – 3 U 72/21, BeckRS 2021, 20386, mzustAnm *Mayer* EWiR 2021, 715; vgl. auch Gutachten, DNotI-Report 2019, 193.

58 LG Berlin 2.3.2012 – BeckRS 2012, 8540; Renner/Otto/Heinze/*Wudy* § 21 Rn. 124.

59 Vgl. auch Rohs/Wedewer/*Waldner* § 21 Rn. 29.

60 OLG Schleswig 6.10.2009 – 9 W 74/09; OLG Bremen 10.3.2004, MittBayNot 2005, 428; aA Renner/Otto/Heinze/*Wudy*, § 21 Rn. 58; Weingärtner/*Ulrich*, DONot/NotAktVV, § 32 DONot Rn. 269 mwN.

richtige Sachbehandlung erst bei Abwicklung über Notaranderkonto ohne Anlass oder nachvollziehbaren Grund (und ohne Erörterung mit den Beteiligten) vorliegt.[61] Bei Belehrung und ausdrücklichem Wunsch der Beteiligten lässt hingegen bereits ein „nachvollziehbarer Grund" § 21 entfallen;[62] grds. ausgeschlossen ist eine unrichtige Sachbehandlung bei Vorliegen eines berechtigten Sicherungsinteresses (§ 57 Abs. 2 Nr. 1 BeurkG);[63] (nicht erforderliche) nachträgliche Bestimmung des Kaufgegenstands bei Nachtrag zu Teilungserklärung;[64]

- **Erb- und Familienrecht:** Erbscheinsantrag, wenn sich Erbfolge aus öffentlichem Testament ergibt,[65] nach teilweise vertretener Auffassung aber auch, wenn sich Erbfolge aus privatschriftlichem Testament ergibt und kein Grundbesitz zum Nachlass gehört und kein Hinweis über Mehrkosten erfolgt,[66] wobei hier mE § 21 grds. erst dann vorliegt, wenn offensichtlich kein Bedürfnis bzw, keine Notwendigkeit für einen Erbschein besteht; § 21 dürfte hingegen im Einzelfall vorliegen, wenn wirksame (postmortale) notarielle Vollmacht Erbschein (ausnahmsweise) entbehrlich macht (aus § 17 BeurkG bzw. § 24 BNotO lässt sich die Ermittlung sämtlicher dieser Tatsachen herleiten); Beurkundung Ehevertrag – entgegen § 1410 BGB – durch Angebot und Annahme;[67] nicht erforderliche Zustimmung der Erben;[68]
- **Rechtsgebietsübergreifend/Allgemeines:** durch Ungenauigkeiten bzw. Nachlässigkeiten des Notars entstehende Mehrkosten (meistens Nachträge), bspw. bei ungenauer Grundbucheinsicht;[69] sämtliche Fälle der verspäteten Einreichung von Unterlagen zB beim Registergericht oder Grundbuchamt, wobei hier weniger unter § 21 fallende Mehrkosten entstehen als vielmehr Schadensersatzansprüche nach § 19 BNotO;[70] Beurkundung trotz offensichtlicher erkennbarerer Geschäftsunfähigkeit;[71] unwirksamer Vertrag mit Minderjährigem ohne Vorlage eines Ausweises,[72] wobei eine unwirksame Beurkundung an sich alleine noch nicht zu einer unrichtigen Sachbehandlung führt;[73] kostenungünstige Beurkundungsreihenfolge ohne besonderen Grund, bspw. Beurkundung Testament vor Übertragungsvertrag mit der Folge eines höheren Vermögens iSd § 102; Anforderung einer Genehmigungs- oder anderweitigen Vollzugserklärung ohne Entwurf durch Beurkundungsnotar im Rahmen der Vollzugstätigkeit, da dadurch bei anderem Notar überflüssige Mehrkosten für Entwurfserstellung entstehen, die bei Beurkundungsnotar mit abgegolten wären (KV Vorb. 2.2 Abs. 2);[74] (nicht

61 OLG Düsseldorf 29.9.2016 – I-10 W 262/16, WKRS 2016, 27805.
62 Vgl. OLG Frankfurt/M. 29.10.2009 – 2 Not 5/08.
63 LG Cottbus 19.5.2021 – 3 OH 19/21.
64 *Wudy* notar 2019, 247 (262); DNotI-report 2016, 77.
65 KG 5.10.1998 – 25 W 4420/98, 25 W 4421/98.
66 Vgl. dazu auch LG Münster 15.5.2017 – 5 OH 42/16.
67 Rohs/Wedewer/*Waldner* § 21 Rn. 25.
68 LG Hannover JurBüro 2005, 317.
69 Bormann/Diehn/Sommerfeldt/*Diehn* § 21 Rn. 32.
70 Bormann/Diehn/Sommerfeldt/*Diehn* § 21 Rn. 25.
71 OLG Düsseldorf 11.8.2016 – I-10 W 115/16, JurBüro 2016, 589; OLG München ZEV BeckRS 2011, 25661; Bormann/Diehn/Sommerfeldt/*Diehn* § 21 Rn. 33.
72 OLG Stuttgart 2.5.1975, DNotZ 1976, 426; Renner/Otto/Heinze/*Wudy* § 21 Rn. 70.
73 OLG Düsseldorf BeckRS 2019, 21810.
74 Notarkasse Streifzug Rn. 3082; wobei Entwurfstätigkeit mit Vollzugsgebühr dann nicht mit abgegolten ist, wenn Löschungsbewilligung weitere mitbelastete Grundstücke betrifft, LG Rostock 22.12.2020 – 10 OH 7/19.

zulässige) Anwendung des § 92 Abs. 2 auch für Fremdentwurf bei vorzeitiger Beendigung des Beurkundungsverfahrens.[75]

2. Beurkundung in getrennten Urkunden. Zu dieser **Unterkategorie** vorgenannter **Fallgruppe 1** zählen Fälle, in denen **Aufteilung auf mehrere Urkunden zu erhöhten Kosten** führt, zB Löschungsbewilligung für Vormerkung in getrennter Urkunde zum Kaufvertrag („Schubladenlösung"),[76] Grundschuldbestellung und getrennte Rangrücktrittserklärung;[77] getrennte Beurkundung von Verpflichtungsgeschäft und Auflassung (→ Rn. 22), Ehe- und Erbvertrag oder Generalvollmacht und Patientenverfügung;[78] getrennte Beurkundung mehrerer Ausschlagungserklärungen.[79] 19

Grundsatz: Der Notar darf sachlich zusammengehörige Beurkundungsgegenstände **nicht ohne Grund (zB berechtigte Interessen der Beteiligten, aber auch ausdrücklicher Wunsch der Beteiligten) auf mehrere Urkunden aufteilen,**[80] da **das Gebot des kostengünstigsten Weges** grds. **Zusammenbeurkundung sachlich zusammenhängender Beurkundungsgegenstände gebietet**, mit Ausnahme der Fälle, in denen mit Blick auf die (einheitlichen) Vollzugs-/Betreuungsgebühren getrennte Beurkundung günstiger ist. Umgekehrt sind sachlich nicht zusammenhängende Gegenstände getrennt zu beurkunden, bei Zusammenbeurkundung muss nach § 93 Abs. 2 getrennt abgerechnet werden.

Auch in dieser Fallgruppe sollte nach hier vertretener Auffassung der **Beurteilungsspielraum bzw. die gesetzlich gewährleistete Unabhängigkeit des Notars (§ 1 BNotO)** sowie Frage der Sachdienlichkeit,[81] aber auch **restriktive Auslegung des § 21**, dazu führen, die Anwendung der Vorschrift auf **eindeutige Fälle** zu beschränken. Im **jeweiligen Einzelfall** kann bei **Vorliegen besonderer Umstände getrennte Beurkundung gerechtfertigt sein**, zB können **Vollmacht und Patientenverfügung** ein unterschiedliches Schicksal erleiden bzw. müssen private Entscheidungen für todesnahe Situationen nicht jedem Dritten sofort bekannt werden;[82] ebenso **„bessere Verkehrsfähigkeit"** (Dispositionsfreiheit bzgl. Verwendung, Änderung, Widerruf) bei getrennter Beurkundung auch von **Ehegattenvollmachten;**[83] aber auch **Ehe- und Erbvertrag**, da ersterer im Erbfall mit eröffnet wird, oder – in Ausnahmefällen – bzgl. **mehrerer Ausschlagungserklärungen**, wenn nur bei getrennter Beurkundung der Ausschlagungswillige frei und unabhängig darüber disponieren kann;[84] wohl auch, wenn **besonders sachkun-** 20

75 OLG Naumburg 12.6.2019 – BeckRS 2019, 33581.
76 Unrichtige Sachbehandlung, da Mitbeurkundung in Kaufvertrag gleichsicher: *Diehn* § 21 Rn. 7; OLG Hamm MittBayNot 2008, 497.
77 Unrichtige Sachbehandlung, da derselbe Beurkundungsgegenstand, § 109 Abs. 1 Nr. 3 GNotKG: OLG Frankfurt 19.3.1986, JurBüro 1987, 416 (zur KostO), unter GNotKG wg. einheitl. Vollzugsgebühr getrennte Beurkundung mglw. günstiger.
78 Regelmäßig kein § 21, → Rn. 20.
79 Keine unrichtige Sachbehandlung, vgl. *Diehn* § 21 Rn. 23; aA Rohs/Wedewer/*Waldner* § 21 Rn. 27.
80 OLG Frankfurt 17.1.2017 – 20 W 93/15 und 20 W 169/15; OLG Zweibrücken BeckRS 2020, 11184.
81 *Wudy* notar 2017, 269.
82 LG Potsdam 20.12.2019, NotBZ 2020, 361.
83 So auch LG Potsdam 20.12.2019 – NotBZ 2020, 361 (Vorinstanz); OLG Brandenburg 30.3.2020 – 7 W 17/20, BeckRS 2020, 14803 mzustAnm *Bachmayer* ZNotP 2021, 45; vgl. auch *Wudy* notar 2020, 213 (217); mE zu eng Korintenberg/*Tiedtke* § 98 Rn. 28, wonach nur kein § 21 vorliegt, wenn Vollmachtgeber ausdrücklich auf getrennte Beurkundung besteht.
84 LG Potsdam 4.8.2004 – NotBZ 2005, 451; Renner/Otto/Heinze/*Wudy* § 21 Rn. 85.

dige Beteiligte ausdrücklich getrennte Beurkundung wünschen; so dass die Frage des § 21 nicht über bloßen Blick auf die Kosten entschieden werden sollte.[85]

21 Empfehlenswert dürfte nach hier vertretener Auffassung auch insoweit die Erörterung mit den Beteiligten sein, um die Vor- und Nachteile (v.a. höhere Kosten) einer getrennten Beurkundung im konkreten Fall zu ermitteln, bspw. die Wahrscheinlichkeit eines Vollmachtswiderrufs. Bei getrennter Beurkundung ohne sachlichen Grund, trotz sachlicher Zusammengehörigkeit, wird ein unterbliebener Hinweis, insbes. aufgrund des Verlusts des Degressionsvorteils (§ 35) und mit Blick auf § 109, regelmäßig zu einer unrichtigen Sachbehandlung führen.

22 Die vorgenannten Grundsätze werden besonders am Beispiel der umstrittenen, vom Kaufvertrag getrennten Auflassung deutlich.[86] Eine unrichtige Sachbehandlung wird aufgrund der dazu vorhandenen verschiedenen Auffassungen bei einem derartigen Vorgehen nicht grundsätzlich anzunehmen sein.[87] Dieser Ansicht folgt auch der BGH in einer neueren Entscheidung unter Hervorhebung des aus der Unabhängigkeit des Notars resultierenden weiten Beurteilungs- und Gestaltungsspielraums, sowohl bei der Frage nach der geeignetsten Gestaltungsmöglichkeit, als auch bezüglich der Beurteilung, welche davon gleich sicher und zweckmäßig sind.[88] Erfolgt eine Trennung jedoch systematisch und ohne Vorliegen eines sachlichen Grundes (ein solcher ist bspw. ein erhöhtes Sicherungsbedürfnis des Verkäufers; ein Kaufvertrag über noch nicht vermessene Teilfläche[89] oder über ein noch nicht errichtetes Wohnungseigentum auf der Grundlage vorläufiger Aufteilungspläne)[90] ohne Erörterung der spezifischen Vor- und Nachteile, liegt ein Verstoß gegen § 21 nahe.[91] Hingegen obliegt die Entscheidung über des Vorliegen eines sachlichen Grundes (zB erhöhte Sicherheit; Schnelligkeit) dem – weiten – Beurteilungsspielraum des Notars (vgl. § 1 BNotO), so dass es nur in den – seltenen – Fällen, in denen beide Varianten auch nach Auffassung des Notars gleichsicher und zweckmäßig sind, einer Erörterung mit den Beteiligten bedarf.[92]

23 **3. Unterbliebene Belehrung des Notars über entstehende Kosten bzw. zu kostengünstigeren (Gestaltungs-)Alternativen.** Fälle, in denen der Notar ungefragt nicht über die entstehenden Kosten belehrt, stellen mangels insoweit bestehender Hinweis- und Belehrungspflicht grds. keine unrichtige Sachbehandlung dar.[93] Es ist allgemein bekannt, dass die Inanspruchnahme eines Notars die gesetzliche Gebührenpflicht auslöst;[94] daher grds. kein § 21 bei unterbliebener Belehrung darüber, dass bei genehmigungspflichtigem Rechtsgeschäft Kosten auch

---

85 Renner/Otto/Heinze/*Wudy* § 21 Rn. 63 bzgl. getrennter Auflassung.
86 Meinungsstand u.a. BayOLG 27.9.2000 – 3 Z BR 186/00.
87 Dazu *Schmidt* RNotZ 2020, 210 (212); ebenso besteht auch keine zum Schadensersatz verpflichtende Amtspflichtverletzung nach § 19 BNotO, vgl. BGH 1.10.2020, BeckRS 2020, 30692.
88 BGH 1.10.2020 – V ZB 67/19, auch die unterbliebene Belehrung über kostengüstigere Alternativen führt nicht zu § 21, → Rn. 24.
89 OLG Düsseldorf 4.5.2000.
90 Renner/Otto/Heinze/*Wudy* § 21 Rn. 58.
91 So KG 26.3.2019 – 9 W 54/17 und 9 W 90/17, BeckRS 2019, 9951; KG RNotZ 2019, 412.
92 Vgl. BeckOK BNotO/*Sander* § 17 Rn. 20; zu weitgehend daher OLG Celle DNotZ 2004, 196, mzutrAnm *Kanzleiter*.
93 BGH 1.10.2020, BeckRS 2020, 30692 mwN; HK-GNotKG/Macht § 21 Rn. 17.
94 BGH 1.10.2020 – BeckRS 2020, 30692; OLG Zweibrücken DNotZ 1988, 391.

bei Nichterteilung der Genehmigung entstehen;[95] ebenso kein § 21 bei unterbliebener Belehrung eines bereits zu Zeiten der Geltung der KostO da gewesenen Kostenschuldners über Verteuerung seit Geltung des GNotKG[96]; ebenso bei unterbliebener Belehrung über die gesamtschuldnerische Haftung mehrerer Kostenschuldner nach § 32 GNotKG;[97] **anders hingegen nur dann, wenn besondere Umstände eine Betreuungs- bzw. Fürsorgepflicht, insbes. nach § 24 BNotO begründen,** zB Schaden droht, bei offensichtlichem Irrtum über Kosten oder expliziter Nachfrage über die Kosten (sog. außerordentliche Belehrungspflicht[98]);[99] in Ausnahmefällen auch bei ungewöhnlich hohen und/oder teilweise vermeidbaren Kosten, wenn Notar daher annehmen muss, dass Beteiligte das das Geschäft gar nicht oder anders in Auftrag gegeben hätten.[100] **Ebenso** besteht im Grundsatz auch **keine generelle notarielle Pflicht, auf kostengünstigere Gestaltungsvarianten hinzuweisen,** zB keine Hinweispflicht, dass Beurkundung bzw. Beglaubigung im Ausland oder bei anderen Stellen bzw. Behörden möglicherweise kostengünstiger ist.[101]

(Erweiterte) Hinweis- bzw. Belehrungspflichten können sich zudem auch aus **§ 14 Abs. 1 S. 2 BNotO** (analog) oder **§ 17 BeurkG ergeben,** da der Notar grds. zur **umfassenden Belehrung bzw. Aufklärung** verpflichtet ist:[102] 24

1. Die Aufnahme einer **konstitutiven Maklerklausel** ohne Erörterung bzw. Belehrung, auch über die höheren Kosten, stellt bspw. eine unrichtige Sachbehandlung dar.[103] Ebenso kann nach Ansicht des KG[104] in Einzelfällen auch bei einer sog. **planenden Beratung** eine Belehrungspflicht über entstehende Kosten eines Entwurfs bestehen, die dann vom Notar jedoch entsprechend allgemein gehalten werden kann (Kostenauskunft, → § 125 Rn. 3). Aus **§ 17 BeurkG bzw. § 24 BNotO** folgt auch die **Pflicht des Notars,** bei mehreren zur Erreichung des gewünschten Zieles **gleichgeeigneten und sicheren Gestaltungsvarianten** auf die **kostengünstigste hinzuweisen.**[105] Nur unter diesen **engen Voraussetzungen** besteht eine **notarielle Hinweispflicht auf kostengünstigere Alternativen.** Diese Ausnahmen (und mithin eine unrichtige Sachbehandlung) sollten aufgrund der **notariellen Unabhängigkeit** bzw.

---

95 Thüringer OLG 22.2.2021 – 4 W 196/20, anders nur bei klar erkennbarer Fehlvorstellung der Beteiligten über Kostenentstehung; Wudy, notar 2021, 235 (240); trotzdem wird in derartigen Fällen vermehrt ein derartiger Hinweis in Urkunde aufgenommen, dass Kosten der Beurkundung auch dann entstehen, wenn Vertrag nicht genehmigt wird.

96 Thüring OLG 22.2.2021 – 4 W 196/20.

97 WürzNotar-HdB/*Tiedtke/Sikora* Teil 1, Kap. 6, C Rn. 40, BayOLG JurBüro 1982, 1549.

98 *Bachmayer* ZNotP 2021, 45 (46) unter Verweis auf OLG Frankfurt/M. BeckRS 2017, 112560.

99 Dazu OLG Brandenburg 15.8.2018 – 7 W 18/18, NotBZ 2019, 43.

100 OLG Frankfurt/M. 21.2.2017 – 20 W 327/15, BeckRS 2017, 112560.

101 WürzNotar-HdB/*Tiedtke/Sikora* Teil 1, Kap. 6 C Rn. 42.

102 Dazu KG 21.10.2011, DNotZ 2012, 290.

103 OLG Naumburg NotBZ 2017, 157; *Tiedtke/Sikora* DNotZ 2017, 673 (690); ausführlich dazu differenziert Renner/Otto/Heinze/*Wudy* § 21 Rn. 111.

104 KG 30.6.2015, NJOZ 2015, 1781, kein § 21, aber mit der Folge eines Schadensersatzanspruches wegen der Verletzung der Betreuungspflicht aus § 24 BNotO; kritisch dazu und die Entscheidung für das GNotKG ablehnend Rohs/Wedewer/*Wudy* 11. Kostenbelehrung Rn. 35, da die Entscheidung des KG noch zu § 145 KostO erging; zur sog. planenden Beratung auch, Franz/Miermeister/*Hertel* BNotO § 24 Rn. 19 ff.

105 KG 26.3.2019, RNotZ 2019, 412; KG 21.10.2011, DNotZ 2012, 290; Belehrungspflicht aus § 24 BNotO: *Diehn* § 21 Rn. 6.

des weiten Beurteilungs- und Gestaltungsspielraums in derartigen Konstellationen jedoch nur sehr zurückhaltend angenommen werden.

2. **Keine unrichtige Sachbehandlung** liegt nach einer neueren Entscheidung des BGH bei **getrennter Beurkundung von Kaufvertrag und Auflassung** vor, selbst dann nicht, wenn der Notar die Beteiligten nicht über kostengünstigere andere Gestaltungsmöglichkeiten belehrt hat.[106] Nach Ansicht des BGH würde die Belehrungspflicht des Notars im Hinblick auf die Kostenbelastung „überspannt und das Beurkundungsverfahren mit Kostenfragen überfrachtet, wenn dem Notar auch die Verpflichtung auferlegt würde, die – oftmals rechtsunkundigen – Beteiligten über andere Gestaltungsmöglichkeiten zu belehren, die gegenüber der von ihm gewählten Art der Vertragsgestaltung zwar nicht in jeder Hinsicht gleichwertig, aber kostengünstiger sind."[107] Der Kostenaspekt ist dabei einer von vielen, hingegen nicht der ausschlaggebende Punkt bei der Vertragsgestaltung, insbes. Neben der Berücksichtigung bzw. Vermeidung der jeweiligen Abwicklungsrisiken.[108] Sind die Anforderungen an eine Hinweispflicht daher entsprechend hoch und § 21 bei fehlender Belehrung nur in Ausnahmefällen erfüllt, dürfte sich nichts desto trotz unter besonderen Umständen – bspw. bei erkennbar kostensensitiven Beteiligten – empfehlen, die Kostenthematik mit den Beteiligten zu erörtern; insbesondere auch aus dem Grund, da der Notar zur umfassenden Aufklärung des Sachverhalts bzw. der Ziele der Beteiligten sowie deren Beratung verpflichtet ist (§ 24 BNotO, § 17 BeurkG).

3. In folgenden Fällen besteht grds. **keine Hinweispflicht** bspw. dahin gehend, dass (bestimmte) Kosten (zB Vollzugsgebühren) durch eigenes Tätigwerden der Beteiligten vermieden werden können;[109] ein Kostenhinweis dürfte bei Vorliegen besonderer Umstände je nach Ermessen des Notars jedoch im Einzelfall empfehlenswert sein:

   – **beglaubigte Grundschulden**: Keine Hinweispflicht, dass durch Unterschriftsbeglaubigung und Einreichung durch den Notar beim Grundbuchamt 0,2XML-Gebühr (bzw. 0,1 in den Fällen der KV Nr. 22115) – auch ohne Antrag (Vorb. 2.2) – entsteht, bei Fremdentwurf sogar 0,5 XML-Gebühr (KV Nr. 22125); hingegen kostenfrei bei Einreichung bzw. Übermittlung durch die Beteiligten selbst,

   – **Grundschuldlöschungen**: Keine Hinweispflicht, dass Kosten gespart werden, wenn – soweit nicht im Formular bereits enthalten – Eigentümerzustimmung und Antrag zur Löschung selbst geschrieben werden, anstelle eines Entwurfs durch den Notar; bei Entwurf durch Notar, obwohl Formular des Gläubigers den Zustimmungstext bereits enthält, liegt jedoch unrichtige Sachbehandlung vor.[110] Grds. empfiehlt sich ein Hinweis besonders in den Fällen, in denen Kosten für die Entwurfsfertigung im Vergleich zur Unterschriftsbeglaubigung (KV Nr. 25101 Nr. 2: 20 EUR) unverhältnismäßig hoch sind (Kostenunterschied mehr als

---

106 BGH 1.10.2020 – V ZB 67/19.

107 BGH 1.10.2020 – V ZB 67/19.

108 BGH 1.10.2020 – V ZB 67/19, wobei der BGH im entschiedenen Fall (getrennte Beurkundung von Angebot und Annahme) bereits schon deshalb eine unrichtige Sachbehandlung ablehnte, weil der Annahmenotar für die Gestaltung des Kaufvertrags nicht verantwortlich war und sich dessen Aufklärungs- und Belehrungspflichten sich grds. auf die rechtliche Bedeutung der Annahme beschränken.

109 Renner/Otto/Heinze/*Wudy* § 21 Rn. 148; differenzierend Rohs/Wedewer/*Waldner* § 21 Rn. 39.

110 Renner/Otto/Heinze/*Wudy* § 21 Rn. 75.

200 EUR[111]) sowie dann, wenn davon auszugehen ist, dass bei Kenntnis über Kosten der Beteiligte die Zustimmung selbst verfasst hätte.[112] **Elektronische Einreichung der Grundschuldlöschung** beim Grundbuchamt durch Notar ist seit Inkrafttreten des KostRÄG zum 1.1.2021 **gebührenbefreit** (vgl. KV Nr. 22125 Abs. 2), nach zutreffender Ansicht selbst für den Fall, dass die Löschungsbewilligung des Grundpfandrechtsgläubigers mit eingereicht wird;[113] Gebührenbefreiung jedoch nur bei reiner Unterschriftsbeglaubigung, so dass bei einem Entwurf durch den Notar eine XML-Gebühr nach KV Nr. 22114 bzw. 22115 ensteht, was o.g. Hinweisempfehlung auf Mehrkosten zusätzlich verstärkt.[114]

– Ebenso kann Notar im Gesellschaftsrecht **Liste der Gesellschafter bzw. Liste der Übernehmer** (bei Gründung, Kapitalerhöhung etc) erstellen und muss **nicht etwa Beteiligte darauf hinweisen**, dass diese es selbst **kostenfrei machen können** – dies gilt nicht nur in den Fällen, in denen die Liste eine Bescheinigung nach § 40 Abs. 2 S. 2 GmbHG enthalten muss, sondern im Hinblick auf die detaillierten Anforderungen der Gesellschafterlistenverordnung für sämtliche Listen;[115]
– Fälle, in denen der Notar **mangels Amtspflicht zur kostengünstigsten Gestaltung** auch bei der Wahl der teureren Gestaltung keine überflüssigen Kosten iSd § 21 verursachen würde (→ Rn. 11, 15), bietet sich bei **Vorliegen besonderer Umstände** – in Einzelfällen – nach hier vertretener Auffassung eine Empfehlung oder ein Hinweis bspw. dahin gehend an, dem Verkäufer die Möglichkeit zu geben, sich um Lastenfreistellung vorab eigenständig zu kümmern oder im Nachgang der Beurkundung Unterlagen selbst zu beschaffen.[116]
– Fälle, in denen **Beglaubigungsvorgang eines Fremdentwurfs mit Einreichung** (u.a. beim Handelsregister, Grundbuchamt) teurer ist, als wenn der Notar den Entwurf selbst fertigt bzw. prüft, ändert oder ergänzt, zB aufgrund – nicht auf 50 EUR gedeckelter – besonderer 0,5-Vollzugsgebühr für Einholung Sanierungsgenehmigung (KV Nr. 22121) oder einer 0,5 XML-Gebühr (KV Nr. 22125).[117]

Im Hinblick auf den gesetzgeberischen Sinn und Zweck dieser Kostenunterschiede, Personen dazu zu bewegen, sich den – dann fehlerfreien – Entwurf vom Notar fertigen zu lassen, **erscheint selbst Empfehlung fragwürdig**. Die systematische Empfehlung des Notars der Einreichung durch die Beteiligten selbst, würde sogar dem mit der Vorstrukturierung der Daten **verfolgten Ziel der Entlastung der Gerichte und der Förderung des elektronischen Rechtsverkehrs zuwiderlaufen.**[118] Der Anreiz des Notars, die Entwürfe kostengünstiger selbst zu fertigen, lässt sich der Gesetzesbegründung der Handelsregisteranmeldung auch entnehmen.[119] Trotzdem muss der Notar einen Fremdentwurf auch 25

111 LG Magdeburg 14.9.2020 10 OH 31/19.
112 Vgl. ausführlich zum Streitstand Renner/Otto/Heinze/*Wudy* § 21 Rn. 96.
113 *Wudy* notar 2021, 235 (236); *Bachmayer* ZNotP 2021, 192; *Diehn* Notarkostenberechnungen Rn. 197; *Elsing* notarbüro 2/2021, 15.
114 Vgl. *Wudy* notar 2021, 235 (241).
115 Vgl. OLG Celle JurBüro 1994, 41; aA Rohs/Wedewer/*Waldner* GNotKG § 21 Rn. 41.
116 Vgl. *Krauß* Immobilienkaufverträge Rn. 5118.
117 Anschaulich und dieses Paradoxon kritisierend *Bachmayer* ZNotP 2021, 192 (194).
118 Ländernotarkasse NotBZ 2014, 176; BT-Drs. 17/11471 (neu), 341.
119 Ländernotarkasse NotBZ 2014, 176.

dann nicht zurückweisen, wenn dessen Verwendung teurer ist als eine (erneute) Entwurfsfertigung durch den Notar.[120]

- (kein) Hinweis, dass die **Rücknahme eines öffentlichen Testaments aus der besonderen amtlichen Verwahrung** Widerrufswirkung hat und – im Gegensatz zu einem Widerrufstestament – **kostenfrei** (da die Kosten iHv 75 EUR die Herausgabe mitumfasst) erfolgt (Anm. zu Nr. 12100);[121]
- (kein) Hinweis, dass bei **Rücknahme eines Erbvertrags aus der notariellen Verwahrung** (bei höheren Werten) dadurch **Kosten gespart** werden **können**, zunächst die besondere amtliche Verwahrung zu verlangen und anschließend dann dort den Erbvertrag aus der Verwahrung zurückzunehmen (dann nur Festgebühr von 75 EUR (KV Nr. 12100, da Rücknahme kostenfrei; sonst 0,3 Gebühr nach KV Nr. 23100);[122]
- Unterschiedliche Kosten verursachende Gestaltungen bei der **Lösung von Erbverträgen** (Aufhebung: 1,0 (KV Nr. 21102 Nr. 2); Rücktritt: 0,5 (KV Nr. 21201); Rückgabe aus notarieller Verwahrung: 0,3 (KV Nr. 23100; Rücknahme aus besonderer amtlicher Verwahrung: kostenfrei (KV Nr. 12100);
- **Teilungserklärungen**: Notar kommt bei der Frage der Aufteilung nach § 3 oder § 8 **Geststaltungsermessen** zu; nach zutreffender Ansicht des KG sind die Gestaltungsmöglichkeiten derart unterschiedlich, dass sie nicht allein unter Kostengesichtspunkten austauschbar wären;[123] ein Hinweis dürfte sich im Hinblick auf die unterschiedlichen Kosten jedoch empfehlen.

4. *Umstr.*, ob der Notar verpflichtet ist, darauf hinzuweisen, dass ein in **Auftrag gegebenes Rechtsgeschäft nicht beurkundungspflichtig ist**, zB (formfreie) GbR-Gründung vor Abschluss des Kaufvertrages,[124] formfreier Widerruf einer Generalvollmacht,[125] das Gesellschaftsrecht betreffend den Hinweis, dass iRe GmbH-Gründung der Geschäftsführerbestellungsbeschluss auch formlos durch die Beteiligten erstellt werden kann;[126] die **Nichtbeurkundungsbedürftigkeit einer Hauptversammlung** in den Fällen des § 130 Abs. 1 S. 3 AktG, von Beherrschungs- und Gewinnabführungsverträgen (analog § 293 AktG) oder bei der Beauftragung eines **nicht beurkundungspflichtigen Beschluss-Entwurfs**;[127] oder auch Hinweis, dass Testament, Patientenverfügung oder Vorsorgevollmacht **kostenfrei** eigenhändig errichtet werden können;[128] ebenso bei der Annahmeerklärung des Testamentsvollstreckers, die anstelle über den Notar (KV Nr. 24102, 21201 Nr. 6, § 92 Abs. 2) auch **formlos** gegenüber dem Nachlassgericht erklärt werden kann; ebenso Hinweis auf **kostengünstigere Alternativen**, bspw.

120 *Diehn* Notarkostenberechnungen Rn. 754.

121 *Diehn* Notarkostenberechnungen Rn. 1377 (keine Hinweispflicht).

122 Rohs/Wedewer/*Waldner* § 21 Rn. 40, § 114 Rn. 3, der bei Werten von über 95.000 EUR (§ 114) von einer Kostenersparnis für die Beteiligten ausgeht.

123 KG 12.1.2021 DNotZ 2021, 543 eine unrichtige Sachbehandlung ablehnend, wenn beide Alternativen möglich sind.

124 Für Hinweispflicht LG Leipzig 10.10.2019 – 02 OH 67/18, BeckRS 2019, 44071; aA BeckOK BNotOGörk/*Sander* § 24 Rn. 11a, § 17 Rn. 24.

125 *Staschelt* RNotZ 2020, 61: keine Hinweispflicht auf Form, aber Vollmachtgeber sollte auf Notwendigkeit der Rückgabe der Ausfertigung bzw. der Vollmachtsurkunde hingewiesen werden.

126 Kein § 21: OLG Frankfurt ZNotP 2008, 38; OLG Stuttgart, 8 W 18/90; Renner/Otto/Heinze/*Wudy* § 21 Rn. 95; aA BeckNotar-HdB/*Waldner* 61g.

127 *Diehn* Notarkostenberechnungen Rn. 781: keine Hinweispflicht.

128 Renner/Otto/Heinze/*Wudy* § 21 Rn. 68.

Ausschlagungserklärungen und Erbscheinsanträge, die **beim Nachlassgericht keine Umsatzsteuer** auslösen.

Häufig wird **Nichtbeurkundung** schon **keine gleichwertige und gleichrechtssichere Alternative** darstellen,[129] wobei die **umfassende notarielle Beratungspflicht** nach hier vertretener Auffassung die **Beratung über die erforderliche Form** bei **Vorliegen besonderer Umstände** mitumfassen kann (bspw. wenn Beteiligter erkennbar **fehlerhaft davon ausgeht, dass beauftragtes Geschäft beurkundungspflichtig ist**),[130] so dass ein unterlassener Hinweis aufgrund der entstandenen Mehrkosten zu § 21 bzw. Schadensersatzansprüchen führen kann; jedoch **restriktiver Umgang**, da Notar auf der anderen Seite auch **nicht von seiner Inanspruchnahme abraten muss.**[131] Nach Ansicht des LG Cottbus ist (für § 21) erforderlich, dass die Gestaltung ohne notarielle Beurkundung zur Erreichung des gewollten Zwecks angemessen und in gleicher Weise zweckmäßig und sicher ist wie die Beurkundung, und der Notar Anhaltspunkte habe, dass sich der Rechtssuchende der Wahlmöglichkeit nicht bewusst sei.[132] 26

Eine derartige **Belehrungspflicht** dürfte sich lediglich in den **seltenen Fällen** begründen lassen, in denen „(…) ein **weiterer Vorteil der beurkundeten gegenüber der formfreien Erklärung** fernliegt, weil es sich um eine **Erklärung einfachster Art** handelt, die **rechtlich, persönlich und wirtschaftlich** für die **Beteiligten erkennbar nur geringste Bedeutung** haben wird (…).[133] So verneint das *LG Potsdam*, nach hier vertretener Auffassung zutreffend, bspw. eine Belehrungspflicht über die fehlende Beurkundungspflicht von Vorsorgevollmachten mit dem Argument der **allgemein anerkannten Vorteile einer beurkundeten Vorsorgevollmacht** (Feststellung der Identität und über Wahrnehmungen zur Geschäftsfähigkeit der Beteiligten durch Notar; Ermittlung und Wiedergabe des tatsächlichen Willens; rechtssichere Formulierung von Inhalt und Umfang);[134] ähnlich argumentiert auch das OLG Brandenburg in Bezug auf eine Patientenverfügung; es gehe gerade nicht alleine darum, die Erklärung vor der Nichtigkeit eines Formmangels zu bewahren.[135] Bestehen allerdings **begründete Zweifel über die Beurkundungspflichtigkeit**, darf – auch ohne Belehrung – beurkundet werden,[136] bspw. im Fall der Beurkundung des Zustimmungsbeschlusses (auch) der herrschenden GmbH iRe Gewinnabführungsvertrags[137] und nach hier vertretener Auffassung aufgrund der auch nach der BGH-Entscheidung noch immer bestehenden Rechtsunsicherheit bei der Beurkundung eines zustimmenden Gesellschafterbeschlusses zur Übertragung des Gesellschaftsvermögens. 27

Die **vorgenannten Grundsätze** gelten ebenso in den Konstellationen, in denen der Notar ein **schuldrechtliches (nicht formbedürftiges) Rechtsgeschäft mitbeurkundet.** Sehr weitgehend fordert das OLG Hamm[138] in derartigen Fällen eine detaillierte Belehrung unter ausführlicher Darstellung der Vor- und Nachteile sowie der entstehenden Mehrkosten im **konkreten Fall**, wobei unter Berücksichtigung der – restriktiven – jüngsten Rechtsprechung des OLG Branden- 28

129 So auch BeckOK BNotO/*Sander* § 17 Rn. 24.
130 OLG Düsseldorf RNotZ 2002, 60; KG 21.10.2011, DNotZ 2012, 290.
131 *Diehn* Notarkostenberechnungen Rn. 781.
132 LG Cottbus 19.5.2021 – 3 OH 19/21; *Wudy* notar 2021, 235 (241).
133 OLG Brandenburg 30.3.2020 – 7 W 17/20, NotBZ 2020, 265.
134 LG Potsdam 20.12.2019 – 12 T 29/17, NotBZ 2020, 361.
135 OLG Brandenburg 30.3.2020 – 7 W 17/20, NotBZ 2020, 265.
136 Vgl. Renner/Otto/Heinze/*Wudy* § 21 Rn. 128.
137 Thüring OLG 22.2.2021 – 4 W 196/20, zumindest auf Anraten des Steuerberaters bzgl. steuerlicher Anerkennung.
138 OLG Hamm 14.8.2008, RNotZ 2009, 417.

burg[139] nach hier vertretener Auffassung in derartigen Fällen eher ein dann möglicherweise fehlender Auftrag iSd § 29 Nr. 1 zutreffender Anknüpfungspunkt für die Nichterhebung der Mehrkosten sein kann; es sei denn, es liegen besondere Umstände vor, die eine umfassende Belehrung erfordern. Argumentiert man in derartigen Fällen auch ohne Auftrag mit einer Kostenhaftung nach § 30 Nr. 1, dürfte § 21 bzw. eine Amtspflichtverletzung nur in den Fällen in Betracht kommen, in denen die Beteiligten bei umfassender Auskunft die Beurkundung nicht gewollt hätten.

29 Nicht darunter fällt grds. eine falsche Kostenauskunft. Diese Kosten müssen wegen § 125 erhoben werden, evtl. bestehen jedoch Schadensersatzansprüche (§ 19 BNotO), → § 125 Rn. 3.

Abschnitt 5 Kostenhaftung

Unterabschnitt 2 Notarkosten

§ 29 Kostenschuldner im Allgemeinen

Die Notarkosten schuldet, wer
1. **den Auftrag erteilt oder den Antrag gestellt hat,**
2. **die Kostenschuld gegenüber dem Notar übernommen hat oder**
3. **für die Kostenschuld eines anderen kraft Gesetzes haftet.**

§ 30 Haftung der Urkundsbeteiligten

(1) Die Kosten des Beurkundungsverfahrens und die im Zusammenhang mit dem Beurkundungsverfahren anfallenden Kosten des Vollzugs und der Betreuungstätigkeiten schuldet ferner jeder, dessen Erklärung beurkundet worden ist.

(2) Werden im Beurkundungsverfahren die Erklärungen mehrerer Beteiligter beurkundet und betreffen die Erklärungen verschiedene Rechtsverhältnisse, beschränkt sich die Haftung des Einzelnen auf die Kosten, die entstanden wären, wenn die übrigen Erklärungen nicht beurkundet worden wären.

(3) Derjenige, der in einer notariellen Urkunde die Kosten dieses Beurkundungsverfahrens, die im Zusammenhang mit dem Beurkundungsverfahren anfallenden Kosten des Vollzugs und der Betreuungstätigkeiten oder sämtliche genannten Kosten übernommen hat, haftet insoweit auch gegenüber dem Notar.

§ 31 Besonderer Kostenschuldner

(1) Schuldner der Kosten, die für die Beurkundung des Zuschlags bei der freiwilligen Versteigerung eines Grundstücks oder grundstücksgleichen Rechts anfallen, ist vorbehaltlich des § 29 Nummer 3 nur der Ersteher.

(2) Für die Kosten, die durch die Errichtung eines Nachlassinventars und durch Tätigkeiten zur Nachlasssicherung entstehen, haften nur die Erben, und zwar nach den Vorschriften des Bürgerlichen Gesetzbuchs über Nachlassverbindlichkeiten.

(3) [1]Schuldner der Kosten der Auseinandersetzung eines Nachlasses oder des Gesamtguts nach Beendigung der ehelichen, lebenspartnerschaftlichen oder

139 OLG Brandenburg 30.3.2020 – 7 W 17/20, NotBZ 2020, 265.

fortgesetzten Gütergemeinschaft sind die Anteilsberechtigten; dies gilt nicht, soweit der Antrag zurückgenommen oder zurückgewiesen wurde. [2]Ferner sind die für das Amtsgericht geltenden Vorschriften über die Kostenhaftung entsprechend anzuwenden.

I. Grundlagen

Vorschriften über das Kostenschuldverhältnis dienen dem Schutz des Notars, geben ihm mehrere Kostenschuldner und lassen ihm Freiraum, welchen er in Anspruch nimmt; auch wenn die Kostentragung im Innenverhältnis und die Kostenschuldnerschaft nach dem GNotKG häufig nicht deckungsgleich sind.[1] Diese Vorschriften dienen **ebenso wie § 11 und § 15 der Erleichterung der Kostenbeitreibung** und sollen das **Kostenausfallrisiko der Notare möglichst geringhalten.**[2] 1

Sämtliche der Vorschriften §§ 29–31 regeln die Frage des **Schuldners der Notarkosten**, wobei **§ 31 besondere Kostenschuldner** für bestimmte notarielle Tätigkeiten nennt und die Vorschriften der §§ 29, 30 in den genannten Konstellationen, insbesondere die **Auftraggeberhaftung** (§ 29 Nr. 1) sowie die **Erklärungshaftung** (§ 30 Abs. 1, 2) **als lex specialis** insoweit einschränkt. Nach überwiegender und mE zutreffender Ansicht **bleiben §§ 29 Nr. 2, 3, 30 Abs. 3 neben § 31 anwendbar.**[3] Neben § 30 bleibt § 29 anwendbar und verdrängt diesen nicht.[4] 2

Grundnorm der Haftungsvorschriften ist § 29 Nr. 1 (nach § 2 Nr. 1 KostO sog. **Veranlasserhaftung**), der durch **§ 30 Abs. 1** erweitert bzw. durch **§ 30 Abs. 2** eingeschränkt wird. Darüber hinaus haftet, neben **§ 29 Nr. 3**, insbesondere derjenige für die Notarkosten, der sie nach **§ 29 Nr. 2 bzw. 30 Abs. 3** übernommen hat. 3

Schulden nach §§ 29–31 mehrere die Notarkosten, haften sie nach § 32 als Gesamtschuldner. 4

---

1 Häufig bei Treuhandauflagen: Kostenhaftung des Ablösegläubigers nach § 29 Nr. 1 (bzw. nach § 30 Abs. 1 der Vertragsbeteiligten), auch wenn im Innenverhältnis regelmäßig der Eigentümer die Kosten übernimmt, vgl. dazu auch Bormann/Diehn/Sommerfeldt/Bormann KV 22201 Rn. 3.

2 BeckOK KostR/*Becker* § 11 Vorb.

3 Toussaint/*Uhl* § 31 Rn. 2; wohl auch, BeckOK KostR/*Toussaint* § 31 Rn. 5, 16, 22, der jedoch in Rn. 10.1 auf die zur KostO ergangene Rspr. verweist, die § 6 KostO als abschließend ansieht.

4 Rohs/Wedewer/*Wudy* GNotKG § 29 Rn. 13.

II. § 29 Nr. 1: Kostenhaftung des Auftraggebers bzw. Antragstellers

5 Frage des richtigen Kostenschuldners ist häufig streitig, besonders bei **vorzeitiger Beendigung des Beurkundungsverfahrens. Neuere Gerichtsentscheidungen** deuten zum Schutz des Notars **weite Auslegung** des § 29 an, wobei besonders die Anforderungen an die **Auftragserteilung iRd § 29 Nr. 1** (zu Recht) großzügig beurteilt werden.[5] Das Unterbleiben der Beurkundung ändert – unabhängig vom Verschulden und der Person, die den Auftrag zurückgenommen hat – nichts an der Kostenhaftung des Auftraggebers.[6] **Auftrag und Antrag** werden kostenrechtlich vom GNotKG gleichbehandelt, vgl. § 4.[7]

6 **1. Eigenständiges Ersuchen um amtliches Tätigwerden.** Es muss ein eigenständiges Ersuchen um amtliches Tätigwerden vorliegen.[8] Die **Sicht des Notars** als Empfänger ist bei der **Auslegung und Würdigung des Verhaltens der Beteiligten** ausschlaggebend (**objektiver Empfängerhorizont**). Entscheidend ist, ob das Verhalten des jeweiligen Beteiligten für den Notar nach **Treu und Glauben** mit **Rücksicht auf die Verkehrssitte** den Schluss zulässt, es werde ihm ein Auftrag erteilt.[9] Dabei sind sämtliche **Umstände des Einzelfalls** heranzuziehen und zu werten.[10] Es kommt darauf an, wer durch sein Verhalten **unmittelbar die notarielle Amtstätigkeit veranlasst,**[11] bzw. das auf die **Herbeiführung einer notariellen Tätigkeit gerichtetes Handeln bezweckt.**[12] Das können auch **mehrere Personen** sein, wobei sich eine weitere Auftragserteilung dann aus **besonderen Umständen** ergeben muss und von einer **bloßen notwendigen Mitwirkungshandlung** ohne Auftrag abzugrenzen ist;[13] ebenso zu Personen, die **nur mittelbar mit Eigeninteresse** an dem Beurkundungsverfahren beteiligt sind (zB Ehepartner des Käufers oder Grundschuldgläubiger);[14] eine eigene Urkundsbeteiligung ist, anders als bei § 30 Abs. 1, 2, nicht erforderlich.[15]

7 **2. Auftragserteilung über Dritte.** Falls der Auftrag **über einen Dritten** erteilt wird, **gelten vorgenannte Grundsätze** ebenso und führen zu in der notariellen Praxis handhabbaren Ergebnissen, besonders im häufigen Fall der **Maklerbeteiligung.** Bittet der Makler den Notar um einen Entwurf, muss der Notar ohne Vorliegen besonderer Umstände – selbst ohne Vorlage von Vollmachten (auch wenn im Außenverhältnis eine Vollmacht bzw. ein entsprechender Auftrag im Innenverhältnis vorliegen müssen) – davon ausgehen, **dass der Makler nicht im eigenen Namen handelt** (§ 164 Abs. 1 S. 2 BGB).

8 **Strengere Grundsätze** sind hingegen **bei sonstigen Dritten (zB Verwalter, Banken)** anzulegen, die **ausdrücklich ihr Handeln für einen Dritten offenlegen** müs-

5 Ua OLG Düsseldorf RNotZ 2019, 648.
6 Rohs/Wedewer/*Wudy* GNotKG § 29 Rn. 82, mit dem Hinweis eines möglichen Regresses des Auftraggebers bei demjenigen, der die vorzeitige Beendigung zu verantworten bzw. verschuldet hat.
7 Dazu ausführlich Rohs/Wedewer/*Wudy* GNotKG § 29 Rn. 22.
8 *Sikora/Tiedtke* DNotZ 2018, 576 (603); BGH 19.1.2017, DNotZ 2017, 394.
9 OLG Düsseldorf RNotZ 2019, 648; *Schmidt* RNotZ 2020, 210.
10 OLG Celle 23.2.2015 – 2 W 37/15; OLG Köln 15.11.1996 – 2 Wx 37/96; vgl. dazu auch HK-GNotKG/*Leiß* GNotKG § 29 Rn. 20 („Gesamtbetrachtung").
11 Vgl. Bormann/Diehn/Sommerfeldt/*Neie* § 29 Rn. 4.
12 OLG Rostock 25.1.2021, BeckRS 2021, 12919.
13 OLG Hamburg 6.3.2019 – 2 W 15/19; das Kriterium der Mitwirkungshandlung ablehnend KG 12.1.2021, BeckRS 2021, 477.
14 OLG Naumburg 27.5.2019 – 2 Wx 41/18; OLG Hamburg 6.3.2019 – BeckRS 2019, 30007 (Verkäufer und Käufer als Auftraggeber); OLG Naumburg 27.5.2019 – BeckRS 2019, 16477.
15 BeckOK KostR/*Toussaint* § 29 Rn. 8; Bormann/Diehn/Sommerfeldt/*Neie* § 29 Rn. 5.

sen; ansonsten sind sie nach zutreffender Ansicht des **OLG München**[16] bei **eigenem Interesse an der Beurkundung oder wenn ihre Erklärungen beurkundet werden sollen**, Kostenschuldner iSd § 29 Nr. 1.[17] Alleine das Interesse des Dritten (zB Darlehensnehmer) genügt nicht.[18] **Regelmäßig ausschließlich für die Gesellschaft handelt** jedoch der **Geschäftsführer als satzungsmäßiger Vertreter**, mit der Folge der Kostenschuldnerschaft nach § 29 Nr. 1 allein der vertretenen GmbH, auch bei Beglaubigung der entsprechenden Registeranmeldung.[19] Da der Gesellschafter zB bei Satzungsänderungen als Beschlussorgan auftritt, gibt er – anders als bei einer Neugründung – auch **keine eigenen Erklärungen iSd § 30 Abs. 1** ab, unabhängig von einer Beurkundung nach §§ 8 ff. BeurkG oder §§ 36 ff. BeurkG.[20]

Bei einem **Makler** ist es aus der allein **entscheidenden Sicht des Notars** jedoch im Grundsatz fernliegend, dass dieser den Entwurf für sich selbst verlangt, es **sei denn, im konkreten Einzelfall** kommen Umstände hinzu, die für den Notar den Schluss begründen, der Makler benötige den **Entwurf ausnahmsweise für sich selbst.**[21] Ein **eigenes Interesse des Maklers** kann bspw. bei Verwendung einer **konstitutiven Maklerklausel** bestehen.[22] Ein derartiges eigenes Maklerinteresse kann nach **zutreffender Ansicht des OLG Nürnberg** darüber hinaus bspw. auch dann bestehen, wenn der vollmachtlos handelnde Makler **durch Anpassungs- und Ergänzungswünsche** eines bereits erstellten Kaufvertragsentwurfs gegenüber dem Notar zu erkennen gibt, diesen **für weitere Kaufinteressenten nutzen zu wollen**, ohne deutlich zu machen, solche Vertragsentwürfe in fremdem Namen in Auftrag zu geben (sog. **Veranlassungsschuldner**).[23] Dann ist er Kostenschuldner nach § 29 Nr. 1.[24] **Handelt der Makler hingegen als scheinbarer Vertreter der Beteiligten in deren Namen, jedoch ohne von diesen bevollmächtigt zu sein als Vertreter ohne Vertretungsmacht**, haftet er nach § 179 Abs. 1 BGB (analog) (iVm § 29 Nr. 1), es sei denn, er legt die vollmachtlose Vertretung offen und erteilt den Auftrag im Namen des Vertretenen (§ 179 Abs. 3 BGB).[25] Anders und mit der Folge der Haftung (nur) des Vertretenen hingegen bei **nachträglicher Genehmigung** (bspw. auch konklundent durch Mitteilung von Änderungswünschen), wobei es keinen Unterschied macht, ob diese gegenüber dem Notar oder dem Makler erfolgt.[26] Die **Grundsätze der Duldungsvollmacht** finden insoweit Anwendung, mit der Folge der Haftung des Vertretenen, wenn dieser das Auftreten des Dritten wissentlich geschehen lässt und der Geschäftsgegner schutzwürdig bzw. gutgläubig ist.[27] 9

16 OLG München 31.10.2019 – 32 Wx 391/19 Kost JurBüro 2020, 81; BWNotZ 2019, 281.
17 Vgl. auch LG Düsseldorf 28.5.2018, RNotZ 2018, 584.
18 LG Bremen 29.5.2018 – 4 T 671/17.
19 OLG Köln 19.8.2017, NJW-RR 2018, 41, auch keine Haftung nach § 29 Nr. 3 bzw. 30 Abs. 1.
20 OLG Köln 19.8.2017, NJW-RR 2018, 41; *Sikora/Tiedtke* DNotZ 2018, 576 (603); zweifelnd *Wudy* notar 2018, 271 (276).
21 Vgl. Korintenberg/*Gläser* § 29 Rn. 23.
22 Renner/Otto/Heinze/*Heit/Genske* § 29 Rn. 4.
23 OLG Nürnberg 22.9.2020 – 8 W 3216/20, BeckRS 2020, 30955.
24 Dazu ausführlich Rohs/Wedewer/*Wudy* GNotKG § 29 Rn. 42 und HK-GNotKG/*Leiß* GNotKG § 30 Rn. 9.
25 Bormann/Diehn/Sommerfeldt/*Neie* § 29 Rn. 13; OLG München 31.10.2018 – 32 Wx 328/18 (Kost).
26 *Gronstedt* Anm. zu OLG Düsseldorf 10.11.2016, NZM 2017, 155; aA OLG Hamm 29.6.2016, NZM 2017, 156.
27 LG Mönchengladbach 27.1.2020, BeckRS 2020, 14729.

10 **3. Beispiele für fehlenden Auftrag.** **Nicht ausreichend** für einen Auftrag ist nach *umstrittener*, hier vertretener **Ansicht des BGH**[28] jedoch die **bloße** Bitte eines bisher nicht am Verfahren Beteiligten um generelle **Verlegung** des **Beurkundungstermins** – im Gegensatz zur **erstmaligen Vereinbarung** eines Beurkundungstermins oder **gemeinsamen Festlegung** eines datumsmäßig bestimmten **neuen Beurkundungstermins beider Parteien**, das die „Schwelle zur Veranlassung der notariellen Amtstätigkeit hingegen überschreitet",[29] wobei die **Abgrenzung im Einzelfall freilich anspruchsvoll sein kann. Ebenso nicht ausreichend** sind die **Bestätigung** des **vom anderen Beteiligten vereinbarten Termins** oder das **Schweigen** auf den Vorschlag von Seiten des Notars, einen Entwurf zu fertigen;[30] ebenso die **bloße (passive) Teilnahme am Besprechungstermin** beim Notar, ohne diesen auch vereinbart zu haben.[31] Derartige **unselbstständige Beteiligungen** erfüllen **regelmäßig nicht die Anforderungen an das Vorliegen eines Auftrags**, wobei Abgrenzung konkrete Einzelfallbetrachtung unter **Bewertung** der **jeweiligen Mitwirkungshandlungen** erfordert.[32]

11 **4. Beispiele für das Vorliegen eines Auftrags.** **Ausreichend** für einen Auftrag iSd § 29 Nr. 1 sind grundsätzlich **konkrete Nachfragen zum Entwurf**, bei – **zumindest aus eigenem Antrieb herrührenden** und **mit gewissem Aufwand verbundenen, dh erheblichen – Änderungswünschen**, die nicht nur das Ergebnis einer erbetenen Mitteilung des Notars sind.[33] Diese Schwelle ist bei **Mitteilung verschiedener und konkret bezeichneter Ergänzungen bzw. Änderungen im Interesse des Einwirkenden** regelmäßig überschritten.[34] Dies gilt auch in **Fällen von Verbraucherverträgen nach § 17 Abs. 2a Nr. 2 BeurkG**, so dass nach hier vertretener, *umstrittener* Auffassung auch der Verbraucher nicht nur bei Änderungswünschen, sondern ebenso bei Entwurfsbeauftragung Auftraggeber iSd § 29 Nr. 1 ist – und nicht etwa den beabsichtigten Text kostenfrei iSd GNotKG enthält.[35] Die Auftraggeberstellung ist unabhängig vom notariellen Hinweis, dass auch Kosten entstehen, wenn es nicht zu einer Beurkundung kommt.[36] Ebenso unerheblich für eine Auftraggeberstellung ist nach Ansicht des **OLG Düsseldorf**,[37] dass es bereits einen **weiteren Auftraggeber bzw. Kostenschuldner** gibt, und nach Ansicht des **OLG Köln**,[38] dass **Änderungswünsche nicht direkt dem Notar, sondern der Maklerin mitgeteilt** werden, da nur der Notar diese Änderungen vornehmen kann und daher mit einer Weiterleitung der Mail zu rechnen ist. Ebenso liegt Auftrag vor bei Bitte um **Prüfung eines Fremdentwurfs vor Be-**

28 BGH 19.1.2017, DNotZ 2017, 394; aA *Sikora/Tiedtke* DNotZ 2018, 576 (604) und *Fackelmann* ZNotP 2017, 162; *Filzek* BWNotZ 2017, 103.
29 Vgl. zu letzterem KG 12.1.2021, BeckRS 2021, 477.
30 Zu Ersterem BGH 19.1.2017 – V ZB 79/16; zu Letzterem OLG München MittBayNot 2019, 392; OLG Hamm 15.2.2019, FG-Prax. 2019, 143.
31 OLG Bremen 12.1.2018 – 1 W 49/17.
32 Anschaulich zur Abgrenzung OLG Rostock 25.01.2021, NotBZ 2021, 233.
33 LG Mönchengladbach 13.3.2020 – 13 OH 7/19; LG Stendal 26.4.2019 – 23 OH 15/18; dazu auch LG Hamburg 19.12.2018 – 321 OH 22/18; *Wudy* notar 2019, 247 (248).
34 OLG Rostock 25.01.2021, NotBZ 2021, 233.
35 *Krauß* Immobilienkaufverträge Rn. 5165 (aA noch Voraufl.); KG 14.9.2019 – 9 W 46/18, MittBayNot 2019, 516; *Heinze*, Update GNotKG – Grundlagen und Einzelfragen (Teil 2), NotBZ 2015, 201 (209); aA OLG München 17.4.2014, MittBayNot 2015, 72.
36 OLG Saarbrücken 10.7.2019, BeckRS 2019, 18438.
37 OLG Düsseldorf 22.8.2019 – I-10 W 90/17, JurBüro 2019, 583.
38 OLG Köln 12.8.2020 – 2 Wx 180/20, BeckRS 2020, 21448.

urkundung[39] oder auch bei **Reservierung eines Beurkundungstermins;**[40] in beiden Fällen liegt ein Zueigenmachen des Entwurfsauftrags vor. Die Beurteilung, wann die Schwelle eines „Zueigenmachens" erreicht ist, kann zuweilen problematisch sein und führt zu unterschiedlichen Differenzierungen.

12 **5. (Geringe) Anforderungen an das Vorliegen eines Auftrags.** In sämtlichen Fällen sollte bei der Bewertung auf den konkreten Einzelfall abgestellt werden, um einen – auch stillschweigenden – **Auftrag** von einem nur **passiven Verhalten bzw. einer einfachen, notwendigen, grundsätzlich nicht unter § 29 Nr. 1 fallenden, Mitwirkungshandlung** abzugrenzen. Diese Schwelle wird bspw. bei der bloßen Bitte um Terminverlegung regelmäßig nicht erreicht sein, es sei denn, es **wird ausdrücklich** zum Ausdruck **gebracht, dass die Beurkundung gewünscht wird, nur zu einem anderen Termin. Nicht jeglicher Notarkontakt bzw. Änderungswunsch stellt bereits einen Auftrag mit der Folge der Kostenhaftung dar.**[41] Daher sollte auch die Frage, ob eine notwendige Mitwirkungshandlung bereits einen Auftrag darstellt, nicht pauschal, sondern im jeweiligen Fall bewertet danach werden, ob daraus die Schwelle zum Ersuchen einer notariellen Tätigkeit bereits überschritten ist. Teilt der Käufer bspw. lediglich kommentarlos dem Notar sein noch fehlendes Geburtsdatum bzw. seinen Güterstand mit, ist mE fraglich, ob darin bereits ein Auftrag zur Einleitung eines Beurkundungsverfahrens gesehen werden kann; anders hingegen, wenn bspw. der Verkäufer dem Notar erbetene Kontodaten, Liste zu mitverkauftem Inventar, Unterlagen der Hausverwaltung mitsamt der Teilungserklärung übermittelt.[42]

13 **Weite Auslegung der Norm** ist für die notarielle Praxis **zu begrüßen**. Der Notar als Amtsträger soll nicht durch unklare Auftragsverhältnisse zeitintensive Nachfragen tätigen müssen, sondern zügig seine Amtstätigkeit wahrnehmen und dem Anliegen der Beteiligten nachgehen.[43] Dem werden auch die **geringen Anforderungen an einen Auftrag** für die notariellen Tätigkeiten gerecht:

14 **Auftrag** bedarf als verfahrensrechtliche Handlung **weder einer Annahme** des Notars noch einer bestimmten Form und kann auch **konkludent durch schlüssige Handlung** erteilt werden.[44] Die bloße **Bitte um einen Beurkundungstermin** kann bereits den **Entwurfsauftrag beinhalten;**[45] die Vorlage eines **(Fremd-)Entwurfs beinhaltet den Auftrag, diesen zu prüfen, zu ergänzen oder zu ändern.**[46] Ebenso schließt ein Beurkundungsauftrag den Auftrag, einen entsprechenden Entwurf zu fertigen, mit ein.[47] Diese Intention zeigt auch KV Vorb. 2.1 Abs. 1, wonach der Beurkundungsauftrag sämtliche für die Vorbereitung, Beschaffung der Informationen und Durchführung erforderlichen Tätigkeiten umfasst. Ein **besonderer Auftrag für die Fertigung eines Entwurfs** ist nicht (mehr) notwendig; ebenso setzt die Entwurfsfertigung auch nicht notwendigerweise ein vorhe-

39 *Sikora/Strauß* DNotZ 2019, 596 (621).
40 KG 11.1.2019, BeckRS 2019, 328.
41 LG Hamburg 19.12.2018, BeckRS 2018, 34934.
42 Das Kriterium der notwendigen Mitwirkungshandlung ablehnend KG 12.01.2021, BeckRS 2021, 477.
43 Vgl. LG Magdeburg 17.8.2018 – 10 OH 3/18.
44 BGH NJW-RR 2017, 631; OLG Köln 12.8.2020 – 2Wx 180/20, BeckRS 2020, 21448; OLG Düsseldorf 22.8.2019, BeckRS 2019, 2182; LG Bremen 30.3.2020, BeckRS 2020, 4974; *Wudy* notar 2017, 258.
45 KG 11.1.2019, BeckRS 2019, 328.
46 *Wudy* notar 2018, 272.
47 *Tiedtke/Sikora* DNotZ 2017, 673 (681); vgl. auch LG Bremen 30.3.2020, BeckRS 2020, 4974: kein § 21 bei Entwurfsversendung an Gegenseite ohne ausdrückliche Rücksprache mit Kostenschuldner.

riges Beratungsgespräch voraus.[48] Diese Grundsätze gelten **auch für Verbraucherverträge**; die Tatsache, dass der Notar hier verpflichtet ist, dem Verbraucher den beabsichtigten Text des Rechtsgeschäfts zur Verfügung zu stellen, ändert daran nichts.[49] Daran anschließend enthält der Entwurfsauftrag zur Vorbereitung eines beurkundungspflichtigen Vertrags ohne weitere Einschränkungen (bspw. erkennbares Interesse nur am Entwurf)[50] durch den Beteiligten grds. auch den Beurkundungsauftrag.[51] Umgekehrt kann auch der Auftrag zur Entwurfsfertigung (einer Gesellschafterliste) als Vollzugsauftrag ausgelegt werden.[52] Ebenso im Rahmen der Vollzugs- und Betreuungsgebühren, bei denen der Auftrag **umfassend allgemein (alles Erforderliche veranlassen)** oder auch **konkludent durch Untätigkeit der Beteiligten** ergehen kann.[53] Von einer **konkludenten Auftragserteilung** ist hinsichtlich solcher Tätigkeiten auszugehen, die zur Umsetzung der Urkunde erforderlich sind.[54] Bei **vertraglicher Auftragserteilung** ist **keine einseitige Beschränkung** hinsichtlich einzelner Vollzugshandlungen (zB Beteiligter holt Löschungsunterlagen selbst ein) mehr möglich.[55] Explizit gar keines Auftrags bedarf es nach KV Vorb. 2.2 Abs. 1 Hs. 2 für die XML-Gebühren und nach KV Vorb. 2.2. Abs. 1 für die Abrechnung einer Betreuungsgebühr nach KV Nr. 22200 Nr. 6 für die Erstellung einer Wirksamkeitsbescheinigung gem. § 40 Abs. 2 GmbHG (da es sich um eine notarielle Amtspflicht handelt),[56] wobei sich die Kostenhaftung dann regelmäßig aus § 30 Abs. 1 ergibt.

15 **Praxisempfehlung** sollte – trotz der weiten Auslegung der Norm – die genaue **Dokumentation des Notars** über den Auftrag sein, besonders auch bei Vermittlung durch einen Makler darüber, welcher der Vertragsteile durch den Makler vertreten wird,[57] bzw. in wessen Namen der Auftrag (ausnahmsweise auch im eigenen Namen des Maklers) erteilt wird, bspw. durch **Vorlage der Vollmacht der Beteiligten** an den Makler. Da es (seltene) Fälle geben kann, in denen weder der Vertreter noch der Vertretene dem Notar gegenüber haftet, empfiehlt es sich in diesen Fällen der **offenen vollmachtlosen Vertretung**, entweder im Vorhinein das Einverständnis des Vertretenen, zB durch Entwurfsübersendung mit Aufforderung zur Bestätigung des vollmachtlosen Handelns, oder eine Kostenübernahmeerklärung (§ 29 Nr. 2) einzuholen.[58] Die Dokumentation empfiehlt sich auch für den Fall, dass es zur – häufig streitanfälligen – Abrechnung einer vorzeitigen Beendigung des Beurkundungsverfahrens kommen sollte.[59]

48 LG Potsdam 20.12.2019 – 12 T 29/17, NotBZ 2020, 361.
49 KG 14.9.2018, MittBayNot 2019, 516.
50 ZB im Fall des LG Stendal 26.4.2019 – 23 OH 15/18.
51 OLG Düsseldorf 13.9.2018 – 10 W 119/18, BeckRS 2018, 611 betr. einen Kaufvertrag); OLG Naumburg 20.3.2019, NotBZ 2019, 398 betr. die Maklervollmacht.
52 *Diehn* RNotZ 2015, 3; aA *Klein* RNotZ 2015, 1.
53 Vgl. *Krauß* Immobilienkaufverträge Rn. 5102.
54 LG Düsseldorf 9.9.2014, NOtBZ 2015, 114.
55 LG Gera 8.4.2021 – 6 OH 15/20; *Wudy* notar 2021, 235 (243).
56 *Volpert* RNotZ 2015, 285.
57 *Strauß* MittBayNot 2019, 516 (517).
58 Bormann/Diehn/Sommerfeldt/*Neie* § 29 Rn. 13, 18; Richtlinienempfehlungen der BNotK DNotZ 1999, 259.
59 *Wudy* notar 2019, 247 (250).

III. Erweiterungen (§ 30 Abs. 1) bzw. Einschränkungen (§ 30 Abs. 2) des § 29 Nr. 1

16 Vorschrift des § 30 Abs. 1 **erweitert die Auftraggeberhaftung** auf sämtliche **formell Urkundsbeteiligte** (vgl. § 6 Abs. 2 BeurkG), zudem auf den bei Beurkundung – durch Vollmacht – **Vertretenen**, wenn in dessen Namen Erklärungen abgegeben werden;[60] Kostenhaftung besteht dabei nicht nur für Kosten der Urkunde selbst (früher sog. besondere Veranlasserhaftung des § 2 Nr. 1 aE KostO), sondern nach dem Wortlaut auch für die **damit im Zusammenhang stehenden Kosten des Vollzugs und der Betreuung**, worunter nach zutreffender **weiter Auslegung** auch die **Treuhandgebühren** fallen.[61] Dass diese kostenrelevante Tätigkeit im Interesse des Verkäufers erfolgt, ist insoweit unerheblich. In **zeitlicher Hinsicht** findet die Vorschrift erst Anwendung, sobald das **Beurkundungsverfahren (vorzeitig) beendet** wurde und ist damit **abzugrenzen** vom Stadium vor bzw. außerhalb der Beurkundung (zB Entwürfe), wonach ein Beteiligter nur haftet, der den Auftrag erteilt hat, vgl. KV Vorb. 2.4.1;[62] **inhaltlich** erfasst die Norm **Beurkundungsverfahren iSd §§ 8 ff. BeurkG**, aber auch (bei Beschlüssen im Gesellschaftsrecht) **Tatsachenbeurkundungen nach §§ 36 ff. BeurkG.**[63]

17 **Einschränkungen** erfolgen hingegen durch die **– eng auszulegende – Ausnahmevorschrift des § 30 Abs. 2** für den Fall, dass die Erklärungen **verschiedene Rechtsverhältnisse** betreffen. Für die Definition des Rechtsverhältnisses ist **§ 86** heranzuziehen, wobei unerheblich ist, ob mehrere Rechtsverhältnisse nach § 109 einen Beurkundungsgegenstand darstellen.[64] Enge Auslegung der Vorschrift führt dazu, dass bspw. **Treuhandgebühren** und **Kosten der Lastenfreistellung nicht darunter fallen,**[65] die **Mehrkosten für die Mitbeurkundung einer Rechtswahl im Kaufvertrag hingegen schon,**[66] ebenso **Zustimmungserfordernisse** nach § 1365 BGB bzw. § 12 WEG oder ein **Vorkaufsrechtsverzicht** in der Kaufvertragsurkunde.[67]

IV. Kostenübernahme, § 29 Nr. 2 bzw. § 30 Abs. 3

18 **Beide Vorschriften** regeln die Haftung im Fall der sog. **Kostenübernahme,** wobei der Kostenschuldner nach **§ 29 Nr. 2,** anders als bei **§ 30 Abs. 3,** kein (weder formell noch materiell) Urkundsbeteiligter sein muss und die Übernahmeerklärung grds. formlos erteilt werden kann.[68] Da Urkundsbeteiligte grds. bereits nach § 30 Abs. 1 haften, ist Vorschrift des § 30 Abs. 3 nur in den (wenigen) Fäl-

60 Vgl. Renner/Otto/Heinze/*Heit/Genske* § 30 Rn. 2; Bormann/Diehn/Sommerfeldt/*Neie*, § 30 Rn. 4; zur Differenzierung bei gesellschaftsrechtlichen Beurkundungen → Rn. 8.

61 OLG Köln 16.4.2018, BWNotz 2018, 30; OLG Düsseldorf 30.8.2018, BeckRS 2018, 31615.

62 Korintenberg/*Gläser* § 29 Rn. 21; KG BeckRS 2016, 111486; BeckOK KostR/*Toussaint* § 30 Rn. 9.

63 Vgl. Korintenberg/*Gläser* GNotKG § 30 Rn. 5; Bormann/Diehn/Sommerfeldt/*Neie* § 30 Rn. 5; OLG Köln MittBayNot 2018, 380 mAnm *Sternal*; nicht darunter fallen bspw. Beglaubigungen, Zeugnisse, Bescheinigungen und Eigenurkunden, s. Rohs/Wedewer/*Wudy* GNotKG § 30 Rn. 22, wonach wohl nach dort vertretener Ansicht auch Beurkundungen nach §§ 36 ff. BeurkG nicht darunterfallen.

64 Bormann/Diehn/Sommerfeldt/*Neie* § 30 Rn. 10.

65 *Krauß* Immobilienkaufverträge Rn. 5022.

66 *Tiedtke* Notarkasse Rn. 171.

67 Renner/Otto/Heinze/*Heit/Genske* § 30 Rn. 8.

68 Vgl. Rohs/Wedewer/*Wudy* GNotKG § 29 Rn. 53, 55, wobei zu Dokumentationszwecken eine beweiskräftige Erklärung (zB Schriftform; E-Mail) ratsam ist.

len relevant, in denen die **jeweilige Person in der Urkunde keine weiteren Erklärungen abgegeben hat,** mithin in Fällen der Kostenübernahme bspw. **eines Angebotsempfänger bei Beurkundung eines Vertragsangebots ohne weitere Erklärungen des Angebotsempfängers.**[69] Auch § 29 Nr. 2 kommt in der notariellen Praxis eher selten vor, bspw. Kostenübernahmeerklärung des Gläubigers bei Beurkundung eines Schuldanerkenntnisses mit Unterwerfung unter die sofortige Zwangsvollstreckung des nicht solventen Schuldners.[70] Weiterer Unterschied zu § 29 Nr. 2 ist, dass die Kostenübernahmeerklärung nach § 30 Abs. 3 **nicht ausdrücklich gegenüber dem Notar** erfolgen muss, sondern eine **rein schuldrechtliche Übernahme ausreicht,** die dann **auch gegenüber dem Notar** wirkt.

19 Als **Ausnahmevorschriften** sind beide Normen – ua wegen des Bestimmtheitsgebots – **eng auszulegen,** so dass eine **reine Kostentragungsregelung im Innenverhältnis als Kostenverteilungsabrede** den hohen Anforderungen für eine Übernahme nicht genügt, die Kostenhaftung nur **im erklärten Umfang** besteht[71] und **nur mittelbare (Vollzugs-)Kosten,** die über **dieses Beurkundungsverfahren** hinausgehen, nach dem eindeutigen Wortlaut der Norm **nicht von § 30 Abs. 3** umfasst sind. Nach – zutreffender – **Ansicht des BGH** ist die Kostenhaftung **beschränkt auf die Kosten des Beurkundungsverfahrens, in dem die Übernahme erklärt wird,** einschließlich der **Kosten des Vollzugs** (zB Einholung der Zustimmungen bzw. Genehmigungen) **dieser Urkunde sowie auf dieses Verfahren bezogener Betreuungstätigkeiten** (Treuhandgebühren) – v.a. nach Auslegung des § 30 Abs. 3 iSd. Wortlauts („dieses Berkundungsverfahrens"), der Entstehungsgeschichte sowie dessen Telos.[72] Daher müssen sich **sowohl der Beglaubigungs- als auch der Vollzugsnotar** in den Fällen bspw. der Kosten einer **Verwalterzustimmung, einer Genehmigungserklärung oder einer Löschungsbewilligung** an ihren Auftraggeber (§ 29 Nr. 1) halten; ein Anspruch gegen die Vertragsparteien aus § 30 Abs. 3 besteht nach *umstrittener,* hier vertretener Auffassung grds. **nicht – weder für den Beglaubigungs- noch für den Vollzugsnotar.**[73] Selbst bei einer **ausdrücklichen Übernahme der über dieses Beurkundungsverfahren hinausgehenden Kosten,** wie bspw. der **Kosten der Verwalterzustimmung,** sprechen unter Berücksichtigung des klaren Wortlauts und des Sinns und Zwecks gute Gründe dafür, den Anwendungsbereich **weder auf Kosten anderer Urkunden noch auf die Geltung gegenüber anderen Notaren auszuweiten.** Regelungen im Kaufvertrag betreffen insoweit **nur das Innenverhältnis zwischen den Beteiligten.**[74] Die hohen Anforderungen einer ausdrücklichen Kostenübernahme (Wille durch **Auslegung nach §§ 133, 157 BGB** zu ermitteln)[75] gegenüber dem Urkundsnotar (§ 29 Nr. 2) werden ebenso selten erfüllt sein.[76] Eine Haftung der Vertragsbeteiligten gegenüber dem Urkundsnotar (nach § 29 Nr. 1) kommt da-

69 *Sikora/Strauß* DNotZ 2019, 596 (616).
70 Beispiel aus Rohs/Wedewer/*Wudy* GNotKG § 29 Rn. 66, mit Formulierungsbeispiel.
71 Bormann/Diehn/Sommerfeldt/*Diehn* § 30 Rn. 13.
72 BGH Beschl. v. 10.9.2020 – V ZB 141/18, BeckRS 2020, 27301.
73 *Wudy* notar 2020, 235 (237); *Wudy* notar 2019, 247 (251); BGH 10.9.2020 – V ZB 141/18, BeckRS 2020, 27301, vorgehend OLG Hamm 25.7.2018 – 15 W 427/17, 15 W 428/17, RNotZ 2018, 638; unter Verweis auf OLG Hamm auch LG Dortmund 27.4.2020 – 10 O 5/20; KG Berlin 20.8.2018 – 9 W 63/18; dazu auch BNotK Rundschreiben RS 9/2018 v. 9.11.2018 sowie RS 4/2020 v. 4.12.2020; aA OLG Celle 25.7.2015, NJOZ 2015, 1383.
74 Vgl. *Sikora/Strauß* DNotZ 2019, 596 (616); *Wudy* notar 2019, 247 (251).
75 Rohs/Wedewer/*Wudy* GNotKG § 29 Rn. 56.
76 Vgl. *Sikora/Strauß* DNotZ 2019, 596 (616).

her praktisch nur in den Fällen in Betracht, in denen der von diesen bevollmächtigte Verwalter offenkundig in deren Namen handelt.

V. Haftung kraft Gesetzes, § 29 Nr. 3

Reine Kostentragungsregelung genügt für § 29 Nr. 3 nicht; es muss vielmehr ein anderer bereits für die Notarkosten nach §§ 29 ff. haften.[77] Aus dem einschränkenden Wortlaut der Haftung kraft Gesetzes für die Kostenschuld eines anderen ergibt sich, dass bspw. Fälle der bloßen Haftung im Innenverhältnis, Durchgriffshaftung oder auch die Haftung nach § 179 BGB gerade nicht ausreichen, sondern originäre Haftung im Außenverhältnis erforderlich ist, so dass Erbenhaftung (§ 1967 BGB) und Haftung der Gesellschafter im Personen(handels)gesellschaftsrecht (u.a. §§ 128, 161, 171 HGB) die häufigsten Anwendungsfälle darstellen.[78] 20

Unterabschnitt 3 Mehrere Kostenschuldner

§ 32 Mehrere Kostenschuldner

(1) Mehrere Kostenschuldner haften als Gesamtschuldner.

(2) Sind durch besondere Anträge eines Beteiligten Mehrkosten entstanden, so fallen diese ihm allein zur Last.

Literatur:

Fackelmann, Kostenübernahme durch privilegierten Kostenschuldner innerhalb der Urkunde/Kostenhaftung gegenüber Notar, ZNotP 2017, 241; *Lange*, Die Kostentragungspflicht für die Eintragung einer Vormerkung nach § 3 Abs. 1 Satz 1 Nr. 2 MaBV, WM 2018, 258.

I. Allgemeines

Die Regelung ist identisch mit der Altregelung in § 5 Abs. 1 S. 1 und Abs. 2 KostO und entspricht sogar der ursprünglichen Normierung in § 4 Abs. 1 S. und Abs. 2 RKostO, was in Teilen der Rezeption ausreicht, um als Beleg normierter Antiquiertheit missinterpretiert zu werden. Eine solche Einschätzung kann jedoch nicht geteilt werden. Tatsächlich rührt die Regelung an ein Paradigma, das unverändert Wirksamkeit beanspruchen kann, bedingt durch das Wesen der Gesamtschuldnerschaft, §§ 421 ff. BGB, „die für den Gläubiger (die) sicherste Form der Schuldnermehrheit"[1] darstellt. 1

77 Renner/Otto/Heinze/*Heil*/*Genske* § 29 Rn. 18.
78 BeckOK KostR/*Toussaint* § 29 Rn. 19.
1 Palandt/*Grüneberg* § 421 Rn. 1.

II. Mehrere Kostenschuldner als Gesamtschuldner (Abs. 1)

2 **1. Mehrere Kostenschuldner und dieselbe Kostenschuld.** Mit der Erwähnung mehrerer Kostenschuldner impliziert die Bestimmung, dass mehrere Kostenschuldner für dieselbe Kostenschuld haften,[2] also eine **Tilgungsgemeinschaft**[3] bilden. Mehrere Kostenschuldner, die je für eine eigenständige Kostenschuld haften, fallen nicht unter die Bestimmung. Nicht notwendig ist dabei, dass mehrere Kostenschuldner in demselben Maß[4] für dieselbe Kostenschulden haften. Allein die Haftung reicht aus. Ebenso wenig gründet sich die gesamtschuldnerische Haftung darauf, dass ein einheitlicher Schuldgrund zu konstatieren ist.[5] Richtigerweise ist nur auf die Folge abzustellen, auf die entstandene Tilgungsgemeinschaft, nicht auf den Grund.

3 **2. Allgemeines: mehrere Kostenschuldner, dieselbe Kostenschuld und gesamtschuldnerische Haftung.** Mehrere Kostenschuldner derselben Kostenschuld haften als **Gesamtschuldner**, Abs. 1. Der Gläubiger kann damit die Leistung von jedem Kostenschuldner ganz oder teilweise einfordern, ganz nach seinem Belieben,[6] allerdings nicht mehrfach zur Gänze, sondern insgesamt nur einmal ganz, § 421 Abs. 1 S. 1 BGB.

4 **3. Notarkosten.** Die **Notarkosten** schuldet der Auftraggeber[7] bzw. der Antragsteller (§ 29 Nr. 1), der Übernahmeschuldner[8] (§ 29 Nr. 2) oder derjenige, der kraft Gesetzes für die Kostenschuld eines anderen haftet (§ 29 Nr. 3).[9] Die Kosten des Beurkundungsverfahrens schuldet ferner jeder, dessen Erklärung beurkundet worden ist,[10] § 30 Abs. 1. Gleiches gilt für die im Zusammenhang mit dem Beurkundungsverfahren anfallenden Kosten des Vollzugs und der Betreuungstätigkeiten, § 30 Abs. 1. Im Falle eines Immobilienkaufvertrags steht damit die Kostenhaftung des Käufers für die Beschaffung der Lastenfreistellungsunterlagen und für die Betreuungstätigkeit samt Treuhandgebühren im Raum.[11]

5 **Mehrere Auftraggeber** desselben Geschäfts iSv § 29 Nr. 1 haften dem Notar nach § 32 Abs. 1 als Gesamtschuldner.[12] Die bloße Entgegennahme des von der anderen Seite beauftragten und von dem Notar gefertigten Vertragsentwurfs ist noch nicht als **Auftrag** zu werten, ebenso wenig die Bestätigung des von der Gegenseite vorgeschlagenen Beurkundungstermins.[13] Andererseits kann ein eigener Auftrag darin gesehen werden, dass die andere Vertragspartei den Notar

2 *Jonas/Melsheimer/Hornig/Stemmler* RKostO, 4. Aufl. 1941, § 4 Anm. I 2 und 3 (S. 105); BGH WM 2018, 690 (691): mehrere Auftraggeber desselben Geschäfts.
3 Palandt/*Grüneberg* § 421 Rn. 7.
4 *Jonas/Melsheimer/Hornig/Stemmler* RKostO, 4. Aufl. 1941, § 4 Anm. I 3 (S. 105).
5 Palandt/*Grüneberg* § 421 Rn. 10.
6 Palandt/*Grüneberg* § 421 Rn. 1.
7 Vgl. KG WKRS 2019, 58319.
8 Zum Übernahmeschuldner vgl. *Fackelmann* ZNotP 2017, 241 (242). In der notariellen Praxis spielt der Übernahmeschuldner keine große Rolle, die Übernahmeerklärung muss direkt gegenüber dem Notar erklärt werden, OLG Hamm ZNotP 2017, 241 (242).
9 Zum Kostenschuldner vgl. Streifzug durch das GNotKG, Rn. 2584 ff.; zum Haftungsschuldner vgl. Streifzug durch das GNotKG, Rn. 2616, gemeint sind beispielsweise der Nießbraucher, der GbR-Gesellschafter, der Gesellschafter einer OHG oder der Testamentsvollstrecker.
10 Streifzug durch das GNotKG, Rn. 2619.
11 *Krauß*, Immobilienkaufverträge in der Praxis, Rn. 5022; Streifzug durch das GNotKG, Rn. 2619.
12 BGH WM 2018, 690 (691).
13 BGH WM 2018, 690 (691); OLG Hamburg WKRS 2019, 44567.

um Änderungen des Entwurfs bittet,[14] wobei es sich nicht bloß um redaktionelle Änderungen handelt.[15] Kein Auftrag kann darin gesehen werden, sofern der andere Vertragspartner die Beurkundung des ihm übersandten Entwurfs ablehnt.[16] Dass bereits ein Beurkundungsauftrag erteilt ist, steht grundsätzlich der Annahme eines weiteren Auftrags nicht entgegen.[17] Mehrere Auftraggeber desselben Geschäfts haften nach § 32 Abs. 1 als Gesamtschuldner.[18] Nicht in Anspruch genommen werden kann der Vertreter mit Vertretungsmacht[19] oder das Vertretungsorgan, Kostenschuldner ist insoweit nur der Vertretene.[20] Unerkannt geschäftsunfähige Auftraggeber können dagegen als Kostenschuldner in Anspruch genommen werden.[21]

Bei Gesamtschuldnern steht es dem anspruchsberechtigten Notar frei,[22] welchen Kostenschuldner er nach freiem Ermessen heranziehen möchte.[23] Die Leistung kann von jedem Kostenschuldner ganz[24] oder teilweise eingefordert werden, insgesamt jedoch nur einmal, § 421 Abs. 1 S. 1 BGB. Ein bestimmter Kostenschuldner kann dem anspruchsberechtigten Notar nicht vorgegeben werden,[25] auch nicht durch eine Absprache zwischen den Auftraggebern. Eine Bindung an das Innenverhältnis der Kostenschuldner besteht nicht[26] und schränkt das freie Ermessen des anspruchsberechtigten Notars nicht ein.[27] Grund ist die öffentlich-rechtliche Rechtsbeziehung, die zwischen dem beurkundenden bzw. betreuenden Notar und den Beteiligten zustande kommt.[28] Für die Inanspruchnahme von Gesamtschuldner gilt lediglich die Grenze des Rechtsmissbrauchs nach § 242 BGB,[29] die regelmäßig nicht überschritten wird.[30] Durch Vereinbarung kann die gesamtschuldnerische Haftung der Kostenschuldner in gleicher Weise nicht abbedungen werden.[31] In der Praxis werden die Kosten zunächst vom Übernahmeschuldner angefordert. Nicht zur Anwendung gelangt hierbei die Regelung zum Erstschuldner in § 33, die ausschließlich für Kostenschuldner im gerichtlichen Verfahren gilt.[32] Einen Erstschuldner kennt das notarielle Kostenrecht nicht.[33] 6

14 BGH NJW-RR 2017, 631; OLG Hamburg WKRS 2019, 44567; KG WKRS 2019, 58319.
15 OLG Hamburg WKRS 2019, 44567. Folglich muss es sich um inhaltliche Änderungen des Vertragsentwurfs handeln.
16 OLG Hamburg WKRS 2019, 44567: „Gegenteil einer Beauftragung".
17 KG WKRS 2019, 58319.
18 KG WKRS 2019, 58319.
19 Dagegen Vertreter ohne Vertretungsmacht Haftung nach §§ 29 Nr. 1, 30 Abs. 1, Streifzug durch das GNotKG, Rn. 2602.
20 Streifzug durch das GNotKG, Rn. 2596 und 2601, Kostenschuldner ist nur der Vertretene.
21 Streifzug durch das GNotKG, Rn. 2607; OLG Köln RNotZ 2001, 56.
22 Zur Wahlfreiheit vgl. OLG Köln NJOZ 2019, 688; *Fackelmann* ZNotP 2017, 243; Streifzug durch das GNotKG, Rn. 2625; BDS/*Bormann* § 32 Rn. 12.
23 OLG Düsseldorf Beschl. v. 22.8.2019 – I-10 W 90/19.
24 Vgl. Thüringer OLG ZNotP 2015, 158 = NotBZ 2015, 51.
25 Thüringer OLG ZNotP 2015, 158 = NotBZ 2015, 51.
26 OLG Hamburg WKRS 2019, 44567; *Fackelmann* ZNotP 2017, 243.
27 *Fackelmann*, Rn. 366.
28 Thüringer OLG ZNotP 2015, 158 = NotBZ 2015, 51.
29 OLG Köln NJOZ 2019, 688; Korintenberg/*Gläser* § 32 Rn. 5.
30 OLG Köln NJOZ 2019, 688: „krasser Ausnahmefall".
31 Streifzug durch das GNotKG, Rn. 2621.
32 *Fackelmann* ZNotP 2017, 243. Ebenso Korintenberg/*Gläser* § 32 Rn. 4.
33 *Fackelmann* ZNotP 2017, 243; Korintenberg/*Gläser* § 32 Rn. 4; Streifzug durch das GNotKG, Rn. 2625.

7 4. **Gerichtskosten.** In Antragsverfahren[34] schuldet der **Antragsteller** die Gerichtskosten, § 22 Abs. 1, wobei es auf die Zulässigkeit des Antrags nicht ankommt und auch ein unzulässiger Antrag die Kostenhaftung auslöst.[35] Der gesetzliche Vertreter ist nicht Antragsteller und damit auch nicht Kostenschuldner[36] iSv § 22 Abs. 1, obgleich in der Praxis nicht selten der gesetzliche Vertreter als Kostenschuldner bezeichnet wird, was erfolgreich mit Erinnerung angefochten werden kann. Die Gerichtskosten schuldet ferner[37] der Entscheidungsschuldner (§ 27 Nr. 1), der Übernahmeschuldner (§ 27 Nr. 2), der Haftungsschuldner kraft Gesetzes (§ 27 Nr. 3) oder der Vollstreckungsschuldner (§ 27 Nr. 4). Mehrere Kostenschuldner derselben Kostenschuld haften als **Gesamtschuldner**, § 32 Abs. 1, wobei sich die **Inanspruchnahme** nach § 8 KostVfg. richtet.[38] Der Kostenbeamte bestimmt nach pflichtgemäßem Ermessen, ob der geschuldete Betrag von einem Kostenschuldner ganz oder von mehreren Kostenschuldnern nach Kopfteilen angefordert werden soll, § 8 Abs. 4 S. 1 KostVfg. Welche Erwägungen hierbei zu beachten sind, gibt die Regelung in § 8 Abs. 4 S. 2 KostVfg. in bindender Wirkung vor, so dass das Gericht verpflichtet ist, die Reihenfolge der Inanspruchnahme zu berücksichtigen.[39]

8 Seitens des Gerichts muss berücksichtigt werden,

- welcher Kostenschuldner die Kosten im Verhältnis zu den übrigen endgültig zu tragen hat, § 8 Abs. 4 S. 2 Nr. 1 KostVfg
- welcher Verwaltungsaufwand durch die Inanspruchnahme nach Kopfteilen entsteht, § 8 Abs. 4 S. 2 Nr. 2 KostVfg
- ob bei einer Verteilung nach Kopfteilen Kleinbeträge oder unter der Vollstreckungsgrenze liegende Beträge anzusetzen wären, § 8 Abs. 4 S. 2 Nr. 3 KostVfg
- ob die Kostenschuldner in Haushaltsgemeinschaft leben, § 8 Abs. 4 S. 2 Nr. 4 KostVfg
- ob anzunehmen ist, dass einer der Gesamtschuldner nicht zur Zahlung oder nur zu Teilzahlungen in der Lage ist, § 8 Abs. 4 S. 2 Nr. 5 KostVfg.

9 Anders als das **notarielle Kostenrecht**, kennt das gerichtliche Kostenrecht einen **Erstschuldner**, vgl. § 33 Abs. 1, allerdings nur beim Entscheidungsschuldner nach § 27 Nr. 1 und beim Übernahmeschuldner nach § 27 Nr. 2, vgl. § 33 Abs. 1 S. 1. Sofern ein Entscheidungsschuldner oder ein Übernahmeschuldner zu konstatieren ist, soll die Haftung eines anderen Kostenschuldners nur geltend gemacht werden, sofern die Zwangsvollstreckung in das bewegliche Vermögen des Erstschuldners erfolglos geblieben ist oder aussichtslos erscheint, § 33 Abs. 1 S. 1.

10 Eine Ausnahme zur Antragstellerhaftung nach § 22 sieht § 23 vor, allerdings nur für bestimmte gerichtliche Verfahren, etwa Betreuungssachen, Pflegschaftssachen, Forderungsanmeldungen, Erklärungen und Anzeigen gegenüber dem Nachlassgericht, Register-, Dispache- oder Freiheitsentziehungssachen sowie spezielle grundbuchverfahrensrechtliche Konstellationen, die Eintragung eines Eigentümers im Wege der Grundbuchberichtigung, die Eintragung eines Erstehers sowie die Eintragung einer Sicherungshypothek für Forderungen gegen den Ersteher. In welchen nachlassgerichtlichen Konstellationen der Erbe ausschließ-

34 *Lange* WM 2018, 258 (264).
35 Korintenberg/*Wilsch* § 22 Rn. 6.
36 Korintenberg/*Wilsch* § 22 Rn. 7.
37 Korintenberg/*Wilsch* § 27 Rn. 1 ff.
38 Korintenberg/*Wilsch* § 22 Rn. 17; BDS/*Bormann* § 32 Rn. 11.
39 Zur Reihenfolge vgl. Korintenberg/*Gläser* § 32 Rn. 3.

lich haftet, ist in § 24 geregelt. Mehrere Erben haften als Gesamtschuldner, § 32 Abs. 1, auch ihre Inanspruchnahme richtet sich nach § 8 Abs. 4 KostVfg.

III. Gesamtschuldner und Ausgleichsanspruch

Mit der Zahlung entfällt die gesamtschuldnerische Haftung gegenüber dem Notar bzw. dem Gericht, denn die Erfüllung wirkt auch für die übrigen Schuldner, § 422 Abs. 1 S. 1 BGB.[40] Darin ist zwingendes Recht zu sehen, das einer Modifizierung nicht zugänglich ist.[41] Ein **Ausgleichsanspruch** steht demjenigen Kostenschuldner zu, der an den Notar[42] bzw. an das Gericht gezahlt hat. Der Ausgleichsanspruch ist nicht gegenüber dem Notar oder gegenüber dem Gericht geltend zu machen, sondern im Innenverhältnis der Gesamtschuldner, § 426 Abs. 1 S. 1 BGB, ggf. im Zivilrechtsweg.[43] Dort beschränkt sich der Ausgleichsanspruch auf den Anteil, den der Ausgleichsschuldner zu tragen hat.[44] Kann von einem einzelnen Ausgleichsschuldner der auf ihn entfallende Betrag nicht erlangt werden, ist der Anteil von den übrigen Ausgleichsschuldnern zu tragen, § 426 Abs. 1 S. 2 BGB. In der Folge tritt eine anteilsmäßige Erhöhung der Ausgleichungspflicht ein. 11

IV. Haftung für Mehrkosten (Abs. 2)

Den Bereich gesamtschuldnerischer Haftung mehrerer Kostenschuldner verlässt das Gesetz mit der Regelung in Abs. 2, die auf **besondere Anträge** eines Beteiligten abstellt, wodurch **Mehrkosten** entstanden sind. Besondere Anträge können gegenstandsverschiedene Erklärungen nur einer Partei oder spezielle Gebühren (Auswärtsbeurkundung, Beurkundung an Sonn- oder Feiertagen oder zur Nachtzeit),[45] spezielle Vollzugsgeschäfte oder spezielle Auslagen sein.[46] Es wäre unbillig, insoweit eine gesamtschuldnerische Haftung mehrerer Kostenschuldner eintreten zu lassen. Deshalb ordnet die Regelung in Abs. 2 an, dass die **Mehrkosten nur dem verantwortlichen Beteiligten zur Last fallen.** Ob dies auch für Beurkundungskosten in einer fremden Sprache gilt, ist strittig, aber zu verneinen.[47] 12

Abschnitt 6 Gebührenvorschriften

§ 34 Wertgebühren

(1) Wenn sich die Gebühren nach dem Geschäftswert richten, bestimmt sich die Höhe der Gebühr nach Tabelle A oder Tabelle B.

(2) [1]Die Gebühr beträgt bei einem Geschäftswert bis 500 Euro nach Tabelle A 38 Euro, nach Tabelle B 15 Euro. [2]Die Gebühr erhöht sich bei einem

40 OLG Frankfurt aM BeckRS 2018, 43178, sog. Gesamtwirkung der Erfüllung bei Gesamtschuldnern.
41 Palandt/*Grüneberg* § 422 Rn. 1.
42 OLG Frankfurt/M. BeckRS 2018, 43178.
43 Korintenberg/*Gläser* § 32 Rn. 8. Streifzug durch das GNotKG, Rn. 2620 und 2624.
44 Palandt/*Grüneberg* § 426 Rn. 7.
45 BDS/*Bormann* § 32 Rn. 7.
46 *Krauß*, Immobilienkaufverträge in der Praxis, Rn. 5025 und 5026.
47 NK-GK/*Leiß* § 32 Rn. 19; Korintenberg/*Gläser* § 32 Rn. 10: Kosten des einheitlichen Beurkundungsverfahrens, keine besonderen Mehrkosten; aA BDS/*Bormann* § 32 Rn. 7.

Geschäftswert bis ... Euro	für jeden angefangenen Betrag von weiteren ... Euro	in Tabelle A um ... Euro	in Tabelle B um ... Euro
2 000	500	20	4
10 000	1 000	21	6
25 000	3 000	29	8
50 000	5 000	38	10
200 000	15 000	132	27
500 000	30 000	198	50
über 500 000	50 000	198	
5 000 000	50 000		80
10 000 000	200 000		130
20 000 000	250 000		150
30 000 000	500 000		280
über 30 000 000	1 000 000		120

(3) Gebührentabellen für Geschäftswerte bis 3 Millionen Euro sind diesem Gesetz als Anlage 2 beigefügt.

(4) Gebühren werden auf den nächstliegenden Cent auf- oder abgerundet; 0,5 Cent werden aufgerundet.

(5) Der Mindestbetrag einer Gebühr ist 15 Euro.

Literatur:
Heinemann, Die Reform der freiwilligen Gerichtsbarkeit durch das FamFG und ihre Auswirkungen auf die notarielle Praxis, DNotZ 2009, 6; *Wilsch*, Neuregelungen des Kostenrechts aus amtsgerichtlicher Sicht, FGPrax 2013, 47.

I. Wertgebühren (Abs. 1)

1 Die Regelung in Abs. 1 dient der Umsetzung des Primats[1] der Wertgebühren, das in § 3 Abs. 1 angelegt ist. Den Gegensatz bilden die Festgebühren, die bei standardisierten Vorgängen zur Anwendung gelangen, was begünstigend oder verzerrend ausfallen kann[2] und gegen das rechtspolitische Allheilmittel der Festgebühren spricht.[3]

1 *Bormann* ZEV 2013, 425; zur „das gesamte Justizkostenrecht prägende(n) Wertgebühr" vgl. Korintenberg/*Diehn* § 34 Rn. 1.

2 Zu den Risiken einer Festgebühr vgl. Korintenberg/*Reimann* Einf. Rn. 34; *Fackelmann* Rn. 37 (hohe Geschäftswerte werden begünstigt, geringe Geschäftswerte werden benachteiligt); Korintenberg/*Diehn* § 34 Rn. 5.

3 Unter Umständen „leidet die soziale Gerechtigkeit", vgl. Korintenberg/*Diehn* § 34 Rn. 5. Zur untergeordneten Bedeutung von Festgebühren vgl. Korintenberg/*Diehn* § 34 Rn. 12.

Zur Durchsetzung des Wertgebührensystems trägt die **Mitwirkungspflicht** bei, die die Beteiligten im Rahmen der Wertermittlung trifft, vgl. § 95[4] und § 39. Die Wertgebühren als „Standardgebühr(en)“,[5] die sich nach dem Wert richten, den der Gegenstand des Verfahrens oder der Gegenstand des Geschäfts hat (Geschäftswert), § 3 Abs. 1, erhalten durch § 34 ihre notwendige Ausgestaltung. Mit welchem **Aufwand** ein Verfahren bzw. ein Geschäft tatsächlich verbunden ist, spielt im System der Wertgebühren keine Rolle.[6] Angeknüpft wird einzig und allein an den **Geschäftswert**, was Nachteile (Unterdeckung) mit sich bringen kann, die jedoch über hohe Geschäftswerte wiederum ausgeglichen werden (Mischkalkulation, Quersubventionierung,[7] vgl. § 3). Die „soziale Ausgleichsfunktion“,[8] die das Kostenrecht an dieser Stelle vornimmt, ist dem Sozialstaatsprinzip[9] zuzuordnen und der Grund dafür, warum das Wertgebührensystem als europarechtskonform[10] einzustufen ist. Das beurkundende Notariat und das Gericht müssen nicht darlegen, welcher Aufwand geboten gewesen wäre. Hypothetische Modellberechnungen müssen nicht entworfen und können im Erinnerungswege auch nicht mit Erfolg vorgebracht werden. Gleichförmige Verfahren bzw. gleichartige Geschäfte schlagen mit unterschiedlichen Gebühren zu Buche,[11] da an den Geschäftswert angeknüpft wird (vgl. § 3). Der Bewertungszeitpunkt ergibt sich aus den §§ 59,[12] 96.[13] 2

Die **Höhe der Gebühr** bestimmt sich nach der **Tabelle A** oder der **Tabelle B**, vgl. Abs. 1. Welche Tabelle zur Anwendung gelangt, ergibt sich jeweils aus der Überschrift der rechten (dritten) Spalte der betroffenen Kostenverzeichnis-Nummer („Gebühr oder Satz der Gebühr nach § 34 GNotKG – Tabelle ...“). Programmatisch verfolgte der Gesetzgeber mit der Implementierung zweier Gebührentabellen eine Differenzierung zwischen „Verfahren mit Streitentscheidungscharakter“[14] und sonstigen Verfahren. Die „Verfahren mit Streitentscheidungscharakter“[15] wollte der Gesetzgeber im Einklang mit den Verfahren sehen, für die das FamGKG und das GKG zur Anwendung gelangen,[16] und implementierte hierfür die Tabelle A.[17] Für andere Verfahren, hauptsächlich notarielle Angelegenheiten, Grundbuch-, Handelsregister- und Nachlasssachen, schuf der GNotKG-Gesetzgeber die Tabelle B, „die wegen der in diesen Sachen zum Teil sehr hohen Werte deutlich stärker degressiv ausgestaltet ist“.[18] 3

Einige Anwendungsbeispiele für die **Tabelle A**: 4

- Verfahren vor dem Betreuungsgericht, KV Nr. 11100 ff.
- Verfahren zur Sicherung des Nachlasses, KV Nr. 12310 ff.

---

4 Zur Mitwirkungspflicht vgl. *Diehn/Volpert* Rn. 2765 ff.
5 Korintenberg/*Otto* § 3 Rn. 2; zum Grundsatz der Wertgebühr vgl. Korintenberg/*Reimann* Einf. Rn. 29. Zu den Festgebühren vgl. Kommentierung zu § 3.
6 Vgl. zur Unabhängigkeit vom Aufwand auch *Fackelmann* Rn. 32.
7 Ganter/Hertel/Wöstmann/*Hertel* Notarhaftungs-HdB Teil 1 Rn. 216.
8 Korintenberg/*Diehn* § 34 Rn. 1.
9 Korintenberg/*Diehn* § 34 Rn. 4.
10 Korintenberg/*Diehn* § 34 Rn. 7a.
11 Vgl. zur identischen Situation bei Kosten in Familiensachen FA-FamR-HdB/*Keske*, Kap. 17 Rn. 7.
12 Zeitpunkt für Gerichtsgebühren.
13 Zeitpunkt für notarielle Gebühren.
14 BT-Drs. 17/11471, 250.
15 BT-Drs. 17/11471, 250.
16 BT-Drs. 17/11471, 250.
17 BT-Drs. 17/11471, 250.
18 BT-Drs. 17/11471, 250.

- Verfahren über die Ernennung oder Entlassung von Testamentsvollstreckern, KV Nr. 12420 ff.
- Verfahren über die Stundung des Pflichtteilsanspruchs, KV Nr. 12520 ff.
- unternehmensrechtliche und ähnliche Verfahren, KV Nr. 13500 ff.
- Verfahren vor dem Landwirtschaftsgericht und Pachtkreditsachen, KV Nr. 15110 ff.
- Verfahren nach § 7 Abs. 3 ErbbauRG, KV Nr. 15212 Nr. 6
- Verfahren des einstweiligen Rechtsschutzes, KV Nr. 16110 ff.

5 Einige Anwendungsbeispiele für die Tabelle B:

- Notargebühren, KV Nr. 21100 ff.
- Grundbuchsachen, KV Nr. 14110 ff.
- Verfahren über den Antrag auf Erteilung eines Erbscheins oder auf Ausstellung eines Europäischen Nachlasszeugnisses, KV Nr. 12210 ff.
- Vollstreckungsverfahren nach dem FamFG, KV Nr. 18000 ff.

II. Gebührentabellen A und B (Abs. 2 und Abs. 3)

6 Wie hoch die Gebühr bei einem bestimmten Geschäftswert ausfällt, lässt sich den Regelungen der Abs. 2 und 3 entnehmen, wobei als **Standard** die **1,0 Gebühr** festgelegt wird. Bei einem höheren (2,0) oder geringeren (0,5) Gebührensatz ist die Standardgebühr entsprechend zu modifizieren. Was programmatisch in Abs. 1 angelegt ist, die Differenzierung zwischen der Tabelle A und der Tabelle B, nimmt in den beiden Absätzen (Abs. 2 und 3) Gestalt an. Bei einem Geschäftswert bis 500 EUR beträgt die Gebühr 38 EUR,[19] sofern die Tabelle A einschlägig ist, bzw. 15 EUR,[20] sofern die Tabelle B zur Anwendung gelangt, Abs. 2 S. 1. Erfasst sind auch die Fälle mit einem Geschäftswert 0 oder einem negativen Geschäftswert,[21] so dass Kostenfreiheit nicht eintreten kann und ein Rückgriff auf die Mindestgebühr nicht erforderlich wird.[22] Im Zuge eines steigenden Geschäftswerts erhöht sich die Gebühr um die Beträge, die für die Tabelle A[23] und B[24] ausgewiesen sind, vgl. Abs. 2 S. 2. Die Gebührentabelle für Geschäftswerte bis 3 Mio. EUR ist dem Gesetz als Anlage 2 beigefügt, vgl. Abs. 3. Der Gesetzgeber wollte damit „mögliche Zweifel über die Auslegung der Vorschrift (beseitigen)".[25]

III. KostRÄG 2021: neue Tabelle A seit dem 1.1.2021

7 Die Regelung in Abs. 2 wurde durch das **KostRÄG 2021** neu gefasst;[26] Folge ist eine **neue Tabelle A**, gültig seit dem 1.1.2021. Ob die alte oder die neue Tabelle A zur Anwendung gelangt, richtet sich nach allgemeinem Übergangsrecht, vgl. § 134. In gerichtlichen Verfahren, die vor dem Inkrafttreten anhängig geworden oder eingeleitet worden sind und die sich nach der Tabelle A richten, werden die Kosten nach bisherigem Recht erhoben, § 134 Abs. 1 S. 1. Für notarielle Verfahren spielen diese Überlegungen keine Rolle, da die Notarkosten nach der unveränderten Tabelle B erhoben werden.

---

19 Änderung zum 1.1.2021, vgl. KostRÄG 2021, BR-Drs. 721/20, 9. Bis zur Gesetzänderung belief sich der Betrag für die Tabelle A auf 35 EUR.
20 Keine Veränderung durch das KostRÄG 2021, die Tabelle B blieb unverändert.
21 BT-Drs. 17/11471, 250.
22 BT-Drs. 17/11471, 250.
23 Zum linearen Verlauf der Tabelle A vgl. Korintenberg/*Diehn* § 34 Rn. 18.
24 Zur degressiven Ausgestaltung der Tabelle B vgl. Korintenberg/*Diehn* § 34 Rn. 18.
25 BT-Drs. 17/11471, 250; „verbindliche Auslegungshilfe", so Korintenberg/*Diehn* § 34 Rn. 21.
26 Vgl. Art. 4 Abs. 1 Nr. 2 KostRÄG, BR-Drs. 721/20.

IV. Auf- und Abrundung von Gebühren (Abs. 4)

Die Auf- und Abrundungsregelung ist in Abs. 4 zu finden. Grundsätzlich standen die kaufmännische, die symmetrische und die summenerhaltende Rundungsregelung zur Wahl. Mit der Regelung in Abs. 4 entschied sich der Gesetzgeber für die kaufmännische Rundungsregelung, die Eingang in die DIN 1333 gefunden hat. Gebühren werden auf den nächstliegenden Cent auf- oder abgerundet. Ein Betrag von 0,5 Cent wird aufgerundet, Abs. 4. Nichts anderes kann für Auslagen gelten. 8

V. Mindestbetrag einer Gebühr (Abs. 5)

Der Mindestbetrag einer Gebühr beträgt einheitlich 15 EUR, vgl. Abs. 5, und zwar für beide Tabellen, für die Tabelle A und B. Das KostRÄG 2021 änderte den Mindestbetrag nicht und beließ damit den Mindestbetrag auf dem Stand des Jahres 1994.[27] Auslagen sind dagegen in der tatsächlich angefallenen Höhe zu erheben, der Mindestbetrag nach Abs. 5 gilt hierfür nicht. Anderenfalls wäre eine generelle Pauschalierung der Auslagen die Folge. 9

Abschnitt 7 Wertvorschriften

Unterabschnitt 1 Allgemeine Wertvorschriften

§ 35 Grundsatz

(1) In demselben Verfahren und in demselben Rechtszug werden die Werte mehrerer Verfahrensgegenstände zusammengerechnet, soweit nichts anderes bestimmt ist.

(2) Der Geschäftswert beträgt, wenn die Tabelle A anzuwenden ist, höchstens 30 Millionen Euro, wenn die Tabelle B anzuwenden ist, höchstens 60 Millionen Euro, wenn kein niedrigerer Höchstwert bestimmt ist.

Literatur:

Begemann/Nölle, Rechtswahlklauseln in Unternehmenskaufverträgen und ihre kostenrechtliche Relevanz nach dem Gerichts- und Notarkostengesetz, BB 2016, 137; *Berge*, Der Gründungsaufwand bei der GmbH, GmbHR 2020, 82; *Berninger*, Pflicht zur Einreichung mehrerer Gesellschafterlisten bei unmittelbar aufeinanderfolgenden Änderungen, die sich aus ein und derselben notariellen Urkunde ergeben?, GmbHR 2014, 449; *Dodegge*, Aktuelles aus dem Betreuungsrecht, BtPrax 2020, 3; *Reimann*, Das Zweite Gesetz zur Modernisierung des Kostenrechts und die Neuordnung der Notarkosten, FamRZ 2013, 1257; *N. Schneider*, Kosten in Erbscheinsverfahren, ZAP 2018, 137; *Wachter*, GmbH-Gründungen: Neues Gerichts- und Notarkostenrecht, GmbHR 2013, R241–R242.

27 BT-Drs. 17/11471, 250.

I. Allgemeines

1 Die lapidare, in der amtlichen Begründung nur mit wenigen Zeilen bedachte Einschätzung des Gesetzgebers, die Vorschrift enthalte lediglich „Grundsätze für die Wertberechnung",[1] steht im Kontrast zu Einschätzungen in Teilen der Literatur, wonach die Norm das „Herzstück der Kostenrechtsreform"[2] bilde. Verstärkt wird der Kontrast durch die geräuschlose Implementierung zweier Gebührentabellen, der Tabelle A und der Tabelle B, die der Gesetzgeber lediglich mit dem Hinweis auf die Genese der Tabelle A kommentierte,[3] wohingegen weitere Teile der Literatur das Novum markieren, das hiermit verbunden ist, „das bislang einzige Kostengesetz mit zwei unterschiedlichen Gebührentabellen".[4] Auf historische Vorbilder in der KostO kann die Norm nicht zurückgreifen.[5] In der Praxis kommt der Regelung große Relevanz zu.[6] Für Festgebühren gilt die Norm nicht, da Festgebühren nicht an den Geschäftswert anknüpfen.[7] Für Jahresgebühren gelten die in Abs. 2 enthaltenen Höchstgrenzen nicht, nicht unmittelbar, auch nicht analog, da die Höchstgrenzen die Anwendung der Tabelle A oder B voraussetzen, was bei Jahresgebühren gerade nicht der Fall ist.[8]

II. Zusammenrechnung mehrerer Verfahrensgegenstände (Abs. 1)

2 **1. Derselbe Rechtszug, mehrere Verfahrensgegenstände.** Die Vorschrift zählt zu den **allgemeinen Wertvorschriften**, die gleichermaßen für die Notar- und Gerichtskostenpraxis zur Anwendung gelangen,[9] und zwar in **allen Rechtszügen.**[10] Die Regelung spricht in Abs. 1 bereits von „demselben Rechtszug", beschränkt die Geltung damit nicht auf einen Rechtszug, insbesondere nicht auf die erste Instanz, sondern gilt für alle Instanzen. Zugleich wird die Geltung jedoch nicht auf mehrere Rechtszüge ausgeweitet, so dass eine rechtszugübergreifende Addition nicht stattfindet.[11]

3 **2. Keine Geltung für Geschäfte und Treuhandgebühren.** Keine Anwendung findet die Wertaddition bei **Geschäften und Treuhandgebühren.**[12] Die Begründung

---

1 BT-Drs. 17/11471, 251.
2 So Korintenberg/*Bormann* § 35 Rn. 1; gegen die Qualifizierung als Wertberechnungsgrundsatz auch Bormann/Diehn/Sommerfeldt/*Diehn* § 35 Rn. 1.
3 Vgl. BT-Drs. 17/11471, 251, Hinweis auf § 39 Abs. 2 GKG.
4 *Fackelmann* Rn. 54.
5 NK-GK/*Heinemann* § 35 Rn. 2.
6 Zur faktischen Gebührenermäßigung, die mit der Wertaddition und der Degression der Tabelle B einhergeht, vgl. NK-GK/*Heinemann* § 35 Rn. 4; Lemke/*Otto* § 35 Rn. 3.
7 NK-GK/*Heinemann* § 35 Rn. 44.
8 OLG Köln FGPrax 2019, 189 = WKRS 2019, 25938.
9 NK-GK/*Heinemann* § 35 Rn. 5, 9 und 11.
10 NK-GK/*Heinemann* § 35 Rn. 6.
11 NK-GK/*Heinemann* § 35 Rn. 12.
12 Korintenberg/*Bormann* § 35 Rn. 5; BDS/*Diehn* § 35 Rn. 8.

hierfür ist darin zu sehen, dass Geschäfte nur einen Gegenstand haben.[13] Mehrere Gegenstände generieren keine Zusammenrechnung,[14] sondern eigenständige Aktgebühren.

4 **3. Dasselbe Verfahren, mehrere Verfahrensgegenstände: Wertaddition.** Das Rechtszugkriterium spielt in der notariellen Praxis keine Rolle, insoweit ist auf das Beurkundungsverfahren zurückzugreifen, Abs. 1. **Mehrere Verfahrensgegenstände**, die in demselben Beurkundungsverfahren vorliegen, werden zusammengerechnet, Abs. 1. Mehrere Rechtsverhältnisse, Tatsachen oder Vorgänge sind **verschiedene Beurkundungsgegenstände**, vgl. § 86 Abs. 2. In der Konsequenz kommt es zu einer Begünstigung des Gebührenschuldners.[15] Verschiedene Beurkundungsgegenstände sind beispielsweise ein Ehevertrag (Vereinbarung von Gütertrennung) und ein Pflichtteilsverzicht, nach Abs. 1 sind beide Werte zusammenzurechnen. Zur Ausnahme bei Abhängigkeitsverhältnissen → Rn. 8.

5 Um mehrere Beurkundungsgegenstände handelt es sich auch, falls **zwei GmbH-Gesellschafterversammlungen** ohne sachlichen Grund in einer Niederschrift zusammengefasst werden.[16] Dann liegen verschiedene Verfahren vor, die mit unterschiedlichen Gebühren belegt sind, § 93 Abs. 2 S. 1.[17] Eine Zusammenrechnung findet nicht statt.

6 Ebenso wenig kommt eine Zusammenrechnung für die **Bestellung mehrerer Aufsichtsratsmitglieder** in Betracht, da Bezugspunkt für den Pauschalgeschäftswert die Regelung in § 67 Abs. 1 Nr. 1 ist.[18] Mehrere Verfahrensgegenstände iSv Abs. 1 liegen insoweit nicht vor, sondern ein **einheitlicher Verfahrensgegenstand,**[19] gerichtet auf die Wiederherstellung der Beschlussfähigkeit des Aufsichtsrates.[20]

7 Einen einheitlichen Beurkundungsgegenstand iSv § 86 Abs. 1 sieht der BGH[21] auch im Hinblick auf die Erstellung einer Registeranmeldung der **Auflösung einer GmbH**, sekundiert vom **Erlöschen der Vertretungsbefugnis** der bisherigen Geschäftsführer und deren Bestellung zu **Liquidatoren**. Dem Erlöschen der Vertretungsbefugnis kommt keine kostenrelevante Bedeutung zu,[22] die Auflösung stellt vielmehr einen einheitlichen Rechtsvorgang bzw. eine Erklärungseinheit dar.[23]

8 **4. Derselbe Beurkundungsgegenstand, mehrere Rechtsverhältnisse im Abhängigkeitsverhältnis, § 109.** Derselbe Beurkundungsgegenstand liegt vor, sofern Rechtsverhältnisse zueinander in einem Abhängigkeitsverhältnis stehen und das eine Rechtsverhältnis unmittelbar dem Zweck des anderen Rechtsverhältnisses dient, § 109 Abs. 1 S. 1. In entsprechenden Fällen bestimmt sich der Geschäftswert nicht nach dem Prinzip der Wertaddition,[24] sondern **nur nach dem Wert des Rechtsverhältnisses, zu dessen Erfüllung, Sicherung oder sonstiger Durchführung die anderen Rechtsverhältnisse dienen,** § 109 Abs. 1 S. 5. Was unter

13 Korintenberg/*Bormann* § 35 Rn. 9.
14 Korintenberg/*Bormann* § 35 Rn. 9, eine Addition findet nicht statt.
15 Lemke/*Otto* ImmobilienR § 35 Rn. 3.
16 BGH jurisPR-HaGesR 12/2017 Anm. 2 mAnm *Hippeli* = NZG 2018, 35 = DB 2018, 252 = ZNotP 2018, 37 mAnm *Fackelmann*.
17 BGH jurisPR-HaGesR 12/2017 Anm. 2 mAnm *Hippeli* = NZG 2018, 35 = DB 2018, 252 = ZNotP 2018, 37 mAnm *Fackelmann*.
18 OLG München NZG 2018, 792.
19 OLG München NZG 2018, 792.
20 OLG München NZG 2018, 792.
21 BGH DNotZ 2017, 229 mAnm *Diehn*.
22 BGH DNotZ 2017, 229 (230).
23 BGH DNotZ 2017, 229 (231).
24 Korintenberg/*Bormann* § 35 Rn. 11.

einem Abhängigkeitsverhältnis zu verstehen ist, das dem Kriterium **desselben Beurkundungsgegenstandes** zu eigen ist, ist beispielhaft in § 109 Abs. 1 S. 4 und Abs. 2 aufgelistet:

- Kaufvertrag und Übernahme einer durch Grundpfandrecht am Kaufgrundstück gesicherten Darlehensschuld, § 109 Abs. 1 S. 4 Nr. 1 lit. a
- Kaufvertrag und der zur Löschung von Grundpfandrechten am Kaufgegenstand erforderlichen Erklärungen, § 109 Abs. 1 S. 4 Nr. 1 lit. b
- Kaufvertrag und jeder zur Belastung des Kaufgegenstandes dem Käufer erteilten Vollmacht, § 109 Abs. 1 S. 4 Nr. 1 lit. c
- Gesellschaftsvertrag und Auflassung eines einzubringenden Grundstücks, § 109 Abs. 1 S. 4 Nr. 2
- Bestellung eines dinglichen Rechts und Rangänderungserklärungen, die zur Verschaffung des beabsichtigten Ranges erforderlich sind, § 109 Abs. 1 S. 4 Nr. 3
- Begründung eines Anspruchs und Erklärungen zur Schaffung eines Titels entsprechend § 794 Abs. 1 Nr. 5 ZPO, § 109 Abs. 1 S. 4 Nr. 4

9 **Derselbe Beurkundungsgegenstand** ist auch in den folgenden Konstellationen anzunehmen, wobei sich der Geschäftswert **nach dem höchsten in Betracht kommenden Wert** richtet, § 109 Abs. 2 S. 2. Im Einzelnen:

- Vorschlag zur Person eines möglichen Betreuers und Patientenverfügung, § 109 Abs. 2 S. 1 Nr. 1, also gemeinsam beurkundete Betreuungs- und Patientenverfügungen[25]
- Widerruf einer Verfügung von Todes wegen, die Aufhebung oder Anfechtung eines Erbvertrages oder der Rücktritt von einem Erbvertrag jeweils mit der Errichtung einer neuen Verfügung von Todes wegen, § 109 Abs. 2 S. 1 Nr. 2
- die zur Bestellung eines Grundpfandrechts erforderlichen Erklärungen und die Schulderklärung bis zur Höhe des Nennbetrages des Grundpfandrechtes, § 109 Abs. 2 S. 1 Nr. 3
- diverse Beschlüsse von Organen einer Vereinigung oder Stiftung, § 109 Abs. 2 S. 1 Nr. 4 lit. a, b, c, d, e, f, g.

10 Als Wertvorschrift greift das Additionsgebot immer dann, sofern eine Wertgebühr in Ansatz kommt, greift demnach nicht bei Fest-, Akt- oder Jahresgebühren.[26]

11 **5. Weitere gesetzliche Ausnahmen von der Wertaddition.** Der Vorbehalt in Abs. 1 („soweit nichts anderes bestimmt ist") zeigt sich offen für **abweichende Spezialbestimmungen**. Dass dasselbe Verfahren bzw. derselbe Rechtszug und mehrere Verfahrensgegenstände zu konstatieren sind und damit im Grunde eine Addition geboten ist, schlägt dann nicht durch bzw. muss hinter die jeweilige Sonderbestimmung zurücktreten. Entsprechende Additionsverbote[27] finden sich beispielsweise in den §§ 37 Abs. 1, 43, 44, 45, 52 Abs. 4, 56 Abs. 1, 60 Abs. 2, 93 Abs. 2, 94 Abs. 1 und 97 Abs. 3.

12 **6. Vergleichsberechnung bei verschiedenen Gebührensätzen.** Falls unterschiedliche Gebührensätze zur Anwendung gelangen, muss allerdings die Vergleichsberechnung[28] initiiert werden, § 94 Abs. 1, um in Erfahrung zu bringen, ob die

25 Vgl. *Kersten* ZNotP 2020, 186.
26 NK-GK/*Heinemann* § 35 Rn. 7 und 11; BDS/*Diehn* § 35 Rn. 11.
27 NK-GK/*Heinemann* § 35 Rn. 21.
28 Ebenso Korintenberg/*Bormann* § 35 Rn. 16.

getrennte Berechnung (gesonderte Gebühren) günstiger ist als die Einheitsgebühr aus der Addition der Werte,[29] § 56 Abs. 3 bzw. § § 94 Abs. 1.

III. Höchstwerte (Abs. 2)

1. Tabelle A: Höchstwert 30 Mio. EUR. Bei Anwendung der Tabelle A beläuft sich der Geschäftswert höchstens auf **30 Mio. EUR**, Abs. 2. Dies gilt aber nur, sofern kein niedrigerer Höchstwert bestimmt ist, etwa[30] in den §§ 36 Abs. 2, 60 Abs. 3, 73, 74, 98 Abs. 4, 100 Abs. 5, 106, 107, 108 Abs. 5, 120 S. 2 und 123. Für **Jahresgebühren** gilt die in Abs. 2 enthaltenen Höchstgrenze nicht, da die Höchstgrenzen die Anwendung der Tabelle A oder B voraussetzen, was bei Jahresgebühren nicht der Fall ist.[31] Die Höchstwertvorschrift setzt eine **Wertgebühr** voraus.[32] Die Jahresgebühren zählen nicht zu den Gebühren, die nach einer Gebührentabelle ermittelt werden, vielmehr handelt es sich bei Jahresgebühren um linear ansteigende Gebühren.[33] Eine Regelungslücke ist insoweit nicht zu konstatieren,[34] sondern bewusste Gesetzgebungsprogrammatik. Dies hält auch der verfassungsrechtlichen Überprüfung stand.[35] 13

2. Tabelle B: Höchstwert 60 Mio. EUR. Bei Anwendung der **Tabelle B** beläuft sich der Geschäftswert höchstens auf **60 Mio. EUR**,[36] sofern kein niedrigerer Höchstwert bestimmt ist, Abs. 2. Beispiele[37] hierfür sind der niedrigere Höchstwert für Vollmachten und Zustimmungen, § 98 Abs. 4 (höchstens 1 Mio. EUR),[38] der Höchstwert für Anmeldungen, § 106 (1 Mio. EUR) sowie der Höchstwert für Beschlüsse von Gesellschafts-, Stiftungs- und Vereinsorganen, § 108 Abs. 5 (5 Mio. EUR). Damit nicht zu verwechseln sind spezielle Höchst- und Mindestgebühren, die sich aus einzelnen Bestimmungen ergeben[39] („höchstens ... EUR"; „mindestens ... EUR"), sowie eigenständige Mindestgebühren und Mindestwerte[40] („mindestens 200.000 EUR"). Für **Jahresgebühren** gilt die in Abs. 2 enthaltene Höchstgrenze nicht. Die Norm setzt die Anwendung der Tabelle A oder B voraus, was bei Jahresgebühren nicht der Fall ist.[41] Der Höchstwert gilt ferner nicht für die **Verwahrung von Geld, Wertpapieren und Kostbarkeiten**. Nach KV Vorb. 2.5.3 Anm. 2 ist Abs. 2 nicht anzuwenden.[42] Teilweise werden gegen den Höchstwert **verfassungsrechtliche Bedenken** angemeldet.[43] Warum diese Bedenken nur für die Notar-[44] und nicht auch für die Gerichtskosten gelten sollen, überzeugt nicht. 14

29 Lemke/*Otto* ImmobilienR § 35 Rn. 3; BDS/*Diehn* § 35 Rn. 12.
30 NK-GK/*Heinemann* § 35 Rn. 34.
31 OLG Köln FGPrax 2019, 189 = WKRS 2019, 25938; *Dodegge* BtPrax 2020, 3 (4).
32 Korintenberg/*Bormann* § 35 Rn. 17.
33 OLG Köln FGPrax 2019, 189 = WKRS 2019, 25938; *Dodegge* BtPrax 2020, 3 (4).
34 OLG Köln FGPrax 2019, 189 = WKRS 2019, 25938.
35 OLG Köln FGPrax 2019, 189 = WKRS 2019, 25938.
36 Zu Rechtswahlklauseln und der Höchstgrenze vgl. *Begemann/Nölle* BB 2016, 137 (138).
37 Weitere Beispiele vgl. Korintenberg/*Bormann* § 35 Rn. 23; BDS/*Diehn* § 35 Rn. 22.
38 Lemke/*Otto* ImmobilienR § 35 Rn. 7.
39 NK-GK/*Heinemann* § 35 Rn. 36 ff.
40 NK-GK/*Heinemann* § 35 Rn. 38–39.
41 OLG Köln FGPrax 2019, 189 = WKRS 2019, 25938; Korintenberg/*Bormann* § 35 Rn. 18; BDS/*Diehn* § 35 Rn. 19.
42 Ebenso BDS/*Diehn* § 35 Rn. 19.
43 Korintenberg/*Bormann* § 35 Rn. 25; BDS/*Diehn* § 35 Rn. 16.
44 Korintenberg/*Bormann* § 35 Rn. 25: verfassungsrechtliche Bedenken „namentlich im Bereich der Notarkosten"; ebenso BDS/*Diehn* § 35 Rn. 16 („mit Blick auf die Notare").

§ 36 Allgemeiner Geschäftswert

(1) Soweit sich in einer vermögensrechtlichen Angelegenheit der Geschäftswert aus den Vorschriften dieses Gesetzes nicht ergibt und er auch sonst nicht feststeht, ist er nach billigem Ermessen zu bestimmen.

(2) Soweit sich in einer nichtvermögensrechtlichen Angelegenheit der Geschäftswert aus den Vorschriften dieses Gesetzes nicht ergibt, ist er unter Berücksichtigung aller Umstände des Einzelfalls, insbesondere des Umfangs und der Bedeutung der Sache und der Vermögens- und Einkommensverhältnisse der Beteiligten, nach billigem Ermessen zu bestimmen, jedoch nicht über 1 Million Euro.

(3) Bestehen in den Fällen der Absätze 1 und 2 keine genügenden Anhaltspunkte für eine Bestimmung des Werts, ist von einem Geschäftswert von 5 000 Euro auszugehen.

(4) [1]Wenn sich die Gerichtsgebühren nach den für Notare geltenden Vorschriften bestimmen, sind die für Notare geltenden Wertvorschriften entsprechend anzuwenden. [2]Wenn sich die Notargebühren nach den für Gerichte geltenden Vorschriften bestimmen, sind die für Gerichte geltenden Wertvorschriften entsprechend anzuwenden.

Literatur:

Diehn, Das neue Notarkostenrecht im GNotKG, DNotZ 2013, 406; *Dodegge*, Aktuelles aus dem Betreuungsrecht, BtPrax 2020, 3; *Hofer*, Behindertentestament und kostenrechtlicher Wert einer Vorerbschaft – Anmerkung zu LG Augsburg, BtPrax 2017, 232; *Keske*, Die Änderung der Gerichtskosten durch das 2. KostRMoG, FuR 2013, 633; *Reimann*, Das Zweite Gesetz zur Modernisierung des Kostenrechts und die Neuordnung der Notarkosten, FamRZ 2013, 1257; *Tiedtke*, GNotKG: Das neue Kostenrecht für Notare, ZNotP 2013, 202; *Zimmermann*, Die Gerichtskosten in Betreuungs- und Nachlassachen im neuen GNotKG, FamRZ 2013, 1264.

I. Allgemeines

1 Die Vorschrift zählt zu den allgemeinen Wertvorschriften und ist an die Stelle des § 30 KostO getreten,[1] mit dem sie die Differenzierung zwischen vermögensrechtlichen[2] und nichtvermögensrechtlichen[3] Angelegenheiten teilt. Der Modellwechsel soll darin zu sehen sein, dass nunmehr eine „allgemeine Geschäftswertvorschrift“[4] vorliegt, nicht mehr eine „subsidiär anzuwendende Vorschrift“.[5] Zu dieser Programmatik kontrastieren jedoch die Einschränkungen, die den Abs. 1 und 2 beigegeben sind. Die Bestimmung in Abs. 1 sieht keinen Höchstwert vor, die Bestimmung in Abs. 2 dagegen einen Höchstwert (1 Mio. EUR). Treffen vermögensrechtliche und nichtvermögensrechtliche Angelegenheiten zusammen, sind die Werte zu addieren.[6] Spezialbewertungsnormen stehen der Anwendung des § 36 entgegen.[7] Die Bestimmung in Abs. 3 ist nicht als Regel-, sondern als Hilfswert konzipiert,[8] als ultima ratio,[9] als Auffangwert,[10] sollten Anhaltspunkte für eine Wertbestimmung nicht bestehen. Aufgrund der wechselseitigen Verweisung in Abs. 4 sollen dem Notar und dem Gericht die Möglichkeit eröffnet werden, sich die relevante Wertvorschrift zu eigen zu machen, um zu einem kohärenten Wert zu gelangen.

II. Vorprüfung: Vorrang spezieller Bewertungsnormen

2 Bereits dem Wortlaut der Abs. 1 und 2 lässt sich entnehmen, dass die Regelungen nicht direkt bzw. unmittelbar zur Anwendung gelangen, sondern unter der Prämisse, dass sich der Geschäftswert nicht aus anderen Vorschriften ergibt.[11] Primär sind die besonderen Geschäftswertvorschriften heranzuziehen, die Sondervorschriften,[12] sekundär die allgemeinen Geschäftswertvorschriften, enthalten in den Abs. 1–3. Die primären Geschäftswertvorschriften verdrängen § 36.[13] Die Regelung in § 36 greift erst dann, sofern Spezialnormen nicht vorhanden oder anwendbar sind.[14] So verdrängt beispielsweise § 40, die Geschäftswertvorschrift für Erbscheinsverfahren und für die Ausstellung Europäischer Nachlasszeugnisse, die Anwendung des § 36.[15] Ein Rückgriff auf § 36 ist dann nicht möglich.[16] Primäre Geschäftswertvorschriften[17] sind beispielsweise:[18]

1 Überholt die KostO-Nennung bei BeckOK KostR/*Soutier*, 30. Ed. 1.6.2020, § 36 Rn. 5: „Schätzung des Werts nach § 30 Abs. 1“.
2 S. ehemals § 30 Abs. 1 KostO.
3 S. ehemals § 30 Abs. 3 KostO.
4 BT-Drs. 17/11471, 251.
5 BT-Drs. 17/11471, 251.
6 Korintenberg/*Bormann* § 36 Rn. 8.
7 So bereits BT-Drs. 17/11471, 251.
8 Ebenso BT-Drs. 17/11471, 251: kein Regelwert. Unverständlich OLG München WKRS 2020, 49639, das vom „Regelwert“ spricht: „Regelwert des § 36 Abs. 3 GNotKG“.
9 So vortrefflich Lemke/*Otto* ImmobilienR § 36 Rn. 9.
10 NK-GK/*Heinemann* § 36 Rn. 4; *Keske* FuR 2013, 633 (637).
11 Zur Verdrängung des § 36 vgl. NK-GK/*Heinemann* § 36 Rn. 6; *Keske* FuR 2013, 633 (637).
12 NK-GK/*Heinemann* § 36 Rn. 1 und 16; Korintenberg/*Bormann* § 36 Rn. 2.
13 NK-GK/*Heinemann* § 36 Rn. 6.
14 OLG Stuttgart WKRS 2018, 68314.
15 OLG Karlsruhe WKRS 2016, 18247.
16 OLG Karlsruhe WKRS 2016, 18247.
17 Zu § 40, der § 36 verdrängt, vgl. OLG Karlsruhe WKRS 2016, 18247.
18 NK-GK/*Heinemann* § 36 Rn. 9 und 10.

- die §§ 40–54,[19]
- die §§ 60–76,[20]
- die §§ 97–108 sowie
- die §§ 112–124.

III. Vermögensrechtliche Angelegenheiten (Abs. 1 und 3)

3 **1. Vermögensrechtliche Angelegenheiten (Abs. 1).** Zur Umschreibung der vermögensrechtlichen Angelegenheiten wird ins Feld geführt, es müsse sich um Angelegenheiten handeln, „die unmittelbare materielle Auswirkungen haben".[21] Dies ist beispielsweise bei der Anordnung der Vermögenssorge mit Einwilligungsvorbehalt der Fall.[22] Gemeint sind Konstellationen, die unmittelbare vermögensrechtliche Wirkungen erzeugen.[23] Vermögensrechtliche Angelegenheiten sind zum einen auf Geld gerichtete Ansprüche,[24] zum anderen Angelegenheiten, die entsprechende Beziehungen zum Gegenstand haben. Eine Einwirkung auf ein Wirtschaftsgut ist zu konstatieren,[25] ein wirtschaftlicher Wert.[26] Eine vermögensrechtliche Angelegenheit dient der Wahrung eigener Vermögensinteressen. Ob die Angelegenheit als vermögensrechtlich oder nichtvermögensrechtlich zu qualifizieren ist, ist anhand objektiver Faktoren zu entscheiden, ohne Wahlrecht der Beteiligten.[27]

4 **2. Bestimmung nach billigem Ermessen (Abs. 1).** Soweit sich der Geschäftswert einer vermögensrechtlichen Angelegenheit nicht aus Spezialnormen ergibt, ist er nach billigem Ermessen zu bestimmen, Abs. 1 iVm § 315 Abs. 1 BGB.

5 Als Kriterien kommen der Umfang[28] der Angelegenheit, der Arbeitsaufwand des Notars,[29] das Maß der Veränderung[30] und die wirtschaftliche Bedeutung der Veränderung in Betracht.[31] Daneben sind auch die Einkommens- und Vermögensverhältnisse der Beteiligten berücksichtigungsfähig.[32] Eine Rolle spielt überdies das Interesse[33] des Antragstellers bzw. Auftraggebers an der Angelegenheit. Von Bedeutung sein muss auch, ob es sich um eine anspruchsvolle Angelegenheit handelt, verbunden mit einem nicht unbeträchtlichen Haftungsrisiko[34] für den Notar bzw. das Gericht.[35] Um zum Wert zu gelangen, ist von einem Bezugswert auszugehen, beispielsweise dem Verkehrswert der betroffenen Immobilie,[36] und sodann ein prozentualer Wert[37] zu bestimmen, ein Teil-

---

19 Ebenso NK-GK/*Heinemann* § 36 Rn. 17.
20 NK-GK/*Heinemann* § 36 Rn. 28.
21 OLG Stuttgart WKRS 2018, 68314; OLG München WKRS 2018, 46962; Korintenberg/*Bormann* § 36 Rn. 10.
22 OLG München WKRS 2018, 46962.
23 OLG München WKRS 2018, 46962.
24 Vgl. Lemke/*Otto* ImmobilienR § 36 Rn. 4.
25 OLG Hamm WKRS 2016, 28654.
26 NK-GK/*Heinemann* § 36 Rn. 14.
27 NK-GK/*Heinemann* § 36 Rn. 15.
28 Ebenso NK-GK/*Heinemann* § 36 Rn. 19.
29 OLG Jena BeckRS 2020, 25189 = NotBZ 2020, 398.
30 Etwa bei Nachträgen, vgl. *Diehn/Volpert* NotarKostR Rn. 1807 und 1808.
31 OLG München WKRS 2018, 46962; Korintenberg/*Bormann* § 36 Rn. 14.
32 OLG München WKRS 2018, 46962; NK-GK/*Heinemann* § 36 Rn. 19.
33 Lemke/*Otto* ImmobilienR § 36 Rn. 5; ebenso OLG Oldenburg WKRS 2018, 31713, Interesse des Erben im negativen Hoffeststellungsverfahren; vgl. auch Korintenberg/*Bormann* § 36 Rn. 14.
34 OLG Hamm WKRS 2016, 28654; NK-GK/*Heinemann* § 36 Rn. 19.
35 Korintenberg/*Bormann* § 36 Rn. 14.
36 OLG Hamm WKRS 2016, 28654.
37 OLG München WKRS 2018, 46962; OLG Hamm WKRS 2016, 28654.

wert.[38] Dabei werden Verbindlichkeiten nicht abgezogen,[39] § 38 S. 2. Voraussetzung einer ermessensfehlerfreien Wertbemessung ist die Berücksichtigung aller Umstände des Einzelfalles.[40] Ob dies geschehen ist, die Bestimmung nach billigem Ermessen somit nicht fehlerhaft ist, kann durch das Beschwerdegericht nur eingeschränkt überprüft werden.[41] Eine wesentliche Einschränkung ergibt sich für die Notarkosten aus §§ 128 Abs. 2, 92, demnach für die Bestimmung der Rahmengebühren. Im Übrigen beschränkt sich die gerichtliche Überprüfung darauf, ob eine fehlerhafte Unter- bzw. Überschreitung der notariellen Ermessensausübung konstatiert werden kann.[42]

3. Kein Höchstwert (Abs. 1). Dass für vermögensrechtliche Angelegenheiten **kein Höchstwert** mehr vorgesehen ist, was eine Abkehr vom alten Kostenrecht[43] bedeutet, entspricht gesetzgeberischer Intention.[44] Ein Höchstwert sei insoweit „mit dem Charakter als grundlegende Geschäftswertbestimmung nicht zu vereinbaren".[45] 6

4. Auffangwert (Abs. 3). Sollten ausnahmsweise keine genügenden Anhaltspunkte für eine Wertbestimmung bestehen, kommt als **ultima ratio**[46] der **Hilfs- bzw. Auffangwert** nach Abs. 3 zur Geltung,[47] also ein Geschäftswert iHv 5.000 EUR. In der Praxis besteht das Hauptanwendungsproblem im Zusammenhang mit Abs. 3 darin, hierin einen Regelwert[48] zu sehen, einen primär heranzuziehenden Wert für alle Angelegenheiten. Der Systematik der Abs. 1–3 wird diese Auffassung nicht gerecht. In Abs. 3 ist ein Hilfswert[49] zu sehen, ein Auffangwert,[50] kein Regelwert.[51] Vorab ist stets zu prüfen, ob der Geschäftswert nicht nach Abs. 1 zu bestimmen ist.[52] In der praktischen Konsequenz erweist sich der Wert nach Abs. 3 als „absolute Ausnahme".[53] 7

38 Ebenso Lemke/*Otto* ImmobilienR § 36 Rn. 5; OLG Hamm WKRS 2016, 28654.
39 OLG Stuttgart WKRS 2018, 68314; LG Bremen ZNotP 2020, 182 (185) mAnm *Kersten*.
40 OLG Hamm WKRS 2017, 22508.
41 NK-GK/*Heinemann* § 36 Rn. 21 ff.
42 Korintenberg/*Bormann* § 36 Rn. 13a.
43 Vgl. ehemals § 30 Abs. 2 S. 2 KostO.
44 BT-Drs. 17/11471, 251.
45 BT-Drs. 17/11471, 251; vgl. zum fehlenden Höchstwert NK-GK/*Heinemann* § 36 Rn. 24.
46 Lemke/*Otto* ImmobilienR § 36 Rn. 9.
47 Ebenso *Keske* FuR 2013, 633 (637); Korintenberg/*Bormann* § 36 Rn. 3.
48 So OLG München WKRS 2020, 49639: „Regelwert des § 36 Abs. 3 GNotKG"; dieser Einschätzung kann nicht gefolgt werden.
49 Ebenso BT-Drs. 17/11471, 252: Hilfswert.
50 OLG München WKRS 2018, 46962; NK-GK/*Heinemann* § 36 Rn. 4.
51 Ebenso NK-GK/*Heinemann* § 36 Rn. 12. Die Bezeichnung als „Regelwert" findet sich zuweilen auch in obergerichtlichen Kostenentscheidungen, vgl. OLG Düsseldorf WKRS 2020, 52909: „Kostenentscheidung … § 36 Abs. 3 GNotKG (Regelwert)".
52 Vgl. zur Programmatik bereits BT-Drs. 17/11471, 251 und 252: „Erst wenn hierfür keine Anhaltspunkte erkennbar sind, kann auf den Hilfswert zurückgegriffen werden."
53 NK-GK/*Heinemann* § 36 Rn. 11.

8 5. **Beispielkatalog vermögensrechtlicher Angelegenheiten (Abs. 1).** Beispiele vermögensrechtlicher Angelegenheiten iSv Abs. 1 sind die folgenden Konstellationen:

- Abtretung einer unsicheren Forderung: Der Wert der Forderung ist nach billigem Ermessen zu bestimmen, Abs. 1,[54]
- Abtretungsverbot: 10–30 % der betroffenen Forderung bzw. des betroffenen Rechts,[55]
- Adoption: bei Minderjährigen Hilfswert nach Abs. 3 (5.000 EUR), bei Volljährigen strittig, teilweise werden 10–30 % des Vermögens des Annehmenden[56] vertreten, teilweise[57] erfolgt die Einordnung als nichtvermögensrechtliche Angelegenheit nach Abs. 2 (vgl. Beispielkatalog zu Abs. 2 → Rn. 9),
- Akteneinsichtsverlangen: 10–30 % des Interessenwertes des Antragstellers,[58]
- Antrag auf Verlängerung eines Europäischen Nachlasszeugnisses: 10–20 % des Nachlassreinvermögens,[59]
- Annahme eines Angebots: 10–30 % des betroffenen Anspruchs,[60] nach anderer Ansicht Geschäftswert wie beim Angebot,[61]
- Arbeitsplatzgarantie: 10–30 % des Arbeitseinkommens nach § 99,[62]
- Aufgebot eines Grundschuldbriefes, Antragsentwurf: 20–30 % des Grundschuldnennbetrages,[63]
- Aufhebung eines Erbbaurechts: 10–20 % des Wertes des Erbbaurechtes,[64]
- Aufhebung einer Veräußerungsbeschränkung nach § 12 WEG: 30 % des Wertes aller Raumeigentumseinheiten,[65]
- Auslegungsvertrag: Teilwert der betroffenen Verfügung von Todes wegen,[66]
- Aufzahlungsverpflichtung: die Wahrscheinlichkeit des Bedingungseintritts ist zu taxieren, Abs. 1, bei mangelnder Vorhersehbarkeit 20 %,[67]
- Bankschließfachöffnung: Schätzung nach billigem Ermessen, Abs. 1
- Baubeschränkung: 10–50 % der Werkleistung,[68]
- Baubeschreibung in Bezugsurkunde: Teilwert von 10–30 % der Baukosten,[69]

54 Ähnlich Korintenberg/*Bormann* § 36 Rn. 56: Abschlag vom Nennbetrag der Forderung, sofern die Beitreibung der Forderung zweifelhaft ist; nach *Diehn/Volpert*, NotarKostR, Rn. 21 grds. kein Abschlag, ein solcher ist nur dann gerechtfertigt, sofern sichere und unzweifelhafte Erkenntnisse über die Unsicherheit der Forderungsrealisierung vorliegen.
55 NK-GK/*Heinemann* § 36 Rn. 24a; für 30 %: Korintenberg/*Bormann* § 36 Rn. 27b.
56 NK-GK/*Heinemann* § 36 Rn. 24a.
57 *Diehn/Volpert* NotarKostR Rn. 173.
58 NK-GK/*Heinemann* § 36 Rn. 24a.
59 Vgl. *Bäuerle* Tabelle, Kostenstichworte.
60 NK-GK/*Heinemann* § 36 Rn. 24a; für 30 %: Korintenberg/*Bormann* § 36 Rn. 38, Benennung des Annahmeberechtigten.
61 *Diehn/Volpert* NotarKostR Rn. 164.
62 NK-GK/*Heinemann* § 36 Rn. 24a.
63 Vgl. *Bäuerle* Tabelle, Kostenstichworte; ebenso *Diehn/Volpert* NotarKostR Rn. 190 und 191.
64 *Bäuerle* Tabelle, Kostenstichworte.
65 NK-GK/*Heinemann* § 36 Rn. 24a.
66 *Diehn/Volpert* NotarKostR Rn. 225.
67 So Korintenberg/*Bormann* § 36 Rn. 31a.
68 NK-GK/*Heinemann* § 36 Rn. 24a.
69 *Diehn/Volpert* NotarKostR Rn. 238.

- bedingte Aufzahlungsverpflichtungen (Nachbesserungsklauseln): 10–30 % des Zuzahlungsbetrages,[70] Abs. 1, maßgeblich ist die Wahrscheinlichkeit des Bedingungseintritts,[71]
- Beherrschungsvertrag ohne Gewinnabführungsverpflichtung: Schätzwert nach billigem Ermessen, orientiert an der Unternehmensgröße und dem Jahresumsatz,[72]
- Beschäftigungsverpflichtung: 10–30 % des Arbeitseinkommens, § 99,[73]
- Beschlüsse von Vereinsorganen: falls keine Anhaltspunkte für eine Wertbestimmung nach billigem Ermessen vorliegen: Auffangwert von 5.000 EUR, Abs. 3,[74]
- Bestandteilszuschreibung s. Stichwort Grundstücksvereinigung,
- Betreuungsverfügung: Teilwert des Vermögens des Betroffenen,[75]
- Bürgschaft, Umwandlung einer einfachen Bürgschaft in eine selbstschuldnerische Bürgschaft: 40–70 % der gesicherten Forderung,[76]
- Eigenurkunde: Teilwert von 20–30 % des Wertes des betroffenen Gegenstandes,[77]
- Entwurf einer Erklärung über die Aufhebung der Hofeigenschaft, abzugeben gegenüber dem Landwirtschaftsgericht: 20 % des Verkehrswertes des Hofes,[78] Abs. 1, § 46,
- Ergebnisabführungsvertrag: 10–30 % des voraussichtlichen Gewinns bzw. Verlustes, bezogen auf die gesamte Laufzeit,[79]
- Grundschuldteilung: 10–30 % des Grundschuldnennbetrages,[80]
- Grundschuldumwandlung: strittig, 10–20 % des Grundschuldnennbetrages, Abs. 1,[81] eine andere Meinung[82] hält den vollen Grundschuldnennbetrag für maßgeblich, § 53 Abs. 1; zur Umwandlung eines Buchrechtes in ein Briefrecht vgl. dagegen das folgende Stichwort zur nachträglichen Aufhebung des Briefausschlusses,
- Grundstücksteilung, Antrag: 10–20 % des Verkehrswertes der betroffenen Immobilie,[83]
- Grundstücksvereinigung bzw. Bestandteilszuschreibung von Grundstücken, Antrag: 10–30 % des Verkehrswertes der betroffenen Immobilie,[84]
- Gründungsbericht: Teilwert von 10–40 % des Grundkapitals samt genehmigtem Kapital,[85]

---

70 *Krauß* Immobilienkaufverträge Rn. 5047; Korintenberg/*Bormann* § 36 Rn. 67.
71 *Diehn/Volpert* NotarKostR Rn. 219.
72 *Bäuerle* Tabelle, Kostenstichworte; vgl. auch Korintenberg/*Bormann* § 36 Rn. 37a.
73 NK-GK/*Heinemann* § 36 Rn. 24a.
74 *Diehn/Volpert* NotarKostR Rn. 2433.
75 NK-GK/*Heinemann* § 36 Rn. 24a.
76 *Diehn/Volpert* NotarKostR Rn. 360.
77 Korintenberg/*Bormann* § 36 Rn. 48a.
78 OLG Hamm WKRS 2016, 28654.
79 NK-GK/*Heinemann* § 36 Rn. 24a.
80 Korintenberg/*Bormann* § 36 Rn. 60a; aA *Bäuerle* Tabelle, Kostenstichworte: 10–20 % des Grundstücks.
81 *Bäuerle* Tabelle, Kostenstichworte.
82 Korintenberg/*Bormann* § 36 Rn. 101a.
83 *Bäuerle* Tabelle, Kostenstichworte.
84 NK-GK/*Heinemann* § 36 Rn. 24a; nur 10–20 % hingegen *Bäuerle* Tabelle, Kostenstichworte; Korintenberg/*Bormann* § 36 Rn. 41a und 60c; *Diehn/Volpert* NotarKostR Rn. 295.
85 *Bäuerle* Tabelle, Kostenstichworte.

- Hofeigentümer, Erklärung nach § 4 Abs. 1 HöfeVfO: 20 % des Verkehrswertes des Hofes,[86]
- Identitätserklärung nach Vermessung der Teilfläche bzw. nach Vorliegen des amtlich genehmigten Aufteilungsplanes: 10–30 % der betroffenen Immobilie[87] bzw. des betroffenen Grundpfandrechts,[88]
- isolierte Anordnung einer Testamentsvollstreckung in einem beurkundeten Testament: 30 % des Nachlasswertes, Abs. 1, § 51 Abs. 2,[89]
- isolierte GmbH-Gesellschafterliste: 10–20 % des Stammkapitals,[90]
- Kraftloserklärung vgl. Stichwort Aufgebot,
- Liste Aufsichtsratsmitglieder: 10–20 % des Grundkapitals,[91]
- Nachtrag zu einer Kaufvertragsurkunde (Änderung der Kaufpreisfälligkeit oder Änderung der Annahmefrist): Teilwert des geänderten Rechtsverhältnisses,[92] etwa 30 % des Kaufgegenstandes;[93] etwas anders gilt für die Änderung mit bestimmtem Geldwert, vgl. das folgende Stichwort,
- Nachtrag zu einer Kaufvertragsurkunde, Gegenstand Kaufpreisreduzierung oder Kaufpreiserhöhung: maßgeblich ist der Unterschiedsbetrag,[94]
- nachträgliche Aufhebung des Briefausschlusses und Erteilung eines Grundpfandrechtsbriefes: die 0,5 Gebühr nach der KV Nr. 14130 ist aus 20 % des Grundpfandrechtsbetrages zu erheben, die weitere Brieferteilungsgebühr nach KV Nr. 14124 dagegen aus dem vollen Wert des Grundpfandrechtsbetrages;[95] dagegen Notariat: 10–30 % des Grundpfandrechtsbetrages,[96]
- nachträgliche Eintragung eines Rangvorbehaltes: 10–25 % aus dem Wert des vorbehaltenen Rechtes,
- Namensänderung im Grundbuch: 10–30 % des Verkehrswertes der betroffenen Immobilie[97] (für Firmierung vgl. Stichwort zur Richtigstellung),
- negatives Hoffeststellungsverfahren: voller Verkehrswert der landwirtschaftlichen Besitzung, Abs. 1, § 46,[98]
- Poolvertrag: 20–30 % der von der Vereinbarung betroffenen Gesellschaftsbeteiligungen,[99]

86 Korintenberg/*Bormann* § 36 Rn. 62.
87 Vgl. *Diehn/Volpert* NotarKostR Rn. 1490; aA *Bäuerle* Tabelle, Kostenstichworte: nur 10–20 %.
88 NK-GK/*Heinemann* § 36 Rn. 24a; Korintenberg/*Bormann* § 36 Rn. 63: 20–30 % vertretbar; aA *Bäuerle* Tabelle, Kostenstichworte: nur 10–20 %.
89 OLG Naumburg WKRS 2017, 50499.
90 *Diehn/Volpert* NotarKostR Rn. 1159; *Bäuerle* Tabelle, Kostenstichworte.
91 *Bäuerle* Tabelle, Kostenstichworte.
92 *Diehn/Volpert* NotarKostR Rn. 1807 und 1808, im dortigen Beispiel 20–30 %.
93 Vgl. Korintenberg/*Bormann* § 36 Rn. 57a, Fristverlängerung; vgl. auch *Diehn/Volpert* NotarKostR Rn. 2597.
94 OLG Jena BeckRS 2020, 25189 = NotBZ 2020, 398.
95 Vgl. OLG Bamberg FGPrax 2017, 234 mAnm *Wilsch*.
96 NK-GK/*Heinemann* § 36 Rn. 24a; Korintenberg/*Bormann* § 36 Rn. 101a. Diesen Unterschied in der Bewertung verkennt die Kommentierung bei *Diehn/Volpert* NotarKostR Rn. 1367, die ausschließlich an § 71 anknüpfen möchte. Dass die Grundbuchpraxis im Rahmen der Veränderungsgebühr auf § 71 zurückgreift, trifft nicht zu, auch der Veränderungsgebühr wird nur ein Teilwert zugrunde gelegt, vgl. OLG Bamberg FGPrax 2017, 234 mAnm *Wilsch*.
97 Korintenberg/*Bormann* § 36 Rn. 55b; an anderer Stelle wird für 10 % plädiert, Korintenberg/*Bormann* § 36 Rn. 81, insofern liegt ein Widerspruch vor.
98 Insoweit kein Teilwert geboten, vgl. OLG Oldenburg WKRS 2018, 31713.
99 *Diehn/Volpert* NotarKostR Rn. 1973.

- Richtigstellungsantrag (Firmierung): 10–30 % des betroffenen Immobilienwertes[100] (vgl. auch das Stichwort zur Namensänderung),
- Richtigstellung eines falsch bezeichneten Grundstücks (falsa demonstratio): 10–30 % der richtigen Immobilie,[101]
- Sachgründungsbericht: 10–20 % des Wertes der Sacheinlage,[102]
- Schenkung unter Lebenden auf den Todesfall: Abschlag von 30–70 % des Schenkungsgegenstandes,[103]
- Stillhalteerklärung: 20–30 % des Nennbetrages des betroffenen Grundpfandrechtes,[104]
- Tatsachenbescheinigung: 30–50 % des Referenzwertes,[105]
- Testamentsvollstreckung, isolierte Anordnung: 20–30 % des Bruttonachlasswertes,[106]
- Testamentsvollstreckung, Ernennung oder Auswechslung des Testamentsvollstreckers: nach einer Meinung nur 10 % des Bruttonachlasswertes,[107] nach richtiger Auffassung 30 %, § 51 Abs. 2 analog,[108]
- Umwandlung von Teileigentum in Wohnungseigentum und umgekehrt: 20–30 % des Verkehrswertes des betroffenen Sondereigentums,[109]
- Vereinigung von Wohnungseigentum bzw. Teileigentum: 20 % des Verkehrswertes der zu vereinigenden Sondereigentumseinheiten,[110]
- Vereinsregisteranmeldung, erste und spätere Anmeldungen: Wertbestimmung nach Abs. 1,[111] hilfsweise nach Abs. 3, Hilfswert 5.000 EUR,[112]
- Verlosung: kein Teilwert, sondern Summe der ausgelobten Gegenstände,[113]
- Verwalterbestellung, Entwurf einer Erklärung: Schätzwert nach Abs. 1, hilfsweise 5.000 EUR, vgl. Abs. 3,[114]
- Verzicht oder Modifikation des Versorgungsausgleichs als Teil eines Ehevertrages oder einer Scheidungsvereinbarung: maßgeblich ist der Ausgleichswert der Kapitalsumme,[115]
- Verzicht des Vorkaufsrechtsberechtigten auf Ausübung des Vorkaufsrechts: 10 % des Kaufpreises,[116]
- vollstreckbare Räumungspflicht: einmaliges Jahresentgelt des Mieters,[117]
- Wohnungsbesetzungsrecht: 10–30 % des relevanten Darlehensbetrages.[118]

100 NK-GK/*Heinemann* § 36 Rn. 24a; Korintenberg/*Bormann* § 36 Rn. 55b; dagegen nur 10 % *Bäuerle* Tabelle, Kostenstichworte.
101 NK-GK/*Heinemann* § 36 Rn. 24a; für 20–30 % plädiert Korintenberg/*Bormann* § 36 Rn. 55a.
102 *Bäuerle* Tabelle, Kostenstichworte.
103 Korintenberg/*Bormann* § 36 Rn. 91, Grund ist die Bedingtheit der Leistung.
104 *Diehn/Volpert* NotarKostR Rn. 2202.
105 *Diehn/Volpert* NotarKostR Rn. 298 und 299.
106 Korintenberg/*Bormann* § 36 Rn. 97.
107 Korintenberg/*Bormann* § 36 Rn. 97.
108 *Diehn/Volpert* NotarKostR Rn. 2247.
109 *Bäuerle* Kostentabelle, Kostenstichworte.
110 *Bäuerle* Tabelle, Kostenstichworte.
111 *Diehn/Volpert* NotarKostR Rn. 2445 und 2446.
112 *Diehn/Volpert* NotarKostR Rn. 2448.
113 *Diehn/Volpert* NotarKostR Rn. 2497.
114 *Diehn/Volpert* NotarKostR Rn. 2611.
115 *Münch*, Ehebezogene Rechtsgeschäfte, 5. A. 2020, Kap. 7 Rn. 380.
116 *Bäuerle* Tabelle, Kostenstichworte.
117 *Bäuerle* Tabelle, Kostenstichworte.
118 NK-GK/*Heinemann* § 36 Rn. 24a.

IV. Nichtvermögensrechtliche Angelegenheiten (Abs. 2 und 3)

9 **1. Nichtvermögensrechtliche Angelegenheiten (Abs. 2).** Eine nichtvermögensrechtliche Angelegenheit liegt vor, sofern der Angelegenheit kein materieller Wert beizumessen ist,[119] etwa im Bereich der Angelegenheiten ideeller, familiärer oder personenrechtlicher Natur.[120] Einen Geldwert weisen nichtvermögensrechtliche Angelegenheiten nicht auf, sie zielen auch nicht auf die Geltendmachung von Geld ab und lassen sich nicht in Geld umwandeln.[121] Konstituierend ist ihr „immaterieller Charakter",[122] wirtschaftliche Auswirkungen weisen nichtvermögensrechtliche Angelegenheiten nicht auf. Ob die Angelegenheit als nichtvermögensrechtlich zu qualifizieren ist, ist anhand objektiver Faktoren zu entscheiden. Das Gesetz gesteht den Beteiligten kein Wahlrecht zu.[123] Anwendungsfälle sind beispielsweise die Patientenverfügung, die Behandlungsmaßnahmen für künftige Gegebenheiten abdecken soll und keinen vermögensrechtlichen Bezug aufweist,[124] ferner die Betreuungsverfügung, die Sorgeerklärungen,[125] die umgangsrechtlichen Erklärungen sowie die Bescheinigungen zur Identität von Erklärenden.

10 **2. Bestimmung nach billigem Ermessen (Abs. 2).** Unter der Prämisse, dass eine nichtvermögensrechtliche Angelegenheit vorliegt und der Geschäftswert sich nicht bereits aus anderen Geschäftswertvorschriften ergibt, ist der Wert nach billigem Ermessen zu bestimmen, Abs. 2.

11 **Kriterien**[126] für die Ermessensausübung sind u.a. die Umstände des Einzelfalls, soziale Gesichtspunkte,[127] der Umfang der Angelegenheit,[128] die Bedeutung der Sache und die Vermögens- und Einkommensverhältnisse der Beteiligten[129] zum Zeitpunkt der Gebührenfälligkeit.[130] Erwiesene Tatsachen setzt Abs. 2 nicht voraus,[131] Anhaltspunkte reichen aus. Einfluss auf die Bestimmung nehmen demnach objektive und subjektive Faktoren,[132] geboten ist eine am Einzelfall orientierte Betrachtungsweise. Voraussetzung einer ermessensfehlerfreien Wertbemessung ist die Berücksichtigung aller Umstände des Einzelfalles.[133] In der Konsequenz sind mit größerem Aufwand verbundene Angelegenheiten oder rechtlich schwierigere Sachen mit höheren[134] Geschäftswerten zu berücksichtigen als Standardvorgänge, die keine besonderen Schwierigkeiten bereiten. Verglichen mit der Beurkundung eines Kaufvertrages, fällt umgekehrt der Arbeitsaufwand für die Beurkundung einer nachträglichen Kaufpreisreduzierung geringer aus.[135] Die Bedeutung der Sache für die Beteiligten ist zu taxieren, wobei

---

119 LG Bremen ZNotP 2020, 182 (185).
120 NK-GK/*Heinemann* § 36 Rn. 15 und 25.
121 NK-GK/*Heinemann* § 36 Rn. 25.
122 Korintenberg/*Bormann* § 36 Rn. 17.
123 NK-GK/*Heinemann* § 36 Rn. 15.
124 LG Bremen ZNotP 2020, 182 (185).
125 NK-GK/*Heinemann* § 36 Rn. 25.
126 Das alte Kostenrecht enthielt keine Kriterien für die Ermessensausübung, vgl. BT-Drs. 17/11471, 251.
127 Lemke/*Otto* ImmobilienR § 36 Rn. 6.
128 Ebenso Lemke/*Otto* ImmobilienR § 36 Rn. 6.
129 *Reimann* FamRZ 2013, 1257 (1261); OLG Stuttgart WKRS 2018, 68314; *Diehn*/*Volpert* NotarKostR Rn. 1961.
130 NK-GK/*Heinemann* § 36 Rn. 32.
131 OLG Stuttgart WKRS 2018, 68314.
132 NK-GK/*Heinemann* § 36 Rn. 30.
133 OLG Hamm WKRS 2017, 22508.
134 NK-GK/*Heinemann* § 36 Rn. 31.
135 OLG Jena BeckRS 2020, 25189 = NotBZ 2020, 398.

die Personen-, Gesundheits- und Vermögenssorge[136] wesentlich ins Gewicht fallen, ebenso die Vermeidung innerfamiliärer Konflikte.[137] Die Sorgfalt des Notars[138] ist hingegen kein Kriterium iSv Abs. 2.

Verbindlichkeiten werden im Rahmen der Bestimmung nach billigem Ermessen nicht abgezogen,[139] § 38 S. 2. 12

Eine ermessensfehlerhafte Wertbestimmung kann in der Beschwerde vom Beschwerdegericht korrigiert werden.[140] Das Beschwerdegericht kann eine eigene Ermessensentscheidung treffen.[141] 13

3. Höchstwert 1 Mio. EUR (Abs. 2). Dem Ermessen eine Grenze setzt der Höchstwert in Abs. 2. Der Geschäftswert ist nach billigem Ermessen zu bestimmen, jedoch **nicht über 1 Mio. EUR**.[142] 14

4. Auffangwert nach Abs. 3. Für den seltenen Fall, dass keine genügenden Anhaltspunkte für eine Wertbestimmung bestehen, greift die ultima ratio[143] in Abs. 3, demnach der **Hilfs- bzw. Auffangwert**[144] iHv 5.000 EUR. Häufig wird darin ein Regelwert gesehen, ein pauschaler Wert zur Wertbestimmung nichtvermögensrechtlicher Angelegenheiten, was nicht geteilt werden kann, zumal dies der Gesetzessystematik widerspricht. Richtigerweise ist in Abs. 3 ein Hilfswert[145] zu sehen, ein Auffangwert,[146] kein Regelwert.[147] Um zu Abs. 3 überhaupt gelangen zu können, muss die Anwendbarkeit des Abs. 2 verneint werden.[148] Damit qualifiziert sich die Regelung in Abs. 3 als „absolute Ausnahme".[149] Deshalb kann bei Patientenverfügungen auch nicht stets von einem Hilfswert nach Abs. 3 ausgegangen werden, zu bewerten ist nach Abs. 2.[150] 15

5. Beispielkatalog nichtvermögensrechtlicher Angelegenheiten (Abs. 2). Beispiele nichtvermögensrechtlicher Angelegenheiten iSv Abs. 2 sind die folgenden Konstellationen: 16

- Annahme eines Volljährigen als Kind: Teilwert von 30–50 % des Reinvermögens des Annehmenden, höchstens 1 Mio. EUR[151]
- Bestattungsverfügung: 10–30 % der voraussichtlichen Bestattungskosten[152]

136 OLG Stuttgart WKRS 2018, 68314.
137 OLG Stuttgart WKRS 2018, 68314.
138 OLG Hamm WKRS 2017, 22508.
139 OLG Stuttgart WKRS 2018, 68314; LG Bremen ZNotP 2020, 182 (185).
140 OLG Hamm WKRS 2017, 22508; zur Überprüfung der Ermessensausübung im Beschwerdeweg vgl. auch Lemke/*Otto* ImmobilienR § 36 Rn. 8; NK-GK/*Heinemann* § 36 Rn. 33.
141 Lemke/*Otto* ImmobilienR § 36 Rn. 8.
142 Vgl. NK-GK/*Heinemann* § 36 Rn. 34.
143 Lemke/*Otto* ImmobilienR § 36 Rn. 9.
144 Zum Auffangwert vgl. *Reimann* FamRZ 2013, 1257 (1261).
145 Ebenso BT-Drs. 17/11471, 252: Hilfswert.
146 NK-GK/*Heinemann* § 36 Rn. 4; OLG Stuttgart WKRS 2018, 68314.
147 NK-GK/*Heinemann* § 36 Rn. 12 und 36.
148 Vgl. zur Programmatik bereits BT-Drs. 17/11471, 251 und 252: „Erst wenn hierfür keine Anhaltspunkte erkennbar sind, kann auf den Hilfswert zurückgegriffen werden."
149 NK-GK/*Heinemann* § 36 Rn. 11.
150 *Diehn/Volpert* NotarKostR Rn. 1961 und 1962; aA LG Bremen ZNotP 2020, 182 (185): stets 5.000 EUR, § 36 Abs. 3.
151 Vgl. *Bäuerle* Tabelle, Kostenstichworte; ebenso Korintenberg/*Bormann* § 36 Rn. 28.
152 NK-GK/*Heinemann* § 36 Rn. 35a; Korintenberg/*Bormann* § 36 Rn. 42.

- Betreuungsverfügung:[153] Teilwert zwischen 500 EUR und 1 Mio. EUR,[154] hilfsweise Abs. 3
- homologe/heterologe Insemination, Einwilligung bzw. Vereinbarung: ohne weitere Anhaltspunkte ist zum Hilfswert zu greifen,[155] Abs. 3
- Kirchenaustritt: Teilwert, bemessen nach der Höhe der künftig entfallenden Kirchensteuer[156]
- Lebensbescheinigung: 5.000 EUR, Hilfswert nach Abs. 3[157]
- Patientenverfügung,[158] die Behandlungsmaßnahmen für künftige Gegebenheiten abdecken soll und keinen vermögensrechtlichen Bezug aufweist,[159] Bewertung daher nach Abs. 2[160]
- Sorgeerklärungen: 5.000 EUR, Hilfswert nach Abs. 3[161]
- Umgangsregelungen, umgangsrechtliche Erklärungen[162]
- Vollmachten in nichtvermögensrechtlichen Angelegenheiten[163]
- Vormundbenennung: Teilwert des Vermögens, das dem betroffenen Minderjährigen zusteht.[164]

V. Entsprechende Anwendung von Wertvorschriften (Abs. 4)

17 Um die Kohärenz von Gebühr und Wert zu sichern, übernimmt die Regelung in Abs. 4 eine Umschaltfunktion. Gemeint sind die Fälle, in denen sich die Gerichtsgebühren nach notarrechtlichen Vorschriften (Abs. 4 S. 1) bzw. die Notargebühren nach den gerichtskostenrechtlichen Vorschriften (Abs. 4 S. 2) bestimmen. Dank der Umschaltfunktion in Abs. 4 ist der Rückgriff auf die jeweilige Wertvorschrift möglich.[165] Besonders praxisrelevant ist dies im Bereich der Erbausschlagung,[166] die Gebühr für die Beurkundung der Erklärung richtet sich nach der KV Nr. 21201 Nr. 7, der Geschäftswert nach Abs. 4 iVm § 103 Abs. 1. Das Nachlassgericht bringt eine Gebühren- und eine Wertvorschrift des notariellen Kostenrechts zur Anwendung, Abs. 4. Im Bereich der Notarkosten ist derzeit kein Rückgriff auf Abs. 4 nötig.[167]

---

153 *Bäuerle* Tabelle, Kostenstichworte; Korintenberg/*Bormann* § 36 Rn. 44.
154 NK-GK/*Heinemann* § 36 Rn. 35a.
155 *Diehn*/*Volpert* NotarKostR Rn. 1462 und 1463.
156 Korintenberg/*Bormann* § 36 Rn. 70.
157 Korintenberg/*Bormann* § 36 Rn. 75.
158 *Diehn*/*Volpert* NotarKostR Rn. 1945.
159 LG Bremen ZNotP 2020, 182 (185); NK-GK/*Heinemann* § 36 Rn. 35a: Wert zwischen 500 EUR und 1 Mio. EUR.
160 Korintenberg/*Bormann* § 36 Rn. 83.
161 Korintenberg/*Bormann* § 36 Rn. 96.
162 *Diehn*/*Volpert* NotarKostR Rn. 2081 und 2269.
163 Korintenberg/*Bormann* § 36 Rn. 20a.
164 NK-GK/*Heinemann* § 36 Rn. 24a; zur Einordnung nach § 36 Abs. 2 vgl. auch *Diehn*/*Volpert* NotarKostR Rn. 2676.
165 BT-Drs. 17/11471, 252; die Literatur sieht teilweise in Abs. 4 nur eine Norm mit lediglich „klarstellender Funktion“, vgl. NK-GK/*Heinemann* § 36 Rn. 343: die Anwendung der Gebührenvorschrift muss zwangsläufig auch die Anwendung der Wertvorschrift nach sich ziehen.
166 Zur Ausschlagung vgl. bereits BT-Drs. 17/11471, 252.
167 Korintenberg/*Bormann* § 36 Rn. 122.

§ 37 Früchte, Nutzungen, Zinsen, Vertragsstrafen, sonstige Nebengegenstände und Kosten

(1) Sind außer dem Hauptgegenstand des Verfahrens auch Früchte, Nutzungen, Zinsen, Vertragsstrafen, sonstige Nebengegenstände oder Kosten betroffen, wird deren Wert nicht berücksichtigt.

(2) Soweit Früchte, Nutzungen, Zinsen, Vertragsstrafen, sonstige Nebengegenstände oder Kosten ohne den Hauptgegenstand betroffen sind, ist deren Wert maßgebend, soweit er den Wert des Hauptgegenstands nicht übersteigt.

(3) Sind die Kosten des Verfahrens ohne den Hauptgegenstand betroffen, ist der Betrag der Kosten maßgebend, soweit er den Wert des Hauptgegenstands nicht übersteigt.

Literatur:

Keske, Die Änderung der Gerichtskosten durch das 2. KostRMoG, FuR 2013, 633; *Zimmermann*, Die Gerichtskosten in Betreuungs- und Nachlasssachen im neuen GNotKG, FamRZ 2013, 1264.

I. Allgemeines

Die Regelung ist Teil des Wertgebührensystems und enthält eine allgemeine, auf Vereinfachung gerichtete Wertvorschrift. In den Worten der motivnahen Literatur: „Alles, was nach der Absicht der Beteiligten oder sonst nach den Umständen des Einzelfalls als Anhang zu dem Hauptgegenstand anzusehen ist, bleibt außer Betracht."[1] Eine Vorläuferregelung findet sich nicht nur in § 18 Abs. 2 KostO,[2] sondern bereits in § 17 Abs. 2 RKostO. Unterschieden wird, ob Haupt- und Nebengegenstände gemeinsam (Abs. 1) oder Nebengegenstände ohne Hauptgegenstand (Abs. 2 mit eigenem Höchstwert) betroffen sind.[3] Eine Sonderregelung gilt für Kosten ohne Hauptgegenstand (Abs. 3). Durch die Verweisung in § 23 Abs. 3 S. 1 RVG auf § 37 entfaltet die Norm weitere Relevanz im Bereich der Rechtsanwaltsvergütung. 1

II. Haupt- und Nebengegenstände gemeinsam betroffen (Abs. 1)

1. Früchte und Nutzungen, §§ 99, 100 BGB. Was unter Früchten oder Nutzungen einer Sache oder eines Rechts zu verstehen ist, erschließt sich aus den Legaldefinitionen der §§ 99, 100 BGB. 2

---

1 *Jonas/Melsheimer/Hornig/Stemmler* RKostO, 4. Aufl. 1941, § 17 Anm. III 1 a (S. 230).
2 BT-Drs. 17/11471, 252.
3 Zum Verhältnis von Haupt- und Nebengeständen innerhalb desselben Verfahrens bzw. desselben Beurkundungsgegenstandes vgl. Korintenberg/*Bormann* § 37 Rn. 3.

3 Mit **Früchten** sind die unmittelbaren Erzeugnisse einer Sache, die sonstige bestimmungsgemäße Ausbeute (§ 99 Abs. 1 BGB) sowie die unmittelbaren Erträge gemeint, die das Recht gewährt (§ 99 Abs. 2 und 3 BGB).[4] Zu den unmittelbaren Sachfrüchten zählen alle natürlichen Tier- und Bodenprodukte,[5] gleichgültig, ob diese Produkte im Rahmen einer ordnungsgemäßen oder ordnungswidrigen Bewirtschaftungsweise (Raubbau) gewonnen wurden.[6] Diese Einschätzung gilt auch für die sonstige bestimmungsgemäße Ausbeute, die beispielsweise Bodenschätze umfasst.[7] Fruchtbringende Rechte sind u.a. der Nießbrauch, die Reallast, ferner die Pacht, die Leibrente oder spezielle, fruchttragende Mitgliedschaftsrechte.[8] Ob ein Ertrag als bestimmungsgemäß gewährter Ertrag iSv § 99 Abs. 2 BGB anzusehen ist, richtet sich nach dem Inhalt des Rechts.[9] Zu den Erträgen, die ein Recht „vermöge eines Rechtsverhältnisses gewährt" (§ 99 Abs. 3 BGB), rechnen Miet- und Pachterträge[10] sowie die Überbaurente.[11]

4 **Nutzungen** definiert die Regelung in § 100 BGB als die Früchte einer Sache oder eines Rechts sowie die Vorteile, die der Gebrauch der Sache oder des Rechts gewährt, also die Gebrauchsvorteile,[12] die beispielsweise aus dem Besitz resultieren. Zum Kontext mit § 47 S. 2 (vorbehaltene Nutzungen) → Rn. 10.

5 **2. Zinsen.** Neben den Früchten und Nutzungen finden die **Zinsen** Erwähnung, obgleich auch hierin Rechtsfrüchte zu sehen sind.[13] Ob die Zinsen gesetzlich (§ 246 BGB) oder vertraglich geschuldet werden, macht keinen Unterschied, alle Zinsformen sind von § 37 erfasst, auch Verzugs-, Prozess-[14] und Zinseszinsen nach § 248 BGB.[15]

6 **3. Vertragsstrafen.** Zum Anwendungsbereich der Norm zählen weiterhin **Vertragsstrafen**, die in den §§ 339–345 BGB geregelt und als Druck- bzw. Beweiserleichterungsmittel konzipiert sind. Für den Fall der Nichterfüllung oder Erfüllung in nicht gehöriger Weise verspricht der Schuldner dem Gläubiger eine weitere Leistung, zu entrichten zumeist in Geld.[16] Darin ist eine vertragliche Abrede zwischen Schuldner und Gläubiger zu sehen, die der Form des Hauptvertrags bedarf.

7 **4. Sonstige Nebengegenstände oder Kosten.** Die Regelung umfasst ferner **sonstige Nebengegenstände**, darunter Nebenleistungen iSv § 1115 Abs. 1 BGB,[17] Gerichtsstands- und Schiedsklauseln[18] sowie Regelungen, die die Kostentra-

4 Lemke/*Otto* ImmobilienR § 37 Rn. 4.
5 BeckOGK/*Mössner*, 1.3.2021, § 99 Rn. 5 BGB.
6 BeckOGK/*Mössner*, 1.3.2021, § 99 Rn. 5.3 BGB.
7 BeckOGK/*Mössner*, 1.3.2021, § 99 Rn. 8.1 BGB.
8 BeckOGK/*Mössner*, 1.3.2021, § 99 Rn. 11.2 BGB.
9 BeckOGK/*Mössner*, 1.3.2021, § 99 Rn. 12 BGB.
10 Ebenso NK-GK/*Heinemann* § 37 Rn. 5.
11 BeckOGK/*Mössner*, 1.3.2021, § 99 Rn. 15.1 und 15.2 BGB.
12 NK-GK/*Heinemann* § 37 Rn. 6; Lemke/*Otto* ImmobilienR § 37 Rn. 5.
13 NK-GK/*Heinemann* § 37 Rn. 8; *Zimmermann* FamRZ 2013, 1264 (1265).
14 Korintenberg/*Bormann* § 37 Rn. 5.
15 Ebenso NK-GK/*Heinemann* § 37 Rn. 8.
16 Zu den Vertragsstrafen vgl. NK-GK/*Heinemann* § 37 Rn. 10.
17 *Jonas/Melsheimer/Hornig/Stemmler*, RKostO, 4.A. 1941, § 17 Anm. III 1 a (S. 231); Lemke/*Otto* ImmobilienR § 37 Rn. 9; OLG Düsseldorf ZNotP 2020, 93 mAnm *Hagemann*.
18 Lemke/*Otto* ImmobilienR § 37 Rn. 9; BT-Drs. 17/11471, S. 252; Korintenberg/*Bormann* § 37 Rn. 6.

gung zum Gegenstand haben,[19] und schließlich **Kosten**, etwa Rechtsanwalts, Mahn-[20] sowie Inkassokosten.[21]

5. Bewertungsgrundsatz: Additionsverbot nach Abs. 1. Unter der Prämisse, dass neben dem Hauptgegenstand des Verfahrens auch Früchte, Nutzungen, Zinsen, Vertragsstrafen, sonstige Nebengegenstände oder Kosten betroffen sind, also innerhalb desselben[22] Verfahrens- bzw. Beurkundungsgegenstandes Haupt- und Nebengegenstand zu konstatieren sind, ordnet die Regelung in Abs. 1 an, dass der Bewertungsfokus ausschließlich auf den Hauptgegenstand gerichtet ist und die Nebengegenstände unberücksichtigt bleiben. Damit ist eine Ausnahme vom Bewertungsgrundsatz des § 35 Abs. 1 festzustellen,[23] eine Ausnahme vom Additionsgebot mehrerer Verfahrensgegenstände. Es besteht ein **Additionsverbot**,[24] alle Nebengegenstände bleiben unberücksichtigt, die laufenden, künftigen und rückständigen Nebengegenstände.[25] Dabei ist die Aufzählung der Nebengegenstände in den Abs. 1 und 2 nicht abschließend zu verstehen.[26] Das Additionsverbot stößt teilweise auf Kritik, moniert wird ein Verstoß gegen. Art. 3 Abs. 1 GG.[27] Die weitere Literatur teilt diesen Vorbehalt bislang nicht. Das Additionsverbot gilt auch für den Fall, dass der **Wert der Nebengegenstände den Wert des Hauptgegenstandes übersteigt.**[28] Denn am Abhängigkeitsverhältnis ändert die Relation zwischen Haupt- und Nebengegenstand nichts. Die insoweit geäußerte Praxiskritik überzeugt nicht, da sie dem Abhängigkeitsverhältnis zwischen Haupt- und Nebengegenstand nicht gerecht wird. Rechtlich hängen die Nebengegenstände vom Hauptgegenstand ab,[29] es besteht ein Abhängigkeitsverhältnis, welches die Begründung dafür liefert, den Bewertungsfokus auf den Hauptgegenstand zu richten und die Relevanz von Nebengegenständen zu negieren. 8

Einige Beispiele für das Additionsverbot nach Abs. 1 sind: 9

- die Bestellung,[30] die Abtretung[31] oder die Löschung eines Grundpfandrechts:[32] Maßgeblich ist der Nennbetrag der Schuld, § 53 Abs. 1 S. 1, Zinsen, Nebenleistungen, Agio, Disagio und Aufgeld werden nicht addiert und bleiben unberücksichtigt, Abs. 1[33]

19 NK-GK/*Heinemann* § 37 Rn. 13.
20 Korintenberg/*Bormann* § 37 Rn. 5.
21 NK-GK/*Heinemann* § 37 Rn. 14.
22 Korintenberg/*Bormann* § 37 Rn. 3 und 7.
23 Ebenso NK-GK/*Heinemann* § 37 Rn. 2.
24 NK-GK/*Heinemann* § 37 Rn. 16; *Keske* FuR 2013, 633 (637).
25 *Jonas/Melsheimer/Hornig/Stemmler* RKostO, 4. Aufl. 1941, § 17 Anm. III 1 a (S. 230).
26 *Jonas/Melsheimer/Hornig/Stemmler* RKostO, 4. Aufl. 1941, § 17 Anm. III 1 a (S. 230): „Aufzählung ist nicht erschöpfend"; ebenso BT-Drs. 17/11471, 252; NK-GK/*Heinemann* § 37 Rn. 4; Lemke/*Otto* ImmobilienR § 37 Rn. 9.
27 So NK-GK/*Heinemann* § 37 Rn. 4 („Verstoß gegen Art. 3 Abs. 1 GG … evident").
28 *Jonas/Melsheimer/Hornig/Stemmler* RKostO, 4. Aufl. 1941, § 17 Anm. III 1 a (S. 231); NK-GK/*Heinemann* § 37 Rn. 16; Lemke/*Otto* ImmobilienR § 37 Rn. 1.
29 NK-GK/*Heinemann* § 37 Rn. 3.
30 *Krauß* Immobilienkaufverträge Rn. 5178; *Fackelmann* Rn. 608.
31 *Fackelmann* Rn. 626.
32 Zur Zwangshypothek vgl. OLG München WKRS 2016, 12879; OLG München WKRS 2016, 13087; zur Arresthypothek vgl. OLG München WKRS 2016, 10038 sowie OLG München WKRS 2015, 29545.
33 Vgl. *Hagemann* ZNotP 2020, 94 (Anm. zu OLG Düsseldorf); OLG München WKRS 2016, 12879 und OLG München WKRS 2016, 13087 (je Eintragung einer Zwangshypothek); OLG München WKRS 2016, 10038; OLG München WKRS 2015, 29545 (je Eintragung von Arresthypotheken); Leipziger Kostenspiegel Rn. 6.11.

- die Umschreibung einer Vollstreckungsklausel,[34] maßgeblich ist der Nennbetrag der Schuld, § 53 Abs. 1 S. 1, Nebengegenstände werden nicht berücksichtigt, Abs. 1
- die Stundung oder Verzinsung des Kaufpreises,[35] Nebengegenstände werden nicht berücksichtigt, Abs. 1
- der Teilflächenverkauf, maßgeblich ist der vorläufig geschätzte Kaufpreis, spätere Ausgleichsregelungen sind nicht zu berücksichtigen,[36] Abs. 1
- Beschwerdeverfahren, eine zusätzliche Berücksichtigung des Wertes der Anschlussbeschwerde findet nach §Abs. 1 nicht statt.[37]

10 **6. Ausnahmen.** Eine Ausnahme erfährt das Additionsverbot durch die Spezialregelung in **§ 47 S. 2**. Danach wird der Wert der vorbehaltenen Nutzungen dem Kaufpreis hinzugerechnet.[38] Gleiches gilt für **Zinsrückstände**, die bei Beurkundung bereits feststehen.[39]

11 Eine weitere Ausnahme statuiert die Regelung in § 43, die Bestimmung für die Bestellung bzw. Eintragung eines **Erbbaurechts**,[40] für dessen Bewertung ein Vergleich zwischen dem kapitalisierten Erbbauzins und dem Wert nach § 49 Abs. 2 anzustellen ist.

12 Überhaupt keine Nebengegenstände sind **Drag-/Tag-Along-Vereinbarungen**,[41] insoweit handelt es sich um die Begründung eigenständiger Rechte und Pflichten, für die ein gesonderter Teilgeschäftswert anzusetzen ist, nicht aber die Höhe des Investments, sondern die Geschäftsanteile.[42]

13 Schließlich können Nebengegenstände, beispielsweise **Zinsen**, zum Hauptgegenstand geschlagen werden, wodurch Nebengegenstände ihrer Eigenschaft als solche verlustig und im **Hauptgegenstand aufgehen**.[43] Eine Ausnahme zu Abs. 1 liegt nicht vor, da unverändert auf den Hauptgegenstand abzustellen ist, allerdings auf den Hauptgegenstand in seiner nunmehr erhöhten Form.[44] Verbliebene Nebengegenstände werden dagegen auch weiterhin nicht berücksichtigt, Abs. 1.

III. Nebengegenstand ohne Hauptgegenstand (Abs. 2)

14 Eine Durchbrechung des Additionsverbotes enthält die Regelung in Abs. 2 nicht, vielmehr stellt diese Regelung auf eine grundverschiedene Konstellation ab. Während die Konstellation des ersten Absatzes das Nebeneinander von Haupt- und Nebengegenstand betrifft, behandelt Abs. 2 die Konstellation, dass Früchte, Nutzungen, Zinsen, Vertragsstrafen, sonstige Nebengegenstände oder Kosten **ohne Hauptgegenstand** betroffen sind, also isoliert[45] in Erscheinung treten. Insoweit liegt ein besonderes Verfahren vor.[46] Auf den Hauptgegenstand zu

34 *Fackelmann* Rn. 629.
35 *Krauß* Immobilienkaufverträge Rn. 5045; Renner/Otto/Heinze/*Heinze* § 37 Rn. 8.
36 *Krauß* Immobilienkaufverträge Rn. 5047.
37 OLG München WKRS 2020, 15594.
38 Lemke/*Otto* ImmobilienR § 37 Rn. 3; NK-GK/*Heinemann* § 37 Rn. 7; Korintenberg/*Bormann* § 37 Rn. 2.
39 Renner/Otto/Heinze/*Heinze* § 37 Rn. 7a.
40 NK-GK/*Heinemann* § 37 Rn. 24.
41 OLG Köln 4.7.2018 – 2 Wx 242/18, BeckRS 2018, 48122.
42 OLG Köln 4.7.2018 – 2 Wx 242/18, BeckRS 2018, 48122.
43 *Jonas/Melsheimer/Hornig/Stemmler* RKostO, 4. Aufl. 1941, § 17 Anm. III 1 b (S. 231).
44 Ebenso Korintenberg/*Bormann* § 37 Rn. 9.
45 Korintenberg/*Bormann* § 37 Rn. 11.
46 Vgl. bereits *Jonas/Melsheimer/Hornig/Stemmler* RKostO, 4. Aufl. 1941, § 17 Anm. III 1 b (S. 231).

rekurrieren, ergibt nur insoweit Sinn, als der Höchstwert tangiert ist. In der Folge ist der Wert der Nebengegenstände maßgeblich, jedoch nur insoweit, als er den Wert des Hauptgegenstandes nicht übersteigt, Abs. 2. Zinsen sind beispielsweise nach § 52 zu kapitalisieren,[47] Vertragsstrafen mit dem vereinbarten Strafbetrag in Ansatz zu bringen.[48] Der Hauptgegenstand tritt lediglich als Höchstwert in Erscheinung, im Übrigen spielt er keine Rolle. Für den Wertvergleich sind mehrere Nebengegenstände zu addieren, § 35 Abs. 1, ggf. unter Berücksichtigung der Teilwertregelung in § 36 Abs. 1,[49] und mit dem Wert des Hauptgegenstandes zu vergleichen.[50] Einen großen Anwendungsbereich kann die Regelung in Abs. 2 nicht vorweisen, in Betracht kommen Nachtragsbeurkundungen, die sich auf die Änderung von Nebengegenständen beziehen,[51] ferner isoliert beurkundete Vereinbarungen oder Regelungen,[52] schließlich Rechtsmittel, die sich auf den Nebengegenstand beschränken.

IV. Kosten ohne Hauptgegenstand (Abs. 3)

Die Bewertungsparallele zu Abs. 2 zieht die Regelung in Abs. 3, die Kosten des 15
Verfahrens betrifft, die ohne Hauptgegenstand betroffen sind. Dies kann beispielsweise der Fall sein, sollte der Hauptgegenstand bereits erledigt sein und nur noch die Kostenfrage im Raum stehen. Maßgeblich ist dann der Nominalbetrag der Kosten,[53] soweit er den Wert des Hauptgegenstandes nicht übersteigt, Abs. 3. Auch insoweit ist ein besonderes Verfahren zu konstatieren.[54] Der Hauptgegenstand fungiert lediglich als Höchstwert und tritt im Übrigen kostenrechtlich nicht in Aktion. In Abs. 3 lediglich eine Geschäftswertbegrenzung zu sehen,[55] greift allerdings zu kurz, da die Hauptaussage dahin geht, dass die Kosten des Verfahrens den Geschäftswert bilden.

§ 38 Belastung mit Verbindlichkeiten

[1]Verbindlichkeiten, die auf einer Sache oder auf einem Recht lasten, werden bei Ermittlung des Geschäftswerts nicht abgezogen, sofern nichts anderes bestimmt ist. [2]Dies gilt auch für Verbindlichkeiten eines Nachlasses, einer sonstigen Vermögensmasse und im Fall einer Beteiligung an einer Personengesellschaft auch für deren Verbindlichkeiten.

Literatur:

Hofer, Behindertentestament und kostenrechtlicher Wert einer Vorerbschaft, BtPrax 2017, 232; *Koch*, Der Abzug von Verbindlichkeiten vermögensverwaltender Komman-

47 Lemke/*Otto* ImmobilienR § 37 Rn. 6; NK-GK/*Heinemann* § 37 Rn. 32.
48 Renner/Otto/Heinze/*Heinze* § 37 Rn. 22.
49 NK-GK/*Heinemann* § 37 Rn. 30–35 (für Früchte, einmalige Nutzungen und evtl. sonstige Nebengegenstände).
50 NK-GK/*Heinemann* § 37 Rn. 27; Renner/Otto/Heinze/*Heinze* § 37 Rn. 17.
51 NK-GK/*Heinemann* § 37 Rn. 28. Zu den nachträglichen Änderungsvereinbarungen vgl. auch Korintenberg/*Bormann* § 37 Rn. 11; Renner/Otto/Heinze/*Heinze* § 37 Rn. 18.
52 Beispiel nachträglich beurkundete Wertsicherungsklauseln, vgl. Korintenberg/*Bormann* § 37 Rn. 11.
53 Ggf. ist der Wert zu schätzen, § 36 Abs. 1, falls die Höhe noch unklar ist, NK-GK/*Heinemann* § 37 Rn. 39.
54 *Jonas/Melsheimer/Hornig/Stemmler* RKostO, 4. Aufl. 1941, § 17 Anm. III 1 b (S. 231).
55 NK-GK/*Heinemann* § 37 Rn. 2 und 27.

ditgesellschaften nach dem GNotKG im Erbscheinserteilungsverfahren, MittBayNot 2015, 183; *Seebach*, Kostenrechtliche Änderungen durch das Gesetz zum Internationalen Erbrecht, RNotZ 2015, 342; *Sikora/Strauß*, GNotKG: Kostenrechtsprechung 2019, DNotZ 2020, 581; *Wachter*, GmbH-Gründungen: Neues Gerichts- und Notarkostenrecht, GmbHR 2013, R241–R242; *Wilsch*, Grundbesitzbewertung aus grundbuchamtlicher Sicht, RpflStud. 2017, 158; *Zimmermann*, Die Gerichtskosten in Betreuungs- und Nachlasssachen im neuen GNotKG, FamRZ 2013, 1264.

I. Allgemeines

1 In der Grundaussage, dass Verbindlichkeiten bei der Ermittlung des Geschäftswertes nicht abgezogen werden, geht die auf Vereinfachung[1] gerichtete Regelung nicht nur auf § 18 Abs. 3 KostO zurück,[2] sondern bereits auf § 17 Abs. 3 RKostO. Während das ursprüngliche Schuldenabzugsverbot einen Vorbehalt für abweichende gesetzliche Bestimmungen nicht kannte,[3] sieht die aktuelle Bestimmung einen solchen Vorbehalt vor („sofern nichts anderes bestimmt ist").[4] Zahlreiche Ausnahmeregelungen knüpfen an diesen Vorbehalt an, beispielswei-

1 Ebenso Lemke/*Otto* ImmobilienR § 38 Rn. 1.
2 So aber BT-Drs. 17/11471, 252.
3 Vgl. § 17 Abs. 3 RKostO: „Verbindlichkeiten, die auf dem Gegenstand lasten, werden bei Ermittlung des Geschäftswerts nicht abgezogen; dies gilt auch dann, wenn Gegenstand des Geschäfts ein Nachlass oder eine sonstige Vermögensmasse ist."
4 BT-Drs. 17/11471, 252.

se das Erbscheinsverfahren und das Verfahren zur Ausstellung eines Europäischen Nachlasszeugnisses, nicht dagegen das grundbuchamtliche Wertermittlungsverfahren. Folge ist eine Vielzahl von Kostenerinnerungen im Grundbuchbereich, wobei die Divergenz zu § 6 Abs. 2 ImmoWertV thematisiert wird.[5] Die Regelung zählt zu den allgemeinen Wertvorschriften,[6] womit sie allgemeine Relevanz entfaltet, nicht nur für die notarielle Wertermittlungspraxis, die u.a. im Falle der Beurkundung überschuldeter[7] Gegenstände an die Regelung anknüpfen kann, sondern auch für die gerichtliche Wertermittlung.[8] Gegen Verfassungsrecht verstößt das Schuldenabzugsverbot nicht.[9] Mit dem zweiten Satz ist klargestellt, dass die Bestimmung auch für Vermögensmassen gilt, also auch für die Beteiligung an einer Personengesellschaft.[10] Obgleich eine zusätzliche Bestätigung des Schuldenabzugsverbot nicht notwendig ist,[11] da die Norm uneingeschränkt gilt, sehen zahlreiche GNotKG-Bestimmungen eine Doppelung vor, beispielsweise §§ 40 Abs. 3, Abs. 5,[12] 54 S. 2, 64, 65 und 112.[13] Dank der Verweisung in § 23 Abs. 3 S. 1 RVG kann die Regelung auch für den Gegenstandswert der Rechtsanwaltsvergütung in Betracht kommen, etwa für den Rechtsanwalt als Nachlasspfleger. Gleiches gilt für die Genehmigung einer Erklärung oder deren Ersetzung im familienrechtlichen Bereich, dort erklärt § 36 Abs. 1 S. 2 FamGKG das Schuldenabzugsverbot des § 38 für entsprechend anwendbar.[14] Vermögensrechtliche Kindschaftssachen werden nicht anders behandelt, vgl. den Rekurs in § 46 Abs. 1 S. 1 FamGKG auf § 38.[15]

II. Grundsatz: Schuldenabzugsverbot (S. 1 und S. 2)

1. Verbindlichkeiten. Verbindlichkeiten stehen im Fokus der Norm,[16] wobei die Verbindlichkeiten nicht weiter definiert sind und auch keine besonderen Merkmale aufweisen müssen. Es reichen „schuldrechtliche Verpflichtungen aller Art, aber auch Pfandrechte, Reallasten (und) Nießbrauchsrechte".[17] Die historische Schilderung kann um weitere Rechte des Sachenrechts erweitert werden, darunter u.a. Vorkaufsrechte, Dienstbarkeiten[18] und Altenteile[19] bzw. Leibgedinge. Der Begriff ist weit auszulegen,[20] umfasst sind Verbindlichkeiten schuldrechtli- 2

5 *Wilsch* RpflStud. 2017, 158 (160).
6 S. Gliederung, Unterabschnitt 1 des 7. Abschnitts.
7 Lemke/*Otto* ImmobilienR § 38 Rn. 1.
8 NK-GK/*Heinemann* § 38 Rn. 1.
9 BVerfG Beschl. v. 8.1.1997 – 1 BvR 424/94 = NJWE-FER 1997, 162 zur identischen Vorgängernorm in § 18 Abs. 3 KostO; BayObLG MittBayNot 1997, 252.
10 BT-Drs. 17/11471, 252.
11 NK-GK/*Heinemann* § 38 Rn. 13a.
12 Zu § 40 Abs. 5 vgl. OLG Hamburg WKRS 2013, 54737, Verbindlichkeiten werden nicht abgezogen.
13 NK-GK/*Heinemann* § 38 Rn. 13a.
14 OLG Thüringen FamRZ 2020, 1540; OLG Karlsruhe NZFam 2018, 411 mAnm *N. Schneider*.
15 OLG Zweibrücken BeckRS 2015, 10901.
16 Unverständlich BeckOK KostR/*Soutier*, 30. Ed. 1.6.2020, § 38 Rn. 2: als Regelung wird immer noch § 18 Abs. 3 KostO genannt.
17 *Jonas/Melsheimer/Hornig/Stemmler*, RKostO, 4. A. 1941, § 17 Anm. IV 1 (= S. 232); zu den Nießbrauchsrechten vgl. OLG Zweibrücken BeckRS 2015, 10901 = FamRZ 2016, 657; *Wilsch* RpflStud. 2017, 158 (160).
18 NK-GK/*Heinemann* § 38 Rn. 3.
19 OLG Hamm RNotZ 2016, 696 = BeckRS 2016, 15548.
20 OLG Zweibrücken BeckRS 2015, 10901 = FamRZ 2016, 657; OLG Jena ZNotP 2020, 484 (486), der Begriff sei „untechnisch zu verstehen". Vgl. auch *Hofer* BtPrax 2017, 232 (233); *Wilsch* RpflStud. 2017, 158 (160); Korintenberg/*Bormann* § 38 Rn. 2.

cher Art und „solche aus beschränkten Sachenrechten“,[21] die noch valutiert[22] sind und die noch bestehen. Zu den schuldrechtlichen Verpflichtungen zählen vor allem Miet- und Pachtrechte,[23] die nicht in Abzug gebracht werden können, S. 1, daneben auch Verfügungsbeschränkungen jeglicher Art, etwa Testamentsvollstreckervermerke.[24]

3 **2. Schuldenabzugsverbot.** Getragen von der Überzeugung, dass Verbindlichkeiten den Wert der Sache nicht beeinflussen, dass Verbindlichkeiten den unmittelbaren[25] Wert der Sache nicht tangieren, erklärt die Regelung Verbindlichkeiten für nicht abzugsfähig. **Verbindlichkeiten**, die auf der Sache oder auf dem Recht lasten, werden bei der Ermittlung des Geschäftswertes **nicht abgezogen**, S. 1. In der Wertermittlungspraxis stößt das Schuldenabzugsverbot, auch **Bruttoprinzip**[26] genannt, häufig auf Kritik, weil es **anderen Wertermittlungsbestimmungen** widerspricht, beispielsweise § 6 Abs. 2 ImmoWertV. In dieser Regelung ist die Rede davon, dass Rechte und Belastungen, insbesondere Dienstbarkeiten, Nutzungsrecht, Baulasten sowie wohnungs- und mietrechtliche Bindungen, zu den wertbeeinflussenden Rechten und Belastungen zählen und damit in Abzug zu bringen sind, § 6 Abs. 2 ImmoWertV. Was das allgemeine Wertermittlungsrecht vorsieht, verweigert S. 1. Ein Wertungswiderspruch ist darin nicht zu sehen, da es dem Gesetzgeber obliegt, in unterschiedlichen Verfahren unterschiedliche Wertvorstellungen zum Ausdruck zu bringen. Als lex specialis geht das Schuldenabzugsverbot anderen Regelungen vor und verpflichtet die notarielle und gerichtliche Wertermittlungspraxis dazu, Verbindlichkeiten keine Beachtung zu schenken. Deshalb können in einem Immobilienkaufvertrag **künftige Abrisskosten** auch nicht abgezogen werden,[27] S. 1. Weder aktuelle noch künftige Verbindlichkeiten können wertmindernd berücksichtigt werden.[28] Das Schuldenabzugsverbot gilt auch für die Beurkundung von Vollmachten, wobei § 98 Abs. 3 S. 2 eine Beschränkung des Geschäftswertes auf die Hälfte des Aktivvermögens des Auftraggebers vorsieht.[29] Zu den weiteren Anwendungsbereichen des Schuldenabzugsverbots zählen Spaltungspläne oder Zustimmungsbeschlüsse zu Spaltungsplänen.

4 Das **Schuldenabzugsverbot** verstößt nicht gegen **Verfassungsrecht.**[30] Das BVerfG begründete dies in seiner Nichtannahmeentscheidung zum Erbscheinsverfahren damit, dass der Gebührengesetzgeber auch am reinen Nachlasswert anknüpfen könne „und nicht gezwungen (sei), überhaupt Abzugsmöglichkeiten

21 So OLG Zweibrücken BeckRS 2015, 10901 = FamRZ 2016, 657.
22 OLG Hamm RNotZ 2016, 696 = BeckRS 2016, 15548; OLG Zweibrücken ZEV 2019, 266, Abzug von Grundpfandrechten in Höhe der Valutierung; OLG Düsseldorf FamRZ 1995, 102; OLG Jena ZNotP 2020, 484 (486): nicht valutierte Grundstücksbelastungen können nicht abgezogen werden.
23 NK-GK/*Heinemann* § 38 Rn. 3.
24 NK-GK/*Heinemann* § 38 Rn. 3.
25 NK-GK/*Heinemann* § 38 Rn. 2; *Koch* MittBayNot 2015, 183.
26 Lemke/*Otto* ImmobilienR § 38 Rn. 1; *Koch* MittBayNot 2015, 183; OLG Jena ZNotP 2020, 484 (486).
27 OLG Jena ZNotP 2020, 484 (486), und zwar für einen Kaufvertrag. Im Rahmen des sog. Liquidationsverfahrens nach der Vergleichswertrichtlinie (VW-RL) ist der Wert des Bodens allerdings um die ortsüblichen Freilegungskosten zu mindern, soweit die baulichen Anlagen nicht mehr nachhaltig nutzbar sind und mit deren alsbaldigen Abbruch zu rechnen ist, vgl. *Wilsch* RpflStud. 2017, 158 (171).
28 OLG Jena ZNotP 2020, 484 (486).
29 *Münch* Ehebezogene Rechtsgeschäfte Kap. 5 Rn. 624.
30 BVerfG 8.1.1997 – 1 BvR 424/94 = NJWE-FER 1997, 162 zur identischen Vorgängernorm in § 18 Abs. 3 KostO; BayObLG MittBayNot 1997, 252; Korintenberg/*Bormann* § 38 Rn. 1.

für Nachlassverbindlichkeiten vorzusehen. Umgekehrt ist er aber auch nicht gehindert, auf das subjektive wirtschaftliche Interesse der Erben an diesem Verfügungsvorteil Rücksicht zu nehmen und einen Schuldenabzug zuzulassen ... Das Kostendeckungsprinzip lässt es dem Gesetzgeber danach offen, ob er bei den Geschäftswerten von Erbscheinen nach der Bruttowertmethode auf das reine Nachlassvermögen oder nach der Nettowertmethode auf den Wert des Nachlasses unter Abzug der Nachlassverbindlichkeiten abstellt."[31] Neben das wirtschaftliche Interesse der Beteiligten tritt das Haftungsrisiko[32] des Notars und des Gerichts, das die notarielle Urkunde vollzieht. Darin liegt die wirtschaftliche Rechtfertigung des Schuldenabzugsverbots.

Strittig ist, ob das Schuldenabzugsverbot auch dann greift, sofern die **Belastungen vom Eigentümer nicht einseitig abgelöst werden können**, etwa öffentliche Lasten oder Erbbaurechte. Die herrschende Meinung[33] nimmt ausnahmsweise einen Abzug vor, weil der Wert unmittelbar gemindert wird. Eine Verbindlichkeit liegt insoweit nicht vor, sondern ein **Wertmerkmal** iSv § 46.[34] Eine abweichende Meinung[35] teilt diese Pauschalisierung nicht und möchte auf den konkreten Einzelfall abstellen. Im Falle der Wertermittlung eines erbbaurechtsbelasteten Grundstücks stellt sich die von lokalen Faktoren abhängige Bewertungssituation deshalb wie folgt dar: 5

▶ Wertermittlung für ein erbbaurechtsbelastetes Grundstück:[36] 6

(BayObLG JurBüro 1981, 412 unter Berücksichtigung der ImmoWertV)
Grundbuchstelle (Gemarkung, Blatt):

I) Allgemeine Angaben
Fläche (qm):
Restlaufzeit des Erbbaurechts:
Gegenwärtiger Erbbauzins jährlich in Euro:
Regionale Erbbauzinssätze:

→ für Ein- und kleine Mehrfamilienhausgrundstücke:	**1,3 % (= Tabelle 14)**
→ für Geschosswohnbaugrundstücke:	**1,5 % (= Tabelle 15)**
→ für Gewerbegrundstücke – hG („höherwertiges Gewerbe"):	**4,1 % (= Tabelle 17)**
→ für Gewerbegrundstücke – MK (Kerngebiet):	**3,5 % (= Tabelle 18)**

(Quelle: Jahresbericht 2020 des Münchner Gutachterausschusses, Tabellen s. S. 24 des Jahresberichts; vgl. auch §§ 9 Abs. 1, 14 Abs. 3 ImmoWertV; die für die Region üblichen Erbbauzinssätze sind anstelle der Liegenschaftszinssätze zugrunde zu legen, vgl. Z. 4.3.3.2.1 WertR 2006; jeweils Mittelwert)
Barwertfaktor (= siehe Anlage 1 zu § 20 S. 2 ImmoWertV)

31 BVerfG 8.1.1997 – 1 BvR 424/94 = NJWE-FER 1997, 162 (163).
32 Vgl. Korintenberg/*Bormann* § 38 Rn. 1.
33 Korintenberg/*Bormann* § 38 Rn. 3.
34 *Wilsch* RpflStud. 2017, 158 (160). Zur Belastung eines Grundstücks mit einem Erbbaurecht vgl. BayObLG JurBüro 1981, 412, ergänzt nun durch die ImmoWertV; *Wilsch* RpflStud. 2017, 158 (160, 161).
35 NK-GK/*Heinemann* § 38 Rn. 4 (Einzelfallbeispiel dort: gegenstandsloses Erbbaurecht wird nicht abgezogen, eine Wertminderung sei darin nicht mehr zu sehen).
36 Zum Muster vgl. *Wilsch* RpflStud. 2017, 158 (160); zu berücksichtigen sind jeweils die regional gültigen Erbbauzinssätze. Im obigen Beispiel wurden die Zinssätze für die Landeshauptstadt München gewählt.

Bei einer Restlaufzeit von ... und einem regionalem Erbbauzinssatz von ...
ergibt sich ein Barwertfaktor von
Aktueller Bodenrichtwert:

II) Berechnung des Wertes des erbbaurechtsbelasteten Grundstücks

Bodenrichtwert ... Euro/qm X ... qm	=
minus 25 % Sicherheitsabschlag	=
Ergibt Bodenwert des unbelasteten Grundstücks	=
Daraus ... % regional erzielbarer Erbbauzins	=
minus Jahreserbbauzins	=
Ergibt einen Differenzwert iHv	
Diesen Wert mit Barwertfaktor multiplizieren ... X	
Ergibt Mindererertrag iHv	=
Sodann Bodenwert des unbelasteten Grundstücks (s. o.)	=
minus Mindererertrag (s. o.)	=
Ergibt Wert des Erbbaugrundstückes	
Mindestens 20 %, höchstens jedoch 80 % des Bodenwertes (s. o.)	
20 % = 80 %	

7 Strittig ist überdies, ob im Falle des **Nachlassverzeichnisses**, das die Notarin bzw. der Notar auf Antrag aufnimmt, Verbindlichkeiten hinzugerechnet werden dürfen.[37] Teilweise wird eine Addition von Negativvermögen vertreten,[38] da der Vermögensgegenstand Eingang in das Verzeichnis gefunden hat. Die hM lehnt dies unter Berufung auf § 115 als lex specialis ab.[39] Verbindlichkeiten können beim Geschäftswert eines notariellen Nachlassverzeichnisses nicht hinzugerechnet werden.[40] Geschäftswert ist der Wert der verzeichneten Gegenstände, § 115 S. 1, und zwar ohne Abzug von Verbindlichkeiten.[41]

III. Ausnahmen vom Schuldenabzugsverbot (S. 1)

8 **1. Entwurf eines Testaments.** Entwirft der Notar außerhalb eines Beurkundungsverfahrens ein Testament,[42] ist Geschäftswert der Wert des Vermögens, über den verfügt wird, § 102 Abs. 1 S. 1. Verbindlichkeiten des Erblassers werden abgezogen, allerdings nur bis zu Hälfte des Werts des Vermögens, § 102 Abs. 1 S. 2 (hälftiger Schuldenabzug).[43]

9 **2. Beurkundung eines Einzeltestaments.** Verbindlichkeiten des Erblassers werden abgezogen, allerdings nur bis zur Hälfte des Werts des Vermögens, § 102 Abs. 1 S. 2 (hälftiger Schuldenabzug).[44]

10 **3. Beurkundung eines gemeinschaftlichen Testaments.** Der hälftige Schuldenabzug nach § 102 Abs. 1 S. 2 greift auch bei Beurkundung eines gemeinschaftli-

37 Zum Sachstand vgl. *Litzenburger* FD-ErbR 2020, 431483.
38 So LG Münster FD- ErbR 2020, 431483.
39 *Litzenburger* FD-ErbR 2020, 431483.
40 *Litzenburger* FD-ErbR 2020, 431483.
41 NK-NachfolgeR/*Wilsch* Kap. 25 Rn. 360.
42 NK-NachfolgeR/*Wilsch* Kap. 25 Rn. 329.
43 NK-GK/*Heinemann* § 38 Rn. 13; Korintenberg/*Bormann* § 38 Rn. 7; *Diehn/Volpert* Rn. 2472.
44 NK-NachfolgeR/*Wilsch* Kap. 25 Rn. 332.

chen Testaments, wobei das modifizierte Reinvermögen getrennt zu errechnen ist, Ehegatten für Ehegatte.[45]

4. Beurkundung eines Erbvertrages; Aufhebung eines Erbvertrages; Rücktritt vom Erbvertrag; Rückgabe eines Erbvertrags aus der amtlichen Verwahrung. Eine ähnliche Situation gilt bei Beurkundung eines Erbvertrages, Verbindlichkeiten des Erblassers werden abgezogen, jedoch nur bis zur Hälfte des Vermögenswertes, § 102 Abs. 1 S. 2.[46] Das modifizierte Reinvermögen[47] jedes Verfügenden ist gesondert zu berechnen.[48] Gleiches gilt für die Aufhebung eines Erbvertrages, den Rücktritt vom Erbvertrag und die Rückgabe eines Erbvertrags aus der notariellen Verwahrung,[49] § 102 Abs. 1 S. 2 (hälftiger Schuldenabzug).[50] 11

5. Erb- und Pflichtteilsverzicht. Nichts anderes gilt für die Beurkundung eines Erb- und Pflichtteilsverzichts, Verbindlichkeiten des Erblassers werden abgezogen, allerdings nur bis zur Hälfte des Werts des Vermögens, § 102 Abs. 1 S. 2 (hälftiger Schuldenabzug).[51] 12

6. Erklärungen gegenüber dem Nachlassgericht, Anträge an das Nachlassgericht (§ 103 Abs. 1). Betroffen sind notariell beurkundete Erklärungen gegenüber dem Nachlassgericht und Anträge an das Nachlassgericht. Geschäftswert solcher Erklärungen bzw. entsprechender Anträge ist der Geschäftswert des betroffenen Vermögens oder des betroffenen Bruchteils nach Abzug der Verbindlichkeiten zum Zeitpunkt der Beurkundung, § 103 Abs. 1. Das Schuldenabzugsverbot des § 38 gilt nicht, Schulden werden in voller Höhe abgezogen,[52] nicht nur hälftig.[53] 13

7. Beurkundung von Eheverträgen bzw. Lebenspartnerschaftsverträgen; Beurkundung von Anmeldungen aufgrund solcher Verträge (§ 100). Der Geschäftswert richtet sich nach § 100, wobei Verbindlichkeiten bis zur Hälfte des maßgeblichen Wertes abgezogen werden, § 100 Abs. 1 S. 3 (Eheverträge)[54] bzw. § 100 Abs. 4, Abs. 1 S. 3 (Lebenspartnerschaftsverträge). 14

8. Beurkundung einer Rechtswahl (§§ 104, 100). Einen hälftigen Schuldenabzug sieht auch die Regelung für die Beurkundung einer Rechtswahl vor, sei es für die Rechtswahl, die die allgemeinen oder güterrechtlichen Wirkungen einer Ehe betrifft (§ 104 Abs. 1 iVm § 100 Abs. 1 S. 3), sei es für die Rechtswahl, die sich auf eine Rechtsnachfolge von Todes wegen bezieht (§ 104 Abs. 2 iVm § 102 Abs. 1 S. 2). 15

9. Anteil an Kapitalgesellschaften und Kommanditbeteiligungen (§ 54). Sofern nichts anderes bestimmt ist, werden Verbindlichkeiten, die auf einer Sache oder einem Recht lasten, bei der Ermittlung des Geschäftswertes nicht abgezogen, S. 1. Etwas anderes bestimmt die Regelung in § 54 für die Bewertung von Geschäftsanteilen von Kapitalgesellschaften (AG, KGaA, GmbH) und Kommanditbeteiligungen. Keine Anwendung findet § 54 auf die Geschäftswertermitt- 16

45 NK-NachfolgeR/*Wilsch* Kap. 25 Rn. 334.
46 Ebenso Korintenberg/*Bormann* § 38 Rn. 7.
47 *Diehn/Volpert* NotarKostR Rn. 643.
48 NK-NachfolgeR/*Wilsch* Kap. 25 Rn. 338.
49 NK-GK/*Heinemann* § 38 Rn. 13, vgl. § 114.
50 NK-NachfolgeR/*Wilsch* Kap. 25 Rn. 342 und 344.
51 NK-NachfolgeR/*Wilsch* Kap. 25 Rn. 349; NK-GK/*Heinemann* § 38 Rn. 13; Korintenberg/*Bormann* § 38 Rn. 8a; *Diehn/Volpert* NotarKostR Rn. 649.
52 OLG Zweibrücken ZEV 2019, 266.
53 § 102 Abs. 1 ist nicht anwendbar, OLG Zweibrücken ZEV 2019, 266; NK-GK/*Heinemann* § 38 Rn. 13.
54 Korintenberg/*Bormann* § 38 Rn. 9.

lung von Verschmelzungsverträgen und von Verschmelzungsbeschlüssen.[55] Ebenso wenig findet eine Ausnahme vom Schuldenabzugsverbot bei der Gründung einer Aktiengesellschaft mit Einbringung von Gesellschaftsanteilen statt, maßgeblich ist der volle Aktivwert der Bilanz.

17 Im Rahmen von § 54 ist zu differenzieren, ob der Beteiligte (beispielsweise der Erblasser) anteilsmäßig an einer operativ tätigen Kapitalgesellschaft oder an einer überwiegend vermögensverwaltend tätigen Gesellschaft beteiligt war.[56] Für die Differenzierung entscheidend ist nicht der im Handelsregister eingetragene Geschäftsgegenstand, sondern die im Bewertungszeitpunkt konkret entfaltete Geschäftstätigkeit.[57] Im Einzelnen:

- **operativ tätige Kapitalgesellschaft,** § 54 S. 1: Maßgeblich ist der Anteil am Eigenkapital (§ 266 Abs. 3 HGB),[58] der auf den betroffenen Anteil entfällt,[59] wobei eine Korrektur der Immobilienwerte vorzunehmen ist, § 54 S. 2. Grundstücke, Gebäude, grundstücksgleiche Rechte und Schiffe bzw. Schiffsbauwerke sind mit ihrem Verkehrswert anzusetzen, so dass die Buchwerte der Bilanz durch Verkehrswerte zu ersetzen sind, und zwar im Wege der Substitution.[60] Also: Aktiva minus Buchwert der Immobilien plus Verkehrswert der Immobilien minus sonstige Passiva. Das Schuldenabzugsverbot gilt insoweit nicht, Verbindlichkeiten werden berücksichtigt.[61]
- **überwiegend vermögensverwaltende Gesellschaft,**[62] § 54 S. 3: Maßgeblich ist der auf den jeweiligen Anteil oder die Beteiligung entfallende Wert des Vermögens der Gesellschaft.[63] Eine Ausnahme vom Schuldenabzugsverbot ist insoweit nicht vorgesehen, so dass Verbindlichkeiten der Gesellschaft nicht abgezogen werden können, S. 1.[64] In der Bilanz mit Buchwerten enthaltene Grundstücke bzw. grundstücksgleiche Rechte oder Schiffe bzw. Schiffsbauwerke sind mit ihrem Verkehrswert anzusetzen, eine Substitution ist vorzunehmen.[65]
- **Personengesellschaften:** Dass Schulden nicht abgezogen werden dürfen, da das Schuldenabzugsverbot zur Anwendung gelangt,[66] ergibt sich ausdrücklich aus S. 2.

18 **10. Erbschein, Europäisches Nachlasszeugnis (§ 40 Abs. 1 S. 1 und 2, Abs. 2).** Eine weitere Ausnahme vom Schuldenabzugsverbot ist in § 40 Abs. 1

55 LG Neubrandenburg BeckRS 2019, 40645.
56 NK-NachfolgeR/*Wilsch* Kap. 25 Rn. 121 ff.
57 LG Düsseldorf NJOZ 2016, 455, tätigkeitsbezogene Einordnung.
58 Korintenberg/*Bormann* § 38 Rn. 10.
59 *Wachter* GmbHR 2013, R241.
60 Zum Austausch Buchwerte/Verkehrswerte vgl. OLG Frankfurt/M. BeckRS 2016, 116147; LG Neubrandenburg BeckRS 2019, 40645; LG Leipzig BeckRS 2016, 4307 = NotBZ 2016, 117 mAnm *Klakow*; Korintenberg/*Bormann* § 38 Rn. 10.
61 NK-NachfolgeR/*Wilsch* Kap. 25 Rn. 122; Korintenberg/*Bormann* § 38 Rn. 10.
62 Beispielsweise Objekt-, Holding-, Besitz oder sonstige Beteiligungsgesellschaften, vgl. NK-NachfolgeR/*Wilsch* Kap. 25 Rn. 123. Bei einem im Wesentlichen auf Besitz und die Vermietung beschränkten operativen Geschäft liegen vermögensverwaltende Tätigkeiten vor, vgl. LG Düsseldorf NJOZ 2016, 455.
63 *Wachter* GmbHR 2013, R241.
64 NK-NachfolgeR/*Wilsch* Kap. 25 Rn. 123; *Koch* MittBayNot 2015, 183; *Sikora/Strauß* DNotZ 2020, 581 (591); NK-GK/*Heinemann* § 38 Rn. 13a; Korintenberg/*Bormann* § 38 Rn. 11.
65 LG Düsseldorf NJOZ 2016, 455.
66 NK-NachfolgeR/*Wilsch* Kap. 25 Rn. 124; in der Folge ist der Verkehrswert des betroffenen Anteils zu ermitteln, vgl. Gesellschaftsvertrag.

zu finden.[67] Danach ist in folgenden Verfahren[68] vom Wert des Nachlasses im Zeitpunkt des Erbfalls auszugehen, § 40 Abs. 1 S. 1, wobei vom Erblasser[69] herrührende Verbindlichkeiten abgezogen werden, § 40 Abs. 1 S. 2:

- in Verfahren zur Abnahme der eidesstattlichen Versicherung zur Erlangung eines Erbscheins, § 40 Abs. 1 S. 1 Nr. 1,
- in Verfahren zur Abnahme der eidesstattlichen Versicherung zur Erlangung eines Europäischen Nachlasszeugnisses, § 40 Abs. 1 S. 1 Nr. 1,
- in Verfahren zur Erteilung eines Erbscheins, soweit dieses die Rechtsstellung und die Rechte der Erben oder Vermächtnisnehmer mit unmittelbarer Berechtigung am Nachlass betrifft, § 40 Abs. 1 S. 1 Nr. 2,
- in Verfahren zur Ausstellung eines Europäischen Nachlasszeugnisses, soweit dieses die Rechtsstellung und die Rechte der Erben oder Vermächtnisnehmer mit unmittelbarer Berechtigung am Nachlass betrifft, § 40 Abs. 1 S. 1 Nr. 2,
- in Verfahren zur Einziehung eines Erbscheins, § 40 Abs. 1 S. 1 Nr. 3,[70]
- in Verfahren zur Kraftloserklärung eines Erbscheins, § 40 Abs. 1 S. 1 Nr. 3,
- in Verfahren zur Änderung eines Europäischen Nachlasszeugnisses, soweit die Rechtsstellung und Rechte der Erben oder Vermächtnisnehmer mit unmittelbarer Berechtigung am Nachlass betroffen sind, § 40 Abs. 1 S. 1 Nr. 4,
- in Verfahren zum Widerruf eines Europäischen Nachlasszeugnisses, soweit die Rechtsstellung und Rechte der Erben oder Vermächtnisnehmer mit unmittelbarer Berechtigung am Nachlass betroffen sind, § 40 Abs. 1 S. 1 Nr. 4.

11. Nachlasspflegschaft und Nachlasspflegschaft für einzelne Rechtshandlungen. Der Geschäftswert der Nachlasspflegschaft ergibt sich aus § 64, in Ansatz zu bringen ist der Wert des von der Verwaltung betroffenen Vermögens, § 64 Abs. 1, wobei Verbindlichkeiten nicht abgezogen werden, vgl. KV Nr. 12311 Anm. 2 S. 2.[71] Auch ein Vermögensfreibetrag ist nicht vorgesehen, so dass der Aktivnachlass als Geschäftswert zugrunde zu legen ist. Gleiches gilt für die Nachlasspflegschaft für einzelne Rechtshandlungen, KV Nr. 13312, der Geschäftswert folgt aus § 64 und sieht einen Schuldenabzug nicht vor.[72] 19

12. Verfahren vor dem Betreuungsgericht (KV Vorb. 1.1 Anm. 1). In Betreuungssachen werden von dem Betroffenen Gebühren nur erhoben, sofern sein Vermögen nach Abzug der Verbindlichkeiten mehr als 25.000 EUR beträgt, wobei der in § 90 Abs. 2 Nr. 8 SGB XII genannte Vermögenswert nicht mitgerechnet wird, so KV Vorb. 1.1 Anm. 1.[73] Eine Ausnahme vom Schuldenabzugs- 20

67 Ebenso OLG Zweibrücken ZEV 2019, 266; *Koch* MittBayNot 2015, 183; Korintenberg/*Bormann* § 38 Rn. 5.

68 Für Verfahren, die sich nur auf einen Miterbenanteil beziehen, gilt dies entsprechend, vgl. § 40 Abs. 2. Die Erblasserschulden werden quotal auf die Anteile der einzelnen Miterben verteilt NK-NachfolgeR/*Wilsch* Kap. 25 Rn. 116.

69 Nur Erblasserschulden werden abgezogen, nicht auch Erbfallschulden NK-NachfolgeR/*Wilsch* Kap. 25 Rn. 115. Demnach werden Vermächtnisse, Pflichtteile, Auflagen, Beerdigungskosten, die Kosten des nachlassgerichtlichen Verfahrens, die Erbschaftssteuer, der Zugewinnausgleichsanspruch sowie der Dreißigste nicht abgezogen.

70 NK-NachfolgeR/*Wilsch* Kap. 25 Rn. 130.

71 NK-NachfolgeR/*Wilsch* Kap. 25 Rn. 228.

72 NK-NachfolgeR/*Wilsch* Kap. 25 Rn. 241.

73 NK-GK/*Heinemann* § 38 Rn. 13; *Hofer* BtPrax 2017, 232 (233).

verbot liegt vor, es gilt das Nettoprinzip.[74] Das Anwartschaftsrecht des Nacherben ist vom Vermögen der Vorerbschaft des Betreuten abzuziehen.[75]

21 **13. Verfahren vor dem Landwirtschaftsgericht (§ 76).** Für bestimmte Verfahren vor dem Landwirtschaftsgericht ordnet § 76 den Abzug von Verbindlichkeiten an, nämlich Feststellungsverfahren nach § 11 Abs. 1 lit. g der Verfahrensordnung für Höfesachen, in Wahlverfahren nach § 9 Abs. 2 S. 1 HöfeO sowie in Fristsetzungsverfahren nach § 9 Abs. 2 S. 2 HöfeO.[76]

22 **14. Hoferbfolge (§ 40 Abs. 1 S. 3 und 4).** Falls mit dem Erbschein lediglich die Hoferbfolge zu bescheinigen ist, bildet der Wert des Hofes den Geschäftswert, § 40 Abs. 1 S. 3, wobei nur die auf dem Hof lastenden Verbindlichkeiten[77] mit Ausnahme der Grundpfandrechte abgezogen werden, § 40 Abs. 1 S. 4.

23 **15. Zeugnis über die Fortsetzung der Gütergemeinschaft (§ 40 Abs. 4, Abs. 1).** Die Regelung in § 40 Abs. 4 erklärt die vorangegangenen Bestimmungen in § 40 Abs. 1–3 für entsprechend anwendbar, allerdings mit der Modifikation, dass an die Stelle des Nachlasses der halbe Wert des Gesamtguts der fortgesetzten Gütergemeinschaft tritt, reduziert um die hälftigen Gesamtgutsverbindlichkeiten.[78] Der Gleichlauf von Erbschein und Zeugnis über die Fortsetzung der Gütergemeinschaft ist indiziert, da beide Zeugnisse öffentlichen Glauben genießen.[79] Eine Einziehung oder Kraftloserklärung des Zeugnisses kann in Betracht kommen, falls es von Anfang an unrichtig war.[80] Im Übrigen geht die Bezugnahme ins Leere, da nach Beendigung der fortgesetzten Gütergemeinschaft das Zeugnis von selbst kraftlos wird und nicht eingezogen oder für kraftlos erklärt werden muss.[81]

§ 39 Auskunftspflichten

(1) [1]Ein Notar, der einen Antrag bei Gericht einreicht, hat dem Gericht den von ihm zugrunde gelegten Geschäftswert hinsichtlich eines jeden Gegenstands mitzuteilen, soweit dieser für die vom Gericht zu erhebenden Gebühren von Bedeutung ist. [2]Auf Ersuchen des Gerichts hat der Notar, der Erklärungen beurkundet hat, die bei Gericht eingereicht worden sind, oder Unterschriften oder Handzeichen unter solchen Erklärungen beglaubigt hat, in entsprechendem Umfang Auskunft zu erteilen.

(2) [1]Legt das Gericht seinem Kostenansatz einen von Absatz 1 abweichenden Geschäftswert zugrunde, so ist dieser dem Notar mitzuteilen. [2]Auf Ersuchen des Notars, der Erklärungen beurkundet oder beglaubigt hat, die bei Gericht eingereicht werden, hat das Gericht über die für die Geschäftswertbestimmung maßgeblichen Umstände Auskunft zu erteilen.

74 *Hofer* BtPrax 2017, 232 (233).
75 *Hofer* BtPrax 2017, 232 (234) sowie LG Augsburg BtPrax 2017, 249; Korintenberg/*Bormann* § 38 Rn. 5a.
76 Geschäftswert ist dann der Wert des Hofes nach Abzug von Verbindlichkeiten, § 76 Nr. 1, Nr. 2 und Nr. 3.
77 Etwa Altenteile oder Wohnungsrechte, Korintenberg/*Bormann* § 38 Rn. 5.
78 NK-GK/*Heinemann* § 38 Rn. 13.
79 Firsching/Graf/*Krätzschel* NachlassR § 40 Rn. 26.
80 Firsching/Graf/*Krätzschel* NachlassR § 40 Rn. 36.
81 Firsching/Graf/*Krätzschel* NachlassR § 40 Rn. 37.

[§ 39 Abs. 1 ab 1.8.2088:]

(1) *[1]**Ein Notar, der einen Antrag bei Gericht einreicht, hat dem Gericht den von ihm zugrunde gelegten Geschäftswert hinsichtlich eines jeden Gegenstands mitzuteilen, soweit dieser für die vom Gericht zu erhebenden Gebühren von Bedeutung ist.* *[2]**Auf Ersuchen des Gerichts hat der Notar, der Erklärungen beurkundet hat, die bei Gericht eingereicht worden sind, oder Unterschriften oder Handzeichen unter oder qualifizierte elektronische Signaturen an solchen Erklärungen beglaubigt hat, in entsprechendem Umfang Auskunft zu erteilen.*

I. Allgemeines

Die Regelung kann nur teilweise auf ein historisches Vorbild verweisen, § 31a KostO,[1] und soll den „grundsätzliche(n) Gleichlauf zwischen der gerichtlichen und der notariellen Geschäftswertbestimmung"[2] garantieren. In der Praxis fällt dieser Gleichlauf nicht selten holprig aus, weil dem Gericht der Geschäftswert überhaupt nicht oder dem Notariat der divergierende Geschäftswert nicht mitgeteilt wird, trotz einer Vielzahl von Kommunikationskanälen zwischen Notariat und Gericht. Dies verwundert umso mehr, als die Realisierung der Auskunftspflichten ohnehin nur in denjenigen Konstellationen greift, in denen der Geschäftswert sich nicht bereits aus der Urkunde ergibt. In der grundbuchamtlichen Praxis ist dies häufig der Bereich der Überlassungsverträge. Dem Vorschlag von Teilen der gerichtlichen Praxis, die „Fremdkörperbestimmung" des Abs. 2 wieder aufzuheben, ist der Gesetzgeber nicht gefolgt. Auf den Einheitswert stellt die Regelung nicht mehr ab. 1

II. Auskunftspflicht des Notars (Abs. 1)

1. Vorstufe: Wertermittlung durch den Notar (§ 95). Die Auskunftspflicht des Notars,[3] der einen Antrag bei Gericht einreicht, Abs. 1, ist als Bestandteil des Wertgebührensystems zu verstehen. Vorausgegangen ist eine Wertermittlung, wobei der Notar auf die Mitwirkungspflicht der Beteiligten verweisen kann, § 95.[4] Nach § 95 Abs. 1 S. 1 sind die Beteiligten verpflichtet, bei der notariellen Wertermittlung mitzuwirken. Erklärungen über tatsächliche Umstände sind vollständig und wahrheitsgemäß abzugeben, § 95 Abs. 1 S. 2. Die Beteiligten stehen in der Pflicht, Auskunft über den Wert von Sachen, Nutzungen oder Verfügungen von Todes wegen zu geben.[5] Aufschluss ist auch über relevante Ver- 2

1 Die frühere KostO-Regelung sah keine Auskunftspflicht des Gerichts vor, vgl. Korintenberg/*Schwarz* KostO, 18. Aufl. 2010, § 31a Rn. 3.
2 BT-Drs. 17/11471, 252. Zum Gleichlauf vgl. auch NK-GK/*Heinemann* § 39 Rn. 2; Korintenberg/*Bormann* § 39 Rn. 2.
3 Oder der Vertreter des Notars, ebenso der Notariatsverwalter und der Amtsnachfolger, vgl. NK-GK/*Heinemann* § 39 Rn. 4. Die Erledigung wird an einen Mitarbeiter des Notariats delegiert.
4 Zur Mitwirkungspflicht vgl. *Diehn/Volpert* NotarKostR Rn. 2765 ff.
5 *Diehn/Volpert* NotarKostR Rn. 2767.

bindlichkeiten zu geben, etwa bei Eheverträgen.[6] Die Angaben sind einer Verifizierung bzw. Plausibilitätskontrolle zu unterziehen.[7] Kommen die Beteiligten ihrer Mitwirkungspflicht nicht bzw. nicht vollständig nach, kann der Notar den Wert nach billigem Ermessen bestimmen, § 95 Abs. 1 S. 3.[8] Die Wertbildung erfolgt dann im Wege einer Schätzung, die sich im Rahmen allgemeingültiger Überlegung bewegen muss und nicht übermäßig hoch ausfallen darf.[9]

3 **2. Auskunftspflicht des Notars (Abs. 1).** Die Bestimmung in Abs. 1 S. 1 statuiert eine Auskunftspflicht des einreichenden Notars,[10] die der Disposition der Beteiligten entzogen[11] und der von Amts wegen bereits mit Antragseinreichung nachzukommen ist.[12] Die Regelung verpflichtet den Notar, der einen Antrag bei Gericht einreicht, dem betroffenen Gericht[13] den Geschäftswert mitzuteilen, soweit dieser Geschäftswert für das Gericht von Bedeutung ist.[14] In welcher Form dies geschieht, im Antragsschreiben, in der Urkunde, in einem Vermerk oder in einer Mail an das betroffene Gericht, bleibt der Praxis überlassen.[15] Eine spezielle Kommunikationsform sieht die Regelung nicht vor. Ohne Relevanz ist hierbei, ob der Notar den Antrag als Vertreter oder als Bote einreicht.[16] Der einreichende Notar ist in jedem Fall verpflichtet, dem Gericht den Geschäftswert mitzuteilen, Abs. 1 S. 1. Die Auffassung,[17] wonach eine Hinzurechnung nach § 47 S. 2 nicht mitzuteilen sei, kann nicht überzeugen, sondern bahnt der unerwünschten Geschäftswertdivergenz den Weg. Es erschließt sich nicht, inwiefern die notarielle Kostenpraxis dabei zu einem „Hilfsbeamten des Gerichts"[18] herabgewürdigt werden sollte. Der Wert der vorbehaltenen Nutzungen und der vom Käufer übernommenen oder ihm sonst infolge der Veräußerung obliegenden Leistungen muss hinzugerechnet werden, § 47 S. 2, und zwar in der notariellen und in der grundbuchamtlichen Bewertungspraxis. Der Notar hat den zugrunde liegenden Geschäftswert mitzuteilen, Abs. 1 S. 1, also den Wert, der sich unter Berücksichtigung der Hinzurechnungen ergibt, keinen Torso-Wert. Die abweichende Ansicht hat in der notariellen Kostenpraxis keinen Rückhalt gefunden, vielmehr ist auch dieser Bereich von umfassender Kooperation geprägt. Ein Verstoß gegen die Verschwiegenheitspflicht des Notars kann hierin nicht gesehen werden. Üblich ist die Übersendung von Bewertungsblättern, in denen die Hinzurechnungen enthalten sind.

6 *Diehn/Volpert* NotarKostR Rn. 2769.
7 Ein nicht überprüfter, zu niedriger Wert stellt keine verbotene Geschäftswertvereinbarung iSv § 125 dar, vgl. *Diehn/Volpert* NotarKostR Rn. 2772.
8 *Diehn/Volpert* NotarKostR Rn. 2775.
9 Für Wertbildung mit Augenmaß auch *Diehn/Volpert* NotarKostR Rn. 2775.
10 Oder der Vertreter des Notars, ebenso der Notariatsverwalter und der Amtsnachfolger NK-GK/*Heinemann* § 39 Rn. 4.
11 Eine abweichende Anweisung des Notars geht ins Leere, vgl. NK-GK/*Heinemann* § 39 Rn. 12; Bormann/Diehn/Sommerfeldt/*Diehn* § 39 Rn. 3.
12 NK-GK/*Heinemann* § 39 Rn. 16; Korintenberg/*Bormann* § 39 Rn. 3.
13 Also nicht gegenüber jeder Abteilung des Gerichts, sondern nur gegenüber der Abteilung des Gerichts, bei der der Antrag eingereicht wurde, vgl. NK-GK/*Heinemann* § 39 Rn. 7.
14 Die Vorschrift ist dem früheren § 31a KostO nachgebildet, vgl. BT-Drs. 17/11471 (neu), 165.
15 NK-GK/*Heinemann* § 39 Rn. 17 und 22: formlose Mitteilung an das Gericht. Ebenso Korintenberg/*Bormann* § 39 Rn. 16.
16 NK-GK/*Heinemann* § 39 Rn. 9.
17 Korintenberg/*Bormann* § 39 Rn. 6; Bormann/Diehn/Sommerfeldt/*Diehn* § 39 Rn. 7.
18 So aber Korintenberg/*Bormann* § 39 Rn. 6 und dort Fußnote 6.

Ein Verstoß gegen die Auskunftspflicht kann disziplinarrechtliche Folgen auslösen[19] und mit Dienstaufsichtsbeschwerde geahndet werden.[20] Die Notwendigkeit einer solchen Beschwerde zeigt sich in der Praxis jedoch regelmäßig nicht, da eine vergessene Mitteilung jederzeit nachgeholt werden kann.[21] Fälle, in denen sich das Notariat weigerte, der Auskunftspflicht nachträglich nachzukommen, sind, soweit ersichtlich, nicht in Erscheinung getreten. 4

Falls das Notariat keinen Geschäftswert bildet, weil Festgebühren anfallen, besteht keine Mitteilungspflicht.[22] Der Notar legt dann keinen Geschäftswert zugrunde, vgl. Abs. 1 S. 1. 5

Der beurkundende bzw. beglaubigende, aber nicht einreichende Notar sieht sich nach Abs. 1 S. 2 verpflichtet, auf Ersuchen des Gerichts entsprechende Auskunft zu geben. Gemeint sind die Konstellationen, in den Dritte die Urkunde einreichen.[23] 6

Ein häufiger **Fehler in der Auskunftspraxis** besteht darin, dem Gericht den Geschäftswert mitzuteilen, der durch die Addition mehrerer Werte gebildet wurde, § 35 Abs. 1, den Gesamtwert, obgleich das Gericht nur einen Einzelwert benötigt, beispielsweise den Verkehrswert der Immobilie. Das Resultat sind vermeidbare Erinnerungen gegen den gerichtlichen Geschäftswert, der auf falschen Prämissen beruht. Die Mitteilungspflicht beschränkt sich insoweit auf den Wert des einzelnen Gegenstands,[24] den Einzelwert,[25] hier den Verkehrswert der Immobilie. 7

Ein **weiterer Fehler in der Auskunftspraxis** besteht darin, dass Änderungen des Geschäftswertes dem Gericht nicht mitgeteilt werden, obgleich sich die Auskunftspflicht des einreichenden Notars auch hierauf bezieht.[26] Um weitere Nachfragen zu vermeiden und die Transparenz des Wertansatzes zu wahren, sollte in der Mitteilung auch dargelegt werden, auf welchen Prämissen die Änderung beruht bzw. worauf die Änderung des Geschäftswertes zurückzuführen ist. Anderenfalls sieht sich das Gericht veranlasst, erneut in die Wertermittlung einzusteigen. In der Praxis gehen Änderungen des Geschäftswerts auf Nachträge zurück, induziert durch Baumängel, Bauverzögerungen oder bauliche Änderungen. 8

III. Auskunftspflicht des Gerichts (Abs. 2)

1. Prämisse: Divergenz zwischen notariellem und gerichtlichem Geschäftswert. Prämisse der gerichtlichen Auskunftspflicht ist eine **Divergenz** zwischen dem mitgeteilten Wert des Notariats und dem gerichtlichen Wert, gleichgültig, ob das Gericht einen höheren oder geringeren Wert ansetzt.[27] Sofern das Gericht seinem Kostenansatz einen Wert zugrunde legt, der vom mitgeteilten Wert 9

19 NK-GK/*Heinemann* § 39 Rn. 24; Bormann/Diehn/Sommerfeldt/*Diehn* § 39 Rn. 20.
20 NK-GK/*Heinemann* § 39 Rn. 28; Korintenberg/*Bormann* § 39 Rn. 18.
21 Ebenso Korintenberg/*Bormann* § 39 Rn. 17.
22 NK-GK/*Heinemann* § 39 Rn. 10 und 20; ebenso Korintenberg/*Bormann* § 39 Rn. 8.
23 NK-GK/*Heinemann* § 39 Rn. 19.
24 BT-Drs. 17/11471, 252.
25 NK-GK/*Heinemann* § 39 Rn. 14 und 21. Vgl. auch Korintenberg/*Bormann* § 39 Rn. 5.
26 Zur Mitteilungspflicht vgl. NK-GK/*Heinemann* § 39 Rn. 18. Falls ein Dritter den Antrag einreicht und die Auskunftspflicht sich aus Abs. 1 S. 2 herleitet, ist der Notar dagegen nicht von Amts wegen verpflichtet, die Änderung mitzuteilen, sondern nur auf Ersuchen NK-GK/*Heinemann* § 39 Rn. 23.
27 NK-GK/*Heinemann* § 39 Rn. 37; Korintenberg/*Bormann* § 39 Rn. 9 und 11.

des Notariats abweicht, trifft das Gericht die Pflicht, diesen abweichenden Wert dem Notar mitzuteilen, Abs. 2 S. 1. Einen identischen Wert muss das Gericht nicht bestätigen, auch nicht dem Notar mitteilen. Unterschiedliche Fälligkeitszeitpunkte stehen der Mitteilungspflicht nicht entgegen.[28]

10 **2. Gerichtliche Auskunftspflicht (Abs. 2).** Dieser Verpflichtung muss das Gericht von Amts wegen nachkommen,[29] und zwar unverzüglich[30] durch die Abteilung des Gerichts, die für die Bearbeitung des Antrags zuständig ist.[31] Auf Ersuchen des Notars hat das Gericht auch Auskunft über die Umstände zu geben, die für die Geschäftswertbestimmung maßgeblich waren, Abs. 2 S. 2. Das Auskunftsrecht des Notars geht wesentlich weiter[32] als das Auskunftsrecht des Gerichts. Grund hierfür ist die Verschwiegenheitspflicht des Notars, der auf der Gerichtskostenseite kein Pendant gegenübersteht.[33] Auf welche Weise das Gericht der Auskunftspflicht gegenüber dem Notar nachkommt, ist nicht geregelt,[34] möglich sind telefonische oder schriftliche Mitteilungen, auch per Mail. Ziel ist wiederum der „Gleichlauf zwischen der gerichtlichen und der notariellen Geschäftswertbestimmung".[35] In der Folge hat das Gericht auch eine Änderung des Geschäftswertes dem Notariat mitzuteilen.[36]

11 Kommt das Gericht der Auskunftspflicht nicht nach, kann dies mit Dienstaufsichtsbeschwerde[37] geahndet werden. In der Praxis spielt diese Beschwerde keine Rolle, da eine vergessene Mitteilung des Gerichts jederzeit nachgeholt werden kann.[38] Fälle, in denen sich Gerichte weigerten, der Auskunftspflicht nachträglich nachzukommen, sind nicht bekannt.

Unterabschnitt 2 Besondere Geschäftswertvorschriften

§ 42 Wohnungs- und Teileigentum

(1) [1]Bei der Begründung von Wohnungs- oder Teileigentum und bei Geschäften, die die Aufhebung oder das Erlöschen von Sondereigentum betreffen, ist Geschäftswert der Wert des bebauten Grundstücks. [2]Ist das Grundstück noch nicht bebaut, ist dem Grundstückswert der Wert des zu errichtenden Bauwerks hinzuzurechnen.

(2) Bei Wohnungs- und Teilerbbaurechten gilt Absatz 1 entsprechend, wobei an die Stelle des Grundstückswerts der Wert des Erbbaurechts tritt.

28 Korintenberg/*Bormann* § 39 Rn. 10.
29 Ohne Entsprechung im früheren Kostenrecht der KostO, vgl. BT-Drs. 17/11471 (neu), 165. Zur Amtspflicht vgl. auch Bormann/Diehn/Sommerfeldt/*Diehn* § 39 Rn. 17.
30 NK-GK/*Heinemann* § 39 Rn. 39 und 43.
31 NK-GK/*Heinemann* § 39 Rn. 32.
32 Korintenberg/*Bormann* § 39 Rn. 14.
33 Ebenso Korintenberg/*Bormann* § 39 Rn. 15.
34 Zur formlosen Mitteilung NK-GK/*Heinemann* § 39 Rn. 39, 43; Korintenberg/*Bormann* § 39 Rn. 16.
35 BT-Drs. 17/11471 (neu), 165; NK-GK/*Heinemann* § 39 Rn. 29.
36 NK-GK/*Heinemann* § 39 Rn. 40.
37 Zur disziplinarrechtlichen Ahndungsmöglichkeit vgl. NK-GK/*Heinemann* § 39 Rn. 45; Korintenberg/*Bormann* § 39 Rn. 18; Bormann/Diehn/Sommerfeldt/*Diehn* § 39 Rn. 20 und 21.
38 Ebenso Korintenberg/*Bormann* § 39 Rn. 17.

Literatur:
Heinemann, Notarkosten bei der Begründung von Wohnungs- und Teileigentum, MietRB 2014, 342; *Wilsch*, Veränderungen von Wohnungseigentum und Grundbuchgebühren nach dem GNotKG, ZfIR 2014, 457 (Teil 1) und 513 (Teil 2).

I. Begründung von Wohnungseigentum durch Teilungserklärung nach § 8 WEG

1. Allgemeines. Im abschließenden Begründungskatalog[1] des § 2 WEG rangiert der Teilungsvertrag nach § 3 WEG an erster Stelle, die Praxis dominiert jedoch die **Teilungserklärung nach § 8 WEG, die sog. „Vorratsteilung"**. Danach kann der Eigentümer des Grundstücks durch Erklärung gegenüber dem Grundbuchamt das Eigentum an dem Grundstück in Miteigentumsanteile in der Weise teilen, dass mit jedem Anteil das Sondereigentum an einer Wohnung oder an nicht zu Wohnzwecken dienenden Räumen in einem errichteten oder zu errichtenden Gebäude verbunden wird. Zu konstatieren ist eine einseitige materielle Willens- 1

1 Nach § 2 WEG kann Wohnungseigentum nur durch die vertragliche Einräumung von Sondereigentum (§ 3 WEG) oder durch Teilung (§ 8 WEG) begründet.

erklärung, die an das Grundbuchamt gerichtet ist. Eine besondere Form schreibt das Gesetz nicht vor, vgl. § 4 Abs. 1 WEG im Umkehrschluss. Aus Zweckmäßigkeitsgründen empfiehlt sich allerdings die notarielle Beurkundung, um die Möglichkeit einer Bezugnahme nach § 13a BeurkG zu eröffnen.[2] Mit Anlegung der Wohnungsgrundbücher wird die Teilung wirksam, § 9a Abs. 1 S. 2 WEG, und für jeden Miteigentumsanteil von Amts wegen ein besonderes Grundbuchblatt angelegt, §§ 8 Abs. 2 S. 1, Abs. 1, 7 Abs. 1 WEG.

2 **2. Notargebühren. a) Beurkundungs- und Beglaubigungsgebühren.** Die Differenzierung geht dahin, ob sich die Teilungserklärung auf den bloßen Grundbuchantrag beschränkt oder daneben noch weitere rechtsgeschäftliche oder ähnliche Erklärungen (Gemeinschaftsordnung, Baubeschreibung) enthält:[3]

- **Beurkundung einer Teilungserklärung mit bloßem Grundbuchantrag** (also ohne Gemeinschaftsordnung oder Baubeschreibung): 0,5 Beurkundungsgebühr, KV Nr. 21201 Nr. 4,[4] mindestens 30 EUR
- **Beglaubigung einer vom Eigentümer selbst entworfenen Teilungserklärung:** 0,2 Beglaubigungsgebühr nach KV Nr. 25100, mindestens 20 EUR, höchstens 70 EUR;[5] hinzu kommt die Gebühr für die Einreichung (20 EUR), KV Nr. 22124
- **Teilungserklärung mit Gemeinschaftsordnung oder Baubeschreibung:** 1,0 Beurkundungsgebühr nach KV Nr. 21200,[6] mindestens 60 EUR
- **Teilungserklärung mit Gemeinschaftsordnung/Baubeschreibung sowie Einräumung von Vorkaufsrechten:** 1,0 Beurkundungsgebühr nach KV Nr. 21200 (Teilungserklärung) sowie 0,5 Beurkundungsgebühr (Vorkaufsrechte) nach KV Nr. 21201 Nr. 4[7]
- **Teilungserklärung mit Gemeinschaftsordnung/Baubeschreibung sowie Vereinigung von Grundstücken:** 1,0 Beurkundungsgebühr nach KV Nr. 21200, die Aufnahme der Vereinigungserklärung löst dagegen keine weitere Gebühr aus, da hierin eine bloße Durchführungserklärung zu erkennen ist,[8] § 109 Abs. 1
- Exkurs: Kaufvertrag über Wohnungs- und Teileigentumseinheiten sowie anschließende Aufhebung des gesamten Wohnungs- und Teileigentums durch den nunmehrigen Alleineigentümer: 2,0 Beurkundungsgebühr nach KV Nr. 21100 (Kaufvertrag) sowie 0,5 Gebühr nach KV Nr. 21201 Nr. 4 (Aufhebung Wohnungs- und Teileigentum; → Rn. 37 Aufhebung von Sondereigentum).

3 **b) Vollzugs- und Betreuungsgebühren.** Nach der Vorb. 2.2 Abs. 1 entstehen für den Vollzug eines Geschäfts und Betreuungstätigkeiten Gebühren nur unter der Prämisse, dass dem Notar hierfür ein **besonderer Auftrag** erteilt worden ist.[9] Neben dem Beurkundungsauftrag steht der gesonderte Vollzugs- oder Betreuungsauftrag.[10] Im Wohnungseigentumsrecht entfaltet die Vollzugs- und Betreu-

---

2 MüKoBGB/*Krafka* WEG § 8 Rn. 19.
3 Vgl. hierzu *Heinemann* MietRB 2014, 342 (343).
4 *Heinemann* MietRB 2014, 342 (343).
5 *Heinemann* MietRB 2014, 342 (343); Streifzug durch das GNotKG Rn. 3578; *Diehn* Rn. 517.
6 *Heinemann* MietRB 2014, 342 (343); Korintenberg/*Sikora* § 42 Rn. 29; *Diehn* Rn. 520.
7 Es werden gesonderte Gebühren erhoben, da verschiedene Beurkundungsgegenstände vorliegen, § 94 Abs. 1. Vgl. auch Korintenberg/*Sikora* § 42 Rn. 31.
8 Vgl. Streifzug durch das GNotKG Rn. 3572.
9 Vgl. auch Streifzug durch das GNotKG Rn. 3584, Notar muss auftragsgemäß tätig werden.
10 Vgl. hierzu BT-Drs. 17/11471 (neu), 221.

ungstätigkeit eine besondere Relevanz, weil der Eintragungsbewilligung der amtliche Aufteilungsplan und die Abgeschlossenheitsbescheinigung der Baubehörde beizufügen sind, § 7 Abs. 4 S. 1 Nr. 1 und 2 WEG.[11] Hinzu kommen allgemeine und spezifische Genehmigungserfordernisse nach öffentlichem Recht,[12] beispielsweise im Umlegungsverfahren (§ 51 BauGB), in Sanierungs- und Stadtentwicklungsgebieten (§ 144 BauGB)[13] sowie in Fremdenverkehrs- oder in Milieuschutzgebieten (§§ 22, 172 BauGB), evtl. auch in Gebieten mit angespannten Wohnungsmärkten (§ 250 BauG).[14] Zu Buche schlagen überdies die Anforderung und die Prüfung privatrechtlicher Zustimmungs- oder Lastenfreistellungserklärungen.[15] Daneben kann die Vollzugs- und Betreuungstätigkeit beim Erwerb von Wohnungs- und Teileigentumseinheiten eine Rolle spielen, dem die Aufhebung des gesamten Wohnungs- und Teileigentums durch den nunmehrigen Alleineigentümer folgt. Ob der Notar die Vollzugstätigkeiten vor oder nach der Beurkundung vornimmt, spielt keine Rolle.[16]

Da die Gebühr für das zugrunde liegende Beurkundungsverfahren weniger als 4
2,0 beträgt (Ausnahme → Rn. 5, Kaufvertrag und Aufhebung von Wohnungs- und Teileigentum), erhält der Notar eine 0,3 Vollzugsgebühr, KV Nr. 22111.[17] Ein einheitlicher Vollzugsvorgang ist zu bejahen, sollte der Notar die Abgeschlossenheitsbescheinigung anfordern und Aufteilungspläne amtlich genehmigen lassen.[18] Die Vollzugsgebühr ist dann gedeckelt, je Vollzugstätigkeit sind höchstens 50 EUR in Ansatz zu bringen, KV Nr. 22112 iVm Vorb. 2.2.1.1 Abs. 1 S. 2 Nr. 1.[19] Der Geschäftswert der Vollzugsgebühr richtet sich nach dem vollen Wert des Beurkundungsverfahrens, § 112 S. 1.[20] Darüber hinausgehende Tätigkeiten für die Beteiligten gegenüber Behörden oder Gerichten, beispielsweise die Vorbereitung der Aufteilungspläne oder die Bearbeitung baubehördlicher Beanstandungen,[21] generieren dagegen eine ungedeckelte 0,3 Vollzugsgebühr nach KV Nr. 22111. Die Begründung hierfür ist darin zu sehen, dass die Höchstgrenzen der KV Nr. 22112 und 22113 sich auf andere Vollzugstätigkeiten beziehen.[22]

Im Falle der Beurkundung eines Kaufvertrags über Wohnungs- und Teileigen- 5
tum, gefolgt von der Aufhebung des gesamten Wohnungs- und Teileigentums durch den nunmehrigen Alleineigentümer, beträgt die Gebühr 2,0, vgl. KV Nr. 21100, so dass der Notar eine 0,5 Betreuungsgebühr nach KV Nr. 22200 in Ansatz bringen kann. Der Geschäftswert bestimmt sich dann nach § 113 Abs. 1, hier die Summe der mehreren Gegenstandswerte (Kaufvertrag plus Aufhebung von Wohnungs- und Teileigentum); → Rn. 39 ff. und 42 ff.).

11 Ebenso Streifzug durch das GNotKG Rn. 3586 bis 3588.
12 Vgl. auch Vorb. 2.2.1.1 Abs. 1 S. 2 Nr. 1, die Vollzugsgebühr entsteht für die Anforderung und Prüfung einer Erklärung oder Bescheinigung nach öffentlich-rechtlichen Vorschriften.
13 Vgl. Streifzug durch das GNotKG Rn. 3573.
14 Vgl. auch *Heinemann* MietRB 2014, 342 (346).
15 *Heinemann* MietRB 2014, 342 (346); *Diehn* Rn. 510 und 511.
16 *Heinemann* MietRB 2014, 342 (346).
17 Vgl *Heinemann* MietRB 2014, 342 (346); Streifzug durch das GNotKG Rn. 3592; anders dagegen die Vollzugsgebühr bei vertraglicher Aufteilung nach § 3 WEG, hier fällt eine 0,5 Vollzugsgebühr an. Vgl. hierzu Streifzug durch das GNotKG Rn. 3592.
18 *Heinemann* MietRB 2014, 342 (347).
19 Vgl. Streifzug durch das GNotKG Rn. 3596.
20 *Heinemann* MietRB 2014, 342 (346).
21 Siehe auch Streifzug durch das GNotKG Rn. 3593 und 3596.
22 Ebenso Streifzug durch das GNotKG Rn. 3596.

6 **3. Eintragungsgebühr Grundbuchamt.** Für die Anlegung der Wohnungs- und Teileigentumsgrundbücher im Fall des § 8 WEG ist eine 1,0 Eintragungsgebühr in Ansatz zu bringen, **KV Nr. 14112**. Wohnungs- und Teileigentum kann nur an einem Grundstück im Rechtssinn gebildet werden, § 1 Abs. 4 WEG, was die Notwendigkeit der Vereinigung bzw. einer Bestandteilszuschreibung nach sich zieht, sollte das Wohnungs- und Teileigentum an bislang selbstständig gebuchten Grundstücken begründet werden. Für eine entsprechende Vereinigung oder Bestandteilszuschreibung fällt eine Festgebühr iHv 50 EUR an, **KV Nr. 14160 Nr. 3**, sofern nicht die Katasterbehörde bescheinigt, dass die Grundstücke örtlich und wirtschaftlich ein einheitliches Grundstück darstellen, vgl. KV Nr. 14160 Nr. 3 aE.

7 **4. Geschäftswert.** Bei der Begründung von Wohnungs- oder Teileigentum ist als Geschäftswert der **volle Wert des bebauten Grundstücks** heranzuziehen, Abs. 1 S. 1.[23] Sofern das Grundstück noch nicht bebaut ist, ist dem Grundstückswert der Wert des zu errichtenden Bauwerks hinzuzurechnen, Abs. 1 S. 2, was in Form der voraussichtlichen **Baukosten** geschieht, allerdings ohne Baunebenkosten,[24] zumal diese den Gebäudewert nicht erhöhen.[25] Wie die Bewertungspraxis zeigt, wird damit häufig nur der Mindestwert abgebildet, nicht der **Verkehrswert** des neu gebildeten Wohnungs- und Teileigentums, auf den es jedoch ankommt. Die Bewertungspraxis nimmt deshalb Rückgriff auf die folgenden **Kaufverträge**, um zum Verkehrswert des Wohnungs- und Teileigentums zu gelangen. In Städten mit großer Immobiliennachfrage stößt dies kaum auf Schwierigkeiten, weil dort alle Raumeigentumseinheiten einen Käufer finden.[26] In anderen Regionen mit schleppender Nachfrage gilt es, aus bereits realisierten Verkäufen auf den Wert aller Wohnungs- und Teileigentumseinheiten zu schließen. Dies kann nur durch Rekurs auf bereits erfolgte Veräußerungen geschehen, nicht durch Berufung auf Internetportale,[27] da diese nur Angebotspreise enthalten, keine realisierten Kaufpreise. Allenfalls können die Immobilienmarktberichte der Gutachterausschüsse zu Rate gezogen werden,[28] um Aufschluss über etwaige Vergleichswerte[29] zu erlangen. Teilweise behilft sich die Praxis auch mit der Hochrechnung bereits verkaufter Raumeigentumseinheiten, was aber zu Verzerrungen führen kann. Die Rechtsprechung[30] knüpft die **Hochrechnung** an eine Mindestgrenze von 40 % der Einheiten, um Verzerrun-

23 Das früher geltende Recht der Kostenordnung (KostO) sah eine Wertprivilegierung vor, maßgeblich war nur der halbe Wert, vgl. § 21 Abs. 2 KostO. Der Reformgesetzgeber des GNotKG wollte hieran nicht mehr festhalten, weil dies in der „Materie zu unangemessen niedrigen Gebühren" führe, vgl. BT-Drs. 17/11471 (neu), 166; zum vollen Wert des bebauten Grundstücks vgl. auch Korintenberg/*Sikora* § 42 Rn. 19. Falsch hingegen *Ingenstau/Hustedt* Anhang II Rn. 19, dort ist immer noch vom halben Wert des Bauwerks die Rede.

24 Also ohne Maklerprovision, Grunderwerbsteuer, Vermessungskosten oder Notar- und Grundbuchamtsgebühren; ebenso Streifzug durch das GNotKG Rn. 3574.

25 Ebenso Lemke/*Otto* ImmobilienR § 42 Rn. 3 GNotKG.

26 Zur Summe aller Kaufpreise vgl. auch Streifzug durch das GNotKG Rn. 3575; zum Verkauf aller Einheiten vgl. OLG München 26.6.2015 – 34 Wx 182/15 = IBRRS 2015, 2220. Eine Hochrechnung ist dann nicht mehr erforderlich.

27 So aber die Empfehlung Leipziger Kostenspiegel Rn. 4.8, Internetportale würden verwertbare Vergleichswerte abbilden.

28 Vgl. auch *Wilsch*, Grundbesitzbewertung aus grundbuchamtlicher Sicht, abgedruckt in: *Diehn/Sikora* (Hrsg.), Modernes Notarkostenrecht – GNotKG, 2017, 62 (77).

29 Die Vergleichbarkeit der Wohnungen muss gewährleistet sein, vgl. OLG München 26.6.2015 – 34 Wx 182/15 = IBRRS 2015, 2220.

30 BayObLG MittBayNot 1997, 117; vgl. Streifzug durch das GNotKG Rn. 3575.

gen zu vermeiden.[31] Nicht selten schenken allerdings Teile der grundbuchamtlichen Bewertungspraxis dieser Mindestgrenze keine Bedeutung und nehmen eine Hochrechnung bei einer nicht aussagekräftigen Anzahl von Verkäufen vor. Einwendungen, die das Bewertungszerrbild thematisieren, führen regelmäßig zum Erfolg.

Ein ähnliches Bewertungszerrbild diagnostizierte das OLG München[32] im Rahmen der **sukzessiven Begründung von Wohnungs- und Teileigentum in mehreren Bauabschnitten**, sofern auch künftige Bauabschnitte einbezogen werden. Maßgeblich ist richtigerweise der Zustand des Bewertungsobjekts, wie er sich nach dem Gegenstand der beantragten Teilung darstellt.[33] Die künftige Durchführung eines weiteren Bauabschnitts bleibt bei der ersten Aufteilung unberücksichtigt.[34] 8

Mehrere Beurkundungsgegenstände ziehen die Frage nach sich, ob derselbe Beurkundungsgegenstand vorliegt oder verschiedene Beurkundungsgegenstände gegeben sind, § 109 Abs. 1.[35] Betroffen ist einzig und allein die notarielle Bewertungspraxis, da Beurkundungen im Raum stehen, nicht dagegen die grundbuchamtliche Bewertungspraxis, die Eintragungen bewertet. An dieser Stelle kann sich eine Divergenz zwischen dem Geschäftswert des Notariats und dem Geschäftswert des Grundbuchamtes manifestieren. 9

Eine Qualifizierung als **derselbe Beurkundungsgegenstand** bedeutet, dass eine Hinzurechnung zum Geschäftswert nach Abs. 1 nicht erfolgen kann,[36] etwa 10

- bei dinglicher Aufteilung und Festlegung der Gemeinschaftsordnung oder
- bei Begründung von Wohnungs- und Teileigentum und Mitbeurkundung der Baubeschreibung[37]
- ebenso bei Mitbeurkundung eines Vereinigungsantrags.[38]

Verschiedene Beurkundungsgegenstände hingegen lösen eine Hinzurechnung aus. Als verschiedene Beurkundungsgegenstände[39] mit Hinzurechnungspflicht sind anzusehen: 11

- die Mitbeurkundung eines Verwaltervertrages,[40]
- die Mitbeurkundung von Service-, Betreuungs- und Lieferungsverträgen,
- die Mitbeurkundung eines Gesellschaftsvertrages,
- die wechselseitige Einräumung von Vor- und Ankaufsrechten,[41]

---

31 Ähnlich Korintenberg/*Sikora* § 42 Rn. 23 („gesicherte Anhaltspunkte ..., dass diese Kaufpreise auch erzielt werden"); zur 40-%-Marke vgl. auch Streifzug durch das GNotKG Rn. 3575; zur Hochrechnung vgl. auch OLG München 26.6.2015 – 34 Wx 182/15, IBRRS 2015, 2220.

32 OLG München 26.6.2015 – 34 Wx 182/15, IBRRS 2015, 2220.

33 OLG München 26.6.2015 – 34 Wx 182/15, IBRRS 2015, 2220.

34 OLG München 26.6.2015 – 34 Wx 182/15, IBRRS 2015, 2220; ebenso Korintenberg/*Sikora* § 42 Rn. 21a; Lemke/*Otto* ImmobilienR § 42 Rn. 2 GNotKG, der Marktwert des späteren Bauabschnitts fließt erst in die spätere Realisierung des jeweiligen Bauabschnittes ein.

35 *Heinemann* MietRB 2014, 342 (344 ff.).

36 *Heinemann* MietRB 2014, 342 (344, 345).

37 Streifzug durch das GNotKG Rn. 3622; Lemke/*Otto* ImmobilienR § 42 Rn. 6 GNotKG; ebenso *Diehn* Rn. 524.

38 Korintenberg/*Sikora* § 42 Rn. 7.

39 Zum Katalog vgl. *Heinemann* MietRB 2014, 342 (345, 346).

40 *Heinemann* MietRB 2014, 342 (345), Wert des Verwaltervertrages nach § 99 Abs. 2: Wert aller Bezüge des Verpflichteten während der gesamten Vertragszeit, höchstens jedoch der Wert der auf die ersten fünf Jahre entfallenden Bezüge.

41 Ebenso Streifzug durch das GNotKG Rn. 3625; Lemke/*Otto* ImmobilienR § 42 Rn. 6 GNotKG.

- die Bestellung von dinglichen Rechten aller Art (Dienstbarkeiten oder Grundpfandrechte), soweit sie Nachbargrundstücken dienen,[42]
- der Grundstückserwerb,
- der Erwerb eines Miteigentumsanteils,
- die gleichzeitige Veräußerung des neu gebildeten Wohnungs- oder Teileigentums,
- die gleichzeitige Umwandlung einer Gesamthandsgemeinschaft in eine Bruchteilsgemeinschaft,[43]
- die Mitbeurkundung einer vertraglichen Verpflichtung zur Realteilung des Grundstücks,[44]
- der Kaufvertrag über Sondereigentumseinheiten und die anschließende Aufhebung des gesamten Wohnungs- und Teileigentums durch den nunmehrigen Alleineigentümer sowie
- die gleichzeitige Aufhebung und Neubegründung von Wohnungs- und Teileigentum.

II. Begründung von Wohnungseigentum durch Teilungsvertrag nach § 3 WEG

12 **1. Allgemeines.** Wohnungs- und Teileigentum kann auch durch die vertragliche Einräumung von Sondereigentum nach § 3 WEG begründet werden, § 2 WEG (sog. **Teilungsvertrag**). Danach kann das Miteigentum (§ 1008 BGB)[45] an einem Grundstück durch Vertrag der Miteigentümer in der Weise beschränkt werden, dass jedem Miteigentümer in Abweichung von § 93 BGB das Sondereigentum an einer bestimmten Wohnung oder an nicht zu Wohnzwecken dienenden bestimmten Räumen in einem auf dem Grundstück errichteten oder zu errichtenden Gebäude eingeräumt wird, § 3 Abs. 1 S. 1 WEG. Zur Einräumung sind Einigung und Eintragung erforderlich, § 4 Abs. 1 WEG, wobei die Einigung der für die Auflassung vorgeschriebenen Form bedarf, § 4 Abs. 2 S. 1 WEG iVm § 925 BGB, demnach notarielle Beurkundung. Für jeden Miteigentumsanteil wird von Amts wegen ein besonderes Grundbuchblatt[46] angelegt, § 7 Abs. 1 S. 1 WEG.

13 **2. Notargebühren. a) Beurkundungsgebühren.** Für die Beurkundung des Teilungsvertrages fällt eine **2,0 Gebühr nach KV Nr. 21100** an,[47] mindestens 120 EUR.

14 Falls an den neu gebildeten Wohnungs- und Teileigentumseinheiten **wechselseitig Vorkaufsrechte** eingeräumt werden, ist dafür eine **gesonderte 2,0 Gebühr** nach KV Nr. 21100 in Ansatz zu bringen. Insoweit liegen verschiedene Beurkundungsgegenstände iSv § 86 Abs. 2 vor.

---

42 *Diehn* Rn. 523; sofern sie dagegen der Realisierung des Bauvorhabens dienen, bilden Aufteilung und Dienstbarkeiten denselben Beurkundungsgegenstand, § 109 Abs. 1.

43 Vgl. Korintenberg/*Sikora* § 42 Rn. 10, Erbauseinandersetzung.

44 Lemke/*Otto* ImmobilienR § 42 Rn. 6 GNotKG.

45 In der Folge muss Gesamthandseigentum in Bruchteilseigentum umgewandelt werden, was gleichzeitig mit der Aufteilung in WEG geschehen kann, vgl. OLG Hamm DNotZ 1968, 489; vgl. auch *Schöner/Stöber* Rn. 2813.

46 Wohnungsgrundbuch oder Teileigentumsgrundbuch, vgl. § 7 Abs. 1 S. 1 WEG; das Grundbuchblatt des Grundstücks wird von Amts wegen geschlossen, sofern dort kein weiterer Grundbesitz vorgetragen ist, vgl. § 7 Abs. 1 S. 3 WEG.

47 Vgl. auch *Heinemann* MietRB 2014, 342; Streifzug durch das GNotKG Rn. 3577; Korintenberg/*Sikora* § 42 Rn. 29; Jennißen/*Zimmer* WEG § 4 Rn. 37; *Diehn* Rn. 510.

Die mit dem Teilungsvertrag einhergehende **Übertragung** oder **Modifizierung von Miteigentumsanteilen** bzw. die **Verpflichtung zur Realteilung** werfen die Frage nach der kostenrechtlichen Einordnung auf. Eine gesonderte Gebühr wird nicht generiert, sondern auch weiterhin nur eine 2,0 Beurkundungsgebühr nach KV Nr. 21100, allerdings aus dem zusammengerechneten Geschäftswert, bestehend aus dem Geschäftswert für den Teilungsvertrag und dem Geschäftswert für die Übertragung/Modifizierung von Miteigentumsanteilen bzw. für die Verpflichtung zur Realteilung, §§ 86 Abs. 2, 35 Abs. 1.[48] 15

Etwas anderes gilt für die **Verteilung eines Grundpfandrechts**, die mitbeurkundet werden soll. Für die Verteilung ist eine eigene Gebühr in Rechnung zu stellen, und zwar eine 0,5 Gebühr nach KV Nr. 21201 Nr. 4, zu erheben aus dem Nominalwert des verteilten Grundpfandrechts, §§ 53 Abs. 1, 97 Abs. 1. 16

Strittig ist, wie bei einer Begründung nach § 3 WEG mit **vorausgegangener schuldrechtlicher Verpflichtung zur Aufteilung in Wohnungs- und Teileigentum** zu verfahren ist. Gleiches gilt für die **Aufteilung auf der Grundlage vorläufiger Aufteilungspläne**, die durch eine Nachtragsurkunde klargestellt wird.[49] Die Diskussion dreht sich um die Frage, ob die Gebührenvergünstigung nach KV Nr. 21101 Nr. 2 zur Anwendung gelangt. Eine Meinung[50] verneint dies, da im Nachtrag die Teilungserklärung selbst beurkundet werde. Auch für den Nachtrag sei deshalb eine 2,0 Gebühr nach KV Nr. 21100 anzusetzen.[51] Eine andere, wohl herrschende Meinung[52] hingegen zieht zu Recht die Parallele zur Auflassung mit Anerkennung des Messungsergebnisses und bejaht die Anwendbarkeit der Gebührenvergünstigung. Danach sei nur eine 0,5 Gebühr nach KV Nr. 21101 Nr. 2 anzusetzen,[53] mindestens 30 EUR. 17

b) Vollzugs- und Betreuungsgebühren. Zu den Vollzugs- und Betreuungsgebühren → Rn. 3. 18

Da die Gebühr für das zugrunde liegende Beurkundungsverfahren 2,0 beträgt, erhält der Notar eine 0,5 **Vollzugsgebühr,** KV Nr. 22110.[54] In demselben notariellen Verfahren wird die Vollzugsgebühr nur einmal erhoben, § 93 Abs. 1 S. 1, etwa dann, sobald der Notar zum einen eine behördliche Genehmigung, zum anderen eine Gläubigererklärung anfordert. 19

Nicht anders als im Falle der Teilungserklärung nach § 8 WEG, ist ein einheitlicher Vollzugsvorgang zu bejahen, sollte der Notar die Abgeschlossenheitsbescheinigung anfordern und Aufteilungspläne amtlich genehmigen lassen.[55] Die Vollzugsgebühr ist dann gedeckelt, je Vollzugstätigkeit sind höchstens 50 EUR in Ansatz zu bringen, KV Nr. 22112 iVm Vorb. 2.2.1.1 Abs. 1 S. 2 Nr. 1.[56] 20

Der Geschäftswert der Vollzugsgebühr bestimmt sich nach dem vollen Wert des Beurkundungsverfahrens, § 112 S. 1,[57] bei mehreren Beurkundungsgegenständen ist der Gesamtwert maßgeblich. 21

48 *Diehn* Rn. 513.
49 Vgl *Heinemann* MietRB 2014, 342 (343).
50 Leipziger Kostenspiegel Rn. 4.45 bis 4.48.
51 Leipziger Kostenspiegel Rn. 4.46 und 4.47.
52 *Heinemann* MietRB 2014, 342 (343); ebenso *Diehn* Rn. 514, 515.
53 *Heinemann* MietRB 2014, 342 (343); bei Beurkundung durch einen anderen Notar hingegen 1,0 Gebühr, KV 21102 Nr. 1, mindestens 60 EUR. So nun auch Streifzug durch das GNotKG Rn. 3579, 3581 und 3582: nur 0,5 Gebühr nach der KV Nr. 21101 Nr. 2, bei Beurkundung durch einen anderen Notar 1,0 Gebühr, KV Nr. 21102 Nr. 1. Ebenso nun auch Korintenberg/*Sikora* § 42 Rn. 29.
54 Vgl. auch *Heinemann* MietRB 2014, 342 (346).
55 *Heinemann* MietRB 2014, 342 (347).
56 Vgl. Streifzug durch das GNotKG Rn. 3596.
57 *Heinemann* MietRB 2014, 342 (346).

22 Weitere Tätigkeiten für die Beteiligten gegenüber Behörden oder Gerichten, beispielsweise die Vorbereitung der Aufteilungspläne oder die Bearbeitung baubehördlicher Beanstandungen,[58] sind hingegen mit einer ungedeckelten 0,5 Vollzugsgebühr nach KV 22110 zu Soll zu stellen. Schließlich beziehen sich die Höchstgrenzen der KV Nr. 22112 und 22113 auf andere Vollzugstätigkeiten[59] (→ Rn. 3).

23 Für etwaige **Betreuungstätigkeiten**, die der Notar im Rahmen des Teilungsvertrages nach § 3 WEG vornimmt, kann die 0,5 Betreuungsgebühr nach KV Nr. 22200 entstehen, für etwaige **Treuhandtätigkeiten** die 0,5 Treuhandgebühr nach KV Nr. 22201.[60]

24 **3. Eintragungsgebühren Grundbuchamt.** Für die Eintragung der vertraglichen Einräumung von Sondereigentum setzt das Grundbuchamt eine **1,0 Gebühr nach KV Nr. 14112** an. Weiterhin kann eine **1,0 Gebühr nach KV Nr. 14110** in Ansatz kommen,[61] sofern Bruchteilseigentum erst geschaffen werden muss, da die vertragliche Begründung von Wohnungseigentum nach § 3 WEG bereits bestehendes oder gleichzeitig mit der Aufteilung zu schaffendes Bruchteilseigentum voraussetzt.[62] Für diese Betrachtungsweise spricht auch Anm. 2 zu KV Nr. 14110, wonach die bloße Aufteilung noch keine Eigentumsumschreibungsgebühr generiert.[63] Gleiches gilt für eine Modifizierung der Miteigentumsquoten, die die Miteigentümer gleichzeitig mit der Aufteilung vornehmen. Eine bloße Aufteilung liegt dann nicht mehr vor, sondern auch eine Änderung der Eigentumsverhältnisse. In Betracht kommen Erbengemeinschaften oder BGB-Gesellschaften, die als teilende Eigentümer in Erscheinung treten und die Auseinandersetzung im Rahmen des Teilungsvertrages ins Werk setzen müssen. Hierfür erhebt das Grundbuchamt die volle Eigentumsumschreibungsgebühr nach KV Nr. 14110, wobei es einen wertmäßigen Unterschied macht, ob sich eine Erbengemeinschaft oder eine BGB-Gesellschaft auseinandersetzt. Während die Auseinandersetzung einer eingetragenen Erbengemeinschaft mit dem halben Wert der Sache zu bewerten ist, § 70 Abs. 2 S. 1, schlägt die Auseinandersetzung der BGB-Gesellschaft mit dem vollen Wert der Sache zu Buche, § 70 Abs. 4.

25 **4. Geschäftswert.** → Rn. 7.

III. Begründung von Wohnungseigentum durch kombinierten Teilungsvertrag und -erklärung nach §§ 3, 8 WEG

26 **1. Allgemeines.** Die Regelung in § 2 WEG listet abschließend die Möglichkeiten zur Begründung von Wohnungs- und Teileigentum auf. Wohnungs- und Teileigentum kann nur durch Teilungsvertrag nach § 3 Abs. 1 S. 1 WEG oder durch Teilungserklärung nach § 8 WEG begründet werden. Dies schließt andere Begründungsformen aus, etwa durch letztwillige Verfügung bzw. Urteil,[64] nicht aber eine **Kombination von Teilungsvertrag und -erklärung nach §§ 3, 8 WEG.** Die Praxis kennt diese Kombination immer dann, sofern die Anzahl der neu gebildeten Wohnungs- und Teileigentumseinheiten die Anzahl der Miteigentümer übersteigt. Der Miteigentümer ist dann gehalten, seinen Miteigentumsanteil

58 Siehe auch Streifzug durch das GNotKG Rn. 3596.
59 Ebenso Streifzug durch das GNotKG Rn. 3596.
60 Vgl. auch Leipziger Kostenspiegel Rn. 4.15.
61 In Bayern kommt die Katasterfortführungsgebühr hinzu.
62 Vgl. *Schöner/Stöber* Rn. 2813.
63 Vgl. auch Korintenberg/*Hey'l* Nr. 14110 Rn. 69.
64 Palandt/*Wicke* § 2 Rn. 1 WEG.

analog § 8 WEG in weitere Anteile zu unterteilen und mit Sondereigentum zu verbinden.

2. Notargebühren. **a) Beurkundungsgebühren.** → Rn. 13; für die Beurkundung des Teilungsvertrages fällt eine 2,0 Gebühr nach KV Nr. 21100 an,[65] mindestens 120 EUR. Der Verbund ändert nichts daran, dass der Teilungsvertrag nach § 3 WEG im Vordergrund steht und eine entsprechende Gebühr generiert wird. 27

b) Vollzugs- und Betreuungsgebühren. → Rn. 3 und 18. 28

3. Eintragungsgebühr Grundbuchamt. → Rn. 24; für die Eintragung der vertraglichen Einräumung von Sondereigentum setzt das Grundbuchamt eine 1,0 Gebühr nach KV Nr. 14112 an. 29

4. Geschäftswert. → Rn. 25 und 7. 30

IV. Begründung von Wohnungseigentum durch weitere Unterteilung nach § 8 WEG

1. Allgemeines. Soweit nicht das Gesetz oder Rechte Dritter entgegenstehen, kann der Eigentümer einer Sache mit der Sache nach Belieben verfahren, § 903 S. 1 BGB, wozu auch die Befugnis zählt, das Wohnungseigentum durch weitere Teilungserklärung analog[66] § 8 WEG zu unterteilen.[67] Dogmatisch bedeutet dies eine gemischt real-ideelle Aufteilung, die sich auf die Sondereigentumssphäre der zu unterteilenden Raumeigentumseinheit beschränkt,[68] sofern die anderen Wohnungseigentümer nicht mitwirken sollen. Die Gemeinschaftsordnung kann allerdings ein Zustimmungserfordernis nach § 12 WEG enthalten.[69] 31

2. Notargebühren. **a) Beurkundungs- und Beglaubigungsgebühren.** Zu den Gebühren → Rn. 2; in der Regel wird eine reine Grundbucherklärung zu bewerten sein, also die Beurkundung einer Teilungserklärung mit bloßem Grundbuchantrag (ohne Gemeinschaftsordnung oder Baubeschreibung), demnach eine 0,5 Beurkundungsgebühr nach KV Nr. 21201 Nr. 4,[70] mindestens 30 EUR. 32

Enthält die Teilungserklärung analog § 8 WEG noch weitere rechtsgeschäftliche oder ähnliche Erklärungen, etwa eine Baubeschreibung, wird in der bekannten (→ Rn. 2, *Pkt. I 2a*) Art und Weise zu differenzieren sein: 33

- Beglaubigung einer vom Eigentümer selbst entworfenen Teilungserklärung: 0,2 Beglaubigungsgebühr nach KV Nr. 25100, mindestens 20 EUR, höchstens 70 EUR[71]
- Teilungserklärung mit Baubeschreibung: 1,0 Beurkundungsgebühr nach KV Nr. 21200,[72] mindestens 60 EUR
- Teilungserklärung mit Baubeschreibung sowie Einräumung von Vorkaufsrechten: 1,0 Beurkundungsgebühr nach KV Nr. 21200 (Teilungserklärung)

---

65 Vgl. auch *Heinemann* MietRB 2014, 342; Streifzug durch das GNotKG Rn. 3577; Korintenberg/*Sikora* § 42 Rn. 29; Jennißen/*Zimmer* § 4 Rn. 37.
66 So der BGH NJW 1968, 499, sowie BGH NJW 1979, 870; BGH ZfIR 2004, 1006 mit Anmerkung *Hügel*.
67 *Wilsch* ZfIR 2014, 457 (459).
68 *Wilsch* ZfIR 2014, 457 (459).
69 Vgl. auch *Streblow* MittRhNotK 1987, 141 (148); *Wilsch* ZfIR 2014, 457 (459).
70 Vgl. generell zur Teilung nach § 8 WEG *Heinemann* MietRB 2014, 342 (343); *Diehn* Rn. 532.
71 Vgl. generell zur Teilung nach § 8 WEG *Heinemann* MietRB 2014, 342 (343); Streifzug durch das GNotKG Rn. 3578.
72 Generell zur Teilung nach § 8 WEG vgl. *Heinemann* MietRB 2014, 342 (343); Korintenberg/*Sikora* § 42 Rn. 29.

sowie 0,5 Beurkundungsgebühr (Vorkaufsrechte) nach KV Nr. 21201 Nr. 4.[73]

34 **b) Vollzugs- und Betreuungsgebühren.** → Rn. 3, *Pkt. I 2b).*

35 **3. Eintragungsgebühr Grundbuchamt.** Häufig ordnet die Praxis[74] die weitere Unterteilung von Wohnungseigentum analog § 8 WEG dem Anwendungsbereich der KV Nr. 14160 Nr. 5 zu und postuliert eine Inhaltsänderung des Sondereigentums. Worin die Inhaltsänderung bestehen soll, wird jedoch nicht dargelegt, sondern die Festgebührenregelung in Gang gesetzt, 50 EUR pro betroffener Sondereigentumseinheit. Weil das Sondereigentum sich nicht ändert,[75] sondern analog § 8 WEG aufgeteilt wird, überzeugt diese Einordnung nicht. Sie überzeugt auch deshalb nicht, weil in Gestalt der KV Nr. 14112 lex specialis vorliegt, geschaffen für die Anlegung der Wohnungs- oder Teileigentumsgrundbücher im Fall des § 8 WEG. Richtigerweise muss das Grundbuchamt eine **1,0 Gebühr** nach **KV 14112** in Rechnung stellen, eine volle Gebühr aus dem vollen Wert der unterteilten Einheit.[76] Sollte im Rahmen der weiteren Unterteilung Sondereigentum in Gemeinschaftseigentum umgewandelt werden, schlägt dies mit der Gebührenfolge nach KV 14160 Nr. 5 zu Buche[77] (50 EUR für das aufgehobene Sondereigentum, höchstens 500 EUR, vgl. nun die Deckelung in der KV Nr. 14160 Nr. 5).

36 **4. Geschäftswert.** Zum Geschäftswert → Rn. 7; die Regelung in Abs. 1 kommt auch im Falle der weiteren Unterteilung analog § 8 WEG zur Anwendung,[78] so dass auf den **vollen Wert der unterteilten Einheit** abzustellen ist,[79] Abs. 1 S. 1, nicht nur den Wert der neu gebildeten Einheit. Denn Gegenstand des Beurkundungsverfahrens ist die unterteilte Einheit, § 112 S. 1, nach Teilung bestehend aus dem Rest der ursprünglichen Einheit und der neu gebildeten Einheit. In der Praxis geht die weitere Unterteilung analog § 8 WEG mit der Veräußerung der neu gebildeten Einheit einher, womit ein Vergleichswert vorliegt, mit dessen Hilfe der Verkehrswert der unterteilten Einheit gewonnen werden kann. Alternativ können die Referenzwerte der Immobilienmarktberichte der Gutachterausschüsse herangezogen werden, nicht aber die bloßen Angebotspreise von Internetportalen.[80]

V. Aufhebung oder Erlöschen von Sondereigentum

37 **1. Allgemeines.** Zur **Aufhebung von Sondereigentum** sind unbedingte und unbefristete Einigung in Auflassungsform und Eintragung erforderlich, § 4 Abs. 1, Abs. 2 S. 2 WEG. Die Wohnungs- und Teileigentumsgrundbücher werden von Amts wegen geschlossen, § 9 Abs. 1 Nr. 1 WEG, weil nur noch gewöhnliches Miteigentum besteht, §§ 741 ff. BGB. Zu den Hauptanwendungsfällen zählen die Realteilung des Grundstücks[81] und die Aufhebung des Wohnungs- und Teil-

73 Es werden gesonderte Gebühren erhoben, da verschiedene Beurkundungsgegenstände vorliegen, § 94 Abs. 1. Vgl. auch Korintenberg/*Sikora* § 42 Rn. 31.

74 Zum Meinungsbild vgl. *Wilsch* ZfIR 2014, 457 (459).

75 *Wilsch* ZfIR 2014, 457 (459).

76 *Wilsch* ZfIR 2014, 457 (459); ebenso nun auch Bormann/Diehn/Sommerfeldt/*Gutfried* Nr. 14112 Rn. 9; wohl auch Korintenberg/*Sikora* § 42 Rn. 24, Begründung neuer Wohnungseigentumsrechte.

77 *Wilsch* ZfIR 2014, 457 (459).

78 Ebenso Lemke/*Otto* ImmobilienR § 42 Rn. 1 GNotKG.

79 *Wilsch* ZfIR 2014, 457 (459).

80 So aber die Empfehlung Leipziger Kostenspiegel Rn. 4.8, Internetportale würden verwertbare Vergleichswerte abbilden; es liegen aber nur Angebotspreise vor, keine tatsächlich realisierten Werte.

81 Häufig bei Doppel- und Reihenhäusern, vgl. *Wilsch* ZfIR 2014, 457 (463).

eigentums noch vor der Bebauung, wobei alle Miteigentümer des Grundstücks mitwirken. Nicht selten anzutreffen ist auch die **teilweise Aufhebung von Sondereigentum**, ausgelöst durch die Veräußerung einer realen Teilfläche durch die Wohnungs- und Teileigentümer, beispielsweise an die Gemeinde.

Das **Erlöschen von Sondereigentum** setzt dagegen eine besondere Konstellation[82] voraus, die Vereinigung aller Wohnungs- und Teileigentumseinheiten in der Hand eines Eigentümers, gefolgt von dem Antrag des Alleineigentümers auf Schließung der Wohnungs- und Teileigentumsgrundbücher, § 9 Abs. 1 Nr. 2 WEG. 38

2. Notargebühren. a) Beurkundungsgebühren. Für die Beurkundung der vertraglichen Aufhebung von Wohnungs- und Teileigentum durch die Miteigentümer fällt eine **2,0 Gebühr** nach KV Nr. 21100 an, mindestens 120 EUR.[83] Voraussetzung hierfür ist jedoch **„im Grundbuch (bereits) vollzogenes Wohnungseigentum"**,[84] womit die miteigentumsweise Anlegung von besonderen Grundbuchblättern gemeint sein muss, vgl. §§ 8 Abs. 2 S. 1, Abs. 1, 7 Abs. 1 WEG (Teilung nach § 8 WEG) bzw. § 7 Abs. 1 S. 1 WEG (Teilung nach § 3 WEG). Dies entspricht dem Regelfall, der Realteilung des Grundstücks. Wesensgemäß muss dem Erlöschen von Sondereigentum ein bereits realisierter Grundbuchvollzug vorausgegangen sein. Die Aufhebung von Wohnungseigentum und die Auseinandersetzung im Wege der **Realteilung** bilden **verschiedene Beurkundungsgegenstände**, die gesondert zu bewerten sind, § 86 Abs. 2,[85] was in der Praxis nicht selten übersehen und Anlass zu Beanstandungen gibt.[86] Geschäftswert der Realteilung ist der volle Grundstückswert, §§ 97 Abs. 1, 46. Die Werte der Aufhebung von Wohnungseigentum und der Realteilung werden zusammengerechnet, § 35 Abs. 1. Regelmäßig geht mit der Realteilung die wechselseitige Bestellung von Dienstbarkeiten einher, um die Infrastruktur zu sichern. Die Bestellung von Dienstbarkeiten im Beurkundungsverfahren stellt einen zur Aufhebung von Wohnungseigentum und zur Realteilung verschiedenen Beurkundungsgegenstand dar, § 86 Abs. 2. Es fällt eine 0,5 Gebühr an, mindestens 30 EUR, vgl. KV Nr. 21201 Nr. 4. Da verschiedene Beurkundungsgegenstände anzuwenden sind, entstehen gesondert berechnete Gebühren, jedoch nicht mehr als die nach dem höchsten Gebührensatz berechnete Gebühr aus dem Gesamtbetrag der Werte, § 94 Abs. 1. Maßgeblich ist die für den Kostenschuldner günstigere Variante. 39

Sollte das Wohnungs- und Teileigentum **nicht oder noch nicht im Grundbuch vollzogen** sein, kann nur eine **1,0 Gebühr** nach KV Nr. 21102 Nr. 2 in Ansatz gebracht werden, mindestens 60 EUR.[87] 40

Eine Besonderheit gilt für den **Antrag des Eigentümers aller Einheiten**, gerichtet auf Schließung der Wohnungs- und Teileigentumsgrundbücher, § 9 Abs. 1 Nr. 2 WEG. Die Beurkundungsgebühr beträgt dann nur **0,5**, vgl. KV Nr. 21201 Nr. 4, mindestens 30 EUR,[88] weil Beurkundungsgegenstand nur ein Antrag ist, nicht die Aufhebung eines Vertrags. 41

b) Vollzugs- und Betreuungsgebühren. Zu den Vollzugs- und Betreuungsgebühren vgl. auch die obigen Ausführungen → Rn. 3 ff. 42

---

82 Der Verzicht auf das Wohnungs- und Teileigentum kommt dagegen nicht in Betracht, vgl. Jennißen/*Zimmer*, § 4 Rn. 26a.
83 Vgl. Streifzug durch das GNotKG Rn. 3617.
84 Leipziger Kostenspiegel Rn. 4.84 und 4.88.
85 Vgl. LG München II 21.10.2016 – 8 T 3372/16, sowie 11.9.2017 – 8 T 5246/16.
86 Streifzug durch das GNotKG Rn. 3644.
87 Ohne Aussage hierzu Streifzug durch das GNotKG Rn. 3617.
88 Streifzug durch das GNotKG Rn. 3618.

43 Als Vollzugstätigkeit kommt beispielsweise die Anforderung einer Bescheinigung der Baubehörde über die Zerstörung des Gebäudes in Betracht, daneben die Anforderung von Zustimmungen bei Einzelbelastungen, § 9 Abs. 2 WEG,[89] bzw. die Anforderung von Löschungs- und Freigabeerklärungen jeglicher Art. Da die Gebühr für das zugrunde liegende Beurkundungsverfahren 2,0 beträgt, erhält der Notar ggf. eine 0,5 **Vollzugsgebühr**, KV Nr. 22110.

44 Etwas anderes gilt für das im Grundbuch nicht **vollzogene Wohnungs- und Teileigentum**. Weil die Gebühr für das zugrunde liegende Beurkundungsverfahren dann weniger als 2,0 beträgt, erhält der Notar eine 0,3 **Vollzugsgebühr**, KV Nr. 22111.

45 **3. Eintragungsgebühren Grundbuchamt.** Für die **Realteilung** setzt das Grundbuchamt die folgenden Eintragungsgebühren an:[90]

- so viele Eigentumsumschreibungsgebühren (1,0 Gebührensatz) nach KV Nr. 14110, als Alleineigentümer eingetragen werden, und zwar aus der Summe der Miteigentumsanteile, die der Erwerber hinzubekommt, um Alleineigentümer der Fläche zu werden[91]
- Pfandfreigabegebühren[92] (Gebührensatz 0,3), KV Nr. 14142, sofern Mithaftentlassungen ins Werk gesetzt werden müssen; der Geschäftswert richtet sich nach § 44 Abs. 1 S. 1 (Wertvergleich zwischen dem Nominalwert des Grundpfandrechts und dem Wert des entlassenen Immobilienobjekts, maßgeblich ist der geringere Wert)[93]
- Pfanderstreckungsgebühren[94] (Gebührensatz 0,5), KV Nr. 14123, bemessen nach dem Geschäftswert nach § 44 Abs. 1 S. 1 (Wertvergleich zwischen dem Nominalwert des Grundpfandrechts und dem Wert des einbezogenen Immobilienobjekts, maßgeblich ist der geringere Wert).[95]

46 Festgebühren prägen hingegen die besonderen Konstellationen, in denen die **Gegenstandslosigkeit des Sondereigentums** zu konstatieren ist, etwa die Vereinigung aller Wohnungs- und Teileigentumseinheiten in der Hand eines Eigentümers, der den Antrag auf Schließung der Wohnungs- und Teileigentumsgrundbücher stellt, § 9 Abs. 1 Nr. 2 WEG. Die Eintragung der globalen Beendigung der Wohnungs- bzw. Teileigentumseinheiten löst pro Einheit eine Festgebühr iHv 50 EUR aus, KV Nr. 14160 Nr. 5, höchstens 500 EUR.[96] Falls zugleich Dienstbarkeiten gelöscht werden, ist für jedes gelöschte Recht eine Festgebühr iHv 25 EUR in Rechnung zu stellen, KV Nr. 14143.[97] Die Erstreckung von Einzelbelastungen auf das gesamte Grundstück fällt mit der Gebührenfolge nach KV Nr. 14123 ins Gewicht, je erstrecktem Recht ist eine 0,5 Eintragungsgebühr anzusetzen.[98]

47 Schließlich gilt es noch, einen Blick auf die **Veräußerung einer Teilfläche durch die Wohnungs- und Teileigentümer** zu werfen.[99] Kostenrechtlich besteht ein

89 Vgl. *Wilsch* ZfIR 2014, 457 (463).
90 Vgl. auch *Wilsch* ZfIR 2014, 457 (463).
91 *Wilsch* ZfIR 2014, 457 (463); hinzukommt, sofern im Landesrecht vorgesehen, eine Katasterfortführungsgebühr, die der Eigentumsumschreibungsgebühr folgt.
92 Je Grundpfandrecht, vgl. *Wilsch* ZfIR 2014, 457 (463).
93 *Wilsch* ZfIR 2014, 457 (463).
94 Je Grundpfandrecht, vgl. *Wilsch* ZfIR 2014, 457 (463).
95 Vgl. *Wilsch* ZfIR 2014, 457 (463).
96 *Wilsch* ZfIR 2014, 457 (463).
97 *Wilsch* ZfIR 2014, 457 (463).
98 Vgl. *Wilsch* ZfIR 2014, 457 (463).
99 *Wilsch* ZfIR 2014, 513 (518), Anlass sind häufig späte Infrastrukturmaßnahmen etwa die Herausmessung einer Teilfläche, die auf die Gemeinde, den Landkreis oder den Bund übertragen wird.

Unterschied darin, ob die Teilfläche mit Sondereigentum bebaut oder nicht bebaut ist. Die **Veräußerung einer mit Sondereigentum bebauten Teilfläche** löst nicht nur eine 1,0 Eigentumsumschreibungsgebühr nach KV Nr. 14110 aus (in Bayern kommt die Katasterfortführungsgebühr hinzu), sondern auch die Festgebühr (50 EUR) für die Aufhebung des Sondereigentums, KV Nr. 14160 Nr. 5, höchstens 500 EUR.[100] Diese Festgebühr orientiert sich am betroffenen, aufgehobenen Sondereigentum, nicht pauschal an allen Sondereigentumseinheiten[101] der Anlage. Berücksichtigung finden ferner Pfandfreigabegebühren, also pro Recht eine 0,3 Eintragungsgebühr, KV Nr. 14142, deren Geschäftswert sich nach § 44 Abs. 1 S. 1 richtet.[102] Die gebührenrechtliche Betrachtung der Veräußerung einer unbebauten Teilfläche unterscheidet sich dadurch, dass mangels Aufhebung von Sondereigentum keine Aufhebungsgebühr nach KV Nr. 14160 Nr. 5 in Ansatz gebracht werden kann,[103] wenngleich nicht wenige Grundbuchämter zu solchen Gebühren tendieren. Sondereigentum ist aber nicht betroffen, und auch eine auf Aufhebung von Sondereigentum gerichtete Erklärung erübrigt sich.[104] Eine Änderung erfährt einzig und allein das Grundstück, nicht der Gegenstand des Sondereigentums, bestehend aus einem Miteigentumsanteil und dem Alleineigentum an Räumen. In der Folge kann das Grundbuchamt nur die 1,0 Eigentumsumschreibungsgebühr nach KV Nr. 14110 und die Pfandfreigabegebühren (pro Recht 0,3 Gebühr) nach KV Nr. 14142 in Rechnung stellen[105]

4. Geschäftswert. Die Regelung in Abs. 1 setzt den bereits zu KostO-Zeiten[106] bestehenden Gleichklang zwischen dem Geschäftswert für die Begründung und dem Geschäftswert für die Aufhebung oder das Erlöschen von Sondereigentum fort und knüpft den Geschäftswert an den **vollen Wert des bebauten Grundstücks**. Ist das Grundstück noch nicht bebaut, soll dem Grundstückswert der Wert des zu errichtenden Bauwerks hinzuzurechnen sein.[107] Richtigerweise bleiben die Baukosten unberücksichtigt,[108] weil ein Gebäude im Aufhebungs- bzw. Erlöschenszeitpunkt überhaupt nicht existiert. 48

Ein weiterer Bewertungsfehler besteht darin, auf den Geschäftswert für die Begründung zu rekurrieren. Richtigerweise muss auf den Geschäftswert im Zeitpunkt der **Aufhebung**[109] bzw. des **Erlöschens**[110] von Wohnungs- und Teileigentum abgestellt werden. Der Verkehrswert aller Raumeigentumseinheiten kann unter Rückgriff auf bereits vollzogene Kaufverträge oder aktuelle Vergleichswerte der Immobilienmarktberichte der Gutachterausschüsse gebildet werden. In der Regel wird bei Wegmessung einer Teilfläche aus dem WEG-Grundstück eine Bebauung nicht gegeben sein, weshalb keine Notwendigkeit zur Aufhebung von Sondereigentum besteht. Sollte ausnahmsweise doch eine Bebauung 49

100 *Wilsch* ZfIR 2014, 513 (518).
101 *Wilsch* ZfIR 2014, 513 (518).
102 *Wilsch* ZfIR 2014, 513 (518), Wertvergleich zwischen dem Nominalbetrag des Grundpfandrechts und dem Wert der entlassenen Immobilie, maßgeblich ist der geringere Wert.
103 *Wilsch* ZfIR 2014, 513 (519).
104 *Wilsch* ZfIR 2014, 513 (519).
105 Vgl. *Wilsch* ZfIR 2014, 513 (519).
106 Vgl. bereits § 21 Abs. 2 Kostenordnung (KostO), Gleichklang im Geschäftswert von Begründung und Geschäften, die die Aufhebung oder das Erlöschen von Sondereigentum betreffen.
107 Ebenso Streifzug durch das GNotKG Rn. 3616.
108 So auch Lemke/*Otto* ImmobilienR § 42 Rn. 5 GNotKG.
109 Vgl. auch Korintenberg/*Sikora* § 42 Rn. 26.
110 Streifzug durch das GNotKG Rn. 3616.

vorliegen, liegen gegenstandsverschiedene Beurkundungsgegenstände vor.[111] Im Übrigen → Rn. 7 ff.

VI. Wohnungs- und Teilerbbaurecht, § 30 WEG

50 **1. Allgemeines.** Auf welche Art und Weise **Wohnungs- und Teilerbbaurecht** begründet werden kann, regelt § 30 WEG in Anlehnung an den Begründungskatalog des § 2 WEG. Die vertragliche Teilung nach § 3 WEG steht wiederum an erster Stelle, vgl. § 30 Abs. 1 WEG,[112] es folgt die Teilungserklärung nach § 8 WEG, vgl. § 30 Abs. 2 WEG, obgleich diese die Praxis dominiert.[113] Zweckmäßigkeitsüberlegungen zeichnen verantwortlich dafür, zur notariellen Beurkundung zu optieren, § 13a BeurkG.

51 Für jeden Miterbbaurechtsanteil, verbunden mit dem Sondereigentum an einer Wohnung oder an nicht zu Wohnzwecken dienenden Räumen, wird von Amts wegen ein besonderes Erbbaugrundbuchblatt angelegt, ein **Wohnungs- bzw. Teilerbbaugrundbuch**, § 30 Abs. 3 S. 1 WEG. Das Erbbaugrundbuchblatt wird geschlossen, §§ 30 Abs. 3 S. 2, 7 Abs. 1 S. 3 WEG, das Grundstücksgrundbuch bleibt hingegen erhalten.

52 Im Übrigen zur Teilung nach § 8 WEG → Rn. 1 ff.; zur Teilung nach § 3 WEG → Rn. 12 ff.

53 **2. Notargebühren. a) Beurkundungs- und Beglaubigungsgebühren.** → Rn. 2 (Teilung nach § 8 WEG), bzw. → Rn. 27 und 13 (Teilung nach § 3 WEG). Im Einzelnen:

- **Teilung nach §§ 30 Abs. 2, 8 WEG**, Teilungserklärung mit Gemeinschaftsordnung oder Baubeschreibung: 1,0 Beurkundungsgebühr nach KV Nr. 21200,[114] mindestens 60 EUR[115]
- **vertragliche Teilung nach §§ 30 Abs. 1, 3 WEG:** für die Beurkundung des Teilungsvertrages fällt eine 2,0 Gebühr nach KV Nr. 21100 an,[116] mindestens 120 EUR.

54 Zusätzlich zu bewerten ist die **anteilige Verteilung des Erbbauzinses**, § 86 Abs. 2, und zwar als **weiterer, zur Aufteilung gegenstandsverschiedener Beurkundungsgegenstand**,[117] § 86 Abs. 2. Um die gesamtschuldnerische Haftung aller Wohnungs- und Teilerbbauberechtigten zu beseitigen, geht die Empfehlung dahin, eine Verteilung des Erbbauzinses ins Werk zu setzen.[118] Da verschiedene Beurkundungsgegenstände vorliegen, sind die Werte für die Aufteilung (§ 49 Abs. 2, 80 % des Grundstückswertes samt Bebauung) und für die Verteilung des Erbbauzinses (vgl. § 52 Abs. 2 und 7, höchstens 20-facher Erbbauzins ohne Wertsicherung) zu addieren.[119] Eine Besonderheit gilt für die Teilung nach

111 Korintenberg/*Sikora* § 42 Rn. 26a.
112 Vorausgesetzt wird eine Bruchteilsgemeinschaft am Erbbaurecht, die ggf. erst gebildet werden muss.
113 Korintenberg/*Sikora* § 42 Rn. 27; *Wilsch* § 13 Rn. 1 und 9.
114 *Heinemann* MietRB 2014, 342 (347); ebenso Streifzug durch das GNotKG Rn. 834.
115 Vgl. auch generell hierzu *Heinemann* MietRB 2014, 342 (347).
116 Vgl. auch *Heinemann* MietRB 2014, 342 (347); Streifzug durch das GNotKG Rn. 834.
117 *Heinemann* MietRB 2014, 342 (347); Streifzug durch das GNotKG Rn. 834 und 3647.
118 Vgl. zur gesamtschuldnerischen Haftung ohne Verteilung auch OLG München ZfIR 2015, 778; im Rahmen der Verteilung des Erbbauzinses sind häufig auch Rundungsfehler festzustellen.
119 Vgl. auch Streifzug durch das GNotKG Rn. 834.

§§ 30 Abs. 2, 8 WEG, weil hier verschiedene Gebührensätze vorliegen. Dann ist eine Vergleichsberechnung nach § 94 Abs. 1 durchzuführen.[120] Zu vergleichen sind die gesondert berechneten Gebühren (1,0 und 2,0 Gebühr, KV Nr. 21200 und 21100, Geschäftswert Aufteilung bzw. Erbbauzinsverteilung) mit der nach dem höchsten Gebührensatz berechneten Gebühr (hier 2,0 aus dem zusammengerechneten Wert von Aufteilung und Erbbauzinsverteilung), § 94 Abs. 1. Maßgeblich ist die „billigere" Gebühr.

Keinen weiteren Beurkundungsgegenstand stellen dagegen die **Modifikationen zu den Vorkaufsrechten** dar, die am Erbbaurecht und am erbbaurechtsbelasteten Grundstück bestehen. Insoweit liegt derselbe Beurkundungsgegenstand vor, § 109 Abs. 1.[121] 55

b) Vollzugs- und Betreuungsgebühren. → Rn. 3 (Teilung nach § 8 WEG), bzw. → Rn. 28 (Teilung nach § 3 WEG). 56

3. Eintragungsgebühr Grundbuchamt. Für die Anlegung der Wohnungs- und Teileigentumsgrundbücher im Fall des § 8 WEG ist eine 1,0 Eintragungsgebühr in Ansatz zu bringen, **KV Nr. 14112**, ebenso für die Eintragung der vertraglichen Einräumung von Sondereigentum nach § 3 WEG. 57

Im Rahmen der vertraglichen Aufteilung des Erbbaurechts kann überdies eine **1,0 Gebühr** nach der **KV Nr. 14110** in Ansatz kommen,[122] sofern Bruchteilseigentum am Erbbaurecht erst geschaffen werden muss. Die vertragliche Begründung von Wohnungseigentum nach § 3 WEG setzt bereits bestehendes oder gleichzeitig mit der Aufteilung zu schaffendes Bruchteilseigentum voraus.[123] 58

Für die **Verteilung** des Erbbauzinses fällt schließlich eine 0,5 Gebühr aus dem vollen Wert des nach § 52 kapitalisierten Erbbauzinses an, KV Nr. 14130.[124] 59

4. Geschäftswert (Abs. 2). Bei Wohnungs- und Teilerbbaurechten gelten die allgemeinen Geschäftswertregelungen entsprechend, wobei an die Stelle des Grundstückswertes der Wert des Erbbaurechts tritt, Abs. 2. **Geschäftswert** ist demnach der volle Wert des bebauten Erbbaurechts, Abs. 2, Abs. 1 S. 1, demnach 80 % der Summe aus den Werten des belasteten Grundstücks und darauf errichteter Bauwerke, § 49 Abs. 2.[125] Nicht einschlägig ist hingegen die Bewertung nach § 43,[126] also der Wertvergleich zwischen dem Erbbauzins und dem Wert des Erbbaurechts nach § 49 Abs. 2. Die Rechtfertigung hierfür ist darin zu sehen, dass nicht die Begründung eines Erbbaurechts zur Debatte steht, sondern die Begründung von Wohnungs- und Teilerbbaurecht. Ist das Erbbaurecht noch nicht bebaut, ist der Wert des zu errichtenden Bauwerks hinzuzurechnen, Abs. 2, Abs. 1 S. 2.[127] 60

Das **Notariat** bewertet zusätzlich die **anteilige Verteilung des Erbbauzinses**, § 86 Abs. 2 (weiterer, zur Aufteilung gegenstandsverschiedener Beurkundungsgegenstand,[128] § 86 Abs. 2). Eine Wertaddition ist vorzunehmen, da verschiedene Beurkundungsgegenstände vorliegen: 80 % des Grundstückswertes samt Bebau- 61

120 Streifzug durch das GNotKG Rn. 834.
121 Streifzug durch das GNotKG Rn. 3647.
122 In Bayern kommt die Katasterfortführungsgebühr hinzu.
123 Vgl. generell hierzu *Schöner/Stöber* Rn. 2813.
124 Vgl. *Wilsch* § 13 Rn. 35.
125 Vgl. auch Korintenberg/*Sikora* § 42 Rn. 27, an die Stelle des Grundstückswertes tritt der Wert des Erbbaurechts nach § 49 Abs. 2 GNotKG; *Heinemann* MietRB 2014, 342 (347, 348).
126 *Heinemann* MietRB 2014, 342 (347).
127 *Heinemann* MietRB 2014, 342 (347).
128 *Heinemann* MietRB 2014, 342 (347); Streifzug durch das GNotKG Rn. 834 und 3647.

ung (§ 49 Abs. 2) plus höchstens 20-facher Erbbauzins ohne Wertsicherung (vgl. § 52 Abs. 2 und 7).[129] Eine Besonderheit gilt für die Teilung nach §§ 30 Abs. 2, 8 WEG, weil hier verschiedene Gebührensätze vorliegen. Dann ist eine Vergleichsberechnung nach § 94 Abs. 1 durchzuführen.[130]

§ 43 Erbbaurechtsbestellung

[1]Wird bei der Bestellung eines Erbbaurechts als Entgelt ein Erbbauzins vereinbart, ist Geschäftswert der nach § 52 errechnete Wert des Erbbauzinses. [2]Ist der nach § 49 Absatz 2 errechnete Wert des Erbbaurechts höher, so ist dieser maßgebend.

I. Allgemeines

1 Die Regelung in § 1 Abs. 1 ErbbauRG konzipiert das Erbbaurecht[1] als subjektiv-persönliches,[2] veräußerliches und vererbliches Recht, auf oder unter der Oberfläche des Grundstücks ein Bauwerk zu haben. Unter einem Bauwerk ist eine unbewegliche, durch Verwendung von Arbeit und bodenfremden Material in Verbindung mit dem Erdboden hergestellte Sache zu verstehen.[3] Das Erbbaurecht kann nur zur ausschließlich ersten Rangstelle bestellt werden, § 10 Abs. 1 S. 1 ErbbauRG.[4] Für das Erbbaurecht wird von Amts wegen ein besonderes Grundbuchblatt angelegt, ein Erbbaugrundbuch, § 14 Abs. 1 S. 1 ErbbauRG, worin auch der Grundstückseigentümer und jeder spätere Erwerber des Erbbaugrundstücks vermerkt werden, § 14 Abs. 1 S. 2 ErbbauRG. Daneben wird das Erbbaurecht in der zweiten Abteilung des Grundstücksgrundbuchs eingetragen.

II. Wertvergleich nach § 43

2 **1. Wertvergleich.** Die Programmatik des S. 2 schreibt einen Wertvergleich vor:[5]

---

129 Vgl. auch Streifzug durch das GNotKG Rn. 834.
130 Streifzug durch das GNotKG, Rn. 834; *Heinemann* MietRB 2014, 342 (348).
1 Vgl. auch *Wilsch* NotarForm ErbbauR § 4 Rn. 1 ff.
2 Als subjektiv-dingliches Recht kann das Erbbaurecht nicht bestellt werden, vgl. *Wilsch* NotarForm ErbbauR § 4 Rn. 18.
3 RGZ 56, 41 (43); BGH NJW 1956, 1195; OLG Schleswig NJOZ 2002, 1566; *Wilsch* NotarForm ErbbauR § 4 Rn. 21.
4 *Wilsch* NotarForm ErbbauR § 4 Rn. 34 ff.
5 Nicht richtig dagegen *v. Oefele/Winkler/Schlögel* ErbbauR-HdB § 9 Rn. 2, wonach Grundlage für die Ermittlung des Geschäftswertes die Regelung in § 49 Abs. 2 sei.

- kapitalisierter Erbbauzins nach § 52,[6]
- 80 % des bebauten Grundstücks, § 49 Abs. 2.

Maßgeblich ist der höhere Wert, §§ 43, 49 Abs. 2.[7]

2. Erbbauzins nach § 52. Weil die Vereinbarung einer Erbbauzinsreallast eng mit der wirtschaftlichen Ausrichtung des Erbbaurechts verknüpft ist,[8] bildet der Erbbauzins den primären Anknüpfungspunkt. 3

Wird bei der Bestellung eines Erbbaurechts als Entgelt ein Erbbauzins vereinbart, ist Geschäftswert der nach § 52 errechnete Wert des **Erbbauzinses**, S. 1, es sei denn, der nach § 49 Abs. 2 errechnete Wert (80 % des bebauten Grundstücks) ist höher, S. 2.[9] Ewige Erbbaurechte, die im Denkmalsbereich sinnvoll wären, kennt die Praxis nicht, sondern ausschließlich Erbbaurechte, bestellt für einen bestimmten Zeitraum. Als Belastung des Erbbaurechts teilt die subjektiv-dingliche Erbbauzinsreallast das zeitliche Schicksal des Erbbaurechts, so dass Rückgriff auf die Regelung in § 52 Abs. 2 zu nehmen ist.[10] Maßgeblich ist der auf die Dauer des Rechts entfallende Wert, § 52 Abs. 2 S. 1, beschränkt allerdings auf den Wert, der auf die ersten 20 Jahre entfällt, § 52 Abs. 2 S. 2. Längere Laufzeiten des Erbbaurechts geben den Ausschlag dafür, regelmäßig vom 20-**fachen Jahresbetrag** auszugehen. **Preisklauseln** bleiben dabei unberücksichtigt, § 52 Abs. 7.[11] Ob die **Mehrwertsteuer** als Teil des Erbbauzinses hinzuzurechnen ist, wird teilweise befürwortet,[12] kann aber richtigerweise nicht mitgerechnet werden, da keine Gegenleistung vorliegt, sondern eine Schuld des Erwerbers.[13] Ein **alternierender Erbbauzins** schlägt mit den unterschiedlichen Beträgen zu Buche, die für die ersten 20 Jahren anfallen.[14] Berücksichtigung finden muss auch ein **fester Kapitalbetrag**, der einmalig neben dem Erbbauzins zu entrichten ist.[15] In der Bewertungspraxis wird dies gelegentlich übersehen und der Fokus einzig und allein auf den Erbbauzins gerichtet. 4

3. Alternativwert nach § 49 Abs. 2. Eine falsche Fokussierung wiegt doppelt schwer, da die Regelung in S. 2 die Tür zu einem **Wertvergleich aufstößt**. 5

Ist der nach § 49 Abs. 2 errechnete Wert des Erbbaurechts höher, ist dieser Wert einschlägig, S. 2. Der Wert eines Erbbaurechts beträgt **80 % der Summe aus den** 6

---

6 Wird bei der Bestellung des Erbbaurechts ausnahmsweise kein Erbbauzins vereinbart, ist der Wert nach § 49 Abs. 2 zu bestimmen, der Wert des Erbbaurechts beträgt dann 80 % der Summe aus den Werten des belasteten Grundstücks und darauf errichteter Bauwerke.

7 Vgl. auch Korintenberg/*Tiedtke* § 49 Rn. 18.

8 Vgl. *Wilsch* NotarForm ErbbauR § 4 Rn. 126.

9 Vgl. auch Korintenberg/*Sikora* § 52 Rn. 7.

10 Nicht einschlägig dagegen § 52 Abs. 4, die Bewertung eines Rechts, das auf die Lebensdauer einer Person beschränkt ist; vgl. auch *Wilsch* NotarForm ErbbauR § 4 Rn. 158.

11 Der zu KostO-Zeiten übliche Zuschlag von 10 bzw. 20 % findet demnach nicht mehr statt, die Vereinbarung einer Wertsicherungsklausel fällt wertmäßig nicht mehr ins Gewicht.

12 Vgl. Handbuch der Freiwilligen Gerichtsbarkeit in Baden-Württemberg, Bearb. *Waldenberger*, Sonderergänzungslieferung GNotKG 2/2013, Pkt. 8.2.16.

13 Korintenberg/*Sikora* § 52 Rn. 10, BDS/*Pfeiffer* § 43 Rn. 10.

14 Ebenso Korintenberg/*Sikora* § 52 Rn. 11: Erbbauzins für verschiedene Zeiträume unterschiedlich hoch. Vgl. auch *Ingenstau/Hustedt* Anhang II Rn. 7; Streifzug durch das GNotKG Rn. 798.

15 Korintenberg/*Sikora* § 52 Rn. 12; *Ingenstau/Hustedt* Anhang II Rn. 7 und 8, Zusammenrechnung beider Werte; vgl. auch Streifzug durch das GNotKG Rn. 800.

Werten des belasteten Grundstücks[16] und darauf errichteter Bauwerke, § 49 Abs. 2 Hs. 1.

7 Sofern die Ausübung des Erbbaurechts auf eine **Teilfläche** beschränkt ist, sind 80 % vom Wert dieser Teilfläche zugrunde zu legen, § 40 Abs. 2 Hs. 2.[17]

8 Sofern ein **Untererbbaurecht** bestellt wird, sind 80 % des Wertes des Obererbbaurechts heranzuziehen,[18] § 49 Abs. 2.

9 Die Ermittlung des Grundstücks- und des Gebäudewertes richtet sich wiederum nach den allgemeinen Bestimmungen, einschlägig ist der **Verkehrswert** iSv § 46 Abs. 1.[19] Die Ermittlung des Gebäudewertes läuft allerdings ins Leere, sofern das Gebäude noch nicht errichtet ist.[20] Auf eine künftige Bebauung kommt es nicht an, ebenso wenig auf eine Bauverpflichtung,[21] enthalten im Erbbaurechtsvertrag. Lediglich bereits errichtete Bauwerke fallen ins Gewicht, § 49 Abs. 2.[22] In diesem Rahmen wirkt es sich in gleicher Weise nicht aus, ob die Bebauung vom Grundstückseigentümer oder bereits vom Erbbauberechtigten herrührt.[23] Berücksichtigung findet jedes bereits errichtete Bauwerk, unberücksichtigt bleiben dagegen künftige Baukosten.

10 **4. Verschiedene Beurkundungsgegenstände, § 86 Abs. 2.** Vom Blickpunkt des Kostenrechts gesehen, zeigt sich bei der Begründung des Erbbaurechts dieselbe Fragestellung, die auch für die Begründung von Wohnungs- und Teileigentum gilt. Dies ist die Frage danach, ob **derselbe Beurkundungsgegenstand** vorliegt oder **verschiedene Beurkundungsgegenstände** zu bejahen sind. Eine Fragestellung, die wiederum einzig und allein die notarielle Bewertungspraxis beschäftigt, die Beurkundungen bewertet, nicht dagegen die grundbuchamtliche Bewertungspraxis, die Eintragungen in Ansatz bringt. Erneut öffnet sich eine Divergenz zwischen dem notariellen und dem grundbuchamtlichen Wert. Die vertraglichen Bestimmungen nach § 2 ErbbauRG, die der Grundstückseigentümer und der Erbbauberechtigte treffen, gehören zum Inhalt des Erbbaurechts[24] mit der kostenrechtlichen Folge, dass von demselben Beurkundungsgegenstand auszugehen ist. Mehrere Rechtsverhältnisse iSv § 86 Abs. 2 liegen nicht vor, sondern ein einheitlicher Beurkundungsgegenstand.

11 Mehrere Rechtsverhältnisse sind verschiedene Beurkundungsgegenstände, § 86 Abs. 2, soweit in § 109 nichts anderes bestimmt ist. Verschiedene Gegenstände werden zusammengerechnet, § 35 Abs. 1.[25]

16 Also das gesamte Grundstück, nicht nur die bebaute bzw. zu bebauende Fläche des Grundstücks, vgl. auch Korintenberg/*Tiedtke* § 49 Rn. 16; Streifzug durch das GNotKG Rn. 796.

17 Vgl. auch Korintenberg/*Sikora* § 52 Rn. 9.

18 *Ingenstau/Hustedt* Anhang II Rn. 6; Streifzug durch das GNotKG Rn. 832.

19 Vgl. auch Korintenberg/*Sikora* § 52 Rn. 8; Korintenberg/*Tiedtke* § 49 Rn. 12; auch Streifzug durch das GNotKG Rn. 795.

20 Ebenso *Diehn* Notarkostenberechnungen Rn. 562.

21 Auch keine Berücksichtigung über § 50 Nr. 3, vgl. Korintenberg/*Tiedtke* § 49 Rn. 16.

22 So auch *Ingenstau/Hustedt* Anhang II Rn. 6, bei einem unbebauten Grundstück ist deshalb kein künftiger Gebäudewert zu berücksichtigen. Das vom Erbbauberechtigten erst zu errichtende Bauwerk bleibt unberücksichtigt.

23 Korintenberg/*Sikora* § 52 Rn. 8: Bebauung auf Rechnung des Erwerbers ist ohne Relevanz, es kommt nur darauf an, ob das Bauwerk bereits errichtet ist; ebenso Korintenberg/*Tiedtke* § 49 Rn. 16; Streifzug durch das GNotKG Rn. 795.

24 Zu den vertraglichen Bestimmungen nach § 2 Nr. 1–7 ErbbauRG vgl. *Wilsch* NotarForm ErbbauR § 4 Rn. 44 ff.

25 Vgl. bereits BT-Drs. 17/11471 (neu), 178.

Mehrere Beurkundungsgegenstände iSv § 86 Abs. 2 sind zu erblicken in: 12

- der Bestellung des Erbbaurechts und der Bestellung eines Vorkaufsrechts am Erbbaurecht[26] (nicht dagegen das Vorkaufsrechtam Grundstück, das kostenrechtlich als Inhalt des Erbbaurechts gesehen wird),[27]
- der Bestellung des Erbbaurechts und der bedingten Ankaufsverpflichtung des Erbbauberechtigten,[28]
- der Bestellung des Erbbaurechts und einem mitbeurkundeten Antrag auf Vereinigung oder Bestandteilszuschreibung der Erbbaugrundstücke,[29]
- der Bestellung des Erbbaurechts und den mitbeurkundeten Erklärungen, die auf die Löschung der dinglichen Belastungen am Erbbaugrundstück zielen,[30]
- der Bestellung des Erbbaurechts und der mitbeurkundeten Pfandunterstellungserklärung, die auf die Erstreckung eines Grundpfandrechts auf das Erbbaurecht abzielt;[31] dabei ist jedoch eine Vergleichsberechnung nach § 94 Abs. 1 vorzunehmen,[32]
- der Bestellung des Erbbaurechts und der Bestellung von Wohnungs- und Teilerbbaurechten.

III. Notargebühren

1. Beurkundungsgebühr. Den Hauptanwendungsfall der Erbbaurechtsbegründung schildert § 20 GBO. Danach darf die Eintragung des Erbbauberechtigten nur dann erfolgen, sofern die Einigung des Erbbauberechtigten und des Grundstückseigentümers erklärt und dem Grundbuchamt in der Form des § 29 GBO nachgewiesen ist (**vertragliche Bestellung eines Erbbaurechts**). Für ein entsprechendes Beurkundungsverfahren stellt das Notariat eine **2,0 Gebühr** in Rechnung, mindestens 120 EUR, vgl. KV Nr. 21100.[33] Nichts anderes gilt für die vertragliche Begründung eines **Untererbbaurechts**. 13

26 Das Vorkaufsrecht ist nicht dinglicher Inhalt des Erbbaurechts, vgl. auch *Ingenstau/Hustedt* Anhang II Rn. 8; Lemke/*Otto* ImmobilienR § 43 Rn. 1 GNotKG; *Wilsch* NotarForm ErbbauR § 4 Rn. 159; Korintenberg/*Sikora* § 43 Rn. 20; Streifzug durch das GNotKG Rn. 809 und 825. Der Wert eines Vorkaufsrechts ist der halbe Wert des Erbbaurechts nach § 49 Abs. 2, vgl. § 51 Abs. 1 S. 2. Also: Wert des Erbbaurechts, § 49 Abs. 2: 80 % des bebauten Grundstücks; davon 1/2 = Wert des Vorkaufsrechts am Erbbaurecht, vgl. auch Streifzug durch das GNotKG Rn. 825.

27 Vgl. *Wilsch* NotarForm ErbbauR § 4 Rn. 159; Korintenberg/*Sikora* § 43 Rn. 19, Inhalt des § 2 Nr. 7 ErbbauRG, wird deshalb nicht eigenständig gewertet; ebenso Streifzug durch das GNotKG Rn. 811.

28 Nicht mehr von § 2 Nr. 7 ErbbauRG abgegolten, vgl. Korintenberg/*Sikora* § 43 Rn. 17; auch Streifzug durch das GNotKG Rn. 803.

29 Streifzug durch das GNotKG Rn. 812.

30 Streifzug durch das GNotKG Rn. 814.

31 Streifzug durch das GNotKG Rn. 825; der Geschäftswert richtet sich nach § 44 Abs. 1 S. 1, es ist ein Wertvergleich zwischen dem Nominalbetrag des Grundpfandrechts und dem Wert des einbezogenen Erbbaurechts vorzunehmen (also ohne Gebäude), maßgeblich ist der geringere Wert.

32 Vergleich: 2,0 Gebühr aus der Summe der Beurkundungsgegenstände = x; dagegen 2,0 Gebühr aus einzelnem Beurkundungsgegenstand (Erbbaurecht) plus 1,0 Gebühr für Pfandunterstellung (Wertvergleich zwischen Wert des Erbbaurechts nach § 49 Abs. 2 und Wert des Grundpfandrechts) = y. Sodann Wert x und Wert y vergleichen, der günstigere Wert ist maßgeblich, § 94 Abs. 1. Vgl. auch Streifzug durch das GNotKG Rn. 825.

33 *Diehn* Notarkostenberechnungen Rn. 561; Streifzug durch das GNotKG Rn. 815; *Wilsch* NotarForm ErbbauR § 4 Rn. 158.

14 Eine eher seltenere Konstellation stellt die Begründung eines **Eigentümererbbaurechts** dar, eine **einseitige Erklärung** des Grundstückseigentümers, anzutreffen beispielsweise im Vorfeld der Begründung von Wohnungs- und Teilerbbaurechten oder bei Kommunen und Städten, die mit dem Erbbaurecht soziale Interessen verfolgen, die sich erst nach der Begründung realisieren. Die Beurkundung eines Eigentümererbbaurechts löst eine **1,0 Gebühr** nach KV Nr. 21200 aus, mindestens 60 EUR.[34] Voraussetzung hierfür ist jedoch, dass die Begründung **schuldrechtliche Erklärungen** enthält, nicht nur reine Grundbucherklärungen. Ohne schuldrechtliche Erklärungen, beschränkt auf die Beglaubigung eines Entwurfs, in dem reine Grundbucherklärungen enthalten sind, kann nur eine 0,5 Gebühr nach KV Nr. 21201 Nr. 4 in Ansatz gebracht werden, mindestens 30 EUR.

15 **2. Vollzugs- und Betreuungsgebühr.** Unter der Prämisse eines entsprechenden Auftrags[35] können im Zusammenhang mit der Erbbaurechtsbestellung für Vollzugs-[36] und Betreuungstätigkeiten des Notars weitere Pauschalgebühren entstehen.

16 Die **Vollzugsgebühr** entsteht in demselben notariellen Verfahren nur einmal, § 93 Abs. 1 S. 1, und orientiert sich an der Höhe der zugrunde liegenden Beurkundungsgebühr,[37] also am Ausgangsgebührensatz:[38]

- **0,5 Vollzugsgebühr** nach KV Nr. 22110, sofern die Gebühr für das zugrunde Beurkundungsverfahren 2,0 beträgt; der Geschäftswert richtet sich nach dem Beurkundungsverfahren, § 112 S. 1;[39] zu einer evtl. Begrenzung bei bestimmten standardisierten Tätigkeiten[40] → Rn. 17
- **0,3 Vollzugsgebühr** nach KV Nr. 22111, sofern die Gebühr für das zugrunde liegende Beurkundungsverfahren weniger als 2,0 beträgt, also im Falle der Bestellung eines Eigentümererbbaurechts;[41] der Geschäftswert richtet sich nach dem Beurkundungsverfahren, § 112 S. 1;[42] zu einer evtl. Begrenzung bei bestimmten standardisierten Tätigkeiten → Rn. 17

17 Eine **Begrenzung** erfährt die Vollzugsgebühr nach KV Nr. 22110 bzw. 22111 durch KV 22112.[43] Danach beträgt die Vollzugsgebühr **höchstens 50 EUR,** so-

34 Vgl. auch *Diehn* Notarkostenberechnungen Rn. 561; Streifzug durch das GNotKG Rn. 816; *Wilsch* NotarForm ErbbauR § 4 Rn. 159.
35 Vgl. erste Anmerkung zur Vorb. 2.2 KV GNotKG: besonderer Auftrag erforderlich; vgl. bereits BT-Drs. 17/11471 (neu), 221.
36 Vollzugstätigkeit ist beispielsweise die Einholung einer Rangrücktrittserklärung, vgl. auch Leipziger Kostenspiegel Rn. 5.42; Streifzug durch das GNotKG Rn. 825.
37 Vgl. bereits BT-Drs. 17/11471 (neu), 222 (ein geringerer Gebührensatz bedeutet eine reduzierte Vollzugsgebühr.
38 Korintenberg/*Tiedtke* Nr. 22110, 22111 Rn. 4.
39 Vgl. § 112 S. 1: der Geschäftswert für den Vollzug ist der Geschäftswert des zugrunde liegenden Beurkundungsverfahrens. Vgl. auch Streifzug durch das GNotKG Rn. 822. Der Wert eines mitbestellten Vorkaufsrechts ist mitzurechnen, also Geschäftswert der Erbbaurechtsbestellung plus Geschäftswert für die Bestellung eines Vorkaufsrechts am Erbbaurecht = Geschäftswert der Vollzugsgebühr.
40 Korintenberg/*Tiedtke* Nr. 22112 Rn. 1, eine unbegrenzte Wertgebühr wäre nicht sachgerecht.
41 Vgl. auch *Wilsch* NotarForm ErbbauR § 4 Rn. 159; Streifzug durch das GNotKG Rn. 820; *Ingenstau/Hustedt* Anhang II Rn. 3.
42 Der Wert eines mitbestellten Vorkaufsrechts ist mitzurechnen, also Geschäftswert der Erbbaurechtsbestellung plus Geschäftswert für die Bestellung eines Vorkaufsrechts am Erbbaurecht = Geschäftswert der Vollzugsgebühr. Vgl. Streifzug durch das GNotKG Rn. 822.
43 Korintenberg/*Tiedtke* Nr. 22112 Rn. 1, eine unbegrenzte Wertgebühr wäre nicht sachgerecht.

fern nur die Anforderung und Prüfung einer Erklärung oder Bescheinigung nach öffentlich- rechtlichen Vorschriften[44] mit Ausnahme der finanzamtlichen Unbedenklichkeitsbescheinigung oder einer speziellen gerichtlichen Entscheidung oder Bescheinigung im Raum stehen, KV Vorb. 2.2.1.1. Nr. 1 und 2. Dies gilt auch für die Ermittlung des Inhalts eines ausländischen Registers, KV Vorb. 2.2.1.1 Nr. 2 aE.

In welchen Fällen eine 0,5 **Betreuungsgebühr** anfällt, regelt KV Nr. 22200 in bewusster Abgrenzung zur Vollzugsgebühr.[45] Die Betreuungsgebühr entsteht in jedem Beurkundungsverfahren nur einmal[46] und knüpft an spezielle Tätigkeiten an, etwa eine Wirksamkeitsbescheinigung,[47] eine Fälligkeitsmitteilung[48] oder eine Umschreibungsüberwachung mit Vorlagesperre.[49] Der Geschäftswert für die Betreuungsgebühr ist wie bei der Beurkundung zu bestimmen, § 113 Abs. 1.[50] 18

Erwähnung finden muss noch die **0,5 Treuhandgebühr** nach KV Nr. 22201, die für jeden Treuhandauftrag gesondert anfällt[51] und für die Beachtung von Auflagen durch einen nicht unmittelbar an dem Beurkundungsverfahren Beteiligten entsteht,[52] womit beispielsweise Gläubiger gemeint sind, die die Abgabe der Löschungsbewilligung mit Treuhandauflagen verknüpfen.[53] Der Geschäftswert für die Treuhandgebühr ist der Wert des Sicherungsinteresses,[54] § 113 Abs. 2, demnach nicht der Wert des zugrunde liegenden Beurkundungsverfahrens. 19

IV. Eintragungsgebühren Grundbuchamt

Der changierende Charakter als **grundstücksgleiches Recht** mag der Grund dafür sein, warum manche Kommentare[55] die Eintragung eines Erbbaurechts mit einer Eigentumsumschreibungsgebühr nach KV Nr. 14110 abgelten wollen. Diese Einschätzung überzeugt nicht, weil kein Rechtsträgerwechsel im Raum steht, sondern die Begründung eines Rechts. Nicht der Unterabschnitt 1 der Grundbuchkosten kommt zur Anwendung, sondern der Unterabschnitt 2, was in KV Vorb. 1.4.1.2 manifest wird. Danach gilt dieser Unterabschnitt auch für die Eintragung eines Erbbaurechts oder eines ähnlichen Rechts an einem 20

44 Beispielsweise eine kirchen- oder stiftungsaufsichtsrechtliche Genehmigung oder eine Sanierungsgenehmigung nach § 144 BauGB, vgl. Streifzug durch das GNotKG Rn. 821; Streifzug durch das GNotKG Rn. 824. Nichts anderes gilt für eine GVO-Genehmigung, vgl. Leipziger Kostenspiegel Rn. 5.26.
45 Vgl. auch BT-Drs. 17/11471 (neu), 224.
46 BT-Drs. 17/11471 (neu), 224.
47 KV Nr. 22200 Nr. 1.
48 KV Nr. 22200 Nr. 2; vgl. auch Leipziger Kostenspiegel Rn. 5.16; *Diehn* Notarkostenberechnungen Rn. 268.
49 KV 22200 Nr. 3, vgl. *Ingenstau/Hustedt* Anhang II Rn. 5, etwa bei einem erbbaurechtsvertraglichen Rücktrittsrecht, das der Notar überwachen und erst dem Grundbuchamt vorlegen soll, sobald das Rücktrittsrecht erloschen ist.
50 Also nicht bloß ein Teilwert, vgl. auch Streifzug durch das GNotKG Rn. 421.
51 Also nicht nur einmal im Beurkundungsverfahren, sondern orientiert am jeweiligen Treuhandauftrag, vgl. Anmerkung zu KV Nr. 22201. Die Regelung, enthalten in § 93 Abs. 1, gilt hier nicht, vgl. auch Streifzug durch das GNotKG Rn. 427 und 433.
52 *Ingenstau/Hustedt* Anhang II Rn. 4; zur Treuhandgebühr vgl. auch *Diehn* Notarkostenberechnungen Rn. 208; Leipziger Kostenspiegel Rn. 1.154.
53 Vgl. auch Streifzug durch das GNotKG Rn. 428.
54 Beispielsweise ein Ablösebetrag (Lastenfreistellung unter Auflage) oder der Kaufpreis, falls die Erklärung an die Überweisung des Kaufpreises gekoppelt ist, vgl. Streifzug durch das GNotKG Rn. 431.
55 So BDS/*Pfeiffer* § 43 Rn. 12.

Grundstück. Richtigerweise fällt für die Eintragung eines Erbbaurechts eine 1,0 Gebühr nach KV Nr. 14121 an,[56] in Bayern und Bremen komplettiert durch die Erhebung einer Katasterfortführungsgebühr.[57] Zum Wertvergleich nach § 43 → Rn. 2. Mit der Eintragungsgebühr abgegolten ist die Anlegung eines besonderen Grundbuchblattes, eines Erbbaugrundbuchs, § 14 Abs. 1 S. 1 ErbbauRG.[58]

21 Daneben sind **Gebühren für die Eintragung der neu bestellten Rechte am Erbbaurecht bzw. am Grundstück** sowie ggf. **Rangänderungsgebühren** in Ansatz zu bringen:[59]

- 1,0 Gebühr für die Eintragung einer Erbbauzinsreallast, KV Nr. 14121[60]
- 1,0 Gebühr für die Eintragung eines Vorkaufsrechts am Erbbaurecht, KV Nr. 14121[61]
- 1,0 Gebühr für die Eintragung eines Vorkaufsrechts am Grundstück, KV Nr. 14121[62]
- falls die neu bestellten, subjektiv-dinglichen Rechte nach § 9 GBO vermerkt werden: pro Herrschvermerk eine Festgebühr iHv 50 EUR, KV Nr. 14160 Nr. 1[63]
- 0,5 Gebühr für die Eintragung einer Vormerkung zur Sicherung des Anspruchs auf Eintragung einer weiteren Erbbauzinsreallast, KV Nr. 14150
- pro Recht, das im Rang zurücktritt, eine 0,5 Gebühr nach KV Nr. 14130, und zwar berechnet nach dem geringeren Wert, der sich aus dem Wertvergleich zwischen vor- und zurücktretendem Recht ergibt, § 45 Abs. 1.[64]

§ 44 Mithaft

(1) [1]Bei der Einbeziehung eines Grundstücks in die Mithaft wegen eines Grundpfandrechts und bei der Entlassung aus der Mithaft bestimmt sich der Geschäftswert nach dem Wert des einbezogenen oder entlassenen Grundstücks, wenn dieser geringer als der Wert nach § 53 Absatz 1 ist. [2]Die Löschung eines Grundpfandrechts, bei dem bereits zumindest ein Grundstück aus der Mithaft

56 Vgl. auch *Wilsch* NotarForm ErbbauR § 4 Rn. 160; *Ingenstau/Hustedt* Anhang II Rn. 26; Korintenberg/*Hey'l* Vorb. 1.4 Rn. 18; ähnlich *Diehn* Notarkostenberechnungen Rn. 560.

57 Ausnahme: Eigentümererbbaurecht, dann fällt die Katasterfortführungsgebühr nicht an.

58 Ebenso *Ingenstau/Hustedt* Anhang II Rn. 26.

59 *Wilsch* NotarForm ErbbauR § 4 Rn. 160; *Ingenstau/Hustedt* Anhang II Rn. 26.

60 Nicht eindeutig Lemke/*Otto* ImmobilienR § 43 Rn. 3, der noch nach § 64 KostO bewerten möchte; eine Inhaltsänderung, nun geregelt in KV 14130, liegt allerdings nicht vor, sondern die Eintragung eines Rechts. Ebenso für eine volle Gebühr vgl. *Ingenstau/Hustedt* Anhang II Rn. 26 und 30.

61 Geschäftswert: halber Wert der Sache, § 51 Abs. 1 S. 2, 49 Abs. 2, wobei das künftige Bauwerk zu berücksichtigen ist, vgl. auch *Wilsch* NotarForm ErbbauR § 4 Rn. 160; zur Eintragung einer separaten Gebühr vgl. auch *Ingenstau/Hustedt* Anhang II Rn. 26.

62 Halber Grundstückswert ohne Bauwerk, § 51 Abs. 1 S. 2 GNotKG, vgl. auch *Wilsch* NotarForm ErbbauR § 4 Rn. 160; zur Eintragung einer separaten Gebühr vgl. auch *Ingenstau/Hustedt* Anhang II Rn. 26.

63 In der Praxis werden die Erbbauzinsreallast und die gegenseitigen Vorkaufsrechte jedoch nur selten vermerkt.

64 *Wilsch* NotarForm ErbbauR § 4 Rn. 160; Hintergrund ist die Regelung in § 10 Abs. 1 S. 1 ErbbauRG, wonach das Erbbaurecht nur zur ausschließlich ersten Rangstelle bestellt werden kann.

entlassen worden ist, steht hinsichtlich der Geschäftswertbestimmung der Entlassung aus der Mithaft gleich.

(2) Absatz 1 gilt entsprechend für grundstücksgleiche Rechte.

(3) Absatz 1 gilt ferner entsprechend

1. **für Schiffshypotheken mit der Maßgabe, dass an die Stelle des Grundstücks das Schiff oder das Schiffsbauwerk tritt, und**
2. **für Registerpfandrechte an einem Luftfahrzeug mit der Maßgabe, dass an die Stelle des Grundstücks das Luftfahrzeug tritt.**

I. Allgemeines

1 Als Gesamtrecht (§§ 1132, 1192 Abs. 1 BGB) können Grundpfandrechte nicht nur durch anfängliche Bestellung, sondern auch durch **Nachverpfändung**[1] entstehen, durch nachträgliche Einbeziehung in die Mithaft, die materiellrechtlich Einigung und Eintragung, § 873 BGB, formell-rechtlich Antrag und Bewilligung des Eigentümers der mitzubelastenden Immobilie erfordert, §§ 13, 19 GBO.[2] Die nachträgliche Mitbelastung ist von Amts wegen auf dem Blatt jeder mitbelasteten Immobilie kenntlich zu machen, § 48 Abs. 1 S. 2, S. 1 GBO.

2 Umgekehrt können Gesamtrechte einzelne Immobilien auch aus der Mithaft entlassen, eine **Pfandentlassung** bzw. Pfandfreigabe vornehmen, worin eine Verzichtserklärung iSv § 1168 BGB zu erblicken ist.[3] Das Erlöschen der Mitbelastung ist ebenfalls von Amts wegen im Grundbuch zu vermerken, § 48 Abs. 2 GBO.

3 Der Unterschied zur **Löschung** eines Grundpfandrechts liegt darin, dass diese auf Aufhebung des Rechts gerichtet ist, § 875 Abs. 1 BGB. Mit der Eintragung erlischt das Recht, § 875 Abs. 1 S. 1 BGB. Die Löschung des Rechts erfolgt durch Eintragung eines Löschungsvermerks, § 46 Abs. 1 GBO.

4 Wertmäßige Berücksichtigung finden die Nachverpfändung, die Pfandentlassung und die Löschung eines Grundpfandrechts in § 44, eine Vorschrift, die gleichermaßen für Notariat und Grundbuchamt gilt.[4]

---

1 Vgl. Palandt/*Herrler* § 1132 Rn. 5; *Schöner/Stöber* Rn. 2648 ff.
2 *Schöner/Stöber* Rn. 2648.
3 *Schöner/Stöber* Rn. 2718.
4 Vgl. auch BT-Drs. 17/11471 (neu), 166: „... da sie sowohl für die Fertigung einer notariellen Urkunde bzw. eines Entwurfs als auch für den grundbuchlichen Vollzug ... relevant ist."

II. Einbeziehung in die Mithaft/Nachverpfändung/Pfanderstreckung (Abs. 1 S. 1)

5 **1. Geschäftswert.** Die Geschäftswertbestimmung in Abs. 1 S. 1 sieht einen Wertvergleich vor:

- Verkehrswert der einbezogenen Immobilie nach § 46 Abs. 1
- Wert des Grundpfandrechts nach § 53 Abs. 1.

Maßgeblich ist der geringere Wert, Abs. 1 S. 1.[5]

6 **2. Notargebühren.** Das entscheidende Kriterium bildet die dingliche Zwangsvollstreckungsunterwerfung nach § 800 ZPO. Erklärt der Eigentümer die Pfandunterstellung, indem er in öffentlicher Urkunde die Grundschuld samt **Unterwerfungsklausel**[6] auf das Grundstück erstreckt, fällt eine **1,0 Gebühr** nach der KV Nr. 21200 an,[7] mindestens 60 EUR.

7 Nur eine Gebühr ist auch dann in Rechnung zu stellen, sollten **mehrere vollstreckbare Grundpfandrechte** erstreckt werden.[8] Die Werte, die aus dem jeweiligen Wertvergleich nach Abs. 1 S. 1 hervorgehen, werden zusammengerechnet, § 35 Abs. 1.[9]

8 Eine Modifikation erfährt diese Betrachtungsweise, sollten **mehrere vollstreckbare und nicht vollstreckbare Grundpfandrechte** erstreckt werden.[10] Die Pfandunterstellung unterliegt dann verschiedenen Gebührensätzen (1,0 und 0,5 Gebühr), was zur Anwendbarkeit des § 94 Abs. 1 führt. Insoweit entstehen gesondert berechnete Gebühren, jedoch nicht mehr als die nach dem höchsten Gebührensatz berechnete Gebühr aus dem Gesamtbetrag der Werte, § 94 Abs. 1.[11] Ein Gebührenvergleich findet statt, ein Vergleich von Einzelgebühren (1,0 Gebühr gem. KV Nr. 21200 aus Wert nach Abs. 1 S. 1; 0,5 Gebühr gem. KV Nr. 21201 Nr. 4 aus Wert nach Abs. 1 S. 1) mit der Einheitsgebühr (1,0 Gebühr gem. KV Nr. 21200 aus dem Gesamtbetrag der Werte).[12] Maßgeblich ist die für den Kostenschuldner günstigere Variante, § 94 Abs. 1.

9 Ähnlich zu bewerten ist die Konstellation, bestehend aus **Pfanderstreckung und gleichzeitiger Vereinigung von Grundstücken**. Insoweit liegen verschiedene Beurkundungsgegenstände iSv § 86 Abs. 2 vor. Die unterschiedlichen Gebührensätze (1,0 für die Pfandunterstellung, KV Nr. 21200; 0,5 für die Grundstücksvereinigung, KV Nr. 21201 Nr. 4) erzwingen eine Vergleichsberechnung nach § 94 Abs. 1, Es entstehen gesondert berechnete Gebühren, jedoch nicht mehr als die nach dem höchsten Gebührensatz berechnete Gebühr aus dem Gesamtbetrag der Wert, § 94 Abs. 1. Verglichen werden die Einzelgebühren aus dem jeweiligen Wert[13] mit der Einheitsgebühr aus dem Gesamtbetrag. Maßgeblich ist wiederum die Variante, die für den Kostenschuldner günstiger ist, § 94 Abs. 1.

10 Ohne Mitunterwerfung nach § 800 ZPO kann hingegen nur eine 0,5 Gebühr nach KV Nr. 21201 Nr. 4 in Ansatz gebracht werden, mindestens 30 EUR.[14]

---

5 Vgl. auch *Diehn* Notarberechnungen Rn. 629; Streifzug durch das GNotKG Rn. 2818.
6 Vgl. *Schöner/Stöber* Rn. 2652; BayObLG DNotZ 1992, 309.
7 Streifzug durch das GNotKG Rn. 2823.
8 Streifzug durch das GNotKG Rn. 2828.
9 Streifzug durch das GNotKG Rn. 2828.
10 Vgl. Streifzug durch das GNotKG Rn. 2829.
11 Streifzug durch das GNotKG Rn. 2829.
12 Vgl. Streifzug durch das GNotKG Rn. 2829.
13 Pfandunterstellung; Wert nach Abs. 1 S. 1; Grundstücksvereinigung: Wert nach § 36 Abs. 1, 10 bis 20 % des Verkehrswertes der zu vereinigenden Grundstücke.
14 Streifzug durch das GNotKG Rn. 2822.

Hinzukommen kann eine 0,3 **Vollzugsgebühr** nach KV Nr. 22111, sofern der Notar im Rahmen der Pfandunterstellung gleichzeitig mit der Erholung von Rangrücktrittserklärungen beauftragt wird.[15] Der Geschäftswert ist der Geschäftswert des zugrunde liegenden Beurkundungsverfahrens, vgl. § 112 S. 1. 11

3. Gebühr Grundbuchamt. Das Grundbuchamt setzt **für jedes nachverpfändete Grundpfandrecht** eine 0,5 **Gebühr** nach KV Nr. 14123 an. Wie viele Immobilien in die Mithaft einbezogen werden, wirkt sich nur auf die Geschäftswertbestimmung aus, nicht auf die Gebührenseite. Die grundbuchamtliche Gebührenfolge orientiert sich an der Anzahl der nachverpfändeten Grundpfandrechte. 12

III. Entlassung aus der Mithaft/Pfandfreigabe (Abs. 1 S. 1)

1. Geschäftswert. Die Geschäftswertbestimmung in Abs. 1 S. 1 sieht einen **Wertvergleich** vor: 13

- Verkehrswert der entlassenen Immobilie nach § 46 Abs. 1
- Wert des Grundpfandrechts nach § 53 Abs. 1.

Maßgeblich ist der **geringere Wert**, Abs. 1 S. 1.

2. Notargebühren. Da Entlassungen aus der Mithaft stets in einen konkreten Vertragskontext eingebunden sind, beispielsweise in einen Teilflächenverkauf, auf den die Messungsanerkennung folgt, wird das Notariat in der Praxis häufig mit der **Fertigung eines Freigabeentwurfs** und der **Erholung der Lastenfreistellungserklärungen** betraut. Für die Fertigung des Entwurfs setzt das Notariat eine **0,5 Gebühr** an, mindestens 30 EUR, KV Nr. 24102, 21201,[16] für die Vollzugstätigkeit eine **0,5 Gebühr** nach KV Nr. 22110.[17] Eine Besonderheit gilt es dann zu berücksichtigen, sofern **ein und derselbe Berechtigte** in der Erklärung **Freigabeerklärungen zu mehreren Rechten** abgibt, beispielsweise als Berechtigter einer Dienstbarkeit und als Berechtigter eines Grundpfandrechts.[18] Die Mehrfachberechtigung führt dazu, dass eine 0,5 Gebühr aus dem zusammengerechneten Wert der Freigaben zu berechnen ist, § 35 Abs. 1.[19] 14

Beglaubigt der Notar lediglich die Unterschrift unter einen Fremdentwurf, ist eine 0,2 Gebühr nach KV Nr. 25100 in Rechnung zu stellen, mindestens 20 EUR, höchstens 70 EUR.[20] 15

3. Gebühr Grundbuchamt. Für die Eintragung der Entlassung aus der Mithaft fällt eine 0,3 Gebühr nach **KV Nr. 14142** an, worin keine Teillöschung zu erkennen ist, sondern ein eigenständiger Gebührentatbestand. 16

Nach Ansicht des OLG Köln[21] sollte die **Pfandfreigabe** ***eines*** **Rechts an** ***mehreren*** **Immobilien** so viele Gebühren auslösen, als Immobilien freigegeben werden (im entschiedenen Fall: ein Grundpfandrecht über 5 Mio. EUR gab in einer Freigabeerklärung 13 Immobilien frei, nach Ansicht des OLG Köln sollten dann 13 Freigabegebühren anfallen). Weder § 55 Abs. 2 noch KV Vorb. 1.4 Abs. 3 S. 1 sollten nach dieser Rechtsprechung zur Anwendung gelangen.[22] 17

15 Siehe Streifzug durch das GNotKG Rn. 2826.
16 Vgl. auch *Diehn* Notarberechnungen Rn. 630; Streifzug durch das GNotKG Rn. 2830.
17 Streifzug durch das GNotKG Rn. 2825.
18 Vgl. Streifzug durch das GNotKG Rn. 2830.
19 Streifzug durch das GNotKG Rn. 2830.
20 *Diehn* Notarberechnungen Rn. 630.
21 OLG Köln FGPrax 2016, 283 = ZfIR 2017, 207 mablAnm *Wilsch*. Die Kommentierung von Rohs/Wedewer/*Rohs* GNotKG § 44 Rn. 2 f., folgte der Rspr. des OLG Köln, vgl. auch hierzu GNotKG Newsletter 4/2018, 5.
22 OLG Köln FGPrax 2016, 283 = ZfIR 2017, 207 mablAnm *Wilsch*.

Dem Beschluss des OLG Köln konnte nicht gefolgt werden, da er im Widerspruch zu Abs. 1 S. 1 und zum Additionsprinzip des § 35 Abs. 1 stand.[23] Richtigerweise fällt in der beschriebenen Konstellation – ein Recht gibt gleichzeitig mehrere Immobilien frei –, nur eine Eintragungsgebühr an.[24] Einen Systemwechsel beabsichtigte der GNotKG-Gesetzgeber nicht, sondern die Perpetuierung der Rechtslage, bestehend in einer Gebühr und dem Wertvergleich, wobei der Wert mehrerer Grundstücke zusammenzurechnen ist.[25] Objektbezogenen Gebühren sehen auch die vergleichbaren Gesamtrechtsvorschriften (KV Nr. 14122, 14131, 14141) nicht vor,[26] darüber hinaus wird die Pfandfreigabe über KV Vorb. 1.4.1.4 den Löschungen zugerechnet.[27] Mit der Änderung der Vorb. 1.4 Abs. 3 S. 3 KV durch das KostRÄG 2021 hat der Gesetzgeber diese Ansicht bestätigt, es fällt nur eine Gebühr an[28].

18 Umgekehrt lösen die **Pfandfreigaben mehrerer Grundpfandrechte auch mehrere** Eintragungsgebühren aus, pro Grundpfandrecht wird eine 0,3 Gebühr erhoben, KV Nr. 14142.

IV. Grundstücksgleiche Rechte (Abs. 2)

19 Der programmatische Wertvergleich bei der Einbeziehung in die Mithaft und bei der Entlassung aus der Mithaft gilt nach Abs. 2 entsprechend für **grundstücksgleiche Rechte**. Dazu zählen das Erbbaurecht, das Bergwerkseigentum, Fischereirechte, Kohlen- und Salzabbaugerechtigkeiten sowie weitere Gerechtigkeiten.[29] Nicht[30] zu den grundstücksgleichen Rechten zu rechnen ist dagegen das Wohnungs- und Teileigentum,[31] das als echtes Eigentum anzusehen ist,[32] besonders ausgestaltetes Miteigentum, verbunden mit dem Alleineigentum an definierten Räumen. Nicht anders als bei der Einbeziehung bzw. Mithaftentlassung von Miteigentumsanteilen eines Grundstücks, ist Abs. 1 bei Wohnungs- und Teileigentum **unmittelbar anwendbar**. Eines Rekurses auf Abs. 2 bedarf es nicht, weil es ohnehin den Grundstücksvorschriften unterliegt.[33]

V. Löschung eines Globalgrundpfandrechts nach Pfandfreigabe (Abs. 1 S. 2)

20 **1. Geschäftswert.** Die besondere Geschäftswertbestimmung in Abs. 1 S. 2, die gleichermaßen für Grundbuchamt und Notariat (vgl. § 97 Abs. 1)[34] gilt, verkörpert ein kostenrechtliches Novum und soll zur Lösung der kostenrechtlichen

23 Vgl. Anm. *Wilsch* ZfIR 2017, 207 (209).
24 Vgl. Anm. *Wilsch* ZfIR 2017, 207 (210).
25 Vgl. Anm. *Wilsch* ZfIR 2017, 207 (210).
26 Vgl. Anm. *Wilsch* ZfIR 2017, 207 (210).
27 Vgl. Anm. *Wilsch* ZfIR 2017, 207 (210).
28 Vgl. Anm. *Wilsch* ZfIR 2017, 207 (210); nun auch BDS/*Gutfried* KV 1.4 R. 29a.
29 Vgl. *Schöner/Stöber* Rn. 5.
30 Vgl. BGH NJW 1989, 2535; BayObLG Rpfleger 1994, 108.
31 AA BDS/*Pfeifer* § 44 Rn. 2, der auch Wohnungs- und Teileigentum ohne weitere Begründung zu den grundstücksgleichen Rechten zählt. Ebenso Riedel/*Elsing* Immobilien in der Erbrechtspraxis § 2 Rn. 7.
32 *Schöner/Stöber* Rn. 5.
33 BayObLG Rpfleger 1988, 140; vgl. auch *Demharter* Anhang zu § 3 Rn. 8.
34 Der Geschäftswert bei der Beurkundung von Erklärungen bestimmt sich nach dem Wert des Rechtsverhältnisses, das Beurkundungsgegenstand ist, § 97 Abs. 1, vgl. auch Streifzug durch das GNotKG Rn. 2658.

Probleme beitragen, „die mit der Löschung eines Gesamtgrundpfandrechts verbunden sind“.[35]

21 Die entscheidende Weichenstellung im Wert ist daran geknüpft, ob **vorher bereits eine Mithaftentlassung erfolgt** ist. Die Löschung eines Grundpfandrechts, bei dem bereits eine Immobilie aus der Mithaft entlassen worden ist, steht hinsichtlich der Geschäftswertbestimmung der Entlassung aus der Mithaft gleich, Abs. 1 S. 2.[36] Obgleich eine Löschung ins Werk gesetzt wird, wird die Löschung wertmäßig – *nicht gebührenmäßig* – wie eine Pfandfreigabe behandelt, um mehr Kostengerechtigkeit zu realisieren. Der letzte Kostenschuldner soll wertmäßig nicht anders behandelt werden als die Kostenschuldner vorausgegangener Pfandfreigaben. Eine Privilegierung ist nicht zu erkennen, sondern eine **Nivellierung im Wert**. Vorzunehmen ist der Wertvergleich nach Abs. 1 S. 1 zwischen dem Verkehrswert der „letzten“ Immobilie und dem Wert des Grundpfandrechts. Maßgeblich ist der geringere Wert, Abs. 1 S. 1. Aus der Grundbuchpraxis ist zu berichten, dass die Wertnivellierung nicht selten keine Beachtung findet, ausgelöst durch die automatische Übernahme des gelöschten Nominalbetrags des Grundpfandrechts in die Kostenrechnung. Entsprechende Erinnerungen führen zum Erfolg. Ob Mithaftentlassungen vorausgegangen sind, lässt sich mithilfe von Einsichtnahmen, Eintragungsmitteilungen oder eigenen Mithaftlisten beantworten. Im Zweifel kann Rücksprache mit dem Grundbuchamt gehalten werden, um die Wertnivellierung zu bestätigen, zumal dieses entweder die Mithaftentlassungen im Grundbuch einträgt oder eigene Mithaftlisten führt.

22 **Ohne vorausgegangene Pfandfreigabe** kommt die Nivellierung nicht zur Anwendung, die Wertbestimmung richtet sich dann nach § 53 Abs. 1 S. 1. Maßgeblich ist der **Nominalbetrag des Grundpfandrechts.**[37] Ein Bedürfnis, die Eintragung wertmäßig zu nivellieren, besteht nicht, was auch in den Materialien Erwähnung findet.[38]

23 **2. Notargebühren.** Für die Fertigung eines Löschungsbewilligungsentwurfs fällt eine Gebühr nach **KV Nr. 24102, 21201 Nr. 4** an,[39] bei vollständiger Erstellung demnach eine **0,5 Gebühr,** mindestens 30 EUR. Für die vollständige Erstellung des Entwurfs ist stets die Höchstgebühr zu erheben, § 92 Abs. 2, hier demnach eine 0,5 Gebühr.

24 **Beglaubigt** der Notar lediglich die Unterschrift des Grundpfandrechtsgläubigers, kann der Notar eine **0,2 Gebühr** nach der KV Nr. 25100 in Ansatz bringen, mindestens 20 EUR, höchstens 70 EUR.[40]

25 **3. Gebühr Grundbuchamt.** Abs. 1 S. 2 schafft eine **Nivellierung** im *Wert*, nicht dagegen auch eine gebührenmäßige Gleichstellung mit der Eintragung der Entlassung aus der Mithaft. In der Folge setzt das Grundbuchamt stets eine **0,5 Gebühr** nach **KV Nr. 14140** in Rechnung,[41] nicht eine 0,3 Gebühr nach KV Nr. 14142. Zum Wert → Rn. 20 ff.

35 So die Materialien, vgl. BT-Drs. 17/11471 (neu), 166; Korintenberg/*Sikora* § 44 Rn. 9, spricht von einer „leidigen Frage“.
36 Vgl. *Diehn* Notarberechnungen Rn. 629.
37 Vgl. Korintenberg/*Sikora* § 44 Rn. 9; Streifzug durch das GNotKG Rn. 2657.
38 Vgl. BT-Drs. 17/11471 (neu), 166: „Bei der Gesamtlöschung eines Grundpfandrechts, aus dem noch keine Mithaftentlassungen stattgefunden haben, soll es bei der gegenwärtigen Bewertungspraxis bleiben.“
39 Vgl. auch Streifzug durch das GNotKG Rn. 2659.
40 Vgl. *Diehn* Notarberechnungen Rn. 627.
41 Ebenso *Diehn* Notarberechnungen Rn. 630.

VI. Schiffshypotheken und Registerpfandrechte an Luftfahrzeugen (Abs. 3)

26 Schließlich gelangt der programmatische Wertvergleich nach Abs. 1 auch bei Schiffshypotheken und Registerpfandrechten auf Luftfahrzeugen zur Anwendung, Abs. 3. Dabei tritt an die Stelle des Grundstücks das Schiff oder das Schiffsbauwerk (Abs. 3 Nr. 1) bzw. das Luftfahrzeug (Abs. 3 Nr. 2). Eine Gleichbehandlung ist geboten, da bereits bei der Bestellung der Schiffshypothek bzw. des Registerpfandrechts an Luftfahrzeugen die allgemeinen Grundpfandrechtsvorschriften zur Anwendung gelangen.[42] Der Gleichklang zeigt sich auch in Gestalt der gebührenmäßigen Gleichbehandlung von Vereins-, Güterrechts-, Grundbuch- sowie Schiffs- und Schiffsbauregister, enthalten in der Regelung des § 55 Abs. 2.[43]

§ 45 Rangverhältnisse und Vormerkungen

(1) Bei Einräumung des Vorrangs oder des gleichen Rangs ist Geschäftswert der Wert des vortretenden Rechts, höchstens jedoch der Wert des zurücktretenden Rechts.

(2) [1]Die Vormerkung gemäß § 1179 des Bürgerlichen Gesetzbuchs zugunsten eines nach- oder gleichstehenden Berechtigten steht der Vorrangseinräumung gleich. [2]Dasselbe gilt für den Fall, dass ein nachrangiges Recht gegenüber einer vorrangigen Vormerkung wirksam sein soll. [3]Der Ausschluss des Löschungsanspruchs nach § 1179a Absatz 5 des Bürgerlichen Gesetzbuchs, auch in Verbindung mit § 1179b Absatz 2 des Bürgerlichen Gesetzbuchs, ist wie ein Rangrücktritt des Rechts zu behandeln, als dessen Inhalt der Ausschluss vereinbart wird.

(3) Geschäftswert einer sonstigen Vormerkung ist der Wert des vorgemerkten Rechts; § 51 Absatz 1 Satz 2 ist entsprechend anzuwenden.

Literatur:

Buchinger/Jagusch, Wiederaufladbare Vormerkung – Weiterverwendung einer „alten" Vormerkung, ZfIR 2016, 126; *Kesseler*, Wirksamkeitsvermerk und Rangvermerke bei der Vormerkung, RNotZ 2014, 155; *Lindow*, Ranggutachten und die „Sicherstellung" der Eigentumsvormerkung im Zeitalter des elektronischen Rechtsverkehrs, RNotZ 2019, 505; *Weber*, Die Nacherbenzustimmung zur Verfügung des Vorerben – unwiderruflich und endgültig wirksam?, DNotZ 2020, 439; *Wilsch*, Neuregelungen des Kostenrechts aus amtsgerichtlicher Sicht, FGPrax 2013, 47; *Wörner*, Die Sicherung der Lastenfreistellung bei der Veräußerung von Teilflächen durch Freigabevormerkung, MittBayNot 2001, 450.

42 Vgl. für die Bestellung einer Schiffshypothek die volle Gebühr nach KV 21200, erhoben aus dem Nennbetrag der Hypothek, § 53 Abs. 1, siehe Streifzug durch das GNotKG Rn. 2904.

43 Für jede Eintragung werden die Gebühren gesondert erhoben, soweit nichts anderes bestimmt ist.

rücktrittserklärung bringt das Notariat eine 0,5 Gebühr in Ansatz, KV Nr. 24102, 21201 Nr. 4, vgl. obige Ausführungen (vgl. vorangehende Spiegelstriche dieser Rn.). Das Grundbuchamt setzt für jedes zurücktretende Recht eine Eintragungsgebühr an, KV Nr. 14130 Anm. 2 S. 1, auch wenn es nur der Eintragung eines einheitlichen Vermerks bedarf, KV Vorb. 1.4 Abs. 4. Die Vorbereitungsarbeiten für das Datenbankgrundbuch legen es jedoch nahe, von Sammeleintragungen Abstand zu nehmen und Einzeleintragungen zu präferieren.

4 Grundbuchamtliche Besonderheiten gelten für die Eintragung des **Rangrücktritts einer Vormerkung** oder einer **Miteigentümervereinbarung** nach § 1010 BGB. Die Notwendigkeit einer Geschäftswertermittlung nach Abs. 1 besteht insoweit nicht, da die entsprechenden Eintragungen gebührenfrei erfolgen. Grund ist der Verweis der KV Nr. 14130 auf die Belastungen der KV Vorb. 1.4.1.2. Die Vormerkung und die Miteigentümervereinbarung nach § 1010 BGB sind dort nicht aufgeführt, so dass keine Rangrücktrittseintragungsgebühren anfallen.[19]

III. Löschungsvormerkung nach § 1179 BGB (Abs. 2 S. 1)

5 Den Gläubigern nach- oder gleichrangiger Grundpfandrechte steht bereits ein gesetzlicher Löschungsanspruch nach § 1179a Abs. 1 S. 1 BGB mit Vormerkungswirkung[20] zu, weshalb keine Notwendig- bzw. Möglichkeit[21] weiterer Eintragungen besteht.[22] Zur Sicherung des gesetzlichen Löschungsanspruchs kann keine Löschungsvormerkung eingetragen werden.[23] Nach den Prämissen des § 1179 BGB[24] kann eine **Löschungsvormerkung** insbesondere zur Sicherung der schuldrechtlichen Grundpfandrechtslöschungsverpflichtung des Eigentümers gegenüber dem Berechtigten eines anderen gleich- oder nachrangigen Nichtgrundpfandrechtsrechts[25] eingetragen werden, § 1179 Nr. 1 BGB, sofern sich das Recht mit dem Eigentum in einer Person vereinigt. Dem gleichgestellt ist die schuldrechtliche Grundpfandrechtslöschungsverpflichtung des Eigentümers gegenüber dem Berechtigten, dem ein Anspruch auf Einräumung eines solchen Nichtgrundpfandrechts[26] oder ein Anspruch auf Übertragung des Eigentums zusteht, § 1179 Nr. 2 BGB, etwa ein Heimfallanspruch,[27] der aus einem Erbbaurechtsvertrag resultiert. Die Motivlage ist dadurch gekennzeichnet, dass der gleich- oder nachrangige Berechtigte an der Verbesserung seines Ranges interessiert ist[28] bzw. der Grundstückseigentümer die Belastungssituation des Erbbaurechts kontrollieren möchte. Die Eintragung[29] der Löschungsvormerkung erfolgt in der **Veränderungsspalte** bei dem Recht, das gelöscht werden soll, und

19 Im Ergebnis ebenso *Diehn/Volpert* NotarKostR Rn. 1989.
20 *Schöner/Stöber* Rn. 2598, nicht eingeschlossen ist die Arresthypothek.
21 *Schöner/Stöber* Rn. 2625: bereits Inhalt des Rechts, eine Löschungsvormerkung kann zur Sicherung dieses Anspruchs nicht eingetragen werden.
22 Zur eingeschränkten Bedeutung vgl. Schimansky/Bunte/Lwowski/*Epp* Bankrechts-HdB Rn. 279.
23 *Schöner/Stöber* Rn. 2625.
24 Zur Vormerkung nach § 883 BGB, gerichtet auf Löschung, vgl. OLG Naumburg FGPrax 2016, 258.
25 Das sind Rechte der zweiten Abteilung des Grundbuchs etwa Nießbrauchsrechte, Dienstbarkeiten, Reallasten, Vorkaufsrechte oder Dauerwohn- und -nutzungsrechte, vgl. *Schöner/Stöber* Rn. 2599; ebenso Korintenberg/*Sikora* § 45 Rn. 12.
26 Vgl. vorstehende Fußnote, Rechte der zweiten Abteilung.
27 OLG Hamm NJW-RR 2002, 738 (739).
28 *Schöner/Stöber* Rn. 2597.
29 *Schöner/Stöber* Rn. 2606 ff.

löst eine 0,5 Eintragungsgebühr nach KV 14130 Anm. 1 aus.[30] In der überwiegenden Konstellation – *Belastung eines Erbbaurechts mit einem Grundpfandrecht, für den jeweiligen Eigentümer des erbbaurechtsbelasteten Grundstücks wird eine Löschungsvormerkung bestellt* – kommt die **Gebührenbefreiung** nach der KV Nr. 14130 Anm. 1 S. 2 nicht zur Anwendung,[31] weil keine gleichzeitige Eintragung zugunsten des Berechtigten erfolgt und die Löschungsvormerkung nicht zur Verstärkung eines Rechtes dient. Für den Berechtigten der Löschungsvormerkung, den jeweiligen Grundstückseigentümer, wird kein Recht eingetragen, die Gebührenbefreiung greift nicht.[32]

6 Bewertungsrechtlich steht die Löschungsvormerkung nach § 1179 BGB der **Vorrangeinräumung** gleich, Abs. 2 S. 1,[33] die Löschungsvormerkung wirkt wie eine Rangänderung,[34] so dass ein Wertvergleich durchzuführen ist, ein Vergleich des von der Löschung betroffenen[35] und von der Löschungsvormerkung begünstigten Rechts.[36] Maßgeblich ist der geringere Wert. Abschläge sind nicht vorzunehmen.[37] Sofern die Erklärungen gleichzeitig (Grundschuldbestellung) mitbeurkundet werden, liegt derselbe Beurkundungsgegenstand vor, § 109 Abs. 1 S. 4 Nr. 3,[38] so dass die gleichzeitig mitbeurkundete Löschungsvormerkung nicht ins Gewicht fällt bzw. nicht bewertet wird. Geschäftswert ist dann einzig und allein der Nennbetrag des Grundpfandrechts, § 53 Abs. 1.

IV. Wirksamkeitsvermerk (Abs. 2 S. 2)

7 Im **Wirksamkeitsvermerk** sieht der BGH „ein einfaches Mittel, für jedermann Klarheit zu schaffen und damit die Publizitätswirkung des Grundbuchs (§§ 891 bis 893 BGB) zu fördern".[39] Zur Anwendung gelangen kann das Rechtsinstitut beispielsweise bei Vor- und Nacherbfolge, sofern es gilt, die Wirksamkeit einer Verfügung gegenüber dem Nacherben zu verlautbaren[40] (Nacherben-Wirksamkeitsvermerk), oder bei Verfügungsbeeinträchtigungen, die gegenüber dem Berechtigten wirksam sind (Verfügungsbeeinträchtigungs-Wirksamkeitsvermerk), schließlich bei einem Grundpfandrecht, das gegenüber einer Vormerkung Bestand hat[41] (Vormerkungs-Wirksamkeitsvermerk). Die **Grundbucheintragung** erfolgt in analoger Anwendung des § 18 GBV bei allen beteiligten Rechten[42]

30 Korintenberg/*Wilsch* Nr. 14130 Rn. 41.
31 Korintenberg/*Wilsch* Nr. 14130 Rn. 45a.
32 Korintenberg/*Wilsch* Nr. 14130 Rn. 45a.
33 So auch bereits die Altregelung in § 21 Abs. 3 S. 2 Reichskostenordnung (RKostO); zur Löschungsvormerkung vgl. Streifzug durch das GNotKG Rn. 2851.
34 Ebenso bereits BayObLGZ 1997, 172 (174); Korintenberg/*Wilsch* Nr. 14130 Rn. 40.
35 Das Recht, auf dessen Löschung der Anspruch gerichtet ist, vgl. *Jonas/Melsheimer/Hornig/Stemmler* § 21 Anm. IV 1 (S. 272).
36 *Jonas/Melsheimer/Hornig/Stemmler* § 21 Anm. IV 1 (S. 272); ebenso NK-GK/*Röhl* § 45 Rn. 12.
37 BayObLG Rpfleger 1997, 540; OLG München ZfIR 2019, 92 mAnm *Wilsch*.
38 Streifzug durch das GNotKG Rn. 2853; Korintenberg/*Sikora* § 45 Rn. 13.
39 BGH NJW 1999, 2275 (2276).
40 Vgl. *Weber* DNotZ 2020, 439 (445), dort auch zur Unwiderruflichkeit der Zustimmungserklärung des Nacherben, § 183 Abs. 1 Hs. 2 BGB; die Einwilligung des Nacherben ist „mit dem Zugang der Erklärung als Verfügungstatbestand abgeschlossen". Der Nacherben ist an seine Zustimmungserklärung gebunden.
41 BGH NJW 1999, 2275 (2276); zum Wirksamkeitsvermerk vgl. Streifzug durch das GNotKG Rn. 3564 ff.
42 Etwa bei der Vormerkung und beim Grundpfandrecht, das gegenüber der Vormerkung wirksam ist; oder beim Nacherbenvermerk und bei dem dinglichen Recht, das gegenüber dem Nacherben wirksam ist.

bzw. Verfügungsbeschränkungen,[43] und zwar deklaratorisch[44] im Wege der Richtigstellung.[45] Mit dem Wirksamkeitsvermerk wird im Vormerkungsfall deutlich, dass keine den Anspruch beeinträchtigende Verfügung vorliegt, § 883 Abs. 2 S. 1 BGB.[46] Dabei steht dem Grundbuchamt kein Wahlrecht zwischen Wirksamkeitsvermerk und Rangvorbehalt zu,[47] vielmehr muss das Grundbuchamt die Eintragung in Übereinstimmung mit den Verfahrenserklärungen der Beteiligten vornehmen. Als Gestaltungsalternative zum Rangrücktritt der Vormerkung drängt sich der Wirksamkeitsvermerk allerdings nicht mehr auf, da Veränderungen einer Vormerkung gebührenfrei eingetragen werden.[48] Grund ist der Rekurs in der KV Nr. 14130 auf die in KV Vorb. 1.4.1.2 genannten Belastungen, wozu die Auflassungsvormerkung nicht zählt.[49] Nicht geteilt werden kann die Ansicht, die in der Eintragung ein *„gebührenfreies Nebengeschäft"*[50] sieht. Diese Klassifizierung spielt im GNotKG keine Rolle mehr. Die Gebührenfreiheit der Eintragung eines Wirksamkeitsvermerks ergibt sich bereits aus der Gesetzesverweisung.

Bewertungsrechtlich[51] steht der Wirksamkeitsvermerk einer Vorrangeinräumung gleich, wirkt wie eine Rangänderung,[52] Abs. 2 S. 2, was die grundsätzliche Notwendigkeit eines Wertvergleichs impliziert.[53] Im Falle der gleichzeitigen Mitbeurkundung der Erklärungen im Rahmen einer Grundschuldbestellungsurkunde, dem Hauptanwendungsfall, wirkt sich dies nicht aus, da derselbe Beurkundungsgegenstand vorliegt, § 109 Abs. 1 S. 4 Nr. 3.[54] Nicht anders als ein gleichzeitig mitbeurkundeter Rangrücktritt, werden die gleichzeitig mitbeurkundeten Wirksamkeitserklärungen nicht bewertet,[55] § 109 Abs. 1 S. 5. Maßgeblich ist lediglich der Nennbetrag des Grundpfandrechts, § 53 Abs. 1.[56] 8

V. Ausschluss des Löschungsanspruchs (Abs. 2 S. 3)

Der gesetzliche Löschungsanspruch unterliegt der Disposition, wie ein Blick auf § 1179a Abs. 5 S. 1 BGB bestätigt.[57] Der Ausschluss des Löschungsanspruches kann bereits bei Bestellung als Inhalt des Grundpfandrechts vereinbart werden, § 1179a Abs. 5 S. 1 BGB, was häufiger in Erscheinung tritt als die Alternative, 9

---

43 BGH NJW 1999, 2275 (2276); BayObLG Rpfleger 1998, 375; *Gursky* DNotZ 1998, 273 (278).
44 Vgl. BGH NJW 1999, 2275 (2276); OLG Celle NJOZ 2013, 1460; *Schöner/Stöber* Rn. 296; *Kesseler* RNotZ 2014, 155, die Wirksamkeit ist außerhalb des Grundbuchs eingetreten.
45 Dogmatisch von der Berichtigung zu trennen, vgl. *Schöner/Stöber* Rn. 296.
46 *Kesseler* RNotZ 2014, 155 (160).
47 OLG Celle NJOZ 2013, 1460.
48 *Wilsch* FGPrax 2013, 47 (48); Lemke/*Otto* ImmobilienR § 45 Rn. 2; Korintenberg/*Sikora* § 45 Rn. 17; BT- Drs. 17/11471, 255.
49 Korintenberg/*Wilsch* Nr. 14150 Rn. 2.
50 So aber Streifzug durch das GNotKG Rn. 3569.
51 Die Regelung in Abs. 2 S. 2 gilt nur für die notarielle Bewertungspraxis, BT-Drs. 17/11471, 255.
52 Vgl. bereits BayObLG FGPrax 1998, 114 = ZNotP 1998, 391; OLG Saarbrücken MittRhNotK 1995, 25 (27).
53 BayObLG FGPrax 1998, 114 = ZNotP 1998, 391.
54 Streifzug durch das GNotKG Rn. 3569, 3567; ähnlich Bormann/Diehn/Sommerfeldt/*Pfeifer* § 45 Rn. 10.
55 Vgl. Streifzug durch das GNotKG Rn. 3569 und 2857.
56 Ebenso Lemke/*Otto* ImmobilienR § 45 Rn. 2; Streifzug durch das GNotKG Rn. 2857.
57 *Schöner/Stöber* Rn. 2625 ff.

die nachträgliche Eintragung im Wege der Inhaltsänderung.[58] In beiden Konstellationen ist das Grundbuchamt gehalten, die Eintragung des Ausschlusses unmittelbar vorzunehmen. Die Regelung in § 1179 Abs. 5 S. 2 BGB lässt eine mittelbare Eintragung durch Bezugnahme nicht zu.[59] Konsequenterweise ist der Ausschluss unter Bezeichnung der Grundpfandrechte, die dem Löschungsanspruch nicht unterliegen, im Grundbuch anzugeben, § 1179a Abs. 5 S. 2 BGB.

10 Bewertungsrechtlich zieht Abs. 2 S. 3 die Parallele zum Rangrücktritt. Der Ausschluss des Löschungsanspruchs ist wie ein Rangrücktritt des Rechts zu behandeln, als dessen Inhalt der Ausschluss vereinbart wird, Abs. 2 S. 3. Gemeint sind nur die nachträgliche Vereinbarung und Eintragung,[60] nicht auch die anfängliche Ausgestaltung des Grundpfandrechts, die nicht zusätzlich zu bewerten ist.[61]

VI. Vormerkung (Abs. 3)

11 Die systematische Anordnung der Vormerkungsvorschriften in § 45 – *zentral die Löschungsvormerkung in Abs. 2, die restlichen Vormerkungen in Abs. 3* – kann nicht anders als verfehlt bezeichnet werden,[62] weil sie sich im Widerspruch zur Vormerkungsrealität befindet. Tatsächlich dominieren die „sonstigen Vormerkungen" nach Abs. 3 die Beurkundungs- und Eintragungspraxis, wohingegen die Löschungsvormerkungen im Erbbaurechtsrefugium beheimatet sind. Der *sonstige* Fall ist der *Hauptanwendungsfall*, die Löschungsvormerkung der Ausnahmefall. Die Löschungsvormerkung ausgenommen (vgl. Abs. 2 S. 1), soll die Regelung in Abs. 3 für alle Vormerkungen gelten.[63] Auch dies lädt die Praxis zu Missverständnissen ein, da für die Amtsvormerkung nach § 18 Abs. 2 GBO eine abweichende Bestimmung gilt. Die Eintragung einer Amtsvormerkung erfolgt gebührenfrei, KV Vorb. 1.4 Abs. 2 Nr. 1.[64] Vormerkungen werden als akzessorische Sicherungsmittel vor allem zur Sicherung eines Erwerbsanspruchs eingetragen, daneben zur Sicherung von Ansprüchen, gerichtet auf Einräumung, Inhaltsänderung, Rangänderung oder Aufhebung eines Rechts, wobei auch künftige oder bedingte Ansprüche gesichert werden können, § 883 Abs. 1 S. 2 BGB. Eine Grundbuchsperre tritt nicht ein, stattdessen ist die vormerkungswidrige Verfügung gegenüber dem Berechtigten der Vormerkung relativ unwirksam, § 883 Abs. 2 S. 1 BGB. Der Rang des Rechts richtet sich nach der Vormerkungseintragung, § 883 Abs. 3 BGB.[65] Ob der Vormerkung eine Bewilligung, eine fingierte Bewilligung (§§ 894, 895 ZPO), eine einstweilige Verfügung (§ 885 Abs. 1 S. 1 BGB) oder ein Ersuchen (§ 38 GBO) zugrunde liegt,[66]

58 *Schöner/Stöber* Rn. 2627; Palandt/*Herrler* § 1179a Rn. 11.
59 Bezugnahme ist insoweit unzulässig, vgl. *Schöner/Stöber* Rn. 2626. Der Ausschluss ist in der Grundschuldeintragung, Spalte 4 der Dritten Abteilung, mitaufzuführen, beispielsweise mit dem Vermerk „ohne gesetzlichen Löschungsanspruch gegenüber der Grundschuld Nr. 1 zu 250.000 Euro", vgl. *Schöner/Stöber* Rn. 2626.
60 Ebenso Streifzug durch das GNotKG Rn. 2856; BDS/*Pfeifer* § 45 Rn. 12.
61 Vgl. Korintenberg/*Sikora* § 45 Rn. 19; NK-GK/*Röhl* § 45 Rn. 14; Streifzug durch das GNotKG Rn. 2855.
62 Vgl. bereits *Wilsch* ZfIR 2015, 389; die Regelung in § 45 Abs. 3 GNotKG ist ohne Vorläufer in der KostO, vgl. auch BT-Drs. 17/11471, 255.
63 BT-Drs. 17/11471, 255.
64 Korintenberg/*Sikora* § 45 Rn. 22; Korintenberg/*Wilsch* Nr. 14150 Rn. 4.
65 *Buchinger/Jagusch* ZfIR 2016, 126 (127).
66 *Buchinger/Jagusch* ZfIR 2016, 126 (127).

spielt bewertungsrechtlich keine Rolle.[67] Für die Eintragung einer Vormerkung fällt eine 0,5 Gebühr nach KV Nr. 14150 an.[68]

Nach Abs. 3 ist der Wert des vorgemerkten Rechts wie folgt maßgeblich (in alphabetischer Reihenfolge): 12

- **Ankaufsrechtsvormerkung** (Ankaufsrecht durch Vormerkung gesichert): Der Wert des vorgemerkten Rechts iSv Abs. 3, § 51 Abs. 1 S. 1 ist der volle Wert der Immobilie, auf die sich das Ankaufsrecht bezieht.[69]
- **Auflassungsvormerkung/Eigentumsübertragungsvormerkung/Eigentumsvormerkung:**[70] Der Wert des vorgemerkten Rechts ist der Verkehrswert der Immobilie, Abs. 3, § 46 Abs. 1; im Hauptanwendungsfall, der Mitbeurkundung in einem Kaufvertrag, fällt der Wert jedoch nicht zusätzlich ins Gewicht, da dann derselbe Beurkundungsgegenstand gegeben ist.[71]
- **Aufhebungsvormerkung:** Der Wert des vormerkten Rechtes ist hier der Wert des aufzuhebenden Rechts; zu erwähnen ist in diesem Kontext beispielweise die Vormerkung zur Sicherung des Anspruchs auf Aufhebung einer Dienstbarkeit, wobei als Geschäftswert der Wert der aufzuhebenden Dienstbarkeit anzusetzen ist.[72]
- **Dienstbarkeitsvormerkung, unbedingt:** Der Wert des vorgemerkten Rechts ist der Wert der Dienstbarkeit für den Berechtigten oder für das herrschende Grundstück, § 52 Abs. 1.
- **Dienstbarkeitsvormerkung, bedingt:** Der Wert des vorgemerkten Rechts ist reduziert, da die Dienstbarkeit (etwa Photovoltaikanlagenrecht) unter einer Bedingung steht, beispielsweise den Eintritt des Insolvenzfalls oder die Kündigung des Darlehens, was mit einem Abschlag von 50 % berücksichtigt werden kann,[73] § 52 Abs. 6 S. 3.
- **Erbbaurechtsvormerkung:** Der Wert des vorgemerkten Rechts ist der Geschäftswert des Erbbaurechts, §§ 43, 49 Abs. 2, 52 Abs. 1, also der höhere Wert, der aus dem Vergleich von kapitalisiertem Erbbauzins (§ 52) und 80 % des bebauten[74] Grundstücks (§ 49 Abs. 2) hervorgeht[75]
- **Erneuerungsvormerkung** (Vormerkung zur Sicherung des Anspruchs auf Erneuerung des Erbbaurechts): Geschäftswert ist der halbe Wert des Erbbaurechts, Abs. 3, § 49 Abs. 2, vgl. die Verweisung in § 31 Abs. 3 ErbbauRG auf die Vorkaufsrechtsvorschriften.[76]
- **Freigabevormerkung** (Vormerkung zur Sicherung der Lastenfreistellung):[77] Der Wert des vorgemerkten Rechts iSv Abs. 3 ist hier der geringere Wert, resultierend aus dem Vergleich zwischen dem Wert des Rechts, das mit der

---

67 Korintenberg/*Wilsch* Nr. 14150 Rn. 1.
68 Korintenberg/*Wilsch* Nr. 14150 Rn. 1, 3a.
69 Korintenberg/*Wilsch* Nr. 14150 Rn. 5i.
70 Zu den Begriffen vgl. *Weirich* DNotZ 1982, 669; *Weirich* NotBZ 2003, 5; Korintenberg/*Sikora* § 45 Rn. 23.
71 Vgl. BDS/*Pfeifer* § 45 Rn. 16; NK-GK/*Röhl* § 45 Rn. 22.
72 Korintenberg/*Wilsch* Nr. 14150 Rn. 7.
73 Streifzug durch das GNotKG Rn. 2045.
74 Ist das Grundstück noch nicht bebaut, kommen nur 80 % des Grundstücks in Betracht, § 49 Abs. 2.
75 Vgl. auch BDS/*Pfeifer* § 45 Rn. 14.
76 Korintenberg/*Wilsch* Nr. 14150 Rn. 5h.
77 *Wörner* MittBayNot 2001, 450, dort auch mit Muster, allerdings ohne Hinweise auf den Geschäftswert; die Eintragung erfolgt in der Veränderungsspalte bei dem betroffenen Recht, vgl. § 12 Abs. 1 lit. c GBV etwa als „Freigabevormerkung hinsichtlich einer Teilfläche von 271 qm für Sepp Maier Katzenhandlung, Anzing".

Freigabevormerkung belastet wird, und dem Wert der freizugebenden Fläche, § 44 Abs. 1 S. 1.[78]

- **Grundpfandrechtsvormerkung:** Der Wert des vorgemerkten Rechts ist der Nominalbetrag des Grundpfandrechts, Abs. 3, § 53 Abs. 1 S. 1.[79]
- **Inhaltsänderungsvormerkung:** Der Wert des vorgemerkten Recht iSv Abs. 3 ist der Wert der Inhaltsänderung, die mit einem Teilwert des zu ändernden Rechts zu veranschlagen ist, § 36 Abs. 1.[80]
- **Löschungsvormerkung:** → Rn. 5 und 6.
- **Miteigentümervereinbarungsvormerkung** (Vormerkung zur Sicherung des Anspruchs aus Eintragung einer Miteigentümervereinbarung nach § 1010 BGB): Der Wert des vorgemerkten Rechts iSv Abs. 3 richtet sich nach § 51 Abs. 2,[81] maßgeblich sind 30 % des von der Beschränkung betroffenen Gegenstandes. Wird lediglich eine Benutzungsregelung vorgemerkt, sind 30 % einschlägig. Werden Benutzungsregelung und Aufhebungsausschluss vorgemerkt, sind 60 % einschlägig, Abs. 3, § 51 Abs. 2.
- **Nießbrauchsvormerkung:** Der Wert des vorgemerkten Rechts ist der Wert des Nießbrauchs für den Berechtigten, Abs. 3, § 52 Abs. 1.
- **Rangänderungsvormerkung:** Der Wert des vorgemerkten Rechts iSv Abs. 3 ist der Wert der Rangänderung, das ist der geringere Wert, der aus dem Wertvergleich zwischen dem vor- und dem zurücktretenden Recht hervorgeht, Abs. 1.[82]
- **Reallastvormerkung:** Der Wert des vorgemerkten Rechts ist der Wert der Reallast für den Berechtigten oder für das herrschende Grundstück, Abs. 3, § 52 Abs. 1.
- **Rückauflassungsvormerkung/Rückübertragungsvormerkung/Rückübereignungsvormerkung:**[83] Der Wert des vorgemerkten Rechts iSv Abs. 3, § 51 Abs. 1 S. 2 ist der halbe Wert der Immobilie, auf die sich die Vormerkung bezieht.[84] Grund sind die Gemeinsamkeiten, die zwischen Vorkaufsrechten, Wiederkaufsrechten und Rückauflassungsvormerkungen bestehen,[85] also die große Realisierungsunwahrscheinlichkeit und die Bedingungsdoppelung, die beide die Analogie zu § 51 Abs. 1 S. 2 nahelegen.
- **Rückgewährsvormerkung:** Anzusetzen ist der volle Wert des Grundpfandrechts, auf welches sich die Rückgewährvormerkung bezieht, Abs. 3.[86]

78 Zur Freigabevormerkung vgl. *Wilsch* FGPrax 2013, 47 (49).
79 BDS/*Pfeifer* § 45 Rn. 14.
80 Zur Inhaltsänderungsvormerkung vgl. allgemein Korintenberg/*Sikora* § 45 Rn. 24.
81 Korintenberg/*Wilsch* Nr. 14150 Rn. 5c.
82 Korintenberg/*Wilsch* Nr. 14150 Rn. 6b.
83 Wie oben, zu den Begriffen vgl. *Weirich* DNotZ 1982, 669; *Weirich* NotBZ 2003, 5.
84 *Wilsch* ZfIR 2015, 389 ff.; OLG München NJOZ 2015, 1608; OLG Hamm NJOZ 2016, 1291; OLG Dresden BeckRS 2017, 115801; OLG Frankfurt/M. 29.5.2017 – 20 W 110/17; OLG Celle FGPrax 2018, 234; OLG Oldenburg BeckRS 2020, 4142; LG Krefeld 11.5.2016 – 7 OH 8/15, BeckRS 2016, 18727; Korintenberg/*Sikora* § 45 Rn. 27; Korintenberg/*Wilsch* Nr. 14150 Rn. 5e; BDS/*Pfeifer* § 45 Rn. 15; aA noch OLG Bamberg ZfIR 2015, 388 mablAnm *Wilsch*, zwischenzeitlich hat das OLG Bamberg diese Position aufgegeben und sich der Rechtsprechung des OLG München angeschlossen, vgl. die Beschlüsse des 8. ZS des OLG Bamberg – 8 W 115/17 und 8 W 116/17 = BeckRS 2017, 141705. Den vollen Wert befürworten nur noch OLG Köln NJOZ 2016, 1293, sowie Leipziger Kommentar/*Zimmer* § 45 Rn. 10 und 11. Zum halben Wert vgl. bereits BayObLG Rpfleger 1986, 31.
85 *Wilsch* ZfIR 2015, 389.
86 Abschläge sind nicht vorzunehmen, vgl. BayObLG Rpfleger 1997, 540; OLG München ZfIR 2019, 92 mAnm *Wilsch*; Korintenberg/*Sikora* § 45 Rn. 26.

- **Teilungserklärungsänderungsvormerkung:** In der Grundbuchpraxis ist strittig, ob Abs. 3 überhaupt zur Anwendung gelangt, da kein dingliches Recht vorgemerkt wird. Diese Auffassung überzeugt jedoch nicht, so dass auf den vollen Wert der vorgemerkten Änderung abzustellen ist,[87] beispielsweise den vollen Wert einer Dachaufstockung oder einer Erweiterung der Tiefgarage, sofern entsprechende Änderungen vorgemerkt werden. Möglich ist auch die sukzessive Eintragung[88] einer Teilungserklärungsänderungsvormerkung, etwa im Zuge der Veräußerung der Wohnung, was die Notwendigkeit mit sich zieht, nur einen Teilwert zugrunde zu legen.[89] Der Teilwert bemisst sich nach dem Miteigentumsanteil[90] der Wohnung, die mit der Vormerkung belastet wird. Dies entspricht dem vorgemerkten Wert iSv Abs. 3.
- **Veränderungsvormerkung** (Vormerkung zur Sicherung des Anspruchs auf Veränderung eines Rechts): Wert iSv Abs. 3 ist der Wert der Veränderung.[91]
- **Vorkaufsrechtsvormerkung (Vormerkung sichert Vorkaufsrecht):** einschlägig ist der hälftige Wert der Immobilie, auf die sich das Vorkaufsrecht bezieht, Abs. 3, § 51 Abs. 1 S. 2.[92]
- **Wiederkaufsrechtsvormerkung (Vormerkung sichert Wiederkaufsrecht):** Anzusetzen ist der hälftige Wert der Immobilie, auf die sich das Wiederkaufsrecht bezieht, Abs. 3, § 51 Abs. 1 S. 2.[93]

VII. Exkurs 1: Rangbescheinigung/Rangbestätigung/Ranggutachten und Tatsachenbescheinigung

Von einer **Rangbescheinigung**[94] (alternativ: **Rangbestätigung**[95] bzw. **Ranggutachten**)[96] spricht das Gesetz (§ 122), sobald das Notariat eine Mitteilung über die konkrete grundbuchamtliche Antrags- und die sich hieraus ergebende Rangsituation erstellt, induziert durch grundbuchamtliche Bearbeitungsrückstände.[97] Im Gesetzeswortlaut, vgl. § 122: „Mitteilung über die dem Grundbuchamt bei Einreichung des Antrags vorliegenden weiteren Anträge einschließlich des sich daraus ergebenden Rangs für das beantragte Recht (Rangbescheinigung)". Der Geschäftswert einer solchen Betreuungstätigkeit[98] nach § 24 BNotO, die nicht zum Pflichtenkreis eines Notars zählt[99] und mit der eine grundbuchverfahrens- 13

87 Korintenberg/*Wilsch* Nr. 14150 Rn. 5 f.
88 *Häublein* DNotZ 2000, 442 (454).
89 Vgl. Korintenberg/*Wilsch* Nr. 14150 Rn. 5 f.
90 Korintenberg/*Wilsch* Nr. 14150 Rn. 5 f.
91 Korintenberg/*Wilsch* Nr. 14150 Rn. 6.
92 Vgl. bereits BT-Drs. 17/11471, 255; Korintenberg/*Sikora* § 45 Rn. 26; Bormann/Diehn/Sommerfeldt/*Pfeifer* § 45 Rn. 15; Korintenberg/*Wilsch* Nr. 14150 Rn. 5a.
93 BT-Drs. 17/11471, 255; Korintenberg/*Sikora* § 45 Rn. 26; BDS/*Pfeifer* §45 Rn. 15; Korintenberg/*Wilsch* Nr. 14150 Rn. 5a.
94 *Diehn/Volpert* NotarKostR Rn. 1990 ff.; zu Musterformulierungen vgl. *Lindow* RNotZ 2019, 505 (521 ff.).
95 Streifzug durch das GNotKG Rn. 2124.
96 Für den alternativen Begriff des *Ranggutachtens* plädiert *Lindow* RNotZ 2019, 505 (507).
97 *Lindow* RNotZ 2019, 505 (506).
98 *Lindow* RNotZ 2019, 505 (506).
99 *Lindow* RNotZ 2019, 505 (507): „keine Pflichtaufgabe, sondern Teil des dispositiven Tätigkeitsbereichs".

rechtliche[100] Prüfung der Antragssituation[101] vorgenommen wird, richtet sich nicht nach Abs. 1, weil keine Rangänderung zur Debatte steht, sondern nach § 122. Maßgeblich ist der volle Wert des beantragten Rechts.[102] Als Gebühr ist eine 0,3 Gebühr nach KV Nr. 25201 in Ansatz zu bringen.[103]

14 Davon zu unterscheiden ist die Tatsachenbescheinigung, mit der das Notariat bestätigt, bestimmte Anträge bei Gericht eingereicht zu haben, eine Sachstandsbescheinigung, wofür eine volle Gebühr aus einem Teilwert des beantragten Rechts zu erheben ist, KV Nr. 25104, § 122.[104]

VIII. Exkurs 2: Rangvorbehalt, § 881 BGB

15 Zu unterscheiden ist, ob der Rangvorbehalt gleichzeitig mitbeurkundet oder nachträglich vereinbart wird. Mit dem Rangvorbehalt kann sich der Eigentümer bei Belastung der Immobilie mit einem Recht die Befugnis vorbehalten, ein anderes, dem Umfang nach bestimmtes Recht mit Vorrang eintragen zu lassen, § 881 Abs. 1 BGB.[105] Die Ausnutzung des Rangvorbehaltes wirkt zwar wie eine Rangänderung,[106] kostenrechtlich ist Abs. 1 jedoch nicht anwendbar, da nicht in bestehende Rangverhältnisse eingegriffen, sondern eine Eigentümerbefugnis festgelegt wird, was nach § 36 Abs. 1 zu bewerten ist.[107] Während der gleichzeitig mitbeurkundete Rangvorbehalt nicht zu bewerten ist, weil er mit der Bestellung bereits abgegolten ist,[108] ist der nachträglich vereinbarte Rangvorbehalt zur Bewertung zu bringen.[109]

Unterabschnitt 3 Bewertungsvorschriften

§ 46 Sache

(1) Der Wert einer Sache wird durch den Preis bestimmt, der im gewöhnlichen Geschäftsverkehr nach der Beschaffenheit der Sache unter Berücksichtigung aller den Preis beeinflussenden Umstände bei einer Veräußerung zu erzielen wäre (Verkehrswert).

(2) Steht der Verkehrswert nicht fest, ist er zu bestimmen

1. nach dem Inhalt des Geschäfts,
2. nach den Angaben der Beteiligten,
3. anhand von sonstigen amtlich bekannten Tatsachen oder Vergleichswerten aufgrund einer amtlichen Auskunft oder
4. anhand offenkundiger Tatsachen.

(3) [1]Bei der Bestimmung des Verkehrswerts eines Grundstücks können auch herangezogen werden

100 So die hM, beschränkter Prüfungsumfang der Bescheinigung/der Bestätigung/des Gutachtens, vgl. *Lindow* RNotZ 2019, 505 (508); die Mindermeinung verlangt eine umfassende Prüfung, mitunter eine Prüfung des materiellen Rechts, §§ 873, 878 BGB.
101 Auch vorgehende Anträge werden geprüft, vgl. *Lindow* RNotZ 2019, 505 (511).
102 *Diehn/Volpert* NotarKostR Rn. 1990; *Lindow* RNotZ 2019, 505 (519).
103 *Diehn/Volpert* NotarKostR Rn. 1990; Streifzug durch das GNotKG Rn. 2124.
104 *Diehn/Volpert* NotarKostR Rn. 1992 und 1993; nicht dagegen eine Gebühr nach KV Nr. 25201, vgl. Streifzug durch das GNotKG Rn. 2125.
105 Zur Rechtsnatur vgl. Palandt/*Herrler* § 881 Rn. 1; *Kesseler* RNotZ 2014, 155.
106 Palandt/*Herrler* § 881 Rn. 4.
107 Für die Bewertung nach § 36 Abs. 1 auch NK-GK/*Röhl* § 45 Rn. 3.
108 NK-GK/*Röhl* § 45 Rn. 3; BDS/*Pfeifer* § 45 Rn. 2.
109 NK-GK/*Röhl* § 45 Rn. 3.

1. im Grundbuch eingetragene Belastungen,
2. aus den Grundakten ersichtliche Tatsachen oder Vergleichswerte oder
3. für Zwecke der Steuererhebung festgesetzte Werte.

[2]Im Fall der Nummer 3 steht § 30 der Abgabenordnung einer Auskunft des Finanzamts nicht entgegen.

(4) Eine Beweisaufnahme zur Feststellung des Verkehrswerts findet nicht statt.

I. Grundsatz

§ 46 bestimmt den Geschäftswert von Sachen (§ 90 BGB), insbesondere also den Geschäftswert von Immobilien. 1

Die Bewertung von grundstücksgleichen Rechten oder Geschäfts- bzw. Gesellschaftsanteilen erfolgt hingegen nach besonderen Vorschriften (§§ 49 Abs. 2, 43 beim Erbbaurecht; § 42 bei Wohnungs- und Teileigentum; § 54 bei GmbH- oder Kommanditbeteiligungen sowie § 97 Abs. 1 bei Beteiligungen von persönlich haftenden Gesellschaftern). 2

II. Grundbesitz

1. Verkehrswert. Bei der Bewertung von Grundstücken ist der **Verkehrswert** maßgebend. Der Verkehrswert wird durch den Preis bestimmt, der im gewöhnlichen Geschäftsverkehr nach der Beschaffenheit der Sache unter Berücksichtigung aller den Preis beeinflussenden Umstände bei einer Veräußerung zu erzielen wäre.[1] Dieser Wert lässt sich naturgemäß nicht mathematisch exakt errechnen, vielmehr nur schätzen;[2] der Wert ist also stets Ermessenswert. 3

2. Verkehrswert, Einheitswert. Eine **Beweisaufnahme** zur Feststellung des Verkehrswertes ist **unzulässig** (Abs. 4). Die Wertermittlung hat deshalb nach den Vorgaben der Abs. 2 und 3 zu erfolgen. Die Einholung eines Sachverständigengutachtens widerspricht dem Beweisaufnahmeverbot. Allerdings existiert zwischen den Bewertungsmethoden des Abs. 2 und 3 keine „Rangfolge“.[3] 4

Der Einheitswert kann nicht zur Wertberechnung herangezogen werden. Fehlen Anhaltspunkte für die Ermittlung des Verkehrswertes, die nach Abs. 2 und 3 Verwendung finden, ermöglicht daher § 95 dem Notar unter bestimmten Voraussetzungen die Schätzung des Verkehrswertes. 5

3. Bewertungsmethoden des Abs. 2 Nr. 1–4. a) **Inhalt des Geschäfts.** Der Verkehrswert kann sich aus dem Inhalt des Geschäfts ergeben. Insbesondere die im Rahmen von Auseinandersetzungsvereinbarungen an die ausscheidenden Gesamthänder gewährten Abfindungsbeträge können einen Rückschluss auf die Höhe des Verkehrswertes zulassen. 6

1 JurBüro 1985, 434.
2 BGH DNotZ 1963, 492; BayObLG JurBüro 1994, 237.
3 OLG Nürnberg ZNotP 2018, 337 mAnm *Fackelmann*.

7 b) **Angaben der Beteiligten.** Der Verkehrswert kann sich auch aus den Angaben der Beteiligten ergeben. Die Beteiligten sind deshalb zur **Mitwirkung** bei der Wertbestimmung und dabei zur Angabe der Wahrheit verpflichtet (§ 95). An **einmal gemachte Wertangaben** hat sich der Beteiligte auch festhalten zu lassen.[4] Im Einzelfall wird dennoch eine Korrektur nach unten möglich sein, insbesondere dann, wenn die Angaben offensichtlich auf einem Irrtum beruhen und hierfür objektiv nachvollziehbare Anhaltspunkte vorliegen. Auch muss den Beteiligten bewusst sein, dass ihre Angaben für den Wert und damit für die Höhe der Gebühren von Bedeutung sind.

8 Kommen die Beteiligten ihrer Verpflichtung zur Mitwirkung bei der Wertbestimmung nicht nach oder weigern sich diese, geeignete Bewertungsunterlagen vorzulegen, ist der Notar zur Wertfestsetzung nach **billigem Ermessen** berechtigt (§ 95).

9 c) **Amtlich bekannte oder offenkundige Tatsachen.** Die veröffentlichten oder auch eingeholten **Bodenrichtwerte** (§ 193 Abs. 3 BauGB) sind für die Bewertung des Grundstückswertes geeignet und anerkannt. Abschläge (insbesondere ein allgemeiner Sicherheitsabschlag von 25 %) sind nur veranlasst, wenn konkrete wertmindernde Umstände bekannt sind.[5] Zum Gebäudewert → Rn. 10.

10 Der Wert von Gebäuden kann nach wie vor anhand der **Brandversicherungs- oder Brandkassenwerte** ermittelt werden, wenn diese entweder aus früheren Vorgängen amtsbekannt sind oder die Beteiligten diese vorlegen. Eine direkte Einholung einer Auskunft bei den Gebäudeversicherungen ist nicht zulässig.

11 Sofern eine Bewertung anhand des Brandversicherungswertes nicht möglich oder nicht zweckmäßig erscheint, kann die Bewertung des Grundstückswertes (einschließlich Gebäude) nach §§ 9, 11 und 13 ImmoWertV[6] sowohl für Grundstücke, die mit Einfamilien- oder Mehrfamilienhäuser bebaut sind, wie auch für Eigentumswohnungen durch Hochrechnung des Baupreisindexes erfolgen.[7]

12 Auch die Erfahrungen des ortskundigen Notars bei der Wertfestsetzung kann als sonstige amtlich bekannte Tatsache Einfluss auf die Bestimmung des Verkehrswertes haben.[8]

13 **4. Weitere Anhaltspunkte für die Wertberechnung (Abs. 3 S. 1 Nr. 1–3).** Neben den Bewertungskriterien des Abs. 2 können auch die im **Grundbuch eingetragenen Belastungen** einen Rückschluss auf den Verkehrswert zulassen. Grundstücksbelastungen sind eine gerichtskundige Tatsache, bedürfen also nicht des Beweises (§ 291 ZPO).

14 Insbesondere Belastungen mit **Grundpfandrechten** sind ein ausreichender Anhaltspunkt für einen ihren Nennwert übersteigenden Wert des belastenden Grundstücks. Eine Wertfestsetzung über den Nennwert der Belastung dürfte jedoch nur dann möglich sein, wenn die Art des zugrundeliegenden Darlehens und der Beleihungswert bzw. die Beleihungsgrenze hinreichend bekannt sind. In der Regel kann angenommen werden, dass der Beleihungswert etwa 60–85 % des Verkehrswerts darstellt.[9]

15 Auch aus Eigentümergrundpfandrechten kann der Verkehrswert ermittelt werden. Allerdings sind **Gesamtbelastungen** naturgemäß nur bedingt verwendbar.

4 OLG Celle ZNotP 2015, 197 mAnm *Tiedtke.*
5 Notarkasse Streifzug GNotKG Rn. 2163.
6 BGBl. 2010 I 639.
7 MittBayNot 2006, 88; 2007, 80.
8 OLG München 21.8.2018 – Wx 255/18 = NJW 2019, 1309 mAnm *Albrecht.*
9 Korintenberg/*Tiedtke* § 46 Rn. 29.

Hier wäre der Notar auf weitere Angaben der Beteiligten über die Einzelwerte der belasteten Grundstücke angewiesen.

Der Verkehrswert kann sich aus den Grundakten ersichtlichen Tatsachen ergeben. In Betracht kommen insbesondere: 16

- nähere Auskünfte über die Belastungen (→ Rn. 13 ff.)
- Werte für andere als Grundbuchsachen
- aus den Grundakten bekannte Kaufpreise.

Auch **Vergleichswerte** können für die Bewertung herangezogen werden. Vergleichswerte sind in erster Linie gerichtskundige Werte (§ 291 ZPO) aus anderen Vorgängen. Sie haben vor allem Bedeutung bei Bauland und bei Serienbauten. 17

Ebenfalls können die nach dem BewG von den Finanzämtern **zum Zwecke der Steuererhebung festgesetzten Werte** für die Bestimmung des Verkehrswertes nach § 46 verwendet werden (Abs. 3 S. 1 Nr. 3), wenn die sonstigen Bewertungsmethoden nicht zu einem höheren Verkehrswert führen. § 30 der Abgabenordnung soll dabei einer Auskunft des Finanzamts nicht entgegenstehen (Abs. 3 S. 2), weshalb das Finanzamt dem Notar gegenüber zur Auskunft verpflichtet ist. Allein auf die Steuerwerte darf sich der Notar jedoch nicht verlassen. Vielmehr hat er alle nach § 46 zugelassenen Bewertungsmethoden auszuschöpfen.[10] 18

5. Bewertungszeitpunkt. Für die Bewertung von Grundbesitz ist – wie bei beweglichen Sachen – der Zeitpunkt der **Fälligkeit der Gebühr** maßgebend. Ergibt sich erst später, insbesondere aus **Folgegeschäften**, der Verkehrswert oder der höhere Wert für den Zeitpunkt der Fälligkeit, so ist die Geschäftswertfestsetzung zu ändern. Hätte der Schuldner im Rahmen seiner Mitwirkungs- und Wahrheitspflicht den Wert bei Fälligkeit richtig angeben können, so soll er nicht geschützt werden. Gebührennotare können den Geschäftswert innerhalb der Verjährungsfrist ohne Einschränkung berichtigen und nachfordern, es sei denn, die Kostenberechnung ist unanfechtbar geworden. Später eintretende Wertveränderungen haben hingegen keinen Einfluss auf den Wert des Grundstücks im Beurkundungszeitpunkt. 19

§ 47 Sache bei Kauf

[1]Im Zusammenhang mit dem Kauf wird der Wert der Sache durch den Kaufpreis bestimmt. [2]Der Wert der vorbehaltenen Nutzungen und der vom Käufer übernommenen oder ihm sonst infolge der Veräußerung obliegenden Leistungen wird hinzugerechnet. [3]Ist der nach den Sätzen 1 und 2 ermittelte Wert niedriger als der Verkehrswert, ist der Verkehrswert maßgebend.

10 Korintenberg/*Tiedtke* § 46 Rn. 14.

I. Kaufpreis

1 **1. Kaufpreis.** § 47 legt fest, dass sich der Wert einer Sache, insbesondere also der Wert von Immobilien, mit dem **Kaufpreis** bestimmt. Unter Kaufpreis ist die Geldleistung des Käufers zu verstehen.

2 Zinsen werden dem Kaufpreis nicht hinzugerechnet (§ 37). Bei der Vereinbarung von **alternativen Preisen** ist stets der höhere maßgebend.

3 **2. Kaufvertrag über noch zu vermessende Teilfläche.** Bei einem Kaufvertrag über eine noch zu vermessende Teilfläche ist der vorläufige Kaufpreis einschlägig, auch wenn dieser nach Vermessung auf Grundlage des vereinbarten Quadratmeterpreises auszugleichen ist. Eine nachträgliche Korrektur des Geschäftswertes für den schuldrechtlichen Kaufvertrag ist nicht notwendig.

II. Hinzurechnungen (S. 2)

4 **1. Vorbehaltene Nutzungen.** Vorbehaltene Nutzungen sind solche, die sich der Verkäufer selbst oder für einen Dritten **über den Zeitpunkt des Besitzüberganges hinaus** vorbehält. Hierunter fallen insbesondere der Vorbehalt eines Nießbrauchs oder Regelungen zur Weiterbenutzung von Räumen.

5 **2. Weitere Leistungen.** Hinzuzurechnen sind alle vom Käufer neben der Verpflichtung zur Kaufpreiszahlung **übernommenen Leistungen.** Dies gilt jedoch nicht, wenn die weiteren Käuferleistungen bereits bei der Kaufpreisbildung Berücksichtigung gefunden haben.

6 Unter S. 2 sind alle Vermögensvorteile einzuordnen, die ein Entgelt für die Veräußerung darstellen und dem Verkäufer oder einem Dritten zugutekommen, also von eigenem wirtschaftlichem Wert sind. Die dem Käufer aufgrund gesetzlicher Vorschriften selbst obliegenden Leistungen bzw. Belastungen (zB die Kosten des Kaufs, die Grunderwerbsteuer, noch nicht in Rechnung gestellte Erschließungsbeiträge etc) fallen nicht darunter.

7 Beispielhaft für weitere Leistungen sind insbesondere

- die schuldbefreiende Übernahme von **Verbindlichkeiten.** Handelt es sich hierbei um Rechte wie Dienstbarkeiten, Nießbrauchsrechte oder Reallasten, hat die Wertbestimmung nach den Grundsätzen des § 52 zu erfolgen. Übernimmt der Käufer im Zusammenhang mit einer Schuldübernahme auch gegenüber dem Gläubiger die persönliche Haftung (mit oder ohne Vollstreckungsunterwerfung), sind diese Erklärungen als verschiedener Beurkundungsgegenstand gesondert zu bewerten (→ § 110 Rn. 10).
- die Verpflichtung, unter bestimmten Bedingungen eine **Kaufpreisnachzahlung** zu leisten. Der Geschäftswert bestimmt sich dabei nach § 36 Abs. 1 mit einem Bruchteil des nachzuzahlenden Betrages. Die Wahrscheinlichkeit des Bedingungseintritts ist angemessen zur berücksichtigen. Bei geringer Wahrscheinlichkeit ca. 10–20 %, bei größerer Wahrscheinlichkeit 30–50 %.[1] Steht der Nachzahlungsbetrag nicht fest, ist er zu schätzen und kann hilfsweise mit einem Teilwert aus dem Kaufpreis berechnet werden.
- die Übernahme von **Vermessungskosten,** welche nach § 448 Abs. 1 BGB grundsätzlich den Verkäufer treffen.
- eine vom Käufer eingegangene **Investitionsverpflichtung.** Der Wert bestimmt sich nach § 50 Nr. 4 und beträgt 20 % der Investitionssumme.

1 OLG Hamm ZNotP 2004, 167 = FGPrax 2004, 92 = RNotZ 2004, 272.

- die Verpflichtung des Käufers zur Vorauszahlung auf die anfallenden Erschließungskosten. Übernimmt der Käufer die bereits in der Person des Verkäufers entstandene Beitragsschuld, ist die Übernahme der Erschließungskosten mit dem vollen Wert anzusetzen. Leistet der Käufer hingegen nur auf seine eigene künftige Beitragsschuld, ist nach Auffassung des BayObLG nur ein Teilwert von etwa 20 % anzunehmen.[2]

3. Besondere Hinzurechnungsposten. Zu den weiteren Käuferleistungen nach S. 2 gehören insbesondere auch die bei Verkauf durch Stadt oder Gemeinde übernommenen Verpflichtungen.[3] 8

a) **Bauverpflichtung.** Übernimmt der Käufer eine Bauverpflichtung, ist dies werterhöhend zu berücksichtigen. Der Wert der Bauverpflichtung bestimmt sich nach § 50 Nr. 3. Betrifft sie ein **Wohnhaus**, sind 20 % des Verkehrswertes des unbebauten Grundstücks hinzuzurechnen, bei **gewerblichen Objekten** hingegen 20 % der voraussichtlichen Herstellungskosten für das Gebäude. 9

b) **Nutzungsbeschränkung.** Verpflichtet sich der Käufer gegenüber dem Verkäufer oder einem Dritten, das erworbene Objekt für eine bestimmte Dauer nur selbst zu nutzen, liegt hierin eine Verpflichtung nach § 50 Nr. 2, die mit 20 % des Verkehrswerts des Grundstücks dem Kaufpreis hinzuzurechnen ist. Derartige Verpflichtungen werden häufig bei Kaufverträgen im sog. „Einheimischen-Modell" eingegangen. 10

c) **Verfügungsbeschränkung.** Die Vereinbarung eines Verfügungsverbotes (Veräußerungs- und Belastungsverbot) hat für den Verkäufer ein wirtschaftliches Interesse. Das vom Käufer eingegangene Verfügungsverbot stellt eine selbstständige Leistung und damit eine Hinzurechnung nach § 47 dar. Der Wert ist nach § 50 Nr. 1 zu bestimmen und beträgt 10 % des Verkehrswerts des Grundstücks. 11

d) **Rückkaufs- und Wiederkaufsrechte.** Wird zur Sicherung der vorstehend genannten Verpflichtungen gem. § 50 zugunsten des Verkäufers ein **Wiederkaufsrecht** eingeräumt, liegt insoweit derselbe Beurkundungsgegenstand gem. § 109 Abs. 1 vor. Eine Bewertung des Wiederkaufsrechts hat nicht zu erfolgen. Liegt dem Wiederkaufsrecht jedoch keine Verpflichtung zugrunde, ist regelmäßig das Wiederkaufsrecht als weitere Leistung nach S. 2 werterhöhend zu berücksichtigen. Dies gilt insbesondere dann, wenn die Ausübung des Wiederkaufsrechts die Nichtbebauung des Vertragsobjektes oder dessen Veräußerung ohne Zustimmung der Kommune voraussetzt. Im Gegensatz zur „echten" Bauverpflichtung fehlt es an der positiven schuldrechtlichen Verpflichtung des Käufers. § 50 ist nicht anwendbar. Vielmehr ist der Wert des Wiederkaufsrechts nach § 51 Abs. 1 S. 2 grundsätzlich mit 50 % des Verkehrswerts des betroffenen Grundbesitzes zu bestimmen. Allerdings dürfte unter Berücksichtigung der Vorgaben des § 51 Abs. 3 für derartige Fälle (**„stillschweigende Bauverpflichtung"**) auch die Annahme eines geringeren Wertes in Betracht kommen. Im Rahmen der Ermessensabwägung sollte es insbesondere angemessen sein, auf die Teilwerte des § 50 für die Vereinbarung einer „positiven" Verpflichtung zurückzugreifen. Die Baukosten wie in § 50 Nr. 3 lit. b bei gewerblicher Bauverpflichtung vorgesehen, können jedoch keinesfalls bei der Wertermittlung nach § 51 Abs. 1 S. 2, Abs. 3 Berücksichtigung finden.[4] 12

4. Dienstbarkeiten. Häufig werden im Rahmen eines Kaufvertrages am Vertragsobjekt oder anderen Grundstücken zugunsten des Verkäufers **beschränkte persönliche Dienstbarkeiten** eingeräumt. Regelmäßig liegt auch hier eine weite- 13

---

2 BayObLG MittBayNot 1998, 370 mkritAnm. *Grziwotz.*
3 AA Korintenberg/*Tiedtke* Rn. 32.
4 Notarkasse Streifzug GNotKG Rn. 2350.

re Leistung vor, die dem Kaufpreis nach § 47 hinzuzurechnen ist. Zur Wertbestimmung von Dienstbarkeiten → § 52 Rn. 1 ff.

14 Räumt hingegen der Verkäufer dem Käufer eine beschränkte persönliche Dienstbarkeit ein, liegt kein Hinzurechnungsposten vor. Die Dienstbarkeit ist vielmehr bereits „mitgekauft" und daher bei der Kaufpreisfindung berücksichtigt.

15 Unabhängig von der Frage, ob ein Hinzurechnungsposten vorliegt, sind jedoch im Kaufvertrag mitbeurkundete Erklärungen über die Bestellung **subjektiv-dinglicher Dienstbarkeiten**, insbesondere Grunddienstbarkeiten, gemäß § 110 Nr. 2 lit. b immer gesondert zu bewerten, da insoweit ein **verschiedener Gegenstand** vorliegt. Der Geschäftswert bestimmt sich nach § 52. Der Gebührensatz für die gegenstandsverschiedenen **Grundbucherklärungen** beträgt 0,5 nach KV 21201 Nr. 4. Die Vergleichsberechnung gem. § 94 Abs. 1 ist zu beachten.

16 Wird also zur Sicherung einer vom Käufer übernommenen weiteren Leistung (zB Einräumung eines Geh- und Fahrtrechts zugunsten des jeweiligen Eigentümers des Nachbargrundstücks), die bereits nach S. 2 werterhöhend berücksichtigt wurde, eine **Grunddienstbarkeit** bestellt, durchbricht § 110 Nr. 2 lit. b das System des § 109. Die eigentlich gegenstandsgleiche Grundbucherklärung ist (erneut) zu bewerten, und zwar mit der 0,5-Gebühr nach KV 21201 Nr. 4 aus dem Wert des Nutzungsrechts gem. § 52. Gleiches gilt, wenn der Verkäufer zugunsten des Käufers eine Grunddienstbarkeit bestellt. Allerdings erfolgt hier keine Werterhöhung nach S. 2, da in diesem Fall kein Hinzurechnungsposten vorliegt (→ Rn. 14). In beiden Fällen erhöht sich jedoch wegen der Vorgaben in §§ 110 Nr. 2 lit. b, 35 Abs. 1 der Wert des Beurkundungsverfahrens, welcher auch für die Berechnung der Vollzugs- und Betreuungsgebühr zugrunde zu legen ist (§§ 112, 113 Abs. 1).

17 **5. Keine Hinzurechnungsposten.** Dem Kaufpreis nicht hinzuzurechnen sind

- die Übernahme sog. immerwährender, nicht einseitig ablösbarer Rechte (bestehende Dienstbarkeiten, Erbbaurechte) sowie der Eintritt in **Miet- oder Pachtverhältnisse**. Im Rahmen der Kaufpreisfindung sind derartige Umstände bereits von den Vertragsteilen berücksichtigt
- die Übernahme einer Grundschuld **ohne** die gesicherte **Forderung**
- die Übernahme einer **Eigentümergrundschuld.**[5]

III. Umsatzsteuer

18 Wird im Rahmen eines Kaufvertrages vom Verkäufer ein Verzicht auf die Steuerbefreiungen gemäß § 9 Abs. 1 UStG erklärt, ist dieser gesondert zu bewerten, § 110 Nr. 2 lit. c. Zu erheben ist die 1,0-Gebühr nach KV Nr. 21200 aus dem Betrag, der der Umsatzsteuer entspricht. Der Gebührenvergleich nach § 94 Abs. 1 ist zu beachten.

§ 48 Land- und forstwirtschaftliches Vermögen

(1) [1]Im Zusammenhang mit der Übergabe oder Zuwendung eines land- oder forstwirtschaftlichen Betriebs mit Hofstelle an eine oder mehrere natürliche Personen einschließlich der Abfindung weichender Erben beträgt der Wert des land- und forstwirtschaftlichen Vermögens im Sinne des Bewertungsgesetzes

5 Notarkasse Streifzug GNotKG Rn. 2443.

höchstens das Vierfache des letzten Einheitswerts, der zur Zeit der Fälligkeit der Gebühr bereits festgestellt ist, wenn
1. die unmittelbare Fortführung des Betriebs durch den Erwerber selbst beabsichtigt ist und
2. der Betrieb unmittelbar nach Vollzug der Übergabe oder Zuwendung einen nicht nur unwesentlichen Teil der Existenzgrundlage des zukünftigen Inhabers bildet.
[2]§ 46 Absatz 3 Satz 2 gilt entsprechend. [3]Ist der Einheitswert noch nicht festgestellt, so ist dieser vorläufig zu schätzen; die Schätzung ist nach der ersten Feststellung des Einheitswerts zu berichtigen; die Frist des § 20 Absatz 1 beginnt erst mit der Feststellung des Einheitswerts. [4]In dem in Artikel 3 des Einigungsvertrages genannten Gebiet gelten für die Bewertung des land- und forstwirtschaftlichen Vermögens die Vorschriften des Dritten Abschnitts im Zweiten Teil des Bewertungsgesetzes mit Ausnahme von § 125 Absatz 3; § 126 Absatz 2 des Bewertungsgesetzes ist sinngemäß anzuwenden.

(2) Weicht der Gegenstand des gebührenpflichtigen Geschäfts vom Gegenstand der Einheitsbewertung oder vom Gegenstand der Bildung des Ersatzwirtschaftswerts wesentlich ab oder hat sich der Wert infolge bestimmter Umstände, die nach dem Feststellungszeitpunkt des Einheitswerts oder des Ersatzwirtschaftswerts eingetreten sind, wesentlich verändert, so ist der nach den Grundsätzen der Einheitsbewertung oder der Bildung des Ersatzwirtschaftswerts geschätzte Wert maßgebend.

(3) Die Absätze 1 und 2 sind entsprechend anzuwenden für die Bewertung
1. eines Hofs im Sinne der Höfeordnung und
2. eines landwirtschaftlichen Betriebs in einem Verfahren aufgrund der Vorschriften über die gerichtliche Zuweisung eines Betriebs (§ 1 Nummer 2 des Gesetzes über das gerichtliche Verfahren in Landwirtschaftssachen), sofern das Verfahren mit der Zuweisung endet.

I. Anwendungsbereich

1. Erhaltung leistungsfähiger Betriebe. Auch im Rahmen der Neuregelungen des Kostenrechts wurde vom Gesetzgeber mit § 48 eine Privilegierung für Rechtsgeschäfte im Zusammenhang mit der Zuwendung eines land- oder forstwirtschaftlichen Betriebes geschaffen. Damit soll dem öffentlichen Interesse an der Erhaltung und Fortführung leistungsfähiger landwirtschaftlicher Betriebe in Familienbesitz Rechnung getragen werden.[1] 1

Wichtig ist, dass nicht das land- oder forstwirtschaftliche Vermögen als solches bereits stets nach § 48 bewertet wird. Nur für ganz bestimmte Fortführungsgeschäfte kann eine Privilegierung gewährt werden. 2

1 BayObLG MittBayNot 1992, 416.

3 **2. Fortführungs- bzw. Zuwendungsgeschäfte.** Zentrale Voraussetzung für die Anwendung von § 48 ist, dass der Erwerber dem bisherigen Eigentümer **unmittelbar** als Bewirtschafter nachfolgt. Damit ist eine Privilegierung dann ausgeschlossen, wenn im Zeitpunkt der Vornahme des Geschäfts der Eigentümer den Betrieb nicht bewirtschaftet, sondern beispielsweise verpachtet hat.

4 Auch das Rechtsgeschäft selbst muss ein **Fortführungsgeschäft** sein. Vorwiegend werden die lebzeitige **Überlassung** (zB durch Übergabe oder Erbauseinandersetzung) sowie die Zuwendung durch **Verfügung von Todes wegen** (Erbvertrag oder Testament) erfasst.

5 Hingegen handelt es sich bei einem **Ehevertrag nicht** um ein Fortführungs- bzw. Zuwendungsgeschäft. Dies gilt selbst dann, wenn der Güterstand der Gütergemeinschaft vereinbart wird.[2] Nur eine ggf. im Ehevertrag mitbeurkundete Zuwendung (zB die Gesamtgutsauseinandersetzung nach Beendigung der Gütergemeinschaft) kann in den Anwendungsbereich des § 48 fallen.

6 **3. Vermögensbegriff, Einheitswert.** Das land- und forstwirtschaftliche Vermögen iSd BewG ist mit dem **vierfachen Einheitswert** zu bewerten. Gemäß § 33 Abs. 1 BewG ist ein Betrieb der Land- und Forstwirtschaft die wirtschaftliche Einheit des land- und forstwirtschaftlichen Vermögens. Hierunter fallen alle Wirtschaftsgüter, die einem Betrieb der Land- und Forstwirtschaft dauernd zu dienen bestimmt sind, vor allem der Grund und Boden, die Wohn- und Wirtschaftsgebäude, die stehenden Betriebsmittel und ein normaler Bestand an umlaufenden Betriebsmitteln (§ 33 Abs. 2 BewG).

7 **Nicht** zum land- und forstwirtschaftlichen Vermögen gehören insbesondere Grundvermögen iSd §§ 68–94 BewG, land- und forstwirtschaftliche Grundstücke, die zum Bau- oder zumindest zum Bauerwartungsland geworden sind, oder auch solche Grundstücke, bei denen nach ihrer Lage, den bestehenden Verwertungsmöglichkeiten oder aus sonstigen Umständen anzunehmen ist, dass sie in absehbarer Zeit anderen als land- oder forstwirtschaftlichen Zwecken, zB als Bauland, Industrieland oder Land für Verkehrszwecke, dienen werden.[3] Auch sonstiges Vermögen iSd §§ 110 ff. BewG (Wertpapiere, Geldforderungen) oder Betriebsvermögen iSd §§ 95–105 BewG gehören nicht dazu. Diese Vermögenswerte sind aus dem Einheitswert herauszurechnen und mit dem **Verkehrswert** zu berücksichtigen.

II. Voraussetzungen

8 **1. Erwerber, Natürliche Person.** Der Erwerber muss eine **natürliche Person** sein. Ein Erwerb zum Gesamthandseigentum einer BGB-Gesellschaft ist somit ebenso wenig zu privilegieren wie der Erwerb durch eine juristische Person oder Personengesellschaft. Allerdings muss es sich beim Erwerber nicht zwingend um ein Familienmitglied handeln.

9 Unschädlich für die Anwendung des Gebührenprivilegs ist dagegen eine Übertragung durch die GbR-Gesellschafter, wenn damit die GbR aufgelöst wird und der Erwerber als natürliche Person im Anschluss an den Erwerb den Betrieb fortführt.

10 **2. Hofstelle.** Zwingende Voraussetzung ist zudem, dass zum land- und forstwirtschaftlichen Vermögen eine **Hofstelle** gehört.[4] Auch ein Wohnhaus muss

2 Notarkasse Streifzug GNotKG Rn. 586.
3 BayObLG MittBayNot 1997, 312; *Bengel* DNotZ 1999, 772.
4 OLG Stuttgart DNotZ 1995, 786.

zur Hofstelle gehören.[5] Von der Hofstelle muss eine einheitliche Bewirtschaftung des Grund und Bodens erfolgen.[6]

Der Grundbesitz und die Hofstelle müssen eine wirtschaftliche und organisatorische Einheit bilden. Wird die Hofstelle oder eine geeignete Wohnung bereits im Vorfeld an den Erwerber übertragen, kann eine Privilegierung nur erfolgen, wenn die Beteiligten von vorneherein die Absicht hatten, beide Betriebe auf denselben Erwerber zu übertragen.[7] 11

3. Ertrag. Nach dem Wortlaut des Gesetzes muss der Betrieb einen nicht unwesentlichen Teil der Existenzgrundlage des Erwerbers darstellen. Zwar bedeutet dies im Umkehrschluss nicht, dass der Betrieb den überwiegenden Teil der wirtschaftlichen Existenzgrundlage des zukünftigen Inhabers bilden muss. Auch Nebenerwerbsbetriebe sind grundsätzlich von § 48 erfasst. Bei Beurteilung der Frage nach der Leistungsfähigkeit des (Nebenerwerbs-)Betriebes ist ein objektiver Maßstab zugrunde zu legen. Entscheidend ist, ob der Betrieb geeignet ist, einen wesentlichen Beitrag zum Unterhalt einer bäuerlichen Durchschnittsfamilie zu leisten. Die Rechtsprechung beantwortet diese Frage unter Berücksichtigung des Gesetzes zur Förderung der bäuerlichen Landwirtschaft (LaFG) und des Gesetzes über die Altershilfe für Landwirte (ALG).[8] Hier wird in Zweifelsfällen stets eine Einzelfallprüfung unter Berücksichtigung aller Umstände, auch der dem Erwerber ggf. neben dem Ertrag zukommenden Sachleistungen vorzunehmen sein.[9] 12

4. Mindestgröße. Eine konkrete Angabe zur Mindestgröße eines leistungsfähigen Betriebes enthält das BewG nicht. Um eine gewisse Ertragsstärke zu gewährleisten (→ Rn. 11) muss auch hier eine Beurteilung des jeweiligen Einzelfalls erfolgen. Auch insoweit können die Vorgaben des LaFG und ALG als Anhaltspunkt dienen. Demnach beträgt die Mindestgröße für Unternehmen der reinen Landwirtschaft zB in den Bereichen der Alterskassen für Franken und Oberbayern wie auch für Niederbayern/Oberpfalz und Schwaben derzeit einheitlich 8 ha, bei der Forstwirtschaft 75 ha. Eine starre Bindung an diese Mindestgrößen besteht jedoch nicht; vielmehr ist nach den Umständen des Einzelfalles zu entscheiden. 13

5. Fortführungsabsicht. Die Fortführung des Betriebes durch den Übernehmer muss im unmittelbaren Anschluss an die Beurkundung des Übergabevertrages erfolgen, es sei denn, es liegt eine sog. „gleitende" Übergabe (zB bei Nießbrauchsvorbehalt) vor. Der Übernehmer muss also in der Lage sein, den Betrieb selbst oder in Eigenverantwortung zu führen. Steht hingegen im Zeitpunkt der Zuwendung bereits die Stilllegung des Betriebs fest oder hat der Erblasser die Absicht, wesentliche Teile zu veräußern, ist die Anwendung des § 48 ausgeschlossen. 14

III. Privilegierte Rechtsgeschäfte

Unter § 48 fallen zB 15

- Lebzeitige Hofübergaben an eine oder mehrere Erwerber natürliche Personen zu Bruchteilen oder die Übertragung eines Miteigentumsanteils; die

5 OLG München MittBayNot 2014, 380 = ZNotP 2014, 77.
6 LG Ingolstadt JurBüro 1990, 493.
7 BayObLG RdL 2000, 213 = MittBayNot 2000, 470.
8 BayObLG NJW-RR 2001, 1366 = MittBayNot 2001, 495 = RdL 2001, 215 = ZNotP 2001, 446; OLG Hamm MittBayNot 2002, 313 = ZNotP 2001, 407.
9 Hierzu auch BayObLG MittBayNot 2003, 239 = ZNotP 2003, 279.

Privilegierung gilt auch dann, wenn die mehreren (Bruchteils-)Erwerber den Betrieb als GbR fortführen

- Übergabe des Betriebes gegen Nießbrauchsvorbehalt
- Übergabe des Betriebes an den bisherigen Pächter unter Auflösung des Pachtverhältnisses. Die Privilegierung entfällt jedoch dann, wenn ein Dritter als Pächter „zwischengeschaltet" war, da der Erwerber dann nicht unmittelbar dem Übergeber als Inhaber nachfolgen kann
- Zuwendungen durch letztwillige Verfügungen (Testamente, Erbverträge) genauso wie Erbscheinsanträge, Europäische Nachlasszeugnisse oder Erbauseinandersetzungsverträge, wonach ein Miterbe den Betrieb übernimmt.

16 Nicht privilegiert ist hingegen insbesondere die Übergabe eines weiterhin verpachteten Betriebes (gleich ob die Verpachtung an Dritte oder Familienangehörige erfolgt ist), die Übergabe des Betriebes an eine GbR, Kapital- oder Personengesellschaft, Eheverträge aller Art (auch dann wenn Gütergemeinschaft vereinbart wird). Auch General- oder Vorsorgevollmachten fallen nicht unter § 48.[10]

IV. Höfe iSd HöfeO (Abs. 3 Nr. 1)

17 Nach Abs. 3 Nr. 1 ist der vierfache Einheitswert auch für Höfe iSd Höfeordnung anzuwenden. Die Höfeordnung gilt als partielles Bundesrecht für die Bundesländer Niedersachsen, Nordrhein-Westfalen, Schleswig-Holstein und Hamburg (Art. 125 GG). Insoweit gelten dieselben Grundsätze wie für die Zuwendung land- und forstwirtschaftlicher Betriebe.

§ 49 Grundstücksgleiche Rechte

(1) Die für die Bewertung von Grundstücken geltenden Vorschriften sind auf Rechte entsprechend anzuwenden, die den für Grundstücke geltenden Vorschriften unterliegen, soweit sich aus Absatz 2 nichts anderes ergibt.

(2) Der Wert eines Erbbaurechts beträgt 80 Prozent der Summe aus den Werten des belasteten Grundstücks und darauf errichteter Bauwerke; sofern die Ausübung des Rechts auf eine Teilfläche beschränkt ist, sind 80 Prozent vom Wert dieser Teilfläche zugrunde zu legen.

I. Grundstücksgleiche Rechte

1 Nach Abs. 1 sind die Bewertungsvorschriften für Grundstücke auch für solche Rechte maßgeblich, auf die die materiellrechtlichen Vorschriften über Grundstücke angewandt werden.[1] Hiervon betroffen ist zB Bergwerkseigentum oder Gebäudeeigentum (Art. 233 §§ 2b ff. EGBGB), Fischereirechte oder Fährgerechtigkeiten. Im Bereich der Notarkosten spielt die Vorschrift kaum eine Rolle.

2 Ist ein Gebäudeeigentum Gegenstand eines gebührenpflichtigen Vorgangs, insbesondere im Falle der Übertragung, hat die Wertermittlung nach § 46 mit dem Verkehrswert des Gebäudes zu erfolgen. Der Wert des Gebäudes umfasst zugleich das Nutzungsrecht am Grundstück (Art. 231 § 5 Abs. 2 EGBGB).

10 Notarkasse Streifzug GNotKG Rn. 2965.
1 BT-Drs. 17/11471 (neu), 170.

II. Erbbaurecht

Abs. 2 bestimmt den Wert eines **Erbbaurechts.** Neben dem nach § 46 zu bestimmenden Grundstückswert sind auch etwa bereits darauf befindliche Gebäude bei der Wertberechnung zu berücksichtigen. Dies gilt selbst dann, wenn das Gebäude bereits vom (künftigen) Erbbauberechtigten auf dessen Kosten errichtet worden ist.[2] Beschränkt sich die Ausübung des Erbbaurechts auf eine Grundstücksteilfläche, ist nur der Wert der Teilfläche im Rahmen der Wertbestimmung nach Abs. 2 zu berücksichtigen. 3

Als **Bewertungsvorschrift** ist Abs. 2 jedoch nicht nur bei der Bestellung eines Erbbaurechts einschlägig. Die Vorschrift gilt vielmehr stets dann, wenn der Wert eines Erbbaurechts zu ermitteln ist, insbesondere also bei Überlassung, Verfügung von Todes wegen, Vollmachten oder Aufhebung des Erbbaurechts. 4

Mit dem Wertansatz nach Abs. 2 sind im Rahmen der **Bestellung des Erbbaurechts** auch sämtliche weiteren Vereinbarungen zur Verwirklichung des Erbbaurechts erfasst, wie etwa Heimfallregelungen, die **Verpflichtung zur Gebäudeerrichtung,** eine bereits im Erbbaurechtsvertrag vom Grundstückseigentümer erteilt **Zustimmung zur Belastung** des Erbbaurechts mit Grundpfandrechten sowie alle weiteren Vereinbarungen nach §§ 5–8 ErbbauRG, die zum Inhalt des Erbbaurechts gemacht werden können. Ein gesonderter Wertansatz hat insoweit nicht zu erfolgen. 5

Auch das am Grundstück zugunsten des Erbbauberechtigten bestellte **Vorkaufsrecht** ist Inhalt des Erbbaurechtsvertrages und nicht gesondert zu bewerten. Dagegen ist ein am Erbbaurecht zugunsten des jeweiligen Eigentümers des Erbbaugrundstücks eingeräumtes Vorkaufsrecht als weiterer Beurkundungsgegenstand iSv § 86 Abs. 2 bei der Bewertung zu berücksichtigen. Der Geschäftswert bestimmt sich nach § 51 Abs. 1 S. 2 mit der Hälfte des Wertes des betroffenen Gegenstandes. Betroffener Gegenstand ist das Erbbaurecht, dessen Wert nach Abs. 2 zu bestimmen ist. Nach überwiegender Auffassung in der Literatur ist dabei stets das Erbbaurecht in seinem künftigen, also bebauten Zustand, betroffen. Der Ausgangswert für die Wertberechnung des Vorkaufsrechts bestimmt sich deshalb mit 80 % aus der Summe des Erbbaugrundstücks samt der darauf **vom Erbbauberechtigten zu errichtenden Gebäude.**[3] Nach Auffassung des OLG München[4] ist zwar der Wert des Erbbaurechts im Beurkundungszeitpunkt maßgebend (also regelmäßig ohne Bebauung); jedoch kann in diesen Fällen im Rahmen der Billigkeitsprüfung nach § 51 Abs. 3 ein höherer Wert angenommen werden, und zwar in der Weise, dass die Baukosten bei der Wertberechnung Berücksichtigung finden. Dies dürfte letzten Endes zum gleichen Ergebnis führen.[5] 6

Bei der **Bestellung eines entgeltlichen Erbbaurechts** ist zudem § 43 zu beachten: Dem nach Abs. 2 bestimmten Wert ist der kapitalisierte Erbbauzins nach § 52 gegenüberzustellen. Der höhere Wert ist als Geschäftswert maßgeblich. Etwaige vom Erbbauberechtigten über die Zinszahlung hinausgehende Leistungen sind hierbei im Rahmen des Wertvergleichs ebenfalls zu berücksichtigen. 7

Abs. 2 gilt auch bei **Aufhebung eines Erbbaurechts.** Wird gleichzeitig mit der Löschung des Erbbaurechts auch das **Vorkaufsrecht** des Erbbauberechtigten am 8

2 Korintenberg/*Tiedtke* Rn. 16; Notarkasse Streifzug GNotKG Rn. 795.
3 Korintenberg/*Sikora* § 43 Rn. 20; Notarkasse Streifzug GNotKG Rn. 808.
4 OLG München BeckRS 2018, 27158 = MittBayNot 2019, 392 mAnm *Strauß*.
5 so auch LG Münster 3.6.2020 – 5 OH 22/19, BeckRS 2020, 20294, zumindest dann, wenn der Erbbauberechtigte sich im Erbbaurechtsvertrag zur Errichtung des Bauwerks verpflichtet hat.

Grundstück gelöscht, so ist der Wert hierfür nach § 51 Abs. 1 S. 2 und Abs. 3 zu bewerten. Ein Teilwert von 10–20 % des Grundstückswerts ohne Bauwerk ist unter Ausübung billigen Ermessens sachgerecht, weil mit der Löschung des Erbbaurechts das Vorkaufsrecht gegenstandslos geworden ist (der Berechtigte des Vorkaufsrechts ist entfallen).

§ 50 Bestimmte schuldrechtliche Verpflichtungen

Der Wert beträgt bei einer schuldrechtlichen Verpflichtung

1. über eine Sache oder ein Recht nicht oder nur eingeschränkt zu verfügen, 10 Prozent des Verkehrswerts der Sache oder des Werts des Rechts;

2. zur eingeschränkten Nutzung einer Sache 20 Prozent des Verkehrswerts der Sache;

3. zur Errichtung eines Bauwerks, wenn es sich um

a) ein Wohngebäude handelt, 20 Prozent des Verkehrswerts des unbebauten Grundstücks,

b) ein gewerblich genutztes Bauwerk handelt, 20 Prozent der voraussichtlichen Herstellungskosten;

4. zu Investitionen 20 Prozent der Investitionssumme.

I. Grundsätzliches

1 Mit § 50 hat der Gesetzgeber den Wert bestimmter schuldrechtlicher Verpflichtungen festgelegt. Insbesondere bei der Bewertung von **weiteren Käuferleistungen** im Rahmen eines Grundstückskaufvertrags nach § 47 S. 2 hat die Vorschrift Bedeutung. Anwendung findet sie jedoch immer dann, wenn die genannten schuldrechtliche Verpflichtungen Gegenstand einer vertraglichen Vereinbarung sind.

II. Verfügungsbeschränkungen (Nr. 1)

2 Nr. 1 betrifft alle Fälle, in denen sich ein Vertragsteil verpflichtet, nur mit Zustimmung eines Dritten über eine Sache oder ein Recht zu verfügen. Hauptanwendungsfall ist die im Rahmen von Grundstückskaufverträgen vom Käufer eingegangene Verfügungsbeschränkung, welche als Hinzurechnungsposten nach § 47 S. 2 zum Kaufpreis zu addieren ist. Insbesondere bei Kaufverträgen betreffend die **Veräußerung von Bauland** durch Kommunen ist eine solche Verpflichtung häufig anzutreffen. Auch wenn dort die Verfügungsbeschränkung regelmäßig zeitlich begrenzt ist, ist der Wert stets mit 10 % des Verkehrswerts der betroffenen Sache anzunehmen. Allerdings ist auch nur dann ein Wertansatz in Höhe von (einmalig) 10 % einschlägig, wenn die Beschränkung neben der Ver-

äußerung auch die Belastung beinhaltet. Beides sind „Verfügungen" und deshalb vom pauschalierten Wertansatz der Nr. 1 erfasst.[1]

Keine gesondert zu bewertende **Verfügungsbeschränkung** liegt vor, wenn in einem Kaufvertrag vereinbart wird, dass der Käufer seine Ansprüche nur mit Zustimmung des Verkäufers abtreten darf. Insoweit handelt es sich vielmehr um eine Vertragsbedingung, die mit Erfüllung des Kaufvertrags wegfällt; bereits deshalb fehlt es am Hinzurechnungscharakter von § 47 S. 2. 3

III. Nutzungsbeschränkungen (Nr. 2)

Unter Nr. 2 sind alle Fälle zu subsumieren, in welchen die Verpflichtung zur eingeschränkten Nutzung einer Sache vereinbart wird. Darunter fallen insbesondere 4

- die Verpflichtung, Gebäude nur selbst zu eigenen Wohnzwecken zu nutzen oder die Nutzung nur einem bestimmten Personenkreis zu überlassen
- die erstmalig übernommene Verpflichtung, bestimmte gewerbliche Nutzungen zu unterlassen oder
- die Verpflichtung, bestimmte Teile eines Gebäudes nur an einen ausgewählten Personenkreis zu vermieten (zB bei Kaufverträgen mit Sozialbindung).

Derartige Nutzungsbeschränkungen sind nach Nr. 2 mit 20 % des Verkehrswerts der Sache zu bewerten.

IV. Bauverpflichtungen (Nr. 3)

1. Allgemeines. Von besonderer Bedeutung bei der Veräußerung von Bauland durch Kommunen ist das Interesse an der tatsächlichen Bebauung des verkauften Grundbesitzes. Das Interesse der Kommune kann dabei wirtschaftlicher Art sein (zB bei Gewerbeansiedlung) oder rein ideelle Ziele bezwecken (Schaffung von Wohnraum). In beiden Fällen hat der Gesetzgeber mit § 50 nun klar vorgegeben, welchem Wertansatz eine zur Umsetzung des von der Kommune verfolgten Zweckes im Kaufvertrag vereinbarte Bauverpflichtung unterliegt. 5

Die Bauverpflichtung ist dabei – wie auch die Verfügungs- oder Nutzungsbeschränkung – ebenfalls als weitere Käuferleistung iSv § 47 S. 2 dem Kaufpreis hinzuzurechnen. Dies gilt allerdings nicht für sog. dingliche Bauverpflichtungen, zB im Rahmen der Erbbaurechtsbestellung (§ 2 Nr. 1 ErbbauRG) oder der Begründung von Wohnungs- oder Teileigentum.[2] 6

2. Wohngebäude (Nr. 3 lit. a). Der Geschäftswert einer schuldrechtlichen Bauverpflichtung über eine Wohnimmobilie beträgt nach § 50 Nr. 3 lit. a stets 20 % des Verkehrswerts des unbebauten Grundstücks (§ 46), meist also 20 % des Kaufpreises. Liegt allerdings ein Verkauf unter Verkehrswert vor, ist nicht der Kaufpreis Ausgangswert, sondern der höhere Verkehrswert. 7

3. Gewerblich genutzte Bauwerke (Nr. 3 lit. b). Betrifft die schuldrechtliche Bauverpflichtung ein gewerblich genutztes Bauwerk, beträgt der Geschäftswert nach § 50 Nr. 3 lit. b 20 % der voraussichtlichen Herstellungskosten. Unter Nr. 3 lit. b fallen alle Bauwerke, die nicht als „Wohnhaus" zu qualifizieren sind, also auch Krankenhäuser, Kindergärten, Schulen usw. 8

V. Investitionsverpflichtungen (Nr. 4)

Unter Investitionsverpflichtungen iSv Nr. 4 fallen alle schuldrechtlichen Verpflichtungen zur Investition einer bestimmten Geldsumme, wie zB die Ver- 9

1 Korintenberg/*Tiedtke* § 50 Rn. 10.
2 Korintenberg/*Tiedtke* § 50 Rn. 19.

pflichtung zur Investition ein bestimmten Mindestsumme zur Anschaffung bestimmter Maschinen und Anlagen, die Verpflichtung zur Modernisierung der erworbenen Gebäude oder die Verpflichtung zur Schaffung von Arbeitsplätzen.

10 Nicht zu den Investitionsverpflichtungen zählen Verpflichtungen zur **Sanierung von Gebäuden**. Diese sind ihrem Wesen nach eher mit Bauverpflichtungen zu vergleichen. Ihr Wert ist dann nach Nr. 3 lit. a oder lit. b zu bestimmen.

VI. Sicherungsgeschäfte, Rückkaufsrecht

11 Werden gleichzeitig mit einer oder mehrerer der schuldrechtlichen Verpflichtungen nach Nr. 1–4 Regelungen über den Fall der Zuwiderhandlung gegen die vereinbarten Verpflichtungen in die Urkunde aufgenommen, betreffen diese Vereinbarungen denselben Gegenstand nach § 109 Abs. 1. Dies gilt vor allem für **Rückerwerbs- oder Wiederkaufsrechte**, die zur Sicherung der Verpflichtungen eingeräumt werden, aber auch für sonstige Vertragsstrafen. Eine gesonderte Bewertung dieser Sicherungsgeschäfte hat nicht zu erfolgen, auch dann nicht, wenn mehrere Sicherungen erfolgen (zB alternativ Rückkaufsrecht oder Vertragsstrafe).

12 **Derselbe Gegenstand** liegt jedoch **nur** vor, soweit die Ausübung des Rückerwerbs- oder Wiederkaufsrecht tatsächlich auch auf die Zuwiderhandlung gegen die bestimmte schuldrechtliche Verpflichtung beschränkt ist. Weitergehende Rückübertragungsgründe wie zB für den Fall der Insolvenz oder des Vorversterbens, sind nach § 51 Abs. 1, Abs. 3 gesondert zu bewerten.

VII. Wiederkaufs- oder Rückkaufsrechte ohne Bauverpflichtung

13 Wird im Rahmen eines Kaufvertrags vom Verkäufer ein Wiederkaufs- oder Rückkaufsrecht für den Fall vorbehalten, dass der Käufer den Vertragsgegenstand nicht bebaut, liegt zwar ebenfalls eine **weitere Käuferleistung** iSv § 47 S. 2 vor. Allerdings findet § 50 in diesem Fall keine unmittelbare Anwendung, da es an der konkreten schuldrechtlichen Bauverpflichtung fehlt. Die Wertbestimmung hat daher nach § 51 Abs. 1 zu erfolgen. Es dürfte jedoch angemessen sein, im Rahmen der Wertbestimmung unter Berücksichtigung der Vorgaben in § 51 Abs. 3 den Wert für das Wiederkaufsrecht am Wert für eine Bauverpflichtung nach § 50 zu orientieren (also mit 20 % des Verkehrswerts des betroffenen Grundbesitzes), wenn die Nichtbebauung den einzigen Ausübungsgrund für das Rückerwerbsrecht darstellt (sog. stillschweigende Bauverpflichtung).[3] Die Bauherstellungskosten können – anders als in Nr. 3 lit. b – jedoch in keinem Fall für die Wertberechnung nach § 51 Abs. 1, Abs. 3 herangezogen werden.

§ 51 Erwerbs- und Veräußerungsrechte, Verfügungsbeschränkungen

(1) [1]Der Wert eines Ankaufsrechts oder eines sonstigen Erwerbs- oder Veräußerungsrechts ist der Wert des Gegenstands, auf den sich das Recht bezieht. [2]Der Wert eines Vorkaufs- oder Wiederkaufsrechts ist die Hälfte des Werts nach Satz 1.

(2) Der Wert einer Verfügungsbeschränkung, insbesondere nach den §§ 1365 und 1369 des Bürgerlichen Gesetzbuchs sowie einer Belastung gemäß § 1010 des Bürgerlichen Gesetzbuchs, beträgt 30 Prozent des von der Beschränkung betroffenen Gegenstands.

3 Notarkasse Streifzug GNotKG Rn. 2348.

(3) Ist der nach den Absätzen 1 und 2 bestimmte Wert nach den besonderen Umständen des Einzelfalls unbillig, kann ein höherer oder ein niedrigerer Wert angenommen werden.

I. Erwerbs- und Veräußerungsrechte

1. Ankaufsrecht oder sonstige Erwerbs- bzw. Veräußerungsrechte. Maßgebend ist der volle Wert des Gegenstandes, bei Grundbesitz also regelmäßig der Verkehrswert nach § 46. Die Wahrscheinlichkeit des Bedingungseintritts ist grundsätzlich nicht von Bedeutung. Nur im Einzelfall kann unter besonderen Umständen nach Abs. 3 eine Korrektur des Wertansatzes nach unten vorgenommen werden, wenn das Ergebnis ansonsten unbillig wäre. Als eng auszulegende Ausnahmevorschrift dürfte Abs. 3 jedoch nur dann Anwendung finden, wenn die Voraussetzungen für die Ausübung einer Erwerbs- oder Veräußerungsoption als besonders unwahrscheinlich gelten. 1

Insbesondere wenn die Erwerbs- oder Veräußerungsrechte so stark eingeschränkt werden, dass ihre Wirkungen eher denen eines Vor- oder Wiederkaufsrechts vergleichbar sind, dürfte ein niedrigerer Wert in Anlehnung an Abs. 1 S. 2 in Betracht kommen.[1] 2

Gleiches gilt für (Rück-)Erwerbsrechte, die als Gegenleistungen im Rahmen von Übergabe- oder Überlassungsverträgen vereinbart werden. Meistens ist die Rechtsausübung nur unter bestimmten Bedingungen (zB Veräußerung, Vorversterben oder Insolvenz des Übernehmers) möglich, die -anders als bei einem sonstigen Erwerbsrecht – eher von der Unwahrscheinlichkeit geprägt sind, realisiert zu werden. Ein Wertansatz in Höhe von 100 % des betroffenen Grundbesitzes nach § 51 Abs. 1 S. 1 erscheint damit nicht sachgerecht. Die obergerichtliche Rechtsprechung[2] vertritt zwischenzeitlich zu der vergleichbaren Bewertung von Rückauflassungsvormerkungen die überwiegende Auffassung, dass der Wert in entsprechender Anwendung von § 51 Abs. 1 S. 2 mit dem halben Wert der Sache anzunehmen sei. Ein Unterschreiten dieses Wertes dürfte nur noch dann in Betracht kommen, wenn aufgrund ausreichender Anhaltspunkte die Wahrscheinlichkeit des Bedingungseintritts als außergewöhnlich gering einzustufen ist (zB Rückforderung nur für den Fall des Vorversterbens). Ein geringerer Wert kommt auch dann in Betracht, wenn durch das Rückforderungsrecht nur der Fall der zustimmungslosen Veräußerung abgesichert wird. Hier erscheint unter Berücksichtigung des für eine vergleichbare schuldrechtliche Vereinbarung in § 50 Nr. 1 vorgesehenen Wertes ein Ansatz in Höhe von 10 % des Verkehrswertes des Grundbesitzes sachgerecht. 3

1 So auch *Fackelmann* ZNotP 2018, 119 ff.

2 OLG Bamberg ZNotP 2018, 116 mAnm *Fackelmann*; OLG Celle JurBüro 2018, 530; OLG Dresden NotBZ 2018, 272; OLG Zweibrücken FGPrax 2017, 46; OLG Köln FGPrax 2016, 188, OLG München FGPrax 2015, 230.

4 **2. Vorkaufs- und Wiederkaufsrechte. a) Vorkaufsrecht.** Der Wert eines Vorkaufsrechts beträgt stets **50 % des Wertes des betroffenen Gegenstandes.** Die Ausübung dieser Rechte setzt einen Verkauf des Gegenstandes voraus, weshalb die Annahme des vollen Wertes nicht sachgerecht ist.

5 Wird ein Vorkaufsrecht im Rahmen eines Kaufvertrages eingeräumt, ist zu prüfen, ob insoweit eine weitere Käuferleistung nach § 47 S. 2 vorliegt oder das Vorkaufsrecht einen verschiedenen Beurkundungsgegenstand darstellt. Letzteres ist insbesondere dann zutreffend, wenn an anderen als den verkauften Grundstücken entsprechende Rechte bestellt werden. Dagegen hat eine Bewertung des Erwerbsrechts zu unterbleiben, wenn dieses wiederum ausschließlich zur Sicherung der vom Käufer eingegangenen Verpflichtungen wie zB einer Bau- oder Selbstnutzungsverpflichtung im Rahmen eines Bauplatzkaufes eingeräumt wurde (→ § 50 Rn. 11).

6 Ein bei Bestellung eines Erbbaurechts zugunsten des jeweiligen Grundstückseigentümers eingeräumtes **Vorkaufsrecht am Erbbaurecht** ist als verschiedener Beurkundungsgegenstand neben dem Erbbaurechtsvertrag gesondert zu bewerten (→ § 49 Rn. 6).

7 Bei der Wertbestimmung ist stets unbeachtlich, ob das Vorkaufsrecht für **alle Verkaufsfälle** gilt oder die Ausübung auf den **ersten Verkaufsfall** beschränkt ist. In allen Fällen ist der hälftige Wert des Gegenstandes nach Abs. 1 S. 2 zugrunde zu legen. Auch Befristungen oder weitere Ausübungsbedingungen spielen regelmäßige bei der Wertbestimmung keine Rolle. Führen diese allerdings nach den besonderen Umständen des Einzelfalls zu einem unbilligen Ergebnis, kann nach Abs. 3 ein höherer oder niedrigerer Wert angenommen werden. Ein Abweichen vom Regelwert kommt zB dann in Betracht, wenn die Wahrscheinlichkeit des Bedingungseintritts außergewöhnlich groß oder gering ist.[3] Bei Vorkaufsrecht am Erbbaurecht kann ein Wertabschlag dann gerechtfertigt sein, wenn das Erbbaurecht nach seiner Beschaffenheit und der Nutzungsmöglichkeiten nur einer eingeschränkten Verwertung zugänglich ist und daher ein Veräußerungsfall als äußert unwahrscheinlich gilt. Insbesondere bei Gebäuden, die **ausschließlich öffentlichen Zwecken** dienen, kann daher ein Wertabschlag nach Abs. 3 möglich sein.

8 **b) Wiederkaufsrecht.** Für das Wiederkaufsrecht gelten dieselben Grundsätze wie für Vorkaufsrechte. Allerdings können auch andere Erwerbsrechte durch Bedingungen so stark eingeschränkt sein, dass sie nur wie ein Vor- oder Wiederkaufsrecht wirken. Insbesondere bei den in Übergabe- und Überlassungsverträgen häufig vereinbarten **Rückforderungsrechten** ist deshalb ein geringerer Wert anzunehmen. Die Ausübung wird nur in genau bestimmten Einzelfällen gestattet (vor allem Verstoß gegen Veräußerungs- oder Belastungsverbot, Vermögensverfall, Vorversterben etc) und ist demgemäß sehr unwahrscheinlich. Höchstens erscheint deshalb die Annahme des halben Grundstückswertes in entsprechender Anwendung des Abs. 2 iVm Abs. 3 sachgerecht.[4]

9 Wiederkaufsrechte werden häufig auch bei Kaufverträgen zwischen der Gemeinde und einheimischen Bauwilligen vereinbart. Sichert das Wiederkaufsrecht in diesen Fällen bestimmte schuldrechtliche Verpflichtungen des Käufers ab (insbesondere Bauverpflichtung, Verfügungsbeschränkung oder Selbstnutzungsverpflichtung), liegt insoweit jedoch derselbe Beurkundungsgegenstand

3 MittBayNot 1985, 271; OLG Zweibrücken Rpfleger 1991, 54 = JurBüro 1991, 395; Korintenberg/*Schwarz* Rn. 15; Notarkasse Streifzug GNotKG Rn. 94.
4 *Fackelmann* ZNotP 2018, 119 ff.

nach § 109 Abs. 1 vor, weshalb das Wiederkaufsrecht nicht gesondert zu bewerten ist.

Etwas anderes gilt dann, wenn der Käufer nur ein Wiederkaufsrecht bestellt, 10
ohne dass bestimmte schuldrechtliche Verpflichtungen zugrunde liegen. Dann ist das Wiederkaufsrecht als weitere Käuferleistung nach § 47 S. 2 regelmäßig dem Kaufpreis hinzuzurechnen, wenn es für den Verkäufer einen eigenständigen wirtschaftlichen Wert hat. Ein solcher ist insbesondere dann anzunehmen, wenn die Ausübungsbedingung für das Wiederkaufsrecht die Nichtbebauung des Vertragsobjektes ist (sog. negative oder stillschweigende Bauverpflichtung).[5] Für derartige Fälle erscheint dabei die Annahme eines den Vorgaben des § 50 Nr. 3 lit. a entsprechenden Teilwertes in Höhe von 20 % des Grundstückswertes im Rahmen der Wertbestimmung nach Abs. 1 S. 2 und Abs. 3 angemessen, bei weiteren Ausübungsbedingungen auch darüber.[6]

II. Verfügungsbeschränkungen, Miteigentümervereinbarungen

1. Verfügungsbeschränkungen. Gemeint sind Verfügungsbeschränkungen mit 11
dinglicher Wirkung. Hierunter fällt insbesondere der Einwilligungsvorbehalt des Ehegatten bei einer **Verfügung über Vermögen im Ganzen** (§ 1365 BGB) und bei Verfügungen über **Haushaltsgegenstände** (§ 1369 BGB). Vereinbarungen hierzu (zB Ausschluss oder Beschränkung auf bestimmte Vermögensgegenstände) werden durch Ehevertrag getroffen (Modifikation des gesetzlichen Güterstandes). Beschränkt sich dieser auf die Verfügungsbeschränkung, ergibt sich der Wert unmittelbar aus Abs. 2. Mit anderen ehevertragliche Regelungen zusammen bilden die Vereinbarungen über die Verfügungsbeschränkungen der §§ 1365, 1369 BGB jedoch in bestimmten Fällen ein einheitliches Rechtsverhältnis und denselben Beurkundungsgegenstand.

2. Miteigentümervereinbarungen. Anders als in § 50 sind von der Regelung in 12
Abs. 2 nur die **dinglich wirkenden Vereinbarungen** betroffen. Nach § 1010 BGB sind dies **Verwaltungs- und Benutzungsregelungen** und der **Ausschluss des Auseinandersetzungsrechts** für immer oder auf begrenzte Zeit. Verwaltungs- und Benutzungsregelung einerseits und Aufhebungsausschluss andererseits betreffen dabei jeweils einen verschiedenen Beurkundungsgegenstand. Jede der beiden Regelungen löst für sich den Wertansatz nach Abs. 2 mit 30 % des betroffenen Gegenstandes aus.

Dagegen werden mehrere Verwaltungs- und Benutzungsregelungen nicht geson- 13
dert bewertet, da eine Abgrenzung der einzelnen Regelungsinhalte hier auch nur schwer möglich wäre. Zudem wird selbst im Grundbuch nur eine Benutzungsregelung eingetragen.

Treffen die Miteigentümer noch weitere Vereinbarungen, insbesondere die Ein- 14
räumung gegenseitiger Vorkaufsrechte, sind diese nach den allgemeinen kostenrechtlichen Vorgaben gesondert zu bewerten.

III. Wertkorrektur, billiges Ermessen (Abs. 3)

Von der Wertbestimmung nach Abs. 1 für Erwerbsrechte und Veräußerungsver- 15
pflichtungen sowie Vorkaufs- und Wiederkaufsrechte kann nach Abs. 3 nur noch abgewichen werden, wenn das Ergebnis offensichtlich unbillig ist. Eine Wertbestimmung nach Abs. 3 nach billigem Ermessen kommt zB in Betracht,

5 OLG München MittBayNot 2015, 257 mAnm *Tiedtke;* MittBayNot 2015, 260 = Rpfleger 2015, 232.

6 *Tiedtke* DNotZ 2015, 597; *Tiedtke* MittBayNot 2015, 261.

wenn ein bedingtes Erwerbsrecht in einem Veräußerungsvertrag Teil der Gegenleistungen und die Ausübung weitreichenden Beschränkungen unterworfen ist.

16 Insbesondere bei gegenstandslosen Rechten ist demnach ein Wertabschlag gerechtfertigt. Angemessen erscheinen hier etwa 10 % des Grundstückswertes.[7]

§ 52 Nutzungs- und Leistungsrechte

(1) Der Wert einer Dienstbarkeit, einer Reallast oder eines sonstigen Rechts oder Anspruchs auf wiederkehrende oder dauernde Nutzungen oder Leistungen einschließlich des Unterlassens oder Duldens bestimmt sich nach dem Wert, den das Recht für den Berechtigten oder für das herrschende Grundstück hat.

(2) [1]Ist das Recht auf eine bestimmte Zeit beschränkt, ist der auf die Dauer des Rechts entfallende Wert maßgebend. [2]Der Wert ist jedoch durch den auf die ersten 20 Jahre entfallenden Wert des Rechts beschränkt. [3]Ist die Dauer des Rechts außerdem auf die Lebensdauer einer Person beschränkt, darf der nach Absatz 4 bemessene Wert nicht überschritten werden.

(3) [1]Der Wert eines Rechts von unbeschränkter Dauer ist der auf die ersten 20 Jahre entfallende Wert. [2]Der Wert eines Rechts von unbestimmter Dauer ist der auf die ersten zehn Jahre entfallende Wert, soweit sich aus Absatz 4 nichts anderes ergibt.

(4) [1]Ist das Recht auf die Lebensdauer einer Person beschränkt, ist sein Wert

bei einem Lebensalter von …	der auf die ersten … Jahre
bis zu 30 Jahren	20
über 30 Jahren bis zu 50 Jahren	15
über 50 Jahren bis zu 70 Jahren	10
über 70 Jahren	5

entfallende Wert. [2]Hängt die Dauer des Rechts von der Lebensdauer mehrerer Personen ab, ist maßgebend,

1. **wenn das Recht mit dem Tod des zuletzt Sterbenden erlischt, das Lebensalter der jüngsten Person,**
2. **wenn das Recht mit dem Tod des zuerst Sterbenden erlischt, das Lebensalter der ältesten Person.**

(5) Der Jahreswert wird mit 5 Prozent des Werts des betroffenen Gegenstands oder Teils des betroffenen Gegenstands angenommen, sofern nicht ein anderer Wert festgestellt werden kann.

(6) [1]Für die Berechnung des Werts ist der Beginn des Rechts maßgebend. [2]Bildet das Recht später den Gegenstand eines gebührenpflichtigen Geschäfts, so ist der spätere Zeitpunkt maßgebend. [3]Ist der nach den vorstehenden Absätzen bestimmte Wert nach den besonderen Umständen des Einzelfalls unbillig, weil im Zeitpunkt des Geschäfts der Beginn des Rechts noch nicht feststeht oder das Recht in anderer Weise bedingt ist, ist ein niedrigerer Wert anzunehmen. [4]Der Wert eines durch Zeitablauf oder durch den Tod des Berechtigten erloschenen Rechts beträgt 0 Euro.

(7) Preisklauseln werden nicht berücksichtigt.

7 Notarkasse Streifzug GNotKG Rn. 2670 mwN.

I. Grundsätzliches

Unter den Anwendungsbereich von § 52 fallen alle Arten von **Dienstbarkeiten** und Nutzungsrechten (insbesondere Nießbrauch, Wohnungsrecht etc), auch wenn durch diese lediglich ein Dulden oder Unterlassen gesichert wird. Die Reallast gehört ebenfalls hierher. Allerdings ist § 52 auch für sonstige **wiederkehrende schuldrechtliche Ansprüche** anwendbar. Merkmal einer wiederkehrenden Nutzung oder Leistung ist dabei stets, dass für den Gegenstand der Rechtseinräumung ein durchschnittlicher Jahreswert feststellbar ist. Ist dies nicht möglich, so muss der Jahreswert nach § 36 Abs. 1 bestimmt und dann kapitalisiert werden; ist auch dies nicht möglich, so erfolgt die Bestimmung des Geschäftswertes nach freiem Ermessen (§ 36 Abs. 1). 1

Auch **Unterhaltsvereinbarungen**, insbesondere für die Zeit nach Beendigung der Ehe, sind vom Anwendungsbereich des § 52 erfasst. Ebenso sind **Gewinnabführungsverträge** nach dieser Vorschrift zu bewerten. 2

II. Jahreswert

Unter Jahreswert ist der Durchschnittswert einer **einjährigen Bezugsperiode** zu verstehen. Wann dabei die Einzelleistungen fällig werden, ist ebenso wenig zu berücksichtigen wie Zinsen oder Vertragsstrafen (§ 37). Bei Geldleistungen ist der Zahlbetrag maßgebend. Bei Nutzungsrechten, wie zB beim Wohnungsrecht, kann der ortsübliche Mietwert herangezogen werden. 3

Liegen keinerlei **Anhaltspunkte** für die Bestimmung des Jahreswertes vor, ist dieser nach Abs. 5 mit 5 % des Wertes des von der Rechtseinräumung betroffenen Gegenstandes anzunehmen. Allerdings handelt es sich bei Abs. 5 um eine Hilfsklausel, die nur dann Anwendung finden kann, wenn tatsächlich eine Wertberechnung ausgeschlossen ist. 4

Erstrecken sich Nutzungsbefugnisse nur auf Teile eines Gegenstandes (wie zB eine Dachfläche oder eine Grundstücksteilfläche), ist nur deren Wert einschlägig. Zudem ist die Annahme des vollen Wertes nach Abs. 5 nur dann sachgerecht, wenn dem Berechtigten alle Nutzungen des betroffenen Gegenstandes zukommen. Ist hingegen auch der Eigentümer des belasteten Grundbesitzes zur **Mitbenutzung** befugt (zB gemeinsame Geh- und Fahrtrechte oÄ), ist ein angemessener Wertabschlag vorzunehmen.[1] 5

Preisklauseln sind in keinem Fall bei der Wertberechnung zu berücksichtigen. 6

Sind die Leistungen und damit die Jahreswerte für die Zukunft unterschiedlich hoch, ist stets der auf die (ersten) Jahre des Bewertungszeitraums entfallende Wert maßgebend. Werterhöhungen, die nach dem maßgeblichen Bewertungszeitraum eintreten, sind damit ohne Bedeutung. 7

1 Notarkasse Streifzug GNotKG Rn. 2008.

III. Rechte von bestimmter Dauer (Abs. 2)

8 Bei Rechten von bestimmter Dauer ist der Gesamtbetrag der Nutzungen oder Leistungen während der ganzen Dauer maßgebend, jedoch nicht mehr als der auf die ersten 20 Jahre entfallende Betrag. Ist das Recht zugleich von der Lebensdauer einer Person (Abs. 4) abhängig (zB Nießbrauch, Wohnrecht für natürliche Person), so darf nicht mehr angesetzt werden als der höchste Wert nach Abs. 4.

IV. Rechte von unbeschränkter Dauer (Abs. 3 S. 1)

9 Bei Rechten von unbeschränkter Dauer ist ein Wegfall nicht abzusehen. Maßgebend ist der Wert aller Leistungen oder Nutzungen innerhalb der ersten 20 Jahre. Ist eine einmalige Ablösungssumme für das Recht geschuldet, gilt diese nach Abs. 1 als Höchstgrenze. Anwendung findet Abs. 3 S. 1 insbesondere bei Leitungs- und Geh- und Fahrtrechten aber auch unkündbaren beschränkten persönlichen Dienstbarkeiten und Nießbrauchsrechten für juristische Personen.

V. Rechte von unbestimmter Dauer (Abs. 3 S. 2)

10 Abs. 3 S. 2 gilt für Rechte von unbestimmter Dauer. Merkmal eines solchen Rechts ist, dass zwar dessen Wegfall, nicht jedoch der Zeitpunkt des Wegfalls feststeht. Maßgebend ist der auf die ersten zehn Jahre entfallende Wert, sofern es sich nicht um ein auf Lebenszeit einer Person befristetes Recht handelt. Dann findet Abs. 4 Anwendung. Allerdings ist der auf die ersten zehn Jahre entfallende Wert nach Abs. 3 S. 2 maßgebend, wenn der Wegfall des auf Lebenszeit eingeräumten Rechts zugleich vom Eintritt weiterer Bedingungen abhängt.

11 Unter Abs. 3 S. 2 fallen insbesondere:

- Rechte und Leistungen, deren Wegfall von einer Kündigung abhängt
- ein Recht für bestimmte Zeit, welches sich automatisch verlängert.

VI. Rechte auf Lebenszeit (Abs. 4)

12 **1. Einzelrecht.** Maßgebend ist der nach dem Lebensalter der Person zu bestimmende Vervielfältiger. Werden mehrere Einzelrechte bestellt, ist jedes Recht gesondert zu bewerten.

13 Wird allerdings ein Recht mehreren Berechtigten nacheinander eingeräumt (sog. Sukzessivberechtigung), liegt nach Auffassung des BayObLG[2] auch dann ein einziges Recht vor, wenn zur Sicherung mehrere Eintragungen in das Grundbuch erfolgen. In diesem Fall kann in der Summe der nach §§ 86 Abs. 2, 35 Abs. 1 zusammengerechnete Betrag der (teils aufschiebend bedingten) Einzelrechte nicht höher angenommen werden, als wenn für die Berechtigten ein (nach dem Lebensalter des Längstlebenden zu kapitalisierendes) Gesamtrecht vereinbart worden wäre.

14 **2. Gesamtrechte (Abs. 4 S. 2).** Erlischt das Recht mit dem Tode des **Zuletztversterbenden,** ist der Multiplikator für den jüngsten Berechtigten maßgebend (Abs. 4 S. 2 Nr. 1). Erlischt das Recht hingegen mit dem Tode des **Zuerstversterbenden,** ist für die Wertberechnung der Multiplikator für die älteste Person maßgebend (Abs. 4 S. 2 Nr. 2).

15 Steht ein Recht mehreren Personen in der Weise zu, dass sich nach dem Tode des Erstversterbenden die Leistungen ermäßigen und sind für die Berechtigten verschiedene Vervielfältiger nach Abs. 4 anwendbar, ist zunächst nach dem Le-

2 JurBüro 1992, 691.

bensalter des älteren Berechtigten zu kapitalisieren. Anschließend ist der für den jüngeren Berechtigten nach Abzug des bereits „verbrauchten" Jahreswertes einschlägige Vervielfältiger mit dem Betrag der geschmälerten Leistung zu kapitalisieren und hinzuzurechnen.

VII. Wertberechnung, bedingte und erloschene Rechte (Abs. 6)

1. Zeitpunkt für die Werberechnung. Der Geschäftswert ist bei Neubestellung von Rechten im Beurkundungszeitpunkt festzustellen, regelmäßig also zu Beginn des Bezugsrechts. Ist hingegen ein bereits bestehendes Recht Gegenstand der notariellen Tätigkeit (zB beim Rangrücktritt oder bei der Aufgabe des Rechts), ist der Wert des Rechts zum Zeitpunkt des vorgenommenen Geschäfts maßgebend, also mit dem Wert, den das Recht haben würde, wenn es neubestellt werden würde. 16

Ist ein Recht durch Zeitablauf oder Tod des Berechtigten erloschen, beträgt der Geschäftswert gemäß Abs. 6 S. 4 0 EUR. 17

2. Bedingte Rechte. Der Gesetzgeber sieht für Fälle mit besonderen Umständen dann einen Wertabschlag vor, wenn die Annahme des vollen kapitalisierten Wertes wegen des nicht feststehenden Beginns des Bezugsrechts oder bei sonstigen Bedingungen unbillig wäre. Ein Wertabschlag kommt demnach bereits nach dem Wortlaut des Gesetzes nur dann in Betracht, wenn der Einzel- vom Regelfall deutlich und zum Nachteil des Kostenschuldners abweicht.[3] Der Abschlag liegt dabei im Ermessen des Notars. 18

§ 53 Grundpfandrechte und sonstige Sicherheiten

(1) [1]Der Wert einer Hypothek, Schiffshypothek, eines Registerpfandrechts an einem Luftfahrzeug oder einer Grundschuld ist der Nennbetrag der Schuld. [2]Der Wert einer Rentenschuld ist der Nennbetrag der Ablösungssumme.

(2) Der Wert eines sonstigen Pfandrechts oder der sonstigen Sicherstellung einer Forderung durch Bürgschaft, Sicherungsübereignung oder dergleichen bestimmt sich nach dem Betrag der Forderung und, wenn der als Pfand oder zur Sicherung dienende Gegenstand einen geringeren Wert hat, nach diesem.

I. Grundpfandrechte

1. Hypotheken, Grund- und Rentenschulden (Abs. 1). Der Wert einer Hypothek oder Grundschuld sowie der anderen in Abs. 1 genannten Pfandrechte ist mit dem Nennbetrag zu bestimmen. Dies gilt nicht nur bei der Neubestellung derartiger Rechte, sondern zB auch für die Abtretung oder den Verzicht. Bei Pfandentlassungen und Pfandunterstellungen ist hingegen ein Wertvergleich vorzunehmen (§ 44 Abs. 1). 1

2. Löschung. Abs. 1 gilt grundsätzlich auch für Löschung von Grundpfandrechten und Hypothekenverzicht, dh Wert ist der Nennbetrag des zu löschenden Grundpfandrechts ohne Wertvergleich mit dem Grundstück. 2

3 Korintenberg/*Schwarz* Rn. 88.

3 Wird allerdings eine Globalgrundschuld gelöscht, ist § 44 Abs. 1 S. 2 einschlägig. Wenn bereits ein Grundstück zuvor aus der Mithaft entlassen wurde, wird die Löschung an der letzten Einheit kostenrechtlich als Freigabe (Mithaftentlassung) angesehen. Damit werden überhöhte und unverhältnismäßige Kosten für die „letzte Freigabe“ vermieden.

II. Sonstige Pfandrechte (Abs. 2)

4 Nach dem Bewertungsgrundsatz des Abs. 2 ist für sonstige Pfandrechte (zB Bürgschaft oder Sicherungsübereignung) ein Wertvergleich vorzunehmen zwischen dem gesicherten Anspruch bzw. der gesicherten Forderung und dem Wert des Pfandgegenstandes. Der geringere Wert ist maßgebend. Insbesondere die Verpfändung von Geschäftsanteilen fällt hierunter. Dem Wert der Forderung ist der Wert der Geschäftsanteile nach § 54 gegenüberzustellen.

5 Erfolgt die Verpfändung zur Sicherung der Ansprüche aus einem Konsortialdarlehnsvertrag an jeden Pfandgläubiger einzeln, so dass mehrere Pfandrechte entstehen, hat der Wertvergleich für jedes Pfandrecht gesondert zu erfolgen. Dem Wert der jeweils verpfändeten Anteile ist der im Innenverhältnis vom entsprechenden Pfandgläubiger gewährte Darlehensteil des gesamten Konsortialdarlehens gegenüberzustellen. Der höhere Wert ist jeweils maßgebend.

6 Wird dagegen in einer Urkunde neben der Sicherheitenvereinbarung (Verpfändung) zugleich die zu sichernde Forderung begründet, ist ausschließlich der Wert der Forderung anzunehmen. Das Sicherungsgeschäft ist dann nach § 109 Abs. 1 nicht zu bewerten.

7 Vor allem beim Verkauf einer unvermessenen Teilfläche und der im Rahmen der Kaufpreisfinanzierung erfolgten Verpfändung der Eigentumsverschaffungsansprüche erfolgt keine gesonderte Bewertung der Verpfändung, wenn diese mit der Grundschuld zusammenbeurkundet wird. Es liegt insoweit derselbe Beurkundungsgegenstand nach § 109 Abs. 1 vor.[1] Wird die Verpfändung hingegen isoliert beurkundet, ist ein Wertvergleich zwischen dem Verkehrswert des Grundbesitzes im Zeitpunkt der Beurkundung und dem Betrag der Forderung vorzunehmen.

§ 54 Bestimmte Gesellschaftsanteile

[1]Wenn keine genügenden Anhaltspunkte für einen höheren Wert von Anteilen an Kapitalgesellschaften und von Kommanditbeteiligungen bestehen, bestimmt sich der Wert nach dem Eigenkapital im Sinne von § 266 Absatz 3 des Handelsgesetzbuchs, das auf den jeweiligen Anteil oder die Beteiligung entfällt. [2]Grundstücke, Gebäude, grundstücksgleiche Rechte, Schiffe oder Schiffsbauwerke sind dabei nach den Bewertungsvorschriften dieses Unterabschnitts zu berücksichtigen. [3]Sofern die betreffenden Gesellschaften überwiegend vermögensverwaltend tätig sind, insbesondere als Immobilienverwaltungs-, Objekt-, Holding-, Besitz- oder sonstige Beteiligungsgesellschaft, ist der auf den jeweiligen Anteil oder die Beteiligung entfallende Wert des Vermögens der Gesellschaft maßgeblich; die Sätze 1 und 2 sind nicht anzuwenden.

1 Notarkasse Streifzug GNotKG Rn. 1371, 1380.

I. Grundsätzliches

1 § 54 beschränkt sich auf **Anteile an Kapitalgesellschaften und Kommanditbeteiligungen.** Anteile an Personengesellschaften oder Anteile persönlich haftender Gesellschafter fallen nicht hierunter. Für derartige Beteiligungen ist stets das bilanzielle Aktivvermögen, welches auf den Anteil entfällt, maßgebend. Es gilt das Schuldenabzugsverbot des § 38.

2 Bei den in § 54 genannten Anteilen und Beteiligungen macht der Gesetzgeber eine Ausnahme. Nach S. 1 ist der Wert nach dem **Eigenkapital** iSv § 266 Abs. 3 HGB zu bestimmen. Einzusetzen sind demnach:

- das gezeichnete Kapital
- die Kapitalrücklage
- Gewinnrücklagen (gesetzliche Rücklage, Rücklage für eigene Anteile an einem herrschenden oder mehrheitlich beteiligten Unternehmen, satzungsmäßige Rücklagen oder andere Gewinnrücklagen)
- Gewinnvortrag/Verlustvortrag und
- Jahresüberschuss/Jahresfehlbetrag.

3 Enthält die der Bewertung zugrunde zu legenden Bilanz im Anlagevermögen **Grundbesitz**, ist dieser anstelle des (um Abschreibungen geminderten) Buchwertes mit dem nach § 46 maßgebenden **Verkehrswert** zu berücksichtigen. Gleiches gilt für **Beteiligungen oder Anteile an anderen Unternehmen.** Auch insoweit ist anstelle des Buchwertes der kostenrechtliche Wert einzustellen.[1]

4 Liegen dem Notar jedoch Anhaltspunkte für einen höheren Wert als das Eigenkapital vor, ist der höhere Wert maßgebend. Ein höherer Wert kann sich insbesondere aus vorangegangenen Verkäufen oder auch Angaben der Beteiligten ergeben. Der **Nominalbetrag eines Geschäftsanteils** kann (mit Ausnahme bei der neugegründeten Gesellschaft) in keinem Fall als Geschäftswert angenommen werden.

5 Ist die betreffende Gesellschaft **überwiegend vermögensverwaltend** tätig, hat nach S. 3 eine Bewertung nach dem **Aktivvermögen** zu erfolgen. Bei überwiegend vermögensverwaltend tätigen Kapitalgesellschaften und Kommanditgesellschaften gilt daher das Schuldenabzugsverbot des § 38. Auch bei Anteilen von **sonstigen Personengesellschaften** ist § 38 einschlägig, mit der Folge, dass auch insoweit stets das Aktivvermögen lt. Bilanz einschlägig ist. Auch hier hat eine Berichtigung des Buchwertes von Grundbesitz der Finanzanlagen zu erfolgen (→ Rn. 3).

II. Bilanz

6 Maßgebender Zeitpunkt für die Wertberechnung ist der Zeitpunkt der Gebührenfälligkeit (§ 96), also nach § 10 die Beendigung des gebührenpflichtigen Geschäfts durch Unterzeichnung der notariellen Urkunde. Der Bewertung ist dabei die aktuellste Bilanz zugrunde zu legen. Führt die Gesellschaft zwischen dem Bilanzstichtag und dem Zeitpunkt der Fälligkeit der Gebühr Maßnahmen durch, die das Vermögen verändern, sind diese bei der Bewertung zu berücksichtigen. Hierunter fallen zB:

1 Korintenberg/*Tiedtke* § 54 Rn. 7; Notarkasse Streifzug GNotKG Rn. 1257.

7 **1. Verkauf oder Erwerb von Anlagevermögen.** Verändert sich nach dem Bilanzstichtag aber vor Beurkundung das Anlage- oder Umlaufvermögen, ist zu prüfen, ob sich hierdurch auch das als Bewertungsgrundlage maßgebliche Eigenkapital verändert. Fließt der erzielte Gegenwert in das Umlaufvermögen oder werden gleichhohe Verbindlichkeiten getilgt, wird das Eigenkapital unverändert bleiben. Wird durch Verkauf von Anlagevermögen Eigenkapital erzeugt, ist dies bei der Bewertung des Anteils zu berücksichtigen.

8 Beim Erwerb von Anlagevermögen kann sogar eine Minderung des Eigenkapitals eintreten, und zwar dann, wenn Teile des Eigenkapitals zur Anschaffung verwendet werden. Erfolgt der Erwerb vollständig durch Fremdfinanzierung, wird sich das Eigenkapital nicht ändern.

9 Anders bei **überwiegend vermögensverwaltend tätigen Gesellschaften:** Da eine Bewertung hier nicht nach dem Eigenkapital, sondern nach dem Aktivvermögen zu erfolgen hat, erhöht sich durch einen Erwerb stets auch das Aktivvermögen. Gleichzeitig ist bei einer Veräußerung des Anlagevermögens eine Wertminderung eingetreten, wenn der Erlös nicht in das Umlaufvermögen oder neues Anlagevermögen fließt.

10 Die Veräußerungs- oder Erwerbsmaßnahme ist bereits dann zu berücksichtigen, wenn im Zeitpunkt der Bewertung des Anteils der Vertrag geschlossen, aber noch nicht durchgeführt bzw. vollzogen ist.

11 **2. Gewinnausschüttungen.** Die Ausschüttung von Gewinnrücklagen nach Bilanzstichtag aber vor Beurkundung vermindert das bilanzielle Eigenkapital. Der Nachweis ist dem Notar gegenüber am besten durch Vorlage des Beschlusses über die Gewinnausschüttung zu erbringen.

12 **3. Verluste.** Gleiches gilt für Verluste. Auch hier muss dieser Umstand dem Notar glaubhaft dargelegt oder nachgewiesen werden.

III. Austauschvertrag

13 Jede Veräußerung eines Gesellschaftsanteils ist Austauschvertrag nach § 97 Abs. 3 GNotKG, wenn der Erwerber Gegenleistungen zu erbringen hat. Die beiderseitigen Leistungen sind zu vergleichen, der höhere Wert ist Geschäftswert.

Kapitel 3 Notarkosten

Abschnitt 1 Allgemeine Vorschriften

§ 85 Notarielle Verfahren

(1) Notarielle Verfahren im Sinne dieses Gesetzes sind das Beurkundungsverfahren (Teil 2 Hauptabschnitt 1 des Kostenverzeichnisses) und die sonstigen notariellen Verfahren (Teil 2 Hauptabschnitt 3 des Kostenverzeichnisses).

(2) Das Beurkundungsverfahren im Sinne dieses Gesetzes ist auf die Errichtung einer Niederschrift (§§ 8 und 36 des Beurkundungsgesetzes) gerichtet.

I. Notarielle Amtstätigkeit im kostenrechtlichen Sinne

1. Beurkundungsverfahren. Die Beurkundung von Willenserklärungen gemäß § 8 BeurkG oder die Beurkundung anderer Erklärungen als Willenserklärungen sowie sonstiger Tatsachen oder Vorgänge in Form einer Niederschrift gemäß § 36 BeurkG sind nach Abs. 2 Beurkundungsverfahren iSd GNotKG. Insbesondere fallen hierunter alle Beurkundungen von Verträgen, Erklärungen, Beschlüssen und letztwilligen Verfügungen sowie die Errichtung von Tatsachenprotokollen.[1] Die Unterschriftsbeglaubigung ist hingegen kein entsprechendes Beurkundungsverfahren, sondern ein Geschäft (→ Rn. 3). 1

2. Sonstige notarielle Verfahren. Zu den sonstigen notariellen Verfahren nach Teil 2 Hauptabschnitt 3 KV gehören ua die Rückgabe von notariell verwahrten Erbverträgen (KV Nr. 23100), die Durchführung von Verlosungen oder Auslosungen (KV Nr. 23200) wie auch die Aufnahme von Vermögensverzeichnissen nebst Siegelung (KV Nr. 23500–23503). 2

3. Geschäfte. Liegt kein Beurkundungsverfahren oder sonstiges notarielles Verfahren vor, handelt es sich um ein Geschäft. Hierzu zählen neben der **Unterschriftsbeglaubigung** und anderen Vermerkurkunden iSv §§ 39 ff. BeurkG zB die Fertigung von Entwürfen, die Beratung, die Verwahrung von Geld, Wertpapieren und Kostbarkeiten oder die Erteilung von Bescheinigungen. 3

II. Bewertungsgrundsätze

1. Verfahren. Jede Gebühr wird nach § 93 Abs. 1 nur einmal erhoben, wobei der Wert mehrerer Beurkundungsgegenstände nach § 35 Abs. 1 zu einem Gesamtwert zusammenzurechnen ist. Kommen verschiedene Gebührensätze für die einzelnen Beurkundungsgegenstände zur Anwendung, findet eine Vergleichsberechnung statt, § 94 Abs. 1. Neben der Beurkundungs- bzw. Verfahrensgebühr kennt das GNotKG grundsätzlich nur noch die **Vollzugsgebühr** und die **Betreuungsgebühr.** 4

Sowohl bei der Vollzugsgebühr (XML-Gebühr nach KV Nr. 22114) als auch im Bereich der Betreuungsgebühr (Treuhandgebühr nach KV Nr. 22201) macht der Gesetzgeber eine Ausnahme vom Grundsatz der einmaligen Gebührenberechnung nach § 93 Abs. 1. Die Vollzugsgebühr nach KV Nr. 22114 entsteht auch neben der weiteren Vollzugsgebühr nach KV Nr. 22110 oder 22111 gesondert; die Gebühr nach KV Nr. 22201 (Treuhandgebühr) ist für jeden Treuhandauftrag extra zu berechnen. 5

2. Geschäfte. Anders als bei notariellen Verfahren hat ein Geschäft stets nur einen Gegenstand. Bei mehreren Gegenständen sind deshalb mehrere gesonderte Gebühren zu berechnen. So löst jeder Beglaubigungsvermerk ebenso wie jede Bescheinigung eine eigene Gebühr aus, auch wenn eine Zusammenfassung in einer Erklärung erfolgt.[2] 6

Dies gilt allerdings nicht bei der Fertigung von Entwürfen (KV Nr. 24100 ff.). Hier ordnet § 119 Abs. 1 an, dass die Wertberechnung wie bei der Beurkundung zu erfolgen hat, also insbesondere unter Berücksichtigung der Vorgaben des § 35 Abs. 1. Gleiches dürfte auch für die Beratungsgebühr gelten.[3] 7

1 Diehn/*Sikora/Tiedtke* Rn. 8; Renner/Otto/Heinze/*Otto* Rn. 8; Korintenberg/*Bormann* Rn. 4.
2 Renner/Otto/Heinze/*Otto* Rn. 6; Korintenberg/*Bormann* Rn. 8.
3 Renner/Otto/Heinze/*Otto* Rn. 7.

§ 86 Beurkundungsgegenstand

(1) Beurkundungsgegenstand ist das Rechtsverhältnis, auf das sich die Erklärungen beziehen, bei Tatsachenbeurkundungen die beurkundete Tatsache oder der beurkundete Vorgang.
(2) Mehrere Rechtsverhältnisse, Tatsachen oder Vorgänge sind verschiedene Beurkundungsgegenstände, soweit in § 109 nichts anderes bestimmt ist.

I. Definition des Gegenstandsbegriffs, Anwendbarkeit

1 Beurkundungsgegenstand iSd GNotKG ist stets das Rechtsverhältnis, auf das sich die Erklärungen beziehen, bzw. die beurkundete Tatsache oder der beurkundete Vorgang.

2 Der Begriff Rechtsverhältnis beschreibt dabei die Gesamtheit aller Erklärungen, die der Gestaltung eines Gegenstandes dienen. Hierdurch soll nach den Vorstellungen des Gesetzgebers eine „trennscharfe Abgrenzung" zwischen dem Beurkundungsgegenstand im Sinne des Rechtsverhältnisses und dem Gegenstand des Rechtsverhältnisses im Sinne des betroffenen Wirtschaftsgutes erreicht werden.[1]

3 Zum Beurkundungsgegenstand gehören also nicht nur alle notwendigen Vereinbarungen (essentialia negotii), sondern auch die sich aus dem Parteiwillen bzw. dispositivem Gesetzesrecht ergebenden weiteren Vertragsbestandteile (accidentalia negotii).[2] So sind etwa bei einem Kaufvertrag Erklärungen über den Vertragsschluss, zum Kaufpreis, zur Fälligkeit, zur Gewährleistung und zum Besitz- und Gefahrübergang Teil eines einheitlichen Vertragsverhältnisses.

II. Mehrere Gegenstände

4 Mehrere Rechtsverhältnisse, Tatsachen oder Vorgänge stellen nach Abs. 2 verschiedene Beurkundungsgegenstände dar. Eine Ausnahme hiervon macht § 109. Allerdings sind zudem die Rückausnahmen und Sondervorschriften der §§ 110 und 111 bei Beurteilung der Frage nach der Gegenstandgleichheit oder Gegenstandsverschiedenheit zu berücksichtigen.

5 Die Vorgaben des § 86 gelten nur für Beurkundungsverfahren (§ 85). Geschäfte wie die Unterschriftsbeglaubigung fallen also nicht hierunter. Insoweit sind stets eigene Gebühren zu erheben. Allerdings findet § 86 bei den Entwurfs- und Beratungsgebühren analog Anwendung.

6 Besonderheiten ergeben sich auch bei Tatsachen oder sonstigen Vorgängen. Im Gegensatz zu bestimmten Rechtsverhältnissen stellen mehrere Tatsachen oder Vorgänge grundsätzlich einen eigenen Beurkundungsgegenstand dar.[3] Mehrere Tatsachen sind nach Abs. 2 folglich verschiedene Beurkundungsgegenstände. Die Klammerwirkung eines „einheitlichen Rechtsverhältnisses" bzw. einer „Gesamterklärung" greift hier nicht.[4]

7 Der Begriff der Tatsache ist als Gegenbegriff zum Begriff der Erklärung bzw. des Rechtsverhältnisses zu verstehen.[5] Tatsachen iSv § 86 sind auch Beschlüsse, die einen korporativen Akt der Willensbildung darstellen und als solcher von den Regeln über Willenserklärungen abzugrenzen sind, selbst wenn sie in der

1 Begr. RegE, BT-Drs. 17/11471 (neu), 178.
2 Renner/Otto/Heinze/*Otto* Rn. 8.
3 Renner/Otto/Heinze/*Otto* Rn. 10.
4 Bormann/Diehn/Sommerfeld/*Diehn* Rn. 7; vgl. auch Begr. RegE, BT-Drs. 17/11471 (neu), 178.
5 Bormann/Diehn/Sommerfeld/*Diehn* Rn. 7; Korintenberg/*Bormann* § 86 Rn. 13.

Form der §§ 8 ff. BeurkG protokolliert werden und durch mehrere gleichgerichteten Erklärungen der Mitglieder des beschlussfassenden Organs zustande kommen.

Dasselbe gilt auch für die Beurkundung von Vorgängen, wie zB die Protokollierung einer Verlosung oder die notarielle Aufnahme eines Vermögensverzeichnisses, die ebenfalls gesonderte Beurkundungsgegenstände darstellen. 8

§ 87 Sprechtage außerhalb der Geschäftsstelle

Hält ein Notar außerhalb seiner Geschäftsstelle regelmäßige Sprechtage ab, so gilt dieser Ort als Amtssitz im Sinne dieses Gesetzes.

I. Amtssitz

Regelmäßige Sprechtage außerhalb der Geschäftsstelle gelten nach § 87 ebenfalls als Amtssitz des Notars. Die Regelung steht im Zusammenhang mit den Vorgaben in § 10 Abs. 1 und 2 BNotO. 1

Der Amtssitz ist gemäß § 10 Abs. 1 S. 1 BNotO der dem Notar zugewiesene Ort, nämlich eine politische Gemeinde. In Städten von mehr als 100.000 Einwohnern kann der Notar gemäß § 10 Abs. 1 S. 2 BNotO auch ein bestimmter Stadtteil oder Amtsgerichtsbezirk als Amtssitz zugewiesen werden. Am Amtssitz hat der Notar eine **Geschäftsstelle** zu halten. 2

Eine **weitere Geschäftsstelle** iSd § 10 Abs. 4 S. 1 Hs. 1 BNotO liegt dann vor, wenn der Notar außerhalb der Geschäftsstelle einen Raum ständig unterhält und in diesem regelmäßig die Vornahme von Amtsgeschäften anbietet.[1] 3

Auswärtige Sprechtage iSd § 10 Abs. 4 S. 2 BNotO hält ein Notar immer dann ab, wenn er die Vornahme notarieller Amtsgeschäfte außerhalb der Geschäftsstelle an einer bestimmten anderen Örtlichkeit zu bestimmten oder vereinbarten Zeiten anbietet.[2] 4

Die Landesjustizverwaltung legt die Amtssitze der einzelnen Notare nach dem Prinzip der Bedürfnisprüfung innerhalb des Amtsbereichs und im Verhältnis zu benachbarten Amtsbereichen so fest, dass durch eine möglichst gleichmäßige Verteilung die flächendeckende und gleichmäßige Versorgung der Bevölkerung bestmöglich gesichert ist. Dies gilt auch für die Genehmigung weiterer Geschäftsstellen oder auswärtiger Sprechtage, die grundsätzlich immer dann in Betracht kommt, wenn die vorhandenen Amtssitze für eine flächendeckende Versorgung nicht ausreichen.[3] 5

Nach § 87 gelten Orte, an denen der Notar mit Genehmigung der Justizverwaltung **auswärtige Sprechtage** abhält bzw. abhalten muss, jeweils auch als **Amtssitz des Notars** im Sinne des GNotKG. Rechtsfolge ist, dass die Reise des Notars an den Ort des weiteren Sprechtages keine Geschäftsreise iSd KV Vorbemerkung 3.2 Abs. 2 darstellt und deshalb auch keine Auslagen gemäß KV Nr. 32006–32009 abzurechnen sind.[4] 6

1 Rundschreiben Nr. 24/2010 der BNotK v. 5.10.2010 Ziff. II.
2 Rundschreiben Nr. 24/2010 der BNotK v. 5.10.2010 Ziff. II.
3 OLG Dresden NotBZ 2002, 455; Rundschreiben Nr. 24/2010 der BNotK v. 5.10.2010 Ziff. III.1.
4 Renner/Otto/Heinze/*Caroli* Rn. 2.

II. Auswärtsgebühren

7 Übt der Notar seine Amtstätigkeit in einer weiteren Geschäftsstelle aus, fallen die Zusatzgebühren nach KV Nr. 26002 bzw. KV 26003 nicht an. Demgegenüber wird ein auswärtiger Sprechtag iSd § 10 Abs. 4 S. 2 BNotO begrifflich stets außerhalb der Geschäftsstelle abgehalten, da er gerade nicht in den Amtsräumen des Notars stattfindet. Dennoch ist bei einem auswärtigen Sprechtag regelmäßig keine Auswärtsgebühr zu erheben, weil die Amtstätigkeit hier im Allgemeinen nicht „auf Verlangen eines Beteiligten" außerhalb der Geschäftsstelle vorgenommen wird, sondern der Notar die Vornahme der Amtstätigkeit im Rahmen des auswärtigen Sprechtages im Normalfall selbst anbietet.[5]

Abschnitt 2 Kostenerhebung

§ 88 Verzinsung des Kostenanspruchs

[1]Der Kostenschuldner hat die Kostenforderung zu verzinsen, wenn ihm eine vollstreckbare Ausfertigung der Kostenberechnung (§ 19) zugestellt wird, die Angaben über die Höhe der zu verzinsenden Forderung, den Verzinsungsbeginn und den Zinssatz enthält. [2]Die Verzinsung beginnt einen Monat nach der Zustellung. [3]Der jährliche Zinssatz beträgt fünf Prozentpunkte über dem Basiszinssatz nach § 247 des Bürgerlichen Gesetzbuchs.

I. Verzinsung

1 **1. Fälligkeit.** Die Gebühren des Notars werden fällig mit Beendigung des gebührenpflichtigen Geschäfts, Auslagen sofort nach ihrer Entstehung, § 10. Es werden also zB fällig:

- Beurkundungsgebühren mit Unterzeichnung der Niederschrift
- Beglaubigungsgebühren nach KV Nr. 25100 mit Unterzeichnung des Beglaubigungsvermerks
- Vollzugsgebühren mit Beendigung der Vollzugstätigkeiten
- Betreuungsgebühren mit Beendigung der gebührenpflichtigen Tätigkeit, zB die Gebühr für die Überwachung der Kaufpreisfälligkeit mit Absendung der Fälligkeitsmitteilung, die Gebühr für die Überwachung der Auflassung mit der Vorlage der Urkunde an das Grundbuchamt zum Vollzug der Auflassung
- Entwurfsgebühren nach Hauptabschnitt 4 des Kostenverzeichnisses mit Fertigstellung des Entwurfs.

2 Vollzugs- und Betreuungsgebühr werden somit regelmäßig zB im Rahmen eines Grundstückskaufvertrages als Vorschuss nach § 15 eingefordert. Gleichwohl können Zinsen für die noch nicht fälligen Teile der Kostenberechnung erhoben werden; Voraussetzung ist allerdings, dass die Tätigkeit, für die die Kosten berechnet wurden, beantragt worden ist und die Vorgaben des § 88 erfüllt sind (Zustellung der vollstreckbaren Ausfertigung der Kostenberechnung mit Zinsklausel, Ablauf der Monatsfrist).[1]

5 OLG Celle DNotZ 2010, 949 (957); Korintenberg/*Bormann* Rn. 11.
1 Korintenberg/*Tiedtke* Rn. 7.

Auch die Umsatzsteuer unterliegt der Verzinsung. Sie ist den Auslagen zugeordnet, KV Nr. 32014, und damit vom Begriff der Kosten (§ 1) umfasst. 3

2. Zinsangabe in der Kostenberechnung. In der der vollstreckbare Kostenberechnung sind der zu verzinsende Rechnungsbetrag, die Angabe des Zinssatzes, die Angabe des Verzinsungsbeginns (der nach der gesetzlichen Regelung einen Monat nach Zustellung liegt) zu bezeichnen. Die Zustellung kann durch das entsprechende Vollstreckungsprotokoll (Zustellungsprotokoll) des Gerichtsvollziehers nachgewiesen werden. 4

II. Verzicht auf Verzugszinsen

Rein formal betrachtet stellt ein Verzicht des Notars auf die Geltendmachung von Verzugszinsen keinen Verstoß gegen die Vorgaben des § 125 (Verbot der Gebührenvereinbarung) dar. Betroffen sind insoweit nur die Kosten des Notars, also nach § 1 die Gebühren und Auslagen. Beiden können die Verzugszinsen nicht zugeordnet werden. 5

Zweck des Gebührenvereinbarungsverbots ist jedoch die berufliche Unabhängigkeit des Notars. Ein Wettbewerb um das kostengünstigste Angebot soll vermieden werden Da der Notar mit dem Verzicht auf die Verzugszinsen eine ihm zustehende gesetzliche Forderung erlässt, dürfte auch der Verzicht auf Verzugszinsen vom Verbot des § 125 erfasst sein.[2] 6

§ 89 Beitreibung der Kosten und Zinsen

[1]Die Kosten und die auf diese entfallenden Zinsen werden aufgrund einer mit der Vollstreckungsklausel des Notars versehenen Ausfertigung der Kostenberechnung (§ 19) nach den Vorschriften der Zivilprozessordnung beigetrieben; § 798 der Zivilprozessordnung gilt entsprechend. [2]In der Vollstreckungsklausel, die zum Zweck der Zwangsvollstreckung gegen einen zur Duldung der Zwangsvollstreckung Verpflichteten erteilt wird, ist die Duldungspflicht auszusprechen.

I. Allgemeines, Form

Der Notar erteilt sich selbst für seine Kostenberechnung (§ 19) einschließlich der im Rahmen des § 88 anfallenden Verzugszinsen die Vollstreckungsklausel (entsprechend § 725 ZPO). 1

Die Vollstreckungsklausel muss dabei den Formvorschriften des § 19 genügen. Im Rahmen der Erteilung einer vollstreckbaren Ausfertigung kann jedoch ein etwaiger Formmangel behoben und eine den Vorgaben des § 19 genügende Kostenberechnung erteilt werden.[1] 2

Bei mehreren Kostenschuldnern erteilt der Notar die Klausel gegen alle als Gesamtschuldner; er kann sie jedoch auch auf einzelne Schuldner beschränken. 3

2 HK-GNotKG/*Krause* Rn. 14 mwN; Renner/Otto/Heinze/*Klingsch* Rn. 1; Korintenberg/*Tiedkte* Rn. 19.

1 OLG Hamm DNotZ 1988, 458; Korintenberg/*Tiedkte* Rn. 2; aA LG Hannover JurBüro 1996, 316.

In diesem Fall kann der Notar später weitere Vollstreckungsklauseln gegen die anderen Schuldner erteilen oder die bisherige Klausel erweitern.[2]

4 Zahlt ein Gesamtschuldner an den Notar, geht der Anspruch des Notars insoweit auf diesen über, als er von den übrigen Gesamtschuldnern Ausgleichung verlangen kann (§ 426 Abs. 2 BGB).

II. Amtsnachfolge

5 Auch nach einer Amtssitzverlegung steht dem Notar weiterhin das Recht zu, sich die Klausel selbst zu erteilen. Er kann weiterhin als Gebührengläubiger an einem Verfahren gemäß §§ 127 ff. teilnehmen. Das gilt auch dann, wenn ein Notariatsverwalter bestellt ist (vgl. § 58 Abs. 3 S. 2, 3 BNotO). In diesem Fall sind jedoch beide zur Klauselerteilung befugt.[3]

6 Kann der Notar sich selbst keine Klausel mehr erteilen (zB durch Erlöschen des Amtes), ist der Amtsnachfolger zuständig, § 797 Abs. 2 ZPO. Ein Notariatsverwalter ist hierzu nach § 58 Abs. 3 S. 1 Hs. 2 BNotO sogar ausdrücklich verpflichtet.

7 Lehnt der Amtsnachfolger die Erteilung der vollstreckbaren Ausfertigung ab, steht dem ausgeschiedenen Notar in entsprechender Anwendung des § 58 Abs. 3 BNotO das Beschwerderecht gemäß §§ 127 ff. zu.

III. Vollstreckung im Ausland

8 Die vollstreckbare notarielle Kostenberechnung wird im Ausland nicht als Vollstreckungstitel anerkannt, auch nicht in den Vertragsländern der VO (EG) Nr. 44/2001 des Rates über die gerichtliche Zuständigkeit und die Anerkennung und Vollstreckung von Entscheidungen in Zivil- und Handelssachen,[4] neu gefasst durch VO (EU) Nr. 1215/2012 vom 12.12.2012 (ABl. 2012 L 351, 1). Der Notar ist damit auf das jeweils geltende Auslandsrecht und die im jeweiligen Ausland geltenden Vorschriften angewiesen.[5]

IV. Verfahren

9 Die Vorschriften der ZPO gelten für den Notar entsprechend. Die vollstreckbare Ausfertigung der Kostenberechnung muss dem Schuldner daher mindestens zwei Wochen vor Beginn der Vollstreckungsmaßnahme zugestellt werden. Die Erteilung einer vollstreckbaren Ausfertigung ist analog § 734 ZPO in den Akten zu vermerken.

10 Zwischen der Übersendung der Kostenberechnung und der Zustellung einer vollstreckbaren Ausfertigung hat zudem eine angemessene Frist zur Gewährung rechtlichen Gehörs zu liegen. Die Frist sollte nicht zu kurz bemessen sein; empfohlen wird eine Zeitspanne von mindestens einem Monat.[6]

§ 90 Zurückzahlung, Schadensersatz

(1) [1]Wird die Kostenberechnung abgeändert oder ist der endgültige Kostenbetrag geringer als der erhobene Vorschuss, so hat der Notar die zu viel empfan-

2 Renner/Otto/Heinze/*Klingsch* Rn. 10.
3 Renner/Otto/Heinze/*Klingsch* Rn. 4.
4 *Heinze* NotBZ 2007, 311.
5 Notarkasse Streifzug GNotKG Rn. 336.
6 Hierzu auch Renner/Otto/Heinze/*Klingsch* Rn. 6.

genen Beträge zu erstatten. [2]Hatte der Kostenschuldner einen Antrag auf Entscheidung des Landgerichts nach § 127 Absatz 1 innerhalb eines Monats nach der Zustellung der vollstreckbaren Ausfertigung gestellt, so hat der Notar darüber hinaus den Schaden zu ersetzen, der dem Kostenschuldner durch die Vollstreckung oder durch eine zur Abwendung der Vollstreckung erbrachte Leistung entstanden ist. [3]Im Fall des Satzes 2 hat der Notar den zu viel empfangenen Betrag vom Tag des Antragseingangs bei dem Landgericht an mit jährlich fünf Prozentpunkten über dem Basiszinssatz nach § 247 des Bürgerlichen Gesetzbuchs zu verzinsen; die Geltendmachung eines weitergehenden Schadens ist nicht ausgeschlossen. [4]Im Übrigen kann der Kostenschuldner eine Verzinsung des zu viel gezahlten Betrags nicht fordern.

(2) [1]Über die Verpflichtungen gemäß Absatz 1 wird auf Antrag des Kostenschuldners in dem Verfahren nach § 127 entschieden. [2]Die Entscheidung ist nach den Vorschriften der Zivilprozessordnung vollstreckbar.

I. Rückzahlungspflicht. Der Notar ist verpflichtet, zu viel erhaltene Beträge zurückzuerstatten. Der Grund für die Überzahlung ist unerheblich, ebenso die Frage, ob der überzahlte Betrag freiwillig geleistet wurde oder zwangsweise beigetrieben wurde. 1

Der Rückzahlungsanspruch besteht jedoch nicht, wenn die Kosten zwar materiellrechtlich geschuldet sind, allerdings keine formgerechte **Kostenberechnung** nach § 19 erteilt wurde. Bezahlt der Schuldner die aufgrund der unwirksamen Kostenberechnung und wird diese aufgehoben, kann nicht Rückforderung nach § 90 verlangt werden; der Kostenschuldner hat lediglich Anspruch auf Erteilung einer formgerechten Kostenberechnung.[1] 2

II. Schadenersatz. Ein Schadenersatzanspruch wird dem Kostenschuldner nur in engen Grenzen gewährt. Voraussetzung ist, dass überhaupt ein Rückzahlungsanspruch besteht. 3

Weiter muss der Kostenschuldner innerhalb einer nach den §§ 187 ff. BGB zu berechnenden Frist von einem Monat ab Zustellung der vollstreckbaren Ausfertigung einen Antrag auf gerichtliche Entscheidung nach § 127 Abs. 1 gestellt haben. 4

Zu ersetzen ist der Schaden, der dem Kostenschuldner durch die Zwangsvollstreckung selbst oder durch deren Abwendung entstanden ist. Der zu ersetzenden Schaden umfasst auch die Zinsen. 5

Im Falle des Abs. 1 S. 2 hat der Notar den zu viel empfangenen Betrag vom Tag des Eingangs des Antrags bei dem Landgericht an mit jährlich fünf Prozentpunkten über dem Basiszinssatz nach § 247 BGB zu verzinsen. Im Übrigen kann der Kostenschuldner eine Verzinsung des zu viel gezahlten Betrags nicht fordern. Insbesondere Rückzahlungsansprüche wegen gezahlter Vorschüsse werden nicht verzinst.[2] 6

Darüber hinaus kann der Schuldner ggf. einen weiteren Schaden geltend machen. Schadensersatzpflicht (einschließlich Verzinsungspflicht) tritt aber nur ein, wenn auf **Antrag des Schuldners** hin die Kostenberechnung herabgesetzt wird (Hinweis auf § 127), nicht wenn die Änderung auf Anrufung des LG infolge einer Beanstandung des Kostenschuldners beim Notar oder auf Weisung der vorgesetzten Dienstbehörde erfolgt ist. 7

1 Korintenberg/*Tiedtke* Rn. 7.
2 Renner/Otto/Heinze/*Klingsch*/*Heinze* Rn. 8.

8 **III. Verjährung.** Die Rückzahlungspflicht wird rechtshängig mit Antrag des Schuldners oder dem Antrag nach Abs. 2 und verjährt in vier Jahren gemäß § 6 Abs. 1 S. 3.

Abschnitt 3 Gebührenvorschriften

§ 91 Gebührenermäßigung

(1) [1]Erhebt ein Notar die in Teil 2 Hauptabschnitt 1 oder 4 oder in den Nummern 23803 und 25202 des Kostenverzeichnisses bestimmten Gebühren von

1. dem Bund, einem Land sowie einer nach dem Haushaltsplan des Bundes oder eines Landes für Rechnung des Bundes oder eines Landes verwalteten öffentlichen Körperschaft oder Anstalt,

2. einer Gemeinde, einem Gemeindeverband, einer sonstigen Gebietskörperschaft oder einem Zusammenschluss von Gebietskörperschaften, einem Regionalverband, einem Zweckverband,

3. einer Kirche oder einer sonstigen Religions- oder Weltanschauungsgemeinschaft, jeweils soweit sie die Rechtsstellung einer juristischen Person des öffentlichen Rechts hat,

und betrifft die Angelegenheit nicht deren wirtschaftliche Unternehmen, so ermäßigen sich die Gebühren bei einem Geschäftswert von mehr als 25 000 Euro bis zu einem

Geschäftswert von … Euro	um … Prozent
110 000	30
260 000	40
1 000 000	50
über 1 000 000	60

[2]Eine ermäßigte Gebühr darf jedoch die Gebühr nicht unterschreiten, die bei einem niedrigeren Geschäftswert nach Satz 1 zu erheben ist. [3]Wenn das Geschäft mit dem Erwerb eines Grundstücks oder grundstücksgleichen Rechts zusammenhängt, ermäßigen sich die Gebühren nur, wenn dargelegt wird, dass eine auch nur teilweise Weiterveräußerung an einen nichtbegünstigten Dritten nicht beabsichtigt ist. [4]Ändert sich diese Absicht innerhalb von drei Jahren nach Beurkundung der Auflassung, entfällt eine bereits gewährte Ermäßigung. [5]Der Begünstigte ist verpflichtet, den Notar zu unterrichten.

(2) Die Gebührenermäßigung ist auch einer Körperschaft, Vereinigung oder Stiftung zu gewähren, wenn

1. diese ausschließlich und unmittelbar mildtätige oder kirchliche Zwecke im Sinne der Abgabenordnung verfolgt,

2. die Voraussetzung nach Nummer 1 durch einen Freistellungs- oder Körperschaftsteuerbescheid oder durch eine vorläufige Bescheinigung des Finanzamts nachgewiesen wird und

3. dargelegt wird, dass die Angelegenheit nicht einen steuerpflichtigen wirtschaftlichen Geschäftsbetrieb betrifft.

(3) Die Ermäßigung erstreckt sich auf andere Beteiligte, die mit dem Begünstigten als Gesamtschuldner haften, nur insoweit, als sie von dem Begünstigten aufgrund gesetzlicher Vorschrift Erstattung verlangen können.

(4) Soweit die Haftung auf der Vorschrift des § 29 Nummer 3 (Haftung nach bürgerlichem Recht) beruht, kann sich der Begünstigte gegenüber dem Notar nicht auf die Gebührenermäßigung berufen.

I. Grundsätze der Ermäßigung

Gebührenermäßigung ist u.a. zu gewähren 1

- Abs. 1 S. 1 Nr. 1: dem Bund, einem Land sowie einer nach dem Haushaltsplan des Bundes oder eines Landes für deren Rechnung verwalteten öffentlichen Körperschaft oder Anstalt (zB Bundesstraßenverwaltung, Bundesanstalt für Immobilienaufgaben, nicht hingegen Deutsche Bundesbank, Landesbanken oder Agentur für Arbeit)
- Abs. 1 S. 1 Nr. 2: einer Gemeinde, einem Gemeindeverband oder sonstigen Gebietskörperschaft (zB Landkreis)
- Abs. 1 S. 1 Nr. 3: einer Kirche; darunter fallen auch die verschiedenen Gliederungen der Kirchen wie Bistümer oder Diözesen, Landeskirchen, Kirchengemeinden oder Kirchenstiftungen, Pfarrpfründestiftungen sowie Bischöfliche Stühle.[1]

Erwirbt ein begünstigter Kostenschuldner ein Grundstück oder grundstücksgleiches Recht (Erbbaurecht), kann eine Ermäßigung jedoch nur gewährt werden, wenn eine auch nur teilweise Weiterveräußerung an einen nichtbegünstigten Dritten nicht beabsichtigt ist. Damit führt schon allein die Veräußerungsabsicht des Begünstigten (und sei es nur im Hinblick auf einen geringen Teil des erworbenen Grundbesitzes) zum Wegfall der Gebührenermäßigung. 2

Die Ermäßigung entfällt somit insbesondere beim Erwerb von Grundstücksflächen zur Weitergabe an Bauwillige oder wenn der erworbene Grundbesitz als Tauschfläche für benötigte und erst noch zu erwerbenden Straßengrund dienen soll. 3

Eine Weiterveräußerung liegt jedoch nicht für den Fall vor, dass ein Begünstigter Grundbesitz erwirbt in der Absicht, hieran Erbbaurechte zu bestellen.[2] 4

II. Wirtschaftliches Unternehmen

Eine Ermäßigung scheidet in jedem Fall dann aus, wenn die Angelegenheit ein wirtschaftliches Unternehmen des Begünstigten betrifft. Als wirtschaftliche Unternehmen sind dabei solche Unternehmen anzusehen, die auch von privaten Unternehmern mit der Absicht, dauernde Einnahmen zu erzielen, betrieben werden könnten. Auch alle sonstigen Unternehmen, die nach wirtschaftlichen Gesichtspunkten geführt werden (zB in der Rechtsform der GmbH), fallen hierunter.[3] Dies gilt selbst dann, wenn diese eine kommunale Pflichtaufgabe oder Funktionen der Daseinsfürsorge der öffentlichen Hand wahrnehmen. 5

1 Notarkasse Streifzug GNotKG Rn. 1032.
2 OLG Oldenburg JurBüro 1994, 357; OLG Braunschweig ZNotP 1997, 116; OLG Hamm MittBayNot 1999, 311.
3 Korintenberg/*Schwarz* Rn. 15a.

6 Um wirtschaftliche Unternehmen handelt es sich damit insbesondere bei

- Krankenhäusern[4]
- Verkehrsbetrieben
- Parkhäusern
- Versorgungsbetrieben (E-Werke, Gas- oder Wasserwerke).

7 Dagegen sind keine wirtschaftlichen Unternehmen folgende Einrichtungen:

- Erziehungs- und Bildungswesen (Schule, Museen, Theater)
- Wohlfahrtspflege und Fürsorge (Jugendheime, Kindergärten, Alten- und Pflegeheime)
- Körperertüchtigung (Sportplätze, Turnhallen, auch Schwimmstadien – ausgenommen jedoch Erlebnisbäder; diese sind als wirtschaftliche Unternehmen einzuordnen)
- Straßenreinigung und Wertstoffhöfe
- Friedhöfe.

8 Ein wirtschaftliches Unternehmen liegt auch nicht vor, wenn ein vom Begünstigten erworbener Grundbesitz vermietet oder verpachtet wird; es handelt sich insoweit um einen Vorgang der allgemeinen Vermögensverwaltung.[5]

III. Ermäßigung nach Abs. 2

9 Nach Abs. 2 ist die Ermäßigung auch den dort bezeichneten Begünstigten zu gewähren, wenn diese ausschließlich und unmittelbar mildtätige oder kirchliche Zwecke iSd Abgabenordnung verfolgen. Dies muss durch Vorlage eines Freistellungs- oder Körperschaftsteuerbescheides nachgewiesen werden. Auf diesen Nachweis kann nicht verzichtet werden.[6] Ebenfalls muss dargelegt werden, dass die Angelegenheit nicht einen steuerpflichtigen Geschäftsbetrieb betrifft.

10 Ein wirtschaftlicher Geschäftsbetrieb ist eine selbstständige nachhaltige Tätigkeit, durch die Einnahmen oder andere wirtschaftliche Vorteile erzielt werden und die über den Rahmen einer Vermögensverwaltung hinausgeht. Die Absicht der Gewinnerzielung ist dabei nicht erforderlich (§ 14 AO).

11 Für gemeinnützige Institutionen gilt die Ermäßigung nicht, auch dann nicht, wenn daneben mildtätige oder kirchliche Zwecke verfolgt werden.[7] Wie bei der Ermäßigung nach Abs. 1 ist auch hier nur eine Ermäßigung zu gewähren, wenn bei Rechtsgeschäften im Zusammenhang mit dem Erwerb eines Grundstücks keine Weiterveräußerungsabsicht an einen nicht begünstigten Dritten vorliegt.

IV. Staffelung

12 Der anzuwendende Ermäßigungssatz ist abhängig vom Geschäftswert. Bis zu 25.000 EUR erfolgt keine Ermäßigung. Im Übrigen sind die Gebühren zu ermäßigen bei Geschäftswerten

über 25.000 EUR bis 110.000 EUR	um 30 %
über 110.000 EUR bis 260.000 EUR	um 40 %
über 260.000 EUR bis 1.000.000 EUR	um 50 %
über 1.000.000 EUR	um 60 %.

4 Korintenberg/*Schwarz* Rn. 16; Renner/Otto/Heinze/*Heinze* Rn. 27; Notarkasse Streifzug GNotKG Rn. 1033.
5 Notarkasse Streifzug GNotKG Rn. 1042.
6 Notarkasse Streifzug GNotKG Rn. 1065.
7 BayObLG DNotZ 1995, 775 = MittBayNot 1994, 571; BGH ZNotP 2013, 318 mAnm *Tiedtke* = MittBayNot 2014, 91; Notarkasse Streifzug GNotKG Rn. 1051.

V. Wegfall der Ermäßigung

Ändert sich die Absicht, den erworbenen Grundbesitz nicht weiter zu veräußern, innerhalb von drei Jahren nach Beurkundung der Auflassung, entfällt eine bereits gewährte Ermäßigung nachträglich. Der Begünstigte ist verpflichtet den Notar zu unterrichten. Der Anspruch auf Nacherhebung entsteht mit Kenntnis des Notars über den Wegfall des Ermäßigungstatbestandes. Die Verjährungsfrist beginnt von diesem Zeitpunkt an. 13

VI. Mehrere Kostenschuldner

Eine Ermäßigung hat nur insoweit zu erfolgen, als der begünstige Kostenschuldner die Gebühren auch nach **materiellrechtlichen Bestimmungen** zu tragen hat (wie zB beim Kaufvertrag der Käufer nach § 448 Abs. 2 BGB; beim Rechtskauf der Verkäufer nach § 453 Abs. 2 BGB). Existiert keine gesetzliche Kostentragungsbestimmung, gilt § 426 BGB: Schuldner sind die Beteiligten zu gleichen Anteilen. Für die Ermäßigung ist somit unerheblich, wer vertraglich die Kosten übernommen hat. 14

VII. Kostenübernahme durch Begünstigten

Übernimmt ein Begünstigter nach Abs. 1 und 2 die Gebühren eines Nichtbegünstigten, kann nicht zulasten des Notars Ermäßigung gewährt werden. Der Übernehmer übernimmt die Kostenschuld nach den rechtlichen Maßgaben, wie sich beim originären Kostenschuldner entstanden ist. Übernimmt hingegen ein Nichtbegünstigter die begünstigte originäre Kostenschuld eines Begünstigten, schuldet auch dieser nur die ermäßigte Gebühr.[8] 15

§ 92 Rahmengebühren

(1) Bei Rahmengebühren bestimmt der Notar die Gebühr im Einzelfall unter Berücksichtigung des Umfangs der erbrachten Leistung nach billigem Ermessen.

(2) Bei den Gebühren für das Beurkundungsverfahren im Fall der vorzeitigen Beendigung und bei den Gebühren für die Fertigung eines Entwurfs ist für die vollständige Erstellung des Entwurfs die Höchstgebühr zu erheben.

(3) Ist eine Gebühr für eine vorausgegangene Tätigkeit auf eine Rahmengebühr anzurechnen, so ist bei der Bemessung der Gebühr auch die vorausgegangene Tätigkeit zu berücksichtigen.

8 Renner/Otto/Heinze/*Heinze* Rn. 53; Korintenberg/*Schwarz* Rn. 49.

I. Betroffene Vorgänge, Gebührenrahmen

1 Der Gesetzgeber sieht Rahmengebühren in folgenden Fällen vor:

- bei der vorzeitigen Beendigung (KV Nr. 21302 ff.)
- bei der Fertigung von Entwürfen (KV Nr. 24100 ff.)
- bei der Beratung (KV Nr. 24200 ff.)
- bei Rechtsbescheinigungen (KV Nr. 25203).

2 Bei Rahmengebühren handelt es sich ebenfalls um Wertgebühren. Der jeweilige Gebührenrahmen legt dabei den niedrigsten und den höchsten anzuwendenden Gebührensatz fest. Es existieren drei verschiedene Gebührensatzrahmen, nämlich:

- von 0,5 bis 2,0 (KV Nr. 21302, 24100, 24203)
- von 0,3 bis 1,0 (KV Nr. 21303, 24101, 24200, 25203)
- von 0,3 bis 0,5 (KV Nr. 21304, 24102, 24201).

3 Mit § 92 bestimmt der Gesetzgeber, welche Kriterien bei der Wahl des Gebührensatzes eine Rolle spielen. Grundsätzlich ist der Gebührensatz nach billigem Ermessen unter Berücksichtigung des Umfangs der Tätigkeit zu bestimmen. Bei vollständiger Fertigung eines Entwurfs ist jedoch zwingend die Höchstgebühr anzunehmen.

II. Entwurf, vorzeitige Beendigung

4 **1. Grundsatz.** Hauptanwendungsfall der Rahmengebühr ist die **Entwurfstätigkeit** des Notars. Dabei sind nicht nur die Gebühren nach KV Nr. 24100 ff. ihrer Höhe nach abhängig vom Umfang der erbrachten Leistung des Notars im Zusammenhang mit der Fertigung eines Entwurfs. Auch bei den Gebühren für die **vorzeitige Beendigung** nach KV 21302 ff. wird auf den gefertigten Entwurf abgestellt. Die Gebühren sind in beiden Fällen gleich hoch.

5 **2. Ermessen.** Die Ermessensausübung ist stets Einzelfallbezogen und kann nur auf Fehler überprüft werden.[1] Für jeden Vorgang hat der Notar konkret den Umfang seiner Leistungen zu ermitteln und den einschlägigen Gebührensatz zu bestimmen.

6 **3. Umfang der erbrachten Leistung.** In die Ermessensausübung fließen vor allem **quantitative Aspekte** ein, also der Umfang der erbrachten Leistung. Allerdings können auch **qualitative Aspekte**, zumindest als mittelbares Kriterium, bei der Ermessensabwägung berücksichtigt werden. Denn je komplexer der Sachverhalt, umso höher wird der Aufwand des Notars, sowohl in quantitativer als auch in qualitativer Hinsicht.[2]

7 Bei der Aufwandseinschätzung ist auf den **Durchschnittsnotar** abzustellen. Die individuellen Eigenschaften, Fähigkeiten und Kenntnisse spielen keine Rolle.[3]

8 Zu berücksichtigen sind nicht nur die aufgewendete Zeit, sondern auch der **Umfang der Mitarbeiterbefassung** mit der Amtstätigkeit oder auch die Zahl etwaiger gewünschter Änderungen am Entwurf.

9 Der Umfang der Leistung ist für die Gebührenfestsetzung nicht nur bei Fertigung eines Entwurfs maßgeblich. Auch die Änderung, Überprüfung oder Ergänzung von Fremdentwürfen ist nach denselben Kriterien zu beurteilen.

10 Der Umfang der Leistung richtet sich in diesen Fällen auch nach dem Einzelfall, also dem individuellen Auftrag. Der erforderliche **Prüfungsumfang** dürfte bei

---

1 HK-GNotKG/*Teubel* Rn. 15; Renner/Otto/Heinze/*Heinze* Rn. 17.
2 Korintenberg/*Diehn* 20; Notarkasse Streifzug GNotKG Rn. 2836.
3 Renner/Otto/Heinze/*Heinze* Rn. 16.

Fremdentwürfen generell höherer sein als bei Eigenentwürfen. Bei **vollständiger Überprüfung oder Überarbeitung eines Fremdentwurfs** wird daher in Anlehnung an Abs. 2 häufig die **Höchstgebühr**, also der höchste Gebührensatz anzusetzen sein.[4] Anders als bei der vollständigen Entwurfsfertigung ist die Erhebung der Höchstgebühr bei vollständiger Überprüfung oder Überarbeitung eines Fremdentwurfs aber nicht zwingend.

Die Schwierigkeit der vom Notar erbrachten Leistung ist jedenfalls nicht unmittelbar für die Ermessensausübung heranzuziehen. Sie spielt keine unmittelbare Rolle.[5] Die Schwierigkeit des Vorgangs bestimmt jedoch häufig auch den Umfang der Tätigkeit und kann daher als **mittelbares Kriterium** relevant für die Ermessensausübung sein.[6] 11

In keinem Fall ist jedoch der bloße Umfang der Haftung des Notars bei der Bestimmung der Gebühr zu berücksichtigen. Nach dem Willen des Gesetzgebers bezieht bereits der nach den allgemeinen Vorschriften zugrunde zu legende Geschäftswert mittelbar die haftungsrechtlichen Aspekte ein.[7] 12

III. Höchster Gebührensatz

Während bereits nach Abs. 1 der Gebührensatzrahmen im Einzelfall vollständig ausgeschöpft werden kann, ist dies im Fall von Abs. 2 zwingend. Voraussetzung ist die vollständige Fertigung des Entwurfs. Ein Ermessen des Notars besteht dann nicht mehr. 13

Wann ein Entwurf vollständig ist, richtet sich vor allem nach dem Entwurfsauftrag. Was nicht beantragt ist, spielt für die Frage der Vollständigkeit keine Rolle. Der Notar muss das ggf. laienhaft vorgetragene Regelungsziel erfassen, auslegen und sich daran orientieren. Er muss alle ihm zur Verfügung gestellten Informationen auswerten und ggf. im Entwurf berücksichtigen.[8] Vollständig ist insbesondere der unterschriftsreife Entwurf.[9] Kommt der gefertigte Entwurf bestimmungsgemäß zum Einsatz, wird also verwendet, zB zur weiteren Abstimmung mit Steuerberatern etc, war er ebenfalls regelmäßig vollständig.[10] 14

Die gleichen Grundsätze gelten auch für die Fälle der vorzeitigen Beendigung eines Beurkundungsverfahrens. 15

IV. Beratung

Bei Beratungsgebühren ist grundsätzlich ein Gebührensatzrahmen von 0,3 bis 1,0 vorgesehen. Wenn der Beratungsgegenstand allerdings auch Beurkundungsgegenstand hätte sein können und wäre hierfür nur eine 1,0-Gebühr entstanden, liegt der Rahmen zwischen 0,3 und 0,5. Beträgt die Beurkundungsgebühr gar nur 0,5, ist der Beratungsgebührensatz mit 0,3 festgelegt (KV Nr. 24202). 16

Die Beratung bei der Vorbereitung oder Durchführung einer Haupt- oder Gesellschafterversammlung unterliegt hingegen dem Gebührenrahmen von 0,5 bis 2,0. 17

4 Bormann/Diehn/Sommerfeld/*Bormann* Rn. 9.
5 *Diehn/Sikora/Tiedtke* NotarkostenR Rn. 751.
6 Renner/Otto/Heinze/*Heinze* Rn. 11; Korintenberg/*Diehn* Rn. 28; Notarkasse Streifzug GNotKG Rn. 2840.
7 RegE, BT-Drs. 17/11471 (neu), 175.
8 Korintenberg/*Diehn* 42.
9 Renner/Otto/Heinze/*Heinze* Rn. 21.
10 Renner/Otto/Heinze/*Heinze* Rn. 20.

18 Bei isolierten Beratungstätigkeiten ist auf den gesamten Umfang der Beratungstätigkeit abzustellen, vor allem auf die inhaltliche Breite und Tiefe der Erörterungen. Der Anzahl und Dauer der Besprechungen, Zahl und Länge von Schriftsätzen etc kommen ebenso Bedeutung zu.

19 Eine gesonderte Beratungsgebühr kommt insbesondere in Betracht, wenn der Notar über seine gesetzlichen Hinweispflichten hinaus (§ 19 BeurkG, § 8 Abs. 1 S. 5, Abs. 4 ErbStDV) steuerlich berät.

V. Anrechnung

20 Nach Abs. 3 sind andere Gebühren in bestimmten Fällen auf die Rahmengebühr anzurechnen. Der Anwendungsbereich in der Praxis ist allerdings gering. Da von Abs. 3 insbesondere nicht die Fälle der Anrechnung von Entwurfsgebühren oder Gebühren der vorzeitigen Beendigung auf spätere Beurkundungsgebühren erfasst sind, bleibt letztlich nur die Anrechnung einer Beratungsgebühr auf eine andere Rahmengebühr (Entwurf oder vorzeitige Beendigung).[11]

§ 93 Einmalige Erhebung der Gebühren

(1) [1]Die Gebühr für ein Verfahren sowie die Vollzugs- und die Betreuungsgebühr werden in demselben notariellen Verfahren jeweils nur einmal erhoben. [2]Die Vollzugs- und die Betreuungsgebühr werden bei der Fertigung eines Entwurfs jeweils nur einmal erhoben.

(2) [1]Werden in einem Beurkundungsverfahren ohne sachlichen Grund mehrere Beurkundungsgegenstände zusammengefasst, gilt das Beurkundungsverfahren hinsichtlich jedes dieser Beurkundungsgegenstände als besonderes Verfahren. [2]Ein sachlicher Grund ist insbesondere anzunehmen, wenn hinsichtlich jedes Beurkundungsgegenstands die gleichen Personen an dem Verfahren beteiligt sind oder der rechtliche Verknüpfungswille in der Urkunde zum Ausdruck kommt.

I. Einmaligkeit

1 Abs. 1 bestimmt, dass in jedem notariellen Verfahren nicht nur die Verfahrensgebühr selbst, sondern auch die Vollzugs- und Betreuungsgebühr nur einmal anfallen.

2 Unter Verfahren sind dabei sowohl Beurkundungsverfahren als auch sonstige notarielle Verfahren gemeint. Es spielt für die Anzahl der Gebühren keine Rolle, welche und wie viele Gegenstände ein Verfahren hat. Auch die Kombination verschiedener Erklärungen in einer Urkunde, zB rechtsgeschäftlicher Erklärungen unter Lebenden, Verfügungen von Todes wegen und Beschlüsse, wird nach dem GNotKG mit einer Verfahrensgebühr abgegolten.

3 Die Vorschrift gilt jedoch nicht für notarielle Geschäfte wie zB Bescheinigungen oder Beglaubigungen. Hier handelt es sich um sog. Aktsgebühren, die bei mehrfacher Tatbestandsverwirklichung mehrfach anfallen.

11 Renner/Otto/Heinze/*Heinze* Rn. 24.

II. Vollzug und Betreuung

4 Das Einmaligkeitsprinzip gilt vor allem auch für **Vollzugs- und Betreuungsgebühren.** Ohne Abs. 1 wären Vollzugs- und Betreuungsgebühren für jede einzelne Vollzugs- oder Betreuungshandlung entstanden, weil es sich insoweit um Geschäftsgebühren handelt.[1]

5 Beziehen sich die Vollzugs- und Betreuungsleistungen jedoch auf verschiedene Urkunden, auch wenn diese gleichartig sind, entstehen für jede Urkunde (Verfahren) gesonderte Gebühren. Werden zB zwei Finanzierungsgrundpfandrechte bestellt, etwa eines vollstreckbar und das andere ohne Zwangsvollstreckungsunterwerfung, entstehen zwei Betreuungsgebühren für die Überwachung der Einschränkung der Sicherungszweckabrede.

6 **Treuhandgebühren** nach KV 22201 sind jedoch keine Betreuungsgebühren. Die Gebühr entsteht nach S. 2 der Anmerkung zu KV 22201 für jeden Treuhandauftrag gesondert.

III. XML-Strukturdaten

7 Eine Ausnahme von Abs. 1 stellen **KV Nr. 22114 und 22125** dar, also die Gebühren für die Erstellung von XML-Strukturdaten. Sie entstehen neben der Vollzugsgebühr jeweils gesondert. Werden dabei jedoch mehrfache XML-Strukturdaten in einem Verfahren erzeugt bzw. wird eine Urkunde in mehrfachen Schritten übermittelt, entsteht die XML-Gebühr jedoch insgesamt nur einmal. Insbesondere bei Einreichung einer Urkunde zu **verschiedenen Zeitpunkten** wie etwa beim Kaufvertrag zum Zwecke der Eintragung der Auflassungsvormerkung einerseits und zur Eigentumsumschreibung andererseits, entsteht deshalb nur eine XML-Gebühr aus dem Wert des Beurkundungsverfahrens.

IV. Zusammenfassung ohne sachlichen Grund

8 Werden in einem Beurkundungsverfahren mehrere Beurkundungsgegenstände ohne sachlichen Grund zusammengefasst (zB einzig aus dem Motiv der Gebührenersparnis), gilt das Beurkundungsverfahren nach Abs. 2 hinsichtlich jedes dieser Beurkundungsgegenstände **als besonderes Verfahren.** Damit soll Missbrauch verhindert werden. Es handelt sich um eine konsequente Ausprägung des Verbots der Gebührenvereinbarung nach § 125.[2]

9 Ein sachlicher Grund lieg nach Abs. 2 S. 2 allerdings insbesondere vor, wenn

- hinsichtlich jedes Beurkundungsgegenstands die gleichen Personen an dem Verfahren beteiligt sind (**Beteiligtenidentität**) oder
- der **rechtliche Verknüpfungswille** in der Urkunde zum Ausdruck kommt.

Der Verknüpfungswille muss in der Urkunde zum Ausdruck kommen und objektiv nachvollziehbar sein.

10 Die Beteiligtenidentität ist stets **materiell** zu verstehen. Eine bloß formale Betrachtung würde Zufälligkeiten breiten Raum geben, bspw. ob derselbe Bevollmächtigte handelt. Abzustellen ist aber auf den Vollmachtgeber als den materiell Berechtigten.[3]

11 Eine willkürliche Zusammenfassung von verschiedenen Gegenständen mit Ziel der Kostenersparnis ist also nicht möglich und nach § 125 unzulässig. Kostenrechtlich sind die betroffenen Gegenstände bei sachfremder Zusammenfassung wie **getrennten Urkunden** zu behandeln. Jede Verfahrensgebühr wie auch die

1 *Diehn* Notarkostenberechnungen Rn. 127.
2 *Heinze* NotBZ 2015, 161 (162); Renner/Otto/Heinze/*Otto* Rn. 5.
3 Korintenberg/*Diehn* Rn. 30.

Vollzugs- und Betreuungsgebühren sind dann ohne Werteaddition aus dem Geschäftswert des jeweiligen Verfahrens gesondert zu berechnen.

12 Ob der Notar bereits die Zusammenfassung von Gegenständen im Anwendungsbereich des Abs. 2 grundsätzlich abzulehnen hat, erscheint zweifelhaft. Die Existenz von Abs. 2 belegt, dass sie nicht generell ausgeschlossen ist. Nur die Kostenfolge des Abs. 1 findet in diesen Fällen keine Anwendung. Dennoch erscheint es sachgerecht, wenn der Notar von vornherein darauf hinwirkt, dass die Kosten der Urkundengestaltung unmittelbar entsprechen und die Fiktion des Abs. 2 auf Ausnahmefälle beschränkt bleibt.[4]

§ 94 Verschiedene Gebührensätze

(1) Sind für die einzelnen Beurkundungsgegenstände oder für Teile davon verschiedene Gebührensätze anzuwenden, entstehen insoweit gesondert berechnete Gebühren, jedoch nicht mehr als die nach dem höchsten Gebührensatz berechnete Gebühr aus dem Gesamtbetrag der Werte.

(2) [1]Soweit mehrere Beurkundungsgegenstände als ein Gegenstand zu behandeln sind (§ 109), wird die Gebühr nach dem höchsten in Betracht kommenden Gebührensatz berechnet. [2]Sie beträgt jedoch nicht mehr als die Summe der Gebühren, die bei getrennter Beurkundung entstanden wären.

I. Grundsätzliches

1 Nach § 93 Abs. 1 ist jede Verfahrensgebühr nur einmal zu erheben. Zugunsten des Kostenschuldners ordnet der Gesetzgeber mit § 94 jedoch an, dass eine getrennte Bewertung zu erfolgen hat, wenn diese zu niedrigeren Kosten führt. In derartigen Fällen hat somit eine Vergleichsberechnung zu erfolgen. Die Höhe der Gebühr ist auch die Summe der jeweiligen Einzelgebühren begrenzt.

2 Nicht unmittelbar anwendbar ist § 94 auf Geschäfte,[1] weil für diese Aktsgebühren entstehen. Für die Berechnung von Entwurfsgebühren (KV Nr. 24100 ff.; s. auch § 119 Abs. 1) und im Fall der Beratung zu einem möglichen Beurkundungsgegenstand müssen die Grundsätze jedoch entsprechend herangezogen werden, um Wertungswidersprüche zur Berechnung der Verfahrensgebühr bei der Beurkundung zu vermeiden.[2]

II. Derselbe Beurkundungsgegenstand

3 Abs. 2 betrifft die Fälle der Gegenstandsgleichheit nach § 109. Voraussetzung ist also, dass mehrere Gegenstände kostenrechtlich als nur ein Gegenstand zu behandeln sind. Maßgebend ist in diesen Fällen der höchste in Betracht kommende Gebührensatz der zusammengefassten Einzelgegenstände. Die Gebühr darf jedoch nicht mehr betragen als entstanden wäre, wenn die gegenstandsglei-

4 Renner/Otto/Heinze/*Otto* Rn. 6.
1 Bormann/Diehn/Sommerfeldt/*Bormann* Rn. 4.
2 Bormann/Diehn/Sommerfeldt/*Bormann* Rn. 4.

chen Erklärungen gesondert beurkundet worden wären. Insoweit hat also eine Vergleichsberechnung zu erfolgen.

Faktisch findet Abs. 2 nur dann Anwendung, wenn in den Fällen des § 109 Abs. 1 der sog. Hauptgegenstand und in den Fällen des § 109 Abs. 2 der Gegenstand mit dem höchsten Wert nicht bereits dem höchsten Gebührensatz unterliegen.[3] Denn in diesen Fällen kann die Vergleichsberechnung keine geringeren Gebühren für den Kostenschuldner bedeuten. 4

III. Verschiedene Beurkundungsgegenstände

Bei verschiedenen Gegenständen hat zunächst eine getrennte Berechnung der für jeden Gegenstand maßgebenden Gebühr zu erfolgen. Unterliegen dabei mehrere Gegenstände demselben Gebührensatz, ist dieser insoweit aus dem entsprechenden Gesamtwert dieser Gegenstände zu erheben. 5

Der getrennten Gebührenberechnung ist die höchste Gebühr aus dem Gesamtwert des Beurkundungsverfahrens (§ 35 Abs. 1) gegenüberzustellen. Das für den Kostenschuldner günstigere Ergebnis ist maßgebend. 6

IV. Mindest- und Höchstwert, Mindest- und Höchstgebühren

Die allgemeine Mindestgebühr in Höhe von 15 EUR sowie die spezifischen Mindestgebühren (zB 120 EUR bei KV Nr. 21100) sind auch bei der Vergleichsberechnung zu berücksichtigen. Festgebühren kennt der Gesetzgeber nur bei Aktsgebühren (zB KV Nr. 25101); für diese gilt § 94 jedoch nicht. 7

Der allgemeine Höchstwert nach § 35 Abs. 2 gilt sowohl bei der gesonderten Berechnung als auch bei der Vergleichsberechnung nach § 94. Spezielle Höchstwertvorschriften gelten dagegen nur für den entsprechenden Einzelgegenstand, nicht hingegen für die Ermittlung des Gesamtgeschäftswerts nach § 35 Abs. 1 bzw. § 94 Abs. 1.[4] 8

Abschnitt 4 Wertvorschriften

Unterabschnitt 1 Allgemeine Wertvorschriften

§ 95 Mitwirkung der Beteiligten

[1]Die Beteiligten sind verpflichtet, bei der Wertermittlung mitzuwirken. [2]Sie haben ihre Erklärungen über tatsächliche Umstände vollständig und wahrheitsgemäß abzugeben. [3]Kommen die Beteiligten ihrer Mitwirkungspflicht nicht nach, ist der Wert nach billigem Ermessen zu bestimmen.

3 HK-GNotKG/*Macht* Rn. 14.
4 S. a. Renner/Otto/Heinze/*Otto* Rn. 9.

I. Grundlagen

1 Für den Notar, mangels eines förmlichen Wertfestsetzungsverfahrens wie für die Gerichte, zentrale Norm, die u.a. neben den Vorschriften der §§ 11, 15, 29–32 das **Kostenausfallrisiko der Notare geringhalten** soll.[1] Den wahren Geschäftswert zu ermitteln, kann eine **Herausforderung für den Notar** bedeuten. Das ist misslich, soll er sich doch vordergründig um die Belange der Beteiligten kümmern und weniger um Kosten(ermittlungs-)fragen.

2 Die Vorschrift dient der – nicht nur in der notariellen Praxis – teilweise schwerfälligen Erzielung **wahrheitsgemäßer Wertangaben von den (formell und materiell)**[2] **Beteiligten**, mit der „Sanktion" einer **Wertfestsetzung nach billigem Ermessen** (S. 3) bei fehlenden bzw. unvollständigen Angaben. Vorschrift enthält sowohl **Mitwirkungspflicht** als auch **Mitwirkungsrecht** des Kostenschuldners.[3]

II. Ermittlung nur der jeweils für Berechnung relevanten Informationen

3 **Bzgl. der Ermittlung und des Inhalts** der durch die Beteiligten zur Verfügung zu stellenden Informationen **ist der Notar nicht frei**; er darf lediglich die für den jeweiligen Geschäftswert entscheidenden und in der entsprechenden Norm geregelten Informationen **im Rahmen des Zumutbaren** erfragen, wie bspw. Wert der Sache (§ 46) bzw. des Anteils (§ 54), nach § 52 zB die monatlichen Mieteinnahmen, um die Jahreswerte zu ermitteln; **sensible Daten** wie **Vermögens- und Einkommensverhältnisse** daher **nur, wenn es ausdrücklich darauf ankommt**, bspw. in Fällen der § 100 (Eheverträge), § 102 (erbrechtliche Angelegenheiten), § 36 Abs. 2 (nichtvermögensrechtliche Angelegenheiten) und § 98 Abs. 3 (Vollmachten); ebenso sonstige – je nach Wertvorschrift – relevante Umstände, wie bspw. Verbindlichkeiten (§§ 100, 102) und Bilanzen (§ 54).[4] Die Beibringung von Gutachten kann grds. nicht verlangt werden; zu dessen Einholung ist der Notar andererseits aber auch nicht verpflichtet.[5] Der Notar kann insoweit auch **selbst ermitteln**, es dürfen jedoch nicht sämtliche zur Verfügung stehenden Informationsquellen von verschiedener Seite herangezogen werden, da insbesondere nicht an der Urkunde Beteiligte wie Makler (anders bei konstitutiver Maklerklausel),[6] Anwälte und Steuerberater nicht zu Auskünften verpflichtet sind.[7] Bei Anteilsübertragungen könnte jedoch vom Notar bspw. die nach § 325 HGB im Bundesanzeiger zu veröffentlichende Bilanz herangezogen werden.[8]

III. Bindung des Notars an Wertvorschriften bzw. Bewertungsreihenfolge, nicht aber an Beteiligtenangaben

4 **Der Notar** ist bei der **Wertermittlung bzw. -festsetzung an Geschäftswert- und sonstige Wertvorschriften gebunden.**[9] Das führt bei der **Bewertung einer Immobilie** grds. zu folgender **Bewertungsreihenfolge: Vorrangig** ist bei einem Kauf **nach § 47 S. 1 der Kaufpreis** (evtl. zzgl. vorbehaltener Nutzungen bzw. übernommener Leistungen, § 47 S. 2) heranzuziehen; liegt jedoch ein Fall des § 47

1 Vgl. dazu BeckOK GNotKG/Becker § 11; vgl. auch BT-Drs. 17/11471 (neu), 180.
2 Bormann/Diehn/Sommerfeldt/*Diehn* GNotKG § 95 Rn. 3.
3 Korintenberg/*Hey'l* GNotKG § 95 Rn. 5; OLG Jena 30.4.2020 – 4 W 24/20, NotBZ 2020, 357.
4 *Volpert* RNotZ 2017, 291 (300).
5 Vgl. *Sikora/Strauß* DNotZ 2021, 669, 684.
6 BeckOK KostR/*Spies/Omlor* § 95 Rn. 4.
7 Bormann/Diehn/Sommerfeldt/*Diehn* § 95 Rn. 3.
8 *Felix* RNotZ 2018, 306 (308).
9 Bormann/Diehn/Sommerfeldt/*Diehn* § 95 Rn. 10; Renner/Otto/Heinze/*Heit/Genske* § 95 Rn. 11.

S. 3 vor (bspw. auffallend niedriger Kaufpreis oder wertmäßig deutlich über dem Kaufpreis liegende eingetragene Grundschuld;[10] oder geht es nicht um einen Kauf), erfolgt **Bewertung nach § 46.** Lässt sich **Verkehrswert** nicht mithilfe der Beteiligtenangaben bestimmen (§ 46 Abs. 2 Nr. 2), sind die weiteren in **§ 46 Abs. 2 Nr. 1, 3, 4** genannten **Hauptkriterien** und erst **subsidiär die Hilfskriterien** des **Abs. 3** heranzuziehen.[11] Entscheidung des **OLG München,** wonach der Notar dabei auch auf seine **eigenen Erkenntnisse hinsichtlich Nachbargrundstücken** zurückgreifen kann, geht sehr (bzw. zu) weit, da Kriterien des § 46 abschließend sind und Notar iRd Ermessens insoweit gebunden ist.[12] Sind die **Bewertungsmethoden** des **§ 46** nicht zielführend, ist der Verkehrswert – als ultima ratio – nach **§ 95 S. 3** zu schätzen. Bindung an **Beteiligtenangaben,** die **subjektiv geprägt und tendenziell zu niedrig sind,**[13] besteht nicht, wobei **plausiblen bzw. glaubhaften Angaben indizielle Wirkung** zukommen sollte. Umgekehrt kommt bei **ungeprüfter Übernahme offensichtlich zu niedriger Angaben** sogar **§ 125 (Verbot der Gebührenvereinbarung)** in Betracht.[14]

IV. Schätzung nach billigem Ermessen, dh insb. nicht bewusst zu hoch

Eine Schätzung nach billigem Ermessen ohne Anhaltspunkte **darf erst erfolgen,** 5 nachdem der Notar den Beteiligten – **erfolglos** – die Gelegenheit zur **Mitwirkung,** meistens im Termin selbst oder bereits im Vorhinein bspw. durch sog. **Wertermittlungsbögen** gegeben hat, wobei die **Motivation zur Beibringung von Daten im Vorfeld der Beurkundung generell** höher sein dürfte, als im Nachhinein.[15] In der notariellen Praxis erfolgt Schätzung meistens nach **zwei- bis dreimaliger erfolgloser schriftlicher Aufforderung** innerhalb eines **Zeitraums** von **ca. drei Monaten,** jedoch abhängig vom jeweiligen Einzelfall, so dass dieser bei **ausdrücklicher Verweigerung der Mitwirkung auch kürzer, in komplexen Fällen auch deutlich länger sein kann.**[16] Aber auch dann ist der Notar im Rahmen seines Ermessens verpflichtet, den Wert mit dem ihm zur Verfügung stehenden Informationen **möglichst genau festzusetzen; § 36 Abs. 3 findet keine Anwendung,** einen **Auffangwert gibt es gerade nicht.**[17] **Billiges Ermessen** ist gleichbedeutend mit freiem Ermessen, muss **pflichtgemäß erfolgen und sämtliche wesentlichen Gesichtspunkte** berücksichtigen.[18] **Sanktionsgedanken** etc müssen – **als sachfremde Erwägungen** – dabei gänzlich außer Betracht bleiben. Der Wert darf bspw. **nicht bewusst zu hoch** angesetzt werden (kein bewusster sog. Unsicherheitszuschlag), etwa um Druck auf die Beteiligten auszuüben, ihrer Mitwir-

10 Vgl. OLG Jena 30.4.2020 – 4 W 24/20, NotBZ 2020, 357.
11 OLG München 3.5.2016 – MittBayNot 2016, 350; *Sikora/Tiedtke* DNotZ 2018, 576 (581).
12 Zur Entscheidung des OLG München 21.8.2018 – 32 Wx 255/18 Kost ebenso zu Recht kritisch *Albrecht* NJW 2019, 1310, wonach Einschätzungen auf amtlichen Tatsachen beruhen müssen; vgl. auch Korintenberg/*Tiedtke* GNotKG § 46 Rn. 11.
13 OLG München BeckRS 2018, 14880.
14 Bormann/Diehn/Sommerfeldt/*Diehn* § 125 Rn. 3A.
15 Eine Schätzung darf auch erfolgen, wenn Angaben zwar vorliegen, diese jedoch unvollständig oder unwahr sind (umfassende Mitwirkungspflicht), vgl. Renner/Otto/Heinze/*Heit/Genske* § 95 Rn. 8; zudem kann Anhörung nachgeholt werden, vgl. OLG Jena NotBZ 2020, 437.
16 *Kersten* ZNotP 2020, 182 (187); Korintenberg/*Hey'l* § 95 Rn. 3a; Renner/Otto/Heinze/*Heit/Genske* § 95 Rn. 12; vgl. dazu auch OLG Jena 22.4.2020 – 4 W 23/19, NotBZ 2020, 437, wonach verfahrensfehlerhafte Schätzung des Werts ohne vorherige Anhörung der Beteiligten durch Nachholung der Anhörung geheilt werden kann.
17 Bormann/Diehn/Sommerfeldt/*Diehn* § 95 Rn. 10.
18 BGH NJW-RR 2005, 219.

kungspflicht wahrheitsgemäß nachzukommen und vollständige Angaben zu machen.[19] Da es für die Frage, ob und inwieweit bewusst zu niedrige unwahre Wertangaben (betrugs- bzw. steuer-)strafrechtliche Relevanz haben, auf den jeweiligen Einzelfall ankommt, sollte auch mit dieser Erwägung gegenüber den Beteiligten zurückhaltend umgegangen werden, ohne systematisch Druck mit dem Ziel wahrer Angaben zu erzeugen. **Durfte der Notar den Wert nach S. 3 schätzen, ist die Prüfung im Verfahren nach §§ 127 ff. hingegen auf Ermessensfehler beschränkt**; die Korrektur eines – ermessensfehlerfreien – zu niedrigen bzw. zu hohen Wertes erfolgt dann nicht mehr, so dass auf einer **unzureichenden Mitwirkung basierende Kostennachteile** durch einen zu hohen Wert die Folge sind und das **Schätzungsrisiko daher zulasten der Beteiligten** geht.[20]

6 Entscheidend ist ein **zügiger, ohne größeren Aufwand und Kosten verursachender, annähernder plausibler Wert**, zulasten einer mit letzter Präzision betriebenen Wertermittlung.[21] Grundlagen der jeweiligen Wertfestsetzung sollte der Notar – in einer ihm freistehenden Art und Weise – **schriftlich dokumentieren**, um bei Geschäftsprüfungen die erforderlichen Auskünfte erteilen zu können.[22]

§ 96 Zeitpunkt der Wertberechnung

Für die Wertberechnung ist der Zeitpunkt der Fälligkeit der Gebühr maßgebend.

1 **Relevanter Zeitpunkt** für die Geschäftswertberechnung ist der **Fälligkeitszeitpunkt**, nach § 10 daher die **Beendigung der jeweiligen notariellen Amtstätigkeit**, es sei denn, in der jeweiligen Vorschrift ist Abweichendes geregelt (zB § 40 Abs. 1 Nr. 1–4: Zeitpunkt des Erbfalls).

2 Häufig gibt es im notariellen Verfahren genau genommen daher nicht „den einen" Fälligkeitszeitpunkt, was zB bei einem Kaufvertrag mit Vollzugs- und Betreuungsgebühren zu mehreren unterschiedlichen Fälligkeiten führt. Vorschuss kann zwar bereits mit Entstehung der Kosten, dh mit dem Antrag, eingefordert werden, obwohl die Kosten noch nicht fällig sind. Das kann dazu führen, dass unrichtiger Wert der Vorschussrechnung zu Grunde gelegt wird. Diese **Differenz ist dann in der Schlussrechnung auszugleichen. Nach Beendigung der** amtlichen Tätigkeit **eintretende Änderungen** sind hingegen **kostenrechtlich ohne Bedeutung, es sei denn, spezielle Vorschriften regeln Abweichendes** (u.a. §§ 42 Abs. 1, 100 Abs. 3, 102 Abs. 2) **oder konkrete Anhaltspunkte einer künftigen Entwicklung** sind bereits zum Fälligkeitszeitpunkt dem Rechtsverhältnis imma-

19 Vgl. dazu die wiss. Untersuchung von *Stephan*, Streitwertbestimmung im Patentrecht, 2016, S. 235 für das Patentrecht; vgl. auch *Volpert* RNotZ 2017, 291 (299), *Diehn/Volpert* NotarkostR Rn. 2775; nicht zu empfehlen ist daher die Ansicht von HK-GNotKG/*Greipl* GNotKG § 95 Rn. 10, der pauschale Unsicherheitszu- bzw. -abschläge in Erwägung zieht.

20 Vgl. OLG Jena 30.4.2020 – 4 W 24/20, NotBZ 2020, 357; OLG Düsseldorf 16.1.2017 – I-25 Wx 78/16; OLG Düsseldorf 14.6.2018; LG Dresden 25.11.2019, NotBZ 2020, 317; *Schmidt* RNotZ 2020, 210 (213); OLG Gera 3.12.2019, BeckRS 2020, 9175; Korintenberg/*Hey'l* § 95 Rn. 9.

21 OLG München BeckRS 2018, 14880; BayObLGZ 1972, 297.

22 So auch *Volpert* RNotZ 2017, 291 (301).

nent (und bereits angelegt).[1] Da dann der konkrete Wert des Rechtsverhältnisses aufgrund der Kenntnis über die künftige Entwicklung bereits im Zeitpunkt der Fälligkeit (ex-ante Betrachtung) ein anderer war, ist letztgenannte Fallgruppe genaugenommen keine Ausnahme von § 96. Trotzdem sollte diese Fallgruppe **restriktiv** gehandhabt werden, da im Grundsatz **Prognosen und Ungewissheiten** bei der Bewertung gerade **außer Betracht bleiben**, es sei denn, das Gesetz sieht auch hier Anderes vor, wie zB § 52 Abs. 4 oder auch § 100 Abs. 3.[2] **Anders liegen die Fälle, in denen sich erst später herausstellt, dass der zum Fälligkeitszeitpunkt (Stichtag) angenommene Wert unrichtig war**, da bestimmte Umstände erst später erkannt wurden. Anders als spätere Veränderungen sind **spätere, nach dem Fälligkeitszeitpunkt eintretende, Erkenntnisse daher noch zu berücksichtigen** bzw. zu verwerten.[3] Dann kann grds. innerhalb der Verjährungsfrist nach § 6 Abs. 1 S. 3 eine **Nachbewertung** vorgenommen werden.[4]

Unterabschnitt 2 Beurkundung

§ 97 Verträge und Erklärungen

(1) Der Geschäftswert bei der Beurkundung von Verträgen und Erklärungen bestimmt sich nach dem Wert des Rechtsverhältnisses, das Beurkundungsgegenstand ist.

(2) Handelt es sich um Veränderungen eines Rechtsverhältnisses, so darf der Wert des von der Veränderung betroffenen Rechtsverhältnisses nicht überschritten werden, und zwar auch dann nicht, wenn es sich um mehrere Veränderungen desselben Rechtsverhältnisses handelt.

(3) Bei Verträgen, die den Austausch von Leistungen zum Gegenstand haben, ist nur der Wert der Leistungen des einen Teils maßgebend; wenn der Wert der Leistungen verschieden ist, ist der höhere maßgebend.

I. Grundlagen und Systematik

Nach generalklauselartiger **Grundnorm** des **Abs. 1** der neben Beurkundungen auch für Beglaubigungen (§ 121) und Entwürfe (§ 119) gilt, kommt es für den Geschäftswert von **Verträgen und Erklärungen** auf den **Wert des Rechtsverhältnisses** an.[1] Was ein Rechtsverhältnis ist oder wie der Wert zu berechnen ist, 1

1 Vgl. dazu Renner/Otto/Heinze/*Otto* § 96 Rn. 3; Korintenberg/*Hey'l* § 96 Rn. 4; dazu auch OLG Düsseldorf 19.9.2019 – 10 W 107/19 (Bewertung eines Geschäftsanteils einer neu gegründeten Gesellschaft im Rahmen einer Sicherungsabtretung nach dem Nominalwert).
2 Dazu Korintenberg/*Hey'l* § 96 Rn. 6.
3 Vgl. LG Cottbus 17.3.2021 – 3 OH 11/21, 12/21, NotBZ 2021, 314.
4 Renner/Otto/Heinze/*Otto* § 96 Rn. 4.
1 Als (einseitige) Erklärung fällt bspw. auch der (beglaubigte, § 119) Antrag auf Eintragung einer beschränkten persönlichen Dienstbarkeit darunter, wobei sich der Wert des Rechtsverhältnisses nach § 52 berechnet, vgl. LG Chemnitz 13.1.2020 – 3 T 131/19, BeckRS 2020, 18376.

wird darin nicht geregelt.[2] Vorschrift dient als **Ausgangspunkt der Wertberechnung, muss aber in das Gesamtgefüge des GNotKG eingeordnet werden.**

2 Die Vorschrift ist erst dann **heranzuziehen**, wenn keine **vorrangigen, spezielleren Wertvorschriften nach §§ 98 ff.** Anwendung finden. Steht der Wert auch danach nicht fest oder lässt er sich aus dem Gesetz nicht ermitteln, ist er vom **Notar nach billigem Ermessen festzusetzen** (§ 36 **Abs. 1–3**). Befindet man sich im **Anwendungsbereich des § 97, sind unter den spezielleren und damit vorrangig anwendbaren Abs. 3 fallende Austauschverträge** von anderen Verträgen bzw. Erklärungen nach Abs. 1 **abzugrenzen**. Bei einem **Austauschvertrag** wird eine **Leistung nur um der anderen Willen** erbracht (do ut des), wobei ein **Ungleichgewicht bzw. ein unausgewogenes Verhältnis beider Leistungen** ein Indiz gegen die Auslegung als Austauschvertrag darstellt.[3] Da die Folgen für die Bewertung gravierend sind, sollte diese **Abgrenzung präzise und für jeden Einzelfall separat** vorgenommen werden: Werden bei Abs. 1 grds. sämtliche Leistungen zusammengerechnet (§§ 35, 86 Abs. 2), stellt Abs. 3 klar, dass **keine Wertaddition** erfolgt, sondern allein der **höhere der beiden Werte** maßgebend ist.

II. Geschäftswert nach Abs. 1 (Wert des Rechtsverhältnisses) und Abgrenzung zu Abs. 3

3 In der **notariellen Praxis** kommt **Abs. 1** iRv. **Verträgen regelmäßig bei Verträgen ohne den Austausch von Leistungen zur Anwendung** v.a. iRv **reinen Schenkungsverträgen ohne Gegenleistungen, Gesellschaftsverträgen und Umwandlungsvorgängen** (§ 107 regelt nicht deren Bewertung, sondern nur Mindest- und Höchstwerte), sowie bei **Auseinandersetzungen** u.a. von Gesamthandsgemeinschaften, bspw. Erbengemeinschaften, Gütergemeinschaften, oder Personengesellschaften.[4] Sobald bei den vorgenannten Vorgängen jedoch irgendwelche **Arten von Gegenleistungen** (grds. auch an oder zugunsten Dritter, bspw. iSe Vertrags zugunsten Dritter, §§ 328 ff. BGB,[5] u.a. bei Abfindungszahlung des Beschenkten an weichende Geschwister), **bspw. Abfindungen, Übernahme von Verbindlichkeiten oder sonstige Ausgleichszahlungen** erbracht werden, ist nach **Abs. 3 zu bewerten.**[6] Scheidet daher ein Mitglied der Gesamthandsgemeinschaft bspw. gegen Abfindung in Geld aus, ist der Wert nach **Abs. 3** zu bestimmen.[7] Anders hingegen bei der **Übertragung von gesamthänderischem Eigentum** an einen Miterben, so dass dann der (Gesamt-)**Wert des auseinandergesetzten Gesamthandsgegenstands** entscheidend ist, nicht hingegen der einzelne Wert des Gesamthandsanteils.[8] An diesem Bewertungsergebnis ändert auch eine Gegenleistung des Miterben nichts, die dann zwar zur Anwendung des Abs. 3 führt, der höhere Wert der Leistung regelmäßig jedoch der Gesamtwert des auseinandergesetzten Gegenstandes bleibt.[9] Überträgt hingegen ein Miterbe seinen Anteil gegen Zahlung an einen anderen, findet ebenso Abs. 3 Anwendung, wobei der (höhere) Wert der Leistung dann nur der Wert des Erbanteils ist.[10] Geht es

2 Bormann/Diehn/Sommerfeldt/*Diehn* § 97 Rn. 5, 6.
3 OLG Hamm BeckRS 2018, 33821; LG Düsseldorf 3.12.2018 – 25 T 2/17.
4 Vgl. Rohs/Wedewer/*Wudy* GNotKG § 97 Rn. 32.
5 Dazu auch Rohs/Wedewer/*Wudy* GNotKG § 97 Rn. 56; Korintenberg/*Tiedtke* § 97 Rn. 16.
6 Bormann/Diehn/Sommerfeldt/*Diehn* § 97 Rn. 14a, 16.
7 Renner/Otto/Heinze/*Deecke* § 97 Rn. 8; instruktiv und zwischen obj. und subj. Teilauseinandersetzung differenzierend, HK-GNotKG/*Fackelmann* § 97 Rn. 15.
8 BeckOK KostR/*Gläser* § 97 Rn. 7.
9 OLG Hamm BeckRS 2016, 17410.
10 BeckOK KostR/*Gläser* § 97 Rn. 8.

hingegen um die reine Verteilung des Nachlasses, ist bei Auseinandersetzungen daher grds. Abs. 1 anzuwenden.[11]

III. Höchstwertvorschrift des Abs. 2 bei Veränderung des Rechtsverhältnisses

Die **Höchstwertvorschrift** des **Abs. 2** regelt den (Höchst-)Wert bei **Veränderungen des Rechtsverhältnisses** (mit und ohne bestimmten) Geldwert, wobei hier in der notariellen Praxis vor allem **Veränderungen der Modalitäten** des Rechtsverhältnisses **nach Beurkundung** wie bspw. **Veränderungen der Fälligkeit oder auch vereinbarte Rücktrittsrechte** relevant sind; dann sind Teilwerte zu bilden (vgl. § 36 Abs. 1).[12] Relevanter Geschäftswert ist der **Wert der Veränderung** (Abs. 1, 3),[13] dh bei nachträglicher Ermäßigung des Kaufpreises von 200.000 EUR auf 170.000 EUR beträgt der Wert 30.000 EUR (zu etwaigen Auswirkungen auf eine Betreuungsgebühr → § 113 Rn. 3);[14] die Veränderung ist **abzugrenzen** von einer kompletten Umgestaltung des Rechtsverhältnisses (bspw. Auswechslung des Vertragsgegenstands oder eines Beteiligten), bei der der Geschäftswert der volle Wert des Rechtsverhältnisses ist.[15] 4

IV. Bewertung von Austauschverträgen nach Abs. 3

Austauschverträge nach Abs. 3 liegen regemäßig vor bei **jeglichen Kauf- und Tauschverträgen** bspw. über Sachen und Geschäftsanteile, **Übertragungsverträgen mit Gegenleistungen** bspw. dem Vorbehalt von Rechten (u.a. Wohnungsrechten, Nießbrauch), aber auch bei Leistungen an bzw. zugunsten Dritter, sowie **(Erb- bzw. Pflichtteils-)Verzichten gegen Entgelt**, jeweils bei Zusammenbeurkundung in einer Niederschrift, vgl. § 85 Abs. 2. 5

Bei Scheidungsfolgenvereinbarungen, Veräußerungsvereinbarungen, Übertragung von Bruchteilseigentum etc kommt es auf die jeweilige Konstellation an, **ob ein Austauschverhältnis vorliegt oder nicht** (bspw. bzgl. einzelner Teile einer Scheidungsvereinbarung (zB wechselseitiger Unterhaltsverzicht), wobei die gesamte Vereinbarung unter Abs. 1 fällt, so dass sämtliche verschiedene Regelungs- bzw. Beurkundungsgegenstände (§ 86) nach § 35 zu addieren sind)[16] **bzw. ob speziellere Regelungen vorgehen** (bspw. bei Scheidungsfolgenvereinbarungen bzgl. bestimmter Regelungen die Vorschrift des § 100 für Eheverträge),[17] **so dass nicht pauschal bewertet werden sollte.**[18] 6

Erwerben zwei Miteigentümer je hälftig Miteigentum mit der Gewährung **wechselseitiger Vorkaufsrechte**, wird gem. § 35 zum Kaufpreis nach Abs. 3 lediglich der Wert eines bzw. des höheren Vorkaufsrechts hinzuaddiert, da beide im Austauschverhältnis stehen;[19] anders hingegen, wenn die Vorkaufsrechte **nicht vertraglich, sondern lediglich wechselseitig als einseitige (Grundbuch-)Erklärungen** vorliegen – dann ist Geschäftswert der addierte (§§ 35, 86 Abs. 2; da 7

11 Touissant/*Uhl* KostR § 97 Rn. 6.
12 Bormann/Diehn/Sommerfeldt/*Diehn* § 97 Rn. 3.
13 Auch Änderungsverträge können ausnahmsweise Austauschverträge darstellen, Rohs/Wedewer/*Wudy* GNotKG § 97 Rn. 59.
14 Dazu Rohs/Wedewer/*Wudy* GNotKG § 97 Rn. 30.
15 *Krauß* immobilienkaufverträge Rn. 5149.
16 BeckOK KostR/*Gläser* § 97 Rn. 20b.
17 Vgl. Renner/Otto/Heinze/*Deecke* § 97 Rn. 4.
18 Ausführlich dazu Bormann/Diehn/Sommerfeldt/*Diehn* § 97 Rn. 18 ff. und Korintenberg/*Tiedtke* GNotKG § 97 Rn. 17 ff.
19 *Diehn* Notarkostenberechnungen Rn. 313.

nicht gegenstandsgleich) Wert beider Vorkaufsrechte nach § 51 Abs. 1 S. 2 aus einer Gebühr von 0,5 (KV Nr. 21201 Nr. 4).[20]

8 Auch bei **Übertragungsverträgen** sind die jeweiligen **Leistungs- bzw. Austauschverhältnisse sorgfältig auseinanderzuhalten**: im Übergabevertrag vereinbarte sog. **Hinauszahlungspflicht** an weichende Geschwister (als – echter – Vertrag zugunsten Dritter) ist als (weitere) **Gegenleistung des Erwerbers** an den Übernehmer iRv § 97 Abs. 3 nach § 47 S. 2 (Wert des Hinauszahlungsbetrags) zu bewerten; in gleicher Urkunde geregelte (einseitige) **Anrechnungsbestimmung** (Bestimmung des Übergebers, dass sich die weichenden Geschwister die Hinauszahlungsbeträge auf ihre Erb-/Pflichtteilsansprüche anrechnen zu lassen haben), ist als **rechtliche Bestimmung des Übergebers** ein verschiedener (§ 86 Abs. 2) und gesondert zu bewertender Beurkundungsgegenstand (Wert: Hinauszahlungsbetrag; 1,0-Gebühr nach KV Nr. 21200), mit der Folge einer Vergleichsberechnung nach § 94 Abs. 1.[21]

9 Erst in einem weiteren Schritt sind mithilfe der **Bewertungsvorschriften des GNotKG in §§ 36, 46 ff.** die jeweiligen **Rechtsverhältnisse (grds. ohne Schuldenabzug**, § 38) **zu kapitalisieren** (bspw. Nießbrauch nach § 52; Geschäftsanteile nach § 54) und unter Heranziehung der §§ 109 ff. sowie der §§ 86 und 35 **Inhalt und Anzahl der jeweiligen Rechtsverhältnisse herauszuarbeiten**. Bspw. sind sog. **unselbständige Rückübertragungsverpflichtungen** zur Sicherung anderer Zusagen (zB Veräußerungsverbot, § 50 Nr. 1) des Erwerbers zur Zusage nach § 109 Abs. 1 gegenstandsgleich und damit nicht Teil der zu bewertenden Gegenleistung; anders bei (nach § 51 Abs. 1, 3 zu bewertender) weitergehender **selbstständiger Rückübertragungsverpflichtung**, zB bei Vorversterben, wobei dann die entsprechende Sicherungsvormerkung gegenstandsgleich ist.[22] **Die Vorschrift des § 111 findet jedoch iRd Abs. 3 keine Anwendung**, mit der Folge, dass besondere Beurkundungsgegenstände ausnahmslos gesondert zu bewerten sind.[23]

§ 98 Vollmachten und Zustimmungen

(1) Bei der Beurkundung einer Vollmacht zum Abschluss eines bestimmten Rechtsgeschäfts oder bei der Beurkundung einer Zustimmungserklärung ist Geschäftswert die Hälfte des Geschäftswerts für die Beurkundung des Geschäfts, auf das sich die Vollmacht oder die Zustimmungserklärung bezieht.

(2) [1]Bei Vollmachten und Zustimmungserklärungen aufgrund einer gegenwärtigen oder künftigen Mitberechtigung ermäßigt sich der nach Absatz 1 bestimmte Geschäftswert auf den Bruchteil, der dem Anteil der Mitberechtigung entspricht. [2]Entsprechendes gilt für Zustimmungserklärungen nach dem Umwandlungsgesetz durch die in § 2 des Umwandlungsgesetzes bezeichneten Anteilsinhaber. [3]Bei Gesamthandsverhältnissen ist der Anteil entsprechend der Beteiligung an dem Gesamthandsvermögen zu bemessen.

(3) [1]Der Geschäftswert bei der Beurkundung einer allgemeinen Vollmacht ist nach billigem Ermessen zu bestimmen; dabei sind der Umfang der erteilten Vollmacht und das Vermögen des Vollmachtgebers angemessen zu berücksichtigen. [2]Der zu bestimmende Geschäftswert darf die Hälfte des Vermögens des

20 Rohs/Wedewer/*Wudy* GNotKG § 97 Rn. 46.
21 Notarkasse Streifzug Rn. 3048; *Elsing* notarbüro 2021, 92.
22 *Korintenberg/Tiedtke* GNotKG § 97 Rn. 46; vgl. Kommentierung zu §§ 50, 51.
23 Toussaint/*Uhl* GNotKG § 97 Rn. 15.

Auftraggebers nicht übersteigen. [3]Bestehen keine genügenden Anhaltspunkte für eine Bestimmung des Werts, ist von einem Geschäftswert von 5 000 Euro auszugehen.

(4) In allen Fällen beträgt der anzunehmende Geschäftswert höchstens 1 Million Euro.

(5) Für den Widerruf einer Vollmacht gelten die vorstehenden Vorschriften entsprechend.

I. Grundlagen, Systematik und Anwendungsbereich bzw. -empfehlungen

Geschäftswertvorschrift für Vollmachten und Zustimmungserklärungen aus sämtlichen Lebensbereichen, wobei unter den Oberbegriff der Zustimmungen – neben der Einwilligung – insbes. die häufig vorkommenden (Nach-)**Genehmigungserklärungen** zu fassen sind, sowie ebenso für den **Widerruf** dieser Erklärungen, vgl. Abs. 5 (Wert im Zeitpunkt des Widerrufs).[1] Zustimmungserklärungen (neben Rechtsgeschäften auch zu Beschlüssen) sind **abzugrenzen** von Zustimmungsbeschlüssen, deren Wert sich gem. § 108 Abs. 2 nach dem vollen Wert des Bezugsgeschäfts bestimmt, → §§ 105–108 Rn. 10, 22; **Vollmachtsbestätigungen fallen ebenso unter** § 98.[2] Vorschrift wird in der notariellen Praxis teilweise unterschiedlich ausgelegt, was insbesondere bei der Bewertung von General- und Vorsorgevollmachten zu uneinheitlichen Wertansätzen führt. Der Höchstwert beträgt in sämtlichen Fällen 1 Mio. EUR, vgl. Abs. 4. 1

Der Grundsatz „Geschäftswert der Vollmacht ist der halbe (**Aktiv-**)**Wert des Geschäfts, auf das sich die Vollmacht bezieht**" ist für sog. **Spezialvollmachten bzw. Zustimmungserklärungen nach Abs. 1** entsprechend dem Gesetzeswortlaut im Grundsatz **zutreffend**, in **Fällen des Abs. 2** sowie bei **allgemeinen Vollmachten** (**Abs. 3**), **zB General- und Vorsorgevollmachten, zu pauschal**. In Bezug auf Letztgenannte ist die **Hälfte** des (**Aktiv-**)**Vermögens** nach Abs. 3 S. 2 vielmehr nur eine **Begrenzung nach oben. Maximaler Geschäftswert** ist – für jede Vollmacht – in sämtlichen Fällen des § 98 **eine Million EUR** (**Abs. 4**). IRd § 98 erfolgt **kein Abzug von Verbindlichkeiten** (§ 38), da Wortlaut des Abs. 1 – anders als bspw. §§ 100, 102 – Abzug nicht erwähnt und sich Ermessensausübung des Abs. 3 nur auf den Wert und nicht auf die Freiheit des Abzugs von Verbindlichkeiten bezieht.[3] **Relevanter Zeitpunkt** ist gem. §§ 10, 96 derjenige der **Beurkundung bzw. Beglaubigung** der Vollmacht bzw. Zustimmung; nicht derjenige der Vornahme des jeweiligen Hauptgeschäfts.[4] 2

Gebührensatz ist – als **einseitige Erklärung – 1,0**, gem. **KV Nr. 21200** (bzw. iVm **KV Nr. 24101**); selbst bei gegenseitigen Ehegatten- oder Gesellschaftervollmachten ist **jede Vollmacht getrennt zu bewerten**, da kein Austauschvertrag nach § 97 Abs. 3 vorliegt.[5] Erfolgt die Entwurfserstellung iRe Vollzugstätigkeit, kann diese – **neben der Vollzugsgebühr – nicht gesondert berechnet** werden. Das gilt jedoch **nicht** für **Vollmachten zeitlich vor einer Beurkundung**: Obwohl nach Vorb. KV Vorb 2.2.1.1. Abs. 1 S. 3 eine Vollzugsgebühr auch bei Tätigkeiten vor Beurkundung entstehen kann, sind von der Vollzugsgebühr nach KV Vorb. 2.2.1.1. Nr. 5 nach dem klaren Wortlaut neben privatrechtlichen Zustim- 3

1 Bormann/Diehn/Sommerfeldt/*Diehn* § 98 Rn. 47.
2 Korintenberg/*Tiedtke* § 98 Rn. 13; Bormann/Diehn/Sommerfeldt/*Diehn* § 98 Rn. 3; Renner/Otto/Heinze/*Arnold* § 98 Rn. 10.
3 Vgl. Bormann/Diehn/Sommerfeldt/*Diehn* § 98 Rn. 28.
4 Bormann/Diehn/Sommerfeldt/*Diehn* § 98 Rn. 2.
5 Korintenberg/*Tiedtke* § 97 Rn. 23b; 98 Rn. 34.

mungserklärungen nur **Vollmachtsbestätigungen** erfasst, nicht hingegen Vollmachten.[6] **Betreuungsgebühren** können iRv. Vollmachten insbes. nach KV Nr. 22200 Nr. 3 entstehen, bspw. bei der Anweisung an den Notar, dem Bevollmächtigten Ausfertigungen nur unter besonderen Umständen herauszugeben.[7]

4 Sog. **Finanzierungs- bzw. Belastungsvollmachten** sind nach **§ 109 Abs. 1 S. 4 Nr. 1c gegenstandsgleich** zum Kaufvertrag, ebenso **Vollmachten der Käufer untereinander** (Durchführung)[8] sowie **Mitarbeiter- bzw. Reparaturvollmachten** (Erfüllung iSd. § 109 Abs. 1 S. 2); **(Vorsorge-)Vollmachten** hingegen sind nach § 110 Nr. 3 **gegenstandsverschieden zu – untereinander nach § 109 Abs. 2 Nr. 1 gegenstandsgleichen – Betreuungs- und Patientenverfügungen.** In der Urkunde des Hauptgeschäfts enthaltene Zustimmung dazu ist **gegenstandsgleich** (Erfüllung iSd. § 109 Abs. 1 S. 2);[9] ebenso **gegenstandsgleich** sind mehrere **inhaltsgleiche Vollmachten für mehrere Bevollmächtigte** in einer Urkunde.[10]

5 **Umstritten** ist, inwieweit die **teilweise zu beobachtende Praxis**, das der Vollmacht zumeist zugrunde liegende **Auftrags- bzw. Geschäftsbesorgungsverhältnis in der Vollmachtsurkunde** auszugestalten bzw. zu regeln (bspw. **Anpassung Auskunfts- und Rechenschaftspflichten, Haftungsumfang, Aufwendungsersatz), zu einer erhöhten Bewertung führt.** Anders als bei **rein internen Weisungen und Ausübungsbedingungen,** löst die Mitbeurkundung des schuldrechtlichen Grundverhältnisses bei (selten vorkommender) Anwesenheit des Bevollmächtigten (vertragliche Vereinbarungen) nach KV Nr. 21100 eine 2,0 Gebühr, sonst bei einseitiger Erklärung nach KV Nr. 21200 eine 1,0 Gebühr aus, wobei gem. § 109 Abs. 1 S. 5 regelmäßig **alleine der Wert des Grundverhältnisses als Hauptgeschäft** (Vollmacht als Durchführungs-/Erfüllungsgeschäft gegenstandsgleich und mithin nicht gesondert zu bewerten) sowie eine Vergleichsberechnung nach § 94 Abs. 2 durchzuführen wäre.[11] Da der Wortlaut des § 98 nur von Vollmacht spricht, ist der Wert je nach Art des Grundverhältnisses nach § 99 Abs. 2, § 97 bzw. § 36 Abs. 1 zu bestimmen.[12] Da in den meisten Fällen der Generalvollmacht der **zugrunde liegende Auftrag** jedoch entweder **bereits besteht** (Regelung dann rein deklaratorisch[13]) oder das **Innenverhältnis** bewusst **durch die Beteiligten außerhalb der Urkunde selbst geregelt bzw. ausgestaltet wird,** dürfte sogar selbst bspw. eine Regelung der Rechenschaftspflichten, **keine** (reine **interne Weisung, Ausübungsbedingung**) oder **nur geringe** (Teilwert bzw. subsidiär 5.000 EUR, § 36) **Mehrkosten** auslösen.[14] Zur Frage einer **Hinweispflicht auf die bei Mitbeurkundung des Auftragsverhältnisses entstehenden etwaigen Mehrkosten** → § 21 Rn. 27.

6 **Entscheidend für eine exakte Geschäftswertermittlung ist die präzise Herausarbeitung des Umfangs der Vollmacht,** dh die Analyse, auf was sich die Vollmacht genau bezieht. Diese **Bezugsgröße** richtet sich nach dem Gegenstand

6 Korintenberg/*Tiedtke* Vorb. 2.2.1.1 Rn. 40a; *Diehn* Notarkostenberechnungen Rn. 1540.
7 S. dazu *Diehn* Notarkostenberechnungen Rn. 1582; Notarkasse, Streifzug Rn. 3350.
8 Bormann/Diehn/Sommerfeldt/*Bormann* § 109 Rn. 38.
9 Korintenberg/*Tiedtke* § 98 Rn. 40a.
10 Renner/Otto/Heinze/*Arnold* § 98 Rn. 59.
11 Vgl. Notarkasse, Streifzug Rn 3361; Korintenberg/*Tiedtke* § 98 Rn. 29.
12 Höchstwert des § 98 Abs. 4 findet ebenso keine Anwendung, *Müller/Renner* Kap. 2 Rn. 884; Renner/Otto/Heinze/*Renner* § 98 Rn. 63; Angemessener Geschäftswert des Auftrags dürfte in den meisten Fällen das halbe Aktivvermögen sein.
13 Vgl. Ländernotarkasse, Leipziger Kostenspiegel Rn. 23.8.
14 Dazu ausführlich auch *Müller/Renner* Kap. 2 Rn. 885.

bzw. Rechtsverhältnis/-geschäft, auf das sich die Vollmacht bezieht (bspw. bloße Mitberechtigung, Abs. 2), wobei dieses nach den jeweils einschlägigen Wertvorschriften der §§ 36, 46 ff., 97 ff. zu bewerten ist (bspw. Grundstücke nach § 46; § 47 bei Kauf; Geschäftsanteile nach § 54, jeweils mglw. iVm § 97 Abs. 3). Auch Forderungen, bspw. Ansprüche gegen Versicherungen, sind als Rechte von wirtschaftlichem Wert Teil des nach § 98 zu bewertenden Vermögens, wobei rechtlich bzw, in ihrer Durchsetzung zweifelhafte Ansprüche nur mit einem Bruchteil des Nennwerts anzusetzen sind (§ 36 Abs. 1).[15] Daher wirkt sich die Anzahl der Vollmachtgeber bzw. Bevollmächtigten in den Fällen des § 98 grds. dann nicht auf den Geschäftswert aus, wenn sich hinsichtlich derselben Rechtsgeschäfte bzw. Vermögensgegenstände/-massen erklärt wird. Der Umfang ändert sich jedoch dann, sobald derselbe oder mehrere Vollmachtgeber Vollmachten bzgl. verschiedener Gegenstände bzw. Rechtsgeschäfte erteilen, aber auch bei Zustimmungserklärungen mehrerer Personen, die nicht in Rechtsgemeinschaft stehen. Dann sind die verschiedenen Beurkundungsgegenstände (§ 86 Abs. 2) nach § 35 zu addieren. So lassen sich für praktisch sämtliche in der notariellen Praxis vorkommenden Konstellationen angemessene und korrekte Werte ermitteln, dh bei den verschiedenen Arten und Rechtsbereichen, in denen Vollmachten bzw. Zustimmungen erteilt werden, ebenso wie bei mehreren Vollmachtgebern/Bevollmächtigten bzw. Zustimmungserklärungen. Dies zeigen folgende Beispielsfälle:

- Gründungsvollmachten (sowohl bei Personen- als auch bei Kapitalgesellschaften): Hälfte des anteiligen Gründungswerts, dh Einlagewert (nicht: Nominalbetrag);[16]
- Stimmrechtsvollmacht: Hälfte des Werts des Anteilsverhältnisses des Vollmachtgebers, nicht hingegen des Beschlussgegenstandes;[17]
- Vollmacht, die Begründung von Wohnungseigentum betreffend: Hälfte des Werts nach § 42;[18]
- Geschäftswert der Verwalterzustimmung: Hälfte des Wertes des Immobilienkaufvertrages ohne Inventar;[19] betrifft Zustimmungserfordernis hingegen die anderen Eigentümer der WEG, liegt Fall der Mitberechtigung (Abs. 2) vor.[20]

Hauptaugenmerk ist im ersten Schritt auf die saubere Abgrenzung der Anwendungsbereiche der Abs. 1 und 3 zu legen. Liegt ein Fall des Abs. 1 vor, ist der ermittelte Wert uU nach Abs. 2 anzupassen. 7

II. Fälle/Anwendungsbereich der Abs. 1 und 2: Vollmachten und Zustimmungserklärungen zu konkreten Rechtsgeschäften

Abs. 1 und 2 betreffen Vollmachten und Zustimmungserklärungen für (eines oder mehrere) spezielle (konkrete) Rechtsgeschäfte, bspw. im Gesellschaftsrecht Gründungs- und Stimmrechtsvollmachten sowie Anteilsübertragungen, konkre- 8

15 Vgl. Korintenberg/*Fackelmann* KV Rn. 22; vgl. dazu auch Korintenberg/*Sikora* § 40 Rn. 23.
16 AA in Bezug auf Kapitalgesellschaften Renner/Otto/Heinze/*Arnold* § 98 Rn. 29 (mE zu eng am Wortlaut).
17 Notarkasse, Streifzug Rn. 3316; Renner/Otto/Heinze/Arnold § 98 Rn. 11; Bormann/Diehn/Sommerfeldt/*Diehn* § 98 Rn. 9, 13 (Wert des Beschlussgegenstands).
18 Bormann/Diehn/Sommerfeldt/*Diehn* § 98 Rn. 9.
19 *Diehn* Notarkostenberechnungen Rn. 242; ebenso unter Abzug des Inventars bei Zustimmung des Eigentümers zum Verkauf eines Erbbaurechts, vgl. *Tiedtke* ZNotP 2015, 119; aA OLG Celle 27.1.2015 – ZNotP 2015, 118.
20 Renner/Otto/Heinze/Arnold § 98 Rn. 21; Korintenberg/*Tiedtke* § 98 Rn. 44.

te Handelsregistervollmachten; immobilienrechtlich sind An- und Verkaufsvollmachten, sowohl für nur ein Rechtsgeschäft als auch für mehrere gleicher Art bspw. Vollmacht zum Verkauf mehrerer (bestimmter) Immobilien des Vollmachtgebers (dann Addition der einzelnen Werte, § 35), erfasst; betrifft die Vollmacht hingegen dasselbe Rechtsgut, kommt auch eine Bewertung nach Abs. 3 in Betracht.[21] Abgrenzung zu Abs. 3 ist im Einzelfall problematisch und umstritten.

9 Genau zu prüfen ist, ob es um eine (bloße) gegenwärtige oder künftige Mitberechtigung geht, mit der Folge, dass nach Abs. 2 der genaue Anteil zu berechnen ist, bspw. bei Ankaufsvollmacht zum Abschluss eines Kaufvertrags von einem an den anderen Käufer mit Unterwerfung unter die sofortige Zwangsvollstreckung hinsichtlich des gesamten Kaufpreises durch den Käufer zu hälftigem Miteigentum – hier zwar gesamtschuldnerische Mitverpflichtung, diese resultiert jedoch aus gesamthänderischen entscheidenden Mitberechtigung;[22] ebenso nach S. 2 für sämtliche Zustimmungserklärungen von Anteilsinhabern bei Umwandlungsvorgängen iSd § 2 UmwG[23] sowie (analog) sowohl für Stimmrechtsvollmachten als auch in Bezug auf Geschäftsanteile (Gründung GmbH);[24] kein Abs. 2 hingegen bei Vollmachten und Zustimmungen zu Handelsregisteranmeldungen,[25] ebenso wenig bei reiner Mitverpflichtung (da beide Beteiligten jeweils für Verbindlichkeiten in vollem Umfang haften);[26] ebenso wenig bei Zustimmung nach § 1365 BGB (auch keine Anwendung von § 51 Abs. 2; vielmehr § 98 Abs. 1, jedoch bei Beurkundung mit Hauptgeschäft nach § 109 gegenstansgleich) und von gesetzlichen Vertretern, gemeinschaftlicher Vertretungsmacht und Mittestamentsvollstreckern.[27]

10 Geschäftswert nach Abs. 1 und 2 ist die Hälfte des Werts des betroffenen Rechtsgeschäfts; Abs. 2 gilt für sämtliche Anteilsverhältnisse (zB Bruchteilsgemeinschaften), nach Abs. 2 S. 3 auch bei Gesamthandsgemeinschaften wie bspw. der GbR (entsprechend bei OHG/KG),[28] ebenso bei Auseinandersetzungsvereinbarungen von Gesamthandsgemeinschaften.

III. Fälle/Anwendungsbereich des Abs. 3: allgemeine, inbs. General- und Vorsorgevollmachten

11 Abs. 3 erfasst sämtliche nicht unter Abs. 1 fallenden Vollmachten, damit insbes. sog. allgemeine Vollmachten, dh Vollmachten, die sich auf eine Vielzahl von Geschäften beziehen,[29] bspw. die in der notariellen Praxis häufig vorkommenden General- und Vorsorgevollmachten, aber auch (Art- und) Gattungsvollmachten sowie allg. Handelsregistervollmachten; bei Mitberechtigung gilt auch hier Abs. 2.[30]

12 Anders als in den Fällen des Abs. 1 und 2 ist Geschäftswert in Abs. 3 nicht grundsätzlich, sondern nach S. 2 „maximal“ die Hälfte; zudem führt Wortlautauslegung zum Anknüpfungspunkt des Vermögens des Vollmachtgebers sowie im Rahmen der Ermessensausübung zudem zur Berücksichtigung des (sachli-

21 Bormann/Diehn/Sommerfeldt/*Diehn* § 98 Rn. 14, 17.
22 HK-GNotKG/*Fackelmann* § 98 Rn. 45.
23 Korintenberg/*Tiedtke* § 98 Rn. 45.
24 Rohs/Wedewer/*Waldner* § 98 Rn. 24.
25 Renner/Otto/Heinze/*Arnold* § 98 Rn. 33.
26 Korintenberg/*Tiedtke* § 98 Rn. 51.
27 Korintenberg/*Tiedtke* § 98 Rn. 47; BeckOK KostR/*Bachmayer* § 98 Rn. 55.
28 Rohs/Wedewer/*Waldner* § 98 Rn. 26.
29 *Heinze* NotBZ 2015, 161 (166).
30 Rohs/Wedewer/*Waldner* § 98 Rn. 17; HK-GNotKG/Fackelmann § 98 Rn. 2.

chen und zeitlichen) **Umfangs der Vollmacht im Außenverhältnis.** Jedoch ist – trotz unterschiedlichen Wortlauts – **Bezugsgröße** im Grundsatz auch hier der **Umfang,** auf den sich die Vollmacht bezieht, bei einer **Generalvollmacht** damit das **Aktivvermögen des Vollmachtgebers** (ohne Schuldenabzug, § 38) bzw. der **Wert des Unternehmens oder der Sache, auf die sich die Vollmacht bezieht** bspw. bei **allg. Handelsregistervollmachten.**[31] Letztere fallen dann unter Abs. 3, wenn sich die Vollmacht auf sämtliche **noch unbekannte, künftige Anmeldungen** (unbestimmte Vielzahl von Geschäften) bezieht; bei nur einem oder auch mehreren bestimmten Rechtsgeschäften, zB einmalige Anmeldung des Kommanditisten, bestimmt sich Geschäftswert nach Abs. 1. Die Tatsache, dass in den Fällen des Abs. 3 die **Berücksichtigung der Einkommens- bzw. Vermögensverhältnisse zB des vollmachtgebenden Geschäftsführers oder Kommanditisten zu nicht sachgerechten Ergebnissen** führen würde, lässt vermuten, dass auch hier im Grundsatz das **durch die Vollmacht betroffene Rechtsgut** gemeint ist.[32] Da auch hier die (Höchst-)Begrenzung auf die Hälfte gilt, erscheint im Rahmen des dem Notar zustehenden **billigen Ermessens** als Grundsatz ein Geschäftswert in Höhe der Hälfte des **Wertes von mindestens zwei Anmeldungen** sachgerecht und vertretbar (Ein- und Austritt des Kommanditisten), dh Wert der Hafteinlage und damit nach § 105 Abs. 1 S. 2 der Mindestwert von 30.000 EUR als die Hälfte von 2 x 30.000 EUR.[33] Bei **allg. Registervollmachten** dürfte die **Summe der Werte der voraussichtlichen Anmeldungen,** begrenzt durch das eingetragene Kapital, sachgerecht sein.[34]

Eingeschränkter Umfang in den Fällen sog. **beschränkter Generalvollmachten,** deren Bewertung sich **nach Abs. 3** und nicht nach Abs. 1 oder gar § 36 richtet, kann zu **Werten unterhalb des hälftigen Vermögens** führen – je nach Art und Umfang der Beschränkung im **Außenverhältnis;** wobei **bloße Beschränkungen bzw. Weisungen im Innenverhältnis nicht darunter fallen.**[35] Daher ist für **klassische Vorsorgevollmacht** (=Generalvollmacht, die den Bereich Vermögens- und Gesundheitssorge abdeckt, im **Innenverhältnis jedoch darauf beschränkt ist,** insb. nur bei Hinderung des Vollmachtgebers durch Alter, Krankheit, Gebrechlichkeit davon Gebrauch zu machen), **grds. der halbe Aktivwert** anzusetzen. Es handelt sich um eine **umfassende Vollmacht, dh ohne Einschränkungen in zeitlicher und sachlicher Hinsicht,** wobei lediglich die **Verwendungsbefugnis** (im **Innenverhältnis) beschränkt ist.**[36] 13

Berücksichtigung des **billigen Ermessens** führt zu **angemessenen Werten** auch in **besonderen Fällen, dh höheren Abschlägen,** wenn bspw. anzunehmen ist, dass **von der (General-)Vollmacht erst in einigen Jahrzehnten Gebrauch gemacht** wird, diese an **Befristungen bzw. Bedingungen** geknüpft ist, **nur eine beschränkte zeitliche Dauer** hat oder bei **Rückbehalt der Ausfertigung;** letzteres führt 14

31 Vgl. *Diehn* Notarkostenberechnungen Rn. 1570.
32 *Diehn* Notarkostenberechnungen Rn. 1593; Korintenberg/*Tiedtke* § 98 Rn. 17.
33 Notarkasse, Streifzug, Rn. 3317; Korintenberg/*Tiedtke* § 98 Rn. 7.
34 Renner/Otto/Heinze/*Arnold* § 98 Rn. 34.
35 Bormann/Diehn/Sommerfeldt/*Diehn* § 98 Rn. 30; Renner/Otto/Heinze/*Arnold* § 46; aA *Renner* NotBZ 2014, 11 (16); *Renner/Müller*, Betreuungsrecht und Vorsorgeverfügungen in der Praxis, Kap. 2 Rn. 842.
36 Dazu ausführlich *Kersten* ZNotP 2020, 182.

faktisch zu einer **Einschränkung im Außenverhältnis**;[37] ebenso bei sog. **dokumentierter Ausübungsbeschränkung**.[38]

15 Es kann insoweit auch grds. der **Streit dahinstehen**, ob bei der Wertbestimmung **Abschläge vom vollen oder vom halben Aktivvermögen** vorzunehmen sind.[39] **Entscheidend** ist, dass der Notar von seinem **billigen Ermessen** Gebrauch macht, um auf besondere Einzelfälle entsprechend einzugehen. Insoweit werden diejenigen Ansichten kritisch hinterfragt, die als Ausgangspunkt vom vollen Wert ausgehen, dann im Rahmen des Ermessens feinteilige Erwägungen anstreben und (kleinere) Abschläge vornehmen, um schließlich zu dem Ergebnis zu kommen, dass der Wert nach **Abs. 3 S. 2** sowieso auf maximal 50 % begrenzt ist. Das führt dazu, dass praktisch ausschließlich dieser Wert festgesetzt wird, ohne den Einzelfall entsprechend zu würdigen. **Unterliegt die Vollmacht oben genannten Be- bzw. Einschränkungen**, dürfte die Ausübung billigen Ermessens daher regelmäßig auch zu **Werten unterhalb der Hälfte des Aktivvermögens** führen,[40] wobei freilich die Bewertung von Kriterien wie bspw. der Verwendungswahrscheinlichkeit eine Herausforderung für den Notar darstellen.[41] Trotzdem sollte nach hier vertretener Auffassung aus Gründen der **Vorhersehbarkeit, Transparenz und Einheitlichkeit der Notarkosten** in Deutschland mit **Abschlägen einheitlich und eher zurückhaltend** umgegangen werden, ohne jedoch ausnahmslos und pauschal den hälftigen Wert festzusetzen.[42]

16 Ist die **Vollmacht** auf den Bereich **Gesundheit beschränkt** bzw. in **persönlichen Angelegenheiten** erteilt, fehlen häufig genügende Anhaltspunkte, so dass dann nach **Abs. 3 S. 3** von dem **Ausgangswert 5.000 EUR (der keinen Regelwert darstellt)** auszugehen ist, der nach teilw. vertretener Auffassung jedoch unter **Berücksichtigung der Einkommens- und Vermögensverhältnisse** – in Einzelfällen – moderat angehoben bzw. vervielfältigt werden kann.[43]

17 **Zum Geschäftswert der – davon streng zu trennenden, teilw. in der Vollmachtsurkunde mitbeurkundeten, gegenstandsverschiedenen** (§ 110 Nr. 3) **– Patienten-**

---

37 *Tondorf*, S. 26; aA (innere Haltung des Vollmachtgebers); *Heinze* NotBZ 2015, 161 (169), Rückbehalt der Ausfertigung ist abzugrenzen von der sog. Ausfertigungssperre, die für die Wertbestimmung unbeachtlich ist, hingegen (als Tätigkeitsgebühr) eine Betreuungsgebühr nach KV Nr. 22200 Nr. 3 auslöst (Tätigkeitsgebühr, die erst mit Ersuchen und Prüfung des Notars fällig wird); Korintenberg/*Tiedtke*, KV 22200 Rn. 20.

38 Bormann/Diehn/Sommerfeldt/*Diehn* § 98 Rn. 30; OLG Frankfurt/M. MittBayNot 2007, 344.

39 Vgl. dazu ua *Wudy* notar 2019, 247 (255); *Renner* NotBZ 2014, 11 (17), der sowohl einen „Hälfteabschlag" als auch weitere Abschläge bspw. wegen Eventualcharakter vornimmt; *Kersten* ZNotP 2020, 182; für Abschläge vom halben Aktivvermögen BeckOK KostR/*Bachmayer* § 98 Rn. 75; vom vollen Aktivvermögen: Renner/Otto/Heinze/*Arnold*, § 98 Rn. 47.

40 Ähnlich auch *Tiedtke* ZNotP 2013, 398.

41 Diesen Kritikpunkt erläutert ausführlich *Heinze* NotBZ 2015, 161 (169), der die Verwendungswahrscheinlichkeit beim Wert unberücksichtigt lässt.

42 Vgl. ausführlich auch *Heinze* NotBZ 2015, 161 (169).

43 Bormann/Diehn/Sommerfeldt/*Diehn* § 98 Rn. 31, jedoch vorrangig auf das Vermögen des Vollmachtgebers abstellend; *Seebach* RNotZ 2015, 342 (343); ablehnend Rohs/Wedewer/*Waldner* § 98 Rn. 33.

verfügung und Betreuungsverfügung (untereinander gegenstandsgleich, § 109 Abs. 2 S. 1 Nr. 1), der nach §§ 36 Abs. 2 und 3 zu bestimmen ist.[44]

§ 99 Miet-, Pacht- und Dienstverträge

(1) [1]Der Geschäftswert bei der Beurkundung eines Miet- oder Pachtvertrags ist der Wert aller Leistungen des Mieters oder Pächters während der gesamten Vertragszeit. [2]Bei Miet- oder Pachtverträgen von unbestimmter Vertragsdauer ist der auf die ersten fünf Jahre entfallende Wert der Leistungen maßgebend; ist jedoch die Auflösung des Vertrags erst zu einem späteren Zeitpunkt zulässig, ist dieser maßgebend. [3]In keinem Fall darf der Geschäftswert den auf die ersten 20 Jahre entfallenden Wert übersteigen.

(2) Der Geschäftswert bei der Beurkundung eines Dienstvertrags, eines Geschäftsbesorgungsvertrags oder eines ähnlichen Vertrags ist der Wert aller Bezüge des zur Dienstleistung oder Geschäftsbesorgung Verpflichteten während der gesamten Vertragszeit, höchstens jedoch der Wert der auf die ersten fünf Jahre entfallenden Bezüge.

I. Grundlagen

1 Geschäftswertvorschrift als lex specialis für Miet- und Pachtverträge (Abs. 1) sowie für Dienst-, Geschäftsbesorgungs- und ähnliche Verträge (Abs. 2) sowohl zu § 52 als auch zur allgemeinen Vorschrift des § 97, so dass bei diesen – obwohl Austauschverträge nach § 97 Abs. 3 – nach dem klaren Wortlaut für die Geschäftswertbestimmung ausschließlich auf die **Leistungen des Mieters/Pächters bzw. Bezüge des Dienstberechtigten** abzustellen ist; diese jährlichen Leistungen bzw. Bezüge werden kapitalisiert;[1] die jeweilige Gegenleistung bleibt unberücksichtigt.[2] Der Gebührensatz beträgt gem. KV Nr. 21000 (Verträge) 2,0.

2 Da die in der notariellen Praxis seltener zur Anwendung kommende Vorschrift als Bezugspunkt jeweils auf das **geschuldete Entgelt** abstellt und nicht auf den zur Nutzung überlassenen Gegenstand oder den Wert der (Dienst-)Leistung, findet § 99 bei Verträgen, bei denen **kein oder kein angemessenes Entgelt** geschuldet ist, bspw. Leihe, Auftrag oder auch Überlassung zum Freundschaftspreis (Familie, Freunde), keine Anwendung; dann gilt die **Vorschrift des § 36**

44 Geschäftswert der Patientenverfügung richtet sich -als nichtvermögensrechtliche Angelegenheit- nach § 36 Abs. 2 („billiges Ermessen“) bzw. 3, dh bei häufig fehlenden genügenden Anhaltspunkten im Grundsatz (Ausgangs-)Wert 5.000 EUR, für Einzelfälle wird auch moderate Erhöhung vorgeschlagen, OLG Hamm 13.6.2017 – I-15 W 464/16, JurBüro 2017, 597, so auch *Sikora/Tiedtke* DNotZ 2018, 576 (58). Da aufgrund des höchstpersönlichen Charakters das Vermögen als Bezugspunkt nach hier vertretener Auffassung zweifelhaft ist, wäre ein – entspr. § 105 Abs. 5 (Änderung der Geschäftsanschrift) – Festwert von 5.000 EUR zur Erzielung von Einheitlichkeit und Transparenz vorzugswürdig, in diese Richtung auch *Müller/Renner*, Betreuungsrecht und Vorsorgeverfügungen in der Praxis, Kap. 2 Rn. 858 f.

1 *Lemke* ImmobilienR § 99 Rn. 1.

2 Bormann/Diehn/Sommerfeldt/*Diehn* § 99 Rn. 1.

Abs. 1, wobei **§ 99** im Rahmen des Ermessens berücksichtigt werden kann. Bei einer Sicherungsabtretung gilt – anstelle § 99 – die Vorschrift des **§ 53 Abs. 2**, für wiederkehrende Leistungen und Mieterdienstbarkeiten **§ 52**.[3] Wird Letztere bspw. als beschränkte persönliche Dienstbarkeit mit dem Mietvertrag in derselben Urkunde bestellt, dient sie der Sicherung und ist damit nach § 109 nicht gesondert zu bewerten.[4]

II. Geschäftswert Miet- und Pachtverträge

3 **Abs. 1** erfasst die **unmittelbare inhaltliche Ausgestaltung** (u.a. Begründung, Anpassung der Miete und Vertragslaufzeit, Aufhebung) **sämtlicher Miet- und Pachtverträge**, also neben Grundstücken auch Rechte und bewegliche Sachen;[5] *streitig* **bei atypischen Verträgen wie Leasing und Franchising**, insoweit ist eine differenzierte Betrachtungsweise vorzugswürdig, so dass sog. **Operatingleasing** nach § 99 zu bewerten ist, das Ankaufsrecht beim sog. **Finanzierungsleasing** wird teilweise als gegenstandsverschiedener Beurkundungsgegenstand nach § 36 Abs. 1 angesehen;[6] *streitig* aber nach hier vertretener Auffassung nicht werterhöhend sind sog. **Optionsrechte; sale-and-lease-back** führt hingegen zur Anwendung des § 97 Abs. 3, da dieses Modell durch den Verkauf keinen klassischen Mietvertrag darstellt;[7] **keine Anwendbarkeit des § 99 bei Räumungsverpflichtungen mit Zwangsvollstreckungsunterwerfung** (Bewertung nach § 36 Abs. 1 iVm § 41 Abs. 2 GKG (analog).[8]

III. Geschäftswert Dienst-, Geschäftsbesorgungs- und ähnlicher Verträge

4 **Abs. 2** erfasst insbes. sämtliche **Dienst-** (§§ 611 ff. BGB) und **Geschäftsbesorgungsverträge** (§§ 675 ff. BGB) sowie ähnliche Verträge, damit auch bspw. (Geschäftsführer-)Anstellungsverträge, ebenso Maklerverträge und (gesellschaftsrechtliche) Treuhandverträge.[9]

IV. Geschäftswertermittlung

5 **Geschäftswert** ist sowohl bei **Abs. 1** als auch **Abs. 2** der **Wert sämtlicher**, dh **wiederkehrender und einmaliger (Haupt- und Neben-)Leistungen bzw. (Geld- bzw. Sach-)Bezüge während der gesamten (zeitlich bestimmten) Vertragslaufzeit**, bei **Abs. 1 maximal begrenzt auf 20 Jahre**, bei **Abs. 2 auf maximal fünf Jahre**. Eine **bloß außerordentliche Kündigungsmöglichkeit bei Vorliegen bestimmter Gründe** lässt bestimmte Vertragslaufzeit unberührt.[10] Ist hingegen die **Laufzeit des Vertrags unbestimmt** – sei es auch nur durch **Optionsrechte** oder **Verlängerungsklauseln** – dh der Vertrag endet nur durch eine Erklärung einer

3 Bormann/Diehn/Sommerfeldt/*Diehn* § 99 Rn. 3; Touissant/*Uhl* GNotKG § 99 Rn. 4; vgl. zur Mieterdienstbarkeit OLG München Beschl. v. 11.1.2013 – 34 Wx 244/12, ZNotP 2014, 199.
4 Korintenberg/*Tiedtke* § 99 Rn. 3b.
5 BeckOK KostR/*Soutier* § 99 Rn. 2; Korintenberg/*Tiedtke* § 99 Rn. 3; Bormann/Diehn/Sommerfeldt/*Diehn* § 99 Rn. 3.
6 So BeckOK KostR/*Soutier* § 99 Rn. 1; aA Renner/Otto/Heinze/*Arnold* GNotKG, § 99 Rn. 10b; Korintenberg/*Diehn* § 109 Rn. 194; Korintenberg/*Tiedtke* § 99 Rn. 14 ff.
7 So auch Bormann/Diehn/Sommerfeldt/*Diehn* § 99 Rn. 4.
8 LG Berlin Beschl. v. 27.5.2015 – 80 OH 177/14, NotBZ 2017, 318 mzustAnm *Primaczenko*.
9 Ausführlich und mit weiteren Beispielen, vgl. Korintenberg/*Tiedtke* Rn. 20.
10 Rohs/Wedewer/*Rohs* § 99 Rn. 5.

oder beider Vertragsteile (ordentliche Kündigung, Aufhebung), ist der Wert der ersten fünf Jahre entscheidend, es sei denn, die Mindestvertragslaufzeit geht darüber hinaus (Abs. 1 S. 2 Hs. 2).[11] Steht die Leistung und damit der Wert zum relevanten Zeitpunkt der Beurkundung nicht fest, ist nach billigem Ermessen (§ 36 Abs. 1) zu schätzen.[12] Im Einzelfall ist Abgrenzung von bestimmter/unbestimmter Dauer durch Auslegung vorzunehmen;[13] wobei jederzeitiges Loslösungsrecht, sei es durch Kündigung oder Rücktritt, für unbestimmte Dauer spricht.[14] Verpflichtungen, die nicht Teil der zu erbringenden Gegenleistung sind, bspw. Mietkaution, sind hingegen nicht werterhöhend.[15]

§ 100 Güterrechtliche Angelegenheiten

(1) [1]Der Geschäftswert
1. bei der Beurkundung von Eheverträgen im Sinne des § 1408 des Bürgerlichen Gesetzbuchs, die sich nicht auf Vereinbarungen über den Versorgungsausgleich beschränken, und
2. bei der Beurkundung von Anmeldungen aufgrund solcher Verträge
ist die Summe der Werte der gegenwärtigen Vermögen beider Ehegatten. [2]Betrifft der Ehevertrag nur das Vermögen eines Ehegatten, ist nur dessen Vermögen maßgebend. [3]Bei Ermittlung des Vermögens werden Verbindlichkeiten bis zur Hälfte des nach Satz 1 oder 2 maßgeblichen Werts abgezogen. [4]Verbindlichkeiten eines Ehegatten werden nur von seinem Vermögen abgezogen.

(2) Betrifft der Ehevertrag nur bestimmte Vermögenswerte, auch wenn sie dem Anfangsvermögen hinzuzurechnen wären, oder bestimmte güterrechtliche Ansprüche, so ist deren Wert, höchstens jedoch der Wert nach Absatz 1 maßgebend.

(3) Betrifft der Ehevertrag Vermögenswerte, die noch nicht zum Vermögen des Ehegatten gehören, werden sie mit 30 Prozent ihres Werts berücksichtigt, wenn sie im Ehevertrag konkret bezeichnet sind.

(4) Die Absätze 1 bis 3 gelten entsprechend bei Lebenspartnerschaftsverträgen.

§ 101 Annahme als Kind

In Angelegenheiten, die die Annahme eines Minderjährigen betreffen, beträgt der Geschäftswert 5 000 Euro.

11 Bormann/Diehn/Sommerfeldt/*Diehn* § 99 Rn. 10.
12 Bormann/Diehn/Sommerfeldt/*Diehn* § 99 Rn. 7, 13; Rohs/Wedewer/*Rohs* § 99 Rn. 4.
13 Korintenberg/*Tiedtke* § 99 Rn. 10.
14 Rohs/Wedewer/*Rohs* GNotKG § 99 Rn. 5.
15 *Schneider* NZM 2016, 159 (160).

I. Grundlagen und Systematik familienrechtlicher Kostenregelungen im GNotKG

1 **§ 100 ist zentrale Geschäftswertvorschrift betreffend güterrechtliche Angelegenheiten (in Ehe- und Lebenspartnerschaftsverträgen), neben weiteren Vorschriften im GNotKG, die in familienrechtlichen Angelegenheiten** in der notariellen Praxis relevant sind, insbes. (Auffangnorm des) **§ 36 Abs. 1 bzw. 3 (Ausschluss bzw. Verzicht auf Versorgungsausgleich)**, wobei Abs. 3 regelmäßig bei sog. vorsorgenden Eheverträgen (vor oder bei Eheschließung) bei gänzlich fehlenden Anhaltspunkten zur Anwendung kommt;[1] **Vereinbarungen zum Versorgungsausgleich (bspw. „Verzicht gegen Zuwendung", aber auch wechselseitiger Verzicht oder „normaler Ausgleich")** sind regelmäßig als Austauschverhältnis nach **§ 97 Abs. 3** zu bewerten,[2] anders nach teilweise vertretener, mE abzulehnender, Ansicht hingegen beim Versorgungsausgleich nach § 10 Abs. 2 VersAusglG, bei dem nur der Wertunterschied entscheidend sei;[3] ebenso ist **§ 97 Abs. 1 und 3** relevant u.a. regelmäßig bei **Scheidungsfolgenvereinbarungen; § 97 Abs. 1, 3** (bei Einmalzahlung) bzw. zudem **§ 52** (bei wiederkehrender Leistung) bei **gegenseitigen (nach-)ehelichen bzw. kindes- Unterhaltsvereinbarungen bzw. -verzichten,**[4] wobei zukünftiger Trennungsunterhalt vertraglich nicht wirksam ausgeschlossen werden kann; **§ 36 Abs. 1** mit Teilwerten von 10–30 % bei **Begrenzung des gesetzlichen Unterhalts;** Abschläge von bis zu 50 % bei Vereinbarungen zum Ehegattenunterhalt, wenn Scheidung nicht bevorsteht, § 52 Abs. 6;[5] **§§ 104 Abs. 1, 100, 111 Nr. 4** bei **Rechtswahl betreffend die allgemeinen oder güterrechtlichen Wirkungen der Ehe; § 101 (Minderjährigenadoption); § 36 Abs. 2 (Volljährigenadoption;** Teilwert vom Vermögen des Annehmenden); **Teil 2 KV Vorb. 2 Abs. 3 iVm § 67 BeurkG (Kostenfreiheit der Vaterschaftsanerkennung sowie der Verpflichtung von Unterhaltsansprüchen** eines Kindes und nach § 1615l BGB),[6] wobei sich Wert der häufig mitbeurkundeten **Sorgerechtserklärungen** (§ 1626a Nr. 1 BGB) nach **§ 36 Abs. 2, 3** und einer 1,0 Gebühr (KV Nr. 21200) berechnet; **Vormundbenennung (§ 36 Abs. 2 bzw. 3);** aber auch bspw. **Verträge über künstliche Befruchtung** (bestehend u.a. aus Verpflichtung zur Vaterschaftsanerkennung und Unterhaltsverzicht, **§§ 97, 52**)[7] oder **§ 118a** das **notarielle Vermittlungsverfahren** betreffend die **Auseinandersetzung des Gesamtguts einer Gütergemeinschaft** nach Beendigung der ehelichen, lebenspartnerschaftlichen oder fortgesetzten Gütergemeinschaft; tritt durch die **Aufhebung von Eheverträgen** ein neuer Güterstand ein, ist nach § 100 und nicht nach § 36 zu bewerten, regelmäßig mit einem Gebührensatz von 2,0, wenn durch Regelungen für die Zukunft die rechtsgestaltende Wirkung im Vordergrund steht; nur wenn es – in seltenen Fällen – ausschließlich um die Beseitigung von Rechtsfolgen geht, entsteht nach KV Nr. 21102 eine 1,0 Gebühr.

---

1 *Diehn* Notarkostenberechnungen Rn. 1577; zum Versorgungsausgleich auch *Wudy* notar 2018, 283.

2 *Kühne/Wengemuth* NotBZ 2019, 247 (251); *Diehn* Notarkostenberechnungen Rn. 1580.

3 So *Diehn* Notarkostenberechnungen Rn. 1582; aA in: Renner/Otto/Heinze/*Reetz/Riss* § 100 Rn. 76 und *Kühne/Wengemuth* NotBZ 2019, 247 (254) (§ 10 sei eine reine Verwaltungserleichterung).

4 Diehn Notarkostenberechnungen Rn. 1240; vgl. zur Berechnung des wechselseitigen nachehelichen Unterhaltsverzichts LG Chemnitz 5.11.2020, NotBZ 2021, 116.

5 *Tondorf*, S. 76; Notarkasse, Streifzug Rn. 641.

6 Dazu auch *Sikora/Strauß* DNotZ 2019, 596 (612).

7 Ausführlich zu notariellen Vereinbarungen anlässlich einer künstlichen Befruchtung *Wehrstedt* RNotZ 2005, 109 ff.

II. Grundnorm des § 100 in güterrechtlichen Angelegenheiten

Vorschrift ist eng auszulegen und gilt ausschließlich für Eheverträge iSd § 1408 BGB, dh wenn Vereinbarungen zu den güterrechtlichen Verhältnissen der Ehegatten getroffen werden, bzw. nach Abs. 4 entsprechend bei Lebenspartnerschaftsverträgen.[8] Daher sind bspw. güterrechtliche Vereinbarungen nach § 1378 Abs. 3 S. 2 BGB keine Eheverträge iSd § 100 Abs. 1[9] und fallen wohl (str.) auch nicht unter 100 Abs. 2,[10] sondern unter die allg. Bestimmungen (dh § 97)[11] – wobei die Anwendung in beiden Fällen regelmäßig zum selben Geschäftswert führen wird. Weitere häufig in Eheverträgen mitgeregelten Vereinbarungen bspw. zum Unterhalt oder Versorgungsausgleich werden (teilweise) nicht nach § 100 bewertet (→ Rn. 1) und als gegenstandsverschiedene Beurkundungsgegenstände iSd §§ 86 Abs. 2, 109 nach § 35 zu einem Gesamtgeschäftswert addiert. Der Ehevertrag selbst (iSd § 1408 BGB, so dass auch Vereinbarungen bspw. zum Versorgungsausgleich nicht Teil des „kostenrechtlichen" Ehevertrags sind),[12] bildet dabei nach § 111 Nr. 2 stets einen eigenen besonderen Beurkundungsgegenstand, auch bei gleichzeitiger Beurkundung mit einem Erbvertrag, da die Privilegierung des § 46 Abs. 3 KostO nicht in das GNotKG übernommen wurde. 2

Unter § 100 Abs. 1 fallen dabei neben der Vereinbarung eines anderen Güterstandes (u.a. auch des deutsch-französischen Wahlgüterstands gem. § 1519 BGB)[13] auch dessen – den gesamten Güterstand betreffenden – Modifikationen, bspw. die Pauschalierung bzw. Begrenzung des Zugewinnausgleichsanspruchs, die Festsetzung des Anfangsvermögens oder der Ausschluss des Ausgleichs für den Fall der Kinderlosigkeit, aber auch der Ausschluss der Zugewinngemeinschaft für alle Fälle der Beendigung der Ehe außer für den Todesfall, soweit es diesbezüglich keine spezielleren Vorschriften im GNotKG gibt.[14] Dies ist durch § 51 Abs. 2 bspw. beim alleinigen Ausschluss der Verfügungsbeschränkungen der §§ 1365, 1369 BGB der Fall. Ebenso unter § 100 Abs. 1 fällt die Vereinbarung einer Güterstandsschaukel, wobei streitig ist, ob durch den mehrfachen Güterstandswechsel bei Beurkundung in einer Niederschrift – was häufig, insbes. steuerlich, nicht empfohlen wird – auch kostenrechtlich das modifizierte Reinvermögen zweimal anzusetzen ist, mit der Folge des doppelten Geschäftswerts oder – nach hier vertretener Auffassung – nur dem einfachen Wert.[15] 3

8 S. amtl. Begründung RegEnt BT-Drs. 17/11471 (neu), 181.

9 LG Düsseldorf 15.11.2018 – 25 T 275/15; Bormann/Diehn/Sommerfeldt/Pfeiffer § 100 Rn. 2.

10 So aber LG Frankfurt/Oder 11.10.2018 – 19 OH 2/16 und Renner/Otto/Heinze/*Reetz/Riss* § 100 Rn. 11 und *Felix* RNotZ 2019, 527 (529).

11 So *Diehn/Volpert* NotarkostR, Abschnitt E Rn. 413; offen gelassen durch LG Düsseldorf 5.11.2018 – 19 OH 8/18, NotBZ 197.

12 Der funktionale erweiterte Ehevertragsbegriff ist insoweit unmaßgeblich, Korintenberg/*Diehn* GNotKG § 111 Rn. 15.

13 *Felix* RNotZ 2019, 527 (528).

14 *Diehn* Notarkostenberechnungen Rn. 1564c; weitere Bspe. bei *Diehn* Notarkostenberechnungen Rn. 1223.

15 Modifiziertes Reinvermögen nur einmal anzusetzen: Renner/Otto/Heinze/*Reetz/Riss* § 100 Rn. 20; HK-GNotKG/*Otto/Fackelmann* § 100 Rn. 11; Notarkasse, Streifzug Rn. 578; nach *Tondorf* nur ein Beurkundungsgegenstand (einmal Geschäftswert); Korintenberg/*Tiedtke* § 100 R. 13; Rohs/Wedewer/*Wolfram* § 100 Rn. 11; *Diehn* Notarkostenberechnungen, Rn. 1224; aA gegenstandsverschieden: Bormann/Diehn/Sommerfeldt/*Bormann* § 110 Rn. 24; *Volpert/Diehn* NotarKostR E Rn. 480.

4 **Geschäftswert** ist das **modifizierte Reinvermögen** beider (S. 1) bzw. eines (S. 2) Ehegatten, dh – als Ausnahme des grundsätzlichen Schuldenabzugsverbots nach § 38 – werden nach Abs. 1 S. 3 bestehende **Verbindlichkeiten bis zur Hälfte des Aktivvermögens abgezogen**, wobei gem. Abs. 1 S. 4 dabei jeder Ehegatte gesondert zu betrachten ist.

5 Werden lediglich **einzelne gegenwärtige Vermögenswerte** (bspw. Grundstücke, Unternehmen) oder **einzelne gegenwärtige güterrechtliche Ansprüche** (bspw. Festlegung von Werten für gegenwärtige einzelne Gegenstände, Vereinbarungen über die Anrechnung von Vorausempfängen)[16] im Ehevertrag geregelt, gilt **Abs. 2**, mit der Folge, dass deren nach den jeweiligen Bewertungsvorschriften der §§ 35 ff. (bspw. §§ 46, 54)[17] zu ermittelnder **Aktivwert, dh ohne Schuldenabzug**, entscheidend ist, **begrenzt** jedoch auf den nach **Abs. 1 S. 3 ermittelten Wert**. Höher als 100 % des modifizierten Reinvermögens iRd § 100 kann der Wert hingegen in Fällen des **Abs. 3** werden, wonach ein **noch nicht zum Vermögen des Ehegatten gehörender**, aber bereits im Ehevertrag **konkret bezeichneter Vermögenswert mit 30 %** dem nach Abs. 1 und 2 ermittelten Wert hinzuaddiert wird; Faktoren wie bspw. der Grad der Wahrscheinlichkeit des Erwerbs bleiben dabei unberücksichtigt.[18] Für die kostenrechtliche Konkretisierung in **Abs. 3** genügt bereits eine **Bestimmbarkeit**.[19] Entspr. in der Gesetzesbegründung genannte Fälle sind **erwartbare Zuwendungen** iRd vorweggenommenen Erbfolge mit dem Anliegen des Zuwendenden, durch Ehevertrag des Empfängers zu gewährleisten, dass Ehepartner im Fall der Scheidung von Zuwendung nicht profitiert, ebenso Aufnahme eines Gesellschafters nur dann, wenn dieser durch Ehevertrag regelt, dass güterrechtliche Ansprüche keinen Geldabfluss aus dem Unternehmen bedingen.[20] In seltenen Fällen kann es dadurch zu einer **doppelten kostenrechtlichen Berücksichtigung** kommen, die nach entspr. Auslegung des Wortlauts bzw. Telos, insbes. durch Vergleich mit § 102 Abs. 2 S. 3, de lege lata hinzunehmen und auch **nicht etwa durch eine analoge Anwendung des (erbrechtlichen) § 102 Abs. 3 S. 2** zu vermeiden ist.[21] Ein Schuldenabzug erfolgt iRd Abs. 3 nicht.

6 **Dieselben Grundsätze** gelten iRd **Abs. 1 Nr. 2** für die **Beurkundung einer Anmeldung aufgrund eines Ehevertrags**; der Gebührensatz beträgt dabei nach KV Nr. 21201 Nr. 5 0,5, wobei die bloße Übermittlung der Anmeldung zum Güterrechtsregister im Zusammenhang mit dem jeweiligen Beurkundungsverfahren ein **gebührenfreies Nebengeschäft** darstellt, vgl. Vorb. KV 2.1 Abs. 2 Nr. 1, 2.[22]

III. Scheidungsfolgenvereinbarungen

7 Beinhalten regelmäßig **mehrere Regelungskomplexe bzw. (Verzichts-)Erklärungen**, die häufig jeweils eigene, **nach § 35 zu addierende, Beurkundungsgegenstände iSd § 86 Abs. 2** darstellen und insoweit separat zu bewerten sind, bspw.

16 Korintenberg/*Tiedtke* § 100 Rn. 30 mit weiteren Beispielen.

17 Mit Ausnahme des § 48, der nur die Übertragung privilegieren soll, vgl. *Tondorf*, S. 74 und Renner/Otto/Heinze/*Reetz/Riss* § 100 Rn. 34.

18 Renner/Otto/Heinze/*Reetz/Riss* § 100 Rn. 53; vgl. instruktiv zur Auslegung des § 100 Abs. 3 auch *Bochis* BWNotZ 2021, 267 ff.

19 Bormann/Diehn/Sommerfeldt/*Pfeiffer* § 102 Rn. 26.

20 S. amtl. Begründung RegEnt BT-Drs. 17/11471 (neu), 181.

21 So auch Bormann/Diehn/Sommerfeldt/*Pfeiffer* § 100 Rn. 16 und *Felix* RNotZ 2019, 527 (530), der die Analogiefähigkeit verneint; aA Korintenberg/*Tiedtke* Rn. 42; Rohs/Wedewer/*Wolfram* § 100 Rn. 24 (entspr. Anwendung sei „Gebot der Kostengerechtigkeit"); Renner/Otto/Heinze/*Reetz/Riss* § 100 Rn. 56 wenden § 102 Abs. 2 S. 3 analog an.

22 Renner/Otto/Heinze/*Reetz/Riss* § 100 Rn. 33.

der güterrechtliche Teil nach § 100, Unterhaltsvereinbarungen nach § 52, gegenseitige Erb- und Pflichtteilsverzichte nach § 102 Abs. 1, 4 und 97 Abs. 3, aber auch der sog. Übertragungsteil (zB hälftiger Miteigentumsanteil an Immobilie) nach § 97 Abs. 1, 3.

Weitere Inhalte sind bspw. Erklärungen zum Scheidungsantrag, zur elterlichen Sorge, zum Umgangsrecht, Regelungen zu Scheidungskosten (jedoch ohne Tragung der Notarkosten, § 37 Abs. 1) und zur Ehewohnung (nur bei **konkreten** Vereinbarungen), zum Hausrat (bei bloß deklaratorischer Erklärung, dass bereits alles verteilt ist jedoch ohne Wertrelevanz) sowie Vermögensauseinandersetzungen – Geschäftswerte ergeben sich **v.a.** aus **§ 36 Abs. 1 bzw. 2** und **subsidiär** bei fehlenden Anhaltspunkten aus **Abs. 3**, teilw. iVm § 97 **Abs. 1, 3.**[23] **Gänzlich unbewertet bleiben sog. erläuternde bzw. klarstellende Vorbemerkungen, Absichtserklärungen,** aber auch **andere Erklärungen und Feststellungen** in der Urkunde **ohne konkrete Regelung;**[24] sog. **Generalquittungen** bzw. **(Teil- sowie Gesamt-)Erledigungsklauseln** bleiben als (gegenstandsgleicher) Inhalt des Ehevertrags ebenso **unberücksichtigt.**[25] 8

Die **Erfüllung des Zugewinnausgleichsanspruchs**, bspw. durch Übertragung eines (Mit-)Eigentumsanteils an der gemeinsamen Immobilie (§§ 97 Abs. 1, 3, 46), ist v.a. wegen der Vorschrift des § 111 Nr. 2 (sowie des § 1378 Abs. 3 S. 2 BGB) **getrennt vom Ehevertrag** zu bewerten und – soweit es sich nicht lediglich **um die reine Feststellung des ausgleichspflichtigen (Geld-)Anspruchs (zzgl. Zahlungsmodalitäten)** handelt – **als eigener Beurkundungsgegenstand nach § 35 zu addieren;**[26] die § 109 vorgehende Vorschrift des § 111 Nr. 2 lässt für Überlegungen, ob die Übertragung des Miteigentumsanteils der Erfüllung bzw. Durchführung des Zugewinnausgleichsanspruchs dient und damit gegenstandsgleich ist, keinen Raum. Derartige **Regelungen zur Vermögensauseinandersetzung** sind **stets gegenstandsverschieden zum Ehevertrag**, auch wenn sie zu diesem zwangsläufig in einem gewissen Abhängigkeitsverhältnis stehen.[27] Bereits die Unterwerfung unter die sofortige Zwangsvollstreckung hinsichtlich des Ausgleichsbetrages dürfte dann mit einem Gebührensatz von 1,0 (KV Nr. 21200) separat zu bewerten sein; § 109 Abs. 1 S. 4 Nr. 4 (Gegenstandsgleichheit) ist hier nicht einschlägig.[28] 9

Liegen hingegen „nur" **Vereinbarungen nach § 1378 Abs. 3 S. 2 BGB** über den **Zugewinn ohne Ehevertrag** vor, dürften – mangels Geltung von § 111 Nr. 2 – grds. sämtliche, mit der betragsmäßigen Ausgleichsvereinbarung als **Durchführungs-, Erfüllungs-, und Sicherungsvereinbarungen zusammenhängenden Regelungen ein einheitliches Rechtsverhältnis** bilden.[29] **Nicht gesondert bewertet** werden in diesem Zusammenhang daher bspw. die Freistellung von gemeinsamen Verbindlichkeiten bzw. eine Schuldübernahme oder der Verzicht auf Rückforderung von Zuwendungen.[30] Die Bewertung derartiger Vereinbarungen über den Zugewinnausgleich erfolgt nach einer Ansicht nach § 100 Abs. 2 oder, nach 10

---

23 Ausführlich Renner/Otto/Heinze/*Reetz/Riss* § 100 Rn. 63 und *Kühne/Wengemuth* NotBZ 2019, 247 ff. und NotBZ 2019, 290 ff.
24 *Kühne/Wengemuth* NotBZ 2019, 247 (248).
25 Vgl. LG Leipzig 22.9.2020 – 2 OH 65/19, zit. in: *Wudy* notar 2021, 235 (248).
26 *Diehn* Notarkostenberechnungen Rn. 1601.
27 *Kühne/Wengemuth* NotBZ 2019, 290 (293); LänderNotK, Leipziger Kostenspiegel, Rn. 20.212, 20.229; Notarkasse, Streifzug Rn. 605, 655.
28 Vgl. *Kühne/Wengemuth* NotBZ 2019, 247 (249), mit der Folge einer Vergleichsberechnung nach § 94 Abs. 1.
29 Korintenberg/*Tiedtke* § 100 Rn. 36a.
30 *Diehn/Volpert* NotarKostR Rn. 2089, 2095.

hier vertretener Auffassung vorzugswürdig, nach § 97 Abs. 1, 3 (→ Rn. 2) für Fälle des § 1378 Abs. 3 S. 2 BGB.[31]

11 Bei **Immobilienübertragungen** in diesem Zusammenhang ist zu differenzieren: Dienen diese **unmittelbar als Gegenleistung der güterrechtlichen Vereinbarung** („rechtliche Verknüpfung"[32]), liegt ein **einheitliches Rechtsverhältnis bzw. Beurkundungsgegenstand** vor, mit der Folge, dass nach **§ 97 Abs. 1, 3 zu bewerten** ist, weshalb nach Abs. 3 nur der höhere Wert maßgebend ist. Kommt der Grundbesitz- bzw. Vermögensübertragung hingegen ein **eigenständiger Charakter** zu, bspw. wenn die **Übertragung nicht unmittelbar dem Zweck des Zugewinnausgleichsanspruchs dient** bzw. deren Zweck einzig in der Verteilung des gemeinschaftlichen Vermögens liegt, ist diese gesondert zu bewerten, da dann **verschiedene Beurkundungsgegenstände** vorliegen, §§ 86 Abs. 2, 109.[33]

12 **Jede Bestimmung bzw. Erklärung** ist für sich genommen insbes. **Dahin gehend zu analysieren**, ob diese einen **eigenen Beurkundungsgegenstand nach § 86 Abs. 2** darstellt, ob ein **Austauschverhältnis nach § 97 Abs. 3** vorliegt und ob ein nach **§ 111 Nr. 2 getrennt zu bewertender Ehevertrag** darin enthalten ist; wobei das Vorliegen eines Austauschverhältnisses, abgesehen von wenigen Ausnahmefällen (zB bei gegenseitigen Verzichtserklärungen, bspw. auf nachehelichen Unterhalt), bei Scheidungsfolgenvereinbarungen als Gesamtvereinbarung eher selten der Fall sein wird.[34] Entstehen bspw. betreffend die Regelung über die Auseinandersetzung der gemeinsamen Immobilie **Vollzugs- und Betreuungsgebühren, sind diese immer aus dem Gesamtgeschäftswert zu berechnen,** nicht nur aus dem diese Gebühr verursachenden Teilgeschäftswert.[35]

IV. Annahme als Kind, § 101

13 Vorschrift regelt – als **lex specialis zu § 36 Abs. 2, 3 – ausschließlich die Minderjährigenadoption**, deren **Festwert 5.000 EUR** aus einem Gebührensatz von 1,0 (KV Nr. 21200) beträgt. **Umfasst sind sämtliche mit der Annahme eines Minderjährigen zusammenhängenden Angelegenheiten, dh notariell beurkundungspflichtige** Einwilligungserklärungen (§§ 1746, 1747, 1749 BGB), aber auch der **Antrag** (§ 1762 Abs. 3), **Verzicht** (§ 1747 Abs. 3 Nr. 3), **Widerruf** (§ 1746 Abs. 2) sowie Bereiterklärung (§ 7 Abs. 1 Adoptionübereinkommens-Ausführungsgesetz).[36] Bei **Zusammenbeurkundung handelt es sich um einen Beurkundungsgegenstand, dh sämtliche Erklärungen sind gegenstandsgleich zum Antrag auf Annahme.** Erfolgt bspw. die entspr. **Einwilligung bzw. Zustimmung** (bspw. der Eltern oder des Kindes) in derselben Urkunde, liegt – als **Durchführungserklärung** – Gegenstandsgleichheit nach § 109 vor, ansonsten entsteht (bei Beurkundung) eine 0,5 Gebühr nach KV Nr. 21201 Nr. 8, **gem.**

31 So auch Notarkasse, Streifzug Rn. 631; a.A. Korintenberg/*Tiedtke* § 100 Rn. 30, 36a.

32 Vgl. *Sikora/Strauß* DNotZ 2021, 669 (685) unter Verweis auf LG Traunstein 4.4.2020 – 1 T 1558/18.

33 Notarkasse, Streifzug Rn. 631d; ebenso LG Düsseldorf 5.11.2018 – 19 OH 8/18, NotBZ 2019, 197, da im entschiedenen Fall der Übertragungsvertrag nicht unmittelbar dem Zweck des Zugewinnausgleichsanspruchs gedient hat; zu weit mE Renner/Otto/Heinze/*Reetz/Riss*, § 100 Rn. 11, die bei Grundbesitzübertragungen grds. Gegenstandsverschiedenheit annehmen.

34 Zu allem auch *Wudy* notar 2019, 247 (255), vgl. auch LG Düsseldorf 3.12.2018 – 25 T 2/17, NJOZ 2020, 505, wonach ein Ungleichgewicht von Leistung und Gegenleistung ein Indiz gegen einen Austauschvertrag iSv § 97 Abs. 3 sein kann.

35 *Kühne/Wengemuth* NotBZ 2019, 247 (248).

36 *Felix* RNotZ 2019, 527 (535); Bormann/Diehn/Sommerfeldt/*Pfeiffer* § 101 Rn. 2.

§ 98 Abs. 1 als sog. Zustimmungserklärung aus dem halben Wert, dh 2.500 EUR.[37]

Geschäftswert der Volljährigenadoption (auch mit den Wirkungen der Minderjährigenadoption, § 1772 BGB)[38] bestimmt sich als nichtvermögensrechtliche Angelegenheit nach § 36 Abs. 2, 3, wobei unter Berücksichtigung des Vermögens- und der Einkommensverhältnisse des Annehmenden ein Wert von 30–50 % von dessen Reinvermögen, dh ohne Abzug von Schulden, vorgeschlagen wird,[39] teilweise auch 50 % mit Hinweis auf den Pflichtteilsanspruch des Anzunehmenden in Höhe von 50 % des gesetzlichen Erbteils.[40] 14

§ 102 Erbrechtliche Angelegenheiten

(1) [1]Geschäftswert bei der Beurkundung einer Verfügung von Todes wegen ist, wenn über den ganzen Nachlass oder einen Bruchteil verfügt wird, der Wert des Vermögens oder der Wert des entsprechenden Bruchteils des Vermögens. [2]Verbindlichkeiten des Erblassers werden abgezogen, jedoch nur bis zur Hälfte des Werts des Vermögens. [3]Vermächtnisse und Auflagen werden nur bei Verfügung über einen Bruchteil und nur mit dem Anteil ihres Werts hinzugerechnet, der dem Bruchteil entspricht, über den nicht verfügt wird.

(2) [1]Verfügt der Erblasser außer über die Gesamtrechtsnachfolge daneben über Vermögenswerte, die noch nicht zu seinem Vermögen gehören, jedoch in der Verfügung von Todes wegen konkret bezeichnet sind, wird deren Wert hinzugerechnet. [2]Von dem Begünstigten zu übernehmende Verbindlichkeiten werden abgezogen, jedoch nur bis zur Hälfte des Vermögenswerts. [3]Die Sätze 1 und 2 gelten bei gemeinschaftlichen Testamenten und gegenseitigen Erbverträgen nicht für Vermögenswerte, die bereits nach Absatz 1 berücksichtigt sind.

(3) Betrifft die Verfügung von Todes wegen nur bestimmte Vermögenswerte, ist deren Wert maßgebend; Absatz 2 Satz 2 gilt entsprechend.

(4) [1]Bei der Beurkundung eines Erbverzichts-, Zuwendungsverzichts- oder Pflichtteilsverzichtsvertrags gilt Absatz 1 Satz 1 und 2 entsprechend; soweit der Zuwendungsverzicht ein Vermächtnis betrifft, gilt Absatz 3 entsprechend. [2]Das Pflichtteilsrecht ist wie ein entsprechender Bruchteil des Nachlasses zu behandeln.

(5) [1]Die Absätze 1 bis 3 gelten entsprechend für die Beurkundung der Anfechtung oder des Widerrufs einer Verfügung von Todes wegen sowie für den Rücktritt von einem Erbvertrag. [2]Hat eine Erklärung des einen Teils nach Satz 1 im Fall eines gemeinschaftlichen Testaments oder eines Erbvertrags die Unwirksamkeit von Verfügungen des anderen Teils zur Folge, ist der Wert der Verfügungen des anderen Teils dem Wert nach Satz 1 hinzuzurechnen.

37 *Diehn* Notarkostenberechnungen Rn. 1623.
38 Rohs/Wedewer/*Wudy* § 101 Rn. 19.
39 So OLG Hamm 25.6.2018 – II – WF 117/18, FamRZ 2019, 304; *Diehn* Notarkostenberechnungen Rn. 1626.
40 *Tondorf/Schmidt*, GNotKG-Ermittlung von Beurkundungsgegenständen und deren Geschäftswerte, DAI-Arbeitsunterlage, 5.6.2019, 88.

§ 103 Erklärungen gegenüber dem Nachlassgericht, Anträge an das Nachlassgericht

(1) Werden in einer vermögensrechtlichen Angelegenheit Erklärungen, die gegenüber dem Nachlassgericht abzugeben sind, oder Anträge an das Nachlassgericht beurkundet, ist Geschäftswert der Wert des betroffenen Vermögens oder des betroffenen Bruchteils nach Abzug der Verbindlichkeiten zum Zeitpunkt der Beurkundung.

(2) Bei der Beurkundung von Erklärungen über die Ausschlagung des Anfalls eines Hofes (§ 11 der Höfeordnung) gilt Absatz 1 entsprechend.

I. Systematik und Grundlagen erbrechtlicher Kostenregelungen im GNotKG

1 § 102 als zentrale Geschäftswertvorschrift betreffend erbrechtliche Angelegenheiten enthält neben Regelungen bzgl. Verfügungen von Todes wegen (Abs. 1–3), die nach § 111 Nr. 1 grds. immer einen eigenen Beurkundungsgegenstand bilden (Ausnahme: § 109 Abs. 2 Nr. 2) auch Bestimmungen zu Erb-, Zuwendungs- und Pflichtteilsverzichtsverträgen (Abs. 4), Anfechtung und Widerruf einer Verfügung von Todes wegen sowie zum Rücktritt vom Erbvertrag (Abs. 5); neben weiteren Vorschriften im GNotKG, die in erbrechtlichen Angelegenheiten in der notariellen Praxis relevant sind, insbes. § 103 für Erklärungen gegenüber oder Anträge an das Nachlassgericht (bspw. Erbausschlagung); die besondere Geschäftswertvorschrift des § 40 für Gerichte und Notare betreffend (eidesstattliche Versicherungen für) Erbschein(santräge), Europäische Nachlasszeugnisse (Abs. 1–3), das Zeugnis über die Fortsetzung der Gütergemeinschaft (Abs. 4) und Testamentsvollstreckerzeugnisse (Abs. 5); Erbauslegungs- bzw. Auseinandersetzungsverträge und Erbschaftsverträge (§ 311b Abs. 4, 5) nach § 97 Abs. 1 und 3; Verträge zugunsten Dritter auf den Todesfall (§ 331 BGB) gem. §§ 46 ff., 97;[1] die Vorschrift des § 114 für die Rückgabe eines Erbvertrags aus der notariellen Verwahrung; Teilungssachen bzw. Vermittlung der Erbauseinandersetzung gem. § 118a; Schenkungsversprechen von Todes wegen, § 2301 BGB (entspr. Anwendung ua der §§ 102, 103);[2] Aufnahme

1 BeckOK KostR/*Felix* § 102 Rn. 2.
2 Notarkasse, Streifzug Rn. 945; BeckOK KostR/*Felix* § 102 Rn. 1; wohl aA Renner/Otto/Heinze/*Zimmer*/*Otto* § 102 Rn. 4 (Anwendung von § 36).

von **Vermögensverzeichnissen** bzw. (Ent-)**Siegelungen** nach **§ 115**; **Werterhöhung um 30 %** bei **Rechtswahl, die eine Rechtsnachfolge von Todes wegen betrifft** (**§ 104 Abs. 2**).

Subsidiär ist die Vorschrift des **§ 36,** bspw. **§ 36 Abs. 1** für die **Anordnung/ Benennung eines Testamentsvollstreckers** (§ 2197 BGB) oder (lebzeitige) **Anordnung einer Ausgleichungs- bzw. Anrechnungspflicht nach § 2050 BGB** (anders bei nachträglicher Ausgleichs- bzw. Anrechnungsbestimmung, die als Verfügung von Todes wegen, bspw. Vermächtnis, unter § 102 fällt);[3] ebenso das **isoliert angeordnete Erbteilungsverbot** nach § 2044 BGB;[4] bzw. **§ 36 Abs. 2, 3** für (nichtvermögensrechtliche) **isolierte Vormundbenennung** (§§ 1776, 1777 Abs. 3 BGB) im Testament; bei **§ 36 Abs. 3** beträgt der **Ausgangs- bzw. Hilfswert 5.000 EUR**, der uU je nach Vermögen moderat zu erhöhen ist.[5] 2

II. Erbrechtliche Regelungen vor bzw. bis zum Erbfall

1. Verfügungen von Todes wegen (§ 102 Abs. 1–3). Die **Grundnorm** des **§ 102 Abs. 1** regelt Geschäftswert bei sämtlichen **Verfügungen von Todes wegen**, dh **Einzel- und gemeinschaftlichen Testamenten ebenso wie Erbverträgen**, in denen der bzw. die Erblasser über seinen/ihren **gesamten** oder einen **Bruchteil des Nachlasses** verfügt/en; dann ist dieser, dh die **Gesamtheit der vererbbaren Rechtsverhältnisse**, zum **Zeitpunkt des Abschlusses der Beurkundung** (§§ 96, 10) wertmäßig zu erfassen.[6] Insoweit wird entsprechend des § 1922 BGB die **Erbschaft bzw. der Nachlass mit dem Vermögen gleichgesetzt**, weshalb dieses – anders als bspw. bei §§ 98, 36 – bei der Wertbestimmung **nicht nur angemessen** zu berücksichtigen ist, sondern nach dem klaren Wortlaut des § 102 den Geschäftswert bildet, wobei die **jeweiligen Vermögensgegenstände nach den allgemeinen Vorschriften** (**§§ 36 ff., ua auch § 48**) bewertet werden, bspw. **Immobilien** nach § 46 (Verkehrswert); **Geschäftsanteile an Kapitalgesellschaften** und **Kommanditbeteiligungen** nach § 54 (anteiliger wirtschaftlicher Wert), **Geschäftsanteile an Personengesellschaften sowie (überwiegend) vermögensverwaltend tätigen Kapitalgesellschaften** (§ 54 S. 3) sind grds. mit anteiligem Aktivwert (am Vermögen der Gesellschaft), dh insoweit wg. § 38 (eigentlich) ohne Abzug von Verbindlichkeiten, zu kapitalisieren, wobei nach § 102 Abs. 1 S. 2 diejenigen Verbindlichkeiten abzuziehen sind, für die eine persönliche Haftung besteht;[7] streitig, aber vorzugswürdig, sind Verbindlichkeiten jedoch nach hier vertretener Auffassung auch in Fällen des § 54 S. 3 (anteilig) abzuziehen, auch wenn es – streng genommen – Verbindlichkeiten der Gesellschaft (und nicht des Erblassers) sind.[8] 3

Nicht zum (vererbbaren) **Vermögen** zählen bspw. die **Eigentümerposition eines Vorerben**, da diese grds. nur eine vorübergehende ist; ebenso Anteile an Personengesellschaften bei sog. rechtsgeschäftlicher Nachfolgeklausel (als Rechtsgeschäft unter Lebenden);[9] ebenso **Ansprüche aus Lebensversicherungen**, da diese erst zu einem späteren Zeitpunkt dem (unwiderruflich benannten) Bezugsbe- 4

3 Korintenberg/*Tiedtke* GNotKG § 102 Rn. 14, 28.
4 Korintenberg/*Tiedtke* GNotKG § 102 Rn. 3.
5 Vgl. dazu ausführlich *Felix* RNotZ 2019, 606 ff.; Korintenberg/*Tiedtke* § 102 Rn. 45; *Diehn* Notarkostenberechnungen Rn. 1374; mit zahlreichen Beispielen auch HK-GNotKG/*Heinemann* GNotKG § 36 Rn. 44 ff.
6 Vgl. *Felix* RNotZ 2019, 606 (607).
7 *Diehn* Notarkostenberechnungen Rn. 1355; Notarkasse, Streifzug Rn. 916, 917.
8 Notarkasse, Streifzug, Rn. 917, aA *Diehn* Notarkostenberechnungen Rn. 1356.
9 Rohs/Wedewer/*Waldner* § 102 Rn. 8; Bormann/Diehn/Sommerfeldt/*Pfeiffer* § 102 Rn. 5.

rechtigten zufließen und damit die Versicherungssumme nicht in die Erbmasse fällt;[10] **anders und damit vererbbar** ist es, wenn der **Erblasser Bezugsberechtigter** ist oder ein **Dritter** (§ 331 BGB) und der **Erblasser zu Lebzeiten das Recht hat,** über den Bezugsberechtigten zu **disponieren.**[11]

5 Ebenso wie bei § 100 (Eheverträge) werden sämtliche – zur Zeit der Beurkundung bestehenden – **Verbindlichkeiten des jeweiligen Erblassers,** dh getrennte Betrachtung bei gemeinsamen Verfügungen von Todes wegen, **bis zur Hälfte** abgezogen (**Abs. 1 S. 2,** dh **§ 38 wird insoweit verdrängt**), wobei dazu die **sog. Erbenschulden, nicht hingegen** die sog. **Erbfallschulden** (bspw. Verpflichtungen aus Pflichtteilsrechten und Vermächtnissen, Beerdigungskosten) zählen.[12] **Abzugsfähig** sind damit bspw. auch ein **Nießbrauch/Wohnungsrecht** an der vererbten Immobilie.[13] **Modifiziertes Reinvermögen** ist bei **gemeinsamer Verfügung von Todes wegen jeweils getrennt zu bestimmen und erst dann zu addieren.**

6 Bei **Änderungen und Ergänzungen von Verfügungen von Todes wegen (bzw. Testamentsnachträgen) ist entsprechend vorgenannten Grundsätzen** zu prüfen, ob davon der **gesamte Nachlass bzw. Vermögen** (bspw. Änderung des Alleinerben, auch bei bloßer Änderung des Ersatzerben) oder **nur ein (Bruch-)Teil** betroffen ist. Überlegungen, die jeweilige Stärke der Position zu bewerten und evtl. Abschläge (bei bloßen Ersatzerben) vorzunehmen, sollten nicht angestellt werden, da es auch bei der Benennung eines Ersatzerben um das gesamte vererbbare Vermögen geht.[14] Insoweit ist **sorgfältig zu prüfen,** ob – bei unterstellt möglichem und gleich rechtssicherem Vorgehen – die **Änderung** oder **(meistens vorzugswürdige) neue Verfügung von Todes wegen,** unter Aufhebung der früheren, **kostengünstiger** ist. Auch **Aufhebungen** sowohl von (einseitigen und gemeinschaftlichen) Testamenten als auch Erbverträgen (durch Testament, §§ 2291, 2292 BGB) unterliegen der (entsprechenden) **Bewertung nach § 102, mit Ausnahme der Aufhebung von Erbverträgen durch Vertrag** (§ 2290 BGB), deren Bewertung sich nach § 97 richtet.[15] Insbes. in Bezug auf die Aufhebung und den Widerruf sowie die Neuerrichtung sind §§ 109 ff., insbes. § 109 Abs. 2 Nr. 2, sorgfältig zu prüfen. Der **Geschäftswert der Überprüfung bzw. Ergänzung eines privatschriftlichen Einzeltestaments** bestimmt sich ebenso nach o.g. **Grundsätzen des § 102,** und die Gebühr beträgt entsprechend Vorb. 2.4.1 Abs. 3 KV 24101, 21200: Rahmengebühr 0,3–1,0.

7 **Gebührensätze** sind bei Beurkundung der Verfügung von Todes wegen grds. identisch zur Änderung und Ergänzung, dh bei **Einzeltestamenten 1,0** (KV Nr. 21200) sowie bei **gemeinschaftlichen Testamenten und Erbverträgen 2,0** (KV Nr. 21100 bzw. Vorb. 2.1.1 Nr. 2), wobei die vollständige **Aufhebung eines Erbvertrags** (nach hier vertretener Auffassung nicht analog bei gemeinschaftl. Testamenten)[16] lediglich eine **1,0 Gebühr** (KV Nr. 21102) auslöst, die **gegenstandsgleich mit einer neuen Verfügung von Todes wegen** ist (§ 109 Abs. 2

10 HK-GNotKG/*Krause* § 100 Rn. 23.
11 Bormann/Diehn/Sommerfeldt/*Pfeiffer* GNotKG § 102 Rn. 8.
12 *Felix* RNotZ 2019, 606 (607); Renner/Otto/Heinze/*Zimmer* § 102 Rn. 12; Rohs/Wedewer/*Waldner* § 102 Rn. 11.
13 Notarkasse, Streifzug Rn. 901.
14 Ähnlich *Diehn* Notarkostenberechnungen Rn. 1363.
15 *Felix* RNotZ 2019, 606 (611); Bormann/Diehn/Sommerfeldt/*Pfeiffer* § 102 Rn. 41; aA (wohl auch vertragliche Aufhebung nach § 102) LG Düsseldorf 3.12.2018 – 25 T 2/17, BeckRS 2018, 33821; Touissaint/*Uhl* § 102 Rn. 16; Korintenberg/*Reimann* § 102 Rn. 18; Rohs/Wedewer/*Waldner* § 102 Rn. 29.
16 So auch *Felix* RNotZ 2019, 606 (611).

Nr. 2); nur **teilweise Aufhebung** ist hingegen Vertragsänderung mit der Folge einer **2,0 Gebühr** (KV Nr. 21100).[17]

Maximaler Geschäftswert ist das jeweilige **gesamte Vermögen des Erblassers** zuzüglich der nach **Abs. 2** zu addierenden **zukünftigen Vermögenswerte** (ebenso unter Abzug von darauf lastenden Verbindlichkeiten bis zur Hälfte), die bereits **hinreichend konkret und damit aussagekräftig** in der Verfügung von Todes wegen bezeichnet sind und über die **neben der Gesamtrechtsnachfolge separat bspw. durch Vermächtnis verfügt** wird (sog. Hinzurechnungsvorschrift). Damit ist klar, dass – auch wenn bspw. durch Vor- Nacherbfolge, Ersatzerben über das Vermögen „mehrfach" verfügt wird –, der Geschäftswert nicht verdoppelt wird; **ebenso unberücksichtigt, da mit der Gebühr des KV Nr. 21100 bzw. 21200 bereits abgegolten**, bleiben im Rahmen von Verfügungen von Todes wegen über das gesamte Vermögen bspw. **(Voraus-)Vermächtnisse, Auflagen, Anordnungen von Testamentsvollstreckung, Enterbungen, Teilungsanordnungen, Pflichtteilsentziehungen** etc; **anders jedoch,** wenn nur **über einen Teil verfügt** wird oder diese **Anordnungen alleiniger, dh isolierter, Gegenstand der Verfügungen sind**: dann werden diese Regelungen bzw. Anordnungen entsprechend bewertet, Vermächtnisse und Auflagen (Abs. 3) möglicherweise nur zu einem Teil, vgl. **§ 102 Abs. 1 S. 3.**[18] Bei Verfügungen nur über **einzelne bestimmte Vermögenswerte, dh Vermächtnisse, Auflagen, isolierte Teilungsanordnungen,** ist nach **Abs. 3** deren (nach den allgemeinen Bewertungsvorschriften der §§ 46 ff. zu bestimmender) Wert (unter Abzug der Verbindlichkeiten bis zur Hälfte, Abs. 3 Hs. 2) maßgebend. Wird bspw. ein Wohnungsvermächtnis mit einem Nießbrauch als Untervermächtnis (§ 52) verfügt, sind **beide separat** zu bewerten; **nicht unter Abs. 3** fallen **bspw. isolierte Anordnung von Testamentsvollstreckung** (§ 36 Abs. 1, 20–40 % vom (Aktiv-)Nachlasswert ohne Schuldenabzug, teilw. 30 % entspr. § 51 Abs. 2),[19] **Erbteilungsverbot** (§ 51 Abs. 2). 8

Aufgrund der **(Ausnahme-)Regelung des § 102 Abs. 2 S. 3** wird auch der **durch Abs. 1 ermittelte Vermögenswert nach Abs. 2** in den häufig vorkommenden Fällen gegenseitiger Erbverträge oder gemeinschaftlicher Testamente **nicht erhöht:** Zwar ist die im Alleineigentum des einen Ehegatten stehende Immobilie bzw. das diesem gehörende Unternehmen für den anderen ein zukünftiger bzw. fremder Vermögenswert; da diese jedoch wertmäßig als gegenwärtiges Vermögen des einen Ehegatten bereits erfasst wurde, können Vermächtnisse über diese zukünftigen Werte ohne weitere Werterhöhung ausgesetzt werden. 9

2. Erb-, Pflichtteils- und Zuwendungsverzichtsverträge (§ 102 Abs. 4). Die Vorschrift verweist für die dort genannten **Verträge** (2,0 Gebühr nach KV Nr. 21100) auf die **Bewertungsgrundsätze für Verfügungen von Todes wegen,** insbes. auf Abs. 1 S. 1 und 2, einschließlich des **Abzugs von Verbindlichkeiten bis zur Hälfte,** so dass sich der Wert des – **auch nur vorsorglichen – Verzichts** nach dessen **anteiliger Höhe (Bruchteil) am Gesamtnachlass zum Zeitpunkt des Verzichts** (dh keine Anwendung von § 2325 Abs. 3 BGB und ohne Berücksichtigung von künftigen Entwicklungen und Wahrscheinlichkeiten, bspw. Scheidung) bestimmt.[20] Erfolgt der Verzicht **gegenseitig oder aufgrund Gegenleistung,** ist als **Austauschvertrag gem. § 97 Abs. 3** nur der höhere Wert maßgebend, in einem – stets gegenstandsverschiedenen (vgl. § 111 Nr. 1) – Erbvertrag 10

17 Korintenberg/*Tiedtke* KV 21102 Rn. 8; BGH NotBZ 2021, 37.
18 Dazu *Felix* RNotZ 2019, 606 (608) mit anschaulichem Berechnungsbeispiel.
19 OLG Naumburg 26.7.2017, NotBZ 2018, 114; *Wudy* notar 2018, 285.
20 *Felix* RNotZ 2019, 606 (609); dazu auch Renner/Otto/Heinze/*Zimmer* § 102 Rn. 19.

in Addition zu dessen Geschäftswert.[21] Auch bei **gegenständlich beschränktem Pflichtteilsverzicht** gilt **§ 102 Abs. 4 bzw. § 97 Abs. 3 bei gegenseitigen Verzichten bzw. gegen Abfindung**, so dass für § 36 Abs. 1 kein Raum bleibt.[22]

11 Sind diese **Rechte** (nach dem Tod des Erblassers) **bereits entstanden**, ist der **Verzicht hierauf als Erlassvertrag nach** § 97 zu bewerten.[23] Wird der Verzicht nicht mit dem Erblasser, sondern unter künftigen Erben vereinbart (§ 311 b BGB), ist ebenso nach § 97, häufig als Austauschvertrag nach § 97 Abs. 3 zu bewerten.[24]

12 **3. Anfechtung, Widerruf eines Testaments und Rücktritt vom Erbvertrag (§ 102 Abs. 5).** Die Vorschrift verweist auf die in den Abs. 1–3 genannten Grundsätze, so dass zu prüfen ist, ob sich die **Erklärung, auf deren Zeitpunkt es für die Wertbestimmung ankommt** (§ 96), auf die gesamte Verfügung oder nur einen – dann für die Wertbestimmung ausschlaggebenden – Teil davon bezieht. Hat die Erklärung im Fall von gegenseitigen Verfügungen von Todes wegen auch die Unwirksamkeit der anderen Seite zur Folge (vgl. §§ 2270, 2298 BGB), ist deren Wert hinzuzuaddieren. **Gebührensatz** der – sowohl durch den Erblasser als auch Dritten erfolgten – **Anfechtung,**[25] **des Widerrufs als auch des Rücktritts** ist gem. KV Nr. 21201 Nr. 1–3 jeweils 0,5; im Gegensatz dazu entsteht bei der **Rückgabe eines Erbvertrags aus der notariellen Verwahrung** eine 0,3 Gebühr (§ 114, KV Nr. 23100), während die **Rückgabe aus der amtlichen Verwahrung gebührenfrei** erfolgt (dafür entsteht bei **Annahme in Verwahrung Festgebühr von 75 EUR**, KV Nr. 12100); zur (vollständigen und teilweisen) **Aufhebung eines Erbvertrags** (→ Rn. 6); **Errichtung einer neuen Verfügung in derselben Urkunde** ist dazu nach **§ 109 Abs. 2 Nr. 2 gegenstandsgleich** (→ Rn. 7).

III. Erbrechtliche Regelungen nach dem Erbfall

13 **1. Erklärungen und Anträge an das Nachlassgericht, insbes. Erbausschlagung** (§ 103). Die **Erklärungen** (**KV Nr. 21201 Nr. 7**, bspw. §§ 1945; 1955; 1956; 2308; 2384; 1484; 1491, 1492, 2146 BGB) und **Anträge** (**KV Nr. 21201 Nr. 6**, bspw. §§ 1961; 1981 Abs. 2; 1994 Abs. 1; 2151 BGB sowie seltener Fall des Erbscheinsantrags ohne eidesstattliche Versicherung)[26] **an das Nachlassgericht** betreffende Vorschrift umfasst – insoweit abweichend vom Wortlaut („Werden (…) beurkundet (…)") – sämtliche vom Notar **beurkundete, beglaubigte** (§ 121) **bzw. entworfene** (§ 119) **Erklärungen und Anträge in vermögensrechtlichen Angelegenheiten;**[27] **Erklärungen nichtvermögensrechtlicher Art** (bspw. die Person des Testamentsvollstreckers betreffend: Bestimmungs- bzw. Ernennungsrecht; Annahme, Ablehnung, Kündigung, §§ 2198, 2199, 2202 Abs. 2, 2226 BGB) werden nach **§ 36 Abs. 2** bewertet.[28] Für die **Anfechtungserklärung einer Verfügung von Todes wegen** ist – auch wenn die Erklärung gegenüber dem

21 Korintenberg/*Tiedtke* § 102 Rn. 78; Bormann/Diehn/Sommerfeldt/*Pfeiffer* § 102 Rn. 37; aA Renner/Otto/Heinze/*Zimmer* § 102 Rn. 26.
22 *Wudy* notar 2019, 247 (255); Bormann/Diehn/Sommerfeldt/*Pfeiffer* § 102 Rn. 36; aA LG Amberg 17.7.2018 – 31 T 249/18, MittBayNot 2019, 79 für Anwendung des § 36 Abs. 1, mablAnm *Sikora*.
23 Vgl. *Felix* RNotZ 2019, 606 (609).
24 *Felix* RNotZ 2019, 606 (610).
25 Bormann/Diehn/Sommerfeldt/*Pfeiffer* § 102 Rn. 39; Korintenberg/*Tiedtke* § 102 Rn. 98; aA BeckOK KostR/*Felix* § 103 Rn. 11.1.
26 Renner/Otto/Heinze/*Zimmer* § 103 Rn. 7.
27 Bormann/Diehn/Sommerfeldt/*Pfeiffer* § 103 Rn. 2; vgl. auch Rohs/Wedewer/*Waldner* § 103 Rn. 2.
28 Bormann/Diehn/Sommerfeldt/*Pfeiffer* § 103 Rn. 2; Korintenberg/*Diehn* § 103 Rn. 7; *Felix* RNotZ 2019, 606 (612); Toussaint/*Uhl* § 103 Rn. 1.

Nachlassgericht zu erfolgen hat – § 102 **Abs. 5 lex specialis.**[29] **Geschäftswert** ist jeweils der Vermögenswert bzw. -bruchteil, auf den sich die Erklärung bzw. der Antrag unmittelbar bezieht, unter **vollständigem Abzug** (keine Begrenzung auf die Hälfte wie in § 102) der diesen betreffenden **Verbindlichkeiten**, zum Zeitpunkt der Beurkundung (§ 96), Gebührensatz ist jeweils 0,5.

In der notariellen Praxis **häufiger Anwendungsfall** des § 103 ist die **Erbausschlagung** (§§ 1945 ff. BGB), die als **vom Notar entworfene und beglaubigte Erklärung** nach KV Nr. 24102, 21201 Nr. 7 mit 0,5 abgerechnet wird. Die Bestimmung der **Höhe des Nachlasses/Vermögens bzw. dem betroffenen Bruchteil/Erbquote** gem. § 103 erfolgt nach den allgemeinen **Bewertungsregelungen**; bei einem klar überschuldeten Nachlass ist der Geschäftswert nach §§ (119), 97 Abs. 1, 103 Null EUR, damit Mindestgebühr von 30 EUR und bei Unklarheit über die Verschuldung nach §§ (119), 97 Abs. 1, 36 (Abs. 1), 3 ein Wert von 5.000 EUR (daher ebenfalls Mindestgebühr von 30 EUR).[30] **Schlagen mehrere Personen** (neben- oder nacheinander) aus, liegen **verschiedene Beurkundungsgegenstände** (§§ 86 Abs. 2, 35 Abs. 1) vor, **0,5-Gebühr fällt bei gemeinsamer Beurkundung jedoch nur einmal an**; §§ 109 ff. sind zu prüfen;[31] Vollzugsgebühren können bspw. durch Einholung von Genehmigungen (KV Nr. 22111 Nr. 4) entstehen. 14

2. Erbscheinsantrag und Europäisches Nachlasszeugnis (§ **40 Abs. 1–3**). Der Geschäftswert der für einen **Antrag auf Erteilung eines Erbscheins** (§ 352 Abs. 3 S. 3 FamFG) oder **Europäischen Nachlasszeugnisses** (Art. 66 Abs. 2 EuErbVO, 36 Abs. 2 IntErbRVG) (→ § 40 Rn. 1 ff.) **erforderlichen Beurkundung** einer eidesstattlichen Versicherung (§ **40 Abs. 1 S. 1 Nr. 1**) bestimmt sich nach dem **Wert des gesamten Nachlasses** (§§ **36 ff.**) **im Zeitpunkt des Erbfalls** (**selbst dann, wenn der Erbschein nur für die Grundbuchberichtigung eines kleinen landwirtschaftlichen Grundstücks benötigt wird**[32]), unter Abzug der – entsprechend des Wortlauts – vom **Erblasser herrührenden Verbindlichkeiten** (dh sog. Erbenschulden; nicht hingegen Erbfallschulden).[33] **Gebührensatz** beträgt nach KV Nr. 23300 **1,0**, wobei damit auch ein mitbeurkundeter Antrag an das Nachlassgericht abgegolten ist (KV Vorb. 2.3.3 Abs. 2); **KV Nr. 21201 Nr. 6 findet insoweit keine Anwendung; ebenso wenig KV Nr. 21200**, was zwar nicht für den Gebührensatz (ebenso 1,0), jedoch für die Nichtgeltung der Mindestgebühr von 60 EUR relevant ist. **Mehrere eidesstattliche Versicherungen** in einer Urkunde **denselben Erbfall betreffend erhöhen die Gebühr nicht**, anders bei **mehreren Erbfällen.**[34] Betreffen der Erbschein bzw. das Nachlasszeugnis nur das **Erbrecht eines Miterben** (**Abs. 2**, Teilerbschein) oder erstrecken sich die Wirkungen eines Erbscheins bzw. **Nachlasszeugnis nur auf einen Teil des Nach-** 15

---

29 Bormann/Diehn/Sommerfeldt/*Pfeiffer* § 103 Rn. 4.

30 Bei klarer Überschuldung: OLG Saarbrücken BeckRS 2011, 3924.

31 Bormann/Diehn/Sommerfeldt/*Pfeiffer* § 103 Rn. 6; teilw. aA Rohs/Wedewer/*Waldner* § 103 Rn. 4, der bei Ausschlagung mehrerer nacheinander berufener Erben in einer Urkunde den Wert des Nachlasses (entspr. der Vorgängernorm des § 112 Abs. 2 S. 3 KostO) nur einmal ansetzt.

32 § 40 enthält keine dem § 107 Abs. 3 KostO aF entsprechende Regelung.

33 Vgl. dazu auch OLG München 6.8.2020 – 31 Wx 450/19, BeckRS 2020, 19215 zur Zulässigkeit des Werts des Erbscheinserteilungsverfahrens nach dem vollen Wert des Reinnachlasses, ohne Beschränkung auf den Wert des mit dem Erbschein verfolgten Verwendungszecks, soweit nicht der Umfang des Zeugnisses auf einen Teil des Nachlasses beschränkt ist, vgl. § 40 Abs. 1 S. 3, Abs. 2 und 3; nach Auffassung des Gerichts begegnet der Verzicht des Gesetzgebers auf eine Beschränkung des Geschäftswerts keinen verfassungsrechtlichen Bedenken.

34 *Felix* RNotZ 2019, 606 (613).

lasses (Abs. 3, sog. gegenständlich beschränkter Erbschein nach § 352c FamFG), ist jeweils nur der **Anteil** (des Miterben bzw. der relevanten Gegenstände ohne Schuldenabzug) entscheidend.

16 **3. Testamentsvollstreckerzeugnis** (§ 40 Abs. 5). Der **Geschäftswert** für ein **Testamentsvollstreckerzeugnis** (§ 2368 BGB) bzw. **Nachlasszeugnis, das die Befugnisse des Testamentsvollstreckers beinhaltet** (Art. 63 Abs. 2 lit. c EuErbVO) beträgt – unabhängig von der Art (Dauer- bzw. Abwicklungsvollstreckung) oder dem Umfang der Testamentsvollstreckung – **20 %** des **Brutto-Nachlasswerts** (gem. Abs. 2, 3 mglw. anteilig) im Zeitpunkt des Erbfalls, dh nicht unter Abzug der Nachlassverbindlichkeiten; ein Zeugnis für **mehrere Nachlässe** führt zur **Wertaddition**, **ein Zeugnis für mehrere Testamentsvollstrecker** denselben Nachlass betreffend **nicht**.[35] Die **Gebühr** beträgt nach KV Nr. 23300 **1,0**.

17 **4. Erbauseinandersetzungsverträge, Erb(an)teilsübertragungen und Erbauslegungsverträge** (§ 97). Sowohl **Erbauseinandersetzungen** als auch **Erbanteilsübertragungen** und **Erbauslegungsverträge** unterfallen nicht §§ 102, 103, sondern **§ 97, dh u.a. mit der Geltung des § 38, dh ohne Abzug von Schulden bzw. Verbindlichkeiten** wie bspw. Vermächtnissen, Pflichtteilsrechten und mit einem Gebührensatz von jeweils 2,0 (KV Nr. 21100).[36] Der **Wert des Rechtsverhältnisses bestimmt sich dabei nach den allg. Bewertungsvorschriften, §§ 35 ff.**

18 **Geschäftswert bei Erbanteilsübertragungen** ist – als Wert des Rechtsverhältnisses nach § 97 Abs. 1 – nur der **Bruttowert des Anteils des übertragenden Miterben am Nachlassvermögen**, selbst wenn die Erben die Auflösung der Erbengemeinschaft bezwecken;[37] bei Veräußerung eines bloßen Nacherbenanwartschaftsrechts lediglich ein Teilwert des der Nacherbschaft unterliegenden Vermögens.[38] Bei **Verkauf des Anteils** liegt ein **Austauschvertrag nach § 97 Abs. 3** vor, mit der Folge, dass nur die höhere Leistung maßgebend ist. Zum Gebührensatz von 2,0 dazu kommt bei Verkauf regelmäßig noch **Vollzugsgebühr** (Anfordern und Prüfen Vorkaufsrechtsverzichtserklärung, § 2034 BGB, KV Nr. 22110) sowie **Betreuungsgebühr** (förmliche Anzeige an Nachlassgericht, § 2384 BGB, KV Nr. 22200 Nr. 5).[39] Selbst wenn ein Miterbe sämtliche Erbteile der anderen Miterberben erwirbt, liegt eine Erbteilsübertragung und keine Erbauseinandersetzung vor.[40]

19 **Geschäftswert bei (Teil-)Erbauseinandersetzungen** ist – als Wert des Rechtsverhältnisses nach **§ 97 Abs. 1** – der **Bruttogesamtwert des gesamten auseinandergesetzten Vermögens, nicht (nur) der Wert des Gesamthandsanteils des übertragenden Miterben**. Da insoweit Vermögen verteilt wird und keine Leistungen ausgetauscht werden, findet **§ 97 Abs. 3 grds. keine Anwendung**. Erhält der Ausscheidende hingegen eine **Abfindung**, liegt insoweit mehr als eine Verteilung des vorhandenen Nachlasses vor, wenn die Gegenleistung gerade nicht aus dem Nachlass geleistet wird, mit der Folge, dass die **Zahlung des Ausgleichs-/Abfindungsbetrages eine Austauschleistung iSd § 97 Abs. 3** darstellt. Dann ist der **Gesamtwert des auseinandergesetzten Gegenstandes mit der geleisteten Abfindung zu vergleichen und der höhere Wert maßgebend**. In keinem Fall werden derartige Ausgleichszahlungen an weichende Miterben wertmäßig zum Bruttogesamtwert hinzuaddiert, da auch ohne Austauschverhältnis Gegenstandsgleichheit

35 Bormann/Diehn/Sommerfeldt/*Pfeiffer* § 40 Rn. 22.
36 S. dazu auch Kommentierung zu § 97.
37 Renner/Otto/Heinze/*Deecke* § 97 Rn. 7 Fn. 5.
38 *Diehn* Notarkostenberechnungen Rn. 1420 ff.
39 *Diehn* Notarkostenberechnungen Rn. 1423.
40 Korintenberg/*Tiedtke* § 97 Rn. 68.

nach § 109 vorliegt.[41] **Auseinandersetzungsvereinbarungen und Austauschverträge schließen sich damit nicht grundsätzlich aus.**[42] Anders hingegen bei sog. **Abschichtungsvereinbarungen** (beziehen sich auf gesamten Anteil des Miterben, nicht nur auf einzelnen Gegenstand), bei denen sich der **Geschäftswert** nach dem **anteiligen Vermögen des ausscheidenden Erben** bemisst.[43] **Abgrenzung** sollte aufgrund unterschiedlicher Kostenfolgen **sorgfältig geprüft und mit den Beteiligten besprochen** werden.

Der **Geschäftswert** von (grds. nicht und nur in seltenen Fällen **beurkundungspflichtigen) Erbauslegungsverträgen** (§ 2385 BGB), in denen die Beteiligten für ihr Verhältnis untereinander verbindlich festlegen, wie eine Verfügung von Todes wegen auszulegen ist, bestimmt sich **nicht nach** § **102**, sondern als **schuldrechtliche Verträge nach** § **97 Abs. 1**;[44] **Gebührensatz** ist mit **2,0** bei Beurkundung identisch wie bei einem vom Notar erstellten Entwurf (KV Nr. 24100 iVm Nr. 21100). 20

5. Vermächtniserfüllungen. Der **Geschäftswert** von **Vermächtniserfüllungen** bestimmt sich **nicht nach** § **102**, sondern **nach** § **97 Abs. 1** iVm. mit den allg. Bewertungsvorschriften, ua § 46, 54; **Gebührensatz ist 1,0** (KV Nr. 21102 Nr. 1), wenn das dem Vermächtnisanspruch (§ 2174 BGB) zugrunde liegende Rechtsverhältnis beurkundet ist.[45] Ist das nicht der Fall, bspw. bei einem **privatschriftlichen Testament**, oder enthält die Urkunde über das Verfügungsgeschäft hinaus noch **schuldrechtliche Vereinbarungen**, entsteht eine **2,0 Gebühr** aus dem (Teil-)Wert des Vermächtnisses (im letztgenannten Fall Vergleichsberechnung nach § 94 Abs. 2, da Auflassung 1,0 und schuldrechtliche Vereinbarung 2,0).[46] **Erfüllung eines weiteren Vermächtnisses** in derselben Urkunde, bspw. Bestellung Wohnungsrecht als Untervermächtnis an demselben Gegenstand ist **separat** (nach § 52) **zu bewerten**; da bei formell-rechtlichen Grundbucherklärungen nur 0,5 Gebühr (KV Nr. 21201 Nr. 4) entsteht, ist **Vergleichsberechnung** durchzuführen (§ 94 Abs. 1).[47] KV Nr. 21101 mit einer Gebühr von 0,5 gilt nach dessen Anmerkung 1 nicht im Falle von Verfügungen von Todes wegen. 21

§ 104 Rechtswahl

(1) Bei der Beurkundung einer Rechtswahl, die die allgemeinen oder güterrechtlichen Wirkungen der Ehe betrifft, beträgt der Geschäftswert 30 Prozent des Werts, der sich in entsprechender Anwendung des § 100 ergibt.

(2) Bei der Beurkundung einer Rechtswahl, die eine Rechtsnachfolge von Todes wegen betrifft, beträgt der Geschäftswert 30 Prozent des Werts, der sich in entsprechender Anwendung des § 102 ergibt.

(3) Bei der Beurkundung einer Rechtswahl in sonstigen Fällen beträgt der Geschäftswert 30 Prozent des Geschäftswerts für die Beurkundung des Rechtsgeschäfts, für das die Rechtswahl bestimmt ist.

41 Renner/Otto/Heinze/*Deeck* § 97 Rn. 7.
42 Vgl. dazu OLG Hamm 10.8.2016 – 15 W 62/16, BeckRS 2016, 17410.
43 OLG Hamm 10.8.2016 – 15 W 62/16, BeckRS 2016, 17410.
44 Korintenberg/*Tiedtke* § 102 Rn. 25.
45 *Diehn* Notarkostenberechnungen Rn. 404; Korintenberg/*Tiedtke* KV 21102 Rn. 2.
46 *Diehn* Notarkostenberechnungen Rn. 404; WürzNotar-HdB/*Tiedtke*/*Sikora* Teil 4 ErbR Kap. 4 Notarkosten Rn. 52.
47 Notarkasse, Streifzug Rn. 170.

I. Grundlagen

1 § 104 bildet die **Geschäftswertvorschrift**, die für sämtliche Rechtswahlen **Werterhöhung um 30 %** bestimmt, weshalb Frage der Notwendigkeit einer Rechtswahl vom Notar nicht nur wegen § 17, insbes. Abs. 3 BeurkG, sondern auch im Hinblick auf die – wegen **§ 111 Nr. 4 (absolute Gegenstandsverschiedenheit)** – immer zusätzlich entstehenden Kosten sorgfältig geprüft werden sollte; auch wenn unrichtige Sachbehandlung (§ 21) insoweit selten und – wenn überhaupt (str.) – nur ausnahmsweise bei (systematischer), ohne Belehrung erfolgter, völlig **überflüssiger vorsorglicher Rechtswahl** vorliegen dürfte, nicht hingegen bei Zweifeln über anwendbares Recht (→ § 21 Rn. 15).[1] Von einer generellen vorsorglichen Rechtswahlklausel ins deutsche Recht u.a. im Erbrecht sollte daher zugunsten eines Belehrungsvermerks abgesehen werden.[2] **Die jeweilige Bezugsgröße, auf die sich die Rechtswahl bezieht, ist dabei für den Geschäftswert entscheidend.**[3] Der durch Rechtswahl erhöhte Gesamtgeschäftswert (Addition nach § 35 Abs. 1) wirkt sich auch auf Vollzugs- (§ 112) und Betreuungsgebühr (§ 113) aus.[4] **Abs. 1** betrifft Rechtswahlen im **Ehegüterrecht** (§ 100), **Abs. 2** Rechtswahlen, die **Verfügungen von Todes wegen** betreffen (§ 102), und **Abs. 3 sonstige, nicht von Abs. 1 und 2 erfasste Fälle,** insbes. Im Schuldrecht, u.a. Unterhaltsvereinbarungen sowie den Versorgungsausgleich.

II. Abs. 1: sog. familienrechtliche Rechtswahlen

2 Von **Abs. 1** (**familienrechtliche Rechtswahl**) umfasst sind die allgemeinen und güterrechtlichen Ehewirkungen; relevante Vorschriften sind insbes. Art. 14, 15 EGBGB sowie Art. 22 Abs. 1 und Art. 69 EUGüVO, Art. 22 Abs. 1 EuPartVO.[5]

III. Abs. 2: sog. erbrechtliche Rechtswahlen

3 Von **Abs. 2** (**erbrechtliche Rechtswahl**) umfasst sind sämtliche Verfügungen von Todes wegen (Einzel- und gemeinschaftliche Testamente sowie Erbverträge, ebenso Erb- und Pflichtteilsverzichtsverträge, vgl. Art. 3 Abs. 1 lit. b, 23 Abs. 2 lit. h EuErbVO); relevante Vorschriften sind insbes. Art. 25 Abs. 2 EGBGB sowie Art. 22, 23 EuErbVO (Erbstatut), Art. 24, 25, 26 EuErbVO (Errichtungsstatut), 83 EuErbVO.[6]

IV. Abs. 3: sonstige Rechtswahlen

4 Von **Abs. 3** (**sonstige Rechtswahl**) als sog. Auffangvorschrift umfasst sind jegliche Rechtswahlen, die nicht unter vorgenannte Absätze fallen; relevante Vor-

1 Renner/Otto/Heinze/*Wudy* § 21 Rn. 120b; Korintenberg/*Tiedtke* § 21 Rn. 92; *Bücken* RNotZ 2018, 213 (236).
2 So auch Kersten/Bühling/*Wegmann* FormB FGG 6. Abschn., ErbR, § 120 Rn. 16.
3 *Diehn* Notarkostenberechnungen Rn. 301.
4 LG Düsseldorf RNotZ 2015, 666; *Diehn* Notarkostenberechnungen Rn. 1255.
5 Touissaint/*Uhl* § 104 Rn. 2; dazu ausführlich *Felix* RNotZ 2019, 527 (534).
6 Dazu ausführlich *Felix* RNotZ 2019, 606 (611).

schriften sind insbes. allgemeine Rechtswahl des Art. 3 Rom I-VO (Schuldvertragsrecht), Art. 5 Rom III-VO (Scheidungs- bzw. Scheidungsfolgenrecht), Art. 7, 8 Haager Unterhaltsprotokoll (Unterhaltspflichten).[7] Bewertet wird nach allgemeinen Vorschriften, so dass insbes. §§ 36, 52, 97 relevant sind.

V. Grenzfälle: u.a. vorsorgliche, deklaratorische, konkludente, negative und indirekte Rechtswahlen

Nicht unter § 104 – und damit keine werterhöhenden Rechtswahlen – fallen klarstellende Erläuterungen zum gewöhnlichen Aufenthalt, die Vereinbarung des deutsch-französischen Wahlgüterstandes nach § 1519 BGB (Ehevertrag nach § 100), aber auch die **bloße Bestätigung bzw. Feststellung oder Auffassung des ohnehin anwendbaren Rechts** (sog. **deklaratorische Rechtswahl**);[8] ebenso wenn sich das **anzuwendende Recht nur aus den Umständen ergibt;**[9] sowie eine **sog. negative Rechtswahl.**[10] 5

Umstrittene kostenrechtliche Grenzfälle stellen bloße „indirekte" Rechtswahlen dar, dh durch das bewusste Schaffen bestimmter Anknüpfungspunkte das kollisionsrechtlich maßgebliche Recht auch ohne ausdrückliche Rechtswahl in die gewünschte Richtung zu lenken[11] wie auch die – strengen Anforderungen unterliegende – **konkludente Rechtswahl** (vgl. auch Art. 3 Abs. 1 S. 2 Rom I-VO) bspw. in GmbH-Anteilsübertragungsverträgen mit ausländischem Veräußerer (Art. 4 Rom II-VO); **von beiden – lediglich der Kostenreduzierung dienenden – Gestaltungsalternativen** ist aus notarieller Sicht v.a. im Hinblick auf die bestehenden **Amtspflichten** sowie der **Schaffung klarer und rechtssicherer Urkunden** ausdrücklich **abzuraten**; ebenso von einer Rechtswahl außerhalb der notariellen Urkunde.[12] 6

Eine konkludente, dh stillschweigende Rechtswahl nicht unter § 104 zu fassen, ist bereits deshalb zweifelhaft, da sowohl der Wortlaut des § 104 als auch der des § 111 Nr. 4 – ohne zwischen „ausdrücklicher" und „konkludenter" zu unterscheiden – nur von Rechtswahl spricht.[13] 7

Vorsorgliche Rechtswahlen hingegen, bspw. in Fällen, in denen **der nach ausländischem Recht geltende Güterstand nicht auf der Hand liegt oder der gewöhnliche Aufenthalt bzw. Todeszeitpunkt im Hinblick auf das Erbstatut unklar ist und daher zur Vermeidung einer unklaren Rechtslage geregelt wird, sind von § 104 umfasst;**[14] daran ändert nach hier vertretener Auffassung weder die im Grundsatz eng auszulegende Vorschrift des § 111 Nr. 3 noch das Vorliegen eines Sachverhalts ohne jegliche Auslandsberührung etwas.[15] Werterhöhung ist 8

---

7 Rohs/Wedewer/*Wolfram* § 104 Rn. 17; Touissant/*Uhl* § 104 Rn. 5.

8 *Diehn* Notarkostenberechnungen, Rn. 301, 1258; *Felix* RNotZ 2019, 527 (534); *Volpert* RNotZ 2017, 291 (295); Rohs/Wedewer/*Wolfram* § 104 Rn. 4.

9 Korintenberg/*Diehn* § 104 Rn. 4; *Krasauskaite/Schwarz* DZWIR 2014, 51 (56).

10 Dazu Rohs/Wedewer/*Wolfram* § 104 Rn. 8.

11 *Bücken* RNotZ 2018, 213 (236), auf die fehlende Rechtssicherheit dieser Vorgehensweise hinweisend.

12 AA insoweit *Annweiler/Graewe* NZG 2017, 893.

13 Vgl. *Bücken* RNotZ 2018, 213 (237).

14 Notarkasse, Streifzug Rn. 2879; *Felix* RNotZ 2019, 527 (534); Bormann/Diehn/Sommerfeldt/*Bormann* § 104 Rn. 1; NK-GK/*Fackelmann*, KostR, § 104 Rn. 3; LG Düsseldorf 15.11.2018 – 25 T 275/15; *Diehn* Notarkostenberechnungen Rn. 1524; BeckOK KostR/*Neie* § 104 Rn. 1; ausführlich *Volpert* RNotZ 2017, 291 (295) und *Bücken* RNotZ 2018, 213 (235).

15 AA wohl *Engelstädter/Lubberich*, Neues Kostenrecht: Erste Erkenntnisse aus der Anwendung des Gerichts- und Notarkostengesetzes im Bereich Gesellschaftsrecht und M&A, NZG 2014, 564 (568).

dann – im Hinblick auf § 125 – zwingend, § 21 liegt grds. nicht vor.[16] Da § 36 neben dem vorrangigen § 104 grds. nicht anwendbar ist, kann auch nicht zur Abmilderung der Kostenfolgen auf den Auffangwert des § 36 Abs. 3 zurückgegriffen werden.[17]

9 Eine **Abgrenzung** ist teilweise umstritten und in jedem Einzelfall dahin gehend vorzunehmen, ob wirklich eine **(Aus-)Wahl** in Bezug auf die **Anwendbarkeit** einer Rechtsordnung getroffen wird[18] (was nach hier vertretener Auffassung auch bei einer nur konkludent getroffenen Rechtswahl der Fall ist, → Rn. 6), oder vielmehr nur eine **Feststellung zum ohnehin anwendbaren Recht** vorliegt. Die Notwendigkeit einer Rechtswahl in der Urkunde sollte mit den Beteiligten – unter Hinweis auf die kostenerhöhende Folge – ausführlich erörtert werden.

§ 105 Anmeldung zu bestimmten Registern

(1) [1]Bei den folgenden Anmeldungen zum Handelsregister ist Geschäftswert der in das Handelsregister einzutragende Geldbetrag, bei Änderung bereits eingetragener Geldbeträge der Unterschiedsbetrag:

1. erste Anmeldung einer Kapitalgesellschaft; ein in der Satzung bestimmtes genehmigtes Kapital ist dem Grund- oder Stammkapital hinzuzurechnen;
2. erste Anmeldung eines Versicherungsvereins auf Gegenseitigkeit;
3. Erhöhung oder Herabsetzung des Stammkapitals einer Gesellschaft mit beschränkter Haftung;
4. Beschluss der Hauptversammlung einer Aktiengesellschaft oder einer Kommanditgesellschaft auf Aktien über
   a) Maßnahmen der Kapitalbeschaffung (§§ 182 bis 221 des Aktiengesetzes); dem Beschluss über die genehmigte Kapitalerhöhung steht der Beschluss über die Verlängerung der Frist gleich, innerhalb derer der Vorstand das Kapital erhöhen kann;
   b) Maßnahmen der Kapitalherabsetzung (§§ 222 bis 240 des Aktiengesetzes);
5. erste Anmeldung einer Kommanditgesellschaft; maßgebend ist die Summe der Kommanditeinlagen; hinzuzurechnen sind 30 000 Euro für den ersten und 15 000 Euro für jeden weiteren persönlich haftenden Gesellschafter;
6. Eintritt eines Kommanditisten in eine bestehende Personenhandelsgesellschaft oder Ausscheiden eines Kommanditisten; ist ein Kommanditist als Nachfolger eines anderen Kommanditisten oder ein bisher persönlich haftender Gesellschafter als Kommanditist oder ein bisheriger Kommanditist als persönlich haftender Gesellschafter einzutragen, ist die einfache Kommanditeinlage maßgebend;
7. Erhöhung oder Herabsetzung einer Kommanditeinlage.

[2]Der Geschäftswert beträgt mindestens 30 000 Euro.

(2) Bei sonstigen Anmeldungen zum Handelsregister sowie bei Anmeldungen zum Partnerschafts- und Genossenschaftsregister bestimmt sich der Geschäftswert nach den Absätzen 3 bis 5.

16 LG Düsseldorf 15.11.2018 – 25 T 275/15; aA Rohs/Wedewer/*Wolfram* § 104 Rn. 6, der § 21 bei fehlender Belehrung über die Kostenfolgen bejaht.
17 *Volpert* RNotZ 2017, 291 (295); aA wohl Renner/Otto/Heinze/*Reetz/Riss* § 104 Rn. 22, 26.
18 Vgl. *Diehn* Notarkostenberechnungen Rn. 301.

(3) Der Geschäftswert beträgt bei der ersten Anmeldung

1. eines Einzelkaufmanns 30 000 Euro;
2. einer offenen Handelsgesellschaft oder einer Partnerschaftsgesellschaft mit zwei Gesellschaftern 45 000 Euro; hat die offene Handelsgesellschaft oder die Partnerschaftsgesellschaft mehr als zwei Gesellschafter, erhöht sich der Wert für den dritten und jeden weiteren Gesellschafter um jeweils 15 000 Euro;
3. einer Genossenschaft oder einer juristischen Person (§ 33 des Handelsgesetzbuchs) 60 000 Euro.

(4) Bei einer späteren Anmeldung beträgt der Geschäftswert, wenn diese

1. eine Kapitalgesellschaft betrifft, 1 Prozent des eingetragenen Grund- oder Stammkapitals, mindestens 30 000 Euro;
2. einen Versicherungsverein auf Gegenseitigkeit betrifft, 60 000 Euro;
3. eine Personenhandels- oder Partnerschaftsgesellschaft betrifft, 30 000 Euro; bei Eintritt oder Ausscheiden von mehr als zwei persönlich haftenden Gesellschaftern oder Partnern sind als Geschäftswert 15 000 Euro für jeden eintretenden oder ausscheidenden Gesellschafter oder Partner anzunehmen;
4. einen Einzelkaufmann, eine Genossenschaft oder eine juristische Person (§ 33 des Handelsgesetzbuchs) betrifft, 30 000 Euro.

(5) Ist eine Anmeldung nur deshalb erforderlich, weil sich eine Anschrift geändert hat, oder handelt es sich um eine ähnliche Anmeldung, die für das Unternehmen keine wirtschaftliche Bedeutung hat, so beträgt der Geschäftswert 5 000 Euro.

(6) [1]Der in Absatz 1 Satz 2 und in Absatz 4 Nummer 1 bestimmte Mindestwert gilt nicht

1. für die Gründung einer Gesellschaft gemäß § 2 Absatz 1a des Gesetzes betreffend die Gesellschaften mit beschränkter Haftung und
2. für Änderungen des Gesellschaftsvertrags einer gemäß § 2 Absatz 1a des Gesetzes betreffend die Gesellschaften mit beschränkter Haftung gegründeten Gesellschaft, wenn die Gesellschaft auch mit dem geänderten Gesellschaftsvertrag hätte gemäß § 2 Absatz 1a des Gesetzes betreffend die Gesellschaften mit beschränkter Haftung gegründet werden können.

[2]Reine sprachliche Abweichungen vom Musterprotokoll oder die spätere Streichung der auf die Gründung verweisenden Formulierungen stehen der Anwendung des Satzes 1 nicht entgegen.

[§ 105 Abs. 2 und 3 ab 1.1.2024:]

(2) Bei sonstigen Anmeldungen zum Handelsregister sowie bei Anmeldungen zum Gesellschafts-, Genossenschafts- und Partnerschaftsregister bestimmt sich der Geschäftswert nach den Absätzen 3 bis 5.

(3) Der Geschäftswert beträgt bei der ersten Anmeldung

1. *eines Einzelkaufmanns 30 000 Euro;*
2. *einer Gesellschaft bürgerlichen Rechts, einer offenen Handelsgesellschaft oder einer Partnerschaftsgesellschaft mit zwei Gesellschaftern 45 000 Euro; hat die Gesellschaft mehr als zwei Gesellschafter, erhöht sich der Wert für den dritten und jeden weiteren Gesellschafter um jeweils 15 000 Euro;*
3. *einer Genossenschaft oder einer juristischen Person (§ 33 des Handelsgesetzbuchs) 60 000 Euro.*

(4) Bei einer späteren Anmeldung beträgt der Geschäftswert, wenn diese

1. *eine Kapitalgesellschaft betrifft, 1 Prozent des eingetragenen Grund- oder Stammkapitals, mindestens 30 000 Euro;*
2. *einen Versicherungsverein auf Gegenseitigkeit betrifft, 60 000 Euro;*
3. *eine rechtsfähige Personengesellschaft betrifft, 30 000 Euro; bei Eintritt oder Ausscheiden von mehr als zwei persönlich haftenden Gesellschaftern oder Partnern sind als Geschäftswert 15 000 Euro für jeden eintretenden oder ausscheidenden Gesellschafter oder Partner anzunehmen;*
4. *einen Einzelkaufmann, eine Genossenschaft oder eine juristische Person (§ 33 des Handelsgesetzbuchs) betrifft, 30 000 Euro.*

§ 106 Höchstwert für Anmeldungen zu bestimmten Registern

[1]Bei der Beurkundung von Anmeldungen zu einem in § 105 genannten Register und zum Vereinsregister beträgt der Geschäftswert höchstens 1 Million Euro. [2]Dies gilt auch dann, wenn mehrere Anmeldungen in einem Beurkundungsverfahren zusammengefasst werden.

[§ 106 ab 1.1.2026:]

[1]Bei der Beurkundung von Anmeldungen zu einem in § 105 genannten Register, zum Vereinsregister und zum Stiftungsregister beträgt der Geschäftswert höchstens 1 Million Euro. [2]Dies gilt auch dann, wenn mehrere Anmeldungen in einem Beurkundungsverfahren zusammengefasst werden.

§ 107 Gesellschaftsrechtliche Verträge, Satzungen und Pläne

(1) [1]Bei der Beurkundung von Gesellschaftsverträgen und Satzungen sowie von Plänen und Verträgen nach dem Umwandlungsgesetz beträgt der Geschäftswert mindestens 30 000 Euro und höchstens 10 Millionen Euro. [2]Der in Satz 1 bestimmte Mindestwert gilt nicht bei der Beurkundung von Gesellschaftsverträgen und Satzungen in den Fällen des § 105 Absatz 6.

(2) [1]Bei der Beurkundung von Verträgen zwischen verbundenen Unternehmen (§ 15 des Aktiengesetzes) über die Veräußerung oder über die Verpflichtung zur Veräußerung von Gesellschaftsanteilen und -beteiligungen beträgt der Geschäftswert höchstens 10 Millionen Euro. [2]Satz 1 gilt nicht, sofern die betroffene Gesellschaft überwiegend vermögensverwaltend tätig ist, insbesondere als Immobilienverwaltungs-, Objekt-, Holding-, Besitz- oder sonstige Beteiligungsgesellschaft.

§ 108 Beschlüsse von Organen

(1) [1]Für den Geschäftswert bei der Beurkundung von Beschlüssen von Organen von Kapital-, Personenhandels- und Partnerschaftsgesellschaften sowie von Versicherungsvereinen auf Gegenseitigkeit, juristischen Personen (§ 33 des Handelsgesetzbuchs) oder Genossenschaften, deren Gegenstand keinen bestimmten Geldwert hat, gilt § 105 Absatz 4 und 6 entsprechend. [2]Bei Beschlüssen, deren Gegenstand einen bestimmten Geldwert hat, beträgt der Wert nicht weniger als der sich nach § 105 Absatz 1 ergebende Wert.

(2) Bei der Beurkundung von Beschlüssen im Sinne des Absatzes 1, welche die Zustimmung zu einem bestimmten Rechtsgeschäft enthalten, ist der Geschäfts-

wert wie bei der Beurkundung des Geschäfts zu bestimmen, auf das sich der Zustimmungsbeschluss bezieht.

(3) [1]Der Geschäftswert bei der Beurkundung von Beschlüssen nach dem Umwandlungsgesetz ist der Wert des Vermögens des übertragenden oder formwechselnden Rechtsträgers. [2]Bei Abspaltungen oder Ausgliederungen ist der Wert des übergehenden Vermögens maßgebend.

(4) Der Geschäftswert bei der Beurkundung von Beschlüssen von Organen einer Gesellschaft bürgerlichen Rechts, deren Gegenstand keinen bestimmten Geldwert hat, beträgt 30 000 Euro.

(5) Der Geschäftswert von Beschlüssen von Gesellschafts-, Stiftungs- und Vereinsorganen sowie von ähnlichen Organen beträgt höchstens 5 Millionen Euro, auch wenn mehrere Beschlüsse mit verschiedenem Gegenstand in einem Beurkundungsverfahren zusammengefasst werden.

[§ 108 Abs. 1, 4 und 5 ab 1.1.2024:]

(1) [1]Für den Geschäftswert bei der Beurkundung von Beschlüssen von Organen von Kapitalgesellschaften und rechtsfähigen Personengesellschaften sowie von Versicherungsvereinen auf Gegenseitigkeit, juristischen Personen (§ 33 des Handelsgesetzbuchs) oder Genossenschaften, deren Gegenstand keinen bestimmten Geldwert hat, gilt § 105 Absatz 4 und 6 entsprechend. [2]Bei Beschlüssen, deren Gegenstand einen bestimmten Geldwert hat, beträgt der Wert nicht weniger als der sich nach § 105 Absatz 1 ergebende Wert.

(4) Der Geschäftswert von Beschlüssen von Gesellschafts-, Stiftungs- und Vereinsorganen sowie von ähnlichen Organen beträgt höchstens 5 Millionen Euro, auch wenn mehrere Beschlüsse mit verschiedenem Gegenstand in einem Beurkundungsverfahren zusammengefasst werden.

(5) (aufgehoben)

I. Systematik und Grundlagen handels- und gesellschaftlicher Kostenregelungen im GNotKG

1 Für das **Handels- und Gesellschaftsrecht detaillierte Kostenregelungen** vor allem mit – im Vergleich zu anderen Bereichen zahlreichen – **Mindest-, Höchst- und Festwerten** finden sich in §§ 105–108. Daher erfolgt in bestimmten Fällen **Rückgriff auf andere Wertvorschriften**, bspw. für Gesellschaftsverträge auf § 97 Abs. 1, für Anteilsübertragungen auf § 97 Abs. 3, für Gründungsbescheinigungen auf § 36 Abs. 1[1] sowie auf speziellere Vorschriften, bspw. **§§ 120 und 123**; für Bewertung von Anteilen selbst, bei Vorliegen der engen Voraussetzungen, auf § 54 – nur dort werden Verbindlichkeiten abgezogen, ansonsten im Gesellschaftsrecht grds. nicht, vgl. § 38.[2] Zudem enthalten **§§ 109–111** für das Gesellschaftsrecht zahlreiche Regelungen zur Frage der **Gegenstandsgleich- bzw. -verschiedenheit**, siehe dort auch zur sog. **notwendigen Erklärungseinheit bei Registeranmeldungen.**[3]

2 **Systematisch regelt § 105 den Wert von bestimmten Registeranmeldungen (Ausnahme: Vereins- und Güterrechtsregister) in den verschiedensten handels- und gesellschaftsrechtlich vorkommenden Konstellationen, mit einem regelmäßigen Mindestwert – für jede einzelne Anmeldung**[4] **– von 30.000 EUR** (nur) **für Anmeldungen mit bestimmtem Geldwert (§ 105 Abs. 1, Geschäftswert: einzutragender Geldbetrag)**, wobei die nicht unter Abs. 1 fallenden handelsregisterrechtlichen Konstellationen **entsprechend Abs. 2** – inkl. Partnerschafts- und genossenschaftsregisterlichen Anmeldungen – nach den **Abs. 3–5** zu bewerten sind. Dabei regelt – jeweils **ohne bestimmten Geldwert – Abs. 3** den **Geschäftswert für sonstige Erstanmeldungen** sowie **Abs. 4** für **spätere Anmeldungen**, wobei **Abs. 4 Nr. 1** – neben Abs. 1 Nr. 1 (ua GmbH-Gründungen) und Abs. 1 Nr. 3 (u.a. Kapitalerhöhungen) – betreffend Anmeldungen von Kapitalgesellschaften, insbes. GmbHs, einer der **häufigsten Fälle** in der notariellen Praxis ausmachen dürfte, mit einem **Geschäftswert von 1 % des eingetragenen Stammkapitals, jedoch mindestens 30.000 EUR**; darunter fallen bspw. **Satzungsänderungen** (mit Ausnahme der Kapitalmaßnahmen der Abs. 1 Nr. 3 und 4), **Neubestellung und Abberufung von Geschäftsführern** sowie **Auflösung der Gesellschaft. Abs. 5** bestimmt den Wert von **Anmeldungen ohne wirtschaftliche Bedeutung**, wie bspw. Änderung der Geschäftsanschrift. **Abs. 6** regelt die Besonderheiten bei GmbHs und UGs (haftungsbeschränkt) nach **Musterprotokoll**. Für sämtliche **Anmeldungen nach** § 105 (sowie für Vereinsregisteranmeldungen) gilt ein **Höchstwert von 1 Mio. EUR** (§ 106). **Gebührensatz einer Anmeldung zum Handelsregister** beträgt **0,5** (KV Nr. 24102, 21201 Nr. 5, § 92 Abs. 2).

3 Eine (reine) **Mindest-** (30.000 EUR) **und Höchstwertregelung** (10 Mio. EUR) **für gesellschaftsrechtliche Verträge** ist **§ 107 (Ausnahme: Verwendung des Musterprotokolls, § 2 Abs. 1a GmbHG)**, so dass sich für Gesellschaftsverträge, Satzungen, Pläne, Verträge (auch nach Umwandlungsrecht) der **konkrete Geschäftswert** grds. nach der **allgemeinen Vorschrift des § 97** bestimmt.

1 *Volpert* RNotZ 2017, 291.
2 Dazu NK-GK/*Heinemann* § 38 Rn. 12.
3 Ausführlich zu den Notarkosten im Gesellschaftsrecht, siehe *Felix* RNotZ 2018, 306 (Teil 1) sowie RNotZ 2018, 378 (Teil 2).
4 *Korintenberg/Tiedtke* § 105 Rn. 42; aA Rohs/Wedewer/*Waldner* § 105 Rn. 21.

Den (Mindest-)Geschäftswert für **Beschlüsse** der Organe der dort genannten Gesellschaften und anderen Vereinigungen (für Vereine und Wohnungseigentümergemeinschaften gilt nur Abs. 5) regelt schließlich **§ 108 iVm § 105**, mit einem Wert für **Beschlüsse mit unbestimmtem**, dh nicht ziffernmäßig feststehendem, **Geldwert** (§ 108 Abs. 1 S. 1: Geschäftswert nach § 105 Abs. 4 und 6, dh bei Kapitalgesellschaften 1 % des Stammkapitals, **mind. 30.000 EUR**), bspw. Wahlen, und solche mit **bestimmten Geldwert** (§ 108 Abs. 1 S. 2, § 105 Abs. 1 S. 2: **mind. 30.000 EUR**; Geschäftswert nach **§ 97 Abs. 1**),[5] **Zustimmungsbeschlüsse nach § 108 Abs. 2** (lex specialis zu § 98), sowie einem generellen **Höchstwert für Beschlüsse von 5 Mio. EUR** (**§ 108 Abs. 5**); der Mindestwert gilt dabei **für jeden Beschluss** und nicht erst, falls alle Beschlüsse den Wert nicht erreichen, mit Ausnahme der Fälle des § 109 Abs. 2 S. 1 Nr. 4 lit. d (Wahlen) und Nr. 4 lit. c (mehrere Änderungen der Satzung ohne bestimmten Geldwert);[6] für GmbHs und Ugs nach Musterprotokoll vgl. (→ Rn. 15). **§ 108 Abs. 3** betrifft Beschlüsse nach dem UmwG, **§ 108 Abs. 4** solche einer GbR.[7] **Festwerte** gibt es v.a. in **§ 105**, zB Abs. 3 Nr. 1: Erstanmeldung Einzelkaufmann (30.000 EUR), Abs. 4 Nr. 4: spätere Anmeldung Einzelkaufmann (30.000 EUR), Abs. 3 Nr. 2: OHG mit zwei Gesellschaftern (45.000 EUR), Abs. 5: Änderung Geschäftsanschrift (5.000 EUR), aber auch in **§ 108 Abs. 4**, zB Beschlüsse einer GbR ohne bestimmten Geldwert (30.000 EUR). 4

II. Bewertung typischer notarieller gesellschaftsrechtlicher Vorgänge

Einige der regelmäßig vorkommenden notariellen gesellschaftsrechtlichen Vorgänge werden im Folgenden näher dargestellt: 5

1. Gesellschaftsverträge, Unternehmensverträge, Beteiligungsverträge. a) Bewertung von Gesellschaftsverträgen, bspw. Gründungsverträgen von Personen- und Kapitalgesellschaften. Die Geschäftswertbestimmung von Gesellschaftsverträgen erfolgt rechtsformunabhängig mangels einer Sonderregelung in §§ 105 ff. grundsätzlich nach der **Grundnorm** des **§ 97 Abs. 1**; **§ 107** findet zwar Anwendung, **enthält jedoch lediglich Mindest- und Höchstwertvorschriften. Da es sich grds. nicht um ein Austauschverhältnis** bzw. einen gegenseitigen Vertrag nach § 97 Abs. 3 handelt, kommt es auf den **Wert des Rechtsverhältnisses – und damit den addierten Wert der vereinigten Gesellschafterleistungen** – ohne Abzug von Verbindlichkeiten (§ 38) an, der nicht gleichzusetzen sein muss mit dem Stammkapital.[8] 6

Gesellschaftervereinbarungen als gesellschaftsrechtliche Neben- bzw. Rahmenverträge können – in engen Grenzen – ausnahmsweise dann in den Anwendungsbereich des § 107 Abs. 1 fallen, bspw. wenn sie als Vertrag einer Gesellschaft bürgerlichen Rechts unter den vorhandenen Gesellschaftern geschlossen werden; findet **§ 107 keine Anwendung, wirkt sich dies freilich nicht auf die** 7

5 Touissant/*Uhl* KostR § 108 Rn. 11; Bormann/Diehn/Sommerfeldt/*Bormann* § 108 Rn. 12; OLG München NZG 2018, 429; ausführliche Aufzählungen von Bsp. mit und ohne bestimmten Geldwert, BeckOK KostR/*Neie* § 108 Rn. 18 ff. und Renner/Otto/Heinze/*Heinze* § 108 Rn. 19 ff.

6 Renner/Otto/Heinze/*Heinze* § 108 Rn. 52a; aA Rohs/Wedewer/*Waldner* § 108 Rn. 54.

7 § 108 Abs. 4 findet nur auf Beschlüsse ohne bestimmten Geldwert Anwendung; bei bestimmtem Geldwert ist nach § 97 Abs. 1 zu bewerten.

8 Bormann/Diehn/Sommerfeldt/*Diehn* § 97 Rn. 12.

Wertbestimmung an sich (nach § 97) aus, als vielmehr darauf, dass die Mindest- und Höchstwerte des § 107 insoweit nicht gelten.[9]

8 **Typische Beispiele von Gesellschaftsverträgen** sind **Gründungsverträge von sämtlichen Personen- und Kapitalgesellschaften**, wobei jede Einlage(-verpflichtung) wertmäßig zu berücksichtigen ist, nicht nur die – auf der Hand liegenden – (Bar-)Einzahlungen bzw. Kapitaleinlagen auf das Stammkapital, sondern bspw. auch in der Satzung genehmigtes Kapital nach §§ 55a GmbHG, 202a AktG sowie ein etwaiges Agio;[10] Sacheinlagen werden nach § 46 mit dem Verkehrswert, Unternehmen mit dem Aktivwert und GmbH-Anteilseinbringungen bzw. KG-Beteiligungen nach § 54 bewertet;[11] insoweit sollte nicht vorschnell auf den meistens niedrigeren und dann nicht relevanten Nominalwert der übernommenen Einlage zurückgegriffen werden.[12] Meistens dient die **Einbringung der Erfüllung der im Gesellschaftsvertrag begründeten Verpflichtung**, so dass bei Beurkundung in einer Niederschrift **Gegenstandsgleichheit zwischen Gesellschaftsvertrag und Einbringungsvertrag** nach **§ 109** vorliegt; für Auflassung in § 109 Abs. 1 S. 4 Nr. 2 geregelt.[13] **Subsidiär**, dh v.a. wenn keine Einlagepflicht besteht oder Anhaltspunkte für deren Bewertung nicht vorliegen, bspw. auch nicht anhand des Gesellschaftszwecks ermittelt werden können, ist der **Wert des Rechtsverhältnisses nach § 36 Abs. 1 bzw. 3** zu bewerten. **Nicht darunter** fallen bspw. **Verträge über den Ein- oder Austritt von Gesellschaftern**. Da diese nicht **„gleichgerichtet“** sind und keine **Vereinigung von Leistungen**, sondern ein Austauschverhältnis zum Gegenstand haben, ist **nach § 97 Abs. 3** zu bewerten.[14] **Änderungen von (Personen-)Gesellschaftsverträgen** werden **– § 107** findet insoweit keine Anwendung **– nach §§ 97 Abs. 2, 36 Abs. 1** bewertet; **Satzungsänderungen** regelmäßig **nach § 108 iVm § 105**.[15] **Ein- und Austritte von Gesellschaftern bzw. Kommanditisten** stellen – als spezielle Vertragsänderungen – **nach § 97 Abs. 3** zu bewertende Austauschverhältnisse dar.[16]

9 **b) Bewertung von Unternehmensverträgen, bspw. Beherrschungs- und Gewinnabführungsverträgen.** Streng **zu unterscheiden** sind Gesellschafts- von sog. **Unternehmensverträgen** (vgl. § 291 Abs. 1 AktG bzw. analog für GmbH), **für die zwar § 107 nicht gilt**, jedoch ebenso die **Grundnorm** des **§ 97** mit einem Höchstwert nach § 35 Abs. 2 von 60 Mio. EUR. **Beispiele für derartige Verträge**

9 Vgl. Notarkasse, Streifzug Rn. 1925; ausführlich und differenziert zu sog. gesellschaftsrechtlichen Rahmenverträgen bzw. Gesellschaftervereinbarungen, u.a. Kooperations- und Poolvereinbarungen, Konsortialverträgen und Beteiligungsverträgen, Bormann/Diehn/Sommerfeldt/*Bormann* § 107 Rn. 27 ff.; HK-GNotKG/*Fackelmann* § 97 Rn. 39; instruktiv und mit Beispielsfällen auch *Diehn* Notarkostenberechnungen, Rn. 1355a.

10 Bormann/Diehn/Sommerfeldt/*Bormann* § 107 Rn. 3.

11 Vgl. zur umstrittenen Frage, inwieweit Gesellschafterdarlehen bei der Wertbestimmung nach § 54 werterhöhend zu berücksichtigen sind: KG 11.9.2020 – 9 W 113/19, BeckRS 2020, 25374 (keine Werterhöhung); so seit der 13. Aufl. unter Aufgabe der in der Vorauflage vertretenen Auffassung, auch Notarkasse, Streifzug Rn. 1258b; aA (Werterhöhung) Bormann/Diehn/Sommerfeldt/*Diehn* § 54 Rn. 12, 17; Korintenberg/*Tiedtke* § 54 Rn. 2b.

12 Bormann/Diehn/Sommerfeldt/*Diehn* § 97 Rn. 12; vgl. mit instruktivem Beispiel HK-GNotKG/*Fackelmann* § 97 Rn. 19.

13 *Diehn* Notarkostenberechnungen Rn. 820; Bormann/Diehn/Sommerfeldt/*Bormann* § 107 Rn. 6.

14 Bormann/Diehn/Sommerfeldt/*Diehn* § 97 Rn. 13; Notarkasse, Streifzug, Rn. 1658; Bormann/Diehn/Sommerfeldt/*Bormann* § 107 Rn. 7.

15 Bormann/Diehn/Sommerfeldt/*Bormann* § 107 Rn. 16.

16 Bormann/Diehn/Sommerfeldt/*Bormann* § 107 Rn. 19.

sind **Beherrschungs- und Gewinnabführungsverträge,**[17] aber auch **Betriebsführung und Betriebspacht** (vgl. § 292 AktG).

Der **Wert** des **Rechtsverhältnisses** (§ 97 **Abs. 1, kein Austauschvertrag nach Abs. 3**)[18] bestimmt sich bspw. bei – Abschluss und Aufhebung – von **Beherrschungs- und Gewinnabführungsverträgen** nach § 52 (Abs. 2 bzw. Abs. 3 S. 2);[19] Gleiches gilt über § 108 Abs. 2 als lex specialis zu § 98 für entsprechende **Zustimmungsbeschlüsse** (§ 108 Abs. 1 S. 2: Beschluss mit bestimmtem Geldwert), mit einem **Höchstwert** nach § 108 Abs. 5 von 5 Mio. EUR. Bei **Zusammenbeurkundung** sind **Beschlüsse (sowohl der beherrschten als auch der herrschenden Gesellschaft untereinander)** und **Unternehmensvertrag** gem. § 110 Nr. 1 zueinander sämtlich **gegenstandsverschieden** und daher die Werte nach § 35 Abs. 1 zu addieren;[20] Gleiches gilt bei **Zusammenbeurkundung** von **Zustimmungsbeschluss** und etwaigen mitbeurkundeten **Verzichtserklärungen** (auf Berichte und Prüfungen nach §§ 293a, 293b, 293e AktG). Bei **Zusammenbeurkundung mit dem Unternehmensvertrag** sind diese Verzichtserklärungen hingegen nach § 109 **gegenstandsgleich zum Vertrag, untereinander jedoch gegenstandsverschieden.**[21] Bewertung erfolgt je nach Beteiligungsart als Teilwert des sich nach § 54 bzw. 36 ergebenden Wertes der jeweiligen Beteiligung des Verzichtenden.[22] **Geschäftswert der Registeranmeldung ist 1 %** des Stammkapitals der beherrschten Gesellschaft, **mindestens 30.000 EUR,** begrenzt auf 1 Mio. EUR, vgl. § 105 Abs. 4 Nr. 1, § 106.[23] 10

c) Bewertung von Beteiligungsverträgen, u.a. von Investoren. Beteiligungsverträge sind Verträge (2,0 Gebühr gem. KV Nr. 21100), die sämtliche getroffenen **Absprachen im Zusammenhang mit der Beteiligung eines Investors als Dritten** umfassen, in Form einer gesellschaftsrechtlichen Vereinbarung.[24] Dabei findet § 107 im Rahmen von Beteiligungsvereinbarungen jedoch **nur in den seltenen Fällen Anwendung,** in denen diese **zwischen sämtlichen vorhandenen Gesellschaftern** geschlossen wurden, da Regelungen dann auch **Teil eines Gesellschaftsvertrags** sein könnten.[25] 11

Bei **Beteiligungsverträgen** bestimmt sich der **Wert** des **Rechtsverhältnisses** (§ 97 **Abs. 1**) neben der **Höhe des Investments** (Kapitalerhöhung zzgl. Agio; **unerheblich ob echtes** (korporatives, vgl. § 272 Abs. 2 Nr. 1) **oder unechtes** (schuldrechtliches, vgl. § 272 Abs. 2 Nr. 4) **Agio**)[26] auch nach den als eigene Beurkundungsgegenstände nach § 86 Abs. 2 grds. zu **addierenden, gegenstandsverschiedenen – neben der Kapitalerhöhung stehenden – weiteren Regelungen,** wie 12

17 Ausführlich dazu Renner/Otto/Heinze/*Heinze*, § 107 Rn. 69.

18 BGHZ 103, 1 (4 f.); 105, 324, 331; *Fackelmann* ZNotP 2017, 122 (123).

19 Vgl. LG Görlitz 15.2.2019 – 6 OH 22/16; OLG Düsseldorf RNotZ 2017, 120; ausführlich *Felix* RNotZ 2018, 306 (313), isolierter Beherrschungsvertrag nach § 36; Änderung von Unternehmensverträgen nach § 97 Abs. 2; Verweis auf Kommentierung zu § 52.

20 Nach LG Erfurt 29.10.2019 – 3 OH 29/18, stellt eine Getrenntbeurkundung beider Beschlüsse wegen der entfallenden Gebührendegression als auch der Geschäftswertbeschränkung auf 5 Mio. EUR (§ 108 Abs. 5) sogar eine unrichtige Sachbehandlung dar, vgl. *Wudy* NotBZ 2021, 90 (105).

21 *Felix* RNotZ 2018, 306 (314).

22 *Felix* RNotZ 2018, 306 (314).

23 *Böhringer* BWNotZ 2014, 165 (175).

24 Vgl. *Weitnauer* NZG 2001, 1065; dazu ausführlich *Thelen*, Beteiligungsverträge in der notariellen Praxis RNotZ 2020, 121.

25 Vgl. Notarkasse, Streifzug Rn. 1941; *Volpert* RNotZ 2017, 293.

26 *Thelen* RNotZ 2020, 121 (143); nach hier vertretener Auffassung ist Unterscheidung zwischen beiden bei der Bewertung einer Kapitalerhöhung in Bezug auf den Wert des Beschlusses ebenso unerheblich, → Rn. 24.

bspw. **Exitvereinbarungen** (keine Durchführungserklärungen zur Kapitalerhöhung iSd § 109).[27] Einer generellen Addition sämtlicher Vereinbarungen nach § 35 Abs. 1 steht mglw. jedoch § 97 Abs. 3 entgegen, so dass innerhalb eines **jeden Regelungskomplexes sorgfältig zu prüfen ist, ob und wie Leistungen im Austauschverhältnis stehen,** mit der Konsequenz der Relevanz nur der höherwertigeren. Im Austausch (§ 97 Abs. 3) für sein Investment bekommt der Investor eine entsprechende – wertmäßig grds. gleichwertige – Beteiligung am Unternehmen. Dazu gehören nach hier vertretener Auffassung ebenso u.a. die Verpflichtung der bisherigen Gesellschafter, die Kapitalerhöhung durchzuführen und den Investor zur Übernahme zuzulassen, sowie weitere ausschließlich den Investor begünstigende Vereinbarungen, wie bspw. – jeweils mit Teilwerten nach § 36 Abs. 1 zu bewertende – Liquidationspräferenz sowie der Verwässerungsschutz.[28] **Nicht Teil dieses Austauschverhältnisses und damit separat zu bewerten** (grds. gegenstandsverschieden, da kein Abhängigkeitsverhältnis iSd § 109) sind **darüberhinausgehende Vereinbarungen**, die Rechte und Pflichten zugunsten sämtlicher Gesellschafter bzw. Geschäftsanteile begründen, wie bspw. die vorgenannten **Exitregelungen**, dh **Ankaufs-, Vorkaufs- und Optionsrechte, Mitverkaufsrechte oder -pflichten** (sämtlich nach § 51 Abs. 1–3 und falls es auf den Wert der Anteile ankommt, nach der sog. post-money-Bewertung zu bewerten) sowie **Veräußerungsbeschränkungen** (§ 50 Abs. 1 Nr. 1), aber auch **Geschäftsführertätigkeit** (§ 99 Abs. 2);[29] dann ist jedoch sorgfältig zu prüfen, ob diese nicht untereinander wieder in einem **Austauschverhältnis iSd § 97 Abs. 3** stehen, bspw. mehrere **gegenseitige Vorkaufsrechte zugunsten aller Gesellschafter**, so dass dann – um die höherwertige Austauschleistung zu ermitteln – der geringste Wert unberücksichtigt bleibt.[30] **Sorgfältige Bewertung** u.a. der Frage nach Gegenstandsgleichheit sowie Anwendung des § 97 Abs. 3, aber auch Prüfung, ob Wert im Einzelfall unter Gebrauchmachung von § 51 Abs. 3 maßvoll (nach unten) angepasst werden kann, **ist entscheidend**, um (zu) hohe (teilw. unrichtige) Bewertungen zu vermeiden.[31]

13 **2. Gründung einer GmbH und UG (haftungsbeschränkt). Gründungsurkunde** wird als **Gesellschaftsvertrag nach §§ 107, 97 Abs. 1** mit dem **addierten Wert sämtlicher Einlageverpflichtungen** bewertet (→ Rn. 8). In Satzung mitgeregelte Vorerwerbsrechte sind, im Gegensatz zu Beteiligungsverträgen, grds. gegenstandsgleich. Wird **Geschäftsführer durch Beschluss** in derselben Urkunde bestellt, ist dieser nach §§ **108 Abs. 1 S. 1, 105 Abs. 4 Nr. 1** mit grds. 30.000 EUR nach § **110 Nr. 1** zu addieren; da Beschluss immer – auch als Entschluss des Alleingründers – **2,0 Gebührensatz** bedeutet, ist bei Ein-Personen-GmbH (Gebüh-

27 LG Köln 5.4.2018 – 11 T 154/15 (bzw. OLG Köln 4.7.2018 – 2 Wx 242/18); LG München I 1.8.2018 – MittBayNot 2019, 193, mzustAnm *Storch*; *Thelen* RNotZ 2020, 121 (142); aA KölnerHBGesR, 3. Aufl. 2016, Kap. 2 Rn. 1137.

28 *Thelen* RNotZ 2020, 121 (143); *Felix* RNotZ 2018, 378 (380) behandelt den Verwässerungsschutz hingegen als – nach § 109 gegenstandsverschiedenes – sonstiges Erwerbsrecht nach § 51 Abs. 1 S. 1.

29 *Thelen* RNotZ 2020, 121 (143); dazu auch *Felix* RNotZ 2018, 378 (380) und Volpert RNotZ 2017, 291 (293); vgl. auch OLG Köln 4.7.2018 – 2 Wx 242/18 und LG München I 1.8.2018, MittBayNot 2019, 193; zur Bewertung von Unternehmen(santeilen) vgl. OLG München 15.6.2020 – 32 Wx 140/20 Kost, BeckRS 2020, 13996.

30 *Thelen* RNotZ 2020, 121 (143); LG I München 1.8.2018, MittBayNot 2019, 193; Notarkasse, Streifzug, Rn. 1944.

31 Dazu auch *Wudy* notar 2021, 235 (244); *Diehn* Notarkostenberechnungen Rn. 1354a; den vollen Wert (§ 54) ohne Abschläge für Optionsvereinbarungen setzte hingegen das OLG München in einem Fall an, vgl. OLG München 15.6.2020, BWNotZ 2020, 160.

rensatz für Gründung: 1,0) nach § 94 Abs. 1 Vergleichsberechnung durchzuführen;[32] anders – und kostengünstiger – bei Bestellung in Satzung bzw. durch privatschriftlichen Beschluss von den Beteiligten, trotzdem keine unrichtige Sachbehandlung, § 21, da sachgerecht.[33] **Erstellung der Gesellschafterliste** löst – als Vollzugstätigkeit zum Gründungsvorgang – 0,5 bzw. 0,3 Vollzugsgebühr aus **Gesamtwert der Gründungsurkunde** aus (§ 112, KV Nr. 22110 bzw. 22111; KV Vorb. 2.2.1.1.1 Nr. 3), maximal 250,00 EUR (KV Nr. 22113).[34]

Wert der Handelsregisteranmeldung (Gebührensatz 0,5 nach KV Nr. 24102, 21201 Nr. 5, § 92 Abs. 2) der GmbH ist als Anmeldung mit bestimmtem Geldwert nach § 105 Abs. 1 S. 1 Nr. 1 (iVm § 119, da Entwurf vom Notar gefertigt) das Stammkapital zuzüglich des genehmigten Kapitals (vgl. § 55a GmbHG, § 202 AktG), jedoch **mindestens 30.000 EUR** (§ 105 Abs. 1 S. 2) – und nicht etwa 25.000 EUR. Aufgrund des **Grundsatzes der sog. notwendigen Erklärungeinheit** sind die Geschäftsführerbestellung, die Versicherung sowie die Vertretungsregelung – trotz **§ 111 Nr. 3 – nicht als eigene Anmeldungsgegenstände zu bewerten**; anders bei Anmeldungen, die nicht notwendigerweise mit der Gründung einer GmbH einhergehen, wie bspw. die Anmeldung eines Prokuristen.[35] Soll der Notar die Anmeldung erst nach bestätigter Einzahlung/Einlagenleistung einreichen, liegt nach KV Nr. 22200 Nr. 3 (Gebührensatz 0,5) zu vergütende Betreuungstätigkeit vor (§ 113).[36] Durch die verpflichtende elektronische Einreichung (§ 12 HGB) entsteht bei sog. elektronischem Vollzug und Erstellung von XML-Strukturdaten seit Inkrafttreten des KostRÄG 2021 zum 1.1.2021 eine **0,2-Vollzugsgebühr** aus dem Gesamtwert der Urkunde, gedeckelt auf 125,00 EUR, vgl. § 112, KV Nr. 22114, bzw. eine **0,1-Gebühr** (falls in derselben Angelegenheit weitere Vollzugsgebühren nach KV Nr. 22110–22113 entstehen), KV Nr. 22115, ebenfalls gedeckelt auf 125,00 EUR.[37] Ohne die Vorschriften der § 110 Nr. 1 sowie § 111 Nr. 3 zur Gegenstandsverschiedenheit wären sowohl Geschäftsführerbestellungsbeschluss als auch Registeranmeldung bei Zusammenfassung in einer Urkunde gegenstandsgleich zur Gründung. 14

3. GmbH und UG (haftungsbeschränkt) nach Musterprotokoll. Wird die **GmbH (bzw. UG (haftungsbeschränkt) mit Musterprotokoll gegründet,** gelten die Mindestwerte von 30.000 EUR weder für die Gründungsurkunde noch die Handelsregisteranmeldung (vgl. § 105 Abs. 6 Nr. 1, § 107 Abs. 1 S. 2), so dass bspw. bei einem Stammkapital von 25.000 EUR dieser Betrag nach § 97 Abs. 1 auch dem Geschäftswert entspricht.[38] Die **Mindestgebühren** des GnotKG (KV Nr. 21200 bzw. 21100) von **60 EUR** (Einpersonen-GmbH/UG) bzw. 15

32 *Diehn* Notarkostenberechnungen 825.
33 Renner/Otto/Heinze/*Deecke* § 97 Rn. 14; KG 26.1.2006, MittBayNot 2006, 445; OLG Frankfurt/M. 5.7.2007, MittBayNot 2008, 410.
34 Vgl. auch BGH 4.6.2019, MittBayNot 2019, 613; *Sikora/Strauß* DNotZ 2020, 581 (589).
35 LG Düsseldorf MittBayNot 2016, 548; *Diehn* Notarkostenberechnungen Rn. 828.
36 *Diehn* Notarkostenberechnungen Rn. 830; dieses – Mehrkosten auslösende – Vorgehen ist nicht etwa unrichtige Sachbehandlung, → § 21 Rn. 15.
37 Das Gesetz zur Änderung des Justizkosten- und des Rechtsanwaltsvergütungsrechts, Kostenrechtsänderungsgesetz, KostRÄG 2021 vom 21.12.2020 (BGBl. 2020 I 3229) hat zu einer generellen Senkung der XML-Gebühren geführt. Vor dessen Inkrafttreten betrug der XML-Gebührensatz pauschal 0,3, für den Vollzug in besonderen Fällen sogar 0,6 (Deckelung jeweils bei 250 EUR), KV Nr. 22125. Der Gebührensatz für den Vollzug in besonderen Fällen wurde – bei gleichbleibender Deckelung bei 250 EUR – auf 0,5 herabgesetzt, neben der Gebühr des KV Nr. 25101 entsteht sie gar nicht.
38 Vgl. dazu auch Bormann/Diehn/Sommerfeldt/*Bormann* § 107 Rn. 10.

120 EUR (Mehrpersonen-GmbH/UG) finden hingegen Anwendung.[39] **Kostenvorteile** entstehen zudem dadurch, dass das **Musterprotokoll** sowohl **Gesellschafterliste** (vgl. § 2 Abs. 1a S. 4 GmbHG, daher insoweit keine Vollzugsgebühr), als auch die erste **Geschäftsführerbestellung** (kein nach § 108 mit mindestens 30.000 EUR zu bewertender Beschluss)[40] **beinhaltet.** Die Geschäftswertbestimmung selbst erfolgt ansonsten identisch zur GmbH-Gründung ohne Musterprotokoll. Sobald die Gründung jedoch über die Maßgaben des Musterprotokolls hinausgehen, bspw. Überschreitung der zulässigen Gesellschafter- bzw. Geschäftsführeranzahl, entfällt das Kostenprivileg.

16 **Nicht nach § 105 Abs. 6 privilegiert** – weder für den Beschluss (§ 108) noch für die Registeranmeldung (§ 105) – sind bspw. Geschäftsführer-Abberufung bzw. Neubestellung (Bewertung nach § 108 Abs. 1 S. 1, § 105 Abs. 4 Nr. 1), da keine Satzungsänderung iSd § 105 Abs. 6 Nr. 2 vorliegt.[41] Das **Kostenprivileg** des **§ 105 Abs. 6 Nr. 2** (dh Geschäftswert der Anmeldung 1 % des Stammkapitals) gilt dabei – entsprechend des Wortlauts – **nur für Satzungsänderungen, die vom gesetzlichen Text des § 2 Abs. 1a GmbHG nicht abweichen**, dh die das Musterprotokoll auch bereits bei Gründung zulassen würde, so bspw. **Firmenänderung, Sitzverlegung, Änderung Unternehmensgegenstand, aber – nach umstrittener Ansicht – auch Kapitalerhöhungen** (bei der UG bis zu einem Stammkapital von 24.999 EUR).[42] Über den **Verweis in § 108 Abs. 1 auf § 105 Abs. 6** gilt **das Kostenprivileg dann zwar auch grds. für entsprechende Beschlüsse;** zu beachten ist jedoch, dass bei **Kapitalerhöhungen** der UG der entsprechende Beschluss – anders als die Registeranmeldung – **mangels Verweises des § 108 Abs. 1 S. 2 (Beschlüsse mit bestimmtem Geldwert) auf § 105 Abs. 6 nicht privilegiert und damit mit mindestens 30.000 EUR** zu bewerten ist, vgl. § 105 Abs. 1 S. 2.[43]

17 Gänzlich **ohne Kostenprivilegierung** ist hingegen die **Kapitalerhöhung der UG auf ein Stammkapital von 25.000 EUR und mehr** und damit eine **„Umfirmierung“ in eine GmbH** (wobei der Satzungsänderungsbeschluss bzgl. des Rechtsformzusatzes von UG in GmbH dazu nach hier vertretener Auffassung derselbe Beurkundungsgegenstand ist, vgl. § 109 Abs. 2 Nr. 4b).[44] **Keine Satzungsänderung** idS ist auch die **Auflösung der Unternehmergesellschaft**, so dass der Wert sowohl des Auflösungsbeschlusses als auch der Anmeldung 30.000 EUR beträgt.[45] Ebenso gilt für **Anmeldungen ohne wirtschaftliche Bedeutung** (zB Änderung Geschäftsanschrift) auch für mit Musterprotokoll gegründete UG (haftungsbeschränkt) und GmbHs die **vorrangige Spezialvorschrift** des **§ 105 Abs. 5**, da 105 Abs. 6 diese Fälle nicht erfasst und § 105 Abs. 5 insoweit – auch

39 Bormann/Diehn/Sommerfeldt/*Bormann* § 107 Rn. 10.
40 Touissaint/*Uhl* KostR, § 108 Rn. 5; Bormann/Diehn/Sommerfeldt/*Bormann* § 107 Rn. 11; BeckOK KostR/*Neie* § 108 Rn. 8; OLG Celle RNotZ 2010, 425; aA *Elsing*, Notargebühren von A-Z, S. 124.
41 *Böhringer* BWNotZ 2014, 165 (170); *Felix* RNotZ 2020, 378 (386); LG Leipzig NotBZ 2016, 193.
42 *Böhringer* BWNotZ 2014, 165 (172); Rohs/Wedewer/*Waldner* § 105 Rn. 53; wohl aA für Kapitalmaßnahmen Bormann/Diehn/Sommerfeldt/*Bormann* § 105 Rn. 37 mit Verweis auf Korintenberg/*Tiedtke* § 108 Rn. 63, der sich insoweit jedoch nur auf Beschlüsse, (wohl) nicht auf Anmeldungen, bezieht.
43 *Diehn* Notarkostenberechnungen Rn. 845; *Diehn/Volpert* NotarKostR Rn. 2386; Korintenberg/*Tiedtke* § 108 Rn. 63.
44 Früher nach § 41c Abs. 3, § 44 Abs. 2a KostO: verschiedene Beurkundungsgegenstände, vgl. NotBZ 2013, 244.
45 *Sikora/Tiedtke* DNotZ 2018, 576 (592) und OLG Köln 28.4.2017 – 2 Wx 95/17, FGPrax 2017, 140.

im Hinblick auf den **Privilegierungsgedanken** derartiger Gesellschaften – nicht teleologisch zu reduzieren ist.[46]

4. **Geschäftsanteilsübertragungen. Anteilsübertragungsverträge** stellen weder Gesellschafts- noch Unternehmensverträge dar, sind jedoch als sog. **Austauschverträge** zu qualifizieren, weshalb sich deren Wert nach **§ 97 Abs. 1 und 3** bestimmt, so dass (nur) **der höhere Wert von Leistung und Gegenleistung** maßgebend ist. Der **Wert des Geschäftsanteils** – der nicht immer dem Nominalbetrag entspricht – ist bei **Kapitalgesellschaften und Kommanditbeteiligungen** nach **§ 54 unter Abzug von Verbindlichkeiten** zu kapitalisieren. Dabei ist – mit Ausnahme der vermögensverwaltenden, nicht operativ tätigen, Gesellschaften, § 54 S. 3 (iVm §§ 46 ff., 38) – der **Wertmaßstab nach § 266 Abs. 3 HGB das bilanzielle Eigenkapital, dh Aktiva minus Passiva** (Rückstellungen und Verbindlichkeiten) auf der Grundlage des Jahresabschlusses, wovon dann **anteilig die Quote** zu berechnen ist, **mit der der Gesellschafter beteiligt ist.**[47] **Grundstücke** sind dabei nach § 54 S. 2 nicht mit dem Buch-, sondern mit dem **Verkehrswert** (§ 46) zu berücksichtigen. 18

Bei nicht unter § 54 S. 1, 2 fallenden Konstellationen, bspw. **Übertragungen von Anteilen an einer GbR, OHG, Partnerschaftsgesellschaft, Anteilen des Komplementärs der KG und vermögensverwaltenden Gesellschaften** (§ 54 S. 3) ist das jeweilige anteilige **Aktivvermögen ohne Schuldenabzug,** § 38, **entscheidend.**[48] 19

Sowohl bei der **Bewertung des Anteils als auch der Gegenleistung** sollte **besonders sorgfältig vorgegangen werden und nicht vorschnell der gezahlte Kaufpreis als Geschäftswert herangezogen werden** (§ vgl. § 47). Bei einem Verkauf innerhalb der Familie oder an Freunde entspricht der Kaufpreis regelmäßig nicht dem Wert des Geschäftsanteils. Aber auch bei einem Verkauf an Dritte besteht die Leistung häufig nicht allein im Kaufpreis, vielmehr kommen noch **weitere zu addierende werterhöhende Leistungen** hinzu, wie bspw. die Übernahme der noch nicht voll eingezahlten Stammeinlage bzw. die Freistellung des Verkäufers von der Zahlungspflicht der Einlage, aber auch Übernahme von Darlehensverbindlichkeiten, sog. Investitionsverpflichtungen (§ 50 Nr. 4) oder variable Kaufpreise (§ 36 Abs. 1).[49] 20

Nicht immer Anteilsübertragungen zum Inhalt haben und – je nach den Regelungen im Einzelfall – **auch teilweise nicht beurkundungspflichtig,** sind sogenannte **Treuhandverträge.** Deren Geschäftswert ist – wenn mit dem Vertrag die Übertragung bzgl. Verpflichtung zur Übertragung bei Beendigung einhergeht (sog. echter Treuhandvertrag) – der **Wert des Treuguts, mithin der jeweiligen Geschäftsanteile; sonstige Treuhandverträge werden aufgrund der Ähnlichkeit** zu Geschäftsbesorgungsverträgen **nach § 99 Abs. 2** bewertet.[50] 21

Regelmäßig enthalten Satzungen sog. Vinkulierungsklauseln, die zur Anteilsabtretung ein Zustimmungserfordernis vorsehen. Dabei gilt es zu differenzieren: Genügt dabei eine **rechtsgeschäftliche Zustimmung der Gesellschafter** dient die- 22

46 So auch Korintenberg/*Tiedtke* § 105 Rn. 82; aA *Diehn* Notarkostenberechnungen Rn. 766.

47 *Krauss* Immobilienkaufverträge Rn. 5043; anteiliger Eigenkapitalwert stellt Mindestwert dar, selbst dann, wenn Sachverständigengutachten anderen bzw. niedrigeren Wert vorsieht, vgl. Ländernotarkasse, Leipziger Kostenspiegel Rn. 21.804; instruktiv zu kostenrechtlichen Aspekten bei Anteilsveräußerungen *Bachmayer* ZNotP 2021, 436 ff.

48 Dazu ausführlich Bormann/Diehn/Sommerfeldt/*Bormann* § 107 Rn. 22 ff.

49 Volpert RNotZ 2015, 276 (280); ausführlich dazu *Felix* RNotZ 2018, 306 (310).

50 Korintenberg/*Tiedtke* § 97 Rn. 50 ff.; aA Heinze RNotZ 2015, 201 (205), der für sämtliche Treuhandverträge § 99 Abs. 2 anwendet.

se, sofern sie in derselben Urkunde erfolgt, der Durchführung der Anteilsübertragung und ist mithin nach **§ 109 zu dieser gegenstandsgleich**. Ein erforderlicher **Zustimmungsbeschluss** hingegen sollte – da nach § 110 Nr. 1 stets gegenstandsverschieden, nach § 108 Abs. 1, 2 mit mindestens 30.000 EUR bei einem Gebührensatz von 2,0 zu bewerten und zu dem Wert der Anteilsübertragung zu addieren – unter Berücksichtigung des § 21 **nur dann mitbeurkundet werden, wenn nicht sämtliche Gesellschafter an der Übertragung mitwirken** (konkludenter Beschluss) oder diese die (**Mit-)Beurkundung ausdrücklich wünschen.**[51] Daher sollte auch mit nur vorsorglichen Beschlüssen zurückhaltend umgegangen werden. Der **Wert des Zustimmungsbeschlusses** entspricht dem des **zuzustimmenden Hauptgeschäfts** (§ 108 Abs. 2), **mindestens 30.000 EUR** (Beschluss mit bestimmtem Geldwert, §§ 108 Abs. 1 S. 2, 105 Abs. 1 S. 2).[52] **Weitere etwa erforderliche Beschlüsse** (bspw. Teilung, Nummerierung, Zusammenlegung, jeweils zu bewerten als Beschlüsse ohne bestimmten Geldwert nach §§ 108 Abs. 1 S. 1, 105 Abs. 4, 6) sind nach **§ 110 Nr. 1 stets gegenstandsverschieden, untereinander jedoch** – auch zum Zustimmungsbeschluss, **gegenstandsgleich**, insbes. Wenn die Teilung nur im Hinblick auf die Veräußerung erfolgt.[53]

23 Teilw. umstritten sind die im Rahmen einer Anteilsübertragung (aber vor allem auch bspw. Kapitalerhöhung, Verschmelzung) möglicherweise anfallenden **Vollzugs-** (zB für Anforderung Zustimmungsbeschluss oder Fertigung Gesellschafterliste) und **Betreuungsgebühren**, insbes. die kontrovers diskutierte Frage einer Betreuungsgebühr nach KV Nr. 22200 Nr. 6 („Umstände außerhalb der Urkunde") für die Wirksamkeitsbescheinigung der Gesellschaferliste nach § 40 Abs. 2 S. 2 (bzw. iRv Kapitalmaßnahmen der korrekten Eintragung der Kapitalmaßnahme) sowie einer Bescheinigungsgebühr nach KV Nr. 25104, → KV Nr. 22200 Rn. 2, 14 f.[54] **Höchstwert derartiger Verträge sind 60 Mio. EUR** (§ 35 Abs. 2), **mit Ausnahme** der Fälle des Kostenprivilegs des **§ 107 Abs. 2** (Verkauf und Übertragung von Geschäftsanteilen zwischen iSv § 15 AktG verbundenen operativ tätigen Unternehmen) und dem **Höchstwert von 10 Mio. EUR.**

24 **5. Kapitalmaßnahmen, insbes. Kapitalerhöhung einer GmbH. Geschäftswert** des – als Satzungsänderung nach § 53 Abs. 2 GmbHG beurkundungspflichtigen – **Kapitalerhöhungs-** (§ 55 GmbHG) **bzw. -herabsetzungsbeschlusses** (§§ 58, 58a GmbHG), ist nach § 108 Abs. 1 S. 2 iVm § 105 Abs. 1 S. 2 **mindestens der**

51 Notarkasse, Streifzug Rn. 1286, 1290; *Volpert* RNotZ 2015, 276 (282); dazu auch DNotI-Report 2003, 185; 2004, 45; BGH GmbHR 1991, 311.

52 LG Magdeburg 28.10.2019 – NotBZ 2020, 117.

53 Vgl. Notarkasse, Streifzug Rn. 1295; aA Prüfungsabteilung der Ländernotarkasse A.d.ö.R NotBZ 017, 334.

54 ME ist die Überprüfung, ob die Kapitalmaßnahme (v.a. Kapitalerhöhung) im Handelsregister korrekt eingetragen ist (bzw. die Prüfung der Übereinstimmung der Gesellschafterliste mit dem Inhalt der zuletzt im Handelsregister aufgenommenen Liste), als Überwachung der Vollzugspflicht mit der Beurkundungsgebühr abgegolten; Umstände außerhalb der Urkunde sollten nach hier vertretener Auffassung auf eindeutige Fälle, zB aufschiebende Bedingung der Kaufpreiszahlung oder Einholung von (zB familiengerichtlichen) Genehmigungen beschränkt bleiben, vgl. Notarkasse, Streifzug, Rn. 1363; *Sikora* und Korintenberg/*Tiedtke* KV 22200 Rn. 33 (Amtspflicht des Notars); OLG Düsseldorf Beschl. v. 30.10.2018 – RNotZ 2019, 110 (Verschmelzung); aA *Diehn* Notarkostenberechnungen, Rn. 853; *Volpert* RNotZ 2015, 276 (286). Aber auch wenn kein Umstand außerhalb der Urkunde zu prüfen ist, da bspw. die Anteilsabtretung sofort bzw. zu einem bestimmten Zeitpunkt wirksam ist, löst die Bescheinigung nach § 40 Abs. 2 S. 2 GmbHG mE keine Gebühr nach KV Nr. 25104 aus, so auch Notarkasse Streifzug, Rn. 1311, aA *Diehn* Notarkostenberechnungen, Rn. 1318; Renner/Otto/Heinze/*Arnold* KV Nr. 25104 Rn. 15.

sich aus § 105 Abs. 1 ergebende Wert, dh 30.000 EUR. Da dieser Verweis jedoch gerade nicht als Wert den für die Anmeldung relevanten, in das Register einzutragenden Geldbetrag bestimmt (vgl. § 105 Abs. 1 Nr. 3), kommt es nach **§ 97 Abs. 1** auf den **Wert des Rechtsverhältnisses** an (kein Austauschvertrag iSd § 97 Abs. 3). Entscheidend ist danach der **Nominalbetrag der Kapitalerhöhung** (Mindestwert 30.000 EUR; Höchstwert 5 Mio. EUR), wobei sowohl das sog. **echte Agio** als auch das – nicht im Beschluss mitbeurkundete – **unechte schuldrechtliche Aufgeld** iSv § 272 Abs. 2 Nr. 4 HGB nach **neuester, jedoch umstrittener Ansicht des OLG München** und hier vertretener Auffassung werterhöhend zu berücksichtigen sind (Wert der Einlageverpflichtung).[55] Auch die **Zuzahlungsverpflichtung** bei einem **schuldrechtlichen Agio** erhöht **wirtschaftlich** den Wert der – auch neu geschaffenen – Anteile und damit den Wert der Kapitalerhöhung bzw. des Beschlusses.[56] Die dadurch **entstehenden – hohen – Kostenfolgen** (doppelte Berücksichtigung des Agios sowohl im mitbeurkundeten Beteiligungsvertrag als auch im Beschluss) **sind wegen § 110 Nr. 1 zwingend** und können lediglich bei Zusammenbeurkundung durch das Ausnutzen des Degressionseffekts abgemildert werden.[57] Bei einer sog. **Sachkapitalerhöhung** ist der Verkehrswert (§§ 46, 38) der Sacheinlage entscheidend.[58] **Gegenstandsverschieden** dazu ist wegen **§ 110 Nr. 1** die mit einem Gebührensatz von 1,0 nach § 97 (jeweiliger Erhöhungsbetrag zzgl. Agio bzw. Sacheinlagewert, ohne Mindestwert) zu bewertende **Übernahmeerklärung**, mit der Folge einer Vergleichsberechnung nach § 94 Abs. 1. Ebenso **gegenstandsverschieden zum Beschluss** ist der nach § 97 Abs. 1 zu bewertende **Einbringungsvertrag** (§ 110 Nr. 1), **nicht hingegen zur Übernahmeerklärung**; zu dieser liegt bei Zusammenbeurkundung ein Abhängigkeitsverhältnis nach § 109 Abs. 1 S. 2 mit der Folge der Gegenstandsgleichheit vor.[59] Zum **Beschluss** hingegen **gegenstandsgleich** ist die mitbeurkundete **Satzungsänderung**, vgl. § 109 Abs. 2 Nr. 4 lit. a, b. Daher fällt bei **Zusammenbeurkundung** von Erhöhungsbeschluss, Einbringungsvertrag und Übernahmeerklärung eine 2,0-Gebühr aus den **addierten Werten (nur) von Erhöhungsbeschluss und Einbringungsvertrag** an.[60]

Der **Wert der Handelsregisteranmeldung** ist – bei Bar- und Sacheinlage – der **einzutragende Unterschiedsbetrag** (§ 119, § 105 Abs. 1 S. 1 Nr. 3; mindestens 30.000 EUR (S. 2), höchstens 1 Mio. EUR, § 106), wobei die **Anmeldung der entsprechenden Satzungsänderung** als **notwendige Erklärungseinheit** ein und dieselbe Tatsache betrifft und damit nicht gesondert zu bewerten ist.[61] Erstellung sowohl der **Übernehmer – (§ 57 Abs. 3 Nr. 2 GmbHG) als auch der neuen Gesellschafterliste** (§ **40 GmbHG), wie auch etwaiger weiterer Vollzugstätigkeiten** sind – einmal anfallende – **Vollzugstätigkeit** zum Beurkundungsverfahren, 25

55 OLG München 26.2.2018, NZG 2018, 429; zustimmend *Thelen* RNotZ 2020, 121 (145); diese Entscheidung ablehnend *Strauß* MittBayNot 2018, 488; kritisch dazu *Mösinger* GWR 2018, 136; dazu auch *Sikora/Tiedtke* DNotZ 2018, 576 (595); für die häufigen sog. Milestones-Fälle (Staffelung der Zahlungsverpflichtung aufschiebend bedingt durch das Erreichen bestimmter Ziele) schlägt *Fackelmann* ZNotP 2018, 158, die Bildung von Teilwerten vor, abhängig von der Eintrittswahrscheinlichkeit der jeweiligen milestones (§§ 97 Abs. 1, 36 Abs. 1).

56 *Thelen* RNotZ 2020, 121 (146); aA *Felix* RNotZ 2018, 378 (379).

57 *Thelen* RNotZ 2020, 121 (146); Mösinger GWR 2018, 136; *Fackelmann* ZNotP 2018, 158 (159).

58 *Felix* RNotZ 2018, 378.

59 Notarkasse, Streifzug Rn. 1349.

60 *Felix* RNotZ 2018, 378.

61 *Diehn* Notarkostenberechnungen, Rn. 757; Notarkasse, Streifzug Rn. 1377, unrichtig insoweit Rohs/Wedewer/*Waldner* § 105 Rn. 14, der mit § 109 Abs. 2 S. 1 Nr. 4 lit. a argumentiert, der sich jedoch nur auf Beschlüsse bezieht.

vgl. KV Vorb. 2.2.1.1 Abs. 1 S. 2 Nr. 3. Die Anweisung an den Notar, die neue Gesellschafterliste erst nach Einlagenleistung einzureichen, ist Betreuungstätigkeit zur Handelsregisteranmeldung nach KV Nr. 22200 Nr. 3;[62] **zur umstrittenen Betreuungsgebühr nach KV Nr. 22200 Nr. 6** („Umstände außerhalb der Urkunde") Rn. 23; **Vollständigkeitsbescheinigung nach** § 54 GmbHG sowie **Erstellung des neuen Satzungswortlauts sind gebührenfreie Nebentätigkeiten**, vgl. KV Vorb. 2.1 Abs. 2 Nr. 4. Zu sog. Beteiligungsverträgen, die häufig im Zusammenhang mit Kapitalerhöhungen vorkommen, → Rn. 11. Anmeldungen von Kapitalmaßnahmen bei Aktiengesellschaften sowie KgaA richten sich nach § 105 Abs. 1 Nr. 4.

26 **6. Satzungsänderungen.** Auch hier findet **§ 107 keine Anwendung; Satzungsänderungen von GmbHs (nach Eintragung)** erfolgen grds. als **zu beurkundender Beschluss nach § 53 ff. GmbHG**, so dass sich der **Wert nach § 108 Abs. 1 iVm § 105 Abs. 4 Nr. 1** (1 % des Stammkapitals, mindestens 30.000 EUR) richtet (KV Nr. 21100: Gebührensatz: 2,0); da diese **Regelungen vor Eintragung der GmbH nicht anwendbar** sind, finden bei **Änderungen vor Eintragung §§ 97 Abs. 2, 36 Abs. 1 Anwendung;** Mindest- und Höchstwert des 107 gilt hingegen – aufgrund des bestehenden Gründungsbezugs – nach str. Ansicht auch dort.[63] Mehrere Satzungsänderungen in einer Urkunde **ohne bestimmten Geldwert** sind nur ein Gegenstand, § 109 Abs. 2 S. 1 Nr. 4 lit. c, ebenso bspw. Abberufung und Neubestellung Geschäftsführer, § 109 Abs. 2 S. 1 Nr. 4 lit. d (→ Rn. 24, 26); ebenso bspw. Sitzverlegung und entsprechende Satzungsänderung, vgl. § 109 Abs. 2 S. 1 Nr. 4 lit. a.

27 **Wert der Handelsregisteranmeldung** bestimmt sich nach (§ 119), § 105 Abs. 4 Nr. 1 (KV Nr. 24102; Gebührensatz: 0,5), wobei nach hier vertretener Auffassung **jede anzumeldende Tatsache iSd § 10 GmbHG bzw. § 39 AktG ein eigener Beurkundungsgegenstand** ist, auch iRe Satzungsneufassung, vgl. § 111 Nr. 3;[64] **gegenstandsgleich** ist hingegen die **Anmeldung mehrerer Satzungsänderungen ohne bestimmten Geldwert** oder einer **Satzungsneufassung, wobei jede Änderung nach § 10 GmbHG bzw. § 39 AktG stets separat zu bewerten ist** (keine notwendige Erklärungseinheit).[65] Ausnahmen stellen die Fälle einer **sog. notwendigen Erklärungseinheit** dar, u.a. Sitzverlegung und entsprechende Satzungsänderung (→ Rn. 25). Vermehrt Gebrauch gemacht wird im Zusammenhang mit der Anmeldung von Satzungsänderungen auch von **§ 378 Abs. 2 FamFG**, wonach der Notar von ihm beglaubigte und beurkundete Erklärungen bspw. **Satzungsänderungen in Eigenurkunde selbst beim Registergericht anmelden kann;** da eine Vollmachts- bzw. Vertretungsvermutung greift, muss keine Vollmachtsurkunde vorgelegt werden.[66] Dies gilt selbst dann, wenn der (grds. zur Anmeldung verpflichtete) Geschäftsführer an dem satzungsändernden Be-

---

62 Nach Ansicht der hL ist Einreichung auch schon mit Anmeldung der Kapitalerhöhung möglich, vgl. *Felix* RNotZ 2018, 378 (389).

63 Umstr., dafür: *Heinze* NotBZ 2015, 201 (204); Bormann/Diehn/Sommerfeldt/*Bormann* § 107 Rn. 20; dagegen: Korintenberg/*Tiedtke* § 107 Rn. 25.

64 Korintenberg/*Diehn* § 111 Rn. 31; Bormann/Diehn/Sommerfeldt/*Bormann* § 105 Rn. 23; § 111 Rn. 14; *Diehn* Notarkostenberechnungen Rn. 757; LG Bielefeld 22.10.2015 – 23 T 226/15, BeckRS 2016, 04235; aA OLG Hamm FGPrax 2017, 138; BeckOK KostR/*Bachmayer* § 111 Rn. 34, HK-GNotkG/*Macht* § 111 Rn. 18.

65 Bormann/Diehn/Sommerfeldt/*Bormann* § 109 Rn. 36, aA OLG Hamm FGPrax 2017, 138.

66 Vgl. BeckOK FamFG/*Otto* § 378 Rn. 18; OLG Oldenburg, FGPrax 2011, 311; ausgeschlossen ist eine derartige Vorgehensweise in jedem Fall bei höchstpersönlichen Erklärungen, die in der Anmeldung selbst abzugeben sind, wie bspw. Geschäftsführerversicherung.

schluss gar nicht mitgewirkt hat.[67] **Kostenrechtlich ändert sich bei dieser Vorgehensweise im Ergebnis nichts, da nach KV Nr. 25204** die(selbe) Gebühr zu erheben ist, die für die Fertigung des Entwurfs der Registeranmeldung zu erheben wäre.[68]

Als **gebührenfreies Nebengeschäft** nach KV Vorb. 2.1 Abs. 2 Nr. 4 nicht gesondert zu bewerten ist – wenn der Notar die Satzungsänderung beurkundet hat (sonst KV Nr. 25104) – die Erteilung der **Bescheinigung über den neuen Satzungswortlaut** (Vollständigkeitsbescheinigung nach § 54 GmbHG, § 181 AktG) sowie die **Zusammenstellung des neuen Satzungswortlauts**.[69] 28

7. Umwandlungsvorgänge. Umwandlungsvorgänge sind als „Verträge nach dem Umwandlungsgesetz" nach **§§ 107, 97 Abs. 1** zu bewerten; für einen etwaigen **Beschluss**, bspw. iRe Formwechsels (§ 193 UmwG), gilt **§ 108 Abs. 3. Geschäftswert** ist grundsätzlich – § 54 ist nicht anwendbar – das **Aktivvermögen**, dh ohne Abzug von Verbindlichkeiten (§ 38), **des übertragenden bzw. formwechselnden Rechtsträgers bzw. Aktivwert des übertragenen Vermögens**, wofür die jeweilige Verschmelzungs-, Formwechsel- bzw. Spaltungsbilanz entscheidend ist.[70] **Mehrere Umwandlungsvorgänge** sind **nicht nach § 109 gegenstandsgleich**, können jedoch zur Ausnutzung des Degressionseffekts bei Vorliegen eines sachlichen Grundes iSd § 93 Abs. 2 (v.a. Verknüpfungswille) in einer Niederschrift beurkundet werden.[71] 29

a) **Verschmelzungen (§§ 2 ff. UmwG).** Die **Bewertung des Verschmelzungsvertrags** (Gebührensatz 2,0, KV Nr. 21100) erfolgt in beiden Varianten des § 2 UmwG – unter Geltung der Mindest- und Höchstwerte des § 107 – gem. § 97 Abs. 1 nach dem **Wert des Rechtsverhältnisses**, dh dem **Aktivwert des übergehenden Vermögens**; bei Erbringung einer **Gegenleistung gilt § 97 Abs. 3**, dh praktisch immer bei einer Verschmelzung zur Neugründung, häufig aber auch bei Verschmelzung durch Aufnahme, bspw. gegen Gewährung von Anteilen am übernehmenden Rechtsträger.[72] Sämtliche **damit zusammenhängende mitbeurkundete Verzichts-** (Teilwert nach § 36 Abs. 1) **und Zustimmungserklärungen** (§ 98 Abs. 2. S. 2) sind – neben der Feststellung der Satzung – **zum Verschmelzungsvertrag gegenstandsgleich**, da sie dessen Durchführung dienen (**§ 109 Abs. 1**), **nicht hingegen**, wegen **§ 110 Nr. 1**, zum **Zustimmungsbeschluss** (§ 13 UmwG).[73] 30

Für den **Wert des Zustimmungsbeschlusses** ist nach **§ 108 Abs. 3** das sich aus der Verschmelzungsbilanz ergebende **Aktivvermögen des übertragenden Rechtsträgers** entscheidend;[74] bei **Zusammenfassung der Beschlüsse beider beteiligten Unternehmen in einer Urkunde** liegt nach § 109 Abs. 2 Nr. 4 lit. g derselbe Beurkundungsgegenstand vor; wiederum **wegen § 110 Nr. 1** hingegen **Gegenstandsverschiedenheit zum Verschmelzungsvertrag**; die BGH-Entscheidung vom 26.9.2017 betrifft dabei die Zusammenbeurkundung von Beschlüssen außerhalb des Umwandlungsrechts.[75] Grundbuchberichtigungsanträge sind (als 31

---

67 OLG Karlsruhe, GmbHR 2011, 308; Bumiller/Haders/Schwamb/*Harders* FamFG § 378 Rn. 4.
68 Korintenberg/*Tiedtke*, § 105 Rn. 122.
69 *Diehn* Notarkostenberechnungen Rn. 1214.
70 Bormann/Diehn/Sommerfeldt/*Diehn* § 97 Rn. 14; Bormann/Diehn/Sommerfeldt/*Bormann* § 107 Rn. 33; ausführlich dazu *Felix* RNotZ 2018, 378 (382).
71 Bormann/Diehn/Sommerfeldt/*Bormann* § 107 Rn. 45 ff.; *Diehn* Notarkostenberechnungen, Rn. 1160.
72 *Felix* RNotZ 2018, 378 (382); vgl. Korintenberg/*Tiedtke* § 107 Rn. 41.
73 Korintenberg/*Tiedtke* § 108 Rn. 78, 80.
74 LG Neubrandenburg 25.10.2019, NotBZ 2020, 118.
75 BGH 26.9.2017, RNotZ 2018, 113.

Durchführungserklärungen) gegenstandsgleich iSd § 109.[76] Nicht unter § 109 Abs. 2 Nr. 4 lit. g fallen und damit gegenstandsverschieden (§ 86 Abs. 1) sind stets ein damit zusammenhängender Kapitalerhöhungsbeschluss sowie Beschlüsse von mehreren Umwandlungsvorgängen.[77] Wert der – nach § 111 Nr. 3 gegenstandsverschiedenen – Handelsregisteranmeldungen bestimmt sich bzgl. des übertragenden Rechtsträgers als spätere Anmeldung nach § 105 Abs. 4 Nr. 1, ebenso bzgl. des übernehmenden Rechtsträgers bei der Verschmelzung durch Aufnahme (§ 2 Nr. 1 UmwG); anders bei einer Verschmelzung durch Neugründung (§ 2 Nr. 2 UmwG), bei der der übernehmende Rechtsträger neu entsteht, so dass – je nach Rechtsform – als erste Anmeldung nach § 105 Abs. 1 bzw. 3 zu bewerten ist.[78]

32 **b) Spaltungen (Aufspaltung, Abspaltung, Ausgliederung, §§ 123 ff. UmwG).** Entsprechend dieser Grundsätze wird bei der Spaltung (§ 123 UmwG: Auf- und Abspaltung; Ausgliederung) bewertet, mit der Besonderheit, dass es sich (auch) bei Spaltungs- und Ausgliederungsverträgen um einen Austauschvertrag iSd § 97 Abs. 3 handelt, wenn den Anteilsinhabern des übertragenen Rechtsträger Anteilsrechte gewährt werden.[79] Wird hingegen anstelle des Spaltungsvertrags bei einer sog. Spaltung und Ausgliederung zur Neugründung nur ein sog. Spaltungsplan als einseitige Willenserklärung beurkundet, beträgt der Gebührensatz 1,0 (KV Nr. 21200); ebenso wenn die Ausgliederung durch einen Einzelkaufmann auf einen neu gegründeten Rechtsträger erfolgt.[80]

c) Vermögensübertragungen (§§ 174 ff. UmwG). Die Bewertung der Vermögensübertragung (§§ 174 ff. UmwG) erfolgt bei einer Vollübertragung nach den Grundsätzen der Verschmelzung (§ 176 UmwG), bei einer Teilübertragung durch Auf- oder Abspaltung oder Ausgliederung nach den Grundsätzen der Spaltung (§ 177 UmwG).[81]

33 **d) Formwechsel (§ § 190 ff. UmwG).** Formwechsel (§§ 190 ff. UmwG) erfolgt durch nach § 108 Abs. 3 zu bewertenden Formwechselbeschluss, vgl. § 193 UmwG (Gebührensatz: 2,0, KV Nr. 21100); neue Satzung ist – bei Beurkundung des Beschlusses nach §§ 8 ff. BeurkG- als zwingende Rechtsfolge gegenstandsgleich.[82] Gemäß § 110 Nr. 1 gegenstandsverschieden sind hingegen etwaige in der Beschlussurkunde mit aufgenommene Verzichts- und Zustimmungserklärungen, wobei diese untereinander grundsätzlich gegenstandsgleich sind. Entsprechende Handelsregisteranmeldung – je nach Rechtsform – als erstmalige Anmeldung nach § 105 Abs. 1 (S. 1 Nr. 1 mit dem Wert des Stammkapitals zzgl. Eines etwaigen in der Satzung genehmigten Kapitals) bzw. Abs. 3, mit Ausnahme der Fälle, in denen der formwechselnde Rechtsträger erhalten bleibt (bspw. Umwandlung GmbH in AG); dann § 105 Abs. 4 Nr. 1.[83]

34 **8. Liquidation.** Wert des Auflösungsbeschlusses, der nach § 109 Abs. 1 gegenstandsgleich ist mit Abberufung des Geschäftsführers bzw. Bestellung des (geborenen sowie gekorenen) Liquidators, bestimmt sich als Beschluss ohne bestimmten Wert nach § 108 Abs. 1 S. 1 iVm § 105 Abs. 4 Nr. 1 (1 % des einge-

76 BeckOK KostR/*Neie* § 107 Rn. 40.
77 Bormann/Diehn/Sommerfeldt/*Bormann* § 108 Rn. 23, § 109 Rn. 69.
78 Bormann/Diehn/Sommerfeldt/*Bormann* § 105 Rn. 30.
79 *Felix* RNotZ 2018, 378 (384).
80 *Felix* RNotZ 2018, 378 (384).
81 BeckOK KostR/*Neie* § 107 Rn. 46; *Felix* RNotZ 2018, 378 (385).
82 Bormann/Diehn/Sommerfeldt/*Bormann* § 109 Rn. 68; anders bei Protokollierungen gem. § 36 BeurkG, vgl. Korintenberg/*Diehn* § 109 Rn. 112.
83 Bormann/Diehn/Sommerfeldt/*Bormann* § 105 Rn. 31.

tragenen Stammkapitals) und beträgt daher mind. 30.000 EUR.[84] Nach § 105 Abs. 4 Nr. 1 beträgt der **Wert der Anmeldung 1 % des eingetragenen Stammkapitals,** mindestens 30.000 EUR, höchstens 1 Mio. EUR (§ 106). **Notwendige Erklärungseinheit** – (nur) die Handelsregisteranmeldung betreffend – und damit ein Anmeldegegenstand liegt vor, wenn neben **Anmeldung der Auflösung** die **Abberufung der bisherigen Geschäftsführer sowie die Anmeldung der Bestellung der personenidentischen (geborenen) Liquidatoren** erfolgt, bei **gekorenen Liquidatoren** liegt **Gegenstandsverschiedenheit** (§ 86 Abs. 2) mit der Folge der **Wertaddition** (**§ 35 Abs. 1**) vor; ebenso gegenstandsverschieden bei zusätzlicher Anmeldung des Erlöschens einer Prokura.[85] **Auftragsgemäßer Gläubigeraufruf** (§ 65 Abs. 2 GmbHG) **durch den Notar** löst **Betreuungsgebühr nach KV Nr. 22200 Nr. 5** aus, da das Auslösen der Einjahresfrist (Sperrjahr, § 73 Abs. 1 GmbHG) ausreichende Rechtsolge iSd. Nr. 5 ist.[86] **Geschäftswert der Anmeldung der Löschung** der Gesellschaft sowie **Beendigung der Liquidation nach Ablauf des Sperrjahres** (notwendige Erklärungseinheit) beträgt ebenso 1 % des eingetragenen Stammkapitals, § 105 Abs. 4 Nr. 1. Ob die **verbreitete Praxis**, die Beglaubigung der Anmeldung der **Löschung im selben Termin gemeinsam mit derjenigen der Anmeldung der Auflösung/Abberufung Geschäftsführer/Bestellung Liquidatoren vorzunehmen**, eine Betreuungsgebühr nach KV Nr. 22200 Nr. 3 entstehen lässt, kommt nach hier vertretener Auffassung **auf die jeweilige Anweisung/Formulierung** an: Da die Gebühr (nur) dann entsteht, wenn der Notar (eigenständige) **Prüfungen über den Eintritt bestimmter Voraussetzungen durchzuführen hat,**[87] dürfte der Tatbestand **erst dann erfüllt sein,** wenn der Notar angewiesen wird, die Urkunde **erst nach Übermittlung des Nachweises und Prüfung des Ablaufs des Sperrjahres** (ähnlich Einreichung erst nach Prüfung bzw. – im Immobilienrecht – Nachweis der Einlagenleistung bei Gründung und sog. Vorlagesperre, dh Vollzug der Auflassung erst bei Nachweis der Kaufpreiszahlung) **beim Registergericht einzureichen; keine Betreuungsgebühr** entsteht nach hier vertretener Auffassung, **wenn der Notar lediglich die Anweisung zur Vorlage an das Registergericht durch den Liquidator abwarten** soll.[88]

35 **9. Gesellschaft bürgerlichen Rechts, inkl. künftiger Änderungen durch das MoPeG.** Ausdrückliche Regelungen betreffend die (derzeitige Form der) GbR finden sich in den **§§ 105–108 lediglich in § 108 Abs. 4 (Beschluss ohne bestimmten Geldwert: 30.000 EUR)**, wobei die Mindest- und Höchstwertvorschrift des § 107 Abs. 1 auch für die GbR-Gründung, nicht jedoch für deren Änderung,[89] Anwendung findet. Sowohl **Beschlüsse** (vgl. § 709 BGB) **mit bestimmtem Wert** als auch **GbR-Gesellschaftsverträge** werden nach **§ 97 Abs. 1 (Wert aller Leistungen)** bzw. deren **Änderungen** nach **§ 97 Abs. 2, § 36 Abs. 1** bewertet. **Subsidiär,** dh v.a. wenn keine Einlagepflicht besteht oder Anhaltspunkte für deren Bewertung nicht vorliegen, und bspw. auch nicht anhand des Gesellschafts-

84 *Diehn* Notarkostenberechnungen, Rn. 863; Rohs/Wedewer/*Waldner* § 108 Rn. 51 („notwendige Erklärungseinheit").

85 Vgl. BGH 18.10.2016, DNotZ 2017, 229; OLG Hamm 29.4.2016 – 15 W 498/15, NZG 2017, 465; LG Düsseldorf 25.5.2016, MittBayNot 2016, 548.

86 BeckOK KostR/*Berger* KV 22200 Rn. 26; Korintenberg/*Tiedtke* KV 22200 Rn. 28a; a.A. Renner/Otto/Heinze/*Harder* KV 22200 Rn. 43, 51.

87 Korintenberg/*Tiedtke* KV 22200 Rn. 22.

88 In diese Richtung auch BeckOK KostR/*Berger* KV 22200 Rn. 11 am Beispiel der GmbH-Gründung und damit verbundenem Nachweis der Erbringung der Stammeinlage.

89 Renner/Otto/Heinze/*Heinze* § 107 Rn. 6b; Leipziger Kostenspiegel Teil 21 Rn. 69; Rohs/Wedewer/*Waldner* § 107 Rn. 7.

zwecks ermittelt werden können, ist der **Wert des Rechtsverhältnisses nach § 36 Abs. 1 bzw. 3** zu bewerten.

36 Wird (bzw. entschließt sich) die GbR – entsprechend der beschlossenen Reform des Personengesellschaftsrechts (sog. Mauracher Entwurf) durch das **zum 1.1.2024 in Kraft tretende MoPeG**[90] – in das Gesellschaftsregister eingetragen, sieht das MoPeG betreffend die Änderungen des **GNotKG** für die Erstanmeldung der GbR eine der **OHG entsprechende Bewertung** vor. Daraus folgt, dass – neben der Ergänzung des § 105 Abs. 2 um die GbR bzw. das Gesellschaftsregister – deren Einfügung in **§ 105 Abs. 3 Nr. 2** erfolgt und somit deren **Wert** bei **Gründung mit zwei Gesellschaftern 45.000 EUR** beträgt sowie für jeden weiteren Gesellschafter zzgl. 15.000 EUR.[91] Für **spätere Anmeldungen** führt die beschlossene Änderung in § 105 Abs. 4 Nr. 3 von „Personenhandels- und Partnerschaftsgesellschaft" in **„rechtsfähige Personengesellschaft"** zu einem **Mindestwert von 30.000 EUR**. Dieselbe Ersetzung in § 108 führt dazu, dass für **Beschlüsse einer eingetragenen GbR ohne bestimmten Geldwert** § 105 **Abs. 4** und 6 entsprechend gilt, für **Beschlüsse mit bestimmtem Geldwert** der Mindestwert des § 105 Abs. 1 S. 2, so dass **§ 108 Abs. 4 dann aufgehoben wird.**

37 **10. Personenhandelsgesellschaften.** Bei **Beurkundung der Gesellschaftsverträge** ist bei **sämtlichen Personenhandelsgesellschaften** grundsätzlich **nach § 97 Abs. 1** der **Wert des Rechtsverhältnisses**, dh **Wert aller Leistungen**, entscheidend, unter Geltung der Mindest- und Höchstwerte des § 107, → Rn. 6 ff.[92] Für **Änderungen der Gesellschaftsverträge**, für die § 107 keine Anwendung findet, ist der Umfang bzw. das Ausmaß der Änderung entscheidend, **§§ 97 Abs. 2, 36 Abs. 1.**[93] Für **Beschlüsse** gilt, ebenso wie bei Kapitalgesellschaften, § 108 (iVm § 105). Ebenso identisch ist die Anwendung des **Grundsatzes der notwendigen Erklärungseinheit** bei der **Erstanmeldung**, so dass Anmeldung der Gründung sowie ua der Vertretungsorgane mit abstrakter und konkreter Vertretungsregelung sowie inländische Geschäftsanschrift nur einen Anmeldegegenstand darstellt bzw. gegenstandsgleich sind, vgl. § 111 Nr. 3 (→ §§ 105–108 Rn. 25).[94] **Anmeldung der Sitzverlegung** (als Satzungsänderung) sowie **Änderung der inländischen Geschäftsanschrift** stellt **– anders als bei Kapitalgesellschaften – nur einen Beurkundungsgegenstand** (Wert: 30.000 EUR) dar.[95]

38 **Wert der ersten Anmeldung einer OHG** richtet sich nach **§ 105 Abs. 3 Nr. 2** und damit nach der Anzahl der Gesellschafter, bei **späteren Anmeldungen** nach **§ 105 Abs. 4 Nr.** 3. **Wert der ersten Anmeldung einer Kommanditgesellschaft** richtet sich nach **§ 105 Abs. 1 S. 1 Nr. 5** (Summe der Kommanditeinlagen zzgl. 30.000 EUR für den ersten und 15.000 für jeden weiteren Komplementär, unberücksichtigt bleibt tatsächliche Haftsumme), wobei dies weit zu verstehen ist,

90 Gesetz zur Modernisierung des Personengesellschaftsrechts (Personengesellschaftsrechtsmodernisierungsgesetz) vom 10.8.2021, BGBl. 2021 I 3436; zur Reform *Wudy*, Notarkostenrecht – Aktuelle Entwicklungen, notar 2020, 213 (214); instruktiv dazu auch *Luy*, Das Gesellschaftsregister und der Statuswechsel in der Reform des Personengesellschaftsrechts, notar 2020, 182–187.

91 S. Bundesministerium der Justiz und für Verbraucherschutz, Mauracher Entwurf, Für ein Gesetz zur Modernisierung des Personengesellschaftsrechts, April 2020, insbes. Art. 17; *Wudy*, Notarkostenrecht – Aktuelle Entwicklungen, notar 2020, 213 (214); instruktiv dazu auch *Luy*, Das Gesellschaftsregister und der Statuswechsel in der Reform des Personengesellschaftsrechts, notar 2020, 182–187.

92 Notarkasse, Streifzug Rn. 1647.

93 Notarkasse, Streifzug Rn. 1671.

94 Vgl. Touissaint/*Uhl* § 105 Rn. 31; Bormann/Diehn/Sommerfeldt/*Bormann* § 105 Rn. 13.

95 LG Düsseldorf BeckRS 2019, 203.

so dass auch die Umwandlung eines Einzelunternehmers in eine KG darunter fällt, nicht hingegen bei „Umwandlung" einer OHG in eine KG, dann § 105 Abs. 1 Nr. 6.[96] **Spätere Anmeldungen** fallen grundsätzlich unter **§ 105 Abs. 4 Nr. 3** (bspw. Änderung Vertretungsbefugnis; Sitzverlegung; Auflösung), mit **Ausnahme der Fälle** der – mit einem Mindestwert von 30.000 EUR – **§ 105 Abs. 1 S. 1 Nr. 6 und 7.** Bei **Nr. 6** (Eintritt bzw. Ausscheiden von Kommanditisten) ist der **Wert der jeweiligen Einlage** entscheidend; bei einem **Kommanditistenwechsel iRd Sonder- oder Gesamtrechtsnachfolge** ist hingegen nur die einfache **Kommanditeinlage** maßgebend (§ 105 Abs. 1 S. 1 Nr. 6 Hs. 2), nach hier vertretener Auffassung als **Fall der notwendigen Erklärungseinheit** (nur eine Tatsache) selbst dann, wenn mehrere Erben als Sonderrechtsnachfolger angemeldet werden.[97] Bei **Nr. 7** (Erhöhung oder Herabsetzung einer Kommanditeinlage) kommt es auf den sog. **Unterschiedsbetrag an.**

11. Vereine. Da **§ 105** nach seinem klaren Wortlaut **auf Vereine keine Anwendung findet**, bestimmt sich der Wert bei **Vereinsregisteranmeldungen** nach der Auffangnorm des **§ 36 Abs. 1,**[98] wobei bei **Idealvereinen** auch teilw. die Anwendung des **Abs. 2** (iVm § 119) als nichtvermögensrechtliche Angelegenheit vertreten wird;[99] aufgrund ausdrücklicher Inbezugnahme von Vereinen unter Geltung eines Höchstwerts von 1 Mio. EUR, vgl. § 106; **ebenso für Beschlüsse von Vereinen** (**§ 97 Abs. 1 iVm § 36 Abs. 1**),[100] jedoch mit dem Höchstwert des § 108 Abs. 5 von 5 Mio. EUR und unter Geltung von § 109 Abs. 2 S. 1 Nr. 4 bei mehreren Beschlüssen. Da regelmäßig genügende Anhaltspunkte fehlen werden, kann je **angemeldeter** Tatsache der Hilfswert angenommen werden (**5.000 EUR,** § 36 Abs. 3), es sei denn, das **Vereinsvermögen** ist **ausnahmsweise bekannt;** in derartigen Fällen schlägt *Diehn* eine **Teilwertbildung** (10–30 % des Vereinsvermögens) vor.[101] Häufiger Fall einer **Vereinsgründung mit Anmeldung des ersten Vorstands** stellt – ähnlich der notwendigen Erklärungseinheit der GmbH – auch hier **nur eine Tatsache** dar.[102] Liegt **keine notwendige Erklärungseinheit** vor (vgl. §§ 109–111, → Rn. 25), ist **jede anzumeldende Tatsache separat** zu **bewerten** (**§ 111 Nr. 3**), jedoch verhält es sich entsprechend zur GmbH (vgl. § 109), so dass bspw. **mehrere Satzungsänderungen ohne bestimmten Geldwert** – ohne Änderungen von Tatsachen iSd 64 BGB (vgl. § 10 GmbHG) – **nur einen Beurkundungsgegenstand** darstellen. 39

Der **Gebührensatz** beträgt für den **vollständigen Entwurf** einer Vereinsregisteranmeldung **0,5** (KV Nr. 24102, 21201 Nr. 5; §§ 119, 92 Abs. 2), bei bloßer **Beglaubigung 0,2** (KV Nr. 25100). 40

Wird ausnahmsweise auch die **Vereinsgründung notariell beurkundet,** ist nach **§ 97 Abs. 1, § 36 Abs. 1 der Wert des Rechtsverhältnisses** zu bestimmen, unter Geltung der Mindest- bzw. Höchstwerte der insoweit anwendbaren Vorschrift 41

96 Touissaint/*Uhl* § 105 Rn. 32.

97 Vgl. Kommentierung zu § 111; sowie *Diehn* Notarkostenberechnungen Rn. 1089; aA LG Bremen 21.5.2019 – 4 T 311/18 und *Volpert* RNotZ 2017, 291 (299).

98 Bormann/Diehn/Sommerfeldt/*Bormann* § 108 Rn. 4; Renner/Otto/Heinze/*Heinze* § 105 Rn. 2; § 108 Rn. 118; *Diehn/Volpert* NotarKostR Rn. 2433.

99 Für Anwendung des § 36 Abs. 2: Notarkasse, Streifzug Rn. 1913.

100 Korintenberg/*Tiedtke* § 108 Rn. 1b, mit Ausn. der unter § 33 HGB fallenden Vereine sowie von Versicherungsvereinen auf Gegenseitigkeit (vgl. § 108 Abs. 1).

101 *Diehn* Notarkostenberechnungen Rn. 1112.

102 *Diehn* Notarkostenberechnungen Rn. 1116.

des § 107 GNotKG.[103] Der Wert des Beschlusses (§§ 97, 36) über die Wahl des ersten Vorstands in derselben Urkunde ist nach §§ 110 Nr. 1, 35 zu addieren.[104]

§ 109 Derselbe Beurkundungsgegenstand

(1) [1]Derselbe Beurkundungsgegenstand liegt vor, wenn Rechtsverhältnisse zueinander in einem Abhängigkeitsverhältnis stehen und das eine Rechtsverhältnis unmittelbar dem Zweck des anderen Rechtsverhältnisses dient. [2]Ein solches Abhängigkeitsverhältnis liegt nur vor, wenn das andere Rechtsverhältnis der Erfüllung, Sicherung oder sonstigen Durchführung des einen Rechtsverhältnisses dient. [3]Dies gilt auch bei der Beurkundung von Erklärungen Dritter und von Erklärungen der Beteiligten zugunsten Dritter. [4]Ein Abhängigkeitsverhältnis liegt insbesondere vor zwischen

1. dem Kaufvertrag und
   a) der Übernahme einer durch ein Grundpfandrecht am Kaufgrundstück gesicherten Darlehensschuld,
   b) der zur Löschung von Grundpfandrechten am Kaufgegenstand erforderlichen Erklärungen sowie
   c) jeder zur Belastung des Kaufgegenstands dem Käufer erteilten Vollmacht;

   die Beurkundung des Zuschlags in der freiwilligen Versteigerung steht dem Kaufvertrag gleich;
2. dem Gesellschaftsvertrag und der Auflassung bezüglich eines einzubringenden Grundstücks;
3. der Bestellung eines dinglichen Rechts und der zur Verschaffung des beabsichtigten Rangs erforderlichen Rangänderungserklärungen; § 45 Absatz 2 gilt entsprechend;
4. der Begründung eines Anspruchs und den Erklärungen zur Schaffung eines Titels gemäß § 794 Absatz 1 Nummer 5 der Zivilprozessordnung.

[5]In diesen Fällen bestimmt sich der Geschäftswert nur nach dem Wert des Rechtsverhältnisses, zu dessen Erfüllung, Sicherung oder sonstiger Durchführung die anderen Rechtsverhältnisse dienen.

(2) [1]Derselbe Beurkundungsgegenstand sind auch

1. der Vorschlag zur Person eines möglichen Betreuers und eine Patientenverfügung;
2. der Widerruf einer Verfügung von Todes wegen, die Aufhebung oder Anfechtung eines Erbvertrags oder der Rücktritt von einem Erbvertrag jeweils mit der Errichtung einer neuen Verfügung von Todes wegen;
3. die zur Bestellung eines Grundpfandrechts erforderlichen Erklärungen und die Schulderklärung bis zur Höhe des Nennbetrags des Grundpfandrechts;
4. bei Beschlüssen von Organen einer Vereinigung oder Stiftung
   a) jeder Beschluss und eine damit im Zusammenhang stehende Änderung des Gesellschaftsvertrags oder der Satzung,
   b) der Beschluss über eine Kapitalerhöhung oder -herabsetzung und die weiteren damit im Zusammenhang stehenden Beschlüsse,
   c) mehrere Änderungen des Gesellschaftsvertrags oder der Satzung, deren Gegenstand keinen bestimmten Geldwert hat,
   d) mehrere Wahlen, sofern nicht Einzelwahlen stattfinden,

103 Renner/Otto/Heinze/*Heinze* § 107 Rn. 2; Korintenberg/*Tiedtke* § 107 Rn. 1a, (aA HK-GNotKG/*Heisel* § 107 Rn. 10 (§ 36 Abs. 2 für Vereine).
104 Ländernotarkasse, Leipziger Kostenspiegel Rn. 21364.

e) mehrere Beschlüsse über die Entlastung von Verwaltungsträgern, sofern nicht Einzelbeschlüsse gefasst werden,
f) Wahlen und Beschlüsse über die Entlastung der Verwaltungsträger, sofern nicht einzeln abgestimmt wird,
g) Beschlüsse von Organen verschiedener Vereinigungen bei Umwandlungsvorgängen, sofern die Beschlüsse denselben Beschlussgegenstand haben.

[2]In diesen Fällen bestimmt sich der Geschäftswert nach dem höchsten in Betracht kommenden Wert.

§ 110 Verschiedene Beurkundungsgegenstände

Abweichend von § 109 Absatz 1 sind verschiedene Beurkundungsgegenstände
1. Beschlüsse von Organen einer Vereinigung oder Stiftung und Erklärungen,
2. ein Veräußerungsvertrag und
   a) Erklärungen zur Finanzierung der Gegenleistung gegenüber Dritten,
   b) Erklärungen zur Bestellung von subjektiv-dinglichen Rechten sowie
   c) ein Verzicht auf Steuerbefreiungen gemäß § 9 Absatz 1 des Umsatzsteuergesetzes sowie
3. Erklärungen gemäß § 109 Absatz 2 Satz 1 Nummer 1 und Vollmachten.

§ 111 Besondere Beurkundungsgegenstände

Als besonderer Beurkundungsgegenstand gelten stets
1. vorbehaltlich der Regelung in § 109 Absatz 2 Nummer 2 eine Verfügung von Todes wegen,
2. ein Ehevertrag im Sinne von § 1408 Absatz 1 des Bürgerlichen Gesetzbuchs,
3. eine Anmeldung zu einem Register und
4. eine Rechtswahl nach dem internationalen Privatrecht.

I. Grundlagen, Systematik und Prüfungsreihenfolge der §§ 109–111

1 In der notariellen Praxis äußerst relevante, sämtliche Rechtsgebiete betreffende, **Vorschriften**, die – auch wenn vom **Zitiergebot** des **§ 19 Abs. 3 Nr. 2** ausgenommen – **entscheidenden Einfluss auf die entstehenden Notarkosten** haben. Vorschriften sind im **Zusammenhang** mit **§§ 35, 85, 86, 94, 97** zu betrachten, wobei § 109 die Fälle von **Gegenstandsgleichheit** und **§§ 110, 111** diejenigen der – **relativen** (§ 110) und **absoluten** (§ 111) – **Gegenstandsverschiedenheit** regeln und nur bezogen auf **Regelungen in derselben Urkunde gelten**, dh Gegenstände desselben Verfahrens. Geltung für Beurkundungs-, nicht hingegen grds. für sonstige notarielle Verfahren bzw. Geschäfte und nicht bei getrennter Beurkundung.[1] Jedoch besteht (entsprechende) **Anwendbarkeit bei Beratungen** (KV Nr. 24200 ff.) und **Entwürfen** (KV Nr. 24100 ff.) sowie bei **Vollzugs-** (§ 112) und **Betreuungstätigkeiten** (§ 113);[2] ebenso bei **Unterschriftsbeglaubigungen** (§ 119). Dem Anliegen dieses Werkes ist das Ziel nachstehender Ausführungen vordergründig eine die **Grundprinzipien und das System vermittelnde Darstellung dieser anspruchsvollen Vorschriften**, anstelle einer erschöpfenden Aufzählung der dazu ergangenen umfassenden Kasuistik; häufige Anwendungsfälle sind zudem in den GNotKG-Wertvorschriften der jeweiligen Rechtsgebiete kommentiert.

2 Im Grundsatz geht der Gesetzgeber nach § 86 Abs. 2 als Grundregel bei **mehreren Rechtsverhältnissen** von **verschiedenen Beurkundungsgegenständen** aus – mit der Folge der Wertaddition (§ 35 Abs. 2) bei gleichen Gebührensätzen sowie einer Vergleichsberechnung (§ 94 Abs. 1) bei verschiedenen Gebührensätzen.[3] § 109 stellt insoweit eine – **eng auszulegende** – und **restriktiv anzuwendende Ausnahmevorschrift** dar,[4] wobei dessen Anwendungsbereich überhaupt erst beim Vorliegen **mindestens zweier selbstständiger Rechtsverhältnisse** eröffnet ist und damit ua **nicht** bei einer **sog. notwendigen Erklärungseinheit** (→ Rn. 25), **ebenso wenig** bei einem **Austauschvertrag** nach § 97 Abs. 3 oder **üblichen schuldrechtlichen Vertragspflichten**[5] bzw. **unselbständigen Willenserklärungen, zweifelhaft auch bei bloßen Vertragsbedingungen bzw. -inhalten** wie bspw. Grundschuldbestellung mit Einverständnis und Umwandlungsvollmacht von Buch- in Briefgrundschuld,[6] aber auch bei Mitarbeiter- bzw. Reparaturvollmachten;[7] *str.*, aber nach hier vertretener Auffassung zwei Rechtsverhältnisse sind hingegen Zahlungsanweisung an Käufer durch Nennung verschiedener Miterbenkonten auf Veräußererseite (→ Rn. 16). § 109 ist für das notarielle Kostenrecht und dessen Verhältnismäßigkeit eine zentrale Vorschrift, da die meisten Urkunden mehrere – ansonsten zu addierende – Rechtsverhältnisse enthalten.[8]

3 Anschließend ist das **„Vorziehen“ der Prüfung** der – **ebenso eng auszulegenden** – Gegenausnahmen von § 109, mithin von **§ 110** (relative Gegenstandsverschiedenheit) bzw. **§ 111** (absolute Gegenstandsverschiedenheit) als **lex specialis** zu

1 Korintenberg/*Diehn* § 109 Rn. 12; Rohs/Wedewer/*Wudy* § 109 Rn. 13.
2 Bormann/Diehn/Sommerfeldt/*Bormann* § 109 Rn. 6, 7.
3 Vgl. Krauß Immobilienkaufverträge Rn. 5080.
4 *Wudy* NotBZ 2013, 216; *Strauß*, Anm. zu OLG Düsseldorf Beschl. v. 27.4.2017 – MittBayNot 2018, 190; BeckOK KostR/*Bachmayer* § 109 Rn. 9, für eine restriktive Anwendung *Fackelmann* ZNotP 2017, 309 (311).
5 Bormann/Diehn/Sommerfeldt/*Bormann* § 109 Rn. 38; s. auch die Kommentierungen zu § 86 Abs. 2.
6 Vgl. dazu auch Brandenburgisches OLG 29.5.2018 – 7 W 12/18.
7 BeckOK KostR/*Bachmayer* § 98 Rn. 46a und § 110 Rn. 14b.
8 BeckOK KostR/*Bachmayer* § 109 Rn. 4.

empfehlen; erst wenn die Anwendungsbereiche beider Vorschriften nicht vorliegen, ist schließlich § 109 zu prüfen.[9] Auch hier sollte zunächst der abschließende Abs. 2 vor den Regelbeispielen („insbesondere") des Abs. 1 S. 4 und erst in einem letzten Schritt die allgemeine Regel des Abs. 1 S. 1–3 geprüft werden. Im Zweifel ist von Gegenstandsverschiedenheit auszugehen.[10] Geschäftswert ist bei Abs. 1 stets der Wert des Hauptgeschäfts (S. 5), in den Fällen des Abs. 2 der höchste Wert (S. 2); der Gebührensatz bestimmt sich in sämtlichen Fällen des § 109 nach § 94 Abs. 2.

§ 111 regelt dabei Beurkundungsgegenstände, die stets – unabhängig von etwaigen Abhängigkeitsverhältnissen iSd § 109 – eigene Beurkundungsgegenstände bilden. § 110 hingegen normiert eine sog. relative Gegenstandsverschiedenheit als Ausnahme von § 109, mit der Folge der Gegenstandsverschiedenheit nur im Verhältnis zu den genannten Rechtsverhältnissen, so dass bspw. mehrere Beschlüsse untereinander auch gegenstandsgleich sein können (vgl. § 109 Abs. 2 Nr. 4).[11] 4

II. Grundgedanke des § 109

Stehen verschiedene Erklärungen der Vertragsbeteiligten, aber auch von Dritten, in einem unmittelbaren Abhängigkeitsverhältnis zueinander, dh dienen sie ausschließlich – und nicht lediglich „auch" – der Erfüllung, Sicherung oder sonstigen Durchführung des Rechtsverhältnisses, liegt Gegenstandsgleichheit iSd § 109 vor.[12] Nicht ausreichend ist – neben Teilidentität – sog. bloße mittelbare Abhängigkeit, bspw. der eine Vertrag ist Voraussetzung oder Bedingung für den anderen bzw. wäre nicht ohne diesen geschlossen worden;[13] nicht als Indizien heranzuziehen sind ebenso bspw. eine etwaige Beteiligtenidentität (anders als bei § 93 Abs. 2 S. 2), eine wirtschaftliche Betrachtung[14] bzw. ein rechtlicher oder wirtschaftlicher „innerer" Zusammenhang oder gar die Zusammenbeurkundung in einer Niederschrift. Konsequent sind daher bspw. eine mittelbare Grundstücksschenkung durch Zuwendung des Kaufpreises durch einen Dritten und der Kaufvertrag verschiedene Beurkundungsgegenstände iSd § 86 Abs. 2.[15] Dass der Erwerb des Grundstücks durch den Käufer ohne die Schenkung nicht erfolgt wäre und insoweit von dieser „abhängt" iSe „inneren Zusammenhangs", reicht für das von § 109 geforderte Abhängigkeitsverhältnis gerade nicht aus;[16] anders – mit der Folge der Gegenstandsgleichheit – bspw. regelmäßig in den Fällen einer Bürgschaftserklärung oder einem Schuldbeitritt des Dritten als Sicherungsgeschäfte.[17] 5

9 BeckOK KostR/*Bachmayer* § 110 Rn. 4a empfiehlt insoweit den spezielleren § 111 vor § 110 zu prüfen.
10 WürzNotar-HdB/*Tiedtke/Sikora* Rn. 4469.
11 Bormann/Diehn/Sommerfeldt/*Bormann* § 110 Rn. 2; § 110 führt (bis auf Nr. 3) regelmäßig zur Anwendung des § 94 Abs. 1.
12 OLG Düsseldorf 27.4.2018 – MittBayNot 2018, 190; *Wudy* NotBZ 2013, 216.
13 OLG Köln 9.8.2017 – 2 Wx 187/17, FGPrax 2017, 237; LG München II 11.9.2017 – 8 T 5246/16; LG München II 21.10.2016 – 8 T 3372/16.
14 Zu Letzterem OLG Köln 9.8.2017 – 2 Wx 187/17, FGPrax 2017, 237.
15 OLG Düsseldorf 27.4.2017, MittBayNot 2018, 190, mit Anmerkung *Strauß*; *Wudy* notar 2019, 247 (253); aA OLG Naumburg 27.8.2018 – 2 Wx 27/18.
16 *Fackelmann* ZNotP 2017, 309.
17 Bormann/Diehn/Sommerfeldt/*Bormann* § 110 Rn. 9; *Krauß* Immobilienkaufverträge Rn. 5075; differenzierend Renner/Otto/Heinze/Otto § 109 Rn. 22a.

III. Rechtsgebietsspezifische Darstellung der §§ 109–111

6 Folgende Darstellung veranschaulicht – nach Rechtsgebieten gegliedert – regelmäßig in der notariellen Praxis vorkommende Fälle; siehe zudem bei den jeweiligen Kommentierungen der entsprechenden GNotKG-Vorschriften der verschiedenen Rechtsbereiche.

7 **1. Immobilienrecht.** a) **Gegenstandsgleichheit.** Der **Kaufvertrag** – über Wortlaut hinaus, nach Prüfung des § 109 Abs. 1 S. 1–3, auch anerkannt u.a. für Überlassung und Tausch[18] – **ist aufgrund gesetzlicher Regelung gegenstandsgleich zu Zustimmung** (§ 27 GBO) **und Antrag des Verkäufers zur Löschung der Grundpfandrechte am Kaufobjekt** (§ 109 Abs. 1 S. 4 **Nr. 1 lit. b**), selbst wenn Nennbetrag höher ist als der Kaufpreis (§ 109 Abs. 1 S. 5), ebenso bei **Löschungsbewilligung für Eigentümergrundschuld** des Verkäufers wie auch von **Drittgläubigern**[19] (gegenstandsverschieden jedoch, falls Erklärungen auch (**Gesamt-)Grundpfandrechte** betreffen, **die nicht nur am Kaufobjekt lasten**);[20] gegenstandsgleich zu jeglicher **Vollstreckungsunterwerfung** des in derselben Urkunde begründeten Anspruchs, zB Zahlung des Kaufpreises (§ 109 Abs. 1 S. 4 Nr. 4); zu **Finanzierungs- bzw. Belastungsvollmacht**, auch wenn diese den Kaufpreis übersteigt (§ 109 Abs. 1 S. 4 **Nr. 1 lit. c**),[21] auch zwischen den Käufern untereinander (§ 109 Abs. 1 S. 2); zu **dinglicher Übernahme** eines valutierten **Grundpfandrechts mit Forderung** (§ 109 Abs. 1 S. 4 **Nr. 1 lit. a**), bei Schuldanerkenntnis bzw. weiteren Finanzierungserklärungen gegenüber Dritten hingegen nach § 110 Nr. 2 lit. a **gegenstandsverschieden.**

8 Die (Finanzierungs-)**Grundschuldbestellung** betreffend besteht Gegenstandsgleichheit nach § **109 Abs. 2 Nr. 3** insbes. mit einem **Schuldanerkenntnis** sowie nach § 109 **Abs. 1 S. 4 Nr. 3** mit **Rangänderungserklärungen** zur Verschaffung des gewünschten Rangs (bspw. Rangrücktritt einer eingetragenen Vormerkung, eines Wohnungsrechts, aber auch einer anderen Grundschuld), **nicht aber zu Löschungserklärungen;**[22] gegenstandsgleich auch nach § **109 Abs. 1 S. 4 Nr. 4** zur **dinglichen und persönlichen Zwangsvollstreckungsunterwerfung** sowie zur **Sicherungszweckerklärung** (§ 109 Abs. 1 S. 1–3); ebenso zum entspr. zu sichernden **Darlehensvertrag.**[23]

9 **Auch ohne ausdrückliche gesetzliche Regelung** ist der (Grundstücks-)**Kaufvertrag** nach § **109 Abs. 1 S. 1–3 regelmäßig gegenstandsgleich** zu bspw. **Kaufpreisstundung; Vormerkung; Auflassung** wie auch **Vollmacht zur Erklärung der Auflassung; Ehegattenzustimmungen** nach § 1365 BGB, **Verwalterzustimmung** (§ 12 WEG) oder auch **Eigentümerzustimmung zum Verkauf eines Erbbaurechts** in derselben Urkunde (§ 109 Abs. 1 S. 3);[24] **Erwerbererklärungen zur Löschung der Vormerkung;** ebenso grds. zu – nicht unter § 109 Abs. 1 S. 4 Nr. 1 lit. b fallenden – **Lastenfreistellungserklärungen des Verkäufers und auch Dritter zu Belastungen in Abs. 2,** zB (Verzichte auf bzw. Löschungsbewilligungen für) Wohnungsrechte, wenn diese unmittelbar dem Zweck des Hauptgeschäfts

18 BeckOK KostR/*Bachmayer* § 109 Rn. 38 ff.
19 *Diehn* Notarkostenberechnungen Rn. 259, 286; Korintenberg/*Diehn* § 109 Rn. 46 ff.; aA Renner/Otto/Heinze/*Otto* § 109 Rn. 26 und BeckOK KostR/*Bachmayer* § 109 Rn. 33.
20 *Krauß* Immobilienkaufverträge Rn. 5075.
21 Bormann/Diehn/Sommerfeldt/*Bormann* § 109 Rn. 19; BeckOK KostR/*Bachmayer* § 109 Rn. 47.
22 Korintenberg/*Diehn* § 109 Rn. 62; RegE BT-Drs. 17/11471, 187.
23 Bormann/Diehn/Sommerfeldt/*Bormann*, § 109 Rn. 37.
24 Renner/Otto/Heinze/*Otto* § 109 Rn. 22; Bormann/Diehn/Sommerfeldt/*Bormann* § 109 Rn. 38; mit weiteren Bsp. HK-GNotKG/*Macht* § 109 Rn. 18, 20, 30.

dienen[25] (gegenstandsverschieden jedoch, wenn Berechtigter eigene Verpflichtung außerhalb des Kaufvertrags erfüllt);[26] Käufer übernimmt im Kaufvertrag Grundpfandrechte ausschließlich in dinglicher Hinsicht,[27] ebenso Übernahme von anderen dinglichen Belastungen des Kaufobjekts, bspw. Wohnungsrechten, aber auch nach § 566 BGB Mietverträge; und ebenso über § 566 BGB hinausgehende Übernahme von Mietvertragspflichten;[28] ebenso gegenstandsgleich: Antrag und Bewilligung von im Kaufvertrag – auch zugunsten Dritter – mitbestellten subjektiv-persönlichen Rechten, wie Wohnungsrecht und Nießbrauch – dienen grds. der Erfüllung – (abzugrenzen von unter § 110 Nr. 2 lit. b fallende, gegenstandsverschiedene, subjektiv-dingliche Rechte),[29] wobei Wert des Rechts nach § 47 S. 2 zu addieren ist; der Durchführung dienende Durchführungs-/Reparaturvollmacht (§ 110 Nr. 3 steht nicht entgegen);[30] Vereinigungs- sowie Zuschreibungsanträge; Grundbuchberichtigungsantrag des Veräußerers die Erbfolge betreffend – als Durchführungserklärung – im Kaufvertrag bzgl. des Kaufgegenstands;[31] anders – dh gegenstandsverschieden – in Grundschuldbestellungsurkunde und bzgl. Grundbuchberichtigung an weiterem Grundbesitz;[32] gegenstandsgleich auch Aufhebung Kaufvertrag und Löschungserklärungen zur Vormerkung; grds. auch Zahlungen, die der Käufer in Anrechnung auf den Kaufpreis übernimmt, bspw. Hausgeldzahlungen.[33]

b) **Gegenstandsverschiedenheit.** Insbes. aufgrund der ausdrücklichen Regelung zur relativen Gegenstandsverschiedenheit in Veräußerungsverträgen (§ 110 Nr. 2 lit. a–c) – neben Kauf damit u.a. auch Schenkung, Tausch, Überlassung, Auseinandersetzung – der Verwalterbestellungsbeschluss (§ 110 Nr. 1 lit. a), Kauf- bzw. Veräußerungsvertrag und Grundschuldübernahme mit persönlicher Haftung (Schuldanerkenntnis), dh Finanzierungserklärungen gegenüber Dritten (§ 110 Nr. 2 lit. a), unabhängig von Zwangsvollstreckungsunterwerfung, abzugrenzen von § 109 Abs. 1 S. 4 Nr. 1 lit. a: bloße Übernahme der Darlehensschuld gegenüber Verkäufer und von Finanzierungserklärungen durch Dritte, bspw. Schuldbeitritt, die für jeden Einzelfall nach § 109 Abs. 1 S. 1–3 zu beurteilen sind und nicht, etwa im Sinne eines a maiore ad minus, unter den – eng auszulegenden – § 110 Nr. 2 lit. a fallen;[34] die Erklärungen (dh Eintragungsbewilligung und Antrag) im Kaufvertrag betreffend bspw. mitbestellter Vorkaufsrechte (zugunsten des jeweiligen Eigentümers eines anderen Grundstücks) nach § 1094 Abs. 2 BGB und Grunddienstbarkeiten (§ 110 Nr. 2 lit. b), abzugrenzen von subjektiv-persönlichen Grundstücksrechten; ebenso sämtlich gegenstandsverschieden zueinander: Kauf des Erbbaugrundstücks durch Erbbauberechtigten, Löschung des Erbbaurechts sowie Vorkaufsrecht am Erbbaugrundstück und Nachverpfändung der am Erbbaurecht lastenden Grundschuld;[35] zudem: 10

25 BeckOK KostR/*Bachmayer* § 109 Rn. 44.
26 Renner/Otto/Heinze/*Otto* § 109 Rn. 26.
27 *Krauß* Immobilienkaufverträge Rn. 5097.
28 Toussaint/*Uhl* KostR § 109 Rn. 12.
29 Renner/Otto/Heinze/*Otto* § 109 Rn. 39.
30 Vgl. ausführlich *Sikora/Strauß* DNotZ 2019, 2019 (596), 611; mE wohl schon kein eigenes Rechtsverhältnis, vgl. BeckOK KostR/*Bachmayer* § 98 Rn. 46a.
31 *Diehn* Notarkostenberechnungen Rn. 334; Notarkasse, Streifzug, Rn. 2104, 2450; aA LG Magdeburg Beschl. v. 11.11.2016 – 10 OH 38/16; BeckOK KostR/*Bachmayer* § 109 Rn. 58a; Ländernotarkasse, Leipziger Kostenspiegel Rn. 2.566.
32 Notarkasse, Streifzug Rn. 2104, 2450.
33 Bormann/Diehn/Sommerfeldt/*Bormann* § 109 Rn. 38.
34 BeckOK KostR/*Bachmayer* § 110 Rn. 21; aA aber Korintenberg/*Diehn* § 109 Rn. 299, § 110 Rn. 26.
35 LG Neubrandenburg 1.9.2020 – 2 OH 23/19; *Wudy* notar 2021, 235 (242).

Erbbaurechtsbestellung und Einräumung Vorkaufsrecht am Erbbaurecht zugunsten des Eigentümers am Erbbaugrundstück;[36] gegenstandsgleich hingegen Erbbaurechtsbestellung und enthaltene vorweggenommene Zustimmung zur Belastung des Erbbaurechts durch den Erbbauberechtigten.[37] Unbedingte als auch bedingte Einigung zur, wie auch nur vorsorgliche, Option zur Umsatzsteuer (§ 9 Abs. 1 UStG) im Kaufvertrag (§ 110 Nr. 2 lit. c, Umsatzsteuer (1,0 Gebührensatz) ist zum Kaufpreis zu addieren (§ 35), mit der Folge des § 94 Abs. 1).[38]

11 Daneben sind in Grundstückskaufverträgen insbesondere Regelungen gegenstandsverschieden und damit separat (nach §§ 36 ff.) zu bewerten, die über den „normalen" Kaufvertrag durch ein „Mehr" an besonderen Vereinbarungen hinausgehen. Ein unmittelbares Abhängigkeitsverhältnis iSe Erfüllung, Sicherung oder sonstigen Durchführung liegt daher u.a. nicht vor zu über den Kaufvertrag hinausgehenden Vereinbarungen zwischen mehreren Veräußerern, aber auch mehreren Erwerbern wie bspw. Mitbeurkundung des Gesellschaftsvertrags bei Erwerb in GbR (abzugrenzen von den Fällen des § 109 Abs. 1 S. 4 Nr. 2, → Rn. 22), Benutzungs- und Verwaltungsregelungen (Gemeinschaftsregelungen), Ausschluss der Aufhebung (§ 1010 BGB), gegenseitigen Vorkaufsrechten, Verpflichtung zur Aufteilung nach WEG sowie güterrechtlichen Vereinbarungen;[39] aber auch bei Schenkungsvereinbarungen mit Dritten;[40] Aufhebung und Neuabschluss eines Kaufvertrags in derselben Urkunde,[41] aber auch sog. alternative Käufer als aufschiebend bedingter weiterer Verkauf;[42] mitbeurkundeter Mietvertrag oder Überlassung gegen Nutzungsentschädigung, wonach Verkäufer Objekt weiter nutzen darf (§ 47 S. 2) sowie ähnliche vor- und nachgelagerte Rechtsverhältnisse (abzugrenzen von gegenstandsgleicher vorzeitiger Nutzungsüberlassung zu Renovierungszwecken als bloße Vertragsbedingung);[43] gegenstandsverschieden: Aufhebung von WEG und anschließende Auseinandersetzung der Miteigentümer im Wege der Realteilung;[44] Kaufvertrag mit Antrag auf Zuschreibung oder Vereinigung (890 BGB) mit weiterem Grundbesitz des Käufers.[45]

12 c) Sonderfälle. aa) Maklerklausel. Im Gegensatz zur gegenstandsgleichen, sog. deklaratorischen Maklerklausel (unbewertete Nebenerklärung zum Kaufvertrag), ist eine als Vertrag zugunsten Dritter ausgestaltete konstitutive Klausel, die dem Makler einen eigenen Anspruch gegen den Erwerber sichert, gegenstandsverschieden und stellt einen eigenen – zu addierenden – Beurkundungsgegenstand nach § 86 Abs. 2 dar.[46] Diese löst als Vertrag zugunsten des Maklers grds. eine 2,0 Gebühr aus, wobei sich deren Geschäftswert nach § 97 richtet.[47] Anerkennt der Käufer hingegen, dem Makler eine bestimmte Provision zu schulden, ist aufgrund unterschiedlicher Gebührensätze (Kaufvertrag: 2,0;

36 OLG München 2.12.2020, MDR 2021, 228.
37 LG Leipzig 15.6.2020 – 02 OH 14/19.
38 Vgl. u.a. LG Leipzig 6.11.2020, NotBZ 2021, 118.
39 *Krauß* Immobilienkaufverträge Rn. 5081 ff.
40 *Krauß* Immobilienkaufverträge Rn. 5088 ff.
41 OLG Köln 9.8.2017 – 2 Wx 187/17, NJOZ 2018, 1506.
42 *Krauß* Immobilienkaufverträge Rn. 5091.
43 *Diehn* Notarkostenberechnungen Rn. 335 ff.
44 LG München II 21.10.2016 – 8 T 3372/16; *Sikora/Tiedtke* DNotZ 2018, 576 (580).
45 *Krauß* Immobilienkaufverträge Rn. 5092.
46 Renner/Otto/Heinze/*Otto* § 109 Rn. 49b.
47 Ländernotarkasse, Leipziger Kostenspiegel Rn. 2.1432; *Wudy* notar 2015, 240 (244).

Maklerklausel als abstraktes Schuldanerkenntnis: 1,0) ein Gebührenvergleich gem. § 94 Abs. 1 vorzunehmen,[48] wobei von sämtlichen **konstitutiven Klauseln**, v.a. im **Hinblick auf § 17 BeurkG, § 14 Abs. 1 S. 2, Abs. 3 BNotO** sowie **§ 21** grundsätzlich **Abstand genommen werden sollte** und diese nur in **sehr seltenen Ausnahmefällen**, bei Vorliegen eines **sachlichen Grundes**, zB konkret drohender Vorkaufsrechtsausübung, interessengerecht sein können.[49] Erwirbt der Makler **keinen eigenen Anspruch** (sog. Abwälzungsfälle als Erfüllungsübernahme: Käufer verpflichtet sich, die (Hälfte der) Maklerkosten zu übernehmen), handelt es sich um eine **zusätzliche Leistung des Käufers** neben dem Kaufpreis, die sich nach **§ 47 S. 2** nach dem (Brutto-)Betrag der Provision richtet und dem Kaufpreis hinzuzuaddieren ist.[50]

bb) Vorkaufsrechte, An- und Wiederkaufsrechte, Rückerwerbsrechte. Gegenstandsgleich (auch eine entspr. Vormerkung), wenn Bestellung einer dieser Rechte (Ausnahme: § 110 Nr. 2 lit. b) der **Absicherung anderer vertraglicher Verpflichtungen des Käufers** (zB Bauverpflichtung oder Weiterveräußerungsverbot) dient,[51] die selbst **bereits** nach **§ 47 S. 2** zum Kaufpreis – als gegenstandsverschieden – **hinzuzuaddieren** sind, da dann ohne eigenen (wirtschaftlichen) Wert für den Verkäufer; **sonst – als weitere Leistung**, die den Wert des Kaufvertrags erhöht – grds. **gegenstandsverschieden**, bspw. wenn **Käufer dem Verkäufer Vorkaufsrecht** (§ 51 Abs. 1 S. 2) **am Vertragsgegenstand** oder an auf dem Vertragsgegenstand zu errichtenden Eigentumswohnungen **einräumt**;[52] **dh subjektiv-persönliches Vorkaufsrecht** nach § 1094 Abs. 1 BGB ist mangels Abhängigkeitsverhältnisses gem. § 109 Abs. 1 S. 3 **grds. gegenstandsverschieden** (gegenstandsgleich – Erfüllung iSd § 109 – sind dann jedoch grds. die entspr. Grundbucherklärungen), wobei Voraussetzungen des § 109 **in jedem Einzelfall genau zu prüfen** sind und die Frage des Abhängigkeitsverhältnisses **teilweise umstritten** ist;[53] **ebenso gegenstandsverschieden: subjektiv-dingliches Vorkaufsrecht**, wobei **Erklärungen (dh Antrag und Bewilligung)** betreffend **subj.-dingl. Vorkaufsrecht** für jeweiligen Eigentümer nach § 1094 Abs. 2 BGB nach **§ 110 Nr. 2 lit. b** stets **gegenstandsverschieden** sind (selbst wenn das Recht bereits (nach § 47 S. 2) bewertet wurde);[54] aber auch dem **Käufer eingeräumtes Vorkaufsrecht am Restgrundstück** im Rahmen eines Teilflächenkaufs ist zu diesem **gegenstandsverschieden**;[55] ebenso **gegenstandsverschieden**, wenn sich mehrere 13

48 *Wudy* NotBZ 2013, 201 (219).

49 Ebenso kritisch zu derartigen Klauseln auch *Lorenzmeier*, Die fragwürdige konstitutive Maklerklausel im notariellen Kaufvertrag DNotZ 2019, 648 ff.; BGH 24.11.2014 – DNotZ 2015, 461, mAnm *Rachlitz* NJW 2015, 1883; differenzierend *Wälzhölz*, Zulässigkeit und Ausgestaltung von Maklerklauseln in der notariellen Praxis MittBayNot 2000, 357 ff.; allgemein auch Rundschreiben der BNotK Nr. 5/2015 vom 2.6.2015, Amtspflichten des Notars bei der Beurkundung von Maklerklauseln und Rundschreiben Nr. 5/2020 vom 4.12.2020 sowie Beiblatt, besonders zu den Auswirkungen der Neuregelungen der §§ 656 a ff. BGB auf Maklerklauseln; zu Amtspflichten bei Maklerklauseln BGH 24.11.2014 – DNotZ 2015, 461.

50 Ländernotarkasse, Leipziger Kostenspiegel Rn. 2.1412 ff.

51 OLG Hamm 25.9.2015 – 15 W 74/15, ZNotP 2015, 397, mit (im Ergebnis zustimmender) Anm. *Fackelmann*; *Diehn* Notarkostenberechnungen Rn. 30.

52 *Krauß* Immobilienkaufverträge, Rn. 5088; LG Magdeburg 6.12.2016 – 10 OH 12/16, BeckRS 2016, 117964; Bormann/Diehn/Sommerfeldt/*Diehn* § 47 Rn. 23.

53 BayOblG MittBayNot 1966, 103 und Korintenberg/*Diehn* Rn. 229 gehen bei Vorkaufsrecht für Verkäufer in Kaufvertrag von Gegenstandsgleichheit aus, wenn dieses Vertragsbedingung ist.

54 Bormann/Diehn/Sommerfeldt/*Diehn* § 47 Rn. 31.

55 Bormann/Diehn/Sommerfeldt/*Bormann* § 110 Rn. 30.

Käufer untereinander wechselseitige Vorkaufsrechte (§ 51 Abs. 1 S. 2), bspw. auch als WEG-Eigentümer, einräumen, wobei Gegenseitigkeit zu keiner Wertsteigerung führt (Austauschvertrag nach § 97 Abs. 3);[56] dh bei zwei Erwerbern ist nur ein (das höhere) Vorkaufsrecht zu bewerten, bei drei oder mehr Erwerbern bleibt das Vorkaufsrecht mit dem geringsten Wert unberücksichtigt;[57] ebenso gegenstandsverschieden, wenn Eigentümer iRe Grundschuldbestellung dem Grundschuldgläubiger ein Vorkaufsrecht einräumt, da dies kein Sicherungsgeschäft zur Grundschuld, sondern zum Darlehen darstellt.[58]

14 Gegenstandsgleich ist Vorkaufsrecht (für Erbbauberechtigten) an mit Erbbaurecht belastetem Grundstück zur Erbbaurechtsbestellung (§ 2 Nr. 7 ErbbauRG), anders – und damit gegenstandsverschieden – jedoch sowohl bei Vorkaufsrecht an anderem Grundstück,[59] als auch bei Vorkaufsrecht am Erbbaurecht zugunsten des jeweiligen Grundstückseigentümers.[60] Wiederum gegenstandsgleich ist hingegen, neben der Zustimmung des Eigentümers zum Verkauf des Erbbaurechts, der in derselben Urkunde erklärte Verzicht des Eigentümers auf ein Vorkaufsrecht.[61]

15 Ebenso gegenstandsgleich (zum Kaufvertrag) sind Ausübungsverzichte von sämtlichen dinglichen als auch schuldrechtlichen Vorkaufsrechtsberechtigten,[62] bspw. Verzicht auf Vorkaufsrecht eines Mitgesellschafters in Geschäftsanteilsübertragungsvertrag (Durchführungserklärung);[63]ebenso Vorkaufsrecht in Erbauseinandersetzung an übernommenem Vertragsgrundstück für abgefundenen Miterben.[64] Die Ausübung des Vorkaufsrechts ist gegenstandsgleich mit der gleichzeitigen Beurkundung der Auflassung an den Vorkaufsberechtigten, wobei Änderungen bzw. Ergänzungen des Kaufvertrags hingegen zur Auflassung gegenstandverschieden sind.[65]

16 cc) Kaufvertrag und Teilerbauseinandersetzung. *Umstritten,* ob bei Kaufvertrag und Angabe verschiedener Konten der jeweiligen Miterben auf Veräußererseite zwei (gegenstandsverschiedene) Beurkundungsgegenstände vorliegen. Nach hier vertretener Auffassung stellt schon Zahlungsanweisung als Teil des Kaufvertrags – auch ohne weitergehende konkrete Regelungen – eine konkludente, hinreichend bestimmte – (Teil-)Erbauseinandersetzung dar, die ein zweites Rechtsverhältnis begründet[66] dieses (ungewollte) Ergebnis ist durch die entstehenden hohen Mehrkosten (doppelter Geschäftswert) freilich unglücklich, kostenrechtlich jedoch wohl zwingend, da eine Gegenstandsgleichheit nach dem – eng auszulegendem – § 109 mangels Abhängigkeitsverhältnisses nicht in Betracht kommt, da es gerade nicht ausreicht, dass das Nebengeschäft ohne das Haupt-

56 *Krauß* Immobilienkaufverträge Rn. 5081.
57 Notarkasse, Streifzug Rn. 3482.
58 Bormann/Diehn/Sommerfeldt/*Bormann* § 110 Rn. 29; Korintenberg/*Diehn* § 109 Rn. 166.
59 Bormann/Diehn/Sommerfeldt/*Bormann* § 110 Rn. 25.
60 Renner/Otto/Heinze/*Otto* § 110 Rn. 9.
61 Korintenberg/*Diehn* § 109 Rn. 140; OLG Celle DNotZ 1963, 354.
62 Bormann/Diehn/Sommerfeldt/*Bormann* § 109 Rn. 38; BeckOK KostR/*Bachmayer* § 109 Rn. 58.
63 Korintenberg/*Diehn* § 109 Rn. 151.
64 Toussaint/*Uhl* KostR § 109 Rn. 37; Korintenberg/*Diehn* § 109 Rn. 129.
65 Bormann/Diehn/Sommerfeldt/*Bormann* § 109 Rn. 38.
66 So auch LG Mönchengladbach Beschl. v. 30.11.2016 – 5 T 184/16, RNotZ 2017, 331 mzustAnm *Gehse*, der zu Recht anmerkt, dass sich dieselbe Problematik auch bei anderen Gesamthandsgemeinschaften stellt, bspw. GbR oder Gütergemeinschaft; BeckOK KostR/*Bachmayer* § 109 Rn. 58a; aA: *Wudy* notar 2019, 247 (253); LG Bremen 30.1.2019 – 4 T 238/18, NJOZ 2020, 524 (für zerstrittene Erbengemeinschaft).

geschäft nicht durchgeführt worden wäre.[67] **Argumente, ein zweites Rechtsverhältnis dadurch zu verneinen**, dass Angabe verschiedener Konten „bloßer", nicht separat zu bewertender Teil des Kaufvertrags (Vertragsbedingung) ist, der Umfang der Regelungen bzw. die Abrede zur Erlösverteilung die „Schwelle" zur Erbauseinandersetzung nicht nimmt (bloße Abkürzung des Zahlungsweges), bzw. erst eine ausdrückliche Klarstellung in der Urkunde oder Regelungen zu deren Wirkung auch zur Auseinandersetzung führt, sind zu honorieren, können hingegen nicht überzeugen, da **durch Angabe der verschiedenen Konten der Erlös der gesamthänderischen Erbengemeinschaft (vgl. § 2041 BGB) entzogen wird.**[68]

Im Hinblick auf **umstrittene Rechtslage und notarieller Pflicht zu klarer und rechtssicherer Urkundengestaltung sind eindeutige, detaillierte Regelungen und ausdrücklicher Hinweis auf Kostenfolge** zu empfehlen; ist **kostenerhöhende Auseinandersetzung in Urkunde nicht gewünscht**, kann bspw. **(Wieder-)Eröffnung eines gemeinschaftlichen Kontos** der Miterben/Erbengemeinschaft bzw. **Angabe des Kontos nur eines Miterben** sowie (zusätzlich) eine bloße **Regelung zur anschließenden Kaufpreisverteilung unter den Miterben** in der Urkunde aufgenommen werden (in **Abgrenzung zur werterhöhenden Anweisung an den Käufer, den Kaufpreis quotal auf jeweilige Konten der Miterben zu überweisen**).[69] Besteht nur einer der Miterben auf Zahlung seines Anteils auf sein Konto, führt Angabe dieses (weiteren) Kontos zwar ebenso zu Kostenerhöhung, verdoppelt den Wert hingegen nicht, da teilweise Auseinandersetzung nur in Höhe dieses anteiligen Betrags erfolgt;[70] lässt sich Auseinandersetzung in Urkunde nicht vermeiden, sollte Kostenregelung die **Kostentragung der Auseinandersetzung** (vorzugswürdig prozentual) **durch den Verkäufer** vorsehen.[71] 17

dd) **Wohnungs-/Teileigentum. Teilungserklärung** (§§ 3 und 8 WEG) **gegenstandsgleich zur Gemeinschaftsordnung als Inhalt des Sondereigentums**, nach neuerer Rechtsprechung wohl aber **gegenstandsverschieden zur Baubeschreibung;**[72] zwar betrifft die Baubeschreibung die Aufteilung bzw. steht in einem Abhängigkeitsverhältnis zu ihr, sie dient hingegen weder der Erfüllung, Sicherung noch sonstigen Durchführung der Aufteilung, weshalb ein Abhängigkeitsverhältnis iSd. § 109 Abs. 1 S. 2 nicht vorliege; ebenso **gegenstandsverschieden zum mitbeurkundeten Verwaltervertrag**[73] sowie zum **Verwalterbestellungsbeschluss**, § 110 Nr. 1 (anders bei – nach Inkrafttreten des WEMoG zum 1.12.2020 wohl nicht mehr möglicher – Verwalterbestellung in Gemeinschaftsordnung[74]) mit der Folge einer Vergleichsberechnung nach § 94 Abs. 1,[75] und bspw. zu **Grunddienstbarkeiten**, die Nachbargrundstücken dienen, da § 110 Nr. 2 lit. b nicht anwendbar ist und kein unmittelbares Abhängigkeitsverhältnis iSd § 109 besteht – **gegenstandsgleich** jedoch, wenn sie der **Realisierung des** 18

67 Vg. *Gehse* RNotZ 2017, 331; anders, wenn einer der Miterben Grundstück gegen Ausgleichszahlung übernimmt (→ §§ 102–103 Rn. 16 zur Erbauseinandersetzung).
68 AA wohl Prüf.Abt. Ländernotarkasse NotBZ 2018, 180 und *Wudy* notar 2019, 247 (253).
69 So wohl auch Renner/Otto/Heinze/*Otto* § 109 Rn. 40.
70 *Gehse* RNotZ 2017, 331.
71 Notarbüro 2020, 98.
72 LG Leipzig 17.11.2020, NotBZ 2021, 119; zweifelnd bzgl. des Abhängigkeitsverhältnisses der Baubeschreibung auch, *Diehn* Notarkostenberechnungen Rn. 604. aA Korintenberg/*Diehn* § 109 Rn. 236; Korintenberg/*Sikora* § 42 Rn. 7.
73 Notarkasse, Streifzug Rn. 3634 (Wert bestimmt sich nach § 99 Abs. 2).
74 So zutreffend BeckOK WEG/*Elzer* § 26 Rn. 111.
75 Dazu *Wudy* NotBZ 2021, 90 (97) unter Hinweis auf mögliche Änderungen durch zum 1.12.2020 in Kraft getretene WEMoG.

Bauvorhabens dienen.[76] Gegenstandsgleich ist die Regelung der Veräußerungsbeschränkung nach § 12 WEG in Teilungserklärung; ebenso eine im Wohnungskaufvertrag mitbeurkundete Verwalterzustimmung als Durchführungserklärung.[77]

19 **2. Familienrecht.** Jeglicher Wechsel des Güterstandes und damit einhergehende Aufhebung des früheren Güterstandes sind gegenstandsgleich, bspw. auch Aufhebung der Zugewinngemeinschaft und Vereinbarung der Gütertrennung in einer Scheidungsfolgenvereinbarung,[78] nach hier vertretener Auffassung auch sog. „doppelter Güsterstandswechsel iRe Güterstandsschaukel,[79] wobei wegen § 111 Nr. 2 über güterrechtliche Regelungen (zB Güterstandswechsel, Modifizierung) hinausgehende Vereinbarungen (u.a. Versorgungsausgleich; Unterhalt; Erb- und Pflichtteilsverzicht; Grundstücksüberlassung; Auseinandersetzungs- und Übertragungsvereinbarungen bspw. die damit zusammenhängende Übertragung von Grundstücken – unabhängig von einem Abhängigkeitsverhältnis-, selbst zur Erfüllung von Zugewinnausgleichsansprüchen, anders nur bei betragsmäßiger Festlegung des Zugewinnausgleichsanspruchs), aber auch bspw. Grundbuchberichtigungsantrag als Folge des Güterstandswechsels, stets – grds. auch untereinander – gegenstandsverschieden sind;[80] ebenso wegen § 111 Nr. 3 die Anmeldung zum Güterrechtsregister.

20 **3. Erbrecht.** Widerruf Testament bzw. Aufhebung, Anfechtung und Rücktritt vom Erbvertrag ist nach § 109 Abs. 2 Nr. 2 – auch bei nur teilweiser Beseitigung – gegenstandsgleich zur jeweiligen Neuerrichtung;[81] ebenso Erbanteilsübertragung und der Durchführung dieser dienender Grundbuchberichtigungsantrag;[82] folgt der Erbanteilsübertragung jedoch eine Auseinandersetzung in derselben Urkunde zwischen den verbleibenden Miterben, sind beide gegenstandsverschieden.[83] Gegenstandsgleich ist hingegen die Erbanteilsübertragung (wie auch die Begleichung des Abfindungsbetrags) in Erfüllung des Auseinandersetzungsvertrags.[84]

21 Ebenso gegenstandsgleich ist Erbauseinandersetzung mit Auflassung des auseinandergesetzten Grundstücks; Abfindung wie auch Bestellung von bspw. Wohnungsrechten oder Vorkaufsrechten für Miterben bleiben bereits als Gegenleistung wegen § 97 Abs. 3 grds. unberücksichtigt;[85] gegenstandsverschieden zur Erbauseinandersetzung ist jedoch die Übertragung des zum Nachlass gehörenden Grundstücks an Dritte.[86] Differenziert werden muss auch bei Zusammenbeurkundung eines Überlassungs- bzw. Schenkungsvertrags mit einem Pflichtteilsverzicht: Verzichtet der Erwerber, ist der Verzicht im Rahmen der Gegenleistung nach § 97 Abs. 3 zu bewerten; verzichtet hingegen ein Dritter, ist dieser

76 *Diehn* Notarkostenberechnungen Rn. 603.
77 Toussaint/*Uhl* § 109 Rn. 16.
78 Bormann/Diehn/Sommerfeldt/*Bormann* § 109 Rn. 30.
79 So auch Notarkasse, Streifzug Rn. 578: Korintenberg/*Tiedtke* § 100 Rn. 13; BeckOK KostR/*Bachmayer* § 111 Rn. 20; aA Bormann/Diehn/Sommerfeldt/*Bormann* § 111 Rn. 9; Korintenberg/*Diehn* § 111 Rn. 20.
80 WürzNotar-HdB/*Tiedtke*/*Sikora* Teil 3 Kap. 6 Rn. 20; Bormann/Diehn/Sommerfeldt/*Bormann* § 111 Rn. 10.
81 Renner/Otto/Heinze/*Otto* § 109 Rn. 36; Korintenberg/*Diehn* § 109 Rn. 84; Bormann/Diehn/Sommerfeldt/*Bormann* § 109 Rn. 56.
82 Bormann/Diehn/Sommerfeldt/*Bormann* § 109 Rn. 31.
83 Bormann/Diehn/Sommerfeldt/*Bormann* § 110 Rn. 26.
84 Renner/Otto/Heinze/*Otto* § 109 Rn. 52.
85 Korintenberg/*Diehn* § 109 Rn. 128.
86 Bormann/Diehn/Sommerfeldt/*Bormann* § 110 Rn. 26.

gegenstandsverschieden;[87] Kaufvertrag mit einer (Teil-)Erbauseinandersetzung sind ebenso gegenstandsverschieden (→ Rn. 16). **Absolut gegenstandsverschieden ist** – außer in den Fällen des § 109 Abs. 2 Nr. 2 – gem. **§ 111 Nr. 1 jede Verfügung von Todes wegen**, dh jedes Testament bzw. jeder Erbvertrag in seiner **Gesamtheit**, so dass bspw. jeder in einem Erbvertrag erklärte Erb-, Pflichtteils- und Zuwendungsverzicht, aber auch Ehe- und Erbverträge zueinander (§§ 111 Nr. 1 und 2) stets gegenstandsverschieden sind; ebenso fallen nach hier vertretener Auffassung unter § 111 Nr. 1 auch **(Teil-)Aufhebungsvereinbarungen von Erbverträgen**, die zu einem **mitbeurkundeten Überlassungsvertrag** daher gegenstandsverschieden sind.[88] **Nicht unter § 111 Nr. 1** fallen hingegen neben **Zuwendungsverzichtserklärungen** auch **einseitige Verzichtserklärungen** des **Vertragserben aus etwaigen Ansprüchen aus § 2287 BGB** (gegenstandsgleiches Durchführungsgeschäft zur mitbeurkundeten Überlassung, § 109 Abs. 1).[89] **Gegenstandsverschieden zur Überlassung** sind jedoch sowohl der **vertragliche Zuwendungsverzicht** (§ 2352 S. 2 BGB) als auch **Verzichte Dritter auf Pflichteils(ergänzungs)ansprüche.**[90]

4. Handels- und Gesellschaftsrecht. a) Gegenstandsgleichheit nach § 109 GNotKG. Eng auszulegender § 109 Abs. 1 S. 4 Nr. 2 regelt **Gegenstandsgleichheit** zwischen – neu abgeschlossenem oder geändertem – **Gesellschaftsvertrag** (Personen- als auch Kapitalgesellschaft) und **Auflassung eines einzubringenden Grundstücks** zur Erfüllung der – ebenfalls miterfassten – Einbringungsabrede, wobei bloße Teilidentität durch Einbringung nur eines von mehreren Gesellschaftern und damit einhergehender Schenkung durch Anwachsung an Mitgesellschafter nicht mehr darunter fällt;[91] ebenso **gegenstandsgleich**, nach **§ 109 Abs. 1–3, ist die Einbringung sonstiger Gegenstände** (§§ 929, 398); ähnlich auch bei **Kapitalerhöhung**, bei der die **Übernahmeerklärung** (Gebührensatz 1,0) mit dem **Einbringungsvertrag** (Gebührensatz 2,0) als Erfüllungshandlung **gegenstandsgleich ist;**[92] **aber beide nach § 110 Nr. 1 gegenstandsverschieden zum Kapitalerhöhungsbeschluss.** 22

b) Gesellschaftsrechtliche Beschlüsse. Bei **Beschlüssen sämtlicher Vereinigungen** (u.a. jede Personen- und Kapitalgesellschaft, Eigentümerversammlungen) sowie **Stiftungen ist aufgrund der beiden Sonderregelungen (§§ 109 Abs. 2 Nr. 4; 110 Nr. 1) sorgfältig zu differenzieren.** Im Grundsatz **ist jeder Beschluss** (Gebührensatz 2,0, Wert nach § 108) **ein eigener Beurkundungsgegenstand;** nach **§ 110 Nr. 1** sind auch die **jeweiligen Erklärungen dazu gegenstandsverschieden** (bspw. Geschäftsführerbestellung durch Beschluss verschieden zur Gründung; Zustimmungsbeschluss und Anteilsübertragungsvertrag; **abzugrenzen** von **einfacher gegenstandsgleicher Zustimmung der Mitgesellschafter** in Urkunde oder ver- 23

87 LG Kassel RNotZ 2004, 324.

88 So auch Sikora/Strauß, DNotZ 2021, 2021, 669 (691); den Streitstand, ob die Aufhebung eines Erbvertrags eine Verfügung von Todes wegen ist, instruktiv darstellend *Wobst* notar 2021, 306 ff.

89 *Wobst* notar 2021, 306 (307): kein Durchführungsgeschäft hingegen bei Beseitigung des Anspruchs nach § 2287 BGB durch erbvertragliche Regelung, unter Hinweis auf die (hinzunehmende) kostenrechtliche Schlechterstellung.

90 Ausführlich und instruktiv dazu *Wobst* notar 2021, 306 ff.

91 Bormann/Diehn/Sommerfeldt/*Bormann* § 109 Rn. 21; Leipziger Kostenspiegel Rn. 21.217.

92 Bormann/Diehn/Sommerfeldt/*Bormann* § 109 Rn. 34; mit der Folge einer Vergleichsberechnung nach § 94 Abs. 2.

traglicher erster Geschäftsführerbestellung, ebenso bei Bestellung in Musterprotokoll).[93]

24 Von diesem Grundsatz wird in den Fällen des § 109 Abs. 2 Nr. 4 lit. a–g jedoch abgewichen, wonach in den dort genannten Fällen mehrere Beschlüsse gegenstandsgleich sind. Gegenstandsgleichheit besteht bspw. zwischen dem Beschluss über die Sitzverlegung und dem entsprechenden – dadurch bedingten – Beschluss über die Änderung der Satzung (Nr. 4 lit. a), zwischen Kapitalerhöhungsbeschluss und entsprechendem Satzungsänderungsbeschluss, aber auch dem Beschluss über Zulassung eines neuen Gesellschafters zur Übernahme (Nr. 4 lit. b); Satzungsänderungen oder Neufassung ohne bestimmten Geldwert, dh auch Änderungen iSd § 10 GmbHG bzw. 39 AktG (Nr. 4 lit. c), anders bei Registeranmeldungen (→ Rn. 25, 26); gemeinsame – nicht einzelne – Wahlen und Entlastungsbeschlüsse (Nr. 4 lit. d-f.); bspw. Abbestellung alter und Neubestellung künftiger Geschäftsführer nach (Nr. 4 lit. d); (Zustimmungs-)Beschlüsse zu derselben Spaltung oder Verschmelzung in einer Urkunde (Nr. 4 lit. g), abzugrenzen von der Verschmelzung mehrerer Gesellschaften auf einen Rechtsträger (gegenstandsverschieden).[94] Zu beachten ist zudem, dass (Zustimmungs-)Beschlüsse verschiedener Gesellschaften zur Aufhebung von Unternehmensverträgen mit derselben Alleingesellschafterin, selbst bei identischen Gesellschaftern, nicht unter § 109 Abs. 2 Nr. 4 fallen und damit gegenstandsverschieden, sogar mangels Vorliegens eines sachlichen Grundes iSd § 93 Abs. 2 getrennt abzurechnen sind.[95]

25 c) **Anmeldungen zum Handelsregister.** Bei **Anmeldungen zum Handelsregister** (ebenso sämtliche weitere Register, dh Vereins-, Partnerschafts-, Genossenschafts- und Güterrechtsregister), bei denen es auf die verschiedenen anzumeldenden Tatsachen ankommt, ist im Grundsatz nach **§ 111 Nr. 3** jede **Anmeldung – auch mehrere untereinander – gegenstandsverschieden** zu sämtlichen Beschlüssen bzw. Erklärungen und separat zu bewerten (Anmeldung von zwei Geschäftsführern begründen zwei Tatsachen und damit zwei verschiedene Beurkundungsgegenstände), mit **Ausnahme der Fälle der – im Handels- und Gesellschaftsrecht anerkannten – sog. notwendigen Erklärungseinheit.** Dh in den Fällen eines sog. einheitlichen Anmeldevorgangs liegt – je nach Argumentation – entweder bereits **nur ein Beurkundungsgegenstand iSd § 86 Abs. 1** vor, so dass der Anwendungsbereich des § 109 schon gar nicht eröffnet ist (vorzugswürdig),[96] oder man nimmt eine **teleologische Reduktion des § 111 Nr. 3** vor.[97] **Beispiele der notwendigen Erklärungseinheit sind Erstanmeldung Personen- oder Kapitalgesellschaft mit Anmeldung der vertretungsberechtigten Organe bzw. Vertretungsberechtigung und Versicherung sowie der inländischen Geschäftsanschrift; aber auch Anmeldung Kapitalerhöhung oder Sitzverlegung und der damit jeweils verbundenen Satzungsänderung; ebenso Anmeldung Liquidationsbeendigung und Erlöschen der Gesellschaft (§ 157 HGB); erweiternd darunter zu fassen, obwohl nicht notwendig mitanzumelden, aber wesensprägend, ist die Anmeldung der Auflösung der Gesellschaft mit dem Erlöschen der Vertretungsbefugnis der bisherigen Geschäftsführer und die Anmeldung dieser als geborene**

93 Bormann/Diehn/Sommerfeldt/*Bormann* § 109 Rn. 34; OLG Celle JurBüro 2010, 260; aA *Elsing* Notargebühren von A-Z, S. 124.
94 Bormann/Diehn/Sommerfeldt/*Bormann* § 109 Rn. 66.
95 BGH 26.9.2017 – II ZB 27/16, RNotZ 2018, 113.
96 So BGH 18.10.2016 – II ZB 18/15, MittBayNot 2017, 181 mAnm *Tiedtke*; sowie ZNotP 2016, 420 mAnm *Fackelmann*.
97 So *Diehn* DNotZ 2017, 232.

(anders bei gekorenen) **Liquidatoren.**[98] Ebenso Fälle, in denen die eine Tatsache zwingende gesetzliche Folge der anderen ist, bspw. **Anmeldung des derzeitigen Prokuristen zum einzelvertretungsberechtigten Geschäftsführer und gleichzeitiges Erlöschen seiner Prokura.**[99] Nicht unter die letzte Fallgruppe – und dem Ergebnis von Gegenstandsverschiedenheit – fällt die **Abberufung** des einen und die **Neubestellung** eines anderen (oder mehrerer, auch nur gesamtvertretungsberechtigter)[100] **Geschäftsführers**, da – auch wenn die Gesellschaft nach § 6 Abs. 1 GmbH mindestens einen Geschäftsführer haben muss – die **Neubestellung nicht zwingende gesetzliche Folge** ist.[101] Ebenso keine **notwendige Erklärungseinheit** und auch nicht wesensprägend ist die **Anmeldung einer neuen Geschäftsanschrift** zusammen mit einer **Sitzverlegung**, so dass – nach Aufhebung der §§ 4a Abs. 2 GmbHG aF und § 5 Abs. 2 AktG aF durch das MoMiG – **zwei separat zu bewertende Tatsachen** vorliegen,[102] wobei dies **nur für Kapital-, nicht aber für Personenhandelsgesellschaften gilt**, bei denen Sitz und Geschäftsanschrift identisch sein müssen.[103]

Teilw. wird diskutiert, inwieweit erweiternde bzw. ausdehnende BGH-Entscheidung herangezogen werden kann, um auch in anderen Fällen notwendige Erklärungseinheit zu begründen, um Anzahl der Anmeldefälle – entgegen § 111 Nr. 3 – gering zu halten. So kann bspw. argumentiert werden, dass **nur eine Anmeldung im Fall des § 105 Abs. 1 Nr. 6** vorliegt, selbst wenn mehrere Erben als Sonderrechtsnachfolger angemeldet werden (einheitliche und zwingende Rechtsfolge des Erbfalls),[104] ebenso wird vertreten, dass **nur eine Anmeldung bei mehreren nur gesamtvertretungsberechtigten Geschäftsführern** vorliegt;[105] **zu weitgehend** – im Hinblick auf die eindeutige Vorschrift des § 111 Nr. 3 und die eng auszulegende Ausnahme der notwendigen Erklärungseinheit – sind wohl die Ansichten, **auch bei gekorenen Liquidatoren zusammen mit der Anmeldung der Auflösung der Gesellschaft oder bei Sitzverlegung und gleichzeitiger Anmeldung der Änderung der inländischen Geschäftsanschrift** jeweils nur einen (Anmelde-)Gegenstand anzunehmen.[106] 26

Im Rahmen einer **Satzungsänderung** ist die **Anmeldung mehrerer Satzungsänderungen ohne bestimmten Geldwert gegenstandsgleich**, wobei jede anzumeldende Tatsache bzw. Änderung **iSd § 10 GmbHG bzw. § 39 AktG** stets ein eigener 27

---

98 BGH Beschl. v. 18.10.2016 – II ZB 18/15, DNotZ 2017, 229; aA Bormann/Diehn/Sommerfeldt/*Bormann* § 109 Rn. 36, 111 Rn. 15; dazu ausführlich *Diehn* DNotZ 2017, 232 (233 ff.); Leipziger Kostenspiegel Rn. 21.40 ff. und *Schmidt* JurBüro 2017, 285.

99 *Diehn* Notarkostenberechnungen Rn. 757; LG Bremen NJW-RR 1998, 1332; aA jedoch Notarkasse, Streifzug Rn. 1427.

100 Hier nimmt *Schmidt* GmbHR 2017, 95, 99 eine notwendige Erklärungseinheit an, da die Anmeldung nur bei gemeinsamer Mitwirkung beider Geschäftsführer vollzogen werden könne.

101 Toussaint/*Uhl* KostR § 109 Rn. 35; *Diehn* Notarkostenberechnungen Rn. 757; wobei Wahlen in einem Beschluss nach 109 Abs. 2 Nr. 4d gegenstandsgleich.

102 Korintenberg/*Bormann* § 86 Rn. 21; aA wohl Renner/Otto/Heinze/*Heinze* § 105 Rn. 62.

103 LG Düsseldorf 8.1.2019 – 25 OH 9/18, ZIP 2019, 1124 (BeckRS 2019, 203); OLG Hamm FGPrax. 2017, 138.

104 *Diehn* Notarkostenberechnungen Rn. 1089; aA LG Bremen 21.5.2019 – 4 T 311/18 und *Volpert* RNotZ 2017, 291 (299).

105 *Schmidt* GmbHR 2017, 95 (99).

106 So aber *Schmidt* JurBüro 2017, 285 ff.

Beurkundungsgegenstand und damit separat zu bewerten ist, auch iRe Satzungsneufassung.[107]

28 Enthält die **Urkunde des Gesellschafterbeschlusses bzw. der Handelsregisteranmeldung** eine **Vollzugs- bzw. Reparaturvollmacht** an die Mitarbeiter oder den Notar selbst dahingehend, die Anmeldung bzw. den Beschluss zu ändern oder zu ergänzen, ist diese – unabhängig von §§ 110 Nr. 1 bzw. 111 Nr. 3 – **stets gegenstandsgleich aufgrund des Rechtsgedankens der Vorschrift des § 378 Abs. 2 FamFG sowie des Vorrangs von KV Vorb. 2.4.1 Abs. 4 Nr. 3,** so dass insoweit nach hier vertretener Auffassung schon bereits **nur ein Rechtsverhältnis** vorliegt – auch wenn dieses Ergebnis, vor allem im Hinblick darauf, dass mangels der Geltung von § 109 Vollmachten nicht als Durchführungserklärungen bereits nach dieser Vorschrift gegenstandsgleich sind, umstritten ist.[108]

29 **d) Umwandlungsrechtliche Vorgänge.** Ebenso in den Fällen des **Umwandlungsrechts** lassen sich unter Heranziehung der beiden Sondervorschriften zu Beschlüssen sowie der allgemeinen Vorschrift des § 109 Abs. 1 S. 1–3 die **gegenstandsverschiedenen von den gegenstandsgleichen Rechtsverhältnissen zutreffend unterscheiden.**[109] **Gegenstandsgleich** zum **Verschmelzungsvertrag** (entsprechend bei **Spaltung**) sind v.a. **Verzicht auf Verschmelzungsbericht, Prüfung der Verschmelzung und Prüfungsbericht** sowie sämtliche **Zustimmungserklärungen** (bspw. §§ 13 Abs. 2, 50 Abs. 2, 51 UmwG), wobei der **Umwandlungsbeschluss** wegen **§ 110 Nr. 1 immer gegenstandsverschieden ist.**[110]

30 **Gegenstandsverschieden** zum **Verschmelzungsvertrag** sind sowohl **Satzungsänderungsbeschluss des aufnehmenden Rechtsträgers** sowie **Zustimmungsbeschlüsse der beteiligten Rechtsträger,** wobei letztere **untereinander** wegen **§ 109 Abs. 2 Nr. 4 g gegenstandsgleich** sind.[111] Einen **Formwechsel** betreffend, sind der gem. §§ 8 ff. BeurkG beurkundete **Formwechselbeschluss und der Gesellschaftsvertrag des formwechselnden Rechtsträgers (Satzungsneufassung)** hingegen **gegenstandsgleich** (§ 109 Abs. 2 Nr. 4 lit. a).[112]

31 **Grundbuchberichtigung** bei **Verschmelzung** ist grds. **gegenstandsgleich,** da erstere der Durchführung der Umwandlung dient.[113] Auch hier sind Voraussetzungen des **§ 109 S. 1–3 in jedem Einzelfall zu prüfen,** da bspw. auf den ersten Blick ähnlich gelagerter Fall einer Grundbuchberichtigung, wenn aufgrund Verschmelzung der Komplementär-GmbH auf Einzel- oder auch Nichtkaufmann, die GmbH & Co. KG zerfällt und Gesellschaftsvermögen dem verbleibenden Kommanditisten anwächst, nach hier vertretener Auffassung gegenstandsverschieden ist.

---

107 Korintenberg/*Diehn* § 111 Rn. 31; Bormann/Diehn/Sommerfeldt/*Bormann* § 109, Rn. 36; § 111 Rn. 14; *Diehn* Notarkostenberechnungen Rn. 757; LG Bielefeld 22.10.2015 – 23 T 226/15, BeckRS 2016, 04235; aA OLG Hamm FGPrax 2017, 138; LG Düsseldorf 30.6.2020 – 25 OH 18/18, BeckRS 2020, 18023; BeckOK KostR/*Bachmayer* § 111 Rn. 34, HK-GNotKG/*Macht* § 111 Rn. 18.

108 Korintenberg/*Diehn* § 110 Rn. 18 (einheitlicher Beurkundungsgegenstand); Bormann/Diehn/Sommerfeldt/*Bormann* § 110 Rn. 6; BeckOK KostR/*Bachmayer* § 110 Rn. 14a, § 98 Rn. 46a; LG Offenburg ZNotP 2018, 197 mzustAnm *Fackelmann* sowie NotBZ 2018, 396 mzustAnm *Bachmayer*; ausführlich und differenzierend Renner/Otto/Heinze/*Otto* § 110 Rn. 4b, c, der Vollmachten und Beschlüsse als gegenstandsverschieden ansieht; vgl. ausführlich dazu auch *Sikora/Strauß* DNotZ 2019, 2019 (596, 609).

109 Dazu ausführlich Bormann/Diehn/Sommerfeldt/*Bormann* § 109 Rn. 35.

110 Bormann/Diehn/Sommerfeldt/*Bormann* § 109 Rn. 69.

111 Bormann/Diehn/Sommerfeldt/*Bormann* § 109 Rn. 35a.

112 Bormann/Diehn/Sommerfeldt/*Bormann* § 109 Rn. 68.

113 Korintenberg/*Diehn* § 109 Rn. 155.

5. Vollmachten. Nach § 109 Abs. 2 Nr. 1 sind Patienten- und Betreuungsverfügung (genauer Wortlaut: der Vorschlag zur Person eines möglichen Betreuers, § 1897 Abs. 4 S. 1 BGB)[114] gegenstandsgleich, beide jedoch (relativ) gegenstandsverschieden zur General- und Vorsorgevollmacht (§ 110 Nr. 3). Bei Mitbeurkundung des zugrundeliegenden schuldrechtlichen Geschäfts, zB Auftrag (Gebührensatz 2,0) ist Vollmacht, auch für mehrere in gleichem Umfang berechtigte Bevollmächtigte (Gebührensatz 1,0), grds. gegenstandsgleich, wobei dann aufgrund unterschiedlicher Gebührensätze regelmäßig Vergleichsberechnung (§ 94 Abs. 2) durchzuführen ist. 32

6. Rechtswahlen. Rechtswahlen (§ 104) sind nach § 111 Nr. 4 stets als besonderer Beurkundungsgegenstand absolut gegenstandsverschieden, unabhängig von dem in der Urkunde geregelten Rechtsgeschäft. 33

Unterabschnitt 3 Vollzugs- und Betreuungstätigkeiten

§ 112 Vollzug des Geschäfts

[1]Der Geschäftswert für den Vollzug ist der Geschäftswert des zugrunde liegenden Beurkundungsverfahrens. [2]Liegt der zu vollziehenden Urkunde kein Beurkundungsverfahren zugrunde, ist der Geschäftswert derjenige Wert, der maßgeblich wäre, wenn diese Urkunde Gegenstand eines Beurkundungsverfahrens wäre.

Literatur:

Diehn, Das neue Notarkostenrecht im GNotKG, DNotZ 2013, 406; *Frenz*, Die Pflicht des Notars zur Grundbucheinsicht, ZNotP 2016, 86; *Grziwotz*, Notarielle Vollzugsgebühr bei zusammengesetzten Geschäften, ZfIR 2009, 309; *Reimann*, Das Zweite Gesetz zur Modernisierung des Kostenrechts und die Neuordnung der Notarkosten, FamRZ 2013, 1257; *Volpert*, GNotKG – Ausgewählte Problemstellungen aus Sicht der Kostenprüfung, RNotZ 2015, 276; *Wachter*, GmbH-Gründungen: Neues Gerichts- und Notarkostenrecht, GmbHR 2013, R241–R242.

I. Allgemeines, Abgrenzung

Das alte Kostenrecht beschränkte die Vollzugsgebühren auf Grundstücksgeschäfte, die Veräußerung von Grundstücken oder Erbbaurechten, die Bestellung von Erbbaurechten, die Begründung und Veräußerung von Wohnungs- und 1

114 Renner/Otto/Heinze/*Otto* und BeckOK KostR/*Bachmayer* § 109 Rn. 67 wenden Abs. 2 Nr. 1 entsprechend auch auf Regelungen zum Inhalt einer künftigen Betreuung an; aA insoweit Korintenberg/*Diehn* jedoch iE übereinstimmend nur ein Gegenstand.

Teileigentum,[1] vgl. § 146 Abs. 1 KostO, sowie die Beglaubigung der Eintragung, Veränderung oder Löschung von Grundpfandrechten, vgl. § 146 Abs. 2 KostO, worin „ein struktureller Missstand"[2] lag, der mit dem GNotKG ein Ende fand. Eine entsprechende Beschränkung kennt das GNotKG nicht mehr, vielmehr können Vollzugsgebühren nunmehr „alle notariellen Tätigkeiten"[3] umfassen, Urkunde für Urkunde, vgl. KV Nr. 22110 ff. bzw. KV Nr. 22120 ff., falls der Notar keine Gebühr erhält oder eine Vollzugstätigkeit unter Beteiligung eines ausländischen Gerichts oder einer ausländischen Behörde vornimmt. Welcher Geschäftswert für die Vollzugstätigkeit des Notars zugrunde zu legen ist, ist Regelungsgegenstand des § 112, der zwischen Beurkundungsverfahren (S. 1)[4] und hypothetischen[5] Beurkundungsverfahren (S. 2) differenziert. Zu Letzteren zählen zu vollziehende Urkunden, denen kein Beurkundungsverfahren zugrunde liegt (S. 2), etwa unterschriftsbeglaubigte Urkunden, privatschriftliche Urkunden[6] sowie Urkunden eines ausländischen Notars, deren Vollzug notarielle Tätigkeiten erfordert. Der Geschäftswert für Betreuungstätigkeiten ergibt sich dagegen aus § 113.[7]

II. Überblick über die Vollzugstätigkeiten (KV Vorb. 2.2.1.1 Abs. 1 S. 2 Nr. 1–11)

2 Was unter **„Vollzug"** zu verstehen ist, klärt ein Blick auf KV Vorb. 2.2.1.1, eine Vorbemerkung, die einen abgeschlossenen[8] Tätigkeitskatalog enthält. Die Vollzugsgebühr entsteht für **folgende notarielle Amtshandlungen**, denen ein zu vollziehendes **Grundgeschäft** zugrunde liegt:[9]

- die Anforderung und Prüfung[10] einer Erklärung oder **Bescheinigung nach öffentlich-rechtlichen Vorschriften** (etwa nach BauGB, GrdstVG[11] oder nach WEG, etwa eine Abgeschlossenheitsbescheinigung),[12] KV Vorb. 2.2.1.1 Abs. 1 S. 2 Nr. 1, gedeckelt auf höchstens 50 EUR, vgl. KV Nr. 22112;[13] ausgenommen von diesem Tatbestand ist jedoch die Unbedenklichkeitsbescheinigung des Finanzamtes;

1 Vgl. Kostenrechtsänderungsgesetz 1986, s. Korintenberg/*Bengel/Tiedtke*, KostO, 18. A. 2010, § 146 Rn. 5; zur Historie des § 146 KostO vgl. *Grziwotz* ZfIR 2009, 309 (310).
2 *Reimann* FamRZ 2013, 1257 (1263).
3 *Reimann* FamRZ 2013, 1257 (1263); Streifzug Rn. 3400 und 3446; Korintenberg/*Tiedtke* § 112 Rn. 6.
4 LG Düsseldorf NJOZ 2016, 985.
5 NK-GK/*Drempetic* § 112 Rn. 15.
6 BT-Drs. 17/11471, 290; NK-GK/*Drempetic* § 112 Rn. 15; Korintenberg/*Tiedtke* § 112 Rn. 18.
7 Zur Abgrenzung von Vollzugs- und Betreuungstätigkeiten vgl. NK-GK/*Drempetic* § 112 Rn. 3 (Abgrenzung nach Gebührentatbeständen); Korintenberg/*Tiedtke* § 112 Rn. 3. Zum Geschäftswert der Betreuungsgebühr vgl. OLG Jena NotBZ 2020, 398 (Fälligkeitsattest eines Notars), Bewertung nach § 36.
8 *Diehn* DNotZ 2013, 406 (419); *Reimann* FamRZ 2013, 1257 (1263).
9 Korintenberg/*Tiedtke* § 112 Rn. 2a; zu den „Vollzugsgebühren im Regelfall" vgl. *Fackelmann* Rn. 248 ff.
10 Zum Doppeltatbestand der Anforderung und Prüfung vgl. Streifzug Rn. 3410, beide Voraussetzungen müssen kumulativ vorliegen, anderenfalls entsteht die Vollzugsgebühr nicht.
11 Streifzug durch das GNotKG Rn. 3414.
12 Streifzug durch das GNotKG Rn. 3415.
13 Zum Höchstwert s. NK-GK/*Drempetic* § 112 Rn. 3; Korintenberg/*Tiedtke* § 112 Rn. 16.

- die Anforderung und Prüfung[14] einer **gerichtlichen Entscheidung oder Bescheinigung**, die nicht unter die folgende Nr. 4 fällt, KV Vorb. 2.2.1.1 Abs. 1 S. 2 Nr. 2, gedeckelt auf höchstens 50 EUR, vgl. KV Nr. 22112;[15] Beispiel: Erbschein oder Europäisches Nachlasszeugnis;[16]
- die Ermittlung des Inhalts eines **ausländischen Registers**, KV Vorb. 2.2.1.1 Abs. 1 S. 2 Nr. 2;
- die Fertigung, Änderung oder Ergänzung der **Liste der Gesellschafter**[17] oder der **Liste der Personen**, welche neue Geschäftsanteile übernommen haben, KV Vorb. 2.2.1.1 Abs. 1 S. 2 Nr. 3, gedeckelt auf höchstens 250 EUR, vgl. KV Nr. 22113;[18]
- die Anforderung und Prüfung[19] einer **Entscheidung des Familien-, Betreuungs- oder Nachlassgerichts** einschließlich aller Tätigkeiten des Notars gem. §§ 1828, 1829 BGB[20] im Namen der Beteiligten sowie die Erteilung einer Bescheinigung über die Wirksamkeit oder Unwirksamkeit des Rechtsgeschäfts, KV Vorb. 2.2.1.1 Abs. 1 S. 2 Nr. 4;
- die Anforderung und Prüfung[21] einer **Vollmachtsbestätigung** oder einer privatrechtlichen **Zustimmungserklärung** (etwa nach WEG, ErbbauRG oder nach § 1365 BGB,[22] ebenso Zustimmungsbeschluss zu Verschmelzung),[23] KV Vorb. 2.2.1.1 Abs. 1 S. 2 Nr. 5;
- die Anforderung und Prüfung[24] einer **privatrechtlichen Verzichtserklärung**, KV Vorb. 2.2.1.1 Abs. 1 S. 2 Nr. 6 (etwa Erklärungen zu Rücktrittsrechten oder Rückauflassungsvormerkungen);[25]
- die Anforderung und Prüfung[26] einer Erklärung über die **Ausübung oder Nichtausübung eines privatrechtlichen Vorkaufs- oder Wiederkaufsrechts**, KV Vorb. 2.2.1.1 Abs. 1 S. 2 Nr. 7;[27]
- die Anforderung und Prüfung[28] einer Erklärung über die Zustimmung zu einer **Schuldübernahme** oder einer **Entlassung aus der Haftung**, KV Vorb. 2.2.1.1 Abs. 1 S. 2 Nr. 8;

14 Zum Doppeltatbestand der Anforderung und Prüfung vgl. Streifzug Rn. 3410, beide Voraussetzungen müssen kumulativ vorliegen, anderenfalls entsteht die Vollzugsgebühr nicht.
15 Zum Höchstwert vgl. NK-GK/*Drempetic* § 112 Rn. 3.
16 Streifzug durch das GNotKG Rn. 3416.
17 Zur Erstellung einer Gesellschafterliste vgl. OLG Frankfurt/M. BeckRS 2016, 116147.
18 Zum Höchstwert s. NK-GK/*Drempetic* § 112 Rn. 3; Streifzug durch das GNotKG Rn. 3417.
19 Zum Doppeltatbestand der Anforderung und Prüfung vgl. Streifzug durch das GNotKG Rn. 3410, beide Voraussetzungen müssen kumulativ vorliegen, anderenfalls entsteht die Vollzugsgebühr nicht.
20 Vgl. Streifzug durch das GNotKG Rn. 3419.
21 Zum Doppeltatbestand der Anforderung und Prüfung vgl. auch Streifzug durch das GNotKG Rn. 3410.
22 Streifzug durch das GNotKG Rn. 3421.
23 *Fackelmann* Rn. 248.
24 Zum Doppeltatbestand der Anforderung und Prüfung vgl. auch Streifzug durch das GNotKG Rn. 3410.
25 Streifzug durch das GNotKG Rn. 3423 und 3424.
26 Zum Doppeltatbestand der Anforderung und Prüfung vgl. auch Streifzug durch das GNotKG Rn. 3410.
27 Auch die Erklärung eines vorkaufsrechtsberechtigten Mieters, Streifzug durch das GNotKG Rn. 3425.
28 Zum Doppeltatbestand der Anforderung und Prüfung vgl. auch Streifzug durch das GNotKG Rn. 3410.

- Anforderung und Prüfung[29] einer Erklärung oder einer sonstigen Urkunde zur Verfügung über ein Recht an einem Grundstück oder einem grundstücksgleichen Recht sowie zur Löschung[30] (Lastenfreistellung oder Nichtvalutierungserklärung,[31] ebenso Unschädlichkeitszeugnis)[32] oder Inhaltsänderung einer sonstigen Eintragung im Grundbuch (auch Rangrücktritt)[33] oder in einem Register oder Anforderung und Prüfung einer Erklärung, inwieweit ein Grundpfandrecht eine Verbindlichkeit sichert, KV Vorb. 2.2.1.1 Abs. 1 S. 2 Nr. 9;
- Anforderung und Prüfung[34] einer Verpflichtungserklärung betreffend eine in der oben genannten Nummer genannten Verfügung oder einer Erklärung über die Nichtausübung eines Rechts, KV Vorb. 2.2.1.1 Abs. 1 S. 2 Nr. 10 (beispielsweise Sammelpfandfreigabe für ein im Grundbuch eingetragenen Globalrecht[35] oder Stillhalteerklärung des Eigentümers);[36]
- über die in den oben genannten Nr. 1 und 2 genannten Tätigkeiten hinausgehende Tätigkeiten für die Beteiligten gegenüber der Behörde, dem Gericht oder der Körperschaft oder Anstalt des öffentlichen Rechts, KV Vorb. 2.2.1.1 Abs. 1 S. 2 Nr. 11 (beispielsweise Tätigkeiten, die mit der Bekanntmachung im eBundesanzeiger zusammenhängen);[37]
- Zustimmungsbeschlüsse stehen den oben genannten Zustimmungen gleich, KV Vorb. 2.2.1.1 Abs. 2.

III. Geschäftswert der Vollzugsgebühren und zugrunde liegende Beurkundungsverfahren (§ 112 S. 1)

3 **1. Vollzugsgebühren.** Die **Vollzugsgebühren** sind in KV Nr. 22110 ff. bzw. in besonderen Vollzugsfällen in KV Nr. 22120 ff. geregelt und sehen unterschiedliche Gebührensätze vor (0,5 Gebühr; 0,3 Gebühr; 1,0 Gebühr), abhängig von der Art der notariellen Vollzugstätigkeit. Der **Vollzug in besonderen Fällen** greift immer dann, sofern der Notar keine Gebühr für ein Beurkundungsverfahren oder für die Fertigung eines Entwurfs erhalten hat, die das zu vollziehende Geschäft betrifft, oder der Notar eine Vollzugstätigkeit unter Beteiligung eines ausländischen Gerichts oder einer ausländischen Behörde vornimmt, vgl. KV Vorb. 2.2.1.2.[38]

4 Für die Höhe der Vollzugsgebühr gilt:

- eine **0,5 Vollzugsgebühr** nach KV Nr. 22110 fällt an, höchstens aber 250 EUR, sofern der Notar für das zugrunde liegende Beurkundungsver-

29 Zum Doppeltatbestand der Anforderung und Prüfung vgl. auch Streifzug durch das GNotKG Rn. 3410.
30 LG Düsseldorf NJOZ 2016, 985.
31 Streifzug durch das GNotKG Rn. 3427; zur Lastenfreistellung wird auch die Einholung der Erklärung des betreibenden Gläubigers in der Zwangsversteigerung oder Zwangsverwaltung gerechnet, wonach er seinen Antrag zurücknimmt, vgl. Streifzug durch das GNotKG Rn. 3429.
32 Streifzug durch das GNotKG Rn. 3430.
33 Streifzug durch das GNotKG Rn. 3428.
34 Zum Doppeltatbestand der Anforderung und Prüfung vgl. Streifzug durch das GNotKG Rn. 3410, beide Voraussetzungen müssen kumulativ vorliegen, anderenfalls entsteht die Vollzugsgebühr nicht.
35 Streifzug durch das GNotKG Rn. 3431.
36 Streifzug durch das GNotKG Rn. 3434.
37 Streifzug durch das GNotKG Rn. 3437.
38 *Diehn* DNotZ 2013, 406 (420).

fahren eine 2,0 Gebühr erhält[39] (Beispiele: Immobilienkaufverträge, Erbanteilsübertragungen, Eheverträge, Gesellschafterbeschlüsse)[40]

- eine 0,3 **Vollzugsgebühr** nach KV Nr. 22111 fällt an, höchstens aber 250 EUR, sofern der Notar für das zugrunde liegende Beurkundungsverfahren weniger als eine 2,0 Gebühr erhält[41] (Beispiele: Grundschuld mit Übernahme der persönlichen Haftung und Zwangsvollstreckungsunterwerfung; Eintragungsanträge für das Grundbuchamt).[42]

In **besonderen Fällen**[43] gilt: 5

- eine **1,0 Vollzugsgebühr** nach KV Nr. 22120 fällt an, sofern das betreffende Beurkundungsverfahren eine 2,0 Gebühr generieren würde
- eine 0,5 **Vollzugsgebühr** nach KV Nr. 22121 fällt an, sofern für das betreffende Beurkundungsverfahren weniger als eine 2,0 Gebühr zu erheben wäre.

Falls das zugrunde liegende bzw. hypothetische Beurkundungsverfahren mit **unterschiedlichen Gebührensätzen** zu Buche schlägt, ist für die Geschäftswertbestimmung nach § 112 der höchste Gebührensatz entscheidend.[44] 6

Die Vollzugsgebühr entsteht auch für die Vornahme der Vollzugstätigkeit vor **der Beurkundung**, vgl. KV Vorb. 2.2.1.1 Abs. 1 S. 3.[45] Für die Einreichung einer Urkunde beim Präsidenten des Landgerichts zur **Apostillierung** einer Urkunde steht dem Notar keine Vollzugsgebühr zu.[46] Die Erstellung einer **Gesellschafterliste** im Zusammenhang mit der Beurkundung des GmbH-Gründungsvertrags ist mit einer Vollzugsgebühr[47] nach KV Nr. 22110 abzurechnen, nicht mit einer Gebühr nach KV Nr. 22111[48] und auch nicht mit einer Entwurfsgebühr.[49] Die Erstellung einer **Liste von Aufsichtsratsmitgliedern** ist dagegen keine Vollzugstätigkeit, sondern löst nur eine Entwurfsgebühr nach KV Nr. 24101 aus.[50] 7

Ob der Notar auch den Entwurf gefertigt hat, spielt im Rahmen der Vollzugstätigkeit keine Rolle.[51] Die Vollzugsgebühr wird in **demselben notariellen Verfahren nur einmal erhoben**, § 93 Abs. 1 S. 1, auch bei mehreren Vollzugstätigkeiten, die nebeneinander anfallen.[52] Falls für eine Tätigkeit eine Vollzugsgebühr entsteht, fällt bei demselben Notar insoweit **keine Entwurfsgebühr** für die Fertigung eines Entwurfs an, KV Vorb. 2.2 Abs. 2.[53] 8

2. Anknüpfung an das Beurkundungsverfahren. Mit der **Anknüpfung** an das **Beurkundungsverfahren** verfolgt der Gesetzgeber die Absicht, „dass Teilwertbildungen in keinem Fall mehr stattfinden".[54] Und zwar auch dann nicht, sollte 9

39 *Volpert* RNotZ 2015, 276 (278); *Fackelmann* Rn. 250.
40 Streifzug durch das GNotKG Rn. 3451.
41 *Volpert* RNotZ 2015, 276 (279); Streifzug durch das GNotKG Rn. 3451.
42 Streifzug durch das GNotKG Rn. 3452.
43 Streifzug durch das GNotKG Rn. 3467 und 3468.
44 Korintenberg/*Tiedtke* § 112 Rn. 4a und 13.
45 Streifzug durch das GNotKG Rn. 3438.
46 BGH ZNotP 2020, 35 mAnm *Hagemann*; Streifzug durch das GNotKG Rn. 3471.
47 *Wachter* GmbHR 2013, R241; OLG Frankfurt aM BeckRS 2016, 116147.
48 BGH GmbHR 2019, 1002.
49 *Volpert* RNotZ 2015, 276.
50 *Diehn* DNotZ 2013, 406 (427).
51 *Krauß* Rn. 5107.
52 *Diehn* DNotZ 2013, 406 (407); Streifzug durch das GNotKG Rn. 3402 und 3439.
53 *Diehn* DNotZ 2013, 406 (419); *Volpert* RNotZ 2015, 276: Vollzug verdrängt Entwurf; Streifzug durch das GNotKG Rn. 3404.
54 BT-Drs. 17/11471, 290; Korintenberg/*Tiedtke* § 112 Rn. 1.

das Beurkundungsverfahren mehrere **Rechtsverhältnisse** umfassen[55] und nur eines davon mit einer notariellen Vollzugstätigkeit verbunden sein:[56]

- etwa eine Urkunde, in der ein Grundstück und ein Handelsbetrieb veräußert wurden, wobei Vollzugstätigkeiten nur im Rahmen der Immobilie anfallen. Der Geschäftswert für den Vollzug ist das zugrunde liegende Beurkundungsverfahren, das den Handelsbetrieb und das Grundstück umfasst,[57] § 112 S. 1.
- Gleiches gilt für einen Immobilienkaufvertrag über mehrere Immobilien, wobei nur hinsichtlich einer Immobilie Vollzugstätigkeiten erforderlich werden.[58] Der Geschäftswert für den Vollzug ist das zugrunde liegende Beurkundungsverfahren über alle Immobilien,[59] § 112 S. 1.

10 Der **Geschäftswert** der Vollzugsgebühren ist **urkundsbezogen** ausgestaltet.[60] Dies gilt auch für mehrere **Rechtsverhältnisse**, die **unterschiedlichen Gebührensätzen** unterliegen, aber in einer Urkunde zusammengefasst werden:

- etwa eine Kombination von Immobilienkaufvertrag und Grundpfandrechtsbestellung[61] (erstes Beispiel) oder
- eine Beurkundung eines Kapitalerhöhungsbeschlusses und von Übernahmeerklärungen (zweites Beispiel).

11 Geschäftswert ist auch hier der Geschäftswert des zugrunde liegenden Beurkundungsverfahrens, § 112 S. 1, folglich der Gesamtwert aus Immobilienkaufvertrag und Grundpfandrechtsbestellung[62] (erstes Beispiel) bzw. der Gesamtwert aus dem Geschäftswert des Erhöhungsbeschlusses und dem Geschäftswert der Übernahmeerklärungen[63](zweites Beispiel). Dass eine Addition vorzunehmen ist, geht auf § 35 Abs. 1 zurück.[64] Etwas anderes gilt, falls es sich um einen Beurkundungsgegenstand[65] handelt. Eine Zusammenrechnung der Werte findet dann nicht statt.

12 Als Geschäftswert der Vollzugsgebühr ist stets der **volle Wert des zugrunde liegenden Beurkundungsverfahrens** zugrunde zu legen,[66] bei Immobilienkaufverträgen demnach ohne Abzug von Mobiliar/Inventar[67] und ohne Beschränkung auf einen Beurkundungsgegenstand, sollten mehrere Erklärungen zu demselben Beurkundungsgegenstand oder sogar verschiedene Beurkundungsgegenstände im Raum stehen. Unter einem **Beurkundungsverfahren** ist das Verfahren gemeint, das auf die Errichtung einer Niederschrift nach §§ 8, 36 BeurkG gerichtet ist,[68] § 85 Abs. 2. Im Falle eines Teilflächenkaufvertrags und der anschlie-

---

55 Korintenberg/*Tiedtke* § 112 Rn. 1.
56 BT-Drs. 17/11471, 290; Korintenberg/*Tiedtke* § 112 Rn. 8a.
57 NK-GK/*Drempetic* § 112 Rn. 10.
58 Korintenberg/*Tiedtke* § 112 Rn. 8b.
59 Korintenberg/*Tiedtke* § 112 Rn. 8b.
60 NK-GK/*Drempetic* § 112 Rn. 12; Streifzug durch das GNotKG Rn. 3412; Korintenberg/*Tiedtke* § 112 Rn. 11.
61 NK-GK/*Drempetic* § 112 Rn. 12.
62 NK-GK/*Drempetic* § 112 Rn. 12.
63 Zur Addition bei Kapitalerhöhung mit weiteren Einzahlungen oder Sacheinlagen vgl. *Gustavus/Melchior/Böhringer*, Nr. 108.
64 Zur Addition vgl. Korintenberg/*Tiedtke* § 112 Rn. 6.
65 BGH BeckRS 2016, 20313; bestätigt durch BGH BeckRS 2016, 115410 (Entwurf einer Registeranmeldung zur Auflösung einer Gesellschaft, zum Erlöschen der Vertretungsbefugnis und der Bestellung des bisherigen Geschäftsführers zum Liquidator); dann liegt ein Beurkundungsgegenstand vor.
66 *Diehn* DNotZ 2013, 406 (421); *Reimann* FamRZ 2013, 1257 (1263).
67 NK-GK/*Drempetic* § 112 Rn. 7; Korintenberg/*Tiedtke* § 112 Rn. 6.
68 Korintenberg/*Tiedtke* § 112 Rn. 10.

ßenden Messungsanerkennung[69] liegen mehrere Beurkundungsverfahren vor, die mehrere Vollzugsgebühren generieren. In einem Handelsregisterverfahren ist der Wert der Handelsregisteranmeldung in Ansatz zu bringen.[70] Die allgemeine Höchstwertbegrenzung auf 60 Mio. EUR (§ 35 Abs. 2) gilt auch für die Vollzugsgebühr.[71]

Weitere Beispiele für den Geschäftswert des Vollzugs: 13

- Beurkundung eines Immobilienkaufvertrags, Prüfung des Vorkaufsrechts der Gemeinde: der Vollzugsgebühr ist der im Kaufvertrag vereinbarte Kaufpreis zugrunde zu legen, § 112 S. 1.[72]
- Beurkundung einer Grundpfandrechtsbestellung, Einholung einer familiengerichtlichen oder betreuungsgerichtlichen Genehmigung: Der Vollzugsgebühr ist der Nominalbetrag des Grundpfandrechts zugrunde zu legen, § 112 S. 1.[73]
- Beurkundung einer Grundpfandrechtsbestellung, Einholung eines Rangrücktritts: Der Vollzugsgebühr ist der Nominalbetrag des neu bestellten Grundpfandrechts zugrunde zu legen, nicht der Nominalbetrag des zurücktretenden Rechts, § 112 S. 1.
- Beurkundung eines Immobilienkaufvertrags, Einholung der Löschungsunterlagen für ein Grundpfandrecht (Lastenfreistellung): Der Vollzugsgebühr ist der im Kaufvertrag vereinbarte Kaufpreis zugrunde zu legen, § 112 S. 1.[74]
- Beurkundung eines Immobilienkaufvertrags und einer Finanzierungsgrundschuld, mit beiden Urkunden sind Vollzugstätigkeiten verbunden: Für jede Urkunde entsteht eine Vollzugsgebühr aus dem jeweiligen Wert[75] (Kaufpreis bzw. Nominalbetrag), § 112 S. 1.

3. **Kostenschuldner der Vollzugsgebühr.** Die Vollzugsgebühr schuldet derjenigen, der den **Auftrag** erteilt oder den **Antrag** gestellt hat, § 29 Nr. 1. Hinzu kommt die Haftung der **Urkundsbeteiligten.**[76] Die Kosten des Vollzugs schuldet ferner jeder, dessen Erklärung beurkundet worden ist, § 30 Abs. 1. Mehrere Kostenschuldner haften als **Gesamtschuldner**, § 32 Abs. 1. Welchen Kostenschuldner der Notar in Anspruch nimmt, ist in das Belieben des Notars gestellt. 14

IV. Geschäftswert der Vollzugsgebühr ohne Beurkundungsverfahren, § 112 S. 2

Die Regelung in § 112 differenziert zwischen Beurkundungsverfahren (S. 1)[77] und hypothetischen[78] Beurkundungsverfahren (S. 2). Mit **hypothetischen Beurkundungsverfahren** sind zu vollziehende Urkunden gemeint, denen kein Beurkundungsverfahren zugrunde liegt, etwa lediglich unterschriftsbeglaubigte Urkunden,[79] privatschriftliche Urkunden[80] sowie Urkunden eines ausländischen 15

69 Streifzug durch das GNotKG Rn. 3412.
70 *Diehn/Volpert* NotarKostR Rn. 580.
71 Vgl. Korintenberg/*Tiedtke* § 112 Rn. 20.
72 *Diehn/Volpert* NotarKostR Rn. 2652.
73 *Diehn/Volpert* NotarKostR Rn. 2647.
74 LG Düsseldorf NJOZ 2016, 985; *Diehn* DNotZ 2013, 406 (408); Korintenberg/*Tiedtke* § 112 Rn. 6a.
75 Korintenberg/*Tiedtke* § 112 Rn. 12.
76 Vgl. Streifzug durch das GNotKG Rn. 3408.
77 LG Düsseldorf NJOZ 2016, 985.
78 Ebenso NK-GK/*Drempetic* § 112 Rn. 15.
79 Korintenberg/*Tiedtke* § 112 Rn. 18.
80 BT-Drs. 17/11471, 290; NK-GK/*Drempetic* § 112 Rn. 15.

Notars, deren Vollzug notarielle Tätigkeiten erfordert.[81] In diesen Konstellationen ist Geschäftswert der Wert, der maßgeblich wäre, wenn diese Urkunde Gegenstand eines Beurkundungsverfahrens wäre, § 112 S. 2. Die Vollzugsgebühren sind in KV Nr. 22120 ff. geregelt. Als Besonderheit ist KV Nr. 22124 hervorzuheben, eine Regelung, die einen Festbetrag iHv 20 EUR vorsieht, sofern sich die Vollzugstätigkeit auf die Übermittlung von Anträgen, Erklärungen oder Unterlagen an ein Gericht, eine Behörde oder einen Dritten (KV Nr. 22124 Nr. 1) oder auf die Prüfung der Eintragungsfähigkeit in den Fällen des § 378 Abs. 3 FamFG und des § 15 Abs. 3 GBO beschränkt (KV Nr. 22124 Nr. 2). In entsprechenden Konstellationen erübrigt sich die Ermittlung eines Geschäftswertes.[82]

V. Nicht abgegolten: Erzeugung von XML-Daten, KV Nr. 22114 und 22125

16 Die Gebühr für die Erzeugung[83] von strukturierten Daten im XML-Format oder einem vergleichbaren Format für eine automatisierte Weiterverarbeitung entsteht neben anderen Gebühren **gesondert**[84] und ist mit einem 0,3 Gebührensatz zu veranschlagen, **höchstens 250 EUR**, vgl. KV Nr. 22114.[85] In besonderen Vollzugskonstellationen (vgl. KV Vorb. 2.2.1.2)[86] beträgt der **Gebührensatz 0,6, höchstens 250 EUR**, vgl. KV Nr. 22125.[87] Die im Zusammenhang mit XML-Daten stehende notarielle Tätigkeit ist nicht mit anderen Vollzugstätigkeiten abgegolten und nicht Bestandteil der Vollzugsgebühren nach KV Nr. 22110–22113. In der Folge fällt die sog. XML-Gebühr gesondert an,[88] und zwar **urkundsbezogen für jede einzelne Urkunde**,[89] etwa für den Immobilienkaufvertrag und für die Finanzierungsgrundschuldurkunde. Ein besonderer **Auftrag** ist nicht erforderlich, vgl. KV Vorb. 2.2 Abs. 1.[90] Der Geschäftswert der sog. XML-Gebühr richtet sich nach § 112, maßgeblich ist der Geschäftswert des zugrunde liegenden Beurkundungsverfahrens,[91] § 112 S. 1, bzw. des hypothetischen Beurkundungsverfahrens, § 112 S. 2. Die Gebühr fällt auch dann nur **einmal** an, sollten in demselben Beurkundungsverfahren mehrfach XML-Daten erzeugt werden,[92] parallel oder zeitlich versetzt,[93] § 93 Abs. 1 S. 1. Ein Beispiel hierfür ist die Einreichung des Immobilienkaufvertrags zur Eintragung der Auflassungsvormerkung und zur Umschreibung des Eigentums.[94] Der

81 Ebenso Korintenberg/*Tiedtke* § 112 Rn. 2.
82 Korintenberg/*Tiedtke* § 112 Rn. 19.
83 Zur Erzeugung mithilfe von „XNotar" vgl. *Kersten* ZNotP 2019, 469.
84 *Kersten* ZNotP 2019, 469; Streifzug durch das GNotKG Rn. 3402; Korintenberg/*Tiedtke* § 112 Rn. 17.
85 *Wachter* GmbHR 2013, R241 (R242).
86 Der Notar erhält keine Gebühren für ein Beurkundungsverfahren oder der Notar nimmt eine Vollzugstätigkeit unter Beteiligung eines ausländischen Gerichts oder einer ausländischen Behörde vor, vgl. KV Vorb. 2.2.1.2; Streifzug durch das GNotKG Rn. 3456.
87 Vgl. *Diehn* DNotZ 2013, 406 (422); Streifzug durch das GNotKG Rn. 3456.
88 NK-GK/*Drempetic* § 112 Rn. 16; Streifzug durch das GNotKG Rn. 3455.
89 *Kersten* ZNotP 2019, 470.
90 *Diehn/Volpert* NotarKostR Rn. 575; *Diehn* DNotZ 2013, 406 (421); Streifzug durch das GNotKG Rn. 3457.
91 NK-GK/*Drempetic* § 112 Rn. 17; *Diehn* DNotZ 2013, 406 (422).
92 LG Düsseldorf ZNotP 2019, 466; *Kersten* ZNotP 2019, 468; *Diehn/Volpert* NotarKostR Rn. 576.
93 *Kersten* ZNotP 2019, 470.
94 Zur sukzessiven Einreichung vgl. *Kersten* ZNotP 2019, 470; Streifzug durch das GNotKG Rn. 3455.

Umfang der XML-Daten spielt keine Rolle,[95] die bloße Erzeugung strukturierter Daten im XML-Format oder einem vergleichbaren Format reicht aus, um eine XML-Gebühr zu generieren. Ebenso wenig spielt eine Rolle, ob der Empfänger die verfahrensrechtlich erforderliche XML-Daten auch nutzt.[96]

§ 113 Betreuungstätigkeiten

(1) Der Geschäftswert für die Betreuungsgebühr ist wie bei der Beurkundung zu bestimmen.

(2) Der Geschäftswert für die Treuhandgebühr ist der Wert des Sicherungsinteresses.

I. Grundlagen

1 Abs. 1 der Vorschrift regelt den **Geschäftswert für die – in KV Nr. 22200 abschließend geregelten – Betreuungstätigkeiten, Abs. 2 den Wert für Treuhandgebühren nach KV Nr. 22201**. Im Gegensatz zur **Betreuungsgebühr**, die in **demselben notariellen Verfahren nur einmal anfallen** kann (§ 93 Abs. 1), auch bei mehreren Beurkundungsgegenständen iSd § 86 (iVm §§ 110, 111; selbst bei Vergleichsberechnungen nach § 94; in Fällen des § 109 Abs. 2 gem. S. 2 nach dem höchsten Wert, bei § 109 Abs. 1 gem. S. 5 nach dem Hauptrechtsverhältnis; bei § 94: fiktiver Gesamtwert)[1] und mehreren Betreuungstätigkeiten (bspw. Fälligkeitsmitteilung (Nr. 2) und Vollzugsüberwachung (Nr. 3) im Kaufvertrag), fällt die **Treuhandgebühr pro Auftrag an**, dh bei mehreren Treugebern als auch mehreren Rechten entsteht eine **mehrfache Gebühr**.

II. Geschäftswert Betreuungsgebühr

2 Der **Geschäftswert der Betreuungsgebühr** (Abs. 1) **entspricht ausnahmslos demjenigen des zugrundeliegenden Beurkundungsverfahrens** iSv **§§ 8 ff. BeurkG**, selbst wenn sich die Betreuungstätigkeit nur auf einen Teil davon bezieht; entsprechendes gilt auch für Entwürfe mit Beglaubigung[2] oder eine Betreuungstätigkeit zu einem sonstigen Geschäft.[3] **Fehlt es an einem vorangegangenen Beurkundungsverfahren**, ist nach zutreffender Ansicht des KG die Vorschrift des **§ 112 S. 2 entsprechend** heranzuziehen, so dass Geschäftswert dann der Wert ist, der maßgeblich wäre, wenn eine der Betreuungstätigkeit zugrunde liegende Urkunde Gegenstand eines Beurkundungsverfahrens wäre.[4] Obwohl der Wortlaut beider Vorschriften eine Differenzierung vermuten lässt, sollen nach dem

95 *Kersten* ZNotP 2019, 468.
96 *Kersten* ZNotP 2019, 468.
1 Rohs/Wedewer/*Wudy* GNotKG § 113 Rn. 22.
2 *Volpert* RNotZ 2015, 276.
3 Korintenberg/*Tiedtke* § 113 Rn. 5.
4 KG 26.1.2021, ZNotP 2021, 232 (für den Fall der Vorkaufsrechtsausübung).

Willen des Gesetzgebers Vollzugs- und Betreuungsgebühr bei der Geschäftswertbestimmung parallel laufen.[5]

III. Nachträgliche Änderungen des zugrunde liegenden Beurkundungsverfahrens

3 Wird der ursprüngliche Kaufpreis in einer Nachtragsurkunde herabgesetzt, ist – nach Ansicht des OLG Jena – für die durch eine Kaufpreisfälligkeitsmitteilung entstehende Betreuungsgebühr (nur) der Wert der Veränderung des Rechtsverhältnisses (§ 97 Abs. 1, 2, 3; § 36 Abs. 1 Var. 2 „billiges Ermessen": Unterschiedsbetrag)[6] maßgeblich, nicht der Wert des veränderten Rechtsverhältnisses (endgültiger herabgesetzter Kaufpreis).[7] Dies ist nach hier vertretener Auffassung jedoch nur dann (wie im entschiedenen Fall) zutreffend, wenn bereits eine Fälligkeitsmitteilung aus dem ursprünglichen Kaufpreis erteilt wurde, da dann das zu bewertende Rechtsverhältnis lediglich die „Aufhebung der Fälligkeit in Höhe des Differenzbetrages" ist,[8] und sich die Betreuungstätigkeit insoweit nur auf die Nachtragsurkunde bezieht (vgl. §§ 113 Abs. 1, 93 Abs. 2).[9]

4 War der Kaufpreis zum Zeitpunkt der Nachtragsurkunde hingegen noch gar nicht fällig, bleibt zwar der Wert der Nachtragsurkunde der Unterschiedsbetrag; der für die Betreuungsgebühr nach § 113 Abs. 1 maßgebliche Wert des Beurkundungsverfahrens ist dann jedoch, nach hier vertretener Auffassung, der endgültige ermäßigte bzw. angepasste Kaufpreis (Wert des veränderten Rechtsverhältnisses), da der Nachtrag im Rahmen einer Gesamtschau Einfluss auf die zu vergleichenden und nach § 97 Abs. 3 relevanten Austauschleistungen hat. Daher ist – streng genommen in Abweichung des Gleichlaufs des Geschäftswerts – gerade nicht der Wert des ersten Beurkundungsverfahrens, dh der ursprüngliche Kaufpreis, der für die Betreuungsgebühr maßgebende Wert.[10] Dieses Ergebnis folgt auch aus §§ 96, 10, wonach es für die Wertberechnung auf die Fälligkeit der Gebühr ankommt und für letztere die Beendigung des Verfahrens bzw. Geschäfts entscheidend ist, mithin insoweit für die Betreuungsgebühr nach KV Nr. 22200 Nr. 2 die Versendung der Fälligkeitsmitteilung.[11] Entscheidend ist damit, ob sich die Betreuungstätigkeit ausschließlich auf die Vorurkunde, auf die Nachtragsurkunde oder – in einer Gesamtschau – auf beide Urkunden bezieht.[12] Eine nachträgliche Kaufpreisanpassung hat daher nur dann keine Auswirkungen auf die einmal entstandene Betreuungstätigkeit, wenn diese Tätigkeit sich in keiner Weise auf den Nachtrag auswirkt bzw. die Betreuungstätigkeit bereits veranlasst worden ist.[13]

---

5 Vgl. dazu ausführlich KG 26.1.2021, ZNotP 2021, 232 unter Verweis auf BT-Drs. 17/11471 – neu, 190 und Dörndorfer/Neie/Wendtland/Gerlach/*Berger* § 113 Rn. 9.

6 Korintenberg/*Tiedtke* § 97 Rn. 12, 14; Ländernotarkasse, Leipziger Kostenspiegel, Rn. 2.1118; *Diehn/Volpert* GNotKG-Praxis, Rn. 2594.

7 OLG Jena 23.4.2020 – 4 W 321/19, BeckRS 25189.

8 S. OLG Jena 23.4.2020 – 4 W 321/19, BeckRS 25189 Rn. 11; vgl. auch *Wudy* notar 2020, 213 (219).

9 Vgl. Rohs/Wedewer/*Wudy* GNotKG § 113 Rn. 27.

10 Ebenso Rohs/Wedewer/*Wudy* GNotKG § 113 Rn. 27; bzgl. der Vollzugsgebühr ebenso auf eine Gesamtschau abstellend, Rohs/Wedewer/*Wudy* GNotKG § 112 Rn. 15.

11 Vgl. zur Fälligkeit von Betreuungsgebühren Korintenberg/*Tiedtke* GNotKG KV 22200 Rn. 9.

12 Differenzierend auch Rohs/Wedewer/*Wudy* GNotKG § 113 Rn. 27.

13 Vgl. Renner/Otto/Heinze/Harder, GNotKG § 112 Rn. 29 für die Vollzugsgebühr, der jedoch diese Grundsätze auch für die Betreuungsgebühr anwendet.

Löst in einem aus **mehreren Beurkundungsgegenständen** bestehenden Verfahrens lediglich ein Teil die Betreuungsgebühr aus, ist trotzdem der nach § 35 addierte **Gesamtgeschäftswert** Grundlage der Betreuungsgebühr (**keine Teilwertbildung**).[14] 5

Im **Unterschied zur Vollzugsgebühr** ist der **Gebührensatz** der Betreuungsgebühr **ausnahmslos** 0,5, zudem gibt es keine auf 50 EUR gedeckelten „geringen Betreuungstätigkeiten". 6

IV. Geschäftswert Treuhandgebühr

Der **Geschäftswert der Treuhandgebühr** ist entsprechend des Wortlauts des Abs. 2 der (volle) **Wert des Sicherungsinteresses des jeweiligen Treugebers**, dh zzgl. Kosten der Löschungsbewilligung, Zinsen (Grundsatz des § 37 ist nicht anwendbar), Notarkosten (Gläubiger ist gem. § 29 Nr. 1 auch Schuldner) etc.[15] Anzustellende wirtschaftliche Betrachtungsweise führt dazu, dass **alleine Interesse des Sicherungsgebers** entscheidend ist.[16] Konsequent ist daher die mE zutreffende Ansicht, den **Wert des Sicherungsinteresses mit dem geforderten Ablösebetrag gleichzusetzen**, auch wenn dieser über dem Nominalbetrag des Grundpfandrechts (Grundschuldnennbetrag) liegt, mit dem Kaufpreis übereinstimmt oder (selten) gar über dem Kaufpreis liegt, da der Notar regelmäßig die zugrundeliegende Zweckerklärung nicht kennt – es sei denn, es liegt ein für den Notar offensichtlicher Irrtum des Ablösegläubigers vor.[17] Trotzdem sollte der Notar aufgrund seiner Amtspflicht zur Sachverhaltsermittlung **zumindest bei einem auffälligen Missverhältnis** den Gläubiger darauf hinweisen, dass allein der Wert des Sicherungsinteresses entscheidend ist und nicht automatisch der gesamte Kaufpreis.[18] Die teilweise gegebene Empfehlung, dass der Notar keinerlei Nachforschung zu betreiben hat und den geforderten Ablösebetrag ungeprüft seiner Kostenberechnung zugrunde legen kann, ist folglich etwas einzuschränken.[19] Wird hingegen kein Ablösebetrag verlangt, sondern zb Freigabe gegen Verpfändung eines anderen Grundstücks, ist Geschäftswert der Wert dieses Grundstücks.[20] 7

Selbst wenn sich dann **im Nachhinein herausstellt**, dass das Sicherungsinteresse im relevanten Zeitpunkt unrichtig eingeschätzt wurde bzw. der Treugeber materiellrechtlich die Treuhandauflage nicht in der mitgeteilten Höhe hätte erteilen dürfen, ist der **Geschäftswert grds. nicht anzupassen** (Ausnahme: klar erkennbarer Irrtum).[21] Dieses Ergebnis verstößt auch nicht gegen die allgemeinen Fälligkeitsvorschriften der §§ 96, 10, wonach für die Wertberechnung der Zeitpunkt der **Fälligkeit der Gebühr** (§ 96) und damit die **Beendigung des Verfahrens** (§ 10) entscheidend ist: Da das Sicherungsinteresse grds. derjenige Betrag 8

---

14 BT-Drs. 17/11471, 290.
15 *Wudy* NotBZ 2013, 211.
16 Toussaint/*Uhl* GNotKG § 113 Rn. 2.
17 *Tiedtke/Fackelmann* ZNotP 2015, 318; Übersteigt der Ablösebetrag den Kaufpreis, dürfte die Treuhandgebühr jedoch nicht entstehen, da der Treuhandauftrag dann -mangels Beachtung der Auflagen- nicht übernommen wird und das Anfordern der Unterlagen bereits mit der Vollzugsgebühr nach KV Nr. 22110 Nr. 9 abgegolten ist.
18 *Tiedtke/Fackelmann* ZNotP 2015, 318.
19 Etwas weitgehend LG Ansbach 18.10.2018 – 4 T 414/18; dazu auch *Schmidt* DNotZ 2019, 604.
20 LG Gera 6.9.2018 – 6 OH 39/17, NotBZ 2019, 77.
21 Renner/Otto/Heinze/*Renner* § 113 Rn. 15; Korintenberg/*Tiedtke* GNotKG § 113 Rn. 14a; LG Ansbach 18.10.2018 – 4 T 414/18; dazu auch *Schmidt* DNotZ 2019, 604; *Krauß* Immobilienkaufverträge Teil 3 Rn. 5130; aA OLG Hamm 1.6.2015 – ZNotP 2015, 318; Bormann/Diehn/Sommerfeldt/*Bormann* § 113 Rn. 9.

ist, den der Gläubiger bei Erteilung des Treuhandauftrags an sich verlangt, so dass der Notar nur bei Sicherstellung dieses Betrags von den ihm treuhänderisch überlassenen (Lastenfreistellungs-)unterlagen Gebrauch machen darf, kommt eine Nachbewertung (nach dem in § 10 genannten Zeitpunkt) insoweit grundsätzlich nicht in Betracht.[22] Anders bzw. einschränkend dürfte nur in den selten vorkommenden Fällen zu entscheiden sein, in denen der Gläubiger unmittelbar nach Erteilung des Treuhandauftrags diesen betragsmäßig korrigiert bzw. sogar gänzlich zurücknimmt. Da dann das zu bewertende Sicherungsinteresse ein anderes ist, hat dies Einfluss auf die Wertberechnung; die Gebühr entsteht nach KV Nr. 22201 erst mit Beachtung der – dann betragsmäßig dem Notar gemachten veränderten – Auflage (reine Entgegennahme der Urkunden ist nach hier vertretener Auffassung noch nicht die Beachtung der Auflage, sondern erst die Versendung der darauf basierenden Fälligkeitsmitteilung), wobei der endgültige Geschäftswert u.a. durch die Abhängigmachung der Verwendbarkeit der Lastenfreistellungsunterlagen von der Zahlung von Tageszinsen bis zum Zahlungseingang, regelmäßig erst nach Entlassung des Notars aus dem Treuhandauftrag (grds. Bestätigung des Zahlungseingang durch Gläubiger) feststeht.[23] Für Zeitpunkt der Wertberechnung ist erst die Fälligkeit der Gebühr entscheidend (nicht das Entstehen) und damit die Beendigung der gebührenauslösenden Tätigkeit (§§ 96, 10), dh Beendigung des Treuhandverhältnisses.[24]

9 Die Treuhandauflage muss von einem nicht unmittelbar am Beurkundungsverfahren beteiligten Dritten erteilt werden, bspw. Löschungsunterlagen mit Verwendungsauflagen von Ablösegläubigern);[25] wurde diese von einem Urkundsbeteiligten erteilt, kommt Betreuungsgebühr nach KV Nr. 22200 Nr. 3 in Betracht. Neben diesem durch nicht am Verfahren beteiligte Dritte entstehenden Mehraufwand werden auch die hohen Haftungsrisiken durch die Treuhandgebühr berücksichtigt.[26]

Unterabschnitt 4 Sonstige notarielle Geschäfte

§ 114 Rückgabe eines Erbvertrags aus der notariellen Verwahrung

Der Geschäftswert für die Rückgabe eines Erbvertrags aus der notariellen Verwahrung bestimmt sich nach § 102 Absatz 1 bis 3.

§ 115 Vermögensverzeichnis, Siegelung

[1]Der Geschäftswert für die Aufnahme von Vermögensverzeichnissen sowie für Siegelungen und Entsiegelungen ist der Wert der verzeichneten oder versiegelten Gegenstände. [2]Dies gilt auch für die Mitwirkung als Urkundsperson bei der Aufnahme von Vermögensverzeichnissen.

---

22 Vgl. Renner/Otto/Heinze/*Otto* § 96 Rn. 5b; Korintenberg/*Hey'l* § 96 Rn. 4.
23 Vgl. *Tiedtke/Fackelmann* ZNotP 2015, 319.
24 Vgl. *Tiedtke/Fackelmann* ZNotP 2015, 319.
25 *Wudy* NotBZ 2013, 225.
26 *Tiedtke/Fackelmann* ZNotP 2015, 318; *Tiedtke* Notarkasse Rn. 110; BT-Drs. 17/11471, 225.

§ 116 Freiwillige Versteigerung von Grundstücken

(1) Bei der freiwilligen Versteigerung von Grundstücken oder grundstücksgleichen Rechten ist der Geschäftswert nach dem Wert der zu versteigernden Grundstücke oder grundstücksgleichen Rechte zu bemessen für

1. die Verfahrensgebühr,
2. die Gebühr für die Aufnahme einer Schätzung und
3. die Gebühr für die Abhaltung eines Versteigerungstermins.

(2) Bei der Versteigerung mehrerer Grundstücke wird die Gebühr für die Beurkundung des Zuschlags für jeden Ersteher nach der Summe seiner Gebote erhoben; ist der zusammengerechnete Wert der ihm zugeschlagenen Grundstücke oder grundstücksgleichen Rechte höher, so ist dieser maßgebend.

§ 117 Versteigerung von beweglichen Sachen und von Rechten

Bei der Versteigerung von beweglichen Sachen und von Rechten bemisst sich der Geschäftswert nach der Summe der Werte der betroffenen Sachen und Rechte.

§ 118 Vorbereitung der Zwangsvollstreckung

Im Verfahren über die Vollstreckbarerklärung eines Schiedsspruchs mit vereinbartem Wortlaut oder über die Erteilung einer vollstreckbaren Ausfertigung bemisst sich der Geschäftswert nach den Ansprüchen, die Gegenstand der Vollstreckbarerklärung oder der vollstreckbaren Ausfertigung sein sollen.

§ 118a Teilungssachen

[1]Geschäftswert in Teilungssachen nach § 342 Absatz 2 Nummer 1 des Gesetzes über das Verfahren in Familiensachen und in den Angelegenheiten der freiwilligen Gerichtsbarkeit ist der Wert des den Gegenstand der Auseinandersetzung bildenden Nachlasses oder Gesamtguts oder des von der Auseinandersetzung betroffenen Teils davon. [2]Die Werte mehrerer selbständiger Vermögensmassen, die in demselben Verfahren auseinandergesetzt werden, werden zusammengerechnet. [3]Trifft die Auseinandersetzung des Gesamtguts einer Gütergemeinschaft mit der Auseinandersetzung des Nachlasses eines Ehegatten oder Lebenspartners zusammen, wird der Wert des Gesamtguts und des übrigen Nachlasses zusammengerechnet.

§ 119 Entwurf

(1) Bei der Fertigung eines Entwurfs bestimmt sich der Geschäftswert nach den für die Beurkundung geltenden Vorschriften.

(2) Der Geschäftswert für die Fertigung eines Serienentwurfs ist die Hälfte des Werts aller zum Zeitpunkt der Entwurfsfertigung beabsichtigten Einzelgeschäfte.

§ 120 Beratung bei einer Haupt- oder Gesellschafterversammlung

[1]Der Geschäftswert für die Beratung bei der Vorbereitung oder Durchführung einer Hauptversammlung oder einer Gesellschafterversammlung bemisst sich nach der Summe der Geschäftswerte für die Beurkundung der in der Versamm-

lung zu fassenden Beschlüsse. [2]Der Geschäftswert beträgt höchstens 5 Millionen Euro.

§ 121 Beglaubigung von Unterschriften oder Handzeichen

Der Geschäftswert für die Beglaubigung von Unterschriften oder Handzeichen bestimmt sich nach den für die Beurkundung der Erklärung geltenden Vorschriften.

[§ 121 ab 1.8.2022:]

§ 121 Beglaubigung von Unterschriften, Handzeichen oder qualifizierten elektronischen Signaturen

Der Geschäftswert für die Beglaubigung von Unterschriften, Handzeichen oder qualifizierten elektronischen Signaturen bestimmt sich nach den für die Beurkundung der Erklärung geltenden Vorschriften.

§ 122 Rangbescheinigung

Geschäftswert einer Mitteilung über die dem Grundbuchamt bei Einreichung eines Antrags vorliegenden weiteren Anträge einschließlich des sich daraus ergebenden Rangs für das beantragte Recht (Rangbescheinigung) ist der Wert des beantragten Rechts.

§ 123 Gründungsprüfung

[1]Geschäftswert einer Gründungsprüfung gemäß § 33 Absatz 3 des Aktiengesetzes ist die Summe aller Einlagen. [2]Der Geschäftswert beträgt höchstens 10 Millionen Euro.

§ 124 Verwahrung

[1]Der Geschäftswert bei der Verwahrung von Geldbeträgen bestimmt sich nach der Höhe des jeweils ausgezahlten Betrags. [2]Bei der Entgegennahme von Wertpapieren und Kostbarkeiten zur Verwahrung ist Geschäftswert der Wert der Wertpapiere oder Kostbarkeiten.

I. Grundlagen

1 Die Vorschriften regeln in der notariellen Praxis eher seltener vorkommende Tätigkeiten, mit Ausnahme der **Geschäftswertvorschriften über Entwürfe** (§ 119) sowie **Beglaubigungen** (§ 121), wobei erwähnenswert auch § 114 (**Rückgabe eines Erbvertrags aus der not. Verwahrung**), § 120 (**Beratung bei Haupt- oder Gesellschafterversammlung**) sowie § 122 (**Rangbescheinigung**) sind. Ergänzend zu den Geschäftswertvorschriften der §§ 114 ff. finden sich Regelungen **im Hauptabschnitt 3 des KV** (sonstige notarielle Verfahren) unter **KV Nr. 23100 ff.** (**§§ 114–118a**), **im Hauptabschnitt 4 des KV** (Entwurf, Beratung) unter **KV Nr. 24100 ff.** (**§§ 119, 120**) sowie **im Hauptabschnitt 5 des KV** (sonstige Geschäfte) unter **25100 ff.** (**§§ 121–124**). Zwar fertigt der Notar grds. auch bei den sonstigen notariellen Verfahren (Hauptabschnitt 3) eine (gebührenfreie) Niederschrift, diese steht in diesen Angelegenheiten jedoch nicht im Vordergrund.[1]

II. Entwürfe (§ 119)

2 § 119 ist eine immer bei Entwürfen mitzuzitierende Vorschrift, die **Geschäftswerte für Entwürfe** (**§ 119 Abs. 1**) sowie **Serienentwürfe** (**§ 119 Abs. 2**) vereinfachend dahin gehend regelt, dass im Grundsatz die **für das Beurkundungsverfahren geltenden Vorschriften** (§§ 97 ff., erweiternd ebenso entspr. §§ 93, 94[2] sowie die ohnehin geltenden allg. Bewertungsvorschriften) **auch für Entwürfe Anwendung finden**. Notwendigkeit des Verweises verdeutlicht, dass insoweit von § 119 **ausschließlich Entwürfe außerhalb eines Beurkundungsverfahrens, dh eigenständige notarielle Tätigkeit, bspw. Beglaubigung**, erfasst ist, vgl. KV Vorb. 2.4.1. Abs. 1.[3] Geschäftswert (der Fertigung, Änderung, Ergänzung, Prüfung) des Entwurfs unterliegt keinem Spielraum iSe Rahmens, sondern ist immer anhand der Wertvorschriften zu bestimmen; **erst im zweiten Schritt sind KV Nr. 24100 ff.** heranzuziehen, wobei sich die **Gebührensatzrahmen nach der Tätigkeit des Notars im jeweiligen Fall** richten, insbes. Umfang der Überprüfung, Änderung, Ergänzung eines Fremdentwurfs sowie Erstellung eines Entwurfs (§ 92 Abs. 1), wobei nach § 92 Abs. 2 bei **vollständiger Entwurfserstellung die Höchstgebühr** zu erheben ist, was auch bei **vollständiger bzw. umfassender Überprüfung bzw. Überarbeitung eines Fremdentwurfs** vorgeschlagen wird.[4] Zusätzlich können **Vollzugs- und Betreuungsgebühren** entstehen.[5] Entstehen letztere in einem anderen Beurkundungsverfahren, können insoweit (beim selben Notar) keine Entwurfsgebühren abgerechnet werden, vgl. KV Vorb. 2.2 Abs. 2. **Keine Anwendung findet § 119** bei Beglaubigung eines komplett ohne **Prüfung und Änderung übernommenen Fremdentwurfs**, aber auch bei Entwürfen in Fällen des spezielleren KV Nr. 21302 **bei vorzeitiger Beendigung des Beurkundungsverfahrens. In Abs. 2** sieht der Gesetzgeber eine **„Ermäßigung"** für sog. **Serienentwürfe** vor (**halber Wert aller beabsichtigten Einzelgeschäfte**), dh sobald der Entwurf zur Verwendung für mehrere (ausreichend sind bereits zwei)[6] gleichartige Rechtsgeschäft oder Erklärungen beabsichtigt ist (KV Vorb. 2.4.1 Abs. 5), sowie Regelungen in KV Vorb. 2.4.1 Abs. 7 und KV Nr. 24103.

---

1 Weingärtner/Gassen/Sommerfeldt/*Sommerfeldt* DONot Hauptabschn. 3 Rn. 69.
2 Bormann/Diehn/Sommerfeldt/*Bormann* § 119 Rn. 5.
3 Renner/Otto/Heinze/*Heit/Schreiber* § 119 Rn. 9, 10; Bormann/Diehn/Sommerfeldt/*Bormann* § 119 Rn. 2.
4 So Bormann/Diehn/Sommerfeldt/*Bormann* § 119 Rn. 2.
5 Bormann/Diehn/Sommerfeldt/*Bormann* § 119 Rn. 8.
6 Toussaint/*Uhl* § 119 Rn. 1.

III. Beglaubigungen (§ 121)

3 Die Vorschrift betrifft die nach **KV Nr. 25100 entstehenden Gebühren bei sog. Unterschrifts- bzw. Handzeichenbeglaubigungen** (§ 40 BeurkG), **nicht bei Dokumentenbeglaubigungen.**[7] Der vom Bundestag am 10.6.2021 beschlossene **Entwurf des Gesetzes zur Umsetzung der Digitalisierungsrichtlinie (DiRUG)** sieht Ausweitung auf -und kostenrechtliche Gleichstellung für- die **Beglaubigung von qualifizierten elektronischen Signaturen** vor, vgl. Art. 10 Nr. 6.[8]

4 Der **Geschäftswert** bestimmt sich auch hier, ähnlich der Verweisung in § 119 für Entwürfe, nach den **Vorschriften der Beurkundungsverfahren** (§§ 34 ff., 95 ff., subsidiär § 36, sowie bei Mehrheit von Erklärungen §§ 35, 86, 109 ff.) und ist so zu bestimmen, wie wenn das Rechtsgeschäft mit der Unterschrift bzw. dem Handzeichen beurkundet worden wäre.[9] **Geschäftswerte sind bei Mehrheit von (gegenstandsverschiedenen) Erklärungen zwar zu addieren** (§ 35), **hingegen fällt** Wertgebühr KV Nr. 25100 als auch Festgebühr KV Nr. 25101 **bei nur einem Beglaubigungsvermerk nur einmal an.**[10] **Eine Mehrheit von Unterzeichnern hat** zwar grds. auf den Gebührensatz keine Auswirkungen (vgl. KV Nr. 25100 Abs. 2, bei Beglaubigung in einem Vermerk), kann sich aber auf den zu bestimmenden Geschäftswert der Urkunde auswirken. Insoweit ist wie folgt zu differenzieren: grds. ist auch bei nur einer von mehreren erforderlichen Unterschriften bspw. in einem **Vertrag der volle Gesamtgeschäftswert** entscheidend; bei einer sog. bloßen **Mitberechtigung** wie bspw. Erbauseinandersetzung; Gesellschaftsvertrag (Grundsatz des § 98 Abs. 2), kommt es auf den **Anteil des jeweiligen Mitberechtigten (Quote bzw. Bruchteil)** an;[11] ebenso wenn im Fall von mehreren Erklärungen der Unterzeichner **nicht an allen Erklärungen beteiligt** ist.[12] Auch bei sog. Blankounterschriftbeglaubigungen und solchen in fremder Sprache darf nicht vorschnell auf § 36 Abs. 3 zurückgegriffen werden.[13] Liegt einer der Fälle der **KV Nr. 25101** vor, beträgt die **Festgebühr 20 EUR.**

IV. Weitere notarielle Geschäfte

5 **1. Rückgabe eines Erbvertrags aus notarieller Verwahrung (§ 114).** Während die **Rückgabe aus besonderer amtlicher Verwahrung gebührenfrei** erfolgt (KV Nr. 12100), **fällt für die Rückgabe aus notarieller Verwahrung** (§ 34 Abs. 3 BeurkG, § 2274 ff. BGB) u.a. wg. notarieller Prüfungs- und Belehrungspflichten **0,3 Gebühr nach KV Nr. 23100** an, deren **Geschäftswert sich nach § 102 Abs. 1–3** richtet, dh wie bei einer Beurkundung des Erbvertrags.[14] **Auslegung der Vorschrift eng am Wortlaut der Rückgabe** führt dazu, dass nur der Antrag auf Rückgabe noch keine Gebühr auslöst,[15] die Ablieferung an das Nachlassgericht durch Notar (§ 34a Abs. 3 BeurkG) nicht darunterfällt und der **Zeitpunkt der Fälligkeit** (§§ 96, 10) **die Beendigung des Geschäfts, dh die Rückgabe selbst** ist, so dass man in den wenigsten Fällen (nur bei engem zeitlichem Zusammen-

7 Toussaint/*Uhl* § 121 Rn. 1.
8 BT-Drs. 19/28177, S. 30 v. 31.3.2021, geplantes Inkrafttreten des Gesetzes ist der 1.8.2022, vgl. Art. Art. 31 Abs. 1 DiRUG-E.
9 BGH NZM 2009, 87; Bormann/Diehn/Sommerfeldt/*Bormann* § 121 Rn. 3; Renner/Otto/Heinze/*Arnold* § 121 Rn. 8.
10 BGH 23.1.2020 – V ZB 70/19.
11 Bormann/Diehn/Sommerfeldt/*Bormann* § 121 Rn. 5.
12 Renner/Otto/Heinze/*Arnold* § 121 Rn. 7, 13; BeckOK KostR/Berger § 121 Rn. 4; Korintenberg/*Sikora* § 121 Rn. 7.
13 Renner/Otto/Heinze/*Arnold* § 121 Rn. 17.
14 Bormann/Diehn/Sommerfeldt/*Bormann* § 114 Rn. 2.
15 OLG Düsseldorf 14.6.2018 – I-10 W 39/18.

hang) als Geschäftswert denjenigen der vorherigen Beurkundung heranziehen kann.[16] Folge der Rückgabe ist, dass der Erbvertrag als widerrufen gilt (§§ 2300 Abs. 2, 2256 Abs. 1 BGB); wird **demnächst (dh sechs Monate bis zu einem Jahr, jeweils einzelfallabhängig)** beim selben **Notar** eine erneute **Verfügung von Todes wegen** errichtet, ist **Anrechnungsbestimmung** (Anm. zu KV Nr. 23100) zu beachten.[17]

2. Beratung Haupt- oder Gesellschafterversammlung (§ 120). § 120 ist die einzige Vorschrift des GNotKG, die den **Geschäftswert einer Beratungstätigkeit besonders regelt** und insoweit **§ 36 als lex specialis vorgeht**; mangels einer für Entwürfe oder Beglaubigungen vergleichbaren Vorschrift wie §§ 119, 121 gilt, mit Ausnahme der **KV Nr.** 24203, für nach KV Nr. 24200 ff. abzurechnende Beratungstätigkeiten grds. § 36, wobei die Rechtsgedanken der Geschäftswertvorschriften für das Beurkundungsverfahren herangezogen werden können, wenn der Beratungsgegenstand Beurkundungsgegenstand hätte sein können.[18] 6

Die Vorschrift des § 120 regelt Geschäftswert sowohl bzgl. der (teils aufwendigen) Beratung **bei der Vorbereitung oder der Durchführung einer jeden Versammlung von sämtlichen (in- und ausländischen) Personen- und Kapitalgesellschaften (weite Auslegung).**[19] Selbst wenn Beratung sowohl Vorbereitung als auch Durchführung betrifft, fällt Gebühr nur einmal an, wobei der idR dann höhere Aufwand beim Gebührensatz berücksichtigt werden kann.[20] 7

Die **Beratungsgebühr als Rahmengebühr** (KV Nr. 24203) fällt häufig **neben der Beurkundungsgebühr** an, da Notar **keine umfassende allgemeine Beratungspflicht** bspw. die einzelnen Beschlussgegenstände betreffend hat; **Abgeltungsumfang** (KV Vorb. 2.1 Abs. 1) des **Beurkundungsverfahrens** bezieht sich – entsprechend des Wortlauts- **nur** auf **Vorbereitung und Durchführung der Beurkundung** sowie **Beschaffung der Information** und damit bei Beschlüssen auf die **Wiedergabe der Gesamtwillensbildung**;[21] die Abgrenzung ist teilweise anspruchsvoll, v.a. wenn der Beurkundungsauftrag (zur Beurkundung der Haupt- bzw. Gesellschafterversammlung) zeitgleich vorlag.[22] Der **Geschäftswert** setzt sich aus der Summe (§ 35) der geplanten, Beratung erhaltenen, Beschlüsse zusammen (vgl. die Wertvorschriften für Beschlüsse §§ 108, 105, 97, 109 Abs. 2 Nr. 4), wobei unerheblich ist, ob die Beschlüsse dann auch später gefasst bzw. beurkundet wurden.[23] Diese Auslegung verdeutlicht der Wortlaut der Norm, in der von **„zu fassenden"** und nicht von „gefassten" **Beschlüssen** die Rede ist;[24] **maximal 5 Mio. EUR** (§ 120 S. 2). **Typische Beratungsleistungen** betreffen häufig Einladungen, Tagesordnung, Leitfaden, Gegenanträge, Abstimmungsergebnisse.[25] 8

16 Renner/Otto/Heinze/*Zimmer* § 114 Rn. 8; Bormann/Diehn/Sommerfeldt/*Bormann* § 114 Rn. 3; Korintenberg/*Tiedtke* § 114 Rn. 1.
17 Notarkasse, Streifzug Rn. 972 (sechs Monate); Korintenberg/*Gläser* § 114 Rn. 4 (bis zu einem Jahr).
18 Bormann/Diehn/Sommerfeldt/Diehn KV Nr. 24200 Rn. 20.
19 Vgl. Renner/Otto/Heinze/Heinze § 120 Rn. 2, 3; BeckOK/*Berger* KV 24203 Rn. 7, 8; engere Auslegung durch Rohs/Wedewer/*Waldner* § 120 Rn. 2.
20 Vgl. auch Bormann/Diehn/Sommerfeldt/*Bormann* § 120 Rn. 6.
21 Bormann/Diehn/Sommerfeldt/*Diehn* KV Nr. 21100 Rn. 20.
22 Toussaint/*Uhl* § 120 Rn. 2.
23 Toussaint/*Uhl* § 120 Rn. 3; Bormann/Diehn/*Sommerfeldt* § 120 Rn. 6; mit zahlreichen Beispielen Korintenberg/*Fackelmann* § 120 Rn. 8 ff.
24 Ebenso Renner/Otto/Heinze/*Heinze* § 120 Rn. 9.
25 Beispiele in Bormann/Diehn/Sommerfeldt/*Bormann* § 120 Rn. 3 und Renner/Otto/Heinze/*Heinze* § 120 Rn. 5.

9 **3. Rangbescheinigung** (§ 122). Der Geschäftswert ist der **Wert des beantragten Rechts** (idR daher §§ 53 Abs. 1, 37 Abs. 1 für Grundpfandrechte; aber auch Vormerkungen sowie andere Eintragungen in Abt. II und III) aus einem **Gebührensatz von 0,3** (KV Nr. 25201), dessen Höhe sich aus dem hohen Haftungsrisiko des Notars ergibt, da es sich **nicht bloß** um eine **Auskunft bzw. Mitteilung** über den **Grundbuchinhalt** oder anderen Tatsachen handelt (dann evtl. KV Nr. 25104 bzw. 25209), sondern um eine **Äußerung von gutachterlicher Qualität.**[26] Der Notar muss **prüfen und bestätigen**, dass Vollzugshindernisse, bspw. weitere hindernde Anträge beim Grundbuchamt, nach den dem Notar **zumutbaren Erkenntnisquellen** (zb Grundbucheinsicht, Markentabelle, Nebenakten, Grundakten) nicht bestehen (der Geschäftseingang des Grundbuchamts muss nicht überprüft werden) **und** (als Folgerung), **dass der beantragte Rang zu erreichen ist.**[27] **Nicht darunter** fällt die Mitteilung der (rangrichtigen) **Eintragung von Rechten**, bspw. der Vormerkung, die bereits mit der Betreuungsgebühr abgegolten ist (vgl. Anm. zu KV Nr. 25209), oder die erfolgte **Einreichung zum Vollzug beim Grundbuchamt;**[28] sonst Gebühr aus KV Nr. 25209; insgesamt **abzugrenzen** von – sich in Feststellung von Tatsachen erschöpfender – Tatsachenbescheinigung (KV Nr. 25104).[29]

10 **4. Sonstige Geschäfte. a) Vermögensverzeichnisse, (Ent-)Siegelungen** (§ 115 GNotKG). Der Geschäftswert für **Vermögensverzeichnisse und (Ent-)Siegelungen** richtet sich gem. **§ 115** nach dem **Wert der jeweiligen Gegenstände** unter Geltung der allgemeinen Bewertungsvorschriften (§§ 35 ff., 46 ff.) zum Zeitpunkt des jeweiligen Erbfalls, so dass auch Vorschriften wie bspw. §§ 35 Abs. 1 und 38 Anwendung finden; § 102 Abs. 1 S. 2 findet keine, auch keine analoge, Anwendung.[30] Der Anwendbarkeit des § 38 steht -entgegen der wohl (noch) überwiegenden Meinung- nicht entgegen, dass **neben den Aktiva** auch die Werte des **passiven (Nachlassverbindlichkeiten) sowie fiktiven Nachlasses** werterhöhend zu berücksichtigen sind.[31] **Gebühren(sätze)** bestimmen sich nach **KV Nr. 23500 ff.**[32]

11 **b) Freiwillige Versteigerung von Grundstücken** (§ 116 GNotKG) **sowie Versteigerung von beweglichen Sachen und Rechten** (§ 117 GNotKG). Werden durch den Notar **Grundstücke oder grundstücksgleiche Rechte (bspw. Wohnungseigentum, Erbbaurechte) zur Veräußerung oder Verpachtung freiwillig versteigert**, richtet sich gem. **§ 116** der Geschäftswert nach deren Wert, wobei in den Fällen des **Abs. 1** ausschließlich der Verkehrswert nach § 46 (§ 49) entscheidend ist, in den Fällen des **Abs. 2** sowie für die **Beurkundung des Zuschlags** (§ 156 BGB) bei der Versteigerung zu Veräußerungszwecken **§ 47**, bei der Versteigerung zu Pachtzwecken **§ 99.**[33] Die **Gebühren(sätze)** bestimmen sich nach **KV Nr. 23600 ff.**, wobei

---

26 Bormann/Diehn/Sommerfeldt/*Pfeiffer* § 122 Rn. 2; Toussaint/*Uhl* § 122 Rn. 1.
27 Korintenberg/*Sikora* § 122 Rn. 5; BT-Drs. 17/11471 (neu), 191; BR-Drs. 517/12, 279; Musterformulierungen der BNotK 5/1999 vom 17.2.1999 unter DNotZ 1999, 369 ff.
28 Korintenberg/*Sikora* § 122 Rn. 6.
29 Dazu Rohs/Wedewer/*Wolfram* § 122 Rn. 6.
30 LG Cottbus 4.5.2016 – 7 OH 8/15, NotBZ 2016, 354.
31 LG Münster 29.6.2020, ZEV 2021, 106 (Berücksichtigung der Nachlassverbindlichkeiten mit deren Nominalwert); Bormann/Diehn/Sommerfeldt/*Diehn* § 115 Rn. 4; seit der aktuellen 13. Aufl. 2021 nun auch Notarkasse, Streifzug Rn. 3172a (noch aA in der 12. Aufl.); aA Korintenberg/*Gläser* § 115 Rn. 5; Rohs/Wedewer/*Waldner* § 115 Rn. 2.
32 S. für beispielhafte Aufzählung von Vermögensverzeichnissen, Bormann/Diehn/Sommerfeldt/*Pfeiffer* § 115 Rn. 1; Korintenberg/*Gläser* § 115 Rn. 2.
33 Bormann/Diehn/Sommerfeldt/*Pfeiffer* § 116, Rn. 2 ff.

die Beurkundung des Zuschlags in den dort genannten Fällen gebührenfrei ist; ist sie das nicht, ist der Kostenschuldner nach § 31 Nr. 1 nur der Ersteher. Zudem wird die Beurkundung des Zuschlags in **§ 109 Abs. 1 S. 4 Nr. 1 Hs. 2** dem Kaufvertrag gleichgestellt, so dass in den Fällen des **§ 109 Abs. 1 S. 4 Nr. 1 lit. a–c** Gegenstandsgleichheit vorliegt. Werden hingegen **bewegliche Sachen und Rechte (bspw. GmbH-Anteile) versteigert**, richten sich die Gebühren nach **KV Nr. 23700** und deren Geschäftswerte (**§ 117**) nach den **allgemeinen Bewertungsvorschriften** der §§ 35 ff. (bspw. §§ 46 und 54), dh bei Kaufverträgen durch Zuschlag nach § 47, wobei auch § 109 entsprechende Anwendung findet.[34]

c) **Vorbereitung der Zwangsvollstreckung** (§ 118 GNotKG). **§ 118** sowie **KV Nr. 23801, 23803** betreffen die **Vorbereitung der Zwangsvollstreckung; Geschäftswert** bemisst sich nach den **Ansprüchen, die Gegenstand der Vollstreckbarerklärung oder der vollstreckbaren Ausfertigung sein sollen** (nicht: Gegenstand des Schiedsspruchs oder der Urkunde);[35] derjenige der einzelnen Ansprüche richtet sich nach den allgemeinen Wertvorschriften.[36] 12

d) **Teilungssachen** (§ 118a GNotKG). **Der Geschäftswert** in der Praxis selten **vorkommender notarieller Vermittlungsverfahren bzw. Teilungssachen** nach § 23a Abs. 3 GVG iVm § 342 Abs. 2 Nr. 1, 363 ff. FamFG (sog. förmliche Auseinandersetzung) richtet sich gem. **§ 118a** nach dem **Wert des Auseinandersetzungsgegenstandes, dh gesamter Wert des Nachlasses bzw. Gesamtguts bei vollständiger Auseinandersetzung** – jedoch auch, wenn der ursprünglich mit der Vermittlung des gesamten Nachlasses beauftragte Notar dann lediglich teilweise Einigung bestätigt[37] – bzw. bei **nur teilweiser Auseinandersetzung der Wert des jeweiligen Gegenstandes**, je Erblasser, wobei Bewertung nach allgemeinen Vorschriften (§§ 35 ff., damit auch § 38 S. 2, dh ohne Schuldenabzug, bspw. von Vermächtnissen) vorzunehmen ist;[38] **in den Fällen des S. 2 und 3 erfolgt Zusammenrechnung**. Die jeweiligen Gebühren(sätze) sind in **KV Nr. 23900 ff.** geregelt., wobei der mit 6,0 höchster Gebührensatz des GNotKG den erheblichen Aufwand des Notars für die Vermittlung vergüten soll,[39] und nur bei Beendigung durch Bestätigung nach § 368 FamFG abgeschlossen wird.[40] 13

e) **Gründungsprüfung** (§ 123 GNotKG). **Geschäftswert der notariellen Gründungsprüfung** (§ 33 Abs. 3 AktG) bestimmt sich nach der § 107 vorgehenden Vorschrift des **§ 123** mit einem **Gebührensatz von 1,0 (KV Nr. 25206)** und berechnet sich aus der derzeitigen **Summe der Werte aller Gründungseinlagen sowie Aufgelder und anderer als Agio vereinbarter Leistungen**, wobei auch hier die allgemeinen Wertregeln Anwendung finden.[41] **Mindestgebühr** sind **1.000 EUR, Höchstgeschäftswert 10 Mio. EUR** (entsprechend § 107 Abs. 1), was einer Höchstgebühr von 11.385 EUR entspricht.[42] 14

---

34 Bormann/Diehn/Sommerfeldt/*Pfeiffer* § 117 Rn. 3; vgl. Renner/Otto/Heinze/*Zimmer* § 117 Rn. 1 ff.; dazu auch Rohs/Wedewer/*Waldner* § 117 Rn. 2, unter Hinweis auf die umstr. Frage, ob der Erlös maßgeblich ist, stellt *Wudy* ausnahmslos auf den jeweiligen Verkehrswert ab.

35 Bormann/Diehn/Sommerfeldt/*Pfeiffer* § 118 Rn. 3.

36 Toussaint/*Uhl* § 118 Rn. 1; ausführlich dazu Renner/Otto/Heinze/*Zimmer* § 118 Rn. 1 ff.

37 LG Köln 28.2.2018, RNotZ 2018, 346.

38 Toussaint/*Uhl* KostR § 118a Rn. 2; ausführlich zu § 118a unter Hinweis auf die geringe praktische Bedeutung, Rohs/Wedewer/*Waldner* § 118a Rn. 1 ff.

39 Vgl. Renner/Otto/Heinze/*Zimmer* § 118a Rn. 1 ff.; Bormann/Diehn/Sommerfeldt/*Diehn* KV 23900 Rn. 6.

40 Dazu auch *Felix* RNotZ 2019, 606 (613).

41 Toussaint/*Uhl* § 123 Rn. 2.

42 Dazu BeckOK KostR/*Berger* KV 25206 Rn. 5.

15 f) Verwahrung (§ 124 GNotKG). Verwahrt der Notar Geldbeträge, (echte) Wertpapiere (bspw. Aktien; nicht Sparbücher) und Kostbarkeiten (bspw. Schmuckstücke, Edelsteine), vgl. § 23 BNotO, § 57 ff. BeurkG, bestimmt sich der Geschäftswert nach § 124, der (Hebe-)Gebührensatz nach KV Nr. 25300, 25301.[43] Bei der Verwahrung von Geld ist der Nennbetrag der jeweiligen Auszahlung entscheidend, bei Wertpapieren und Kostbarkeiten deren nach den allgemeinen Bewertungsvorschriften der §§ 46 ff. zu ermittelnder Wert, wobei nach § 96 bei Geld der (Kurs-)Wert im Zeitpunkt der Auszahlung, bei Wertpapieren und Kostbarkeiten derjenige im Zeitpunkt der Entgegennahme entscheidend ist.[44] Werden andere Sachen, nach hier vertretener Auffassung auch elektronische Datenträger, verwahrt (§ 24 Abs. 1 S. 1 BNotO), ist nach § 126 Abs. 1 S. 2 ein öffentlich-rechtlicher Vertrag zu schließen.[45]

Abschnitt 5 Gebührenvereinbarung

§ 125 Verbot der Gebührenvereinbarung

Vereinbarungen über die Höhe der Kosten sind unwirksam, soweit sich aus der folgenden Vorschrift nichts anderes ergibt.

§ 126 Öffentlich-rechtlicher Vertrag

(1) [1]Für die Tätigkeit des Notars als Mediator oder Schlichter ist durch öffentlich-rechtlichen Vertrag eine Gegenleistung in Geld zu vereinbaren. [2]Dasselbe gilt für notarielle Amtstätigkeiten, für die in diesem Gesetz keine Gebühr bestimmt ist und die nicht mit anderen gebührenpflichtigen Tätigkeiten zusammenhängen. [3]Die Gegenleistung muss unter Berücksichtigung aller Umstände des Geschäfts, insbesondere des Umfangs und der Schwierigkeit, angemessen sein. [4]Sofern nichts anderes vereinbart ist, werden die Auslagen nach den gesetzlichen Bestimmungen erhoben.

(2) Der Vertrag bedarf der Schriftform.

(3) [1]Die §§ 19, 88 bis 90 gelten entsprechend. [2]Der vollstreckbaren Ausfertigung der Kostenberechnung ist eine beglaubigte Kopie oder ein beglaubigter Ausdruck des öffentlich-rechtlichen Vertrags beizufügen.

43 Ausführlich und mit zahlreichen Beispielen Renner/Otto/Heinze/*Renner* § 124 Rn. 1 ff.
44 Bormann/Diehn/Sommerfeldt/*Diehn* § 124 Rn. 2, 3.
45 Korintenberg/*Schwarz* § 124 Rn. 2 ff.; BeckOK KostR/*Berger* § 124 Rn. 1; → § 126 Rn. 12.

I. Verbot der Gebührenvereinbarung, § 125

1. Grundlagen. Die Vorschrift ergänzt **§ 17 Abs. 1 S. 1 BNotO**, wonach für Notare eine **Amtspflicht zur Gebührenerhebung** besteht. **Abweichende Gebührenvereinbarungen für notarielle Amtstätigkeiten** (vgl. **§§ 20–24 BNotO**) sind – mit der **einzigen Ausnahme** des **§ 126 – unzulässig und nichtig**, es handelt sich um einen öffentlich-rechtlichen Anspruch.[1] Die Vorschrift ist **weit auszulegen**, so dass auch **sämtliche Umgehungen** unzulässig sind, bspw. **Regelungen zur Fälligkeit** bzw. über den Geschäftswert[2] oder auch die **Rückerstattung** von oder der **Verzicht** auf Gebühren.[3] **Gebührenermäßigungen bzw. -befreiungen** kommen damit **nur in den abschließend genannten Fällen des § 17 BNotO** in Betracht und **stehen nicht zur Disposition des Notars**; auch nicht im Fall der nach § 126 zulässigen Gebührenvereinbarung. 1

2. Unzulässige Nichterhebung sowie Erhebung unrichtiger Gebühren. Neben der bereits nach **Wortlaut** der Norm unzulässigen Vereinbarung (**zu hoher** als **auch zu niedriger**) **Gebühren**, ist – unter Heranziehung des § 17 BNotO – auch die **Nichterhebung** sowie die **Erhebung unrichtiger Gebühren, anstelle der Gebühren, die dem Notar nach dem GNotKG zustehen**, unzulässig. Hier mag es teilweise unklare Vorschriften mit der Folge einer ungewissen Rechtslage geben; bei **eindeutiger Rechtslage** ist der Notar jedoch **zur Kostenerhebung verpflichtet.** Diesen Fall nimmt *Wudy* bspw. bei einer nur vorsorglichen Rechtswahl an, die auch dann als ein nach § 111 Nr. 4 besonderer Beurkundungsgegenstand nach § 104 gesondert zu bewerten ist.[4] Ebenso muss der Notar für die **vollständige Fertigung**[5] eines Entwurfs nach § 92 Abs. 2 auch die Höchstgebühr der Rahmengebühr erheben und kann nicht im Rahmen seines (dann auf Null reduzierten) Ermessens eine geringere Gebühr verlangen. Macht er dies unter Berufung auf seinen geringen Zeitaufwand, verstößt er gegen das Verbot aus § 125;[6] ebenso Nichtabschluss eines öffentlich-rechtlichen Vertrags, wenn Fall des § 126 Abs. 1 vorliegt. 2

3. Kostenauskünfte und Gebührenverzicht. Unter das **Verbot der Gebührenvereinbarung** iVm § 17 BNotO fällt auch das **Verbot des Gebührenverzichts.** Nach Ansicht des OLG Celle ist eine Erklärung des Notars bei Beurkundung, er werde Kosten nicht erheben, wegen dieses Verbots **unwirksam.**[7] Daraus ist auch zu folgern, dass Notare selbst im Fall einer **unzutreffenden Kostenauskunft** verpflichtet sind, die **vollständigen gesetzlichen Kosten zu erheben,** bspw. auch Zinsen.[8] Die Vorschrift des § 21 ist mangels unrichtiger Sachbehandlung insoweit grds. – bis auf wenige Einzelfälle – nicht anwendbar, es können in Ausnahmefällen Schadensersatzansprüche gegen den Notar wegen Amtspflichtverletzung (§ 19 BNotO) in Betracht kommen (→ § 21 Rn. 29). Die Notare werden daher gut beraten sein, **Kostenauskünfte mit größter Sorgfalt** zu **handhaben.** Auch wenn **keine allgemeine Hinweispflicht** auf Kosten besteht, sind Notare **verpflichtet, auf Nachfrage oder offensichtlich unrichtigen Vorstellungen der** 3

---

1 *Tiedtke*, Notarkasse, S. 73.
2 HK-GNotKG/*Teubel* GNotKG § 125 Rn. 11; Renner/Otto/Heinze/*Renner* § 125 Rn. 4.
3 Richtlinienempfehlungen BNotK DNotZ 1999, 259.
4 *Wudy* notar 2019, 247 (254); zur Frage einer unrichtigen Sachbehandlung, → § 21 Rn. 18.
5 Umstr. in den Fällen der (vollständigen) Überprüfung, Änderung, Ergänzung des Entwurfs, vgl. dazu auch BeckOK KostR/*Bachmayer* § 92 Rn. 52a.
6 Vgl. LG Leipzig 17.11.2016 – 02 OH 54/14; *Wudy*, Notar 2017, 257.
7 Vgl. OLG Celle 28.2.2011, ZNotP 2012, 158.
8 Vgl. Bormann/Diehn/Sommerfeldt/*Diehn* GNotKG § 125 Rn. 3b; Renner/Otto/Heinze/*Renner* § 125 Rn. 57.

Beteiligten, über die voraussichtlich entstehenden Kosten Auskunft zu geben. Bindend kann eine derartige Auskunft mit Blick auf §§ 125, 17 BNotO jedoch nicht sein. Anforderungen an Detailgrad der Kostenauskunft sind bei noch fehlenden Informationen, die als Berechnungsgrundlage notwendig sind, niedrig. Es sprechen gute Gründe dafür, in derartigen Fällen eine sog. Negativauskunft dahin gehend, dass die Kosten von bestimmten Faktoren (zB Vermögen) abhängen (möglicherweise noch unter Nennung des Gebührensatzes), ausreichen zu lassen und die Auskunft allgemein zu halten.[9]

4 **4. Pflicht zur zeitnahen Kosteneinforderung.** Es besteht zudem die notarielle Pflicht, die Kosten zeitnah, innerhalb angemessener Frist einzufordern (Beurteilungsspielraum des Notars) und in jedem Fall innerhalb der Verjährungsfrist geltend zu machen, und damit bspw. auch sämtliche Gesamtschuldner noch kurz vor Ablauf zur Zahlung aufzufordern.[10] Es ist daher unzulässig, Kosten verjähren zu lassen wie auch Kosten nicht zwangsweise beizutreiben, ebenso unzulässig ist das Versprechen, einen der Gesamtschuldner nicht in Anspruch zu nehmen,[11] unrichtig berechnete Kosten nicht nachzuerheben[12] sowie grds. Vereinbarung über die Berechnung des Geschäftswerts.[13] Darunter fällt aber auch die Zusammenbeurkundung nicht zusammengehörender Gegenstände, nur um Kosten durch Gebührendegression, einmaligen Anfall der Mindestgebühr bzw. Ausnutzen der Höchstwertbegrenzung nach § 35 Abs. 2 zu sparen,[14] wobei diese Vorgehensweise grds. durch die Vorschrift des § 93 Abs. 2 unterbunden werden soll, vgl. zum Begriff des sachlichen Grundes auch die BGH-Entscheidung aus dem Jahr 2017, wonach der Wunsch nach Gebührenersparnis bzw. Zusammenbeurkundung gerade nicht ausreicht.[15] Zu wenig erhobene Kosten sind nachzufordern – Vertrauensschutzargumente oder ein Erlassvertrag stünden im Widerspruch zu § 125.[16]

5 **5. Wertangaben der Beteiligten.** Aber auch die ungeprüfte Übernahme von Wertangaben der Beteiligten kann einen Verstoß gegen § 125 begründen, mithin eine ungeprüfte Wertfestsetzung durch den Notar, die zu zu niedrigen Kosten führt,[17] bzw. eine gänzlich unterlassene Wertermittlung.[18] Angaben der Beteiligten sind nach Ansicht des OLG München subjektiv geprägt und daher idR objektiv zu niedrig.[19] Zwar kommt den Angaben hohes Gewicht zu, jedoch hat der Notar diese auf Plausibilität zu prüfen; dann erst hat er sie seiner Wertberechnung zugrunde zu legen.

---

9 LG Potsdam 20.12.2019 – 12 T 29/17, NotBZ 2020, 361; dazu auch Renner/Otto/Heinze/*Wudy* § 21 Rn. 109.

10 Vgl. dazu (§ 125) auch *Krauß* Immobilienkaufverträge Rn. 5027; Nr. VI 3.1. RLB-NotK, Richtlinienempfehlung der BNotK vom 29.1.1999, DNotZ 1999, 259, zuletzt geändert durch Beschluss vom 2.10.2020, DNotZ 2020, 801; ebenso die meisten Richtlinien der Landesnotarkammern, bspw. Richtlinien Notarkammer Baden-Württemberg, vom 18.6.1999, Die Justiz, Amtsblatt des Justizministeriums B-W, vom Dezember 1999, Nr. 12, 478, zuletzt geändert durch Beschluss vom 5.5.2018, Die Jusiz, Amtsblatt des Justizministeriums B-W, vom Juli 2018, 455; BGH 24.11.2014 – NotSt (Brfg) 1/14.

11 Renner/Otto/Heinze/*Wudy* § 21 Rn. 93.

12 Renner/Otto/Heinze/*Renner* § 125 Rn. 21; Korintenberg/*Bormann* § 125 Rn. 10.

13 Weingärtner/*Ulrich* DNotO § 32 Rn. 230; OLG Schleswig JurBüro 1965, 822.

14 Renner/Otto/Heinze/*Wudy* § 21 Rn. 96.

15 BGH 26.9.2017, ZNotP 2018, 37 mAnm *Fackelmann*; Renner/Otto/Heinze/*Renner* § 125 Rn. 20.

16 LG Leipzig 5.10.2015 – 02 OH 59/14.

17 Bormann/Diehn/Sommerfeldt/*Diehn* § 125 Rn. 3a.

18 *Tiedke* DNotz 2016, 576; OLG Celle 9.3.2015 – 2 W 17/15, JurBüro 2015, 320.

19 OLG München BeckRS 2018, 14880 (Zusammenhang zu 95 und 46).

6. Nicht unter § 125 fallende Verhaltensweisen. Nicht unter § 125 fällt die **Empfehlung des Notars (und die Wahl des Auftraggebers) zum kostengünstigsten Weg;**[20] der Notar ist dazu bei gleicher Eignung **sogar verpflichtet;** ebenso die vom Auftraggeber getroffene Wahl, betrifft sie auch einen noch so ungewöhnlichen Weg nur um Kosten zu sparen.[21] **Als Verstoß gegen das Verbot der Gebührenvereinbarung unzulässig** ist hingegen die sachfremde, nur der Kostenreduzierung dienende, Zusammenfassung von Gegenständen in einer Urkunde (vgl. § 93 Abs. 2 GnotKG).[22] **Ebenso unter § 125** fällt der Versuch, nur durch unzweckmäßige Vertragsgestaltung einem Beteiligten den Vorteil der Gebührenermäßigung aus § 91 zukommen zu lassen, dem sie nicht zusteht.[23] 6

Nicht unter § 125 dürfte nach hier vertretener Auffassung zudem die **Nichtgeltendmachung eines Zurückbehaltungsrechts** (§ 11) sowie die **Nichterhebung eines Vorschusses** (§ 15) fallen; daher auch nicht die Vereinbarung, keinen Vorschuss zu erheben.[24] **Ebenso wenig die Einigung auf eine Gebühr bei Rahmengebühren,** sofern die Gebühr formell und materiell innerhalb des **gesetzlichen Rahmens angemessen ist.**[25] 7

Ebenso nicht unter 125 fällt die Nichterhebung von Gebühren aufgrund unrichtiger Sachbehandlung nach § 21. In derartigen Fällen ist der Notar sogar verpflichtet, nur die Gebühren zu erheben, die bei richtiger Sachbehandlung angefallen wären, wobei die Anforderungen hoch sind. 8

7. Überlegungen zur Behandlung sog. Bagatellfälle. Interessant sind schließlich Überlegungen von *Renner*,[26] einige der in der notariellen Praxis teilweise vorkommenden **sog. Bagatellfälle** (bspw. fünfminütige notarielle Auskunft od. geringe Verzugszinsen werden nicht abgerechnet) **vom Anwendungsbereich des § 125 auszunehmen.** Besonders erwähnenswert sind insoweit, gerade auch die in Pandemiezeiten sich häufenden **Stundungs- bzw. Ratenzahlungsanfragen,** die im Grundsatz eine Gebührenvereinbarung enthalten.[27] Bei derartigen Überlegungen ist zunächst anzumerken, dass der **Wortlaut der Norm eine Bagatellgrenze nicht kennt** und der **Gesetzgeber Möglichkeiten von Ratenzahlungen und Stundungen** (vgl. § 17 Abs. 2 BNotO sowie KV Vorb. 2.4.1. Abs. 7) und sogar **Gebührenerlass bzw. -ermäßigung** (§ 17 Abs. 1 S. 2 Hs. 2 BNotO: Gebührenerhebung wäre aufgrund außergewöhnlicher Umstände des Falls unbillig und (vorherige) Zustimmung durch Notarkammer bzw. -kasse) **unter engen Voraussetzungen zulässt.** Auf der anderen Seite könnte der Zugang zu notariellen Dienstleistungen dadurch erschwert bzw. gar verhindert werden, wenn bspw. eine Stundung dem Notar selbst im Einzelfall **unter Abwägung der Gesamtumstände,** zB wenn Zwangsvollstreckungsmaßnahmen wenig Erfolg versprechend scheinen und die Beteiligten nachvollziehbar um Stundung in zwei Raten bitten, nicht gestattet wird. 9

II. Öffentlich-rechtlicher Vertrag, § 126

Eng auszulegende und in notarieller Praxis selten vorkommende Ausnahme vom Verbot der Gebührenvereinbarung gem. § 125. Sobald jedoch Voraussetzungen 10

20 BeckOK BNotO/*Sander* § 17 Rn. 16.
21 BeckOK BNotO/*Sander* § 17 Rn. 16.
22 BeckOK BNotO/*Sander* § 17 Rn. 17.
23 BeckOK BNotO/Sander § 17 Rn. 17.
24 HK-GNotKG/*Teubel* § 125 Rn. 17.
25 Renner/Otto/Heinze/*Renner* § 125 Rn. 37.
26 Renner/Otto/Heinze/*Renner* § 125 Rn. 13, 28; aA *Tiedtke/Fembacher* ZNotP 2004, 256, insbes. bzgl. Verzugszinsen (zu § 140 KostO).
27 Vgl. Bormann/Diehn/Sommerfeldt/*Diehn* § 125 Rn. 6.

zungen der Vorschrift vorliegen, **muss angemessene Gegenleistung** in Geld vereinbart werden, ein Verzicht auf die Gegenleistung ist unzulässig.[28] Der Vertrag erfordert **Schriftform** (**§ 126 Abs. 2**) und muss **spätestens bei Vornahme der Tätigkeit**, besser vorher, **vorliegen.**[29] Als Grundlage der Gebühren und Auslagen ist entsprechend § 19 (vgl. § 126 Abs. 3) eine **Kostenrechnung** zu erstellen. § 97 als Bewertungsvorschrift findet keine Anwendung; ebenso wenig §§ 29 ff., da Kostenschuldner stets der Vertragspartner ist.[30]

11 Vom **Anwendungsbereich** der Vorschrift ist die Tätigkeit als **Mediator** (§ 1 MediationsG) oder **Schlichter** (wobei iRe **Schlichtungsverfahrens nach § 794 Abs. 1 Nr. 1 ZPO, § 15a ZPO** die landesrechtlichen Kostenregelungen vorgehen)[31] umfasst, die nicht unter die notariellen Amtstätigkeiten fällt, für die der Notar aber aufgrund seiner Neutralitätspflicht und Unabhängigkeit (§ 14 Abs. 1 S. 2 BNotO) besonders geeignet ist.[32] Da der Notar jedoch nach § 17 BeurkG zur umfassenden Sachverhaltsermittlung und Erforschung des Beteiligtenwillens verpflichtet ist, ist **saubere Abgrenzung zur beauftragten streitschlichtenden Tätigkeit erforderlich**; nur Letztere fällt unter § 126 Abs. 1 S. 1.[33]

12 Eine **Restriktive Auslegung** führt bei § 126 Abs. 1 S. 2 dazu, dass **nur bei völlig isolierter notarieller Amtstätigkeit**, für die im **GNotKG keine Gebühr bestimmt** ist, öffentlich-rechtlicher Vertrag zu schließen ist; **sachlicher Zusammenhang zu gebührenpflichtiger Tätigkeit** bzw. **gebührenrechtliche Berücksichtigung der Tätigkeit im GNotKG schließt Kostenvertrag** ebenso aus wie **Nebentätigkeiten** bspw. als Testamentsvollstrecker oder Nachlassverwalter (vgl. § 8 BNotO).[34] Anwendungsbereich erfasst damit insbes. **sonstige betreuende Tätigkeiten**, die **iRd vorsorgenden Rechtspflege** (§ 24 BNotO) vom Notar übernommen werden, v.a. Verwahrung anderer Sachen als Geld, Wertpapiere und Kostbarkeiten (§ 124 iVm KV Nr. 25300, 25301), wobei nach umstrittener hier vertretener Ansicht **Datenträger wie DVDs bzw. USB-Sticks keine Kostbarkeiten iSd. § 124** darstellen.[35] Obwohl sich der Begriff der Kostbarkeit an der **jeweiligen Verkehrsauffassung** orientiert, sollte er **eng ausgelegt** werden; dies zeigt auch die separate Nennung der Wertpapiere, die bei weiter Auslegung ansonsten ebenso unter den Begriff der Kostbarkeiten subsumiert werden könnten. Die Idee des Gesetzgebers war gerade, der **Vielgestaltigkeit der Sachverhalte über § 126 Rechnung zu tragen.**[36] Damit dürfte die bei Unternehmenstransaktionen anfallende **nachträgliche Verwahrung von Datenträgern** unter § 126 fallen; sachlicher Zusammenhang zu anderen gebührenpflichtigen Tätigkeiten liegt hier nicht vor, da dieses Kriterium insbes. dazu dient, nicht diejenigen Tätigkeiten gesondert zu vergüten, die bereits mit den Gebühren einer zusammenhängenden Tätigkeit abgegolten sind, bspw. abschließend geregelte Gebühren zu Bera-

---

28 Gesetzesbegr. BT-Drs. 17/11471 (neu), 191; Renner/Otto/Heinze/*Renner* § 126 Rn. 3.
29 Bormann/Diehn/Sommerfeldt/*Diehn* § 126 Rn. 30.
30 Rohs/Wedewer/*Waldner* GNotKG § 126 Rn. 14.
31 Bormann/Diehn/Sommerfeldt/*Diehn* § 126 Rn. 6.
32 Eylmann/Vaasen/*Limmer* BNotO § 20 Rn. 57.
33 Bormann/Diehn/Sommerfeldt/*Diehn* § 126 Rn. 4.
34 Korintenberg/*Bormann* § 126 Rn. 7.
35 So auch *Sikora/Strauß* DNotZ 2020, 581 (601); vgl. auch BeckOK BeurkG/*Kämper* § 62 Rn. 10.2; *Müller* NJW 2015, 3271; Korintenberg/*Schwarz* KV Nr. 25301 Rn. 28; offengelassen LG Düsseldorf Beschl. v. 4.2.2020 – 25 OH 80/18, BeckRS 2020, 5537; RNotZ 2020, 304; aA Bormann/Diehn/Sommerfeldt/*Diehn* KV Nr. 25301 Rn. 6.
36 Begründung des Gesetzesentwurfs der Bundesregierung BT-Drs. 17/11471 (neu), 233.

tung und Entwurf.[37] Weitere unter § 126 fallende Tätigkeiten sind u.a. Verwahrung von Quellcodes, Passwörtern, Schlüsseln,[38] Daueraufgaben wie die Führung von Aktienregister (§ 67 AktG) und vertraulichen Statistiken),[39] Ermittlung von Erben und Erstellung von Gutachten außerhalb KV Nr. 25203,[40] Verwahrung von Grundschuldbriefen, nicht jedoch, wenn diese im Zusammenhang mit einem anderen gebührenpflichtigen Geschäft steht;[41] Vertretung vor Gericht nach § 24 Abs. 1 S. 2 BNotO sowie – nach teilw. vertretener Ansicht[42] – auch eine Haftungserklärung des Notars nach § 16 Nr. 3.

Abschnitt 6 Gerichtliches Verfahren in Notarkostensachen

§ 127 Antrag auf gerichtliche Entscheidung

(1) [1]Gegen die Kostenberechnung (§ 19), einschließlich der Verzinsungspflicht (§ 88), gegen die Zahlungspflicht, die Ausübung des Zurückbehaltungsrechts (§ 11) und die Erteilung der Vollstreckungsklausel kann die Entscheidung des Landgerichts, in dessen Bezirk der Notar den Amtssitz hat, beantragt werden. [2]Antragsberechtigt ist der Kostenschuldner und, wenn der Kostenschuldner dem Notar gegenüber die Kostenberechnung beanstandet, auch der Notar.

(2) [1]Nach Ablauf des Kalenderjahres, das auf das Jahr folgt, in dem die vollstreckbare Ausfertigung der Kostenberechnung zugestellt ist, können neue Anträge nach Absatz 1 nicht mehr gestellt werden. [2]Soweit die Einwendungen gegen den Kostenanspruch auf Gründen beruhen, die nach der Zustellung der vollstreckbaren Ausfertigung entstanden sind, können sie auch nach Ablauf dieser Frist geltend gemacht werden.

37 Vgl. zum (fehlenden) Zusammenhang mit anderen gebührenpflichtigen Tätigkeiten, Renner/Otto/Heinze/*Renner* § 126 Rn. 16.
38 Ländernotarkasse, Leipziger Kostenspiegel Rn. 30.12.
39 Renner/Otto/Heinze/*Renner* § 126 Rn. 20.
40 *Diehn* Notarkostenberechnungen Rn. 192.
41 *Krauß* Immobilienkaufverträge Rn. 5132.
42 *Heinze*, Gebühr für eine Haftungserklärung nach § 16 Nr. 3 GNotKG NotBZ 2017, 453–456.

I. Formlose Beanstandung

1 Kostenberechnungen des Notars können durch Kostenschuldner **jederzeit formfrei beanstandet** werden. Der Notar korrigiert dann die fehlerhafte Rechnung. Hält er die Beanstandung hingegen für unbegründet, kann er die Kostenberechnung durch Einleitung einer gerichtlichen Entscheidung nach § 127 überprüfen lassen. Diese Vorgehensweise ist jedoch nicht verpflichtend, weil dem Kostenschuldner ein eigenes Antragsrecht nach § 127 zusteht. Aus diesem Grund ist der Notar auch nicht **verpflichtet**, eine **Ablehnung** der Berichtigung seiner Rechnung zu **begründen**, auch wenn dies gleichwohl sachdienlich erscheint.[1]

2 Die Beanstandung der Rechnung durch den Kostenschuldner beim Notar ist **keine Zulässigkeitsvoraussetzung** für eine Entscheidung nach § 127.[2]

II. Ausschließlicher Rechtsbehelf

3 Bei Streitigkeiten über Ansprüche aus dem GNotKG ist der **ordentliche Rechtsweg** sowohl im Erkenntnis- als auch im Vollstreckungsverfahren grundsätzlich **ausgeschlossen** und ausschließlich das Verfahren nach § 127 zulässig. Dadurch sollen derartige Streitigkeiten gebündelt von einem spezialisierten Gericht mit besonderen Verfahrensmöglichkeiten entschieden werden.[3]

4 Die Vollstreckungsgegenklage, Klauselerinnerung und Klauselgegenklage werden somit durch das speziellere Verfahren nach § 127 verdrängt, da dort alle Einwendungen gegen die Kostenberechnung gesamtheitlich überprüft werden.[4] Wendet sich der Kostenschuldner jedoch gegen die **Art und Weise der Zwangsvollstreckung**, so können weiterhin die Rechtsbehelfe der §§ 766, 793 ZPO angestrengt werden, denn hierfür enthält Abs. 1 S. 1 keine Sonderrechtswegszuweisung.[5]

5 Falls ein **Rechtsanwalt**, der zudem **auch als Notar fungiert**, seine Notartätigkeit nach § 10 RVG abrechnet, kommt eine Überprüfung der Kostenberechnung nach § 127 nicht in Betracht. In diesem Fall kann der Anwaltsnotar jedoch seine Rechnung zurücknehmen und nach dem GNotKG neu stellen. Rechnet der Anwaltsnotar nach dem RVG ab und erteilt sich hierfür eine Vollstreckungsklausel, kann der Kostenschuldner jeden Rechtsbehelf wählen, der ihm gegen eine anwaltliche oder eine notarielle Rechnung zusteht.[6]

III. Zulässigkeit des Antrags

6 **1. Zuständigkeit.** Das Landgericht, in dessen Bezirk der Notar seinen Amtssitz hat (§ 10 Abs. 1 S. 1 BNotO), ist nach Abs. 1 S. 1 **streitwertunabhängig ausschließlich sachlich und örtlich** zuständig. Durch Vereinbarung der Parteien kann eine Zuständigkeitsänderung nicht herbeigeführt werden.[7] Eine **Amtssitzverlegung** oder Amtsniederlegung führt nach überwiegender Auffassung zu keinem Zuständigkeitswechsel, § 130 Abs. 3 iVm § 2 Abs. 2 FamFG. Entscheidend

1 Korintenberg/*Sikora* § 127 Rn. 7, 8, 68; HK-GNotKG/*Heinemann* § 127 Rn. 5.
2 HK-GNotKG/*Heinemann* § 127 Rn. 5.
3 Bormann/Diehn/Sommerfeldt/*Neie* § 127 Rn. 4 f.
4 Korintenberg/*Sikora* § 127 Rn. 4.
5 BeckOK KostR/*Schmidt-Räntsch* § 127 Rn. 4.
6 Stark differenzierend: BeckOK KostR/*Schmidt-Räntsch* GNotKG § 127 Rn. 14; s.a. BGH NJW 1986, 2576.
7 HK-GNotKG/*Heinemann* § 127 Rn. 14.

ist die Zuständigkeit zum Zeitpunkt der Fälligkeit der Kostenberechnung, nicht der rein zufällige und missbrauchsanfällige Zeitpunkt der Antragstellung.[8]

Funktionell zuständig ist eine mit drei Richtern besetzte Zivilkammer (§ 75 GVG) mit Übertragungsmöglichkeit auf den Einzelrichter, § 128 Abs. 3 (→ § 128 Rn. 17–19). 7

2. Antragsgegenstand. Nach Abs. 1 S. 1 ist eine gerichtliche Überprüfung statthaft gegen die Kostenberechnung als solche (§ 19), die Verzinsung des Kostenanspruchs (§ 88), die Zahlungspflicht, die Ausübung des Zurückbehaltungsrechts (§ 11) und die Erteilung der Vollstreckungsklausel (§ 89). 8

Eine Entscheidung nach § 127 gegen eine formgerechte Kostenberechnung kann insbesondere herbeigeführt werden, wenn **Zweifel am Geschäftswert** oder den einzelnen **Bewertungspositionen** bestehen. Falls die eigene **Stellung als Kostenschuldner** in Frage gestellt wird, ist gegen die (möglicherweise) bestehende Zahlungspflicht eine Entscheidung nach § 127 statthaft.[9] 9

§ 90 Abs. 2 verweist auf § 127, so dass für den Kostenschuldner zur Durchsetzung seines **Erstattungs-, Schadensersatz- sowie Verzinsungsanspruchs** (§ 90 Abs. 1) ebenfalls die Möglichkeit besteht, einen Antrag auf gerichtliche Entscheidung zu stellen.[10] 10

Über den Wortlaut des Abs. 1 hinaus kann wegen vergleichbarer Schutzwürdigkeit des Kostenschuldners zu den Fällen des § 11 auch gegen die in § 15 geregelte **Vorschussanordnung** des Notars eine gerichtliche Entscheidung herbeigeführt werden.[11] 11

Schließlich verweist **§ 58 Abs. 3 BNotO** systemwidrig bei Streitigkeiten zwischen einem ausgeschiedenen Notar oder dessen Rechtsnachfolger und dem Notariatsverwalter über die **Erteilung einer vollstreckbaren Ausfertigung** der Kostenberechnung auf § 127. Allerdings ist zunächst die zuständige Dienstaufsichtsbehörde anzurufen.[12] Ein sich noch im Amt befindlicher Notar kann und braucht auch nach Amtssitzverlegung keine Entscheidung nach § 127 anstrengen, weil er weiterhin zur Erteilung von vollstreckbaren Ausfertigungen befugt ist, wie § 58 Abs. 3 S. 2 BNotO klarstellt. 12

Außer in der soeben dargestellten Konstellation gilt § 127 ausschließlich bei Streitigkeiten **zwischen Kostenschuldnern und dem Notar**, nicht hingegen bei Konflikten zwischen dem Notar, der Notarkammer, Kasse oder Staatskasse.[13] 13

3. Antragsberechtigung und Beschwer. a) Allgemeines. Nach Abs. 1 S. 2 sind der **Kostenschuldner** und der **Notar** antragsberechtigt, Letzterer jedoch nur nach Beanstandung der Kostenberechnung durch den Kostenschuldner. Der Notar kann den Antrag entweder aus eigenen Beweggründen oder aufgrund Weisung der vorgesetzten Dienstbehörde stellen, § 130 Abs. 2 S. 1. Über § 58 Abs. 3 S. 1. BNotO sind zudem der ausgeschiedene Notar/dessen Rechtsnachfolger antragsberechtigt. 14

8 HK-GNotKG/*Heinemann* § 127 Rn. 15; Bormann/Diehn/Sommerfeldt/*Neie* § 127 Rn. 52; aA BeckOK KostR/*Schmidt-Räntsch* § 127 Rn. 57.
9 S. hierzu u.a. LG Düsseldorf RNotZ 2017, 550; LG HamburgBeck RS 2017, 131180.
10 BeckOK KostR/*Rebhan* § 90 Rn. 12 ff.
11 S. auch HK-GNotKG/*Heinemann* § 127 Rn. 11; LG Köln RNotZ 2018, 346 (347).
12 Korintenberg/*Sikora* § 127 Rn. 17.
13 HK-GNotKG/*Heinemann* § 127 Rn. 9.

15 Der Antrag ist unabhängig von der Höhe der Kostenberechnung und dem beanstandeten Wert statthaft, was § 129 Abs. 1 für die Beschwerde ausdrücklich klarstellt.[14]

16 b) **Kostenschuldner als Antragsberechtigter.** Kostenschuldner sind grundsätzlich dann nicht antragsberechtigt, wenn sie auf ihr Antragsrecht wirksam verzichtet haben, was nach überwiegender Auffassung zulässig ist.[15]

17 Richtet sich die Kostenberechnung gegen mehrere **Kostenschuldner**, so ist jeder Schuldner hinsichtlich seiner Verpflichtung antragsberechtigt.[16] Hat ein **Dritter** die Kostenschuld beglichen, ist zu prüfen, ob er hierzu vertraglich verpflichtet war. In diesem Fall steht ihm auch das Antragsrecht im eigenen Namen zu. Fehlt eine solche Verpflichtung, kann er lediglich als Bevollmächtigter des Kostenschuldners den Antrag stellen.[17] **Gesamtrechtsnachfolger** des Kostenschuldners sind entsprechend dem Rechtsvorgänger antragsberechtigt. **Parteien kraft Amtes** können das Antragsrecht für die verwaltete Vermögensmasse im eigenen Namen ausüben.[18]

18 Voraussetzung für das Antragsrecht des Kostenschuldners ist dessen **Beschwer**, wobei ein vom Notar in Anspruch genommener Kostenschuldner immer als beschwert gilt.[19] Da nach Abs. 1 S. 1 auch eine gerichtliche Entscheidung gegen die Zahlungspflicht statthaft ist, kann sich bereits ein potenzieller Kostenschuldner gegen seine Schuldnerschaft, den Anspruch selbst oder dessen Höhe wehren.[20] Gegen die Verzinsung der Notarkosten, die Erteilung einer vollstreckbaren Ausfertigung oder die Vorschusspflicht kann hingegen nur vorgehen, wer vom Notar tatsächlich in Anspruch genommen wird.[21]

19 Erforderlich für die Beschwer ist weder, dass die Rechnung durch den Kostenschuldner beanstandet, noch, dass sie bereits förmlich zugestellt wurde oder der Notar Zwangsvollstreckungsmaßnahmen eingeleitet hat. Weiter schließt auch eine Zahlung der Rechnung ohne Vorbehalt die gerichtliche Überprüfung nicht aus.[22] Die Beschwer **erlischt mit Aufhebung der Kostenberechnung.** Ein danach anhaltendes Interesse auf gerichtliche Entscheidung besteht nicht.[23]

20 c) **Notar als Antragsberechtigter.** Dem Notar steht kein generelles Antragsrecht zu, da er seine Rechnungen selbst abändern und titulieren kann. **Nach Beanstandung** der Kostenberechnung durch den Kostenschuldner hat jedoch auch der **Notar das Recht auf gerichtliche Entscheidung**, Abs. 1 S. 2. Die bloße Nichtbegleichung der notariellen Kostenberechnung kann dabei nicht als deren Beanstandung qualifiziert werden.[24]

21 Stellt der Notar einen Antrag auf gerichtliche Entscheidung, so handelt es sich um einen eigenen Antrag des Notars und nicht des Kostenschuldners.[25]

---

14 Bormann/Diehn/Sommerfeldt/*Neie* § 127 Rn. 43.
15 Korintenberg/*Sikora* § 127 Rn. 12; Bormann/Diehn/Sommerfeldt/*Neie* § 127 Rn. 26.
16 HK-GNotKG/*Heinemann* § 127 Rn. 18.
17 HK-GNotKG/*Heinemann* § 127 Rn. 21; Korintenberg/*Sikora* § 127 Rn. 13 und 42; BayObLG DNotZ 1972, 244.
18 Bormann/Diehn/Sommerfeldt/*Neie* § 127 Rn. 41.
19 BeckOK KostR/*Schmidt-Räntsch* § 127 Rn. 41.
20 HK-GNotKG/*Heinemann* § 127 Rn. 19; BayObLG MittBayNot 1985, 48.
21 HK-GNotKG/*Heinemann* § 127 Rn. 20.
22 Korintenberg/*Sikora* § 127 Rn. 21; s. auch LG Münster ZEV 2017, 522.
23 U.a. LG Freiburg RNotZ 2016, 543 (545).
24 Korintenberg/*Sikora* § 127 Rn. 68; OLG Düsseldorf NJOZ 2018, 1183.
25 Bormann /Diehn/Sommerfeldt/*Neie* GNotKG § 127 Rn. 42; aA LG Dessau-Roßlau BeckRS 2016, 1429, danach handele es sich sachlich auch in diesem Fall um einen Antrag des Kostenschuldners.

Kostenrechtlich hat eine Antragstellung durch den Notar zur Folge, dass dem Kostenschuldner keine außergerichtlichen Kosten auferlegt werden dürfen.[26]

Ein **Dritter als Rechtsnachfolger** des **Notars** ist nur dann antragsberechtigt, wenn die Notarkostenforderung tatsächlich auf ihn übergegangen ist. Ist dies der Fall, können auch Einwendungen gegen die Forderung ausschließlich im Verfahren nach § 127 geltend gemacht werden. 22

Zwingend ist ein Antrag auf gerichtliche Entscheidung durch den Notar dann zu stellen, wenn die **Dienstaufsichtsbehörde** ihn hierzu **anweist**, § 130 Abs. 2 (→ § 130 Rn. 5–10). 23

d) **Ausgeschiedener Notar und dessen Rechtsnachfolger als Antragsberechtigter.** Gemäß § 58 Abs. 3 S. 1 BNotO können der ausgeschiedene Notar und dessen Rechtsnachfolger immer dann einen Antrag nach § 127 stellen, wenn sich der Amtsnachfolger weigert, eine vollstreckbare Ausfertigung der Kostenberechnung zu erteilen. Änderungen von Kostenberechnungen können zunächst nicht über § 127 erstritten, sondern müssen über die Dienstaufsichtsbehörde verlangt werden.[27] Nur als letztes Mittel ist auch hier ein Antrag auf gerichtliche Entscheidung zulässig. 24

4. Form. Der Antrag kann **schriftlich** oder zu **Niederschrift der Geschäftsstelle** gestellt werden, § 130 Abs. 3 iVm § 25 Abs. 1 FamFG, wobei es für die Berechnung der Frist nach Abs. 2 auf den Eingang des Antrags bei der Geschäftsstelle des Landgerichts ankommt (§ 130 Abs. 3 iVm § 25 Abs. 3 S. 2 FamFG). Der Antrag soll **unterzeichnet** werden (§ 130 Abs. 3 iVm § 23 Abs. 1 S 4 FamFG), zwingende Voraussetzung ist dies allerdings nicht.[28] 25

Der Antrag ist zu **begründen**, § 130 Abs. 3 iVm § 23 Abs. 1 FamFG, eine fehlende Begründung führt jedoch nicht zu dessen Unzulässigkeit. Im Rahmen der Begründung ist es sinnvoll, die relevanten Tatsachen, die Beteiligten und Beweismittel anzugeben und klarzustellen, ob eine gesamte Prüfung der Kostenberechnung begehrt wird, oder ob und gegebenenfalls welche einzelnen Aspekte der Rechnung einer gerichtlichen Kontrolle unterzogen werden sollen. Erfolgt dies nicht, überprüft das Gericht die gesamte Kostenberechnung auf ihre Ordnungsmäßigkeit.[29] Die relevanten Urkunden sollten zumindest in Kopie beigefügt werden.[30] 26

Ein **konkreter Antrag** muss **nicht** gestellt, die angestrebte Zielrichtung der gerichtlichen Überprüfung jedoch verdeutlicht werden.[31] 27

5. Frist. Grundsätzlich unterliegt das Verfahren nach § 127 **keiner Frist** und ist auch nach Zahlung oder begonnener Vollstreckung noch möglich. 28

Allerdings legt Abs. 2 S. 1 aus Gründen der Rechtssicherheit fest, dass neue Anträge nach Ablauf des Kalenderjahres, das auf das Jahr folgt, in welchem die vollstreckbare Ausfertigung der Kostenberechnung zugestellt wurde, nicht mehr gestellt werden können.[32] Eine Zahlung der Rechnung führt wegen des eindeutigen Wortlauts des Abs. 2 S. 1 nicht dazu (mangels planwidriger Regelungslücke auch nicht in analoger Anwendung), dass die **Ausschlussfrist** zu laufen be- 29

26 HK-GNotKG/*Heinemann* § 127 Rn. 25.
27 Korintenberg/*Sikora* § 127 Rn. 17.
28 HK-GNotKG/*Heinemann* § 127 Rn. 32.
29 BeckOK KostR/*Schmidt-Räntsch* § 127 Rn. 55.
30 HK-GNotKG/*Heinemann* § 127 Rn. 33.
31 S. hierzu auch LG Kleve BeckRS 2016, 19008.
32 HK-GNotKG/*Heinemann* § 127 Rn. 38.

ginnt.[33] Über § 90 Abs. 2 gilt die Ausschlussfrist auch für den Erstattungs- und Schadensersatzanspruch des Kostenschuldners.

30 Das Landgericht hat die Ausschlussfrist von Amts wegen zu berücksichtigen.[34] Sie gilt gleichermaßen für den **Kostenschuldner** und den **Notar.** Die Frist läuft nur dann an, wenn der vollstreckbaren Ausfertigung eine wirksame Kostenberechnung zugrunde liegt.[35] Bei fehlerhafter oder fehlender Rechtsbehelfsbelehrung wird eine unverschuldete Fristversäumnis angenommen und **Wiedereinsetzung** in den vorigen Stand gewährt, §§ 17 ff. FamFG, was allerdings umstritten ist.[36]

31 Die **Zustellung** der vollstreckbaren Ausfertigung erfolgt nach den Vorschriften der §§ 750 Abs. 1 S. 1, 191 ff. ZPO und beginnt für jeden Kostenschuldner gesondert.[37] Selbst wenn der Kostenschuldner die Rechnung rechtzeitig beanstandet und der Notar nicht bis zum Eintritt der Ausschlussfrist reagiert, kann sich auf Abs. 2 S. 1 berufen werden, denn der Kostenschuldner ist über sein gerichtliches Antragsrecht hinreichend geschützt und eine Beanstandung nicht Voraussetzung einer Antragstellung.[38]

32 **Ausgenommen von der Präklusion** sind nach Abs. 2 S. 3 solche Einwendungen, die erst nach Zustellung der vollstreckbaren Ausfertigung entstanden sind. Hierunter zählen ua die nach Zustellung eingetretene Verjährung oder die Aufrechnung mit einer Gegenforderung. Letztere ist jedoch dann präkludiert, wenn sich die beiden Forderungen zum Zeitpunkt der Zustellung der vollstreckbaren Ausfertigung bereits aufrechenbar gegenüberstanden. Diese nicht präkludierten Einwendungen können zeitlich unbegrenzt geltend gemacht werden. Sobald jedoch eine berichtigte vollstreckbare Ausfertigung der Kostenberechnung zugestellt wurde, unterliegen auch diese Einwendungen der Frist des Abs. 2 S 1.[39]

IV. Wirkung der Antragstellung

33 Das Gericht ist bei diesem echten Streitverfahren der freiwilligen Gerichtsbarkeit[40] an die **gestellten Anträge gebunden.** Begehrt der Kostenschuldner eine Herabsetzung der Kosten, kann die Notarrechnung nicht zu seinen Lasten erhöht werden.[41] Es gilt damit das gerichtliche Verschlechterungsverbot, was dem Notar jedoch nicht die Möglichkeit der erhöhenden Rechnungskorrektur nimmt. Zudem weicht § 130 Abs. 2 S. 2 von diesem Grundsatz bei der Herbeiführung einer gerichtlichen Entscheidung auf Weisung der dem Notar vorgesetzten Dienstbehörde ab.[42] Im Rahmen des gestellten Antrags ermittelt das Gericht dann von Amts wegen, § 130 Abs. 3 iVm § 26 FamFG.

34 Der Antrag auf Entscheidung des Landgerichts hat gemäß § 130 Abs. 1 grundsätzlich **keine aufschiebende Wirkung.** Der Notar ist demnach trotz Einlegung

33 Korintenberg/*Sikora* § 127 Rn. 24; LG Kleve BeckRS 2017, 124925; aA OLG Celle RNotZ 2004, 102.
34 HK-GNotKG/*Heinemann* § 127 Rn. 43.
35 HK-GNotKG/*Heinemann* § 127 Rn. 41.
36 HK-GNotKG/*Heinemann* § 127 Rn. 45, gegen die Möglichkeit der Wiedereinsetzung in den vorigen Stand u.a. BeckOK KostR/*Schmidt-Räntsch* § 127 Rn. 51.
37 HK-GNotKG/*Heinemann* § 127 Rn. 42.
38 HK-GNotKG/*Heinemann* § 127 Rn. 44; aA OLG Düsseldorf BeckRS 2007, 09987; Korintenberg/*Sikora* § 127 Rn. 25a.
39 HK-GNotKG/*Heinemann* § 127 Rn. 46 f.
40 S. hierzu auch OLG Frankfurt/M. NJOZ 2017, 189.
41 LG Düsseldorf MittBayNot 2016, 548.
42 Korintenberg/*Sikora* § 127 Rn. 42a.

des Rechtsbehelfs nicht daran gehindert, seine Kostenberechnung zu vollstrecken (→ § 130 Rn. 2–4).

Grundsätzlich **hemmt** die Antragstellung nach § 127 die **Verjährung des Anspruchs nicht**. Im Falle der Antragstellung des Notars nach Beanstandung der Kostenberechnung durch den Kostenschuldner kommt jedoch eine Verjährungshemmung nach § 6 Abs. 3 S. 1 iVm § 203 BGB in Betracht. Bei der Geltendmachung eines Erstattungsanspruch nach § 90 Abs. 2 wird dieser mit Antragstellung gehemmt, § 6 Abs. 2 S. 3 iVm § 204 Abs. 1 Nr. 1 BGB.[43] 35

V. Verfahren und Verfahrensgegenstand

Das **Verfahren** richtet sich gemäß § 130 Abs. 3 nach den Vorschriften des FamFG (→ § 130 Rn. 11) sowie nach den speziellen Verfahrensregelungen des § 128. Für die Wahrnehmung des Verfahrens vor dem LG besteht **kein Anwaltszwang**, § 130 Abs. 3 iVm § 10 Abs. 1 FamFG.[44] 36

Der **Gegenstand des Verfahrens** wird uneinheitlich beurteilt: Während einige Gerichte[45] den Gebührenanspruch als Verfahrensgegenstand gesehen haben, definieren andere[46] die Beanstandung durch den Kostenschuldner als Verfahrensgegenstand. Sinnvoll erscheint, für den Gegenstand des Verfahrens auf den konkreten gebührenauslösenden Einzelakt der Notartätigkeit abzustellen.[47] 37

Das Gericht entscheidet durch **Beschluss**, welcher allen Beteiligten des Verfahrens zuzustellen ist.[48] 38

VI. Begründetheit

Der Notar obsiegt mit seinem Antrag, wenn die Einwände des Kostenschuldners unbegründet waren, beispielsweise die Kostenberechnung nicht an den vorgeworfenen formellen und/oder materiellen Mängeln leidet, die Verzinsung der Kosten, die Zahlungspflicht oder die Erteilung der Vollstreckungsklausel korrekt waren. Der Antrag des Kostenschuldners ist hingegen begründet, wenn die notarielle Kostenberechnung Mängel aufweist. 39

1. Formale Mängel. Falls die Kostenberechnung nicht den **formalen Voraussetzungen des § 19 Abs. 1–3** entspricht, ist sie ohne weitere Sachprüfung aufzuheben und die Vollstreckung hieraus für unzulässig zu erklären.[49] Bevor das Gericht eine Kostenberechnung wegen formaler Mängel aufhebt oder für unwirksam erklärt, muss es den Notar auf den Mangel hinweisen und ihm die Möglichkeit zur Korrektur geben. Verletzt das Gericht seine Hinweispflicht, ist die gerichtliche Entscheidung in der Beschwerdeinstanz aufzuheben oder das Verfahren nach Verfahrensrüge fortzuführen.[50] Eines solchen Hinweises bedarf es jedoch nicht, wenn dem Notar – beispielsweise wegen der ihm zugeleiteten Stellungnahme der vorgesetzten Dienstbehörde – der formale Fehler bekannt sein musste.[51] 40

43 HK-GNotKG/*Heinemann* § 127 Rn. 48, 49.
44 Korintenberg/*Sikora* § 127 Rn. 29.
45 So beispielsweise OLG Düsseldorf RNotZ 2004, 592.
46 OLG Frankfurt/M. NJW-RR 2013, 1084.
47 LG Wuppertal BeckRS 2017, 120333, Rn. 11; Korintenberg/*Sikora* § 127 Rn. 42b.
48 BeckOK KostR/*Schmidt-Räntsch* § 128 Rn. 35.
49 S. hierzu auch LG Kleve BeckRS 2017, 124925; HK-GNotKG/*Heinemann* § 127 Rn. 58.
50 HK-GNotKG/*Heinemann* § 127 Rn. 59.
51 LG Kleve BeckRS 2017, 124925 Rn. 14.

41 Die im Verfahren berichtigte Kostenberechnung muss dem Kostenschuldner zwingend erneut übersendet werden.

42 **2. Materielle Einwendungen.** Der Antrag des Kostenschuldners ist darüber hinaus auch dann begründet, wenn **rechtsvernichtende, -hindernde oder -hemmende Einwendungen** vorliegen. Eine rechtsvernichtende Einwendung stellt u.a. die Einwendung der unrichtigen Sachbehandlung dar; das Bestreiten der Kostenschuldnerschaft ist als rechtshindernde Einwendung zu qualifizieren und der Einwand der Verjährung ist die wichtigste rechtshemmende Einwendung.[52] Bis zum Erlass der Entscheidung und bei Beschwerdeeinlegung bis zum Erlass der Beschwerdeentscheidung darf der Notar seine Kostenberechnung auch in materieller Hinsicht abändern.[53]

VII. Entscheidung des Landgerichts

43 Bei Unzulässigkeit des Antrags wird dieser verworfen, bei Unbegründetheit zurückgewiesen. Bei Begründetheit des Antrags entscheidet das Gericht selbst durch Beschluss und legt die Änderung der Kostenberechnung **unmittelbar fest**. Eine Zurückverweisung an den Notar ist nur in Ausnahmefällen statthaft.[54] Steht dem Notar bei der Gebührenfestsetzung einer Ermessen zu (wie zB bei §§ 36, 98 Abs. 3), überprüft das Gericht diese nur auf Ermessensfehler.[55] Daneben spricht es ein Vollstreckungsverbot für die ursprüngliche Rechnung aus.

VIII. Kosten

44 Die Beanstandung der Kostenberechnung beim Notar löst ebenso wie das gerichtliche Verfahren nach § 127 **mangels gesetzlich normierter Regelung** im GNotKG **keine Kosten** aus.[56] Die Auferlegung der **gerichtlichen Auslagen** erfolgt nach billigem Ermessen des LG, § 130 Abs. 3 iVm § 81 Abs. 1 FamFG.

45 Trifft das Gericht hinsichtlich der **außergerichtlichen Kosten** keine Regelung, trägt sie jede Partei selbst. Auch hier kann das Gericht nach billigem Ermessen einer Partei die außergerichtlichen Kosten auferlegen. Eine Kostenauferlegung zulasten des Kostenschuldners ist im Falle der Antragstellung durch den Notar jedoch nicht zulässig. Der Notar wiederum hat die außergerichtlichen Kosten dann auf keinen Fall zu tragen, wenn er den Antrag auf Anweisung der Aufsichtsbehörde gestellt hat, § 130 Abs. 2 S. 4. In dieser Konstellation sind die außergerichtlichen Kosten der Landeskasse aufzuerlegen.[57]

IX. Rechtskraft und Bindungswirkung

46 Die Entscheidung des LG wird **formell rechtskräftig**, wenn sie nicht mehr mit Rechtsmitteln angegriffen werden kann. Sie erwächst zudem in **materieller Rechtskraft** und erstreckt sich auf alle Beteiligten des Verfahrens. Gegenüber den Erben und Rechtsnachfolgern des Notars oder des Kostenschuldners erlangt die Entscheidung allerdings nur dann Rechtskraft, wenn diese zum Verfahren beigezogen und nach den Vorgaben des § 128 Abs. 1 angehört wurden.[58]

52 HK-GNotKG/*Heinemann* § 127 Rn. 61.
53 HK-GNotKG/*Heinemann* § 127 Rn. 73.
54 S. dazu auch OLG Frankfurt/M. BeckRS 2016, 116147 Rn. 15.
55 Korintenberg/*Sikora* § 127 Rn. 47.
56 Korintenberg/*Sikora* § 127 Rn. 52 f.
57 HK-GNotKG/*Heinemann* § 127 Rn. 55 ff.
58 Korintenberg/*Sikora* § 127 Rn. 55.

Dieselbe Kostenberechnung oder vollstreckbare Ausfertigung kann nicht mehr erneut gerichtlich überprüft werden, allerdings sind davon solche Tatsachen nicht erfasst, die erst nach Erlass der Entscheidung entstanden sind, vgl. Abs. 2 S. 2, § 767 Abs. 2 ZPO.[59] 47

Der Notar ist an die rechtskräftige Entscheidung gebunden, muss eine entsprechende Kostenberechnung erstellen und die Vollstreckung aus einer anderslautenden Rechnung unterlassen. Allerdings erstreckt sich die **Bindungswirkung** nur auf die Bereiche der Kostenberechnung, die Gegenstand des gerichtlichen Verfahrens waren.[60] Gegen eine von der Entscheidung des Landgerichts abweichende Kostenberechnung oder eine Vollstreckung aufgrund einer dem Gerichtsbeschluss widersprechenden Rechnung kann erneut mit § 127 vorgegangen werden.[61] 48

Auch die Dienstaufsichtsbehörde, die nicht Verfahrensbeteiligte ist, hat die Bindung des Notars an die rechtskräftige Entscheidung zu akzeptieren und keine Weisungen mehr nach § 130 Abs. 2 zu erteilen. 49

§ 128 Verfahren

(1) [1]Das Gericht soll vor der Entscheidung die Beteiligten, die vorgesetzte Dienstbehörde des Notars und, wenn eine Kasse gemäß § 113 der Bundesnotarordnung errichtet ist, auch diese hören. [2]Betrifft der Antrag die Bestimmung der Gebühr durch den Notar nach § 92 Absatz 1 oder die Kostenberechnung aufgrund eines öffentlich-rechtlichen Vertrags, soll das Gericht ein Gutachten des Vorstands der Notarkammer einholen. [3]Ist eine Kasse nach § 113 der Bundesnotarordnung errichtet, tritt diese an die Stelle der Notarkammer. [4]Das Gutachten ist kostenlos zu erstatten.

(2) [1]Entspricht bei einer Rahmengebühr die vom Notar bestimmte Gebühr nicht der Vorschrift des § 92 Absatz 1, setzt das Gericht die Gebühr fest. [2]Liegt ein zulässiger öffentlich-rechtlicher Vertrag vor und entspricht die vereinbarte Gegenleistung nicht der Vorschrift des § 126 Absatz 1 Satz 3, setzt das Gericht die angemessene Gegenleistung fest.

(3) Das Gericht kann die Entscheidung über den Antrag durch Beschluss einem seiner Mitglieder zur Entscheidung als Einzelrichter übertragen, wenn die Sache keine besonderen Schwierigkeiten tatsächlicher oder rechtlicher Art aufweist und keine grundsätzliche Bedeutung hat.

I. Gesetzliche Systematik

Diese Norm enthält spezielle Verfahrensbestimmungen für die gerichtliche Entscheidung nach § 127. Die Bedeutung des rechtlichen Gehörs wird in Abs. 1 unterstrichen, zudem dem Gericht bei Streitigkeiten über Rahmengebühren oder öffentlich-rechtlichen Verträgen die Möglichkeit eröffnet, über ein kostenloses 1

59 HK-GNotKG/*Heinemann* § 127 Rn. 66, 68.
60 Korintenberg/*Sikora* § 127 Rn. 60, 63; KG DNotZ 1963, 346.
61 NK-GNotKG/*Heinemann* § 127 Rn. 66.

Gutachten die Expertise der zuständigen Kammer/Kasse zu nutzen. Bei einer unangemessenen Kostenfestsetzung von Rahmengebühren und öffentlich-rechtlichen Verträgen darf das Gericht nach Abs. 2 durch eigene Ermessensentscheidung die Gebühren festlegen. Abs. 3 regelt schließlich die Voraussetzungen für die Übertragung des Verfahrens von der Kammer auf den Einzelrichter.[1]

II. Anhörung

2 In Konkretisierung des **Anspruchs auf rechtliches Gehör** (Art. 103 GG) legt Abs. 1 S. 1 fest, welche Personen vor einer gerichtlichen Entscheidung zu hören sind, wobei insbesondere den Beteiligten die Möglichkeit zur Stellungnahme gegeben werden soll. Auch gesetzliche Vertreter oder Parteien kraft Amtes sind bei entsprechendem Zuständigkeitsbereich zu hören.[2] Werden Beteiligte nicht angehört, erwächst ihnen gegenüber die gerichtliche Entscheidung **nicht in Rechtskraft.**[3]

3 Der Notar ist zur Wahrnehmung seines Rechts auf Stellungnahme insoweit von der **Verschwiegenheitspflicht** nach § 18 Abs. 1 S 1 BNotO **befreit**, als dies zur Erläuterung seiner konkreten kostenrechtlichen Tätigkeit erforderlich ist. Er benötigt daher hierfür keine spezielle Befreiung von der Verschwiegenheitspflicht durch die Beteiligten oder die Aufsichtsbehörde.[4]

4 Neben den Beteiligten soll die dem Notar **vorgesetzte Dienstbehörde** gehört werden und zwar auch dann, wenn diese dem Notar eine Weisung nach § 130 Abs. 2 erteilt hat, denn der Notar ist nicht verpflichtet, deren Auffassung zu vertreten. Vorgesetzte Dienstbehörde ist der Präsident des Landgerichts, § 92 Nr. 1 BNotO. Existiert eine Notarkasse/Ländernotarkasse nach § 113 BNotO, ist auch diese zu hören.[5] Die Anhörungspflicht der Aufsichtsbehörde und der Kasse bestehen nebeneinander.

5 Die entsprechenden Anhörungen sind **verpflichtend**, und zwar selbst dann, wenn das Gericht den Antrag als offensichtlich unzulässig oder unbegründet erachtet.[6] Das zulässige Rechtsmittel bei Verletzung des Anhörungsrechts ergibt sich aus § 131.

6 Eine Anhörung **muss nicht persönlich**, sondern kann auch schriftlich erfolgen, das Ergebnis ist sämtlichen Beteiligten des Verfahrens mitzuteilen.[7]

III. Gutachten

7 Betrifft der Antrag auf gerichtliche Entscheidung die **Überprüfung einer Rahmengebühr** (§ 92 Abs. 1) oder die **Kostenfestsetzung** aufgrund eines **öffentlich-rechtlichen Vertrages** (§ 126 Abs. 1), hat das Gericht nach Abs. 1 S. 2, 3 von **Amts wegen** ein Gutachten der Notarkammer oder – falls vorhanden – der Kasse einzuholen. Hierdurch soll die Erfahrung der Kammer/Kasse über die üblicherweise erhobenen Notargebühren genutzt und dem Gericht die Überprüfung der notariellen Ermessensausübung erleichtert werden.[8]

---

1 Korintenberg/*Sikora* § 128 Rn. 1 ff.
2 HK-GNotKG/*Heinemann* § 128 Rn. 8, 9, 11.
3 HK-GNotKG/*Heinemann* § 128 Rn. 13.
4 HK-GNotKG/*Heinemann* § 128 Rn. 10; Befreiung ergibt sich nicht aus § 18 BNotO, sondern direkt aus Art. 103 GG, BeckOK KostR/*Schmidt-Räntsch* § 128 Rn. 12.
5 Korintenberg/*Sikora* § 128 Rn. 9, 10.
6 Korintenberg/*Sikora* § 128 Rn. 7; differenzierend Bormann/Diehn/Sommerfeldt/*Neie* § 128 Rn. 3: soweit es um die Anhörung der Beteiligten geht, handelt es sich um eine Mussvorschrift, bei den übrigen Anhörungen hingegen nur um eine Sollvorschrift.
7 Korintenberg/*Sikora* § 128 Rn. 13.
8 Bormann/Diehn/Sommerfeldt/*Neie* § 128 Rn. 11.

Bei Streit über Rahmengebühren ist ein Gutachten nur dann einzuholen, wenn über die Höhe der Gebühr Uneinigkeit besteht nicht hingegen, wenn der Geschäftswert angegriffen wird. Hat der Notar innerhalb des bestehenden Rahmens den niedrigst möglichen Wert festgesetzt, so bedarf es keines Gutachtens, ebenso wenig dann, wenn ausschließlich Einwendungen materieller Natur erhoben werden. 8

Bei Streitigkeiten über die konkrete Kostenfestsetzung aufgrund eines öffentlich-rechtlichen Vertrages muss ein Gutachten zudem dann nicht beantragt werden, wenn das Gericht den Vertrag bereits als unwirksam erachtet.[9] 9

In allen weiteren Fällen ist die Einholung eines Gutachtens nicht zwingend erforderlich, aber als **reines Rechtsgutachten** zulässig, s. §§ 67 Abs. 6, 113 Abs. 3 Nr. 8 BNotO.[10] 10

Das Gutachten ist durch die für den Amtssitz des Notars zuständige Kammer/Kasse, vertreten durch deren **Präsidenten**, kostenfrei zu erstellen. Eine Aufgabendelegation an einen anderen Gutachter oder Ausschuss ist unzulässig. Der Gutachter kann wegen der Besorgnis der Befangenheit gemäß § 406 ZPO analog abgelehnt werden.[11] 11

Das Gutachten ist kein Sachverständigengutachten, sondern ein Rechtsgutachten und dessen Einholung stellt keine Beweisaufnahme dar, weshalb keine Verpflichtung zur persönlichen Erläuterung vor Gericht besteht. Allerdings müssen alle Beteiligte vom Gutachten Kenntnis erlangen, andernfalls darf es nicht verwertet werden.[12] **Rechtsmittel** gegen das erstellte Gutachten bestehen nicht.[13] 12

Das Gericht trifft seine Entscheidung nach freier Überzeugung und ist an das Ergebnis des Gutachtens nicht gebunden.[14] 13

IV. Gerichtliche Festsetzung der Notargebühr

Entspricht die vom Notar festgesetzte Gebühr bei **Rahmengebühren** (zB KV 21302, 24100 oder 24203) nach billigem Ermessen nicht dem Umfang der erbrachten Leistungen (§ 92 Abs. 1), **ersetzt** gemäß **Abs. 2 S. 1 das Gericht** diese durch eine angemessene Gebühr. Das Gericht trifft damit unter Beachtung des Gutachtens der Kammer/Kasse eine eigene Ermessensentscheidung.[15] 14

Ferner legt das Gericht eine **angemessene Gegenleistung** fest, wenn bei einem **wirksamen öffentlich-rechtlichen Vertrag** unter Berücksichtigung aller Umstände des Geschäfts keine angemessene Gegenleistung in Geld vereinbart wurde. Voraussetzung ist hier, dass der Vertrag grundsätzlich wirksam ist und lediglich die Gegenleistung unangemessen erscheint. Dies kann der Fall sein, wenn der Schwierigkeitsgrad falsch eingeschätzt oder nicht alle Aspekte des Geschäfts hinreichend berücksichtigt wurden.[16] 15

Aus Abs. 2 lässt sich ableiten, dass dem Gericht in allen weiteren Fällen, in welchen das Gesetz dem Notar einen Ermessensspielraum einräumt (beispielsweise bei § 36 Abs. 1 und 2), **keine eigene Ersetzungsbefugnis** zusteht. § 128 kann nicht 16

9 HK-GNotKG/*Heinemann* § 128 Rn. 20 ff.
10 HK-GNotKG/*Heinemann* § 128 Rn. 24.
11 Bormann/Diehn/Sommerfeldt/*Neie* § 128 Rn. 11; HK-GNotKG/*Heinemann* § 128 Rn. 26.
12 Bormann/Diehn/Sommerfeldt/*Neie* § 128 Rn. 11; HK-GNotKG/*Heinemann* § 128 Rn. 29 wird das Gutachten als Beweismittel eigener Art gewertet.
13 HK-GNotKG/*Heinemann* § 128 Rn. 29.
14 HK-GNotKG/*Heinemann* § 128 Rn. 30; laut Korintenberg/*Sikora* § 128 Rn. 18 kann das Gericht nur in begründeten Fällen hiervon abweichen.
15 Bormann/Diehn/Sommerfeldt/*Neie* § 128 Rn. 13.
16 HK-GNotKG/*Heinemann* § 128 Rn. 35 ff.

erweiternd verstanden werden, weshalb das Gericht in allen anderen Fällen eine notarielle Ermessensentscheidung zwar auf Ermessensmissbrauch oder -nichtgebrauch überprüfen, jedoch keine eigene Ermessensentscheidung treffen darf.[17]

17 Auch den Rechtsmittelinstanzen stehen die Befugnisse des Abs. 2 zu, sie müssen das Verfahren nicht an die Ausgangsinstanz zurückverweisen.

18 Dem Notar bleibt es unbenommen, seine Ermessensentscheidung während des Verfahrens anzupassen und eine andere Vergütung mit dem Kostenschuldner zu vereinbaren.[18]

V. Übertragung auf den Einzelrichter

19 Eine Übertragung des Verfahrens auf den Einzelrichter ist nach Abs. 3 dann zulässig, wenn die Sache keine besonderen Schwierigkeiten tatsächlicher oder rechtlicher Art aufweist und zudem keine grundsätzliche Bedeutung hat. Besondere Schwierigkeiten sind bei einer überdurchschnittlich komplexen Sachverhaltserfassung, Beweiserhebung, -würdigung oder Rechtsanwendung anzunehmen, eine grundsätzliche Bedeutung kommt dann in Betracht, wenn die aufgeworfene Streitfrage in einer Vielzahl von Fällen von Bedeutung sein kann und noch nicht höchstrichterlich entschieden wurde oder von einer gefestigten Literaturmeinung abgewichen werden soll.[19]

20 Die Übertragung erfolgt durch unanfechtbaren Beschluss. Die Rückübertragung vom Einzelrichter auf die Kammer ist gesetzlich nicht geregelt. Eine analoge Anwendung von § 348 a ZPO ist mangels planwidriger Regelungslücke abzulehnen.[20]

21 § 128 Abs. 3 gilt unmittelbar nur im Ausgangsverfahren, kommt aber über § 130 Abs. 3 iVm § 68 Abs. 3 S. 1 FamFG auch im Beschwerdeverfahren zur Anwendung.[21]

§ 129 Beschwerde und Rechtsbeschwerde

(1) Gegen die Entscheidung des Landgerichts findet ohne Rücksicht auf den Wert des Beschwerdegegenstands die Beschwerde statt.

(2) Gegen die Entscheidung des Oberlandesgerichts findet die Rechtsbeschwerde statt.

17 HK-GNotKG/*Heinemann* § 128 Rn. 39; siehe zur Thematik auch BGH NJW-RR 2009, 228.
18 BeckOK KostR/*Schmidt-Räntsch* § 128 Rn. 22.
19 Korintenberg/*Sikora* § 128 Rn. 21.
20 Zustimmend Korintenberg/*Sikora* § 128 Rn. 20, aA HK-GNotKG/*Heinemann* § 128 Rn. 44.
21 Zustimmend HK-GNotKG/*Heinemann* § 128 Rn. 41; aA Korintenberg/*Sikora* § 128 Rn. 23.

I. Normsystematik

Diese Vorschrift regelt in Abs. 1 das Beschwerdeverfahren gegen die erstinstanzliche Entscheidung des Landgerichts über Notarkostensachen und in Abs. 2 ein mögliches Rechtsbeschwerdeverfahren. Unter bestimmten Voraussetzungen ist auch eine Sprungrechtsbeschwerde direkt zum BGH zulässig. 1

II. Beschwerde

Abs. 1 stellt klar, dass **ohne Zulassung und Rücksicht auf einen Beschwerdewert**[1] gegen jede Endentscheidung des LG nach § 127[2] die Beschwerde zum OLG möglich ist. Auch eine isolierte Kostenbeschwerde (Beteiligter ist durch eine Entscheidung des Landgerichts nur wegen der Verfahrenskosten beschwert) ist losgelöst von einer Beschwerdesumme statthaft.[3] 2

1. Zuständigkeit. Sachlich zuständig ist das Oberlandesgericht, die **örtliche Zuständigkeit** ergibt sich aus dem jeweiligen Ausführungsgesetz zum GVG (in Bayern z.B. das OLG München, Art. 11a BayAGGVG).[4] Funktionell ist ein Senat zuständig, wobei auch hier eine Übertragung der Entscheidung auf den Einzelrichter zulässig ist, §§ 130 Abs. 3 iVm 68 Abs. 4 S 1 FamFG.[5] 3

2. Beschwerdeberechtigung. Die Beschwerde kann von allen in der ersten Instanz antragsberechtigten Personen eingelegt werden, wenn sie **durch die Entscheidung des Landgerichts** in ihren Rechten beeinträchtigt sind. Die dem Notar vorgesetzte Dienstbehörde ist nicht selbst beschwerdeberechtigt, kann den Notar jedoch zur Beschwerdeeinreichung anweisen, wenn dieser beschwert ist.[6] 4

3. Form und Frist. Eichzureichen ist die Beschwerde **beim Landgericht**, dessen Entscheidung angegriffen wird, und zwar schriftlich oder zu Protokoll der Geschäftsstelle, § 130 Abs. 3 iVm § 64 Abs. 1 und 2 FamFG. Gemäß § 130 Abs. 3 iVm § 65 Abs. 1 FamFG soll die Beschwerde **begründet** werden, obligatorische Zulässigkeitsvoraussetzung ist dies jedoch nicht. Auch vor dem Oberlandesgericht besteht für die Beteiligten **kein Anwaltszwang** (§ 130 Abs. 3 iVm § 10 Abs. 1 und 10 Abs. 2 S. 2 Nr. 3 FamFG).[7] 5

Die Frist zur Einlegung der Beschwerde beträgt nach § 130 Abs. 3 iVm § 63 Abs. 1 S. 1 FamFG **einen Monat** ab Zustellung des Beschlusses des Landgerichts.[8] 6

4. Verfahren. Das **Ausgangsgericht** kann der Beschwerde **abhelfen**, andernfalls ist sie unverzüglich dem **Oberlandesgericht vorzulegen**.[9] 7

Für das Verfahren vor dem Oberlandesgericht gelten über § 130 Abs. 3 die Vorschriften des FamFG. Der Senat entscheidet durch begründeten Beschluss **grundsätzlich** selbst, eine Zurückverweisung erfolgt nur, wenn das Landgericht in der Sache noch keine Entscheidung getroffen hat oder wesentliche Verfah- 8

1 U.a. *Leßniak* MittBayNot 2009, 495.
2 Gegen Zwischenentscheidungen (z.B. die Ablehnung der Hinzuziehung als Beteiligter nach § 19 Abs. 3 FamFG) ist eine Beschwerde nur zulässig, wenn sie im Gesetz ausdrücklich vorgesehen ist, im Übrigen sind sie zusammen mit der Endentscheidung anzugreifen (dies entspricht § 58 FamFG), s. hierzu u.a. BGH NJW 2015, 1308.
3 S. hierzu auch OLG Celle NJOZ 2017, 768 Rn. 3.
4 Korintenberg/*Sikora* § 129 Rn. 4 f.
5 HK-GNotKG/*Heinemann* § 129 Rn. 8.
6 Bormann/Diehn/Sommerfeldt/*Neie* § 129 Rn. 2.
7 Korintenberg/*Sikora* § 129 Rn. 8 ff.
8 HK-GNotKG/*Heinemann* § 129 Rn. 15.
9 Bormann/Diehn/Sommerfeldt/*Neie* § 129 Rn. 23.

rensmängel vorliegen, eine umfangreiche Beweisaufnahme erforderlich wäre und ein Beteiligter die Zurückverweisung beantragt.[10]

9 Das Beschwerdegericht ist an den gestellten **Antrag gebunden** und trifft ausschließlich hierüber eine Entscheidung. Da es sich um eine **zweite Tatsacheninstanz** handelt, kann das Gericht neue Beweismittel und Tatsachen würdigen und von Amts wegen ermitteln. Eine **Verschlechterung** kommt nur bei einer Anschlussbeschwerde des Notars und ferner dann in Betracht, wenn die Beschwerde auf Weisung der Dienstaufsichtsbehörde durch den Notar eingelegt und der ursprüngliche Antrag zur Erhöhung der Kostenberechnung gestellt wurde.[11]

10 **5. Wirkung der Beschwerdeeinlegung und Begründetheit.** Die Einlegung der Beschwerde hat grundsätzlich **keine aufschiebende Wirkung**, das Gericht kann eine solche jedoch gemäß § 130 Abs. 1 anordnen. Damit ist es dem Notar nicht verwehrt, seine Kostenrechnung weiter zu vollstrecken, allerdings mit den Risiken des § 90 Abs. 1.

11 Die Beschwerde ist begründet, wenn die Entscheidung des Landgerichts rechtswidrig und der Beschwerdeführer dadurch in seinen Rechten verletzt ist.

12 **6. Kosten.** Im Gegensatz zur erstinstanzlichen Entscheidung nach § 127 fallen in der Beschwerdeinstanz Gerichtskosten an (KV Nr. 19110). Diese sind der unterlegenen Partei aufzuerlegen, außer der Notar handelt auf Weisung der vorgesetzten Dienstbehörde (→ § 130 Rn. 5–10). Außergerichtliche Kosten sind nur nach Maßgabe des § 80 FamFG iVm § 91 Abs. 1 S. 2 ZPO erstattungsfähig. Bei Beschwerdeeinlegung aufgrund Weisung trägt die Landeskasse die dem Notar auferlegten außergerichtlichen Kosten, § 130 Abs. 2 S. 4.[12]

III. Rechtsbeschwerde

13 Gegen Entscheidungen des Oberlandesgerichts ist nach Abs. 2 die Rechtsbeschwerde zum BGH möglich, wenn das Beschwerdegericht diese **zulässt** (§ 130 Abs. 3 iVm § 70 Abs. 1, 2 FamFG). An die Zulassung ist der BGH grundsätzlich gebunden, § 70 Abs. 2 S. 2 FamFG. Eine Nichtzulassungsbeschwerde sieht das Gesetz nicht vor, sodass sich gegen die Nichtzulassung der Rechtsbeschwerde durch das Oberlandesgericht nicht gewehrt werden kann.[13]

14 Die Möglichkeit der **Sprungrechtsbeschwerde** direkt zum BGH nach § 130 Abs. 3 iVm § 75 FamFG ist eröffnet, falls alle Beteiligten einverstanden sind und der BGH dem Antrag stattgibt.[14]

15 **1. Beschwerdeberechtigung.** Die durch die Entscheidung des Oberlandesgerichts **beschwerten Parteien** sind rechtsbeschwerdeberechtigt. Die vorgesetzte Dienstbehörde selbst ist nicht beschwert, sie kann jedoch den Notar zur Rechtsbeschwerdeeinlegung anweisen, § 130 Abs. 2.[15]

16 Gerügt werden können ausschließlich **Rechtsverletzungen**, neue Beweise und Tatsachen dürfen nicht mehr vorgetragen werden.[16]

17 **2. Form und Frist.** Die Rechtsbeschwerde ist binnen **eines Monats** nach Bekanntgabe der Beschwerdeentscheidung schriftlich, mit einer Begründung versehen und durch den Beschwerdeführer unterzeichnet beim BGH einzureichen, § 130 Abs. 3 iVm § 71 Abs. 1, 2 FamFG.

---

10 Bormann/Diehn/Sommerfeldt/*Neie* § 129 Rn. 28, 31.
11 Bormann/Diehn/Sommerfeldt/*Neie* § 129 Rn. 29.
12 HK-GNotKG/*Heinemann* § 129 Rn. 29 f.
13 HK-GNotKG/*Heinemann* § 129 Rn. 33.
14 Korintenberg/*Sikora* § 129 Rn. 15; s.a. *Tiedtke/Diehn* ZNotP 2009, 385.
15 HK-GNotKG/*Heinemann* § 129 Rn. 34.
16 Bormann/Diehn/Sommerfeldt/*Neie* § 129 Rn. 52.

Die **Sprungrechtsbeschwerde** ist gemäß § 75 Abs. 2 FamFG, §§ 566 Abs. 2, 548 ZPO ebenfalls innerhalb eines Monats nach Zustellung des LG Beschlusses beim BGH einzulegen. Das Vorliegen der Voraussetzungen einer Sprungrechtsbeschwerde sind im Antrag darzulegen.[17] 18

Vor dem BGH herrscht **Anwaltszwang,** weshalb sich ein Kostenschuldner durch einen beim BGH zugelassenen Anwalt vertreten lassen muss, § 130 Abs. 3 iVm § 10 Abs. 4 FamFG. Der **Notar** ist hingegen vom Anwaltszwang **befreit** (§ 130 Abs. 3 S. 2).[18] 19

3. Verfahren und Wirkung. Die Rechtsbeschwerde hat keine aufschiebende Wirkung, § 130 Abs. 1, diese kann jedoch angeordnet werden. Der Verfahrensablauf richtet sich nach den Vorschriften des ersten Rechtszugs, § 74 Abs. 4 FamFG, und den speziellen Verfahrensvorschriften des § 128. 20

Der BGH entscheidet durch Beschluss über die gerügte Rechtsverletzung, eine Sachverhaltsüberprüfung findet grundsätzlich nicht statt. Bei Entscheidungsreife entscheidet der BGH **selbst,** andernfalls verweist er das Verfahren an das Oberlandesgericht, Landesgericht oder den Notar zurück.[19] 21

4. Kosten. Gerichtskosten fallen entsprechend KV Nr. 19120 an. Im Übrigen kann auf → Rn. 12 verwiesen werden.[20] 22

§ 130 Gemeinsame Vorschriften

(1) [1]Der Antrag auf Entscheidung des Landgerichts, die Beschwerde und die Rechtsbeschwerde haben keine aufschiebende Wirkung. [2]Das Gericht oder das Beschwerdegericht kann auf Antrag oder von Amts wegen die aufschiebende Wirkung ganz oder teilweise anordnen; ist nicht der Einzelrichter zur Entscheidung berufen, entscheidet der Vorsitzende des Gerichts.

(2) [1]Die dem Notar vorgesetzte Dienstbehörde kann diesen in jedem Fall anweisen, die Entscheidung des Landgerichts herbeizuführen, Beschwerde oder Rechtsbeschwerde zu erheben. [2]Die hierauf ergehenden gerichtlichen Entscheidungen können auch auf eine Erhöhung der Kostenberechnung lauten. [3]Gerichtskosten hat der Notar in diesen Verfahren nicht zu tragen. [4]Außergerichtliche Kosten anderer Beteiligter, die der Notar in diesen Verfahren zu tragen hätte, sind der Landeskasse aufzuerlegen.

(3) [1]Auf die Verfahren sind im Übrigen die Vorschriften des Gesetzes über das Verfahren in Familiensachen und in den Angelegenheiten der freiwilligen Gerichtsbarkeit anzuwenden. [2]§ 10 Absatz 4 des Gesetzes über das Verfahren in Familiensachen und in den Angelegenheiten der freiwilligen Gerichtsbarkeit ist auf den Notar nicht anzuwenden.

17 Korintenberg/*Sikora* § 129 Rn. 15.
18 BeckOK KostR/*Schmidt-Räntsch* GNotKG § 129 Rn. 64; *Leßniak* MittBayNot 2009, 495 (496).
19 HK-GNotKG/*Heinemann* § 129 Rn. 45.
20 HK-GNotKG/*Heinemann* § 129 Rn. 46 ff.

I. Normsystematik

1 § 130 enthält weitere spezielle Verfahrensvorschriften. Abs. 1 stellt klar, dass das Verfahren in Notarkostensachen ohne explizite Anordnung keine aufschiebende Wirkung entfaltet. Abs. 2 regelt das Weisungsrecht der vorgesetzten Behörde gegenüber dem Notar und Abs. 3 erklärt die Verfahrensvorschriften des FamFG für anwendbar.

II. Aufschiebende Wirkung

2 Weder der Antrag auf Entscheidung durch das Landgericht noch die Beschwerde oder die Rechtsbeschwerde haben **aufschiebende Wirkung**, der Notar kann daher seine Kostenrechnung weiterhin vollstrecken. Bei seinem gerichtlichen Unterliegen gilt für ihn jedoch die verschärfte Haftung nach § 90 Abs. 1 S. 2, 3.[1]

3 Die Gerichte können von Amts wegen oder auf Antrag die aufschiebende Wirkung ganz oder teilweise anordnen und von einer Sicherheitsleistung abhängig machen. Zuständig ist der Vorsitzende, falls die Entscheidung nicht auf einen Einzelrichter übertragen wurde, Abs. 1 Hs. 2.[2]Die Entscheidung hierüber ist **nicht anfechtbar.**[3]

4 **Kriterien** für die Anordnung der aufschiebenden Wirkung statuiert die Vorschrift nicht. Der Richter wird insoweit darauf abstellen, ob das Rechtsmittel zulässig erhoben, die Rechtslage zweifelhaft ist und dem Antragsteller größere Nachteile drohen als den übrigen Beteiligten. Dies ist insbesondere dann anzunehmen, wenn der Notar aus der Rechnung die Vollstreckung betreibt.[4] Mit Anordnung der aufschiebenden Wirkung ist eine Vollstreckung der Kostenrechnung durch den Notar bis zur Endentscheidung untersagt.

III. Weisung durch die vorgesetzte Dienstbehörde

5 Der **Landgerichtspräsident** als **vorgesetzte Dienstbehörde** kann eine notarielle Kostenrechnung nicht selbst ändern, den Notar jedoch anweisen, einen Antrag nach § 127 zu stellen, Beschwerde oder Rechtsbeschwerde einzulegen.[5] Adressat der Weisung ist der rechnungserstellende Notar, auch wenn er seinen Amtssitz verlegt hat. Bei Amtsniederlegung richtet sich die Weisung gegen den Amtsnachfolger oder Verwalter.[6] Die Weisung ist **nicht fristgebunden** und steht **nicht zur Disposition der Parteien.**[7]

6 **Zweck** der Weisungsbefugnis ist die Gewährleistung formell und materiell korrekter Kostenrechnungen. Der Notar wird deshalb zunächst angewiesen, seine Rechnung zu berichtigen, sei es durch Herab- oder Heraufsetzung und ggf. anschließender Rückerstattung oder Nachforderung der Kosten. Kommt der Notar dieser Weisung nicht nach, kann er zur Einleitung eines gerichtlichen Verfahrens nach § 127 angehalten werden.[8] Zur Herbeiführung einer inhaltlich richtigen Kostenrechnung besteht das Weisungsrecht deshalb auch dann, wenn der Notar oder der Kostenschuldner bereits einen Antrag auf gerichtliche Ent-

1 HK-GNotKG/*Heinemann* § 130 Rn. 5.
2 Korintenberg/*Sikora* § 130 Rn. 3; BayObLG DNotZ 1996, 120.
3 HK-GNotKG/*Heinemann* § 130 Rn. 10; differenzierter BeckOK KostR/*Schmidt-Räntsch* GNotKG § 130 Rn. 9–11.
4 BeckOK KostR/*Schmidt-Räntsch* § 130 Rn. 8; anzulehnen ist sich an die zu § 64 Abs. 3 FamFG entwickelten Grundsätze.
5 Korintenberg/*Sikora* § 130 Rn. 6.
6 HK-GNotKG/*Heinemann* § 130 Rn. 21.
7 HK-GNotKG/*Heinemann* § 130 Rn. 17, 20.
8 HK-GNotKG/*Heinemann* § 130 Rn. 11 ff.

scheidung gestellt haben, aber dieser nicht der Auffassung der Dienstbehörde entspricht.[9]

Der Notar muss grundsätzlich **nicht die Ansicht der vorgesetzten Dienstbehörde** vertreten, da diese ihre Position mittels Stellungnahme (§ 128 Abs. 1) selbst darstellen kann.[10] Das Weisungsrecht erstreckt sich zudem nur auf Einwendungen, die sich unmittelbar aus dem Kostenrecht in einer konkreten Situation ergeben (keine abstrakten Anweisungen ohne konkrete Gebührenrechnung)[11] und nicht auf die Abgabe materiellrechtlicher Erklärungen (zB Verjährung oder Stundung).[12] 7

Bei Nichtbeachtung der Weisung stehen der Dienstbehörde **keine Zwangsmittel**, wohl jedoch disziplinarrechtliche Maßnahmen zur Verfügung. Der Notar seinerseits kann sich zwar nicht mit den Rechtsbehelfen der BNotO gegen die Weisung wehren, deren Rechtmäßigkeit wird jedoch im gerichtlichen Verfahren inzident mitgeprüft.[13] 8

Eine gerichtliche Entscheidung aufgrund Weisung durch die Aufsichtsbehörde ermöglicht nach Abs. 2 S. 2 eine **antragsunabhängige Verschlechterung** zulasten des Kostenschuldners.[14] 9

Wegen der Weisungsgebundenheit muss der Notar die **Gerichtskosten** bei vollständigem oder teilweisem Unterliegen nicht tragen, Abs. 2 S. 3. Etwa anfallende außergerichtliche Kosten sind der Landeskasse als verschuldensunabhängige Amtshaftung aufzuerlegen, Abs. 2 S. 4. Dem Kostenschuldner dürfen daneben außergerichtliche Kosten nicht auferlegt werden, wenn das Verfahren nach § 127 auf ausschließlichen Antrag der Aufsichtsbehörde betrieben wurde.[15] 10

IV. Anwendbare Vorschriften des FamFG

Verfahrensrechtlich sind zunächst die Regelungen der §§ 127–130 zu beachten. Daneben gelten gemäß Abs. 3 subsidiär die **Vorschriften des FamFG**, insbesondere die Vorschriften des Allgemeinen Teils (§§ 1–22a FamFG), des Verfahrens im ersten Rechtszug (§§ 23–57 FamFG) sowie des Beschwerde- (§§ 58–69 FamFG) und Rechtsbeschwerdeverfahrens (§§ 70–75 FamFG). § 10 Abs. 4 FamFG, der bei Verfahren vor dem BGH die Mitwirkung eines beim BGH zugelassenen Rechtsanwalts verlangt, findet auf den Notar jedoch keine Anwendung, so dass er sich in Notarkostenverfahren selbst vertreten kann.[16] 11

§ 131 Abhilfe bei Verletzung des Anspruchs auf rechtliches Gehör

[1]Die Vorschriften des Gesetzes über das Verfahren in Familiensachen und in den Angelegenheiten der freiwilligen Gerichtsbarkeit über die Abhilfe bei Verletzung des Anspruchs auf rechtliches Gehör sind anzuwenden. [2]§ 10 Absatz 4 des Gesetzes über das Verfahren in Familiensachen und in den Angelegenheiten der freiwilligen Gerichtsbarkeit ist auf den Notar nicht anzuwenden.

9 HK-GNotKG/*Heinemann* § 130 Rn. 15.
10 Korintenberg/*Sikora* § 130 Rn. 8.
11 S. hierzu auch OLG Hamm NJW-RR 2003, 1511.
12 Korintenberg/*Sikora* § 130 Rn. 9.
13 HK-GNotKG/*Heinemann* § 130 Rn. 24, 25.
14 HK-GNotKG/*Heinemann* § 130 Rn. 26.
15 HK-GNotKG/*Heinemann* § 130 Rn. 28 ff.
16 HK-GNotKG/*Heinemann* § 130 Rn. 31 f.

I. Normsystematik

1 Zur Abhilfe von Verletzungen des **Anspruchs auf rechtliches Gehör** (Art. 103 GG)[1] verweist § 131 auf die Regelungen des FamFG, insbesondere auf § 44 FamFG. Über § 130 Abs. 3 wäre die Gehörsrüge deshalb nicht bereits anwendbar, weil es sich hierbei um einen eigenständigen Rechtsbehelf handelt.[2]

II. Zulässigkeit

2 **1. Antragsberechtigung und Beschwer.** § 131 gilt sowohl für das erstinstanzliche Verfahren als auch für das Beschwerde- und das Rechtsbeschwerdeverfahren. Allerdings muss es sich um eine Entscheidung handeln, die mit **Rechtsmitteln nicht mehr angreifbar** ist und **keine Änderungsmöglichkeiten** bestehen, § 44 Abs. 1 S. 1 Nr. 1 FamFG. Änderungsmöglichkeiten sind vor allem bei Zwischenentscheidungen gegeben, die mit der Endentscheidung angreifbar sind sowie bei Entscheidungen über den einstweiligen Rechtsschutz, die jederzeit überprüfbar sind so dass diese nie Gegenstand einer Gehörsrüge sein können, s. auch § 44 Abs. 1 S 2 FamFG.[3]

3 Der Antragsteller muss weiter durch die Entscheidung **beschwert** sein, was dann nicht der Fall ist, wenn seinem Antrag entsprochen wurde. Weder die Dienstaufsichtsbehörde noch die Kasse können insoweit beschwert sein.[4]

4 **2. Form, Frist und Verfahren.** Die Rüge hat innerhalb von **zwei Wochen** ab Kenntnis der Verletzung schriftlich oder zu Protokoll der Geschäftsstelle an das Gericht übermittelt zu werden, dessen Entscheidung angegriffen werden soll, § 44 Abs. 2 S. 1 und 3 FamFG. Nach § 44 Abs. 2 S. 2 FamFG kann eine Rüge jedenfalls dann nicht mehr erhoben werden, wenn seit der Bekanntgabe der angegriffenen Entscheidung ein Jahr verstrichen ist. Der Zeitpunkt der Kenntniserlangung ist glaubhaft zu machen, § 44 Abs. 2 S 1 FamFG, Wiedereinsetzung in den vorigen Stand ist möglich.[5]

5 Der vermeintliche Gehörsverstoß und die Entscheidungserheblichkeit der Verletzung müssen dargelegt werden,[6] eines konkreten Antrags bedarf es hingegen nicht.

6 Über die Rüge beschließt das **Gericht, dessen Entscheidung angegriffen** wird in der üblichen Besetzung.[7] Vor dem BGH gilt für die Beteiligten Anwaltszwang, der Notar kann sich jedoch auch hier selbst vertreten, wie S. 2 klarstellt.

III. Begründetheit und Wirkung

7 Wenn der sich aus Art. 103 GG ergebende Grundsatz im Rahmen des gerichtlichen Verfahrens **verletzt** wurde und die **Entscheidungserheblichkeit** der Verlet-

1 Ausschließlich Verletzungen des Art. 103 GG können mit der Gehörsrüge angegriffen werden, nicht hingegen Verstöße gegen das Gebot des gesetzlichen Richters aus Art. 101 GG, s. auch BVerfG NJW 2003, 1924.
2 Korintenberg/*Sikora* § 131 Rn. 1.
3 BeckOK KostR/*Schmidt-Räntsch* § 131 Rn. 4.
4 HK-GNotKG/*Heinemann* § 131 Rn. 9.
5 Korintenberg/*Sikora* § 131 Rn. 9, 10.
6 S. u.a. BGH NJW 2009, 1609.
7 BeckOK KostR/*Schmidt-Räntsch* § 131 Rn. 13; s.a. BGH NJOZ 2005, 3647.

zung nicht ausgeschlossen werden kann, ist die Gehörsrüge begründet. Hierüber entscheidet das Gericht durch begründeten Beschluss.

Bei begründeter Rüge wird das Verfahren fortgesetzt und die Rechtskraft durchbrochen, soweit dies zur Heilung der Verletzung erforderlich ist, § 44 Abs. 5 FamFG. Damit muss das Verfahren nicht stets insgesamt fortgeführt werden, unter Umständen ist auch die Beschränkung auf einen Teil des Verfahrensgegenstandes ausreichend. Die durch die Fortführung in Frage gestellte bisherige (End-)Entscheidung wird entweder inhaltlich bestätigt, ergänzt oder ganz oder teilweise durch eine andere ersetzt.[8] Ein Verbot der *reformatio in peius* besteht hierbei nicht.[9] 8

IV. Kosten

Das Rügeverfahren ist gebührenfrei. Einer Kostenentscheidung des Gerichts bedarf es nicht.[10] 9

8 Korintenberg/*Sikora* § 131 Rn. 14.
9 BGH NJW-RR 2012, 977.
10 Korintenberg/*Sikora* § 131 Rn. 15.

Anlage 1 (zu § 3 Absatz 2) Kostenverzeichnis

Teil 2
Notargebühren

Vorbemerkung 2

(1) In den Fällen, in denen es für die Gebührenberechnung maßgeblich ist, dass ein bestimmter Notar eine Tätigkeit vorgenommen hat, steht diesem Notar der Aktenverwahrer gemäß § 51 BNotO, der Notariatsverwalter gemäß § 56 BNotO oder ein anderer Notar, mit dem der Notar am Ort seines Amtssitzes zur gemeinsamen Berufsausübung verbunden ist oder mit dem er dort gemeinsame Geschäftsräume unterhält, gleich.

(2) Bundes- oder landesrechtliche Vorschriften, die Gebühren- oder Auslagenbefreiung gewähren, sind nicht auf den Notar anzuwenden. Außer in den Fällen der Kostenerstattung zwischen den Trägern der Sozialhilfe gilt die in § 64 Abs. 2 Satz 3 Nr. 2 SGB X bestimmte Gebührenfreiheit auch für den Notar.

(3) Beurkundungen nach § 67 Abs. 1 des Beurkundungsgesetzes und die Bezifferung dynamisierter Unterhaltstitel zur Zwangsvollstreckung im Ausland sind gebührenfrei.

I. Gebührenrechtliche Gleichstellung anderer Personen (Abs. 1)

1 **1. Systematik.** Abs. 1 durchbricht für Gebührenzwecke punktuell den der BNotO immanenten Grundsatz, dass das Amt des Notars nur mit seiner Person verbunden ist und Handlungen von „Amtsvorgängern" oder „Amtsnachfolgern" grundsätzlich für den Notar rechtlich ohne Bedeutung sind. Die Bestimmung trägt der Tatsache Rechnung, dass es erfahrungsgemäß typisiert eine Arbeitserleichterung darstellt, wenn die „Notarstelle" bereits in der Vergangenheit mit der Angelegenheit befasst war. Als „derselbe" Notar in diesem Sinne gilt daher neben dem Aktenverwahrer und dem Notariatsverwalter auch der Sozius sowie ein Notar, mit dem eine „Bürogemeinschaft" besteht. Wenn auch nicht vom Wortlaut erfasst, sind nach dem Zweck der Vorschrift „derselbe" Notar auch der Aktenverwahrer oder der Notariatsverwalter bzgl. der Notarstelle des Sozius oder des in Bürogemeinschaft verbundenen Notars.

2 **2. Anwendungsfälle.** Die wichtigsten Anwendungsfälle des Abs. 1 sind:

- KV Nr. 21101 Nr. 2 (verringerter Gebührensatz für die Beurkundung eines Verfügungsgeschäftes, wenn derselbe Notar bereits das zugrundeliegende Kausalgeschäft beurkundet hat oder den Zuschlag bei einer freiwilligen Grundstücksversteigerung beurkundet hat)
- Vorb. 2.1.3 Abs. 2 (Gebührenanrechnung bei erneutem Beurkundungsverfahren, das „demnächst" nach Beendigung eines Beurkundungsverfahrens erfolgt)
- Vorb. 2.2 Abs. 2 (Entwurfsfertigung im Rahmen des Vollzugs ist mit Vollzugsgebühr abgegolten)

- Vorb. 2.2.1.1 Abs. 1 (geringere Vollzugsgebühr, wenn der Vollzugsnotar auch eine Gebühr für das Beurkundungsverfahren oder für die Entwurfsfertigung erhält)
- KV Nr. 23100 (Beurkundung einer letztwilligen Verfügung nach Rückgabe eines Erbvertrages aus der amtlichen Verwahrung)
- Vorb. 2.4.1 Abs. 2 (Beglaubigung unter einem vom Notar gefertigten Entwurf)
- Vorb. 2.4.1 Abs. 6 (Beurkundungsverfahren auf Grundlage eines vom Notar gefertigten Entwurfs, das „demnächst" nach Entwurfsfertigung erfolgt)
- KV Nr. 25102 (Abschriftsbeglaubigung von Urkunden, die der Notar aufgenommen oder entworfen oder dauernd in seiner Verwahrung hat)

II. Unanwendbarkeit von Befreiungsvorschriften (Abs. 2)

Allgemeine Befreiungstatbestände sind nicht auf Notargebühren und -auslagen anwendbar. Gebührenfreiheit besteht jedoch nach Abs. 2 S. 2 hinsichtlich Beurkundungs- und Beglaubigungskosten für Urkunden im Sozialhilferecht, im Recht der Grundsicherung für Arbeitsuchende, im Recht der Grundsicherung im Alter und bei Erwerbsminderung, im Kinder- und Jugendhilferecht sowie im Recht der Kriegsopferfürsorge gem. § 64 Abs. 2 S. 3 Nr. 2 SGB X; etwa anfallende Vollzugs- und Betreuungsgebühren sind jedoch zu erheben[1]. Ausgenommen von einer Gebührenbefreiung sind Fälle der Kostenerstattung zwischen den Trägern der Sozialhilfe. 3

III. Gebührenfreiheit

Gebührenfrei sind die Beurkundung von Vaterschaftsanerkennungen und damit zusammenhängender Erklärungen Dritter (etwa Zustimmungserklärungen der Mutter und ggf. des Kindes), Verpflichtungen zur Erfüllung von Unterhaltsansprüchen eines Kindes und Verpflichtungen zur Erfüllung von Unterhaltsansprüchen nach § 1615l des BGB. Gleiches gilt für die Bezifferung dynamisierter Unterhaltstitel zur Zwangsvollstreckung im Ausland gem. § 245 FamFG. Die Gebührenfreiheit gilt auch bei vorzeitiger Beendigung eines entsprechenden Beurkundungsverfahrens. 4

Der Notar hat jedoch seine Auslagen gem. KV Nr. 32000 ff. in Zusammenhang mit solchen Beurkundungen zu erheben, da nach dem Wortlaut nur die Beurkundung selbst gebührenfrei ist.[2] 5

Hauptabschnitt 1. Beurkundungsverfahren

Vorbemerkung 2.1

(1) Die Gebühr für das Beurkundungsverfahren entsteht für die Vorbereitung und Durchführung der Beurkundung in Form einer Niederschrift (§§ 8 und 36 des Beurkundungsgesetzes) einschließlich der Beschaffung der Information.

(2) Durch die Gebühren dieses Hauptabschnitts werden auch abgegolten
1. die Übermittlung von Anträgen und Erklärungen an ein Gericht oder eine Behörde,
2. die Stellung von Anträgen im Namen der Beteiligten bei einem Gericht oder einer Behörde,

1 Vgl. Korintenberg/*Tiedtke* GNotKG Rn. 10.
2 Vgl. Korintenberg/*Tiedtke* GNotKG Rn. 19.

3. die Erledigung von Beanstandungen einschließlich des Beschwerdeverfahrens und
4. bei Änderung eines Gesellschaftsvertrags oder einer Satzung die Erteilung einer für die Anmeldung zum Handelsregister erforderlichen Bescheinigung des neuen vollständigen Wortlauts des Gesellschaftsvertrags oder der Satzung.

I. Begriff des Beurkundungsverfahrens

1 Zentraler Anknüpfungspunkt für die Notarkosten ist nach dem GNotKG das „Beurkundungsverfahren". Nach der gesetzlichen Vorstellung mündet das Beurkundungsverfahren regelmäßig in die Errichtung einer notariellen Urkunde, dh einer Niederschrift. Das Beurkundungsverfahren wird nach der gesetzlichen Systematik durch den Beurkundungsauftrag (mindestens) eines Beteiligten eingeleitet. Unter einem „Beurkundungsauftrag" ist jedes an den Notar gerichtete Ansuchen zu verstehen, das auf die Vornahme einer Beurkundungstätigkeit gerichtet ist.[1] Der Beurkundungsauftrag kann auch durch schlüssiges Verhalten erteilt werden.[2] Abzugrenzen hiervon sind insbesondere Aufträge, die auf die Fertigung eines Entwurfs oder eine Beratungstätigkeit gerichtet sind. Solche Verfahren können allerdings in einem späteren Stadium in ein Beurkundungsverfahren übergehen, wenn ein Beteiligter zu erkennen gibt, dass er auf der Grundlage der bisher beauftragten Tätigkeit nunmehr eine Beurkundung wünscht.

2 Abs. 1 stellt zunächst klar, dass die Gebühr für das Beurkundungsverfahren unabhängig davon entsteht, ob die Beurkundung in Form der Beurkundung von Willenserklärungen (§§ 8 ff. BeurkG) oder als Tatsachenprotokoll (§§ 36 ff. BeurkG) durchgeführt wird. Unerheblich ist auch, ob für die Errichtung der Urkunde die Form der notariellen Beurkundung gesetzlich zwingend vorgeschrieben ist oder die Beurkundungsform „freiwillig" gewählt wird. Der Hauptabschnitt 1 (Beurkundungsverfahren) ist hingegen bei der Errichtung anderer notarieller Urkunden, etwa im Falle von Vermerkurkunden (Hauptabschnitt 5), nicht einschlägig.

II. Abgeltungswirkung der Beurkundungsgebühren

3 **1. Vorbereitungshandlungen.** Der Hauptabschnitt 1 regelt die für das Beurkundungsverfahren selbst anfallenden Gebühren abschließend.[3] Mit der Gebühr für das Beurkundungsverfahren ist neben der eigentlichen Durchführung der Beurkundung grundsätzlich auch die gesamte Vorbereitungstätigkeit einschließlich der Informationsbeschaffung abgegolten. Dies gilt insbesondere für vorbereitende persönliche Gespräche, Telefonate und Schriftverkehr mit den Beteiligten oder Dritten sowie die Vorbereitung der Urkunde, insbesondere die Fertigung und ggf. Versendung bzw. Aushändigung des Urkundsentwurfs. Auslagen gem.

1 Vgl. BGH DNotZ 2017, 394.
2 Vgl. Bormann/Diehn/Sommerfeldt/*Diehn* GNotKG Rn. 5.
3 Vgl. Korintenberg/*Tiedtke* GNotKG Rn. 1.

KV Nr. 32000 ff. sind für die dort aufgeführten Tatbestände aber zusätzlich zu erheben.

2. Anträge an Gerichte oder Behörden. Ebenso kann innerhalb eines Beurkundungsverfahrens keine zusätzliche Gebühr für das (reine) Übermitteln oder Stellen von Anträgen oder Erklärungen an Gerichte oder Behörden erhoben werden, unabhängig davon, ob der Notar insoweit nur als Bote oder als Vertreter der Beteiligten tätig wird.[4] Dies gilt insbesondere für das Einreichen bzw. Stellen von Grundbuchanträgen oder die Vorlage von Anmeldungen zum Registergericht, wozu der Notar ohnehin aufgrund § 53 BeurkG grundsätzlich verpflichtet ist. Auch die Übermittlung von Daten an das Zentrale Vorsorgeregister oder das Zentrale Testamentsregister fällt hierunter;[5] als Auslagen können aber die anfallen Registrierungsgebühren erhoben werden (KV Nr. 32015). Gesondert vergütet werden nur Tatbestände, für die das Gesetz ausdrücklich Vollzugs- oder Betreuungsgebühren anordnet. 4

3. Erledigung von Beanstandungen. Auch das Durchführen eines Beschwerdeverfahrens (etwa gegen einen ablehnenden Bescheid oder eine Zwischenverfügung) durch den Notar als Vertreter der Beteiligten löst keine zusätzliche Gebühr aus. Erledigt der Notar Beanstandungen von Notar und Gerichten, etwa durch das Nachreichen von Erklärungen und Anträgen, ist auch dies bereits in der Gebühr enthalten. Etwas anderes gilt nur dann, wenn eine Beanstandung durch ein weiteres Beurkundungsverfahren (etwa in Form eines Nachtrags zur ursprünglichen Urkunde) behoben wird; falls dadurch ausgelöste zusätzliche Gebühren auf fehlerhafter Sachbehandlung des Notars beruhen, gilt § 21.[6] 5

4. Satzungsbescheinigungen. Die Erteilung einer sog. „Satzungsbescheinigung" durch den Notar würde zwar eigentlich eine Tatsachenbescheinigung nach den KV Nr. 25104 darstellen; Abs. 2 Nr. 4 stellt aber klar, dass neben einem Beurkundungsverfahren hierfür keine eigene Gebühr anfällt. Dies gilt allerdings nur für den Notar, der den satzungsändernden Beschluss beurkundet hat[7] (bzw. gleichgestellte Personen nach Vorb. 2 Abs. 1). Wird der entsprechende Beschluss nicht beurkundet (etwa im Falle einer Kapitalerhöhung aus genehmigtem Kapital), fallen für die Erteilung der notariellen Satzungsbescheinigung Gebühren nach KV Nr. 25104 an. In letzterem Fall ist der Geschäftswert nach § 36 Abs. 1 zu bestimmen, wobei in der Regel in Teilwert von 30–50 % aus dem nach § 105 Abs. 4 Nr. 1 zu berechnenden Wert der Satzungsänderung anzunehmen sein dürfte.[8] Unter die Abgeltungswirkung des Abs. 2 Nr. 4 fällt die Erteilung von Notarbescheinigungen nach § 54 Abs. 2 S. 2 GmbHG und nach § 181 Abs. 1 S. 2 AktG (ggf. iVm § 278 Abs. 3 für die KGaA), nicht jedoch von Bescheinigungen für ausländische Gesellschaften. Über den Wortlaut der Vorschrift hinaus ist nicht nur die eigentliche Erteilung der Bescheinigung selbst, sondern auch das Zusammenstellen des neuen Satzungswortlautes bzw. das Prüfen des von den Beteiligten oder Dritten vorbereiteten neuen Wortlauts abgegolten, da das GNotKG dafür keinen eigenen Gebührentatbestand enthält.[9] 6

---

4 Vgl. NK-GK/*Fackelmann* GNotKG Rn. 19; Bormann/Diehn/Sommerfeldt/*Diehn* GNotKG Rn. 15.

5 Vgl. NK-GK/*Fackelmann* GNotKG Rn. 14; Korintenberg/*Tiedtke* GNotKG Rn. 12.

6 Vgl. Bormann/Diehn/Sommerfeldt/*Diehn* GNotKG Rn. 18.

7 Vgl. Korintenberg/*Tiedtke* GNotKG Rn. 15.

8 Vgl. Korintenberg/*Tiedtke* GNotKG Rn. 15.

9 Vgl. NK-GK/*Fackelmann* GNotKG Rn. 25; Korintenberg/*Tiedtke* GNotKG Rn. 16.

Abschnitt 1. Verträge, bestimmte Erklärungen sowie Beschlüsse von Organen einer Vereinigung oder Stiftung

Vorbemerkung 2.1.1

Dieser Abschnitt ist auch anzuwenden im Verfahren zur Beurkundung der folgenden Erklärungen:

1. Antrag auf Abschluss eines Vertrags oder Annahme eines solchen Antrags oder

2. gemeinschaftliches Testament.

Nr.	Gebührentatbestand	Gebühr oder Satz der Gebühr nach § 34 GNotKG – Tabelle B
21100	Beurkundungsverfahren	2,0 – mindestens 120,00 €

1 Der Regelgebührensatz für das Beurkundungsverfahren beträgt bei mehrseitigen Rechtsakten 2,0. Mindestens fällt in diesen Fällen – unabhängig vom Geschäftswert – eine Gebühr von 120 EUR an.

2 ABC häufiger Fälle der 2,0-Gebühr für das Beurkundungsverfahren:

- Abtretungsvertrag, etwa von GmbH-Geschäftsanteilen (falls nicht die Ausnahme KV 21101 Nr. 2 oder KV 21102 Nr. 1 greift)
- Angebot auf Abschluss eines Vertrages
- Auflassung (falls nicht die Ausnahme KV 21101 Nr. 2 oder KV 21102 Nr. 1 greift)
- Auseinandersetzungsvertrag (insbesondere betreffend die Auseinandersetzung von Gesamthands- und Miteigentümergemeinschaften)
- Begründung von Wohnungs- und Teileigentum gem. § 3 WEG sowie vertragliche Aufhebung von Wohnungs- und Teileigentum (§ 4 WEG)[1]
- Beschluss eines Organs einer Personenvereinigung oder Stiftung (unabhängig von der Zahl der beteiligten Personen)
- Darlehensvertrag
- Ehevertrag
- Einbringungsvertrag (insbesondere in Zusammenhang mit Gesellschaftsgründungen oder Kapitalerhöhungen)
- Erbbaurechtsvertrag
- Erbvertrag
- Erbverzichtsvertrag
- Gemeinschaftliches Testament, nicht jedoch Widerrufstestament (für Letzteres entsteht gem. KV 21201 Nr. 1 nur eine 0,5-Gebühr)
- Gesellschaftsvertrag für Gesellschaften jeder Rechtsform, sofern an dessen Abschluss mindestens zwei Personen beteiligt sind; bei der Errichtung eines Gesellschaftsvertrages durch einen Gesellschafter ist KV 21200 (1,0-Gebühr) einschlägig
- Kaufvertrag

1 Vgl. BeckOK KostR/*Hagedorn* GNotKG Rn. 3.

- Pflichtteilsverzichtsvertrag
- Scheidungsvereinbarung
- Schenkungsvertrag (nicht jedoch bloßes Schenkungsversprechen, das als einseitige Erklärung angesehen wird und daher nur eine 1,0-Gebühr auslöst)[2]
- Spaltungsvertrag (nicht aber Spaltungsplan bei Spaltung zur Neugründung, der als einseitige Erklärung nur eine 1,0-Gebühr nach KV 21200 auslöst)[3]
- Überlassung
- Übergabevertrag
- Vermächtniserfüllungsvertrag, sofern nicht der Ausnahmetatbestand KV 21102 Nr. 2 (beurkundete Verfügung von Todes wegen) greift
- Verschmelzungsvertrag
- Vertragsänderungen (wobei für den Geschäftswert der Wert der Änderung maßgebend ist)
- Vorvertrag
- Zuwendungsverzichtsvertrag.

Nr.	Gebührentatbestand	Gebühr oder Satz der Gebühr nach § 34 GNotKG – Tabelle B
21101	**Gegenstand des Beurkundungsverfahrens ist** **1. die Annahme eines Antrags auf Abschluss eines Vertrags oder** **2. ein Verfügungsgeschäft und derselbe Notar hat für eine Beurkundung, die das zugrunde liegende Rechtsgeschäft betrifft, die Gebühr 21100 oder 23603 erhoben:** **Die Gebühr 21100 beträgt** **(1) Als zugrunde liegendes Rechtsgeschäft gilt nicht eine Verfügung von Todes wegen.** **(2) Die Gebühr für die Beurkundung des Zuschlags in einer freiwilligen Versteigerung von Grundstücken oder grundstücksgleichen Rechten bestimmt sich nach Nummer 23603.**	**0,5** **– mindestens 30,00 €**

I. Allgemeines

Die Vorschrift sieht für bestimmte Beurkundungsverfahren, für die nach der allgemeinen Systematik entweder eine 1,0- oder eine 2,0-Gebühr anfallen würde, 1

2 Vgl. NK-GK/*Fackelmann* GNotKG Rn. 12; Korintenberg/*Tiedtke* GNotKG Rn. 10.
3 Vgl. BeckOK KostR/*Hagedorn* GNotKG Rn. 9.

eine Gebührenprivilegierung vor. Die Mindestgebühr ist in diesen Fällen auf 30 EUR herabgesetzt.

II. Beurkundung der Annahme eines Vertragsangebots

2 Gebührenprivilegiert ist zum einen die Annahme eines Vertragsangebots. Dies gilt unabhängig davon, ob der die Annahme beurkundende Notar auch das vorangegangene Angebot beurkundet hat oder nicht. Die Beurkundung der Annahmeerklärung stellt in jedem Fall ein eigenes Beurkundungsverfahren dar. Der Gegenstand des Vertrags, auf dessen Abschluss die Annahme gerichtet ist, spielt für die Anwendbarkeit der Vorschrift keine Rolle. Zu beachten ist allerdings, dass die Gebührenprivilegierung nur für die Annahmeerklärung selbst gilt, nicht für weitere in der Annahmeurkunde vorgenommene Rechtsgeschäfte. Daher ist zB eine gemeinsam mit der Annahme erklärte Zwangsvollstreckungsunterwerfung gemäß den allgemeinen Bestimmungen bei der Bewertung zu berücksichtigen.[1] Die Zwangsvollstreckungsunterwerfung betrifft zwar grundsätzlich denselben Gegenstand (vgl. § 109 Abs. 1), führt aber nach KV 21101 zu einer 1,0-Gebühr. Eine gemeinsam mit der Annahmeerklärung beurkundete Auflassung stellt ebenfalls denselben Beurkundungsgegenstand iSd § 109 Abs. 1 dar; allerdings sind für den Gebührensatz dann ggf. die Sondervorschriften der KV Nr. 21101 Nr. 2 bzw. KV Nr. 21102 Nr. 1 zu beachten.[2]

III. Beurkundung eines Verfügungsgeschäfts

3 Die Privilegierung von Verfügungsgeschäften ist hingegen daran geknüpft, dass der beurkundende Notar bereits eine Beurkundung in Zusammenhang mit dem zugrunde liegenden Kausalgeschäft vorgenommen hat und hierfür eine Gebühr für das Beurkundungsverfahren nach KV Nr. 21100 oder für die Beurkundung des Zuschlags im Rahmen einer freiwilligen Versteigerung nach KV Nr. 23603 erhoben hat. Wird das Verfügungsgeschäft in einer eigenen Urkunde beurkundet, führt dies zu einem eigenen Beurkundungsverfahren. Ist das Verfügungsgeschäft hingegen in der Urkunde über das zugrunde liegende Kausalgeschäft enthalten, liegt gem. § 109 Abs. 1 derselbe Beurkundungsgegenstand vor.

4 Unter einem Verfügungsgeschäft ist jedes Rechtsgeschäft zu verstehen, das die Übertragung, Belastung, Aufhebung oder Inhaltsänderung eines Rechts zum Gegenstand hat.[3] Praxisrelevant ist insbesondere die Beurkundung einer Auflassung sowie einer Abtretung von Ansprüchen oder Rechten. Daneben fällt hierunter zB auch die dingliche Einigung über den Eigentumsübergang an beweglichen Sachen oder die Einigung über die Bestellung eines Rechts an einem Grundstück (etwa bzgl. eines Grundpfandrechts, eines Erbbaurechts oder eines Nießbrauchs).

5 Die Vorbeurkundung muss „derselbe" Notar im Sinne der Vorbemerkung 2 Abs. 1 vorgenommen haben, so dass insbesondere auch eine Beurkundung durch einen Amtsvorgänger oder Sozius privilegierende Wirkung hat.

6 Diese vorangegangene Beurkundung muss das zugrunde liegende Rechtsgeschäft betroffen haben, also das Kausalgeschäft, dessen Erfüllung das später beurkundete Verfügungsgeschäft dient. Ein Geschäft liegt der Verfügung nur dann „zugrunde", wenn es einen unmittelbar klagbaren Anspruch auf Vornahme des Verfügungsgeschäfts begründet.[4] Derselbe Notar muss nicht den gesamten zu-

1 Ebenso Korintenberg/*Tiedtke* GNotKG Rn. 7; aA BayObLG NJW-RR 1996, 63.
2 Vgl. Korintenberg/*Tiedtke* GNotKG Rn. 8 ff.
3 Vgl. MüKo BGB/*Gaier* Einl. SachenR Rn. 7.
4 Vgl. NK-GK/*Fackelmann* GNotKG Rn. 74.

grunde liegenden schuldrechtlichen Vertrag beurkundet haben, damit die Privilegierung greift. Vielmehr ist es ausreichend, dass die vorangegangene Beurkundung das Kausalgeschäft „betrifft". Demnach hat auch die isolierte Beurkundung des betreffenden Vertragsangebots privilegierende Wirkung. Abgesehen vom Sonderfall der Zuschlagsbeurkundung (KV Nr. 23603) muss für die Anwendbarkeit der Vorschrift allerdings für die „Vorbeurkundung" eine Gebühr für ein Beurkundungsverfahren nach KV Nr. 21100, also eine 2,0-Gebühr entstanden sein. Ein Notar, der im Vorfeld nur die Annahme eines Kaufvertrags beurkundet hat, erhält demnach für die darauffolgende Beurkundung der Auflassung nicht die 0,5-Gebühr nach KV Nr. 21101 Nr. 2, sondern die 1,0-Gebühr nach KV Nr. 21102 Nr. 1.[5]

IV. Verfügung von Todes wegen

Anm. 1 regelt abweichend vom vorstehend beschriebenen Grundsatz die Ausnahme, dass Verfügungsgeschäfte, die die Erfüllung von Verpflichtungen aus notariell beurkundeten Testamenten oder Erbverträgen zum Gegenstand haben, nicht unter den Anwendungsbereich dieser Privilegierung fallen. Dies betrifft etwa den Fall, dass in Erfüllung eines Vermächtnisses eine Auflassung erklärt oder ein Gesellschaftsanteil abgetreten wird. Eine Privilegierung für derartige Beurkundungen kann sich aber aus KV Nr. 21102 Nr. 1 ergeben. 7

V. Zuschlagsbeurkundung

Abs. 2 stellt klar, dass für eine Zuschlagsbeurkundung in einer freiwilligen Versteigerung von Grundstücken oder grundstücksgleichen Rechten eine 1,0-Gebühr nach der Spezialregelung der KV Nr. 23603 entsteht. 8

Nr.	Gebührentatbestand	Gebühr oder Satz der Gebühr nach § 34 GNotKG – Tabelle B
21102	**Gegenstand des Beurkundungsverfahrens ist** **1. ein Verfügungsgeschäft und das zugrunde liegende Rechtsgeschäft ist bereits beurkundet und Nummer 21101 nicht anzuwenden oder** **2. die Aufhebung eines Vertrags:** **Die Gebühr 21100 beträgt**	**1,0 – mindestens 60,00 €**

I. Allgemeines

Die Vorschrift sieht eine Gebührenprivilegierung für bestimmte Sonderfälle von Vertragsbeurkundungen vor, die nach der allgemeinen Systematik eine 2,0-Gebühr auslösen würden: Verfügungsgeschäfte, deren zugrunde liegende Kausalgeschäfte nicht von demselben Notar beurkundet sind, sowie Vertragsaufhebungen. Die Mindestgebühr beträgt in diesen Fällen 60 EUR. 1

5 Vgl. Korintenberg/*Tiedtke* GNotKG Rn. 14.

II. Verfügungsgeschäft

2 Ebenso wie KV Nr. 21101 Nr. 2 betrifft KV Nr. 21102 Nr. 1 den Fall, dass das einer Verfügung zugrunde liegende Kausalgeschäft bereits beurkundet ist. Allerdings ist hier das Kausalgeschäft nicht von „demselben“ Notar protokolliert.

3 Voraussetzung für die Anwendbarkeit der Vorschrift ist, dass das zugrunde liegende Geschäft „beurkundet“ ist. Dies setzt nicht zwingend eine notarielle Beurkundung voraus; in gleicher Weise kann etwa ein nach § 159 ZPO protokollierter gerichtlicher Vergleich (vgl. § 127a BGB)[1] oder eine durch eine andere zuständige Urkundsperson aufgenommene Urkunde über das Kausalgeschäft zugrunde liegen. Anders liegt es allerdings, wenn das Verpflichtungsgeschäft von einem ausländischen Notar oder einer ausländischen Behörde beurkundet ist.[2] Ungeachtet der Frage der Wirksamkeit der Auslandsbeurkundung im Einzelfall ist eine Gebührenprivilegierung in diesen Fällen angesichts des erhöhten Prüfungsaufwands nicht gerechtfertigt und liefe daher dem Zweck der Vorschrift zuwider.[3]

4 Im Umkehrschluss zu KV Nr. 21101 Abs. 1 reicht es für die Anwendbarkeit der Vorschrift aus, dass dem Verfügungsgeschäft eine beurkundete Verfügung von Todes wegen zugrunde liegt. Wird ein in einem notariellen Testament angeordnetes Vermächtnis erfüllt, fällt für die Beurkundung des Verfügungsgeschäfts eine 1,0-Gebühr an. Nicht privilegiert sind hingegen Verfügungsgeschäfte, mit denen eine Teilungsanordnung oder eine Auflage erfüllt werden soll, da diese keinen klagbaren Anspruch auf das Verfügungsgeschäft begründen.[4]

5 Liegt der Verfügung ein eigenhändiges Testament zugrunde, greift für das Erfüllungsgeschäft hingegen stets die 2,0-Gebühr nach der Grundnorm der KV Nr. 21100.

III. Vertragsaufhebung

6 Die Aufhebung eines Vertrags stellt zwar auch eine vertragliche Vereinbarung dar, die nach den allgemeinen Bestimmungen die 2,0-Gebühr auslösen würde; sie ist allerdings aufgrund von KV Nr. 21102 Nr. 2 privilegiert. Auf den Inhalt des aufgehobenen Vertrags kommt es dabei nicht an. Allerdings ist die Vorschrift nur bei der vollständigen Aufhebung eines Vertrags anwendbar. Eine nur teilweise Aufhebung stellt eine Vertragsänderung dar, die zu einer 2,0-Gebühr aus dem Wert der Änderung führt.[5]

7 Auch die (vollständige) vertragliche Aufhebung eines Erbvertrags fällt unter KV Nr. 21102 Nr. 2, nicht jedoch der Widerruf eines gemeinschaftlichen Testamentes, für das nach KV Nr. 21201 Nr. 1 nur eine 0,5-Gebühr zu erheben ist.

8 Die vollständige Aufhebung eines Ehevertrags, in dem ein bestimmter Güterstand vereinbart wurde, ist nicht privilegiert, sondern löst stets eine 2,0-Gebühr aus, da damit zwangsläufig die Vereinbarung des gesetzlichen Güterstandes verbunden ist und sich die Regelungswirkung damit nicht in der bloßen Aufhebung erschöpft.[6]

---

1 Vgl. Korintenberg/*Tiedtke* GNotKG KV 21101 Rn. 19.
2 Vgl. BeckOK KostR/*Hagedorn* GNotKG Rn. 1a.
3 Vgl. BeckOK KostR/*Hagedorn* GNotKG Rn. 1a.
4 Vgl. Bormann/Diehn/Sommerfeldt/*Diehn* GNotKG Rn. 9.
5 Vgl. BGH RNotZ 2020, 593; Bormann/Diehn/Sommerfeldt/*Diehn* GNotKG Rn. 16.
6 Vgl. Korintenberg/*Tiedtke* GNotKG Rn. 11.

Abschnitt 2. Sonstige Erklärungen, Tatsachen und Vorgänge

Vorbemerkung 2.1.2

(1) Die Gebühr für die Beurkundung eines Antrags zum Abschluss eines Vertrages und für die Beurkundung der Annahme eines solchen Antrags sowie für die Beurkundung eines gemeinschaftlichen Testaments bestimmt sich nach Abschnitt 1, die Gebühr für die Beurkundung des Zuschlags bei der freiwilligen Versteigerung von Grundstücken oder grundstücksgleichen Rechten bestimmt sich nach Nummer 23603.

(2) Die Beurkundung der in der Anmerkung zu Nummer 23603 genannten Erklärungen wird durch die Gebühr 23603 mit abgegolten, wenn die Beurkundung in der Niederschrift über die Versteigerung erfolgt.

I. Grundsätzliche Einordnung

Abschnitt 2 umfasst Beurkundungsverfahren, die sonstige Erklärungen, Tatsachen und Vorgänge zum Gegenstand haben, also keine Verträge oder Beschlüsse beinhalten und auch sonst nicht in Abschnitt 1 speziell aufgeführt sind. Alle Beurkundungsverfahren, die nicht unter Abschnitt 1 fallen, sind daher in Abschnitt 2 einzuordnen. 1

Da in Abschnitt 1 sämtliche mehrseitigen Rechtsakte aufgeführt sind, verbleiben für Abschnitt 2 grundsätzlich einseitige Rechtsakte, also solche, an denen nur eine Person beteiligt ist. Beschlüsse sind aufgrund Ihrer Rechtsnatur stets als mehrseitige Rechtsakte einzuordnen und unterfallen daher nie diesem Abschnitt 2, auch dann nicht, wenn nur eine Person Erklärungen abgibt (etwa bei Beschlüssen einer Ein-Personen-Gesellschaft). 2

Ebenso wie Abschnitt 1 unterscheidet auch Abschnitt 2 nicht danach, ob die Beurkundung nach den §§ 8 ff. BeurkG als Beurkundung von Willenserklärungen oder nach den §§ 36 ff. BeurkG als sonstige Beurkundung erfolgt.[1] Allerdings ist zu beachten, dass bestimmte nach § 36 BeurkG zu errichtende Niederschriften speziell dem Hauptabschnitt 3 (Sonstige notarielle Verfahren) unterfallen und mit den dort festgelegten Gebühren die Fertigung einer Niederschrift abgegolten ist, vgl. Vorb. 2.3. 3

II. Vertragsangebot und -annahme, gemeinschaftliches Testament, Zuschlag

Abs. 1 der Vorbemerkung stellt klar, dass bestimmte an sich „einseitige" Rechtsakte aufgrund von Spezialregelungen nicht unter Abschnitt 2 fallen. Dies gilt zum einen für die Beurkundung von Vertragsangeboten und -annahmeerklärungen sowie gemeinschaftlichen Testamenten, da diese gem. Vorbemerkung 2.1.1 stets unter Abschnitt 1 fallen. Zum anderen ist auf die Zuschlagsbeurkundung bei der freiwilligen Grundstücksversteigerung die KV Nr. 23603 als lex specialis vorrangig anwendbar. 4

Abs. 2 vollzieht die Wertung der Gebührenfreiheit für bestimmte Vorgänge der KV 23603 nach. Hiernach bleibt die Beurkundung eines Zuschlags im Rahmen einer freiwilligen Grundstücksversteigerung gebührenfrei, wenn diese in der Niederschrift über die Versteigerung erfolgt und einer der in der Anmerkung zu KV Nr. 23603 aufgeführten Fälle vorliegt. 5

---

1 Vgl. Korintenberg/*Hey'l* GNotKG Rn. 2.

Nr.	Gebührentatbestand	Gebühr oder Satz der Gebühr nach § 34 GNotKG – Tabelle B
21200	**Beurkundungsverfahren** **Unerheblich ist, ob eine Erklärung von einer oder von mehreren Personen abgegeben wird.**	**1,0 – mindestens 60,00 €**

Einordnung

1 Regelmäßig beträgt die Gebühr für die Beurkundung „sonstiger“ Erklärungen, Tatsachen und Vorgänge 1,0. Ausnahmen, für die eine ermäßigte 0,5-Gebühr anfällt, finden sich in der Aufzählung der KV Nr. 21201.

2 Ob eine Erklärung im Rahmen eines einseitigen Rechtsaktes von einer oder mehreren Personen abgegeben wird, spielt für den Gebührensatz keine Rolle. Sind also in einer Urkunde „parallele“ einseitige Erklärungen mehrerer Personen enthalten, zB eine von mehreren als Gesamtschuldner haftenden Personen erklärte Zwangsvollstreckungsunterwerfung hinsichtlich desselben Anspruchs, verbleibt es bei der 1,0-Gebühr.[1]

3 ABC häufiger Beurkundungsgegenstände, die eine 1,0-Gebühr nach KV Nr. 21200 auslösen:

- Abtretungserklärung (wenn nicht zugleich die Erklärung des Zessionars mitbeurkundet wird), zB bei Abtretung eines Grundpfandrechts oder Abtretung von Rückgewähransprüchen,
- Adoptionsantrag,
- Aufhebung eines dinglichen Rechts durch einseitige Erklärung gem. § 875 BGB,
- Ausübungserklärung, zB bzgl. Vorkaufs- oder Wiederkaufsrecht,
- Bestattungsverfügung,
- Betreuungsverfügung,
- Bezugsurkunde, die zum Zwecke der späteren Verweisung nach § 13a BeurkG errichtet wird, und zwar unabhängig davon, ob sie Willenserklärungen enthält,[2]
- Einwilligung: siehe Zustimmungserklärung,
- Erbscheinsantrag,
- Errichtung einer Ein-Personen-Gesellschaft (GmbH, AG),
- Genehmigung: siehe Zustimmungserklärung,
- Identitätserklärung (zu Grundpfandrechten nach Vermessung, wenn Vollstreckungsunterwerfung miterklärt wird, andernfalls nur 0,5-Gebühr nach KV 21201 Nr. 4),[3]
- Namenserklärung gem. § 1355 Abs. 3 und 4 BGB,
- Patientenverfügung,
- Rücktrittserklärung zu einem Vertrag (Ausnahme: für den Rücktritt vom Erbvertrag fällt nach KV 21201 Nr. 2 nur eine 0,5-Gebühr an),
- Schenkungsversprechen,

---

1 Vgl. Korintenberg/*Hey'l* GNotKG Rn. 16.
2 Vgl. BGH DNotZ 2006, 382.
3 Vgl. Bormann/Diehn/Sommerfeldt/*Diehn* Rn. 12.

- Schuldanerkenntnis,
- Sorgeerklärung,
- Spaltungsplan,
- Stiftungsgeschäft,
- Tatsachenbescheinigung in Form einer Niederschrift nach § 36 BeurkG (sofern nicht dem Hauptabschnitt 3 unterfallend),
- Teilungserklärung gem. § 8 WEG (wenn – wie regelmäßig – neben den reinen Grundbucherklärungen, die unter KV Nr. 21201 Nr. 4 fallen würden, weitere Erklärungen enthalten sind, zB vom Gesetz abweichende Bestimmungen der Gemeinschaftsordnung),[4]
- Testament (Einzeltestament),
- Übernahmeerklärung im Rahmen einer Kapitalerhöhung,
- Umsatzsteueroption,
- Verpfändungserklärung (einseitig, zB bzgl. Eigentumsverschaffungsansprüchen im Rahmen einer Grundpfandrechtsbestellung),
- Verzichtserklärung, zB von Anteilsinhabern im Rahmen eines Umwandlungsvorgangs,
- Vollmacht sowie Vollmachtwiderruf (für den Geschäftswert gilt § 98),
- Zustimmungserklärung zu einem Rechtsgeschäft (Ausnahmen: Löschungszustimmung des Eigentümers nach § 27 GBO, da diese nur eine 0,5-Gebühr nach KV Nr. 21201 Nr. 4 auslöst; Zustimmung zur Annahme als Kind, da diese nur eine 0,5-Gebühr nach KV Nr. 21201 Nr. 8 auslöst; Zustimmungsbeschluss, der eine 2,0-Gebühr nach KV Nr. 21100 auslöst); für den Geschäftswert gilt § 98,
- Zwangsvollstreckungsunterwerfung,
- Zweckbestimmungserklärung (wenn nur die Erklärung einer Partei beurkundet wird).

4 Vgl. Korintenberg/*Hey'l* GNotKG Rn. 5.

Nr.	Gebührentatbestand	Gebühr oder Satz der Gebühr nach § 34 GNotKG – Tabelle B
21201	**Beurkundungsgegenstand ist** **1. der Widerruf einer letztwilligen Verfügung,** **2. der Rücktritt von einem Erbvertrag,** **3. die Anfechtung einer Verfügung von Todes wegen,** **4. ein Antrag oder eine Bewilligung nach der Grundbuchordnung, der Schiffsregisterordnung oder dem Gesetz über Rechte an Luftfahrzeugen oder die Zustimmung des Eigentümers zur Löschung eines Grundpfandrechts oder eines vergleichbaren Pfandrechts,** **5. eine Anmeldung zum Handelsregister oder zu einem ähnlichen Register,** **6. ein Antrag an das Nachlassgericht,** **7. eine Erklärung, die gegenüber dem Nachlassgericht abzugeben ist, oder** **8. die Zustimmung zur Annahme als Kind:** **Die Gebühr 21200 beträgt** **In dem in Vorbemerkung 2.3.3 Abs. 2 genannten Fall ist das Beurkundungsverfahren für den Antrag an das Nachlassgericht durch die Gebühr 23300 für die Abnahme der eidesstattlichen Versicherung mit abgegolten; im Übrigen bleiben die Vorschriften in Hauptabschnitt 1 unberührt.**	**0,5 – mindestens 30,00 €**

I. Allgemeines

1 KV Nr. 21201 enthält einseitige Erklärungen, die an sich unter die Grundnorm der KV Nr. 21200 (1,0-Gebühr) fallen würden, die aber aufgrund gesetzgeberischer Wertung nur eine 0,5-Gebühr auslösen. Auch die Mindestgebühr ist bei diesen Vorgängen auf 30 EUR ermäßigt.

II. Privilegierte einseitige Erklärungen

1. Widerruf, Rücktritt und Anfechtung bzgl. einer Verfügung von Todes wegen. Privilegiert sind einseitige Erklärungen, die auf die Beseitigung letztwilliger Verfügungen abzielen. Darunter fällt zum einen der Widerruf einer Verfügung von Todes wegen, gleichgültig ob die widerrufene Erklärung in einem Testament oder einem Erbvertrag enthalten ist.[1] In einem Erbvertrag enthaltene Verfügungen können materiellrechtlich allerdings nur in den Fällen durch testamentarischen Widerruf beseitigt werden, in denen keine erbvertragliche Bindungswirkung entgegensteht. Anders als bei Errichtung von Testamenten wird nicht danach unterschieden, ob der Widerruf einer letztwilligen Verfügung in einem Einzeltestament oder in einem gemeinschaftlichen Testament erfolgt. Auch kommt es beim Widerruf eines gemeinschaftlichen Testaments nicht darauf an, ob es sich um die Erklärung nur einer Person handelt oder beide Teile in einer gemeinsamen Erklärung widerrufen. Privilegiert ist nicht nur der vollständige Widerruf eines Testaments; den Tatbestand erfüllt auch, wer nur eine von mehreren letztwilligen Verfügungen widerruft. Trifft der Testierende in der gleichen Urkunde zugleich neue Verfügungen von Todes wegen, liegt gem. § 109 Abs. 2 S. 1 Nr. 2 derselbe Beurkundungsgegenstand vor. 2

Die ermäßigte 0,5-Gebühr gilt ferner für die Beurkundung eines Rücktritts vom Erbvertrag. Zu Lebzeiten aller Vertragsteile hat ein Rücktritt gem. § 2296 Abs. 2 S. 1 BGB durch Erklärung gegenüber dem anderen Vertragsteil zu erfolgen. Nach dem Tod des anderen Vertragschließenden kann der Erblasser – falls er zum Rücktritt berechtigt ist – gem. § 2297 BGB eine vertragsmäßige Verfügung durch Testament aufheben. Beide Varianten sind nach dem Normzweck privilegiert.[2] 3

Auch die Anfechtung einer letztwilligen Verfügung ist gem. KV Nr. 21201 Nr. 3 begünstigt. Unerheblich ist, ob die angefochtene Verfügung in einem Testament oder in einem Erbvertrag enthalten ist und ob die Anfechtung das gesamte Testament bzw. den gesamten Erbvertrag oder nur einzelne darin enthaltene Verfügungen umfasst; letztere Unterscheidung kann sich allerdings auf den Geschäftswert auswirken. 4

2. Grundbucherklärungen. Die Beurkundung von Grundbuchanträgen und -bewilligungen führt ebenfalls nur zu einer 0,5-Gebühr. Die Schiffsregisterordnung und das Gesetz über Rechte an Luftfahrzeugen sind insofern der Grundbuchordnung gleichgestellt. Die gem. § 27 GBO zur Löschung von Grundpfandrechten notwendige Eigentümerzustimmung ist ebenfalls privilegiert. 5

Nach dem Zweck der Vorschrift sind nur rein verfahrensrechtliche Erklärungen begünstigt. Für Erklärungen mit materiellrechtlichem Gehalt, insbesondere Willenserklärungen, gelten die allgemeinen Vorschriften.[3] 6

3. Registeranmeldungen. KV Nr. 21201 Nr. 5 umfasst neben (beurkundeten) Handelsregisteranmeldungen auch Anmeldungen zum Vereins-, Genossenschafts-, Partnerschafts-, Schiffs- und Güterrechtsregister. Erzeugt der Notar im Rahmen der Übermittlung der beurkundeten Anmeldung zum Registergericht strukturierte (XML-)Daten, hat er dafür zusätzlich eine 0,3-Vollzugsgebühr (höchstens 250 EUR) nach KV Nr. 22114 zu erheben. Eine (ausnahmsweise) beurkundete Registeranmeldung stellt nach § 111 Nr. 3 stets einen besonderen Beurkundungsgegenstand dar. 7

1 Etwas unklar insoweit Korintenberg/*Hey'l* GNotKG Rn. 3.
2 Vgl. Bormann/Diehn/Sommerfeldt/*Diehn* GNotKG Rn. 7; Korintenberg/*Hey'l* GNotKG Rn. 6.
3 Vgl. Bormann/Diehn/Sommerfeldt/*Diehn* GNotKG Rn. 13.

8 **4. Anträge und Erklärungen gegenüber dem Nachlassgericht.** Privilegierte Anträge bzw. Erklärungen an das Nachlassgericht sind insbesondere:

- Annahme und Ablehnung des Amtes eines Testamentsvollstreckers gem. § 2202 BGB und Kündigung des Amtes gem. § 2226 S. 2 BGB
- Anzeige des Veräußerers und des Erwerbers einer Erbschaft gem. §§ 2284, 2285 BGB; übernimmt der Notar auftragsgemäß die Anzeige bzgl. eines von ihm beurkundeten Vertrages, fällt hierfür eine 0,5-Betreuungsgebühr gem. KV Nr. 22200 Nr. 5 an
- Bestimmung der Person des Testamentsvollstreckers gem. § 2298 Abs. 1 S. 2 BGB sowie Ernennung eines Mitvollstreckers oder Nachfolger des Testamentsvollstreckers gem. § 2299 Abs. 3 BGB
- Erbausschlagungen und Anfechtungen einer Erbschaftsannahme oder Erbschaftsausschlagung
- Erbscheinsanträge und Anträge auf Erteilung eines Testamentsvollstreckerzeugnisses (die allerdings in der Regel gemeinsam mit einer eidesstattlichen Versicherung beurkundet werden, was gem. KV Nr. 23300 zu einer 1,0-Gebühr führt, mit der nach Vorbemerkung 2.3.3 Abs. 2 auch die Beurkundung des Antrags mit abgegolten ist).

9 **5. Zustimmungserklärungen zu Adoptionen.** Hierunter fallen die Zustimmungserklärungen der Eltern, des Ehegatten und des anzunehmenden Kindes. Der Adoptionsantrag selbst führt hingegen gem. KV Nr. 21200 zu einer 1,0-Gebühr. Werden Zustimmungserklärungen gemeinsam mit dem Adoptionsantrag beurkundet, sind sie gem. § 109 Abs. 1 stets gegenstandsgleich.

Abschnitt 3. Vorzeitige Beendigung des Beurkundungsverfahrens

Vorbemerkung 2.1.3

(1) Ein Beurkundungsverfahren ist vorzeitig beendet, wenn vor Unterzeichnung der Niederschrift durch den Notar der Beurkundungsauftrag zurückgenommen oder zurückgewiesen wird oder der Notar feststellt, dass nach seiner Überzeugung mit der beauftragten Beurkundung aus Gründen, die nicht in seiner Person liegen, nicht mehr zu rechnen ist. Wird das Verfahren länger als 6 Monate nicht mehr betrieben, ist in der Regel nicht mehr mit der Beurkundung zu rechnen.

(2) Führt der Notar nach der vorzeitigen Beendigung des Beurkundungsverfahrens demnächst auf der Grundlage der bereits erbrachten notariellen Tätigkeit ein erneutes Beurkundungsverfahren durch, wird die nach diesem Abschnitt zu erhebende Gebühr auf die Gebühr für das erneute Beurkundungsverfahren angerechnet.

(3) Der Fertigung eines Entwurfs im Sinne der nachfolgenden Vorschriften steht die Überprüfung, Änderung oder Ergänzung eines dem Notar vorgelegten Entwurfs gleich.

I. Grundsätzliche Einordnung

1 Abschnitt 3 regelt die Notargebühren bei vorzeitiger Beendigung des Beurkundungsverfahrens. Differenziert wird dabei zum einen zwischen dem Verfahrensstadium, das bis zur Beendigung des Beurkundungsverfahrens erreicht wurde, zum anderen typisiert nach den vom Notar bis zu diesem Zeitpunkt erbrachten Leistungen.

2 Hat der Notar im Rahmen eines vorzeitig beendeten Beurkundungsverfahrens einen Entwurf erstellt oder eine Beratungstätigkeit entfaltet, fallen hierfür keine (zusätzlichen) Entwurfs- oder Beratungsgebühren nach Hauptabschnitt 4 (Entwurf und Beratung) an; sämtliche entsprechenden Leistungen sind in diesem Fall mit den Gebühren nach Abschnitt 3 abgegolten (vgl. Vorb. 2.4.1 Abs. 1 bzw. KV Nr. 24200 Anm. 1).

3 Die Kostenschuldnerschaft für die Gebühren, die bei vorzeitiger Beendigung eines Beurkundungsverfahrens anfallen, richtet sich nach den allgemeinen Vorschriften der §§ 29 ff. Kostenschuldner ist also in der Praxis regelmäßig derjenige, der den Beurkundungsauftrag erteilt hat (§ 29 Nr. 1), wobei mehrere Kostenschuldner als Gesamtschuldner haften, § 32 Abs. 1.

II. Begriff der „vorzeitigen Beendigung" (Abs. 1)

4 **1. Beurkundungsauftrag.** Abs. 1 der Vorbemerkung definiert zunächst den Begriff der vorzeitigen Beendigung des Beurkundungsverfahrens. Grundvoraussetzung ist, dass mindestens ein Beteiligter dem Notar einen Beurkundungsauftrag als verfahrenseinleitende Maßnahme erteilt hat. Der Beurkundungsauftrag markiert den Beginn des Beurkundungsverfahrens und eröffnet grundsätzlich den Anwendungsbereich der KV Nr. 21300 ff. Unter einem „Beurkundungsauftrag" ist jedes an den Notar gerichtete Ansuchen zu verstehen, das auf die Vornahme einer notariellen Beurkundungstätigkeit gerichtet ist.[1] Ob ein Beurkundungsauftrag erteilt ist, ist nach Maßgabe des objektiven Empfängerhorizonts des Notars zu beurteilen. Ausreichend ist die (in der Praxis häufige) konkludente Beauftragung.[2]

5 **2. Noch keine abgeschlossene Unterzeichnung der Niederschrift.** Ein Beurkundungsverfahren kann nur dann „vorzeitig" beendet sein, wenn die Niederschrift in den Fällen der §§ 8 ff. BeurkG noch nicht durch alle persönlich an der Beurkundungsverhandlung Beteiligten und durch den Notar unterzeichnet ist. Ist Letzteres der Fall, ist die Beurkundung der Niederschrift abgeschlossen und der Anwendungsbereich der KV Nr. 21100 ff. eröffnet, und zwar unabhängig davon, ob für die Wirksamkeit der Urkunde noch weitere privatrechtliche oder behördliche Genehmigungen erforderlich sind. Haben zwar alle Beteiligten die Niederschrift unterzeichnet, verweigert jedoch der Notar (endgültig) seine Unterschrift oder ist er hierzu nicht (mehr) in der Lage, ist das Beurkundungsverfahren vorzeitig beendet. Bei einer nach den §§ 36 ff. BeurkG errichteten Niederschrift ist hingegen die Unterzeichnung durch den Notar ausreichend.

1 Vgl. BGH DNotZ 2017, 394.
2 Vgl. BGH DNotZ 2017, 394.

6 **3. Ursache für die vorzeitige Beendigung.** Gebühren nach KV Nr. 21300 ff. fallen nur an, wenn das Beurkundungsverfahren aus einem der drei in Abs. 1 der Vorbemerkung genannten Gründe vorzeitig beendet wird. Beruht die vorzeitige Beendigung auf einer anderen Ursache, verweigert der Notar zB zu Unrecht die Fortführung des Beurkundungsverfahrens, können für dieses Beurkundungsverfahren keine Gebühren erhoben werden. Unberührt bleiben in letzterem Fall allerdings etwaige aufgrund anderer Tatbestände angefallene Gebühren, etwa Beratungsgebühren.

7 **a) Rücknahme des Beurkundungsauftrags.** Häufigste Ursache für die vorzeitige Beendigung eines Beurkundungsverfahrens dürfte sein, dass ein Beteiligter seinen bereits erteilten Beurkundungsauftrag zurücknimmt. Auch wenn mehrere Personen an einem Beurkundungsverfahren beteiligt sind, reicht die Rücknahme eines Beteiligten aus, da damit die Grundlage für Fortsetzung des Verfahrens entfällt.

8 Ebenso wie bei der Auftragserteilung ist nach dem objektiven Empfängerhorizont des Notars zu beurteilen, ob eine (ggf. konkludente) Rücknahme des Beurkundungsauftrags vorliegt. Dafür muss der Beteiligte zu erkennen geben, dass er endgültig keine Beurkundung des zunächst beauftragen Geschäfts mehr wünscht. „Ändert" ein Beteiligter seinen bereits erteilten Beurkundungsauftrag dahin gehend, dass er nunmehr die Beurkundung eines seinem Wesen nach anderen Rechtsgeschäfts wünscht, ist darin die Rücknahme des bisherigen Beurkundungsauftrags (mit der Folge der gebührenauslösenden vorzeitigen Beendigung) zu sehen, verbunden mit einem Auftrag für ein neues Beurkundungsverfahren.

9 Der Grund für die Rücknahme des Beurkundungsauftrags ist grundsätzlich unerheblich; auf ein Verschulden der Beteiligten kommt es nicht an. Dies ist ausnahmsweise nur dann anders zu beurteilen, wenn die Rücknahme auf Gründen beruht, die in der Person des Notars liegen, und die eine Fortsetzung des Beurkundungsverfahrens für (mindestens) einen der Beteiligten unzumutbar machen.[3]

10 Nehmen die Beteiligten nach Rücknahme des Beurkundungsauftrags das Verfahren später wieder auf, kommt allerdings eine Anrechnung nach Abs. 2 der Vorbemerkung in Betracht.

11 **b) Zurückweisung des Beurkundungsauftrags.** Gem. § 15 Abs. 1 S. 1 BNotO darf der Notar seine Urkundstätigkeit nicht ohne ausreichenden Grund verweigern. Er darf einen Beurkundungsauftrag daher gem. § 14 Abs. 2 BNotO, § 4 BeurkG grundsätzlich nur zurückweisen, wenn dieser mit seinen Amtspflichten nicht vereinbar wäre, insbesondere wenn seine Mitwirkung bei Handlungen verlangt wird, mit denen erkennbar unerlaubte oder unredliche Zwecke verfolgt werden. In Zweifelsfällen ist es der pflichtgemäßen Beurteilung durch den Notar im Einzelfall überlassen, ob er von der Vornahme der Amtshandlung absieht oder ob er sie durchführt.[4] Weitere Versagungsgründe sind gesetzliche Mitwirkungsverbote bzw. Ausschließungsgründe (§§ 3, 6, 7 BeurkG) oder Selbstablehnung wegen Befangenheit (§ 16 Abs. 2 BNotO). Nur im Falle einer solchen *berechtigten* Zurückweisung des Beurkundungsauftrags fallen Gebühren nach KV Nr. 21300 ff. an.[5]

12 **c) Kein Weiterbetreiben des Verfahrens durch Beteiligte.** Stellt der Notar fest, dass nach seiner Überzeugung mit der beauftragten Beurkundung aus Gründen,

3 Vgl. NK-GK/*Drempetic* GNotKG KV 21300–21304 Rn. 19.
4 Vgl. Armbrüster/Preuß/Renner/*Preuß* BeurkG § 4 Rn. 19.
5 Vgl. NK-GK/*Drempetic* GNotKG KV 21300–21304 Rn. 19.

die nicht in seiner Person liegen, nicht mehr zu rechnen ist, führt auch dies zu einer gebührenauslösenden vorzeitigen Verfahrensbeendigung, ohne dass eine Auftragsrücknahme erfolgen muss. Hierfür müssen für den Notar objektive Umstände erkennbar sein, die mit hinreichender Wahrscheinlichkeit annehmen lassen, dass die beauftragte Beurkundung nicht durchgeführt wird. Aus dem Wortlaut kann abgeleitet werden, dass hierbei ein Ermessen des Notars besteht, das gerichtlich nur auf Ermessensfehler überprüft werden kann.[6] Ausreichend ist auch, dass die Beteiligten das Verfahren über einen längeren Zeitraum nicht mehr betreiben. Gem. Abs. 1 S. 2 der Vorbemerkung ist mit einer Beurkundung in der Regel nicht mehr zu rechnen, wenn das Verfahren mehr als sechs Monate nicht mehr betrieben wird. Ausnahmsweise muss jedoch auch ein längerer Zeitraum abgewartet werden, etwa wenn dem Notar (zB aufgrund Mitteilung der Beteiligten) bekannt ist, dass die Beurkundung erst zu einem späteren Zeitpunkt durchgeführt werden soll, etwa weil umfangreiche steuerliche Vorprüfungen erforderlich sind oder die Genesung eines kranken Beteiligten abgewartet werden soll.

Die Gründe, aus denen die Beteiligten das Verfahren nicht weiterbetreiben, sind 13
grundsätzlich unerheblich; insbesondere kommt es auf ein Verschulden nicht an. Einzige Ausnahme ist der Fall, wenn die Ursache in der Person des Notars liegt. Beachtlich ist ein solcher Grund grundsätzlich nur dann, wenn er die Fortsetzung des Beurkundungsverfahrens für (mindestens) einen der Beteiligten unzumutbar macht. Nach dem Rechtsgedanken der Vorbemerkung zu Abschnitt 2 Abs. 1 stellt es hingegen keinen in der Person des Notars liegenden Grund dar, wenn der mit der Beurkundung beauftragte Notar zwar vor Beurkundung aus dem Notaramt ausscheidet, eine Beurkundung aber durch den Aktenverwahrer erfolgen kann.[7]

III. Gebührenanrechnung bei erneutem Beurkundungsverfahren

Abs. 2 der Vorbemerkung privilegiert Verfahren, für die bereits in gewissem 14
zeitlichen Zusammenhang Vorarbeiten in einem früheren Verfahren geleistet wurden, und lässt unter bestimmten Bedingungen eine Anrechnung bereits entstandener Gebühren zu.

Die Gebührenanrechnung nach Abs. 2 setzt voraus, dass zunächst ein Beurkun- 15
dungsverfahren durchgeführt wurde, das jedoch vorzeitig beendet wurde, und „derselbe" Notar (zum Begriff vgl. Vorb. 2. Abs. 1) danach auf Grundlage eines neuen Beurkundungsauftrags auf der Grundlage der bereits erbrachten notariellen Tätigkeit ein erneutes Beurkundungsverfahren durchführt. Der neue Beurkundungsauftrag muss sich daher im Wesentlichen auf dasselbe Amtsgeschäft richten, das bereits Gegenstand des früheren Verfahrens war. Einzelne inhaltliche Änderungen im Vergleich zum ursprünglichen Auftrag lassen die Anrechnung unberührt; anders liegt der Fall, wenn der neue Auftrag seinem Wesen nach ein anderes Geschäft (zB Überlassung statt Testament) betrifft oder die Vertragsparteien sich im Vergleich zum ursprünglichen Verfahren ganz oder teilweise geändert haben.

Schließlich muss das erneute Beurkundungsverfahren „demnächst", also in zeit- 16
licher Nähe zum ersten, vorzeitig beendeten Verfahren durchgeführt werden. Sinn der zeitlichen Begrenzung ist, dass der Notar sich typischerweise nach längerem Zeitablauf wieder völlig neu in den Vorgang einarbeiten muss und eine Privilegierung daher nur gerechtfertigt ist, wenn ihm der Kern des ersten

6 Vgl. Korintenberg/*Diehn* GNotKG Rn. 26.
7 Vgl. OLG Frankfurt/M. BeckRS 2017, 141344.

Verfahrens nach üblichem Lauf der Dinge noch erinnerlich sein kann. Nach allgemeiner Lebenserfahrung ist dies kaum mehr der Fall, wenn ein Vorgang seit mehr als sechs Monaten abgeschlossen ist; besondere Umstände des Einzelfalls können jedoch ausnahmsweise auch nach längeren Zeitabläufen noch eine Anrechnung begründen.

IV. Überprüfung, Änderung oder Ergänzung eines Entwurfs

17 Da der Gebührensatz nach KV Nr. 21300 ff. u.a. davon abhängt, ob der Notar einen Entwurf gefertigt hat, stellt Abs. 3 der Vorbemerkung die Überprüfung, Änderung oder Ergänzung eines Entwurfs der Entwurfserstellung dem Grunde nach gleich. Im Einzelfall ist jedoch beim konkreten Gebührensatz innerhalb der jeweiligen Rahmengebühren u.a. danach zu differenzieren, ob der Notar einen vollständig neuen Entwurf fertigt oder nur eine Überprüfung, Änderung oder Ergänzung eines ihm im Rahmen eines Beurkundungsverfahrens vorgelegten Entwurfs vornimmt.

Nr.	Gebührentatbestand	Gebühr oder Satz der Gebühr nach § 34 GNotKG – Tabelle B
21300	**Vorzeitige Beendigung des Beurkundungsverfahrens** **1. vor Ablauf des Tages, an dem ein vom Notar gefertigter Entwurf an einen Beteiligten durch Aufgabe zur Post versandt worden ist,** **2. vor der Übermittlung eines vom Notar gefertigten Entwurfs per Telefax, vor der elektronischen Übermittlung als Datei oder vor Aushändigung oder** **3. bevor der Notar mit allen Beteiligten in einem zum Zweck der Beurkundung vereinbarten Termin auf der Grundlage eines von ihm gefertigten Entwurfs verhandelt hat:** **Die jeweilige Gebühr für das Beurkundungsverfahren ermäßigt sich auf**	20,00 €

I. Einordnung

1 Wird ein Beurkundungsverfahren vorzeitig beendet, bevor ein bestimmtes Verfahrensstadium erreicht ist, fällt lediglich eine Festgebühr in Höhe von 20 EUR an. Dies gilt grundsätzlich unabhängig davon, ob und in welchem Umfang der

Notar bis zu diesem Zeitpunkt bereits Vorarbeiten geleistet hat. Für in diesem Verfahren bereits erbrachten Beratungsleistungen ist aber stattdessen eine Gebühr nach KV Nr. 21301 festzusetzen. Zusätzlich kann der Notar in jedem Fall etwaige Auslagen nach den hierfür geltenden Vorschriften erheben. Liegt der Zeitpunkt der Verfahrensbeendigung erst nach den in Nr. 1–3 genannten Stadien, fallen Gebühren nach KV Nr. 21301–21304 an.

II. Entwurfsversand per Post (Nr. 1)

Die Gebührenermäßigung entfällt, wenn der Notar bereits vor dem Tag der 2 Verfahrensbeendigung einen Entwurf an (mindestens) einen Beteiligten durch Aufgabe zur Post versandt hat. Auf den Zeitpunkt des Zugangs des Entwurfs beim Beteiligten kommt es nicht an. Eine Auftragsrücknahme muss also dem Notar spätestens am Tag der Aufgabe des Entwurfs zur Post zugegangen sein, um nicht die Anwendung der KV 21301 ff. auszulösen. Der Versand muss nicht an den Auftraggeber erfolgt sein; es reicht aufgrund des Wortlauts die Übermittlung an einen beliebigen Beteiligten.[1] Unerheblich ist, ob die Beteiligten den Notar im Rahmen des Verfahrens mit der Übersendung eines Entwurfs beauftragt haben.[2]

Etwas anderes soll nach teilweise vertretener Ansicht nur im Anwendungsbe- 3 reich des § 17 Abs. 2a Nr. 2 BeurkG gelten, also wenn der Notar dem Verbraucher im Rahmen eines Verfahrens zur Beurkundung eines Verbraucherimmobilienvertrags einen Entwurf übermittelt,[3] was kaum einleuchtet: Auch in diesen Fällen ist ein Beurkundungsauftrag erteilt (oftmals ja zunächst gerade nicht vom Verbraucher), die Entwurfsversendung und Einhaltung der Wartefrist ist ebenso Amtspflicht des Notars wie die sachgerechte Gestaltung des Verfahrens in anderen Fällen. Dass seine auftragsgemäße Tätigkeit dann nicht die nach dem Wortlaut anfallenden Gebühren auslösen soll, überzeugt nicht.[4]

Auch die Übersendung eines zwar nicht vom Notar gefertigten, aber von ihm 4 überprüften, ergänzten oder geänderten Entwurfs lässt die Gebührenermäßigung entfallen, vgl. Abs. 3 der Vorbemerkung 2.3. Nach dem eindeutigen Wortlaut ist ein vom Notar bereits vollständig fertiggestellter, aber bis zum Tag der Auftragsrücknahme noch nicht versandter Entwurf hingegen unbeachtlich und kann wegen der Vorbemerkung 2.4.1 Abs. 1 auch nicht als Entwurf nach den KV Nr. 24100 ff. abgerechnet werden; in einem solchen Fall verbleibt es daher bei der Festgebühr von 20 EUR.

III. Entwurfsübermittlung auf anderem Wege (Nr. 2)

In gleicher Weise entfällt die Gebührenermäßigung auf die Festgebühr von 5 20 EUR, wenn vor Verfahrensbeendigung der Notar einem Beteiligten einen Entwurf per Fax, E-Mail oder anderem elektronischen Wege übersandt oder der Entwurf einem Beteiligten (gleichgültig durch wen) ausgehändigt wurde. Im Unterschied zu Nr. 1 kommt es hier auf den genauen Zeitpunkt der Übermittlung (einschließlich des Zugangs beim Empfänger)[5] an, wenn die Übermittlung am selben Tage wie die Verfahrensbeendigung erfolgt.

1 Vgl. NK-GK/*Drempetic* GNotKG KV 21300–21304 Rn. 30.
2 Vgl. NK-GK/*Drempetic* GNotKG KV 21300–21304 Rn. 26.
3 Vgl. Korintenberg/*Diehn* GNotKG Rn. 6a; ebenso wohl die Gesetzesbegründung, BT-Drs. 17/11471, 229, die allerdings noch nicht von der zwingenden Entwurfsübersendung durch den Notar gem. § 17 Abs. 2a Nr. 2 BeurkG nF ausgeht.
4 Im Ergebnis ebenso KG BWNotZ 2018, 97.
5 Vgl. NK-GK/*Drempetic* GNotKG KV 21300–21304 Rn. 34.

IV. Beginn einer Beurkundungsverhandlung (Nr. 3)

6 Schließlich ist eine Gebührenprivilegierung auch ausgeschlossen, wenn die Verfahrensbeendigung erst nach Eintritt in die Beurkundungsverhandlung auf Grundlage eines vereinbarten Beurkundungstermins erfolgt. Die Verhandlung muss mit allen Beteiligten stattgefunden haben, wobei es ausreicht, dass einer oder mehrere Beteiligte wirksam vertreten waren oder dem Notar gegenüber vorher ihr Einverständnis mit einer vollmachtlosen Vertretung mitgeteilt haben.[6] Die Verhandlung muss bereits begonnen haben, wobei ein entsprechender – nicht zwingend bereits fertiggestellter – Entwurf als Grundlage vorliegen muss.

Nr.	Gebührentatbestand	Gebühr oder Satz der Gebühr nach § 34 GNotKG – Tabelle B
21301	**In den Fällen der Nummer 21300 hat der Notar persönlich oder schriftlich beraten:** **Die jeweilige Gebühr für das Beurkundungsverfahren ermäßigt sich auf eine Gebühr**	**in Höhe der jeweiligen Beratungsgebühr**

1 Endet das Beurkundungsverfahren vor den in KV Nr. 21300 genannten Zeitpunkten, hat der Notar aber bereits Beratungsleistungen für die Beteiligten erbracht, fällt eine Beratungsgebühr nach KV 24200 ff. an. Daneben kann weder die Festgebühr von 20 EUR nach KV Nr. 21300 noch eine Gebühr nach den KV Nr. 21302 ff. erhoben werden. Erfolgt die Verfahrensbeendigung hingegen erst zu einem späteren Zeitpunkt, sind etwaige Beratungsleistungen mit der Verfahrensgebühr abgegolten. Die Beratungsgebühr fällt nur bei einer Beratung durch den Notar selbst, nicht durch Mitarbeiter an.[1]

6 Vgl. NK-GK/*Drempetic* GNotKG KV 21300–21304 Rn. 39.
1 Vgl. NK-GK/*Drempetic* GNotKG KV 21300–21304 Rn. 45.

Nr.	Gebührentatbestand	Gebühr oder Satz der Gebühr nach § 34 GNotKG – Tabelle B
21302	**Vorzeitige Beendigung des Verfahrens nach einem der in Nummer 21300 genannten Zeitpunkte in den Fällen der Nummer 21100:** **Die Gebühr 21100 ermäßigt sich auf**	**0,5 bis 2,0 – mindestens 120,00 €**
21303	**Vorzeitige Beendigung des Verfahrens nach einem der in Nummer 21300 genannten Zeitpunkte in den Fällen der Nummern 21102 und 21200:** **Die Gebühren 21102 und 21200 ermäßigen sich auf**	**0,3 bis 1,0 – mindestens 60,00 €**
21304	**Vorzeitige Beendigung des Verfahrens nach einem der in Nummer 21300 genannten Zeitpunkte in den Fällen der Nummern 21101 und 21201:** **Die Gebühren 21101 und 21201 ermäßigen sich auf**	**0,3 bis 0,5 – mindestens 30,00 €**

Wird ein Beurkundungsverfahren nach KV Nr. 21100 ff. vorzeitig nach den in KV Nr. 21300 genannten Zeitpunkten beendet, also nach Entwurfsversand oder Eintritt in die Beurkundungsverhandlung, fällt eine Gebühr innerhalb eines vorgegebenen Gebührenrahmens an. Die im Einzelfall anfallende Gebühr hat der Notar nach § 92 Abs. 1 unter Berücksichtigung des Umfangs der erbrachten Leistung nach billigem Ermessen zu bestimmen. 1

War der den Beteiligten übermittelte bzw. bei der (abgebrochenen) Beurkundungsverhandlung vorliegende Entwurf zum maßgeblichen Zeitpunkt jedoch bereits vollständig fertiggestellt, ist nach § 92 Abs. 2 in jedem Fall die Höchstgebühr zu erheben, ohne dass der Notar ein Ermessen hat. Der Rahmen muss daher nur dann nicht ausgeschöpft werden, wenn der maßgebliche Entwurf entweder noch nicht fertiggestellt war oder sich die Tätigkeit des Notars auf die Überprüfung, Änderung oder Ergänzung eines ihm vorgelegten Entwurfs beschränkt hat. Auch in den letztgenannten Fällen kann jedoch im Einzelfall – je nach angefallenem Aufwand – der Ansatz der Höchstgebühr gerechtfertigt sein.[1] 2

Die Mindestgebühren von 120 EUR, 60 EUR und 30 EUR entsprechen denjenigen bei „regulär" beendeten Beurkundungsverfahren. 3

1 Vgl. Korintenberg/*Diehn* GNotKG Rn. 17.

Hauptabschnitt 2. Vollzug eines Geschäfts und Betreuungstätigkeiten

Vorbemerkung 2.2

(1) Gebühren nach diesem Hauptabschnitt entstehen nur, wenn dem Notar für seine Tätigkeit ein besonderer Auftrag erteilt worden ist; dies gilt nicht für die Gebühren 22114, 22125 und die Gebühr 22200 im Fall der Nummer 6 der Anmerkung.

(2) Entsteht für eine Tätigkeit eine Gebühr nach diesem Hauptabschnitt, fällt bei demselben Notar insoweit keine Gebühr für die Fertigung eines Entwurfs und keine Gebühr nach Nummer 25204 an.

I. Einordnung

1 Hauptabschnitt 2 regelt Gebühren, die für den Vollzug eines Geschäfts und für Betreuungstätigkeiten des Notars anfallen. Die Regelungen sind abschließend; ein Auffangtatbestand ist nicht vorgesehen.[1] Für sonstige Tätigkeiten in Zusammenhang mit Vollzug oder Betreuung, die in diesem Hauptabschnitt nicht genannt sind, kann daher keine Gebühr erhoben werden. Die Vollzugs- und die Betreuungsgebühr fällt pro Verfahren grundsätzlich insgesamt nur einmal an, unabhängig davon, wie viele einzelne Tätigkeiten der Notar hierbei übernimmt (§ 93 Abs. 1). Eine Ausnahme greift nur, wo dies im Gesetz ausdrücklich vorgesehen ist, so zB in KV Nr. 22114 für die Erzeugung von strukturierten Daten für die Weiterverarbeitung zusätzlich zu weiteren Vollzugstätigkeiten oder in KV Nr. 22201 für die Übernahme mehrerer Treuhandaufträge.

II. Auftrag als grundsätzliche Voraussetzung für den Gebührenanfall

2 Grundsätzlich entstehen Gebühren für Vollzugs- und Betreuungstätigkeiten nur, wenn dem Notar hierfür ein besonderer Auftrag erteilt worden ist. Regelmäßig wird der Notar dabei im Rahmen des § 24 BNotO tätig; zur Annahme entsprechender Aufträge ist er allerdings – anders als bei Beurkundungsaufträgen – grundsätzlich nicht verpflichtet. Hängt die Vollzugs- und Betreuungstätigkeit mit einem Beurkundungsverfahren zusammen, ist der entsprechende Auftrag in der Praxis regelmäßig in der entsprechenden Urkunde enthalten. Der Auftrag kann allerdings auch auf sonstige Weise – auch vor oder nach der Beurkundung – erteilt werden; er bedarf keiner Form und ist auch konkludent möglich.[2]

3 Eine Ausnahme von diesem Grundsatz stellen folgende Gebührentatbestände dar:

- KV Nr. 22114, 22125:
  Für die Erzeugung von strukturierten Daten (regelmäßig im XML-Format), insbesondere in Zusammenhang mit der Vorlage von Urkunden zum Registergericht oder zum Grundbuchamt, fallen die dadurch entstehenden Vollzugsgebühren unabhängig von einem hierfür erteilten Auftrag an. Gem. § 53 BeurkG ist der Notar grundsätzlich ohnehin gesetzlich verpflichtet, von ihm zu errichtende Urkunden dem Grundbuchamt oder Registergericht einzureichen, ohne dass es hierfür eines besonderen Ansuchens der Beteiligten bedarf. Soweit der entsprechende elektronische Rechtsverkehr eröffnet ist und der Notar die gesetzlich vorgesehene und erwünschte Möglichkeit

1 Vgl. NK-GK/*Macht* GNotKG Rn. 1.
2 Vgl. NK-GK/*Macht* GNotKG Rn. 4.

nutzt, zusätzlich zur bloßen Urkundsvorlage die notwendigen Daten strukturiert aufzubereiten, entsteht auch die entsprechende Vollzugsgebühr, auch wenn die Beteiligten ihn dazu nicht eigens beauftragt haben. Auch im Interesse der Entlastung der Justiz soll kein gebührenrechtlicher Anreiz für die Beteiligten geschaffen werden, auf die Übermittlung von strukturierten Daten durch den Notar zu verzichten.[3]

- KV Nr. 22200 Nr. 6:
  Gem. § 40 Abs. 2 GmbHG muss der Notar eine berichtigte, notarbescheinigte Gesellschafterliste erstellen und zum Handelsregister einreichen, wenn er an entsprechenden Änderungen mitgewirkt hat. Kraft Gesetzes hat er dies unverzüglich nach Wirksamwerden der Veränderungen zu veranlassen. Soweit er für die Erstellung der Bescheinigung außerhalb der Urkunde liegende Umstände zu prüfen hat (zB den Eintritt einer aufschiebenden Bedingung), steht ihm hierfür nach KV Nr. 22200 Nr. 6 eine Betreuungsgebühr zu. Da der Notar zur Vornahme dieser Prüfung von Amts wegen verpflichtet ist, hängt der Anfall der Gebühr auch nicht von einem Auftrag der Beteiligten ab; die Beteiligten können auf die Vornahme dieser notariellen „Folgetätigkeit“ nicht verzichten.[4]

III. Kein „Nebeneinander“ von Vollzugs-/Betreuungs- und Entwurfsgebühr

Ist der Notar mit der Durchführung von Vollzugs- und Betreuungstätigkeiten betraut, wird er in der Praxis auch regelmäßig Entwürfe für dabei abzugebende Erklärungen fertigen. Fordert der Notar beispielsweise auftragsgemäß im Rahmen des Vollzugs einer Urkunde Genehmigungserklärungen oder Lastenfreistellungserklärungen an, wird er dem Anforderungsschreiben regelmäßig zugleich einen entsprechenden von ihm erstellten Entwurf der angeforderten Erklärung beilegen. Abs. 2 der Vorbemerkung bestimmt, dass für die in diesem Zusammenhang erstellten Entwürfe keine Gebühren nach KV Nr. 24100 ff. anfallen; diese sind vielmehr mit den Vollzugs- und Betreuungsgebühren abgegolten. Auch für Erklärungen, die der Notar auf Grundlage einer Vollmacht in Eigenurkunde abgibt (zB die Bewilligung einer Eigentumsumschreibung nach Vorliegen vom Notar zu überwachender Voraussetzungen), fällt neben einer dadurch ausgelösten Betreuungsgebühr keine Entwurfsgebühr nach KV 25204 an.[5] Das Entfallen der Entwurfsgebühr setzt voraus, dass „derselbe“ Notar, der den Entwurf fertigt, auch die Vollzugs- bzw. Betreuungstätigkeit übernimmt, so dass nach Vorb. 2 Abs. 1 auch eine Übernahme entsprechender Aufgaben durch den Amtsnachfolger oder Sozius privilegiert ist. 4

Aus der Systematik des Abs. 2 ergibt sich ein Vorrang der Vollzugs- und Betreuungsgebühr vor der Entwurfsgebühr. Übernimmt der Notar also eine Tätigkeit, die an sich unter beide Tatbestände fallen würde, darf er nicht die Entwurfsgebühr anstelle einer Vollzugs- oder Betreuungsgebühr ansetzen, selbst dann nicht, wenn die Entwurfsgebühr geringer ausfallen würde.[6] Die Entwurfsgebühr kann nur dann anfallen, wenn der Notar den Entwurf nicht in Zusammenhang mit einem Vollzugs- oder Betreuungsauftrag gefertigt hat. 5

3 Vgl. BeckOK KostR/*Neie* GNotKG Rn. 2.
4 Vgl. NK-GK/*Macht* GNotKG Rn. 11.
5 Vgl. NK-GK/*Macht* GNotKG Rn. 14.
6 Vgl. NK-GK/*Macht* GNotKG Rn. 11.

Abschnitt 1. Vollzug
Unterabschnitt 1. Vollzug eines Geschäfts
Vorbemerkung 2.2.1.1

(1) Die Vorschriften dieses Unterabschnitts sind anzuwenden, wenn der Notar eine Gebühr für das Beurkundungsverfahren oder für die Fertigung eines Entwurfs erhält, die das zugrunde liegende Geschäft betrifft. Die Vollzugsgebühr entsteht für die

1. Anforderung und Prüfung einer Erklärung oder Bescheinigung nach öffentlich-rechtlichen Vorschriften, mit Ausnahme der Unbedenklichkeitsbescheinigung des Finanzamts,
2. Anforderung und Prüfung einer anderen als der in Nummer 4 genannten gerichtlichen Entscheidung oder Bescheinigung, dies gilt auch für die Ermittlung des Inhalts eines ausländischen Registers,
3. Fertigung, Änderung oder Ergänzung der Liste der Gesellschafter (§ 8 Abs. 1 Nr. 3, § 40 GmbHG) oder der Liste der Personen, welche neue Geschäftsanteile übernommen haben (§ 57 Abs. 3 Nr. 2 GmbHG),
4. Anforderung und Prüfung einer Entscheidung des Familien-, Betreuungs- oder Nachlassgerichts einschließlich aller Tätigkeiten des Notars gemäß den §§ 1828 und 1829 BGB im Namen der Beteiligten sowie die Erteilung einer Bescheinigung über die Wirksamkeit oder Unwirksamkeit des Rechtsgeschäfts,
5. Anforderung und Prüfung einer Vollmachtsbestätigung oder einer privatrechtlichen Zustimmungserklärung,
6. Anforderung und Prüfung einer privatrechtlichen Verzichtserklärung,
7. Anforderung und Prüfung einer Erklärung über die Ausübung oder Nichtausübung eines privatrechtlichen Vorkaufs- oder Wiederkaufsrechts,
8. Anforderung und Prüfung einer Erklärung über die Zustimmung zu einer Schuldübernahme oder einer Entlassung aus der Haftung,
9. Anforderung und Prüfung einer Erklärung oder sonstigen Urkunde zur Verfügung über ein Recht an einem Grundstück oder einem grundstücksgleichen Recht sowie zur Löschung oder Inhaltsänderung einer sonstigen Eintragung im Grundbuch oder in einem Register oder Anforderung und Prüfung einer Erklärung, inwieweit ein Grundpfandrecht eine Verbindlichkeit sichert,
10. Anforderung und Prüfung einer Verpflichtungserklärung betreffend eine in Nummer 9 genannte Verfügung oder einer Erklärung über die Nichtausübung eines Rechts und
11. über die in den Nummern 1 und 2 genannten Tätigkeiten hinausgehende Tätigkeit für die Beteiligten gegenüber der Behörde, dem Gericht oder der Körperschaft oder Anstalt des öffentlichen Rechts.

Die Vollzugsgebühr entsteht auch, wenn die Tätigkeit vor der Beurkundung vorgenommen wird.

(2) Zustimmungsbeschlüsse stehen Zustimmungserklärungen gleich.

(3) Wird eine Vollzugstätigkeit unter Beteiligung eines ausländischen Gerichts oder einer ausländischen Behörde vorgenommen, bestimmt sich die Vollzugsgebühr nach Unterabschnitt 2.

I. Grundsätzliches

1 Unterabschnitt 1 („Vollzug eines Geschäfts") regelt abschließend sämtliche Tatbestände, für die innerhalb eines Beurkundungsverfahrens oder in Zusammenhang mit einer Entwurfsfertigung Vollzugsgebühren anfallen. Grundvoraussetzung für die Anwendbarkeit der KV Nr. 22110–22114 ist, dass sich die Vollzugstätigkeit des Notars auf ein „zugrunde liegendes Geschäft" bezieht, für das er eine Gebühr für das Beurkundungsverfahren oder für die Fertigung eines Entwurfs erhält. Dies gilt unabhängig davon, in welchem Verfahrensstadium der Notar die Vollzugstätigkeit erbringt; insbesondere löst auch ein Tätigwerden vor der Beurkundung die Vollzugsgebühr aus, soweit ein entsprechender Zusammenhang besteht, wie Abs. 1 S. 3 der Vorbemerkung klarstellt.

II. Einzelne gebührenauslösende Vollzugstätigkeiten

2 Abs. 1 S. 2 der Vorbemerkung zählt in Form eines Katalogs abschließend sämtliche Tatbestände auf, für die in Zusammenhang mit einem Beurkundungsverfahren oder einer Entwurfsfertigung eine Vollzugsgebühr entsteht. Voraussetzung für das Entstehen der Gebühr ist gem. Vorb. 2.2 Abs. 2 grundsätzlich ein

Auftrag für die entsprechende Vollzugstätigkeit. Erbringt der Notar mehrere Vollzugstätigkeiten innerhalb eines Verfahrens, fällt dennoch grundsätzlich nur eine Vollzugsgebühr an (§ 93 Abs. 1).

3 Eine Vielzahl der im Katalog aufgeführten Tatbestände setzt das Anfordern und Prüfen von Erklärungen oder Bescheinigungen durch den Notar voraus. Für das Entstehen der Gebühr muss der Notar in diesen Fällen *kumulativ* eine Erklärung oder Bescheinigung anfordern und prüfen.[1] Anfordern ist jede Kommunikation des Notars – unabhängig vom Übermittlungsweg – mit der für die Abgabe einer Erklärung oder Erteilung zuständigen Stelle mit dem Ansuchen, eine konkret benannte Erklärung oder Bescheinigung auszustellen und dem Notar zu übermitteln. Für das Entstehen der Gebühr spielt es keine Rolle, ob der Notar in diesem Zusammenhang einen Entwurf des angeforderten Dokuments fertigt; im Falle einer Entwurfsfertigung fällt in diesem Zusammenhang allerdings gem. Vorb. 2.2 Abs. 2 keine zusätzliche Gebühr an.

4 **1. Anforderung und Prüfung einer Erklärung oder Bescheinigung nach öffentlich-rechtlichen Vorschriften (Nr. 1). a) Allgemeines.** Entscheidend ist, ob die angeforderte Erklärung/Bescheinigung nach öffentlichem Recht abgegeben bzw. erteilt wird. So fallen etwa Erklärungen öffentlich-rechtlicher Körperschaften, die auf Grundlage zivilrechtlicher Vorschriften abgegeben werden (zB eine Genehmigung gem. § 184 BGB zu einem privatrechtlichen Vertrag), nicht unter diesen Tatbestand, sondern sind ggf. unter eine andere Ziffer des Katalogs der Vollzugsgebühren zu fassen.

5 Gem. KV Nr. 22112 gilt eine Gebührenobergrenze von 50 EUR pro Einzeltätigkeit, so dass sich dieser Höchstwert bei mehreren einzuholenden Erklärungen/Bescheinigungen entsprechend vervielfacht.

6 **b) Praxisrelevante Einzelfälle.** Die Vollzugsgebühr entsteht beispielsweise für das Anfordern und Prüfen von

- Abgeschlossenheitsbescheinigungen
- aufsichtsbehördliche Genehmigungen zu Rechtsgeschäften der öffentlichen Hand
- Genehmigungen gem. § 169 Abs. 1 Nr. 3 BauGB für Vorhaben in städtebaulichen Entwicklungsbereichen
- Genehmigungen für die Begründung von Wohnungs- oder Teileigentum im Geltungsbereich städtebaulicher Erhaltungssatzungen gem. § 172 BauGB
- Genehmigungen für die Begründung oder Teilung von Wohnungs- oder Teileigentum in Fremdenverkehrsgebieten gem. § 22 BauGB
- Gemeinderatsbeschlüssen, soweit zB nach der Gemeindeordnung erforderlich (vgl. Abs. 2)
- Genehmigungen nach § 14 Abs. 6 HeimG
- sog. „IHK-Anfragen" bzgl. der Zulässigkeit von Firmierungen[2]
- Negativattesten bzgl. gemeindlicher Vorkaufsrechte iSd § 28 Abs. 1 S. 3 BauGB
- Genehmigungen bzw. Negativattesten gem. GrdstVG
- Genehmigungen bzw. Negativattesten gem. GVO
- kartellrechtlichen Genehmigungen
- Genehmigungen durch Kirchenaufsichtsbehörde
- Personenstandsurkunden
- Sanierungsgenehmigungen gem. § 145 BauGB

1 Vgl. NK-GK/*Macht* GNotKG KV 22110–22114 Rn. 8.
2 Vgl. BeckOK KostR/*Neie* GNotKG Rn. 8–9; aA (Zuordnung zu Nr. 11) NK-GK/*Macht* GNotKG KV 22110–22114 Rn. 11.

- stiftungsaufsichtlichen Genehmigungen
- Umlegungsgenehmigungen gem. § 51 BauGB
- Unschädlichkeitszeugnissen
- Negativattesten bzgl. sonstiger öffentlich-rechtlicher Vorkaufsrechte (etwa nach Naturschutz- oder Denkmalschutzrecht).

2. Anforderung und Prüfung einer gerichtlichen Entscheidung oder Bescheinigung (Nr. 2). a) Anwendungsbereich. Tatbestandsmäßig ist jede Entscheidung oder Bescheinigung eines inländischen oder ausländischen Gerichts, mit Ausnahme von Entscheidungen und Wirksamkeitsbescheinigungen des Familien-, Betreuungs- oder Nachlassgerichts; für Letztere ist in Nr. 4 des Katalogs ein eigener Tatbestand vorgesehen. Ferner fällt unter diesen Tatbestand auch die Ermittlung des Inhalts eines ausländischen Registers, zB wenn der Notar in das Grundbuch oder das Handelsregister eines ausländischen Staates Einsicht nimmt. 7

Gem. KV Nr. 22112 gilt eine Gebührenobergrenze von 50 EUR pro Einzeltätigkeit, so dass sich dieser Höchstwert bei mehreren einzuholenden Erklärungen/Bescheinigungen entsprechend vervielfacht. 8

b) Praxisrelevante Einzelfälle. Die Vollzugsgebühr entsteht beispielsweise für das Anfordern und Prüfen von 9

- Ausfertigungen eines Erbscheins oder eines Testamentsvollstreckerzeugnisses
- beglaubigten Abschriften eines Europäischen Nachlasszeugnisses
- Bestallungsurkunden eines Betreuers, Ergänzungs- oder Nachlasspflegers bzw. das Stellen von Anträgen auf entsprechende Bestellungen.[3]

3. Fertigung, Änderung oder Ergänzung einer Gesellschafterliste oder Übernehmerliste (Nr. 3). Unter den Tatbestand fällt sowohl die Fertigung eines Entwurfs einer von den Geschäftsführern privatschriftlich zu unterzeichnenden Gesellschafterliste (insbesondere im Rahmen einer GmbH-Gründung) als auch die Erstellung einer notarbescheinigten Gesellschafterliste. Ferner löst auch die Erstellung einer Liste der Übernehmer in Zusammenhang mit einer Kapitalerhöhung die Vollzugsgebühr aus. Zu beachten ist die Höchstgebühr von 250 EUR pro Liste gem. KV Nr. 22113. 10

Hat der Notar vor der Einreichung einer notarbescheinigten Gesellschafterliste weitere, außerhalb der Urkunde liegende Umstände zu prüfen (zB den Eintritt einer aufschiebenden Bedingung), erhält er hierfür zusätzliche eine Betreuungsgebühr (KV Nr. 22200 Nr. 6). 11

Erzeugt der Notar in Zusammenhang mit der elektronischen Einreichung der Liste strukturierte Daten, fällt hierfür eine zusätzliche Vollzugsgebühr nach KV Nr. 22114 an. 12

4. Anforderung und Prüfung einer Entscheidung des Familien-, Betreuungs- oder Nachlassgerichts und Erteilung einer Wirksamkeitsbescheinigung. Tatbestandsmäßig sind alle Entscheidungen des Familien-, Betreuungs- oder Nachlassgerichts, gleich welchen Inhalts. Für Entscheidungen anderer Gerichte ist Nr. 2 des Katalogs einschlägig. Mit der Gebühr abgegolten ist auch eine etwaige Entgegennahme und Mitteilung der gerichtlichen Entscheidung (§§ 1828, 1829 BGB) namens der Beteiligten durch den Notar aufgrund (Doppel-)Vollmacht.[4] Erteilt der Notar – etwa nach Vorliegen einer gerichtlichen Genehmi- 13

3 Vgl. NK-GK/*Macht* GNotKG Nr. 22110–22114 KV Rn. 13.
4 Vgl. NK-GK/*Macht* GNotKG Nr. 22110–22114 KV Rn. 21.

gung – eine Bescheinigung über die Wirksamkeit eines Rechtsgeschäfts, ist diese Vollzugstätigkeit ebenfalls von diesem Tatbestand erfasst.

14 **5. Anforderung und Prüfung einer Vollmachtsbestätigung oder einer privatrechtlichen Zustimmungserklärung (Nr. 5).** Holt der Notar im Rahmen des Vollzugs auftragsgemäß Vollmachtsbestätigungen, privatrechtliche Zustimmungserklärungen oder Zustimmungsbeschlüsse (die gem. Abs. 2 gleichgestellt sind) ein, erhält er hierfür eine Vollzugsgebühr. Dies gilt unabhängig davon, ob die angeforderten Erklärungen von am Vertrag Beteiligten oder von Dritten abzugeben sind.

15 In der Praxis häufige Fälle sind das Anfordern und Prüfen von:

- Genehmigungen von vollmachtlos vertretenen Beteiligten
- Vollmachtsbestätigungen, wenn der Bevollmächtigte zunächst seine Vollmacht nicht in der verlangten Form nachweisen konnte
- Verwalterzustimmungen bei Veräußerung von Wohnungs- und Teileigentum
- Ehegattenzustimmungen gem. § 1365 BGB
- zustimmenden Gesellschafterbeschlüssen
- Zustimmungen des Grundstückseigentümers zu Veräußerung oder Belastung von Erbbaurechten
- nach dem Umwandlungsgesetz erforderliche Zustimmungen von Anteilsinhabern.

16 Fertigt der Notar allerdings *im Vorfeld* einer Beurkundung den Entwurf einer Vollmacht, von der dann bei Beurkundung Gebrauch gemacht wird, löst dies angesichts des Wortlauts keine Vollzugsgebühr aus; vielmehr ist dann ggf. eine Entwurfsgebühr zu erheben.[5]

17 **6. Anforderung und Prüfung einer privatrechtlichen Verzichtserklärung (Nr. 6).** Praxisrelevante Fälle sind zB Verzichtserklärungen bzgl. privatrechtlicher Vorkaufsrechte (die bloße Nichtausübungserklärung fällt hingegen unter Nr. 7), der Verzicht auf ein Ankaufsrecht, auf eine Option, auf ein Rücktrittsrecht, der Verzicht eines Gläubigers auf ein Grundpfandrecht oder Verzichtserklärungen von Anteilseignern nach dem Umwandlungsgesetz.

18 **7. Anforderung und Prüfung einer Erklärung über die Ausübung oder Nichtausübung eines privatrechtlichen Vorkaufs- oder Wiederkaufsrechts (Nr. 7).** Fragt der Notar im Rahmen des Vollzugs bei einem Vorkaufs- oder Wiederkaufsberechtigten an, ob er sein entsprechendes (privatrechtliches) Recht ausüben will oder nicht, und prüft eine entsprechende daraufhin eingegangene Erklärung, fällt eine Vollzugsgebühr nach dieser Ziffer an. (Nicht-)Ausübungserklärungen bzgl. anderer Rechte fallen ggf. unter Nr. 10 (soweit sie nicht öffentlich-rechtlicher Natur sind; für Letztere gilt Nr. 1).

19 **8. Anforderung und Prüfung einer Erklärung über die Zustimmung zu einer Schuldübernahme oder einer Entlassung aus der Haftung (Nr. 8).** Holt der Notar im Rahmen des Vollzugs die gem. § 415 BGB erforderliche Zustimmung eines Gläubigers zu einer Schuldübernahme ein, fällt hierfür eine Vollzugsgebühr an. Gleiches gilt für Haftentlassungserklärungen aus Verbindlichkeiten, gleich auf welchem Rechtsgrund die Haftung beruht.

20 **9. Anforderung und Prüfung von Lastenfreistellungserklärungen (Nr. 9).** Hierunter fällt insbesondere das Anfordern und Prüfen von

- Löschungsbewilligungen und Pfandfreigaben sowie Rangerklärungen bzgl. Belastungen in Abteilung II und III des Grundbuchs

5 Vgl. Korintenberg/*Tiedtke* GNotKG Rn. 40a.

- Abtretungserklärungen bzgl. Grundschulden oder anderer Rechte an einem Grundstück oder grundstücksgleichen Recht
- Zustimmungserklärungen dinglich Berechtigter zur Änderung einer Teilungserklärung oder Gemeinschaftsordnung.

10. Anforderung und Prüfung von Verpflichtungserklärungen zur Lastenfreistellung oder Nichtausübungserklärungen (Nr. 10). Unter diesen Tatbestand ist das Einholen von Freistellungsverpflichtungserklärungen (etwa nach MaBV beim Vollzug von Bauträgerverträgen) oder Löschungsversprechen (samt Bewilligung von Löschungsvormerkungen) zu fassen.[6] Von der Vorschrift erfasst sind auch Nichtausübungserklärungen, die nicht unter die lex specialis der Nr. 7 fallen, etwa die Stillhalteerklärung eines Grundstückseigentümers bzgl. seiner Erbbauzinsforderung.[7] 21

11. Weitergehende Tätigkeit für die Beteiligten gegenüber der Behörde, dem Gericht oder der Körperschaft oder Anstalt des öffentlichen Rechts (Nr. 11). Holt der Notar eine Erklärung/Bescheinigung nach Ziffern 1 oder 2 ein und übernimmt in diesem Zusammenhang weitergehende Tätigkeiten, die über das reine Anfordern und Prüfen hinausgehen, ist Nr. 11 des Katalogs einschlägig. Dies hat zur Folge, dass die anfallende Vollzugsgebühr nicht auf 50 EUR je Tätigkeit begrenzt ist. Praxisrelevante Beispiele sind, dass der Notar in Zusammenhang mit einer „IHK-Anfrage" nicht nur eine bloße Stellungnahme einholt, sondern darüber hinaus in Abstimmungen mit der IHK zur firmenrechtlichen Zulässigkeit eintritt. Gleiches gilt, wenn der Notar auftragsgemäß tatsächliche oder rechtliche Begründungen zur Erlangung von Erklärungen oder Bescheinigungen liefert.[8] 22

III. Zustimmungsbeschlüsse

Aufgrund von Abs. 2 der Vorbemerkung löst die Einholung von Zustimmungsbeschlüssen durch den Notar in gleicher Weise wie das Einholen von Zustimmungserklärungen eine Vollzugsgebühr aus. Dies gilt sowohl für Beschlüsse öffentlich-rechtlicher Körperschaften (etwa erforderliche Gemeinderatsbeschlüsse) als auch für solche privatrechtlicher Vereinigungen (zB zustimmende Gesellschafterbeschlüsse zu Anteilsabtretungen zur Überwindung von Vinkulierungsklauseln). 23

IV. Vollzugstätigkeit unter Beteiligung eines ausländischen Gerichts oder einer ausländischen Behörde

Angesichts des regelmäßig deutlich erhöhten Aufwandes für den Notar ordnet Abs. 3 an, dass die höheren Gebührensätze nach KV 22120 ff. anzusetzen sind, wenn eine Vollzugstätigkeit unter Beteiligung eines ausländischen Gerichts oder einer ausländischen Behörde vorgenommen wird. 24

6 Vgl. NK-GK/*Macht* GNotKG KV22110–22114 Rn. 32.
7 Vgl. BeckOK KostR/*Neie* GNotKG Rn. 37.
8 Vgl. BT-Drs. 17/11471, 222.

Nr.	Gebührentatbestand	Gebühr oder Satz der Gebühr nach § 34 GNotKG – Tabelle B
22110	Vollzugsgebühr	0,5

1 Diese Gebührenziffer regelt den „Grundfall" der Vollzugsgebühr. Wie sich aus der Zusammenschau mit KV Nr. 22111 ergibt, ist Voraussetzung für den Anfall der 0,5-Gebühr, dass für das zugrunde liegende Beurkundungsverfahren bzw. die Entwurfsfertigung eine 2,0-Gebühr entsteht. Zu beachten sind die Gebührenobergrenzen für die Vollzugstätigkeiten iSd Vorb. 2.2.1.1 Abs. 1 Nr. 1–3, die sich aus KV Nr. 22112 und 22113 ergeben.

2 Geschäftswert für den Vollzug ist der Geschäftswert des zugrunde liegenden Beurkundungsverfahrens bzw. (bei isoliertem Entwurfsauftrag) der fiktive Wert des Beurkundungsverfahrens, § 112. Dies gilt angesichts des eindeutigen Wortlauts insbesondere auch dann, wenn die Vollzugstätigkeit an sich nur mit einem von mehreren Beurkundungsgegenständen eines Verfahrens zusammenhängt. Die Vollzugsgebühr fällt pro Verfahren grundsätzlich nur einmal ein (§ 93 Abs. 1).

Nr.	Gebührentatbestand	Gebühr oder Satz der Gebühr nach § 34 GNotKG – Tabelle B
22111	**Vollzugsgebühr, wenn die Gebühr für das zugrunde liegende Beurkundungsverfahren weniger als 2,0 beträgt:** **Die Gebühr 22110 beträgt**	0,3

1 Beträgt die Gebühr für das zugrunde liegende Beurkundungsverfahren weniger als 2,0, ermäßigt sich der Gebührensatz für die Vollzugsgebühr auf 0,3. Gleiches gilt, wenn der Vollzug in Zusammenhang mit einer Entwurfstätigkeit steht und die Gebühr für ein Beurkundungsverfahren gleichen Inhalts weniger als 2,0 betragen würde.

2 Stehen mehrere Beurkundungsverfahren in sachlichem Zusammenhang (etwa bei getrennter Beurkundung von Angebot und Annahme oder von Kaufvertrag und Auflassung), muss im Einzelfall geprüft werden, welchem Verfahren sich die Vollzugstätigkeiten zuordnen lassen.[1] Dies folgt daraus, dass das Gesetz streng nach dem Begriff des Beurkundungsverfahrens ordnet; dieses Prinzip würde durchbrochen, wenn bei der Vollzugsgebühr mehrere Verfahren „zusammengerechnet" würden. Betreibt allerdings zB der nur die Annahme beurkundende Notar den Vollzug des gesamten Vertrags, richtet sich die Vollzugsgebühr nach dem für die Vertragsbeurkundung anfallenden Gebührensatz (2,0),

1 Etwas anders in der Herleitung (die allerdings wohl nicht zu anderen Ergebnissen führen dürfte) Korintenberg/*Tiedtke* GNotKG KV 22110, 22111 Rn. 6; Bormann/Diehn/Sommerfeldt/*Diehn* GNotKG Rn. 5.

beträgt also 0,5.[2] Ein Ansatz der höheren Vollzugsgebühr (1,0) nach KV Nr. 22120 kommt hingegen nicht in Betracht, da der „Annahmenotar" ja ein Beurkundungsverfahren durchgeführt hat, das das zu vollziehende Geschäft betrifft (arg. e Vorb. 2.2.1.2 Nr. 1).

Setzt sich ein Beurkundungsverfahren aus mehreren Gegenständen zusammen, für die unterschiedliche Gebührensätze gelten, bestimmt sich die Vollzugsgebühr einheitlich nach dem höchsten anwendbaren Gebührensatz und wird aus dem vollen Geschäftswert des Verfahrens (§ 112 S. 1) berechnet. Dies ergibt sich aus dem Grundsatz, dass gem. § 94 auf den höchsten in Betracht kommenden Gebührensatz abzustellen ist; dies kann für die Vollzugsgebühr nicht anders betrachtet werden.[3] 3

Nr.	Gebührentatbestand	Gebühr oder Satz der Gebühr nach § 34 GNotKG – Tabelle B
	Vollzugsgegenstand sind lediglich die in der Vorbemerkung 2.2.1.1 Abs. 1 Satz 2 Nr. 1 bis 3 genannten Tätigkeiten: Die Gebühren 22110 und 22111 betragen	
22112	**– für jede Tätigkeit nach Vorbemerkung 2.2.1.1 Abs. 1 Satz 2 Nr. 1 und 2**	**höchstens 50,00 €**
22113	**– für jede Tätigkeit nach Vorbemerkung 2.2.1.1 Abs. 1 Satz 2 Nr. 3**	**höchstens 250,00 €**

I. Anwendungsbereich, Systematik

KV Nr. 22112 und 22113 sehen Höchstbeträge für bestimmte Vollzugsgebühren vor, die für typischerweise einfacher gelagerte Tätigkeiten anfallen. Diese betragsmäßigen Begrenzungen gelten aufgrund der systematischen Stellung der Vorschriften nur, wenn die Vollzugstätigkeit sich auf ein zugrundeliegendes Beurkundungsverfahren oder Entwurfsverfahren bezieht, für das „derselbe" Notar (zum Begriff s. Vorb. 2 Abs. 1) eine Gebühr erhalten hat, Vorb. 2.2.1.1 Abs. 1 S. 1. 1

Die Begrenzung kommt nur in Betracht, wenn ausschließlich Tätigkeiten nach Vorb. 2.2.1.1 Abs. 1 S. 2 Nr. 1–3 vorgenommen werden. Wird auch nur eine weitere Vollzugstätigkeit vorgenommen, fällt die unbegrenzte Vollzugsgebühr an. Ist jedoch der absolute Gebührenbetrag bereits bei Anwendung der allgemeinen Vollzugsgebühr niedriger als der in Betracht kommende Höchstbetrag, ist der geringere Betrag maßgeblich. 2

II. Mehrere Tätigkeiten

Führt der Notar in einem Verfahren mehrere einzelne der privilegierten Vollzugstätigkeiten durch, ist der Höchstbetrag mit der Anzahl der Tätigkeiten zu multiplizieren. Die Anzahl der Tätigkeiten ist im Rahmen von Vorb. 2.2.1.1 3

2 Im Ergebnis ebenso: Bormann/Diehn/Sommerfeldt/*Diehn* GNotKG Rn. 3; BeckOK KostR/*Neie* GNotKG Rn. 6.

3 Vgl. Bormann/Diehn/Sommerfeldt/*Diehn* GNotKG Rn. 4.

Abs. 1 S. 2 Nr. 1 und 2 danach zu bemessen, wie viele Erklärungen, Entscheidungen oder Bescheinigungen der Notar anfordert und prüft,[1] unabhängig davon, ob mehrere Dokumente von derselben oder verschiedenen Stelle(n) ausgestellt werden. Bei Vorb. 2.2.1.1 Abs. 1 S. 2 Nr. 3 ist die Anzahl der vom Notar gefertigten, geänderten oder ergänzten Listen maßgebend.

Nr.	Gebührentatbestand	Gebühr oder Satz der Gebühr nach § 34 GNotKG – Tabelle B
22114	**Erzeugung von strukturierten Daten in Form der Extensible Markup Language (XML) oder in einem nach dem Stand der Technik vergleichbaren Format für eine automatisierte Weiterbearbeitung**	0,2 – höchstens 125,00 €

I. Anwendungsbereich

1 Die Anwendbarkeit dieser Gebührenziffer setzt aufgrund ihrer systematischen Stellung im Gesetz voraus, dass der Notar eine Gebühr für das zugrunde liegende Beurkundungsverfahren oder eine Entwurfstätigkeit erhalten hat. In anderen Fällen, namentlich beim Vollzug von Fremdurkunden bzw. Fremdentwürfen, ist der – grundsätzlich höhere – Gebührensatz gem. KV Nr. 22125 anzuwenden. Wie sich aus KV Nr. 22115 ergibt, kann die 0,2-Gebühr nach KV Nr. 22114 nur anfallen, wenn in dem maßgeblichen Beurkundungs- oder Entwurfsverfahren nicht bereits aus anderen Gründen eine Vollzugsgebühr – gleich für welche Tätigkeit – angefallen ist.

II. Tatbestand

2 Der Tatbestand ist erfüllt, wenn der Notar Daten strukturiert elektronisch in einer vordefinierten Weise aufbereitet, um dem Empfänger eine Weiterverarbeitung in automatisierter Form zu ermöglichen.[1] Auf den Umfang der aufbereiteten Daten sowie auf das Dateiformat kommt es nicht an. Praxisrelevant ist dies derzeit in Zusammenhang mit Vorlagen zum Registergericht und zum Grundbuchamt, soweit der elektronische Rechtsverkehr im Einzelfall eröffnet ist. Für elektronische Registrierungen im Zentralen Vorsorgeregister oder im Zentralen Testamentsregister fällt die Gebühr hingegen nicht an, da in diesen Fällen der Notar die Datenaufbereitung nicht verantwortet.[2] Die Gebühr entsteht wegen Vorb. 2.2 Abs. 1 Hs. 2 unabhängig davon, ob der Notar zur Erzeugung der Strukturdaten überhaupt einen Auftrag hatte.

3 Genau zu prüfen ist in jedem Einzelfall, auf welches Verfahren sich die jeweilige Vollzugstätigkeit bezieht. Die Abgrenzung ist insbesondere in gesellschaftsrechtlichen Angelegenheiten wichtig, in denen der Notar häufig eine 2,0-Gebühr für ein Beurkundungs- oder Entwurfsverfahren (beinhaltend zB Gesellschafterbeschlüsse oder eine Geschäftsanteilsabtretung) und zusätzlich Gebüh-

1 Vgl. Bormann/Diehn/Sommerfeldt/*Diehn* GNotKG KV 22112 Rn. 7.
1 Vgl. Bormann/Diehn/Sommerfeldt/*Diehn* GNotKG KV 22114 Rn. 2.
2 Vgl. Korintenberg/*Tiedtke* GNotKG Rn. 2–3b.

ren für die Fertigung von Entwürfen damit zusammenhängender Handelsregisteranmeldungen erhält, wobei sich die Geschäftswerte der Verfahren regelmäßig unterscheiden. Ferner kann die Abgrenzung für die Anwendbarkeit des ermäßigten Gebührensatzes nach KV Nr. 22115 ausschlaggebend sein. Für die Zuordnung ist maßgeblich, für den Vollzug welcher Angelegenheit der Notar die strukturierten Daten erzeugt.

Nr.	Gebührentatbestand	Gebühr oder Satz der Gebühr nach § 34 GNotKG – Tabelle B
22115	**Neben der Gebühr 22114 entstehen andere Gebühren dieses Unterabschnitts: Die Gebühr 22114 beträgt:**	**0,1 – höchstens 125,00 €**

Erzeugt der Notar in einem Beurkundungs- oder Entwurfsverfahren strukturierte Daten in Sinne der KV Nr. 22114, so ermäßigt sich die dafür entstehende Gebühr auf einen Gebührensatz von 0,1 (max. 125 EUR), wenn in dem maßgeblichen Verfahren bereits aus anderen Gründen eine Vollzugsgebühr anfällt. In gesellschaftsrechtlichen Angelegenheiten ist dies zB der Fall, wenn der Notar in einem Beurkundungsverfahren (etwa infolge einer von ihm beurkundeten Geschäftsanteilsabtretung) den Entwurf einer Gesellschafterliste fertigt und diese unter Erzeugung strukturierter Daten elektronisch dem Registergericht vorlegt: Neben der Vollzugsgebühr nach Vorb. 2.2.1.1. Abs. 1 Nr. 3 für die Fertigung einer Gesellschafterliste entsteht nur eine 0,1-Gebühr für das Erzeugen der XML-Datei. Soweit in Grundbuchsachen der elektronische Rechtsverkehr eröffnet ist, ist auch hier bei Anfallen einer Vollzugsgebühr im Rahmen eines Beurkundungs- oder Entwurfsverfahrens – gleich aus welchem Grund – der ermäßigte Gebührensatz nach KV Nr. 22115 anzuwenden. 1

Unterabschnitt 2. Vollzug in besonderen Fällen

Vorbemerkung 2.2.1.2

Die Gebühren dieses Unterabschnitts entstehen, wenn der Notar
1. **keine Gebühr für ein Beurkundungsverfahren oder für die Fertigung eines Entwurfs erhalten hat, die das zu vollziehende Geschäft betrifft, oder**
2. **eine Vollzugstätigkeit unter Beteiligung eines ausländischen Gerichts oder einer ausländischen Behörde vornimmt.**

In den in dieser Gebührenziffer genannten Fällen erhält der Notar erhöhte Vollzugsgebühren; auch eine Deckelung der Gebührenhöhe ist hier nicht vorgesehen. 1

Zum einen entstehen die erhöhten Vollzugsgebühren nach den KV Nr. 22120–22125 dann, wenn der Notar keine Gebühr für ein Beurkundungsverfahren oder für die Fertigung eines Entwurfs erhalten hat, die das zugrunde liegende Geschäft betrifft. Relevant sind daher die Fälle, in denen der Notar 2

- eine bloße Unterschriftsbeglaubigung vornimmt
- nur mit der Prüfung (nicht aber mit der Entwurfsfertigung) eines Dokuments beauftragt ist oder
- nur mit dem Vollzug, nicht aber mit weiteren Tätigkeiten bzgl. des zu vollziehenden Dokuments befasst ist.

3 Zum anderen entstehen die erhöhten Vollzugsgebühren dann, wenn der Notar eine Vollzugstätigkeit unter Beteiligung eines ausländischen Gerichts oder einer ausländischen Behörde vornimmt. Darunter fällt zB das Einholen einer Genehmigung oder einer Bescheinigung einer ausländischen Behörde oder eines ausländischen Gerichts, und zwar unabhängig davon, ob ein Beurkundungs- oder Entwurfsverfahren zugrunde liegt.

Nr.	Gebührentatbestand	Gebühr oder Satz der Gebühr nach § 34 GNotKG – Tabelle B
22120	**Vollzugsgebühr für die in Vorbemerkung 2.2.1.1 Abs. 1 Satz 2 genannten Tätigkeiten, wenn die Gebühr für ein die Urkunde betreffendes Beurkundungsverfahren 2,0 betragen würde**	**1,0**

1 Nimmt der Notar eine (oder mehrere) Vollzugshandlungen im Sinne der Vorb. 2.2.1.1 Abs. 1 S. 2 Nr. 1–11 vor, ohne mit dem zugrunde liegenden Beurkundungs- bzw. Entwurfsverfahren beauftragt zu sein, erhält er anstelle einer 0,5 eine erhöhte 1,0-Vollzugsgebühr, wenn die Gebühr für ein Beurkundungsverfahren 2,0 betragen würde. Regelmäßig greift dieser Gebührensatz daher, wenn der Notar den Vollzug von Verträgen oder Beschlüssen übernimmt, die er weder beurkundet noch entworfen hat. Anders als bei KV Nr. 22112 und KV Nr. 22113 ist hier eine Deckelung für Fälle, in denen sich die Tätigkeit des Notars auf bestimmte „einfache" Vollzugstätigkeiten beschränkt, nicht vorgesehen.

2 Beim praktisch häufigen Fall des Zentralnotars, der zwar mit dem Vollzug, nicht aber zwingend mit dem (gesamten) Beurkundungsverfahren des zugrunde liegenden Kaufvertrags befasst ist, sind drei Fälle zu differenzieren:

- Der Zentralnotar ist ausschließlich mit dem Vollzug der Urkunde betraut: Für die (tatbestandsmäßigen) Vollzugstätigkeiten fällt eine 1,0-Gebühr an.
- Der Zentralnotar übernimmt einen Teil des Beurkundungsverfahrens (typischerweise die Beurkundung der Vertragsannahme) und vollzieht sodann den gesamten Kaufvertrag: KV Nr. 22120 ist nicht anwendbar, da der Notar eine Gebühr für ein Beurkundungsverfahren erhält, die das zu vollziehende Geschäft (Kaufvertrag) *betrifft*. Nach zutreffender Auffassung steht ihm eine 0,5-Gebühr nach KV Nr. 22110 zu (ggf. gedeckelt nach KV Nr. 22112 bzw. KV Nr. 22113), da sich die Vollzugsgebühr nach dem für die Vertragsbeurkundung anfallenden Gebührensatz (2,0) richtet (→ KV Nr. 22111 Rn. 1).
- Das gesamte Beurkundungsverfahren wird von einem anderen Notar vorbehaltlich Genehmigung vorgenommen. Der Zentralnotar holt die Genehmigung hierzu ein und beglaubigt die Unterschrift unter die Genehmigungs-

erklärung; ferner übernimmt er den Vollzug des gesamten Vertrags: Hier entsteht für die Vollzugstätigkeiten die 1,0-Gebühr nach KV Nr. 22120. Eine gesonderte Gebühr für eine Fertigung des Genehmigungsentwurfs erhält er nicht, da die Entwurfserstellung im Rahmen des Vollzugs erfolgte, vgl. Vorb. 2.2 Abs. 2.

Nr.	Gebührentatbestand	Gebühr oder Satz der Gebühr nach § 34 GNotKG – Tabelle B
22121	**Vollzugsgebühr für die in Vorbemerkung 2.2.1.1 Abs. 1 Satz 2 genannten Tätigkeiten, wenn die Gebühr für ein die Urkunde betreffendes Beurkundungsverfahren weniger als 2,0 betragen würde**	0,5

1 Nimmt der Notar eine (oder mehrere) Vollzugshandlungen im Sinne der Vorb. 2.2.1.1 Abs. 1 S. 2 Nr. 1–11 vor, ohne mit dem zugrunde liegenden Beurkundungs- bzw. Entwurfsverfahren beauftragt zu sein, erhält er anstelle einer 0,3 eine erhöhte 0,5-Vollzugsgebühr, wenn die Gebühr für ein Beurkundungsverfahren weniger als 2,0 betragen würde. Eine Deckelung für bestimmte „einfache" Vollzugstätigkeiten ist – anders als bei KV Nr. 22112 und KV Nr. 22113 – nicht vorgesehen.

Nr.	Gebührentatbestand	Gebühr oder Satz der Gebühr nach § 34 GNotKG – Tabelle B
22122	**Überprüfung, ob die Urkunde bei Gericht eingereicht werden kann** (1) Die Gebühr entsteht nicht neben einer der Gebühren 22120 und 22121. (2) Die Gebühr entsteht nicht für die Prüfung der Eintragungsfähigkeit in den Fällen des § 378 Abs. 3 FamFG und des § 15 Abs. 3 der Grundbuchordnung.	0,5

1 Prüft der Notar auftragsgemäß, ob eine von ihm weder beurkundete noch entworfene Urkunde bei Gericht, also insbesondere beim Grundbuchamt oder Registergericht vollzugsfähig ist, erhält er für diese Prüfungstätigkeit eine Gebühr in Höhe von 0,5.

2 Abs. 1 stellt klar, dass diese Gebühr nicht anfällt, wenn der Notar bereits eine Vollzugsgebühr nach KV Nr. 22120 oder KV Nr. 22121 erhält. Eine etwaige Prüfungstätigkeit ist daher mit den dort in Bezug genommenen Vollzugstätigkeiten abgegolten.

3 Erfüllt der Notar mit seiner Prüfung nur seine ihm gegenüber Grundbuchamt bzw. Registergericht obliegende Pflicht nach § 378 Abs. 3 FamFG bzw. § 15 Abs. 3 GBO, erhält er hierfür keine Gebühr nach KV Nr. 22122. Ihm steht dann allenfalls eine Gebühr nach KV Nr. 22124 Nr. 2 zu. Etwas anderes gilt allerdings, wenn die Beteiligten dem Notar einen eigenständigen entsprechenden Auftrag erteilen, der zur Folge hat, dass der Notar die Überprüfungstätigkeit auch im Interesse der Beteiligten und mit entsprechender Haftungsfolge übernimmt.

Nr.	Gebührentatbestand	Gebühr oder Satz der Gebühr nach § 34 GNotKG – Tabelle B
22123	**Erledigung von Beanstandungen einschließlich des Beschwerdeverfahrens** **Die Gebühr entsteht nicht neben einer der Gebühren 22120 bis 22122.**	0,5

1 Der Anwendungsbereich dieses Tatbestands ist nur eröffnet, wenn der Notar keine Gebühr für ein Beurkundungsverfahren oder eine Entwurfsfertigung im Zusammenhang mit der Vollzugstätigkeit erhält und kein Auslandsbezug vorliegt; ferner darf er auch nicht mit einer Vollzugstätigkeit bzw. Prüfungstätigkeit nach den KV Nr. 22120–22122 betraut sein. Die Gebühr entsteht daher nur dann, wenn der Notar isoliert mit der Erledigung von Beanstandungen – etwa des Grundbuchamts oder des Registergerichts – beauftragt wird.

2 Für die Erfüllung des Tatbestands ist es erforderlich, dass der Notar auftragsgemäß entweder selbst Maßnahmen zur Erledigung von (gerichtlichen) Beanstandungen ergreift oder zumindest den Beteiligten entsprechende Maßnahmen vorschlägt. Vom Erfolg dieser Maßnahmen hängt das Entstehen der Gebühr nicht ab,[1] da der Notar keinen Erfolg, sondern nur die pflichtgemäße Tätigkeit schuldet.

1 Vgl. Bormann/Diehn/Sommerfeldt/*Diehn* GNotKG Rn. 5.

Nr.	Gebührentatbestand	Gebühr oder Satz der Gebühr nach § 34 GNotKG – Tabelle B
22124	**Die Tätigkeit beschränkt sich auf** **1. die Übermittlung von Anträgen, Erklärungen oder Unterlagen an ein Gericht, eine Behörde oder einen Dritten oder die Stellung von Anträgen im Namen der Beteiligten,** **2. die Prüfung der Eintragungsfähigkeit in den Fällen des § 378 Abs. 3 FamFG und des § 15 Abs. 3 der Grundbuchordnung** **(1) Die Gebühr entsteht nur, wenn nicht eine Gebühr nach den Nummern 22120 bis 22123 anfällt.** **(2) Die Gebühr nach Nummer 2 entsteht nicht neben der Gebühr 25100 oder 25101.** **(3) Die Gebühr entsteht auch, wenn Tätigkeiten nach Nummer 1 und nach Nummer 2 ausgeübt werden. In diesem Fall wird die Gebühr nur einmal erhoben.**	**20,00 €**

Literatur:

Attenberger, § 378 Abs. 3 FamFG nF und § 15 Abs. 3 GBO nF – Notarielle Prüfung auf Eintragungsfähigkeit als Eintragungsvoraussetzung im Register- und Grundbuchverfahren und ausschließliche Einreichung über den Notar im Handelsregisterverfahren, MittBayNot 2017, 335.

I. Einordnung

1 Voraussetzung für die Anwendung dieser Gebührenziffer ist zunächst, dass der Notar für das zugrundeliegende Geschäft keine Beurkundungs- oder Entwurfstätigkeit übernommen hat, kein Auslandsbezug vorliegt und er auch im Übrigen nicht mit einem Vollzugs- bzw. Prüfungsauftrag nach KV Nr. 22120–22123 betraut war. Im Anwendungsbereich der Norm fällt in allen Fällen nur eine geschäftswertunabhängige Festgebühr von 20 EUR an.

II. Tatbestand

2 Der Tatbestand ist erfüllt, wenn der Notar auftragsgemäß Anträge, Unterlagen oder Erklärungen an eine andere Stelle übermittelt. Auf die Person des Empfängers kommt es dabei nicht an; insbesondere ist auch eine Übersendung an einen privaten Dritten tatbestandsmäßig. Lediglich die Beteiligten selbst sind kein „Dritter" im Sinne der Vorschrift. Auch die Qualität der Dokumente sowie der Versandweg sind gleichgültig, so dass zB auch eine auftragsgemäße elektronische Übermittlung die Gebühr auslöst. Für die Einreichung einer Urkunde bei dem Präsidenten des Landgerichts zur Einholung einer Apostille entsteht keine

Vollzugsgebühr nach dieser Vorschrift; diese Tätigkeit ist mit der Gebühr nach KV Nr. 25207 abgegolten.[1]

3 Handelt der Notar als Vertreter der Beteiligten gegenüber Gerichten und Behörden, indem er in deren Namen Anträge stellt, löst dies ebenfalls die Festgebühr von 20 EUR aus.

4 Für die gesetzliche vorgeschriebene Prüfung der Eintragungsfähigkeit gem. § 378 Abs. 2 FamFG, § 15 Abs. 3 GBO erhält der Notar eine Festgebühr von 20 EUR. Dies gilt allerdings nur dann, wenn der Notar weder die zu prüfende Erklärung entworfen noch eine Unterschriftsbeglaubigung (wie sich aus Abs. 2 ergibt) noch eine andere gebührenauslösende Vollzugstätigkeit in diesem Zusammenhang vorgenommen hat. Übernimmt der Notar zugleich die Weiterleitung der zu prüfenden Dokumente, so fällt die Gebühr gem. Abs. 3 nur einmal in Höhe von 20 EUR an. Damit verbleibt in der Praxis nur ein sehr kleiner Anwendungsbereich für die originäre Entstehung von Gebühren nach Nr. 2, nämlich wenn ein Beteiligter dem Notar Dokumente zur isolierten Prüfung der Eintragungsfähigkeit vorlegt, ihn aber nicht mit der Weiterbearbeitung beauftragt.[2]

5 Erteilen die Beteiligten dem Notar einen eigenständigen über § 378 Abs. 2 FamFG, § 15 Abs. 3 GBO hinausgehenden Prüfungsauftrag, der zur Folge hat, dass der Notar die Überprüfungstätigkeit auch im Interesse der Beteiligten und mit entsprechender Haftungsfolge übernimmt, fällt hingegen eine 0,5-Gebühr nach KV Nr. 22122 (→ KV Nr. 22122 Rn. 3).

Nr.	Gebührentatbestand	Gebühr oder Satz der Gebühr nach § 34 GNotKG – Tabelle B
22125	**Erzeugung von strukturierten Daten in Form der Extensible Markup Language (XML) oder einem nach dem Stand der Technik vergleichbaren Format für eine automatisierte Weiterbearbeitung** **(1) Die Gebühr entsteht neben anderen Gebühren dieses Unterabschnitts gesondert.** **(2) Die Gebühr entsteht nicht neben der Gebühr 25101.**	**0,5 – höchstens 250,00 €**

I. Anwendungsbereich

1 Die Anwendbarkeit dieser Gebührenziffer setzt aufgrund ihrer systematischen Stellung im Gesetz voraus, dass der Notar weder eine Gebühr für das zugrundeliegende Beurkundungsverfahren noch für eine Entwurfsfertigung erhalten hat; andernfalls wäre der geringere Gebührensatz nach KV 22114 bzw. KV Nr. 22115 anzuwenden.[1] Mit dem höheren Gebührensatz ist der typischerweise erhöhte Bearbeitungsaufwand des Notars abgegolten, der nicht bereits anderweitig mit dem Vorgang befasst war.

1 Vgl. BGH NJW 2019, 3524.
2 Vgl. *Attenberger* MittBayNot 2017, 335 (345).
1 Vgl. NK-GK/*Macht* GNotKG KV 22120–22125 Rn. 11.

II. Tatbestand

Der Tatbestand setzt voraus, dass der Notar Daten strukturiert elektronisch in einer vordefinierten Weise aufbereitet, um dem Empfänger eine Weiterverarbeitung in automatisierter Form zu ermöglichen.[2] Auf den Umfang der aufbereiteten Daten sowie auf das Dateiformat kommt es nicht an. Häufigster Anwendungsfall dürfte sein, dass der Notar eine Unterschrift unter einer Handelsregisteranmeldung oder einer Grundbucherklärung beglaubigt und diese sodann unter Erzeugung strukturierter Daten elektronisch an das Gericht übermittelt. Für elektronische Registrierungen im Zentralen Vorsorgeregister oder im Zentralen Testamentsregister fällt die Gebühr hingegen nicht an, da in diesen Fällen der Notar die Datenaufbereitung nicht verantwortet.[3] Die Gebühr fällt wegen Vorb. 2.2 Abs. 1 Hs. 2 unabhängig davon an, ob der Notar zur Erzeugung der Strukturdaten überhaupt einen Auftrag hatte. 2

III. Rechtsfolge

Für die Erzeugung der Strukturdaten fällt eine 0,5-Gebühr aus dem Geschäftswert des Verfahrens an, höchstens jedoch eine Gebühr von 250 EUR. Werden zusätzlich Anträge, Erklärungen oder Unterlagen übermittelt, was (etwa bei Grundbuch- oder Handelsregistervorlagen) regelmäßig der Fall sein dürfte, kommt zusätzlich die Festgebühr von 20 EUR nach KV Nr. 22124 Nr. 1 zum Ansatz. Gleiches gilt für die (ausnahmsweise) isolierte Prüfung der Eintragungsfähigkeit nach KV Nr. 22124 Nr. 2. 3

Die Gebühr entsteht neben weiteren Gebühren des Unterabschnitts 2 (Vollzug in besonderen Fällen) gesondert, so dass ggf. daneben übernommene Vollzugstätigkeiten zusätzlich anzusetzen sind. Abweichend von diesem Grundsatz entsteht die 0,5-Gebühr nach dieser Vorschrift jedoch nicht neben der Gebühr nach KV Nr. 25101. Beglaubigt also der Notar zB nur eine Unterschrift unter einer Löschungszustimmung nach § 27 GBO oder unter einem sog. „Verwalterprotokoll“, ist mit der Festgebühr nach KV Nr. 25101 auch das Erzeugen strukturierter Daten abgegolten. Anzusetzen ist in diesen Fällen jedoch zusätzlich die Festgebühr von 20 EUR nach KV Nr. 22124 Nr. 1 für die (hier elektronische) Übermittlung der Unterlagen an das Grundbuchamt. 4

Abschnitt 2. Betreuungstätigkeiten

Nr.	Gebührentatbestand	Gebühr oder Satz der Gebühr nach § 34 GNotKG – Tabelle B
22200	**Betreuungsgebühr** Die Betreuungsgebühr entsteht für die 1. Erteilung einer Bescheinigung über den Eintritt der Wirksamkeit von Verträgen, Erklärungen und Beschlüssen, 2. Prüfung und Mitteilung des Vorliegens von Fälligkeitsvoraussetzungen einer Leistung oder Teilleistung,	0,5

2 Vgl. Bormann/Diehn/Sommerfeldt/*Diehn* GNotKG KV 22114 Rn. 2.
3 Vgl. BeckOK KostR/*Neie* GNotKG Rn. 5.

Nr.	Gebührentatbestand	Gebühr oder Satz der Gebühr nach § 34 GNotKG – Tabelle B
	3. Beachtung einer Auflage eines an dem Beurkundungsverfahren Beteiligten im Rahmen eines Treuhandauftrags, eine Urkunde oder Auszüge einer Urkunde nur unter bestimmten Bedingungen herauszugeben, wenn die Herausgabe nicht lediglich davon abhängt, dass ein Beteiligter der Herausgabe zustimmt, oder die Erklärung der Bewilligung nach § 19 der Grundbuchordnung aufgrund einer Vollmacht, wenn diese nur unter bestimmten Bedingungen abgegeben werden soll, 4. Prüfung und Beachtung der Auszahlungsvoraussetzungen von verwahrtem Geld und der Ablieferungsvoraussetzungen von verwahrten Wertpapieren und Kostbarkeiten, 5. Anzeige oder Anmeldung einer Tatsache, insbesondere einer Abtretung oder Verpfändung, an einen nicht an dem Beurkundungsverfahren Beteiligten zur Erzielung einer Rechtsfolge, wenn sich die Tätigkeit des Notars nicht darauf beschränkt, dem nicht am Beurkundungsverfahren Beteiligten die Urkunde oder eine Kopie oder eine Ausfertigung der Urkunde zu übermitteln, 6. Erteilung einer Bescheinigung über Veränderungen hinsichtlich der Personen der Gesellschafter oder des Umfangs ihrer Beteiligung (§ 40 Abs. 2 GmbHG), wenn Umstände außerhalb der Urkunde zu prüfen sind, und 7. Entgegennahme der für den Gläubiger bestimmten Ausfertigung einer Grundpfandrechtsbestellungsurkunde zur Herbeiführung der Bindungswirkung gemäß § 873 Abs. 2 BGB.	

Literatur:

Weber, Vorkehrungen zur Löschung der im Kaufvertrag bewilligten Vormerkung: Gestaltungsvarianten im Vergleich, RNotZ 2015, 195; *Böhringer*, Notargebühren bei Geschäftsvorgängen einer GmbH, BWNotZ 2014, 165.

I. Einordnung

Ebenso wie Vollzugs- sind auch Betreuungstätigkeiten grundsätzlich nicht von der Urkundsgewährpflicht des § 15 Abs. 1 S. 1 BNotO erfasst. Vielmehr wird der Notar dabei regelmäßig im Rahmen eines gesonderten Auftrags nach § 24 BNotO tätig. Übernimmt der Notar auf dieser Grundlage die im Katalog der KV Nr. 22200 aufgeführten Tätigkeiten, erhält er eine Betreuungsgebühr in Höhe einer 0,5-Gebühr. Der Katalog ist abschließend.[1] 1

Das Entstehen der Gebühr setzt grundsätzlich einen entsprechenden Auftrag voraus, Vorb. 2.2 Abs. 1; einzige Ausnahme ist das Erstellen einer notarbescheinigten Gesellschafterliste, wenn Umstände außerhalb der Urkunde zu prüfen sind (Nr. 6), da der Notar hierzu auch ohne entsprechenden Auftrag gesetzlich verpflichtet ist (§ 40 Abs. 2 GmbHG). Erstellt der Notar bei Durchführung seiner Betreuungstätigkeit Entwürfe bzw. Eigenurkunden, fallen hierfür wegen Vorb. 2.2 Abs. 2 keine gesonderten Gebühren an; diese sind mit der Betreuungsgebühr abgegolten. 2

Anders als bei den Vollzugsgebühren differenziert das Gesetz bei der Betreuungsgebühr nicht danach, ob die Betreuungstätigkeit in Zusammenhang mit einem Beurkundungsverfahren oder einer Entwurfstätigkeit steht oder außerhalb von solchen stattfindet. Die Gebührensatzhöhe ist in allen Fällen identisch; auch Höchstbeträge für bestimmte Tätigkeiten sind – anders als bei der Vollzugsgebühr – nicht vorgesehen. 3

Die Betreuungsgebühr fällt gem. § 93 Abs. 1 pro Beurkundungsverfahren bzw. pro Entwurfstätigkeit insgesamt nur einmal an, auch wenn der Notar mehrere Betreuungstätigkeiten innerhalb eines Verfahrens übernimmt. Der Geschäftswert für die Betreuung ist wie bei der Beurkundung zu bestimmen, § 113 Abs. 1. 4

II. Betreuungstätigkeiten im Einzelnen

1. Erteilung einer Wirksamkeitsbescheinigung. Praktisch relevant ist zum einen die Bescheinigung zur Rechtswirksamkeit eines Bauträgervertrags, die der Notar gem. § 3 Abs. 1 S. 1 Nr. 1 MaBV erteilt (und die regelmäßig in der Fälligkeitsmitteilung enthalten ist). Ferner kommen notarielle Wirksamkeitsbescheinigungen in Zusammenhang mit der Erteilung familien-, betreuungs- oder nachlassgerichtlicher Genehmigungen vor. Eine eigenständige Bedeutung ist diesem Tatbestand jedoch kaum beizumessen, da der Notar über die Wirksamkeitsbescheinigung hinaus regelmäßig weitere Tätigkeiten (zB Fälligkeitsmitteilung) übernimmt.[2] 5

1 Vgl. NK-GK/*Macht* GNotKG KV 22200–22201 Rn. 3.
2 Vgl. BeckOK KostR/*Berger* GNotKG Rn. 5.

6 **2. Prüfung und Mitteilung von Fälligkeitsvoraussetzungen.** Regelmäßig beauftragen die Beteiligten den Notar im Rahmen von Immobilienkaufverträgen oder anderen Austauschverträgen, ihnen das Vorliegen bestimmter Fälligkeitsvoraussetzungen mitzuteilen. Die Prüfung und Mitteilung der Voraussetzungen muss kumulativ erfolgen, damit der Tatbestand erfüllt ist. Der Anfall der Gebühr und ihre Höhe sind unabhängig davon, welche und wie viele Fälligkeitsvoraussetzungen der Notar zu prüfen und mitzuteilen hat. Die Gebühr berechnet sich stets aus dem gesamten Verfahrenswert, selbst wenn sich die Fälligkeitsmitteilung nur auf eine Teilleistung (zB auf einen bestimmten Kaufpreisteil) bezieht.

7 **3. Beachtung einer Vorlagesperre.** Die Nr. 3 betrifft den sehr häufigen Fall der Vorlagesperre, die in den meisten Immobilienkaufverträgen zur Vermeidung ungesicherter Vorleistungen enthalten ist und sich in der Regel auf die Vorlage der Auflassung bezieht. Voraussetzung für den Anwendungsbereich ist hier, dass eine entsprechende Auflage (mindestens) eines am Beurkundungsverfahren selbst Beteiligten zugrunde liegt; bei Treuhandauflagen Dritter ist stattdessen KV Nr. 22201 anwendbar. Die verschiedenen in der Praxis verwendeten Gestaltungen („Kopierlösung“ oder „beurkundungsrechtlichen Lösung“ sowie „Bewilligungslösung“) sind dabei gebührenmäßig gleichgestellt. Im Falle der Bewilligungslösung fällt für die später vom Notar zu errichtende Eigenurkunde keine zusätzliche Gebühr nach KV Nr. 25204 an, wie dort klargestellt ist.

8 Häufige Anwendungsfälle sind:

- Vorlagesperre bzgl. der Auflassung bei Immobilienkaufverträgen (oder bei anderen Austauschverträgen) bis zum Nachweis der Kaufpreiszahlung, dem Vorliegen von Haftentlassungserklärungen oder anderen Umständen
- Vorlagesperre bzgl. der Eintragungsbewilligung der Auflassungsvormerkung bis zum Eintritt bestimmter Umstände (zum Beispiel Hinterlegung des Kaufpreises)
- Vorlagesperre bzgl. einer vom Käufer bereits abgegebenen Löschungsbewilligung bzgl. seiner Auflassungsvormerkung (sog. „Schubladenlöschung“) verbunden mit der Anweisung an den Notar, diese erst nach Vorliegen bestimmter Voraussetzungen zum Vollzug zu bringen. Wird hingegen die Lösung gewählt, eine auflösend bedingte Vormerkung eintragen zu lassen und den Bedingungseintritt an eine (unter bestimmten Voraussetzungen zu errichtende) Eigenurkunde des Notars zu knüpfen, ist die Nr. 3 nicht anwendbar, da der Notar hier keine Bewilligung abgibt; vielmehr ist dann KV Nr. 25204 einschlägig.[3]
- Anweisung, eine Handelsregisteranmeldung, die eine Versicherung über die Einzahlung auf Geschäftsanteile (bei Gründung einer Gesellschaft oder Kapitalerhöhung) enthält, erst nach entsprechendem (Einzahlungs-)Nachweis an das Registergericht weiterzuleiten.

9 Die Gebühr entsteht bereits mit der (in der Regel konkludenten) Annahme einer entsprechenden Beteiligtenauflage und nicht erst mit der späteren Herausgabe der Urkunde oder Abgabe der Bewilligung, da die haftungsbegründende und damit gebührenauslösende Tätigkeit des Notars bereits im Unterlassen der Herausgabe (abweichend von § 53 BeurkG) liegt.[4]

10 **4. Prüfung und Beachtung von Auszahlungsvoraussetzungen.** Wird Geld auf Notaranderkonto hinterlegt und der Notar angewiesen, die Auszahlung nur nach Vorliegen bestimmter Voraussetzungen vorzunehmen, entsteht für die da-

3 Vgl. *Weber* RNotZ 2015, 195 (197).
4 Ebenso BeckOK KostR/*Berger* GNotKG Rn. 13.

mit verbundene Betreuungstätigkeit eine Betreuungsgebühr. Die Gebühr entsteht aus dem gesamten Verfahrenswert, unabhängig davon, auf welchen Betrag sich die Tätigkeit konkret bezieht. Zusätzlich (vgl. Vorb. 2.5.3 Abs. 1) entsteht je Auszahlung vom Anderkonto eine Verwahrungsgebühr nach KV Nr. 25300.

5. Anzeige oder Anmeldung einer Tatsache. Für die Erfüllung des Tatbestands der Nr. 5 ist zunächst erforderlich, dass der Notar auftragsgemäß eine Tatsache einem nicht am Beurkundungsverfahren Beteiligten anmeldet oder anzeigt. Ferner muss diese Tätigkeit zur Erzielung einer Rechtsfolge erfolgen, dh das Gesetz muss dieser Anzeige oder Anmeldung eine bestimmte Rechtswirkung beimessen. Nicht ausreichend ist, dass der Notar lediglich (kommentarlos) eine Abschrift oder Ausfertigung einer Urkunde, die die mitzuteilende Tatsache enthält, dem Dritten übersendet.[5] Vielmehr muss zur Verwirklichung des Tatbestandes eine darüber hinausgehende Tätigkeit des Notars vorliegen, zB ein ausdrücklicher Hinweis in einem Anschreiben auf die betreffende Tatsache. 11

Praxisrelevante Beispiele sind: 12

- Anzeige der Abtretung einer Forderung oder eines Rechts (mit der Rechtsfolge des § 409 Abs. 1 S. 1 BGB)
- Anzeige einer Verpfändung einer Forderung, zB eines Eigentumsverschaffungsanspruchs (mit der Rechtsfolge des § 1280 BGB)
- Anzeige eines Erbschaftsverkaufs gegenüber dem Nachlassgericht (mit der Rechtsfolge, dass damit die Verpflichtung des Verkäufers aus § 2384 Abs. 1 S. 1 BGB erfüllt ist)
- Anzeige der eingeschränkten Zweckbestimmung einer Finanzierungsgrundschuld gegenüber dem Gläubiger (mit der Rechtsfolge, dass der Gläubiger in jedem Fall durch konkludente Annahme des darin enthaltenen Angebots an die Einschränkung der Zweckbestimmung gebunden ist). Dieses Vorgehen stellt keine fehlerhafte Sachbehandlung nach § 21 GNotKG dar, da das bloße Übersenden einer Urkundsausfertigung entsprechenden Inhalts das Beachten der Einschränkung nicht in gleicher Weise sicherstellt.[6]
- Bekanntmachung der Auflösung einer GmbH im Bundesanzeiger (mit der Rechtsfolge, dass das Sperrjahr gem. § 73 Abs. 1 GmbHG damit in Gang gesetzt wird).[7]

Hingegen ist die auftragsgemäße Mitteilung eines Vollmachtswiderrufs gegenüber dem Bevollmächtigten oder einem Dritten nicht tatbestandsmäßig, da dies weder unter den Wortlaut („Anzeige oder Anmeldung" im technischen Sinne) fällt noch die bloße Mitteilung selbst eine Rechtsfolge auslöst, vielmehr nur der Zugang der Widerrufserklärung selbst.[8] 13

6. Notarbescheinigte Gesellschafterliste. Wirkt der Notar an Veränderungen in den Personen der Gesellschafter oder des Umfangs ihrer Beteiligung bei einer GmbH mit, hat er gem. § 40 Abs. 2 GmbHG unverzüglich nach deren Wirksamwerden eine notarbescheinigte geänderte Gesellschafterliste an das Handelsregister zu übermitteln. Für diese Tätigkeit erhält der Notar eine Vollzugsgebühr gem. Vorb. 2.2.1.1. Abs. 1 Nr. 3. Die zusätzliche Betreuungsgebühr nach KV Nr. 22200 Nr. 6 wird nur ausgelöst, wenn der Notar für die Erteilung dieser Bescheinigung Umstände außerhalb der Urkunde zu prüfen hat. 14

5 Vgl. Korintenberg/*Tiedtke* GNotKG Rn. 27.
6 Vgl. LG Düsseldorf 9.9.2014 – 19 T 199/13, BeckRS 2014, 19582.
7 Vgl. NK-GK/*Macht* GNotKG KV 22200–22201 Rn. 9.
8 Vgl. BeckOK KostR/*Berger* GNotKG Rn. 27; NK-GK/*Macht* GNotKG KV 22200–22201 Rn. 11; aA Korintenberg/*Tiedtke* GNotKG Rn. 28a.

15 Solche außerhalb der Urkunde zu prüfende Umstände liegen insbesondere in folgenden Fällen vor:

- Prüfung des Eintritts aufschiebender Bedingungen, von denen der Anteilsübergang abhängt (zB Kaufpreiszahlung, Vorliegen von Haftentlassungserklärungen)
- Prüfen von Zustimmungserklärungen oder Zustimmungsbeschlüssen, wenn diese zum dinglichen Anteilsübergang erforderlich sind und außerhalb der Urkunde abgegeben werden
- der Notar prüft die Genehmigungserklärung eines vollmachtlos vertretenen Beteiligten oder einer nachträglich vorgelegten Vollmachtsurkunde zur Urkunde über die Geschäftsanteilsabtretung oder Kapitalerhöhung[9]
- die Veränderung tritt infolge einer Kapitalerhöhung ein und der Notar erteilt die Bescheinigung nach § 40 Abs. 2 GmbHG nach Prüfung des Vollzugs der Kapitalerhöhung.[10] Zwar hat der Notar den Vollzug einer ihm beurkundeten Kapitalerhöhung ohnehin zu überwachen; die Prüfung dient hier aber zugleich der Erteilung der notarbescheinigten Gesellschafterliste, wodurch zusätzliche Haftungsrisiken entstehen; zudem spricht auch der klare Wortlaut für diese Auslegung.[11]

16 Die Gebühr entsteht unabhängig von einem entsprechenden Auftrag, da der Notar zur entsprechenden Tätigkeit in jedem Fall gesetzlich verpflichtet ist (Vorb. 2.2 Abs. 1).

17 **7. Entgegennahme einer Ausfertigung.** Beurkundet der Notar die Bestellung eines Grundpfandrechts und nimmt er aufgrund entsprechender Vollmacht des Gläubigers für diesen die Ausfertigung dieser Urkunde entgegen, um die Bindungswirkung gem. § 873 Abs. 2 BGB herbeizuführen, entsteht für diese Entgegennahme eine Betreuungsgebühr. Voraussetzung ist ein entsprechender Auftrag, der zB in der Urkunde selbst oder einem entsprechenden Auftragsschreiben des Gläubigers enthalten sein kann.

Nr.	Gebührentatbestand	Gebühr oder Satz der Gebühr nach § 34 GNotKG – Tabelle B
22201	**Treuhandgebühr** **Die Treuhandgebühr entsteht für die Beachtung von Auflagen durch einen nicht unmittelbar an dem Beurkundungsverfahren Beteiligten, eine Urkunde oder Auszüge einer Urkunde nur unter bestimmten Bedingungen herauszugeben. Die Gebühr entsteht für jeden Treuhandauftrag gesondert.**	**0,5**

9 Vgl. BeckOK KostR/*Berger* GNotKG Rn. 34; Korintenberg/*Tiedtke* GNotKG Rn. 31.

10 Vgl. LG Düsseldorf RNotZ 2018, 115; BeckOK KostR/*Berger* GNotKG Rn. 36; *Böhringer* BWNotZ 2014, 165 (173); aA Korintenberg/*Tiedtke* GNotKG Rn. 31; vgl. NK-GK/*Macht* GNotKG KV 22200–22201 Rn. 13.

11 Vgl. LG Düsseldorf RNotZ 2018, 115; BeckOK KostR/*Berger* GNotKG Rn. 36.

I. Tatbestand

Grundvoraussetzung für das Entstehen einer Treuhandgebühr ist, dass ein nicht unmittelbar am Beurkundungsverfahren beteiligter Dritter dem Notar eine Treuhandauflage erteilt. Unmittelbar beteiligt sind nur beurkundungsrechtlich Beteiligte. Tatbestandsmäßig sind daher Auflagen nur mittelbar Beteiligter, zB abzulösender Gläubiger in Zusammenhang mit einem Immobilienkaufvertrag. Die Auflage des Dritten muss zum Inhalt haben, dass der Notar eine bestimmte Urkunde oder Auszüge hieraus nur unter bestimmten Bedingungen, zB nach Zahlung eines Ablösebetrages oder einer Kostenrechnung herausgibt. Weitere Voraussetzung für das Entstehen der Gebühr ist, dass der Notar den Treuhandauftrag annimmt, was in der Regel konkludent dadurch geschieht, dass er den Auftrag nicht umgehend zurückweist, sondern die entsprechenden Unterlagen zu seinen Akten nimmt.[1] Im Zeitpunkt der Annahme des Treuhandauftrags entsteht auch die Gebühr.[2] Auch wenn der Wortlaut nur vom „Beurkundungsverfahren" spricht, entsteht die Gebühr nach Sinn und Zweck in gleicher Weise für die Beachtung von Treuhandauflagen, die außerhalb eines Beurkundungsverfahrens erteilt werden. 1

Häufigster Anwendungsfall sind Treuhandauflagen abzulösender Gläubiger, wonach dem Notar übermittelte Lastenfreistellungsunterlagen nur nach Zahlung eines bestimmten Ablösebetrages verwendet werden dürfen. Ferner sind Auflagen zB denkbar in Bezug auf Haftentlassungserklärungen, Vollstreckungstitel oder Bürgschaftsurkunden, die dem Notar übermittelt werden. Inhalt der Auflage kann auch die Begleichung von Notargebühren oder sonstigen Kosten vor Verwendung der übermittelten Unterlagen sein. 2

II. Rechtsfolge

Die Treuhandgebühr entsteht für jeden Treuhandauftrag gesondert, kann also – anders als die Betreuungsgebühr nach KV Nr. 22200 – innerhalb eines Verfahrens mehrfach anfallen. Treuhandgebühren entstehen innerhalb eines Verfahrens zusätzlich zu einer ggf. entstehenden Betreuungsgebühr. 3

Der Gebührensatz beträgt 0,5; spezifische Mindest- oder Höchstgebühren existieren hier nicht. Der Geschäftswert, aus dem sich die jeweilige Treuhandgebühr errechnet, ist gem. § 113 Abs. 2 der Wert des Sicherungsinteresses. Dieser deckt sich in der Regel mit dem Betrag, von dessen Begleichung die Verwendung der betreffenden Urkunde(n) abhängt. 4

Kostenschuldner ist neben dem Dritten, der den Auftrag erteilt (§ 29 Nr. 1) in der Regel auch der am (Beurkundungs-)Verfahren Beteiligte, der nach dort getroffenen Vereinbarungen die hierfür anfallenden Kosten nach § 29 Nr. 2 übernimmt.[3] 5

Hauptabschnitt 3. Sonstige notarielle Verfahren

Vorbemerkung 2.3

Mit den Gebühren dieses Hauptabschnitts wird auch die Fertigung einer Niederschrift abgegolten. Nummer 23603 bleibt unberührt.

1 Vgl. Korintenberg/*Tiedtke* GNotKG Rn. 4.
2 Vgl. BeckOK KostR/*Berger* GNotKG Rn. 4.
3 Vgl. Bormann/Diehn/Sommerfeldt/*Bormann* GNotKG Rn. 3.

1 Hauptabschnitt 3 regelt „sonstige“ notarielle Verfahren, also solche Verfahren, die kein Beurkundungsverfahren im Sinne des Hauptabschnittes 1 darstellen, vgl. § 85 Abs. 1. Sofern der Notar in einem solchen „sonstigen Verfahren“ eine Niederschrift errichtet, fällt hierfür neben den für das Verfahren anfallenden Gebühren keine zusätzliche Gebühr an. Dies gilt unabhängig davon, ob die Niederschrift nach den §§ 8 ff. BeurkG (Beurkundung von Willenserklärungen) oder nach den §§ 36 ff. BeurkG (sonstige Beurkundungen) aufgenommen wird. Einen Ausnahmefall stellt die Beurkundung des Zuschlags im Rahmen einer freiwilligen Grundstücksversteigerung dar, die nach KV Nr. 23603 zusätzlich eine 1,0-Gebühr auslöst; dies stellt S. 2 der Vorbemerkung klar.

Abschnitt 1. Rückgabe eines Erbvertrags aus der notariellen Verwahrung

Nr.	Gebührentatbestand	Gebühr oder Satz der Gebühr nach § 34 GNotKG – Tabelle B
23100	**Verfahrensgebühr** **Wenn derselbe Notar demnächst nach der Rückgabe eines Erbvertrags eine erneute Verfügung von Todes wegen desselben Erblassers beurkundet, wird die Gebühr auf die Gebühr für das Beurkundungsverfahren angerechnet. Bei einer Mehrheit von Erblassern erfolgt die Anrechnung nach Kopfteilen.**	0,3

Literatur:
Bormann, Kostenrechtsmodernisierung: Notarkosten im Erbrecht, ZEV 2013, 425.

I. Allgemeines

1 Gibt der Notar den Beteiligten einen in seiner amtlichen Verwahrung befindlichen Erbvertrag zurück, hat dies zur Folge, dass damit vertragliche letztwillige Verfügungen aufgehoben und einseitige Verfügungen widerrufen sind, §§ 2300 Abs. 2 S. 3, 2256 Abs. 1 BGB. Die Rückgabe kann gem. § 2300 Abs. 2 S. 2 BGB nur an alle Vertragschließenden gleichzeitig erfolgen.

2 Für das Verfahren bzgl. der Rückgabe aus der notariellen Verwahrung fällt eine 0,3-Gebühr an. Der Geschäftswert bestimmt sich gem. § 114 nach den allgemeinen Regeln für erbrechtliche Angelegenheiten (§ 102 Abs. 1–3), also regelmäßig nach dem Vermögenswert zum Zeitpunkt der Rückgabe. Eine Niederschrift, die der Notar über die Rückgabe aufnimmt, ist mit dieser Gebühr gem. Vorb. 2.3 S. 1 abgegolten; dies gilt auch für die sonstigen Tätigkeiten, die der Notar in Zusammenhang mit der Rückgabe vornehmen muss.[1]

3 Erfolgt die Aufhebung eines Erbvertrages hingegen durch Vertrag, löst das entsprechende Beurkundungsverfahren eine 1,0-Gebühr nach KV Nr. 21102 aus.

1 Vgl. BeckOK KostR/*Bachmayer* GNotKG Rn. 4.

II. Anrechnung

Wenn derselbe Erblasser demnächst nach der Rückgabe erneut ein Testament oder einen Erbvertrag beurkunden lässt, erfolgt eine Anrechnung auf die Gebühr für das Beurkundungsverfahren. Voraussetzung ist, dass „derselbe" Notar im Sinne der Vorb. 2 Abs. 1 die spätere Beurkundung vornimmt, so dass auch eine Beurkundung durch den Sozius oder Amtsnachfolger zur Anrechnung führt. 4

Die Anrechnung ist nur möglich, wenn die letztwillige Verfügung „demnächst", also in gewissem zeitlichem Zusammenhang beurkundet wird. Bei der Bemessung kann in der Regel auf den Rechtsgedanken von Vorb. 2.1.3 Abs. 1 S. 2 zurückgegriffen werden, so dass eine Beurkundung innerhalb einer Sechsmonatsfrist[2] nach Rückgabe grundsätzlich zur Anrechenbarkeit führt. Es handelt sich jedoch nicht um eine starre Frist, so dass Besonderheiten des Einzelfalls Rechnung getragen werden kann. 5

Bei mehreren Erblassern, die am zurückgegebenen Erbvertrag beteiligt waren, erfolgt bei späterer Beurkundung von letztwilligen Verfügungen eine anteilige Anrechnung nach Köpfen. 6

Abschnitt 2. Verlosung, Auslosung

Nr.	Gebührentatbestand	Gebühr oder Satz der Gebühr nach § 34 GNotKG – Tabelle B
23200	**Verfahrensgebühr** **Die Gebühr entsteht auch, wenn der Notar Prüfungstätigkeiten übernimmt.**	2,0

Zu den Aufgaben eines Notars gehört nach § 20 Abs. 1 S. 2 BNotO auch die Vornahme von Verlosungen und Auslosungen. Die Gebühr fällt nur an, wenn der Notar entweder die Verlosung/Auslosung selbst vornimmt oder in Zusammenhang damit Prüfungstätigkeiten übernimmt,[1] zB die Ordnungsmäßigkeit des Verfahrens überwacht. Abzugrenzen ist der Gebührentatbestand daher von dem Fall, dass der Notar nur einer nicht von ihm selbst durchgeführten oder geprüften Verlosung beiwohnt und lediglich über Hergang und/oder Ergebnis eine Tatsachenurkunde über seine Wahrnehmungen errichtet; hier liegt ein Beurkundungsverfahren vor.[2] Die Errichtung einer Niederschrift über die Durchführung bzw. das Ergebnis des Verfahrens ist mit der Gebühr abgegolten, Vorb. 2.3 S. 1. Spezialregelungen zum Geschäftswert existieren nicht, so dass sich dieser nach den allgemeinen Vorschriften (§ 36) bestimmt. 1

2 Vgl. *Bormann* ZEV 2013, 425 (426).
1 Vgl. BeckOK KostR/*Bachmayer* GNotKG Rn. 10.
2 Vgl. Bormann/Diehn/Sommerfeldt/*Pfeiffer* GNotKG Rn. 3.

Nr.	Gebührentatbestand	Gebühr oder Satz der Gebühr nach § 34 GNotKG – Tabelle B
23201	Vorzeitige Beendigung des Verfahrens: Die Gebühr 23200 ermäßigt sich auf	0,5

1 Eine Definition der vorzeitigen Beendigung eines Verlosungs-/Auslosungsverfahrens ist im Gesetz nicht enthalten. Es kann jedoch auf die Grundsätze zur vorzeitigen Beendigung eines Beurkundungsverfahrens (Vorb. 2.1.3 Abs. 1) zurückgegriffen werden.[1] Die Gebühr ermäßigt sich also insbesondere dann, wenn der Antrag vor vollständiger Durchführung der Verlosung zurückgenommen wird oder das Verfahren nach einer Unterbrechung nicht oder für einen längeren Zeitraum nicht weiterbetrieben wird.

Abschnitt 3. Eid, eidesstattliche Versicherung, Vernehmung von Zeugen und Sachverständigen

Vorbemerkung 2.3.3

(1) Die Gebühren entstehen nur, wenn das in diesem Abschnitt genannte Verfahren oder Geschäft nicht Teil eines anderen Verfahrens oder Geschäfts ist.

(2) Wird mit der Niederschrift über die Abnahme der eidesstattlichen Versicherung zugleich ein Antrag an das Nachlassgericht beurkundet, wird mit der Gebühr 23300 insoweit auch das Beurkundungsverfahren abgegolten.

1 Abschnitt 3 betrifft

- die Beurkundung von Eiden und eidesstattlichen Versicherungen nach § 38 BeurkG
- die Vernehmung von Zeugen und Sachverständigen durch den Notar.

2 Abs. 1 der Vorbemerkung stellt klar, dass KV Nr. 23300–23303 grundsätzlich nur subsidiär einschlägig sind, also wenn die entsprechende Amtshandlung nicht Teil eines anderen Verfahrens oder Geschäfts ist. Wird etwa innerhalb eines Beurkundungsverfahrens eine eidesstattliche Versicherung eines Beteiligten abgegeben, entsteht hierfür keine gesonderte Gebühr nach KV Nr. 23300.[1]

3 Abs. 2 der Vorbemerkung betrifft in erster Linie die Fälle, in denen gemeinsam mit dem Antrag auf Erteilung eines Erbscheins, eines Europäischen Nachlasszeugnisses oder eines Testamentsvollstreckerzeugnisses eine eidesstattliche Versicherung des bzw. der Antragsteller in derselben Niederschrift beurkundet wird. In diesem Fall entsteht nur die Gebühr gem. KV Nr. 23300; eine Gebühr für die Antragsbeurkundung nach KV Nr. 21201 Nr. 6 fällt daneben nicht an.

---

1 Vgl. Bormann/Diehn/Sommerfeldt/*Pfeiffer* GNotKG Rn. 7.
1 Vgl. Korintenberg/*Gläser* GNotKG Rn. 2.

Nr.	Gebührentatbestand	Gebühr oder Satz der Gebühr nach § 34 GNotKG – Tabelle B
23300	Verfahren zur Abnahme von Eiden und eidesstattlichen Versicherungen	1,0

I. Anwendungsbereich

Das Verfahren zur Abnahme von Eiden und eidesstattlichen Versicherungen durch Notare richtet sich nach § 38 BeurkG; hiernach ist entsprechend der Beurkundung von Willenserklärungen (§§ 8 ff. BeurkG) zu verfahren, also insbesondere eine zu verlesende Niederschrift aufzunehmen. Während der Notar Eide nach § 22 Abs. 1 BNotO grundsätzlich nur in Fällen mit Auslandsbezug abnehmen darf, besteht für die Abnahme eidesstattlicher Versicherungen durch Notare ein größerer Anwendungsbereich (§ 22 Abs. 2 BNotO), nämlich in allen Fällen, in denen einer Behörde oder sonstigen Dienststelle eine tatsächliche Behauptung oder Aussage glaubhaft gemacht werden soll. 1

Ein im angelsächsischen Rechtskreis übliches „affidavit“ stellt nach zutreffender Auffassung keinen Eid im Sinne des deutschen Rechts dar; daher muss der Notar hier nicht nach § 38 BeurkG verfahren.[1] Nimmt er jedoch dennoch eine entsprechende Beurkundung in Form einer Eidesabnahme vor, fällt die Gebühr nach KV Nr. 23300 an, ggf. samt Fremdsprachengebühr nach KV Nr. 26001. 2

II. Geschäftswert

Eine spezifische Mindestgebühr sieht das Gesetz – anders als bei der Beurkundung einseitiger Erklärungen nach KV Nr. 21200 – nicht vor, so dass nur die allgemeine Mindestgebühr von 15 EUR gilt. 3

Für den Geschäftswert gilt: Wird eine vermögensrechtliche Tatsache glaubhaft gemacht, ist aufgrund von § 36 Abs. 1 der Wert des betroffenen Vermögens bzw. Vermögensgegenstandes heranzuziehen. Sonderregelungen bestehen bei eidesstattlichen Versicherungen zur Erlangung eines Erbscheins (§ 40 Abs. 1 S. 1 Nr. 1), eines Europäischen Nachlasszeugnisses (§ 40 Abs. 1 S. 1 Nr. 2) oder eines Testamentsvollstreckerzeugnisses (§ 40 Abs. 5). 4

III. Verhältnis zu Antragsbeurkundungen in Nachlasssachen

In der Praxis ist in Nachlassangelegenheiten häufig die eidesstattliche Versicherung in derselben Urkunde enthalten, in der auch der entsprechende Erbschein bzw. ein Europäisches Nachlasszeugnis oder ein Testamentsvollstreckerzeugnis beantragt wird. In diesen Fällen entsteht wegen Vorb. 2.3.3. Abs. 2 nur die Gebühr gem. KV Nr. 23300; eine Gebühr für die Antragsbeurkundung nach KV Nr. 21201 Nr. 6 fällt daneben nicht an. 5

1 Vgl. Schippel/Bracker/*Reithmann* BNotO § 22 Rn. 22 f.; aA Armbrüster/Preuß/Renner/*Preuß* BeurkG § 38 Rn. 8.

Nr.	Gebührentatbestand	Gebühr oder Satz der Gebühr nach § 34 GNotKG – Tabelle B
23301	**Vorzeitige Beendigung des Verfahrens:** **Die Gebühr 23300 beträgt**	**0,3**

1 Wird ein Verfahren über die Abnahme eines Eides oder einer eidesstattlichen Versicherung vorzeitig beendet, fällt eine 0,3-Gebühr aus dem Verfahrenswert an. Der Tatbestand ist erfüllt, wenn das Verfahren nach Erteilung des Beurkundungsauftrags und vor Abschluss der aufzunehmenden Niederschrift beendet wird.

Nr.	Gebührentatbestand	Gebühr oder Satz der Gebühr nach § 34 GNotKG – Tabelle B
23302	**Vernehmung von Zeugen und Sachverständigen**	**1,0**

1 Die Vernehmung von Zeugen und Sachverständigen durch den Notar hat in der Praxis nur einen sehr geringen Anwendungsbereich, zumal die Gebühr wegen Vorb. 2.3.3 Abs. 1 nur entsteht, wenn die Vernehmung nicht Teil eines anderen Verfahrens oder Geschäfts ist. Denkbar ist beispielsweise eine Zeugenvernehmung zur Verwendung im Ausland.[1]

Abschnitt 4. Wechsel- und Scheckprotest

Vorbemerkung 2.3.4

Neben den Gebühren dieses Abschnitts werden die Gebühren 25300 und 26002 nicht erhoben.

1 Bei Aufnahme eines Wechsel- oder Scheckprotestes kann neben den Gebühren nach KV Nr. 23400 und KV Nr. 23401 weder eine Verwahrungsgebühr für an den Notar gezahlte Gelder noch eine Auswärtsgebühr angesetzt werden; die entsprechende Tätigkeit des Notars fällt kraft Natur der Sache stets außerhalb der Geschäftsräume an.

1 Vgl. BeckOK KostR/*Neie* GNotKG Rn. 1.

Nr.	Gebührentatbestand	Gebühr oder Satz der Gebühr nach § 34 GNotKG – Tabelle B
23400	**Verfahren über die Aufnahme eines Wechsel- und Scheckprotests** **Die Gebühr fällt auch dann an, wenn ohne Aufnahme des Protestes an den Notar gezahlt oder ihm die Zahlung nachgewiesen wird.**	**0,5**

1 Nach § 79 WG, § 55 Abs. 3 ScheckG ist der Notar zur Aufnahme von Wechsel- und Scheckprotesten zuständig. Für ein entsprechendes Verfahren, das die Vornahme der Protesthandlung samt Errichtung einer Protesturkunde beinhaltet,[1] erhält der Notar eine 0,5-Gebühr aus dem Geschäftswert (Nennbetrag des Schecks oder Wechsels). Die Gebühr entsteht bereits mit Erteilung des entsprechenden Auftrags.[2] Die Anmerkung stellt klar, dass die Gebühr auch dann entsteht, wenn nach Erteilung des Auftrags an den Notar gezahlt oder ihm die Zahlung nachgewiesen wird, ohne dass der Notar einen Protest aufgenommen hat.

Nr.	Gebührentatbestand	Gebühr oder Satz der Gebühr nach § 34 GNotKG – Tabelle B
23401	**Verfahren über die Aufnahme eines jeden Protests wegen Verweigerung der Ehrenannahme oder wegen unterbliebener Ehrenzahlung, wenn der Wechsel Notadressen enthält**	**0,3**

1 Im Fall des § 56 Abs. 2 WG kann die Verweigerung der Ehrenannahme nur durch einen Protest festgestellt werden. Für das Verfahren über die Aufnahme eines derartigen Protests erhält der Notar eine 0,3-Gebühr, die ggf. neben der Gebühr nach KV 23400 gesondert entsteht.[1]

Abschnitt 5. Vermögensverzeichnis und Siegelung

Vorbemerkung 2.3.5

Neben den Gebühren dieses Abschnitts wird die Gebühr 26002 nicht erhoben.

1 Sowohl bei Aufnahme eines Vermögensverzeichnisses als auch bei der Vornahme der Siegelung wird der Notar regelmäßig (auch) außerhalb seiner Geschäftsstelle tätig. Auswärtsgebühren nach KV Nr. 26002 dürfen neben der eigentlichen Verfahrensgebühr nicht erhoben werden; die anfallenden Auswärtstätig-

1 Vgl. BeckOK KostR/*Neie* GNotKG Rn. 1.
2 Vgl. Korintenberg/*Gläser* GNotKG Rn. 1.
1 Vgl. BeckOK KostR/*Neie* GNotKG Rn. 2.

keiten sollen damit abgegolten sein. Auslagen und Reisekosten nach den KV Nr. 32000 ff. fallen jedoch gesondert an.

Nr.	Gebührentatbestand	Gebühr oder Satz der Gebühr nach § 34 GNotKG – Tabelle B
23500	**Verfahren über die Aufnahme eines Vermögensverzeichnisses einschließlich der Siegelung** **Die Gebühr entsteht nicht, wenn die Aufnahme des Vermögensverzeichnisses Teil eines beurkundeten Vertrags ist.**	2,0

I. Anwendungsbereich

1 Die Aufnahme von Vermögensverzeichnissen sowie die Anlegung und Abnahme von Siegeln gehören nach § 20 Abs. 1 S. 2 BNotO zu den Aufgaben des Notars. In bestimmten Fällen sieht das Gesetz ausdrücklich die Aufnahme eines Vermögensverzeichnisses durch einen Notar vor. Häufigster Anwendungsfall in der Praxis dürfte das Nachlassverzeichnis auf Verlangen des Pflichtteilsberechtigten gem. § 2314 Abs. 1 S. 3 BGB sein.

2 Darüber hinaus ist denkbar, dass ein Beteiligter den Notar in sonstigen Fällen mit der Aufnahme eines Vermögensverzeichnisses beauftragt, ohne hierzu gesetzlich verpflichtet zu sein, etwa für Zwecke der Beweissicherung. Abzugrenzen ist der Gebührentatbestand von dem Fall, dass der Notar nicht selbst ein Verzeichnis in eigener Verantwortung aufnimmt, sondern nur an der Aufnahme eines Vermögensverzeichnisses als Urkundsperson mitwirkt; in letzterem Fall fällt eine ermäßigte Gebühr nach KV Nr. 23502 an. Mit der Gebühr abgegolten sind die Ermittlungstätigkeiten des Notars, die Aufnahme des Ermittlungsergebnisses in einer Urkunde sowie – ausweislich des Wortlauts („einschließlich der Siegelung") – mit der Verzeichnisaufnahme ggf. zusammenhängende Siegelungen.

II. Geschäftswert

3 Der Geschäftswert richtet sich gem. § 115 S. 1 nach dem Wert der verzeichneten Gegenstände (ohne Schuldenabzug). Beim Nachlassverzeichnis nach § 2114 Abs. 1 S. 3 BGB sind hierzu auch im Verzeichnis aufgeführte ergänzungspflichtige Schenkungen zu rechnen, und zwar unabhängig davon, ob diese sich mit ihrem vollen Wert oder nur zum Teil (wegen Abschmelzung nach § 2325 BGB) auf den Pflichtteilsanspruch auswirken; entscheidend ist nur, dass der betreffende Gegenstand in das Verzeichnis aufgenommen ist.

III. Nicht Teil eines beurkundeten Vertrags

4 Die Anmerkung stellt klar, dass für die Beurkundung eines Vermögensverzeichnisses, das Teil eines beurkundeten Vertrags ist, keine Gebühr nach KV Nr. 23500 anfällt; vielmehr gelten hierfür dann die allgemeinen Vorschriften. Das betrifft etwa den Fall, dass in einen Ehevertrag ein Verzeichnis über das Anfangsvermögen der Ehegatten enthalten ist (soweit es sich hierbei überhaupt um die „Aufnahme" eines Verzeichnisses durch den Notar handelt).

Nr.	Gebührentatbestand	Gebühr oder Satz der Gebühr nach § 34 GNotKG – Tabelle B
23501	**Vorzeitige Beendigung des Verfahrens: Die Gebühr 23500 ermäßigt sich auf**	**0,5**

1 Das Verfahren über die Aufnahme eines Vermögensverzeichnisses ist vorzeitig beendet, wenn die Beendigung nach Erteilung des entsprechenden Auftrags, aber vor Abschluss der entsprechenden Niederschrift durch Unterschrift des Notars erfolgt. Die Gebührenhöhe hängt nicht davon ab, in welchem Verfahrensstadium die Beendigung eintritt. Bei vorzeitiger Beendigung entsteht für das Verfahren eine 0,5-Gebühr; der Geschäftswert richtet sich gem. § 115 S. 1 nach dem Wert der (potenziell) zu verzeichnenden Gegenstände (ohne Schuldenabzug).

Nr.	Gebührentatbestand	Gebühr oder Satz der Gebühr nach § 34 GNotKG – Tabelle B
23502	**Mitwirkung als Urkundsperson bei der Aufnahme eines Vermögensverzeichnisses einschließlich der Siegelung**	**1,0**

1 In bestimmten Fällen sieht das Gesetz keine Aufnahme eines Vermögensverzeichnisses durch den Notar in eigener Verantwortung, sondern nur eine Mitwirkung bei dessen Aufnahme vor (zB § 2002 BGB oder § 1802 Abs. 2 BGB). Da den Notar hier keine Prüfungspflichten bzgl. der Richtigkeit und Vollständigkeit des Verzeichnisses treffen, steht ihm hierfür ein geringerer Gebührensatz (1,0-Gebühr) zu. Eine in diesem Zusammenhang vorgenommene Siegelung sowie die Aufnahme eines Vermerks (§ 39 BeurkG) oder einer Niederschrift (§§ 36 oder 37 BeurkG) sind mit der Gebühr abgegolten. Der Geschäftswert bestimmt sich gem. § 115 S. 2 nach dem Wert der verzeichneten Gegenstände.

Nr.	Gebührentatbestand	Gebühr oder Satz der Gebühr nach § 34 GNotKG – Tabelle B
23503	**Siegelung, die nicht mit den Gebühren 23500 oder 23502 abgegolten ist, und Entsiegelung**	**0,5**

1 Nimmt der Notar eine Siegelung vor, die nicht in Zusammenhang mit der Erstellung eines Vermögensverzeichnisses steht (etwa im Rahmen der Nachlasssicherung, vgl. § 20 Abs. 5 BNotO iVm etwaigen landesrechtlichen Vorschriften), erhält er hierfür eine 0,5-Gebühr; Gleiches gilt für eine Entsiegelung. Der Ge-

schäftswert richtet sich gem. § 115 S. 1 stets nach dem Wert der versiegelten Gegenstände.

Abschnitt 6. Freiwillige Versteigerung von Grundstücken

Vorbemerkung 2.3.6

Die Vorschriften dieses Abschnitts sind auf die freiwillige Versteigerung von Grundstücken und grundstücksgleichen Rechten durch den Notar zum Zwecke der Veräußerung oder Verpachtung anzuwenden.

I. Freiwillige Versteigerung

1 Gem. § 20 Abs. 3 BNotO ist der Notar für die Durchführung von freiwilligen Versteigerungen zuständig. Die freiwillige Versteigerung ist von der Zwangsversteigerung nach den Vorschriften des ZVG sowie von der öffentlichen Versteigerung nach § 383 Abs. 3 BGB zu unterscheiden.[1]

2 Beim Vertragsschluss durch freiwillige Versteigerung ist die Spezialregelung des § 156 BGB zu beachten, wonach der Vertrag erst mit dem Zuschlag zustande kommt. Verfahrensrechtlich trägt den Besonderheiten einer Versteigerung § 15 BeurkG Rechnung: Hiernach gelten nur solche Bieter als beteiligt, die an ihr Gebot gebunden bleiben. Grundsätzlich verbleibt es aber dabei, dass eine Urkunde nach den §§ 8 ff. BeurkG aufgenommen werden muss; die Vorlesepflicht bzgl. der Erklärungen des Bieters entfällt jedoch, wenn sich der Bieter vor dem Schluss der Verhandlung entfernt; Letzteres ist dann in der Niederschrift festzustellen.

3 Nicht unter Abschnitt 6 fällt die Beurkundung der Auflassung; für diese gilt auch die Formerleichterung des § 15 BeurkG nicht.[2] Allerdings besteht Gegenstandsgleichheit gem. § 109 Abs. 1, wenn die Auflassung in die Niederschrift über die Zuschlagsbeurkundung aufgenommen wird.[3] Andernfalls kommt für die Beurkundung der Auflassung entweder KV Nr. 21101 Nr. 2 (0,5-Gebühr, wenn derselbe Notar die Versteigerung beurkundet hat) oder KV Nr. 21102 Nr. 1 (1,0-Gebühr) zur Anwendung.

II. Grundstücke oder grundstücksgleiche Rechte

4 Die KV Nr. 23600 ff. sind nur bei Versteigerungen von Grundstücken oder grundstücksgleichen Rechten anwendbar. Für die Versteigerung von beweglichen Sachen und Rechten gelten die KV Nr. 23700 f.

III. Notar als Auktionator

5 Voraussetzung für die Anwendbarkeit der KV Nr. 23600 ff. ist, dass der Notar selbst als Auktionator fungiert.[4] Nimmt er lediglich eine Beurkundung des Ver-

1 Vgl. Bormann/Diehn/Sommerfeldt/*Pfeiffer* GNotKG Rn. 3.
2 Vgl. Armbrüster/Preuß/Renner/*Piegsa* BeurkG § 15 Rn. 16.
3 Vgl. Bormann/Diehn/Sommerfeldt/*Pfeiffer* GNotKG KV 23600–23603 Rn. 6.
4 Vgl. BeckOK KostR/*Neie* GNotKG Rn. 2.

steigerungsvorgangs bzw. des entsprechenden Vertrags vor, ohne die Versteigerung selbst durchzuführen, fallen die allgemeinen Gebühren für ein Beurkundungsverfahren gem. KV Nr. 21100 ff. an.

IV. Veräußerung oder Verpachtung

Die Versteigerung muss zum Zwecke der Veräußerung oder Verpachtung erfolgen, also auf das Zustandekommen eines Kauf- oder Pachtvertrages bzgl. des betreffenden Grundstücks oder grundstücksgleichen Rechts gerichtet sein. Der Abschluss anderer Verträge, zB eines Mietvertrags, ist nach dem eindeutigen Wortlaut nicht tatbestandsmäßig. 6

V. Zusammentreffen mehrerer Gebührentatbestände

Führt der Notar eine Grundstücksversteigerung durch, fallen regelmäßig höhere Gebühren als bei einer „klassischen" Vertragsbeurkundung an. Kommt die Versteigerung zum Abschluss, entstehen neben der Verfahrensgebühr (0,5-Gebühr nach KV Nr. 23601) mindestens noch eine Terminsgebühr (1,0-Gebühr nach KV Nr. 23602) sowie die Gebühr für die Beurkundung des Zuschlags (1,0-Gebühr nach KV Nr. 23602). Vollzugs- und Betreuungsgebühren fallen nach den allgemeinen Vorschriften (Hauptabschnitt 2) gesondert an.[5] 7

Nr.	Gebührentatbestand	Gebühr oder Satz der Gebühr nach § 34 GNotKG – Tabelle B
23600	**Verfahrensgebühr**	0,5

Die Verfahrensgebühr fällt in jedem Verfahren nur einmal an und entsteht mit dem Antrag.[1] Auf das Stattfinden eines Versteigerungstermins oder den Abschluss der Versteigerung kommt es nicht an; vielmehr existieren hierfür gesonderte Gebührentatbestände (KV Nr. 23601 ff.). Mit der Verfahrensgebühr abgegolten sind die allgemeinen Verfahrenshandlungen, insbesondere die Prüfung der Anträge, die Feststellung der Versteigerungsbedingungen und die Terminbekanntmachung samt Information der Beteiligten.[2] Der Geschäftswert richtet sich gem. § 116 Abs. 1 Nr. 1 nach dem Wert der zu versteigernden Grundstücke oder grundstücksgleichen Rechte. 1

Nr.	Gebührentatbestand	Gebühr oder Satz der Gebühr nach § 34 GNotKG – Tabelle B
23601	**Aufnahme einer Schätzung**	0,5

5 Vgl. Korintenberg/*Hey'l* GNotKG Vorb. 2.3.6 Rn. 19.
1 Vgl. Bormann/Diehn/Sommerfeldt/*Pfeiffer* GNotKG KV 23600–23603 Rn. 2.
2 Vgl. Korintenberg/*Hey'l* GNotKG Vorb. 2.3.6 Rn. 6.

1 Tatbestandsmäßig ist nur eine Schätzung, die der Notar selbst in eigener Verantwortung vornimmt.[1] Die Entgegennahme von Schätzungen eines Beteiligten oder Sachverständigen löst keine zusätzliche Gebühr aus. Der Geschäftswert richtet sich nach § 116 Abs. 1 Nr. 2.

Nr.	Gebührentatbestand	Gebühr oder Satz der Gebühr nach § 34 GNotKG – Tabelle B
23602	**Abhaltung eines Versteigerungstermins: für jeden Termin** **Der Versteigerungstermin gilt als abgehalten, wenn zur Abgabe von Geboten aufgefordert ist.**	**1,0**

1 Für jeden abgehaltenen Termin innerhalb eines Versteigerungsverfahrens fällt eine 1,0-Gebühr an, unabhängig davon, ob Gebote abgegeben oder der Zuschlag erteilt worden ist. Voraussetzung ist nur, dass zur Abgabe von Geboten aufgefordert worden ist. Der Geschäftswert richtet sich gem. § 116 Abs. 1 Nr. 3 nach dem Wert der zu versteigernden Grundstücke oder grundstücksgleichen Rechte.

Nr.	Gebührentatbestand	Gebühr oder Satz der Gebühr nach § 34 GNotKG – Tabelle B
23603	**Beurkundung des Zuschlags** **Die Beurkundung bleibt gebührenfrei, wenn sie in der Niederschrift über die Versteigerung erfolgt und wenn** **1. der Meistbietende die Rechte aus dem Meistgebot oder der Veräußerer den Anspruch gegen den Ersteher abtritt, oder** **2. der Meistbietende erklärt, für einen Dritten geboten zu haben, oder** **3. ein Dritter den Erklärungen nach Nummer 2 beitritt.** **Das Gleiche gilt, wenn nach Maßgabe der Versteigerungsbedingungen für den Anspruch gegen den Ersteher die Bürgschaft übernommen oder eine sonstige Sicherheit bestellt und dies in dem Protokoll über die Versteigerung beurkundet wird.**	**1,0**

1 Vgl. BeckOK KostR/*Neie* GNotKG Rn. 1.

Für die Beurkundung des Zuschlags an einen Bieter entsteht eine 1,0-Gebühr. Diese Gebühr fällt zusätzlich zur Verfahrensgebühr (KV Nr. 23600) und zur Gebühr für die Abhaltung eines Termins (KV Nr. 23602) an. Der Zuschlag (§ 156 BGB) ist gleichbedeutend mit der Annahmeerklärung des Versteiglassers, mit der er das durch das (höchste) Gebot abgegebene Angebot des Bieters annimmt; damit kommt der Vertrag zustande. Bei der Zuschlagsbeurkundung hat der Notar eine Niederschrift nach den §§ 8 ff. BeurkG aufzunehmen; den Besonderheiten des Versteigerungsverfahrens trägt § 15 BeurkG Rechnung. Bei einer Personenmehrheit auf Verkäufer- oder Verpächterseite erfolgt der Zuschlag erst, wenn alle Zustimmungen vorliegen. 1

In den in der Anmerkung genannten Fällen ist die Beurkundung dieser weiteren Erklärungen in der Niederschrift über die Versteigerung gebührenfrei; es fällt hierfür neben der 1,0-Gebühr für die Zuschlagsbeurkundung keine zusätzliche Beurkundungsgebühr an. 2

Für den Geschäftswert gelten grundsätzlich die allgemeinen Vorschriften. Bei der Versteigerung mehrerer Grundstücke wird gem. § 116 Abs. 2 die Gebühr für die Beurkundung des Zuschlags für jeden Ersteher nach der Summe seiner Gebote erhoben; ist der zusammengerechnete Wert der ihm zugeschlagenen Grundstücke oder grundstücksgleichen Rechte höher, so ist dieser maßgebend. Kostenschuldner für die Beurkundung des Zuschlags ist gem. § 31 Abs. 1 stets nur der Ersteher. 3

Abschnitt 7. Versteigerung von beweglichen Sachen und von Rechten

Nr.	Gebührentatbestand	Gebühr oder Satz der Gebühr nach § 34 GNotKG – Tabelle B
23700	**Verfahrensgebühr** (1) Die Gebühr entsteht für die Versteigerung von beweglichen Sachen, von Früchten auf dem Halm oder von Holz auf dem Stamm sowie von Forderungen oder sonstigen Rechten. (2) Ein Betrag in Höhe der Kosten kann aus dem Erlös vorweg entnommen werden.	3,0

Gem. § 20 Abs. 3 BNotO sind Notare zwar für die Durchführung freiwilliger Versteigerungen zuständig; eine Versteigerung beweglicher Sachen sollen sie jedoch nur vornehmen, wenn diese durch die Versteigerung unbeweglicher Sachen oder durch eine von dem Notar beurkundete oder vermittelte Vermögensauseinandersetzung veranlasst ist. 1

Der Tatbestand ist nur erfüllt, wenn der Notar die Versteigerung als Auktionator selbst durchführt. Die Gebührenstruktur ist gegenüber derjenigen bei Grundstücksversteigerungen stark vereinfacht: Es entsteht nur eine einheitliche Verfahrensgebühr (3,0-Gebühr), mit der sämtliche Verfahrenshandlungen des Notars abgegolten sind. Zusätzlich fallen jedoch etwaige Vollzugs- und Betreu- 2 ungsgebühren, Auswärts- und Unzeitgebühren sowie Auslagen an;[1] wird der Versteigerungserlös an den Notar gezahlt, entsteht zudem eine Verwahrungsgebühr nach KV Nr. 25300.[2] Tatbestandsmäßig ist die Versteigerung beweglicher Sachen, von Früchten auf dem Halm oder Holz auf dem Stamm sowie von jedweden Rechten mit Ausnahme grundstücksgleicher Rechte; für Letztere gelten KV Nr. 23600 ff. Die Gebühr entsteht grundsätzlich mit der Erteilung des entsprechenden Auftrags (vorbehaltlich KV Nr. 23701) und ist unabhängig davon, ob überhaupt Gebote abgegeben werden oder der Zuschlag erteilt wird. Der Geschäftswert richtet sich gem. § 117 nach der Summe der Werte der betroffenen Sachen und Rechte.

3 Der Notar ist gem. Abs. 2 berechtigt, sich einen Betrag, der der Höhe seiner Kosten entspricht, vorweg aus dem Versteigerungserlös zu entnehmen. Dies setzt voraus, dass der Erlös zunächst an den Notar gezahlt wird.[3]

Nr.	Gebührentatbestand	Gebühr oder Satz der Gebühr nach § 34 GNotKG – Tabelle B
23701	**Beendigung des Verfahrens vor Aufforderung zur Abgabe von Geboten:** **Die Gebühr 23700 ermäßigt sich auf**	0,5

1 Endet das Verfahren nach Erteilung des Auftrags an den Notar, aber vor der Aufforderung zur Abgabe von Geboten, fällt nur eine 0,5-Gebühr an. Damit sind alle bis dahin angefallenen Tätigkeiten des Notars abgegolten (auch unabhängig von Dauer und Anzahl angesetzter Termine).[1]

Abschnitt 8. Vorbereitung der Zwangsvollstreckung

Nr.	Gebührentatbestand	Gebühr oder Satz der Gebühr nach § 34 GNotKG – Tabelle B
23800	**Verfahren über die Vollstreckbarerklärung eines Anwaltsvergleichs nach § 796a ZPO**	66,00 €

1 Ein Vergleich, den Rechtsanwälte namens der von ihnen vertretenen Parteien geschlossen haben und der eine Zwangsvollstreckungsunterwerfung enthält, kann gem. § 796a ZPO grundsätzlich für vollstreckbar erklärt und damit gem. § 794 Abs. 1 Nr. 4b ZPO zum Vollstreckungstitel werden. Für die amtliche Verwahrung und Vollstreckbarerklärung eines solchen Anwaltsvergleichs ist gem. § 796c Abs. 1 ZPO auch der Notar zuständig, der seinen Amtssitz im Bezirk

1 Vgl. BeckOK KostR/*Neie* GNotKG Rn. 8 ff.
2 Vgl. Korintenberg/*Hey'l* GNotKG, Rn. 3.
3 Vgl. BeckOK KostR/*Neie* GNotKG Rn. 5.
1 Vgl. Bormann/Diehn/Sommerfeldt/*Pfeiffer* GNotKG Rn. 3.

des zuständigen Prozessgerichts hat, sofern die Parteien zustimmen. Über einen entsprechenden Antrag entscheidet der Notar durch Beschluss.[1]

Für das gesamte Verfahren erhält der Notar eine Festgebühr von 66 EUR. Dies gilt unabhängig davon, ob der Notar den Vergleich für vollstreckbar erklärt oder die Vollstreckbarerklärung ablehnt. Mit der Festgebühr sind sämtliche Tätigkeiten des Notars in diesem Zusammenhang abgegolten, insbesondere die Verwahrung der Vergleichsurkunde, die Anhörung der Parteien, der Erlass des Beschlusses sowie die Erteilung der Vollstreckungsklausel.[2] 2

Nr.	Gebührentatbestand	Gebühr oder Satz der Gebühr nach § 34 GNotKG – Tabelle B
23801	**Verfahren über die Vollstreckbarerklärung eines Schiedsspruchs mit vereinbartem Wortlaut (§ 1053 ZPO)**	**2,0**
23802	**Beendigung des gesamten Verfahrens durch Zurücknahme des Antrags: Die Gebühr 23801 ermäßigt sich auf**	**1,0**

Wird während eines schiedsrichterlichen Verfahrens (§§ 1025 ff. ZPO) ein Vergleich über die Streitigkeit geschlossen, so hält das Schiedsgericht auf Antrag der Parteien den Vergleich in Form eines Schiedsspruchs mit vereinbartem Wortlaut fest, § 1053 Abs. 1 ZPO. Ein solcher Schiedsspruch kann auf Antrag grundsätzlich gem. § 1060 Abs. ZPO vom Prozessgericht für vollstreckbar erklärt werden. Für die Vollstreckbarerklärung ist – Zustimmung der Parteien vorausgesetzt – auch ein Notar mit Amtssitz im Bezirk des örtlich zuständigen OLGs zuständig, § 1053 Abs. 4 ZPO. 1

Für das Verfahren über die Vollstreckbarerklärung fällt eine 2,0-Gebühr aus dem Geschäftswert an. Der Geschäftswert bemisst sich gem. § 118 ZPO nach den Ansprüchen, die Gegenstand der Vollstreckbarerklärung sein sollen. Mit dieser Gebühr sind sämtliche Tätigkeiten des Notars in diesem Verfahren abgegolten, insbesondere eine etwaige Anhörung der Parteien, der Erlass des Beschlusses sowie die Erteilung der Vollstreckungsklausel. Die Gebühr entsteht unabhängig vom Ausgang des Verfahrens.[1] Nur wenn der Antragsteller seinen Antrag zurücknimmt, bevor eine wirksame Entscheidung des Notars hierüber vorliegt, ermäßigt sich die Gebühr nach KV Nr. 23802 auf 1,0. 2

---

1 Vgl. Musielak/Voit/*Voit* ZPO § 796c Rn. 4.
2 Vgl. Korintenberg/*Hey'l* GNotKG Rn. 4.
1 Vgl. Korintenberg/*Hey'l* GNotKG Rn. 4.

Nr.	Gebührentatbestand	Gebühr oder Satz der Gebühr nach § 34 GNotKG – Tabelle B
23803	**Verfahren über die Erteilung einer vollstreckbaren Ausfertigung, wenn der Eintritt einer Tatsache oder einer Rechtsnachfolge zu prüfen ist (§§ 726 bis 729 ZPO)**	0,5

1 Für die Erteilung einer vollstreckbaren Ausfertigung einer notariellen Urkunde ist gem. § 797 Abs. 2 S. 1 ZPO der Notar zuständig, der die Urkunde verwahrt. Grundsätzlich fällt für die Erteilung der (ersten) Vollstreckungsklausel durch den Notar keine Gebühr an, abgesehen von etwaigen Auslagen gem. KV Nr. 32000 ff.

2 Etwas anderes gilt nur dann, wenn der Notar im Klauselerteilungsverfahren den Eintritt einer Tatsache oder einer Rechtsnachfolge zu prüfen hat (sog. „qualifizierte Vollstreckungsklausel“). Dies betrifft die Vollstreckbare Ausfertigung bei bedingten Leistungen (§ 726 ZPO), die Vollstreckbare Ausfertigung für und gegen den Rechtsnachfolger (§ 727 ZPO), die Vollstreckbare Ausfertigung bei Nacherbe oder Testamentsvollstrecker (§ 728 ZPO) sowie die Vollstreckbare Ausfertigung gegen den Vermögens- und Firmenübernehmer (§ 729 ZPO).

3 Für das gesamte Klauselerteilungsverfahren erhält der Notar in diesen Fällen eine 0,5-Gebühr. Der Geschäftswert bemisst sich gem. § 118 ZPO nach den Ansprüchen, die Gegenstand der vollstreckbaren Ausfertigung sein sollen. Wird eine Klausel zugleich hinsichtlich mehrerer titulierter Ansprüche erteilt, die aber derart miteinander verbunden sind, dass die Forderung nur einmal geltend gemacht werden könnte (zB im Fall einer Grundschuldbestellungsurkunde, die zugleich ein vollstreckbares Schuldanerkenntnis enthält), so ist nur der höchste Wert maßgebend; eine Zusammenrechnung der Ansprüche scheidet aus.[1] Die Gebühr fällt unabhängig vom Ausgang des Verfahrens an. Eine Ermäßigung bei vorzeitiger Beendigung durch Antragsrücknahme ist nicht vorgesehen.[2]

Nr.	Gebührentatbestand	Gebühr oder Satz der Gebühr nach § 34 GNotKG – Tabelle B
23804	**Verfahren über den Antrag auf Erteilung einer weiteren vollstreckbaren Ausfertigung (§ 797 Abs. 3, § 733 ZPO)** **Die Gebühr wird für jede weitere vollstreckbare Ausfertigung gesondert erhoben.**	22,00 €

1 Gem. § 733 ZPO kann über einen vollstreckbaren Anspruch grundsätzlich eine weitere vollstreckbare Ausfertigung erteilt werden, auch wenn wegen des glei-

1 Vgl. Bormann/Diehn/Sommerfeldt/*Pfeiffer* GNotKG § 118 Rn. 3.
2 Vgl. Korintenberg/*Hey'l* GNotKG Rn. 3.

chen vollstreckbaren Anspruchs in der Vergangenheit bereits eine Klausel erteilt wurde. Die Entscheidung über die Erteilung einer weiteren vollstreckbaren Ausfertigung trifft bei notariellen Urkunden gem. § 797 Abs. 3 S. 2 ZPO der Notar, der die Urkunde verwahrt. Für das notarielle Verfahren über die Erteilung einer weiteren vollstreckbaren Ausfertigung fällt – unabhängig vom Ausgang[1] – eine Festgebühr von 22 EUR an. Mit der Festgebühr sind sämtliche Tätigkeiten des Notars in diesem Zusammenhang abgegolten, insbesondere eine Anhörung des Schuldners gem. § 733 Abs. 1 ZPO. Betrifft das Verfahren mehrere weitere vollstreckbare Ausfertigungen, fällt die Festgebühr pro Ausfertigung gesondert an.

Hat der Notar für die Erteilung einer weiteren vollstreckbaren Ausfertigung auch zusätzlich den Eintritt einer Tatsache oder einer Rechtsnachfolge zu prüfen, entsteht daneben auch die Gebühr nach KV Nr. 28303. 2

Nr.	Gebührentatbestand	Gebühr oder Satz der Gebühr nach § 34 GNotKG – Tabelle B
23805	**Verfahren über die Ausstellung einer Bestätigung nach § 1079 ZPO oder über die Ausstellung einer Bescheinigung nach § 1110 ZPO**	**22,00 €**

Für die Bestätigung inländischer vollstreckbarer notarieller Urkunden als Europäische Vollstreckungstitel (Bestätigungen gem. Art. 9 Abs. 1, Art. 24 Abs. 1, Art. 25 Abs. 1 und Art. 6 Abs. 2 und 3 EuVTVO) durch den zuständigen Notar (§ 1079 ZPO) sowie für die Ausstellung von Bescheinigungen nach Art. 53, 60 EuGVVO hinsichtlich inländischer vollstreckbarer notarieller Urkunden durch den gem. § 1110 ZPO zuständigen Notar entsteht (unabhängig vom Ausgang des Verfahrens) eine Festgebühr von 22 EUR je beantragter Bestätigung bzw. Bescheinigung. 1

1 Vgl. Korintenberg/*Hey'l* GNotKG Rn. 2.

Nr.	Gebührentatbestand	Gebühr oder Satz der Gebühr nach § 34 GNotKG – Tabelle B
23806	Verfahren über einen Antrag auf Vollstreckbarerklärung einer notariellen Urkunde nach § 55 Abs. 3 AVAG, nach § 35 Abs. 3 AUG, nach § 3 Abs. 4 IntErbRVG oder nach § 4 Abs. 4 IntGüRVG	264,00 €
23807	Beendigung des gesamten Verfahrens durch Zurücknahme des Antrags: Die Gebühr 23806 ermäßigt sich auf	99,00 €
23808	Verfahren über die Ausstellung einer Bescheinigung nach § 57 AVAG, § 27 IntErbRVG oder § 27 IntGüRVG oder für die Ausstellung des Formblatts oder der Bescheinigung nach § 71 Abs. 1 AUG	17,00 €

1 Der Notar ist nach dem Anerkennungs- und Vollstreckungsausführungsgesetz (AVAG), nach dem Gesetz zur Geltendmachung von Unterhaltsansprüchen im Verkehr mit ausländischen Staaten (AUG) sowie nach dem Internationalen Erbrechtsverfahrensgesetz (IntErbRVG) auch zuständig für die Vollstreckbarerklärung notarieller Urkunden zur Vorbereitung einer grenzüberschreitenden Vollstreckung. Hierzu hat der Notar ein Verfahren, gerichtet auf die Erteilung einer entsprechenden Bescheinigung, durchzuführen. Betrifft ein solches Verfahren die Vollstreckbarerklärung einer ausländischen notariellen Urkunde, fällt eine Festgebühr von 264 EUR an, auch bei Antragszurückweisung.[1] Wird das Verfahren aufgrund Antragsrücknahme vorzeitig beendet, ermäßigt sich die Gebühr nach KV Nr. 23807 auf 99 EUR. Führt der Notar ein Verfahren zur Vollstreckbarerklärung einer eigenen Notarurkunde durch, erhält er nach KV Nr. 23808 hierfür eine Festgebühr von 17 EUR.

Abschnitt 9. Teilungssachen

Vorbemerkung 2.3.9

(1) Dieser Abschnitt gilt für Teilungssachen zur Vermittlung der Auseinandersetzung des Nachlasses und des Gesamtguts einer Gütergemeinschaft nach Beendigung der ehelichen, lebenspartnerschaftlichen oder fortgesetzten Gütergemeinschaft (§ 342 Abs. 2 Nr. 1 FamFG).

(2) Neben den Gebühren dieses Abschnitts werden gesonderte Gebühren erhoben für

1. die Aufnahme von Vermögensverzeichnissen und Schätzungen,
2. Versteigerungen und
3. das Beurkundungsverfahren, jedoch nur, wenn Gegenstand ein Vertrag ist, der mit einem Dritten zum Zweck der Auseinandersetzung geschlossen wird.

1 Vgl. Korintenberg/*Hey'l* GNotKG Rn. 12.

Notare sind gem. § 344 Abs. 4a und Abs. 5 FamFG ausschließlich zuständig für die Vermittlung der Auseinandersetzung des Nachlasses sowie des Gesamtguts einer Gütergemeinschaft. Für diese sog. „Teilungssachen" (vgl. § 342 Abs. 2 Nr. 1 FamFG) sind Gebühren nach KV Nr. 23900–23903 zu erheben. 1

Das in Teilungssachen zu beachtende Verfahren ist in den §§ 363 ff. FamFG geregelt. Abzugrenzen ist, ob Verfahrensgegenstand eine Teilungssache oder schlicht die Beurkundung eines Auseinandersetzungsvertrags ist; hierzu ist der Antrag ggf. auszulegen bzw. auf Klarstellung hinzuwirken. 2

Mit den Gebühren nach KV Nr. 23900 ff. sind grundsätzlich sämtliche Tätigkeiten des Notars in Zusammenhang mit der Teilungssache abgegolten, insbesondere die Vornahme etwaiger Beurkundungen, das Erstellen von Vertragsentwürfen sowie etwaige Beratungsleistungen. Ausgenommen von der Abgeltungswirkung sind nur die in Abs. 2 abschließend aufgeführten Tatbestände. Gesonderte Gebühren fallen daher an, wenn der Notar im Rahmen des Verfahrens 3

- ein Vermögensverzeichnis (zB ein Nachlassverzeichnis) errichtet (KV Nr. 23500 ff.) oder eine Schätzung vornimmt (KV Nr. 23601)
- Versteigerungen durchführt (KV Nr. 23600 ff. und KV Nr. 23700 f.) oder
- einen Auseinandersetzungsvertrag beurkundet, an dem auch ein Dritter, der nicht an der Teilungssache beteiligt ist, Vertragspartner ist (dann fallen hierfür Gebühren für das Beurkundungsverfahren nach KV Nr. 21100 ff. an).

Nr.	Gebührentatbestand	Gebühr oder Satz der Gebühr nach § 34 GNotKG – Tabelle B
23900	Verfahrensgebühr	6,0

Für die Durchführung des gesamten Verfahrens erhält der Notar eine 6,0-Gebühr. Geschäftswert ist gem. § 118a der Wert des den Gegenstand der Auseinandersetzung bildenden Nachlasses oder Gesamtguts oder des von der Auseinandersetzung betroffenen Teils davon. Mit der Verfahrensgebühr sind sämtliche Tätigkeiten des Notars in diesem Zusammenhang abgegolten, insbesondere auch die Vornahme von Beurkundungen oder das Fertigen von Entwürfen, soweit nicht Abs. 2 der Vorb. 2.3.9 ausdrücklich eine gesonderte Gebührenerhebung anordnet. 1

Nr.	Gebührentatbestand	Gebühr oder Satz der Gebühr nach § 34 GNotKG – Tabelle B
23901	**Soweit das Verfahren vor Eintritt in die Verhandlung durch Zurücknahme oder auf andere Weise endet, ermäßigt sich die Gebühr 23900 auf**	**1,5**

1 Endet das Verfahren zur Vermittlung der Auseinandersetzung, bevor in einem anberaumten Verhandlungstermin (§ 365 Abs. 1 S. 1 FamFG) in die Verhandlung eingetreten wurde, ermäßigt sich die Gebühr auf 1,5; für den Geschäftswert gilt § 118a. Der Grund für die vorzeitige Verfahrensbeendigung ist unerheblich. Mit der Gebühr sind sämtliche bis dahin vorgenommenen Tätigkeiten des Notars abgegolten.

Nr.	Gebührentatbestand	Gebühr oder Satz der Gebühr nach § 34 GNotKG – Tabelle B
23902	**Soweit der Notar das Verfahren vor Eintritt in die Verhandlung wegen Unzuständigkeit an einen anderen Notar verweist, ermäßigt sich die Gebühr 23900 auf**	**1,5 – höchstens 100,00 €**

1 Die örtliche Zuständigkeit des Notars in Teilungssachen richtet sich nach § 344 Abs. 4a und 5 FamFG. Geht hiernach bei einem örtlich unzuständigen Notar ein Antrag auf Vermittlung der Auseinandersetzung ein, hat dieser gem. §§ 492 Abs. 1 S. 1, 3 FamFG das Verfahren an einen zuständigen Notar zu verweisen. Erfolgt die Verweisung vor Eintritt in die Verhandlung in einem anberaumten Termin, tritt Ermäßigung auf eine 1,5-Gebühr ein, wobei der Höchstbetrag von 100 EUR zu beachten ist.

Nr.	Gebührentatbestand	Gebühr oder Satz der Gebühr nach § 34 GNotKG – Tabelle B
23903	**Das Verfahren wird nach Eintritt in die Verhandlung** **1. ohne Bestätigung der Auseinandersetzung abgeschlossen oder** **2. wegen einer Vereinbarung der Beteiligten über die Zuständigkeit an einen anderen Notar verwiesen:**	
	Die Gebühr 23900 ermäßigt sich auf	**3,0**

1 Die 6,0-Gebühr in Teilungssachen ermäßigt sich in zwei Fällen auf eine 3,0-Gebühr:

- Das Verfahren wird, nachdem in einem anberaumten Verhandlungstermin in die Verhandlung eingetreten wurde, ohne Bestätigung der Auseinandersetzung durch den Notar (§ 368 FamFG) abgeschlossen.
- Die Beteiligten treffen, nachdem in einem anberaumten Verhandlungstermin in die Verhandlung eingetreten wurde, eine Zuständigkeitsvereinbarung gem. § 344 Abs. 4a S. 4, ggf. iVm Abs. 5 S. 4 FamFG mit der Folge,

dass der Notar das Verfahren gem. §§ 492 Abs. 1 S. 1, 3 FamFG an einen anderen Notar verweist.

Hauptabschnitt 4. Entwurf und Beratung

Abschnitt 1. Entwurf

Vorbemerkung 2.4.1

(1) Gebühren nach diesem Abschnitt entstehen, wenn außerhalb eines Beurkundungsverfahrens ein Entwurf für ein bestimmtes Rechtsgeschäft oder eine bestimmte Erklärung im Auftrag eines Beteiligten gefertigt worden ist. Sie entstehen jedoch nicht in den Fällen der Vorbemerkung 2.2 Abs. 2.

(2) Beglaubigt der Notar, der den Entwurf gefertigt hat, demnächst unter dem Entwurf eine oder mehrere Unterschriften oder Handzeichen, entstehen für die erstmaligen Beglaubigungen, die an ein und demselben Tag erfolgen, keine Gebühren.

(3) Gebühren nach diesem Abschnitt entstehen auch, wenn der Notar keinen Entwurf gefertigt, aber einen ihm vorgelegten Entwurf überprüft, geändert oder ergänzt hat. Dies gilt nicht für die Prüfung der Eintragungsfähigkeit in den Fällen des § 378 Abs. 3 FamFG und des § 15 Abs. 3 der Grundbuchordnung.

(4) Durch die Gebühren dieses Abschnitts werden auch abgegolten

1. die Übermittlung von Anträgen und Erklärungen an ein Gericht oder eine Behörde,

2. die Stellung von Anträgen im Namen der Beteiligten bei einem Gericht oder einer Behörde und

3. die Erledigung von Beanstandungen einschließlich des Beschwerdeverfahrens.

(5) Gebühren nach diesem Abschnitt entstehen auch für die Fertigung eines Entwurfs zur beabsichtigten Verwendung für mehrere gleichartige Rechtsgeschäfte oder Erklärungen (Serienentwurf). Absatz 3 gilt entsprechend.

(6) Wenn der Notar demnächst nach Fertigung eines Entwurfs auf der Grundlage dieses Entwurfs ein Beurkundungsverfahren durchführt, wird eine Gebühr nach diesem Abschnitt auf die Gebühr für das Beurkundungsverfahren angerechnet.

(7) Der Notar ist berechtigt, dem Auftraggeber die Gebühren für die Fertigung eines Serienentwurfs bis zu einem Jahr nach Fälligkeit zu stunden.

I. Anwendungsbereich (Abs. 1)

Für die Fertigung eines Entwurfs erhält der Notar Gebühren nach KV Nr. 24100–24103. Unter einem „Entwurf“ ist ein Text zu verstehen, der Erklärungen zum Inhalt hat, die im Falle seiner Verwendung unmittelbare Rechts- 1 wirkungen für die Beteiligten oder Dritte nach sich ziehen;[1] ein Entwurf ist daher von einem bloßen Rechtsgutachten oder einer Bescheinigung abzugrenzen.[2]

2 KV Nr. 24100 sind nur anwendbar, wenn ein Entwurf außerhalb eines Beurkundungsverfahrens gefertigt wird. Abzugrenzen ist also danach, ob ein Beurkundungsauftrag oder ein isolierter Entwurfsauftrag vorliegt,[3] was ggf. durch Auslegung zu ermitteln ist. Erstellt der Notar Entwürfe innerhalb eines Beurkundungsverfahrens, gehen die Vorschriften des Hauptabschnitts 1 vor. Mit der Gebühr für das Beurkundungsverfahren ist nach Vorb. 2.1 Abs. 1 auch die Vorbereitung der Beurkundung abgegolten, wozu regelmäßig die Fertigung eines Urkundsentwurfs gehört. Endet das Beurkundungsverfahren vorzeitig, dh vor Unterzeichnung der Niederschrift durch den Notar, fallen auch bei Entwurfsfertigung ausschließlich Gebühren nach KV Nr. 21300 ff. an; daneben ist kein Raum für die Anwendung der KV Nr. 24100 ff.

3 Entwurfsgebühren entstehen nur, wenn der betreffende Entwurf für ein *bestimmtes* Rechtsgeschäft oder eine *bestimmte* Erklärung gefertigt worden ist. Damit muss ein auf den Einzelfall bezogener, individualisierter Entwurf vorliegen. So führt das Aushändigen eines für eine Vielzahl von Fällen vorgehaltenen Leermusters nicht zum Entstehen einer Entwurfsgebühr. Vielmehr muss eine Auseinandersetzung mit dem Anliegen des bzw. der Beteiligten hinsichtlich eines konkret beabsichtigten Rechtsgeschäfts oder einer konkret beabsichtigten Erklärung[4] vorangegangen sein. Auch ein Standardentwurf einer Urkunde, der noch nicht alle Details des späteren Rechtsgeschäfts bzw. der späteren Erklärung beinhaltet, kann einen Entwurf in diesem Sinne darstellen.[5]

4 Was Gegenstand des Entwurfs ist, ist für die Eröffnung des Anwendungsbereichs nicht relevant; der Entwurf kann jedes beliebige Rechtsgeschäft (zB Vertrag, Beschluss, Testament) bzw. jede beliebige Erklärung (zB Antrag, Bewilligung, Registeranmeldung) zum Inhalt haben. Insbesondere ist es unerheblich, ob sich der Entwurf auf ein beurkundungspflichtiges Geschäft bezieht.[6] Häufiger Anwendungsfall für die Entwurfsgebühr ist, dass der Notar einen Entwurf einer verfahrensrechtlichen Erklärung (zB Handelsregisteranmeldung, Grundbuchbewilligung) erstellt und darunter Unterschriften beglaubigt, also kein Beurkundungsverfahren in Form der Errichtung einer Niederschrift (§ 85 Abs. 2 GNotKG) stattfindet.

5 Ferner ist es für das Entstehen der Gebühr nicht notwendig, dass der Notar den Entwurf persönlich gefertigt hat. Es ist ausreichend, wenn ein Mitarbeiter den Entwurf innerhalb des Verantwortungsbereichs des Notars erstellt.

6 Das Entstehen von Entwurfsgebühren setzt einen entsprechenden Auftrag (mindestens) eines Beteiligten voraus. Der Auftrag kann auch konkludent erteilt werden, muss aber erkennen lassen, dass die Fertigung eines Entwurfs gewünscht ist. Dies ist aus Sicht des Notars zu beurteilen und ggf. durch Auslegung zu ermitteln.[7]

7 Entwurfsgebühren entstehen nicht in den Fällen der Vorb. 2.2 Abs. 2, also wenn der Notar in Zusammenhang mit einer Vollzugs- oder Betreuungstätigkeit Entwürfe fertigt. Vielmehr sind etwaige Entwurfstätigkeiten dann mit den Gebühren nach KV Nr. 22110 ff. bzw. KV Nr. 22200 ff. abgegolten. Häufige

1 Vgl. Bormann/Diehn/Sommerfeldt/*Bormann* GNotKG Rn. 3.
2 Vgl. Bormann/Diehn/Sommerfeldt/*Bormann* GNotKG Rn. 4 f.
3 Vgl. Korintenberg/*Diehn* GNotKG Rn. 19 ff.
4 Vgl. Bormann/Diehn/Sommerfeldt/*Bormann* GNotKG Rn. 4.
5 Vgl. KG ZEV 2015, 640.
6 Vgl. Korintenberg/*Diehn* GNotKG Rn. 5.
7 Vgl. BeckOK KostR/*Lutz*/*Mattes* GNotKG Rn. 3.

Anwendungsfälle hierfür sind, wenn der Notar zB bei Vollzug eines Kaufvertrags Lastenfreistellungserklärungen oder Zustimmungserklärungen Dritter unter Fertigung entsprechender Entwürfe anfordert und prüft.

II. Beglaubigung „demnächst" unter Entwurf (Abs. 2)

Fertigt der Notar einen Entwurf und beglaubigt er demnächst unter diesem 8
Entwurf Unterschriften bzw. Handzeichen, entstehen für die erstmaligen Beglaubigungen keine Gebühren nach KV Nr. 25100, 25101. Dies gilt auch für die Beglaubigung durch den Sozius oder Amtsnachfolger des Entwurfsnotars, Vorb. 2 Abs. 1. Die Gebührenfreiheit besteht nur für Beglaubigungen, die „demnächst" nach Erstellung des Entwurfs erfolgen, also in zeitlichem und sachlichem Zusammenhang. Ob dieser Zusammenhang noch besteht, ist aus objektiver Sicht des Notars anhand der Umstände des Einzelfalls zu beurteilen; regelmäßig dürfte er nicht mehr bestehen, wenn die Entwurfsfertigung mehr als sechs Monate zurückliegt.[8] Beglaubigt der Notar mehrere Unterschriften oder Handzeichen unter einem Entwurf, so besteht die Gebührenfreiheit für die weiteren Beglaubigungen nur insoweit, als sie am selben Tag erfolgten, an dem der Notar die erste Beglaubigung vorgenommen hat. Dies gilt unabhängig von der Anzahl der angebrachten Beglaubigungsvermerke.[9] Die Beglaubigungsgebühr fällt auch dann nicht an, wenn die Beglaubigung unter einem Entwurf vorgenommen wird, den derselbe Notar überprüft, geändert oder ergänzt hat, vgl. Abs. 3.

III. Überprüfung, Änderung oder Ergänzung eines Entwurfs (Abs. 3)

Abs. 3 stellt die Überprüfung, Ergänzung oder Änderung eines Fremdentwurfs 9
der Erstellung eines eigenen Entwurfs grundsätzlich gleich. Geht diese Tätigkeit mit einem geringeren Aufwand als die vollständige Entwurfsfertigung einher, kann dem bei der Ausfüllung des Gebührensatzrahmens nach KV Nr. 24100 ff. Rechnung getragen werden.[10] Für die entsprechenden Tätigkeiten des Notars kann eine Gebühr nur bei entsprechendem Auftrag eines Beteiligten anfallen, vgl. Abs. 1.

S. 2 stellt klar, dass für die reine Prüfung der Eintragungsfähigkeit gem. § 378 10
Abs. 3 FamFG und § 15 Abs. 3 GBO keine Gebühr entsteht. Diese Prüfung obliegt dem Notar bereits kraft Gesetzes und besteht unabhängig von einem entsprechenden Auftrag der Beteiligten. Eine Gebühr kann aber dann anfallen, wenn die Beteiligten dem Notar daneben einen eigenen Überprüfungsauftrag für das betreffende Dokument erteilen, der bei Annahme auch mit entsprechender Haftungsübernahme verbunden ist.

IV. Abgeltungswirkung (Abs. 4)

Die Abgeltungswirkung der Entwurfsgebühr ist parallel zu den entsprechenden 11
Regelungen innerhalb eines Beurkundungsverfahrens nach Vorb. 2.1 Abs. 2 Nr. 1–3 aufgebaut. Neben der Entwurfsgebühr kann demnach keine zusätzliche Gebühr für das (reine) Übermitteln oder Stellen von Anträgen oder Erklärungen an Gerichte oder Behörden erhoben werden (insbesondere nicht nach KV Nr. 22124), also unabhängig davon, ob der Notar insoweit nur als Bote oder als Vertreter der Beteiligten tätig wird. Dies gilt insbesondere für das Einreichen bzw. Stellen von Grundbuchanträgen oder die Vorlage von Anmeldun-

8 Vgl. Korintenberg/*Diehn* GNotKG Rn. 55.
9 Vgl. BeckOK KostR/*Lutz*/*Mattes* GNotKG Rn. 7.
10 Vgl. BT-Drs. 17/11471, 229.

gen zum Registergericht. Gesondert vergütet werden aber Tatbestände, für die das Gesetz ausdrücklich Vollzugs- oder Betreuungsgebühren anordnet.

12 Auch das Durchführen eines Beschwerdeverfahrens (etwa gegen einen ablehnenden Bescheid oder eine Zwischenverfügung) durch den Notar als Vertreter der Beteiligten löst keine zusätzliche Gebühr aus. Erledigt der Notar Beanstandungen von Notar und Gerichten, etwa durch das Nachreichen von Erklärungen und Anträgen, ist auch dies bereits in der Gebühr enthalten. Etwas anderes gilt nur dann, wenn eine Beanstandung durch einen weiteren Entwurf bzw. ein Beurkundungsverfahren behoben wird; falls dadurch ausgelöste zusätzliche Gebühren auf fehlerhafter Sachbehandlung des Notars beruhen, gilt § 21 GNotKG.

13 Neben den in Abs. 4 ausdrücklich geregelten Tätigkeiten sind auch in Zusammenhang mit der Entwurfsfertigung stattfindende persönliche Gespräche, Beratungen, Telefonate und Schriftverkehr mit den Beteiligten oder Dritten abgegolten. Auslagen gem. KV 32000 ff. sind für die dort aufgeführten Tatbestände aber zusätzlich zu erheben.

V. Serienentwurf (Abs. 5)

14 Erteilt ein Beteiligter dem Notar außerhalb eines Beurkundungsverfahrens einen Auftrag für die Fertigung eines Entwurfs zur beabsichtigten Verwendung für mehrere gleichartige Rechtsgeschäfte oder Erklärungen (Serienentwurf), fällt auch hierfür eine Entwurfsgebühr an. Der Geschäftswert für einen Serienentwurf bestimmt sich nach § 119; hiernach richtet sich dieser nach der Hälfte des Werts aller zum Zeitpunkt der Entwurfsfertigung beabsichtigten Einzelgeschäfte. Häufiger Anwendungsfall ist beispielsweise, dass ein Bauträger den Notar mit der Fertigung eines sog. „Musterkaufvertrags" für eine bestimmte Wohnanlage beauftragt, auf deren Grundlage dann später die einzelnen Kaufverträge erstellt werden sollen. S. 2 stellt klar, dass bei Überprüfung, Änderung oder Ergänzung eines von einem Dritten erstellten Serienentwurfs ebenfalls Entwurfsgebühren nach KV Nr. 24100 ff. anfallen.

VI. Anrechnung auf Gebühr für Beurkundungsverfahren (Abs. 6)

15 Hatten die Beteiligten dem Notar zunächst nur einen isolierten Entwurfsauftrag erteilt und mündet dieser nach Entwurfsfertigung in einen Beurkundungsauftrag, so sieht Abs. 6 eine Anrechnungsmöglichkeit der bereits entstandenen Entwurfsgebühr auf die Beurkundungsgebühr vor. Voraussetzung ist, dass der Notar das Beurkundungsverfahren „demnächst" nach Entwurfserstellung durchführt. Dafür ist ein zeitlicher und sachlicher Zusammenhang mit der Entwurfsfertigung notwendig. Davon wird regelmäßig auszugehen sein, wenn innerhalb von sechs Monaten nach Fertigstellung des Entwurfs auf dessen Grundlage ein Beurkundungsauftrag erteilt wird.[11] Inhaltliche Änderungen des Entwurfs im Rahmen des späteren Beurkundungsverfahrens sind unschädlich, solange die Umgestaltung des Entwurfs nicht zu einem „aliud" führt.[12] Eine Beurkundung durch den Sozius oder Amtsnachfolger des Entwurfsnotars ist wegen Vorb. 2 Abs. 1 gleichgestellt.

---

11 Vgl. Korintenberg/Diehn GNotKG Rn. 85.
12 Vgl. Korintenberg/*Diehn* GNotKG Rn. 80 ff.

VII. Stundungsmöglichkeit bei Serienentwurf (Abs. 7)

Die Entwurfsgebühr entsteht nach den allgemeinen Grundsätzen (§ 10) grundsätzlich nach Erledigung des Entwurfsauftrags, also regelmäßig mit vollständiger Fertigstellung des angeforderten Entwurfs; eine Aushändigung an den Auftraggeber ist nicht erforderlich.[13] Bei einem sog. „Serienentwurf" (Abs. 5) ist der Notar berechtigt, jedoch nicht verpflichtet, dem Auftraggeber die Entwurfsgebühr maximal ein Jahr lang zu stunden. Dies soll in Anbetracht der späteren Anrechenbarkeit in folgenden Beurkundungsverfahren (Abs. 6) zur Vereinfachung der Kostenerhebung führen und Rückerstattungen vermeiden.[14] 16

Nr.	Gebührentatbestand	Gebühr oder Satz der Gebühr nach § 34 GNotKG – Tabelle B
24100	Fertigung eines Entwurfs, wenn die Gebühr für das Beurkundungsverfahren 2,0 betragen würde	0,5 bis 2,0 – mindestens 120,00 €

Nr.	Gebührentatbestand	Gebühr oder Satz der Gebühr nach § 34 GNotKG – Tabelle B
24101	Fertigung eines Entwurfs, wenn die Gebühr für das Beurkundungsverfahren 1,0 betragen würde	0,3 bis 1,0 – mindestens 60,00 €

Der Gebührensatzrahmen beträgt 0,3 bis 1,0, wenn für die Beurkundung der Sache eine 1,0-Gebühr anfallen würde. Dies betrifft va Fälle, die bei Beurkundung unter KV Nr. 21200 fallen würden, zB Entwürfe von einseitigen Erklärungen wie Vollmachten, Zustimmungserklärungen, Betreuungs- und Patientenverfügungen, Einzeltestamenten, Gesellschafterlisten (soweit keine Vollzugshandlung zu einem anderen Geschäft) oder Stiftungsgeschäften. Bei vollständiger Entwurfsfertigung ist nach § 92 Abs. 2 die Höchstgebühr (1,0) anzusetzen. Die Mindestgebühr beträgt 60 EUR (entsprechend KV Nr. 21200). 1

Nr.	Gebührentatbestand	Gebühr oder Satz der Gebühr nach § 34 GNotKG – Tabelle B
24102	Fertigung eines Entwurfs, wenn die Gebühr für das Beurkundungsverfahren 0,5 betragen würde	0,3 bis 0,5 – mindestens 30,00 €

13 Vgl. BeckOK KostR/Lutz/*Mattes* GNotKG Rn. 3.
14 Vgl. BT-Drs. 17/11471, 229.

1 Der Gebührensatzrahmen beträgt 0,3 bis 0,5, wenn für die Beurkundung der Sache eine 0,5-Gebühr anfallen würde. Dies betrifft va Fälle, die bei Beurkundung unter KV Nr. 21201 fallen würden, zB (die in der Praxis sehr häufigen) Entwürfe von Grundbuchbewilligungen (soweit keine Vollzugshandlung zu einem anderen Geschäft) und Registeranmeldungen. Bei vollständiger Entwurfsfertigung ist nach § 92 Abs. 2 die Höchstgebühr (0,5) anzusetzen. Die Mindestgebühr beträgt 30 EUR (entsprechend KV Nr. 21201).

Nr.	Gebührentatbestand	Gebühr oder Satz der Gebühr nach § 34 GNotKG – Tabelle B
24103	**Auf der Grundlage eines von demselben Notar gefertigten Serienentwurfs finden Beurkundungsverfahren statt:** **Die Gebühren dieses Abschnitts ermäßigen sich jeweils um**	**die Gebühr für das Beurkundungsverfahren**

1 Für einen Serienentwurf fallen grundsätzlich Gebühren nach den KV Nr. 24100–24102 an, wobei sich der Geschäftswert gem. § 119 Abs. 2 nach der Hälfte des Werts aller zum Zeitpunkt der Entwurfsfertigung beabsichtigten Einzelgeschäfte richtet. Führt „derselbe“ Notar, worunter auch der Amtsnachfolger oder Sozius des Entwurfsnotars zu verstehen ist, später Beurkundungen auf der Basis des Serienentwurfs durch, werden die Beurkundungsgebühren auf die Entwurfsgebühr anrechnet. Anzurechnen sind nur die reinen Beurkundungsgebühren nach den KV Nr. 21100 ff., nicht etwaige Vollzugs- oder Betreuungsgebühren.[1]

Abschnitt 2. Beratung

Nr.	Gebührentatbestand	Gebühr oder Satz der Gebühr nach § 34 GNotKG – Tabelle B
24200	**Beratungsgebühr** **(1) Die Gebühr entsteht für eine Beratung, soweit der Beratungsgegenstand nicht Gegenstand eines anderen gebührenpflichtigen Verfahrens oder Geschäfts ist.** **(2) Soweit derselbe Gegenstand demnächst Gegenstand eines anderen gebührenpflichtigen Verfahrens oder Geschäfts ist, ist die Beratungsgebühr auf die Gebühr für das andere Verfahren oder Geschäft anzurechnen.**	**0,3 bis 1,0**

1 Vgl. Korintenberg/*Diehn* GNotKG Rn. 6.

I. Allgemeines zur Beratungsgebühr

1. Begriff der Beratung. Der Notar kann für Beratungen Gebühren nach den KV Nr. 24200 ff. erheben. Eine Beratung liegt nur vor, wenn der Notar sich in einer bestimmten Angelegenheit der vorsorgenden Rechtspflege[1] mit einem individuellen Sachverhalt konkret auseinandersetzt.[2] Allgemeine Rechtsauskünfte ohne Bezug zu einem konkreten Einzelfall sind keine gebührenauslösende Beratung; zu solchen allgemeinen Auskünften ist der Notar als Organ der Rechtspflege unentgeltlich verpflichtet.[3] Das Entstehen einer Beratungsgebühr setzt eine Beratung durch den Notar selbst voraus, sei es persönlich oder schriftlich. Eine bloße Beratung durch Mitarbeiter ist nicht ausreichend.[4] 1

2. Beratungsauftrag. Voraussetzung für den Anfall einer Beratungsgebühr ist ein entsprechender Auftrag des Beteiligten, der nach den Umständen des Einzelfalls auch stillschweigend erteilt sein kann.[5] Könnte der Gegenstand der Beratung auch Beurkundungsgegenstand sein, ist zu prüfen, ob ein Beurkundungsauftrag oder (ggf. zunächst) ein bloßer Beratungsauftrag erteilt ist, was uU durch Auslegung zu ermitteln ist. 2

3. Subsidiarität der Beratungsgebühr. Die Gebühren nach KV Nr. 24201 sind nach Abs. 1 subsidiär zu anderen gebührenpflichtigen Verfahren oder Geschäften. Soweit die Beratung zB innerhalb eines Beurkundungsverfahrens erfolgt, sind die anfallenden Beratungsleistungen mit den anfallenden Beurkundungsgebühren abgegolten. Kommt es zu einer vorzeitigen Beendigung eines Beurkundungsverfahrens vor Entwurfsversand bzw. -aushändigung und hat der Notar bereits persönlich oder schriftlich beraten, ermäßigt sich die Verfahrensgebühr allerdings auf eine Beratungsgebühr nach KV Nr. 24200 ff. Berät der Notar hingegen in Zusammenhang mit einer bloßen Beglaubigung, fällt die Beratungsgebühr zusätzlich neben der Gebühr nach KV Nr. 25100 ff. an, da sich der Notar im Rahmen einer Unterschriftsbeglaubigung gerade nicht mit dem Inhalt der Erklärung befassen muss (abgesehen von der Prüfung von Ablehnungsgründen nach § 40 Abs. 2 BeurkG sowie ggf. der Prüfung der Eintragungsfähigkeit nach § 15 Abs. 3 S. 1 GBO, § 378 Abs. 3 S. 2 FamFG) und der Beratungsgegenstand daher nicht zugleich „Gegenstand" der Beglaubigung ist.[6] 3

II. Gebühr nach KV Nr. 24200

Die Gebühr nach KV Nr. 24200 fällt im Umkehrschluss aus KV Nr. 24201 und KV Nr. 24202 nur für eine Beratung hinsichtlich eines Gegenstands an, der entweder kein Beurkundungsgegenstand sein könnte oder für den als Beurkundungsgegenstand eine 2,0-Gebühr anfallen würde. 4

1 Vgl. OLG Naumburg BeckRS 2016, 8204 Rn. 10.
2 Vgl. Korintenberg/*Fackelmann* GNotKG KV 24200–24202 Rn. 9.
3 Vgl. LG Bonn NJOZ 2015, 108 (109).
4 Vgl. LG Bonn NJOZ 2015, 108 (109); ebenso OLG Frankfurt/M. BeckRS 2013, 5165 (noch zu § 147 Abs. 2 KostO).
5 Vgl. OLG Dresden BeckRS 2016, 119601 Rn. 3; BeckOK KostR/*Berger* GNotKG Rn. 28 f.
6 Vgl. Korintenberg/*Fackelmann* GNotKG KV 24200–24202 Rn. 33.

5 Klassischer Anwendungsfall für eine Beratung, die nicht auch Gegenstand einer Beurkundung sein kann, ist, dass der Notar auftragsgemäß steuerlichen Rat erteilt, der über die gesetzlichen Hinweispflichten hinausgeht.[7] Ferner ist der Gebührentatbestand erfüllt, wenn die Beratung einen Vertrag, ein gemeinschaftliches Testament oder einen Beschluss einer Vereinigung bzw. Stiftung zum Gegenstand hat.

III. Geschäftswert

6 Der Geschäftswert für eine Beratung richtet sich mangels Spezialregelung nach der Auffangbestimmung des § 36 (Wertbestimmung nach billigem Ermessen).[8] Könnte der Gegenstand der Beratung auch Beurkundungsgegenstand sein, wird die Ermessensausübung grundsätzlich dazu führen, dass der Wert in gleicher Weise wie im Beurkundungsverfahren zu bestimmen ist, also entsprechend den §§ 97 ff.[9] Die Rahmengebühr hat der Notar im Einzelfall nach § 92 Abs. 1 nach billigem Ermessen auszufüllen. Maßgebliches Kriterium für die Ermessensausübung ist hiernach der Umfang der erbrachten Leistung, der sich nach Zeitaufwand und Schwierigkeit richtet.[10] Fehlen Anhalts- und Vergleichsmaßstäbe bzw. handelt es sich nach dem Leistungsumfang um eine „durchschnittliche" Angelegenheit, ist regelmäßig ein mittlerer Gebührensatz ansetzen.[11] Im Übrigen ist auf die Kommentierung zu § 92 zu verweisen.

IV. Anrechnung auf andere Gebühren (Abs. 2)

7 Abs. 2 ordnet die Anrechnung der Beratungsgebühr auf eine Gebühr für ein anderes Verfahren oder Geschäft an, wen dieses „demnächst" erfolgt und denselben Gegenstand betrifft. Dies betrifft den Fall, dass der Notar zunächst nur aufgrund eines „isolierten" Beratungsauftrags tätig wird und später in Zusammenhang damit mit einer Beurkundung, Entwurfsfertigung oder anderen gebührenauslösenden Tätigkeit betraut wird. Die Anrechnung kann nur erfolgen, wenn die Beratung und das spätere Verfahren bzw. Geschäft denselben Gegenstand betreffen. Voraussetzung hierfür ist die persönliche und sachliche Identität der Gegenstände.[12] Aufgrund des Gesetzeszwecks, dem Beteiligten mehrfache Gebühren für die Befassung des Notars mit derselben Thematik zu ersparen, ist die sachliche Identität der Gegenstände weiter als bei den §§ 109 ff. zu fassen. Dies gilt besonders vor dem Hintergrund, dass sich ein späterer Beurkundungsgegenstand oftmals erst im Rahmen einer (planenden bzw. gestaltenden) Beratung herausbildet.[13] Ohne dass die Vorschrift dies ausdrücklich erwähnt, ist weitere Voraussetzung für die Anrechnung, dass „derselbe" Notar, also nach Vorb. 2 Abs. 1 insbesondere auch der Sozius oder Amtsnachfolger des beratenden Notars, das spätere Geschäft oder Verfahren durchführt.[14] Schließlich kann die Anrechnung nur erfolgen, wenn das andere Verfahren oder Geschäft „demnächst" vorgenommen wird, also in angemessenem zeitlichem Abstand.[15] Entsprechend dem Gedanken der Vorb. 2.1.3 Abs. 1 S. 2 ist ein Zeitfenster von sechs Monaten regelmäßig ausreichend, um dies zu bejahen;

---

7 Vgl. BT-Drs. 17/11471, 230; aA BeckOK KostR/*Berger* GNotKG Rn. 43.
8 Vgl. BT-Drs. 17/11471, 230.
9 Vgl. BT-Drs. 17/11471, 230; BeckOK KostR/*Berger* GNotKG Rn. 38.
10 Vgl. BeckOK KostR/*Berger* GNotKG Rn. 46.
11 Vgl. Korintenberg/*Diehn* GNotKG § 92 Rn. 38.
12 Vgl. Korintenberg/*Fackelmann* GNotKG KV 24200–24202 Rn. 73.
13 Vgl. Korintenberg/*Fackelmann* GNotKG KV 24200–24202 Rn. 73.
14 Vgl. Bormann/Diehn/Sommerfeldt/*Diehn* GNotKG Rn. 27.
15 Vgl. BT-Drs. 17/11471, 230.

darüber hinaus ist eine wertende Einzelfallbetrachtung vorzunehmen.[16] Die Anrechenbarkeit nach Abs. 2 gilt angesichts des Gesetzeszwecks auch für KV Nr. 24201 und KV 24202.

Nr.	Gebührentatbestand	Gebühr oder Satz der Gebühr nach § 34 GNotKG – Tabelle B
24201	**Der Beratungsgegenstand könnte auch Beurkundungsgegenstand sein und die Beurkundungsgebühr würde 1,0 betragen:** **Die Gebühr 24200 beträgt**	**0,3 bis 0,5**

1 Berät der Notar zu Gegenständen, deren Beurkundung eine 1,0-Gebühr auslösen würde, fällt ein Gebührensatz aus dem Rahmen 0,3 bis 0,5 an. Dies betrifft insbesondere die Beratung zu einseitigen Erklärungen, die als Beurkundungsgegenstand unter KV Nr. 21200 fallen würden, etwa zur Erstellung oder Auslegung eines Einzeltestaments, zu einer Vollmacht, einer Zustimmungserklärung, einer Patientenverfügung, zu einer Adoption, zu der Erstellung eines Sachgründungsberichts oder der Errichtung einer Stiftung.

Nr.	Gebührentatbestand	Gebühr oder Satz der Gebühr nach § 34 GNotKG – Tabelle B
24202	**Der Beratungsgegenstand könnte auch Beurkundungsgegenstand sein und die Beurkundungsgebühr würde weniger als 1,0 betragen:** **Die Gebühr 24200 beträgt**	**0,3**

1 Bezieht sich die Beratung auf einen Gegenstand, dessen Beurkundung eine Gebühr von weniger als 1,0 auslösen würde, führt dies zu einem festen Gebührensatz von 0,3. Häufige Anwendungsfälle sind, dass der Notar zu Registeranmeldungen oder Grundbuchbewilligungen berät (etwa in Zusammenhang mit Unterschriftsbeglaubigungen), deren Beurkundung nach KV Nr. 21201 eine 0,5-Gebühr nach sich ziehen würde.

16 Vgl. BeckOK KostR/*Berger* GNotKG Rn. 50.

Nr.	Gebührentatbestand	Gebühr oder Satz der Gebühr nach § 34 GNotKG – Tabelle B
24203	**Beratung bei der Vorbereitung oder Durchführung einer Hauptversammlung oder Gesellschafterversammlung** **Die Gebühr entsteht, soweit der Notar die Gesellschaft über die im Rahmen eines Beurkundungsverfahrens bestehenden Amtspflichten hinaus berät.**	**0,5 bis 2,0**

1 Im Rahmen von Hauptversammlungen oder Gesellschafterversammlungen ist der Notar oftmals nicht nur mit der Aufnahme einer Niederschrift betraut, sondern wird bei der Versammlungsvorbereitung und -durchführung auch beratend tätig. Diese weiteren Leistungen, soweit sie über die im Beurkundungsverfahren ohnehin zu beachtenden Amtspflichten hinausgehen, sollen zusätzlich vergütet werden. Die Vorschrift ist – wie sich aus S. 2 ergibt – nur anwendbar, wenn der Notar mit der Beurkundung der Versammlung beauftragt ist. Berät der Notar ohne Bezug zu einem Beurkundungsverfahren zu entsprechenden Gegenständen, ist der allgemeine Tatbestand der KV Nr. 24200 anwendbar.

2 Beispielsweise lösen folgende Tätigkeiten des Notars die zusätzliche Gebühr nach KV Nr. 24203 aus:[1]

- Beratung bei der Erstellung der Ladung
- Abstimmung mit dem Registergericht
- Entwerfen eines Leitfadens für den Versammlungsleiter
- Beratung des Versammlungsleiters zu Rechtsfragen während der Versammlung
- Erstellung eines Teilnehmerverzeichnisses.

3 Über den Wortlaut hinaus ist der Gebührentatbestand nach Sinn und Zweck auch erfüllt, wenn der Notar andere Personenvereinigungen in Zusammenhang mit der Beurkundung von Versammlungen berät.[2]

4 Den Gebührensatzrahmen hat der Notar gem. § 92 Abs. 1 nach billigem Ermessen nach dem Umfang der erbrachten Leistungen im Einzelfall auszufüllen. Zu den Einzelheiten ist auf die Kommentierung zu § 92 zu verweisen. Der Geschäftswert bemisst sich gem. § 120 nach der Summe der Geschäftswerte für die Beurkundung der in der Versammlung zu fassenden Beschlüsse, beträgt jedoch maximal 5 Mio. EUR.

1 Vgl. auch die Beispiele in der Gesetzesbegründung, BT-Drs. 17/11471, 230.
2 Vgl. Korintenberg /*Fackelmann* GNotKG Rn. 16.

Hauptabschnitt 5. Sonstige Geschäfte

Abschnitt 1. Beglaubigungen und sonstige Zeugnisse (§§ 39, 39a des Beurkundungsgesetzes)

Nr.	Gebührentatbestand	Gebühr oder Satz der Gebühr nach § 34 GNotKG – Tabelle B
25100	Beglaubigung einer Unterschrift oder eines Handzeichens (1) Die Gebühr entsteht nicht in den in Vorbemerkung 2.4.1 Abs. 2 genannten Fällen. (2) Mit der Gebühr ist die Beglaubigung mehrerer Unterschriften oder Handzeichen abgegolten, wenn diese in einem einzigen Vermerk erfolgt.	0,2 – mindestens 20,00 €, höchstens 70,00 €

I. Allgemeines

Beglaubigt der Notar eine Unterschrift oder ein Handzeichen, beschränkt sich seine Prüfungspflicht grundsätzlich auf die Feststellung der Identität des Unterzeichnenden sowie gem. § 40 Abs. 2 BeurkG auf etwaige Ablehnungsgründe. Lediglich in den Fällen des § 15 Abs. 3 S. 1 GBO und § 378 Abs. 3 S. 2 hat er ggf. Grundbucherklärungen und Registeranmeldungen zusätzlich für das Grundbuchamt bzw. das Registergericht auf Eintragungsfähigkeit zu prüfen. 1

Für die Vornahme der Beglaubigung samt Erstellung des Beglaubigungsvermerks (§ 40 Abs. 3 BeurkG) erhält der Notar eine 0,2-Gebühr. Der Geschäftswert bestimmt sich gem. § 121 nach den für die Beurkundung der Erklärung geltenden Vorschriften. Die Mindestgebühr beträgt 20 EUR, die Höchstgebühr 70 EUR. Auch wenn der unterzeichnete Text mehrere Erklärungen enthält, die verschiedene Gegenstände betreffen, verbleibt es bei *einer* Beglaubigungsgebühr.[1] 2

II. Gesondert anzusetzende Gebühren

Zusätzlich sind ggf. Vollzugsgebühren, etwa nach KV Nr. 22124 Nr. 1 für das Weiterleiten von Unterlagen oder nach KV Nr. 24125 (Erzeugung strukturierter Daten), Gebühren für Vertretungsbescheinigungen und Abschriftsbeglaubigungen, Zusatzgebühren (etwa für fremdsprachige Beglaubigungsvermerke oder Auswärtstätigkeiten) und Auslagen zu erheben. 3

Berät der Notar auftragsgemäß anlässlich der Vornahme einer Beglaubigung, fällt eine zusätzliche Beratungsgebühr nach KV Nr. 24200 ff. an; Beratungstätigkeiten sind mit der Beglaubigungsgebühr nicht abgegolten. Wenn der Notar einen zur Beglaubigung vorgelegten Fremdentwurf im Auftrag der Beteiligten prüft oder ergänzt, fällt eine gesonderte Entwurfsgebühr nach KV 24100 ff. an. 4

1 Vgl. BGH MittBayNot 2020, 519.

Lediglich eine dem Notar bereits kraft Gesetzes obliegende Prüfung auf Eintragungsfähigkeit in den Fällen des § 15 Abs. 3 S. 1 GBO, § 378 Abs. 3 S. 2 FamFG löst keine zusätzliche Gebühr aus (vgl. Anmerkung zu KV Nr. 22124).

5 Abs. 1 der Anmerkung stellt klar, dass in den Fällen der Vorb. 2.4.1 Abs. 2 keine Beglaubigungsgebühr anfällt, also wenn der Notar nach Erstellung eines eigenen Entwurfs demnächst darunter eine Unterschriftsbeglaubigung vornimmt.

III. Beglaubigung mehrerer Unterschriften bzw. Handzeichen

6 Die Gebühr entsteht pro Beglaubigungsvermerk. Fasst der Notar die Beglaubigung mehrerer Unterschriften oder Handzeichen in einem Beglaubigungsvermerk zusammen, fällt die Gebühr nach Abs. 2 der Anmerkung nur einmal an. Dies gilt unabhängig davon, zu welchen Zeitpunkten die Unterschriften vor dem Notar anerkannt oder vollzogen wurden, also auch wenn dazwischen längere Zeiträume liegen.[2]

Nr.	Gebührentatbestand	Gebühr oder Satz der Gebühr nach § 34 GNotKG – Tabelle B
25101	**Die Erklärung, unter der die Beglaubigung von Unterschriften oder Handzeichen erfolgt, betrifft** **1. eine Erklärung, für die nach den Staatsschuldbuchgesetzen eine öffentliche Beglaubigung vorgeschrieben ist,** **2. eine Zustimmung gemäß § 27 der Grundbuchordnung sowie einen damit verbundenen Löschungsantrag gemäß § 13 der Grundbuchordnung,** **3. den Nachweis der Verwaltereigenschaft gemäß § 26 Abs. 3 WEG:** **Die Gebühr 25100 beträgt**	**20,00 €**

1 Die Vorschrift setzt abweichend von KV Nr. 25100 eine wertunabhängige Festgebühr von 20 EUR für die Beglaubigung von Unterschriften und Handzeichen fest, die lediglich bestimmte (in der Praxis jedoch sehr häufige) Spezialfälle betreffen. Diese sind Beglaubigungen von

- Erklärungen nach den Schuldbuchgesetzen der Länder
- Eigentümerzustimmungen für die Löschung von Grundpfandrechten nach § 27 GBO samt entsprechenden Anträgen (§ 13 GBO)
- sog. „Verwalterprotokollen", also Beschlussprotokollen über die Verwalterbestellung als Nachweis der Verwaltereigenschaft nach § 26 Abs. 3 WEG.

2 Auch die Festgebühr fällt pro Beglaubigungsvermerk an. Daneben sind ggf. für weitere Tätigkeiten gesonderte Gebühren anzusetzen (→ KV Nr. 25100 Rn. 3 ff.).

2 Vgl. BeckOK KostR/*Berger* GNotKG Rn. 6.

Nr.	Gebührentatbestand	Gebühr oder Satz der Gebühr nach § 34 GNotKG – Tabelle B
25102	Beglaubigung von Dokumenten (1) Neben der Gebühr wird keine Dokumentenpauschale erhoben. (2) Die Gebühr wird nicht erhoben für die Erteilung 1. beglaubigter Kopien oder Ausdrucke der vom Notar aufgenommenen oder entworfenen oder in Urschrift in seiner dauernden Verwahrung befindlichen Urkunden und 2. beglaubigter Kopien vorgelegter Vollmachten und Ausweise über die Berechtigung eines gesetzlichen Vertreters, die der vom Notar gefertigten Niederschrift beizulegen sind (§ 12 des Beurkundungsgesetzes). (3) Einer Kopie im Sinne des Absatzes 2 steht ein in ein elektronisches Dokument übertragenes Schriftstück gleich.	1,00 € für jede angefangene Seite – mindestens 10,00 €

Die Vorschrift betrifft die sog. „Abschriftsbeglaubigung" iSv § 42 BeurkG. Der klassischen papiergebundenen Beglaubigung ist gem. § 39a BeurkG die elektronische Beglaubigung gleichgestellt, so dass diese auch gebührenrechtlich gleich zu behandeln ist.[1] Die Gebühr bemisst sich nach der Anzahl der Seiten, deren Übereinstimmung mit dem vorgelegten Dokument beglaubigt werden soll. Pro angefangener Seite fällt eine Gebühr von 1 EUR an, wobei eine Mindestgebühr von 10 EUR (je Beglaubigungsvermerk)[2] gilt. Eine Dokumentenpauschale nach KV Nr. 32000 ff. kann gem. Abs. 1 der Anmerkung nicht zusätzlich erhoben werden. 1

Eine Gebühr für die Abschriftsbeglaubigung fällt gem. Abs. 2 der Anmerkung nicht an für Urkunden, die von demselben Notar (also insbesondere auch vom Sozius oder Amtsnachfolger) errichtet, entworfen oder verwahrt sind. Gleiches gilt für das Erstellen beglaubigter Abschriften von Vollmachten und Vertretungsnachweisen gesetzlicher Vertreter (etwa Betreuerausweisen), die gem. § 12 BeurkG der Niederschrift beizufügen sind. Abs. 3 der Anmerkung stellt klar, dass die Gebührenfreiheit hinsichtlich der in Abs. 2 genannten Beglaubigungen auch besteht, wenn das betreffende Dokument (ggf. nach vorherigem Scannen) elektronisch beglaubigt wird. In den Fällen des Abs. 2 ist allerdings eine Dokumentenpauschale nach KV Nr. 32000 ff. zu erheben.[3] 2

1 Vgl. Korintenberg/*Sikora* GNotKG Rn. 3.
2 Vgl. BeckOK KostR/*Berger* GNotKG Rn. 9.
3 Vgl. Korintenberg/*Sikora* GNotKG Rn. 2.

Nr.	Gebührentatbestand	Gebühr oder Satz der Gebühr nach § 34 GNotKG – Tabelle B
25103	**Sicherstellung der Zeit, zu der eine Privaturkunde ausgestellt ist, einschließlich der über die Vorlegung ausgestellten Bescheinigung**	20,00 €

1 Der Notar kann die Zeit, zu der eine Privaturkunde ausgestellt ist, dadurch sicherstellen, dass er gem. § 39 BeurkG eine Vermerkurkunde ausstellt, die Ort und Tag der Ausstellung angibt. Eine inhaltliche Prüfung ist damit nicht verbunden, abgesehen von etwaigen Ablehnungsgründen (§ 4 BeurkG, § 14 BNotO). Hierfür fällt eine wertunabhängige Festgebühr von 20 EUR an, mit der die Tätigkeit samt der Ausstellung des Vermerks abgegolten ist.

Nr.	Gebührentatbestand	Gebühr oder Satz der Gebühr nach § 34 GNotKG – Tabelle B
25104	**Erteilung von Bescheinigungen über Tatsachen oder Verhältnisse, die urkundlich nachgewiesen oder offenkundig sind, einschließlich der Identitätsfeststellung, wenn sie über die §§ 10 und 40 Abs. 4 des Beurkundungsgesetzes hinaus selbständige Bedeutung hat** **Die Gebühr entsteht nicht, wenn die Erteilung der Bescheinigung eine Betreuungstätigkeit nach Nummer 22200 darstellt.**	1,0

1 Erstellt der Notar eine Tatsachenbescheinigung in Form einer Vermerkurkunde gem. § 39 BeurkG, erhält er hierfür eine 1,0-Gebühr. Errichtet der Notar hingegen als Beweisurkunde eine Niederschrift gem. §§ 36 ff. BeurkG, gelten für deren Bewertung die allgemeinen Vorschriften. Die Vorschrift stellt systematisch einen Auffangtatbestand dar, deren Anwendungsbereich nur eröffnet ist, wenn eine Bescheinigung nicht unter die spezielleren KV Nr. 25200 ff. oder 23400 ff. fällt.

2 In den Anwendungsbereich der Vorschrift fallen zB folgende praxisrelevanten Bescheinigungen:

- Bestätigung des Messungsergebnisses nach Vermessung einer Teilfläche in Zusammenhang mit einem Kaufvertrag oder eine Grundpfandrechtsbestellung[1]
- Identitätsbescheinigungen (soweit über §§ 10, 40 Abs. 4 BeurkG hinausgehend), insbesondere Legitimationsprüfungen für Banken nach GwG[2]
- Lebensbescheinigungen.

1 Vgl. Korintenberg/*Sikora* GNotKG Rn. 7.
2 Vgl. BeckOK KostR/*Berger* GNotKG Rn. 10.

Soweit eine Betreuungsgebühr nach KV Nr. 22200 anfällt – etwa für Fälligkeitsmitteilungen oder Wirksamkeitsbescheinigungen bzgl. Gesellschafterlisten – ist gemäß der Anmerkung kein Raum für die Anwendung von KV Nr. 25104. 3

Der Geschäftswert bemisst sich mangels Spezialregelung nach § 36. In der Regel ist Ausgangspunkt der Geschäftswertbestimmung der Wert des bescheinigten Gegenstands, wobei ggf. ein Teilwert zu bilden ist.[3] 4

Abschnitt 2. Andere Bescheinigungen und sonstige Geschäfte

Nr.	Gebührentatbestand	Gebühr oder Satz der Gebühr nach § 34 GNotKG – Tabelle B
25200	**Erteilung einer Bescheinigung nach § 21 Abs. 1 BNotO**	**15,00 € für jedes Registerblatt, dessen Einsicht zur Erteilung erforderlich ist**

Die Vorschrift betrifft sog. „Vertretungsbescheinigungen" (§ 21 Abs. 1 Nr. 1 BNotO) oder Bescheinigungen über andere rechtserhebliche Umstände (§ 21 Abs. 1 Nr. 2 BNotO, zB über eine Firmenänderung), die der Notar aufgrund Einsicht in das Handelsregister oder in ein ähnliches Register (zB Genossenschaftsregister, Vereinsregister) vornimmt. Der Notar erhält für das Erteilen der Bescheinigung eine Festgebühr von 15 EUR für jedes Registerblatt, das hierfür einzusehen war. Wird eine entsprechende Bescheinigung in Zusammenhang mit einem anderen Geschäft, zB als Vertretungsnachweis zu einem Kaufvertrag erstellt, fällt die Gebühr gesondert an.[1] 1

Nr.	Gebührentatbestand	Gebühr oder Satz der Gebühr nach § 34 GNotKG – Tabelle B
25201	**Rangbescheinigung (§ 122 GNotKG)**	**0,3**

Bei einer Rangbescheinigung handelt es sich laut der Legaldefinition in § 122 um eine Mitteilung über die dem Grundbuchamt bei Einreichung eines Antrags vorliegenden weiteren Anträge einschließlich des sich daraus ergebenden Rangs für das beantragte Recht. Für das Erteilen der Rangbescheinigung (zB in Zusammenhang mit einer Grundschuldbestellung) samt der hierfür notwendigen Prüfungstätigkeiten des Notars ist Geschäftswert gem. § 122 der Wert des beantragten Rechts. 1

3 Vgl. Korintenberg/*Sikora* GNotKG Rn. 17; Bormann/Diehn/Sommerfeldt/*Pfeiffer* GNotKG Rn. 5.

1 Vgl. Bormann/Diehn/Sommerfeldt/*Pfeiffer* GNotKG Rn. 5.

Nr.	Gebührentatbestand	Gebühr oder Satz der Gebühr nach § 34 GNotKG – Tabelle B
25202	**Herstellung eines Teilhypotheken-, -grundschuld- oder -rentenschuldbriefs**	**0,3**

1 Gem. § 20 Abs. 2 BNotO sind Notare auch zuständig, Teilhypotheken- und Teilgrundschuldbriefe auszustellen (§ 1152 BGB, §§ 61 Abs. 1, 70 GBO). Für das gesamte Verfahren der Herstellung des Teilbriefs erhält der Notar eine 0,3-Gebühr aus dem betreffenden (Teil-)Nennbetrag des Grundpfandrechts.[1]

Nr.	Gebührentatbestand	Gebühr oder Satz der Gebühr nach § 34 GNotKG – Tabelle B
25203	**Erteilung einer Bescheinigung über das im Inland oder im Ausland geltende Recht einschließlich von Tatsachen**	**0,3 bis 1,0**

1 Unter diese Vorschrift fallen gutachterliche Stellungnahmen zu Rechtsfragen, teils auch als „legal opinion" bezeichnet.[1] Anwendungsfälle sind beispielsweise Bescheinigungen zu deutschen Rechtsverhältnissen für ausländische Stellen[2] oder zu Vertretungsregeln bei ausländischen Gesellschaften.[3] Hierfür fällt eine Gebühr aus einem Rahmen von 0,3 bis 1,0 an, den der Notar gem. § 92 Abs. 1 je nach Umfang der erbrachten Leistung auszufüllen hat.

Nr.	Gebührentatbestand	Gebühr oder Satz der Gebühr nach § 34 GNotKG – Tabelle B
25204	**Abgabe einer Erklärung aufgrund einer Vollmacht anstelle einer in öffentlich beglaubigter Form durch die Beteiligten abzugebenden Erklärung** **Die Gebühr entsteht nicht, wenn für die Tätigkeit eine Betreuungsgebühr anfällt.**	**in Höhe der für die Fertigung des Entwurfs der Erklärung zu erhebenden Gebühr**

1 Vgl. Bormann/Diehn/Sommerfeldt/*Pfeiffer* GNotKG Rn. 4.
1 Vgl. BeckOK KostR/*Berger* GNotKG Rn. 1.
2 Vgl. BT-Drs. 17/11471, 231.
3 Vgl. BeckOK KostR/*Berger* GNotKG Rn. 3.

Die Vorschrift betrifft sog. „Eigenurkunden" des Notars, in denen dieser in Vertretung der Beteiligten Erklärungen abgibt. Voraussetzung ist, dass der Notar aufgrund Vollmacht tätig wird, gleich ob diese rechtsgeschäftlich oder gesetzlich (§ 378 Abs. 2 FamFG, § 15 Abs. 2 GBO) erteilt ist. In den Anwendungsbereich fallen nur Erklärungen, für die öffentliche Beglaubigung vorgeschrieben ist, insbesondere Grundbuchbewilligungen (§ 29 GBO) und Registeranmeldungen (§ 12 HGB). 1

Fällt innerhalb eines anderen Verfahrens für die Abgabe einer Erklärung bereits eine Betreuungsgebühr an, entsteht die Gebühr nach KV Nr. 25204 nicht. Dies betrifft va den Fall, dass der Notar bei Immobilienkaufverträgen die sog. „Bewilligungslösung" umsetzt, bei der der Notar die Eintragungsbewilligung aufgrund Vollmacht der Beteiligten nach Vorliegen bestimmter Voraussetzungen in Eigenurkunde abgibt. Im Rahmen dieser Gestaltung fällt im Beurkundungsverfahren bereits eine Betreuungsgebühr gem. KV Nr. 22200 Nr. 3 an. 2

Verbleibende Anwendungsfälle sind zB: 3

- nachträgliche grundbuchtaugliche Bezeichnung eines Grundstücks in Eigenurkunde bei Teilflächenveräußerung oder -belastung[1]
- Registeranmeldungen, die der Notar in Eigenurkunde erstellt, insbesondere in Vollzug von ihm selbst beurkundeter Gesellschafterbeschlüsse
- Bescheinigungen zu WEG-Aufteilungen, die die Identität der beurkundeten Aufteilungspläne mit den mit der Abgeschlossenheitsbescheinigung versehenen Plänen bestätigt.[2]

Die Gebührenhöhe richtet sich nach der entsprechenden Entwurfsgebühr, also nach den KV Nr. 24100 ff. Da die notarielle Eigenurkunde naturgemäß stets vollständig erstellt ist, kommt nach § 92 Abs. 2 immer der Höchstsatz aus dem Gebührenrahmen zum Ansatz.[3] 4

Nr.	Gebührentatbestand	Gebühr oder Satz der Gebühr nach § 34 GNotKG – Tabelle B
25205	**Tätigkeit als zu einer Beurkundung zugezogener zweiter Notar** **(1) Daneben wird die Gebühr 26002 oder 26003 nicht erhoben.** **(2) Der zuziehende Notar teilt dem zugezogenen Notar die Höhe der von ihm zu erhebenden Gebühr für das Beurkundungsverfahren mit.**	**in Höhe von 50 % der dem beurkundenden Notar zustehenden Gebühr für das Beurkundungsverfahren**

1 Vgl. BT-Drs. 17/11471, 232.
2 Vgl. BeckOK KostR/*Berger* GNotKG Rn. 6.
3 Vgl. Korintenberg/*Fackelmann* GNotKG Rn. 15.

1 Das Beurkundungsgesetz sieht in bestimmten Fällen die Zuziehung eines zweiten Notars zu Beurkundungen vor, nämlich bei der Beteiligung behinderter Personen (§§ 22, 25 BeurkG) und (auf Verlangen der Beteiligten) bei Verfügungen von Todes wegen (§ 29 BeurkG). Der zugezogene zweite Notar erhält für seine Tätigkeit eine Gebühr in Höhe von 50 % der dem beurkundenden Notar zustehenden Gebühr für das Beurkundungsverfahren. Zusatzgebühren für eine Auswärtstätigkeit nach KV Nr. 26003 oder KV Nr. 26003 kann der zweite Notar gem. Anm. 1 nicht ansetzen. Anm. 2 verpflichtet den Beurkundungsnotar, dem zugezogenen Notar die Gebührenhöhe mitzuteilen, damit dieser seine eigene Gebühr berechnen kann. Schuldner der Gebühren des zweiten Notars ist der hinzuziehende Notar selbst, der diese nach KV Nr. 32010 seinerseits den Beteiligten in Rechnung stellen kann.[1]

Nr.	Gebührentatbestand	Gebühr oder Satz der Gebühr nach § 34 GNotKG – Tabelle B
25206	**Gründungsprüfung gemäß § 33 Abs. 3 des Aktiengesetzes**	**1,0 – mindestens 1 000,00 €**

1 Bei Errichtung einer Aktiengesellschaft hat in bestimmten Konstellationen nach § 33 Abs. 2 AktG eine zusätzliche Prüfung durch externe Gründungsprüfer zu erfolgen. In den Fällen des § 33 Abs. 2 Nr. 1 und 2 AktG kann diese externe Gründungsprüfung gem. § 33 Abs. 3 AktG auch durch denjenigen Notar erfolgen, der die Satzungsfeststellung beurkundet. Der Prüfungsumfang richtet sich nach § 34 AktG. Übernimmt der Notar die Gründungsprüfung, erhält er eine 1,0-Gebühr. Geschäftswert ist nach § 123 die Summe aller Einlagen, höchstens jedoch 10 Mio. EUR. Die Gebühr beträgt mindestens 1.000 EUR.

Nr.	Gebührentatbestand	Gebühr oder Satz der Gebühr nach § 34 GNotKG – Tabelle B
25207	**Erwirkung der Apostille oder der Legalisation einschließlich der Beglaubigung durch den Präsidenten des Landgerichts**	**25,00 €**

1 Erwirkt der Notar hinsichtlich einer öffentlichen bzw. öffentlich-beglaubigten Urkunde eine Apostille oder Legalisation, erhält er hierfür eine Festgebühr von 25 EUR. Je erwirkter Apostille bzw. Legalisation fällt die Gebühr gesondert an.[1] Daneben sind ggf. Auslagen anzusetzen, insbesondere wenn der Notar die hierfür anfallenden Gerichtsgebühren für die Beteiligten verauslagt. Eine Voll-

1 Vgl. BT-Drs. 17/11471, 232; aA bei eigenem Auftrag der Beteiligten BeckOK KostR/*Berger* GNotKG Rn. 13.

1 Vgl. BeckOK KostR/*Berger* GNotKG Rn. 8.

zugsgebühr nach KV Nr. 22124 für die Weiterleitung der Urkunde an das Gericht bzw. an die Behörde erhält der Notar nicht, da die Übermittlung vom Begriff des „Erwirkens“ umfasst ist.[2]

Nr.	Gebührentatbestand	Gebühr oder Satz der Gebühr nach § 34 GNotKG – Tabelle B
25208	**Erwirkung der Legalisation, wenn weitere Beglaubigungen notwendig sind: Die Gebühr 25207 beträgt**	**50,00 €**

1 Wenn für eine Legalisation über die Zwischenbeglaubigung des Landgerichtspräsidenten hinaus weitere Beglaubigungen erforderlich sind, etwa eine sog. Endbeglaubigung durch das Bundesverwaltungsamt, erhält der Notar für deren Einholung eine Festgebühr von 50 EUR. Im Übrigen wird auf die Kommentierung zu KV Nr. 25207 verwiesen (→ KV 25207 Rn. 1 ff.).

Nr.	Gebührentatbestand	Gebühr oder Satz der Gebühr nach § 34 GNotKG – Tabelle B
25209	**Einsicht in das Grundbuch, in öffentliche Register und Akten einschließlich der Mitteilung des Inhalts an den Beteiligten** **Die Gebühr entsteht nur, wenn die Tätigkeit nicht mit einem gebührenpflichtigen Verfahren oder Geschäft zusammenhängt.**	**15,00 €**

1 Nimmt der Notar im Auftrag der Beteiligten eine „isolierte“ Einsicht in das Grundbuch, in andere öffentliche Register oder Akten vor und teilt anschließend den Beteiligten den Inhalt mit, erhält er hierfür eine Festgebühr von 15 EUR. Neben Grundbucheinsichten sind von dem Tatbestand auch Einsichten in Handels-, Genossenschafts-, Vereins-, Partnerschafts- und Güterrechtsregister sowie in Grundakten, Registerakten und sonstige Gerichtsakten (etwa Nachlass- oder Betreuungsakten) umfasst.[1] Die Gebühr fällt nach dem Wortlaut pro Einsichtnahme gesondert an.[2] Die Anmerkung stellt klar, dass die Gebühr nur entsteht, wenn die Einsicht nicht mit einem anderen gebührenpflichtigen Verfahren oder Geschäft zusammenhängt. Im Rahmen anderer Verfahren hat sich der Notar ohnehin über den betreffenden Grundbuch- bzw. Registerin-

2 Vgl. BGH NJW 2019, 3524; Korintenberg/*Fackelmann* GNotKG Rn. 7 f.; aA LG Düsseldorf BeckRS 2016, 1373.

1 Vgl. BeckOK KostR/*Berger* GNotKG Rn. 3 ff.

2 Vgl. BeckOK KostR/*Berger* GNotKG Rn. 13 ff.; differenzierend (nur eine Gebühr bei mehreren Einsichten in derselben „Angelegenheit“) Korintenberg/*Fackelmann* GNotKG Rn. 14.

halt zu vergewissern (vgl. § 21 BeurkG); die Einsichtnahme ist in diesen Fällen bereits mit den ohnehin anfallenden Gebühren abgegolten. Auslagen sind zusätzlich anzusetzen, also insbesondere Gerichtsgebühren für Grundbuch- bzw. Registerabrufe nach KV Nr. 32011.

Nr.	Gebührentatbestand	Gebühr oder Satz der Gebühr nach § 34 GNotKG – Tabelle B
	Erteilung von Abdrucken aus einem Register oder aus dem Grundbuch auf Antrag oder deren beantragte Ergänzung oder Bestätigung:	
25210	**– Abdruck**	**10,00 €**
25211	**– beglaubigter Abdruck** **Neben den Gebühren 25210 und 25211 wird keine Dokumentenpauschale erhoben.**	**15,00 €**
	Anstelle eines Abdrucks wird in den Fällen der Nummern 25210 und 25211 die elektronische Übermittlung einer Datei beantragt:	
25212	**– unbeglaubigte Datei**	**5,00 €**
25213	**– beglaubigte Datei** **Werden zwei elektronische Dateien gleichen Inhalts in unterschiedlichen Dateiformaten gleichzeitig übermittelt, wird die Gebühr 25212 oder 25213 nur einmal erhoben. Sind beide Gebührentatbestände erfüllt, wird die höhere Gebühr erhoben.**	**10,00 €**

1 Für die bloße Erteilung eines Abdrucks aus einem Register oder dem Grundbuch ohne nähere Erläuterung des Inhalts[1] erhält der Notar grundsätzlich eine Festgebühr von 10 EUR, für einen beglaubigten Ausdruck (den der Notar nur aus dem Grundbuch, nicht aber aus sonstigen Registern erteilen kann)[2] 15 EUR. „Register" im Sinne der Vorschrift sind insbesondere Handels-, Genossenschafts-, Vereins-, Partnerschafts- und Güterrechtsregister. Die Gebühr berechnet sich nach Abdruck (also je Grundbuch- bzw. Registerblatt gesondert). Bei elektronischer Übermittlung fallen je unbeglaubigter Datei 5 EUR, je beglaubigter Datei 10 EUR an. Bei zwei inhaltsgleichen elektronischen Dateien unterschiedliche Dateiformats wird nur eine Gebühr erhoben. Anders als KV Nr. 25209 sind KV Nr. 25210 ff. mangels entsprechender Einschränkung nicht subsidiär; die Gebühr entsteht also auch, wenn der Abdruck anlässlich eines anderen Geschäfts erteilt wird.[3] Eine Dokumentenpauschale kann nicht erhoben werden. Sonstige Auslagen sind jedoch zusätzlich anzusetzen, also insbesondere Gerichtsgebühren für Grundbuch- bzw. Registerabrufe nach KV Nr. 32011.

1 Vgl. BeckOK KostR/*Berger* GNotKG Rn. 6.
2 Vgl. Korintenberg/*Fackelmann* GNotKG Rn. 11.
3 Vgl. Bormann/Diehn/Sommerfeldt/*Pfeiffer* GNotKG Rn. 6.

Nr.	Gebührentatbestand	Gebühr oder Satz der Gebühr nach § 34 GNotKG – Tabelle B
25214	Erteilung einer Bescheinigung nach § 21 Abs. 3 BNotO	15,00 €

Für das Erteilen einer Bescheinigung über eine durch Rechtsgeschäft begründete Vertretungsmacht einschließlich der Prüfung der Vertretungsberechtigung (§ 21 Abs. 3 BNotO) entsteht grundsätzlich eine Festgebühr von 15 EUR. Sind für die Bescheinigung mehrere Vollmachten zu prüfen, entsteht die Gebühr gesondert pro zugrunde liegender Vollmacht (entsprechend dem Rechtsgedanken von KV Nr. 25200).[1] 1

Abschnitt 3. Verwahrung von Geld, Wertpapieren und Kostbarkeiten

Vorbemerkung 2.5.3

(1) Die Gebühren dieses Abschnitts entstehen neben Gebühren für Betreuungstätigkeiten gesondert.

(2) § 35 Abs. 2 GNotKG und Nummer 32013 sind nicht anzuwenden.

KV Nr. 25300 ff. regeln die Gebühren für die Verwahrung von Geld, Wertpapieren und Kostbarkeiten. Die berufsrechtlichen Grundlagen hierfür sind in §§ 57 ff. BeurkG normiert. Die Verwahrung anderer Gegenstände fällt nicht unter diese gebührenrechtlichen Bestimmungen; hierfür ist ggf. ein öffentlich-rechtlicher Vertrag nach § 126 Abs. 1 S. 2 zu schließen.[1] Abs. 1 der Vorbemerkung stellt klar, dass die Verwahrungstätigkeit stets gesondert zu vergüten ist, auch wenn in Zusammenhang damit bereits eine Betreuungsgebühr anfällt, etwa für eine Fälligkeitsmitteilung bzgl. der Einzahlung auf das Anderkonto (KV Nr. 22200 Nr. 2), die Prüfung und Beachtung der Auszahlungsvoraussetzungen bzw. nach KV 22200 Nr. 4 oder die Beachtung von Treuhandauflagen (KV Nr. 22201). Die Geschäftswertobergrenze des § 35 Abs. 2 von 60 Mio. EUR findet bei den Verwahrungsgebühren gem. Abs. 2 der Vorbemerkung keine Anwendung. Im Gegenzug kann eine Versicherungsprämie im Einzelfall für Haftungsbeträge, die diesen Wert übersteigen, nicht nach KV Nr. 32013 an die Beteiligten weitergereicht werden. 1

1 Vgl. Korintenberg/*Sikora* GNotKG Rn. 13a.
1 Vgl. Korintenberg /*Schwarz* GNotKG Rn. 1.

Nr.	Gebührentatbestand	Gebühr oder Satz der Gebühr nach § 34 GNotKG – Tabelle B
25300	**Verwahrung von Geldbeträgen: je Auszahlung**	**1,0**
	Der Notar kann die Gebühr bei der Ablieferung an den Auftraggeber entnehmen.	**– soweit der Betrag 13 Mio. € übersteigt: 0,1 % des Auszahlungsbetrags**

1 Da der Notar aus berufsrechtlichen Gründen (§ 57 BeurkG) Bargeld zur Verwahrung nicht annehmen darf, erfolgt die Verwahrung von Geldbeträgen stets auf Anderkonto. Die Verwahrgebühr entsteht erst, wenn es zu einer Auszahlung von Geldbeträgen kommt. Auszahlung ist jede Weitergabe von Geld, sei es an einen Dritten oder als Rückzahlung an den Einzahlenden selbst.[1] Entnimmt sich der Notar jedoch seine Verwahrgebühr selbst vom Anderkonto, fällt hierfür nicht nochmals eine zusätzliche Verwahrgebühr an.[2]

2 Für jede Auszahlung fällt eine gesonderte Gebühr an, grundsätzlich aus einem Gebührensatz von 1,0 aus dem jeweiligen Auszahlungsbetrag (§ 124 S. 1). Übersteigt der Betrag einer Auszahlung 13 Mio. EUR, ist eine Gebühr von 0,1 % aus dem Mehrbetrag hinzuzurechnen.[3] Die Gebühr entsteht mit Auszahlung und wird gem. § 10 aE sogleich mit ihrem Entstehen auch fällig.

3 Gebührenrechtlich ist laut der Anmerkung die Entnahme der Verwahrgebühr aus dem Anderkonto bei Ablieferung an den *Auftraggeber* zulässig; bei Ablieferung an andere Beteiligte bzw. an Dritte setzt dies eine ausdrückliche Vereinbarung mit dem Auszahlungsempfänger voraus.[4] Daneben sind aus berufsrechtlicher Sicht jedoch im Fall der Entnahme eigener Gebühren stets die weiteren Vorgaben des § 58 Abs. 3 S. 8 BeurkG zu beachten.

4 Neben der Verwahrgebühr können gesondert die Betreuungsgebühr nach KV Nr. 22200 (etwa für die Prüfung und Beachtung der Auszahlungsvoraussetzungen) sowie die Treuhandgebühr nach KV Nr. 22201 (etwa für die Beachtung von Treuhandauflagen einzahlender Dritter) anfallen.

1 Vgl. Bormann/Diehn/Sommerfeldt/*Diehn* GNotKG Rn. 9.
2 Vgl. Bormann/Diehn/Sommerfeldt/*Diehn* GNotKG Rn. 11.
3 Vgl. Bormann/Diehn/Sommerfeldt/*Diehn* GNotKG Rn. 16.
4 Vgl. BeckOK KostR/*Berger* GNotKG Vorbemerkung 2.5.3 Rn. 12.

Nr.	Gebührentatbestand	Gebühr oder Satz der Gebühr nach § 34 GNotKG – Tabelle B
25301	Entgegennahme von Wertpapieren und Kostbarkeiten zur Verwahrung Durch die Gebühr wird die Verwahrung mit abgegolten.	1,0 – soweit der Wert 13 Mio. € übersteigt: 0,1 % des Werts

1 Wertpapiere im Sinne der Vorschrift sind nur solche Urkunden, die selbst ein Recht verbriefen (zB Aktien und Inhaberschuldverschreibungen).[1] Unter Kostbarkeiten sind bewegliche Sachen zu verstehen, die nach der Verkehrsanschauung in Verhältnis zu ihrem Gewicht und ihrem Umfang einen besonders großen materiellen Wert haben, zB Edelmetalle, Schmuck, Edelsteine und Kunstwerke.[2] Die Verwahrung anderer Gegenstände als Wertpapiere und Kostbarkeiten ist zwar nach § 24 Abs. 1 S. 1 BNotO zulässig, allerdings nicht von KV Nr. 25301 umfasst. Hierfür ist ggf. ein öffentlich-rechtlicher Vertrag nach § 126 Abs. 1 S. 2 mit entsprechender Gebührenregelung zu vereinbaren. Die Verwahrung ist – unabhängig von deren Dauer – mit der Gebühr abgegolten; Auslagen (etwa für Schließfach- und Depotgebühren) sind aber nach den allgemeinen Vorschriften ggf. zusätzlich zu ersetzen.[3] Für den Geschäftswert ist gem. § 124 S. 2 der Wert der Wertpapiere oder Kostbarkeiten maßgebend. Betreuungsgebühren nach KV Nr. 22200, 22201 fallen wegen Vorb. 2.5.3 Abs. 1 gesondert an.

1 Vgl. Schippel/Bracker/*Reithmann* BNotO § 23 Rn. 7.
2 Vgl. Bormann/Diehn/Sommerfeldt/*Diehn* GNotKG Rn. 6.
3 Vgl. Bormann/Diehn/Sommerfeldt/*Diehn* GNotKG Rn. 22.

Hauptabschnitt 6. Zusatzgebühren

Nr.	Gebührentatbestand	Gebühr oder Satz der Gebühr nach § 34 GNotKG – Tabelle B
26000	Tätigkeiten, die auf Verlangen der Beteiligten an Sonntagen und allgemeinen Feiertagen, an Sonnabenden vor 8 und nach 13 Uhr sowie an den übrigen Werktagen außerhalb der Zeit von 8 bis 18 Uhr vorgenommen werden	in Höhe von 30 % der für das Verfahren oder das Geschäft zu erhebenden Gebühr – höchstens 30,00 €
	(1) Treffen mehrere der genannten Voraussetzungen zu, so wird die Gebühr nur einmal erhoben. (2) Die Gebühr fällt nur an, wenn bei den einzelnen Geschäften nichts anderes bestimmt ist.	

1 Die sog. „Unzeitgebühr" entsteht nur, wenn die notarielle Tätigkeit auf Verlangen der Beteiligten zu der entsprechenden Zeit vorgenommen wird, also nicht, wenn dies nur auf Veranlassung des Notars erfolgt. Der Tatbestand ist bereits dann erfüllt, wenn Beginn oder Ende der notariellen Tätigkeit in den betreffenden Zeitraum fallen.[1] Vom Anwendungsbereich sind nicht nur Beurkundungen umfasst, sondern alle gebührenpflichtigen Tätigkeiten.[2] Die Gebühr fällt pro Verfahren bzw. Geschäft gesondert an. Eine Gebührenhäufung bei Tätigkeiten, die den Unzeittatbestand mehrfach erfüllen, ist durch Abs. 1 der Anmerkung ausgeschlossen. Abs. 2 der Anmerkung läuft mangels einschlägiger Bestimmungen ins Leere.

1 Vgl. BeckOK KostR/*Lutz/Mattes* GNotKG Rn. 6.
2 Vgl. BT-Drs. 17/11471, 233.

Nr.	Gebührentatbestand	Gebühr oder Satz der Gebühr nach § 34 GNotKG – Tabelle B
26001	**Abgabe der zu beurkundenden Erklärung eines Beteiligten in einer fremden Sprache ohne Hinzuziehung eines Dolmetschers sowie Beurkundung, Beglaubigung oder Bescheinigung in einer fremden Sprache oder Übersetzung einer Erklärung in eine andere Sprache**	in Höhe von 30 % der für das Beurkundungsverfahren, für eine Beglaubigung oder Bescheinigung zu erhebenden Gebühr – höchstens 5 000,00 €
	Mit der Gebühr ist auch die Erteilung einer Bescheinigung gemäß § 50 des Beurkundungsgesetzes abgegolten.	

I. Tatbestand

1 Wendet der Notar bei einer Amtstätigkeit selbst Fremdsprachenkenntnisse an, erhält er hierfür nach Maßgabe dieser Vorschrift eine Zusatzgebühr. Voraussetzung für das Entstehen der Gebühr ist in allen Varianten, dass der Notar selbst auftragsgemäß in einer anderen als der deutschen Sprache tätig wird. Der Gebührentatbestand ist in folgenden Konstellationen erfüllt:

- (Mindestens) ein Beteiligter gibt bei einer Beurkundung seine zu beurkundende Erklärung in einer fremden Sprache ab, ohne dass ein Dolmetscher hinzugezogen wird.
- Der Notar nimmt eine Beurkundung oder Beglaubigung in einer fremden Sprache vor. Eine fremdsprachige Beurkundung ist dann gegeben, wenn die Niederschrift in einer anderen als der deutschen Sprache errichtet wird. Enthält die Urkunde hingegen nur zu Informationszwecken eine sog. „convenience translation“, die nicht vom Notar stammt und nicht mitbeurkundet wird, ist der Tatbestand nicht erfüllt.[1] Bei einer Unterschriftsbeglaubigung oder Abschriftsbeglaubigung fällt die Zusatzgebühr an, wenn der Notar den Beglaubigungsvermerk in einer Fremdsprache erstellt.
- Der Notar wird selbst als (schriftlicher oder mündlicher) Übersetzer tätig.

2 Ist der Tatbestand mehrfach erfüllt, zB wenn der Notar im Rahmen eines Beurkundungsverfahrens Erklärungen eines Beteiligten übersetzt und die Niederschrift zugleich in einer fremden Sprache aufnimmt, fällt die Zusatzgebühr dennoch nur einmal an.[2]

II. Rechtsfolge

3 Die Gebühr ist als sog. „Annexgebühr“[3] ausgestaltet; sie beträgt 30 % der Gebühr für das Beurkundungsverfahren bzw. der Beglaubigungsgebühr. Die Zusatzgebühr beträgt je Verfahren maximal 5.000 EUR. Erteilt der Notar im Rah-

1 Vgl. Korintenberg/*Sikora* GNotKG Rn. 16.
2 Vgl. Korintenberg/*Sikora* GNotKG Rn. 22; aA Bormann/Diehn/Sommerfeldt/*Diehn* GNotKG Rn. 2.
3 Vgl. Korintenberg/*Sikora* GNotKG Rn. 23.

men seiner Fremdsprachentätigkeit zusätzlich für die deutsche Übersetzung einer Urkunde eine Bescheinigung der Richtigkeit und Vollständigkeit nach § 50 Abs. 1 BeurkG, ist dies laut der Anmerkung mit der Gebühr abgegolten. Für die Kostenschuldnerschaft enthält das Gesetz – anders als noch die KostO – keine Spezialregelung mehr, so dass insoweit die allgemeinen Vorschriften gelten.[4]

Nr.	Gebührentatbestand	Gebühr oder Satz der Gebühr nach § 34 GNotKG – Tabelle B
26002	**Die Tätigkeit wird auf Verlangen eines Beteiligten außerhalb der Geschäftsstelle des Notars vorgenommen:** **Zusatzgebühr für jede angefangene halbe Stunde der Abwesenheit, wenn nicht die Gebühr 26003 entsteht**	**50,00 €**
	(1) Nimmt der Notar mehrere Geschäfte vor, so entsteht die Gebühr nur einmal. Sie ist auf die einzelnen Geschäfte unter Berücksichtigung der für jedes Geschäft aufgewandten Zeit angemessen zu verteilen. **(2) Die Zusatzgebühr wird auch dann erhoben, wenn ein Geschäft aus einem in der Person eines Beteiligten liegenden Grund nicht vorgenommen wird.** **(3) Neben dieser Gebühr wird kein Tages- und Abwesenheitsgeld (Nummer 32008) erhoben.**	

1 Nimmt der Notar auftragsgemäß Tätigkeiten außerhalb seiner Geschäftsstelle vor, so erhält er eine grundsätzlich am Zeitaufwand orientierte Zusatzgebühr. Der Anwendungsbereich ist eröffnet, wenn der Notar zur Vornahme einer Amtshandlung seine Geschäftsstelle(n) verlässt. Hält der Notar aufgrund Verpflichtung durch die Aufsichtsbehörde gem. § 10 Abs. 4 S. 2 BNotO auswärtige Sprechtage ab, ist dies aufgrund der Wertung in § 87 einer Tätigkeit in der Geschäftsstelle gleichgestellt und führt nicht zu einer Zusatzgebühr.[1]

2 Jede Auswärtstätigkeit des Notars löst die Gebühr aus; auf die Art des Amtsgeschäfts kommt es dabei grundsätzlich nicht an.[2] Ausnahmen bestehen nur für die Tätigkeit als zugezogener zweiter Notar (Anm. 1 zu KV Nr. 25205) sowie für die Aufnahme von Wechsel- und Scheckprotesten und die Aufnahme von Vermögensverzeichnissen und Siegelungen, für die nach Vorb. 2.3.4 bzw. Vorb. 2.3.5 keine zusätzliche Auswärtsgebühr zu erheben ist. Bei einem mehraktigen Verfahren ist es für das Entstehen der Gebühr ausreichend, wenn ein Teil der

4 Vgl. BT-Drs. 17/11471, 234.

1 Vgl. Korintenberg/*Sikora* GNotKG Rn. 12; differenzierend Bormann/Diehn/Sommerfeldt/*Diehn* GNotKG Rn. 4.

2 Vgl. BT-Drs. 17/11471, 234.

Tätigkeit auswärts vorgenommen wird,[3] zB Teilnahme an einer Gesellschafterversammlung in den Räumen der Gesellschaft und Protokollerrichtung an der Geschäftsstelle.

Die Zusatzgebühr beträgt 50 EUR pro angefangene halbe Stunde der Abwesenheit, wobei die gesamte Dauer der Auswärtstätigkeit einschließlich An- und Abreise von bzw. zur Geschäftsstelle anzusetzen ist (ggf. bereinigt um Zeiträume für anderweitige Erledigungen, die anlässlich der Auswärtstätigkeit vorgenommen werden).[4] Nimmt der Notar während seiner Abwesenheit mehrere Geschäfte vor, so ist die Gebühr geschäftsübergreifend zu berechnen und gem. Abs. 1 der Anmerkung auf die einzelnen Geschäfte unter Berücksichtigung der für jedes Geschäft aufgewandten Zeit angemessen zu verteilen. 3

Abs. 2 der Anmerkung stellt klar, dass die Zusatzgebühr auch dann zu erheben ist, wenn ein Geschäft aus einem in der Person eines Beteiligten liegenden Grund (zB Geschäftsunfähigkeit eines Beteiligten) nicht vorgenommen wird. 4

Ein Tages- und Abwesenheitsgeld nach KV Nr. 32008 kann gem. Abs. 3 der Anmerkung nicht zusätzlich zur Auswärtsgebühr verlangt werden. 5

Nr.	Gebührentatbestand	Gebühr oder Satz der Gebühr nach § 34 GNotKG – Tabelle B
26003	**Die Tätigkeit wird auf Verlangen eines Beteiligten außerhalb der Geschäftsstelle des Notars vorgenommen und betrifft ausschließlich** **1. die Errichtung, Aufhebung oder Änderung einer Verfügung von Todes wegen,** **2. die Errichtung, den Widerruf oder die Änderung einer Vollmacht, die zur Registrierung im Zentralen Vorsorgeregister geeignet ist,** **3. die Abgabe einer Erklärung gemäß § 1897 Abs. 4 BGB oder** **4. eine Willensäußerung eines Beteiligten hinsichtlich seiner medizinischen Behandlung oder deren Abbruch:** **Zusatzgebühr** **Die Gebühr entsteht für jeden Auftraggeber nur einmal. Im Übrigen gelten die Absätze 2 und 3 der Anmerkung zu Nummer 26002 entsprechend.**	50,00 €

Die Vorschrift privilegiert bestimmte häufige Konstellationen, in denen die Auswärtstätigkeit oft durch den Gesundheitszustand eines Beteiligten veranlasst ist und der Gesetzgeber die Vornahme der betreffenden Geschäfte aus Gründen 1

3 Vgl. Korintenberg/*Sikora* GNotKG Rn. 14 ff.
4 Vgl. Bormann/Diehn/Sommerfeldt/*Diehn* GNotKG Rn. 5.

der Justizentlastung fördern will.[1] Die Zusatzgebühr beträgt in einem solchen Fall – unabhängig von der Dauer der Abwesenheit – 50 EUR.

2 Grundsätzlich muss der Tatbestand der KV Nr. 26002 erfüllt sein. Voraussetzung für die Privilegierung ist, dass die Auswärtstätigkeit nur folgende Geschäfte betrifft:

- die Errichtung, Aufhebung oder Änderung eines Testaments oder eines Erbvertrags (nach Sinn und Zweck der Vorschrift auch die Rückgabe eines Erbvertrags aus der amtlichen Verwahrung)
- die Errichtung, Widerruf oder Änderung einer Vorsorgevollmacht
- die Errichtung einer Betreuungsverfügung oder
- die Errichtung, Änderung oder den Widerruf einer Patientenverfügung bzw. von Behandlungswünschen.

3 Der Wortlaut der Norm ist nicht auf Beurkundungen beschränkt, so dass auch eine Unterschriftsbeglaubigung oder eine Beratung mit ausschließlichem Bezug zu diesen Geschäften unter den Tatbestand fällt.[2]

4 Voraussetzung für die Privilegierung ist, dass ausschließlich eines oder mehrere der genannten Geschäfte vorgenommen werden; andernfalls entsteht nach dem eindeutigen Wortlaut insgesamt die zeitabhängige Zusatzgebühr nach KV Nr. 26002. Die Gebühr entsteht gem. S. 1 der Anmerkung für jeden Auftraggeber nur einmal.

Teil 3
Auslagen

Hauptabschnitt 2. Auslagen der Notare

Vorbemerkung 3.2

(1) Mit den Gebühren werden auch die allgemeinen Geschäftskosten entgolten.

(2) Eine Geschäftsreise liegt vor, wenn das Reiseziel außerhalb der Gemeinde liegt, in der sich der Amtssitz oder die Wohnung des Notars befindet.

1 Abs. 1 der Vorbemerkung stellt klar, dass der Notar Auslagen nur in den in KV Nr. 32000 ff. ausdrücklich normierten Fällen verlangen kann. Die übrigen Kosten seines Geschäfts, zB für Mitarbeitergehälter oder Raummiete, sind mit den Notargebühren abgegolten. Abs. 2 enthält eine Legaldefinition der „Geschäftsreise“, an die bestimmte Auslagentatbestände anknüpfen (KV Nr. 32006–32009). Hierfür muss das Reiseziel außerhalb der politischen Gemeinde liegen, in der sich Amtssitz (§ 10 BNotO) oder Wohnung des Notars (Nebenwohnung ist ausreichend)[1] befinden.

1 Vgl. BT-Drs. 17/11471, 234.
2 Vgl. BeckOK KostR/*Lutz*/*Mattes* GNotKG Rn. 1.
1 Vgl. Korintenberg/*Tiedtke* GNotKG Rn. 2.

Nr.	Auslagentatbestand	Höhe
32000	**Pauschale für die Herstellung und Überlassung von Ausfertigungen, Kopien und Ausdrucken (Dokumentenpauschale) bis zur Größe von DIN A3, die auf besonderen Antrag angefertigt oder per Telefax übermittelt worden sind:**	
	für die ersten 50 Seiten je Seite	0,50 €
	für jede weitere Seite	0,15 €
	für die ersten 50 Seiten in Farbe je Seite	1,00 €
	für jede weitere Seite in Farbe	0,30 €
	Dieser Auslagentatbestand gilt nicht für die Fälle der Nummer 32001 Nr. 2 und 3.	

Die Vorschrift definiert zunächst den Begriff der sog. „Dokumentenpauschale" und regelt sodann die ersatzfähigen Auslagen des Notars für Ausfertigungen, Kopien und Ausdrucke, die außerhalb eines Beurkundungsverfahrens oder Entwurfsauftrags herstellt werden. Häufigster Anwendungsfall der Vorschrift dürfte daher sein, dass ein Beteiligter nach Abschluss eines Verfahrens eine Abschrift verlangt.[1] 1

Der Tatbestand setzt einen besonderen (ggf. konkludenten) Antrag voraus. Die Gebühr entsteht nur, wenn die Ausfertigung, Kopien oder Ausdrucke dem Antragsteller „überlassen", dh ausgehändigt oder (postalisch bzw. per Telefax) übermittelt werden. Vom Anwendungsbereich nicht umfasst ist die Übermittlung elektronischer Dateien; dafür besteht in KV 32002 ein gesonderter Tatbestand. Der Tatbestand ist nur bei einem Papierformat bis maximal DIN A3 erfüllt; für größere Formate gilt KV Nr. 32003. Die Dokumentenpauschale entsteht kraft ausdrücklicher gesetzlicher Anordnung nicht im Rahmen von Abschriftsbeglaubigungen (Abs. 1 der Anmerkung zu KV Nr. 25102) sowie bei Erteilung von Grundbuch-/Registerabdrucken (KV Nr. 25210, 25211). 2

Die Gebührenhöhe differenziert zwischen den ersten 50 Seiten und weiteren Seiten sowie zwischen Schwarz-Weiß-Kopien und Farbkopien. Hingegen ist unerheblich, ob eine einfache Abschrift, eine beglaubigte Abschrift oder eine Ausfertigung hergestellt wird. 3

1 Vgl. Korintenberg/*Tiedtke* GNotKG Rn. 14.

Nr.	Auslagentatbestand	Höhe
32001	**Dokumentenpauschale für Ausfertigungen, Kopien und Ausdrucke bis zur Größe von DIN A3, die** **1. ohne besonderen Antrag von eigenen Niederschriften, eigenen Entwürfen und von Urkunden, auf denen der Notar eine Unterschrift beglaubigt hat, angefertigt oder per Telefax übermittelt worden sind; dies gilt nur, wenn die Dokumente nicht beim Notar verbleiben;** **2. in einem Beurkundungsverfahren auf besonderen Antrag angefertigt oder per Telefax übermittelt worden sind; dies gilt nur, wenn der Antrag spätestens bei der Aufnahme der Niederschrift gestellt wird;** **3. bei einem Auftrag zur Erstellung eines Entwurfs auf besonderen Antrag angefertigt oder per Telefax übermittelt worden sind; dies gilt nur, wenn der Antrag spätestens am Tag vor der Versendung des Entwurfs gestellt wird:** **je Seite** **je Seite in Farbe**	 **0,15 €** **0,30 €**

1 Der Anwendungsbereich der Vorschrift umfasst Ausfertigungen, Kopien und Ausdrucke innerhalb eines Beurkundungs- oder Entwurfsverfahrens. Der Begriff der Dokumentenpauschale ist in KV Nr. 32000 legaldefiniert (Herstellung und Überlassung von Ausfertigungen, Kopien und Ausdrucken).

2 Folgende Konstellationen sind vom Tatbestand erfasst:

- an Beteiligte oder Dritte übermittelte Abschriften von eigenen Urkunden, Entwürfen oder Unterschriftsbeglaubigungen des Notars, ohne dass hierfür ein entsprechender Auftrag erteilt ist; erfasst sind also insbesondere Abschriften an Finanzamt und Gutachterausschuss in Erfüllung gesetzlicher Verpflichtungen[1]
- Abschriften innerhalb eines Beurkundungsverfahrens (KV Nr. 21100 ff.), die bis spätestens zum Abschluss der Niederschrift beantragt werden; darunter fallen insbesondere solche Abschriften, deren Erteilung ausdrücklich in der Niederschrift vorgesehen ist
- Abschriften, die in Zusammenhang mit einer Entwurfsfertigung des Notars bis zum Tag der Entwurfsversendung beantragt werden.

3 Der Tatbestand ist nur bei einem Papierformat bis maximal DIN A3 erfüllt; für größere Formate gilt KV Nr. 32003. Die Gebührenhöhe differenziert zwischen Schwarz-Weiß-Kopien und Farbkopien.

1 Vgl. BeckOK KostR/*Schmidt* GNotKG Rn. 5.

Nr.	Auslagentatbestand	Höhe
32002	**Dokumentenpauschale für die Überlassung von elektronisch gespeicherten Dateien oder deren Bereitstellung zum Abruf anstelle der in den Nummern 32000 und 32001 genannten Dokumente ohne Rücksicht auf die Größe der Vorlage:**	
	je Datei	**1,50 €**
	für die in einem Arbeitsgang überlassenen, bereitgestellten oder in einem Arbeitsgang auf denselben Datenträger übertragenen Dokumente insgesamt höchstens	**5,00 €**
	Werden zum Zweck der Überlassung von elektronisch gespeicherten Dateien Dokumente zuvor auf Antrag von der Papierform in die elektronische Form übertragen, beträgt die Dokumentenpauschale nicht weniger, als die Dokumentenpauschale im Fall der Nummer 32000 für eine Schwarz-Weiß-Kopie betragen würde.	

Die Vorschrift betrifft die Übermittlung von Abschriften mittels elektronisch gespeicherter Dateien. Erfasst ist sowohl die Überlassung (etwa als Dateianhang zu einer E-Mail oder Übergabe eines Datenträgers) als auch das Bereitstellen zum Abruf (durch Hochladen auf eine Internetseite mit der Möglichkeit, dass der Empfänger diese dort herunterladen kann).[1] Die Vorschrift vollzieht die in KV Nr. 32000 und 32001 vorgenommene Unterscheidung nicht nach und differenziert demnach nicht danach, ob der Vorgang innerhalb oder außerhalb eines Beurkundungs- oder Entwurfsverfahrens stattfindet. 1

Die Gebührenhöhe beträgt 1,50 EUR je Datei. Werden in einem Arbeitsgang mehrere Dateien übermittelt, ist die hierfür anfallende Gebühr allerdings auf 5 EUR begrenzt; dies ist der Fall, wenn zB mit einer E-Mail eine Mehrzahl von Dateianhängen versendet wird. Müssen Dokumente für die elektronische Übermittlung zuvor eingescannt werden, fällt jedoch mindestens die Gebühr für eine Schwarz-Weiß-Kopie nach KV Nr. 32000 an. 2

Nr.	Auslagentatbestand	Höhe
32003	**Entgelte für die Herstellung von Kopien oder Ausdrucken der in den Nummern 32000 und 32001 genannten Art in einer Größe von mehr als DIN A3**	**in voller Höhe**
	oder pauschal je Seite	**3,00 €**
	oder pauschal je Seite in Farbe	**6,00 €**

Die Vorschrift regelt die Dokumentenpauschale für Formate größer als DIN A3, wie sie zB regelmäßig bei Aufteilungsplänen notwendig werden. Eine Diffe- 1

1 Vgl. BeckOK KostR/*Schmidt* GNotKG Rn. 2.

renzierung danach, ob die betreffenden Abschriften innerhalb oder außerhalb eines Beurkundungs- oder Entwurfsverfahrens hergestellt werden, trifft die Norm nicht. Der Notar kann nach seiner Wahl entweder die ihm selbst entstandenen Auslagen in voller Höhe berechnen (insbesondere für die Herstellung von Kopien in einem Copy-Shop) oder die vorgegebene Pauschale ansetzen.

Nr.	Auslagentatbestand	Höhe
32004	**Entgelte für Post- und Telekommunikationsdienstleistungen** **(1) Für die durch die Geltendmachung der Kosten entstehenden Entgelte kann kein Ersatz verlangt werden.** **(2) Für Zustellungen mit Zustellungsurkunde und für Einschreiben gegen Rückschein ist der in Nummer 31002 bestimmte Betrag anzusetzen.**	**in voller Höhe**

1 Entgelte für Post- und Telekommunikationsdienstleistungen kann der Notar entweder konkret berechnen (KV Nr. 32004) oder stattdessen die Pauschale nach KV Nr. 32005 ansetzen. Wählt er die konkrete Berechnung, gilt Folgendes: Ersatzfähig sind nur solche Entgelte, die dem Notar tatsächlich entstanden und dem betreffenden Vorgang zugeordnet werden können.[1] Dies ist für Portokosten oft ohne Weiteres möglich, für Telefon- und Internetgebühren allerdings – gerade angesichts häufig vereinbarter Flatrates – regelmäßig nicht. Auslagen für den Versand von Kostenrechnungen und Mahnungen sind nach Abs. 1 der Anmerkung nicht ersatzfähig. Für Zustellungen mit Zustellungsurkunde und für Einschreiben gegen Rückschein verweist Abs. 2 der Anmerkung auf KV Nr. 31002, so dass hierfür ein Betrag von 3,50 EUR je Zustellung erhoben werden kann.[2]

1 Vgl. BeckOK KostR/*Schmidt* GNotKG Rn. 1.
2 Für wahlweise Erhebung der tatsächlichen Auslagen unter Verweis auf die Gesetzesbegründung insoweit Bormann/Diehn/Sommerfeldt/*Diehn* GNotKG Rn. 10.

Nr.	Auslagentatbestand	Höhe
32005	**Pauschale für Entgelte für Post- und Telekommunikationsdienstleistungen** **Die Pauschale kann in jedem notariellen Verfahren und bei sonstigen notariellen Geschäften anstelle der tatsächlichen Auslagen nach Nummer 32004 gefordert werden. Ein notarielles Geschäft und der sich hieran anschließende Vollzug sowie sich hieran anschließende Betreuungstätigkeiten gelten insoweit zusammen als ein Geschäft.**	**20 % der Gebühren – höchstens 20,00 €**

Anstelle der konkreten Berechnung nach KV Nr. 32004 kann der Notar nach seiner Wahl auch eine Pauschale für sämtliche ihm entstandene Entgelte für Post- und Telekommunikationsdienstleistungen in Höhe von 20 % der Gebühren ansetzen. Voraussetzung ist lediglich, dass dem Notar überhaupt entsprechende Auslagen entstanden sind, was allerdings bei den allermeisten Geschäften bzw. Verfahren der Fall sein dürfte, zumal die bloße Verwendung von Telefon oder Internet hierfür ausreichend ist.[1] Die Pauschale ist jedoch auf einen Höchstbetrag von 20 EUR begrenzt. Die Pauschale kann für jedes Verfahren bzw. Geschäft gesondert angesetzt werden. 1

Nr.	Auslagentatbestand	Höhe
32006	**Fahrtkosten für eine Geschäftsreise bei Benutzung eines eigenen Kraftfahrzeugs für jeden gefahrenen Kilometer** **Mit den Fahrtkosten sind die Anschaffungs-, Unterhaltungs- und Betriebskosten sowie die Abnutzung des Kraftfahrzeugs abgegolten.**	**0,42 €**

Benutzt der Notar für eine Geschäftsreise ein eigenes Kraftfahrzeug, kann er eine Kilometerpauschale von 0,42 EUR ersetzt verlangen. Der Begriff der Geschäftsreise ist in Abs. 2 der Vorb. 3.2 legaldefiniert und setzt das Verlassen der Gemeinde voraus, in der sich Amtssitz oder Wohnung des Notars befinden. Ausweislich des Wortlauts kann der Notar nicht die tatsächlich angefallenen Kosten anstelle der Pauschale ansetzen; Anschaffungs-, Unterhaltungs- und Betriebskosten sowie die Abnutzung sind damit abgegolten. 1

1 Vgl. BeckOK KostR/*Schmidt* GNotKG Rn. 1.

Nr.	Auslagentatbestand	Höhe
32007	**Fahrtkosten für eine Geschäftsreise bei Benutzung eines anderen Verkehrsmittels, soweit sie angemessen sind**	**in voller Höhe**

1 Benutzt der Notar für eine Geschäftsreise (Abs. 2 der Vorb. 3.2) ein anderes Verkehrsmittel als ein eigenes Kraftfahrzeug, kann er die hierfür verauslagten Kosten in voller Höhe ersetzt verlangen. In den Anwendungsbereich fallen sowohl Fahrten mit öffentlichen Verkehrsmitteln als auch Taxi-Fahrten. Grenze ist allerdings die Angemessenheit, wobei zu berücksichtigen ist, dass der Notar in der Wahl des Verkehrsmittels grundsätzlich frei ist.[1]

Nr.	Auslagentatbestand	Höhe
32008	**Tage- und Abwesenheitsgeld bei einer Geschäftsreise**	
	1. von nicht mehr als 4 Stunden	**30,00 €**
	2. von mehr als 4 bis 8 Stunden	**50,00 €**
	3. von mehr als 8 Stunden	**80,00 €**
	Das Tage- und Abwesenheitsgeld wird nicht neben der Gebühr 26002 oder 26003 erhoben.	

1 Da die Gebühr gemäß der Anmerkung nicht neben einer Auswärtsgebühr nach KV Nr. 26002 und KV Nr. 26003 entsteht, verbleibt ihr nur ein geringer Anwendungsbereich. Es verbleiben insbesondere die Fälle einer Tätigkeit als zugezogener zweiter Notar sowie der Aufnahme von Wechsel- und Scheckprotesten und von Vermögensverzeichnissen und Siegelungen, für die keine Auswärtsgebühr zu erheben ist. Das Entstehen der Gebühr setzt eine Geschäftsreise voraus, also das Verlassen der Gemeinde, in der sich Amtssitz oder Wohnung des Notars befinden (Abs. 2 der Vorb. 3.2).

Nr.	Auslagentatbestand	Höhe
32009	**Sonstige Auslagen anlässlich einer Geschäftsreise, soweit sie angemessen sind**	**in voller Höhe**

1 Sonstige ersatzfähige Auslagen, die anlässlich einer Geschäftsreise (Abs. 2 der Vorb. 3.2) entstehen, sind zB Park-, Maut- oder Schließfachgebühren.[1] Diese sind bis zur Grenze der Unangemessenheit zu ersetzen.

1 Vgl. BeckOK KostR/*Schmidt* GNotKG Rn. 2.
1 Vgl. BeckOK KostR/*Schmidt* GNotKG Rn. 2.

Nr.	Auslagentatbestand	Höhe
32010	**An Dolmetscher, Übersetzer und Urkundszeugen zu zahlende Vergütungen sowie Kosten eines zugezogenen zweiten Notars**	**in voller Höhe**

1 Soweit der Notar die Vergütungen für Dolmetscher, Übersetzer oder Urkundszeugen vorerst selbst übernimmt, kann er diese Kosten in voller Höhe an die Beteiligten weitergeben. Die Ersatzfähigkeit richtet sich nach den tatsächlich angefallenen Auslagen des Notars; eine Begrenzung nach den Pauschalen des Justizvergütungs- und -entschädigungsgesetzes für Dolmetscher und Übersetzer sieht das Gesetz nicht vor.[1] Auch die Gebühr für einen zugezogenen zweiten Notar (KV Nr. 25205), für die der Urkundsnotar als dessen Auftraggeber grundsätzlich unmittelbar Kostenschuldner ist,[2] kann er vollständig an die Beteiligten weitergeben.

Nr.	Auslagentatbestand	Höhe
32011	**Nach dem JVKostG für den Abruf von Daten im automatisierten Abrufverfahren zu zahlende Beträge**	**in voller Höhe**

1 Die Gebühren, die der Notar für Grundbuch- und Registereinsichten sowie den Abruf von Dokumenten aus den Grund- oder Registerakten nach dem JVKostG an die Justizverwaltung zu entrichten hat, kann er in voller Höhe an die Beteiligten weitergeben. Wenn die Einsicht nicht mit einem anderen gebührenpflichtigen Verfahren oder Geschäft zusammenhängt, entstehen daneben die Gebühren nach den KV Nr. 25209 ff.

Nr.	Auslagentatbestand	Höhe
32012	**Im Einzelfall gezahlte Prämie für eine Haftpflichtversicherung für Vermögensschäden, wenn die Versicherung auf schriftliches Verlangen eines Beteiligten abgeschlossen wird**	**in voller Höhe**

1 Verlangt ein Beteiligter, dass der Notar für den Einzelfall, also für ein bzw. mehrere konkret umrissene(s) Geschäft(e), eine Vermögensschadenhaftpflichtversicherung abschließt, kann der Notar die hierfür angefallene Versicherungsprämie in voller Höhe an den Beteiligten weiterberechnen. Voraussetzung ist, dass das Verlangen des Beteiligten auf Abschluss der Einzelfallversicherung schriftlich gestellt ist.

1 Vgl. Bormann/Diehn/Sommerfeldt/*Diehn* GNotKG Rn. 2.
2 Vgl. BT-Drs. 17/11471, 238.

Nr.	Auslagentatbestand	Höhe
32013	**Im Einzelfall gezahlte Prämie für eine Haftpflichtversicherung für Vermögensschäden, soweit die Prämie auf Haftungsbeträge von mehr als 60 Mio. € entfällt und wenn nicht Nummer 32012 erfüllt ist** **Soweit sich aus der Rechnung des Versicherers nichts anderes ergibt, ist von der Gesamtprämie der Betrag zu erstatten, der sich aus dem Verhältnis der 60 Mio. € übersteigenden Versicherungssumme zu der Gesamtversicherungssumme ergibt.**	**in voller Höhe**

1 Schließt der Notar für den Einzelfall, also für ein bzw. mehrere konkret umrissene(s) Geschäft(e), eine Vermögensschadenhaftpflichtversicherung ab, ist die gezahlte Prämie insoweit ersatzfähig, als sie auf Haftungsbeträge über 60 Mio. EUR entfällt. Anders als bei KV Nr. 32012 ist die Ersatzfähigkeit nicht von einem Verlangen der Beteiligten auf Abschluss der Versicherung abhängig. Die Anmerkung gibt die Berechnung des ersatzfähigen Anteils der Gesamtprämie vor: Diese erfolgt grundsätzlich nach dem Verhältnis der 60 Mio. EUR übersteigenden Versicherungssumme zur Gesamtversicherungssumme. Ergibt sich jedoch bereits aus der Rechnung des Versicherers der konkrete Betrag der Gesamtprämie, der auf Haftungsbeträge von mehr als 60 Mio. EUR entfällt, ist dieser maßgeblich. Nicht anwendbar ist dieser Auslagentatbestand neben Verwahrgebühren gem. KV Nr. 25300 f., vgl. Vorb. 2.5.3 Abs. 2.

Nr.	Auslagentatbestand	Höhe
32014	**Umsatzsteuer auf die Kosten** **Dies gilt nicht, wenn die Umsatzsteuer nach § 19 Abs. 1 UStG unerhoben bleibt.**	**in voller Höhe**

1 Der Notar ist umsatzsteuerrechtlich Unternehmer gem. § 1 Abs. 1 UStG; seine Umsätze unterliegen daher der Umsatzsteuer. Die Umsatzsteuer ist in voller Höhe den Kostenschuldnern des Notars weiterzuberechnen. Zur Bemessungsgrundlage der Umsatzsteuer gehören jedoch gem. § 10 Abs. 1 S. 5 UStG nicht die Beträge, die der Unternehmer im Namen und für Rechnung eines anderen vereinnahmt und verausgabt (durchlaufende Posten). Sonderregeln gelten bei Auslandsberührung.[1] Die Anmerkung stellt klar, dass der Notar Umsatzsteuer nicht berechnen kann, die aufgrund der Kleinunternehmerregelung nach § 19 Abs. 1 UStG nicht erhoben wird.

1 Dazu ausführlich BeckOK KostR/*Berger* GNotKG Rn. 26 ff.

Nr.	Auslagentatbestand	Höhe
32015	**Sonstige Aufwendungen** **Sonstige Aufwendungen sind solche, die der Notar aufgrund eines ausdrücklichen Auftrags und für Rechnung eines Beteiligten erbringt. Solche Aufwendungen sind insbesondere verauslagte Gerichtskosten und Gebühren in Angelegenheiten des Zentralen Vorsorge- oder Testamentsregisters.**	**in voller Höhe**

Bei dieser Vorschrift handelt es sich um einen Auffangtatbestand für Aufwendungen des Notars außerhalb der in KV Nr. 32000 ff. geregelten Bereiche. Die Ersatzfähigkeit „sonstiger" Aufwendungen setzt einen ausdrücklichen Auftrag für deren Verauslagung voraus; ein solcher kann auch in einer gesetzlichen Anordnung liegen (vgl. etwa § 34 BeurkG).[1] Beispiele sind verauslagte Gerichtskosten, Gebühren für die Registrierung im Zentralen Vorsorgeregister oder Testamentsregister sowie vom Notar für öffentlich-rechtliche Genehmigungen verauslagte Verwaltungsgebühren.[2] 1

Anlage 2

(zu § 34 Absatz 3)

[Gebührentabellen für Geschäftswerte bis 3 000 000 Euro]

Geschäftswert bis ... €	Gebühr **Tabelle A** ... €	Gebühr **Tabelle B** ... €
500	38,00	15,00
1 000	58,00	19,00
1 500	78,00	23,00
2 000	98,00	27,00
3 000	119,00	33,00
4 000	140,00	39,00
5 000	161,00	45,00
6 000	182,00	51,00
7 000	203,00	57,00
8 000	224,00	63,00
9 000	245,00	69,00
10 000	266,00	75,00
13 000	295,00	83,00
16 000	324,00	91,00

1 Vgl. BeckOK KostR/*Schmidt* GNotKG Rn. 3.
2 Vgl. BT-Drs. 17/11471, 238.

Geschäftswert bis ... €	Gebühr **Tabelle A** ... €	Gebühr **Tabelle B** ... €
19 000	353,00	99,00
22 000	382,00	107,00
25 000	411,00	115,00
30 000	449,00	125,00
35 000	487,00	135,00
40 000	525,00	145,00
45 000	563,00	155,00
50 000	601,00	165,00
65 000	733,00	192,00
80 000	865,00	219,00
95 000	997,00	246,00
110 000	1 129,00	273,00
125 000	1 261,00	300,00
140 000	1 393,00	327,00
155 000	1 525,00	354,00
170 000	1 657,00	381,00
185 000	1 789,00	408,00
200 000	1 921,00	435,00
230 000	2 119,00	485,00
260 000	2 317,00	535,00
290 000	2 515,00	585,00
320 000	2 713,00	635,00
350 000	2 911,00	685,00
380 000	3 109,00	735,00
410 000	3 307,00	785,00
440 000	3 505,00	835,00
470 000	3 703,00	885,00
500 000	3 901,00	935,00
550 000	4 099,00	1 015,00
600 000	4 297,00	1 095,00
650 000	4 495,00	1 175,00
700 000	4 693,00	1 255,00
750 000	4 891,00	1 335,00
800 000	5 089,00	1 415,00
850 000	5 287,00	1 495,00
900 000	5 485,00	1 575,00
950 000	5 683,00	1 655,00
1 000 000	5 881,00	1 735,00

Geschäftswert bis ... €	Gebühr **Tabelle A** ... €	Gebühr **Tabelle B** ... €
1 050 000	6 079,00	1 815,00
1 100 000	6 277,00	1 895,00
1 150 000	6 475,00	1 975,00
1 200 000	6 673,00	2 055,00
1 250 000	6 871,00	2 135,00
1 300 000	7 069,00	2 215,00
1 350 000	7 267,00	2 295,00
1 400 000	7 465,00	2 375,00
1 450 000	7 663,00	2 455,00
1 500 000	7 861,00	2 535,00
1 550 000	8 059,00	2 615,00
1 600 000	8 257,00	2 695,00
1 650 000	8 455,00	2 775,00
1 700 000	8 653,00	2 855,00
1 750 000	8 851,00	2 935,00
1 800 000	9 049,00	3 015,00
1 850 000	9 247,00	3 095,00
1 900 000	9 445,00	3 175,00
1 950 000	9 643,00	3 255,00
2 000 000	9 841,00	3 335,00
2 050 000	10 039,00	3 415,00
2 100 000	10 237,00	3 495,00
2 150 000	10 435,00	3 575,00
2 200 000	10 633,00	3 655,00
2 250 000	10 831,00	3 735,00
2 300 000	11 029,00	3 815,00
2 350 000	11 227,00	3 895,00
2 400 000	11 425,00	3 975,00
2 450 000	11 623,00	4 055,00
2 500 000	11 821,00	4 135,00
2 550 000	12 019,00	4 215,00
2 600 000	12 217,00	4 295,00
2 650 000	12 415,00	4 375,00
2 700 000	12 613,00	4 455,00
2 750 000	12 811,00	4 535,00
2 800 000	13 009,00	4 615,00
2 850 000	13 207,00	4 695,00
2 900 000	13 405,00	4 775,00

Geschäftswert bis ... €	Gebühr **Tabelle A** ... €	Gebühr **Tabelle B** ... €
2 950 000	13 603,00	4 855,00
3 000 000	13 801,00	4 935,00

Stichwortverzeichnis

Fette Zahlen bezeichnen die Paragrafen, magere die Randnummern.